GRUNE · RADEISEN

Umsatzsteuer 2026

Band 1

Umsatzsteuer 2026

Band 1

- Umsatzsteuergesetz (UStG)
- Umsatzsteuer-Durchführungsverordnung (UStDV)
- Verwaltungsregelung zur Anwendung des Umsatzsteuergesetzes (UStAE), Stand 1. 1. 2026, mit aktuellen Anmerkungen
- Richtlinie 2006/112/EG des Rates vom 28. November 2006 über das gemeinsame Mehrwertsteuersystem (MwStSystRL)
- Durchführungsverordnung (EU) Nr. 282/2011 des Rates vom 15. März 2011 zur Festlegung von Durchführungsvorschriften zur Richtlinie 2006/112/EG über das gemeinsame Mehrwertsteuersystem (MwStVO)

Dr. Jörg Grune
Rechtsanwalt/Steuerberater, Hannover

Prof. Dipl.-Kfm. Rolf-Rüdiger Radeisen
Steuerberater, Berlin

herausgegeben vom
Steuerberaterverband Niedersachsen Sachsen-Anhalt e.V.

Rechtsstand: 1. 1. 2026

BOORBERG

Bibliografische Information der Deutschen Nationalbibliothek | Die Deutsche Nationalbibliothek verzeichnet diese Publikation in der Deutschen Nationalbibliografie; detaillierte bibliografische Daten sind im Internet über www.dnb.de abrufbar.

ISBN 978-3-415-07820-8

Titelfoto: © RBV/agsandrew – Fotolia | Satz: Reemers Publishing GmbH, Luisenstraße 62, 47799 Krefeld | Druck und Bindung: C. Maurer GmbH & Co. KG, Schubartstraße 21, 73312 Geislingen/Steige

Richard Boorberg Verlag GmbH & Co KG | Scharrstraße 2 | 70563 Stuttgart
Stuttgart | München | Hannover | Berlin | Weimar | Dresden
www.boorberg.de

Vorwort

Das Werk „Umsatzsteuer 2026“ enthält

- das UStG und die UStDV in der zum 1.1.2026 geltenden Fassung,
- die unionsrechtlichen Vorgaben (MwStSystRL) und Vorschriften (MwStVO) nach dem Stand vom 1.1.2026 mit Hinweisen auf bereits verabschiedete, aber noch nicht in Kraft getretene Änderungen und Ergänzungen,
- den Umsatzsteuer-Anwendungserlass (UStAE) i.d.F. vom 1.1.2026 sowie
- umfangreiche ergänzende Anmerkungen der Verfasser zu den einzelnen Abschnitten des UStAE.

Die Verwaltungsanweisungen zum Umsatzsteuerrecht (UStAE) sind die umfangsreichsten im deutschen Steuerrecht. Sie wurden auch zum 1.1.2026 wieder an vielen und entscheidenden Stellen verändert und ergänzt.

Nachdem die umsatzsteuerrechtlichen Entwicklungen des Jahres 2025 durch vielfältige Gesetzesänderungen – z.B. Einführung der verpflichtenden E-Rechnung, vollständige Neuregelung der Kleinunternehmerbesteuerung, Änderung der Regelungen für die Steuerbefreiung der Bildungsleistungen – geprägt waren, sind die zum 1.1.2026 in Kraft getretenen Gesetzesänderungen eher überschaubar geblieben: Die (Wieder-) Einführung des ermäßigten Steuersatzes in der Gastronomie, die Anpassung bei der Vorsteueraufteilung oder die Einführung einer Übergangsregelung im Zusammenhang mit der Abschaffung der Steuerlagerregelung.

Umso umfangreicher waren die Einführungs- und Anwendungsschreiben der Finanzverwaltung zu den ab 1.1.2025 geltenden Gesetzesänderungen. Dabei blieben allerdings für die Anwendungspraxis viele Fragen offen und manche Aussage des BMF muss auch kritisch hinterfragt werden. Hinzu kommt, dass die Finanzverwaltung mit ihren Aussagen nicht in allen Bereichen auf einem aktuellen Stand ist: So entsprechen etwa die Feststellungen zur umsatzsteuerlichen Organschaft nicht der aktuellen Rechtsprechung, zur Frage des sog. Aufteilungsgebots bei der Vermietung von Immobilien und Betriebsvorrichtungen wird nach wie vor ein BMF-Schreiben erwartet und die Rechtsprechung zum sog. Direktanspruch ignoriert die Finanzverwaltung beharrlich.

Weitere Entwicklungen ergaben sich durch die Rechtsprechung von BFH und EuGH: Von den unentgeltlichen Wertabgaben über die Steuerbefreiung bei heilkundlichen Leistungen bis zu Einzelfragen des Vorsteuerabzugs, des unrichtigen und unberechtigten Steuerausweises und zur Anwendung der Differenzbesteuerung wurden zu großen oder manchmal auch kleinen Fragestellungen Entscheidungen getroffen, die in das Werk „Umsatzsteuer 2026“ eingeflossen sind. Hinweise auf anhängige Verfahren bei EuGH, EuG und BFH runden das vorliegende Werk ab.

Die Kommentierungen zu den einzelnen Abschnitten des UStAE wurden erneut an die aktuellen Entwicklungen und Fragestellungen angepasst und wie üblich wieder mit ausführlichen Hinweisen für die Rechtsanwendungspraxis versehen. Kritische, aber natürlich auch positive Anmerkungen und Anregungen dazu werden gern entgegengenommen.

Die Verfasser möchten die Gelegenheit nutzen und sich an dieser Stelle für die gute und zuverlässige Betreuung des Werkes durch den Boorberg-Verlag bedanken. Besonderer Dank gilt Frau Melanie Wanderer, die auch für die Neuauflage des seit einigen Jahren zweibändigen Werkes wieder wertvolle Unterstützung im Lektorat geleistet hat und dafür gesorgt hat, dass manche Anmerkung auch noch kurzfristig aufgenommen werden konnte.

Berlin und Hannover im Januar 2026

Dr. Jörg Grune

Prof. Dipl.-Kfm. Rolf-Rüdiger Radeisen

Vorwort

Inhaltsverzeichnis

Verwaltungsregelung zur Anwendung des Umsatzsteuergesetzes – Umsatzsteuer-Anwendungserlass (UStAE) –

Aufgrund der Allgemeinen Verwaltungsvorschrift zur Aufhebung der Allgemeinen Verwaltungsvorschrift zur Ausführung des Umsatzsteuergesetzes (Umsatzsteuer-Richtlinien 2008 – UStR 2008) vom 6. Oktober 2010 sind die UStR 2008 mit Wirkung vom 1. November 2010 aufgehoben worden. An ihre Stelle ist der – zeitlich nicht befristete – Umsatzsteuer-Anwendungserlass getreten.

Seither erfolgte Änderungen des Umsatzsteuer-Anwendungserlasses sind bis einschließlich 29.12.2025 (BMF-Schreiben vom 29.12.2025 – III C 3 – S 7157/00010/002/077) eingearbeitet.

Die im Jahr 2025 erfolgten Änderungen der abgedruckten Vorschriften sind darüber hinaus im Text in Fettdruck hervorgehoben; Streichungen von Textpassagen sind nicht gesondert gekennzeichnet.

Inhaltsübersicht

Abkürzungsverzeichnis

a. a. O.	am angeführten/angegebenen Ort
Abs.	Absatz
abzgl.	abzüglich
ABl.	Amtsblatt der Europäischen Union
ABl. EG	Amtsblatt der Europäischen Gemeinschaft
ABl. EU	Amtsblatt der Europäischen Union
AEAO	Anwendungserlass zur Abgabenordnung
AES	Automated Export System
AfA	Absetzung für Abnutzung
AfZSt	Ausfuhrzollstelle
AG	Aktiengesellschaft
AgZSt	Ausgangszollstelle
AIF	Alternative Investmentfonds
AktG	Aktiengesetz
ALG	Gesetz über die Alterssicherung der Landwirte
AO	Abgabenordnung
ASiG	Gesetz über Betriebsärzte, Sicherheitsingenieure und andere Fachkräfte für Arbeitssicherheit
ATLAS	Automatisiertes Tarif- und Lokales Zollabwicklungssystem
AusglMechV	Ausgleichsmechanismusverordnung
AWV	Außenwirtschaftsverordnung
BA	Bundesagentur für Arbeit
BAnz.	Bundesanzeiger
BauGB	Baugesetzbuch
BewG	Bewertungsgesetz
BFH	Bundesfinanzhof
BGB	Bürgerliches Gesetzbuch
BGBl.	Bundesgesetzblatt
BGH	Bundesgerichtshof
BGHZ	Sammlung der Entscheidungen des Bundesgerichtshofs in Zivilsachen
BHO	Bundeshaushaltsordnung
BKrFQG	Berufskraftfahrer-Qualifikationsgesetz
BMF	Bundesministerium der Finanzen
BNatSchG	Bundesnaturschutzgesetz
BNotO	Bundesnotarordnung
BStBl	Bundessteuerblatt
BVerfG	Bundesverfassungsgericht
BVerwG	Bundesverwaltungsgericht
BVerwGE	Sammlung von Entscheidungen des Bundesverwaltungsgerichts
BZSt	Bundeszentralamt für Steuern
bzw.	beziehungsweise
CEREC	Ceramic Reconstruction (Keramische Rekonstruktion)
d.h.	das heißt
E-Rechnung	**elektronische Rechnung**
EBKrG	Eisenbahnkreuzungsgesetz
ECS	Export Control System
EDI	**Electronic Data Interchange (elektronischer Datenaustausch) nach Artikel 2 der Empfehlung 94/820/EG der Kommission vom 19. Oktober 1994 über die rechtlichen Aspekte des elektronischen Datenaustausches (ABl. L 338 vom 28.12.1994, S. 98)**

EDIFACT	Electronic Data Interchange For Administration, Commerce and Transport (Branchenübergreifender internationaler Standard für das Format elektronischer Daten im Geschäftsverkehr)
EDV	Elektronische Datenverarbeitung
EEG	Gesetz über den Vorrang erneuerbarer Energien
EEX	European Energy Exchange
EFTA	European Free Trade Association (Europäische Freihandelsassoziation)
EG	Europäische Gemeinschaft
eIDAS-VO	Verordnung (EU) Nr. 910/2014 des Europäischen Parlaments und des Rates vom 23. Juli 2014 über elektronische Identifizierung und Vertrauensdienste für elektronische Transaktionen im Binnenmarkt und zur Aufhebung der Richtlinie 1999/93/EG (eIDAS-Verordnung, ABl. EU 2014 Nr. L 257 S. 73)
EnergieStG	Energiesteuergesetz
EnEV	Energieeinsparverordnung
EStDV	Einkommensteuer-Durchführungsverordnung
EStG	Einkommensteuergesetz
EStR	Einkommensteuer-Richtlinien
EU	Europäische Union
EuGH	Europäischer Gerichtshof
EuGHE	Amtliche Sammlung der Entscheidungen des Europäischen Gerichtshofs
EUStBV	Einfuhrumsatzsteuer-Befreiungsverordnung
EVO	Eisenbahn-Verkehrsordnung
FahrlG	Fahrlehrergesetz
FGO	Finanzgerichtsordnung
FlurbG	Flurbereinigungsgesetz
FVG	Finanzverwaltungsgesetz
FzgLiefgMeldV	Fahrzeuglieferungs-Meldepflichtverordnung
FZV	Fahrzeugzulassungsverordnung
GasNZV	Verordnung über den Zugang zu Gasversorgungsnetzen
GewStG	Gewerbesteuergesetz
GG	Grundgesetz
ggf.	gegebenenfalls
GmbH	Gesellschaft mit beschränkter Haftung
GoBD	Grundsätze zur ordnungsmäßigen Führung und Aufbewahrung von Büchern, Aufzeichnungen und Unterlagen in elektronischer Form sowie zum Datenzugriff
GOZ	Gebührenordnung für Zahnärzte
GrEStG	Grunderwerbsteuergesetz
GVG	Gerichtsverfassungsgesetz
gVV	gemeinsames Versandverfahren
HGB	Handelsgesetzbuch
HOAI	Honorarordnung für Architekten und Ingenieure
HwO	Gesetz zur Ordnung des Handwerks – Handwerksordnung
IATA	International Air Transport Association (Internationale Flug-Transport-Vereinigung)
i. e. S.	im engeren Sinne
InsO	Insolvenzordnung
InvStG	Investmentsteuergesetz
JÖSchG	Gesetz zum Schutze der Jugend in der Öffentlichkeit
JuSchG	Jugendschutzgesetz
JVEG	Justizvergütungs- und -entschädigungsgesetz
KAGB	Kapitalanlagegesetzbuch
Kfz	Kraftfahrzeug

KG	Kommanditgesellschaft
KGaA	Kommanditgesellschaft auf Aktien
KHG	Krankenhausfinanzierungsgesetz
KO	Konkursordnung
KostO	Kostenordnung (freiwillige Gerichtsbarkeit)
KStG	Körperschaftsteuergesetz
KStR	Körperschaftsteuer-Richtlinien
KU-IdNr.	**Kleinunternehmer-Identifikationsnummer**
KVLG 1989	Zweites Gesetz über die Krankenversicherung der Landwirte
KWG	Gesetz über das Kreditwesen
kWh	Kilowattstunde
KWK	Kraft-Wärme-Kopplung
KWKG	Kraft-Wärme-Kopplungs-Gesetz
Lkw	Lastkraftwagen
LStH	Amtliches Lohnsteuer-Handbuch
LStR	Lohnsteuer-Richtlinien
LuftVG	Luftverkehrsgesetz
MaStR	Marktstammdatenregister
MaStRV	Marktstammdatenregisterverordnung
MRN	Master Reference Number
MwStSystRL	Richtlinie 2006/112/EG des Rates vom 28. 11. 2006 über das gemeinsame Mehrwertsteuersystem (Mehrwertsteuer-Systemrichtlinie; ABl. EU Nr. L 347 S. 1)
MwStVO	Durchführungsverordnung (EU) Nr. 282/2011, ABl. EU 2011 Nr. L 77 S. 1
NATO	North Atlantic Treaty Organization (Organisation für den Nord-Atlantik-Vertrag)
NATO-ZAbk	Zusatzabkommen zur North Atlantic Treaty Organization
Nr.	Nummer
n. v.	nicht veröffentlicht
OGAW	Organismen für gemeinsame Anlagen in Wertpapieren
OHG	Offene Handelsgesellschaft
PBefG	Personenbeförderungsgesetz
PDF	Portable Document Format (deutsch: plattformunabhängiges Dokumentenformat)
Pkw	Personenkraftwagen
PostG	Postgesetz
ProstSchG	Prostituiertenschutzgesetz
PUDLV	Post-Universaldienstleistungsverordnung
RennwLottG	Rennwett- und Lotteriegesetz
Rn.	Randnummer
RVG	Gesetz über die Vergütung der Rechtsanwältinnen und Rechtsanwälte
S.	Seite
ScheckG	Scheckgesetz
SGB	Sozialgesetzbuch
sog.	sogenannte/sogenannten/sogenannter/sogenanntes
SortSchG	Sortenschutzgesetz
StBerG	Steuerberatungsgesetz
StBGebV	Gebührenverordnung für Steuerberater, Steuerbevollmächtigte und Steuerberatungsgesellschaften
StGB	Strafgesetzbuch
StromNZV	Verordnung über den Zugang zu Elektrizitätsversorgungsnetzen – Stromnetzzugangsverordnung
StVollzG	Gesetz über den Vollzug der Freiheitsstrafe und der freiheitsentziehenden Maßregeln der Besserung und Sicherung – Strafvollzugsgesetz

SvEV	Sozialversicherungsentgeltverordnung
SVLFGG	Gesetz zur Errichtung der Sozialversicherung für Landwirtschaft, Forsten und Gartenbau
TEHG	Treibhausgas-Emissionshandelsgesetz
TierZG	Tierzuchtgesetz
TIR	Transports Internationaux Routiers (deutsch: Internationaler Straßentransport)
Tz.	Textziffer
u.a.	und andere
u.Ä.	und Ähnliche/Ähnlicher/Ähnliches
UmwG	Umwandlungsgesetz
UrhG	Urheberrechtsgesetz
UStDV	Umsatzsteuer-Durchführungsverordnung
USt-IdNr.	Umsatzsteuer-Identifikationsnummer
UStG	Umsatzsteuergesetz
UStZustV	Umsatzsteuerzuständigkeitsverordnung
UZK	Verordnung (EU) Nr. 952/2013 des Europäischen Parlaments und des Rates vom 9. Oktober 2013 zur Festlegung des Zollkodex der Union (Unionszollkodex)
UZK-DA	Delegierte Verordnung (EU) 2015/2446 der Kommission vom 28. Juli 2015 zur Ergänzung des UZK mit Einzelheiten zur Präzisierung von Bestimmungen des UZK
UZK-IA	Durchführungsverordnung (EU) 2015/2447 der Kommission vom 24. November 2015 mit Einzelheiten zur Umsetzung von Bestimmungen des UZK
VAG	Versicherungsaufsichtsgesetz
VDG	Vertrauensdienstegesetz
VersStG	Versicherungsteuergesetz
vgl.	vergleiche
VO	Verordnung
VOB	Vergabe- und Vertragsordnung für Bauleistungen
WEG	Gesetz über das Wohnungseigentum und das Dauerwohnrecht (Wohnungseigentumsgesetz)
WG	Wechselgesetz
W-IdNr.	**Wirtschafts-Identifikationsnummer**
WpHG	Wertpapierhandelsgesetz
XML	**Extensible Markup Language (Maschinensprache zur Darstellung hierarchisch strukturierter Daten)**
z.B.	zum Beispiel
ZM	Zusammenfassende Meldung
ZollVG	Zollverwaltungsgesetz
ZPO	Zivilprozessordnung
ZVG	Gesetz über die Zwangsversteigerung und die Zwangsverwaltung
zzgl.	zuzüglich

Umsatzsteuergesetz (UStG)

in der Fassung der Bekanntmachung vom 21. Februar 2005 (BGBl. I S. 386), geändert durch Gesetze vom 22. September 2005 (BGBl. I S. 2809), vom 26. April 2006 (BGBl. I S. 1091), vom 28. April 2006 (BGBl. I S. 1095), vom 29. Juni 2006 (BGBl. I S. 1402), vom 22. August 2006 (BGBl. I S. 1970), vom 13. Dezember 2006 (BGBl. I S. 2878), vom 7. September 2007 (BGBl. I S. 2246), vom 10. Oktober 2007 (BGBl. I S. 2332), vom 20. Dezember 2007 (BGBl. I S. 3150), vom 19. Dezember 2008 (BGBl. I S. 2794), vom 20. Dezember 2008 (BGBl. I S. 2850), vom 16. Juli 2009 (BGBl. I S. 1959), vom 22. Dezember 2009 (BGBl. I S. 3950), vom 8. April 2010 (BGBl. I S. 386), vom 3. August 2010 (BGBl. I S. 1112), vom 8. Dezember 2010 (BGBl. I S. 1768), vom 24. März 2011 (BGBl. I S. 453), vom 5. April 2011 (BGBl. I S. 554), vom 16. Juni 2011 (BGBl. I S. 1090), vom 21. Juli 2011 (BGBl. I S. 1475), vom 1. November 2011 (BGBl. I S. 2131), vom 6. Dezember 2011 (BGBl. I S. 2562), vom 7. Dezember 2011 (BGBl. I S. 2592), vom 8. Mai 2012 (BGBl. I S. 1030), vom 26. Juni 2013 (BGBl. I S. 1809), vom 18. Dezember 2013 (BGBl. I S. 4318), vom 25. Juli 2014 (BGBl. I S. 1266), vom 22. Dezember 2014 (BGBl. I S. 2417), vom 2. November 2015 (BGBl. I S. 1834), vom 18. Juli 2016 (BGBl. I S. 1679), vom 19. Juli 2016 (BGBl. I S. 1730), vom 23. Dezember 2016 (BGBl. I S. 3191), vom 23. Dezember 2016 (BGBl. I S. 3234), vom 10. März 2017 (BGBl. I S. 420), vom 23. Juni 2017 (BGBl. I S. 1822), vom 30. Juni 2017 (BGBl. I S. 2143), vom 18. Juli 2017 (BGBl. I S. 2730), vom 18. Juli 2017 (BGBl. I S. 2745), vom 11. Dezember 2018 (BGBl. I S. 2338), vom 20. November 2019 (BGBl. I S. 1626), vom 22. November 2019 (BGBl. I S. 1746), vom 26. November 2019 (BGBl. I S. 1794), vom 12. Dezember 2019 (BGBl. I S. 2451), vom 12. Dezember 2019 (BGBl. I S. 2652), vom 21. Dezember 2019 (BGBl. I S. 2875), vom 21. Dezember 2019 (BGBl. I S. 2886), vom 19. Juni 2020 (BGBl. I S. 1385), vom 29. Juni 2020 (BGBl. I S. 1512), vom 21. Dezember 2020 (BGBl. I S. 3096), vom 10. März 2021 (BGBl. I S. 330), vom 4. Mai 2021 (BGBl. I S. 882), vom 2. Juni 2021 (BGBl. I S. 1259), vom 3. Juni 2021 (BGBl. I S. 1309), vom 3. Juni 2021 (BGBl. I S. 1498), vom 20. August 2021 (BGBl. I S. 3932), vom 21. Dezember 2021 (BGBl. I S. 5250), vom 19. Oktober 2022 (BGBl. I S. 1743), vom 24. Oktober 2022 (BGBl. I S. 1838), vom 16. Dezember 2022 (BGBl. I S. 2294), vom 19. Juli 2023 (BGBl. I Nr. 194, vom 11. Dezember 2023 (BGBl. I Nr. 354), vom 27. März 2024 (BGBl. I Nr. 108), vom 15. Juli 2024 (BGBl. I Nr. 236), vom 23. Oktober 2024 (BGBl. I Nr. 323), vom 2. Dezember 2024 (BGBl. I Nr. 387), **vom 22. Dezember 2025 (BGBl. I Nr. 363), vom 22. Dezember 2025 (BGBl. I Nr. 369)**

Zu § 1 UStG

ERSTER ABSCHNITT
Steuergegenstand und Geltungsbereich

UStG § 1 Steuerbare Umsätze

(1) Der Umsatzsteuer unterliegen die folgenden Umsätze:

1. die Lieferungen und sonstigen Leistungen, die ein Unternehmer im Inland gegen Entgelt im Rahmen seines Unternehmens ausführt. Die Steuerbarkeit entfällt nicht, wenn der Umsatz auf Grund gesetzlicher oder behördlicher Anordnung ausgeführt wird oder nach gesetzlicher Vorschrift als ausgeführt gilt;
2. *weggefallen*
3. *weggefallen*
4. die Einfuhr von Gegenständen im Inland oder in den österreichischen Gebieten Jungholz und Mittelberg (Einfuhrumsatzsteuer);
5. der innergemeinschaftliche Erwerb im Inland gegen Entgelt.

(1 a) [1]Die Umsätze im Rahmen einer Geschäftsveräußerung an einen anderen Unternehmer für dessen Unternehmen unterliegen nicht der Umsatzsteuer. [2]Eine Geschäftsveräußerung liegt vor, wenn ein Unternehmen oder ein in der Gliederung eines Unternehmens gesondert geführter Betrieb im Ganzen entgeltlich oder unentgeltlich übereignet oder in eine Gesellschaft eingebracht wird. [3]Der erwerbende Unternehmer tritt an die Stelle des Veräußerers.

(2) [1]Inland im Sinne dieses Gesetzes ist das Gebiet der Bundesrepublik Deutschland mit Ausnahme des Gebiets von Büsingen, der Insel Helgoland, der Freizonen im Sinne des Artikels 243 des Zollkodex der Union (Freihäfen),

der Gewässer und Watten zwischen der Hoheitsgrenze und der jeweiligen Strandlinie sowie der deutschen Schiffe und der deutschen Luftfahrzeuge in Gebieten, die zu keinem Zollgebiet gehören. [2]Ausland im Sinne dieses Gesetzes ist das Gebiet, das danach nicht Inland ist. [3]Wird ein Umsatz im Inland ausgeführt, so kommt es für die Besteuerung nicht darauf an, ob der Unternehmer deutscher Staatsangehöriger ist, seinen Wohnsitz oder Sitz im Inland hat, im Inland eine Betriebsstätte unterhält, die Rechnung erteilt oder die Zahlung empfängt. [4]Zollkodex der Union bezeichnet die Verordnung (EU) Nr. 952/2013 des Europäischen Parlaments und des Rates vom 9. Oktober 2013 zur Festlegung des Zollkodex der Union (ABl. L 269 vom 10. 10. 2013, S. 1; L 287 vom 20. 10. 2013, S. 90) in der jeweils geltenden Fassung.

(2 a) [1]Das Gemeinschaftsgebiet im Sinne dieses Gesetzes umfasst das Inland im Sinne des Absatzes 2 Satz 1 und die Gebiete der übrigen Mitgliedstaaten der Europäischen Union, die nach dem Gemeinschaftsrecht als Inland dieser Mitgliedstaaten gelten (übriges Gemeinschaftsgebiet). [2]Das Fürstentum Monaco gilt als Gebiet der Französischen Republik; die Insel Man gilt als Gebiet des Vereinigten Königreichs Großbritannien und Nordirland. [3]Drittlandsgebiet im Sinne dieses Gesetzes ist das Gebiet, das nicht Gemeinschaftsgebiet ist.

(3) [1]Folgende Umsätze, die in den Freihäfen und in den Gewässern und Watten zwischen der Hoheitsgrenze und der jeweiligen Strandlinie bewirkt werden, sind wie Umsätze im Inland zu behandeln:

1. die Lieferungen und die innergemeinschaftlichen Erwerbe von Gegenständen, die zum Gebrauch oder Verbrauch in den bezeichneten Gebieten oder zur Ausrüstung oder Versorgung eines Beförderungsmittels bestimmt sind, wenn die Gegenstände
   a) nicht für das Unternehmen des Abnehmers erworben werden, oder
   b) vom Abnehmer ausschließlich oder zum Teil für eine nach § 4 Nummer 8 bis 27 und 29 steuerfreie Tätigkeit verwendet werden;
2. die sonstigen Leistungen, die
   a) nicht für das Unternehmen des Leistungsempfängers ausgeführt werden, oder
   b) vom Leistungsempfänger ausschließlich oder zum Teil für eine nach § 4 Nummer 8 bis 27 und 29 steuerfreie Tätigkeit verwendet werden;
3. die Lieferungen im Sinne des § 3 Abs. 1 b und die sonstigen Leistungen im Sinne des § 3 Abs. 9 a;
4. die Lieferungen von Gegenständen, die sich im Zeitpunkt der Lieferung
   a) in einem zollamtlich bewilligten Freihafen-Veredelungsverkehr oder in einer zollamtlich besonders zugelassenen Freihafenlagerung oder
   b) einfuhrumsatzsteuerrechtlich im freien Verkehr befinden;
5. die sonstigen Leistungen, die im Rahmen eines Veredelungsverkehrs oder einer Lagerung im Sinne der Nummer 4 Buchstabe a ausgeführt werden;
6. *weggefallen*
7. der innergemeinschaftliche Erwerb eines neuen Fahrzeugs durch die in § 1 a Abs. 3 und § 1 b Abs. 1 genannten Erwerber.

[2]Lieferungen und sonstige Leistungen an juristische Personen des öffentlichen Rechts sowie deren innergemeinschaftlicher Erwerb in den bezeichneten Gebieten sind als Umsätze im Sinne der Nummern 1 und 2 anzusehen, soweit der Unternehmer nicht anhand von Aufzeichnungen und Belegen das Gegenteil glaubhaft macht.

UStAE 1.1. Leistungsaustausch

Allgemeines

(1) [1]Ein Leistungsaustausch setzt voraus, dass Leistender und Leistungsempfänger vorhanden sind und der Leistung eine Gegenleistung (Entgelt) gegenübersteht. [2]Für die Annahme eines Leistungsaustauschs müssen Leistung und Gegenleistung in einem wechselseitigen Zusammenhang stehen. [3]§ 1 Abs. 1 Nr. 1 UStG setzt für den Leistungsaustausch einen unmittelbaren, nicht aber einen inneren (synallagmatischen) Zusammenhang zwischen Leistung und Entgelt voraus (BFH-Urteil vom 15. 4. 2010, V R 10/08, BStBl II S. 879). [4]Bei Leistungen, zu deren Ausführung sich die Vertragsparteien in einem gegenseitigen Vertrag verpflichtet haben, liegt grundsätzlich ein Leistungsaustausch vor (BFH-Urteil vom 8. 11. 2007, V R 20/05, BStBl 2009 II S. 483). [5]Auch wenn die Gegenleistung für die Leistung des Unternehmers nur im nichtunternehmerischen Bereich verwendbar ist (z.B. eine zugewendete Reise), kann sie Entgelt

sein. [6]Der Annahme eines Leistungsaustauschs steht nicht entgegen, dass sich die Entgelterwartung nicht erfüllt, dass das Entgelt uneinbringlich wird oder dass es sich nachträglich mindert (vgl. BFH-Urteil vom 22. 6. 1989, V R 37/84, BStBl II S. 913). [7]Dies gilt regelmäßig auch bei – vorübergehenden – Liquiditätsschwierigkeiten des Entgeltschuldners (vgl. BFH-Urteil vom 16. 3. 1993, XI R 52/90, BStBl II S. 562). [8]Auch wenn eine Gegenleistung freiwillig erbracht wird, kann ein Leistungsaustausch vorliegen (vgl. BFH-Urteil vom 17. 2. 1972, V R 118/71, BStBl II S. 405). [9]Leistung und Gegenleistung brauchen sich nicht gleichwertig gegenüberzustehen (vgl. BFH-Urteil vom 22. 6. 1989, V R 37/84, a.a.O.). [10]An einem Leistungsaustausch fehlt es in der Regel, wenn eine Gesellschaft Geldmittel nur erhält, damit sie in die Lage versetzt wird, sich in Erfüllung ihres Gesellschaftszwecks zu betätigen (vgl. BFH-Urteil vom 20. 4. 1988, X R 3/82, BStBl II S. 792; vgl. auch Abschnitt 1.6).

(2) [1]Zur Prüfung der Leistungsbeziehungen zwischen nahen Angehörigen, wenn der Leistungsempfänger die Leistung für Umsätze in Anspruch nimmt, die den Vorsteuerabzug nicht ausschließen, vgl. BFH-Urteil vom 15. 3. 1993, V R 109/89, BStBl II S. 728. [2]Zur rechtsmissbräuchlichen Gestaltung nach § 42 AO bei „Vorschaltung" von Minderjährigen in den Erwerb und die Vermietung von Gegenständen vgl. BFH-Urteile vom 21. 11. 1991, V R 20/87, BStBl 1992 II S. 446, und vom 4. 5. 1994, XI R 67/93, BStBl II S. 829. [3]Ist der Leistungsempfänger ganz oder teilweise nicht zum Vorsteuerabzug berechtigt, ist der Missbrauch von rechtlichen Gestaltungsmöglichkeiten sowohl bei der „Vorschaltung" von Ehegatten als auch bei der „Vorschaltung" von Gesellschaften nach den Grundsätzen der BFH-Urteile vom 22. 10. 1992, V R 33/90, BStBl 1993 II S. 210, vom 4. 5. 1994, XI R 67/93, a. a. O., und vom 18. 12. 1996, XI R 12/96, BStBl 1997 II S. 374, zu prüfen.

(3) [1]Der Leistungsaustausch umfasst alles, was Gegenstand eines Rechtsverkehrs sein kann. [2]Leistungen im Rechtssinne unterliegen aber nur insoweit der Umsatzsteuer, als sie auch Leistungen im wirtschaftlichen Sinne sind, d.h. Leistungen, bei denen ein über die reine Entgeltentrichtung hinausgehendes eigenes wirtschaftliches Interesse des Entrichtenden verfolgt wird (vgl. BFH-Urteil vom 31. 7. 1969, V 94/65, BStBl II S. 637). [3]Die bloße Entgeltentrichtung, insbesondere die Geldzahlung oder Überweisung, ist keine Leistung im wirtschaftlichen Sinne. [4]Das Anbieten von Leistungen (Leistungsbereitschaft) kann eine steuerbare Leistung sein, wenn dafür ein Entgelt gezahlt wird (vgl. BFH-Urteil vom 27. 8. 1970, V R 159/66, BStBl 1971 II S. 6). [5]Unter welchen Voraussetzungen bei der Schuldübernahme eine Leistung im wirtschaftlichen Sinne anzunehmen ist vgl. die BFH-Urteile vom 18. 4. 1962, V 246/59 S, BStBl III S. 292, und vom 31. 7. 1969, V 94/65, a. a. O.

(4) [1]Ein Leistungsaustausch liegt nicht vor, wenn eine Lieferung rückgängig gemacht wird (Rückgabe). [2]Ob eine nicht steuerbare Rückgabe oder eine steuerbare Rücklieferung vorliegt, ist aus der Sicht des ursprünglichen Lieferungsempfängers und nicht aus der Sicht des ursprünglichen Lieferers zu beurteilen (vgl. BFH-Urteile vom 27. 6. 1995, V R 27/94, BStBl II S. 756, und vom 12. 11. 2008, XI R 46/07, BStBl 2009 II S. 558).

(5) Zur Errichtung von Gebäuden auf fremden Boden vgl. BMF-Schreiben vom 23.07.1986, BStBl I S. 432, zur umsatzsteuerrechtlichen Behandlung von Erschließungsmaßnahmen vgl. BMF-Schreiben vom 07.06.2012, BStBl I S. 621, und zu Kraftstofflieferungen im Kfz-Leasingbereich **sowie im Tankkartengeschäft** vgl. BMF-Schreiben vom 15.06.2004, BStBl I S. 605, **und vom 21.01.2025, BStBl I S. 371**.

(5 a) Zur umsatzsteuerrechtlichen Behandlung von Bitcoin und anderen sog. virtuellen Währungen vgl. BMF-Schreiben vom 27. 2. 2018, BStBl I S. 316.

(5 b) Zur umsatzsteuerrechtlichen Beurteilung des Verlegeranteils an den Einnahmen aus gesetzlichen Vergütungsansprüchen nach § 27 sowie §§ 54, 54 a und 54 c UrhG sowie aus urheberrechtlichen Nutzungsrechten vgl. BMF-Schreiben vom 14. 10. 2021, BStBl I S. 2133.

Beistellungen

(6) [1]Bei der Abgrenzung zwischen steuerbarer Leistung und nicht steuerbarer Beistellung von Personal des Auftraggebers ist unter entsprechender Anwendung der Grundsätze der sog. Materialbeistellung (vgl. Abschnitt 3.8 Abs. 2 bis 4) darauf abzustellen, ob der Auftraggeber an den Auftragnehmer selbst eine Leistung (als Gegenleistung) bewirken oder nur zur Erbringung der Leistung durch den Auftragnehmer beitragen will. [2]Soweit der Auftraggeber mit der Beistellung seines Personals an der Erbringung der

bestellten Leistung mitwirkt, wird dadurch zugleich auch der Inhalt der gewollten Leistung näher bestimmt. [3]Ohne entsprechende Beistellung ist es Aufgabe des Auftragnehmers, sämtliche Mittel für die Leistungserbringung selbst zu beschaffen. [4]Daher sind Beistellungen nicht Bestandteil des Leistungsaustauschs, wenn sie nicht im Austausch für die gewollte Leistung aufgewendet werden (vgl. BFH-Urteil vom 15. 4. 2010, V R 10/08, BStBl II S. 879).

(7) [1]Eine nicht steuerbare Beistellung von Personal des Auftraggebers setzt voraus, dass das Personal nur im Rahmen der Leistung des Auftragnehmers für den Auftraggeber eingesetzt wird (vgl. BFH-Urteil vom 6. 12. 2007, V R 42/06, BStBl 2009 II S. 493). [2]Der Einsatz von Personal des Auftraggebers für Umsätze des Auftragnehmers an Drittkunden muss vertraglich und tatsächlich ausgeschlossen sein. [3]Der Auftragnehmer hat dies sicherzustellen und trägt hierfür die objektive Beweislast. [4]Die Entlohnung des überlassenen Personals muss weiterhin ausschließlich durch den Auftraggeber erfolgen. [5]Ihm allein muss auch grundsätzlich das Weisungsrecht obliegen. [6]Dies kann nur in dem Umfang eingeschränkt und auf den Auftragnehmer übertragen werden, soweit es zur Erbringung der Leistung erforderlich ist.

Beispiele für einen Leistungsaustausch

(8) [1]Die Übernahme einer Baulast gegen ein Darlehen zu marktunüblich niedrigen Zinsen kann einen steuerbaren Umsatz darstellen (vgl. BFH-Beschluss vom 12. 11. 1987, V B 52/86, BStBl 1988 II S. 156). [2]Vereinbart der Bauherr einer Tiefgarage mit einer Gemeinde den Bau und die Zurverfügungstellung von Stellplätzen für die Allgemeinheit und erhält er dafür einen Geldbetrag, ist in der Durchführung dieses Vertrags ein Leistungsaustausch mit der Gemeinde zu sehen (vgl. BFH-Urteil vom 13. 11. 1997, V R 11/97, BStBl 1998 II S. 169).

(8 a) Die Zustimmung zur vorzeitigen Auflösung eines Beratervertrages gegen „Schadensersatz" kann eine sonstige Leistung sein (BFH-Urteil vom 7. 7. 2005, V R 34/03, BStBl 2007 II S. 66).

(9) [1]Die geschäftsmäßige Ausgabe nicht börsengängiger sog. Optionen (Privatoptionen) auf Warenterminkontrakte gegen Zahlung einer Prämie ist eine steuerbare Leistung (BFH-Urteil vom 28. 11. 1985, V R 169/82, BStBl 1986 II S. 160). [2]Die entgeltliche Anlage und Verwaltung von Vermögenswerten ist grundsätzlich steuerbar. [3]Dies gilt auch dann, wenn sich der Unternehmer im Auftrag der Geldgeber treuhänderisch an einer Anlagegesellschaft beteiligt und deren Geschäfte führt (BFH-Urteil vom 29. 1. 1998, V R 67/96, BStBl II S. 413).

(10) Zahlt ein Apotheker einem Hauseigentümer dafür etwas, dass dieser Praxisräume einem Arzt (mietweise oder unentgeltlich) überlässt, kann zwischen dem Apotheker und dem Hauseigentümer ein eigener Leistungsaustausch vorliegen (BFH-Urteile vom 20. 2. 1992, V R 107/87, BStBl II S. 705, und vom 15. 10. 2009, XI R 82/07, BStBl 2010 II S. 247).

(11) [1]Die Freigabe eines Fußballvertragsspielers oder Lizenzspielers gegen Zahlung einer Ablöseentschädigung vollzieht sich im Rahmen eines Leistungsaustauschs zwischen abgebendem und aufnehmendem Verein (vgl. BFH-Urteil vom 31. 8. 1955, V 108/55 U, BStBl III S. 333). [2]Das gilt auch, wenn die Ablöseentschädigung für die Abwanderung eines Fußballspielers in das Ausland von dem ausländischen Verein gezahlt wird; zum Ort der Leistung in derartigen Fällen vgl. Abschnitt 3 a.9 Abs. 2 Satz 4.

(12) [1]Für die Frage, ob im Verhältnis zwischen Gesellschaft und Gesellschafter entgeltliche Leistungen vorliegen, gelten keine Besonderheiten, so dass es nur darauf ankommt, ob zwischen Leistenden und Leistungsempfänger ein Rechtsverhältnis besteht, das einen unmittelbaren Zusammenhang zwischen der Leistung und einem erhaltenen Gegenwert begründet (vgl. BFH-Urteile vom 6. 6. 2002, V R 43/01, BStBl 2003 II S. 36, und vom 5. 12. 2007, V R 60/05, BStBl 2009 II S. 486, und Abschnitt 1.6). [2]Entgeltliche Geschäftsführungs- und Vertretungsleistungen sind unabhängig von der Rechtsform des Leistungsempfängers auch dann steuerbar, wenn es sich beim Leistenden um ein Organ des Leistungsempfängers handelt. [3]Geschäftsführungs- und Vertretungsleistungen, die ein Mitglied des Vereinsvorstands gegenüber dem Verein gegen Gewährung von Aufwendungsersatz erbringt, sind deshalb ebenso steuerbar wie die entgeltliche Tätigkeit eines Kassenarztes als Vorstandsmitglied einer kassenärztlichen Vereinigung (vgl. BFH-Urteil vom 14. 5. 2008, XI R 70/07, BStBl II S. 912).

(12a) [1]Sogenannte fiduziarische (unselbständige) Stiftungen werden in der Regel durch einen Vertrag zwischen einem Stifter und einem Treuhänder errichtet. [2]Der Stifter überträgt dabei Vermögen an die Stiftung. [3]Mangels Rechtsfähigkeit wird die Stiftung im Rechtsverkehr durch den Treuhänder vertreten. [4]Die unternehmerische Tätigkeit des Treuhänders umfasst nach den Grundsätzen der Unternehmenseinheit (vgl. BFH-Urteil vom 16.12.2020 – XI R 13/19, BStBl II 2022 S. 389) auch die Tätigkeit der unselbständigen Stiftung. [5]Diese verfügt über keine eigenen Organe, um auf Dauer im Namen der Stiftung nach außen auftreten zu können (vgl. auch Abschnitt 2.2 Abs. 7). [6]Die Verwaltung von fiduziarischen Stiftungen durch den Treuhänder kann eine steuerbare und steuerpflichtige sonstige Leistung gegen Entgelt sein, wenn ein entgeltlicher Vertrag mit dem Stifter besteht und das Vermögen als Sondervermögen getrennt geführt wird, vgl. BFH-Urteil vom 05.12.2024 – V R 13/22, BStBl II 2025 S. 978.

(13) [1]Werden auf Grund des BauGB Betriebsverlagerungen vorgenommen, handelt es sich dabei um umsatzsteuerbare Leistungen des betreffenden Unternehmers an die Gemeinde oder den Sanierungsträger; das Entgelt für diese Leistungen besteht in den Entschädigungsleistungen. [2]Reichen die normalen Entschädigungsleistungen nach dem BauGB nicht aus und werden zur anderweitigen Unterbringung eines von der städtebaulichen Sanierungsmaßnahme betroffenen gewerblichen Betriebs zusätzliche Sanierungsfördermittel in Form von Zuschüssen eingesetzt, sind sie als Teil des Entgelts für die oben bezeichnete Leistung des Unternehmers anzusehen.

(13 a) Zur umsatzsteuerrechtlichen Behandlung des Staatsdrittels bei Maßnahmen nach §§ 3, 13 des EBKrG vgl. BMF-Schreiben vom 1. 2. 2013, BStBl I S. 182.

(13 b) Ein Unternehmer, der die Verpflichtung eines kommunalen Zweckverbands zur Versorgung der Bevölkerung mit Trinkwasser übernimmt und dafür einen vertraglichen Anspruch gegen den Zweckverband auf Weiterleitung von Fördermitteln erlangt, die dieser erhält, erbringt grundsätzlich eine steuerbare Leistung gegen Entgelt (vgl. BFH-Urteil vom 10. 8. 2016, XI R 41/14, BStBl 2017 II S. 590).

Kein Leistungsaustausch

(14) Die Unterhaltung von Giro-, Bauspar- und Sparkonten stellt für sich allein keine Leistung im wirtschaftlichen Sinne dar (vgl. BFH-Urteil vom 1. 2. 1973, V R 2/70, BStBl II S. 172).

(15) [1]Eine Personengesellschaft erbringt bei der Aufnahme eines Gesellschafters gegen Bar- oder Sacheinlage an diesen keinen steuerbaren Umsatz (vgl. BFH-Urteil vom 1. 7. 2004, V R 32/00, BStBl II S. 1022). [2]Nicht steuerbar sind auch die Ausgabe von neuen Aktien zur Aufbringung von Kapital, die Aufnahme von atypisch stillen Gesellschaftern und die Ausgabe von nichtverbrieften Genussrechten, die ein Recht am Gewinn eines Unternehmens begründen.

(15 a) Die Gewährung einer Mitgliedschaft in einem Verein, die eine Beitragspflicht auslöst, stellt keinen Umsatz dar (vgl. BFH-Urteil vom 12. 12. 2012, XI R 30/10, BStBl 2013 II S. 348).

(16) [1]Personalgestellungen und -überlassungen gegen Entgelt, auch gegen Aufwendungsersatz, erfolgen grundsätzlich im Rahmen eines Leistungsaustauschs. [2]Jedoch liegt u. a. in den folgenden Beispielsfällen bei der Freistellung von Arbeitnehmern durch den Unternehmer gegen Erstattung der Aufwendungen wie Lohnkosten, Sozialversicherungsbeiträge und dgl. mangels eines konkretisierbaren Leistungsempfängers kein Leistungsaustausch vor:
Freistellung

1. für Luftschutz- und Katastrophenschutzübungen;
2. für Sitzungen des Gemeinderats oder seiner Ausschüsse;
3. an das Deutsche Rote Kreuz, das Technische Hilfswerk, den Malteser Hilfsdienst, die Johanniter Unfallhilfe oder den Arbeiter Samariter Bund;
4. an die Feuerwehr für Zwecke der Ausbildung, zu Übungen und zu Einsätzen;
5. für Wehrübungen;
6. zur Teilnahme an der Vollversammlung einer Handwerkskammer, an Konferenzen, Lehrgängen und dgl. einer Industriegewerkschaft, für eine Tätigkeit im Vorstand des Zentralverbands Deutscher Schornsteinfeger e. V., für die Durchführung der Gesellenprüfung im Schornsteinfegerhandwerk, zur Mitwirkung im Gesellenausschuss nach § 69 Abs. 4 HwO;

7. für Sitzungen der Vertreterversammlung und des Vorstands der Verwaltungsstellen der Bundesknappschaft;
8. für die ehrenamtliche Tätigkeit in den Selbstverwaltungsorganen der Allgemeinen Ortskrankenkassen, bei Innungskrankenkassen und ihren Verbänden;
9. als Heimleiter in Jugenderholungsheimen einer Industriegewerkschaft;
10. von Bergleuten für Untersuchungen durch das Berufsgenossenschaftliche Forschungsinstitut für Arbeitsmedizin;
11. für Kurse der Berufsgenossenschaft zur Unfallverhütung;
12. von Personal durch den Arbeitgeber an eine Betriebskrankenkasse gegen Personalkostenerstattung nach § 147 Abs. 2 a SGB V;
13. für die Entsendung von Mitgliedern in die Arbeitsrechtliche Kommission des Diakonischen Werks und des Deutschen Caritasverbandes.

[3]Dies gilt entsprechend für Fälle, in denen der Unternehmer zur Freistellung eines Arbeitnehmers für öffentliche oder gemeinnützige Zwecke nach einem Gesetz verpflichtet ist, soweit dieses Gesetz den Ersatz der insoweit entstandenen Lohn- und Lohnnebenkosten vorschreibt.

(17) [1]Das Bestehen einer Gewinngemeinschaft (Gewinnpoolung) beinhaltet für sich allein noch keinen Leistungsaustausch zwischen den Beteiligten (vgl. BFH-Urteil vom 26. 7. 1973, V R 42/70, BStBl II S. 766). [2]Bei einer Innengesellschaft ist kein Leistungsaustausch zwischen Gesellschaftern und Innengesellschaft, sondern nur unter den Gesellschaftern denkbar (vgl. BFH-Urteil vom 27. 5. 1982, V R 110 und 111/81, BStBl II S. 678).

(18) [1]Nach § 181 BauGB soll die Gemeinde bei der Durchführung des BauGB zur Vermeidung oder zum Ausgleich wirtschaftlicher Nachteile, die für den Betroffenen in seinen persönlichen Lebensumständen eine besondere Härte bedeuten, auf Antrag einen Geldausgleich im Billigkeitswege gewähren. [2]Ein solcher Härteausgleich ist, wenn er einem Unternehmer gezahlt wird, nicht als Entgelt für eine steuerbare Leistung des Unternehmers gegenüber der Gemeinde anzusehen; es handelt sich vielmehr um eine nicht steuerbare Zuwendung. [3]Das Gleiche gilt, wenn dem Eigentümer eines Gebäudes ein Zuschuss gewährt wird

1. für Modernisierungs- und Instandsetzungsmaßnahmen nach § 177 BauGB;
2. für Modernisierungs- und Instandsetzungsmaßnahmen im Sinne des § 177 BauGB, zu deren Durchführung sich der Eigentümer gegenüber der Gemeinde vertraglich verpflichtet hat;
3. für andere der Erhaltung, Erneuerung und funktionsgerechten Verwendung dienende Maßnahmen an einem Gebäude, das wegen seiner geschichtlichen, künstlerischen oder städtebaulichen Bedeutung erhalten bleiben soll, zu deren Durchführung sich der Eigentümer gegenüber der Gemeinde vertraglich verpflichtet hat;
4. [1]für die Durchführung einer Ordnungsmaßnahme nach § 146 Abs. 3 BauGB, soweit der Zuschuss dem Grundstückseigentümer als Gebäude-Restwertentschädigung gezahlt wird. [2]Werden im Rahmen der Maßnahme die beim Grundstückseigentümer anfallenden Abbruchkosten gesondert vergütet, sind diese Beträge Entgelt für eine steuerbare und steuerpflichtige Leistung des Grundstückseigentümers an die Gemeinde.

[4]Voraussetzung ist, dass in den Fällen der Nummern 2 und 3 der Zuschuss aus Sanierungsförderungsmitteln zur Deckung der Kosten der Modernisierung und Instandsetzung nur insoweit gewährt wird, als diese Kosten nicht vom Eigentümer zu tragen sind.

(19) [1]Der Übergang eines Grundstücks im Flurbereinigungsverfahren nach dem FlurbG und im Umlegungsverfahren nach dem BauGB unterliegt grundsätzlich nicht der Umsatzsteuer. [2]In den Fällen der Unternehmensflurbereinigung (§§ 87 bis 89 FlurbG) ist die Bereitstellung von Flächen insoweit umsatzsteuerbar, als dafür eine Geldentschädigung gezahlt wird. [3]Ggf. kommt die Steuerbefreiung nach § 4 Nr. 9 Buchstabe a UStG in Betracht.

(20) [1]Die Teilnahme eines Händlers an einem Verkaufswettbewerb seines Lieferanten, dessen Gegenstand die vertriebenen Produkte sind, begründet regelmäßig keinen Leistungsaustausch (BFH-Urteil vom 9. 11. 1994, XI R 81/92, BStBl 1995 II S. 277). [2]Zur umsatzsteuerlichen Behandlung von Verkaufswettbewerben vgl. auch Abschnitte 10.1 und 10.3.

(21) [1]In den Fällen des Folgerechts beim Weiterverkauf des Originals eines Werks der bildenden Künste (vgl. § 26 UrhG) besteht zwischen dem Anspruchsberechtigten (Urheber bzw. Rechtsnachfolger) und dem Zahlungsverpflichteten (Veräußerer) auf Grund mangelnder vertraglicher Beziehungen kein Leistungsaustauschverhältnis. **[2]Zur umsatzsteuerlichen Behandlung der reichweitenabhängigen Zusatzvergütungen an Urheber gemäß § 32a Abs. 2 UrhG als Entgelt von dritter Seite vgl. BFH-Urteil vom 08.05.2024 – XI R 16/20, BStBl II S. 662.**

(22) [1]Das Rechtsinstitut der „Fautfracht" (§ 415 Abs. 2 HGB) versteht sich als eine gesetzlich festgelegte, pauschale Kündigungsentschädigung, die weder Leistungsentgelt noch Schadensersatz ist. [2]Entsprechendes gilt für andere vergleichbare pauschale Kündigungsentschädigungen wie z. B. sog. Bereitstellungsentgelte, die ein Speditionsunternehmen erhält, wenn eine Zwangsräumung kurzfristig von dem Gerichtsvollzieher abgesagt wird (vgl. BFH-Urteil vom 30. 6. 2010, XI R 22/08, BStBl II S. 1084).

(23) [1]Weist der Empfänger von Zuwendungen aus einem Sponsoringvertrag auf Plakaten, in Veranstaltungshinweisen, in Ausstellungskatalogen, auf seiner Internetseite oder in anderer Weise auf die Unterstützung durch den Sponsor lediglich hin, erbringt er insoweit keine Leistung im Rahmen eines Leistungsaustausches. [2]Dieser Hinweis kann unter Verwendung des Namens, Emblems oder Logos des Sponsors, jedoch ohne besondere Hervorhebung oder Verlinkung zu dessen Internetseiten, erfolgen. [3]Dies gilt auch, wenn der Sponsor auf seine Unterstützung in gleicher Art und Weise lediglich hinweist. [4]Dagegen ist von einer Leistung des Zuwendungsempfängers an den Sponsor auszugehen, wenn dem Sponsor das ausdrückliche Recht eingeräumt wird, die Sponsoringmaßnahme im Rahmen eigener Werbung zu vermarkten.

(24) [1]Die Teilnahme an einem Wettbewerb (Pferderennen, Pokerturnieren, sportlichen Wettbewerben, Schönheitskonkurrenzen, Ausscheidungsspielen und Ähnlichem) stellt nur dann eine gegen Entgelt erbrachte Dienstleistung dar, wenn der Veranstalter für sie eine von der Platzierung unabhängige Vergütung zahlt (z. B. Antrittsgelder oder platzierungsunabhängige Preisgelder). [2]Eine Staffelung der Vergütung ist insoweit unschädlich. [3]Platzierungsabhängige Preisgelder des Veranstalters stellen kein Entgelt für die Teilnahme an einem Wettbewerb dar, da sie nicht für die Teilnahme gezahlt werden, sondern für die Erzielung eines bestimmten Wettbewerbsergebnisses (vgl. EuGH-Urteil vom 10. 11. 2016, C-432/15, Baštová, sowie BFH-Urteile vom 30. 8. 2017, XI R 37/14, BStBl 2019 II S. 336, und vom 2. 8. 2018, V R 21/16, BStBl 2019 II S. 339). **[4]Dies gilt auch, wenn die Zahlung des Preisgeldes oder eines Anteils dessen nicht vom Veranstalter selbst, sondern rechtlich durch einen Dritten erfolgt, der das Preisgeld seinerseits vom Veranstalter erhalten hat; auch in diesem Fall erfolgt die Zahlung für das Wettbewerbsergebnis und stellt kein Entgelt für andere (ggf. steuerbare) Leistungen des Leistenden dar (vgl. BFH-Urteil vom 10.06.2020 – XI R 25/18, BStBl II 2025 S. 821, zum Fall eines Berufsreiters, der vom Eigentümer des Pferdes bei erfolgreicher Turnierteilnahme einen Anteil am Preisgeld erhält). [5]Zur Abgrenzung von einer einheitlichen steuerbaren Leistung, die zum Beispiel in Unterbringung, Training und Turnierteilnahme von Pferden besteht und durch Beteiligung des Stallbetreibers und Trainers am Anspruch auf die mit den Pferden bei Turnieren gewonnenen Preisgelder vergütet wird, vgl. EuGH-Urteil vom 09.02.2023, C-713/21, Finanzamt X (Prestations du propriétaire d'une écurie).**

(25) Die sonstige Leistung der Veranstalter von Glücksspielen (Automatenaufsteller, Spielbankbetreiber etc.) besteht in der Zulassung zum Spiel gegen Gewinnchance; der Einsatz der Spieler steht im unmittelbaren Zusammenhang mit der Durchführung des Spiels und ist **nach Maßgabe des BMF-Schreibens vom 05.07.1994, BStBl I S. 465, geändert durch BMF-Schreiben vom 05.11.2021, BStBl I S. 2223,** daher entgeltliche Gegenleistung für die Teilnahme.

(26) [1]Sogenannte Marktgebühren, die eine Erzeugerorganisation beim Ankauf von Lebensmitteln von ihren Mitgliedern für die Vermarktung der Lebensmittel erhebt, stellen kein Entgelt für eine sonstige Leistung der Erzeugerorganisation dar, sondern mindern die Bemessungsgrundlage der Lieferungen der Mitglieder an die Erzeugerorganisation, wenn die diesen Kosten zugrundeliegenden Aufwendungen im eigenen Interesse der Erzeugerorganisation liegen (vgl. BFH-Beschluss vom 13. 09. 2022 – XI R 8/20, BStBl II 2023 S. 728). [2]Ein Schlachthof, der beim Erwerb von zur Schlachtung bestimmten Tieren die im Rahmen der Schlachtung anfallenden Kosten (sog. Vorkosten, z. B. die Kosten für das Qualitätsmanagement einschließlich Kosten für den Veterinär, für die Prüfung der Betriebe der Kunden, für die Einhal-

tung der erhöhten Hygienevorschriften und die Kosten zur Gewährleistung der Rückverfolgbarkeit der Tiere) vom Kaufpreis für das jeweilige Tier abzieht, erbringt ebenfalls keine sonstigen Leistungen an die Lieferanten der Tiere, wenn die diesen Kosten zugrundeliegenden Vorgänge auch im eigenen Interesse des Schlachthofs liegen. [3]Auch in diesem Fall liegt eine Minderung des Entgelts für die Lieferung der Tiere vor.

Anmerkung

1. Allgemeines zum Leistungsaustausch

Der Begriff des „Leistungsaustauschs" ist so in § 1 Abs. 1 UStG nicht enthalten, sondern durch die Aussage „Lieferungen und sonstige Leistungen gegen Entgelt" beschrieben.

Der Unternehmer muss danach eine Leistung gegen Entgelt ausführen. Dazu muss ein **Leistungsaustausch** zwischen dem leistenden Unternehmer und einem Leistungsempfänger vorliegen; der Leistende muss erkennbar um einer Gegenleistung willen seine Leistung ausführen. Dabei ist es nicht entscheidend, ob die Gegenleistung in „Geld" besteht oder der Unternehmer (im Rahmen eines Tauschs oder eines tauschähnlichen Umsatzes) eine Lieferung oder eine sonstige Leistung als Gegenleistung erhält, die Gegenleistung muss lediglich in Geld bewertbar sein. Es muss sich dabei auch um eine wirtschaftliche Tätigkeit handeln, bei der der Leistende ein gewisses wirtschaftliches Risiko trägt (vgl. dazu auch EuGH, Urt. v. 13.6.2019 – C-420/18, IO, BFH/NV 2019, 1053 zur Frage der unternehmerischen Betätigung eines Aufsichtsratsmitglieds; nachfolgend BFH, Urt. v. 27.11.2019 – V R 23/19, BFH/NV 2020, 480). Auch ist es ausreichend, dass der Unternehmer in Erwartung einer Gegenleistung tätig wird. Fällt die Gegenleistung geringer als erwartet aus oder entfällt sie vollständig, kann es sich trotzdem noch um einen steuerbaren Umsatz handeln – es kann dann eine Änderung der Bemessungsgrundlage nach § 17 Abs. 2 Nr. 1 UStG vorliegen. Gibt ein Unternehmer einen Gutschein in Umlauf, der dessen Besitzer berechtigt, eine Leistung des Unternehmers kostenlos in Anspruch zu nehmen, liegt i. d. R. kein entgeltlicher Leistungsaustausch vor (BFH, Urt. v. 19.11.2014 – V R 55/13, BStBl II 2015, 944). Da die Voraussetzung des Leistungsaustauschs nicht weiter gesetzlich definiert ist, muss das Vorliegen **unmittelbar aus der Norm heraus begründet** werden. Insbesondere kann keine unmittelbare Bezugnahme auf § 10 UStG genommen werden, da in dieser Rechtsnorm nur eine Bestimmung der Besteuerungsgrundlage der Höhe nach vorgenommen wird. Da die Voraussetzung des Leistungsaustauschs nicht anderweitig definiert ist, ist die Abgrenzung, ob ein solcher Leistungsaustausch vorliegt oder nicht, eine der wesentlichen Rechtsfragen, die unmittelbar aus § 1 Abs. 1 Nr. 1 UStG abgeleitet werden muss.

2. Leistungsaustausch bei platzierungsabhängigen Preisgeldern

2.1 Grundsätze

Ein Unternehmer realisiert einen steuerbaren Umsatz u. a. dann, wenn er eine Leistung in erkennbarer Absicht eine Gegenleistung zu erhalten ausführt. Umstritten war, ob die Teilnahme an Turnieren oder Wettbewerben, bei denen der Teilnehmende nur die Möglichkeit hatte, ein **platzierungsabhängiges Entgelt** zu erhalten, einen Leistungsaustausch begründen kann und damit zu einem steuerbaren Umsatz führt. Der BFH (Urt. v. 9.3.1972 – V R 32/69, BStBl II 1972, 556) war früher davon ausgegangen, dass die als Belohnung i. S. d. § 657 BGB für das erfolgreiche Teilnehmen an Pferderennen empfangenen Rennpreise Entgelte für eine von dem Rennstallbesitzer erbrachte sonstige Leistung sind.

Entgegen der früher national vertretenen Rechtsauffassung hatte allerdings der **EuGH** (Urt. v. 10.11.2016 – C-432/15, Baštová, UR 2016, 913) entschieden, dass die Überlassung eines Pferds durch einen Unternehmer an den Veranstalter eines Pferderennens zwecks Teilnahme des Pferds an diesem Rennen keine gegen Entgelt erbrachte Dienstleistung darstellt, wenn für sie weder ein Antrittsgeld noch eine andere unmittelbare Vergütung gezahlt wird und nur die Eigentümer der Pferde mit einer erfolgreichen Platzierung in dem Rennen ein Preisgeld erhalten. Die Überlassung eines Pferds stellt aber dann eine gegen Entgelt erbrachte Dienstleistung dar, wenn der Veranstalter für sie eine von der Platzierung des Pferds in dem Rennen unabhängige Vergütung zahlt. Der BFH (Urt. v. 30.8.2017 – XI R 37/14, BFH/NV 2017, 1689 – zum Berufspokerspieler; Urt. v. 2.8.2018 – V R 21/16, BFH/NV 2019, 174) hatte sich in der Folge der Rechtsauffassung des EuGH angeschlossen.

Hinweis: Rechtsprechung gilt auch für Reiter, allerdings vom Einzelfall abhängig

Nach der Rechtsprechung des BFH und EuGH sind die Grundsätze auch in weiteren Fällen anwendbar; vgl. dazu 2.3.

2.2 Erste Umsetzung durch die Finanzverwaltung

Die **Finanzverwaltung** (BMF, Schreiben v. 27.5.2019) hat die Vorgaben aus der europäischen und nationalen Rechtsprechung umgesetzt und den UStAE in Abschn. 1.1 Abs. 24 und Abs. 25 UStAE angepasst. Eine Teilnahme an einem Wettbewerb, für die nur eine von der Platzierung abhängige Vergütung erzielt werden kann, wird nicht im Leistungsaustausch ausgeführt und führt damit nicht zu einem steuerbaren Umsatz.

Hinweis: Weiterer Anwendungsbereich

Die Regelung gilt für alle Arten von Wettbewerben, wie z. B. Pferderennen, Pokerturniere, sportliche Wettbewerbe, Schönheitskonkurrenzen oder Ausscheidungsspiele. Die Grundsätze gelten auch für die Teilnahme an Tierleistungsprüfungen.

Bei der Teilnahme an solchen Wettbewerben muss abgegrenzt werden, ob der Teilnehmende eine Gegenleistung für die Teilnahme an dem Wettbewerb als solchem erhält oder ob er nur eine Zahlung erhält, wenn er eine bestimmte Platzierung erreicht.

Die Teilnahme an einem Wettbewerb ist dann **eine gegen Entgelt ausgeführte sonstige Leistung** (und führt dann unter den weiteren Bedingungen zu einem steuerbaren Umsatz), wenn der Veranstalter für sie eine von der Platzierung unabhängige Vergütung zahlt. Dies können z. B. Antrittsgelder oder von der erreichten Platzierung unabhängige „Preisgelder" sein. Unerheblich ist in diesen Fällen, ob die „Preisgelder" gestaffelt ausgelobt werden, insoweit wäre nicht die Zahlung als solche, sondern nur die Höhe ungewiss.

Erhält der Teilnehmende nur eine Zahlung, wenn er eine **bestimmte Platzierung erreicht**, bekommt er diese Zahlung nicht für die Teilnahme an dem Wettbewerb, sondern für die Erreichung eines bestimmten Wettbewerbsergebnisses. Damit ist in diesen Fällen grundsätzlich ungewiss, ob der Teilnehmende überhaupt eine Zahlung erhält. Es liegt dann kein Leistungsaustausch vor.

Hinweis: Keine Anwendung bei Glücksspielen

Veranstalter von Glücksspielen (z. B. Automatenaufsteller oder Spielbankbetreiber) fallen nicht unter diese Regelungen. In diesem Fall erbringen sie gegenüber dem Spieler eine steuerbare sonstige Leistung, die in dem Angebot des Glücksspiels besteht.

Allgemein ausgedrückt führt die Teilnahme an Wettbewerben aller Art dann zu einer steuerbaren und steuerpflichtigen Leistung, wenn **allein schon die Teilnahme eine Gegenleistung auslöst**. Dass eventuell die Höhe der Gegenleistung – wie es bei **gestaffelten Preisgeldern** möglich ist – ungewiss ist, ist dann für die Einordnung als steuerbarer Leistungsaustausch unerheblich. Wenn aber grundsätzlich ungewiss ist, ob der Teilnehmende überhaupt eine Zahlung erhält, ist keine Verknüpfung zwischen einer ausgeführten Leistung und einer erwartbaren Gegenleistung vorhanden, sodass kein Leistungsaustausch vorliegt.

Hinweis: Weiterreichende Konsequenzen

Die Unterscheidung in nicht steuerbare platzierungsabhängige Preisgelder und im Rahmen eines Leistungsaustauschs erbrachte unternehmerische Teilnahme an Wettbewerben hat nicht nur einen Einfluss auf die Besteuerung (oder Nichtbesteuerung) von Ausgangsleistungen. Auch für den Vorsteuerabzug aus damit im Zusammenhang stehenden Eingangsleistungen hat dies entscheidende Bedeutung. Soweit der Teilnehmende nur die Möglichkeit hat, ein platzierungsabhängiges Preisgeld zu erhalten, ist er insoweit auch für die damit zusammenhängenden Eingangsleistungen vom Vorsteuerabzug ausgeschlossen.

Die Finanzverwaltung beanstandete es nicht, wenn die Beteiligten bei der Zahlung platzierungsabhängiger Preisgelder an einer **vor dem 1.7.2019 stattfindenden Veranstaltung** einvernehmlich noch von einem Leistungsaustausch ausgingen.

2.3 Finanzverwaltung zu den Reitern

Nach der **weiteren Rechtsprechung des BFH** (Urt. v. 10.6.2020 – XI R 25/18, BStBl II 2025, 821) sind auch Preisgelder, die ein **Reiter** im Falle einer erfolgreichen Teilnahme an einem Turnier (vom Veranstalter oder vom Eigentümer des Pferdes) erhält, **kein Entgelt für eine steuerbare Leistung** des Reiters. Zur weiteren Abgrenzung hatte der BFH (Beschl. v. 27.7.2021 – V R 40/20, BFH/NV 2022, 22) später den **EuGH** angerufen. In dem Sachverhalt ging es um den **Inhaber eines Ausbildungsstalls** für Turnierpferde, der gegenüber den Pferdeeigentümern eine Leistung ausführte, die aus Unterbringung, Training und Turnierteilnahme besteht. Der Inhaber des Ausbildungsstalls, der auch Reiter war, erhielt als „Gegenleistung" nur einen Anspruch auf die Hälfte des bei Turnieren erhaltenen Preisgelds. Der BFH fragte den EuGH, ob insoweit eine Leistung gegen Entgelt vorliegt. Der EuGH (Urt. v. 9.2.2023 – C-713/21, Finanzamt X, UR 2023, 187) hat dazu entschieden, dass die **einheitliche Leistung** des Inhabers eines Ausbildungsstalls für Turnierpferde, die aus Unterbringung, Training und Turnierteilnahme von Pferden besteht, eine sonstige Leistung gegen Entgelt darstellt, wenn der Eigentümer der Pferde diese Leistung durch hälftige Abtretung des ihm bei einer erfolgreichen Turnierteilnahme seiner Pferde zustehenden Anspruchs auf die gewonnenen Preisgelder vergütet.

Die **Finanzverwaltung** hat 2025 (BMF, Schreiben v. 3.11.2025, BStBl I 2025, 1853) die Entscheidung des BFH zur Zahlung eines Preisgelds an einen Reiter in den UStAE mit aufgenommen. Ohne weitere inhaltliche Aussagen wird ein Hinweis auf die Entscheidung des EuGH zur Aufteilung von Leistungen aus 2023 aufgenommen.

Hinweis: Einzelfall entscheidend

Nach der Rechtsprechung des BFH (Urt. v. 10.6.2020 – XI R 25/18, BStBl II 2025, 821) stehen aber Aufwendungen für die Vorbereitung und Teilnahme von Pferden an Turnieren bei einem Unternehmer, der einen Turnier- und Ausbildungsstall betreibt, in einem direkten und unmittelbaren Zusammenhang mit seiner gesamten wirtschaftlichen Tätigkeit, wenn die Pferde tatsächlich für den Verkauf bestimmt sind oder die Teilnahme an Turnieren objektiv ein Mittel zur Förderung der wirtschaftlichen Tätigkeit seines Unternehmens ist. Soweit es sich um Repräsentationsaufwendungen handelt, ist der Vorsteuerabzug aber nach § 15 Abs. 1a UStG ausgeschlossen (vgl. dazu auch BFH, Beschl. v. 15.12.2021 – XI R 19/18, BFH/NV 2022, 777).

3. Erschließungsmaßnahmen

Zu Erschließungsmaßnahmen verweist die Finanzverwaltung in Abschn. 1.1 Abs. 5 UStAE auf das Schreiben v. 7.6.2012. Werden **Erschließungsmaßnahmen** an Grundstücken ausgeführt, ist dies grundsätzlich eine Aufgabe der Gemeinden. Durch die Erschließung werden die Grundstücke an die öffentlichen Versorgungsnetze angeschlossen und die Infrastruktur entwickelt. Zu den Erschließungsmaßnahmen der Gemeinden gehört nicht die Herstellung von Einzelanschlüssen, da die Aufgaben der Gemeinde an der Grundstücksgrenze enden.

Grundsätzlich ist zu unterscheiden:

– Erschließungsmaßnahmen, die **von der Gemeinde selbst** gegenüber den Grundstückseigentümern ausgeführt werden, sind nicht steuerbare – im hoheitlichen Bereich ausgeführte – Leistungen. Für ihr damit im Zusammenhang gegenüber ausgeführte Leistungen ist die Gemeinde nicht zum Vorsteuerabzug berechtigt.

– Werden Erschließungsmaßnahmen durch einen Betrieb gewerblicher Art gegenüber den Grundstückseigentümern erbracht (z. B. Verschaffung der Möglichkeit zum Anschluss an Versorgungsnetz), unterliegen die Leistungen der Umsatzsteuer, der Betrieb gewerblicher Art ist für damit im Zusammenhang anfallende Aufwendungen zum Vorsteuerabzug berechtigt.

Besonderheiten ergeben sich bei der Übertragung der Erschließungsaufgaben an einen Erschließungsträger. Es sind dabei nach der von der **Finanzverwaltung 2012 veröffentlichten Rechtsauffassung** zwei verschiedene Möglichkeiten denkbar:

– Der **Erschließungsträger** erschließt **ihm gehörende Grundstücke** in eigenem Namen und für eigene Rechnung. Die öffentlichen Flächen werden nach der Erschließung an die Gemeinde übertragen oder – soweit die Grundstücke vorher von der Gemeinde auf den Erschließungsträger übertragen wurden – wieder zurückübertragen. In diesen Fällen liegen Grundstückslieferungen vor, die nach § 4 Nr. 9 Buchst. a UStG steuerfrei sind – eine Option kommt mangels Unternehmereigenschaft des Empfängers nicht in Betracht.
– Der **Erschließungsträger** verpflichtet sich gegenüber der Gemeinde zur Herstellung und Übertragung der Erschließungsanlagen auf den, **der Gemeinde gehörenden Grundstücken**. Verwendet der Erschließungsträger bei der Leistung selbstbeschaffte Hauptstoffe, erbringt der Erschließungsträger steuerbare Werklieferungen gegenüber der Gemeinde.

Besonders beachtet werden muss nach der 2012 veröffentlichten Auffassung der Finanzverwaltung die **Vorsteuerabzugsberechtigung** für den Erschließungsträger. Dabei sind danach die folgenden Fälle zu unterscheiden:

– Der Erschließungsträger erbringt seine Erschließungsleistungen gegenüber der Gemeinde **entgeltlich**. Der Vorsteuerabzug ist dem Grunde nach zulässig, aber insoweit ausgeschlossen, wie die Erschließungsmaßnahmen als Grundstücksbestandteile zusammen mit Grundstücken steuerfrei nach § 4 Nr. 9 Buchst. a UStG übertragen werden. Werden Betriebsvorrichtungen errichtet und entgeltlich übertragen (z. B. Leitungen für Trinkwasser, Strom, Wärme, Gas oder Abwasser), handelt es sich um steuerpflichtige Leistungen, die insoweit den Vorsteuerabzug zulassen. Soweit Erschließungsmaßnahmen auf fremden Grundstücken ausgeführt werden, führt dies zu steuerpflichtigen Ausgangsleistungen, die den Vorsteuerabzug ausschließen.
– Der Erschließungsträger erbringt seine Erschließungsleistungen **unentgeltlich**. Werden die Erschließungsmaßnahmen zusammen mit einem Grundstück an die Gemeinde unentgeltlich übertragen, würde es sich dem Grunde nach um eine unentgeltliche Wertabgabe nach § 3 Abs. 1b Satz 1 Nr. 3 UStG handeln. Soweit der Erschließungsträger Leistungen unmittelbar dafür bezieht, diese für die unentgeltliche Wertabgabe nach § 3 Abs. 1b UStG zu verwenden, ist insoweit der Vorsteuerabzug ausgeschlossen (Hinweis auf BFH, Urt. v. 13.1.2011 – V R 12/08, BStBl II 2012, 61). Handelt es sich bei der unentgeltlichen Wertabgabe um eine Werkleistung, kann eine Wertabgabe nach § 3 Abs. 9a UStG nicht vorliegen, da die Wertabgabe aus unternehmerischen Gründen erfolgt. Der Vorsteuerabzug beurteilt sich dann nach der Gesamttätigkeit des Erschließungsträgers in diesem Erschließungsgebiet.

Diese Grundsätze sind aber **nicht mehr uneingeschränkt anwendbar**. Eine wichtige Entscheidung hat der EuGH (Urt. v. 26.9.2020 – C-528/19, Mitteldeutsche Hartstein Industrie, DStR 2020, 2067) zur Frage des **Vorsteuerabzugs bei Erschließungsmaßnahmen** gefällt. In dem Sachverhalt wollte ein Unternehmer einen Steinbruch betreiben, erhielt die Genehmigung zum Gesteinsabbau aber nur, wenn er auf eigene Kosten eine öffentliche Straße für die Gemeinde errichtete und der Gemeinde unentgeltlich überließ. Strittig war der Vorsteuerabzug aus der Errichtung der Straße (BFH, Beschl. v. 13.3.2019 – XI R 28/17, BFH/NV 2019, 1034).

Der **EuGH** hat dem Unternehmer den Vorsteuerabzug gewährt und keine unentgeltliche Wertabgabe gesehen. Im Einzelnen hat der EuGH Folgendes festgestellt:

– Der **Vorsteuerabzug** steht dem Unternehmer aus den Kosten zur Errichtung der Straße zu. Ohne die Errichtung der Straße wäre der Gesteinsabbau tatsächlich nicht möglich gewesen, sodass es sich um der unternehmerischen Betätigung zuzurechnende Kosten handelt. Diese Kosten sind auch in den Preisen für die der Umsatzsteuer zu unterwerfenden Ausgangsleistungen enthalten. Zum Vorsteuerabzug sind aber nur die zwingend mit dem Betrieb des Gesteinsbruchs zusammenhängenden Kosten zugelassen.

- Bei der Errichtung der Straße handelt es sich nicht um eine **unentgeltliche Wertabgabe** (als Lieferung i. S. d. § 3 Abs. 1b Satz 1 Nr. 3 UStG), da der Ausbau der Straße der Klägerin zugutekommt und einen unmittelbaren und direkten Zusammenhang mit ihrer wirtschaftlichen Tätigkeit aufweist. Wesentlich sei hier, dass keine Gefahr eines unversteuerten Letztverbrauchs vorliegen würde.
- Auch wurde ein **tauschähnlicher Umsatz** verneint. Die Genehmigung zum Gesteinsabbau kann nicht die Gegenleistung für die Errichtung der Straße darstellen, da es sich bei der Genehmigung um einen einseitigen Hoheitsakt handelt, der grundsätzlich kein Rechtsverhältnis begründen kann, der einen Leistungsaustausch im umsatzsteuerrechtlichen Sinne begründen kann.

Der **BFH** (Urt. v. 16.12.2020 – XI R 26/20 (vormals XI R 28/17), BFH/NV 2021, 896) hat in seiner Folgeentscheidung dem betroffenen Unternehmer folgerichtig den Vorsteuerabzug zugesprochen. Die Eingangsleistung ist für das Unternehmen **erforderlich** und geht darüber nicht hinaus. Die Kosten der Eingangsleistung sind Elemente der getätigten Ausgangsumsätze enthalten und insoweit kalkulatorisch in den Kosten der Ausgangsleistungen mit enthalten. Der Vorteil des Dritten – hier der Gemeinde – ist allenfalls nebensächlich; der Nutzen der Eingangsleistung (Bezug bzw. Bau der Straße) liegt vor allem Dingen bei dem Steuerpflichtigen – ohne den Bau der Straße könnte der Steinbruch nicht betrieben werden.

> **Hinweis: Besteuerung einer Wertabgabe nur bei unversteuertem Letztverbrauch**
>
> Der BFH hat ausdrücklich festgestellt, dass es der Annahme einer unentgeltlichen Wertabgabe nach § 3 Abs. 1b UStG entgegensteht, wenn der Nutzen der Eingangsleistung vor allem bei dem Unternehmer liegt. § 3 Abs. 1b Satz 1 Nr. 3 UStG ist unionsrechtskonform dahingehend einschränkend auszulegen, dass eine Besteuerung der unentgeltlichen Wertabgabe nicht erfolgt, wenn kein unversteuerter Endverbrauch droht.

Zumindest bezüglich der Übernahme von Erschließungsmaßnahmen muss in Zukunft die bisherige Sichtweise des BMF überdacht werden. Bei den unentgeltlichen Wertabgaben nach § 3 Abs. 1b Satz 1 Nr. 3 UStG (unentgeltliche Lieferungen aus unternehmerischen Gründen) muss auch eine zumindest abstrakte Gefahr eines unversteuerten Letztverbrauchs vorliegen. Wie weit diese Aussage des BFH allerdings belastbar ist, wird erst die Zukunft zeigen, da in aller Regel unentgeltlich aus unternehmerischen Gründen abgegebene Gegenstände (z. B. im Rahmen von Preisausschreiben) auch in der Gesamtkalkulation eines Unternehmens berücksichtigt werden und insoweit auch mittelbar Kosten der (allgemeinen) Ausgangsleistungen darstellen. Derzeit scheint es aber noch zu früh zu sein, hier von einem grundsätzlichen Umdenken der Rechtsprechung auszugehen.

Die Finanzverwaltung hat sich zu dem Urteil des EuGH und dem Folgeurteil des BFH zu den **Erschließungsmaßnahmen** sehr **restriktiv geäußert**. Insbesondere sollen sich **keine Änderungen** an den bisher von der Finanzverwaltung veröffentlichten umsatzsteuerrechtlichen Konsequenzen für Erschließungsmaßnahmen (BMF, Schreiben v. 7.6.2012, BStBl I 2012, 621; weiterhin anwendbar gem. BMF, Schreiben v. 15.3.2024, BStBl I 2024, 450, lfd. Nr. 1852) ergeben; vgl. auch Abschn. 3.2 und Abschn. 15.2b UStAE sowie die Kommentierung zu Abschn. 3.3 UStAE.

4. Kein Leistungsaustausch bei Vermarktungsgebühren

Der BFH hatte sich in zwei Verfahren mit der Frage beschäftigen müssen, ob der **Abzug von Vermarktungskosten** durch einen Unternehmer gegenüber einem Vorlieferanten (sog. „**Vorkosten**") Entgelt für eine eigenständige Leistung des Unternehmers gegenüber dem Vorlieferanten darstellt oder ob es sich um eine Minderung des Leistungsentgelts für die an den Unternehmer ausgeführte Leistung handelt. Der BFH war in beiden Fällen zu dem Ergebnis gekommen, dass der Unternehmer keine Leistung gegenüber seinem Vorlieferanten ausführt und damit der Abzug der Vorkosten nur eine Minderung der Bemessungsgrundlage für die an den Unternehmer ausgeführte Leistung darstellen könne. Konkret ging es um die beiden folgenden Fälle:

- Ein **Schlachthof**, der beim Erwerb von zur Schlachtung bestimmten Tieren die im Rahmen der Schlachtung anfallenden Kosten (sog. „Vorkosten") vom Kaufpreis für das jeweilige Tier abzieht, erbringt damit keine sonstigen Leistungen an die Lieferanten der Tiere, wenn die diesen Kosten zugrundeliegenden Vorgänge im eigenen Interesse des Schlachthofs liegen, BFH, Beschl. v. 11.10.2022 – XI R 12/20, BFH/NV 2023, 274.

– Kauft eine **Erzeugergenossenschaft** Lebensmittel von ihren Mitgliedern in ihrer Eigenschaft als Erzeuger an und liefert diese Lebensmittel in eigenem Namen und auf eigene Rechnung an Abnehmer weiter, sind „Marktgebühren“, die die Erzeugergenossenschaft von dem an die Erzeuger zu zahlenden Kaufpreis abzieht, kein Entgelt für eine Vermarktungsleistung, BFH, Beschl. v. 13.9.2022 – XI R 8/20, BStBl II 2023, 728.

Die **Weiterbelastung von Kosten** stellt grundsätzlich keine Leistung im wirtschaftlichen Sinne dar. So hat der BFH zutreffend entschieden, dass Vermarktungskosten, die ein Unternehmer einem Zulieferer weiterbelastet kein Entgelt für eine gegenüber dem Zulieferer ausgeführte sonstige Leistung darstellen können. Vielmehr mindert es das Entgelt für die Leistung, die der Vorlieferant gegenüber dem Unternehmer ausführt.

Hinweis: Korrekte Abrechnung notwendig

In diesen Fällen ist insbesondere auch auf eine korrekte Abrechnung für die Leistung des Vorlieferanten zu achten. Wird in einer Rechnung eine Bemessungsgrundlage und eine darauf entfallende Umsatzsteuer ohne Abzug der „Vorkosten“ angegeben, handelt es sich insoweit um einen unrichtigen Steuerausweis nach § 14c Abs. 1 UStG – der leistende Unternehmer schuldet die unrichtig ausgewiesene Umsatzsteuer, der Leistungsempfänger hat insoweit keinen Vorsteuerabzug.

5. Transporthilfsmittel

Zur Frage des Leistungsaustauschs bei der Überlassung von Warenumschließungen und Transporthilfsmitteln vgl. Anmerkung zu Abschn. 3.10 UStAE.

6. Tankkartenumsätze

6.1 Rechtliche Ausgangslage

Der **EuGH** hatte in einem Urteil vom 6.2.2003 (Urt. v. 6.2.2003 – C-185/01, Auto-Lease Holland, BStBl II 2004, 573) zu der Frage der umsatzsteuerlichen Behandlung der Leistungsbeziehungen bei dem Bezug von Kraftstoffen Stellung genommen, die ein **Leasingnehmer für Rechnung des Leasinggebers** bezogen hat. Dabei wurde in dem vorgelegten Fall eine Lieferung von Kraftstoff durch den Leasinggeber an den Leasingnehmer verneint, sondern stattdessen ein Vertrag über die Finanzierung von Treibstoff unterstellt. Der BFH (Urt. v. 10.4.2003 – V R 26/00, BStBl II 2004, 571) hatte im April 2003 die Vorgaben des EuGH in seine Rechtsprechung übernommen. Das **BMF** hatte in einem Schreiben vom 15.6.2004 **Abgrenzungskriterien** vorgegeben, nach denen entweder eine **Lieferung von Kraftstoffen** durch den Leasinggeber oder eine sonstige Leistung „**Kraftstoffverwaltung**“ vorliegen soll (Schr. v. 15.6.2004, BStBl I 2004, 605 mit einer Übergangsregelung bis 31.12.2004).

Vergleichbare Fragestellungen ergeben sich, wenn Kraftstoffe unter Einschaltung einer Tankkartengesellschaft verkauft werden.

Fraglich ist in diesen Fällen, ob es zu einer **Lieferkette** „Mineralölgesellschaft – Leasinggeber/Tankkartengesellschaft – Leasingnehmer/Karteninhaber“ kommt oder ob die eingeschaltete Gesellschaft (Leasinggeber bzw. Tankkartengesellschaft) nur die Position eines Mittlers (**Vermittler**, der in fremdem Namen für fremde Rechnung handelt) hat und in die eigentliche Lieferung der Treibstoffe nicht eingebunden ist. Die Unterscheidung ist elementar für die **zutreffende Abrechnung der Beteiligten** untereinander.

Hinweis: Leistungskette beachten

Liegt in solchen Fällen eine Leistungskette vor, bei der die Lieferung der Treibstoffe von der Mineralölgesellschaft an den eingeschalteten Unternehmer (Leasinggeber oder Tankkartengesellschaft) erfolgt, hat nur dieser Unternehmer den Vorsteuerabzug aus dem Bezug der Treibstoffe. Der eingeschaltete Unternehmer schuldet dann die Umsatzsteuer aus der Weiterlieferung an den Kunden (Leasingnehmer bzw. Pkw-Nutzer). Die Lieferung erfolgt in diesem Fall in der Form eines Reihengeschäfts, da der Treibstoff unmittelbar von dem ersten Unternehmer an den Abnehmer abgegeben wird.

Ist der eingeschaltete Unternehmer nur Vermittler, wird die Treibstofflieferung unmittelbar von der Mineralölgesellschaft an den Pkw-Nutzer ausgeführt, nur der Pkw-Nutzer ist in diesem Fall zum Vorsteuerabzug aus der Treibstofflieferung berechtigt.

Bei fehlerhafter Abrechnung (z.B., wenn die Rechnung über die Lieferung an den falschen Unternehmer ausgestellt wird) kann es zur Entstehung zusätzlicher Umsatzsteuer aufgrund eines unberechtigten Steuerausweises kommen.

6.2 Umsetzung durch die Finanzverwaltung

Die Verkündung der **Rechtsauffassung der Finanzverwaltung** zur Frage der Abgabe der Treibstoffe im Rahmen eines **Tankkartensystems** beschränkt sich auf die Ergänzung eines Satzes im **UStAE**: Es wird in diesem Fall auf das BMF-Schreiben v. 21.1.2025 (BStBl I 2025, 371) verwiesen, in dem aber lediglich festgestellt wird, dass die in dem **BMF-Schreiben von 2004** zur Einschaltung eines Leasinggebers in die Lieferung von Treibstoffen dargestellten Grundsätze entsprechend auch auf die Tankkartensysteme anzuwenden sind. An die Stelle des Leasinggebers in dem Schreiben aus 2004 tritt in den Fällen der Einschaltung einer Tankkartengesellschaft die Tankkartengesellschaft.

Werden die Grundsätze des damaligen Schreibens auf die Einschaltung einer Tankkartengesellschaft übertragen, kann sich eine **Lieferbeziehung zwischen Mineralölgesellschaft und Tankkartengesellschaft** auf der einen Seite und Tankkartengesellschaft und Kunde (Nutzer des Fahrzeugs) auf der anderen Seite ergeben, wenn die folgenden **Voraussetzungen alle vorliegen**:

– Zwischen Tankkartengesellschaft und Kunde liegt **keine** gesonderte **Vereinbarung über die Verwaltung von Kraftstoff** vor, es liegen auch keine sonstigen vertraglichen Beziehungen über die Kreditgewährung beim Bezug von Mineralölprodukten vor.

– Der Kunde betankt das Fahrzeug **im Namen und für Rechnung der Tankkartengesellschaft**. Dies muss für den Tankstellenbetreiber eindeutig erkennbar sein und kann z.B. durch den Einsatz einer entsprechend bedruckten Tank(kredit)karte erfüllt sein.

– Die Tankkartengesellschaft hat die Betankung des Fahrzeugs in ihrem Namen und für ihre Rechnung nicht untersagt – dies ist eine aus dem Leasingfällen herrührende Voraussetzung, die bei dem Einsatz von Tankkarten überflüssig erscheint, da es gerade der Zweck der Tankkartengesellschaft ist, dass die Tankkarten eingesetzt werden sollen.

– Das Entgelt für den Kraftstoff wird auf jeder Lieferstufe zwischen den beteiligten Parteien gesondert vereinbart, jeder trägt auf seiner Stufe das wirtschaftliche Risiko (z.B. **Zahlungsausfall**).

– Bei **Leistungsstörungen** sind Schadensersatzansprüche in der Leistungskette (Tankkartengesellschaft gegenüber Mineralölgesellschaft und Kunde gegenüber Tankkartengesellschaft) geltend zu machen.

Wenn solche Lieferungen in der Leistungskette vorliegen, handelt es sich bei der Lieferung des Kraftstoffs und anderer Mineralölprodukte um eine eigenständig zu beurteilende Hauptleistung der Tankkartengesellschaft an den Kunden. Es liegen damit die Grundsätze eines **Reihengeschäfts** vor.

Hinweis: Orte der Lieferung im Reihengeschäft

Da in solchen Leistungsbeziehungen der Kunde (Pkw-Nutzer) den Treibstoff mit dem Fahrzeug von der Tankstelle fortbefördern wird, ist die zweite Lieferung (Tankkartengesellschaft an den Kunden) die Beförderungslieferung (§ 3 Abs. 6a Satz 3 i.V.m. § 3 Abs. 6 UStG), die dort ausgeführt wird, wo die Beförderung beginnt (an der Tankstelle). Die Lieferung zwischen der Mineralölgesellschaft und der Tankkartengesellschaft ist dann die vor der Beförderungslieferung kommende „ruhende Lieferung" (§ 3 Abs. 7 Satz 2 Nr. 1 UStG), die ebenfalls an diesem Ort (Tankstelle) ausgeführt wird. Soweit der Tankvorgang im Inland stattfindet, handelt es sich um im Inland steuerbare Lieferungen. Die Nationalität der Beteiligten ist unerheblich.

Keine Lieferung von Kraftstoffen in der Leistungskette ist gegeben, wenn die o.g. Voraussetzungen nicht alle vorliegen. In diesem Fall ist nach der damals von der Finanzverwaltung zu den Leasinggesellschaften vertretenen Auffassung von einer Lieferung des Kraftstoffes an den Kunden (Pkw-Nutzer; damals Leasingnehmer) und von einer sonstigen Leistung („**Finanzierungsgeschäft**") zwischen der Tankkartengesellschaft und dem Pkw-Nutzer (Kunde) auszugehen. Dies soll insbesondere dann vorliegen, wenn eine **Vereinbarung** zwischen Tankkartengesellschaft und dem Kunden über die **Verwaltung von Kraftstoff** oder die Kreditgewährung im Zusammenhang mit Kraftstoffbezug vorliegt.

Hinweis: Keine vollständige Übertragung der Grundsätze aus dem Schreiben zu den Leasinggesellschaften

In dem damaligen Schreiben zur Einschaltung einer Leasinggesellschaft waren noch weitere Kriterien vorgegeben, die aber bei Einschaltung einer Tankkartengesellschaft keinen Sinn machen. So war vorgegeben, dass der Kunde das Fahrzeug im eigenen Namen und/oder für eigene Rechnung betankt. Dies soll insbesondere dann gegeben sein, wenn die Bezahlung ohne Einsatz einer Tankkreditkarte des Leasinggebers erfolgt – bei Einschaltung einer Tankkartengesellschaft ist eine solche Abwicklung aber wohl kaum anzunehmen. Weiterhin war vorgegeben, dass der Leasingnehmer die Betankung im eigenen Namen vornimmt und sich den gezahlten Betrag vom Leasinggeber erstatten lässt – dies lässt sich auch kaum auf das reguläre Geschäft einer Tankkartengesellschaft übertragen.

6.3 Praxishinweise

Sind die oben dargestellten Grundsätze für eine **Lieferung** zwischen Tankkartengesellschaft und Kunden (Pkw-Nutzer) sowie zwischen Mineralölgesellschaft und Tankkartengesellschaft gegeben, hat nur die Tankkartengesellschaft den **Vorsteuerabzugsanspruch** aus der Abrechnung der Mineralölgesellschaft, der Kunde hat nur einen Vorsteuerabzugsanspruch aus der Abrechnung der Tankkartengesellschaft.

Hinweis: Beachtung auch für Vorsteuerabzug wichtig

Die Nichtbeachtung der zugrunde liegenden Vertragsverhältnisse und die sich daraus ergebenden Abrechnungsgrundsätze können den Vorsteuerabzug des tatsächlichen Leistungsempfängers des Kraftstoffs gefährden. Soweit aber die Grundsätze beachtet werden, besteht jetzt bei entsprechenden Vertragsvereinbarungen Rechtssicherheit über den Vorsteuerabzug aus den (zutreffenden) Abrechnungen.

Besonders zu beachten ist, wenn die Abwicklung über **ausländische Tankkartengesellschaften** vorgenommen wird. Soweit – wie es regelmäßig der Fall ist – von einer Lieferkette auszugehen ist, sind die Lieferungen im **Inland steuerbar und steuerpflichtig**, eine Übertragung der Steuerschuldnerschaft (§ 13b UStG – Reverse-Charge-Verfahren) auf den Leistungsempfänger kann in diesen Fällen nicht in Betracht kommen. Der liefernde Unternehmer – die Tankkartengesellschaft – muss sich in diesen Fällen im **Inland umsatzsteuerrechtlich veranlagen** lassen, da er sowohl Umsatzsteuer aus den Lieferungen an seine Kunden schuldet, aber auch den Vorsteuerabzug aus den ihm gegenüber erbrachten Lieferungen geltend machen kann.

Liegen die Voraussetzungen für die Lieferung des Kraftstoffs zwischen der Mineralölgesellschaft und der Tankkartengesellschaft nicht vor, kommt es zu einer unmittelbaren Lieferung des Kraftstoffs von der Mineralölgesellschaft an den Pkw-Nutzer. In diesem Fall ist nur der Pkw-Nutzer unter den weiteren Bedingungen zum Vorsteuerabzug für diese Kraftstofflieferungen berechtigt.

Hinweis: Konsequenzen bei fehlerhafter Ausstellung von Rechnungen

Stellt die Tankkartengesellschaft in diesem Fall dennoch Rechnungen über die Lieferung des Kraftstoffs an den Kunden (Pkw-Nutzer) mit gesondertem Steuerausweis aus, schuldet die Tankkartengesellschaft die in der Rechnung ausgewiesene Umsatzsteuer nach § 14c Abs. 2 UStG als unberechtigt ausgewiesene Steuer. Der Pkw-Nutzer hat aus dieser Abrechnung keinen Vorsteuerabzug nach § 15 Abs. 1 UStG.

Die Grundsätze entsprechen im Wesentlichen auch den Aussagen, die sich aus der jüngeren **Rechtsprechung** des EuGH zu den Leistungsbeziehungen beim sog. „**E-Charging**" (Aufladen eines E-Fahrzeugs an einer Ladesäule) ergeben; vgl. dazu Abschn. 4.8.7 UStAE.

UStAE 1.2. Verwertung von Sachen

(1) [1]Bei der Sicherungsübereignung erlangt der Sicherungsnehmer zu dem Zeitpunkt, in dem er von seinem Verwertungsrecht Gebrauch macht, auch die Verfügungsmacht über das Sicherungsgut. [2]Die Verwertung der zur Sicherheit übereigneten Gegenstände durch den Sicherungsnehmer außerhalb des Insolvenzverfahrens führt zu zwei Umsätzen (sog. Doppelumsatz), und zwar zu einer Lieferung des Sicherungsgebers an den Sicherungsnehmer und zu einer Lieferung des Sicherungsnehmers an den Erwerber (vgl. BFH-Urteil vom 4. 6. 1987, V R 57/79, BStBl II S. 741, und BFH-Beschluss vom 19. 7. 2007, V B 222/06, BStBl 2008 II S. 163). [3]Entsprechendes gilt bei der Versteigerung verfallener Pfandsachen durch den Pfandleiher (vgl. BFH-Urteil vom 16. 4. 1997, XI R 87/96, BStBl II S. 585). [4]Zwei Umsätze liegen vor, wenn die Verwertung vereinbarungsgemäß vom Sicherungsgeber im Namen des Sicherungsnehmers vorgenommen wird oder die Verwertung zwar durch den Sicherungsnehmer, aber im Auftrag und für Rechnung des Sicherungsgebers in dessen Namen stattfindet.

(1 a) [1]Veräußert der Sicherungsgeber das Sicherungsgut im eigenen Namen auf Rechnung des Sicherungsnehmers, erstarkt die ursprüngliche Sicherungsübereignung hingegen zu einer Lieferung des Sicherungsgebers an den Sicherungsnehmer, während zugleich zwischen dem Sicherungsnehmer (Kommittent) und dem Sicherungsgeber (Kommissionär) eine Lieferung nach § 3 Abs. 3 UStG vorliegt, bei der der Sicherungsgeber (Verkäufer, Kommissionär) als Abnehmer gilt; die entgeltliche Lieferung gegenüber dem Dritten wird in der Folge vom Sicherungsgeber ausgeführt (Dreifachumsatz, vgl. BFH-Urteile vom 6. 10. 2005, V R 20/04, BStBl 2006 II S. 931, und vom 30. 3. 2006, V R 9/03, BStBl II S. 933). [2]Voraussetzung für die Annahme eines Dreifachumsatzes ist, dass das Sicherungsgut erst nach Eintritt der Verwertungsreife durch den Sicherungsgeber veräußert wird und es sich hierbei nach den Vereinbarungen zwischen Sicherungsgeber und Sicherungsnehmer um ein Verwertungsgeschäft handelt, um die vom Sicherungsnehmer gewährten Darlehen zurückzuführen. [3]Nicht ausreichend ist eine Veräußerung, die der Sicherungsgeber im Rahmen seiner ordentlichen Geschäftstätigkeit vornimmt und bei der er berechtigt ist, den Verwertungserlös anstelle zur Rückführung des Kredits anderweitig, z. B. für den Erwerb neuer Waren, zu verwenden (BFH-Urteil vom 23. 7. 2009, V R 27/07, BStBl 2010 II S. 859), oder wenn die Veräußerung zum Zwecke der Auswechslung des Sicherungsgebers unter Fortführung des Sicherungseigentums durch den Erwerber erfolgt (vgl. BFH-Urteil vom 9. 3. 1995, V R 102/89, BStBl II S. 564). [4]In diesen Fällen liegt eine bloße Lieferung des Sicherungsgebers an den Erwerber vor.

(2) Wird im Rahmen der Zwangsvollstreckung eine Sache durch den Gerichtsvollzieher oder ein anderes staatliches Vollstreckungsorgan öffentlich versteigert oder freihändig verkauft, liegt darin keine Lieferung des Vollstreckungsschuldners an das jeweilige Bundesland, dem die Vollstreckungsorgane angehören, und keine Lieferung durch dieses an den Erwerber, sondern es handelt sich um eine Lieferung des Vollstreckungsschuldners unmittelbar an den Erwerber (vgl. BFH-Urteile vom 19. 12. 1985, V R 139/76, BStBl 1986 II S. 500, und vom 16. 4. 1997, XI R 87/96, BStBl II S. 585).

(3) Zur Steuerschuldnerschaft des Leistungsempfängers bei der Lieferung sicherungsübereigneter Gegenstände durch den Sicherungsgeber an den Sicherungsnehmer außerhalb des Insolvenzverfahrens vgl. § 13b Abs. 1 Satz 1 Nr. 2 UStG und Abschnitt 13b.1 Abs. 2 Satz 1 Nr. 4.

Verwertung von Sicherungsgut im Insolvenzverfahren

(4) [1]Die Grundsätze zum Doppel- und Dreifachumsatz finden auch bei der Verwertung von sicherungsübereigneten Gegenständen im Insolvenzverfahren Anwendung. [2]Veräußert hingegen ein Insolvenzverwalter ein mit einem Grundpfandrecht belastetes Grundstück freihändig auf Grund einer mit dem Grundpfandgläubiger getroffenen Vereinbarung, liegt neben der Lieferung des Grundstücks durch die Masse an den Erwerber auch eine steuerpflichtige entgeltliche Geschäftsbesorgungsleistung der Masse an den Grundpfandgläubiger vor, wenn der Insolvenzverwalter vom Veräußerungserlös einen bestimmten Betrag zugunsten der Masse einbehalten darf. [3]Der für die Masse einbehaltene Betrag ist Entgelt für diese Leistung. [4]Vergleichbares gilt für die freihändige Verwaltung grundpfandrechtsbelasteter Grundstücke durch den Insolvenzverwalter (BFH-Urteil vom 28. 7. 2011, V R 28/09, BStBl 2014 II S. 406). [5]Zur umsatzsteuerrechtlichen Behandlung der Verwertung von Sicherungsgut vgl. BMF-Schreiben vom 30. 4. 2014, BStBl I S. 816.

Anmerkung

Die **Sicherungsübereignung** ist ein Vertrag, durch den der Schuldner dem Gläubiger zur Sicherung einer Schuld das Eigentum an einer beweglichen Sache oder einer Sachgesamtheit überträgt. Dabei wird das Eigentum an den zur Sicherheit übereigneten Sachen nach Tilgung der Schuld wieder dem Schuldner übertragen oder fällt von selbst wieder an ihn zurück. Die Nutzungsbefugnis verbleibt bis zur Ausübung des Verwertungsrechts beim Schuldner (Sicherungsgeber).

Umsatzsteuerlich führt die **Vereinbarung der Sicherungsübereignung** noch nicht zu einer Lieferung zwischen dem Sicherungsgeber und dem Sicherungsnehmer, da die wirtschaftliche Verschaffung der Verfügungsmacht noch nicht gegeben ist und somit keine Lieferung vorliegt.

Erst wenn der **Sicherungsnehmer** von seinem Verwertungsrecht Gebrauch macht, liegt im Rahmen eines sog. **Doppelumsatzes** eine Lieferung zwischen dem Sicherungsgeber und dem Sicherungsnehmer sowie zwischen Sicherungsnehmer und einem Erwerber (in der Regel im Rahmen einer öffentlichen Verwertung des Sicherungsguts) vor. Beide Lieferungen erfolgen erst zu dem Zeitpunkt, zu dem der Sicherungsnehmer das Sicherungsgut veräußert.

Hinweis: Reverse-Charge-Verfahren beachten

Nach § 13b Abs. 2 Nr. 2 i. V. m. Abs. 5 Satz 1 UStG wird der Sicherungsnehmer Steuerschuldner für die Umsatzsteuer aus der Lieferung des Sicherungsgebers, soweit die Verwertung außerhalb des Insolvenzverfahrens erfolgt und Sicherungsgeber und Sicherungsnehmer Unternehmer sind.

Die **Bemessungsgrundlage** für die Lieferung des Sicherungsgebers an den Sicherungsnehmer und die Bemessungsgrundlage für die Lieferung des Sicherungsnehmers an den Erwerber des Gegenstands ergibt sich im Regelfall aus dem Verkaufserlös des Sicherungsnehmers. Regelmäßig wird der Sicherungsnehmer aber den Kaufpreis mit den vorhandenen Schulden des Sicherungsgebers verrechnen, dies hat aber keinen Einfluss auf die Bestimmung der Bemessungsgrundlage.

Weitere Punkte, die im Zusammenhang mit der Sicherungsverwertung zu beachten sind:

- Wenn der Sicherungsgeber kein Unternehmer oder ein Kleinunternehmer ist, kann sich für den Sicherungsnehmer die **Differenzbesteuerung** nach § 25a UStG für den Weiterverkauf ergeben.
- Falls ein Sicherungsgeber einen zur Sicherheit übereigneten Gegenstand in eigenem Namen aber für fremde Rechnung (**Kommissionsgeschäft**) verkauft, kann sich dies im Rahmen eines sog. Dreifachumsatzes vollziehen (BFH, Urt. v. 6.10.2005 – V R 20/04, BStBl II 2006, 931).

UStAE 1.3. Schadensersatz

Allgemeines

(1) [1]Im Falle einer echten Schadensersatzleistung fehlt es an einem Leistungsaustausch. [2]Der Schadensersatz wird nicht geleistet, weil der Leistende eine Lieferung oder sonstige Leistung erhalten hat, sondern weil er nach Gesetz oder Vertrag für den Schaden und seine Folgen einzustehen hat. [3]Echter Schadensersatz ist insbesondere gegeben bei Schadensbeseitigung durch den Schädiger oder durch einen von ihm beauftragten selbständigen Erfüllungsgehilfen, bei Zahlung einer Geldentschädigung durch den Schädiger, bei Schadensbeseitigung durch den Geschädigten oder in dessen Auftrag durch einen Dritten ohne einen besonderen Auftrag des Ersatzverpflichteten; in Leasingfällen vgl. Absatz 17. [4]Ein Schadensersatz ist dagegen dann nicht anzunehmen, wenn die Ersatzleistung tatsächlich die – wenn auch nur teilweise – Gegenleistung für eine Lieferung oder sonstige Leistung darstellt (vgl. BFH-Urteile vom 22. 11. 1962, V 192/60 U, BStBl 1963 III S. 106, und vom 19. 10. 2001, V R 48/00, BStBl 2003 II S. 210, sowie Abschnitt 10.2 Abs. 3 Satz 6). [5]Von echtem Schadensersatz ist ebenfalls nicht auszugehen, wenn der Besteller eines Werks, das sich als mangelhaft erweist, vom Auftragnehmer Schadensersatz wegen Nichterfüllung verlangt; in der Zahlung des Auftragnehmers liegt vielmehr eine Minderung des Entgelts im Sinne von § 17 Abs. 1 UStG (vgl. BFH-Urteil vom 16. 1. 2003, V R 72/01, BStBl II S. 620).

(2) [1]Wegen der Einzelheiten bei der umsatzsteuerrechtlichen Beurteilung von Garantieleistungen und Freiinspektionen in der Kraftfahrzeugwirtschaft vgl. BMF-Schreiben vom 3. 12. 1975, BStBl I S. 1132. [2]Zur umsatzsteuerlichen Behandlung von Garantieleistungen in der Reifenindustrie vgl. BMF-Schreiben vom 21. 11. 1974, BStBl I S. 1021.

Echter Schadensersatz

(3) [1]Vertragsstrafen, die wegen Nichterfüllung oder wegen nicht gehöriger Erfüllung (§§ 340, 341 BGB) geleistet werden, haben Schadensersatzcharakter (vgl. auch BFH-Urteil vom 10. 7. 1997, V R 94/96, BStBl II S. 707). [2]Hat der Leistungsempfänger die Vertragsstrafe an den leistenden Unternehmer zu zahlen, ist sie deshalb nicht Teil des Entgelts für die Leistung. [3]Zahlt der leistende Unternehmer die Vertragsstrafe an den Leistungsempfänger, liegt darin keine Entgeltminderung (vgl. BFH-Urteil vom 4. 5. 1994, XI R 58/93, BStBl II S. 589). [4]Die Entschädigung, die ein Verkäufer nach den Geschäftsbedingungen vom Käufer verlangen kann, wenn dieser innerhalb bestimmter Fristen seinen Verpflichtungen aus dem Kaufvertrag nicht nachkommt (Schadensersatz wegen Nichterfüllung), ist nicht Entgelt, sondern Schadensersatz (vgl. BFH-Urteil vom 27. 4. 1961, V 263/58 U, BStBl III S. 300).

(4) [1]Eine Willenserklärung, durch die der Unternehmer seinem zur Übertragung eines Vertragsgegenstands unfähig gewordenen Schuldner eine Ersatzleistung in Geld gestattet, kann nicht als sonstige Leistung (Rechtsverzicht) beurteilt werden. [2]Die Ersatzleistung ist echter Schadensersatz (vgl. BFH-Urteil vom 12. 11. 1970, V R 52/67, BStBl 1971 II S. 38).

(5) [1]Die Vergütung, die der Unternehmer nach Kündigung oder vertraglicher Auflösung eines Werklieferungsvertrags vereinnahmt, ohne an den Besteller die bereitgestellten Werkstoffe oder das teilweise vollendete Werk geliefert zu haben, ist kein Entgelt (vgl. BFH-Urteil vom 27. 8. 1970, V R 159/66, BStBl 1971 II S. 6). [2]Zum Leistungsgegenstand bei noch nicht abgeschlossenen Werklieferungen vgl. Abschnitt 3.9.

(6) [1]Erhält ein Unternehmer die Kosten eines gerichtlichen Mahnverfahrens erstattet, handelt es sich dabei nicht um einen Teil des Entgelts für eine steuerbare Leistung, sondern um Schadensersatz. [2]Die Mahngebühren oder Mahnkosten, die ein Unternehmer von säumigen Zahlern erhebt und auf Grund seiner Geschäftsbedingungen oder anderer Unterlagen – z. B. Mahnschreiben – als solche nachweist, sind ebenfalls nicht das Entgelt für eine besondere Leistung. [3]Verzugszinsen, Fälligkeitszinsen und Prozesszinsen (vgl. z. B. §§ 288, 291 BGB; § 353 HGB) sind als Schadensersatz zu behandeln. [4]Das Gleiche gilt für Nutzungszinsen, die z. B. nach § 641 Abs. 4 BGB von der Abnahme des Werkes an erhoben werden. [5]Als Schadensersatz sind auch die nach den Artikeln 48 und 49 WG sowie den Artikeln 45 und 46 ScheckG im Falle des Rückgriffs zu zahlenden Zinsen, Kosten des Protestes und Vergütungen zu behandeln.

(7) [1]Die Ersatzleistung auf Grund einer Warenkreditversicherung stellt nicht die Gegenleistung für eine Lieferung oder sonstige Leistung dar, sondern Schadensersatz. [2]Zur Frage des Leistungsaustauschs bei Zahlungen von Fautfrachten wegen Nichterfüllung eines Chartervertrags vgl. BFH-Urteil vom 30. 6. 2010, XI R 22/08, BStBl II S. 1084, und Abschnitt 1.1 Abs. 22.

(8) [1]In Gewährleistungsfällen ist die Erstattung der Material- und Lohnkosten, die ein Vertragshändler auf Grund vertraglicher Vereinbarungen für die Beseitigung von Mängeln an den bei ihm gekauften Gegenständen vom Hersteller ersetzt bekommt, echter Schadensersatz, wenn sich der Gewährleistungsanspruch des Kunden nicht gegen den Hersteller, sondern gegen den Vertragshändler richtet (vgl. BFH-Urteil vom 16. 7. 1964, V 23/60 U, BStBl III S. 516). [2]In diesen Fällen erfüllt der Händler mit der Garantieleistung unentgeltlich eine eigene Verpflichtung gegenüber dem Kunden aus dem Kaufvertrag und erhält auf Grund seiner Vereinbarung mit dem Herstellerwerk von diesem den durch den Materialfehler erlittenen, vom Werk zu vertretenden Schaden ersetzt (BFH-Urteil vom 17. 2. 1966, V 58/63, BStBl III S. 261).

(9) Weitere Einzelfälle des echten Schadensersatzes sind:

1. die Entschädigung der Zeugen (vgl. Absatz 15) und der ehrenamtlichen Richter nach dem JVEG;
2. Stornogebühren bei Reiseleistungen (vgl. Abschnitt 25.1 Abs. 14);
3. Zahlungen zum Ersatz des entstandenen Schadens bei Leistungsstörungen in Transporthilfsmittel-Tauschsystemen (z. B. Euro-Flachpaletten und Euro-Gitterboxpaletten; vgl. BMF-Schreiben vom 5. 11. 2013, BStBl I S. 1386);

4. Zahlungen von Vergleichsbeträgen des Schädigers an den Geschädigten zum Ausgleich eines Kartellschadens (Kartellschadensersatz).

(10) *weggefallen*

Kein Schadensersatz

(11) [1]Beseitigt der Geschädigte im Auftrag des Schädigers einen ihm zugefügten Schaden selbst, ist die Schadensersatzleistung als Entgelt im Rahmen eines Leistungsaustauschs anzusehen (vgl. BFH-Urteil vom 11. 3. 1965, V 37/62 S, BStBl III S. 303). [2]Zur Abgrenzung zur sonstigen Leistung vgl. auch Abschnitt 3.1.

(12) [1]Die Ausgleichszahlung für Handelsvertreter nach § 89 b HGB ist kein Schadensersatz, sondern eine Gegenleistung des Geschäftsherrn für erlangte Vorteile aus der Tätigkeit als Handelsvertreter. [2]Dies gilt auch dann, wenn der Ausgleichsanspruch durch den Tod des Handelsvertreters fällig wird (BFH-Urteile vom 26. 9. 1968, V 196/65, BStBl 1969 II S. 210, und vom 25. 6. 1998, V R 57/97, BStBl 1999 II S. 102).

(13) [1]Entschädigungen an den Mieter oder Vermieter für die vorzeitige Räumung der Mieträume und die Aufgabe des noch laufenden Mietvertrags sind nicht Schadensersatz, sondern Leistungsentgelt (vgl. BFH-Urteil vom 27. 2. 1969, V 102/65, BStBl II S. 386 und Abschnitt 4.12.1). [2]Das gilt auch dann, wenn der Unternehmer zur Vermeidung einer Enteignung auf die vertragliche Regelung eingegangen ist. [3]Ob die Vertragsparteien die Zahlung als Schadensersatz bezeichnen oder vereinbaren, nur die durch die Freimachung entstandenen tatsächlichen Aufwendungen zu erstatten, ist unbeachtlich (vgl. BFH-Urteile vom 27. 2. 1969, V 144/65, BStBl II S. 387, und vom 7. 8. 1969, V 177/65, BStBl II S. 696).

(14) Entschädigungen, die als Folgewirkung einer Enteignung nach § 96 BauGB gezahlt werden, sind kein Schadensersatz und daher steuerbar (BFH-Urteil vom 10. 2. 1972, V R 119/68, BStBl II S. 403; vgl. auch BFH-Urteil vom 24. 6. 1992, V R 60/88, BStBl II S. 986).

(15) [1]Die Vergütung von Sachverständigen, Dolmetschern und Übersetzern nach Abschnitt 3 JVEG ist Entgelt für eine Leistung. [2]Ob jemand als Zeuge, sachverständiger Zeuge oder Sachverständiger anzusehen ist, richtet sich nach der tatsächlich erbrachten Tätigkeit. [3]Für die Einordnung ist ausschlaggebend, ob er als Zeuge „unersetzlich" oder als Sachverständiger „auswechselbar" ist. [4]Bei ärztlichen Befundberichten kann regelmäßig auf die Abrechnung nach dem JVEG abgestellt werden.

Beispiel 1:

[1]Der behandelnde Arzt erteilt einem Gericht einen Bericht über den bei seinem Patienten festgestellten Befund und erhält eine Vergütung nach § 10 Abs. 1 JVEG in Verbindung mit Anlage 2 Nr. 200 bzw. Nr. 201 des JVEG.

[2]Der Arzt handelt als „unersetzlicher" sachverständiger Zeuge. [3]Die Vergütung ist echter Schadensersatz (vgl. Absatz 9).

Beispiel 2:

[1]Ein hinzugezogener Arzt erstellt für ein Gericht ein Gutachten über den Gesundheitszustand einer Person und erhält eine Vergütung nach § 10 Abs. 1 JVEG in Verbindung mit Anlage 2 Nr. 202 bzw. Nr. 203 des JVEG.

[2]Der Arzt handelt als „auswechselbarer" Sachverständiger. [3]Die Vergütung ist Leistungsentgelt.

(16) Die Ausgleichszahlung für beim Bau einer Überlandleitung entstehende Flurschäden durch deren Betreiber an den Grundstückseigentümer ist kein Schadensersatz, sondern Entgelt für die Duldung der Flurschäden durch den Eigentümer (vgl. BFH-Urteil vom 11. 11. 2004, V R 30/04, BStBl 2005 II S. 802).

(16 a) [1]Zahlungen, die an einen Unternehmer als Aufwendungsersatz aufgrund von urheberrechtlichen Abmahnungen zur Durchsetzung seines Unterlassungsanspruchs geleistet werden, und Zahlungen, die an einen Unternehmer von dessen Wettbewerbern als Aufwendungsersatz aufgrund von wettbewerbsrechtlichen Abmahnungen geleistet werden, sind umsatzsteuerrechtlich als Entgelt im Rahmen eines umsatzsteuerbaren Leistungsaustauschs zwischen dem Unternehmer und dem von ihm abgemahnten Rechtsverletzer zu qualifizieren (vgl. BFH-Urteile vom 21. 12. 2016, XI R 27/14, BStBl 2021 II S. 779, und vom 13. 2.

2019, XI R 1/17, BStBl 2021 II S. 785). [2]Im Fall einer unberechtigten Abmahnung schuldet der Abmahnende die Steuer nach § 14c Abs. 2 UStG, wenn und solange er diese in einer Rechnung ausgewiesen hat.

(16b) Kontrollgebühren, die ein mit dem Betrieb privater Parkplätze betrauter Unternehmer von den Nutzern der Parkplätze für die Nichtbeachtung der allgemeinen Nutzungsbedingungen dieser Parkplätze erhebt, stellen eine Vergütung für die Erbringung einer entgeltlichen Dienstleistung im Sinne des § 1 Abs. 1 Nr. 1 UStG vom Unternehmer an die Parkplatznutzer dar (vgl. EuGH-Urteil vom 20.01.2022 – C 90/20, BStBl II 2023 S. 1118).

(16c) Beträge, die ein Telekommunikationsanbieter im Rahmen der vorzeitigen, durch den Kunden veranlassten Beendigung eines Dienstleistungsvertrages mit einer vereinbarten Mindestlaufzeit als sogenannte Ausgleichszahlung erhält, sind Entgelt für die Erbringung einer Dienstleistung.

Leasing

(17) [1]Für die Beurteilung von Ausgleichszahlungen im Zusammenhang mit der Beendigung von Leasingverträgen ist entscheidend, ob der Zahlung für den jeweiligen „Schadensfall" eine mit ihr eng verknüpfte Leistung gegenübersteht. [2]Verpflichtet sich der Leasingnehmer im Leasingvertrag, für am Leasinggegenstand durch eine nicht vertragsgemäße Nutzung eingetretene Schäden nachträglich einen Minderwertausgleich zu zahlen, ist diese Zahlung beim Leasinggeber als Schadensersatz nicht der Umsatzsteuer zu unterwerfen (vgl. BFH-Urteil vom 20. 3. 2013, XI R 6/11, BStBl 2014 II S. 206). [3]Ausgleichzahlungen, die darauf gerichtet sind, Ansprüche aus dem Leasingverhältnis an die tatsächliche Nutzung des Leasinggegenstandes durch den Leasingnehmer anzupassen (z. B. Mehr- und Minderkilometervereinbarungen bei Fahrzeugleasingverhältnissen), stellen hingegen je nach Zahlungsrichtung zusätzliches Entgelt oder aber eine Entgeltminderung für die Nutzungsüberlassung dar. [4]Dies gilt entsprechend für Vergütungen zum Ausgleich von Restwertdifferenzen in Leasingverträgen mit Restwertausgleich. [5]Nutzungsentschädigungen wegen verspäteter Rückgabe des Leasinggegenstandes stellen ebenfalls keinen Schadensersatz dar, sondern sind Entgelt für die Nutzungsüberlassung zwischen vereinbarter und tatsächlicher Rückgabe des Leasinggegenstandes. [6]Soweit bei Kündigung des Leasingverhältnisses Ausgleichszahlungen für künftige Leasingraten geleistet werden, handelt es sich um echten Schadensersatz, da durch die Kündigung die vertragliche Hauptleistungspflicht des Leasinggebers beendet und deren Erbringung tatsächlich nicht mehr möglich ist. [7]Dies gilt nicht für die Fälle des Finanzierungsleasings, bei denen eine Lieferung an den Leasingnehmer vorliegt, vgl. Abschnitt 3.5 Abs. 5.

Anmerkung

1. Vertragsauflösung und Schadensersatz

Hat ein Unternehmer einen **Werklieferungsvertrag** abgeschlossen und wird dieser Vertrag durch Kündigung oder andere vertragliche Vereinbarung vor Ausführung der Leistung aufgelöst, ist die Vergütung, die der Werkunternehmer erhält, nach der bisher vorliegenden Verwaltungsauffassung ein echter, nicht steuerbarer Schadensersatz (BFH, Urt. v. 27.8.1970 – V R 159/66, BStBl II 1971, 6) – vgl. dazu aber unten 5. Dies gilt auch dann, wenn der Werkunternehmer mit der Leistungsausführung schon begonnen hatte, die bereitgestellten Werkstoffe oder das unvollendete Werk aber nicht an den Auftraggeber herausgegeben hat. Bei einem Werkvertrag hat der Besteller des Werks ein einseitiges Kündigungsrecht nach § 648 BGB; in diesem Fall kann der Unternehmer die vereinbarte Vergütung unter Abzug der ersparten Aufwendungen verlangen. Da der zur Leistung verpflichtete Unternehmer bei Kündigung des Bestellers weder eine Leistung ausgeführt hat noch der Kündigung zustimmen muss, stellt die dann vom Besteller zu zahlende Entschädigung einen echten Schadensersatz dar. Wird aber an den Vertragspartner nach Auflösung des Werklieferungsvertrags das angefangene Werk oder die schon vorbereiteten Werkstoffe gegen „Entschädigung" abgegeben, tritt ein neuer Leistungsaustausch an die Stelle des ursprünglich vereinbarten Leistungsaustauschs. Die als Entschädigung bezeichnete Zahlung ist Entgelt für eine steuerbar ausgeführte Leistung.

Der BFH (Urt. v. 26.8.2021 – V R 13/19, BStBl II 2022, 197) ist offensichtlich bei **Auflösung eines Werkvertrags** bei seiner bisherigen Rechtsauffassung geblieben, obwohl dies umstritten war. Das Niedersächsische FG (Urt. v. 28.2.2019 – 5 K 214/18, EFG 2019, 1627) hatte festgestellt, dass bei Kündigung eines Werkvertrags nach teilweiser Erbringung der Werkleistung, auch der Anspruch aus § 649 Satz 2 a. F. BGB (jetzt § 648 Satz 2 BGB) der Umsatzsteuer unterliegt. Da der BGH (Urt. v. 22.11.2007 – VII ZR 83/05, BFH/NV Beilage 2008, 174) aber entschieden hatte, dass keine Umsatzsteuer für den Vergütungsanteil auf nicht erbrachte Leistungen bei Kündigung eines Bauvertrags entsteht, war Revision zugelassen worden. Der BFH hat in dem Revisionsverfahren entgegen der Entscheidung des FG festgestellt, dass die nach **Kündigung eines Architektenvertrags** zu zahlende Vergütung nur insoweit Entgelt nach § 10 Abs. 1 UStG ist, als sie auf schon erbrachte Leistungsteile entfällt.

Ein Leistungsaustausch liegt nach der Auffassung des **BFH** (Urt. v. 7.7.2005 – V R 34/03, BStBl II 2007, 66 sowie Urt. v. 16.1.2014 – V R 22/13, BFH/NV 2014, 736) allerdings dann vor, wenn ein Beratervertrag einvernehmlich aufgelöst und für die Auflösung eine Vergütung gezahlt wird.

Hinweis: Leistungsaustausch auch bei Auflösung eines Mietvertrags

Nach einer Entscheidung des BFH (Urt. v. 22.5.2019 – XI R 20/17, BFH/NV 2019, 1256) liegt auch bei einer vorzeitigen Auflösung eines Mietvertrags gegen Abfindungszahlung durch den Mieter ein entgeltlicher Leistungsaustausch vor. War die Vermietung steuerfrei, ist es auch die Abfindung (EuGH, Urt. v. 15.12.1993 – C-63/92 – Lubbock Fine & Co., BStBl II 1995, 480); wurde optiert, ist auch die Abfindung steuerpflichtig.

Auch der **EuGH** ist in seinen Entscheidungen (EuGH, Urt. v. 11.6.2020 – C-43/19, Vodafone Portugal, BFH/NV 2020, 847; EuGH, Urt. v. 22.11.2018 – C-295/17, Meo – Serviços de Comunicações e Multimédia, UR 2018, 944), in denen es um die **vorzeitige Auflösung von Dienstleistungsverträgen** gegen Zahlung ging, zu einer entgeltlich erbrachte Dienstleistung gekommen. In den Verfahren ging es um Zahlungen, die Kunden an Telekommunikationsdienstleister leisten mussten, die im Fall der vorzeitigen Beendigung eines Vertrags mit einer Mindestbindungsfrist aus Gründen, die der Kunde zu vertreten hatte, fällig wurden. Der EuGH sah hier die Zahlungen der Kunden bei Vertragsauflösung als aus diesem Leistungsaustauschprozess heraus begründet. Der zusätzlich gezahlte Betrag soll dem Betreiber eine vertraglich vorgesehene Mindestvergütung der erbrachten Dienstleistung sicherstellen und unterliegt damit der Besteuerung.

2. Abmahnungen und Schadensersatz

2.1 Rechtsprechung zu Abmahnungen

Sog. **Abmahnvereine**, die gegenüber Dritten Unterlassungsansprüche geltend machen, haben einen Anspruch auf Ersatz ihrer Aufwendungen nach § 12 Abs. 1 UWG. Nach Auffassung des BFH (Urt. v. 16.1.2003 – V R 92/01, BStBl II 2003, 732) erbringen sie gegenüber den abgemahnten Unternehmern dadurch eine Leistung gegen Entgelt.

Auch Zahlungen, die an einen Unternehmer von dessen **Wettbewerbern** als Aufwendungsersatz aufgrund von wettbewerbsrechtlichen Abmahnungen geleistet werden, sind nach der weiteren Rechtsprechung des BFH (Urt. v. 21.12.2016 – XI R 27/14, BFH/NV 2017, 866) ebenfalls umsatzsteuerrechtlich als Entgelt im Rahmen eines umsatzsteuerbaren Leistungsaustauschs zwischen dem Unternehmer und den von ihm abgemahnten Wettbewerbern – und nicht als nicht steuerbare Schadensersatzzahlungen – zu qualifizieren. Nach der Feststellung des BFH beurteilt sich die Frage, ob ein Leistungsaustausch vorliegt oder ein nicht steuerbarer Schadensersatz gegeben ist, nicht nach zivilrechtlichen Grundsätzen, sondern ausschließlich nach den vom Unionsrecht geprägten umsatzsteuerrechtlichen Vorgaben. Die Grundsätze der Gleichbehandlung und der Neutralität der Umsatzsteuer gebieten es, die Abmahnleistung, die der Abmahnende an den Abgemahnten erbringt, gleich zu besteuern, ob sie nun zivilrechtlich auf § 9 UWG (behandelt den Schadensersatz des geschädigten Mitbewerbers) oder auf § 12 UWG (behandelt u. a. den Ersatz der erforderlichen Auslagen bei Abmahnung durch einen zur Abmahnung Berechtigten) gestützt ist. Nach Auffassung des BFH weist der Unternehmer mit den Abmahnungen seinen Mitbewerbern einen Weg, ihn als Gläubiger ohne Inanspruchnahme der Gerichte klaglos zu stellen, und ihm hiermit einen konkreten Vorteil verschafft, der zu einem Verbrauch i. S. d. gemeinsamen Mehrwertsteuerrechts führt.

Ob sich diese Grundsätze auch auf die **Abmahnungen nach dem UrhG** übertragen lassen, war strittig und Gegenstand eines Revisionsverfahrens beim BFH (FG Berlin-Brandenburg, Urt. v. 30.11.2016 – 7 K 7078/15, EFG 2017, 240; Revision war beim BFH anhängig unter XI R 1/17. Auch Hessisches FG, Urt. v. 28.9.2016 – 6 K 1911/14, EFG 2016, 2085). Der BFH kam in seiner Entscheidung (BFH, Urt. v. 13.2.2019 – XI R 1/17, BFH/NV 2019, 793; eine gegen die Entscheidung erhobene Verfassungsbeschwerde wurde vom BVerfG nicht zur Entscheidung angenommen, BVerfG v. 27.12.2019 – 1 BvR 1327/19) zu dem Ergebnis, dass auch die Zahlungen, die an einen Unternehmer als Aufwendungsersatz aufgrund von urheberrechtlichen Abmahnungen zur Durchsetzung seines Unterlassungsanspruchs geleistet werden, umsatzsteuerrechtlich als Entgelt im Rahmen eines umsatzsteuerbaren Leistungsaustauschs zwischen dem Unternehmer und dem von ihm abgemahnten Rechtsverletzer zu qualifizieren sind. Auf welche nationale zivilrechtliche Grundlage der Zahlungsanspruch gestützt wird, soll für die Frage, ob ein Leistungsaustausch im umsatzsteuerrechtlichen Sinne vorliegt, keine Rolle spielen. Dem BFH ist zuzustimmen, dass die unterschiedlichen nationalen Anspruchsgrundlagen im unionseinheitlichen Mehrwertsteuerrecht keine Relevanz haben.

Hinweis: Rechtsprechung des BFH nicht überzeugend

Der BFH verkennt in seiner Rechtsprechung allerdings die unterschiedlichen Motive, die bei den unterschiedlichen Abmahnungen vorhanden sind. Während bei der Abmahnung von Abmahnvereinen und von Wettbewerbern nicht der unmittelbare Schutz der eigenen wirtschaftlichen Tätigkeit im Vordergrund steht, hat der abmahnende Unternehmer, der den Schutz seiner Urheberrechte betreibt, ein ureigenes Interesse, die Quelle seiner unternehmerischen Betätigung und damit seiner Einnahmen zu schützen – er erbringt damit keine Beratungsleistung an andere, sondern wird nur im ureigenen Interesse tätig. Damit muss m. E. ein nicht steuerbarer Schadensersatz vorliegen, wenn der Geschädigte selbst den Schädiger (z. B. einen Rechteverletzer) abmahnt und ihm gegenüber den Aufwendungsersatz geltend macht. Da in diesem Fall ein eigenes Recht verletzt wird und damit keine Leistung in Form einer „Belehrung" oder „Verhinderung eines kostenintensiven Rechtsstreits" im Vordergrund steht, sondern ausschließlich die Einstellung der Rechteverletzung das Interesse des Geschädigten ist, kann dies nur Schadensersatz darstellen. Der BFH hat es leider versäumt – wie es m. E. notwendig gewesen wäre –, den EuGH um Vorabentscheidung zu ersuchen; es bleibt zu hoffen, dass in der Folge ein Finanzgericht dem EuGH diese Rechtsfrage vorlegt.

2.2 Umsetzung durch die Finanzverwaltung

Die Finanzverwaltung hat in einem in drei Abschnitte unterteilten Schreiben (BMF v. 1.10.2021, BStBl I 2021, 1859) die Grundsätze aus der Rechtsprechung des BFH zu den Abmahnleistungen aufgenommen. In dem ersten Abschnitt werden die systematischen Grundsätze – vom Leistungsaustausch bis zur Frage des Steuerentstehung – dargestellt, durch den zweiten Abschnitt werden zusätzliche Absätze in den UStAE aufgenommen. Schließlich wurde noch in einem dritten Abschnitt eine Nichtbeanstandungsregelung geschaffen.

Entsprechend den Vorgaben aus der Rechtsprechung des BFH soll die Leistung des Abmahnenden darin bestehen, dass der Abgemahnte nicht nur die Gelegenheit erhält, möglichst kostengünstig Geldansprüche des Abmahnenden zu befriedigen, sondern ggf. auch **erstmalig von dem Rechtsverstoß** Kenntnis erhält.

Hinweis: Schadensersatz neben Aufwendungsersatz möglich

Nach dieser Sichtweise soll die Abmahnung weder eine Urheberrechtsverletzung, eine unlautere Wettbewerbshandlung noch einen Schaden ausgleichen. Es soll vielmehr dem Rechtsverletzer aufgrund der Warn-, Streitbeilegungs- und Kostenvermeidungswirkung der Abmahnung ein Vorteil zugewendet worden sein. Wenn daneben neben der berechtigten Abmahnung noch ein Schadensersatz geltend gemacht wird, ist dieser als nicht steuerbarer Vorgang („echter Schadensersatz") nicht der Umsatzbesteuerung zu unterwerfen.

Die Abmahnleistung soll dann **ausgeführt** sein, wenn dem Abgemahnten ein wirtschaftlicher Vorteil zugewendet worden ist, maßgeblich soll dafür der Zugang der (berechtigten) Abmahnung bei dem Abgemahnten sein. Aus **Vereinfachungsgründen** beanstandet es die Finanzverwaltung aber auch nicht, wenn die Besteuerung im Voranmeldungszeitraum der Absendung der Abmahnung vorgenommen wird (Abschn. 13.1 Abs. 7 UStAE). Bestreitet der Abgemahnte substantiiert die Rechtsverletzung, hat der Abmahnende den Steuerbetrag im Besteuerungszeitraum, in dem die Abmahnung bestritten wird, zu berichtigen.

Die **Bemessungsgrundlage** bestimmt sich nach dem **Gegenwert für die Abmahnleistung**. Dies umfasst auch den Ersatz von Ermittlungskosten und Auslagen – es handelt sich insoweit nicht um einen durchlaufenden Posten. Soweit daneben noch ein echter, nicht steuerbarer Schadensersatz geltend gemacht wird, muss dies getrennt aufgeschlüsselt werden. Die Leistung – soweit steuerbar – unterliegt dem **Regelsteuersatz** nach § 12 Abs. 1 UStG.

Hinweis: Probleme bei unberechtigter Abmahnung

Wenn die Zusendung einer Abmahnung an einen potenziellen Rechtsverletzer nicht aufgrund eines berechtigten Anspruchs erfolgt (in diesem Fall soll eine „unberechtigte Abmahnung" vorliegen) und der Abmahnende eine Rechnung mit gesondert ausgewiesener Umsatzsteuer erteilt haben sollte, liegt ein unberechtigter Steuerausweis nach § 14c Abs. 2 UStG vor. Bis zur Beseitigung der Gefährdung des Steueraufkommens schuldet der Abmahnende den ausgewiesenen Steuerbetrag.

Die Finanzverwaltung wendet diese Grundsätze nach Veröffentlichung des BMF-Schreibens in **allen offenen Fällen** an. Es wird aber nicht beanstandet, wenn für alle **vor dem 1.11.2021 durchgeführte Abmahnleistungen** von einem „nicht steuerpflichtigen" Entgelt ausgegangen wird, dies soll auch für den Vorsteuerabzug des Abgemahnten gelten.

Hinweis: Nichtbeanstandungsregelung unpräzise

Systematisch **irritierend** ist die sicher gut gemeinte **Nichtbeanstandungsregelung** der Finanzverwaltung. Nach Aussage der Finanzverwaltung soll es nicht beanstandet werden, wenn für Abmahnleistungen vor dem 1.11.2021 von einem „nicht steuerpflichtigen" Entgelt ausgegangen wird. Hier meint die Finanzverwaltung wohl einen nicht steuerbaren Vorgang (als Schadensersatz), da eine Grundlage für eine Steuerbefreiung – die zu einem nicht steuerpflichtigen Umsatz führen würde – nicht einmal ansatzweise im Rahmen einer Nichtbeanstandungsregelung erkennbar ist. Weiterhin wird dies dann auch auf den Vorsteuerabzug des Abgemahnten bezogen – es bleibt aber offen, welch ein Vorsteuerabzug sich bei dem Abgemahnten ergeben sollte, wenn der Abmahnende die Abmahnleistung als einen nicht der Besteuerung zu unterwerfenden Vorgang erfassen sollte und damit folgerichtig auch keine Rechnung mit einer gesondert ausgewiesenen Umsatzsteuer erteilen wird.

In den Fällen, in denen von der enthaltenen Nichtbeanstandungsregelung Gebrauch gemacht worden ist und die Abmahnleistung als echter Schadensersatz nicht der Besteuerung unterworfen wurde, ist ein **Vorsteuerabzug** für die Rechtsanwaltsleistung beim Abmahnenden nicht zu versagen, soweit dessen wirtschaftliche Gesamttätigkeit zum Vorsteuerabzug berechtigt, FinMin. Schleswig-Holstein, Kurzinformation v. 22.6.2023, MwStR 2023, 748.

3. Garantieleistungen und Schadensersatz

Die Finanzverwaltung hatte sich wiederholt mit der Frage beschäftigen müssen, wie die Garantiezusage eines Kfz-Händlers umsatzsteuerrechtlich und auch versicherungsteuerrechtlich zu behandeln ist. Unter Bezugnahme auf die jüngste Rechtsprechung des BFH hat die Finanzverwaltung mit Schreiben v. 11.5.2021 (BStBl I 2021, 781) die verschiedenen gängigen Angebote dargestellt.

Hinweis: Anwendungsbereich erfasst alle Garantiezusagen

Die Grundsätze zu den Garantiezusagen gelten nicht nur branchenspezifisch für die Kfz-Branche, sondern sind branchenunabhängig anzuwenden.

Der BFH (Urt. v. 14.11.2018 – XI R 16/17, BStBl II 2021, 461; damit wurde die Entscheidung des BFH, Urt. v. 9.10.2002 – V R 67/01, BStBl II 2003, 378 bestätigt) hatte in einer Entscheidung bekräftigt, dass die **entgeltliche Garantiezusage** eines Kfz-Händlers keine unselbstständige Nebenleistung zur Fahrzeuglieferung, sondern eine **eigenständige Leistung** darstellt. Diese Leistung kann dann unter den weiteren Bedingungen als Versicherungsleistung nach § 4 Nr. 10 UStG steuerfrei sein.

Hinweis: Umsatzsteuerfreiheit führt regelmäßig zur Versicherungsteuerpflicht

Die Leistung unterliegt i. d. R. den Vorschriften des VerStG, wenn es zu einer Steuerbefreiung nach § 4 Nr. 10 UStG kommt. Der Unternehmer ist dann regelmäßig der Steuerentrichtungsschuldner. Zumindest in B2B-Fällen führt dies zu einer erhöhten finanziellen Belastung.

Die Finanzverwaltung stellt in einem ersten Abschnitt des BMF-Schreibens die versicherungsteuerrechtlichen Konsequenzen zu den gängigen Möglichkeiten dar; dies sind:

- Anspruch des Käufers auf Reparatur und Reparaturkostenersatz gegen den Verkäufer/Garantiegeber;
- Absicherung des Verkäufers/Garantiegebers bei einem anderen Versicherer;
- Wahlrecht des Käufers/Garantienehmers zwischen Reparaturanspruch gegen den Verkäufer/Garantiegeber und Reparaturkostenersatzanspruch gegen einen anderen Versicherer;
- Versicherungsschutz des Käufers/Garantienehmers durch eine vom Verkäufer abgeschlossene Versicherung für fremde Rechnung.

Die umsatzsteuerrechtlichen Folgerungen werden von der Finanzverwaltung wie folgt dargestellt:

1. **Anspruch des Käufers/Garantienehmers auf Reparatur oder Reparaturkostenersatz gegen den Verkäufer/Garantiegeber**: Diese Leistung aus der entgeltlichen Garantiezusage des Verkäufers ist – soweit Steuerbarkeit vorliegt – ein steuerfreier Umsatz nach § 4 Nr. 10 Buchst. a UStG. Dies umfasst sowohl die Gewährung des Versicherungsschutzes als auch die Leistung des Verkäufers (Versicherers) im Schadensfall (sowohl für eine Geldleistung als auch für eine Sachleistung). Dies gilt allerdings nicht, wenn die Garantiezusage nur in Verbindung mit dem Abschluss eines Vollwartungsvertrags für den Kaufgegenstand abgegeben wird. Hier liegt nach Auffassung der Finanzverwaltung keine Versicherungsleistung vor, sondern eine Leistung eigener Art, die nicht umsatzsteuerfrei ist.
2. **Wahlrecht des Käufers/Garantienehmers zwischen Reparaturanspruch gegen den Verkäufer/Garantiegeber und Reparaturkostenersatzanspruch gegen einen anderen Versicherer**: Steht dem Käufer aufgrund der entgeltlichen Garantiezusage eines Verkäufers im Garantiefall ein Wahlrecht zwischen Reparatur durch den Verkäufer oder aufgrund eines Versicherungsvertrags ein Reparaturkostenersatz durch einen anderen Versicherer zu, bestehen versicherungsteuerrechtlich zwei Versicherungsverhältnisse. Die Leistungen aus Garantiezusagen des Verkäufers sind in diesem Fall nach § 4 Nr. 10 Buchst. a bzw. Buchst. b UStG von der Umsatzsteuer befreit.

   Hinweis: Frühere Rechtsauffassung damit überholt

   Damit ist die Rechtsprechung des BFH aus 2010 (Urt. v. 10.2.2010 – XI R 49/07, BStBl II 2010, 1109) nach der solche Wahlrechte als eigenständiges Leistungsbündel anzusehen sind und keiner Befreiung unterliegen, überholt. Das BMF hat deshalb das dazu ergangene BMF-Schreiben (Schreiben v. 15.12.2010, BStBl I 2010, 1502) aufgehoben.

Führt der Unternehmer (Kfz-Händler) solche steuerfreien Ausgangsleistungen aus, ist er für damit zusammenhängende Eingangsleistungen (z. B. Kosten für den Abschluss der Garantie; im Schadensfall für den Einkauf von Material für die Reparatur) nach § 15 Abs. 2 Satz 1 Nr. 1 UStG vom **Vorsteuerabzug ausgeschlossen**, soweit nicht die Rückausnahme nach § 15 Abs. 3 Nr. 1 Buchst. b UStG vorliegt – dazu müsste sich die steuerfreie Leistung nach § 4 Nr. 10 UStG aber unmittelbar auf Gegenstände beziehen, die in das Drittlandsgebiet ausgeführt werden.

Hinweis: Lange Nichtbeanstandungsregelung beachten

Die Regelungen sollen zwingend für **Garantiezusagen gelten, die nach dem 31.12.2022 abgegeben werden** (BMF, Schreiben v. 18.6.2021, BStBl I 2021, 871 und BMF, Schreiben v. 18.10.2021, BStBl I 2021, 2142). Für davor abgegebene Garantiezusagen können die Grundsätze aber schon angewendet werden.

4. Vertragsstrafen und Schadensersatz

Ein zunehmend auftretender Streit besteht bei der Abgrenzung zwischen einem echten, nicht steuerbaren Schadensersatz und einem Leistungsaustausch. Grundsätzlich muss beachtet werden, dass in der **Rechtsprechung** die Tendenz besteht, eher einen Leistungsaustausch, als einen nicht steuerbaren Schadensersatz anzunehmen.

So musste sich der **EuGH** (Urt. v. 20.1.2022 – C-90/20, Apcoa Parking Danmark, UR 2022, 172) mit einem Fall der Abgrenzung von (nicht steuerbarer) Vertragsstrafe und steuerpflichtigem Entgelt für eine Leistung befassen, der auch für Deutschland Konsequenzen hat. Die Firma Apcoa **kontrollierte private Parkplätze** und erhob **Kontrollgebühren**, wenn die Kraftfahrer die Nutzungsbedingungen missachteten. Apcoa sah die Kontrollgebühren als „Vertragsstrafe" an und unterwarf diese nicht der Umsatzsteuer. Die dänische Finanzverwaltung sah eine steuerbare und steuerpflichtige Leistung. Der EuGH hat entschieden, dass die Kontrollgebühren, die eine mit dem Betrieb privater Parkplätze betraute Gesellschaft des Privatrechts in dem Fall erhebt, dass Kraftfahrer die allgemeinen Nutzungsbedingungen für diese Parkplätze nicht beachten, als Gegenleistung für eine Dienstleistung anzusehen sind, die gegen Entgelt erbracht wird und als solche der Umsatzsteuer unterliegt. Nach Auffassung des Gerichts besteht zwischen der Kontrollgebühr wegen vorschriftswidrigem Parken und dem Parken als solchem ein Zusammenhang – es kann keine Kontrollgebühr erhoben werden, wenn nicht vorher geparkt wurde.

Die **Finanzverwaltung** (BMF-Schreiben v. 15.12.2023) hat in Abschn. 1.3 Abs. 16b UStAE unter Bezugnahme auf die Entscheidung des EuGH aufgenommen, dass Kontrollgebühren, die ein mit dem Betrieb privater Parkplätze betrauter Unternehmer von den Nutzern der Parkplätze für die Nichtbeachtung der allgemeinen Nutzungsbedingungen dieser Parkplätze erhebt, eine Vergütung für die Erbringung einer entgeltlichen Dienstleistung nach § 1 Abs. 1 Nr. 1 UStG vom Unternehmer an die Parkplatznutzer darstellt. Die Finanzverwaltung hat in dem Schreiben eine **Nichtbeanstandungsregelung** aufgenommen: Für **bis zum 15.12.2023** vom leistenden Unternehmer vereinnahmte Zahlungen wird es von der Finanzverwaltung nicht beanstandet, wenn der Unternehmer von einem nicht steuerbaren Schadensersatz ausgeht.

> **Hinweis: Auswirkungen auf erhöhtes Beförderungsentgelt**
>
> Fraglich ist darüber hinaus, ob national an der bisher vertretenen Rechtsauffassung (vgl. BFH, Urt. v. 25.11.1986 – V R 109/78, BStBl II 1987, 228) festgehalten werden kann, dass das „erhöhte Beförderungsentgelt" bei Fahrten im öffentlichen Nahverkehr ohne gültigen Fahrausweis als nicht steuerbarer Schadensersatz anzusehen ist.

5. Kündigung von Werkverträgen

Bei der (einseitigen) **Auflösung eines Werkvertrags** steht dem Auftragnehmer ein Schadensersatzanspruch nach § 649 BGB zu, sodass in diesem Fall von der Finanzverwaltung nach Abschn. 1.3 Abs. 5 UStAE ein Schadensersatz angenommen wird. Der **EuGH** (Urt. v. 28.11.2024 – C-622/23, rhtb projekt GmbH) hat – entgegen nationaler Sichtweise – in einem Sachverhalt entschieden, dass der Betrag, der vertraglich geschuldet wird, weil der Empfänger einer Dienstleistung einen wirksam geschlossenen Vertrag über die Erbringung dieser umsatzsteuerpflichtigen Dienstleistung – deren Ausführung der Unternehmer begonnen hatte und zu deren Fertigstellung er bereit war –, beendigt hat, als Entgelt für eine Dienstleistung gegen Entgelt gilt. In dem Fall handelte es sich um einen österreichischen Bau- und Projektentwickler, der mit einer Immobiliengesellschaft einen Werkvertrag abgeschlossen hatte. Der Werkvertrag wurde kurz nach Beginn der Bauarbeiten von dem Auftraggeber einseitig und ohne Verschulden des Auftragnehmers gekündigt. Von den Zivilgerichten wurde dem zur Leistung verpflichteten Unternehmer der noch ausstehende Werklohn unter Abzug der ersparten Aufwendungen zugesprochen. Da aber national unsicher war, ob dies als nicht steuerbarer Schadensersatz oder als Entgelt für eine der Umsatzsteuer unterliegende Leistung anzusehen ist. Der EuGH hat den Leistungsaustausch und damit eine steuerbare Leistung bejaht. Tragende **Argumente für den EuGH** waren:

- Zwischen den Vertragsparteien bestand ein **gültiger Werkvertrag** (dem Grunde nach führt dieser zu einem steuerbaren Umsatz),

- Es bestand – obwohl das Werk nicht fertig gestellt werden konnte – die **Bereitschaft**, das Werk fertig zu stellen. Der im Rahmen des Klageverfahrens zugesprochene Werklohn steht damit in einem unmittelbaren Zusammenhang mit der ausgeführten bzw. auszuführenden Leistung.
- Wenn das Projekt **ordnungsgemäß zu Ende geführt worden wäre**, hätte der ausgezahlte Werklohn als steuerbarer und steuerpflichtiger Umsatz der Umsatzsteuer unterlegen.

Das Urteil des EuGH steht in **Widerspruch zu einer Entscheidung des BFH** (Urt. v. 26.8.2021 – V R 13/19) in dem der BFH festgestellt hatte, dass die nach Kündigung eines Architektenvertrags zu zahlende Vergütung nur in-soweit Entgelt i.S.d. § 10 Abs. 1 UStG darstellt, als sie auf schon erbrachte Leistungsteile entfällt. Eine darüber hinausgehende Zahlung würde echten, nicht steuerbaren Schadensersatz darstellen. Inwieweit der BFH an dieser Rechtsauffassung nach dem Urteil des EuGH festhalten kann, erscheint fraglich.

Hinweis: Konstante Rechtsprechung des EuGH

Das Urteil des EuGH reiht sich in die bisherige Rechtsprechung des Gerichts ein. So hatte der EuGH (Urt. v. 20.1.2022 – C-90/20, Apcoa Parking Danmark) einen Leistungsaustausch bei der Gebühr wegen vorschriftswidrigem Parken auf einem Supermarktparkplatz gesehen. Weiterhin hatte der EuGH (Urt. v. 27.4.2023 – C-677/21, Fluvius Antwerpen) die Lieferung von Elektrizität durch einen Verteilnetzbetreiber als steuerbar angesehen, auch wenn sie unbeabsichtigt erfolgt und das Ergebnis des rechtswidrigen Handelns eines Dritten ist.

6. Weitere Ergänzungen

Die Finanzverwaltung hat zu weiteren Fragen der Abgrenzung zum Schadensersatz Stellung genommen:

- Zum sog. **Kartellschadensersatz** (Zahlung des Schädigers an den Geschädigten zum Ausgleich eines Kartellschadens) hat die Finanzverwaltung (BMF, Schreiben v. 8.10.2024, BStBl I 2024, 1319) festgestellt, dass es sich um einen echten (nicht steuerbaren) Schadensersatz handelt. Bis Ende 2024 kann aber zwischen den Beteiligten einvernehmlich von einer Minderung des Entgelts (§ 17 UStG) ausgegangen werden.
- Zur Zahlung an einen **Telekommunikationsdienstleister** im Fall der vorzeitigen Beendigung eines Vertrags mit Mindestbindungsfrist hat die Finanzverwaltung (BMF, Schreiben v. 18.10.2024, BStBl I 2024, 1327) festgestellt, dass es sich um Entgelt für die Erbringung der Dienstleistung handelt. Die Aussage gilt in allen offenen Fällen (entspricht auch EuGH, Urt. v. 22.11.2018 – C-295/18, Serviços de Comunicações e Multimédia SA und EuGH, Urt. v. 11.6.2020 – C-43/19, Vodafone Portugal, BFH/NV 2020, 847).

7. Schadensersatz und Vorsteuerabzug

In einer weiteren – in der Praxis immer wieder auftretenden – Frage kann der BFH (beim BFH anhängig unter V R 15/24) vielleicht für größere Rechtssicherheit sorgen. Fraglich ist, ob entstandene Rechtsanwaltskosten bei einem Unternehmer zu einem Vorsteuerabzug führen, wenn die Rechtsberatung notwendig war, um einen nicht steuerbaren Schadensersatz durchzusetzen. Das FG Berlin-Brandenburg (FG Berlin-Brandenburg, Urt. v. 29.5.2024 – 7 K 7122/22) hat dies bejaht.

UStAE 1.4. Mitgliederbeiträge

(1) [1]Soweit eine Vereinigung zur Erfüllung ihrer den Gesamtbelangen sämtlicher Mitglieder dienenden satzungsgemäßen Gemeinschaftszwecke tätig wird und dafür echte Mitgliederbeiträge erhebt, die dazu bestimmt sind, ihr die Erfüllung dieser Aufgaben zu ermöglichen, fehlt es an einem Leistungsaustausch mit dem einzelnen Mitglied. [2]Erbringt die Vereinigung dagegen Leistungen, die den Sonderbelangen der einzelnen Mitglieder dienen, und erhebt sie dafür Beiträge entsprechend der tatsächlichen oder vermuteten Inanspruchnahme ihrer Tätigkeit, liegt ein Leistungsaustausch vor (vgl. BFH-Urteile vom 4. 7. 1985, V R 107/76, BStBl 1986 II S. 153, und vom 7. 11. 1996, V R 34/96, BStBl 1997 II S. 366).

(2) [1]Voraussetzung für die Annahme echter Mitgliederbeiträge ist, dass die Beiträge gleich hoch sind oder nach einem für alle Mitglieder verbindlichen Bemessungsmaßstab gleichmäßig errechnet werden. [2]Die Gleichheit ist auch dann gewahrt, wenn die Beiträge nach einer für alle Mitglieder einheitlichen Staffel erhoben werden oder die Höhe der Beiträge nach persönlichen Merkmalen der Mitglieder, z. B. Lebensalter, Stand, Vermögen, Einkommen, Umsatz, abgestuft wird (vgl. BFH-Urteil vom 8. 9. 1994, V R 46/92, BStBl II S. 957). [3]Allein aus der Gleichheit oder aus einem gleichen Bemessungsmaßstab kann auf die Eigenschaft der Zahlungen als echte Mitgliederbeiträge nicht geschlossen werden (vgl. BFH-Urteil vom 8. 9. 1994, V R 46/92, a. a. O.).

(3) [1]Beitragszahlungen, die Mitglieder einer Interessenvereinigung der Lohnsteuerzahler, z. B. Lohnsteuerhilfeverein, erbringen, um deren in der Satzung vorgesehene Hilfe in Lohnsteuersachen in Anspruch nehmen zu können, sind Entgelte für steuerbare Sonderleistungen dieser Vereinigung. [2]Dies gilt auch dann, wenn ein Mitglied im Einzelfall trotz Beitragszahlung auf die Dienste der Interessenvereinigung verzichtet, weil die Bereitschaft der Interessenvereinigung, für dieses Mitglied tätig zu werden, eine Sonderleistung ist (vgl. BFH-Urteil vom 9. 5. 1974, V R 128/71, BStBl II S. 530).

(4) Umlagen, die ein Wasserversorgungszweckverband satzungsgemäß zur Finanzierung der gemeinsamen Anlagen, der betriebsnotwendigen Vorratshaltung und der Darlehenstilgung entsprechend der Wasserabnahme durch die Mitgliedsgemeinden erhebt, sind Leistungsentgelte (BFH-Urteil vom 4. 7. 1985, V R 35/78, BStBl II S. 559).

(5) [1]Eine aus Mietern und Grundstückseigentümern eines Einkaufszentrums bestehende Werbegemeinschaft erbringt gegenüber ihren Gesellschaftern steuerbare Leistungen, wenn sie Werbemaßnahmen für das Einkaufszentrum vermittelt oder ausführt und zur Deckung der dabei entstehenden Kosten entsprechend den Laden- bzw. Verkaufsflächen gestaffelte Umlagen von ihren Gesellschaftern erhebt (BFH-Urteil vom 4. 7. 1985, V R 107/76, BStBl 1986 II S. 153). [2]Allein die unterschiedliche Höhe der von Mitgliedern erhobenen Umlagen führt nicht zur Annahme eines Leistungsaustauschs zwischen der Gemeinschaft und ihren Mitgliedern (vgl. BFH-Urteil vom 18. 4. 1996, V R 123/93, BStBl II S. 387).

(6) [1]Die Abgabe von Druckerzeugnissen an die Mitglieder ist nicht als steuerbare Leistung der Vereinigung anzusehen, wenn es sich um Informationen und Nachrichten aus dem Leben der Vereinigung handelt. [2]Steuerbare Sonderleistungen liegen jedoch vor, wenn es sich um Fachzeitschriften handelt, die das Mitglied andernfalls gegen Entgelt im freien Handel beziehen müsste.

(7) [1]Bewirkt eine Vereinigung Leistungen, die zum Teil den Einzelbelangen, zum Teil den Gesamtbelangen der Mitglieder dienen, sind die Beitragszahlungen in Entgelte für steuerbare Leistungen und in echte Mitgliederbeiträge aufzuteilen (vgl. BFH-Urteil vom 22. 11. 1963, V 47/61 U, BStBl 1964 III S. 147). [2]Der auf die steuerbaren Leistungen entfallende Anteil der Beiträge entspricht der Bemessungsgrundlage, die nach § 10 Abs. 5 Nr. 1 in Verbindung mit § 10 Abs. 4 UStG anzusetzen ist (vgl. Abschnitt 10.7 Abs. 1).

Anmerkung

1. Mitgliederbeiträge und Unionsrecht

Nach **nationalem Recht** können Vereinigungen gegenüber ihren Mitgliedern im Rahmen nicht steuerbarer echter Mitgliederbeiträge oder im Rahmen sog. unechter Mitgliederbeiträge tätig werden. Nicht steuerbare **echte Mitgliederbeiträge** liegen danach nach Abschn. 1.4 Abs. 1 und Abschn. 2.10 Abs. 1 UStAE dann vor, wenn die Vereinigung in Wahrnehmung der allgemeinen satzungsmäßigen Gemeinschaftszwecke gegenüber den Mitgliedern tätig wird. Der EuGH (Urt. v. 21.3.2002 – C-174/00, Kennemer Golf & Country-Club, BFH/NV Beilage 2002, 95) hatte dagegen 2002 entschieden, dass auch die Zahlung von Mitgliederbeiträgen ohne direkte, individuelle Gegenleistung zu einer steuerbaren Leistung des Vereins führt, wenn **ein allgemeines (verbrauchbares) Angebot** für das Mitglied besteht. Unerheblich für die Annahme des Leistungsaustauschs sei es, dass das einzelne Mitglied des Vereins unabhängig der individuellen Nutzung der von der Vereinigung angebotenen Leistungen verpflichtet ist, den Jahresbeitrag des Vereins zu bezahlen. Damit liegt ein direkter Zusammenhang zwischen der Leistung der Vereinigung und der Gegenleistung des Mitglieds vor – zumindest dann, wenn das Mitglied ein Leistungsangebot erhält. Auch in den Fällen, in denen passiven Mitgliedern zwar Nutzungsmöglichkeiten eingeräumt werden, aber das Mitglied die Leistungen tatsächlich nicht oder nur in sehr geringem Umfang in Anspruch nimmt, liegt noch ein solcher direkter Leistungszusammenhang vor (Leistungsbereitschaft).

Hinweis: Kein Leistungsaustausch ohne Leistung

In den Fällen, in denen das Mitglied keine Leistung erhält, ergibt sich danach kein steuerbarer Umsatz, der die Unternehmereigenschaft der Vereinigung insoweit ausschließt (z. B. ein Förderverein einer Schule erbringt gegenüber den Mitgliedern keine Leistungen). Der Verein ist insoweit nichtwirtschaftlich tätig. Auch Verbände können sowohl entgeltliche (unternehmerische) Leistungen an die Mitglieder erbringen, aber auch im Rahmen der Wahrnehmung der allgemeinen Interessen der Mitglieder nicht wirtschaftlich (nichtunternehmerisch) tätig sein – im Einzelfall können auch Mitgliederbeiträge im Rahmen einer sachgerechten Schätzung diesen unterschiedlichen Bereichen zuzuordnen sein (BFH, Urt. v. 13.12.2018 – V R 45/17, BFH/NV 2019, 508).

Nach **Art. 132 Abs. 1 Buchst. m MwStSystRL** sind aber bestimmte, in engem Zusammenhang mit Sport und Körperertüchtigung stehende Dienstleistungen, die Einrichtungen ohne Gewinnstreben an Personen erbringen, die Sport oder Körperertüchtigung ausüben, steuerfrei; dies setzt aber voraus, dass eine „sportliche" Leistung ausgeführt wird – nach der Rechtsprechung des EuGH (Urt. v. 26.10.2017 – C-90/16, The English Bridge Union Limited, UR 2018, 197) ist dazu erforderlich, dass ein Mindestmaß an körperlicher Betätigung notwendig ist. Allerdings kann diese Steuerbefreiung nach dem Unionsrecht für Einrichtungen, die keine Einrichtungen des öffentlichen Rechts sind, von der Erfüllung einzelner Bedingungen abhängig gemacht werden. Solche Bedingungen können unter anderem sein, dass keine systematische Gewinnerzielung angestrebt wird und etwaige Gewinne nicht an die Mitglieder verteilt werden dürfen, dass die Leitung und Verwaltung im Wesentlichen ehrenamtlich tätig ist und kein unmittelbares Interesse an den Ergebnissen der Tätigkeit besteht oder dass die Befreiung nicht zu einer Wettbewerbsverzerrung zulasten der der Umsatzsteuer unterliegenden gewerblichen Unternehmer führt.

Hinweis: Unmittelbare Berufung unionsrechtlich differenziert anzuwenden

Zur Frage der Berufung auf die unionsrechtliche Regelung des Art. 132 Abs. 1 Buchst. m MwStSystRL sowie der Auslegung der Frage des Gewinnstrebens war ein Vorabentscheidungsersuchen beim EuGH anhängig (BFH, Beschl. v. 21.6.2018 – V R 20/17, BStBl II 2018, 558; beim EuGH C-488/18 – Golfclub Schloss Igling e. V.). Der EuGH (Urt. v. 10.12.2020 – C-488/18, Golfclub Schloss Igling e. V., BFH/NV 2021, 430) hat die Zweifel des BFH bestätigt und sieht Art. 132 Abs. 1 Buchst. m MwStSystRL als nicht unmittelbar berufungsfähig an. Die Vorgabe der MwStSystRL sei nicht unbedingt und hinreichend genau, sodass sich die einzelnen Unternehmer nicht auf diese Rechtsvorschrift berufen können.

Vereine können sich damit – soweit es für sie sinnvoll ist – auf die Steuerbarkeit von Mitgliederbeiträgen berufen. Soweit aber Vereine und Vereinigungen nach der nationalen Rechtslage steuerbare Leistungen ausführen, die nicht unter die Befreiung nach § 4 Nr. 22 UStG fallen, sind die Leistungen für Sport und Körperertüchtigung nicht von der Umsatzsteuer befreit. Der BFH (Urt. v. 21.4.2022, V R 48/20, BFH/NV 2022, 792) hat mittlerweile die Entscheidung des EuGH umgesetzt und die früher nach seiner Rechtsprechung mögliche Berufungsmöglichkeit auf das Unionsrecht ausgeschlossen (Änderung seiner Rechtsprechung). Eine Anregung des Bundesrats, noch im Jahressteuergesetz 2022 eine gesetzliche Anpassung vorzunehmen, wurde von der Bundesregierung nicht übernommen, es wurde aber eine demnächst erfolgende Gesetzesänderung in Aussicht gestellt, diese war aber auch trotz erneuter Aufforderung durch den Bundesrat nicht im Wachstumschancengesetz 2023 vorgesehen gewesen.

Der EuGH hat in seiner Entscheidung – obwohl es im vorliegenden Fall nicht mehr von steuerrechtlicher Bedeutung war – zu der Frage Stellung genommen, wie die Voraussetzung „ohne Gewinnstreben" auszulegen ist. Der EuGH hat dazu festgestellt, dass es sich dabei um einen autonom auszulegenden Begriff handelt, damit grundsätzlich die verfahrensrechtliche nationale Umsetzung unbeachtlich ist.

Der EuGH stellt aber eindeutig fest, dass diese Voraussetzung nur dann vorliegen kann, wenn die Einrichtung über ihre gesamte Existenz einschließlich der Liquidation keine Gewinne an die Gesellschafter, Teilhaber, Mitglieder o.ä. verteilt. Damit muss im Ergebnis sichergestellt sein, dass auch bei Liquidation das Vermögen an einen begünstigten Dritten übergehen muss.

In seinem Urteil zum Kennemer Golf & Country-Club hat der EuGH festgestellt, dass für die **Beurteilung des Gewinnstrebens** einer Einrichtung sämtliche Tätigkeiten einzubeziehen sind, die diese Einrichtung ausführt. Eine Beschränkung auf bestimmte Teilbereiche der Einrichtung – hier der Leistungen nach Art. 132 Abs. 1 Buchst. m MwStSystRL – hat somit nicht zu erfolgen.

2. Rechtsprechung des BFH zu den Mitgliederbeiträgen

Der BFH hat sich nach dem EuGH-Urteil mehrfach mit der Thematik der **Steuerbarkeit und Steuerpflicht von Mitgliederbeiträgen** und Leistungen von Vereinigungen gegenüber den Mitgliedern auseinandersetzen müssen, da eine Anpassung des nationalen Rechts an das Unionsrecht bisher noch nicht erfolgt ist. Es ergeben sich aus der Rechtsprechung des BFH die folgenden Eckpunkte, die aber vor dem Hintergrund der jüngsten Entscheidung zur nicht vorliegenden Berufungsmöglichkeit auf das Unionsrecht zu überprüfen sind:

- Ein Luftsportverein, der seinen Mitgliedern vereinseigene Flugzeuge zur Nutzung überlässt, führt damit keine „sportliche Veranstaltung“ i. S. d. § 4 Nr. 22 Buchst. b UStG durch. Dass ein Luftsportverein seinen Mitgliedern die Nutzung von Einrichtungen auf dem Flughafengelände ermöglicht, hat keinen unmittelbaren Einfluss auf die von den Mitgliedern durchgeführten Sportflüge und ist insofern nicht Teil einer organisatorischen Maßnahme des Vereins. Mitgliedsbeiträge können Entgelt für die Leistungen eines Sportvereins an seine Mitglieder sein (BFH, Urt. v. 9.8.2007 – V R 27/04, BFH/NV 2007, 2213).
- Ein Golf-Klub, der seinen Mitgliedern die vereinseigenen Golfanlagen zur Nutzung überlässt, führt damit keine „sportliche Veranstaltung“ i. S. d. § 4 Nr. 22 Buchst. b UStG durch. Mitgliedsbeiträge und Aufnahmegebühren können Entgelt für die Leistungen eines Sportvereins an seine Mitglieder sein (BFH, Urt. v. 11.10.2007 – V R 69/06, BFH/NV 2008, 322).
- Die Überlassung von Golfbällen und die Nutzungsüberlassung einer Golfanlage an Nichtmitglieder eines gemeinnützigen Golfvereins kann nach Art. 132 Abs. 1 Buchst. m MwStSystRL steuerfrei sein. Leistungen eines gemeinnützigen Golfvereins, die den Kernbereich der Befreiung des Art. 132 Abs. 1 Buchst. m MwStSystRL betreffen, sind nicht nach Art. 134 MwStSystRL von der Befreiung ausgeschlossen (BFH, Urt. v. 3.4.2008 – V R 74/07, BFH/NV 2008, 1631) – diese Entscheidung dürfte nach dem Urt. v. 21.4.2022 (V R 48/20, BFH/NV 2022, 792) überholt sein.
- Leistungen eines Vereins, die dem konkreten Individualinteresse der Vereinsmitglieder dienen, sind steuerbar. Die Werbung für ein von den Mitgliedern verkauftes Produkt dient dem konkreten Individualinteresse der Vereinsmitglieder. Leistungen eines Vereins erfolgen auch dann gegen Entgelt, wenn nicht für alle Mitglieder ein einheitlicher Beitragsbemessungsmaßstab besteht (BFH, Urt. v. 3.4.2008 – V R 74/07, BFH/NV 2008, 1631).

3. Gewinnstreben von Vereinigungen

Ebenfalls von Bedeutung sind die Ausführungen des EuGH (Urt. v. 21.3.2002 – C-174/00, Kennemer Golf & Country-Club, BFH/NV Beilage 2002, 95) zu der Frage, wann ein **Gewinnstreben** der Einrichtung vorliegt. Hier kommt es nach den Ausführungen des EuGH zuerst darauf an, welchen **Zweck die Einrichtung** verfolgt. Eine Einrichtung, die nach Ihrer Satzung nicht auf das Erzielen von Gewinnen für ihre Mitglieder ausgerichtet ist, erfüllt somit diese Anforderung. Unschädlich ist in diesem Fall, wenn später tatsächlich Überschüsse erzielt werden, wenn diese Überschüsse nicht an die Mitglieder ausgeschüttet werden, sondern Rücklagen zugeführt werden, die dann später der Verbesserung der Dienstleistungen dienen sollen (z. B. Verbesserung der Anlagen oder größere Instandhaltungen). Nach der eindeutigen Aussage verbietet es das Unionsrecht den Einrichtungen nicht, das Geschäftsjahr mit einem positiven Saldo abzuschließen. Der EuGH geht in seinem Urteil aber noch darüber hinaus. Eine Einrichtung ohne Gewinnstreben im Sinne der vorliegenden Regelungen des Unionsrechts liegt auch dann vor, wenn eine solche Einrichtung später systematisch danach strebt, Überschüsse zu erwirtschaften, soweit eine Verteilung dieser Überschüsse an die Mitglieder ausgeschlossen wird und die Überschüsse der Durchführung der begünstigten Leistungen dienen sollen.

Hinweis: Bisher keine nationale Umsetzung

Allerdings ist zu beachten, dass diese Rechtsprechung bisher national noch nicht gesetzlich umgesetzt worden ist. Vereine oder Vereinigungen können sich aber – auch selektiv – auf die einzelnen Vorgaben des Unionsrechts berufen. Dies gilt aber nur für die Steuerbarkeit der Mitgliedsbeiträge. Eine Berufung von (gemeinnützigen) Sportvereinen auf Art. 132 Abs. 1 Buchst. m MwStSystRL – Steuerbefreiung von Leistungen im Sportbereich – ist von EuGH und BFH abgelehnt worden, siehe oben 1. Eine eigentlich im Rahmen des Jahressteuergesetzes 2024 geplante Anpassung der Steuerbefreiungen für sportliche Leistungen (i.S.d. Art. 132 Abs. 1 Buchst. m MwStSystRL) durch einen neuen § 4 Nr. 22 Buchst. c UStG ist im Gesetzgebungsverfahren im Herbst 2024 wieder fallen gelassen worden, da „noch weiterer Beratungsbedarf" besteht. Da die grundsätzliche unionsrechtswidrige nationale Umsetzung nunmehr schon über 20 Jahre besteht, stellt sich die Frage, warum diese Beratungen nicht schon längst vorgenommen worden sind. Die dringend notwendige Anpassung ist auch 2025 nicht vom Gesetzgeber angestoßen worden.

UStAE 1.5. Geschäftsveräußerung

Geschäftsveräußerung im Ganzen

(1) [1]Eine Geschäftsveräußerung im Sinne des § 1 Abs. 1a UStG liegt vor, wenn die wesentlichen Grundlagen eines Unternehmens oder eines gesondert geführten Betriebs an einen Unternehmer für dessen Unternehmen übertragen werden, wobei die unternehmerische Tätigkeit des Erwerbers auch erst mit dem Erwerb des Unternehmens oder des gesondert geführten Betriebs beginnen kann (vgl. Abschnitt 2.6 Abs. 1). [2]Entscheidend ist, dass die übertragenen Vermögensgegenstände ein hinreichendes Ganzes bilden, um dem Erwerber die Fortsetzung einer bisher durch den Veräußerer ausgeübten unternehmerischen Tätigkeit zu ermöglichen, und der Erwerber dies auch beabsichtigt (vgl. BFH-Urteil vom 18. 9. 2008, V R 21/07, BStBl 2009 II S. 254). [3]Dabei sind im Rahmen einer Gesamtwürdigung die Art der übertragenen Vermögensgegenstände und der Grad der Übereinstimmung oder Ähnlichkeit zwischen den vor und nach der Übertragung ausgeübten Tätigkeiten zu berücksichtigen (BFH-Urteil vom 23. 8. 2007, V R 14/05, BStBl 2008 II S. 165). **[4]Zu den Umsätzen im Rahmen einer Geschäftsveräußerung zählen nach richtlinienkonformer Auslegung nur im unmittelbaren wirtschaftlichen Zusammenhang mit dem Übertragungsvorgang stehende Leistungen, die lediglich die Fortführung des Betriebs ermöglichen. [5]Leistungen, denen eine eigenständige wirtschaftliche Bedeutung zukommt, wie z.B. die vereinbarte Fortführung des Betriebs durch den erwerbenden Unternehmer, gehören nicht dazu (vgl. BFH-Urteil vom 29.08.2024 – V R 41/21, BStBl II 2025 S. 642).** [6]Für die Geschäftsveräußerung ist es unerheblich, dass der Erwerber nicht den Namen des übernommenen Unternehmens weiterführt; entscheidend ist, dass der Erwerber die Tätigkeit des Veräußerers nunmehr im Rahmen seiner bisherigen eigenen Geschäftstätigkeit fortführt (vgl. BFH-Urteil vom 29. 8. 2012, XI R 1/11, BStBl 2013 II S. 301). [7]Die für die Geschäftsveräußerung notwendige Fortführung der Geschäftstätigkeit muss bei einer im engen zeitlichen und sachlichen Zusammenhang stehenden mehrstufigen Übertragung nur dem Grunde nach, nicht aber auch höchstpersönlich beim jeweiligen Erwerber vorliegen (vgl. BFH-Urteil vom 25. 11. 2015, V R 66/14, BStBl 2020 II S. 793). [8]Für das Vorliegen der Rechtsfolgen einer Geschäftsveräußerung auf jeder Stufe ist erforderlich, dass auf jeder Stufe der Übertragung der jeweilige Erwerber Unternehmer im Sinne des § 2 UStG ist.

(1a) [1]Der Fortsetzung der bisher durch den Veräußerer ausgeübten Tätigkeit steht es nicht entgegen, wenn der Erwerber den von ihm erworbenen Geschäftsbetrieb in seinem Zuschnitt ändert oder modernisiert (vgl. BFH-Urteil vom 23. 8. 2007, V R 14/05, BStBl 2008 II S. 165). [2]Die sofortige Abwicklung der übernommenen Geschäftstätigkeit schließt jedoch eine Geschäftsveräußerung aus (vgl. EuGH-Urteil vom 27. 11. 2003, C-497/01, Zita Modes). [3]Das Vorliegen der Voraussetzungen für eine nicht steuerbare Geschäftsveräußerung kann nicht mit der Begründung verneint werden, es werde noch kein „lebendes Unternehmen" übertragen, da der tatsächliche Betrieb des Unternehmens noch nicht aufgenommen worden sei (vgl. BFH-Urteil vom 8. 3. 2001, V R 24/98, BStBl 2003 II S. 430). [4]Eine Geschäftsveräußerung setzt keine Beendigung der unternehmerischen Betätigung des Veräußerers voraus (BFH-Urteil vom 29. 8. 2012, XI R 10/12, BStBl 2013 II S. 221).

(2) [1]Die Übertragung eines vermieteten Grundstücks führt zu einer nicht umsatzsteuerbaren Geschäftsveräußerung im Ganzen, wenn der Erwerber durch den mit dem Grundstückserwerb verbundenen Eintritt in bestehende Mietverträge vom Veräußerer ein Vermietungsunternehmen übernimmt oder die Vermietungstätigkeit des Veräußerers durch eigene abgeschlossene Mietverträge fortführt (vgl. BFH-Urteil vom 24. 02. 2021 – XI R 8/19, BStBl II 2022 S. 34). [2]Das ist auch dann der Fall, wenn der Veräußerer ein Bauträger ist, der ein Gebäude erworben, saniert, weitgehend vermietet und sodann veräußert hat, falls im Zeitpunkt der Veräußerung infolge einer nachhaltigen Vermietungstätigkeit beim Veräußerer ein Vermietungsunternehmen vorliegt, das vom Erwerber fortgeführt wird (vgl. BFH-Urteil vom 12. 8. 2015, XI R 16/14, BStBl 2020 II S. 790). [3]Eine anfängliche, weiter bestehende und dem Unternehmenszweck entsprechende Absicht eines Bauträgers, das Objekt wieder zu verkaufen, steht einer nachhaltigen Vermietungstätigkeit im Sinne des § 2 Abs. 1 Satz 3 UStG nicht zwingend entgegen (vgl. BFH-Urteil vom 12. 8. 2015, XI R 16/14, a. a. O). [4]Eine nachhaltige Vermietungstätigkeit ist widerlegbar anzunehmen, wenn die Vermietungsdauer mindestens 6 Monate betragen hat. [5]Keine Geschäftsveräußerung im Ganzen liegt hinsichtlich eines Bauträgers als Veräußerer vor, wenn die unternehmerische Tätigkeit des veräußernden Bauträgers im Wesentlichen darin besteht, ein Gebäude zu errichten und Mieter/Pächter für die einzelnen Einheiten zu finden, um es im Anschluss an die Fertigstellung aufgrund bereits erfolgter Vermietung ertragssteigernd zu veräußern (vgl. BFH-Urteil vom 12. 8. 2015, XI R 16/14, a. a. O). [6]Für die umsatzsteuerrechtliche Behandlung nicht entscheidend ist, ob das Objekt bilanzsteuerrechtlich dem Umlaufvermögen oder Anlagevermögen zuzuordnen ist (vgl. BFH-Urteil vom 12. 8. 2015, XI R 16/14, a. a. O). [7]Die vorgenannten Grundsätze gelten z. B. auch für einen in eine mehrstufige Übertragung eingebundenen Grundstückshändler.

(2 a) [1]Die Lieferung eines weder vermieteten noch verpachteten Grundstücks ist im Regelfall keine Geschäftsveräußerung (BFH-Urteil vom 11. 10. 2007, V R 57/06, BStBl 2008 II S. 447). [2]Ist der Gegenstand der Geschäftsveräußerung ein Vermietungsunternehmen, muss der Erwerber umsatzsteuerrechtlich die Fortsetzung der Vermietungstätigkeit beabsichtigen (vgl. BFH-Urteil vom 6. 5. 2010, V R 26/09, BStBl II S. 1114). [3]Bei der Veräußerung eines vermieteten Objekts an den bisherigen Mieter zu dessen eigenen wirtschaftlichen Zwecken ohne Fortführung des Vermietungsunternehmens liegt daher keine Geschäftsveräußerung vor (vgl. BFH-Urteil vom 24. 9. 2009, V R 6/08, BStBl 2010 II S. 315). [4]Ebenso führt die Übertragung eines an eine Organgesellschaft vermieteten Grundstücks auf den Organträger nicht zu einer Geschäftsveräußerung, da der Organträger umsatzsteuerrechtlich keine Vermietungstätigkeit fortsetzt, sondern das Grundstück im Rahmen seines Unternehmens selbst nutzt (vgl. BFH-Urteil vom 6. 5. 2010, V R 26/09, BStBl II S. 1114). [5]Überträgt ein Veräußerer ein verpachtetes Geschäftshaus und setzt der Erwerber die Verpachtung nur hinsichtlich eines Teils des Gebäudes fort, liegt hinsichtlich dieses Grundstücksteils eine Geschäftsveräußerung im Sinne des § 1 Abs. 1 a UStG vor. [6]Dies gilt unabhängig davon, ob der verpachtete Gebäudeteil „zivilrechtlich selbständig" ist oder nicht (vgl. BFH-Urteil vom 6. 7. 2016, XI R 1/15, BStBl II S. 909).

(2 b) [1]Bei der Übertragung von nur teilweise vermieteten oder verpachteten Grundstücken liegt eine Geschäftsveräußerung vor, wenn die nicht genutzten Flächen zur Vermietung oder Verpachtung bereitstehen und die Vermietungstätigkeit vom Erwerber für eine nicht unwesentliche Fläche fortgesetzt wird (vgl. BFH-Urteil vom 30. 4. 2009, V R 4/07, BStBl II S. 863). [2]Entsteht eine Bruchteilsgemeinschaft durch Einräumung eines Miteigentumsanteils an einem durch den bisherigen Alleineigentümer in vollem Umfang vermieteten Grundstück, liegt eine Geschäftsveräußerung vor (vgl. BFH-Urteil vom 6. 9. 2007, V R 41/05, BStBl 2008 II S. 65). [3]Zum Vorliegen einer Geschäftsveräußerung, wenn das Grundstück, an dem der Miteigentumsanteil eingeräumt wird, nur teilweise vermietet ist und im Übrigen vom vormaligen Alleineigentümer weiterhin für eigene unternehmerische Zwecke genutzt wird, vgl. BFH-Urteil vom 22. 11. 2007, V R 5/06, BStBl 2008 II S. 448.

Wesentliche Grundlagen

(3) [1]Bei entgeltlicher oder unentgeltlicher Übereignung eines Unternehmens oder eines gesondert geführten Betriebs im Ganzen ist eine nicht steuerbare Geschäftsveräußerung auch dann anzunehmen, wenn einzelne unwesentliche Wirtschaftsgüter davon ausgenommen werden (vgl. BFH-Urteil vom 1. 8. 2002, V R 17/01, BStBl 2004 II S. 626). [2]Eine nicht steuerbare Geschäftsveräußerung im Ganzen liegt z. B. bei einer Einbringung eines Betriebs in eine Gesellschaft auch dann vor, wenn einzelne wesentliche Wirtschaftsgüter, insbesondere auch die dem Unternehmen dienenden Grundstücke, nicht mit dinglicher Wirkung übertragen, sondern an den Erwerber vermietet oder verpachtet werden und eine dauerhafte Fortführung des Unternehmens oder des gesondert geführten Betriebs durch den Erwerber gewährleistet ist (vgl. BFH-Urteile vom 15. 10. 1998, V R 69/97, BStBl 1999 II S. 41, und vom 4. 7. 2002, V R 10/01, BStBl 2004 II S. 662). [3]Hierfür reicht eine langfristige Vermietung oder Verpachtung für z. B. acht Jahre aus (vgl. BFH-Urteil vom 23. 8. 2007, V R 14/05, BStBl 2008 II S. 165). [4]Ebenfalls ausreichend ist eine Vermietung oder Verpachtung auf unbestimmte Zeit (vgl. EuGH-Urteil vom 10. 11. 2011, C-444/10, Schriever, BStBl 2012 II S. 848, und BFH-Urteil vom 18. 1. 2012, XI R 27/08, BStBl II S. 842); die Möglichkeit, den Miet- oder Pachtvertrag kurzfristig zu kündigen, ist hierbei unschädlich. [5]Überträgt ein Veräußerer sein Unternehmensvermögen mit Ausnahme des Anlagevermögens auf einen Erwerber, der die bisherige Unternehmenstätigkeit fortsetzt, und das Anlagevermögen auf einen Dritten, der das Anlagevermögen dem Erwerber unentgeltlich zur Verfügung stellt, liegt nur im Verhältnis zum Erwerber, nicht aber auch zu dem Dritten eine nicht steuerbare Geschäftsveräußerung vor (vgl. BFH-Urteil vom 3. 12. 2015, V R 36/13, BStBl 2017 II S. 563).

(4) [1]Die Übertragung aller wesentlichen Betriebsgrundlagen und die Möglichkeit zur Unternehmensfortführung ohne großen finanziellen Aufwand ist im Rahmen der Gesamtwürdigung zu berücksichtigen, aus der sich ergibt, ob das übertragene Unternehmensvermögen als hinreichendes Ganzes die Ausübung einer wirtschaftlichen Tätigkeit ermöglicht (vgl. BFH-Urteil vom 23. 8. 2007, V R 14/05, BStBl 2008 II S. 165). [2]Welches die wesentlichen Grundlagen sind, richtet sich nach den tatsächlichen Verhältnissen im Zeitpunkt der Übereignung (BFH-Urteil vom 25. 11. 1965, V 173/63 U, BStBl 1966 III S. 333). [3]Auch ein einzelnes Grundstück kann wesentliche Betriebsgrundlage sein. [4]Bei einem Herstellungsunternehmer bilden die Betriebsgrundstücke mit den Maschinen und sonstigen der Fertigung dienenden Anlagen regelmäßig die wesentlichen Grundlagen des Unternehmens (vgl. BFH-Urteil vom 5. 2. 1970, V R 161/66, BStBl II S. 365). [5]Gehören zu den wesentlichen Grundlagen des Unternehmens bzw. des Betriebs nicht eigentumsfähige Güter, z. B. Gebrauchs- und Nutzungsrechte an Sachen, Forderungen, Dienstverträge, Geschäftsbeziehungen, muss der Unternehmer diese Rechte auf den Erwerber übertragen, soweit sie für die Fortführung des Unternehmens erforderlich sind. [6]Wird das Unternehmen bzw. der Betrieb in gepachteten Räumen und mit gepachteten Maschinen unterhalten, gehört das Pachtrecht zu den wesentlichen Grundlagen. [7]Dieses Pachtrecht muss der Veräußerer auf den Erwerber übertragen, indem er ihm die Möglichkeit verschafft, mit dem Verpächter einen Pachtvertrag abzuschließen, so dass der Erwerber die dem bisherigen Betrieb dienenden Räume usw. unverändert nutzen kann (vgl. BFH-Urteil vom 19. 12. 1968, V 225/65, BStBl 1969 II S. 303). [8]Das in einem Unternehmenskaufvertrag vereinbarte Wettbewerbsverbot kann als Umsatz im Rahmen einer Geschäftsveräußerung nicht steuerbar sein (vgl. BFH-Urteil vom 29. 8. 2012, XI R 1/11, BStBl 2013 II S. 301).

(5) [1]Eine nicht steuerbare Geschäftsveräußerung kann auf mehreren zeitlich versetzten Kausalgeschäften beruhen, wenn diese in einem engen sachlichen und zeitlichen Zusammenhang stehen und die Übertragung des ganzen Vermögens auf einen Erwerber zur Beendigung der bisherigen gewerblichen Tätigkeit – insbesondere auch für den Erwerber – offensichtlich ist (BFH-Urteil vom 1. 8. 2002, V R 17/01, BStBl 2004 II S. 626). [2]Eine nicht steuerbare Geschäftsveräußerung eines Unternehmens kann auch vorliegen, wenn im Zeitpunkt der Veräußerung eines verpachteten Grundstücks oder später aus unternehmerischen Gründen vorübergehend auf die Pachtzinszahlungen verzichtet wird (vgl. BFH-Urteil vom 7. 7. 2005, V R 78/03, BStBl II S. 849). [3]Eine Übereignung in mehreren Akten ist dann als eine Geschäftsveräußerung anzusehen, wenn die einzelnen Teilakte in wirtschaftlichem Zusammenhang stehen und der Wille auf Erwerb des Unternehmens gerichtet ist (vgl. BFH-Urteil vom 16. 3. 1982, VII R 105/79, BStBl II S. 483). [4]Eine Übereignung ist auch anzunehmen, wenn der Erwerber beim Übergang des Unternehmens Einrichtungsgegenstände, die ihm bereits vorher zur Sicherung übereignet worden sind, und

Waren, die er früher unter Eigentumsvorbehalt geliefert hat, übernimmt (vgl. BFH-Urteil vom 20. 7. 1967, V 240/64, BStBl III S. 684).

In der Gliederung des Unternehmens gesondert geführte Betriebe

(6) [1]Ein in der Gliederung eines Unternehmens gesondert geführter Betrieb liegt vor, wenn der veräußerte Teil des Unternehmens vom Erwerber als selbständiges wirtschaftliches Unternehmen fortgeführt werden kann (vgl. BFH-Urteil vom 19. 12. 2012, XI R 38/10, BStBl 2013 II S. 1053). [2]Nicht entscheidend ist, dass bereits im Unternehmen, das eine Übertragung vornimmt, ein (organisatorisch) selbständiger Unternehmensteil bestand. [3]Es ist nicht Voraussetzung, dass mit dem Unternehmen oder mit dem in der Gliederung des Unternehmens gesondert geführten Teil in der Vergangenheit bereits Umsätze erzielt wurden; die Absicht, Umsätze erzielen zu wollen, muss jedoch anhand objektiver, vom Unternehmer nachzuweisender Anhaltspunkte spätestens im Zeitpunkt der Übergabe bestanden haben (vgl. BFH-Urteil vom 8. 3. 2001, V R 24/98, BStBl 2003 II S. 430). [4]Soweit einkommensteuerrechtlich eine Teilbetriebsveräußerung angenommen wird (vgl. R 16 Abs. 3 EStR), kann vorbehaltlich des Absatzes 9 umsatzsteuerrechtlich von der Veräußerung eines gesondert geführten Betriebs ausgegangen werden.

(7) [1]Eine nicht steuerbare Geschäftsveräußerung ist kein Verwendungsumsatz im Sinne des § 15 Abs. 2 UStG (BFH-Urteil vom 8. 3. 2001, V R 24/98, BStBl 2003 II S. 430). [2]Zur Vorsteuerberichtigung des Erwerbers vgl. Abschnitt 15 a.4 ff.

(8) Liegen bei einer unentgeltlichen Übertragung die Voraussetzungen für eine Geschäftsveräußerung nicht vor, kann eine steuerbare unentgeltliche Wertabgabe (vgl. Abschnitt 3.2) in Betracht kommen.

Gesellschaftsrechtliche Beteiligungen

(9) [1]Die Übertragung eines Gesellschaftsanteils kann – unabhängig von dessen Höhe – nur dann einer nicht steuerbaren Geschäftsveräußerung gleichgestellt werden, wenn der Gesellschaftsanteil Teil einer eigenständigen Einheit ist, die eine selbständige wirtschaftliche Betätigung ermöglicht, und diese Tätigkeit vom Erwerber fortgeführt wird. [2]Eine bloße Veräußerung von Anteilen ohne gleichzeitige Übertragung von Vermögenswerten versetzt den Erwerber nicht in die Lage, eine selbständige wirtschaftliche Tätigkeit als Rechtsnachfolger des Veräußerers fortzuführen (vgl. EuGH-Urteil vom 30. 5. 2013, C-651/11, X).

Betrieb einer Photovoltaikanlage

(10) [1]Verkauft ein Unternehmer, der kein Kleinunternehmer ist und dessen Unternehmen (unter anderem) im Betrieb einer Photovoltaikanlage besteht, die Photovoltaikanlage oder übereignet er sie unentgeltlich an einen Dritten, handelt essich hierbei unter den übrigen Voraussetzungen des § 1 Abs. 1 a UStG um eine nichtsteuerbare Geschäftsveräußerung im Ganzen. [2]Der Erwerber tritt dabei an die Stelle des Veräußerers (§ 1 Abs. 1 a Satz 3 UStG); dies stellt keine Änderung der Verhältnisse im Sinne von § 15 a UStG dar (Abschnitt 15 a.10). [3]Ist der Erwerber Kleinunternehmer, führt der Wechsel der Besteuerungsart bei diesem zu einer Berichtigung des Vorsteuerabzugs (§ 15 a Abs. **1** UStG).

Anmerkung

Bei einer Geschäftsveräußerung (Teilbetriebsveräußerung) muss ein fortführbares Unternehmen/Teilunternehmen von einem Veräußerer an einen Erwerber übertragen werden. Unerheblich ist, ob die Übertragung entgeltlich oder unentgeltlich erfolgt.

§ 1 Abs. 1a Satz 1 UStG beschränkt sich aber auf Leistungen, die zwischen dem **Übertragenden** und dem **Übertragungsempfänger** erbracht werden. Die Nichtsteuerbarkeit erfasst daher keine Umsätze, die an Dritte ausgeführt werden. Für solche kommt die Anwendung des § 1 Abs. 1a Satz 1 UStG lediglich dann in Betracht, wenn insoweit eine (weitere) Geschäftsveräußerung vorliegt, BFH, Urt. v. 29.8.2024 – V R 41/21.

Bei mehreren Leistungsbeziehungen von mehreren Veräußerern und mehreren Erwerbern ist jeder Vorgang einzeln und selbständig zu beurteilen (z.B. BFH, Urt. v. 4.2.2015 – XI R 42/13, BStBl II 2015, 616 bzw. BFH, Urt. v. 29.8.2018 – XI R 37/17, BStBl II 2019, 378; vgl. auch EuGH, Urt. v. 30.5.2013 – C-651/

11 – X BV, BFH/NV 13, 1212). In der Folge bleiben bei der Beurteilung, ob eine Geschäftsveräußerung im Ganzen vorliegt, Leistungen außer Betracht, die Gegenstand von weiteren – davon zu unterscheidenden – umsatzsteuerrechtlichen Leistungsbeziehungen zwischen anderen Unternehmern sind (z.B. BFH, Urt. v. 4.2.2015 – XI R 14/14, BStBl II 2015, 908).

1. Geschäftsveräußerung bei Immobilien

Ein besonderes Problem stellt umsatzsteuerlich die **Veräußerung von Grundstücken** (mit den dazugehörenden aufstehenden Gebäuden) dar. Auch der Verkauf eines Grundstücks kann eine nicht steuerbare Geschäftsveräußerung im Ganzen oder eines Teilbetriebs darstellen.

Hinweis: Mietverträge wesentliche Grundlage

Als wesentliche Betriebsgrundlage bei der Veräußerung von Grundstücken sind in aller Regel die geschlossenen Mietverträge anzusehen. Die Veräußerung eines Gebäudes ohne Übergang der Mietverträge ist im Regelfall keine Geschäftsveräußerung nach § 1 Abs. 1a UStG (BFH, Urt. v. 11.10.2007 – V R 57/06, BStBl II 2008, 447). In Ausnahmefällen kann aber auch der Erwerb eines (bisher) selbst gepachteten und dann untervermieteten Grundstücks zu einer nicht steuerbaren Geschäftsveräußerung führen, wenn nach Erwerb die bisherige Untervermietung als Vermietung fortgesetzt wird (BFH, Urt. v. 24.2.2021 – XI R 8/19, BStBl II 2022, 34). Die Finanzverwaltung hat diese Entscheidung des BFH in den UStAE aufgenommen und klargestellt, dass eine Übertragung eines „Vermietungsunternehmens" nicht nur vorliegt, wenn der Erwerber in die Mietverhältnisse des Veräußerers eintritt, sondern auch dann, wenn der **Erwerber die Vermietungstätigkeit durch eigene abgeschlossene Mietverträge fortführt**.

Der **BFH** hat sich in den vergangenen Jahren mehrfach mit der Veräußerung von Grundstücken beschäftigt. Es ergeben sich dabei die folgenden Grundsätze:

- Wird ein **zu bebauendes Grundstück** übertragen, das der Veräußerer unter der Bedingung der Fertigstellung des Bauvorhabens vermietet hat, liegt keine Geschäftsveräußerung nach § 1 Abs. 1a UStG vor (BFH, Urt. v. 18.9.2008 – V R 21/07, BStBl II 2009, 254).
- Eine Geschäftsveräußerung kann auch bei Veräußerung eines Gegenstands vorliegen. Der Erwerber muss das Unternehmen des Veräußerers aber fortführen können. Dies liegt nicht vor, wenn ein vermietetes Grundstück an **den Mieter veräußert** wird, da der Mieter nach dem Erwerb das Grundstück als Eigentümer nutzt und somit kein Vermietungsunternehmen fortsetzt (BFH, Urt. v. 4.9.2008 – V R 23/06, BFH/NV 2009, 426 sowie BFH, Urt. v. 24.9.2009 – V R 6/08, BStBl II 2010, 315).
- Bei der Übertragung von nur **teilweise vermieteten** oder verpachteten Grundstücken liegt eine Geschäftsveräußerung vor, wenn die nicht genutzten Flächen zur Vermietung oder Verpachtung bereitstehen und die Vermietungstätigkeit vom Erwerber für eine nicht unwesentliche Fläche fortgesetzt wird (BFH, Urt. v. 30.4.2009 – V R 4/07, BStBl II 2009, 863).
- Eine teilweise Geschäftsveräußerung nach § 1 Abs. 1a UStG liegt auch insoweit vor, wie der Erwerber das zunächst vom Veräußerer gepachtete – teilweise eigenbetrieblich genutzte und teilweise untervermietete – Grundstück nach dem Erwerb weiterhin teilweise vermietet (BFH, Urt. v. 24.2.2021 – XI R 8/19, BStBl II 2022, 34).
- Eine Geschäftsveräußerung liegt auch dann vor, wenn der **bisherige Alleineigentümer** eines Grundstücks, das er bisher teilweise steuerpflichtig vermietete und teilweise für eigenunternehmerische Zwecke nutzte, einen Miteigentumsanteil auf seinen Sohn überträgt. Allerdings beschränkt sich der Gegenstand der Geschäftsveräußerung auf den vermieteten Grundstücksteil (BFH, Urt. v. 22.11.2007 – V R 5/06, BStBl II 2008, 448 sowie BFH, Urt. v. 6.9.2007 – V R 41/05, BStBl II 2008, 65).
- Auch ein **Bauträger** kann ein von ihm entwickeltes Projekt im Rahmen einer Geschäftsveräußerung im Ganzen oder einer Teilbetriebsveräußerung an einen Investor veräußern, der das Objekt langfristig vermietet, wenn der Bauträger aufgrund eigener nachhaltiger Vermietungstätigkeit (hier min-

destens 17 Monate) schon ein Vermietungsunternehmen begründet hat (BFH, Urt. v. 12.8.2015 – XI R 16/14, BStBl II 2020, 790 sowie BFH, Urt. v. 25.11.2015 – V R 66/14, BStBl II 2020, 793).

Hinweis: Auch Teile von Grundstücken können Gegenstand einer Geschäftsveräußerung sein

Nach der Rechtsprechung des BFH (Urt. v. 6.7.2016 – XI R 1/15, BStBl II 2016, 909 sowie auch Abschn. 1.5 Abs. 2a UStAE) ist ein Grundstück nicht mehr zwingend als eine Einheit anzusehen. Soweit der Erwerber in Teilen des Gebäudes die bisherige unternehmerische Tätigkeit des Veräußerers fortsetzt, liegt insoweit eine nicht steuerbare Geschäftsveräußerung vor. Wenn in anderen Teilen des Gebäudes eine andere unternehmerische Betätigung (z. B. Selbstnutzung nach vorheriger Vermietung durch den Veräußerer) ausgeübt wird, liegt insoweit keine Geschäftsveräußerung vor.

2. Immobilienveräußerung durch Bauträger

Der **BFH** (Urt. v. 12.8.2015 – XI R 16/14, BStBl II 2020, 790 sowie Urt. v. 25.11.2015 – V R 66/14, BStBl II 2020, 793) hatte schon 2015 in zwei Verfahren zu der **Fortführung der unternehmerischen Betätigung** Stellung genommen, in denen es um die Übertragung von vermieteten Immobilien durch Bauträger ging. Dabei bestätigte der BFH, dass die Übertragung eines vermieteten Grundstücks zu einer nicht steuerbaren Geschäftsveräußerung im Ganzen führt, wenn der Erwerber durch den mit dem Grundstückserwerb verbundenen Eintritt in bestehende Mietverträge vom Veräußerer ein Vermietungsunternehmen übernimmt. Dies liegt auch dann vor, wenn der Veräußerer ein Bauträger ist, der ein Gebäude erworben, saniert, weitgehend vermietet und sodann veräußert hat, falls im Zeitpunkt der Veräußerung infolge einer nachhaltigen Vermietungstätigkeit beim Veräußerer ein Vermietungsunternehmen vorliegt, das vom Erwerber fortgeführt wird.

Weiterhin hatte der BFH entschieden, dass die für die Geschäftsveräußerung notwendige Fortführung der Unternehmenstätigkeit bei einer **mehrfachen Übertragung** nur dem Grunde nach, nicht aber auch höchstpersönlich beim jeweiligen Erwerber vorliegen muss.

Die **Finanzverwaltung** hat mit Schreiben v. 16.11.2020 (BStBl I 2020, 1267) die Grundsätze aus der Rechtsprechung des BFH in Abschn. 1.5 UStAE übernommen und noch weitere Klarstellungen vorgenommen:

- Bei einer im engen zeitlichen und sachlichen Zusammenhang stehenden mehrstufigen Übertragung, bei der notwendige Fortführung der Geschäftstätigkeit nur dem Grunde, nicht aber auch höchstpersönlich beim jeweiligen Erwerber vorliegen muss, muss aber auf **jeder Stufe der Erwerber Unternehmer** i. S. d. § 2 UStG sein.
- Bei der Veräußerung eines vermieteten Gebäudes durch einen Bauträger sieht die Finanzverwaltung eine widerlegbare Vermutung für eine nachhaltige Vermietungstätigkeit bei **sechs Monaten**.
- Keine Geschäftsveräußerung im Ganzen liegt bei einer Veräußerung eines Objekts durch einen Bauträger vor, wenn die unternehmerische Tätigkeit des Veräußerers im Wesentlichen darin besteht, ein Gebäude zu errichten und Mieter oder Pächter für die einzelnen Einheiten zu finden, um es im Anschluss an die Fertigstellung aufgrund bereits erfolgter Vermietung ertragssteigernd zu veräußern.

Hinweis: Bilanzsteuerrechtliche Beurteilung unbeachtlich

Unerheblich für die umsatzsteuerrechtliche Beurteilung ist, ob das Objekt bilanzsteuerrechtlich dem Anlage- oder dem Umlaufvermögen zugeordnet ist.

Die zutreffende Beurteilung bei einer Veräußerung eines Mietobjekts, ob eine nicht steuerbare oder eine steuerbare, aber steuerfreie oder ggf. durch Option steuerpflichtig auszuführende Leistung vorliegt, kann für die Umsatzsteuer von **erheblicher Bedeutung** sein. Probleme bestehen bei Immobilienobjekten immer dann, wenn der Veräußerer kein dem Grunde nach nachhaltige Vermietungsleistungen erbringender Unternehmer ist. Allerdings sind Bauträger – insbesondere dann, wenn die Nachfrage nach Vermietungsflächen schwach ist – oftmals genötigt, Objekte länger zu halten und zu entwickeln, als dies ursprünglich geplant war, um einen vernünftigen Kaufpreis zu realisieren.

3. Keine Geschäftsveräußerung bei vollständiger Übertragung von Anteilen

Der **EuGH** (Urt. v. 30.5.2013 – C-651/11, X BV, BFH/NV 2013, 1212) hatte sich zu den Möglichkeiten der nicht steuerbaren Geschäftsveräußerung bei der Übertragung eines Gesellschaftsanteils geäußert. Eine nicht steuerbare Übertragung kann nur dann vorliegen, wenn der Gesellschaftsanteil Teil einer eigenständigen Einheit ist, die eine selbstständige wirtschaftliche Betätigung ermöglicht und diese Tätigkeit vom Erwerber fortgeführt wird. Die Finanzverwaltung hat dies in den UStAE übernommen und klargestellt, dass eine bloße Veräußerung von Anteilen ohne gleichzeitige Übertragung von Vermögenswerten den Erwerber nicht in die Lage versetzen kann, eine selbstständige wirtschaftliche Tätigkeit als Rechtsnachfolger des Veräußerers fortzuführen (BMF, Schreiben v. 11.12.2013, BStBl I 2013, 1625 sowie Abschn. 1.5 Abs. 9 UStAE).

Der **BFH** (Urt. v. 18.9.2019 – XI R 33/18, BStBl II 2021, 243) hat entschieden, dass die **Inhaberschaft von Anteilen an einer GmbH** reicht (im Gegensatz zur Inhaberschaft von Vermögenswerten dieser GmbH) für sich genommen nicht aus, um eine selbständige wirtschaftliche Tätigkeit der Veräußerin fortführen zu können. Anders kann es aber sein, wenn die bisherige Organträgerin die Anteile an der GmbH an die neue Organträgerin überträgt.

Hinweis: Geschäftsveräußerung bei Organschaft

In diesem Zusammenhang ist auch die Entscheidung des BFH (Urteil v. 26.6.2019 – XI R 3/17, BFH/NV 2019, 1455) zu beachten, dass in den Fällen in denen die frühere Organträgerin ein ihr gehörendes Grundstück im Rahmen der Beendigung der Organschaft auf die frühere Organgesellschaft als Erwerberin überträgt, eine nicht steuerbare Geschäftsveräußerung vorliegt, wenn die Erwerberin die unternehmerische Tätigkeit des Organkreises fortführt und das übertragene Grundstück ein Teilvermögen i. S. d. Art. 19 Abs. 1 MwStSystRL ist. Unschädlich ist, dass die Organschaft einen oder mehrere Tage vor der Übertragung des Grundstücks geendet hat und daher die Fortführung der unternehmerischen Tätigkeit durch die Erwerberin vor der Übertragung des Grundstücks auf die Erwerberin erfolgt ist.

4. Geschäftsveräußerung bei Anwendung der Durchschnittssatzbesteuerung nach § 24 UStG

Im Zusammenhang mit der Einführung einer **Gesamtumsatzgrenze von 600.000 €** bei der Anwendung der Durchschnittssatzbesteuerung bei den land- und forstwirtschaftlichen Betrieben nach § 24 UStG zum 1.1.2022 hat die Finanzverwaltung (BMF-Schreiben v. 2.6.2022, BStBl I 2022, 926) auch ausführlich zur Frage der der Anwendung der Durchschnittssatzbesteuerung bei einer Geschäftsveräußerung im Ganzen Stellung genommen. Vgl. dazu Abschn. 24.1a UStAE.

5. Offene Fragen bei Übertragung auf verschiedene Personen

Fraglich ist, ob eine **nicht steuerbare (Teil-)Betriebsveräußerung** vorliegen kann, wenn ein ursprünglich einheitliches Unternehmen aufgespalten wird und an eine Vielzahl von Erwerbern veräußert wird. Im vorliegenden Fall wurden **Solarparks** aufgeteilt und auf andere Gesellschafter verteilt. Das Schleswig-Holsteinische FG (Schleswig-Holsteinisches FG, Urt. v. 14.3.2024 – 4 K 75/23, DStRE 2025, 274 sowie Schleswig-Holsteinisches FG, Urt. v. 14.3.2024 – 4 K 76/23, DStRE 2025, 350) kam zu dem Ergebnis, dass keine Geschäftsveräußerung i.S.d. § 1 Abs. 1a UStG bei der entgeltlichen Übertragung eines ehemals allein vom Veräußerer betriebenen Unternehmens auf eine Vielzahl von Erwerbern vorliegt. Der BFH (beim BFH anhängig unter V R 32/24 und V R 33/24) muss jetzt darüber in einem Revisionsverfahren entscheiden.

UStAE 1.6. Leistungsaustausch bei Gesellschaftsverhältnissen

(1) [1]Zwischen Personen- und Kapitalgesellschaften und ihren Gesellschaftern ist ein Leistungsaustausch möglich (vgl. BFH-Urteile vom 23. 7. 1959, V 6/58 U, BStBl III S. 379, und vom 5. 12. 2007, V R 60/05,

BStBl 2009 II S. 486). [2]Unentgeltliche Leistungen von Gesellschaften an ihre Gesellschafter werden durch § 3 Abs. 1b und Abs. 9a UStG erfasst (vgl. Abschnitte 3.2 bis 3.4). [3]An einem Leistungsaustausch fehlt es in der Regel, wenn eine Gesellschaft Geldmittel nur erhält, damit sie in die Lage versetzt wird, sich in Erfüllung ihres Gesellschaftszwecks zu betätigen (vgl. BFH-Urteil vom 20. 4. 1988, X R 3/82, BStBl II S. 792). [4]Das ist z.B. der Fall, wenn ein Gesellschafter aus Gründen, die im Gesellschaftsverhältnis begründet sind, die Verluste seiner Gesellschaft übernimmt, um ihr die weitere Tätigkeit zu ermöglichen (vgl. BFH-Urteil vom 11. 4. 2002, V R 65/00, BStBl II S. 782).

Gründung von Gesellschaften, Eintritt neuer Gesellschafter

(2) [1]Eine Personengesellschaft erbringt bei der Aufnahme eines Gesellschafters an diesen keinen steuerbaren Umsatz (vgl. BFH-Urteil vom 1. 7. 2004, V R 32/00, BStBl II S. 1022). [2]Dies gilt auch für Kapitalgesellschaften bei der erstmaligen Ausgabe von Anteilen (vgl. EuGH-Urteil vom 26. 5. 2005, C-465/03, Kretztechnik). [3]Zur Übertragung von Gesellschaftsanteilen vgl. Abschnitt 3.5 Abs. 8. [4]Dagegen sind Sacheinlagen eines Gesellschafters umsatzsteuerbar, wenn es sich um Lieferungen und sonstige Leistungen im Rahmen seines Unternehmens handelt und keine Geschäftsveräußerung im Sinne des § 1 Abs. 1a UStG vorliegt. [5]Die Einbringung von Wirtschaftsgütern durch den bisherigen Einzelunternehmer in die neu gegründete Gesellschaft ist auf die Übertragung der Gesellschaftsrechte gerichtet (vgl. BFH-Urteile vom 8. 11. 1995, XI R 63/94, BStBl 1996 II S. 114, und vom 15. 5. 1997, V R 67/94, BStBl II S. 705). [6]Als Entgelt für die Einbringung von Wirtschaftsgütern in eine Gesellschaft kommt neben der Verschaffung der Beteiligung an der Gesellschaft auch die Übernahme von Schulden des Gesellschafters durch die Gesellschaft in Betracht, wenn der einbringende Gesellschafter dadurch wirtschaftlich entlastet wird (vgl. BFH-Urteil vom 15. 5. 1997, V R 67/94, a.a.O.). [7]Zum Nachweis der Voraussetzung, dass der Leistungsaustausch zwischen Gesellschafter und Gesellschaft tatsächlich vollzogen worden ist, vgl. BFH-Urteil vom 8. 11. 1995, XI R 63/94, a.a.O.

Leistungsaustausch oder nicht steuerbarer Gesellschafterbeitrag

(3) [1]Ein Gesellschafter kann an die Gesellschaft sowohl Leistungen erbringen, die ihren Grund in einem gesellschaftsrechtlichen Beitragsverhältnis haben, als auch Leistungen, die auf einem gesonderten schuldrechtlichen Austauschverhältnis beruhen. [2]Die umsatzsteuerrechtliche Behandlung dieser Leistungen richtet sich danach, ob es sich um Leistungen handelt, die als Gesellschafterbeitrag durch die Beteiligung am Gewinn oder Verlust der Gesellschaft abgegolten werden, oder um Leistungen, die gegen Sonderentgelt ausgeführt werden und damit auf einen Leistungsaustausch gerichtet sind. [3]Entscheidend ist die tatsächliche Ausführung des Leistungsaustauschs und nicht allein die gesellschaftsrechtliche Verpflichtung. [4]Dabei ist es unerheblich, dass der Gesellschafter zugleich seine Mitgliedschaftsrechte ausübt. [5]Umsatzsteuerrechtlich maßgebend für das Vorliegen eines Leistungsaustauschs ist, dass ein Leistender und ein Leistungsempfänger vorhanden sind und der Leistung eine Gegenleistung gegenübersteht. [6]Die Steuerbarkeit der Geschäftsführungs- und Vertretungsleistungen eines Gesellschafters an die Gesellschaft setzt das Bestehen eines unmittelbaren Zusammenhangs zwischen der erbrachten Leistung und dem empfangenen Sonderentgelt voraus (vgl. BFH-Urteile vom 6. 6. 2002, V R 43/01, BStBl 2003 II S. 36, und vom 16. 1. 2003, V R 92/01, BStBl II S. 732). [7]Für die Annahme eines unmittelbaren Zusammenhangs im Sinne eines Austauschs von Leistung und Gegenleistung genügt es nicht schon, dass die Mitglieder der Personenvereinigung lediglich gemeinschaftlich die Kosten für den Erwerb und die Unterhaltung eines Wirtschaftsguts tragen, das sie gemeinsam nutzen wollen oder nutzen (vgl. BFH-Urteil vom 28. 11. 2002, V R 18/01, BStBl 2003 II S. 443). [8]Der Gesellschafter einer Personengesellschaft kann grundsätzlich frei entscheiden, in welcher Eigenschaft er für die Gesellschaft tätig wird. [9]Der Gesellschafter kann wählen, ob er einen Gegenstand verkauft, vermietet oder ihn selbst bzw. seine Nutzung als Einlage einbringt (vgl. BFH-Urteil vom 18. 12. 1996, XI R 12/96, BStBl 1997 II S. 374). [10]Eine sonstige Leistung durch Überlassung der Nutzung eines Gegenstands muss beim Leistungsempfänger die Möglichkeit begründen, den Gegenstand für seine Zwecke zu verwenden. [11]Soweit die Verwendung durch den Leistungsempfänger in der Rücküberlassung der Nutzung an den Leistenden besteht, muss deutlich erkennbar sein, dass dieser nunmehr sein Recht zur Nutzung aus dem Nutzungsrecht des Leistungsempfängers ableitet (BFH-Urteil vom 9. 9. 1993, V R 88/88, BStBl 1994 II S. 56).

(4) [1]Auf die Bezeichnung der Gegenleistung z.B. als Gewinnvorab/Vorabgewinn, als Vorwegvergütung, als Aufwendungsersatz, als Umsatzbeteiligung oder als Kostenerstattung kommt es nicht an.

B e i s p i e l 1:

[1]Den Gesellschaftern einer OHG obliegt die Führung der Geschäfte und die Vertretung der OHG. [2]Diese Leistungen werden mit dem nach der Anzahl der beteiligten Gesellschafter und ihrem Kapitaleinsatz bemessenen Anteil am Ergebnis (Gewinn und Verlust) der OHG abgegolten.

[3]Die Ergebnisanteile sind kein Sonderentgelt; die Geschäftsführungs- und Vertretungsleistungen werden nicht im Rahmen eines Leistungsaustauschs ausgeführt, sondern als Gesellschafterbeitrag erbracht.

[2]Dies gilt auch, wenn nicht alle Gesellschafter tatsächlich die Führung der Geschäfte und die Vertretung der Gesellschaft übernehmen bzw. die Geschäftsführungs- und Vertretungsleistungen mit einem erhöhten Anteil am Ergebnis (Gewinn und Verlust) oder am Gewinn der Gesellschaft abgegolten werden.

B e i s p i e l 2:

[1]Die Führung der Geschäfte und die Vertretung der aus den Gesellschaftern A, B und C bestehenden OHG obliegt nach den gesellschaftsrechtlichen Vereinbarungen ausschließlich dem C.

a) Die Leistung des C ist mit seinem nach der Anzahl der beteiligten Gesellschafter und ihrem Kapitaleinsatz bemessenen Anteil am Ergebnis (Gewinn und Verlust) der OHG abgegolten; A, B und C sind zu gleichen Teilen daran beteiligt.
b) C ist mit 40 %, A und B mit jeweils 30 % am Ergebnis (Gewinn und Verlust) der OHG beteiligt.
c) C erhält im Gewinnfall 25 % des Gewinns vorab, im Übrigen wird der Gewinn nach der Anzahl der Gesellschafter und ihrem Kapitaleinsatz verteilt; ein Verlust wird ausschließlich nach der Anzahl der Gesellschafter und ihrem Kapitaleinsatz verteilt.

[2]Die ergebnisabhängigen Gewinn- bzw. Verlustanteile des C sind kein Sonderentgelt; C führt seine Geschäftsführungs- und Vertretungsleistungen nicht im Rahmen eines Leistungsaustauschs aus, sondern erbringt jeweils Gesellschafterbeiträge.

B e i s p i e l 3:

[1]Eine Beratungsgesellschaft betreibt verschiedene Beratungsstellen, an denen ortsansässige Berater jeweils atypisch still beteiligt sind. [2]Diese sind neben ihrer Kapitalbeteiligung zur Erbringung ihrer Arbeitskraft als Einlage verpflichtet. [3]Sie erhalten für ihre Tätigkeit einen Vorabgewinn. [4]Die auf den Vorabgewinn getätigten Entnahmen werden nicht als Aufwand behandelt. [5]Die Zuweisung des Vorabgewinns und die Verteilung des verbleibenden Gewinns erfolgen im Rahmen der Gewinnverteilung.

[6]Der Vorabgewinn ist kein Sonderentgelt; die Gesellschafter führen ihre Tätigkeiten im Rahmen eines gesellschaftsrechtlichen Beitragsverhältnisses aus.

[3]Bei Leistungen auf Grund eines gegenseitigen Vertrags (vgl. §§ 320 ff. BGB), durch den sich der Gesellschafter zu einem Tun, Dulden oder Unterlassen und die Gesellschaft sich hierfür zur Zahlung einer Gegenleistung verpflichtet, sind die Voraussetzungen des § 1 Abs. 1 Nr. 1 Satz 1 UStG für einen steuerbaren Leistungsaustausch hingegen regelmäßig erfüllt, falls der Gesellschafter Unternehmer ist; dies gilt auch, wenn Austausch- und Gesellschaftsvertrag miteinander verbunden sind. [4]Ein Leistungsaustausch zwischen Gesellschafter und Gesellschaft liegt vor, wenn der Gesellschafter z.B. für seine Geschäftsführungs- und Vertretungsleistung an die Gesellschaft eine Vergütung erhält (auch wenn diese als Gewinnvorab bezeichnet wird), die im Rahmen der Ergebnisermittlung als Aufwand behandelt wird. [5]Die Vergütung ist in diesem Fall Gegenleistung für die erbrachte Leistung.

B e i s p i e l 4:

[1]Der Gesellschafter einer OHG erhält neben seinem nach der Anzahl der Gesellschafter und ihrem Kapitaleinsatz bemessenen Gewinnanteil für die Führung der Geschäfte und die Vertretung der OHG

eine zu Lasten des Geschäftsergebnisses verbuchte Vorwegvergütung von jährlich 120 000 € als Festbetrag.

[2]Die Vorwegvergütung ist Sonderentgelt; der Gesellschafter führt seine Geschäftsführungs- und Vertretungsleistungen im Rahmen eines Leistungsaustauschs aus.

Beispiel 5:

[1]Wie Beispiel 3, jedoch erhält ein atypisch stiller Gesellschafter im Rahmen seines Niederlassungsleiter-Anstellungsvertrags eine Vergütung, die handelsrechtlich als Aufwand behandelt werden muss.

[2]Die Vergütung ist Sonderentgelt; die Geschäftsführungs- und Vertretungsleistungen werden im Rahmen eines Leistungsaustauschverhältnisses ausgeführt. [3]Zur Frage der unabhängig von der ertragsteuerrechtlichen Beurteilung als Einkünfte aus Gewerbebetrieb nach § 15 Abs. 1 Nr. 2 EStG zu beurteilenden Frage nach der umsatzsteuerrechtlichen Selbständigkeit vgl. Abschnitt 2.2. [4]Im Rahmen von Niederlassungsleiter-Anstellungsverträgen tätige Personen sind danach im Allgemeinen selbständig tätig.

[6]Ist die Vergütung für die Leistungen des Gesellschafters im Gesellschaftsvertrag als Teil der Ergebnisverwendung geregelt, liegt ein Leistungsaustausch vor, wenn sich aus den geschlossenen Vereinbarungen und deren tatsächlicher Durchführung ergibt, dass die Leistungen nicht lediglich durch eine Beteiligung am Gewinn und Verlust der Gesellschaft abgegolten, sondern gegen Sonderentgelt ausgeführt werden. [7]Ein Leistungsaustausch zwischen Gesellschaft und Gesellschafter liegt demnach auch vor, wenn die Vergütung des Gesellschafters zwar nicht im Rahmen der Ergebnisermittlung als Aufwand behandelt wird, sich jedoch gleichwohl ergebnismindernd auswirkt oder es sich aus den Gesamtumständen des Einzelfalls ergibt, dass sie nach den Vorstellungen der Gesellschafter als umsatzsteuerrechtliches Sonderentgelt gewährt werden soll.

Beispiel 6:

[1]Eine GmbH betreut als alleinige Komplementärin einer Fonds-KG ohne eigenen Vermögensanteil die Geschäfte der Fonds-KG, deren Kommanditanteile von Investoren (Firmen und Privatpersonen) gehalten werden. [2]Nach den Regelungen im Gesellschaftsvertrag zur Ergebnisverteilung, zum Gewinnvorab und zu den Entnahmen erhält die GmbH

a) [1]eine jährliche Management-Fee. [2]Bei der Fonds-KG handelt es sich um eine vermögensverwaltende Gesellschaft, bei der grundsätzlich nur eine Ermittlung von Kapitaleinkünften durch die Gegenüberstellung von Einnahmen und Werbungskosten vorgesehen ist. [3]Sie verbucht die Zahlung der Management-Fee in der Ergebnisermittlung nicht als Aufwand, sondern ordnet sie bei der Ermittlung der Einnahmen aus Kapitalvermögen und Werbungskosten für die Anleger, die ihre Anteile im Privatvermögen halten, in voller Höhe den Werbungskosten der Anleger zu.

b) [1]eine als gewinnabhängig bezeichnete Management-Fee. [2]Da die erwirtschafteten Jahresüberschüsse jedoch zur Finanzierung der Management-Fee nicht ausreichen, wird ein Bilanzgewinn durch die Auflösung von eigens dafür gebildeten Kapitalrücklagen ausgewiesen.

c) [1]eine als gewinnabhängig bezeichnete Jahresvergütung. [2]Der für die Zahlung der Vergütung bereitzustellende Bilanzgewinn wird aus einer Gewinnrücklage gebildet, welche aus Verwaltungskostenvorauszahlungen der Kommanditisten gespeist wurde. [3]Die Verwaltungskosten stellen Werbungskosten der Kommanditisten dar.

d) [1]eine einmalige Gebühr („Konzeptions-Fee“). [2]Die Fonds-KG hat die Zahlung in der Ergebnisermittlung nicht als Aufwand verbucht. [3]Die Gebühr wird neben dem Agio in dem Beteiligungsangebot zur Fonds-KG als Kosten für die Investoren ausgewiesen. [4]Gebühr/Konzeptions-Fee sowie Aufwendungen und Kosten der Fonds-KG werden auf die zum letzten Zeichnungsschluss vorhandenen Gesellschafter umgelegt.

[3]Die Vergütungen sind jeweils Sonderentgelt; die GmbH führt die Leistungen jeweils im Rahmen eines Leistungsaustauschs aus.

Beispiel 7:

[1]Der Gesellschafter einer OHG erhält neben seinem nach der Anzahl der Gesellschafter und ihrem Kapitaleinsatz bemessenen Gewinnanteil für die Führung der Geschäfte und die Vertretung der OHG im Rahmen der Gewinnverteilung auch im Verlustfall einen festen Betrag von 120 000 € vorab zugewiesen (Vorabvergütung).

[2]Der vorab zugewiesene Gewinn ist Sonderentgelt; der Gesellschafter führt seine Geschäftsführungs- und Vertretungsleistungen im Rahmen eines Leistungsaustauschs aus.

[8]Gewinnabhängige Vergütungen können auch ein zur Steuerbarkeit führendes Sonderentgelt darstellen, wenn sie sich nicht nach den vermuteten, sondern nach den tatsächlich erbrachten Gesellschafterleistungen bemessen. [9]Verteilt eine Gesellschaft bürgerlichen Rechts nach dem Gesellschaftsvertrag den gesamten festgestellten Gewinn je Geschäftsjahr an ihre Gesellschafter nach der Menge der jeweils gelieferten Gegenstände, handelt es sich – unabhängig von der Bezeichnung als Gewinnverteilung – umsatzsteuerrechtlich um Entgelt für die Lieferungen der Gesellschafter an die Gesellschaft (vgl. BFH-Urteil vom 10. 5. 1990, V R 47/86, BStBl II S. 757). [10]Zur Überlassung von Gegenständen gegen jährliche Pauschalvergütung vgl. BFH-Urteil vom 16. 3. 1993, XI R 44/90, BStBl II S. 529, und gegen Gutschriften auf dem Eigenkapitalkonto vgl. BFH-Urteil vom 16. 3. 1993, XI R 52/90, BStBl II S. 562. [11]Ohne Bedeutung ist, ob der Gesellschafter zunächst nur Abschlagszahlungen erhält und der ihm zustehende Betrag erst im Rahmen der Überschussermittlung verrechnet wird. [12]Entnahmen, zu denen der Gesellschafter nach Art eines Abschlags auf den nach der Anzahl der Gesellschafter und ihrem Kapitaleinsatz bemessenen Anteil am Gewinn der Gesellschaft berechtigt ist, begründen grundsätzlich kein Leistungsaustauschverhältnis. [13]Ein gesellschaftsvertraglich vereinbartes garantiertes Entnahmerecht, nach dem die den Gewinnanteil übersteigenden Entnahmen nicht zu einer Rückzahlungsverpflichtung führen, führt wie die Vereinbarung einer Vorwegvergütung zu einem Leistungsaustausch (vgl. Beispiele 4 und 7). [14]Die Tätigkeit eines Kommanditisten als Beiratsmitglied, dem vor allem Zustimmungs- und Kontrollrechte übertragen sind, kann eine Sonderleistung sein (vgl. BFH-Urteil vom 24. 8. 1994, XI R 74/93, BStBl 1995 II S. 150). [15]Ein zwischen Gesellschafter und Gesellschaft vorliegender Leistungsaustausch hat keinen Einfluss auf die Beurteilung der Leistungen der Gesellschaft Dritten gegenüber. [16]Insbesondere sind in der Person des Gesellschafters vorliegende oder an seine Person geknüpfte Tatbestandsmerkmale, wie z. B. die Zugehörigkeit zu einer bestimmten Berufsgruppe (z. B. Land- und Forstwirt) oder die Erlaubnis zur Führung bestimmter Geschäfte (z. B. Bankgeschäfte) hinsichtlich der Beurteilung der Leistungen der Gesellschaft unbeachtlich. [17]Da der Gesellschafter bei der Geschäftsführung und Vertretung im Namen der Gesellschaft tätig wird und somit nicht im eigenen Namen gegenüber den Kunden der Gesellschaft auftritt, liegt auch kein Fall der Dienstleistungskommission (§ 3 Abs. 11 UStG) vor.

Beispiel 8:

[1]Bei einem in der Rechtsform der KGaA geführten Kreditinstitut ist ausschließlich dem persönlich haftenden Gesellschafter-Geschäftsführer die Erlaubnis zur Führung der Bankgeschäfte erteilt worden.

[2]Die für die Leistungen des Kreditinstituts geltende Steuerbefreiung des § 4 Nr. 8 UStG ist nicht auf die Geschäftsführungs- und Vertretungsleistung des Gesellschafters anwendbar.

(5) [1]Wird für Leistungen des Gesellschafters an die Gesellschaft neben einem Sonderentgelt auch eine gewinnabhängige Vergütung (vgl. Absatz 4 Satz 1 Beispiele 1 und Satz 2 Beispiel 2) gezahlt (sog. Mischentgelt), sind das Sonderentgelt und die gewinnabhängige Vergütung umsatzsteuerrechtlich getrennt zu beurteilen. [2]Das Sonderentgelt ist als Entgelt einzuordnen, da es einer bestimmten Leistung zugeordnet werden kann. [3]Diese gewinnabhängige Vergütung ist dagegen kein Entgelt.

Beispiel:

[1]Der Gesellschafter einer OHG erhält für die Führung der Geschäfte und die Vertretung der OHG im Rahmen der Gewinnverteilung 25 % des Gewinns, mindestens jedoch 60 000 € vorab zugewiesen.

[2]Der Festbetrag von 60 000 € ist Sonderentgelt und wird im Rahmen eines Leistungsaustauschs gezahlt; im Übrigen wird der Gesellschafter auf Grund eines gesellschaftsrechtlichen Beitragsverhältnisses tätig.

(6) [1]Auch andere gesellschaftsrechtlich zu erbringende Leistungen der Gesellschafter an die Gesellschaft können bei Zahlung eines Sonderentgelts als Gegenleistung für diese Leistung einen umsatzsteuerbaren Leistungsaustausch begründen. [2]Sowohl die Haftungsübernahme als auch die Geschäftsführung und Vertretung besitzen ihrer Art nach Leistungscharakter und können daher auch im Fall der isolierten Erbringung Gegenstand eines umsatzsteuerbaren Leistungsaustausches sein.

Beispiel:

[1]Der geschäftsführungs- und vertretungsberechtigte Komplementär einer KG erhält für die Geschäftsführung, Vertretung und Haftung eine Festvergütung.

[2]Die Festvergütung ist als Entgelt für die einheitliche Leistung, die Geschäftsführung, Vertretung und Haftung umfasst, umsatzsteuerbar und umsatzsteuerpflichtig (vgl. BFH-Urteil vom 3. 3. 2011, V R 24/10, BStBl II S. 950). [3]Weder die Geschäftsführung und Vertretung noch die Haftung nach §§ 161, 128 HGB haben den Charakter eines Finanzgeschäfts im Sinne des § 4 Nr. 8 Buchst. g UStG.

(6 a) [1]Erbringt eine Gesellschaft auf schuldrechtlicher Grundlage an ihre Gesellschafter Leistungen gegen Entgelt und stellen ihr die Gesellschafter in unmittelbarem Zusammenhang hiermit auf gesellschaftsrechtlicher Grundlage Personal zur Verfügung, liegt ein tauschähnlicher Umsatz vor. [2]Um eine Beistellung anstelle eines tauschähnlichen Umsatzes handelt es sich nur dann, wenn das vom jeweiligen Gesellschafter überlassene Personal ausschließlich für Zwecke der Leistungserbringung an den jeweiligen Gesellschafter verwendet wird (vgl. BFH-Urteil vom 15. 4. 2010, V R 10/08, BStBl II S. 879).

Einzelfälle

(7) Ein Gesellschafter kann seine Verhältnisse so gestalten, dass sie zu einer möglichst geringen steuerlichen Belastung führen (BFH-Urteil vom 16. 3. 1993, XI R 45/90, BStBl II S. 530).

1. [1]Der Gesellschafter erwirbt einen Gegenstand, den er der Gesellschaft zur Nutzung überlässt. [2]Der Gesellschafter ist nur als Gesellschafter tätig.
   a) Der Gesellschafter überlässt den Gegenstand zur Nutzung gegen Sonderentgelt.

   Beispiel 1:

   [1]Der Gesellschafter erwirbt für eigene Rechnung einen Pkw, den er in vollem Umfang seinem Unternehmen zuordnet, auf seinen Namen zulässt und den er in vollem Umfang der Gesellschaft zur Nutzung überlässt. [2]Die Gesellschaft zahlt dem Gesellschafter für die Nutzung des Pkw eine besondere Vergütung, z. B. einen feststehenden Mietzins oder eine nach der tatsächlichen Fahrleistung bemessene Vergütung.

   [3] Nach den Grundsätzen der BFH-Urteile vom 7. 11. 1991, V R 116/86, BStBl 1992 II S. 269, und vom 16. 3. 1993, XI R 52/90, BStBl II S. 562, ist die Unternehmereigenschaft des Gesellschafters zu bejahen. [4]Er bewirkt mit der Überlassung des Pkw eine steuerbare Leistung an die Gesellschaft. [5]Das Entgelt dafür besteht in der von der Gesellschaft gezahlten besonderen Vergütung. [6]Die Mindestbemessungsgrundlage ist zu beachten. [7]Ein Leistungsaustausch kann auch dann vorliegen, wenn der Gesellschafter den Pkw ausschließlich selbst nutzt (vgl. BFH-Urteil vom 16. 3. 1993, XI R 45/90, BStBl II S. 530).

   [8]Der Gesellschafter, nicht die Gesellschaft, ist zum Vorsteuerabzug aus dem Erwerb des Pkw berechtigt (vgl. Abschnitt 15.20 Abs. 1).

   Beispiel 2:

   [1]Sachverhalt wie Beispiel 1, jedoch mit der Abweichung, dass der Pkw nur zu 70 % der Gesellschaft überlassen und zu 30 % für eigene unternehmensfremde (private) Zwecke des Gesellschafters genutzt wird.

   [2]Ein Leistungsaustausch zwischen Gesellschafter und Gesellschaft findet nur insoweit statt, als der Gegenstand für Zwecke der Gesellschaft überlassen wird. [3] Das Entgelt dafür besteht in der von der Gesellschaft gezahlten besonderen Vergütung. [4]Die Mindestbemessungsgrundlage ist zu beachten. [5]Insoweit als der Gesellschafter den Gegenstand für eigene unternehmensfremde (pri-

vate) Zwecke verwendet, liegt bei ihm eine nach § 3 Abs. 9a Nr. 1 UStG steuerbare unentgeltliche Wertabgabe vor.

b) Der Gesellschafter überlässt den Gegenstand zur Nutzung gegen eine Beteiligung am Gewinn oder Verlust der Gesellschaft.

Beispiel 3:

[1]Der Gesellschafter erwirbt für eigene Rechnung einen Pkw, den er auf seinen Namen zulässt und den er in vollem Umfang der Gesellschaft zur Nutzung überlässt. [2]Der Gesellschafter erhält hierfür jedoch keine besondere Vergütung; ihm steht lediglich der im Gesellschaftsvertrag bestimmte Gewinnanteil zu.

[3]Überlässt der Gesellschafter der Gesellschaft den Gegenstand gegen eine Beteiligung am Gewinn oder Verlust der Gesellschaft zur Nutzung, handelt er insoweit nicht als Unternehmer. [4]Weder der Gesellschafter noch die Gesellschaft sind berechtigt, die dem Gesellschafter beim Erwerb des Gegenstands in Rechnung gestellte Umsatzsteuer als Vorsteuer abzuziehen (vgl. Abschnitt 15.20 Abs. 1 Satz 7). [5]Eine Zuordnung zum Unternehmen kommt daher nicht in Betracht.

2. [1]Der Gesellschafter ist selbst als Unternehmer tätig. [2]Er überlässt der Gesellschaft einen Gegenstand seines dem Unternehmen dienenden Vermögens zur Nutzung.
   a) [1]Der Gesellschafter überlässt den Gegenstand zur Nutzung gegen Sonderentgelt.
   [2]Bei der Nutzungsüberlassung gegen Sonderentgelt handelt es sich um einen steuerbaren Umsatz im Rahmen des Unternehmens. [3]Das Entgelt besteht in der von der Gesellschaft gezahlten besonderen Vergütung. [4]Die Mindestbemessungsgrundlage ist zu beachten.
   [5]Zum Vorsteuerabzug des Gesellschafters und der Gesellschaft vgl. Abschnitt 15.20 Abs. 2 und 3.
   b) Der Gesellschafter überlässt den Gegenstand zur Nutzung gegen eine Beteiligung am Gewinn oder Verlust der Gesellschaft.

Beispiel 4:

[1]Ein Bauunternehmer ist Mitglied einer Arbeitsgemeinschaft und stellt dieser gegen eine Beteiligung am Gewinn oder Verlust der Gesellschaft Baumaschinen zur Verfügung.

[2]Die Überlassung des Gegenstands an die Gesellschaft gegen eine Beteiligung am Gewinn oder Verlust der Gesellschaft ist beim Gesellschafter keine unentgeltliche Wertabgabe, wenn dafür unternehmerische Gründe ausschlaggebend waren. [3]Es handelt sich mangels Sonderentgelt um eine nicht steuerbare sonstige Leistung im Rahmen des Unternehmens (vgl. auch Absatz 8).

[4]Wird der Gegenstand aus unternehmensfremden Gründen überlassen, liegt beim Gesellschafter unter den Voraussetzungen des § 3 Abs. 9a UStG eine unentgeltliche Wertabgabe vor. [5]Das kann beispielsweise im Einzelfall bei der Überlassung von Gegenständen an Familiengesellschaften der Fall sein. [6]Unternehmensfremde Gründe liegen nicht allein deshalb vor, weil der Gesellschafter die Anteile an der Gesellschaft nicht in seinem Betriebsvermögen hält (vgl. BFH-Urteil vom 20. 12. 1962, V 111/61 U, BStBl 1963 III S. 169).

[7]Zum Vorsteuerabzug des Gesellschafters und der Gesellschaft vgl. Abschnitt 15.20 Abs. 2 und 3.

3. [1]Der Gesellschafter ist selbst als Unternehmer tätig. [2]Er liefert der Gesellschaft einen Gegenstand aus seinem Unternehmen unentgeltlich. [3]Er ist nur am Gewinn oder Verlust der Gesellschaft beteiligt.
   a) [1]Der Gesellschafter ist zum Vorsteuerabzug aus dem Erwerb des Gegenstands berechtigt, weil bei Leistungsbezug die Absicht bestand, den Gegenstand weiterzuverkaufen.
   [2]Es liegt eine unentgeltliche Wertabgabe nach § 3 Abs. 1b Satz 1 Nr. 1 oder 3 UStG vor.
   b) [1]Der Gesellschafter ist nicht zum Vorsteuerabzug aus dem Erwerb des Gegenstands berechtigt, weil die unentgeltliche Weitergabe an die Gesellschaft bereits bei Leistungsbezug beabsichtigt war (vgl. Abschnitt 15.15).
   [2]Es liegt nach § 3 Abs. 1b Satz 2 UStG keine einer entgeltlichen Lieferung gleichgestellte unentgeltliche Wertabgabe vor.

Leistungsaustausch bei Arbeitsgemeinschaften des Baugewerbes

(8) [1]Überlassen die Gesellschafter einer Arbeitsgemeinschaft des Baugewerbes dieser für die Ausführung des Bauauftrags Baugeräte (Gerätevorhaltung), kann sich die Überlassung im Rahmen eines Leistungsaustauschs vollziehen. [2]Vereinbaren die Gesellschafter, dass die Baugeräte von den Partnern der Arbeitsgemeinschaft kostenlos zur Verfügung zu stellen sind, ist die Überlassung der Baugeräte keine steuerbare Leistung, wenn der die Geräte beistellende Gesellschafter die Überlassung der Geräte der Arbeitsgemeinschaft nicht berechnet und sich mit dem ihm zustehenden Gewinnanteil begnügt. [3]Wird die Überlassung der Baugeräte seitens des Bauunternehmers an die Arbeitsgemeinschaft vor der Verteilung des Gewinns entsprechend dem Geräteeinsatz ausgeglichen oder wird der Gewinn entsprechend der Gerätevorhaltung aufgeteilt, obwohl sie nach dem Vertrag „kostenlos“ zu erbringen ist, handelt es sich im wirtschaftlichen Ergebnis um besonders berechnete sonstige Leistungen (vgl. BFH-Urteil vom 18. 3. 1988, V R 178/83, BStBl II S. 646, zur unentgeltlichen Gegenstandsüberlassung vgl. Absatz 7 Nr. 2 Buchstabe b Beispiel 4). [4]Das gilt auch dann, wenn die Differenz zwischen vereinbarter und tatsächlicher Geräteüberlassung unmittelbar zwischen den Arbeitsgemeinschaftspartnern abgegolten (Spitzenausgleich) und der Gewinn formell von Ausgleichszahlungen unbeeinflusst verteilt wird (BFH-Urteile vom 21. 3. 1968, V 43/65, BStBl II S. 449, und vom 11. 12. 1969, V R 91/68, BStBl 1970 II S. 356). [5]In den Fällen, in denen im Arbeitsgemeinschaftsvertrag ein Spitzenausgleich der Mehr- und Minderleistungen und der darauf entfallenden Entgelte außerhalb der Arbeitsgemeinschaft zwischen den Partnern unmittelbar vereinbart und auch tatsächlich dementsprechend durchgeführt wird, ist ein Leistungsaustausch zwischen den Arbeitsgemeinschaftsmitgliedern und der Arbeitsgemeinschaft nicht feststellbar. [6]Die Leistungen (Gerätevorhaltungen) der Partner an die Arbeitsgemeinschaft sind in diesen Fällen nicht steuerbar (BFH-Urteil vom 11. 12. 1969, V R 129/68, BStBl 1970 II S. 358). [7]Die Anwendung der in den Sätzen 1 bis 6 genannten Grundsätze ist nicht auf Gerätevorhaltungen im Rahmen von Arbeitsgemeinschaften des Baugewerbes beschränkt, sondern allgemein anwendbar, z. B. auf im Rahmen eines Konsortialvertrags erbrachte Arbeitsanteile (vgl. EuGH-Urteil vom 29. 4. 2004, C-77/01, EDM).

Anmerkung

1. Allgemeines zu den Gesellschafterverhältnissen

Soweit ein Gesellschafter einer Personen- oder Kapitalgesellschaft, an der er beteiligt ist, gegenüber Leistungen erbringt, für diese Leistungen aber kein besonderes Entgelt erhält, liegt ein **echter Gesellschafterbeitrag** vor, der wegen der fehlenden Gegenleistung nicht steuerbar ist. Wenn der Gesellschafter nur im Rahmen solcher Gesellschafterbeiträge tätig ist, wird er nicht Unternehmer i. S. d. § 2 Abs. 1 UStG. Da die Unternehmereigenschaft eine der wesentlichen Voraussetzungen für einen Vorsteuerabzug ist, ergibt sich in einem solchen Fall keine Vorsteuerabzugsberechtigung für den Gesellschafter. Eine allgemeine Gewinnbeteiligung stellt keine Gegenleistung für den Gesellschafter dar (Abschn. 1.6 Abs. 3 UStAE).

Insbesondere in den Fällen, in denen der Gesellschafter Gegenstände erwirbt und diese **der Gesellschaft zur Nutzung überlässt**, können sich Probleme für den Vorsteuerabzug ergeben.

Beispiel: Abgrenzung Gesellschafterbeitrag

A ist Gesellschafter der A&B oHG. A erwirbt einen neuen Pkw, den er der Gesellschaft zur Nutzung überlässt.

Wenn A das Fahrzeug der Gesellschaft gegen gesondert berechnetes Entgelt der oHG überlässt, erlangt er dadurch Unternehmereigenschaft nach § 2 Abs. 1 UStG. Er ist damit zum Vorsteuerabzug aus der ihm in Rechnung gestellten Umsatzsteuer berechtigt, muss dann aber auch für die entgeltliche Überlassung des Fahrzeugs Umsatzsteuer an sein Finanzamt abführen. Wenn er das Fahrzeug ohne gesondert berechnetes Entgelt im Rahmen seiner gesellschaftsrechtlichen Verpflichtung überlässt, handelt es sich um einen echten Gesellschafterbeitrag, A wird nicht Unternehmer. Damit ist weder er noch die Personengesellschaft zum Vorsteuerabzug aus der Rechnung berechtigt. Unerheblich ist dabei, dass es sich bei dem Pkw ertragsteuerlich um Sonderbetriebsvermögen bei der Gesellschaft handelt.

Grundsätzlich kann der Gesellschafter seine steuerlichen Verhältnisse so gestalten, dass sie **zu einer möglichst geringen steuerlichen Belastung** führen (BFH, Urt. v. 7.11.1991 – V R 116/86, BStBl II 1992, 269). Damit ist die entgeltliche Überlassung von Gegenständen an eine nicht vorsteuerabzugsberechtigte Personengesellschaft – gerade auch bei der Überlassung von Fahrzeugen – ein Gestaltungsmodell, um zumindest in der Investitionsphase nicht auch noch die Umsatzsteuer mit finanzieren zu müssen.

Hinweis: EuGH hat nationale Rechtsauffassung bestätigt

Der EuGH (Urt. v. 13.3.2014 – C-204/13, Heinz Malburg, BFH/NV 2014, 813) hat grundsätzlich bestätigt, dass die unentgeltliche Überlassung eines Gegenstands (im entschiedenen Fall eines Mandantenstamms) von einem Gesellschafter an seine Personengesellschaft einen Vorsteuerabzug bei Gesellschafter und Gesellschaft ausschließt, da der Gesellschafter mit der unentgeltlichen Überlassung keine wirtschaftliche Tätigkeit begründet. Etwas anderes kann sich in Ausnahmefällen bei Investitionskosten ergeben, die die Gesellschafter vor Gründung einer Personengesellschaft getragen haben (EuGH, Urt. v. 1.3.2012 – C-280/10, Polski Travertyn, BFH/NV 2012, 908).

Nicht entscheidend ist, ob ein **angemessenes Entgelt** vereinbart ist, oder wenn die Vereinbarungen nicht dem entsprechen, was unter Fremden üblich ist (BFH, Urt. v. 16.3.1993 – XI R 52/90, BStBl II 1993, 562). Es ist aber gegebenenfalls die Mindestbemessungsgrundlage nach § 10 Abs. 5 UStG zu prüfen.

Hinweis: Kein Vorsteuerabzug aus Leistungsbezügen, die für echte Gesellschafterbeiträge verwendet werden

EuGH (Urt. v. 8.9.2022 – C-98/21, W-GmbH, BFH/NV 2022, 1279) sowie BFH (Urt. v. 15.2.2023 – XI R 24/22, BFH/NV 2023, 1152) haben festgestellt, dass der Vorsteuerabzug aus Eingangsleistungen ausgeschlossen ist, soweit die bezogenen Leistungen an eine Gesellschaft im Rahmen eines nicht steuerbaren echten Gesellschafterbeitrags (gegen Gewinnbeteiligung) abgegeben werden.

2. Geschäftsführungsleistungen bei einer Personengesellschaft

Die **Geschäftsführungsleistung bei einer Personengesellschaft** – insbesondere auch durch eine juristische Person – wurde früher als nicht steuerbarer Gesellschafterbeitrag angesehen, auch wenn ein Sonderentgelt gezahlt wurde. Nach der Rechtsprechung des BFH (Urt. v. 6.6.2002 – V R 43/01, BStBl II 2003, 36) stellt die Geschäftsführung bei einer Personengesellschaft jedoch unter bestimmten Voraussetzungen eine steuerbare und steuerpflichtige Leistung eines Unternehmers dar, wenn für die Geschäftsführungsleistung ein Sonderentgelt und nicht nur ein allgemeiner Anteil am Gewinn gezahlt wird. Diese Rechtsprechung war grundsätzlich spätestens seit dem 1.4.2004 anzuwenden (BMF, Schreiben v. 23.12.2003, BStBl I 2004, 240).

Hinweis: Regelmäßig Entgelt als Abgrenzungskriterium

Ob die Geschäftsführungsleistung bei einer Personengesellschaft zu einer unternehmerischen Betätigung führt, ist hauptsächlich an dem Kriterium der „Einnahmeerzielung" – also einer konkreten Gegenleistung für die Geschäftsführungsleistung – zu überprüfen. Allerdings muss die Tätigkeit auch selbstständig ausgeführt werden (BFH, Urt. v. 14.4.2010 – XI R 14/09, BStBl II 2011, 433).

2.1 Leistung einer natürlichen Person

Eine natürliche Person kann gegenüber einer Personengesellschaft, an der sie beteiligt ist, eine selbstständige Tätigkeit als Unternehmer ausführen, wenn eine **Gegenleistung** für die erbrachte Leistung aufgewendet wird. Eine Weisungsgebundenheit, die nach § 2 Abs. 2 Nr. 1 UStG zu einer nichtunternehmerischen Betätigung führen würde, wird sich im Regelfall nicht ergeben, da der Gesellschafter Mitunternehmer nach § 15 Abs. 1 Satz 1 Nr. 2 EStG ist. Nach der Rechtsprechung des BFH ist aber zu beachten, dass z. B. auch ein geschäftsführender Komplementär einer KG umsatzsteuerrechtlich unselbstständig tätig sein kann, wenn sich im Innenverhältnis ein Weisungsrecht gegenüber dem Geschäftsführer durch andere Gesellschafter ergibt (BFH, Urt. v. 14.4.2010 – XI R 14/09, BStBl II 2011, 433 sowie BMF, Schreiben v. 2.5.2011, BStBl I 2011, 490). Der ertragsteuerrechtlichen Beurteilung kommt für die Umsatzsteuer nur indizielle Bedeutung zu.

2.2 Leistung einer juristischen Person

Juristische Personen erbringen als Gesellschafter grundsätzlich steuerbare Geschäftsführungs- und Vertretungsleistungen gegenüber der Gesellschaft, wenn für diese Leistungen ein **Sonderentgelt** vereinbart worden ist. Allerdings muss nach dem Gesamtbild der Verhältnisse auch hier geprüft werden, ob die Tätigkeit selbstständig ausgeübt wird oder nicht. Auch ein im Innenverhältnis begründetes Weisungsrecht kann die Unselbstständigkeit begründen. Soweit Selbstständigkeit dem Grunde nach gegeben ist, kann sich in bestimmten Fällen aber eine umsatzsteuerliche Organschaft ergeben, wenn die einzelnen Eingliederungsvoraussetzungen gegeben sind.

Hinweis: Prüfung organschaftlicher Eingliederung

Unter bestimmten Voraussetzungen kann nach bisheriger nationaler Rechtsauffassung auch eine Personengesellschaft weisungsgebunden in einen Organkreis eingebunden sein, wenn sich sämtliche Anteile an der Personengesellschaft in der Hand des Organkreises befinden. Nach der Rechtsprechung des EuGH (Urt. v. 15.4.2021 – C-868/19 – M GmbH, BFH/NV 2021, 925) kann eine Eingliederung aber auch vorliegen, wenn sich nicht 100 % der Anteile an der Personengesellschaft in der Hand des Organkreises befinden, vgl. dazu Anmerkungen zu Abschn. 2.8 UStAE. Der BFH (Urt. v. 16.3.2023 – V R 14/21, BFH/NV 2023, 790) hat sich dem mittlerweile angeschlossen.

2.3 Leistung gegen Sonderentgelt

Eine **entgeltliche Leistung** kann nur dann vorliegen, wenn der Leistende für seine Tätigkeit eine konkrete Gegenleistung erhält, die in Geld zu bewerten sein muss. Abzugrenzen sind aber auch weiterhin die nicht steuerbaren Gesellschafterbeiträge (Leistungen, die aufgrund des Gesellschaftsverhältnisses erbracht werden und durch Beteiligung am Gewinn oder Verlust abgegolten sind; vgl. dazu 1.) von den entgeltlichen Leistungsaustauschprozessen (einer Leistung steht eine konkrete Gegenleistung gegenüber), die einen steuerbaren Umsatz begründen.

Hinweis: Bezeichnung unerheblich

Es kommt nicht auf die Bezeichnung der Gegenleistung an, entscheidend ist die wirtschaftliche Betrachtungsweise. So kann auch eine als Gewinnverteilung bezeichnete Zahlung als Teil eines Leistungsaustauschs angesehen werden, wenn diese Zahlung nicht nach den allgemeinen Gewinnverteilungsgrundsätzen erfolgt und wirtschaftlich als Gegenleistung für eine Leistung anzusehen ist.

Entscheidend ist, ob der Gesellschafter für seine Leistung ein gesondertes Entgelt erhält. Grundsätzlich gilt: Ein **Sonderentgelt** liegt dann vor, wenn der zur Geschäftsführung berufene Gesellschafter zulasten des Gewinns der Gesellschaft eine gesonderte Vergütung erhält, die er auch im Verlustfall behalten kann. Ein erhöhter Anteil am Gewinn der Gesellschaft führt allein noch nicht dazu, dass eine entgeltliche steuerbare Geschäftsführungsleistung vorliegt.

Damit kann in den folgenden Fällen von einer **nicht steuerbaren Leistung** auf gesellschaftsrechtlicher Ebene ausgegangen werden:

- Die Gesellschafter erhalten alle einen gleichen (entsprechend ihrem Kapitaleinsatz) Anteil am Gewinn bzw. an einem Verlust.
- Der zur Geschäftsführung berufene Gesellschafter ist mit einem über seinem Kapitaleinsatz hinausgehenden (festen) Anteil am Gewinn bzw. am Verlust beteiligt.
- Der zur Geschäftsführung berufene Gesellschafter erhält im Gewinnfall einen bestimmten Prozentsatz des Gewinns vorab.

Eine **steuerbare, entgeltliche Geschäftsführungsleistung** liegt dann vor, wenn die gezahlte Vergütung im Rahmen der Ergebnisermittlung als Aufwand erfasst wird oder sich faktisch ergebnismindernd auswirkt. Solche Fälle liegen insbesondere in den folgenden Fällen vor:

- Der Gesellschafter erhält neben seinem Gewinnanteil eine feste Vorabvergütung (Festbetrag), die zulasten des Ergebnisses erfasst wird.

- Ein Gesellschafter erhält im Rahmen der Gewinnverteilung auch im Verlustfall einen festen Betrag zugewiesen.
- Es ist ein gesellschaftsvertraglich garantiertes Entnahmerecht vereinbart, nach dem die den Gewinnanteil übersteigenden Entnahmen nicht zu einer Rückzahlungsverpflichtung führen.

Keinen Einfluss auf die Beurteilung der Geschäftsführungsleistungen haben die umsatzsteuerrechtlichen Bestimmungen, die für die Leistungen der Gesellschaft als solche gelten, da die Geschäftsführungsleistung als eigenständige Leistung zu beurteilen ist. Dies gilt auch in den Fällen, in denen die Erlaubnis zur Ausführung von bestimmten Geschäften (z. B. Bankgeschäften) an die Person eines Gesellschafters gebunden ist, die Geschäfte dann aber von der Gesellschaft gegenüber den Kunden ausgeübt werden.

Die zwischen Gesellschaft und Gesellschafter geschlossenen Vereinbarungen müssen aber nicht ausschließlich zu einem nicht steuerbaren Vorgang oder ausschließlich zu einem steuerbaren entgeltlichen Vorgang führen. Es können auch sog. **Mischentgelte** vorliegen, bei denen die Leistungsbezüge in einen nicht steuerbaren Gewinnanteil und einen steuerbaren Leistungsaustausch aufzuteilen sind.

3. Geschäftsführungsleistungen bei einer Kapitalgesellschaft

Erbringt eine natürliche Person als Gesellschafter Geschäftsführungs- oder Vertretungsleistungen an eine Kapitalgesellschaft, liegt im Regelfall **keine selbstständige Tätigkeit** vor, da hier eine weisungsgebundene Eingliederung vorliegt.

> **Hinweis: Kriterium der Selbstständigkeit relevant**
>
> Ob die Geschäftsführungsleistung bei einer Kapitalgesellschaft zu einer unternehmerischen Betätigung führt, ist hauptsächlich an dem Kriterium der „Selbstständigkeit" – also keiner weisungsgebundenen Eingliederung – zu überprüfen. Ein „Sonderentgelt" wird in diesen Fällen regelmäßig vorliegen.

Da die Selbstständigkeit natürlicher Personen im Umsatzsteuer- und Ertragsteuerrecht nach denselben Grundsätzen beurteilt wird, kann – zumindest in den Fällen, in denen der Gesellschafter Einkünfte nach § 19 EStG aus nicht selbstständiger Tätigkeit erzielt – ein steuerbarer Umsatz nicht vorliegen. Dies ist im Regelfall gegeben, wenn zwischen der Kapitalgesellschaft und dem Gesellschafter ein **Arbeitsvertrag** abgeschlossen wurde.

Allerdings kann nach der Rechtsprechung des BFH (Urt. v. 10.3.2005 – V R 29/03, BStBl II 2005, 730) eine unternehmerische Betätigung des Geschäftsführers nicht alleine deshalb verneint werden, weil der Geschäftsführer Organ der Gesellschaft ist. Dies entspricht insoweit auch der Rechtsprechung des EuGH (Urt. v. 18.10.2007 – C-355/06, van der Steen, BFH/NV Beilage 2008, 48), der festgestellt hatte, dass der Gesellschafter-Geschäftsführer einer Einmann-GmbH im Angestelltenverhältnis kein Unternehmer ist.

Die **Frage der Selbstständigkeit natürlicher Personen** ist für die Umsatz-, Einkommen- und Gewerbesteuer nach denselben Grundsätzen zu beurteilen (BMF, Schreiben v. 21.9.2005, BStBl I 2005, 936). Für die Beurteilung, ob die Tätigkeit als geschäftsführendes Organ einer Kapitalgesellschaft nicht selbstständig i. S. d. § 2 Abs. 2 Nr. 1 UStG ausgeübt wird, ist auf das Gesamtbild der Verhältnisse abzustellen, vgl. auch Abschn. 2.2 Abs. 2 UStAE. Dabei können die in H 19.0 LStH unter dem Stichwort „Allgemeines" genannten Kriterien sinngemäß herangezogen werden. Dies bedeutet, dass die nach denselben Grundsätzen zu beurteilende Frage der Selbstständigkeit oder Nichtselbstständigkeit natürlicher Personen bei zutreffender rechtlicher Würdigung ertragsteuerlich und umsatzsteuerlich zu gleichen Ergebnissen führen muss. Dies gilt jedoch nicht, wenn Vergütungen für nicht selbstständige Tätigkeiten ertragsteuerlich aufgrund bestehender Sonderregelungen zu Gewinneinkünften umqualifiziert werden.

3. Haftungsvergütung

Leistungsbeziehungen zwischen Gesellschaft und Gesellschafter können sich nicht nur bei Geschäftsführungs- oder Vertretungsleistungen ergeben, sondern auch bei allen anderen Arten von Leistungen.

So kann auch eine **gezahlte Haftungsvergütung** (z. B. bei einer GmbH & Co. KG) im Rahmen eines Leistungsaustauschverhältnisses gezahlt werden.

Umstritten war, ob die Haftungsvergütung eine eigenständige – von der Geschäftsführung getrennt zu beurteilende – Leistung darstellt und ob diese Leistung (soweit sie eine eigenständige Leistung darstellen würde) eventuell unter die Steuerbefreiung nach § 4 Nr. 8 Buchst. g UStG (Übernahme von Verbindlichkeiten) fallen könnte. Nachdem unterschiedliche Urteile von Finanzgerichten vorlagen, hat der BFH (Urt. v. 3.3.2011 – V R 24/10, BStBl II 2011, 950) entschieden, dass die Haftung des geschäftsführungs- und vertretungsberechtigten Komplementärs einer KG Teil einer einheitlichen Leistung ist, die die Geschäftsführung, Vertretung und Haftung umfasst. Diese Leistung ist – soweit die Unternehmereigenschaft des Gesellschafters gegeben ist – insgesamt steuerpflichtig, sodass auch für den auf die Haftung entfallenden Vergütungsanteil die Steuerbefreiung nach § 4 Nr. 8 Buchst. g UStG (die Steuerbefreiung nach § 4 Nr. 8 Buchst. g UStG kann nach Auffassung des BFH nur in Betracht kommen, wenn für Geldverbindlichkeiten eingestanden wird) nicht in Anspruch genommen werden kann.

Damit sind im Ergebnis sowohl die entgeltliche Geschäftsführungsleistung als auch die entgeltlich erfolgte Übernahme der Haftung steuerbar und steuerpflichtig.

Die Finanzverwaltung hatte diese Rechtsgrundlagen auf alle noch offenen Fälle angewendet. Es wurde aber für alle gegen Sonderentgelt vor dem 1.1.2012 erfolgten Haftungsübernahmen nicht beanstandet, wenn sie nicht steuerbar behandelt wurden (BMF, Schreiben v. 14.11.2011, BStBl I 2011, 1158).

UStAE 1.7. Lieferung von Gas, Elektrizität oder Wärme/Kälte

(1) [1]Die Abgabe von Energie durch einen Übertragungsnetzbetreiber im Rahmen des sog. Bilanzkreis- oder Regelzonenausgleichs vollzieht sich nicht als eigenständige Lieferung, sondern im Rahmen einer sonstigen Leistung und bleibt dementsprechend bei der Beurteilung der Wiederverkäufereigenschaft unberücksichtigt (vgl. Abschnitt 3g.1 Abs. 2). [2]Das gilt entsprechend für Bilanzkreisabrechnungen beim Betrieb von Gasleitungsnetzen zwischen dem Marktgebietsverantwortlichen und dem Bilanzkreisverantwortlichen, wobei es sich ausschließlich um sonstige Leistungen des Marktgebietsverantwortlichen an den Bilanzkreisverantwortlichen unter Leistungsbeistellung durch den Bilanzkreisverantwortlichen handelt. [3]Die zwischen den Netzbetreibern zum Ausgleich der unterschiedlichen Kosten für die unentgeltliche Durchleitung der Energie gezahlten Beträge (sog. Differenzausgleich) sind kein Entgelt für eine steuerbare Leistung des Netzbetreibers. [4]Gibt ein Energieversorger seine am Markt nicht mehr zu einem positiven Kaufpreis veräußerbaren überschüssigen Kapazitäten in Verbindung mit einer Zuzahlung ab, um sich eigene Aufwendungen für das Zurückfahren der eigenen Produktionsanlagen zu ersparen, liegt keine Lieferung von z.B. Elektrizität vor, sondern eine sonstige Leistung des Abnehmers.

(2) [1]Der nach § 9 KWKG zwischen den Netzbetreibern vorzunehmende Belastungsausgleich vollzieht sich nicht im Rahmen eines Leistungsaustauschs. [2]Gleiches gilt für den ab dem 1. 1. 2010 vorzunehmenden Belastungsausgleich nach der Verordnung zur Weiterentwicklung des bundesweiten Ausgleichsmechanismus vom 17. 7. 2009 (AusglMechV, BGBl. I S. 2101) bezüglich des Ausgleichs zwischen Übertragungsnetzbetreibern und Elektrizitätsversorgungsunternehmen (Zahlung der EEG-Umlage nach § 3 AusglMechV). [3]Bei diesen Umlagen zum Ausgleich der den Unternehmen entstehenden unterschiedlichen Kosten im Zusammenhang mit der Abnahme von Strom aus KWK- bzw. EEG-Anlagen handelt es sich nicht um Entgelte für steuerbare Leistungen.

(3) [1]Soweit der Netzbetreiber nach § 5a KWKG verpflichtet ist, dem Wärme- oder Kältenetzbetreiber für den Neu- oder Ausbau des Wärme- oder Kältenetzes einen Zuschlag zu zahlen, handelt es sich grundsätzlich um einen echten Zuschuss. [2]Die Zuschläge werden aus einem überwiegenden öffentlichen Interesse heraus, nämlich zur Förderung des Ausbaus der Nutzung der Kraft-Wärme-Kopplung bzw. Kraft-Wärme-Kälte-Kopplung im Interesse von Energieeinsparung und Klimaschutz, gewährt. [3]Dies gilt jedoch nicht, soweit die Zuschläge nach § 5a KWKG die Verbindung des Verteilungsnetzes mit dem Verbraucherabgang (Hausanschluss), der an der Abzweigstelle des Verteilungsnetzes beginnt und mit der

Übergabestelle endet, betreffen. [4]Hier ist der entsprechende Anteil des Zuschlags durch den Netzbetreiber nach § 7a Abs. 3 KWKG mit der Rechnungstellung des Wärme- oder Kältenetzbetreibers an den Verbraucher wirtschaftlich und rechtlich verknüpft. [5]Der Anteil des Zuschlags, der auf die Verbindung des Verteilungsnetzes mit dem Verbraucherabgang entfällt, ist von dem Betrag, der dem Verbraucher für die Anschlusskosten in Rechnung gestellt wird, in Abzug zu bringen. [6]Der Zuschlag des Netzbetreibers hängt insoweit unmittelbar mit dem Preis einer steuerbaren Leistung (Anschluss an das Verteilungsnetz) zusammen und hat preisauffüllenden Charakter. [7]Das gilt auch dann, wenn der Verbraucher wegen des Abzugs nach § 7a Abs. 3 KWKG für den Anschluss an das Verteilungsnetz selbst nichts bezahlen muss. [8]Der vom Netzbetreiber an den Wärme- oder Kältenetzbetreiber gezahlte Zuschlag ist entsprechend aufzuteilen. [9]Werden bei der Verbindung zwischen Verteilungsnetz und Verbraucherabgang entgeltlich die betreffenden Leitungen vom Wärme- oder Kältenetzbetreiber auf den Verbraucher übertragen, liegt eine Lieferung der entsprechenden Anlagen durch den Wärme- oder Kältenetzbetreiber an den Wärme- oder Kälteabnehmer vor. [10]Soweit der Netzbetreiber nach § 5b KWKG verpflichtet ist, dem Betreiber eines Wärme- bzw. Kältespeichers für den Neu- oder Ausbau von Wärme- bzw. Kältespeichern einen Zuschlag zu zahlen, handelt es sich um einen echten Zuschuss.

Ausgleich von Mehr- bzw. Mindermengen Gas

(4) [1]Zahlungen des Übertragungsnetzbetreibers an den (Verteil-)Netzbetreiber nach § 35 Abs. 1 EEG stellen Entgeltzahlungen dar, da diesen Beträgen tatsächliche Stromlieferungen gegenüberstehen. [2]Ausgleichszahlungen des Übertragungsnetzbetreibers nach § 35 Abs. 1a EEG für die vom (Verteil-)Netzbetreiber nach §§ 33g und 33i EEG gezahlten Prämien vollziehen sich hingegen nicht im Rahmen eines Leistungsaustausches. [3]Hat der Netzbetreiber nach § 35 Abs. 2 EEG einen Ausgleich an den Übertragungsnetzbetreiber für vermiedene Netzentgelte zu leisten, da die Stromeinspeisung nach § 16 EEG vergütet oder in den Formen des § 33b Nr. 1 oder Nr. 2 EEG direkt vermarktet wird (Marktprämienmodell oder Grünstromprivileg), handelt es sich bei diesen Ausgleichszahlungen nicht um Entgelte für steuerbare Leistungen.

(5) [1]Soweit Ausspeisenetzbetreiber und Transportkunde nach § 25 GasNZV Mehr- bzw. Mindermengen an Gas ausgleichen, handelt es sich um eine Lieferung entweder vom Ausspeisenetzbetreiber an den Transportkunden (Mindermenge) oder vom Transportkunden an den Ausspeisenetzbetreiber (Mehrmenge), weil jeweils Verfügungsmacht an dem zum Ausgleich zur Verfügung gestellten Gas verschafft wird. [2]Gleiches gilt für das Verhältnis zwischen Marktgebietsverantwortlichem und Ausspeisenetzbetreiber. [3]Der Marktgebietsverantwortliche beschafft die für die Mehr- bzw. Mindermengen benötigten Gasmengen von Händlern am Regelenergiemarkt und stellt diese den Ausspeisenetzbetreibern in seinem Marktgebiet als Mehr- bzw. Mindermenge zur Verfügung bzw. nimmt sie entgegen.

Ausgleich von Mehr- bzw. Mindermengen Strom

(6) [1]Soweit Verteilnetzbetreiber und Lieferant bzw. Kunde nach § 13 StromNZV Mehr- oder Mindermengen an Strom ausgleichen, handelt es sich um eine Lieferung entweder vom Verteilnetzbetreiber an den Lieferanten bzw. Kunden (Mindermenge) oder vom Lieferanten bzw. Kunden an den Verteilnetzbetreiber (Mehrmenge). [2]Die Verfügungsmacht an dem zum Ausgleich zur Verfügung gestellten Strom wird verschafft.

Anmerkung

1. Mehr- oder Mindermengen Gas

Im Zusammenhang mit dem **Betrieb von Energieversorgungsnetzen** kann es zu einem Ausgleich von Mehr- oder Mindermengen von Erdgas kommen. Die Finanzverwaltung hatte schon früher geregelt, dass die Abgabe von Energie durch einen Übertragungsnetzbetreiber im Rahmen des sog. Bilanzkreis- oder Regelzonenausgleichs sich nicht als eigenständige Lieferung vollzieht, sondern im **Rahmen einer sonstigen Leistung** ausgeführt wird und dementsprechend bei der Beurteilung der Wiederverkäufereigenschaft unberücksichtigt bleibt.

Im Zusammenhang mit dem Betrieb der **Gasversorgungsnetze** hat das BMF mit Schreiben v. 20.8.2020 (BStBl I 2020, 671) geregelt, dass dies entsprechend für Bilanzkreisabrechnungen beim Betrieb von

Gasleitungsnetzen zwischen dem Marktgebietsverantwortlichen und dem Bilanzkreisverantwortlichen gilt, wobei es sich ausschließlich um **sonstige Leistungen** des **Marktgebietsverantwortlichen an den Bilanzkreisverantwortlichen** unter Leistungsbeistellung durch den Bilanzkreisverantwortlichen handelt. Zu den Leistungsbeziehungen vgl. die in dem BMF-Schreiben enthaltene Skizze.

Für Umsätze der Marktgebietsverantwortlichen an die Bilanzkreisverantwortlichen und der Bilanzkreisverantwortlichen an die Marktgebietsverantwortlichen im Rahmen der Bilanzkreisabrechnung, die **vor dem 1.10.2021** ausgeführt wurden bzw. werden, wird es – auch für Zwecke des Vorsteuerabzugs – nicht beanstandet, wenn diese Umsätze von den Beteiligten einvernehmlich bei bilanzieller Überspeisung als sonstige Leistungen des Bilanzkreisverantwortlichen an den Marktgebietsverantwortlichen und bei bilanzieller Unterspeisung als sonstige Leistungen des Marktgebietsverantwortlichen an den Bilanzkreisverantwortlichen abgerechnet wurden bzw. werden.

Das BMF-Schreiben v. 1.7.2014, BStBl I 2014, 1111 ist aufgehoben worden.

Hinweis: Absenkung Steuersatz ausgelaufen

Für die Zeit der Absenkung des Steuersatzes für die Lieferung von Gas nach § 28 Abs. 5 UStG bis zum 31.3.2024 galt der ermäßigte Steuersatz von 7 % (§ 28 Abs. 5 UStG) auch für die Mehr-/Mindermengen-Abrechnung von Gas auf Ebene des Ausspeisenetzbetreibers sowohl im Verhältnis zum Transportkunden als auch im Verhältnis zum Marktgebietsverantwortlichen. Ab dem 1.4.2024 gilt wieder der Regelsteuersatz.

2. Unentgeltliche Abgabe von Wärme an Dritte durch Betreiber von Biogasanlagen

Umstritten waren die umsatzsteuerrechtlichen Konsequenzen der unentgeltlichen Wärmelieferung an Dritte durch Betreiber von Biogasanlagen. Der BFH (Urt. v. 25.11.2021 – V R 45/20, BFH/NV 2022, 696) hat die Rechtsauffassung der Finanzverwaltung bestätigt, dass die unentgeltliche Abgabe von Wärme aus einer Biogasanlage auch dann nach § 3 Abs. 1b UStG als „Lieferung gegen Entgelt" gilt, selbst wenn die Wärme als solches nur ein „Nebenprodukt" ist. Allerdings sind die Selbstkosten als Besteuerungsgrundlage nach § 10 Abs. 4 Satz 1 Nr. 1 UStG nicht wie die Finanzverwaltung dies früher in Abschn. 2.5 Abs. 22 UStAE a.F. geregelt hatte, im Rahmen der energetischen Aufteilung zu ermitteln, sondern aufgrund der **geschätzten Ausgangsumsätze** (vgl. dazu auch BFH, Urt. v. 15.3.2022 – V R 34/20, BFH/NV 2022, 1013).

Hinweis: EuGH bestätigt Steuerbarkeit

In dem Urteil des BFH v. 25.11.2021 – V R 45/20 ging es um die unentgeltliche Abgabe der Wärme zur Beheizung von Wohnungen. In einem weiteren Verfahren (BFH, Beschl. v. 22.11.2022 – XI R 17/20, BFH/NV 2023, 686) hatte der BFH den EuGH angerufen, um klären zu lassen, wie die unentgeltliche Abgabe der Prozesswärme aus einer Biogasanlage an einen Spargelbauern zu behandeln ist, der seine Spargelfelder damit heizt. Der BFH sah hier klärungsbedürftige Fragen, da die Wärme in diesem Fall an einen dem Grunde nach vorsteuerabzugsberechtigten Unternehmer unentgeltlich abgegeben wurde. Der EuGH (Urt. v. 25.4.2024 – C-207/23, Y KG, BFH/NV 2024, 880) hat – entgegen den Zweifeln des BFH – die unentgeltliche Abgabe der Wärme aber als steuerbaren Vorgang angesehen. Es kommt dabei nicht darauf an, ob der Empfänger die Gegenstände für vorsteuerabzugsberechtigende Zwecke verwendet oder nicht. Der EuGH hat darüber hinaus deutlich hervorgehoben, dass bei Ansatz der Selbstkosten alle Kosten heranzuziehen sind. Es gehen nicht nur die unmittelbaren Erzeugungskosten, sondern auch Finanzierungsaufwendungen mit ein (unabhängig von einem Vorsteuerabzug).

Eine der Besteuerung unterliegende Wertabgabe (Lieferung) liegt aber nicht vor, wenn nicht die Wärme unentgeltlich abgegeben wird, sondern mit der **Wärme unentgeltlich sonstige Leistungen ausgeführt** werden. In dem zu entscheidenden Fall betrieb ein Unternehmer ein Blockheizkraftwerk. Der in dem Blockheizkraftwerk erzeugte Strom wurde steuerbar und steuerpflichtig in das öffentliche Netz eingespeist. Um bei der Einspeisung des Stroms eine höhere Vergütung zu erlangen (sog. KWK-Bonus), wurde die in dem Blockheizkraftwerk anfallende Wärme u.a. dazu verwendet, in eigens dazu angeschafften Trocknungscontainern Holzhackschnitzel fremder Unternehmer unentgeltlich zu trocknen.

Die Trocknung der Holzhackschnitzel erfolgte unentgeltlich, da sie für den Leistungsempfänger kaum zu einer Marktwerterhöhung führte – im entschiedenen Fall betrug die Marktwerterhöhung der Holzhackschnitzel ca. 600 €. Die erhöhte Vergütung für den eingespeisten Strom betrug für den Unternehmer hingegen ca. 45.000 €. Der BFH (Urt. v. 11.12.2024 – XI R 4/23, BFH/NV 2025, 1111) hat in seiner Entscheidung bestätigt, dass die Trocknung der Holzhackschnitzel eine sonstige Leistung darstellt, die aus unternehmerischen Gründen erfolgte. Deshalb kann keine Besteuerung nach § 3 Abs. 9a UStG (§ 3 Abs. 9a UStG regelt nur die Besteuerung unentgeltlicher sonstiger Leistungen, die aus unternehmensfremden/privaten Motiven oder für den privaten Bedarf des Personals unentgeltlich abgegeben werden) erfolgen. Allerdings wurde dem Unternehmer der Vorsteuerabzug aus dem Erwerb der Trocknungsanlage versagt, da insoweit kein Zusammenhang mit einer unternehmerischen Leistung vorliegen soll. Nach den Feststellungen des BFH ist ein **Vorsteuerabzug ausgeschlossen**, soweit Eingangsleistungen zur unentgeltlichen Ausführung von sonstigen Leistungen (hier die Trocknung von Holz) im Rahmen einer nichtwirtschaftlichen Tätigkeit bezogen werden.

3. Unentgeltliche Abgabe von Wärme für private Zwecke

Zur Behandlung der Abgabe von Wärme oder Strom aus Energieerzeugungsanlagen für private Zwecke vgl. Abschn. 2.5 UStAE.

UStAE 1.8. Sachzuwendungen und sonstige Leistungen an das Personal

Allgemeines

(1) [1]Wendet der Unternehmer (Arbeitgeber) seinem Personal (seinen Arbeitnehmern) als Vergütung für geleistete Dienste neben dem Barlohn auch einen Sachlohn zu, bewirkt der Unternehmer mit dieser Sachzuwendung eine entgeltliche Leistung im Sinne des § 1 Abs. 1 Nr. 1 Satz 1 UStG, für die der Arbeitnehmer einen Teil seiner Arbeitsleistung als Gegenleistung aufwendet. [2]Wegen des Begriffs der Vergütung für geleistete Dienste vgl. Abschnitt 4.18.1 Abs. 4. [3]Ebenfalls nach § 1 Abs. 1 Nr. 1 Satz 1 UStG steuerbar sind Lieferungen oder sonstige Leistungen, die der Unternehmer an seine Arbeitnehmer oder deren Angehörige auf Grund des Dienstverhältnisses gegen besonders berechnetes Entgelt, aber verbilligt, ausführt. [4]Von einer entgeltlichen Leistung in diesem Sinne ist auszugehen, wenn der Unternehmer für die Leistung gegenüber dem einzelnen Arbeitnehmer einen unmittelbaren Anspruch auf eine Geldzahlung oder eine andere – nicht in der Arbeitsleistung bestehende – Gegenleistung in Geldeswert hat. [5]Für die Steuerbarkeit kommt es nicht darauf an, ob der Arbeitnehmer das Entgelt gesondert an den Unternehmer entrichtet oder ob der Unternehmer den entsprechenden Betrag vom Barlohn einbehält. [6]Die Gewährung von Personalrabatt durch den Unternehmer beim Einkauf von Waren durch seine Mitarbeiter ist keine Leistung gegen Entgelt, sondern Preisnachlass (BFH-Beschluss vom 17. 9. 1981, V B 43/80, BStBl II S. 775).

(2) [1]Zuwendungen von Gegenständen (Sachzuwendungen) und sonstige Leistungen an das Personal für dessen privaten Bedarf sind nach § 3 Abs. 1b Satz 1 Nr. 2 und § 3 Abs. 9a UStG auch dann steuerbar, wenn sie unentgeltlich sind (vgl. Abschnitt 3.3 Abs. 9). [2]Die Steuerbarkeit setzt voraus, dass Leistungen aus unternehmerischen (betrieblichen) Gründen für den privaten, außerhalb des Dienstverhältnisses liegenden Bedarf des Arbeitnehmers ausgeführt werden (vgl. BFH-Urteile vom 11. 3. 1988, V R 30/84, BStBl II S. 643, und V R 114/83, BStBl II S. 651). [3]Der Arbeitnehmer erhält Sachzuwendungen und sonstige Leistungen unentgeltlich, wenn er seine Arbeit lediglich für den vereinbarten Barlohn und unabhängig von dem an alle Arbeitnehmer gerichteten Angebot (vgl. BFH-Urteil vom 10. 6. 1999, V R 104/98, BStBl II S. 582) oder unabhängig von dem Umfang der gewährten Zuwendungen leistet. [4]Hieran ändert der Umstand nichts, dass der Unternehmer die Zuwendungen zur Ablösung tarifvertraglicher Verpflichtungen erbringt (vgl. BFH-Urteil vom 11. 5. 2000, V R 73/99, BStBl II S. 505). [5]Steuerbar sind auch Leistungen an ausgeschiedene Arbeitnehmer auf Grund eines früheren Dienstverhältnisses sowie Leistungen an Auszubildende. [6]Bei unentgeltlichen Zuwendungen eines Gegenstands an das Personal oder der Verwendung eines dem Unternehmen zugeordneten Gegenstands für den privaten Bedarf des Personals setzt die Steuerbarkeit voraus, dass der Gegenstand oder seine Bestandteile zumindest zu einem teilweisen Vorsteuerabzug berechtigt haben (vgl. Abschnitte 3.3 und 3.4). [7]Keine steuerbaren Umsätze

sind Aufmerksamkeiten (vgl. Absatz 3) und Leistungen, die überwiegend durch das betriebliche Interesse des Arbeitgebers veranlasst sind (vgl. Absatz 4 und BFH-Urteil vom 9. 7. 1998, V R 105/92, BStBl II S. 635).

(3) [1]Aufmerksamkeiten sind Zuwendungen des Arbeitgebers, die nach ihrer Art und nach ihrem Wert Geschenken entsprechen, die im gesellschaftlichen Verkehr üblicherweise ausgetauscht werden und zu keiner ins Gewicht fallenden Bereicherung des Arbeitnehmers führen (vgl. BFH-Urteil vom 22. 3. 1985, VI R 26/82, BStBl II S. 641, R 19.6 LStR). [2]Zu den Aufmerksamkeiten rechnen danach gelegentliche Sachzuwendungen bis zu einem Wert von 60 €, z. B. Blumen, Genussmittel, ein Buch oder ein Tonträger, die dem Arbeitnehmer oder seinen Angehörigen aus Anlass eines besonderen persönlichen Ereignisses zugewendet werden. [3]Gleiches gilt für Getränke und Genussmittel, die der Arbeitgeber den Arbeitnehmern zum Verzehr im Betrieb unentgeltlich überlässt.

(4) [1]Nicht steuerbare Leistungen, die überwiegend durch das betriebliche Interesse des Arbeitgebers veranlasst sind, liegen vor, wenn betrieblich veranlasste Maßnahmen zwar auch die Befriedigung eines privaten Bedarfs der Arbeitnehmer zur Folge haben, diese Folge aber durch die mit den Maßnahmen angestrebten betrieblichen Zwecke überlagert wird (vgl. EuGH-Urteil vom 11. 12. 2008, C-371/07, Danfoss und AstraZeneca). [2]Dies ist regelmäßig anzunehmen, wenn die Maßnahme die dem Arbeitgeber obliegende Gestaltung der Dienstausübung betrifft (vgl. BFH-Urteil vom 9. 7. 1998, V R 105/92, BStBl II S. 635). [3]Hierzu gehören insbesondere:

1. [1]Leistungen zur Verbesserung der Arbeitsbedingungen, z. B. die Bereitstellung von Aufenthalts- und Erholungsräumen sowie von betriebseigenen Duschanlagen, die grundsätzlich von allen Betriebsangehörigen in Anspruch genommen werden können. [2]Auch die Bereitstellung von Bade- und Sportanlagen kann überwiegend betrieblich veranlasst sein, wenn in der Zurverfügungstellung der Anlagen nach der Verkehrsauffassung kein geldwerter Vorteil zu sehen ist. [3]Z. B. ist die Bereitstellung von Fußball- oder Handballsportplätzen kein geldwerter Vorteil, wohl aber die Bereitstellung von Tennis- oder Golfplätzen (vgl. auch BFH-Urteil vom 27. 9. 1996, VI R 44/96, BStBl 1997 II S. 146);
2. die betriebsärztliche Betreuung sowie die Vorsorgeuntersuchung des Arbeitnehmers, wenn sie im ganz überwiegenden betrieblichen Interesse des Arbeitgebers liegt (vgl. BFH-Urteil vom 17. 9. 1982, VI R 75/79, BStBl 1983 II S. 39);
3. betriebliche Fort- und Weiterbildungsleistungen;
4. die Überlassung von Arbeitsmitteln zur beruflichen Nutzung einschließlich der Arbeitskleidung, wenn es sich um typische Berufskleidung, insbesondere um Arbeitsschutzkleidung, handelt, deren private Nutzung so gut wie ausgeschlossen ist;
5. das Zurverfügungstellen von Parkplätzen auf dem Betriebsgelände;
6. [1]Zuwendungen im Rahmen von Betriebsveranstaltungen, soweit sie sich im üblichen Rahmen halten. [2]Die Üblichkeit der Zuwendungen ist bis zu einer Höhe von 110 € einschließlich Umsatzsteuer je Arbeitnehmer und Betriebsveranstaltung nicht zu prüfen. [3]Satz 2 gilt nicht bei mehr als zwei Betriebsveranstaltungen im Jahr. [4]Die lohnsteuerrechtliche Beurteilung gilt mit der Maßgabe, dass der in Satz 2 genannte Betrag keinen Freibetrag, sondern eine Freigrenze darstellt (BFH-Urteil vom 10.05.2023 – V R 16/21, BStBl II S. 1023), entsprechend;
7. das Zurverfügungstellen von Betriebskindergärten;
8. das Zurverfügungstellen von Übernachtungsmöglichkeiten in gemieteten Zimmern, wenn der Arbeitnehmer an weit von seinem Heimatort entfernten Tätigkeitsstellen eingesetzt wird (vgl. BFH-Urteil vom 21. 7. 1994, V R 21/92, BStBl II S. 881);
9. Schaffung und Förderung der Rahmenbedingungen für die Teilnahme an einem Verkaufswettbewerb (vgl. BFH-Urteil vom 16. 3. 1995, V R 128/92, BStBl II S. 651);
10. die Sammelbeförderung unter den in Absatz 15 Satz 2 bezeichneten Voraussetzungen;
11. die unentgeltliche Abgabe von Speisen anlässlich und während eines außergewöhnlichen Arbeitseinsatzes, z. B. während einer außergewöhnlichen betrieblichen Besprechung oder Sitzung (vgl. EuGH-Urteil vom 11. 12. 2008, C-371/07, Danfoss und AstraZeneca, a. a. O.);
12. Die Übernahme von Umzugskosten durch den Arbeitgeber für die hiervon begünstigten Arbeitnehmer, wenn die Kostenübernahme im ganz überwiegenden betrieblichen Interesse des Arbeitgebers liegt (vgl. BFH-Urteil vom 6. 6. 2019,V R 18/18, BStBl 2020 II S. 293);

13. Aufwendungen für Outplacement-Leistungen zum Personalabbau (vgl. BFH-Urteil vom 30.06.2022 – V R 32/20, BStBl II 2023 S. 45).

(4 a) [1]Zum Vorsteuerabzug bei Aufmerksamkeiten, die die Grenze in Absatz 3 überschreiten, und bei Leistungen, die nicht durch das betriebliche Interesse (Absatz 4) veranlasst sind, vgl. Abschnitt 3.3 Abs. 1 Satz 7 und Abschnitt 15.15. [2]Eine Wertabgabe an Arbeitnehmer unterliegt in diesen Fällen nicht der Umsatzsteuer.

(5) [1]Nach § 1 Abs. 1 Nr. 1 Satz 1, § 3 Abs. 1b oder § 3 Abs. 9a UStG steuerbare Umsätze an Arbeitnehmer können steuerfrei, z. B. nach § 4 Nr. 10 Buchstabe b, Nr. 12 Satz 1, 18, 23 bis 25 UStG, sein. [2]Die Überlassung von Werkdienstwohnungen durch Arbeitgeber an Arbeitnehmer ist nach § 4 Nr. 12 Satz 1 Buchstabe a UStG steuerfrei (vgl. BFH-Urteile vom 30. 7. 1986, V R 99/76, BStBl II S. 877, und vom 7. 10. 1987, V R 2/79, BStBl 1988 II S. 88, wenn sie mehr als sechs Monate dauert). [3]Überlässt ein Unternehmer in seiner Pension Räume an eigene Saison-Arbeitnehmer, ist diese Leistung nach § 4 Nr. 12 Satz 2 UStG steuerpflichtig, wenn diese Räume wahlweise zur vorübergehenden Beherbergung von Gästen oder zur Unterbringung des Saisonpersonals bereitgehalten werden (vgl. BFH-Urteil vom 13. 9. 1988, V R 46/83, BStBl II S. 1021); vgl. auch Abschnitt 4.12.9 Abs. 2.

Bemessungsgrundlage

(6) [1]Bei der Ermittlung der Bemessungsgrundlage für die entgeltlichen Lieferungen und sonstigen Leistungen an Arbeitnehmer (Absatz 1) ist die Vorschrift über die Mindestbemessungsgrundlage in § 10 Abs. 5 Nr. 2 UStG zu beachten. [2]Danach ist als Bemessungsgrundlage mindestens der in § 10 Abs. 4 UStG bezeichnete Wert (Einkaufspreis, Selbstkosten, Ausgaben, vgl. Absatz 7) abzüglich der Umsatzsteuer anzusetzen, wenn dieser den vom Arbeitnehmer tatsächlich aufgewendeten (gezahlten) Betrag abzüglich der Umsatzsteuer übersteigt. [3]Der Umsatz ist jedoch höchstens nach dem marktüblichen Entgelt zu bemessen (vgl. Abschnitt 10.7 Abs. 1). [4]Beruht die Verbilligung auf einem Belegschaftsrabatt, z. B. bei der Lieferung von sog. Jahreswagen an Werksangehörige in der Automobilindustrie, liegen die Voraussetzungen für die Anwendung der Vorschrift des § 10 Abs. 5 Nr. 2 UStG regelmäßig nicht vor; Bemessungsgrundlage ist dann der tatsächlich aufgewendete Betrag abzüglich Umsatzsteuer. [5]Zuwendungen, die der Unternehmer in Form eines Sachlohns als Vergütung für geleistete Dienste gewährt, sind nach den Werten des § 10 Abs. 4 UStG zu bemessen; dabei sind auch die nicht zum Vorsteuerabzug berechtigenden Ausgaben in die Bemessungsgrundlage einzubeziehen. [6]Eine Leistung unterliegt nur dann der Mindestbemessungsgrundlage nach § 10 Abs. 5 Nr. 2 UStG, wenn sie ohne Entgeltvereinbarung als unentgeltliche Leistung steuerbar wäre (vgl. BFH-Urteile vom 15. 11. 2007, V R 15/06, BStBl 2009 II S. 423, vom 27. 2. 2008, XI R 50/07, BStBl 2009 II S. 426, und vom 29. 5. 2008, V R 12/07, BStBl 2009 II S. 428 sowie Abschnitt 10.7).

(7) [1]Die Bemessungsgrundlage für die unentgeltlichen Lieferungen und sonstigen Leistungen an Arbeitnehmer (Absatz 2) ist in § 10 Abs. 4 UStG geregelt. [2]Bei der Ermittlung der Bemessungsgrundlage für unentgeltliche Lieferungen (§ 10 Abs. 4 Satz 1 Nr. 1 UStG) ist vom Einkaufspreis zuzüglich der Nebenkosten für den Gegenstand oder für einen gleichartigen Gegenstand oder mangels eines Einkaufspreises von den Selbstkosten, jeweils zum Zeitpunkt des Umsatzes, auszugehen. [3]Der Einkaufspreis entspricht in der Regel dem Wiederbeschaffungspreis des Unternehmers. [4]Die Selbstkosten umfassen alle durch den betrieblichen Leistungsprozess entstehenden Ausgaben. [5]Bei der Ermittlung der Bemessungsgrundlage für unentgeltliche sonstige Leistungen (§ 10 Abs. 4 Satz 1 Nr. 2 und 3 UStG) ist von den bei der Ausführung dieser Leistungen entstandenen Ausgaben auszugehen. [6]Hierzu gehören auch die anteiligen Gemeinkosten. [7]In den Fällen des § 10 Abs. 4 Satz 1 Nr. 2 UStG sind aus der Bemessungsgrundlage solche Ausgaben auszuscheiden, die nicht zum vollen oder teilweisen Vorsteuerabzug berechtigt haben.

(8) [1]Die in § 10 Abs. 4 UStG vorgeschriebenen Werte weichen grundsätzlich von den für Lohnsteuerzwecke anzusetzenden Werten (§ 8 Abs. 2 und 3 EStG, R 8.1, R 8.2 LStR) ab. [2]In bestimmten Fällen (vgl. Absätze 9, 11, 14, 18) ist es jedoch aus Vereinfachungsgründen nicht zu beanstanden, wenn für die umsatzsteuerrechtliche Bemessungsgrundlage von den lohnsteuerrechtlichen Werten ausgegangen wird. [3]Diese Werte sind dann als Bruttowerte anzusehen, aus denen zur Ermittlung der Bemessungsgrundlage

die Umsatzsteuer herauszurechnen ist. [4]Der Freibetrag nach § 8 Abs. 3 Satz 2 EStG von 1 080 € bleibt bei der umsatzsteuerrechtlichen Bemessungsgrundlage unberücksichtigt.

Einzelfälle

(9) [1]Erhalten Arbeitnehmer von ihrem Arbeitgeber freie Verpflegung, freie Unterkunft oder freie Wohnung, ist von den Werten auszugehen, die in der SvEV in der jeweils geltenden Fassung festgesetzt sind. [2]Für die Gewährung von Unterkunft und Wohnung kann unter den Voraussetzungen des § 4 Nr. 12 Satz 1 Buchstabe a UStG Steuerfreiheit in Betracht kommen (vgl. Absatz 5). [3]Die Gewährung der Verpflegung unterliegt dem allgemeinen Steuersatz (vgl. BFH-Urteil vom 24. 11. 1988, V R 30/83, BStBl 1989 II S. 210; Abschnitt 3.6). [4]Abschnitt 10.1 Abs. 12 kann entsprechend angewendet werden.

(10) [1]Bei der Abgabe von Mahlzeiten an die Arbeitnehmer ist hinsichtlich der Ermittlung der Bemessungsgrundlage zu unterscheiden, ob es sich um eine unternehmenseigene Kantine oder um eine vom Unternehmer (Arbeitgeber) nicht selbst betriebene Kantine handelt. [2]Eine unternehmenseigene Kantine ist nur anzunehmen, wenn der Unternehmer die Mahlzeiten entweder selbst herstellt oder die Mahlzeiten vor der Abgabe an die Arbeitnehmer mehr als nur geringfügig be- oder verarbeitet bzw. aufbereitet oder ergänzt. [3]Von einer nicht selbst betriebenen Kantine ist auszugehen, wenn die Mahlzeiten nicht vom Arbeitgeber/Unternehmer selbst (d. h. durch eigenes Personal) zubereitet und an die Arbeitnehmer abgegeben werden. [4]Überlässt der Unternehmer (Arbeitgeber) im Rahmen der Fremdbewirtschaftung Küchen- und Kantinenräume, Einrichtungs- und Ausstattungsgegenstände sowie Koch- und Küchengeräte u. Ä., ist der Wert dieser Gebrauchsüberlassung bei der Ermittlung der Bemessungsgrundlage für die Mahlzeiten nicht zu berücksichtigen.

(11) [1]Bei der unentgeltlichen Abgabe von Mahlzeiten an die Arbeitnehmer durch unternehmenseigene Kantinen ist aus Vereinfachungsgründen bei der Ermittlung der Bemessungsgrundlage von dem Wert auszugehen, der dem amtlichen Sachbezugswert nach der SvEV entspricht (vgl. R 8.1 Abs. 7 LStR). [2]Werden die Mahlzeiten in unternehmenseigenen Kantinen entgeltlich abgegeben, ist der vom Arbeitnehmer gezahlte Essenspreis, mindestens jedoch der Wert der Besteuerung zu Grunde zu legen, der dem amtlichen Sachbezugswert nach der SvEV entspricht (vgl. R 8.1 Abs. 7 LStR). [3]Abschläge für Jugendliche, Auszubildende und Angehörige der Arbeitnehmer sind nicht zulässig.

Beispiel 1:

Wert der Mahlzeit	4,**40** €
Zahlung des Arbeitnehmers	1,00 €
maßgeblicher Wert	4,**40** €
darin enthalten 19/119 Umsatzsteuer (Steuersatz 19 %)	./. 0,**70** €
Bemessungsgrundlage	3,**70** €

Beispiel 2:

Wert der Mahlzeit	4,**40** €
Zahlung des Arbeitnehmers	4,50 €
maßgeblicher Wert	4,50 €
darin enthalten 19/119 Umsatzsteuer (Steuersatz 19 %)	./. 0,72 €
Bemessungsgrundlage	3,78 €

[4]In den Beispielen 1 und 2 wird von den Sachbezugswerten **2025** ausgegangen (vgl. BMF-Schreiben vom **10.12.2024**, BStBl I S. **1603**). [5]Soweit unterschiedliche Mahlzeiten zu unterschiedlichen Preisen verbilligt an die Arbeitnehmer abgegeben werden, kann bei der umsatzsteuerrechtlichen Bemessungsgrundlage von dem für Lohnsteuerzwecke gebildeten Durchschnittswert ausgegangen werden.

(12) Bei der Abgabe von Mahlzeiten durch eine vom Unternehmer (Arbeitgeber) nicht selbstbetriebene Kantine oder Gaststätte gilt Folgendes:

1. [1]Vereinbart der Arbeitgeber mit dem Kantinenbetreiber bzw. Gastwirt die Zubereitung und die Abgabe von Essen an die Arbeitnehmer zum Verzehr an Ort und Stelle und hat der Kantinenbetreiber bzw. Gastwirt einen Zahlungsanspruch gegen den Arbeitgeber, liegt einerseits ein Leistungsaustausch zwischen Kantinenbetreiber bzw. Gastwirt und Arbeitgeber und andererseits ein Leistungsaustausch des Arbeitgebers gegenüber dem Arbeitnehmer vor. [2]Der Arbeitgeber bedient sich in diesen Fällen des Kantinenbetreibers bzw. Gastwirts zur Beköstigung seiner Arbeitnehmer. [3]Sowohl in dem Verhältnis Kantinenbetreiber bzw. Gastwirt – Arbeitgeber als auch im Verhältnis Arbeitgeber – Arbeitnehmer liegt eine sonstige Leistung vor.

   Beispiel 1:

   [1]Der Arbeitgeber vereinbart mit einem Gastwirt die Abgabe von Essen an seine Arbeitnehmer zu einem Preis von 5,00 € je Essen. [2]Der Gastwirt rechnet über die ausgegebenen Essen mit dem Arbeitgeber auf der Grundlage dieses Preises ab. [3]Die Arbeitnehmer haben einen Anteil am Essenspreis von 2,00 € zu entrichten, den der Arbeitgeber von den Arbeitslöhnen einbehält.

   [4]Nach § 3 Abs. 9 UStG erbringen der Gastwirt an den Arbeitgeber und der Arbeitgeber an den Arbeitnehmer je eine sonstige Leistung. [5]Der Preis je Essen beträgt für den Arbeitgeber 5,00 €. [6]Als Bemessungsgrundlage für die Abgabe der Mahlzeiten des Arbeitgebers an den Arbeitnehmer ist der Betrag von 4,20 € (5,00 € abzüglich 19/119 Umsatzsteuer) anzusetzen. [7]Der Arbeitgeber kann die ihm vom Gastwirt für die Beköstigungsleistungen gesondert in Rechnung gestellte Umsatzsteuer unter den Voraussetzungen des § 15 UStG als Vorsteuer abziehen.

2. [1]Bestellt der Arbeitnehmer in einer Gaststätte selbst sein gewünschtes Essen nach der Speisekarte und bezahlt dem Gastwirt den – ggf. um einen Arbeitgeberzuschuss geminderten – Essenspreis, liegt eine sonstige Leistung des Gastwirts an den Arbeitnehmer vor. [2]Ein Umsatzgeschäft zwischen Arbeitgeber und Gastwirt besteht nicht. [3]Im Verhältnis des Arbeitgebers zum Arbeitnehmer ist die Zahlung des Essenszuschusses ein nicht umsatzsteuerbarer Vorgang. [4]Bemessungsgrundlage der sonstigen Leistung des Gastwirts an den Arbeitnehmer ist der von dem Arbeitnehmer an den Gastwirt gezahlte Essenspreis zuzüglich des ggf. gezahlten Arbeitgeberzuschusses (Entgelt von dritter Seite).

   Beispiel 2:

   [1]Der Arbeitnehmer kauft in einer Gaststätte ein Mittagessen, welches mit einem Preis von 4 € ausgezeichnet ist. [2]Er übergibt dem Gastwirt eine Essensmarke des Arbeitgebers im Wert von 1 € und zahlt die Differenz i. H. v. 3 €. [3]Der Gastwirt lässt sich den Wert der Essensmarken wöchentlich vom Arbeitgeber erstatten.

   [4]Bemessungsgrundlage beim Gastwirt ist der Betrag von 4 € abzüglich Umsatzsteuer. [5]Die Erstattung der Essensmarke (Arbeitgeberzuschuss) führt nicht zu einer steuerbaren Sachzuwendung an den Arbeitnehmer. [6]Der Arbeitgeber kann aus der Abrechnung des Gastwirts keinen Vorsteuerabzug geltend machen.

3. Vereinbart der Arbeitgeber mit einem selbständigen Kantinenpächter (z. B. Caterer), dass dieser die Kantine in den Räumen des Arbeitgebers betreibt und die Verpflegungsleistungen an die Arbeitnehmer im eigenen Namen und für eigene Rechnung erbringt, liegt ein Leistungsaustausch zwischen Caterer und Arbeitnehmer vor (vgl. BFH-Beschluss vom 18. 7. 2002, V B 112/01, BStBl 2003 II S. 675).

   Beispiel 3:

   [1]Der Arbeitgeber und der Caterer vereinbaren, dass der Caterer die Preise für die Mittagsverpflegung mit dem Arbeitgeber abzustimmen hat. [2]Der Arbeitgeber zahlt dem Caterer einen jährlichen (pauschalen) Zuschuss (Arbeitgeberzuschuss). [3]Der Zuschuss wird anhand der Zahl der durchschnittlich ausgegebenen Essen je Kalenderjahr ermittelt oder basiert auf einem prognostizierten „Verlust“ (Differenz zwischen den voraussichtlichen Zahlungen der Arbeitnehmer und Kosten der Mittagsverpflegung).

[4]Ein Leistungsaustausch zwischen Arbeitgeber und Caterer sowie zwischen Arbeitgeber und Arbeitnehmer besteht nicht. [5]Bemessungsgrundlage der sonstigen Leistung des Caterers an den Arbeitnehmer ist der von dem Arbeitnehmer an den Caterer gezahlte Essenspreis zuzüglich des ggf. gezahlten Arbeitgeberzuschusses. [6]Diese vom Arbeitgeber in pauschalierter Form gezahlten Beträge sind Entgelt von dritter Seite (vgl. Abschnitt 10.2 Abs. 5 Satz 5). [7]Da der Arbeitgeber keine Leistung vom Caterer erhält, ist er nicht zum Vorsteuerabzug aus der Zahlung des Zuschusses an den Caterer berechtigt.

(13) [1]In den Fällen, in denen Verpflegungsleistungen anlässlich einer unternehmerisch bedingten Auswärtstätigkeit des Arbeitnehmers vom Arbeitgeber empfangen und in voller Höhe getragen werden, kann der Arbeitgeber den Vorsteuerabzug aus den entstandenen Verpflegungskosten in Anspruch nehmen, wenn die Aufwendungen durch Rechnungen mit gesondertem Ausweis der Umsatzsteuer auf den Namen des Unternehmers oder durch Kleinbetragsrechnungen im Sinne des § 33 UStDV belegt sind. [2]Es liegt keine einer entgeltlichen Leistung gleichgestellte unentgeltliche Wertabgabe vor. [3]Übernimmt der Arbeitgeber die Kosten des Arbeitnehmers für eine dienstlich veranlasste Hotelübernachtung einschließlich Frühstück und kürzt der Arbeitgeber wegen des Frühstücks dem Arbeitnehmer den ihm zustehenden Reisekostenzuschuss auch um einen höheren Betrag als den maßgeblichen Sachbezugswert, liegt keine entgeltliche Frühstücksgestellung des Arbeitgebers an den Arbeitnehmer vor.

(14) [1]Zu den unentgeltlichen Wertabgaben rechnen auch unentgeltliche Deputate, z. B. im Bergbau und in der Land- und Forstwirtschaft, und die unentgeltliche Abgabe von Getränken und Genussmitteln zum häuslichen Verzehr, z. B. Haustrunk im Brauereigewerbe, Freitabakwaren in der Tabakwarenindustrie. [2]Das Gleiche gilt für Sachgeschenke, Jubiläumsgeschenke und ähnliche Zuwendungen aus Anlass von Betriebsveranstaltungen, soweit diese Zuwendungen weder Aufmerksamkeiten (vgl. Absatz 3) noch Leistungen im überwiegenden betrieblichen Interesse des Arbeitgebers (vgl. Absatz 4) sind. [3]Als Bemessungsgrundlage sind in diesen Fällen grundsätzlich die in § 10 Abs. 4 Satz 1 Nr. 1 UStG bezeichneten Werte anzusetzen. [4]Aus Vereinfachungsgründen kann von den nach den lohnsteuerrechtlichen Regelungen (vgl. R 8.1 Abs. 2, R 8.2 Abs. 2 LStR) ermittelten Werten ausgegangen werden.

(15) [1]Unentgeltliche Beförderungen der Arbeitnehmer von ihrem Wohnsitz, gewöhnlichen Aufenthaltsort oder von einer Sammelhaltestelle, z. B. einem Bahnhof, zum Arbeitsplatz durch betriebseigene Kraftfahrzeuge oder durch vom Arbeitgeber beauftragte Beförderungsunternehmer sind nach § 3 Abs. 9a Nr. 2 UStG steuerbar, sofern sie nicht im überwiegenden betrieblichen Interesse des Arbeitgebers liegen. [2]Nicht steuerbare Leistungen im überwiegenden betrieblichen Interesse sind z. B. in den Fällen anzunehmen, in denen

1. die Beförderung mit öffentlichen Verkehrsmitteln nicht oder nur mit unverhältnismäßig hohem Zeitaufwand durchgeführt werden könnte (vgl. BFH-Urteil vom 15. 11. 2007, V R 15/06, BStBl 2009 II S. 423),
2. die Arbeitnehmer an ständig wechselnden Tätigkeitsstätten oder an verschiedenen Stellen eines weiträumigen Arbeitsgebiets eingesetzt werden, oder
3. im Einzelfall die Beförderungsleistungen wegen eines außergewöhnlichen Arbeitseinsatzes erforderlich werden oder wenn sie hauptsächlich dem Materialtransport an die Arbeitsstelle dienen und der Arbeitgeber dabei einige Arbeitnehmer unentgeltlich mitnimmt (vgl. BFH-Urteil vom 9. 7. 1998, V R 105/92, BStBl II S. 635).

[3]Ergänzend wird auf das BFH-Urteil vom 11. 5. 2000, V R 73/99, BStBl II S. 505, verwiesen. [4]Danach ist das Gesamtbild der Verhältnisse entscheidend. [5]Die Entfernung zwischen Wohnung und Arbeitsstätte ist nur ein Umstand, der neben anderen in die tatsächliche Würdigung einfließt.

(16) [1]Die Bemessungsgrundlage für die unentgeltlichen Beförderungsleistungen des Arbeitgebers richtet sich nach den bei der Ausführung der Umsätze entstandenen Ausgaben (§ 10 Abs. 4 Satz 1 Nr. 3 UStG). [2]Es ist nicht zu beanstanden, wenn der Arbeitgeber die entstandenen Ausgaben schätzt, soweit er die Beförderung mit betriebseigenen Fahrzeugen durchführt. [3]Die Bemessungsgrundlage für die Beförderungsleistungen eines Monats kann z. B. pauschal aus der Zahl der durchschnittlich beförderten Arbeitnehmer und aus dem Preis für eine Monatskarte für die kürzeste und weiteste gefahrene Strecke (Durchschnitt) abgeleitet werden.

Beispiel:

[1]Ein Unternehmer hat in einem Monat durchschnittlich 6 Arbeitnehmer mit einem betriebseigenen Fahrzeug unentgeltlich von ihrer Wohnung zur Arbeitsstätte befördert. [2]Die kürzeste Strecke von der Wohnung eines Arbeitnehmers zur Arbeitsstätte beträgt 10 km, die weiteste 30 km (Durchschnitt 20 km).

[3]Die Bemessungsgrundlage für die Beförderungsleistungen in diesem Monat berechnet sich wie folgt:

6 Arbeitnehmer × 76 € (Monatskarte für 20 km) = 456 € abzüglich 29,83 € Umsatzsteuer (Steuersatz 7 %) = 426,17 €.

[4]Zur Anwendung der Steuerermäßigung des § 12 Abs. 2 Nr. 10 Buchstabe b UStG vgl. Abschnitt 12.15.

(17) [1]Werden von Verkehrsbetrieben die Freifahrten aus betrieblichen Gründen für den privaten, außerhalb des Dienstverhältnisses liegenden Bedarf der Arbeitnehmer, ihrer Angehörigen und der Pensionäre gewährt, sind die Freifahrten nach § 3 Abs. 9a Nr. 2 UStG steuerbar. [2]Die als Bemessungsgrundlage anzusetzenden Ausgaben sind nach den jeweiligen örtlichen Verhältnissen zu ermitteln und können im Allgemeinen mit 25 % des normalen Preises für den überlassenen Fahrausweis oder eines der Fahrberechtigung entsprechenden Fahrausweises angenommen werden. [3]Die Umsatzsteuer ist herauszurechnen.

(18) [1]Zur umsatzsteuerrechtlichen Behandlung der Überlassung von Fahrzeugen an Arbeitnehmer zu deren privater Nutzung vgl. Abschnitt 15.23 Abs. 8 bis 12. [2]Leistet der Arbeitnehmer in diesen Fällen Zuzahlungen, vgl. BMF-Schreiben vom 30. 12. 1997, BStBl 1998 I S. 110.

(19) [1]Zur umsatzsteuerrechtlichen Behandlung unentgeltlicher oder verbilligter Reisen für Betriebsangehörige vgl. Abschnitt 25.3 Abs. 4. [2]Wendet ein Hersteller bei einem Verkaufswettbewerb ausgelobte Reiseleistungen seinen Vertragshändlern unter der Auflage zu, die Reisen bestimmten Arbeitnehmern zu gewähren, kann der Händler steuerbare Reiseleistungen an seine Arbeitnehmer ausführen. [3]Wendet der Hersteller Reiseleistungen unmittelbar Arbeitnehmern seiner Vertragshändler zu, erbringt der Vertragshändler insoweit keine steuerbaren Leistungen an seine Arbeitnehmer (vgl. BFH-Urteil vom 16. 3. 1995, V R 128/92, BStBl II S. 651).

Anmerkung

1. Abgrenzung bei Leistungen an das Personal

Erbringt ein Unternehmer gegenüber seinem Personal Leistungen, können sich daraus grundsätzlich drei **verschiedene Rechtsfolgen** ergeben:

1. Die Wertabgabe erfolgt im überwiegenden unternehmerischen Interesse des Arbeitgebers. In diesem Fall liegt kein steuerbarer Vorgang vor.
2. Die Wertabgabe erfolgt im überwiegenden Interesse des Personals, für das vom Personal aber keine Gegenleistung aufgewendet wird. In diesem Fall liegt unter den weiteren Bedingungen des § 3 Abs. 1b oder § 3 Abs. 9a UStG eine als entgeltlich geltende Wertabgabe vor.
3. Die Wertabgabe erfolgt für das Personal und das Personal wendet dafür eine Gegenleistung in Form einer Bezahlung oder durch Arbeitsleistung (tauschähnlicher Umsatz, § 3 Abs. 12 Satz 2 UStG) auf. In diesem Fall liegt ebenfalls – soweit die weiteren Voraussetzungen gegeben sind – eine steuerbare Leistung des Arbeitgebers vor.

2. Betriebsveranstaltungen

2.1 Arten von Betriebsveranstaltungen

Eine **Betriebsveranstaltung** (Betriebsausflug, Weihnachtsfeier, Jubiläumsfeier) ist im Regelfall im überwiegenden **betrieblichen Interesse des Arbeitgebers** ausgeführt. Soweit eine solche im Interesse des Arbeitgebers ausgeführte Veranstaltung vorliegt, fehlt es an einem Zuwendungswillen zugunsten des Arbeitnehmers. In diesem Fall liegt eine Leistung für die privaten Bereiche des Personals nicht vor.

Wenn Betriebsveranstaltungen aber den Rahmen des Üblichen übersteigen, liegt eine Zuwendung des Arbeitgebers **auch für den privaten Bereich des Personals** vor. Ob bei einer Betriebsveranstaltung der Rahmen des Üblichen überschritten wird, wird im **Umsatzsteuerrecht typisierend wie im Lohnsteuerrecht** (§ 19 Abs. 1 Nr. 1 a EStG, R 19.5 LStR) beurteilt.

Damit Betriebsveranstaltungen als übliche Veranstaltungen angesehen werden können, müssen die folgenden Punkte beachtet werden:

- Die Betriebsveranstaltung muss grundsätzlich **allen Betriebsangehörigen** offen stehen. Veranstaltungen, die nur für einen Kreis der Arbeitnehmer von Interesse sind, sind dann noch übliche Betriebsveranstaltungen, wenn sich die Begrenzung des Teilnehmerkreises nicht als Bevorzugung bestimmter Arbeitnehmergruppen darstellt (z. B. für bestimmte Abteilungen, für im Ruhestand befindliche Arbeitnehmer oder für Arbeitnehmer, die bestimmte Jubiläen feiern – nicht jedoch bei der Feier für einen einzelnen Jubilar).
- Als üblich gelten höchstens **zwei Betriebsveranstaltungen** im Kalenderjahr. Unschädlich ist aber, wenn bestimmte Mitarbeiter aus betrieblichen Gründen an mehr als zwei Betriebsveranstaltungen im Kalenderjahr teilnehmen (z. B. der Personalchef nimmt an mehreren Veranstaltungen verschiedener Abteilungen teil). Werden mehr als zwei Veranstaltungen im Jahr ausgeführt, kann der Unternehmer die beiden Veranstaltungen auswählen, die als übliche Betriebsveranstaltungen durchgeführt werden.
- Auf die **Dauer der Betriebsveranstaltung** kommt es nicht an, sodass auch mehrtägige Veranstaltungen grundsätzlich noch als üblich angesehen werden können. Bei der Beurteilung der Üblichkeit kommt es aber nicht nur auf die Dauer und die Anzahl der Veranstaltungen an, auch die Höhe der Aufwendungen ist für die Beurteilung von Bedeutung. Da die Übernachtungskosten bei mehrtägigen Veranstaltungen in die Berechnung der Grenzbeträge mit einzubeziehen sind, wird in aller Regel aus diesem Grund die Veranstaltung den Rahmen des Üblichen sprengen.

In Folge der Rechtsprechung des BFH (Urt. v. 16.5.2013 – VI R 7/11, BStBl II 2015, 189) ist **mit Wirkung zum 1.1.2015** in § 19 Abs. 1 Nr. 1a EStG eine gesetzliche Regelung mit aufgenommen worden. Im Rahmen dieser Regelung ist insbesondere die 110 €-Grenze als Freibetrag ausgestaltet worden (insoweit ergibt sich eine Rechtsfolge nur für die über diesen Betrag hinausgehenden Aufwendungen) sowie wieder eine anteilige Zurechnung auch für die Aufwendungen für die Begleitpersonen geregelt worden. Der Freibetrag ist ein Bruttobetrag, also einschließlich der Umsatzsteuer.

Beispiel: Betriebsveranstaltung im Ertragsteuerrecht

An einer Betriebsveranstaltung nehmen 100 Personen teil. Davon sind 80 Personen Betriebsangehörige, 20 Personen sind Ehepartner von Betriebsangehörigen. Insgesamt werden für diese Betriebsveranstaltung 10.000 € (brutto) aufgewendet.

Seit dem 1.1.2015 erfolgt eine Zurechnung der anteiligen Kosten bei den jeweiligen Arbeitnehmern. Damit liegen die Aufwendungen für die 60 ohne Begleitung teilnehmenden Arbeitnehmer unterhalb des Freibetrags. Für die 20 mit Begleitung teilnehmenden Arbeitnehmer betragen die Aufwendungen 160 €, sodass hier eine Besteuerung erfolgen muss. Allerdings stellen seit dem 1.1.2015 die 110 € einen Freibetrag dar, sodass ertragsteuerrechtlich – derzeit – nur von jeweils 50 € pro Arbeitnehmer (insgesamt 20 × 50 € = 1.000 €) auszugehen ist.

Nach der gesetzlichen Neuregelung ist seit dem 1.1.2015 in § 19 Abs. 1 Nr. 1 a EStG geregelt, dass zu den Zuwendungen i. S. d. Regelung **alle Aufwendungen des Arbeitgebers** einschließlich Umsatzsteuer unabhängig davon gehören, ob sie einzelnen Arbeitnehmern individuell zurechenbar sind oder ob es sich um einen rechnerischen Anteil an den Kosten der Betriebsveranstaltung handelt, die der Arbeitgeber gegenüber Dritten für den äußeren Rahmen der Betriebsveranstaltung aufwendet. Außer Ansatz bleiben aber **rechnerische Selbstkosten** (Kosten der Buchhaltung, Abschreibungsbeträge eigener Räumlichkeiten etc.).

Diese Änderungen beziehen sich auf die gesetzliche Neuregelung in § 19 Abs. 1 Nr. 1 a EStG. Die **Finanzverwaltung** (BMF, Schreiben v. 14.10.2015, BStBl I 2015, 832) hat neben ausführlichen Regelungen zur **Umsetzung der ertragsteuerrechtlichen Konsequenzen** für die Umsatzsteuer nur festgestellt, dass sich keine unmittelbaren Auswirkungen ergeben sollen. Insbesondere wird die ertragsteuerrechtliche Umstellung von „Freigrenze“ zu „Freibetrag“ nicht für die Umsatzsteuer übernommen. Damit bleibt es (vorläufig) dabei: Übersteigen die Aufwendungen die 110 €-Grenze liegt in vollem Umfang umsatzsteuerrechtlich eine Veranstaltung im überwiegenden privaten Interesse des Personals vor.

2.2 Rechtsfolgen für die Umsatzsteuer

Führt der Unternehmer eine Betriebsveranstaltung durch, die im **überwiegenden unternehmerischen Interesse** veranstaltet wird, ist er aus allen damit zusammenhängenden Aufwendungen **zum Vorsteuerabzug berechtigt**, soweit er nicht aufgrund seiner ansonsten ausgeführten Ausgangsleistungen vom Vorsteuerabzug ausgeschlossen ist. Eine Ausgangsleistung hat der Unternehmer nicht zu besteuern, da er keine Leistungen für den privaten Bedarf seines Personals ausführt.

Soweit es sich um **keine übliche Betriebsveranstaltung** handelt oder wenn im Rahmen von Betriebsveranstaltungen einzelnen Arbeitnehmern **Sonderleistungen** zugewendet werden, führte dies früher (längstens bis zum 31.12.2012) zu steuerbaren und steuerpflichtigen Leistungen gegenüber dem Personal. Der Unternehmer musste für diese Aufwendungen neben Lohnsteuer auch Umsatzsteuer berechnen und abführen, hatte aber für damit im Zusammenhang stehende Aufwendungen den Vorsteuerabzug. Die Bemessungsgrundlage bestimmte sich dabei nicht nach den Sachbezugswerten, sondern nach den Kosten, die dem Unternehmer bei dieser Betriebsveranstaltung oder bei einzelnen Mitarbeitern bei einer Betriebsveranstaltung entstanden waren.

Der **BFH** hatte allerdings diese Behandlung aufgegeben (BFH, Urt. v. 9.12.2010 – V R 17/10, BStBl II 2012, 53 sowie Abschn. 15.15 UStAE). Anders als früher besteht für den Unternehmer bei Leistungsbezügen für unentgeltliche Wertabgaben kein Anspruch mehr auf den Vorsteuerabzug nach § 15 Abs. 1 UStG. Der BFH ist davon ausgegangen, dass sich der Leistungsbezug für das Unternehmen (notwendige Voraussetzung für den Vorsteuerabzug) und die Ausführung einer unentgeltlichen Ausgangsleistung für unternehmensfremde Privatzwecke nach § 3 Abs. 9a Nr. 2 UStG gegenseitig ausschließen; der Unternehmer bezieht die Leistung nicht für seine wirtschaftliche Tätigkeit. Dass mit der Betriebsveranstaltung mittelbar auch unternehmerische Zwecke (z. B. Förderung des Betriebsklimas) verfolgt werden, ändert nichts an dieser Sichtweise. Allerdings muss der Unternehmer dann auch nicht mehr eine unentgeltliche Ausgangsleistung der Besteuerung unterwerfen.

Da die **Finanzverwaltung** (BMF, Schreiben v. 14.10.2015, BStBl I 2015, 832) festgestellt hat, dass aus der ertragsteuerrechtlichen Umstellung der 110 €-Grenze auf einen Freibetrag sich **keine umsatzsteuerrechtlichen Folgen** ergeben sollen, bleibt es dabei, dass der Vorsteuerabzug bei Überschreiten der Grenze ausgeschlossen ist und keine umsatzsteuerrechtliche Ausgangsleistung zu besteuern ist. In anderen Fällen wäre eine anteilige Zurechnung eventuell unterschiedlich besteuerter Eingangsleistungen mit erheblichen Schwierigkeiten verbunden.

Beispiel: Betriebsveranstaltung im Umsatzsteuerrecht

Unternehmer U führt eine mehrtägige Betriebsveranstaltung aus. Unter anderem fallen Übernachtungskosten von 10.000 € zuzüglich 7 % Umsatzsteuer, Eintrittsgelder in ein Museum von 800 € sowie weitere Kosten i. H. v. 5.000 € zuzüglich 19 % Umsatzsteuer an. Die Aufwendungen überschreiten die maßgebende Grenze pro teilnehmenden Arbeitnehmer.

Früher war U zum Vorsteuerabzug i. H. v. (700 € + 950 € =) 1.650 € berechtigt, musste aber die Nettoaufwendungen von (10.000 € + 800 € + 5.000 € =) 15.800 € der Umsatzsteuer unterwerfen, § 3 Abs. 9a Nr. 2 i. V. m. § 10 Abs. 4 Satz 1 Nr. 3 UStG. Dem Vorsteuerabzug stand damit eine Umsatzsteuer von (15.800 € × 19 % =) 3.002 € (bei einem Regelsteuersatz von 19 %) gegenüber.

Da die Aufwendungen aber von U nicht für dessen wirtschaftlichen Bereich bezogen werden, scheidet ein Vorsteuerabzug aus, U hat aber auch keine Ausgangsleistung mehr der Besteuerung zu unterwerfen. U hat einen Vorteil i. H. v. 1.352 €.

Bei **gemischten Gesamtveranstaltungen** (Veranstaltungen, die sowohl Elemente einer Betriebsveranstaltung als auch einer sonstigen betrieblichen Veranstaltung enthalten) sind die Sachzuwendungen an die Arbeitnehmer aufzuteilen (vgl. dazu BFH, Urt. v. 16.11.2005 – VI R 118/01, BStBl II 2006, 440):

zunächst getrennt nach den Kosten, die sich dem betriebsfunktionalen Bereich (kein Lohn) einerseits und dem Teil Feier und Unterhaltung (Lohn) andererseits leicht zuordnen lassen. Was dem nicht zuzuordnen ist (z. B. Beförderung, Unterbringung, Verpflegung), ist schätzweise aufzuteilen, und zwar nach den Zeitanteilen: Veranstaltungsteile mit Vorteilscharakter zu den aus betriebsfunktionalen Gründen durchgeführten Veranstaltungsteilen.

Hinweis: BFH bestätigt Freigrenze

Der BFH (Urteil v. 10.5.2023 – V R 16/21, BStBl II 2023, 1023) hat die Auffassung der Finanzverwaltung bestätigt, dass es sich bei dem ertragsteuerrechtlichen Betrag umsatzsteuerrechtlich um eine Freigrenze handelt. In die Berechnung sind nur die teilnehmenden Personen einzubeziehen. Wird die Grenze überschritten, ist für die damit zusammenhängenden Ausgaben kein Vorsteuerabzug möglich. In diesem Zusammenhang hat der BFH auch entschieden, dass die Kosten des äußeren Rahmens einer Betriebsveranstaltung jedenfalls dann in die Berechnung der Freigrenze einzubeziehen sind, wenn es sich um eine einheitliche Leistung handelt. Der BFH hat in diesem Urteil allerdings in dem amtlichen Leitsatz (nicht in dem folgenden Urteilsgründen!) festgestellt, dass die Freigrenze je Arbeitnehmer und Kalenderjahr gilt. Bisher ist davon ausgegangen worden, dass es sich um eine Grenze pro Veranstaltung und Arbeitnehmer handelt. Ob es sich um eine Nachlässigkeit (Fehler?) des BFH handelt oder hier tatsächlich eine Änderung der umsatzsteuerrechtlichen Sichtweise beabsichtigt ist, ist derzeit unklar.

Eine durch das Wachstumschancengesetz geplante Anhebung der Grenze von 110 € auf 150 € zum 1.1.2024 ist im Gesetzgebungsverfahren wieder aufgegeben worden.

3. Umzugskosten für den Arbeitnehmer

Der BFH (Urt. v. 6.6.2019 – V R 18/18, BStBl II 2020, 293) hatte in einem Fall zugunsten eines Unternehmers entschieden, in dem von dem **Unternehmer Umzugskosten für Arbeitnehmer** übernommen wurden. Im Rahmen einer Umstrukturierung innerhalb eines Konzerns wurde eine zentrale Führungseinheit in die Bundesrepublik Deutschland verlagert. Um erfahrene Mitarbeiter aus dem Konzern an den neuen Standort versetzen zu können, bezahlte das Unternehmen unter anderem Maklerprovisionen für das Personal aus ihm erstellten Rechnungen. Aus den auf das Unternehmen ausgestellten Rechnungen wurde der Vorsteuerabzug vorgenommen, eine Ausgangsleistung wurde nicht der Besteuerung unterworfen. Die Finanzverwaltung nahm einen tauschähnlichen Umsatz an und erhob auf die Ausgangsleistung eine Umsatzsteuer. Der **BFH** sah hier aber eine **überwiegend im unternehmerischen Interesse** begründete Kostenübernahme, die nicht der Umsatzsteuer unterliegt.

Die Finanzverwaltung hat mit Schreiben v. 3.6.2020, BStBl I 2020, 546 die Grundsätze aus der Entscheidung des BFH übernommen und in Abschn. 1.8 Abs. 4 Satz 3 UStAE aufgenommen. Dabei wird geregelt, dass die Übernahme von Umzugskosten durch den Arbeitgeber für die hiervon begünstigten Arbeitnehmer nicht zu einer der Besteuerung unterliegenden Wertabgabe des Arbeitgebers führt, wenn die Kostenübernahme im ganz überwiegenden betrieblichen Interesse des Arbeitgebers liegt.

Die Grundsätze sind in **allen offenen Fällen** anzuwenden.

UStAE 1.9. Inland – Ausland

(1) [1]Das Inland umfasst das Hoheitsgebiet der Bundesrepublik Deutschland mit Ausnahme der in § 1 Abs. 2 Satz 1 UStG bezeichneten Gebiete, zu denen unter anderem die Freizonen im Sinne des Artikels 243 UZK gehören. [2]Es handelt sich dabei um die Freihäfen Bremerhaven und Cuxhaven, die vom übrigen deutschen Teil des Zollgebiets der Union getrennt sind. [3]Botschaften, Gesandtschaften und Konsulate anderer Staaten gehören selbst bei bestehender Exterritorialität zum Inland. [4]Das Gleiche gilt für Einrichtungen, die von Truppen anderer Staaten im Inland unterhalten werden. [5]Zum Inland gehört auch der Transitbereich deutscher Flughäfen (vgl. BFH-Urteil vom 3. 11. 2005, V R 63/02, BStBl 2006 II S. 337).

(2) [1]Zum Ausland gehören das Drittlandsgebiet (einschließlich der Gebiete, die nach § 1 Abs. 2 Satz 1 UStG vom Inland ausgenommen sind) und das übrige Gemeinschaftsgebiet (vgl. Abschnitt 1.10). [2]Die

österreichischen Gemeinden Mittelberg (Kleines Walsertal) und Jungholz in Tirol gehören zum Ausland im Sinne des § 1 Abs. 2 Satz 2 UStG; die Einfuhr in diesen Gebieten unterliegt jedoch der deutschen Einfuhrumsatzsteuer (§ 1 Abs. 1 Nr. 4 UStG).

(3) Als Strandlinie im Sinne des § 1 Abs. 2 Satz 1 UStG gelten die normalen und geraden Basislinien im Sinne der Artikel 5 und 7 des Seerechtsübereinkommens der Vereinten Nationen vom 10. 12. 1982, das für Deutschland am 16. 11. 1994 in Kraft getreten ist (BGBl. 1994 II S. 1798, BGBl. 1995 II S. 602).

Anmerkung

In § 1 Abs. 2 UStG sind Sondergebiete angegeben, die zwar hoheitsrechtlich zur Bundesrepublik Deutschland gehören, nicht aber Inland i. S. d. UStG darstellen. Verbale Veränderungen haben sich mehrfach bei den Freihafengebieten ergeben.

Nachdem aufgrund der Änderung des gemeinsamen Zollrechts ein weiterer Freizonentyp eingeführt wurde, musste durch das StÄndG 2003 (Zweites Gesetz zur Änderung steuerlicher Vorschriften – Steueränderungsgesetz 2003 – v. 15.12.2003, BGBl. I 2003, 2645.) der Begriff der Freihäfen präzisiert werden und wurde durch die Formulierung „Freizonen des Kontrolltyps I nach § 1 Abs. 1 S. 1 des Zollverwaltungsgesetzes (Freihäfen)“ ersetzt. Durch die Reduzierung des Anwendungsbereichs auf die Kontrollzonen nach Typ I fielen bis dahin unter die Ausnahme fallende Freihäfen (Deggendorf, Duisburg) aus dem Anwendungsbereich des § 1 Abs. 2 Satz 1 UStG heraus. Da zum 1.5.2016 der bis dahin gültige Zollkodex durch den Unionszollkodex (UZK) ersetzt wurde, ging der Hinweis auf den „Kontrolltyp I“ ins Leere, da das gemeinsame Zollrecht nach dem UZK keine Unterscheidung verschiedener Kontrolltypen mehr kennt. Der seit dem 1.5.2016 unionsrechtlich einzige Typ der Freizonen entspricht den bisherigen Freizonen des Kontrolltyps I. Durch das **Jahressteuergesetz 2020** ist diese unionsrechtliche Änderung **verbal vollzogen** worden. Anstelle „der Freizonen des Kontrolltyps I nach § 1 Abs. 1 S. 1 des Zollverwaltungsgesetzes“ ist dieses Gebiet dann mit **„der Freizonen im Sinne des Artikels 243 des Zollkodex der Union“** bezeichnet. Des Verweises auf das Zollverwaltungsgesetz bedarf es nicht mehr, da die Freizonen unmittelbar im Unionszollrecht geregelt sind. Die Regelung wird im Rahmen einer Verweisung flankiert durch einen neuen § 1 Abs. 2 Satz 4 UStG, in dem auf den Unionszollkodex in der jeweils geltenden Fassung verwiesen wird. Eine inhaltliche Änderung ist damit nicht verbunden.

Derzeit (2026) existieren in Deutschland nur Freihafengebiete in Bremerhaven und Cuxhaven, der Freihafen (Freizone) **Cuxhaven** wird **zum 1.1.2027 aufgehoben** werden; ursprünglich war die Aufhebung der Freizone des Hafens Cuxhaven zum 1.1.2026 geplant worden. Aufgrund der Neuwahlen im Jahr 2025 konnte das alte Gesetzgebungsverfahren aber nicht mehr abgeschlossen werden und musste wegen des Diskontinuitätsprinzips in der aktuellen Legislaturperiode neu gestartet werden.

UStAE 1.10. Gemeinschaftsgebiet – Drittlandsgebiet

(1) [1]Das Gemeinschaftsgebiet umfasst das Inland der Bundesrepublik Deutschland im Sinne des § 1 Abs. 2 Satz 1 UStG sowie die unionsrechtlichen Inlandsgebiete der übrigen EU-Mitgliedstaaten (übriges Gemeinschaftsgebiet). [2]Zum übrigen Gemeinschaftsgebiet gehören:pa

- Belgien;
- Bulgarien;
- Dänemark (ohne Grönland und die Färöer);
- Estland;
- Finnland (ohne die Åland-Inseln);
- Frankreich (ohne Guadeloupe, Französisch-Guayana, Martinique, Mayotte, Réunion, Saint-Barthélemy und Saint-Martin) zuzüglich des Fürstentums Monaco;
- Griechenland (ohne Berg Athos);
- Irland;
- Italien (ohne Livigno, Campione d' Italia und den zum italienischen Hoheitsgebiet gehörenden Teil des Luganer Sees);

- Kroatien;
- Lettland;
- Litauen;
- Luxemburg;
- Malta;
- Niederlande (ohne das überseeische Gebiet Aruba und ohne die Inseln Curaçao, Sint Maarten, Bonaire, Saba und Sint Eustatius);
- Österreich;
- Polen;
- Portugal (einschließlich Madeira und der Azoren);
- Rumänien;
- Schweden;
- Slowakei;
- Slowenien;
- Spanien (einschließlich Balearen, ohne Kanarische Inseln, Ceuta und Melilla);
- Tschechien;
- Ungarn;
- bis zum 31. 12. 2020: Vereinigtes Königreich Großbritannien und Nordirland (ohne die überseeischen Länder und Gebiete und die Selbstverwaltungsgebiete der Kanalinseln Jersey und Guernsey) zuzüglich der Insel Man; zum umsatzsteuerrechtlichen Status von Nordirland ab dem 1. 1. 2021 vgl. Absatz 3;
- Zypern (ohne die Landesteile, in denen die Regierung der Republik Zypern keine tatsächliche Kontrolle ausübt) einschließlich der Hoheitszonen des Vereinigten Königreichs Großbritannien und Nordirland (Akrotiri und Dhekelia) auf Zypern; zu den ab dem 1. 1. 2021 geltenden Sonderregelungen hinsichtlich der Hoheitszonen vgl. Absatz 3.

(2) [1]Das Drittlandsgebiet umfasst die Gebiete, die nicht zum Gemeinschaftsgebiet gehören, u. a. auch Andorra, Gibraltar, San Marino und den Vatikan. [2]Das Drittlandsgebiet umfasst nach dem 31. 12. 2020 grundsätzlich auch das Vereinigte Königreich Großbritannien und Nordirland. [3]Zu den ab dem 1. 1. 2021 geltenden Sonderregelungen vgl. Absatz 3.

(3) [1]Für die Umsatzbesteuerung des Warenverkehrs wird Nordirland auch nach dem 31. 12. 2020 als zum Gemeinschaftsgebiet zugehörig behandelt **(vgl. § 30 Abs. 1 UStG)**. [2]Im Warenverkehr mit Nordirland finden daher auch nach diesem Zeitpunkt die für den innergemeinschaftlichen Handel geltenden Vorschriften zur Umsatzsteuer Anwendung (vgl. BMF-Schreiben vom 10. 12. 2020, BStBl I S. 1370). [3]Nach dem 31. 12. 2020 ausgeführte Umsätze mit Ursprungs- oder Bestimmungsort in den britischen Hoheitszonen Akrotiri und Dhekelia auf Zypern gelten als Umsätze mit Ursprungs- oder Bestimmungsort in der Republik Zypern.

Anmerkung

Im Europäischen Binnenmarkt gelten sowohl für grenzüberschreitende Lieferungen als auch für grenzüberschreitende sonstige Leistungen besondere **unionsrechtlich harmonisierte** Bestimmungen. Aber auch bei weiteren Fragen – z. B.: bei der Anwendung des Reverse-Charge-Verfahrens – ist zu unterscheiden, ob der Vertragspartner aus dem Drittlandsgebiet oder aus dem Gemeinschaftsgebiet kommt.

Durch den zum **31.1.2020 vollzogenen Austritt des Vereinigten Königreichs Großbritannien und Nordirland** ergeben sich für diese Gebiete erhebliche Konsequenzen für alle Leistungsbeziehungen in diese Gebiete. Nach dem Austrittsabkommen vom 31.1.2020 hatte sich aber noch ein **Übergangszeitraum** ergeben, nach dem u. a. die Regelungen des Mehrwertsteuerrechts der EU auch für diese Gebiete weiterhin zu Anwendung kamen. Da dieser Übergangszeitraum **mit Ablauf des 31.12.2020 endet**, hatte die Finanzverwaltung mit Schreiben v. 10.12.2020 (BStBl I 2020, 1370) praktische Hinweise für die zukünftigen Besteuerungsgrundsätze sowie insbesondere auch für die über den 31.12.2020/1.1.2021 abzuwickelnden offenen Geschäfte gegeben. Mit Wirkung zum 6.12.2024 sind diese Regelungen auch gesetzlich über § 30 UStG abgesichert.

1. Umsatzsteuerrechtlicher Status

Nach dem 31.12.2020 gelten **Großbritannien und Nordirland** aufgrund des Austritts aus der Europäischen Union grundsätzlich als **Drittlandsgebiet**, mit allen sich daraus ergebenden Rechtsfolgen.

Hinweis: Sonderstellung für Nordirland

Eine wichtige Ausnahme gilt allerdings für Nordirland. Aufgrund des Austrittsabkommens gilt für **Nordirland** auch über den 31.12.2020 hinaus ein Sonderstatus. Danach gelten die Regelungen des unionseinheitlichen Mehrwertsteuerrechts für **Lieferungen** von und nach Nordirland weiter. Nordirland wird deshalb – aber nur bezüglich der Lieferungen, nicht bezüglich ausgeführter sonstiger Leistungen – auch 2021 als Gemeinschaftsgebiet behandelt. Unternehmer in Nordirland treten mit einer **USt-IdNr.** mit dem Präfix „**XI**" auf.

Damit sind seit dem 1.1.2021 Lieferungen an einen Unternehmer in Nordirland – unter den weiteren Bedingungen – weiterhin als steuerfreie innergemeinschaftliche Lieferung zu erfassen und damit dann auch in die **Zusammenfassende Meldung** mit aufzunehmen. An Unternehmer in Nordirland ausgeführte sonstige Leistungen nach § 3 a Abs. 2 UStG – die bis 31.12.2020 auch in der Zusammenfassenden Meldung zu erfassen sind – sind seit dem 1.1.2021 nicht mehr in der Zusammenfassenden Meldung aufzunehmen. Vgl. auch Hinweise zu der ab dem 6.12.2024 geltenden Regelung des § 30 UStG.

2. Besonderheiten aufgrund des Wechsels

Die Finanzverwaltung hatte zu den **Umstellungsfragen** aufgrund des Wechsels des Status von dem Vereinigten Königreich – insbesondere zu den um den 31.12.2020 / 1.1.2021 ausgeführten Leistungen – umfassend Stellung genommen; vgl. dazu BMF, Schreiben v. 10.12.2020 (BStBl I 2020, 1370) sowie die ausführlichen Hinweise in der Auflage „Umsatzsteuer 2022".

Hinweis: Hinweise vom BMF zum nichtkommerziellen Reiseverkehr

Zu den Ausfuhrlieferung im nichtkommerziellen Reiseverkehr sowie zu den Besonderheiten des Nachweisverfahrens wegen des Sonderstatus von Nordirland vgl. auch BMF, Schreiben v. 15.3.2022, BStBl I 2022, 351.

UStAE 1.11. Umsätze in Freihäfen usw. (§ 1 Abs. 3 Satz 1 Nr. 1 bis 3 UStG)

(1) Unter § 1 Abs. 3 Satz 1 Nr. 1 UStG fallen z. B. der Verkauf von Tabakwaren aus Automaten in Freizonen im Sinne des Artikels 243 UZK (Freihäfen) sowie Lieferungen und innergemeinschaftliche Erwerbe von Schiffsausrüstungsgegenständen, Treibstoff und Proviant an private Schiffseigentümer zur Ausrüstung und Versorgung von Wassersportfahrzeugen.

(2) Unter § 1 Abs. 3 Satz 1 Nr. 2 UStG fallen z. B. die Abgabe von Speisen und Getränken zum Verzehr an Ort und Stelle, Beförderungen für private Zwecke, Reparaturen an Wassersportfahrzeugen, die Veranstaltung von Wassersport-Lehrgängen und die Vermietung eines Röntgengerätes an einen Arzt.

(3) [1]Bei Lieferungen und sonstigen Leistungen an juristische Personen des öffentlichen Rechts sowie bei deren innergemeinschaftlichem Erwerb in den bezeichneten Gebieten enthält § 1 Abs. 3 Satz 2 UStG eine Vermutung, dass die Umsätze an diese Personen für ihren hoheitlichen und nicht für ihren unternehmerischen Bereich ausgeführt werden. [2]Der Unternehmer kann jedoch anhand von Aufzeichnungen und Belegen, z. B. durch eine Bescheinigung des Abnehmers, das Gegenteil glaubhaft machen.

Anmerkung

Durch das **Jahressteuergesetz 2020** erfolgte i.Z.m. den Freihäfen eine unionsrechtliche Änderung. Anstelle „der Freizonen des Kontrolltyps I nach § 1 Abs. 1 S. 1 des Zollverwaltungsgesetzes" wurde dieses Gebiet durch **„der Freizonen im Sinne des Artikels 243 des Zollkodex der Union"** ersetzt. Eine inhaltliche Änderung ist damit nicht verbunden. Vgl. dazu auch Anmerkung zu Abschn. 1.9 UStAE.

Der Freihafen (Freizone) Cuxhaven wird zum 1.1.2027 aufgehoben, eine ursprünglich schon zum 1.1.2026 geplante Aufhebung konnte aufgrund des Regierungswechsels zu diesem Zeitpunkt nicht vollzogen werden.

UStAE 1.12. Freihafen-Veredelungsverkehr, Freihafenlagerung und einfuhrumsatzsteuerrechtlich freier Verkehr (§ 1 Abs. 3 Satz 1 Nr. 4 und 5 UStG)

(1) [1]Der Freihafen-Veredelungsverkehr im Sinne von § 12b EUStBV dient der Veredelung von Unionswaren (Artikel 5 Nr. 23 UZK), die in einer Freizone im Sinne des Artikels 243 UZK (Freihafen) bearbeitet oder verarbeitet und anschließend im Inland oder in den österreichischen Gebieten Jungholz und Mittelberg eingeführt werden. [2]Die vorübergehende Lagerung von Unionswaren kann nach § 12a EUStBV im Freihafen zugelassen werden, wenn dort für den Außenhandel geschaffene Anlagen sonst nicht wirtschaftlich ausgenutzt werden können und der Freihafen durch die Lagerung seinem Zweck nicht entfremdet wird. [3]Bei der Einfuhr der veredelten oder vorübergehend gelagerten Gegenstände im Inland oder in den österreichischen Gebieten Jungholz und Mittelberg wird keine Einfuhrumsatzsteuer erhoben.

(2) Steuerbare Lieferungen liegen nach § 1 Abs. 3 Satz 1 Nr. 4 Buchstabe a UStG vor, wenn sich der Lieferungsgegenstand im Zeitpunkt der jeweiligen Lieferung in einem zollamtlich bewilligten Freihafen-Veredelungsverkehr oder in einer zollamtlich besonders zugelassenen Freihafenlagerung befindet.

Beispiel:

[1]Der Unternehmer A in Hannover übersendet dem Freihafen-Unternehmer B Rohlinge. [2]Er beauftragt ihn, daraus Zahnräder herzustellen. [3]B versendet die von ihm im Rahmen eines bewilligten Freihafen-Veredelungsverkehrs gefertigten Zahnräder auf Weisung des A an dessen Abnehmer C in Lübeck. [4]Für die Einfuhr wird keine Einfuhrumsatzsteuer erhoben.

[5]Die nach § 3 Abs. 6 UStG im Freihafen bewirkte Lieferung des A an C ist nach § 1 Abs. 3 Satz 1 Nr. 4 Buchstabe a UStG wie eine Lieferung im Inland zu behandeln.

(3) Steuerbare Lieferungen nach § 1 Abs. 3 Satz 1 Nr. 4 Buchstabe a UStG liegen nicht vor, wenn der Lieferungsgegenstand nicht in das Inland gelangt oder wenn die Befreiung von der Einfuhrumsatzsteuer auf anderen Vorschriften als den §§ 12a oder 12b EUStBV beruht.

(4) Durch die Regelung des § 1 Abs. 3 Satz 1 Nr. 4 Buchstabe b UStG werden insbesondere in Abholfällen technische Schwierigkeiten beim Abzug der Einfuhrumsatzsteuer als Vorsteuer vermieden.

Beispiel:

[1]Ein Importeur lässt einen im Freihafen lagernden, aus dem Drittlandsgebiet stammenden Gegenstand bei einer vorgeschobenen Zollstelle (§ 21 Abs. 2a UStG) in den freien Verkehr überführen (Artikel 201 UZK). [2]Anschließend veräußert er den Gegenstand. [3]Der Abnehmer holt den Gegenstand im Freihafen ab und verbringt ihn in das Inland.

[4]Die Lieferung des Importeurs unterliegt nach § 1 Abs. 3 Satz 1 Nr. 4 Buchstabe b UStG der Umsatzsteuer. [5]Er kann die entstandene Einfuhrumsatzsteuer nach § 15 Abs. 1 Satz 1 Nr. 2 UStG als Vorsteuer abziehen. [6]Der Abnehmer ist unter den Voraussetzungen des § 15 UStG zum Vorsteuerabzug berechtigt.

(5) [1]Unter § 1 Abs. 3 Satz 1 Nr. 5 UStG fallen insbesondere die sonstigen Leistungen des Veredelers, des Lagerhalters und des Beförderungsunternehmers im Rahmen eines zollamtlich bewilligten Freihafen-Veredelungsverkehrs oder einer zollamtlich besonders zugelassenen Freihafenlagerung. [2]Beförderungen der veredelten Gegenstände aus dem Freihafen in das Inland sind deshalb insgesamt steuerbar und auf Grund des § 4 Nr. 3 Satz 1 Buchstabe a Doppelbuchstabe bb Satz 2 UStG auch insgesamt steuerpflichtig.

Zu § 1 a UStG

UStG § 1 a Innergemeinschaftlicher Erwerb

(1) Ein innergemeinschaftlicher Erwerb gegen Entgelt liegt vor, wenn die folgenden Voraussetzungen erfüllt sind:

1. Ein Gegenstand gelangt bei einer Lieferung an den Abnehmer (Erwerber) aus dem Gebiet eines Mitgliedstaates in das Gebiet eines anderen Mitgliedstaates oder aus dem übrigen Gemeinschaftsgebiet in die in § 1 Abs. 3 bezeichneten Gebiete, auch wenn der Lieferer den Gegenstand in das Gemeinschaftsgebiet eingeführt hat,
2. der Erwerber ist
   a) ein Unternehmer, der den Gegenstand für sein Unternehmen erwirbt, oder
   b) eine juristische Person, die nicht Unternehmer ist oder die den Gegenstand nicht für ihr Unternehmen erwirbt,

   und
3. die Lieferung an den Erwerber
   a) wird durch einen Unternehmer gegen Entgelt im Rahmen seines Unternehmens ausgeführt und
   b) ist nach dem Recht des Mitgliedstaates, der für die Besteuerung des Lieferers zuständig ist, nicht auf Grund der Sonderregelung für Kleinunternehmer steuerfrei.

(2) [1]Als innergemeinschaftlicher Erwerb gegen Entgelt gilt das Verbringen eines Gegenstands des Unternehmens aus dem übrigen Gemeinschaftsgebiet in das Inland durch einen Unternehmer zu seiner Verfügung, ausgenommen zu einer nur vorübergehenden Verwendung, auch wenn der Unternehmer den Gegenstand in das Gemeinschaftsgebiet eingeführt hat. [2]Der Unternehmer gilt als Erwerber.

(2 a) Ein innergemeinschaftlicher Erwerb im Sinne des Absatzes 2 liegt nicht vor in den Fällen des § 6 b.

(3) Ein innergemeinschaftlicher Erwerb im Sinne der Absätze 1 und 2 liegt nicht vor, wenn die folgenden Voraussetzungen erfüllt sind:

1. Der Erwerber ist
   a) ein Unternehmer, der nur steuerfreie Umsätze ausführt, die zum Ausschluss vom Vorsteuerabzug führen,
   b) *weggefallen*
   c) ein Unternehmer, der den Gegenstand zur Ausführung von Umsätzen verwendet, für die die Steuer nach den Durchschnittssätzen des § 24 festgesetzt ist, oder
   d) eine juristische Person, die nicht Unternehmer ist oder die den Gegenstand nicht für ihr Unternehmen erwirbt,

   und
2. der Gesamtbetrag der Entgelte für Erwerbe im Sinne des Absatzes 1 Nr. 1 und des Absatzes 2 hat den Betrag von 12 500 Euro im vorangegangenen Kalenderjahr nicht überstiegen und wird diesen Betrag im laufenden Kalenderjahr voraussichtlich nicht übersteigen (Erwerbsschwelle).

(4) [1]Der Erwerber kann auf die Anwendung des Absatzes 3 verzichten. [2]Als Verzicht gilt die Verwendung einer dem Erwerber erteilten Umsatzsteuer-Identifikationsnummer gegenüber dem Lieferer. [3]Der Verzicht bindet den Erwerber mindestens für zwei Kalenderjahre.

(5) [1]Absatz 3 gilt nicht für den Erwerb neuer Fahrzeuge und verbrauchsteuerpflichtiger Waren. [2]Verbrauchsteuerpflichtige Waren im Sinne dieses Gesetzes sind Mineralöle, Alkohol und alkoholische Getränke sowie Tabakwaren.

UStAE 1 a.1. Innergemeinschaftlicher Erwerb

(1) [1]Ein innergemeinschaftlicher Erwerb setzt insbesondere voraus, dass an den Erwerber eine Lieferung ausgeführt wird und der Gegenstand dieser Lieferung aus dem Gebiet eines EU-Mitgliedstaates in das Gebiet eines anderen EU-Mitgliedstaates oder aus dem übrigen Gemeinschaftsgebiet in die in § 1 Abs. 3 UStG bezeichneten Gebiete gelangt. [2]Zum Begriff Gegenstand vgl. Abschnitt 3.1 Abs. 1. [3]Ein Gegenstand gelangt aus dem Gebiet eines EU-Mitgliedstaates in das Gebiet eines anderen EU-Mitgliedstaates, wenn die Beförderung oder Versendung durch den Lieferer oder durch den Abnehmer im Gebiet des einen EU-Mitgliedstaates beginnt und im Gebiet des anderen EU-Mitgliedstaates endet. [4]Dies gilt auch dann, wenn die Beförderung oder Versendung im Drittlandsgebiet beginnt und der Gegenstand im Gebiet eines EU-Mitgliedstaates der Einfuhrumsatzsteuer unterworfen wird, bevor er in das Gebiet des anderen EU-Mitgliedstaates gelangt. [5]Kein Fall des innergemeinschaftlichen Erwerbs liegt demnach vor, wenn die Ware aus einem Drittland im Wege der Durchfuhr durch das Gebiet eines anderen EU-Mitgliedstaates in das Inland gelangt und erst hier einfuhrumsatzsteuerrechtlich zur Überlassung zum freien Verkehr abgefertigt wird. [6]Als innergemeinschaftlicher Erwerb gegen Entgelt gilt auch das innergemeinschaftliche Verbringen eines Gegenstands in das Inland (vgl. Abschnitt 1 a.2). [7]Bei der Lieferung von Gas über das Erdgasnetz und von Elektrizität liegt kein innergemeinschaftlicher Erwerb und kein innergemeinschaftliches Verbringen vor (vgl. Abschnitt 3 g.1 Abs. 6). [8]Zur Bemessungsgrundlage eines innergemeinschaftlichen Erwerbs von werthaltigen Abfällen vgl. Abschnitt 10.5 Abs. 2.

(2) [1]Ein innergemeinschaftlicher Erwerb ist bei einem Unternehmer, der ganz oder zum Teil zum Vorsteuerabzug berechtigt ist, unabhängig von einer Erwerbsschwelle steuerbar. [2]Bei

a) einem Unternehmer, der nur steuerfreie Umsätze ausführt, die zum Ausschluss vom Vorsteuerabzug führen,
b) ***weggefallen***
c) einem Unternehmer, der den Gegenstand zur Ausführung von Umsätzen verwendet, für die die Steuer nach den Durchschnittssätzen des § 24 UStG festgesetzt ist, oder
d) einer juristischen Person des öffentlichen oder privaten Rechts, die nicht Unternehmer ist oder den Gegenstand nicht für ihr Unternehmen erwirbt,

liegt ein steuerbarer innergemeinschaftlicher Erwerb nur vor, wenn der Gesamtbetrag der innergemeinschaftlichen Erwerbe nach § 1 a Abs. 1 Nr. 1 und Abs. 2 UStG aus allen EU-Mitgliedstaaten mit Ausnahme der Erwerbe neuer Fahrzeuge und verbrauchsteuerpflichtiger Waren über der Erwerbsschwelle von 12 500 € liegt oder wenn nach § 1 a Abs. 4 UStG zur Erwerbsbesteuerung optiert wird. [3]Bei dem in Satz 2 genannten Personenkreis unterliegt der innergemeinschaftliche Erwerb neuer Fahrzeuge und verbrauchsteuerpflichtiger Waren unabhängig von der Erwerbsschwelle stets der Erwerbsbesteuerung. [4]Liegen die Voraussetzungen der Sätze 2 und 3 nicht vor, ist die Besteuerung des Lieferers zu prüfen (vgl. Abschnitt 3 c.1). [5]Wurde die Erwerbsschwelle im vorangegangenen Kalenderjahr nicht überschritten und ist zu erwarten, dass sie auch im laufenden Kalenderjahr nicht überschritten wird, kann die Erwerbsbesteuerung unterbleiben, auch wenn die tatsächlichen innergemeinschaftlichen Erwerbe im Laufe des Kalenderjahres die Grenze von 12 500 € überschreiten. [6]Der Erwerber kann auf die Anwendung der Erwerbsschwelle verzichten; als Verzicht gilt auch die Verwendung einer dem Erwerber erteilten USt-IdNr. gegenüber dem Lieferer. [7]Der Verzicht bindet den Erwerber mindestens für zwei Kalenderjahre. [8]Bei einem Verzicht auf die Anwendung der Erwerbsschwelle unterliegt der Erwerb in jedem Fall der Erwerbsbesteuerung nach § 1 a Abs. 1 und 2 UStG.

(3) [1]Juristische Personen des öffentlichen Rechts haben grundsätzlich alle in ihrem Bereich vorgenommenen innergemeinschaftlichen Erwerbe zusammenzufassen. [2]Bei den Gebietskörperschaften Bund und Länder können auch einzelne Organisationseinheiten (z. B. Ressorts, Behörden, Ämter) für ihre innergemeinschaftlichen Erwerbe als Steuerpflichtige behandelt werden. [3]Dabei wird aus Vereinfachungsgründen davon ausgegangen, dass die Erwerbsschwelle überschritten ist. [4]In diesem Fall können die einzelnen Organisationseinheiten eine eigene USt-IdNr. erhalten (vgl. Abschnitt 27 a.1 Abs. 3).

(4) [1]Im Falle der dezentralen Besteuerung von Organisationseinheiten der Gebietskörperschaften Bund bzw. Länder (§ 18 Abs. 4f und 4g UStG) gilt die Erwerbsschwelle als überschritten (§ 18 Abs. 4f Satz 6 UStG).

Anmerkung

1. Allgemeines zum innergemeinschaftlichen Erwerb

Die Steuerbefreiung einer innergemeinschaftlichen Lieferung kann nur dann vorliegen, wenn es bei dem Leistungsempfänger zu einem steuerbaren innergemeinschaftlichen Erwerb in einem anderen Mitgliedstaat der EU kommt. Damit hängen innergemeinschaftlicher Erwerb und innergemeinschaftliche Lieferung systematisch untrennbar voneinander ab.

Den **systematischen Zusammenhang** zeigt die folgende Übersicht auf:

	Im Ursprungsmitgliedstaat	**Im Bestimmungsmitgliedstaat**
Wer handelt	Lieferer	Erwerber
Steuertatbestand	Lieferung	Innergemeinschaftlicher Erwerb
Ort des Umsatzes	Beginn der Warenbewegung § 3 Abs. 6 UStG	Ende der Warenbewegung § 3d Satz 1 UStG
Steuerbarkeit	Ja, § 1 Abs. 1 Nr. 1 UStG	Ja, § 1 Abs. 1 Nr. 5 UStG
Steuerpflicht	Nein, steuerfreie innergemeinschaftliche Lieferung, wenn alle Nachweise geführt werden, § 6a i. V. m. § 4 Nr. 1 Buchst. b UStG und korrekte Anmeldung in der ZM	Bis auf wenige Ausnahmen keine Steuerbefreiung, § 4b UStG
Bemessungsgrundlage	Alles, was der leistende Unternehmer für seine Lieferung erhält oder erhalten soll, § 10 Abs. 1 UStG	Alles, was an den Lieferer gezahlt wird, § 10 Abs. 1 UStG
Steuersatz	Entfällt, da steuerfrei	Steuersatz nach § 12 Abs. 1 UStG oder, wenn begünstigt, § 12 Abs. 2 oder Abs. 3 UStG
Anmeldung	Separate Erfassung in der Umsatzsteuer-Voranmeldung, § 18b UStG sowie Erfassung in der Zusammenfassenden Meldung, § 18a UStG	Erfassung in der Umsatzsteuer-Voranmeldung, § 18 UStG
Zeitpunkt der Anmeldung	In dem Voranmeldungszeitraum, in dem die Rechnung ausgestellt worden ist, spätestens in dem Meldezeitraum, in dem der auf die Lieferung folgende Monat endet, § 18b und § 18a Abs. 8 UStG	In dem Voranmeldungszeitraum, in dem die Rechnung ausgestellt worden ist, § 13 Abs. 1 Nr. 6 UStG, spätestens mit Ablauf des dem Erwerb folgenden Monats
Vorsteuerabzug	Entfällt	Die Erwerbsteuer ist unter den weiteren Voraussetzungen des § 15 UStG abzugsfähig, § 15 Abs. 1 Satz 1 Nr. 3 UStG; abzugsfähig ist aber nur die Erwerbsteuer, die in dem Staat entsteht, in dem sich der Gegenstand am Ende der Beförderung befindet, § 3d Satz 1 UStG

2. Ausnahme für besondere Unternehmer

Für **bestimmte Abnehmer** sind in § 1a Abs. 3 UStG Ausnahmen von der Verpflichtung geregelt, einen innergemeinschaftlichen Erwerb besteuern zu müssen. Dies betrifft insbesondere Unternehmer, die aufgrund von Sonderregelungen für ihre Leistungen keine Umsatzsteuer abführen müssen und somit auch keine Umsatzsteuer-Voranmeldungen abgeben müssen. Dies sind:

- **Unternehmer**, die **nur steuerfreie Umsätze** ausführen, die zum Ausschluss vom Vorsteuerabzug führen (hier ist die Unternehmenseinheit zu beachten, es kommt somit immer auf das gesamte Unternehmen an),
- (bis 31.12.2024:) Unternehmer, die als Kleinunternehmer keine Umsatzsteuer schulden; seit dem 1.1.2025 ist diese Sonderregelung aufgehoben, da Kleinunternehmer ab diesem Zeitpunkt steuerfreie Umsätze ausführen, die den Vorsteuerabzug ausschließen und sie damit unter die allgemeine Regelung des § 1a Abs. 3 Nr. 1 Buchst. a UStG fallen,

- Unternehmer, soweit sie Gegenstände als **Land- oder Forstwirte** für Umsätze verwenden, für die die Steuer nach den Durchschnittssätzen des § 24 UStG festgesetzt wird, oder
- eine **juristische Person**, die nicht Unternehmer ist oder die den Gegenstand nicht für ihr Unternehmen erwirbt.

Hinweis: Umsatzgrenze für durchschnittsatzbesteuerte Land- und Forstwirte beachten

Zu beachten ist, dass seit dem 1.1.2022 Land- und Forstwirte die Durchschnittssatzbesteuerung nur dann vornehmen dürfen, wenn sie im vorangegangenen Kalenderjahr einen Gesamtumsatz (i. S. d. § 19 UStG) von nicht mehr als 600.000 € erzielt haben. Damit sind etliche Land- und Forstwirte seit 2022 aus der Ausnahmeregelung des § 1 a Abs. 3 UStG herausgefallen.

Um die Ausnahmeregelung des § 1 a Abs. 3 UStG in Anspruch nehmen zu können, darf der Abnehmer weiterhin die **Erwerbsschwelle** nicht überschritten haben. Die Erwerbsschwelle ist aber nur bei diesen besonderen Unternehmern zu prüfen, bei regelbesteuerten Unternehmern ist die Erwerbsschwelle bedeutungslos.

Hinweis: Besteuerung des innergemeinschaftlichen Erwerbs bei Überschreiten der Erwerbsschwelle

Wenn der besondere Abnehmer i. S. d. § 1 a Abs. 3 UStG die Erwerbsschwelle überschritten hat, muss er in jedem Fall einen innergemeinschaftlichen Erwerb der Besteuerung unterwerfen. Er muss in diesem Fall eine USt-IdNr. beantragen und bei Bestellungen verwenden, da der Lieferer ansonsten keine steuerfreie innergemeinschaftliche Lieferung ausführen kann.

Die Erwerbsschwelle wird von den einzelnen Mitgliedstaaten gemäß den Vorgaben des Unionsrechts sowie den dazu geltenden Regelungen von der Höhe her festgesetzt. In **Deutschland** beträgt die Erwerbsschwelle **12.500 €**; eine Aufstellung der Erwerbsschwellen der anderen Mitgliedstaaten enthält Abschn. 3.18 Abs. 4 UStAE. Ein besonderer Abnehmer nach § 1 a Abs. 3 UStG überschreitet diese Erwerbsschwelle, wenn er entweder im vorangegangenem Jahr diese Schwelle überschritten hat oder er voraussichtlich im laufenden Kalenderjahr diese Schwelle überschreiten wird. In die Prüfung der Erwerbsschwelle sind alle Einkäufe aus allen anderen Mitgliedstaaten einzubeziehen.

Hinweis: Zusammenfassung der Erwerbe

Die Erwerbsschwelle hat eine „Trichterfunktion“. Es kommt nicht darauf an, aus welchen Mitgliedstaaten die Waren erworben worden sind. Es kommt ausschließlich auf die Summe der Einkäufe aus allen anderen Mitgliedstaaten an.

In die Prüfung der Erwerbsschwelle sind Einkäufe von **neuen Fahrzeugen** und verbrauchsteuerpflichtiger Ware nicht mit einzubeziehen.

Hinweis: Prüfung der Erwerbsschwelle

Wenn der besondere Abnehmer nach § 1 a Abs. 3 UStG im vorangegangenem Kalenderjahr die Erwerbsschwelle nicht überschritten hat und auch aufgrund einer seriösen Schätzung zu Beginn des Kalenderjahrs nicht mit einem Überschreiten der Erwerbsschwelle im laufenden Kalenderjahr zu rechnen war, kann die Erwerbsbesteuerung unterbleiben, selbst wenn die Schwelle entgegen der Prognose doch überschritten wird; im darauf folgenden Jahr sind dann aber alle Einkäufe aus anderen Mitgliedstaaten der Erwerbsbesteuerung zu unterwerfen.

Ein besonderer Abnehmer i. S. d. vorstehenden Ausnahme nach § 1 a Abs. 3 UStG, der die Erwerbsschwelle nicht überschreitet, kann auf die Anwendung der Ausnahmeregelung verzichten, er wird dann so behandelt, als wenn er die **Erwerbsschwelle überschreiten** würde. Im Ergebnis hat er dann jeden Einkauf von einem anderen Unternehmer aus einem anderen Mitgliedstaat als innergemeinschaftlichen Erwerb zu besteuern.

Ein solcher Antrag kann insbesondere dann sinnvoll sein, wenn ein besonderer Abnehmer nach § 1 a Abs. 3 UStG regelmäßig Waren aus anderen Mitgliedstaaten erwirbt, ohne die Erwerbsschwelle zu überschreiten, und der Lieferer aus einem Mitgliedstaat kommt, in dem ein hoher Steuersatz zur Anwendung gelangt, und der Lieferer die unionseinheitliche Umsatzschwelle (§ 3c Abs. 4 UStG) nicht überschreitet und somit die Lieferung in seinem Heimatstaat besteuern müsste.

Hinweis: Option seit dem 1.7.2021 wirtschaftlich weniger bedeutsam

Durch die Änderungen zum 1.7.2021 bei den innergemeinschaftlichen Fernverkäufen (früher Versandhandelsregelung) hat die wirtschaftliche Bedeutung der Option durch den Abnehmer nach § 1a Abs. 4 UStG abgenommen. Während früher sich der Ort der Lieferung für den Lieferer erst dann in den Bestimmungsmitgliedstaat (hier Deutschland) verlagerte, wenn er mit seinen Lieferungen an Abnehmer ohne Besteuerung eines innergemeinschaftlichen Erwerbs die nationale Lieferschwelle (in Deutschland 100.000 €) überschritt, verlagert sich nach § 3c Abs. 1 i. V. m. Abs. 4 UStG der Ort der Lieferung seit dem 1.7.2021 schon dann in den Bestimmungsmitgliedstaat, wenn die unionseinheitliche Umsatzschwelle (für alle anderen Mitgliedstaaten) von 10.000 € überschritten ist.

Wenn eine Option nach § 1a Abs. 4 UStG ausgeübt worden ist, ist der Erwerber auf **zwei Jahre** an diese Option gebunden. Das Überschreiten der Erwerbsschwelle gilt aber nicht als Option und bindet somit den Erwerber nicht für mindestens zwei Jahre.

UStAE 1 a.2. Innergemeinschaftliches Verbringen

Allgemeines

(1) [1]Das innergemeinschaftliche Verbringen eines Gegenstands gilt unter den Voraussetzungen des § 3 Abs. 1a UStG als Lieferung und unter den entsprechenden Voraussetzungen des § 1a Abs. 2 UStG als innergemeinschaftlicher Erwerb gegen Entgelt. [2]Satz 1 gilt nicht in den Fällen des § 6b Abs. 1 UStG. [3]Ein innergemeinschaftliches Verbringen liegt vor, wenn ein Unternehmer

- einen Gegenstand seines Unternehmens aus dem Gebiet eines EU-Mitgliedstaates (Ausgangsmitgliedstaat) zu seiner Verfügung in das Gebiet eines anderen EU-Mitgliedstaates (Bestimmungsmitgliedstaat) befördert oder versendet und
- den Gegenstand im Bestimmungsmitgliedstaat nicht nur vorübergehend verwendet.

[4]Der Unternehmer gilt im Ausgangsmitgliedstaat als Lieferer, im Bestimmungsmitgliedstaat als Erwerber.

(2) [1]Ein innergemeinschaftliches Verbringen, bei dem der Gegenstand vom Inland in das Gebiet eines anderen EU-Mitgliedstaates gelangt, ist nach § 3 Abs. 1a UStG einer Lieferung gegen Entgelt gleichgestellt. [2]Diese Lieferung gilt nach § 6a Abs. 2 UStG als innergemeinschaftliche Lieferung, die unter den weiteren Voraussetzungen des § 6a UStG nach § 4 Nr. 1 Buchstabe b UStG steuerfrei ist. [3]Ein innergemeinschaftliches Verbringen, bei dem der Gegenstand aus dem übrigen Gemeinschaftsgebiet in das Inland gelangt, gilt nach § 1a Abs. 2 UStG als innergemeinschaftlicher Erwerb gegen Entgelt. [4]Lieferung und innergemeinschaftlicher Erwerb sind nach dem Einkaufspreis zuzüglich der Nebenkosten für den Gegenstand oder mangels eines Einkaufspreises nach den Selbstkosten, jeweils zum Zeitpunkt des Umsatzes und ohne Umsatzsteuer, zu bemessen (§ 10 Abs. 4 Satz 1 Nr. 1 UStG). [5]§ 3c UStG ist bei einem innergemeinschaftlichen Verbringen nicht anzuwenden.

Voraussetzungen

(3) [1]Ein Verbringen ist innergemeinschaftlich, wenn der Gegenstand auf Veranlassung des Unternehmers vom Ausgangsmitgliedstaat in den Bestimmungsmitgliedstaat gelangt. [2]Es ist unerheblich, ob der Unternehmer den Gegenstand selbst befördert oder ob er die Beförderung durch einen selbständigen Beauftragten ausführen oder besorgen lässt.

(4) [1]Ein innergemeinschaftliches Verbringen setzt voraus, dass der Gegenstand im Ausgangsmitgliedstaat bereits dem Unternehmen zugeordnet war und sich bei Beendigung der Beförderung oder Versendung im Bestimmungsmitgliedstaat weiterhin in der Verfügungsmacht des Unternehmers befindet. [2]Diese Voraussetzung ist insbesondere dann erfüllt, wenn der Gegenstand von dem im Ausgangsmitgliedstaat gelegenen Unternehmensteil erworben, hergestellt oder in diesen EU-Mitgliedstaat eingeführt,

zur Verfügung des Unternehmers in den Bestimmungsmitgliedstaat verbracht und anschließend von dem dort gelegenen Unternehmensteil auf Dauer verwendet oder verbraucht wird.

Beispiel:

[1]Der französische Unternehmer F verbringt eine Maschine aus seinem Unternehmen in Frankreich in seinen Zweigbetrieb nach Deutschland, um sie dort auf Dauer einzusetzen. [2]Der deutsche Zweigbetrieb kauft in Deutschland Heizöl und verbringt es in die französische Zentrale, um damit das Bürogebäude zu beheizen.

[3]F bewirkt mit dem Verbringen der Maschine nach § 1 a Abs. 2 UStG einen innergemeinschaftlichen Erwerb in Deutschland. [4]Das Verbringen des Heizöls ist in Deutschland eine innergemeinschaftliche Lieferung im Sinne des § 3 Abs. 1 a in Verbindung mit § 6 a Abs. 2 UStG.

(5) [1]Weitere Voraussetzung ist, dass der Gegenstand zu einer nicht nur vorübergehenden Verwendung durch den Unternehmer in den Bestimmungsmitgliedstaat gelangt. [2]Diese Voraussetzung ist immer dann erfüllt, wenn der Gegenstand in dem dort gelegenen Unternehmensteil entweder dem Anlagevermögen zugeführt oder als Roh-, Hilfs- oder Betriebsstoff verarbeitet oder verbraucht wird.

(6) [1]Eine nicht nur vorübergehende Verwendung liegt auch dann vor, wenn der Unternehmer den Gegenstand mit der konkreten Absicht in den Bestimmungsmitgliedstaat verbringt, ihn dort (unverändert) an einen noch nicht feststehenden Abnehmer weiterzuliefern. [2]In den vorgenannten Fällen ist es nicht erforderlich, dass der Unternehmensteil im Bestimmungsmitgliedstaat die abgabenrechtlichen Voraussetzungen einer Betriebsstätte (vgl. Abschnitt 3 a.1 Abs. 3) erfüllt. [3]Verbringt der Unternehmer Gegenstände zum Zweck des Verkaufs außerhalb einer Betriebsstätte in den Bestimmungsmitgliedstaat und gelangen die nicht verkauften Waren unmittelbar anschließend wieder in den Ausgangsmitgliedstaat zurück, kann das innergemeinschaftliche Verbringen aus Vereinfachungsgründen auf die tatsächlich verkaufte Warenmenge beschränkt werden.

Beispiel:

[1]Der niederländische Blumenhändler N befördert im eigenen Lkw Blumen nach Köln, um sie dort auf dem Wochenmarkt zu verkaufen. [2]Die nicht verkauften Blumen nimmt er am selben Tag wieder mit zurück in die Niederlande.

[3]N bewirkt in Bezug auf die verkauften Blumen einen innergemeinschaftlichen Erwerb nach § 1 a Abs. 2 UStG in Deutschland. [4]Er hat den Verkauf der Blumen als Inlandslieferung zu versteuern. [5]Das Verbringen der nicht verkauften Blumen ins Inland muss nicht als innergemeinschaftlicher Erwerb im Sinne des § 1 a Abs. 2 UStG, das Zurückverbringen der nicht verkauften Blumen nicht als innergemeinschaftliche Lieferung im Sinne des § 3 Abs. 1 a in Verbindung mit § 6 a Abs. 2 UStG behandelt werden.

[4]Steht der Abnehmer bei der im übrigen Gemeinschaftsgebiet beginnenden Beförderung oder Versendung bereits fest, liegt kein innergemeinschaftliches Verbringen, sondern eine Beförderungs- oder Versendungslieferung vor, die grundsätzlich mit Beginn der Beförderung oder Versendung im übrigen Gemeinschaftsgebiet als ausgeführt gilt (§ 3 Abs. 6 Satz 1 UStG). [5]Hiervon ist auszugehen, wenn der Abnehmer die Ware bei Beginn der Beförderung oder Versendung bereits verbindlich bestellt oder bezahlt hat (vgl. BFH-Urteil vom 16. 11. 2016, V R 1/16, BStBl 2017 II S. 1079) und § 6 b UStG bereits dem Grunde nach keine Anwendung findet bzw. von Seiten des liefernden Unternehmers und späteren Erwerbers § 6 b UStG keine Anwendung finden soll. [6]In diesem Fall steht es der Annahme einer Beförderungs- oder Versendungslieferung nicht entgegen, wenn

– die Ware von dem mit der Versendung Beauftragten zunächst in ein inländisches Lager des Lieferanten gebracht und erst nach Eingang der Zahlung durch eine Freigabeerklärung des Lieferanten an den Abnehmer („shipment on hold") herausgegeben wird (vgl. BFH-Urteil vom 30. 7. 2008, XI R 67/07, BStBl 2009 II S. 552), oder
– [1]die Ware kurzzeitig (für einige Tage oder Wochen) in einem auf Initiative des Abnehmers eingerichteten Auslieferungs- oder Konsignationslager im Inland, welches nicht in den Anwendungsbereich der Konsignationslagerregelung nach § 6 b UStG fällt, zwischengelagert wird und der Ab-

nehmer vertraglich ein uneingeschränktes Zugriffsrecht auf die Ware hat (vgl. BFH-Urteil vom 20. 10. 2016, V R 31/15, BStBl 2017 II S. 1076). [2]Es liegt dann nur eine kurze Unterbrechung, aber kein Abbruch der begonnenen Beförderung oder Versendung vor.

[7]Ein im Zeitpunkt des Beginns der Beförderung oder Versendung nur wahrscheinlicher Abnehmer ohne tatsächliche Abnahmeverpflichtung ist nicht einem zu diesem Zeitpunkt bereits feststehenden Abnehmer gleichzustellen (vgl. BFH-Urteil vom 20. 10. 2016, V R 31/15, a. a. O.). [8]In derartigen Fällen stellt die Einlagerung von Ware aus dem übrigen Gemeinschaftsgebiet in ein inländisches Auslieferungs- oder Konsignationslager ein innergemeinschaftliches Verbringen durch den liefernden Unternehmer im Sinne des § 1 a Abs. 2 UStG dar. [9]Die Lieferung an den Abnehmer findet in derartigen Fällen erst mit der Entnahme der Ware aus dem Lager statt und ist folglich im Inland steuerbar. [10]Die Sätze 4, 5, 7 und 8 finden bei Anwendung der Konsignationslagerregelung nach § 6 b UStG keine Anwendung.

(7) [1]Bei der Verkaufskommission liegt zwar eine Lieferung des Kommittenten an den Kommissionär erst im Zeitpunkt der Lieferung des Kommissionsguts an den Abnehmer vor (vgl. BFH-Urteil vom 25. 11. 1986, V R 102/78, BStBl 1987 II S. 278). [2]Gelangt das Kommissionsgut bei der Zurverfügungstellung an den Kommissionär vom Ausgangs- in den Bestimmungsmitgliedstaat, kann die Lieferung des Kommittenten an den Kommissionär jedoch nach dem Sinn und Zweck der Regelung bereits zu diesem Zeitpunkt als erbracht angesehen werden. [3]Gleichzeitig ist demnach der innergemeinschaftliche Erwerb beim Kommissionär der Besteuerung zu unterwerfen. [4]Die Sätze 1 bis 3 gelten nicht in den Fällen des § 6 b UStG.

(8) Bei einer grenzüberschreitenden Organschaft (vgl. Abschnitt 2.9) sind Warenbewegungen zwischen den im Inland und den im übrigen Gemeinschaftsgebiet gelegenen Unternehmensteilen Lieferungen, die beim liefernden inländischen Unternehmensteil nach § 3 Abs. 1 in Verbindung mit § 6 a Abs. 1 UStG, beim erwerbenden inländischen Unternehmensteil nach § 1 a Abs. 1 Nr. 1 UStG zu beurteilen sind.

Ausnahmen

(9) [1]Nach dem Wortlaut der gesetzlichen Vorschriften ist das Verbringen zu einer nur vorübergehenden Verwendung von der Lieferungs- und Erwerbsfiktion ausgenommen. [2]Diese Ausnahmeregelung ist unter Beachtung von Artikel 17 und 23 MwStSystRL auszulegen. [3]Danach liegt kein innergemeinschaftliches Verbringen vor, wenn die Verwendung des Gegenstands im Bestimmungsmitgliedstaat

- ihrer Art nach nur vorübergehend ist (vgl. Absätze 10 und 11) oder
- befristet ist (vgl. Absätze 12 und 13).

Der Art nach vorübergehende Verwendung

(10) Eine ihrer Art nach vorübergehende Verwendung liegt in folgenden Fällen vor:

1. [1]Der Unternehmer verwendet den Gegenstand bei einer Werklieferung, die im Bestimmungsmitgliedstaat steuerbar ist. [2]Es ist gleichgültig, ob der Gegenstand Bestandteil der Lieferung wird und im Bestimmungsmitgliedstaat verbleibt oder ob er als Hilfsmittel verwendet wird und später wieder in den Ausgangsmitgliedstaat zurückgelangt.

   Beispiel 1:

   [1]Der deutsche Bauunternehmer D errichtet in Frankreich ein Hotel. [2]Er verbringt zu diesem Zweck Baumaterial und einen Baukran an die Baustelle. [3]Der Baukran gelangt nach Fertigstellung des Hotels nach Deutschland zurück.

   [4]Das Verbringen des Baumaterials und des Baukrans ist keine innergemeinschaftliche Lieferung im Sinne des § 3 Abs. 1 a und § 6 a Abs. 2 UStG. [5]Beim Zurückgelangen des Baukrans in das Inland liegt ein innergemeinschaftlicher Erwerb im Sinne des § 1 a Abs. 2 UStG nicht vor.

2. Der Unternehmer verbringt den Gegenstand im Rahmen oder in unmittelbarem Zusammenhang mit einer sonstigen Leistung in den Bestimmungsmitgliedstaat.

Beispiel 2:

a) Der deutsche Unternehmer D vermietet eine Baumaschine an den niederländischen Bauunternehmer N und verbringt die Maschine zu diesem Zweck in die Niederlande.

b) Der französische Gärtner F führt im Inland Baumschneidearbeiten aus und verbringt zu diesem Zweck Arbeitsmaterial und Leitern in das Inland.

In beiden Fällen ist ein innergemeinschaftliches Verbringen nicht anzunehmen (vgl. zu Buchstabe a BFH-Urteil vom 21. 5. 2014, V R 34/13, BStBl II S. 914).

3. Der Unternehmer lässt an dem Gegenstand im Bestimmungsmitgliedstaat eine sonstige Leistung (z. B. Reparatur) ausführen und der reparierte Gegenstand gelangt wieder in den Ausgangsstaat zurück (vgl. EuGH-Urteil vom 6. 3. 2014, C-606/12 und C-607/12, Dresser-Rand).
4. Der Unternehmer überlässt einen Gegenstand an eine Arbeitsgemeinschaft als Gesellschafterbeitrag und verbringt den Gegenstand dazu in den Bestimmungsmitgliedstaat.

(11) [1]Bei einer ihrer Art nach vorübergehenden Verwendung kommt es auf die Dauer der tatsächlichen Verwendung des Gegenstands im Bestimmungsmitgliedstaat nicht an. [2]Geht der Gegenstand unter, nachdem er in den Bestimmungsmitgliedstaat gelangt ist, gilt er in diesem Zeitpunkt als geliefert. [3]Das Gleiche gilt, wenn zunächst eine ihrer Art nach vorübergehende Verwendung vorlag, der Gegenstand aber dann im Bestimmungsmitgliedstaat veräußert wird (z. B. wenn ein Gegenstand zunächst vermietet und dann verkauft wird; vgl. BFH-Urteil vom 21. 5. 2014, V R 34/13, BStBl II S. 914).

Befristete Verwendung

(12) [1]Von einer befristeten Verwendung ist auszugehen, wenn der Unternehmer einen Gegenstand in den Bestimmungsmitgliedstaat im Rahmen eines Vorgangs verbringt, für den bei einer entsprechenden Einfuhr im Inland wegen vorübergehender Verwendung eine vollständige Befreiung von den Einfuhrabgaben bestehen würde. [2]Die zu der zoll- und einfuhrumsatzsteuerrechtlichen Abgabenbefreiung erlassenen Rechts- und Verwaltungsvorschriften sind entsprechend anzuwenden. [3]Dies gilt insbesondere für

- Artikel 250 bis 253 UZK und
- Artikel 161 bis 183 und 204 bis 238 UZK-DA sowie Artikel 258 bis 271, 322 und 323 UZK-IA.

[4]Die Höchstdauer der Verwendung (Verwendungsfrist) ist danach grundsätzlich auf 24 Monate festgelegt (Artikel 251 Abs. 2 UZK); für bestimmte Gegenstände gelten kürzere Verwendungsfristen. [5]Fälle der vorübergehenden Verwendung mit einer Verwendungsfrist von 24 Monaten sind z. B. die Verwendung von

- Paletten (Artikel 208 und 209 UZK-DA sowie Artikel 322 Abs. 2 UZK-IA);
- persönlichen Gebrauchsgegenständen und zu Sportzwecken verwendeter Waren (Artikel 219 UZK-DA);
- Betreuungsgut für Seeleute (Artikel 220 UZK-DA);
- Material für Katastropheneinsätze (Artikel 221 UZK-DA);
- medizinisch-chirurgischer und labortechnischer Ausrüstung (Artikel 222 UZK-DA);
- lebenden Tieren (Artikel 223 UZK-DA);
- in Grenzzonen verwendeten Waren im Sinne des Artikels 224 UZK-DA;
- Waren, die als Träger von Ton, Bild oder Informationen der Datenverarbeitung dienen oder ausschließlich zur Werbung verwendet werden (Artikel 225 UZK-DA);
- Berufsausrüstung (Artikel 226 UZK-DA);
- pädagogischem Material und wissenschaftlichem Gerät (Artikel 227 UZK-DA);
- Umschließungen (Artikel 228 UZK-DA);
- Formen, Matrizen, Klischees, Zeichnungen, Modellen, Geräten zum Messen, Überprüfen oder Überwachen und ähnlicher Gegenstände (Artikel 229 UZK-DA);
- Spezialwerkzeugen und -instrumenten (Artikel 230 UZK-DA);
- Waren, die Gegenstand von Tests, Experimenten oder Vorführungen sind (Artikel 231 Buchstabe a UZK-DA) sowie Waren, die im Rahmen eines Kaufvertrags einer Erprobung unterzogen werden (Artikel 231 Buchstabe b UZK-DA);

- Mustern in angemessenen Mengen, die ausschließlich zu Vorführ- und Ausstellungszwecken verwendet werden (Artikel 232 UZK-DA);
- Waren, die im Rahmen einer öffentlich zugänglichen Veranstaltung ausgestellt oder verwendet oder auf einer solchen Veranstaltung aus in das Verfahren der vorübergehenden Verwendung übergeführten Waren gewonnen werden (Artikel 234 Abs. 1 UZK-DA);
- Kunstgegenständen, Sammlungsstücken und Antiquitäten, die ausgestellt und gegebenenfalls verkauft werden, sowie anderer als neu hergestellter Waren, die im Hinblick auf ihre Versteigerung eingeführt wurden (Artikel 234 Abs. 3 UZK-DA);
- Ersatzteilen, Zubehör und Ausrüstungen, die für Zwecke der Ausbesserung, Wartungsarbeiten und Maßnahmen zum Erhalt für in das Verfahren der vorübergehenden Verwendung übergeführte Waren verwendet werden (Artikel 235 UZK-DA).

[6]Eine Verwendungsfrist von 18 Monaten gilt für zum eigenen Gebrauch verwendete Beförderungsmittel der See- und Binnenschifffahrt (Artikel 217 Buchstabe e UZK-DA). [7]Eine Verwendungsfrist von 12 Monaten gilt für Schienenbeförderungsmittel nach Artikel 217 Buchstabe a UZK-DA sowie für Container, deren Ausrüstung und Zubehör (Artikel 210 und 211 UZK-DA sowie Artikel 322 Abs. 3 UZK-IA) nach Artikel 217 Buchstabe f UZK-DA. [8]Eine Verwendungsfrist von 6 Monaten gilt u. a. nach Artikel 217 Buchstaben c und d UZK-DA für

- Straßenbeförderungsmittel und Beförderungsmittel des Luftverkehrs, die jeweils zum eigenen Gebrauch verwendet werden;

und nach Artikel 237 Abs. 1 UZK-DA für

- Waren, die zur Durchführung von Tests, Experimenten oder Vorführungen ohne Gewinnabsicht verwendet werden (Artikel 231 Buchstabe c UZK-DA);
- Austauschproduktionsmittel, die einem Kunden vom Lieferanten oder Ausbesserer bis zur Lieferung oder Reparatur gleichartiger Waren vorübergehend zur Verfügung gestellt werden (Artikel 233 UZK-DA);
- Waren, die einer Person in der Union vom Eigentümer der Waren zur Ansicht geliefert werden, wobei diese Person das Recht hat, die Waren nach Ansicht zu erwerben (Artikel 234 Abs. 2 UZK-DA).

(13) [1]Werden die in Absatz 12 bezeichneten Verwendungsfristen überschritten, ist im Zeitpunkt des Überschreitens ein innergemeinschaftliches Verbringen mit den sich aus § 1 a Abs. 2 und § 3 Abs. 1 a UStG ergebenden Wirkungen anzunehmen. [2]Entsprechendes gilt, wenn der Gegenstand innerhalb der Verwendungsfrist untergeht oder veräußert (geliefert) wird. [3]Das Zurückgelangen des Gegenstands in den Ausgangsmitgliedstaat nach einer befristeten Verwendung ist umsatzsteuerrechtlich unbeachtlich.

(14) *weggefallen*

Belegaustausch und Aufzeichnungspflichten

(15) Wegen des Belegaustauschs und der Aufzeichnungspflichten in Fällen des innergemeinschaftlichen Verbringens vgl. Abschnitte 14 a.1 Abs. 5 und 22.3 Abs. 1.

Anmerkung

1. Allgemeines zum innergemeinschaftlichen Verbringen

Um eine Warenbewegung zwischen zwei Mitgliedstaaten der Europäischen Union auch dann umsatzsteuerlich zu erfassen, wenn der Gegenstand nicht im Rahmen einer entgeltlichen Lieferung von einem Mitgliedstaat in einen anderen Mitgliedstaat gelangt, wurde der Tatbestand des innergemeinschaftlichen Verbringens geschaffen.

Soweit ein Unternehmer im Rahmen seines Unternehmens aus einem Mitgliedstaat der Europäischen Union einen Gegenstand zu seiner eigenen Verfügung in einen anderen Mitgliedstaat verbringt, führt diese Warenbewegung zu zwei eigenständigen Umsätzen:

- Im **Ursprungsmitgliedstaat** gilt dieses Verbringen nach § 3 Abs. 1a UStG als Lieferung gegen Entgelt. Der Unternehmer gilt in diesem Land als Lieferer. Unter den Voraussetzungen des § 6a Abs. 2 UStG ist diese Lieferung eine steuerfreie innergemeinschaftliche Lieferung.
- Im **Bestimmungsmitgliedstaat** gilt dieses Verbringen als innergemeinschaftlicher Erwerb gegen Entgelt, § 1a Abs. 2 UStG. Der Unternehmer gilt in diesem Land als Erwerber. Die entstehende Erwerbsteuer kann er unter den Voraussetzungen des § 15 Abs. 1 Satz 1 Nr. 3 UStG als Vorsteuer abziehen.

Die **Rechtsfolgen** des innergemeinschaftlichen Verbringens können aus der folgenden Übersicht entnommen werden:

	Im Ursprungsmitgliedstaat	**Im Bestimmungsmitgliedstaat**
Leistungstatbestand	§ 3 Abs. 1a UStG, gilt als Lieferung gegen Entgelt	§ 1a Abs. 2 UStG, gilt als innergemeinschaftlicher Erwerb gegen Entgelt
Ort des Umsatzes	§ 3 Abs. 6 UStG, dort, wo die Warenbewegung beginnt	§ 3d Satz 1 UStG, dort, wo die Warenbewegung endet
Ausnahmetatbestand	Ein innergemeinschaftliches Verbringen liegt nicht vor, wenn der Gegenstand nur zu einer vorübergehenden Verwendung in einen anderen Mitgliedstaat verbracht wird oder im Zusammenhang mit der Konsignationslagerregelung verbracht wird	
Unternehmer gilt als	Lieferer	Erwerber
Steuerbarkeit nach	§ 1 Abs. 1 Nr. 1 UStG	§ 1 Abs. 1 Nr. 5 UStG
Steuerbefreiung	In der Regel nach § 4 Nr. 1 Buchst. b UStG i. V. m. § 6a Abs. 2 UStG steuerfreie innergemeinschaftliche Lieferung	In der Regel keine Steuerbefreiung, soweit keine Sonderregelung nach § 4b UStG anzuwenden ist
Bemessungsgrundlage	§ 10 Abs. 4 Satz 1 Nr. 1 UStG, Anschaffungskosten oder Selbstkosten eines vergleichbaren Gegenstands zum Zeitpunkt des Verbringens	§ 10 Abs. 4 Satz 1 Nr. 1 UStG, Anschaffungskosten oder Selbstkosten eines vergleichbaren Gegenstands zum Zeitpunkt des Verbringens
Steuersatz	Entfällt, da steuerfrei	Maßgeblicher Steuersatz nach § 12 Abs. 1 oder Abs. 2 UStG (ggf. auch § 12 Abs. 3 UStG, soweit die Voraussetzungen vorliegen sollten)
Vorsteuerabzugsberechtigung	Steuerfreie Lieferung schließt den Vorsteuerabzug für Vorleistungen nicht aus	Nach § 15 Abs. 1 Satz 1 Nr. 3 UStG ist die Erwerbsteuer unter den allgemeinen Voraussetzungen abzugsfähig
Meldungen	Aufnahme der Lieferung in Umsatzsteuer-Voranmeldung und Zusammenfassender Meldung	Aufnahme des innergemeinschaftlichen Erwerbs in Umsatzsteuer-Voranmeldung

Hinweis: Abwicklung wie Leistung unter Dritten

Grundsätzlich wird das innergemeinschaftliche Verbringen abgewickelt und angemeldet wie eine innergemeinschaftliche Lieferung und ein innergemeinschaftlicher Erwerb unter fremden Dritten.

Typische Anwendungsfälle für ein innergemeinschaftliches Verbringen sind:

- Ein Unternehmer bringt **Handelsware** aus seiner Produktionsstätte in Deutschland in sein Auslieferungslager in einem anderen Mitgliedstaat, um diese Ware dort zu verkaufen. Der Unternehmer muss in Deutschland eine steuerfreie innergemeinschaftliche Lieferung deklarieren und in dem anderen Mitgliedstaat einen innergemeinschaftlichen Erwerb besteuern.
- Ein Unternehmer verbringt **Halbfertigprodukte** aus einer Betriebsstätte in einem Mitgliedstaat in einen anderen Mitgliedstaat, um diese dort weiter zu verarbeiten. Der Unternehmer muss in dem ersten Mitgliedstaat eine steuerbare, aber steuerfreie innergemeinschaftliche Lieferung im Rahmen eines Verbringens anmelden, im Bestimmungsmitgliedstaat muss er einen innergemeinschaftlichen Erwerb der Besteuerung unterwerfen.
- Ein Unternehmer bringt von seiner **Produktionsstätte** in einem anderen Mitgliedstaat eine Maschine in seine Produktionsstätte nach Deutschland, um diese hier dauerhaft für die Produktion zu nutzen. Der Unternehmer muss in dem anderen Mitgliedstaat eine steuerfreie innergemein-

schaftliche Lieferung deklarieren und in Deutschland einen innergemeinschaftlichen Erwerb besteuern.

2. Ausnahme vorübergehende Verwendung

Wenn der Gegenstand nur **zu einer vorübergehenden Verwendung** von einem Mitgliedstaat in einen anderen Mitgliedstaat gelangt, liegt kein innergemeinschaftliches Verbringen vor. Systematisch sind bei einer nur vorübergehenden Verwendung unionsrechtlich die der Art nach vorübergehende Verwendung und die befristete Verwendung zu unterscheiden.

2.1 Der Art nach vorübergehende Verwendung

Eine der **Art nach vorübergehende Verwendung** liegt nach der abschließenden Aufzählung des Abschn. 1a.2 Abs. 10 UStAE in den folgenden Fällen vor:

– Der Gegenstand wird im Rahmen einer im Bestimmungsland steuerbaren **Werklieferung** verwendet. Es kann sich dabei um Geräte (z. B. Baumaschinen) oder auch um **Material** (z. B. Baumaterial) handeln.

– Der Gegenstand wird im Zusammenhang mit einer im Bestimmungsland **auszuführenden sonstigen Leistung** verbracht (z. B. eine Maschine wird an einen Nutzer in einem anderen Mitgliedstaat vermietet und zu diesem Zweck in den anderen Mitgliedstaat verbracht).

– Der Unternehmer lässt **an einem Gegenstand** in einem anderen Mitgliedstaat **eine sonstige Leistung ausführen** (z. B. ein defekter Gegenstand wird in einen anderen Mitgliedstaat verbracht, um ihn dort zu reparieren).

– Der Unternehmer überlässt einen Gegenstand an eine Arbeitsgemeinschaft als Gesellschafterbeitrag in einem anderen Mitgliedstaat.

Bei einer der Art nach vorübergehenden Verwendung kommt es auf die Dauer der Verwendung in dem anderen Mitgliedstaat nicht an.

Hinweis: Zurückgelangen regelmäßig notwendig

Dem Grunde nach setzt das vorübergehende Verbringen aber voraus, dass der Gegenstand nicht dauerhaft in dem anderen Mitgliedstaat verbleibt. Der EuGH (Urt. v. 6.3.2014 – C-606/12 und C-607/12, Dresser-Rand SA, BFH/NV 2014, 812) hat festgestellt, dass ein nicht steuerbares vorübergehendes Verbringen nur dann vorliegen kann, wenn der Gegenstand nach der Bearbeitung wieder in den Ausgangsmitgliedstaat zurückgelangt.

2.2 Befristete Verwendung

Eine **befristete Verwendung** ergibt sich in Anwendung entsprechender zollrechtlicher Vorschriften (vgl. auch Abschn. 1a.2 Abs. 12 UStAE) in Abhängigkeit von der jeweiligen Verwendungsdauer in dem anderen Mitgliedstaat. Dabei sind Verwendungsfristen von bis zu 24 Monaten möglich. So können z. B. Berufsausrüstung oder Muster in angemessenen Mengen zu Ausstellungszwecken bis zu 24 Monate im Rahmen einer befristeten Verwendung in einen anderen Mitgliedstaat verbracht werden. Eine Verwendungsfrist von zwei Monaten gilt u. a. für Waren zur Ansicht, die nicht als Muster angesehen werden können und für die vonseiten des Versenders eine Verkaufsabsicht und beim Empfänger eine mögliche Kaufabsicht nach Ansicht besteht.

Hinweis: Zollrechtliche Vorgaben beachten

Die Vorschriften für die befristete Verwendung basieren auf den zollrechtlichen Vorgaben. Zum 1.5.2016 ist der Unionszollkodex (UZK) in Kraft getreten und hat den Zollkodex ersetzt. Aufgrund der Regelungen des Vertrags von Lissabon ist das Durchführungsrecht zum UZK grundsätzlich in zwei Rechtsakte aufgeteilt. Art. 290 AEUV sieht vor, dass der Kommission Gesetzgebungsbefugnisse übertragen werden, um nichtwesentliche Bestandteile des Gesetzgebungsakts ändern oder ergänzen zu können. Entsprechend ist die Delegierte Verordnung (delegated act) verabschiedet worden. Zur Sicherstellung einer einheitlichen und ordnungsgemäßen Durchführung von Bestimmungen des Basisrechtsakts erhält die Kommission darüber hinaus nach Art. 291 AEUV die Befugnis, Durchführungsrechtsakte zu erlassen (implementing act).

2.3 Änderung der Verwendung

Wenn bei einer der Art nach vorübergehenden Verwendung der Gegenstand entgegen der ursprünglichen Absicht doch im Bestimmungsmitgliedstaat verbleibt (z. B., weil er dort verkauft wird oder weil er untergeht) oder wenn bei einer befristeten Verwendung der Gegenstand ebenfalls entgegen der Planung in dem anderen Mitgliedstaat verbleibt oder die Verwendungsfristen überschritten werden, gilt der Gegenstand zu diesem Zeitpunkt als innergemeinschaftlich geliefert. Der Unternehmer muss dann zu diesem Zeitpunkt (also in den laufenden Erklärungen und nicht rückwirkend) die Besteuerung des innergemeinschaftlichen Verbringens nachholen.

3. Ausnahme für Konsignationslager (ab 2020)

Durch das Gesetz zur weiteren steuerlichen Förderung der Elektromobilität und zur Änderung weiterer steuerlicher Vorschriften wurde zum 1.1.2020 § 1 a Abs. 2a UStG eingefügt. Nach den seit 2020 geltenden Regelungen gilt das unternehmerische Verbringen von Gegenständen in einen anderen Mitgliedstaat nicht als einer Lieferung von Gegenständen gegen Entgelt gleichgestellt, wenn die Beförderung oder Versendung im Rahmen der **Konsignationslagerregelung** durchgeführt wird. Das bedeutet, dass dieser Vorgang nicht steuerbar ist, wenn die Voraussetzungen des § 6 b Abs. 1 Nr. 1 bis Nr. 4, Abs. 3 und Abs. 6 UStG kumulativ erfüllt sind. Dementsprechend bestimmt § 6 b Abs. 2 Nr. 2 UStG, dass die spätere Lieferung aus dem Konsignationslager an den Erwerber einem im Bestimmungsland steuerbaren innergemeinschaftlichen Erwerb gleichgestellt wird.

Bislang wurde die Einlagerung in ein Konsignationslager unterschiedlich beurteilt. Die Ortsbestimmung einer Beförderungs- oder Versendungslieferung setzt nach § 3 Abs. 6 Satz 1 UStG voraus, dass sich im Zeitpunkt der Beförderung oder Versendung aus dem zugrunde liegenden Rechtsverhältnis ergibt, dass die Person des Abnehmers bereits feststeht bzw. ermittelt werden kann, z. B. namentlich bekannt, verbindliche Bestellung oder Bezahlung. Die Beförderung oder Versendung darf nicht abgebrochen werden. Nach der Rechtsprechung des BFH (Urt. v. 30.7.2008 – XI R 67/07, BStBl II 2009, 552; Urt. v. 16.11.2016 – V R 1/16, BStBl II 2017, 1079; Urt. v. 20.10.2016 – V R 31/15, BStBl II 2017, 1076) war in diesem Fall nur eine kurzzeitige Lagerung in einem Auslieferungs- oder Konsignationslager im Bestimmungsland unschädlich.

Hinweis: Finanzverwaltung passt nach zwei Jahren den UStAE an

Die Finanzverwaltung hat im Dezember 2021 erstmals umfassend zu der Konsignationslagerregelung Stellung genommen und auch geringfügige Änderungen in Abschn. 1a.2 UStAE vorgenommen. Zu den Auswirkungen der grenzüberschreitenden Lieferungen über ein Konsignationslager in der EU vgl. Anmerkung zu Abschn. 6b.1 UStAE.

Steht dagegen der **Abnehmer** im Zeitpunkt des Beginns der Beförderung oder Versendung noch nicht fest, wird die Lieferung als **steuerbares unternehmerisches innergemeinschaftliches Verbringen** behandelt, das gem. § 3 Abs. 1a UStG als Lieferung gegen Entgelt, gem. § 1 a Abs. 2 UStG als innergemeinschaftlicher Erwerb gegen Entgelt und gem. § 6 a Abs. 2 UStG als innergemeinschaftliche Lieferung gilt. Damit stellt das Verbringen in ein Konsignationslager einen steuerbaren Umsatz dar, der unter den Voraussetzungen des § 6 a UStG als innergemeinschaftliche Lieferung steuerbefreit und als innergemeinschaftlicher Erwerb nach § 1 a UStG steuerpflichtig ist.

Die **neue Konsignationslagerregelung** (seit dem 1.1.2020) führt zu einer Nichtsteuerbarkeit, solange die in den Bestimmungsmitgliedstaat verbrachten Gegenstände im Konsignationslager verbleiben. Ein Konsignationslager dient dazu, Gegenstände für ein Unternehmen zu lagern, die dieser erst bei Bedarf aufgrund einer Freigabeerklärung entnehmen kann. Bis zur Entnahme bleiben die Gegenstände im Eigentum des einliefernden Unternehmers (Konsignant). Dem Abnehmer (Konsignatar) ist während der Lagerdauer noch keine Verfügungsmacht i. S. d. § 3 Abs. 1 UStG verschafft. Erst durch die Entnahme der Gegenstände aus dem Konsignationslager wird der entnehmende Unternehmer daran Eigentümer.

Die Konsignationslagerregelung kommt nur zur Anwendung, wenn die **Voraussetzungen** des § 6b UStG kumulativ erfüllt sind:

1. Bei Beginn der Beförderung oder Versendung der Gegenstände in einen anderen Mitgliedstaat muss der Erwerber mit vollständigem Namen und vollständiger Anschrift bekannt sein sowie seine vom Bestimmungsmitgliedstaat erteilte USt-IdNr. verwenden;
2. der liefernde Unternehmer darf im Bestimmungsmitgliedstaat keinen Sitz, keine Geschäftsleitung, keine Betriebsstätte, keinen Wohnsitz oder gewöhnlichen Aufenthalt unterhalten;
3. die Lieferung an den Erwerber im Bestimmungsmitgliedstaat muss grundsätzlich innerhalb von zwölf Monaten bewirkt sein, es sei denn, die Gegenstände gelangen innerhalb dieser Frist wieder in den Abgangsmitgliedstaat zurück oder werden an einen anderen Erwerber geliefert, der ebenfalls die o. a. Voraussetzungen (1) erfüllt;
4. der liefernde Unternehmer erfüllt seine Aufzeichnungspflichten nach § 22 Abs. 4f und § 18a Abs. 1, 6 und 7 Nr. 2a UStG.

Werden die o. a. Voraussetzungen für die Konsignationslagerregelung nicht erfüllt, bleibt es bei der Regelung nach § 3 Abs. 1a Satz 1 und Satz 2 UStG, d. h. die Beförderung bzw. Versendung in das Konsignationslager ist ein unternehmerisches Verbringen, das im Abgangsmitgliedstaat als innergemeinschaftliche Lieferung und im Bestimmungsmitgliedstaat als innergemeinschaftlicher Erwerb zu behandeln ist.

> **Hinweis: Aufhebung der Konsignationslagerregelung unionsrechtlich beschlossen**
>
> Nach zähem politischen Verhandlungen wurde ein Vorschlag der Kommission zur Modernisierung des Unionsrechts am 12.3.2025 angenommen und am 25.3.2025 im Abl EU veröffentlicht (RL 2025/516; DVO 2025/518). Für Konsignationslagerfälle und andere Fälle des innergemeinschaftlichen Verbringens soll eine neue One-Stop-Shop Lösung eingeführt werden; die Konsignationslagerregelung wird entsprechend aufgehoben werden. Der „neue" One-Stop-Shop für die Verbringensfälle soll zum 1.7.2028 in Kraft treten. Die Konsignationslagerregelung kann dann nur für Einlagerungen bis zum 30.6.2028 angewendet werden. Für eingelagerte Gegenstände endet sie dann aufgrund der max. Lagerungsfrist von 12 Monaten spätestens zum 30.6.2029.

4. Nachweis bei Verbringen durch USt-IdNr.

Grundsätzlich wird das innergemeinschaftliche Verbringen **abgewickelt und angemeldet wie** eine innergemeinschaftliche Lieferung und **ein innergemeinschaftlicher Erwerb** unter fremden Dritten. Deshalb wurde früher davon ausgegangen, dass zur Erfassung als steuerfreie innergemeinschaftliche Lieferung im Ausgangsmitgliedstaat die USt-IdNr. des leistungsempfangenden Unternehmensteils vorhanden sein muss. Der EuGH (Urt. v. 20.10.2016 – C-24/15, Josef Plöckl, BFH/NV 2016, 1871) hatte aber festgestellt, dass die Finanzverwaltung des Ausgangsmitgliedstaats dem Unternehmer nicht die Steuerbefreiung alleine deshalb verwehren kann, wenn die USt-IdNr. aus dem Bestimmungsmitgliedstaat nicht vorliegt und wenn es keine Hinweise auf eine Steuerhinterziehung gibt. Der EuGH sah die USt-IdNr. – wie auch bei den innergemeinschaftlichen Lieferungen an Dritte – als **formelle Voraussetzung** an. Allerdings ist das Urteil zur Rechtslage vor dem 1.1.2020 ergangen, bei der noch nicht gesetzlich für die Steuerbefreiung als innergemeinschaftliche Lieferung die Angabe einer USt-IdNr. (§ 6a Abs. 1 Satz 1 Nr. 4 UStG) gefordert wurde.

Da die zutreffende USt-IdNr. des Leistungsempfängers **seit dem 1.1.2020** aber durch Ergänzung des § 6a Abs. 1 Satz 1 Nr. 4 UStG zur materiell-rechtlichen Voraussetzung geworden ist, ist zumindest aus systematischer Sicht keine steuerfreie innergemeinschaftliche Lieferung ohne die zutreffende USt-IdNr. des empfangenden Unternehmensteils aus dem anderen Mitgliedstaat möglich (das österreichische BFG v. 18.9.2025, RE/2100001/2025, hat aber in einem Fall der normalen innergemeinschaftlichen Lieferung den **EuGH** angerufen, um zu klären, ob die Bekanntgabe einer ausländischen USt-IdNr. durch den Erwerber eine materielle Voraussetzung für die Steuerbefreiung einer innergemeinschaftlichen Lieferung ist). Darüber hinaus kann eine innergemeinschaftliche Lieferung seit dem 1.1.2020 nur nach dann nach § 4 Nr. 1 Buchst. b UStG steuerfrei sein, wenn die (fiktive) Lieferung zutreffend in der Zusammenfassenden Meldung erfasst ist. Ohne USt-IdNr. aus einem anderen Mitgliedstaat kann eine solche Meldung grds. nicht erfolgen.

Hinweis: Nach Finanzverwaltung muss USt-IdNr. vorliegen

Die Finanzverwaltung hat im Schreiben zu den Nachweisvoraussetzungen für innergemeinschaftliche Lieferungen v. 9.10.2020 (BStBl I 2020, 1038; vgl. dazu auch Anmerkung zu Abschn. 6a.1 UStAE) darauf hingewiesen, dass für ein **steuerfreies innergemeinschaftliches Verbringen** i. S. d. § 6 a Abs. 2 UStG ebenfalls erforderlich ist, dass dieses in der Zusammenfassenden Meldung angegeben wurde. Die zutreffende Meldung in der Zusammenfassenden Meldung setzt voraus, dass der verbringende Unternehmer eine **USt-IdNr. aus dem Bestimmungsland** haben muss. Dies sollte dann kein Problem darstellen, wenn der Unternehmer in dem anderen Mitgliedstaat über eine feste Einrichtung verfügt. In Fällen, in denen ein innergemeinschaftliches Verbringen aber wegen Wegfall der Voraussetzungen einer vorübergehenden Verwendung oder eines Verstoßes gegen die Konsignationslagerregelung erst später ausgelöst wird, ergeben sich erhebliche Probleme, zumindest bei Wegfall der Voraussetzungen bei der Konsignationslagerlieferung reicht nach Auffassung der Finanzverwaltung eine unverzügliche Anmeldung aus; vgl. dazu Anmerkung zu Abschn. 6b.1 UStAE. Dabei ist zu beachten, dass eine aufgrund nicht vorliegender Steuerbefreiung entstehende Umsatzsteuer für ein innergemeinschaftliches Verbringen nicht als Vorsteuer abzuziehen sein wird.

Zu § 1 b UStG

UStG § 1 b Innergemeinschaftlicher Erwerb neuer Fahrzeuge

(1) Der Erwerb eines neuen Fahrzeugs durch einen Erwerber, der nicht zu den in § 1 a Abs. 1 Nr. 2 genannten Personen gehört, ist unter den Voraussetzungen des § 1 a Abs. 1 Nr. 1 innergemeinschaftlicher Erwerb.

(2) [1]Fahrzeuge im Sinne dieses Gesetzes sind

1. motorbetriebene Landfahrzeuge mit einem Hubraum von mehr als 48 Kubikzentimetern oder einer Leistung von mehr als 7,2 Kilowatt;
2. Wasserfahrzeuge mit einer Länge von mehr als 7,5 Metern;
3. Luftfahrzeuge, deren Starthöchstmasse mehr als 1 550 Kilogramm beträgt.

[2]Satz 1 gilt nicht für die in § 4 Nr. 12 Satz 2 und Nr. 17 Buchstabe b bezeichneten Fahrzeuge.

(3) Ein Fahrzeug gilt als neu, wenn das

1. Landfahrzeug nicht mehr als 6000 Kilometer zurückgelegt hat oder wenn seine erste Inbetriebnahme im Zeitpunkt des Erwerbs nicht mehr als sechs Monate zurückliegt;
2. Wasserfahrzeug nicht mehr als 100 Betriebsstunden auf dem Wasser zurückgelegt hat oder wenn seine erste Inbetriebnahme im Zeitpunkt des Erwerbs nicht mehr als drei Monate zurückliegt;
3. Luftfahrzeug nicht länger als 40 Betriebsstunden genutzt worden ist oder wenn seine erste Inbetriebnahme im Zeitpunkt des Erwerbs nicht mehr als drei Monate zurückliegt.

UStAE 1 b.1. Innergemeinschaftlicher Erwerb neuer Fahrzeuge

[1]Der entgeltliche innergemeinschaftliche Erwerb eines neuen Fahrzeugs unterliegt auch bei Privatpersonen, nichtunternehmerisch tätigen Personenvereinigungen und Unternehmern, die das Fahrzeug für ihren nichtunternehmerischen Bereich beziehen, der Besteuerung. [2]Fahrzeuge im Sinne des § 1 b UStG sind zur Personen- oder Güterbeförderung bestimmte Wasserfahrzeuge, Luftfahrzeuge und motorbetriebene Landfahrzeuge, die die in § 1 b Abs. 2 UStG bezeichneten Merkmale aufweisen. [3]Zu den Landfahrzeugen gehören insbesondere Pkw, Lkw, Motorräder, Motorroller, Mopeds, sog. Pocket-Bikes (vgl. BFH-Urteil vom 27. 2. 2014, V R 21/11, BStBl II S. 501), motorbetriebene Wohnmobile und Caravans sowie

landwirtschaftliche Zugmaschinen. [4]Die straßenverkehrsrechtliche Zulassung ist nicht erforderlich. [5]Keine Landfahrzeuge sind dagegen Wohnwagen, Packwagen und andere Anhänger ohne eigenen Motor, die nur von Kraftfahrzeugen mitgeführt werden können, sowie selbstfahrende Arbeitsmaschinen, die nach ihrer Bauart oder ihren besonderen, mit dem Fahrzeug fest verbundenen Einrichtungen nicht zur Beförderung von Personen oder Gütern bestimmt und geeignet sind. [6]Ein Fahrzeug im Sinne des § 1b Abs. 2 UStG ist neu, wenn ein Merkmal des § 1b Abs. 3 UStG erfüllt ist. [7]Der maßgebende Beurteilungszeitpunkt ist der Zeitpunkt der Lieferung im übrigen Gemeinschaftsgebiet und nicht der Zeitpunkt des Erwerbs im Inland (vgl. EuGH-Urteil vom 18. 11. 2010, C-84/09, X). [8]Als erste Inbetriebnahme eines Fahrzeugs ist die erste Nutzung zur Personen- oder Güterbeförderung zu verstehen; bei Fahrzeugen, die einer Zulassung **oder Kennzeichnung** bedürfen, ist grundsätzlich davon auszugehen, dass der Zeitpunkt der Zulassung **bzw. Kennzeichnung** mit dem Zeitpunkt der ersten Inbetriebnahme identisch ist.

Anmerkung

Der Erwerb **neuer Fahrzeuge** führt auch für Nichtunternehmer im europäischen Binnenmarkt zu einem innergemeinschaftlichen Erwerb, § 1b UStG. Darüber hinaus müssen sog. besondere Unternehmer nach § 1a Abs. 3 UStG unabhängig der Erwerbsschwelle den Einkauf eines solchen neuen Fahrzeugs immer der Besteuerung eines innergemeinschaftlichen Erwerbs unterwerfen; die Anwendung der von der Erwerbsschwelle abhängigen Ausnahmeregelung des § 1a Abs. 3 UStG wird bei dem Erwerb neuer Fahrzeuge außer Kraft gesetzt, § 1a Abs. 5 Satz 1 UStG. Zu den besonderen Unternehmern gehören auch Land- und Forstwirte, soweit sie die Durchschnittssatzbesteuerung nach § 24 UStG anwenden, § 1a Abs. 3 Nr. 1 Buchst. c UStG.

Die Finanzverwaltung war früher davon ausgegangen, dass **landwirtschaftliche Zugmaschinen** nicht zu den Landfahrzeugen nach § 1b UStG gehören (Abschn. 1b.1 Satz 3 UStAE in der bis zum 3.10.2016 geltenden Fassung). Mit Schreiben v. 4.10.2016, (BStBl I 2016, 1074) hat die Finanzverwaltung ihre Rechtsauffassung geändert und geht seitdem davon aus, dass die landwirtschaftlichen Zugmaschinen zu den Fahrzeugen i. S. d. § 1b UStG gehören, sodass diese – soweit sie als „neu" i. S. d. Regelung anzusehen sind – in jedem Fall zu einem innergemeinschaftlichen Erwerb des Käufers führen. Korrespondierend dazu würde ein Verkäufer, der nicht als Unternehmer tätig ist, für den Verkauf eines solchen Gegenstands als Unternehmer behandelt werden, § 2a UStG.

Die Frage, ob landwirtschaftliche Zugmaschinen als neue Fahrzeuge im Gemeinschaftsrecht anzusehen sind, wird weniger für die Besteuerung bei nichtunternehmerischen Erwerbern eine Bedeutung haben, da Verkäufer und Käufer solcher Zugmaschinen regelmäßig Unternehmer sein dürften. Bedeutung wird die Regelung aber für die Anwendung der Ausnahmeregelung für **innergemeinschaftliche Erwerbe nach § 1a Abs. 3 UStG** haben. Selbst wenn ein Landwirt die Durchschnittssatzbesteuerung anwendet und auch zu Beginn eines Kalenderjahrs nicht plant, die maßgebliche Erwerbsschwelle zu überschreiten, muss er den Erwerb einer landwirtschaftlichen Zugmaschine, die er „neu" aus einem anderen Mitgliedstaat erwirbt, in jedem Fall der Besteuerung eines innergemeinschaftlichen Erwerbs unterwerfen.

Beispiel: Erwerb einer landwirtschaftlichen Zugmaschine

Landwirt L, der zulässigerweise die Durchschnittssatzbesteuerung für landwirtschaftliche Erzeuger nach § 24 UStG anwendet, kann überraschend von einem ihm bekannten, in den Niederlanden ansässigen Landwirt einen Fendt 210 P Vario für günstige 80.000 € erwerben. Die Zugmaschine ist bei Lieferung im Februar 2026 erst fünf Monate alt. L hat bisher in anderen Mitgliedstaaten noch keine Einkäufe getätigt und plante zu Beginn des Jahres 2026 auch keine Einkäufe in anderen Mitgliedstaaten.

L ist Unternehmer, der den Gegenstand für sein Unternehmen bezieht. Grundsätzlich liegen die Voraussetzungen des innergemeinschaftlichen Erwerbs nach § 1a Abs. 1 UStG vor. Allerdings müsste L wegen der Ausnahmeregelung des § 1a Abs. 3 UStG keinen innergemeinschaftlichen Erwerb der Besteuerung unterwerfen, da er die Durchschnittssatzbesteuerung anwendet. Auch die Erwerbsschwelle von 12.500 € ist nicht überschritten, da er im vorangegangenen Jahr diese Grenze nicht überschritten hatte und zu Beginn des Kalenderjahrs 2026 auch nicht plante, die Grenze zu überschreiten. Dass er mit dem Erwerb der Zugmaschine die Grenze von 12.500 € überschreitet, ist für die Beurteilung unerheblich. Da es sich aber bei der Zugmaschine um ein neues Fahrzeug i. S. d. § 1 b UStG handelt, kommt die Ausnahmeregelung des § 1 a Abs. 3 UStG nicht zur Anwendung, § 1 a Abs. 5 Satz 1 UStG. L muss einen innergemeinschaftlichen Erwerb der Besteuerung unterwerfen, der in Deutschland steuerbar und auch nicht steuerbefreit ist. Es entsteht eine Umsatzsteuer für den Erwerb i. H. v. (80.000 € × 19 % =) 15.200 €. Da L die Durchschnittssatzbesteuerung anwendet, kann ein individueller Vorsteuerabzug aus dem Erwerb nicht in Frage kommen, § 24 Abs. 1 Satz 4 UStG. L muss 15.200 € an sein Finanzamt abführen.

Die Grundsätze wurden von der Finanzverwaltung nach dem BMF-Schreiben v. 4.10.2016 in **allen offenen Fällen** angewendet.

Zu § 1 c UStG

UStG § 1 c Innergemeinschaftlicher Erwerb durch diplomatische Missionen, zwischenstaatliche Einrichtungen und Streitkräfte der Vertragsparteien des Nordatlantikvertrags

(1) [1]Ein innergemeinschaftlicher Erwerb im Sinne des § 1 a liegt nicht vor, wenn ein Gegenstand bei einer Lieferung aus dem Gebiet eines anderen Mitgliedstaates in das Inland gelangt und die Erwerber folgende Einrichtungen sind, soweit sie nicht Unternehmer sind oder den Gegenstand nicht für ihr Unternehmen erwerben:

1. im Inland ansässige ständige diplomatische Missionen und berufskonsularische Vertretungen,
2. im Inland ansässige zwischenstaatliche Einrichtungen,
3. im Inland stationierte Streitkräfte anderer Vertragsparteien des Nordatlantikvertrags oder
4. im Inland stationierte Streitkräfte anderer Mitgliedstaaten, die an einer Verteidigungsanstrengung teilnehmen, die zur Durchführung einer Tätigkeit der Union im Rahmen der Gemeinsamen Sicherheits- und Verteidigungspolitik unternommen wird.

[2]Diese Einrichtungen gelten nicht als Erwerber im Sinne des § 1 a Abs. 1 Nr. 2. [3]§ 1 b bleibt unberührt.

(2) Als innergemeinschaftlicher Erwerb gegen Entgelt im Sinne des § 1 a Abs. 2 gilt das Verbringen eines Gegenstands durch die deutschen Streitkräfte aus dem übrigen Gemeinschaftsgebiet in das Inland für den Gebrauch oder Verbrauch dieser Streitkräfte oder ihres zivilen Begleitpersonals, wenn die Lieferung des Gegenstands an die deutschen Streitkräfte im übrigen Gemeinschaftsgebiet oder die Einfuhr durch diese Streitkräfte nicht der Besteuerung unterlegen hat.

UStAE 1 c.1. Ausnahme vom innergemeinschaftlichen Erwerb bei diplomatischen Missionen usw. (§ 1 c Abs. 1 UStG)

[1]Ständige diplomatische Missionen und berufskonsularische Vertretungen, zwischenstaatliche Einrichtungen, Streitkräfte anderer Vertragsparteien des Nordatlantikvertrags und im Inland stationierte Streitkräfte anderer Mitgliedstaaten, die an einer Verteidigungsanstrengung teilnehmen, die zur Durchführung einer Tätigkeit der Union im Rahmen der Gemeinsamen Sicherheits- und Verteidigungspolitik unternommen wird, sind nach Maßgabe des § 1 c Abs. 1 UStG vom innergemeinschaftlichen Erwerb nach § 1 a UStG ausgenommen. [2]Diese Einrichtungen werden nicht dem in § 1 a Abs. 1 Nr. 2 UStG genannten Personenkreis zugeordnet. [3]Dies hat zur Folge, dass

- diesen Einrichtungen grundsätzlich keine USt-IdNr. zu erteilen ist;
- bei Lieferungen aus anderen EU-Mitgliedstaaten an diese Einrichtungen der Ort der Lieferung unter den Voraussetzungen des § 3 c UStG in das Inland verlagert wird und
- diese Einrichtungen nur beim innergemeinschaftlichen Erwerb eines neuen Fahrzeugs der Erwerbsbesteuerung nach § 1 b UStG unterliegen.

[4]Soweit die genannten Einrichtungen Unternehmer im Sinne des § 2 UStG sind und den Gegenstand für ihr Unternehmen erwerben, ist die Ausnahmeregelung des § 1 c Abs. 1 UStG nicht anzuwenden.

Zu § 2 UStG

UStG § 2 Unternehmer, Unternehmen

(1) [1]Unternehmer ist, wer eine gewerbliche oder berufliche Tätigkeit selbstständig ausübt, unabhängig davon, ob er nach anderen Vorschriften rechtsfähig ist. [2]Das Unternehmen umfasst die gesamte gewerbliche oder berufliche Tätigkeit des Unternehmers. [3]Gewerblich oder beruflich ist jede nachhaltige Tätigkeit zur Erzielung von Einnahmen, auch wenn die Absicht, Gewinn zu erzielen, fehlt oder eine Personenvereinigung nur gegenüber ihren Mitgliedern tätig wird.

(2) Die gewerbliche oder berufliche Tätigkeit wird nicht selbständig ausgeübt,

1. soweit natürliche Personen, einzeln oder zusammengeschlossen, einem Unternehmen so eingegliedert sind, dass sie den Weisungen des Unternehmers zu folgen verpflichtet sind;
2. wenn eine juristische Person nach dem Gesamtbild der tatsächlichen Verhältnisse finanziell, wirtschaftlich und organisatorisch in das Unternehmen des Organträgers eingegliedert ist (Organschaft). Die Wirkungen der Organschaft sind auf Innenleistungen zwischen den im Inland gelegenen Unternehmensteilen beschränkt. Diese Unternehmensteile sind als ein Unternehmen zu behandeln. Hat der Organträger seine Geschäftsleitung im Ausland, gilt der wirtschaftlich bedeutendste Unternehmensteil im Inland als der Unternehmer.

(3) *weggefallen*

UStAE 2.1. Unternehmer

Allgemeines

(1) [1]Natürliche und juristische Personen sowie Personenzusammenschlüsse können Unternehmer sein. [2]Unternehmer ist jedes selbständig tätige Wirtschaftsgebilde, das nachhaltig Leistungen gegen Entgelt ausführt (vgl. BFH-Urteil vom 4. 7. 1956, V 56/55 U, BStBl III S. 275) oder die durch objektive Anhaltspunkte belegte Absicht hat, eine unternehmerische Tätigkeit gegen Entgelt und selbständig auszuüben und erste Investitionsausgaben für diesen Zweck tätigt (vgl. BFH-Urteile vom 22. 2. 2001, V R 77/96, BStBl 2003 II S. 426, und vom 8. 3. 2001, V R 24/98, BStBl 2003 II S. 430). [3]Dabei kommt es weder auf die Rechtsform noch auf die Rechtsfähigkeit des Leistenden an (vgl. BFH-Urteil vom 21. 4. 1994, V R 105/91, BStBl II S. 671). [4]Auch eine Personenvereinigung, die nur gegenüber ihren Mitgliedern tätig wird, kann z. B. mit der entgeltlichen Überlassung von Gemeinschaftsanlagen unternehmerisch tätig sein (vgl. BFH-Urteil vom 28. 11. 2002, V R 18/01, BStBl 2003 II S. 443).

Gesellschaften und Gemeinschaften

(2) [1]Für die Unternehmereigenschaft einer Personengesellschaft ist es unerheblich, ob ihre Gesellschafter Mitunternehmer im Sinne des § 15 Abs. 1 Nr. 2 EStG sind (vgl. BFH-Urteil vom 18. 12. 1980, V R 142/73, BStBl 1981 II S. 408). [2]Unternehmer kann auch eine Bruchteilsgemeinschaft sein. [3]Vermieten Ehegatten mehrere in ihrem Bruchteilseigentum stehende Grundstücke, ist die jeweilige Bruchteilsgemeinschaft ein gesonderter Unternehmer, wenn auf Grund unterschiedlicher Beteiligungsverhältnisse im Vergleich mit den anderen Bruchteilsgemeinschaften eine einheitliche Willensbildung nicht gewährleistet ist (vgl. BFH-Urteile vom 25. 3. 1993, V R 42/89, BStBl II S. 729, und vom 29. 4. 1993, V R 38/89, BStBl II S. 734). [4]Ob der Erwerber eines Miteigentumsanteils eines vermieteten Grundstücks Unternehmer ist oder nicht, hängt von der Art der Überlassung seines Miteigentumsanteils an die Gemeinschaft ab. [5]Die zivilrechtliche Stellung als Mitvermieter ist für die Unternehmereigenschaft allein nicht ausreichend (vgl. BFH-Urteil vom 27. 6. 1995, V R 36/94, BStBl II S. 915). [6]Überträgt ein Vermietungsunternehmer das Eigentum an dem vermieteten Grundstück zur Hälfte auf seinen Ehegatten, ist nunmehr allein die neu entstandene Bruchteilsgemeinschaft Unternehmer (vgl. BFH-Urteil vom 6. 9. 2007, V R 41/05, BStBl 2008 II S. 65).

Leistender

(3) [1]Wem eine Leistung als Unternehmer zuzurechnen ist, richtet sich danach, wer dem Leistungsempfänger gegenüber als Schuldner der Leistung auftritt. [2]Dies ergibt sich regelmäßig aus den abgeschlossenen zivilrechtlichen Vereinbarungen. [3]Leistender ist in der Regel derjenige, der die Lieferungen oder sonstigen Leistungen im eigenen Namen gegenüber einem anderen selbst oder durch einen Beauftragten ausführt. [4]Ob eine Leistung dem Handelnden oder einem anderen zuzurechnen ist, hängt grundsätzlich davon ab, ob der Handelnde gegenüber Dritten im eigenen Namen oder berechtigterweise im Namen eines anderen bei Ausführung entgeltlicher Leistungen aufgetreten ist. [5]Somit ist ein sog. Strohmann, der im eigenen Namen Gegenstände verkauft und dem Abnehmer die Verfügungsmacht einräumt, umsatzsteuerrechtlich Leistender (vgl. BFH-Urteil vom 28. 1. 1999, V R 4/98, BStBl II S. 628, und BFH-Beschluss vom 31. 1. 2002, V B 108/01, BStBl 2004 II S. 622). [6]Bei Schein- oder Strohmanngeschäften können die Leistungen jedoch auch einer anderen als der nach außen auftretenden Person (Strohmann) zuzurechnen sein. [7]Das ist jedenfalls dann der Fall, wenn das Rechtsgeschäft zwischen dem Leistungsempfänger und dem Strohmann nur zum Schein abgeschlossen worden ist und der Leistungsempfänger wusste oder davon ausgehen musste, dass der als Leistender Auftretende (Strohmann) keine eigene Verpflichtung aus dem Rechtsgeschäft eingehen und dementsprechend auch keine eigenen Leistungen versteuern wollte (BFH-Beschluss vom 31. 1. 2002, V B 108/01, a. a. O.). [8]Zur Frage des Vorsteuerabzugs aus Rechnungen über Strohmanngeschäfte vgl. Abschnitt 15.2a Abs. 2.

Einzelfälle

(4) [1]Schließt eine Arbeitsgemeinschaft des Baugewerbes allein die Bauverträge mit dem Auftraggeber ab, entstehen unmittelbare Rechtsbeziehungen nur zwischen dem Auftraggeber und der Arbeitsgemeinschaft, nicht aber zwischen dem Auftraggeber und den einzelnen Mitgliedern der Gemeinschaft. [2]In diesem Fall ist die Arbeitsgemeinschaft Unternehmer (vgl. BFH-Urteil vom 21. 5. 1971, V R 117/67, BStBl II S. 540). [3]Zur Frage des Leistungsaustauschs zwischen einer Arbeitsgemeinschaft des Baugewerbes und ihren Mitgliedern vgl. Abschnitt 1.6 Abs. 8. [4]Nach außen auftretende Rechtsanwaltsgemeinschaften können auch mit den Notariatsgeschäften ihrer Mitglieder Unternehmer sein (vgl. BFH-Urteile vom 5. 9. 1963, V 117/60 U, BStBl III S. 520, vom 17. 12. 1964, V 228/62 U, BStBl 1965 III S. 155, und vom 27. 8. 1970, V R 72/66, BStBl II S. 833). [5]Zur Bestimmung des Leistenden, wenn in einer Sozietät zusammengeschlossene Rechtsanwälte Testamentsvollstreckungen ausführen, vgl. BFH-Urteil vom 13. 3. 1987, V R 33/79, BStBl II S. 524. [6]Zur Frage, wer bei einem Sechs-Tage-Rennen Werbeleistungen an die Prämienzahler bewirkt, vgl. BFH-Urteil vom 28. 11. 1990, V R 31/85, BStBl 1991 II S. 381. [7]Zur Frage, wer bei der Durchführung von Gastspielen (z. B. Gastspiel eines Theaterensembles) als Veranstalter anzusehen ist, vgl. BFH-Urteil vom 11. 8. 1960, V 188/58 U, BStBl III S. 476. [8]Zur steuerlichen Behandlung einer aus Mietern und Grundstückseigentümern bestehenden Werbegemeinschaft vgl. Abschnitt 1.4 Abs. 5. [9]Zur steuerlichen Behandlung der Teilnahme an einem Wettbewerb zur Erzielung von Preisgeldern oder anderen Vergütungen vgl. Abschnitt 1.1 Abs. 24. [10]Zur Frage des Leistungsaustausches bei der Veranstaltung von Glücksspielen vgl. Abschnitt 1.1 Abs. 25.

Innengesellschaften

(5) [1]Innengesellschaften, die ohne eigenes Vermögen, ohne Betrieb, ohne Rechtsfähigkeit und ohne Firma bestehen, sind umsatzsteuerrechtlich unbeachtlich, weil ihnen mangels Auftretens nach außen die Unternehmereigenschaft fehlt. [2]Unternehmer sind – beim Vorliegen der sonstigen Voraussetzungen – nur die an der Innengesellschaft beteiligten Personen oder Personenzusammenschlüsse (BFH-Urteil vom 11. 11. 1965, V 146/63 S, BStBl 1966 III S. 28). [3]Zu den Innengesellschaften gehört auch die – typische oder atypische – stille Gesellschaft. [4]Eine besondere Art der Innengesellschaft ist die Meta-Verbindung (vgl. BFH-Urteil vom 21. 12. 1955, V 161/55 U, BStBl 1956 III S. 58). [5]Bei einer Gewinnpoolung sind Unternehmer nur die beteiligten Personen, die ihre Geschäfte ebenfalls nach außen in eigenem Namen betreiben, im Gegensatz zur Meta-Verbindung aber nicht in einem Leistungsaustauschverhältnis miteinander stehen (vgl. BFH-Urteil vom 12. 2. 1970, V R 50/66, BStBl II S. 477).

Sportveranstaltungen

(6) [1]Bei Sportveranstaltungen auf eigenem Sportplatz ist der Platzverein als Unternehmer anzusehen und mit den gesamten Einnahmen zur Umsatzsteuer heranzuziehen. [2]Der Gastverein hat die ihm aus dieser Veranstaltung zufließenden Beträge nicht zu versteuern. [3]Bei Sportveranstaltungen auf fremdem Platz hat der mit der Durchführung der Veranstaltung und insbesondere mit der Erledigung der Kassengeschäfte und der Abrechnung beauftragte Verein als Unternehmer die gesamten Einnahmen der Umsatzsteuer zu unterwerfen, während der andere Verein die ihm zufließenden Beträge nicht zu versteuern hat. [4]Tritt bei einer Sportveranstaltung nicht einer der beteiligten Vereine, sondern der jeweilige Verband als Veranstalter auf, hat der veranstaltende Verband die Gesamteinnahmen aus der jeweiligen Veranstaltung zu versteuern, während die Einnahmeanteile der beteiligten Vereine nicht der Umsatzsteuer unterworfen werden.

Insolvenzverwalter, Testamentsvollstrecker

(7) [1]Wird ein Unternehmen von einem Zwangsverwalter im Rahmen seiner Verwaltungstätigkeit nach § 152 Abs. 1 ZVG, einem vorläufigen Insolvenzverwalter oder einem Insolvenzverwalter geführt, ist nicht dieser der Unternehmer, sondern der Inhaber der Vermögensmasse, für die er tätig wird (vgl. BFH-Urteil vom 23. 6. 1988, V R 203/83, BStBl II S. 920, für den Zwangsverwalter und BFH-Urteile vom 20. 2. 1986, V R 16/81, BStBl II S. 579, und vom 16. 7. 1987, V R 80/82, BStBl II S. 691, für den Konkursverwalter nach der KO). [2]Dieselben Grundsätze gelten auch dann, wenn ein zum Nachlass gehörendes Unternehmen vom Testamentsvollstrecker als solchem für den Erben fortgeführt wird. [3]Führt ein Testamentsvollstrecker jedoch ein Handelsgeschäft als Treuhänder der Erben im eigenen Namen weiter, ist er der Unternehmer und Steuerschuldner (vgl. BFH-Urteil vom 11. 10. 1990, V R 75/85, BStBl 1991 II S. 191). [4]Zur verfahrensrechtlichen Besonderheit bei der Zwangsverwaltung von mehreren Grundstücken vgl. Abschnitt 18.6 Abs. 4.

Anmerkung

Früher war im Umsatzsteuerrecht regelmäßig anerkannt worden, dass eine **Bruchteilsgemeinschaft** unter den weiteren Voraussetzungen des § 2 UStG **Unternehmereigenschaft** innehaben kann. Der BFH (Urt. v. 22.11.2018 – V R 65/17, BFH/NV 2019, 359; bestätigt durch BFH, Urt. v. 7.5.2020 – V R 1/18, BFH/NV 2020, 1211) war aber – entgegen seiner früheren Rechtsprechung (allerdings des anderen BFH-Senats, BFH, Beschl. v. 1.9.2010 – XI S 6/10, BFH/NV 2010, 2140) – zu dem Ergebnis gekommen, dass eine Bruchteilsgemeinschaft aufgrund fehlender Rechtsfähigkeit nicht Unternehmer sein kann. Stattdessen würden die **Gemeinschafter** als jeweilige Unternehmer anteilig von ihnen zu besteuernde Leistungen erbringen.

Die **Finanzverwaltung** hatte sich zu dieser Fragestellung nach Veröffentlichung der Urteile des BFH **nicht geäußert**. Die Finanzverwaltung hatte sich aber (BMF-Schreiben v. 27.10.2021, BStBl I 2021, 2137) zu der Frage des Vorsteuerabzugs einer nicht unternehmerisch tätigen Bruchteilsgemeinschaft geäußert. In diesem Zusammenhang wurde die bisherige Sichtweise aufgegeben, dass eine Bruchteilsgemeinschaft durch unentgeltliche Überlassung der Gegenstände an die Bruchteilsgemeinschafter Unternehmereigenschaft erlangen kann. Daraus konnte aber entnommen werden, dass die Finanzverwaltung ansonsten an der bisherigen Praxis festhalten wollte.

Hinweis: Gesetzliche Klarstellung durch das Jahressteuergesetz 2022

Durch das Jahressteuergesetz 2022 ist in § 2 Abs. 1 Satz 1 UStG klargestellt worden, dass die Unternehmereigenschaft unabhängig von der Frage zu prüfen ist, ob nach anderen Vorschriften Rechtsfähigkeit vorliegt. Damit sind Bruchteilsgemeinschaften unter den allgemeinen Voraussetzung trotz nicht vorliegender Rechtsfähigkeit unternehmerfähig. Dies gilt dann entsprechend auch für Erbengemeinschaften.

Der BFH (Beschl. v. 28.8.2023 – V B 44/22, BFH/NV 2023, 1388) hat für die Zeit vor 2023 seine Rechtsprechung bestätigt und sieht die (wirtschaftlich tätige) Bruchteilsgemeinschaft nicht als den Unternehmer an, sodass die Gemeinschafter der Bruchteilsgemeinschaft als Leistende bzw. Leistungsempfänger anzusehen sind. Der BFH sah sich in seiner Rechtsprechung auch durch den EuGH bestätigt, da nach der Rechtsprechung des EuGH für die Frage, wer eine entgeltliche Leistung erbracht hat, zu ermitteln ist, wer die wirtschaftliche Tätigkeit selbständig ausgeübt hat. Dies richtet sich danach, wer „eine wirtschaftliche Tätigkeit im eigenen Namen, für eigene Rechnung und in eigener Verantwortung ausübt und ob er das mit der Ausübung dieser Tätigkeit einhergehende wirtschaftliche Risiko trägt" (EuGH, Urt. v. 16.2.2023 – C-519/21, DGRFP Cluj, UR 2023, 600). Diese Kriterien kann eine Bruchteilsgemeinschaft, deren Bedeutung sich auf die Umschreibung einer Rechtszuständigkeit beschränkt und die keine Tätigkeiten ausüben kann, nicht erfüllen. Nachdem der EuGH (Urt. v. 3.4.2025 – C-213/24, Grzera, DStRE 2025, 569) aber einer nicht rechtsfähigen Ehegattengemeinschaft umsatzsteuerrechtlich die Unternehmereigenschaft zugebilligt hatte, ist zu hoffen, dass der BFH seine Zweifel zur Bruchteilsgemeinschaft nicht weiter für die Sachverhalte ab dem Jahr 2023 verfolgen wird.

UStAE 2.2. Selbständigkeit

Allgemeines

(1) [1]Eine selbständige Tätigkeit liegt vor, wenn sie auf eigene Rechnung und auf eigene Verantwortung ausgeübt wird. [2]Ob Selbständigkeit oder Unselbständigkeit anzunehmen ist, richtet sich grundsätzlich nach dem Innenverhältnis zum Auftraggeber. [3]Aus dem Außenverhältnis zur Kundschaft lassen sich im Allgemeinen nur Beweisanzeichen herleiten (vgl. BFH-Urteil vom 6. 12. 1956, V 137/55 U, BStBl 1957 III S. 42). [4]Dabei kommt es nicht allein auf die vertragliche Bezeichnung, die Art der Tätigkeit oder die Form der Entlohnung an. [5]Entscheidend ist das Gesamtbild der Verhältnisse. [6]Es müssen die für und gegen die Selbständigkeit sprechenden Umstände gegeneinander abgewogen werden; die gewichtigeren Merkmale sind dann für die Gesamtbeurteilung maßgebend (vgl. BFH-Urteile vom 24. 11. 1961, VI 208/61 U, BStBl 1962 III S. 125, und vom 30. 5. 1996, V R 2/95, BStBl II S. 493). [7]Arbeitnehmer und damit nicht selbständig tätig kann auch sein, wer nach außen wie ein Kaufmann auftritt (vgl. BFH-Urteil vom 15. 7. 1987, X R 19/80, BStBl II S. 746). [8]Unternehmerstellung und Beitragspflicht zur gesetzlichen Sozialversicherung schließen sich im Regelfall aus (vgl. BFH-Urteil vom 25. 6. 2009, V R 37/08, BStBl II S. 873).

Natürliche Personen

(2) [1]Die Frage der Selbständigkeit natürlicher Personen ist für die Umsatzsteuer, Einkommensteuer und Gewerbesteuer nach denselben Grundsätzen zu beurteilen (vgl. BFH-Urteile vom 2. 12. 1998, X R 83/96, BStBl 1999 II S 534, und vom 11. 10. 2007, V R 77/05, BStBl 2008 II S. 443, sowie H 19.0 (Allgemeines) LStH). [2]Dies gilt jedoch nicht, wenn Vergütungen für die Ausübung einer bei Anwendung dieser Grundsätze nicht selbständig ausgeübten Tätigkeit ertragsteuerrechtlich auf Grund der Sonderregelung des § 15 Abs. 1 Satz 1 Nr. 2 EStG zu Gewinneinkünften umqualifiziert werden, sowie bei der Beurteilung der Selbständigkeit von Aufsichtsratsmitgliedern, deren Tätigkeit nach § 18 Abs. 1 Nr. 3 EStG als selbständig qualifiziert wird. [3]Zur Nichtselbständigkeit des Gesellschafters einer Personengesellschaft bei der Wahrnehmung von Geschäftsführungs- und Vertretungsleistungen vgl. BFH-Urteil vom 14. 4. 2010, XI R 14/09, BStBl 2011 II S. 433. [4]Geschäftsführungsleistungen eines GmbH-Geschäftsführers können als selbständig im Sinne des § 2 Abs. 2 Nr. 1 UStG zu beurteilen sein. [5]Die Organstellung des GmbH-Geschäftsführers steht dem nicht entgegen (BFH-Urteil vom 10. 3. 2005, V R 29/03, BStBl II S. 730). [6]Auch ein Mitglied eines Vereinsvorstands kann im Rahmen seiner Geschäftsführungstätigkeit gegenüber dem Verein selbständig tätig werden (vgl. BFH-Urteil vom 14. 5. 2008, XI R 70/07, BStBl II S. 912).

Beispiel 1:

[1]Der Aktionär einer AG erhält von dieser eine Tätigkeitsvergütung für seine Geschäftsführungsleistung gegenüber der AG. [2]Zwischen den Parteien ist ein Arbeitsvertrag geschlossen, der u. a. Urlaubsanspruch, feste Arbeitszeiten, Lohnfortzahlung im Krankheitsfall und Weisungsgebundenheit regelt und bei Anwendung der für das Ertrag- und Umsatzsteuerrecht einheitlichen Abgrenzungskriterien zu Einkünften aus nichtselbständiger Arbeit führt.

[3]Der Aktionär ist auch umsatzsteuerrechtlich nicht selbständig tätig.

Beispiel 2:

[1]Der Kommanditist einer KG erhält von dieser eine Tätigkeitsvergütung für seine Geschäftsführungsleistung gegenüber der KG. [2]Zwischen den Parteien ist ein Arbeitsvertrag geschlossen, der u. a. Urlaubsanspruch, feste Arbeitszeiten, Lohnfortzahlung im Krankheitsfall und Weisungsgebundenheit regelt und bei Anwendung der für das Ertrag- und Umsatzsteuerrecht einheitlichen Abgrenzungskriterien zu Einkünften aus nichtselbständiger Arbeit führen würde.

[3]Einkommensteuerrechtlich erzielt der Kommanditist aus der Tätigkeit Einkünfte aus Gewerbebetrieb nach § 15 Abs. 1 Satz 1 Nr. 2 EStG; umsatzsteuerrechtlich ist er dagegen nicht selbständig tätig.

Beispiel 3:

[1]Ein bei einer Komplementär-GmbH angestellter Geschäftsführer, der gleichzeitig Kommanditist der GmbH & Co. KG ist, erbringt Geschäftsführungs- und Vertretungsleistungen gegenüber der GmbH.

[2]Aus ertragsteuerrechtlicher Sicht wird unterstellt, dass die Tätigkeit selbständig ausgeübt wird; die Vergütung für die Geschäftsführungs- und Vertretungsleistung gegenüber der Komplementär-GmbH gehört zu den Einkünften als (selbständiger) Mitunternehmer der KG und wird zu gewerblichen Einkünften im Sinne des § 15 Abs. 1 Satz 1 Nr. 2 EStG umqualifiziert. [3]In umsatzsteuerrechtlicher Hinsicht ist die Frage der Selbständigkeit jedoch weiterhin unter Anwendung der allgemeinen Grundsätze zu klären.

(3) [1]Fahrlehrer, denen keine Fahrschulerlaubnis erteilt ist, können im Verhältnis zu dem Inhaber der Fahrschule selbständig sein (vgl. BFH-Urteil vom 17. 10. 1996, V R 63/94, BStBl 1997 II S. 188). [2]Ein Rundfunksprecher, der einer Rundfunkanstalt auf Dauer zur Verfügung steht, kann auch dann nicht als Unternehmer beurteilt werden, wenn er von der Rundfunkanstalt für jeden Einzelfall seiner Mitwirkung durch besonderen Vertrag verpflichtet wird (BFH-Urteil vom 14. 10. 1976, V R 137/73, BStBl 1977 II S. 50). [3]Wegen der Behandlung der Versicherungsvertreter, Hausgewerbetreibenden und Heimarbeiter vgl. R 15.1 Abs. 1 und 2 EStR. [4]Eine natürliche Person ist mit ihrer Tätigkeit im Rahmen eines Arbeitnehmer-Überlassungsvertrages Arbeitnehmer und nicht Unternehmer im Rahmen eines Werk- oder Dienstvertrages (vgl. BFH-Urteil vom 20. 4. 1988, X R 40/81, BStBl II S. 804). [5]Ein Rechtsanwalt, der für eine Rechtsanwaltskanzlei als Insolvenzverwalter tätig wird, ist insoweit nicht als Unternehmer zu beurteilen. [6]Dies gilt sowohl für einen angestellten als auch für einen an der Kanzlei als Gesellschafter beteiligten Rechtsanwalt, selbst wenn dieser ausschließlich als Insolvenzverwalter tätig ist und im eigenen Namen handelt.

(3 a) [1]Trägt das Mitglied eines Aufsichtsrats aufgrund einer nicht variablen Festvergütung kein Vergütungsrisiko, ist es nicht selbständig tätig. [2]Die Vergütung kann sowohl in Geldzahlungen als auch in Sachzuwendungen bestehen. [3]Eine Festvergütung im Sinne des Satzes 1 liegt insbesondere im Fall einer pauschalen Aufwandsentschädigung vor, die für die Dauer der Mitgliedschaft im Aufsichtsrat gezahlt wird. [4]Sitzungsgelder, die das Mitglied des Aufsichtsrats nur erhält, wenn es tatsächlich an der Sitzung teilnimmt, sowie nach dem tatsächlichen Aufwand bemessene Aufwandsentschädigungen sind keine Festvergütung im Sinne des Satzes 1. [5]Besteht die Vergütung des Aufsichtsratsmitglieds sowohl aus festen als auch variablen Bestandteilen, ist es grundsätzlich selbständig tätig, wenn die variablen Bestandteile im Geschäftsjahr der Gesellschaft mindestens 10 % der gesamten Vergütung, einschließlich erhaltener Aufwandsentschädigungen, betragen. [6]Reisekostenerstattungen sind keine Vergütungsbestandteile und demzufolge bei der Ermittlung der 10 %-Grenze nicht zu berücksichtigen. [7]Bei der Prüfung, ob die variablen Bestandteile im Geschäftsjahr der Gesellschaft mindestens 10 % der gesamten Vergütung, einschließlich erhaltener Aufwandsentschädigungen betragen, sind nur die Vergütungsbestandteile zu berücksichtigen, die für Leistungen gezahlt werden, die in dem betreffenden Geschäftsjahr der Gesellschaft ausgeführt werden. [8]Maßgeblicher Leistungszeitpunkt für die allgemeine Tätigkeit des Aufsichtsratsmitglieds ist der Ablauf des Geschäftsjahrs der Gesellschaft. [9]Erhält ein Aufsichtsratsmitglied für die tatsächliche Teilnahme an einer Aufsichtsratssitzung Auslagenersatz und Sitzungsgeld, ist der maßgebliche Leistungszeitpunkt der Tag der Aufsichtsratssitzung. [10]In die Prüfung der 10 %-Grenze sind als

variable Vergütungsbestandteile die Sitzungsgelder im Sinne des Satzes 4 aller geplanten Sitzungen eines Geschäftsjahrs der Gesellschaft, unabhängig von der tatsächlichen Teilnahme des Aufsichtsratsmitglieds, mit einzubeziehen. [11]Maßgeblicher Zeitpunkt für die Prüfung der 10 %-Grenze ist der Beginn des Geschäftsjahrs der Gesellschaft; nachträgliche Änderungen bleiben unberücksichtigt. [12]Die Sätze 1 bis 11 sind für jedes Mandat eines Aufsichtsrates separat zu prüfen. [13]Ausnahmen von der Festlegung in Satz 5 sind in begründeten Fällen möglich. [14]Das Mitglied eines Aufsichtsrats trägt nicht schon deshalb ein Vergütungsrisiko, weil seine Vergütung nachträglich für mehrere Jahre ausgezahlt wird. [15]Trägt das Mitglied des Aufsichtsrats kein Vergütungsrisiko, ist es nicht deshalb selbständig tätig, weil es unter den Voraussetzungen des § 116 AktG für pflichtwidriges Verhalten haftet. [16]Bei Beamten und anderen Bediensteten einer Gebietskörperschaft, die die Tätigkeit als Aufsichtsratsmitglied auf Verlangen, Vorschlag oder Veranlassung ihres Arbeitgebers oder Dienstherren übernommen haben und nach beamten- oder dienstrechtlichen Vorschriften verpflichtet sind, die Vergütung bis auf einen festgelegten Betrag an den Arbeitgeber bzw. Dienstherren abzuführen, ist es bei einem bestehenden Vergütungsrisiko nicht zu beanstanden, wenn diese allein auf Grund dieser Tätigkeit ebenfalls als nicht selbständig tätig behandelt werden. [17]Für Mitglieder der Bundes- oder einer Landesregierung gilt Satz 16 entsprechend, soweit sie im Zusammenhang mit ihrer Zugehörigkeit zur Regierung einem Aufsichtsrat angehören und einer zumindest teilweisen öffentlich-rechtlichen Abführungspflicht unterliegen. [18]Die Sätze 1 bis 17 gelten auch für Mitglieder von Ausschüssen, die der Aufsichtsrat nach § 107 Abs. 3 AktG bestellt hat und für Mitglieder von anderen Gremien, die nicht der Ausübung, sondern der Kontrolle der Geschäftsführung einer juristischen Person oder Personenvereinigung dienen.

(4) [1]Natürliche Personen können zum Teil selbständig, zum Teil unselbständig sein. [2]In Krankenhäusern angestellte Ärzte sind nur insoweit selbständig tätig, als ihnen für die Behandlung von Patienten ein von dem Krankenhaus unabhängiges Liquidationsrecht zusteht (vgl. BFH-Urteil vom 5. 10. 2005, VI R 152/01, BStBl 2006 II S. 94). [3]Auch die Tätigkeit der Honorarprofessoren ohne Lehrauftrag wird selbständig ausgeübt. [4]Ein Arbeitnehmer kann mit der Vermietung seines Pkw an den Arbeitgeber selbständig tätig werden (vgl. BFH-Urteil vom 11. 10. 2007, V R 77/05, BStBl 2008 II S. 443). [5]Zur Frage, ob eine Neben- und Aushilfstätigkeit selbständig oder unselbständig ausgeübt wird, vgl. H 19.2 LStH.

Personengesellschaften

(5) [1]Eine Personengesellschaft ist selbständig, wenn sie nicht ausnahmsweise nach § 2 Abs. 2 UStG in das Unternehmen eines Organträgers eingegliedert ist (vgl. Abschnitt 2.8 Abs. 2 Satz 5).[2]Nicht rechtsfähige Personenvereinigungen können als kollektive Zusammenschlüsse von Arbeitnehmern zwecks Anbietung der Arbeitskraft gegenüber einem gemeinsamen Arbeitgeber unselbständig sein (vgl. BFH-Urteil vom 8. 2. 1979, V R 101/78, BStBl II S. 362).

Juristische Personen

(6) [1]Eine Kapitalgesellschaft ist stets selbständig, wenn sie nicht nach § 2 Abs. 2 UStG in das Unternehmen eines Organträgers eingegliedert ist; dies gilt insbesondere hinsichtlich ihrer gegen Entgelt ausgeübten Geschäftsführungs- und Vertretungsleistungen gegenüber einer Personengesellschaft (BFH-Urteil vom 6. 6. 2002, V R 43/01, BStBl 2003 II S. 36). [2]Auch das Weisungsrecht der Gesellschafterversammlung gegenüber der juristischen Person als Geschäftsführerin führt nicht zur Unselbständigkeit. [3]Ist eine KG mehrheitlich an ihrer Komplementär-GmbH beteiligt, kann die Komplementär-GmbH ihre Tätigkeit jedoch nicht selbständig ausüben, vgl. Abschnitt 2.8 Abs. 2 Satz 8.

Beispiel 1:

[1]Die Komplementär-GmbH erbringt Geschäftsführungs- und Vertretungsleistungen gegen Sonderentgelt an die KG. [2]Der Kommanditist dieser KG ist gleichzeitig Geschäftsführer der Komplementär-GmbH.

[3]Die Komplementär-GmbH ist mit ihren Geschäftsführungs- und Vertretungsleistungen selbständig tätig. [4]Diese werden von der Komplementär-GmbH an die KG im Rahmen eines umsatzsteuerbaren Leistungsaustausches erbracht, auch wenn z.B. die Vergütung unmittelbar an den Geschäftsführer der Komplementär-GmbH gezahlt wird.

Beispiel 2:

[1]Die Komplementär-GmbH einer GmbH & Co. KG erbringt Geschäftsführungs- und Vertretungsleistungen gegen Sonderentgelt an die KG, die gleichzeitig Alleingesellschafterin ihrer Komplementär-GmbH ist, wodurch die Mehrheit der Stimmrechte in der Gesellschafterversammlung der Komplementär-GmbH gewährleistet ist. [2]Die Komplementär-GmbH ist finanziell in das Unternehmen der KG eingegliedert.

[3]Bei Vorliegen der übrigen Eingliederungsvoraussetzungen übt sie ihre Geschäftsführungs- und Vertretungsleistungen gegenüber der KG nicht selbständig (§ 2 Abs. 2 Nr. 2 UStG) aus.

(7) [1]Regionale Untergliederungen (Landes-, Bezirks-, Ortsverbände) von Großvereinen sind neben dem Hauptverein selbständige Unternehmer, wenn sie über eigene satzungsgemäße Organe (Vorstand, Mitgliederversammlung) verfügen und über diese auf Dauer nach außen im eigenen Namen auftreten sowie eine eigene Kassenführung haben. [2]Es ist nicht erforderlich, dass die regionalen Untergliederungen – neben der Satzung des Hauptvereins – noch eine eigene Satzung haben. [3]Zweck, Aufgabe und Organisation der Untergliederungen können sich aus der Satzung des Hauptvereins ergeben.

Anmerkung

1. Selbstständigkeit der Aufsichtsräte

Hinweis: Erneute Überprüfung beim EuGH

Nach dem derzeitigen Rechtsstand ist ein Aufsichtsrat (oder ähnliches Aufsichtsgremium) nicht unternehmerisch tätig, wenn eine tätigkeitsunabhängige Vergütung gezahlt wird; bei einer tätigkeitsbezogenen Vergütung geht die Finanzverwaltung von einer unternehmerischen Tätigkeit aus (vgl. dazu unten 2.). Jetzt ist beim EuGH (C-288/22) ein Verfahren anhängig gewesen, bei dem es um die Verwaltungsratstätigkeit bei variabler Vergütung geht. Der EuGH (Urt. v. 21.12.2023 – C-288/22) hat entschieden, dass der Verwaltungsrat zwar wirtschaftlich tätig ist, aber nach Art. 9 MwStSystRL keine selbstständige Tätigkeit ausübt. Damit dürfte auch eine nationale Anpassung der seit 2022 angewendeten Rechtsgrundsätze notwendig sein.

Die unternehmerische Tätigkeit wird nach § 2 Abs. 1 Satz 1 und Satz 3 UStG als eine selbstständige, nachhaltige und auf Einnahmeerzielungsabsicht ausgerichtete Tätigkeit beschrieben. Nur wer diese Tatbestandsvoraussetzungen erfüllt, ist Unternehmer im umsatzsteuerrechtlichen Sinne. Nach früherer nationaler Auffassung waren **Aufsichtsräte** selbstständige Unternehmer und erbrachten gegenüber den Gesellschaften/Einrichtungen steuerbare und steuerpflichtige Leistungen. Diese Rechtsfolge war national kaum thematisiert worden und ergab sich aus verschiedenen Rechtsquellen:

- § 3a Abs. 4 Satz 2 Nr. 3 UStG regelt u. a. den Ort der Leistungserbringung von Aufsichtsräten gegenüber einem Nichtunternehmer im Drittlandsgebiet. Diese Regelung wird zwar kaum einen praktischen Anwendungsbereich erfahren – wenn der Gesetzgeber aber davon ausginge, dass Aufsichtsräte nichtselbstständig tätig sind, würde eine Ortsbestimmung überflüssig sein.
- Der BFH (Urt. v. 27.7.1972 – V R 136/71, BStBl II 1972, 810, Urt. v. 2.10.1986 – V R 68/78, BStBl II 1987, 42, Urt. v. 24.8.1994 – XI R 74/93, BStBl II 1995, 150 sowie Urt. v. 20.8.2009 – V R 32/08, BStBl II 2010, 88) hat in seinen Urteilen mehrfach die Unternehmerfähigkeit eines Aufsichtsrats bestätigt. Teilweise ging es in den Verfahren gar nicht um die Selbstständigkeit als solches; so zuletzt in einer Entscheidung aus 2009, wo es um die Gewährung der Steuerbefreiung nach § 4 Nr. 26 UStG ging.
- Auch die Finanzverwaltung (früher Abschn. 2.2 Abs. 2 Satz 7 UStAE in der bis zum 7.7.2021 geltenden Fassung) sah die Aufsichtsräte bisher als Unternehmer an.

Der **EuGH** (Urt. v. 13.6.2019 – C-420/18, IO, BFH/NV 2019, 1053) war in einem Verfahren zu einem anderen Ergebnis gekommen. In einem niederländischen Fall hatte er festgestellt, dass ein **Mitglied des Aufsichtsrats einer Stiftung**, der zwar hinsichtlich der Ausübung seiner Tätigkeit als Aufsichtsratsmitglied weder dem Vorstand noch dem Aufsichtsrat dieser Stiftung hierarchisch untergeordnet ist, jedoch nicht in eigenem Namen, für eigene Rechnung und in eigener Verantwortung, sondern für Rechnung und unter Verantwortung des Aufsichtsrats handelt und auch nicht das wirtschaftliche Risiko seiner Tätigkeit trägt, da er eine feste Vergütung erhält, die weder von der Teilnahme an Sitzungen noch von seinen tatsächlich geleisteten Arbeitsstunden abhängt, nicht selbstständig eine wirtschaftliche Tätigkeit ausübt.

Bei der Frage der **Selbstständigkeit** stellt der EuGH zuerst fest, dass der Aufsichtsrat weder Lohn- oder Gehaltsempfänger ist, noch die Tätigkeit aufgrund eines Anstellungsvertrags ausübt. Der Aufsichtsrat unterliegt auch keinem Unterordnungsverhältnis.

Allerdings handelt der Kläger in der Ausübung seiner Aufgaben als Mitglied des Aufsichtsrats der Stiftung **weder in eigenem Namen noch für eigene Rechnung oder in eigener Verantwortung**. Nach der Satzung der Stiftung besteht die Tätigkeit als Mitglied dieses Aufsichtsrats in bestimmten Fällen in der rechtlichen Vertretung der Stiftung, was die Befugnis impliziert, die Stiftung insoweit zu verpflichten. Die Aufsichtsratsmitglieder können die dem Aufsichtsrat übertragenen Befugnisse auch nicht individuell ausüben und nur für Rechnung und unter Verantwortung des Aufsichtsrats handeln. Somit erweist sich, dass die Mitglieder des Aufsichtsrats der Stiftung individuell weder die Verantwortung tragen, die sich aus den in gesetzlicher Vertretung der Stiftung vorgenommenen Handlungen des Aufsichtsrats ergibt, noch für Schäden haften, die sie Dritten in Wahrnehmung ihrer Aufgaben verursachen, und damit nicht in eigener Verantwortung handeln.

Die Situation eines Aufsichtsratsmitglieds zeichnet sich außerdem im Gegensatz zu der eines Unternehmers dadurch aus, dass mit der ausgeübten Tätigkeit **keinerlei wirtschaftliches Risiko** einhergeht. Das Aufsichtsratsmitglied bezieht eine feste Vergütung, die weder von seiner Teilnahme an Sitzungen noch von seinen tatsächlich geleisteten Arbeitsstunden abhängt. Daher übt er im Unterschied zu einem Unternehmer keinen nennenswerten Einfluss auf seine Einnahmen oder Ausgaben aus. Überdies scheint eine von einem solchen Aufsichtsratsmitglied in Ausübung seiner Tätigkeit begangene Fahrlässigkeit keine unmittelbaren Auswirkungen auf seine Vergütung zu haben, da sie nach der Stiftungssatzung nur dann zu seiner Entlassung führen kann, wenn zuvor ein besonderes Verfahren durchgeführt wird.

Insoweit stellt der EuGH abschließend fest, dass bei einer Person, die kein derartiges wirtschaftliches Risiko trägt, nicht davon ausgegangen werden kann, dass sie eine wirtschaftliche Tätigkeit i. S. d. Art. 9 MwStSystRL selbständig ausübt.

Aufgrund dieser Entscheidung des EuGH musste sich auch der **BFH** mit dieser Thematik auseinander setzen. In einem Revisionsverfahren, in dem das Finanzgericht (FG Münster, Urt. v. 26.01.2017 – 5 K 1419/16 U) noch eine unternehmerische Betätigung des Aufsichtsrats gesehen hatte, hat der BFH (Urt. v. 27.11.2019 – V R 23/19, BStBl II 2020, 542) entschieden, dass in den Fällen, in denen das Mitglied eines Aufsichtsrats aufgrund einer nicht variablen Festvergütung kein Vergütungsrisiko trägt, es nicht als Unternehmer tätig ist. Der BFH hat sich damit in diesem Urteil unter Aufgabe seiner bisherigen Rechtsprechung der Rechtsprechung des EuGH für den Fall angeschlossen, dass das Aufsichtsratsmitglied für seine **Tätigkeit eine Festvergütung** erhält.

Ausdrücklich **offengelassen** hat der BFH, ob für den Fall, dass das Aufsichtsratsmitglied eine **variable Vergütung** erhält, an der Unternehmereigenschaft entsprechend bisheriger Rechtsprechung festzuhalten ist. Das **Niedersächsische FG** (Urt. v. 19.11.2019 – 5 K 282/18 – rechtskräftig) sieht Nichtunternehmereigenschaft auch bei (geringfügigen) leistungsabhängigen Vergütungen, da der Aufsichtsrat keine „Unternehmerinitiative“ entfaltet.

Ist ein **Aufsichtsrat**, aber gleichermaßen auch **Beiräte** o.ä. gegenüber einer **voll zum Vorsteuerabzug** berechtigten Institution tätig, war die bisherige nationale Auffassung günstig bzw. zumindest nicht ungünstiger als eine aus dem Unionsrecht sich ableitende nichtunternehmerische Betätigung. Der Aufsichtsrat kann die Umsatzsteuer zusätzlich in Rechnung stellen und der Leistungsempfänger ist bezüglich dieser Umsatzsteuer voll zum Vorsteuerabzug berechtigt. Der Aufsichtsrat ist aufgrund seiner Unternehmereigenschaft aus Vorleistungen zum Vorsteuerabzug berechtigt. Ist der Aufsichtsrat aber gegenüber einer nicht oder nicht vollständig zum Vorsteuerabzug berechtigten Institution tätig, ist die neuere Rechtslage (soweit anwendbar) günstiger.

2. Umsetzung durch die Finanzverwaltung

Die **Finanzverwaltung** (BMF Schreiben v. 8.7.2021, BStBl I 2021, 919 sowie ergänzend BMF Schreiben v. 29.3.2022) hat die vom BFH aufgrund der Rechtsprechung des EuGH vorgegebene Linie umgesetzt und sieht die Tätigkeit eines Aufsichtsrats dann nicht als eine selbstständige Tätigkeit an, wenn aufgrund einer nicht variablen Festvergütung kein Vergütungsrisiko getragen wird. Dabei ist es unerheblich, ob die Vergütung als Geldleistung oder in Form von Sachzuwendungen erfolgt. Ebenso ist es für die Frage des Vergütungsrisikos unerheblich, ob die Vergütung (nachträglich) für mehrere Jahre gezahlt wird.

Hinweis: Teilnahmebezogene Sitzungsgelder führen zur Unternehmereigenschaft

Die Grundaussage gilt aber nur dann, wenn eine Festvergütung (z. B. als pauschale Aufwandsentschädigung) gezahlt wird. **Sitzungsgelder**, die nur für die **tatsächliche Teilnahme** an Sitzungen gezahlt werden, sowie nach dem tatsächlichen Aufwand bemessene Aufwandsentschädigungen stellen keine solchen Festvergütungen dar und führen dann – bis auf eine Bagatellregelung – zur Unternehmereigenschaft.

Für den Fall, dass eine **sowohl aus festen als auch aus variablen Bestandteilen** bestehende Vergütung gezahlt wird, regelt die Finanzverwaltung, dass grundsätzlich eine unternehmerische Betätigung vorliegen soll, wenn die variablen Bestandteile im Geschäftsjahr der Gesellschaft (früher ging die Finanzverwaltung vom Kalenderjahr aus) **mindestens 10 %** der gesamten Vergütung betragen (einschließlich der erhaltenen Aufwandsentschädigungen). Dies ist **für jedes Mandat** eines Aufsichtsrats **separat** zu prüfen.

Hinweis: Reisekostenerstattungen bleiben unberücksichtigt

Reisekostenerstattungen stellen dabei nach Auffassung der Finanzverwaltung **keine Vergütungsbestandteile** dar und sind deshalb bei der Ermittlung der 10 %-Grenze nicht zu berücksichtigen.

Die Finanzverwaltung hat mit Schreiben v. 29.3.2022 noch weitere Hinweise zur Berechnungsmethode eingeführt. Bei der Prüfung, ob die variablen Bestandteile im Geschäftsjahr der Gesellschaft mindestens 10 % der gesamten Vergütung (einschließlich der erhaltenen Aufwandsentschädigungen, aber ohne Reisekostenerstattung) betragen, sind nur die Vergütungsbestandteile zu berücksichtigen, die für Leistungen gezahlt werden, die in dem betreffenden Geschäftsjahr der Gesellschaft ausgeführt werden.

Hinweis: Leistungszeitpunkt für Aufsichtsräte

Die Leistung des Aufsichtsrats für seine allgemeine Aufsichtsratstätigkeit ist mit Ablauf des Geschäftsjahrs der Gesellschaft erbracht. Für Zahlungen, die für Aufsichtsratssitzungen geleistet werden (Sitzungsgelder, allgemeiner Auslagenersatz), ist der Tag der Aufsichtsratssitzung der **maßgebende Leistungszeitpunkt**. In die Prüfung der 10 %-Grenze sind als variable Vergütungsbestandteile die Sitzungsgelder aller geplanten Sitzungen eines Geschäftsjahrs der Gesellschaft mit einzubeziehen. Dies gilt unabhängig von der tatsächlichen Teilnahme des Aufsichtsratsmitglieds an den Sitzungen. Maßgeblicher Zeitpunkt für die Prüfung der 10 %-Grenze ist der Beginn des Geschäftsjahrs der Gesellschaft; nachträgliche Änderungen bleiben unberücksichtigt.

Darüber hinaus trifft die Finanzverwaltung in Abschn. 2.2 Abs. 3a UStAE (in der ab dem 8.7.2021 geltenden Fassung) Feststellungen für Beamte und Mitglieder der Bundesregierung oder einer Landesregierung. Für **Beamte und andere Bedienstete einer Gebietskörperschaft**, die die Tätigkeit als Aufsichtsratsmitglied auf Verlangen, Vorschlag oder Veranlassung des Arbeitgebers (Dienstherrn) übernommen haben und die bis auf einen festgelegten Teil die Vergütung abführen müssen, wird es bei einem bestehende Vergütungsrisiko nicht beanstandet, wenn die Vergütung allein aufgrund dieser Tätigkeit nicht als selbstständig behandelt wird.

Für **Mitglieder der Bundes- oder einer Landesregierung** wird ebenfalls nicht beanstandet, wenn die Tätigkeit als nicht selbstständig angesehen wird, soweit sie im Zusammenhang mit ihrer Zugehörigkeit zur Regierung einem Aufsichtsrat angehören und einer zumindest teilweisen öffentlich-rechtlichen Abführungspflicht unterliegen.

Hinweis: Analoge Anwendung für andere Kontrollgremien

Die Grundsätze gelten nicht nur für Aufsichtsräte, sondern auch für Mitglieder von Ausschüssen, die der Aufsichtsrat nach § 107 Abs. 3 AktG (z. B. Prüfungsausschüsse) bestellt hat sowie für Mitglieder von Gremien, die nicht der Ausübung, sondern der Kontrolle der Geschäftsführung einer juristischen Person oder einer Personenvereinigung dienen.

Die Regelungen sind in **allen offenen Fällen** anzuwenden. Die Finanzverwaltung gewährt jedoch eine **Übergangsregelung**, nach der es für alle Leistungen, die bis zum 31.12.2021 ausgeführt werden, nicht beanstandet wird, dass von einer selbstständigen Tätigkeit ausgegangen wird, wenn kein Vergütungsrisiko vorliegt. Dies gilt auch für den Vorsteuerabzug des jeweiligen Leistungsempfängers. Ebenso können Beamte oder politische Mandatsträger bis 31.12.2021, die aufgrund einer unmittelbaren Verknüpfung mit dem Amt eine solche Tätigkeit mit Vergütungsrisiko ausübt, dies noch als nichtselbstständige Tätigkeit behandeln.

3. Handlungsüberlegungen

Der **EuGH** hatte seine Entscheidung auf **zwei Argumente** gestützt. Zum einen das auch in der nationalen Rechtsprechung aufgenommene Kriterium des fehlenden Vergütungsrisikos bei einer nicht variablen Festvergütung. Zum anderen ist aber auch hinterfragt worden, ob eine unternehmerische Betätigung vorliegen kann, wenn das **einzelne Aufsichtsratsmitglied nur als Mitglied des Gesamtgremiums handelt**. Der EuGH stellte in diesem Zusammenhang fest, dass das einzelne Mitglied insoweit nicht in eigener Verantwortung handelt. National wird bei der Beurteilung der Tätigkeit des Aufsichtsrats ausschließlich auf die Frage des Vergütungsrisikos abgestellt.

Für die **Handlungsnotwendigkeiten** für Aufsichtsräte, Beiräte, Verwaltungsräte o.ä. müssen für die **bis zum 31.12.2021 ausgeführten Leistungen** zwei grundsätzlich unterschiedliche Fälle betrachtet werden:

1. Das **Aufsichtsratsmitglied** ist für eine **Einrichtung/Unternehmen tätig**, das selbst aufgrund unternehmerischer Leistungen (voll) **zum Vorsteuerabzug berechtigt** ist. In diesem Fall ist – soweit nur eine nicht variable Festvergütung vorliegen sollte – die neue Sichtweise zumindest für den Aufsichtsrat nachteilig. Zwar hat er aufgrund seiner jetzt als nicht selbstständig einzuordnenden Tätigkeit keine umsatzsteuerrechtlichen Deklarationspflichten mehr zu erfüllen. Da keine Unternehmereigenschaft mehr vorliegt, kann auch für damit im Zusammenhang stehende Eingangsleistungen kein Vorsteuerabzug mehr geltend gemacht werden (z. B. aus Beratungskosten, Literatur, Reisekosten). In diesen Fällen ist anzuraten, die eingeräumte Nichtbeanstandungsregelung auszuschöpfen.
2. Das **Aufsichtsratsmitglied** ist für eine **Einrichtung/Unternehmen tätig**, das selbst aufgrund fehlender Unternehmereigenschaft oder selbst vorsteuerabzugsschädlicher Ausgangsleistungen **nicht** (voll) **zum Vorsteuerabzug berechtigt** ist; dies betrifft insbesondere Verwaltungsbeiräte o.ä. bei berufsständischen Versorgungswerken. In diesem Fall muss geprüft werden, ab wann die aktuelle Rechtslage – soweit aufgrund einer Festvergütung keine Vergütungsrisiko besteht – angewendet werden sollte. Grundsätzlich kann die Einordnung als nichtunternehmerische Tätigkeit in allen offenen Fällen beantragt werden. Allerdings sind in diesen Fällen die Konsequenzen zu betrachten. Soweit von dem Aufsichtsrat o.ä. in einer Abrechnung eine Umsatzsteuer gesondert ausgewiesen wurde, würde es sich in den Fällen, in denen jetzt rückwirkend die Unternehmereigenschaft verneint würde bis 6.12.2024 (danach hat sich eine Änderung in § 14c Abs. 2 UStG ergeben, die die Gutschrift wieder den Rechnungen gleichstellt), um einen unberechtigten Steuerausweis i. S. d. § 14c Abs. 2 UStG handeln, eine Ausnahme würde bis 6.12.2024 (danach hat sich eine Änderung in § 14c Abs. 2 UStG ergeben, die die Gutschrift wieder den Rechnungen gleichstellt) nur dann bestehen, wenn die Einrichtung mit einer Gutschrift nach § 14 Abs. 2 Satz 2 UStG abgerechnet hätte (vgl. dazu BFH, Urt. v. 27.11.2019 – V R 23/19, BStBl II 2020, 542). Dieser müsste unter Einbeziehung der Finanzverwaltung korrigiert werden und der an den Aufsichtsrat ausgezahlte Umsatzsteuerbetrag wäre dann an die Einrichtung vom Aufsichtsrat zu erstatten. Gleichzeitig würde der Aufsichtsrat seinen Vorsteuerabzug für damit im Zusammenhang stehende Eingangsleistungen verlieren. Insoweit müsste hier

zwischen Aufsichtsrat und der Einrichtung zumindest abgestimmt werden, wer die sich aus einer rückwirkenden Änderung ergebenden finanziellen Belastungen zu tragen hat.

Hinweis: Auswirkungen auf Dritte beachten

Soweit der Aufsichtsrat nach der geltenden Rechtslage nicht unternehmerisch tätig sein sollte, muss beachtet werden, dass dies auch **Auswirkungen auf Dritte** haben kann. Hat z. B. ein Unternehmensberater (Rechtsanwalt o.ä.) auch verschiedene Aufsichtsratsmandate, bei denen er jeweils nur Festvergütungen erhält und führt er diese Tätigkeit einheitlich neben seiner unternehmerischen Betätigung aus angemieteten Büroräumen aus, stellt sich die Frage, ob der Vermieter bei der Vermietungsleistung noch nach § 9 Abs. 1 UStG auf die Steuerfreiheit der Büroraumvermietung verzichten kann. Da die Option bei einer Vermietung grundsätzlich die Unternehmereigenschaft des Leistungsempfängers voraussetzt, wird dieses Optionsrecht wohl entfallen. Auch wird die Aufsichtsratstätigkeit sich nicht auf einzelne Räume beschränken lassen.

4. Weiterentwicklung in der Rechtsprechung des EuGH

Beim EuGH war ein weiteres Verfahren anhängig, in dem es um einen Verwaltungsrat (in Luxemburg) ging, der offensichtlich auch erfolgsabhängige Vergütungen (Tantiemen) erhielt.

Schon die deutsche Generalanwältin Kokott (Schlussantrag v. 13.7.2023 in der Rs. C-288/22 – TP) hatte dem EuGH vorgeschlagen, den Sachverhalt wie folgt zu beurteilen:

1. Art. 9 Abs. 1 i.V.m. Art. 10 MwStSystRL ist dahin auszulegen, dass das Vorliegen einer selbständigen wirtschaftlichen Tätigkeit im Wege eines typologischen Vergleichs zu bestimmen ist. Entscheidend dafür ist, ob die betreffende Person im Rahmen der gebotenen Gesamtbetrachtung wie ein typischer Steuerpflichtiger selbst ein wirtschaftliches Risiko trägt und über eine eigene wirtschaftliche Initiative verfügt, was das vorlegende Gericht zu beurteilen hat.
2. Dabei folgt aus dem Grundsatz der Rechtsformneutralität, dass eine natürliche Person, die Mitglied eines gesetzlich zwingend vorgesehenen Organs einer Gesellschaft ist und für diese Tätigkeit als Mitglied des Organs eine Vergütung erhält, insoweit nicht als selbständig wirtschaftlich tätig angesehen werden kann.

Nach der Entscheidung des EuGH (Urt. v. 21.12.2023 – C-288/22, TP, DStRE 2024, 402) übt der Verwaltungsrat nach Art. 9 Abs. 1 MwStSystRL eine wirtschaftliche Tätigkeit aus, wenn er dieser Gesellschaft eine Dienstleistung gegen Entgelt erbringt und diese Tätigkeit einen nachhaltigen Charakter aufweist und gegen eine Vergütung ausgeübt wird, deren Festsetzungsmodalitäten vorhersehbar sind. Nach Art. 9 Abs. 1 Unterabs. 1 MwStSystRL wird die Tätigkeit aber **nicht selbständig ausgeübt**, wenn dieses Mitglied – trotz der Tatsache, dass es die Modalitäten der Ausübung seiner Arbeit frei regelt, das Entgelt, das sein Einkommen darstellt, selbst vereinnahmt, im eigenen Namen handelt und keinem hierarchischen Unterordnungsverhältnis unterliegt – weder für eigene Rechnung noch in eigener Verantwortung handelt und das mit seiner Tätigkeit einhergehende wirtschaftliche Risiko nicht trägt.

Hinweis: Kein eigenes Risiko

Eine Person, die ihr Fachwissen und Know-how in den Verwaltungsrat einer Gesellschaft einbringt und an dessen Abstimmungen teilnimmt, trägt das mit ihrer eigenen Tätigkeit verbundene wirtschaftliche Risiko nicht, da sich die Gesellschaft selbst den negativen Folgen der Entscheidungen des Verwaltungsrats stellen muss und somit das mit der Tätigkeit der Verwaltungsratsmitglieder einhergehende wirtschaftliche Risiko trägt.

Nach der Entscheidung des EuGH müssen wohl auch die nationalen Vorgaben für die Tätigkeit von Beiräten, Verwaltungsräten und ähnlichen Aufsichtsgremien angepasst werden. Die bisher von der Finanzverwaltung vorgenommene Unterscheidung in eine unternehmerische Tätigkeit, soweit tätigkeitsabhängige Vergütungen erzielt werden und keine unternehmerische Tätigkeit, soweit die Tätigkeit ohne eine erfolgs- bzw. tätigkeitsabhängige Vergütung ausgeübt wird, kann so nicht mehr fortgeführt werden.

5. Übertragung auf andere Bereiche offen

Über die notwendigen Anpassungen bei den Aufsichtsräten – und dies wird die Diskussion und Rechtsprechung der Zukunft zeigen – ist zu hinterfragen, welche **weiteren Auswirkungen** sich auf andere Fälle durch die jetzt umgesetzte Rechtsprechung des EuGH/BFH ergibt. Wenn (allein) aufgrund eines nicht vorhandenen Vergütungsrisikos die Unternehmereigenschaft des Aufsichtsrats verneint wird, muss systematisch hinterfragt werden, ob die 2002 vom BFH (Urt. v. 6.6.2002 – V R 43/01, BStBl II 2003, 36) aufgrund der Holding-Rechtsprechung des EuGH angenommene Unternehmereigenschaft des (Gesellschafter-)Geschäftsführers einer Personengesellschaft so haltbar sein kann. Tragende Voraussetzung für die unternehmerische Tätigkeit eines solchen Geschäftsführers einer Personengesellschaft ist gerade eine vom Gewinn der Gesellschaft unabhängige Vergütung; vgl. auch Abschn. 1.6 Abs. 4 UStAE. Ob sich ein für die Unternehmereigenschaft relevantes Vergütungsrisiko allein aus einer theoretischen Kündigungsmöglichkeit ableiten lässt, kann zumindest hinterfragt werden.

UStAE 2.3. Gewerbliche oder berufliche Tätigkeit

(1) [1]Der Begriff der gewerblichen oder beruflichen Tätigkeit im Sinne des UStG geht über den Begriff des Gewerbebetriebes nach dem EStG und dem GewStG hinaus (vgl. BFH-Urteil vom 5. 9. 1963, V 117/60 U, BStBl III S. 520). [2]Eine gewerbliche oder berufliche Tätigkeit setzt voraus, dass Leistungen im wirtschaftlichen Sinn ausgeführt werden. [3]Betätigungen, die sich nur als Leistungen im Rechtssinn, nicht aber zugleich auch als Leistungen im wirtschaftlichen Sinne darstellen, werden von der Umsatzsteuer nicht erfasst. [4]Leistungen, bei denen ein über die reine Entgeltentrichtung hinausgehendes eigenes wirtschaftliches Interesse des Entrichtenden nicht verfolgt wird, sind zwar Leistungen im Rechtssinn, aber keine Leistungen im wirtschaftlichen Sinn (vgl. BFH-Urteil vom 31. 7. 1969, V 94/65, BStBl II S. 637). [5]Die Unterhaltung von Giro-, Bauspar- und Sparkonten sowie das Eigentum an Wertpapieren begründen für sich allein noch nicht die Unternehmereigenschaft einer natürlichen Person (vgl. BFH-Urteile vom 1. 2. 1973, V R 2/70, BStBl II S. 172, und vom 11. 10. 1973, V R 14/73, BStBl 1974 II S. 47).

(1 a) [1]Von der gewerblichen oder beruflichen Tätigkeit sind die nichtunternehmerischen Tätigkeiten zu unterscheiden. [2]Diese Tätigkeiten umfassen die nichtwirtschaftlichen Tätigkeiten i. e. S. und die unternehmensfremden Tätigkeiten. [3]Als unternehmensfremde Tätigkeiten gelten Entnahmen für den privaten Bedarf des Unternehmers als natürliche Person, für den privaten Bedarf seines Personals oder für private Zwecke des Gesellschafters (vgl. BFH-Urteile vom 3. 3. 2011, V R 23/10, BStBl 2012 II S. 74, und vom 12. 1. 2011, XI R 9/08, BStBl 2012 II S. 58). [4]Nichtwirtschaftliche Tätigkeiten i. e. S. sind alle nichtunternehmerischen Tätigkeiten, die nicht unternehmensfremd (privat) sind, z. B.:

- unentgeltliche Tätigkeiten eines Vereins, die aus ideellen Vereinszwecken verfolgt werden (vgl. BFH-Urteil vom 6. 5. 2010, V R 29/09, BStBl II S. 885),
- hoheitliche Tätigkeiten juristischer Personen des öffentlichen Rechts (vgl. BFH-Urteil vom 3. 3. 2011, V R 23/10, BStBl 2012 II S. 74),
- bloßes Erwerben, Halten und Veräußern von gesellschaftsrechtlichen Beteiligungen (vgl. Abs. 2 bis 4),
- Leerstand eines Gebäudes verbunden mit dauerhafter Nichtnutzung (vgl. BFH-Urteil vom 19. 7. 2011, XI R 29/09, BStBl 2012 II S. 430; vgl. Abschnitt 15.2 c Abs. 8 Beispiel 1).

Gesellschaftsrechtliche Beteiligungen

(2) [1]Das bloße Erwerben, Halten und Veräußern von gesellschaftsrechtlichen Beteiligungen ist keine unternehmerische Tätigkeit (vgl. EuGH-Urteile vom 14. 11. 2000, C-142/99, Floridienne und Berginvest, vom 27. 9. 2001, C-16/00, Cibo Participations, und vom 29. 4. 2004, C-77/01, EDM). [2]Wer sich an einer Personen- oder Kapitalgesellschaft beteiligt, übt zwar eine „Tätigkeit zur Erzielung von Einnahmen" aus. [3]Gleichwohl ist er im Regelfall nicht Unternehmer im Sinne des UStG, weil Dividenden und andere Gewinnbeteiligungen aus Gesellschaftsverhältnissen nicht als umsatzsteuerrechtliches Entgelt im Rahmen eines Leistungsaustauschs anzusehen sind (vgl. EuGH-Urteil vom 21. 10. 2004, C-8/03, BBL). [4]Soweit daneben eine weitergehende Geschäftstätigkeit ausgeübt wird, die für sich die Unternehmereigenschaft begründet, ist diese vom nichtunternehmerischen Bereich zu trennen. [5]Unternehmer, die neben

ihrer unternehmerischen Betätigung auch Beteiligungen an anderen Gesellschaften halten, können diese Beteiligungen grundsätzlich nicht dem Unternehmen zuordnen. [6]Bei diesen Unternehmern ist deshalb eine Trennung des unternehmerischen Bereichs vom nichtunternehmerischen Bereich geboten. [7]Dieser Grundsatz gilt für alle Unternehmer gleich welcher Rechtsform (vgl. BFH-Urteil vom 20. 12. 1984, V R 25/76, BStBl II 1985 S. 176).

(3) [1]Auch Erwerbsgesellschaften können gesellschaftsrechtliche Beteiligungen im nichtunternehmerischen Bereich halten. [2]Dies bedeutet, dass eine Holding, deren Zweck sich auf das Halten und Verwalten gesellschaftsrechtlicher Beteiligungen beschränkt und die keine Leistungen gegen Entgelt erbringt (sog. Finanzholding), nicht Unternehmer im Sinne des § 2 UStG ist. [3]Demgegenüber ist eine Holding, die im Sinne einer einheitlichen Leitung aktiv in das laufende Tagesgeschäft ihrer Tochtergesellschaften eingreift (sog. Führungs- oder Funktionsholding), unternehmerisch tätig. [4]Wird eine Holding nur gegenüber einigen Tochtergesellschaften geschäftsleitend tätig, während sie Beteiligungen an anderen Tochtergesellschaften lediglich hält und verwaltet (sog. gemischte Holding), hat sie sowohl einen unternehmerischen als auch einen nichtunternehmerischen Bereich. [5]Das Erwerben, Halten und Veräußern einer gesellschaftsrechtlichen Beteiligung stellt nur dann eine unternehmerische Tätigkeit dar (vgl. EuGH-Urteil vom 6. 2. 1997, C-80/95, Harnas & Helm),

1. soweit Beteiligungen im Sinne eines gewerblichen Wertpapierhandels gewerbsmäßig erworben und veräußert werden und dadurch eine nachhaltige, auf Einnahmeerzielungsabsicht gerichtete Tätigkeit entfaltet wird (vgl. BFH-Urteil vom 15. 1. 1987, V R 3/77, BStBl II S. 512 und EuGH-Urteil vom 29. 4. 2004, C-77/01, EDM) oder
2. wenn die Beteiligung nicht um ihrer selbst willen (bloßer Wille, Dividenden zu erhalten) gehalten wird, sondern der Förderung einer bestehenden oder beabsichtigten unternehmerischen Tätigkeit (z. B. Sicherung günstiger Einkaufskonditionen, Verschaffung von Einfluss bei potenziellen Konkurrenten, Sicherung günstiger Absatzkonditionen) dient (vgl. EuGH-Urteil vom 11. 7. 1996, C-306/94, Régie dauphinoise), oder
3. [1]wenn, abgesehen von der Ausübung der Rechte als Gesellschafter oder Aktionär, unmittelbar in die Verwaltung der Gesellschaften, an denen die Beteiligung besteht, eingegriffen wird (vgl. EuGH-Urteil vom 20. 6. 1991, C-60/90, Polysar Investments Netherlands). [2]Die Eingriffe müssen dabei zwingend durch unternehmerische Leistungen im Sinne der § 1 Abs. 1 Nr. 1 und § 2 Abs. 1 UStG erfolgen. [3]Hierbei kann es sich z. B. um administrative, finanzielle, kaufmännische oder technische Dienstleistungen an die jeweilige Beteiligungsgesellschaft handeln (vgl. EuGH-Urteile vom 27. 9. 2001, C-16/00, Cibo Participations, vom 12. 7. 2001, C-102/00, Welthgrove, und vom 16. 7. 2015, C-108/14, Larentia + Minerva, und C-109/14, Marenave, BStBl 2017 II S. 604).

(4) [1]Das Innehaben einer gesellschaftsrechtlichen Beteiligung fällt, abgesehen von den Fällen des gewerblichen Wertpapierhandels, nur dann in den Rahmen des Unternehmens, wenn die gesellschaftsrechtliche Beteiligung im Zusammenhang mit einer unternehmerischen Tätigkeit erworben, gehalten und veräußert wird. [2]Dabei reicht jedoch nicht jeder beliebige Zusammenhang zwischen dem Erwerb und Halten der gesellschaftsrechtlichen Beteiligung und der unternehmerischen Tätigkeit aus. [3]Vielmehr muss zwischen der gesellschaftsrechtlichen Beteiligung und der unternehmerischen Tätigkeit ein erkennbarer und objektiver wirtschaftlicher Zusammenhang bestehen (vgl. Abschnitt 15.2b Abs. 3). [4]Das ist der Fall, wenn die Aufwendungen für die gesellschaftsrechtliche Beteiligung zu den Kostenelementen der steuerbaren Ausgangsumsätze gehören (vgl. EuGH-Urteile vom 26. 5. 2005, C-465/03, Kretztechnik, und vom 16. 7. 2015, C-108/14, Larentia + Minerva, und C-109/14, Marenave, BStBl 2017 II S. 604, sowie BFH-Urteile vom 10. 4. 1997, V R 26/96, BStBl II S. 552, und vom 6. 4. 2016, V R 6/14, BStBl 2017 II S. 577). [5]Finanzinvestoren, die (sanierungsreife) Gesellschaften erwerben, um sie nach erfolgter Sanierung gewinnbringend zu veräußern, sind insoweit Unternehmer. [6]Der Erwerb und das Halten der gesellschaftsrechtlichen Beteiligung sind unabdingbare Voraussetzungen für die Ausübung der unternehmerischen Tätigkeit. [7]Die gesellschaftsrechtliche Beteiligung wird daher im unternehmerischen Bereich des Finanzinvestors gehalten. [8]Zum Vorsteuerabzug beim Halten und Veräußern von gesellschaftsrechtlichen Beteiligungen siehe Abschnitt 15.22.

Nachhaltigkeit

(5) [1]Die gewerbliche oder berufliche Tätigkeit wird nachhaltig ausgeübt, wenn sie auf Dauer zur Erzielung von Entgelten angelegt ist (vgl. BFH-Urteile vom 30. 7. 1986, V R 41/76, BStBl II S. 874, und vom 18. 7. 1991, V R 86/87, BStBl II S. 776). [2]Ob dies der Fall ist, richtet sich nach dem Gesamtbild der Verhältnisse im Einzelfall. [3]Die für und gegen die Nachhaltigkeit sprechenden Merkmale müssen gegeneinander abgewogen werden. [4]Als Kriterien für die Nachhaltigkeit einer Tätigkeit kommen nach dem BFH-Urteil vom 18. 7. 1991, V R 86/87, a. a. O., insbesondere in Betracht:

- mehrjährige Tätigkeit;
- planmäßiges Handeln;
- auf Wiederholung angelegte Tätigkeit;
- die Ausführung mehr als nur eines Umsatzes;
- Vornahme mehrerer gleichartiger Handlungen unter Ausnutzung derselben Gelegenheit oder desselben dauernden Verhältnisses;
- langfristige Duldung eines Eingriffs in den eigenen Rechtskreis;
- Intensität des Tätigwerdens;
- Beteiligung am Markt;
- Auftreten wie ein Händler;
- Unterhalten eines Geschäftslokals;
- Auftreten nach außen, z. B. gegenüber Behörden.

(6) [1]Nachhaltig ist in der Regel:

- eine Verwaltungs- oder eine Auseinandersetzungs-Testamentsvollstreckung, die sich über mehrere Jahre erstreckt, auch wenn sie aus privatem Anlass vorgenommen wird (vgl. BFH-Urteile vom 7. 8. 1975, V R 43/71, BStBl 1976 II S. 57, vom 26. 9. 1991, V R 1/87, vom 30. 5. 1996, V R 26/93, und vom 7. 9. 2006, V R 6/05, BStBl 2007 II S. 148);
- die einmalige Bestellung eines Nießbrauchs an seinem Grundstück – Duldungsleistung – (vgl. BFH-Urteil vom 16. 12. 1971, V R 41/68, BStBl 1972 II S. 238);
- die Vermietung allein eines Gegenstands durch den Gesellschafter einer Gesellschaft des bürgerlichen Rechts an die Gesellschaft (vgl. BFH-Urteil vom 7. 11. 1991, V R 116/86, BStBl 1992 II S. 269);
- der An- und Verkauf mehrerer neuer Kfz, auch wenn es sich um „private Gefälligkeiten" gehandelt habe (vgl. BFH-Urteil vom 7. 9. 1995, V R 25/94, BStBl 1996 II S. 109);
- die entgeltliche Unterlassung von Wettbewerb über einen längeren Zeitraum von z. B. fünf Jahren, wobei die vereinbarte Vergütung bereits ein Indiz für das wirtschaftliche Gewicht der Tätigkeit darstellt (vgl. BFH-Urteil vom 13. 11. 2003, V R 59/02, BStBl 2004 II S. 472); nicht erforderlich ist ein enger Zusammenhang mit einer anderen Tätigkeit des Steuerpflichtigen oder die Absicht, in weiteren Fällen gegen Vergütung ein Wettbewerbsverbot einzugehen;
- der nicht nur vorübergehende, sondern auf Dauer angelegte Verkauf einer Vielzahl von Gegenständen über eine Internet-Plattform; die Beurteilung der Nachhaltigkeit hängt nicht von einer bereits beim Einkauf vorhandenen Wiederverkaufsabsicht ab (vgl. BFH-Urteile vom 26. 4. 2012 – V R 2/11, BStBl II S. 634, und vom 12.05.2022 V R 19/20, BStBl II 2023 S. 885);
- der planmäßige, wiederholte und mit erheblichem Organisationsaufwand verbundene Verkauf einer Vielzahl fremder Gebrauchsgegenstände über eine elektronische Handelsplattform; dieser Einstufung steht nicht entgegen, dass die Tätigkeit nur für kurze Dauer und ohne Gewinn ausgeübt wird und ein Wareneinkauf nicht festgestellt werden kann (vgl. BFH-Urteil vom 12. 8. 2015, XI R 43/13, BStBl II S. 919).

[2]Nicht nachhaltig als Unternehmer wird dagegen tätig:

- ein Angehöriger einer Automobilfabrik, der von dieser unter Inanspruchnahme des Werksangehörigenrabatts fabrikneue Automobile erwirbt und diese nach einer Behaltefrist von mehr als einem Jahr wieder verkauft (vgl. BFH-Urteil vom 18. 7. 1991, V R 86/87, BStBl II S. 776);
- ein Briefmarken- oder Münzsammler, der aus privaten Neigungen sammelt, soweit er Einzelstücke veräußert (wegtauscht), die Sammlung teilweise umschichtet oder die Sammlung ganz oder teilweise veräußert (vgl. BFH-Urteile vom 29.06.1987 – X R 23/82, BStBl II S. 744, und vom 16.07.1987 – X R 48/82,

BStBl II S. 752; zum gelegentlichen Erwerb von Luxusfahrzeugen vgl. BFH-Urteil vom 08.09.2022 – V R 26/21, BStBl II 2023 S. 361) und
- wer ein Einzelunternehmen zu dem Zweck erwirbt, es unmittelbar in eine Personengesellschaft einzubringen, begründet keine unternehmerische Betätigung, weil damit regelmäßig keine auf gewisse Dauer angelegte geschäftliche Tätigkeit entfaltet wird (vgl. BFH-Urteil vom 15. 1. 1987, V R 3/77, BStBl II S. 512).

(7) [1]Bei der Vermietung von Gegenständen, die ihrer Art nach sowohl für unternehmerische als auch für nichtunternehmerische Zwecke verwendet werden können (z. B. sog. Freizeitgegenstände), sind alle Umstände ihrer Nutzung zu prüfen, um festzustellen, ob sie tatsächlich zur nachhaltigen Erzielung von Einnahmen verwendet werden (vgl. EuGH-Urteil vom 26. 9. 1996, C-230/94, Enkler). [2]Die nur gelegentliche Vermietung eines derartigen, im Übrigen privat genutzten Gegenstands (z. B. Wohnmobil, Segelboot) durch den Eigentümer ist keine unternehmerische Tätigkeit. [3]Der Erwerb eines Pkw zur langfristigen Überlassung an den freiberuflich tätigen Ehegatten kann eine unternehmerische Tätigkeit begründen (vgl. BFH-Urteil vom 29.09.2022 – V R 29/20, BStBl II 2023 S. 986). [4]Bei der Beurteilung, ob zur nachhaltigen Erzielung von Einnahmen vermietet wird, kann ins Gewicht fallen, dass

- nur ein einziger, seiner Art nach für die Freizeitgestaltung geeigneter Gegenstand angeschafft wurde;
- dieser überwiegend für private eigene Zwecke oder für nichtunternehmerische Zwecke des Ehegatten genutzt worden ist;
- der Gegenstand nur mit Verlusten eingesetzt und weitestgehend von dem Ehegatten finanziert und unterhalten wurde;
- er nur für die Zeit der tatsächlichen Vermietung versichert worden war und
- weder ein Büro noch besondere Einrichtungen (z. B. zur Unterbringung und Pflege des Gegenstands) vorhanden waren

(vgl. BFH-Urteil vom 12. 12. 1996, V R 23/93, BStBl 1997 II S. 368).

Tätigkeit zur Erzielung von Einnahmen

(8) [1]Die Tätigkeit muss auf die Erzielung von Einnahmen gerichtet sein. [2]Die Absicht, Gewinn zu erzielen, ist nicht erforderlich. [3]Eine Tätigkeit zur Erzielung von Einnahmen liegt vor, wenn diese im Rahmen eines Leistungsaustauschs ausgeübt wird. [4]Die Unternehmereigenschaft setzt grundsätzlich voraus, dass Lieferungen oder sonstige Leistungen gegen Entgelt bewirkt werden. [5]Bei einem vorübergehenden Verzicht auf Einnahmen kann in der Regel nicht bereits eine unentgeltliche nichtunternehmerische Tätigkeit angenommen werden (vgl. BFH-Urteil vom 7. 7. 2005, V R 78/03, BStBl II S. 849). [6]Zur Unternehmereigenschaft bei Vorbereitungshandlungen für eine beabsichtigte unternehmerische Tätigkeit, die nicht zu Umsätzen führt, vgl. Abschnitt 2.6 Abs. 1 bis 4.

(9) [1]Die entgeltliche Tätigkeit eines Kommanditisten als Mitglied eines Beirats, dem vor allem Zustimmungs- und Kontrollrechte übertragen sind, ist als unternehmerisch zu beurteilen (vgl. BFH-Urteil vom 24. 8. 1994, XI R 74/93, BStBl 1995 II S. 150). [2]Dies gilt auch für die Tätigkeit einer GmbH als Liquidator einer GmbH & Co. KG, deren Geschäfte sie als alleiniger persönlich haftender Gesellschafter geführt hatte, wenn hierfür ein Sonderentgelt vereinbart wurde (vgl. BFH-Urteil vom 8. 11. 1995, V R 8/94, BStBl 1996 II S. 176).

Anmerkung

1. Gesellschaftsrechtliche Beteiligungen

1.1 Beteiligungstypen / Grundtypen der Holding

Der EuGH und in der Folge der BFH mussten sich diverse Male mit der Frage der **Unternehmereigenschaft beim Halten von Anteilen** auseinandersetzen. Insbesondere war dies wichtig für die Unternehmereigenschaft einer Holding, deren Hauptzweck auf das Halten von Beteiligungen an anderen Unternehmen gerichtet ist. Wird die Holding dabei gegenüber den Tochtergesellschaften gegen Entgelt tätig und greift aktiv in die Tagesgeschäfte ein (sog. **Führungsholding**), ist die Gesellschaft unternehmerisch tätig; die Beteiligung ist dem Unternehmen zuzuordnen. Wird die Holding gegenüber ihren Tochtergesellschaften nicht aktiv tätig und beschränkt sich auf das Halten und Verwalten der Beteiligungen (sog. **Finanzholding**), ist dies keine unternehmerische Betätigung, die Beteiligung ist nicht dem Unternehmen zuzuordnen. In Abhängigkeit der Zuordnung der Beteiligungen zum Unternehmen oder zum nichtunternehmerischen Bereich ergibt sich die Beurteilung des Vorsteuerabzugs aus damit im Zusammenhang stehenden Eingangsleistungen wie auch die Behandlung eines Verkaufs der Beteiligung.

Die Unternehmereigenschaft ist unabhängig von der Rechtsform, in der eine Tätigkeit ausgeübt wird. Voraussetzung für die Unternehmereigenschaft nach § 2 Abs. 1 UStG ist, dass eine **Tätigkeit selbstständig, nachhaltig und zur Erzielung von Einnahmen** ausgeübt wird. Hält jemand Anteile an anderen Gesellschaften (Anteile an Kapitalgesellschaften oder Personengesellschaften), wird dies im Regelfall nachhaltig und selbstständig erfolgen. Die Tatbestandsvoraussetzung „mit Einnahmeerzielungsabsicht" setzt aber einen **Leistungsaustausch** voraus, bei dem einer ausgeführten Leistung eine konkrete Gegenleistung gegenübersteht.

Beteiligt sich jemand an einer Gesellschaft, kann dies grundsätzlich mit der Absicht geschehen, Dividenden oder andere Gewinnbeteiligungen zu erzielen, ohne eine weitere aktive Tätigkeit gegenüber diesen Tochtergesellschaften auszuüben. In diesem Fall wird keine Tätigkeit ausgeübt, der eine konkrete Gegenleistung gegenübersteht – Dividenden oder andere Gewinnausschüttungen stellen kein Entgelt im Rahmen eines Leistungsaustauschs dar (EuGH, Urt. v. 21.10.2004 – C-8/03, Banque Bruxelles Lambert SA, BFH/NV Beilage 2005, 13). Werden Beteiligungen unter diesen Voraussetzungen gehalten (sog. **Finanzholding**), kann sich dadurch keine Unternehmereigenschaft der Holding ergeben. Ist die Holding aus anderen Gründen unternehmerisch tätig, kann in diesen Fällen die Beteiligung nicht dem Unternehmen der Holding zugeordnet werden. Auch ein ansonsten unternehmerisch i. S. d. UStG tätiger Unternehmer kann Beteiligungen insoweit außerhalb seines Unternehmens halten. Auf die ertragsteuerrechtliche Beurteilung kommt es nicht an.

Wird eine Beteiligung aber nicht nur zur Erzielung von Gewinnbeteiligungen gehalten, sondern greift der Anteilseigner auch aktiv in die Tagesgeschäfte der Tochtergesellschaften ein und erhält dafür ein vom Gewinn unabhängiges Sonderentgelt (sog. **Führungs- oder Funktionsholding**), stellt dies einen Leistungsaustausch dar, der zum einen die Unternehmereigenschaft der Holding begründen kann und zum anderen dazu führt, dass die Beteiligung dem Unternehmen der Holding zugeordnet wird (EuGH, Urt. v. 27.9.2001 – C-16/00, Societe Cibo Participations, BFH/NV Beilage 2002, 6; EuGH, Urt. v. 14.11.2000 – C-142/99, Floridienne SA und Berginvest SA, BFH/NV Beilage 2001, 37). Ist die Holding nicht unternehmerisch tätig oder wird die Beteiligung nicht im Unternehmen gehalten, kann ein Vorsteuerabzug für damit im Zusammenhang stehende Eingangsleistungen grundsätzlich nicht vorgenommen werden. Nur dann, wenn die Holding Unternehmer nach § 2 Abs. 1 UStG ist und die Beteiligung auch zulässigerweise im Unternehmen gehalten wird, kann sich ein Vorsteuerabzug ergeben. Dies gilt nach einer Entscheidung des EuGH (Urt. v. 17.10.2018 – C-249/17, Ryanair Ltd., DStR 2018, 2263) auch für Vorsteuerbeträge, wenn der Erwerb der Beteiligung geplant war, die Beteiligung zulässigerweise dem Unternehmen zugeordnet werden könnte, der Anteilskauf dann aber scheitert.

Hinweis: Einschränkung des Vorsteuerabzugs der Funktionsholding

Der BFH (Beschl. v. 23.9.2020 – XI R 22/18, BStBl II 2021, 325) hatte den EuGH angerufen, um u. a. klären zu lassen, in welchem Umfang eine geschäftsleitende Holding den Vorsteuerabzug geltend machen kann, wenn sie die bezogenen Leistungen gegen Gewährung einer Beteiligung am allgemeinen Gewinn in die Tochtergesellschaft einlegt. Der EuGH (Urt. v. 8.9.2022 – C-98/21, W-GmbH, BFH/NV 2022, 1279) hat dazu entschieden, dass einer Holdinggesellschaft, die steuerpflichtige Ausgangsumsätze an Tochtergesellschaften ausführt, kein Recht auf Vorsteuerabzug für Leistungen zusteht, die sie von Dritten bezieht und gegen die Gewährung einer Beteiligung am allgemeinen Gewinn in die Tochtergesellschaften einlegt, wenn die bezogenen Eingangsleistungen nicht in direktem und unmittelbarem Zusammenhang mit den eigenen Umsätzen der Holdinggesellschaft, sondern mit den weitgehend steuerfreien Tätigkeiten der Tochtergesellschaften stehen, und diese Eingangsleistungen in den Preis der an die Tochtergesellschaften erbrachten steuerpflichtigen Umsätze keinen Eingang finden und weiterhin diese Leistungen nicht zu den allgemeinen Kostenelementen der eigenen wirtschaftlichen Tätigkeit der Holdinggesellschaft gehören.

Der BFH (Urt. v. 15.2.2023 – XI R 24/22, BFH/NV 2023, 1152) hat dementsprechend in seiner Folgeentscheidung festgestellt, dass einer Holdinggesellschaft der Vorsteuerabzug für Eingangsleistungen zu versagen ist, die

- nicht in einem direkten und unmittelbaren Zusammenhang mit von der Holding erbrachten steuerpflichtigen Dienstleistungen, sondern mit von ihr als Gesellschafterbeitrag geschuldeten unentgeltlichen Dienstleistungen stehen,
- nicht in direktem und unmittelbarem Zusammenhang mit den eigenen Umsätzen der Holding, sondern mit den Umsätzen Dritter (der Tochtergesellschaften) stehen,
- in den Preis der an die Tochtergesellschaften erbrachten steuerpflichtigen Umsätze keinen Eingang finden und
- nicht zu den allgemeinen Kostenelementen der eigenen wirtschaftlichen Tätigkeit der Holding gehören.

Hinweis: Aufspaltung von Leistungen ermöglicht keinen Vorsteuerabzug

Mit der Folgeentscheidung ist eindeutig klargestellt, dass die (missbräuchliche) Aufspaltung von Leistungen zwischen verbundenen Unternehmen in zum Teil besteuerte (entgeltliche) Leistungen und zum Teil nicht der Besteuerung unterliegende Gesellschafterbeiträge nicht dazu führen kann, den Vorsteuerabzug aus Eingangsleistungen zu erhalten, wenn diese mittelbar mit steuerfreien, den Vorsteuerabzug ausschließenden Ausgangsumsätzen zusammen hängen.

1.2 Gemischte Holding

Die Finanzverwaltung (zuletzt durch BMF, Schreiben v. 26.5.2017, BStBl I 2017, 790) hat in Abschn. 2.3 Abs. 2 ff. UStAE die Grundsätze aus der Rechtsprechung des EuGH zu den umsatzsteuerrechtlichen Konsequenzen bei dem Halten von Beteiligungen übernommen. Neben den beiden Grundformen (Führungsholding und Finanzholding) kann auch eine **gemischte Holding** vorliegen, bei der sowohl Beteiligungen dem unternehmerischen Bereich der Holding zugeordnet werden können, aber auch Beteiligungen gehalten werden, die nicht dem Unternehmen zugeordnet werden können. In diesem Fall ergeben sich insbesondere Schwierigkeiten bei der Zuordnung und der Aufteilung von Vorsteuerbeträgen.

Nach der Rechtsprechung des EuGH (Urt. v. 16.7.2015 – C-108/14, Beteiligungsgesellschaft Larentia + Minerva mbH & Co. KG / C-109/14 – Marenave Schiffahrts AG, BFH/NV 2015, 1549 sowie nachfolgend BFH, Urt. v. 19.1.2016 – XI R 38/12, BStBl II 2017, 567 und BFH, Urt. v. 1.6.2016 – XI R 17/11, BStBl II 2017, 581) hat eine Führungsholding den vollen Vorsteuerabzug aus allen Ausgaben – auch denen, die sich im Zusammenhang mit dem Erwerben und dem Halten dieser Beteiligungen ergeben. Eine Einschränkung kann sich nur dann ergeben, wenn im Rahmen der Führungsholding mit den bezogenen Leistungen (auch) steuerfreie, den Vorsteuerabzug ausschließende Leistungen ausgeführt werden. Liegt eine Mischholding vor, können die allgemeinen Aufwendungen nicht vollständig zum Vorsteuerabzug zugelassen werden; der Vorsteueraufteilungsmaßstab bestimmt sich in diesen Fällen nach dem allgemeinen Aufteilungsmaßstab, in diesem Fall nach § 15 Abs. 4 UStG.

1.3 Weitere Formen der Beteiligung

Beteiligungsbesitz kann sich aber nicht nur im Rahmen einer Holding ergeben, **Beteiligungen können auch aus anderen Gründen gehalten werden**. Auch in diesen Fällen ist vom Grundsatz her die Beteiligung nicht dem Unternehmen zuzuordnen. Nach der Rechtsprechung des EuGH kann aber unter bestimmten Voraussetzungen von einer unternehmerischen Betätigung – und damit von einer **Zuordnung der Beteiligung zum Unternehmen** – ausgegangen werden:

- Ein **Wertpapierhändler** erwirbt und veräußert gewerbsmäßig Beteiligungen. Damit wird eine nachhaltige Tätigkeit zur Erzielung von Einnahmen ausgeübt (EuGH, Urt. v. 29.4.2004 – C-77/01, EDM, BFH/NV Beilage 2004, 259). Dies gilt insbesondere für Finanzinvestoren, die sanierungsreife Gesellschaften erwerben und diese dann nach erfolgter Sanierung gewinnbringend veräußern.

- Die Beteiligung wird aus Gründen der **Förderung der unternehmerischen Tätigkeit** gehalten. Solche Gründe können in der Sicherung günstiger Einkaufs- oder Absatzkonditionen oder dem Einfluss auf Geschäftspartner oder Konkurrenten bestehen (EuGH, Urt. v. 11.7.1996 – C-306/94, Régie dauphinoise – Cabinet A. Forest SARL, UR 1996, 304).
- Die Beteiligung erfolgt zum Zweck des unmittelbaren **Eingreifens in die Verwaltung der Gesellschaften**, an denen die Beteiligung besteht (EuGH, Urt. v. 20.6.1991 – C-60/90, Polysar Investments, UR 1993, 119). Die Eingriffe müssen dabei zwingend durch unternehmerische Leistungen durch das entgeltliche Erbringen von administrativen, finanziellen, kaufmännischen und technischen Dienstleistungen an die jeweiligen Beteiligungsgesellschaften erfolgen (EuGH, Urt. v. 12.7.2001 – C-102/00, Welthgrove BV, BFH/NV Beilage 2002, 5).

1.4 Der Vorsteuerabzug

Wird ein Anteilseigner (z. B. auch eine Holding) beim Erwerb einer gesellschaftsrechtlichen Beteiligung als Unternehmer tätig, muss er die Beteiligung seinem Unternehmen zuordnen. Vorsteuern, die im Zusammenhang mit den im unternehmerischen Bereich gehaltenen gesellschaftsrechtlichen Beteiligungen anfallen, sind unter den **allgemeinen Voraussetzungen nach § 15 UStG abziehbar**. Hält der Unternehmer daneben auch gesellschaftsrechtliche Beteiligungen im nichtunternehmerischen Bereich, sind Eingangsleistungen die sowohl für den unternehmerischen Bereich als auch für den nichtunternehmerischen Bereich bezogen werden (z. B. allgemeine Verwaltungskosten, Steuerberatungskosten), für Zwecke des Vorsteuerabzugs aufzuteilen, die Aufteilung erfolgt analog § 15 Abs. 4 UStG (BFH, Urt. v. 3.3.2011 – V R 23/10, BStBl II 2012, 74). Ein Vorsteuerabzug aus Aufwendungen, die mit den im nichtunternehmerischen Bereich gehaltenen gesellschaftsrechtlichen Beteiligungen anfallen, kommt nicht in Betracht.

Hinweis: Abgrenzung aus der Rechtsprechung des EuGH

Der EuGH (Urt. v. 5.7.2018 – C-320/17, Marle Participations, UR 2018, 762) hat festgestellt, dass auch die Vermietung eines Gebäudes durch eine Holdinggesellschaft an ihre Tochtergesellschaft einen „Eingriff in die Verwaltung“ der Tochtergesellschaft darstellt, der als wirtschaftliche Tätigkeit anzusehen ist und zum Abzug der Mehrwertsteuer auf die Ausgaben berechtigt, die der Gesellschaft aus Anlass des Erwerbs von Anteilen an dieser Tochtergesellschaft entstehen, vorausgesetzt, diese Dienstleistung ist nachhaltig, wird entgeltlich erbracht und wird besteuert.

Dies gilt nach einer weiteren Entscheidung des EuGH (Urt. v. 17.10.2018 – C-249/17, Ryanair Ltd., DStR 2018, 2263) auch für eine Gesellschaft, die beabsichtigt, die gesamten Anteile einer anderen Gesellschaft zu erwerben, um eine wirtschaftliche Tätigkeit in Gestalt der Erbringung steuerpflichtiger Geschäftsführungsleistungen auszuüben. Sie darf die Vorsteuer für die Ausgaben für Beratungsdienstleistungen, die sie im Rahmen eines förmlichen Übernahmeangebots in Anspruch genommen hatte, in vollem Umfang abziehen, wenn diese wirtschaftliche Tätigkeit letztlich nicht ausgeübt wurde, sofern diese Ausgaben ausschließlich in der beabsichtigten wirtschaftlichen Tätigkeit begründet sind.

2. Abgrenzung zur privaten Tätigkeit

Die **Häufigkeit der Ausführung von Umsätzen** ist kein abschließendes Kriterium zur Bestimmung der Unternehmereigenschaft. So kann die einmalige Ausführung eines Umsatzes schon die Nachhaltigkeit und damit die Unternehmereigenschaft begründen. Andererseits können auch Umsätze, die jemand unter Ausnutzung gleicher Umstände mehrfach ausführt, noch der privaten Lebensführung zuzurechnen sein. Es kommt auch hier immer entscheidend auf das Gesamtbild der Verhältnisse an. So hat der BFH (Urt. v. 29.6.1987 – X R 23/82, BStBl II 1987, 744; Urt. v. 16.7.1987 – X R 48/82, BStBl II 1987, 752) für einen **Briefmarkensammler** und für einen **Münzsammler** entschieden, dass diese beiden Sammler nicht als Unternehmer anzusehen sind, selbst wenn sie Sammlungsstücke tauschen und auf Sammlerbörsen einzelne Stücke an- und verkaufen. Auch die Veräußerung der Sammlung – in einen oder in mehreren Einzelverkäufen – sei noch als letzter Akt der privaten Lebensführung zuzuschreiben. In beiden Fällen haben sich die Personen bei dem Aufbau der Sammlung nicht wie Händler am Markt verhalten.

Nicht eindeutig ist allerdings, wie sich ein Sammler verhalten müsste, um schon beim Aufbau der Sammlung „wie ein Händler am Markt“ aufzutreten. Die Anzahl der ausgeführten Umsätze kann zwar unabhängig von den grundsätzlichen Abgrenzungskriterien einen Einfluss auf die Beurteilung der Nachhaltigkeit haben, muss aber immer auch im Kontext der weiteren Umstände des Einzelfalls gesehen werden. Der BFH musste sich mit den Folgen der Briefmarken- und Münzsammler-Urteile im Zusammenhang mit **eBay-Händlern** auseinandersetzen. In einem Fall führten Eheleute in einem Dreijahreszeitraum mehr als 1.200 Umsätze mit verschiedenen in der Vergangenheit gesammelten Gegenständen (BFH, Urt. v. 26.4.2012 – V R 2/11, BStBl II 2012, 634) über die Internetauktionsplattform eBay aus. In einem anderen Fall wurde die „Pelzmäntel Sammlung“ von 140 Stück der Schwiegermutter (BFH, Urt. v. 12.8.2015 – XI R 43/13, BStBl II 2015, 919) einzeln über eBay versteigert. In beiden Fällen war der BFH zu dem Ergebnis gekommen, dass es sich um unternehmerische Betätigungen handelt. Dem könne auch nicht entgegengehalten werden, dass der Erwerb der Gegenstände nicht zum Zwecke des Weiterverkaufs erfolgt sei. Die Veräußerung von 140 Pelzmänteln kann nach Auffassung des BFH nicht zu einer „Sammlertätigkeit“ führen, da es sich hierbei um Gebrauchsgegenstände handeln würde, und nicht um typische Sammlungsstücke (Briefmarken, Münzen und andere Sammlungsstücke, die im Wesentlichen nur einen Liebhaberwert haben). Darüber hinaus muss berücksichtigt werden, dass bei der Einzelversteigerung von dem Veräußerer ein erheblicher Organisationsaufwand betrieben werden muss. Dabei muss der Verkäufer sich für jeden einzelnen zur Internet-Versteigerung anstehenden Gegenstand Gedanken zu dessen möglichst genauer Bezeichnung, zu seiner Platzierung in der einschlägigen Produktgruppe und über ein Mindestgebot machen und zur Erhöhung der Verkaufschancen und des erzielbaren Erlöses für den Gegenstand in aller Regel mindestens ein digitales Bild anfertigen. Außerdem muss der Verkäufer den Auktionsablauf in regelmäßigen Abständen überwachen, um rechtzeitig auf Nachfragen von Kaufinteressenten reagieren zu können, sofern diese die auf der Auktionsseite eingestellten Wareninformationen als nicht ausreichend erachten. Nach Beendigung der jeweiligen Auktion muss der Verkäufer zudem den Zahlungseingang überwachen, um die Ware anschließend zügig verpacken und versenden zu können. Dies führt zu einer intensiven und langfristigen Verkaufstätigkeit unter Nutzung bewährter Vertriebsmaßnahmen („eBay“-Plattform), die deshalb als nachhaltig i. S. d. § 2 UStG beurteilt werden muss.

Hinweis: Erneute Bestätigung durch den BFH

Der BFH (Urt. v. 12.5.2022 – V R 19/20, BFH/NV 2023, 101) hat diese Sichtweise erneut bestätigt und festgestellt, dass ein Verkäufer, der auf jährlich mehreren hundert Auktionen Waren über die Internetplattform „eBay“ ausführt, eine nachhaltige und damit umsatzsteuerrechtlich unternehmerische Tätigkeit i. S. d. § 2 Abs. 1 UStG ausführt. Allerdings kann – soweit die weiteren Tatbestandsvoraussetzungen vorliegen – die Differenzbesteuerung nach § 25 a UStG angewendet werden, selbst wenn die dafür notwendigen Aufzeichnungen nicht entsprechend § 25 a Abs. 6 UStG geführt werden.

UStAE 2.4. Forderungskauf und Forderungseinzug

(1) [1]Infolge des Urteils des EuGH vom 26. 6. 2003, C-305/01, MKG-Kraftfahrzeuge-Factoring, BStBl 2004 II S. 688, ist der Forderungskauf, bei dem der Forderungseinzug durch den Forderungskäufer in eigenem Namen und für eigene Rechnung erfolgt, wie folgt zu beurteilen: [2]Im Falle des echten Factoring liegt eine unternehmerische Tätigkeit des Forderungskäufers (Factor) vor, wenn seine Dienstleistung im Wesentlichen darin besteht, dass der Forderungsverkäufer (Anschlusskunde) von der Einziehung der Forderung und dem Risiko ihrer Nichterfüllung entlastet wird (vgl. Rn. 49 und 52 des EuGH-Urteils vom 26. 6. 2003, C-305/01, a. a. O.). [3]Im Falle des unechten Factoring (der Anschlusskunde wird auf Grund eines dem Factor zustehenden Rückgriffsrechts bei Ausfall der Forderung nicht vom Ausfallrisiko der abgetretenen Forderung entlastet) gilt das Gleiche, wenn der Factor den Forderungseinzug übernimmt (vgl. Rn. 52 und 54 des EuGH-Urteils vom 26. 6. 2003, C-305/01, a. a. O.). [4]Zur Übertragung zahlungsgestörter Forderungen mit Übernahme des Ausfallrisikos durch den Erwerber vgl. jedoch Absatz 8.

(2) [1]Im Falle des Forderungskaufs ohne Übernahme des tatsächlichen Forderungseinzugs durch den Forderungskäufer (Forderungseinzug durch den Forderungsverkäufer in eigenem Namen und für fremde Rechnung) übt der Forderungskäufer unabhängig davon, ob ihm ein Rückgriffsrecht gegen den Forderungsverkäufer zusteht oder nicht, zwar unter den weiteren Voraussetzungen des § 2 Abs. 1 UStG eine unternehmerische Tätigkeit aus; diese ist jedoch keine Factoringleistung im Sinne des o. g. EuGH-Urteils. [2]Dies gilt insbesondere für die Abtretung von Forderungen in den Fällen der stillen Zession, z. B. zur Sicherung im Zusammenhang mit einer Kreditgewährung, oder für den entsprechend gestalteten Erwerb von Forderungen „a forfait", z. B. bei Transaktionen im Rahmen sog. „Asset-Backed-Securities (ABS)"-Modelle. [3]Der Einzug einer Forderung durch einen Dritten in fremdem Namen und für fremde Rechnung (Inkasso) fällt ebenfalls nicht unter den Anwendungsbereich des EuGH-Urteils vom 26. 6. 2003, C-305/01, MKG-Kraftfahrzeuge-Factoring, BStBl 2004 II S. 688; es liegt gleichwohl eine unternehmerische Tätigkeit vor.

F o r d e r u n g s v e r k ä u f e r

(3) [1]Beim Forderungskauf mit Übernahme des tatsächlichen Einzugs und ggf. des Ausfallrisikos durch den Forderungskäufer (Absatz 1 Sätze 2 und 3) erbringt der Forderungsverkäufer (Anschlusskunde) mit der Abtretung seiner Forderung keine Leistung an den Factor (BFH-Urteil vom 4. 9. 2003, V R 34/99, BStBl 2004 II S. 667). [2]Vielmehr ist der Anschlusskunde Empfänger einer Leistung des Factors. [3]Die Abtretung seiner Forderung vollzieht sich im Rahmen einer nicht steuerbaren Leistungsbeistellung. [4]Dies gilt nicht in den Fällen des Forderungskaufs ohne Übernahme des tatsächlichen Einzugs der Forderung durch den Forderungskäufer (Absatz 2 Sätze 1 und 2). [5]Die Abtretung einer solchen Forderung stellt einen nach § 4 Nr. 8 Buchstabe c UStG steuerfreien Umsatz im Geschäft mit Forderungen dar. [6]Mit dem Einzug der abgetretenen Forderung (Servicing) erbringt der Forderungsverkäufer dann keine weitere Leistung an den Forderungskäufer, wenn er auf Grund eines eigenen, vorbehaltenen Rechts mit dem Einzug der Forderung im eigenen Interesse tätig wird. [7]Beruht seine Tätigkeit dagegen auf einer gesonderten Vereinbarung, ist sie regelmäßig als Nebenleistung zu dem nach § 4 Nr. 8 Buchstabe c UStG steuerfreien Umsatz im Geschäft mit Forderungen anzusehen.

F o r d e r u n g s k ä u f e r

(4) [1]Der wirtschaftliche Gehalt der Leistung des Factors (Absatz 1 Sätze 2 und 3, Absatz 3 Sätze 1 bis 3) besteht im Wesentlichen im Einzug von Forderungen. [2]Die Factoringleistung fällt in den Katalog der Leistungsbeschreibungen des § 3 a Abs. 4 Satz 2 Nr. 6 Buchstabe a UStG (vgl. Abschnitt 3 a.9 Abs. 17). [3]Die Leistung ist von der Steuerbefreiung nach § 4 Nr. 8 Buchstabe c UStG ausgenommen und damit grundsätzlich steuerpflichtig. [4]Eine ggf. mit der Factoringleistung einhergehende Kreditgewährung des Factors an den Anschlusskunden ist regelmäßig von untergeordneter Bedeutung und teilt daher als unselbständige Nebenleistung das Schicksal der Hauptleistung (vgl. BFH-Urteil vom 15. 5. 2012, XI R 28/10, BStBl 2015 II S. 966). [5]Abweichend davon kann die Kreditgewährung jedoch dann als eigenständige Hauptleistung zu beurteilen sein, wenn sie eine eigene wirtschaftliche Bedeutung hat. [6]Hiervon ist insbesondere auszugehen, wenn die Forderung in mehreren Raten oder insgesamt nicht vor Ablauf eines Jahres nach der Übertragung fällig ist oder die Voraussetzungen des Abschnitts 3.11 Abs. 1 erfüllt sind.

(5) [1]Beim Forderungskauf ohne Übernahme des tatsächlichen Forderungseinzugs erbringt der Forderungskäufer keine Factoringleistung (vgl. Absatz 2 Sätze 1 und 2). [2]Der Forderungskauf stellt sich in diesen Fällen, sofern nicht lediglich eine Sicherungsabtretung vorliegt, umsatzsteuerrechtlich damit insgesamt als Rechtsgeschäft dar, bei dem der Forderungskäufer neben der Zahlung des Kaufpreises einen Kredit gewährt und der Forderungsverkäufer als Gegenleistung seine Forderung abtritt, auch wenn der Forderungskauf zivilrechtlich, handels- und steuerbilanziell nicht als Kreditgewährung, sondern als echter Verkauf („true sale") zu betrachten ist. [3]Damit liegt ein tauschähnlicher Umsatz mit Baraufgabe vor (vgl. § 3 Abs. 12 Satz 2 UStG). [4]Umsatzsteuerrechtlich ist es ohne Bedeutung, ob die Forderungen nach Handels- und Ertragsteuerrecht beim Verkäufer oder beim Käufer zu bilanzieren sind. [5]Die Kreditgewährung in den Fällen der Sätze 1 bis 4 und des Absatzes 4 Sätze 5 und 6 ist nach § 4 Nr. 8 Buchstabe a UStG steuerfrei; sie kann unter den Voraussetzungen des § 9 Abs. 1 UStG als steuerpflichtig behandelt werden. [6]Zur Ermittlung der Bemessungsgrundlage vgl. Abschnitt 10.5 Abs. 6.

Bemessungsgrundlage Factoringleistung/Vorsteuerabzug

(6) [1]Bemessungsgrundlage für die Factoringleistung (Absatz 1 Sätze 2 und 3, Absatz 3 Sätze 1 bis 3) ist grundsätzlich die Differenz zwischen dem Nennwert der dem Factor abgetretenen Forderungen und dem Betrag, den der Factor seinem Anschlusskunden als Preis für diese Forderungen zahlt, abzüglich der in dem Differenzbetrag enthaltenen Umsatzsteuer (§ 10 UStG). [2]Wird für diese Leistung zusätzlich oder ausschließlich eine Gebühr gesondert vereinbart, gehört diese zur Bemessungsgrundlage. [3]Bei Portfolioverkäufen ist es nicht zu beanstanden, wenn eine nach Durchschnittwerten bemessene Gebühr in Ansatz gebracht wird. [4]Der Umsatz unterliegt dem allgemeinen Steuersatz, § 12 Abs. 1 UStG. [5]Ist beim Factoring unter den in Absatz 4 Sätze 5 und 6 genannten Voraussetzungen eine Kreditgewährung als eigenständige Hauptleistung anzunehmen, gehört der Teil der Differenz, der als Entgelt für die Kreditgewährung gesondert vereinbart wurde, nicht zur Bemessungsgrundlage der Factoringleistung. [6]Der Verkäufer der Forderung kann unter den Voraussetzungen des § 15 UStG den Vorsteuerabzug aus der Leistung des Käufers der Forderung in Anspruch nehmen, soweit die verkaufte Forderung durch einen Umsatz des Verkäufers der Forderung begründet wurde, der bei diesem den Vorsteuerabzug nicht ausschließt.

Übertragung zahlungsgestörter Forderungen

(7) [1]Eine Forderung (bestehend aus Rückzahlungs- und Zinsanspruch) ist insgesamt zahlungsgestört, wenn sie, soweit sie fällig ist, ganz oder zu einem nicht nur geringfügigen Teil seit mehr als 90 Tagen nicht ausgeglichen wurde. [2]Eine Forderung ist auch zahlungsgestört, wenn die Kündigung erfolgt ist oder die Voraussetzungen für eine Kündigung vorliegen.

(8) [1]Bei der Übertragung einer zahlungsgestörten Forderung unter Übernahme des Ausfallrisikos durch den Erwerber besteht der wirtschaftliche Gehalt in der Entlastung des Verkäufers vom wirtschaftlichen Risiko und nicht in der Einziehung der Forderung. [2]Da die Differenz zwischen dem Nennwert der übertragenen Forderung und deren Kaufpreis vorrangig auf der Beurteilung der Werthaltigkeit der Forderung beruht, stellt diese keine Vergütung dar, mit der unmittelbar eine vom Käufer erbrachte Dienstleistung entgolten werden soll. [3]Der Forderungserwerber erbringt daher keine wirtschaftliche Tätigkeit (EuGH-Urteil vom 27. 10. 2011, C-93/10, GFKL, BStBl 2015 II S. 978). [4]Dies gilt selbst dann, wenn der Erwerber den Verkäufer von der weiteren Verwaltung und Vollstreckung der Forderung entlastet (BFH-Urteil vom 4. 7. 2013, V R 8/10, BStBl 2015 II S. 969) oder die Beteiligten dem Forderungseinzug bei der Bemessung des Abschlages auf den Kaufpreis oder durch Vereinbarung einer gesonderten Vergütung eine nicht untergeordnete Bedeutung beimessen. [5]Der Forderungserwerber ist nicht zum Vorsteuerabzug aus den Eingangsrechnungen für den Forderungserwerb und den Forderungseinzug berechtigt (BFH-Urteil vom 26. 1. 2012, V R 18/08, BStBl 2015 II S. 962). [6]Werden sowohl zahlungsgestörte als auch nicht zahlungsgestörte Forderungen in einem Portfolio übertragen, ist das Gesamtpaket für Zwecke des Vorsteuerabzuges entsprechend aufzuteilen; auf die Abschnitte 15.2b ff. wird hingewiesen. [7]Der Verkäufer erbringt mit der Abtretung oder Übertragung einer zahlungsgestörten Forderung unter Übernahme des Ausfallrisikos durch den Erwerber eine nach § 4 Nr. 8 Buchstabe c UStG steuerfreie Leistung im Geschäft mit Forderungen an den Erwerber. [8]Soweit wegen Rückbeziehung der übertragenen Forderung auf einen zurückliegenden Stichtag der Forderungsverkäufer noch die Forderung verwaltet, liegt hierin eine unselbständige Nebenleistung zum steuerfreien Forderungsverkauf, die das rechtliche Schicksal der Hauptleistung teilt (BFH-Urteil vom 4. 7. 2013, V R 8/10, a. a. O.). [9]Im Falle der Übertragung einer zahlungsgestörten Forderung ohne Übernahme des Ausfallrisikos durch den Erwerber liegt eine wirtschaftliche Tätigkeit des Erwerbers vor, wenn dieser den Forderungseinzug übernimmt (vgl. Absatz 1 Satz 3; zur Bemessungsgrundlage vgl. Absatz 6).

Anmerkung

Der Kauf und das Einziehen von Forderungen (**Factoring**) wurden früher als nicht steuerbare Tätigkeiten angesehen, da der Käufer der Forderung weder mit dem Erwerb der Forderung noch mit dem Einziehen eine Leistung gegen Entgelt erbrachte (sog. echtes Factoring). Nach der Rechtsprechung des EuGH (Urt. v. 26.6.2003 – C-305/01, MKG-Kraftfahrzeuge-Factoring GmbH, BStBl II 2004, 688) und des BFH (Urt. v. 4.9.2003 – V R 34/99, BStBl II 2004, 667) stellt aber das gewerbsmäßige Kaufen von werthaltigen Forderungen und die Einziehung dieser Forderungen eine Dienstleistung gegen Entgelt gegenüber dem Verkäufer der Forderung dar. Damit wird auch der Käufer der Forderung – soweit er dies gewerbsmäßig ausführt – als Unternehmer im Rahmen seines Unternehmens tätig; dies gilt allerdings dann nicht, wenn sog. zahlungsgestörte Forderungen übertragen werden (EuGH, Urt. v. 27.10.2011 – C-93/10, GFKL Financial Services AG, BFH/NV 2011, 2220). Grundsätzlich ist bei der Übertragung von Forderungen zu unterscheiden, ob der Abtretungsempfänger den Forderungseinzug mit übernimmt oder nicht.

1. Abtretungsempfänger übernimmt den Forderungseinzug

Beim **Forderungskauf** mit Übernahme des tatsächlichen Einzugs und auch des Ausfallrisikos durch den Forderungskäufer erbringt der Forderungsverkäufer (sog. Anschlusskunde) mit der Abtretung seiner Forderung keine Leistung an den Factor. Vielmehr erbringt der Käufer der Forderung eine sonstige Leistung an den Anschlusskunden. Die Abtretung seiner Forderung vollzieht sich im Rahmen einer nicht steuerbaren Leistungsbeistellung.

Die **Leistung des Factors** besteht im Wesentlichen im Einzug von Forderungen. Der Ort dieser Leistung bestimmt sich nach § 3 a Abs. 2 UStG, soweit die Leistung an einen Unternehmer für dessen Unternehmen ausgeführt wird, ansonsten nach § 3 a Abs. 4 oder Abs. 1 UStG. Die Leistung ist auch nicht steuerbefreit. Bemessungsgrundlage für die Factoringleistung ist grundsätzlich die Differenz zwischen dem Nennwert der dem Factor abgetretenen Forderung und dem Betrag, den der Factor seinem Anschlusskunden als Preis für diese Forderung zahlt, abzüglich der in dem Differenzbetrag enthaltenen Umsatzsteuer. Wird für diese Leistung zusätzlich oder ausschließlich eine Gebühr gesondert vereinbart, gehört diese zur Bemessungsgrundlage.

Ist damit zu rechnen, dass der Schuldner die Forderung nicht in vollem Umfang bezahlen wird, liegt eine sog. zahlungsgestörte Forderung vor. Der **EuGH** (Urt. v. 27.10.2011 – C-93/10, GFKL Financial Services AG, BFH/NV 2011, 2220) hatte 2011 die dann auch später in Deutschland umgesetzten Rechtsfolgen vorgegeben, dass ein Wirtschaftsteilnehmer, der auf eigenes Risiko zahlungsgestörte Forderungen zu einem unter ihren Nennwert liegenden Preis kauft, keine entgeltliche sonstige Leistung erbringt und keine unter die Anwendung des Umsatzsteuerrechts fallende wirtschaftliche Tätigkeit ausübt, wenn die Differenz zwischen dem Nennwert dieser Forderung und deren Kaufpreis den tatsächlichen wirtschaftlichen Wert der betreffenden Forderungen zum Zeitpunkt der Übertragung widerspiegelt.

Der **BFH** (Urt. v. 26.1.2012 – V R 18/08, BStBl II 2015, 962) hatte die Grundsätze des EuGH übernommen und festgestellt, dass ein Unternehmer, der zahlungsgestörte Forderungen unter Vereinbarung eines vom Kaufpreis abweichenden wirtschaftlichen Wert erwirbt, an den Forderungsverkäufer keine entgeltliche Leistung ausführt. Aus diesem Grund ist – in Ermangelung einer wirtschaftlichen Leistung – für den Forderungserwerber aus damit zusammenhängenden Leistungsbezügen ein Vorsteuerabzug nicht möglich. Dies gilt auch dann, wenn der Abtretungsempfänger den Verkäufer der Forderung von der weiteren Verwaltung und Vollstreckung der Forderungen entlastet (BFH, Urt. v. 4.7.2013 – V R 8/10, BStBl II 2015, 969).

Die Finanzverwaltung hat die Grundsätze aus der Rechtsprechung des EuGH und BFH mit Schreiben v. 2.12.2015, BStBl I 2015, 1012 übernommen und die früher vertretene Auffassung zur Behandlung zahlungsgestörter Forderungen aufgegeben.

> **Hinweis: Definition zahlungsgestörte Forderung**
>
> Eine Forderung gilt nach Auffassung der Finanzverwaltung dann als zahlungsgestört, wenn sie – soweit sie fällig ist – ganz oder zu einem nicht nur geringfügigen Teil seit mehr als 90 Tagen nicht ausgeglichen wurde. Eine Forderung gilt auch dann als zahlungsgestört, wenn die Kündigung erfolgt ist oder die Voraussetzungen für eine Kündigung vorliegen.

Wird eine zahlungsgestörte Forderung verkauft, ergibt sich für die Beteiligten Folgendes:

- **Erwerber der zahlungsgestörten Forderung:** Der Forderungskäufer wird nicht wirtschaftlich tätig, er führt keine der Besteuerung unterliegende Leistung aus. Da er nicht wirtschaftlich tätig ist, hat er keinen Vorsteuerabzug aus den mit dem Erwerb und dem Zahlungseinzug zusammenhängenden Eingangsumsätzen.

- **Verkäufer der zahlungsgestörten Forderung:** Der Forderungsverkäufer führt mit der Veräußerung und Abtretung der Forderung eine steuerbare Leistung aus (soweit der Ort der Leistung im Inland ist), die aber nach § 4 Nr. 8 Buchst. c UStG steuerfrei ist. Der Verkäufer kann in diesem Fall auch nicht auf die Steuerfreiheit verzichten, da der Leistungsempfänger nicht als Unternehmer handelt.

Werden **sowohl zahlungsgestörte als auch nicht zahlungsgestörte Forderungen** in einem Portfolio übertragen, muss sowohl für die Ermittlung der Bemessungsgrundlage für die Leistung des Käufers der Forderung als auch für seinen Vorsteuerabzug für die im Zusammenhang mit dem Forderungskauf und dem Einzug anfallenden Eingangsleistungen eine Aufteilung erfolgen.

Für den **Verkäufer der zahlungsgestörten Forderung** ergeben sich keine unmittelbaren Auswirkungen. Während er nach der früheren Rechtsauffassung der Finanzverwaltung eine nicht steuerbare Beistellung zu der Leistung des Erwerbers ausführte, erbringt er jetzt eine steuerfreie Leistung an den Käufer der Forderung. Die steuerfreie Leistung des Verkäufers der Forderung führt nicht zu einer Vorsteueraufteilung für seine Gemeinkosten. Nach § 43 Nr. 1 UStDV braucht in solchen Fällen keine Vorsteueraufteilung für die nicht direkt zuordenbaren Eingangsleistungen vorgenommen werden. Lediglich für Eingangsleistungen, die unmittelbar mit dem Verkauf der zahlungsgestörten Forderungen zusammen hängen, ist der Vorsteuerabzug ausgeschlossen.

Die Grundsätze waren in allen offenen Fällen anzuwenden. Die Finanzverwaltung beanstandete es aber nicht, wenn für alle vor dem 1.7.2016 ausgeführten Forderungsübertragungen die Beteiligten noch übereinstimmend die früheren Grundsätze anwendeten. Dies galt auch für Übertragungen, die auf Grundlage eines vor dem 1.7.2016 abgeschlossenen Kaufvertrags über den regelmäßigen Erwerb zahlungsgestörter Forderungen erfolgen und vor dem 1.1.2019 ausgeführt wurden.

2. Forderungseinzug verbleibt bei dem Abtretenden

Eine Leistung des Abtretungsempfängers an den Verkäufer (Anschlusskunde) ergibt sich nicht in den Fällen des Forderungskaufs ohne Übernahme des tatsächlichen Einzugs der Forderung durch den Forderungskäufer. Die Abtretung einer solchen Forderung stellt für den Verkäufer einen steuerbaren und nach § 4 Nr. 8 Buchst. c UStG steuerfreien Umsatz im Geschäft mit Forderungen dar. Mit dem Einzug der abgetretenen Forderung (sog. **Servicing**) erbringt der Forderungsverkäufer dann keine weitere Leistung an den Forderungskäufer, wenn er aufgrund eines eigenen, vorbehaltenen Rechts mit dem Einzug der Forderung im eigenen Interesse tätig wird. Beruht seine Tätigkeit dagegen auf einer gesonderten Vereinbarung, ist sie regelmäßig als Nebenleistung zu dem nach § 4 Nr. 8 Buchst. c UStG steuerfreien Umsatz im Geschäft mit Forderungen anzusehen.

UStAE 2.5. Betrieb von Anlagen zur Energieerzeugung

(1) [1]Soweit der Betreiber einer unter **das** EEG fallenden Anlage oder einer unter **das** KWKG fallenden Anlage zur Stromgewinnung den erzeugten Strom **gegen Entgelt** ganz oder teilweise, regelmäßig und nicht nur gelegentlich in das allgemeine Stromnetz einspeist, dient diese Anlage ausschließlich der nachhaltigen Erzielung von Einnahmen aus der Stromerzeugung (vgl. BFH-Urteil vom 18. 12. 2008 – V R 80/07, BStBl II 2011 S. 292). [2]Eine solche Tätigkeit begründet daher – unabhängig von der Höhe der erzielten Einnahmen und unabhängig von der leistungsmäßigen Auslegung der Anlage – die Unternehmereigenschaft des Betreibers, sofern dieser nicht bereits anderweitig unternehmerisch tätig ist. [3]Ist eine solche Anlage – unmittelbar oder mittelbar – mit dem allgemeinen Stromnetz verbunden, kann davon ausgegangen werden, dass der Anlagenbetreiber eine unternehmerische Tätigkeit im Sinne der Sätze 1 und 2 ausübt. [4]Eine Unternehmereigenschaft des Betreibers der Anlage ist grundsätzlich nicht gegeben, wenn eine physische Einspeisung des erzeugten Stroms nicht möglich ist (z. B. auf Grund unterschiedlicher Netzspannungen), weil hierbei kein Leistungsaustausch zwischen dem Betreiber der Anlage und dem des allgemeinen Stromnetzes vorliegt.

Kaufmännisch-bilanzielle Einspeisung nach **dem** EEG

(2) [1]Die bei der sog. kaufmännisch-bilanziellen Einspeisung in ein Netz angebotene und nach **dem** EEG vergütete Elektrizität wird umsatzsteuerrechtlich vom EEG-Anlagenbetreiber **nicht** an den vergütungspflichtigen Netzbetreiber geliefert, wenn der Verbrauch tatsächlich innerhalb eines Netzes erfolgt, das kein Netz für die allgemeine Versorgung ist und das vom Anlagenbetreiber selbst oder einem Dritten, der kein Netzbetreiber im Sinne des EEG ist, betrieben wird. **[2]Eine umsatzsteuerrechtlich unerhebliche kaufmännisch-bilanzielle Einspeisung im Sinne des Satzes 1 liegt vor, wenn der Anlagenbetreiber den selbst erzeugten Strom in seinem eigenen Stromnetz (sog. Kundenanlage) „liefert", ohne bilanziell eine Stromeinspeisung in das Elektrizitätsversorgungsnetz und eine Stromentnahme aus dem Elektrizitätsversorgungsnetz vorzunehmen (vgl. BFH-Urteil vom 29. 11. 2022 – XI R 18/21, BStBl II 2025 S. 265).**

Wiederverkäufereigenschaft des Anlagenbetreibers

(3) [1]Betreiber von dezentralen Stromgewinnungsanlagen (z. B. Photovoltaik- bzw. Windkraftanlagen, Biogas-Blockheizkraftwerke) sind regelmäßig keine Wiederverkäufer von Elektrizität (Strom) im Sinne des § 3g UStG (vgl. Abschnitt 13b.3a Abs. 2 Sätze 3 und 4). [2]Zum Begriff des Wiederverkäufers von Elektrizität im Sinne des § 3g Abs. 1 UStG vgl. Abschnitt 3g.1 Abs. 2 und 3. [3]Besteht die Tätigkeit des Anlagenbetreibers sowohl im Erwerb als auch in der Herstellung von Strom zur anschließenden Veräußerung, ist bei der Beurteilung der Wiederverkäufereigenschaft ausschließlich das Verhältnis zwischen erworbenen und veräußerten Energiemengen maßgeblich. [4]Werden daher mehr als die Hälfte der zuvor erworbenen Strommengen weiterveräußert, erfüllt der Unternehmer die Wiederverkäufereigenschaft im Sinne des § 3g UStG. [5]Ist er danach Wiederverkäufer von Strom, fallen auch die Lieferungen der selbsterzeugten Strommengen an einen anderen Wiederverkäufer unter die Regelung des § 13b Abs. 2 Nr. 5 Buchstabe b UStG.

Beispiel:

[1]A produziert als Betreiber einer dezentralen Stromgewinnungsanlage 50 Einheiten Strom und veräußert diese 50 Einheiten insgesamt an einen anderen Anlagenbetreiber W. [2]W produziert ebenfalls 50 Einheiten Strom. [3]Die darüber hinaus erworbenen 50 Einheiten des A werden zusammen mit den selbsterzeugten 50 Einheiten (= 100 Einheiten) von W an einen Direktvermarkter (= Wiederverkäufer) veräußert.

[4]Da A ausschließlich die selbst erzeugten Strommengen veräußert und darüber hinaus keine weiteren Strommengen mit dem Ziel der Veräußerung erworben hat, ist dieser kein Wiederverkäufer im Sinne des § 3g UStG. [5]W hingegen ist Wiederverkäufer im Sinne des § 3g UStG, da er mehr als die Hälfte der zuvor erworbenen Stromeinheiten (hier: 50, mithin 100 %) weiterveräußert. [6]Die gesamte Stromlieferung des W an den Direktvermarkter unterliegt daher den Regelungen des § 13b UStG. [7]Dass in der veräußerten Strommenge auch selbst produzierte Stromeinheiten enthalten sind, ist unerheblich.

Photovoltaikanlagen

(4) **[1]Nach dem EEG ist ein Netzbetreiber zur Abnahme, Weiterleitung und Verteilung sowie Vergütung der gesamten vom Betreiber einer Anlage im Sinne des EEG erzeugten Elektrizität verpflichtet. [2]Die Stromlieferung des Betreibers einer Photovoltaikanlage an den Netzbetreiber umfasst umsatzsteuerrechtlich den physisch eingespeisten und den nicht unter Absatz 2 fallenden kaufmännisch-bilanziell weitergegebenen Strom. [3]Die Einspeisevergütung ist in diesen Fällen Entgelt für Lieferungen des Anlagenbetreibers und kein Zuschuss. [4]Der nicht eingespeiste, dezentral verbrauchte Strom wird nach EEG nicht (mehr) vergütet und ist nicht Gegenstand der Lieferung an den Netzbetreiber; auch aus einer bloßen Vergütungsregelung folgt nicht, dass der Netzbetreiber für den nicht eingespeisten, dezentral verbrauchten Strom Empfänger einer Leistung ist. [5]Der von einem Anlagenbetreiber erzeugte und dezentral verbrauchte Strom gilt weder als an den Stromnetzbetreiber geliefert noch als an den Anlagenbetreiber zurückgeliefert (vgl. BFH-Urteil vom 29. 11. 2022 – XI R 18/21, Stil II 2025 S. 265). [6]Soweit die erzeugte Energie vom Anlagenbetreiber nachweislich dezentral verbraucht wird (sog. Direktver-**

brauch) und der Anlagenbetreiber hierfür (noch) nach EEG vergütet wird, liegt mangels Vorliegens eines Leistungsaustauschs ein nichtsteuerbarer, echter Zuschuss an den Anlagenbetreiber vor.

(5) **[1]Entgelt für die Lieferung des Anlagenbetreibers an den Netzbetreiber ist die in der jeweils anzuwendenden Fassung des EEG festgelegte Einspeisevergütung für den physisch eingespeisten und den nicht unter Absatz 2 fallenden kaufmännisch-bilanziell weitergegebenen Strom. [2]Die Umsatzsteuer ist in den Einspeisevergütungsbeträgen nach EEG nicht enthalten.**

(6) **[1]Führt der dezentrale Stromverbrauch zu einer steuerpflichtigen unentgeltlichen Wertabgabe nach § 3 Abs. 1b Satz 1 Nr. 1 UStG (vgl. hierzu Abschnitte 3.2 und 3.3), ist für die Bemessungsgrundlage nach § 10 Abs. 4 Satz 1 Nr. 1 UStG der fiktive Einkaufspreis im Zeitpunkt des Umsatzes maßgebend (vgl. BFH-Urteil vom 12. 12. 2012 – XI R 3/10, BStBl II 2014 S. 809). [2]Bezieht der Photovoltaikanlagenbetreiber von einem Energieversorgungsunternehmen zusätzlich Strom, liegt ein dem selbstproduzierten Strom gleichartiger Gegenstand vor, dessen Einkaufspreis als (fiktiver) Einkaufspreis anzusetzen ist. [3]Sofern der Betreiber seinen Strombedarf allein durch den dezentralen Verbrauch deckt, ist als fiktiver Einkaufspreis der Strompreis des Stromgrundversorgers anzusetzen. [4]Die Beweis- und Feststellungslast für die Ermittlung und die Höhe des fiktiven Einkaufspreises obliegt dem Photovoltaikanlagenbetreiber.**

(7) **[1]Die Menge des dezentral verbrauchten Stroms wird durch Abzug der an den Netzbetreiber tatsächlich gelieferten Strommenge von der insgesamt erzeugten Strommenge ermittelt. [2]Bei Photovoltaikanlagen ohne eine entsprechende Messeinrichtung kann die erzeugte Strommenge aus Vereinfachungsgründen unter Berücksichtigung einer durchschnittlichen Volllaststundenzahl von 1 000 kWh/kWp (jährlich erzeugte Kilowattstunden pro Kilowatt installierter Leistung) geschätzt werden. [3]Messeinrichtungen zur Abgrenzung der selbst verbrauchten Strommenge sind nur noch dann nötig, wenn dieser Strom nach dem EEG vergütet wird. [4]Im Falle einer unterjährigen Nutzungseinschränkung (z. B. Defekt, Ausfall) oder einer Anschaffung im laufenden Jahr ist die Volllaststundenzahl entsprechend zeitanteilig anzupassen. [5]Sofern der Anlagenbetreiber die tatsächlich erzeugte Strommenge nachweist (z. B. durch einen Stromzähler), ist dieser Wert maßgebend.**

Beispiel:

[1]Photovoltaikanlagenbetreiber P lässt zum 01.01.01 (vor Inkrafttreten des § 12 Abs. 3 UStG) auf dem Dach seines Einfamilienhauses eine Photovoltaikanlage mit einer Leistung von 5 kW (peak) installieren. [2]Der dezentral (selbst) verbrauchte Strom wird nach dem EEG nicht vergütet. [3]Die Anschaffungskosten betragen 10 000 € zzgl. 1 900 € Umsatzsteuer. [4]P beabsichtigt bei Anschaffung ca. 20 % des erzeugten Stroms privat zu verbrauchen. [5]Im Jahr 01 speist P Strom in Höhe von 3 900 kWh ein. [6]P kann die insgesamt erzeugte Strommenge nicht nachweisen. [7]Zur Deckung des eigenen Strombedarfs von 4 000 kWh bezieht P zusätzlich Strom von einem Energieversorgungsunternehmen zu einem Preis von 25 Cent pro kWh (Bruttopreis), demnach 21,01 Cent (Nettopreis) pro kWh.

[8]P erbringt mit der Einspeisung des Stroms eine Lieferung an den Netzbetreiber. [9]Die Photovoltaikanlage wird teilunternehmerisch genutzt. [10]Da die nichtunternehmerische Verwendung in einer unternehmensfremden (privaten) Nutzung besteht, hat P das Wahlrecht, die Photovoltaikanlage vollständig seinem Unternehmen zuzuordnen und den vollen Vorsteuerbetrag in Höhe von 1 900 € aus der Anschaffung geltend zu machen. [11]In diesem Fall führt der dezentrale Verbrauch zu einer unentgeltlichen Wertabgabe nach § 3 Abs. 1b Satz 1 Nr. 1 UStG, die wie folgt zu berechnen ist:

[12]Da P die insgesamt erzeugte Strommenge nicht nachweisen kann, ist diese anhand einer Volllaststundenzahl von 1 000 kWh/kWp mit 5 000 kWh (5 kW installierte Leistung × 1 000 kWh) zu schätzen. [13]Hiervon hat P 3 900 kWh eingespeist, sodass der anzunehmende dezentrale Verbrauch im Jahr 01 1 100 kWh beträgt. [14]Als Bemessungsgrundlage ist nach § 10 Abs. 4 Satz 1 Nr. 1 UStG der fiktive Einkaufspreis maßgebend. [15]Als fiktiver Einkaufspreis ist der Netto-Strompreis in Höhe von 21,01 Cent anzusetzen. [16]Die Bemessungsgrundlage der unentgeltlichen Wertabgabe nach § 3 Abs. 1b Satz 1 Nr. 1 UStG beträgt im Jahr 01 somit rund 231,11 € (1 100 kWh × 21,01 Cent); es entsteht Umsatzsteuer in Höhe von 43,91 € (231,11 € × 19 %).

(8) **[1]Stellen ein Stromspeicher, eine Wallbox oder ähnliche nicht wesentliche Komponenten einer Photovoltaikanlage (vgl. Abschnitt 12.18 Abs. 9) im Einzelfall umsatzsteuerrechtlich jeweils eigenständige**

Zuordnungsobjekte dar (vgl. Abschnitt 15.2c Abs. 9), ist ein Vorsteuerabzug aus der Anschaffung oder Herstellung des jeweiligen Geräts nicht zulässig, wenn der gespeicherte oder durchfließende Strom zu weniger als 10 % für unternehmerische Zwecke des Anlagenbetreibers verbraucht wird (§ 15 Abs. 1 Satz 2 UStG). [2]Bei gleichzeitiger Anschaffung einer Photovoltaikanlage und eines Stromspeichers in einem einheitlichen (Werk-)Vertrag liegt eine Sachgesamtheit im Sinne des Abschnitts 3.1 Abs. 1 Satz 4 vor. [3]Zuordnungsobjekt im Sinne von Abschnitt 15.2c ist in diesem Fall die Gesamtanlage.

(9) [1]Aus der Errichtung und dem Betrieb einer Photovoltaikanlage ist der Anlagenbetreiber unter den allgemeinen Voraussetzungen des § 15 UStG zum Vorsteuerabzug berechtigt. [2]Wird der erzeugte Strom nur zum Teil unternehmerisch (z.B. zur entgeltlichen Einspeisung oder Verwendung für unternehmerische Tätigkeiten) und im Übrigen im Rahmen des dezentralen Verbrauchs nichtunternehmerisch verwendet, liegt eine teilunternehmerische Verwendung vor. [3]Diese berechtigt grundsätzlich nur im Umfang der unternehmerischen Verwendung zum Vorsteuerabzug (vgl. Abschnitt 15.2b Abs. 2), wobei die unternehmerische Nutzung mindestens 10 % betragen muss (§ 15 Abs. 1 Satz 2 UStG). [4]Zum Vorsteuerabzug aus Baumaßnahmen, die der Unternehmer im Zusammenhang mit der Installation einer Photovoltaikanlage in Auftrag gibt, vgl. Abschnitt 15.2c Abs. 8 Beispiele 1 und 2.

(10) [1]Soweit eine Photovoltaikanlage für nichtwirtschaftliche Tätigkeiten i.e.S. verwendet wird (vgl. Abschnitt 2.3 Abs. 1a), ist eine Zuordnung der Anlage zum Unternehmen nicht möglich (vgl. Abschnitt 15.2c Abs. 2 Satz 1 Nr. 2 Buchstabe a). [2]Der Vorsteuerabzug aus der Anschaffung der Photovoltaikanlage ist insoweit ausgeschlossen. [3]Die erforderliche Aufteilung der Eingangsleistungen ist analog zu § 15 Abs. 4 UStG nach einem sachgerechten Aufteilungsschlüssel vorzunehmen (vgl. hierzu Abschnitt 15.17 Abs. 3 und 3a). [4]Zur Ermittlung der dezentral verbrauchten Strommenge vgl. Absatz 7. [5]Erhöht sich der dezentrale Stromverbrauch für nichtwirtschaftliche Tätigkeiten i.e.S., unterliegt die Erhöhung der Wertabgabenbesteuerung nach § 3 Abs. 1b Satz 1 Nr. 1 UStG. [6]Bei Erhöhung der unternehmerischen Verwendung des erzeugten Stroms kommt eine Berichtigung des Vorsteuerabzugs nach § 15a UStG aus Billigkeitsgründen in Betracht (vgl. Abschnitt 15a.1 Abs. 7). [7]Zum Berichtigungszeitraum vgl. Abschnitt 15a.3.

(11) [1]Besteht die nichtunternehmerische Verwendung der Photovoltaikanlage in einer unternehmensfremden (privaten) Nutzung, hat der Unternehmer ein Zuordnungswahlrecht und kann den vollen Vorsteuerabzug aus der Anschaffung der Photovoltaikanlage geltend machen, wenn die unternehmerische Nutzung mindestens 10 % beträgt (§ 15 Abs. 1 Satz 2 UStG, vgl. auch Abschnitt 15.2c Abs. 2 Satz 1 Nr. 2 Buchstabe b). [2]Zum Ausgleich unterliegt der private Stromverbrauch der Wertabgabenbesteuerung nach § 3 Abs. 1b Satz 1 Nr. 1 UStG. [3]Zur Wertabgabenbesteuerung im Zusammenhang mit einer Leistung, die dem Nullsteuersatz (§ 12 Abs. 3 UStG) unterliegt, siehe Abschnitt 3.2 Abs. 3.

Kraft-Wärme-Kopplungsanlagen (KWK-Anlagen)

(12) [1]Nach dem KWKG wird auch der sog. Direktverbrauch (dezentraler Verbrauch von Strom durch den Anlagenbetreiber oder einen Dritten) gefördert. [2]Die Absätze 4 und 6 bis 11 gelten bei KWK-Anlagen entsprechend. [3]Die Stromlieferung des Betreibers einer KWK-Anlage an den Netzbetreiber umfasst umsatzsteuerrechtlich den physisch eingespeisten und den nicht unter eine entsprechende Anwendung des Absatzes 2 fallenden kaufmännisch-bilanziell weitergegebenen Strom. [4]Der von einem Anlagenbetreiber erzeugte und nicht eingespeiste, dezentral verbrauchte Strom wird weder an den Stromnetzbetreiber geliefert noch an den Anlagenbetreiber zurückgeliefert (BFH-Urteile vom 29. 11. 2022 – XI R 18/21, BStBl II 2025 S. 265, und vom 11. 05. 2023 – V R 22/21, BStBl II 2025 S. 269). [5]Die Zahlung eines sog. KWK-Zuschlags für nicht eingespeisten, dezentral verbrauchten Strom gemäß dem KWKG führt nicht zu einer Lieferung im Sinne von § 3 Abs. 1 UStG (BFH-Urteile vom 29. 11. 2022 – XI R 18/21, a.a.O. und vom 11. 05. 2023 – V R 22/21, a.a.O.).

KWK-Bonus bzw. KWK-Zuschlag

(13) [1]Erhält der Betreiber eines Blockheizkraftwerkes vom Netzbetreiber eine erhöhte Vergütung nach dem EEG für den von ihm physisch eingespeisten Strom (sog. KWK-Bonus), handelt es sich um ein zusätzliches gesetzlich vorgeschriebenes Entgelt für die Stromlieferung des Anlagenbetreibers an den Netz-

betreiber für den physisch eingespeisten Strom und damit nicht um ein Entgelt von dritter Seite für die unentgeltliche Lieferung von selbst erzeugter Wärme (vgl. BFH-Urteil vom 31. 05. 2017 – XI R 2/14, BStBl II S. 1024). 2Wird der KWK-Zuschlag für den Direktverbrauch oder die Direktvermarktung gezahlt, ist dieser mangels Vorliegens eines Leistungsaustauschs zwischen Anlagenbetreiber und Netzbetreiber ein nichtsteuerbarer echter Zuschuss an den Anlagenbetreiber.

Entnahme von Wärme

(14) **1Verwendet der KWK-Anlagenbetreiber selbst erzeugte Wärme für nichtunternehmerische Zwecke (unternehmensfremde und/oder nichtwirtschaftliche Tätigkeiten i. e. S.), gelten grundsätzlich die Absätze 9 bis 11 entsprechend. 2Wird bei einer Strom und Wärme produzierenden KWK-Anlage die erzeugte Wärme entnommen bzw. zu den Vorsteuerabzug ausschließenden Zwecken (z. B. Verwendung in einem der Durchschnittssatzbesteuerung nach § 24 UStG unterliegenden Betrieb des Unternehmers) verwendet und der durch die KWK-Anlage erzeugte Strom in das allgemeine Stromnetz eingespeist, kann keine Aufteilung nach der Menge der nicht miteinander vergleichbaren Produkte Strom und Wärme erfolgen (vgl. Abschnitt 15.17 Abs. 3). 3Sofern die nichtunternehmerische Verwendung der Wärme zu einer steuerpflichtigen unentgeltlichen Wertabgabe nach § 3 Abs. 1b Satz 1 Nr. 1 UStG führt, ist für die Bemessungsgrundlage grundsätzlich der (fiktive) Einkaufspreis für einen gleichartigen Gegenstand im Zeitpunkt des Umsatzes maßgebend (§ 10 Abs. 4 Satz 1 Nr. 1 UStG). 4Von einem gleichartigen Gegenstand in diesem Sinne ist auszugehen, wenn die Wärme im Zeitpunkt der Entnahme für den KWK-Anlagenbetreiber ebenso erreichbar und einsetzbar ist wie die selbst erzeugte Wärme (vgl. BFH-Urteile vom 12. 12. 2012 – XI R 3/10, BStBl II 2014 S. 809 und vom 15. 03. 2022 – V R 34/20, BStBl II 2025 S. 259). 5Kann danach die selbsterzeugte Wärme im Zeitpunkt des Bedarfs ohne erheblichen Aufwand unter Berücksichtigung der individuellen Umstände am Ort des Verbrauchs durch eine gleichartige, einzukaufende Wärme ersetzt und der (fiktive) Einkaufspreis ermittelt werden, ist dieser Wert anzusetzen. 6Von einem Fernwärmeversorger produzierte und angebotene Wärme kann aber nur dann als gleichartiger Gegenstand im Sinne von § 10 Abs. 4 Satz 1 Nr. 1 UStG angesehen werden, wenn die Wärme im Zeitpunkt der Entnahme für den KWK-Anlagenbetreiber ebenso erreichbar und einsetzbar ist wie die selbst erzeugte Wärme. 7Der Ansatz eines Fernwärmepreises als Bemessungsgrundlage setzt den tatsächlichen Anschluss an das Fernwärmenetz eines Energieversorgungsunternehmens voraus (vgl. BFH-Urteil vom 15. 03. 2022 – V R 34/20, a. a. O.).**

(15) **1Einkaufspreise für andere Energieträger (z. B. Elektrizität, Heizöl oder Gas) kommen als Bemessungsgrundlage nach § 10 Abs. 4 Satz 1 Nr. 1 UStG nur dann in Betracht, wenn eine Wärmeerzeugung auf deren Basis keine aufwändigen Investitionen voraussetzt, die Inbetriebnahme der anderen Wärmeerzeugungsanlage (z. B. Heizöl-Wärmetherme) jederzeit möglich ist und der Bezug des anderen Energieträgers (z. B. Heizöl) ohne weiteres bewerkstelligt werden kann. 2Die Einbeziehung von Wärmenutzungskonzepten (z. B. Biomasse-Container, Contracting-Vereinbarungen oder mobile Wärmespeicher) scheidet regelmäßig aus, da diese Heizmethoden aufwändige Investitionen voraussetzen und damit die so erzeugte Wärme für den KWK-Anlagenbetreiber im Zeitpunkt des Bezugs der selbsterzeugten Wärme nicht ebenso erreichbar und einsetzbar ist wie die selbsterzeugte Wärme.**

(16) **1Ist ein (fiktiver) Einkaufspreis nicht feststellbar, sind die Selbstkosten als Bemessungsgrundlage nach § 10 Abs. 4 Satz 1 Nr. 1 UStG anzusetzen (vgl. BFH-Urteile vom 12. 12. 2012 – XI R 3/10, BStBl II 2014 S. 809, und vom 09. 11. 2022 – XI R 31/19, BStBl II 2025 S. 262). 2Die Selbstkosten umfassen alle vorsteuerbelasteten und nicht vorsteuerbelasteten Kosten, die für die Herstellung der jeweiligen Wärmemenge im Zeitpunkt der Entnahme unter Berücksichtigung der tatsächlichen Verhältnisse vor Ort anfallen. 3Hierzu gehören neben den Anschaffungs- oder Herstellungskosten der Anlage auch die laufenden Aufwendungen, wie z. B. die Energieträgerkosten zur Befeuerung der Anlage (Erdgas etc.) oder die Aufwendungen zur Finanzierung der Anlage. 4Wird die KWK-Anlage mit Gas aus einer eigenen Biogasanlage des Unternehmers betrieben, sind die Produktionskosten des Biogases ebenfalls in die Selbstkosten einzubeziehen. 5Bei der Ermittlung der Selbstkosten sind die Anschaffungs- oder Herstellungskosten der Anlage auf die betriebsgewöhnliche Nutzungsdauer, die nach den ertragsteuerlichen Grundsätzen anzusetzen ist, zu verteilen (vgl. Abschnitt 10.6 Abs. 1 Satz 6). 6Entstehen die Selbstkosten im Sinne von § 10 Abs. 4 Satz 1 Nr. 1 UStG für entgeltliche Lie-**

ferungen wie auch für unentgeltliche Wertabgaben nach § 3 Abs. 1b UStG bzw. aufgrund einer unentgeltlichen Abgabe von Wärme aus einem Blockheizkraftwerk, müssen die Selbstkosten auf den Strom und die Wärme aufgeteilt werden. [7]Die Aufteilung hat im Regelfall nicht nach der erzeugten Menge an elektrischer und thermischer Energie (in kWh), sondern in analoger Anwendung von § 15 Abs. 4 UStG nach tatsächlichen oder ggf. fiktiven Umsätzen (Marktwerten) zu erfolgen (BFH-Urteile vom 09. 11. 2022 – XI R 31/19, a. a. O., und vom 15. 03. 2022 – V R 34/20, BStBl II 2025 S. 259). [8]Dabei ist auf einen fiktiven Verkaufsumsatz abzustellen. [9]Dieser kann sich im Rahmen einer schätzungsweisen Aufteilung auch dann aus einem Fernwärmepreis ergeben, wenn im Einzelfall kein Fernwärmeanschluss besteht (BFH-Urteil vom 16. 11. 2016 – V R 1/15, BStBl II 2022, S. 777). [10]Aus Vereinfachungsgründen ist es jedoch nicht zu beanstanden, wenn der Unternehmer die unentgeltliche Wärmeabgabe mit 3 ct/kWh bemisst.

Mindestbemessungsgrundlage bei der Abgabe von Wärme

(17) **[1]Wird die mittels Kraft-Wärme-Kopplung erzeugte Wärme an einen Dritten geliefert, ist Bemessungsgrundlage für diese Lieferung grundsätzlich das vereinbarte Entgelt (§ 10 Abs. 1 UStG). [2]Handelt es sich bei dem Dritten um eine nahestehende Person, ist die Mindestbemessungsgrundlage des § 10 Abs. 5 UStG zu prüfen (vgl. Abschnitt 10.7). [3]Die Ausführungen in den Absätzen 14 bis 16 zum (fiktiven) Einkaufspreis gelten sinngemäß.**

Prämien für die Direktvermarktung

(18) **[1]Anstelle der Inanspruchnahme der gesetzlichen Einspeisevergütung nach dem EEG können Betreiber von Anlagen zur Produktion von Strom aus erneuerbaren Energien den erzeugten Strom auch direkt vermarkten (durch Lieferung an einen Stromhändler oder -versorger bzw. an einen Letztverbraucher oder durch Vermarktung an der Strombörse). [2]Da der erzielbare Marktpreis für den direkt vermarkteten Strom in der Regel unter der Einspeisevergütung nach dem EEG liegt, erhält der Anlagenbetreiber als Anreiz für die Direktvermarktung von dem jeweiligen Einspeisenetzbetreiber unter bestimmten Voraussetzungen des EEG verschiedene Prämien (z. B. Marktprämien, Managementprämien, Flexibilitätsprämien). [3]Bei den Prämien handelt es sich jeweils um echte, nichtsteuerbare Zuschüsse. [4]Dies gilt auch, wenn der Anlagenbetreiber einen Dritten mit der Vermarktung des Stroms beauftragt, dieser Dritte neben der eigentlichen Vermarktung auch die Beantragung sowie Zahlungsabwicklung der von dem Netzbetreiber zu zahlenden Prämien übernimmt und die Prämien an den Anlagenbetreiber einschließlich des Entgelts für die Stromlieferung weiterreicht. [5]Behält der Dritte einen Teil der dem Anlagenbetreiber zustehenden Prämien für seine Tätigkeit ein, handelt es sich dabei regelmäßig um Entgeltzahlungen für eine selbständige steuerbare Leistung des Dritten.**

Anmerkung

Die Finanzverwaltung hat mit **Schreiben vom 31.3.2025** umfangreiche Änderungen bei den Verwaltungsanweisungen zu den regenerativen Energien vorgenommen. Insbesondere wurden die folgenden Entscheidungen des **BFH** mit aufgenommen:

– Die Zahlung eines sog. **KWK-Zuschlags** für nicht eingespeisten, sondern dezentral verbrauchten Strom gemäß § 4 Abs. 3a KWKG 2009 führt nach der Rechtsprechung des BFH (Urt. v. 29.11.2022 – XI R 18/21, BFH/NV 2023, 781 sowie Urt. v. 11.5.2023 – V R 22/21, BFH/NV 2023, 1289) nicht zu einer Lieferung i. S. d. § 3 Abs. 1 UStG. Der von einem Anlagenbetreiber erzeugte und dezentral verbrauchte Strom wird weder an den Stromnetzbetreiber geliefert noch an den Anlagenbetreiber zurückgeliefert. Der sog. Direktverbrauch bei zuschlagsberechtigten KWK-Anlagen führt im Ergebnis nicht zu einer Lieferung an den Betreiber des Stromnetzes (Netzbetreiber). Bisher nahm die Finanzverwaltung nach Abschn. 2.5 Abs. 17 Satz 2 ff. UStAE a. F. davon abweichend eine Lieferung des Betreibers der KWK-Anlage und eine entsprechende „Rücklieferung“ an.

– In weiteren Verfahren hatte der BFH (Urt. v. 15.3.2022 – V R 34/20, BFH/NV 2022, 1013, Urt. v. 9.11.2022 – XI R 31/19, BFH/NV 2023, 470) sich gegen die von der Finanzverwaltung vorgenommene Ermittlung der Bemessungsgrundlage bei unentgeltlicher Abgabe von Wärme aus einem

Blockheizkraftwerk gewandt. Ist die Anlage nicht an ein Fernwärmenetz angeschlossen, kann sich die Bemessungsgrundlage nicht aus Einkaufspreisen ermitteln und muss anhand der Selbstkosten festgelegt werden. Der BFH hatte darüber hinaus festgestellt, dass in den Fällen der Aufteilung der Selbstkosten auf den Strom und die Wärme die Aufteilung im Regelfall nicht nach der erzeugten Menge an elektrischer und thermischer Energie (in kWh), sondern nach tatsächlichen oder ggf. fiktiven Umsätzen (Marktwerten) zu erfolgen hat.

Hinweis: EuGH bestätigt Steuerbarkeit

In einem Verfahren (BFH, Beschl. v. 22.11.2022 – XI R 17/20, BFH/NV 2023, 686) hatte der BFH den EuGH angerufen, um klären zu lassen, wie die unentgeltliche Abgabe der Prozesswärme aus einer Biogasanlage an einen Spargelbauern zu behandeln ist, der seine Spargelfelder damit heizt. Der EuGH (Urt. v. 25.4.2024 – C-207/23, Y KG, BFH/NV 2024, 880) hat die unentgeltliche Abgabe der Wärme als steuerbaren Vorgang angesehen. Es kommt dabei nicht darauf an, ob der Empfänger die Gegenstände für vorsteuerabzugsberechtigende Zwecke verwendet oder nicht. Der EuGH hat darüber hinaus deutlich hervorgehoben, dass bei Ansatz der Selbstkosten alle Kosten heranzuziehen sind. Es gehen nicht nur die unmittelbaren Erzeugungskosten, sondern auch Finanzierungsaufwendungen mit ein (unabhängig von einem Vorsteuerabzug).

1. Unternehmereigenschaft bei Energieerzeugern

Die Einspeisung von regenerativer Energie gegen eine Vergütung stellt eine **unternehmerische Betätigung** dar, es handelt sich um eine selbstständige Tätigkeit, die auch nachhaltig zur Erzielung von Einnahmen ausgeführt wird (BFH, Urt. v. 18.12.2008 – V R 80/07, BStBl II 2011, 292). Die Betreiber von Photovoltaikanlagen (PV-Anlagen) und ähnlichen Anlagen sind damit den Regelungen des UStG unterworfen.

Hinweis: Kleinunternehmereigenschaft prüfen

Selbst wenn – bei den Betreibern kleinerer PV-Anlagen – die Grenzen der Kleinunternehmereigenschaft nicht überschritten sind, wurde bei den Altanlagen (bis 31.12.2022) wegen der Überwälzbarkeit der Umsatzsteuer auf der Leistungsausgangsseite zur Erlangung des Vorsteuerabzugs aus der Errichtung der Anlage auf die Anwendung der Kleinunternehmerbesteuerung regelmäßig verzichtet. Bei den Photovoltaikanlagen, die ab dem 1.1.2023 angeschafft werden und die unter den neuen 0 %-Steuersatz nach § 12 Abs. 3 UStG fallen, wird dies allerdings anders sein, da es i. d. R. nicht mehr sinnvoll ist, auf die Kleinunternehmerbesteuerung zu verzichten. Zur Vermeidung der Besteuerung des selbst verwendeten Stroms bei den Altanlagen ist regelmäßig zu prüfen, ob eine Entnahme aus dem Unternehmen möglich und sinnvoll ist; vgl. dazu BMF, Schreiben v. 27.2.2023 sowie v. 30.11.2023.

2. Kaufmännisch-bilanzielle Einspeisung

Die erste wesentliche Änderung (Abschn. 2.5 Abs. 3 UStAE) wird i.Z.m. der „kaufmännisch-bilanziellen Einspeisung“ nach dem EEG vorgenommen. Entgegen der bisherigen Rechtsauffassung wird die angebotene und nach dem EEG vergütete Elektrizität umsatzsteuerrechtlich nicht vom EEG-Anlagenbetreiber an den vergütungspflichtigen Netzbetreiber geliefert, wenn der Verbrauch tatsächlich innerhalb eines Netzes erfolgt, das kein Netz für die allgemeine Versorgung ist und das vom Anlagenbetreiber selbst oder einem Dritten betrieben wird. Eine umsatzsteuerrechtlich unerhebliche kaufmännisch-bilanzielle Einspeisung liegt vor, wenn der Anlagenbetreiber den selbsterzeugten Strom in seinem eigenen Stromnetz (sog. Kundenanlage) „liefert“, ohne bilanziell eine Stromeinspeisung in das Elektrizitätsversorgungsnetz und eine Stromentnahme aus dem Elektrizitätsversorgungsnetz vorzunehmen.

3. Betrieb von PV-Anlagen und Vorsteuerabzug

Völlig neu gefasst sind die Vorschriften zur umsatzsteuerrechtlichen Behandlung des Anlagenbetreibers (Abschn. 2.5 Abs. 4 bis Abs. 11 UStAE). Die bisher in die **unterschiedlichen Vergütungsmodelle** nach dem EEG vorgenommene Unterscheidung der umsatzsteuerrechtlichen Beurteilung ist aufgrund der Rechtsprechung des BFH aufgegeben worden.

Hinweis: Umfang der Lieferung

Die Stromlieferung des Betreibers einer Photovoltaikanlage an den Netzbetreiber umfasst umsatzsteuerrechtlich den physisch eingespeisten Strom. Darüber hinaus auch den kaufmännisch-bilanziell weitergegebenen Strom, soweit er nicht dezentral in der Kundenanlage verbraucht wird. Soweit die erzeugte Energie vom Anlagenbetreiber nachweislich dezentral verbraucht wird (sog. Direktverbrauch) und der Anlagenbetreiber hierfür nach einer früheren Fassung des EEG noch vergütet wird, liegt mangels Vorliegens eines Leistungsaustauschs ein nichtsteuerbarer, echter Zuschuss an den Anlagenbetreiber vor. Eine Lieferung von Strom setzt voraus, dass der Netzbetreiber tatsächlich über den Strom verfügen muss.

Die **Zuordnung der PV-Anlage** zum Unternehmern und damit die Vorsteuerabzugsberechtigung bestimmt sich nach den allgemeinen Grundsätzen (insbes. Abschn. 15.2c Abs. 2 UStAE).

- Die **PV-Anlage wird ausschließlich zur Erzeugung von eingespeistem Strom oder für eigenunternehmerische Zwecke verwendet**: Die PV-Anlage ist zwingend dem Unternehmen zuzuordnen; der Unternehmer hat den vollen Vorsteuerabzug aus Errichtung und Unterhalt der Anlage, soweit nicht die Kleinunternehmerbesteuerung angewendet wird, Abschn. 2.5 Abs. 9 UStAE.
- Die **PV-Anlage wird zu mindestens 10 % zur Erzeugung von eingespeistem Strom verwendet**, ansonsten wird der Strom für **nichtwirtschaftliche Zwecke** (z. B. hoheitliche Zwecke) verwendet: Die PV-Anlage kann nur insoweit dem Unternehmen zugeordnet werden, wie sie auch für die unternehmerischen Zwecke verwendet werden soll (**Aufteilungsgebot**). Die Besteuerung einer unentgeltlichen Wertabgabe entfällt. Wird die Anlage später in höherem Umfang unternehmerisch verwendet, als dies ursprünglich geplant war, ergibt sich nach Auffassung der Finanzverwaltung im Rahmen einer Billigkeitsregelung (Abschn. 15a.1 Abs. 7 UStAE) eine Vorsteuerberichtigung nach § 15a UStG zugunsten des Unternehmers. Wird die Anlage später in geringerem Umfang für unternehmerische Zwecke verwendet, als dies ursprünglich bei Leistungsbezug geplant war, muss eine unentgeltliche Wertabgabe nach § 3 Abs. 1b Satz 1 Nr. 1 UStG besteuert werden, Abschn. 2.5 Abs. 10 UStAE.
- Die **PV-Anlage wird zu mindestens 10 % zur Erzeugung von eingespeistem Strom verwendet**, ansonsten wird der Strom für **private Zwecke** verwendet: Der Unternehmer hat ein **Zuordnungswahlrecht**; er kann die Anlage ganz, teilweise oder gar nicht seinem Unternehmen zuordnen. Soweit der Unternehmer bei Zuordnung der Anlage zum Unternehmen zum Vorsteuerabzug berechtigt war, muss der privat verbrauchte Strom der Besteuerung nach § 3 Abs. 1b Satz 1 Nr. 1 UStG unterworfen werden (soweit die Anlage nicht zwischenzeitlich aus dem Unternehmen entnommen wurde). Bei den ab dem 1.1.2023 angeschafften Anlagen ergibt sich systematisch keine Besteuerung einer unentgeltlichen Wertabgabe, da es zu keinem Vorsteuerabzug kommen kann, Abschn. 2.5 Abs. 10 UStAE.
- Die **PV-Anlage wird zu weniger als 10 % für unternehmerische Zwecke verwendet**: Die Anlage darf dem Unternehmen wegen § 15 Abs. 1 Satz 2 UStG nicht zugeordnet werden.

Für Anlagen, die seit dem 1.1.2023 unter Anwendung des Nullsteuersatzes (§ 12 Abs. 3 UStAE) angeschafft worden sind bzw. jetzt angeschafft werden, muss insbesondere beachtet werden, ob der Betreiber die Kleinunternehmerbesteuerung in Anspruch nehmen kann. Soweit die Voraussetzungen dafür vorliegen, wird seit 2023 ein Verzicht auf die Anwendung der Kleinunternehmerbesteuerung nicht mehr sinnvoll sein.

Hinweis: Behandlung weiterer Gegenstände

Regelmäßig liegt bei gleichzeitiger Anschaffung einer Photovoltaikanlage und eines Stromspeichers in einem einheitlichen (Werk-)Vertrag eine Sachgesamtheit vor. Die Zuordnung ergibt sich dann einheitlich für die gesamte Anlage. Stellen ein Stromspeicher, eine Wallbox oder ähnliche nicht wesentliche Komponenten einer PV-Anlage im Einzelfall (z. B. bei getrennter Anschaffung) umsatzsteuerrechtlich jeweils eigenständige Zuordnungsobjekte dar, ist ein Vorsteuerabzug aus der Anschaffung oder Herstellung des jeweiligen Geräts nicht zulässig, wenn der gespeicherte oder durchfließende Strom zu weniger als 10 % für unternehmerische Zwecke des Anlagenbetreibers verbraucht wird.

4. Besteuerung der nichtunternehmerischen Verwendung einer PV-Anlage

Die Finanzverwaltung gibt ausführliche Hinweise zur Besteuerung einer unentgeltlichen Wertabgabe (Eigenverbrauch von Strom aus der selbstbetriebenen PV-Anlage, § 3 Abs. 1b Satz 1 Nr. 1 UStG).

Ob der dezentrale Verbrauch von Strom zu einem steuerbaren und steuerpflichtigen Umsatz führt, muss immer in Abhängigkeit der jeweiligen Anlage geprüft werden. Bei den seit dem 1.1.2023 angeschafften Anlagen ergibt sich grds. kein steuerbarer Ausgangsumsatz, soweit der Unternehmer beim Leistungsbezug aufgrund des Nullsteuersatzes (§ 12 Abs. 3 UStG) nicht zum Vorsteuerabzug berechtigt war, § 3 Abs. 1b Satz 2 UStAE. Bei den **Altanlagen** muss beachtet werden, ob aufgrund eines ggf. erfolgten Rückwechsels in die Kleinunternehmerbesteuerung (nach Ablauf der fünfjährigen Bindungsfrist nach Verzicht auf die Anwendung der Kleinunternehmerbesteuerung) jetzt steuerfreie Ausgangsleistungen (§ 19 Abs. 1 UStG in der seit dem 1.1.2025 geltenden Fassung) vorliegen. Es kann auch sein, dass die Anlage bei einer privaten und unternehmerischen Verwendung aus dem Unternehmen entnommen wurde. In diesem Fall unterliegt nur die Einspeisung des Stroms der Umsatzbesteuerung, der dezentral verbrauchte Strom unterliegt in diesem Fall keiner Besteuerung mehr.

Soweit der Unternehmer die PV-Anlage in vollem Umfang dem Unternehmen zugeordnet hat und Strom für private Zwecke so verwendet wird, dass eine **steuerbare und steuerpflichtige Wertabgabe** (unentgeltliche Lieferung für private Zwecke) nach § 3 Abs. 1 Satz 1 Nr. 1 UStG vorliegt, bestimmt sich die Bemessungsgrundlage für die Wertabgabe nach § 10 Abs. 4 Satz 1 Nr. 1 UStG.

Hinweis: Vorrang der Einkaufspreise

Bei der Ermittlung der Bemessungsgrundlage sind die Grundsätze der Rechtsprechung des BFH (Urt. v. 12.12.2012 – XI R 3/10, BStBl II 2014, 809) zu berücksichtigen. Danach sind grundsätzlich Einkaufspreise (Einkaufspreis zuzüglich der Nebenkosten zum Zeitpunkt des Umsatzes) anzusetzen. Nur wenn sich am Markt keine Einkaufspreise ergeben, kann auf die Selbstkosten abgestellt werden. Da sich bei PV-Anlagen im Regelfall ein Bezugspreis am Markt ergibt, kommen die Selbstkosten regelmäßig nicht zum Ansatz.

Bezieht der Unternehmer auch noch Strom von einem von ihm gewählten Anbieter, liegt ein dem selbsterzeugten Strom vergleichbarer Gegenstand vor, sodass der **(fiktive) Einkaufspreis** anzusetzen ist. Falls der Unternehmer keinen Strom hinzukauft, sind die Strompreise des jeweiligen regionalen Stromgrundversorgers heranzuziehen.

Hinweis: Keine Einbeziehung des Grundpreises mehr

Während die Finanzverwaltung in der alten Fassung des Abschn. 2.5 UStAE (Abschn. 2.5 Abs. 15 Satz 4 UStAE in der bis zum 31.3.2025 geltenden Fassung) noch davon ausging, dass ein ggf. zu zahlender Grundpreis mit berücksichtigt werden muss, ist dies in der überarbeiteten Fassung – auch in dem beigefügten Berechnungsbeispiel – nicht mehr enthalten, Abschn. 2.5 Abs. 7 UStAE. Damit ist nur der Nettopreis pro kWh des Einkaufspreis bzw. des Tarifs des Grundversorgers auf die privat genutzte Strommenge anzuwenden.

Die Menge des dezentral verbrauchten Stroms wird anhand der Differenz eines Zählers, der die erzeugte Strommenge und eines Zählers, der die eingespeiste Strommenge erfasst, ermittelt. Bei Anlagen ohne entsprechende Messeinrichtungen (Messeinrichtungen zur Abgrenzung der selbst verbrauchten Strommenge sind nur noch dann nötig, wenn dieser Strom nach dem EEG vergütet wird, Abschn. 2.5 Abs. 7 Satz 3 UStAE) kann aus Vereinfachungsgründen die erzeugte Strommenge unter Berücksichtigung einer durchschnittlichen Volllaststundenzahl von 1.000 kWh/kWp (jährlich erzeugte Kilowattstunden pro Kilowatt installierter Leistung. Im Falle einer unterjährigen Nutzungseinschränkung (z. B. Defekt, Ausfall) oder einer Anschaffung im laufenden Jahr ist die Volllaststundenzahl entsprechend zeitanteilig anzupassen) geschätzt werden.

5. Umsatzsteuerrechtliche Behandlung von KWK-Anlagen

In einer Kraft-Wärme-Kopplungsanlage (KWK-Anlage) wird elektrische und thermische Energie erzeugt. Bei der umsatzsteuerrechtlichen Beurteilung der Vergütungen bei KWK-Anlagen bestehen keine Unterschiede zur Vergütung bei PV-Anlagen. Wie auch bei den PV-Anlagen wird der tatsächlich dem Netzbetreiber nicht überlassene – dezentral verbrauchte – Strom nicht geliefert und kann damit auch nicht zurückgeliefert werden; BFH, Urt. v. 29.11.2022 – XI R 18/21, BFH/NV 2023, 781 sowie Urt. v. 11.5.2023 – V R 22/21, BFH/NV 2023, 1289, so jetzt auch Abschn. 2.5 Abs. 12 UStAE.

Hinweis: Änderung der Verwaltungspraxis

Die Finanzverwaltung gibt damit die bis dahin in Abschn. 2.5 Abs. 17 UStAE a. F. vertretene – gegenteilige – Rechtsauffassung auf.

Der Betreiber einer KWK-Anlage erhält unter bestimmten Voraussetzungen zusätzliche Zahlungen (**KWK-Zuschlag** bzw. **KWK-Bonus**), die von der Art und Effizienz der Anlage und dem jeweiligen Förderstatus abhängig sind. Die erhöhte Vergütung, die ein Betreiber eines Blockheizkraftwerks unter bestimmten Voraussetzungen für ältere Anlagen für die Nutzung der Wärme erhält, stellt ein zusätzliches Entgelt für die Lieferung des Stroms an den Netzbetreiber dar und ist kein Entgelt von Dritter Seite für die Lieferung von Wärme, BFH, Urt. v. 31.5.2017 – XI R 2/14, BStBl II 2017, 1024, Abschn. 2.5 Abs. 13 UStAE. Wird der **KWK-Zuschlag** für den Direktverbrauch oder die **Direktvermarktung** gezahlt, ist dieser mangels Vorliegens eines Leistungsaustauschs zwischen Anlagenbetreiber und Netzbetreiber ein **nichtsteuerbarer echter Zuschuss** an den Anlagenbetreiber, Abschn. 2.5 Abs. 13 UStAE.

Besonderheiten ergeben sich beim **dezentralen Verbrauch von erzeugter Wärme** für private Zwecke, soweit die Anlage dem Unternehmen in vollem Umfang zugeordnet worden ist: Die verbrauchte Wärme ist als unentgeltliche Wertabgabe nach § 3 Abs. 1b Satz 1 Nr. 1 UStG der USt zu unterwerfen, soweit ein Vorsteuerabzug bestand. Dies gilt entsprechend bei unentgeltlicher Abgabe der Wärme aus **unternehmerischen Gründen**, § 3 Abs. 1b Satz1 Nr. 3 UStG. Nach der Rechtsprechung des BFH ergeben sich hier nach Umsetzung durch die Finanzverwaltung für die Ermittlung der Bemessungsgrundlage die folgenden Möglichkeiten:

- Der **Einkaufspreis** eines vergleichbaren Gegenstands ist vorrangig anzusetzen, § 10 Abs. 4 Satz 1 Nr. 1 UStG. Von einem gleichartigen Gegenstand ist auszugehen, wenn die Wärme im Zeitpunkt der Entnahme für den KWK-Anlagenbetreiber ebenso erreichbar und einsetzbar ist wie die selbst erzeugte Wärme (BFH, Urt. v. 12.12.2012 – XI R 3/10, BStBl II 2014, 809 sowie Urt. v. 15.3.2022 – V R 34/20, BFH/NV 2022, 1013). Der Ansatz eines Fernwärmepreises eines anderen Fernwärmeanbieters als Bemessungsgrundlage setzt den tatsächlichen Anschluss an das Fernwärmenetz eines Energieversorgungsunternehmens voraus, Abschn. 2.5 Abs. 14 Satz 7 UStAE. Regelmäßig wird dies in der Praxis nicht vorliegen.
- Ist ein (fiktiver) Einkaufspreis nicht feststellbar, sind die **Selbstkosten** als Bemessungsgrundlage anzusetzen, vgl. auch BFH, Urt. v. 9.11.2022 – XI R 31/19, BFH/NV 2023, 470. Die Selbstkosten umfassen alle Kosten, die für die Herstellung der jeweiligen Wärmemenge im Zeitpunkt der Entnahme unter Berücksichtigung der tatsächlichen Verhältnisse vor Ort anfallen. Unbeachtlich ist, ob ein Vorsteuerabzug vorgenommen werden konnte. Neben den auf die betriebsgewöhnliche Nutzungszeit nach ertragsteuerrechtlichen Grundsätzen verteilten Anschaffungs- oder Herstellungskosten der Anlage sind auch die laufenden Aufwendungen (Energieträgerkosten zur Befeuerung der Anlage, Aufwendungen zur Finanzierung der Anlage) heranzuziehen.

Hinweis: Aufteilung der Selbstkosten

Regelmäßig müssen die anfallenden Selbstkosten auf den (entgeltlich) gelieferte Strom und die unentgeltlich abgegebene Wärme aufgeteilt werden. Die Aufteilung erfolgt in analoger Anwendung von § 15 Abs. 4 UStG nach tatsächlichen oder ggf. fiktiven Umsätzen (Marktwerten), BFH, Urt. v. 9.11.2022 – XI R 31/19, BFH/NV 2023, 470 sowie Urt. v. 15.3.2022 – V R 34/20, BFH/NV 2022, 1013. Dabei ist auf einen fiktiven Verkaufsumsatz abzustellen. Die Finanzverwaltung musste damit ihre bisherige Aufteilung aufgeben, die sich an der erzeugten Menge an elektrischer und thermischer Energie (sog. thermische Methode) orientierte.

Die Aufteilung nach einem fiktiven Verkaufsumsatz kann sich im Rahmen einer schätzungsweisen Aufteilung auch dann aus einem Fernwärmepreis ergeben, wenn im Einzelfall kein Fernwärmeanschluss besteht, BFH, Urt. v. 16.11.2016 – V R 1/15, BStBl II 2022, 777; Abschn. 2.5 Abs. 16 Satz 9 UStAE. Ein in Bezug auf die konkrete Energieerzeugungsanlage (z. B. Biogas-Anlage, Kohle- und Gaskraftwerk) bundesdurchschnittlicher Arbeitspreis für Wärme konnte für die Ermittlung eines fiktiven Verkaufsumsatzes ebenfalls herangezogen werden, BFH, Urt. v. 9.11.2022 – XI R 31/19, BFH/NV 2023, 470.

Hinweis: Pauschaler Wertansatz möglich

Da ein bundesdurchschnittlicher Arbeitspreis für Wärme nicht mehr bereitgestellt wird, lässt die Finanzverwaltung (Schreiben v. 17.12.2025, BStBl I 2025, 2088) es zu, dass der Unternehmer die unentgeltliche Abgabe von Wärme pauschal mit 3 ct/kWh bemisst (Abschn. 2.5 Abs. 19 Satz 10 UStAE). Dies stellt dann die Bemessungsgrundlage für die Wertabgabe dar. Nach dem BMF-Schreiben kann diese Regelung in allen offenen Fällen angewendet werden.

Wird die Wärme an eine nahestehende Person entgeltlich abgegeben, muss die Mindestbemessungsgrundlage nach § 10 Abs. 5 UStG beachtet werden. Mindestens ist das der Besteuerung zu unterwerfen, was sich bei einer unentgeltlichen Wertabgabe ergeben würde. Allerdings ist höchstens ein marktübliches Entgelt anzusetzen.

6. Direktvermarktung

Betreiber können den erzeugten Strom auch direkt vermarkten (**Direktvermarktung**). In Abhängigkeit von jeweiligen Marktpreis kann der Betreiber noch Zahlungen vom Einspeisenetzbetreiber erhalten (z. B. **Marktprämien, Managementprämien, Flexibilitätsprämien**). Bei diesen Prämien handelt es sich jeweils um **echte, nichtsteuerbare Zuschüsse**, Abschn. 2.5 Abs. 18 Satz 3 UStAE.

Hinweis: Einschaltung Dritter möglich

Beauftragt der Betreiber einen Dritten mit der Direktvermarktung, bleibt es bei dem Betreiber bei einem echten (nichtsteuerbaren) Zuschuss, auch wenn der Beauftragte weitere Leistungen ausführt (z. B. Abrechnungsmanagement). Die Entgelte des Dritten stellen für ihn aber Einnahmen für steuerbare und steuerpflichtige Leistungen dar.

7. Übergangsregelungen

Grds. sind die Regelungen in allen **offenen Fällen** anzuwenden. Die Finanzverwaltung gewährt aber **zwei Übergangsregelungen**:

– Für den leistenden Unternehmer wie auch für den Leistungsempfänger für den Vorsteuerabzug wird es nicht beanstandet, wenn für **vor dem 1.1.2026** ausgeführte Leistungen noch die umsatzsteuerrechtliche Beurteilung in der **bisherigen Fassung des Abschn. 2.5 UStAE** vorgenommen wird.

– Für **vor dem 1.1.2026** ausgeführte Lieferungen von Strom im Rahmen der **Direktvermarktung** wird es nicht beanstandet, wenn zwischen Netzbetreiber und Anlagenbetreiber übereinstimmend – auch für Zwecke des Vorsteuerabzugs – der **KWK-Zuschlag** als ein **steuerbares** und steuerpflichtiges **Entgelt** beurteilt wird (nach der Neufassung echter, nichtsteuerbarer Zuschuss).

8. Behandlung anderer Anlagen

Nicht neu durch das BMF-Schreiben v. 31.3.2025 ist die Behandlung von weiteren Anlagen zu beurteilen. Regelmäßig werden für die Installation der Photovoltaikanlagen **andere Gebäude** (Haus, Scheune, Schuppen, Carport) mitbenutzt. In diesen Fällen ist für den Vorsteuerabzug aus den Herstellungskosten und den Instandhaltungskosten grundsätzlich zu unterscheiden, ob das Gebäude noch für andere Zwecke genutzt wird oder nicht.

– Wird das Gebäude auch noch für andere unternehmerische Zwecke verwendet, die den **Vorsteuerabzug nicht ausschließen** (z. B. Errichtung einer Photovoltaikanlage auf dem Lagerschuppen eines regelbesteuerten Unternehmers), ist die gesamte Vorsteuer aus der Errichtung und der Unterhaltung des Gebäudes abzugsfähig.

- Wird das Gebäude auch noch für andere unternehmerische Zwecke verwendet, die den **Vorsteuerabzug ausschließen** (z. B. Errichtung einer Photovoltaikanlage auf einem Mietwohnhaus), muss eine Vorsteueraufteilung vorgenommen werden. Neben den direkt der Photovoltaikanlage zuzurechnenden Aufwendungen kann die Vorsteuer aus Errichtung und Unterhaltung des Gebäudes nur anteilig nach § 15 Abs. 4 UStG abgezogen werden. Aufteilungsmaßstab könnte hier das Verhältnis der Umsätze sein, die sich aus der Vermietung des Gebäudes und der (fiktiven) Vermietung der Dachfläche ergeben würde (BFH, Urt. v. 19.7.2011 – XI R 29/09, BStBl II 2012, 430).
- Wird das Gebäude neben der Verwendung für die Photovoltaikanlage noch für **private Zwecke** verwendet (z. B. Errichtung der Photovoltaikanlage auf einem privat genutzten Einfamilienhaus oder einem zur Unterstellung des privat genutzten Fahrzeugs errichteten Carport), muss zuerst geprüft werden, ob das Gebäude insgesamt zu mindestens 10 % für unternehmerische Zwecke genutzt wird (§ 15 Abs. 1 Satz 2 UStG). Ist diese Voraussetzung gegeben, kann die bauliche Einrichtung insgesamt dem Unternehmen zugeordnet werden. Bei Errichtung aufgrund eines Bauantrags oder eines obligatorischen Kaufvertrags bis zum 31.12.2010 (vgl. dazu § 27 Abs. 16 UStG) konnte in diesen Fällen der Vorsteuerabzug in vollem Umfang vorgenommen werden, die private Nutzung musste dann aber der Umsatzbesteuerung unterworfen werden. Für bauliche Einrichtungen, die ab dem 1.1.2011 errichtet worden sind, ist der Vorsteuerabzug auf den Teil der Nutzung für unternehmerische Zwecke beschränkt, § 15 Abs. 1b UStG.
- Wird das Gebäude neben der Verwendung für die Photovoltaikanlage **nicht weiter genutzt** (z. B. Errichtung der Photovoltaikanlage auf einem nicht anderweitig genutzten – alten – Schuppen), kann der Vorsteuerabzug für Instandsetzungsmaßnahmen nur anteilig – analog dem § 15 Abs. 4 UStG – abgezogen werden. Als Aufteilungsmaßstab könnte hier das Verhältnis der fiktiven Mieteinnahmen für die Nutzfläche der baulichen Einrichtung zu den fiktiven Mieteinnahmen aus der Vermietung der Dachfläche an einen Betreiber einer Photovoltaikanlage herangezogen werden.

Hinweis: Vorsteuerabzug aus Reparaturen an nichtunternehmerischem Gebäude

Der BFH musste entscheiden, ob der Vorsteuerabzug aus Eingangsleistungen zur Beseitigung von Schäden zulässig ist, die allein durch die mehrjährige Ausführung besteuerter Umsätze aus dem Betrieb einer PV-Anlage verursacht wurden, auch wenn die Schäden am nichtunternehmerisch zugeordneten Privatvermögen des Unternehmers entstanden sind und im Zuge der Beseitigung dieser Schäden die relevanten Eingangsleistungen damit ebenfalls (teilweise) in eine zukünftige private (nichtunternehmerische) Verwendung einfließen. Der BFH (Urt. v. 7.12.2022 – XI R 16/21, BFH/NV 2023, 788) hat festgestellt, dass für den Vorsteuerabzug nicht nur die Verwendung der vom Steuerpflichtigen bezogenen Eingangsleistung maßgeblich ist, sondern auch der ausschließliche Entstehungsgrund des Eingangsumsatzes. Deshalb steht dem Unternehmer für die zur Beseitigung des Schadens notwendigen Zimmerer- und Dachdeckerarbeiten der Vorsteuerabzug zu. Die weitere auch eigenen Wohnzwecken dienende Nutzung des Hausdachs ist für den Vorsteuerabzug jedenfalls dann nicht maßgeblich, wenn dem Unternehmer über die Schadensbeseitigung hinaus in seinem Privatvermögen kein verbrauchsfähiger Vorteil verschafft wird.

UStAE 2.6. Beginn und Ende der Unternehmereigenschaft

(1) [1]Die Unternehmereigenschaft beginnt mit dem ersten nach außen erkennbaren, auf eine Unternehmertätigkeit gerichteten Tätigwerden, wenn die spätere Ausführung entgeltlicher Leistungen beabsichtigt ist (Verwendungsabsicht) und die Ernsthaftigkeit dieser Absicht durch objektive Merkmale nachgewiesen oder glaubhaft gemacht wird. [2]In diesem Fall entfällt die Unternehmereigenschaft – außer in den Fällen von Betrug und Missbrauch – nicht rückwirkend, wenn es später nicht oder nicht nachhaltig zur Ausführung entgeltlicher Leistungen kommt. [3]Vorsteuerbeträge, die den beabsichtigten Umsätzen,

bei denen der Vorsteuerabzug – auch auf Grund von Option – nicht ausgeschlossen wäre, zuzurechnen sind, können dann auch auf Grund von Gesetzesänderungen nicht zurückgefordert werden (vgl. EuGH-Urteile vom 29. 2. 1996, C-110/94, Inzo, BStBl II S. 655, und vom 8. 6. 2000, C-400/98, Breitsohl, BStBl 2003 II S. 452, und BFH-Urteile vom 22. 2. 2001, V R 77/96, BStBl 2003 II S. 426, und vom 8. 3. 2001, V R 24/98, BStBl 2003 II S. 430).

(2) [1]Als Nachweis für die Ernsthaftigkeit sind Vorbereitungshandlungen anzusehen, wenn bezogene Gegenstände oder in Anspruch genommene sonstige Leistungen (Eingangsleistungen) ihrer Art nach nur zur unternehmerischen Verwendung oder Nutzung bestimmt sind oder in einem objektiven und zweifelsfrei erkennbaren Zusammenhang mit der beabsichtigten unternehmerischen Tätigkeit stehen (unternehmensbezogene Vorbereitungshandlungen). [2]Solche Vorbereitungshandlungen können insbesondere sein:

- der Erwerb umfangreichen Inventars, z. B. Maschinen oder Fuhrpark;
- der Wareneinkauf vor Betriebseröffnung;
- die Anmietung oder die Errichtung von Büro- oder Lagerräumen;
- der Erwerb eines Grundstücks;
- die Anforderung einer Rentabilitätsstudie;
- die Beauftragung eines Architekten;
- die Durchführung einer größeren Anzeigenaktion;
- die Abgabe eines Angebots für eine Lieferung oder eine sonstige Leistung gegen Entgelt.

[3]Maßgebend ist stets das Gesamtbild der Verhältnisse im Einzelfall. [4]Die in Abschnitt 15.12 Abs. 1 bis 3 dargelegten Grundsätze gelten dabei sinngemäß.

(3) [1]Insbesondere bei Vorbereitungshandlungen, die ihrer Art nach sowohl zur unternehmerischen als auch zur nichtunternehmerischen Verwendung bestimmt sein können (z. B. Erwerb eines Computers oder Kraftfahrzeugs), ist vor der ersten Steuerfestsetzung zu prüfen, ob die Verwendungsabsicht durch objektive Anhaltspunkte nachgewiesen ist. [2]Soweit Vorbereitungshandlungen ihrer Art nach typischerweise zur nichtunternehmerischen Verwendung oder Nutzung bestimmt sind (z. B. der Erwerb eines Wohnmobils, Segelschiffs oder sonstigen Freizeitgegenstands), ist bei dieser Prüfung ein besonders hoher Maßstab anzulegen. [3]Lassen sich diese objektiven Anhaltspunkte nicht an Amtsstelle ermitteln, ist zunächst grundsätzlich nicht von der Unternehmereigenschaft auszugehen. [4]Eine zunächst angenommene Unternehmereigenschaft ist nur dann nach § 164 Abs. 2, § 165 Abs. 2 oder § 173 Abs. 1 AO durch Änderung der ursprünglichen Steuerfestsetzung rückgängig zu machen, wenn später festgestellt wird, dass objektive Anhaltspunkte für die Verwendungsabsicht im Zeitpunkt des Leistungsbezugs nicht vorlagen, die Verwendungsabsicht nicht in gutem Glauben erklärt wurde oder ein Fall von Betrug oder Missbrauch vorliegt. [5]Zur Vermeidung der Inanspruchnahme erheblicher ungerechtfertigter Steuervorteile oder zur Beschleunigung des Verfahrens kann die Einnahme des Augenscheins (§ 98 AO) oder die Durchführung einer Umsatzsteuer-Nachschau (§ 27b UStG) angebracht sein.

(4) [1]Die Absätze 1 bis 3 gelten entsprechend bei der Aufnahme einer neuen Tätigkeit im Rahmen eines bereits bestehenden Unternehmens, wenn die Vorbereitungshandlungen nicht in einem sachlichen Zusammenhang mit der bisherigen unternehmerischen Tätigkeit stehen. [2]Besteht dagegen ein sachlicher Zusammenhang, sind erfolglose Vorbereitungshandlungen der unternehmerischen Sphäre zuzurechnen (vgl. BFH-Urteil vom 16. 12. 1993, V R 103/88, BStBl 1994 II S. 278).

(5) [1]Die Unternehmereigenschaft kann nicht im Erbgang übergehen (vgl. BFH-Urteil vom 19. 11. 1970, V R 14/67, BStBl 1971 II S. 121). [2]Der Erbe wird nur dann zum Unternehmer, wenn in seiner Person die Voraussetzungen verwirklicht werden, an die das Umsatzsteuerrecht die Unternehmereigenschaft knüpft. [3]Zur Unternehmereigenschaft des Erben einer Kunstsammlung vgl. BFH-Urteil vom 24. 11. 1992, V R 8/89, BStBl 1993 II S. 379, und zur Unternehmereigenschaft bei der Veräußerung von Gegenständen eines ererbten Unternehmensvermögens vgl. BFH-Urteil vom 13. 1. 2010, V R 24/07, BStBl 2011 II S. 241.

(6) [1]Die Unternehmereigenschaft endet mit dem letzten Tätigwerden. [2]Der Zeitpunkt der Einstellung oder Abmeldung eines Gewerbebetriebs ist unbeachtlich. [3]Unternehmen und Unternehmereigenschaft erlöschen erst, wenn der Unternehmer alle Rechtsbeziehungen abgewickelt hat, die mit dem (aufgegebenen) Betrieb in Zusammenhang stehen (BFH-Urteil vom 21. 4. 1993, XI R 50/90, BStBl II S. 696; vgl.

auch BFH-Urteil vom 19. 11. 2009, V R 16/08, BStBl 2010 II S. 319). [4]Die spätere Veräußerung von Gegenständen des Betriebsvermögens oder die nachträgliche Vereinnahmung von Entgelten gehören noch zur Unternehmertätigkeit. [5]Eine Einstellung der gewerblichen oder beruflichen Tätigkeit liegt nicht vor, wenn den Umständen zu entnehmen ist, dass der Unternehmer die Absicht hat, das Unternehmen weiterzuführen oder in absehbarer Zeit wiederaufleben zu lassen; es ist nicht erforderlich, dass laufend Umsätze bewirkt werden (vgl. BFH-Urteile vom 13. 12. 1963, V 77/61 U, BStBl 1964 III S. 90, und vom 15. 3. 1993, V R 18/89, BStBl II S. 561). [6]Eine Gesellschaft besteht als Unternehmer so lange fort, bis alle Rechtsbeziehungen, zu denen auch das Rechtsverhältnis zwischen der Gesellschaft und dem Finanzamt gehört, beseitigt sind (vgl. BFH-Urteile vom 21. 5. 1971, V R 117/67, BStBl II S. 540, und vom 18. 11. 1999, V R 22/99, BStBl 2000 II S. 241). [7]Die Unternehmereigenschaft einer GmbH ist weder von ihrem Vermögensstand noch von ihrer Eintragung im Handelsregister abhängig. [8]Eine aufgelöste GmbH kann auch noch nach ihrer Löschung im Handelsregister Umsätze im Rahmen ihres Unternehmens ausführen (vgl. BFH-Urteil vom 9. 12. 1993, V R 108/91, BStBl 1994 II S. 483). [9]Zum Sonderfall des Ausscheidens eines Gesellschafters aus einer zweigliedrigen Personengesellschaft (Anwachsen) vgl. BFH-Urteil vom 18. 9. 1980, V R 175/74, BStBl 1981 II S. 293.

Anmerkung

1. Beginn der unternehmerischen Betätigung

Die Unternehmereigenschaft erstreckt sich auch schon auf **Vorbereitungshandlungen**, damit ist der Unternehmer auch schon für Leistungsbezüge vor Ausführung eigener Ausgangsumsätze zum Vorsteuerabzug berechtigt, wenn es sich um Vorbereitungshandlungen handelt. Die **Unternehmereigenschaft** ist unabhängig von der Rechtsform. Jede Art Gebilde kann Unternehmereigenschaft erlangen, soweit es selbstständig, nachhaltig und mit Einnahmeerzielungsabsicht tätig ist, § 2 Abs. 1 und Abs. 2 UStG.

Vorbereitungshandlungen liegen ab dem ersten nach außen erkennbaren, auf eine Unternehmertätigkeit gerichteten Tätigwerden des Unternehmers vor. Unerheblich für den Beginn der Unternehmereigenschaft ist, ob später tatsächlich Umsätze getätigt werden können. Auch wenn **keine Umsätze am Markt erzielt** werden, ist die Unternehmereigenschaft nicht rückwirkend abzuerkennen, wenn der Unternehmer die Ernsthaftigkeit der Umsatzerzielungsabsicht nachweisen kann (EuGH, Urt. v. 29.2.1996 – C-110/94, INZO, BStBl II 1996, 655; EuGH, Urt. v. 8.6.2000 – C-400/98, Breitsohl, BStBl II 2004, 452). Dabei kommt es immer auf das Gesamtbild der Verhältnisse an.

Die Vorbereitungstätigkeit muss allerdings schon erkennbar mit der unternehmerischen Betätigung im Zusammenhang stehen. Da eine bezogene Leistung nur dann einem Unternehmen zugeordnet werden kann, wenn zum Zeitpunkt des Leistungsbezugs das Unternehmen schon besteht, kann ein Vorsteuerabzug nur für Leistungen in Betracht kommen, die ab Beginn der Unternehmereigenschaft bezogen worden sind.

2. Gründung einer Personengesellschaft

Bei der Gründung einer Personengesellschaft ist zu unterscheiden, ob und ab wann die Gesellschaft Unternehmereigenschaft hat und wie die Umsätze bei der Gründung der Personengesellschaft zu beurteilen sind. Die **Unternehmereigenschaft** beginnt grundsätzlich mit dem ersten, nach außen erkennbaren Tätigwerden der Personengesellschaft. Die Unternehmereigenschaft kann auch schon durch Abgabe eines Angebots gegenüber einem späteren Auftraggeber begründet werden.

Nach der Rechtsprechung des EuGH (Urt. v. 26.6.2003 – C-442/01, KapHag Renditefonds, BFH/NV Beilage 2003, 228 sowie BFH, Urt. v. 1.7.2004 – V R 32/00, BStBl II 2004, 1022) ist die **Ausgabe von Anteilen an einer (Publikums-)Personengesellschaft** grundsätzlich keine unternehmerische Tätigkeit, sodass die Personengesellschaft bei Ausgabe der Anteile keine steuerbaren Umsätze ausführt. Dies betrifft sowohl die Erstausgabe der Anteile als auch bei einer späteren Kapitalerhöhung.

3. Gründung einer Kapitalgesellschaft

Wird eine Kapitalgesellschaft gegründet, sind bei der Gründung mehrere Phasen zu unterscheiden, die für die umsatzsteuerrechtliche Beurteilung von Bedeutung sind.

Die **Vorgründungsgesellschaft** (von der ersten Idee zur Gründung einer Kapitalgesellschaft bis zum Abschluss des notariellen Gesellschaftsvertrags oder der Satzung) stellt eine Gesellschaft des bürgerlichen Rechts (GbR) dar, soweit es sich um eine aus mehreren Gesellschaftern bestehende Kapitalgesellschaft handelt, oder ein Einzelunternehmen, wenn es sich später um eine Kapitalgesellschaft mit einem Gesellschafter handelt (z. B. die Ein-Mann-GmbH). Die Vorgründungsgesellschaft ist mit der später entstehenden Kapitalgesellschaft nicht identisch.

Die Vorgründungsgesellschaft kann die Unternehmereigenschaft i. S. d. § 2 UStG aus eigenem Recht heraus erlangen, wenn sie selbst nachhaltig Leistungen am Markt erbringt. Insoweit ist sie zum Vorsteuerabzug berechtigt.

Erbringt die Vorgründungsgesellschaft nicht selbst Ausgangsleistungen, ist sie nach der Rechtsprechung des EuGH (Urt. v. 29.4.2004 – C-137/02, Faxworld, BFH/NV Beilage 2004, 225 sowie BFH, Urt. v. 15.7.2004 – V R 84/99, BStBl II 2005, 155) dann als Unternehmer anzusehen und für bezogene Leistungen zum Vorsteuerabzug berechtigt, wenn sie schon bezogene Leistungen im Rahmen eines entgeltlichen Umsatzes veräußert. Dies gilt auch, wenn sie die Wirtschaftsgüter im Rahmen einer nicht steuerbaren Geschäftsveräußerung nach § 1 Abs. 1a UStG auf die Vorgesellschaft überträgt.

Die **Vorgesellschaft oder Gründungsgesellschaft** (ab notariellem Gesellschaftsvertrag/Satzung bis zur Eintragung der Gesellschaft im Handelsregister) ist mit der eingetragenen Kapitalgesellschaft identisch. Damit sind alle entstehenden Umsatzsteuerbeträge und alle Vorsteuerbeträge im Rahmen der Veranlagung der Kapitalgesellschaft anzusetzen. Voraussetzung ist aber auch hier, dass die Kapitalgesellschaft nach den allgemeinen Grundsätzen überhaupt die Unternehmereigenschaft erlangt.

In Sonderfällen, in denen die Kapitalgesellschaft mangels Eintragung tatsächlich gar nicht entsteht, stellen die Vorgründungsgesellschaft und die Vorgesellschaft eine einheitliche Personengesellschaft (oder bei einer geplanten Ein-Mann-GmbH ein einheitliches Einzelunternehmen) dar. Für die Unternehmereigenschaft dieser Gesellschaft sind dann wieder die allgemeinen Grundsätze über die Beurteilung der Unternehmereigenschaft heranzuziehen. Insbesondere kommt es dann darauf an, ob ernsthaft die Umsatzerzielungsabsicht vorlag.

Hinweis: Finanzverwaltung hat ausführlich Stellung genommen

Die Finanzverwaltung hat zu der Frage der Vorsteuerabzugsberechtigung bei der Gründung von Kapitalgesellschaften ausführlich Stellung genommen (BMF, Schreiben v. 12.4.2022, BStBl I 2022, 650) – vgl. dazu auch Abschn. 15.2b UStAE. Zu den Folgen einer gescheiterten GmbH-Gründung vgl. auch BFH, Urt. v. 11.11.2015 – V R 8/15, BFH/NV 2016, 863.

Eine interessante Frage zur Vorsteuerabzugsberechtigung bei Gründung einer GmbH beschäftigt den BFH (beim BFH anhängig unter V R 24/25). Das Niedersächsische FG hatte entschieden, dass bei der **Sachgründung einer Ein-Mann-GmbH** durch Sacheinlage eines PKW, der während des Bestehens der Vor-GmbH geliefert wird und den die Gesellschaft nach Gründung für ihre wirtschaftliche Tätigkeit ausschließlich unternehmerisch nutzt, der Gesellschaft der Vorsteuerabzug dem Grunde nach zusteht (**Neutralitätsgrundsatz**). Dies gelte auch, wenn die Rechnung an den Gründungsgesellschafter adressiert ist, sofern der Gründungsgesellschafter selbst nicht zum Vorsteuerabzug berechtigt ist. Insofern hat umsatzsteuerlich eine personenübergreifende Zurechnung in der Unternehmensgründungsphase zu erfolgen. Im Revisionsverfahren muss nun der BFH darüber entscheiden.

UStAE 2.7. Unternehmen

(1) [1]Zum Unternehmen gehören sämtliche Betriebe oder berufliche Tätigkeiten desselben Unternehmers. [2]Organgesellschaften sind – unter Berücksichtigung der Einschränkungen in § 2 Abs. 2 Nr. 2 Sätze 2 bis 4 UStG (vgl. Abschnitt 2.9) – Teile des einheitlichen Unternehmens eines Unternehmers. [3]Innerhalb des einheitlichen Unternehmens sind steuerbare Umsätze grundsätzlich nicht möglich; zu den Besonderheiten beim innergemeinschaftlichen Verbringen vgl. Abschnitt 1a.2.

(2) [1]In den Rahmen des Unternehmens fallen nicht nur die Grundgeschäfte, die den eigentlichen Gegenstand der geschäftlichen Betätigung bilden, sondern auch die Hilfsgeschäfte (vgl. BFH-Urteil vom 24. 2. 1988, X R 67/82, BStBl II S. 622). [2]Zu den Hilfsgeschäften gehört jede Tätigkeit, die die Haupttätigkeit mit sich bringt (vgl. BFH-Urteil vom 28. 10. 1964, V 227/62 U, BStBl 1965 III S. 34). [3]Auf die Nachhaltigkeit der Hilfsgeschäfte kommt es nicht an (vgl. BFH-Urteil vom 20. 9. 1990, V R 92/85, BStBl 1991 II S. 35). [4]Ein Verkauf von Vermögensgegenständen fällt somit ohne Rücksicht auf die Nachhaltigkeit in den Rahmen des Unternehmens, wenn der Gegenstand zum unternehmerischen Bereich des Veräußerers gehörte. [5]Bei einem gemeinnützigen Verein fallen Veräußerungen von Gegenständen, die von Todes wegen erworben sind, nur dann in den Rahmen des Unternehmens, wenn sie für sich nachhaltig sind (vgl. BFH-Urteil vom 9. 9. 1993, V R 24/89, BStBl 1994 II S. 57).

Anmerkung

1. Unternehmenseinheit

Jeder Unternehmer kann grundsätzlich immer nur **ein Unternehmen** haben. Zu diesem einheitlichen Unternehmen gehören alle Tätigkeiten, die der Unternehmer selbstständig, nachhaltig und mit Einnahmeerzielungsabsicht ausübt. Es kommt dabei nicht darauf an, wie diese Tätigkeiten ertragsteuerlich eingestuft werden, so führen auch Tätigkeiten, die zu unterschiedlichen Einkunftsarten des Einkommensteuergesetzes gehören, zu einem einheitlichen Unternehmen.

Auch im Rahmen einer **Organschaft** liegt zwischen dem Organträger und der Organgesellschaft ein einheitliches Unternehmen vor, soweit sich diese Unternehmensteile im Inland befinden. Der EuGH (Urt. v. 11.7.2024 – C-184/23, S, BFH/NV 2024, 1127; Folgeurteil des BFH v. 29.8.2024 – V R 14/24, MwStR 2025, 58) hat bestätigt, dass die bisherige Rechtsauffassung, dass im einheitlichen Organkreis keine steuerbaren Umsätze (sog. Innenumsätze) vorliegen, mit dem Unionsrecht vereinbar ist.

Hinweis: Einheitlichkeit des Unternehmens auch grenzüberschreitend

Mit Ausnahme der Organschaft ist es unerheblich, ob sich die verschiedenen Unternehmensteile im Inland oder im Ausland befinden.

Soweit sich ein einheitliches Unternehmen ergibt, sind die folgenden Rechtsfolgen zu beachten:

- Für das gesamte Unternehmen ist nur **eine Umsatzsteuer-Voranmeldung** und eine Umsatzsteuererklärung abzugeben. Darin sind alle Umsätze und Vorsteuerabzugsbeträge des gesamten Unternehmens zusammenzufassen.
- Soweit zwischen den einzelnen Teilen des Unternehmens Leistungen ausgeführt werden, liegen **nicht steuerbare Innenumsätze** vor. Falls für diese Innenumsätze in Abrechnungspapieren Umsatzsteuer gesondert ausgewiesen worden ist, gelten die Belege als unternehmensinterne Buchungsunterlagen, eine Umsatzsteuer wird daraus nicht geschuldet (Abschn. 14.1 Abs. 1 Satz 6 ff. UStAE; bestätigt durch BFH, Urt. v. 28.10.2010 – V R 7/10, BStBl II 2011, 391).

Zwischen einer **Personengesellschaft und einem Gesellschafter** sowie zwischen zwei Personengesellschaften kann grundsätzlich kein einheitliches Unternehmen vorliegen; gegebenenfalls können aber die Voraussetzungen der Organschaft vorliegen – vgl. dazu Anmerkung zu Abschn. 2.8 UStAE. Soweit hier Leistungen zwischen den Beteiligten erbracht werden, liegen – bei Unternehmereigenschaft – steuerbare Umsätze vor. Zu beachten ist aber, dass ein Gesellschafter einer Personengesellschaft die Unternehmereigenschaft aufgrund eigener Leistungen erlangen muss. So wird er nur unternehmerisch tätig, wenn er Leistungen gegen gesondertes Entgelt erbringt.

2. Hilfsgeschäft

In den Rahmen des Unternehmens fallen nicht nur die Grundgeschäfte des Unternehmers, sondern auch alle Tätigkeiten, die die **Haupttätigkeit des Unternehmers mit sich bringt**. Dabei kommt es nicht darauf an, ob diese Hilfsgeschäfte nachhaltig, das heißt mit der Absicht, auf Dauer Einnahmen zu erzielen ausgeführt werden (BFH, Urt. v. 20.9.1990 – V R 92/85, BStBl II 1991, 35). Insbesondere fallen die Verkäufe der dem Unternehmen zugeordneten Wirtschaftsgüter unter die **Hilfsgeschäfte**. Soweit ein solches Hilfsgeschäft vorliegt, wird dieses bei dem Unternehmer als normale Lieferung oder sonstige Leistung der Besteuerung unterworfen.

Hinweis: Zuordnung zum Unternehmen notwendig

Ein Hilfsgeschäft im Rahmen des Unternehmens kann nur dann vorliegen, wenn der Unternehmer den Gegenstand seinem Unternehmen zugeordnet hatte oder ihn seinem Unternehmen zuordnen musste (BFH, Urt. v. 25.3.1988 – V R 101/83, BStBl II 1988, 649). Wurde oder konnte der Gegenstand nicht seinem Unternehmen zugeordnet werden, ist der Verkauf des Gegenstands nicht steuerbar.

Die **Steuerpflicht des Hilfsgeschäfts** richtet sich grundsätzlich nach den allgemeinen Vorschriften des Umsatzsteuergesetzes. Damit können für Hilfsgeschäfte die maßgeblichen Steuerbefreiungsvorschriften des § 4 UStG angewendet werden. Für Unternehmer, die nur steuerfreie Umsätze nach § 4 Nr. 8 bis Nr. 27 und Nr. 29 UStG ausführen, ergibt sich nach § 4 Nr. 28 UStG eine Steuerbefreiung für diese Hilfsgeschäfte. Die Regelung des § 4 Nr. 28 UStG steht auch im Einklang mit dem Unionsrecht (BFH, Urt. v. 21.9.2016 – V R 43/15, BStBl II 2017, 1203).

Die Steuerbefreiung nach § 4 Nr. 28 UStG geht als **spezielle Steuerbefreiungsvorschrift** auch den allgemeinen Befreiungsvorschriften (§ 4 Nr. 1 bis Nr. 7 UStG) vor (EuGH, Urt. v. 7.12.2006 – C-240/05, Eurodental, BFH/NV Beilage 2007, 204 sowie BMF, Schreiben v. 11.4.2011, BStBl I 2011, 459). Damit kann insbesondere eine Vorsteuerberichtigung nicht in Anspruch genommen werden, wenn ein bisher für steuerfreie Umsätze verwendeter Gegenstand ins Ausland verkauft wird.

Bei Unternehmern, die nicht ausschließlich steuerfreie Umsätze nach § 4 Nr. 8 bis Nr. 27 und Nr. 29 UStG ausführen, lässt die Finanzverwaltung im Rahmen einer **Vereinfachungsregelung** die Anwendung des § 4 Nr. 28 UStG bei einer Verwendung des Gegenstands bis zu 5 % für steuerpflichtige Ausgangsleistungen zu, soweit der Unternehmer auf einen anteiligen Vorsteuerabzug verzichtet hat, Abschn. 4.28.1 Abs. 2 UStAE.

UStAE 2.8. Organschaft

Allgemeines

(1) [1]Organschaft nach § 2 Abs. 2 Nr. 2 UStG liegt vor, wenn eine juristische Person nach dem Gesamtbild der tatsächlichen Verhältnisse finanziell, wirtschaftlich und organisatorisch in ein Unternehmen eingegliedert ist. [2]Es ist nicht erforderlich, dass alle drei Eingliederungsmerkmale gleichermaßen ausgeprägt sind. [3]Organschaft kann deshalb auch gegeben sein, wenn die Eingliederung auf einem dieser drei Gebiete nicht vollständig, dafür aber auf den anderen Gebieten um so eindeutiger ist, so dass sich die Eingliederung aus dem Gesamtbild der tatsächlichen Verhältnisse ergibt (vgl. BFH-Urteil vom 23. 4. 1964, V 184/61 U, BStBl III S. 346, und vom 22. 6. 1967, V R 89/66, BStBl III S. 715). [4]Von der finanziellen Eingliederung kann weder auf die wirtschaftliche noch auf die organisatorische Eingliederung geschlossen werden (vgl. BFH-Urteile vom 5. 12. 2007, V R 26/06, BStBl 2008 II S. 451, und vom 3. 4. 2008, V R 76/05, BStBl II S. 905). [5]Die Organschaft umfasst nur den unternehmerischen Bereich der Organgesellschaft. [6]Liegt Organschaft vor, sind die eingegliederten Organgesellschaften (Tochtergesellschaften) ähnlich wie Angestellte des Organträgers (Muttergesellschaft) als unselbständig anzusehen; Unternehmer ist der Organträger. [7]Eine Gesellschaft kann bereits zu einem Zeitpunkt in das Unternehmen des Organträgers eingegliedert sein, zu dem sie selbst noch keine Umsätze ausführt, dies gilt insbesondere für eine Auffanggesellschaft im Rahmen des Konzepts einer „übertragenden Sanierung“ (vgl. BFH-Urteil vom 17. 1. 2002, V R 37/00, BStBl II S. 373). [8]War die seit dem Abschluss eines Gesellschaftsvertrags bestehende Gründergesellschaft einer später in das Handelsregister eingetragenen GmbH nach dem Gesamtbild der tatsächlichen Verhältnisse finanziell, wirtschaftlich und organisatorisch in ein Unternehmen eingegliedert, besteht die Organschaft zwischen der GmbH und dem Unternehmen bereits für die Zeit vor der Eintragung der GmbH in das Handelsregister (vgl. BFH-Urteil vom 9. 3. 1978, V R 90/74, BStBl II S. 486).

(2) [1]Organträger kann jeder Unternehmer sein. [2]Auch eine juristische Person des öffentlichen Rechts kann Organträger sein, wenn und soweit sie unternehmerisch tätig ist (vgl. BFH-Urteil vom 2. 12. 2015, V R

67/14, BStBl 2017 II S. 560, und Abschnitt 2.11 Abs. 20). [3]Die die Unternehmereigenschaft begründenden entgeltlichen Leistungen können auch gegenüber einer Gesellschaft erbracht werden, mit der als Folge dieser Leistungstätigkeit eine organschaftliche Verbindung besteht (vgl. BFH-Urteil vom 9. 10. 2002, V R 64/99, BStBl 2003 II S. 375; vgl. aber Absatz 6 Sätze 5 und 6). [4]Als Organgesellschaften kommen regelmäßig nur juristische Personen des Zivil- und Handelsrechts in Betracht (vgl. BFH-Urteil vom 20. 12. 1973, V R 87/70, BStBl 1974 II S. 311). [5]Eine Personengesellschaft kann ausnahmsweise wie eine juristische Person als eingegliedert im Sinne des § 2 Abs. 2 Nr. 2 UStG anzusehen sein, wenn die finanzielle Eingliederung wie bei einer juristischen Person zu bejahen ist (siehe dazu Absatz 5 a). [6]Eine GmbH, die an einer KG als persönlich haftende Gesellschafterin beteiligt ist, kann grundsätzlich nicht als Organgesellschaft in das Unternehmen dieser KG eingegliedert sein (BFH-Urteil vom 14. 12. 1978, V R 85/74, BStBl 1979 II S. 288). [7]Dies gilt auch in den Fällen, in denen die übrigen Kommanditisten der KG sämtliche Gesellschaftsanteile der GmbH halten (vgl. BFH-Urteil vom 19. 5. 2005, V R 31/03, BStBl II S. 671). [8]Ist jedoch die KG mehrheitlich an der Komplementär-GmbH beteiligt, kann die GmbH als Organgesellschaft in die KG eingegliedert sein, da die KG auf Grund ihrer Gesellschafterstellung sicherstellen kann, dass ihr Wille auch in der GmbH durchgesetzt wird (vgl. auch Abschnitt 2.2 Abs. 6 Beispiel 2). [9]Personen, die keine Unternehmer im Sinne des § 2 Abs. 1 UStG sind, können weder Organträger noch Organgesellschaft sein (vgl. BFH-Urteile vom 2. 12. 2015, V R 67/14, a. a. O., und vom 10. 8. 2016, XI R 41/14, BStBl 2017 II S. 590).

(3) [1]Die Voraussetzungen für die umsatzsteuerliche Organschaft sind nicht identisch mit den Voraussetzungen der körperschaftsteuerlichen und gewerbesteuerlichen Organschaft. [2]Eine gleichzeitige Eingliederung einer Organgesellschaft in die Unternehmen mehrerer Organträger (sog. Mehrmütterorganschaft) ist nicht möglich (vgl. BFH-Urteile vom 30. 4. 2009, V R 3/08, BStBl 2013 II S. 873, und vom 3. 12. 2015, V R 36/13, BStBl 2017 II S. 563).

(4) Weder das Umsatzsteuergesetz noch das Unionsrecht sehen ein Wahlrecht für den Eintritt der Rechtsfolgen einer Organschaft vor (vgl. BFH-Urteil vom 29. 10. 2008, XI R 74/07, BStBl 2009 II S. 256).

Finanzielle Eingliederung

(5) [1]Unter der finanziellen Eingliederung einer juristischen Person ist der Besitz der entscheidenden Anteilsmehrheit an der Organgesellschaft zu verstehen, die es dem Organträger ermöglicht, durch Mehrheitsbeschlüsse seinen Willen in der Organgesellschaft durchzusetzen (Eingliederung mit Durchgriffsrechten, vgl. BFH-Urteil vom 2. 12. 2015, V R 15/14, BStBl 2017 II S. 553). [2]Entsprechen die Beteiligungsverhältnisse den Stimmrechtsverhältnissen, ist die finanzielle Eingliederung gegeben, wenn die Beteiligung mehr als 50 % beträgt, sofern keine höhere qualifizierte Mehrheit für die Beschlussfassung in der Organgesellschaft erforderlich ist (vgl. BFH-Urteil vom 1. 12. 2010, XI R 43/08, BStBl 2011 II S. 600). [3]Im Interesse der Rechtsklarheit sind Stimmbindungsvereinbarungen oder Stimmrechtsvollmachten grundsätzlich ohne Bedeutung. [4]Stimmbindungsvereinbarungen und Stimmrechtsvollmachten können bei der Prüfung der finanziellen Eingliederung nur zu berücksichtigen sein, wenn sie sich ausschließlich aus Regelungen der Satzung wie etwa bei einer Einräumung von Mehrfachstimmrechten („Geschäftsanteil mit Mehrstimmrecht") ergeben (BFH-Urteil vom 2. 12. 2015, V R 25/13, BStBl 2017 II S. 547).

(5 a) [1]Die finanzielle Eingliederung einer Personengesellschaft setzt voraus, dass Gesellschafter der Personengesellschaft neben dem Organträger nur Personen sind, die nach § 2 Abs. 2 Nr. 2 UStG in das Unternehmen des Organträgers finanziell eingegliedert sind, so dass die erforderliche Durchgriffsmöglichkeit selbst bei der stets möglichen Anwendung des Einstimmigkeitsprinzips gewährleistet ist (vgl. BFH-Urteile vom 2. 12. 2015, V R 25/13, BStBl 2017 II S. 547, und vom 3. 12. 2015, V R 36/13, BStBl 2017 II S. 563). [2]Für die nach Satz 1 notwendige Beteiligung des Organträgers sind mittelbare Beteiligungen ausreichend. [3]Absatz 5 b gilt entsprechend.

Beispiel 1:

[1]Gesellschafter einer GmbH & Co. KG sind die Komplementär-GmbH und eine weitere GmbH als Kommanditistin. [2]Die A-AG hält an beiden GmbHs jeweils einen Anteil von mehr als 50 %.

[3]Alle Gesellschafter der GmbH & Co. KG sind finanziell in das Unternehmen der A-AG eingegliedert. [4]Damit ist auch die GmbH & Co. KG in das Unternehmen der A-AG finanziell eingegliedert.

Beispiel 2:

[1]Gesellschafter einer GmbH & Co. KG sind die Komplementär-GmbH K1 sowie die GmbH K2 und eine weitere Person P (Beteiligungsquote 0,1 %) als Kommanditisten. [2]Die A-AG hält an K1 und K2 jeweils einen Anteil von mehr als 50 %. [3]An P ist die A-AG nicht beteiligt.

[4]Da nicht alle Gesellschafter der GmbH & Co. KG finanziell in das Unternehmen der A-AG eingegliedert sind, ist auch die GmbH & Co. KG nicht finanziell in das Unternehmen der A-AG eingegliedert.

(5b) [1]Eine finanzielle Eingliederung setzt eine unmittelbare oder mittelbare Beteiligung des Organträgers an der Organgesellschaft voraus. [2]Es ist ausreichend, wenn die finanzielle Eingliederung mittelbar über eine unternehmerisch oder nichtunternehmerisch tätige Tochtergesellschaft des Organträgers erfolgt. [3]Eine nichtunternehmerisch tätige Tochtergesellschaft wird dadurch jedoch nicht Bestandteil des Organkreises. [4]Ist eine Kapital- oder Personengesellschaft nicht selbst an der Organgesellschaft beteiligt, reicht es für die finanzielle Eingliederung nicht aus, dass nur ein oder mehrere Gesellschafter auch mit Stimmenmehrheit an der Organgesellschaft beteiligt sind (vgl. BFH-Urteile vom 22.04.2010 – V R 9/09, BStBl II 2011 S. 597, vom 01.12.2010 – XI R 43/08, BStBl II 2011 S. 600, vom 24.08.2016 – V R 36/15, BStBl II 2017 S. 595, und vom 01.02.2022 – V R 23/21, BStBl II 2023 S. 148). [5]In diesem Fall ist keine der beiden Gesellschaften in das Gefüge des anderen Unternehmens eingeordnet, sondern es handelt sich vielmehr um gleich geordnete Schwestergesellschaften. [6]Dies gilt auch dann, wenn die Beteiligung eines Gesellschafters an einer Kapitalgesellschaft ertragsteuerlich zu dessen Sonderbetriebsvermögen bei einer Personengesellschaft gehört. [7]Das Fehlen einer eigenen unmittelbaren oder mittelbaren Beteiligung der Gesellschaft kann nicht durch einen Beherrschungsvertrag und Gewinnabführungsvertrag ersetzt werden (BFH-Urteil vom 1. 12. 2010, XI R 43/08, a. a. O.).

Wirtschaftliche Eingliederung

(6) [1]Wirtschaftliche Eingliederung bedeutet, dass die Organgesellschaft nach dem Willen des Unternehmers im Rahmen des Gesamtunternehmens, und zwar in engem wirtschaftlichen Zusammenhang mit diesem, wirtschaftlich tätig ist (vgl. BFH-Urteil vom 22. 6. 1967, V R 89/66, BStBl III S. 715). [2]Voraussetzung für eine wirtschaftliche Eingliederung ist, dass die Beteiligung an der Kapitalgesellschaft dem unternehmerischen Bereich des Anteileigners zugeordnet werden kann (vgl. Abschnitt 2.3 Abs. 2). [3]Sie kann bei entsprechend deutlicher Ausprägung der finanziellen und organisatorischen Eingliederung bereits dann vorliegen, wenn zwischen dem Organträger und der Organgesellschaft auf Grund gegenseitiger Förderung und Ergänzung mehr als nur unerhebliche wirtschaftliche Beziehungen bestehen (vgl. BFH-Urteil vom 29. 10. 2008, XI R 74/07, BStBl 2009 II S. 256), insbesondere braucht dann die Organgesellschaft nicht vom Organträger abhängig zu sein (vgl. BFH-Urteil vom 3. 4. 2003, V R 63/01, BStBl 2004 II S. 434). [4]Die wirtschaftliche Eingliederung kann sich auch aus einer Verflechtung zwischen den Unternehmensbereichen verschiedener Organgesellschaften ergeben (vgl. BFH-Urteile vom 20.08.2009 – V R 30/06, BStBl II 2010 S. 863, und vom 01.02.2022 – V R 23/21, BStBl II 2023 S. 148). [5]Beruht die wirtschaftliche Eingliederung auf Leistungen des Organträgers gegenüber seiner Organgesellschaft, müssen jedoch entgeltliche Leistungen vorliegen, denen für das Unternehmen der Organgesellschaft mehr als nur unwesentliche Bedeutung zukommt (vgl. BFH-Urteil vom 18. 6. 2009, V R 4/08, BStBl 2010 II S. 310, und vom 6. 5. 2010, V R 26/09, BStBl II S. 1114). [6]Hieran fehlt es bei der Vermietung von ohne weiteres austauschbaren Büroräumen (vgl. BFH-Urteil vom 01.02.2022 – V R 23/21, BStBl II 2023 S. 148). [7]Stellt der Organträger für eine von der Organgesellschaft bezogene Leistung unentgeltlich Material bei, reicht dies zur Begründung der wirtschaftlichen Eingliederung nicht aus (vgl. BFH-Urteil vom 20. 8. 2009, V R 30/06, a. a. O.). [8]Zu einer wirtschaftlichen Eingliederung durch Darlehen kann es nur kommen, wenn diese im Rahmen eines Unternehmens gewährt werden (vgl. BFH-Beschluss vom 13. 11. 2019, V R 30/18, BStBl 2021 II S. 248).

(6a) [1]Für die Frage der wirtschaftlichen Verflechtung kommt der Entstehungsgeschichte der Tochtergesellschaft eine wesentliche Bedeutung zu. [2]Die Unselbständigkeit einer hauptsächlich im Interesse einer anderen Firma ins Leben gerufenen Produktionsfirma braucht nicht daran zu scheitern, dass sie einen Teil ihrer Erzeugnisse auf dem freien Markt absetzt. [3]Ist dagegen eine Produktionsgesellschaft zur Versorgung eines bestimmten Markts gegründet worden, kann ihre wirtschaftliche Eingliederung als Organgesellschaft auch dann gegeben sein, wenn zwischen ihr und der Muttergesellschaft Warenlieferungen nur in geringem Umfange oder überhaupt nicht vorkommen (vgl. BFH-Urteil vom 15. 6. 1972, V R 15/69, BStBl II S. 840).

(6b) [1]Bei einer Betriebsaufspaltung in ein Besitzunternehmen (z. B. Personengesellschaft) und eine Betriebsgesellschaft (i. d. R. Kapitalgesellschaft) und Verpachtung des Betriebsvermögens durch das Besitzunternehmen an die Betriebsgesellschaft steht die durch die Betriebsaufspaltung entstandene Betriebsgesellschaft im Allgemeinen in einem Abhängigkeitsverhältnis zum Besitzunternehmen (vgl. BFH-Urteile vom 28. 1. 1965, V 126/62 U, BStBl III S. 243, und vom 17. 11. 1966, V 113/65, BStBl 1967 III S. 103). [2]Auch wenn bei einer Betriebsaufspaltung nur das Betriebsgrundstück ohne andere Anlagegegenstände verpachtet wird, kann eine wirtschaftliche Eingliederung vorliegen (BFH-Urteil vom 9. 9. 1993, V R 124/89, BStBl 1994 II S. 129).

(6c) [1]Die wirtschaftliche Eingliederung wird jedoch nicht auf Grund von Liquiditätsproblemen der Organtochter beendet (Urteil vom 19. 10. 1995, V R 128/93). [2]Die wirtschaftliche Eingliederung auf Grund der Vermietung eines Grundstücks, das die räumliche und funktionale Geschäftstätigkeit der Organgesellschaft bildet, entfällt nicht bereits dadurch, dass für das betreffende Grundstück Zwangsverwaltung und Zwangsversteigerung angeordnet wird (vgl. BMF-Schreiben vom 1. 12. 2009, BStBl I S. 1609). [3]Eine Entflechtung vollzieht sich erst im Zeitpunkt der tatsächlichen Beendigung des Nutzungsverhältnisses zwischen dem Organträger und der Organgesellschaft.

Organisatorische Eingliederung

(7) [1]Die organisatorische Eingliederung setzt voraus, dass die mit der finanziellen Eingliederung verbundene Möglichkeit der Beherrschung der Tochtergesellschaft durch die Muttergesellschaft in der laufenden Geschäftsführung tatsächlich wahrgenommen wird (BFH-Urteil vom 28. 1. 1999, V R 32/98, BStBl II S. 258). [2]Es kommt darauf an, dass der Organträger die Organgesellschaft durch die Art und Weise der Geschäftsführung beherrscht und seinen Willen in der Organgesellschaft durchsetzen kann. [3]Nicht ausreichend ist, dass eine vom Organträger abweichende Willensbildung in der Organgesellschaft ausgeschlossen ist (BFH-Urteile vom 8. 8. 2013, V R 18/13, BStBl 2017 II S. 543, und vom 2. 12. 2015, V R 15/14, BStBl 2017 II S. 553). [4]Der aktienrechtlichen Abhängigkeitsvermutung aus § 17 AktG kommt keine Bedeutung im Hinblick auf die organisatorische Eingliederung zu (vgl. BFH-Urteil vom 3. 4. 2008, V R 76/05, BStBl II S. 905). [5]Nicht ausschlaggebend ist, dass die Organgesellschaft in eigenen Räumen arbeitet, eine eigene Buchhaltung und eigene Einkaufs- und Verkaufsabteilungen hat, da dies dem Willen des Organträgers entsprechen kann (vgl. BFH-Urteil vom 23. 7. 1959, V 176/55 U, BStBl III S. 376). [6]Zum Wegfall der organisatorischen Eingliederung bei Anordnung der Zwangsverwaltung und Zwangsversteigerung für ein Grundstück vgl. BMF-Schreiben vom 1. 12. 2009, BStBl I S. 1609.

(8) [1]Die organisatorische Eingliederung setzt in aller Regel die personelle Verflechtung der Geschäftsführungen des Organträgers und der Organgesellschaft voraus (BFH-Urteile vom 3. 4. 2008, V R 76/05, BStBl II S. 905, vom 28. 10. 2010, V R 7/10, BStBl 2011 II S. 391 und vom 2. 12. 2015, V R 15/14, BStBl 2017 II S. 553). [2]Dies ist z. B. bei einer Personenidentität in den Leitungsgremien beider Gesellschaften gegeben (vgl. BFH-Urteile vom 17. 1. 2002, V R 37/00, BStBl II S. 373, und vom 5. 12. 2007, V R 26/06, BStBl II S. 451). [3]Für das Vorliegen einer organisatorischen Eingliederung ist es jedoch nicht in jedem Fall erforderlich, dass die Geschäftsführung der Muttergesellschaft mit derjenigen der Tochtergesellschaft vollständig personenidentisch ist. [4]So kann eine organisatorische Eingliederung z. B. auch dann vorliegen, wenn nur einzelne Geschäftsführer des Organträgers Geschäftsführer der Organgesellschaft sind (vgl. BFH-Urteil vom 28. 1. 1999, V R 32/98, BStBl II S. 258). [5]Ob dagegen eine organisatorische Eingliederung vorliegt, wenn die Tochtergesellschaft über mehrere Geschäftsführer verfügt, die nur zum Teil auch in dem Leitungsgremium der Muttergesellschaft vertreten sind, hängt von der Ausgestaltung der Geschäftsführungsbefugnis in der Tochtergesellschaft ab. [6]Ist in der Organgesellschaft eine Gesamtgeschäftsführungsbefugnis vereinbart und werden die Entscheidungen durch Mehrheitsbeschluss getroffen, kann eine organisatorische Eingliederung nur vorliegen, wenn die personenidentischen Geschäftsführer über die Stimmenmehrheit verfügen. [7]Bei einer Stimmenminderheit der personenidentischen Geschäftsführer oder bei Einzelgeschäftsführungsbefugnis der fremden Geschäftsführer sind zu-

sätzliche institutionell abgesicherte Maßnahmen erforderlich, um eine Beherrschung der Organgesellschaft durch den Organträger sicherzustellen. [8]Eine organisatorische Eingliederung kann z. B. in Fällen der Geschäftsführung in der Organgesellschaft mittels Geschäftsführungsbefugnis vorliegen, wenn zumindest einer der Geschäftsführer auch Geschäftsführer des Organträgers ist und der Organträger über ein umfassendes Weisungsrecht gegenüber der Geschäftsführung der Organgesellschaft verfügt sowie zur Bestellung und Abberufung aller Geschäftsführer der Organgesellschaft berechtigt ist (vgl. BFH-Urteil vom 7. 7. 2011, V R 53/10, BStBl 2013 II S. 218). [9]Alternativ kann auch bei Einzelgeschäftsführungsbefugnis des fremden Geschäftsführers ein bei Meinungsverschiedenheiten eingreifendes, aus Gründen des Nachweises und der Inhaftungnahme schriftlich vereinbartes Letztentscheidungsrecht des personenidentischen Geschäftsführers eine Beherrschung der Organgesellschaft durch den Organträger sicherstellen. [10]Hingegen kann durch die personelle Verflechtung von Aufsichtsratsmitgliedern keine organisatorische Eingliederung hergestellt werden.

(9) [1]Neben dem Regelfall der personellen Verflechtung der Geschäftsführungen des Organträgers und der Organgesellschaft kann sich die organisatorische Eingliederung aber auch daraus ergeben, dass Mitarbeiter des Organträgers als Geschäftsführer der Organgesellschaft tätig sind (vgl. BFH-Urteil vom 20. 8. 2009, V R 30/06, BStBl 2010 II S. 863). [2]Die Berücksichtigung von Mitarbeitern des Organträgers bei der organisatorischen Eingliederung beruht auf der Annahme, dass ein Mitarbeiter des Organträgers dessen Weisungen bei der Geschäftsführung der Organgesellschaft aufgrund eines zum Organträger bestehenden Anstellungsverhältnisses und einer sich hieraus ergebenden persönlichen Abhängigkeit befolgen wird und er bei weisungswidrigem Verhalten vom Organträger als Geschäftsführer der Organgesellschaft uneingeschränkt abberufen werden kann (vgl. BFH-Urteil vom 7. 7. 2011, V R 53/10, BStBl 2013 II S. 218). [3]Demgegenüber reicht es nicht aus, dass ein Mitarbeiter des Mehrheitsgesellschafters nur Prokurist bei der vermeintlichen Organgesellschaft ist, während es sich beim einzigen Geschäftsführer der vermeintlichen Organgesellschaft um eine Person handelt, die weder Mitglied der Geschäftsführung noch Mitarbeiter des Mehrheitsgesellschafters ist (vgl. BFH-Urteil vom 28. 10. 2010, V R 7/10, BStBl 2011 II S. 391).

(10) [1]In Ausnahmefällen kann eine organisatorische Eingliederung auch ohne personelle Verflechtung in den Leitungsgremien des Organträgers und der Organgesellschaft vorliegen. [2]Voraussetzung für diese schwächste Form der organisatorischen Eingliederung ist jedoch, dass institutionell abgesicherte unmittelbare Eingriffsmöglichkeiten in den Kernbereich der laufenden Geschäftsführung der Organgesellschaft gegeben sind (BFH-Urteil vom 3. 4. 2008, V R 76/05, BStBl II S. 905). [3]Der Organträger muss durch schriftlich fixierte Vereinbarungen (z. B. Geschäftsführerordnung, Konzernrichtlinie, Anstellungsvertrag) in der Lage sein, gegenüber Dritten seine Entscheidungsbefugnis nachzuweisen und den Geschäftsführer der Organgesellschaft bei Verstößen gegen seine Anweisungen haftbar zu machen (BFH-Urteile vom 5. 12. 2007, V R 26/06, BStBl 2008 II S. 451, und vom 12. 10. 2016, XI R 30/14, BStBl 2017 II S. 597). [4]Hat die Organgesellschaft mit dem Organträger einen Beherrschungsvertrag nach § 291 AktG abgeschlossen oder ist die Organgesellschaft nach §§ 319, 320 AktG in die Gesellschaft des Organträgers eingegliedert, ist von dem Vorliegen einer organisatorischen Eingliederung auszugehen, da der Organträger in diesen Fällen berechtigt ist, dem Vorstand der Organgesellschaft nach Maßgabe der §§ 308 bzw. 323 Abs. 1 AktG Weisungen zu erteilen. [5]Soweit rechtlich zulässig muss sich dieses Weisungsrecht jedoch grundsätzlich auf die gesamte unternehmerische Sphäre der Organgesellschaft erstrecken. [6]Aufsichtsrechtliche Beschränkungen stehen der Annahme einer organisatorischen Eingliederung nicht entgegen. [7]Eine organisatorische Eingliederung durch Beherrschungsvertrag wird jedoch erst ab dem Zeitpunkt seiner Eintragung in das Handelsregister begründet, da dieser konstitutive Wirkung zukommt (vgl. BFH-Urteil vom 10. 5. 2017, V R 7/16, BStBl II S. 1261).

(10 a) [1]Die organisatorische Eingliederung kann auch über eine Beteiligungskette zum Organträger vermittelt werden. [2]Die in den Absätzen 7 bis 10 enthaltenen Regelungen kommen grundsätzlich auch in diesen Fällen zur Anwendung. [3]Sofern sichergestellt ist, dass der Organträger die Organgesellschaften durch die Art und Weise der Geschäftsführung beherrscht, ist es jedoch ausreichend, wenn die der organisatorischen Eingliederung dienenden Maßnahmen zwischen zwei Organgesellschaften ergriffen werden. [4]Dies gilt auch dann, wenn diese Maßnahmen nicht der Struktur der finanziellen Eingliederung folgen (z. B. bei Schwestergesellschaften). [5]Es ist zudem ausreichend, wenn die organisatorische EIngli-

derung mittelbar über eine unternehmerisch oder nichtunternehmerisch tätige Tochtergesellschaft des Organträgers erfolgt. [6]Eine nichtunternehmerisch tätige Tochtergesellschaft wird dadurch jedoch nicht zum Bestandteil des Organkreises.

Beispiel 1:

[1]Der Organträger O ist zu 100 % an der Tochtergesellschaft T 1 beteiligt. [2]Die Geschäftsführungen von O und T 1 sind personenidentisch. [3]T 1 ist zu 100 % an der Enkelgesellschaft E beteiligt. [4]Einziger Geschäftsführer der E ist ein bei der Tochtergesellschaft T 1 angestellter Mitarbeiter.

[5]Die Tochtergesellschaft T 1 ist aufgrund der personenidentischen Geschäftsführungen organisatorisch in das Unternehmen des Organträgers O eingegliedert. [6]Dies gilt auch für die Enkelgesellschaft E, da durch das Anstellungsverhältnis des Geschäftsführers bei T 1 sichergestellt ist, dass der Organträger O die Enkelgesellschaft E beherrscht.

Beispiel 2:

[1]Der Organträger O ist zu 100 % an der Tochtergesellschaft T 1 beteiligt, die als Finanzholding kein Unternehmer im Sinne des § 2 UStG ist. [2]Die Geschäftsführungen von O und T 1 sind personenidentisch. [3]T 1 ist zu 100 % an der grundsätzlich unternehmerisch tätigen Enkelgesellschaft E beteiligt. [4]Aufgrund eines abgeschlossenen Beherrschungsvertrages im Sinne des § 291 AktG beherrscht T 1 die E.

[5]Die Enkelgesellschaft E ist organisatorisch in das Unternehmen des Organträgers O eingegliedert. [6]Auf Grund der personenidentischen Geschäftsführungen von O und T 1 sowie des zwischen T 1 und E abgeschlossenen Beherrschungsvertrags ist sichergestellt, dass der Organträger O die Enkelgesellschaft E beherrscht. [7]Die nichtunternehmerisch tätige Tochtergesellschaft T 1 wird hierdurch jedoch nicht zum Bestandteil des Organkreises.

Beispiel 3:

[1]Der Organträger O ist zu 100 % an den Tochtergesellschaften T 1 und T 2 beteiligt. [2]Die Geschäftsführungen von O und T 1 sind personenidentisch. [3]Einziger Geschäftsführer der T 2 ist ein bei der Tochtergesellschaft T 1 angestellter Mitarbeiter.

[4]Die Tochtergesellschaft T 1 ist aufgrund der personenidentischen Geschäftsführungen organisatorisch in das Unternehmen des Organträgers O eingegliedert. [5]Dies gilt auch für die Tochtergesellschaft T 2, da durch das Anstellungsverhältnis des Geschäftsführers bei T 1 sichergestellt ist, dass der Organträger O die Tochtergesellschaft T 2 beherrscht.

Beispiel 4:

[1]Der im Ausland ansässige Organträger O unterhält im Inland eine Zweigniederlassung. [2]Daneben ist er zu 100 % an der im Inland ansässigen Tochtergesellschaft T 1 beteiligt. [3]Einziger Geschäftsführer der T 1 ist der bei O angestellte Leiter der inländischen Zweigniederlassung.

[4]Die Tochtergesellschaft T 1 ist organisatorisch in das Unternehmen des Organträgers O eingegliedert. [5]Durch das Anstellungsverhältnis des Geschäftsführers bei O ist sichergestellt, dass der Organträger O die Tochtergesellschaft T 2 beherrscht. [6]Die Wirkungen der Organschaft sind jedoch auf Innenleistungen zwischen den im Inland gelegenen Unternehmensteilen beschränkt.

(11) [1]Weder das mit der finanziellen Eingliederung einhergehende Weisungsrecht durch Gesellschafterbeschluss noch eine vertragliche Pflicht zur regelmäßigen Berichterstattung über die Geschäftsführung stellen eine institutionell abgesicherte unmittelbare Eingriffsmöglichkeit in den Kernbereich der laufenden Geschäftsführung der Organgesellschaft im Sinne des Absatzes 10 dar und reichen daher nicht zur Begründung einer organisatorischen Eingliederung aus (vgl. BFH-Urteil vom 2. 12. 2015, V R 15/14, BStBl 2017 II S. 553). [2]Auch Zustimmungsvorbehalte zugunsten der Gesellschafterversammlung z. B. aufgrund einer Geschäftsführungsordnung können für sich betrachtet keine organisatorische Eingliederung begründen (vgl. BFH-Urteil vom 7. 7. 2011, V R 53/10, BStBl 2013 II S. 218). [3]Dasselbe gilt für Zustimmungserfordernisse bei außergewöhnlichen Geschäften (vgl. BFH-Urteil vom 3. 4. 2008, V R 76/05, BStBl II S. 905) oder das bloße Recht zur Bestellung oder Abberufung von Geschäftsführern ohne weitergehende personelle Verflechtungen über das Geschäftsführungsorgan (vgl. BFH-Urteil vom 7. 7.

2011, V R 53/10, a.a.O.). [4]Ebenso kann sich eine organisatorische Eingliederung nicht allein daraus ergeben, dass eine nicht geschäftsführende Gesellschafterversammlung und ein gleichfalls nicht geschäftsführender Beirat ausschließlich mit Mitgliedern des Mehrheitsgesellschafters besetzt sind, vertragliche Bedingungen dem Mehrheitsgesellschafter „umfangreiche Beherrschungsmöglichkeiten" sichern und darüber hinaus dieselben Büroräume benutzt und das komplette Rechnungswesen durch gemeinsames Personal erledigt werden (vgl. BFH-Urteil vom 28. 10. 2010, V R 7/10, BStBl 2011 II S. 391).

Insolvenzverfahren

(12) [1]Mit der Insolvenzeröffnung über das Vermögen des Organträgers oder der Organgesellschaft endet die Organschaft (vgl. BFH-Urteil vom 15. 12. 2016, V R 14/16, BStBl 2017 II S. 600). [2]Dies gilt jeweils auch bei Bestellung eines Sachwalters im Rahmen der Eigenverwaltung nach §§ 270 ff. InsO. [3]Wird im Rahmen der Anordnung von Sicherungsmaßnahmen über das Vermögen des Organträgers oder der Organgesellschaft ein vorläufiger Insolvenzverwalter bestellt, endet die Organschaft mit dessen Bestellung bereits vor Eröffnung des Insolvenzverfahrens, wenn der vorläufige Insolvenzverwalter den maßgeblichen Einfluss auf den Schuldner erhält und eine Beherrschung der Organgesellschaft durch den Organträger nicht mehr möglich ist. [4]Dies ist insbesondere der Fall, wenn der vorläufige Insolvenzverwalter wirksame rechtsgeschäftliche Verfügungen des Schuldners aufgrund eines Zustimmungsvorbehalts nach § 21 Abs. 2 Nr. 2 Alt. 2 InsO verhindern kann (vgl. BFH-Urteile vom 8. 8. 2013, V R 18/13, BStBl 2017 II S. 543, vom 3. 7. 2014, V R 32/13, BStBl 2017 II S. 666, und vom 24. 8. 2016, V R 36/15, BStBl 2017 II S. 595). [5]Die Sätze 1 bis 4 gelten auch in den Fällen, in denen für den Organträger und die Organgesellschaft ein personenidentischer Sachwalter, vorläufiger Insolvenzverwalter oder Insolvenzverwalter bestellt wird. [6]Hingegen beenden weder die Anordnung der vorläufigen Eigenverwaltung beim Organträger noch die Anordnung der vorläufigen Eigenverwaltung bei der Organgesellschaft eine Organschaft, wenn das Insolvenzgericht lediglich bestimmt, dass ein vorläufiger Sachwalter bestellt wird sowie eine Anordnung gemäß § 21 Abs. 2 Satz 1 Nr. 3 InsO erlässt (vgl. BFH-Urteil vom 27. 11. 2019, XI R 35/17, BStBl 2021 II S. 252). [7]Satz 6 gilt nicht für vorläufige Eigenverwaltungsverfahren, die nach dem 31. 12. 2020 angeordnet wurden, es sei denn, diese fallen unter die Anwendung des § 5 Abs. 1 COVID-19-Insolvenzaussetzungsgesetz (COVInsAG).

Anmerkung

1. Abweichende nationale Rechtslage

§ 2 Abs. 2 Nr. 2 Satz 1 UStG regelt national die **Eingliederung juristischer Personen** in ein anderes Unternehmen unter drei Eingliederungsvoraussetzungen: finanzielle, wirtschaftliche und organisatorische Eingliederung. Rechtsfolge der Eingliederung ist, dass die eingegliederte juristische Person nicht Unternehmer im umsatzsteuerrechtlichen Sinne ist und damit nur der Organträger der Träger aller umsatzsteuerrechtlichen Rechte und Pflichten ist.

1.1 Rechtsprechung des EuGH zu den Personengesellschaften

Die **Rechtsprechung des EuGH** (Urt. v. 16.7.2015 – C-108/14, Larentia + Minerva und C-109/14, Marenave Schifffahrts-AG, BStBl II 2017, 604) hat fast alle nationalen Grundsätze der Organschaft auf den Prüfstand gestellt. Sowohl die Frage, ob sich die **Eingliederung nur auf juristische Personen** beziehen kann, als auch die Frage des **Unter- und Überordnungsverhältnisses** musste vor dem Hintergrund des Unionsrechts hinterfragt werden. Nach dem Unionsrecht können Mitgliedstaaten über Art. 11 MwStSystRL Personen als einen Steuerpflichtigen behandeln, wenn sie durch gegenseitige finanzielle, wirtschaftliche und organisatorische Beziehungen eng miteinander verbunden sind. Da nach der Rechtsprechung des EuGH (Urt. v. 9.4.2013 – C-85/15, Kommission/Irland, UR 2013, 418 und Urt. v. 24.4.2013 – C-480/10, Kommission/Schweden, BFH/NV 2013, 1212) die Mitgliedstaaten nicht die Möglichkeit haben, den Wirtschaftsteilnehmern weitere Bedingungen für die Bildung einer solchen Mehrwertsteuergruppe (Organkreis) aufzubürden als diejenigen, die in Art. 11 MwStSystRL genannt sind, hatte der BFH (Urt. v. 11.12.2013 – XI R 38/12, BStBl II 2014, 428 und XI R 17/11, BStBl II 2014,

417) den EuGH angerufen und u. a. **gefragt**, ob die Bestimmung über die Zusammenfassung mehrerer Personen zu einem Steuerpflichtigen einer nationalen Regelung entgegensteht, nach der

- nur eine juristische Person – nicht aber eine Personengesellschaft – in das Unternehmen eines anderen Steuerpflichtigen (sog. Organträger) eingegliedert werden kann und
- die voraussetzt, dass diese juristische Person finanziell, wirtschaftlich und organisatorisch (i. S. eines Über- und Unterordnungsverhältnisses) in das Unternehmen des Organträgers eingegliedert ist

Der **EuGH** (Urt. v. 16.7.2015 – C-108/14, Larentia + Minerva und C-109/14, Marenave Schifffahrts-AG, BStBl II 2017, 604) hat in seiner Entscheidung zu dem Vorabentscheidungsersuchen festgestellt, dass Art. 4 Abs. 4 Unterabs. 2 der 6. ER-RL (jetzt entsprechend **Art. 11 MwStSystRL**) dahingehend auszulegen ist, dass er einer nationalen Regelung entgegensteht, die die in dieser Bestimmung vorgesehene Möglichkeit, eine Gruppe von Personen zu bilden, die als ein Mehrwertsteuerpflichtiger behandelt werden können, allein den Einheiten vorbehält, die juristische Personen sind und mit dem Organträger dieser Gruppe durch ein Unterordnungsverhältnis verbunden sind, es sei denn, dass diese beiden Anforderungen Maßnahmen darstellen, die für die Erreichung der Ziele der Verhinderung missbräuchlicher Praktiken oder Verhaltensweisen und der Vermeidung von Steuerhinterziehung oder -umgehung erforderlich und geeignet sind, was das vorlegende Gericht zu prüfen hat. Konkret bedeutet dies für die Anwendung der Organschaftsregelungen in Deutschland, dass die **Beschränkung der Eingliederung von juristischen Personen in den Organkreis als unselbstständige Bestandteile nicht den Vorgaben des Unionsrechts entspricht**, soweit nicht nationale Beschränkungen einschlägig sein können – insoweit liegt ein Verstoß gegen die Rechtsformneutralität vor. Damit sind – soweit den unionsrechtlichen Vorgaben gefolgt wird – auch Organkreise denkbar, bei denen Personengesellschaften als unselbstständige Teile eingegliedert werden können.

Eine Beschränkung kann dies nur dort erfahren, wo es zum Zwecke der **Verhinderung einer Steuerumgehung oder einer Steuerhinterziehung** notwendig ist. Allerdings ist es bei den Regelungen zur Organschaft vom Grundsatz her kaum denkbar, die Einbeziehung von Personengesellschaften als unselbstständige Organschaftsteile wegen der Verhinderung einer Steuerumgehung auszuschließen. Bei Personen- und Kapitalgesellschaften liegen regelmäßig bezüglich der in denkbaren Organkreisen ausführbaren Leistungen keine so gravierenden Unterschiede vor, dass – anders als bei juristischen Personen – bei Personengesellschaften ein erhebliches steuerliches Missbrauchspotenzial vermutet werden könnte. Soweit eine Personengesellschaft aus diesen Gründen von der Einbeziehung in einen Organkreis ausgeschlossen werden sollte, müsste dies vergleichbar auch für eine juristische Person gelten. Der BFH hat sich diesen Überlegungen aber nur einschränkend angeschlossen.

Der EuGH ist in seiner Entscheidung aber noch weiter gegangen. Auch das in Deutschland normierte **Unter- und Überordnungsverhältnis**, das in den letzten Jahren durch die Rechtsprechung des BFH immer mehr ausgeweitet worden war, entspricht nicht den Vorgaben des Unionsrechts. Die unionsrechtlich vorgegebene enge Verbundenheit kann nicht den Einheiten vorbehalten sein, die sich in einem Unterordnungsverhältnis zum Organträger befinden. Damit muss national zumindest mittelfristig im Rahmen gesetzlicher Anpassungen geprüft werden, ob es – wie bisher – einer finanziellen Eingliederung bedarf, die zwingend die Mehrheit der Stimmen in der Gesellschafterversammlung voraussetzt und ob die in den letzten Jahren verschärften Voraussetzungen für die organisatorische Eingliederung über die Personalunion haltbar sind. Damit sind – soweit die Vorgaben des EuGH umgesetzt werden – auch Organstrukturen gleichgeordneter Gesellschaften – unabhängig ihrer rechtlichen Stellung als Kapital- oder Personengesellschaft – denkbar. Auch der Zusammenschluss von Tochtergesellschaften über einen nichtunternehmerisch Tätigen muss danach grundsätzlich denkbar sein.

Der EuGH hat in seiner Entscheidung aber deutlich klargestellt, dass sich der **einzelne Unternehmer nicht unmittelbar** auf das für ihn günstigere **Unionsrecht berufen** kann. Die Vorgaben des Art. 11 MwStSystRL sind nicht unbedingt und hinreichend genau, sodass sie einer nationalen Präzisierung bedürfen. Damit wird es dem Gesetzgeber mittelfristig obliegen, für eine unionsrechtskonforme Umsetzung bezüglich der Voraussetzungen der Rechtsformneutralität Sorge zu tragen. Die Rechtsprechung des BFH wird sich bei der Beurteilung der Eingliederungskriterien für die Organschaft an den Vorgaben des EuGH orientieren müssen, die Konkretisierung der Eingliederungsvoraussetzungen i. S. d.

Unionsrechts kann auch ohne eine gesetzliche Änderung vom BFH in der Folgerechtsprechung vorgenommen werden. Eine systemgerechte und die unionsrechtlichen Vorgaben umsetzende Regelung muss aber dem Gesetzgeber vorbehalten bleiben, wobei alle denkbaren Varianten – von der Abschaffung der nationalen Möglichkeiten zur Organschaft bis hin zu einer antragsgebundenen Organschaft – ergebnisoffen diskutiert werden sollten.

1.2 Die Folgerechtsprechung des BFH

Der **BFH** hatte sich in verschiedenen Entscheidungen zu den Folgen aus der Rechtsprechung des EuGH geäußert. Dabei setzte der BFH die ihm vom EuGH eingeräumten Möglichkeiten nur sehr restriktiv um:

- Der BFH (Urt. v. 2.12.2015 – V R 15/14, BStBl II 2017, 553) bleibt bei seiner grundsätzlichen Aussage, dass eine juristische Person nur dann in das Unternehmen eines Anderen eingegliedert sein kann, wenn er über eine **eigene Mehrheitsbeteiligung** an der Tochtergesellschaft verfügt. Auch an den grundsätzlichen Voraussetzungen der organisatorischen Eingliederung nimmt der BFH keine Veränderungen vor. Dies sieht er nach den Vorgaben des EuGH auch unionsrechtlich abgesichert, da das nationale Steuerrecht weder einen Antrag noch ein besonderes Verfahren zur Feststellung der Voraussetzungen der Organschaft vorsieht. Aus diesem Grunde braucht es rechtssichere Kriterien, die es den Beteiligten ermöglichen, die Voraussetzungen für die Organschaft eindeutig feststellen zu können. Rechtlich unbestimmte und unpräzise Merkmale einer nur engen finanziellen, wirtschaftlichen und organisatorischen Verflechtung würden diesen Vorgaben nicht genügen.
- Eine Organschaft kann sich nach der weiteren Rechtsprechung des BFH (Urt. v. 2.12.2015 – V R 67/14, BStBl II 2017, 560 sowie auch Urt. v. 15.12.2016 – V R 44/15, BFH/NV 2017, 707 und Urt. v. 12.10.2016 – XI R 30/14, BStBl II 2017, 597) nur dann ergeben, wenn die **Organgesellschaft in ein übergeordnetes Unternehmen** eingegliedert ist. Zwar ergibt sich aus dem Unionsrecht nicht eindeutig, dass der Organträger selbst Unternehmer sein muss, der EuGH hat den Mitgliedstaaten zur Verhinderung missbräuchlicher Praktiken aber Ausgestaltungsspielräume eingeräumt. Nach Auffassung des BFH ist das Erfordernis der Unternehmereigenschaft des Organträgers im nationalen Kontext zur Verhinderung missbräuchlicher Praktiken oder Verhaltensweisen nicht nur erforderlich, sondern auch dazu geeignet.

Weitgehende Änderungen hatte der BFH zur Frage der **Eingliederung einer Personengesellschaft** in einen Organkreis vorgenommen, diese Möglichkeiten dann aber gleich wieder eingeschränkt. Während nach dem V. Senat des BFH (Urt. v. 2.12.2015 – V R 25/13, BStBl II 2017, 547 sowie Urt. v. 3.12.2015 – V R 36/13, BStBl II 2017, 563) eine Personengesellschaft dann in ein anderes Unternehmen nach § 2 Abs. 2 Nr. 2 UStG weisungsgebunden eingegliedert sein kann, wenn Gesellschafter der Personengesellschaft neben dem Organträger nur Personen sind, die selbst in das Unternehmen des Organträgers eingegliedert sind, hatte der XI. Senat des BFH in Entscheidungen über die organschaftlichen Strukturen bei GmbH & Co. KG-Fällen (BFH, Urt. v. 19.1.2016 – XI R 38/12, BStBl II 2017, 567 sowie Urt. v. 1.6.2016 – XI R 17/11, BStBl II 2017, 581) festgestellt, dass § 2 Abs. 2 Nr. 2 Satz 1 UStG richtlinienkonform dahin gehend ausgelegt werden kann, dass der Begriff „juristische Person" auch eine GmbH & Co. KG (als Personengesellschaft) umfasst. Er knüpfte dabei an Rechtsprechung des BVerfG und des BVerwG an, die dieselbe Auslegung in anderem Zusammenhang vorgenommen hatten. Damit waren beide mit der USt befassten Senate des BFH zwar in den bisherigen Entscheidungen zu vergleichbaren Ergebnissen gekommen, die Übertragbarkeit auf andere Fälle war aber aufgrund unterschiedlicher Umsetzungen nur begrenzt möglich. Während der V. Senat des BFH in nicht nur auf GmbH & Co. KG-Fälle ausgerichteter teleologischer Extension unter einschränkenden Bedingungen die Personengesellschaften grundsätzlich als eingliederungsfähig ansah, kam der XI. Senat in zwar richtlinienkonformer – aber systematisch einengender – Auslegung zu einer nur die GmbH & Co. KG-Fälle betreffenden Lösung.

1.3 Umsetzung durch die Finanzverwaltung 2017

Das **BMF** (Schreiben v. 26.5.2017, BStBl I 2017, 790) hatte in der Folge an verschiedenen Stellen den UStAE an die Vorgaben aus der Rechtsprechung des EuGH und des BFH angepasst. Im Mittelpunkt der Änderungen steht die Anerkennung der Einbeziehung auch von Personengesellschaften in einen einheitlichen Organkreis. Dabei hat sich die Verwaltung überwiegend an den Vorgaben des V. Senats des BFH orientiert.

Entgegen den gesetzlichen Regelungen in § 2 Abs. 2 Nr. 2 Satz 1 UStG kann auch eine Personengesellschaft in ein übergeordnetes Unternehmen eingegliedert sein, wenn sie finanziell, wirtschaftlich und organisatorisch in das andere Unternehmen eingegliedert ist. Die finanzielle Eingliederung einer Personengesellschaft setzt danach voraus, dass Gesellschafter der Personengesellschaft neben dem Organträger nur Personen sind, die nach § 2 Abs. 2 Nr. 2 UStG in das Unternehmen des Organträgers finanziell eingegliedert sind, sodass die erforderliche Durchgriffsmöglichkeit selbst bei der stets möglichen Anwendung des Einstimmigkeitsprinzips gewährleistet ist (Abschn. 2.8 Abs. 5a Satz 1 UStAE unter Bezugnahme auf BFH, Urt. v. 2.12.2015 – V R 25/13, BFH/NV 2016, 500 sowie BFH, Urt. v. 3.12.2015 – V R 36/13, BFH/NV 2016, 514). Die notwendige Beteiligung des Organträgers kann dabei auch über eine mittelbare Beteiligung erreicht werden.

Hinweis: Unterschied Eingliederung Kapitalgesellschaft/Personengesellschaft

Insoweit liegt ein wesentlicher Unterschied zwischen der Eingliederung einer juristischen Person und einer Personengesellschaft in ein anderes Unternehmen vor. Während es bei der Eingliederung einer juristischen Person wegen des bei Kapitalgesellschaften grundsätzlich geltenden Mehrstimmigkeitsprinzips ausreichend ist, dass der Organträger die Mehrheit der Stimmen in der Gesellschafterversammlung innehaben muss, ist bei der Eingliederung einer **Personengesellschaft** in den Organkreis erforderlich, dass wegen des **Einstimmigkeitsprinzips** alle Stimmen an der Personengesellschaft in der Hand des Organkreises sein müssen.

In dem BMF-Schreiben wird auf die **„Beteiligung" an der Personengesellschaft** abgestellt – soweit ein Gesellschafter an der Personengesellschaft beteiligt ist, der nicht in den Organkreis eingebunden ist, kann die Personengesellschaft nicht eingegliedert sein. Da die finanzielle Eingliederung auf die **Stimmen** in der Gesellschafterversammlung ausgerichtet ist, müsste eine (finanzielle) Beteiligung ohne Stimmrechte eines nicht in den Organkreis integrierten Gesellschafters unschädlich für die Eingliederung der Personengesellschaft sein. Zu dieser Fragestellung hat sich die Finanzverwaltung (wie auch der BFH) bisher nicht geäußert.

Weiterhin hat die Finanzverwaltung auch ihre Aussagen zum **Vorsteuerabzug einer Holdinggesellschaft** konkretisiert. Hintergrund für die Ergänzungen im UStAE (Abschn. 15.22 Abs. 1 Satz 4 UStAE) sind die Feststellungen des EuGH (Urt. v. 16.7.2015 – C-108/14, Larentia + Minerva und C-109/14, Marenave Schifffahrts-AG, BStBl II 2017, 604), dass eine sog. Führungsholding (eine Führungsholding ist unternehmerisch tätig und erbringt gegenüber den Gesellschaften, an denen sie beteiligt ist, entgeltliche (Dienst-)Leistungen) grundsätzlich zum Vorsteuerabzug aus allen unmittelbar und mittelbar mit den unternehmerisch gehaltenen Beteiligungen zusammenhängenden Aufwendungen berechtigt ist. Eingeschränkt wurde dieses Recht auf Vorsteuerabzug aber durch die Rechtsprechung des BFH (Urt. v. 6.4.2016 – V R 6/14, BFH/NV 2016, 1236) in den Fällen, in denen Vorsteuerbeträge auf die Einwerbung von Kapital entfallen, wenn das eingeworbene Kapital in keinem Verhältnis zum Beteiligungserwerb steht oder dieses eine missbräuchliche Praxis darstellen sollte. Die Finanzverwaltung hat insoweit die Vorgaben aus der Rechtsprechung übernommen.

Hinweis: Vorsteuerabzug von Holdinggesellschaften

Zum Vorsteuerabzug sog. gemischter Holdinggesellschaften ist auch eine Entscheidung des EuGH (Urt. v. 12.11.2020 – C-42/19, Sonaecom SGPS, DStR 2020, 2602) zu beachten. In dieser Entscheidung bestätigt der EuGH zuerst die Vorsteuerabzugsberechtigung für (vergebliche) Beratungsleistungen, die eine Holding für den geplanten Erwerb weiterer Beteiligungen aufwendet, wenn sie ihren Gesellschaften gegenüber unternehmerisch tätig wird, selbst wenn der Erwerb der (neuen) Beteiligung dann nicht zustande kommt. In einer weiteren Aussage stellt der EuGH dann aber fest, dass eine gemischte Holding, deren Eingreifen in die Verwaltung ihrer Tochtergesellschaften wiederkehrenden Charakter hat, nicht berechtigt ist, Vorsteuerbeträge abzuziehen, die sie für Provisionen entrichtet hatte, die an ein Kreditinstitut für die Organisation und die Einrichtung einer Anleihe zur Vornahme von Investitionen in einem bestimmten Bereich gezahlt wurde, wenn diese Investitionen letztlich nicht erfolgt sind und das durch diese Anleihe erhaltene Kapital vollständig in Form eines Darlehens an die Muttergesellschaft des Konzern ausgezahlt wurde.

Im Zuge der weiteren Rechtsprechung des BFH zur Organschaft im **Insolvenzfall** hat die Finanzverwaltung die bisherigen Anwendungsgrundsätze in Abschn. 2.8 Abs. 12 UStAE geändert. Grundsätzlich endet mit der Insolvenzeröffnung über das Vermögen des Organträgers oder der Organgesellschaft die Organschaft (BFH, Urt. v. 15.12.2016 – V R 14/16, BFH/NV 2017, 709). Dies gilt jeweils auch bei Bestellung eines Sachwalters im Rahmen der Eigenverwaltung nach §§ 270 ff. InsO. Wird im Rahmen der Anordnung von Sicherungsmaßnahmen über das Vermögen des Organträgers oder der Organgesellschaft ein vorläufiger Insolvenzverwalter bestellt, endet die Organschaft mit dessen Bestellung bereits vor Eröffnung des Insolvenzverfahrens, wenn der vorläufige Insolvenzverwalter den maßgeblichen Einfluss auf den Schuldner erhält und eine Beherrschung der Organgesellschaft durch den Organträger nicht mehr möglich ist. Dies ist insbesondere der Fall, wenn der vorläufige Insolvenzverwalter wirksame rechtsgeschäftliche Verfügungen des Schuldners aufgrund eines Zustimmungsvorbehalts nach § 21 Abs. 2 Nr. 2 Alt. 2 InsO verhindern kann (BFH, Urt. v. 8.8.2013 – V R 18/13, BFH/NV 2013, 1747 sowie BFH, Urt. v. 24.8.2016 – V R 36/15, BFH/NV 2017, 242). Diese Grundsätze gelten auch in den Fällen, in denen für den Organträger und die Organgesellschaft ein personenidentischer Sachwalter, vorläufiger Insolvenzverwalter oder Insolvenzverwalter bestellt wird.

Die Finanzverwaltung (BMF, Schreiben v. 5.5.2014, BStBl I 2014, 820) hatte die Anwendung der Grundsätze über die Bestellung des vorläufigen Insolvenzverwalters aus dem Urteil des BFH vom 8.8.2013 zurückgestellt und über den entschiedenen Fall hinaus nicht angewandt. Mit Schreiben v. 26.5.2017 wurden diese Grundsätze allgemein – in allen offenen Fällen – angewendet.

Die Finanzverwaltung hat darüber hinaus in ihrem Schreiben v. 26.5.2017 zu den folgenden Punkten Ergänzungen im UStAE aufgenommen:

- Zur **organisatorischen Eingliederung**: Es kommt darauf an, dass der Organträger die Organgesellschaft durch die Art und Weise der Geschäftsführung beherrscht und seinen Willen in der Organgesellschaft durchsetzen kann. Nicht ausreichend ist, dass eine vom Organträger abweichende Willensbildung in der Organgesellschaft ausgeschlossen ist (Abschn. 2.8 Abs. 7 UStAE mit Hinweis auf BFH, Urt. v. 8.8.2013 – V R 18/13, BFH/NV 2013, 1747 sowie BFH, Urt. v. 2.12.2015 – V R 15/14, BFH/NV 2016, 506).
- Zur **finanziellen Eingliederung** einer juristischen Person: Die finanzielle Eingliederung einer juristischen Person liegt vor, wenn der Organträger die entscheidende Anteilsmehrheit innehat, die es ihm ermöglicht, durch Mehrheitsbeschlüsse seinen Willen in der Organgesellschaft durchzusetzen (BFH, Urt. v. 2.12.2015 – V R 15/14, BFH/NV 2016, 506). Im Interesse der Rechtsklarheit sind Stimmbindungsvereinbarungen oder Stimmrechtsvollmachten dabei grundsätzlich ohne Bedeutung. Stimmbindungsvereinbarungen und Stimmrechtsvollmachten können bei der Prüfung der finanziellen Eingliederung nur zu berücksichtigen sein, wenn sie sich ausschließlich aus Regelungen der Satzung wie etwa bei einer Einräumung von Mehrfachstimmrechten („Geschäftsanteil mit Mehrstimmrecht“) ergeben (Abschn. 2.8 Abs. 5 UStAE mit Verweis auf BFH, Urt. v. 2.12.2015 – V R 25/13, BFH/NV 2016, 500).

Die Grundsätze des BMF-Schreibens waren in allen offenen Fällen anzuwenden. Die Grundsätze über die Eingliederung einer Personengesellschaft in den einheitlichen Organkreis sind aber – soweit die Beteiligten nicht eine frühere Anwendung einheitlich wünschen – erst auf Umsätze anzuwenden, die **nach dem 31.12.2018** ausgeführt werden.

1.4 EuGH teilt nicht die nationale Rechtsauffassung

Die Grundsätze zur Eingliederung einer Personengesellschaft (100 % der Stimmrechte müssen im Organkreis gehalten werden) waren auf Kritik gestoßen. Das **FG Berlin-Brandenburg** (Beschl. v. 21.11.2019 – 5 K 5044/19, DStRE 2020, 247 hatte deshalb den EuGH erneut angerufen, um klären zu lassen, unter welchen Bedingungen eine **Personengesellschaft** in einen Organkreis eingebunden sein kann. Der bisher von BFH (V. Senat) und der deutschen Finanzverwaltung vertretenen Rechtsauffassung kann sich das FG Berlin-Brandenburg offensichtlich nicht anschließen und hält wohl eine Eingliederung auch **ohne die Voraussetzung** für denkbar, dass alle Stimmrechte an der Personengesellschaft in dem Organkreis gebündelt sein müssen. In diesem Sinne hat auch das FG Baden-Württemberg (Urt. v. 7.11.2019 – 1 K 1952/18, EFG 2020, 943; Revision war beim BFH anhängig unter V R 45/19 – das Verfahren wurde durch Beschluss v. 1.9.2020 bis zur Entscheidung des EuGH ausgesetzt und jetzt unter V R 14/21 abgeschlossen) entschieden. Das FG Baden-Württemberg sieht eine finanzielle Eingliederung der Personengesellschaft dann als gegeben an, wenn der Organträger seinen Willen bei der Personengesellschaft durchsetzen kann.

Der **EuGH** (EuGH, Urt. v. 15.4.2021 – C-868/19, M-GmbH, BFH/NV 2021, 925) hat sich der Auffassung des Finanzgerichts angeschlossen und entschieden, dass die enge Sichtweise des BFH und der Verwaltung mit dem **Unionsrecht nicht vereinbar** ist. Eine Personengesellschaft kann auch dann in einen Organkreis unselbstständig eingegliedert sein, wenn nicht alle Stimmrechte im Organkreis gebunden sind. Es kommt auf die Verhältnisse im Einzelfall an. Im vorgelegten Fall wurde mit Stimmenmehrheit entschieden. Allein die theoretische Möglichkeit, den Vertrag (auch mündlich) auf „Einstimmigkeit" zu ändern, reicht nach der Entscheidung des EuGH nicht aus. Auch die Verhinderung von „Missbrauch" müsse im Einzelfall durch objektive Anhaltspunkte nachgewiesen werden. Abstrakte Beweisschwierigkeiten allein reichen nicht aus. Antrag und Bewilligung der Organschaft durch die Finanzverwaltung könnten ein milderes Mittel darstellen, um Betrug und Missbrauch auszuschließen.

1.5 Der V. Senat des BFH gibt seine restriktive Haltung auf

In der Folge der Rechtsprechung des EuGH hat der V. Senat des BFH jetzt die **restriktive Sichtweise** bezüglich der Eingliederung einer Personengesellschaft in einen Organkreis **aufgegeben** (BFH, Urt. v. 16.3.2023 – V R 14/21, BFH/NV 2023, 790). Danach kann auch eine **Personenhandelsgesellschaft** mit einer „kapitalistischen Struktur" Organgesellschaft sein, wenn neben dem Organträger Gesellschafter der Personenhandelsgesellschaft auch Personen sind, die in das Unternehmen des Organträgers nicht finanziell eingegliedert sind. Der BFH hat damit seine dem entgegenstehende Entscheidung (BFH, Urt. v. 2.12.2015 – V R 25/13, BStBl II 2017, 547) ausdrücklich aufgegeben.

> **Hinweis: Personengesellschaft muss „kapitalistischer Struktur" haben**
>
> Der BFH betont in seiner Entscheidung, dass die Personengesellschaft nur dann als Organgesellschaft in den Organkreis einbezogen werden kann, wenn sie eine „kapitalistische Struktur" hat. In der Entscheidung betont der BFH ausdrücklich, dass es sich bei der einzugliedernden Personengesellschaft um eine Personenhandelsgesellschaft handelt – damit wird wohl nach dem derzeitigen Stand auszuschließen sein, dass auch eine Gesellschaft bürgerlichen Rechts als Personengesellschaft in einen Organkreis weisungsgebunden eingegliedert sein kann.

Ansonsten sind in der Entscheidung des BFH – die Aufgabe der bisherigen Rechtsprechung des V. Senats wird in einer Randziffer des Urteils fast beiläufig erklärt – **keine weiteren Restriktionen** bezüglich der Eingliederung der Personengesellschaft enthalten. Eine Personenhandelsgesellschaft müsste demnach nach vergleichbaren Kriterien wie eine juristische Person in einen Organkreis einzugliedern sein.

> **Hinweis: Einheitliche Entscheidung von Organträger und Organgesellschaft**
>
> Der BFH hat in seiner Entscheidung ausdrücklich eine vorhergehende Entscheidung (BFH, Urt. v. 26.8.2021 – V R 13/20, BFH/NV 2021, 1537) bestätigt, nach der sich der potenzielle Organträger und die potenzielle Organgesellschaft einheitlich auf die geänderte Rechtsprechung des BFH berufen müssen. Organträger und Organgesellschaft können nicht beanspruchen, im selben Besteuerungszeitraum für den einen Unternehmensteil (z. B. Organgesellschaft) auf der Grundlage der bisherigen Rechtsprechung und für den anderen Unternehmensteil (z. B. Organträger) nach der geänderten Rechtsprechung besteuert zu werden.

Auch das **FG Münster** (FG Münster, Urt. v. 23.3.2023 – 5 K 232/18 U) hat entschieden, dass eine GmbH & Co. KG Organgesellschaft sein kann, auch wenn andere Gesellschafter an ihr beteiligt sind, die nicht in das Unternehmen des Organträgers finanziell eingegliedert sind. Es genügt für die finanzielle Eingliederung die Mehrheit der Stimmrechte. Unerheblich ist, dass Gesellschafterbeschlüsse gefasst werden müssen, bei denen Einstimmigkeit erzielt werden muss, wenn diese keinen Einfluss darauf haben, dass der Organträger die Aufgabe des „Steuereinnehmers" für die Organgesellschaft erfüllen kann.

Eine Umsetzung durch die Finanzverwaltung steht derzeit noch aus.

2. Weitere Entscheidungen zu Grundsatzfragen

2.1 Vorgaben des EuGH zum nationalen Organschaftsrecht

In zwei Grundsatzentscheidungen musste der EuGH (Urt. v. 1.12.2022 – C-141/20, Norddeutsche Gesellschaft für Diakonie, BFH/NV 2023, 253 und C-269/20, S, DStR 2022, 2488) sich mit den **Grundsätzen der Umsetzung der Organschaft** in Deutschland auseinander setzen.

Der XI. Senat des BFH (Beschl. v. 11.12.2019 – XI R 16/18, BFH/NV 2020, 598; beim EuGH C-141/20, Norddeutsche Gesellschaft für Diakonie mbH) hatte zuerst den EuGH angerufen und u. a. die Frage vorgelegt, ob es Mitgliedstaaten erlaubt ist, anstelle der Mehrwertsteuergruppe ein Mitglied der Gruppe (hier den Organträger) zum Steuerpflichtigen (und damit zum Steuerschuldner) zu berufen, oder ob nicht vielmehr die gesamte Gruppe (hier also der gesamte Organkreis) der Unternehmer sein müsste. Offensichtlich präferiert der XI. Senat eine solche Lösung. Dies hatte dann den gerade in Fragen der Organschaft mit dem XI. Senat nicht übereinstimmenden V. Senat des BFH (Beschl. v. 7.5.2020 – V R 40/19, BFH/NV 2020, 839; beim EuGH C-269/20, S) auf den Plan gerufen und ebenfalls in dieser Frage den EuGH angerufen. Der V. Senat sieht dies wohl eher kritisch und verbindet mit seiner Frage auch die Thematik der sich dann ggf. in Deutschland ergebenden erheblichen Steuerausfälle, wenn die in der Vergangenheit gegenüber dem Organträger ergangenen Steuerbescheide aufzuheben wären, da er gar nicht der Unternehmer (Steuerpflichtige) ist, sondern die Gruppe als solches.

Der EuGH stellt erst einmal grundsätzlich in beiden Verfahren fest, dass es nicht gegen die unionsrechtlichen Grundsätze verstößt, dass die untergeordneten Einheiten in einem Organkreis nicht als Unternehmer gelten. Insoweit ist dann als Folge zwingend, dass die nationalen Umsetzungsregelungen dann nur einen einzigen Unternehmer (Steuerpflichtigen) vorsehen und das dem Organkreis nur eine Umsatzsteuernummer zugeteilt wird. Damit dürfte die **nationale Praxis**, dass der **Organträger der Unternehmer ist**, der für den gesamten Organkreis die Umsatzsteuerpflichten gegenüber der Finanzverwaltung wahrnimmt, mit dem **Unionsrecht vereinbar** sein.

Hinweis: Keine Probleme wegen Verhinderung von Missbrauch

Der EuGH sah in seiner Entscheidung durch die Möglichkeit der Finanzverwaltung, Haftungsansprüche auch gegen die Organgesellschaften nach § 73 AO geltend machen zu können, keine Gefahr von Steuerverlusten.

Eine **Änderung** im Vergleich zu der bisherigen nationalen Umsetzung der Organschaftsregelungen ergeben sich nach der Auffassung des EuGH bei der Tatbestandsvoraussetzung der **finanziellen Eingliederung**. Während national bisher für die finanzielle Eingliederung vorrangig auf die Mehrheit der Stimmen in der Gesellschafterversammlung abgestellt wurde, hat der EuGH klargestellt, dass auch die inhaltliche Ausgestaltung der Tatbestandsvoraussetzungen autonom und unionseinheitlich auszulegen sind. Dabei ist die Voraussetzung der finanziellen Eingliederung nicht restriktiv auszulegen und darf auch nicht durch zusätzliche Erfordernisse ergänzt werden. Aus diesem Gründen hat der EuGH festgestellt, dass es einer **nationalen Regelung unionsrechtlich entgegensteht**, wenn zusätzlich zur Voraussetzung einer Mehrheitsbeteiligung auch noch eine **Stimmrechtsmehrheit** tritt.

Hinweis: Praktische Auswirkungen werden sich in Grenzen halten

Im Regelfall wird mit einer Kapitalmehrheit auch eine Mehrheit der Stimmen in der Gesellschafterversammlung einhergehen. Nur in den Fällen, in denen zwar Kapitalmehrheit vorliegt, aber aufgrund besonderer Umstände (z. B. abweichende Stimmrechte, eigene gehaltene Anteile) keine Stimmenmehrheit gegeben ist, können sich aus der Rechtsprechung des EuGH in der Praxis Konsequenzen ergeben.

Weitere **Auswirkungen** können sich aus der **dritten Feststellung** des EuGH ergeben, dass es mit dem Unionsrecht **nicht vereinbar** ist, wenn die **Organgesellschaften nicht als selbstständig tätig** angesehen werden. Der EuGH hat eindeutig festgestellt, dass sich aus der Vorschrift zur Umsatzsteuergruppe nicht ergibt, dass das Mitglied dieser Gruppe aufgrund seiner bloßen Zugehörigkeit zu dem Organkreis keine selbstständige wirtschaftliche Tätigkeit mehr ausübt. Die sich daraus ergebenden Konsequenzen werden vom EuGH nicht unmittelbar angesprochen und werden auch der weiteren Rechtsprechung der nationalen Gerichte vorbehalten bleiben. Da der EuGH in der zweiten Entscheidung (Urt. v. 1.12.2022 – C-269/20, S, DStR 2022, 2488), bei der es u. a. auch um die Frage der Abgabe von unentgeltlichen Leistungen in den nichtwirtschaftlichen Bereich des Organträgers ging, feststellte, dass die (unselbstständige) Organgesellschaft an den Organträger eine entgeltliche Dienstleistung ausführt und deshalb eine unentgeltliche Wertabgabe in den nichtwirtschaftlichen Bereich alleine deshalb schon ausscheidet, hatte sich die Frage ergeben, ob die bisherige Einordnung solcher innerhalb eines Organkreises ausgeführter Umsätze als **nicht steuerbare Innenumsätze mit dem Unionsrecht** vereinbar ist.

Zusammenfassend ist festzustellen, dass die große Befürchtung, dass der EuGH die Rolle des Organträgers als den Verpflichteten aus dem Steuerschuldverhältnis und damit auch als Adressaten der Steuerbescheide in Frage stellt und damit sich erhebliche Probleme für die zurückliegenden Veranlagungen ergeben, sich (zum Glück für das Steueraufkommen in Deutschland) nicht eingetreten ist.

2.2 Folgeentscheidung des BFH zur finanziellen Eingliederung

Der **BFH** hat sich in der **Folgeentscheidung** (BFH, Urt. v. 18.1.2023 – XI R 29/22, BFH/NV 2023, 675) zu der Frage der finanziellen Eingliederung geäußert. Grundsätzlich bleibt er bei der Grundaussage, dass sich zur (eindeutigen) **finanziellen Eingliederung** aus der Anteilsmehrheit auch eine Stimmrechtmehrheit ergeben kann. Während aber bisher die eindeutige finanzielle Eingliederung als „starkes" Eingliederungskriterium nicht durch andere Eingliederungsvoraussetzungen bei nicht vollständiger Ausprägung „erstarken" konnte, gibt der BFH jetzt diese Sichtweise auf.

> **Hinweis: BFH sieht dies aber als Sonderfall**
>
> Nach der Entscheidung des BFH erfordert die finanzielle Eingliederung nach § 2 Abs. 2 Nr. 2 UStG im Grundsatz, dass dem Organträger die Mehrheit der Stimmrechte an der Organgesellschaft zusteht. Eine finanzielle Eingliederung kann aber auch dann ausnahmsweise vorliegen, wenn die erforderliche Willensdurchsetzung dadurch gesichert ist, dass der Gesellschafter zwar über nur 50 % der Stimmrechte verfügt, er aber eine Mehrheitsbeteiligung am Kapital der Organgesellschaft hält und er den einzigen Geschäftsführer der Organgesellschaft stellt. In diesem Fall wird die schwächer ausgeprägte finanzielle Eingliederung durch eine besonders stark ausgeprägte organisatorische Eingliederung ausgeglichen.

Entscheidend ist dabei die Auffassung des EuGH, dass weder das „Erfordernis der Stimmenmehrheit" noch das der „Mehrheitsbeteiligung" als unbedingt erforderlich anzusehen ist, solange der Organträger in der Lage ist, seinen Willen bei den anderen Mitgliedern der Mehrwertsteuergruppe durchzusetzen. Der BFH bleibt aber bei seiner Grundaussage, dass die **eindeutige finanzielle Eingliederung** weiterhin durch die **Stimmenmehrheit** umgesetzt wird. In **Ausnahmefällen** – wenn aufgrund der weiteren individuellen Umstände der Wille des Organträgers bei der Organgesellschaft durchgesetzt werden kann – kann dann auch ohne Stimmenmehrheit eine finanzielle Eingliederung vorliegen.

> **Hinweis: Neue Sichtweise erhöht Unsicherheit der Organschaft**
>
> Bisher war zumindest das Kriterium der finanziellen Eingliederung als „starkes Kriterium" ziemlich rechtssicher umzusetzen. Lag die Mehrheit der Stimmen vor, so war – soweit nicht auch für die normalen Entscheidungen eine größere Stimmenmehrheit erforderlich war – die finanzielle Eingliederung gegeben. Hatte der potenzielle Organträger keine Stimmenmehrheit, konnte die Organschaft relativ sicher ausgeschlossen werden. Jetzt muss in solchen Fällen geprüft werden, ob durch besonders stark ausgeprägte andere Eingliederungsvoraussetzungen diese fehlende Voraussetzung ersetzt werden kann. Derzeit ist aber davon auszugehen, dass es sich nur um besondere Einzelfälle in der Praxis handeln dürfte.

2.3 BFH rief EuGH zur Frage der Innenumsätze an

Zur Frage der **Besteuerung von sog. Innenumsätzen innerhalb eines Organkreises** hatte der BFH den EuGH angerufen. Der EuGH (Urt. v. 1.12.2022 – C-269/20, S) hatte in einer Entscheidung, bei der es u. a. auch um die Frage der Abgabe von unentgeltlichen Leistungen in den nichtwirtschaftlichen Bereich des Organträgers ging, festgestellt, dass die (unselbstständige) Organgesellschaft an den Organträger eine entgeltliche Dienstleistung ausführt und deshalb eine unentgeltliche Wertabgabe in den nichtwirtschaftlichen Bereich des Organträgers ausscheidet. In der Folge dieser Entscheidung war **fraglich**, ob die bisherige nationale Sichtweise des **nicht steuerbaren Innenumsatzes weiterhin haltbar ist**.

Hinweis: Zum Sachverhalt

In dem strittigen Fall geht es – vereinfacht – um entgeltliche Gebäudereinigungsleistungen der Organgesellschaft an den Organträger. Der Organträger, der einen unternehmerischen (wirtschaftlichen) Bereich mit steuerfreien, den Vorsteuerabzug ausschließenden Ausgangsumsätzen (heilkundliche Leistungen) unterhält, hat auch einen (hoheitlichen) nichtwirtschaftlichen Bereich der universitären Ausbildung. Da sich die Gebäudereinigungsleistungen auch auf den nichtwirtschaftlichen Bereich bezogen, besteuerte die Finanzverwaltung eine unentgeltliche Wertabgabe nach § 3 Abs. 9a Nr. 2 UStG. Der EuGH stellte in seiner Entscheidung lediglich fest, dass eine unentgeltliche Wertabgabe ausscheiden würde, da die Leistung der Organgesellschaft entgeltlich ausgeführt wurde.

Da der BFH bei seiner ersten Vorlage an den EuGH entsprechend der eindeutigen bisherigen nationalen Rechtsprechung und Handhabung von nicht der Umsatzsteuer unterliegenden (nicht steuerbaren) Innenumsätzen ausgegangen war, führte der kurze Hinweis des EuGH, dass die Organgesellschaft entgeltliche Leistungen ausführen würde, zu erheblicher Irritation. Allerdings hat der EuGH sich dann nicht zu weiteren Konsequenzen geäußert, sodass unklar blieb, ob der EuGH von besteuerten Umsätzen im Organkreis ausgeht oder es sich nur um einen allgemeine Aussage ohne tieferen systematischen Hintergrund handelte.

Aufgrund dieser Unsicherheit hatte der BFH den **EuGH erneut angerufen** (BFH, Beschl. v. 26.1.2023 – V R 20/22, BFH/NV 2023, 679 – veröffentlicht am 23.3.2023). Der BFH legte dem EuGH die folgenden **Fragen** vor:

1. Führt die Zusammenfassung mehrerer Personen zu einem Steuerpflichtigen (= national Organkreis) … dazu, dass entgeltliche Leistungen zwischen diesen Personen nicht dem Anwendungsbereich der Mehrwertsteuer … unterliegen?
2. Unterliegen entgeltliche Leistungen zwischen diesen Personen jedenfalls dann dem Anwendungsbereich der Mehrwertsteuer, wenn der Leistungsempfänger nicht (oder nur teilweise) zum Vorsteuerabzug berechtigt ist, da ansonsten die Gefahr von Steuerverlusten besteht?

Hinweis: Unterschiedliche Aussagen in der Vergangenheit durch die Generalanwälte

Der BFH hat in seinem Vorabentscheidungsersuchen ausdrücklich darauf hingewiesen, dass in der Vergangenheit in verschiedenen Stellungnahmen von Generalanwälten beim EuGH unterschiedliche Rechtsauffassungen vertreten wurden. Während früher von der Nichtsteuerbarkeit der Innenumsätze ausgegangen wurde, war insbesondere die Generalanwältin Medina von steuerbaren Leistungen innerhalb des Organkreises ausgegangen. Der EuGH hatte sich bisher zu dieser Rechtsfrage nicht geäußert.

Der BFH hat in seinem Vorabentscheidungsersuchen – insbesondere vor dem Hintergrund der historischen Entwicklung, dem Regelungszweck und dem Risiko eines (unberechtigten) Steuervorteils – die Argumente für und wider die Steuerbarkeit von Innenumsätzen abgewogen. Im Ergebnis **tendierte der BFH** dazu, dass – entgegen seiner bisherigen Rechtsprechung – **Innenumsätze wohl als der Umsatzsteuer unterliegende Umsätze anzusehen sind** (zumindest bei zivilrechtlich eigenständigen Gesellschaften innerhalb der Organschaft). Obwohl er in seiner zweiten Vorlagefrage wissen wollte ob sich die Steuerbarkeit auf die Fälle beschränken kann, in denen sich aufgrund nicht vorliegender vollständiger Vorsteuerabzugsberechtigung ein Steuerausfall ergeben würde, hielt er dies in seiner Vorlagebegründung wegen der sich daraus ergebenden Rechtsunsicherheit und dem Zweck der Verwaltungsvereinfachung zuwider laufenden Konsequenzen selbst für wohl nicht realisierbare Möglichkeit.

Schon der **Generalanwalt** beim EuGH hatte in seinen Schlussanträgen (Generalanwalt Athanasios Rantos, Schlussantrag v. 16.05.2024 in der Rs. C-184/23 – S) die **Zweifel,** die sich nach dem Urteil des EuGH vom 01.01.2022 ergeben hatten, **ausgeräumt**. Er hat in seinen Schlussanträgen eindeutig klargestellt, dass nach seiner Auffassung die Innenumsätze, die zwischen den Teilen des einheitlichen Organkreises ausgeführt werden, nicht in den Anwendungsbereich des gemeinsamen Mehrwertsteuersystems fallen (und damit im Ergebnis nicht steuerbar sind).

Der **EuGH** hat dies jetzt in seinem **Urteil v. 11.07.2024**, C-184/23, BFH/NV 2024, 1127 (Folgeurteil des BFH v. 29.8.2024 – V R 14/24, MwStR 2025, 58) in vollem Umfang bestätigt. Das Unionsrecht (der EuGH nimmt in seinem Urteil aufgrund des vorgelegten Sachverhalts noch Bezug auf die 6. EG-Richtlinie, eine Abweichung durch die heute geltende MwStSystRL ergibt sich hier aber nicht) ist dahin auszulegen, dass gegen Entgelt erbrachte Leistungen zwischen den zwar rechtlich selbstständigen, aber durch finanzielle, wirtschaftliche und organisatorische Verflechtung verbundenen Personen, die als ein einheitliches Unternehmen gelten, nicht der Umsatzsteuer unterliegen. Dies gilt selbst dann, wenn die vom Empfänger dieser Leistungen geschuldete oder entrichtete Umsatzsteuer nicht als Vorsteuer abgezogen werden kann.

Hinweis: Nationale Rechtsauffassung damit bestätigt

Nach dem Urteil des EuGH bleibt es – trotz der vom vorlegenden BFH zwischen den Zeilen geäußerten Zweifel – dabei, dass die innerhalb eines Organkreises ausgeführten (entgeltlichen) Leistungen nicht der Umsatzsteuer unterliegen. Die grundsätzliche Vorsteuerabzugsberechtigung des Organkreises oder Teile desselben hat darauf keinen Einfluss.

Ob die Organschaft im Umsatzsteuerrecht trotz der Bestätigung der bisherigen nationalen Rechtsauffassung durch den EuGH so aufrecht erhalten bleibt, ist eine politische Entscheidung. Zumindest der Gesetzestext in § 2 Abs. 2 Nr. 2 Satz 1 UStG sollte gesetzlich angepasst werden, da die dort enthaltene Beschränkung der Organschaft auf juristische Personen als Organgesellschaften aufgrund der europäischen und der nationalen Rechtsprechung nicht zu halten ist. Es ist aber auch im Jahr 2025 keine Initiative zu einer unionsrechtskonformen Anpassung des § 2 Abs. 2 Nr. 2 UStG gestartet worden.

3. Weitere Hinweise

Zur **Beendigung der Organschaft** – insbesondere in Fällen der Insolvenz – hat die Finanzverwaltung in Abschn. 2.8 Abs. 12 UStAE Stellung genommen. Darüber hinaus hat die OFD Frankfurt (RdVfg v. 6.9.2023, MwStR 2023, 786) umfangreiche Hinweise veröffentlicht.

UStAE 2.9. Beschränkung der Organschaft auf das Inland

Allgemeines

(1) [1]Die Wirkungen der Organschaft sind nach § 2 Abs. 2 Nr. 2 Satz 2 UStG auf Innenleistungen zwischen den im Inland gelegenen Unternehmensteilen beschränkt. [2]Sie bestehen nicht im Verhältnis zu den im Ausland gelegenen Unternehmensteilen sowie zwischen diesen Unternehmensteilen. [3]Die im Inland gelegenen Unternehmensteile sind nach § 2 Abs. 2 Nr. 2 Satz 3 UStG als ein Unternehmen zu behandeln.

(2) [1]Der Begriff des Unternehmens in § 2 Abs. 1 Satz 2 UStG bleibt von der Beschränkung der Organschaft auf das Inland unberührt. [2]Daher sind grenzüberschreitende Leistungen innerhalb des Unternehmens, insbesondere zwischen dem Unternehmer, z. B. Organträger oder Organgesellschaft, und seinen Betriebsstätten (Abschnitt 3 a.1 Abs. 3) oder umgekehrt – mit Ausnahme von Warenbewegungen auf Grund eines innergemeinschaftlichen Verbringens (vgl. Abschnitt 1 a.2) – nicht steuerbare Innenumsätze.

Im Inland gelegene Unternehmensteile

(3) Im Inland gelegene Unternehmensteile im Sinne der Vorschrift sind

1. der Organträger, sofern er im Inland ansässig ist,
2. die im Inland ansässigen Organgesellschaften des in Nummer 1 bezeichneten Organträgers;
3. die im Inland gelegenen Betriebsstätten, z. B. Zweigniederlassungen, des in Nummer 1 bezeichneten Organträgers und seiner im Inland und Ausland ansässigen Organgesellschaften;
4. die im Inland ansässigen Organgesellschaften eines Organträgers, der im Ausland ansässig ist;
5. die im Inland gelegenen Betriebsstätten, z. B. Zweigniederlassungen, des im Ausland ansässigen Organträgers und seiner im Inland und Ausland ansässigen Organgesellschaften.

(4) [1]Die Ansässigkeit des Organträgers und der Organgesellschaften beurteilt sich danach, wo sie ihre Geschäftsleitung haben. [2]Im Inland gelegene und vermietete Grundstücke sind wie Betriebsstätten zu behandeln. [3]§ 1 Abs. 3 Satz 1 Nr. 2 Buchstabe b UStG bewirkt nicht, dass ein im Freihafen ansässiger Unternehmensteil als im Inland ansässig gilt (vgl. BFH-Urteil vom 22. 02. 2017 – XI R 13/15, BStBl II 2021 S. 782).

(5) [1]Die im Inland gelegenen Unternehmensteile sind auch dann als ein Unternehmen zu behandeln, wenn zwischen ihnen keine Innenleistungen ausgeführt werden. [2]Das gilt aber nicht, soweit im Ausland Betriebsstätten unterhalten werden (vgl. Absätze 6 und 8).

Organträger im Inland

(6) [1]Ist der Organträger im Inland ansässig, umfasst das Unternehmen die in Absatz 3 Nr. 1 bis 3 bezeichneten Unternehmensteile. [2]Es umfasst nach Absatz 2 auch die im Ausland gelegenen Betriebsstätten des Organträgers. [3]Unternehmer und damit Steuerschuldner im Sinne des § 13 a Abs. 1 Satz 1 UStG ist der Organträger. [4]Hat der Organträger Organgesellschaften im Ausland, gehören diese umsatzsteuerrechtlich nicht zum Unternehmen des Organträgers. [5]Die Organgesellschaften im Ausland können somit im Verhältnis zum Unternehmen des Organträgers und zu Dritten sowohl Umsätze ausführen als auch Leistungsempfänger sein. [6]Bei der Erfassung von steuerbaren Umsätzen im Inland sowie bei Anwendung der Steuerschuldnerschaft des Leistungsempfängers (vgl. Abschnitte 13 b.1 und 13 b.11) und des Vorsteuer-Vergütungsverfahrens sind sie jeweils für sich als im Ausland ansässige Unternehmer anzusehen. [7]Im Ausland gelegene Betriebsstätten von Organgesellschaften im Inland sind zwar den jeweiligen Organgesellschaften zuzurechnen, gehören aber nicht zum Unternehmen des Organträgers (vgl. Absatz 2). [8]Leistungen zwischen den Betriebsstätten und dem Organträger oder anderen Organgesellschaften sind daher keine Innenumsätze.

Beispiel 1:

[1]Der im Inland ansässige Organträger O hat im Inland eine Organgesellschaft T 1, in Frankreich eine Organgesellschaft T 2 und in der Schweiz eine Betriebsstätte B. [2]O versendet Waren an T 1, T 2 und B.

[3]Zum Unternehmen des O (Unternehmer) gehören T 1 und B. [4]Zwischen O und T 1 sowie zwischen O und B liegen nicht steuerbare Innenleistungen vor. [5]O bewirkt an T 2 steuerbare Lieferungen, die unter den Voraussetzungen der § 4 Nr. 1 Buchstabe b, § 6 a UStG als innergemeinschaftliche Lieferungen steuerfrei sind.

Beispiel 2:

[1]Sachverhalt wie Beispiel 1. [2]T 2 errichtet im Auftrag von T 1 eine Anlage im Inland. [3]Sie befördert dazu Gegenstände aus Frankreich zu ihrer Verfügung in das Inland.

[4]T 2 bewirkt eine steuerbare und steuerpflichtige Werklieferung (§ 13 b Abs. 2 Nr. 1 UStG) an O. [5]O schuldet die Steuer für diese Lieferung nach § 13 b Abs. 5 Satz 1 UStG. [6]Die Beförderung der Gegenstände in das Inland ist kein innergemeinschaftliches Verbringen (vgl. Abschnitt 1 a.2 Abs. 10 Nr. 1).

Beispiel 3:

[1]Sachverhalt wie in Beispiel 1, aber mit der Abweichung, dass B die (schweizerische) Betriebsstätte der im Inland ansässigen Organgesellschaft T 1 ist. [2]O versendet Waren an B und an T 1. [3]T 1 versendet die ihr von O zugesandten Waren an B.

[4]O bewirkt an B steuerbare Lieferungen, die unter den Voraussetzungen der § 4 Nr. 1 Buchstabe a, § 6 UStG als Ausfuhrlieferungen steuerfrei sind. [5]Zwischen O und T 1 sowie T 1 und B werden durch das Versenden von Waren nicht steuerbare Innenleistungen bewirkt.

Organträger im Ausland

(7) [1]Ist der Organträger im Ausland ansässig, ist die Gesamtheit der in Absatz 3 Nr. 4 und 5 bezeichneten Unternehmensteile als ein Unternehmen zu behandeln. [2]In diesem Fall gilt nach § 2 Abs. 2 Nr. 2 Satz 4 UStG der wirtschaftlich bedeutendste Unternehmensteil im Inland als der Unternehmer und damit als der Steuerschuldner im Sinne des § 13 a Abs. 1 Nr. 1 UStG. [3]Wirtschaftlich bedeutendster Unternehmensteil im Sinne des § 2 Abs. 2 Nr. 2 Satz 4 UStG kann grundsätzlich nur eine im Inland ansässige Organgesellschaft sein. [4]Hat der Organträger mehrere Organgesellschaften im Inland, kann der wirtschaftlich bedeutendste Unternehmensteil nach der Höhe des Umsatzes bestimmt werden, sofern sich die in Betracht kommenden Finanzämter nicht auf Antrag der Organgesellschaften über einen anderen Maßstab verständigen. [5]Diese Grundsätze gelten entsprechend, wenn die im Inland gelegenen Unternehmensteile nur aus rechtlich unselbständigen Betriebsstätten bestehen. [6]Bereitet die Feststellung des wirtschaftlich bedeutendsten Unternehmensteils Schwierigkeiten oder erscheint es aus anderen Gründen geboten, kann zugelassen werden, dass der im Ausland ansässige Organträger als Bevollmächtigter für den wirtschaftlich bedeutendsten Unternehmensteil dessen steuerliche Pflichten erfüllt. [7]Ist der Organträger ein ausländisches Versicherungsunternehmen im Sinne des VAG, gilt als wirtschaftlich bedeutendster Unternehmensteil im Inland die Niederlassung, für die nach § 68 Abs. 2 VAG ein Hauptbevollmächtigter bestellt ist; bestehen mehrere derartige Niederlassungen, gilt Satz 4 entsprechend.

(8) [1]Unterhalten die im Inland ansässigen Organgesellschaften Betriebsstätten im Ausland, sind diese der jeweiligen Organgesellschaft zuzurechnen, gehören aber nicht zur Gesamtheit der im Inland gelegenen Unternehmensteile. [2]Leistungen zwischen den Betriebsstätten und den anderen Unternehmensteilen sind daher keine Innenumsätze.

(9) [1]Der Organträger und seine im Ausland ansässigen Organgesellschaften bilden jeweils gesonderte Unternehmen. [2]Sie können somit an die im Inland ansässigen Organgesellschaften Umsätze ausführen und Empfänger von Leistungen dieser Organgesellschaften sein. [3]Auch für die Erfassung der im Inland bewirkten steuerbaren Umsätze sowie für die Anwendung des Vorsteuer-Vergütungsverfahrens gelten sie einzeln als im Ausland ansässige Unternehmer. [4]Die im Inland gelegenen Organgesellschaften und Betriebsstätten sind als ein gesondertes Unternehmen zu behandeln.

Beispiel 1:

[1]Der in Frankreich ansässige Organträger O hat im Inland die Organgesellschaften T 1 (Jahresumsatz 2 Mio. €) und T 2 (Jahresumsatz 1 Mio. €) sowie die Betriebsstätte B (Jahresumsatz 2 Mio. €). [2]In Belgien hat O noch eine weitere Organgesellschaft T 3. [3]Zwischen T 1, T 2 und B finden Warenlieferungen statt. [4]O und T 3 versenden Waren an B (§ 3 Abs. 6 UStG).

[5]T 1, T 2 und B bilden das Unternehmen im Sinne von § 2 Abs. 2 Nr. 2 Satz 3 UStG. [6]T 1 ist als wirtschaftlich bedeutendster Unternehmensteil der Unternehmer. [7]Die Warenlieferungen zwischen T 1, T 2 und B sind als Innenleistungen nicht steuerbar. [8]T 1 hat die von O und T 3 an B versandten Waren als innergemeinschaftlichen Erwerb zu versteuern.

Beispiel 2:

[1]Sachverhalt wie Beispiel 1. [2]T 3 führt im Auftrag von T 2 eine sonstige Leistung im Sinne des § 3 a Abs. 2 UStG aus.

[3]Es liegt eine Leistung an einen Unternehmer vor, der sein Unternehmen im Inland betreibt. [4]Die Leistung ist daher nach § 3 a Abs. 2 UStG steuerbar und steuerpflichtig. [5]T 1 als Unternehmer und umsatzsteuerrechtlicher Leistungsempfänger schuldet die Steuer nach § 13 b Abs. 5 UStG.

Beispiel 3:

[1]Der Organträger O in Frankreich hat die Organgesellschaften T 1 in Belgien und T 2 in den Niederlanden. [2]Im Inland hat er keine Organgesellschaft. [3]T 1 hat im Inland die Betriebsstätte B 1 (Jahres-

umsatz 500 000 €), T 2 die Betriebsstätte B 2 (Jahresumsatz 300 000 €). [4]O hat abziehbare Vorsteuerbeträge aus der Anmietung einer Lagerhalle im Inland.

[5]B 1 und B 2 bilden das Unternehmen im Sinne von § 2 Abs. 2 Nr. 2 Satz 3 UStG. [6]B 1 ist als wirtschaftlich bedeutendster Unternehmensteil der Unternehmer. [7]O kann die abziehbaren Vorsteuerbeträge im Vorsteuer-Vergütungsverfahren geltend machen.

Beispiel 4:

[1]Der in Japan ansässige Organträger O hat in der Schweiz die Organgesellschaft T und im Inland die Betriebsstätte B. [2]O und T versenden Waren an B und umgekehrt. [3]Außerdem hat O abziehbare Vorsteuerbeträge aus der Anmietung einer Lagerhalle im Inland.

[4]B gehört einerseits zum Unternehmen des O (§ 2 Abs. 1 Satz 2 UStG) und ist andererseits nach § 2 Abs. 2 Nr. 2 Satz 3 UStG ein Unternehmen im Inland. [5]Die bei der Einfuhr der an B versandten Waren anfallende Einfuhrumsatzsteuer ist unter den Voraussetzungen des § 15 UStG bei B als Vorsteuer abziehbar. [6]Soweit B an O Waren versendet, werden Innenleistungen bewirkt, die deshalb nicht steuerbar sind. [7]Die Lieferungen von B an T sind steuerbar und unter den Voraussetzungen der § 4 Nr. 1 Buchstabe a und § 6 UStG als Ausfuhrlieferungen steuerfrei. [8]O kann die abziehbaren Vorsteuerbeträge im Vorsteuer-Vergütungsverfahren geltend machen, da mit Japan Gegenseitigkeit besteht und somit eine Vergütung nach § 18 Abs. 9 Satz 4 UStG nicht ausgeschlossen ist (vgl. Abschnitt 18.11 Abs. 4).

Anmerkung

1. Die nationale Rechtslage

Zum 1.1.1987 wurde § 2 Abs. 2 Nr. 2 UStG aus **unionsrechtlichen Gründen** zur Anpassung an die damals maßgebliche 6. EG-Richtlinie um die Sätze 2 bis 4 ergänzt. Nach dieser Vorschrift ist die Organschaft zwar auch grenzüberschreitend bei Vorliegen aller Voraussetzungen gegeben, die Wirkungen der Organschaft werden aber auf die Leistungen zwischen den im Inland belegenen Unternehmensteilen beschränkt (§ 2 Abs. 2 Nr. 2 S. 2 UStG). Damit sind grenzüberschreitende Leistungen innerhalb des Organkreises grundsätzlich steuerbar, soweit der Ort der Leistung im Inland liegt. Allerdings sind nach § 2 Abs. 2 Nr. 2 Satz 3 UStG aber alle im Inland belegenen Teile des Organkreises als ein einheitliches Unternehmen anzusehen. Dabei ist es unbeachtlich, ob der Organträger sein Unternehmen im Inland oder im Ausland betreibt.

2. (Bisherige) Umsetzung durch die Finanzverwaltung und die Probleme

Bisher wird in Deutschland davon ausgegangen, dass zwischen dem **Hauptsitz eines Unternehmers und seinen Betriebsstätten** grundsätzlich ein einheitliches Unternehmen vorliegt, sodass hier nur nicht steuerbare Innenumsätze bewirkt werden können; dies ist aber nach der Rechtsprechung des EuGH (Urt. v. 17.9.2014 – C-7/13, Skandia America Corporation, BFH/NV 2014, 1870) so nicht zutreffend. Es muss jeweils unterschieden werden, welche Konstellationen bei den grenzüberschreitenden Organschaftsverhältnissen vorliegen. Die im **Ausland gelegenen Betriebsstätten** einer inländischen Organgesellschaft gehören zu der jeweiligen Organgesellschaft, es ergeben sich hier nur Innenumsätze. Durch die Beschränkung der Wirkung der Organschaft auf das Inland gehören diese Betriebsstätten aber nicht zu dem Unternehmen des Organträgers. Leistungen zwischen ausländischen Betriebsstätten von Organgesellschaften und dem inländischen Organträger oder anderen inländischen Organgesellschaften stellen somit keine Innenumsätze, sondern (unter den weiteren Voraussetzungen) steuerbare Leistungen dar.

Bisher war national davon ausgegangen worden, dass sich durch eine im Inland belegene Betriebsstätte/Zweigniederlassung eines ausländischen Organträgers ein **Einfallstor für den ausländischen Organträger** in das einheitliche, inländische Unternehmen ergibt, da einerseits zwischen dem Organträger und seiner inländischen Betriebsstätte ein einheitliches Unternehmen bestand, andererseits aber die Betriebsstätte des Organträgers auch Bestandteil des inländischen Organkreises war. Der **EuGH** (Urt. v. 17.9.2014 – C-7/13, Skandia America Corporation, BFH/NV 2014, 1870) ist in einer schwedisch/amerikanischen Konstellation zu einem anderen Ergebnis gekommen und hat festgestellt, dass die von einer Hauptniederlassung in einem Drittland zugunsten einer Zweigniederlassung in einem Mitgliedstaat erbrachte Dienstleistung zu einem **steuerbaren Umsatz** führt, wenn die Zweigniederlassung einem inländischen Organkreis angehört. Zwar besteht grundsätzlich weiterhin die Möglichkeit, bei grenzüberschreitenden Leistungen zwischen Haupt- und Zweigniederlassung (Betriebsstätten) zu nicht steuerbaren Innenumsätzen zu kommen. Wird aber die Zweigniederlassung/Betriebsstätte in einen einheitlichen Organkreis eingegliedert, gilt eine Leistung der ausländischen Muttergesellschaft nicht mehr als an die Zweigniederlassung ausgeführt. Als **Leistungsempfänger** ist der **inländische Organkreis** anzusehen, der nicht Bestandteil des einheitlichen Unternehmens mit dem ausländischen Organträger ist, sodass hier der Besteuerung unterliegende Vorgänge vorliegen.

3. Konsequenzen

Die bisher von der **Finanzverwaltung** vertretene Auffassung zum einheitlichen Unternehmen bei einer grenzüberschreitenden Organschaft und die unbedingte gesetzliche Festlegung in § 2 Abs. 2 Nr. 2 Satz 2 UStG müssen an die Vorgaben aus der Rechtsprechung des EuGH angepasst werden. Solange dies nicht geschehen ist – zumindest eine Änderung der Vorgaben in Abschn. 2.9 UStAE – wird sich für den betroffenen Unternehmer ein **Vertrauensschutz** nach § 176 Abs. 2 AO ergeben (Becker, UStB 2014, 246; Heinrichshofen, UR 2014, 890).

Aus **Gründen der Rechtssicherheit** und der Klarheit wird dazu auch eine Klarstellung im Gesetz gefordert (Grube, MwStR 2015, 202 m. w. N).

Inwieweit die Vorgaben des EuGH noch **weitere Auswirkungen** haben, muss abgewartet werden, so können sich Auswirkungen auch auf Organgesellschaften mit Sitz im Inland ergeben, die über eine Auslandsniederlassung verfügen. Hier wird wohl nicht an der bisherigen Verwaltungsauffassung nach Abschn. 2.9 Abs. 6, Beispiel 3 UStAE festgehalten werden können, sodass Leistungen zwischen Stammhaus und Niederlassung der Organgesellschaft grundsätzlich der Steuerbarkeit unterliegen müssten (Wäger, UR 2015, 125).

Hinweis: Eingliederungsvoraussetzungen müssen vorliegen

Selbst wenn die Wirkung der Organschaft auf das Inland beschränkt wird, müssen die Eingliederungsvoraussetzungen für die Organschaft auch grenzüberschreitend vorliegen. Ist der Organträger im Ausland ansässig, kann sich im Inland die Wirkung der Organschaft nur dann entfalten, wenn die im Inland gelegenen Organgesellschaften tatsächlich nach dem Gesamtbild der Verhältnisse finanziell, wirtschaftlich und organisatorisch in das Unternehmen des Organträgers eingegliedert sind.

4. Zur Ansässigkeit

Zur Frage der **Ansässigkeit im Inland** stellt die Finanzverwaltung klar, dass die Ausführung von Leistungen, die in einem **Freihafen** ausgeführt werden, aber nach § 1 Abs. 3 UStG **wie Umsätze im Inland** behandelt werden, **nicht zu einer Ansässigkeit des Unternehmensteils im Inland** führt (so auch BFH, Urt. v. 22. 2. 2017 – XI R 13/15, BStBl II 2021, 782). Die Finanzverwaltung bezieht sich dabei zwar ausdrücklich nur auf Leistungen nach § 1 Abs. 3 Satz 1 Nr. 2 Buchst. b UStG, dies muss aber auch für alle anderen in § 1 Abs. 3 UStG aufgeführte Leistungen gelten.

UStAE 2.10. Unternehmereigenschaft und Vorsteuerabzug bei Vereinen, Forschungseinrichtungen und ähnlichen Einrichtungen

Unternehmereigenschaft

(1) [1]Soweit Vereine Mitgliederbeiträge vereinnahmen, um in Erfüllung ihres satzungsmäßigen Gemeinschaftszwecks die Gesamtbelange ihrer Mitglieder wahrzunehmen, ist ein Leistungsaustausch nicht gegeben (vgl. BFH-Urteil vom 12. 4. 1962, V 134/59 U, BStBl III S. 260, – und Abschnitt 1.4 Abs. 1). [2]In Wahrnehmung dieser Aufgaben sind die Vereine daher nicht Unternehmer (vgl. BFH-Urteile vom 28. 11. 1963, II 181/61 U, BStBl 1964 III S. 114, und vom 30. 9. 1965, V 176/63 U, BStBl III S. 682, und

Abschnitt 2.3 Abs. 1 a). [3]Das Gleiche gilt für Einrichtungen, deren Aufgaben ausschließlich durch Zuschüsse finanziert werden, die nicht das Entgelt für eine Leistung darstellen, z. B. Forschungseinrichtungen. [4]Zur Unternehmereigenschaft von Forschungseinrichtungen vgl. Absätze 10 und 11. [5]Vereinnahmen Vereine oder ähnliche Einrichtungen neben echten Mitgliederbeiträgen und Zuschüssen auch Entgelte für Lieferungen oder sonstige Leistungen, sind sie nur insoweit Unternehmer, als ihre Tätigkeit darauf gerichtet ist, nachhaltig entgeltliche Lieferungen oder sonstige Leistungen zu bewirken. [6]Daher ist eine nach der Verordnung (EWG) Nr. 2137/85 vom 25. 7. 1985 (ABl. EG Nr. L 199 S. 1) gegründete Europäische wirtschaftliche Interessenvereinigung (EWIV), die gegen Entgelt Lieferungen von Gegenständen oder Dienstleistungen an ihre Mitglieder oder an Dritte bewirkt, Unternehmer (vgl. Artikel 5 MwStVO). [7]Der unternehmerische Bereich umfasst die gesamte zur Ausführung der entgeltlichen Leistungen entfaltete Tätigkeit einschließlich aller unmittelbar hierfür dienenden Vorbereitungen. [8]Diese Beurteilung gilt ohne Rücksicht auf die Rechtsform, in der die Tätigkeit ausgeübt wird. [9]Der umsatzsteuerrechtliche Unternehmerbegriff stellt nicht auf die Rechtsform ab (vgl. Abschnitt 2.1 Abs. 1). [10]Außer Vereinen, Stiftungen, Genossenschaften können auch z. B. Kapitalgesellschaften oder Personengesellschaften einen nichtunternehmerischen Bereich besitzen (vgl. BFH-Urteil vom 20. 12. 1984, V R 25/76, BStBl 1985 II S. 176). [11]Sog. Hilfsgeschäfte, die der Betrieb des nichtunternehmerischen Bereichs bei Vereinen und Erwerbsgesellschaften mit sich bringt, sind auch dann als nicht steuerbar zu behandeln, wenn sie wiederholt oder mit einer gewissen Regelmäßigkeit ausgeführt werden. [12]Als Hilfsgeschäfte in diesem Sinne sind z. B. anzusehen:

1. Veräußerungen von Gegenständen, die im nichtunternehmerischen Bereich eingesetzt waren, z. B. der Verkauf von gebrauchten Kraftfahrzeugen, Einrichtungsgegenständen und Altpapier;
2. Überlassung des Telefons an im nichtunternehmerischen Bereich tätige Arbeitnehmer zur privaten Nutzung;
3. Überlassung von im nichtunternehmerischen Bereich eingesetzten Kraftfahrzeugen an Arbeitnehmer zur privaten Nutzung.

Gesonderter Steuerausweis und Vorsteuerabzug

(2) [1]Einrichtungen im Sinne des Absatzes 1, die außerhalb des unternehmerischen Bereichs tätig werden, sind insoweit nicht berechtigt, Rechnungen mit gesondertem Steuerausweis auszustellen. [2]Ein trotzdem ausgewiesener Steuerbetrag wird nach § 14 c Abs. 2 UStG geschuldet. [3]Der Leistungsempfänger ist nicht berechtigt, diesen Steuerbetrag als Vorsteuer abzuziehen. [4]Zur Möglichkeit einer Rechnungsberichtigung vgl. Abschnitt 14 c.2 Abs. 3 und 5.

(3) [1]Unter den Voraussetzungen des § 15 UStG können die Einrichtungen die Steuerbeträge abziehen, die auf Lieferungen, sonstige Leistungen, den innergemeinschaftlichen Erwerb oder die Einfuhr von Gegenständen für den unternehmerischen Bereich entfallen (vgl. Abschnitt 15.2 b Abs. 2). [2]Abziehbar sind danach z. B. auch Steuerbeträge für Umsätze, die nur dazu dienen, den unternehmerischen Bereich in Ordnung zu halten oder eine Leistungssteigerung in diesem Bereich herbeizuführen. [3]Maßgebend sind die Verhältnisse im Zeitpunkt des Umsatzes an die Einrichtung.

(4) [1]Für Gegenstände, die zunächst nur im unternehmerischen Bereich verwendet worden sind, später aber zeitweise dem nichtunternehmerischen Bereich überlassen werden, bleibt der Vorsteuerabzug erhalten. [2]Die nichtunternehmerische Verwendung unterliegt aber nach § 3 Abs. 9 a Nr. 1 UStG der Umsatzsteuer. [3]Auch eine spätere Überführung in den nichtunternehmerischen Bereich beeinflusst den ursprünglichen Vorsteuerabzug nicht; sie ist eine steuerbare Wertabgabe nach § 3 Abs. 1 b Nr. 1 UStG.

(5) [1]Ist ein Gegenstand oder eine sonstige Leistung sowohl für die unternehmerischen als auch für die nichtunternehmerischen Tätigkeiten der Einrichtung bestimmt, kann der Vorsteuerabzug grundsätzlich nur insoweit in Anspruch genommen werden, als die Aufwendungen hierfür der unternehmerischen Tätigkeit zuzurechnen sind (vgl. BFH-Urteil vom 3. 3. 2011, V R 23/10, BStBl 2012 II S. 74, Abschnitt 15.2 b Abs. 2). [2]Hinsichtlich der Änderung des Nutzungsumfangs vgl. Abschnitte 3.3, 3.4 und 15 a.1 Abs. 7.

Erleichterungen beim Vorsteuerabzug

(6) [1]Wegen der Schwierigkeiten bei der sachgerechten Zuordnung der Vorsteuern und bei der Versteuerung der unentgeltlichen Wertabgaben kann das Finanzamt auf Antrag folgende Erleichterungen gewähren:
[2]Die Vorsteuern, die teilweise dem unternehmerischen und teilweise dem nichtunternehmerischen Bereich zuzurechnen sind, werden auf diese Bereiche nach dem Verhältnis aufgeteilt, das sich aus folgender Gegenüberstellung ergibt:

1. Einnahmen aus dem unternehmerischen Bereich abzüglich der Einnahmen aus Hilfsgeschäften dieses Bereichs und
2. Einnahmen aus dem nichtunternehmerischen Bereich abzüglich der Einnahmen aus Hilfsgeschäften dieses Bereichs.

[3]Hierzu gehören alle Einnahmen, die der betreffenden Einrichtung zufließen, insbesondere die Einnahmen aus Umsätzen, z. B. Veranstaltungen, Gutachten, Lizenzüberlassungen, sowie die Mitgliederbeiträge, Zuschüsse, Spenden usw. [4]Das Finanzamt kann hierbei anordnen, dass bei der Gegenüberstellung das Verhältnis des laufenden, eines früheren oder mehrerer Kalenderjahre zu Grunde gelegt wird. [5]Falls erforderlich, z. B. bei Zugrundelegung des laufenden Kalenderjahres, kann für die Voranmeldungszeiträume die Aufteilung zunächst nach dem Verhältnis eines anderen Zeitraums zugelassen werden. [6]Außerdem können alle Vorsteuerbeträge, die sich auf die sog. Verwaltungsgemeinkosten beziehen, z. B. die Vorsteuern für die Beschaffung des Büromaterials, einheitlich in den Aufteilungsschlüssel einbezogen werden, auch wenn einzelne dieser Vorsteuerbeträge an sich dem unternehmerischen oder dem nichtunternehmerischen Bereich ausschließlich zuzurechnen wären. [7]Werden in diese Aufteilung Vorsteuerbeträge einbezogen, die durch die Anschaffung, die Herstellung, den innergemeinschaftlichen Erwerb oder die Einfuhr einheitlicher Gegenstände, ausgenommen Fahrzeuge im Sinne des § 1b Abs. 2 UStG, angefallen sind, z. B. durch den Ankauf eines für den unternehmerischen und den nichtunternehmerischen Bereich bestimmten Computers, braucht der Anteil der nichtunternehmerischen Verwendung des Gegenstands nicht als unentgeltliche Wertabgabe im Sinne des § 3 Abs. 9a Nr. 1 UStG versteuert zu werden. [8]Dafür sind jedoch alle durch die Verwendung oder Nutzung dieses Gegenstands anfallenden Vorsteuerbeträge in die Aufteilung einzubeziehen. [9]Bei einer nachträglichen Erhöhung des Anteils der nichtunternehmerischen Verwendung des Gegenstands ist nur der entsprechende Erhöhungsanteil als unentgeltliche Wertabgabe zu versteuern (vgl. Abschnitt 3.4 Abs. 2 Satz 4). [10]Die Versteuerung der Überführung eines solchen Gegenstands in den nichtunternehmerischen Bereich als unentgeltliche Wertabgabe (§ 3 Abs. 1b Satz 1 Nr. 1 UStG) bleibt unberührt.

(7) [1]Das Finanzamt kann im Einzelfall ein anderes Aufteilungsverfahren zulassen. [2]Zum Beispiel kann es gestatten, dass die teilweise dem unternehmerischen Bereich zuzurechnenden Vorsteuern, die auf die Anschaffung, Herstellung und Unterhaltung eines Gebäudes entfallen, insoweit als das Gebäude dauernd zu einem feststehenden Anteil für Unternehmenszwecke verwendet wird, entsprechend der beabsichtigten bzw. tatsächlichen Verwendung und im Übrigen nach dem in Absatz 6 bezeichneten Verfahren aufgeteilt werden.

Beispiel:

[1]Bei einem Vereinsgebäude, das nach seiner Beschaffenheit dauernd zu 75 % als Gastwirtschaft und im Übrigen mit wechselndem Anteil für unternehmerische und nichtunternehmerische Vereinszwecke verwendet wird, können die nicht ausschließlich zurechenbaren Vorsteuern von vornherein zu 75 % als abziehbar behandelt werden. [2]Der restliche Teil von 25 % kann entsprechend dem jeweiligen Einnahmeverhältnis (vgl. Absatz 6) in einen abziehbaren und einen nichtabziehbaren Teil aufgeteilt werden.

(8) [1]Ein vereinfachtes Aufteilungsverfahren ist nur unter dem Vorbehalt des jederzeitigen Widerrufs zu genehmigen und kann mit Auflagen verbunden werden. [2]Es darf nicht zu einem offensichtlich unzutreffenden Ergebnis führen. [3]Außerdem muss sich die Einrichtung verpflichten, das Verfahren mindestens für fünf Kalenderjahre anzuwenden. [4]Ein Wechsel des Verfahrens ist jeweils nur zu Beginn eines Besteuerungszeitraums zu gestatten.

(9) Beispiele zur Unternehmereigenschaft und zum Vorsteuerabzug:

Beispiel 1:

[1]Ein Verein hat die Aufgabe, die allgemeinen ideellen und wirtschaftlichen Interessen eines Berufsstands wahrzunehmen (Berufsverband). [2]Er dient nur den Gesamtbelangen aller Mitglieder. [3]Die Einnahmen des Berufsverbands setzen sich ausschließlich aus Mitgliederbeiträgen zusammen.

[4]Der Berufsverband wird nicht im Rahmen eines Leistungsaustauschs tätig. [5]Er ist nicht Unternehmer. [6]Ein Vorsteuerabzug kommt nicht in Betracht.

Beispiel 2:

[1]Der in Beispiel 1 bezeichnete Berufsverband übt seine Tätigkeit in gemieteten Räumen aus. [2]Im Laufe des Jahres hat er seine Geschäftsräume gewechselt, weil die bisher genutzten Räume vom Vermieter selbst beansprucht wurden. [3]Für die vorzeitige Freigabe der Räume hat der Verein vom Vermieter eine Abstandszahlung erhalten. [4]Die übrigen Einnahmen des Vereins bestehen ausschließlich aus Mitgliederbeiträgen.

[5]Hinsichtlich seiner Verbandstätigkeit, die außerhalb eines Leistungsaustauschs ausgeübt wird, ist der Verein nicht Unternehmer. [6]Bei der Freigabe der Geschäftsräume gegen Entgelt liegt zwar ein Leistungsaustausch vor. [7]Die Leistung des Vereins ist aber nicht steuerbar, weil die Geschäftsräume nicht im Rahmen eines Unternehmens genutzt worden sind. [8]Der Verein ist nicht berechtigt, für die Leistung eine Rechnung mit gesondertem Ausweis der Steuer zu erteilen. [9]Ein Vorsteuerabzug kommt nicht in Betracht.

Beispiel 3:

[1]Der in Beispiel 1 bezeichnete Berufsverband betreibt neben seiner nicht steuerbaren Verbandstätigkeit eine Kantine, in der seine Angestellten gegen Entgelt beköstigt werden. [2]Für die Verbandstätigkeit und die Kantine besteht eine gemeinsame Verwaltungsstelle. [3]Der Kantinenbetrieb war in gemieteten Räumen untergebracht. [4]Der Verein löst das bisherige Mietverhältnis und mietet neue Kantinenräume. [5]Vom bisherigen Vermieter erhält er für die Freigabe der Räume eine Abstandszahlung. [6]Die Einnahmen des Vereins bestehen aus Mitgliederbeiträgen, Kantinenentgelten und der vom Vermieter gezahlten Abstandszahlung.

[7]Der Verein ist hinsichtlich seiner nicht steuerbaren Verbandstätigkeit nicht Unternehmer. [8]Nur im Rahmen des Kantinenbetriebs übt er eine unternehmerische Tätigkeit aus. [9]In den unternehmerischen Bereich fällt auch die entgeltliche Freigabe der Kantinenräume. [10]Diese Leistung ist daher steuerbar, aber als eine der Vermietung eines Grundstücks gleichzusetzende Leistung nach § 4 Nr. 12 Satz 1 Buchstabe a UStG steuerfrei (vgl. EuGH-Urteil vom 15. 12. 1993, C-63/92, Lubbock Fine, BStBl 1995 II S. 480). [11]Die Vorsteuerbeträge, die dieser Leistung zuzurechnen sind, sind nicht abziehbar. [12]Lediglich die den Kantinenumsätzen zuzurechnenden Vorsteuern können abgezogen werden.

[13]Wendet der Verein eine Vereinfachungsregelung an, kann er die Vorsteuern, die den Kantinenumsätzen ausschließlich zuzurechnen sind, z. B. den Einkauf der Kantinenwaren und des Kantineninventars, voll abziehen. [14]Die für die gemeinsame Verwaltungsstelle angefallenen Vorsteuern, z. B. für Büromöbel und Büromaterial, sind nach dem Verhältnis der Einnahmen aus Mitgliederbeiträgen und der Freigabe der Kantinenräume zu den Einnahmen aus dem Kantinenbetrieb aufzuteilen. [15]Die Verwendung der Büromöbel der gemeinsamen Verwaltungsstelle für den nichtunternehmerischen Bereich braucht in diesem Fall nicht als unentgeltliche Wertabgabe nach § 3 Abs. 9a Nr. 1 UStG versteuert zu werden.

Beispiel 4:

[1]Ein Verein, der ausschließlich satzungsmäßige Gemeinschaftsaufgaben wahrnimmt, erzielt außer echten Mitgliederbeiträgen Einnahmen aus gelegentlichen Verkäufen von im Verein angefallenem Altmaterial und aus der Erstattung von Fernsprechkosten für private Ferngespräche seiner Angestellten.

[2]Die Altmaterialverkäufe und die Überlassung des Telefons an die Angestellten unterliegen als Hilfsgeschäfte zur nichtunternehmerischen Tätigkeit nicht der Umsatzsteuer. [3]Der Verein ist nicht Unternehmer. [4]Ein Vorsteuerabzug kommt nicht in Betracht.

Beispiel 5:

[1]Mehrere juristische Personen des öffentlichen Rechts gründen eine GmbH zu dem Zweck, die Möglichkeiten einer Verwaltungsvereinfachung zu untersuchen. [2]Die Ergebnisse der Untersuchungen sollen in einem Bericht zusammengefasst werden, der allen interessierten Verwaltungsstellen auf Anforderung kostenlos zu überlassen ist. [3]Die Tätigkeit der GmbH wird ausschließlich durch echte Zuschüsse der öffentlichen Hand finanziert. [4]Weitere Einnahmen erzielt die GmbH nicht.

[5]Die Tätigkeit der GmbH vollzieht sich außerhalb eines Leistungsaustauschs. [6]Die GmbH ist nicht Unternehmer und daher nicht zum Vorsteuerabzug berechtigt.

Forschungseinrichtungen

(10) [1]Forschungseinrichtungen sind Einheiten, die Forschungsprojekte oder Forschungsprogramme durchführen. [2]Abhängig von ihrer Organisation können Forschungseinrichtungen rechtlich selbständige Unternehmer oder unselbständiger Teil des unternehmerischen oder nichtunternehmerischen Bereichs einer anderen rechtlich selbständigen Einrichtung sein. [3]Zum unternehmerischen Bereich bei Forschungseinrichtungen gehören die Eigenforschung, die Auftragsforschung sowie der weitere Technologietransfer, soweit beabsichtigt ist, die Forschungsergebnisse nachhaltig zur Erzielung von Einnahmen zu verwenden. [4]Auch die Grundlagenforschung ist dem unternehmerischen Bereich zuzurechnen, wenn sie dazu dient, die unternehmerische Verkaufstätigkeit zu steigern und die Marktposition zu stärken. [5]Etwas anderes gilt, wenn Grundlagenforschung in abgrenzbaren Teilbereichen ohne nachhaltige Einnahmeerzielungsabsicht ausgeübt wird; in diesen Fällen sind die betroffenen Teilbereiche dem nichtunternehmerischen Bereich des Unternehmers zuzuordnen. [6]Als abgrenzbare Teilbereiche können organisatorische Einheiten, wie z. B. Institute, angesehen werden. [7]Dem nichtunternehmerischen Bereich zuzurechnen ist die Erbringung eigenständiger Leistungen, die keine Forschungstätigkeiten sind und ihren Grund im Gesellschaftsvertrag, in der Satzung oder der Zugehörigkeit zu Forschungsorganisationen haben, sofern bei diesen Leistungen von vornherein nicht die Absicht besteht, sie gegen Entgelt zu vermarkten. [8]Zum nichtunternehmerischen Bereich gehören regelmäßig die reine Lehre (insbesondere Lehrbeauftragungen und Betreuung von Studierenden), die Ausbildung über den betrieblichen Bedarf hinaus, die Öffentlichkeitsarbeit mit Breitenwirkung (z. B. Tage der offenen Tür, Besucherprogramme, Schülerlabore) sowie die Weiterentwicklung des Wissenschaftssystems. [9]Verbietet die Satzung einer Forschungseinrichtung die entgeltliche Verwertung von Forschungsergebnissen, sind diese ebenfalls dem nichtunternehmerischen Bereich zuzuordnen.

Beispiel 1:

[1]Die Forschungstätigkeit einer Forschungseinrichtung wird vorwiegend durch echte Zuschüsse der öffentlichen Hand finanziert. [2]Außerdem erzielt die Forschungseinrichtung Einnahmen aus der Verwertung der Ergebnisse ihrer Forschungstätigkeit durch Vergabe von Lizenzen an ihren Erfindungen.

[3]Die Vergabe von Lizenzen gegen Entgelt ist eine nachhaltige Tätigkeit zur Erzielung von Einnahmen. [4]Diese Tätigkeit übt die Forschungseinrichtung unternehmerisch aus. [5]Die vorausgegangene Forschungstätigkeit steht mit der Lizenzvergabe in unmittelbarem Zusammenhang. [6]Sie stellt die Vorbereitungshandlung für die unternehmerische Verwertung der Erfindungen dar und kann daher nicht aus dem unternehmerischen Bereich ausgeschieden werden. [7]Auf das Verhältnis der echten Zuschüsse zu den Lizenzeinnahmen kommt es bei dieser Beurteilung nicht an. [8]Unter den Voraussetzungen des § 15 UStG ist die Forschungseinrichtung in vollem Umfang zum Vorsteuerabzug berechtigt. [9]Außerdem hat sie für ihre Leistungen Rechnungen mit gesondertem Steuerausweis zu erteilen. [10]Dies gilt nicht, soweit die Forschungseinrichtung in einem abgrenzbaren Teilbereich die Forschung ohne die Absicht betreibt, Einnahmen zu erzielen.

Beispiel 2:

[1]Eine Forschungseinrichtung untersucht Möglichkeiten einer Verwaltungsvereinfachung im Bereich der Steuerverwaltung. [2]Es besteht keine Absicht, die Forschungsergebnisse gegen Entgelt zu vermarkten. [3]Die Forschungseinrichtung verwendet eine Datenverarbeitungsanlage. [4]Die Kapazität der Anlage ist mit den eigenen Arbeiten nur zu 80 % ausgelastet. [5]Um die Kapazität der Anlage voll auszunutzen, überlässt sie die Anlage an einen Unternehmer gegen Entgelt zur Benutzung. [6]Die Einnahmen der Forschungseinrichtung bestehen außer dem Benutzungsentgelt nur in Zuschüssen der öffentlichen Hand.

[7]Die entgeltliche Überlassung der Datenverarbeitungsanlage ist eine nachhaltige Tätigkeit zur Erzielung von Einnahmen. [8]Insoweit ist die Forschungseinrichtung Unternehmer. [9]Die Leistung unterliegt der Umsatzsteuer. [10]Die Unternehmereigenschaft erstreckt sich nicht auf die unentgeltliche Forschungstätigkeit. [11]Für die Überlassung der Datenverarbeitungsanlage sind von der Forschungseinrichtung Rechnungen mit gesondertem Ausweis der Steuer zu erteilen. [12]Die Vorsteuern für die Anschaffung und Nutzung der Datenverarbeitungsanlage sind nur im Umfang der Verwendung für die unternehmerische Tätigkeit abzugsfähig (vgl. Abschnitt 15.2b Abs. 2), eine darüber hinausgehende Zuordnung zum Unternehmen ist in Fällen einer nichtwirtschaftlichen Tätigkeit i.e.S. nicht möglich (vgl. Abschnitt 15.2c Abs. 2). [13]Außerdem können die der entgeltlichen Überlassung der Datenverarbeitungsanlage zuzurechnenden Vorsteuerbeträge, insbesondere in dem Bereich der Verwaltungsgemeinkosten, abgezogen werden. [14]Bei Anwendung einer Vereinfachungsregelung der Absätze 6 und 7 kann die Forschungseinrichtung die Vorsteuern für die Verwaltungsgemeinkosten sowie die durch die Anschaffung und Nutzung der Datenverarbeitungsanlage angefallenen Vorsteuerbeträge nach dem Verhältnis der Nettoeinnahmen aus der Überlassung der Anlage an den Unternehmer zu den öffentlichen Zuschüssen auf den unternehmerischen und den nichtunternehmerischen Bereich aufteilen.

Beispiel 3:

[1]Eine Forschungseinrichtung untersucht wirtschafts- und steuerrechtliche Grundsatzfragen. [2]Zu den Aufgaben der Forschungseinrichtung gehört auch die Erstellung von Gutachten auf diesem Gebiet gegen Entgelt. [3]Die Einnahmen der Forschungseinrichtung setzen sich aus echten Zuschüssen der öffentlichen Hand und aus Vergütungen, die für die Gutachten von den Auftraggebern gezahlt worden sind, zusammen.

[4]Die Erstellung von Gutachten ist eine nachhaltige Tätigkeit zur Erzielung von Einnahmen. [5]Die Forschungseinrichtung übt diese Tätigkeit als Unternehmer aus. [6]In der Regel wird davon auszugehen sein, dass die Auftraggeber Gutachten bei der Forschungseinrichtung bestellen, weil sie annehmen, dass diese auf Grund ihrer Forschungstätigkeit über besondere Kenntnisse und Erfahrungen auf dem betreffenden Gebiet verfügt. [7]Die Auftraggeber erwarten, dass die von der Forschungseinrichtung gewonnenen Erkenntnisse in dem Gutachten verwertet werden. [8]Die Forschungstätigkeit steht hiernach mit der Tätigkeit als Gutachter in engem Zusammenhang. [9]Sie ist daher in den unternehmerischen Bereich einzubeziehen. [10]Vorsteuerabzug und gesonderter Steuerausweis wie im Beispiel 1.

Beispiel 4:

[1]Eine Forschungseinrichtung untersucht Erzeugnisse, die im Rahmen einer eigenen unternehmerischen Tätigkeit veräußert werden sollen, auf Beschaffenheit und Einsatzfähigkeit und entwickelt neue Stoffe. [2]Die Entwicklungsarbeiten setzen eine gewisse Grundlagenforschung voraus, die durch echte Zuschüsse der öffentlichen Hand gefördert wird. [3]Die Forschungseinrichtung ist verpflichtet, die Erkenntnisse, die sie im Rahmen des durch öffentliche Mittel geförderten Forschungsvorhabens gewinnt, der Allgemeinheit zugänglich zu machen.

[4]Die Forschungseinrichtung übt mit ihren Lieferungen und sonstigen Leistungen eine unternehmerische Tätigkeit aus. [5]Auch die Grundlagenforschung soll dazu dienen, die Verkaufstätigkeit zu steigern und die Marktposition zu festigen. [6]Obwohl es insoweit an einem Leistungsaustausch fehlt, steht die Grundlagenforschung in unmittelbarem Zusammenhang mit der unternehmerischen Tätig-

keit. [7]Die Grundlagenforschung wird daher im Rahmen des Unternehmens ausgeübt. [8]Vorsteuerabzug und gesonderter Steuerausweis wie im Beispiel 1.

Beispiel 5:

[1]Eine Forschungseinrichtung wird vorwiegend durch echte Zuschüsse der öffentlichen Hand finanziert. [2]Aufgabe der Forschungseinrichtung ist es, medizinische Forschung auf dem Gebiet der Infektionsbiologie sowie deren praktischer Umsetzung zu betreiben (Grundlagenforschung). [3]Die gewonnenen Erkenntnisse werden der Allgemeinheit zugänglich gemacht. [4]Darüber hinaus untersucht die Forschungseinrichtung im Auftrag der Industrie Wirkstoffe gegen Viren und Bakterien (Auftragsforschung).

[5]Lösung wie Beispiel 4.

(11) [1]Der unternehmerische Bereich ist bei Forschungseinrichtungen oftmals nur schwierig von deren nichtunternehmerischem Bereich abzugrenzen. [2]Zur Vereinfachung kann für die Ermittlung des Prozentsatzes der nicht für das Unternehmen bezogenen Vorsteuern folgendes Berechnungsschema herangezogen werden:

Schritt 1:

	Kosten der Gesamtleistung
./.	Kosten für Forschung und experimentelle Entwicklung, soweit unternehmerisch (inklusive zurechenbarer allgemeiner Aufwendungen)
./.	Kosten des wirtschaftlichen Geschäftsbetriebs und der Vermögensverwaltung inklusive zurechenbarer allgemeiner Aufwendungen
=	Kosten des nichtunternehmerischen Bereichs

Schritt 2:

$$\frac{\text{Kosten des nichtunternehmerischen Bereichs} \times 100}{\text{Kosten der Gesamtleistung}} = \text{Prozentsatz der nicht für das Unternehmen bezogenen Vorsteuern}$$

[3]Bei Anwendung des Berechnungsschemas sind nur die vorsteuerbelasteten Kosten zu berücksichtigen. [4]Die Kosten der Gesamtleistung können den Werten der Kosten- und Leistungsrechnung der Forschungseinrichtung entnommen werden. [5]Als allgemeine Aufwendungen gelten Kosten für den Betrieb und Erhalt der allgemeinen Infrastruktur (z. B. Gebäude, Betriebs- und Geschäftsausstattung, Facility Management), der Unternehmensleitung (z. B. Vorstand, Stäbe), der Verwaltung (z. B. Finanzwesen, Controlling, Einkauf) und allgemeine innerbetriebliche Dienstleistungen (z. B. Werkschutz). [6]Die unter den übrigen Voraussetzungen abziehbaren Vorsteuern unterliegen einer weiteren Aufteilung, sofern die Forschungseinrichtung die bezogenen Leistungen auch zur Ausführung von Umsätzen verwendet, für die der Vorsteuerabzug nach § 15 Abs. 2 bis 4 UStG ausgeschlossen ist.

Anmerkung

1. Vereine und Mitgliedsbeiträge

Grundsätzlich muss ein **Verein** oder eine **Vereinigung** dieselben Voraussetzungen erfüllen wie jeder andere Unternehmer auch, um Unternehmereigenschaft nach § 2 Abs. 1 UStG zu erlangen. Damit muss eine Tätigkeit selbstständig, nachhaltig und mit der Absicht Einnahmen zu erzielen ausgeführt werden. Problematisch ist dabei die Frage des kausalen Zusammenhangs zwischen der Ausführung einer Tätigkeit und der Erzielung von Einnahmen, wenn der Verein bzw. die Vereinigung gegenüber ihren Mitgliedern gegen den allgemeinen Mitgliedsbeitrag tätig wird. Nach der **bisherigen nationalen Auffassung** konnte ein Verein gegenüber seinen Mitgliedern auf unterschiedliche Weise tätig werden.

Wenn der Verein nur in **Erfüllung der satzungsmäßigen Gemeinschaftszwecke** die Gesamtbelange der Mitglieder wahrnahm, wurde ein Leistungsaustausch zwischen dem Verein und dem Vereinsmitglied verneint (BFH, Urt. v. 20.12.1984 – V R 25/76, BStBl II 1985, 176). Die für die allgemeinen Gemeinschaftszwecke erhobenen echten Mitgliederbeiträge stehen außerhalb des Leistungsaustauschs und stellten nach dieser Rechtsauffassung damit keine Gegenleistung für eine konkrete Leistung des Vereins dar. Solche echten Mitgliederbeiträge sind insbesondere dann gegeben, wenn die Beiträge gleich hoch sind oder nach einem für alle Mitglieder verbindlichen Bemessungsmaßstab gleichmäßig ermittelt werden.

Auch die Staffelung der Beiträge oder die Berücksichtigung persönlicher Merkmale (z. B. das Alter oder das Einkommen der Mitglieder) war für die Beurteilung als echte Mitgliederbeiträge unschädlich.

Nur wenn der Verein in Erfüllung von Sonderbelangen seiner Mitglieder diesen gegenüber **gegen ein Sonderentgelt** tätig wurde (sog. unechte Mitgliederbeiträge), ergab sich daraus ein Leistungsaustausch und damit eine Leistung des Vereins gegen Entgelt, die im Ergebnis zu einem steuerbaren Umsatz im Rahmen des Unternehmens führte (BFH, Urt. v. 9.5.1974 – V R 128/71, BStBl II 1974, 530 zu der Frage des Leistungsaustauschs eines Lohnsteuerhilfevereins gegenüber seinen Mitgliedern). Ein solcher Leistungsaustausch zwischen der Vereinigung und dem Gesellschafter oder Mitglied lag nach der früheren Rechtsprechung immer vor, wenn die Vereinigung einem Mitglied eine bestimmte Leistung zugewendet hat und dafür von diesem eine Gegenleistung erwartet (u. a. BFH, Urt. v. 23.1.2001 – V B 129/00, BFH/NV 2001, 940; BFH, Urt. v. 8.9.1994 – V R 46/92, BStBl II 1994, 957).

Hinweis: Systemwidrige Ableitung der Unternehmereigenschaft

Soweit der Verein gegenüber seinen Mitgliedern im Rahmen von nicht steuerbaren Mitgliederbeiträgen tätig geworden war, ergab sich aus einer vom BFH vorgegebenen (alten) systemwidrigen Konsequenz für ihn keine Unternehmereigenschaft (BFH, Urt. v. 28.11.1963 – II 181/61 U, BStBl III 1964, 114) und damit auch keine Möglichkeit, Leistungsbezüge nach § 15 Abs. 1 UStG dem Unternehmen zuzuordnen. Ein Vorsteuerabzug war in diesen Fällen nicht möglich.

Diese Rechtsgrundlagen – die sich aus der Rechtsprechung aus der Zeit vor Einführung des Vorsteuerabzugsrechts – ergeben haben, stehen aber teilweise in **Widerspruch zu der Rechtsprechung des EuGH** (Urt. v 21.3.2002 – C-174/00, Kennemer Golf & Country Club, BFH/NV Beilage 2002, 95) der sich schon 2002 grundsätzlich mit der Unternehmereigenschaft solcher Vereine – insbesondere von Sportvereinen – beschäftigt hatte. Obwohl der BFH (Urt. v. 9.5.2007 – V R 27/04, BFH/NV 2007, 2213; Urt. v. 11.10.2007 – V R 69/06, BFH/NV 2008, 322; Urt. v. 29.10.2008 – XI R 59/07, BFH/NV 2009, 324; Urt. v. 20.3.2014 – V R 4/13, BFH/NV 2014, 1470) in mittlerweile ständiger Rechtsprechung sich der Auffassung des EuGH angeschlossen hat, hat die Finanzverwaltung bisher die Anweisungen in Abschn. 2.10 Abs. 1 UStAE zur Unternehmereigenschaft bei der Zahlung von Mitgliederbeiträgen noch nicht aufgehoben.

Der **EuGH** hatte in seiner für das deutsche Steuerrecht richtungsweisenden Entscheidung zum Kennemer Golf & Country Club entschieden, dass Jahresbeiträge der Mitglieder eines Sportvereins auch Gegenleistungen für die von diesem Verein erbrachten Dienstleistungen darstellen können, auch wenn diejenigen Mitglieder, die die Einrichtungen des Vereins nicht oder nicht regelmäßig nutzen, ebenfalls verpflichtet sind, ihren Jahresbeitrag zu zahlen.

Die Problematik der Besteuerung von Vereinen darf aber nicht nur auf die Fragestellung der Unternehmereigenschaft reduziert werden. Hauptgegenstand der vom Hoge Raad der Niederlande dem EuGH vorgelegten Rechtsfragen war nicht die Unternehmereigenschaft – diese war in unionsrechtskonformer Anwendung in den Niederlanden sowieso bejaht worden – sondern die Anwendung der in Art. 32 der 6. EG-Richtlinie (jetzt Art. 132 Abs. 1 Buchst. m MwStSystRL) enthaltenen Steuerbefreiung für bestimmte Leistungen im Bereich von Sport und Körperertüchtigung, die Einrichtungen ohne Gewinnstreben erbringen. Dabei ist die Anwendung der Steuerbefreiung nicht nur auf Leistungen gegenüber den Mitgliedern beschränkt (EuGH, Urt. v. 16.10.2008 – C-253/07, Canterbury Hockey Club, BFH/NV 2009, 108). Da in Deutschland diese Regelungen zur Steuerbefreiung im Unionsrecht nicht richtlinienkonform umgesetzt sind, muss die Finanzverwaltung im Verwaltungswege – bis zu einer gesetzlichen Anpassung in § 4 UStG – bei der Anwendung der überholten Rechtsprechung des BFH zu der Unternehmereigenschaft bleiben, da ansonsten alle (Sport-)Vereine mit ihren Mitgliederbeiträgen wegen des allgemeinen Sportangebots im Rahmen steuerbarer und steuerpflichtiger Leistungen tätig wären.

Hinweis: Kein unmittelbares Berufungsrecht auf Art. 132 MwStSystRL

Ob sich gemeinnützige Sportvereine (bzw. Vereinigungen ohne Gewinnstreben) unmittelbar auf Art. 132 Abs. 1 Buchst. m MwStSystRL berufen können, war Gegenstand eines Vorabentscheidungsersuchens beim EuGH; BFH, Beschl. v. 21.6.2018 – V R 20/17, BStBl II 2018, 558 – beim EuGH C-488/18, Golfclub Schloss Igling e. V. Der EuGH hat in seiner Entscheidung (Urt. v. 14.12.2020 – C-488/18, BFH/NV 2021, 430) entschieden, dass es kein unmittelbares Berufungsrecht auf Art. 132 Abs. 1

Buchst. m MwStSystRL gibt, da die Vorgaben nicht hinreichend präzise sind. Der BFH (Urt. v. 21.4.2022 – V R 48/20, BFH/NV 2022, 792) hat dies entsprechend der Vorgabe des EuGH national umgesetzt, sodass sich als Änderung seiner Rechtsprechung keine Berufungsmöglichkeit auf Art. 132 Abs. 1 Buchst. m MwStSystRL ergibt. Eine im Regierungsentwurf des Jahressteuergesetzes 2024 enthaltene unionsrechtlich notwendige Anpassung in § 4 Nr. 22 Buchst. c UStG ist im Laufe des Gesetzgebungsverfahrens wieder fallen gelassen worden, sodass der unionsrechtswidrige Zustand weiter besteht.

2. Forschungseinrichtungen

Bisher hatte sich die Finanzverwaltung nicht ausführlich zu den besonderen Bedingungen bei **Forschungseinrichtungen** geäußert. Forschungseinrichtungen können in unterschiedlicher Form auftreten und dabei sowohl einen **unternehmerischen als auch einen nichtunternehmerischen Bereich** unterhalten. Darüber hinaus finanzieren sie sich häufig in nicht unerheblichem Umfang aus **öffentlichen Zuschüssen.**

Forschungseinrichtungen sind Einheiten, die Forschungsprojekte oder Forschungsprogramme durchführen. Sie können rechtlich selbständige Unternehmer oder unselbständiger Teil des unternehmerischen oder nichtunternehmerischen Bereichs einer anderen rechtlich selbständigen Einrichtung sein. Sie können einen unternehmerischen und einen nichtunternehmerischen Bereich unterhalten.

Die Finanzverwaltung hatte mit Schreiben v. 27.1.2023 (BStBl I 2023, 314) die folgende Unterteilung vorgenommen:

Forschungseinrichtung	
unternehmerischer Bereich	**nichtunternehmerischer Bereich**
– Eigenforschung (z. B. Forschung und nachfolgend Lizenzerteilung) – Auftragsforschung – Technologietransfer, soweit die Forschungsergebnisse nachhaltig zur Erzielung von Einnahmen verwendet werden – Grundlagenforschung, soweit dazu dienend, die unternehmerische Verkaufstätigkeit zu steigern und die Marktposition zu stärken – Überlassung von Forschungsinfrastruktur gegen Entgelt an Dritte	– reine Lehre (Lehrbeauftragung und Betreuung von Studierenden) – Ausbildung über den betrieblichen Bedarf hinaus – Öffentlichkeitsarbeit mit Breitenwirkung (z. B. Tage der offenen Tür, Besucherprogramme, Schülerlabore) – Grundlagenforschung in abgrenz-baren Teilbereichen, die ohne nachhaltige Einnahmeerzielungsabsicht ausgeführt wird – Weiterentwicklung des Wissenschaftssystems – Forschung, soweit aufgrund der Satzung eine entgeltliche Verwertung untersagt ist

Da in der Praxis eine exakte Trennung in den unternehmerischen und den nichtunternehmerischen Bereich schwierig ist, lässt die Finanzverwaltung im Rahmen einer **Vereinfachungsregelung** eine schematische Berechnung eines Prozentsatzes zu, der den Vorsteuerabzug ausschließt. Dabei sind in einem **1. Schritt** die **Kosten des nichtunternehmerischen Bereichs** zu ermitteln. In einem **2. Schritt** ist der Prozentsatz der **nicht für das Unternehmen bezogenen Vorsteuern** zu ermitteln.

Hinweis: Kein Zuordnungswahlrecht bei nichtwirtschaftlich mitgenutzten Gegenständen

Grundsätzlich ist darüber hinaus zu beachten, dass bei einem unternehmerischen und einem nichtunternehmerischen Bereich (im Sinne des nichtwirtschaftlichen Bereichs) **kein Zuordnungswahlrecht** für einheitliche bezogene Wirtschaftsgüter (z. B. Immobilien, Geräte, EDV-Anlagen) besteht. Diese einheitlichen Gegenstände können nur insoweit dem Unternehmen zugeordnet werden, wie sie auch unternehmerisch genutzt werden, Abschn. 15.2c Abs. 2 Nr. 2 Buchst. a UStAE. Sollte sich später eine höhere unternehmerische Verwendung ergeben, lässt die Finanzverwaltung aus **Billigkeitsgründen** eine **Vorsteuerberichtigung** analog § 15 a UStG zu, Abschn. 15a.1 Abs. 7 UStAE. Grundsätzlich würde eine Vorsteuerberichtigung eine vollständige Zuordnung des Gegenstands zum Unternehmen voraus, die hier aber aufgrund des aus der Rechtsprechung entwickelten „Aufteilungsgebots" nicht erfolgen kann.

UStAE 2.11. Juristische Personen des öffentlichen Rechts (§ 2 Abs. 3 UStG)

Allgemeines

(1) [1]Juristische Personen des öffentlichen Rechts im Sinne von § 2 Abs. 3 UStG sind insbesondere die Gebietskörperschaften (Bund, Länder, Gemeinden, Gemeindeverbände, Zweckverbände), die öffentlich-rechtlichen Religionsgemeinschaften, die Innungen, Handwerkskammern, Industrie- und Handelskammern und sonstige Gebilde, die auf Grund öffentlichen Rechts eigene Rechtspersönlichkeit besitzen. [2]Dazu gehören neben Körperschaften auch Anstalten und Stiftungen des öffentlichen Rechts, z. B. Rundfunkanstalten des öffentlichen Rechts. [3]Zur Frage, unter welchen Voraussetzungen kirchliche Orden juristische Personen des öffentlichen Rechts sind, vgl. das BFH-Urteil vom 8. 7. 1971, V R 1/68, BStBl 1972 II S. 70. [4]Auf ausländische juristische Personen des öffentlichen Rechts ist die Vorschrift des § 2 Abs. 3 UStG analog anzuwenden. [5]Ob eine solche Einrichtung eine juristische Person des öffentlichen Rechts ist, ist grundsätzlich nach deutschem Recht zu beurteilen. [6]Das schließt jedoch nicht aus, dass für die Bestimmung öffentlich-rechtlicher Begriffe die ausländischen Rechtssätze mit herangezogen werden.

(2) [1]Die Gesamtheit aller Betriebe gewerblicher Art im Sinne von § 1 Abs. 1 Nr. 6, § 4 KStG und aller land- und forstwirtschaftlichen Betriebe stellt das Unternehmen der juristischen Person des öffentlichen Rechts dar (vgl. BFH-Urteil vom 18. 8. 1988, V R 194/83, BStBl II S. 932). [2]Das Unternehmen erstreckt sich auch auf die Tätigkeitsbereiche, die nach § 2 Abs. 3 Satz 2 UStG als unternehmerische Tätigkeiten gelten. [3]Nur die in diesen Betrieben und Tätigkeitsbereichen ausgeführten Umsätze unterliegen der Umsatzsteuer. [4]Andere Leistungen sind nicht steuerbar, auch wenn sie nicht in Ausübung öffentlicher Gewalt bewirkt werden, es sei denn, die Behandlung als nichtsteuerbar würde zu größeren Wettbewerbsverzerrungen führen (vgl. BFH-Urteil vom 11. 6. 1997, XI R 33/94, BStBl 1999 II S. 418).

(3) [1]Eine Tätigkeit, die der Erfüllung von Hoheitsaufgaben dient, ist steuerbar, wenn sie nicht von einer juristischen Person des öffentlichen Rechts, sondern von Unternehmern des privaten Rechts (z. B. von sog. beliehenen Unternehmern) ausgeübt wird (vgl. BFH-Urteile vom 10. 11. 1977, V R 115/74, BStBl 1978 II S. 80, und vom 18. 1. 1995, XI R 71/93, BStBl II S. 559). [2]Ein mit der Durchführung einer hoheitlichen Pflichtaufgabe betrauter Unternehmer ist als Leistender an den Dritten anzusehen, wenn er bei der Ausführung der Leistung diesem gegenüber – unabhängig von der öffentlich-rechtlichen Berechtigung – im eigenem Namen und für eigene Rechnung auftritt, leistet und abrechnet (BFH-Urteil vom 28. 2. 2002, V R 19/01, BStBl 2003 II S. 950). [3]Durch den Leistungsaustausch zwischen dem beauftragten Unternehmer und dem Dritten wird das weiterhin bestehende Leistungsverhältnis zwischen dem Unternehmer und dem Hoheitsträger sowie die hoheitliche Ausübung der Tätigkeit durch den Hoheitsträger nicht berührt. [4]Zur umsatzsteuerrechtlichen Beurteilung, wenn der Hoheitsträger dagegen zulässigerweise nur die tatsächliche Durchführung seiner gesetzlichen Pflichtaufgabe auf den eingeschalteten Unternehmer überträgt und dieser entsprechend den öffentlich-rechtlichen Vorgaben als Erfüllungsgehilfe des Hoheitsträgers auftritt, vgl. BMF-Schreiben vom 27. 12. 1990, BStBl 1991 I S. 81.

(4) [1]Für die Frage, ob ein Betrieb gewerblicher Art vorliegt, ist auf § 1 Abs. 1 Nr. 6 und § 4 KStG in der jeweils geltenden Fassung abzustellen. [2]Die zu diesen Vorschriften von Rechtsprechung und Verwaltung für das Gebiet der Körperschaftsteuer entwickelten Grundsätze sind anzuwenden (vgl. insbesondere R 4.1 KStR). [3]Über die Anwendung der Umsatzgrenzen von 130 000 € (R 6 Abs. 4 KStR) und 45000 € (R 4.1 Abs. 5 KStR) ist bei der Umsatzsteuer und bei der Körperschaftsteuer einheitlich zu entscheiden.

(5) Die Frage, ob ein land- und forstwirtschaftlicher Betrieb vorliegt, ist unabhängig von einer Umsatzgrenze nach den gleichen Merkmalen zu beurteilen, die grundsätzlich auch bei der Durchschnittssatzbesteuerung nach § 24 UStG maßgebend sind (vgl. § 24 Abs. 2 UStG, Abschnitt 24.1 Abs. 2).

(6) Auch wenn die Voraussetzungen eines Betriebs gewerblicher Art oder eines land- und forstwirtschaftlichen Betriebs nicht gegeben sind, gelten die in § 2 Abs. 3 Satz 2 Nr. 2 bis 5 UStG bezeichneten Tätigkeitsbereiche als unternehmerische Tätigkeiten (zu § 2 Abs. 3 Satz 2 Nr. 4 UStG vgl. Absätze 7 bis 11).

Vermessungs- und Katasterbehörden

(7) [1]Bei den Vermessungs- und Katasterbehörden unterliegen nach Sinn und Zweck des § 2 Abs. 3 Satz 2 Nr. 4 UStG solche Tätigkeiten der Umsatzsteuer, die ihrer Art nach auch von den in fast allen Bundesländern zugelassenen öffentlich bestellten Vermessungsingenieuren ausgeführt werden. [2]Die Vorschrift beschränkt sich auf hoheitliche Vermessungen, deren Ergebnisse zur Fortführung des Liegenschaftskatasters bestimmt sind (Teilungsvermessungen, Grenzfeststellungen und Gebäudeeinmessungen). [3]Nicht dazu gehören hoheitliche Leistungen, wie z. B. die Führung und Neueinrichtung des Liegenschaftskatasters. [4]Die entgeltliche Erteilung von Auszügen aus dem Liegenschaftskataster durch Vermessungs- und Katasterbehörden gilt nach § 2 Abs. 3 Satz 2 Nr. 4 UStG als unternehmerische Tätigkeit, soweit in dem betreffenden Bundesland nach den jeweiligen landesrechtlichen Gegebenheiten eine entgeltliche Erteilung von Auszügen aus dem Liegenschaftskataster auch durch öffentlich bestellte Vermessungsingenieure rechtlich und technisch möglich ist. [5]Dies gilt jedoch nicht, soweit öffentlich bestellte Vermessungsingenieure nach den jeweiligen landesrechtlichen Bestimmungen lediglich als Erfüllungsgehilfen der Vermessungs- und Katasterbehörden tätig werden. [6]Soweit Gemeinden entgeltlich Auszüge aus dem Liegenschaftskataster erteilen, gelten sie als Vermessungs- und Katasterbehörden im Sinne von § 2 Abs. 3 Satz 2 Nr. 4 UStG. [7]Der Umsatzsteuer unterliegen nur Leistungen an Dritte, dagegen nicht unentgeltliche Wertabgaben, z. B. Vermessungsleistungen für den Hoheitsbereich der eigenen Trägerkörperschaft.

(8) [1]Die Unternehmereigenschaft erstreckt sich nicht auf die Amtshilfe, z. B. Überlassung von Unterlagen an die Grundbuchämter und Finanzämter. [2]Keine Amtshilfe liegt vor, wenn Leistungen an juristische Personen des öffentlichen Rechts ausgeführt werden, denen nach Landesgesetzen keine Vermessungsaufgaben als eigene Aufgaben obliegen.

(9) [1]Wirtschaftliche Tätigkeiten der Kataster- und Vermessungsbehörden fallen nicht unter § 2 Abs. 3 Satz 2 Nr. 4 UStG. [2]Sie sind – ebenso wie Vermessungsleistungen anderer Behörden – nach § 2 Abs. 3 Satz 1 UStG steuerbar, sofern die körperschaftsteuerlichen Voraussetzungen eines Betriebs gewerblicher Art vorliegen. [3]Wirtschaftliche Tätigkeiten sind z. B. der Verkauf von Landkarten, Leistungen auf dem Gebiet der Planung wie Anfertigung von Bebauungsplänen, und ingenieurtechnische Vermessungsleistungen.

(10) [1]Die Vorsteuerbeträge, die dem unternehmerischen Bereich zuzuordnen sind, können unter den Voraussetzungen des § 15 UStG abgezogen werden. [2]Für Vorsteuerbeträge, die sowohl dem unternehmerischen als auch dem nichtunternehmerischen Bereich zuzuordnen sind, beurteilt sich der Vorsteuerabzug nach Abschnitt 15.19 Abs. 3.

(11) [1]Aus Vereinfachungsgründen bestehen keine Bedenken, wenn die insgesamt abziehbaren Vorsteuerbeträge mit 1,9 % der Bemessungsgrundlage für die steuerpflichtigen Vermessungsumsätze ermittelt werden. [2]Die Verwendung der Anlagegegenstände für nichtunternehmerische Zwecke ist dann nicht als Wertabgabe nach § 3 Abs. 9 a Nr. 1 UStG zu versteuern. [3]Bei einer Änderung der Anteile an der Verwendung der Anlagegegenstände für unternehmerische und nichtunternehmerische Tätigkeiten (vgl. Abschnitt 2.3 Abs. 1 a), kommt auch keine Vorsteuerberichtigung nach § 15 a UStG aus Billigkeitsgründen in Betracht (vgl. Abschnitt 15 a.1 Abs. 7). [4]Dagegen ist die Veräußerung von Gegenständen, die ganz oder teilweise für den unternehmerischen Bereich bezogen wurden, der Umsatzsteuer zu unterwerfen. [5]An die Vereinfachungsregelung ist die jeweilige Vermessungs- und Katasterbehörde für mindestens fünf Kalenderjahre gebunden. [6]Ein Wechsel ist nur zum Beginn eines Kalenderjahres zulässig.

Einzelfälle

(12) [1]Betreibt eine Gemeinde ein Parkhaus, kann ein Betrieb gewerblicher Art auch dann anzunehmen sein, wenn sie sich mit einer Benutzungssatzung der Handlungsformen des öffentlichen Rechts bedient (BFH-Urteil vom 10. 12. 1992, V R 3/88, BStBl 1993 II S. 380). [2]Überlässt sie hingegen auf Grund der Straßenverkehrsordnung Parkplätze durch Aufstellung von Parkscheinautomaten gegen Parkgebühren, handelt sie insoweit nicht als Unternehmer im Sinne des Umsatzsteuerrechts (BFH-Urteil vom 27. 2. 2003, V R 78/07, BStBl 2004 II S. 431; zur Rechtslage nach § 2 b UStG vgl. Abschnitt 2 b.1 Absatz 5).

(13) [1]Gemeindliche Kurverwaltungen, die Kurtaxen und Kurförderungsabgaben erheben, sind in der Regel Betriebe gewerblicher Art (vgl. BFH-Urteil vom 15. 10. 1962, I 53/61 U, BStBl III S. 542). [2]Sofern die Voraussetzungen von R 4.1 Abs. 4 und 5 KStR gegeben sind, unterliegen die Gemeinden mit den durch die Kurtaxe abgegoltenen Leistungen der Umsatzsteuer. [3]Die Kurförderungsabgaben (Fremdenverkehrsbeiträge A) sind dagegen nicht als Entgelte für Leistungen der Gemeinden zu betrachten und nicht der Steuer zu unterwerfen.

(14) [1]Die staatlichen Materialprüfungsanstalten oder Materialprüfungsämter üben neben ihrer hoheitlichen Tätigkeit vielfach auch Tätigkeiten wirtschaftlicher Natur, z. B. entgeltliche Untersuchungs-, Beratungs- und Begutachtungsleistungen für private Auftraggeber, aus. [2]Unter den Voraussetzungen von R 4.1 Abs. 4 und 5 KStR sind in diesen Fällen Betriebe gewerblicher Art anzunehmen.

(15) [1]Die Gestellung von Personal durch juristische Personen des öffentlichen Rechts gegen Erstattung der Kosten stellt grundsätzlich einen Leistungsaustausch dar, sofern die gestellende juristische Person Arbeitgeber bleibt. [2]Ob dieser Leistungsaustausch der Umsatzsteuer unterliegt, hängt nach § 2 Abs. 3 UStG davon ab, ob die Personalgestellung im Rahmen eines Betriebs gewerblicher Art im Sinne von § 1 Abs. 1 Nr. 6, § 4 KStG vorgenommen wird.

Beispiel 1:

[1]Eine juristische Person des öffentlichen Rechts setzt Bedienstete ihres Hoheitsbereichs in eigenen Betrieben gewerblicher Art ein.

[2]Es handelt sich um einen nicht steuerbaren Vorgang (Innenleistung).

Beispiel 2:

[1]Eine juristische Person des öffentlichen Rechts stellt Bedienstete aus ihrem Hoheitsbereich an den Hoheitsbereich einer anderen juristischen Person des öffentlichen Rechts ab.

[2]Es handelt sich um einen nicht steuerbaren Vorgang.

Beispiel 3:

[1]Eine juristische Person des öffentlichen Rechts stellt Bedienstete aus ihrem Hoheitsbereich an Betriebe gewerblicher Art anderer juristischer Personen des öffentlichen Rechts ab.

[2]Die Personalgestellung ist nicht durch hoheitliche Zwecke veranlasst, sondern dient wirtschaftlichen Zielen. [3]Sie ist insgesamt als Betrieb gewerblicher Art zu beurteilen, sofern die Voraussetzungen von R 4.1 Abs. 4 und 5 KStR gegeben sind. [4]Es liegen in diesem Fall steuerbare Leistungen vor.

Beispiel 4:

[1]Eine juristische Person des öffentlichen Rechts stellt Bedienstete aus ihrem Hoheitsbereich an privatrechtliche Unternehmer ab.

[2]Beurteilung wie zu Beispiel 3.

Beispiel 5:

[1]Eine juristische Person des öffentlichen Rechts stellt Bedienstete aus ihrem Hoheitsbereich an einen als gemeinnützig anerkannten eingetragenen Verein ab, der nicht unternehmerisch tätig ist. [2]Mitglieder des Vereins sind neben der gestellenden Person des öffentlichen Rechts weitere juristische Personen des öffentlichen Rechts, Verbände und sonstige Einrichtungen.

[3]Beurteilung wie zu Beispiel 3.

Beispiel 6:

[1]Eine juristische Person des öffentlichen Rechts stellt Bedienstete aus einem ihrer Betriebe gewerblicher Art an den Hoheitsbereich einer anderen juristischen Person des öffentlichen Rechts ab.

[2]Es ist eine steuerbare Leistung im Rahmen des Betriebs gewerblicher Art anzunehmen, wenn die Personalkostenerstattung unmittelbar dem Betrieb gewerblicher Art zufließt. [3]Die Personalgestellung kann jedoch dem hoheitlichen Bereich zugerechnet werden, sofern der Bedienstete zunächst

in den Hoheitsbereich zurückberufen und von dort abgestellt wird und der Erstattungsbetrag dem Hoheitsbereich zufließt.

Beispiel 7:

[1]Eine juristische Person des öffentlichen Rechts stellt Bedienstete aus einem ihrer Betriebe gewerblicher Art an einen Betrieb gewerblicher Art einer anderen juristischen Person des öffentlichen Rechts oder an einen privatrechtlichen Unternehmer ab.

[2]Es liegt eine steuerbare Leistung im Rahmen des Betriebs gewerblicher Art vor.

Beispiel 8:

[1]Eine juristische Person des öffentlichen Rechts stellt Bedienstete aus einem ihrer Betriebe gewerblicher Art an den eigenen Hoheitsbereich ab.

[2]Die Überlassung des Personals ist dann nicht als steuerbare Wertabgabe im Sinne von § 3 Abs. 9a Nr. 2 UStG anzusehen, wenn beim Personaleinsatz eine eindeutige und leicht nachvollziehbare Trennung zwischen dem unternehmerischen Bereich (Betrieb gewerblicher Art) und dem Hoheitsbereich vorgenommen wird.

(16) Betriebe von juristischen Personen des öffentlichen Rechts, die vorwiegend zum Zwecke der Versorgung des Hoheitsbereichs der juristischen Person des öffentlichen Rechts errichtet worden sind (Selbstversorgungsbetriebe), sind nur dann Betriebe gewerblicher Art, wenn bezüglich der Umsätze an Dritte die Voraussetzung von R 4.1 Abs. 5 KStR erfüllt ist.

(17) Eine von einem Bundesland eingerichtete sog. „Milchquoten-Verkaufsstelle“, die Anlieferungs-Referenzmengen an Milcherzeuger überträgt, handelt bei dieser Tätigkeit nicht als Unternehmer (vgl. BFH-Urteil vom 3. 7. 2008, V R 40/04, BStBl 2009 II S. 208).

Gemeindliche Schwimmbäder

(18) [1]Wird ein gemeindliches Schwimmbad sowohl für das Schulschwimmen (nichtwirtschaftliche Tätigkeit i. e. S.) als auch für den öffentlichen Badebetrieb genutzt, ist unabhängig davon, welche Nutzung überwiegt, die Nutzung für den öffentlichen Badebetrieb grundsätzlich als wirtschaftlich selbständige Tätigkeit im Sinne des § 4 Abs. 1 KStG anzusehen. [2]Die wirtschaftliche Tätigkeit ist unter der Voraussetzung von R 4.1 Abs. 5 KStR ein Betrieb gewerblicher Art. [3]Vorsteuerbeträge, die durch den Erwerb, die Herstellung sowie die Verwendung des Schwimmbades anfallen, sind nach § 15 UStG nur abziehbar, soweit sie auf die Verwendung für den öffentlichen Badebetrieb entfallen (vgl. Abschnitt 15.2b Abs. 2). [4]Ist der öffentliche Badebetrieb nicht als Betrieb gewerblicher Art zu behandeln, weil die Voraussetzungen von R 4.1 Abs. 5 KStR nicht erfüllt sind, rechnet die Gesamttätigkeit des gemeindlichen Schwimmbades zum nichtunternehmerischen Hoheitsbereich mit der Folge, dass ein Vorsteuerabzug nicht in Betracht kommt. [5]In den Fällen, die der Übergangsregelung nach § 27 Abs. 16 UStG unterliegen, ist die Verwendung des Gegenstands für hoheitliche Zwecke (Schulschwimmen) unabhängig davon, ob den Schulen das Schwimmbad zeitweise ganz überlassen wird (vgl. BFH-Urteil vom 31. 5. 2001, V R 97/98, BStBl II S. 658, Abschnitt 4.12.11) oder das Schulschwimmen während des öffentlichen Badebetriebs stattfindet (vgl. BFH-Urteil vom 10. 2. 1994, V R 33/92, BStBl II S. 668, Abschnitt 4.12.6 Abs. 2 Nr. 10), nach § 3 Abs. 9a Nr. 1 UStG als steuerbare und steuerpflichtige Wertabgabe zu behandeln, sofern der Erwerb oder die Herstellung des Schwimmbades auch insoweit zum Vorsteuerabzug berechtigt hat. [6]Bemessungsgrundlage für die unentgeltliche Wertabgabe sind nach § 10 Abs. 4 Satz 1 Nr. 2 UStG die durch die Überlassung des Schwimmbades für das Schulschwimmen entstandenen Ausgaben des Unternehmers für die Erbringung der sonstigen Leistung; vgl. Abschnitt 10.6 Abs. 3. [7]Die Wertabgabe kann nach den im öffentlichen Badebetrieb erhobenen Eintrittsgeldern bemessen werden (vgl. Abschnitt 10.7 Abs. 1 Sätze 4 bis 7).

Eigenjagdverpachtung

(19) [1]Eine juristische Person des öffentlichen Rechts wird mit der Verpachtung ihrer Eigenjagd im Rahmen ihres bestehenden land- und forstwirtschaftlichen Betriebs nach § 2 Abs. 3 UStG gewerblich oder

beruflich tätig. [2]Dies gilt unabhängig davon, dass die Umsätze aus der Jagdverpachtung nicht der Durchschnittssatzbesteuerung nach § 24 UStG unterliegen (vgl. BFH-Urteil vom 22. 9. 2005, V R 28/03, BStBl 2006 II S. 280).

Betriebe in privatrechtlicher Form

(20) [1]Von den Betrieben gewerblicher Art einer juristischen Person des öffentlichen Rechts sind die Betriebe zu unterscheiden, die in eine privatrechtliche Form (z. B. AG, GmbH) gekleidet sind. [2]Solche Eigengesellschaften sind grundsätzlich selbständige Unternehmer. [3]Sie können jedoch nach den umsatzsteuerrechtlichen Vorschriften über die Organschaft unselbständig sein, und zwar auch gegenüber der juristischen Person des öffentlichen Rechts. [4]Da Organschaft die Eingliederung in ein Unternehmen voraussetzt, kann eine Gesellschaft nur dann Organgesellschaft einer juristischen Person des öffentlichen Rechts sein, wenn sie in den Unternehmensbereich dieser juristischen Person des öffentlichen Rechts eingegliedert ist. [5]Die finanzielle Eingliederung wird in diesen Fällen nicht dadurch ausgeschlossen, dass die Beteiligung an der Organgesellschaft nicht im Unternehmensbereich, sondern im nichtunternehmerischen Bereich der juristischen Person des öffentlichen Rechts verwaltet wird. [6]Eine wirtschaftliche Eingliederung in den Unternehmensbereich ist gegeben, wenn die Organgesellschaft Betrieben gewerblicher Art oder land- und forstwirtschaftlichen Betrieben der juristischen Person des öffentlichen Rechts wirtschaftlich untergeordnet ist. [7]Zur Organträgerschaft einer juristischen Person des öffentlichen Rechts vgl. Abschnitt 2.8 Abs. 2 Satz 2. [8]Tätigkeiten, die der Erfüllung öffentlich-rechtlicher Aufgaben dienen, können grundsätzlich eine wirtschaftliche Eingliederung in den Unternehmensbereich nicht begründen.

Anmerkung

1. Unternehmereigenschaft nach bisheriger Rechtslage

Juristische Personen des öffentlichen Rechts (**jPöR**) waren nach der bis Ende 2016 geltenden nationalen Gesetzeslage **Unternehmer i. S. d. Umsatzsteuerrechts** nur:

- Im Rahmen ihrer Betriebe gewerblicher Art; § 2 Abs. 3 Satz 1 UStG, § 1 Abs. 1 Nr. 6 KStG, § 4 KStG,
- im Rahmen ihrer Betriebe land- und forstwirtschaftlicher Art; § 2 Abs. 3 Satz 1 UStG sowie
- im Rahmen der im § 2 Abs. 3 Satz 2 UStG bezeichneten Einzeltätigkeiten.

Die Unternehmereigenschaft der jPöR war durch die **Rechtsprechung** von EuGH und BFH erheblich verändert worden. So hat der EuGH (Urt. v. 4.6.2009 – C-102/08, Salix Grundstücksvermietungsgesellschaft mbH, BFH/NV 2009, 1222) festgestellt, dass die Einbeziehung von bestimmten steuerfreien Umsätzen (hier Vermietungsumsätzen) in die hoheitliche Tätigkeit einer jPöR nach Art. 13 Abs. 2 MwStSystRL eine eindeutige nationale Regelung voraussetzt. Damit wurde im Wesentlichen die nationale Anknüpfung zur Beurteilung der Unternehmereigenschaft einer jPöR an einen wirtschaftlichen Geschäftsbetrieb i. S. d. § 14 AO – der für die Beurteilung des Betriebs gewerblicher Art im Ertragsteuerrecht maßgeblich war – in Frage gestellt. Der BFH (Urt. v. 20.8.2009 – V R 70/05, BStBl II 2017, 825) hat nach den Vorgaben des EuGH eine solche eindeutige Umsetzung des unionsrechtlichen Wahlrechts in Deutschland nicht gesehen, sodass auch Vermietungstätigkeiten jPöR zu den unternehmerischen Betätigungen gehören.

Der BFH (Urt. v. 15.4.2010 – V R 10/09, BStBl II 2017, 863) hat nachfolgend die bisherige Annahme, dass die Vermögensverwaltung nicht zu einer unternehmerischen Betätigung einer jPöR führen kann, ausdrücklich verworfen und klargestellt, dass dem **Begriff der Vermögensverwaltung** für Zwecke der Umsatzsteuer keine Bedeutung zukommt. Danach ist für die Umsatzsteuerbesteuerung der öffentlichen Hand vielmehr entscheidend, ob sie in den Handlungsformen des Zivilrechts oder des öffentlichen Rechts tätig ist.

Besondere Probleme ergaben sich aus der Rechtsprechung des BFH (Urt. v. 10.11.2011 – V R 41/10, BStBl II 2017, 869) im Zusammenhang mit den sog. **Beistandsleistungen**. Der BFH entschied im Zusammenhang mit der Überlassung einer Sporthalle durch eine juristische Person:

- Gestattet eine Gemeinde gegen Entgelt die Nutzung einer Sport- und Freizeithalle, ist sie gem. § 2 Abs. 3 Satz 1 UStG i. V. m. § 4 KStG als Unternehmer tätig, wenn sie ihre Leistung entweder auf zivilrechtlicher Grundlage oder – im Wettbewerb zu Privaten – auf öffentlich-rechtlicher Grundlage erbringt.
- Gleiches gilt für die entgeltliche Nutzungsüberlassung der Halle an eine Nachbargemeinde für Zwecke des Schulsports. Auch eine sog. Beistandsleistung, die zwischen jPöR gegen Entgelt erbracht wird, ist steuerbar und bei Fehlen besonderer Befreiungstatbestände steuerpflichtig.

Da dieses Urteil für jPöR bei allgemeiner Anwendung zu erheblichen Problemen führen würde, ist eine **unionsrechtskonforme Anpassung** der Vorschriften über die neue Rechtsnorm des **§ 2b UStG** im Rahmen des Steueränderungsgesetzes 2015 vorgenommen worden. § 2 Abs. 3 UStG wurde korrespondierend aufgehoben. Neben einer Übernahme der allgemeinen Grundlagen für die Unternehmereigenschaft einer jPöR aus Art. 13 Abs. 1 MwStSystRL in § 2b Abs. 1 UStG sind in § 2b Abs. 3 UStG insbesondere Regelungen getroffen, nach denen sich bei bestimmten gegenüber einer anderen jPöR erbrachten Leistungen keine **größere Wettbewerbsverzerrung** ergeben soll und deshalb eine nichtunternehmerische Betätigung vorliegt.

Die Neuregelung des § 2b UStG trat zwar formal zum 1.1.2016 in Kraft, galt aber erst für Leistungen, die **nach dem 31.12.2016** ausgeführt wurden, § 27 Abs. 22 UStG. Darüber hinaus konnte die jPöR dem Finanzamt gegenüber einmalig erklären, dass sie § 2 Abs. 3 UStG für sämtliche **nach dem 31.12.2016 und vor dem 1.1.2027 ausgeführte Leistungen** weiterhin anwendet (die ursprünglich bis 31.12.2020 befristete Übergangsregelung wurde durch das Corona-Steuerhilfegesetz im Jahr 2020 um zwei Jahre verlängert, § 27 Abs. 22a UStG und durch das Jahressteuergesetz 2022 sowie durch das Jahressteuergesetz 2024 erneut jeweils um zwei Jahre verlängert). Eine Beschränkung der Erklärung auf einzelne Tätigkeitsbereiche oder Leistungen war nicht zulässig. Die Erklärung war bis zum 31.12.2016 abzugeben. Sie kann nur mit Wirkung vom Beginn eines auf die Abgabe folgenden Kalenderjahrs an widerrufen werden.

2. Anwendung der Rechtsprechung

Das BMF (Schreiben v. 27.7.2017, BStBl I 2017, 1239) hatte die in den vergangenen Jahren zu § 2 Abs. 3 UStG gefällten Urteile des BFH, die bisher nicht amtlich veröffentlicht und damit von der Finanzverwaltung auch nicht allgemein angewendet worden waren, zur allgemeinen Veröffentlichung freigegeben. Dies betrifft die folgenden Entscheidungen:

- **Steuerfreie Vermietungsumsätze** können gem. Art. 13 MwStSystRL nur dann als eine Tätigkeit behandelt werden, die die jPöR im Rahmen der öffentlichen Gewalt (und damit nicht unternehmerisch) ausführt, wenn dies durch eine ausdrückliche nationale gesetzliche Regelung vorgegeben ist (BFH, Urt. v. 20.8.2009 – V R 70/05, BStBl II 2017, 825; dieses Urteil beruht auf der Entscheidung des EuGH, Urt. v. 4.6.2009 – C-102/08, Salix, BFH/NV 2009, 1222).
- Eine Gemeinde, die sich als Gegenleistung für die Übereignung eines mit Werbeaufdrucken versehenen **Werbemobils** verpflichtet, dieses für fünf Jahre in der Öffentlichkeit zu bewegen, ist unabhängig der von der Finanzverwaltung (damals Abschn. 23 Abs. 4 UStR 2005) vorgegebenen Umsatzgrenzen Unternehmerin (BFH, Urt. v. 17.3.2010 – XI R 17/08, BStBl II 2017, 828).
- Dem Begriff der „**Vermögensverwaltung**" kommt umsatzsteuerrechtlich für die Unternehmerstellung einer jPöR durch einen „Betrieb gewerblicher Art" keine Bedeutung zu. Gestattet eine Universität als jPöR durch privatrechtlichen Vertrag das Aufstellen von Automaten gegen Entgelt, erbringt sie als Unternehmer steuerbare und steuerpflichtige Leistungen. Ebenso handelt sie als Unternehmerin, wenn sie auf öffentlich-rechtlicher Rechtsgrundlage Personal und Sachmittel gegen Entgelt überlässt, wenn eine Behandlung als Nichtunternehmer zu größeren Wettbewerbsverzerrungen führen würde (BFH, Urt. v. 15.4.2010 – V R 10/09, BStBl II 2017, 863).
- Ein kommunaler Zweckverband in der Rechtsform einer Körperschaft des öffentlichen Rechts, der eine **Wasserversorgungsanlage** zur Förderung und Abgabe von Trink- und Gebrauchswasser betreibt, ist Unternehmer (BFH, Urt. v. 2.3.2011 – XI R 65/07, BStBl II 2017, 831).

- Zur unternehmerischen Ausführung der **Beistandsleistungen**: Gestattet eine Gemeinde gegen Entgelt die **Nutzung einer Sport- und Freizeithalle**, ist sie gem. § 2 Abs. 3 Satz 1 UStG als Unternehmer tätig, wenn sie ihre Leistung entweder auf zivilrechtlicher Grundlage oder – im Wettbewerb zu Privaten – auf öffentlich-rechtlicher Grundlage erbringt. Gleiches gilt für die entgeltliche Nutzungsüberlassung der Halle an eine Nachbargemeinde für Zwecke des Schulsports. Auch eine sog. Beistandsleistung, die zwischen juristischen Personen des öffentlichen Rechts gegen Entgelt erbracht wird, ist steuerbar und bei Fehlen besonderer Befreiungstatbestände steuerpflichtig (BFH, Urt. v. 10.11.2011 – V R 41/10, BStBl II 2017, 869).
- Eine Gemeinde, die nicht auf privatrechtlicher, sondern auf hoheitlicher Grundlage **Stellplätze für PKW in einer Tiefgarage** gegen Entgelt überlässt, handelt als Unternehmer und erbringt steuerpflichtige Leistungen, wenn ihre Behandlung als Nichtsteuerpflichtige zu größeren Wettbewerbsverzerrungen führen würde. Eine derartige Wettbewerbsverzerrung liegt auch vor, wenn eine Gemeinde Stellplätze zwar auf einer öffentlich-rechtlich gewidmeten „Straße“ überlässt, es sich hierbei jedoch um Flächen einer Tiefgarage handelt (BFH, Urt. v. 1.12.2011 – V R 1/11, BStBl II 2017, 834).
- Vermietet eine Gemeinde **Standflächen bei einer Kirmesveranstaltung** auf zivilrechtlicher Grundlage, handelt sie als Unternehmerin (BFH, Urt. v. 13.2.2014 – V R 5/13, BStBl II 2017, 846).
- Eine **Landesärztekammer** ist als juristische Person des öffentlichen Rechts im Rahmen der sog. „externen Qualitätssicherung Krankenhaus“ nicht unternehmerisch tätig, wenn sie insoweit auf öffentlich-rechtlicher Grundlage handelt und ihre Behandlung als Nichtunternehmerin nicht zu größeren Wettbewerbsverzerrungen führen würde (BFH, Urt. v. 10.2.2016 – XI R 26/13, BStBl II 2017, 857).

Mit der Veröffentlichung im BStBl wurden die Urteile **allgemein zur Anwendung freigegeben**. Zur zeitlichen Anwendung hat die Finanzverwaltung allerdings bestimmt, dass für alle **vor dem 1.1.2017 ausgeführte Leistungen** die bisher zu § 2 Abs. 3 UStG vertretene Verwaltungsauffassung in Abschn. 2.11 UStAE weiterhin maßgeblich ist. Die Finanzverwaltung beanstandet es aber nicht, wenn die jPöR die hiervon abweichende Rechtsprechung des BFH der Besteuerung zu Grunde legt, sofern dies einheitlich für das gesamte Unternehmen erfolgt. Eine Beschränkung auf einzelne Tätigkeitsbereiche oder Leistungen ist nicht zulässig.

Hinweis: Alte Auffassung der Finanzverwaltung gilt auch in Übergangsphase

Auch in den Fällen, in denen die jPöR entsprechend des Wahlrechts nach § 27 Abs. 22 Satz 3 UStG die Altregelung des § 2 Abs. 3 UStG (maximal bis zum 31.12.2026) weiterhin anwendet, gelten die zur Altfassung des § 2 Abs. 3 UStG getroffenen Auslegungen weiter.

3. Vorsteuerabzug

Die Finanzverwaltung hat ausführlich zum Vorsteuerabzug von juristischen Personen des öffentlichen Rechts bei Anwendung des § 2b UStG Stellung genommen und dort diverse Vereinfachungsregelungen vorgegeben; vgl. BMF, Schreiben v. 12.6.2024, BStBl I 2024, 1041; vgl. Kommentierung zu § 2b UStG.

Zu § 2 a UStG

UStG § 2 a Fahrzeuglieferer

[1]Wer im Inland ein neues Fahrzeug liefert, das bei der Lieferung in das übrige Gemeinschaftsgebiet gelangt, wird, wenn er nicht Unternehmer im Sinne des § 2 ist, für diese Lieferung wie ein Unternehmer behandelt. [2]Dasselbe gilt, wenn der Lieferer eines neuen Fahrzeugs Unternehmer im Sinne des § 2 ist und die Lieferung nicht im Rahmen des Unternehmens ausführt.

Anmerkung

Bei der Lieferung eines neuen Fahrzeugs zwischen zwei Mitgliedstaaten in der Europäischen Union soll in jedem Fall im Bestimmungsmitgliedstaat eine Umsatzsteuer im Rahmen eines innergemeinschaftlichen Erwerbs entstehen. Ist der Käufer kein Unternehmer, der das Fahrzeug für Zwecke seines Unternehmens bezieht, wird über § 1 b UStG auch in diesem Fall die Besteuerung eines innergemeinschaftlichen Erwerbs vorgeschrieben.

Da der innergemeinschaftliche Erwerb aber die Lieferung eines Unternehmers voraussetzt, **fingiert § 2 a UStG die Unternehmereigenschaft** des Verkäufers, selbst wenn dieser kein Unternehmer i. S. d. § 2 UStG ist.

Ein **neues Fahrzeug** liegt nach § 1 b Abs. 2 und Abs. 3 UStG in folgenden Fällen vor:

- Bei motorbetriebenen Landfahrzeugen (Hubraum mehr als 48 Kubikzentimeter oder Leistung mehr als 7,2 Kilowatt), wenn das Fahrzeug entweder nicht mehr als 6.000 Kilometer zurückgelegt hat oder bei Erwerb die erste Inbetriebnahme nicht mehr als sechs Monate zurückliegt.
- Bei Wasserfahrzeugen (Länge mehr als 7,5 Meter), wenn das Wasserfahrzeug auf dem Wasser nicht mehr als 100 Betriebsstunden genutzt wurde oder bei Erwerb die erste Inbetriebnahme nicht mehr als drei Monate zurückliegt.
- Bei Luftfahrzeugen (Starthöchstmasse mehr als 1.550 Kilogramm), wenn das Luftfahrzeug nicht mehr als 40 Betriebsstunden genutzt wurde oder bei Erwerb die erste Inbetriebnahme nicht mehr als drei Monate zurückliegt.

Hinweis: Eine Voraussetzung reicht aus

Es reicht aus, wenn bei einem Fahrzeug jeweils ein Kriterium erfüllt ist. So ist ein Landfahrzeug auch „neu“, wenn es schon 20.000 Kilometer zurückgelegt hat, aber die erste Inbetriebnahme nicht mehr als sechs Monate zurückliegt.

In Abhängigkeit, ob bei der Lieferung eines neuen Fahrzeugs der Lieferer Unternehmer nach § 2 UStG ist oder als Nichtunternehmer nach § 2 a UStG für diesen Fall als Unternehmer anzusehen ist, ergeben sich die folgenden Rechtsfolgen:

	Lieferer handelt als Unternehmer	Lieferer handelt als Privatperson
Unternehmereigenschaft	§ 2 Abs. 1 UStG	Lieferer wird für diese Lieferung als Unternehmer behandelt, § 2 a UStG.
Ort der Lieferung	§ 3 Abs. 6 UStG, wo die Beförderung des Fahrzeugs beginnt.	
Steuerbarkeit	Steuerbar nach § 1 Abs. 1 Nr. 1 UStG.	
Steuerpflicht	Steuerfrei als innergemeinschaftliche Lieferung, § 6 a Abs. 1 Satz 1 Nr. 1 bis Nr. 3 UStG; soweit der Erwerber als Unternehmer auftritt, muss auch die gültige USt-IdNr. vorliegen, § 6 a Abs. 1 Satz 1 Nr. 4 UStG.	
Bemessungsgrundlage	Entgelt (Verkaufserlös), § 10 Abs. 1 UStG.	
Belegerfordernis	Der Verkäufer muss eine Rechnung ausstellen, § 14 a Abs. 3 UStG. Kein Ausweis einer Umsatzsteuer aber Angabe der relevanten Merkmale des neuen Fahrzeugs, § 14 a Abs. 4 UStG.	
Erklärungspflichten	Erfassung des Umsatzes in der USt-Voranmeldung und in der Zusammenfassenden Meldung, wenn der Empfänger eine USt-IdNr. hat. Bei Lieferungen an Privatpersonen ohne USt-IdNr. Aufzeichnung aller relevanten Daten, § 17 c Abs. 4 UStDV. Meldung nach der Fahrzeugslieferungs-Meldepflichtverordnung.	Anmeldung der Lieferung im Rahmen einer USt-Voranmeldung und einer Jahreserklärung, § 18 Abs. 4 a UStG, keine Zusammenfassende Meldung. Meldung nach der Fahrzeugslieferungs-Meldepflichtverordnung.
Aufbewahrungspflichten	Rechnung muss acht Jahre (bisher zehn Jahre; Änderung ab 2025) aufbewahrt werden, § 14 b Abs. 1 Satz 1 UStG.	
Vorsteueranspruch	Regulärer Vorsteuerabzug nach § 15 Abs. 1 UStG für alle Anschaffungs-, Betriebs- und Verkaufskosten.	Beschränkung des Vorsteuerabzugs nach § 15 Abs. 4 a UStG.

Zu § 2 b UStG

UStG § 2 b Juristische Personen des öffentlichen Rechts

(1) [1]Vorbehaltlich des Absatzes 4 gelten juristische Personen des öffentlichen Rechts nicht als Unternehmer im Sinne des § 2, soweit sie Tätigkeiten ausüben, die ihnen im Rahmen der öffentlichen Gewalt obliegen, auch wenn sie im Zusammenhang mit diesen Tätigkeiten Zölle, Gebühren, Beiträge oder sonstige Abgaben erheben. [2]Satz 1 gilt nicht, sofern eine Behandlung als Nichtunternehmer zu größeren Wettbewerbsverzerrungen führen würde.

(2) Größere Wettbewerbsverzerrungen liegen insbesondere nicht vor, wenn

1. der von einer juristischen Person des öffentlichen Rechts im Kalenderjahr aus gleichartigen Tätigkeiten erzielte Umsatz voraussichtlich 17 500 Euro jeweils nicht übersteigen wird oder
2. vergleichbare, auf privatrechtlicher Grundlage erbrachte Leistungen ohne Recht auf Verzicht (§ 9) einer Steuerbefreiung unterliegen.

(3) Sofern eine Leistung an eine andere juristische Person des öffentlichen Rechts ausgeführt wird, liegen größere Wettbewerbsverzerrungen insbesondere nicht vor, wenn

1. die Leistungen aufgrund gesetzlicher Bestimmungen nur von juristischen Personen des öffentlichen Rechts erbracht werden dürfen oder
2. die Zusammenarbeit durch gemeinsame spezifische öffentliche Interessen bestimmt wird. Dies ist regelmäßig der Fall, wenn
   a) die Leistungen auf langfristigen öffentlich-rechtlichen Vereinbarungen beruhen,
   b) die Leistungen dem Erhalt der öffentlichen Infrastruktur und der Wahrnehmung einer allen Beteiligten obliegenden öffentlichen Aufgabe dienen,
   c) die Leistungen ausschließlich gegen Kostenerstattung erbracht werden und
   d) der Leistende gleichartige Leistungen im Wesentlichen an andere juristische Personen des öffentlichen Rechts erbringt.

(4) Auch wenn die Voraussetzungen des Absatzes 1 Satz 1 gegeben sind, gelten juristische Personen des öffentlichen Rechts bei Vorliegen der übrigen Voraussetzungen des § 2 Absatz 1 mit der Ausübung folgender Tätigkeiten stets als Unternehmer:

1. *weggefallen*
2. *weggefallen*
3. die Leistungen der Vermessungs- und Katasterbehörden bei der Wahrnehmung von Aufgaben der Landesvermessung und des Liegenschaftskatasters mit Ausnahme der Amtshilfe;
4. die Tätigkeit der Bundesanstalt für Landwirtschaft und Ernährung, soweit Aufgaben der Marktordnung, der Vorratshaltung und der Nahrungsmittelhilfe wahrgenommen werden;
5. Tätigkeiten, die in Anhang I der Richtlinie 2006/112/EG des Rates vom 28. November 2006 über das gemeinsame Mehrwertsteuersystem (ABl. L 347 vom 11. 12. 2006, S. 1) in der jeweils gültigen Fassung genannt sind, sofern der Umfang dieser Tätigkeiten nicht unbedeutend ist.

UStAE 2 b.1. Juristische Personen des öffentlichen Rechts (§ 2 b UStG)

(1) [1]Zur Anwendung des § 2b UStG vgl. BMF-Schreiben vom 16. Dezember 2016, BStBl I S. 1451. [2]Zu den Aufteilungsmethoden für die Inanspruchnahme des Vorsteuerabzugs bei unternehmerisch tätigen juristischen Personen des öffentlichen Rechts vgl. BMF-Schreiben vom 12.06.2024, BStBl I S. 1041.

(2) Zur Einstufung einer juristischen Person des privaten Rechts als sonstige Einrichtung des öffentlichen Rechts nach dem EuGH-Urteil vom 29. 10. 2015, C-174/14, Saudaçor, vgl. BMF-Schreiben vom 18. 9. 2019, BStBl I S. 921.

(3) Zur gesonderten Prüfung möglicher größerer Wettbewerbsverzerrungen bei § 2b Abs. 3 Nr. 2 UStG vgl. BMF-Schreiben vom 14. 11. 2019, BStBl I S. 1140.

(4) Die Kreishandwerkerschaften gelten mit der Ausübung der Geschäftsführung der Innungen hinsichtlich der Anwendung des § 2b UStG nicht als Unternehmer im Sinne des § 2 UStG.

(5) Die Überlassung unselbständiger Parkbuchten auf öffentlich-rechtlich gewidmeten Straßen gegen Gebühren (Parkscheinautomaten) ist als hoheitliche Tätigkeit zur Ordnung des ruhenden Verkehrs nach § 2b UStG nicht umsatzsteuerbar (zur Rechtslage nach § 2 Abs. 3 UStG vgl. Abschnitt 2.11 Abs. 12 Satz 2).

(6) [1]Die durch die Landwirtschaftskammern und andere juristische Personen des öffentlichen Rechts auf öffentlich-rechtlicher Grundlage durchgeführten nachhaltigen und entgeltlichen Tätigkeiten in Zusammenhang mit (Landes-)Weinprämierungen führen zu größeren Wettbewerbsverzerrungen im Sinne von § 2b Abs. 1 Satz 2 UStG. [2]Sie werden damit unternehmerisch ausgeübt.

(7) Die privatrechtliche Ausgestaltung der Leistung führt, auch in den Fällen des Anschluss- und Benutzungszwangs, dazu, dass kein Handeln im Rahmen der öffentlichen Gewalt im Sinne des § 2b Abs. 1 Satz 1 UStG vorliegt.

(8) [1]Für eine Anwendung des § 2b Abs. 3 Nummer 1 UStG müssen die gesetzlichen Grundlagen so gefasst sein, dass die von einer juristischen Person des öffentlichen Rechts benötigte Leistung ausschließlich von einer anderen juristischen Person des öffentlichen Rechts erbracht werden darf (vgl. dazu Rz. 41 des BMF-Schreibens vom 16. 12. 2016, BStBl I S. 1451). [2]Nicht ausreichend ist zum Beispiel die gesetzliche Regelung eines allgemein gehaltenen Kooperationsgebots, das im Nachgang durch untergesetzliche Regelungen, vertragliche Vereinbarungen oder die tatsächliche Verwaltungspraxis ausgefüllt wird.

(9) [1]Hoheitliche Hilfsgeschäfte, die der nichtunternehmerische Bereich einer juristischen Person des öffentlichen Rechts mit sich bringt, sind grundsätzlich nicht steuerbar. [2]Da große Hoheitsbereiche oftmals entsprechend viele Hilfsgeschäfte tätigen, führt auch deren große Anzahl grundsätzlich nicht zu einer nachhaltigen wirtschaftlichen Betätigung und damit zur Steuerbarkeit. [3]Dies kann jedoch ausnahmsweise der Fall sein, wenn das Auftreten der juristischen Person des öffentlichen Rechts am Markt wegen der Vielzahl ihrer Umsätze und des daraus resultierenden Handelns dem eines professionellen Händlers derart gleicht, dass eine Nichtsteuerbarkeit zu einer Wettbewerbsverzerrung führen würde. [4]Wegen weiterer Einzelheiten siehe Rz. 19 und 20 des BMF-Schreibens vom 16. 12. 2016, BStBl I S. 1451.

(10) Zur Behandlung der Konzessionsabgabe unter § 2b UStG vgl. BMF-Schreiben vom 5. 8. 2020, BStBl I S. 668.

(11) Zur Behandlung der Anwendungsfragen des § 2b UStG in Zusammenhang mit dem Friedhofs- und Bestattungswesen vgl. BMF-Schreiben vom 23. 11. 2020, BStBl I S. 1335.

Anmerkung

1. Neuregelung des § 2b UStG

Für Umsätze, die nach dem 31.12.2016 ausgeführt werden, bestimmt sich die Unternehmereigenschaft juristischer Personen des öffentlichen Rechts (jPdöR) nach § 2b UStG. Allerdings war ihnen noch eine Übergangsfrist von längstens vier Jahren eingeräumt worden, die mittlerweile dreimal um jeweils zwei Jahre verlängert worden ist (somit **derzeit bis 31.12.2026**). Im Mittelpunkt der Neuregelung steht die Frage, ob die Nichtbesteuerung einer Leistung zu einer größeren Wettbewerbsverzerrung führen würde, in diesem Fall müssten die Leistungen der Umsatzsteuer unterworfen werden – der Gesetzgeber hat dies typisierend geregelt. Im UStAE hat die Finanzverwaltung dazu keine Stellung genommen, sondern dies in separaten Schreiben geregelt.

1.1 Einführungsschreiben zu § 2b UStG

In einem **Einführungsschreiben** – BMF, v. 16.12.2016, BStBl I 2016, 1451 – hat die Finanzverwaltung zu den Grundsätzen der Anwendung des § 2b UStG Stellung genommen.

1.1.1 Grundsätze der Handlungen jPdöR

JPdöR sind insbesondere **Gebietskörperschaften**, öffentlich-rechtliche Religionsgemeinschaften, Innungen, Handwerkskammern, Industrie- und Handelskammern, staatliche Hochschulen und sonstige

Gebilde, die aufgrund öffentlichen Rechts eigene Rechtspersönlichkeiten besitzen, z. B. Rundfunkanstalten des öffentlichen Rechts oder Universitätsklinika in der Rechtsform von Anstalten des öffentlichen Rechts. Dies gilt für ausländische jPdöR analog.

Besonderheiten bestehen für die jPdöR dann, wenn sie **im Rahmen der öffentlichen Gewalt** tätig werden. Dies sind insbesondere Leistungen, bei denen die jPdöR auf Grundlage einer öffentlich-rechtlichen Sonderregelung tätig wird (Gesetz, Rechtsverordnung, Satzung, Staatsvertrag, verfassungsrechtlichen Verträgen, Verwaltungsabkommen o.ä.). In diesen Fällen liegt regelmäßig keine unternehmerische Betätigung vor. Erbringt eine jPdöR **Leistungen in privatrechtlicher Handlungsform** – unter gleichartigen rechtlichen Bedingungen wie private Wirtschaftsteilnehmer – unterliegen diese Leistungen den allgemeinen Regelungen der Umsatzsteuer (z. B. Betrieb eines Freibads durch eine Gemeinde).

Beim **Abschluss öffentlich-rechtlicher Verträge** handelt die jPdöR im Rahmen öffentlicher Gewalt. Ein Indiz für das Vorliegen eines öffentlich-rechtlichen Vertrags ist die Eröffnung des Verwaltungsrechtswegs. Ob eine Leistung dabei unter § 2b Abs. 1 UStG fällt, hängt von der zulässigerweise gewählten Handlungsform der entsprechenden Tätigkeit ab; das BMF geht davon aus, dass aufgrund des Grundsatzes der Rechtsmäßigkeit des Verwaltungshandelns grundsätzlich davon ausgegangen werden kann, dass die von der jPdöR gewählte Handlungsform auch die rechtlich zulässige ist. Soweit ein **Anschluss- oder Benutzungszwang** besteht, ist regelmäßig davon auszugehen, dass die jPdöR auf öffentlich-rechtlicher Grundlage tätig wird.

Hilfsgeschäfte nach Abschn. 2.7 Abs. 2 UStAE (z. B. Verkauf von Anlagegegenständen, Überlassung von Fahrzeugen zur privaten Nutzung an das Personal) werden zwar auf privatrechtlicher Grundlage ausgeführt, führen aber isoliert betrachtet nicht zu einer unternehmerischen Betätigung der jPdöR, wenn sie aus dem nichtunternehmerischen Bereich heraus ausgeführt werden.

1.1.2 Wettbewerbsverzerrung

Breiten Raum nehmen die Ausführungen der Finanzverwaltung zur Frage ein, wann eine **größere Wettbewerbsverzerrung** vorliegt – größere Wettbewerbsverzerrungen führen regelmäßig zu einer unternehmerischen Betätigung auch der jPdöR. Dabei ist zu unterscheiden, ob die jPdöR Leistungen nach § 2b Abs. 2 UStG allgemein am Markt ausführt oder Leistungen nach § 2b Abs. 3 UStG gegenüber anderen jPdöR zur Erfüllung öffentlicher Aufgaben erbringt.

Eine Wettbewerbsverzerrung kann nur dann vorliegen, wenn ein Wettbewerb besteht. Deshalb müssen **vergleichbare Leistungen** auch von privaten Unternehmern erbracht werden können. Vergleichbare Leistungen liegen dann vor, wenn sie aus der Sicht eines Durchschnittsverbrauchers dieselben Bedürfnisse befriedigen.

Für die Beurteilung einer Wettbewerbssituation ist nicht nur der gegenwärtige, sondern auch der **potenzielle Wettbewerb** zu berücksichtigen. Der potenzielle Wettbewerb muss aber real sein und darf sich nicht nur rein hypothetisch sein.

§ 2b Abs. 2 UStG definiert **typisierend**, wann eine größere Wettbewerbsverzerrung nicht vorliegt. Im Rahmen einer unwiderlegbaren Vermutung wird in § 2b Abs. 2 Nr. 1 UStG unterstellt, dass eine Nichtbesteuerung von gleichartigen Tätigkeiten bis zu einem Jahresumsatz von 17.500 € (hier ist noch nicht auf die neue Umsatzgrenze für die Kleinunternehmerbesteuerung von 22.000 € verwiesen worden; da es eine gesetzliche Regelung ist, kann hier nicht automatisch die für die Kleinunternehmerbesteuerung maßgebende „neue" Gesamtumsatzgrenze übernommen werden) nicht zu einer größeren Wettbewerbsverzerrung führt. Zur Berechnung der Umsatzgrenze ist auf die gesamte jPdöR abzustellen, allerdings jeweils auf die gleichartigen Tätigkeiten zu bezogen. Zur Beurteilung, ob „gleichartige Tätigkeiten" vorliegen, ist aus der Sicht des Durchschnittsverbrauchers zu beurteilen, ob sie dieselben Bedürfnisse befriedigen.

Die Umsatzgrenze von 17.500 € ist **kein Wahlrecht** für die jPdöR. Ob die Grenze überschritten wird oder nicht, ist anhand einer sachgerechten Prognose zu Beginn des Kalenderjahrs zu ermitteln. Wird entgegen der Prognose die Umsatzgrenze überschritten, führt dies rückwirkend nicht zu einer anderen Beurteilung. Bei Neuaufnahme einer Tätigkeit ist der voraussichtliche Umsatz des laufenden Kalenderjahrs nicht in einen fiktiven Gesamtjahresumsatz hochzurechnen.

Eine weitere Situation, in der per Gesetz keine größere Wettbewerbsverzerrung vorliegt, ist nach § 2b Abs. 2 Nr. 2 UStG dann gegeben, wenn **vergleichbare Leistungen privater Unternehmer** aufgrund einer Steuerbefreiung ebenfalls nicht mit Umsatzsteuer belastet sind. Dies gilt aber nicht bei Leistungen, für die nach § 9 Abs. 1 UStG grundsätzlich ein Verzicht auf die Steuerbefreiung möglich ist. Nach Auffassung der Finanzverwaltung soll dies aber unabhängig davon gelten, ob die jPdöR tatsächlich auf die Steuerbefreiung verzichtet oder ein Verzicht aufgrund der weiteren in § 9 Abs. 1 bis Abs. 3 UStG genannten Voraussetzungen im konkreten Einzelfall ausgeschlossen ist.

1.1.3 Beistandsleistungen

Zur Abmilderung der sich aus der Rechtsprechung des BFH (Urt. v. 10.11.2011 – V R 41/10, BStBl II 2017, 869) ergebenden Rechtsfolgen bei den sog. **Beistandsleistungen** ist nach § 2b Abs. 3 UStG unter bestimmten Voraussetzungen keine größere Wettbewerbsverzerrung bei **vertikaler wie horizontaler Zusammenarbeit** von jPdöR bei der Erfüllung öffentlicher Aufgaben anzunehmen. Dies ist insbesondere dann gegeben, wenn die jPdöR ihr vorbehaltene Aufgaben übernimmt, die nur von jPdöR ausgeführt werden können bzw. deren Erbringung privaten Wirtschaftsteilnehmern gesetzlich verwehrt ist, § 2b Abs. 3 Nr. 1 UStG. Darunter fallen aber auch Leistungen, die jPdöR aufgrund gesetzlicher Bestimmungen nur bei einer anderen jPdöR nachfragen darf. Für die Anwendung der Regelung ist es dabei nicht entscheidend, in welchem Bereich die empfangende jPdöR die bezogenen Leistungen verwendet.

Von der **Besteuerung ausgenommen** sind Leistungen, die in dem jeweiligen Bundesland oder in der Bundesrepublik Deutschland auf jPdöR beschränkt sind. Gesetzliche Bestimmungen sind dabei alle Gesetze und Rechtsverordnungen des Bundes- oder Landesrechts sowie die besondere Rechtssetzung der Kirchen, nicht jedoch Bestimmungen, die von einer mit Satzungsautonomie ausgestatteten jPdöR für ihren Bereich erlassen wurden (z. B. Sparkassensatzungen).

Eine Zusammenarbeit von jPdöR führt auch dann nicht zu größeren Wettbewerbsverzerrungen, wenn die Durchführung dieser **Zusammenarbeit durch spezifische öffentliche Interessen** bestimmt wird (vgl. auch BFH, Urt. v. 10.11.2011 – V R 41/10, BStBl II 2017, 869). Damit diese Voraussetzung erfüllt sein kann, müssen vier Bedingungen kumulativ erfüllt sein:

- Es muss eine **langfristige öffentlich-rechtliche Vereinbarung** vorliegen. Ob eine Vereinbarung langfristig ist, muss qualitativ geprüft werden und soll regelmäßig bei unbefristeten Vereinbarungen vorliegen. Bei befristeten Verträgen kann von Langfristigkeit ausgegangen werden, wenn sie für einen Zeitraum von mindestens fünf Jahren abgeschlossen werden.
- Die Leistung muss dem **Erhalt der öffentlichen Infrastruktur** und der Wahrnehmung einer allen Beteiligten obliegenden öffentlichen Aufgabe dienen. Die öffentliche Infrastruktur umfasst dabei alle Einrichtungen materieller und institutioneller Art, die für die Ausübung öffentlicher Gewalt notwendig sind. Eine gemeinsame Aufgabenerfüllung liegt auch dann vor, wenn eine Aufgabe in Gänze auf die leistende jPdöR übertragen wird. Leistungsvereinbarungen über lediglich verwaltungsunterstützende Hilfstätigkeiten (z. B. Gebäudereinigung) führen regelmäßig nicht zu einer Wahrnehmung einer allen Beteiligten obliegenden öffentlichen Aufgabe.
- Die Leistung wird ausschließlich gegen **Kostenerstattung** ausgeführt: Die Zahlung der leistungsempfangenden jPdöR darf nicht zu einem Finanztransfer führen, es dürfen nur die Kosten der leistungserbringenden jPdöR erstattet werden. Für die Ermittlung der Kosten sind sowohl die fixen als auch die variablen Kosten heranzuziehen. Bei einer sachgerechten Ermittlung der Kosten können auch Pauschalkostensätze (z. B. für die Personalkosten) anerkannt werden.
- **Gleichartige Leistungen** werden im Wesentlichen nur an jPdöR ausgeführt: Nach Auffassung der Finanzverwaltung werden die Leistungen im Wesentlichen an jPdöR ausgeführt, wenn in dem fraglichen Tätigkeitsbereich mehr als 80 % der Leistungen an andere jPdöR ausgeführt werden. Dabei ist der durchschnittliche Gesamtumsatz der gleichartigen Tätigkeiten der letzten drei Jahre heranzuziehen. Bei der Ermittlung des durchschnittlichen Gesamtumsatzes sind die im eigenen Hoheitsbereich erbrachten Innenleistungen nicht mit einzubeziehen.

1.1.4 Übergangsregelungen

Für die **Übergangsregelungen** des § 27 Abs. 22 UStG, nach der jPdöR noch für vier Jahre die bisherigen Regelungen des § 2 Abs. 3 UStG anwenden können, verweist das BMF auf das BMF-Schreiben v. 19.4.2016, BStBl I 2016, 481. Nach § 27 Abs. 22 a UStG ist diese Übergangsregelung aber 2020 noch um zwei Jahre (bis 31.12.2022) verlängert worden. Da aber offensichtlich jPdöR sich immer noch nicht ausreichend auf die Veränderungen eingestellt haben, wurde durch das Jahressteuergesetz 2022 in § 27 Abs. 22 a UStG eine **weitere Verlängerung** um zwei Jahre – **bis 31.12.2024** – geregelt; nach der weiteren Verlängerung durch das Jahressteuergesetz 2024 **nunmehr bis 31.12.2026**. Wenn eine jPdöR die Optionserklärung nach § 27 Abs. 22 UStG abgegeben hatte, kann sie später die Erklärung nicht nur mit Wirkung für die folgenden Kalenderjahre widerrufen, sondern es soll auch ein rückwirkender Widerruf zum Beginn eines auf 2016 folgenden Kalenderjahrs grundsätzlich möglich sein, soweit noch keine materielle Bestandskraft eingetreten ist.

Werden Leistungen bezogen, die nach den bisherigen Regelungen dem nichtunternehmerischen Bereich zuzuordnen sind und werden sie später (auch) für unternehmerische, den Vorsteuerabzug nicht ausschließende Zwecke verwendet, kann unter den weiteren Bedingungen der Vorschrift eine **Vorsteuerberichtigung** nach § 15 a UStG vorgenommen werden.

1.2 Ergänzung zur größeren Wettbewerbsverzerrung

Die Finanzverwaltung hat mit **Schreiben v. 14.11.2019**, BStBl I 2019, 1140 zur Frage der **größeren Wettbewerbsverzerrung** mitgeteilt, dass es sich bei § 2 b Abs. 3 Nr. 2 UStG um ein Regelbeispiel handelt. Wenn die dort genannten Voraussetzungen erfüllt sind, besteht die Vermutung, dass keine größere Wettbewerbsverzerrung zu Lasten privater Dritter vorliegt. Zur unionsrechtskonformen Anwendung ist es aber erforderlich, eine gesonderte Prüfung auf mögliche Wettbewerbsverzerrungen nach § 2 b Abs. 1 UStG vorzunehmen.

Dabei ist insbesondere zu prüfen, ob **private Unternehmer** potenziell in der Lage sind, vergleichbare Leistungen wie die öffentliche Hand zu erbringen. Ergibt sich unter Anwendung dieser Maßstäbe, dass die Nichtbesteuerung von Leistungen im Rahmen der Zusammenarbeit von juristischen Personen des öffentlichen Rechts zu größeren Wettbewerbsverzerrungen führen würde, ist die Regelvermutung des § 2 b Abs. 3 Nr. 2 UStG als widerlegt anzusehen.

Besonders weist die Finanzverwaltung darauf hin, dass bei Leistungsvereinbarungen über **verwaltungsunterstützende Hilfstätigkeiten** regelmäßig bereits die Voraussetzungen des § 2 b Abs. 3 Nr. 2 Satz 2 Buchst. b UStG nicht gegeben ist. Diese Leistungen erfüllen keine spezifisch öffentlichen Interessen, da sie ohne weiteres auch von privaten Unternehmern erbracht werden können. Im Rahmen der gesonderten Wettbewerbsprüfung nach § 2 b Abs. 1 Satz 2 UStG scheiden diese Leistungen auf jeden Fall aus der Nichtsteuerbarkeit aus. Zu diesen verwaltungsunterstützenden Hilfstätigkeiten gehören insbesondere Verträge, die auf Gebäudereinigung, Grünpflegearbeiten, Neubau- und Sanierungsmaßnahmen an Straßen und Gebäuden sowie auf unterstützende IT-Dienstleistungen beschränkt sind.

1.3 Vorsteuerabzug

Die Finanzverwaltung (BMF, Schreiben v. 12.6.2024, BStBl I 2024, 1041) hat in einem insgesamt 15 Seiten umfassenden Schreiben zu den einzelnen Schritten zur Prüfung des Vorsteuerabzugs und der Bestimmung des Vorsteuerabzugs der Höhe nach Stellung genommen. Für den Vorsteuerabzug sind dabei die folgenden Punkte zu prüfen:

– **Zuordnung von bezogenen Leistungen für das Unternehmen:** Die Finanzverwaltung verweist insoweit auf die allgemeinen Grundsätze zur Zuordnung von Leistungen zum Unternehmen, die auch schon in Abschn. 15.2b Abs. 2 und Abschn. 15.2c Abs. 2 UStAE dargelegt sind. Wird ein **einheitlicher Gegenstand** sowohl für unternehmerische als auch für hoheitliche (nichtwirtschaftliche Tätigkeiten) verwendet, kann die jPöR ihn nur insoweit dem Unternehmen zuordnen, wie er für die unternehmerischen Zwecke verwendet wird – Voraussetzung ist, dass eine **unternehmerische Verwendung** von **mindestens 10 %** vorliegt. Bei bezogenen sonstigen Leistungen oder aufteilbaren Gegenständen (z.B. eingekauften Betriebsstoffen oder Verbrauchsmaterialien) besteht grundsätzlich die Notwendigkeit der Aufteilung, wenn sie für unternehmerische und nichtunternehmerische Zwecke verwendet werden.

Hinweis: Vereinfachungsregelung beachten

Die Finanzverwaltung verweist ausdrücklich aber auch auf die Vereinfachungsregelung, dass in den Fällen der gemischten Verwendung einheitlicher Gegenstände auch eine vollständige Zuordnung zum nichtunternehmerischen Bereich erfolgen kann. In diesem Fall ist ein Vorsteuerabzug insgesamt ausgeschlossen. Ob dies eine attraktive Vereinfachungsregelung darstellt, muss die jPöR für sich beurteilen.

- **Aufteilung von Vorsteuerbeträgen:** Vorab stellt die Finanzverwaltung fest, dass bei jPöR regelmäßig eine Aufteilung der Vorsteuerbeträge nach dem Prinzip der wirtschaftlichen Zurechnung nur mit Schwierigkeiten möglich sein wird, ausgenommen sind nur abgrenzbare Teilbereiche mit einem kaufmännischen Rechnungswesen. Aufgrund der Schwierigkeiten können die jPöR unterschiedliche, **vereinfachende Aufteilungsmethoden** anwenden. Im Mittelpunkt steht dabei ein **Einnahmeschlüssel** für teilunternehmerisch verwendete Leistungsbezüge. Die Finanzverwaltung stellt dies auch an einem umfassenden Berechnungsbeispiel dar. Für **Grundstücke,** die auch teilweise für nichtwirtschaftliche Zwecke genutzt werden, ist zuerst zu prüfen, ob eine Vorsteueraufteilung nach einem üblichen, für Grundstücke regelmäßig anwendbaren Aufteilungsmaßstab (Abschn. 15.17 Abs. 5 ff. UStAE) vorgenommen werden kann; ist dies nicht möglich, kann der anteilige Vorsteuerabzug nach dem Einnahmeschlüssel vorgenommen werden. Eine weitere Möglichkeit besteht in einem **pauschalen Vorsteuersatz** für jPöR, die nur einen **geringen unternehmerischen Bereich** unterhalten. Beträgt der steuerbare und steuerpflichtige Umsatz im vorangegangenen Kalenderjahr **nicht mehr als 45.000 €,** kann der Vorsteuerabzug pauschal mit einem bestimmten Prozentsatz der angefallenen steuerpflichtigen Ausgangsumsätze (auch Umsätze aus der Veräußerung von ganz oder teilweise unternehmerisch verwendeten Gegenständen) ermittelt werden. Mit diesem pauschalen Vorsteuerabzug sind alle Vorsteuerbeträge abgegolten, eine Besteuerung unentgeltlicher Wertabgaben oder eine Vorsteuerberichtigung erfolgt nicht. Zum Ausgleich sind die Umsätze aus der Veräußerung von Gegenständen, die ganz oder teilweise für den unternehmerischen Bereich bezogen wurden, in vollem Umfang umsatzsteuerbar. An diese Vereinfachungsmethode ist die jPöR für mindestens fünf Kalenderjahre gebunden, soweit nicht die Umsatzgrenze von 45.000 € überschritten wird.

  Hinweis: Vereinfachungsregelung bei vorläufigem Aufteilungsschlüssel

  Im Zusammenhang mit der vereinfachten Aufteilung durch einen Einnahmeschlüssel hat die Fi-nanzverwaltung noch weitere Vereinfachungsregelungen getroffen. So kann unterjährig ein vorläufiger Aufteilungsschlüssel angewendet werden, der dann in der Jahreserklärung anzupassen ist. Grundsätzlich sind bei einer Änderung des Einnahmeschlüssels auch die Regelungen zu unentgeltlichen Wertabgaben sowie zur Vorsteuerberichtigung zu berücksichtigen, aus Vereinfachungsgründen können hier aber die Bagatellgrenzen des § 44 Abs. 1 und Abs. 2 UStDV angewendet werden.

  Ein Wechsel der Methoden zur Inanspruchnahme bzw. Aufteilung des Vorsteuerabzugs ist nur zum Beginn eines Kalenderjahrs zulässig. Die Entscheidung kann bis zum Eintritt der formellen Bestandskraft der Umsatzsteuer-Jahresfestsetzung getroffen werden.

- **Organisationseinheiten der Gebietskörperschaften Bund und Länder:** Bund und Länder können nach § 18 Abs. 4f und Abs. 4g UStG eine **dezentrale Besteuerung** von Organisationseinheiten vornehmen. Dabei sind nach § 18 Abs. 4f Satz 7 UStG Wahlrechte einheitlich auszuüben. Die Finanzverwaltung stellt in diesem Zusammenhang klar, dass die **Methoden zur Vorsteueraufteilung kein Wahlrecht i.S.d. Regelung darstellen,** da es sich weder um ein gesetzliches Wahlrecht handelt noch um eines, welches das gesamte Unternehmen in seiner Umsatzbesteuerung erfasst. Da trotz Organisationseinheiten immer noch ein einheitliches Unternehmen vorliegt, kommt es für die

Frage des Vorsteuerabzugs auf die **Verhältnisse in der gesamten Gebietskörperschaft** an. Bei **zentraler Beschaffung** ist durch organisatorische Maßnahmen sicherzustellen, dass der in Anspruch genommene Vorsteuerabzug den insgesamt zulässigen Anteil nicht übersteigt. Der Vorsteuerabzug der Höhe nach und eventuelle Anpassungen sind entweder nur durch die die leistungsbeziehende oder nur durch die insoweit verwendende Organisationseinheit geltend zu machen.

Hinweis: Auch Haushaltsschlüssel anwendbar

Es können anstelle des Einnahmeschlüssels auch Schlüssel für verschiedene Organisationseinheiten oder einzelne Einrichtungen angewendet werden, die auf den Haushaltsansätzen beruhen (Haushaltsschlüssel).

Die Grundsätze sind ab dem **Zeitpunkt** anzuwenden, ab dem die jPöR die Regelungen des § 2b UStG anwendet. Dies sollte spätestens ab dem 1.1.2027 der Fall sein, wenn nicht noch eine weitere Verlängerung der Übergangsregelungen erfolgt.

2. Juristische Personen des privaten Rechts als sonstige Einrichtung des öffentlichen Rechts

Der **EuGH** (Urt. v. 29.10.2015 – C-174/14, Saudaçor, UR 2015, 901), hatte sich in einem Fall mit einer privatrechtlich organisierten Gesellschaft beschäftigen müssen, die an eine Gebietskörperschaft gemäß Programm-Verträgen Dienstleistungen im Bereich der Planung und Verwaltung des regionalen Gesundheitsdienstes erbrachte. Zu prüfen war dabei vom EuGH, ob diese Tätigkeit als unternehmerische Betätigung der Umsatzsteuer unterfällt oder unter Anwendung des Art. 13 MwStSystRL nicht in den Anwendungsbereich der Umsatzsteuer fällt. Der EuGH hat in seiner Entscheidung festgestellt, dass die Leistungen nicht in den Anwendungsbereich der Umsatzsteuer fallen, wenn die Gesellschaft als Einrichtung des öffentlichen Rechts einzustufen ist und wenn sie die betreffende Tätigkeit im Rahmen der öffentlichen Gewalt ausübt. Darüber hinaus darf dies nicht zu größeren Wettbewerbsverzerrungen führen.

Auch der **BFH** (Beschl. v. 21.3.2018 – XI B 113/17, BFH/NV 2018, 739) hat unter Bezugnahme auf diese Entscheidungen die Frage als geklärt angesehen, unter welchen Bedingungen eine juristische Person des Privatrechts eine Einrichtung des öffentlichen Rechts sein kann. Soweit eine juristische Person des Privatrechts aufgrund eines Vertrags zwischen ihr und einer Gemeinde bestimmte öffentliche Aufgaben wahrnimmt, liegt unter den weiteren Bedingungen eine unternehmerische Tätigkeit vor.

Die **Finanzverwaltung** hat mit Schreiben v. 18.9.2019, BStBl I 2019, 921, zu den Urteilen von EuGH und BFH Stellung bezogen und grundsätzlich festgestellt, dass die Vorgaben des Art. 13 MwStSystRL durch die Neuregelung des § 2b UStG in deutsches Recht umgesetzt sind. Unter bestimmten Voraussetzungen kann sich eine juristische Person des privaten Rechts auf die Rechtsprechung des EuGH berufen und wie eine jPöR behandelt werden. Voraussetzungen dafür sind:

- die juristische Person ist eine Einrichtung des öffentlichen Rechts und
- die Vornahme der Tätigkeiten erfolgt im Rahmen der öffentlichen Gewalt.

Ausführlich nimmt die Finanzverwaltung dazu Stellung, unter welchen Bedingungen diese **Voraussetzungen** als erfüllt angesehen werden können. Eine juristische Person des Privatrechts kann nur dann als Einrichtung des öffentlichen Rechts angesehen werden, wenn sie in die öffentliche Verwaltung eingegliedert ist. Dazu müssen die folgenden Voraussetzungen erfüllt sein:

- Die juristische Person muss durch **Bundes- oder Landesgesetz** oder **Rechtsverordnung** errichtet worden sein. Die juristische Person muss hoheitliche Befugnisse innehaben und der Aufsicht einer jPöR unterstehen. In den gesetzlichen Grundlagen müssen die Eingliederung und die Wahrnehmung von öffentlichen Aufgaben geregelt sein. Einzelheiten können aber auch in anderen öffentlich-rechtlichen Regelungen bestimmt sein.
- Die juristische Person steht **zeitlich unbegrenzt** im Eigentum einer einzelnen jPöR. Es muss sich um eine **unmittelbare Beteiligung** handeln.
- Die Verträge zwischen der jPöR und der des privaten Rechts müssen ausschließlich dem öffentlichen Recht (**öffentlich-rechtliche Verträge**) zuzuordnen sein.

- Die juristische Person muss sich hinsichtlich ihrer Organisation und Arbeitsweise an den **gesetzlichen Vorgaben** für jPöR orientieren.
- Die juristische Person muss ganz überwiegend aus **Haushaltmitteln** der beteiligten jPöR finanziert werden.

Die Leistungen müssen im Wesentlichen – i. d. R. **zu mehr als 95 %** – an die jPöR erbracht werden.

Eine Tätigkeit im Rahmen der **öffentlichen Gewalt** liegt nach Auffassung der Finanzverwaltung vor, wenn sie im Rahmen der ihnen eigenen rechtlichen Regelungen ausgeübt werden. Tätigkeiten, die unter den gleichen rechtlichen Bedingungen ausgeübt werden, wie von privaten Wirtschaftsteilnehmern, gehören nicht dazu.

Die unternehmerischen Tätigkeiten müssen eng mit der **Ausübung hoheitlicher Befugnisse** im Zusammenhang stehen. Die Einrichtung muss sich der hoheitlichen Befugnisse gerade für die für die Umsatzsteuer relevante Tätigkeit bedienen.

Liegen die Voraussetzungen nach den dargestellten Bedingungen vor und beruft sich die Einrichtung auf die Rechtsprechung des EuGH, ist zu prüfen, ob durch eine Behandlung als Nichtunternehmer eine **größere Wettbewerbsverzerrung** i. S. d. § 2b UStG vorliegen könnte.

Nur wenn alle Voraussetzungen vorliegen und auch keine größere Wettbewerbsverzerrung vorliegt, kann die juristische Person des Privatrechts sich darauf berufen, mit ihren Leistungen nicht als Unternehmer und damit nicht steuerbar tätig zu sein. Ein Vorsteuerabzug für damit im Zusammenhang anfallende Eingangsleistungen ist dann ausgeschlossen.

3. Behandlung der Konzessionsabgabe

JPdöR sind immer dann unternehmerisch tätig, wenn sie nachhaltig Leistungen gegen Entgelt aufgrund eines privatrechtlichen Vertrags ausführen. Die Finanzverwaltung hat mit einem Schreiben v. 5.8.2020, BStBl I 2020, 669 klargestellt, dass dies auch für die **Einräumung eines Wegenutzungsrechts** durch Gemeinden gegen Zahlung einer Konzessionsabgabe im Rahmen eines privatrechtlichen Vertrags gilt. Auch § 46 EnWG führt hier zu keinem anderen Ergebnis, da öffentlich-rechtliche Rahmenbedingungen nicht verhindern können, dass Gemeinden wie ein „Privater" handeln können.

Verträge, durch die Gebietskörperschaften Versorgungsunternehmen das ausschließliche Recht einräumen, die Einwohner mit Strom, Gas oder Wasser zu versorgen, können unter den weiteren Voraussetzungen unter die **Steuerbefreiung nach § 4 Nr. 12 UStG** fallen.

4. Leistungen im Friedhofs- und Bestattungswesen

Mit der Neuregelung der unternehmerischen Betätigung von jPöR in § 2b UStG haben sich in der Praxis verschiedene Anwendungsfragen im Zusammenhang mit Friedhöfen in öffentlich-rechtlicher Trägerschaft ergeben, zu denen die Finanzverwaltung (BMF-Schreiben v. 23.11.2020, BStBl I 2020, 1335) umfassend Stellung genommen hat.

> **Hinweis: Prüfung der Wettbewerbsverzerrung**
>
> Soweit eine jPöR Leistungen gegen Entgelt ausführen, werden unternehmerische Leistungen im Leistungsaustausch ausgeführt. Werden Leistungen aufgrund einer öffentlich-rechtlichen Satzung in öffentlich-rechtlicher Handlungsform erbracht, muss geprüft werden, ob die Behandlung der jPöR zu größerer Wettbewerbsverzerrung (§ 2b Abs. 1 Satz 2 UStG) führen würde. Dazu müssen vergleichbare Leistungen auch von privaten Unternehmern erbracht werden können.

Grabnutzungsberechtigungen (auch Liegerechte, Recht zur Beisetzung eines Sarges oder einer Urne, Leichentuchbestattung), bei denen dem Berechtigten eine **Recht an einer räumlich abgrenzbaren Parzelle** unter **Ausschluss von Dritten** eingeräumt wird, stellt bei Leistung durch private Anbieter eine **steuerfreie Leistung** nach § 4 Nr. 12 Satz 1 Buchst. a UStG dar, bei der wegen Nichtunternehmereigenschaft des Leistungsempfängers auch keine Option nach § 9 Abs. 1 UStG in Frage kommen kann. Werden diese Leistungen von **jPöR** erbracht, liegt wegen § 2b Abs. 2 Nr. 2 i. V. m. Abs. 1 Satz 2 UStG **keine unternehmerische Betätigung** vor.

Wird **keine räumlich abgrenzbare Parzelle** überlassen, ist die Leistung bei Ausführung durch private Anbieter nicht steuerfrei, sodass die Leistungen, wenn sie durch jPöR ausgeführt werden, zu einer unternehmerischen Betätigung führen, wenn die Umsatzgrenze (Wettbewerbsgrenze von 17.500 €) des § 2 b Abs. 2 Nr. 1 UStG überschritten ist.

Unerheblich, ob in einer Friedhofssatzung dafür eine gesonderte Gebühr berechnet wird, sind die folgenden Leistungen **Nebenleistungen**, die das Schicksal der Hauptleistung teilen:

- Bestattungsleistungen (Ausheben und Verfüllen der Grabstelle, Absenken des Sargs, Entsorgung von Kränzen);
- Pflege und Instandhaltung der Friedhofsanlagen, die dem Friedhofsträger vorbehalten sind;
- allgemeine Grabpflegeleistungen, die sich der Friedhofsträger vorbehält (z. B. bei Gemeinschaftsgrabanlagen);
- Genehmigungsgebühren für Grabmale, Ausnahmegenehmigungen etc.;
- Erstellung der Graburkunde;
- Leichentransport innerhalb des Friedhofs.

Keine Nebenleistungen, sondern eigenständig zu beurteilende Leistungen sind individuelle Grabpflegeleistungen an abgrenzbaren Grabstellen sowie das Aufstellen von Grabsteinen oder das Setzen von Grabeinfassungen.

Die Finanzverwaltung nimmt weiterhin zu den folgenden Leistungen Stellung:

- **Aufbewahrung von Leichen** (in Kühlräumen, Kühlzellen) sowie **Nutzung von Feierhallen, Kapellen und Abschiedsräumen** sollen grundsätzlich jeweils eigenständige Leistungen sein. Zu diesen Leistungen ausgeführte Leistungen – Reinigung der Räumlichkeiten, Beleuchtung und Heizung, Bereitstellen von Tonanlagen, Überlassung von Einrichtungsgegenständen, hygienische Totenversorgung, Entsorgung – sind dann aber Nebenleistungen, die das Schicksal der Hauptleistung teilen. Da diese Leistungen regelmäßig ohne Optionsmöglichkeit steuerfrei sind, wenn sie durch private Unternehmer erbracht werden, stellen diese Leistungen für jPöR nichtunternehmerische Leistungen dar.
- Leistungen – insb. Bestattungsleistungen **– im Zusammenhang mit bereits bestehenden Grabstätten** (z. B. Umbettungen, Abräumen) sind regelmäßig selbstständige Leistungen, mit denen die jPdöR nicht in Konkurrenz zu privaten Wettbewerbern tritt, sodass diese Leistungen nicht unternehmerisch ausgeführt werden. Wenn diese Leistungen nach der Friedhofssatzung aber auch von privaten Unternehmern ausgeführt werden, beurteilt sich die Tätigkeit der jPöR anhand der Wettbewerbsgrenze von 17.500 €.
- Soweit der Betrieb nach landesrechtlichen Vorschriften auch durch private Anbieter erfolgen kann, erfolgt die Prüfung der unternehmerischen Betätigung nach den wettbewerbsrechtlichen Vorgaben.

Hinweis: Großzügige Nichtbeanstandungsregelungen

Die Finanzverwaltung **beanstandet es nicht**, wenn bei Verträgen, die noch unter der Anwendung von § 2 Abs. 3 UStG bzw. innerhalb der Übergangsregelung des § 27 Abs. 22 und Abs. 22 a UStG vor dem 1.1.2025 (Verlängerung der Frist bis zum 31.12.2024 erfolgte durch BMF-Schreiben v. 14.3.2023, BStBl I 2023, 626) abgeschlossen wurden und die unter Anwendung des § 2 b UStG steuerbar und steuerpflichtig wären, keine Nachversteuerung nach § 27 Abs. 1 UStG erfolgt. Soweit die jPöR § 2 b UStG anwenden, wird es für vor dem 1.1.2021 abgeschlossene Verträge über Grabnutzungsberechtigungen, Liegerechte bzw. das Recht zur Beisetzung ebenfalls nicht beanstandet, wenn keine Besteuerung erfolgt. Zur Verlängerung der Frist aufgrund der Verlängerung der allgemeinen Übergangsregelung nach § 27 Abs. 22a UStG bis 31.12.2026 hat sich die Finanzverwaltung noch nicht geäußert.

Die Finanzverwaltung hat diese Hinweise **nicht mit in den UStAE** aufgenommen, sondern verweist nur in Abschn. 2b.1 Abs. 11 UStAE auf dieses Schreiben.

5. Kurortgemeinden nur begrenzt unternehmerisch tätig

Der BFH (Beschl. v. 15.12.2021 – XI R 30/19, BFH/NV 2022, 782) hatte in einem Fall einer **Kurortgemeinde** den EuGH angerufen. In dem Sachverhalt geht es (vornehmlich) nicht um die Frage des Vorsteuerabzugs, sondern um die Frage, ob und unter welchen Bedingungen die Gemeinde **unternehmerisch (wirtschaftlich) tätig** ist.

Der EuGH musste sich mit der Frage der wirtschaftlichen Tätigkeit einer Kurortgemeinde auseinandersetzen, die Kureinrichtungen bereitstellte, die sowohl von „zahlenden Kurgästen" als auch von nicht kurtaxepflichtigen Personen genutzt werden konnten. Der EuGH (Urt. v. 13.7.2023 – C-344/22, Gemeinde A, UR 2023, 648) hat entschieden, dass kein steuerbarer Leistungsaustausch vorhanden ist, da kein wirtschaftlicher Zusammenhang zwischen einer Leistung und einer Zahlung vorliegt. In diesen Fällen ergibt sich kein Vorsteuerabzug für die Kurortgemeinde, sie muss aber auch keine Umsatzsteuer auf die Kurtaxe entrichten.

Wenn die Kurortgemeinde die Kuranlagen aber nur den kurtaxepflichtigen Personen zur Nutzung bereitstellt, kann dies anders sein und eine wirtschaftliche (unternehmerische) Tätigkeit der Kurortgemeinde begründen.

> **Hinweis: Leider keine Grundsatzaussagen zur Wettbewerbsverzerrung**
>
> Der BFH hatte den EuGH auch gefragt, ob unter den Umständen des Ausgangsverfahrens bei der Prüfung, ob die Behandlung der Gemeinde als Nicht-Steuerpflichtige zu „größeren Wettbewerbsverzerrungen" i. S. d. Art. 13 Abs. 1 Unterabs. 2 MwStSystRL führen würde, der räumlich relevante Markt nur das Gemeindegebiet ist. Da der EuGH aber schon die wirtschaftliche Tätigkeit in diesem Fall verneint hatte, kam es nicht zur Beantwortung dieser auch in anderen Fällen interessanten Frage.

6. Fragebögen zur Erfassung jPdöR

Bisher gab es keine bundeseinheitlichen **Fragebögen** zur umsatzsteuerrechtlichen Erfassung von jPdöR. Die Finanzverwaltung (BMF, Schreiben v. 28.7.2022, BStBl I 2022, 1262) hat verschiedene Fragebögen veröffentlicht, die **bundeseinheitlich** verwendet werden sollen. Die Fragebögen sind auszufüllen, wenn die jPdöR erstmals ab 1.1.2023 Umsätze zu erklären hat oder eine Umsatzsteuer-Identifikationsnummer beantragt, um am innergemeinschaftlichen Waren- bzw. Dienstleistungsverkehr teilzunehmen.

Vorgestellt wurden von der Finanzverwaltung zwei **Fragebögen**:

- **FsE jPöR**: Fragebogen zur umsatzsteuerlichen Erfassung von juristischen Personen des öffentlichen Rechts (jPöR).
- **FsE OE**: Fragebogen zur umsatzsteuerlichen Erfassung von Organisationseinheiten des Bundes und der Länder.

Dazu wurde noch eine **Ausfüllhilfe** (FsE jPöR Ausfüllhilfe) veröffentlicht.

> **Hinweis: Bildung von Organisationseinheiten**
>
> Durch das Jahressteuergesetz 2020 ist die Möglichkeit nach § 18 Abs. 4f UStG geschaffen worden, dass sog. Organisationseinheiten des Bundes und der Länder sämtliche umsatzsteuerrechtlichen Rechte und Pflichten übernehmen können. Damit kann eine dezentrale Besteuerung von (Unter-)Einheiten bei größeren juristischen Personen des öffentlichen Rechts erfolgen. Dies soll der Vereinfachung dienen. In diesen Fällen gelten aber die Bagatellgrenzen des Umsatzsteuerrechts (z. B.: Erwerbsschwelle nach § 1a Abs. 3 Nr. 2 UStG, Umsatzschwelle nach § 3c Abs. 4 UStG oder Kleinunternehmerbesteuerung nach § 19 UStG) für die Organisationseinheiten als überschritten.

7. Regelungen zu Organisationseinheiten

Durch das Jahressteuergesetz 2020 ist mit Wirkung zum 1.1.2021 die Möglichkeit der dezentralen Umsatzbesteuerung von Organisationseinheiten der Gebietskörperschaften von Bund und Ländern eingeführt worden (§ 18 Abs. 4f UStG) und durch Sondervorschriften für eine von den Vorschriften der AO abweichende Festlegung der örtlichen Zuständigkeit (§ 18 Abs. 4g UStG) in diesen Fällen flankiert worden.

In einem insgesamt 21 Seiten umfassenden Schreiben hat die Finanzverwaltung am 22.5.2023 zu dieser Möglichkeit Stellung genommen, dass nicht die gesamte juristische Person des öffentlichen Rechts, sondern einzelne Organisationseinheiten ein eigenständiges Besteuerungsverfahren durchführen können.

Hinweis: Keine Aufnahme in den UStAE

Die allgemeinen Hinweise aus dem BMF-Schreiben werden nicht in den UStAE aufgenommen. Es wird im UStAE nur auf das BMF-Schreiben verwiesen.

In dem **ersten Teil des Schreibens** werden ausführlich die Möglichkeiten der Bildung von Organisationseinheiten und der Bildung von untergeordneten Organisationseinheiten beschrieben. In dem **zweiten Teil des Schreibens** werden diverse Ergänzungen des UStAE vorgenommen. Diese beziehen sich im Wesentlichen auf die sich aus der dezentralen Besteuerung ergebenden Auswirkungen auf Wahlrechte und Vereinfachungsregelungen (Bagatellregelungen).

Insbesondere sind in diesem Fall für die einzelnen Organisationseinheiten zu beachten, dass die folgenden Bagatellgrenzen (Schwellenwerte) stets als überschritten gelten:

- Schwellenwert für **innergemeinschaftliche Erwerbe** für besondere Unternehmer nach § 1a Abs. 3 Nr. 2 UStG (Abschn. 1a.1 Abs. 4 UStAE),
- Umsatzschwelle für gleichartige Tätigkeiten, die **keine größeren Wettbewerbsverzerrungen** für juristische Personen des öffentlichen Rechts nach § 2b Abs. 2 Nr. 1 UStG auslösen,
- Umsatzschwelle bei Rundfunk- oder Fernsehdienstleistungen, Telekommunikationsdienstleitungen oder auf **elektronischem Weg erbrachten sonstigen Leistungen** (§ 3a Abs. 5 Satz 3 UStG; Abschn. 3a.9a Abs. 1 Satz 1 Nr. 1 Satz 7 UStAE) sowie bei den **innergemeinschaftlichen Fernverkäufen** (§ 3c Abs. 4 Satz 1 UStG; Abschn. 3c.1 Abs. 1 Satz 4 UStAE),
- Grenzwert für die monatliche **Abgabe von Umsatzsteuer-Voranmeldungen** (Abschn. 18.2 Abs. 6 UStAE) nach § 18 Abs. 2 Satz 2 UStG; Dauerfristverlängerungen können Organisationseinheiten aber jeweils auf Antrag gewährt bekommen,
- Grenzwert für die monatliche **Abgabe der Zusammenfassenden Meldungen** (Abschn. 18a.2 Abs. 1 UStAE) nach § 18a Abs. 1 Satz 2 UStG,
- Umsatzgrenze für **Kleinunternehmer** nach § 19 Abs. 1 UStG,
- Umsatzgrenze für die Gestattung der **Besteuerung nach vereinnahmten Entgelten** (Abschn. 20.1 Abs. 4 Satz 4 UStAE) nach § 20 Satz 1 Nr. 1 UStG (unter den weiteren Voraussetzungen kann die Organisationseinheit aber die Istbesteuerung nach § 20 Satz 1 Nr. 4 UStG beantragen) sowie
- Umsatzgrenze für die Anwendung der **Durchschnittssatzbesteuerung für land- und forstwirtschaftliche Betriebe** nach § 24 Abs. 1 Satz 1 UStG.

Hinweis: Kein Gegenbeweis möglich

Ein Beweis des Gegenteils (dass die Bagatellgrenzen nicht überschritten sind) soll grundsätzlich nicht möglich sein.

Darüber hinaus hat die Finanzverwaltung in diesem Zusammenhang weitere Klarstellungen im UStAE vorgenommen:

- Zur Anwendung der **Ortsbestimmung** bei der **Lieferung von Gas** über das Erdgasnetz wie auch bei der **Lieferung von Elektrizität** nach § 3g UStG gelten die Gebietskörperschaften Bund und Länder nicht als Wiederverkäufer.
- Zur **Anwendung des Reverse-Charge-Verfahrens** (Übertragung der Steuerschuldnerschaft auf den Leistungsempfänger nach § 13b UStG; Abschn. 13b.1 Abs. 3 UStAE) wird klargestellt, dass bei der

Ausführung von steuerpflichtigen Leistungen an Organisationseinheiten der Gebietskörperschaften Bund und Länder die Verhältnisse der jeweiligen Gebietskörperschaften maßgeblich sind.

Hinweis: Voraussetzungen gelten z. T. fiktiv als erfüllt

Bei den Sachverhalten, die dem Grunde nach unter § 13b UStG fallen geht die Finanzverwaltung davon aus, dass die Voraussetzungen des § 13b Abs. 1 und Abs. 2 Nr. 1, Nr. 2, Nr. 3, Nr. 5 Buchst. a, Nr. 6, Nr. 7, Nr. 9, Nr. 10, Nr. 11 i. V. m. Abs. 5 Satz 1 UStG stets als erfüllt anzusehen sind. Dagegen gelten die Voraussetzungen des § 13b Abs. 2 Nr. 4, Nr. 5 Buchst. b, Nr. 8 und Nr. 12 i. V. m. Abs. 5 Sätze 2 bis 6 UStG stets als nicht gegeben.

– Umsätze zwischen Organisationseinheiten derselben juristischen Person des öffentlichen Rechts sind **nicht steuerbare Innenumsätze**. Sollten für sie Abrechnungen mit gesondert ausgewiesener Umsatzsteuer ausgestellt werden, handelt es sich um unternehmensinterne Abrechnungen, aus denen Umsatzsteuer nicht nach § 14c Abs. 2 UStG geschuldet wird.

Hinweis: Hinweise zum Vorsteuerabzug ergehen gesondert

Zu Fragen des Vorsteuerabzugs und der Vorsteuerberichtigung wird sich die Finanzverwaltung für die Organisationseinheiten noch separat äußern.

Die Grundsätze können erstmals für Besteuerungszeiträume angewendet werden, die nicht der Erklärung nach § 27 Abs. 22 Satz 3 UStG unterliegen, frühestens aber **ab dem 1.1.2021**. Die juristischen Personen des öffentlichen Rechts konnten nach § 27 Abs. 22 UStG beantragen, dass die früheren Regelungen zur Unternehmereigenschaft nach § 2 Abs. 3 UStG nach bisher erfolgter dreimaliger Verlängerung (§ 27 Abs. 22a UStG) bis längstens 31.12.2026 angewendet werden. Soweit Leistungen bezogen werden, die erst nach Ablauf des Optionszeitraums erstmalig unternehmerisch verwendet werden, kann eine steuerliche Erfassung der betroffenen Organisationseinheit vor Ablauf des Optionszeitraums erfolgen.

Zu § 3 UStG

UStG § 3 Lieferung, sonstige Leistung

(1) Lieferungen eines Unternehmers sind Leistungen, durch die er oder in seinem Auftrag ein Dritter den Abnehmer oder in dessen Auftrag einen Dritten befähigt, im eigenen Namen über einen Gegenstand zu verfügen (Verschaffung der Verfügungsmacht).

(1 a) [1]Als Lieferung gegen Entgelt gilt das Verbringen eines Gegenstands des Unternehmens aus dem Inland in das übrige Gemeinschaftsgebiet durch einen Unternehmer zu seiner Verfügung, ausgenommen zu einer nur vorübergehenden Verwendung, auch wenn der Unternehmer den Gegenstand in das Inland eingeführt hat. [2]Der Unternehmer gilt als Lieferer. [3]Die Sätze 1 und 2 gelten nicht in den Fällen des § 6b.

(1 b) [1]Einer Lieferung gegen Entgelt werden gleichgestellt

1. die Entnahme eines Gegenstands durch einen Unternehmer aus seinem Unternehmen für Zwecke, die außerhalb des Unternehmens liegen;
2. die unentgeltliche Zuwendung eines Gegenstands durch einen Unternehmer an sein Personal für dessen privaten Bedarf, sofern keine Aufmerksamkeiten vorliegen;
3. jede andere unentgeltliche Zuwendung eines Gegenstands, ausgenommen Geschenke von geringem Wert und Warenmuster für Zwecke des Unternehmens.

[2]Voraussetzung ist, dass der Gegenstand oder seine Bestandteile zum vollen oder teilweisen Vorsteuerabzug berechtigt haben.

(2) *weggefallen*

(3) [1]Beim Kommissionsgeschäft (§ 383 des Handelsgesetzbuchs) liegt zwischen dem Kommittenten und dem Kommissionär eine Lieferung vor. [2]Bei der Verkaufskommission gilt der Kommissionär, bei der Einkaufskommission der Kommittent als Abnehmer.

(3 a) [1]Ein Unternehmer, der mittels seiner elektronischen Schnittstelle die Lieferung eines Gegenstands, dessen Beförderung oder Versendung im Gemeinschaftsgebiet beginnt und endet, durch einen nicht im Gemeinschaftsgebiet ansässigen Unternehmer an einen Empfänger nach § 3 a Absatz 5 Satz 1 unterstützt, wird behandelt, als ob er diesen Gegenstand für sein Unternehmen selbst erhalten und geliefert hätte. [2]Dies gilt auch in den Fällen, in denen der Unternehmer mittels seiner elektronischen Schnittstelle den Fernverkauf von aus dem Drittlandsgebiet eingeführten Gegenständen in Sendungen mit einem Sachwert von höchstens 150 Euro unterstützt. [3]Eine elektronische Schnittstelle im Sinne der Sätze 1 und 2 ist ein elektronischer Marktplatz, eine elektronische Plattform, ein elektronisches Portal oder Ähnliches. [4]Ein Fernverkauf im Sinne des Satzes 2 ist die Lieferung eines Gegenstands, der durch den Lieferer oder für dessen Rechnung aus dem Drittlandsgebiet an einen Erwerber in einem Mitgliedstaat befördert oder versendet wird, einschließlich jener Lieferung, an deren Beförderung oder Versendung der Lieferer indirekt beteiligt ist. [5]Erwerber im Sinne des Satzes 4 ist ein in § 3 a Absatz 5 Satz 1 bezeichneter Empfänger oder eine in § 1 a Absatz 3 Nummer 1 genannte Person, die weder die maßgebende Erwerbsschwelle überschreitet noch auf ihre Anwendung verzichtet; im Fall der Beendigung der Beförderung oder Versendung im Gebiet eines anderen Mitgliedstaates ist die von diesem Mitgliedstaat festgesetzte Erwerbsschwelle maßgebend. [6]Satz 2 gilt nicht für die Lieferung neuer Fahrzeuge und eines Gegenstandes, der mit oder ohne probeweise Inbetriebnahme durch den Lieferer oder für dessen Rechnung montiert oder installiert geliefert wird.

(4) [1]Hat der Unternehmer die Bearbeitung oder Verarbeitung eines fremden Gegenstands übernommen und verwendet er hierbei Stoffe, die er selbst beschafft, so ist die Leistung als Lieferung anzusehen (Werklieferung), wenn es sich bei den Stoffen nicht nur um Zutaten oder sonstige Nebensachen handelt. [2]Das gilt auch dann, wenn die Gegenstände mit dem Grund und Boden fest verbunden werden.

(5) [1]Hat ein Abnehmer dem Lieferer die Nebenerzeugnisse oder Abfälle, die bei der Bearbeitung oder Verarbeitung des ihm übergebenen Gegenstands entstehen, zurückzugeben, so beschränkt sich die Lieferung auf den Gehalt des Gegenstands an den Bestandteilen, die dem Abnehmer verbleiben. [2]Das gilt auch dann, wenn der Abnehmer an Stelle der bei der Bearbeitung oder Verarbeitung entstehenden Nebenerzeugnisse oder Abfälle Gegenstände gleicher Art zurückgibt, wie sie in seinem Unternehmen regelmäßig anfallen.

(5 a) Der Ort der Lieferung richtet sich vorbehaltlich der §§ 3 c, 3 e und 3 g nach den Absätzen 6 bis 8.

(6) [1]Wird der Gegenstand der Lieferung durch den Lieferer, den Abnehmer oder einen vom Lieferer oder vom Abnehmer beauftragten Dritten befördert oder versendet, gilt die Lieferung dort als ausgeführt, wo die Beförderung oder Versendung an den Abnehmer oder in dessen Auftrag an einen Dritten beginnt. [2]Befördern ist jede Fortbewegung eines Gegenstands. [3]Versenden liegt vor, wenn jemand die Beförderung durch einen selbständigen Beauftragten ausführen oder besorgen lässt. [4]Die Versendung beginnt mit der Übergabe des Gegenstands an den Beauftragten.

(6 a) [1]Schließen mehrere Unternehmer über denselben Gegenstand Liefergeschäfte ab und gelangt dieser Gegenstand bei der Beförderung oder Versendung unmittelbar vom ersten Unternehmer an den letzten Abnehmer (Reihengeschäft), so ist die Beförderung oder Versendung des Gegenstands nur einer der Lieferungen zuzuordnen. [2]Wird der Gegenstand der Lieferung dabei durch den ersten Unternehmer in der Reihe befördert oder versendet, ist die Beförderung oder Versendung seiner Lieferung zuzuordnen. [3]Wird der Gegenstand der Lieferung durch den letzten Abnehmer befördert oder versendet, ist die Beförderung oder Versendung der Lieferung an ihn zuzuordnen. [4]Wird der Gegenstand der Lieferung durch einen Abnehmer befördert oder versendet, der zugleich Lieferer ist (Zwischenhändler), ist die Beförderung oder Versendung der Lieferung an ihn zuzuordnen, es sei denn, er weist nach, dass er den Gegenstand als Lieferer befördert oder versendet hat. [5]Gelangt der Gegenstand der Lieferung aus dem Gebiet eines Mitgliedstaates in das Gebiet eines anderen Mitgliedstaates und verwendet der Zwischenhändler gegenüber dem leistenden Unternehmer bis zum Beginn der Beförderung oder Versendung eine Umsatzsteuer-Identifikationsnummer, die ihm vom Mitgliedstaat des Beginns der Beförderung oder Versendung erteilt wurde, ist die Beförderung oder Versendung seiner Lieferung zuzuordnen. [6]Gelangt der Gegenstand der Lieferung in das Drittlandsgebiet, ist von einem ausreichenden Nachweis nach Satz 4 auszugehen, wenn der Zwischenhändler gegenüber dem leistenden Unternehmer bis zum Beginn der Beförde-

rung oder Versendung eine Umsatzsteuer-Identifikationsnummer oder Steuernummer verwendet, die ihm vom Mitgliedstaat des Beginns der Beförderung oder Versendung erteilt wurde. [7]Gelangt der Gegenstand der Lieferung vom Drittlandsgebiet in das Gemeinschaftsgebiet, ist von einem ausreichenden Nachweis nach Satz 4 auszugehen, wenn der Gegenstand der Lieferung im Namen des Zwischenhändlers oder im Rahmen der indirekten Stellvertretung (Artikel 18 der Verordnung (EU) Nr. 952/2013 des Europäischen Parlaments und des Rates vom 9. Oktober 2013 zur Festlegung des Zollkodex der Union, ABl. L 269 vom 10. 10. 2013, S. 1) für seine Rechnung zum zoll- und steuerrechtlich freien Verkehr angemeldet wird.

(6 b) Wird ein Unternehmer gemäß Absatz 3 a behandelt, als ob er einen Gegenstand selbst erhalten und geliefert hätte, wird die Beförderung oder Versendung des Gegenstands der Lieferung durch diesen Unternehmer zugeschrieben.

(7) [1]Wird der Gegenstand der Lieferung nicht befördert oder versendet, wird die Lieferung dort ausgeführt, wo sich der Gegenstand zur Zeit der Verschaffung der Verfügungsmacht befindet. [2]In den Fällen der Absätze 6 a und 6 b gilt Folgendes:

1. Lieferungen, die der Beförderungs- oder Versendungslieferung vorangehen, gelten dort als ausgeführt, wo die Beförderung oder Versendung des Gegenstands beginnt.
2. Lieferungen, die der Beförderungs- oder Versendungslieferung folgen, gelten dort als ausgeführt, wo die Beförderung oder Versendung des Gegenstands endet.

(8) Gelangt der Gegenstand der Lieferung bei der Beförderung oder Versendung aus dem Drittlandsgebiet in das Inland, gilt der Ort der Lieferung dieses Gegenstands als im Inland gelegen, wenn der Lieferer oder sein Beauftragter Schuldner der Einfuhrumsatzsteuer ist.

(8 a) *weggefallen*

(9) [1]Sonstige Leistungen sind Leistungen, die keine Lieferungen sind. [2]Sie können auch in einem Unterlassen oder im Dulden einer Handlung oder eines Zustands bestehen.

(9 a) Einer sonstigen Leistung gegen Entgelt werden gleichgestellt

1. die Verwendung eines dem Unternehmen zugeordneten Gegenstands, der zum vollen oder teilweisen Vorsteuerabzug berechtigt hat, durch einen Unternehmer für Zwecke, die außerhalb des Unternehmens liegen, oder für den privaten Bedarf seines Personals, sofern keine Aufmerksamkeiten vorliegen; dies gilt nicht, wenn der Vorsteuerabzug nach § 15 Absatz 1 b ausgeschlossen oder wenn eine Vorsteuerberichtigung nach § 15 a Absatz 6 a durchzuführen ist;
2. die unentgeltliche Erbringung einer anderen sonstigen Leistung durch den Unternehmer für Zwecke, die außerhalb des Unternehmens liegen, oder für den privaten Bedarf seines Personals, sofern keine Aufmerksamkeiten vorliegen.

(10) Überlässt ein Unternehmer einem Auftraggeber, der ihm einen Stoff zur Herstellung eines Gegenstands übergeben hat, an Stelle des herzustellenden Gegenstands einen gleichartigen Gegenstand, wie er ihn in seinem Unternehmen aus solchem Stoff herzustellen pflegt, so gilt die Leistung des Unternehmers als Werkleistung, wenn das Entgelt für die Leistung nach Art eines Werklohns unabhängig vom Unterschied zwischen dem Marktpreis des empfangenen Stoffs und dem des überlassenen Gegenstands berechnet wird.

(11) Wird ein Unternehmer in die Erbringung einer sonstigen Leistung eingeschaltet und handelt er dabei im eigenen Namen, jedoch für fremde Rechnung, gilt diese Leistung als an ihn und von ihm erbracht.

(11 a) [1]Wird ein Unternehmer in die Erbringung einer sonstigen Leistung, die über ein Telekommunikationsnetz, eine Schnittstelle oder ein Portal erbracht wird, eingeschaltet, gilt er im Sinne von Absatz 11 als im eigenen Namen und für fremde Rechnung handelnd. [2]Dies gilt nicht, wenn der Anbieter dieser sonstigen Leistung von dem Unternehmer als Leistungserbringer ausdrücklich benannt wird und dies in den vertraglichen Vereinbarungen zwischen den Parteien zum Ausdruck kommt. [3]Diese Bedingung ist erfüllt, wenn

1. in den von jedem an der Erbringung beteiligten Unternehmer ausgestellten oder verfügbar gemachten Rechnungen die sonstige Leistung im Sinne des Satzes 2 und der Erbringer dieser Leistung angegeben sind;
2. in den dem Leistungsempfänger ausgestellten oder verfügbar gemachten Rechnungen die sonstige Leistung im Sinne des Satzes 2 und der Erbringer dieser Leistung angegeben sind.

[4]Die Sätze 2 und 3 finden keine Anwendung, wenn der Unternehmer hinsichtlich der Erbringung der sonstigen Leistung im Sinne des Satzes 2

1. die Abrechnung gegenüber dem Leistungsempfänger autorisiert,
2. die Erbringung der sonstigen Leistung genehmigt oder
3. die allgemeinen Bedingungen der Leistungserbringung festlegt.

[5]Die Sätze 1 bis 4 gelten nicht, wenn der Unternehmer lediglich Zahlungen in Bezug auf die erbrachte sonstige Leistung im Sinne des Satzes 2 abwickelt und nicht an der Erbringung dieser sonstigen Leistung beteiligt ist.

(12) [1]Ein Tausch liegt vor, wenn das Entgelt für eine Lieferung in einer Lieferung besteht. [2]Ein tauschähnlicher Umsatz liegt vor, wenn das Entgelt für eine sonstige Leistung in einer Lieferung oder sonstigen Leistung besteht.

(13) [1]Ein Gutschein (Einzweck- oder Mehrzweck-Gutschein) ist ein Instrument, bei dem

1. die Verpflichtung besteht, es als vollständige oder teilweise Gegenleistung für eine Lieferung oder sonstige Leistung anzunehmen und
2. der Liefergegenstand oder die sonstige Leistung oder die Identität des leistenden Unternehmers entweder auf dem Instrument selbst oder in damit zusammenhängenden Unterlagen, einschließlich der Bedingungen für die Nutzung dieses Instruments, angegeben sind.

[2]Instrumente, die lediglich zu einem Preisnachlass berechtigen, sind keine Gutscheine im Sinne des Satzes 1.

(14) [1]Ein Gutschein im Sinne des Absatzes 13, bei dem der Ort der Lieferung oder der sonstigen Leistung, auf die sich der Gutschein bezieht, und die für diese Umsätze geschuldete Steuer zum Zeitpunkt der Ausstellung des Gutscheins feststehen, ist ein Einzweck-Gutschein. [2]Überträgt ein Unternehmer einen Einzweck-Gutschein im eigenen Namen, gilt die Übertragung des Gutscheins als die Lieferung des Gegenstands oder die Erbringung der sonstigen Leistung, auf die sich der Gutschein bezieht. [3]Überträgt ein Unternehmer einen Einzweck-Gutschein im Namen eines anderen Unternehmers, gilt diese Übertragung als Lieferung des Gegenstands oder Erbringung der sonstigen Leistung, auf die sich der Gutschein bezieht, durch den Unternehmer, in dessen Namen die Übertragung des Gutscheins erfolgt. [4]Wird die im Einzweck-Gutschein bezeichnete Leistung von einem anderen Unternehmer erbracht als dem, der den Gutschein im eigenen Namen ausgestellt hat, wird der leistende Unternehmer so behandelt, als habe er die im Gutschein bezeichnete Leistung an den Aussteller erbracht. [5]Die tatsächliche Lieferung oder die tatsächliche Erbringung der sonstigen Leistung, für die ein Einzweck-Gutschein als Gegenleistung angenommen wird, gilt in den Fällen der Sätze 2 bis 4 nicht als unabhängiger Umsatz.

(15) [1]Ein Gutschein im Sinne des Absatzes 13, bei dem es sich nicht um einen Einzweck-Gutschein handelt, ist ein Mehrzweck-Gutschein. [2]Die tatsächliche Lieferung oder die tatsächliche Erbringung der sonstigen Leistung, für die der leistende Unternehmer einen Mehrzweck-Gutschein als vollständige oder teilweise Gegenleistung annimmt, unterliegt der Umsatzsteuer nach § 1 Absatz 1, wohingegen jede vorangegangene Übertragung dieses Mehrzweck-Gutscheins nicht der Umsatzsteuer unterliegt.

UStAE 3.1. Lieferungen und sonstige Leistungen

Lieferungen

(1) [1]Eine Lieferung liegt vor, wenn die Verfügungsmacht an einem Gegenstand verschafft wird. [2]Gegenstände im Sinne des § 3 Abs. 1 UStG sind körperliche Gegenstände (Sachen nach § 90 BGB, Tiere nach § 90a BGB), Sachgesamtheiten und solche Wirtschaftsgüter, die im Wirtschaftsverkehr wie körperliche Sachen behandelt werden, z. B. Elektrizität, Wärme und Wasserkraft; zur Übertragung von Gesellschaftsanteilen vgl. Abschnitt 3.5 Abs. 8. [3]Eine Sachgesamtheit stellt die Zusammenfassung mehrerer selbständiger Gegenstände zu einem einheitlichen Ganzen dar, das wirtschaftlich als ein anderes Verkehrsgut angesehen wird als die Summe der einzelnen Gegenstände (vgl. BFH-Urteil vom 25. 1. 1968, V 161/64, BStBl II S. 331). [4]Die gleichzeitige Anschaffung einer Photovoltaikanlage und eines Stromspeichers in einem einheitlichen (Werk-)Vertrag stellt eine Sachgesamtheit dar. [5]Ungetrennte Bodenerzeugnisse, z. B. stehende Ernte, sowie Rebanlagen können selbständig nutzungsfähiger und gegenüber dem Grund und Boden eigenständiger Liefergegenstand sein (vgl. BFH-Urteil vom 8. 11. 1995, XI R 63/94, BStBl 1996 II

S. 114). [6]Rechte sind dagegen keine Gegenstände, die im Rahmen einer Lieferung übertragen werden können; die Übertragung von Rechten stellt eine sonstige Leistung dar (vgl. BFH-Urteil vom 16. 7. 1970, V R 95/66, BStBl II S. 706).

(2) [1]Die Verschaffung der Verfügungsmacht beinhaltet den von den Beteiligten endgültig gewollten Übergang von wirtschaftlicher Substanz, Wert und Ertrag eines Gegenstands vom Leistenden auf den Leistungsempfänger (vgl. BFH-Urteile vom 18. 11. 1999, V R 13/99, BStBl 2000 II S. 153, und vom 16. 3. 2000, V R 44/99, BStBl II S. 361). [2]Der Abnehmer muss faktisch in der Lage sein, mit dem Gegenstand nach Belieben zu verfahren, insbesondere ihn wie ein Eigentümer zu nutzen und veräußern zu können (vgl. BFH-Urteil vom 12. 5. 1993, XI R 56/90, BStBl II S. 847). [3]Die Übertragung dieser Befugnis verlangt weder, dass der Leistungsempfänger physisch über den Gegenstand verfügt, noch, dass der Gegenstand physisch zu ihm befördert und/oder physisch von ihm empfangen wird (vgl. EuGH-Urteil vom 20. 6. 2018, C-108/17, Enteco Baltic). [4]Keine Lieferung, sondern eine sonstige Leistung ist danach die entgeltlich eingeräumte Bereitschaft zur Verschaffung der Verfügungsmacht (vgl. BFH-Urteil vom 25. 10. 1990, V R 20/85, BStBl 1991 II S. 193). [5]Die Verschaffung der Verfügungsmacht ist ein Vorgang vorwiegend tatsächlicher Natur, der in der Regel mit dem bürgerlich-rechtlichen Eigentumsübergang verbunden ist, aber nicht notwendigerweise verbunden sein muss (vgl. BFH-Urteil vom 16. 4. 2008, XI R 56/06, BStBl II S. 909, und EuGH-Urteil vom 18. 7. 2013, C-78/12, Evita-K). [6]Zu Ausnahmefällen, in denen der Lieferer zivilrechtlich nicht Eigentümer des Liefergegenstands ist und darüber hinaus beabsichtigt, den gelieferten Gegenstand vertragswidrig nochmals an einen anderen Erwerber zu liefern, vgl. BFH-Urteil vom 8. 9. 2011, V R 43/10, BStBl 2014 II S. 203.

(3) [1]An einem zur Sicherheit übereigneten Gegenstand wird durch die Übertragung des Eigentums noch keine Verfügungsmacht verschafft. [2]Entsprechendes gilt bei der rechtsgeschäftlichen Verpfändung eines Gegenstands (vgl. BFH-Urteil vom 16. 4. 1997, XI R 87/96, BStBl II S. 585). [3]Zur Verwertung von Sicherungsgut vgl. Abschnitt 1.2. [4]Dagegen liegt eine Lieferung vor, wenn ein Gegenstand unter Eigentumsvorbehalt verkauft und übergeben wird. [5]Bei einem Kauf auf Probe (§ 454 BGB) wird die Verfügungsmacht erst nach Billigung des Angebots durch den Empfänger verschafft (vgl. BFH-Urteil vom 6. 12. 2007, V R 24/05, BStBl 2009 II S. 490, Abschnitt 13.1 Abs. 6 Sätze 1 und 2). [6]Dagegen wird bei einem Kauf mit Rückgaberecht die Verfügungsmacht mit der Zusendung der Ware verschafft (vgl. Abschnitt 13.1 Abs. 6 Satz 3). [7]Beim Kommissionsgeschäft (§ 3 Abs. 3 UStG) liegt eine Lieferung des Kommittenten an den Kommissionär erst im Zeitpunkt der Lieferung des Kommissionsguts an den Abnehmer vor (vgl. BFH-Urteil vom 25. 11. 1986, V R 102/78, BStBl 1987 II S. 278). [8]Gelangt das Kommissionsgut bei der Zurverfügungstellung an den Kommissionär im Wege des innergemeinschaftlichen Verbringens vom Ausgangs- in den Bestimmungsmitgliedstaat, kann die Lieferung jedoch nach dem Sinn und Zweck der Regelung bereits zu diesem Zeitpunkt als erbracht angesehen werden (vgl. Abschnitt 1a.2 Abs. 7).

Sonstige Leistungen

(4) [1]Sonstige Leistungen sind Leistungen, die keine Lieferungen sind (§ 3 Abs. 9 Satz 1 UStG). [2]Als sonstige Leistungen kommen insbesondere in Betracht: Dienstleistungen, Gebrauchs- und Nutzungsüberlassungen – z.B. Vermietung, Verpachtung, Darlehensgewährung, Einräumung eines Nießbrauchs, Einräumung, Übertragung und Wahrnehmung von Patenten, Urheberrechten, Markenzeichenrechten und ähnlichen Rechten –, Reiseleistungen im Sinne des § 25 Abs. 1 UStG, Übertragung immaterieller Wirtschaftsgüter wie z.B. Firmenwert, Kundenstamm oder Lebensrückversicherungsverträge (vgl. EuGH-Urteil vom 22. 10. 2009, C-242/08, Swiss Re Germany Holding, BStBl 2011 II S. 559), der Verzicht auf die Ausübung einer Tätigkeit (vgl. BFH-Urteile vom 6. 5. 2004, V R 40/02, BStBl 2004 II S. 854, vom 7. 7. 2005, V R 34/03, BStBl 2007 II S. 66, und vom 24. 8. 2006, V R 19/05, BStBl 2007 II S. 187) oder die entgeltliche Unterlassung von Wettbewerb (vgl. BFH-Urteil vom 13. 11. 2003, V R 59/02, BStBl 2004 II S. 472). [3]Die Bestellung eines Nießbrauchs oder eines Erbbaurechts ist eine Duldungsleistung in der Form der Dauerleistung im Sinne von § 3 Abs. 9 Satz 2 UStG (vgl. BFH-Urteil vom 20. 4. 1988, X R 4/80, BStBl II S. 744). [4]Zur Behandlung des sog. Quotennießbrauchs vgl. BFH-Urteil vom 28. 2. 1991, V R 12/85, BStBl II S. 649.

(5) Zur Abgrenzung zwischen Lieferungen und sonstigen Leistungen vgl. Abschnitt 3.5.

Anmerkung

1. Allgemeines

Lieferung und sonstige Leistung stellen die beiden Grundtypen der Leistungsaustauschprozesse im Umsatzsteuerrecht dar. Die Finanzverwaltung gibt in diesem Abschnitt die Abgrenzung dieser beiden Tatbestände für steuerbare Leistungen wieder, die sich in der Rechtsprechung entwickelt haben.

2. Entwicklung

§ 3 UStG und damit auch die Abschn. 3.1 ff. UStAE haben, nachdem in den Jahren davor relativ wenige gesetzliche Änderungen vorgenommen wurden, in den letzten Jahren erhebliche Veränderungen erfahren.

2.1 Aufhebung § 3 Abs. 9 Satz 3 UStG

Bis zum 31.12.2018 bestimmte § 3 Abs. 9 Satz 3 UStG, dass in den Fällen des § 27 und des § 54 UrhG die **Verwertungsgesellschaften** und die Urheber sonstige Leistungen ausführen. Die Regelung war zum 1.1.1993 in das nationale Umsatzsteuerrecht eingeführt worden. Die Regelung konkretisierte die Duldung i. S. d. § 3 Abs. 9 Satz 2 UStG. Zum **1.1.2019 ist § 3 Abs. 9 Satz 3 UStG** wieder **ersatzlos gestrichen** worden.

Mit der Regelung des § 3 Abs. 9 Satz 3 UStG wurde sowohl eine Leistung zwischen dem Mieter/Nutzer und der Verwertungsgesellschaft als auch zwischen der Verwertungsgesellschaft und dem Urheber fingiert. Nachdem der **EuGH** (Urt. v. 18.1.2017 – C-37/16, SAWP, BFH/NV 2017, 558) in einem polnischen Verfahren eine Leistungsbeziehung verneint und entschieden hatte, dass gesetzlich festgelegte Abgaben auf urheberrechtlich geschützte Werke, die Hersteller und Importeure solcher Geräte entrichten, nicht der Umsatzsteuer unterliegen, weil die Inhaber der Vervielfältigungsrechte insoweit keine Dienstleistung i. S. d. MwStSystRL erbringen, wurde die nationale Regelung als nicht mit dem Unionsrecht vereinbar zum 31.12.2018 aufgehoben.

Nach der Gesetzesbegründung sind in § 54 UrhG vergleichbare Vergütungen geregelt, wie dies in dem Verfahren beim EuGH der Fall war. Auch hier haben Urheber einen Vergütungsanspruch gegen Hersteller und Importeure bestimmter Vervielfältigungsgeräte. Die Grundsätze des Urteils sind daher nach der Gesetzesbegründung auf das nationale Recht übertragbar. Gleiches gilt danach für § 27 UrhG, der eine entsprechende Vergütung für Urheber vorsieht, deren Werke durch eine der Öffentlichkeit zugängliche Einrichtung verliehen werden.

> **Hinweis: Verwaltungsmeinung zur Verlegerbeteiligung beachten**
>
> Zur umsatzsteuerrechtlichen Beurteilung des Verlegeranteils an den Einnahmen aus gesetzlichen Vergütungsansprüchen nach § 27 sowie §§ 54, 54 a und 54 c UrhG sowie aus urheberrechtlichen Nutzungsrechten vgl. BMF, Schreiben v. 14.10.2021, BStBl I 2021, 2133.

2.2 Umsetzung der Gutscheinrichtlinie der EU

Zum 1.1.2019 sind in § 3 Abs. 13 bis Abs. 15 UStG die wesentlichen Inhalte der Regelungen der **Gutscheinrichtlinie der EU** umgesetzt worden. Die Finanzverwaltung hat mit Schreiben v. 2.11.2020 ausführlich zu diesen Regelungen Stellung genommen und einen neuen **Abschn. 3.17 UStAE** aufgenommen. Zu den Einzelheiten vgl. Anmerkungen zu Abschn. 3.17 UStAE.

2.3 Reihengeschäfte

Zum 1.1.2020 sind die Regelungen zu den **Reihengeschäften** im Rahmen der sog. **Quick Fixes** im nationalen Recht umgesetzt worden. Dies führte zur Aufhebung des § 3 Abs. 6 Satz 5 und Satz 6 UStG sowie zum neuen § 3 Abs. 6a UStG sowie einer Änderung in der Verweisvorschrift des § 3 Abs. 7 Satz 2 UStG. Die Finanzverwaltung hat im April 2023 (BMF-Schreiben v. 25.4.2023, BStBl I 2023, 778) zu den neuen Grundsätzen Stellung genommen und Abschn. 3.14 UStAE umfassend überarbeitet. Zu den Einzelheiten vgl. Anmerkungen zu Abschn. 3.14 UStAE.

2.4 Innergemeinschaftliches Verbringen

Im Zusammenhang mit dem fiktiven Liefertatbestand des innergemeinschaftlichen Verbringens ist aufgrund der durch die Quick Fixes zum 1.1.2020 eingeführten Regelungen zum Konsignationslager in § 3 Abs. 1a Satz 3 UStG klargestellt worden, dass ein solches innergemeinschaftliches Verbringen nicht vorliegt, wenn die Ware im Zusammenhang mit einem Konsignationslager verbracht wird.

2.5 Unentgeltliche Wertabgaben

Da zum 18.12.2019 die Regelungen für den **Ort unentgeltlicher Wertabgaben** aus unionsrechtlichen Gründen ersatzlos gestrichen wurden (vgl. dazu Anmerkung zu Abschn. 3f.1 UStAE), sind auch in § 3 UStG die jeweiligen Verweise auf diese Rechtsnorm entfernt worden.

2.6 Fiktives Reihengeschäft (seit 1.7.2021)

Im Rahmen des sog. **Mehrwertsteuer Digitalpakets** ist zum 1.7.2021 eine **fiktive Reihengeschäftsregelung** (§ 3 Abs. 3a i. V. m. Abs. 7 Satz 2 UStG in der seit dem 1.7.2021 gültigen Fassung) eingeführt worden, wenn die Lieferung der Ware von einem Unternehmer über eine elektronische Schnittstelle unterstützt wird.

> **Hinweis: Abwicklung setzt Einschaltung einer elektronischen Schnittstelle voraus**
>
> Eine elektronische Schnittstelle ist ein elektronischer Marktplatz, eine elektronische Plattform, ein elektronisches Portal o.ä.

Ist der **liefernde Unternehmer ein Drittlandsunternehmer** oder **gelangt die Ware aus dem Drittlandsgebiet** (hier bei einem Warenwert von bis zu 150 €), wird der Unternehmer, der die elektronische Schnittstelle unterhält, so behandelt, als wenn er die Ware selbst erhalten und geliefert hätte. In diesen Fällen bestimmt der neue § 3 Abs. 6b UStG, dass die Lieferung des Portalbetreibers die Beförderungs- oder Versendungslieferung ist, deren Ort sich dann grundsätzlich nach § 3 Abs. 6 UStG bestimmt und dort ausgeführt ist, wo die Warenbewegung beginnt. Die (vorgeschaltete) ruhende Lieferung bestimmt sich dann nach § 3 Abs. 7 Satz 2 UStG. Wenn die Ware vom Portalbetreiber im Gemeinschaftsgebiet weitergeliefert wird, ist aber die Lieferung des vorangehenden Unternehmers nach § 4 Nr. 4c UStG steuerfrei, schließt aber den Vorsteuerabzug einer eventuell vorgelagerten EUSt nicht aus.

> **Beispiel: Lieferung über Portalbetreiber (seit 1.7.2021)**
>
> Über die Plattform des Portalbetreiber P aus Deutschland wird eine in Deutschland in einem Lager befindliche Ware des taiwanesischen Unternehmers T an einen Nichtunternehmer in Deutschland verkauft (P handelt zivilrechtlich in fremden Namen und für fremde Rechnung). Obwohl P nur Vermittler ist, wird er so behandelt, als wenn er die Ware liefern würde, § 3 Abs. 3a Satz 1 UStG. P führt damit gegenüber dem Kunden eine in Deutschland steuerbare und steuerpflichtige Lieferung aus, für die er die Umsatzsteuer in Deutschland schuldet. T führt ebenfalls eine Lieferung an P aus, die nach § 3 Abs. 7 Satz 2 Nr. 1 UStG in Deutschland steuerbar ist, die Lieferung ist aber nach § 4 Nr. 4c UStG von der Umsatzsteuer befreit. Mit dieser Regelung soll das Steueraufkommen in der EU sichergestellt werden.

Die Finanzverwaltung hat ausführlich in einem **neuen Abschn. 3.18 UStAE** zu den seit dem 1.7.2021 geltenden Neuregelungen Stellung genommen (BMF, Schreiben v. 1.4.2021, BStBl I 2021, 629).

2.7 Klarstellung zur Lieferung

Unter Bezugnahme auf die Rechtsprechung des EuGH (Urt. v. 20.6.2018 – C-108/17, Enteco Baltic, UR 2018, 635) hat die Finanzverwaltung zur **Ausführung der Lieferung** ergänzend in den UStAE aufgenommen, dass es **nicht notwendig** ist, dass der Leistungsempfänger **physisch über den Gegenstand** verfügen muss, der Gegenstand physisch zu ihm transportiert wird oder physisch von ihm empfangen wird. Ausreichend ist, dass der Leistungsempfänger nach Belieben mit dem Gegenstand verfahren kann.

UStAE 3.2. Unentgeltliche Wertabgaben

(1) [1]Unentgeltliche Wertabgaben aus dem Unternehmen sind, soweit sie in der Abgabe von Gegenständen bestehen, nach § 3 Abs. 1b UStG den entgeltlichen Lieferungen und, soweit sie in der Abgabe oder Ausführung von sonstigen Leistungen bestehen, nach § 3 Abs. 9a UStG den entgeltlichen sonstigen Leistungen gleichgestellt. [2]Solche Wertabgaben sind sowohl bei Einzelunternehmern als auch bei Personen- und Kapitalgesellschaften sowie bei Vereinen und bei unternehmerisch tätigen juristischen Personen des öffentlichen Rechts möglich. [3]Sie umfassen im Wesentlichen die Tatbestände, die bis zum 31. 3. 1999 als Eigenverbrauch nach § 1 Abs. 1 Nr. 2 Buchstaben a und b UStG 1993, als sog. Gesellschafterverbrauch nach § 1 Abs. 1 Nr. 3 UStG 1993, sowie als unentgeltliche Sachzuwendungen und sonstige Leistungen an Arbeitnehmer nach § 1 Abs. 1 Nr. 1 Satz 2 Buchstabe b UStG 1993 der Steuer unterlagen. [4]Die zu diesen Tatbeständen ergangene Rechtsprechung des BFH ist sinngemäß weiter anzuwenden.

(2) [1]Für unentgeltliche Wertabgaben im Sinne des § 3 Abs. 1b UStG ist die Steuerbefreiung für Ausfuhrlieferungen ausgeschlossen (§ 6 Abs. 5 UStG; vgl. BFH-Urteil vom 19. 2. 2014, XI R 9/13, BStBl II S. 597). [2]Bei unentgeltlichen Wertabgaben im Sinne des § 3 Abs. 9a Nr. 2 UStG entfällt die Steuerbefreiung für Lohnveredelungen an Gegenständen der Ausfuhr (§ 7 Abs. 5 UStG). [3]Die übrigen Steuerbefreiungen sowie die Steuerermäßigungen sind auf unentgeltliche Wertabgaben anzuwenden, wenn die in den §§ 4 und 12 UStG bezeichneten Voraussetzungen vorliegen. [4]Eine Option zur Steuerpflicht nach § 9 UStG kommt allenfalls bei unentgeltlichen Wertabgaben nach § 3 Abs. 1b Satz 1 Nr. 3 UStG an einen anderen Unternehmer für dessen Unternehmen in Betracht. [5]Über eine unentgeltliche Wertabgabe, die in der unmittelbaren Zuwendung eines Gegenstands oder in der Ausführung einer sonstigen Leistung an einen Dritten besteht, kann nicht mit einer Rechnung im Sinne des § 14 UStG abgerechnet werden. [6]Die vom Zuwendenden oder Leistenden geschuldete Umsatzsteuer kann deshalb vom Empfänger nicht als Vorsteuer abgezogen werden. [7]Zur Bemessungsgrundlage bei unentgeltlichen Wertabgaben vgl. Abschnitt 10.6.

(3) Im Zusammenhang mit einer Leistung, die dem Nullsteuersatz (§ 12 Abs. 3 UStG) unterliegt, ist im Hinblick auf eine unentgeltliche Wertabgabe wie folgt zu differenzieren:

1. [1]Bestand beim Erwerb eines Gegenstandes eine Berechtigung zum vollen oder teilweisen Vorsteuerabzug (keine Anwendung des Nullsteuersatzes), stellt die spätere Entnahme und die unentgeltliche Zuwendung oder Verwendung des Gegenstandes unter den übrigen Voraussetzungen eine unentgeltliche Wertabgabe dar. [2]Eine Entnahme des gesamten Gegenstandes ist nur möglich, wenn zukünftig voraussichtlich mehr als 90 % des Gegenstandes für nichtunternehmerische Zwecke verwendet werden. [3]Unter den übrigen Voraussetzungen des § 12 Abs. 3 UStG unterliegt diese unentgeltliche Wertabgabe dem Nullsteuersatz. [4]Die Entnahme nur eines Teils eines ursprünglich zulässigerweise dem Unternehmen zugeordneten Gegenstandes (vgl. Abschnitt 15.2c) ist nicht möglich.
2. Unterlag der Erwerb eines Gegenstandes dem Nullsteuersatz, stellt die spätere Entnahme, unentgeltliche Zuwendung oder Verwendung des Gegenstandes keine unentgeltliche Wertabgabe dar.

(4) [1]Droht kein unversteuerter Endverbrauch, sind § 3 Abs. 1b und 9a UStG unionsrechtskonform dahingehend einschränkend auszulegen, dass eine Besteuerung der unentgeltlichen Wertabgabe nicht erfolgt. [2]Dieser droht nicht, wenn

- die Eingangsleistung vor allem für Bedürfnisse des Unternehmers genutzt wird und nicht darüber hinaus geht, was hierfür erforderlich bzw. unerlässlich ist,
- die Kosten für die Eingangsleistung Bestandteile des Preises der von ihm erbrachten Leistungen sind und
- der Vorteil des Dritten allenfalls nebensächlich ist,

vgl. hierzu BFH-Urteil vom 16.12.2020 – XI R 26/20 (XI R 28/17), BStBl II 2024 S. 146 und Abschnitt 15.2b Abs. 2a. [3]Diese Voraussetzungen bestehen beispielsweise in folgenden Fällen nicht (mit der Folge, dass unter den übrigen Voraussetzungen eine unentgeltliche Wertabgabe vorliegt):

- Bei der unentgeltlichen Abgabe von bürgerlicher Bekleidung an Arbeitnehmer; die unternehmerischen Gründe für die Überlassung wie auch das eigenbetriebliche Interesse des Unternehmers ändern daran nichts, weil der Vorteil des Arbeitnehmers nicht als nebensächlich oder untergeordnet erscheint (vgl. BFH-Urteil vom 24.08.2022 – XI R 3/22, BStBl II 2023 S. 936).

- Bei Zuwendungen an Betriebsangehörige im Rahmen einer Betriebsveranstaltung, wenn diese ausschließlich dem privaten Bedarf der Betriebsangehörigen dienen und über Aufmerksamkeiten hinausgehen (vgl. BFH-Urteil vom 10.05.2023 – V R 16/21, BStBl II S. 1023).
- **Bei der unentgeltlichen Abgabe von (eigenständig nutzbarer) Wärme aus einem Blockheizkraftwerk, selbst wenn mit der Abgabe der KWK-Bonus erlangt werden soll (vgl. BFH-Urteil vom 15.03.2022 – V R 34/20, BStBl II 2025 S. 259).**
- **Bei der unentgeltlichen Übertragung der von einer Biogasanlage erzeugten Wärme – neben der entgeltlichen Lieferung des erzeugten Stroms – auf eine andere Person (vgl. BFH-Urteil vom 25.11.2021 – V R 45/20, BStBl II 2025 S. 173).**

Anmerkung

Bei **unentgeltlichen Wertabgaben** aus dem Unternehmen ergeben sich zwischen Lieferung und sonstiger Leistung erhebliche **Unterschiede**:

- Eine **unentgeltliche Lieferung** kann unter den Bedingungen des § 3 Abs. 1b Satz 1 UStG zu einer fiktiv entgeltlichen Lieferung führen, wenn eine unternehmensfremde als auch eine unternehmerische Veranlassung vorliegt.
- Eine **unentgeltlich ausgeführte sonstige Leistung** kann nach § 3 Abs. 9a UStG nur dann zu einer fiktiv entgeltlichen sonstigen Leistung führen, wenn diese aus unternehmensfremden Motiven (oder gegenüber dem Personal) ausgeführt wird.

Insbesondere in den Fällen, in denen noch zum Verzehr geeignete Lebensmittel von Unternehmen kostenlos an karitative Einrichtungen (z. B. „Tafeln") abgegeben werden, ergibt sich die Frage der Besteuerung einer unentgeltlichen Lieferung. Früher wurde in der Praxis auf die Veröffentlichung des **LSF Sachsen** (Verf. v. 18.9.2012, DStR 2013, 199) und der **OFD Niedersachsen** (Verf. v. 27.3.2017, MwStR 2017, 515) Bezug genommen, nach der eine solche Wertabgabe nicht der Besteuerung unterliegt bzw. die Bemessungsgrundlage bei Abgabe von Lebensmitteln kurz vor dem Verfallsdatum gegen null tendiert (vgl. auch Mitteilung der Bundesregierung v. 11.10.2012: https://archiv.bundesregierung.de/archiv-de/lebensmittelspenden-an-tafeln-sind-umsatzsteuerfrei-423778). Mit Schreiben v. 18.3.2021 (BStBl I 2021, 384) hat die Finanzverwaltung **erstmals bundeseinheitlich** zu dieser Frage Stellung genommen und in diesem Zusammenhang einen Abschn. 10.6 Abs. 1a UStAE eingeführt. Zutreffend wird festgestellt, dass die unentgeltliche Abgabe – auch ohne eine private Motivation – zu einer einer Leistung gegen **Entgelt gleichgestellten Lieferung** führen kann. Einer besonderen Steuerbefreiung können solche Sachspenden auch nicht unterliegen.

Zur **Bemessungsgrundlage der Sachspenden** stellt die Finanzverwaltung klar, dass auch zu berücksichtigen ist, ob die Gegenstände im Zeitpunkt der unentgeltlichen Wertabgabe nur noch **stark eingeschränkt** oder **gar nicht mehr verkehrsfähig** sind. Davon ist bei **Lebensmitteln** auszugehen, wenn diese **kurz vor Ablauf des Mindesthaltbarkeitsdatums** abgegeben werden oder die **Verkaufsfähigkeit als Frischware** (Backwaren, Obst und Gemüse) wegen Mängeln **nicht mehr gegeben** ist.

Hinweis: Analoge Anwendung auf Non-Food-Artikel

Diese Grundsätze gelten auch analog für Non-Food-Artikel mit einem Mindesthaltbarkeitsdatum (Kosmetika, Drogerieartikel etc.). Aber auch Gegenstände, die aufgrund erheblicher Material- oder Verpackungsfehler oder einer fehlenden Marktgängigkeit (z. B. bei Saisonware) nicht mehr oder nur schwer verkäuflich sind, sollen nach diesen Regelungen behandelt werden.

Die **Bemessungsgrundlage** kann dann **niedriger festgesetzt** werden als bei noch uneingeschränkt verkehrsfähiger Ware, der Ansatz soll im Umfang der Einschränkung der Verkehrsfähigkeit erfolgen. Ein **Ansatz der Bemessungsgrundlage mit 0 €** soll aber nur bei **wertloser Ware** möglich sein.

Hinweis: Beispiele der Finanzverwaltung

Exemplarisch für solche „wertlosen" Gegenstände gibt die Finanzverwaltung **Lebensmittel** und Non-Food-Artikel **kurz vor Ablauf des Mindesthaltbarkeitsdatums** sowie **Frischwaren**, bei denen die **Verkaufsfähigkeit nicht mehr gegeben** ist, an.

Bei **Neuware**, die ohne jegliche Beeinträchtigung nur aus **wirtschaftlichen oder logistischen Gründen ausgesondert** wird, liegt **keine eingeschränkte Verkehrsfähigkeit** vor. Dies gilt unabhängig davon, ob diese Gegenstände ansonsten vernichtet werden würden.

Insbesondere die **Abgabe von Lebensmitteln an Tafeln** ist nach diesen Festlegungen für den abgebenden Unternehmer weiterhin – oder nun gerade wieder – mit **Risiken** verbunden. So kann nach dem neu eingeführten Abschn. 10.6 Abs. 1 a UStAE bei der Abgabe von Lebensmitteln „kurz" vor Ablauf des Mindesthaltbarkeitsdatums von einer wertlosen Ware ausgegangen werden. Es bleibt zu hoffen, dass in Betriebsprüfungen an dieses „kurz" **kein zu enger Maßstab** angelegt wird. Gerade aber bei der **Abgabe von Frischwaren**, die keine Mindesthaltbarkeitsdaten enthalten, ist Streit vorprogrammiert, ob bei einer Abgabe **„keine Verkaufsfähigkeit"** mehr vorgelegen hat. So ist in der Praxis zu beobachten, dass z. B. bei Bäckereien die Backwaren des Vortags mit einem erheblichen Preisabschlag (z. B. zu 50 % des regulären Preises) verkauft werden, während andere Bäcker diese Produkte an Tafeln abgeben. Ob ein Steuerpflichtiger heute nach diesem Schreiben davon ausgehen darf, dass in diesem Fall „keine Verkaufsfähigkeit" gegeben ist und er deshalb von einer Bemessungsgrundlage von 0 EUR ausgehen kann, bleibt zumindest mit Unsicherheit verbunden.

Hinweis: Aufgabe an die Politik

Es war schon mehrfach erklärtes Ziel der Politik, sich dafür einzusetzen, steuerrechtliche Hürden für Sachspenden an gemeinnützige Organisationen durch eine rechtssichere, bürokratiearme und einfache Regelung zu beseitigen, um so die Vernichtung dieser Waren zu verhindern. Eine umsatzsteuerrechtliche Regelung kann aber nur auf unionsrechtlicher Basis geschaffen werden. Bisher sind keine Initiativen ergriffen worden – es bleibt eine Aufgabe für die neue Regierung.

Leider systematisch zutreffend sind die Feststellungen der Finanzverwaltung, dass die im Rahmen von Sachspenden abgegebenen Gegenstände, die **nur aus logistischen oder wirtschaftlichen Gründen** unentgeltlich abgegeben werden, zu einer Bemessungsgrundlage (Wiederbeschaffungskosten oder Selbstkosten) und damit zu einer Umsatzsteuer führen, selbst wenn diese Gegenstände ansonsten vernichtet werden würden. In der Konsequenz wird dies – zunehmend – dazu führen, dass solche Gegenstände **eher vernichtet** als karitativen Einrichtungen überlassen werden, da zumindest die Vernichtungskosten klar kalkulierbar sind. Es ist bedenklich, wenn umsatzsteuerrechtliche Regelungen einer nachhaltigen und ökologisch sinnvollen Nutzung von Ressourcen im Wege stehen.

Hinweis: Ausnahme bei Sachspenden aufgrund der Corona-Pandemie

In einem weiteren, zum gleichen Zeitpunkt veröffentlichten BMF-Schreiben (v. 18.3.2021, BStBl I 2021, 628) hat die Finanzverwaltung eine Sonderregelung erlassen: Aufgrund der besonderen Situation wird es bei Einzelhändlern, die durch die Corona-Krise unmittelbar und nicht unerheblich negativ wirtschaftlich betroffen sind, in der Zeit vom 1.3.2020 bis 31.12.2021 bei Sachspenden (z. B. bei nicht verkäuflicher Saisonware) an begünstigte Einrichtungen nicht beanstandet, wenn von einer Besteuerung abgesehen wird. Diese Nichtbeanstandungsregelung ist nicht über den 31.12.2021 hinaus verlängert worden.

UStAE 3.3. Den Lieferungen gleichgestellte Wertabgaben

Allgemeines

(1) [1]Die nach § 3 Abs. 1 b UStG einer entgeltlichen Lieferung gleichgestellte Entnahme oder unentgeltliche Zuwendung eines Gegenstands aus dem Unternehmen setzt die Zugehörigkeit des Gegenstands zum Unternehmen voraus. [2]Die Zuordnung eines Gegenstands zum Unternehmen richtet sich nicht nach ertragsteuerrechtlichen Merkmalen, also nicht nach der Einordnung als Betriebs- oder Privatvermögen. [3]Maß-

gebend ist, ob der Unternehmer den Gegenstand dem unternehmerischen oder dem nichtunternehmerischen Tätigkeitsbereich zugewiesen hat (vgl. BFH-Urteil vom 21. 4. 1988, V R 135/83, BStBl II S. 746). [4]Zum nichtunternehmerischen Bereich gehören sowohl nichtwirtschaftliche Tätigkeiten i. e. S. als auch unternehmensfremde Tätigkeiten (vgl. Abschnitt 2.3 Abs. 1 a). [5]Bei Gegenständen, die sowohl unternehmerisch als auch unternehmensfremd genutzt werden sollen, hat der Unternehmer unter den Voraussetzungen, die durch die Auslegung des Tatbestandsmerkmals „für sein Unternehmen" in § 15 Abs. 1 UStG zu bestimmen sind, grundsätzlich die Wahl der Zuordnung (vgl. BFH-Urteil vom 3. 3. 2011, V R 23/10, BStBl 2012 II S. 74). [6]Beträgt die unternehmerische Nutzung jedoch weniger als 10 %, ist die Zuordnung des Gegenstands zum Unternehmen unzulässig (§ 15 Abs. 1 Satz 2 UStG). [7]Kein Recht auf Zuordnung zum Unternehmen besteht auch, wenn der Unternehmer bereits bei Leistungsbezug beabsichtigt, die bezogene Leistung ausschließlich und unmittelbar für eine steuerbare unentgeltliche Wertabgabe im Sinne des § 3 Abs. 1 b oder 9 a UStG zu verwenden (vgl. BFH-Urteil vom 9. 12. 2010, V R 17/10, BStBl 2012 II S. 53). [8]Zum Vorsteuerabzug beim Bezug von Leistungen sowohl für Zwecke unternehmerischer als auch nichtunternehmerischer Tätigkeit vgl. im Übrigen Abschnitt 15.2 b und 15.2 c.

Berechtigung zum Vorsteuerabzug für den Gegenstand oder seine Bestandteile (§ 3 Abs. 1 b Satz 2 UStG)

(2) [1]Die Entnahme eines dem Unternehmen zugeordneten Gegenstands wird nach § 3 Abs. 1 b UStG nur dann einer entgeltlichen Lieferung gleichgestellt, wenn der entnommene oder zugewendete Gegenstand oder seine Bestandteile zum vollen oder teilweisen Vorsteuerabzug berechtigt haben. [2]Falls an einem Gegenstand (z. B. Pkw), der ohne Berechtigung zum Vorsteuerabzug erworben wurde, nach seiner Anschaffung Arbeiten ausgeführt worden sind, die zum Einbau von Bestandteilen geführt haben und für die der Unternehmer zum Vorsteuerabzug berechtigt war, unterliegen bei einer Entnahme des Gegenstands nur diese Bestandteile der Umsatzbesteuerung. [3]Bestandteile eines Gegenstands sind diejenigen gelieferten Gegenstände, die auf Grund ihres Einbaus ihre körperliche und wirtschaftliche Eigenart endgültig verloren haben und die zu einer dauerhaften, im Zeitpunkt der Entnahme nicht vollständig verbrauchten Werterhöhung des Gegenstands geführt haben (z. B. eine nachträglich in einen Pkw eingebaute Klimaanlage). [4]Dienstleistungen (sonstige Leistungen) einschließlich derjenigen, für die zusätzlich kleinere Lieferungen von Gegenständen erforderlich sind (z. B. Karosserie- und Lackarbeiten an einem Pkw), führen nicht zu Bestandteilen des Gegenstands (vgl. BFH-Urteile vom 18. 10. 2001, V R 106/98, BStBl 2002 II S. 551, und vom 20. 12. 2001, V R 8/98, BStBl 2002 II S. 557).

(3) [1]Der Einbau eines Bestandteils in einen Gegenstand hat nur dann zu einer dauerhaften, im Zeitpunkt der Entnahme nicht vollständig verbrauchten Werterhöhung des Gegenstands geführt, wenn er nicht lediglich zur Werterhaltung des Gegenstands beigetragen hat. [2]Unterhalb einer gewissen Bagatellgrenze liegende Aufwendungen für den Einbau von Bestandteilen führen nicht zu einer dauerhaften Werterhöhung des Gegenstands (vgl. BFH-Urteil vom 18. 10. 2001, V R 106/98, BStBl 2002 II S. 551).

(4) [1]Aus Vereinfachungsgründen wird keine dauerhafte Werterhöhung des Gegenstands angenommen, wenn die vorsteuerentlasteten Aufwendungen für den Einbau von Bestandteilen weder 20 % der Anschaffungskosten des Gegenstands noch einen Betrag von 1 000 € übersteigen. [2]In diesen Fällen kann auf eine Besteuerung der Bestandteile nach § 3 Abs. 1 b Satz 1 Nr. 1 in Verbindung mit Satz 2 UStG bei der Entnahme eines dem Unternehmen zugeordneten Gegenstands, den der Unternehmer ohne Berechtigung zum Vorsteuerabzug erworben hat, verzichtet werden. [3]Werden an einem Wirtschaftsgut mehrere Bestandteile in einem zeitlichen oder sachlichen Zusammenhang eingebaut, handelt es sich nicht um eine Maßnahme, auf die in der Summe die Bagatellregelung angewendet werden soll. [4]Es ist vielmehr für jede einzelne Maßnahme die Vereinfachungsregelung zu prüfen.

Beispiel:

[1]Ein Unternehmer erwirbt am 1. 7. 01 aus privater Hand einen gebrauchten Pkw für 10 000 € und ordnet ihn zulässigerweise seinem Unternehmen zu. [2]Am 1. 3. 02 lässt er in den Pkw nachträglich eine Klimaanlage einbauen (Entgelt 2 500 €) und am 1. 8. 02 die Windschutzscheibe erneuern (Entgelt 500 €). [3]Für beide Leistungen nimmt der Unternehmer den Vorsteuerabzug in Anspruch. [4]Am 1. 3. 03 entnimmt der Unternehmer den Pkw in sein Privatvermögen (Aufschlag nach „Schwacke-

Liste" auf den Marktwert des Pkw im Zeitpunkt der Entnahme für die Klimaanlage 1 500 €, für die Windschutzscheibe 50 €).

[5]Das aufgewendete Entgelt für den nachträglichen Einbau der Windschutzscheibe beträgt 500 €, also weniger als 20 % der ursprünglichen Anschaffungskosten des Pkw, und übersteigt auch nicht den Betrag von 1 000 €. [6]Aus Vereinfachungsgründen wird für den Einbau der Windschutzscheibe keine dauerhafte Werterhöhung des Gegenstands angenommen.

[7]Das aufgewendete Entgelt für den nachträglichen Einbau der Klimaanlage beträgt 2 500 €, also mehr als 20 % der ursprünglichen Anschaffungskosten des Pkw. [8]Mit dem Einbau der Klimaanlage in den Pkw hat diese ihre körperliche und wirtschaftliche Eigenart endgültig verloren und zu einer dauerhaften, im Zeitpunkt der Entnahme nicht vollständig verbrauchten Werterhöhung des Gegenstands geführt. [9]Die Entnahme der Klimaanlage unterliegt daher nach § 3 Abs. 1b Satz 1 Nr. 1 in Verbindung mit Satz 2 UStG mit einer Bemessungsgrundlage nach § 10 Abs. 4 Satz 1 Nr. 1 UStG i. H. v. 1 500 € der Umsatzsteuer.

[5]Die vorstehende Bagatellgrenze gilt auch für entsprechende unentgeltliche Zuwendungen eines Gegenstands im Sinne des § 3 Abs. 1b Satz 1 Nr. 2 und 3 UStG.

Entnahme von Gegenständen (§ 3 Abs. 1b Satz 1 Nr. 1 UStG)

(5) [1]Eine Entnahme eines Gegenstands aus dem Unternehmen im Sinne des § 3 Abs. 1b Satz 1 Nr. 1 UStG liegt nur dann vor, wenn der Vorgang bei entsprechender Ausführung an einen Dritten als Lieferung – einschließlich Werklieferung – anzusehen wäre. [2]Ein Vorgang, der Dritten gegenüber als sonstige Leistung – einschließlich Werkleistung – zu beurteilen wäre, erfüllt zwar die Voraussetzungen des § 3 Abs. 1b Satz 1 Nr. 1 UStG nicht, kann aber nach § 3 Abs. 9a Nr. 2 UStG steuerbar sein (vgl. Abschnitt 3.4). [3]Das gilt auch insoweit, als dabei Gegenstände, z. B. Materialien, verbraucht werden (vgl. BFH-Urteil vom 13. 2. 1964, V 99/63 U, BStBl III S. 174). [4]Der Grundsatz der Einheitlichkeit der Leistung (vgl. Abschnitt 3.10) gilt auch für die unentgeltlichen Wertabgaben (vgl. BFH-Urteil vom 3. 11. 1983, V R 4/73, BStBl 1984 II S. 169).

(6) [1]Wird ein dem Unternehmen dienender Gegenstand während der Dauer einer nichtunternehmerischen Verwendung auf Grund äußerer Einwirkung zerstört, z. B. Totalschaden eines Pkw infolge eines Unfalls auf einer Privatfahrt, liegt keine Entnahme eines Gegenstands aus dem Unternehmen vor. [2]Das Schadensereignis fällt in den Vorgang der nichtunternehmerischen Verwendung und beendet sie wegen Untergangs der Sache. [3]Eine Entnahmehandlung ist in Bezug auf den unzerstörten Gegenstand nicht mehr möglich (vgl. BFH-Urteile vom 28. 2. 1980, V R 138/72, BStBl II S. 309, und vom 28. 6. 1995, XI R 66/94, BStBl II S. 850).

(7) [1]Bei einem Rohbauunternehmer, der für eigene Wohnzwecke ein schlüsselfertiges Haus mit Mitteln des Unternehmens errichtet, ist Gegenstand der Entnahme das schlüsselfertige Haus, nicht lediglich der Rohbau (vgl. BFH-Urteil vom 3. 11. 1983, V R 4/73, BStBl 1984 II S. 169). [2]Entscheidend ist nicht, was der Unternehmer in der Regel im Rahmen seines Unternehmens herstellt, sondern was im konkreten Fall Gegenstand der Wertabgabe des Unternehmens ist (vgl. BFH-Urteil vom 21. 4. 1988, V R 135/83, BStBl II S. 746). [3]Wird ein Einfamilienhaus für unternehmensfremde Zwecke auf einem zum Betriebsvermögen gehörenden Grundstück errichtet, überführt der Bauunternehmer das Grundstück in aller Regel spätestens im Zeitpunkt des Baubeginns in sein Privatvermögen. [4]Dieser Vorgang ist unter den Voraussetzungen des § 3 Abs. 1b Satz 2 UStG eine nach § 4 Nr. 9 Buchstabe a UStG steuerfreie Lieferung im Sinne des § 3 Abs. 1b Satz 1 Nr. 1 UStG.

(8) [1]Die unentgeltliche Übertragung eines Betriebsgrundstücks durch einen Unternehmer auf seine Kinder unter Anrechnung auf deren Erb- und Pflichtteil ist – wenn nicht die Voraussetzungen des § 1 Abs. 1a UStG vorliegen (vgl. Abschnitt 1.5) – eine steuerfreie Lieferung im Sinne des § 3 Abs. 1b Satz 1 Nr. 1 UStG, auch wenn das Grundstück auf Grund eines mit den Kindern geschlossenen Pachtvertrages weiterhin für die Zwecke des Unternehmens verwendet wird und die Kinder als Nachfolger des Unternehmers nach dessen Tod vorgesehen sind (vgl. BFH-Urteil vom 2. 10. 1986, V R 91/78, BStBl 1987 II S. 44). [2]Die unentgeltliche Übertragung des Miteigentums an einem Betriebsgrundstück durch einen

Unternehmer auf seinen Ehegatten ist eine nach § 4 Nr. 9 Buchstabe a UStG steuerfreie Wertabgabe des Unternehmers, auch wenn das Grundstück weiterhin für die Zwecke des Unternehmens verwendet wird. [3]Hinsichtlich des dem Unternehmer verbleibenden Miteigentumsanteils liegt keine unentgeltliche Wertabgabe im Sinne des § 3 Abs. 1b oder Abs. 9a UStG vor (vgl. BFH-Urteile vom 6. 9. 2007, V R 41/05, BStBl 2008 II S. 65, und vom 22. 11. 2007, V R 5/06, BStBl 2008 II S. 448). [4]Zur Vorsteuerberichtigung nach § 15a UStG vgl. Abschnitt 15a.2 Abs. 6 Nr. 3 und zur Bestellung eines lebenslänglichen unentgeltlichen Nießbrauchs an einem unternehmerisch genutzten bebauten Grundstück vgl. BFH-Urteil vom 16. 9. 1987, X R 51/81, BStBl 1988 II S. 205.

Sachzuwendungen an das Personal (§ 3 Abs. 1b Satz 1 Nr. 2 UStG)

(9) [1]Zuwendungen von Gegenständen (Sachzuwendungen) an das Personal für dessen privaten Bedarf sind auch dann steuerbar, wenn sie unentgeltlich sind, d.h. wenn sie keine Vergütungen für die Dienstleistung des Arbeitnehmers darstellen (vgl. hierzu Abschnitt 1.8). [2]Abs. 1 Sätze 7 und 8 bleiben unberührt.

Andere unentgeltliche Zuwendungen (§ 3 Abs. 1b Satz 1 Nr. 3 UStG)

(10) [1]Unentgeltliche Zuwendungen von Gegenständen, die nicht bereits in der Entnahme von Gegenständen oder in Sachzuwendungen an das Personal bestehen, werden Lieferungen gegen Entgelt gleichgestellt. [2]Ausgenommen sind Geschenke von geringem Wert und Warenmuster für Zwecke des Unternehmens. [3]Der Begriff „unentgeltliche Zuwendung“ im Sinne von § 3 Abs. 1b Satz 1 Nr. 3 UStG setzt nicht lediglich die Unentgeltlichkeit einer Lieferung voraus, sondern verlangt darüber hinaus, dass der Zuwendende dem Empfänger zielgerichtet einen Vermögensvorteil verschafft (vgl. BFH-Urteile vom 14. 5. 2008, XI R 60/07, BStBl II S. 721, und vom 10. 8. 2017, V R 3/16, BStBl II S. 1264). [4]Voraussetzung für die Steuerbarkeit ist, dass der Gegenstand oder seine Bestandteile zum vollen oder teilweisen Vorsteuerabzug berechtigt haben (§ 3 Abs. 1b Satz 2 UStG). [5]Mit der Regelung soll ein umsatzsteuerlich unbelasteter Endverbrauch vermieden werden. [6]Gleichwohl entfällt die Steuerbarkeit nicht, wenn der Empfänger die zugewendeten **Gegenstände** in seinem Unternehmen verwendet **(vgl. BFH-Urteil vom 04.09.2024 – XI R 15/24 (XI R 17/20), BStBl II 2025 S. 465).** [7]Gegenstände des Unternehmens, die der Unternehmer aus unternehmensfremden (privaten) Gründen abgibt, sind als Entnahmen nach § 3 Abs. 1b Satz 1 Nr. 1 UStG zu beurteilen (vgl. Absätze 5 bis 8). [8]Gegenstände des Unternehmens, die der Unternehmer aus unternehmerischen Gründen abgibt, sind als unentgeltliche Zuwendungen nach § 3 Abs. 1b Satz 1 Nr. 3 UStG zu beurteilen. **[9]Es ist – anders als bei § 3 Abs. 1b Satz 1 Nr. 1 UStG – unerheblich, ob der Zuwendende außerunternehmerische Zwecke verfolgt (vgl. BFH-Urteil vom 25.11.2021 – V R 45/20, BStBl II 2025 S. 173).** [10]Hierzu gehört die Abgabe von neuen oder gebrauchten Gegenständen insbesondere zu Werbezwecken, zur Verkaufsförderung oder zur Imagepflege, z.B. Sachspenden an Vereine oder Schulen, Warenabgaben anlässlich von Preisausschreiben, Verlosungen usw. zu Werbezwecken. [11]Nicht steuerbar ist dagegen die Gewährung unentgeltlicher sonstiger Leistungen aus unternehmerischen Gründen (vgl. Abschnitt 3.4 Abs. 1). [12]Hierunter fällt z.B. die unentgeltliche Überlassung von Gegenständen, die im Eigentum des Zuwendenden verbleiben und die der Empfänger später an den Zuwendenden zurückgeben muss.

(11) [1]Die Abgabe von Geschenken von geringem Wert ist nicht steuerbar. [2]Derartige Geschenke liegen vor, wenn die Anschaffungs- oder Herstellungskosten der dem Empfänger im Kalenderjahr zugewendeten Gegenstände insgesamt 50 € (Nettobetrag ohne Umsatzsteuer) nicht übersteigen. [3]Dies kann bei geringwertigen Werbeträgern (z.B. Kugelschreiber, Feuerzeuge, Kalender usw.) unterstellt werden.

(12) [1]Bei Geschenken über 50 €, für die nach § 15 Abs. 1a UStG in Verbindung mit § 4 Abs. 5 Satz 1 Nr. 1 EStG kein Vorsteuerabzug vorgenommen werden kann, entfällt nach § 3 Abs. 1b Satz 2 UStG eine Besteuerung der Zuwendungen. [2]Deshalb ist zunächst anhand der ertragsteuerrechtlichen Regelungen (vgl. R 4.10 Abs. 2 bis 4 EStR) zu prüfen, ob es sich bei einem abgegebenen Gegenstand begrifflich um ein „Geschenk“ handelt. [3]Insbesondere setzt ein Geschenk eine unentgeltliche Zuwendung an einen Dritten voraus. [4]Die Unentgeltlichkeit ist nicht gegeben, wenn die Zuwendung als Entgelt für eine bestimmte Gegenleistung des Empfängers anzusehen ist. [5]Falls danach ein Geschenk vorliegt, ist weiter zu prüfen, ob hierfür der Vorsteuerabzug nach § 15 Abs. 1a UStG ausgeschlossen ist (vgl. Abschnitt 15.6 Abs. 4 und 5). [6]Nur wenn danach der Gegenstand oder seine Bestandteile zum vollen oder teilweisen Vorsteuerabzug berechtigt haben, kommt eine Besteuerung als unentgeltliche Wertabgabe in Betracht.

(13) [1]Warenmuster sind ausdrücklich von der Steuerbarkeit ausgenommen. [2]Ein Warenmuster ist ein Probeexemplar eines Produkts, durch das dessen Absatz gefördert werden soll und das eine Bewertung der Merkmale und der Qualität dieses Produkts ermöglicht, ohne zu einem anderen als dem mit solchen Werbeumsätzen naturgemäß verbundenen Endverbrauch zu führen (vgl. EuGH-Urteil vom 30. 9. 2010, C-581/08, EMI Group, und BFH-Urteil vom 12. 12. 2012, XI R 36/10, BStBl 2013 II S. 412). [3]Ist das Probeexemplar ganz oder im Wesentlichen identisch mit dem im allgemeinen Verkauf erhältlichen Produkt, kann es sich gleichwohl um ein Warenmuster handeln, wenn die Übereinstimmung mit dem verkaufsfertigen Produkt für die Bewertung durch den potenziellen oder tatsächlichen Käufer erforderlich ist und die Absicht der Absatzförderung des Produkts im Vordergrund steht. [4]Die Abgabe eines Warenmusters soll in erster Linie nicht dem Empfänger den Kauf ersparen, sondern ihn oder Dritte zum Kauf anregen. [5]Ohne Bedeutung ist, ob Warenmuster einem anderen Unternehmer für dessen unternehmerische Zwecke oder einem Endverbraucher zugewendet werden. [6]Nicht steuerbar ist die Abgabe sog. Probierpackungen im Getränke- und Lebensmitteleinzelhandel (z. B. die kostenlose Abgabe von losen oder verpackten Getränken und Lebensmitteln im Rahmen von Verkaufsaktionen, Lebensmittelprobierpackungen, Probepackungen usw.) an Endverbraucher.

(14) [1]Unentgeltlich abgegebene Verkaufskataloge, Versandhauskataloge, Reisekataloge, Werbeprospekte und -handzettel, Veranstaltungsprogramme und -kalender usw. dienen der Werbung, insbesondere der Anbahnung eines späteren Umsatzes. [2]Eine (private) Bereicherung des Empfängers ist damit regelmäßig nicht verbunden. [3]Dies gilt auch für Anzeigenblätter mit einem redaktionellen Teil (z. B. für Lokales, Vereinsnachrichten usw.), die an alle Haushalte in einem bestimmten Gebiet kostenlos verteilt werden. [4]Bei der Abgabe derartiger Erzeugnisse handelt es sich nicht um unentgeltliche Zuwendungen im Sinne des § 3 Abs. 1 b Satz 1 Nr. 3 UStG.

(15) [1]Die unentgeltliche Abgabe von Werbe- und Dekorationsmaterial, das nach Ablauf der Werbe- oder Verkaufsaktion vernichtet wird oder bei dem Empfänger nicht zu einer (privaten) Bereicherung führt (z. B. Verkaufsschilder, Preisschilder, sog. Displays), an andere Unternehmer (z. B. vom Hersteller an Großhändler oder vom Großhändler an Einzelhändler) dient ebenfalls der Werbung bzw. Verkaufsförderung. [2]Das Gleiche gilt für sog. Verkaufshilfen oder -ständer (z. B. Suppenständer, Süßwarenständer), die z. B. von Herstellern oder Großhändlern an Einzelhändler ohne besondere Berechnung abgegeben werden, wenn beim Empfänger eine Verwendung dieser Gegenstände im nichtunternehmerischen Bereich ausgeschlossen ist. [3]Bei der Abgabe derartiger Erzeugnisse handelt es sich nicht um unentgeltliche Zuwendungen im Sinne des § 3 Abs. 1 b Satz 1 Nr. 3 UStG. [4]Dagegen handelt es sich bei der unentgeltlichen Abgabe auch nichtunternehmerisch verwendbarer Gegenstände, die nach Ablauf von Werbe- oder Verkaufsaktionen für den Empfänger noch einen Gebrauchswert haben (z. B. Fahrzeuge, Spielzeug, Sport- und Freizeitartikel), um unentgeltliche Zuwendungen im Sinne des § 3 Abs. 1 b Satz 1 Nr. 3 UStG.

(16) **Einzelfragen zu unentgeltlichen Zuwendungen:**

- Ein Set – bestehend aus Blutzuckermessgerät, Stechhilfe und Teststreifen –, das über Ärzte, Schulungszentren für Diabetiker und sonstige Laboreinrichtungen unentgeltlich an die Patienten abgegeben wird, ist kein Warenmuster im Sinne des § 3 Abs. 1b Satz 1 Nr. 3 UStG (vgl. BFH-Urteil vom 12.12.2012 – XI R 36/10, BStBl II2013 S. 412); vgl. aber zur Besteuerung einer Wertabgabe und zum Vorsteuerabzug Abschnitt 3.2 Abs. 4 sowie Abschnitt 15.2b Abs. 2a.
- **Liefert ein Unternehmer mit einer von ihm hergestellten Biogasanlage vorsteuerabzugsberechtigt Strom gegen Entgelt, während er die mit der Anlage erzeugte Wärme unentgeltlich auf andere Personen überträgt, handelt es sich bei der Wärmelieferung um eine Zuwendung im Sinne von § 3 Abs. 1b Satz 1 Nr. 3 und Satz 2 UStG (BFH-Urteil vom 25.11.2021 – V R 45/20, BStBl II 2025 S. 173).**

(17) [1]Wenn der Empfänger eines scheinbar kostenlos abgegebenen Gegenstands für den Erhalt dieses Gegenstands tatsächlich eine Gegenleistung erbringt, ist die Abgabe dieses Gegenstands nicht als unentgeltliche Zuwendung nach § 3 Abs. 1 b Satz 1 Nr. 3 UStG, sondern als entgeltliche Lieferung nach § 1 Abs. 1 Nr. 1 UStG steuerbar. [2]Die Gegenleistung des Empfängers kann in Geld oder in Form einer Lieferung bzw. sonstigen Leistung bestehen (vgl. § 3 Abs. 12 UStG).

Einzelfälle

(18) [1]Falls ein Unternehmer dem Abnehmer bei Abnahme einer bestimmten Menge zusätzliche Stücke desselben Gegenstands ohne Berechnung zukommen lässt (z. B. elf Stücke zum Preis von zehn Stücken), handelt es sich bei wirtschaftlicher Betrachtung auch hinsichtlich der zusätzlichen Stücke um eine insgesamt entgeltliche Lieferung. [2]Ähnlich wie bei einer Staffelung des Preises nach Abnahmemengen hat in diesem Fall der Abnehmer mit dem Preis für die berechneten Stücke die unberechneten Stücke mitbezahlt. [3]Wenn ein Unternehmer dem Abnehmer bei Abnahme einer bestimmten Menge zusätzlich andere Gegenstände ohne Berechnung zukommen lässt (z. B. bei Abnahme von 20 Kühlschränken wird ein Mikrowellengerät ohne Berechnung mitgeliefert), handelt es sich bei wirtschaftlicher Betrachtungsweise ebenfalls um eine insgesamt entgeltliche Lieferung.

(19) Eine insgesamt entgeltliche Lieferung ist auch die unberechnete Abgabe von Untersetzern (Bierdeckel), Saugdecken (Tropfdeckchen), Aschenbechern und Gläsern einer Brauerei oder eines Getränkevertriebs an einen Gastwirt im Rahmen einer Getränkelieferung, die unberechnete Abgabe von Autozubehörteilen (Fußmatten, Warndreiecke) und Pflegemitteln usw. eines Fahrzeughändlers an den Käufer eines Neuwagens oder die unberechnete Abgabe von Schuhpflegemitteln eines Schuhhändlers an einen Schuhkäufer.

(20) In folgenden Fällen liegen ebenfalls regelmäßig entgeltliche Lieferungen bzw. einheitliche entgeltliche Leistungen vor:

- unberechnete Übereignung eines Mobilfunk-Geräts (Handy) von einem Mobilfunk-Anbieter an einen neuen Kunden, der gleichzeitig einen längerfristigen Netzbenutzungsvertrag abschließt;
- Sachprämien von Zeitungs- und Zeitschriftenverlagen an die Neuabonnenten einer Zeitschrift, die ein längerfristiges Abonnement abgeschlossen haben;
- [1]Sachprämien an Altkunden für die Vermittlung von Neukunden. [2]Der Sachprämie steht eine Vermittlungsleistung des Altkunden gegenüber;
- Sachprämien eines Automobilherstellers an das Verkaufspersonal eines Vertragshändlers, wenn dieses Personal damit für besondere Verkaufserfolge belohnt wird.

Anmerkung

1. Grundlagen

Grundsätzlich können die folgenden Vorgänge zu einer **fiktiven Lieferung** nach § 3 Abs. 1b Satz 1 UStG führen:

- Entnahme eines Gegenstands aus dem Unternehmen für unternehmensfremde Zwecke;
- Wertabgabe an das Personal für dessen privaten Bedarf mit Ausnahme von Aufmerksamkeiten;
- jede andere unentgeltliche Wertabgabe auch aus unternehmerischen Gründen, mit Ausnahme von Warenmuster für Zwecke des Unternehmens oder Geschenke von geringem Wert.

Voraussetzung ist aber immer, dass der Gegenstand der unentgeltlichen Wertabgabe oder seine Bestandteile ganz oder teilweise zu einem **Vorsteuerabzug** geführt hat, § 3 Abs. 1b Satz 2 UStG.

Hinweis: Leistungsbezug für unentgeltliche Wertabgabe schließt den Vorsteuerabzug aus

Nach der Rechtsprechung des BFH (Urt. v. 9.12.2010 – V R 17/10, BStBl II 2012, 53) ist der Vorsteuerabzug grundsätzlich ausgeschlossen, wenn der Unternehmer einen Gegenstand bezieht, um ihn für eine unentgeltliche Wertabgabe zu verwenden. Eine mittelbare Förderung unternehmerischer Ziele soll dabei keine Rolle spielen; vgl. auch Abschn. 15.15 UStAE.

2. Erschließungsmaßnahmen und unentgeltliche Wertabgaben

Ob diese Auslegung durch den BFH so uneingeschränkt in Zukunft weiter angewendet werden kann, erscheint zumindest **fraglich**. Nach einer wichtigen Entscheidung des **EuGH** (Urt. v. 26.9.2020 – C-528/19, Mitteldeutsche Hartstein Industrie, DStR 2020, 2067) zur Frage des **Vorsteuerabzugs bei Erschließungsmaßnahmen** ist zumindest die Abgrenzung zu der mittelbaren Förderung unternehmerischer

Ziele fraglich. Im Zusammenhang mit der Errichtung einer Straße, die ein Steinbruch-Unternehmen für den Gesteinsabbau benötigte, auf eigene Kosten herstellte und die dann in das Eigentum der Gemeinde überging, stellte der EuGH fest, dass der Vorsteuerabzug dem Unternehmer aus den Kosten zur Errichtung der Straße zusteht. Ohne die Errichtung der Straße wäre der Gesteinsabbau tatsächlich nicht möglich gewesen, sodass es sich um der unternehmerischen Betätigung zuzurechnende Kosten handelt. Diese Kosten sind auch in den Preisen für die der Umsatzsteuer zu unterwerfenden Ausgangsleistungen enthalten. Zum Vorsteuerabzug sind aber nur die zwingend mit dem Betrieb des Gesteinsbruchs zusammenhängenden Kosten zugelassen.

Bei der Errichtung der Straße handelt es sich **nicht um eine unentgeltliche Wertabgabe** (als Lieferung i. S. d. § 3 Abs. 1b Satz 1 Nr. 3 UStG), da der Ausbau der Straße der Klägerin zugutekommt und einen unmittelbaren und direkten Zusammenhang mit ihrer wirtschaftlichen Tätigkeit aufweist. Wesentlich sei hier, dass keine Gefahr eines unversteuerten Letztverbrauchs vorliegen würde.

In der Folgeentscheidung hat der BFH (Urt. v. 16.12.2020 – XI R 26/20, BStBl II 2024, 146) festgestellt, dass § 3 Abs. 1b Satz 1 Nr. 3 UStG **unionsrechtskonform** dahingehend **eingeschränkt auszulegen** ist, dass eine Besteuerung der unentgeltlichen Wertabgabe nicht erfolgt, wenn kein unversteuerter Endverbrauch droht.

Die **Finanzverwaltung** hat mit Schreiben v. 24.1.2024, BStBl I 2024, 213, zu den Urteilen von EuGH und BFH Stellung genommen. Die Umsetzung der Vorgaben aus der Rechtsprechung erfolgt allerdings **restriktiv**. Insbesondere sollen sich **keine Änderungen** an den bisher von der Finanzverwaltung veröffentlichten umsatzsteuerrechtlichen Konsequenzen für Erschließungsmaßnahmen (BMF, Schreiben v. 7.6.2012, BStBl I 2012, 621) ergeben.

Grundsätzlich liegt eine dem Grunde nach unentgeltliche Wertabgabe, die zu einem **besteuerten Ausgangsumsatz** führt, auch dann vor, wenn der Unternehmer einen Gegenstand aus **unternehmerischen Gründen** unentgeltlich abgibt. Voraussetzung ist ein entsprechender Vorsteuerabzug bei Leistungsbezug. Ein unversteuerter Endverbrauch soll dann nicht drohen, wenn

– die Eingangsleistung vor allem für Bedürfnisse des Unternehmers genutzt wird und nicht über das hinausgeht, was hierfür erforderlich bzw. unerlässlich ist,

– die Kosten für die Eingangsleistung Bestandteile des Preises der von dem Unternehmer erbrachten Leistungen sind und

– der Vorteil des Dritten allenfalls nebensächlich ist.

Zur Frage des **Vorsteuerabzugs** ergänzt die Finanzverwaltung die Aussagen durch einen umfassenden Abschn. 15.2b Abs. 2a UStAE. Eine mittelbare Veranlassung für den Vorsteuerabzug soll nur unter den Voraussetzungen möglich sein, die schon für die Nichtbesteuerung einer unentgeltlichen Wertabgabe in Abschn. 3.2 Abs. 4 Satz 2 UStAE aufgenommen worden sind.

Geht der Leistungsbezug über das hinaus, was erforderlich bzw. unerlässlich war, liegt ein Leistungsbezug für das Unternehmen insoweit nicht vor und ein Vorsteuerabzug ist entsprechend ausgeschlossen. Die bezogene Leistung kann dann auch nicht wahlweise dem Unternehmen vollständig zugeordnet werden. Eine **Aufteilung** der bezogenen Leistung soll sich dann analog den Vorschriften zu § 15 Abs. 4 UStG ergeben.

Auch zur Frage, wann der **Vorteil des Dritten nebensächlich** ist, nimmt die Finanzverwaltung Stellung: Dies liegt dann vor, wenn die Weitergabe der bezogenen Leistung nicht den Bedürfnissen dieses Dritten dient oder wenn der Vorteil dieses Dritten gegenüber dem Bedarf des Unternehmers nur nebensächlich ist.

Hinweis: Kein Vorsteuerabzug bei Vorliegen der Voraussetzungen

Liegen die Voraussetzungen nicht vor – d.h., die Eingangsleistungen gehen über die Bedürfnisse des Unternehmers hinaus oder der Vorteil des Dritten ist nicht nebensächlich –, würde sich dem Grunde nach eine unentgeltliche Wertabgabe nach § 3 Abs. 1b Satz 1 Nr. 3 UStG ergeben. In diesen Fällen ist nach der Rechtsprechung des BFH (Urt. v. 9.12.2010 – V R 17/10, BStBl II 2012, 53) insoweit schon originär **kein Vorsteuerabzug** für den Leistungsbezug möglich, da davon ausgegangen wird, dass kein Bezug für das Unternehmen vorliegt. Eine Besteuerung einer Wertabgabe kann dann auch nicht erfolgen, da gar kein Bezug für das Unternehmen gegeben war.

Ob dies eine abschließende Stellungnahme sein kann, muss aber bezweifelt werden. Die Finanzverwaltung nimmt in einer **sehr einschränkenden Weise** zu dem Gesamtkomplex Stellung und reduziert die Anwendung auf das absolut Notwendige. Eine weitere Auslegung wäre wünschenswert und sinnvoll gewesen.

Die Finanzverwaltung illustriert ihre Aussagen durch zwei umfassende **Beispiele**, wobei das erste Beispiel den Sachverhalt nach dem EuGH-Urteil „**Mitteldeutsche Hartstein-Industrie**" wiedergeben soll. Allerdings versieht die Finanzverwaltung dieses Beispiel schon mit weiteren Attributen, die sich so aus dem EuGH-Urteil nicht ergeben. In dem Fall ging es um den Ausbau einer Straße, die auch dem öffentlichen Verkehr dienen sollte. Der Ausbau war notwendig, um eine Abbruchgenehmigung für einen Steinbruch zu erhalten. Da die Straße nach dem durch den Unternehmer erfolgten Ausbau „unentgeltlich" auf die Gemeinde überging, versagte die Finanzverwaltung den Vorsteuerabzug. Nach dem Urteil des EuGH ist der Vorsteuerabzug aber gegeben, da der Ausbau für die unternehmerische Tätigkeit notwendig war und die Straße eben auch durch die Fahrzeuge des Unternehmers genutzt wurde. Auch war der EuGH überzeugt, dass die Kosten für den Ausbau der Straße in den Ausgangspreisen kalkulatorisch enthalten sind. Die Finanzverwaltung setzt dies nun so um, dass die Straße nur in Form einer „geringen Pkw-Nutzung durch die Allgemeinheit" genutzt wird. In einem weiteren – **erweiterten – Beispiel** wird bei dem Ausbau einer solch notwendigen Straße aufgrund der Verkehrssicherheit noch ein Fahrradstreifen gebaut und aufgrund einer behördlichen Auflage ein Grünstreifen angelegt. Soweit die Aufwendungen des Unternehmers auf den Fahrradstreifen und den Grünstreifen entfallen, sieht die Finanzverwaltung keinen Vorsteuerabzug für den Unternehmer. Dies soll gelten, selbst wenn dazu eine behördliche Auflage ergangen war. Diese (zu) einschränkende Sichtweise erscheint doch die Grundsätze aus der Rechtsprechung des EuGH nicht zutreffend aufzunehmen.

3. Unentgeltliche Wertabgabe (Lieferung) aus unternehmerischen Gründen

Im Zusammenhang mit der unentgeltlichen Abgabe von Wärme (Lieferung) aus einer Biogas-Anlage mit angeschlossenem Blockheizkraftwerk (BHKW) an einen Bauern, der mit der ihm unentgeltlich zur Verfügung gestellten Wärme seine Spargelfelder beheizte, stellte sich für den BFH die Frage, ob – und wenn ja, unter welchen Bedingungen – eine solche unentgeltliche Wertabgabe zu einer Umsatzbesteuerung führen kann.

Der BFH hat in dem Vorlageverfahren sehr systematisch die unterschiedlichen Szenarien zur unentgeltlichen Ausführung einer Lieferung durch einen Unternehmer dargestellt und die dazu aus seiner Sicht passenden umsatzsteuerrechtlichen Konsequenzen dargestellt. Insgesamt ergeben sich aus Sicht des BFH sechs Szenarien, wie in dem vorliegenden Fall mit der Wärmeabgabe verfahren werden kann, wenn die Anlage dem Unternehmen voll zugeordnet wurde (bzw. werden musste) und der erzeugte Strom steuerpflichtig geliefert wird:

1. Die Wärme kann ungenutzt entweichen. In diesem Fall kann sich keine besteuerte Wertabgabe ergeben, da keine (fiktiven) Lieferung i. S. d. § 3 Abs. 1b Satz 1 UStG vorliegt. Es liegt auch keine den Vorsteuerabzug einschränkende „Verwendung" vor.
2. Die Wärme könnte für die Beheizung der eigenen Wohnung des Betreibers genutzt werden. Diese Verwendung würde unstreitig zu einer Lieferung i. S. d. § 3 Abs. 1b Satz 1 Nr. 1 UStG führen und Umsatzsteuer auslösen.
3. Die Wärme könnte für die privaten Wohnzwecke des Personals unentgeltlich abgegeben werden. Auch in diesem Fall würde eine der Besteuerung unterliegende Wertabgabe nach § 3 Abs. 1b Satz 1 Nr. 2 UStG vorliegen.
4. Soweit der Betreiber der Anlage eine Einrichtung des öffentlichen Rechts ist, könnte die Wärme unentgeltlich für hoheitliche Zwecke verwendet werden. In diesem Fall wäre aufgrund der Rechtsprechung des EuGH (Urt. v. 12.2.2009 – C-515/07, VNLTO, BFH/NV 2009, 682) keine Wertabgabe

zu besteuern, es würde aber der Vorsteuerabzug aus der Errichtung und dem Betrieb der Anlage nicht in vollem Umfang abzugsfähig, vgl. dazu auch Abschn. 15.2c UStAE.

5. Die Wärme könnte von dem Betreiber für private Wohnzwecke von Anwohnern in seiner Nähe unentgeltlich abgegeben werden. In diesem Fall liegt nach der Rechtsprechung des BFH (Urt. v. 25.11.2021 – V R 45/20, BFH/NV 2022, 696) eine unentgeltliche Wertabgabe i. S. d. § 3 Abs. 1b Satz 1 Nr. 3 UStG vor, da es ansonsten zu einem unversteuerten Endverbrauch kommen würde.
6. Die Wärme könnte unentgeltlich an einen anderen Unternehmer (für dessen Unternehmen) abgegeben werden – in diesem Fall ist noch zu unterscheiden, ob der Leistungsempfänger für seine Leistungsbezüge vorsteuerabzugsberechtigt ist oder nicht.

Hinweis: Unterscheidung in Abhängigkeit des Vorsteuerabzugs des Leistungsempfängers?

Bei der unentgeltlichen Wertabgabe an den Spargelbauern wäre insoweit nach Auffassung des BFH zu prüfen, ob er zulässigerweise die Besteuerung nach Durchschnittssätzen nach § 24 UStG anwendet (und deshalb nicht individuell zum Vorsteuerabzug berechtigt ist) oder ob er die Regelbesteuerung (mit Vorsteuerabzugsberechtigung) anwendet.

Ob in diesem Fall die Tatsache, dass der Betreiber der Anlage wegen der Verwendung der Wärme eine höhere Vergütung für die Einspeisung des Stroms erzielt und insoweit der Netzbetreiber über die höhere Vergütung „mittelbar" die Wärmeabgabe bezahlt, könnte ebenfalls für diesen Fall eine Rolle spielen, m. E. dürfte dies aber im Ergebnis auf die grundsätzliche Beurteilung des Sachverhalts keine Auswirkung haben.

Sollte der EuGH in dem vorgelegten Fall zu dem Ergebnis kommen, dass es sich um eine nach Art. 16 MwStSystRL der Besteuerung zu unterwerfende Wertabgabe handeln sollte, muss sich der EuGH auch noch mit der Ermittlung der Bemessungsgrundlage in diesem Fall beschäftigen. Der BFH hat dem EuGH für diesen Fall die folgenden weiteren Fragen vorgelegt:

1. Schränkt der Tatbestand der Entnahme (Art. 16 MwStSystRL) den Selbstkostenpreis i. S. d. Art. 74 MwStSystRL in der Weise ein, dass bei seiner Berechnung nur vorsteuerbelastete Kosten einzubeziehen sind?
2. Gehören zum Selbstkostenpreis nur die unmittelbaren Herstellungs- oder Erzeugungskosten oder auch nur mittelbar zurechenbare Kosten wie z. B. Finanzierungsaufwendungen?

Der **EuGH** (Urt. v. 25.4.2024 – C-207/23 – Y KG, BFH/NV 2024, 880) hat – entgegen den Zweifeln des BFH – die Abgabe der Wärme an den Spargelbauern als einen Vorgang angesehen, der unter § 3 Abs. 1b Satz 1 Nr. 3 UStG fällt. Es kommt dabei nicht darauf an, ob der Empfänger die Gegenstände für vorsteuerabzugsberechtigende Zwecke verwendet oder nicht.

Hinweis: Aussage auch zur Bemessungsgrundlage

Der EuGH hat sich dann – entsprechend der Vorlage des BFH – mit der Frage der Höhe der Bemessungsgrundlage beschäftigt. Wenn die Selbstkosten heranzuziehen sind, gehen nicht nur die unmittelbaren Erzeugungskosten, sondern auch Finanzierungsaufwendungen mit ein (unabhängig davon, ob der Unternehmer einen Vorsteuerabzug hat, oder nicht).

Damit ist geklärt, dass unionsrechtlich **sämtliche unentgeltliche Wertabgaben** (soweit es sich um Gegenstände handelt und somit systematisch Lieferungen vorliegen) nach § 3 Abs. 1b Satz 1 UStG der Wertabgabebesteuerung unterliegt. Auf die Motivation des wertabgebenden Unternehmers kommt es nicht an. Damit unterliegen auch Leistungen aus unternehmerischen Gründen an einen zum Vorsteuerabzug berechtigten Unternehmer der Besteuerung als Wertabgabe. Zur Abgabe von Wärme im Rahmen einer sonstigen Leistung bei Trocknung von Holzhackschnitzeln vgl. Abschn. 3.4 UStAE.

Damit kommt es – auch bei den Beziehungen zwischen zwei Unternehmern – zu einer **Definitivbelastung mit Umsatzsteuer**. Diese Belastung könnte (es stellt sich die Frage, ob dies nicht unionsrechtlich vor dem Hintergrund des Neutralitätsgedanken zwingend so sein müsste?) vermieden werden, wenn der wertabgebende Unternehmer für diese unentgeltlich ausgeführte Leistung eine Rechnung mit gesondert ausgewiesener Umsatzsteuer erstellen könnte. In diesem Fall wäre der die unentgeltliche Leistung empfangende Unternehmer berechtigt, die beim wertabgebenden Unternehmer entstehende Umsatzsteuer als Vorsteuer abzuziehen – der Vorgang wäre neutral. Zumindest nach der derzeitigen Rechtsauffassung der Finanzverwaltung (Abschn. 3.2 Abs. 2 Satz 5 UStAE) kann aber in den Fällen einer unentgeltlichen Wertabgabe keine Rechnung mit einer gesondert ausgewiesenen Umsatzsteuer erstellt werden.

4. EuGH zu Werbeprämien bei Zeitschriftenabonnements

Der EuGH (Urt. v. 5.10.2023 – C-505/22, Deco Proteste – Editores Lda) musste sich mit der Besteuerung **unentgeltlicher Werbeprämien** zum Abschluss von Zeitschriftenabonnements beschäftigen. In Deutschland sieht die Finanzverwaltung (Abschn. 3.3 Abs. 20 UStAE) dies regelmäßig als einheitliche (entgeltliche) Leistung der Lieferung der Zeitschriften an (anders FG Hamburg, Urt. v. 19.1.2022 – 6 K 16/20, das weder Nebenleistung noch einheitlichen Leistung sah). Im vorliegenden Fall wurde als Werbeprämie ein Handy oder Tablet mit einem Einkaufspreis unter der Wertabgabegrenze für Geschenke von geringem Wert ausgelobt. Die Kunden konnten die Werbeprämie behalten, selbst wenn die Abonnements gleich wieder gekündigt wurden. Die zuständige Finanzverwaltung sah darin eine eigenständige unentgeltliche Leistung, die dem Regelsteuersatz zu unterwerfen sei.

Der EuGH hat in seiner Entscheidung eine **einheitliche Leistung abgelehnt**, aber eine **Nebenleistung** zur Zeitschriftenlieferung gesehen, die im Ergebnis in den Zahlungen für das Zeitschriftenabonnement inkludiert ist. Dies ist allerdings an **zwei Voraussetzungen** gebunden:

1. Die Prämie darf für den Kunden keinen eigenen Zweck erfüllen. Sie darf nur das Mittel darstellen, um die Hauptleistung (Zeitung) unter optimalen Bedingungen in Anspruch zu nehmen. Neben dem Anreiz, die Zeitschriften zu abonnieren, können die Zeitschriften in digitaler Form gelesen werden.
2. Die Prämie darf im Verhältnis zur Hauptleistung nur einen geringen Wert haben oder marginal sein. Diesen Wert hat der EuGH in Ermangelung des Vorliegens von Preisen für das Abonnement mit dem Wert für Geschenke von geringem Wert (in Deutschland seit dem 1.1.2024 50 €) festgemacht.

Hinweis: Sofortige Kündigungsmöglichkeit unbeachtlich

Auch die Möglichkeit, dass die Kunden das Abonnement sofort kündigen konnten und trotzdem die Werbeprämie behalten konnten, ändert nichts an der Eigenschaft als Nebenleistung. Dadurch konnte der Verlag jedes Jahr die Zahl seiner Abonnenten erheblich erhöhen. Die Gewährung einer solchen Prämie hat daher aus der Sicht des Durchschnittsverbrauchers, der bereit ist, mindestens eine Monatsrate für ein Abonnement zu bezahlen, um die Prämie zu erhalten, keinen eigenständigen Zweck.

5. Anpassung der Wertgrenzen aus dem Ertragsteuerrecht

Durch das **Wachstumschancengesetz** (Gesetz zur Stärkung von Wachstumschancen, Investitionen und Innovation sowie Steuervereinfachung und Steuerfairness (Wachstumschancengesetz) v. 27.3.2024, BGBl. I 2024 Nr. 108) ist in § 4 Abs. 5 Satz 1 Nr. 1 Satz 2 EStG – rückwirkend **zum 1.1.2024** – die Grenze für **Geschenke von geringem Wert** von 35 € auf 50 € angehoben worden.

Hinweis: Mittelbare und unmittelbare Auswirkung im Umsatzsteuerrecht

Dies wirkt sich mittelbar auf die Frage der unentgeltlichen Wertabgabe nach § 3 Abs. 1b Satz 1 Nr. 3 UStG aus, nach der eine unentgeltliche Wertabgabe aus unternehmerischen Gründen dann nicht vorliegt, wenn es ein Geschenk von geringem Wert ist. Bisher wurde umsatzsteuerrechtlich auf die Grenze von 35 € aus dem Ertragsteuerrecht Bezug genommen.

Weiterhin wirkt sich die Anhebung der Grenze für die Geschenke von geringem Wert auf die Abzugsfähigkeit von Vorsteuerbeträgen nach § 15 Abs. 1a UStG unmittelbar aus. In § 15 Abs. 1a UStG ist der Vorsteuerabzug für bestimmte, ertragsteuerrechtlich vom Betriebsausgabenabzug ausgeschlossene Aufwendungen untersagt. Dazu gehören auch die Geschenke, die über die Wertgrenze von (jetzt) 50 € – pro Beschenkten, pro Kalenderjahr – hinaus gehen.

Die Finanzverwaltung hat die Stellen im UStAE angepasst, bei denen bisher die Wertgrenze von 35 € angegeben war.

UStAE 3.4. Den sonstigen Leistungen gleichgestellte Wertabgaben

(1) [1]Die unentgeltlichen Wertabgaben im Sinne des § 3 Abs. 9a UStG umfassen alle sonstigen Leistungen, die ein Unternehmer im Rahmen seines Unternehmens für eigene, außerhalb des Unternehmens liegende Zwecke oder für den privaten Bedarf seines Personals ausführt. [2]Sie erstrecken sich auf alles, was seiner Art nach Gegenstand einer sonstigen Leistung im Sinne des § 3 Abs. 9 UStG sein kann. [3]Nicht steuerbar ist dagegen die Gewährung unentgeltlicher sonstiger Leistungen aus unternehmerischen Gründen. [4]Zu den unentgeltlichen sonstigen Leistungen für den privaten Bedarf des Personals im Sinne des § 3 Abs. 9a UStG vgl. Abschnitt 1.8.

(2) [1]Eine Wertabgabe im Sinne von § 3 Abs. 9a Nr. 1 UStG setzt voraus, dass der verwendete Gegenstand dem Unternehmen zugeordnet ist und die unternehmerische Nutzung des Gegenstands zum vollen oder teilweisen Vorsteuerabzug berechtigt hat. [2]Zur Frage der Zuordnung zum Unternehmen gilt Abschnitt 3.3 Abs. 1 entsprechend; vgl. dazu auch Abschnitt 15.2b Abs. 2. [3]Wird ein dem Unternehmen zugeordneter Gegenstand, bei dem kein Recht zum Vorsteuerabzug bestand (z. B. ein von einer Privatperson erworbener Computer), für nichtunternehmerische Zwecke genutzt, liegt eine sonstige Leistung im Sinne von § 3 Abs. 9a Nr. 1 UStG nicht vor. [4]Ändern sich bei einem dem unternehmerischen Bereich zugeordneten Gegenstand die Verhältnisse für den Vorsteuerabzug durch Erhöhung der Nutzung für nichtwirtschaftliche Tätigkeiten i. e. S., ist eine unentgeltliche Wertabgabe nach § 3 Abs. 9a Nr. 1 UStG zu versteuern. [5]Ändern sich die Verhältnisse durch Erhöhung der Nutzung für unternehmerische Tätigkeiten, kann eine Vorsteuerberichtigung nach § 15a UStG in Betracht kommen (vgl. Abschnitt 15a.1 Abs. 7). [6]Bei einer teilunternehmerischen Nutzung von Grundstücken sind die Absätze 5a bis 8 zu beachten.

(3) [1]Unter den Tatbestand des § 3 Abs. 9a Nr. 1 UStG fällt grundsätzlich auch die private Nutzung eines unternehmenseigenen Fahrzeugs durch den Unternehmer oder den Gesellschafter (vgl. BFH-Urteil vom 5. 6. 2014, XI R 2/12, BStBl 2015 II S. 785). [2]Die Verwendung eines dem Unternehmen zugeordneten Pkw für Fahrten des Unternehmers zwischen Wohnung und Betriebsstätte erfolgt nicht für Zwecke außerhalb des Unternehmens und unterliegt damit nicht der Wertabgabenbesteuerung nach § 3 Abs. 9a Nr. 1 UStG (vgl. BFH-Urteil vom 5. 6. 2014, XI R 36/12, BStBl 2015 II S. 43).

(4) [1]Umsatzsteuer aus den Anschaffungskosten unternehmerisch genutzter Telekommunikationsgeräte (z. B. von Telefonanlagen nebst Zubehör, Faxgeräten, Mobilfunkeinrichtungen) kann der Unternehmer unter den Voraussetzungen des § 15 UStG in voller Höhe als Vorsteuer abziehen. [2]Die unternehmensfremde (private) Nutzung dieser Geräte unterliegt nach § 3 Abs. 9a Nr. 1 UStG der Umsatzsteuer (vgl. Abschnitt 15.2c). [3]Bemessungsgrundlage sind die Ausgaben für die jeweiligen Geräte (vgl. Abschnitt 10.6 Abs. 3). [4]Nicht zur Bemessungsgrundlage gehören die Grund- und Gesprächsgebühren (vgl. BFH-Urteil vom 23. 9. 1993, V R 87/89, BStBl 1994 II S. 200). [5]Die auf diese Gebühren entfallenden Vorsteuern sind in einen abziehbaren und einen nicht abziehbaren Anteil aufzuteilen (vgl. Abschnitt 15.2c).

(5) Der Einsatz betrieblicher Arbeitskräfte für unternehmensfremde (private) Zwecke zu Lasten des Unternehmens (z. B. Einsatz von Betriebspersonal im Privatgarten oder im Haushalt des Unternehmers) ist grundsätzlich eine steuerbare Wertabgabe nach § 3 Abs. 9a Nr. 2 UStG (vgl. BFH-Urteil vom 18. 5. 1993, V R 134/89, BStBl II S. 885).

Teilunternehmerische Nutzung von Grundstücken

(5a) [1]Ist der dem Unternehmen zugeordnete Gegenstand ein Grundstück – insbesondere ein Gebäude als wesentlicher Bestandteil eines Grundstücks – und wird das Grundstück teilweise für unternehmensfremde (private) Tätigkeiten genutzt, so dass der Vorsteuerabzug nach § 15 Abs. 1b UStG insoweit ausgeschlossen ist (vgl. Abschnitt 15.6a), entfällt eine Wertabgabenbesteuerung nach § 3 Abs. 9a Nr. 1 UStG. [2]Sofern sich später der Anteil der unternehmensfremden Nutzung des dem Unternehmensvermögen insgesamt zugeordneten Grundstücks im Sinne des § 15 Abs. 1b UStG erhöht, erfolgt eine Berichtigung nach § 15a Abs. 6a UStG (vgl. Abschnitt 15.6a Abs. 5) und keine Wertabgabenbesteuerung nach § 3 Abs. 9a Nr. 1 UStG. [3]Wird das Grundstück nicht für unternehmensfremde, sondern für nichtwirtschaftliche Tätigkeiten i. e. S. verwendet (z. B. für ideelle Zwecke eines Vereins, vgl. Abschnitt 2.3 Abs. 1a), ist insoweit eine Zuordnung nach § 15 Abs. 1 UStG nicht möglich (vgl. BFH-Urteil vom 3. 3. 2011, V R 23/10, BStBl 2012 II S. 74, Abschnitt 15.2b Abs. 2). [4]Erhöht sich später der Anteil der Nutzung des Grundstücks für nichtwirtschaftliche Tätigkeiten i. e. S., erfolgt eine Wertabgabenbesteuerung nach § 3 Abs. 9a Nr. 1 UStG. [5]Vermindert sich später der Anteil der Nutzung des Grundstücks für nichtwirtschaftliche Tätigkeiten i. e. S., kann der Unternehmer aus Billigkeitsgründen eine Berichtigung entsprechend § 15a Abs. 1 UStG vornehmen (vgl. Abschnitt 15a.1 Abs. 7).

(6) [1]Überlässt eine Gemeinde eine Mehrzweckhalle unentgeltlich an Schulen, Vereine usw., handelt es sich um eine Nutzung für nichtwirtschaftliche Tätigkeiten i. e. S. (vgl. Abschnitt 2.3 Abs. 1a); insoweit ist eine Zuordnung der Halle zum Unternehmen nach § 15 Abs. 1 UStG nicht möglich (vgl. Abs. 5a Satz 3 sowie Abschnitt 15.2b Abs. 2) und dementsprechend keine unentgeltliche Wertabgabe zu besteuern. [2]Das gilt nicht, wenn die Halle ausnahmsweise zur Anbahnung späterer Geschäftsbeziehungen mit Mietern für kurze Zeit unentgeltlich überlassen wird (vgl. BFH-Urteil vom 28. 11. 1991, V R 95/86, BStBl 1992 II S. 569). [3]Auf Grund eines partiellen Zuordnungsverbots liegt auch keine unentgeltliche Wertabgabe vor, wenn Schulen und Vereine ein gemeindliches Schwimmbad unentgeltlich nutzen können (vgl. Abschnitt 2.11 Abs. 18). [4]Die Mitbenutzung von Kurparkanlagen, die eine Gemeinde unternehmerisch nutzt, durch Personen, die nicht Kurgäste sind, führt bei der Gemeinde nicht zu einer steuerbaren unentgeltlichen Wertabgabe (vgl. BFH-Urteil vom 18. 8. 1988, V R 18/83, BStBl II S. 971), ggf. ist jedoch insoweit kein Vorsteuerabzug möglich (vgl. Abschnitt 15.19). [5]Es liegt auch keine unentgeltliche Wertabgabe vor, wenn eine Gemeinde ein Parkhaus den Benutzern zeitweise (z. B. in der Weihnachtszeit) gebührenfrei zur Verfügung stellt, wenn damit neben dem Zweck der Verkehrsberuhigung auch dem Parkhausunternehmen dienende Zwecke (z. B. Kundenwerbung) verfolgt werden (vgl. BFH-Urteil vom 10. 12. 1992, V R 3/88, BStBl 1993 II S. 380).

Wertabgabenbesteuerung nach § 3 Abs. 9a Nr. 1 UStG bei teilunternehmerisch genutzten Grundstücken, die die zeitlichen Grenzen des § 27 Abs. 16 UStG erfüllen

(7) [1]Die Verwendung von Räumen in einem dem Unternehmen zugeordneten Gebäude für Zwecke außerhalb des Unternehmens kann eine steuerbare oder nicht steuerbare Wertabgabe sein. [2]Diese Nutzung ist nur steuerbar, wenn die unternehmerische Nutzung anderer Räume zum vollen oder teilweisen Vorsteuerabzug berechtigt hat (vgl. BFH-Urteile vom 8. 10. 2008, XI R 58/07, BStBl 2009 II S. 394, und vom 11. 3. 2009, XI R 69/07, BStBl II S. 496). [3]Ist die unentgeltliche Wertabgabe steuerbar, kommt die Anwendung der Steuerbefreiung nach § 4 Nr. 12 UStG nicht in Betracht (vgl. Abschnitt 4.12.1 Abs. 1 und 3).

Beispiel 1:

[1]U hat ein Zweifamilienhaus, in dem er eine Wohnung steuerfrei vermietet und die andere Wohnung für eigene Wohnzwecke nutzt, insgesamt seinem Unternehmen zugeordnet.

[2]U steht hinsichtlich der steuerfrei vermieteten Wohnung kein Vorsteuerabzug zu (§ 15 Abs. 2 Satz 1 Nr. 1 UStG). [3]Die private Nutzung ist keine steuerbare unentgeltliche Wertabgabe im Sinne des § 3 Abs. 9a Nr. 1 UStG, da der dem Unternehmen zugeordnete Gegenstand nicht zum vollen oder teilweisen Vorsteuerabzug berechtigt hat.

Beispiel 2:

[1]U ist Arzt und nutzt in seinem Einfamilienhaus, das er zulässigerweise insgesamt seinem Unternehmen zugeordnet hat, das Erdgeschoss für seine unternehmerische Tätigkeit und das Obergeschoss für eigene Wohnzwecke. [2]Er erzielt nur steuerfreie Umsätze im Sinne des § 4 Nr. 14 UStG, die den Vorsteuerabzug ausschließen.

[3]U steht kein Vorsteuerabzug zu. [4]Die private Nutzung des Obergeschosses ist keine steuerbare unentgeltliche Wertabgabe im Sinne des § 3 Abs. 9a Nr. 1 UStG, da das dem Unternehmen zugeordnete

Gebäude hinsichtlich des unternehmerisch genutzten Gebäudeteils nicht zum Vorsteuerabzug berechtigt hat.

Beispiel 3:

[1]U ist Schriftsteller und nutzt in seinem ansonsten für eigene Wohnzwecke genutzten Einfamilienhaus, das er insgesamt seinem Unternehmen zugeordnet hat, ein Arbeitszimmer für seine unternehmerische Tätigkeit.

[2]U steht hinsichtlich des gesamten Gebäudes der Vorsteuerabzug zu. [3]Die private Nutzung der übrigen Räume ist eine unentgeltliche Wertabgabe im Sinne des § 3 Abs. 9a Nr. 1 UStG, da der dem Unternehmen zugeordnete Gegenstand hinsichtlich des unternehmerisch genutzten Gebäudeteils zum Vorsteuerabzug berechtigt hat. [4]Die unentgeltliche Wertabgabe ist steuerpflichtig.

[4]Das gilt auch, wenn die Nutzung für Zwecke außerhalb des Unternehmens in der unentgeltlichen Überlassung an Dritte besteht.

Beispiel 4:

[1]U hat ein Haus, in dem er Büroräume im Erdgeschoss steuerpflichtig vermietet und die Wohnung im Obergeschoss unentgeltlich an die Tochter überlässt, insgesamt seinem Unternehmen zugeordnet.

[2]U steht hinsichtlich des gesamten Gebäudes der Vorsteuerabzug zu. [3]Die Überlassung an die Tochter ist eine steuerbare unentgeltliche Wertabgabe im Sinne des § 3 Abs. 9a Nr. 1 UStG, weil das dem Unternehmen zugeordnete Gebäude hinsichtlich des unternehmerisch genutzten Gebäudeteils zum Vorsteuerabzug berechtigt hat. [4]Die unentgeltliche Wertabgabe ist steuerpflichtig.

Beispiel 5:

[1]U hat ein Zweifamilienhaus, das er im Jahr 01 zu 50 % für eigene unternehmerische Zwecke und zum Vorsteuerabzug berechtigende Zwecke (Büroräume) nutzt und zu 50 % steuerfrei vermietet, insgesamt seinem Unternehmen zugeordnet. [2]Ab dem Jahr 04 nutzt er die Büroräume ausschließlich für eigene Wohnzwecke.

[3]U steht ab dem Jahr 01 nur hinsichtlich der Büroräume der Vorsteuerabzug zu; für den steuerfrei vermieteten Gebäudeteil ist der Vorsteuerabzug hingegen ausgeschlossen. [4]Ab dem Jahr 04 unterliegt die Nutzung der Büroräume zu eigenen Wohnzwecken des U als steuerbare unentgeltliche Wertabgabe im Sinne des § 3 Abs. 9a Nr. 1 UStG der Umsatzsteuer, da das dem Unternehmen zugeordnete Gebäude hinsichtlich der vorher als Büro genutzten Räume zum Vorsteuerabzug berechtigt hat. [5]Die unentgeltliche Wertabgabe ist steuerpflichtig. [6]Eine Änderung der Verhältnisse im Sinne des § 15a UStG liegt nicht vor.

(8) [1]Verwendet ein Gemeinschafter seinen Miteigentumsanteil, welchen er seinem Unternehmen zugeordnet und für den er den Vorsteuerabzug beansprucht hat, für nichtunternehmerische Zwecke, ist diese Verwendung eine steuerpflichtige unentgeltliche Wertabgabe im Sinne des § 3 Abs. 9a Nr. 1 UStG.

Beispiel:

[1]U und seine Ehefrau E erwerben zu 25 % bzw. 75 % Miteigentum an einem unbebauten Grundstück, das sie von einem Generalunternehmer mit einem Einfamilienhaus bebauen lassen. [2]U nutzt im Einfamilienhaus einen Raum, der 9 % der Fläche des Gebäudes ausmacht für seine unternehmerische Tätigkeit. [3]Die übrigen Räume des Hauses werden durch U und E für eigene Wohnzwecke genutzt. [4]U macht 25 % der auf die Baukosten entfallenden Vorsteuern geltend.

[5]Durch die Geltendmachung des Vorsteuerabzuges aus 25 % der Baukosten gibt U zu erkennen, dass er seinen Miteigentumsanteil in vollem Umfang seinem Unternehmen zugeordnet hat. [6]U kann daher unter den weiteren Voraussetzungen des § 15 UStG 25 % der auf die Baukosten entfallenden Vorsteuern abziehen. [7]Soweit U den seinem Unternehmen zugeordneten Miteigentumsanteil für private Zwecke nutzt (16 % der Baukosten), muss er nach § 3 Abs. 9a Nr. 1 UStG eine unentgeltliche Wertabgabe versteuern.

[2]Zur Wertabgabe bei der Übertragung von Miteigentumsanteilen an Grundstücken vgl. Abschnitt 3.3 Abs. 8.

Anmerkung

1. Grundlagen unentgeltlicher sonstiger Leistungen

Grundsätzlich können die folgenden Vorgänge zu einer **fiktiven sonstigen Leistung** nach § 3 Abs. 9a UStG führen:

- Verwendung eines Gegenstands für Zwecke außerhalb des Unternehmens oder für den privaten Bedarf des Personals – dies aber nur insoweit ein Vorsteuerabzug vorhanden gewesen war;
- andere sonstige Leistung für Zwecke außerhalb des Unternehmens oder für den privaten Bedarf des Personals.

Hinweis: Unentgeltliche Abgabe aus unternehmerischen Gründen unterliegt nicht der Besteuerung

Die Wertabgabe nach § 3 Abs. 9a Nr. 1 oder Nr. 2 UStG setzt immer voraus, dass die sonstige Leistung für Zwecke außerhalb des Unternehmens oder den privaten Bedarf des Personals ausgeführt wird. Soweit unentgeltlich sonstige Leistungen für unternehmerische Zwecke ausgeführt werden (z. B. Auslobung sonstiger Leistung im Rahmen eines Preisausschreibens), führt dies nicht zu einer Besteuerung einer fiktiven Wertabgabe. Nach einer neuen Entscheidung des BFH führt dies aber zum Verlust des Vorsteuerabzugsrechts für damit im Zusammenhang stehende Eingangsleistungen, vgl. 5.

2. Übergangsphase bei unternehmerisch und privat genutzten Gebäuden („Seeling-Urteil")

Zu beachten sind in der **Übergangsphase** (vgl. § 27 Abs. 16 UStG) noch die Rechtsfolgen aus der Rechtsprechung des EuGH (Urt. v. 8.5.2003 – C-269/00, Wolfgang Seeling, BStBl II 2004, 378) für die **unternehmerisch wie auch privat genutzten, aber dem Unternehmen zugeordneten Gebäude**:

- Für die Gebäude, die aufgrund eines obligatorischen Kaufvertrags **bis Ende 2010 angeschafft** worden waren oder die aufgrund eines **bis Ende 2010 eingereichten Bauantrags errichtet** worden waren, konnte der Unternehmer den vollen Vorsteuerabzug aus allen Anschaffungs- oder Herstellungskosten vornehmen (soweit eine Zuordnung zum Unternehmen vollständig erfolgte). Soweit das Gebäude dann auch für private Zwecke verwendet wurde, unterlag diese der Besteuerung nach § 3 Abs. 9a Nr. 1 UStG. Dabei waren die Anschaffungs- oder Herstellungskosten über den maßgeblichen Vorsteuerberichtigungszeitraum zu verteilen (vgl. dazu auch EuGH, Urt. v. 14.9.2006 – C-72/05, Hausgemeinschaft Wollny, BStBl II 2007, 32, BFH, Urt. v. 19.4.2007 – V R 56/04, BStBl II 2007, 676 sowie BMF, Schreiben v. 10.8.2007, BStBl I 2007, 690).
- **Gebäude**, die **nach dem 31.12.2010 angeschafft** worden sind oder die **aufgrund eines nach dem 31.12.2010 eingereichten Bauantrags errichtet** worden sind und die sowohl für unternehmerische als auch für private Zwecke verwendet werden, können weiterhin dem Unternehmen vollständig zugeordnet werden, soweit die unternehmerische Nutzung mindestens 10 % beträgt (§ 15 Abs. 1 Satz 2 UStG). Der Vorsteuerabzug ist dann aber nur insoweit möglich, wie das Gebäude auch tatsächlich für unternehmerische Zwecke verwendet wird (§ 15 Abs. 1b UStG). Dafür entfällt dann die Besteuerung einer unentgeltlichen Wertabgabe.

  Hinweis: Vollständige Zuordnung eines unternehmerisch als auch privat genutzten Gebäudes sinnvoll

  Obwohl in solchen Fällen der unternehmerischen als auch der privaten Verwendung eines „neuen" Gebäudes der Vorsteuerabzug wegen § 15 Abs. 1b UStG auf den auf die unternehmerisch genutzten Teile des Gebäudes beschränkt ist, ist die Vollzuordnung des Gebäudes umsatzsteuerrechtlich sinnvoll, da nur dies bei einer späteren Nutzungsänderung (Erhöhung der unternehmerischen Nutzung) die Möglichkeit einer Vorsteuerberichtigung zugunsten des Unternehmers nach § 15a UStG ermöglicht.

  Dabei ist auf die Zuordnungsfrist bis zur Abgabe der Jahressteuererklärung zu achten. Nachdem der EuGH die nationale Zuordnungsfrist nicht grundsätzlich verworfen hatte (EuGH, Urt. v. 14.10.2021

– C-45/20, BFH/NV 2021, 1629), hat der BFH (Urt. v. 4.5.2022 – XI R 28/21, BFH/NV 2022, 878 und XI R 29/21, BFH/NV 2022, 881) entschieden, dass es zwar bei der Zuordnungsfrist bis zur Abgabefrist der Jahressteuererklärung bleibt, innerhalb dieser Frist aber nicht die Zuordnung gegenüber der Finanzverwaltung zu erklären ist, sondern sich auch aus anderen objektiven Nachweisen ergeben kann.

Dabei ist auf die Zuordnungsfrist bis zur Abgabe der Jahressteuererklärung zu achten. Nachdem der EuGH die nationale Zuordnungsfrist nicht grundsätzlich verworfen hatte (EuGH, Urt. v. 14.10.2021 – C-45/20, BFH/NV 2021, 1629), hat der BFH (Urt. v. 4.5.2022 – XI R 28/21, BFH/NV 2022, 878 und XI R 29/21, BFH/NV 2022, 881) entschieden, dass es zwar bei der Zuordnungsfrist bis zur Abgabefrist der Jahressteuererklärung bleibt, innerhalb dieser Frist aber nicht die Zuordnung gegenüber der Finanzverwaltung zu erklären ist, sondern sich auch aus anderen objektiven Nachweisen ergeben kann.

3. Überlassung von Fahrzeugen an das Personal regelmäßig als tauschähnlicher Umsatz entgeltlich

Das FG des Saarlandes (Beschl. v. 18.03.2019 – 1 K 1208/16; beim EuGH C-288/19, QM) hatte den EuGH angerufen, um klären zu lassen, ob es sich bei der **Überlassung eines Fahrzeugs an das Personal** um eine entgeltliche Leistung (tauschähnlicher Umsatz) oder um eine unentgeltliche Wertabgabe handelt. Das Ergebnis hat sowohl einen Einfluss auf die Festlegung des Orts der Leistung (insbesondere, wenn Arbeitgeber und Arbeitnehmer in verschiedenen Mitgliedstaaten ansässig sind) als auch für die Ermittlung der Bemessungsgrundlage der Höhe nach. Der **EuGH** (Urt. v. 20.1.2021 – C-288/19, QM, BFH/NV 2021, 527) hat dazu auf die Vorlagefrage entschieden, dass eine entgeltliche Überlassung (Vermietung) nur dann vorliegen könne, wenn das Personal eine Zahlung leisten würde, auf einen Teil der Barvergütung verzichten würde oder der Anspruch auf die Nutzung des Fahrzeugs mit dem Verzicht auf andere Vorteile verbunden wäre. Allein die ertragsteuerrechtliche Qualifizierung als geldwerter Vorteil würde umsatzsteuerrechtlich noch keinen Leistungsaustausch begründen. Das FG des Saarlands (Gerichtsbescheid v. 29.7.2021 – 1 K 1034/21) hatte dann entschieden, dass in einem Fall eine entgeltliche Vermietung und in einem anderen Fall eine unentgeltliche Überlassung vorliegen würde. Im Revisionsverfahren hat der BFH (Urt. v. 30.6.2022 – V R 25/21, BFH/NV 2022, 1258) das **Urteil des FG des Saarlands aufgehoben** und in der Überlassung des Fahrzeugs an das Personal (in den vorliegenden Fall) doch eine **Leistung gegen Entgelt** gesehen (als tauschähnlichen Umsatz i. S. d. § 3 Abs. 12 Satz 2 UStG).

Hinweis: BFH übt erhebliche Kritik an der Vorlagefrage des FG

Der BFH hat in seinem Urteil erhebliche Kritik an der Vorlagefrage des FG geäußert. Nach seiner Auffassung ist das Finanzgericht voreingenommen davon ausgegangen, dass die Überlassung nicht entgeltlich erfolgt und hat die Vorlagefrage von dieser Annahme ausgehend gestellt: „Damit ergibt sich der Rechtsfehler des FG daraus, dass es … die Unentgeltlichkeit der Fahrzeugüberlassung unterstellt. … um dann das Stillschweigen des EuGH zu einer nicht gestellten Frage als Antwort und dabei als Ablehnung des Sachentgelts im Rahmen eines tauschähnlichen Umsatzes anzusehen.“

Der BFH hat in seiner Entscheidung festgestellt, dass die **Gegenleistung** für eine Lieferung in einer Dienstleistung bestehen kann und dann Besteuerungsgrundlage der Lieferung ist, wenn ein unmittelbarer Zusammenhang zwischen der Lieferung und der Dienstleistung besteht und wenn der Wert der Dienstleistung in Geld ausgedrückt werden kann (u. a. EuGH, Urt. v. 23.11.1988 – C-230/87, Naturally Yours Cosmetics sowie EuGH, Urt. v. 10.1.2019 – C-410/17, A Oy, UR 2019, 222). Gleiches gilt, wenn eine **Dienstleistung gegen eine andere Dienstleistung** getauscht wird, sofern genau diese Voraussetzungen erfüllt sind (EuGH, Urt. v. 26.9.2013 – C-283/12, Serebryannay vek, BB 2013, 2453). Der BFH hat sich deshalb der teilweise in der Literatur vertretenen Auffassung nicht angeschlossen, dass ein tauschähnlicher Umsatz ausgeschlossen sei, wenn nur die Arbeitsleistung als Entgelt für die Fahrzeugüberlassung in Frage komme.

Der für einen tauschähnlichen Umsatz erforderliche **unmittelbare Zusammenhang** zwischen der Fahrzeugüberlassung und der (teilweisen) Arbeitsleistung liegt bei der Überlassung des Fahrzeugs zu privaten Zwecken vor. Dieser unmittelbare Zusammenhang ergibt sich regelmäßig daraus, dass die Nutzungsüberlassung im Rahmen eines **Anstellungsvertrags individuell vereinbart** wird (u. a. BFH, Urt. v. 18.2.2016 – V R 23/15, BStBl II 2016, 496, BFH, Urt. v. 6.6.2019 – V R 18/18, BStBl II 2020, 293 sowie EuGH, Urt. v. 18.7.2013 – C-210/11 und C-211/11, Medicom und Maison Patrice Alard, BFH/NV 2013, 1534).

Hinweis: Einkommensteuerrechtliche Beurteilung unbeachtlich

Der BFH hat aber ausdrücklich festgestellt, dass der bloße Zusammenhang der Fahrzeugüberlassung mit einem Dienstverhältnis nicht ausreichend ist, um eine entgeltliche Leistung zu begründen. Ebenso ist nach dem EuGH-Urteil die einkommensteuerrechtliche Beurteilung ohne Bedeutung.

Wird ein Fahrzeug dem Personal aufgrund einer **individuellen arbeitsvertraglichen Regelung** auch zur privaten Nutzung überlassen – wovon in der Praxis im Regelfall ausgegangen werden kann –, ist ein **entgeltlicher Leistungsaustausch** (tauschähnlicher Umsatz) gegeben. Die Gegenleistung muss nicht in der tatsächlichen Zahlung in Geld bestehen, es kann auch eine Gegenleistung im Rahmen einer Sachleistung vorliegen. Wenn die Überlassung danach entgeltlich ist, bestimmt sich der **Ort der sonstigen Leistung** bei der Überlassung an das Personal (= Nichtunternehmer) nach § 3 a Abs. 3 Nr. 2 Satz 3 UStG nach dem Ort, an dem der Leistungsempfänger ansässig ist. Die **Bemessungsgrundlage** richtet sich nach § 10 Abs. 2 Satz 2 UStG dem Wert der Gegenleistung. Grundsätzlich wäre die Bemessungsgrundlage nach den entstandenen Kosten zu ermitteln (BFH, Urt. v. 10.6.1999 – V R 87/98, BStBl II 1999, 580). Auf die Vorsteuerabzugsberechtigung kommt es nicht an, sodass auch Kosten mit einzubeziehen sind, die den Vorsteuerabzug nicht zugelassen haben (z. B. Kfz-Steuer, Versicherung); die Anschaffungskosten sind über den ertragsteuerlichen Abschreibungszeitraum zu verteilen (eine Verteilung über den maßgeblichen Vorsteuerberichtigungszeitraum ergibt sich nur bei der Ermittlung einer Bemessungsgrundlage für eine unentgeltliche Nutzungsüberlassung nach § 3 Abs. 9 a Nr. 1 i. V. m. § 10 Abs. 4 Satz 1 Nr. 2 UStG). Im Rahmen einer erleichterten Ermittlung der Bemessungsgrundlage wird es aber vom BFH (Urt. v. 25.4.2018 – XI R 21/16, BStBl II 2018, 505) auch nicht beanstandet, wenn die Bemessungsgrundlage ausgehend von den lohnsteuerrechtlichen Werten ermittelt wird („1 %-Regelung“), vgl. auch Abschn. 15.23 Abs. 11 UStAE.

Hinweis: Keine Entscheidung außerhalb vertraglicher Regelungen

Der BFH hat nicht darüber entschieden, ob eine entgeltliche Fahrzeugüberlassung bei einer bloß faktischen betrieblichen Übung (Abschn. 15.23 Abs. 9 Satz 2 UStAE) oder in den Fällen anzunehmen ist, in denen das Fahrzeug dem Arbeitnehmer faktisch für eine gewisse Dauer und nicht nur gelegentlich zur Privatnutzung überlassen wird (Abschn. 15.23 Abs. 9 Satz 3 UStAE).

4. Bei Vermietung an Ehepartner kann auch noch unentgeltliche Wertabgabe vorliegen

Wird ein Fahrzeug zwischen Eheleuten zu marktüblichen Konditionen vermietet (verleast), kann trotz der 100 %-igen Vermietung auch noch eine Besteuerung einer **unentgeltlichen Wertabgabe** für den vermietenden (Ehe)Partner vorliegen, wenn er das Fahrzeug auch für eigene (private) Zwecke nutzt; BFH, Urt. v. 29.9.2022 – V R 29/20, BStBl II 2023, 968.

5. Verlust des Vorsteuerabzugs bei nicht steuerbarer unentgeltlicher sonstiger Leistungen

5.1 Ausgangsfall zur unentgeltlichen Abgabe aus unternehmerischen Gründen

Der BFH (Urt. v. 11.12.2024 – XI R 4/23, BFH/NV 2025, 1111) musste sich erneut mit der **Besteuerung unentgeltlicher Wertabgaben** beschäftigen – diesmal im Bereich der Ausführung unentgeltlicher sonstiger Leistungen. In dem zu entscheidenden Fall betrieb ein Unternehmer ein Blockheizkraftwerk. Der in dem Blockheizkraftwerk erzeugte Strom wurde steuerbar und steuerpflichtig in das öffentliche Netz eingespeist. Um bei der Einspeisung des Stroms eine höhere Vergütung zu erlangen (sog. **KWK-Bonus**), wurde die in dem Blockheizkraftwerk anfallende Wärme u.a. dazu verwendet, in eigens dazu angeschafften Trocknungscontainern Holzhackschnitzel fremder Unternehmer unentgeltlich zu trocknen.

Hinweis: Ziel war erhöhte Vergütung für die Stromlieferung

Die Trocknung der Holzhackschnitzel erfolgte unentgeltlich, da sie für den Leistungsempfänger kaum zu einer Marktwerterhöhung führte (im entschiedenen Fall betrug die Marktwerterhöhung der Holzhackschnitzel ca. 600 €). Die erhöhte Vergütung für den eingespeisten Strom betrug für den Unternehmer im entschiedenen Fall hingegen ca. 45.000 €.

Die Umsatzsteuerbeträge aus dem Erwerb der Trocknungsanlage wurden von dem Unternehmer als Vorsteuer abgezogen. Im Zuge einer Betriebsprüfung wollte das Finanzamt die Abgabe der Wärme als unentgeltliche Lieferung der Besteuerung unterwerfen. Das Finanzgericht hatte zutreffend festgestellt, dass in diesem Fall eine Lieferung der Wärme nicht vorliegt, da die Wärme für die Trocknung vom Unternehmer selbst unmittelbar eingesetzt wurde (**insoweit keine „Lieferung von Wärme“** vorliegen würde). Eine Besteuerung einer unentgeltlichen sonstigen Leistung (Trocknung) kam hingegen nicht in Betracht, da sie aus unternehmerischen Gründen erfolgte und somit nicht in den Anwendungsbereich des § 3 Abs. 9a UStG fallen würde.

Der **BFH** hat in seiner Entscheidung – zutreffend – bestätigt, dass die Trocknung der Holzhackschnitzel eine sonstige Leistung darstellt, die aus unternehmerischen Gründen erfolgte. Deshalb kann keine Besteuerung nach § 3 Abs. 9a UStG erfolgen. Allerdings hat der BFH dem Unternehmer den **Vorsteuerabzug aus dem Erwerb der Trocknungsanlage versagt**, da insoweit kein Zusammenhang mit einer unternehmerischen Leistung vorliegen soll. Nach den Feststellungen des BFH ist ein Vorsteuerabzug ausgeschlossen, soweit Eingangsleistungen zur unentgeltlichen Trocknung von Holz als nichtwirtschaftlicher Tätigkeit bezogen werden.

Hinweis: Keine Zuordnung zum Unternehmen

Aus den weiteren Entscheidungsgründen des BFH ist ersichtlich, dass nicht nur der Vorsteuerabzug aus der Anschaffung der Trocknungsanlage ausgeschlossen ist, sondern die Trocknungsanlage dem Unternehmen schon gar nicht zuzuordnen gewesen war.

5.2 Weitere Folgen unklar

Die Entscheidung des BFH **geht über die bisherigen Entscheidungen hinaus**. Während bei der unentgeltlich ausgeführten Abgabe von Gegenständen aufgrund der Besteuerung einer Wertabgabe nach § 3 Abs. 1b UStG es im Regelfall zu keinen wirtschaftlichen Konsequenzen für den Unternehmer kam – ob ein Vorsteuerabzug aus Leistungsbezügen bei Besteuerung einer Wertabgabe vorgenommen werden konnte oder ob der Vorsteuerabzug von Beginn an versagt wurde, aber keine Ausgangsleistung der Besteuerung zu unterwerfen war, war lediglich eine Frage der systematischen Herangehensweise –, entsteht aufgrund der neuen Entscheidung des BFH nun ein **echter wirtschaftlicher Nachteil** für den Unternehmer. Im Ergebnis wird einem Unternehmer, der keine privat veranlassten Leistungen ausführt und ausschließlich besteuerte Umsätze erzielt, der Vorsteuerabzug aus Eingangsleistungen verwehrt, obwohl diese Eingangsleistungen für die Erzielung einer erhöhten Vergütung einer (der Besteuerung) unterliegenden Leistung verwendet werden. Damit ergibt sich im Ergebnis eine **Durchbrechung des Neutralitätsprinzips** im Umsatzsteuerrecht.

Hinweis: Kein Zusammenhang mit erhöhter Vergütung nach Auffassung des BFH

Der BFH hat in seiner Entscheidung auch einen mittelbaren Zusammenhang der Eingangsleistungen mit dem KWK-Bonus verneint. Er bezieht sich dabei auf die Entscheidung des EuGH zur Mitteldeutschen Hartstein-Industrie (EuGH, Urt. v. 16.9.2020 – C-528/19, Mitteldeutsche Hartstein-Industrie, UR 2020, 840 mit Folgeurteil BFH, Urt. v. 16.12.2020 – XI R 26/20, BStBl II 2024, 146).

Fraglich ist, welche **weiteren Konsequenzen** sich aus diesem Urteil ergeben werden. Die Finanzverwaltung wird ggf. über die bisherige Verwaltungsauffassung nachdenken, dass aus bezogenen sonstigen Leistungen ein Vorsteuerabzug unter den allgemeinen Voraussetzungen des § 15 UStG möglich ist, wenn eine unentgeltliche, aber nicht dem Grunde nach gem. § 3 Abs. 9a Nr. 1 oder Nr. 2 UStG der Besteuerung unterliegende Wertabgabe vorliegt. Mit dem Urteil des BFH liegen hier Gründe vor, die Verwaltungsauffassung zulasten der Unternehmer zu verändern.

Hinweis: Problem ist Nichtausweis der Umsatzsteuer in Rechnung

Soweit mit der unentgeltlichen Wertabgabe auch ein Endverbrauch verbunden ist, ist die Versagung des Vorsteuerabzugs verbunden mit einer Nichtbesteuerung der unentgeltlichen Wertabgabe auch systematisch begründbar. Eine Durchbrechung des Neutralitätsgebots der Umsatzsteuer liegt aber dann vor, wenn der Empfänger der unentgeltlichen Wertabgabe ein Unternehmer ist, der die Leistung selbst wieder für eine besteuerte, unternehmerische Leistung verwendet. Dieses Problem wäre aber (leicht) zu beseitigen, wenn die Finanzverwaltung ihre bisher vertretene Auffassung (Abschn. 3.2 Abs. 2 Satz 5 und Satz 6 UStAE) ändern würde, dass bei einem unentgeltlichen Ausgangsumsatz die dafür entstehende Umsatzsteuer nicht gesondert in einem Abrechnungspapier ausgewiesen werden darf. Wenn die bei dem wertabgebenden Unternehmer entstehende Umsatzsteuer in einer Rechnung gegenüber dem Leistungsempfänger angegeben werden würde, könnte auf der Seite des Leistungsempfängers über einen Vorsteuerabzug entschieden werden und so die Neutralität der Umsatzsteuer hergestellt werden.

UStAE 3.5. Abgrenzung zwischen Lieferungen und sonstigen Leistungen

Allgemeine Grundsätze

(1) Bei einer einheitlichen Leistung, die sowohl Lieferungselemente als auch Elemente einer sonstigen Leistung enthält, richtet sich die Einstufung als Lieferung oder sonstige Leistung danach, welche Leistungselemente aus der Sicht des Durchschnittsverbrauchers und unter Berücksichtigung des Willens der Vertragsparteien den wirtschaftlichen Gehalt der Leistungen bestimmen (vgl. BFH-Urteil vom 19. 12. 1991, V R 107/86, BStBl 1992 II S. 449, und BFH-Urteil vom 21. 6. 2001, V R 80/99, BStBl 2003 II S. 810).

(2) Lieferungen sind z. B.:

1. der Verkauf von Standard-Software und sog. Updates auf Datenträgern;
2. die Anfertigung von Kopien, wenn sich die Tätigkeit auf die bloße Vervielfältigung von Dokumenten beschränkt (vgl. EuGH-Urteil vom 11. 2. 2010, C-88/09, Graphic Procédé) oder wenn hieraus zugleich neue Gegenstände (Bücher, Broschüren) hergestellt und den Abnehmern an diesen Gegenständen Verfügungsmacht verschafft wird (vgl. BFH-Urteil vom 19. 12. 1991, V R 107/86, BStBl 1992 II S. 449);
3. die Überlassung von Offsetfilmen, die unmittelbar zum Druck von Reklamematerial im Offsetverfahren verwendet werden können (vgl. BFH-Urteil vom 25. 11. 1976, V R 71/72, BStBl 1977 II S. 270);
4. [1]die Abgabe von Basissaatgut an Züchter im Rahmen sog. Vermehrerverträge sowie die Abgabe des daraus gewonnenen sog. zertifizierten Saatguts an Landwirte zur Produktion von Konsumgetreide oder an Handelsunternehmen. [2]Zur Anwendung der Durchschnittssatzbesteuerung nach § 24 UStG vgl. Abschnitte 24.1 und 24.2;
5. [1]die Entwicklung eines vom Kunden belichteten Films sowie die Bearbeitung von auf physischen Datenträgern oder auf elektronischem Weg übersandten Bilddateien, wenn gleichzeitig Abzüge angefertigt werden oder dem Kunden die bearbeiteten Bilder auf einem anderen Datenträger übergeben werden. [2]In diesen Fällen stellt das Entwickeln des Films und das Bearbeiten der Bilder eine unselbständige Nebenleistung zu einer einheitlichen Werklieferung dar;
6. [1]die Übertragung von Miteigentumsanteilen (Bruchteilseigentum) an einem Gegenstand im Sinne des § 3 UStG (vgl. BFH-Urteil vom 18. 2. 2016, V R 53/14, BStBl 2019 II S. 333) – siehe auch für Anlagegold Abschnitt 25c.1. [2]Zur Übertragung eines Miteigentumsanteils zur Sicherheit vgl. Abschnitt 3.1 Abs. 3 Satz 1 und Abschnitt 1.2 Abs. 1. [3]Die Gemeinschafter einer nicht selbst unternehmerisch tätigen Bruchteilsgemeinschaft (vgl. Abschnitt 15.2b Abs. 1) können über ihren Anteil an dem Gegenstand ohne Zwischenerwerb durch die Gemeinschaft verfügen und ihn veräußern (BFH-Urteil vom 28. 8. 2014, V R 49/13, BStBl 2021 II S. 825);
7. [1]Transaktionen auf Gewichtskonten, wenn eine Konkretisierung von Übergabeort, Form, Stückelung und Reinheit des Metalls vorgenommen wurde bzw. schon bei Abschluss des Grundgeschäfts beabsichtigt ist, eine solche Konkretisierung noch vor der Übertragung vorzunehmen. [2]Indizien hierfür sind, wenn der Belegenheitsort des gelagerten/physischen Metalls dem Gewichtskonteninhaber im Zeitpunkt des Erwerbs bekannt ist, zwischen den Beteiligten weitgehend feststeht, in welcher Form,

Stückelung und Reinheit die Metalle abgerufen werden, ausreichende physische Vorräte am Erfüllungsort, um diese Gewichtskontenansprüche erfüllen zu können, gegeben sind und ein Herausgabeanspruch unter Berücksichtigung gegebener logistischer Anforderungen vereinbart wurde;
8. das Aufladen von Elektrofahrzeugen (E-Charging), bei dem die Übertragung der Elektrizität den Charakter der Leistung bestimmt (vgl. Abschnitt 3.10 Abs. 6 Nr. 19).

(3) Sonstige Leistungen sind z. B.:

1. die Übermittlung von Nachrichten zur Veröffentlichung;
2. *weggefallen*
3. die Überlassung von Lichtbildern zu Werbezwecken (vgl. BFH-Urteil vom 12. 1. 1956, V 272/55 S, BStBl III S. 62);
4. die Überlassung von Konstruktionszeichnungen und Plänen für technische Bauvorhaben sowie die Überlassung nicht geschützter Erfahrungen und technischer Kenntnisse (vgl. BFH-Urteil vom 18. 5. 1956, V 276/55 U, BStBl III S. 198);
5. die Veräußerung von Modellskizzen (vgl. BFH-Urteil vom 26. 10. 1961, V 307/59);
6. die Übertragung eines Verlagsrechts (vgl. BFH-Urteil vom 16. 7. 1970, V R 95/66, BStBl II S. 706);
7. die Überlassung von Know-how und von Ergebnissen einer Meinungsumfrage auf dem Gebiet der Marktforschung (vgl. BFH-Urteil vom 22. 11. 1973, V R 164/72, BStBl 1974 II S. 259);
8. [1]die Überlassung von nicht standardisierter Software, die speziell nach den Anforderungen des Anwenders erstellt wird oder die eine vorhandene Software den Bedürfnissen des Anwenders individuell anpasst. [2]Gleiches gilt für die Übertragung von Standard-Software oder Individual-Software auf elektronischem Weg (z. B. über Internet);
9. die Überlassung sendefertiger Filme durch einen Filmhersteller im Sinne von § 94 UrhG – sog. Auftragsproduktion – (vgl. BFH-Urteil vom 19. 2. 1976, V R 92/74, BStBl II S. 515);
10. die Überlassung von Fotografien zur Veröffentlichung durch Zeitungs- oder Zeitschriftenverlage (vgl. BFH-Urteil vom 12. 5. 1977, V R 111/73, BStBl II S. 808);
11. die Entwicklung eines vom Kunden belichteten Films sowie die Bearbeitung von auf physischen Datenträgern oder auf elektronischem Weg übersandten Bilddateien.
12. die Herstellung von Fotokopien, wenn über das bloße Vervielfältigen hinaus weitere Dienstleistungen erbracht werden, insbesondere Beratung des Kunden oder Anpassung, Umgestaltung oder Verfremdung des Originals (vgl. EuGH-Urteil vom 11. 2. 2010, C-88/09, Graphic Procédé);
13. [1]Nachbaugebühren im Sinne des § 10a Abs. 2 ff. SortSchG, die ein Landwirt dem Inhaber des Sortenschutzes zu erstatten hat, werden als Entgelt für eine sonstige Leistung des Sortenschutzinhabers gezahlt, welche in der Duldung des Nachbaus durch den Landwirt besteht. [2]Bei der Überlassung von Vorstufen- oder Basissaatgut im Rahmen von sog. Vertriebsorganisationsverträgen handelt es sich ebenfalls um eine sonstige Leistung des Sortenschutzinhabers, welche in der Überlassung des Rechts, eine Saatgutsorte zu produzieren und zu vermarkten, und der Überlassung des hierzu erforderlichen Saatguts besteht. [3]Zur Anwendung der Durchschnittssatzbesteuerung nach § 24 UStG vgl. Abschnitte 24.1 und 24.3;
14. die entgeltliche Überlassung von Eintrittskarten (vgl. BFH-Urteil vom 3. 6. 2009, XI R 34/08, BStBl 2010 II S. 857);
15. die Abgabe eines sog. Mobilfunk-Startpakets ohne Mobilfunkgerät. Leistungsinhalt ist hierbei die Gewährung eines Anspruchs auf Abschluss eines Mobilfunkvertrags einschließlich Zugang zu einem Mobilfunknetz. Zur Abgabe von Startpaketen mit Mobilfunkgerät vgl. BMF-Schreiben vom 3. 12. 2001, BStBl I S. 1010). Zur Behandlung von Einzweckguthabenkarten in der Telekommunikation vgl. BMF-Schreiben vom 24. 9. 2012, BStBl I S. 947;
16. der Verkauf einer Option und der Zusammenbau einer Maschine (vgl. Artikel 8 und 9 MwStVO);
17. der An- und Verkauf in- und ausländischer Banknoten und Münzen im Rahmen von Sortengeschäften (Geldwechselgeschäft) (vgl. BFH-Urteil vom 19. 5. 2010, XI R 6/09, BStBl 2011 II S. 831);
18. die entgeltliche Überlassung von Transporthilfsmitteln im Rahmen reiner Tauschsysteme (z. B. Euro-Flachpaletten und Euro-Gitterboxpaletten; vgl. BMF-Schreiben vom 5. 11. 2013, BStBl I S. 1386);
19. Transaktionen auf Gewichtskonten, wenn zwischen den Beteiligten nicht feststeht, wann und ob überhaupt das Metall physisch zur Verfügung gestellt wird oder der Belegenheitsort des gelagerten/physischen Metalls dem Gewichtskonteninhaber im Zeitpunkt des Erwerbs des Anspruchs nicht

bekannt ist oder zwischen den Beteiligten nicht feststeht, in welcher Form, Stückelung oder Reinheit die Metalle abgerufen werden.

(4) [1]Die Überlassung von Matern, Klischees und Abzügen kann sowohl eine Lieferung als auch eine sonstige Leistung sein (vgl. BFH-Urteile vom 13. 10. 1960, V 299/58 U, BStBl 1961 III S. 26, und vom 14. 2. 1974, V R 129/70, BStBl II S. 261). [2]Kauft ein Unternehmer von einem Waldbesitzer Holz und beauftragt dieser den Holzkäufer mit der Fällung, Aufarbeitung und Rückung des Holzes (sog. Selbstwerbung), kann sowohl ein tauschähnlicher Umsatz (Waldarbeiten gegen Lieferung des Holzes mit Baraufgabe) als auch eine bloße Holzlieferung in Betracht kommen (vgl. BFH-Urteil vom 19. 2. 2004, V R 10/03, BStBl II S. 675).

Lieferungen und sonstige Leistungen bei Miet- und Leasingverträgen

(5) [1]Werden Gegenstände im Leasing-Verfahren überlassen, ist die Übergabe des Gegenstands durch den Leasinggeber an den Leasingnehmer nur dann eine Lieferung, wenn:

1. der Vertrag ausdrücklich eine Klausel zum Übergang des Eigentums an diesem Gegenstand vom Leasinggeber auf den Leasingnehmer enthält und
2. aus den – zum Zeitpunkt der Vertragsunterzeichnung und objektiv zu beurteilenden – Vertragsbedingungen deutlich hervorgeht, dass das Eigentum am Gegenstand automatisch auf den Leasingnehmer übergehen soll, wenn der Vertrag bis zum Vertragsablauf planmäßig ausgeführt wird.

[2]Eine ausdrückliche Klausel zum Eigentumsübergang liegt auch vor, wenn der Vertrag eine Kaufoption für den Gegenstand enthält. [3]Bei einer im Vertrag enthaltenen – formal zwar völlig unverbindlichen – Kaufoption ist die zweite Voraussetzung erfüllt, wenn angesichts der finanziellen Vertragsbedingungen die Optionsausübung zum gegebenen Zeitpunkt in Wirklichkeit als einzig wirtschaftlich rationale Möglichkeit für den Leasingnehmer erscheint. [4]Der Vertrag darf dem Leasingnehmer keine echte wirtschaftliche Alternative in dem Sinne bieten, dass er zu dem Zeitpunkt, an dem er eine Wahl zu treffen hat, je nach Interessenlage den Gegenstand erwerben, zurückgeben oder weiter mieten kann. [5]Dies kann z. B. dann der Fall sein, wenn nach dem Vertrag zu dem Zeitpunkt, zu dem die Option ausgeübt werden darf, die Summe der vertraglichen Raten dem Verkehrswert des Gegenstands einschließlich der Finanzierungskosten entspricht und der Leasingnehmer wegen der Ausübung der Option nicht zusätzlich eine erhebliche Summe entrichten muss (vgl. EuGH-Urteil vom 4. 10. 2017, C-164/16, Mercedes-Benz Financial Services UK Ltd, BStBl 2020 II S. 179). [6]Eine erhebliche Summe ist im Sinne des Satzes 5 zu entrichten, wenn der zusätzlich zu entrichtende Betrag 1 Prozent des Verkehrswertes des Gegenstandes im Zeitpunkt der Ausübung der Option übersteigt. [7]Für die Überlassung eines Gegenstands außerhalb des Leasingverfahrens (z. B. Mietverträge im Sinne des § 535 BGB mit Recht zum Kauf) gelten die Sätze 1 bis 5 sinngemäß.

(6) Erfolgt bei einer grenzüberschreitenden Überlassung eines Leasing-Gegenstands (sog. Cross-Border-Leasing) die Zuordnung dieses Gegenstands auf Grund eines Rechts eines anderen Mitgliedstaates ausnahmsweise abweichend von Absatz 5 bei dem im Inland ansässigen Vertragspartner, ist dieser Zuordnung zur Vermeidung von endgültigen Steuerausfällen zu folgen; ist die Zuordnung abweichend von Absatz 5 bei dem im anderen Mitgliedstaat ansässigen Vertragspartnererfolgt, kann dieser gefolgt werden, wenn der Nachweis erbracht wird, dass die Überlassung in dem anderen Mitgliedstaat der Besteuerung unterlegen hat.

(7) [1]Die Annahme einer Lieferung nach den Grundsätzen der Absätze 5 und 6 setzt voraus, dass die Verfügungsmacht an dem Gegenstand bei dem Unternehmer liegt, der den Gegenstand überlässt. [2]In den Fällen, in denen der Überlassung des Gegenstands eine zivilrechtliche Eigentumsübertragung vom späteren Nutzenden des Gegenstands an den überlassenden Unternehmer vorausgeht (z. B. beim sog. sale-and-lease-back), ist daher zu prüfen, ob die Verfügungsmacht an dem Gegenstand sowohl im Rahmen dieser Eigentumsübertragung, als auch im Rahmen der nachfolgenden Nutzungsüberlassung jeweils tatsächlich übertragen wird und damit eine Hin- und Rücklieferung stattfindet oder ob dem der Nutzung vorangehenden Übergang des zivilrechtlichen Eigentums an dem Gegenstand vielmehr eine bloße Sicherungs- und Finanzierungsfunktion zukommt, so dass insgesamt eine Kreditgewährung vorliegt (vgl. BFH-Urteil vom 9. 2. 2006, V R 22/03, BStBl II S. 727). [3]Diese Prüfung richtet sich nach dem

Gesamtbild der Verhältnisse des Einzelfalls, d.h. den konkreten vertraglichen Vereinbarungen und deren jeweiliger tatsächlicher Durchführung unter Berücksichtigung der Interessenlage der Beteiligten. [4]Von einem Finanzierungsgeschäft ist insbesondere auszugehen, wenn die Vereinbarungen über die Eigentumsübertragung und über das Leasingverhältnis bzw. über die Rückvermietung in einem unmittelbaren sachlichen Zusammenhang stehen und eine Ratenkauf- oder Mietkaufvereinbarung geschlossen wird, auf Grund derer das zivilrechtliche Eigentum mit Ablauf der Vertragslaufzeit wieder auf den Nutzenden zurückfällt oder den Überlassenden zur Rückübertragung des Eigentums verpflichtet. [5]Daher ist z.B. bei einer nach Absatz 5 als Lieferung zu qualifizierenden Nutzungsüberlassung mit vorangehender Eigentumsübertragung auf den Überlassenden (sog. sale-and-Mietkauf-back) ein Finanzierungsgeschäft anzunehmen.

Beispiel 1:

[1]Der Hersteller von Kopiergeräten H und die Kopierervermietungsgesellschaft V schließen einen Kaufvertrag über die Lieferung von Kopiergeräten, wobei das zivilrechtliche Eigentum auf die Vermietungsgesellschaft übergeht. [2]Gleichzeitig verpflichtet sich V, dem Hersteller H die Rückübertragung der Kopiergeräte nach Ablauf von 12 Monaten anzudienen, H macht regelmäßig von seinem Rücknahmerecht Gebrauch. [3]Zur endgültigen Rückübertragung bedarf es eines weiteren Vertrags, in dem die endgültigen Rückgabe – und Rücknahmekonditionen einschließlich des Rückkaufpreises festgelegt werden. [4]Während der „Vertragslaufzeit“ von 12 Monaten vermietet die Vermietungsgesellschaft die Kopiergeräte an ihre Kunden.

[5]Umsatzsteuerrechtlich liegen zwei voneinander getrennt zu beurteilende Lieferungen im Sinne des § 3 Abs. 1 UStG vor. [6]Die Verfügungsmacht an den Kopiergeräten geht zunächst auf V über und fällt nach Ablauf von 12 Monaten bei regelmäßigem Ablauf durch einen neuen Vertragsabschluss wieder an H zurück.

Beispiel 2:

[1]Wie Beispiel 1, wobei V nunmehr einen weiteren Vertrag mit der Leasinggesellschaft L zur Finanzierung des Geschäfts mit H schließt. [2]Hiernach verkauft V die Kopiergeräte an L weiter und least sie gleichzeitig von L zurück, die sich ihrerseits unwiderruflich zur Rückübertragung des Eigentums nach Ablauf des Leasingzeitraums verpflichtet. [3]Das zivilrechtliche Eigentum wird übertragen und L ermächtigt V, die geleasten Kopiergeräte im Rahmen des Vermietungsgeschäfts für ihre Zwecke zu nutzen. [4]Die Laufzeit des Vertrags beschränkt sich auf 12 Monate und die für die spätere Bestimmung des Rückkaufpreises maßgebenden Konditionen werden bereits jetzt vereinbart.

[5]In der Veräußerung der Kopiergeräte von H an V und deren Rückübertragung nach 12 Monaten liegen entsprechend den Ausführungen zum Ausgangsfall zwei voneinander zu trennende Lieferungen vor.

[6]Die Übertragung des zivilrechtlichen Eigentums an den Kopiergeräten durch V an L dient dagegen lediglich der Besicherung der Refinanzierung des V bei L. [7]Es findet keine Übertragung von Substanz, Wert und Ertrag der Kopiergeräte statt. [8]Die Gesamtbetrachtung aller Umstände und vertraglichen Vereinbarungen des Einzelfalls führt zu dem Ergebnis, dass insgesamt nur eine Kreditgewährung von L an V vorliegt. [9]Im Gegensatz zum Ausgangsfall wird die Verfügungsmacht an den Kopiergeräten nicht übertragen.

Beispiel 3:

[1]Wie Beispiel 1, wobei die Leasinggesellschaft L dem zuvor zwischen H und V geschlossenen Kaufvertrag mit Rückandienungsverpflichtung in Form von Nachtragsvereinbarungen beitritt, bevor die Kopiergeräte von H an V ausgeliefert werden. [2]Infolge des Vertragsbeitritts wird L schuldrechtlich neben V Vertragspartnerin der späteren Kauf- und Rückkaufverträge mit H. [3]Über die Auslieferung der Kopiergeräte rechnet H mit L ab, welche anschließend einen Leasingvertrag bis zum Rückkauftermin mit V abschließt. [4]Im Unternehmen der V werden die Kopiergeräte den Planungen entsprechend ausschließlich für Vermietungszwecke genutzt. [5]Zum Rückkauf-Termin nach 12 Monaten werden die Geräte gemäß den vereinbarten Konditionen von V an H zurückgegeben.

[6]Die Vorstellungen der Beteiligten H, V und L sind bei der gebotenen Gesamtbetrachtung darauf gerichtet, V unmittelbar die Verfügungsmacht an den Geräten zu verschaffen, während L lediglich die Finanzierung des Geschäfts übernehmen soll. [7]Mit der Übergabe der Geräte werden diese deshalb durch H an V geliefert. [8]Es findet mithin weder eine (Weiter-)Lieferung der Geräte von V an L noch eine Rückvermietung der Geräte durch L an V statt. [9]L erbringt vielmehr eine sonstige Leistung in Form der Kreditgewährung an V. [10]Die Rückübertragung der Geräte an H nach Ablauf der 12 Monate führt zu einer Lieferung von V an H.

[6]Ist ein sale-and-lease-back-Geschäft hingegen maßgeblich darauf gerichtet, dem Verkäufer und Leasingnehmer eine vorteilhafte bilanzielle Gestaltung zu ermöglichen und hat dieser die Anschaffung des Leasinggegenstandes durch den Käufer und Leasinggeber überwiegend mitfinanziert, stellt das Geschäft keine Lieferung mit nachfolgender Rücküberlassung und auch keine Kreditgewährung dar, sondern eine steuerpflichtige sonstige Leistung nach § 3 Abs. 9 Satz 1 UStG, die in der Mitwirkung des Käufers und Leasinggebers an einer bilanziellen Gestaltung des Verkäufers und Leasingnehmers besteht (vgl. BFH-Urteil vom 6. 4. 2016, V R 12/15, BStBl 2017 II S. 188).

(7a) [1]Bei der Beschaffung von Investitionsgütern kommt es häufig zu einem Dreiecksverhältnis, bei dem der Kunde (künftiger Leasingnehmer) zunächst einen Kaufvertrag über den Liefergegenstand mit dem Lieferanten und anschließend einen Leasingvertrag mit dem Leasing-Unternehmen abschließt. [2]Durch Eintritt in den Kaufvertrag (sog. Bestelleintritt) verpflichtet sich das Leasing-Unternehmen zur Zahlung des Kaufpreises und erlangt den Anspruch auf Übertragung des zivilrechtlichen Eigentums an dem Gegenstand. [3]Für die Frage, von wem in diesen Fällen der Leasing-Gegenstand geliefert und von wem er empfangen wird, ist darauf abzustellen, wer aus dem schuldrechtlichen Vertragsverhältnis, das dem Leistungsaustausch zugrunde liegt, berechtigt und verpflichtet ist (vgl. Abschnitt 2.1 Abs. 3 und Abschnitt 15.2b Abs. 1). [4]Maßgebend dafür sind die Vertragsverhältnisse im Zeitpunkt der Leistungsausführung. [5]Bis zur Ausführung der Leistung können die Vertragspartner mit umsatzsteuerlicher Wirkung ausgetauscht werden, z.B. durch einen Bestelleintritt oder jede andere Form der Vertragsübernahme. [6]Vertragsänderungen nach Ausführung der Leistung sind dagegen umsatz-steuerlich unbeachtlich. [7]Das bedeutet:

1. [1]Tritt das Leasing-Unternehmen vor der Lieferung des Leasing-Gegenstandes an den Kunden in den Kaufvertrag ein, liefert der Lieferant den Leasing-Gegenstand an das Leasing-Unternehmen, weil dieses im Zeitpunkt der Lieferung aus dem Kaufvertrag berechtigt und verpflichtet ist. [2]Die körperliche Übergabe des Leasing-Gegenstandes an den Kunden steht dabei einer Lieferung an das Leasing-Unternehmen nicht entgegen (§ 3 Abs. 1 UStG). [3]Das sich anschließende Leasing-Verhältnis zum Kunden führt je nach Vertrag zu einer Vermietungsleistung oder einer weiteren Lieferung (Absatz 5).
2. [1]Tritt dagegen das Leasing-Unternehmen in den Kaufvertrag ein, nachdem der Kunde bereits die Verfügungsmacht über den Leasing-Gegenstand erhalten hat (sog. nachträglicher Bestelleintritt), liegt eine Lieferung des Lieferanten an den Kunden vor. [2]Diese wird durch den Bestelleintritt des Leasing-Unternehmens nicht nach § 17 Abs. 2 Nr. 3 UStG rückgängig gemacht. [3]Bei dem anschließenden Leasing-Verhältnis zwischen dem Kunden und dem Leasing-Unternehmen handelt es sich um ein sale-and-lease-back-Geschäft, das nach dem Gesamtbild der Verhältnisse des Einzelfalls entweder als Lieferung des Kunden an das Leasing-Unternehmen („sale") mit anschließender sonstiger Leistung des Leasing-Unternehmens an den Kunden („lease-back") oder insgesamt als Kreditgewährung des Leasing-Unternehmens an den Kunden zu beurteilen ist (vgl. Absatz 7). [4]Zwischen dem Lieferanten und dem Leasing-Unternehmen liegt dagegen keine umsatzsteuerrechtlich relevante Leistung vor. [5]Eine nur im Innenverhältnis zwischen dem Lieferanten und dem Leasing-Unternehmen bestehende Rahmenvereinbarung zur Absatzfinanzierung hat im Regelfall keine Auswirkungen auf die umsatzsteuerlichen Lieferbeziehungen.

Übertragung von Gesellschaftsanteilen

(8) [1]Die Übertragung von Anteilen an Personen- oder Kapitalgesellschaften (Gesellschaftsanteile, vgl. Abschnitt 4.8.10) ist als sonstige Leistung zu beurteilen (vgl. EuGH-Urteil vom 26. 5. 2005, C-465/03, Kretztechnik). [2]Dies gilt entsprechend bei der Übertragung von Wertpapieren anderer Art, z.B. Fondsanteilen oder festverzinslichen Wertpapieren; zur Steuerbarkeit bei der Übertragung von Gesellschafts-

anteilen und bei der Ausgabe nichtverbriefter Genussrechte vgl. Abschnitte 1.1 Abs. 15, 1.5 Abs. 9 und 1.6 Abs. 2. [3]Ist das übertragene Recht in einem Papier verbrieft, kommt es nicht darauf an, ob das Papier effektiv übertragen oder in einem Sammeldepot verwahrt wird.

Anmerkung

1. Übertragung von Miteigentumsanteilen

1.1 Grundsätze

Sind mehrere Personen Eigentümer eines Gegenstands (Bruchteilseigentum), kann auch von einzelnen ihr **Miteigentumsanteil auf Dritte übertragen** werden. Fraglich war in diesen Fällen, ob es sich um eine Lieferung nach § 3 Abs. 1 UStG oder um eine sonstige Leistung nach § 3 Abs. 9 UStG als Übertragung von Rechten handelt. Dies kann insbesondere Einfluss auf die **Bestimmung des Orts der Leistung** haben.

Der **BFH** (Urt. v. 27.4.1994 – XI R 91–92/92, BStBl II 1994, 826) war **früher** davon ausgegangen, dass die Übertragung eines Miteigentumsanteils an einem Gegenstand im Rahmen einer sonstigen Leistung vollzogen wird. Mit Zustimmung des XI. Senats des BFH (Beschl. v. 16.12.2015 – XI ER-S 3/15; n.V. nur im Urteil V R 53/14 erwähnt) war der V. Senat (Urt. v. 18.2.2016 – V R 53/14, BStBl II 2019, 333) dann aber von dieser Rechtsauffassung abgerückt und hatte unter Bezugnahme auf die Rechtsprechung des EuGH (Urt. v. 15.12.2005 – C-63/04, Centralan Property Ltd., BFH/NV Beilage 2006, 136) die Übertragung des Miteigentumsanteils an einem Gegenstand als eine Lieferung beurteilt.

Die **Finanzverwaltung** hat mit BMF, Schreiben v. 23.5.2019, BStBl I 2019, 511 die Vorgaben aus der Rechtsprechung übernommen und hat durch Aufnahme in die beispielhafte Aufzählung in Abschn. 3.5 Abs. 2 Nr. 6 UStAE festgelegt, dass die Übertragung von Miteigentumsanteilen (Bruchteilseigentum) an einem Gegenstand eine Lieferung i. S. d. § 3 Abs. 1 UStG ist.

Voraussetzung ist aber, dass durch die Übertragung des Miteigentumsanteils auch **Verfügungsmacht** i. S. d. § 3 Abs. 1 UStG übertragen wird. So bleibt es dabei, dass bei der **Übertragung eines Miteigentumsanteils zur Sicherheit** (Sicherungsübereignung) noch keine Verfügungsmacht verschafft wird und deshalb keine Lieferung vorliegen kann, Abschn. 3.1 Abs. 3 Satz 1 UStAE.

Bei der **Übertragung von ideellen Miteigentumsanteilen an einem Goldbarrenbestand** bzw. an einem Goldmünzenbestand war die Finanzverwaltung (Abschn. 25c.1 UStAE) schon früher von einer Lieferung ausgegangen. Insoweit ergeben sich in diesem Bereich keine Änderungen in der Praxis.

Die Grundsätze sind in allen **noch offenen Fällen** anzuwenden. Die Finanzverwaltung beanstandet es aber nicht, wenn die Beteiligten bei Leistungen, die vor der Veröffentlichung des BMF-Schreibens im BStBl (Veröffentlichung erfolgte am 18.6.2019) ausgeführt werden, einvernehmlich **noch von sonstigen Leistungen** ausgehen. Dies gilt entsprechend für den **Vorsteuerabzug** des Leistungsempfängers.

1.2 Gewichtskonten

Zur Frage der Abgrenzung bei Transaktionen bei **Umsätzen mit Edelmetall und anderen Metallen auf Gewichtskonten** hat die Finanzverwaltung mit Schreiben v. 17.1.2022 Stellung genommen. Ob es sich bei Transaktionen auf Gewichtskonten um eine Lieferung oder eine sonstige Leistung handelt, ist in der Praxis insbesondere für die **zutreffende Feststellung des Orts der Leistung** von Bedeutung. Da solche Rechtsgeschäfte auch von und mit **im Ausland ansässigen Unternehmern** ausgeführt werden, ist die Abgrenzung von Lieferung und sonstiger Leistung bei den Umsätzen auf Gewichtskonten wichtig. Es sind die folgenden Fälle zu unterscheiden:

1. **Gewichtskontenbewegungen ohne Grundgeschäft**: Werden lediglich Buchungen oder Umbuchungen auf Gewichtskonten vorgenommen, denen keine Grundgeschäfte zugrunde liegen, sind diese Vorgänge nicht steuerbar (z. B. werden von einem Gewichtskonto bei der Verwahrstelle A Guthaben auf ein Gewichtskonto bei der Verwahrstelle B umgebucht).
2. **Lieferungen bei Ausführung eines Grundgeschäfts**: Grundsätzlich würde nach der Rechtsprechung des BFH bei einer Übertragung von Gewichtsguthaben eine Lieferung vorliegen. Abweichend von

dem allgemeinen Grundsatz sieht die Finanzverwaltung eine Lieferung aber nur dann, wenn eine Konkretisierung des Metalls vorgenommen wurde oder zumindest bei Abschluss des Grundgeschäfts beabsichtigt ist. Eine solche **Konkretisierung** setzt voraus, dass der **Ort der physischen Übergabe, die Form und Stückelung des Metalls sowie die Reinheit feststehen**. Liegen diese Voraussetzungen nicht vor, fehlt es an der Verschaffung der Verfügungsmacht an einem bestimmten physischen Bestand. **Indizien** dafür sind, wenn der Belegenheitsort des physischen Metalls dem Gewichtskonteninhaber im Zeitpunkt des Erwerbs bekannt ist, zwischen den Beteiligten weitgehend feststeht, in welcher Form, Stückelung und Reinheit die Metalle abgerufen werden, ausreichend physische Vorräte am Erfüllungsort vorhanden sind und ein Herausgabeanspruch unter Berücksichtigung gegebener logistischer Anforderungen vereinbart wurde.

3. **Sonstige Leistungen bei Ausführung eines Grundgeschäfts**: Werden Transaktionen auf einem Gewichtskonto vorgenommen, bei denen sich keine Konkretisierung über die physische Übergabe des Metalls ergeben hat, liegt eine sonstige Leistung vor.

4. **Differenzgeschäfte bzw. Absicherungsgeschäfte**: Ein solches Differenz- bzw. Absicherungsgeschäft liegt nach den Feststellungen der Finanzverwaltung dann vor, wenn bereits im Zeitpunkt des Verkaufs des Edelmetalls ein Vertrag über den Rückkauf abgeschlossen wurde (z. B., um Preis- oder Liquidationsrisiken zu verringern). In diesen Fällen ist die physische Übertragung von Metallen nicht gewollt, eine sonstige Leistung liegt auch nicht vor, sodass der Vorgang nicht steuerbar ist.

Mit den von der Finanzverwaltung vorgestellten „Indizien" für die Annahme einer Lieferung haben die Vertragsparteien hinreichende Möglichkeiten, aufgrund von vertraglichen Vereinbarungen den Sachverhalt als Lieferung oder bei Nichteinhaltung dieser „Indizien" als sonstige Leistung auszugestalten. Gegebenenfalls sind die vertraglichen Vereinbarungen zu konkretisieren, um zu einer eindeutigen Einordnung zu kommen.

2. Abgrenzung bei Leasinggeschäften

2.1 Abgrenzungsgrundsätze

Leasing- oder auch bestimmte Mietkaufverträge können je nach ihrer Ausgestaltung als Lieferung (Verschaffung der Verfügungsmacht über einen Gegenstand nach § 3 Abs. 1 UStG) oder als sonstige Leistung (Nutzungsüberlassung über einen Gegenstand nach § 3 Abs. 9 UStG) angesehen werden. Ob eine Lieferung oder sonstige Leistung vorliegt, hat entscheidenden Einfluss auf die **umsatzsteuerrechtliche Beurteilung** – vom Ort der Leistung über die Frage der Steuerpflicht bis hin zum Zeitpunkt und der Höhe der Steuerentstehung. Bei nur im Inland abgewickelten Umsätzen, ist die Unterscheidung relevant für die Frage, wann bei dem leistenden Unternehmer in welcher Höhe eine Umsatzsteuer entsteht und für den (vorsteuerabzugsberechtigten) Leistungsempfänger, wann die Leistung ausgeführt ist und damit ein **Vorsteuerabzugsanspruch** vorliegt.

Bisher war die **Finanzverwaltung** (Abschn. 3.5 Abs. 5 UStAE in der bis zum 17.3.2020 geltenden Fassung) davon ausgegangen, dass eine Lieferung des Gegenstands vorliegt, wenn der Leasingnehmer wie ein Eigentümer über den Gegenstand verfügen konnte. Davon wurde in aller Regel ausgegangen, wenn der Leasing-Gegenstand **einkommensteuerrechtlich** dem Leasingnehmer zuzurechnen war. War ein Mietvertrag über einen Gegenstand abgeschlossen worden, wurde von einer Lieferung ausgegangen, wenn das zivilrechtliche Eigentum spätestens bei Zahlung der letzten Rate auf den „Mieter" überging. War der zivilrechtliche Übergang von weiteren Bedingungen – z. B. einer Optionserklärung – abhängig, war eine Lieferung erst dann anzunehmen, wenn diese ausgeübt wurde (Abschn. 3.5 Abs. 6 UStAE in der bis zum 17.3.2020 geltenden Fassung).

Unionsrechtlich ist in Art. 14 Abs. 2 Buchst. b MwStSystRL geregelt, dass bei einem Mietvertrag, der die Klausel enthält, dass das Eigentum unter normalen Umständen spätestens mit Zahlung der letzten fälligen Rate erworben wird, eine Lieferung (= Verschaffung der Verfügungsmacht) vorliegt. Der **EuGH** (Urt. v. 4.10.2017 – C-164/16, Mercedes-Benz Financial Services UK Ltd, BFH/NV 2017, 1695) hatte schon in einer Entscheidung im Oktober 2017 diese Regelung auch für einen Mietvertrag mit Kaufoption angewendet, wenn aufgrund der finanziellen Vertragsbedingungen davon ausgegangen werden kann, dass die Optionsausübung zum gegebenen Zeitpunkt (Ende der Vertragslaufzeit) als die einzig wirtschaftlich rationale Möglichkeit für den Leasingnehmer erscheint.

2.2 Anpassung der Grundsätze im Jahr 2020

Mit Schreiben vom 18.3.2020 (BStBl I 2020, 286) übernimmt die Finanzverwaltung die Abgrenzungsgrundsätze aus der Rechtsprechung des EuGH. Damit bei einem **Leasingvertrag** oder einem auf Übertragung des Eigentums gerichteten Mietvertrag (§ 535 BGB mit Recht zum Kauf) von einer **Lieferung** ausgegangen werden kann, müssen kumulativ zwei Voraussetzungen vorliegen:

1. Der Vertrag muss ausdrücklich eine **Klausel zum Übergang des Eigentums** an dem Gegenstand des Miet- oder Leasingvertrags vom Leasinggeber auf den Leasingnehmer enthalten und
2. aus den Vertragsbedingungen muss deutlich hervorgehen, dass das **Eigentum** am Gegenstand **automatisch auf den Leasingnehmer** übergehen soll, wenn der Vertrag bis zum Vertragsablauf planmäßig ausgeführt wird. Dabei ist auf den Zeitpunkt des Vertragsabschlusses abzustellen und die Voraussetzungen aus objektiver Sicht zu beurteilen.

Die Finanzverwaltung geht davon aus, dass eine **Klausel zum Eigentumsübergang** auch dann vorliegt, wenn in dem Vertrag lediglich eine Kaufoption für den Gegenstand enthalten ist.

Zur Prüfung, ob auch die **zweite Bedingung** erfüllt ist, übernimmt die Finanzverwaltung die **Formulierungen aus dem EuGH-Urteil**. Auch bei einer im Vertrag enthaltenen unverbindlichen Kaufoption soll die Bedingung erfüllt sein, wenn angesichts der finanziellen Vertragsbedingungen die Optionsausübung am Vertragsende in Wirklichkeit als **einzig wirtschaftlich rationale Möglichkeit** für den Leasingnehmer erscheint. Dabei darf der Vertrag dem Leasingnehmer keine echte wirtschaftliche Alternative bieten, dass er zum Optionszeitpunkt, je nach Interessenlage den Gegenstand erwerben, zurückgeben oder weiter mieten kann.

Nach den Vorgaben der Finanzverwaltung ist dann **keine wirtschaftliche Alternative** gegeben, wenn die Summe der vertraglichen Raten dem Verkehrswert des Gegenstands einschließlich der Finanzierungskosten entspricht und der Leasingnehmer wegen der Ausübung der Option nicht zusätzlich eine erhebliche Summe entrichten muss. Eine solche erhebliche Summe sieht die Finanzverwaltung dann, wenn der zusätzlich zu entrichtende Betrag mehr als 1 % des Verkehrswerts des Gegenstands bei Optionsausübung übersteigt.

Durch die Neuregelung kann es zu **Unterschieden** in der ertragsteuer- und umsatzsteuerrechtlichen Beurteilung kommen. Es kann ertragsteuerrechtlich weiterhin der Gegenstand dem Leasingnehmer zuzurechnen sein, während umsatzsteuerrechtlich aufgrund einer fehlenden Kaufoption eine sonstige Leistung anzunehmen ist. Die Finanzverwaltung ist leider nicht auf diese – sich auch bilanziell auswirkenden – Fragen eingegangen

2.3 Cross-Border-Leasing

Die Finanzverwaltung hat darüber hinaus in ihrem Schreiben vom 18.3.2020 (BStBl I 2020, 286) zu der EU-grenzüberschreitenden Überlassung von Leasing-Gegenständen (**Cross-Border-Leasing**) Stellung genommen. Kommt es aufgrund der von einem **anderen Mitgliedstaat** vorgenommenen Zuordnung zu anderen Ergebnissen, als sich dies nach der nationalen Rechtsauffassung ergibt, ist wie folgt zu verfahren:

- Erfolgt die Zuordnung bei dem im **Inland ansässigen Vertragspartner**, ist dieser Zuordnung zur Vermeidung von endgültigen Steuerausfällen zu folgen;
- erfolgt die Zuordnung bei **dem im anderen Mitgliedstaat ansässigen Vertragspartner**, kann dieser Zuordnung gefolgt werden, wenn der Nachweis erbracht wird, dass die Überlassung in dem anderen Mitgliedstaat der Besteuerung unterlegen hat.

2.4 Anwendungsgrundsätze

Die Grundsätze des Schreibens sind in allen offenen Fällen anzuwenden. Die Finanzverwaltung beanstandet es aber nicht, wenn – sowohl für den leistenden Unternehmer als auch für den Leistungsempfänger für den Vorsteuerabzug – für **alle vor dem 18.3.2020 abgeschlossenen Leasing- oder Mietverträge** noch die bisherige Rechtsauffassung angewendet wird.

UStAE 3.6. Abgrenzung von Lieferungen und sonstigen Leistungen bei der Abgabe von Speisen und Getränken

(1) [1]Verzehrfertig zubereitete Speisen können sowohl im Rahmen einer ggf. ermäßigt besteuerten Lieferung als auch im Rahmen einer nicht ermäßigt besteuerten sonstigen Leistung abgegeben werden. [2]Die Abgrenzung von Lieferungen und sonstigen Leistungen richtet sich dabei nach allgemeinen Grundsätzen (vgl. Abschnitt 3.5). [3]Nach Artikel 6 Abs. 1 MwStVO gilt die Abgabe zubereiteter oder nicht zubereiteter Speisen und/oder von Getränken zusammen mit ausreichenden unterstützenden Dienstleistungen, die deren sofortigen Verzehr ermöglichen, als sonstige Leistung. [4]Die Abgabe von Speisen und/oder Getränken ist nur eine Komponente der gesamten Leistung, bei der der Dienstleistungsanteil qualitativ überwiegt. [5]Ob der Dienstleistungsanteil qualitativ überwiegt, ist nach dem Gesamtbild der Verhältnisse des Umsatzes zu beurteilen. [6]Bei dieser wertenden Gesamtbetrachtung aller Umstände des Einzelfalls sind nur solche Dienstleistungen zu berücksichtigen, die sich von denen unterscheiden, die notwendig mit der Vermarktung der Speisen verbunden sind (vgl. Absatz 3). [7]Dienstleistungselemente, die notwendig mit der Vermarktung von Lebensmitteln verbunden sind, bleiben bei der vorzunehmenden Prüfung unberücksichtigt (vgl. Absatz 2). [8]Ebenso sind Dienstleistungen des speiseabgebenden Unternehmers oder Dritter, die in keinem Zusammenhang mit der Abgabe von Speisen stehen (z. B. Vergnügungsangebote in Freizeitparks, Leistungen eines Pflegedienstes oder Gebäudereinigungsleistungen außerhalb eigenständiger Cateringverträge), nicht in die Prüfung einzubeziehen.

(2) [1]Insbesondere folgende Elemente sind notwendig mit der Vermarktung verzehrfertiger Speisen verbunden und im Rahmen der vorzunehmenden Gesamtbetrachtung nicht zu berücksichtigen:

- Darbietung von Waren in Regalen;
- Zubereitung der Speisen;
- Transport der Speisen und Getränke zum Ort des Verzehrs einschließlich der damit in Zusammenhang stehenden Leistungen wie Kühlen oder Wärmen, der hierfür erforderlichen Nutzung von besonderen Behältnissen und Geräten sowie der Vereinbarung eines festen Lieferzeitpunkts;
- übliche Nebenleistungen (z. B. Verpacken, Beigabe von Einweggeschirr oder -besteck);
- Bereitstellung von Papierservietten;
- Abgabe von Senf, Ketchup, Mayonnaise, Apfelmus oder ähnlicher Beigaben;
- Bereitstellung von Abfalleimern an Kiosken, Verkaufsständen, Würstchenbuden usw.;
- Bereitstellung von Einrichtungen und Vorrichtungen, die in erster Linie dem Verkauf von Waren dienen (z. B. Verkaufstheken und -tresen sowie Ablagebretter an Kiosken, Verkaufsständen, Würstchenbuden usw.);
- bloße Erstellung von Leistungsbeschreibungen (z. B. Speisekarten oder -pläne);
- allgemeine Erläuterung des Leistungsangebots;
- Einzug des Entgelts für Schulverpflegung von den Konten der Erziehungsberechtigten.

[2]Die Abgabe von zubereiteten oder nicht zubereiteten Speisen mit oder ohne Beförderung, jedoch ohne andere unterstützende Dienstleistungen, stellt stets eine Lieferung dar (Artikel 6 Abs. 2 MwStVO). [3]Die Sicherstellung der Verzehrfertigkeit während des Transports (z. B. durch Warmhalten in besonderen Behältnissen) sowie die Vereinbarung eines festen Zeitpunkts für die Übergabe der Speisen an den Kunden sind unselbständiger Teil der Beförderung und daher nicht gesondert zu berücksichtigen. [4]Die Abgabe von Waren aus Verkaufsautomaten ist stets eine Lieferung.

(3) [1]Nicht notwendig mit der Vermarktung von Speisen verbundene und damit für die Annahme einer Lieferung schädliche Dienstleistungselemente liegen vor, soweit sich der leistende Unternehmer nicht auf die Ausübung der Handels- und Verteilerfunktion des Lebensmitteleinzelhandels und des Lebensmittelhandwerks beschränkt (vgl. BFH-Urteil vom 24. 11. 1988, V R 30/83, BStBl 1989 II S. 210). [2]Insbesondere die folgenden Elemente sind nicht notwendig mit der Vermarktung von Speisen verbunden und daher im Rahmen der Gesamtbetrachtung zu berücksichtigen:

- Bereitstellung einer die Bewirtung fördernden Infrastruktur (vgl. Absatz 4);
- Servieren der Speisen und Getränke;
- Gestellung von Bedienungs-, Koch- oder Reinigungspersonal;
- Durchführung von Service-, Bedien- oder Spülleistungen im Rahmen einer die Bewirtung fördernden Infrastruktur oder in den Räumlichkeiten des Kunden;
- Nutzungsüberlassung von Geschirr oder Besteck;
- Überlassung von Mobiliar (z. B. Tischen und Stühlen) zur Nutzung außerhalb der Geschäftsräume des Unternehmers;
- Reinigung bzw. Entsorgung von Gegenständen, wenn die Überlassung dieser Gegenstände ein berücksichtigungsfähiges Dienstleistungselement darstellt (vgl. BFH-Urteil vom 10. 8. 2006, V R 55/04, BStBl 2007 II S. 480);
- Individuelle Beratung bei der Auswahl der Speisen und Getränke;
- Beratung der Kunden hinsichtlich der Zusammenstellung und Menge von Mahlzeiten für einen bestimmten Anlass.

[3]Erfüllen die überlassenen Gegenstände (Geschirr, Platten etc.) vornehmlich Verpackungsfunktion, stellt deren Überlassung kein berücksichtigungsfähiges Dienstleistungselement dar. [4]In diesem Fall ist auch die anschließende Reinigung bzw. Entsorgung der überlassenen Gegenstände bei der Gesamtbetrachtung nicht zu berücksichtigen.

Bereitstellung einer die Bewirtung fördernden Infrastruktur

(4) [1]Die Bereitstellung einer die Bewirtung fördernden Infrastruktur stellt ein im Rahmen der Gesamtbetrachtung zu berücksichtigendes Dienstleistungselement dar. [2]Zu berücksichtigen ist dabei insbesondere die Bereitstellung von Vorrichtungen, die den bestimmungsgemäßen Verzehr der Speisen und Getränke an Ort und Stelle fördern sollen (z. B. Räumlichkeiten, Tische und Stühle oder Bänke, Bierzeltgarnituren). [3]Auf die Qualität der zur Verfügung gestellten Infrastruktur kommt es nicht an. [4]Daher genügt eine Abstellmöglichkeit für Speisen und Getränke mit Sitzgelegenheit für die Annahme einer sonstigen Leistung (vgl. BFH-Urteil vom 30. 6. 2011, V R 18/10, BStBl 2013 II S. 246). [5]Daneben sind beispielsweise die Bereitstellung von Garderoben und Toiletten in die Gesamtbetrachtung einzubeziehen. [6]Eine in erster Linie zur Förderung der Bewirtung bestimmte Infrastruktur muss nicht einer ausschließlichen Nutzung durch die verzehrenden Kunden vorbehalten sein; darauf, dass die Einrichtung zugleich auch als Aufenthaltsraum, Warte- oder Treffpunkt genutzt werden kann, kommt es insoweit nicht an (vgl. BFH-Urteil vom 26. 08. 2021 – V R 42/20, BStBl II 2022 S. 219). [7]Duldet der Unternehmer daneben eine Nutzung durch andere Personen, steht dies einer Berücksichtigung nicht entgegen. [8]Vorrichtungen, die nach ihrer Zweckbestimmung im Einzelfall nicht in erster Linie dazu dienen, den Verzehr von Speisen und Getränken zu erleichtern (z. B. Stehtische und Sitzgelegenheiten in den Wartebereichen von Kinofoyers sowie die Bestuhlung in Kinos, Theatern und Stadien, Parkbänke im öffentlichen Raum, Nachttische in Kranken- und Pflegezimmern), sind nicht zu berücksichtigen (vgl. BFH-Urteil vom 30. 6. 2011, V R 3/07, BStBl 2013 II S. 241). [9]Dies gilt auch dann, wenn sich an diesen Gegenständen einfache, behelfsmäßige Vorrichtungen befinden, die den Verzehr fördern sollen (z. B. Getränkehalter, Ablagebretter). [10]Maßgeblich ist, ob die unterstützenden Dienstleistungen neben der Abgabe der Speisen mehr als nur einen geringfügigen personellen Einsatz erfordern (beispielsweise um das gestellte Material herbeizuschaffen, zurückzunehmen und ggf. zu reinigen); nicht zu berücksichtigen ist daher die bloße Bereitstellung behelfsmäßiger Verzehrvorrichtungen, wie z. B. Verzehrtheken ohne Sitzgelegenheit oder Stehtische. [11]Sofern die Abgabe der Speisen und Getränke zum Verzehr vor Ort erfolgt, kommt es jedoch nicht darauf an, dass sämtliche bereitgestellte Einrichtungen tatsächlich genutzt werden. [12]Vielmehr ist das bloße Zur-Verfügung-Stellen ausreichend. [13]In diesem Fall ist auf sämtliche Vor-Ort-Umsätze der allgemeine Steuersatz anzuwenden. [14]Für die Berücksichtigung einer die Bewirtung fördernden Infrastruktur ist die Zweckabrede zum Zeitpunkt des Vertragsabschlusses maßgeblich. [15]Bringt der Kunde zum Ausdruck, dass er eine Speise vor Ort verzehren will, nimmt diese anschließend jedoch mit, bleibt es bei der Anwendung des allgemeinen **Steuersatzes**. [16]Werden Speisen sowohl unter Einsatz von nicht zu berücksichtigenden Infrastrukturelementen (z. B. in Wartebereichen von Kinos) als auch hiervon getrennt in Gastronomiebereichen abgegeben, ist eine gesonderte Betrachtung der einzelnen Bereiche vorzunehmen.

(5) [1]Die in Absatz 3 genannten Elemente sind nur dann zu berücksichtigen, wenn sie dem Kunden vom speiseabgebenden Unternehmer im Rahmen einer einheitlichen Leistung zur Verfügung gestellt werden und vom Leistenden ausschließlich dazu bestimmt wurden, den Verzehr von Lebensmitteln zu erleichtern (vgl. BFH-Urteil vom 30. 6. 2011, V R 18/10, BStBl 2013 II S. 246). [2]Von Dritten erbrachte Dienstleistungselemente sind grundsätzlich nicht zu berücksichtigen. [3]Voraussetzung für eine Nichtberücksichtigung ist, dass der Dritte unmittelbar gegenüber dem verzehrenden Kunden tätig wird. [4]Etwas anderes gilt aber, wenn dem Leistenden durch den Dritten der Art nach ein Mitbenutzungsrecht in Form von Verfügungs- und Dispositionsmöglichkeiten an dessen Dienstleistungselementen (z. B. Verzehrvorrichtungen) zugestanden worden ist (vgl. BFH-Urteile vom 03. 08. 2017 – V R 15/17, BStBl II 2021 S. 403, und vom 26. 08. 2021 – V R 42/20, BStBl II 2022 S. 219). [5]Maßgebend sind immer die Umstände des jeweiligen Einzelfalls. [6]Dabei ist – ggf. unter Berücksichtigung der getroffenen Vereinbarungen – zu prüfen, inwieweit augenscheinlich von einem Dritten erbrachte Dienstleistungselemente dem speiseabgebenden Unternehmer zuzurechnen sind. [7]Leistet der Dritte an diesen Unternehmer und dieser wiederum an den Kunden, handelt es sich um ein Dienstleistungselement des speiseabgebenden Unternehmers, das im Rahmen der Gesamtbetrachtung zu berücksichtigen ist.

(6) [1]Die in den Absätzen 1 bis 5 dargestellten Grundsätze gelten gleichermaßen für Imbissstände wie für Verpflegungsleistungen in Kindertagesstätten, Schulen und Kantinen, Krankenhäusern, Pflegeheimen oder ähnlichen Einrichtungen, bei Leistungen von Catering-Unternehmen (Partyservice) und Mahlzeitendiensten („Essen auf Rädern“) sowie Bäckereifilialen in „Vorkassenzonen“ von Supermärkten (vgl. BFH-Beschluss vom 15. 09. 2021 – XI R 12/21(XI R 25/19), BStBl II 2022 S. 417). [2]Sie gelten ebenso für unentgeltliche Wertabgaben. [3]Ist der Verzehr durch den Unternehmer selbst als sonstige Leistung anzusehen, liegt eine unentgeltliche Wertabgabe § 3 Abs. 9a Nr. 2 UStG vor, die dem allgemeinen Steuersatz unterliegt. [4]Für unentgeltliche Wertabgaben nach § 3 Abs. 1b UStG – z. B. Entnahme von Nahrungsmitteln durch einen Gastwirt zum Verzehr in einer von der Gaststätte getrennten Wohnung – kommt der ermäßigte Steuersatz in Betracht. [5]Auf die jährlich im BStBl Teil I veröffentlichten Pauschbeträge für unentgeltliche Wertabgaben (Sachentnahmen) wird hingewiesen (vgl. Abschnitt 10.6 Abs. 1 Satz 8).

Beispiel 1:

[1]Der Betreiber eines Imbissstandes gibt verzehrfertige Würstchen, Pommes frites usw. an seine Kunden in Pappbehältern oder auf Mehrweggeschirr ab. [2]Der Kunde erhält dazu eine Serviette, Einweg- oder Mehrwegbesteck und auf Wunsch Ketchup, Mayonnaise oder Senf. [3]Der Imbissstand verfügt über eine Theke, an der Speisen im Stehen eingenommen werden können. [4]Der Betreiber hat vor dem Stand drei Stehtische aufgestellt. [5]80 % der Speisen werden zum sofortigen Verzehr abgegeben. [6]20 % der Speisen werden zum Mitnehmen abgegeben.

[7]Unabhängig davon, ob die Kunden die Speisen zum Mitnehmen oder zum Verzehr an Ort und Stelle erwerben, liegen insgesamt begünstigte Lieferungen im Sinne des § 12 Abs. 2 Nr. 1 UStG vor. [8]Die erbrachten Dienstleistungselemente (Bereitstellung einfachster Verzehrvorrichtungen wie einer Theke und Stehtischen sowie von Mehrweggeschirr) führen bei einer wertenden Gesamtbetrachtung des Vorgangs auch hinsichtlich der vor Ort verzehrten Speisen nicht zur Annahme einer sonstigen Leistung (vgl. BFH-Urteil vom 8. 6. 2011, XI R 37/08, BStBl 2013 II S. 238, und vom 30. 6. 2011, V R 35/08, BStBl 2013 II S. 244). [9]Die Qualität der Speisen und die Komplexität der Zubereitung haben auf die Beurteilung des Sachverhalts keinen Einfluss.

Beispiel 2:

[1]Wie Beispiel 1, jedoch verfügt der Imbissstand neben den Stehtischen über aus Bänken und Tischen bestehende Bierzeltgarnituren, an denen die Kunden die Speisen einnehmen können.

[2]Soweit die Speisen zum Mitnehmen abgegeben werden, liegen begünstigte Lieferungen im Sinne des § 12 Abs. 2 Nr. 1 UStG vor. [3]Soweit die Speisen zum Verzehr vor Ort abgegeben werden, liegen nicht begünstigte sonstige Leistungen im Sinne des § 3 Abs. 9 UStG vor. [4]Mit der Bereitstellung der Tische und der Sitzgelegenheiten wird die Schwelle zum Restaurationsumsatz überschritten (vgl. BFH-Urteil vom 30. 6. 2011, V R 18/10, BStBl 2013 II. S. 246). [5]Auf die tatsächliche Inanspruchnahme der Sitzgelegenheiten kommt es nicht an. [6]Maßgeblich ist die Absichtserklärung des Kunden,

die Speisen vor Ort verzehren zu wollen (vgl. EuGH-Urteil vom 22. 04. 2021, C-703/19, Dyrektor Izby Administracji Skarbowej w Katowicach).

Beispiel 3:

[1]Der Catering-Unternehmer A verabreicht in einer Schule auf Grund eines mit dem Schulträger geschlossenen Vertrags verzehrfertig angeliefertes Mittagessen. [2]A übernimmt mit eigenem Personal die Ausgabe des Essens, die Reinigung der Räume sowie der Tische, des Geschirrs und des Bestecks.

[3]Es liegen nicht begünstigte sonstige Leistungen im Sinne des § 3 Abs. 9 UStG vor. [4]Neben den Speisenlieferungen werden Dienstleistungen erbracht, die nicht notwendig mit der Vermarktung von Speisen verbunden sind (Bereitstellung von Verzehrvorrichtungen, Reinigung der Räume sowie der Tische, des Geschirrs und des Bestecks) und die bei Gesamtbetrachtung des Vorgangs das Lieferelement qualitativ überwiegen.

Beispiel 4:

[1]Ein Schulverein bietet in der Schule für die Schüler ein Mittagessen an. [2]Das verzehrfertige Essen wird von dem Catering-Unternehmer A dem Schulverein in Warmhaltebehältern zu festgelegten Zeitpunkten angeliefert und anschließend durch die Mitglieder des Schulvereins an die Schüler ausgegeben. [3]Das Essen wird von den Schülern in einem Mehrzweckraum, der über Tische und Stühle verfügt, eingenommen. [4]Der Schulverein übernimmt auch die Reinigung der Räume sowie der Tische, des Geschirrs und des Bestecks.

[5]Der Catering-Unternehmer A erbringt begünstigte Lieferungen im Sinne des § 12 Abs. 2 Nr. 1 UStG, da sich seine Leistung auf die Abgabe von zubereiteten Speisen und deren Beförderung ohne andere unterstützende Dienstleistungen beschränkt.

[6]Der Schulverein erbringt sonstige Leistungen im Sinne des § 3 Abs. 9 UStG. [7]Neben den Speisenlieferungen werden Dienstleistungen erbracht, die nicht notwendig mit der Vermarktung von Speisen verbunden sind (Bereitstellung von Verzehrvorrichtungen, Reinigung der Räume sowie der Tische, des Geschirrs und des Bestecks) und die bei Gesamtbetrachtung des Vorgangs das Lieferelement qualitativ überwiegen. [8]Bei Vorliegen der weiteren Voraussetzungen können die Umsätze dem ermäßigten Steuersatz nach § 12 Abs. 2 Nr. 8 UStG unterliegen.

Beispiel 5:

[1]Wie Beispiel 4, jedoch beliefert der Catering-Unternehmer A den Schulverein mit Tiefkühlgerichten. [2]Er stellt hierfür einen Tiefkühlschrank und ein Auftaugerät (Regeneriertechnik) zur Verfügung. [3]Die Endbereitung der Speisen (Auftauen und Erhitzen) sowie die Ausgabe erfolgt durch den Schulverein.

[4]Der Catering-Unternehmer A erbringt begünstigte Lieferungen im Sinne des § 12 Abs. 2 Nr. 1 UStG. [5]Die Bereitstellung der Regeneriertechnik stellt eine Nebenleistung zur Speisenlieferung dar.

Beispiel 6:

[1]Ein Unternehmer beliefert ein Krankenhaus mit Mittag- und Abendessen für die Patienten. [2]Er bereitet die Speisen nach Maßgabe eines mit dem Leistungsempfänger vereinbarten Speiseplans in der Küche des auftraggebenden Krankenhauses fertig zu. [3]Die Speisen werden zu festgelegten Zeitpunkten in Großgebinden an das Krankenhauspersonal übergeben, das den Transport auf die Stationen, die Portionierung und Ausgabe der Speisen an die Patienten sowie die anschließende Reinigung des Geschirrs und Bestecks übernimmt.

[4]Es liegen begünstigte Lieferungen im Sinne des § 12 Abs. 2 Nr. 1 UStG vor, da sich die Leistung des Unternehmers auf die Abgabe von zubereiteten Speisen ohne andere unterstützende Dienstleistungen beschränkt. [5]Die durch das Krankenhauspersonal erbrachten Dienstleistungselemente sind bei der Beurteilung des Gesamtvorgangs nicht zu berücksichtigen.

Beispiel 7:

[1]Sachverhalt wie im Beispiel 6. [2]Ein Dritter ist jedoch verpflichtet, das Geschirr und Besteck in der Küche des Krankenhauses zu reinigen.

[3]Soweit dem Unternehmer die durch den Dritten erbrachten Spülleistungen nicht zuzurechnen sind, beschränkt sich seine Leistung auch in diesem Fall auf die Abgabe von zubereiteten Speisen ohne andere unterstützende Dienstleistungen. [4]Es liegen daher ebenfalls begünstigte Lieferungen an das Krankenhaus vor.

Beispiel 8:

[1]Ein Unternehmer bereitet mit eigenem Personal die Mahlzeiten für die Patienten in der angemieteten Küche eines Krankenhauses zu, transportiert die portionierten Speisen auf die Stationen und reinigt das Geschirr und Besteck. [2]Die Ausgabe der Speisen an die Patienten erfolgt durch das Krankenhauspersonal.

[3]Es liegen begünstigte Lieferungen im Sinne des § 12 Abs. 2 Nr. 1 UStG vor. [4]Die Reinigung des Geschirrs und Bestecks ist im Rahmen der Gesamtbetrachtung nicht zu berücksichtigen, da die Überlassung dieser Gegenstände kein berücksichtigungsfähiges Dienstleistungselement darstellt.

Beispiel 9:

[1]Eine Metzgerei betreibt einen Partyservice. [2]Nachdem der Unternehmer die Kunden bei der Auswahl der Speisen, deren Zusammenstellung und Menge individuell beraten hat, bereitet er ein kaltwarmes Büffet zu. [3]Die fertig belegten Platten und Warmhaltebehälter werden von den Kunden abgeholt oder von der Metzgerei zu den Kunden geliefert. [4]Die leeren Platten und Warmhaltebehälter werden am Folgetag durch den Metzger abgeholt und gereinigt.

[5]Es liegen begünstigte Lieferungen im Sinne des § 12 Abs. 2 Nr. 1 UStG vor, da sich die Leistung des Unternehmers auf die Abgabe von zubereiteten Speisen, ggf. deren Beförderung sowie die Beratung beschränkt. [6]Die Überlassung der Platten und Warmhaltebehälter besitzt vornehmlich Verpackungscharakter und führt bei der Gesamtbetrachtung des Vorgangs auch zusammen mit dem zu berücksichtigenden Dienstleistungselement „Beratung" nicht zu einem qualitativen Überwiegen der Dienstleistungselemente. [7]Da die Platten und Warmhaltebehälter vornehmlich Verpackungsfunktion besitzen, ist deren Reinigung nicht zu berücksichtigen.

Beispiel 10:

[1]Sachverhalt wie Beispiel 9, zusätzlich verleiht die Metzgerei jedoch Geschirr und/oder Besteck, das vor Rückgabe vom Kunden zu reinigen ist.

[2]Es liegen nicht begünstigte sonstige Leistungen im Sinne des § 3 Abs. 9 UStG vor. [3]Das Geschirr erfüllt in diesem Fall keine Verpackungsfunktion. [4]Mit der Überlassung des Geschirrs und des Bestecks in größerer Anzahl tritt daher ein Dienstleistungselement hinzu, durch das der Vorgang bei Betrachtung seines Gesamtbildes als nicht begünstigte sonstige Leistung anzusehen ist. [5]Unerheblich ist dabei, dass das Geschirr und Besteck vom Kunden gereinigt zurückgegeben wird (vgl. BFH-Urteil vom 23. 11. 2011, XI R 6/08, BStBl 2013 II S. 253).

Beispiel 11:

[1]Der Betreiber eines Partyservice liefert zu einem festgelegten Zeitpunkt auf speziellen Wunsch des Kunden zubereitete, verzehrfertige Speisen in warmem Zustand für eine Feier seines Auftraggebers an. [2]Er richtet das Buffet her, indem er die Speisen in Warmhaltevorrichtungen auf Tischen des Auftraggebers anordnet und festlich dekoriert.

[3]Es liegen nicht begünstigte sonstige Leistungen im Sinne des § 3 Abs. 9 UStG vor. [4]Die Überlassung der Warmhaltevorrichtungen erfüllt zwar vornehmlich eine Verpackungsfunktion. [5]Sie führt bei der vorzunehmenden Gesamtbetrachtung des Vorgangs zusammen mit den zu berücksichtigenden Dienstleistungselementen (Herrichtung des Büffets, Anordnung und festliche Dekoration) jedoch zu einem qualitativen Überwiegen der Dienstleistungselemente.

Beispiel 12:

[1]Der Betreiber eines Partyservice liefert auf speziellen Wunsch des Kunden zubereitete, verzehrfertige Speisen zu einem festgelegten Zeitpunkt für eine Party seines Auftraggebers an. [2]Der Auftraggeber erhält darüber hinaus Servietten, Einweggeschirr und -besteck. [3]Der Betreiber des Partyservice hat sich verpflichtet, das Einweggeschirr und -besteck abzuholen und zu entsorgen.

[4]Es liegen nicht begünstigte sonstige Leistungen im Sinne des § 3 Abs. 9 UStG vor. [5]Bei der vorzunehmenden Gesamtbetrachtung des Vorgangs überwiegen die zu berücksichtigenden Dienstleistungselemente (Überlassung von Einweggeschirr und -besteck in größerer Anzahl zusammen mit dessen Entsorgung) das Lieferelement qualitativ.

Beispiel 13:

[1]Wie Beispiel 12, jedoch entsorgt der Kunde das Einweggeschirr und -besteck selbst.

[2]Es liegen begünstigte Lieferungen im Sinne des § 12 Abs. 2 Nr. 1 UStG vor. [3]Da der Kunde die Entsorgung selbst übernimmt, beschränkt sich die Leistung des Unternehmers auf die Abgabe von zubereiteten Speisen und deren Beförderung ohne andere unterstützende Dienstleistungen.

Beispiel 14:

[1]Ein Mahlzeitendienst übergibt Einzelabnehmern verzehrfertig zubereitetes Mittag- und Abendessen in Warmhaltevorrichtungen auf vom Mahlzeitendienst zur Verfügung gestelltem Geschirr, auf dem die Speisen nach dem Abheben der Warmhaltehaube als Einzelportionen verzehrfertig angerichtet sind. [2]Dieses Geschirr wird – nach einer Vorreinigung durch die Einzelabnehmer – zu einem späteren Zeitpunkt vom Mahlzeitendienst zurückgenommen und endgereinigt.

[3]Es liegen begünstigte Lieferungen im Sinne des § 12 Abs. 2 Nr. 1 UStG vor. [4]Da das Geschirr vornehmlich eine Verpackungsfunktion erfüllt, überwiegt seine Nutzungsüberlassung sowie Endreinigung das Lieferelement nicht qualitativ. [5]Auf das Material oder die Form des Geschirrs kommt es dabei nicht an.

Beispiel 15:

[1]Ein Mahlzeitendienst übergibt Einzelabnehmern verzehrfertig zubereitetes Mittag- und Abendessen in Transportbehältnissen und Warmhaltevorrichtungen, die nicht dazu bestimmt sind, dass Speisen von diesen verzehrt werden. [2]Die Ausgabe der Speisen auf dem Geschirr der Einzelabnehmer und die anschließende Reinigung des Geschirrs und Bestecks in der Küche der Einzelabnehmer übernimmt der Pflegedienst des Abnehmers. [3]Zwischen Mahlzeiten- und Pflegedienst bestehen keine Verbindungen.

[4]Es liegen begünstigte Lieferungen im Sinne des § 12 Abs. 2 Nr. 1 UStG vor, da sich die Leistung des Mahlzeitendienstes auf die Abgabe von zubereiteten Speisen und deren Beförderung ohne andere unterstützende Dienstleistungen beschränkt. [5]Die Leistungen des Pflegedienstes sind bei der Beurteilung des Gesamtvorgangs nicht zu berücksichtigen.

Beispiel 16:

[1]Verschiedene Unternehmer bieten in einem zusammenhängenden Teil eines Einkaufszentrums diverse Speisen und Getränke an. [2]In unmittelbarer Nähe der Stände befinden sich Tische und Stühle, die von allen Kunden der Unternehmer gleichermaßen genutzt werden können (sog. „Food Court“). [3]Für die Rücknahme des Geschirrs stehen Regale bereit, die von allen Unternehmern genutzt werden.

[4]Soweit die Speisen zum Mitnehmen abgegeben werden, liegen begünstigte Lieferungen im Sinne des § 12 Abs. 2 Nr. 1 UStG vor. [5]Soweit die Speisen zum Verzehr vor Ort abgegeben werden, liegen nicht begünstigte sonstige Leistungen im Sinne des § 3 Abs. 9 UStG vor. [6]Maßgeblich ist die Absichtserklärung des Kunden, die Speisen mitnehmen oder vor Ort verzehren zu wollen (vgl. EuGH-Urteil vom 22. 04. 2021, C-703/19, Dyrektor Izby Administracji Skarbowej w Katowicach). [7]Die gemeinsam genutzte Infrastruktur ist allen Unternehmern zuzurechnen, auch wenn es sich um die Einrichtung des Einkaufszentrumsbetreibers handelt (vgl. BFH-Urteil vom 26. 08. 2021 –

V R 42/20, BStBl II 2022 S. 219). [8]Einer Berücksichtigung beim einzelnen Unternehmer steht nicht entgegen, dass die Tische und Stühle auch von Personen genutzt werden, die keine Speisen oder Getränke verzehren.

Anmerkung

1. Grundlagen zur Abgrenzung

Die **Abgabe verzehrfertiger Speisen und Getränken** kann sowohl im Rahmen einer **Lieferung** als auch im Rahmen einer **sonstigen Leistung** vollzogen werden. Neben den nach unterschiedlichen Rechtsnormen zu bestimmenden Ort der Leistungen – die zwar aus systematischer aber meist nicht aus praktischer Sicht von Bedeutung sind – ist diese Unterscheidung für die Anwendung des zutreffenden Steuersatzes von entscheidender (praktischer) Bedeutung. Lieferungen von Speisen unterliegen regelmäßig gem. § 12 Abs. 2 Nr. 1 UStG dem ermäßigten Steuersatz, wenn es sich bei dem einzelnen Liefergegenstand um eine Ware handelt, die in Anlage 2 zum UStG aufgeführt ist. Soweit es sich um Getränke handelt, gilt der ermäßigte Steuersatz allerdings nur für Milch (Nr. 4 der Anlage 2), Wasser (Nr. 34 der Anlage 2 in dem dort genannten Umfang) und für Milchmischgetränke (Nr. 35 der Anlage 2). Alle übrigen Getränke (insbesondere trinkfertiger Kaffee, Tee, Sprudel, Mineralwasser, Obstsäfte usw.) unterliegen dem allgemeinen Steuersatz. Auch Lieferungen verzehrfertig zubereiteter Speisen unterliegen dem ermäßigten Steuersatz, wenn sie in der Anlage 2 zum UStG aufgeführt sind. So sind z. B. Fleisch- und Fischgerichte als „Zubereitung von Fleisch bzw. Fisch" als Waren i. S. d. Nr. 28 der Anlage 2 zum UStG begünstigt.

Hinweis: Absenkung des Steuersatzes für Speisen bis 31.12.2023 und wieder ab dem 1.1.2026

Über § 12 Abs. 2 Nr. 15 UStG war für die Abgabe von Speisen als Dienstleistung in der Zeit vom 1.7.2020 bis 31.12.2023 der ermäßigte Steuersatz maßgeblich; vgl. dazu auch 4. Ausgenommen davon ist die Abgabe von Getränken. Seitdem ab dem 1.1.2024 wieder der Regelsteuersatz für die Restaurant- und Verpflegungsdienstleistungen gilt, kommt der Unterscheidung in „Essen to go" und Inhouse-Leistungen wieder besondere Bedeutung zu. Durch das Steueränderungsgesetz 2025 ist der ermäßigte Steuersatz für die Speisen wieder – diesmal unbefristet – eingeführt worden.

Unter die Begünstigung des § 12 Abs. 2 Nr. 1 UStG fallen ausschließlich Lieferungen der in der Anlage 2 zum UStG aufgeführten Gegenstände. Werden anlässlich einer einheitlichen Leistung zusätzliche Leistungselemente erbracht, ist zu entscheiden, ob (noch) eine begünstigte Lieferung von Speisen oder eine dem Regelsteuersatz unterliegende sonstige Leistung (Restaurationsumsatz) vorliegt. Enthält die einheitliche Leistung sowohl Elemente der Lieferung und der sonstigen Leistung, muss entschieden werden, was die Leistung prägt. Dabei kommt es nicht auf eine quantitative Betrachtung („welches Leistungselement ist mehr wert"), sondern auf eine qualitative Beurteilung („welches Leistungselement ist für die Leistung bestimmend") an. Dazu ist der wirtschaftliche Gehalt der Leistung im Rahmen einer Gesamtbetrachtung zu ermitteln (BFH, Urt. v. 10.8.2006 – V R 55/04, BStBl II 2007, 480).

2. Aktuelle Rechtslage seit dem 1.7.2011

Zum 1.7.2011 ist **Art. 6 MwStVO** in Kraft getreten, der die früheren Regelungen zur Abgrenzung von Lieferung und sonstiger Leistung bei den Restaurationsleistungen vereinfacht und die zu einer unionseinheitlichen Anwendung der Abgrenzungsgrundsätze führt. Nach Art. 6 MwStVO gilt als Restaurant- und Verpflegungsdienstleistung die Abgabe zubereiteter oder nicht zubereiteter Speisen und/oder Getränke, **zusammen mit ausreichenden unterstützenden Dienstleistungen**, die den sofortigen Verzehr ermöglichen. Die Abgabe von Speisen und/oder Getränken ist dabei nur eine Komponente der gesamten Leistung, bei der der Dienstleistungsanteil überwiegt. Restaurantdienstleistungen sind dabei die Erbringung solcher Dienstleistungen in den Räumlichkeiten des Dienstleistungserbringers, während die Verpflegungsdienstleistungen die Erbringung solcher Dienstleistungen an einen anderen Ort als den Räumlichkeiten des Dienstleistungserbringers bezeichnen. Die Abgabe von zubereiteten oder nicht zubereiteten Speisen und/oder Getränken (mit oder ohne Beförderung), jedoch ohne andere unterstützende Dienstleistungen, gilt nicht als Restaurant- oder Verpflegungsdienstleistung.

Die Finanzverwaltung hat die allgemeinen Grundsätze durch Schreiben v. 20.3.2013 umgesetzt und Abschn. 3.6 UStAE darauf abgestellt.

3. Bereitstellung von Infrastruktur

Eine besondere Bedeutung hat für die Abgrenzung von Lieferung und sonstiger Leistung die **Bereitstellung einer Infrastruktur** zum Verzehr der Speisen. Werden von dem leistenden Unternehmer Vorrichtungen gestellt, die den bestimmungsgemäßen Verzehr der Speisen und Getränke an Ort und Stelle fördern sollen, prägt das die Leistung zur sonstigen Leistung. Auf die Qualität der zur Verfügung gestellten Infrastruktur soll es dabei nicht ankommen. Allerdings muss es sich um mehr als nur einfache, behelfsmäßige Verzehreinrichtungen handeln.

Nach der Rechtsprechung des **BFH** (Urt. v. 30.6.2011 – V R 3/07, BStBl II 2013, 241) führt die Bereitstellung von Verzehrtheken ohne Sitzgelegenheiten, Stehtischen sowie Abstellbrettern grundsätzlich nicht zu einer sonstigen Leistung. Auch Vorrichtungen, die nach ihrer Zweckbestimmung nicht dazu dienen, den Verzehr von Speisen und Getränken zu erleichtern (z. B. Sitzgelegenheiten in einem Kinofoyer, Parkbänke, Nachttische in Kranken- und Pflegezimmern), führen nicht zu einer sonstigen Leistung.

Gemeinschaftseinrichtungen, an denen der leistende Unternehmer beteiligt ist, führen aber dazu (soweit es sich nicht nur um behelfsmäßige Einrichtungen handelt), dass der leistende Unternehmer eine sonstige Leistung ausführt. Werden Dienstleistungselemente von fremden Dritten ausgeführt, sind diese grundsätzlich nicht dem leistenden Unternehmer zuzurechnen. Dies gilt aber nur dann, wenn der Dritte seine Leistung unmittelbar gegenüber dem Leistungsempfänger ausführt. Leistet der Dritte an den Unternehmer und dieser dann im Rahmen einer einheitlichen Leistung gegenüber seinem Kunden, müssen die Dienstleistungselemente im Rahmen der Gesamtbetrachtung berücksichtigt werden.

Eine Weiterentwicklung wurde vom FG München (Urt. v. 26.7.2018 – 14 K 2036/16; Nichtzulassungsbeschwerde wurde vom BFH als unbegründet zurückgewiesen, Beschl. v. 13.3.2019 – XI B 89/18, BFH/NV 2018, 845) im Zusammenhang mit dem Verkauf von sog. „**Steckerl-Fisch**“ in bayerischen Biergärten vorgenommen worden. Eigenständige Unternehmer, die in den Biergärten geräucherten Fisch an Besucher des Biergartens verkaufen und mit dem Betreiber des Biergartens einen Mietvertrag abgeschlossen haben, um in dem Biergarten ihren Fisch verkaufen zu können, erbringen mit dem Verkauf des Fisches regelbesteuerte Umsätze. Zwar verfügen sie nicht über die notwendige Infrastruktur, die Einräumung der Mitbenutzungsmöglichkeit kann sich aber auch konkludent aus dem Mietverhältnis mit dem Betreiber des Biergartens ergeben, wenn das Konzept des Fischverkäufers nicht ohne diese Mitbenutzung der Infrastruktur funktionieren würde. Die Finanzverwaltung hat mit Schreiben v. 22.4.2021, BStBl I 2021, 712, Abschn. 3.6 Abs. 5 UStAE angepasst.

> **Hinweis: Abgrenzung zu „fliegenden Händlern“ notwendig**
>
> Der BFH (Urt. v. 3.8.2017 – V R 15/17, BFH/NV 2017, 1572) hatte einem Brezen-Verkäufer, der in Bierzelten auf dem Oktoberfest seine Brezen verkauft, den ermäßigten Steuersatz zugebilligt. In diesem Fall hatte auch das FG München in der Vorentscheidung die Anwendung des ermäßigten Steuersatzes abgelehnt.

Der BFH (Urt. v. 26.8.2021 – V R 42/20, BStBl II 2022, 219) hat entschieden, dass die **Nutzung eines Food-Courts** in einem Einkaufszentrum beim Verzehr von Speisen als überwiegendes Dienstleistungselement zum Vorliegen einer sonstigen Leistung führen kann, wenn die Einräumung dieser Nutzungsmöglichkeit aus der Sicht eines Durchschnittsverbrauchers dem Speisenanbieter zuzurechnen ist. Für die Annahme einer sonstigen Leistung genügt dabei die Ausgabe von Speisen auf einem Tablett, wenn es typischerweise dazu dient, es dem Kunden zu ermöglichen, die von ihm erworbenen Speisen zu einem Verzehrort in der Nähe (hier dem Food-Court) zu bringen und diese dort an einem Tisch mit Sitzmöglichkeit zu verzehren.

Hinweis: Keine sonstige Leistung, wenn Kunde Dienstleistungselemente nicht in Anspruch nimmt

Der EuGH (Urt. v. 22.4.2021 – C-703/19, J.K., BFH/NV 2021, 926) hat festgelegt, dass in den Fällen, in denen sich der Endkunde dafür entscheidet, die materiellen und personellen Mittel, die ihm vom Steuerpflichtigen neben dem Verzehr der bereitgestellten Speisen angeboten werden, nicht in Anspruch zu nehmen, davon auszugehen ist, dass keine unterstützende Dienstleistung mit der Abgabe dieser Speisen einhergeht.

Der BFH (Beschl. v. 15.9.2021 – XI R 12/21, BStBl II 2022, 417) musste sich mit der Frage beschäftigen, ob die Umsätze aus dem **Verkauf von Backwaren und Fast-Food zum Verzehr in mit Sitzgelegenheiten ausgestatteten Bäckereien** mit eigenem Café bzw. in Backfilialen im Vorkassenbereich von Supermärkten dem ermäßigten Steuersatz unterliegen oder es sich um eine Dienstleistung handelt, die dem Regelsteuersatz unterliegt. Der BFH hat dazu festgestellt, dass wegen der Verwendung von Mehrzweckgeschirr und -besteck – ähnlich wie bei einem Partyservice – eine sonstige Leistung ausgeführt wird, die – soweit es nicht zur Anwendung des § 12 Abs. 2 Nr. 15 UStG kommt – dem Regelsteuersatz unterliegt.

Hinweis: Regelungen der MwStVO auch vor dem 1.7.2011 anwendbar

Der BFH hat in seiner Entscheidung festgestellt, dass die Abgrenzungen des Art. 6 Abs. 1 MwStVO auch für Leistungen vor dem 1.7.2011 (Inkrafttreten der MwStVO) anzuwenden sind, da rückwirkend Begriffe geklärt werden, die sich bereits zuvor schon in der MwStSystRL befunden haben.

4. Absenkung des Steuersatzes für Speisen

Seit dem 1.7.2020 galt aufgrund des 1. **Corona-Steuerhilfegesetzes** für Restaurant- und Verpflegungsdienstleistungen in der Zeit vom 1.7.2020 bis 30.6.2021 der ermäßigte Steuersatz, § 12 Abs. 2 Nr. 15 UStG. Durch das 3. Corona-Steuerhilfegesetz war diese Steuerabsenkung bis zum 31.12.2022 verlängert worden. Durch das Achte Gesetz zur Änderung von Verbrauchsteuergesetzen ist eine **erneute Verlängerung – bis zum 31.12.2023** – vorgenommen worden. Ausdrücklich davon ausgenommen war aber die Abgabe von Getränken, hier kommt weiterhin der Regelsteuersatz zur Anwendung.

Hinweis: Erneute – jetzt unbefristete – Absenkung

Durch das Steueränderungsgesetz 2025 ist der Steuersatz erneut – diesmal unbefristet – für die Restaurant- und Verpflegungsumsätze auf 7 % abgesenkt worden, § 12 Abs. 2 Nr. 15 UStG. Wie auch schon in der temporären Absenkung aufgrund der Corona-Pandemie, gilt dies aber ausschließlich für die Abgabe der Speisen, nicht für Getränke.

Problematisch ist wegen der von der Anwendung des ermäßigten Steuersatzes ausgenommenen Abgabe von Getränken die Aufteilung von Pauschalangeboten, die sowohl Getränke als auch Speisen beinhalten. Grundsätzlich müsste hier nach der Rechtsprechung des BFH die jeweils einfachstmögliche Aufteilungsmethode zur Anwendung kommen – in aller Regel eine Aufteilung anhand der jeweiligen Einzelverkaufspreise.

Hinweis: Aufteilungsmethode vom BFH bestätigt

Der BFH (Beschl. v. 3.4.2013 – V B 125/12, BStBl II 2013, 973 sowie auch Abschn. 10.1 Abs. 11 Satz 4 UStAE) hatte schon festgestellt, dass die „einfachstmögliche Aufteilungsmethode" anzuwenden sei und deshalb (soweit ermittelbar) das Verhältnis der Einzelverkaufspreise den Aufteilungsmaßstab bestimmt. Das FG Baden-Württemberg (Urt. v. 9.11.2022 – 12 K 3098/19) hatte dementgegen geurteilt, dass die umsatzsteuerliche Aufteilung des einheitlichen Preises für teils dem Regelsteuersatz, teils dem ermäßigten Umsatzsteuersatz unterliegende, von einem Franchisenehmer verkaufte Sparmenüs nach dem Verhältnis der Wareneinsatzanteile vorgenommen werden kann (sog. „Food & Paper-Methode"). Der BFH (Urt. v. 22.1.2025 – XI R 19/23, BStBl II 2025, 583) blieb aber dabei: Eine Aufteilung erfolgt im Rahmen der Einzelverkaufspreise.

Die **Finanzverwaltung** (BMF, Schreiben v. 2.7.2020) hatte aufgrund der bis 31.12.2023 befristeten Anwendung des ermäßigten Steuersatzes für die Restaurant- und Verpflegungsdienstleistungen für Pauschalangebote eine **Vereinfachungsregelung** veröffentlicht. Bei Kombiangeboten, die sowohl Speisen als auch Getränke zu einem Pauschalpreis beinhalten (z. B. Buffet, All-Inclusive-Angebote), wird es nicht beanstandet, wenn der auf die Getränke entfallende Entgeltanteil mit 30 % des Pauschalpreises angesetzt wird. Diese Vereinfachungsregelung ist von der Finanzverwaltung (BMF, Schreiben v. 22.12.2025, BStBl I 2025, 2105) für die Zeit ab dem 1.1.2026 wieder aufgenommen worden (Abschn. 10.1 Abs. 12 UStAE).

UStAE 3.7. Vermittlung oder Eigenhandel

(1) [1]Ob jemand eine Vermittlungsleistung erbringt oder als Eigenhändler tätig wird, ist nach den Leistungsbeziehungen zwischen den Beteiligten zu entscheiden. [2]Maßgebend für die Bestimmung der umsatzsteuerrechtlichen Leistungsbeziehungen ist grundsätzlich das Zivilrecht; ob der Vermittler gegenüber dem Leistungsempfänger oder dem Leistenden tätig wird, ist insoweit ohne Bedeutung. [3]Entsprechend der Regelung des § 164 Abs. 1 BGB liegt danach eine Vermittlungsleistung umsatzsteuerrechtlich grundsätzlich nur vor, wenn der Vertreter – Vermittler – das Umsatzgeschäft erkennbar im Namen des Vertretenen abgeschlossen hat. [4]Das gilt jedoch nicht, wenn durch das Handeln in fremdem Namen lediglich verdeckt wird, dass der Vertreter und nicht der Vertretene das Umsatzgeschäft ausführt (vgl. BFH-Urteile vom 25. 6. 1987, V R 78/79, BStBl II S. 657, vom 29. 9. 1987, X R 13/81, BStBl 1988 II S. 153, und vom 10. 8. 2016, V R 4/16, BStBl 2017 II S. 135). [5]Dies kann der Fall sein, wenn dem Vertreter von dem Vertretenen Substanz, Wert und Ertrag des Liefergegenstands vor der Weiterlieferung an den Leistungsempfänger übertragen worden ist (BFH-Urteil vom 16. 3. 2000, V R 44/99, BStBl II S. 361). [6]Dem Leistungsempfänger muss beim Abschluss des Umsatzgeschäfts nach den Umständen des Falls bekannt sein, dass er zu einem Dritten in unmittelbare Rechtsbeziehungen tritt (vgl. BFH-Urteil vom 21. 12. 1965, V 241/63 U, BStBl 1966 III S. 162); dies setzt nicht voraus, dass der Name des Vertretenen bei Vertragsabschluss genannt wird, sofern er feststellbar ist (vgl. BFH-Urteil vom 16. 3. 2000, V R 44/99, BStBl II S. 361). [7]Werden Zahlungen für das Umsatzgeschäft an den Vertreter geleistet, ist es zur Beschränkung des Entgelts auf die Vermittlungsprovision nach § 10 Abs. 1 Satz 5 UStG erforderlich, dass der Vertreter nicht nur im Namen, sondern auch für Rechnung des Vertretenen handelt (vgl. auch Absatz 7 und Abschnitt 10.4).

(2) [1]Werden beim Abschluss von Verträgen über die Vermittlung des Verkaufs von Kraftfahrzeugen vom Kraftfahrzeughändler die vom Zentralverband Deutsches Kraftfahrzeuggewerbe e. V. (ZDK) empfohlenen Vertragsmuster „Vertrag über die Vermittlung eines privaten Kraftfahrzeugs" (Stand: 2023) und „Verbindlicher Vermittlungsauftrag zum Erwerb eines neuen Kraftfahrzeuges" (Stand: 2019) nebst „Allgemeinen Geschäftsbedingungen" verwendet, ist die Leistung des Kraftfahrzeughändlers als Vermittlungsleistung anzusehen, wenn die tatsächliche Geschäftsabwicklung den Voraussetzungen für die Annahme von Vermittlungsleistungen entspricht (vgl. Absatz 1). [2]Unschädlich ist jedoch, dass ein Kraftfahrzeughändler einem Gebrauchtwagenverkäufer die Höhe des über den vereinbarten Mindestverkaufspreis hinaus erzielten Erlöses nicht mitteilt (vgl. BFH-Urteil vom 27. 7. 1988, X R 40/82, BStBl II S. 1017). [3]Entscheidend – insbesondere in Verbindung mit Neuwagengeschäften – ist, dass mit der Übergabe des Gebrauchtfahrzeugs an den Kraftfahrzeughändler das volle Verkaufsrisiko nicht auf diesen übergeht. [4]Nicht gegen die Annahme eines Vermittlungsgeschäfts spricht die Aufnahme einer Vereinbarung in einen Neuwagenkaufvertrag, wonach dem Neuwagenkäufer, der ein Gebrauchtfahrzeug zur Vermittlung übergeben hat, in Höhe der Preisuntergrenze des Gebrauchtfahrzeugs ein zinsloser Kredit bis zu einem bestimmten Termin, z. B. sechs Monate, eingeräumt wird.

(3) [1]Bei einem sog. Minusgeschäft wird der Kraftfahrzeughändler nicht als Vermittler tätig. [2]Ein Minusgeschäft ist gegeben, wenn ein Kraftfahrzeughändler den bei einem Neuwagengeschäft in Zahlung genommenen Gebrauchtwagen unter dem vereinbarten Mindestverkaufspreis verkauft, den vereinbarten Mindestverkaufspreis aber auf den Kaufpreis für den Neuwagen voll anrechnet (vgl. BFH-Urteil vom 29. 9. 1987, X R 13/81, BStBl 1988 II S. 153). [3]Das Gleiche gilt für Fälle, bei denen im Kaufvertrag über den Neuwagen vorgesehen ist, dass der Kraftfahrzeughändler einen Gebrauchtwagen unter Anrechnung auf den Kaufpreis des Neuwagens „in Zahlung nimmt" und nach der Bezahlung des nicht zur Verrechnung vorgesehenen Teils des Kaufpreises und der Hingabe des Gebrauchtwagens der Neuwagenverkauf

endgültig abgewickelt ist, ohne Rücksicht darauf, ob der festgesetzte Preis für den Gebrauchtwagen erzielt wird oder nicht (vgl. BFH-Urteil vom 25. 6. 1987, V R 78/79, BStBl II S. 657). [4]Zur Besteuerung der Umsätze von Gebrauchtfahrzeugen (Differenzbesteuerung) vgl. Abschnitt 25 a.1.

(4) [1]Die Abgabe von Autoschmierstoffen durch Tankstellen und Kraftfahrzeug-Reparaturwerkstätten ist wie folgt zu beurteilen: Wird lediglich ein Ölwechsel (Ablassen und Entsorgung des Altöls, Einfüllen des neuen Öls) vorgenommen, liegt eine Lieferung von Öl vor. [2]Wird die Lieferung im fremden Namen und für fremde Rechnung ausgeführt, handelt es sich um eine Vermittlungsleistung. [3]Das im Rahmen einer Inspektion im eigenen Namen abgegebene Motoröl ist jedoch Teil einer einheitlichen sonstigen Leistung (vgl. BFH-Urteil vom 30. 9. 1999, V R 77/98, BStBl 2000 II S. 14).

(5) [1]Kraftfahrzeugunternehmer, z. B. Tankstellenagenten, Kraftfahrzeug-Reparaturwerkstätten, entnehmen für eigene unternehmerische Zwecke Kraft- und Schmierstoffe und stellen hierfür Rechnungen aus, in denen zum Ausdruck kommt, dass sie diese Waren im Namen und für Rechnung der betreffenden Mineralölgesellschaft an sich selbst veräußern. [2]Grundsätzlich ist davon auszugehen, dass Bestellungen, die ein Handelsvertreter bei dem Unternehmer für eigene Rechnung macht, in der Regel keinen Anspruch auf Handelsvertreterprovisionen nach § 87 Abs. 1 HGB begründen. [3]Ist jedoch etwas anderes vereinbart und sind Provisionszahlungen auch für eigene Bestellungen in dem betreffenden Handelszweig üblich, und steht ferner fest, dass der Handelsvertreter nicht zu besonderen Preisen bezieht, kann gleichwohl ein Provisionsanspruch des Vertreters begründet sein. [4]Bei dieser Sachlage ist das zivilrechtlich gewollte In-sich-Geschäft mit Provisionsanspruch auch umsatzsteuerrechtlich als solches anzuerkennen.

(6) [1]Der Versteigerer, der Gegenstände im eigenen Namen versteigert, wird als Eigenhändler behandelt und bewirkt Lieferungen. [2]Dabei macht es umsatzsteuerrechtlich keinen Unterschied aus, ob der Versteigerer die Gegenstände für eigene Rechnung oder für die Rechnung eines anderen, des Einlieferers, versteigert. [3]Wenn der Auktionator jedoch Gegenstände im fremden Namen und für fremde Rechnung, d. h. im Namen und für Rechnung des Einlieferers, versteigert, führt er lediglich Vermittlungsleistungen aus. [4]Für die umsatzsteuerrechtliche Beurteilung kommt es entscheidend darauf an, wie der Auktionator nach außen den Abnehmern (Ersteigerern) gegenüber auftritt. [5]Der Versteigerer kann grundsätzlich nur dann als Vermittler (Handelsmakler) anerkannt werden, wenn er bei der Versteigerung erkennbar im fremden Namen und für fremde Rechnung auftritt. [6]Das Handeln des Auktionators im fremden Namen und für fremde Rechnung muss in den Geschäfts- und Versteigerungsbedingungen oder an anderer Stelle mit hinreichender Deutlichkeit zum Ausdruck kommen. [7]Zwar braucht dem Ersteigerer nicht sogleich bei Vertragsabschluss der Name des Einlieferers mitgeteilt zu werden. [8]Er muss aber die Möglichkeit haben, jederzeit den Namen und die Anschrift des Einlieferers zu erfahren (vgl. BFH-Urteil vom 24. 5. 1960, V 152/58 U, BStBl III S. 374).

(7) [1]Unternehmer, die im eigenen Laden – dazu gehören auch gemietete Geschäftsräume – Waren verkaufen, sind umsatzsteuerrechtlich grundsätzlich als Eigenhändler anzusehen. [2]Vermittler kann ein Ladeninhaber nur sein, wenn zwischen demjenigen, von dem er die Ware bezieht, und dem Käufer unmittelbare Rechtsbeziehungen zustande kommen. [3]Auf das Innenverhältnis des Ladeninhabers zu seinem Vertragspartner, der die Ware zur Verfügung stellt, kommt es für die Frage, ob Eigenhandels- oder Vermittlungsgeschäfte vorliegen, nicht entscheidend an. [4]Wesentlich ist das Außenverhältnis, d. h. das Auftreten des Ladeninhabers dem Kunden gegenüber. [5]Wenn der Ladeninhaber eindeutig vor oder bei dem Geschäftsabschluss zu erkennen gibt, dass er in fremdem Namen und für fremde Rechnung handelt, kann seine Vermittlereigenschaft umsatzsteuerrechtlich anerkannt werden. [6]Deshalb können bei entsprechender Ausgestaltung des Geschäftsablaufs auch beim Verkauf von Gebrauchtwaren in Secondhandshops Vermittlungsleistungen angenommen werden (vgl. auch Abschnitt 25 a.1). [7]Die für Verkäufe im eigenen Laden aufgestellten Grundsätze sind auch auf Fälle anwendbar, in denen der Ladeninhaber nicht liefert, sondern wegen der Art des Betriebs seinen Kunden gegenüber lediglich sonstige Leistungen erbringt (BFH-Urteil vom 9. 4. 1970, V R 80/66, BStBl II S. 506). [8]Beim Bestehen einer echten Ladengemeinschaft sind die o. a. Grundsätze nicht anzuwenden. [9]Eine echte Ladengemeinschaft ist anzuerkennen, wenn mehrere Unternehmer in einem Laden mehrere Betriebe unterhalten und dort Waren in eigenem Namen und für eigene Rechnung verkaufen. [10]In einem solchen Fall handelt es sich um verschiedene Unternehmer, die mit den Entgelten der von ihnen bewirkten Lieferungen zur Umsatzsteuer heranzuziehen sind, ohne dass die Umsätze des einen dem anderen zugerechnet werden dürfen (vgl. BFH-Urteil vom 6. 3. 1969, V 23/65, BStBl II S. 361).

(8) [1]Die Grundsätze über den Verkauf im eigenen Laden (vgl. Absatz 7) gelten nicht für den Verkauf von Waren, z. B. Blumen, Zeitschriften, die durch Angestellte eines anderen Unternehmers in Gastwirtschaften angeboten werden (vgl. BFH-Urteil vom 7. 6. 1962, V 214/59 U, BStBl III S. 361). [2]Werden in Gastwirtschaften mit Genehmigung des Gastwirts Warenautomaten aufgestellt, liefert der Aufsteller die Waren an die Benutzer der Automaten. [3]Der Gastwirt bewirkt eine steuerpflichtige sonstige Leistung an den Aufsteller, die darin besteht, dass er die Aufstellung der Automaten in seinen Räumen gestattet. [4]Entsprechendes gilt für die Aufstellung von Spielautomaten in Gastwirtschaften. [5]Als Unternehmer, der den Spielautomat in eigenem Namen und für eigene Rechnung betreibt, ist in der Regel der Automatenaufsteller anzusehen (vgl. BFH-Urteil vom 24. 9. 1987, V R 152/78, BStBl 1988 II S. 29).

(9) [1]Mit dem Verkauf von Eintrittskarten, die z. B. ein Reisebüro vom Veranstalter zu Festpreisen (ohne Ausweis einer Provision) oder von Dritten erworben hat und mit eigenen Preisaufschlägen weiterveräußert, erbringt das Reisebüro keine Vermittlungsleistung, wenn nach der Vertragsgestaltung das Reisebüro das volle Unternehmerrisiko trägt. [2]Dies ist der Fall, wenn das Reisebüro die Karten nicht zurückgeben kann.

(10) Zu den Grundsätzen des Handelns von sog. Konsolidierern bei postvorbereitenden Leistungen vgl. BMF-Schreiben vom 13. 12. 2006, BStBl 2007 I S. 119.

Anmerkung

Die Abgrenzung, ob ein eingeschalteter Unternehmer als (Eigen)Händler oder als Vermittler auftritt hat diverse umsatzsteuerliche Konsequenzen. So können sich je nach Sachverhalt ein anderer Leistungsort oder andere Voraussetzungen für mögliche Steuerbefreiungsnormen ergeben.

Der **BFH** (Beschl. v. 29.4.2020 – XI B 113/19, BStBl II 2020, 476) hat in einer Entscheidung die bisherige Sichtweise bei **Lieferungen über eingeschaltete Portale** (hier Amazon) bestätigt. Liefert ein Verkäufer Waren über die Internetseite der Amazon Services Europe s. a.r.l. (Amazon) im Rahmen des Modells „Verkauf durch Händler, Versand durch Amazon" (auch „fulfillment by amazon" bzw. „Paneuropäischer Versand durch Amazon"), ist Leistungsempfänger der Warenlieferung des Verkäufers nicht Amazon, sondern der Endkunde, dem die Verfügungsmacht am Gegenstand der Lieferung verschafft wird.

Hinweis: Leistungsbeziehung maßgeblich für Anwendung von Sonderregelungen

Dadurch dass der Unternehmer nicht an Amazon liefert (dies wäre ein B2B-Umsatz), sondern der Kunde der Leistungsempfänger aus Sicht des liefernden Unternehmers ist, können die Sonderregelungen für die Bestimmung des Orts der Lieferung nach § 3 c UStG (innergemeinschaftlicher Fernverkauf ab 1.7.2021) zur Anwendung kommen.

UStAE 3.8. Werklieferung, Werkleistung

(1) [1]Eine Werklieferung liegt vor, wenn der Werkhersteller für das Werk einen fremden Gegenstand be- oder verarbeitet und dafür selbstbeschaffte Stoffe verwendet, die nicht nur Zutaten oder sonstige Nebensachen sind (vgl. BFH-Urteil vom 22. 8. 2013, V R 37/10, BStBl 2014 II S. 128). [2]Besteht das Werk aus mehreren Hauptstoffen, bewirkt der Werkunternehmer bereits dann eine Werklieferung, wenn er nur einen Hauptstoff oder einen Teil eines Hauptstoffs selbst beschafft hat, während alle übrigen Stoffe vom Besteller beigestellt werden. [3]Verwendet der Werkunternehmer bei seiner Leistung keinerlei selbstbeschaffte Stoffe oder nur Stoffe, die als Zutaten oder sonstige Nebensachen anzusehen sind, handelt es sich um eine Werkleistung. [4]Unter Zutaten und sonstigen Nebensachen im Sinne des § 3 Abs. 4 Satz 1 UStG sind Lieferungen zu verstehen, die bei einer Gesamtbetrachtung aus der Sicht des Durchschnittsbetrachters nicht das Wesen des Umsatzes bestimmen (vgl. BFH-Urteil vom 9. 6. 2005, V R 50/02, BStBl 2006 II S. 98). [5]Für die Frage, ob es sich um Zutaten oder sonstige Nebensachen handelt, kommt es daher nicht auf das Verhältnis des Werts der Arbeit oder des Arbeitserfolgs zum Wert der vom Unternehmer beschafften Stoffe an, sondern darauf, ob diese Stoffe ihrer Art nach sowie nach dem Willen der Beteiligten als Hauptstoffe oder als Nebenstoffe bzw. Zutaten des herzustellenden Werks anzusehen sind (vgl. BFH-Urteil vom 28. 5. 1953, V 22/53 U, BStBl III S. 217). [6]Die Unentbehrlichkeit eines Gegen-

stands allein macht diesen noch nicht zu einem Hauptstoff. [7]Kleinere technische Hilfsmittel, z. B. Nägel, Schrauben, Splinte usw., sind in aller Regel Nebensachen. [8]Beim Austausch eines unbrauchbar gewordenen Teilstücks, dem eine gewisse selbständige Bedeutung zukommt, z. B. Kurbelwelle eines Kraftfahrzeugs, kann nicht mehr von einer Nebensache gesprochen werden (vgl. BFH-Urteil vom 25. 3. 1965, V 253/63 U, BStBl III S. 338). [9]Haupt- oder Nebenstoffe sind Werkstoffe, die gegenständlich im fertigen Werk enthalten sein müssen. [10]Elektrizität, die bei der Herstellung des Werks verwendet wird, ist kein Werkstoff (vgl. BFH-Urteil vom 8. 7. 1971, V R 38/68, BStBl 1972 II S. 44).

(2) [1]Bei Werklieferungen scheiden Materialbeistellungen des Bestellers aus dem Leistungsaustausch aus. [2]Das Material, das der Besteller dem Auftragnehmer zur Bewirkung der Werklieferung beistellt, geht nicht in die Verfügungsmacht des Werkherstellers über (vgl. BFH-Urteil vom 17. 1. 1957, V 157/55 U, BStBl III S. 92). [3]Die beigestellte Sache kann ein Hauptstoff sein, die Beistellung kann sich aber auch auf Nebenstoffe oder sonstige Beistellungen, z. B. Arbeitskräfte, Maschinen, Hilfsstoffe wie Elektrizität, Kohle, Baustrom und Bauwasser oder ähnliche Betriebsmittel, beziehen (vgl. BFH-Urteil vom 12. 3. 1959, V 205/56 S, BStBl III S. 227), nicht dagegen auf die Bauleistungsversicherung. [4]Gibt der Auftraggeber zur Herstellung des Werks den gesamten Hauptstoff hin, liegt eine Materialgestellung vor (vgl. BFH-Urteil vom 10. 9. 1959, V 32/57 U, BStBl III S. 435).

(3) [1]Es gehört grundsätzlich zu den Voraussetzungen für das Vorliegen einer Materialbeistellung, dass das beigestellte Material im Rahmen einer Werklieferung für den Auftraggeber be- oder verarbeitet wird. [2]Der Werkunternehmer muss sich verpflichtet haben, die ihm überlassenen Stoffe ausschließlich zur Herstellung des bestellten Werks zu verwenden (vgl. BFH-Urteil vom 17. 1. 1957, V 157/55 U, BStBl III S. 92). [3]Auf das Erfordernis der Stoffidentität kann verzichtet werden, wenn die anderen Voraussetzungen für die Materialbeistellung zusammen gegeben sind, der Auftragnehmer den vom Auftraggeber zur Verfügung gestellten Stoff gegen gleichartiges und gleichwertiges Material austauscht und der Austausch wirtschaftlich geboten ist (vgl. BFH-Urteile vom 10. 2. 1966, V 105/63, BStBl III S. 257, und vom 3. 12. 1970, V R 122/67, BStBl 1971 II S. 355). [4]Eine Materialbeistellung ist jedoch zu verneinen, wenn der beigestellte Stoff ausgetauscht wird und der mit der Herstellung des Gegenstands beauftragte Unternehmer den Auftrag weitergibt (BFH-Urteil vom 21. 9. 1970, V R 76/67, BStBl 1971 II S. 77).

(4) [1]Eine Materialbeistellung liegt nicht vor, wenn der Werkunternehmer an der Beschaffung der Werkstoffe als Kommissionär (§ 3 Abs. 3 UStG) mitgewirkt hat. [2]In diesem Fall umfasst die Lieferung des Werkunternehmers auch die beschafften Stoffe. [3]Eine Materialbeistellung ist aber anzunehmen, wenn der Werkunternehmer nur als Agent oder Berater an der Stoffbeschaffung beteiligt ist und dementsprechend zwischen dem Lieferer und dem Besteller der Werkstoffe unmittelbare Rechtsbeziehungen begründet werden. [4]Die Annahme einer Materialbeistellung hat zur Folge, dass der Umsatz des Werkunternehmers sich nicht auf die vom Besteller eingekauften Stoffe erstreckt. [5]Wenn dagegen unmittelbare Rechtsbeziehungen zwischen dem Lieferer der Werkstoffe und dem Werkunternehmer und eine Werklieferung dieses Unternehmers an den Besteller vorliegen, ist davon auszugehen, dass eine Lieferung der Stoffe vom Lieferer an den Werkunternehmer und eine Werklieferung dieses Unternehmers an den Besteller vorliegt. [6]In einem solchen Fall schließt die Werklieferung den vom Werkunternehmer beschafften Stoff ein.

(5) Zur umsatzsteuerrechtlichen Behandlung der Beistellung von Personal zu sonstigen Leistungen vgl. Abschnitt 1.1 Abs. 6 und 7.

(6) [1]Reparaturen beweglicher körperlicher Gegenstände können in Form einer Werklieferung oder Werkleistung erbracht werden. [2]Nach ständiger EuGH- und BFH-Rechtsprechung ist für die Abgrenzung zwischen Lieferung und sonstiger Leistung das Wesen des Umsatzes aus Sicht des Durchschnittsverbrauchers zu bestimmen. [3]Im Rahmen einer Gesamtbetrachtung ist zu entscheiden, ob die charakteristischen Merkmale einer Lieferung oder einer sonstigen Leistung überwiegen (vgl. EuGH-Urteile vom 2. 5. 1996, C-231/94, Faaborg-Gelting Linien, BStBl 1998 II S. 282, und vom 17. 5. 2001, C-322/99 und 323/99, Fischer und Brandenstein, sowie BFH-Urteil vom 9. 6. 2005, V R 50/02, BStBl 2006 II S. 98). [4]Das Verhältnis des Wertes der Arbeit oder des Arbeitserfolges zum Wert der vom Unternehmer beschafften Stoffe ist allein kein ausschlaggebendes Abgrenzungskriterium. [5]Es kann lediglich einen Anhaltspunkt für die Einstufung des Umsatzes als Werklieferung oder Werkleistung darstellen (vgl. EuGH-Urteil vom 29. 3. 2007, C-111/05, Aktiebolaget NN). [6]Sofern nach diesen sowie den in den Absätzen 1 bis 4 dargestellten Abgrenzungskriterien nicht zweifelsfrei

entschieden werden kann, ob die Reparaturleistung als Werklieferung oder Werkleistung zu qualifizieren ist, kann von einer Werklieferung ausgegangen werden, wenn der Entgeltanteil, der auf das bei der Reparatur verwendete Material entfällt, mehr als 50 % des für die Reparatur berechneten Gesamtentgelts beträgt.

Anmerkung

Früher war davon ausgegangen worden, dass es für eine Werklieferung ausreichend sei, dass aus Hauptstoffen des leistenden Unternehmers individuell für einen Leistungsempfänger ein Gegenstand gefertigt wird. Der BFH, Urt. v. 22.8.2013 – V R 37/10, BStBl II 2014, 128 hatte aber festgestellt, dass nur von einer Werklieferung ausgegangen werden könne, wenn zusätzlich zur Verschaffung der Verfügungsmacht ein **fremder Gegenstand** be- oder verarbeitet werden müsse.

In dem Verfahren ging es 2013 um die **Abgrenzung Lieferung oder Werklieferung** von Grundstücken durch Bauträger. Die Entscheidung hatte damals die von der Finanzverwaltung vertretene Auffassung der Übertragung der Steuerschuldnerschaft bei Bauleistungen auf einen solche Leistungen empfangenden **Bauträger** gekippt, da § 13b Abs. 2 Nr. 4 UStG nur Werklieferungen oder sonstige Leistungen erfasst, die an Unternehmer ausgeführt werden, die selbst solche Leistungen erbringen. Während die Finanzverwaltung davon ausgegangen war, dass Bauträger gegenüber den Erwerbern Werklieferungen ausführen, stellte der BFH fest, dass Bauträger die Grundstücke oder Grundstücksteile (z. B. selbst errichtete Eigentumswohnungen) im Rahmen von **Lieferungen** verkaufen, da sie keine Dritten gehörenden Gegenstände be- oder verarbeiten. Deshalb konnte die Ausführung von Bauleistungen gegenüber Bauträgern nicht zur Übertragung der Steuerschuldnerschaft nach § 13b UStG führen.

Die Finanzverwaltung hat mit Schreiben v. 1.10.2020 die Vorgaben aus der Rechtsprechung des BFH übernommen und in **Abschn. 3.8 Abs. 1 Satz 1 UStAE** unter Verweis auf die Entscheidung des BFH mit aufgenommen, dass für eine Werklieferung notwendige Voraussetzung ist, dass ein **fremder Gegenstand** be- oder verarbeitet wird.

Neben der **theoretischen Änderung**, die aber regelmäßig für die praktischen Auswirkungen nicht so relevant ist, kann es in bestimmten Fällen bei der Abgrenzung von Lieferung und Werklieferung zu Änderungen kommen. Dies kann bestimmte (Sonder-)Fälle bei der **Anwendung des Reverse-Charge-Verfahrens** betreffen.

Hinweis: Abgrenzung für Reverse-Charge-Verfahren relevant

Führt ein ausländischer Unternehmer eine reine Lieferung aus, deren Ort im Inland liegt (z.B. Montagelieferung, Lieferung aus einem Außenlager), ist Steuerschuldner der liefernde Unternehmer. Be- oder verarbeitet der leistende Unternehmer aber noch einen fremden Gegenstand (z.B. bei Bauarbeiten an einem fremden Gebäude) im Inland, geht die Steuerschuld auf den die Leistung empfangenden Unternehmer über, § 13b Abs. 2 Nr. 1 i.V.m. Abs. 5 Satz 1 UStG.

Die Grundsätze sind **in allen offenen Fällen** anzuwenden. Grundsätzlich hatte die Finanzverwaltung bestimmt, dass für Leistungen, die vor dem 1.1.2021 ausgeführt worden sind, es aber nicht beanstandet wurde, wenn noch die bisher von der Finanzverwaltung vertretene Rechtsauffassung angewendet wird. Diese Nichtbeanstandungsregelung ist von der Finanzverwaltung durch BMF, Schreiben v. 11.3.2021, BStBl I 2021, 380 **bis zum Ablauf des 30.6.2021 verlängert** worden.

Durch das Jahressteuergesetz 2024 ist das Wort „fremder" Gegenstand mit Wirkung vom 6.12.2024 in das Gesetz aufgenommen worden.

Hinweis: Verschärfung der Voraussetzungen durch die Finanzverwaltung

Die Finanzverwaltung (BMF-Schreiben v. 12.3.2025, BStBl I 2025, 726) hat zur Ausfuhrlieferung von Gegenständen zur Ausrüstung oder Versorgung von Beförderungsmitteln (§ 6 Abs. 3 UStG) umfassend Stellung genommen. Besonders zu beachten sind in diesem Zusammenhang die Ausführungen der Finanzverwaltung zur Abgrenzung von „Lieferung" und „Werklieferung" im Zusammenhang mit der Lieferung der Gegenstände zur Ausrüstung und Versorgung eines Beförderungsmittels. Die reine Montage von Gegenständen an einem Beförderungsmittel soll keine Werklieferung darstellen. Vgl. dazu auch Abschn. 6.4 UStAE.

UStAE 3.9. Lieferungsgegenstand bei noch nicht abgeschlossenen Werklieferungen

(1) [1]Wird über das Vermögen eines Unternehmers vor Lieferung des auf einem fremden Grundstück errichteten Bauwerks das Insolvenzverfahren eröffnet und lehnt der Insolvenzverwalter die weitere Erfüllung des Werkvertrags nach § 103 InsO ab, ist neu bestimmter Gegenstand der Werklieferung das nicht fertiggestellte Bauwerk (vgl. BFH-Urteil vom 2. 2. 1978, V R 128/76, BStBl II S. 483, zum Werkunternehmer-Konkurs). [2]Wird über das Vermögen des Bestellers eines Werks vor dessen Fertigstellung das Insolvenzverfahren eröffnet und lehnt der Insolvenzverwalter die weitere Erfüllung des Werkvertrags ab, beschränkt sich der Leistungsaustausch zwischen Werkunternehmer und Besteller auf den vom Werkunternehmer gelieferten Teil des Werks, der nach § 105 InsO nicht mehr zurückgefordert werden kann (vgl. BFH-Beschluss vom 24. 4. 1980, V S 14/79, BStBl II S. 541, zum Besteller-Konkurs).

(2) Die Ausführungen in Absatz 1 gelten entsprechend, wenn der Werkunternehmer aus anderen Gründen die Arbeiten vorzeitig und endgültig einstellt (vgl. BFH-Urteil vom 28. 2. 1980, V R 90/75, BStBl II S. 535).

(3) Zur Entstehung der Steuer in diesen Fällen vgl. Abschnitt 13.2.

UStAE 3.10. Einheitlichkeit der Leistung

Allgemeine Grundsätze

(1) [1]Ob von einer einheitlichen Leistung oder von mehreren getrennt zu beurteilenden selbständigen Einzelleistungen auszugehen ist, hat umsatzsteuerrechtlich insbesondere Bedeutung für die Bestimmung des Orts und des Zeitpunkts der Leistung sowie für die Anwendung von Befreiungsvorschriften und des Steuersatzes. [2]Es ist das Wesen des fraglichen Umsatzes zu ermitteln, um festzustellen, ob der Unternehmer dem Abnehmer mehrere selbständige Hauptleistungen oder eine einheitliche Leistung erbringt (vgl. EuGH-Urteil vom 4. 9. 2019, C-71/18, KPC Herning). [3]Dabei ist auf die Sicht des Durchschnittsverbrauchers abzustellen (vgl. BFH-Urteile vom 31. 5. 2001, V R 97/98, BStBl II S. 658, und vom 14. 2. 2019, V R 22/17, BStBl II S. 350).

(2) [1]In der Regel ist jede Lieferung und jede sonstige Leistung als eigene selbständige Leistung zu betrachten (vgl. EuGH-Urteil vom 25. 2. 1999, C-349/96, CPP, und BFH-Urteil vom 14. 2. 2019, V R 22/17, BStBl II S. 350). [2]Deshalb können zusammengehörige Vorgänge nicht bereits als einheitliche Leistung angesehen werden, weil sie einem einheitlichen wirtschaftlichen Ziel dienen. [3]Wenn mehrere, untereinander gleichzuwertende Faktoren zur Erreichung dieses Ziels beitragen und aus diesem Grund zusammengehören, ist die Annahme einer einheitlichen Leistung nur gerechtfertigt, wenn die einzelnen Faktoren so ineinandergreifen, dass sie bei natürlicher Betrachtung hinter dem Ganzen zurücktreten. [4]Dass die einzelnen Leistungen auf einem einheitlichen Vertrag beruhen und für sie ein Gesamtentgelt entrichtet wird, reicht ebenfalls noch nicht aus, sie umsatzsteuerrechtlich als Einheit zu behandeln. [5]Entscheidend ist der wirtschaftliche Gehalt der erbrachten Leistungen (vgl. BFH-Urteil vom 24. 11. 1994, V R 30/92, BStBl 1995 II S. 151). [6]Die dem Leistungsempfänger aufgezwungene Koppelung mehrerer Leistungen allein führt nicht zu einer einheitlichen Leistung (vgl. BFH-Urteil vom 13. 7. 2006, V R 24/02, BStBl II S. 935).

(3) [1]Allerdings darf ein einheitlicher wirtschaftlicher Vorgang umsatzsteuerrechtlich nicht in mehrere Leistungen aufgeteilt werden (vgl. BFH-Urteil vom 14. 2. 2019, V R 22/17, BStBl II S. 350). [2]Dies gilt auch dann, wenn sich die Abnehmer dem leistenden Unternehmer gegenüber mit einer solchen Aufspaltung einverstanden erklären (vgl. BFH-Urteile vom 20. 10. 1966, V 169/63, BStBl 1967 III S. 159, und vom 12. 12. 1969, V R 105/69, BStBl 1970 II S. 362). [3]Auch der Umstand, dass beide Bestandteile im Wirtschaftsleben auch getrennt erbracht werden, rechtfertigt allein keine Aufspaltung des Vorgangs, wenn es dem durchschnittlichen Verbraucher gerade um die Verbindung beider Elemente geht (vgl. BFH-Urteil vom 10. 1. 2013, V R 31/10, BStBl II S. 352). [4]Zur Qualifizierung einer einheitlichen Leistung, die sowohl Lieferungselemente als auch Elemente sonstiger Leistungen aufweist, vgl. Abschnitt 3.5.

(4) [1]Voraussetzung für das Vorliegen einer einheitlichen Leistung anstelle mehrerer selbständiger Leistungen ist stets, dass es sich um Tätigkeiten desselben Unternehmers handelt. [2]Entgeltliche Leistungen verschiedener Unternehmer sind auch dann jeweils für sich zu beurteilen, wenn sie gegenüber demselben Leistungsempfänger erbracht werden und die weiteren Voraussetzungen für das Vorliegen einer einheitlichen Leistung erfüllt sind. [3]Eine einheitliche Leistung kann, im Gegensatz zur Beurteilung bei Leistungen mehrerer Unternehmer, allerdings im Verhältnis von Organträger und Organgesellschaft vorliegen (vgl. BFH-Urteil vom 29. 10. 2008, XI R 74/07, BStBl 2009 II S. 256).

Abgrenzung von Haupt- und Nebenleistung

(5) [1]Nebenleistungen teilen umsatzsteuerrechtlich das Schicksal der Hauptleistung (vgl. jedoch Abschnitt 4.12.10 Satz 1 zum Aufteilungsgebot bei der Vermietung und Verpachtung von Grundstücken mit Betriebsvorrichtungen und Abschnitt 12.16 Abs. 8 zum Aufteilungsgebot bei Beherbergungsumsätzen). [2]Das gilt auch dann, wenn für die Nebenleistung ein besonderes Entgelt verlangt und entrichtet wird (vgl. BFH-Urteil vom 28. 4. 1966, V 153/63, BStBl III S. 476). [3]Eine Leistung ist grundsätzlich dann als Nebenleistung zu einer Hauptleistung anzusehen, wenn sie im Vergleich zu der Hauptleistung nebensächlich ist, mit ihr eng – im Sinne einer wirtschaftlich gerechtfertigten Abrundung und Ergänzung – zusammenhängt und üblicherweise in ihrem Gefolge vorkommt (vgl. BFH-Urteil vom 10. 9. 1992, V R 99/88, BStBl 1993 II S. 316). [4]Davon ist insbesondere auszugehen, wenn die Leistung für den Leistungsempfänger keinen eigenen Zweck, sondern das Mittel darstellt, um die Hauptleistung des Leistenden unter optimalen Bedingungen in Anspruch zu nehmen (vgl. BFH-Urteil vom 14. 2. 2019, V R 22/17, BStBl II S. 350). [5]Gegenstand einer Nebenleistung kann sowohl eine unselbständige Lieferung von Gegenständen als auch eine unselbständige sonstige Leistung sein.

Hin- und Rückgabe von Transporthilfsmitteln und Warenumschließungen gegen Pfandgeld

(5 a) [1]Die Hingabe des Transporthilfsmittels gegen Pfandgeld ist als eigenständige Lieferung zu beurteilen. [2]Warenumschließungen teilen im Gegensatz hierzu stets das Schicksal der Hauptleistung. [3]Bei Rückgabe und Rückzahlung des Pfandgeldes liegen sowohl bei Transporthilfsmitteln als auch bei Warenumschließungen Entgeltminderungen vor. [4]Zur Anwendung der Vereinfachungsregelung bei Rückgabe von Transporthilfsmitteln bzw. Warenumschließungen vgl. Abschnitt 10.1 Abs. 8. [5]Zur Abgrenzung zwischen Transporthilfsmitteln und Warenumschließungen vgl. BMF-Schreiben vom 20. 10. 2014, BStBl I S. 1372, und zur Überlassung des Transporthilfsmittels im Rahmen reiner Tauschsysteme vgl. Abschnitt 3.5 Abs. 3 Nr. 18.

Einzelfälle

(6) Einzelfälle zur Abgrenzung einer einheitlichen Leistung von mehreren Hauptleistungen und zur Abgrenzung von Haupt- und Nebenleistung:

1. zur Einheitlichkeit der Leistung bei Erbringung der üblichen Baubetreuung im Rahmen von Bauherrenmodellen vgl. BMF-Schreiben vom 27. 6. 1986, BStBl I S. 352, und BFH-Urteil vom 10. 9. 1992, V R 99/88, BStBl 1993 II S. 316;
2. zur Einheitlichkeit der Leistung bei der Nutzungsüberlassung von Sportanlagen und anderen Anlagen vgl. Abschnitt 4.12.11 und BMF-Schreiben vom 17. 4. 2003, BStBl I S. 279;
3. die Verschaffung von Versicherungsschutz oder die entgeltliche Garantiezusage durch einen Kraftfahrzeughändler im Zusammenhang mit einer Fahrzeuglieferung ist keine unselbständige Nebenleistung zur Fahrzeuglieferung, sondern eine eigenständige Leistung, vgl. BFH-Urteile vom 9. 10. 2002, V R 67/01, BStBl 2003 II S. 378, und vom 14. 11. 2018, XI R 16/17, BStBl 2021 II S. 461;
4. zur Qualifizierung der Lieferung von Saatgut und dessen Einsaat bzw. der Lieferung von Pflanzen und deren Einpflanzen durch denselben Unternehmer als jeweils selbständige Hauptleistungen vgl. BFH-Urteile vom 9. 10. 2002, V R 5/02, BStBl 2004 II S. 470, und vom 25. 6. 2009, V R 25/07, BStBl 2010 II S. 239;
5. [1]bei der Überlassung von Grundstücksteilen zur Errichtung von Strommasten für eine Überlandleitung, der Einräumung des Rechts zur Überspannung der Grundstücke und der Bewilligung einer

beschränkten persönlichen Dienstbarkeit zur dinglichen Sicherung dieser Rechte handelt es sich um eine nach § 4 Nr. 12 Satz 1 Buchstabe a UStG steuerbefreite einheitliche sonstige Leistung. [2]Eine damit im Zusammenhang stehende Duldung der Verursachung baubedingter Flur- und Aufwuchsschäden stellt im Verhältnis hierzu eine Nebenleistung dar. [3]Das gilt auch dann, wenn Zahlungen sowohl an den Grundstückseigentümer, z. B. für die Rechtseinräumung, als auch an den Pächter, z. B. für die Flur- und Aufwuchsschäden, erfolgen (vgl. BFH-Urteil vom 11. 11. 2004, V R 30/04, BStBl 2005 II S. 802);

6. die unentgeltliche Abgabe von Hardwarekomponenten im Zusammenhang mit dem Abschluss eines längerfristigen Netzbenutzungsvertrags ist eine unselbständige Nebenleistung zu der (einheitlichen) Telekommunikationsleistung (vgl. Abschnitt 3.3 Abs. 20) oder der auf elektronischem Weg erbrachten sonstigen Leistung; bei der Entrichtung einer Zuzahlung ist diese regelmäßig Entgelt für die Lieferung des Wirtschaftsguts;
7. die Übertragung und spätere Rückübertragung von Wertpapieren oder Emissionszertifikaten nach dem TEHG im Rahmen von Pensionsgeschäften (§ 340 b HGB) ist jeweils gesondert als sonstige Leistung zu beurteilen;
8. bei der Verwaltung fremden Vermögens, die zwar entsprechend hierzu vereinbarter allgemeiner Anlagerichtlinien oder -strategien, jedoch im eigenen Ermessen und ohne vorherige Einholung von Einzelfallweisungen des Kunden erfolgt (Portfolioverwaltung), beinhaltet die einheitliche sonstige Leistung der Vermögensverwaltung auch die in diesem Rahmen erforderlichen Transaktionsleistungen bei Wertpapieren, vgl. EuGH-Urteil vom 19. 7. 2012, C-44/11, Deutsche Bank, BStBl II S. 945, und BFH-Urteil vom 11. 10. 2012, V R 9/10, BStBl 2014 II S. 279;
9. zur Einheitlichkeit der Leistung bei betriebsärztlichen Leistungen nach § 3 ASiG vgl. BMF-Schreiben vom 4. 5. 2007, BStBl I S. 481;
10. zur Frage der Einheitlichkeit der Leistung bei Leistungen, die sowohl den Charakter bzw. Elemente einer Grundstücksüberlassung als auch anderer Leistungen aufweisen, vgl. Abschnitt 4.12.5;
11. zu Gegenstand und Umfang der Werklieferung eines Gebäudes vgl. BFH-Urteil vom 24. 1. 2008, V R 42/05, BStBl II S. 697;
12. zum Vorliegen einer einheitlichen Leistung bei der Lieferung eines noch zu bebauenden Grundstücks vgl. BFH-Urteil vom 19. 3. 2009, V R 50/07, BStBl II S. 78;
13. zu Verpflegungsleistungen als Nebenleistungen zu Übernachtungsleistungen, vgl. BFH-Urteil vom 15. 1. 2009, V R 9/06, BStBl 2010 II S. 433, zum Aufteilungsgebot bei Beherbergungsumsätzen vgl. jedoch Abschnitt 12.16 Abs. 8;
14. Zahlungen der Hersteller/Händler an Finanzierungsinstitute zum Ausgleich von vergünstigten Kredit- bzw. Leasinggeschäften können Entgeltzahlungen für eine Leistung eigener Art des Finanzierungsinstituts an den Hersteller/Händler oder Entgelt von dritter Seite für die Finanzierungsleistung des Instituts an den Abnehmer darstellen, vgl. BMF-Schreiben vom 28. 9. 2011, BStBl I S. 935, und vom 24. 9. 2013, BStBl I S. 1219, vgl. auch BFH-Urteil vom 24. 2. 2021, XI R 15/19, BStBl II S. 729;
15. dient ein Insolvenzverfahren der Befriedigung sowohl von Verbindlichkeiten des zum Vorsteuerabzug berechtigten Unternehmers wie auch von dessen Privatverbindlichkeiten, erbringt der Insolvenzverwalter eine einheitliche Leistung, aus der der Unternehmer nur zum anteiligen Vorsteuerabzug berechtigt ist (vgl. BFH-Urteil vom 15. 4. 2015, V R 44/14, BStBl II S. 679; vgl. auch Abschnitt 15.2 b Abs. 3 Sätze 9 und 10);
16. zur Aufteilung eines Gesamtentgelts für die Nutzung von Saunaleistungen in Schwimmbädern vgl. BMF-Schreiben vom 18. Dezember 2019, BStBl I S. 1396;
17. zur Abgrenzung von Nebenleistung und selbstständiger Lieferung für Fälle, in denen Formen, Modelle oder Werkzeuge zur Herstellung steuerfrei ausgeführter Gegenstände benötigt wurden, vgl. BMF-Schreiben vom 27. 11. 1975, BStBl I S. 1126;
18. zur umsatzsteuerrechtlichen Behandlung eines bei Überlassung von elektronischen Zahlungskarten erhobenen Kartenpfandes vgl. Abschnitt 4.8.7 Abs. 2 Satz 7 und BFH-Urteil vom 26. 01. 2022 – XI R 19/19 (XI R 12/17), BStBl II S. 582;
19. zur Einheitlichkeit der Leistung bei der Lieferung von Elektrizität zum Aufladen von Elektrofahrzeugen (E-Charging), die mit verschiedenen weiteren Dienstleistungen verbunden ist (z. B. Einrichtung des Zugangs zu Ladepunkten, der notwendigen technischen Unterstützung und IT-Anwendungen), vgl. EuGH-Urteil vom 20.04.2023, C-282/22, Dyrektor Krajowej lnformacji Skarbowej;

20. ***weggefallen***
21. Leistungen im Zusammenhang mit der Durchführung von Versteigerungen verpfändeter Sachen sind keine Nebenleistungen zu der damit besicherten Kreditgewährung, vgl. EuGH-Urteil vom 18.04.2024, C-89/23, Companhia União de Crédito Popular;
22. **Ein Klarierungsagent (Schiffsmakler), der zur Klarierung eines bestimmten Seeschiffes (Schiffsabfertigung und -versorgung) einen Hafendienstleister darüber informiert, dass die Schifffahrtsgesellschaft ihn mit der Erbringung von – zu diesem Zeitpunkt nur teilweise feststehenden – Leistungen beauftragen wird, stellt den Kontakt zu einem bestimmten Kunden her, so dass nur eine Vermittlungsleistung vorliegt, nicht aber mehrere Einzelvermittlungen in Bezug auf eine Vielzahl unterschiedlicher Leistungen (BFH-Urteil vom 18.01.2024 – V R 4/22, BStBl II 2025 S. 638).**

Anmerkung

1. Grundsätze zur Abgrenzung von Nebenleistungen

1.1 Abgrenzung der Nebenleistung

Ein Unternehmer erbringt oft in der Folge der vereinbarten Hauptleistung auch Leistungen, an denen der Leistungsempfänger kein eigenständiges Interesse hat. **Nebenleistungen** sind im Vergleich zur Hauptleistung **nebensächlich**, hängen eng mit ihr zusammen und kommen üblicherweise in ihrem Gefolge vor (BFH, Urt. v. 12.12.1985 – V R 15/80, BStBl II 1986, 499). Solche üblichen Nebenleistungen, die der Unternehmer im Zusammenhang mit der von ihm erbrachten Lieferung oder sonstigen Leistung abrechnet, sind mit in der Rechnung aufzunehmen (z. B. Frachtkosten, Verpackungskosten, Versicherungen). Diese Nebenleistungen teilen umsatzsteuerrechtlich das **Schicksal der Hauptleistung** und sind damit umsatzsteuerlich so zu behandeln wie die zugrunde liegende Hauptleistung. Dabei kann die Nebenleistung gesondert abgerechnet und aufgeführt werden, sie kann aber auch als Teil des Gesamtrechnungsbetrags in der Rechnung ausgewiesen werden. Nebenleistungen unterliegen nach der Rechtsprechung des EuGH (Urt. v. 18.1.2018 – C-463/16, Stadion Amsterdam, DStR 2018, 246) immer demselben Steuersatz, wie die zugrunde liegende Hauptleistung. Ob deshalb die sog. Aufteilungsgebote national haltbar sind, war umstritten – vgl. dazu unten 3.

Hinweis: Abrechnung hat keinen Einfluss

Auch die getrennte Abrechnung über Nebenleistungen ändert nach der bisher in Deutschland vertretenen Rechtsauffassung nichts an der umsatzsteuerlichen Behandlung der Nebenleistung (Abschn. 3.10 Abs. 5 UStAE).

Zu beachten ist aber, dass eine Leistung nur dann als Nebenleistung zu einer Hauptleistung angesehen werden kann, wenn sie für den Leistungsempfänger **keinen eigenen Zweck** hat, sondern nur das Mittel darstellt, um die Hauptleistung des Leistenden unter optimalen Bedingungen in Anspruch zu nehmen (BFH, Urt. v. 31.5.2001 – V R 97/98, BStBl I 2001, 658). So hat der BFH (Urt. v. 13.7.2006 – V R 24/02, BStBl II 2006, 935) entschieden, dass die Vermittlung einer Reiserücktrittskostenversicherung eine eigenständige Leistung ist und nicht als Nebenleistung zur Vermittlung einer Reise angesehen werden kann.

Entgeltliche **Garantiezusagen** (Garantieverlängerung) stellen nach der Rechtsprechung des BFH (Urt. v. 14.11.2018 – XI R 16/17, BStBl II 2021, 461; damit wurde die Entscheidung des BFH, Urt. v. 9.10.2002 – V R 67/01, BStBl II 2003, 378 bestätigt) keine Nebenleistungen zu Lieferungen dar, sondern sind als **eigenständige Leistungen** zu behandeln. Unter den weiteren Voraussetzungen handelt es sich dann umsatzsteuerrechtlich um nach § 4 Nr. 10 Buchst. a UStG steuerfreie Umsätze, die aber der Versicherungsteuer unterliegen. Die Finanzverwaltung (BMF, Schreiben v. 11.5.2021, BStBl I 2021, 781) hatte dies ursprünglich für alle Garantiezusagen anwenden wollen, die nach dem 30.6.2021 abgegeben wurden, für alle davor abgegebenen Garantiezusagen wurde es nicht beanstandet, wenn noch von Nebenleistungen ausgegangen wurde. Diese **Nichtbeanstandungsregelung** ist mittlerweile zweimal verlängert (zuletzt BMF-Schreiben v. 18.10.2021, BStBl I 2021, 2142) worden und gilt für alle **Garantiezusagen bis zum 31.12.2022**.

Hinweis: Identität der Vertragsparteien erforderlich

Voraussetzung für das Vorliegen einer Nebenleistung zu einer Hauptleistung ist aber immer, dass die Vertragsparteien von Haupt- und Nebenleistung identisch sein müssen.

Nebenleistungen, die das Schicksal der Hauptleistung teilen, liegen in der Praxis insbesondere in den folgenden Fällen vor:

- **Transportkosten** und Transportversicherung im Zusammenhang mit Leistungen, die der Unternehmer ausgeführt hat.
- Nebenkosten im Zusammenhang mit der **Vermietung von Grundstücken** (so BFH, Urt. v. 24.1.2008 – V R 12/05, BStBl II 2009, 60 zu Nebenleistungen bei der Vermietung von Standplätzen auf Wochenmärkten und BFH, Urt. v. 15.1.2009 – V R 91/07, BStBl II 2009, 615 zur Überlassung von Strom an Dauercamper als Nebenleistung). Nach der Rechtsprechung des EuGH (Urt. v. 16.4.2015 – C-42/14, Wojskowa Agencja Mieszkaniowa w Warszawie, BFH/NV 2015, 941) ist dies aber umstritten. In einem Verfahren zum Vorsteuerabzug aus den Kosten der Erneuerung einer Heizungsanlage bei steuerfreier Vermietung hat der BFH (Urt. v. 7.12.2023 – V R 15/21, BStBl II 2024, 503) einem Unternehmer den Vorsteuerabzug verwehrt, da diese Kosten nicht zu den umlagefähigen Betriebskosten gehören; siehe auch Abschn. 4.12.1.
- **Vermietung von Parkplätzen** im Zusammenhang mit der Vermietung von Wohnräumen oder Gewerbeeinheiten. Bestätigt wurde dies durch BFH, Urt. v. 10.12.2020 – V R 41/19, BFH/NV 2021, 949. Keine Nebenleistung bei der Vermietung von Parkplätzen liegt aber offensichtlich nach Auffassung des BFH (Beschl. v. 18.10.2023 – XI B 41/23 (AdV), BFH/NV 2024, 179) in einem vorläufigen Verfahren zur Aussetzung der Vollziehung vor, wenn die Parkplätze entgeltlich Besuchern eines steuerfreie Umsätze erzielenden Museums zur Verfügung gestellt werden.

Hinweis: Problem Nebenkosten bei Vermietung

Der EuGH (Urt. v. 16.4.2015 – C-42/14, Wojskowa Agencja Mieszkaniowa w Warszawie, BFH/NV 2015, 941) musste sich in einem Verfahren mit der Frage auseinander setzen, ob die typischen Nebenkosten, die einem Mieter vom Vermieter weiterberechnet werden, als Nebenleistungen angesehen werden können. Der EuGH hat hier den nationalen Gerichten zwar einen Ermessensspielraum eingeräumt, grundsätzlich aber festgestellt, dass bei den weiterberechneten Kosten, bei denen der Mieter durch sein individuelles Verhalten einen Einfluss auf die Höhe der Kosten hat (z. B. Wasserverbrauch, Wärmelieferung), keine Nebenleistungen vorliegen. Nach den bisher vorliegenden Urteilen werden sich aber derzeit keine nationalen Änderungen ergeben.

1.2 Abgrenzung zur einheitlichen Leistung

Ein **Haupt- und Nebenleistungsverhältnis** kann nur dann vorliegen, wenn die von dem Unternehmer erbrachte Leistung nicht schon grundsätzlich eine einheitliche Leistung darstellt. Einheitliche Leistungen, die nicht in einzelne selbstständige Leistungen unterteilt werden dürfen, liegen dann vor, wenn sie wirtschaftlich zusammengehören und ein unteilbares Ganzes darstellen.

Dabei ist immer auf das Wesentliche des Umsatzes und die Sichtweise eines Durchschnittsverbrauchers abzustellen. Nicht von entscheidender Bedeutung ist dabei, ob die einzelnen Teile einer Leistung nach einem einheitlichen Vertrag geschuldet werden. Die zwangsweise Koppelung getrennt zu betrachtender Leistungen führt noch nicht automatisch zu einer einheitlichen Leistung.

Beispiel: Getrennte Leistungen

Unternehmer U liefert Landwirt L im März Saatgut und übernimmt auch die Einsaat des Getreides. U berechnet für die Lieferung des Saatguts den ermäßigten Steuersatz (gemäß § 12 Abs. 2 Nr. 1 UStG i. V. m. Anlage 2 zum UStG) und für die Einsaat den Regelsteuersatz. Beide Leistungen sind wertmäßig ungefähr gleichwertig.

Nach Auffassung des BFH (Urt. v. 9.10.2002 – V R 5/02, BStBl II 2004, 470) liegen hier zwei getrennt zu beurteilende Leistungen vor, sodass die Abrechnung des U nicht zu beanstanden war. Es sei ohne große Schwierigkeiten möglich, die Lieferung des Getreides von der Einsaat zu trennen, da die Einsaat in der Praxis auch häufig von selbstständigen Lohnarbeitern ausgeführt werden könne. Eine zwingende – logische – Verknüpfung zwischen Lieferung und Einsaat liegt somit nicht vor.

Es müssen aber immer alle **Besonderheiten des Einzelfalls** berücksichtigt werden. So hat der BFH (Urt. v. 14.2.2019 – V R 22/17, BStBl II 2019, 350) – anders als bei dem Sachverhalt zur Lieferung und Einsaat des Saatguts – entschieden, dass die Lieferung von Pflanzen mit den damit im Zusammenhang stehenden Gartenbauarbeiten eine einheitliche komplexe Leistung darstellt, wenn auf der Grundlage eines Gesamtkonzepts etwas selbständiges Drittes (Gartenanlage) geschaffen wird.

Aber auch umgekehrt kann eine **willkürliche Aufspaltung** eines einheitlichen wirtschaftlichen Vorgangs – auch bei Zustimmung des Leistungsempfängers – nicht zu verschiedenen Leistungen führen.

Einheitliche Leistungen liegen insbesondere in den folgenden Fällen vor:

- **Vermietung von Sportplätzen** an Nutzer als insgesamt steuerpflichtige Leistung (BFH, Urt. v. 31.5.2001 – V R 97/98, BStBl II 2001, 658, Abschn. 4.12.11 UStAE).
- **Kreditgewährung** im Zusammenhang mit Leistungen, wenn keine eindeutige Trennung zwischen der Kreditgewährung und der Lieferung oder der sonstigen Leistung vorliegt (vgl. zur Abgrenzung Abschn. 3.11 UStAE sowie BMF, Schreiben v. 8.11.2017, BStBl I 2017, 1517).
- Neben einer entgeltlichen Leistung werden auch noch **unentgeltlich** weitere Gegenstände gleicher oder anderer Art abgegeben (vgl. Abschn. 3.3 Abs. 10 bis Abs. 20 UStAE).

2. Transporthilfsmittel und Warenumschließungen

Im Groß- und Einzelhandel werden regelmäßig Warenumschließungen abgegeben. Dies kann gegen ein gesondert berechnetes Entgelt unentgeltlich oder im Rahmen von Tauschsystemen geschehen. Dabei sind die umsatzsteuerrechtlichen Folgen aus der Überlassung von Transporthilfsmitteln und Warenumschließungen abzugrenzen. Bei der Überlassung von Transporthilfsmitteln im Rahmen von Tauschsystemen handelt es sich nach Auffassung der Finanzverwaltung nicht mehr um Lieferungen, sondern es ist von einem Sachdarlehen (sonstige Leistung) auszugehen. Die Finanzverwaltung (BMF, Schreiben v. 20.10.2014, BStBl I 2014, 1372) hat zu den Rechtsfolgen Stellung genommen. In Abschn. 3.10 Abs. 5 a UStAE wird auf dieses Schreiben verwiesen.

2.1 Abgabe von Transporthilfsmitteln

Bei der Abgabe von Waren werden auf allen Handelsstufen **Warenumschließungen** mit abgegeben, die dem jeweiligen Leistungsempfänger teilweise gegen ein gesondertes Entgelt (Pfand), teilweise unentgeltlich abgegeben werden. In bestimmten Fällen (insbesondere bei Euro-Flachpaletten oder Euro-Güterboxpaletten) werden die Gegenstände in Tauschsystemen überlassen. Dabei kann es sowohl zur Berechnung von Abwicklungsentgelten („Handling") als auch zu Ausgleichszahlungen bei Nichtrückgabe kommen.

Die Überlassung von Warenumschließungen kann sich aus umsatzsteuerrechtlicher Sicht als **entgeltlicher Umsatz** (Lieferung oder Rücklieferung), als **Nebenleistung**, die das Schicksal der Hauptleistung teilt, als **unentgeltliche Wertabgabe** oder als **Sachdarlehen** darstellen. Dabei kommt es jeweils darauf an, um welche Art Warenumschließung es sich handelt, und welche Vereinbarungen zwischen den Beteiligten getroffen wurden.

> **Hinweis: Zutreffende Abrechnung setzt zutreffende Einordnung voraus**
>
> Die zutreffende umsatzsteuerrechtliche Einordnung ist sowohl für die richtige Ermittlung der Umsatzsteuer des leistenden Unternehmers als auch für den Vorsteuerabzug des Leistungsempfängers von Bedeutung. Zudem ergeben sich erhebliche Unterschiede für die jeweilige Rechnung oder Gutschrift.

Grundsätzlich muss bei der Überlassung von Transportmitteln nach der Auffassung der Finanzverwaltung (BMF, Schreiben v. 5.11.2013, BStBl I 2013, 1386) unterschieden werden, ob diese gegen ein gesondert vereinbartes Pfandgeld oder im Rahmen von Tauschmitteln überlassen werden.

Die Grundsätze waren in allen noch offenen Fällen anzuwenden. Die Finanzverwaltung beanstandete es aber für alle bis zum **31.12.2014** (ursprünglich war der 31.12.2013 angegeben; durch BMF, Schreiben v. 12.6.2014, BStBl I 2014, 909 war die Frist aber bis zum 31.12.2014 verlängert worden) ausgeführten Leistungen nicht, wenn:

- Bei der Hingabe von Transporthilfsmitteln gegen Pfand noch von einer Nebenleistung ausgegangen wird und
- bei Tauschsystemen noch von Lieferungen der Gegenstände (Paletten) ausgegangen wird und die Leistungen von den Unternehmern auch entsprechend besteuert werden.

2.2 Überlassung von Transportbehältnissen gegen Pfand

Für die zutreffende umsatzsteuerrechtliche Beurteilung muss unterschieden werden, ob es sich um ein selbstständiges Transporthilfsmittel oder um eine Warenumschließung handelt.

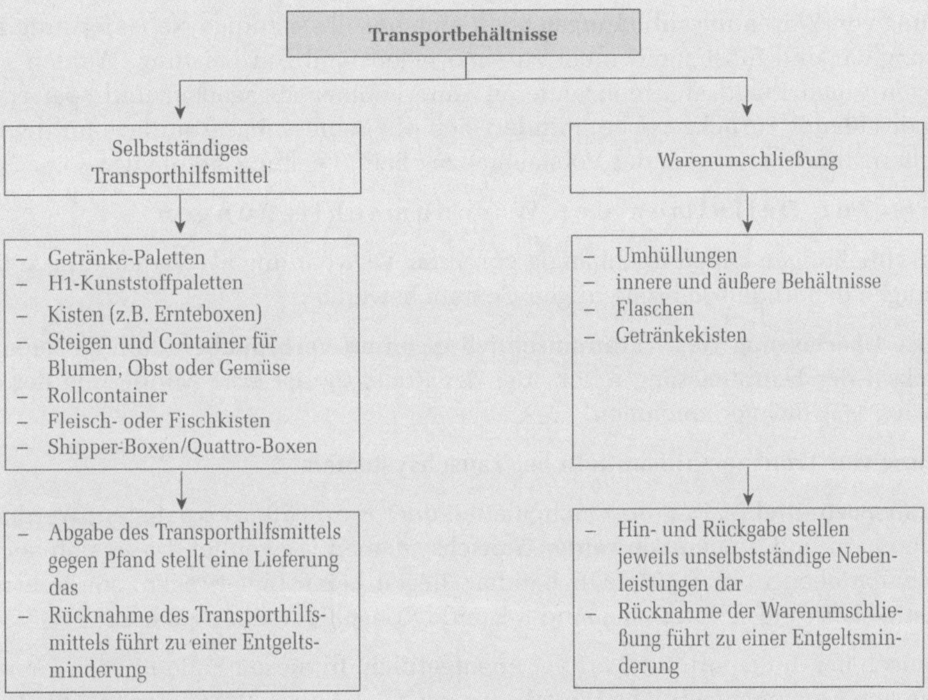

Hinweis: Zur Definition der Transporthilfsmittel

Selbstständige Transporthilfsmittel können auf allen Handelsstufen eingesetzt werden, werden aber grundsätzlich nicht an den Endverbraucher geliefert.

Liegen **selbstständige Transporthilfsmittel** vor, werden diese – soweit ein gesondertes Entgelt dafür verlangt wird (z. B. Pfand) – im Rahmen einer eigenständigen Lieferung abgegeben. Dabei kommt der **Regelsteuersatz** zur Anwendung, unabhängig davon, für welche Art Waren diese Hilfsmittel verwendet werden. Der Empfänger des Transporthilfsmittels ist – soweit eine ordnungsgemäße Rechnung vorliegt – zum vollen Vorsteuerabzug berechtigt, da davon auszugehen ist, dass er selbst keine vorsteuerabzugsschädlichen Ausgangsleistungen ausführen wird.

Gibt der **Empfänger der Transporthilfsmittel** diese – regelmäßig gegen Rückzahlung des Pfands – an den Lieferer zurück, vollzieht sich dies im Rahmen einer Änderung der Bemessungsgrundlage. Der Unternehmer, der das selbstständige Transportmittel zurücknimmt und den Pfand zurückzahlt, muss seinen Ausgangsumsatz „Lieferung des Transporthilfsmittels" mindern, der Unternehmer, der das Transporthilfsmittel zurückgibt und den Pfand zurückerhält, muss seinen Vorsteuerabzug entsprechend mindern.

Ursprünglich war die Finanzverwaltung (BMF, Schreiben v. 5.11.2013, BStBl I 2013, 1386) davon ausgegangen, dass sich die Rückgabe des Transporthilfsmittels im Rahmen einer eigenständigen Rücklieferung vollzieht. Später (BMF, Schreiben v. 20.10.2014, BStBl I 2014, 1372) hat sich die Finanzverwaltung dann aber anders festgelegt und sieht die Rückgabe als eine Minderung der Bemessungsgrundlage an.

Beispiel: Abgabe von Transporthilfsmitteln

Obstgroßhändler O verkauft im Mai Gemüse an Einzelhändler in Gitterboxen. Für die besonderen Gitterboxen berechnet er seinem Kunden 10 € (netto) als Pfand. Bei Rückgabe der Gitterboxen im Juni wird dem Einzelhändler das Pfand erstattet.

Die Lieferung des Obsts unterliegt bei O als steuerbare und steuerpflichtige Lieferung dem ermäßigten Steuersatz. Die Abgabe der Gitterboxen führt als eigenständige steuerbare und steuerpflichtige Lieferung zum Regelsteuersatz. O muss seinem Einzelhändler für jede Kiste 10 € zzgl. 1,90 € Umsatzsteuer (bei 19 % Regelsteuersatz) berechnen; der Einzelhändler kann einen entsprechenden Vorsteuerabzug vornehmen. Gibt der Einzelhändler die Gitterboxen gegen Rückzahlung des Pfands an O zurück, liegt eine Minderung der Bemessungsgrundlage vor. Der Einzelhändler muss seinen Vorsteuerabzug mindern und der Großhändler mindert das Entgelt seiner steuerbaren und steuerpflichtigen Lieferungen.

Die Überlassung von **Warenumschließungen** stellt eine unselbstständige Nebenleistung zu der eigentlichen Lieferung dar und führt somit nicht zu einer eigenständigen Leistung. Werden solche Warenumschließungen gegen Pfand an einen anderen Unternehmer abgegeben, und später wieder gegen Rückzahlung des Pfands zurückgegeben, mindert sich die Bemessungsgrundlage für die Lieferung des leistenden Unternehmers wie auch der Vorsteuerabzug beim Leistungsempfänger.

Hinweis: Zur Definition der Warenumschließungen

Warenumschließungen haben unabhängig von ihrer Verwendung als Verpackung keinen oder nur einen geringen dauernden selbstständigen Gebrauchswert.

Die **pfandweise Überlassung von Warenumschließungen an Verbraucher** stellt Nebenleistungen dar, die das Schicksal der Hauptleistung teilen. Bei der Rückgabe ist eine Minderung der Bemessungsgrundlage nach § 17 UStG vorzunehmen.

2.3 Überlassung von Transporthilfsmitteln bei Tauschsystemen

Bestimmte **Transportmittel** (z. B. Euro-Flachpaletten oder Euro-Gitterboxpaletten) werden häufig zwischen Unternehmern im Rahmen von **reinen Tauschsystemen** verwendet. Da es sich bei solchen Systemen um Sachdarlehen nach § 607 BGB handelt, liegen keine Lieferungen, sondern umsatzsteuerrechtlich sonstige Leistungen vor. Dabei sind folgende Konstellationen denkbar:

- Der Austausch der Transportmittel erfolgt **unentgeltlich**: In diesen Fällen liegen keine steuerbaren Leistungen vor. Eine unentgeltliche Wertabgabe nach § 3 Abs. 9a UStG liegt ebenfalls nicht vor, da die Wertabgabe aus unternehmerischen Gründen erfolgt.
- Erfolgt die Überlassung **entgeltlich** (z. B. auch bei Entgelten für die Palettenabwicklung – sog. „Handling" oder Palettenaustauschgebühren), liegen sonstige Leistungen vor, die dort ausgeführt sind, wo der Leistungsempfänger sein Unternehmen betreibt, § 3a Abs. 2 UStG. Regelmäßig wird dies zu steuerbaren und steuerpflichtigen Umsätzen führen. Der leistende Unternehmer hat den Vorsteuerabzug aus der Anschaffung oder Herstellung sowie der Reparatur der Gegenstände.

Bei der **unentgeltlichen Überlassung der Paletten** im Rahmen von Sachdarlehen richtet sich der **Vorsteuerabzug** des leistenden Unternehmers nach dessen unternehmerischer Gesamttätigkeit.

Kommt der Empfänger der Gegenstände seiner Verpflichtung zur Rückgabe der Gegenstände nicht nach, weil diese durch **Diebstahl oder Zerstörung** nicht mehr zurückgegeben werden können, stellt die Ersatzzahlung einen nicht steuerbaren echten Schadensersatz dar.

Hinweis: Abgrenzung zum Schadensersatz

Echter Schadensersatz liegt auch dann vor, wenn ein Ausgleich auf Palettenkonten erfolgt, auf denen der jeweilige Saldo zwischen den erhaltenen und zurückgewährten Paletten aufgezeichnet und der Saldo in Geld ausgeglichen wird.

Wird später auf die **Rücknahme der Gegenstände** (z. B. Paletten) **verzichtet**, obwohl die Rückgabe erfolgen könnte, liegt eine an das Sachdarlehen anschließende Lieferung vor, die regelmäßig steuerbar und steuerpflichtig ist.

Bei sog. **Reparatur-Tausch-Programmen**, bei denen defekte Paletten eingeliefert werden und reparierte Paletten zurückgegeben werden, liegt ein Tausch nach § 3 Abs. 12 UStG (eventuell mit Baraufgabe) vor. Beide Unternehmer führen in diesem Fall steuerbare und steuerpflichtige Lieferungen aus. Die Bemessungsgrundlage nach § 10 Abs. 2 Satz 2 UStG kann im Rahmen einer Vereinfachungsregelung für beide Lieferungen mit dem gemeinen Wert der reparierten Paletten angenommen werden. Für die Entstehung der Steuer ist zu beachten, dass die Hingabe der defekten Paletten die Lieferung des einen Unternehmers darstellt, gleichzeitig aber auch die Anzahlung für den anderen Unternehmer ist, der (später) reparierte Paletten liefern wird.

3. Streitfall Aufteilungsgebot

Im deutschen Umsatzsteuerrecht gibt es zwei sog. „**Aufteilungsgebote**". Zum einen wird bei der kurzfristigen Vermietung für Beherbergungszwecke der ermäßigte Steuersatz nach § 12 Abs. 2 Nr. 11 UStG angewendet, darunter sollen aber nur die der Beherbergung dienenden Umsätze fallen. Verpflegung (z. B. Frühstück) soll nicht unter diese Steuerbegünstigung fallen (kann aber wenn der Steuersatz für die Verpflegungsdienstleistungen abgesenkt ist, zumindest für die Speisen ebenfalls zum ermäßigten Steuersatz führen). Zum anderen fällt nach ausdrücklicher Vorgabe die Vermietung von Betriebsvorrichtungen nicht in den Anwendungsbereich der steuerfreien Grundstücksvermietung, § 4 Nr. 12 Satz 2 UStG.

In diesem Zusammenhang musste der **EuGH** (Urt. v. 4.5.2023 – C-516/21, Y, BFH/NV 2023, 943) darüber entscheiden, ob bei der **Überlassung von Betriebsvorrichtungen** i.Z.m. der Vermietung von Immobilien ein **Aufteilungsgebot** gilt oder nicht. Im Fall der steuerfreien Verpachtung eines Putenstalls war streitig, ob die Überlassung der in dem Stall installierten speziellen Fütterungsanlage als Nebenleistung steuerfrei ist oder aufgrund eines gesetzlichen Aufteilungsgebots nach § 4 Nr. 12 Satz 2 UStG umsatzsteuerpflichtig ist. Der EuGH hat – dem Schlussantrag des Generalanwalts beim EuGH v. 8.12.2022 zur Rs. C-516/21, Y folgend – entschieden, dass auch die Vorrichtungen steuerfrei sind, sofern diese Vorrichtungen und Maschinen als Nebenleistung zur Verpachtung des Gebäudes überlassen werden. Der BFH hat dies in der Folge (BFH, Beschl. v. 17.8.2023 – V R 7/23, BFH/NV 2023, 1386) übernommen und festgestellt, dass die vom FG vorgenommene Einschätzung, dass in diesem Fall die Putenfütterungsanlage als Nebenleistung zur Überlassung der Stallanlage anzusehen ist, nicht gegen allgemeine Denkgesetze verstößt.

Hinweis: Vorabentscheidungsersuchen bei Hoteldienstleistungen steht vor dem Abschluss

Aufgrund des Streits um das Aufteilungsgebot bei den Betriebsvorrichtungen hatte der BFH (Beschl. v. 7.3.2022 – XI B 2/21 (AdV), BFH/NV 2022, 789) für einen Hotelbetreiber die Aussetzung der Vollziehung eines USt-Bescheids beschlossen, da die Anwendung des Aufteilungsgebots nach § 12 Abs. 2 Nr. 11 UStG ernsthaft zweifelhaft ist. Der Hotelier unterwarf Übernachtungsleistung, Frühstück und Zugang zum Spa als einheitlichen Umsatz dem ermäßigten Steuersatz, die Finanzverwaltung wandte das „Aufteilungsgebot" an und unterwarf Spa und Frühstück (damals noch vor der Absenkung des Steuersatzes für die Speisen) dem Regelsteuersatz. Der BFH hat mehrere Fälle erneut dem EuGH zur Entscheidung vorgelegt (BFH, Beschl. v. 10.1.2024 – XI R 11/23, BFH/NV 2024, 1021 zur Frage Frühstück und Parkplatz – beim EuGH anhängig unter C-409/24, J-GmbH, XI R 13/23, BFH/NV 2024, 1028 zu Frühstücksleistungen – beim EuGH anhängig unter C-410/24, Blapp und XI R 14/23, BFH/NV 2024, 1030 zu Fitness, Parkplatz und WLAN – beim EuGH anhängig unter C-411/24, D GmbH).

Zu beachten ist aber, dass die Vorabentscheidungsersuchen nur Fälle betreffen, in denen der Kunde ein einheitliches Gesamtentgelt bezahlt und sich die Frage stellt, ob dieses Gesamtentgelt aufgeteilt werden kann. Der BFH geht offensichtlich davon aus, dass separate Leistungen (dann mit unterschiedlichen Steuersätzen) vorliegen, wenn der Kunde sie abwählen kann bzw. ein Sonderentgelt bezahlt.

Mittlerweile sind die Schlussanträge der Generalanwältin (Generalanwältin Capeta, Schlussanträge v. 25.9.2025, C-409/24, J-GmbH; C-410/24, Blapp; C-411/24, D GmbH) in den verbundenen

Verfahren veröffentlicht worden. Die Fragen des BFH nach der Behandlung der Parkplatzüberlassung bzw. des kostenfreien Zugangs zum Spa-Bereich wurden von der Generalanwältin dadurch abgeblockt, dass der BFH diese Leistungen als „kostenlos" bezeichnet hatte und damit für die Generalanwältin eine nicht steuerbare Leistung vorliegen würde. Bei den Frühstücksleistungen sieht sie eine Trennbarkeit, sodass die national von der Finanzverwaltung angenommene Besteuerung mit dem Regelsteuersatz sich wohl auch vor dem EuGH durchsetzen wird.

Probleme könnten sich aber aus der inhaltlichen Begründung der Generalanwältin ergeben. Ob – wie es sich aus den Schlussanträgen der Generalanwältin ergibt – eine Nebenleistung vorliegt, wenn sie so untrennbar mit der Hauptleistung verbunden ist, dass aus der Sicht des Durchschnittsverbrauchers eine einheitliche Leistung gegeben ist, entspricht zumindest nicht der bisherigen Abgrenzung zu Nebenleistungen. Die Abgrenzung von Nebenleistung, die nicht untrennbar mit der Hauptleistung verbunden ist (und damit offensichtlich nicht das Schicksal der Hauptleistung teilt) und der Nebenleistung die untrennbar verbunden ist und somit einheitlich zu besteuern ist, kann in der Praxis zu neuen Herausforderungen führen.

UStAE 3.11. Kreditgewährung im Zusammenhang mit anderen Umsätzen

Inhalt des Leistungsaustauschs

(1) [1]Im Falle der Kreditgewährung im Zusammenhang mit einer Lieferung oder sonstigen Leistung erbringt der leistende Unternehmer grundsätzlich jeweils eigene selbständige Leistungen. [2]Die naturgemäße Verbindung des Kreditgeschäfts zu der Lieferung oder sonstigen Leistung reicht für sich genommen für die Annahme einer einheitlichen Leistung nicht aus. [3]Ob mehrere, voneinander unabhängige Leistungen oder eine einheitliche Gesamtleistung vorliegen, ist im konkreten Einzelfall unter Beachtung der in Abschnitt 3.10 dargelegten objektiven Abgrenzungskriterien zu beurteilen. [4]Anhaltspunkte, die für die Annahme mehrerer selbständiger Leistungen sprechen, sind dabei u. a.:

- gesonderte Vereinbarung von Lieferung oder sonstiger Leistung und Kreditgewährung;
- eigenständige Bildung von Leistungspreisen;
- gesonderte Rechnungsstellung.

[5]Bei der Kreditgewährung im Rahmen von Public-Private-Partnership-Projekten ist von zwei getrennt zu beurteilenden Leistungen auszugehen, wenn Werklieferung und Finanzierung nicht so aufeinander abgestimmt sind, dass es die Verflechtung beider Komponenten nicht möglich machen würde, nur eine der beiden Leistungen in Anspruch zu nehmen (vgl. BFH-Urteil vom 13. 3. 2013, XI R 24/11, BStBl 2017 II S. 1147). [6]Zur Kreditgewährung im Zusammenhang mit einem Forderungskauf vgl. Abschnitt 2.4.

(2) *weggefallen*

(3) Als Entgelt für gesonderte Kreditleistungen können in entsprechender Anwendung des Absatzes 1 z. B. angesehen werden:

1. [1]Stundungszinsen. [2]Sie werden berechnet, wenn dem Leistungsempfänger, der bei Fälligkeit der Kaufpreisforderung nicht zahlen kann, gestattet wird, die Zahlung zu einem späteren Termin zu leisten;
2. [1]Zielzinsen. [2]Sie werden erhoben, wenn dem Leistungsempfänger zur Wahl gestellt wird, entweder bei kurzfristiger Zahlung den Barpreis oder bei Inanspruchnahme des Zahlungsziels einen höheren Zielpreis für die Leistung zu entrichten. [3]Für die Annahme einer Kreditleistung reicht jedoch die bloße Gegenüberstellung von Barpreis und Zielpreis nicht aus; es müssen vielmehr die in Absatz 1 genannten Voraussetzungen erfüllt sein.

(4) [1]Kontokorrentzinsen sind stets Entgelt für eine Kreditgewährung, wenn zwischen den beteiligten Unternehmern ein echtes Kontokorrentverhältnis im Sinne des § 355 HGB vereinbart worden ist, bei dem die gegenseitigen Forderungen aufgerechnet werden und bei dem der jeweilige Saldo an die Stelle der einzelnen Forderungen tritt. [2]Besteht kein echtes Kontokorrentverhältnis, können die neben dem

Entgelt für die Lieferung erhobenen Zinsen nur dann als Entgelt für eine Kreditleistung behandelt werden, wenn entsprechende Vereinbarungen (vgl. Absatz 2) vorliegen.

(5) [1]Bietet ein Unternehmer in seinen Zahlungsbedingungen die Gewährung eines Nachlasses (Skonto, Rabatt) auf den ausgezeichneten Preis bei vorzeitiger Zahlung an und macht der Leistungsempfänger davon Gebrauch, führt der Preisnachlass zu einer Entgeltminderung. [2]Nimmt der Leistungsempfänger jedoch keinen Preisnachlass in Anspruch und entrichtet den Kaufpreis erst mit Ablauf der Zahlungsfrist, bewirkt der Unternehmer in Höhe des angebotenen Preisnachlasses keine Kreditleistung (vgl. BFH-Urteil vom 28. 1. 1993, V R 43/89, BStBl II S. 360).

Beispiel:

[1]Ein Unternehmer liefert eine Ware für 1 000 € (einschließlich Umsatzsteuer), zahlbar nach 6 Wochen. [2]Bei Zahlung innerhalb von 10 Tagen wird ein Skonto von 3 % des Kaufpreises gewährt. [3]Der Leistungsempfänger zahlt nach 6 Wochen den vollen Kaufpreis von 1 000 €. [4]Der Unternehmer darf seine Leistung nicht in eine steuerpflichtige Warenlieferung i. H. v. 970 € (einschließlich Umsatzsteuer) und eine steuerfreie Kreditleistung i. H. v. 30 € aufteilen.

Steuerfreiheit der Kreditgewährung

(6) [1]Ist die Kreditgewährung als selbständige Leistung anzusehen, fällt sie unter die Steuerbefreiung nach § 4 Nr. 8 Buchstabe a UStG. [2]Unberührt bleibt die Möglichkeit, unter den Voraussetzungen des § 9 UStG auf die Steuerbefreiung zu verzichten.

Entgeltminderungen

(7) [1]Entgeltminderungen, die sowohl auf steuerpflichtige Umsätze als auch auf die im Zusammenhang damit erbrachten steuerfreien Kreditgewährungen entfallen, sind anteilig dem jeweiligen Umsatz zuzuordnen. [2]Deshalb hat z. B. bei Uneinbringlichkeit von Teilzahlungen der Unternehmer die Steuer für die Warenlieferung entsprechend ihrem Anteil zu berichtigen (§ 17 Abs. 2 Nr. 1 in Verbindung mit Abs. 1 UStG). [3]Bei der Zuordnung der Entgeltminderung zu den steuerpflichtigen und steuerfreien Umsätzen kann nach Abschnitt 22.6 Abs. 20 und 21 verfahren werden. [4]Fällt eine Einzelforderung, die in ein Kontokorrent im Sinne des § 355 HGB eingestellt wurde, vor der Anerkennung des Saldos am Ende eines Abrechnungszeitraums ganz oder zum Teil aus, mindert sich dadurch das Entgelt für die der Forderung zu Grunde liegende Warenlieferung.

Auswirkungen auf den Vorsteuerabzug des leistenden Unternehmers

(8) [1]Die den steuerfreien Kreditgewährungen zuzurechnenden Vorsteuerbeträge sind unter den Voraussetzungen des § 15 Abs. 2 und 3 UStG vom Abzug ausgeschlossen. [2]Das gilt auch für solche Vorsteuerbeträge, die lediglich in mittelbarem wirtschaftlichem Zusammenhang mit diesen Umsätzen stehen, z. B. Vorsteuerbeträge, die im Bereich der Gemeinkosten anfallen. [3]Vorsteuerbeträge, die den Kreditgewährungen nur teilweise zuzurechnen sind, hat der Unternehmer nach den Grundsätzen des § 15 Abs. 4 UStG in einen abziehbaren und einen nichtabziehbaren Teil aufzuteilen (vgl. im Übrigen Abschnitte 15.16 ff.). [4]Die Vorschrift des § 43 UStDV kann auf die den Kreditgewährungen zuzurechnenden Vorsteuerbeträge nicht angewendet werden. [5]Werden die Kredite im Zusammenhang mit einer zum Vorsteuerabzug berechtigenden Lieferung oder sonstigen Leistung an einen Unternehmer gewährt, ist es jedoch nicht zu beanstanden, wenn aus Vereinfachungsgründen die Vorsteuern abgezogen werden, die den Kreditgewährungen nicht ausschließlich zuzurechnen sind.

Beispiel:

[1]Ein Maschinenhersteller M liefert eine Maschine an den Unternehmer U in Österreich. [2]Für die Entrichtung des Kaufpreises räumt M dem U einen Kredit ein, der als selbständige Leistung zu behandeln ist.

[3]Die Lieferung der Maschine ist nach § 4 Nr. 1 Buchstabe b, § 6 a UStG steuerfrei und berechtigt zum Vorsteuerabzug. [4]Die Kreditgewährung ist nach § 3 a Abs. 2 UStG in Deutschland nicht steuerbar und schließt nach § 15 Abs. 2 und 3 UStG den Vorsteuerabzug aus. [5]Aus Vereinfachungsgründen

kann jedoch M die Vorsteuern, die der Kreditgewährung nicht ausschließlich zuzurechnen sind, z. B. Vorsteuern im Bereich der Verwaltungsgemeinkosten, in vollem Umfang abziehen.

Anmerkung

Führt ein Unternehmer gegenüber einem Leistungsempfänger eine Lieferung oder sonstige Leistung aus und **finanziert er gleichzeitig die von ihm ausgeführte Leistung**, kann es sich um eine einheitliche Leistung (Haupt- und Nebenleistung) handeln, deren umsatzsteuerrechtliche Konsequenzen sich dann nach den Bedingungen für die Hauptleistung richten. Da die Finanzierungsleistungen in diesen Fällen regelmäßig als Nebenleistungen angesehen werden, unterliegen die Finanzierungszinsen ebenfalls – wie die Hauptleistung – der Umsatzsteuer. Wird hingegen von trennbaren Leistungen ausgegangen, unterliegt die Finanzierung (und damit die für die Finanzierung gewährten Zinsen) der Steuerbefreiung nach § 4 Nr. 8 Buchst. a UStG.

Hinweis: Option ggf. möglich

Soweit der Leistungsempfänger ein Unternehmer ist, der die Finanzierungsleistung für Zwecke seines Unternehmens bezieht, kann der leistende Unternehmer auf die Steuerbefreiung verzichten, § 9 Abs. 1 UStG. Ist der Leistungsempfänger kein Unternehmer bzw. ein Unternehmer, der nicht zum Vorsteuerabzug berechtigt ist, ist die Option entweder nicht möglich bzw. nicht wirtschaftlich sinnvoll. In diesen Fällen muss jeweils geprüft werden, ob einheitliche oder zu trennende Leistungen vorliegen.

Der **BFH** (Urt. v. 13.11.2013 – XI R 24/11, BStBl II 2017, 1147) hatte schon 2013 entschieden, dass ein Unternehmer, der an ein Studentenwerk im Rahmen eines „Public-Private-Partnership-Projekts“ eine Bauleistung erbringt, die mit einer 20jährigen Finanzierung des Bauvorhabens durch ihn verbunden ist, neben der Werklieferung eine eigenständige steuerfreie Kreditgewährung an das Studentenwerk ausführt. Das gilt nach ausdrücklicher Feststellung des BFH auch dann, wenn in der zugrunde liegenden vertraglichen Vereinbarung kein Jahreszins angegeben worden ist. Der **BFH hat sich damit gegen die früher von der Finanzverwaltung vertretene Auffassung gewandt**.

Die Entscheidung des BFH war maßgeblich durch **unionsrechtliche Auslegungen** geprägt. Der EuGH (Urt. v. 17.1.2013 – C-224/11, BGZ Leasing) hatte schon 2013 in einem Verfahren, in dem es um Leasinggeschäfte ging, festgestellt, dass die in der Versicherung eines Leasingobjekts bestehende Dienstleistung und die im Leasing selbst bestehende Dienstleistung umsatzsteuerlich grundsätzlich als eigene und selbständige Dienstleistungen behandelt werden müssen. Allerdings hatte er es dann den nationalen Gerichten überlassen, festzustellen, ob die Umsätze derart miteinander verbunden sind, dass sie als einheitliche Leistung angesehen werden müssen, oder ob sie im Gegenteil selbständige Leistungen darstellen.

Der **BFH hatte in der Folge entschieden**, dass eine Werklieferung und eine Finanzierung derselben grundsätzlich nicht als derart eng miteinander verbunden angesehen werden können, dass sie einen einheitlichen Umsatz bilden. Auch wenn die Finanzierung die Realisierung des angestrebten Bauvorhabens erleichtere, sei davon auszugehen, dass sie im Wesentlichen einen eigenen Zweck erfüllt und nicht nur das Mittel darstellt, um die Werklieferung unter optimalen Bedingungen in Anspruch zu nehmen.

Die **Finanzverwaltung** (Schreiben v. 8.11.2017, BStBl I 2017, 1517) hat die früheren Anweisungen des UStAE angepasst.

Hinweis: Keine Zinsangabe mehr notwendig

Die früher von der Finanzverwaltung vertretene Auffassung, dass in der Vereinbarung über die Kreditgewährung auch der Jahreszins mit angegeben werden muss, ist aufgehoben worden.

Zur Frage der **Finanzierung bei PPP-Projekten** (Public-Privat-Partnership) hat die Finanzverwaltung auch erstmals im UStAE Stellung genommen, bisher wurde hier lediglich auf ein Schreiben aus 2005 (BMF, Schreiben v. 3.2.2005, BStBl I 2005, 414, aktualisiert und erweitert durch BMF, Schreiben v. 30.3.2022, BStBl I 2022, 568) verwiesen, das sich mit der Finanzierung des Fernstraßenbaus beschäftigte. Bei der Kreditgewährung im Rahmen solcher PPP-Projekten ist von **zwei getrennt zu beurteilenden Leistungen** auszugehen, wenn Werklieferung und Finanzierung nicht so aufeinander abgestimmt sind, dass es die Verflechtung beider Komponenten nicht möglich machen würde, nur eine der beiden Leistungen in Anspruch zu nehmen.

Hinweis: Keine Minderung der Bemessungsgrundlage bei sog. 0 %-Finanzierung

Nach der Rechtsprechung des BFH (Urt. v. 24.2.2021 – XI R 15/19, BStBl II 2021, 729) liegt keine Minderung der Bemessungsgrundlage vor, wenn im Rahmen einer Warenlieferung mit „0 %-Finanzierung" der liefernde Unternehmer die Kosten der Finanzierung des Kaufpreises durch einen Dritten (Kreditinstitut) in der Weise trägt, dass das Kreditinstitut im Rahmen der Auszahlung an den Unternehmer vom Darlehensbetrag die Zinsen einbehält und der Kunde in Raten den Kaufpreis an das Kreditinstitut zahlt. In diesem Fall mindern die einbehaltenen Zinsen das Entgelt der Warenlieferung des Unternehmers an den Kunden auch dann nicht, wenn der Unternehmer in der Rechnung gegenüber dem Kunden angibt, er gewähre ihm einen Nachlass in Höhe der Zinsen.

UStAE 3.12. Ort der Lieferung

(1) [1]Lieferungen gelten – vorbehaltlich der Sonderregelungen in den §§ 3 c bis 3 g UStG – nach § 3 Abs. 6 Satz 1 UStG grundsätzlich dort als ausgeführt, wo die Beförderung oder Versendung an den Abnehmer oder in dessen Auftrag an einen Dritten (z. B. an einen Lohnveredeler oder Lagerhalter) beginnt. [2]Dies gilt sowohl für Fälle, in denen der Unternehmer selbst oder ein von ihm beauftragter Dritter den Gegenstand der Lieferung befördert oder versendet als auch für Fälle, in denen der Abnehmer oder ein von ihm beauftragter Dritter den Gegenstand bei dem Lieferer abholt (Abholfall). [3]Auch der sog. Handkauf ist damit als Beförderungs- oder Versendungslieferung anzusehen.

(2) [1]Eine Beförderungslieferung im Sinne des § 3 Abs. 6 Satz 1 UStG setzt voraus, dass der liefernde Unternehmer, der Abnehmer oder ein unselbständiger Erfüllungsgehilfe den Gegenstand der Lieferung befördert. [2]Eine Beförderung liegt auch vor, wenn der Gegenstand der Lieferung mit eigener Kraft fortbewegt wird, z. B. bei Kraftfahrzeugen auf eigener Achse, bei Schiffen auf eigenem Kiel (vgl. BFH-Urteil vom 20. 12. 2006, V R 11/06, BStBl 2007 II S. 424). [3]Die Bewegung eines Gegenstands innerhalb des Unternehmens, die lediglich der Vorbereitung des Transports dient, stellt keine Beförderung an den Abnehmer im Sinne des § 3 Abs. 6 Satz 1 UStG dar. [4]Befördert im Falle eines Kommissionsgeschäfts (§ 3 Abs. 3 UStG) der Kommittent das Kommissionsgut mit eigenem Fahrzeug an den im Ausland ansässigen Kommissionär, liegt eine Lieferung im Inland nach § 3 Abs. 6 Satz 1 UStG nicht vor, weil die – anschließende – Übergabe des Kommissionsguts an den Verkaufskommissionär keine Lieferung im Sinne des § 3 Abs. 1 UStG ist (vgl. BFH-Urteil vom 25. 11. 1986, V R 102/78, BStBl 1987 II S. 278, Abschnitt 3.1 Abs. 2). [5]Zur Ausnahmeregelung bei innergemeinschaftlichen Kommissionsgeschäften vgl. Abschnitt 1 a.2 Abs. 7.

(3) [1]Eine Versendungslieferung im Sinne des § 3 Abs. 6 Satz 1 UStG setzt voraus, dass der Gegenstand an den Abnehmer oder in dessen Auftrag an einen Dritten versendet wird, d. h. die Beförderung durch einen selbständigen Beauftragten ausgeführt oder besorgt wird. [2]Die Versendung beginnt mit der Übergabe des Gegenstands an den Beauftragten. [3]Der Lieferer muss bei der Übergabe des Gegenstands an den Beauftragten alles Erforderliche getan haben, um den Gegenstand an den bereits feststehenden Abnehmer, der sich grundsätzlich aus den Versendungsunterlagen ergibt, gelangen zu lassen. [4]Von einem feststehenden Abnehmer ist auszugehen, wenn er zwar dem mit der Versendung Beauftragten im Zeitpunkt der Übergabe des Gegenstands nicht bekannt ist, aber mit hinreichender Sicherheit leicht und einwandfrei aus den unstreitigen Umständen, insbesondere aus Unterlagen abgeleitet werden kann (vgl. BFH-Urteil vom 30. 7. 2008, XI R 67/07, BStBl 2009 II S. 552). [5]Gleiches gilt, wenn der Abnehmer den Liefergegenstand bei Beginn der Versendung bereits verbindlich bestellt oder bezahlt hat (vgl. BFH-Urteil vom 16. 11. 2016, V R 1/16, BStBl 2017 II S. 1079) und § 6 b UStG bereits dem Grunde nach keine Anwendung findet bzw. von Seiten des liefernden Unternehmers und späteren Erwerbers § 6 b UStG keine Anwendung finden soll; eine nur wahrscheinliche Begründung einer Abnehmerstellung ohne tatsächliche

Abnahmeverpflichtung reicht nicht aus (vgl. BFH-Urteil vom 20. 10. 2016, V R 31/15, BStBl 2017 II S. 1076). [6]Dem Tatbestand, dass der Abnehmer feststeht, steht nicht entgegen, dass der Gegenstand von dem mit der Versendung Beauftragten zunächst in ein inländisches Lager des Lieferanten gebracht und erst nach Eingang der Zahlung durch eine Freigabeerklärung des Lieferanten an den Abnehmer herausgegeben wird (vgl. BFH-Urteil vom 30. 7. 2008, XI R 67/07, a. a. O.). [7]Entscheidend ist, dass der Lieferant im Zeitpunkt der Übergabe des Gegenstands an den Beauftragten die Verfügungsmacht dem zu diesem Zeitpunkt feststehenden Abnehmer verschaffen will. [8]Unter der Bedingung, dass der Abnehmer bereits bei Beginn der Versendung feststeht, kann eine Versendungslieferung auch dann vorliegen, wenn der Liefergegenstand nach dem Beginn der Versendung für kurze Zeit in einem Auslieferungs- oder Konsignationslager, welches nicht in den Anwendungsbereich der Konsignationslagerregelung nach § 6b UStG fällt, gelagert wird (vgl. BFH-Urteile vom 20. 10. 2016, V R 31/15, a. a. O., und vom 16. 11. 2016, V R 1/16, a. a. O.; vgl. auch Abschnitt 1a.2 Abs. 6 Sätze 4 bis 9).

(4) [1]Der Ort der Lieferung bestimmt sich nicht nach § 3 Abs. 6 UStG, wenn der Gegenstand der Lieferung nach dem Beginn der Beförderung oder nach der Übergabe des Gegenstands an den Beauftragten vom Lieferer noch einer Behandlung unterzogen wird, die seine Marktgängigkeit ändert. [2]In diesen Fällen wird nicht der Liefergegenstand, sondern ein Gegenstand anderer Wesensart befördert. [3]Das ist insbesondere dann der Fall, wenn Gegenstand der Lieferung eine vom Lieferer errichtete ortsgebundene Anlage oder eine einzelne Maschine ist, die am Bestimmungsort fundamentiert oder funktionsfähig gemacht wird, indem sie in einen Satz bereits vorhandener Maschinen eingefügt und hinsichtlich ihrer Arbeitsgänge auf diese Maschinen abgestimmt wird. [4]Das Gleiche gilt für Einbauten, Umbauten und Anbauten bei Maschinen (Modernisierungsarbeiten) sowie für Reparaturen. [5]Da die einzelnen Teile einer Maschine ein Gegenstand anderer Marktgängigkeit sind als die ganze Maschine, ist § 3 Abs. 6 UStG auch dann nicht anzuwenden, wenn die einzelnen Teile einer Maschine zum Abnehmer befördert werden und dort vom Lieferer zu der betriebsfertigen Maschine zusammengesetzt werden. [6]Ob die Montagekosten dem Abnehmer gesondert in Rechnung gestellt werden, ist unerheblich. [7]Dagegen bestimmt sich der Ort der Lieferung nach § 3 Abs. 6 UStG, wenn eine betriebsfertig hergestellte Maschine lediglich zum Zweck eines besseren und leichteren Transports in einzelne Teile zerlegt und dann von einem Monteur des Lieferers am Bestimmungsort wieder zusammengesetzt wird. [8]Zur betriebsfertigen Herstellung beim Lieferer gehört in der Regel ein dort vorgenommener Probelauf. [9]Ein nach der Wiederzusammensetzung beim Abnehmer vom Lieferer durchgeführter erneuter Probelauf ist unschädlich. [10]§ 3 Abs. 6 UStG ist auch dann anzuwenden, wenn die Bearbeitung oder Verarbeitung, die sich an die Beförderung oder Versendung des Liefergegenstands anschließt, vom Abnehmer selbst oder in seinem Auftrag von einem Dritten vorgenommen wird.

(5) Erstreckt sich der Gegenstand einer Werklieferung auf das Gebiet verschiedener Staaten (z. B. bei der Errichtung von Verkehrsverbindungen, der Verlegung von Telefon- und Glasfaserkabeln sowie von Elektrizitäts-, Gas- und Wasserleitungen), kann diese Werklieferung verschiedene Lieferorte haben, auf die die Bemessungsgrundlage jeweils aufzuteilen ist (vgl. EuGH-Urteil vom 29. 3. 2007, C-111/05, Aktiebolaget NN).

(6) [1]Wird der Gegenstand der Lieferung nicht befördert oder versendet, ist § 3 Abs. 7 UStG anzuwenden. [2]§ 3 Abs. 7 Satz 1 UStG gilt insbesondere für Fälle, in denen die Verfügungsmacht z. B. durch Vereinbarung eines Besitzkonstituts (§ 930 BGB), durch Abtretung des Herausgabeanspruchs (§ 931 BGB) oder durch Übergabe von Traditionspapieren (Ladescheine, Lagerscheine, Konnossemente, §§ 448, 475g, 524 HGB) verschafft wird. [3]§ 3 Abs. 7 Satz 2 UStG bestimmt den Lieferort für die Fälle des § 3 Abs. 6 Satz 5 UStG, in denen mehrere Unternehmer über denselben Gegenstand Umsatzgeschäfte abschließen und diese Geschäfte dadurch erfüllen, dass der Gegenstand der Lieferungen unmittelbar vom ersten Unternehmer an den letzten Abnehmer befördert oder versendet wird (Reihengeschäft, vgl. Abschnitt 3.14).

(7) [1]§ 3 Abs. 6 und 7 UStG regeln den Lieferort und damit zugleich auch den Zeitpunkt der Lieferung (vgl. BFH-Urteil vom 6. 12. 2007, V R 24/05, BStBl 2009 II S. 490, Abschnitt 13.1 Abs. 2 und 6); dies gilt hinsichtlich der Verschaffung der Verfügungsmacht auch in den Fällen einer Beförderungs- oder Versendungslieferung nach § 3 Abs. 6 Satz 1 UStG, in denen der Liefergegenstand nach dem Beginn der Beförderung oder Versendung für kurze Zeit in einem Auslieferungs- oder Konsignationslager, welches nicht in den Anwendungsbereich der Konsignationslagerregelung nach § 6b UStG fällt, gelagert wird. [2]Die Anwendbarkeit von § 3 Abs. 6 und 7 UStG setzt dabei voraus, dass tatsächlich eine Lieferung zu Stande gekommen ist.

Anmerkung

Nur ein im **Inland** ausgeführter Umsatz kann steuerbar sein. Dazu muss festgestellt werden, wo sich bei einer Lieferung der Ort der Lieferung befindet.

Hinweis: Anwendung der Finanzverwaltung auch für den Zeitpunkt der Lieferung

Die Finanzverwaltung wendet die Grundsätze auch für die Bestimmung des Zeitpunkts der Lieferung an. Dies ist insbesondere – wie in 2020 – bei Steuersatzänderungen von Bedeutung, wenn es um die Frage geht, zu welchem Steuersatz die Lieferung besteuert werden muss.

Ein Ort der Lieferung kann sich anhand einer Warenbewegung (Beförderung oder Versendung) nur dann ergeben, wenn zum Zeitpunkt des Beginns des Warentransports schon feststeht, wer der Abnehmer ist.

Soweit die Finanzverwaltung in Abschn. 3.12 UStAE auf den **Warentransport in ein Konsignationslager** verweist, wird nur kurz auf die seit dem 1.1.2020 geltende Neuregelung nach § 6b UStG verwiesen. Ausführlich nimmt die Finanzverwaltung in Abschn. 6b.1 UStAE zu der Sonderregelung Stellung.

UStAE 3.13. Lieferort in besonderen Fällen (§ 3 Abs. 8 UStG)

(1) [1]§ 3 Abs. 8 UStG regelt den Ort der Lieferung in den Fällen, in denen der Gegenstand der Lieferung bei der Beförderung oder Versendung aus dem Drittlandsgebiet in das Inland gelangt und der Lieferer oder sein Beauftragter Schuldner der Einfuhrumsatzsteuer ist. [2]Unabhängig von den Lieferkonditionen ist maßgeblich, wer nach den zollrechtlichen Vorschriften Schuldner der Einfuhrumsatzsteuer ist. [3]Abweichend von § 3 Abs. 6 UStG gilt der Ort der Lieferung dieses Gegenstands als im Inland gelegen. [4]Der Ort der Lieferung bestimmt sich auch dann nach § 3 Abs. 8 UStG, wenn der Lieferer Schuldner der Einfuhrumsatzsteuer ist, diese jedoch nach der EUStBV nicht erhoben wird. [5]Die örtliche Zuständigkeit eines Finanzamts für die Umsatzsteuer im Ausland ansässiger Unternehmer richtet sich vorbehaltlich einer abweichenden Zuständigkeitsvereinbarung (§ 27 AO) nach § 21 Abs. 1 Satz 2 AO in Verbindung mit der UStZustV.

(2) [1]Entrichtet der Lieferer die Steuer für die Einfuhr des Gegenstands, wird diese Steuer unter Umständen von einer niedrigeren Bemessungsgrundlage als dem Veräußerungsentgelt erhoben. [2]In diesen Fällen wird durch die Verlagerung des Orts der Lieferung in das Inland erreicht, dass der Umsatz mit der Steuer belastet wird, die für die Lieferung im Inland in Betracht kommt.

Beispiel 1:

[1]Der Unternehmer B in Bern liefert Gegenstände, die er mit eigenem Lkw befördert, an seinen Abnehmer K in Köln. [2]K lässt die Gegenstände in den freien Verkehr überführen und entrichtet dementsprechend die Einfuhrumsatzsteuer (Lieferkondition „unversteuert und unverzollt“).

[3]Ort der Lieferung ist Bern (§ 3 Abs. 6 UStG). [4]K kann die entstandene Einfuhrumsatzsteuer als Vorsteuer abziehen, da die Gegenstände für sein Unternehmen in das Inland eingeführt worden sind.

Beispiel 2:

[1]Wie Beispiel 1, jedoch lässt B die Gegenstände in den freien Verkehr überführen und entrichtet dementsprechend die Einfuhrumsatzsteuer (Lieferkondition „verzollt und versteuert“).

[2]Der Ort der Lieferung gilt als im Inland gelegen (§ 3 Abs. 8 UStG). [3]B hat den Umsatz im Inland zu versteuern. [4]Er ist zum Abzug der Einfuhrumsatzsteuer als Vorsteuer berechtigt, da die Gegenstände für sein Unternehmen eingeführt worden sind.

[3]In den Fällen des Reihengeschäfts kann eine Verlagerung des Lieferorts nach § 3 Abs. 8 UStG nur für die Beförderungs- oder Versendungslieferung in Betracht kommen (vgl. Abschnitt 3.14 Abs. 15 und 16).

(3) § 3 Abs. 8 UStG ist nicht anzuwenden, wenn der Ort für die Lieferung von Erdgas oder Elektrizität nach § 3g UStG zu bestimmen ist (vgl. Abschnitt 3g.1 Abs. 6 Sätze 5 und 6).

Anmerkung

Gelangt ein Gegenstand bei einer Beförderungs- oder Versendungslieferung aus dem Drittlandsgebiet in das Inland, verlagert sich der Ort der Lieferung vom Beginn der Warenbewegung (§ 3 Abs. 6 UStG) in das Inland, wenn der Lieferer oder sein Beauftragter der Schuldner der Einfuhrumsatzsteuer ist, **§ 3 Abs. 8 UStG**. Diese Verlagerung kann sich systematisch nur bei Beförderungs- oder Versendungslieferungen ergeben. Die Regelung steht im Zusammenhang mit dem **Vorsteuerabzug der Einfuhrumsatzsteuer** – nur durch diese Regelung ist systematisch erreicht, dass derjenige, der der Schuldner der Einfuhrumsatzsteuer ist, diese auch dem Grunde nach zum Vorsteuerabzug zulassen kann (vgl. auch Abschn. 15.8 Abs. 4 UStAE).

Hinweis: Neue Regelung zur Einfuhrumsatzsteuer bei Nutzung der zentralen Zollabwicklung beachten

Keinen unmittelbaren Zusammenhang mit der Regelung des § 3 Abs. 8 UStG, aber dennoch zu beachten ist die Neuregelung in § 21b UStG zur Nutzung der zentralen Zollabwicklung. Neu eingeführt wurde zum 1.1.2026 in § 21b UStG eine besondere Regelung, die umsatzsteuerrechtlich eine Sonderregelung des unionsweiten Zollkodex umsetzen soll. Nach Art. 179 UZK können die Zollbehörden einer Person auf Antrag bewilligen, bei der Zollstelle, die für den Ort zuständig ist, an dem die Person ansässig ist, eine Zollanmeldung für Waren abzugeben, die bei einer anderen Zollstelle gestellt werden. Damit können nicht im Inland ansässige Personen in ihren Heimatstaaten eine Zollanmeldung für Waren abgeben, die im Inland eingeführt werden und zu einer steuerbaren Einfuhr nach § 1 Abs. 1 Nr. 4 UStG im Inland führen. Die sich daraus ergebenden nationalen Folgen werden in § 21b UStG geregelt. Insbesondere wird in § 21b Abs. 1 UStG der Ort der Entstehung der EUSt geregelt. Soweit es sich um gestellungspflichtige Gegenstände handelt, entsteht die EUSt am Ort der Gestellung, bei nicht gestellungspflichtigen Gegenständen entsteht die EUSt an dem Ort, an dem sich die Gegenstände zum Zeitpunkt der Annahme der Zollanmeldung durch den anderen Mitgliedstaat im Inland befinden.

UStAE 3.14. Reihengeschäfte

Begriff des Reihengeschäfts (§ 3 Abs. 6a Satz 1 UStG)

(1) [1]Liefergeschäfte im Sinne des § 3 Abs. 6a Satz 1 UStG, die von mehreren Unternehmern über denselben Gegenstand abgeschlossen werden und bei denen dieser Gegenstand im Rahmen einer Beförderung oder Versendung unmittelbar vom ersten Unternehmer (Ort der Lieferung des ersten Unternehmers) an den letzten Abnehmer gelangt, werden nachfolgend als Reihengeschäfte bezeichnet. [2]Ein besonderer Fall des Reihengeschäfts ist das innergemeinschaftliche Dreiecksgeschäft im Sinne des § 25b Abs. 1 UStG (vgl. Abschnitt 25b.1).

(2) [1]Bei Reihengeschäften werden im Rahmen einer Warenbewegung (Beförderung oder Versendung) mehrere Lieferungen ausgeführt, die in Bezug auf den Lieferort und den Lieferzeitpunkt jeweils gesondert betrachtet werden müssen. [2]Die Warenbewegung des Gegenstands ist nur einer der Lieferungen zuzuordnen (§ 3 Abs. 6a Satz 1 UStG). [3]Diese ist die Beförderungs- oder Versendungslieferung (bewegte Lieferung); nur bei ihr kommt die Steuerbefreiung für Ausfuhrlieferungen (§ 6 UStG) oder für innergemeinschaftliche Lieferungen (§ 6a UStG) in Betracht. [4]Bei allen anderen Lieferungen in der Reihe findet keine Warenbewegung statt (ruhende Lieferungen). [5]Sie werden entweder vor oder nach der Beförderungs- oder Versendungslieferung ausgeführt (§ 3 Abs. 7 Satz 2 UStG). [6]Liefergeschäfte, die von mehreren Unternehmern über denselben Gegenstand abgeschlossen werden und bei denen keine Beförderung oder Versendung stattfindet (z. B. Grundstückslieferungen oder Lieferungen, bei denen die Verfügungsmacht durch Vereinbarung eines Besitzkonstituts oder durch Abtretung des Herausgabeanspruchs verschafft wird), können nicht Gegenstand eines Reihengeschäfts sein.

(3) [1]Die Beförderung oder Versendung kann durch einen an einem Reihengeschäft beteiligten Lieferer, Abnehmer oder einen vom Lieferer oder vom Abnehmer beauftragten Dritten durchgeführt werden. [2]Ein Beförderungs- oder Versendungsfall liegt daher auch dann vor, wenn der letzte Abnehmer den Gegenstand der Lieferung selbst abholt oder abholen lässt (Abholfall). [3]Beauftragter Dritter kann z. B. ein Lohn-

veredelungsunternehmer, ein selbständiger Spediteur oder ein Lagerhalter sein, der jeweils nicht unmittelbar in die Liefervorgänge eingebunden ist.

(4) [1]Das unmittelbare Gelangen im Sinne des § 3 Abs. 6a Satz 1 UStG setzt grundsätzlich eine Beförderung oder Versendung durch einen am Reihengeschäft beteiligten Unternehmer voraus; diese Voraussetzung ist bei der Beförderung oder Versendung durch mehrere beteiligte Unternehmer (sog. gebrochene Beförderung oder Versendung) nicht erfüllt. [2]Der Gegenstand der Lieferung gelangt auch dann unmittelbar an den letzten Abnehmer, wenn die Beförderung oder Versendung an einen beauftragten Dritten ausgeführt wird, der nicht unmittelbar in die Liefervorgänge eingebunden ist, vgl. Absatz 3 Satz 3. [3]Im Fall der vorhergehenden Be- oder Verarbeitung des Gegenstands durch einen vom Lieferer beauftragten Dritten ist Gegenstand der Lieferung der be- oder verarbeitete Gegenstand.

Beispiel 1:

[1]Der Unternehmer D 1 in Köln bestellt bei dem Großhändler D 2 in Hamburg eine dort nicht vorrätige Maschine. [2]D 2 gibt die Bestellung an den Hersteller DK in Dänemark weiter. [3]DK befördert die Maschine mit eigenem Lkw unmittelbar nach Köln und übergibt sie dort D 1.

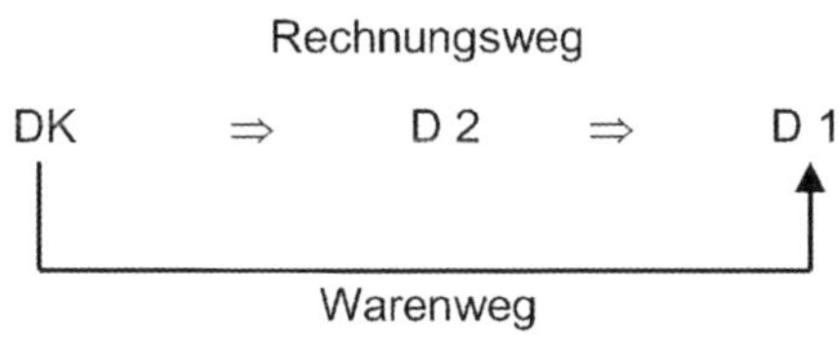

[4]Es liegt ein Reihengeschäft im Sinne des § 3 Abs. 6a Satz 1 UStG vor, da mehrere Unternehmer über dieselbe Maschine Liefergeschäfte abschließen und die Maschine im Rahmen einer Beförderung unmittelbar vom ersten Unternehmer (DK) an den letzten Abnehmer (D 1) gelangt.

Beispiel 2:

[1]Sachverhalt wie Beispiel 1. [2]D 2 weist DK an, die Maschine zur Zwischenlagerung an einen von D 1 benannten Lagerhalter (L) nach Hannover zu befördern.

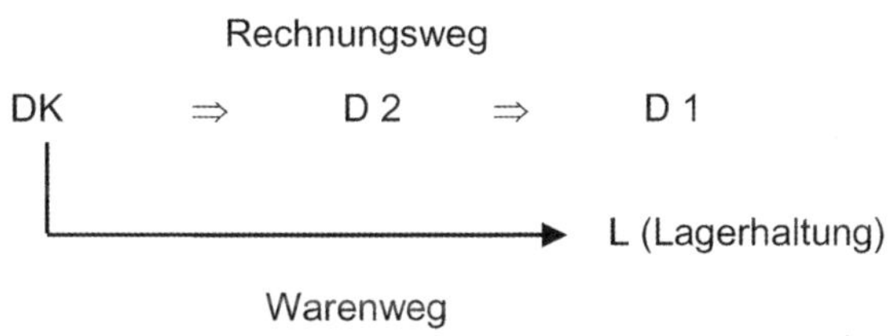

[3]Es liegt wie im Beispiel 1 ein Reihengeschäft im Sinne des § 3 Abs. 6a Satz 1 UStG vor, da mehrere Unternehmer über dieselbe Maschine Liefergeschäfte abschließen und die Maschine unmittelbar vom ersten Unternehmer (DK) an einen vom letzten Abnehmer (D 1) benannten Lagerhalter (L) befördert wird. [4]Mit der auftragsgemäßen Übergabe der Maschine an den Lagerhalter ist die Voraussetzung des unmittelbaren Gelangens an den letzten Abnehmer erfüllt.

Ort der Lieferungen (§ 3 Abs. 6 und Abs. 7 UStG)

(5) [1]Für die in einem Reihengeschäft ausgeführten Lieferungen ergeben sich die Lieferorte sowohl aus § 3 Abs. 6 als auch aus § 3 Abs. 7 UStG. [2]Im Fall der bewegten Lieferung gilt die Lieferung dort als ausgeführt, wo die Beförderung oder Versendung an den Abnehmer oder in dessen Auftrag an einen Dritten beginnt (§ 3 Abs. 6 Satz 1 UStG). [3]In den Fällen der ruhenden Lieferungen ist der Lieferort nach § 3 Abs. 7 Satz 2 UStG zu bestimmen.

(6) [1]Die ruhenden Lieferungen, die der bewegten Lieferung vorangehen, gelten an dem Ort als ausgeführt, an dem die Beförderung oder Versendung des Gegenstands beginnt (§ 3 Abs. 7 Satz 2 Nr. 1 UStG). [2]Die ruhenden Lieferungen, die der bewegten Lieferung nachfolgen, gelten an dem Ort als ausgeführt, an dem die Beförderung oder Versendung des Gegenstands endet (§ 3 Abs. 7 Satz 2 Nr. 2 UStG).

B e i s p i e l :

[1]Der Unternehmer B 1 in Belgien bestellt bei dem ebenfalls in Belgien ansässigen Großhändler B 2 eine dort nicht vorrätige Ware. [2]B 2 gibt die Bestellung an den Großhändler D 1 in Frankfurt weiter. [3]D 1 bestellt die Ware beim Hersteller D 2 in Köln. [4]D 2 befördert die Ware von Köln mit eigenem Lkw unmittelbar nach Belgien und übergibt sie dort B 1.

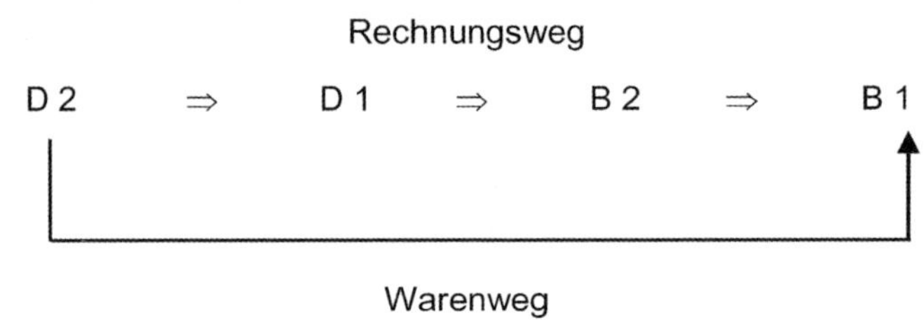

[5]Bei diesem Reihengeschäft werden nacheinander drei Lieferungen (D 2 an D 1, D 1 an B 2 und B 2 an B 1) ausgeführt. [6]Die erste Lieferung D 2 an D 1 ist die Beförderungslieferung. [7]Der Ort der bewegten Lieferung liegt nach § 3 Abs. 6a Satz 2 in Verbindung mit § 3 Abs. 6 Satz 1 UStG in Köln, Deutschland (Beginn der Beförderung). [8]Die zweite Lieferung D 1 an B 2 und die dritte Lieferung B 2 an B 1 sind ruhende Lieferungen. [9]Für diese Lieferungen liegt der Lieferort nach § 3 Abs. 7 Satz 2 Nr. 2 UStG jeweils in Belgien (Ende der Beförderung), da sie der Beförderungslieferung folgen.

T r a n s p o r t v e r a n t w o r t l i c h k e i t i m R e i h e n g e s c h ä f t

(7) [1]Die Zuordnung der Beförderung oder Versendung zu einer der Lieferungen des Reihengeschäfts ist davon abhängig, ob der Gegenstand der Lieferung durch den ersten Unternehmer, den letzten Abnehmer oder einen Zwischenhändler in der Reihe befördert oder versendet wird. [2]Zwischenhändler im Sinne des Satzes 1 ist ein Lieferer innerhalb der Reihe (mit Ausnahme des ersten Lieferers in der Reihe), der den Gegenstand selbst oder auf seine Rechnung durch einen Dritten befördert oder versendet (§ 3 Abs. 6a Satz 4 UStG). [3]Die Zuordnungsentscheidung muss einheitlich für alle Beteiligten getroffen werden. [4]Aus den vorhandenen Aufzeichnungen muss sich eindeutig und leicht nachprüfbar ergeben, wer die Beförderung durchgeführt oder die Versendung veranlasst hat (Transportverantwortlichkeit). [5]Im Fall der Versendung ist dabei auf die Auftragserteilung an den selbständigen Beauftragten abzustellen. [6]Eine von den Sätzen 4 und 5 abweichende Zuordnung ist nur zulässig, wenn der Unternehmer nachweist, dass die Beförderung bzw. die Versendung auf Rechnung eines anderen Unternehmers erfolgt ist und dieser tatsächlich die Gefahr des zufälligen Untergangs des Gegenstands während des Transports getragen hat.

B e s t i m m u n g d e r b e w e g t e n L i e f e r u n g

(8) [1]Wird der Gegenstand der Lieferung durch den ersten Unternehmer in der Reihe befördert oder versendet, ist die Warenbewegung seiner Lieferung zuzuordnen (§ 3 Abs. 6a Satz 2 UStG). [2]Wird der Liefergegenstand durch den letzten Abnehmer befördert oder versendet, ist die Warenbewegung der Lieferung an ihn zuzuordnen (§ 3 Abs. 6a Satz 3 UStG).

B e i s p i e l 1 :

[1]Der Unternehmer SP aus Spanien bestellt eine Maschine bei dem Unternehmer D 1 in Kassel. [2]D 1 bestellt die Maschine seinerseits bei dem Großhändler D 2 in Bielefeld. [3]D 2 wiederum gibt die Bestellung an den Hersteller F in Frankreich weiter. [4]F lässt die Maschine durch einen Beförderungsunternehmer von Frankreich unmittelbar nach Spanien zu SP transportieren.

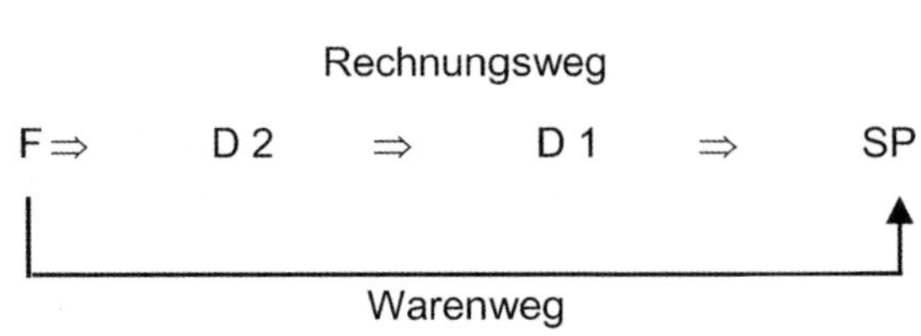

[5]Bei diesem Reihengeschäft werden nacheinander drei Lieferungen (F an D 2, D 2 an D 1 und D 1 an SP) ausgeführt. [6]Die Warenbewegung ist der ersten Lieferung F an D 2 zuzuordnen, da F als erster Unternehmer in der Reihe die Maschine versendet. [7]Der Ort der bewegten Lieferung liegt nach § 3 Abs. 6a Satz 2 in Verbindung mit § 3 Abs. 6 Satz 1 UStG in Frankreich (Beginn der Versendung). [8]Die zweite Lieferung D 2 an D 1 und die dritte Lieferung D 1 an SP sind ruhende Lieferungen. [9]Für diese Lieferungen liegt der Lieferort nach § 3 Abs. 7 Satz 2 Nr. 2 UStG jeweils in Spanien (Ende der Versendung), da sie der Versendungslieferung folgen. [10]D 2 und D 1 müssen sich demnach in Spanien steuerlich registrieren lassen.

Beispiel 2:

[1]Sachverhalt wie Beispiel 1. [2]SP holt die Maschine mit eigenem Lkw bei F in Frankreich ab und transportiert sie unmittelbar nach Spanien.

[3]Bei diesem Reihengeschäft werden nacheinander drei Lieferungen (F an D 2, D 2 an D 1 und D 1 an SP) ausgeführt. [4]Die Warenbewegung ist der dritten Lieferung D 1 an SP zuzuordnen, da SP als letzter Abnehmer in der Reihe die Maschine befördert (Abholfall). [5]Der Ort der bewegten Lieferung liegt nach § 3 Abs. 6a Satz 3 in Verbindung mit § 3 Abs. 6 Satz 1 UStG in Frankreich (Beginn der Beförderung). [6]Die erste Lieferung F an D 2 und die zweite Lieferung D 2 an D 1 sind ruhende Lieferungen. [7]Für diese Lieferungen liegt der Lieferort nach § 3 Abs. 7 Satz 2 Nr. 1 UStG ebenfalls jeweils in Frankreich (Beginn der Beförderung), da sie der Beförderungslieferung vorangehen. [8]D 2 und D 1 müssen sich demnach in Frankreich steuerlich registrieren lassen.

Lieferung durch einen Zwischenhändler

(9) [1]Wird der Gegenstand der Lieferung durch einen Zwischenhändler befördert oder versendet, ist die Warenbewegung grundsätzlich der Lieferung des vorangegangenen Unternehmers zuzuordnen (widerlegbare Vermutung, § 3 Abs. 6a Satz 4 erster Halbsatz UStG). [2]Beschränkt sich die Warenbewegung im Reihengeschäft auf das Inland, kann der Zwischenhändler die Warenbewegung seiner eigenen Lieferung zuordnen, wenn er nachweist, dass er den Gegenstand in seiner Eigenschaft als Lieferer befördert bzw. versendet hat (§ 3 Abs. 6a Satz 4 zweiter Halbsatz UStG). [3]Nachweise im Sinne des Satzes 2 sind z.B. eine Auftragsbestätigung, das Doppel der Rechnung oder andere handelsübliche Belege und Aufzeichnungen, die nachweisen, dass er als Lieferer aufgetreten ist. [4]Der Zwischenhändler kann die Eigenschaft als Lieferer unter Berücksichtigung der Gesamtheit der Umstände des Einzelfalls nachweisen (z.B. anhand Übernahme von Kosten des Transports aufgrund der mit dem Vorlieferanten und seinem Auftraggeber vereinbarten Lieferkonditionen, Mitteilung über den Weiterverkauf vor Beginn der Beförderung oder Versendung usw.). [5]Allein die Mitteilung an den Vorlieferanten über den Weiterverkauf des Liefergegenstands ist hierfür nicht ausreichend (vgl. BFH-Urteil vom 28. 05. 2013 – XI R 11/09, BStBl II 2023 S. 537).

Beispiel 1:

[1]Der Unternehmer D 1 in Köln bestellt bei dem Großhändler D 2 in Hamburg eine dort nicht vorrätige Maschine. [2]D 2 gibt die Bestellung an den Hersteller D 3 in Stuttgart weiter. [3]D 2 befördert die Maschine mit eigenem Lkw unmittelbar von Stuttgart nach Köln und übergibt sie dort D 1. [4]D 2 weist die Eigenschaft als Lieferer unter Berücksichtigung der Gesamtheit der Umstände des Einzelfalls nicht nach.

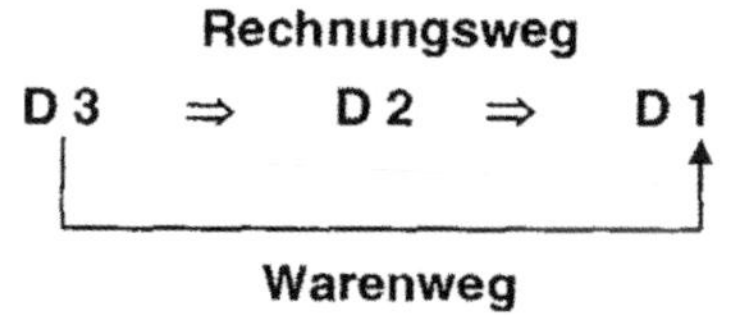

[5]Bei diesem Reihengeschäft werden nacheinander zwei Lieferungen (D 3 an D 2, D 2 an D 1) ausgeführt. [6]Die Warenbewegung ist der ersten Lieferung D 3 an D 2 zuzuordnen, da D 2 als Zwischenhändler die Ware befördert hat und nicht nachgewiesen hat, dass er den Gegenstand in seiner Eigen-

schaft als Lieferer befördert hat (§ 3 Abs. 6a Satz 4 erster Halbsatz UStG). [7]Der Ort der bewegten Lieferung liegt nach § 3 Abs. 6a Satz 4 erster Halbsatz in Verbindung mit § 3 Abs. 6 Sätze 1 und 2 UStG in Stuttgart (Beginn der Beförderung). [8]Die zweite Lieferung D 2 an D 1 ist eine ruhende Lieferung. [9]Für diese Lieferung liegt der Lieferort nach § 3 Abs. 7 Satz 2 Nr. 2 UStG in Köln (Ende der Beförderung), da sie der Beförderungslieferung folgt.

Beispiel 2:

[1]Sachverhalt wie Beispiel 1. [2]D 2 weist die Eigenschaft als Lieferer unter Berücksichtigung der Gesamtheit der Umstände des Einzelfalls nach.

[3]Bei diesem Reihengeschäft werden nacheinander zwei Lieferungen (D 3 an D 2, D 2 an D 1) ausgeführt. [4]Die Warenbewegung ist der zweiten Lieferung D 2 an D 1 zuzuordnen, da D 2 als Zwischenhändler die Ware befördert hat und nachgewiesen hat, dass er den Gegenstand in seiner Eigenschaft als Lieferer befördert hat (§ 3 Abs. 6a Satz 4 zweiter Halbsatz UStG). [5]Der Ort der bewegten Lieferung liegt nach § 3 Abs. 6a Satz 4 zweiter Halbsatz in Verbindung mit § 3 Abs. 6 Sätze 1 und 2 UStG in Stuttgart (Beginn der Beförderung). [6]Die erste Lieferung D 3 an D 2 ist eine ruhende Lieferung. [7]Für diese Lieferung liegt der Lieferort nach § 3 Abs. 7 Satz 2 Nr. 1 UStG in Stuttgart (Beginn der Beförderung), da sie der Beförderungslieferung vorangeht.

(10) [1]Gelangt der Gegenstand der Lieferung im Rahmen eines Reihengeschäftes aus dem Gebiet eines Mitgliedstaats in das Gebiet eines anderen Mitgliedstaats, gilt der Nachweis, dass der Zwischenhändler den Gegenstand als Lieferer befördert oder versendet hat, nur dann als erbracht, wenn der Zwischenhändler gegenüber dem leistenden Unternehmer bis zum Beginn der Beförderung oder Versendung eine USt-IdNr., die ihm vom Mitgliedstaat des Beginns der Beförderung oder Versendung erteilt wurde, verwendet (§ 3 Abs. 6a Satz 5 UStG). [2]Der Begriff „Verwendung“ einer USt-IdNr. setzt ein positives Tun des mittleren Unternehmers voraus. [3]Da es sich dabei um die Verwirklichung des Sachverhalts handelt (Auftreten als Lieferer), bleiben spätere Änderungen bei der Verwendung der USt-IdNr. ohne Auswirkung. [4]Verwendet der mittlere Unternehmer seine ihm vom Abgangsstaat erteilte USt-IdNr., muss dies in der Regel bereits bei Vertragsabschluss, spätestens jedoch bei Ausführung der Lieferung erfolgen. [5]Die verwendete USt-IdNr. soll in dem jeweiligen Auftragsdokument schriftlich festgehalten werden. [6]Bei mündlicher Erteilung eines Auftrags muss die rechtzeitige Verwendung der USt-IdNr. vom mittleren Unternehmer dokumentiert werden. [7]Es reicht ebenfalls aus, wenn der mittlere Unternehmer dokumentiert, dass er gegenüber seinem leistenden Unternehmer erklärt hat, die ihm vom Abgangsstaat erteilte USt-IdNr. für alle künftigen Lieferungen verwenden zu wollen. [8]Eine in einem Dokument lediglich formularmäßig eingedruckte USt-IdNr. reicht nicht aus. [9]Ein positives Tun des Zwischenhändlers liegt auch dann vor, wenn dessen Leistungsempfänger (Erwerber) die Erklärung über die Unternehmereigenschaft und den unternehmerischen Bezug objektiv nachvollziehbar vorgenommen hat und der Leistungsbezug vom Leistungsempfänger in zutreffender Weise erklärt worden ist, der Zwischenhändler seinen Meldepflichten nach § 18a UStG nachgekommen ist und die Rechnung über die Leistung einen Hinweis auf die USt-IdNr. des Leistungsempfängers, die nach § 18a Abs. 7 UStG in der Zusammenfassenden Meldung angegeben wurde, enthält.

Beispiel 1:

[1]Der Unternehmer D 1 in Köln bestellt bei dem Großhändler D 2 in Hamburg eine dort nicht vorrätige Maschine. [2]D 2 gibt die Bestellung an den Hersteller DK in Dänemark weiter. [3]D 2 befördert die Maschine mit eigenem Lkw unmittelbar von Dänemark nach Köln und übergibt sie dort D 1.[4]Alle Beteiligten treten unter Verwendung der USt-IdNr. ihres Landes auf.

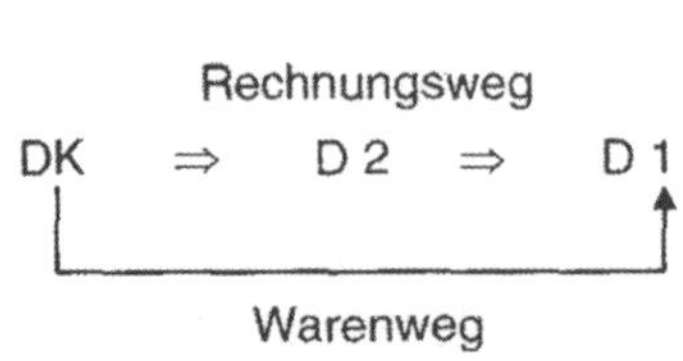

[5]Bei diesem Reihengeschäft werden nacheinander zwei Lieferungen (DK an D 2, D 2 an D 1) ausgeführt. [6]Die Warenbewegung ist der ersten Lieferung DK an D 2 zuzuordnen, da D 2 als Zwischen-

händler eine deutsche USt-IdNr. verwendet hat. [7]Dies ist keine vom Mitgliedstaat des Beginns der Beförderung (Dänemark) erteilte USt-IdNr. (§ 3 Abs. 6a Satz 4 erster Halbsatz UStG). [8]Der Ort der bewegten Lieferung liegt nach § 3 Abs. 6a Satz 4 erster Halbsatz in Verbindung mit § 3 Abs. 6 Sätze 1 und 2 UStG in Dänemark (Beginn der Beförderung). [9]Die zweite Lieferung D 2 an D 1 ist eine ruhende Lieferung. [10]Für diese Lieferung liegt der Lieferort nach § 3 Abs. 7 Satz 2 Nr. 2 UStG in Deutschland (Ende der Beförderung), da sie der Beförderungslieferung folgt.

Beispiel 2:

[1]Sachverhalt wie Beispiel 1. [2]Der Zwischenhändler (D 2) verwendet bis zum Beginn der Beförderung die ihm von der dänischen Finanzverwaltung erteilte USt-IdNr. gegenüber dem leistenden Unternehmer DK.

[3]Bei diesem Reihengeschäft werden nacheinander zwei Lieferungen (DK an D 2, D 2 an D 1) ausgeführt. [4]Die Warenbewegung ist der zweiten Lieferung D 2 an D 1 zuzuordnen, da D 2 als Zwischenhändler bis zum Beginn der Beförderung seine dänische USt-IdNr. gegenüber seinem leistenden Unternehmer DK verwendet hat. [5]Dies ist eine vom Mitgliedstaat des Beginns der Beförderung (Dänemark) erteilte USt-IdNr. (§ 3 Abs. 6a Satz 4 zweiter Halbsatz in Verbindung mit Satz 5 UStG). [6]Der Ort der bewegten Lieferung liegt nach § 3 Abs. 6a Satz 4 zweiter Halbsatz, Satz 5 in Verbindung mit § 3 Abs. 6 Sätze 1 und 2 UStG in Dänemark (Beginn der Beförderung). [7]Die erste Lieferung DK an D 2 ist eine ruhende Lieferung. [8]Für diese Lieferung liegt der Lieferort nach § 3 Abs. 7 Satz 2 Nr. 1 UStG in Dänemark (Beginn der Beförderung), da sie der Beförderungslieferung vorangeht.

Beispiel 3:

[1]Der Unternehmer DK aus Dänemark bestellt bei dem Großhändler D 2 in Hamburg eine dort nicht vorrätige Maschine. [2]D 2 gibt die Bestellung an den Hersteller D 1 in Köln weiter. [3]D 2 befördert unter Verwendung seiner deutschen USt-IdNr. die Maschine mit eigenem Lkw unmittelbar von Köln nach Dänemark und übergibt sie dort DK. [4]DK tritt unter Verwendung der USt-IdNr. seines Landes auf.

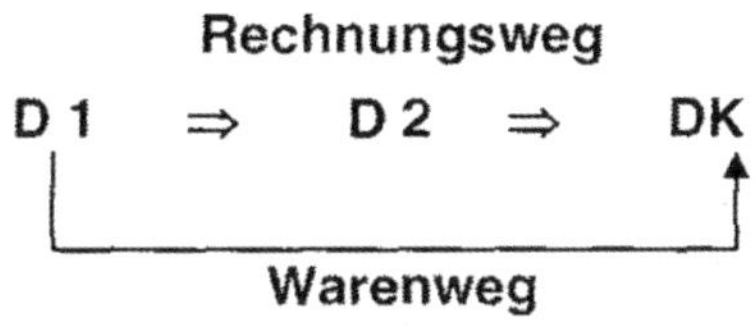

[5]Bei diesem Reihengeschäft werden nacheinander zwei Lieferungen (D 1 an D 2, D 2 an DK) ausgeführt. [6]Die Warenbewegung ist der zweiten Lieferung D 2 an DK zuzuordnen, da D 2 als Zwischenhändler den Transport veranlasst und er bis zum Beginn der Beförderung seine deutsche USt-IdNr. gegenüber seinem leistenden Unternehmer D 1 verwendet hat. [7]Dies ist eine vom Mitgliedstaat des Beginns der Beförderung (Deutschland) erteilte USt-IdNr. (§ 3 Abs. 6a Satz 4 zweiter Halbsatz in Verbindung mit Satz 5 UStG). [8]Der Ort der bewegten Lieferung liegt nach § 3 Abs. 6a Satz 4 zweiter Halbsatz, Satz 5 in Verbindung mit § 3 Abs. 6 Sätze 1 und 2 UStG in Köln (Beginn der Beförderung). [9]Diese Lieferung an DK ist unter den weiteren Voraussetzungen als innergemeinschaftliche Lieferung umsatzsteuerfrei. [10]Die erste Lieferung D 1 an D 2 ist eine ruhende Lieferung. [11]Für diese Lieferung liegt der Lieferort nach § 3 Abs. 7 Satz 2 Nr. 1 UStG in Deutschland (Beginn der Beförderung), da sie der Beförderungslieferung vorangeht.

(11) [1]Gelangt der Gegenstand der Lieferung in das Drittlandsgebiet, gilt der Nachweis, dass der Zwischenhändler den Gegenstand als Lieferer befördert oder versendet hat, nur dann als erbracht, wenn er gegenüber dem leistenden Unternehmer bis zum Beginn der Beförderung oder Versendung eine USt-IdNr. oder Steuernummer verwendet, die ihm vom Mitgliedstaat des Beginns der Beförderung oder Versendung erteilt worden ist (§ 3 Abs. 6a Satz 6 UStG). [2]Zum Begriff der Verwendung vgl. Abschnitt 3.14 Abs. 10 Sätze 2 bis 8. [3]Gelangt der Gegenstand der Lieferung vom Drittlandsgebiet in das Gemeinschaftsgebiet, gilt der Nachweis, dass der Zwischenhändler den Gegenstand als Lieferer befördert oder versendet hat, nur dann als erbracht, wenn der Gegenstand der Lieferung in seinem Namen oder im Rahmen

der indirekten Stellvertretung (Artikel 18 UZK) für seine Rechnung zum zoll- und umsatzsteuerrechtlich freien Verkehr angemeldet wird (§ 3 Abs. 6a Satz 7 UStG).

Auf das Inland beschränkte Warenbewegungen

(12) [1]Die Grundsätze der Absätze 1 bis 9 finden auch bei Reihengeschäften Anwendung, bei denen keine grenzüberschreitende Warenbewegung stattfindet. [2]Ist an solchen Reihengeschäften ein in einem anderen Mitgliedstaat oder im Drittland ansässiger Unternehmer beteiligt, muss er sich wegen der im Inland steuerbaren Lieferung stets im Inland steuerlich registrieren lassen. [3]Die Verwendung der ausländischen USt-IdNr. führt nicht zu einer Änderung hinsichtlich des Lieferorts, der Steuerpflicht und der Zuordnung der Warenbewegung, wenn ruhende Lieferungen vorliegen oder keine grenzüberschreitende Warenbewegung stattfindet.

Beispiel:

[1]Der Unternehmer D 1 aus Essen bestellt eine Maschine bei dem Unternehmer B in Belgien. [2]B bestellt die Maschine seinerseits bei dem Großhändler D 2 in Bielefeld. [3]D 2 lässt die Maschine durch einen Beförderungsunternehmer von Bielefeld unmittelbar nach Essen zu D 1 transportieren. [4]Alle Beteiligten treten unter Verwendung der USt-IdNr. ihres Landes auf.

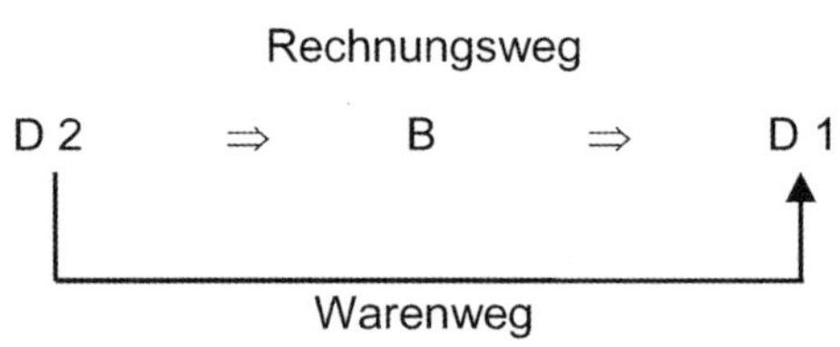

[5]Bei diesem Reihengeschäft werden nacheinander zwei Lieferungen (D 2 an B und B an D 1) ausgeführt. [6]Die Warenbewegung ist der ersten Lieferung D 2 an B zuzuordnen, da D 2 als erster Unternehmer in der Reihe die Maschine versendet.

[7]Der Ort der bewegten Lieferung liegt nach § 3 Abs. 6a Satz 2 in Verbindung mit § 3 Abs. 6 Sätze 1, 3 und 4 UStG in Bielefeld (Beginn der Versendung). [8]Die zweite Lieferung B an D 1 ist eine ruhende Lieferung. [9]Für diese Lieferung liegt der Lieferort nach § 3 Abs. 7 Satz 2 Nr. 2 UStG in Essen (Ende der Versendung), da sie der Versendungslieferung folgt. [10]B muss sich in Deutschland bei dem zuständigen Finanzamt registrieren lassen und seine Lieferung zur Umsatzbesteuerung erklären. [11]Auch die Verwendung der belgischen USt-IdNr. des B führt zu keiner abweichenden Beurteilung.

Innergemeinschaftliche Lieferung und innergemeinschaftlicher Erwerb

(13) [1]Im Rahmen eines Reihengeschäfts, bei dem die Warenbewegung im Inland beginnt und im Gebiet eines anderen Mitgliedstaats endet, kann mit der Beförderung oder Versendung des Liefergegenstands in das übrige Gemeinschaftsgebiet nur eine innergemeinschaftliche Lieferung im Sinne des § 6a UStG bewirkt werden. [2]Die Steuerbefreiung nach § 4 Nr. 1 Buchstabe b UStG kommt demnach nur bei der Beförderungs- oder Versendungslieferung zur Anwendung. [3]Beginnt die Warenbewegung in einem anderen Mitgliedstaat und endet sie im Inland, ist von den beteiligten Unternehmern nur derjenige Erwerber im Sinne des § 1a UStG, an den die Beförderungs- oder Versendungslieferung ausgeführt wird.

Beispiel 1:

[1]Der Unternehmer B 1 in Belgien bestellt bei dem ebenfalls in Belgien ansässigen Großhändler B 2 eine dort nicht vorrätige Ware. [2]B 2 gibt die Bestellung an den Großhändler D 1 in Frankfurt weiter. [3]D 1 bestellt die Ware beim Hersteller D 2 in Köln. [4]Alle Beteiligten treten unter der USt-IdNr. ihres Landes auf. [5]D 2 befördert die Ware von Köln mit eigenem Lkw unmittelbar nach Belgien und übergibt sie dort B 1.

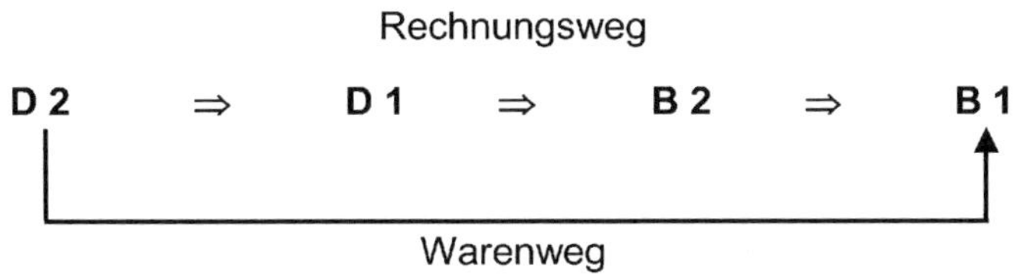

[6]Es werden nacheinander drei Lieferungen (D 2 an D 1, D 1 an B 2 und B 2 an B 1) ausgeführt. [7]Die erste Lieferung D 2 an D 1 ist die Beförderungslieferung. [8]Der Ort der bewegten Lieferung liegt nach § 3 Abs. 6a Satz 2 in Verbindung mit § 3 Abs. 6 Sätze 1 und 2 UStG in Deutschland (Beginn der Beförderung). [9]Die Lieferung ist im Inland steuerbar und steuerpflichtig, da D 1 ebenfalls mit deutscher USt-IdNr. auftritt. [10]Der Erwerb der Ware unterliegt bei D 1 der Besteuerung des innergemeinschaftlichen Erwerbs in Belgien, weil die Warenbewegung dort endet (§ 3d Satz 1 UStG). [11]Solange D 1 eine Besteuerung des innergemeinschaftlichen Erwerbs in Belgien nicht nachweisen kann, hat er einen innergemeinschaftlichen Erwerb in Deutschland zu besteuern (§ 3d Satz 2 UStG). [12]Die zweite Lieferung D 1 an B 2 und die dritte Lieferung B 2 an B 1 sind ruhende Lieferungen. [13]Für diese Lieferungen liegt der Lieferort nach § 3 Abs. 7 Satz 2 Nr. 2 UStG jeweils in Belgien (Ende der Beförderung), da sie der Beförderungslieferung folgen. [14]Beide Lieferungen sind nach belgischem Recht zu beurteilen. [15]D 1 muss sich in Belgien umsatzsteuerlich registrieren lassen.

[16]Würde D 1 mit belgischer USt-IdNr. auftreten, wäre die Lieferung des D 2 an D 1 als innergemeinschaftliche Lieferung steuerfrei, wenn D 2 die Voraussetzungen hierfür nachweist.

Beispiel 2:

[1]Sachverhalt wie Beispiel 1. [2]D 1 befördert die Ware von Köln mit eigenem Lkw unmittelbar nach Belgien und übergibt sie dort B 1.

[3]Es werden nacheinander drei Lieferungen (D 2 an D 1, D 1 an B 2 und B 2 an B 1) ausgeführt. [4]Die Warenbewegung ist der zweiten Lieferung D 1 an B 2 zuzuordnen, da D 1 gegenüber seinem leistenden Unternehmer D 2 bis zum Beginn der Beförderung seine deutsche USt-IdNr. verwendet hat (§ 3 Abs. 6a Satz 4 zweiter Halbsatz in Verbindung mit Satz 5 UStG). [5]Dies ist eine vom Mitgliedstaat des Beginns der Beförderung (Deutschland) erteilte USt-IdNr. [6]Der Ort der Beförderungslieferung liegt nach § 3 Abs. 6 Sätze 1 und 2 UStG in Köln (Beginn der Beförderung). [7]Die bewegte Lieferung ist steuerbar und bei Vorliegen der Voraussetzungen nach § 4 Nr. 1 Buchstabe b in Verbindung mit § 6a UStG als innergemeinschaftliche Lieferung steuerfrei. [8]Der Erwerb der Ware unterliegt bei B 2 der Besteuerung des innergemeinschaftlichen Erwerbs in Belgien, weil die Warenbewegung dort endet (§ 3d Satz 1 UStG). [9]Der Ort der ruhenden Lieferung von D 2 an D 1 liegt nach § 3 Abs. 7 Satz 2 Nr. 1 UStG in Köln (Beginn der Beförderung), da sie der Beförderungslieferung vorangeht. [10]Die Lieferung ist folglich steuerbar und steuerpflichtig. [11]Der Lieferort der ruhenden Lieferung von B 2 an B 1 liegt nach § 3 Abs. 7 Satz 2 Nr. 2 UStG in Belgien (Ende der Beförderung), da sie der Beförderungslieferung folgt.

Beispiel 3:

[1]Sachverhalt wie Beispiel 1. [2]B 2 befördert die Ware von Köln mit eigenem Lkw unmittelbar nach Belgien und übergibt sie dort B 1.

[3]Es werden nacheinander drei Lieferungen (D 2 an D 1, D 1 an B 2 und B 2 an B 1) ausgeführt. [4]Die Warenbewegung ist nach der Vermutungsregelung des § 3 Abs. 6a Satz 4 erster Halbsatz UStG der zweiten Lieferung von D 1 an B 2 zuzuordnen. [5]Eine Zuordnung der Warenbewegung zur dritten Lieferung von B 2 an B 1 kommt nicht in Betracht, da B 2 gegenüber seinem leistenden Unternehmer D 1 bis zum Beginn der Beförderung seine belgische USt-IdNr. verwendet hat und diese nicht die USt-IdNr. ist, die B 2 vom Mitgliedstaat des Beginns der Beförderung (Deutschland) erteilt wurde (§ 3 Abs. 6a Satz 4 zweiter Halbsatz in Verbindung mit Satz 5 UStG). [6]Die Beurteilung entspricht daher der von Beispiel 2.

Beispiel 4:

[1]Sachverhalt wie Beispiel 1. [2]B 2 tritt mit einer deutschen USt-IdNr. auf; alle anderen Beteiligten treten unter der USt-IdNr. ihres Landes auf.

[3]B 2 befördert die Ware von Köln mit eigenem Lkw unmittelbar nach Belgien, übergibt sie dort B 1 und hat gegenüber D 1 vor Beginn der Beförderung seine deutsche USt-IdNr. verwendet.

[4]Die gesetzliche Vermutung des § 3 Abs. 6a Satz 4 erster Halbsatz UStG ist widerlegt. [5]B 2 tritt durch die Verwendung der vom Mitgliedstaat des Beginns der Beförderung (Deutschland) erteilten USt-IdNr. nicht in seiner Eigenschaft als Abnehmer der Vorlieferung, sondern als Lieferer auf; die Warenbewegung ist der dritten Lieferung (B 2 an B 1) zuzuordnen (§ 3 Abs. 6a Satz 5 UStG). [6]Der Ort der bewegten Lieferung liegt nach § 3 Abs. 6a Satz 4 zweiter Halbsatz, Satz 5 in Verbindung mit Abs. 6 Sätze 1 und 2 UStG in Deutschland (Beginn der Beförderung). [7]Die Lieferung ist bei Nachweis der Voraussetzungen nach § 4 Nr. 1 Buchstabe b in Verbindung mit § 6a UStG als innergemeinschaftliche Lieferung steuerfrei. [8]Der Erwerb der Ware unterliegt bei B 1 der Besteuerung des innergemeinschaftlichen Erwerbs in Belgien, weil die Warenbewegung dort endet (§ 3d Satz 1 UStG). [9]Die erste Lieferung D 2 an D 1 und die zweite Lieferung D 1 an B 2 sind ruhende Lieferungen. [10]Der Lieferort für diese Lieferungen liegt nach § 3 Abs. 7 Satz 2 Nr. 1 UStG jeweils in Deutschland (Beginn der Beförderung), da sie der Beförderungslieferung vorangehen. [11]Sie sind in Deutschland steuerbar und steuerpflichtig.

Beispiel 5:

[1]Sachverhalt wie Beispiel 1. [2]B 1 holt die Ware bei D 2 in Köln ab und befördert sie von dort mit eigenem Lkw nach Belgien.

[3]Die Warenbewegung ist in diesem Fall der dritten Lieferung (B 2 an B 1) zuzuordnen, da der letzte Abnehmer die Ware selbst befördert (Abholfall). [4]Diese Lieferung ist die Beförderungslieferung. [5]Der Ort der bewegten Lieferung liegt nach § 3 Abs. 6a Satz 3 in Verbindung mit § 3 Abs. 6 Sätze 1 und 2 UStG in Deutschland (Beginn der Beförderung). [6]Die Lieferung des B 2 ist bei Nachweis der Voraussetzungen des § 6a UStG als innergemeinschaftliche Lieferung nach § 4 Nr. 1 Buchstabe b UStG steuerfrei. [7]Der Erwerb der Ware unterliegt bei B 1 der Besteuerung des innergemeinschaftlichen Erwerbs in Belgien, weil die innergemeinschaftliche Warenbewegung dort endet (§ 3d Satz 1 UStG). [8]Die erste Lieferung D 2 an D 1 und die zweite Lieferung D 1 an B 2 sind ruhende Lieferungen. [9]Für diese Lieferungen liegt der Lieferort nach § 3 Abs. 7 Satz 2 Nr. 1 UStG jeweils in Deutschland (Beginn der Beförderung), da sie der Beförderungslieferung vorangehen. [10]Beide Lieferungen sind steuerbare und steuerpflichtige Lieferungen in Deutschland. [11]D 2, D 1 und B 2 müssen ihre Lieferungen zur Umsatzbesteuerung erklären.

Warenbewegungen im Verhältnis zum Drittland

(14) [1]Im Rahmen eines Reihengeschäfts, bei dem die Warenbewegung im Inland beginnt und im Drittlandsgebiet endet, kann mit der Beförderung oder Versendung des Liefergegenstands in das Drittlandsgebiet nur eine Ausfuhrlieferung im Sinne des § 6 UStG bewirkt werden. [2]Die Steuerbefreiung nach § 4 Nr. 1 Buchstabe a UStG kommt demnach nur bei der Beförderungs- oder Versendungslieferung zur Anwendung.

Beispiel 1:

[1]Der türkische Unternehmer T bestellt eine Werkzeugmaschine bei dem Unternehmer S aus der Schweiz. [2]S bestellt die Maschine bei D 1 in Frankfurt, der die Bestellung an den Hersteller D 2 in Stuttgart weitergibt. [3]S holt die Maschine in Stuttgart ab und befördert sie mit eigenem Lkw unmittelbar in die Türkei und übergibt sie dort T; S verwendet gegenüber D 1 vor Beginn der Beförderung weder eine deutsche USt-IdNr. noch eine deutsche Steuernummer.

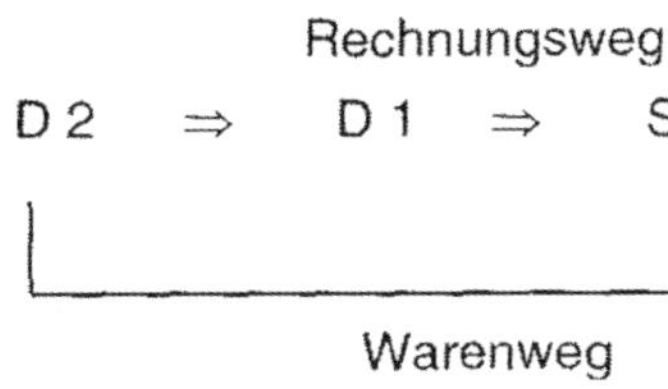

[4]Bei diesem Reihengeschäft werden drei Lieferungen (D 2 an D 1, D 1 an S und S an T) ausgeführt. [5]Die Warenbewegung ist nach § 3 Abs. 6a Sätze 1 und 4 erster Halbsatz UStG der zweiten Lieferung D 1 an S zuzuordnen, da S als Zwischenhändler in seiner Eigenschaft als Abnehmer der Vorlieferung auftritt; S hat die gesetzliche Vermutung des § 3 Abs. 6a Satz 4 erster Halbsatz UStG nicht durch Verwendung einer vom Mitgliedstaat des Beginns der Beförderung (Deutschland) erteilten USt-IdNr. oder Steuernummer widerlegt (§ 3 Abs. 6a Satz 6 UStG). [6]Ort der Beförderungslieferung ist nach § 3 Abs. 6a Satz 4 erster Halbsatz in Verbindung mit § 3 Abs. 6 Sätze 1 und 2 UStG Stuttgart (Beginn der Beförderung). [7]Die Lieferung ist bei Nachweis der Voraussetzungen des § 6 UStG als Ausfuhrlieferung nach § 4 Nr. 1 Buchstabe a UStG steuerfrei. [8]Die erste Lieferung D 2 an D 1 und die dritte Lieferung S an T sind ruhende Lieferungen. [9]Der Lieferort für die erste Lieferung liegt nach § 3 Abs. 7 Satz 2 Nr. 1 UStG in Deutschland (Beginn der Beförderung), da sie der Beförderungslieferung vorangeht. [10]Sie ist eine steuerbare und steuerpflichtige Lieferung in Deutschland. [11]Die Steuerbefreiung für Ausfuhrlieferungen kommt bei ruhenden Lieferungen nicht in Betracht. [12]Der Lieferort für die dritte Lieferung liegt nach § 3 Abs. 7 Satz 2 Nr. 2 UStG in der Türkei (Ende der Beförderung), da sie der Beförderungslieferung folgt.

Beispiel 2:

[1]Sachverhalt wie Beispiel 1. [2]S holt die Maschine in Stuttgart ab, befördert sie mit eigenem Lkw unmittelbar in die Türkei und übergibt sie dort T. [3]S hat gegenüber D 1 vor Beginn der Beförderung seine deutsche USt-IdNr. verwendet.

[4]Es werden nacheinander drei Lieferungen (D 2 an D 1, D 1 an S und S an T) ausgeführt. [5]Die Warenbewegung ist der dritten Lieferung S an T zuzuordnen, da S als Zwischenhändler die Ware befördert und gegenüber D 1 vor Beginn der Beförderung seine deutsche USt-IdNr. verwendet hat (§ 3 Abs. 6a Satz 4 zweiter Halbsatz in Verbindung mit Satz 6 UStG). [6]Der Ort der Beförderungslieferung liegt nach § 3 Abs. 6 Sätze 1 und 2 UStG in Stuttgart (Beginn der Beförderung). [7]Die bewegte Lieferung ist steuerbar und bei Vorliegen der Voraussetzungen nach § 4 Nr. 1 Buchstabe a in Verbindung mit § 6 UStG als Ausfuhrlieferung steuerfrei. [8]Der Ort der ruhenden Lieferungen von D 2 an D 1 und D 1 an S liegt nach § 3 Abs. 7 Satz 2 Nr. 1 UStG in Stuttgart (Beginn der Beförderung), da sie der Beförderungslieferung vorangehen. [9]Die Lieferungen sind folglich steuerbar und steuerpflichtig.

Beispiel 3:

[1]Sachverhalt wie Beispiel 1. [2]T holt die Maschine selbst bei D 2 in Stuttgart ab und befördert sie mit eigenem Lkw in die Türkei.

[3]Die Warenbewegung ist der dritten Lieferung (S an T) zuzuordnen (§ 3 Abs. 6a Satz 3 UStG). [4]Ort der Beförderungslieferung ist nach § 3 Abs. 6a Satz 3 in Verbindung mit § 3 Abs. 6 Sätze 1 und 2 UStG Stuttgart (Beginn der Beförderung). [5]Die Lieferung ist bei Nachweis der Voraussetzungen des § 6 UStG als Ausfuhrlieferung nach § 4 Nr. 1 Buchstabe a UStG steuerfrei. [6]Die erste Lieferung (D 2 an D 1) und die zweite Lieferung (D 1 an S) sind als ruhende Lieferungen jeweils in Deutschland steuerbar und steuerpflichtig, da sie der Beförderungslieferung vorangehen (§ 3 Abs. 7 Satz 2 Nr. 1 UStG). [7]S muss seine Lieferung beim zuständigen Finanzamt in Deutschland zur Umsatzbesteuerung erklären.

Beispiel 4:

[1]Sachverhalt wie Beispiel 1. [2]D 1 holt die Maschine in Stuttgart ab, befördert sie mit eigenem Lkw unmittelbar in die Türkei und übergibt sie dort T. [3]D 1 hat gegenüber D 2 vor Beginn der Beförderung seine deutsche USt-IdNr. verwendet.

[4]Es werden nacheinander drei Lieferungen (D 2 an D 1, D 1 an S und S an T) ausgeführt. [5]Die Warenbewegung ist der zweiten Lieferung D 1 an S zuzuordnen, da D 1 gegenüber seinem leistenden Unternehmer D 2 bis zum Beginn der Beförderung seine deutsche USt-IdNr. verwendet hat (§ 3 Abs. 6 a Satz 4 zweiter Halbsatz in Verbindung mit Satz 6 UStG). [6]Dies ist eine vom Mitgliedstaat des Beginns der Beförderung (Deutschland) erteilte USt-IdNr. [7]Der Ort der Beförderungslieferung liegt nach § 3 Abs. 6 Sätze 1 und 2 UStG in Stuttgart (Beginn der Beförderung). [8]Die Lieferung ist steuerbar und bei Vorliegen der Voraussetzungen nach § 4 Nr. 1 Buchstabe a in Verbindung mit § 6 UStG als Ausfuhrlieferung steuerfrei. [9]Der Ort der ruhenden Lieferung von D 2 an D 1 liegt nach § 3 Abs. 7 Satz 2 Nr. 1 UStG in Stuttgart (Beginn der Beförderung), da sie der Beförderungslieferung vorangeht. [10]Die Lieferung ist folglich steuerbar und steuerpflichtig. [11]Der Lieferort der ruhenden Lieferung von S an T liegt nach § 3 Abs. 7 Satz 2 Nr. 2 UStG in der Türkei (Ende der Beförderung), da sie der Beförderungslieferung folgt.

(15) [1]Gelangt im Rahmen eines Reihengeschäfts der Gegenstand der Lieferungen aus dem Drittlandsgebiet in das Inland, kann eine Verlagerung des Lieferorts nach § 3 Abs. 8 UStG nur für die Beförderungs- oder Versendungslieferung in Betracht kommen. [2]Dazu muss derjenige Unternehmer, dessen Lieferung im Rahmen des Reihengeschäfts die Warenbewegung zuzuordnen ist, oder sein Beauftragter zugleich auch Schuldner der Einfuhrumsatzsteuer sein.

Beispiel 1:

[1]Der in Belgien ansässige Unternehmer B bestellt bei dem in Deutschland ansässigen Unternehmer D Waren, die D bei S aus der Schweiz bestellt. [2]Die Waren werden in Deutschland im Namen des Zwischenhändlers D zum zoll- und steuerrechtlich freien Verkehr überlassen. [3]D beauftragt einen Spediteur mit dem Transport der Ware von der Schweiz nach Belgien.

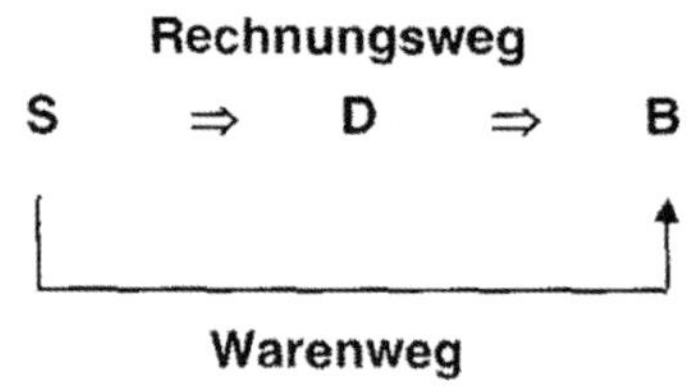

[4]Bei diesem Reihengeschäft werden zwei Lieferungen (S an D und D an B) ausgeführt. [5]Die Warenbewegung ist nach § 3 Abs. 6 a Satz 4 zweiter Halbsatz in Verbindung mit Satz 7 UStG der zweiten Lieferung D an B zuzuordnen, da auf Grund der Beauftragung des Spediteurs der Zwischenhändler D die Ware befördert und der Zwischenhändler D diese Beförderung durch die Anmeldung der Waren im Namen des Zwischenhändlers D zum zoll- und steuerrechtlich freien Verkehr nachweisen kann. [6]Die Vermutung des § 3 Abs. 6 a Satz 4 erster Halbsatz UStG gilt somit als widerlegt, so dass D im Rahmen des Reihengeschäfts nicht als Abnehmer, sondern als Lieferer auftritt. [7]Lieferort der (bewegten) Lieferung des D an B ist nach § 3 Abs. 8 UStG Deutschland, da D als Lieferer der Versendungslieferung zugleich Schuldner der Einfuhrumsatzsteuer ist. [8]Seine Lieferung an B ist unter den weiteren Voraussetzungen nach § 4 Nr. 1 Buchstabe b in Verbindung mit § 6 a UStG als innergemeinschaftliche Lieferung umsatzsteuerfrei.

Beispiel 2:

[1]Sachverhalt wie Beispiel 1. [2]Die Waren werden in Deutschland im Namen des Abnehmers B zum zoll- und steuerrechtlichen freien Verkehr überlassen. [3]B beauftragt einen Spediteur mit dem Transport der Ware von der Schweiz nach Belgien.

[4]Bei diesem Reihengeschäft werden zwei Lieferungen (S an D und D an B) ausgeführt. [5]Die Warenbewegung ist nach § 3 Abs. 6 a Satz 3 UStG der Lieferung von D an B zuzuordnen. [6]§ 3 Abs. 8 UStG kommt nicht zur Anwendung, weil D als Lieferer nicht Schuldner der Einfuhrumsatzsteuer ist. [7]Die bewegte Lieferung des D ist wegen § 3 Abs. 6 Satz 1 UStG in Deutschland nicht steuerbar. [8]B verwirklicht mit der Einfuhr in Deutschland und dem Innehaben der umsatzsteuerlichen Verfügungsmacht bis zur Beendigung der Versendung in Belgien ein in Deutschland mit der Einfuhr beginnen-

des innergemeinschaftliches Verbringen nach § 3 Abs. 1a UStG. [9]Dieses Verbringen ist einer Lieferung gegen Entgelt gleichgestellt und unter den weiteren Voraussetzungen des § 4 Nr. 1 Buchstabe b in Verbindung mit § 6a UStG steuerbefreit (§ 6a Abs. 2 UStG). [10]Folglich ist B aufgrund des Verbringenstatbestandes verpflichtet, sich in Deutschland für umsatzsteuerliche Zwecke registrieren zu lassen. [11]Die etwaige Vorsteuer aus Einfuhrumsatzsteuer ist damit von B im allgemeinen Besteuerungsverfahren geltend zu machen.

(16) Gelangt der Gegenstand der Lieferungen im Rahmen eines Reihengeschäfts aus dem Drittlandsgebiet in das Inland und hat ein Zwischenhändler oder dessen Beauftragter den Gegenstand der Lieferung eingeführt, sind die der Einfuhr in der Lieferkette vorausgegangenen Lieferungen nach § 4 Nr. 4b UStG steuerfrei.

Beispiel 1:

[1]Der deutsche Unternehmer D bestellt bei dem französischen Unternehmer F Computerteile. [2]Dieser bestellt die Computerteile seinerseits bei dem Hersteller S in der Schweiz. [3]S befördert die Computerteile auf Veranlassung des F unmittelbar zu D nach Deutschland. [4]D lässt die Teile zur Überlassung zum zoll- und steuerrechtlich freien Verkehr abfertigen, nachdem ihm S die Computerteile übergeben hat.

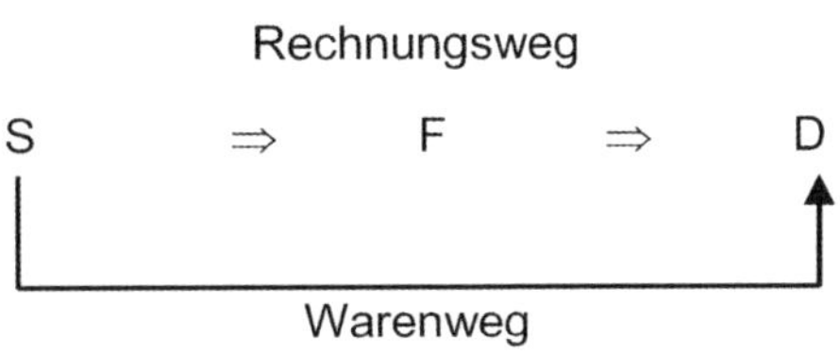

[5]Bei diesem Reihengeschäft werden zwei Lieferungen (S an F und F an D) ausgeführt. [6]Die Warenbewegung ist nach § 3 Abs. 6a Satz 2 und § 3 Abs. 6 Satz 1 UStG der ersten Lieferung S an F zuzuordnen, da S als erster Unternehmer in der Reihe die Computerteile selbst befördert. [7]Lieferort ist nach § 3 Abs. 6 Sätze 1 und 2 UStG die Schweiz (Beginn der Beförderung). [8]Die (bewegte) Lieferung des S unterliegt bei der Einfuhr in Deutschland der deutschen Einfuhrumsatzsteuer. [9]Eine Verlagerung des Lieferorts nach § 3 Abs. 8 UStG kommt nicht in Betracht, da S als Lieferer der Beförderungslieferung nicht zugleich Schuldner der Einfuhrumsatzsteuer ist. [10]Die zweite Lieferung (F an D) ist eine ruhende Lieferung. [11]Sie gilt nach § 3 Abs. 7 Satz 2 Nr. 2 UStG in Deutschland als ausgeführt (Ende der Beförderung), da sie der Beförderung nachfolgt. [12]F führt eine nach § 4 Nr. 4b UStG steuerfreie Lieferung aus, da seine Lieferung in der Lieferkette der Einfuhr durch den Abnehmer D vorausgeht. [13]Erteilt F dem D eine Rechnung mit gesondertem Steuerausweis, kann D lediglich die geschuldete Einfuhrumsatzsteuer als Vorsteuer abziehen. [14]Ein Abzug der in einer solchen Rechnung des F gesondert ausgewiesenen Steuer als Vorsteuer kommt für D nur dann in Betracht, wenn diese Steuer gesetzlich geschuldet ist. [15]Kann F den Nachweis nicht erbringen, dass sein Folgeabnehmer D die Computerteile zur Überlassung zum zoll- und steuerrechtlich freien Verkehr abgefertigt hat, muss er die Lieferung an D als steuerpflichtig behandeln. [16]Die Umsatzsteuer ist dann gesetzlich geschuldet und D kann in diesem Fall die in der Rechnung des F gesondert ausgewiesene Umsatzsteuer nach § 15 Abs. 1 Satz 1 Nr. 1 UStG neben der entstandenen Einfuhrumsatzsteuer nach § 15 Abs. 1 Satz 1 Nr. 2 UStG als Vorsteuer abziehen, vgl. Abschnitt 15.8 Abs. 10 Satz 3.

Beispiel 2:

[1]Sachverhalt wie Beispiel 1. [2]S befördert die Computerteile auf Veranlassung des F unmittelbar an D nach Deutschland. [3]Die Computerteile werden bereits bei Grenzübertritt für F zur Überlassung zum zoll- und steuerrechtlich freien Verkehr abgefertigt.

[4]Es liegt wie im Beispiel 1 ein Reihengeschäft vor, bei dem die (bewegte) Lieferung des S an F mit Beginn der Beförderung in der Schweiz (§ 3 Abs. 6a Satz 2 in Verbindung mit § 3 Abs. 6 Satz 1 UStG) und die ruhende Lieferung des F an D am Ende der Beförderung in Deutschland ausgeführt

wird (§ 3 Abs. 7 Satz 2 Nr. 2 UStG). [5]Im Zeitpunkt der Überlassung zum zoll- und steuerrechtlich freien Verkehr hat F die Verfügungsmacht über die eingeführten Computerteile, weil die Lieferung von S an ihn bereits in der Schweiz und seine Lieferung an D erst mit der Übergabe der Waren an D im Inland als ausgeführt gilt. [6]Die angefallene Einfuhrumsatzsteuer kann daher von F als Vorsteuer abgezogen werden. [7]Die Lieferung des F an D ist nicht nach § 4 Nr. 4b UStG steuerfrei, da sie innerhalb der Lieferkette der Einfuhr nachgeht. [8]Erteilt F dem D eine Rechnung mit gesondertem Steuerausweis, kann D diese unter den allgemeinen Voraussetzungen des § 15 UStG als Vorsteuer abziehen.

Beispiel 3:

[1]Sachverhalt wie Beispiel 1. [2]F befördert die Computerteile selbst unmittelbar an D nach Deutschland. [3]Die Computerteile werden bei Grenzübertritt im Namen des F zur Überlassung zum zoll- und steuerrechtlich freien Verkehr abgefertigt.

[4]Bei diesem Reihengeschäft werden zwei Lieferungen (S an F und F an D) ausgeführt. [5]Die Warenbewegung ist nach § 3 Abs. 6a Satz 4 zweiter Halbsatz in Verbindung mit Satz 7 UStG der zweiten Lieferung F an D zuzuordnen, da die Computerteile im Namen des Zwischenhändlers F zum zoll- und steuerrechtlich freien Verkehr angemeldet wurden. [6]Die Vermutung des § 3 Abs. 6a Satz 4 erster Halbsatz UStG gilt somit als widerlegt und F tritt im Rahmen des Reihengeschäfts nicht als Abnehmer, sondern als Lieferer auf. [7]Lieferort der (bewegten) Lieferung des F an D ist nach § 3 Abs. 8 UStG Deutschland, da F als Lieferer der Beförderungslieferung zugleich Schuldner der Einfuhrumsatzsteuer ist. [8]Die erste Lieferung (S an F) ist eine ruhende Lieferung. [9]Sie gilt nach § 3 Abs. 7 Satz 2 Nr. 1 UStG in der Schweiz als ausgeführt (Beginn der Beförderung), da sie der Beförderung vorangeht. [10]Im Zeitpunkt der Überlassung zum zoll- und steuerrechtlich freien Verkehr hat F die Verfügungsmacht über die eingeführten Computerteile, weil die Lieferung von S an ihn bereits in der Schweiz und seine Lieferung an D erst nach der Einfuhr im Inland als ausgeführt gilt. [11]Die angefallene Einfuhrumsatzsteuer kann daher von F als Vorsteuer abgezogen werden. [12]Die Lieferung des F an D ist nicht nach § 4 Nr. 4b UStG steuerfrei, da sie innerhalb der Lieferkette der Einfuhr nachgeht.

[13]Erteilt F dem D eine Rechnung mit gesondertem Steuerausweis, kann D diese unter den allgemeinen Voraussetzungen des § 15 UStG als Vorsteuer abziehen.

(17) Die Absätze 14 bis 16 gelten entsprechend, wenn bei der Warenbewegung vom Inland in das Drittlandsgebiet (oder umgekehrt) das Gebiet eines anderen Mitgliedstaats berührt wird.

Reihengeschäfte mit privaten Endabnehmern

(18) [1]An Reihengeschäften können auch Nichtunternehmer als letzte Abnehmer in der Reihe beteiligt sein. [2]Die Grundsätze der Absätze 1 bis 9 und Absatz 19 Satz 1 sind auch in diesen Fällen anzuwenden. [3]Wenn der letzte Abnehmer im Rahmen eines Reihengeschäfts, bei dem die Warenbewegung im Inland beginnt und im Gebiet eines anderen Mitgliedstaats endet (oder umgekehrt), nicht die subjektiven Voraussetzungen für die Besteuerung des innergemeinschaftlichen Erwerbs erfüllt und demzufolge nicht mit einer USt-IdNr. auftritt, ist § 3c UStG zu beachten, wenn der letzten Lieferung in der Reihe die Beförderung oder Versendung zugeordnet wird; dies gilt nicht, wenn der private Endabnehmer den Gegenstand abholt.

Beispiel:

[1]Der niederländische Privatmann NL kauft für sein Einfamilienhaus in Venlo (Niederlande) Möbel beim Möbelhaus D 1 in Köln. [2]D 1 bestellt die Möbel bei der Möbelfabrik D 2 in Münster. [3]D 2 versendet die Möbel unmittelbar zu NL nach Venlo. [4]D 1 und D 2 treten jeweils unter ihrer deutschen USt-IdNr. auf.

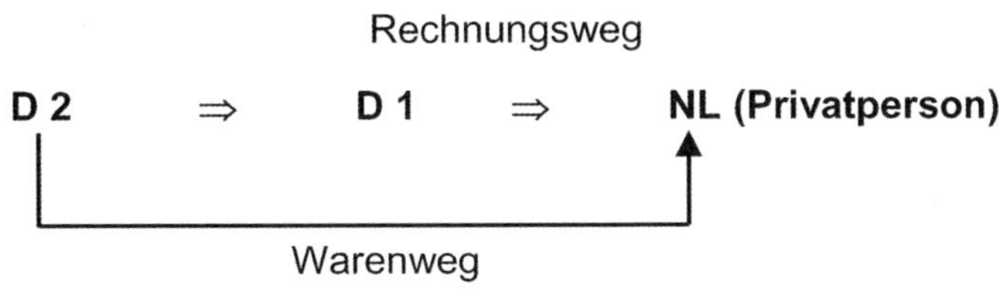

[5]Bei diesem Reihengeschäft werden nacheinander zwei Lieferungen (D 2 an D 1 und D 1 an NL) ausgeführt. [6]Die erste Lieferung D 2 an D 1 ist die Versendungslieferung, da D 2 als erster Unternehmer in der Reihe den Transport durchführen lässt. [7]Der Ort der (bewegten) Lieferung liegt nach § 3 Abs. 6a Satz 2 in Verbindung mit § 3 Abs. 6 Satz 1 UStG in Deutschland (Beginn der Versendung). [8]Die Lieferung ist im Inland steuerbar und steuerpflichtig, da D 1 ebenfalls mit deutscher USt-IdNr. auftritt. [9]Der Erwerb der Ware unterliegt bei D 1 der Besteuerung des innergemeinschaftlichen Erwerbs in den Niederlanden, weil die innergemeinschaftliche Warenbewegung dort endet (§ 3d Satz 1 UStG). [10]Solange D 1 einen innergemeinschaftlichen Erwerb in den Niederlanden nicht nachweisen kann, hat er einen innergemeinschaftlichen Erwerb in Deutschland zu besteuern (§ 3d Satz 2 UStG). [11]Die zweite Lieferung D 1 an NL ist eine ruhende Lieferung. [12]Die Lieferung des D 1 an NL fällt deshalb nicht unter die Regelung des § 3c UStG. [13]Der Lieferort für diese Lieferung liegt nach § 3 Abs. 7 Satz 2 Nr. 2 UStG in den Niederlanden (Ende der Versendung), da sie der Versendungslieferung folgt. [14]Die Lieferung ist nach niederländischem Recht zu beurteilen. [15]D 1 muss sich in den Niederlanden umsatzsteuerlich registrieren lassen.

[16]Würde D 1 mit niederländischer USt-IdNr. auftreten, wäre die Lieferung des D 2 an D 1 als innergemeinschaftliche Lieferung steuerfrei, wenn D 2 die Voraussetzungen hierfür nachweist.

[17]Würde die Versendung im vorliegenden Fall allerdings der zweiten Lieferung (D 1 an NL) zuzuordnen sein, wäre diese Lieferung nach § 3c UStG zu beurteilen, da der Gegenstand vom Lieferer in einen anderen Mitgliedstaat versendet wird und der Abnehmer NL als Privatperson ein Erwerber im Sinne des § 3a Abs. 5 Satz 1 UStG ist.

Vereinfachungsregelungen

(19) [1]Ist die Zuordnung der Beförderung oder Versendung zu einer der Lieferungen von einem an dem Reihengeschäft beteiligten Unternehmer auf Grund des Rechts eines anderen Mitgliedstaats ausnahmsweise abweichend von den Absätzen 7 bis 11 vorgenommen worden, ist es nicht zu beanstanden, wenn dieser Zuordnung gefolgt wird. [2]Bei einer gebrochenen Beförderung oder Versendung aus einem anderen Mitgliedstaat ins Drittlandsgebiet ist die Behandlung als Reihengeschäft nicht zu beanstanden, wenn der erste Unternehmer den Liefergegenstand aus dem Mitgliedstaat des Beginns der Beförderung oder Versendung (Abgangsmitgliedstaat) nur zum Zweck der Verschiffung ins Drittlandsgebiet in das Inland befördert oder versendet, auf Grund des Rechts des Abgangsmitgliedstaats die Behandlung als Reihengeschäft vorgenommen worden ist und der Unternehmer, dessen Lieferung bei Nichtannahme eines Reihengeschäfts im Inland steuerbar wäre, dies nachweist.

Lieferungen unter Einbeziehung von Betreibern elektronischer Schnittstellen in fiktive Lieferketten

(20) Die Absätze 1 bis 19 sind nicht auf Lieferketten im Sinne des § 3 Abs. 3a in Verbindung mit Abs. 6b UStG anzuwenden (vgl. hierzu Abschnitt 3.18).

Anmerkung

1. Neuregelungen zum Reihengeschäft ab 2020

Die Regelungen zum Reihengeschäft sind zum 1.1.2020 durch die sog. „Quick Fixes" sowohl unionsrechtlich als auch national umfassend geändert worden. In Deutschland wurden diese Vorgaben noch erweitert um Drittlandssachverhalte gesetzlich umgesetzt.

2. Grundüberlegung zum Reihengeschäft

Bei einem Reihengeschäft schließen **mehrere Unternehmer** (mindestens zwei Unternehmer) Liefergeschäfte über einen Gegenstand ab, der Gegenstand wird aber von einem der am Reihengeschäft beteiligten Personen unmittelbar vom ersten Unternehmer in der Reihe zum letzten Abnehmer in der Reihe befördert oder versendet. Bei einem solchen Reihengeschäft liegen jeweils separat zu beurteilende Lieferungen der einzelnen Unternehmer in der Reihe vor. Die umsatzsteuerlichen Lieferungen folgen dem Rechnungslauf.

Das Reihengeschäft setzt voraus, dass die **Beförderung oder Versendung** des Gegenstands nur von **einem an dem Reihengeschäft Beteiligten** durchgeführt wird. Bei einer Warenbewegung, die von mehreren an dem Reihengeschäft beteiligten Personen durchgeführt wird (sog. gebrochene Beförderungen oder Versendungen), liegt kein Reihengeschäft vor.

3. Ort der Lieferung im Reihengeschäft

Von besonderer Bedeutung ist beim Reihengeschäft die **Bestimmung des Orts der Lieferung**. Bei einem Reihengeschäft liegt immer nur eine Lieferung vor, deren Ort sich nach § 3 Abs. 6 UStG (sog. **bewegte Lieferung**) bestimmt. Alle anderen Lieferungen bei einem Reihengeschäft bestimmen sich nach § 3 Abs. 7 Satz 2 UStG (sog. **ruhende Lieferungen**). Abhängig davon, welche der am Reihengeschäft beteiligten Person den Gegenstand befördert oder versendet, ist die Zuordnung der bewegten Lieferung vorzunehmen.

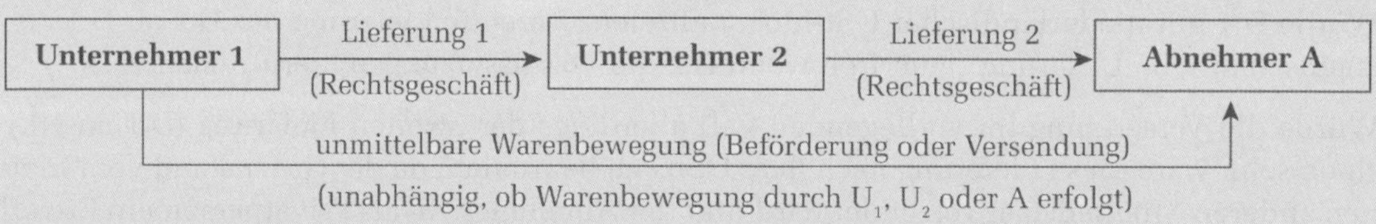

Bei einem Reihengeschäft kann sich immer nur **eine der Lieferungen** nach der Rechtsvorschrift des § 3 Abs. 6 UStG als bewegte Lieferung bestimmen; § 3 Abs. 6a Satz 1 UStG. Diese ist dann immer dort ausgeführt, wo die Warenbewegung tatsächlich beginnt oder wo die Ware an den Beauftragten (z. B. Frachtführer) übergeben wird. Alle anderen Lieferungen sind dann unbewegte Lieferungen nach § 3 Abs. 7 Satz 2 UStG, deren Ort sich in Abhängigkeit davon bestimmt, ob diese ruhende Lieferung vor oder nach der bewegten Lieferung ausgeführt wird.

Für die **unbewegten Lieferungen** – dies gilt seit dem 1.7.2021 auch für die fiktiven Reihengeschäfte nach § 3 Abs. 3a i. V. m. Abs. 6b UStG – bestimmt § 3 Abs. 7 Satz 2 UStG grundsätzlich zwei verschiedene Lösungen:

– **§ 3 Abs. 7 Satz 2 Nr. 1 UStG**: Eine ruhende Lieferung, die vor der Beförderungs- oder Versendungslieferung kommt (oben im Schaubild die Lieferung 1, wenn die Lieferung 2 die Beförderungs- oder Versendungslieferung ist, z. B. wenn Abnehmer A sich verpflichtet hat, den Gegenstand zu befördern oder zu versenden), ist dort ausgeführt, wo die Warenbewegung tatsächlich beginnt – in diesem Fall wären die Orte der Beförderungs- oder Versendungslieferung und der ruhenden Lieferung mit Beginn der Warenbewegung bei Unternehmer 1.

– **§ 3 Abs. 7 Satz 2 Nr. 2 UStG**: Eine ruhende Lieferung, die nach der Beförderungs- oder Versendungslieferung kommt (oben im Schaubild die Lieferung 2, wenn die Lieferung 1 die Beförderungs- oder Versendungslieferung ist, z. B. wenn Unternehmer 1 sich verpflichtet hat, den Gegenstand zu befördern oder zu versenden), ist dort ausgeführt, wo die Warenbewegung endet (bei Abnehmer A) – in diesem Fall wären die Orte der Beförderungs- oder Versendungslieferung und der ruhenden Lieferung an unterschiedlichen Orten (Unternehmer würde im Rahmen der bewegten Lieferung dort seinen Umsatz ausführen, wo die Warenbewegung beginnt; Unternehmer 2 würde im Rahmen der nach der bewegten Lieferung kommenden ruhenden Lieferung seinen Umsatz dort ausführen, wo die Ware sich am Ende der Beförderung- oder Versendung befindet).

Die Feststellung des Orts der Lieferung für die im Rahmen des Reihengeschäfts ausgeführten Lieferungen bestimmt sich immer in **Abhängigkeit von der tatsächlichen Warenbewegung**, nicht in Abhängigkeit von den Rechtsgeschäften. Damit ist insbesondere die Herkunft des mittleren Unternehmers (oder der mittleren Unternehmer) für die Ortsbestimmung unbeachtlich.

Insgesamt ergeben sich im Regelfall die folgenden Möglichkeiten (Ausnahmen sind aber in Abhängigkeit, wann dem Letzten in der Reihe die Verfügungsmacht verschafft wird, möglich):

	U_1 **befördert/versendet**	U_2 **befördert/versendet**	**Abnehmer A befördert/versendet**
Lieferung 1 (U_1 an U_2)	**§ 3 Abs. 6 a Satz 2 UStG:** Bewegte Lieferung. Ort ist dort, wo die Warenbewegung beginnt; § 3 Abs. 6 UStG.	**§ 3 Abs. 6 Satz 4 UStG:** Widerlegbare Vermutung, bewegte Lieferung. Ort ist dort, wo die Warenbewegung beginnt.	**§ 3 Abs. 7 Satz 2 Nr. 1 UStG:** Ruhende Lieferung. Ort ist dort, wo die Waren-bewegung beginnt.
Lieferung 2 (U_2 an Abnehmer)	**§ 3 Abs. 7 Satz 2 Nr. 2 UStG:** Ruhende Lieferung. Ort ist dort, wo die Waren-bewegung endet.	**§ 3 Abs. 7 Satz 2 Nr. 2 UStG:** Ruhende Lieferung. Ort ist dort, wo die Waren-bewegung endet soweit Vermutung nach § 3 Abs. 6 a Satz 5 ff. UStG nicht widerlegt.	**§ 3 Abs. 6 a Satz 3 UStG:** Bewegte Lieferung. Ort ist dort, wo die Waren-bewegung beginnt; § 3 Abs. 6 UStG.

Wenn der **erste Unternehmer** in der Reihe den Gegenstand **selbst befördert oder versendet**, ist die von ihm ausgeführte Lieferung die Beförderungs- oder Versendungslieferung, deren Ort sich nach § 3 Abs. 6 UStG mit dem Ort bestimmt, an dem die Warenbewegung beginnt bzw. wo der Gegenstand dem beauftragten Dritten übergeben wird. Dies ist seit dem 1.1.2020 durch die Neuregelung des § 3 Abs. 6a Satz 2 UStG auch so gesetzlich verankert worden; bis 31.12.2019 entsprach dies aber auch schon der bisherigen nationalen Auffassung der Finanzverwaltung. Alle anderen – danach folgenden – Lieferungen sind nach § 3 Abs. 7 Satz 2 Nr. 2 UStG dort ausgeführt, wo sich der Gegenstand am Ende der Warenbewegung befindet.

Wenn der **letzte Abnehmer** in der Reihe den Gegenstand **selbst befördert oder versendet**, ist die an ihn ausgeführte Lieferung die Beförderungs- oder Versendungslieferung, deren Ort sich nach § 3 Abs. 6 UStG mit dem Ort bestimmt, an dem die Warenbewegung beginnt bzw. wo der Gegenstand dem beauftragten Dritten übergeben wird. Dies ist seit dem 1.1.2020 durch die Neuregelung des § 3 Abs. 6a Satz 3 UStG auch so gesetzlich umgesetzt worden; bisher entsprach dies national auch schon der Auffassung der Finanzverwaltung. Alle anderen – davor ausgeführten – Lieferungen sind nach § 3 Abs. 7 Satz 2 Nr. 1 UStG – aber als ruhende Lieferungen – ebenfalls dort ausgeführt, wo sich der Gegenstand am Beginn der Warenbewegung befindet.

Nach der Rechtsprechung des EuGH (Urt. v. 16.12.2010 – C-430/09, Euro Tyre Holding BV, BFH/NV 2011, 397) kam es schon früher entscheidend darauf an, wer sich verpflichtet hatte, den Gegenstand zu transportieren (in wessen Namen der Transport stattfindet). In der Gesetzesbegründung zur Änderung zum 1.1.2020 wird von der „Transportverantwortung" bzw. der „Transportveranlassung" gesprochen.

Zu der besonders streitanfälligen Frage der **Zuordnung der bewegten Lieferung**, wenn der **mittlere Unternehmer den Gegenstand der Lieferung befördert oder versendet**, hat sich mit Wirkung zum 1.1.2020 eine einheitliche Lösung ergeben. Durch Art. 36a MwStSystRL ist für EU-grenzüberschreitende Reihengeschäfte, bei denen der mittlere Unternehmer (sog. **Zwischenhändler**) den Gegenstand befördert oder versendet eine widerlegbare Vermutungsregelung geschaffen worden, die national – erweitert – in § 3 Abs. 6a Satz 4 ff. UStG umgesetzt worden ist. Danach gilt seit dem 1.1.2020 für die Zuordnung Folgendes, wenn der mittlere Unternehmer die Transportveranwortung hat:

– Befördert oder versendet ein mittlerer Unternehmer (**Zwischenhändler**) in der Reihe den Gegenstand, ist grundsätzlich **die Lieferung an ihn** die Beförderungs- oder Versendungslieferung, es gilt aber die Möglichkeit, dass diese Vermutung widerlegt wird; § 3 Abs. 6a Satz 4 UStG.

– (**Binnenmarktfall**) Verwendet der Zwischenhändler in den Fällen, in denen der Gegenstand von einem Mitgliedstaat in einen anderen Mitgliedstaat gelangt, gegenüber dem leistenden Unternehmer bis zum Beginn der Beförderung oder Versendung eine ihm vom Mitgliedstaat des Beginns der

Beförderung oder Versendung erteilte USt-IdNr., ist die Beförderung oder Versendung seiner Lieferung zuzuordnen; § 3 Abs. 6a Satz 5 UStG.

- (**Drittlandsfall – Export**) Gelangt der Gegenstand der Lieferung vom Inland in das Drittlandsgebiet, wird die Grundvermutung widerlegt, wenn der Zwischenhändler gegenüber seinem Vorlieferanten bis zum Beginn der Beförderung oder Versendung eine ihm vom Mitgliedstaat des Beginns der Beförderung oder Versendung erteilte USt-IdNr. oder eine ihm dort erteilte Steuernummer verwendet. Dann ist die Beförderung oder Versendung seiner Lieferung zuzuordnen; § 3 Abs. 6a Satz 6 UStG.
- (**Drittlandsfall – Import**) Gelangt der Gegenstand der Lieferung aus dem Drittlandsgebiet in das Gemeinschaftsgebiet, wird die Grundvermutung widerlegt, wenn der Gegenstand der Lieferung für den Zwischenhändler nach den unionszollrechtlichen Bedingungen in den freien Verkehr gebracht wird (Einfuhr); § 3 Abs. 6a Satz 7 UStG.

Grundsätzlich können an einem Reihengeschäft auch **mehr als drei Personen** beteiligt sein. In diesen Fällen ergeben sich aber auch nur die oben dargestellten Möglichkeiten, da immer eine Lieferung als Beförderungs- oder Versendungslieferung festgelegt werden muss, alle anderen Lieferungen sind dann ruhende Lieferungen nach § 3 Abs. 7 Satz 2 UStG.

Wenn an einem Reihengeschäft **drei Unternehmer** beteiligt sind, die aus drei verschiedenen Mitgliedstaaten der Union kommen, kann ein **innergemeinschaftliches Dreiecksgeschäft** vorliegen, für das die Sonderregelungen des § 25b UStG einschlägig sind.

4. Steuerbefreiung im Reihengeschäft

Eine Steuerbefreiung als **Ausfuhrlieferung** oder als **innergemeinschaftliche Lieferung** kann nur für die Lieferung infrage kommen, die als Beförderungs- oder Versendungslieferung nach § 3 Abs. 6 UStG eingestuft worden ist. Bei einer ruhenden Lieferung kann eine solche Steuerbefreiung nie in Betracht kommen (grundsätzlich bestätigt durch EuGH, Urt. v. 6.4.2006 – C-245/04, Handel Eder oHG, BFH/NV Beilage 2006, 294).

5. Umsetzung durch die Finanzverwaltung

Nachdem die gesetzlichen Anpassungen zum 1.1.2020 in Kraftgetreten waren, hat die Finanzverwaltung durch Schreiben vom 25.4.2023 die in Abschn. 3.14 UStAE enthaltenen Verwaltungsanweisungen vollständig überarbeitet. Im Zuge der Überarbeitung passt die Finanzverwaltung Begriffe an und verwendet sie jetzt einheitlich:

- Entsprechend der neuen gesetzlichen Wortwahl ersetzt die Finanzverwaltung den Begriff der „Umsatzgeschäfte" durch „**Liefergeschäfte**".
- Die Finanzverwaltung verwendet für die Beförderungs- oder Versendungslieferung den Begriff der „**bewegten Lieferung**".
- Die Lieferungen nach § 3 Abs. 7 Satz 2 UStG werden von der Finanzverwaltung als „**ruhende Lieferungen**" bezeichnet.
- **Zwischenhändler** ist ein Unternehmer, der nicht erster oder letzter in der Leistungskette ist und der den Gegenstand selbst oder auf seine Rechnung durch einen Dritten befördert oder versendet.
- Für die **Transportverantwortlichkeit** ist immer darauf abzustellen, wer die Beförderung durchgeführt oder die Versendung veranlasst hat.

Hinweis: Zuordnung der bewegten Lieferung

Für die Zuordnung der bewegten Lieferung ist immer darauf abzustellen, wer von den Beteiligten die Transportverantwortlichkeit hat. Aus den vorhandenen **Aufzeichnungen** muss sich eindeutig und leicht nachprüfbar ergeben, wer die Beförderung durchgeführt oder die Versendung veranlasst hat. Im Fall der Versendung ist dabei auf die **Auftragserteilung** an den selbstständigen Beauftragten abzustellen. Eine davon abweichende Zuordnung ist nur zulässig, wenn der Unternehmer nachweist, dass die Beförderung bzw. die Versendung auf Rechnung eines anderen Unternehmers erfolgt ist und dieser tatsächlich die Gefahr des zufälligen Untergangs des Gegenstands während des Transports getragen hat.

Breiten Raum nimmt die **Zuordnung der bewegten Lieferung** bei Warentransport durch einen Zwischenhändler ein. Obwohl die Frage der Zuordnung der bewegten Lieferung in diesen Fällen nur interessant ist, wenn die Ware grenzüberschreitend befördert oder versendet wird, nimmt die Finanzverwaltung auch zu rein **inländischen Reihengeschäften** Stellung (Beginn und Ende der Beförderung im Inland), Abschn. 3.14 Abs. 9 UStAE. Der Zwischenhändler kann die Warenbewegung seiner eigenen Lieferung zuordnen, wenn er nachweist, dass er den Gegenstand in seiner Eigenschaft als Lieferer befördert bzw. versendet hat, § 3 Abs. 6a Satz 4 2. Halbsatz UStG. Dies kann durch eine Auftragsbestätigung, das Doppel der Rechnung oder andere handelsübliche Belege und Aufzeichnungen nachgewiesen werden. Der Zwischenhändler kann die Eigenschaft als Lieferer unter Berücksichtigung der Gesamtheit der Umstände des Einzelfalls nachweisen (z. B. anhand Übernahme von Kosten des Transports aufgrund der mit dem Vorlieferanten und seinem Auftraggeber vereinbarten Lieferkonditionen, Mitteilung über den Weiterverkauf vor Beginn der Beförderung oder Versendung usw.). Nur die Mitteilung an den Vorlieferanten über den Weiterverkauf des Liefergegenstands ist hierfür nicht ausreichend (BFH, Urt. v. 28.5.2013 – XI R 11/09, BFH/NV 2013, 1524).

Bei den **EU-grenzüberschreitenden Reihengeschäften** (Abschn. 3.14 Abs. 13 UStAE) kann der Zwischenhändler die Zuordnung der bewegten Lieferung zu seiner Lieferung nur über die Verwendung der **USt-IdNr.** aus dem Mitgliedstaat des Beginns der Warenbewegung führen. Verwendung setzt dabei ein positives Tun voraus. Die **Verwendung** soll dabei schon bei Vertragsabschluss erfolgen, muss aber spätestens bis zum Beginn der Beförderung des Gegenstands erfolgen. Spätere Änderungen bei der Verwendung der USt-IdNr. bleiben ohne Auswirkung. Die verwendete USt-IdNr. soll in dem jeweiligen Auftragsdokument schriftlich festgehalten werden. Bei mündlicher Erteilung eines Auftrags muss die rechtzeitige Verwendung der USt-IdNr. vom mittleren Unternehmer dokumentiert werden. Es reicht aus, wenn der Zwischenhändler dokumentiert, dass er gegenüber seinem leistenden Unternehmer erklärt hat, die ihm vom Abgangsstaat erteilte USt-IdNr. für alle künftigen Lieferungen verwenden zu wollen. Eine in einem Dokument lediglich **formularmäßig eingedruckte USt-IdNr. reicht nicht** aus.

Hinweis: Weitere Zuordnungsnachweise systematisch fraglich

Ein positives Tun des Zwischenhändlers zur Verwendung der USt-IdNr. liegt nach Auffassung der Finanzverwaltung (Abschn. 3.14 Abs. 10 Satz 9 UStAE) auch dann vor, wenn dessen Leistungsempfänger (Erwerber) die Erklärung über die Unternehmereigenschaft und den unternehmerischen Bezug objektiv nachvollziehbar vorgenommen hat und der Leistungsbezug vom Leistungsempfänger in zutreffender Weise erklärt worden ist, der Zwischenhändler seinen Meldepflichten in der Zusammenfassenden Meldung nachgekommen ist und die Rechnung über die Lieferung einen Hinweis auf die USt-IdNr. des Leistungsempfängers, die in der Zusammenfassenden Meldung angegeben wurde, enthält.

Warum die Abwicklung gegenüber dem Abnehmer des Zwischenhändlers ein positives Tun gegenüber dem Vorlieferanten begründen soll, ist systematisch nicht zu begründen. Zudem würde dies nur greifen, wenn der Abnehmer ein Unternehmer ist – was aber sowohl systematisch als auch praktisch zu Problemen führen würde. Gerade bei Lieferungen an Nichtunternehmer in anderen Mitgliedstaaten kann durch die Zuordnung der bewegten Lieferung zum Zwischenhändler und den Voraussetzungen eines innergemeinschaftlichen Fernverkaufs nach § 3c Abs. 1 UStG die individuelle Veranlagung des Zwischenhändlers im Bestimmungsmitgliedstaat vermieden werden und der Vorgang über den One-Stop-Shop besteuert werden. Offensichtlich hat die Finanzverwaltung diesen Passus aus Abschn. 3a.2 Abs. 10 UStAE einfach an diese Stelle kopiert (in einem Entwurf zu diesem Schreiben aus dem Juni 2022 war an dieser Stelle nur auf die analoge Anwendung der Grundsätze zum positiven Tun bei Verwendung einer USt-IdNr. bei sonstigen Leistungen nach § 3a Abs. 2 UStG verwiesen worden).

Bei den **drittlandsgrenzüberschreitenden Reihengeschäften** (Abschn. 3.14 Abs. 14 bis Abs. 17 UStAE) gelten die Grundsätze entsprechend. Anders als bei den Reihengeschäften im Binnenmarkt kann der Zwischenhändler die Beförderung oder Versendung seiner Lieferung aber nicht nur durch Verwendung einer im Ausgangsstaat erteilten USt-IdNr., sondern auch mit einer erteilten Steuernummer zuordnen.

Ansonsten hat die Finanzverwaltung auch schon die bisher vertretene Auffassung zu den **Reihengeschäften mit privaten Endabnehmern** (Abschn. 3.14 Abs. 18 UStAE) sowie die **Vereinfachungsregelung** übernommen, dass in den Fällen, in denen die Zuordnung der bewegten Lieferung von einem Unternehmer aufgrund des Rechts eines anderen Mitgliedstaats nach anderen Grundsätzen vorgenommen wurde, dieser anderen Zuordnung gefolgt werden kann.

Hinweis: Hinweis auf Lieferungen über elektronische Schnittstellen beachten

Hingewiesen wird darauf, dass in den Fällen der Fiktion eines Reihengeschäfts bei Einschaltung einer elektronischen Schnittstelle (§ 3 Abs. 3a i. V. m. § 3 Abs. 6b UStG) diese Grundsätze nicht gelten. Dies ist zutreffend, da für diesen Fall die Beförderungs- oder Versendungslieferung ohne Ausnahme oder Wahlmöglichkeit zwingend der fiktiven Lieferung der elektronischen Schnittstelle zugeordnet ist.

Die Finanzverwaltung hat es (leider) versäumt, zu einem anderen **Problem** Stellung zu nehmen und hat die wohl nicht vollständig mit der Rechtsprechung vereinbare **bisherige Rechtsauffassung** (Abschn. 3.14 Abs. 18 – Beispiel – UStAE) übernommen. Wenn der erste Unternehmer in der Leistungskette den Gegenstand aus dem Inland in einen anderen Mitgliedstaat befördert oder versendet und damit die bewegte Lieferung zwingend der ersten Lieferung zuzuordnen ist (§ 3 Abs. 6a Satz 2 UStG) und der mittlere Unternehmer gegenüber dem ersten Unternehmer mit einer deutschen USt-IdNr. auftritt, verwirklicht der mittlere Unternehmer (da an ihn eine Beförderungs- oder Versendungslieferung ausgeführt wird) im Bestimmungsmitgliedstaat nach § 3d Satz 1 UStG einen dort steuerbaren **innergemeinschaftlichen Erwerb**. Zusätzlich hat danach der mittlere Unternehmer – zumindest, solange er nicht in Deutschland nachweisen kann, dass der innergemeinschaftliche Erwerb zutreffend im Bestimmungsmitgliedstaat besteuert worden ist – wegen des Auftretens mit der deutschen USt-IdNr. auch noch einen innergemeinschaftlichen Erwerb in Deutschland nach § 3d Satz 2 UStG zu besteuern. Diese Rechtsfolge ist aber wohl nicht mit der Rechtsprechung des EuGH (Urt. v. 7.7.2022 – C-696/20, B, BFH/NV 2022, 1039) vereinbar, da es in diesem Fall zu einer **Kumulation** von Umsatzsteuer in Deutschland kommen würde. Zumindest wäre ein Hinweis der Finanzverwaltung zu dieser Problematik wünschenswert gewesen.

Die Grundsätze des BMF-Schreibens sind **in allen offenen Fällen** anzuwenden. Dabei ist wohl – unausgesprochen – davon auszugehen, dass sich die Regelungen nur auf die ab dem 1.1.2020 ausgeführten Lieferungen beziehen kann, da vor dem 1.1.2020 § 3 Abs. 6a UStG noch nicht anzuwenden war.

Darüber hinaus beanstandet es die Finanzverwaltung **bis zur Veröffentlichung des Schreibens** nicht, wenn die **Zuweisung der Transportverantwortlichkeit** von den Beteiligten abweichend von der jetzt von der Finanzverwaltung vertretenen Rechtsauffassung (jetzt Abschn. 3.14 Abs. 7 bis Abs. 11 UStAE) bestimmt worden ist.

UStAE 3.15. Dienstleistungskommission (§ 3 Abs. 11 UStG)

(1) [1]Wird ein Unternehmer (Auftragnehmer) in die Erbringung einer sonstigen Leistung eingeschaltet und handelt er dabei im eigenen Namen und für fremde Rechnung (Dienstleistungskommission), gilt diese sonstige Leistung als an ihn und von ihm erbracht. [2]Dabei wird eine Leistungskette fingiert. [3]Sie behandelt den Auftragnehmer als Leistungsempfänger und zugleich Leistenden. [4]Die Dienstleistungskommission erfasst die Fälle des sog. Leistungseinkaufs und des sog. Leistungsverkaufs. [5]Ein sog. Leistungseinkauf liegt vor, wenn ein von einem Auftraggeber bei der Beschaffung einer sonstigen Leistung eingeschalteter Unternehmer (Auftragnehmer) für Rechnung des Auftraggebers im eigenen Namen eine sonstige Leistung durch einen Dritten erbringen lässt. [6]Ein sog. Leistungsverkauf liegt vor, wenn ein von einem Auftraggeber bei der Erbringung einer sonstigen Leistung eingeschalteter Unternehmer (Auftragnehmer) für Rechnung des Auftraggebers im eigenen Namen eine sonstige Leistung an einen Dritten erbringt.

(2) [1]Die Leistungen der Leistungskette, d.h. die an den Auftragnehmer erbrachte und die von ihm ausgeführte Leistung, werden bezüglich ihres Leistungsinhalts gleich behandelt. [2]Die Leistungen werden zum selben Zeitpunkt erbracht. [3]Im Übrigen ist jede der beiden Leistungen unter Berücksichtigung der Leistungsbeziehung gesondert für sich nach den allgemeinen Regeln des UStG zu beurteilen. [4]Dies gilt z.B. in den Fällen des Verzichts auf die Steuerbefreiung nach § 9 UStG (Option). [5]Fungiert ein Unternehmer bei der Erbringung einer steuerfreien sonstigen Leistung als Strohmann für einen Dritten („Hintermann"), liegt ein Kommissionsgeschäft nach § 3 Abs. 11 UStG vor mit der Folge, dass auch die Besorgungsleistung des Hintermanns steuerfrei zu behandeln ist (vgl. BFH-Urteil vom 22. 9. 2005, V R 52/01, BStBl II S. 278).

(3) [1]Personenbezogene Merkmale der an der Leistungskette Beteiligten sind weiterhin für jede Leistung innerhalb einer Dienstleistungskommission gesondert in die umsatzsteuerrechtliche Beurteilung einzubeziehen. [2]Dies kann z.B. für die Anwendung von Steuerbefreiungsvorschriften von Bedeutung sein (vgl. z.B. § 4 Nr. 19 Buchstabe a UStG) oder für die Bestimmung des Orts der sonstigen Leistung, wenn er davon abhängig ist, ob die Leistung an einen Unternehmer oder einen Nichtunternehmer erbracht wird. [3]Besorgt ein Unternehmer für Dritte Leistungen, für die die Befreiungsvorschrift des § 4 Nr. 20 Buchstabe a UStG zur Anwendung kommt, ist auch die Besorgungsleistung an die Abnehmer nach § 4 Nr. 20 Buchstabe a UStG steuerbefreit, vgl. BFH-Urteil vom 25. 4. 2018, XI R 16/16, BStBl 2021 II S. 457. [4]Die Steuer kann nach § 13 UStG für die jeweilige Leistung zu unterschiedlichen Zeitpunkten entstehen; z.B. wenn der Auftraggeber der Leistung die Steuer nach vereinbarten und der Auftragnehmer die Steuer nach vereinnahmten Entgelten berechnet. [5]Außerdem ist z.B. zu berücksichtigen, ob die an der Leistungskette Beteiligten Nichtunternehmer, Kleinunternehmer (§ 19 UStG), Land- und Forstwirte, die für ihren Betrieb die Durchschnittssatzbesteuerung nach § 24 UStG anwenden, sind.

B e i s p i e l :

[1]Der Bauunternehmer G besorgt für den Bauherrn B die sonstige Leistung des Handwerkers C, dessen Umsätze nach § 19 UStG **steuerfrei sind**.

[2]Das personenbezogene Merkmal – Kleinunternehmer – des C ist nicht auf den Bauunternehmer G übertragbar. [3]Die Leistung des G unterliegt dem allgemeinen Steuersatz.

(4) [1]Die zivilrechtlich vom Auftragnehmer an den Auftraggeber erbrachte Besorgungsleistung bleibt umsatzsteuerrechtlich ebenso wie beim Kommissionsgeschäft nach § 3 Abs. 3 UStG unberücksichtigt. [2]Der Auftragnehmer erbringt im Rahmen einer Dienstleistungskommission nicht noch eine (andere) Leistung (Vermittlungsleistung). [3]Der Auftragnehmer darf für die vereinbarte Geschäftsbesorgung keine Rechnung erstellen. [4]Eine solche Rechnung, in der die Umsatzsteuer offen ausgewiesen ist, führt zu einer Steuer nach § 14c Abs. 2 UStG.

(5) [1]Erbringen Sanierungsträger, die ihre Aufgaben nach § 159 Abs. 1 BauGB im eigenen Namen und für Rechnung der auftraggebenden Körperschaften des öffentlichen Rechts (Gemeinden) als deren Treuhänder erfüllen, Leistungen nach § 157 BauGB und beauftragen sie zur Erbringung dieser Leistungen andere Unternehmer, gelten die von den beauftragten Unternehmern erbrachten Leistungen als an den Sanierungsträger und von diesem an die treugebende Gemeinde erbracht. [2]Satz 1 gilt entsprechend für vergleichbare Leistungen der Entwicklungsträger nach § 167 BauGB.

(6) Beispiele zur sog. Leistungseinkaufskommission:

B e i s p i e l 1 :

[1]Der im Inland ansässige Spediteur G besorgt für den im Inland ansässigen Unternehmer B im eigenen Namen und für Rechnung des B die inländische Beförderung eines Gegenstands von München nach Berlin. [2]Die Beförderungsleistung bewirkt der im Inland ansässige Unternehmer C.

[3]Da G in die Erbringung einer Beförderungsleistung eingeschaltet wird und dabei im eigenen Namen, jedoch für fremde Rechnung handelt, gilt diese Leistung als an ihn und von ihm erbracht.

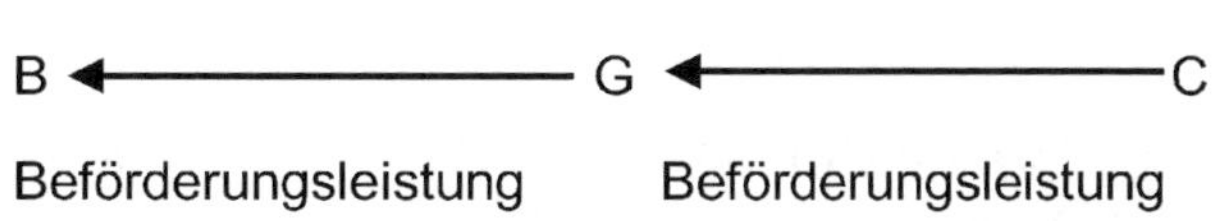

[4]Die Leistungskette wird fingiert. [5]Die zivilrechtlich vereinbarte Geschäftsbesorgungsleistung ist umsatzsteuerrechtlich unbeachtlich.

[6]C erbringt an G eine im Inland steuerpflichtige Beförderungsleistung (§ 3a Abs. 2 UStG). [7]G hat gegenüber B ebenfalls eine im Inland steuerpflichtige Beförderungsleistung (§ 3a Abs. 2 UStG) abzurechnen.

Beispiel 2:

[1]Der im Inland ansässige Spediteur G besorgt für den in Frankreich ansässigen Unternehmer F im eigenen Namen und für Rechnung des F die Beförderung eines Gegenstands von Paris nach München. [2]Die Beförderungsleistung bewirkt der im Inland ansässige Unternehmer C. [3]G und C verwenden jeweils ihre deutsche, F seine französische USt-IdNr.

F ← G ← C

Beförderungsleistung Beförderungsleistung

[4]Die Leistungskette wird fingiert. [5]Die zivilrechtlich vereinbarte Geschäftsbesorgungsleistung ist umsatzsteuerrechtlich unbeachtlich.

[6]C erbringt an G eine in Deutschland steuerbare Beförderungsleistung (§ 3a Abs. 2 UStG). [7]G hat gegenüber F eine nach § 3a Abs. 2 UStG in Frankreich steuerbare Beförderungsleistung abzurechnen. [8]Die Verwendung der französischen USt-IdNr. durch F hat auf die Ortsbestimmung keine Auswirkung.

Beispiel 3:

[1]Der private Endverbraucher E beauftragt das im Inland ansässige Reisebüro R mit der Beschaffung der für die Reise notwendigen Betreuungsleistungen durch das Referenzunternehmen D mit Sitz im Drittland. [2]R besorgt diese sonstige Leistung im eigenen Namen, für Rechnung des E.

[3]Da R in die Erbringung einer sonstigen Leistung eingeschaltet wird und dabei im eigenen Namen, jedoch für fremde Rechnung handelt, gilt diese Leistung als an ihn und von ihm erbracht.

E ← R ← D

[4]Die Leistungskette wird fingiert. [5]Die zivilrechtlich vereinbarte Geschäftsbesorgungsleistung ist umsatzsteuerrechtlich unbeachtlich. [6]Die Leistungen der Leistungskette, d.h. die an R erbrachte und die von R ausgeführte Leistung, werden bezüglich des Leistungsinhalts gleich behandelt. [7]Im Übrigen ist jede der beiden Leistungen unter Berücksichtigung der Leistungsbeziehungen gesondert für sich nach den allgemeinen Regeln des UStG zu beurteilen (vgl. Absatz 2).

[8]Die von D an R erbrachte Betreuungsleistung wird grundsätzlich an dem Ort ausgeführt, von dem aus der Leistungsempfänger sein Unternehmen betreibt (§ 3a Abs. 2 UStG). [9]Sie stellt aber eine Reisevorleistung im Sinne des § 25 Abs. 1 Satz 5 UStG dar, da sie dem Reisenden unmittelbar zugutekommt. [10]Die Leistung wird nach § 3a Abs. 8 Satz 1 UStG als im Drittland ausgeführt behandelt. [11]R erbringt nach § 3 Abs. 11 UStG ebenfalls eine Betreuungsleistung. [12]Es handelt sich nach § 25 Abs. 1 Satz 1 UStG um eine Reiseleistung. [13]Diese Leistung wird nach § 25 Abs. 1 Satz 4 in Verbindung mit § 3a Abs. 1 UStG an dem Ort ausgeführt, von dem aus R sein Unternehmen betreibt. [14]Sie ist steuerbar, aber nach § 25 Abs. 2 Satz 1 UStG steuerfrei, da die ihr zuzurechnende Reisevorleistung im Drittlandsgebiet bewirkt wurde (vgl. BFH-Urteil vom 2. März 2006, V R 25/03, BStBl II S. 788).

(7) Beispiele zur sog. Leistungsverkaufskommission:

Kurzfristige Vermietung von Ferienhäusern

Beispiel 1:

[1]Der im Inland ansässige Eigentümer E eines in Belgien belegenen Ferienhauses beauftragt G mit Sitz im Inland, im eigenen Namen und für Rechnung des E Mieter für kurzfristige Ferienaufenthalte

in seinem Ferienhaus zu besorgen. [2]G erbringt dabei keine Eigenleistungen, sondern bezieht Reisevorleistungen von E (vgl. zur Abgrenzung Abschnitt 25.1 Abs. 8 Sätze 13 und 14).

[3]Da G in die Erbringung sonstiger Leistungen (kurzfristige – steuerpflichtige – Vermietungsleistungen nach § 4 Nr. 12 Satz 2 UStG) eingeschaltet wird und dabei im eigenen Namen, jedoch für fremde Rechnung handelt, gelten die Leistungen als an ihn und von ihm erbracht.

E ⟶ G ⟶ Mieter

kurzfristige Vermietungsleistungen | Reiseleistungen

[4]Die Leistungskette wird fingiert. [5]Die zivilrechtlich vereinbarte Geschäftsbesorgungsleistung ist umsatzsteuerrechtlich unbeachtlich.

[6]Die Vermietungsleistungen des E an G sind im Inland nicht steuerbar (§ 3a Abs. 3 Nr. 1 Satz 2 Buchstabe a UStG).

[7]G erbringt an die Mieter Reiseleistungen im Sinne des § 25 UStG. [8]Die Leistungen sind nach § 25 Abs. 1 Satz 4 in Verbindung mit § 3a Abs. 1 UStG steuerbar und mangels Steuerbefreiung steuerpflichtig.

Beispiel 2:

[1]Sachverhalt wie in Beispiel 1, jedoch befindet sich das Ferienhaus des E in der Schweiz.

[2]Die Vermietungsleistungen des E an G sind im Inland nicht steuerbar. [3]Die sonstigen Leistungen werden nach § 3a Abs. 3 Nr. 1 Satz 2 Buchstabe a UStG in der Schweiz ausgeführt (Belegenheitsort). [4]G erbringt an die Mieter steuerbare Reiseleistungen, die nach § 25 Abs. 2 UStG steuerfrei sind, weil die Reisevorleistungen im Drittlandsgebiet bewirkt werden.

Beispiel 3:

[1]Sachverhalt wie in Beispiel 1, jedoch liegt das Ferienhaus des E im Inland.

[2]Die Vermietungsleistungen des E an G sind im Inland steuerbar (§ 3a Abs. 3 Nr. 1 Satz 2 Buchstabe a UStG) und als kurzfristige Vermietungsleistungen (§ 4 Nr. 12 Satz 2 UStG) steuerpflichtig. [3]G erbringt an die Mieter steuerbare und steuerpflichtige Reiseleistungen im Sinne des § 25 UStG. [4]G ist nach § 25 Abs. 4 UStG nicht berechtigt, die in den Rechnungen des E ausgewiesenen Steuerbeträge als Vorsteuer abzuziehen.

Leistungen in der Kreditwirtschaft

Beispiel 4:

[1]Ein nicht im Inland ansässiges Kreditinstitut K (ausländischer Geldgeber) beauftragt eine im Inland ansässige GmbH G mit der Anlage von Termingeldern im eigenen Namen für fremde Rechnung bei inländischen Banken.

[2]Da G als Unternehmer in die Erbringung einer sonstigen Leistung (Kreditgewährungsleistung im Sinne des § 4 Nr. 8 Buchstabe a UStG) eingeschaltet wird und dabei im eigenen Namen, jedoch für fremde Rechnung handelt, gilt die Leistung als an sie und von ihr erbracht.

K ⟶ G ⟶ inländische Banken

Anlage von Termingeldern (steuerfreie Kreditgewährung) | **Anlage von Termingeldern (steuerfreie Kreditgewährung)**

[3]Die Leistungskette wird fingiert. [4]Die zivilrechtlich vereinbarte Geschäftsbesorgungsleistung ist umsatzsteuerrechtlich unbeachtlich.

[5]K erbringt an G und G an die inländischen Banken durch die Kreditgewährung im Inland steuerbare (§ 3a Abs. 2 UStG), jedoch steuerfreie Leistungen (§ 4 Nr. 8 Buchstabe a UStG).

Beispiel 5:

[1]Ein im Inland ansässiger Netzbetreiber T beauftragt eine im Inland ansässige GmbH G mit der Vermietung von Telekommunikationsanlagen (ohne Einräumung von Nutzungsmöglichkeiten von Übertragungskapazitäten) im eigenen Namen für fremde Rechnung an den im Ausland ansässigen Unternehmer U.

[2]Da G als Unternehmer in die Erbringung einer sonstigen Leistung (Vermietung beweglicher körperlicher Gegenstände) eingeschaltet wird und dabei im eigenen Namen, jedoch für fremde Rechnung handelt, gilt die Leistung als an sie und von ihr erbracht.

T —— Vermietung ——→ G —— Vermietung ——→ U

[3]Die Leistungskette wird fingiert. [4]Die zivilrechtlich vereinbarte Geschäftsbesorgungsleistung ist umsatzsteuerrechtlich unbeachtlich. [5]Die Leistungen der Leistungskette, d. h. die an G erbrachte und die von G ausgeführte Leistung, werden bezüglich des Leistungsinhalts gleich behandelt. [6]Im Übrigen ist jede der beiden Leistungen unter Berücksichtigung der Leistungsbeziehungen gesondert für sich nach den allgemeinen Regeln des UStG zu beurteilen (vgl. Absatz 2).

[7]T erbringt an G durch die Vermietung beweglicher körperlicher Gegenstände im Inland steuerbare (§ 3 a Abs. 2 UStG) und, soweit keine Steuerbefreiung greift, steuerpflichtige Leistungen.

[8]G erbringt an den im Ausland ansässigen U durch die Vermietung beweglicher körperlicher Gegenstände nicht im Inland steuerbare (§ 3 a Abs. 2 UStG) Leistungen.

Anmerkung

1. Ferienhausvermietung als Reiseleistung

Ein typischer Fall der Leistungskommission war früher die Einschaltung eines Unternehmers in die **Vermietung von Ferienimmobilien**, wobei der eingeschaltete Unternehmer in eigenem Namen aber für Rechnung des Eigentümers handeln musste. Trat der eingeschaltete Unternehmer in eigenem Namen, aber für fremde Rechnung auf, ging die Finanzverwaltung früher davon aus, dass der Eigentümer gegenüber dem eingeschalteten Unternehmer eine kurzfristige Vermietung ausführte und der eingeschaltete Unternehmer seinerseits gegenüber dem Reisenden eine kurzfristige Vermietung bewirkte.

Allerdings hatte der **BFH** (Urt. v. 7.10.1999 – V R 79, 80/98, BStBl II 2004, 308) 1999 festgestellt, dass eine Reiseleistung auch dann vorliegen kann, wenn der Unternehmer nur eine Leistung erbringt. So unterlag nach Auffassung des BFH die Weitervermietung von Ferienwohnungen ohne Anreise und Verpflegung der Besteuerung nach § 25 UStG.

Hinweis: Reiseleistungsbesteuerung kein Wahlrecht

Liegen die Voraussetzungen für die Reiseleistung nach § 25 UStG vor, erfolgt die Besteuerung zwingend im Rahmen dieser Sonderregelung. Der Unternehmer hat kein Wahlrecht und kann die Leistung dann nicht mehr im Rahmen der Regelbesteuerung erfassen.

2006 hatte der BFH (Urt. v. 2.3.2006 – V R 25/03, BStBl II 2006, 788) dann festgestellt, dass eine Reiseleistung auch dann vorliegen kann, wenn der Unternehmer in eigenem Namen, aber für fremde Rechnung am Markt auftritt und somit eine Dienstleistungskommission nach § 3 Abs. 11 UStG vorliegt.

Die **Finanzverwaltung** hat die Vorgaben des BFH übernommen und entsprechend die Anweisungen im UStAE angepasst (Abschn. 3.15 und Abschn. 25.1 UStAE). Danach hat ein Unternehmer, der eine Reiseleistung gegenüber einem Dritten ausführt, § 25 UStG auch dann anzuwenden, wenn er eine Ferienwohnung oder ein Ferienhaus im eigenen Namen aber für fremde Rechnung vermarktet. Es kommt für die umsatzsteuerrechtliche Beurteilung nicht auf die zivilrechtlichen Leistungsbeziehungen, sondern auf die tatsächliche Leistungserbringung an.

Diese Sichtweise verändert nicht die **Besteuerungsfolgen des Eigentümers** der Ferienwohnung. Bei ihm ergeben sich die folgenden Rechtsfolgen:

- Es liegt eine Leistung im Zusammenhang mit einem Grundstück vor, der Leistungsort ist immer dort, wo das Grundstück liegt, § 3a Abs. 3 Nr. 1 Buchst. a UStG.
- Soweit die Leistung im Inland ausgeführt wurde, handelt es sich um eine steuerpflichtige (kurzfristige) Vermietung, eine Steuerbefreiung liegt nicht vor, § 4 Nr. 12 Satz 2 UStG.
- Als kurzfristige Vermietung für Beherbergungszwecke unterliegt der Umsatz dem ermäßigten Steuersatz nach § 12 Abs. 2 Nr. 11 UStG von 7 %.

Erhebliche Auswirkungen hat die Regelung auf die **Leistung und den Vorsteuerabzug des eingeschalteten Unternehmers**. Bei ihm ergeben sich die folgenden Rechtsfolgen:

- Es liegt keine Leistung im Zusammenhang mit einem Grundstück vor, eine Reiseleistung ist nach § 25 Abs. 1 i. V. m. § 3a Abs. 1 UStG immer dort ausgeführt, wo der leistende Unternehmer sein Unternehmen betreibt.
- Wird die Reisevorleistung im Drittlandsgebiet in Anspruch genommen (z. B. Dienstleistungskommission bei einem im Drittlandsgebiet belegenen Mietobjekt), ist die Reiseleistung nach § 25 Abs. 2 UStG steuerfrei.
- Soweit die Reiseleistung steuerbar und steuerpflichtig ist, unterliegt nur die Differenz zwischen dem vom Reisenden erhaltenen Entgelt und den Reisevorleistungen der Umsatzbesteuerung.
- Die Reiseleistung unterliegt immer dem Regelsteuersatz von 19 %.
- Der Unternehmer ist nicht zum Vorsteuerabzug berechtigt, § 25 Abs. 4 UStG.
- Der Unternehmer muss in seiner Rechnung auf die Reiseleistung hinweisen, § 14a Abs. 6 UStG.

Der BFH (Beschl. v. 3.8.2017 – V R 60/16, BStBl II 2018, 37) hatte Zweifel, ob in diesen Fällen tatsächlich eine Reiseleistung vorliegen kann. Er hatte deshalb den EuGH angerufen, um zu entscheiden, ob diese Fälle unter § 25 UStG fallen oder nicht. Darüber hinaus sollte der EuGH darüber entscheiden – wenn eine Reiseleistung vorliegen sollte –, ob die Marge nur dem ermäßigten Steuersatz unterliegt. Der **EuGH** (Urt. v. 19.12.2018 – C-552/17, Alpenchalets Resorts GmbH, UR 2019, 72) ist insoweit der Finanzverwaltung gefolgt und hat die Leistung des eingeschalteten Unternehmers – obwohl nur eine Leistung vorliegt – als Reiseleistung nach § 25 UStG angesehen. Die Anwendung des ermäßigten Steuersatzes kommt für den EuGH bei Anwendung der Margenbesteuerung nicht in Betracht.

2. Leistungskommission bei Telekommunikationsdienstleistungen

Im Zusammenhang mit der Einführung neuer Regelungen zur Besteuerung der elektronischen Dienstleistungen, der Telekommunikationsleistungen und der Rundfunk- und Fernsehdienstleistungen im Gemeinschaftsgebiet ist mit Wirkung zum **1.1.2015** in § 3 Abs. 11a UStG eine Fiktion der Leistungskommission eingeführt worden. Danach gilt, dass ein Unternehmer als in eigenem Namen und für fremde Rechnung handelnd gilt, wenn er in die Erbringung einer sonstigen Leistung eingeschaltet ist, die über ein **Telekommunikationsnetz**, eine Schnittstelle oder ein Portal erbracht wird. In diesen Fällen gilt die sonstige Leistung als an den eingeschalteten Unternehmer ausgeführt und gleichzeitig als von ihm an den Leistungsempfänger erbracht. Die **Finanzverwaltung** hat zu diesen gesetzlichen Regelungen noch keine Hinweise in den UStAE aufgenommen.

Hintergrund der Regelung war die Vereinfachung bei Abwicklungen über insbesondere Telekommunikationsnetze, wenn ein Unternehmer unter Einschaltung eines Telekommunikationsnetzbetreibers Leistungen an Endverbraucher erbringt (z. B. Download von Apps). Da der leistende Unternehmer im Regelfall nicht weiß, wer der Endabnehmer ist und wo dieser ansässig ist, wird hier eine Leistungskette (leistender Unternehmer – Telekommunikationsdienstleister – Endverbraucher) fingiert.

Hinweis: Keine Anwendung in bestimmten Fällen

Die Fiktion gilt allerdings dann nicht, wenn der Anbieter der sonstigen Leistung von dem Unternehmer aufgrund der vertraglichen Vereinbarung als leistender Unternehmer benannt wird und der leistende Unternehmer und die sonstige Leistung in den von jedem an der Erbringung beteiligten Unternehmer und dem Leistungsempfänger ausgestellten oder verfügbar gemachten Rechnungen angegeben sind; allerdings gibt es von dieser Ausnahme wiederum Rückausnahmen, vgl. § 3 Abs. 11a Satz 3 UStG.

Der EuGH (Urt. v. 28.2.2023 – C-695/20, Fenix International Ltd., UR 2023, 410) hat die unionsrechtliche Vereinbarkeit der Regelung des Art. 9a Abs. 1 MwStVO i. V. m. Art. 28 MwStSystRL (in Deutschland § 3 Abs. 11a UStG) bestätigt. Fraglich war, ob eine Plattform (hier OnlyFans) Leistungen (gegen Gebühr) an die Influencer erbrachte und die Influencer an die Benutzer leisteten (so der Kläger) oder ob der Influencer die Leistung an die Plattform und die Plattform die gesamte Leistung an den Benutzer ausführte. Der EuGH hat die fiktive Leistungskette Influencer–Plattform–Benutzer bejaht. Die Regelung des Art. 9a Abs. 1 MwStVO verstößt nicht gegen Unionsrecht. Der Influencer führt damit seine Leistung an die Plattform aus, dies ist dann eine sonstige Leistung, deren Ort sich nach der allgemeinen B2B-Grundregelung des § 3a Abs. 2 UStG richtet und dort ausgeführt ist, wo der leistungsempfangende Unternehmer (die Plattform) ansässig ist. Ist die Plattform in einem anderen Mitgliedstaat ansässig, geht dort die Steuerschuldnerschaft nach Art. 196 MwStSystRL (in Deutschland § 13b Abs. 1 UStG) auf den Leistungsempfänger über. Die Plattform leistet dann (insgesamt) an die Benutzer – soweit diese Nichtunternehmer sind, ergibt sich im Gemeinschaftsgebiet der Ort nach § 3a Abs. 5 UStG dort, wo der Leistungsempfänger ansässig ist, die Leistung kann in diesem Fall von der Plattform über den One-Stop-Shop (§ 18j UStG) besteuert werden, wenn die Nutzer in anderen Mitgliedstaaten ansässig sind.

Hinweis: Anpassungsbedarf für Influencer

In der Praxis müssen die Besteuerungsgrundsätze bei den Influencern als auch bei den Plattformen überprüft werden. Dabei haben es die Influencer einfacher: Sie führen B2B-Leistungen am Sitzort des Leistungsempfängers aus – ggf. verbunden mit der Anwendung des Reverse-Charge-Verfahrens. Die Plattformen müssen ihre Leistungen – soweit von Leistungen gegenüber Nichtunternehmern ausgegangen wird – dort besteuern, wo die Leistungsempfänger ansässig sind (zumindest in der EU). Die Umsatzsteuer wird dort von der Plattform geschuldet und muss dann im Rahmen der individuellen Veranlagung oder über das One-Stop-Shop-Verfahren abgewickelt werden.

Da die Fiktion der Dienstleistungskommission erst **zum 1.1.2015 in § 3 Abs. 11a UStG** aufgenommen wurde, ergeben sich die Konsequenzen daraus auch erst für Leistungen, die ab dem 1.1.2015 ausgeführt wurden.

3. Steuerfreiheit bei Besorgungsleistungen

Kulturelle Veranstaltungen und der **Verkauf von Eintrittskarten für kulturelle Veranstaltungen** können unter den Voraussetzungen des **§ 4 Nr. 20 Buchst. a UStG steuerfrei** sein. Werden Eintrittskarten für solche Veranstaltungen im Rahmen einer **Dienstleistungskommission** veräußert, war umstritten, ob die Steuerbefreiung auch für die vom Dienstleistungskommissionär erbrachte Besorgungsleistung gilt. Der BFH (BFH, Urt. v. 25.4.2018 – XI R 16/16, BStBl I 2021, 457) hatte dann entschieden, dass in dem Fall, in dem der einen Hotelservice anbietende Unternehmer im eigenen Namen, jedoch für Rechnung des ihn jeweils beauftragenden Hotelgastes **Eintrittskarten, die zum Besuch einer Oper berechtigen**, besorgt, eine Besorgungsleistung i. S. d. § 3 Abs. 11 UStG vorliegt, die steuerfrei ist, wenn die Umsätze der Oper der Steuerbefreiungsvorschrift des § 4 Nr. 20 Buchst. a Satz 1 UStG unterliegen.

Hinweis: Personenbezogene Merkmale sind gesondert zu berücksichtigen

Die Finanzverwaltung vertritt aber weiterhin die Auffassung, dass **personenbezogene Merkmale** der an der Leistungskette Beteiligten gesondert zu beurteilen sind und nicht auf andere Unternehmer übertragen werden können; dies erscheint auch systematisch zutreffend zu sein.

Die **Finanzverwaltung hat Abschn. 3.15 Abs. 3 UStAE** um einen Hinweis auf das Urteil des BFH ergänzt (BMF, Schreiben v. 9.6.2021, BStBl I 2021, 780).

UStAE 3.16. Leistungsbeziehungen bei der Abgabe werthaltiger Abfälle

(1) [1]Beauftragt ein Abfallerzeuger oder -besitzer einen Dritten mit der ordnungsgemäßen Entsorgung seines Abfalls, erbringt der Dritte mit der Übernahme und Erfüllung der Entsorgungspflicht eine sonstige Leistung im Sinne von § 3 Abs. 9 UStG, sofern der Entsorgung eine eigenständige wirtschaftliche Bedeutung zukommt. [2]Ist dem zur Entsorgung überlassenen Abfall ein wirtschaftlicher Wert beizumessen (sog. werthaltiger Abfall), liegt ein tauschähnlicher Umsatz (Entsorgungsleistung gegen Lieferung des Abfalls) – ggf. mit Baraufgabe – vor, wenn nach den übereinstimmenden Vorstellungen der Vertragspartner

- der überlassene Abfall die Höhe der Barvergütung für die Entsorgungsleistung oder
- die übernommene Entsorgung die Barvergütung für die Lieferung des Abfalls

beeinflusst hat (vgl. Abschnitt 10.5 Abs. 2). **[3]Ein tauschähnlicher Umsatz ist mangels einer der Entsorgungsleistung gegenüberstehenden Lieferung nicht anzunehmen, wenn ein Unternehmer nicht mehr nutzbaren, gefährlichen Abfall zum ausschließlichen Zweck der gesetzlich angeordneten Verwertung zur Rückgewinnung/Regenerierung von Abfällen übernimmt (vgl. BFH-Urteil vom 18.04.2024 – V R 7/22, BStBl II S. 60).**

Entsorgungsleistung von eigenständiger wirtschaftlicher Bedeutung

(2) [1]Eine Entsorgungsleistung von eigenständiger wirtschaftlicher Bedeutung liegt vor, wenn Vereinbarungen über die Aufarbeitung oder Entsorgung der Abfälle getroffen wurden. [2]Nicht ausreichend ist, dass sich der Entsorger allgemein zur Einhaltung abfallrechtlicher Normen (z. B. Einhaltung vorgeschriebener Verwertungsquoten) verpflichtet hat oder ein Entsorgungsnachweis ausgestellt wird. [3]Leistet der Entsorger dem Abfallerzeuger oder -besitzer eine Vergütung für den gelieferten Abfall, ohne dass der Entsorgungsleistung eine eigenständige wirtschaftliche Bedeutung zukommt, ist von einer bloßen Abfalllieferung durch den Abfallerzeuger/-besitzer an den Entsorger auszugehen. [4]Haben Abfälle einen positiven Marktwert und werden sie unmittelbar in Produktionsprozessen z. B. als Roh- oder Brennstoff eingesetzt, steht im Falle ihrer Veräußerung nicht die Entsorgungsleistung im Vordergrund, selbst wenn die Stoffe ihre Abfalleigenschaft noch nicht verloren haben. [5]Gleiches gilt für bereits sortenrein gesammelte Produktionsabfälle. [6]Auch beim Handel mit derartigen Produkten liegt keine Entsorgungsleistung vor.

Beeinflussung der Barvergütung

(3) Auch wenn der Entsorgungsleistung eine eigenständige wirtschaftliche Bedeutung zukommt, ist aus Vereinfachungsgründen eine zum tauschähnlichen Umsatz führende Beeinflussung der Barvergütung durch den überlassenen Abfall grundsätzlich nur anzunehmen,

1. wenn die Beteiligten ausdrücklich hierauf gerichtete Vereinbarungen getroffen, also neben dem Entsorgungsentgelt einen bestimmten Wert für eine bestimmte Menge der überlassenen Abfälle vereinbart haben, oder
2. die wechselseitige Beeinflussung auf Grund der getroffenen Vereinbarungen offensichtlich ist. Hiervon ist nur in folgenden Fällen auszugehen:
   a) [1]Es wird vertraglich die Anpassung des ursprünglich ausdrücklich vereinbarten Entsorgungsentgelts an sich ändernde Marktverhältnisse für den übernommenen Abfall ausbedungen (sog. Preisanpassungsklauseln). [2]Preisanpassungsklauseln, die nur Auswirkungen für zukünftige Umsätze haben, sind insoweit ohne Bedeutung.

   Beispiel 1:

   [1]Unternehmer U1 übernimmt gegenüber dem Reifenservice R die Entsorgung von Altreifen. [2]R zahlt U1 einen Preis von 2,– € je übernommenen Altreifen. [3]Bei einer Veränderung des Preisindexes von Stahl oder Gummigranulat im Vergleich zu den Verhältnissen bei Vertragsabschluss sind beide Beteiligten berechtigt, diesen Preis um 50 % der Indexveränderung anzupassen.

b) Das nach Art und Menge bestimmte Entsorgungsentgelt ändert sich in Abhängigkeit von der Qualität der überlassenen Abfälle.

Beispiel 2:

[1]Unternehmer U2 übernimmt gegenüber dem Bauunternehmer B die Entsorgung von Baustellenmischabfällen. [2]Die Beteiligten vereinbaren einen Grundpreis von 250,– € je Fuhre, welcher sich ab einem bestimmten Metall- und Folienanteil im Abfall um 50,– € reduziert.

c) Es wird eine (Mehr-)Erlösverteilungsabrede getroffen.

Beispiel 3:

[1]Unternehmer U3 übernimmt gegenüber dem Reifenhersteller R die Entsorgung von Fehlproduktionen und Materialresten für 80,– € je Tonne. [2]Die Beteiligten verabreden, dass R an den von U3 bei der Veräußerung von daraus gewonnenem Gummigranulat und Stahl erzielten Erlösen zu 25 % beteiligt wird.

Vereinfachungsregelung

(4) Sofern in den unter Absatz 3 Nr. 2 genannten Fällen weder die Barvergütung einen Betrag von 50,– € je Umsatz noch die entsorgte Menge ein Gewicht von 100 kg je Umsatz übersteigt, ist das Vorliegen eines tauschähnlichen Umsatzes aus Vereinfachungsgründen nicht zu prüfen.

Beispiel 1:

[1]U1 übernimmt die Entsorgung des bei der Buchhaltungsfirma B anfallenden Altpapiers. [2]Er entsorgt dort eine Menge von max. 20 kg Altpapier und berechnet hierfür 10,– €. [3]Da die für B entsorgte Menge das Gewicht von 100 kg je Abholung nicht übersteigt und die Entgelte hierfür 50,– € je Abholung nicht übersteigen, ist es aus Vereinfachungsgründen nicht zu beanstanden, wenn die Beteiligten keinen tauschähnlichen Umsatz angenommen und nur die Entsorgungsleistung des U1 der Besteuerung unterworfen haben.

Beispiel 2:

[1]U2 betreibt einen Abholservice für bestimmten Schrott und unbrauchbare Haushaltsgeräte, wie Waschmaschinen, Wäschetrockner und Geschirrspüler. [2]Er bietet seinen Service privaten Haushalten kostenlos an. [3]Daneben führt er unentgeltlich Altkleidersammlungen in Wohngebieten durch. [4]Soweit das Gewicht des Abfalls je Abholung und Haushalt 100 kg nicht übersteigt, ist es aus Vereinfachungsgründen nicht zu beanstanden, wenn die Beteiligten ohne weitere Prüfung nur eine Entsorgungsleistung annehmen, die jedoch mangels Entgelt nicht steuerbar ist.

Einzelfälle

(5) Ein tauschähnlicher Umsatz liegt insbesondere nicht vor,

1. im Falle sog. Umleersammeltouren (z. B. Leerung von Altpapiertonnen, Austausch bzw. Leerpumpen von Altölsammelbehältern), bei denen die Menge des im Einzelfall abgelieferten Abfalls und seine Zusammensetzung und Qualität nicht festgestellt werden; hier ist davon auszugehen, dass eine wechselseitige Beeinflussung von Barvergütung und Entsorgungsleistung und damit ein tauschähnlicher Umsatz nicht vorliegt.
2. in den Fällen, in denen die Werthaltigkeit von zur Entsorgung überlassenen Abfällen erst später festgestellt werden kann, ohne dass sich hierdurch Auswirkungen auf die Höhe der Vergütung bereits getätigter Umsätze ergeben; eine Berücksichtigung der Werthaltigkeit der Abfälle beim Abschluss zukünftiger Entsorgungsverträge ist für bereits ausgeführte Umsätze unschädlich.
3. wenn Nebenerzeugnisse oder Abfälle im Rahmen von Gehaltslieferungen im Sinne des § 3 Abs. 5 UStG zurückgenommen werden; hier fehlt es an einer Lieferung von Abfall.

Beispiel 1:

[1]U1 liefert zum Preis von 4,10 € je Dezitonne Zuckerrüben an die Zuckerfabrik Z und behält sich die Rückgabe der bei der Zuckerproduktion anfallenden Rübenschnitzel für Fütterungszwecke vor. [2]Es handelt sich lediglich um eine (Gehalts-)Lieferung des U1 an Z (Entgelt 4,10 € je Dezitonne). [3]Z erbringt keine Lieferung von Abfall in Form von Rübenschnitzeln, weil diese nicht am Leistungsaustausch teilgenommen haben und somit nicht Gegenstand der Gehaltslieferung des U1 geworden sind.

4. [1]wenn das angekaufte Material ohne weitere Behandlung marktfähig (z. B. an einer Rohstoffbörse handelbar) ist, auch keiner gesetzlichen Entsorgungsverpflichtung mehr unterliegt und damit seine Eigenschaft als Abfall verloren hat. [2]Da in diesem Fall das Material nur noch den Status eines normalen Handelsguts hat, kann davon ausgegangen werden, dass ggf. erforderliche Transport- oder Sortierleistungen ausschließlich im eigenen unternehmerischen Interesse des Erwerbers ausgeführt werden und keine Entsorgungsleistung vorliegt.

Beispiel 2:

[1]U2 erwirbt von verschiedenen Entsorgern unsortierte Altbleche, welche er nach Reinigung und Zerkleinerung einer elektrolytischen Entzinnung unterzieht. [2]Das dabei gewonnene Eisen veräußert U2 an Stahlbearbeitungsbetriebe, das anfallende Zinn an Zinnhütten. [3]Bei dem von U2 aus dem Altblechabfall zurückgewonnenen Zinn und Eisen handelt es sich um Rohstoffe für die weiterverarbeitende Industrie, die keiner gesetzlichen Entsorgungspflicht (mehr) unterliegen und deshalb nicht als Abfall anzusehen sind. [4]Zwischen U2 und seinen Abnehmern finden keine tauschähnlichen Umsätze, sondern ausschließlich Rohstofflieferungen statt.

5. wenn bei der Entsorgung der Abfälle die werthaltigen Bestandteile (z. B. Edelmetalle) im Eigentum des Abfallerzeugers verbleiben und Barvergütungen für diese Entsorgungsleistungen gesondert abgerechnet werden.

(6) Für die Annahme eines tauschähnlichen Umsatzes ist es nicht erforderlich, dass beide Beteiligte Unternehmer sind bzw. die Abgabe des Abfalls im unternehmerischen Bereich erfolgt; dies ist jedoch für die ggf. erforderliche gegenseitige Rechnungsstellung sowie für die Steuerschuldnerschaft nach § 13b Abs. 2 Nr. 7 in Verbindung mit Abs. 5 Satz 1 UStG von Bedeutung, wenn der überlassene Abfall zu den Gegenständen im Sinne der Anlage 3 zum UStG gehört (vgl. Abschnitt 13b.4).

(7) [1]Im Falle eines tauschähnlichen Umsatzes ist der Wert des hingegebenen Abfalls Bemessungsgrundlage für die erbrachte Entsorgungsleistung. [2]Bemessungsgrundlage für die Lieferung des Abfalls ist der Wert der Gegenleistung (Entsorgungsleistung). [3]Baraufgaben sind zu berücksichtigen; eine ggf. enthaltene Umsatzsteuer ist stets herauszurechnen (vgl. Abschnitt 10.5). [4]Der maßgebliche Zeitpunkt für die Ermittlung des Wertes der gelieferten Abfälle ist der Zeitpunkt der Übergabe an den Entsorger. [5]Dabei ist nicht auf die einzelnen Inhaltsstoffe abzustellen, d. h. der Wert muss dem Abfall im Zeitpunkt der Überlassung als solchem zukommen. [6]Spätere Bearbeitungsschritte (Bündelung, Sortierung, Aufbereitung usw.) durch den Entsorger sind bei der Wertermittlung außer Betracht zu lassen. [7]Es bestehen keine Bedenken, dem zwischen den Beteiligten vereinbarten Wert der zur Entsorgung übergebenen Abfälle auch für umsatzsteuerrechtliche Zwecke zu folgen, sofern dieser Wert nicht offensichtlich unzutreffend erscheint.

(8) [1]Verändert sich der Marktpreis für die zu entsorgenden Abfälle nach Abschluss des Entsorgungs- und Liefervertrags, hat dies zunächst keine Auswirkung auf die Ermittlung der Bemessungsgrundlagen für die tauschähnlichen Umsätze und die Rechnungsstellung. [2]Für diese Zwecke ist vielmehr so lange auf den im Zeitpunkt des Vertragsabschlusses maßgeblichen Wert abzustellen, bis dieser durch eine Vertragsänderung oder durch Änderung der Bemessungsgrundlage, z. B. auf Grund einer vereinbarten Preisanpassungsklausel oder einer vereinbarten Mehr- oder Mindererlösbeteiligung, angepasst wird.

Anmerkung

1. Grundlagen

Abschn. 3.16 UStAE nimmt im Wesentlichen die Grundsätze aus dem **BMF-Schreiben v. 20.9.2012**, BStBl I 2012, 944 auf, die mit Schreiben v. 21.11.2013 (BStBl I 2013, 1584) in den UStAE aufgenommen worden sind. Danach ist grundsätzlich auf die **vertraglichen Vereinbarungen** der Beteiligten abzustellen.

Ob dies – insbesondere im Zusammenhang mit der Ermittlung der Bemessungsgrundlage in solchen Fällen – mit der **Rechtsprechung des EuGH** in Einklang zu bringen ist, kann fraglich sein. Der EuGH (Urt. v. 10.1.2019 – C-410/17, A Oy, UR 2019, 222) hat dazu Folgendes festgestellt:

1. Ein **Abbruchvertrag**, nach dem der Abbruchunternehmer verpflichtet ist, Abbrucharbeiten durchzuführen, und, soweit der Abbruchabfall Metallschrott enthält, diesen weiterverkauft werden darf, stellt eine Dienstleistung dar, die gegen Entgelt erbracht wird. In diesem Fall werden Abbrucharbeiten und eine Lieferung von Gegenständen gegen Entgelt (Lieferung des Metallschrotts) ausgeführt. Dies zumindest dann, wenn der Erwerber dieser Lieferung einen Wert beimisst, den er bei der Festlegung des Preises, zu dem er die Abbrucharbeiten anbietet, berücksichtigt. Die Lieferung des Abbruchabfalls unterliegt allerdings nur dann der Mehrwertsteuer, wenn sie von einem Steuerpflichtigen als solchem erbracht wird.
2. Ein **Vertrag über den Kauf zur Demontage** stellt eine Lieferung dar, wenn der Erwerber – ein Abbruchunternehmen – im Rahmen dieses Vertrags ein Objekt zur Demontage kauft und sich bei Vertragsstrafe verpflichtet, dieses Objekt innerhalb einer in dem Vertrag festgelegten Frist abzureißen oder zu demontieren und abzutransportieren sowie den dabei anfallenden Abfall zu entsorgen (hier wird der zu demontierenden Gegenstand geliefert, der der Mehrwertsteuer nur unterliegt, wenn ein Steuerpflichtiger als solcher diese Lieferung tätigt). Soweit der Erwerber verpflichtet ist, diesen Gegenstand abzureißen oder zu demontieren und abzutransportieren sowie den dabei anfallenden Abfall zu entsorgen, und damit spezifisch den Bedürfnissen des Verkäufers Rechnung trägt, umfasst dieser Vertrag darüber hinaus eine Erbringung von Dienstleistungen gegen Entgelt, nämlich die Durchführung von Abbruch- oder Demontage- und Entsorgungsarbeiten, wenn der Erwerber diesen Arbeiten einen Wert beimisst, den er in dem von ihm angebotenen Preis als Faktor berücksichtigt, der den Kaufpreis des zu demontierenden Gegenstands mindert.

2. Entsorgung von Gefahrstoffen

Der BFH (Urt. v. 18.4.2024 – V R 7/22, BFH/NV 2024, 1301) musste zur Frage des tauschähnlichen Umsatzes bei Überlassung von **gefährlichen Abfallstoffen** zur Entsorgung entscheiden. Der BFH hat dabei festgestellt, dass ein Unternehmer, der gefährlichen Abfall zum ausschließlichen Zweck der gesetzlich angeordneten Entsorgung nach einem in Anlage 2 des Kreislaufwirtschaftsgesetzes genannten Verwertungsverfahren zur Rückgewinnung/Regenerierung von Abfällen übernimmt, lediglich eine Entsorgungsdienstleistung vornimmt. Die Annahme eines tauschähnlichen Umsatzes kommt mangels Lieferung des gefährlichen Abfalls an den Unternehmer nicht in Betracht. Hieran ändert sich auch nichts dadurch, dass der Unternehmer einen möglichen Verkaufspreis von Stoffen, die er durch die spätere Verwertung des gefährlichen Abfalls gewinnen und wieder verkaufen kann, kalkulatorisch als Preisnachlass zugunsten der Kunden berücksichtigt.

> **Hinweis: Keine Lieferung der gefährlichen Stoffe**
>
> Der tauschähnliche Umsatz mit Baraufgabe setzt nach § 3 Abs. 12 Satz 2 UStG voraus, dass sonstige Leistungen nicht nur durch eine Geldzahlung, sondern zusätzlich durch eine Lieferung oder sonstige Leistung vergütet werden. Hieran fehlt es in dem Fall der Entsorgung von gefährlichen Abfällen (anders noch FG München, Urt. v. 27.4.2022 – 3 K 843/19).

Der BFH weist ausdrücklich darauf hin, dass das der Leistungserbringung zugrunde liegende Rechtsverhältnis zwischen dem Leistenden und dem Leistungsempfänger ausschließlich auf die Erbringung einer Entsorgungsleistung, nicht aber auch auf eine Lieferung an die Klägerin gerichtet war. Die Übergabe der gefährlichen Abfälle (der verunreinigten Chemikalien) ausschließlich zum **Zweck der gesetzlich angeordneten Entsorgung** nach einem in Anlage 2 des KrWG genannten Verwertungsverfahren zur

Rückgewinnung/Regenerierung von Abfällen stellte lediglich eine untergeordnete Handlung zum Erhalt der Entsorgungsleistung dar, da sie notwendig war, um die Entsorgungsleistung durchführen zu können. Eine eigenständige Lieferung i.S.d. § 3 Abs. 1 UStG ist in der Übergabe des gefährlichen Abfalls nach Maßgabe des zugrunde liegenden Rechtsverhältnisses nicht zu sehen.

Die Finanzverwaltung hat schnell auf das Urteil des BFH reagiert (BMF-Schreiben v. 15.1.2025, BStBl I 2025, 274) und einen neuen Abschn. 3.16 Abs. 1 Satz 3 UStAE eingeführt. Für die Praxis wird es durch die Entscheidung des BFH aber nicht einfacher. Die **Entsorgung von werthaltigen Rest- und Abfallstoffen** vollzieht sich davon unabhängig weiterhin im Rahmen eines **tauschähnlichen Umsatzes**. Nur wenn es sich um solche **gefährlichen, nicht mehr nutzbaren Abfälle** handelt, liegt unabhängig von eventuellen werthaltigen Bestandteilen **ausschließlich eine Entsorgungsleistung des Abfallentsorgers** vor. In der Praxis ist in den Fällen der Entsorgung gefährlicher Abfallstoffe ggf. schon in den **Entsorgungsverträgen** darauf hinzuweisen, dass **keine Lieferung** von werthaltigen Stoffen damit verbunden ist.

UStAE 3.17. Einzweck- und Mehrzweck-Gutscheine

Definition und Abgrenzung von Gutscheinen

(1) [1]Gutscheine im Sinne des § 3 Abs. 13 UStG sind solche Instrumente, die vom Berechtigten ganz oder teilweise anstelle einer regulären Geldzahlung als Gegenleistung zur Einlösung gegen Gegenstände oder sonstige Leistungen verwendet werden können. [2]Diese Instrumente können körperlicher Art sein (z.B. Papierdokumente oder Plastikkarten) oder in elektronischer Form bestehen. [3]Ein Gutschein im Sinne des § 3 Abs. 13 UStG kann auch dann vorliegen, wenn der auf dem Gutschein aufgedruckte Nennwert nicht zur vollständigen Begleichung der Leistung ausreicht und der Gutscheininhaber im Zeitpunkt der Inanspruchnahme des Gutscheins eine Zuzahlung leisten muss. [4]§ 3 Abs. 13 UStG findet keine Anwendung bei Instrumenten, die den Inhaber lediglich zu einem Preisnachlass oder zu einer Preiserstattung beim Erwerb von Gegenständen oder Dienstleistungen berechtigen, aber nicht das Recht verleihen, solche Gegenstände oder sonstige Leistungen auch tatsächlich zu erhalten (vgl. § 3 Abs. 13 Satz 2 UStG, Abschnitt 17.2). [5]Gutscheine für Warenproben oder Muster lösen grundsätzlich kein Entgelt aus und stellen keinen Gutschein im Sinne des § 3 Abs. 13 UStG dar. [6]Briefmarken, Fahrscheine, Eintrittskarten für Kinos und Museen sowie vergleichbare Instrumente fallen ebenfalls nicht in den Anwendungsbereich des § 3 Abs. 13 UStG. [7]Kann das Zahlungsinstrument jederzeit und voraussetzungslos gegen den ursprünglich gezahlten bzw. den noch nicht verwendeten Betrag zurückgetauscht werden, ist von einer Guthabenkarte im Unterschied zu einer Gutscheinkarte und damit von einem bloßen Zahlungsmittel auszugehen. [8]Ein Zahlungsdienst im Sinne der Richtlinie (EU) 2015/2366 des Europäischen Parlaments und des Rates vom 25. November 2015 über Zahlungsdienste im Binnenmarkt, zur Änderung der Richtlinien 2002/65/EG, 2009/110/EG und 2013/36/EU und der Verordnung (EU) Nr. 1093/2010 sowie zur Aufhebung der Richtlinie 2007/64/EG gilt auch nicht als Gutschein im Sinne des § 3 Abs. 13 UStG. [9]Aussteller des Gutscheins ist derjenige, der den Gutschein im eigenen Namen ausgestellt hat. [10]Der Verkauf eines Gutscheins zwischen Unternehmern wird im Folgenden als Übertragung bezeichnet. [11]Der Verkauf eines Gutscheins an Kunden wird im Folgenden als Ausgabe bezeichnet.

Einzweck-Gutscheine i. S. d. § 3 Abs. 14 UStG

(2) [1]Ein Einzweck-Gutschein nach § 3 Abs. 14 Satz 1 UStG ist dadurch gekennzeichnet, dass der Ort der Lieferung oder sonstigen Leistung, zu deren Bezug der Gutschein berechtigt, sowie die geschuldete Umsatzsteuer, bei dessen Ausgabe bzw. erstmaliger Übertragung durch den Aussteller des Gutscheins feststehen. [2]Für die Annahme eines Einzweck-Gutscheins ist die Identität des leistenden Unternehmers anzugeben sowie die Leistung dahingehend zu konkretisieren, dass der steuerberechtigte Mitgliedstaat und der auf die Leistung entfallende Steuersatz und damit der zutreffende Steuerbetrag mit Sicherheit bestimmt werden können. [3]Zudem muss zur zutreffenden Bestimmung des Orts der sonstigen Leistung, deren Ortsbestimmung vom Status des Empfängers abhängt, feststehen, ob der Leistungsempfänger ein Unternehmer ist und diese für sein Unternehmen bezieht. [4]Der Leistungsgegenstand muss für die Annahme eines Einzweck-Gutscheins zumindest im Hinblick auf die Gattung des jeweiligen Leistungs-

gegenstands auf dem Gutschein angegeben sein. [5]Unter Gattung ist in diesem Zusammenhang die Gesamtheit von Arten von Waren oder sonstigen Leistungen zu verstehen, die in ihren wesentlichen Eigenschaften derart übereinstimmen, dass hieraus der zutreffende Steuersatz eindeutig bestimmbar ist. [6]Der Gutschein soll vom Aussteller sichtbar als Einzweck-Gutschein gekennzeichnet werden. [7]Grundlage dieser Kennzeichnung ist die rechtliche Einordnung des Gutscheins durch den leistenden Unternehmer. [8]Auf die rechtliche Einordnung und die darauf basierende Kennzeichnung dürfen der Aussteller des Gutscheins sowie die nachfolgenden Unternehmer der Leistungskette vertrauen. [9]Dies gilt nicht, soweit die Unternehmer der Leistungskette Kenntnis hatten oder nach der Sorgfalt eines ordentlichen Kaufmannes hätten Kenntnis haben müssen, dass die rechtliche Einordnung bzw. die Kennzeichnung des Gutscheins als Einzweck-Gutschein zu Unrecht erfolgt ist.

Beispiel 1:

[1]Eine Parfümerie mit mehreren Filialen in Deutschland gibt einen Gutschein zur Einlösung gegen alle im Sortiment befindlichen Parfümartikel im Wert von 20 € an einen Kunden für 20 € aus. [2]Der Gutschein ist in einer beliebigen Filiale der Parfümerie in Deutschland einlösbar. [3]Es handelt sich um einen Einzweck-Gutschein. [4]Der Leistungsort ist in entsprechender Anwendung des § 3 Abs. 7 Satz 1 UStG hinsichtlich des steuerberechtigten Mitgliedstaates hinreichend bestimmt (= Deutschland). [5]Somit kann die geschuldete Umsatzsteuer bei Ausgabe des Gutscheins ermittelt werden.

[10]Es kann sich auch dann um einen Einzweck-Gutschein handeln, wenn der Gutschein zum Bezug mehrerer, genau bezeichneter Einzelleistungen berechtigt. [11]In diesen Fällen ist der Gesamtbetrag im jeweiligen Verhältnis der Einzelleistungen aufzuteilen.

Beispiel 2:

[1]Ein Restaurant in München gibt im Januar 01 einen Gutschein im Wert von 150 € (2 Essen im Restaurant inklusive zwei alkoholfreie Getränke für 2 Personen im Wert von 100 € sowie das Buch „Der Restaurant-Guide“ im Wert von 50 €; der Restaurantgutschein berechtigt ausschließlich zum Verzehr an Ort und Stelle) zu einem Preis von 100 € an eine Privatperson aus. [2]Der Gutschein wird im April 01 vom Gutscheininhaber in diesem Restaurant eingelöst. [3]Es handelt sich um einen Einzweck-Gutschein. [4]Das Restaurant muss in diesem Fall den erhaltenen Gesamtbetrag von 100 € im Verhältnis 100/150 zu 19 % und 50/150 zu 7 % aufteilen.

[12]Die Umsatzsteuer für die durch den Einzweck-Gutschein geschuldete Leistung entsteht bei Besteuerung nach vereinbarten Entgelten im Zeitpunkt der Ausgabe des Gutscheins. [13]Wird ein Gutschein vor Ausgabe an einen anderen Unternehmer übertragen, entsteht die Umsatzsteuer insoweit im Übertragungszeitpunkt. [14]Die spätere Gutscheineinlösung, also die tatsächliche Lieferung bzw. Leistungserbringung, ist für die umsatzsteuerliche Würdigung nicht mehr relevant, da diese nicht als unabhängiger Umsatz gilt. [15]Sollte eine Zuzahlung durch den Gutscheininhaber bei Einlösung des Gutscheins erfolgen, so ist lediglich die bislang noch nicht versteuerte Differenz zu versteuern.

Beispiel 3:

[1]Ein Kunde A erwirbt anlässlich einer Werbeaktion im Januar 01 beim örtlichen Elektroeinzelhändler B in Cottbus einen Gutschein im Wert von 50 € für 40 €. [2]Der Gutschein berechtigt zum Erwerb eines Elektroartikels in dem Geschäft des B. [3]A erwirbt im April 01 ein Lautsprecher-System bei B im Gesamtwert von 350 € und begleicht den Rechnungsbetrag unter Anrechnung seines Gutscheins im Wert von 50 € durch die Zuzahlung von 300 € in bar. [4]Es handelt sich um einen Einzweck-Gutschein. [5]Die Bemessungsgrundlage für den Umsatz des B beträgt gem. § 10 Abs. 1 Satz 1 UStG im Zeitpunkt der Ausgabe des Gutscheins im Januar 01 40 € abzüglich USt. [6]Im April 01 hat B noch einen Umsatz in Höhe von 300 € abzüglich USt zu versteuern.

Einzweck-Gutscheine in Vertriebsketten (Handeln im eigenen Namen)

(3) [1]Stellt der leistende Unternehmer einen Einzweck-Gutschein aus und überträgt ihn auf einen anderen Unternehmer, der ihn im eigenen Namen an den Kunden ausgibt, gilt auch der ausgebende Unternehmer als Leistender der auf dem Gutschein bezeichneten Leistung. [2]Maßgeblicher Zeitpunkt für die Besteuerung der Leistungsfiktion des leistenden Unternehmers an den ausgebenden Unternehmer ist

derjenige, in dem der ausstellende und leistende Unternehmer den Gutschein an den ausgebenden Unternehmer überträgt. [3]Maßgeblicher Zeitpunkt für die Besteuerung der Leistungsfiktion des ausgebenden Unternehmers ist die Ausgabe des Gutscheins an den Kunden; dies gilt unabhängig davon, ob der ausgebende Unternehmer im eigenen Namen, aber für fremde Rechnung auftritt oder ob er im eigenen Namen und für eigene Rechnung tätig wird.

Beispiel 1:

[1]A ist Fahrradhersteller und überträgt im Januar 01 an den Gutscheinhändler B 10 Gutscheine über E-Bikes im Wert von jeweils 3 500 € für jeweils 2 500 €. [2]B gibt einen der Gutscheine im März 01 im eigenen Namen an den Radfahrer R zum Preis von 3 000 € aus. [3]R löst den Gutschein bei A im April 01 ein. [4]A hat im Januar 01 einen Umsatz von 25 000 € abzüglich USt zu versteuern. [5]B hat im März 01 einen Umsatz von 3 000 € abzüglich USt zu versteuern.

[4]Stellt ein Unternehmer im eigenen Namen einen Einzweck-Gutschein mit der versprochenen Leistung aus, erbringt die darin bezeichnete Leistung jedoch nicht selbst, wird der spätere Leistungserbringer so behandelt, als habe er die in dem Gutschein genannte Leistung an den Gutscheinaussteller erbracht. [5]Maßgeblicher Zeitpunkt der Leistungsfiktion und damit der Besteuerung beider Leistungen ist der Zeitpunkt der Ausgabe des Gutscheins an den Kunden. [6]Der Gutscheinaussteller muss dem letztendlich leistenden Unternehmer zur fristgerechten Versteuerung mitteilen, zu welchem Zeitpunkt und in welcher Höhe Einzweck-Gutscheine an Kunden ausgegeben wurden.

Beispiel 2:

[1]Der Unternehmer B betreibt ein Gutscheinportal, auf dem er Gutscheine anbietet, mit denen Fahrräder des Herstellers A erworben werden können. [2]A und B haben im Januar 01 vereinbart, dass B die E-Bike-Gutscheine jeweils im Wert von 3 500 € für 3 000 € an Kunden ausgibt. [3]B hat an A für jeden ausgegebenen Gutschein 2 500 € weiterzuleiten. [4]B verkauft einen der Gutscheine im April 01 im eigenen Namen an den Radfahrer R. [5]R löst den Gutschein bei A im Juni 01 ein. [6]A und B haben ihren Umsatz jeweils im April 01 zu versteuern, A in Höhe von 2 500 € abzüglich USt und B in Höhe von 3 000 € abzüglich USt.

Einzweck-Gutscheine in Vertriebsketten (Handeln im fremden Namen)

(4) [1]Gibt ein Unternehmer einen Einzweck-Gutschein im fremden Namen aus, wird er nicht Teil der Leistungskette. [2]Vielmehr gilt die Ausgabe des Gutscheins an den Kunden als Leistung desjenigen, in dessen Namen der Unternehmer handelt. [3]Der ausgebende Unternehmer muss dem leistenden Unternehmer zur fristgerechten Versteuerung mitteilen, zu welchem Zeitpunkt Einzweck-Gutscheine an Kunden ausgegeben wurden, da der leistende Unternehmer zu diesem Zeitpunkt die fiktiv erbrachte Leistung zu versteuern hat. [4]Der leistende Unternehmer hat als Bruttowert den vom Vermittler vereinnahmten Preis anzusetzen. [5]Der ausgebende Unternehmer erbringt eine Vermittlungsleistung (vgl. Abschnitt 3.7).

Beispiel:

[1]Der Unternehmer B betreibt ein Gutscheinportal, auf dem er Büchergutscheine im Namen und für Rechnung des Buchhändlers A anbietet. [2]Diese Gutscheine können in dem Buchladen des A eingelöst werden. [3]B hat mit A vereinbart, im Falle eines ausgegebenen Gutscheins 20 % des Gutscheinwerts als Vermittlungsprovision einzubehalten und den Rest an A weiterzuleiten. [4]B erstellt gegenüber A monatliche Abrechnungen über die veräußerten Gutscheine und gibt diese zusammen mit seiner eigenen Provisionsabrechnung an A weiter. [5]Kunde C erwirbt im Januar 01 einen Büchergutschein des A auf der Internetseite des B. [6]C bezahlt hierfür 10 € an B. [7]A muss im Januar 01 für den Verkauf eines Buchs 10 € abzüglich 7 % USt versteuern. [8]B muss für die Vermittlung des Gutscheins 2 € abzüglich 19 % USt versteuern.

Bestimmung des Leistungsorts bei Einzweck-Gutscheinen

(5) [1]Berechtigt der Einzweck-Gutschein den Leistungsempfänger zum Bezug einer Lieferung nach § 3 Abs. 1 UStG, so bestimmt sich der Ort der fiktiven Lieferung aufgrund fehlender Warenbewegung im Zeitpunkt der Ausgabe bzw. erstmaligen Übertragung in entsprechender Anwendung des § 3 Abs. 7

Satz 1 UStG. [2]Die Anwendung der Steuerbefreiung nach § 4 Nr. 1 Buchstabe a oder b UStG kommt daher nicht in Betracht. [3]Bezieht sich die Ausgabe bzw. erstmalige Übertragung eines Einzweck-Gutscheins auf die Erbringung einer sonstigen Leistung nach § 3 Abs. 9 UStG, so bestimmt sich der Leistungsort im Zeitpunkt der Ausgabe bzw. erstmaligen Übertragung nach den allgemeinen Regelungen des § 3 a Abs. 1 – vorbehaltlich der Absätze 2 bis 8 – sowie der §§ 3 b und 3 e UStG. [4]Für eine genaue Ortsbestimmung bei der Ausgabe bzw. erstmaligen Übertragung eines Einzweck-Gutscheins muss daher bei sonstigen Leistungen, deren Ortsbestimmung vom Status des Empfängers abhängt, feststehen, ob der Empfänger der sonstigen Leistung ein Unternehmer ist und diese für sein Unternehmen bezieht. [5]Abschnitt 3 a.2 Abs. 11 a gilt entsprechend. [6]Handelt ein Unternehmer bei der Ausgabe bzw. Übertragung eines Einzweck-Gutscheins erkennbar im Namen des ausstellenden oder eines übertragenden Unternehmers, wird er nicht Teil der Leistungskette, sondern erbringt im Zeitpunkt der Ausgabe bzw. Übertragung eine Vermittlungsleistung. [7]Der Ort dieser Vermittlungsleistung bestimmt sich nach den allgemeinen Regelungen des § 3 a Abs. 2 UStG.

Bemessungsgrundlage bei Einzweck-Gutscheinen

(6) [1]Wird ein Einzweck-Gutschein entgeltlich übertragen bzw. ausgegeben, bestimmt sich die Bemessungsgrundlage nach den allgemeinen Vorschriften des § 10 Abs. 1 UStG.

Beispiel 1:

[1]Kunde C erwirbt einen Büchergutschein bei Händler B für die Buchhandlung des A. [2]Der Gutschein hat einen Wert von 60 €. [3]Er wird für 50 € verkauft. [4]Damit beträgt die Bemessungsgrundlage des B 50 € abzüglich USt, also 46,73 €.

[2]Diese Grundsätze gelten auch in Vertriebsketten, bei denen jeder Unternehmer die Gutscheine im eigenen Namen überträgt bzw. ausgibt. [3]Bemessungsgrundlage ist auf jeder Stufe das vereinbarte Entgelt.

Beispiel 2:

[1]Unternehmer A überträgt im Januar 01 einen Büchergutschein für 80 € an Unternehmer B. [2]A verzichtet auf Vorgaben zum Endverkaufspreis der Gutscheine. [3]B bietet den Gutschein im eigenen Namen für 90 € inklusive Umsatzsteuer an. [4]B gibt den Gutschein im April 01 an einen Kunden aus. [5]A muss den Umsatz von 80 € abzüglich USt im Januar 01 versteuern. [6]B muss den Umsatz von 90 € abzüglich USt im April 01 versteuern.

[4]Bei der unentgeltlichen Übertragung bzw. Ausgabe eines Einzweck-Gutscheins ist aufgrund der fiktiven Leistung bei Vorliegen der allgemeinen Voraussetzungen von einer unentgeltlichen Wertabgabe auszugehen. [5]Bemessungsgrundlage ist nach § 10 Abs. 4 Satz 1 UStG der im Zeitpunkt der Übertragung bzw. Ausgabe maßgebende Einkaufspreis, subsidiär der Selbstkostenpreis.

Nichteinlösung von Einzweck-Gutscheinen

(7) [1]Sollte ein Einzweck-Gutschein vom Gutscheininhaber nicht (innerhalb der Gültigkeitsdauer) eingelöst werden und somit verfallen, ergeben sich hieraus allein keine weiteren umsatzsteuerlichen Folgen, da die ursprüngliche Leistung bereits bei Übertragung bzw. Ausgabe des Gutscheins als erbracht gilt und demzufolge in diesem Zeitpunkt zu versteuern ist. [2]Eine Änderung der Bemessungsgrundlage nach § 17 Abs. 1 UStG kommt nur dann in Betracht, wenn das Entgelt ausnahmsweise zurückgezahlt wird.

Beispiel 1:

[1]Kunde A kauft beim Unternehmer B am 31. 01. 01 einen in seinem Bekleidungsgeschäft in Stuttgart einzulösenden Gutschein für Textilien in Höhe von 50 € für 40 €. [2]Der Gutschein unterliegt der regelmäßigen Verjährung. [3]A löst den Gutschein bis zum 31. 12. 04 nicht ein. [4]B hat im Januar 01 eine fiktive Lieferung in Höhe von 40 € abzüglich USt zu versteuern. [5]Die Nichteinlösung führt nicht zu einer Minderung der Bemessungsgrundlage.

Beispiel 2:

[1]Der Unternehmer G betreibt ein Gutscheinportal, auf dem er Gutscheine verschiedener Unternehmen im fremden Namen anbietet. [2]Privatperson A erwirbt im Januar 01 einen Gutschein des Unter-

nehmers B im Wert von 100 € für einen Fallschirmsprung und bezahlt hierfür 100 € an G. [3]G hat mit B vereinbart, im Falle eines veräußerten Gutscheins 20 % des Gutscheinwerts als Vermittlungsprovision einzubehalten und den Rest an B weiterzuleiten. [4]B hat im Januar 01 für den Verkauf des Gutscheins 100 € abzüglich USt zu versteuern, soweit er seine Umsätze nach vereinbarten Entgelten versteuert. [5]G muss im Januar 01 20 € abzüglich USt versteuern. [6]G hat in seinen Allgemeinen Geschäftsbedingungen mit den einzelnen Unternehmern, so auch mit B, geregelt, den vereinnahmten Gutscheinpreis abzüglich der Vermittlungsprovision erst bei Einlösung des Gutscheins auszuschütten. [7]Hierfür muss B dem G innerhalb einer bestimmten Frist mitteilen, wann ein Kunde seinen Gutschein eingelöst hat. [8]Erfolgt diese Mitteilung nicht oder wird der Gutschein nicht eingelöst, werden die von G vereinnahmten Gelder nicht an B weitergeleitet. [9]A löst seinen Gutschein nicht ein. [10]Zu einer Rückzahlung des Gutscheinwerts kommt es nicht. [11]Eine Änderung der Bemessungsgrundlage nach § 17 Abs. 1 UStG kommt daher für die fiktiv erbrachte Leistung des B an A nicht in Betracht. [12]G hat den bei ihm verbleibenden Betrag in Höhe von 80 € abzüglich USt als zusätzliches Entgelt für die an B erbrachte Vermittlungsleistung zu versteuern. [13]Der Vorsteuerabzug des B in Bezug auf die Vermittlungsleistung des G erhöht sich entsprechend.

Remonetarisierbarkeit von Einzweck-Gutscheinen

(8) [1]Wird ein Einzweck-Gutschein zurückgegeben und erhält der Kunde den Gutscheinwert ausnahmsweise zurückerstattet, so wird der ursprüngliche Umsatz rückgängig gemacht. [2]Die Umsatzsteuer ist nach § 17 Abs. 2 Nr. 3 UStG beim Gutscheinaussteller, beim leistenden Unternehmer sowie ggf. beim Kommissionär zu berichtigen.

Mehrzweck-Gutscheine i. S. d. § 3 Abs. 15 UStG

(9) [1]Ein Mehrzweck-Gutschein liegt dann vor, wenn zum Zeitpunkt der Übertragung bzw. Ausgabe des Gutscheins der Ort der Leistung und/oder der leistende Unternehmer und/oder der Leistungsgegenstand noch nicht endgültig feststehen und daher die geschuldete Umsatzsteuer nicht bestimmbar ist. [2]Bei einem Mehrzweck-Gutschein gilt die Lieferung der Gegenstände oder die Erbringung der sonstigen Leistung erst im Zeitpunkt der tatsächlichen Erbringung der Leistung als erbracht. [3]Die Ausgabe eines Mehrzweck-Gutscheins und alle bis dahin erfolgten Übertragungen sind steuerlich unbeachtlich. [4]Es handelt sich insbesondere auch dann um einen Mehrzweck-Gutschein, wenn sich der Gutschein gegen Leistungen eintauschen lässt, die dem ermäßigten oder dem Regelsteuersatz unterliegen. [5]In diesen Fällen lässt sich die geschuldete Umsatzsteuer zum Zeitpunkt der Gutscheinübertragung oder Ausgabe noch nicht abschließend bestimmen. [6]Der Gutschein soll vom Aussteller sichtbar als Mehrzweck- Gutschein gekennzeichnet werden. [7]Grundlage dieser Kennzeichnung ist die rechtliche Einordnung des Gutscheins durch den leistenden Unternehmer. [8]Auf die rechtliche Einordnung und die darauf basierende Kennzeichnung dürfen der Aussteller des Gutscheins sowie die nachfolgenden übertragenden und der ausgebende Unternehmer der Leistungskette vertrauen. [9]Dies gilt nicht, soweit die Unternehmer der Leistungskette Kenntnis hatten oder nach der Sorgfalt eines ordentlichen Kaufmannes hätten Kenntnis haben müssen, dass die rechtliche Einordnung bzw. die Kennzeichnung des Gutscheins als Mehrzweck-Gutschein zu Unrecht erfolgt ist.

Beispiel 1:

[1]Eine Parfümerie mit europaweiten Filialen veräußert einen Gutschein zur Einlösung gegen alle im Sortiment befindlichen Parfümerieartikel im Wert von 20 € an einen Kunden für 20 €. [2]Der Gutschein kann in einer beliebigen Filiale eingelöst werden. [3]In diesen Fällen steht im Zeitpunkt der Ausgabe des Gutscheins noch nicht abschließend fest, in welchem Mitgliedstaat der Gutschein eingelöst wird. [4]Demzufolge steht die gesetzlich geschuldete Umsatzsteuer zu diesem Zeitpunkt noch nicht fest. [5]Es handelt sich um einen Mehrzweck-Gutschein.

Beispiel 2:

[1]Ein Kunde erwirbt in einem Kaufhaus in München im Rahmen einer Werbeaktion einen Gutschein im Wert von 50 € für 45 €. [2]Der Gutschein berechtigt den Kunden, diesen sowohl in der Lebensmittel- als auch in der Haushaltsgeräteabteilung einzulösen. [3]Es handelt sich um einen Mehrzweck-Gut-

schein, da sich zum Zeitpunkt der Gutscheinausgabe zwar der Leistungsort (München), nicht aber die geschuldete Umsatzsteuer bestimmen lässt.

Mehrzweck-Gutscheine in Vertriebsketten (Handeln im fremden und im eigenen Namen)

(10) [1]Die Übertragung und Ausgabe eines Mehrzweck-Gutscheins in der Vertriebskette stellt lediglich einen Tausch von Zahlungsmitteln dar. [2]Der erkennbar im Namen des ausstellenden/ übertragenden Unternehmers handelnde Vermittler erbringt im Zeitpunkt der Übertragung und Ausgabe eine grundsätzlich steuerbare Vermittlungsleistung. [3]Eine grundsätzlich steuerbare Leistung an den ausstellenden/übertragenden Unternehmer liegt auch dann vor, wenn die Mittelperson Gutscheine im eigenen Namen ausgibt.

Beispiel:

[1]Eine deutsche Parfümerie A überträgt Gutscheine im Wert von jeweils 50 € im Januar 01 an den Unternehmer B zum Preis von jeweils 40 €. [2]Mit den Gutscheinen können sowohl Waren, die dem Regelsteuersatz, als auch Waren, die dem ermäßigten Steuersatz unterliegen, erworben werden. [3]A und B vereinbaren, dass B die Gutscheine im eigenen Namen zum Preis von 45 € an Kunden ausgibt. [4]B gibt im Februar 01 einen Gutschein an den Kunden C aus. [5]C löst den Gutschein im April 01 ein und erwirbt eine Ware zum Regelsteuersatz. [6]B hat im Februar 01 einen Umsatz in Höhe von 5 € abzüglich USt zu versteuern. [7]A hat im April 01 einen Umsatz von 45 € abzüglich USt zu versteuern.

Bestimmung des Leistungsorts bei Mehrzweck-Gutscheinen

(11) [1]Bei einem Mehrzweck-Gutschein unterliegt erst bei dessen Einlösung die tatsächliche Lieferung oder die tatsächliche Erbringung der sonstigen Leistung der Umsatzsteuer; über diese Leistung ist dann nach den allgemeinen Regelungen abzurechnen. [2]Die Ausgabe eines Mehrzweck-Gutscheins und alle bis dahin erfolgten Übertragungen sind umsatzsteuerlich unbeachtlich. [3]Richtet sich der Mehrzweck-Gutschein auf die Ausführung einer Lieferung, so bestimmt sich der Ort der Lieferung nach den allgemeinen Bestimmungen (§ 3 Abs. 5a UStG). [4]Richtet sich der Mehrzweck-Gutschein auf die Erbringung einer sonstigen Leistung, so bestimmt sich der Ort der sonstigen Leistung nach den Vorschriften des § 3a Abs. 1 UStG vorbehaltlich der Absätze 2 bis 8 und der §§ 3b und 3e UStG. [5]Handelt ein Unternehmer bei der Ausgabe oder der Übertragung von Mehrzweck-Gutscheinen erkennbar im Namen des ausstellenden/übertragenden Unternehmers, erbringt er als Vermittler im Zeitpunkt der Übertragung und Ausgabe eine grundsätzlich steuerbare Vermittlungsleistung. [6]Der Ort der Vermittlungsleistung bestimmt sich nach § 3a Abs. 2 UStG.

Beispiel:

[1]F hat als Franchisegeber in Deutschland ein erfolgreiches Franchisesystem im Fast-Food-Bereich aufgebaut. [2]Gutscheinportal G stellt Gutscheine im fremden Namen für F und seine Franchisenehmer aus. [3]Der Gutschein berechtigt zum Erwerb von zwei Burgern zum Preis von einem Burger. [4]Der Gutschein kann bei F und seinen Franchisenehmern eingelöst werden. [5]F und G haben vereinbart, dass G die Gutscheine für den Preis von 2 € an Kunden ausgibt und hierfür eine Vergütung in Höhe von jeweils 0,50 € für seine Vermittlungsleistung erhalten soll. [6]G erstellt gegenüber F monatliche Abrechnungen über die Anzahl der ausgegebenen Gutscheine. [7]Kunde K erwirbt Ende April 01 bei G einen solchen Gutschein zum Preis von 2 € und löst ihn im Juni 01 beim Franchisenehmer N ein. [8]Es handelt sich um einen Mehrzweck-Gutschein, weil sowohl die Identität des leistenden Unternehmers als auch der **Steuersatz** zum Zeitpunkt der Ausgabe des Gutscheins noch nicht feststehen. [9]G erbringt eine Vermittlungsleistung an F, welche im April 01 in Deutschland (vgl. § 3a Abs. 2 UStG) bei Übergabe an den Kunden als ausgeführt gilt und hat diese in Höhe von 0,50 € abzüglich USt zu versteuern. [10]N hat im Juni 01 für den Verkauf der Burger 2 € abzüglich USt zu versteuern.

Bemessungsgrundlage bei Mehrzweck-Gutscheinen

(12) [1]Die Bemessungsgrundlage bei Mehrzweck-Gutscheinen bestimmt sich nach den Regelungen in § 10 Abs. 1 Satz 2 UStG. [2]Wird ein Mehrzweck-Gutschein, der über Vertriebsketten übertragen wurde, vom Gutscheininhaber eingelöst und liegen beim leistenden Unternehmer im Zeitpunkt der Einlösung

keine Angaben über die Höhe der vom Kunden an den letzten Unternehmer in der Vertriebskette gezahlten Gegenleistung vor, bemisst sich das Entgelt nach § 10 Abs. 1 Satz 6 UStG. [3]Haben der leistende Unternehmer und der gutscheinausgebende Unternehmer keine Vereinbarungen über die Höhe der Vergütung für die Vermittlungsleistung getroffen, ergibt sich diese aus der Differenz zwischen dem Gutscheinausgabepreis und dem Einkaufspreis des gutscheinausgebenden Unternehmers.

Beispiel 1:

[1]Der Unternehmer B erwirbt im Buch- und Geschenkartikelladen des A in München einen Gutschein über einen Wert von 20 € für 10 €. [2]Mit den Gutscheinen können sowohl Waren, die dem Regelsteuersatz, als auch Waren, die dem ermäßigten Steuersatz unterliegen, erworben werden. [3]B verkauft den Gutschein für 15 € an den Kunden C weiter. [4]C löst den Gutschein ein und erwirbt eine Ware im Wert von 20 € zum Regelsteuersatz. [5]Kennt A den Verkaufspreis von B an C, beträgt die Bemessungsgrundlage für die erworbene Ware 15 € abzüglich USt. [6]Kennt A den Verkaufspreis nicht, beträgt die Bemessungsgrundlage 20 € abzüglich USt. [7]Es ist somit möglich, dass eine Umsatzsteuerbelastung beim leistenden Unternehmer A verbleibt.

Beispiel 2:

[1]Der Unternehmer B erwirbt im April 01 im Buch- und Geschenkartikelladen des A in München 10 Gutscheine über einen Wert von jeweils 20 € für 100 €. [2]Mit den Gutscheinen können sowohl Waren, die dem Regelsteuersatz, als auch Waren, die dem ermäßigten Steuersatz unterliegen, erworben werden. [3]A und B vereinbaren, dass die Gutscheine im Rahmen einer Werbeaktion höchstens für jeweils 15 € an Kunden ausgegeben werden. [4]B gibt einen der Gutscheine im Mai 01 für 14 € an den Kunden C aus. [5]C löst den Gutschein im Juni 01 bei A ein und erwirbt eine Ware im Wert von 20 € zum Regelsteuersatz. [6]Indem A dem B einen maximalen Verkaufspreis an den Kunden vorgegeben hat, ist dieser Preis für die Ermittlung der Bemessungsgrundlage zugrunde zu legen, da er dem leistenden Unternehmer A bekannt ist. [7]A hat im Juni 01 einen Umsatz in Höhe von 15 € abzüglich USt zu versteuern. [8]Aufgrund der Vorgabe des maximalen Verkaufspreises ist für die Bemessungsgrundlage weder der Wert des Gutscheins noch der tatsächliche Verkaufspreis, sondern der vorgegebene maximale Verkaufspreis maßgebend. [9]B hat im Mai 01 für seine Vermittlungsleistung 4 € abzüglich USt zu versteuern. [10]Das ergibt sich aus der Differenz zwischen dem Gutscheinausgabepreis in Höhe von 14 € und dem Einkaufspreis des B in Höhe von 10 €.

[4]Bei der unentgeltlichen Übertragung bzw. Ausgabe eines Mehrzweck-Gutscheins ist im Zeitpunkt der tatsächlichen Erbringung der Leistung bei Vorliegen der allgemeinen Voraussetzungen von einer unentgeltlichen Wertabgabe auszugehen. [5]Dies gilt auch in dem Fall, in dem der leistende Unternehmer einen anderen Unternehmer mit der unentgeltlichen Ausgabe eines Gutscheins beauftragt. [6]Die Bemessungsgrundlage ist nach den allgemeinen Regelungen in § 10 Abs. 4 Satz 1 UStG zu bestimmen. [7]Gibt ein Unternehmer, der nicht personenidentisch mit dem leistenden Unternehmer ist, einen Mehrzweck-Gutschein aus eigener Entscheidung für unternehmensfremde (private) Zwecke unentgeltlich aus, handelt es sich um eine Entnahme eines Zahlungsmittels, die nicht Gegenstand einer unentgeltlichen Wertabgabe ist. [8]Umsatzsteuerrelevant ist in diesen Fällen allein die tatsächliche Lieferung oder sonstige Leistung durch den die Leistung erbringenden Unternehmer an den Empfänger des unentgeltlich ausgegebenen Mehrzweck-Gutscheins. [9]Dieser Umsatz ist grundsätzlich mit dem Betrag zu bemessen, den der ausgebende Unternehmer beim Einkauf des Gutscheins aufgewendet hat (§ 10 Abs. 1 Satz 2 UStG). [10]Hat der die Leistung erbringende Unternehmer von diesem Betrag und der unentgeltlichen Gutscheinausgabe keine Kenntnis, ist die tatsächliche Lieferung oder sonstige Leistung nach § 10 Abs. 1 Satz 6 UStG mit dem Gutscheinwert zu versteuern.

Beispiel 3:

[1]Der Unternehmer A betreibt ein Hotel, in dem er am Wochenende ein Brunchbuffet anbietet. [2]A überträgt an den Unternehmer B, der ein Gutscheinportal betreibt, Gutscheine im Wert von jeweils 50 € für 25 €. [3]Die Gutscheine können sowohl für die Übernachtungsleistung als auch für das Buffet eingelöst werden. [4]B gibt einen Gutschein für unternehmensfremde (private) Zwecke an seinen Freund C unentgeltlich ab. [5]C löst den Gutschein bei A für eine Übernachtung ein. [6]Ist dem A bekannt, dass B den Gutschein unentgeltlich ausgegeben hat, so hat A im Zeitpunkt der Einlösung des Gutscheins die von B erhaltenen 25 € abzüglich USt zu versteuern. [7]Hat A keine Kenntnis von der

unentgeltlichen Gutscheinausgabe, richtet sich die Bemessungsgrundlage für seine an C erbrachte Leistung nach § 10 Abs. 1 Satz 6 UStG und beträgt damit 50 € abzüglich USt.

Nichteinlösung von Mehrzweck-Gutscheinen

(13) [1]Sollte ein Mehrzweck-Gutschein vom Gutscheininhaber nicht (innerhalb der Gültigkeitsdauer) eingelöst werden und somit verfallen, ergeben sich hieraus keine umsatzsteuerlichen Konsequenzen, da bei einem Mehrzweck-Gutschein die tatsächliche Leistungserbringung durch den leistenden Unternehmer erst in dem Zeitpunkt erfolgt, in dem der Gutschein eingelöst wird. [2]Die Nichteinlösung des Gutscheins hat allerdings Auswirkung auf die Bemessungsgrundlage einer Vermittlungsleistung, wenn der auf den leistenden Unternehmer entfallende Entgeltanteil bei Nichteinlösung beim Vermittler verbleibt und das Entgelt für die Vermittlungsleistung sich erhöht.

Beispiel:

[1]Der Unternehmer G betreibt ein Gutscheinportal, auf dem er Gutscheine verschiedener Unternehmen im fremden Namen anbietet. [2]Privatperson A erwirbt im Januar 01 einen Gutschein des Unternehmers B im Wert von 100 € für eine Übernachtung in einem seiner weltweit gelegenen Hotels und bezahlt hierfür 100 € an G. [3]G hat mit B vereinbart, im Falle eines veräußerten Gutscheins 20 % des Gutscheinwerts als Vermittlungsprovision einzubehalten und den Rest an B weiterzuleiten. [4]G muss im Januar 01 20 € abzüglich USt versteuern. [5]G hat in seinen Allgemeinen Geschäftsbedingungen mit den einzelnen Unternehmern, so auch mit B, geregelt, den vereinnahmten Gutscheinpreis abzüglich der Vermittlungsprovision erst bei Einlösung des Gutscheins auszuschütten. [6]Hierfür muss B dem G innerhalb einer bestimmten Frist mitteilen, wann ein Kunde seinen Gutschein eingelöst hat. [7]Erfolgt diese Mitteilung nicht oder wird der Gutschein nicht eingelöst, werden die von G vereinnahmten Gelder nicht an B weitergeleitet. [8]A löst seinen Gutschein nicht ein. [9]Den vereinnahmten Gutscheinpreis erhält B von G nicht. [10]G hat den bei ihm verbleibenden Betrag in Höhe von 80 € abzüglich USt als zusätzliches Entgelt für die an B erbrachte Vermittlungsleistung zu versteuern. [11]Der Vorsteuerabzug des B in Bezug auf die Vermittlungsleistung des G erhöht sich entsprechend. [12]B erbringt keine Leistung und hat somit auch keinen Umsatz zu versteuern.

Remonetarisierbarkeit von Mehrzweck-Gutscheinen

(14) Wird ein Mehrzweck-Gutschein zurückgegeben und erhält der Kunde ausnahmsweise den Gutscheinwert zurückerstattet, so ergeben sich hieraus keine umsatzsteuerlichen Auswirkungen, da lediglich ein Rücktausch von Zahlungsmitteln erfolgt.

Anmerkung

1. Nationale Gesetzeslage

Zum 1.1.2019 sind in allen Mitgliedstaaten der Europäischen Union die schon 2016 **unionsrechtlich beschlossenen** (Richtlinie (EU) 2016/1065 des Rates v. 27.6.2016, ABl EU 2016, L 177/9) Vorschriften für Gutscheine in nationale Regelungen (Gesetz zur Vermeidung von Umsatzsteuerausfällen beim Handel von Waren im Internet und zur Änderung weiterer steuerlicher Vorschriften v. 11.12.2018, BGBl. I 2018, 2338) aufgenommen worden. Die Vorgaben wurden dabei **national zum 1.1.2019** gesetzlich wie folgt umgesetzt:

- In **§ 3 Abs. 13 UStG** ist eine **allgemeine Definition** der Gutscheine aufgenommen worden.
- In **§ 3 Abs. 14 UStG** ist der sog. „**Einzweck-Gutschein**" mit Voraussetzungen und Rechtsfolgen geregelt worden.
- In **§ 3 Abs. 15 UStG** ist der sog. „**Mehrzweck-Gutschein**" in Abgrenzung zum Einzweck-Gutschein mit seinen Rechtsfolgen geregelt worden.
- Zur zutreffenden **Bestimmung der Bemessungsgrundlage** ist ergänzend ein Hinweis in § 10 Abs. 1 Satz 6 UStG zur Ermittlung der Bemessungsgrundlage bei Mehrzweck-Gutscheinen eingefügt worden.

Hinweis: Erste nationale Entscheidung des EuGH ohne Aussagekraft

Der BFH (Beschl. v. 3.11.2022 – XI R 21/21, BFH/NV 2023, 485) hatte zur Frage der Abgrenzung eines sog. Einzweck-Gutscheins den EuGH angerufen, um klären zu lassen, ob ein Einzweck-Gutschein vorliegt, wenn zwar die Leistung aufgrund des Gutscheins sich in einem Mitgliedstaat befindet, eventuelle vorgelagerte (fiktive) Umsätze aber in einem anderen Mitgliedstaat ausgeführt werden. Der EuGH (Urt. v. 18.4.2024 – C-68/23, M-GbR, BFH/NV 2024, 1047) hat in seiner Entscheidung, in der Gutscheine zum Aufladen von Konten für deutsche Endkunden über mehrere – tlw. in anderen Mitgliedstaaten ansässige – B2B-Umsätze verkauft wurden, entschieden, dass die Einordnung als Einzweck-Gutschein nur von den gesetzlichen Voraussetzungen abhängig ist. Dazu muss der Ort der Leistung für die an den Endkunden zu erbringende Leistung und die daraus resultierende Umsatzsteuer (vom Steuersatz her) feststehen. Dass der Gutschein vorher noch unter Zwischenhändlern (B2B; evtl. auch EU-grenzüberschreitend) gehandelt wird, ist dafür unerheblich. Keine Aussage ergibt sich aus dem Urteil des EuGH, in welchem Staat die (vorgeschalteten) B2B-Umsätze aus dem Verkauf der Gutscheine erfasst werden.

Der BFH (Beschl. v. 25.6.2025 – XI R 14/24, BFH/NV 2025, 1718) hat in seinem Folgeurteil allgemeine Abgrenzungsgrundsätze vorgegeben: Ob ein Gutschein als Einzweck-Gutschein oder als Mehrzweck-Gutschein anzusehen ist, beurteilt sich nach den Verhältnissen zum Zeitpunkt der Ausstellung des Gutscheins. Es kommt bei dieser Beurteilung nicht darauf an, ob ein Gutschein nach seiner Ausgabe zwischen Steuerpflichtigen übertragen werden kann, die im eigenen Namen handeln und in anderen Mitgliedstaaten als demjenigen ansässig sind, in dem der Leistungsort liegt. Auch Veränderungen (z.B. bei Umzug des potenziellen Leistungsempfängers), die sich nach der erstmaligen Ausgabe des Gutscheins ergeben können, sind für die Beurteilung als Einzweck- oder Mehrzweck-Gutschein unbeachtlich, da es nur auf die Verhältnisse bei Ausgabe des Gutscheins ankommt.

1.1 Definition des Gutscheins

Als **Gutschein** wird in § 3 Abs. 13 UStG ein Instrument bezeichnet, bei dem die Verpflichtung besteht, es als vollständige oder teilweise Gegenleistung für eine Lieferung oder sonstige Leistung anzunehmen und bei dem der Leistungsgegenstand oder der Leistende in dem Gutschein oder anderen damit zusammenhängenden Unterlagen angegeben sind. Berechtigungen, die lediglich zu einer Preisermäßigung führen können (z. B. „Berechtigung, eine Ware 25 % billiger erwerben zu können“), stellen keine Gutscheine i. S. d. Regelung dar. Ein Gutschein liegt damit dann vor, wenn der Inhaber des Gutscheins berechtigt ist, ihn an **Zahlungs statt** zur Einlösung gegen Gegenstände oder sonstige Leistungen zu verwenden.

1.2 Einzweck-Gutschein

Ein **Einzweck-Gutschein** nach § 3 Abs. 14 UStG liegt vor, wenn der **Ort** der Lieferung oder der sonstigen Leistung, auf den sich der Gutschein bezieht, und die für diese **Umsätze geschuldete Steuer** zum Zeitpunkt der Ausstellung des Gutscheins feststehen. Damit müssen schon bei (Erst-)Ausgabe des Gutscheins alle notwendigen Informationen vorliegen, um die umsatzsteuerliche Behandlung der zugrundeliegenden Umsätze mit Sicherheit bestimmen zu können.

Hinweis: Leistungsort und Umsatzsteuer wichtig

Damit müssen zwei wesentliche Elemente für die Annahme eines Einzweck-Gutscheins im Zeitpunkt der Ausgabe des Gutscheins vorliegen: Leistungsort und Gegenstand der Leistung. Beide Voraussetzungen müssen entsprechend den umsatzsteuerrechtlichen Vorgaben umgesetzt werden.

Ort der Leistung: Der Ort einer Lieferung oder einer sonstigen Leistung bestimmt sich nach konkreten, auf die jeweilige Leistung abgestimmten gesetzlichen Regelungen. Sonderregelungen für die Erbringung einer Leistung unter Inanspruchnahme eines Gutscheins sind dem Umsatzsteuerrecht fremd. Damit muss darauf abgestellt werden, nach welchen gesetzlichen Regelungen sich der Ort der aufgrund des Gutscheins ausgeführten Leistung bestimmt. Da es im Ergebnis darauf ankommt, in welchem Land eine Umsatzsteuer entsteht, muss die örtliche Festlegung nur so exakt erfolgen, dass der Umsatz einem Land zugeordnet werden kann.

Probleme ergeben sich aber in den Fällen, in denen bei der Art der auszuführenden Leistungen in **Abhängigkeit des jeweiligen Leistungsempfängers** unterschiedliche Leistungsorte denkbar sind (z. B. auf elektronischem Weg erbrachte Leistungen sind dort ausgeführt, wo der Leistungsempfänger ansässig ist bei Leistungen gegenüber einem Unternehmer für dessen Unternehmen nach § 3 a Abs. 2 UStG, ansonsten nach § 3 a Abs. 5 UStG; abgesehen von einer in 2019 eingeführten Bagatellgrenze); Fernverkäufe in einen anderen Mitgliedstaat an Nichtunternehmer können am Wohnsitz des Leistungsempfängers ausgeführt sein, wenn der Lieferer die unionseinheitliche Umsatzschwelle übersteigt (§ 3 c UStG in der seit dem 1.7.2021 geltenden Fassung, bis 30.6.2021 Versandhandelsregelung). Zwar fingiert hier das Gesetz mit der Übertragung des Gutscheins schon die Ausführung der Leistung, diese Fiktion kann aber nicht gleichzeitig als sicherer Ort der Leistung für die Festlegung als Einzweck-Gutschein ausreichend sein. Der BFH (Beschl. v. 25.6.2025 – XI R 14/24, BFH/NV 2025, 1718) hat aber festgestellt, dass es ausschließlich auf die Verhältnisse zum Zeitpunkt der Ausgabe des Gutscheins ankommt.

Umsatzsteuer: Die Leistung, auf die sich der Gutschein bezieht, muss so genau definiert sein, dass sich die geschuldete Steuer schon bei Ausgabe des Gutscheins sicher ermitteln lässt. Auch hier ergeben sich in der Praxis viele Fragen, die sich allein aus der gesetzlichen Regelung nicht beantworten lassen. Die geschuldete Steuer hängt von diversen **systematischen Voraussetzungen** ab: Steuerbarkeit, Steuerpflicht, Steuersatz und auch die Frage, wer der Steuerschuldner für die Leistung ist, haben einen entscheidenden Einfluss auf die Höhe der Steuer. Zumindest muss – damit ein Einzweck-Gutschein vorliegen kann – die Steuer im Moment der Ausgabe des Gutscheins anhand der Angaben dieses Gutscheins eindeutig ermittelbar sein; spätere Veränderungen (z. B. im Rahmen der temporären Steuersatzabsenkung in 2020) können hier keinen Einfluss mehr haben.

Liegt ein Einzweck-Gutschein vor, ist die **Rechtsfolge** klar gesetzlich beschrieben: Es muss die sich aus dem Gutschein ergebende Leistung schon **abschließend** bei jeder Übertragung (Ausgabe oder Weiterverkauf) des Gutscheins der Besteuerung unterworfen werden. Die tatsächliche Ausführung der Leistung unterliegt dann nicht mehr der Umsatzsteuer.

Mit dieser Regelung **fingiert** der Gesetzgeber bei Ausgabe und jeder anschließenden Übertragung des Einzweck-Gutscheins die Ausführung der Leistung, auf die sich der Gutschein bezieht. Damit erfolgt **bei jeder Übertragung eine abschließende Besteuerung**, die auch nicht mehr an geänderte Verhältnisse (z. B. bei steigendem Steuersatz) anzupassen ist. Auch bei **Nichtausführung** der sich aus dem Gutschein ergebenden Leistung wird dic Besteuerung aus systematischen Gründen nicht rückgängig gemacht werden können.

In der gesetzlichen Regelung werden für bestimmte **Sondersituationen**, die bei Ausgabe solcher Gutscheine möglich sind, weitere Rechtsfolgen benannt:

- **Übertragung** eines Gutscheins **im Namen eines anderen**: Überträgt ein Unternehmer einen Gutschein im Namen eines anderen, gilt dies als Ausführung der Leistung, auf die sich der Gutschein bezieht, durch den Unternehmer, in dessen Namen die Übertragung erfolgt.
- **Ausführung der Leistung durch einen anderen** als den Aussteller des Gutscheins: Führt die in dem Gutschein versprochene Leistung ein Unternehmer aus, der den Gutschein nicht in eigenem Namen ausgestellt hat, wird der leistende Unternehmer so behandelt, als wenn er die Leistung an den Aussteller ausgeführt hat.

1.3 Mehrzweck-Gutschein

Jeder Gutschein i. S. d. § 3 Abs. 13 UStG, der kein Einzweck-Gutschein ist, ist nach der gesetzlichen Definition des § 3 Abs. 15 UStG ein Mehrzweck-Gutschein, soweit es sich überhaupt um einen Gutschein handelt. Damit gibt es keine eigenständige Definition des Mehrzweck-Gutscheins, er definiert sich als **Ausschlusstatbestand** zum Einzweck-Gutschein. Mehrzweck-Gutscheine werden deshalb immer dann vorliegen, wenn sich der Ort der Besteuerung und/oder die sich aus der Leistung ergebende Umsatzsteuer nicht sicher feststellen lassen.

Bei einem Mehrzweck-Gutschein ergeben sich bei **Ausgabe und Übertragung** des Gutscheins noch **keine umsatzsteuerrechtlichen Konsequenzen**, es handelt sich vielmehr um einen Umtausch von

Geld in eine andere Form eines Zahlungsmittels. Erst bei Einlösung des Gutscheins wird die tatsächlich ausgeführte Leistung der Umsatzsteuer unterworfen.

Da die **Besteuerung** erst in dem **Zeitpunkt der Ausführung der tatsächlichen Leistung** erfolgt und nur das der Besteuerung unterliegen soll, was der leistende Unternehmer für seine Leistung erhalten hat, hat der Gesetzgeber in § 10 Abs. 1 Satz 6 UStG eine **Fiktion zur Ermittlung der Bemessungsgrundlage** aufgenommen: Liegen bei Entgegennahme des Mehrzweck-Gutscheins keine Informationen darüber vor, was bei Ausgabe des Gutscheins dafür gezahlt worden war, wird die Bemessungsgrundlage ausgehend von dem Gutscheinwert ermittelt.

2. Umsetzung durch die Finanzverwaltung

Die Finanzverwaltung hat mit BMF, Schreiben v. 2.11.2020 (BStBl II 2020, 1121) nach knapp zwei Jahren erstmalig zu der Problematik der Gutscheine nach § 3 Abs. 13 ff. UStG Stellung genommen und dies in einen neuen, **14 Absätze** umfassenden, **Abschn. 3.17 UStAE** aufgenommen. Im Wesentlichen folgen die Ausführungen der gesetzlichen Vorgabe und gliedern sich wie folgt:

- Definition und Abgrenzung von Gutscheinen (Abschn. 3.17 Abs. 1 UStAE);
- Einzweck-Gutscheine i. S. d. § 3 Abs. 14 UStG (Abschn. 3.17 Abs. 2 UStAE);
- Einzweck-Gutscheine in Vertriebsketten (Handeln im eigenen Namen nach Abschn. 3.17 Abs. 3 UStAE und im fremden Namen nach Abschn. 3.17 Abs. 4 UStAE);
- Bestimmung des Leistungsorts bei Einzweck-Gutscheinen (Abschn. 3.17 Abs. 5 UStAE);
- Bemessungsgrundlage bei Einzweck-Gutscheinen (Abschn. 3.17 Abs. 6 UStAE);
- Nichteinlösung von Einzweck-Gutscheinen (Abschn. 3.17 Abs. 7 UStAE) bzw. Remonetarisierung (Abschn. 3.17 Abs. 8 UStAE);
- Mehrzweck-Gutscheine i. S. d. § 3 Abs. 15 UStG (Abschn. 3.17 Abs. 9 UStAE);
- Mehrzweck-Gutscheine in Vertriebsketten (Handeln im fremden Namen und im eigenen Namen nach Abschn. 3.17 Abs. 10 UStAE);
- Bestimmung des Leistungsorts bei Mehrzweck-Gutscheinen (Abschn. 3.17 Abs. 11 UStAE);
- Bemessungsgrundlage bei Mehrzweck-Gutscheinen (Abschn. 3.17 Abs. 11 UStAE);
- Nichteinlösung von Mehrzweck-Gutscheinen (Abschn. 3.17 Abs. 13 UStAE) bzw. Remonetarisierung (Abschn. 3.17 Abs. 14 UStAE).

2.1 Definition und Abgrenzung von Gutscheinen

Die Finanzverwaltung gibt im Wesentlichen die sich aus dem Gesetz ergebenden Rechtsfolgen wieder. Gutscheine müssen als Gegenleistung zur Einlösung bei Lieferungen oder sonstigen Leistungen eingesetzt werden können. Unbeachtlich ist, in welcher Form die Gutscheine vorliegen (auf Papier, als Plastikkarten oder in elektronischer Form). Ebenfalls unbeachtlich ist, ob der Gutschein ausreicht, um eine bestimmte Leistung in Anspruch nehmen zu können oder ob noch eine Zuzahlung erfolgen muss.

> **Hinweis: Abgrenzung von Gutscheinen**
>
> Keine Gutscheine i. S. d. Regelung sind Gutscheine, die nur zu einem Preisnachlass oder einer Preiserstattung führen – dies kann unter weiteren Bedingungen zu einer Änderung der Bemessungsgrundlage führen (vgl. Abschn. 17.2 UStAE). Ebenso sind Gutscheine für Proben oder Warenmuster keine Gutscheine.

Briefmarken, **Fahrscheine**, Eintrittskarten für Kinos und Museen o.ä. stellen keine Gutscheine i. S. d. § 3 Abs. 13 UStG dar. Zahlungsdienste (gemäß Richtlinie (EU) 2015/2366 des Europäischen Parlaments und des Rates v. 25.11.2015 über Zahlungsdienste im Binnenmarkt, ABl EU 2015, L 337/35; Kreditinstitute, Zahlungsabwickler etc.) stellen ebenfalls keine „Gutscheine“ dar. Zu unterscheiden ist auch die **Guthabenkarte** von einer **Gutscheinkarte**: Bei einer Guthabenkarte kann der ursprünglich gezahlte bzw. noch nicht verbrauchte Geldbetrag ohne weitere Voraussetzungen wieder zurückgetauscht werden; diese Guthabenkarte gilt ebenfalls nicht als Gutschein i. S. d. Regelung.

Abschließend gibt die Finanzverwaltung noch eine – sich nicht aus dem Gesetz ergebende – **verbale Abgrenzung** vor:

- **Übertragung** eines Gutscheins: Als Übertragung eines Gutscheins gilt der Verkauf eines Gutscheins zwischen Unternehmern.
- **Ausgabe** eines Gutscheins: Als Ausgabe eines Gutscheins gilt der Verkauf eines Gutscheins an einen Kunden.

2.2 Einzweck-Gutscheine i. S. d. § 3 Abs. 14 UStG

Über die sich aus dem Gesetz ergebenden Voraussetzungen für Einzweck-Gutscheine hinaus, stellt die Finanzverwaltung fest, dass für die Annahme eines Einzweck-Gutscheins die **Identität des leistenden Unternehmers** anzugeben ist sowie die Leistung dahingehend zu konkretisieren ist, dass der **steuerberechtigte Mitgliedstaat** und der auf die Leistung entfallende Steuersatz und damit der **zutreffende Steuerbetrag** mit Sicherheit bestimmt werden können.

Hinweis: Teilweise Status des Leistungsempfängers relevant

Soweit der Leistungsort vom Status des Leistungsempfängers abhängt, muss feststehen, ob der Leistungsempfänger ein Unternehmer ist und die Leistung für sein Unternehmen bezieht.

Weiterhin fordert die Finanzverwaltung – auch nicht unmittelbar aus dem Gesetz ableitbar –, dass für die Annahme eines Einzweck-Gutscheins der Leistungsgegenstand zumindest in Hinblick auf die **Gattung** angegeben sein muss. Unter Gattung ist die Gesamtheit von Arten von Waren oder sonstigen Leistungen zu verstehen, die in ihren **wesentlichen Eigenschaften** derart übereinstimmen, dass hieraus der zutreffende Steuersatz eindeutig bestimmbar ist.

Hinweis: Finanzverwaltung fordert Kennzeichnung

Der Gutschein „soll" vom Aussteller sichtbar als Einzweck-Gutschein gekennzeichnet sein. Auf diese vom leistenden Unternehmer vorzunehmende rechtliche Einordnung sollen alle nachfolgenden Unternehmer in einer Leistungskette vertrauen können, soweit sie nicht Kenntnis davon haben müssen, dass es sich nicht um einen Einzweck-Gutschein handelt. Diese Anforderung der Finanzverwaltung erscheint weder durch die Gesetzeslage gedeckt zu sein, noch lässt sich aus dem Schreiben erkennen, welche Rechtsfolgen sich ergeben würden, wenn diese Kennzeichnung nicht erfolgt.

Es kann sich auch dann um einen Einzweck-Gutschein handeln, wenn der Gutschein zum Bezug **mehrerer, genau bezeichneter Einzelleistungen** berechtigt. In diesen Fällen ist der Gesamtbetrag im jeweiligen Verhältnis der Einzelleistungen aufzuteilen.

Bei einem Einzweck-Gutschein **entsteht die Umsatzsteuer** bei Besteuerung nach vereinbarten Entgelten im **Zeitpunkt der Ausgabe des Gutscheins**, bei Übertragung an einen anderen Unternehmer im Übertragungszeitpunkt. Die Einlösung des Gutscheins führt zu keinen umsatzsteuerrechtlichen Konsequenzen. Bei einer Zuzahlung ist der Differenzbetrag der Besteuerung zu unterwerfen. Die Zuzahlung unterliegt jeweils dem **Steuersatz**, der im Zeitpunkt der Einlösung des Gutscheins für die erbrachte Leistung anzuwenden ist. Auf den Steuersatz, der bei der damaligen Ausgabe des Gutscheins galt, kommt es nicht an. Dies ist insbesondere im Zusammenhang mit der temporären Steuersatzabsenkung von Bedeutung.

2.3 Einzweck-Gutscheine in Vertriebsketten (Handeln im eigenen Namen und im fremden Namen)

Bei der Ausgabe von Einzweck-Gutscheinen in **Leistungsketten** muss unterschieden werden, ob der Gutschein in eigenem Namen oder in fremdem Namen ausgegeben wird.

Hinweis: Abgrenzung der unterschiedlichen Möglichkeiten

Stellt ein leistender Unternehmer einen Einzweck-Gutschein aus und überträgt ihn auf einen anderen Unternehmer, der ihn **im eigenen Namen** an den Kunden ausgibt, gilt auch der ausgebende

Unternehmer als Leistender der auf dem Gutschein bezeichneten Leistung. Gibt ein Unternehmer einen Einzweck-Gutschein **im fremden Namen** aus, wird er nicht Teil der Leistungskette.

Werden **Gutscheine von einem leistenden Unternehmer auf einen anderen Unternehmer übertragen**, der die Gutscheine an Kunden **im eigenen Namen ausgibt**, hat jeder Unternehmer entsprechend dem von ihm erzielten Kaufpreis im Zeitpunkt der jeweiligen Übertragung/Ausgabe des Gutscheins die Steuer anzumelden und abzuführen.

Wird eine in einem Einzweck-Gutschein versprochene Leistung nicht von dem Aussteller des Gutscheins selbst, sondern **von einem anderen Unternehmer erbracht**, wird der spätere Leistungserbringer so behandelt, als habe er die in dem Gutschein genannte Leistung an den Gutscheinaussteller erbracht. Maßgeblicher Zeitpunkt der Leistungsfiktion und damit der Besteuerung beider Leistungen ist der Zeitpunkt der Ausgabe des Gutscheins an den Kunden. Der **Gutscheinaussteller** muss dem leistenden Unternehmer zur fristgerechten Besteuerung mitteilen, zu welchem Zeitpunkt und in welcher Höhe Einzweck-Gutscheine an Kunden ausgegeben wurden.

Beim **Handeln im fremden Namen** gilt die Ausgabe des Gutscheins an den Kunden als Leistung desjenigen, in dessen Namen der Unternehmer handelt. Der ausgebende Unternehmer muss dem leistenden Unternehmer mitteilen, zu welchem Zeitpunkt Einzweck-Gutscheine an Kunden ausgegeben wurden, da der leistende Unternehmer zu diesem Zeitpunkt die Leistung im Rahmen der Leistungsfiktion zu versteuern hat. Der Unternehmer, der den Gutschein ausgibt, erbringt eine **Vermittlungsleistung**.

Beispiel: Einzweck-Gutschein in Vertriebskette

Portalbetreiber P veräußert im Namen und für Rechnung des Buchhändlers B aus Berlin Büchergutscheine. Im Januar veräußert P 20 Gutscheine für jeweils 50 €. Vereinbarungsgemäß leitet P die Einnahmen unter Abzug seiner Vermittlungsprovision von 25 % an B weiter.

B hat im Januar eine Bemessungsgrundlage von (1.000 € abzgl. 7 % USt =) 934,58 € und eine Umsatzsteuer (7 %) von 65,42 €. P, der vereinbarungsgemäß 250 € als Vermittlungsprovision einbehält, hat ebenfalls im Januar eine Bemessungsgrundlage von (250 € abzgl. 19 % USt =) 210,08 € und eine Umsatzsteuer (19 %) von 39,92 €. Soweit P dem B eine ordnungsgemäße Rechnung über die Vermittlungsleistung erstellt, kann B die Vorsteuer von 39,92 € abziehen.

2.4 Bestimmung des Leistungsorts bei Einzweck-Gutscheinen

Die Bestimmung des Leistungsorts bei Einzweck-Gutscheinen erfolgt nach den **allgemeinen Regelungen**. In Abhängigkeit der Leistung, die sich aus dem Gutschein ergibt, gilt nach Auffassung der Finanzverwaltung Folgendes:

- **Lieferung**: Die Finanzverwaltung geht davon aus, dass es sich aufgrund der Leistungsfiktion zwingend um eine ruhende Lieferung i. S. d. § 3 Abs. 7 Satz 1 UStG handeln muss. Dies wird dann aber nicht weiter ausgeführt, sodass wohl davon auszugehen ist, dass die Leistung dann dort als ausgeführt gilt, wo sich der Gegenstand bei Ausführung der Leistung befinden soll; auf den Ort der Übertragung des Gutscheins als solchen kann es systematisch nicht ankommen. Da von einer ruhenden Lieferung ausgegangen wird, kann sich auch keine Steuerbefreiung als Ausfuhrlieferung (§ 4 Nr. 1 Buchst. a i. V. m. § 6 UStG) oder innergemeinschaftliche Lieferung (§ 4 Nr. 1 Buchst. b i. V. m. § 6a UStG) ergeben.

  Hinweis: Zutreffende Konsequenz bei fraglicher Ausgangsfeststellung

  Im Zusammenhang mit Ausfuhren oder innergemeinschaftlichen Warenbewegungen schließt die starre Festlegung auf § 3 Abs. 7 Satz 1 UStG – wie die Finanzverwaltung zutreffend feststellt – eine Steuerbefreiung nach § 4 Nr. 1 Buchst. a oder Buchst. b UStG zwingend aus. Im Ergebnis kann dies eine Doppelbesteuerung nach sich ziehen, da der Gegenstand bei einem Transport ins Drittlandsgebiet dort trotzdem zu einer Einfuhr führen würde bzw. bei Transport in einen anderen Mitgliedstaat dort – unter den weiteren Bedingungen – einen innergemeinschaftlichen Erwerb auslösen würde.

- **Sonstige Leistung**: Auch bei sonstigen Leistungen richtet sich der Ort nach den allgemeinen Grundsätzen. Dies bedeutet nach Auffassung der Finanzverwaltung, dass bei sonstigen Leistungen, deren Ortsbestimmung vom Status des Empfängers abhängt, bei Ausgabe oder erstmaliger Übertragung feststehen muss, ob der Empfänger der sonstigen Leistung ein Unternehmer ist und diese für sein Unternehmen bezieht.

Hinweis: Verkomplizierung statt Vereinfachung

Anhand dieser Regelungen wird deutlich, dass der eigentliche Vereinfachungseffekt, der mit diesen Regelungen einhergehen sollte, geradezu ad absurdum geführt wird (bzw. kaum sicher von Einzweck-Gutscheinen ausgegangen werden kann), da eine sichere Feststellung über den Leistungsempfänger und dessen Status bei Ausgabe/Übertragung eines Gutscheins kaum erfolgen kann.

2.5 Bemessungsgrundlage bei Einzweck-Gutscheinen

Die Bemessungsgrundlage eines Einzweck-Gutscheins bestimmt sich nach den allgemeinen Regelungen des § 10 UStG und ist – auch bei Vertriebsketten – jeweils das vereinbarte Entgelt.

Beispiel: Bemessungsgrundlage bei Einzweck-Gutscheinen

Unternehmer B überträgt einen Gutschein über 100 €, der zum Einkauf von Büchern bei ihm in Bonn berechtigt, im Januar für 80 € an Unternehmer Z. Z gibt den Gutschein im Februar an einen Kunden K für 90 € aus. Im März löst K den Gutschein beim Kauf von Büchern bei B ein.

Es handelt sich um einen Einzweck-Gutschein, da sowohl Ort (Bonn/Deutschland) als auch die Steuer (ermäßigter Steuersatz) bei Verkauf des Gutscheins sicher feststehen. B erhält im Januar beim Verkauf des Einzweck-Gutscheins 80 €, sodass sich bei ihm eine Bemessungsgrundlage von (80 € abzgl. 7 % USt =) 74,77 € und eine Umsatzsteuer von (7 %) 5,23 € ergibt. Z erhält im Februar 90 € sodass sich bei ihm eine Bemessungsgrundlage von (90 € abzgl. 7 % USt =) 84,11 € und eine Umsatzsteuer von (7 %) 5,89 € ergibt. Die Einlösung des Gutscheins im März führt zu keinen umsatzsteuerrechtlichen Konsequenzen.

Eine **unentgeltliche Abgabe** eines Gutscheins führt – unter den allgemeinen Bedingungen des § 3 Abs. 1b bzw. § 3 Abs. 9a UStG – zu einem steuerbaren Umsatz. Bemessungsgrundlage ist in diesem Fall nach § 10 Abs. 4 Satz 1 UStG der im Zeitpunkt der Übertragung bzw. Ausgabe maßgebende Einkaufspreis, subsidiär der Selbstkostenpreis.

2.6 Nichteinlösung bzw. Remonetarisierung von Einzweck-Gutscheinen

Die **Nichteinlösung** eines Einzweck-Gutscheins kann **keine umsatzsteuerrechtlichen Konsequenzen** haben, da die Leistung schon zum Zeitpunkt der Übertragung bzw. Ausgabe fiktiv als erbracht galt.

Hinweis: Nachträgliche Erhöhung der Vermittlungsprovision möglich

Soweit ein Vermittler in die Ausgabe eines Einzweck-Gutscheins eingebunden ist und die von ihm vereinnahmten Beträge erst bei Inanspruchnahme der Leistung an den leistenden Unternehmer ausgezahlt werden, erhöht sich nach Auffassung der Finanzverwaltung bei Nichteinlösung des Gutscheins die Bemessungsgrundlage für den Vermittler entsprechend um die nicht ausgezahlten Beträge.

Wird ein Einzweck-Gutschein zurückgegeben und erhält der Kunde den Gutscheinwert zurückerstattet, wird der ursprüngliche Umsatz rückgängig gemacht (**Remonetarisierung**), § 17 Abs. 2 Nr. 3 UStG. Die Rückgängigmachung wird in dem Zeitraum erfasst, in dem die Rückzahlung erfolgt.

2.7 Mehrzweck-Gutschein i. S. d. § 3 Abs. 15 UStG

Entsprechend den gesetzlichen Vorgaben definiert die Finanzverwaltung den **Mehrzweck-Gutschein** für die Fälle, in denen Ort und/oder Steuerbetrag (insbesondere bei Inanspruchnahme von Leistungen, die dem Regelsteuersatz oder dem ermäßigten Steuersatz unterliegen können) bei Ausgabe des Gutscheins nicht endgültig feststehen. Umsatzsteuerrechtliche Konsequenzen ergeben sich in diesem Fall nicht (**Umtausch von Geld in eine andere Form eines Zahlungsmittels**).

Hinweis: Finanzverwaltung fordert Kennzeichnung

Wie auch bei den Einzweck-Gutscheinen „soll" der Mehrzweck-Gutschein vom Aussteller sichtbar als solcher gekennzeichnet werden. Auch hier sollen alle nachfolgenden Unternehmer in einer Leistungskette auf diese Einordnung vertrauen können, soweit sie nicht Kenntnis davon haben müssen, dass es sich nicht um einen Mehrzweck-Gutschein handelt.

2.8 Mehrzweck-Gutscheine in Vertriebsketten (Handeln im fremden Namen und im eigenen Namen)

Da die Übertragung und Ausgabe eines Mehrzweck-Gutscheins noch keine Leistung im umsatzsteuerrechtlichen Sinne darstellt, erbringt lediglich ein **eingeschalteter Unternehmer**, der im fremden Namen für fremde Rechnung handelt, eine Vermittlungsleistung.

2.9 Bestimmung des Leistungsorts bei Mehrzweck-Gutscheinen

Eine Leistung im umsatzsteuerrechtlichen Sinne wird erst bei Einlösung eines Mehrzweck-Gutscheins ausgeführt. In diesem Zeitpunkt bestimmt sich dann auch der Ort der Leistung nach den **allgemeinen Regelungen**.

Hinweis: Ausfuhr- oder i.g. Lieferung möglich

In diesen Fällen kann es sich unter den weiteren Voraussetzungen auch um eine steuerfreie Ausfuhrlieferung oder eine steuerfreie innergemeinschaftliche Lieferung handeln.

Soweit ein Unternehmer als Vermittler in die Übertragung oder Ausgabe eines Mehrzweck-Gutscheins eingeschaltet ist, erbringt er eine **Vermittlungsleistung**, deren Ort sich nach § 3a Abs. 2 UStG dort bestimmt, wo der Leistungsempfänger sein Unternehmen bzw. Betriebsstätte unterhält.

2.10 Bemessungsgrundlage bei Mehrzweck-Gutscheinen

Umfassend nimmt die Finanzverwaltung zur Frage der Bemessungsgrundlage bei Mehrzweck-Gutscheinen Stellung. Dabei konzentriert sich die Finanzverwaltung auf die Veräußerung von Gutscheinen in Leistungsketten bzw. die unentgeltliche Ausgabe von Mehrzweck-Gutscheinen.

Wird ein Mehrzweck-Gutschein, der über **Vertriebsketten** übertragen wurde, vom Gutscheininhaber eingelöst und liegen beim leistenden Unternehmer im Zeitpunkt der Einlösung **keine Angaben über die Höhe** der vom Kunden an den letzten Unternehmer in der Vertriebskette gezahlten **Gegenleistung** vor, bemisst sich das Entgelt nach **§ 10 Abs. 1 Satz 6 UStG** (= Gutscheinwert).

Hinweis: Höchstverkaufspreise beachten

Hat der leistende Unternehmer dem Vermittler einen Höchstverkaufswert für den Mehrzweck-Gutschein vorgegeben und liegt ihm im Zeitpunkt der Einlösung keine Angabe über die Höhe der vom Kunden an den letzten Unternehmer in der Vertriebskette gezahlten Gegenleistung vor, gilt für den leistenden Unternehmer der maximale Verkaufspreis als Ausgangsbasis für die Ermittlung der Bemessungsgrundlage.

Beispiel: Bemessungsgrundlage bei Mehrzweck-Gutscheinen

Unternehmer V erwirbt von Unternehmer B einen Gutschein über 100 €, der zum Einkauf von Büchern und Geschenkartikeln bei B berechtigt, im Januar für 60 €. V soll den Gutschein für höchstens 80 € an einen Kunden (in fremden Namen) veräußern. Im Februar veräußert V den Gutschein für 75 € an Kunden K. Im März löst K den Gutschein bei B für regelbesteuerte Waren im Wert von 100 € ein.

Es liegt ein Mehrzweck-Gutschein vor, da bei Verkauf des Gutscheins die Steuer nicht sicher feststeht. Erst bei Bezahlung mittels des Gutscheins unterliegt die Leistung der Umsatzsteuer. Im Moment der Einlösung (März) des Gutscheins führt B an K eine steuerbare und steuerpflichtige Lieferung aus. Wenn B nicht den Verkaufspreis des V an K kennt, ergibt sich für ihn eine Bemessungsgrundlage ausgehend von dem Höchstverkaufspreis; die Bemessungsgrundlage beträgt damit (80 € abzgl. 19 % USt =) 67,23 €, die Umsatzsteuer (19 %) 12,77 €. V führt einen steuerbaren und steuerpflichtigen Vermittlungsumsatz aus. Seine Bemessungsgrundlage bestimmt sich ausgehend von der

Differenz zwischen Verkaufspreis (75 €) und Kaufpreis (60 €) mit (15 € abzgl. 19 % USt =) 12,61 €. Die Umsatzsteuer (19 %) beträgt damit im Zeitraum des Verkaufs des Gutscheins (Zeitpunkt der Ausführung der Vermittlungsleistung Februar) 2,39 €.

Bei einer **unentgeltlichen Übertragung oder Ausgabe eines Mehrzweck-Gutscheins** soll im Zeitpunkt der tatsächlichen Erbringung der Leistung unter den weiteren Voraussetzungen von einer unentgeltlichen Wertabgabe auszugehen sein. Die Bemessungsgrundlage soll sich in diesem Fall nach § 10 Abs. 4 Satz 1 UStG bestimmen.

Hinweis: Unentgeltliche Wertabgabe

Gibt ein Unternehmer, der nicht personenidentisch mit dem leistenden Unternehmer ist, einen Mehrzweck-Gutschein aus eigener Entscheidung für unternehmensfremde (private) Zwecke unentgeltlich aus, handelt es sich um eine Entnahme eines Zahlungsmittels, die nicht Gegenstand einer unentgeltlichen Wertabgabe ist. Die Bemessungsgrundlage des leistenden Unternehmers bestimmt sich dann in Abhängigkeit davon, ob er von der unentgeltlichen Abgabe weiß oder nicht. Weiß er von der unentgeltlichen Abgabe durch den eingeschalteten Unternehmer, bestimmt sich seine Bemessungsgrundlage anhand dessen, was er von dem eingeschalteten Unternehmer erhalten hat; weiß er nichts von der unentgeltlichen Abgabe durch den eingeschalteten Unternehmer, bestimmt sich die Bemessungsgrundlage nach § 10 Abs. 1 Satz 6 UStG mit dem Gutscheinwert.

2.11 Nichteinlösung bzw. Remonetarisierung von Mehrzweck-Gutscheinen

Grundsätzlich ergeben sich bei Verfall oder Nichteinlösung eines Mehrzweck-Gutscheins keine umsatzsteuerrechtlichen Konsequenzen.

Hinweis: Auswirkung auf Vermittlungsleistung beachten

Die Nichteinlösung des Gutscheins kann allerdings Auswirkung auf die Bemessungsgrundlage einer Vermittlungsleistung haben, wenn der auf den leistenden Unternehmer entfallende Entgeltanteil bei Nichteinlösung beim Vermittler verbleibt (dies würde nur dann in Betracht kommen, wenn der Vermittler den, dem leistenden Unternehmer zustehenden, Entgeltsanteil erst bei Ausführung der tatsächlichen Leistung ausbezahlen würde). In diesem Fall erhöht sich nach Auffassung der Finanzverwaltung das Entgelt für die Vermittlungsleistung, wenn wegen der Nichteinlösung ein höherer Betrag bei dem Vermittler verbleibt.

Wird ein **Mehrzweck-Gutschein zurückgegeben** und erhält der Kunde den Gutscheinwert zurückerstattet (**Remonetarisierung**), ergeben sich hieraus keine umsatzsteuerlichen Auswirkungen; es liegt lediglich ein Rücktausch von Zahlungsmitteln vor.

2.12 Weitere Feststellungen der Finanzverwaltung

Über die Neuregelungen zu den Gutscheinen in Abschn. 3.17 UStAE ergänzt die Finanzverwaltung noch weitere Abschnitte des UStAE:

- Bei der Bestimmung der Bemessungsgrundlage für Einzweck- wie auch Mehrzweck-Gutscheine sind auch die Regelungen zur **Mindestbemessungsgrundlage** (§ 10 Abs. 5 UStG) anzuwenden, Abschn. 10.7 Abs. 7 UStAE.
- In einer **Rechnung** über die Übertragung bzw. Ausgabe **eines Einzweck-Gutscheins** sind die Bezeichnung der Gutscheinart (Einzweck-Gutschein) sowie eine kurze Beschreibung der Lieferung oder der sonstigen Leistung, zu deren Bezug der Gutschein berechtigt, ausreichend (Abschn. 14.5 Satz 5 UStAE).
- Bei einem **Mehrzweck-Gutschein** unterliegt erst bei dessen Einlösung die tatsächliche Lieferung oder die tatsächliche Erbringung der sonstigen Leistung der Umsatzsteuer; über diese Leistung ist dann nach den allgemeinen Regelungen in einer Rechnung abzurechnen (Abschn. 14.5 Abs. 15 Satz 6 UStAE).

2.13 Anwendungsgrundsätze

Grundsätzlich sind die Regelungen auf alle Einzweck- und Mehrzweck-Gutscheine anzuwenden, die ab dem 1.1.2019 ausgegeben worden sind. Die Finanzverwaltung beanstandet es aber nicht, wenn **für alle vor dem 2.2.2021 ausgestellten Gutscheine** diese Regelungen noch nicht angewendet werden.

3. Auswirkungen auf die Praxis

Die neuen Regelungen zu den Gutscheinen sollten der **Vereinheitlichung in der EU** dienen und insbesondere Wettbewerbsverzerrungen sowie **Doppel- oder Nichtbesteuerungen vermeiden**. Ob dies nach den Vorgaben des Unionsrechts gelungen war, konnte schon vor der Veröffentlichung der Anweisungen des BMF bezweifelt werden. Es hat dann knapp zwei Jahre gedauert, bis die Finanzverwaltung sich in der Lage sah, eine verbindliche Verwaltungsmeinung zu veröffentlichen. Dazu hatte es auch schon zweier Vorläufer bedurft, in denen die Finanzverwaltung ihre Rechtsauffassung auch noch verändert hatte.

Die Ausführungen der Finanzverwaltung sind zwar ausführlich, lassen aber viele Fragen offen und gehen **teilweise deutlich über die im Gesetz genannten Vorgaben** hinaus. Insoweit mag es fraglich sein, wie lange diese Verwaltungsmeinung gültig bleiben wird. Insbesondere sind die folgenden Punkte zu nennen:

- Als Voraussetzung für einen Einzweck-Gutschein gibt die Finanzverwaltung vor, dass die **Identität des leistenden Unternehmers** feststehen muss. Dies ergibt sich weder aus dem Gesetz noch aus der MwStSystRL. Es muss – bei einem Einzweck-Gutschein – der Aussteller (= derjenige, der die Ausgabe des Gutscheins und deren Leistung zu versteuern hat) identifizierbar sein, der tatsächlich die Leistung erbringende Unternehmer muss zu dem Zeitpunkt der Ausgabe des Gutscheins noch nicht feststehen (vgl. auch § 3 Abs. 14 Satz 4 UStG).
- Die Finanzverwaltung geht davon aus, dass sowohl der Einzweck-Gutschein als auch der Mehrzweck-Gutschein als solcher **gekennzeichnet** werden soll. Dies erscheint weder durch die Gesetzeslage gedeckt zu sein, noch lässt sich aus dem Schreiben erkennen, welche Rechtsfolgen sich ergeben würden, wenn diese Kennzeichnung nicht erfolgt.
- Ebenfalls über den Wortlaut des Gesetzes hinaus wird für den Einzweck-Gutschein gefordert, dass auf diesem die „**Gattung**" angegeben sein muss. Diese Voraussetzung ist aus § 3 Abs. 14 UStG nicht ersichtlich und würde ein „Wahlrecht" für den Unternehmer bedeuten, jederzeit in der Lage zu sein, die Eigenschaft „Einzweck-Gutschein" dadurch zu verhindern, in dem keine „Gattung" oder erläuternde Einschränkung in dem Gutschein angegeben wird. Die Konsequenz wäre, dass der Kleidungsdiscounter, der „Einkaufsgutscheine" ausgibt, auf denen keine weitere Angabe auf „Kleidung" etc. enthalten ist, keinen Einzweck-Gutschein ausgeben würde, obwohl er nur dem Regelsteuersatz unterliegende Waren verkauft.
- Fraglich kann auch die einseitige Festlegung der Finanzverwaltung sein, dass bei Einzweck-Gutscheinen sich der **Ort einer Lieferung nach § 3 Abs. 7 Satz 1 UStG** richtet und damit – folgerichtig – eine Ausfuhrlieferung oder innergemeinschaftliche Lieferung nicht in Betracht kommen kann. Da in diesen Fällen, in denen dann bei Einlösung des Gutscheins der Vorgang keiner (analogen) Anwendung einer Änderung der Bemessungsgrundlage zugängig sein soll, werden – soweit die weiteren Voraussetzungen vorliegen sollten – gerade die eigentlich zu vermeidenden Doppelbesteuerungen ausgelöst.

Keinen Hinweis enthält das BMF-Schreiben für die Fälle einer **Sortimentserweiterung**. Dies ist eine praxisrelevante Frage, welchen Einfluss eine nach der Ausgabe eines als „Einzweck-Gutschein" gekennzeichneten Gutscheins erfolgte Sortimentserweiterung oder auch z. B. eine gesetzliche Änderung (wie vor nicht allzu langer Zeit bei den E-Books) hat. Ob hier auch die vom BFH (Beschl. v. 25.6.2025 – XI R 14/24, BFH/NV 2025, 1718) festgelegten Grundsätze gelten, dass es ausschließlich auf die Verhältnisse zum Zeitpunkt der Ausgabe des Gutscheins ankommen soll, ist fraglich und könnte zu nicht sinnvollen Ergebnissen führen.

Im Ergebnis bleibt festzuhalten, dass eine offensichtlich auf Unionsebene nicht mit den Konsequenzen zu Ende gedachte Regelung auch nicht durch ein Anwendungsschreiben der Finanzverwaltung zu einer gelungenen Vorschrift gemacht werden kann. Zumindest hat diese Regelung nicht zu einer Vereinfachung geführt. Positiv ist aber die **komfortable Nichtbeanstandungsregelung** für alle vor dem 2.2.2021 ausgegebenen Gutscheine hervorzuheben.

UStAE 3.18. Einbeziehung von Betreibern elektronischer Schnittstellen in fiktive Lieferketten

(1) [1]§ 3 Abs. 3a Sätze 1 und 2 UStG regelt die Einbeziehung von Betreibern elektronischer Schnittstellen in fiktive Lieferketten. [2]Nach § 3 Abs. 3a Satz 1 UStG werden Unternehmer, die mittels ihrer elektronischen Schnittstelle Lieferungen von Gegenständen durch einen nicht im Gemeinschaftsgebiet ansässigen Unternehmer an einen Nichtunternehmer (siehe Abschnitt 3a.1 Abs. 1) unterstützen, deren Beförderung oder Versendung im Gemeinschaftsgebiet beginnt und endet, so behandelt, als ob sie diese Gegenstände für ihr Unternehmen selbst erhalten und geliefert hätten. [3]Gleiches gilt nach § 3 Abs. 3a Satz 2 UStG für die Unterstützung von Fernverkäufen von aus dem Drittlandsgebiet eingeführten Gegenständen in Sendungen mit einem Sachwert von höchstens 150 € mittels einer elektronischen Schnittstelle. [4]Während tatsächlich lediglich ein einziges Verkaufsgeschäft vorliegt, werden für umsatzsteuerliche Zwecke zwei Lieferungen fingiert, indem eine (erste) Lieferung von dem Unternehmer an den Betreiber der elektronischen Schnittstelle sowie eine (zweite) Lieferung von dem Betreiber der elektronischen Schnittstelle an den Enderwerber angenommen werden. [5]Die Regelungen des § 3 Abs. 3a Satz 1 und Satz 2 UStG gelten für unterschiedliche Erwerberkreise. [6]In den Fällen des § 3 Abs. 3a Satz 1 UStG muss es sich bei dem Empfänger der Liefergegenstände um eine Person im Sinne des § 3a Abs. 5 Satz 1 UStG (insbesondere kein Unternehmer, für dessen Unternehmen die Leistung bezogen wird) handeln. [7]Dagegen kann ein Erwerber in den Fällen des § 3 Abs. 3a Satz 2 UStG ein in § 3a Abs. 5 Satz 1 UStG bezeichneter Empfänger oder eine in § 1a Abs. 3 Nr. 1 UStG genannte Person sein, die weder die maßgebende Erwerbsschwelle überschreitet noch auf ihre Anwendung verzichtet (vgl. § 3 Abs. 3a Sätze 4 und 5 UStG); Abschnitt 3c.1 Abs. 2 Sätze 3 bis 6 gelten insoweit entsprechend.

(2) [1]Von § 3 Abs. 3a Satz 1 UStG werden sowohl Fälle erfasst, in denen die Beförderung oder Versendung im gleichen EU-Mitgliedstaat beginnt und endet, als auch solche, in denen Beginn und Ende der Beförderung oder Versendung in verschiedenen EU-Mitgliedstaaten liegen. [2]Der liefernde Unternehmer muss im Drittlandsgebiet ansässig sein. [3]Lieferungen von im Gemeinschaftsgebiet ansässigen Unternehmern fallen nicht unter diese Vorschrift. [4]Ein Unternehmer gilt nur dann im Hinblick eines Ausschlusses der Regelung des § 3 Abs. 3a Satz 1 UStG als im Gemeinschaftsgebiet ansässig, wenn sich der Sitz seiner wirtschaftlichen Tätigkeit (Artikel 10 MwStVO) im Gemeinschaftsgebiet befindet oder er dort über eine feste Niederlassung (Artikel 11 MwStVO), einen Wohnsitz (Artikel 12 MwStVO) oder einen gewöhnlichen Aufenthaltsort (Artikel 13 MwStVO) verfügt. [5]Allein das Vorhalten einer zustellfähigen Postanschrift reicht für die Begründung einer Ansässigkeit nicht aus. [6]Wie beim Reihengeschäft nach § 3 Abs. 6a Satz 1 UStG kann dabei die Warenbewegung nur einer der Lieferungen zugeordnet werden, um insbesondere den Lieferort bestimmen zu können, weshalb nach § 3 Abs. 6b UStG die fiktive Lieferung des Betreibers der elektronischen Schnittstelle als die bewegte Lieferung zu behandeln ist.

Beispiel 1:

[1]Ein in Südkorea ansässiger Händler H veräußert über eine elektronische Schnittstelle Handyzubehör an eine Privatperson in Frankreich. [2]Die Ware wird aus einem inländischen Lager eines anderen Unternehmers an den Wohnsitz der Privatperson in Frankreich versendet. [3]Der Betreiber der elektronischen Schnittstelle überschreitet die Umsatzschwelle von 10 000 € (§ 3c Abs. 4 Satz 1 UStG) bzw. verzichtet auf die Anwendung des § 3c Abs. 4 Satz 1 UStG (§ 3c Abs. 4 Satz 2 UStG).

[4]Es werden eine Lieferung des H an den Betreiber der elektronischen Schnittstelle und eine Lieferung des Betreibers der elektronischen Schnittstelle an die Privatperson nach § 3 Abs. 3a Satz 1 UStG fingiert. [5]Die Warenbewegung wird nach § 3 Abs. 6b UStG der Lieferung des Betreibers der elektronischen Schnittstelle zugeschrieben. [6]Die Lieferung des H an den Betreiber der elektronischen Schnittstelle ist gemäß § 3 Abs. 7 Satz 2 Nr. 1 UStG im Inland steuerbar, aber nach § 4 Nr. 4c UStG steuerbefreit (vgl. Abschnitt 4.4c.1). [7]Die Ortsbestimmung der Lieferung des Betreibers der

elektronischen Schnittstelle an die Privatperson richtet sich nach § 3c Abs. 1 UStG. [8]Danach ist der Ort der Lieferung der Ort, an dem sich der Gegenstand bei Beendigung der Versendung an die Privatperson befindet (hier: Frankreich). [9]Der Betreiber der elektronischen Schnittstelle kann das besondere Besteuerungsverfahren im Sinne des § 18j UStG (vgl. Abschnitt 18j.1) in Anspruch nehmen und den Umsatz darüber erklären. [10]Andernfalls hat der Betreiber der elektronischen Schnittstelle den Umsatz im Bestimmungsland (hier: Frankreich) im allgemeinen Besteuerungsverfahren (Artikel 250 bis 261 MwStSystRL) zu erklären.

Beispiel 2:

[1]Ein in Südkorea ansässiger Händler H veräußert über eine elektronische Schnittstelle Handyzubehör an eine im Inland ansässige Privatperson. [2]Die Ware wird aus einem inländischen Lager eines anderen Unternehmers an den Wohnsitz der Privatperson versendet.

[3]Es werden eine Lieferung des H an den Betreiber der elektronischen Schnittstelle und eine Lieferung des Betreibers der elektronischen Schnittstelle an die Privatperson nach § 3 Abs. 3a Satz 1 UStG fingiert. [4]Die Warenbewegung wird nach § 3 Abs. 6b UStG der Lieferung des Betreibers der elektronischen Schnittstelle zugeschrieben. [5]Die Lieferung des H an den Betreiber der elektronischen Schnittstelle ist gemäß § 3 Abs. 7 Satz 2 Nr. 1 UStG im Inland steuerbar, aber nach § 4 Nr. 4c UStG steuerbefreit (vgl. Abschnitt 4.4c.1). [6]Die Lieferung des Betreibers der elektronischen Schnittstelle an die Privatperson ist gemäß § 3 Abs. 6 Satz 1 UStG im Inland steuerbar und steuerpflichtig. [7]§ 3c Abs. 1 UStG findet keine Anwendung, weil die Ware nicht aus dem Gebiet eines EU-Mitgliedstaates in das Gebiet eines anderen EU-Mitgliedstaates gelangt (vgl. § 3c Abs. 1 Satz 2 UStG). [8]Der Betreiber der elektronischen Schnittstelle kann das besondere Besteuerungsverfahren im Sinne des § 18j UStG (vgl. Abschnitt 18j.1) in Anspruch nehmen und den Umsatz darüber erklären. [9]Andernfalls hat der Betreiber der elektronischen Schnittstelle den Umsatz in Deutschland im allgemeinen Besteuerungsverfahren (§ 18 Abs. 1 bis 4 UStG) zu erklären.

Beispiel 3:

[1]Ein im Inland ansässiger Händler H veräußert über eine elektronische Schnittstelle Handyzubehör an eine Privatperson in Frankreich. [2]Die Ware wird aus einem Lager im Inland an den Wohnsitz der Privatperson in Frankreich versendet. [3]H überschreitet die Umsatzschwelle von 10 000 € (§ 3c Abs. 4 Satz 1 UStG) bzw. verzichtet auf die Anwendung des § 3c Abs. 4 Satz 1 UStG (§ 3c Abs. 4 Satz 2 UStG).

[4]Nach § 3 Abs. 3a Satz 1 UStG wird keine Lieferung zwischen dem Betreiber der elektronischen Schnittstelle und der Privatperson fingiert, da H im Gemeinschaftsgebiet ansässig ist. [5]§ 3 Abs. 3a Satz 2 UStG findet keine Anwendung, da die Ware nicht aus dem Drittlandsgebiet eingeführt wurde. [6]Für die Lieferung des H an die Privatperson findet § 3c Abs. 1 UStG Anwendung. [7]Der Ort der Lieferung ist der Ort, an dem sich der Gegenstand bei Beendigung der Versendung an die Privatperson befindet (hier: Frankreich). [8]H kann das besondere Besteuerungsverfahren nach § 18j UStG (vgl. Abschnitt 18j.1) in Anspruch nehmen und den Umsatz darüber erklären. [9]Andernfalls hat H den Umsatz im Bestimmungsland (hier: Frankreich) im allgemeinen Besteuerungsverfahren (Artikel 250 bis 261 MwStSystRL) zu erklären.

Beispiel 4:

[1]Ein im Inland ansässiger Händler H veräußert über eine elektronische Schnittstelle Handyzubehör an eine im Inland ansässige Privatperson. [2]Die Ware wird aus einem Fulfillment-Center in Polen an den Wohnsitz der Privatperson versendet. [3]H überschreitet die Umsatzschwelle von 10 000 € (§ 3c Abs. 4 Satz 1 UStG) bzw. verzichtet auf die Anwendung des § 3c Abs. 4 Satz 1 UStG (§ 3c Abs. 4 Satz 2 UStG) und nimmt an dem besonderen Besteuerungsverfahren nach § 18j UStG teil.

[4]Nach § 3 Abs. 3a Satz 1 UStG wird keine Lieferung zwischen dem Betreiber der elektronischen Schnittstelle und der Privatperson fingiert, da H im Gemeinschaftsgebiet ansässig ist. [5]§ 3 Abs. 3a Satz 2 UStG findet keine Anwendung, da die Ware nicht aus dem Drittlandsgebiet eingeführt wird. [6]Für die Lieferung des H an die Privatperson findet § 3c Abs. 1 UStG Anwendung. [7]Der Ort der Lieferung ist der Ort, an dem sich der Gegenstand bei Beendigung der Versendung an die Privatper-

son befindet (hier: Inland). [8]Der Händler hat die Umsätze über das besondere Besteuerungsverfahren nach § 18j UStG (vgl. Abschnitt 18j.1) zu erklären.

(3) [1]Dem Begriff der elektronischen Schnittstelle im Sinne des § 3 Abs. 3a Sätze 1 und 2 UStG ist ein sehr weites Verständnis zugrunde zu legen, so dass in den Anwendungsbereich der Vorschriften nicht nur elektronische Marktplätze, Plattformen oder Portale fallen, sondern auch alle anderen vergleichbaren elektronischen Handelsplätze. [2]Wann von einer Unterstützung im Sinne des § 3 Abs. 3a Satz 1 und 2 UStG auszugehen ist, ist in Artikel 5b MwStVO geregelt. [3]Demnach unterstützt ein Unternehmer eine Lieferung im Sinne des § 3 Abs. 3a Satz 1 UStG oder einen Fernverkauf im Sinne des § 3 Abs. 3a Satz 2 UStG mittels seiner elektronischen Schnittstelle, wenn er es einem Erwerber und einem Lieferer, der über diese elektronische Schnittstelle Gegenstände zum Verkauf anbietet, ermöglicht, in Kontakt zu treten, woraus eine Lieferung von Gegenständen über diese elektronische Schnittstelle an den Erwerber resultiert. [4]Ein Unternehmer unterstützt eine solche Lieferung dann nicht, wenn kumulativ die folgenden Voraussetzungen erfüllt sind:

1. der Unternehmer legt weder unmittelbar noch mittelbar irgendeine der Bedingungen für die Lieferung der Gegenstände fest,
2. der Unternehmer ist weder unmittelbar noch mittelbar an der Autorisierung der Abrechnung mit dem Erwerber bezüglich der getätigten Zahlung beteiligt und
3. der Unternehmer ist weder unmittelbar noch mittelbar an der Bestellung oder Lieferung der Gegenstände beteiligt.

[5]Die Merkmale der folgenden Auflistung können darauf hindeuten, dass im Sinne des Satzes 4 Nr. 1 ein Unternehmer eine elektronische Schnittstelle betreibt, für die er die Bedingungen für die Lieferung der Gegenstände festlegt (diese Auflistung ist nicht als kumulativ und nicht als erschöpfend zu betrachten):

- Die elektronische Schnittstelle ist Eigentümer oder Verwalter der technischen Plattform, über die die Gegenstände geliefert werden.
- Die elektronische Schnittstelle legt Regeln für die Auflistung und den Verkauf von Gegenständen über ihre Plattform fest.
- Die elektronische Schnittstelle ist Eigentümer der Daten des Erwerbers in Verbindung mit der Lieferung.
- Die elektronische Schnittstelle stellt die technische Lösung für die Erteilung der Bestellung oder die Einleitung des Kaufs bereit (z. B. durch Platzierung der Gegenstände in einem Warenkorb).
- Die elektronische Schnittstelle organisiert bzw. verwaltet die Übermittlung des Angebots, die Annahme des Auftrags oder die Bezahlung der Gegenstände.
- Die elektronische Schnittstelle legt die Bedingungen fest, unter denen der Lieferer oder der Erwerber die Kosten für die Rücksendung der Gegenstände zu tragen hat.
- Die elektronische Schnittstelle schreibt dem zugrunde liegenden Lieferer eine oder mehrere spezifische Zahlungsmethoden, Lager- oder Erfüllungsbedingungen oder Versand- oder Liefermethoden vor, die zur Erfüllung des Geschäfts verwendet werden müssen.
- Die elektronische Schnittstelle hat das Recht, die Zahlung des Erwerbers für den zugrundeliegenden Lieferer zu bearbeiten oder einzubehalten oder den Zugriff auf die Beträge in anderer Weise einzuschränken.
- Die elektronische Schnittstelle ist in der Lage, eine Gutschrift für den Umsatz ohne Zustimmung oder Genehmigung des zugrundeliegenden Lieferers auszustellen, falls die Gegenstände nicht ordnungsgemäß empfangen wurden.
- Die elektronische Schnittstelle bietet Kundendienst, Unterstützung bei der Rücksendung oder dem Umtausch von Gegenständen oder Beschwerde- oder Streitbeilegungsverfahren für Lieferer und/ oder deren Erwerber.
- Die elektronische Schnittstelle hat das Recht, den Preis festzulegen, zu dem die Gegenstände verkauft werden, z. B. indem sie im Rahmen eines Kundenbindungsprogramms einen Rabatt anbietet, die Preisgestaltung kontrolliert oder beeinflusst.

[6]Die Merkmale der folgenden Auflistung können darauf hindeuten, dass im Sinne des Satzes 4 Nr. 2 eine elektronische Schnittstelle an der Autorisierung der Abrechnung beteiligt ist (diese Auflistung ist nicht als kumulativ und nicht als erschöpfend zu betrachten):

- Über die elektronische Schnittstelle werden dem Erwerber Informationen zur Zahlung wie der zu zahlende Preis, seine Zusammensetzung, etwaige zusätzliche Gebühren, Zahlungsfristen, Zahlungsmodalitäten usw. bereitgestellt.
- Die elektronische Schnittstelle leitet das Verfahren ein, über das dem Erwerber die Zahlung in Rechnung gestellt wird.
- Die elektronische Schnittstelle erfasst bzw. erhält vom Erwerber Zahlungsdaten bzw. Informationen wie Kredit-/Debitkartennummer, Gültigkeit der Karte, Sicherheitscode, Name und/oder Konto des Zahlungsinhabers, Informationen zum in digitaler Währung oder Kryptowährung geführten Konto, Informationen zur digitalen Brieftasche usw.
- Die elektronische Schnittstelle zieht die Zahlung für die gelieferten Gegenstände ein und leitet sie dann an den zugrundeliegenden Lieferer weiter.
- Die elektronische Schnittstelle verbindet den Erwerber mit einem Dritten, der die Zahlung entsprechend den Anweisungen der elektronischen Schnittstelle verarbeitet (Tätigkeiten eines Unternehmers, der die Zahlung nur ohne jede andere Beteiligung an der Lieferung verarbeitet, sind von der Bestimmung des fiktiven Lieferers ausgeschlossen).

[7]Die Merkmale der folgenden Auflistung können darauf hindeuten, dass im Sinne des Satzes 4 Nr. 3 ein Unternehmer, der eine elektronische Schnittstelle betreibt, an der Bestellung oder Lieferung der Gegenstände beteiligt ist (diese Auflistung ist nicht als kumulativ und nicht als erschöpfend zu betrachten):

- Die elektronische Schnittstelle stellt das technische Instrument für die Erteilung der Bestellung durch den Erwerber bereit (in der Regel der Warenkorb/der Kaufabwicklungsvorgang).
- Die elektronische Schnittstelle übermittelt dem Erwerber und dem zugrundeliegenden Lieferer die Bestätigung und/oder die Einzelheiten der Bestellung.
- Die elektronische Schnittstelle stellt dem zugrundeliegenden Lieferer eine Gebühr oder Provision auf der Grundlage des Werts der Bestellung in Rechnung.
- Die elektronische Schnittstelle übermittelt die Genehmigung, mit der Lieferung der Gegenstände zu beginnen, oder weist den zugrundeliegenden Lieferer oder einen Dritten an, die Gegenstände zu liefern.
- Die elektronische Schnittstelle erbringt Fulfillment-Dienstleistungen für den zugrundeliegenden Lieferer.
- Die elektronische Schnittstelle organisiert die Lieferung der Gegenstände.
- Die elektronische Schnittstelle übermittelt dem Erwerber Einzelheiten zur Zustellung.

[8]§ 3 Abs. 3a UStG findet auch keine Anwendung auf Unternehmer, die lediglich eine der folgenden Leistungen anbieten:

1. die Verarbeitung von Zahlungen im Zusammenhang mit der Lieferung von Gegenständen,
2. die Auflistung von Gegenständen oder die Werbung für diese oder
3. die Weiterleitung oder Vermittlung von Erwerbern an andere elektronische Schnittstellen, über die Gegenstände zum Verkauf angeboten werden, ohne dass eine weitere Einbindung in die Lieferung besteht.

(4) [1]Ein Fernverkauf im Sinne des § 3 Abs. 3a Satz 2 UStG ist die Lieferung eines Gegenstands, der durch den Lieferer oder für dessen Rechnung aus dem Drittlandsgebiet an einen Erwerber in einem EU-Mitgliedstaat befördert oder versendet wird, einschließlich jener Lieferung, an deren Beförderung oder Versendung der Lieferer indirekt beteiligt ist (§ 3 Abs. 3a Satz 4 UStG). [2]Die Lieferkettenfiktion nach § 3 Abs. 3a Satz 2 UStG gilt unabhängig von der Ansässigkeit des liefernden Unternehmers. [3]Lieferungen von Gas, Elektrizität, Wärme und Kälte sind keine bewegten Lieferungen und sind deshalb nicht vom Begriff des Fernverkaufs im Sinne des § 3 Abs. 3a Satz 2 UStG erfasst. [4]Erwerber im Sinne des § 3 Abs. 3a Satz 2 UStG sind Nichtunternehmer (siehe Abschnitt 3a.1 Abs. 1) sowie Unternehmer, die nur steuerfreie – nicht zum Vorsteuerabzug berechtigende – Umsätze ausführen, Kleinunternehmer, pauschalierende Land- und Forstwirte und juristische Personen, die nicht Unternehmer sind oder den Gegenstand nicht für das Unternehmen erwerben. [5]Im Hinblick auf die in § 1a Abs. 3 Nr. 1 UStG genannten Personen ist der Erwerberkreis auf diejenigen Personen beschränkt, die weder die maßgebende Erwerbsschwelle im Sinne des § 1a Abs. 3 Nr. 2 UStG überschreiten, noch auf ihre Anwendung nach

§ 1a Abs. 4 UStG verzichten. [6]Sofern die Beförderung oder Versendung im Gebiet eines anderen EU-Mitgliedstaates endet, ist die von diesem EU-Mitgliedstaat festgesetzte Erwerbsschwelle maßgebend (vgl. Abschnitt 1a.1 Abs. 2). [7]Die Erwerbsschwellen in den anderen EU-Mitgliedstaaten betragen nach nicht amtlicher Veröffentlichung der EU-Kommission zum 1. 4. 2018:

– Belgien:	11 200 €,
– Bulgarien:	20 000 BGN,
– Dänemark:	80 000 DKK,
– Estland:	10 000 €,
– Finnland:	10 000 €,
– Frankreich:	10 000 €,
– Griechenland:	10 000 €,
– Irland:	41 000 €,
– Italien:	10 000 €,
– Kroatien:	10000 €,
– Lettland:	10 000 €,
– Litauen:	14 000 €,
– Luxemburg:	10 000 €,
– Malta:	10 000 €,
– Niederlande:	10 000 €,
– Österreich:	11 000 €,
– Polen:	50 000 PLN,
– Portugal:	10 000 €,
– Rumänien:	34 000 RON,
– Schweden:	90 000 SEK,
– Slowakei:	14 000 €,
– Slowenien:	10 000 €,
– Spanien:	10 000 €,
– Tschechien:	326 000 CZK,
– Ungarn:	10 000 €,
– Zypern:	10 251 €.

[8]Folgende Fälle sind gemäß Artikel 5a MwStVO als indirekte Beteiligung des Lieferers am Versand oder der Beförderung der Gegenstände anzusehen:

1. die Versendung oder Beförderung der Gegenstände wird vom Lieferer als Unterauftrag an einen Dritten vergeben, der die Gegenstände an den Erwerber transportiert oder transportieren lässt;
2. die Versendung oder Beförderung der Gegenstände erfolgt durch einen Dritten, der Lieferer trägt jedoch entweder die gesamte oder die teilweise Verantwortung für die Lieferung der Gegenstände an den Erwerber;
3. der Lieferer stellt dem Erwerber die Transportkosten in Rechnung, zieht diese ein und leitet sie dann an einen Dritten weiter, der die Versendung oder Beförderung der Waren übernimmt;
4. der Lieferer bewirbt in jeglicher Weise gegenüber dem Erwerber die Zustelldienste eines Dritten, stellt den Kontakt zwischen dem Erwerber und einem Dritten her oder übermittelt einem Dritten auf andere Weise die Informationen, die dieser für die Zustellung der Gegenstände an den Erwerber benötigt.

Beispiel 1:

[1]Ein in Südkorea ansässiger Händler H veräußert über eine elektronische Schnittstelle Handyzubehör (Sachwert: 50 €) an eine im Inland ansässige Privatperson. [2]Die Ware wird von H aus einem Lager in Südkorea an den Wohnsitz der Privatperson versendet. [3]Die Zollanmeldung in Deutschland erfolgt durch den Betreiber der elektronischen Schnittstelle, welcher im Inland ansässig ist und das besondere Besteuerungsverfahren nach § 18k UStG (vgl. Abschnitt 18k.1) in Anspruch nimmt.

[4]Nach § 3 Abs. 3a Satz 2 UStG werden eine Lieferung des H an den Betreiber der elektronischen Schnittstelle und eine Lieferung des Betreibers der elektronischen Schnittstelle an die im Inland

ansässige Privatperson fingiert. [5]Die Einfuhr der Waren ist nach § 5 Abs. 1 Nr. 7 UStG steuerfrei. [6]Die Warenbewegung wird nach § 3 Abs. 6b UStG der Lieferung des Betreibers der elektronischen Schnittstelle zugeschrieben. [7]Die Lieferung des H an den Betreiber der elektronischen Schnittstelle ist daher nach § 3 Abs. 7 Satz 2 Nr. 1 UStG im Inland nicht steuerbar. [8]Die Lieferung des Betreibers der elektronischen Schnittstelle an die Privatperson ist im Inland nach § 3c Abs. 3 Satz 1 UStG steuerbar und steuerpflichtig (vgl. Abschnitt 3c.1 Abs. 4). [9]Der Betreiber der elektronischen Schnittstelle hat diesen Umsatz im besonderen Besteuerungsverfahren nach § 18k UStG zu erklären (vgl. Abschnitt 18k.1).

Beispiel 2:

[1]Ein im Inland ansässiger Händler H veräußert über eine elektronische Schnittstelle Handyzubehör (Sachwert: 60 €) an eine im Inland ansässige Privatperson. [2]Die Ware wird aus einem Lager in der Schweiz an den Wohnsitz der Privatperson versendet. [3]Die Zollanmeldung in Deutschland erfolgt durch den Betreiber der elektronischen Schnittstelle, welcher das besondere Besteuerungsverfahren nach § 18k UStG (vgl. Abschnitt 18k.1) in Anspruch nimmt.

[4]Nach § 3 Abs. 3a Satz 2 UStG werden eine Lieferung des H an den Betreiber der elektronischen Schnittstelle und eine Lieferung des Betreibers der elektronischen Schnittstelle an die im Inland ansässige Privatperson fingiert. [5]Die Einfuhr der Ware ist nach § 5 Abs. 1 Nr. 7 UStG steuerfrei. [6]Die Warenbewegung wird nach § 3 Abs. 6b UStG der Lieferung durch den Betreiber der elektronischen Schnittstelle zugeschrieben. [7]Die Lieferung des H an den Betreiber der elektronischen Schnittstelle ist daher nach § 3 Abs. 7 Satz 2 Nr. 1 UStG im Inland nicht steuerbar. [8]Die Lieferung des Betreibers der elektronischen Schnittstelle an die Privatperson ist im Inland nach § 3c Abs. 3 Satz 1 UStG steuerbar und steuerpflichtig. [9]Der Betreiber der elektronischen Schnittstelle hat diesen Umsatz im besonderen Besteuerungsverfahren nach § 18k UStG zu erklären (vgl. Abschnitt 18k.1).

(5) [1]Nach § 3 Abs. 6b UStG wird im Falle des § 3 Abs. 3a UStG die Lieferung des Betreibers der elektronischen Schnittstelle an den Erwerber als die bewegte Lieferung behandelt. [2]Bei der Bestimmung der Warenbewegung geht § 3 Abs. 6b UStG als speziellere Vorschrift der Regelung des § 3 Abs. 6a UStG vor.

Beispiel:

[1]Eine in Italien ansässige Privatperson K bestellt Handyzubehör (Sachwert: 50 €) bei dem im Inland ansässigen Händler D über die elektronische Schnittstelle des im Inland ansässigen Betreibers B. [2]D bestellt die Ware seinerseits bei dem in Südkorea ansässigen Händler H. [3]H versendet die Ware direkt an K. [4]Die Zollanmeldung in Deutschland erfolgt durch den Spediteur S in indirekter Vertretung des H.

[5]Nach § 3 Abs. 3a Satz 2 UStG werden eine Lieferung des D an den Betreiber der elektronischen Schnittstelle B und eine Lieferung des Betreibers der elektronischen Schnittstelle B an die in Italien ansässige Privatperson K fingiert. [6]Außerdem liegt eine Lieferung von H an D vor. [7]Bei der Bestimmung der Warenbewegung geht § 3 Abs. 6b UStG als speziellere Vorschrift der Regelung des § 3 Abs. 6a UStG vor. [8]Die Warenbewegung wird daher nach § 3 Abs. 6b UStG der Lieferung durch den Betreiber der elektronischen Schnittstelle B zugeschrieben. [9]Der Ort dieser Lieferung liegt nach § 3c Abs. 2 UStG in Italien. [10]Die Lieferungen des H an D und die fingierte Lieferung des D an B sind als ruhende Lieferungen gemäß § 3 Abs. 7 Satz 2 Nr. 1 UStG im Inland nicht steuerbar.

(6) [1]Jedes einzelne Packstück stellt grundsätzlich eine Sendung im Sinne des § 3 Abs. 3a Satz 2 UStG dar. [2]Gegenstände, die zusammen in demselben Packstück verpackt und gleichzeitig vom selben Versender (z. B. zugrundeliegender Lieferer oder möglicherweise elektronische Schnittstelle, die als fiktiver Lieferer handelt) an denselben Empfänger (z. B. Erwerber in der EU) unter einem Beförderungsvertrag (z. B. Luftfrachtbrief, CMR, Postsendung nach Weltpostvertrag mit S-10 Barcode) versandt werden, gelten als eine einzige Sendung. [3]Gegenstände, die von ein und derselben Person getrennt bestellt, aber zusammen in demselben Packstück versandt werden, werden ebenfalls als eine einzige Sendung betrachtet. [4]Gegenstände, die vom selben Versender an denselben Empfänger versandt und getrennt bestellt und geliefert werden, gelten auch dann, wenn sie am selben Tag, aber in gesonderten Packstücken beim Postbetreiber oder Expresskurierdienstleister des Bestimmungsorts ankommen, als getrennte Sendungen.

(7) Sachwert im Sinne des § 3 Abs. 3a Satz 2 UStG ist der Preis der Waren selbst beim sog. Verkauf zur Ausfuhr in das Zollgebiet der Union ohne Transport- und Versicherungskosten, sofern sie nicht im Preis enthalten und nicht gesondert auf der Rechnung ausgewiesen sind, sowie alle anderen Steuern und Abgaben, die von den Zollbehörden anhand der einschlägigen Dokumente ermittelt werden können.

Beispiel 1:

[1]Der Rechnungsbetrag setzt sich aus dem Preis für die Ware und den Beförderungskosten zusammen:

Preis für die Ware auf der Rechnung:	140,00 €
Beförderungskosten auf der Rechnung:	20,00 €
Rechnungsbetrag insgesamt:	160,00 €

[2]Der Sachwert der Ware beträgt 140,00 €.

Beispiel 2:

[1]Der Rechnungsbetrag beinhaltet die Beförderungskosten. [2]Es ist anhand der Rechnung oder sonstiger Unterlagen nicht erkennbar, ob und in welcher Höhe Beförderungskosten im Rechnungspreis enthalten sind:

Rechnungsbetrag insgesamt:	160,00 €

[3]Der Sachwert der Ware beträgt 160,00 €.

Beispiel 3:

[1]Der Rechnungsbetrag setzt sich aus dem Preis für die Ware, den Beförderungskosten und der Umsatzsteuer zusammen:

Preis für die Ware auf der Rechnung:	140,00 €
Beförderungskosten auf der Rechnung:	20,00 €
Umsatzsteuer (19 %) auf der Rechnung:	30,40 €
Rechnungsbetrag insgesamt:	190,40 €

[2]Der Sachwert der Ware beträgt 140,00 €.

Beispiel 4:

[1]Der Rechnungsbetrag setzt sich aus dem Preis für die Ware, den Beförderungskosten und der drittländischen Umsatzsteuer zusammen:

Preis für die Ware auf der Rechnung:	140,00 €
Rechnungsbetrag insgesamt:	195,00 €

[2]Der Sachwert der Ware beträgt auch in diesem Fall 140,00 €.

Anmerkung

Hinweis: Anwendung seit dem 1.7.2021

Die Regelungen zu den fiktiven Reihengeschäften gelten für alle Umsätze, die seit dem 1.7.2021 ausgeführt werden.

1. Lieferung über elektronische Schnittstellen

Unterstützt eine elektronische Schnittstelle die Lieferung eines Unternehmers, kann sich unter weiteren Voraussetzungen ein fiktives Reihengeschäft nach der Regelung des § 3 Abs. 3a UStG ergeben. Allerdings ergeben sich diese Rechtsfolgen derzeit nur unter **zwei alternativen Voraussetzungen**:

1. Die Beförderung oder Versendung des Gegenstands beginnt und endet innerhalb der EU und der leistende Unternehmer ist nicht im Gemeinschaftsgebiet ansässig, **§ 3 Abs. 3a Satz 1 UStG**. Der

Leistungsempfänger muss ein Nichtunternehmer oder eine andere in § 3 a Abs. 5 Satz 1 UStG aufgeführte Person (nichtunternehmerisch tätige juristische Personen ohne USt-IdNr. sowie teilweise unternehmerisch tätige juristische Personen, bei denen die Leistung ausschließlich für den privaten Bedarf des Personals oder eines Gesellschafters bestimmt ist) sein.

2. Ein Gegenstand mit einem Sachwert (Preis der Waren ohne Transport- und Versicherungskosten – sofern diese nicht im Preis enthalten sind – sowie aller anderen Steuern und Abgaben, Abschn. 3.18 Abs. 7 UStAE) von max. 150 € wird in das Gemeinschaftsgebiet eingeführt, **§ 3 Abs. 3 a Satz 2 UStG**. Der Leistungsempfänger muss ein Nichtunternehmer, eine andere in § 3 a Abs. 5 Satz 1 UStG aufgeführte Person oder ein besonderer Unternehmer nach § 1a Abs. 3 Nr. 1 UStG sein, der die Erwerbsschwelle nicht überschreitet und nicht auf die Anwendung verzichtet.

Hinweis: Nur eingeschränkte Anwendung für deutsche Unternehmer

Für deutsche Unternehmer als Lieferer kann sich eine umsatzsteuerrechtliche Konsequenz damit nur nach § 3 Abs. 3 a Satz 2 UStG ergeben. Dies setzt aber voraus, dass der Gegenstand aus dem Drittlandsgebiet eingeführt wird.

2. Elektronische Schnittstellen

Dem Begriff der elektronischen Schnittstelle ist ein sehr weites Verständnis zugrunde zu legen, er soll jegliche Art elektronischer Handelsplätze umfassen.

Hinweis: Umsetzung durch Finanzverwaltung durch zahlreiche Merkmale

In Abschn. 3.18 Abs. 3 UStAE hat die Finanzverwaltung – nicht erschöpfende – Merkmale aufgenommen, die darauf hindeuten können, dass ein Unternehmer eine elektronische Schnittstelle betreibt (insg. elf verschiede Merkmale), dass eine elektronische Schnittstelle an der Autorisierung der Abrechnung beteiligt ist (insg. fünf Merkmale) oder dass der Unternehmer, der eine elektronische Schnittstelle betreibt, an der Bestellung oder Lieferung der Gegenstände beteiligt ist (insg. sieben Merkmale).

3. Befördern oder Versenden und indirekte Beteiligung

Bei einem Fernverkauf nach § 3 Abs. 3 a Satz 2 UStG muss der Gegenstand durch den Lieferer oder für seine Rechnung befördert oder versendet werden. Es reicht aber auch eine indirekte Beteiligung des Lieferers aus. Eine **indirekte Beteiligung** gem. Art. 5 a MwStVO liegt vor, wenn

- die Versendung oder Beförderung der Gegenstände vom Lieferer als Unterauftrag an einen Dritten vergeben wird, der die Gegenstände an den Erwerber transportiert oder transportieren lässt;
- die Versendung oder Beförderung der Gegenstände durch einen Dritten erfolgt, der Lieferer jedoch entweder die gesamte oder die teilweise Verantwortung für die Lieferung der Gegenstände an den Erwerber trägt;
- der Lieferer dem Erwerber die Transportkosten in Rechnung stellt, diese einzieht und sie dann an einen Dritten weiterleitet, der die Versendung oder Beförderung der Waren übernimmt;
- der Lieferer in jeglicher Weise gegenüber dem Erwerber die Zustelldienste eines Dritten bewirbt, den Kontakt zwischen dem Erwerber und einem Dritten herstellt oder einem Dritten auf andere Weise die Informationen übermittelt,

4. Abwicklung fiktives Reihengeschäft

Bei Einschaltung der elektronischen Schnittstelle wird ein Reihengeschäft fingiert. Die **bewegte Lieferung** – deren Ort dann nach § 3 Abs. 6 UStG dort ist, wo die Warenbewegung beginnt – wird immer der **Lieferung des Betreibers der elektronischen Schnittstelle** zugeordnet, § 3 Abs. 6 b UStG; diese Zuordnung geht der allgemeinen Zuordnung der bewegten Lieferung bei Reihengeschäften nach § 3 Abs. 6 a UStG vor; vgl. auch Abschn. 3.18 Abs. 5 Satz 2 UStAE. Die Lieferung des (ersten) Unternehmers ist dann die ruhende Lieferung nach § 3 Abs. 7 Satz 2 Nr. 1 UStG, die der Beförderungs- oder Versendungslieferung vorangeht und ist ebenfalls dort ausgeführt, wo die Warenbewegung beginnt.

Beispiel: Fiktives Reihengeschäft mit deutschem Unternehmer

Der in Deutschland ansässige Unternehmer U verkauft über ein in Deutschland ansässiges Internetportal I (= Vermittler) ein Radio für 120 €. Die Ware gelangt aus dem Lager des U in Basel (Schweiz) zum Privatkunden P nach Passau. Die Ware wird von I beim Zoll angemeldet; I nimmt am Besteuerungsverfahren nach § 18 k UStG (Import-One-Stop-Shop) teil.

Obwohl I nur als Vermittler handelt, wird nach § 3 Abs. 3 a Satz 2 UStG eine Lieferkette (= Reihengeschäft) fingiert – U liefert an I; I liefert an P. Die Warenbewegung wird der Lieferung des I an den P zugeordnet, § 3 Abs. 6 b UStG. Damit wäre die Lieferung in der Schweiz ausgeführt, der Ort wird aber nach § 3 c Abs. 3 Satz 1 UStG nach DE verlagert – die Lieferung des I ist im Inland steuerbar und steuerpflichtig. I muss die Besteuerung im besonderen Verfahren nach § 18 k UStG (IOSS) erklären. Die Einfuhr im Inland ist steuerbar, aber steuerfrei nach § 5 Abs. 1 Nr. 7 UStG. Die Lieferung des U ist die ruhende Lieferung, die vor der bewegten Lieferung kommt und ebenfalls als am Beginn der Warenbewegung ausgeführt gilt (= Schweiz), § 3 Abs. 7 Satz 2 Nr. 1 UStG. Die Lieferung ist im Inland nicht steuerbar.

Hinweis: Sachwert der Sendung

§ 3 Abs. 3 a Satz 2 UStG setzt voraus, dass es sich um eine Sendung mit einem Sachwert von max. 150 € handelt. Die Finanzverwaltung stellt in Abschn. 3.18 Abs. 6 UStAE fest, dass grundsätzlich jedes Packstück eine Sendung i. S. d. Regelung darstellt. Werden Waren getrennt bestellt und getrennt geliefert, sind dies getrennte Sendungen, selbst wenn sie am selben Tag, aber in gesonderten Packstücken geliefert werden.

In den Fällen des **§ 3 Abs. 3 a Satz 1 UStG** (die Warenbewegung beginnt in der Europäischen Union) ist die Lieferung des ersten Unternehmers nach § 4 Nr. 4 c UStG **steuerfrei.**

5. Klarstellung zur Ansässigkeit

Lieferungen eines **im Gemeinschaftsgebiet ansässigen Unternehmers** führen **nicht zur Anwendung des § 3 Abs. 3 a Satz 1 UStG**. Zur Frage der Ansässigkeit im Gemeinschaftsgebiet stellt die Finanzverwaltung klar, dass sie nur dann vorliegt, wenn der Unternehmer den Sitz seiner **wirtschaftlichen Tätigkeit** (Art. 10 MwStVO) im Gemeinschaftsgebiet, hat, er dort über eine **feste Niederlassung** (Art. 11 MwStVO) verfügt, er einen **Wohnsitz** (Art. 12 MwStVO) oder einen **gewöhnlichen Aufenthaltsort** (Art. 13 MwStVO) dort hat. Allein das Vorhalten einer zustellfähigen Postanschrift reicht für die Begründung der Ansässigkeit nicht aus.

Zu § 3 a UStG

UStG § 3 a Ort der sonstigen Leistung

(1) [1]Eine sonstige Leistung wird vorbehaltlich der Absätze 2 bis 8 und der §§ 3 b und 3 e an dem Ort ausgeführt, von dem aus der Unternehmer sein Unternehmen betreibt. [2]Wird die sonstige Leistung von einer Betriebsstätte ausgeführt, gilt die Betriebsstätte als der Ort der sonstigen Leistung.

(2) [1]Eine sonstige Leistung, die an einen Unternehmer für dessen Unternehmen ausgeführt wird, wird vorbehaltlich der Absätze 3 bis 8 und der §§ 3 b und 3 e an dem Ort ausgeführt, von dem aus der Empfänger sein Unternehmen betreibt. [2]Wird die sonstige Leistung an die Betriebsstätte eines Unternehmers ausgeführt, ist stattdessen der Ort der Betriebsstätte maßgebend. [3]Die Sätze 1 und 2 gelten entsprechend bei einer sonstigen Leistung an eine ausschließlich nicht unternehmerisch tätige juristische Person, der eine Umsatzsteuer-Identifikationsnummer erteilt worden ist, und bei einer sonstigen Leistung an eine juristische Person, die sowohl unternehmerisch als auch nicht unternehmerisch tätig ist; dies gilt nicht für sonstige Leistungen, die ausschließlich für den privaten Bedarf des Personals oder eines Gesellschafters bestimmt sind.

(3) Abweichend von den Absätzen 1 und 2 gilt:

1. Eine sonstige Leistung im Zusammenhang mit einem Grundstück wird dort ausgeführt, wo das Grundstück liegt. Als sonstige Leistungen im Zusammenhang mit einem Grundstück sind insbesondere anzusehen:

a) sonstige Leistungen der in § 4 Nr. 12 bezeichneten Art,
b) sonstige Leistungen im Zusammenhang mit der Veräußerung oder dem Erwerb von Grundstücken,
c) sonstige Leistungen, die der Erschließung von Grundstücken oder der Vorbereitung, Koordinierung oder Ausführung von Bauleistungen dienen.

2. Die kurzfristige Vermietung eines Beförderungsmittels wird an dem Ort ausgeführt, an dem dieses Beförderungsmittel dem Empfänger tatsächlich zur Verfügung gestellt wird. Als kurzfristig im Sinne des Satzes 1 gilt eine Vermietung über einen ununterbrochenen Zeitraum
   a) von nicht mehr als 90 Tagen bei Wasserfahrzeugen,
   b) von nicht mehr als 30 Tagen bei anderen Beförderungsmitteln.

   Die Vermietung eines Beförderungsmittels, die nicht als kurzfristig im Sinne des Satzes 2 anzusehen ist, an einen Empfänger, der weder ein Unternehmer ist, für dessen Unternehmen die Leistung bezogen wird, noch eine nicht unternehmerisch tätige juristische Person, der eine Umsatzsteuer-Identifikationsnummer erteilt worden ist, wird an dem Ort erbracht, an dem der Empfänger seinen Wohnsitz oder Sitz hat. Handelt es sich bei dem Beförderungsmittel um ein Sportboot, wird abweichend von Satz 3 die Vermietungsleistung an dem Ort ausgeführt, an dem das Sportboot dem Empfänger tatsächlich zur Verfügung gestellt wird, wenn sich auch der Sitz, die Geschäftsleitung oder eine Betriebsstätte des Unternehmers, von wo aus diese Leistung tatsächlich erbracht wird, an diesem Ort befindet.
3. Kulturelle, künstlerische, wissenschaftliche, unterrichtende, sportliche, unterhaltende oder ähnliche Leistungen, wie Leistungen im Zusammenhang mit Messen und Ausstellungen, einschließlich der Leistungen der jeweiligen Veranstalter sowie die damit zusammenhängenden Tätigkeiten, die für die Ausübung der Leistungen unerlässlich sind, an einen Empfänger, der weder ein Unternehmer ist, für dessen Unternehmen die Leistung ausgeführt wird, noch eine nichtunternehmerisch tätige juristische Person, der eine Umsatzsteuer-Identifikationsnummer erteilt worden ist, werden dort ausgeführt, wo sie vom Unternehmer tatsächlich erbracht werden. Werden die Leistungen per Streaming übertragen oder auf andere Weise virtuell verfügbar gemacht, gilt abweichend von Satz 1 als Ort der sonstigen Leistung der Ort, an dem der Empfänger ansässig ist oder seinen Wohnsitz oder gewöhnlichen Aufenthaltsort hat.

3a. Die folgenden Leistungen werden dort ausgeführt, wo sie vom Unternehmer tatsächlich erbracht werden:
   a) die Abgabe von Speisen und Getränken zum Verzehr an Ort und Stelle (Restaurationsleistung), wenn diese Abgabe nicht an Bord eines Schiffs, in einem Luftfahrzeug oder in einer Eisenbahn während einer Beförderung innerhalb des Gemeinschaftsgebiets erfolgt;
   b) Arbeiten an beweglichen körperlichen Gegenständen und die Begutachtung dieser Gegenstände für einen Empfänger, der weder ein Unternehmer ist, für dessen Unternehmen die Leistung ausgeführt wird, noch eine nicht unternehmerisch tätige juristische Person, der eine Umsatzsteuer-Identifikationsnummer erteilt worden ist.

4. Eine Vermittlungsleistung an einen Empfänger, der weder ein Unternehmer ist, für dessen Unternehmen die Leistung bezogen wird, noch eine nicht unternehmerisch tätige juristische Person, der eine Umsatzsteuer-Identifikationsnummer erteilt worden ist, wird an dem Ort erbracht, an dem der vermittelte Umsatz als ausgeführt gilt.
5. Die Einräumung der Eintrittsberechtigung zu kulturellen, künstlerischen, wissenschaftlichen, unterrichtenden, sportlichen, unterhaltenden oder ähnlichen Veranstaltungen, wie Messen und Ausstellungen, sowie die damit zusammenhängenden sonstigen Leistungen an einen Unternehmer für dessen Unternehmen oder an eine nicht unternehmerisch tätige juristische Person, der eine Umsatzsteuer-Identifikationsnummer erteilt worden ist, wird an dem Ort erbracht, an dem die Veranstaltung tatsächlich durchgeführt wird. Wird mit der Eintrittsberechtigung eine virtuelle Teilnahme an einer Veranstaltung ermöglicht, gilt abweichend von Satz 1 für die Einräumung dieser Eintrittsberechtigung Absatz 2.

(4) [1]Ist der Empfänger einer der in Satz 2 bezeichneten sonstigen Leistungen weder ein Unternehmer, für dessen Unternehmen die Leistung bezogen wird, noch eine nicht unternehmerisch tätige juristische Person, der eine Umsatzsteuer-Identifikationsnummer erteilt worden ist, und hat er seinen Wohnsitz oder Sitz im Drittlandsgebiet, wird die sonstige Leistung an seinem Wohnsitz oder Sitz ausgeführt. [2]Sonstige Leistungen im Sinne des Satzes 1 sind:

1. die Einräumung, Übertragung und Wahrnehmung von Patenten, Urheberrechten, Markenrechten und ähnlichen Rechten;
2. die sonstigen Leistungen, die der Werbung oder der Öffentlichkeitsarbeit dienen, einschließlich der Leistungen der Werbungsmittler und der Werbeagenturen;

3. die sonstigen Leistungen aus der Tätigkeit als Rechtsanwalt, Patentanwalt, Steuerberater, Steuerbevollmächtigter, Wirtschaftsprüfer, vereidigter Buchprüfer, Sachverständiger, Ingenieur, Aufsichtsratsmitglied, Dolmetscher und Übersetzer sowie ähnliche Leistungen anderer Unternehmer, insbesondere die rechtliche, wirtschaftliche und technische Beratung;
4. die Datenverarbeitung;
5. die Überlassung von Informationen einschließlich gewerblicher Verfahren und Erfahrungen;
6. a) Bank- und Finanzumsätze, insbesondere der in § 4 Nummer 8 Buchstabe a bis h bezeichneten Art und die Verwaltung von Krediten und Kreditsicherheiten, sowie Versicherungsumsätze der in § 4 Nummer 10 bezeichneten Art,
   b) die sonstigen Leistungen im Geschäft mit Gold, Silber und Platin. Das gilt nicht für Münzen und Medaillen aus diesen Edelmetallen;
7. die Gestellung von Personal;
8. der Verzicht auf Ausübung eines der in Nummer 1 bezeichneten Rechte;
9. der Verzicht, ganz oder teilweise eine gewerbliche oder berufliche Tätigkeit auszuüben;
10. die Vermietung beweglicher körperlicher Gegenstände, ausgenommen Beförderungsmittel;
11. *weggefallen*
12. *weggefallen*
13. *weggefallen*
14. die Gewährung des Zugangs zum Erdgasnetz, zum Elektrizitätsnetz oder zu Wärme- oder Kältenetzen und die Fernleitung, die Übertragung oder Verteilung über diese Netze sowie die Erbringung anderer damit unmittelbar zusammenhängender sonstiger Leistungen.

(5) [1]Ist der Empfänger einer der in Satz 2 bezeichneten sonstigen Leistungen

1. kein Unternehmer, für dessen Unternehmen die Leistung bezogen wird,
2. keine ausschließlich nicht unternehmerisch tätige juristische Person, der eine Umsatzsteuer-Identifikationsnummer erteilt worden ist,
3. keine juristische Person, die sowohl unternehmerisch als auch nicht unternehmerisch tätig ist, bei der die Leistung nicht ausschließlich für den privaten Bedarf des Personals oder eines Gesellschafters bestimmt ist,

wird die sonstige Leistung an dem Ort ausgeführt, an dem der Leistungsempfänger seinen Wohnsitz, seinen gewöhnlichen Aufenthaltsort oder seinen Sitz hat. [2]Sonstige Leistungen im Sinne des Satzes 1 sind:

1. die sonstigen Leistungen auf dem Gebiet der Telekommunikation;
2. die Rundfunk- und Fernsehdienstleistungen;
3. die auf elektronischem Weg erbrachten sonstigen Leistungen.

[3]Satz 1 ist nicht anzuwenden, wenn der leistende Unternehmer seinen Sitz, seine Geschäftsleitung, eine Betriebsstätte oder in Ermangelung eines Sitzes, einer Geschäftsleitung oder einer Betriebsstätte seinen Wohnsitz oder gewöhnlichen Aufenthalt in nur einem Mitgliedstaat hat und der Gesamtbetrag der Entgelte der in Satz 2 bezeichneten sonstigen Leistungen an in Satz 1 bezeichnete Empfänger mit Wohnsitz, gewöhnlichem Aufenthalt oder Sitz in anderen Mitgliedstaaten sowie der innergemeinschaftlichen Fernverkäufe nach § 3 c Absatz 1 Satz 2 und 3 insgesamt 10 000 Euro im vorangegangenen Kalenderjahr nicht überschritten hat und im laufenden Kalenderjahr nicht überschreitet. [4]Der leistende Unternehmer kann dem Finanzamt erklären, dass er auf die Anwendung des Satzes 3 verzichtet. [5]Die Erklärung bindet den Unternehmer mindestens für zwei Kalenderjahre.

(6) [1]Erbringt ein Unternehmer, der sein Unternehmen von einem im Drittlandsgebiet liegenden Ort aus betreibt,

1. eine in Absatz 3 Nr. 2 bezeichnete Leistung oder die langfristige Vermietung eines Beförderungsmittels,
2. eine in Absatz 4 Satz 2 Nummer 1 bis 10 bezeichnete sonstige Leistung an eine im Inland ansässige juristische Person des öffentlichen Rechts oder
3. eine in Absatz 5 Satz 2 Nummer 1 und 2 bezeichnete Leistung,

ist diese Leistung abweichend von Absatz 1, Absatz 3 Nummer 2, Absatz 4 Satz 1 oder Absatz 5 als im Inland ausgeführt zu behandeln, wenn sie dort genutzt oder ausgewertet wird. [2]Wird die Leistung von einer Betriebsstätte eines Unternehmers ausgeführt, gilt Satz 1 entsprechend, wenn die Betriebsstätte im Drittlandsgebiet liegt.

(7) [1]Vermietet ein Unternehmer, der sein Unternehmen vom Inland aus betreibt, kurzfristig ein Schienenfahrzeug, einen Kraftomnibus oder ein ausschließlich zur Beförderung von Gegenständen bestimmtes Straßenfahrzeug, ist diese Leistung abweichend von Absatz 3 Nr. 2 als im Drittlandsgebiet ausgeführt zu behandeln, wenn die Leistung an einen im Drittlandsgebiet ansässigen Unternehmer erbracht wird, das Fahrzeug für dessen Unternehmen bestimmt ist und im Drittlandsgebiet genutzt wird. [2]Wird die Vermietung des Fahrzeugs von einer Betriebsstätte eines Unternehmers ausgeführt, gilt Satz 1 entsprechend, wenn die Betriebsstätte im Inland liegt.

(8) [1]Erbringt ein Unternehmer eine Güterbeförderungsleistung, ein Beladen, Entladen, Umschlagen oder ähnliche mit der Beförderung eines Gegenstandes im Zusammenhang stehende Leistungen im Sinne des § 3 b Absatz 2, eine Arbeit an beweglichen körperlichen Gegenständen oder eine Begutachtung dieser Gegenstände, eine Reisevorleistung im Sinne des § 25 Absatz 1 Satz 5 oder eine Veranstaltungsleistung im Zusammenhang mit Messen und Ausstellungen, ist diese Leistung abweichend von Absatz 2 als im Drittlandsgebiet ausgeführt zu behandeln, wenn die Leistung dort genutzt oder ausgewertet wird. [2]Satz 1 gilt nicht, wenn die dort genannten Leistungen in einem der in § 1 Absatz 3 genannten Gebiete tatsächlich ausgeführt werden.

Umsatzsteuer-Durchführungsverordnung (UStDV)

in der Fassung der Bekanntmachung vom 21. Februar 2005 (BGBl. I S. 434), letzte Änderung vom 19. Dezember 2025 (BGBl. I Nr. 372)

§ 1 ***(weggefallen)***

UStAE 3 a.1. Ort der sonstigen Leistung bei Leistungen an Nichtunternehmer

(1) [1]Der Ort der sonstigen Leistung bestimmt sich nach § 3 a Abs. 1 UStG nur bei Leistungen an

- Leistungsempfänger, die nicht Unternehmer sind,
- Unternehmer, wenn die Leistung nicht für ihr Unternehmen bezogen wird (vgl. Abschnitt 3 a.2 Abs. 11 a) und es sich nicht um eine juristische Person handelt,
- sowohl unternehmerisch als auch nicht unternehmerisch tätige juristische Personen, wenn die Leistung für den privaten Bedarf des Personals bestimmt ist, oder
- nicht unternehmerisch tätige juristische Personen, denen keine USt-IdNr. erteilt worden ist

(Nichtunternehmer); maßgebend für diese Beurteilung ist der Zeitpunkt, in dem die Leistung an den Leistungsempfänger erbracht wird (vgl. Artikel 25 MwStVO). [2]Der Leistungsort bestimmt sich außerdem nur nach § 3 a Abs. 1 UStG, wenn kein Tatbestand des § 3 a Abs. 3 bis 8 UStG, des § 3 b UStG oder des § 3 e UStG vorliegt. [3]Maßgeblich ist grundsätzlich der Ort, von dem aus der Unternehmer sein Unternehmen betreibt (bei Körperschaften, Personenvereinigungen oder Vermögensmassen ist dabei der Ort der Geschäftsleitung maßgeblich). [4]Das ist der Ort, an dem die Handlungen zur zentralen Verwaltung des Unternehmens vorgenommen werden; hierbei werden der Ort, an dem die wesentlichen Entscheidungen zur allgemeinen Leitung des Unternehmens getroffen werden, der Ort seines satzungsmäßigen Sitzes und der Ort, an dem die Unternehmensleitung zusammenkommt, berücksichtigt. [5]Kann danach der Ort, von dem aus der Unternehmer sein Unternehmen betreibt, nicht mit Sicherheit bestimmt werden, ist der Ort, an dem die wesentlichen Entscheidungen zur allgemeinen Leitung des Unternehmens getroffen werden, vorrangiger Anknüpfungspunkt. [6]Allein aus dem Vorliegen einer Postanschrift kann nicht geschlossen werden, dass sich dort der Ort befindet, von dem aus der Unternehmer sein Unternehmen betreibt (vgl. Artikel 10 MwStVO). [7]Wird die Leistung tatsächlich von einer Betriebsstätte erbracht, ist dort der Leistungsort (vgl. Absatz 2 und 3). [8]Verfügt eine natürliche Person weder über einen Unternehmenssitz noch über eine Betriebsstätte, kommen als Leistungsort der Wohnsitz des leistenden Unternehmers oder der Ort seines gewöhnlichen Aufenthalts in Betracht. [9]Als Wohnsitz einer natürlichen Person gilt der im Melderegister oder in einem ähnlichen Register eingetragene Wohnsitz oder der Wohnsitz, den die betreffende Person bei der zuständigen Steuerbehörde angegeben hat, es sei denn, es liegen Anhaltspunkte dafür vor, dass diese Eintragung nicht die tatsächlichen Gegebenheiten widerspiegelt (vgl. Artikel 12 MwStVO). [10]Als gewöhnlicher Aufenthaltsort einer natürlichen Person gilt der Ort, an dem diese aufgrund persönlicher und beruflicher Bindungen gewöhnlich lebt. [11]Liegen die beruflichen Bindungen einer natürlichen Person in einem anderen Land als dem ihrer persönlichen Bindungen oder gibt es keine beruflichen Bindungen, bestimmt sich der gewöhnliche Aufenthaltsort nach den persönlichen Bindungen, die enge Beziehungen zwischen der natürlichen Person und einem Wohnort erkennen lassen (vgl. Artikel 13 MwStVO). [12]Als gewöhnlicher Aufenthalt im Inland ist stets und von Beginn an ein zeitlich zusammenhängender Aufenthalt von mehr als sechs Monaten Dauer anzusehen; kurzfristige Unterbrechungen bleiben unberücksichtigt. [13]Dies gilt nicht, wenn der Aufenthalt ausschließlich zu Besuchs-, Erholungs-, Kur- oder ähnlichen privaten Zwecken genommen wird und nicht länger als ein Jahr dauert. [14]Der Ort einer einheitlichen sonstigen Leistung liegt nach § 3 a Abs. 1 UStG auch dann an dem Ort, von dem aus der Unternehmer sein Unternehmen betreibt, wenn einzelne Leistungsteile nicht von diesem Ort aus erbracht werden (vgl. BFH-Urteil vom 26. 3. 1992, V R 16/88, BStBl II S. 929).

(2) [1]Der Ort einer Betriebsstätte ist nach § 3 a Abs. 1 Satz 2 UStG Leistungsort, wenn die sonstige Leistung von dort ausgeführt wird, d. h. die sonstige Leistung muss der Betriebsstätte tatsächlich zuzurechnen sein. [2]Dies ist der Fall, wenn die für die sonstige Leistung erforderlichen einzelnen Arbeiten ganz oder überwiegend durch Angehörige oder Einrichtungen der Betriebsstätte ausgeführt werden. [3]Es ist nicht erforderlich, dass das Umsatzgeschäft von der Betriebsstätte aus abgeschlossen wurde. [4]Wird ein Umsatz sowohl an dem Ort, von dem aus der Unternehmer sein Unternehmen betreibt, als auch von einer Betriebsstätte ausgeführt, ist der Leistungsort nach dem Ort zu bestimmen, an dem die sonstige Leistung überwiegend erbracht wird.

(3) [1]Betriebsstätte im Sinne des Umsatzsteuerrechts ist jede feste Geschäftseinrichtung oder Anlage, die der Tätigkeit des Unternehmers dient. [2]Eine solche Einrichtung oder Anlage kann aber nur dann als Betriebsstätte angesehen werden, wenn sie über einen ausreichenden Mindestbestand an Personal- und Sachmitteln verfügt, der für die Erbringung der betreffenden Dienstleistungen erforderlich ist. [3]Außerdem muss die Einrichtung oder Anlage einen hinreichenden Grad an Beständigkeit sowie eine Struktur aufweisen, die von der personellen und technischen Ausstattung her eine autonome Erbringung der jeweiligen Dienstleistungen ermöglicht (vgl. EuGH-Urteile vom 04. 07. 1985, C-168/84, Berkholz, vom 02. 05. 1996, C-231/94, Faaborg-Gelting Linien, vom 17. 07. 1997, C-190/95, ARO Lease, und vom 20. 02. 1997, C-260/95, DFDS, und Artikel 11 MwStVO). [4]Eine solche beständige Struktur liegt z. B. vor, wenn die Einrichtung über eine Anzahl von Beschäftigten verfügt, von hier aus Verträge abgeschlossen werden können, Rechnungslegung und Aufzeichnungen dort erfolgen und Entscheidungen getroffen werden, z. B. über den Wareneinkauf. [5]Betriebsstätte kann auch eine Organgesellschaft im Sinne des § 2 Abs. 2 Nr. 2 UStG sein. [6]Der Ort sonstiger Leistungen, die an Bord eines Schiffes tatsächlich von einer dort belegenen Betriebsstätte erbracht werden, bestimmt sich nach § 3 a Abs. 1 Satz 2 UStG. [7]Hierzu können z. B. Leistungen in den Bereichen Friseurhandwerk, Kosmetik, Massage und Landausflüge gehören.

(4) Die Leistungsortbestimmung nach § 3 a Abs. 1 UStG kommt z. B. in folgenden Fällen in Betracht:

- Reiseleistungen (§ 25 Abs. 1 Satz 4 UStG);
- Reisebetreuungsleistungen von angestellten Reiseleitern (vgl. BFH-Urteil vom 23. 9. 1993, V R 132/99, BStBl 1994 II S. 272);
- Leistungen der Testamentsvollstrecker (vgl. EuGH-Urteil vom 6. 12. 2007, C-401/06, Kommission/Deutschland);
- Leistungen der Notare, soweit sie nicht Grundstücksgeschäfte beurkunden (vgl. Abschnitt 3 a.3 Abs. 6 und 8) oder nicht selbständige Beratungsleistungen an im Drittlandsgebiet ansässige Leistungsempfänger erbringen (vgl. Abschnitt 3 a.9 Abs. 11);
- die in § 3 a Abs. 4 Satz 2 UStG bezeichneten sonstigen Leistungen, wenn der Leistungsempfänger Nichtunternehmer und innerhalb des Gemeinschaftsgebiets ansässig ist (vgl. jedoch Abschnitt 3 a.14);
- sonstige Leistungen im Rahmen einer Bestattung, soweit diese Leistungen als einheitliche Leistungen (vgl. Abschnitt 3.10) anzusehen sind (vgl. Artikel 28 MwStVO).

(5) Zur Sonderregelung für den Ort der sonstigen Leistung nach § 3 a Abs. 6 UStG wird auf Abschnitt 3 a.14 verwiesen.

Anmerkung

1. Prüfungsgrundsätze

Die Prüfung des Orts der sonstigen Leistung vollzieht sich nach einer **systematischen Reihenfolge**. Dabei gibt es zwei Grundregelungen (§ 3 a Abs. 1 und Abs. 2 UStG) und – den Grundregelungen vorgehende – diverse Sonderregelungen (§ 3 a Abs. 3 bis Abs. 8, § 3 b und § 3 e UStG).

1.1 Grundregelungen

Soweit keine Sonderregelung über die Bestimmung des Orts der sonstigen Leistung einschlägig ist, bestimmt sich der Ort der sonstigen Leistung nach den folgenden **Grundregelungen**:

- Wird eine sonstige Leistung **an einen Nichtunternehmer** ausgeführt, ist der Ort der sonstigen Leistung dort, wo der leistende Unternehmer sein Unternehmen betreibt, § 3 a Abs. 1 Satz 1 UStG. Wird die sonstige Leistung von einer Betriebsstätte aus abgegeben, ist der Ort der die Leistung ausführenden Betriebsstätte maßgebend, § 3 a Abs. 1 Satz 2 UStG.
- Wird eine sonstige Leistung **gegenüber einem Unternehmer für dessen Unternehmen ausgeführt**, ist der Ort der sonstigen Leistung dort, wo der Leistungsempfänger sein Unternehmen betreibt, § 3 a Abs. 2 Satz 1 UStG. Wird die sonstige Leistung an eine Betriebsstätte eines Unternehmers ausgeführt, ist der Ort dort, wo die Betriebsstätte unterhalten wird, § 3 a Abs. 2 Satz 2 UStG. Eine besondere Rolle spielen die **juristischen Personen**, die nicht Unternehmer sind (z. B. Körperschaften des öffentlichen Rechts): Diese fallen auch insgesamt unter die Regelung des § 3 a Abs. 2 UStG, wenn sie einen unternehmerischen und einen nichtunternehmerischen Bereich unterhalten sowie in dem Fall, wenn sie insgesamt nichtunternehmerisch tätig sind, soweit sie eine Umsatzsteuer-Identifikationsnummer (USt-IdNr.) haben; ausgenommen sind nur Leistungen, die für den privaten Bedarf des Personals oder der Gesellschafter bestimmt sind.

Besondere Bedeutung hat dabei bei **grenzüberschreitend ausgeführten Leistungen** der Nachweis, ob der Leistungsempfänger Unternehmer ist oder nicht. Im Europäischen Binnenmarkt kommt dabei der USt-IdNr. eine besondere Bedeutung zu: Tritt der Leistungsempfänger mit einer zutreffenden USt-IdNr. auf, kann der leistende Unternehmer davon ausgehen, dass der Leistungsempfänger Unternehmer ist und die Leistung für sein Unternehmen bezieht. Jeder Unternehmer in der Europäischen Union hat das Recht, sich dort, wo er für unternehmerische Zwecke gemeldet ist, eine USt-IdNr. erteilen lassen. Wenn er mit dieser (zutreffenden) Nummer auftritt, weist er sich als Unternehmer aus, der die Leistung für sein Unternehmen bezieht. Darüber hinaus wird bei einer im Europäischen Binnenmarkt grenzüberschreitend ausgeführten sonstigen Leistung nach § 3 a Abs. 2 UStG der Leistungsempfänger im Bestimmungsland zum Steuerschuldner (sog. Reverse-Charge-Verfahren). Zur Kontrolle muss der leistende Unternehmer diese Leistung in der Zusammenfassenden Meldung anmelden, damit überprüft werden kann, ob der Leistungsempfänger seinen umsatzsteuerrechtlichen Verpflichtungen nachkommt (MIAS – Mehrwertsteuer-Informations-Austausch-System). Kommt der Leistungsempfänger aus dem Drittlandsgebiet, muss die Unternehmereigenschaft durch andere Unterlagen (z. B. Bestätigung einer ausländischen Behörde) nachgewiesen werden.

1.2 Vorrangige Sonderregelungen

Die beiden Grundregelungen des § 3 a Abs. 1 und Abs. 2 UStG kommen aber nur zur Anwendung, wenn nicht die Sonderregelungen nach § 3 a Abs. 3 bis Abs. 8, § 3 b oder § 3 e UStG anwendbar sind. Die folgende Zusammenstellung gibt einen Überblick über die Sonderregelungen und die Prüfungsreihenfolge:

Regelung	Inhalt
Leistung im Zusammenhang mit einem Grundstück; § 3 a Abs. 3 Nr. 1 UStG	Sonstige Leistungen im Zusammenhang mit einem Grundstück sind immer am Grundstücksort ausgeführt.
Kurzfristige Vermietung eines Beförderungsmittels oder langfristige Vermietung an Nichtunternehmer; § 3 a Abs. 3 Nr. 2 UStG	Die kurzfristige Vermietung eines Beförderungsmittels (bis 30 Tage, bei Wasserfahrzeugen 90 Tage) ist dort ausgeführt, wo das Fahrzeug dem Nutzer überlassen wird. Die langfristige Vermietung eines Beförderungsmittels an einen Nichtunternehmer ist an dessen Wohnsitz ausgeführt.

Regelung	Inhalt
Kulturelle, künstlerische, sportliche u. ä. Leistungen gegenüber Nichtunternehmern; § 3 a Abs. 3 Nr. 3 UStG	Kulturelle, künstlerische, wissenschaftliche, unterrichtende, sportliche, unterhaltende oder ähnliche Leistungen, wie Leistungen im Zusammenhang mit Messen und Ausstellungen, einschließlich der Leistungen der jeweiligen Veranstalter sind immer dort ausgeführt, wo die Leistung erbracht wird, gilt aber nur bei Leistungen gegenüber Nichtunternehmern. Bei virtueller Ausführung der Leistung ist seit dem 1.1.2025 der Leistungsort am Sitz/Wohnsitz des Leistungsempfängers.
Restaurationsleistungen; § 3 a Abs. 3 Nr. 3a Buchst. a UStG	Die Abgabe von Speisen und Getränken zum Verzehr an Ort und Stelle (Restaurationsleistung) ist dort ausgeführt, wo der leistende Unternehmer tätig wird; gilt nicht bei Abgabe in Schiffen, Flugzeugen oder Eisenbahnen (dann richtet sich der Ort nach § 3 e UStG).
Arbeiten an beweglichen Gegenständen gegenüber Nichtunternehmern; § 3 a Abs. 3 Nr. 3a Buchst. b UStG	Arbeiten an beweglichen körperlichen Gegenständen und die Begutachtung dieser Gegenstände, wenn diese Leistungen gegenüber einem Nichtunternehmer ausgeführt werden, sind am jeweiligen Tätigkeitsort ausgeführt.
Vermittlung von Umsätzen gegenüber Nichtunternehmern; § 3 a Abs. 3 Nr. 4 UStG	Eine Vermittlung eines Umsatzes gegenüber einem Nichtunternehmer ist dort ausgeführt, wo die vermittelte Leistung ausgeführt ist.
Eintrittsberechtigungen zu kulturellen o.ä. Veranstaltungen gegenüber Unternehmern; § 3 a Abs. 3 Nr. 5 UStG	Die Verkäufe von Eintrittsberechtigungen zu kulturellen, künstlerischen, wissenschaftlichen, unterrichtenden, sportlichen, unterhaltenden oder ähnlichen Veranstaltungen, wie Messen und Ausstellungen, sowie die damit zusammenhängenden sonstigen Leistungen an Unternehmer, werden an dem Ort erbracht, an dem die Veranstaltung tatsächlich durchgeführt wird. Bei virtueller Ausführung der Leistung ist seit dem 1.1.2025 der Leistungsort nach der Grundregelung des § 3a Abs. 2 UStG zu bestimmen und damit am Sitz des Leistungsempfängers.
Ausführung von sog. Katalogleistungen gegenüber Nichtunternehmern aus dem Drittlandsgebiet; § 3 a Abs. 4 UStG	Bestimmte, abschließend aufgeführte Leistungen (z. B. Werbeleistungen, Beratungsleistungen, Finanzdienstleistungen) gegenüber Nichtunternehmern aus dem Drittlandsgebiet sind dort ausgeführt, wo der Leistungsempfänger ansässig ist.
Elektronische Dienstleistungen, Telekommunikationsdienstleistungen an Nichtunternehmer; § 3 a Abs. 5 UStG	Elektronisch erbrachte Dienstleistungen (z. B. über das Internet), Telekommunikationsdienstleistungen oder Rundfunk- oder Fernsehdienstleistungen, die gegenüber einem Nichtunternehmer ausgeführt werden, sind dort ausgeführt, wo der Leistungsempfänger ansässig ist. In der EU ist dies davon abhängig, dass der leistende Unternehmer im vorangegangenen Kalenderjahr oder im laufenden Kalenderjahr für mehr als 10.000 € solche Leistungen an Nichtunternehmer in anderen Mitgliedstaaten ausgeführt hat.
Verlagerung des Orts bei bestimmten Leistungen aus dem Drittlandsgebiet ins Inland oder umgekehrt; § 3 a Abs. 6 und Abs. 7 UStG	Bei bestimmten Leistungen von Drittlandsunternehmern (Vermietungsleistungen von Fahrzeugen, bestimmte Leistungen an jur. Personen des öffentlichen Rechts, Telekommunikationsleistungen) wird der Ort ins Inland verlagert, wenn die Leistung im Inland genutzt wird. Bestimmte Vermietungsleistungen von Beförderungsmitteln gegenüber Drittlandsunternehmern gelten als im Drittlandsgebiet ausgeführt, wenn sie dort genutzt werden.
Rückverlagerung bestimmter Leistungen in das Drittlandsgebiet; § 3 a Abs. 8 UStG	Führt ein Unternehmer eine Güterbeförderungsleistung, eine damit zusammenhängende Leistung, Leistungen im Zusammenhang mit Messen oder Ausstellungen tatsächlich im Drittlandsgebiet aus, gilt der Ort der Leistung als im Drittlandsgebiet belegen.
Personenbeförderungen; § 3 b Abs. 1 UStG	Personenbeförderungen sind immer dort ausgeführt, wo diese Leistung tatsächlich ausgeführt ist (mit jedem gefahrenen Kilometer).
Güterbeförderung gegenüber Nichtunternehmern; § 3 b Abs. 1 UStG	Güterbeförderungen gegenüber Nichtunternehmern sind immer dort ausgeführt, wo diese Leistung tatsächlich ausgeführt ist (mit jedem gefahrenen Kilometer).
Mit Beförderungen zusammenhängende Leistungen gegenüber Nichtunternehmern; § 3 b Abs. 2 UStG	Das Beladen, Entladen, Umschlagen und ähnliche mit der Beförderung eines Gegenstands im Zusammenhang stehende Leistungen gegenüber einem Nichtunternehmer sind dort ausgeführt, wo der leistende Unternehmer tatsächlich tätig wird.
Innergemeinschaftliche Beförderung gegenüber Nichtunternehmern; § 3 b Abs. 3 UStG	Innergemeinschaftliche Beförderungen (Beginn und Ende in zwei verschiedenen Mitgliedstaaten) von Gegenständen gegenüber Nichtunternehmern sind immer dort ausgeführt, wo die Beförderung beginnt.
Restaurationsleistungen in Beförderungsmitteln in der EU; § 3 e UStG	Restaurationsleistungen in Eisenbahnen, Flugzeugen oder Schiffen, die in der Europäischen Union verkehren, sind dort ausgeführt, wo das Beförderungsmittel für die Fahrt gestartet ist.

2. Leistungen an Nichtunternehmer

Wird eine sonstige Leistung an einen Nichtunternehmer ausgeführt und kommt auch keine vorrangige Rechtsnorm zur Prüfung des Orts der sonstigen Leistung zur Anwendung, ist die Leistung dort ausgeführt, wo der **leistende Unternehmer sein Unternehmen betreibt**. Eine Ausnahme besteht lediglich dann, wenn der leistende Unternehmer die Leistung von seiner **Betriebsstätte** aus ausführt.

Nach der ständigen Rechtsprechung des EuGH (z. B. Urt. v. 2.5.1996 – C-231/94, Faaborg-Gelting Linien A/S, UR 1996, 220; Urt. v. 20.2.1997 – C-260/95, DFDS A/S, IStR 1997, 172) ist der Ort, an dem der Dienstleistende den Sitz seiner wirtschaftlichen Tätigkeit hat, für die Besteuerung der sonstigen Leistung ein vorrangiger Anknüpfungspunkt. Eine **Betriebsstätte** („andere feste Niederlassung"), von der aus die Dienstleistung erbracht wird, soll nur dann berücksichtigt werden, wenn die Anknüpfung an den Sitz nicht zu einer steuerlich sinnvollen Lösung führt oder, wenn sie einen Konflikt mit einem anderen Mitgliedstaat zur Folge hat. Eine solche Ortsbestimmung **soll Doppelbesteuerung, Nichtbesteuerung oder Wettbewerbsverzerrungen vermeiden** (BFH, Urt. v. 19.11.1998 – V R 30/98, BStBl II 1999, 108).

Hinweis: Definition der Betriebsstätte, personelle und sachliche Ausstattung notwendig

Die Definition der Betriebsstätte i. S. d. § 3a Abs. 1 Satz 2 UStG ergibt sich nicht aus § 12 AO, sondern muss unionsrechtlich abgeleitet werden. Betriebsstätte i. S. d. Umsatzsteuerrechts ist damit jede feste Geschäftseinrichtung oder Anlage, die der Tätigkeit des Unternehmers dient. Nach **Art. 11 Abs. 2 MwStVO** gilt als feste Niederlassung jede Niederlassung – mit Ausnahme des Sitzes der wirtschaftlichen Tätigkeit –, die einen hinreichenden Grad an Beständigkeit sowie eine Struktur aufweist, die es von der personellen und technischen Ausstattung her erlaubt, Dienstleistungen zu erbringen. Allein aus der Tatsache, dass eine **USt-IdNr.** in einem Mitgliedstaat erteilt worden ist, kann nicht auf eine solche feste Niederlassung geschlossen werden, Art. 11 Abs. 3 MwStVO. Allerdings kann der Verwendung einer USt-IdNr. eine Indizfunktion zukommen. Zum Begriff der „festen Niederlassung" im Unionsrecht vgl. auch EuGH, Urt. v. 3.6.2021 – C-931/19, Titanium, BFH/NV 2021, 1054.

Der **EuGH** (Urt. v. 3.6.2021 – C-931/19, Titanium, BFH/NV 2021, 1054) hat eindeutig festgestellt, dass für eine feste Einrichtung i. S. d. Unionsrechts **sowohl die personelle als auch die sachliche Ausstattung vorhanden sein** muss, um von dort aus Leistungen zu erbringen. Deshalb hat der EuGH in seiner Entscheidung entschieden, dass eine in einem Mitgliedstaat vermietete Immobilie keine feste Niederlassung i. S. d. Art. 44 und Art. 45 MwStSystRL darstellt, wenn der Eigentümer der Immobilie nicht über eigenes Personal für die Leistungsbewirkung im Zusammenhang mit der Vermietung verfügt.

Deutsche Finanzgerichte (z. B. FG Münster, Urt. v. 5.9.2013 – 5 K 1768 U oder Schleswig-Holsteinisches FG, Urt. v. 17.5.2018 – 4 K 47/17) waren im Zusammenhang mit Windenergieanlagen zu anderen Ergebnissen gekommen und hatten die Anlagen als Betriebsstätten anerkannt, da die fehlende personelle Ausstattung in diesem Fall durch die stark ausgeprägte sachliche Ausstattung kompensiert werden sollte. Diese Ergebnisse dürften vor dem Hintergrund der EuGH-Entscheidung nicht mehr haltbar sein.

So kann auch ein Unternehmer, der im Rahmen eines Wirtschaftsförderungsprojekts in einem anderen Staat Beratungsleistungen erbringt und dem von seinem Auftraggeber dort für die Dauer seiner Tätigkeit ein Büro mit einer Mitarbeiterin gestellt wird, nach der Rechtsprechung des **BFH** (Urt. v. 29.4.2020 – XI R 3/18, BFH/NV 2020, 1204 – anders hatte noch das FG Berlin-Brandenburg, Urt. v. 29.11.2017 – 7 K 7288/15, entschieden) dort eine Betriebsstätte unterhalten. Der Unternehmer unterhält jedenfalls dann eine Betriebsstätte bzw. feste Niederlassung, wenn er umfassenden Zugriff auf eine Einrichtung hat, die einen hinreichenden Grad an Beständigkeit sowie eine Struktur aufweist, die von der personellen und technischen Ausstattung her eine autonome Erbringung der betreffenden Dienstleistung ermöglicht.

In einer weiteren Entscheidung hat der **EuGH** (Urt. v. 7.4.2022 – C-333/20, Berlin Chemie A. Menarini SRL, BFH/NV 2022, 701) – wie auch schon früher (z. B. EuGH, Urt. v. 7.5.2020 – C-547/18, Dong Yang

Electronics, BFH/NV 2020, 751) – festgestellt, dass das Vorliegen einer festen Niederlassung einer in einem anderen Mitgliedstaat ansässige Gesellschaft **nicht aus dem bloßen Umstand hergeleitet werden kann, dass diese Gesellschaft dort eine Tochtergesellschaft besitzt**.

Damit eine **feste Niederlassung** unterhalten wird, müssen zwar keine eigenen personellen und technischen Ressourcen vorhanden sein. Der Unternehmer muss jedoch befugt sein, über diese **personelle und technische Ausstattung in derselben Weise zu verfügen, als wäre sie seine eigene**, beispielsweise auf der Grundlage von Dienstleistungs- oder Mietverträgen, durch die ihm diese Ausstattung zur Verfügung gestellt wird und die **nicht kurzfristig gekündigt** werden können.

Fremdes Personal und fremde Sachmittel sind einem **Unternehmer dann zuzurechnen**, wenn er über diese Ressourcen **wie über eigene verfügen** kann. Ob diese Tatbestandsvoraussetzungen vorliegen, muss jeweils **im Einzelfall entschieden** werden.

Hinweis: Keine feste Niederlassung bei Lohnveredelungsleistungen

Der EuGH (Urt. v. 29.6.2023 – C-232/22, Cabot Plastics Belgium, BFH/NV 2023, 1183) hat die Grundsätze nochmals bestätigt und hat zu einem Fall der Lohnveredelung Stellung genommen. Beauftragt ein Unternehmer einen Dritten mit Lohnveredelungsleistungen, begründet er dadurch bei dem Beauftragten keine feste Niederlassung. Dies gilt auch dann, wenn der steuerpflichtige Dienstleistungserbringer Lohnveredelungsleistungen sowie eine Reihe von Neben- oder Zusatzleistungen, die zur wirtschaftlichen Tätigkeit des steuerpflichtigen Dienstleistungsempfängers in diesem Mitgliedstaat beitragen, in Erfüllung einer exklusiven vertraglichen Verpflichtung für diesen steuerpflichtigen Dienstleistungsempfänger erbringt.

UStAE 3 a.2. Ort der sonstigen Leistung bei Leistungen an Unternehmer und diesen gleichgestellte juristische Personen

(1) [1]Voraussetzung für die Anwendung des § 3 a Abs. 2 UStG ist, dass der Leistungsempfänger

- ein Unternehmer ist und die Leistung für sein Unternehmen bezogen hat (vgl. im Einzelnen Absätze 8 bis 12),
- eine nicht unternehmerisch tätige juristische Person ist, der eine USt-IdNr. erteilt worden ist (einem Unternehmer gleichgestellte juristische Person; vgl. Absatz 7), oder
- eine sowohl unternehmerisch als auch nicht unternehmerisch tätige juristische Person ist und die Leistung für den unternehmerischen oder den nicht unternehmerischen Bereich, nicht aber für den privaten Bedarf des Personals, bezogen hat; vgl. im Einzelnen Absätze 13 bis 15

(Leistungsempfänger im Sinne des § 3 a Abs. 2 UStG); maßgebend für diese Beurteilung ist der Zeitpunkt, in dem die Leistung erbracht wird (vgl. Artikel 25 MwStVO). [2]Der Leistungsort bestimmt sich nur dann nach § 3 a Abs. 2 UStG, wenn kein Tatbestand des § 3 a Abs. 3 Nr. 1, 2, 3 Buchstabe b und Nr. 5, Abs. 6 Satz 1 Nr. 1, Abs. 7 und Abs. 8 UStG, des § 3 b Abs. 1 Sätze 1 und 2 UStG oder des § 3 e UStG vorliegt.

(2) [1]Als Leistungsempfänger im umsatzsteuerrechtlichen Sinn ist grundsätzlich derjenige zu behandeln, in dessen Auftrag die Leistung ausgeführt wird (vgl. Abschn. 15.2 b Abs. 1). [2]Aus Vereinfachungsgründen ist bei steuerpflichtigen Güterbeförderungen, steuerpflichtigen selbständigen Nebenleistungen hierzu und bei der steuerpflichtigen Vermittlung der vorgenannten Leistungen, bei denen sich der Leistungsort nach § 3 a Abs. 2 UStG richtet, der Rechnungsempfänger auch als Leistungsempfänger anzusehen.

Beispiel:

[1]Der in Deutschland ansässige Unternehmer U versendet Güter per Frachtnachnahme an den Unternehmer D mit Sitz in Dänemark. [2]Die Güterbeförderungsleistung ist für unternehmerische Zwecke des D bestimmt.

[3]Bei Frachtnachnahmen wird regelmäßig vereinbart, dass der Beförderungsunternehmer die Beförderungskosten dem Empfänger der Sendung in Rechnung stellt und dieser die Beförderungskosten

bezahlt. [4]Der Rechnungsempfänger der innergemeinschaftlichen Güterbeförderung ist als Empfänger der Beförderungsleistung und damit als Leistungsempfänger anzusehen, auch wenn er den Transportauftrag nicht unmittelbar erteilt hat.

[3]Hierdurch wird erreicht, dass diese Leistungen in dem Staat besteuert werden, in dem der Rechnungsempfänger umsatzsteuerlich erfasst ist.

(3) [1]Nach § 3 a Abs. 2 UStG bestimmt sich der Leistungsort maßgeblich nach dem Ort, von dem aus der Leistungsempfänger sein Unternehmen betreibt; zur Definition vgl. Abschnitt 3 a.1 Abs. 1. [2]Wird die Leistung tatsächlich an eine Betriebsstätte (vgl. Abschnitt 3 a.1 Abs. 3) erbracht, ist dort der Leistungsort (vgl. hierzu im Einzelnen Absätze 4 und 6). [3]Verfügt eine natürliche Person weder über einen Unternehmenssitz noch über eine Betriebsstätte, kommen als Leistungsort der Wohnsitz des Leistungsempfängers oder der Ort seines gewöhnlichen Aufenthalts in Betracht (vgl. Artikel 21 MwStVO). [4]Zu den Begriffen „Sitz“, „Wohnsitz“ und „Ort des gewöhnlichen Aufenthalts“ vgl. Abschnitt 3 a.1 Abs. 1.

(4) [1]Die sonstige Leistung kann auch an eine Betriebsstätte des Leistungsempfängers ausgeführt werden (zum Begriff der Betriebsstätte vgl. Abschnitt 3 a.1 Abs. 3); eine Betriebsstätte kann nur angenommen werden, wenn sie einen hinreichenden Grad an Beständigkeit sowie eine Struktur aufweist, die es ihr von der personellen und technischen Ausstattung her erlaubt, Dienstleistungen, die an sie für ihren eigenen Bedarf erbracht werden, zu empfangen und zu verwenden. [2]Dies ist der Fall, wenn die Leistung ausschließlich oder überwiegend für die Betriebsstätte bestimmt ist, also dort verwendet werden soll (vgl. Artikel 21 Abs. 2 MwStVO). [3]In diesem Fall ist es nicht erforderlich, dass der Auftrag von der Betriebsstätte aus an den leistenden Unternehmer erteilt wird, der die sonstige Leistung durchführt, z. B. Verleger, Werbeagentur, Werbungsmittler; auch ist unerheblich, ob das Entgelt für die Leistung von der Betriebsstätte aus bezahlt wird.

B e i s p i e l:

[1]Ein Unternehmen mit Sitz im Inland unterhält im Ausland Betriebsstätten. [2]Durch Aufnahme von Werbeanzeigen in ausländischen Zeitungen und Zeitschriften wird für die Betriebsstätten geworben. [3]Die Anzeigenaufträge werden an ausländische Verleger durch eine inländische Werbeagentur im Auftrag des im Inland ansässigen Unternehmens erteilt.

[4]Die ausländischen Verleger und die inländische Werbeagentur unterliegen mit ihren Leistungen für die im Ausland befindlichen Betriebsstätten nicht der deutschen Umsatzsteuer.

[4]Kann der leistende Unternehmer weder anhand der Art der von ihm erbrachten sonstigen Leistung noch ihrer Verwendung ermitteln, ob und ggf. an welche Betriebsstätte des Leistungsempfängers die Leistung erbracht wird, hat er anhand anderer Kriterien, insbesondere des mit dem Leistungsempfänger geschlossenen Vertrags, der vereinbarten Bedingungen für die Leistungserbringung, der vom Leistungsempfänger verwendeten USt-IdNr. und der Bezahlung der Leistung festzustellen, ob die von ihm erbrachte Leistung tatsächlich für eine Betriebsstätte des Leistungsempfängers bestimmt ist (vgl. Artikel 22 Abs. 1 Unterabs. 2 MwStVO). [5]Kann der leistende Unternehmer anhand dieser Kriterien nicht bestimmen, ob die Leistung tatsächlich an eine Betriebsstätte des Leistungsempfängers erbracht wird, oder ist bei Vereinbarungen über eine oder mehrere sonstige Leistungen nicht feststellbar, ob diese Leistungen tatsächlich vom Sitz oder von einer bzw. mehreren Betriebsstätten des Leistungsempfängers genutzt werden, kann der Unternehmer davon ausgehen, dass der Leistungsort an dem Ort ist, von dem aus der Leistungsempfänger sein Unternehmen betreibt (vgl. Artikel 22 Abs. 1 Unterabs. 3 MwStVO). [6]Zur Regelung in Zweifelsfällen vgl. Absatz 6.

(5) Bei Werbeanzeigen in Zeitungen und Zeitschriften und bei Werbesendungen in Rundfunk und Fernsehen oder im Internet ist davon auszugehen, dass sie ausschließlich oder überwiegend für im Ausland belegene Betriebsstätten bestimmt und daher im Inland nicht steuerbar sind, wenn die folgenden Voraussetzungen erfüllt sind:

1. Es handelt sich um
   a) fremdsprachige Zeitungen und Zeitschriften, um fremdsprachige Rundfunk- und Fernsehsendungen oder um fremdsprachige Internet-Seiten oder

b) deutschsprachige Zeitungen und Zeitschriften oder um deutschsprachige Rundfunk- und Fernsehsendungen, die überwiegend im Ausland verbreitet werden.
2. Die im Ausland belegenen Betriebsstätten sind in der Lage, die Leistungen zu erbringen, für die geworben wird.

(5 a) [1]Wird eine in § 3 a Abs. 5 Satz 2 UStG bezeichnete sonstige Leistung an einen Leistungsempfänger im Sinne des § 3 a Abs. 2 UStG (siehe Absatz 1) an Orten wie Telefonzellen, Kiosk-Telefonen, WLAN-Hot-Spots, Internetcafés, Restaurants oder Hotellobbys erbracht und muss der Leistungsempfänger an diesem Ort physisch anwesend sein, damit ihm der leistende Unternehmer die sonstige Leistung erbringen kann, gilt der Leistungsempfänger insoweit als an diesem Ort ansässig (vgl. Artikel 24 a Abs. 1 MwStVO). [2]Werden diese Leistungen an Bord eines Schiffs, eines Flugzeugs oder in einer Eisenbahn während des innerhalb des Gemeinschaftsgebiets stattfindenden Teils einer Personenbeförderung (vgl. § 3 e Abs. 2 UStG) erbracht, gilt abweichend von § 3 a Abs. 2 UStG der Abgangsort des jeweiligen Beförderungsmittels im Gemeinschaftsgebiet als Leistungsort (vgl. Artikel 24 a Abs. 2 MwStVO).

(6) [1]Bei einer einheitlichen sonstigen Leistung (vgl. Abschnitt 3.10 Abs. 1 bis 4) ist es nicht möglich, für einen Teil der Leistung den Ort der Betriebsstätte und für den anderen Teil den Sitz des Unternehmens als maßgebend anzusehen und die Leistung entsprechend aufzuteilen. [2]Ist die Zuordnung zu einer Betriebsstätte nach den Grundsätzen des Absatzes 4 zweifelhaft und verwendet der Leistungsempfänger eine ihm von einem anderen EU-Mitgliedstaat erteilte USt-IdNr., kann davon ausgegangen werden, dass die Leistung für die im EU-Mitgliedstaat der verwendeten USt-IdNr. belegene Betriebsstätte bestimmt ist. [3]Entsprechendes gilt bei Verwendung einer deutschen USt-IdNr.

(7) [1]Für Zwecke der Bestimmung des Leistungsorts werden nach § 3 a Abs. 2 Satz 3 UStG nicht unternehmerisch tätige juristische Personen, denen für die Umsatzbesteuerung innergemeinschaftlicher Erwerbe eine USt-IdNr. erteilt wurde – die also für umsatzsteuerliche Zwecke erfasst sind –, einem Unternehmer gleichgestellt. [2]Hierunter fallen insbesondere juristische Personen des öffentlichen Rechts, die ausschließlich hoheitlich tätig sind, aber auch juristische Personen, die nicht Unternehmer sind (z. B. eine Holding, die ausschließlich eine bloße Vermögensverwaltungstätigkeit ausübt). [3]Ausschließlich nicht unternehmerisch tätige juristische Personen, denen eine USt-IdNr. erteilt worden ist, müssen diese gegenüber dem leistenden Unternehmer verwenden, damit dieser die Leistungsortregelung des § 3 a Abs. 2 UStG anwenden kann; Absatz 9 Sätze 4 bis 10 gilt entsprechend. [4]Verwendet die nicht unternehmerisch tätige juristische Person als Leistungsempfänger keine USt-IdNr., hat der leistende Unternehmer nachzufragen, ob ihr eine solche Nummer erteilt worden ist.

Beispiel:

[1]Der in Belgien ansässige Unternehmer U erbringt an eine juristische Person des öffentlichen Rechts J mit Sitz in Deutschland eine Beratungsleistung. [2]J verwendet für diesen Umsatz keine USt-IdNr. [3]Auf Nachfrage teilt J dem U mit, ihr sei keine USt-IdNr. erteilt worden.

[4]Da J angegeben hat, ihr sei keine USt-IdNr. erteilt worden, kann U davon ausgehen, dass die Voraussetzungen des § 3 a Abs. 2 Satz 3 UStG nicht erfüllt sind. [5]Der Ort der Beratungsleistung des U an J liegt in Belgien (§ 3 a Abs. 1 UStG).

[5]Zur Bestimmung des Leistungsorts bei sonstigen Leistungen an juristische Personen, die sowohl unternehmerisch als auch nicht unternehmerisch tätig sind, vgl. Absätze 13 bis 15.

(8) [1]Voraussetzung für die Anwendung der Ortsbestimmung nach § 3 a Abs. 2 Satz 1 UStG ist, dass die Leistung für den unternehmerischen Bereich des Leistungsempfängers ausgeführt worden ist. [2]Hierunter fallen auch Leistungen an einen Unternehmer, soweit diese Leistungen für die Erbringung von der Art nach nicht steuerbaren Umsätzen (z. B. Geschäftsveräußerungen im Ganzen) bestimmt sind.
[3]Wird eine der Art nach in § 3 a Abs. 2 UStG erfasste sonstige Leistung sowohl für den unternehmerischen als auch für den nicht unternehmerischen Bereich des Leistungsempfängers erbracht, ist der Leistungsort einheitlich nach § 3 a Abs. 2 Satz 1 UStG zu bestimmen (vgl. Artikel 19 Abs. 3 MwStVO). [4]Zur Bestimmung des Leistungsorts bei sonstigen Leistungen an juristische Personen, die sowohl unternehmerisch als auch nicht unternehmerisch tätig sind, vgl. Absätze 13 bis 15.

(9) [1]§ 3 a Abs. 2 UStG regelt nicht, wie der leistende Unternehmer nachzuweisen hat, dass sein Leistungsempfänger Unternehmer ist, der die sonstige Leistung für den unternehmerischen Bereich bezieht. [2]Bezieht ein im Gemeinschaftsgebiet ansässiger Unternehmer eine sonstige Leistung, die der Art nach unter § 3 a Abs. 2 UStG fällt, für seinen unternehmerischen Bereich, muss er die ihm von dem EU-Mitgliedstaat, von dem aus er sein Unternehmen betreibt, erteilte USt-IdNr. für diesen Umsatz gegenüber seinem Auftragnehmer verwenden; wird die Leistung tatsächlich durch eine Betriebsstätte des Leistungsempfängers bezogen, ist die der Betriebsstätte erteilte USt-IdNr. zu verwenden (vgl. Artikel 55 Abs. 1 MwStVO). [3]Satz 2 gilt entsprechend für einen Unternehmer,

– der nur steuerfreie Umsätze ausführt, die zum Ausschluss vom Vorsteuerabzug führen, oder
– der die Leistung zur Ausführung von Umsätzen verwendet, für die die Steuer nach den Durchschnittssätzen des § 24 UStG festgesetzt wird,

und der weder zur Besteuerung seiner innergemeinschaftlichen Erwerbe verpflichtet ist, weil er die Erwerbsschwelle nicht überschreitet, noch zur Erwerbsbesteuerung nach § 1a Abs. 4 UStG optiert hat. [4]Verwendet der Leistungsempfänger gegenüber seinem Auftragnehmer eine ihm von einem Mitgliedstaat erteilte USt-IdNr., kann dieser regelmäßig davon ausgehen, dass der Leistungsempfänger Unternehmer ist und die Leistung für dessen unternehmerischen Bereich bezogen wird (vgl. Artikel 18 Abs. 1 und Artikel 19 Abs. 2 MwStVO; zu den Leistungen, die ihrer Art nach aber mit hoher Wahrscheinlichkeit nicht für das Unternehmen bezogen werden, siehe im Einzelnen Absatz 11 a); dies gilt auch dann, wenn sich nachträglich herausstellt, dass die Leistung vom Leistungsempfänger tatsächlich für nicht unternehmerische Zwecke verwendet worden ist. [5]Voraussetzung ist, dass der leistende Unternehmer nach § 18 e UStG von der Möglichkeit Gebrauch gemacht hat, sich die Gültigkeit einer USt-IdNr. eines anderen EU-Mitgliedstaates sowie den Namen und die Anschrift der Person, der diese Nummer erteilt wurde, durch das BZSt bestätigen zu lassen (vgl. Artikel 18 Abs. 1 Buchstabe a MwStVO).

B e i s p i e l :

[1]Der Schreiner S mit Sitz in Frankreich erneuert für den Unternehmer U mit Sitz in Freiburg einen Aktenschrank. [2]U verwendet für diesen Umsatz seine deutsche USt-IdNr. [3]Bei einer Betriebsprüfung stellt sich im Nachhinein heraus, dass U den Aktenschrank für seinen privaten Bereich verwendet.

[4]Der Leistungsort für die Reparatur des Schranks ist nach § 3 a Abs. 2 UStG in Deutschland. [5]Da U gegenüber S seine USt-IdNr. verwendet hat, gilt die Leistung als für das Unternehmen des U bezogen. [6]Unbeachtlich ist, dass der Aktenschrank tatsächlich von U für nicht unternehmerische Zwecke verwendet wurde. [7]U ist für die Leistung des S Steuerschuldner (§ 13 b Abs. 1 und Abs. 5 Satz 1 UStG). [8]U ist allerdings hinsichtlich der angemeldeten Steuer nicht zum Vorsteuerabzug berechtigt, da die Leistung nicht für unternehmerische Zwecke bestimmt ist.

[6]Hat der Leistungsempfänger noch keine USt-IdNr. erhalten, eine solche Nummer aber bei der zuständigen Behörde des EU-Mitgliedstaats, von dem aus er sein Unternehmen betreibt oder eine Betriebsstätte unterhält, beantragt, bleibt es dem leistenden Unternehmer überlassen, auf welche Weise er den Nachweis der Unternehmereigenschaft und der unternehmerischen Verwendung führt (vgl. Artikel 18 Abs. 1 Buchstabe b MwStVO). [7]Dieser Nachweis hat nur vorläufigen Charakter. [8]Für den endgültigen Nachweis bedarf es der Vorlage der dem Leistungsempfänger erteilten USt-IdNr.; dieser Nachweis kann bis zur letzten mündlichen Verhandlung vor dem Finanzgericht geführt werden. [9]Verwendet ein im Gemeinschaftsgebiet ansässiger Leistungsempfänger gegenüber seinem Auftragnehmer keine USt-IdNr., kann dieser grundsätzlich davon ausgehen, dass sein Leistungsempfänger ein Nichtunternehmer ist oder ein Unternehmer, der die Leistung für den nicht unternehmerischen Bereich bezieht, sofern ihm keine anderen Informationen vorliegen (vgl. Artikel 18 Abs. 2 MwStVO); in diesem Fall bestimmt sich der Leistungsort nach § 3 a Abs. 1 UStG, soweit kein Tatbestand des § 3 a Abs. 3 bis 8 UStG, des § 3 b UStG oder des § 3 e UStG vorliegt.

(10) [1]Verwendet der Leistungsempfänger eine USt-IdNr., soll dies grundsätzlich vor Ausführung der Leistung erfolgen und in dem jeweiligen Auftragsdokument schriftlich festgehalten werden. [2]Der Begriff „Verwendung“ einer USt-IdNr. setzt ein positives Tun des Leistungsempfängers, in der Regel bereits bei Vertragsabschluss, voraus. [3]So kann z. B. auch bei mündlichem Abschluss eines Auftrags zur Erbringung einer sonstigen Leistung eine Erklärung über die Unternehmereigenschaft und den unternehmerischen

Bezug durch Verwendung einer bestimmten USt-IdNr. abgegeben und dies vom Auftragnehmer aufgezeichnet werden. [4]Es reicht ebenfalls aus, wenn bei der erstmaligen Erfassung der Stammdaten eines Leistungsempfängers zusammen mit der für diesen Zweck erfragten USt-IdNr. zur Feststellung der Unternehmereigenschaft und des unternehmerischen Bezugs zusätzlich eine Erklärung des Leistungsempfängers aufgenommen wird, dass diese USt-IdNr. bei allen künftigen – unternehmerischen – Einzelaufträgen verwendet werden soll. [5]Eine im Briefkopf eingedruckte USt-IdNr. oder eine in einer Gutschrift des Leistungsempfängers formularmäßig eingedruckte USt-IdNr. reicht allein nicht aus, um die Unternehmereigenschaft und den unternehmerischen Bezug der zu erbringenden Leistung zu dokumentieren. [6]Ein positives Tun liegt auch dann vor, wenn der Leistungsempfänger (Erwerber bzw. Empfänger der Dienstleistung) die Erklärung über die Unternehmereigenschaft und den unternehmerischen Bezug objektiv nachvollziehbar vorgenommen hat und der Leistungsbezug vom Leistungsempfänger in zutreffender Weise erklärt worden ist, der leistende Unternehmer seinen Meldepflichten nach § 18 a UStG nachgekommen ist und die Rechnung über die Leistung einen Hinweis auf die USt-IdNr., die nach § 18 a Abs. 7 UStG in der Zusammenfassenden Meldung angegeben wurde, enthält. [7]Unschädlich ist es im Einzelfall, wenn der Leistungsempfänger eine USt-IdNr. erst nachträglich verwendet oder durch eine andere ersetzt. [8]In diesem Fall muss ggf. die Besteuerung in dem einen EU-Mitgliedstaat rückgängig gemacht und in dem anderen EU-Mitgliedstaat nachgeholt und die übermittelte ZM berichtigt werden. [9]In einer bereits erteilten Rechnung sind die USt-IdNr. des Leistungsempfängers (vgl. § 14 a Abs. 1 UStG) und ggf. ein gesonderter Steuerausweis (vgl. § 14 Abs. 4 Nr. 8 und § 14 c Abs. 1 UStG) zu berichtigen. [10]Die nachträgliche Angabe oder Änderung einer USt-IdNr. als Nachweis der Unternehmereigenschaft und des unternehmerischen Bezugs ist der Umsatzsteuerfestsetzung nur zu Grunde zu legen, wenn die Steuerfestsetzung in der Bundesrepublik Deutschland noch änderbar ist.

(11) [1]Ist der Leistungsempfänger im Drittlandsgebiet ansässig, kann der Nachweis der Unternehmereigenschaft durch eine Bescheinigung einer Behörde des Sitzstaates geführt werden, in der diese bescheinigt, dass der Leistungsempfänger dort als Unternehmer erfasst ist. [2]Die Bescheinigung sollte inhaltlich der Unternehmerbescheinigung nach § 61 a Abs. 4 UStDV entsprechen (vgl. Abschnitt 18.14 Abs. 7). [3]Kann der Leistungsempfänger den Nachweis nicht anhand einer Bescheinigung nach Satz 1 und 2 führen, bleibt es dem leistenden Unternehmer überlassen, auf welche Weise er nachweist, dass der im Drittlandsgebiet ansässige Leistungsempfänger Unternehmer ist (vgl. Artikel 18 Abs. 3 MwStVO).

(11 a) [1]Erbringt der Unternehmer sonstige Leistungen, die unter § 3 a Abs. 2 UStG fallen können, die ihrer Art nach aber mit hoher Wahrscheinlichkeit nicht für das Unternehmen, sondern für den privaten Gebrauch einschließlich des Gebrauchs durch das Personal des Unternehmers bestimmt sind, ist es – abweichend von den Absätzen 9 und 11 – als Nachweis der unternehmerischen Verwendung dieser Leistung durch den Leistungsempfänger nicht ausreichend, wenn dieser gegenüber dem leistenden Unternehmer für diesen Umsatz seine USt-IdNr. verwendet bzw. seinen Status als Unternehmer nachweist. [2]Vielmehr muss der leistende Unternehmer über ausreichende Informationen verfügen, die eine Verwendung der sonstigen Leistung für die unternehmerischen Zwecke dieses Leistungsempfängers bestätigen. [3]Als ausreichende Information ist in der Regel eine Erklärung des Leistungsempfängers anzusehen, in der dieser bestätigt, dass die bezogene sonstige Leistung für sein Unternehmen bestimmt ist. [4]Sonstige Leistungen im Sinne des Satzes 1 sind insbesondere:

- Krankenhausbehandlungen und ärztliche Heilbehandlungen,
- von Zahnärzten und Zahntechnikern erbrachte sonstige Leistungen,
- persönliche und häusliche Pflegeleistungen,
- sonstige Leistungen im Bereich der Sozialfürsorge und der sozialen Sicherheit,
- Betreuung von Kindern und Jugendlichen,
- Erziehung von Kindern und Jugendlichen, Schul- und Hochschulunterricht,
- Nachhilfeunterricht für Schüler oder Studierende,
- sonstige Leistungen im Zusammenhang mit sportlicher Betätigung einschließlich der entgeltlichen Nutzung von Anlagen wie Turnhallen und vergleichbaren Anlagen,
- Wetten, Lotterien und sonstige Glücksspiele mit Geldeinsatz,
- Herunterladen von Filmen und Musik,
- Bereitstellen von digitalisierten Texten einschließlich Büchern, ausgenommen Fachliteratur,

- Abonnements von Online-Zeitungen und -Zeitschriften, mit Ausnahme von Online-Fachzeitungen und -Fachzeitschriften,
- Online-Nachrichten einschließlich Verkehrsinformationen und Wettervorhersagen,
- Beratungsleistungen in familiären und persönlichen Angelegenheiten,
- Beratungsleistungen im Zusammenhang mit der persönlichen Einkommensteuererklärung und Sozialversicherungsfragen.

(12) [1]Erbringt der leistende Unternehmer gegenüber einem im Drittlandsgebiet ansässigen Auftraggeber eine in § 3 a Abs. 4 Satz 2 UStG bezeichnete Leistung, muss der leistende Unternehmer grundsätzlich nicht prüfen, ob der Leistungsempfänger Unternehmer oder Nichtunternehmer ist, da der Leistungsort – unabhängig vom Status des Leistungsempfängers – im Drittlandsgebiet liegt (§ 3 a Abs. 2 UStG oder § 3 a Abs. 4 Satz 1 UStG). [2]Dies gilt nicht für die in § 3 a Abs. 5 Satz 2 Nr. 1 und 2 UStG bezeichneten Leistungen, bei denen die Nutzung oder Auswertung im Inland erfolgt, so dass der Leistungsort nach § 3 a Abs. 6 Satz 1 Nr. 3 UStG im Inland liegen würde, wenn der Leistungsempfänger kein Unternehmer wäre (vgl. Abschnitt 3 a.14). [3]Eine Prüfung der Unternehmereigenschaft entfällt auch bei Vermittlungsleistungen gegenüber einem im Drittlandsgebiet ansässigen Auftraggeber, wenn der Ort der vermittelten Leistung im Drittlandsgebiet liegt, da der Ort der Vermittlungsleistung – unabhängig vom Status des Leistungsempfängers – in solchen Fällen immer im Drittlandsgebiet liegt (§ 3 a Abs. 2 UStG, § 3 a Abs. 3 Nr. 1 oder 4 UStG).

(13) [1]Bei Leistungsbezügen juristischer Personen des privaten Rechts, die sowohl unternehmerisch als auch nicht unternehmerisch tätig sind, kommt es für die Frage der Ortsbestimmung nicht darauf an, ob die Leistung für das Unternehmen ausgeführt worden ist (vgl. EuGH-Urteil vom 17. 3. 2021, C-459/19, Wellcome Trust). [2]Absatz 14 Sätze 2 bis 7 gilt entsprechend.

(14) [1]Bei Leistungsbezügen juristischer Personen des öffentlichen Rechts, die hoheitlich und unternehmerisch tätig sind, kommt es für die Frage der Ortsbestimmung nicht darauf an, ob die Leistung für den unternehmerischen oder den hoheitlichen Bereich ausgeführt worden ist; bei den Gebietskörperschaften Bund und Länder ist stets davon auszugehen, dass sie sowohl hoheitlich als auch unternehmerisch tätig sind. [2]Der Leistungsort bestimmt sich in diesen Fällen – unabhängig davon, ob die Leistung für den hoheitlichen oder den unternehmerischen Bereich bezogen wird – nach § 3 a Abs. 2 Sätze 1 und 3 UStG. [3]Ausgeschlossen sind nur die der Art nach unter § 3 a Abs. 2 UStG fallenden sonstigen Leistungen, die für den privaten Bedarf des Personals der juristischen Person des öffentlichen Rechts bestimmt sind. [4]Ist einer in Satz 1 genannten juristischen Person des öffentlichen Rechts eine USt-IdNr. erteilt worden, ist diese USt-IdNr. auch dann zu verwenden, wenn die bezogene Leistung ausschließlich für den hoheitlichen Bereich oder sowohl für den unternehmerischen als auch für den hoheitlichen Bereich bestimmt ist. [5]Haben die Gebietskörperschaften Bund und Länder für einzelne Organisationseinheiten (z. B. Ressorts, Behörden und Ämter) von der Vereinfachungsregelung in Abschnitt 27 a.1 Abs. 3 Sätze 4 und 5 Gebrauch gemacht, ist für den einzelnen Leistungsbezug stets die jeweilige, der einzelnen Organisationseinheit erteilte USt-IdNr. zu verwenden, unabhängig davon, ob dieser Leistungsbezug für den unternehmerischen Bereich, für den hoheitlichen Bereich oder sowohl für den unternehmerischen als auch für den hoheitlichen Bereich erfolgt. [6]Dies gilt auch dann, wenn die einzelne Organisationseinheit ausschließlich hoheitlich tätig ist und ihr eine USt-IdNr. nur für Zwecke der Umsatzbesteuerung innergemeinschaftlicher Erwerbe erteilt wurde.

> B e i s p i e l :
>
> [1]Der in Luxemburg ansässige Unternehmer U erbringt an eine ausschließlich hoheitlich tätige Behörde A eines deutschen Bundeslandes B eine Beratungsleistung. [2]B hat neben dem hoheitlichen Bereich noch einen Betrieb gewerblicher Art, der für umsatzsteuerliche Zwecke erfasst ist. [3]A ist eine gesonderte USt-IdNr. für Zwecke der Besteuerung innergemeinschaftlicher Erwerbe erteilt worden.
>
> [4]Der Leistungsort für die Leistung des U an A richtet sich nach § 3 a Abs. 2 Sätze 1 und 3 UStG und liegt in Deutschland. [5]A hat die ihr für Zwecke der Besteuerung innergemeinschaftlicher Erwerbe erteilte USt-IdNr. zu verwenden.

[7]Bezieht eine sowohl unternehmerisch als auch hoheitlich tätige juristische Person des öffentlichen Rechts die sonstige Leistung für den privaten Bedarf ihres Personals, hat sie weder die ihr für den un-

ternehmerischen Bereich noch die ihr für Zwecke der Umsatzbesteuerung innergemeinschaftlicher Erwerbe erteilte USt-IdNr. zu verwenden.

(15) [1]Soweit inländische und ausländische Rundfunkanstalten untereinander entgeltliche sonstige Leistungen ausführen, gelten hinsichtlich der Umsatzbesteuerung solcher grenzüberschreitender Leistungen die allgemeinen Regelungen zum Leistungsort. [2]Der Leistungsort bestimmt sich bei grenzüberschreitenden Leistungen der Rundfunkanstalten nach § 3 a Abs. 2 UStG, wenn die die Leistung empfangende Rundfunkanstalt

- Unternehmer ist und die Leistung entweder ausschließlich für den unternehmerischen oder sowohl für den unternehmerischen als auch den nicht unternehmerischen Bereich bezogen wurde oder
- eine juristische Person des öffentlichen Rechts ist, die sowohl nicht unternehmerisch (hoheitlich) als auch unternehmerisch tätig ist, sofern die Leistung nicht für den privaten Bedarf des Personals bezogen wird,
- eine einem Unternehmer gleichgestellte juristische Person ist (siehe Absatz 1).

(16) [1]Grundsätzlich fallen unter die Ortsregelung des § 3 a Abs. 2 UStG alle sonstigen Leistungen an einen Leistungsempfänger im Sinne des § 3 a Abs. 2 UStG, soweit sich nicht aus § 3 a Abs. 3 Nr. 1, 2, 3 Buchstabe b und Nr. 5, Abs. 7 und Abs. 8, § 3 b Abs. 1 Sätze 1 und 2 und § 3 e UStG eine andere Ortsregelung ergibt. [2]Sonstige Leistungen, die unter die Ortsbestimmung nach § 3 a Abs. 2 UStG fallen, sind insbesondere:

- Arbeiten an beweglichen körperlichen Gegenständen und die Begutachtung dieser Gegenstände;
- alle Vermittlungsleistungen, soweit diese nicht unter § 3 a Abs. 3 Nr. 1 UStG fallen;
- Leistungen, die in § 3 a Abs. 4 Satz 2 und Abs. 5 Satz 2 UStG genannt sind;
- die langfristige Vermietung eines Beförderungsmittels;
- Güterbeförderungen, einschließlich innergemeinschaftlicher Güterbeförderungen sowie der Vor- und Nachläufe zu innergemeinschaftlichen Güterbeförderungen (Beförderungen eines Gegenstands, die in dem Gebiet desselben Mitgliedstaats beginnt und endet, wenn diese Beförderung unmittelbar einer innergemeinschaftlichen Güterbeförderung vorangeht oder folgt);
- das Beladen, Entladen, Umschlagen und ähnliche mit einer Güterbeförderung im Zusammenhang stehende selbständige Leistungen;
- [1]Planung, Gestaltung sowie Aufbau, Umbau und Abbau von Ständen im Zusammenhang mit Messen und Ausstellungen (vgl. EuGH-Urteil vom 27. 10. 2011, C-530/09, Inter-Mark Group, BStBl 2012 II S. 160). [2]Unter die „Planung" fallen insbesondere Architektenleistungen, z. B. Anfertigung des Entwurfs für einen Stand. [3]Zur „Gestaltung" zählt z. B. die Leistung eines Gartengestalters oder eines Beleuchtungsfachmannes.

(17) Zu den sonstigen Leistungen, die unter § 3 a Abs. 2 Satz 1 UStG fallen, gehören auch sonstige Leistungen, die im Zusammenhang mit der Beantragung oder Vereinnahmung der Steuer im Vorsteuer-Vergütungsverfahren (§ 18 Abs. 9 UStG) stehen (vgl. auch Artikel 27 MwStVO).

(18) Wird ein Gegenstand im Zusammenhang mit einer Ausfuhr oder einer Einfuhr grenzüberschreitend befördert und ist der Leistungsort für diese Leistung unter Anwendung von § 3 a Abs. 2 UStG im Inland, ist dieser Umsatz unter den weiteren Voraussetzungen des § 4 Nr. 3 UStG steuerfrei (§ 4 Nr. 3 Satz 1 Buchstabe a UStG), auch wenn bei dieser Beförderung das Inland nicht berührt wird.

(19) Nicht unter die Ortsregelung des § 3 a Abs. 2 UStG fallen folgende sonstigen Leistungen:

- Sonstige Leistungen im Zusammenhang mit einem Grundstück (§ 3 a Abs. 3 Nr. 1 UStG, vgl. Abschnitt 3 a.3);
- die kurzfristige Vermietung von Beförderungsmitteln (§ 3 a Abs. 3 Nr. 2 und Abs. 7 UStG; vgl. Abschnitte 3 a.5 Abs. 1 bis 6 und 3 a.14 Abs. 4);
- die Einräumung der Eintrittsberechtigung zu kulturellen, künstlerischen, wissenschaftlichen, unterrichtenden, sportlichen, unterhaltenden oder ähnlichen Veranstaltungen, wie Messen und Ausstellungen, sowie die damit zusammenhängenden sonstigen Leistungen (§ 3 a Abs. 3 Nr. 5 UStG; vgl. Abschnitt 3 a.7 a);

- die Abgabe von Speisen und Getränken zum Verzehr an Ort und Stelle (Restaurationsleistungen) nach § 3 a Abs. 3 Nr. 3 **a** Buchstabe **a** UStG (vgl. Abschnitt 3 a.6 Abs. 8 und 9) und nach § 3 e UStG (vgl. Abschnitt 3 e.1);
- Personenbeförderungen (§ 3 b Abs. 1 Sätze 1 und 2 UStG; vgl. Abschnitt 3 b.1).

Anmerkung

1. Prüfungsgrundsätze „B2B-Leistungen"

Wird eine sonstige Leistung an einen Unternehmer für dessen Unternehmen ausgeführt, ist der Ort der sonstigen Leistung dort, wo der Leistungsempfänger ansässig ist. Die Regelung ist – bei grenzüberschreitend ausgeführten Leistungen in der EU – zwingend mit der Übertragung der Steuerschuldnerschaft auf den Leistungsempfänger (Reverse-Charge-Verfahren) verbunden.

1.1 Leistungsempfänger ist Unternehmer

Die Rechtsfolge des § 3 a Abs. 2 UStG kann nur dann eintreten, wenn der Leistungsempfänger **Unternehmer** ist und die Leistung für Zwecke seines Unternehmens bezieht. Dieselbe Rechtsfolge gilt, wenn der Leistungsempfänger eine **juristische Person** ist, die nur zum Teil unternehmerisch tätig ist sowie eine juristische Person, die insgesamt nicht unternehmerisch tätig ist, der aber eine USt-IdNr. erteilt worden ist. Dies betrifft insbesondere staatliche oder halbstaatliche Organisationen oder Hoheitsbetriebe.

Hinweis: Juristische Personen des öffentlichen Rechts

Die Finanzverwaltung (Abschn. 3a.2 Abs. 14 UStAE) geht davon aus, dass Gebietskörperschaften des Bundes und der Länder immer hoheitlich und unternehmerisch tätig sind, sodass in diesem Fall der Ort der sonstigen Leistung immer nach § 3 a Abs. 2 UStG zu bestimmen ist.

1.2 Nachweis der Unternehmereigenschaft

Will der leistende Unternehmer den Nachweis führen, dass der Leistungsempfänger ein Unternehmer ist, der die Leistung für sein Unternehmen bezogen hat, muss grundsätzlich unterschieden werden, ob der Leistungsempfänger aus dem übrigen Gemeinschaftsgebiet kommt oder ob er aus dem Drittlandsgebiet kommt.

Kommt der **Leistungsempfänger aus einem anderen Mitgliedstaat** der Europäischen Union, ist der Nachweis über die Verwendung der USt-IdNr. des Leistungsempfängers zu führen. Hat der Leistungsempfänger eine ihm aus einem anderen Mitgliedstaat erteilte USt-IdNr. verwendet, kann der leistende Unternehmer davon ausgehen, dass der Leistungsempfänger als Unternehmer und auch für sein Unternehmen die Leistung bezogen hat. Dies gilt entsprechend, wenn eine nichtunternehmerisch tätige juristische Person mit einer USt-IdNr. aufgetreten ist. Dies gilt auch dann, wenn sich später herausstellen sollte, dass der Leistungsempfänger die sonstige Leistung nicht für sein Unternehmen bezogen hat (Abschn. 3a.2 Abs. 9 UStAE).

Der leistende Unternehmer muss sich grundsätzlich über die **Richtigkeit** der dem Leistungsempfänger erteilten USt-IdNr. vergewissern. Dazu sollte die Gültigkeit der USt-IdNr. sowie Namen und Anschrift der Person, der die USt-IdNr. erteilt worden ist, nach § 18 e UStG beim BZSt bestätigt werden (**qualifizierte Bestätigung**).

Die **USt-IdNr.** soll dabei grundsätzlich schon vor der Ausführung des Umsatzes **verwendet** werden. Dabei muss die USt-IdNr. von dem Auftraggeber bewusst verwendet werden. Dass der leistende Unternehmer die USt-IdNr. des Auftraggebers zufällig (z. B. aus einem Briefkopf) kennt, führt nicht zu einer „Verwendung" einer USt-IdNr. In Ausnahmefällen kann auch eine verwendete USt-IdNr. ausgetauscht werden oder erst nachträglich verwendet werden. In diesen Fällen sind die Abrechnungen und Meldungen zu ändern.

Hinweis: BMF modifiziert „Verwendung" einer USt-IdNr.

Die Finanzverwaltung hat die Möglichkeiten, die Verwendung der USt-IdNr. nachzuweisen, mit Schreiben v. 9.10.2020 (BStBl I 2020, 1038) erweitert. Neben der schriftlichen Verwendung der

USt-IdNr. bei Vertragsabschluss, der Aufzeichnung bei mündlicher Erteilung oder der Verwendung in einem Grundlagenvertrag liegt nach der jetzt erfolgten Ergänzung ein positives Tun auch dann vor, wenn der Leistungsempfänger die Erklärung über die Unternehmereigenschaft und den unternehmerischen Bezug **objektiv nachvollziehbar** vorgenommen hat und der Leistungsbezug vom Leistungsempfänger in zutreffender Weise erklärt worden ist, der leistende Unternehmer seinen Meldepflichten nach § 18 a UStG nachgekommen ist und die Rechnung über die Leistung einen Hinweis auf die USt-IdNr., die nach § 18 a Abs. 7 UStG in der Zusammenfassenden Meldung angegeben wurde, enthält.

Kommt der **Leistungsempfänger** nicht aus einem Mitgliedstaat der Europäischen Union (also **aus dem Drittlandsgebiet**), muss der Nachweis auf andere Weise geführt werden. In Betracht kommen hier Bestätigungen der ausländischen Finanzbehörden über die Unternehmereigenschaft oder andere Unterlagen (z. B. Registerauszüge). In der Schweiz ansässige Unternehmer können die Unternehmereigenschaft auch mit ihrer Unternehmer-Identifikationsnummer nachweisen, wenn diese von der Eidgenössischen Steuerverwaltung dem leistenden Unternehmer bestätigt worden ist (OFD Niedersachsen, Verf. v. 15.6.2015, UR 2015, 926).

1.3 Leistungsort

Liegen die Voraussetzungen vor, ist der Leistungsort dort, wo der Leistungsempfänger ansässig ist oder eine die Leistung erhaltende Betriebsstätte unterhält. Zum Begriff der Betriebsstätte vgl. Anmerkungen zu Abschn. 3a.1 UStAE.

2. Korrekte Abrechnung und Meldung

Liegt der Ort der sonstigen Leistung nach den gesetzlichen Grundlagen im Inland, muss – unter den weiteren Voraussetzungen – vom leistenden Unternehmer eine Abrechnung entsprechend den Grundsätzen des § 14 UStG erstellt werden.

Ist der Ort der **sonstigen Leistung nicht im Inland**, können sich für einen leistenden Unternehmer aus Deutschland die folgenden Möglichkeiten ergeben:

- Der **Leistungsempfänger ist Unternehmer** und ist mit einer USt-IdNr. aus einem **anderen Mitgliedstaat** aufgetreten: Die Leistung ist in Deutschland nicht steuerbar, ist aber in dem anderen Mitgliedstaat steuerbar und steuerpflichtig, soweit dort keine nationale Befreiungsvorschrift anwendbar ist. **Steuerschuldner** wird der Leistungsempfänger, Art. 196 MwStSystRL. Der deutsche Unternehmer darf in seiner Rechnung weder deutsche Umsatzsteuer noch ausländische Umsatzsteuer ausweisen, in der Rechnung ist nur der Nettobetrag anzugeben. Auf die Übertragung der Steuerschuldnerschaft („Steuerschuldnerschaft des Leistungsempfängers") ist hinzuweisen und die USt-IdNr. von dem leistenden und dem leistungsempfangenden Unternehmer muss angegeben werden. Der leistende Unternehmer hat in Deutschland bestimmte Meldeverpflichtungen (Umsatzsteuer-Voranmeldung und Zusammenfassende Meldung). Seit dem 30.6.2013 ist die Rechnung bis zum 15. Tag nach Ablauf des Monats der Leistungserbringung auszustellen, § 14 a Abs. 1 UStG.
- Der **Leistungsempfänger kommt aus dem Drittlandsgebiet**: Die Leistung ist in Deutschland nicht steuerbar, der Umsatz ist nur in der deutschen Umsatzsteuer-Voranmeldung als nicht steuerbarer Umsatz aufzunehmen. Ob die Leistung in dem anderen Land der Besteuerung unterliegt und wer dort eventuell die Umsatzsteuer schuldet, bestimmt sich ausschließlich nach den Rechtsvorschriften des anderen Staats.

Hinweis: Harmonisierung im Binnenmarkt

Die Regelungen über die Bestimmung des Orts der sonstigen Leistung sind in der Europäischen Union harmonisiert. Ist nach deutschem Recht der Ort der sonstigen Leistung in einem anderen Mitgliedstaat, ist nach den nationalen Vorschriften des anderen Mitgliedstaats der Ort der sonstigen Leistung ebenfalls dort, damit führt dies in dem anderen Mitgliedstaat zu einem steuerbaren Umsatz.

Eine analoge Anwendung auf Umsätze, die nach den deutschen Vorgaben im Drittlandsgebiet ausgeführt worden sind, kann nicht erfolgen.

UStAE 3 a.3. Ort der sonstigen Leistung im Zusammenhang mit einem Grundstück

(1) § 3 a Abs. 3 Nr. 1 UStG gilt sowohl für sonstige Leistungen an Nichtunternehmer (siehe Abschnitt 3 a.1 Abs. 1) als auch an Leistungsempfänger im Sinne des § 3 a Abs. 2 UStG (siehe Abschnitt 3 a.2 Abs. 1).

(2) [1]Für den Ort einer sonstigen Leistung – einschließlich Werkleistung – im Zusammenhang mit einem Grundstück ist die Lage des Grundstücks entscheidend. [2]Der Grundstücksbegriff im Sinne des Umsatzsteuerrechts ist ein eigenständiger Begriff des Unionsrechts; er richtet sich nicht nach dem zivilrechtlichen Begriff eines Grundstücks. [3]Unter einem Grundstück im Sinne des § 3 a Abs. 3 Nr. 1 UStG ist zu verstehen:

- ein bestimmter über- oder unterirdischer Teil der Erdoberfläche, an dem Eigentum und Besitz begründet werden kann,
- jedes mit oder in dem Boden über oder unter dem Meeresspiegel befestigte Gebäude oder jedes derartige Bauwerk, das nicht leicht abgebaut oder bewegt werden kann,
- jede Sache, die einen wesentlichen Bestandteil eines Gebäudes oder eines Bauwerks bildet, ohne die das Gebäude oder das Bauwerk unvollständig ist, wie zum Beispiel Türen, Fenster, Dächer, Treppenhäuser und Aufzüge,
- [1]Sachen, Ausstattungsgegenstände oder Maschinen, die auf Dauer in einem Gebäude oder einem Bauwerk installiert sind, und die nicht bewegt werden können, ohne das Gebäude oder das Bauwerk zu zerstören oder erheblich zu verändern. [2]Die Veränderung ist immer dann unerheblich, wenn die betreffenden Sachen einfach an der Wand hängen und wenn sie mit Nägeln oder Schrauben so am Boden oder an der Wand befestigt sind, dass nach ihrer Entfernung lediglich Spuren oder Markierungen zurück bleiben (z. B. Dübellöcher), die leicht überdeckt oder ausgebessert werden können.

Beispiel:

[1]Ein Industrieunternehmer hat anderen Unternehmern übertragen: die Pflege der Grünflächen des Betriebsgrundstücks, die Gebäudereinigung, die Wartung der Heizungsanlage und die Pflege und Wartung der Aufzugsanlagen.

[2]Es handelt sich in allen Fällen um sonstige Leistungen, die im Zusammenhang mit einem Grundstück stehen.

(3) [1]Die sonstige Leistung muss nach Sinn und Zweck der Vorschrift in engem Zusammenhang mit einem ausdrücklich bestimmten Grundstück stehen. [2]Ein enger Zusammenhang ist beispielsweise gegeben, wenn sich die sonstige Leistung nach den tatsächlichen Umständen überwiegend auf die Bebauung, Verwertung, Nutzung oder Unterhaltung des Grundstücks selbst bezieht. [3]Hierzu gehört auch die Eigentumsverwaltung, die sich auf den Betrieb von Geschäfts-, Industrie- oder Wohnimmobilien durch oder für den Eigentümer des Grundstücks bezieht, mit Ausnahme von Portfolio-Management in Zusammenhang mit Eigentumsanteilen an Grundstücken.

(3 a) [1]Das Grundstück selbst muss zudem Gegenstand der sonstigen Leistung sein. [2]Dies ist u. a. dann der Fall, wenn ein ausdrücklich bestimmtes Grundstück insoweit als wesentlicher Bestandteil einer sonstigen Leistung anzusehen ist, als es einen zentralen und unverzichtbaren Bestandteil dieser sonstigen Leistung darstellt (vgl. EuGH-Urteil vom 27. 6. 2013, C-155/12, RR Donnelley Global Turnkey Solutions Poland).

(4) [1]Zu den in § 4 Nr. 12 UStG der Art nach bezeichneten sonstigen Leistungen (§ 3 a Abs. 3 Nr. 1 Satz 2 Buchstabe a UStG) gehört die Vermietung und die Verpachtung von Grundstücken. [2]Zum Begriff der Vermietung und Verpachtung von Grundstücken vgl. Abschnitt 4.12.1. [3]Es kommt nicht darauf an, ob die Vermietungs- oder Verpachtungsleistung nach § 4 Nr. 12 UStG steuerfrei ist. [4]Unter § 3 a Abs. 3 Nr. 1 Satz 2 Buchstabe a UStG fallen auch

1. die Vermietung von Wohn- und Schlafräumen, die ein Unternehmer bereithält, um kurzfristig Fremde zu beherbergen,
2. die Vermietung von Plätzen, um Fahrzeuge abzustellen,
3. die Überlassung von Wasser- und Bootsliegeplätzen für Sportboote (vgl. BFH-Urteil vom 8. 10. 1991, V R 46/88, BStBl 1992 II S. 368),
4. die kurzfristige Vermietung auf Campingplätzen,

5. die entgeltliche Unterbringung auf einem Schiff, das für längere Zeit auf einem Liegeplatz befestigt ist (vgl. BFH-Urteil vom 7. 3. 1996, V R 29/95, BStBl II S. 341),
6. die Überlassung von Wochenmarkt-Standplätzen an Markthändler (vgl. BFH-Urteil vom 24. 1. 2008, V R 12/05, BStBl 2009 II S. 60),
7. die Einräumung des Nutzungsrechts an einem Grundstück oder einem Grundstücksteil einschließlich der Gewährung von Fischereirechten und Jagdrechten sowie der Benutzung einer Straße, einer Brücke oder eines Tunnels gegen eine Mautgebühr,
8. die Umwandlung von Teilnutzungsrechten – sog. Timesharing – von Grundstücken oder Grundstücksteilen (vgl. EuGH-Urteil vom 3. 9. 2009, C-37/08, RCI Europe) und
9. die Überlassung von Räumlichkeiten für Aufnahme- und Sendezwecke von inländischen und ausländischen Rundfunkanstalten des öffentlichen Rechts untereinander.

[5]Das gilt auch für die Vermietung und Verpachtung von Maschinen und Vorrichtungen aller Art, die zu einer Betriebsanlage gehören, wenn sie wesentliche Bestandteile eines Grundstücks sind.

(5) [1]Die Überlassung von Camping-, Park- und Bootsliegeplätzen steht auch dann im Zusammenhang mit einem Grundstück, wenn sie nach den Grundsätzen des BFH-Urteils vom 4. 12. 1980, V R 60/79, BStBl 1981 II S. 231, bürgerlich-rechtlich nicht auf einem Mietvertrag beruht. [2]Vermieten Unternehmer Wohnwagen, die auf Campingplätzen aufgestellt sind und ausschließlich zum stationären Gebrauch als Wohnung überlassen werden, ist die Vermietung als sonstige Leistung im Zusammenhang mit einem Grundstück anzusehen (§ 3a Abs. 3 Nr. 1 UStG). [3]Dies gilt auch in den Fällen, in denen die Wohnwagen nicht fest mit dem Grund und Boden verbunden sind und deshalb auch als Beförderungsmittel verwendet werden könnten. [4]Maßgebend ist nicht die abstrakte Eignung eines Gegenstands als Beförderungsmittel. [5]Entscheidend ist, dass die Wohnwagen nach dem Inhalt der abgeschlossenen Mietverträge nicht als Beförderungsmittel, sondern zum stationären Gebrauch als Wohnungen überlassen werden. [6]Das gilt ferner in den Fällen, in denen die Vermietung der Wohnwagen nicht die Überlassung des jeweiligen Standplatzes umfasst und die Mieter deshalb über die Standplätze besondere Verträge mit den Inhabern der Campingplätze abschließen müssen.

(6) Zu den Leistungen der in § 4 Nr. 12 UStG bezeichneten Art zählen auch die Überlassung von Grundstücken und Grundstücksteilen zur Nutzung auf Grund eines auf Übertragung des Eigentums gerichteten Vertrages oder Vorvertrages (§ 4 Nr. 12 Satz 1 Buchstabe b UStG) sowie die Bestellung und Veräußerung von Dauerwohnrechten und Dauernutzungsrechten (§ 4 Nr. 12 Satz 1 Buchstabe c UStG).

(7) [1]Zu den sonstigen Leistungen im Zusammenhang mit der Veräußerung oder dem Erwerb von Grundstücken (§ 3a Abs. 3 Nr. 1 Satz 2 Buchstabe b UStG) gehören beispielsweise die sonstigen Leistungen der Grundstücksmakler und Grundstückssachverständigen sowie der Notare bei der Beurkundung von Grundstückskaufverträgen und anderen Verträgen, die auf die Veränderung von Rechten an einem Grundstück gerichtet sind; dies gilt auch dann, wenn die Veränderung des Rechts an dem Grundstück tatsächlich nicht erfolgt. [2]Bei juristischen Dienstleistungen ist zu prüfen, ob diese im Zusammenhang mit Grundstücksübertragungen oder mit der Begründung oder Übertragung von bestimmten Rechten an Grundstücken stehen (siehe Absatz 9 Nummer 9 sowie Absatz 10 Nummer 7).

(8) [1]Zu den sonstigen Leistungen, die der Erschließung von Grundstücken oder der Vorbereitung oder der Ausführung von Bauleistungen dienen (§ 3a Abs. 3 Nr. 1 Satz 2 Buchstabe c UStG), gehören z. B. die Leistungen der Architekten, Bauingenieure, Vermessungsingenieure, Bauträgergesellschaften, Sanierungsträger sowie der Unternehmer, die Abbruch- und Erdarbeiten ausführen. [2]Voraussetzung ist, dass die Leistung in engem Zusammenhang mit einem ausdrücklich bestimmten Grundstück erbracht wird, d. h. dass beispielsweise bei Ingenieur- oder Planungsleistungen der Standort des Grundstücks zum Zeitpunkt der Erbringung der Dienstleistung bereits feststeht. [3]Dazu gehören ferner:

1. Wartungs-, Renovierungs- und Reparaturarbeiten an einem Gebäude oder an Gebäudeteilen einschließlich Abrissarbeiten, Verlegen von Fliesen und Parkett sowie Tapezieren, Errichtung von auf Dauer angelegten Konstruktionen, wie Gas-, Wasser- oder Abwasserleitungen,
2. die Installation oder Montage von Maschinen oder Ausrüstungsgegenständen, soweit diese wesentliche Bestandteile des Grundstücks sind,
3. Bauaufsichtsmaßnahmen,

4. Leistungen zum Aufsuchen oder Gewinnen von Bodenschätzen,
5. die Begutachtung und die Bewertung von Grundstücken, auch zu Versicherungszwecken und zur Ermittlung des Grundstückswerts,
6. die Vermessung von Grundstücken,
7. die Errichtung eines Baugerüsts und
8. die Überlassung von Personal, insbesondere bei der Einschaltung von Subunternehmern, wenn gleichzeitig eine bestimmte Leistung oder ein bestimmter Erfolg des überlassenen Personals im Zusammenhang mit einem Grundstück geschuldet wird (vgl. Abschnitt 3 a.9 Abs. 18 a).

(9) In engem Zusammenhang mit einem Grundstück stehen auch:

1. die Einräumung dinglicher Rechte, z. B. dinglicher Nießbrauch, Dienstbarkeiten, Erbbaurechte; zu den sonstigen Leistungen, die dabei ausgeführt werden, siehe Nummer 9 sowie Absatz 10 Nummer 7;
2. die Vermittlung von Vermietungen von Grundstücken, nicht aber die Vermittlung der kurzfristigen Vermietung von Zimmern in Hotels, Gaststätten oder Pensionen, von Fremdenzimmern, Ferienwohnungen, Ferienhäusern und vergleichbaren Einrichtungen;

2 a. [1]die Verwaltung von Grundstücken und Grundstücksteilen (z. B. Mietzinsverwaltung, Buchhaltung und Verwaltung der laufenden Ausgaben). [2]Hiervon ausgenommen ist die Portfolioverwaltung im Zusammenhang mit Eigentumsanteilen an Grundstücken, selbst wenn das Portfolio Grundstücke enthält;

2 b. die Bearbeitung landwirtschaftlicher Grundstücke, einschließlich sonstiger Leistungen wie Landbestellung, Säen, Bewässerung, Düngung;

2 c. [1]die Zugangsberechtigung zu Warteräumen in Flughäfen, unabhängig davon, ob diese mit der Nutzung von üblichen begleitenden Annehmlichkeiten (z. B. Sitzmöglichkeiten, TV-Unterhaltung, Zeitschriftenauslage, WLAN, Getränke oder Snacks) verbunden ist. [2]Dies gilt auch, wenn die Leistung darin besteht, dass dem Leistungsempfänger das Recht eingeräumt wird, die Zugangsberechtigung zu Warteräumen in Flughäfen an seine Kunden weiterzugeben. [3]Wird die Zugangsberechtigung zusammen mit der Flugbeförderung vereinbart und vergütet, stellt die Zugangsberechtigung keine in engem Zusammenhang mit dem Grundstück stehende Leistung, sondern eine unselbständige Nebenleistung zur Flugbeförderung dar, so dass sich der Leistungsort nach § 3 b UStG bestimmt;

3. Lagerung von Gegenständen, wenn dem Empfänger dieser sonstigen Leistung ein Recht auf Nutzung eines ausdrücklich bestimmten Grundstücks oder eines Teils desselben gewährt wird (vgl. EuGH-Urteil vom 27. 6. 2013, C-155/12, RR Donnelley Global Turnkey Solutions Poland);
4. Reinigung von Gebäuden oder Gebäudeteilen;
5. Wartung und Überwachung von auf Dauer angelegten Konstruktionen, wie Gas-, Wasser- oder Abwasserleitungen;
6. [1]Wartung und Überwachung von Maschinen oder Ausrüstungsgegenständen, soweit diese wesentliche Bestandteile des Grundstücks sind. [2]Hiervon umfasst sind auch Leistungen, die nicht vollständig vor Ort erbracht werden (z. B. Fälle der Fernwartung), sofern der Schwerpunkt der Wartungsdienstleistung vor Ort erbracht wird;
7. grundstücksbezogene Sicherheitsleistungen;
8. Leistungen bei der Errichtung eines Windparks im Zusammenhang mit einem ausdrücklich bestimmten Grundstück, insbesondere Studien und Untersuchungen zur Prüfung der Voraussetzungen zur Errichtung eines Windparks sowie für bereits genehmigte Windparks, ingenieurtechnische und gutachterliche Leistungen sowie Planungsleistungen im Rahmen der Projektzertifizierung (z. B. gutachterliche Stellungnahmen im Genehmigungsverfahren und standortbezogene Beratungs-, Prüf- und Überwachungsleistungen bei Projektzertifizierungen), die parkinterne Verkabelung einschließlich Umspannplattform sowie der parkexterne Netzanschluss zur Stromabführung an Land einschließlich Konverterplattform;
9. [1]sonstige Leistungen juristischer Art im Zusammenhang mit Grundstücksübertragungen sowie mit der Begründung oder Übertragung von bestimmten Rechten an Grundstücken oder dinglichen Rechten an Grundstücken (unabhängig davon, ob diese Rechte einem körperlichen Gegenstand gleichgestellt sind), selbst wenn die zugrunde liegende Transaktion, die zur rechtlichen Veränderung an dem Grundstück führt, letztendlich nicht stattfindet. [2]Zu den bestimmten Rechten an Grundstücken zählen z. B. das Miet- und Pachtrecht. [3]Die Erbringung sonstiger Leistungen juristischer Art ist nicht auf be-

stimmte Berufsgruppen beschränkt. [4]Erforderlich ist jedoch grundsätzlich, dass die Dienstleistung mit einer zumindest beabsichtigten Veränderung des rechtlichen Status des Grundstücks zusammenhängt. [5]Bei der Ausgabe einfacher oder beglaubigter/amtlicher Grundbuchauszüge stellt das Grundstück einen zentralen und wesentlichen Bestandteil der Dienstleistung dar, so dass diese ungeachtet des Verwendungszwecks als in einem hinreichend direkten Zusammenhang mit einem Grundstück stehend anzusehen ist. [6]Bei der Ausgabe einfacher oder beglaubigter/amtlicher Auszüge aus anderen öffentlichen Registern findet § 3a Abs. 3 Nr. 1 UStG mangels Grundstücksbezug keine Anwendung. [7]Der Ort der sonstigen Leistung bei der Ausgabe einfacher oder beglaubigter/amtlicher Auszüge aus anderen öffentlichen Registern als dem Grundbuch bestimmt sich daher nach § 3a Abs. 1 und Abs. 2 UStG. [8]Zu den sonstigen Leistungen im Sinne der Sätze 1 bis 4 zählen z. B.:

- das Aufsetzen eines Vertrags über den Verkauf oder den Kauf eines Grundstücks und das Verhandeln der Vertragsbedingungen sowie damit in Zusammenhang stehende Beratungsleistungen (z. B. Finanzierungsberatung, Erstellung einer Due Diligence), sofern diese als unselbständige Nebenleistungen anzusehen sind;
- die sonstigen Leistungen der Notare bei der Beurkundung von Grundstückskaufverträgen und anderen Verträgen, die auf die Veränderung von Rechten an einem Grundstück gerichtet sind, unabhängig davon, ob sie zwingend einer notariellen Beurkundung bedürfen;
- die Beratung hinsichtlich einer Steuerklausel in einem Grundstücksübertragungsvertrag;
- das Aufsetzen und Verhandeln der Vertragsbedingungen eines sale-and-lease-back-Vertrags über ein Grundstück oder einen Grundstücksteil sowie damit in Zusammenhang stehende Beratungsleistungen (z. B. Finanzierungsberatung), sofern diese als unselbständige Nebenleistungen anzusehen sind;
- das Aufsetzen und Verhandeln von Miet- und Pachtverträgen über ein bestimmtes Grundstück oder einen bestimmten Grundstücksteil;
- die rechtliche Prüfung bestehender Miet- oder Pachtverträge im Hinblick auf den Eigentümerwechsel im Rahmen einer Grundstücksübertragung.

(10) Folgende Leistungen stehen nicht im engen Zusammenhang mit einem Grundstück bzw. das Grundstück stellt bei diesen Leistungen keinen zentralen und unverzichtbaren Teil dar:

1. Erstellung von Bauplänen für Gebäude und Gebäudeteile, die keinem bestimmten Grundstück oder Grundstücksteil zugeordnet werden können;
2. Installation oder Montage, Arbeiten an sowie Kontrolle und Überwachung von Maschinen oder Ausstattungsgegenständen, die kein wesentlicher Bestandteil eines Grundstücks sind bzw. werden;
3. Portfolio-Management in Zusammenhang mit Eigentumsanteilen an Grundstücken;
4. der Verkauf von Anteilen und die Vermittlung der Umsätze von Anteilen an Grundstücksgesellschaften sowie Beratungsleistungen hinsichtlich des Abschlusses eines Kaufvertrags über Anteile an einer Grundstücksgesellschaft (Share Deal);
5. die Veröffentlichung von Immobilienanzeigen, z. B. durch Zeitungen;
6. die Finanzierung und Finanzierungsberatung im Zusammenhang mit dem Erwerb eines Grundstücks und dessen Bebauung;
7. [1]sonstige Leistungen juristischer Art, mit Ausnahme der unter Absatz 9 Nummer 9 genannten sonstigen Leistungen, einschließlich Beratungsleistungen betreffend die Vertragsbedingungen eines Grundstücksübertragungsvertrags, die Durchsetzung eines solchen Vertrags oder den Nachweis, dass ein solcher Vertrag besteht, sofern diese Leistungen nicht speziell mit der Übertragung von Rechten an Grundstücken zusammenhängen. [2]Zu diesen Leistungen gehören z. B.
   - die Rechts- und Steuerberatung in Grundstückssachen;
   - die Erstellung von Mustermiet- oder -pachtverträgen ohne Bezug zu einem konkreten Grundstück;
   - die Beratung zur Akquisitionsstruktur einer Transaktion (Asset Deal oder Share Deal);
   - die Prüfung der rechtlichen Verhältnisse eines Grundstücks (Due Diligence);
   - die Durchsetzung von Ansprüchen aus einer bereits vorgenommenen Übertragung von Rechten an Grundstücken;
8. Planung, Gestaltung sowie Aufbau, Umbau und Abbau von Ständen im Zusammenhang mit Messen und Ausstellungen (vgl. EuGH-Urteil vom 27. 10. 2011, C-530/09, Inter-Mark Group, BStBl 2012 II S. 160);

9. Lagerung von Gegenständen auf einem Grundstück, wenn hierfür zwischen den Vertragsparteien kein bestimmter Teil eines Grundstücks zur ausschließlichen Nutzung festgelegt worden ist;
10. Werbeleistungen, selbst wenn sie die Nutzung eines Grundstücks einschließen;
11. Zurverfügungstellen von Gegenständen oder Vorrichtungen, mit oder ohne Personal für deren Betrieb, mit denen der Leistungsempfänger Arbeiten im Zusammenhang mit einem Grundstück durchführt (z. B. Vermietung eines Baugerüsts), wenn der leistende Unternehmer mit dem Zurverfügungstellen keinerlei Verantwortung für die Durchführung der genannten Arbeiten übernimmt;
12. Leistungen bei der Errichtung eines Windparks, die nicht im Zusammenhang mit einem ausdrücklich bestimmten Grundstück stehen, insbesondere die Übertragung von Rechten im Rahmen der öffentlich-rechtlichen Projektverfahren sowie von Rechten an in Auftrag gegebenen Studien und Untersuchungen, Planungsarbeiten und Konzeptionsleistungen (z. B. Ermittlung der Eigentümer oder Abstimmung mit Versorgungsträgern), Projektsteuerungsarbeiten wie Organisation, Terminplanung, Kostenplanung, Kostenkontrolle und Dokumentation (z. B. im Zusammenhang mit der Kabelverlegung, Gleichstromübertragung und Anbindung an das Umspannwerk als Leistungsbündel bei der Netzanbindung);
13. Die Einräumung der Berechtigung, auf einem Golfplatz Golf zu spielen (vgl. BFH-Urteil vom 12. 10. 2016, XI R 5/14, BStBl 2017 II S. 500).

Anmerkung

1. Grundsätze der Prüfung des Orts der sonstigen Leistung im Zusammenhang mit einem Grundstück

Führt der Unternehmer eine sonstige Leistung im Zusammenhang mit einem Grundstück aus, ist der Ort dieser Leistung immer dort, wo sich das **Grundstück befindet**, § 3 a Abs. 3 Nr. 1 UStG. Unerheblich ist dabei, ob der Leistungsempfänger ein Unternehmer oder ein Nichtunternehmer ist und ob sich das Grundstück im Inland oder im Ausland befindet.

Der **Grundstücksbegriff** bestimmt sich dabei nicht nach nationalen zivilrechtlichen Grundsätzen, sondern ist unionsrechtlich auszulegen (BMF, Schreiben v. 18.12.2012 – BStBl II 2012, 1272 sowie Abschn. 3a.3 Abs. 2 UStAE; unionsrechtlich in Art. 13 b MwStVO geregelt). Der **Grundstücksbegriff muss einheitlich in der Europäischen Union ausgelegt werden** – eine Auslegung von Begriffen kann nicht von der Auslegung des Zivilrechts in den einzelnen Mitgliedstaaten abhängen (EuGH, Urt. v. 16.1.2003 – C-315/00, Rudolf Maierhofer, BFH/NV Beilage 2003, 104). Grundstücke i. S. d. Regelung sind:

- ein bestimmter über- oder unterirdischer Teil der Erdoberfläche, an dem Eigentum und Besitz begründet werden kann,
- jedes mit oder in dem Boden über oder unter dem Meeresspiegel befestigte Gebäude oder jedes derartige Bauwerk, das nicht leicht abgebaut oder bewegt werden kann,
- jede Sache, die einen wesentlichen Bestandteil eines Gebäudes oder eines Bauwerks bildet, ohne die das Gebäude oder das Bauwerk unvollständig ist, wie z. B. Türen, Fenster, Dächer, Treppenhäuser und Aufzüge,
- Sachen, Ausstattungsgegenstände oder Maschinen, die auf Dauer in einem Gebäude oder einem Bauwerk installiert sind, und die nicht bewegt werden können, ohne das Gebäude oder das Bauwerk zu zerstören oder zu verändern.

Maßgebende Bedeutung kommt für die Frage der Abgrenzung des Grundstücksbegriffs – zumindest für die ab dem 1.1.2017 ausgeführten Leistungen – die Auslegung zu den in Art. 13 b MwStVO vorgegebenen Begrifflichkeiten zu. Die **EU-Kommission** hat zu den ab dem 1.1.2017 geltenden unionseinheitlichen Regelungen zur Definition des Grundstücks sowie des Zusammenhangs der Leistung mit einem genau bestimmbaren Grundstück einen **Leitfaden** herausgegeben (Erläuterungen zu den in 2017 in Kraft tretenden EU-Mehrwertsteuerbestimmungen zum Ort der Dienstleistung i.Z.m. Grundstücken; abrufbar über die Seite der Leitlinien der Kommission – https://ec.europa.eu/taxation_customs/business/vat/commission-guidelines_de). In der mehr als 60 Seiten umfassenden „Anleitung“ werden teilweise sehr kleinteilige Aussagen zu den unionseinheitlichen Regelungen vorgegeben. Dabei können diese Hinweise nur eine **Hilfestellung** darstellen, sie entfalten für die Mitgliedstaaten und im individuellen Besteuerungsverfahren keine Verbindlichkeit.

Leistungen i.Z.m. einem Grundstück sind **insbesondere**:

- Vermietung von Grundstücken, Grundstücksteilen, Gebäuden oder Gebäudeteilen (§ 3a Abs. 3 Nr. 1 Buchst. a UStG); unerheblich ist dabei, ob die Vermietung steuerfrei oder steuerpflichtig erfolgt,
- sonstige Leistungen in Zusammenhang mit der Veräußerung oder dem Erwerb von Grundstücken, z. B. Leistung des Maklers oder eines den Kaufvertrag beurkundenden Notars (§ 3a Abs. 3 Nr. 1 Buchst. b UStG) sowie
- sonstige Leistungen, die der Erschließung von Grundstücken oder der Vorbereitung oder der Ausführung von Bauleistungen dienen, z. B. Leistungen eines Architekten oder eines Fachingenieurs, Ausführung von Reparaturleistungen, soweit kein Material verwendet wird, das als Hauptstoff anzusehen ist (§ 3a Abs. 3 Nr. 1 Buchst. c UStG) sowie Wartungs-, Renovierungs- und Reparaturarbeiten an einem Gebäude oder an Gebäudeteilen und deren wesentlichen Bestandteilen.

In **engem Zusammenhang** mit einem Grundstück stehen auch:

- die Einräumung dinglicher Rechte, z. B. dinglicher Nießbrauch, Dienstbarkeiten, Erbbaurechte sowie sonstige Leistungen, die dabei ausgeführt werden, z. B. Beurkundungsleistungen eines Notars;
- die Vermittlung von Vermietungen von Grundstücken, nicht aber die Vermittlung der kurzfristigen Vermietung von Zimmern in Hotels, Gaststätten oder Pensionen, von Fremdenzimmern, Ferienwohnungen, Ferienhäusern und vergleichbaren Einrichtungen;
- Lagerung von Gegenständen, wenn zur Lagerung ausschließlich ein ganz bestimmtes Grundstück oder ein bestimmter Grundstücksteil zwischen den Vertragspartnern festgelegt worden ist;
- Reinigung von Gebäuden oder Gebäudeteilen;
- Wartung und Überwachung von auf Dauer angelegten Konstruktionen, wie Gas-, Wasser- oder Abwasserleitungen;
- Hausverwaltungsleistungen;
- Wartung und Überwachung von Maschinen oder Ausrüstungsgegenständen, soweit diese wesentliche Bestandteile des Grundstücks sind, dies kann sich auch auf Fernwartungsleistungen beziehen;
- grundstücksbezogene Sicherheitsleistungen.

Der **EuGH** (Urt. v. 27.6.2013 – C-155/12, RR Donnelley Global Turnkey Solutions Poland, DStRE 2013, 1015) hatte sich in einem Verfahren mit der Frage des Zusammenhangs von Leistungen mit einem Grundstück beschäftigt und dabei zwei wesentliche Grundsätze für eine solche Leistung aufgestellt:

- Die sonstige Leistung muss mit einem ausdrücklich bestimmten Grundstück in Zusammenhang stehen und
- das Grundstück muss selbst Gegenstand der sonstigen Leistung sein.

Das Grundstück ist nach Auffassung des EuGH dann selbst Gegenstand der sonstigen Leistung, wenn das ausdrücklich bestimmte Grundstück als wesentlicher (zentraler und unverzichtbarer) Bestandteil einer Leistung anzusehen ist.

Keine Leistungen im Zusammenhang mit einem Grundstück liegen in den folgenden Fällen vor:

- Erstellung von Bauplänen für Gebäude oder Gebäudeteile, die keinem bestimmten Grundstück oder Grundstücksteil zugeordnet werden können,
- Installation oder Montage, Arbeiten an sowie Kontrolle und Überwachung von Maschinen und Ausstattungsgegenständen, die kein wesentlicher Bestandteil eines Grundstücks sind oder werden,
- Vermittlung der kurzfristigen Vermietung von Zimmern in Hotels, Ferienwohnungen u. ä.,
- Verkauf von Anteilen und die Vermittlung der Umsätze von Anteilen an Grundstücksgesellschaften,

- Veröffentlichung von Immobilienanzeigen,
- Finanzierung und Finanzierungsberatung im Zusammenhang mit dem Erwerb eines Grundstücks und dessen Bebauung,
- allgemeine Rechts- und Steuerberatung in Grundstückssachen,
- Planung, Gestaltung sowie Aufbau, Umbau und Abbau von Ständen im Zusammenhang mit Messen und Ausstellungen,
- Lagerung von Gegenständen auf einem Grundstück, wenn hierfür zwischen den Vertragsparteien kein bestimmter Teil eines Grundstücks zur ausschließlichen Nutzung festgelegt worden ist,
- Werbeleistungen, selbst wenn sie die Nutzung eines Grundstücks einschließen,
- Zurverfügungstellung von Gegenständen oder Vorrichtungen, mit oder ohne Personal für deren Betrieb, mit denen der Leistungsempfänger Arbeiten im Zusammenhang mit einem Grundstück durchführt (z. B. Vermietung eines Baugerüsts), wenn der leistende Unternehmer mit der Zurverfügungstellung keinerlei Verantwortung für die Durchführung der genannten Arbeiten übernimmt.

Hinweis: Individuelle Besonderheiten beachten

Zur Abgrenzung der Leistungen bei der Errichtung eines Windparks vgl. Abschn. 3a.3 Abs. 9 und Abs. 10 UStAE. Zur Abgrenzung der juristischen Beratungsleistungen im Zusammenhang mit Grundstücken vgl. Abschn. 3a.3 Abs. 9 UStAE; die Regelungen wurden präzisiert durch BMF, Schreiben v. 6.12.2017, BStBl I 2017, 1658.

2. Weitere Ergänzung der Verwaltungsanweisungen

Die **Finanzverwaltung** hatte – auch schon vor dem 1.1.2017 – in Abschn. 3a.3 Abs. 8 und Abs. 9 UStAE diverse Beispiele aufgenommen, die einen solchen engen Zusammenhang mit einem Grundstück verdeutlichen. Im Zuge der unionsrechtlichen Angleichung wurden diese Hinweise durch **Schreiben v. 10.2.2017**, BStBl I 2017, 350 noch wie folgt **ergänzt**:

- Die Überlassung von Personal ist als sonstige Leistung i.Z.m. einem Grundstück anzusehen, wenn gleichzeitig eine bestimmte Leistung oder ein bestimmter Erfolg des überlassenen Personals i.Z.m. einem Grundstück geschuldet wird.
- Früher war schon als Leistung i.Z.m. Grundstücken die Verwaltung von Grundstücken oder Grundstücksteilen angesehen worden. Dies wurde dahingehend präzisiert, dass es insbesondere die Mietzinsverwaltung, Buchhaltung und Verwaltung der laufenden Ausgaben umfasst. Ausgenommen ist ausdrücklich die Portfolioverwaltung i.Z.m. Eigentumsanteilen an Grundstücken, selbst wenn das Portfolio Grundstücke enthält.
- Die Wartung und Überwachung von Maschinen oder Ausrüstungsgegenständen war auch schon bisher als Leistung i.Z.m. einem Grundstück angesehen worden, wenn diese Teile wesentliche Bestandteile des Grundstücks sind. Klarstellend wurde ergänzt, dass dies auch Leistungen – wie z. B. die Fernwartung von solchen Anlagen – betrifft, die nicht vollständig vor Ort ausgeführt werden, sofern der Schwerpunkt der Wartungsdienstleistungen vor Ort erbracht wird.

Zur besseren Umsetzung in einem besonderen Bereich hatte die Finanzverwaltung (BMF, Schreiben v. 5.12.2017, BStBl I 2017, 1658) **Abgrenzung zur Rechtsberatungsleistung** i.Z.m. mit Grundstücken vorgenommen. Sonstige Leistungen juristischer Art i.Z.m. Grundstücksübertragungen sowie mit der Begründung oder Übertragung von bestimmten Rechten an Grundstücken oder dinglichen Rechten an Grundstücken stellen Leistungen dar, die als eng mit einem Grundstück verbunden gelten. Dies gilt selbst dann, wenn die zugrunde liegende Transaktion, die zur rechtlichen Veränderung an dem Grundstück führt, letztendlich nicht stattfindet. Zu den bestimmten Rechten an Grundstücken zählen z. B. das Miet- und Pachtrecht. Die Erbringung sonstiger Leistungen juristischer Art ist nicht auf bestimmte Berufsgruppen beschränkt, setzt also nicht eine Leistung eines Rechtsanwalts voraus. Es ist aber erforderlich, dass die Dienstleistung mit einer zumindest beabsichtigten Veränderung des rechtlichen Status des Grundstücks zusammenhängt. In Abschn. 3a.3 Abs. 9 Nr. 9 UStAE werden von der Finanzverwaltung diverse Beispiele für typische juristische Leistungen angegeben, die als Leistungen i.Z.m. einem Grundstück anzusehen sind; in Abschn. 3a.3 Abs. 10 Nr. 7 UStAE werden dementgegen Beispiele für juristische Leistungen angegeben, die keinen engen Zusammenhang mit einem Grundstück darstellen sollen. Die Finanzverwaltung hat die Beispiele der am Grundstücksort ausgeführten Leistungen 2022 um die **Ausgabe beglaubigter/amtlicher Grundbuchauszüge** ergänzt. Nach Auffassung der Finanzverwaltung stellt das Grundstück in diesem Fall einen zentralen und wesentlichen Bestandteil der Dienstleistung dar, sodass ein hinreichend direkter Zusammenhang mit dem Grundstück vorliegt.

Die Finanzverwaltung (BMF, Schreiben v. 24.7.2024, BStBl I 2024, 1133) hat die bisher schon im UStAE **enthaltenen Hinweise zum entgeltlichen Abruf bzw. der Erteilung** von Registerauszügen ergänzt bzw. konkretisiert.

Die Finanzverwaltung unterscheidet bei der **Bestimmung des Orts der sonstigen Leistung** die folgenden Fälle:

– **Erteilung von Grundbuchauszügen**: Die kostenpflichtige Erteilung von Grundbuchauszügen (in einfacher oder beglaubigter Form) stellt eine Leistung im Zusammenhang mit einem Grundstück dar und ist deshalb immer am Ort des betreffenden Grundstücks ausgeführt. Dies ist nicht davon abhängig, in welcher Form der Auszug erteilt wird (elektronisch oder in Papierform).

– **Ausgabe von Auszügen aus anderen Registern** (z.B. Handelsregister, Vereinsregister) in einfacher oder beglaubigter Form: In Ermangelung eines Zusammenhangs mit einem Grundstück handelt es sich hierbei um Leistungen, deren Ort sich nach den allgemeinen Grundvorschriften von § 3a Abs. 1 bzw. Abs. 2 UStG richtet. Dies gilt auch in den Fällen, in denen der Auszug auf elektronischem Weg übermittelt wird.

Die Finanzverwaltung (BMF, Schreiben v. 26.4.2022, BStBl I 2022, 655 zur Anpassung von Abschn. 3a.3 Abs. 9 UStAE) hat die Möglichkeiten, die sich aus der Gewährung des **Zugangs zu Warteräumen in Flughäfen** (sog. **Flughafenlounges**) ergeben, neu geregelt. Im Regelfall handelt es sich dabei um **sonstige Leistungen**, die im **Zusammenhang mit einem Grundstück** ausgeführt werden (§ 3 a Abs. 3 Nr. 1 UStG), und sind deshalb dort erbracht, wo sich das Grundstück befindet. Dies umfasst dann auch die übliche Nutzung von Sitzgelegenheiten, TV-Unterhaltung, Zeitschriftenauslage, Zugang zum WLAN sowie die Abgabe von Getränken und Snacks (Abschn. 3a.3 Abs. 9 Nr. 2c UStAE).

Hinweis: Keine Steuerbefreiung als eigenständige Leistung

Handelt es sich um eine eigenständige Leistung, kommt die Steuerbefreiung nach § 4 Nr. 2 i. V. m. § 8 Abs. 2 Nr. 4 UStG nicht in Betracht, da die Leistung nicht unmittelbar dem Bedarf von Luftfahrzeugen dient.

Die Zugangsberechtigung zu der Flughafenlounge kann aber auch im **Zusammenhang mit einer Flugbeförderung** stehen, sodass dann eine **Nebenleistung** zur Hauptleistung der Beförderungsleistung vorliegt. Die Zugangsberechtigung wird dann umsatzsteuerrechtlich wie die ihr zugrunde liegende Beförderungsleistung behandelt.

Hinweis: Unterschiede der Beförderungsleistungen beachten

Die Beförderungsleistung ist nach § 3 b Abs. 1 UStG dort ausgeführt, wo die Beförderung bewirkt wird. Damit unterliegt dann bei grenzüberschreitenden Flügen nur ein geringer Anteil als steuerbarer Umsatz dem Grunde nach der Besteuerung im Inland. Bei grenzüberschreitenden Flugbeförderungen wird die Umsatzsteuer aber regelmäßig nach § 26 Abs. 3 UStG erlassen oder niedriger festgesetzt. Dies erfasst dann auch die Zugangsberechtigung zur Flughafenlounge.

3. Enger Zusammenhang mit einem Grundstück

Damit eine Leistung mit einem Grundstück im Zusammenhang stehen kann, muss ein enger Zusammenhang vorliegen. Der **EuGH** (Urt. v. 2.7.2020 – C-215/19, A Oy, BFH/NV 2020, 1231) musste sich in einem Fall mit dieser Frage beschäftigen, bei der es um **Hostingdienste** eines Rechenzentrums ging. **A Oy** überließ in ihrem Gebäude (ausländischen) Unternehmern fest auf dem Boden verschraubte Serverschränke. Die Unternehmer stellten in den ihnen überlassenen Schränken ebenfalls dort fest verschraubte Server auf. Zur Leistung von A Oy gehörte auch die Stromversorgung, Klimatisierung und Überwachung. Die Kunden verfügten nicht über einen eigenen Schlüssel zum Schrank – nach Legitimation wurde dieser den Kunden aber ausgehändigt. Fraglich war der Ort der sonstigen Leistung: Grundstücksleistung nach § 3a Abs. 3 Nr. 1 UStG (als Leistung i.Z.m. einem Grundstück dort ausgeführt, wo das Grundstück belegen ist) oder B2B-Leistung nach § 3a Abs. 2 Satz 1 UStG (und damit dort ausgeführt, wo der leistungsempfangende Unternehmer ansässig ist).

Der EuGH stellte in seinem Urteil fest, dass **Art. 135 Abs. 1 Buchst. l MwStSystRL** dahin auszulegen ist, dass Hostingdienste in einem Rechenzentrum keine Dienstleistungen der Vermietung von Grundstücken darstellen. Darüber hinaus ist **Art. 47 MwStSystRL** dahin auszulegen, dass Hostingdienste keine Dienstleistungen im Zusammenhang mit einem Grundstück darstellen, wenn die Kunden kein Recht auf ausschließliche Nutzung des Gebäudeteils haben, in dem die Geräteschränke stehen.

Hinweis: Vermietung setzt Nutzung eines bestimmten Grundstücksteils voraus

Eine Vermietungsleistung setzt voraus, dass dem Mieter auf bestimmte Zeit gegen Vergütung das Recht auf alleinige Nutzung eines bestimmten Grundstücksteils überlassen wird. Der EuGH spricht in diesem Fall von „passiven Leistungen".

Die Serverschränke stellen auch **keinen Grundstücksbestandteil** dar. Nach Auffassung des EuGH sind sie weder wesentlicher noch integraler Bestandteil des Gebäudes. Das Gebäude ist auch ohne Schränke nicht strukturell unvollständig, deshalb sind sie für das Gebäude nicht wesentlich. Ein integraler Bestandteil liegt auch nicht vor, da die Schränke nur verschraubt und leicht entfernbar sind.

Hinweis: Finanzierungsvermittlung kann eigenständig sein

Die Finanzierungsvermittlung kann eine von der Grundstücksvermittlung abgrenzbare und damit eigenständige sonstige Leistung sein, die nicht der Ortsbestimmung nach § 3a Abs. 3 Nr. 1 UStG unterliegt, BFH, Urt. v. 16.3.2023 – V R 17/21, BFH/NV 2023, 965.

UStAE 3 a.4. Ort der sonstigen Leistung bei Messen, Ausstellungen und Kongressen

(1) [1]Bei der Überlassung von Standflächen auf Messen und Ausstellungen an die Aussteller handelt es sich um sonstige Leistungen im Zusammenhang mit einem Grundstück. [2]Diese Leistungen werden im Rahmen eines Vertrages besonderer Art (vgl. Abschnitt 4.12.6 Abs. 2 Nr. 1) dort ausgeführt, wo die Standflächen liegen (§ 3 a Abs. 3 Nr. 1 UStG). [3]Die vorstehenden Ausführungen gelten entsprechend für folgende Leistungen an die Aussteller:

1. Überlassung von Räumen und ihren Einrichtungen auf dem Messegelände für Informationsveranstaltungen einschließlich der üblichen Nebenleistungen;
2. Überlassung von Parkplätzen auf dem Messegelände.

[4]Übliche Nebenleistungen sind z. B. die Überlassung von Mikrofonanlagen und Simultandolmetscheranlagen sowie Bestuhlungsdienste, Garderobendienste und Hinweisdienste.

(2) [1]In der Regel erbringen Unternehmer neben der Überlassung von Standflächen usw. eine Reihe weiterer Leistungen an die Aussteller. [2]Es kann sich dabei insbesondere um folgende sonstige Leistungen handeln:

1. [1]Technische Versorgung der überlassenen Stände. [2]Hierzu gehören z. B.
   a) Herstellung der Anschlüsse für Strom, Gas, Wasser, Wärme, Druckluft, Telefon, Telex, Internetzugang und Lautsprecheranlagen,
   b) die Abgabe von Energie, z. B. Strom, Gas, Wasser und Druckluft, wenn diese Leistungen umsatzsteuerrechtlich Nebenleistungen zur Hauptleistung der Überlassung der Standflächen darstellen;
2. [1]Planung, Gestaltung sowie Aufbau, Umbau und Abbau von Ständen. [2]Unter die „Planung" fallen insbesondere Architektenleistungen, z. B. Anfertigung des Entwurfs für einen Stand. [3]Zur „Gestaltung" zählt z. B. die Leistung eines Gartengestalters oder eines Beleuchtungsfachmannes;
3. Überlassung von Standbauteilen und Einrichtungsgegenständen, einschließlich Miet-System-Ständen;

4. Standbetreuung und Standbewachung;
5. Reinigung von Ständen;
6. Überlassung von Garderoben und Schließfächern auf dem Messegelände;
7. Überlassung von Eintrittsausweisen einschließlich Eintrittskarten;
8. Überlassung von Telefonapparaten, Telefaxgeräten und sonstigen Kommunikationsmitteln zur Nutzung durch die Aussteller;
9. Überlassung von Informationssystemen, z. B. von Bildschirmgeräten oder Lautsprecheranlagen, mit deren Hilfe die Besucher der Messen und Ausstellungen unterrichtet werden sollen;
10. Schreibdienste und ähnliche sonstige Leistungen auf dem Messegelände;
11. Beförderung und Lagerung von Ausstellungsgegenständen wie Exponaten und Standausrüstungen;
12. Übersetzungsdienste;
13. Eintragungen in Messekatalogen, Aufnahme von Werbeanzeigen usw. in Messekatalogen, Zeitungen, Zeitschriften usw., Anbringen von Werbeplakaten, Verteilung von Werbeprospekten und ähnliche Werbemaßnahmen;
14. Besuchermarketing;
15. Vorbereitung und Durchführung von Foren und Sonderschauen, von Pressekonferenzen, von Eröffnungsveranstaltungen und Ausstellerabenden;
16. Gestellung von Hosts und Hostessen.

[3]Handelt es sich um eine einheitliche Leistung – sog. Veranstaltungsleistung – (vgl. Abschnitt 3.10 und EuGH-Urteil vom 9. 3. 2006, C-114/05, Gillan Beach), bestimmt sich der Ort dieser sonstigen Leistung nach § 3 a Abs. 2 UStG, wenn der Leistungsempfänger ein Leistungsempfänger im Sinne des § 3 a Abs. 2 UStG ist (siehe Abschnitt 3 a.2 Abs. 1); zum Leistungsort bei Veranstaltungsleistungen im Zusammenhang mit Messen und Ausstellungen, wenn die Veranstaltungsleistung ausschließlich im Drittlandsgebiet genutzt oder ausgewertet wird, vgl. Abschnitt 3 a.14 Abs. 5. [4]Ist in derartigen Fällen der Leistungsempfänger ein Nichtunternehmer (siehe Abschnitt 3 a.1 Abs. 1), richtet sich der Leistungsort nach § 3 a Abs. 3 Nr. 3 UStG. [5]Eine Veranstaltungsleistung im Sinne von Satz 3 kann dann angenommen werden, wenn neben der Überlassung von Standflächen zumindest noch drei weitere Leistungen der in Satz 2 genannten Leistungen vertraglich vereinbart worden sind und auch tatsächlich erbracht werden. [6]Werden nachträglich die Erbringung einer weiteren Leistung oder mehrerer weiterer Leistungen zwischen Auftragnehmer und Auftraggeber vereinbart, gilt dies als Vertragsergänzung und wird in die Beurteilung für das Vorliegen einer Veranstaltungsleistung einbezogen. [7]Werden im Zusammenhang mit der Veranstaltungsleistung auch Übernachtungs- und/oder Verpflegungsleistungen erbracht, sind diese stets als eigenständige Leistungen zu beurteilen.

(2 a) [1]Die Absätze 1 und 2 gelten entsprechend bei der Überlassung eines Kongresszentrums oder Teilen hiervon einschließlich des Veranstaltungsequipments an einen Veranstalter. [2]Gleiches gilt für die Überlassung von Flächen in einem Hotel (Konferenz-, Seminar- oder Tagungsräume) einschließlich der Konferenztechnik.

(3) Werden die in Absatz 2 Satz 2 bezeichneten sonstigen Leistungen nicht im Rahmen einer einheitlichen Leistung im Sinne des Absatzes 2 Satz 5, sondern als selbständige Leistungen einzeln erbracht, gilt Folgendes:

1. Der Leistungsort der in Absatz 2 Satz 2 Nr. 1 Buchstabe a sowie Nr. 4 bis 6, 9 und 10 bezeichneten sonstigen Leistungen richtet sich nach § 3 a Abs. 1 oder 2 UStG.
2. Der Leistungsort der in Absatz 2 Satz 2 Nr. 2 bezeichneten Leistungen richtet sich nach § 3 a Abs. 1, 2 (vgl. Abschnitt 3 a.2 Abs. 16), 3 Nr. 3 Buchstabe a (vgl. Abschnitt 3 a.6 Abs. 7) oder 4 Sätze 1 und 2 Nr. 2 UStG (vgl. Abschnitt 3 a.9 Abs. 8 a).
3. Der Leistungsort der in Absatz 2 Satz 2 Nr. 3 bezeichneten Leistungen richtet sich nach § 3 a Abs. 1, 2 (vgl. Abschnitt 3 a.2 Abs. 16) oder 4 Sätze 1 und 2 Nr. 10 UStG (vgl. Abschnitt 3 a.9 Abs. 19).
4. Der Leistungsort der in Absatz 2 Satz 2 Nr. 7 bezeichneten Leistungen richtet sich nach § 3 a Abs. 3 Nr. 3 oder Nr. 5 UStG.
5. Der Leistungsort der in Absatz 2 Satz 2 Nr. 8 bezeichneten sonstigen Leistungen richtet sich nach § 3 a Abs. 2 oder 5 Sätze 1 und 2 Nr. 1 und Abs. 6 Satz 1 Nr. 3 UStG.

6. Der Leistungsort der in Absatz 2 Satz 2 Nr. 11 bezeichneten Beförderungsleistungen richtet sich nach § 3a Abs. 2 und 8 Sätze 1 und 3, § 3b Abs. 1 oder 3 UStG.
7. Der Leistungsort der in Absatz 2 Satz 2 Nr. 11 bezeichneten Lagerung von Ausstellungsgegenständen richtet sich nach § 3a Abs. 2 und 8 Sätze 1 und 3 oder § 3b Abs. 2 UStG.
8. Der Leistungsort der in Absatz 2 Satz 2 Nr. 12 bezeichneten Übersetzungsleistungen richtet sich nach § 3a Abs. 1, 2, 4 Sätze 1 und 2 Nr. 3 und Abs. 6 Satz 1 Nr. 2 UStG.
9. Der Leistungsort der in Absatz 2 Satz 2 Nr. 13 bezeichneten Werbeleistungen richtet sich nach § 3a Abs. 1, 2, 4 Sätze 1 und 2 Nr. 2 und Abs. 6 Satz 1 Nr. 2 UStG.
10. Der Leistungsort der in Absatz 2 Satz 2 Nr. 14 und 15 bezeichneten Leistungen richtet sich grundsätzlich nach § 3a Abs. 1 oder 2 UStG; soweit es sich um Werbeleistungen handelt, kommt auch die Ortsbestimmung nach § 3a Abs. 4 Sätze 1 und 2 Nr. 2 und Abs. 6 Satz 1 Nr. 2 UStG in Betracht.
11. Der Leistungsort der in Absatz 2 Satz 2 Nr. 16 bezeichneten Gestellung von Personal richtet sich nach § 3a Abs. 1, 2, 4 Sätze 1 und 2 Nr. 7 oder Abs. 6 Satz 1 Nr. 2 UStG.

Sonstige Leistungen ausländischer Durchführungsgesellschaften

(4) [1]Im Rahmen von Messen und Ausstellungen werden auch Gemeinschaftsausstellungen durchgeführt, z. B. von Ausstellern, die in demselben ausländischen Staat ansässig sind. [2]Vielfach ist in diesen Fällen zwischen dem Veranstalter und den Ausstellern ein Unternehmen eingeschaltet, das im eigenen Namen die Gemeinschaftsausstellung organisiert (sog. Durchführungsgesellschaft). [3]In diesen Fällen erbringt der Veranstalter die in den Absätzen 1 und 2 bezeichneten sonstigen Leistungen an die zwischengeschaltete Durchführungsgesellschaft. [4]Diese erbringt die sonstigen Leistungen an die an der Gemeinschaftsausstellung beteiligten Aussteller. [5]Für die umsatzsteuerliche Behandlung der Leistungen der Durchführungsgesellschaft gelten die Ausführungen in den Absätzen 1 bis 3 entsprechend. [6]Zur Steuerschuldnerschaft des Leistungsempfängers bei Leistungen im Ausland ansässiger Durchführungsgesellschaften vgl. Abschnitt 13b.10 Abs. 3.

(5) [1]Einige ausländische Staaten beauftragen mit der Organisation von Gemeinschaftsausstellungen keine Durchführungsgesellschaft, sondern eine staatliche Stelle, z. B. ein Ministerium. [2]Im Inland werden die ausländischen staatlichen Stellen vielfach von den Botschaften oder Konsulaten der betreffenden ausländischen Staaten vertreten. [3]Im Übrigen werden Gemeinschaftsausstellungen entsprechend den Ausführungen in Absatz 4 durchgeführt. [4]Hierbei erheben die ausländischen staatlichen Stellen von den einzelnen Ausstellern ihres Landes Entgelte, die sich in der Regel nach der beanspruchten Ausstellungsfläche richten. [5]Bei dieser Gestaltung sind die ausländischen staatlichen Stellen als Unternehmer im Sinne des § 2 Abs. 3 UStG anzusehen. [6]Die Ausführungen in Absatz 4 gelten deshalb für die ausländischen staatlichen Stellen entsprechend.

(6) Ist die Festlegung des Leistungsortes bei Veranstaltungsleistungen im Sinne des Absatzes 2 auf Grund des Rechts eines anderen Mitgliedstaates ausnahmsweise abweichend von Absatz 2 vorgenommen worden, ist es nicht zu beanstanden, wenn dieser Ortsregelung gefolgt wird.

(7) Zur Übergangsregelung bei der Anwendung des Leistungsortes bei Veranstaltungsleistungen im Zusammenhang mit Messen und Ausstellungen, vgl. Abschnitt II Nr. 1 des BMF-Schreibens vom 4. 2. 2011, BStBl I S. 162.

Anmerkung

1. Verschiedene Leistungstypen möglich

Im Zusammenhang mit Messen, Ausstellungen und Kongressen können sich je nach Stellung des Leistungsempfängers (Unternehmer oder Nichtunternehmer) sowie der Art der ausgeführten Leistung (Einzelleistung z. B. im Zusammenhang mit einem Grundstück; komplexe Dienstleistungen) unterschiedliche Leistungsorte ergeben. Dies ist insbesondere dann von Bedeutung, wenn die Leistungen **grenzüberschreitend** – wie eben gerade bei Messen und Ausstellungen – ausgeführt werden.

2. (Komplexe) Veranstaltungsleistungen

Der **EuGH** (Urt. v. 9.3.2006 – C-114/05, Gillan Beach, BFH/NV Beilage 2006, 278) hatte schon 2006 entschieden, dass umfassende Leistungen, die der Veranstalter einer Messe oder Ausstellung gegenüber den Ausstellern erbringt, keine Leistungen im Zusammenhang mit einem Grundstück darstellen. Seit dem 1.1.2011 (bis zum 31.12.2010 ergab sich der Ort solcher **komplexer Veranstaltungsleistungen** nach § 3 a Abs. 3 Nr. 3 Buchst. a UStG a. F. immer dort, wo der leistende Unternehmer die Leistung tatsächlich ausgeführt hat) bestimmt sich danach eine solche komplexe Veranstaltungsleistung grundsätzlich nach § 3 a Abs. 2 UStG, sodass der Ort der sonstigen Leistung dort ist, wo der Leistungsempfänger sein Unternehmen oder eine die Leistung empfangende Betriebsstätte unterhält.

Rückwirkend zum 1.7.2011 war allerdings gesetzlich eine **Ausnahme** für die Bestimmung des Orts solcher komplexer Veranstaltungsleistungen geregelt worden: Zur Vermeidung eine Doppelbesteuerung ist die Leistung als im Drittlandsgebiet ausgeführt zu behandeln, wenn die Leistung ausschließlich im Drittlandsgebiet genutzt oder ausgewertet wird, § 3 a Abs. 8 UStG. Diese Voraussetzung ist dann erfüllt, wenn die Leistung tatsächlich nur dort in Anspruch genommen werden kann.

Es gibt **keine gesetzliche Definition** dafür, in welchen Fällen von einer solchen komplexen Veranstaltungsleistung auszugehen ist. Auch aus den unionsrechtlichen Vorgaben ergeben sich keine Hinweise auf eine praxisgerechte Abgrenzung. Die Finanzverwaltung nimmt im Rahmen einer **Vereinfachungsregelung** nach Abschn. 3a.4 Abs. 2 Satz 5 UStAE an, dass eine solche Veranstaltungsleistung dann vorliegt, wenn der leistende Unternehmer neben der Überlassung von Standflächen zumindest noch drei weitere Leistungen der oben aufgeführten typischen Leistungen im Zusammenhang mit Messen und Ausstellungen vertraglich vereinbart und auch tatsächlich ausgeführt hat. Werden zwischen dem leistenden Unternehmer und dem Leistungsempfänger nachträglich die Ausführung weiterer solcher typischen Leistungen vereinbart und damit erst die Grenze von drei weiteren Leistungen erreicht, wird diese Vertragsergänzung in die Beurteilung mit einbezogen.

Beispiel: Komplexe Veranstaltungsleistung

Messeveranstalter M aus München vereinbart mit dem Aussteller A aus Kopenhagen (Dänemark) die Überlassung einer Messestandfläche auf einer Münchner Messe. Außerdem werden noch die technische Versorgung und der Aufbau des Messestands vertraglich vereinbart. Nachdem der Aussteller nach Deutschland angereist ist, wird im Rahmen einer Vertragsergänzung auch noch die Reinigung des Messestands und die Standbewachung vereinbart und auch tatsächlich ausgeführt. A ist gegenüber dem M mit seiner zutreffenden USt-IdNr. aus Dänemark aufgetreten.

Es handelt sich unter Berücksichtigung auch der nachträglich vereinbarten Dienstleistungen nach der Vereinfachungsregelung der deutschen Finanzverwaltung um eine komplexe Veranstaltungsleistung, deren Ort sich nach § 3 a Abs. 2 UStG richtet. Die Leistung ist damit in Kopenhagen/Dänemark (Sitz des Leistungsempfängers) ausgeführt und nicht in Deutschland steuerbar. Die Leistung unterliegt – soweit Dänemark der von der deutschen Finanzverwaltung vertretenen Auffassung über die Abgrenzung komplexer Veranstaltungsleistungen folgt – in Dänemark als steuerbarer und steuerpflichtiger Umsatz der Besteuerung. Steuerschuldner wird in Dänemark nach Art. 196 MwStSystRL der Leistungsempfänger.

In Ermangelung eindeutiger unionsrechtlicher Regelungen beanstandet es die Finanzverwaltung aber nicht, wenn die Bestimmung des Orts solcher komplexer Messedienstleistungen aufgrund **nationaler Regelungen anderer Mitgliedstaaten nach anderen Grundsätzen** bestimmt wird.

Die Rechtsfolge der komplexen Veranstaltungsleistungen ergibt sich auch, wenn ein beauftragter Unternehmer für die Ausführung einzelner Leistungen Subunternehmer beauftragt, gegenüber seinem Auftraggeber aber die gesamte Leistung (einheitlich) schuldet. In diesem Fall können sich in der Leistungskette unterschiedliche Orte der sonstigen Leistung ergeben.

3. Ausführung von Einzelleistungen

Leistungen im Zusammenhang mit Messen und Ausstellungen können nicht nur von Veranstaltern ausgeführt werden, solche Leistungen können auch von **dritten Unternehmern** ausgeführt werden. In diesen Fällen sind ebenfalls die umsatzsteuerrechtlichen Konsequenzen für den leistenden Unternehmer und den Leistungsempfänger zu prüfen.

Hinweis: Stellung des Leistungsempfängers entscheidend

Für die Bestimmung des Orts der sonstigen Leistung kommt es entscheidend darauf an, ob der Leistungsempfänger ein Unternehmer ist, der die Leistung für sein Unternehmen bezieht (gleichgestellt ist die nichtunternehmerisch tätige juristische Person, der eine USt-IdNr. erteilt worden ist) oder ob es sich um einen Nichtunternehmer handelt. Außerdem kommt es auf den wirtschaftlichen Gehalt der ausgeführten Leistung an.

Während die deutsche Finanzverwaltung früher regelmäßig davon ausging, dass Leistungen im Zusammenhang mit Messen und Ausstellungen als Leistungen im Zusammenhang mit einem Grundstück anzusehen seien, konnte dies nach einem Urteil des EuGH (Urt. v. 27.10.2011 – C-530/09, Inter-Mark Group, BFH/NV 2011, 2220) nicht mehr aufrecht erhalten werden. Insbesondere die **Planung, Gestaltung sowie der Aufbau, Umbau und Abbau von Ständen** im Zusammenhang mit Messen und Ausstellungen sind keine Leistungen, die als Leistungen im Zusammenhang mit einem Grundstück anzusehen sind (so auch umgesetzt von der Finanzverwaltung, BMF, Schreiben v. 19.1.2012 zur Änderung des UStAE).

4. Keine Anwendung bei virtueller Teilnahme

Seit dem 1.1.2025 ist sowohl bei den „B2B-Leistungen" nach § 3a Abs. 3 Nr. 5 UStG als auch bei den „B2C-Leistungen" nach § 3a Abs. 3 Nr. 3 UStG aufgrund unionsrechtlicher Vorgaben eindeutig klargestellt, dass bei **virtuelle Teilnahme** an Messen und Ausstellungen (und ähnlichen Veranstaltungen kultureller, unterhaltender, unterrichtender o.ä. Art) die Leistung immer dort ausgeführt ist, wo der **Teilnehmende ansässig** ist.

Hinweis: Finanzverwaltung ändert Hinweise zu Online-Dienstleistungen

Die Finanzverwaltung hatte im April 2024 (BMF-Schreiben v. 29.4.2024, BStBl I 2024, 726) ausführlich zu Online-Veranstaltungsdienstleistungen im kulturellen, wissenschaftlichen u.ä. Bereich Stellung genommen. Aussagen wurden dabei u.a. zum Ort der sonstigen Leistung getätigt. Die Finanzverwaltung hat dieses Schreiben im August 2025 (BMF-Schreiben v. 8.8.2025, BStBl I 2025, 1637) aufgehoben und durch ein in wesentlichen Punkten identisches Schreiben ersetzt. Auswirkungen auf den Ort von virtuell erbrachten Leistungen haben sich dadurch aber nicht ergeben.

UStAE 3 a.5. Ort der Vermietung eines Beförderungsmittels

Allgemeines

(1) [1]Der Ort der Vermietung eines Beförderungsmittels ist insbesondere von der Dauer der Vermietung abhängig. [2]Dabei richtet sich die Dauer der Vermietung nach der tatsächlichen Dauer der Nutzungsüberlassung; wird der Zeitraum der Vermietung auf Grund höherer Gewalt verlängert, ist dieser Zeitraum bei der Abgrenzung einer kurzfristigen von einer langfristigen Vermietung nicht zu berücksichtigen (vgl. Artikel 39 Abs. 1 Unterabs. 3 MwStVO). [3]Wird ein Beförderungsmittel mehrfach unmittelbar hintereinander an denselben Leistungsempfänger für einen Zeitraum vermietet, liegt eine kurzfristige Vermietung grundsätzlich nur dann vor, wenn der ununterbrochene Vermietungszeitraum von nicht mehr als 90 Tagen bzw. 30 Tagen insgesamt nicht überschritten wird (vgl. Artikel 39 Abs. 1 Unterabs. 1 und 2 und Abs. 2 Unterabs. 1 und 2 MwStVO). [4]Wird ein Beförderungsmittel zunächst kurzfristig und anschließend über einen als langfristig geltenden Zeitraum an denselben Leistungsempfänger vermietet, sind die beiden Vermietungszeiträume abweichend von Satz 3 getrennt voneinander zu betrachten, sofern diese vertraglichen Regelungen nicht zur Erlangung steuerrechtlicher Vorteile erfolgten (vgl. Artikel 39 Abs. 2 Unterabs. 3 MwStVO). [5]Werden aufeinander folgende Verträge über die Vermietung von Beförderungsmitteln geschlossen, die tatsächlich unterschiedliche Beförderungsmittel betreffen, sind die jewei-

ligen Vermietungen gesondert zu betrachten, sofern diese vertraglichen Regelungen nicht zur Erlangung steuerrechtlicher Vorteile erfolgten (vgl. Artikel 39 Abs. 3 MwStVO).

Definition eines Beförderungsmittels

(2) [1]Als Beförderungsmittel sind Gegenstände anzusehen, deren Hauptzweck auf die Beförderung von Personen und Gütern zu Lande, zu Wasser oder in der Luft gerichtet ist und die auch tatsächlich **zur Fortbewegung geeignet sind** (vgl. Artikel 38 Abs. 1 MwStVO). [2]Zu den Beförderungsmitteln gehören **neben z.B. Pkw, Motorrädern, Fahrrädern, E-Bikes und Dreirädern** auch Auflieger, Sattelanhänger, Fahrzeuganhänger, Eisenbahnwaggons, Elektro-Caddywagen, Transportbetonmischer, Segelboote, Ruderboote, Paddelboote, Motorboote, Sportflugzeuge, Segelflugzeuge, Wohnmobile, Wohnwagen (vgl. jedoch Abschnitt 3a.3 Abs. 5) sowie landwirtschaftliche Zugmaschinen und andere landwirtschaftliche Fahrzeuge, Fahrzeuge, die speziell für den Transport von kranken oder verletzten Menschen konzipiert sind, und Rollstühle und ähnliche Fahrzeuge für kranke und körperbehinderte Menschen, mit mechanischen oder elektronischen Vorrichtungen zur Fortbewegung (vgl. Artikel 38 Abs. 2 MwStVO). [3]Keine Beförderungsmittel sind z. B. Bagger, Planierraupen, Bergungskräne, Schwertransportkräne, Transportbänder, Gabelstapler, Elektrokarren, Rohrleitungen, Ladekräne, Schwimmkräne, Schwimmrammen, Container, militärische Kampffahrzeuge, z. B. Kriegsschiffe – ausgenommen Versorgungsfahrzeuge –, Kampfflugzeuge, Panzer und Fahrzeuge, die dauerhaft stillgelegt worden sind (vgl. Artikel 38 Abs. 3 MwStVO). [4]Unabhängig hiervon kann jedoch mit diesen Gegenständen eine Beförderungsleistung ausgeführt werden. [5]Als Vermietung von Beförderungsmitteln gilt auch die Überlassung von betrieblichen Kraftfahrzeugen durch Arbeitgeber an ihre Arbeitnehmer zur privaten Nutzung sowie die Überlassung eines Rundfunk- oder Fernsehübertragungswagens oder eines sonstigen Beförderungsmittels inländischer und ausländischer Rundfunkanstalten des öffentlichen Rechts untereinander.

(3) [1]Wird eine Segel- oder Motoryacht oder ein Luftfahrzeug ohne Besatzung verchartert, ist eine Vermietung eines Beförderungsmittels anzunehmen. [2]Bei einer Vercharterung mit Besatzung ohne im Chartervertrag festgelegte Reiseroute ist ebenfalls eine Vermietung eines Beförderungsmittels anzunehmen. [3]Dagegen ist eine Beförderungsleistung anzunehmen, wenn die Yacht oder das Luftfahrzeug mit Besatzung an eine geschlossene Gruppe vermietet wird, die mit dem Vercharterer vorher die Reiseroute festgelegt hat, diese Reiseroute aber im Verlauf der Reise ändern oder in anderer Weise auf den Ablauf der Reise Einfluss nehmen kann. [4]Das gilt auch, wenn nach dem Chartervertrag eine bestimmte Beförderung geschuldet wird und der Unternehmer diese unter eigener Verantwortung vornimmt, z. B. bei einer vom Vercharterer organisierten Rundreise mit Teilnehmern, die auf Ablauf und nähere Ausgestaltung der Reise keinen Einfluss haben.

(4) [1]Überlässt der Unternehmer (Arbeitgeber) seinem Personal (Arbeitnehmer) ein erworbenes Fahrzeug auch zur privaten Nutzung (Privatfahrten, Fahrten zwischen Wohnung und erster Tätigkeitsstätte sowie Familienheimfahrten aus Anlass einer doppelten Haushaltsführung), ist dies regelmäßig als entgeltliche Vermietung eines Beförderungsmittels anzusehen (vgl. Abschnitt 15.23 Abs. 8 bis 11). [2]Der Leistungsort dieser Leistung bestimmt sich nach § 3 a Abs. 3 Nr. 2 UStG. [3]Sofern ausnahmsweise eine unentgeltliche Überlassung im Sinne des § 3 Abs. 9 a Nr. 1 UStG vorliegt (vgl. Abschnitt 15.23 Abs. 12), bestimmt sich deren Leistungsort ebenfalls nach § 3 a Abs. 3 Nr. 2 UStG.

Kurzfristige Vermietung eines Beförderungsmittels

(5) [1]Die Ortsbestimmung des § 3 a Abs. 3 Nr. 2 Satz 1 und 2 UStG gilt für die kurzfristige Vermietungsleistung von Beförderungsmitteln sowohl an Nichtunternehmer (siehe Abschnitt 3 a.1 Abs. 1) als auch an Leistungsempfänger im Sinne des § 3 a Abs. 2 UStG (siehe Abschnitt 3 a.2 Abs. 1). [2]Zum Ort der kurzfristigen Fahrzeugvermietung zur Nutzung im Drittlandsgebiet vgl. Abschnitt 3 a.14 Abs. 4; zum Ort der kurzfristigen Vermietung eines Beförderungsmittels durch einen im Drittlandsgebiet ansässigen Unternehmer zur Nutzung im Inland vgl. Abschnitt 3 a.14 Abs. 1 und 2.

(6) [1]Leistungsort bei der kurzfristigen Vermietung eines Beförderungsmittels ist regelmäßig der Ort, an dem das Beförderungsmittel dem Leistungsempfänger tatsächlich zur Verfügung gestellt wird, das ist

der Ort, an dem das Beförderungsmittel dem Leistungsempfänger übergeben wird (vgl. Artikel 40 MwStVO). [2]Eine kurzfristige Vermietung liegt vor, wenn die Vermietung über einen ununterbrochenen Zeitraum von nicht mehr als 90 Tagen bei Wasserfahrzeugen und von nicht mehr als 30 Tagen bei anderen Beförderungsmitteln erfolgt.

B e i s p i e l :

[1]Das Bootsvermietungsunternehmen B mit Sitz in Düsseldorf vermietet an den Unternehmer U eine Yacht für drei Wochen. [2]Die Übergabe der Yacht erfolgt an der Betriebsstätte des B in einem italienischen Adriahafen.

[3]Der Leistungsort für die Vermietungsleistung des B an U ist in Italien, dem Ort, an dem das vermietete Boot tatsächlich von B an U übergeben wird.

L a n g f r i s t i g e V e r m i e t u n g e i n e s B e f ö r d e r u n g s m i t t e l s

(7) Die Ortsbestimmung des § 3 a Abs. 3 Nr. 2 Satz 3 UStG gilt nur für sonstige Leistungen an Nichtunternehmer (siehe Abschnitt 3 a.1 Abs. 1).

(8) [1]Leistungsort bei der langfristigen Vermietung eines Beförderungsmittels ist regelmäßig der Ort, an dem der Leistungsempfänger seinen Wohnsitz, seinen gewöhnlichen Aufenthaltsort oder einen Sitz hat. [2]Zur Definition des Wohnsitzes und des gewöhnlichen Aufenthaltsorts vgl. Abschnitt 3 a.1 Abs. 1 Sätze 9 und 10. [3]Der Leistungsempfänger gilt an dem Ort als ansässig bzw. hat dort seinen Wohnsitz oder gewöhnlichen Aufenthaltsort, der vom leistenden Unternehmer unter Darlegung von zwei in Satz 4 genannten, sich nicht widersprechenden Beweismitteln als Leistungsort bestimmt worden ist (vgl. Artikel 24 c MwStVO). [4]Als Beweismittel gelten insbesondere (vgl. Artikel 24 e MwStVO):

1. die Rechnungsanschrift des Leistungsempfängers;
2. Bankangaben, wie der Ort, an dem das bei der unbaren Zahlung der Gegenleistung verwendete Bankkonto geführt wird, oder die der Bank vorliegende Rechnungsanschrift des Leistungsempfängers;
3. die Zulassungsdaten des vom Leistungsempfänger gemieteten Beförderungsmittels, wenn dieses in dem Staat, in dem es genutzt wird, zugelassen sein muss, oder vergleichbare Informationen;
4. sonstige für die Vermietung wirtschaftlich wichtige Informationen.

[5]Liegen Hinweise vor, dass der leistende Unternehmer den Ort nach Satz 3 falsch oder missbräuchlich festgelegt hat, kann das für den leistenden Unternehmer zuständige Finanzamt die Vermutungen widerlegen (vgl. Artikel 24 d Abs. 2 MwStVO). [6]Eine langfristige Vermietung liegt vor, wenn die Vermietung über einen ununterbrochenen Zeitraum von mehr als 90 Tagen bei Wasserfahrzeugen und von mehr als 30 Tagen bei anderen Beförderungsmitteln erfolgt.

B e i s p i e l :

[1]Ein österreichischer Staatsbürger mit Wohnsitz in Salzburg tritt eine private Deutschlandreise in München an und mietet ein Kraftfahrzeug bei einem Unternehmer mit Sitz in München für zwei Monate. [2]Das Fahrzeug soll ausschließlich im Inland genutzt werden.

[3]Es handelt sich um eine langfristige Vermietung. [4]Der Leistungsort ist deshalb nach § 3 a Abs. 3 Nr. 2 Satz 3 UStG zu bestimmen. [5]Die Vermietung des Kraftfahrzeugs durch einen im Inland ansässigen Unternehmer ist insgesamt in Österreich am Wohnsitz des Leistungsempfängers steuerbar, auch wenn das vermietete Beförderungsmittel während der Vermietung nicht in Österreich, sondern ausschließlich im Inland genutzt wird.

(8 a) Wird die langfristige Vermietung eines Beförderungsmittels an einen Nichtunternehmer (siehe Abschnitt 3 a.1 Abs. 1) erbracht, der in verschiedenen Ländern ansässig ist oder seinen Wohnsitz in einem Land und seinen gewöhnlichen Aufenthaltsort in einem anderen Land hat, ist

1. bei Leistungen an eine nicht unternehmerisch tätige juristische Person, der keine USt-IdNr. erteilt worden ist, der Leistungsort vorrangig an dem Ort, an dem die Handlungen zur zentralen Verwaltung der juristischen Person vorgenommen werden, soweit keine Anhaltspunkte dafür vorliegen,

dass die Leistung an deren Betriebsstätte genutzt oder ausgewertet wird (vgl. Artikel 24 Buchstabe a MwStVO),

2. bei Leistungen an eine natürliche Person der Leistungsort vorrangig an deren gewöhnlichem Aufenthaltsort (siehe Abschnitt 3 a.1 Abs. 1 Sätze 10 bis 14), soweit keine Anhaltspunkte dafür vorliegen, dass die Leistung an deren Wohnsitz genutzt oder ausgewertet wird (vgl. Artikel 24 Buchstabe b MwStVO).

(9) [1]Werden Beförderungsmittel langfristig durch einen im Drittlandsgebiet ansässigen Unternehmer an Nichtunternehmer zur Nutzung im Inland vermietet, bestimmt sich der Leistungsort bei der Vermietung nach § 3 a Abs. 6 Satz 1 Nr. 1 UStG, vgl. hierzu Abschnitt 3 a.14 Abs. 1 und 2. [2]Der Ort der langfristigen Vermietung von Beförderungsmitteln an Leistungsempfänger im Sinne des § 3 a Abs. 2 UStG (siehe Abschnitt 3 a.2 Abs. 1) richtet sich nach § 3 a Abs. 2 UStG.

Langfristige Vermietung eines Sportbootes

(10) Die Ortsbestimmung des § 3 a Abs. 3 Nr. 2 Satz 4 UStG gilt nur für sonstige Leistungen an Nichtunternehmer (siehe Abschnitt 3 a.1 Abs. 1).

(11) [1]Der Leistungsort bei der langfristigen Vermietung von Sportbooten an Nichtunternehmer richtet sich grundsätzlich nach dem Ort, an dem der Leistungsempfänger seinen Wohnsitz oder Sitz hat; die Absätze 7 bis 9 sind anzuwenden. [2]Abweichend hiervon richtet sich der Leistungsort aber nach dem Ort, an dem das Sportboot dem Leistungsempfänger tatsächlich zur Verfügung gestellt, d. h. es ihm übergeben wird (§ 3 a Abs. 3 Nr. 2 Satz 4 UStG), wenn sich auch der Sitz, die Geschäftsleitung oder eine Betriebsstätte des leistenden Unternehmers an diesem Ort befindet.

Beispiel:

[1]Das Bootsvermietungsunternehmen B mit Sitz in Düsseldorf vermietet an den Nichtunternehmer N mit Wohnsitz in Köln eine Yacht für vier Monate. [2]Die Übergabe der Yacht erfolgt an der Betriebsstätte des B in einem italienischen Adriahafen.

[3]Der Leistungsort für die Vermietungsleistung des B an N ist in Italien, dem Ort, an dem das vermietete Boot tatsächlich von B an N übergeben wird, da sich an dem Übergabeort auch eine Betriebsstätte des B befindet.

(12) Sportboote im Sinne des § 3 a Abs. 3 Nr. 2 Satz 4 UStG sind unabhängig von der Antriebsart sämtliche Boote mit einer Rumpflänge von 2,5 bis 24 Metern, die ihrer Bauart nach für Sport- und Freizeitzwecke bestimmt sind, insbesondere Segelyachten, Motoryachten, Segelboote, Ruderboote, Paddelboote oder Motorboote.

Anmerkung

1. Unterschiedliche Arten der Vermietung von Beförderungsmitteln

Als Sonderfall für die Bestimmung des Orts einer sonstigen Leistung ist die **kurzfristige Vermietung von Beförderungsmitteln** geregelt. Als kurzfristige Vermietung gilt eine Vermietung von bis zu 90 Tagen bei Wasserfahrzeugen, in allen anderen Fällen von bis zu 30 Tagen. Wird die Frist einer ursprünglich vereinbarten kurzfristigen Vermietung aus Gründen überschritten, die die Vertragsparteien nicht zu vertreten haben (z. B. bei höherer Gewalt), hat dies keinen Einfluss auf die Beurteilung dieser Leistung.

Führt ein Unternehmer eine solche kurzfristige Vermietung eines Beförderungsmittels aus, ist der Ort der sonstigen Leistung dort, wo das **Beförderungsmittel dem Nutzer überlassen wird**, § 3 a Abs. 3 Nr. 2 UStG. Es kommt dabei nicht darauf an, ob der Leistungsempfänger ein Unternehmer ist oder nicht, eine USt-IdNr. verwendet, im Inland oder im Ausland ansässig ist.

Hinweis: Übergabe maßgeblich

Der Ort der Überlassung des Fahrzeugs ist dort, wo der leistende Unternehmer dem Kunden das Fahrzeug tatsächlich übergibt.

Der Ort der **langfristigen Vermietung eines Beförderungsmittels** an einen **Nichtunternehmer** hätte zur Anpassung der Regelungen an das Unionsrecht (Art. 56 Abs. 2 MwStSystRL) eigentlich schon zum 1.1.2013 neu geregelt werden müssen. Durch das Amtshilferichtlinie-Umsetzungsgesetz ist erst mit Wirkung vom 30.6.2013 der Ort der langfristigen Vermietung eines Beförderungsmittels nach § 3a Abs. 3 Nr. 2 UStG dort, wo der **Leistungsempfänger seinen Wohnsitz oder Sitz hat**, wenn er weder Unternehmer ist, der die Leistung für sein Unternehmen bezieht, noch eine nicht unternehmerisch tätige juristische Person ist, der eine USt-IdNr. erteilt worden ist. Die Ortsbestimmung erfolgt unabhängig davon, wo das Fahrzeug tatsächlich genutzt wird.

Eine **Ausnahme** besteht lediglich bei der langfristigen (mehr als 90 Tage) andauernden Vermietung eines Sportboots. Diese Vermietung ist grundsätzlich auch dort ausgeführt, wo der nichtunternehmerische Leistungsempfänger seinen Wohnsitz oder Sitz hat; dies gilt jedoch nicht, wenn der Vermieter seinen Sitz, die Geschäftsleitung oder eine Betriebsstätte am Übergabeort hat. In diesen Fällen ist der Ort der Vermietungsleistung weiterhin dort, wo das Sportboot übergeben wird.

Hinweis: Typisch für Leasing gegenüber Nichtunternehmern

Langfristige Vermietungen von Fahrzeugen liegen typischerweise bei Leasingverträgen mit Nichtunternehmern vor.

2. Definition des Beförderungsmittels

Nach Abschn. 3a.5 Abs. 2 UStAE sind als **Beförderungsmittel** Gegenstände anzusehen, deren Hauptzweck auf die Beförderung von Personen und Gütern zu Lande, zu Wasser oder in der Luft gerichtet ist und die sich auch tatsächlich fortbewegen. Dies entspricht im Wesentlichen auch der unionsrechtlichen Auslegung zum Begriff des Beförderungsmittels in Art. 38 Abs. 1 MwStVO, nach der als Beförderungsmittel alle motorbetriebenen Fahrzeuge oder Fahrzeuge ohne Motor und sonstige Ausrüstungen und Vorrichtungen gelten, die zur Beförderung von Gegenständen oder Personen von einem Ort an einen anderen konzipiert wurden und von Fahrzeugen gezogen oder geschoben werden können und die normalerweise zur Beförderung von Gegenständen oder Personen konzipiert und tatsächlich geeignet sind.

Sowohl in Abschn. 3a.5 Abs. 2 UStAE als auch in Art. 38 Abs. 2 MwStVO werden eine Vielzahl von **Beispielen** – jeweils offensichtlich nicht abschließende Aufzählungen – aufgenommen, in denen Beförderungsmittel vorliegen sollen.

Abschn. 3a.5 Abs. 2 UStAE	Art. 38 Abs. 2 MwStVO
Wohnmobile und Wohnwagen (nicht jedoch soweit fest mit dem Grund und Boden verbunden)	Landfahrzeuge, wie Personenkraftwagen, Motorräder, Fahrräder, Dreiräder sowie Wohnanhänger
Auflieger, Sattelanhänger, Fahrzeuganhänger	Anhänger und Sattelanhänger
Eisenbahnwaggons	Eisenbahnwagen
Segelboote, Ruderboote, Paddelboote, Motorboote	Wasserfahrzeuge
Sportflugzeuge, Segelflugzeuge	Luftfahrzeuge
Elektro-Caddywagen	
Transportbetonmischer	
Fahrzeuge, die speziell für den Transport von kranken und verletzten Menschen konzipiert sind	Fahrzeuge, die speziell für den Transport von Kranken oder Verletzten konzipiert sind
landwirtschaftliche Zugmaschinen und andere landwirtschaftliche Fahrzeuge	landwirtschaftliche Zugmaschinen und andere landwirtschaftliche Fahrzeuge
Rollstühle und ähnliche Fahrzeuge für kranke und körperbehinderte Menschen, mit mechanischen oder elektronischen Vorrichtungen zur Fortbewegung	Rollstühle und ähnliche Fahrzeuge für Kranke und Körperbehinderte, mit mechanischen oder elektronischen Vorrichtungen zur Fortbewegung
Rundfunk- oder Fernsehübertragungswagen	

Nach Auffassung der **Finanzverwaltung** stellen aber **keine Beförderungsmittel** die folgenden Gegenstände dar (Abschn. 3a.5 Abs. 2 Satz 3 UStAE): Bagger, Planierraupen, Bergungskräne, Schwertransportkräne, Transportbänder, Gabelstapler, Elektrokarren, Rohrleitungen, Ladekräne, Schwimmkräne, Schwimmrammen, Container, militärische Kampffahrzeuge mit Ausnahme der Versorgungsfahrzeuge, Kampfflugzeuge und Panzer sowie ausdrücklich auch Fahrzeuge, die dauerhaft stillgelegt worden sind (dies entspricht Art. 38 Abs. 3 MwStVO).

Unionsrechtlich ergibt sich **keine umfassende „Negativliste“**, in Art. 38 Abs. 3 MwStVO wird lediglich festgelegt, dass Fahrzeuge, die dauerhaft stillgelegt sind, nicht als Beförderungsmittel gelten. Darüber hinaus ist klargestellt, dass auch Container nicht als Beförderungsmittel gelten.

Unerheblich für die Eigenschaft als Beförderungsmittel muss sein, ob die Beförderung von Personen oder Gegenständen **tatsächlich den Hauptzweck** der Leistung ausmacht. So können nach der Rechtsprechung des EuGH (Urt. v. 15.3.1989 – C-51/88, Hamann, UR 1989, 184) auch Gegenstände, die hauptsächlich für die Sportausübung genutzt werden, als Beförderungsmittel angesehen werden, soweit sie auch die Beförderung von Personen und Gegenständen ermöglichen (das Urteil erging zur Frage, ob hochseegehende Segelyachten als Beförderungsmittel anzusehen sind, der EuGH bejahte dies). Die Tatsache der Beförderung durch ein dafür geeignetes Fahrzeug entfällt nicht, wenn das Motiv nicht in dem wirtschaftlichen Nutzen einer Beförderung zu sehen ist, sondern in der sportlichen Betätigung oder in anderen Gründen der Freizeitgestaltung. Entsprechend hat der BFH (Beschl. v. 8.11.2011 – XI B 58/11, BFH/NV 2012, 282 und Beschl. v. 2.1.2014 – XI B 48/13, BFH/NV 2014, 733) entschieden, dass auch ein Rennsportfahrzeug ein Beförderungsmittel sein kann; auch ausschließlich zu Sportzwecken verwendete sog. „Pocket-Bikes“ stellen Beförderungsmittel dar, da sie dazu bestimmt sind, Personen von einem Ort zu einem anderen Ort zu befördern (BFH, Urt. v. 27.2.2014 – V R 21/11, BStBl II 2014, 501).

3. Überlassung eines Fahrzeugs an das Personal

Bei der Überlassung eines Fahrzeugs an das Personal zu dessen privater Nutzung kann es sich um eine entgeltliche aber auch um eine unentgeltliche Leistung handeln. Soweit ein Fahrzeug dem Personal dauerhaft für dessen privaten Bedarf überlassen wird, wird in Deutschland typischerweise von einem entgeltlichen Umsatz („**tauschähnlicher Umsatz**“ – entgeltliche Überlassung des Fahrzeugs an das Personal, das die Nutzung durch Arbeitsleistung bezahlt) ausgegangen. Bei der entgeltlichen Überlassung bestimmt sich dann der Ort der sonstigen Leistung nach § 3 a Abs. 3 Nr. 2 Satz 3 UStG am Wohnort des Leistungsempfängers (Personal).

Nachdem das Finanzgericht des Saarlands (Beschl. v. 18.3.2019 – 1 K 1208/16) Zweifel geäußert hatte, ob es sich bei der Überlassung eines Fahrzeugs an einen Arbeitnehmer um eine entgeltliche Leistung (tauschähnlicher Umsatz) oder um eine unentgeltliche Wertabgabe handelt, hatten der **EuGH** (Urt. v. 20.1.2021 – C-288/19, QM, BFH/NV 2021, 527) und nachfolgend der BFH (Urt. v. 30.6.2022 – V R 25/21, BFH/NV 2022, 1258) sich mit der Frage der Entgeltlichkeit auseinander setzen müssen. Im Ergebnis ist der BFH dazu gekommen, dass es sich **regelmäßig um eine entgeltliche Leistung** handelt, zumindest dann, wenn die Überlassung arbeitsvertraglich geregelt ist; zu den Einzelheiten vgl. Anmerkungen zu Abschn. 3.4 UStAE.

Hinweis: Vermietung kann nur entgeltlich erfolgen

In der Rechtsprechung des EuGH ist aber eindeutig klargestellt worden, dass eine Vermietung eines Gegenstands immer einen entgeltlichen Umsatz voraussetzt. Eine unentgeltlich ausgeführte Leistung kann nicht als Vermietung angesehen werden und damit auch nicht in analoger Anwendung der Ortsbestimmungsgrundsätze für Vermietungsumsätze beurteilt werden. Insoweit wäre bei einer unentgeltlichen Überlassung eines Fahrzeugs an das Personal von einem Ort der Leistung nach § 3 a Abs. 1 UStG auszugehen, der dann dort ist, wo der Unternehmer sein Unternehmen betreibt oder eine die Leistung ausführende Betriebsstätte unterhält.

UStAE 3 a.6. Ort der Tätigkeit

(1) [1]Die Regelung**en** des § 3 a Abs. 3 Nr. 3 **und Nr. 3 a** UStG **gelten** nur für sonstige Leistungen, die in einem positiven Tun bestehen. [2]Bei diesen Leistungen bestimmt sich der Leistungsort nach dem Ort, an dem die sonstige Leistung tatsächlich bewirkt wird (vgl. EuGH-Urteil vom 9. 3. 2006, C-114/05, Gillan Beach). [3]Der Ort, an dem der Erfolg eintritt oder die sonstige Leistung sich auswirkt, ist ohne Bedeutung (BFH-Urteil vom 4. 4. 1974, V R 161/72, BStBl II S. 532). [4]Dabei kommt es nicht entscheidend darauf an, wo der Unternehmer, z. B. Künstler, im Rahmen seiner Gesamttätigkeit überwiegend tätig wird;

vielmehr ist der jeweilige Umsatz zu betrachten. [5]Es ist nicht erforderlich, dass der Unternehmer im Rahmen einer Veranstaltung tätig wird.

Leistungen nach § 3 a Abs. 3 Nr. 3 UStG

(2) [1]§ 3 a Abs. 3 Nr. 3 UStG gilt nur für sonstige Leistungen an Nichtunternehmer (siehe Abschnitt 3 a.1 Abs. 1). [2]Die Regelung ist auch anzuwenden beim Verkauf von Eintrittskarten für kulturelle, künstlerische, wissenschaftliche, unterrichtende, sportliche, unterhaltende oder ähnliche Veranstaltungen durch einen anderen Unternehmer als den Veranstalter. [3]Durch den Verkauf von Eintrittskarten wird dem Erwerber das Recht auf Zugang zu der jeweiligen Veranstaltung verschafft. [4]Die Vermittlung von Eintrittskarten fällt nicht unter § 3 a Abs. 3 Nr. 3 UStG (siehe Abschnitt 3 a.7 a Abs. 3 Satz 2).

(2 a) [1]Zu den unter § 3 a Abs. 3 Nr. 3 UStG fallenden sonstigen Leistungen eines auftretenden Künstlers gehören auch die Leistungen von Gastspielagenturen, die den auftretenden Künstler im eigenen Namen und als eigene Leistung am Markt anbieten. [2]Es ist nicht erforderlich, dass eine Leistung nach § 3 a Abs. 3 Nr. 3 UStG höchstpersönlich erbracht wird (vgl. BFH-Urteil vom 1. 3. 2018, V R 25/17, BStBl II S. 555). [3]Der Leistungsort für die Vermittlung von Künstlern richtet sich bei Leistungsempfängern im Sinne des § 3 a Abs. 2 UStG (siehe Abschnitt 3 a.2 Abs. 1) nach § 3 a Abs. 2 UStG und bei Leistungen an Nichtunternehmer (siehe Abschnitt 3 a.1 Abs. 1) nach § 3 a Abs. 3 Nr. 4 in Verbindung mit Nr. 3 UStG.

(2b) [1]Zu den unter § 3a Abs. 3 Nr. 3 UStG fallenden sonstigen Leistungen gehört auch die Bereitstellung eines Live-Streams einer Veranstaltung, der parallel zur bzw. anstelle der „Vor-Ort"-Veranstaltung und ausschließlich in Echtzeit angeboten wird. [2]Die Leistung gilt nach § 3a Abs. 3 Nr. 3 Satz 2 UStG als dort erbracht, wo der Leistungsempfänger seinen Wohnsitz, seinen gewöhnlichen Aufenthalt oder seinen Sitz hat. [3]Die Bereitstellung einer Aufzeichnung einer Veranstaltung in digitaler Form, die durch den Leistungsempfänger individuell zu einem späteren festen oder frei wählbaren Zeitpunkt abgerufen werden kann und ausschließlich über das Internet oder ein ähnliches elektronisches Netz übertragen wird, stellt hingegen eine auf elektronischem Weg erbrachte sonstige Leistung nach § 3a Abs. 5 Satz 2 Nr. 3 UStG dar (vgl. Abschnitt 3a.12 Abs. 3 Nr. 8). [4]Hinsichtlich einer möglichen Steuerbefreiung vgl. Abschnitt 4.14.1 Abs. 4 Satz 3, Abschnitt 4.20.1 Abs. 1 Satz 7, Abschnitt 4.20.2 Abs. 3, Abschnitt 4.21.1 Abs. 2 und Abschnitt 4.22.1 Abs. 2 Satz 2; hinsichtlich einer möglichen Steuerermäßigung vgl. Abschnitt 12.5 Abs. 6.

(3) [1]Leistungen, die im Zusammenhang mit Leistungen im Sinne des § 3 a Abs. 3 Nr. 3 UStG unerlässlich sind, werden an dem Ort erbracht, an dem diese Leistungen tatsächlich bewirkt werden. [2]Hierzu können auch tontechnische Leistungen im Zusammenhang mit künstlerischen oder unterhaltenden Leistungen gehören (EuGH-Urteil vom 26. 9. 1996, C-327/94, Dudda, BStBl 1998 II S. 313).

(4) [1]Insbesondere bei künstlerischen und wissenschaftlichen Leistungen ist zu beachten, dass sich im Falle der reinen Übertragung von Nutzungsrechten an Urheberrechten und ähnlichen Rechten (vgl. Abschnitt 3 a.9 Abs. 1 und 2 sowie Abschnitt 12.7) der Leistungsort nicht nach § 3 a Abs. 3 Nr. 3 UStG richtet. [2]Der Leistungsort bestimmt sich nach § 3 a Abs. 1 UStG (vgl. Abschnitt 3 a.1) oder nach § 3 a Abs. 4 Sätze 1 und 2 Nr. 1 UStG (vgl. Abschnitt 3 a.9 Abs. 1 und 2).

(5) [1]Die Frage, ob bei einem wissenschaftlichen Gutachten eine wissenschaftliche Leistung nach § 3 a Abs. 3 Nr. 3 UStG oder eine Beratungsleistung vorliegt, ist nach dem Zweck zu beurteilen, den der Auftraggeber mit dem von ihm bestellten Gutachten verfolgt. [2]Eine wissenschaftliche Leistung im Sinne des § 3 a Abs. 3 Nr. 3 UStG setzt voraus, dass das erstellte Gutachten nicht auf Beratung des Auftraggebers gerichtet ist; dies ist der Fall, wenn das Gutachten nach seinem Zweck keine konkrete Entscheidungshilfe für den Auftraggeber darstellt. [3]Soll das Gutachten dem Auftraggeber dagegen als Entscheidungshilfe für die Lösung konkreter technischer, wirtschaftlicher oder rechtlicher Fragen dienen, liegt eine Beratungsleistung vor. [4]Der Leistungsort bestimmt sich bei Leistungen an Nichtunternehmer (siehe Abschnitt 3 a.1 Abs. 1) nach § 3 a Abs. 1 oder 4 Satz 1 UStG.

Beispiel 1:

[1]Ein Hochschullehrer hält im Auftrag eines ausschließlich nicht unternehmerisch tätigen Verbandes, dem für Umsatzsteuerzwecke keine USt-IdNr. erteilt worden ist, auf einem Fachkongress einen Vortrag. [2]Inhalt des Vortrags ist die Mitteilung und Erläuterung der von ihm auf seinem Forschungsgebiet, z. B. Maschinenbau, gefundenen Ergebnisse. [3]Zugleich händigt der Hochschullehrer allen Teilnehmern ein Manuskript seines Vortrags aus. [4]Vortrag und Manuskript haben nach Inhalt und Form den Charakter eines wissenschaftlichen Gutachtens. [5]Sie sollen allen Teilnehmern des Fachkongresses zur Erweiterung ihrer beruflichen Kenntnisse dienen.

[6]Der Leistungsort bestimmt sich nach § 3 a Abs. 3 Nr. 3 UStG.

Beispiel 2:

[1]Ein Wirtschaftsforschungsunternehmen erhält von einer inländischen juristischen Person des öffentlichen Rechts, die nicht unternehmerisch tätig und der keine USt-IdNr. erteilt worden ist, den Auftrag, in Form eines Gutachtens Struktur- und Standortanalysen für die Errichtung von Gewerbebetrieben zu erstellen.

[2]Auch wenn das Gutachten nach wissenschaftlichen Grundsätzen erstellt worden ist, handelt es sich um eine Beratung, da das Gutachten zur Lösung konkreter wirtschaftlicher Fragen verwendet werden soll. [3]Der Leistungsort bestimmt sich nach § 3 a Abs. 1 UStG.

(5 a) Die Einräumung der Berechtigung, auf einem Golfplatz Golf zu spielen, ist als sportliche Leistung nach § 3 a Abs. 3 Nr. 3 UStG anzusehen (vgl. BFH-Urteil vom 12. 10. 2016, XI R 5/14, BStBl 2017 II S. 500).

(6) [1]Eine sonstige Leistung, die darin besteht, der Allgemeinheit gegen Entgelt die Benutzung von Geldspielautomaten zu ermöglichen, die in Spielhallen aufgestellt sind, ist als unterhaltende oder ähnliche Tätigkeit nach § 3 a Abs. 3 Nr. 3 UStG anzusehen (vgl. EuGH-Urteil vom 12. 5. 2005, C-452/03, RAL (Channel Islands) u. a.). [2]Für die Benutzung von Geldspielautomaten außerhalb von Spielhallen richtet sich der Leistungsort nach § 3 a Abs. 1 UStG (vgl. EuGH-Urteil vom 4. 7. 1985, 168/84, Berkholz).

(7) [1]Eine Leistung im Sinne des § 3 a Abs. 3 Nr. 3 UStG liegt – unbeschadet Abschnitt 3 a.9 Abs. 8 a – auch bei der Planung, Gestaltung sowie dem Aufbau, Umbau und Abbau von Ständen im Zusammenhang mit Messen und Ausstellungen vor, wenn dieser Stand für eine bestimmte Messe oder Ausstellung im Bereich der Kultur, der Künste, des Sports, der Wissenschaften, des Unterrichts, der Unterhaltung oder einem ähnlichen Gebiet bestimmt ist (vgl. EuGH-Urteil vom 27. 10. 2011, C-530/09, Inter-Mark Group, BStBl 2012 II S. 160). [2]Zum Ort der sonstigen Leistung bei Messen und Ausstellungen vgl. im Übrigen Abschnitt 3 a.4.

Leistungen nach § 3 a Abs. 3 Nr. 3 **a** Buchstabe **a** UStG

(8) § 3 a Abs. 3 Nr. 3 **a** Buchstabe **a** UStG gilt sowohl für sonstige Leistungen an Nichtunternehmer (siehe Abschnitt 3 a.1 Abs. 1) als auch an Leistungsempfänger im Sinne des § 3 a Abs. 2 UStG (siehe Abschnitt 3 a.2 Abs. 1).

(9) [1]Bei der Abgabe von Speisen und Getränken zum Verzehr an Ort und Stelle (Restaurationsleistung) richtet sich der Leistungsort nach dem Ort, an dem diese Leistung tatsächlich erbracht wird (§ 3 a Abs. 3 Nr. 3 **a** Buchstabe **a** UStG). [2]Die Restaurationsleistung muss aber als sonstige Leistung anzusehen sein; zur Abgrenzung zwischen Lieferung und sonstiger Leistung bei der Abgabe von Speisen und Getränken wird auf die BMF-Schreiben vom 16. 10. 2008, BStBl I S. 949, und vom 29. 3. 2010, BStBl I S. 330, verwiesen. [3]Die Ortsregelung gilt nicht für Restaurationsleistungen an Bord eines Schiffs, in einem Luftfahrzeug oder in einer Eisenbahn während einer Beförderung im Inland oder im übrigen Gemeinschaftsgebiet. [4]In diesen Fällen bestimmt sich der Leistungsort nach § 3 e UStG (vgl. Abschnitt 3 e.1).

Leistungen nach § 3 a Abs. 3 Nr. 3 **a** Buchstabe **b** UStG

(10) [1]Bei Arbeiten an beweglichen körperlichen Gegenständen und bei der Begutachtung dieser Gegenstände für Nichtunternehmer (siehe Abschnitt 3 a.1 Abs. 1) bestimmt sich der Leistungsort nach dem

Ort, an dem der Unternehmer tatsächlich die Leistung ausführt (§ 3 a Abs. 3 Nr. 3 **a** Buchstabe **b** UStG). [2]Ist der Leistungsempfänger ein Leistungsempfänger im Sinne des § 3 a Abs. 2 UStG (siehe Abschnitt 3 a.2 Abs. 1), richtet sich der Leistungsort nach § 3 a Abs. 2 UStG (vgl. Abschnitt 3 a.2). [3]Zum Leistungsort bei Arbeiten an beweglichen körperlichen Gegenständen und bei der Begutachtung dieser Gegenstände, wenn diese Leistungen im Drittlandsgebiet genutzt oder ausgewertet werden, vgl. § 3 a Abs. 8 Satz 1 UStG und Abschnitt 3 a.14 Abs. 5.

(11) [1]Als Arbeiten an beweglichen körperlichen Gegenständen sind insbesondere Werkleistungen in Gestalt der Bearbeitung oder Verarbeitung von beweglichen körperlichen Gegenständen anzusehen. [2]Hierzu ist grundsätzlich eine Veränderung des beweglichen Gegenstands erforderlich. [3]Wartungsleistungen an Anlagen, Maschinen und Kraftfahrzeugen können als Werkleistungen angesehen werden. [4]Verwendet der Unternehmer bei der Be- oder Verarbeitung eines Gegenstands selbstbeschaffte Stoffe, die nicht nur Zutaten oder sonstige Nebensachen sind, ist keine Werkleistung, sondern eine Werklieferung gegeben (§ 3 Abs. 4 UStG). [5]Baut der leistende Unternehmer die ihm vom Leistungsempfänger sämtlich zur Verfügung gestellten Teile einer Maschine nur zusammen und wird die zusammengebaute Maschine nicht Bestandteil eines Grundstücks, bestimmt sich der Ort der sonstigen Leistung nach § 3 a Abs. 3 Nr. 3 **a** Buchstabe **b** UStG (vgl. Artikel 8 und 34 MwStVO), wenn der Leistungsempfänger ein Nichtunternehmer ist.

(12) [1]Bei der Begutachtung beweglicher körperlicher Gegenstände durch Sachverständige hat § 3 a Abs. 3 Nr. 3 **a** Buchstabe **b** UStG Vorrang vor § 3 a Abs. 4 Satz 1 und 2 Nr. 3 UStG. [2]Wegen der Leistungen von Handelschemikern vgl. Abschnitt 3 a.9 Abs. 12 Satz 3.

(13) *weggefallen*

Anmerkung

1. Leistungen, die am Tätigkeitsort ausgeführt werden

§ 3 a Abs. 3 Nr. 3 UStG regelt bestimmte sonstige Leistungen, die am jeweiligen **Tätigkeitsort** ausgeführt sind. Darunter fallen:

- **kulturelle, künstlerische**, wissenschaftliche, unterrichtende, sportliche, unterhaltende oder ähnliche Leistungen, wie Leistungen im Zusammenhang mit Messen und Ausstellungen, einschließlich der Leistungen der jeweiligen Veranstalter sowie die damit zusammenhängenden Tätigkeiten, die für die Ausübung der Leistungen unerlässlich sind, an einen Empfänger, der weder ein Unternehmer ist, für dessen Unternehmen die Leistung bezogen wird, noch eine nicht unternehmerisch tätige juristische Person, der eine Umsatzsteuer-Identifikationsnummer erteilt worden ist,
- die **Abgabe von Speisen und Getränken** zum Verzehr an Ort und Stelle (Restaurationsleistung), wenn diese Abgabe nicht an Bord eines Schiffs, in einem Luftfahrzeug oder in einer Eisenbahn während einer Beförderung innerhalb des Gemeinschaftsgebiets erfolgt,
- **Arbeiten an beweglichen körperlichen Gegenständen** und die Begutachtung dieser Gegenstände für einen Empfänger, der weder ein Unternehmer ist, für dessen Unternehmen die Leistung ausgeführt wird, noch eine nicht unternehmerisch tätige juristische Person, der eine Umsatzsteuer-Identifikationsnummer erteilt worden ist.

Durch das Jahressteuergesetz 2024 sind **zum 1.1.2025** die Rechtsnormen in § 3a Abs. 3 Nr. 3 UStG in Nr. 3 und Nr. 3a neu aufgeteilt worden. Inhaltliche Änderungen haben sich dadurch nicht ergeben. In § 3a Abs. 3 Nr. 3 UStG und § 3a Abs. 3 Nr. 5 UStG ist aber aus unionsrechtlichen Gründen geregelt worden, dass die **virtuelle Teilnahme an Veranstaltungen** nicht am Veranstaltungsort ausgeführt ist, sondern dort, wo der Leistungsempfänger ansässig ist.

1.1 Kulturelle u. ä. Leistungen

Werden bestimmte **kulturelle, künstlerische und ähnliche Leistungen**, sowie auch Leistungen in Zusammenhang mit Messen und Ausstellungen von einem Unternehmer ausgeführt, muss seit dem 1.1.2011 unterschieden werden, ob diese Leistung an einen Unternehmer für dessen Unternehmen ausgeführt wird (gleichgestellt ist eine juristische Person, die nicht Unternehmer ist, der aber eine USt-IdNr. erteilt worden ist) oder ob der Leistungsempfänger ein Nichtunternehmer ist.

- Wird die sonstige Leistung an einen **Nichtunternehmer** ausgeführt, ist der Leistungsort dort, wo der leistende Unternehmer diese Leistung tatsächlich ausführt, § 3 a Abs. 3 Nr. 3 UStG. Ohne Bedeutung ist dabei, wo der Erfolg der Tätigkeit eintritt oder die sonstige Leistung sich auswirkt (BFH, Urt. v. 4.4.1974 – V R 161/72, BStBl II 1974, 532).
- Werden solche kulturellen, künstlerischen u. ä. Leistungen **an einen Unternehmer für dessen Unternehmen** ausgeführt, bestimmt sich der Ort der sonstigen Leistung nach der **B2B-Grundregelung** des § 3 a Abs. 2 UStG und ist dort, wo der Leistungsempfänger sein Unternehmen betreibt oder eine die Leistung empfangende Betriebsstätte unterhält. Eine **Ausnahme** besteht lediglich bei der Gewährung von Eintrittsberechtigungen zu solchen Veranstaltung nach § 3 a Abs. 3 Nr. 5 UStG; vgl. dazu auch Abschn. 3a.7a UStAE.

Die in § 3 a Abs. 3 Nr. 3 UStG aufgeführten Leistungen sind wie folgt **abzugrenzen**:

Leistung	Besonderheit
Kulturelle oder künstlerische Leistungen	Die kulturelle und künstlerische Betätigung wird im Wesentlichen durch die eigene, freie schöpferische Gestaltung, in der Eindrücke, Erfahrungen und Erlebnisse des Künstlers zur Anschauung gebracht werden, bestimmt. Es muss allerdings eine Abgrenzung zu den Fällen erfolgen, bei denen der Unternehmer Rechte nach dem Urheberrechtsgesetz überlässt (z. B. gesondertes Entgelt für Aufzeichnungen während eines Konzerts).
Wissenschaftliche Leistungen	Eine wissenschaftliche Tätigkeit liegt dann vor, wenn der Unternehmer methodisch, nach objektiven und sachlichen Kriterien Fragen oder Vorgänge erforscht oder auf konkrete Vorgänge anwendet. Es muss eine Abgrenzung zu konkreten Beratungsleistungen erfolgen. Eine wissenschaftliche Leistung setzt voraus, dass keine konkrete Entscheidungshilfe für den Auftraggeber mit der Leistung verbunden ist. Soweit eine Entscheidungshilfe zur Lösung konkreter technischer, wirtschaftlicher oder rechtlicher Fragen im Vordergrund steht, handelt es sich um eine Beratungsleistung (BVerfG, Urt. v. 24.2.1971 – 1 BvR 435/68, NJW 1971, 1645).
Unterrichtende Leistungen	Vermittlung von Kenntnissen oder Fähigkeiten jeglicher Art durch einen Lehrer. Eventuell kann eine Steuerbefreiung nach § 4 Nr. 21 UStG in Betracht kommen.
Sportliche Leistungen	Sportliche Leistungen sind Leistungen, die im Wesentlichen auf eine körperliche Ertüchtigung durch Leibesübungen oder gleichgestellte Betätigungen gerichtet sind.
Unterhaltende Leistungen	Leistungen ohne künstlerischen Rang (Leistungen eines Schlagersängers, eines Conférenciers, Varietéleistungen).
Leistungen, der jeweiligen Veranstalter	Alle Veranstalter von Konzerten, sportlichen Turnieren und ähnlichen Veranstaltungen fallen unter diese Regelung.
Damit zusammenhängende Leistungen, die für die genannten Leistungen unerlässlich sind	Soweit ein Unternehmer eine Leistung erbringt, die für eine der genannten Tätigkeiten unerlässlich ist (z. B. tontechnische Leistungen im Zusammenhang mit einer künstlerischen oder unterhaltenden Leistung), ist diese Leistung ebenfalls dort ausgeführt, wo sie ausschließlich oder überwiegend ausgeführt wird.
Leistungen im Zusammenhang mit Messen und Ausstellungen	Alle Leistungen, die im Zusammenhang mit Messen und Ausstellungen ausgeführt werden, insbesondere die Leistungen der Veranstalter von Messen und Ausstellungen. Hier kann es zur Ausführung von Einzelleistungen mit unterschiedlichen Leistungsorten oder auch zur Ausführung von einheitlichen Veranstaltungsleistungen kommen.

Virtuell erbrachte Veranstaltungsleistungen sind ab dem 1.1.2025 aber immer dort ausgeführt, wo der Leistungsempfänger ansässig ist (vgl. auch 5.).

1.2 Abgabe von Speisen und Getränken

Gibt der Unternehmer Speisen und Getränke zum Verzehr an Ort und Stelle – im Gesetz als **Restaurationsleistungen** bezeichnet – ab, ist der Ort der sonstigen Leistung immer dort, wo die Leistung tatsächlich erbracht wird, § 3 a Abs. 3 Nr. 3a Buchst. a UStG. Dies gilt aber nur für den Fall, dass es sich nicht um eine Lieferung von Speisen oder Getränken handelt.

Ein Sonderfall liegt vor, wenn die Speisen und Getränke an Bord eines **Schiffs**, einer **Eisenbahn** oder in einem **Flugzeug** während einer Beförderung im Gemeinschaftsgebiet abgegeben werden, § 3 e UStG. Werden Speisen und Getränke zum Verzehr an Bord eines Schiffs, eines Flugzeugs oder einer Eisenbahn während der Beförderung im Gemeinschaftsgebiet abgegeben, ist die sonstige Leistung immer dort ausgeführt, wo das Beförderungsmittel gestartet ist, § 3 e Abs. 1 UStG. Nicht von Bedeutung ist, wo die Abgabe tatsächlich stattgefunden hat.

1.3 Arbeiten an Gegenständen

Führt der leistende Unternehmer **Arbeiten an beweglichen körperlichen Gegenständen** (z. B. Reparaturleistungen oder Wartungsarbeiten an beweglichen körperlichen Gegenständen) aus oder begutachtet er solche Gegenstände, ist die sonstige Leistung dort ausgeführt, wo der leistende Unternehmer die Leistung tatsächlich erbringt, § 3 a Abs. 3 Nr. 3a Buchst. b UStG, wenn der Leistungsempfänger kein Unternehmer ist für dessen Unternehmen die Leistung ausgeführt wird und auch keine juristische Person ist, der eine USt-IdNr. erteilt worden ist.

Hinweis: Regelung gilt nicht bei Leistungen an Unternehmer

Wird eine solche Leistung an einen Unternehmer für dessen Unternehmen oder an eine juristische Person, die nicht Unternehmer ist, aber mit einer USt-IdNr. auftritt, ausgeführt, ist die sonstige Leistung nach der B2B-Grundregelung des § 3 a Abs. 2 UStG dort, wo der Leistungsempfänger sein Unternehmen betreibt oder eine Betriebsstätte unterhält. Wird eine solche sonstige Leistung aber ausschließlich im Drittlandsgebiet ausgeführt (z. B. Reparatur eines Fahrzeugs eines deutschen Unternehmers in der Schweiz), kommt es zur Rückverlagerung des Orts in das Drittlandsgebiet, § 3 a Abs. 8 UStG.

Arbeiten an beweglichen körperlichen Gegenständen werden in aller Regel dann vorliegen, wenn der Unternehmer eine **Werkleistung** an einem beweglichen körperlichen Gegenstand ausführt. Solche Leistungen liegen insbesondere auch bei **Wartungsarbeiten** an Maschinen und Anlagen vor, bei denen der leistende Unternehmer keinen Hauptstoff verwendet. Arbeiten im Zusammenhang mit einem Grundstück sind aber immer dort ausgeführt, wo das Grundstück liegt.

Auch die **Begutachtung eines beweglichen Gegenstands** führt zu einem Ort der Leistung nach § 3 a Abs. 3 Nr. 3a Buchst. b UStG, soweit die Leistung an einen Nichtunternehmer ausgeführt wird. Die Vorschrift hat Vorrang vor § 3 a Abs. 4 UStG.

Voraussetzung für die Anwendung dieser Vorschrift ist, dass der Unternehmer bei der Ausführung dieser Leistung nur selbst beschaffte Nebensachen oder Zutaten verwendet. Verwendet er Gegenstände, die als Hauptstoffe anzusehen sind (sie prägen qualitativ die Leistung), handelt es sich um eine Werklieferung, deren Ort sich nach den Vorschriften für Lieferungen bestimmt.

2. Keine höchstpersönliche Ausführung der Leistung

Die Leistung muss vom leistenden Unternehmer nicht höchstpersönlich erbracht werden. Der BFH (Urt. v. 1.3.2018 – V R 25/17, BStBl II 2018, 555) hatte festgestellt, dass die Vorschrift nicht nur die Leistung eines auftretenden Künstlers, sondern auch die einer sog. **Gastspielagentur** erfasst, die auftretende Künstler nicht vermittelt, sondern als eigene Leistung zur Verfügung stellt. Die Finanzverwaltung (BMF, Schreiben v. 14.12.2018, BStBl I 2018, 1402, vgl. auch Abschn. 3a.6 Abs. 2a UStAE) hat dies entsprechend umgesetzt.

3. Sportliche Leistung setzt aktive Tätigkeit voraus

Sportliche Leistungen sind Leistungen, deren Hauptzweck in einer körperlichen Ertüchtigung besteht, landläufig also als „**Sport**" zu verstehen sind. Fraglich ist, ob unter den Begriff der sportlichen Tätigkeiten auch Leistungen fallen, bei denen geistige Fähigkeiten in einem Wettbewerb gemessen werden; z. B. ob auch „Schachsport" unter den Begriff der sportlichen Leistungen im Umsatzsteuerrecht fallen. So hat der EuGH (Urt. v. 26.10.2017 – C-90/16, The English Bridge Union, UR 2018, 197) i.Z.m. Art. 132 Abs. 1 Buchst. m MwStSystRL – also der unionsrechtlichen Steuerbefreiung für Leistungen im Bereich von Sport und Körperertüchtigung – festgestellt, dass eine Tätigkeit wie Duplicate-Bridge, die durch eine **unbedeutend erscheinende körperliche Komponente** gekennzeichnet ist, nicht unter den Begriff „Sport" i. S. d. Art. 132 Abs. 1 Buchst. m MwStSystRL fällt. Es wäre nicht einsichtig, warum eine sportliche Leistung bei der Bestimmung des Orts einer sonstigen Leistung anders zu definieren ist, als bei der Frage der Steuerbefreiung. In jedem Fall kann bei dem unionsrechtlich einheitlich auszulegenden Begriff des

„Sports“ nicht auf nationale verfahrensrechtliche Definitionen wie z. B. § 52 Abs. 2 AO zurückgegriffen werden, wo in der Nr. 21 auch „Schach“ als Sport definiert wird. Soweit keine sportliche Leistung im engeren Sinne angenommen werden kann, ist aber zu prüfen, ob es sich nicht „wenigstens“ um eine unterhaltende Leistung handelt, die dann zu vergleichbaren Ergebnissen führt.

4. Keine physische Anwesenheit erforderlich (bis Ende 2024)

Nicht zwingende Voraussetzung bis Ende 2024 war, dass die Leistung in **physischer Anwesenheit der Abnehmer** erbracht wird, noch, dass die Abnehmer an einem einzigen Ort die Leistung in Anspruch nehmen können. Der EuGH (Urt. v. 8.5.2019 – C-568/17, L. W. Geelen, MwStR 2019, 388) hatte i.Z.m. der Bereitstellung **interaktiver erotischer Live-Webcam-Darbietungen** festgestellt, dass eine Tätigkeit auf dem Gebiet der Unterhaltung vorliegt, die an dem Ort tatsächlich bewirkt wird, an dem der Dienstleistende (in diesem Fall der Anbieter der Leistungen) den Sitz seiner wirtschaftlichen Tätigkeiten oder eine feste Niederlassung hat, von der aus diese Dienstleistung erbracht wird, oder in Ermangelung eines solchen Sitzes oder einer solchen Niederlassung an seinem Wohnsitz oder seinem gewöhnlichen Aufenthaltsort. Der EuGH hat sich aber in seiner Entscheidung nicht mit der Frage auseinandergesetzt, ob es sich bei diesen Leistungen eventuell um auf elektronischem Weg erbrachte sonstige Leistungen handeln kann, da die strittigen Leistungen vor dem 1.1.2015 ausgeführt wurden und ausschließlich an Leistungsempfänger ausgeführt wurden, die im Ansässigkeitsstaat des Leistungserbringers wohnten.

> **Hinweis: Keine „Eintrittsberechtigung“ bei Leistungen über Plattformen**
>
> Der EuGH (Urt. v. 23.11.2023 – C-532/22, SC Westside Unicat SRL) hat festgestellt, dass Art. 53 MwStSystRL („Eintrittsberechtigung“ zu kulturellen, unterhaltenden o.ä. Leistungen) keine Anwendung auf Dienstleistungen findet, die von einem Studio zur Aufzeichnung von Videochats an den Betreiber einer Plattform für Verbreitungen über das Internet erbracht werden und die darin bestehen, digitale Inhalte in Form interaktiver Videositzungen erotischer Art zu erstellen, die von einem solchen Studio gefilmt werden, um sie diesem Betreiber zur Verbreitung durch diesen auf der genannten Plattform zur Verfügung zu stellen.

Für die **virtuelle Teilnahme an Veranstaltungen** ist seit 2025 in § 3a Abs. 3 Nr. 3 und Abs. 3 Nr. 5 UStG unionsrechtlich zwingend geregelt, dass die Leistung dort ausgeführt ist, wo der Leistungsempfänger ansässig ist.

5. Leistungsort bei Online-Veranstaltungsleistungen

Kulturelle Angebote (Konzerte, Theateraufführungen o.ä.), **Fort- und Ausbildungsangebote** wie auch Angebote zur **Freizeitgestaltung** (z.B. Fitness- oder Yogakurse) oder **Gesundheitsleistungen** können sowohl als Präsenzveranstaltung (Live-Veranstaltung) als auch über das Internet als Download einer vorproduzierten Aufzeichnung zur Verfügung gestellt werden. Es sind aber auch Kombinationen beider Varianten möglich, indem eine Präsenzveranstaltung aufgezeichnet wird und – gegen Sonderentgelt oder im Rahmen der Zahlung für die Teilnahme an der Präsenzveranstaltung – auch noch zum späteren Abruf über das Internet bereitgestellt wird.

Die **Art der Ausführung** des Angebots kann bei der umsatzsteuerrechtlichen Beurteilung von entscheidender Bedeutung sein. So richtet sich der Ort bei einer über das Internet ausgeführten Leistung gegenüber einem Nichtunternehmer nach anderen Regelungen, als wenn die Veranstaltung als Präsenzveranstaltung ausgeführt wird. Dies ist gerade auch bei **grenzüberschreitenden Leistungen** von Bedeutung. Bei einer über das Internet ausgeführten Leistung befindet sich der Ort der sonstigen Leistung (§ 3a Abs. 5 UStG, soweit die sog. Umsatzschwelle von 10.000 € überschritten ist) regelmäßig dort, wo der Leistungsempfänger ansässig ist. Bei einer Präsenzveranstaltung (§ 3a Abs. 3 Nr. 3 UStG) ist der Ort regelmäßig dort, wo die Leistung erbracht wird (wo die Veranstaltung stattfindet).

Umsätze, die im Bereich Kultur, Bildung u.ä. ausgeführt werden, können unter weiteren Voraussetzungen auch **Steuerbefreiungen** (§ 4 Nr. 20 Buchst. a und Buchst. b UStG bei kulturellen Leistungen, § 4 Nr. 21 UStG bei Bildungsleistungen) unterliegen. Soweit die Steuerbefreiungen nicht zur Anwendung kommen, kann unter weiteren Voraussetzungen der **ermäßigte Steuersatz** nach § 12 Abs. 2 UStG in

Betracht kommen. Dies betrifft insbesondere Eintrittsberechtigungen für kulturelle Veranstaltungen (§ 12 Abs. 2 Nr. 7 UStG).

Die Finanzverwaltung (BMF, Schr. v. 29.4.2024, BStBl I 2024, 726) hatte zu den **Online-Veranstaltungsdienstleistungen** im **B2C-Bereich** Stellung genommen, da diese Leistungen typischerweise gegenüber Nichtunternehmern ausgeführt werden. Dieses Schreiben ist von der Finanzverwaltung ausgehoben und durch ein fast inhaltsgleiches Schreiben ersetzt worden (BMF, Schr. v. 8.8.2025, BStBl I 2025, 1637). Dabei unterscheidet die Finanzverwaltung zwischen dem Angebot vorproduzierter Inhalte, dem Live-Streaming und den Leistungskombinationen. Im Wesentlichen stellt die Finanzverwaltung die Konsequenzen für kulturelle Angebote i.S.d. § 4 Nr. 20 UStG dar. Sie überträgt die Konsequenzen dann aber auch auf weitere Angebote der Aus- und Fortbildung bzw. auch auf Gesundheitsleistungen.

5.1 Vorproduzierte Inhalte

Werden **vorproduzierte Inhalte** den Nutzern über das Internet bereitgestellt und können die Nutzer diese Angebote zu einem festen oder von ihnen zu wählenden Zeitpunkt abrufen (Download oder Streaming), handelt es sich um eine **auf elektronischem Weg erbrachte Leistung**, die dort ausgeführt ist, wo der nichtunternehmerische Leistungsempfänger ansässig (§ 3a Abs. 5 UStG, soweit die unionseinheitliche Umsatzschwelle von 10.000 € überschritten ist).

Wenn die Leistungen neben der Übertragung im Internet **gleichzeitig** auch durch **Rundfunk- oder Fernsehsender** übertragen wird, handelt es sich zwar nicht um eine auf elektronischem Weg erbrachte Dienstleistung, die **Rundfunk- oder Fernsehdienstleistungen** unterliegen aber denselben umsatzsteuerrechtlichen Konsequenzen, sodass diese Unterscheidung keine praktischen Auswirkungen hat.

> **Hinweis: Keine Steuerbefreiung nach Auffassung der Finanzverwaltung möglich**
>
> Die Finanzverwaltung vertritt die Auffassung, dass für die Leistungen, die auf vorproduzierten Inhalten basieren, weder die Steuerbefreiung nach § 4 Nr. 20 UStG noch die Anwendung des ermäßigten Steuersatzes nach § 12 Abs. 2 UStG in Betracht kommt. Dies soll auch auf vergleichbare Leistungen im Bildungs- oder Gesundheitswesen so anwendbar sein.

5.2 Live-Streaming

Bei der Bereitstellung eines Live-Streamings handelt es sich nicht um eine auf elektronischem Weg erbrachte Dienstleistung, es handelt sich – soweit der Leistungsempfänger ein Nichtunternehmer ist – vielmehr um eine Leistung i.S.d. § 3a Abs. 3 Nr. 3 UStG. Als Leistungsort gilt nach den Feststellungen der Finanzverwaltung in diesem Fall der **Ort, an dem der Leistungsempfänger ansässig ist.**

> **Hinweis: Eigentlich erst ab 2025, Finanzverwaltung nahm Vorgriff auf gesetzliche Regelung vor**
>
> Diese Rechtsfolge für die Leistungen, die per Streaming übertragen werden, entspricht erst der zum 1.1.2025 auch gesetzlich in § 3a Abs. 3 Nr. 3 Satz 2 UStG umgesetzten unionsrechtlichen Vorgabe. In dem ersten Schreiben vom April 2024 setzte die Finanzverwaltung dies auch schon für 2024 um!
>
> Unter einem Live-Streaming-Angebot versteht die Finanzverwaltung ein Angebot, das parallel oder anstelle einer „Vor-Ort-Veranstaltung“ stattfindet und in Echtzeit durchgeführt wird.

Anders als bei den vorproduzierten Inhalten kann bei einem Live-Streaming unter den weiteren Voraussetzungen die **Steuerbefreiung** nach § 4 Nr. 20 UStG sowie – soweit keine Steuerbefreiung einschlägig ist – der **ermäßigte Steuersatz** nach § 12 Abs. 2 Nr. 7 Buchst. a UStG zur Anwendung kommen. Auch bei Bildungsleistungen (§ 4 Nr. 21 UStG) oder bei Gesundheitsleistungen (§ 4 Nr. 14 UStG) kann es in diesen Fällen unter den weiteren Voraussetzungen zur Anwendung einer Steuerbefreiung kommen.

5.3 Leistungskombinationen

Wird neben der Möglichkeit zur Teilnahme an einer Live-Veranstaltung (Live-Streaming) auch die Nutzung von Aufzeichnungen zu einem vom Kunden zu wählenden späteren Zeitpunkt angeboten, handelt es sich um eine von der Finanzverwaltung so bezeichnete **Leistungskombination**. In diesen Fällen kann es sich um eine einheitliche Leistung eigener Art oder um jeweils getrennt zu beurteilende Leistungen handeln.

Hinweis: Änderung durch Neufassung des BMF-Schreibens

In der Altfassung des Schreibens hatte die Finanzverwaltung an dieser Stelle noch den Hinweis aufgenommen, dass jede Leistung i.d.R. als selbstständige Leistung zu erfassen ist. Zur Erläuterung wurden „folgende Grundsätze" angegeben, nach denen zwischen „einheitlichen Leistungen eigener Art" und „selbstständigen Leistungen" zu unterscheiden war. Diese Hinweise sind entfallen. Ebenfalls ist ein Hinweis auf die Aufteilung von Entgelten in diesen Fällen entfallen (in der Fassung vom April 2024 wurde noch auf Abschn. 3.10 Abs. 2 und Abs. 3 UStAE verwiesen). Damit ergibt sich keine Festlegung der Finanzverwaltung mehr, wie mit diesen kombinierten Angeboten im konkreten Fall umzugehen ist, man zieht sich auf eine sehr wenig belastbare Aussage – die „Sicht des Durchschnittsverbrauchers" – zurück. Ob damit eine Abkehr der systematisch problematischen Festlegung aus dem April 2024 verbunden ist, bleibt offen.

Die Finanzverwaltung weist weiter darauf hin, dass solche Angebote auch im Rahmen einer **Dienstleistungskommission** (§ 3 Abs. 11 UStG; vgl. auch Abschn. 3.15 UStAE) ausgeführt werden können, wenn ein Unternehmer im eigenen Namen, aber für fremde Rechnung in die Ausführung einer sonstigen Leistung eingebunden ist. In diesem Fall gelten die umsatzsteuerrechtlichen Konsequenzen für die ausgeführte Leistung auch für die Leistung des eingeschalteten Unternehmers. Dies gilt auch entsprechend für die **Fiktion einer Dienstleistungskommission** nach § 3 Abs. 11a UStG, wenn eine sonstige Leistung über eine elektronische Schnittstelle (Portal) oder ein Telekommunikationsnetz ausgeführt wird.

Es bleibt damit bei der allgemeinen Aussage, dass es sich bei einem Live-Streaming und dem später vom Nutzer zusätzlich möglichen Abruf der Aufzeichnung um eine einheitliche Leistung handeln kann, es aber auch selbstständige Leistungen sein können. Außer einem Hinweis auf die „Sicht des Durchschnittsverbrauchers" werden dann aber keine Konkretisierungen vorgenommen – offensichtlich verfährt man beim BMF nun nach der Devise, dass keine Aussage wenigstens keine falsche Aussage sein kann. Dem Steueranwender hilft dies nicht weiter, da unklar bleibt, ob die Finanzverwaltung bei ihrer in dem alten Schreiben geäußerten Auffassung bleibt, diese nur nicht mehr so deutlich zum Ausdruck bringen möchte.

Hinweis: Übergangsregelungen bei Leistungen vor dem 1.1.2026

Für Leistungen, die vor dem 1.1.2026 ausgeführt werden, beanstandet es die Finanzverwaltung aber nicht, wenn die Beteiligten sich auf die Regelungen des aufgehobenen BMF-Schreibens vom April 2024 berufen (auch bezüglich eines Vorsteuerabzugs aus entsprechenden Eingangsleistungen).

UStAE 3 a.7. Ort der Vermittlungsleistung

(1) [1]Unter den Begriff Vermittlungsleistung fallen sowohl Vermittlungsleistungen, die im Namen und für Rechnung des Empfängers der vermittelten Leistung erbracht werden, als auch Vermittlungsleistungen, die im Namen und für Rechnung des Unternehmers erbracht werden, der die vermittelte Leistung ausführt (vgl. Artikel 30 MwStVO). [2]Der Leistungsort einer Vermittlungsleistung bestimmt sich nur bei Leistungen an Nichtunternehmer (siehe Abschnitt 3 a.1 Abs. 1) nach § 3 a Abs. 3 Nr. 4 UStG. [3]Hierunter fällt auch die Vermittlung der kurzfristigen Vermietung von Zimmern in Hotels, Gaststätten oder Pensionen, von Fremdenzimmern, Ferienwohnungen, Ferienhäusern und vergleichbaren Einrichtungen an Nichtunternehmer (vgl. Artikel 31 Buchstabe b MwStVO). [4]Bei Leistungen an einen Unternehmer oder an eine gleichgestellte juristische Person (siehe Abschnitt 3 a.2 Abs. 1) richtet sich der Leistungsort nach § 3 a Abs. 2 UStG (vgl. Artikel 31 Buchstabe a MwStVO und Abschnitt 3 a.2), bei der Vermittlung von Vermietungen von Grundstücken nach § 3 a Abs. 3 Nr. 1 UStG. [5]Zur Abgrenzung der Vermittlungsleistung vom Eigenhandel vgl. Abschnitt 3.7.

(2) [1]Die Vermittlung einer nicht steuerbaren Leistung zwischen Nichtunternehmern wird an dem Ort erbracht, an dem die vermittelte Leistung ausgeführt wird (vgl. EuGH-Urteil vom 27. 5. 2004, C-68/03, Lipjes). [2]Bei der Werbung von Mitgliedschaften liegt keine Vermittlung eines Umsatzes vor, weil die Begründung der Mitgliedschaft in einem Verein keinen Leistungsaustausch darstellt; der Leistungsort dieser Leistung richtet sich bei Leistungen an Nichtunternehmer (siehe Abschnitt 3 a.1 Abs. 1) nicht nach § 3 a Abs. 3 Nr. 4 UStG, sondern nach § 3 a Abs. 1 UStG (vgl. BFH-Urteil vom 12. 12. 2012, XI R 30/10, BStBl 2013 II S. 348), bei Leistungen an einen Leistungsempfänger im Sinne des § 3 a Abs. 2 UStG (siehe Abschnitt 3 a.2 Abs. 1) nach § 3 a Abs. 2 UStG.

Anmerkung

Vermittelt der Unternehmer einen Umsatz, ist der **Vermittlungsumsatz** dort ausgeführt, wo der vermittelte Umsatz ausgeführt ist, § 3 a Abs. 3 Nr. 4 UStG, wenn der Leistungsempfänger weder ein Unternehmer ist, für dessen Unternehmen die Leistung ausgeführt wird oder eine nicht unternehmerisch tätige juristische Person ist, der keine USt-IdNr. erteilt wurde.

Hinweis: Vermittlung eines Umsatzes notwendig

Damit es zur Anwendung des § 3 a Abs. 3 Nr. 4 UStG kommen kann, muss ein entgeltlicher Umsatz vermittelt werden (vgl. auch BFH, Urt. v. 12.12.2012 – XI R 30/10, BStBl II 2013, 348).

Allerdings sind im Zusammenhang mit Vermittlungsleistungen auch **Sondervorschriften** zu beachten, sodass der Ort von Vermittlungsleistungen in der folgenden Reihenfolge zu bestimmen ist:

- Vermittlungen i.Z.m. **Grundstücksumsätzen**: Der Ort der Vermittlungsleistung ist dort, wo das Grundstück liegt (§ 3 a Abs. 3 Nr. 1 UStG).
- Vermittlungsleistungen, denen **kein Umsatz zugrunde** liegt (z. B. Heiratsvermittlung): Der Ort der Vermittlungsleistung ist dort, wo der leistende Unternehmer sein Unternehmen betreibt oder seine Betriebsstätte innehat (§ 3 a Abs. 1 UStG).

Hinweis: Anwendung setzt Leistung an Nichtunternehmer voraus

Wird eine solche Leistung an einen Unternehmer für dessen Unternehmen oder an eine juristische Person, die nicht Unternehmer ist, aber mit einer USt-IdNr. auftritt, ausgeführt, ist die sonstige Leistung nach der Grundregelung des § 3 a Abs. 2 UStG dort, wo der Leistungsempfänger sein Unternehmen betreibt oder seine Betriebsstätte unterhält. Dies gilt aber nicht bei Vermittlungsleistungen i.Z.m. Grundstücken, diese Leistungen sind immer am Grundstücksort ausgeführt.

UStAE 3 a.7 a. Ort der Veranstaltung

(1) [1]§ 3 a Abs. 3 Nr. 5 UStG gilt nur für Leistungen an einen Leistungsempfänger im Sinne des § 3 a Abs. 2 UStG (siehe Abschnitt 3 a.2 Abs. 1). [2]Die Regelung ist auch anzuwenden, wenn ein anderer Unternehmer als der Veranstalter auf eigene oder auf Rechnung des Veranstalters Eintrittsberechtigungen an einen Unternehmer für dessen unternehmerischen Bereich oder an eine einem Unternehmer gleichgestellte juristische Person einräumt. [3]Werden die in der Vorschrift genannten sonstigen Leistungen an Nichtunternehmer (siehe Abschnitt 3 a.1 Abs. 1) erbracht, richtet sich der Leistungsort nach § 3 a Abs. 3 Nr. 3 UStG (siehe Abschnitt 3 a.6 Abs. 2 Satz 2). [4]Eine Veranstaltung im Sinne des § 3 a Abs. 3 Nr. 5 UStG erfordert die physische Anwesenheit des Leistungsempfängers bei dieser; die Vorschrift gilt daher nicht in Fällen der Online-Teilnahme des Leistungsempfängers.

(2) [1]Zu den Eintrittsberechtigungen gehören insbesondere (vgl. Artikel 32 Abs. 1 und 2 MwStVO)

1. das Recht auf Zugang zu Darbietungen, Theateraufführungen, Zirkusvorstellungen, Freizeitparks, Konzerten, Ausstellungen sowie zu anderen ähnlichen kulturellen Veranstaltungen, auch wenn das Entgelt in Form eines Abonnements oder eines Jahresbeitrags entrichtet wird;

2. das Recht auf Zugang zu Sportveranstaltungen, wie Spiele und Wettkämpfe gegen Entgelt, auch wenn das Entgelt in Form einer Zahlung für einen bestimmten Zeitraum oder eine festgelegte Anzahl von Veranstaltungen in einem Betrag erfolgt;
3. [1]das Recht auf Zugang zu Veranstaltungen auf dem Gebiet des Unterrichts und der Wissenschaft, wie beispielsweise Konferenzen und Seminare. [2]Dies gilt unabhängig davon, ob der Unternehmer selbst oder ein Arbeitnehmer an der Veranstaltung teilnimmt und das Entgelt vom Unternehmer (Arbeitgeber) entrichtet wird.

[2]Zu den Eintrittsberechtigungen für Messen, Ausstellungen und Kongresse gehören insbesondere Leistungen, für die der Leistungsempfänger Kongress-, Teilnehmer- oder Seminarentgelte entrichtet, sowie damit im Zusammenhang stehende Nebenleistungen, wie z. B. Beförderungsleistungen, Vermietung von Fahrzeugen oder Unterbringung, wenn diese Leistungen vom Veranstalter der Messe, der Ausstellung oder des Kongresses zusammen mit der Einräumung der Eintrittsberechtigung als einheitliche Leistung (vgl. Abschnitt 3.10) angeboten werden. [3]Zu den mit den in § 3 a Abs. 3 Nr. 5 UStG genannten Veranstaltungen zusammenhängenden sonstigen Leistungen gehören auch die Nutzung von Garderoben und von sanitären Einrichtungen gegen gesondertes Entgelt (vgl. Artikel 33 MwStVO).

(3) [1]Nicht unter § 3 a Abs. 3 Nr. 5 UStG fällt die Berechtigung zur Nutzung von Räumlichkeiten, wie beispielsweise Turnhallen oder anderen Räumen, gegen Entgelt (vgl. Artikel 32 Abs. 3 MwStVO). [2]Auch die Vermittlung von Eintrittsberechtigungen fällt nicht unter § 3 a Abs. 3 Nr. 5 UStG; der Leistungsort dieser Umsätze richtet sich bei Leistungen an einen Leistungsempfänger im Sinne des § 3 a Abs. 2 UStG (siehe Abschnitt 3 a.2 Abs. 1) nach § 3 a Abs. 2 UStG, bei Leistungen an einen Nichtunternehmer (siehe Abschnitt 3 a.1 Abs. 1) nach § 3 a Abs. 3 Nr. 4 UStG.

Anmerkung

Der **Verkauf von Eintrittsberechtigungen** zu kulturellen, künstlerischen, sportlichen, unterrichtenden oder ähnlichen Veranstaltungen, wie auch Messen und Ausstellungen kann zu unterschiedlichen (systematischen) Ergebnissen führen:

- Ist der **Leistungsempfänger kein Unternehmer** und auch keine juristische Person, der eine USt-IdNr. erteilt worden ist, ist die Leistung am jeweiligen Veranstaltungsort ausgeführt, § 3a Abs. 3 Nr. 3 UStG.
- Ist der **Leistungsempfänger ein Unternehmer**, der die Leistung für sein Unternehmen bezieht, wäre eigentlich der Ort der an ihn ausgeführten sonstigen Leistung dort, wo er sein Unternehmen oder eine die Leistung beziehende Betriebsstätte unterhält, § 3a Abs. 2 UStG. Da dies aber zu erheblichen praktischen Schwierigkeiten führen würde, ist hier die vorrangige Sonderregelung des § 3a Abs. 3 Nr. 5 UStG eingeführt worden, nach der die Gewährung der Eintrittsberechtigung auch gegenüber Unternehmern immer dort ausgeführt ist, wo die Veranstaltung tatsächlich ausgeführt wird.

  Hinweis: Leistungsort damit unabhängig von der Stellung des Leistungsempfängers

  Im Ergebnis ist die sonstige Leistung, die in der Gewährung der Eintrittsberechtigung zu diesen Veranstaltungen besteht, unabhängig der Stellung des Leistungsempfängers dort ausgeführt, wo die jeweilige Veranstaltung stattfindet. Der leistende Unternehmer muss sich deshalb nicht darüber vergewissern, ob der Leistungsempfänger Unternehmer ist oder nicht.

Die **Finanzverwaltung** hatte früher die Auffassung vertreten, dass die Regelungen über die Eintrittsberechtigungen nur dann anzuwenden sind, wenn es sich um Veranstaltungen handelt, die allen Interessierten offenstehen. Der EuGH (Urt. v. 13.3.2019 – C-647/17 – Srf konsulterna AB, UR 2019, 344) hatte aber in einem schwedischen Verfahren diese Voraussetzung nicht als relevant angesehen und die Regelung auch in dem Fall angewendet, in dem die Veranstaltung nur einer bestimmten Berufsgruppe offenstand.

Hinweis: Kein Grundsatz, dass Veranstaltung allen offen stehen muss

Auch die Generalanwältin hatte in ihrem Schlussantrag darauf hingewiesen, dass es keine Anhaltspunkte gibt, nach der die Veranstaltung zumindest teilweise der Allgemeinheit oder einer Gruppe unbekannter, anonymer Kunden zugänglich sein müsse.

Die Finanzverwaltung (BMF, Schreiben v. 9.6.2021, BStBl I 2021, 778) hat einen **Abschn. 3a.7a UStAE** eingeführt, in dem die Regelungen für den Ort einer Veranstaltung zusammengestellt werden. Dabei geht die Finanzverwaltung nicht unmittelbar auf das EuGH-Urteil ein, es werden nur die Arten der hier erfassten Eintrittsberechtigungen typisiert und der Umfang der Leistungen beschrieben, die mit der Eintrittsberechtigung miterfasst werden (einheitliche Leistung, die die damit zusammenhängenden Nebenleistungen wie Beförderungsleistungen oder Unterbringung miterfassen, soweit dies einheitlich angeboten wird).

Wichtig: Physische Anwesenheit notwendig

Die Finanzverwaltung stellt besonders heraus, dass die Ortsbestimmung nach § 3a Abs. 3 Nr. 5 UStG als „**Eintrittsberechtigung**" voraussetzt, dass der Leistungsempfänger **physisch an dem Veranstaltungsort** anwesend sein muss.

Diese Rechtsnorm **gilt deshalb ausdrücklich nicht für eine Online-Teilnahme** an solchen Veranstaltungen. Dies ist seit dem 1.1.2025 auch gesetzlich (aufgrund unionsrechtlicher Vorgaben) in § 3a Abs. 3 Nr. 5 UStG erfasst. Virtuelle Teilnahme an solchen Veranstaltungen führt zu einem Ort nach § 3a Abs. 2 UStG und ist damit dort, wo der Leistungsempfänger ansässig ist.

Die Anpassung des UStAE war **notwendig** geworden, da der EuGH den Anwendungsbereich des § 3 a Abs. 3 Nr. 5 UStG offensichtlich weiter gesehen hatte, als dies bisher durch die deutsche Finanzverwaltung geschehen war. Interessant ist dies allerdings immer nur, wenn der **Veranstaltungsort in einem anderen Staat liegt**, als der Leistungsempfänger (soweit er Unternehmer ist, der die Leistung für Zwecke seines Unternehmens bezieht) ansässig ist. Ist der unternehmerische Leistungsempfänger in demselben Staat ansässig, in dem die Veranstaltung ausgeführt wird, ergeben sich keine umsatzsteuerrechtlichen Konsequenzen.

Hinweis: Keine „Eintrittsberechtigung" bei Leistungen über Plattformen

Der EuGH (Urt. v. 23.11.2023 – C-532/22, SC Westside Unicat SRL) hat festgestellt, dass Art. 53 MwStSystRL („Eintrittsberechtigung" zu kulturellen, unterhaltenden o.ä. Leistungen) keine Anwendung auf Dienstleistungen findet, die von einem Studio zur Aufzeichnung von Videochats an den Betreiber einer Plattform für Verbreitungen über das Internet erbracht werden und die darin bestehen, digitale Inhalte in Form interaktiver Videositzungen erotischer Art zu erstellen, die von einem solchen Studio gefilmt werden, um sie diesem Betreiber zur Verbreitung durch diesen auf der genannten Plattform zur Verfügung zu stellen.

Die Grundsätze sind in allen offenen Fällen anzuwenden. Nachdem ursprünglich keine Nichtbeanstandungsregelung aufgenommen wurde, wurde **nachträglich eine Nichtbeanstandungsregelung** (BMF, Schreiben v. 19.8.2021, BStBl I 2021, 1088) **aufgenommen**. Für Leistungen, die der Öffentlichkeit nicht zugänglich sind und die **vor dem 1.1.2022 ausgeführt** wurden, wird es von der Finanzverwaltung bei B2B-Leistungen nicht beanstandet, wenn nach der bisherigen Verwaltungsauffassung der Ort der Leistung nicht nach § 3 a Abs. 3 Nr. 5 UStG, sondern nach § 3 a Abs. 2 UStG am Sitz des die Leistung empfangenden Unternehmens oder am Ort einer die Leistung empfangenden Betriebsstätte angenommen wird.

Hinweis: Anpassung MwStSystRL zum 1.1.2025 durch JStG 2024 umgesetzt

In Art. 53 Abs. 2 MwStSystRL wurde mit Wirkung zum 1.1.2025 klargestellt, dass im Fall der virtuellen Teilnahme an den genannten Veranstaltungen, diese Regelungen zu den Eintrittsberechtigungen keine Anwendung finden. Dies entspricht insoweit der von der Finanzverwaltung vertretenen Auffassung. Die Vorgabe ist durch das Jahressteuergesetz 2024 in § 3a Abs. 3 Nr. 5 UStG mit aufgenommen worden.

Die Finanzverwaltung hat zuletzt mit Schreiben v. 8.8.2025 (BStBl I 2025, 1637) zu den Online-Leistungen Stellung genommen und dort auch die hier dargestellten Grundsätze bestätigt.

UStAE 3 a.8. Ort der in § 3 a Abs. 4 Satz 2 UStG bezeichneten sonstigen Leistungen

Bei der Bestimmung des Leistungsorts für die in § 3 a Abs. 4 Satz 2 UStG bezeichneten Leistungen sind folgende Fälle zu unterscheiden:

1. Ist der Empfänger der sonstigen Leistung ein Nichtunternehmer (siehe Abschnitt 3 a.1 Abs. 1) und hat er seinen Wohnsitz oder Sitz außerhalb des Gemeinschaftsgebiets (vgl. Abschnitt 1.10 Abs. 1), wird die sonstige Leistung dort ausgeführt, wo der Empfänger seinen Wohnsitz oder Sitz hat (§ 3 a Abs. 4 Satz 1 UStG).
2. [1]Ist der Empfänger der sonstigen Leistung ein Nichtunternehmer (siehe Abschnitt 3 a.1 Abs. 1) und hat er seinen Wohnsitz oder Sitz innerhalb des Gemeinschaftsgebiets (vgl. Abschnitt 1.10 Abs. 1), wird die sonstige Leistung dort ausgeführt, wo der leistende Unternehmer sein Unternehmen betreibt. [2]Insoweit verbleibt es bei der Regelung des § 3 a Abs. 1 UStG (vgl. jedoch § 3 a Abs. 6 Satz 1 Nr. 2 UStG und Abschnitt 3 a.14 Abs. 1 und 3).

2 a. Wird die sonstige Leistung an einen Nichtunternehmer (siehe Abschnitt 3 a.1 Abs. 1) erbracht, der in verschiedenen Ländern ansässig ist oder seinen Wohnsitz in einem Land und seinen gewöhnlichen Aufenthaltsort in einem anderen Land hat, ist
   a) bei Leistungen an eine nicht unternehmerisch tätige juristische Person, der keine USt-IdNr. erteilt worden ist, der Leistungsort vorrangig an dem Ort, an dem die Handlungen zur zentralen Verwaltung der juristischen Person vorgenommen werden, soweit keine Anhaltspunkte dafür vorliegen, dass die Leistung an deren Betriebsstätte genutzt oder ausgewertet wird (vgl. Artikel 24 Buchstabe a MwStVO),
   b) bei Leistungen an eine natürliche Person der Leistungsort vorrangig an deren gewöhnlichem Aufenthaltsort (siehe Abschnitt 3 a.1 Abs. 1 Sätze 10 bis 14), soweit keine Anhaltspunkte dafür vorliegen, dass die Leistung an deren Wohnsitz genutzt oder ausgewertet wird (vgl. Artikel 24 Buchstabe b MwStVO).

3. [1]Ist der Empfänger der sonstigen Leistung ein Leistungsempfänger im Sinne des § 3 a Abs. 2 UStG (siehe Abschnitt 3 a.2 Abs. 1), wird die sonstige Leistung dort ausgeführt, wo der Empfänger sein Unternehmen betreibt bzw. die juristische Person ihren Sitz hat (§ 3 a Abs. 2 UStG; vgl. Abschnitt 3 a.2).

UStAE 3 a.9. Leistungskatalog des § 3 a Abs. 4 Satz 2 Nr. 1 bis 10 UStG

Patente, Urheberrechte, Markenrechte

(1) Sonstige Leistungen im Sinne des § 3 a Abs. 4 Satz 2 Nr. 1 UStG ergeben sich u. a. auf Grund folgender Gesetze:

1. Gesetz über Urheberrecht und verwandte Schutzrechte;
2. Gesetz über die Wahrnehmung von Urheberrechten und verwandten Schutzrechten;
3. Patentgesetz;
4. Markenrechtsreformgesetz;
5. Gesetz über das Verlagsrecht;
6. Gebrauchsmustergesetz.

(2) [1]Hinsichtlich der Leistungen auf dem Gebiet des Urheberrechts vgl. Abschnitt 3 a.6 Abs. 4. [2]Außerdem sind die Ausführungen in Abschnitt 12.7 zu beachten. [3]Bei der Auftragsproduktion von Filmen wird auf die Rechtsprechung des BFH zur Abgrenzung zwischen Lieferung und sonstiger Leistung hingewiesen (vgl. BFH-Urteil vom 19. 2. 1976, V R 92/74, BStBl II S. 515). [4]Die Überlassung von Fernseh-

übertragungsrechten und die Freigabe eines Berufsfußballspielers gegen Ablösezahlung sind als ähnliche Rechte im Sinne des § 3 a Abs. 4 Satz 2 Nr. 1 UStG anzusehen.

Werbung, Öffentlichkeitsarbeit, Werbungsmittler, Werbeagenturen

(3) [1]Unter dem Begriff „Leistungen, die der Werbung dienen" im Sinne des § 3 a Abs. 4 Satz 2 Nr. 2 UStG sind die Leistungen zu verstehen, die bei den Werbeadressaten den Entschluss zum Erwerb von Gegenständen oder zur Inanspruchnahme von sonstigen Leistungen auslösen sollen (vgl. BFH-Urteil vom 24. 9. 1987, V R 105/77, BStBl 1988 II S. 303). [2]Unter den Begriff fallen auch die Leistungen, die bei den Werbeadressaten ein bestimmtes außerwirtschaftliches, z. B. politisches, soziales, religiöses Verhalten herbeiführen sollen. [3]Es ist nicht erforderlich, dass die Leistungen üblicherweise und ausschließlich der Werbung dienen.

(4) Zu den Leistungen, die der Werbung dienen, gehören insbesondere:

1. [1]die Werbeberatung. [2]Hierbei handelt es sich um die Unterrichtung über die Möglichkeiten der Werbung;
2. [1]die Werbevorbereitung und die Werbeplanung. [2]Bei ihr handelt es sich um die Erforschung und Planung der Grundlagen für einen Werbeeinsatz, z. B. die Markterkundung, die Verbraucheranalyse, die Erforschung von Konsumgewohnheiten, die Entwicklung einer Marktstrategie und die Entwicklung von Werbekonzeptionen;
3. [1]die Werbegestaltung. [2]Hierzu zählen die graphische Arbeit, die Abfassung von Werbetexten und die vorbereitenden Arbeiten für die Film-, Funk- und Fernsehproduktion;
4. [1]die Werbemittelherstellung. [2]Hierzu gehört die Herstellung oder Beschaffung der Unterlagen, die für die Werbung notwendig sind, z. B. Reinzeichnungen und Tiefdruckvorlagen für Anzeigen, Prospekte, Plakate usw., Druckstöcke, Bild- und Tonträger, einschließlich der Überwachung der Herstellungsvorgänge;
5. [1]die Werbemittlung (vgl. Absatz 7). [2]Der Begriff umfasst die Auftragsabwicklung in dem Bereich, in dem die Werbeeinsätze erfolgen sollen, z. B. die Erteilung von Anzeigenaufträgen an die Verleger von Zeitungen, Zeitschriften, Fachblättern und Adressbüchern sowie die Erteilung von Werbeaufträgen an Funk- und Fernsehanstalten und an sonstige Unternehmer, die Werbung durchführen;
6. [1]die Durchführung von Werbung. [2]Hierzu gehören insbesondere die Aufnahmen von Werbeanzeigen in Zeitungen, Zeitschriften, Fachblättern, auf Bild- und Tonträgern und in Adressbüchern, die sonstige Adresswerbung, z. B. Zusatzeintragungen oder hervorgehobene Eintragungen, die Beiheftung, Beifügung oder Verteilung von Prospekten oder sonstige Formen der Direktwerbung, das Anbringen von Werbeplakaten und Werbetexten an Werbeflächen, Verkehrsmitteln usw., das Abspielen von Werbefilmen in Filmtheatern oder die Ausstrahlung von Werbesendungen im Fernsehen oder Rundfunk.

(5) [1]Zeitungsanzeigen von Unternehmern, die Stellenangebote enthalten, ausgenommen Chiffreanzeigen, und sog. Finanzanzeigen, z. B. Veröffentlichung von Bilanzen, Emissionen, Börsenzulassungsprospekten usw., sind Werbeleistungen. [2]Zeitungsanzeigen von Nichtunternehmern, z. B. Stellengesuche, Stellenangebote von juristischen Personen des öffentlichen Rechts für den hoheitlichen Bereich, Familienanzeigen, Kleinanzeigen, sind dagegen als nicht der Werbung dienend anzusehen.

(6) [1]Unter Leistungen, die der Öffentlichkeitsarbeit dienen, sind die Leistungen zu verstehen, durch die Verständnis, Wohlwollen und Vertrauen erreicht oder erhalten werden sollen. [2]Es handelt sich hierbei in der Regel um die Unterrichtung der Öffentlichkeit über die Zielsetzungen, Leistungen und die soziale Aufgeschlossenheit staatlicher oder privater Stellen. [3]Die Ausführungen in den Absätzen 3 und 4 gelten entsprechend.

(7) Werbungsmittler ist, wer Unternehmern, die Werbung für andere durchführen, Werbeaufträge für andere im eigenen Namen und für eigene Rechnung erteilt (vgl. Absatz 4 Nr. 5).

(8) [1]Eine Werbeagentur ist ein Unternehmer, der neben der Tätigkeit eines Werbungsmittlers weitere Leistungen, die der Werbung dienen, ausführt. [2]Bei den weiteren Leistungen handelt es sich insbeson-

dere um Werbeberatung, Werbeplanung, Werbegestaltung, Beschaffung von Werbemitteln und Überwachung der Werbemittelherstellung (vgl. Absatz 4 Nr. 1 bis 4).

(8a) Eine Leistung im Sinne des § 3a Abs. 4 Satz 2 Nr. 2 UStG liegt auch bei der Planung, Gestaltung sowie Aufbau, Umbau und Abbau von Ständen im Zusammenhang mit Messen und Ausstellungen vor, wenn dieser Stand für Werbezwecke verwendet wird (vgl. EuGH-Urteil vom 27. 10. 2011, C-530/09, Inter-Mark Group, BStBl 2012 II S. 160).

Beratungs- und Ingenieurleistungen

(9) [1]§ 3a Abs. 4 Satz 2 Nr. 3 UStG ist z.B. bei folgenden sonstigen Leistungen anzuwenden, wenn sie Hauptleistungen sind: Rechts-, Steuer- und Wirtschaftsberatung. [2]Nicht unter § 3a Abs. 4 Satz 2 Nr. 3 UStG fallen Beratungsleistungen, wenn die Beratung nach den allgemeinen Grundsätzen des Umsatzsteuerrechts nur als Nebenleistung, z.B. zu einer Werklieferung, zu beurteilen ist. [3]Keine reine Beratungsleistung liegt vor, wenn eine Dienstleistung die Ausübung einer Entscheidungsbefugnis voraussetzt (z.B. in Bezug auf die Gewährung oder Ablehnung einer Entschädigung, wie im Fall der Schadensregulierung, vgl. EuGH-Urteil vom 01.08.2022, C-267/21, Uniqa Asigurari).

(10) [1]Bei Rechtsanwälten, Patentanwälten, Steuerberatern und Wirtschaftsprüfern fallen alle berufstypischen Leistungen unter § 3a Abs. 4 Satz 2 Nr. 3 UStG. [2]Zur Beratungstätigkeit gehören daher z.B. bei einem Rechtsanwalt die Prozessführung, bei einem Wirtschaftsprüfer auch die im Rahmen von Abschlussprüfungen erbrachten Leistungen. [3]Im Rahmen des Anwaltsberufs erbrachte Leistungen haben hauptsächlich und gewöhnlich die Vertretung und Verteidigung der Interessen eines Mandanten zum Gegenstand, was im Allgemeinen in einem Kontext der Auseinandersetzung und in Gegenwart widerstreitender Interessen stattfindet (vgl. EuGH-Urteil vom 01.08.2022, C-267/21, Uniqa Asigurari). [4]Keine berufstypische Leistung eines Rechtsanwaltes oder Steuerberaters ist daher die Tätigkeit als Testamentsvollstrecker oder Nachlasspfleger (vgl. BFH-Urteil vom 03. 04. 2008 – V R 62/05, BStBl II S. 900).

(11) [1]§ 3a Abs. 4 Satz 2 Nr. 3 UStG erfasst auch die selbständigen Beratungsleistungen der Notare. [2]Sie erbringen jedoch nur dann selbständige Beratungsleistungen, wenn die Beratungen nicht im Zusammenhang mit einer Beurkundung stehen. [3]Das sind insbesondere die Fälle, in denen sich die Tätigkeit der Notare auf die Betreuung der Beteiligten auf dem Gebiet der vorsorgenden Rechtspflege, insbesondere die Anfertigung von Urkundsentwürfen und die Beratung der Beteiligten beschränkt (vgl. § 24 BNotO und §§ 145 und 147 Abs. 2 KostO).

(12) [1]Unter § 3a Abs. 4 Satz 2 Nr. 3 UStG fallen auch die Beratungsleistungen von Sachverständigen. [2]Hierzu gehören z.B. die Anfertigung von rechtlichen, wirtschaftlichen und technischen Gutachten, soweit letztere nicht in engem Zusammenhang mit einem Grundstück (§ 3a Abs. 3 Nr. 1 UStG und Abschnitt 3a.3 Abs. 3) oder mit beweglichen Gegenständen (§ 3a Abs. 3 Nr. 3**a** Buchstabe **b** UStG und Abschnitt 3a.6 Abs. 12) stehen, sowie die Aufstellung von Finanzierungsplänen, die Auswahl von Herstellungsverfahren und die Prüfung ihrer Wirtschaftlichkeit. [3]Leistungen von Handelschemikern sind als Beratungsleistungen im Sinne des § 3a Abs. 4 Satz 2 Nr. 3 UStG zu beurteilen, wenn sie Auftraggeber neben der chemischen Analyse von Warenproben insbesondere über Kennzeichnungsfragen beraten.

(13) [1]Ingenieurleistungen sind alle sonstigen Leistungen, die zum Berufsbild eines Ingenieurs gehören, also nicht nur beratende Tätigkeiten; die Ausübung von Ingenieurleistungen ist dadurch gekennzeichnet, Kenntnisse und bestehende Prozesse auf konkrete Probleme anzuwenden sowie neue Kenntnisse zu erwerben und neue Prozesse zur Lösung dieser und neuer Probleme zu entwickeln (vgl. EuGH-Urteile vom 07. 10. 2010, C-222/09, Kronospan Mielec, und vom 01. 08. 2022, C-267/21, Uniqa Asigurari, und BFH-Urteil vom 13. 01. 2011 – V R 63/09, BStBl II S. 461). [2]Es ist nicht erforderlich, dass der leistende Unternehmer Ingenieur ist. [3]Nicht hierzu zählen Ingenieurleistungen in engem Zusammenhang mit einem Grundstück (vgl. Abschnitt 3a.3 Abs. 3 und 8). [4]Die Anpassung von Software an die besonderen Bedürfnisse des Abnehmers gehört zu den sonstigen Leistungen, die von Ingenieuren erbracht werden, oder zu denen, die Ingenieurleistungen ähnlich sind (vgl. EuGH-Urteil vom 27. 10. 2005, C-41/04, Levob Verzekeringen un OV Bank). [5]Ebenso sind Leistungen eines Ingenieurs, die in Forschungs- und Entwicklungsarbeiten, z.B. im Umwelt- und Technologiebereich, bestehen, Ingenieurleistungen im Sinne des § 3a Abs. 4 Satz 2 Nr. 3 UStG (vgl. EuGH-Urteil vom 7. 10. 2010, C-222/09, Kronospan Mielec).

(14) Zu den unter § 3 a Abs. 4 Satz 2 Nr. 3 UStG fallenden sonstigen Leistungen der Übersetzer gehören auch die Übersetzungen von Texten (vgl. Artikel 41 MwStVO), soweit es sich nicht um urheberrechtlich geschützte Übersetzungen handelt (vgl. auch Abschnitt 12.7 Abs. 12).

(14a) Zu den unter § 3a Abs. 4 Satz 2 Nr. 3 UStG fallenden „ähnlichen Leistungen anderer Unternehmer" gehören solche Leistungen, die irgendeiner der genannten Tätigkeiten, gesondert betrachtet, ähnlich sind; dies ist dann der Fall, wenn beide Tätigkeiten dem gleichen Zweck dienen (vgl. EuGH-Urteil vom 01. 08. 2022, C-267/21, Uniqa Asigurari).

Datenverarbeitung

(15) [1]Unter Datenverarbeitung im Sinne des § 3 a Abs. 4 Satz 2 Nr. 4 UStG ist die manuelle, mechanische oder elektronische Speicherung, Umwandlung, Verknüpfung und Verarbeitung von Daten zu verstehen. [2]Hierzu gehören insbesondere die Automatisierung von gleichförmig wiederholbaren Abläufen, die Sammlung, Aufbereitung, Organisation, Speicherung und Wiedergewinnung von Informationsmengen sowie die Verknüpfung von Datenmengen oder Datenstrukturen mit der Verarbeitung dieser Informationen auf Grund computerorientierter Verfahren. [3]Die Erstellung von Datenverarbeitungsprogrammen (Software) ist keine Datenverarbeitung im Sinne von § 3 a Abs. 4 Satz 2 Nr. 4 UStG (vgl. aber Abschnitt 3 a.12).

Überlassung von Informationen

(16) [1]§ 3 a Abs. 4 Satz 2 Nr. 5 UStG behandelt die Überlassung von Informationen einschließlich gewerblicher Verfahren und Erfahrungen, soweit diese sonstigen Leistungen nicht bereits unter § 3 a Abs. 4 Satz 2 Nr. 1, 3 und 4 UStG fallen. [2]Gewerbliche Verfahren und Erfahrungen können im Rahmen der laufenden Produktion oder der laufenden Handelsgeschäfte gesammelt werden und daher bei einer Auftragserteilung bereits vorliegen, z. B. Überlassung von Betriebsvorschriften, Unterrichtung über Fabrikationsverbesserungen, Unterweisung von Arbeitern des Auftraggebers im Betrieb des Unternehmers. [3]Gewerbliche Verfahren und Erfahrungen können auch auf Grund besonderer Auftragsforschung gewonnen werden, z. B. Analysen für chemische Produkte, Methoden der Stahlgewinnung, Formeln für die Automation. [4]Es ist ohne Belang, in welcher Weise die Verfahren und Erfahrungen übermittelt werden, z. B. durch Vortrag, Zeichnungen, Gutachten oder durch Übergabe von Mustern und Prototypen. [5]Unter die Vorschrift fällt die Überlassung aller Erkenntnisse, die ihrer Art nach geeignet sind, technisch oder wirtschaftlich verwendet zu werden. [6]Dies gilt z. B. auch für die Überlassung von Know-how und von Ergebnissen einer Meinungsumfrage auf dem Gebiet der Marktforschung (vgl. BFH-Urteil vom 22. 11. 1973, V R 164/72, BStBl 1974 II S. 259) sowie für die Überlassung von Informationen durch Journalisten oder Pressedienste, soweit es sich nicht um die Überlassung urheberrechtlich geschützter Rechte handelt (vgl. Abschnitt 12.7 Abs. 9 bis 11). [7]Bei den sonstigen Leistungen der Detektive handelt es sich um Überlassungen von Informationen im Sinne des § 3 a Abs. 4 Satz 2 Nr. 5 UStG. [8]Dagegen stellt die Unterrichtung des Erben über den Erbfall durch einen Erbenermittler keine Überlassung von Informationen dar (vgl. BFH-Urteil vom 3. 4. 2008, V R 62/05, BStBl II S. 900).

Finanzumsätze

(17) [1]Wegen der Bank-, Finanz- und Versicherungsumsätze, die in § 4 Nr. 8 Buchstabe a bis h und Nr. 10 UStG bezeichnet sind, vgl. Abschnitte 4.8.1 bis 4.8.13 und Abschnitte 4.10.1 und 4.10.2. [2]Die Verweisung auf § 4 Nr. 8 Buchstabe a bis h und Nr. 10 UStG in § 3 a Abs. 4 Satz 2 Nr. 6 Buchstabe a UStG erfasst auch die dort als nicht steuerfrei bezeichneten Leistungen. [3]Zu den unter § 3 a Abs. 4 Satz 2 Nr. 6 UStG fallenden Umsätzen gehört auch die Vermögensverwaltung mit Wertpapieren (vgl. EuGH-Urteil vom 19. 7. 2012, C-44/11, Deutsche Bank, BStBl II S. 945, und BFH-Urteil vom 11. 10. 2012, V R 9/10, BStBl 2014 II S. 279).

Edelmetallumsätze

(18) [1]Zu den sonstigen Leistungen im Geschäft mit Platin nach § 3 a Abs. 4 Satz 2 Nr. 6 Buchstabe b UStG gehört auch der börsenmäßige Handel mit Platinmetallen (Palladium, Rhodium, Iridium, Osmium,

Ruthenium). [2]Dies gilt jedoch nicht für Geschäfte mit Platinmetallen, bei denen die Versorgungsfunktion der Verarbeitungsunternehmen im Vordergrund steht. [3]Hierbei handelt es sich um Warengeschäfte.

Personalgestellung

(18 a) [1]Unter einer Gestellung von Personal ist die entgeltliche Überlassung von weiterhin beim leistenden Unternehmer angestellten Arbeitnehmern an einen Dritten zu verstehen, welcher das Personal für seine Zwecke einsetzt. [2]Dabei muss der Leistungsempfänger in der Lage sein, das Personal entsprechend seines Weisungsrechts einzusetzen. [3]Die Verantwortung für die Durchführung der Arbeiten muss beim Leistungsempfänger liegen. [4]Schuldet hingegen der leistende Unternehmer den Eintritt eines bestimmten Erfolges oder Ereignisses, steht nicht die Überlassung des Personals, sondern die Ausführung einer anderen Art der Leistung im Vordergrund (zu den sonstigen Leistungen im Zusammenhang mit einem Grundstück vgl. Abschnitt 3 a.3 Abs. 8).

Vermietung von beweglichen körperlichen Gegenständen

(19) Eine Vermietung von beweglichen körperlichen Gegenständen im Sinne des § 3 a Abs. 4 Satz 2 Nr. 10 UStG liegt z. B. vor, wenn ein bestehender Messestand oder wesentliche Bestandteile eines Standes im Zusammenhang mit Messen und Ausstellungen an Aussteller vermietet werden und die Vermietung ein wesentliches Element dieser Dienstleistung ist (vgl. EuGH-Urteil vom 27. 10. 2011, C-530/09, Inter-Mark Group, BStBl 2012 II S. 160).

Anmerkung

Wird eine in § 3 a Abs. 4 Satz 2 UStG abschließend aufgeführte sonstige Leistung an einen Nichtunternehmer ausgeführt, der im Drittlandsgebiet ansässig ist, ist der Ort dieser sonstigen Leistung dort, wo der Leistungsempfänger ansässig ist.

Bis zum 31.12.2009 galten diese **Katalogdienstleistungen** (damals § 3 a Abs. 3 und Abs. 4 UStG) auch bei Leistungen gegenüber Unternehmern, die die Leistung für Zwecke ihres Unternehmens bezogen. **Zum 1.1.2010** wurde diese Regelung dann auf die Nichtunternehmer aus dem Drittlandsgebiet reduziert, da über die B2B-Generalnorm des § 3 a Abs. 2 UStG die Leistungen an Unternehmer für dessen Unternehmen schon danach am Sitz des Leistungsempfängers ausgeführt waren. Es wurde aber in diesem Zusammenhang unionsrechtlich versäumt, den Anwendungsbereich der Katalogdienstleistungen zu überarbeiten, sodass in dieser Aufzählung Leistungen enthalten sind, die nicht unbedingt typischerweise gegenüber Nichtunternehmern ausgeführt werden.

Hinweis

Zu den Beratungsleistungen gehören nach der Rechtsprechung des EuGH (Urt. v. 1.8.2022 – C-267/21, Uniqa Asigurari, BFH/NV 2022, 1149) nicht die Leistungen, die von Drittgesellschaften im Namen und für Rechnung einer Versicherungsgesellschaft zur Schadensregulierung ausgeführt werden. Der Fall betraf ein rumänisches Verfahren, das Leistungen zum Gegenstand hatte, die vor dem 1.1.2010 ausgeführt wurden. Für Leistungen, die ab dem 1.1.2010 ausgeführt werden, wäre der Leistungsort nicht strittig gewesen, da es sich um „B2B-Leistungen“ handelte, die seit dem 1.1.2010 am Sitzort des Leistungsempfängers ausgeführt werden. Dies galt aber für Leistungen vor dem 1.1.2010 nur bei bestimmten Leistungen. Die vom EuGH jetzt vorgenommene Abgrenzung hat aber immer noch seine Bedeutung bei „B2C-Leistungen“, die drittlandsgrenzüberschreitend ausgeführt werden.

Die Finanzverwaltung (BMF, Schreiben v. 4.1.2024, BStBl I 2024, 170) hat in diesem Zusammenhang an verschiedenen Stellen des **Abschn. 3a.9 UStAE Ergänzungen** vorgenommen:

– **Keine reine Beratungsleistung** liegt vor, wenn eine Dienstleistung die Ausübung einer **Entscheidungsbefugnis** voraussetzt (z.B. in Bezug auf die Gewährung oder Ablehnung einer Entschädigung, wie im Fall der Schadensregulierung); Abschn. 3a.9 Abs. 9 Satz 3 UStAE.
– Zur Erläuterung der **berufstypischen Leistungen** im Rahmen des **Anwaltsberufs** wird ausgeführt, dass diese hauptsächlich und gewöhnlich die Vertretung und Verteidigung der Interessen eines

Mandanten zum Gegenstand haben, was im Allgemeinen in einem Kontext der Auseinandersetzung und in Gegenwart widerstreitender Interessen stattfindet; Abschn. 3a.9 Abs. 10 Satz 3 UStAE.

– Zu den **„ähnlichen Leistungen anderer Unternehmer“** gehören solche Leistungen, die irgendeiner der genannten Tätigkeiten, gesondert betrachtet, ähnlich sind; dies ist dann der Fall, wenn beide Tätigkeiten **dem gleichen Zweck dienen;** Abschn. 3a.9 Abs. 14a UStAE.

UStAE 3 a.9 a. Ort der sonstigen Leistungen auf dem Gebiet der Telekommunikation, der Rundfunk- und Fernsehdienstleistungen und der auf elektronischem Weg erbrachten sonstigen Leistungen

Ort der Leistungen

(1) [1]Bei der Bestimmung des Leistungsorts für die in § 3 a Abs. 5 Satz 2 UStG bezeichneten Leistungen (Telekommunikations-, Rundfunk- und Fernsehdienstleistungen und auf elektronischem Weg erbrachte sonstige Leistungen) sind folgende Fälle zu unterscheiden:

1. [1]Ist der Empfänger der sonstigen Leistung ein Nichtunternehmer (siehe Abschnitt 3 a.1 Abs. 1), wird die sonstige Leistung vorbehaltlich des Satzes 2 dort ausgeführt, wo der Empfänger seinen Wohnsitz, gewöhnlichen Aufenthaltsort oder Sitz hat (§ 3 a Abs. 5 Satz 1 UStG). [2]Wird die sonstige Leistung von einem Unternehmer erbracht, der in nur einem EU-Mitgliedstaat ansässig ist, bestimmt sich der Leistungsort insoweit nach § 3 a Abs. 1 UStG, wenn der Gesamtbetrag der Entgelte der in § 3 a Abs. 5 Satz 2 UStG bezeichneten sonstigen Leistungen an in anderen EU-Mitgliedstaaten ansässige Nichtunternehmer sowie der innergemeinschaftlichen Fernverkäufe (Abschnitt 3 c.1 Abs. 2 Satz 1) insgesamt 10 000 € im vorangegangenen Kalenderjahr nicht überschritten hat und im laufenden Kalenderjahr nicht überschreitet (§ 3 a Abs. 5 Satz 3 UStG); für die Beurteilung des Leistungsorts im Besteuerungszeitraum 2021 sind auch die vorgenannten sonstigen Leistungen und innergemeinschaftlichen Fernverkäufe einzubeziehen, die im Kalenderjahr 2020 und im ersten Halbjahr 2021 ausgeführt wurden; eine zeitanteilige Aufteilung der Umsatzschwelle von 10 000 € ist im Kalenderjahr 2021 nicht vorzunehmen.

   Beispiel:

   [1]Der im Inland ansässige Unternehmer U erbringt in den Jahren 2020 und 2021 in § 3 a Abs. 5 Satz 2 UStG bezeichnete sonstige Leistungen an in anderen EU-Mitgliedstaaten ansässige Nichtunternehmer im folgenden Wert:

im Kalenderjahr 2020:	3 000 €
im ersten Halbjahr 2021:	5 000 €
im zweiten Halbjahr 2021:	2 000 €

   [2]Außerdem versendet U in den Jahren 2020 und 2021 Waren im folgenden Wert an in anderen EU-Mitgliedstaaten ansässige Nichtunternehmer:

im Kalenderjahr 2020:	6 000 €
im ersten Halbjahr 2021:	20 000 €
im zweiten Halbjahr 2021:	5 000 €

   [3]Im vorangegangenen Kalenderjahr 2020 wurde die ab dem 1. 7. 2021 maßgebliche Umsatzschwelle von 10 000 € nicht überschritten. [4]Da die ab dem 1. 7. 2021 auch für innergemeinschaftliche Fernverkäufe maßgebliche Umsatzschwelle von 10 000 € für das Kalenderjahr 2021 jedoch bereits im ersten Halbjahr überschritten wurde, kommt es ab dem 1. 7. 2021 ab dem ersten Umsatz zur Ortsverlagerung in den EU-Mitgliedstaat, in dem der Empfänger ansässig ist. [5]Die innergemeinschaftlichen Fernverkäufe vor dem 1. 7. 2021 sind zu berücksichtigen, unabhängig davon, ob die Ortsbestimmung nach § 3 c UStG in der bis zum 30. 6. 2021 geltenden Fassung aufgrund des Überschreitens der Lieferschwelle zur Anwendung kam. [6]U hat demnach alle in § 3 a Abs. 5 Satz 2 UStG bezeichneten sonstigen Leistungen an in anderen EU-Mitgliedstaaten ansässige

Nichtunternehmer sowie innergemeinschaftlichen Fernverkäufe ab dem 1. 7. 2021 in den EU-Mitgliedstaaten zu versteuern, in denen die Empfänger ansässig sind, und kann dafür das besondere Besteuerungsverfahren nach § 18 j UStG (vgl. Abschnitt 18 j.1) in Anspruch nehmen.

[3]Sobald der Gesamtbetrag nach Satz 2 im laufenden Kalenderjahr überschritten wird, verlagert sich der Leistungsort an den Ort nach Satz 1; dies gilt bereits für den Umsatz, der zur Überschreitung des Gesamtbetrags führt. [4]Satz 2 gilt nicht, wenn der leistende Unternehmer gegenüber dem Finanzamt bis zur Unanfechtbarkeit der Steuerfestsetzung (§ 18 Abs. 3 und 4 UStG), bzw. solange ein Vorbehalt der Nachprüfung nach § 164 AO besteht (vgl. Abschnitt 9.1 Abs. 3 Satz 1), erklärt, dass er auf die Anwendung von § 3 a Abs. 5 Satz 3 UStG verzichtet; diese Erklärung gilt vom Beginn des Kalenderjahres an, für das der Unternehmer sie abgegeben hat, und bindet ihn für mindestens zwei Kalenderjahre (§ 3 a Abs. 5 Sätze 4 und 5 UStG). [5]Die Erklärung ist an keine besondere Form gebunden; sie gilt auch als abgegeben, wenn der leistende Unternehmer die Voraussetzungen nach § 3 a Abs. 5 Satz 3 UStG erfüllt, jedoch weiterhin die Regelung nach § 3 a Abs. 5 Satz 1 UStG anwendet. [6]Nach Ablauf der Zweijahresfrist kann der Unternehmer die Erklärung nach Satz 4 mit Wirkung zu einem vom Unternehmer festgelegten Zeitpunkt widerrufen; der Widerruf ist spätestens bis zur Unanfechtbarkeit der Steuerfestsetzung des Kalenderjahres, für das er gelten soll, bzw. solange ein Vorbehalt der Nachprüfung nach § 164 AO besteht, zu erklären. [7]Im Falle der dezentralen Besteuerung von Organisationseinheiten der Gebietskörperschaften Bund bzw. Länder (§ 18 Abs. 4 f und 4 g UStG) gilt die Umsatzschwelle als überschritten (§ 18 Abs. 4 f Satz 6 UStG).

2. Ist der Empfänger der sonstigen Leistung ein Leistungsempfänger im Sinne des § 3 a Abs. 2 UStG (siehe Abschnitt 3 a.2 Abs. 1), wird die sonstige Leistung dort ausgeführt, wo der Empfänger sein Unternehmen betreibt bzw. die juristische Person ihren Sitz hat (§ 3 a Abs. 2 UStG; vgl. Abschnitt 3 a.2).

[2]Der leistende Unternehmer kann regelmäßig davon ausgehen, dass ein im Inland oder im übrigen Gemeinschaftsgebiet ansässiger Leistungsempfänger ein Nichtunternehmer ist, wenn dieser dem leistenden Unternehmer keine USt-IdNr. mitgeteilt hat (vgl. Artikel 18 Abs. 2 Unterabs. 2 MwStVO).

(2) Wird eine in § 3 a Abs. 5 Satz 2 UStG bezeichnete sonstige Leistung an einen Nichtunternehmer (siehe Abschnitt 3 a.1 Abs. 1) erbracht, der in verschiedenen Ländern ansässig ist oder seinen Wohnsitz in einem Land und seinen gewöhnlichen Aufenthaltsort in einem anderen Land hat, ist – vorbehaltlich § 3 a Abs. 5 Satz 3 UStG und der Absätze 3 bis 7 –

1. bei Leistungen an eine nicht unternehmerisch tätige juristische Person, der keine USt-IdNr. erteilt worden ist, der Leistungsort vorrangig an dem Ort, an dem die Handlungen zur zentralen Verwaltung der juristischen Person vorgenommen werden, soweit keine Anhaltspunkte dafür vorliegen, dass die Leistung an deren Betriebsstätte genutzt oder ausgewertet wird (vgl. Artikel 24 Buchstabe a MwStVO),
2. bei Leistungen an eine natürliche Person der Leistungsort vorrangig an deren gewöhnlichem Aufenthaltsort (siehe Abschnitt 3 a.1 Abs. 1 Sätze 10 bis 14), soweit keine Anhaltspunkte dafür vorliegen, dass die Leistung an deren Wohnsitz genutzt oder ausgewertet wird (vgl. Artikel 24 Buchstabe b MwStVO).

(3) [1]Wird eine in § 3 a Abs. 5 Satz 2 UStG bezeichnete sonstige Leistung an einen Nichtunternehmer (siehe Abschnitt 3 a.1 Abs. 1) an Orten wie Telefonzellen, Kiosk-Telefonen, WLAN-Hot-Spots, Internetcafés, Restaurants oder Hotellobbys erbracht, und muss der Leistungsempfänger an diesem Ort physisch anwesend sein, damit ihm der leistende Unternehmer die sonstige Leistung erbringen kann, gilt der Leistungsempfänger als an diesem Ort ansässig (vgl. Artikel 24 a Abs. 1 MwStVO). [2]Werden diese Leistungen an Bord eines Schiffs, eines Flugzeugs oder in einer Eisenbahn während des innerhalb des Gemeinschaftsgebiets stattfindenden Teils einer Personenbeförderung (vgl. § 3 e Abs. 2 UStG) erbracht, gilt der Abgangsort des jeweiligen Beförderungsmittels im Gemeinschaftsgebiet als Leistungsort (vgl. Artikel 24 a Abs. 2 MwStVO).

(4) [1]Wird eine in § 3 a Abs. 5 Satz 2 UStG bezeichnete sonstige Leistung an einen Nichtunternehmer (siehe Abschnitt 3 a.1 Abs. 1)

1. über dessen Festnetzanschluss erbracht, gilt der Leistungsempfänger an dem Ort als ansässig, an dem sich dieser Anschluss befindet (vgl. Artikel 24 b Abs. 1 Buchstabe a MwStVO);

2. über ein mobiles Telekommunikationsnetz erbracht, gilt der Leistungsempfänger in dem Land als ansässig, das durch den Ländercode der bei Inanspruchnahme dieser Leistung verwendeten SIM-Karte bezeichnet wird (vgl. Artikel 24 b Abs. 1 Buchstabe b MwStVO);

   Beispiel:

   [1]Der Unternehmer A mit Sitz in Hannover schließt einen Vertrag über die Erbringung von Telekommunikationsleistungen (Übertragung von Signalen, Schrift, Bild, Ton oder Sprache via Mobilfunk) mit der im Inland ansässigen Privatperson P ab, die für ein Jahr beruflich eine Tätigkeit in Russland ausübt; P hat dort eine Wohnung angemietet. [2]Danach werden an P nur Telekommunikationsleistungen erbracht, wenn sie von Russland aus ihr Handy benutzt. [3]Das Handy wird mit der von A ausgegebenen deutschen SIM-Karte verwendet. [4]Das Entgelt wird über Prepaid-Karten von P an A entrichtet. [5]Eine Verwendung des Guthabens auf der Prepaid-Karte für Telekommunikationsdienstleistungen außerhalb Russlands ist vertraglich ausgeschlossen.

   [6]Der Leistungsort für die von A erbrachten Telekommunikationsleistungen liegt in Deutschland, weil eine deutsche SIM-Karte verwendet wird. [7]Unbeachtlich ist, an welchem Ort P seinen Wohnsitz oder seinen gewöhnlichen Aufenthaltsort hat. [8]Absatz 5 bleibt unberührt.

3. [1]erbracht, für die ein Decoder oder ein ähnliches Gerät, eine Programm- oder Satellitenkarte verwendet wird, gilt der Leistungsempfänger an dem Ort als ansässig, an dem sich der Decoder oder das ähnliche Gerät befindet. [2]Ist dieser Ort unbekannt, gilt der Leistungsempfänger an dem Ort als ansässig, an den die Programm- oder Satellitenkarte vom leistenden Unternehmer zur Verwendung gesendet worden ist (vgl. Artikel 24 b Abs. 1 Buchstabe c MwStVO).

(5) [1]Wird die Leistung unter anderen als den in den Absätzen 3 und 4 genannten Bedingungen erbracht, gilt die Vermutung, dass der Leistungsempfänger an dem Ort ansässig ist oder seinen Wohnsitz oder seinen gewöhnlichen Aufenthaltsort hat, der vom leistenden Unternehmer unter Darlegung von zwei sich nicht widersprechenden Beweismitteln nach Absatz 6 Satz 2 als solcher bestimmt worden ist (vgl. Artikel 24 b Abs. 1 Buchstabe d MwStVO). [2]Unbeschadet dessen gilt bei Verwendung eines Beweismittels nach Absatz 6 Satz 2 Nr. 1 bis 5, das von einer an der Erbringung der sonstigen Leistungen beteiligten Person erbracht wurde, bei der es sich weder um den leistenden Unternehmer noch um den Leistungsempfänger handelt, die Vermutung, dass der Leistungsempfänger an dem Ort ansässig ist, den der leistende Unternehmer auf Grundlage dieses Beweismittels bestimmt; vorausgesetzt, dass der Gesamtbetrag der Entgelte der sonstigen Leistungen nach Satz 1, die ein leistender Unternehmer von seinem Sitz oder seiner Betriebsstätte in einem Mitgliedstaat erbringt, insgesamt 100 000 € im vorangegangenen Kalenderjahr nicht überschritten hat und im laufenden Kalenderjahr nicht überschreitet (vgl. Artikel 24 b Abs. 2 MwStVO). [3]Sobald dieser Betrag in einem Kalenderjahr überschritten wird, gilt Satz 2 so lange nicht mehr, bis die in Satz 2 festgelegten Bedingungen wieder erfüllt sind (vgl. Artikel 24 b Abs. 3 MwStVO).

(6) [1]Der leistende Unternehmer kann die in den Absätzen 3 und 4 genannten Vermutungen widerlegen, wenn er durch drei sich nicht widersprechende Beweismittel nachweisen kann, dass der Leistungsempfänger seinen Sitz, seinen Wohnsitz oder seinen gewöhnlichen Aufenthaltsort an einem anderen Ort als dem nach den Absätzen 3 und 4 genannten Ort hat (vgl. Artikel 24 d Abs. 1 MwStVO). [2]Als Beweismittel gelten insbesondere (vgl. Artikel 24 f MwStVO):

1. die Rechnungsanschrift des Leistungsempfängers;
2. die Internet-Protokoll-Adresse (IP-Adresse) des von dem Leistungsempfänger verwendeten Geräts oder jedes Verfahren der Geolokalisierung;
3. Bankangaben, wie der Ort, an dem das bei der unbaren Zahlung der Gegenleistung verwendete Bankkonto geführt wird, oder die der Bank vorliegende Rechnungsanschrift des Leistungsempfängers;
4. der Mobilfunk-Ländercode (Mobile Country Code – MCC) der Internationalen Mobilfunk-Teilnehmerkennung (International Mobile Subscriber Identity – IMSI), der auf der von dem Dienstleistungsempfänger verwendeten SIM-Karte (Teilnehmer-Identifikationsmodul – Subscriber Identity Module) gespeichert ist;

5. der Ort des Festnetzanschlusses des Dienstleistungsempfängers, über den ihm die Dienstleistung erbracht wird;
6. sonstige für die Leistungserbringung wirtschaftlich wichtige Informationen.

(7) Das für den leistenden Unternehmer zuständige Finanzamt kann die Vermutungen nach den Absätzen 3 bis 5 widerlegen, wenn ihm Hinweise vorliegen, dass der leistende Unternehmer den Leistungsort falsch oder missbräuchlich festgelegt hat.

Beispiel:

[1]Der Unternehmer A mit Sitz in Hannover schließt einen Vertrag über die Erbringung von Telekommunikationsleistungen (Übertragung von Signalen, Schrift, Bild, Ton oder Sprache) mit der Privatperson P ab. [2]Nach den Vertragsvereinbarungen werden an P Telekommunikationsleistungen über den Festnetzanschluss des P in Spanien sowie über mobile Netze erbracht, bei denen P eine deutsche SIM-Karte verwendet. [3]P gibt als Rechnungsadresse die Adresse der ihm gehörenden Ferienwohnung in Spanien an. [4]Die für die Telekommunikationsleistungen in Rechnung gestellten Beträge werden von A über das von P angegebene Konto einer Bank in Spanien abgewickelt. [5]A sieht als Leistungsort entsprechend der Beweismittel Spanien an.

[6]Bei einer Betriebsprüfung stellt das Finanzamt des A fest, dass die mobil erbrachten Telekommunikationsleistungen des A über das Handy des P mit deutscher SIM-Karte erbracht wurden (vgl. Absatz 4 Nr. 2). [7]Absatz 5 ist von A falsch angewendet worden. [8]Als Leistungsort gilt danach insoweit Deutschland.

(8) Wird an einen Nichtunternehmer (siehe Abschnitt 3 a.1 Abs. 1) neben der kurzfristigen Vermietung von Wohn- und Schlafräumen oder Campingplätzen noch eine in § 3 a Abs. 5 Satz 2 UStG bezeichnete sonstige Leistung erbracht, gilt diese Leistung als am Ort der Vermietungsleistung erbracht (vgl. Artikel 31 c MwStVO).

Besteuerungsverfahren und Aufzeichnungspflichten

(9) Zum Besteuerungsverfahren bei Leistungen im Sinne des § 3 a Abs. 5 UStG, die im Rahmen der Regelungen nach § 18 Abs. 4 c, 4 d, 4 e oder § 18 h UStG erbracht werden, vgl. Abschnitt 3 a.16 Abs. 8 bis 10 sowie die Abschnitte 18.7 a, 18.7 b und 18 h.1, zu den Aufzeichnungspflichten zu den vorgenannten Leistungen vgl. Abschnitt 22.3 a.

Anmerkung

1. Allgemeines

Telekommunikationsdienstleistungen, Rundfunk- und Fernsehdienstleistungen sowie auf elektronischem Weg erbrachte sonstige Leistungen (sog. **„TRFE-Leistungen“**), sind seit dem 1.1.2015 – mit Ausnahme einer geringen Bagatellgrenze – immer dort ausgeführt, wo der Leistungsempfänger ansässig ist. Ist der Leistungsempfänger ein Unternehmer, der die Leistung für Zwecke seines Unternehmens bezieht, ergibt sich dies aus § 3 a Abs. 2 UStG. Ist der Leistungsempfänger kein Unternehmer oder fällt aus anderen Gründen nicht unter die Anwendung des § 3 a Abs. 2 UStG, bestimmt sich der Ort über die Sondervorschrift des § 3 a Abs. 5 UStG ebenfalls nach der Ansässigkeit des Leistungsempfängers.

Hinweis: Leistungsort und Umsatzsteuer wichtig

Wird die TRFE-Leistung an einen Nichtunternehmer im übrigen Gemeinschaftsgebiet ausgeführt, unterliegt die Leistung den Besteuerungsfolgen des jeweiligen Bestimmungsstaats. Grundsätzlich müsste sich der leistende Unternehmer dann in dem jeweiligen Bestimmungsstaat umsatzsteuerrechtlich erfassen lassen, um seinen Pflichten dort nachzukommen. Zum 1.1.2015 (bis 30.6.2021) wurde aber für diese Leistungen die Möglichkeit eröffnet, die Leistungen über die nationale „Kleine Einzige Anlaufstelle“ (KEA) – in Deutschland das Bundeszentralamt für Steuern – abzuwickeln (sog. MOSS-Verfahren – Mini-One-Stop-Shop). In diesem Fall muss sich der leistende Unternehmer nicht individuell in dem anderen Mitgliedstaat erfassen lassen. Seit dem 1.7.2021 ist die Mini-One-Stop-Shop-Regelung in den One-Stop-Shop nach § 18 j UStG mit aufgegangen.

Die Besteuerungsverpflichtung im Bestimmungsstaat ergab sich **bis 31.12.2018** für den leistenden Unternehmer **ohne jede Bagatellgrenze**. Dies führte in der Konsequenz dazu, dass der leistende Unternehmer bei diesen TRFE-Leistungen in jedem Fall die Herkunft des Leistungsempfängers identifizieren musste. Dies geschah regelmäßig durch zwei sich nicht widersprechende sog. Beweismittel (nach Abschn. 3a.9a Abs. 6 UStAE z. B. die IBAN, die IP-Adresse, der Ländercode der SIM-Karte, der Ort des Festnetzanschlusses, Rechnungsanschrift des Leistungsempfängers).

Im Ergebnis führten diese Regelungen aber nach den Feststellungen der EU-Kommission nicht zu den gewünschten Ergebnissen. Deshalb wurden **Veränderungen** bei den unionsrechtlichen Vorschriften **zum 1.1.2019** vorgenommen:

- Für die Bestimmung des Orts der TRFE-Leistungen an Nichtunternehmer in anderen Mitgliedstaaten wurde eine einheitliche **Bagatellgrenze** i. H. v. 10.000 € aufgenommen. Der Unternehmer kann aber auf die Anwendung der Bagatellregelung verzichten.
- Bis zu einem Umsatz von 100.000 € aus den TRFE-Leistungen an Nichtunternehmer kann die **Herkunft des Leistungsempfängers** anhand von einem Beweismittel vorgenommen werden. Dieses Beweismittel darf aber nicht – wie z. B. die Rechnungsanschrift des Leistungsempfängers – nur vom Leistungsempfänger stammen.
- Für die **Rechnungsausstellung** wurde eine Neuregelung dergestalt geschaffen, dass bei Anwendung des OSS-Verfahrens (bis 30.6.2021: MOSS-Verfahren) der leistende Unternehmer die Rechnung nach den Rechtsvorschriften des Staats auszustellen hat, in dem er diese besondere Besteuerungsform durchführt, § 14 Abs. 7 Satz 3 UStG.
- **Nicht im Gemeinschaftsgebiet ansässige Unternehmer** können das besondere Besteuerungsverfahren für nicht im Gemeinschaftsgebiet ansässige Unternehmer in Anspruch nehmen, selbst wenn sie wegen gelegentlich in diesen Mitgliedstaaten ausgeführter Leistungen dort umsatzsteuerrechtlich registriert sind.

Die unionsrechtlichen Regelungen waren in Deutschland fristgerecht durch das Gesetz zur Vermeidung von Umsatzsteuerausfällen beim Handel mit Waren im Internet und zur Änderung weiterer steuerlicher Vorschriften (v. 11.12.2018, BGBl. I 2018, 2338) umgesetzt worden.

2. Die Bagatellgrenzen seit 2019

Im Mittelpunkt der Modifikation **zum 1.1.2019** stand die neue **Bagatellgrenze von 10.000 €** (sog. **Umsatzschwelle**) nach § 3 a Abs. 5 UStG für die Bestimmung des Orts der TRFE-Leistungen. Werden diese Leistungen durch einen Unternehmer erbracht, der in nur einem Mitgliedstaat ansässig ist, bestimmt sich seit dem 1.1.2019 der Leistungsort insoweit nach § 3 a Abs. 1 UStG (Sitz bzw. Betriebsstätte des leistenden Unternehmers), wenn der Gesamtbetrag der Entgelte der TRFE-Leistungen an in anderen Mitgliedstaaten ansässige Nichtunternehmer insgesamt 10.000 € im vorangegangenen Kalenderjahr nicht überschritten hat und im laufenden Kalenderjahr nicht überschreitet.

> **Hinweis: Verlagerung des Leistungsorts bei Überschreiten der Grenze**
>
> Sobald der Gesamtbetrag der Entgelte (netto) an die nichtunternehmerischen Leistungsempfänger in anderen Mitgliedstaaten im laufenden Kalenderjahr über die Grenze von 10.000 € kommt, verlagert sich der Leistungsort in den Mitgliedstaat, in dem der Leistungsempfänger ansässig ist. Dies gilt bereits für den Umsatz, der zur Überschreitung des Gesamtbetrags führt. Der leistende Unternehmer muss deshalb die Umsätze separat erfassen und unterjährig zeitnah die Bagatellgrenze überwachen.

Der leistende Unternehmer kann aber auf die **Anwendung der Bagatellregelung verzichten**, er besteuert dann seine TRFE-Leistungen – unabhängig der Höhe der Umsätze – in dem jeweiligen Mitgliedstaat (im Regelfall über die OSS-Regelung). Der Verzicht kann bis zur Unanfechtbarkeit der Steuerfestsetzung (§ 18 Abs. 3 und Abs. 4 UStG, vgl. auch Abschn. 19.2 Abs. 6 UStAE) bzw. solange ein Vorbehalt der Nachprüfung (§ 164 AO, vgl. auch Abschn. 9.1 Abs. 3 Satz 1 UStAE) erklärt werden. Die Erklärung gilt vom Beginn des Kalenderjahrs an, für das der Unternehmer sie abgegeben hat. Die Erklärung ist an keine besondere Form gebunden.

Hinweis: Bindungswirkung des Verzichts

Der Verzicht auf die Anwendung der Bagatellregelung bindet den Unternehmer für mindestens zwei Kalenderjahre. Besonders zu beachten ist, dass nach der Finanzverwaltung der Verzicht auch dadurch erklärt werden kann, dass die Umsätze – trotz der Bagatellgrenze – weiterhin in den anderen Mitgliedstaaten (unabhängig davon, ob durch direkte Veranlagung oder im One-Stop-Shop-Verfahren) besteuert werden.

Nach Ablauf der Zweijahresfrist kann der Unternehmer die Erklärung mit Wirkung zu einem von ihm festgelegten Zeitpunkt **widerrufen**. Der Widerruf ist spätestens bis zur Unanfechtbarkeit der Steuerfestsetzung des Kalenderjahres, für das er gelten soll, bzw. solange ein Vorbehalt der Nachprüfung nach § 164 AO besteht, zu erklären.

Hat der Unternehmer mit seinen Leistungen gegenüber Nichtunternehmern in anderen Mitgliedstaaten die Bagatellgrenze von 10.000 € nicht überschritten und besteuert er die TRFE-Leistungen damit nach § 3 a Abs. 1 UStG an seinem Unternehmenssitz, gilt diese Rechtsfolge nach Auffassung der Finanzverwaltung wohl auch für die Leistungen gegenüber Nichtunternehmern im Drittlandsgebiet (vgl. Abschn. 3a.10 Abs. 7 Beispiel UStAE). Ob dies dem Regelungszweck der unionsrechtlichen Änderung entspricht, kann bezweifelt werden, da hier Fälle der Doppelbesteuerung ausgelöst werden können.

Neben der 10.000 €-Bagatellgrenze ist für den Nachweis der Herkunft des jeweiligen Leistungsempfängers auf Verordnungsweg noch eine **weitere Bagatellgrenze zum 1.1.2019 eingeführt** worden. Die neue Vereinfachungsregelung zur Identifizierung des Leistungsempfängers ist nicht gesetzlich geregelt, da es sich um eine Ergänzung des **Art. 24 b MwStVO** handelt – die Änderung wird von der Finanzverwaltung in Abschn. 3a.9a Abs. 5 UStAE umgesetzt. Bis zu einem Umsatz (netto, an alle Nichtunternehmer) von 100.000 € kann die Herkunft des Leistungsempfängers nur anhand eines Beweismittels nach Abschn. 3a.9a Abs. 6 Satz 2 Nr. 1 bis Nr. 5 UStAE nachgewiesen werden. Es muss sich dabei aber um ein Beweismittel handeln, das von einer an der Erbringung der sonstigen Leistungen beteiligten Person erbracht wurde, bei der es sich weder um den leistenden Unternehmer noch um den Leistungsempfänger handelt – insbesondere darf es sich dabei nicht um die Rechnungsanschrift des Leistungsempfängers handeln.

Hinweis: Nachweis bei Überschreiten der Bagatellgrenze

Sobald die Bagatellgrenze in einem Kalenderjahr überschritten wird, muss der Nachweis wieder durch mindestens zwei sich nicht widersprechende Beweismittel geführt werden, bis die Bedingungen wieder erfüllt sind.

Zu beachten ist die **unterschiedliche Ermittlung** der beiden Umsatzgrenzen: Bei der Bagatellregelung von 10.000 € zur Bestimmung des Orts der TRFE-Leistung (Umsatzschwelle) werden alle Umsätze an Nichtunternehmer in den anderen Mitgliedstaaten sowie auch seit dem 1.7.2021 die innergemeinschaftlichen Fernverkäufe i. S. d. § 3 c Abs. 1 UStG einbezogen. Bei der Umsatzgrenze zum Nachweis der Herkunft des Leistungsempfängers i. H. v. 100.000 € müssen alle Umsätze an Nichtunternehmer (andere Mitgliedstaaten und Drittlandsgebiet) erfasst werden.

3. Veränderungen zum 1.7.2021

Zum 1.7.2021 sind die Regelungen des Mehrwertsteuer-Digitalpakets in Kraft getreten. Für die TRFE-Leistungen ergeben sich dadurch unmittelbar keine Auswirkungen. Allerdings gilt die 10.000 €-Bagatellgrenze (Umsatzschwelle) dann nicht nur für diese sonstigen Leistungen, in die Prüfung der Bagatellgrenze sind seit dem 1.7.2021 auch die innergemeinschaftlichen Fernverkäufe nach § 3 c Abs. 1 und Abs. 4 UStG (in der seit dem 1.7.2021 geltenden Fassung) mit einzubeziehen.

Hinweis: Berechnungsbeispiel beachten

Die Finanzverwaltung hat in der zum 1.7.2021 überarbeiten Fassung des Abschn. 3a.9a Abs. 1 UStAE (gem. BMF-Schreiben v. 1.4.2021, BStBl I 2021, 629) ein Berechnungsbeispiel zur Prüfung der unionseinheitlichen Umsatzschwelle aufgenommen.

Darüber hinaus ist zum 1.7.2021 die bisherige „Mini-One-Stop-Shop-Regelung“ durch den „**One-Stop-Shop**“ (OSS – für deutsche Unternehmer in § 18 j UStG geregelt) ersetzt worden. In der Konsequenz ergibt sich für die TRFE-Leistungen damit seit dem 1.7.2021 weiterhin die Möglichkeit, die Besteuerung in den Bestimmungsmitgliedstaaten über das nationale zentrale elektronische Besteuerungsverfahren vorzunehmen. Es ergeben sich für die Unternehmer dadurch sogar die Vorteile der neuen OSS-Regelung: Längere Anmelde- und Zahlungsfristen (bis Ende des auf das Quartal folgenden Monats) und die Möglichkeit, Fehler früherer Erfassungen in einer laufenden Quartalserklärung zu korrigieren.

UStAE 3 a.10. Sonstige Leistungen auf dem Gebiet der Telekommunikation

(1) [1]Als sonstige Leistungen auf dem Gebiet der Telekommunikation im Sinne des § 3 a Abs. 5 Satz 2 Nr. 1 UStG sind die Leistungen anzusehen, mit denen die Übertragung, die Ausstrahlung oder der Empfang von Signalen, Schrift, Bild und Ton oder Informationen jeglicher Art über Draht, Funk, optische oder sonstige elektromagnetische Medien ermöglicht und gewährleistet werden, einschließlich der damit im Zusammenhang stehenden Abtretung und Einräumung von Nutzungsrechten an Einrichtungen zur Übertragung, zur Ausstrahlung oder zum Empfang. [2]Der Ort dieser Telekommunikationsdienstleistungen bestimmt sich nach § 3 a Abs. 5 Satz 1 UStG, wenn der Leistungsempfänger ein Nichtunternehmer (siehe Abschnitt 3 a.1 Abs. 1) ist. [3]Für den per Telekommunikation übertragenen Inhalt bestimmt sich der Ort der sonstigen Leistung grundsätzlich nach der Art der Leistung (vgl. auch Absatz 4). [4]Hierbei ist der Grundsatz der Einheitlichkeit der Leistung zu beachten (vgl. hierzu Abschnitt 3.10).

(2) [1]Zu den sonstigen Leistungen im Sinne des Absatzes 1 gehören insbesondere:

1. [1]Die Übertragung von Signalen, Schrift, Bild, Ton, Sprache oder Informationen jeglicher Art
   a) via Festnetz;
   b) via Mobilfunk;
   c) via Satellitenkommunikation;
   d) via Internet.

   [2]Hierzu gehören auch Videoübertragungen und Schaltungen von Videokonferenzen;
2. [1]die Bereitstellung von Leitungskapazitäten oder Frequenzen im Zusammenhang mit der Einräumung von Übertragungskapazitäten
   a) im Festnetz;
   b) im Mobilfunknetz;
   c) in der Satellitenkommunikation;
   d) im Rundfunk- und Fernsehnetz;
   e) beim Kabelfernsehen.

   [2]Dazu gehören auch Kontroll- und Überwachungsmaßnahmen im Zusammenhang mit der Einräumung von Übertragungskapazitäten zur Sicherung der Betriebsbereitschaft durch Fernüberwachung oder Vor-Ort-Service;
3. [1]die Verschaffung von Zugangsberechtigungen zu
   a) den Festnetzen;
   b) den Mobilfunknetzen;
   c) der Satellitenkommunikation;
   d) dem Internet;
   e) dem Kabelfernsehen.

   [2]Hierzu gehört auch die Überlassung von sog. „Calling-Cards“, bei denen die Telefongespräche, unabhängig von welchem Apparat sie geführt werden, über die Telefonrechnung für den Anschluss im Heimatland abgerechnet werden;

4. [1]die Vermietung und das Zurverfügungstellen von Telekommunikationsanlagen im Zusammenhang mit der Einräumung von Nutzungsmöglichkeiten der verschiedenen Übertragungskapazitäten. [2]Dagegen handelt es sich bei der Vermietung von Telekommunikationsanlagen ohne Einräumung von Nutzungsmöglichkeiten von Übertragungskapazitäten um die Vermietung beweglicher körperlicher Gegenstände im Sinne des § 3 a Abs. 4 Satz 2 Nr. 10 UStG;
5. die Einrichtung von „voice-mail-box-Systemen“.

[2]Zu den Telekommunikationsdienstleistungen gehören beispielsweise:

1. Festnetz- und Mobiltelefondienste zur wechselseitigen Ton-, Daten- und Videoübertragung einschließlich Telefondienstleistungen mit bildgebender Komponente (Videofonie);
2. über das Internet erbrachte Telefondienstleistungen einschließlich VoIP-Dienstleistungen (Voice over Internet Protocol);
3. Sprachspeicherung (Voicemail), Anklopfen, Rufumleitung, Anruferkennung, Dreiwegeanruf und andere Anrufverwaltungsdienste;
4. Personenrufdienste (sog. Paging-Dienste);
5. Audiotextdienste;
6. Fax, Telegrafie und Fernschreiben;
7. der Zugang zum Internet und World Wide Web;
8. private Netzanschlüsse für Telekommunikationsverbindungen zur ausschließlichen Nutzung durch den Dienstleistungsempfänger.

(3) [1]Von den Telekommunikationsleistungen im Sinne des § 3 a Abs. 5 Satz 2 Nr. 1 UStG sind u. a. die über globale Informationsnetze (z. B. Online-Dienste, Internet) entgeltlich angebotenen Inhalte der übertragenen Leistungen zu unterscheiden. [2]Hierbei handelt es sich um gesondert zu beurteilende selbständige Leistungen, deren Art für die umsatzsteuerrechtliche Beurteilung maßgebend ist.

(4) [1]Nicht zu den Telekommunikationsleistungen im Sinne des § 3 a Abs. 5 Satz 2 Nr. 1 UStG gehören insbesondere:

1. Angebote im Bereich Onlinebanking und Datenaustausch;
2. Angebote zur Information (Datendienste, z. B. Verkehrs-, Wetter-, Umwelt- und Börsendaten, Verbreitung von Informationen über Waren und Dienstleistungsangebote);
3. Angebote zur Nutzung des Internets oder weiterer Netze (z. B. Navigationshilfen);
4. Angebote zur Nutzung von Onlinespielen;
5. Angebote von Waren und Dienstleistungen in elektronisch abrufbaren Datenbanken mit interaktivem Zugriff und unmittelbarer Bestellmöglichkeit.

[2]Der Inhalt dieser Leistungen kann z. B. in der Einräumung, Übertragung und Wahrnehmung von bestimmten Rechten (§ 3 a Abs. 4 Satz 2 Nr. 1 UStG), in der Werbung und Öffentlichkeitsarbeit (§ 3 a Abs. 4 Satz 2 Nr. 2 UStG), in der rechtlichen, wirtschaftlichen und technischen Beratung (§ 3 a Abs. 4 Satz 2 Nr. 3 UStG), in der Datenverarbeitung (§ 3 a Abs. 4 Satz 2 Nr. 4 UStG), in der Überlassung von Informationen (§ 3 a Abs. 4 Satz 2 Nr. 5 UStG) oder in einer auf elektronischem Weg erbrachten sonstigen Leistung (§ 3 a Abs. 5 Satz 2 Nr. 3 UStG) bestehen.

(5) [1]Die Anbieter globaler Informationsnetze (sog. Online-Anbieter) erbringen häufig ein Bündel sonstiger Leistungen an ihre Abnehmer. [2]Zu den sonstigen Leistungen der Online-Anbieter auf dem Gebiet der Telekommunikation im Sinne des § 3 a Abs. 5 Satz 2 Nr. 1 UStG gehören insbesondere:

1. Die Einräumung des Zugangs zum Internet;
2. die Ermöglichung des Bewegens im Internet;
3. die Übertragung elektronischer Post (E-Mail) einschließlich der Zeit, die der Anwender zur Abfassung und Entgegennahme dieser Nachrichten benötigt, sowie die Einrichtung einer Mailbox.

(6) Die Leistungen der Online-Anbieter sind wie folgt zu beurteilen:

1. Grundsätzlich ist jede einzelne sonstige Leistung gesondert zu beurteilen.
2. [1]Besteht die vom Online-Anbieter als sog. „Zugangs-Anbieter“ erbrachte sonstige Leistung allerdings vornehmlich darin, dem Abnehmer den Zugang zum Internet oder das Bewegen im Internet

zu ermöglichen (Telekommunikationsleistung im Sinne des § 3 a Abs. 5 Satz 2 Nr. 1 UStG), handelt es sich bei daneben erbrachten sonstigen Leistungen zwar nicht um Telekommunikationsleistungen. [2]Sie sind jedoch Nebenleistungen, die das Schicksal der Hauptleistung teilen.

Beispiel:

[1]Der Zugangs-Anbieter Z ermöglicht dem Abnehmer A entgeltlich den Zugang zum Internet, ohne eigene Dienste anzubieten. [2]Es wird lediglich eine Anwenderunterstützung (Navigationshilfe) zum Bewegen im Internet angeboten.

[3]Die Leistung des Z ist insgesamt eine Telekommunikationsleistung im Sinne des § 3 a Abs. 5 Satz 2 Nr. 1 UStG.

3. Erbringt der Online-Anbieter dagegen als Zugangs- und sog. Inhalts-Anbieter („Misch-Anbieter") neben den Telekommunikationsleistungen im Sinne des § 3 a Abs. 5 Satz 2 Nr. 1 UStG weitere sonstige Leistungen, die nicht als Nebenleistungen zu den Leistungen auf dem Gebiet der Telekommunikation anzusehen sind, handelt es sich insoweit um selbständige Hauptleistungen, die gesondert zu beurteilen sind.

Beispiel:

[1]Der Misch-Anbieter M bietet die entgeltliche Nutzung eines Online-Dienstes an. [2]Der Anwender B hat die Möglichkeit, neben dem Online-Dienst auch die Zugangsmöglichkeit für das Internet zu nutzen. [3]Neben der Zugangsberechtigung zum Internet werden Leistungen im Bereich des Datenaustausches angeboten.

[4]Bei den Leistungen des M handelt es sich um selbständige Hauptleistungen, die gesondert zu beurteilen sind.

(7) [1]Wird vom Misch-Anbieter für die selbständigen Leistungen jeweils ein gesondertes Entgelt erhoben, ist es den jeweiligen Leistungen zuzuordnen. [2]Wird ein einheitliches Entgelt entrichtet, ist es grundsätzlich auf die jeweils damit vergüteten Leistungen aufzuteilen. [3]Eine Aufteilung des Gesamtentgelts ist allerdings nicht erforderlich, wenn die sonstigen Leistungen insgesamt an demselben Ort ausgeführt werden. [4]Dies gilt nicht, wenn die erbrachten Leistungen dem ermäßigten Steuersatz unterliegen oder steuerfrei sind.

Beispiel:

[1]Der Privatmann C mit Sitz in Los Angeles zahlt an den Misch-Anbieter M mit Sitz in München ein monatliches Gesamtentgelt. [2]C nutzt zum einen den Zugang zum Internet und zum anderen die von M im Online-Dienst angebotene Leistung, sich über Waren und Dienstleistungsangebote zu informieren.

[3]Die Nutzung des Zugangs zum Internet ist eine Telekommunikationsleistung im Sinne des § 3 a Abs. 5 Satz 2 Nr. 1 UStG. [4]Dagegen ist die Information über Waren und Dienstleistungsangebote eine auf elektronischem Weg erbrachte sonstige Leistung im Sinne des § 3 a Abs. 5 Satz 2 Nr. 3 UStG. [5]Eine Aufteilung des Gesamtentgelts ist allerdings nicht erforderlich, da die sonstigen Leistungen insgesamt nach § 3 a Abs. 5 Satz 1 UStG am Wohnsitz des C in Los Angeles bzw. bei Vorliegen der Voraussetzungen des § 3 a Abs. 5 Satz 3 UStG insgesamt am Unternehmenssitz des M in München erbracht werden.

(8) [1]Ist ein einheitlich entrichtetes Gesamtentgelt aufzuteilen, kann die Aufteilung im Schätzungswege vorgenommen werden. [2]Das Aufteilungsverhältnis der Telekommunikationsleistungen im Sinne des § 3 a Abs. 5 Satz 2 Nr. 1 UStG und der übrigen sonstigen Leistungen bestimmt sich nach den Nutzungszeiten für die Inanspruchnahme der einzelnen sonstigen Leistungen durch die Anwender. [3]Das Finanzamt kann gestatten, dass ein anderer Aufteilungsmaßstab verwendet wird, wenn dieser Aufteilungsmaßstab nicht zu einem unzutreffenden Ergebnis führt.

B e i s p i e l :

[1]Der Misch-Anbieter M führt in den Voranmeldungszeiträumen Januar bis März sowohl Telekommunikationsleistungen als auch sonstige Leistungen im Sinne des § 3 a Abs. 4 UStG aus, für die er ein einheitliches Gesamtentgelt vereinnahmt hat.

[2]Das Gesamtentgelt kann entsprechend dem Verhältnis der jeweils genutzten Einzelleistungen zur gesamten Anwendernutzzeit aufgeteilt werden.

Anmerkung

Die Finanzverwaltung hat in Abschn. 3a.10 UStAE umfangreiche Hinweise – mit Positiv- und Negativbeispielen – zur Abgrenzung der auf dem Gebiet der Telekommunikation erbrachten sonstigen Leistungen aufgenommen. Insbesondere sind diese Leistungen – obwohl in der Praxis kaum von Bedeutung – von den auf elektronischem Weg erbrachten sonstigen Leistungen abzugrenzen. Die von der Finanzverwaltung in Abschn. 3a.10 UStAE aufgenommenen Grundsätze zur Abgrenzung basieren auf den unionsrechtlichen Vorgaben nach **Art. 6 a MwStVO**, die in allen Mitgliedstaaten automatisch anwendbares Recht darstellen.

UStAE 3 a.11. Rundfunk- und Fernsehdienstleistungen

(1) [1]Rundfunk- und Fernsehdienstleistungen sind Rundfunk- und Fernsehprogramme, die auf der Grundlage eines Sendeplans über Kommunikationsnetze, wie Kabel, Antenne oder Satellit, durch einen Mediendiensteanbieter unter dessen redaktioneller Verantwortung der Öffentlichkeit zum zeitgleichen Anhören oder Ansehen verbreitet werden (vgl. Artikel 6 b Abs. 1 MwStVO). [2]Dies gilt auch dann, wenn die Verbreitung gleichzeitig über das Internet oder ein ähnliches elektronisches Netz erfolgt. [3]Der Ort dieser Rundfunk- und Fernsehdienstleistungen bestimmt sich nach § 3 a Abs. 5 Satz 1 UStG, wenn der Leistungsempfänger ein Nichtunternehmer (siehe Abschnitt 3 a.1 Abs. 1) ist.

(2) [1]Ein Rundfunk- und Fernsehprogramm, das nur über das Internet oder ein ähnliches elektronisches Netz verbreitet und nicht zeitgleich durch herkömmliche Rundfunk- oder Fernsehdienstleister übertragen wird, gehört nicht zu den Rundfunk- und Fernsehdienstleistungen, sondern gilt als auf elektronischem Weg erbrachte sonstige Leistung (§ 3 a Abs. 5 Satz 2 Nr. 3 UStG). [2]Die Bereitstellung von Sendungen und Veranstaltungen aus den Bereichen Politik, Kultur, Kunst, Sport, Wissenschaft und Unterhaltung ist ebenfalls eine auf elektronischem Weg erbrachte sonstige Leistung (vgl. Abschnitt 3 a.12 Abs. 3 Nr. 8). [3]Hierunter fällt der Web-Rundfunk, der ausschließlich über das Internet oder ähnliche elektronische Netze und nicht gleichzeitig über Kabel, Antenne oder Satellit verbreitet wird.

(2 a) Nicht zu den Rundfunk- und Fernsehdienstleistungen im Sinne des § 3 a Abs. 5 Satz 1 Nr. 2 UStG gehören insbesondere:

1. Die Bereitstellung von Informationen über bestimmte auf Abruf erhältliche Programme;
2. die Übertragung von Sende- oder Verbreitungsrechten;
3. das Leasing von Geräten und technischer Ausrüstung zum Empfang von Rundfunk- und Fernsehdienstleistungen.

(3) Zum Leistungsort bei sonstigen Leistungen inländischer und ausländischer Rundfunkanstalten des öffentlichen Rechts untereinander vgl. Abschnitt 3 a.2 Abs. 15.

Anmerkung

Die Finanzverwaltung hat in Abschn. 3a.11 UStAE Hinweise – mit Positiv- und Negativbeispielen – zur Abgrenzung der Rundfunk- und Fernsehdienstleistungen aufgenommen. Die von der Finanzverwaltung in Abschn. 3a.11 UStAE aufgenommenen Grundsätze zur Abgrenzung basieren auf den unionsrechtlichen Vorgaben nach **Art. 6 b MwStVO** zu den Rundfunkdienstleistungen, die in allen Mitgliedstaaten automatisch anwendbares Recht darstellen.

UStAE 3 a.12. Auf elektronischem Weg erbrachte sonstige Leistungen

Anwendungsbereich

(1) [1]Eine auf elektronischem Weg erbrachte sonstige Leistung im Sinne des § 3 a Abs. 5 Satz 2 Nr. 3 UStG ist eine Leistung, die über das Internet oder ein elektronisches Netz, einschließlich Netze zur Übermittlung digitaler Inhalte, erbracht wird und deren Erbringung auf Grund der Merkmale der sonstigen Leistung in hohem Maße auf Informationstechnologie angewiesen ist; d. h. die Leistung ist im Wesentlichen automatisiert, wird nur mit minimaler menschlicher Beteiligung erbracht und wäre ohne Informationstechnologie nicht möglich (vgl. Artikel 7 sowie Anhang I MwStVO). [2]Maßgeblich ist insoweit, ob eine „menschliche Beteiligung" den eigentlichen Leistungsvorgang betrifft. [3]Deshalb stellen weder die (ursprüngliche) Inbetriebnahme noch die Wartung des elektronischen Systems eine wesentliche „menschliche Beteiligung" dar. [4]Auf Leistungselemente, welche nur der Vorbereitung und der Sicherung der Hauptleistung (z. B. Gewährung des Zugangs zu einer Online-Community) dienen, kommt es dabei nicht an. [5]Die menschliche Betätigung durch die Nutzer ist nicht zu berücksichtigen. [6]Eine auf elektronischem Weg erbrachte Dienstleistung ist nicht deshalb ausgeschlossen, weil dieselbe Leistung auch ohne Internetnutzung denkbar wäre; maßgeblich ist insoweit, wie die Ausführung der Leistung tatsächlich geschieht (vgl. BFH-Urteil vom 1. 6. 2016, XI R 29/14, BStBl II S. 905). [7]Der Ort der auf elektronischem Weg erbrachten sonstigen Leistung bestimmt sich nach § 3 a Abs. 5 Satz 1 UStG, wenn der Leistungsempfänger ein Nichtunternehmer (siehe Abschnitt 3 a.1 Abs. 1) ist.

(2) Auf elektronischem Weg erbrachte sonstige Leistungen umfassen im Wesentlichen:

1. Digitale Produkte, wie z. B. Software und zugehörige Änderungen oder Updates;
2. Dienste, die in elektronischen Netzen eine Präsenz zu geschäftlichen oder persönlichen Zwecken vermitteln oder unterstützen (z. B. Website, Webpage);
3. von einem Computer automatisch generierte Dienstleistungen über das Internet oder ein elektronisches Netz auf der Grundlage spezifischer Dateneingabe des Leistungsempfängers;
4. sonstige automatisierte Dienstleistungen, für deren Erbringung das Internet oder ein elektronisches Netz erforderlich ist (z. B. Dienstleistungen, die von Online-Markt-Anbietern erbracht und die z. B. über Provisionen und andere Entgelte abgerechnet werden).

(3) [1]Auf elektronischem Weg erbrachte sonstige Leistungen sind insbesondere:

1. [1]Bereitstellung von Websites, Webhosting, Fernwartung von Programmen und Ausrüstungen.
   [2]Hierzu gehören z. B. die automatisierte Online-Fernwartung von Programmen, die Fernverwaltung von Systemen, das Online-Data-Warehousing (Datenspeicherung und -abruf auf elektronischem Weg), Online-Bereitstellung von Speicherplatz nach Bedarf;
2. [1]Bereitstellung von Software und deren Aktualisierung.
   [2]Hierzu gehört z. B. die Gewährung des Zugangs zu oder das Herunterladen von Software (wie z. B. Beschaffungs- oder Buchhaltungsprogramme, Software zur Virusbekämpfung) und Updates, Bannerblocker (Software zur Unterdrückung der Anzeige von Webbannern), Herunterladen von Treibern (z. B. Software für Schnittstellen zwischen PC und Peripheriegeräten wie z. B. Drucker), automatisierte Online-Installation von Filtern auf Websites und automatisierte Online-Installation von Firewalls;
3. Bereitstellung von Bildern, wie z. B. die Gewährung des Zugangs zu oder das Herunterladen von Desktop-Gestaltungen oder von Fotos, Bildern und Bildschirmschonern;
4. [1]Bereitstellung von Texten und Informationen.
   [2]Hierzu gehören z. B. E-Books und andere elektronische Publikationen, Abonnements von Online-Zeitungen und Online-Zeitschriften, Web-Protokolle und Website-Statistiken, Online-Nachrichten, Online-Verkehrsinformationen und Online-Wetterberichte, Online-Informationen, die automatisch anhand spezifischer vom Leistungsempfänger eingegebener Daten etwa aus dem Rechts- und Finanzbereich generiert werden (z. B. regelmäßig aktualisierte Börsendaten), Werbung in elektronischen Netzen und Bereitstellung von Werbeplätzen (z. B. Bannerwerbung auf Websites und Webpages);
5. [1]Bereitstellung von Datenbanken, wie z. B. die Benutzung von Suchmaschinen und Internetverzeichnissen einschließlich der Sammlung und Bereitstellung von Mitgliederprofilen (vgl. BFH-Ur-

teil vom 1. 6. 2016, XI R 29/14, BStBl II S. 905). [2]Eine „Datenbank“ ist eine Sammlung von Werken, Daten und anderen unabhängigen Elementen, die systematisch oder methodisch angeordnet und einzeln mit elektronischen Mitteln oder auf andere Weise zugänglich sind;

6. Bereitstellung von Musik (z. B. die Gewährung des Zugangs zu oder das Herunterladen von Musik auf PC, Mobiltelefone usw. und die Gewährung des Zugangs zu oder das Herunterladen von Jingles, Ausschnitten, Klingeltönen und anderen Tönen);
7. [1]Bereitstellung von Filmen und Spielen, einschließlich Glücksspielen und Lotterien.
[2]Hierzu gehören z. B. die Gewährung des Zugangs zu oder das Herunterladen von Filmen und die Gewährung des Zugangs zu automatisierten Online-Spielen, die nur über das Internet oder ähnliche elektronische Netze laufen und bei denen die Spieler räumlich voneinander getrennt sind;
8. [1]Bereitstellung von Sendungen und Veranstaltungen aus den Bereichen Politik, Kultur, Kunst, Sport, Wissenschaft und Unterhaltung.
[2]Hierzu gehört z. B. der Web-Rundfunk, der ausschließlich über das Internet oder ähnliche elektronische Netze verbreitet und nicht gleichzeitig auf herkömmlichem Weg ausgestrahlt wird. [3]Hierzu gehört auch die Bereitstellung von über ein Rundfunk- oder Fernsehnetz, das Internet oder ein ähnliches elektronisches Netz verbreitete Rundfunk- oder Fernsehsendungen, die der Nutzer zum Anhören oder Anschauen zu einem von ihm bestimmten Zeitpunkt aus einem von dem Mediendiensteanbieter bereitgestelltem Programm auswählt, wie Fernsehen auf Abruf oder Video-on-Demand (vgl. Artikel 7 Abs. 2 Buchstabe f und Anhang I Nr. 4 Buchstabe g MwStVO);

8a. die Erbringung von Audio- und audiovisuellen Inhalten über Kommunikationsnetze, die weder durch einen Mediendiensteanbieter noch unter dessen redaktioneller Verantwortung erfolgt (vgl. Artikel 7 Abs. 2 Buchstabe f und Anhang I Nr. 4 Buchstabe h MwStVO);

8b. die Weiterleitung von Audio- und audiovisuellen Inhalten eines Mediendiensteanbieters über Kommunikationsnetze durch einen anderen Unternehmer als den Mediendiensteanbieter (vgl. Artikel 7 Abs. 2 Buchstabe f und Anhang I Nr. 4 Buchstabe i MwStVO);

9. [1]Erbringung von Fernunterrichtsleistungen.
[2]Hierzu gehört z. B. der automatisierte Unterricht, der auf das Internet oder ähnliche elektronische Netze angewiesen ist, auch sog. virtuelle Klassenzimmer. [3]Dazu gehören auch Arbeitsunterlagen, die vom Schüler online bearbeitet und anschließend ohne menschliches Eingreifen automatisch korrigiert werden;
10. Online-Versteigerungen (soweit es sich nicht bereits um Web-Hosting-Leistungen handelt) über automatisierte Datenbanken und mit Dateneingabe durch den Leistungsempfänger, die kein oder nur wenig menschliches Eingreifen erfordern (z. B. Online-Marktplatz, Online-Einkaufsportal);
11. Internet-Service-Pakete, die mehr als nur die Gewährung des Zugangs zum Internet ermöglichen und weitere Elemente umfassen (z. B. Nachrichten, Wetterbericht, Reiseinformationen, Spielforen, Web-Hosting, Zugang zu Chatlines usw.).

(4) Von den auf elektronischem Weg erbrachten sonstigen Leistungen sind die Leistungen zu unterscheiden, bei denen es sich um Lieferungen oder um andere sonstige Leistungen im Sinne des § 3 a UStG handelt.

(5) Insbesondere in den folgenden Fällen handelt es sich um Lieferungen, so dass keine auf elektronischem Weg erbrachten sonstigen Leistungen vorliegen:

1. Lieferungen von Gegenständen nach elektronischer Bestellung und Auftragsbearbeitung;
2. Lieferungen von CD-ROM, Disketten und ähnlichen körperlichen Datenträgern;
3. Lieferungen von Druckerzeugnissen wie Büchern, Newsletter, Zeitungen und Zeitschriften;
4. Lieferungen von CD, Audiokassetten, Videokassetten und DVD;
5. Lieferungen von Spielen auf CD-ROM.

(6) In den folgenden Fällen handelt es sich um andere als auf elektronischem Weg erbrachte sonstige Leistungen im Sinne des § 3 a Abs. 5 Satz 2 Nr. 3 UStG, d. h. Dienstleistungen, die zum wesentlichen Teil durch Menschen erbracht werden, wobei das Internet oder ein elektronisches Netz nur als Kommunikationsmittel dient:

1. [1]Data-Warehousing – offline –. [2]Der Leistungsort richtet sich nach § 3 a Abs. 1 oder 2 UStG.
2. [1]Versteigerungen herkömmlicher Art, bei denen Menschen direkt tätig werden, unabhängig davon, wie die Gebote abgegeben werden – z. B. persönlich, per Internet oder per Telefon –. [2]Der Leistungsort richtet sich nach § 3 a Abs. 1 oder 2 UStG.
3. [1]Fernunterricht, z. B. per Post. [2]Der Leistungsort richtet sich nach § 3 a Abs. 2 oder 3 Nr. 3 Buchstabe a UStG.
4. [1]Reparatur von EDV-Ausrüstung. [2]Der Leistungsort richtet sich nach § 3 a Abs. 2 oder 3 Nr. 3 **a** Buchstabe **b** UStG (vgl. Abschnitt 3 a.6 Abs. 10 und 11).
5. [1]Zeitungs-, Plakat- und Fernsehwerbung (§ 3 a Abs. 4 Satz 2 Nr. 2 UStG; vgl. Abschnitt 3 a.9 Abs. 3 bis 5). [2]Der Leistungsort richtet sich nach § 3 a Abs. 1, 2 oder 4 Satz 1 UStG.
6. [1]Beratungsleistungen von Rechtsanwälten und Finanzberatern usw. per E-Mail (§ 3 a Abs. 4 Satz 2 Nr. 3 UStG; vgl. Abschnitt 3 a.9 Abs. 9 bis 13). [2]Der Leistungsort richtet sich nach § 3 a Abs. 1, 2 oder 4 Satz 1 UStG.
7. [1]Anpassung von Software an die besonderen Bedürfnisse des Abnehmers (§ 3 a Abs. 4 Satz 2 Nr. 3 UStG, vgl. Abschnitt 3 a.9 Abs. 13). [2]Der Leistungsort richtet sich nach § 3 a Abs. 1, 2 oder 4 Satz 1 UStG.
8. [1]Internettelefonie (§ 3 a Abs. 5 Satz 2 Nr. 1 UStG). [2]Der Leistungsort richtet sich nach § 3 a Abs. 2 oder 5 Satz 1 UStG.
9. [1]Kommunikation, wie z. B. E-Mail (§ 3 a Abs. 5 Satz 2 Nr. 1 UStG). [2]Der Leistungsort richtet sich nach § 3 a Abs. 2 oder 5 Satz 1 UStG.
10. [1]Telefon-Helpdesks (§ 3 a Abs. 5 Satz 2 Nr. 1 UStG). [2]Der Leistungsort richtet sich nach § 3 a Abs. 2 oder 5 Satz 1 UStG.
11. [1]Videofonie, d. h. Telefonie mit Video-Komponente (§ 3 a Abs. 5 Satz 2 Nr. 1 UStG). [2]Der Leistungsort richtet sich nach § 3 a Abs. 2 oder 5 Satz 1 UStG.
12. [1]Zugang zum Internet und World Wide Web (§ 3 a Abs. 5 Satz 2 Nr. 1 UStG). [2]Der Leistungsort richtet sich nach § 3 a Abs. 2 oder 5 Satz 1 UStG.
13. [1]Rundfunk- und Fernsehdienstleistungen über das Internet oder ein ähnliches elektronisches Netz bei gleichzeitiger Übertragung der Sendung auf herkömmlichem Weg (§ 3 a Abs. 5 Satz 2 Nr. 2 UStG, vgl. Abschnitt 3 a.11). [2]Der Leistungsort richtet sich nach § 3 a Abs. 2 oder 5 Satz 1 UStG.
14. [1]Online gebuchte Eintrittskarten für kulturelle, künstlerische, wissenschaftliche, unterrichtende, sportliche, unterhaltende oder ähnliche Veranstaltungen. [2]Der Leistungsort richtet sich nach § 3 a Abs. 3 Nr. 3 oder Nr. 5 UStG).
15. [1]Online gebuchte Beherbergungsleistungen. [2]Der Leistungsort richtet sich nach § 3 a Abs. 3 Nr. 1 UStG.
16. [1]Online gebuchte Vermietung von Beförderungsmitteln. [2]Der Leistungsort richtet sich nach § 3 a Abs. 2, 3 Nr. 2, Abs. 6 Satz 1 Nr. 1 oder Abs. 7 UStG).
17. [1]Online gebuchte Restaurationsleistungen. [2]Der Leistungsort richtet sich nach § 3 a Abs. 3 Nr. 3 **a** Buchstabe **a** oder § 3 e UStG.
18. [1]Online gebuchte Personenbeförderungen. [2]Der Leistungsort richtet sich nach § 3 b Abs. 1 Satz 1 und 2 UStG.
19. [1]Die Online-Vermittlung von online gebuchten Leistungen. [2]Der Leistungsort richtet sich nach § 3 a Abs. 2 oder 3 Nr. 1 und 4 UStG.

(7) *weggefallen*

(8) *weggefallen*

Anmerkung

Die Finanzverwaltung hat in Abschn. 3a.12 UStAE umfangreiche Hinweise – mit Positiv- und Negativbeispielen – zur Abgrenzung der auf elektronischem Weg erbrachten sonstigen Leistungen aufgenommen. Insbesondere sind diese Leistungen – obwohl in der Praxis kaum von Bedeutung – von den Telekommunikationsdienstleistungen abzugrenzen. Die von der Finanzverwaltung in Abschn. 3a.12 UStAE aufgenommenen Grundsätze zur Abgrenzung basieren auf den unionsrechtlichen Vorgaben nach **Art. 7 MwStVO**, die in allen Mitgliedstaaten automatisch anwendbares Recht darstellen.

Der Begriff „auf elektronischem Weg erbrachte sonstige Leistungen“ i. S. d. Umsatzsteuerrechts umfasst nach der Definition des **BFH** (Urt. v. 1.6.2016 – XI R 29/14, BStBl II 2016, 905) Dienstleistungen, die über das Internet oder ein ähnliches elektronisches Netz erbracht werden, deren Erbringung aufgrund ihrer Art im Wesentlichen automatisiert und nur mit minimaler menschlicher Beteiligung erfolgt und ohne Informationstechnologie nicht möglich wäre. Das Urteil betraf die Frage, ob eine über ein **Internet-Portal erbrachte Partnervermittlung** eine auf elektronischem Weg ausgeführte sonstige Leistung darstellt – was der BFH im zu entscheidenden Fall bestätigte. Die Finanzverwaltung hat vor dem Hintergrund dieser Entscheidung die Definition der auf elektronischem Weg erbrachten Leistung in Abschn. 3a.12 UStAE präzisiert (BMF, Schreiben v. 19.12.2016, BStBl I 2016, 1459).

UStAE 3 a.13. Gewährung des Zugangs zu Erdgas- und Elektrizitätsnetzen und die Fernleitung, die Übertragung oder die Verteilung über diese Netze sowie damit unmittelbar zusammenhängende sonstige Leistungen

(1) [1]Bei bestimmten sonstigen Leistungen im Zusammenhang mit Lieferungen von Gas über das Erdgasnetz, von Elektrizität über das Elektrizitätsnetz oder von Wärme oder Kälte über Wärme- oder Kältenetze (§ 3 a Abs. 4 Satz 2 Nr. 14 UStG) richtet sich der Leistungsort bei Leistungen an im Drittlandsgebiet ansässige Nichtunternehmer (siehe Abschnitt 3 a.1 Abs. 1) regelmäßig nach § 3 a Abs. 4 Satz 1 UStG. [2]Zu diesen Leistungen gehören die Gewährung des Zugangs zu Erdgas-, Elektrizitäts-, Wärme- oder Kältenetzen, die Fernleitung, die Übertragung oder die Verteilung über diese Netze sowie andere mit diesen Leistungen unmittelbar zusammenhängende Leistungen in Bezug auf Gas für alle Druckstufen und in Bezug auf Elektrizität für alle Spannungsstufen sowie in Bezug auf Wärme und auf Kälte.

(2) Zu den mit der Gewährung des Zugangs zu Erdgas-, Elektrizitäts-, Wärme- oder Kältenetzen und der Fernleitung, der Übertragung oder der Verteilung über diese Netze unmittelbar zusammenhängenden Umsätzen gehören insbesondere Serviceleistungen wie Überwachung, Netzoptimierung, Notrufbereitschaften.

(3) Der Ort der Vermittlung von unter § 3 a Abs. 4 Satz 2 Nr. 14 UStG fallenden Leistungen bestimmt sich grundsätzlich nach § 3 a Abs. 2 und 3 Nr. 4 UStG.

UStAE 3 a.14. Sonderfälle des Orts der sonstigen Leistung

Nutzung und Auswertung bestimmter sonstiger Leistungen im Inland (§ 3 a Abs. 6 UStG)

(1) Die Sonderregelung des § 3 a Abs. 6 UStG betrifft sonstige Leistungen, die von einem im Drittlandsgebiet ansässigen Unternehmer oder von einer dort belegenen Betriebsstätte erbracht und im Inland genutzt oder ausgewertet werden.

(2) Die Ortsbestimmung richtet sich nur bei der kurzfristigen Vermietung eines Beförderungsmittels an Leistungsempfänger im Sinne des § 3 a Abs. 2 UStG (siehe Abschnitt 3 a.2 Abs. 1) oder an Nichtunternehmer (siehe Abschnitt 3 a.1 Abs. 1) und bei langfristiger Vermietung an Nichtunternehmer nach § 3 a Abs. 6 Satz 1 Nr. 1 UStG.

Beispiel:

[1]Der Privatmann P mit Wohnsitz in der Schweiz mietet bei einem in der Schweiz ansässigen Autovermieter S einen Pkw für ein Jahr; das Fahrzeug soll ausschließlich im Inland genutzt werden.

[2]Der Ort der Leistung bei der langfristigen Vermietung des Beförderungsmittels richtet sich nach § 3 a Abs. 3 Nr. 2 Satz 3 UStG (vgl. Abschnitt 3 a.5 Abs. 7 bis 9). [3]Da der Pkw im Inland genutzt wird, ist die Leistung jedoch nach § 3 a Abs. 6 Satz 1 Nr. 1 UStG als im Inland ausgeführt zu behandeln. [4]Steuerschuldner ist S (§ 13 a Abs. 1 Nr. 1 UStG).

(3) [1]§ 3a Abs. 6 Satz 1 Nr. 2 UStG gilt nur für Leistungen an im Inland ansässige juristische Personen des öffentlichen Rechts, wenn diese Nichtunternehmer sind (siehe Abschnitt 3a.1 Abs. 1). [2]Die Leistungen eines Aufsichtsratmitgliedes werden am Sitz der Gesellschaft genutzt oder ausgewertet. [3]Sonstige Leistungen, die der Werbung oder der Öffentlichkeitsarbeit dienen (vgl. Abschnitt 3a.9 Abs. 4 bis 8), werden dort genutzt oder ausgewertet, wo die Werbung oder Öffentlichkeitsarbeit wahrgenommen werden soll. [4]Wird eine sonstige Leistung sowohl im Inland als auch im Ausland genutzt oder ausgewertet, ist darauf abzustellen, wo die Leistung überwiegend genutzt oder ausgewertet wird.

Beispiel 1:

[1]Die Stadt M (ausschließlich nicht unternehmerisch tätige juristische Person des öffentlichen Rechts ohne USt-IdNr.) im Inland platziert im Wege der Öffentlichkeitsarbeit eine Anzeige für eine Behörden-Service-Nummer über einen in der Schweiz ansässigen Werbungsmittler W in einer deutschen Zeitung.

[2]Die Werbeleistung der deutschen Zeitung an W ist im Inland nicht steuerbar (§ 3a Abs. 2 UStG). [3]Der Ort der Leistung des W an M liegt nach § 3a Abs. 6 Satz 1 Nr. 2 UStG im Inland. [4]Steuerschuldner für die Leistung des W ist M (§ 13b Abs. 5 Satz 1 UStG).

Beispiel 2:

[1]Die im Inland ansässige Rundfunkanstalt R (ausschließlich nicht unternehmerisch tätige juristische Person des öffentlichen Rechts ohne USt-IdNr.) verpflichtet

1. den in Norwegen ansässigen Künstler N für die Aufnahme und Sendung einer künstlerischen Darbietung;
2. den in der Schweiz ansässigen Journalisten S, Nachrichten, Übersetzungen und Interviews auf Tonträgern und in Manuskriptform zu verfassen.

[2]N und S räumen R das Nutzungsrecht am Urheberrecht ein. [3]Die Sendungen werden sowohl in das Inland als auch in das Ausland ausgestrahlt.

[4]Die Leistungen des N und des S sind in § 3a Abs. 4 Satz 2 Nr. 1 UStG bezeichnete sonstige Leistungen. [5]Der Ort dieser Leistungen liegt im Inland, da sie von R hier genutzt werden (§ 3a Abs. 6 Satz 1 Nr. 2 UStG). [6]Es kommt nicht darauf an, wohin die Sendungen ausgestrahlt werden. [7]Steuerschuldner für die Leistungen des N und des S ist R (§ 13b Abs. 5 Satz 1 UStG).

(3a) [1]§ 3a Abs. 6 Satz 1 Nr. 3 UStG gilt für Leistungen an Nichtunternehmer. [2]Roamingleistungen, die von einem in einem Drittland ansässigen Mobilfunkbetreiber an seine Kunden, die ebenfalls in diesem Drittland ansässig sind bzw. dort ihren Wohnsitz oder gewöhnlichen Aufenthalt haben, erbracht werden und die es diesen Kunden ermöglichen, das inländische Mobilfunknetz, in dem sie sich vorübergehend aufhalten, zu nutzen, sind als Dienstleistungen anzusehen, die im Inland genutzt oder ausgewertet werden (vgl. EuGH-Urteil vom 15. 4. 2021, C-593/19, SK Telecom). [3]Für die Behandlung als im Inland ausgeführte Roamigleistung ist es unbeachtlich, welcher steuerlichen Behandlung die Roamingleistung nach dem nationalen Steuerrecht des Drittlands unterliegt (vgl. EuGH-Urteil vom 15. 4. 2021, C-593/19, SK Telecom).

Kurzfristige Fahrzeugvermietung zur Nutzung im Drittlandsgebiet (§ 3a Abs. 7 UStG)

(4) [1]Die Sonderregelung des § 3a Abs. 7 UStG betrifft ausschließlich die kurzfristige Vermietung eines Schienenfahrzeugs, eines Kraftomnibusses oder eines ausschließlich zur Güterbeförderung bestimmten Straßenfahrzeugs, die an einen im Drittlandsgebiet ansässigen Unternehmer oder an eine dort belegene Betriebsstätte eines Unternehmers erbracht wird, das Fahrzeug für dessen Unternehmen bestimmt ist und im Drittlandsgebiet auch tatsächlich genutzt wird. [2]Wird eine sonstige Leistung sowohl im Inland als auch im Drittlandsgebiet genutzt, ist darauf abzustellen, wo die Leistung überwiegend genutzt wird.

Beispiel:

[1]Der im Inland ansässige Unternehmer U vermietet an einen in der Schweiz ansässigen Mieter S einen Lkw für drei Wochen. [2]Der Lkw wird von S bei U abgeholt. [3]Der Lkw wird ausschließlich in der Schweiz genutzt.

[4]Der Ort der Leistung bei der kurzfristigen Vermietung des Beförderungsmittels richtet sich grundsätzlich nach § 3 a Abs. 3 Nr. 2 Satz 1 und 2 UStG (vgl. Abschnitt 3 a.5 Abs. 1 bis 6). [5]Da der Lkw aber nicht im Inland, sondern in der Schweiz genutzt wird, ist die Leistung nach § 3 a Abs. 7 UStG als in der Schweiz ausgeführt zu behandeln.

Sonstige im Drittlandsgebiet ausgeführte Leistungen an Unternehmer

(5) [1]§ 3 a Abs. 8 UStG gilt nur für sonstige Leistungen an Leistungsempfänger im Sinne des § 3 a Abs. 2 UStG (siehe Abschnitt 3 a.2 Abs. 1). [2]Güterbeförderungsleistungen, im Zusammenhang mit einer Güterbeförderung stehende Leistungen wie Beladen, Entladen, Umschlagen oder ähnliche mit der Beförderung eines Gegenstands im Zusammenhang stehende Leistungen (vgl. § 3 b Abs. 2 UStG und Abschnitt 3 b.2), Arbeiten an und Begutachtungen von beweglichen körperlichen Gegenständen (vgl. Abschnitt 3 a.6 Abs. 11), Reisevorleistungen im Sinne des § 25 Abs. 1 Satz 5 UStG und Veranstaltungsleistungen im Zusammenhang mit Messen und Ausstellungen (vgl. Abschnitt 3 a.4 Abs. 2 Sätze 2, 3, 5 und 6) werden regelmäßig im Drittlandsgebiet genutzt oder ausgewertet, wenn sie tatsächlich ausschließlich dort in Anspruch genommen werden können. [3]Ausgenommen hiervon sind Leistungen, die in einem der in § 1 Abs. 3 UStG genannten Gebiete (insbesondere Freihäfen) erbracht werden. [4]Die Regelung gilt nur in den Fällen, in denen der Leistungsort für die in § 3 a Abs. 8 Satz 1 UStG genannten Leistungen unter Anwendung von § 3 a Abs. 2 UStG im Inland liegen würde und

- der leistende Unternehmer für den jeweiligen Umsatz Steuerschuldner nach § 13 a Abs. 1 Nr. 1 UStG wäre, oder
- der Leistungsempfänger für den jeweiligen Umsatz Steuerschuldner nach § 13 b Abs. 1 oder Abs. 2 und Abs. 5 Satz 1 UStG wäre.

(6) *weggefallen*

Anmerkung

§ 3 a Abs. 6 und Abs. 7 UStG verlagert in bestimmten Fällen den Ort einer sonstigen Leistung aus dem Drittlandsgebiet in das Inland (§ 3 a Abs. 6 UStG) bzw. aus dem Inland in das Drittlandsgebiet (§ 3 a Abs. 7 UStG).

Nach **§ 3 a Abs. 6 UStG** wird der Ort der sonstigen Leistung bei bestimmten, abschließend aufgeführten Leistungen aus dem Drittlandsgebiet in das Inland verlagert, wenn der leistende Unternehmer im Drittlandsgebiet ansässig ist oder dort eine leistungserbringende Betriebsstätte hat. Weitere Voraussetzung ist, dass die Leistung im Inland genutzt oder ausgewertet wird. Diese Regelung betrifft insbesondere die folgenden Leistungen:

- eine kurzfristige oder langfristige Vermietung von Beförderungsmitteln wird ausgeführt,
- eine in § 3 a Abs. 4 Satz 2 Nr. 1 bis Nr. 10 UStG aufgeführte sonstige Leistung wird an eine im Inland ansässige juristische Person des öffentlichen Rechts ausgeführt oder
- es wird eine sonstige Leistung auf dem Gebiet der Telekommunikation oder eine Rundfunk- und Fernsehleistung ausgeführt.

Hinweis: Verlagerung auch bei Roamingleistungen

Drittlandsunternehmer führen u. a. Telekommunikationsdienstleistungen oder auf elektronischem Weg erbrachte sonstige Leistung, die im Inland genutzt werden, abweichend von § 3 a Abs. 5 UStG nach § 3 a Abs. 6 Satz 1 Nr. 3 UStG im Inland aus. Unter Verweis auf die Rechtsprechung des EuGH (Urt. v. 15. 4. 2021 – C-593/19, SK Telecom, BFH/NV 2021, 925) stellt die Finanzverwaltung klar, dass dies auch für **Roamingleistungen** gilt, die im **Drittland ansässige Mobilfunkanbieter an im**

Drittlandsgebiet ansässige Nichtunternehmer ausführen, wenn der Anbieter es seinen Kunden ermöglicht, das inländische Mobilfunknetz zu nutzen. Dies gilt unabhängig davon, ob die Leistung schon im Drittlandsgebiet besteuert wurde.

Nach **§ 3 a Abs. 7 UStG** wird der Ort der kurzfristigen Vermietung bestimmter Fahrzeuge (Schienenfahrzeuge, Kraftomnibusse oder ausschließlich zur Beförderung von Gegenständen bestimmte Straßenfahrzeuge) an einen im Drittlandsgebiet ansässigen Unternehmer für dessen Unternehmen in das Drittlandsgebiet verlagert, wenn das Fahrzeug im Drittlandsgebiet genutzt wird.

In bestimmten Fällen kann die Grundregelung des § 3 a Abs. 2 zu einer **Doppelbesteuerung** führen, wenn der Ort einer Leistung nach dem Unionsrecht in der Europäischen Union ist, die Leistung nach nationalen Bestimmungen von Drittstaaten aber ebenfalls dort der Besteuerung unterliegt. Schon zum Inkrafttreten der Regelungen zur Bestimmung des Orts der sonstigen Leistung zum 1.1.2010 hatte die **Finanzverwaltung** (BMF, Schreiben v. 4.9.2009, BStBl I 2009, 1005) in einigen Fällen eine Besteuerung abweichend von der Grundreglung des § 3 a Abs. 2 UStG im Verwaltungswege umgesetzt. Durch das Jahressteuergesetz 2010 erfolgte mit Wirkung **zum 1.1.2011** eine gesetzliche Absicherung in § 3 a Abs. 8 UStG, die dann (rückwirkend) zum 1.7.2011 noch um einen weiteren Tatbestand ergänzt wurde.

Liegen die Voraussetzungen des **§ 3 a Abs. 8 UStG** vor, wird ein Umsatz, der eigentlich nach § 3 a Abs. 2 UStG im Inland ausgeführt worden wäre, als im Drittlandsgebiet ausgeführt behandelt. Die ausgeführte Leistung ist dann im Inland nicht steuerbar. Wer ohne Anwendung des § 3 a Abs. 8 UStG ansonsten der Steuerschuldner für die dann im Inland ausgeführte Leistung sein würde (der leistende Unternehmer nach § 13 a Abs. 1 Nr. 1 UStG oder der Leistungsempfänger nach § 13 b UStG), ist unerheblich.

Dabei ist die Anwendung der Sonderregelung des § 3 a Abs. 8 UStG nur auf die **abschließend aufgeführten Leistungen** anzuwenden. Allerdings sind in das Gesetzgebungsverfahren zum Jahressteuergesetz 2010 nur die Fälle mit aufgenommen worden, die sich nach dem **Gesetzesstand 2010** als Probleme der Doppelbesteuerung ergeben hatten. Da sich zum 1.1.2011 erhebliche Veränderungen im Bereich der künstlerischen u. ä. Leistungen i. S. d. § 3 a Abs. 3 Nr. 3 Buchst. a UStG – insbesondere auch den Leistungen i.Z.m. Messen und Ausstellungen – ergeben haben, liegen dieselben Probleme seit dem 1.1.2011 auch für diese Leistungen vor. Der Gesetzgeber hat dann rückwirkend zum 1.7.2011 durch das Gesetz zur **Umsetzung der Beitreibungsrichtlinie** sowie zur Änderung steuerlicher Vorschriften die in § 3 a Abs. 8 UStG abschließend aufgeführten Leistungen noch um die Veranstaltungsleistungen i.Z.m. Messen und Ausstellungen erweitert. Allerdings greift diese Maßnahme zu kurz, da es aus systematischen Gründen notwendig ist, die Ausnahmeregelung des § 3 a Abs. 8 Satz 1 UStG auf alle Leistungen zu erweitern, die im Bereich der künstlerischen, kulturellen u. ä. Leistungen gegenüber einem inländischen Unternehmer im Drittlandsgebiet ausgeführt werden, da sich die Gefahr der Doppelbesteuerung nicht nur ausschließlich bei der Ausführung von Veranstaltungsleistungen bei Messen und Ausstellungen ergibt. Es wäre deshalb sachgerecht gewesen, den Leistungskatalog auch auf die künstlerischen u. ä. Leistungen zu erweitern. Der Ermächtigungsrahmen nach Art. 59 a Buchst. a MwStSystRL würde dazu ausreichend sein.

Bei in § 3 a Abs. 8 Satz 1 UStG abschließend aufgeführten Leistungen, die gegenüber einem Unternehmer für dessen Unternehmen ausgeführt werden und deren Ort eigentlich nach § 3 a Abs. 2 UStG am Sitzort des Leistungsempfängers wäre, wird die Leistung als im Drittlandsgebiet ausgeführt behandelt, wenn diese Leistung dort genutzt oder ausgewertet wird. Dies betrifft

- **Güterbeförderungsleistungen**,
- mit der **Beförderung im Zusammenhang stehende Dienstleistungen** (Beladen, Entladen oder Umschlagen etc.),
- **Arbeiten an beweglichen körperlichen Gegenständen** sowie deren Begutachtung,
- **Veranstaltungsleistungen i.Z.m. Messen und Ausstellungen** und
- **Reisevorleistungen** nach § 25 Abs. 1 Satz 5 UStG.

Hinweis: Leistung muss im Drittlandsgebiet genutzt oder ausgewertet werden

Voraussetzung für die Behandlung des Umsatzes als im Drittlandsgebiet ausgeführte Leistung ist, dass nach dem Gesetzeswortlaut des § 3 a Abs. 8 UStG die Leistung „dort genutzt oder ausgewertet" wird. Die Finanzverwaltung hatte auf dem Verwaltungswege im Jahr 2010 in Abschn. 3a.2 Abs. 17 UStAE a. F. für die jetzt in § 3 a Abs. 8 Satz 1 UStG aufgeführten Leistungen geregelt, dass es nicht zu beanstanden ist, dass eine Umsatzsteuer in Deutschland nicht erhoben wird, wenn die Leistung tatsächlich ausschließlich im Drittlandsgebiet erbracht wurde. Der Gesetzgeber hat hingegen – vermutlich übernommen aus der Altregelung der Verlagerung des Orts einer sonstigen Leistung aus § 1 Abs. 1 UStDV oder begründet mit den in Art. 59 a Buchst. a MwStSystRL enthaltenen Begriffen der tatsächlichen Nutzung oder Auswertung – die Begriffe „genutzt oder ausgewertet" verwendet. Unklar bleibt dabei, wie diese Begriffe auszulegen sind.

UStAE 3 a.15. Ort der sonstigen Leistung bei Einschaltung eines Erfüllungsgehilfen

Bedient sich der Unternehmer bei Ausführung einer sonstigen Leistung eines anderen Unternehmers als Erfüllungsgehilfen, der die sonstige Leistung im eigenen Namen und für eigene Rechnung ausführt, ist der Ort der Leistung für jede dieser Leistungen für sich zu bestimmen.

Beispiel:

[1]Die ausschließlich hoheitlich tätige juristische Person des öffentlichen Rechts P mit Sitz im Inland, der keine USt-IdNr. zugeteilt worden ist, erteilt dem Unternehmer F in Frankreich den Auftrag, ein Gutachten zu erstellen, das P in ihrem Hoheitsbereich auswerten will. [2]F vergibt bestimmte Teilbereiche an den Unternehmer U im Inland und beauftragt ihn, die Ergebnisse seiner Ermittlungen unmittelbar P zur Verfügung zu stellen.

[3]Die Leistung des U wird nach § 3 a Abs. 2 UStG dort ausgeführt, wo F sein Unternehmen betreibt; sie ist daher im Inland nicht steuerbar. [4]Der Ort der Leistung des F an P ist nach § 3 a Abs. 1 UStG zu bestimmen; die Leistung ist damit ebenfalls im Inland nicht steuerbar.

UStAE 3 a.16. Besteuerungsverfahren bei sonstigen Leistungen

Leistungsort in der Bundesrepublik Deutschland

(1) [1]Bei im Inland erbrachten sonstigen Leistungen ist grundsätzlich der leistende Unternehmer der Steuerschuldner, wenn er im Inland ansässig ist; auf die Möglichkeit der Steuerschuldnerschaft des Leistungsempfängers (§ 13 b UStG) wird hingewiesen (vgl. hierzu Abschnitt 13 b.1). [2]Die Umsätze sind im allgemeinen Besteuerungsverfahren nach § 16 und § 18 Abs. 1 bis 4 UStG zu versteuern.

(2) Ist der leistende Unternehmer im Ausland ansässig, schuldet der Leistungsempfänger nach § 13 b Abs. 5 Satz 1 UStG die Steuer, wenn er ein Unternehmer oder eine juristische Person ist (vgl. hierzu Abschnitt 13 b.1).

(3) Ist der Empfänger einer sonstigen Leistung weder ein Unternehmer noch eine juristische Person, hat der leistende ausländische Unternehmer diesen Umsatz im Inland im allgemeinen Besteuerungsverfahren nach § 16 und § 18 Abs. 1 bis 4 UStG zu versteuern.

Leistungsort in anderen EU-Mitgliedstaaten

(4) Grundsätzlich ist der Unternehmer, der sonstige Leistungen in einem anderen EU-Mitgliedstaat ausführt, in diesem EU-Mitgliedstaat Steuerschuldner der Umsatzsteuer (Artikel 193 MwStSystRL).

(5) Liegt der Ort einer sonstigen Leistung, bei der sich der Leistungsort nach § 3 a Abs. 2 UStG bestimmt, in einem EU-Mitgliedstaat, und ist der leistende Unternehmer dort nicht ansässig, schuldet der Leistungsempfänger die Umsatzsteuer, wenn er in diesem EU-Mitgliedstaat als Unternehmer für Umsatz-

steuerzwecke erfasst ist oder eine nicht steuerpflichtige juristische Person mit USt-IdNr. ist (vgl. Artikel 196 MwStSystRL).

(6) [1]Ist der Leistungsempfänger Steuerschuldner, darf in der Rechnung des in einem anderen EU-Mitgliedstaat ansässigen leistenden Unternehmers keine Umsatzsteuer im Rechnungsbetrag gesondert ausgewiesen sein. [2]In der Rechnung ist auf die Steuerschuldnerschaft des Leistungsempfängers besonders hinzuweisen.

(7) Steuerpflichtige sonstige Leistungen nach § 3 a Abs. 2 UStG, für die der in einem anderen Mitgliedstaat ansässige Leistungsempfänger die Steuer dort schuldet, hat der leistende Unternehmer in der Voranmeldung und der Umsatzsteuererklärung für das Kalenderjahr (§ 18 b Satz 1 Nr. 2 UStG) und in der ZM (§ 18 a UStG) anzugeben.

Besonderes Besteuerungsverfahren für im Ausland ansässige Unternehmer, die vor dem 1. 7. 2021 sonstige Leistungen nach § 3 a Abs. 5 UStG erbringen

(8) Nicht im Gemeinschaftsgebiet ansässige Unternehmer, die vor dem 1. 7 2021 im Gemeinschaftsgebiet als Steuerschuldner Telekommunikationsdienstleistungen, Rundfunk- und Fernsehdienstleistungen und/oder sonstige Leistungen auf elektronischem Weg an in der EU ansässige Nichtunternehmer (siehe Abschnitt 3 a.1 Abs. 1) erbringen (§ 3 a Abs. 5 UStG), können sich abweichend von § 18 Abs. 1 bis 4 UStG unter bestimmten Bedingungen dafür entscheiden, nur in einem EU-Mitgliedstaat erfasst zu werden (§ 18 Abs. 4 c UStG); wegen der Einzelheiten vgl. Abschnitt 18.7 a.

(9) Im übrigen Gemeinschaftsgebiet ansässige Unternehmer (Abschnitt 13 b.11 Abs. 1 Satz 2), die vor dem 1. 7. 2021 im Inland als Steuerschuldner Telekommunikationsdienstleistungen, Rundfunk- und Fernsehdienstleistungen und/oder sonstige Leistungen auf elektronischem Weg an im Inland ansässige Nichtunternehmer (siehe Abschnitt 3 a.1 Abs. 1) erbringen (§ 3 a Abs. 5 UStG), können sich abweichend von § 18 Abs. 1 bis 4 UStG unter bestimmten Bedingungen dafür entscheiden, an dem besonderen Besteuerungsverfahren teilzunehmen (§ 18 Abs. 4 e UStG); wegen der Einzelheiten vgl. Abschnitt 18.7 b.

Besonderes Besteuerungsverfahren für im Inland ansässige Unternehmer, die vor dem 1. 7. 2021 sonstige Leistungen nach § 3 a Abs. 5 UStG erbringen

(10) Im Inland ansässige Unternehmer (Abschnitt 18 h.1 Abs. 8), die vor dem 1. 7. 2021 in einem anderen EU-Mitgliedstaat Telekommunikationsdienstleistungen, Rundfunk- und Fernsehdienstleistungen und/oder sonstige Leistungen auf elektronischem Weg an in diesem EU-Mitgliedstaat ansässige Nichtunternehmer (siehe Abschnitt 3 a.1 Abs. 1) erbringen (§ 3 a Abs. 5 UStG), für die sie dort die Umsatzsteuer schulden und Umsatzsteuererklärungen abzugeben haben, können sich unter bestimmten Bedingungen dafür entscheiden, an dem besonderen Besteuerungsverfahren teilzunehmen (§ 18 h UStG); wegen der Einzelheiten vgl. Abschnitt 18 h.1.

Besonderes Besteuerungsverfahren für von nicht im Gemeinschaftsgebiet ansässigen Unternehmern erbrachte sonstige Leistungen

(11) Nicht im Gemeinschaftsgebiet ansässige Unternehmer, die nach dem 30. 6. 2021 als Steuerschuldner sonstige Leistungen an in der EU ansässige Nichtunternehmer (siehe Abschnitt 3 a.1 Abs. 1) erbringen, können sich abweichend von § 18 Abs. 1 bis 4 UStG unter bestimmten Bedingungen dafür entscheiden, an dem besonderen Besteuerungsverfahren teilzunehmen (§ 18 i UStG); wegen der Einzelheiten vgl. Abschnitt 18 i.1.

Besonderes Besteuerungsverfahren für von im Gemeinschaftsgebiet, nicht aber im Mitgliedstaat des Verbrauchs ansässigen Unternehmern erbrachte sonstige Leistungen

(12) Im Gemeinschaftsgebiet ansässige Unternehmer, die nach dem 30. 6. 2021 in einem anderen EU-Mitgliedstaat sonstige Leistungen an Nichtunternehmer (siehe Abschnitt 3 a.1 Abs. 1) erbringen, können sich abweichend von § 18 Abs. 1 bis 4 UStG unter bestimmten Bedingungen dafür entscheiden, an

dem besonderen Besteuerungsverfahren teilzunehmen (§ 18 j UStG); wegen der Einzelheiten vgl. Abschnitt 18 j.1.

(13) *weggefallen*

(14) *weggefallen*

Anmerkung

Im Abschn. 3a.16 UStAE hat die Finanzverwaltung die Rechtsfolgen bezüglich des Besteuerungsverfahrens zusammengestellt. Dabei werden Hinweise sowohl für die Fälle vorgegeben, in denen sich der Leistungsort im Inland als auch im Ausland befindet.

Mit Schreiben v. 1.4.2021 (BStBl I 2021, 629) hat die Finanzverwaltung die besonderen Besteuerungsverfahren sowohl für Leistungen, die vor dem 1.7.2021 (§ 18 h UStG) als auch ab dem 1.7.2021 (§ 18 i und § 18 j UStG) ausgeführt werden, zusammengestellt. Insbesondere wird auf die neuen Verwaltungsanweisungen zu Abschn. 18i.1 und Abschn. 18j.1 UStAE verwiesen.

Zu § 3 b UStG

UStG § 3 b Ort der Beförderungsleistungen und der damit zusammenhängenden sonstigen Leistungen

(1) [1]Eine Beförderung einer Person wird dort ausgeführt, wo die Beförderung bewirkt wird. [2]Erstreckt sich eine solche Beförderung nicht nur auf das Inland, fällt nur der Teil der Leistung unter dieses Gesetz, der auf das Inland entfällt. [3]Die Sätze 1 und 2 gelten entsprechend für die Beförderung von Gegenständen, die keine innergemeinschaftliche Beförderung eines Gegenstands im Sinne des Absatzes 3 ist, wenn der Empfänger weder ein Unternehmer, für dessen Unternehmen die Leistung bezogen wird, noch eine nicht unternehmerisch tätige juristische Person ist, der eine Umsatzsteuer-Identifikationsnummer erteilt worden ist. [4]Die Bundesregierung kann mit Zustimmung des Bundesrates durch Rechtsverordnung zur Vereinfachung des Besteuerungsverfahrens bestimmen, dass bei Beförderungen, die sich sowohl auf das Inland als auch auf das Ausland erstrecken (grenzüberschreitende Beförderungen),

1. kurze inländische Beförderungsstrecken als ausländische und kurze ausländische Beförderungsstrecken als inländische angesehen werden;
2. Beförderungen über kurze Beförderungsstrecken in den in § 1 Abs. 3 bezeichneten Gebieten nicht wie Umsätze im Inland behandelt werden.

(2) Das Beladen, Entladen, Umschlagen und ähnliche mit der Beförderung eines Gegenstands im Zusammenhang stehende Leistungen an einen Empfänger, der weder ein Unternehmer ist, für dessen Unternehmen die Leistung bezogen wird, noch eine nicht unternehmerisch tätige juristische Person ist, der eine Umsatzsteuer-Identifikationsnummer erteilt worden ist, werden dort ausgeführt, wo sie vom Unternehmer tatsächlich erbracht werden.

(3) Die Beförderung eines Gegenstands, die in dem Gebiet eines Mitgliedstaates beginnt und in dem Gebiet eines anderen Mitgliedstaates endet (innergemeinschaftliche Beförderung eines Gegenstands), an einen Empfänger, der weder ein Unternehmer ist, für dessen Unternehmen die Leistung bezogen wird, noch eine nicht unternehmerisch tätige juristische Person, der eine Umsatzsteuer-Identifikationsnummer erteilt worden ist, wird an dem Ort ausgeführt, an dem die Beförderung des Gegenstands beginnt.

UStDV

§ 2 Verbindungsstrecken im Inland

[1]Bei grenzüberschreitenden Beförderungen ist die Verbindungsstrecke zwischen zwei Orten im Ausland, die über das Inland führt, als ausländische Beförderungsstrecke anzusehen, wenn diese Verbindungsstrecke den nächsten oder verkehrstechnisch günstigsten Weg darstellt und der inländische Streckenanteil nicht länger als 30 Kilometer ist. [2]Dies gilt nicht für Personenbeförderungen im Linienverkehr mit Kraftfahrzeugen. [3]§ 7 bleibt unberührt.

§ 3 Verbindungsstrecken im Ausland

[1]Bei grenzüberschreitenden Beförderungen ist die Verbindungsstrecke zwischen zwei Orten im Inland, die über das Ausland führt, als inländische Beförderungsstrecke anzusehen, wenn der ausländische Streckenanteil nicht länger als zehn Kilometer ist. [2]Dies gilt nicht für Personenbeförderungen im Linienverkehr mit Kraftfahrzeugen. [3]§ 7 bleibt unberührt.

§ 4 Anschlussstrecken im Schienenbahnverkehr

Bei grenzüberschreitenden Personenbeförderungen mit Schienenbahnen sind anzusehen:

1. als inländische Beförderungsstrecken die Anschlussstrecken im Ausland, die von Eisenbahnverwaltungen mit Sitz im Inland betrieben werden, sowie Schienenbahnstrecken in den in § 1 Abs. 3 des Gesetzes bezeichneten Gebieten;
2. als ausländische Beförderungsstrecken die inländischen Anschlussstrecken, die von Eisenbahnverwaltungen mit Sitz im Ausland betrieben werden.

§ 5 *(weggefallen)*

§ 6 Straßenstrecken in den in § 1 Abs. 3 des Gesetzes bezeichneten Gebieten

Bei grenzüberschreitenden Personenbeförderungen mit Kraftfahrzeugen von und zu den in § 1 Abs. 3 des Gesetzes bezeichneten Gebieten sowie zwischen diesen Gebieten sind die Streckenanteile in diesen Gebieten als inländische Beförderungsstrecken anzusehen.

§ 7 Kurze Strecken im grenzüberschreitenden Verkehr mit Wasserfahrzeugen

(1) Bei grenzüberschreitenden Beförderungen im Passagier- und Fährverkehr mit Wasserfahrzeugen, die sich ausschließlich auf das Inland und die in § 1 Abs. 3 des Gesetzes bezeichneten Gebiete erstrecken, sind die Streckenanteile in den in § 1 Abs. 3 des Gesetzes bezeichneten Gebieten als inländische Beförderungsstrecken anzusehen.

(2) [1]Bei grenzüberschreitenden Beförderungen im Passagier- und Fährverkehr mit Wasserfahrzeugen, die in inländischen Häfen beginnen und enden, sind

1. ausländische Streckenanteile als inländische Beförderungsstrecken anzusehen, wenn die ausländischen Streckenanteile nicht länger als zehn Kilometer sind, und
2. inländische Streckenanteile als ausländische Beförderungsstrecken anzusehen, wenn
   a) die ausländischen Streckenanteile länger als zehn Kilometer und
   b) die inländischen Streckenanteile nicht länger als 20 Kilometer sind.

[2]Streckenanteile in den in § 1 Abs. 3 des Gesetzes bezeichneten Gebieten sind in diesen Fällen als inländische Beförderungsstrecken anzusehen.

(3) Bei grenzüberschreitenden Beförderungen im Passagier- und Fährverkehr mit Wasserfahrzeugen für die Seeschifffahrt, die zwischen ausländischen Seehäfen oder zwischen einem inländischen Seehafen und einem ausländischen Seehafen durchgeführt werden, sind inländische Streckenanteile als ausländische Beförderungsstrecken anzusehen und Beförderungen in den in § 1 Abs. 3 des Gesetzes bezeichneten Gebieten nicht wie Umsätze im Inland zu behandeln.

(4) Inländische Häfen im Sinne dieser Vorschrift sind auch Freihäfen und die Insel Helgoland.

(5) Bei grenzüberschreitenden Beförderungen im Fährverkehr über den Rhein, die Donau, die Elbe, die Neiße und die Oder sind die inländischen Streckenanteile als ausländische Beförderungsstrecken anzusehen.

UStAE 3 b.1. Ort einer Personenbeförderung und Ort einer Güterbeförderung, die keine innergemeinschaftliche Güterbeförderung ist

(1) Die Ortsbestimmung des § 3 b Abs. 1 Sätze 1 und 2 UStG (Personenbeförderung) ist bei sonstigen Leistungen sowohl an Nichtunternehmer (siehe Abschnitt 3 a.1 Abs. 1) als auch an Leistungsempfänger im Sinne des § 3 a Abs. 2 UStG (siehe Abschnitt 3 a.2 Abs. 1) anzuwenden.

(2) [1]Der Ort einer Personenbeförderung liegt dort, wo die Beförderung tatsächlich bewirkt wird (§ 3 b Abs. 1 Satz 1 UStG). [2]Hieraus folgt für diejenigen Beförderungsfälle, in denen der mit der Beförderung beauftragte Unternehmer (Hauptunternehmer) die Beförderung durch einen anderen Unternehmer (Subunternehmer) ausführen lässt, dass sowohl die Beförderungsleistung des Hauptunternehmers als auch diejenige des Subunternehmers dort ausgeführt werden, wo der Subunternehmer die Beförderung bewirkt. [3]Die Sonderregelung über die Besteuerung von Reiseleistungen (§ 25 Abs. 1 UStG) bleibt jedoch unberührt.

Beispiel:

[1]Der Reiseveranstalter A veranstaltet im eigenen Namen und für eigene Rechnung einen Tagesausflug. [2]Er befördert die teilnehmenden Reisenden (Nichtunternehmer) jedoch nicht selbst, sondern bedient sich zur Ausführung der Beförderung des Omnibusunternehmers B. [3]Dieser bewirkt an A eine Beförderungsleistung, indem er die Beförderung im eigenen Namen, unter eigener Verantwortung und für eigene Rechnung durchführt.

[4]Der Ort der Beförderungsleistung des B liegt dort, wo dieser die Beförderung bewirkt. [5]Für A stellt die Beförderungsleistung des B eine Reisevorleistung dar. [6]A führt deshalb umsatzsteuerrechtlich keine Beförderungsleistung, sondern eine sonstige Leistung im Sinne des § 25 Abs. 1 UStG aus. [7]Diese sonstige Leistung wird dort ausgeführt, von wo aus A sein Unternehmen betreibt (§ 3 a Abs. 1 UStG).

(3) [1]Die Ortsbestimmung des § 3 b Abs. 1 Satz 3 UStG (Güterbeförderung) ist nur bei Güterbeförderungen, die keine innergemeinschaftlichen Güterbeförderungen im Sinne des § 3 b Abs. 3 UStG sind, an Nichtunternehmer (siehe Abschnitt 3 a.1 Abs. 1) anzuwenden. [2]Der Leistungsort liegt danach dort, wo die Beförderung tatsächlich bewirkt wird. [3]Der Ort einer Güterbeförderung, die keine innergemeinschaftliche Güterbeförderung ist, an einen Leistungsempfänger im Sinne des § 3 a Abs. 2 UStG (siehe Abschnitt 3 a.2 Abs. 1) richtet sich nach § 3 a Abs. 2 UStG. [4]Zum Leistungsort bei Güterbeförderungen, die im Drittlandsgebiet genutzt oder ausgewertet werden, vgl. § 3 a Abs. 8 Satz 1 UStG und Abschnitt 3 a.14 Abs. 5.

Grenzüberschreitende Beförderungen

(4) [1]Grenzüberschreitende Beförderungen – Personenbeförderungen sowie Güterbeförderungen an Nichtunternehmer (siehe Abschnitt 3 a.1 Abs. 1) mit Ausnahme der innergemeinschaftlichen Güterbeförderungen im Sinne des § 3 b Abs. 3 UStG – sind in einen steuerbaren und einen nicht steuerbaren Leistungsteil aufzuteilen (§ 3 b Abs. 1 Satz 2 UStG). [2]Die Aufteilung unterbleibt jedoch bei grenzüberschreitenden Beförderungen mit kurzen in- oder ausländischen Beförderungsstrecken, wenn diese Beförderungen entweder insgesamt als steuerbar oder insgesamt als nicht steuerbar zu behandeln sind (siehe auch Absätze 7 bis 17). [3]Wegen der Auswirkung der Sonderregelung des § 1 Abs. 3 Satz 1 Nr. 2 und 3 UStG auf Beförderungen – in der Regel in Verbindung mit den §§ 4, 6 oder 7 UStDV – wird auf die Absätze 11 und 13 bis 17 verwiesen.

(5) [1]Bei einer Beförderungsleistung, bei der nur ein Teil der Leistung steuerbar ist und bei der die Umsatzsteuer für diesen Teil auch erhoben wird, ist Bemessungsgrundlage das Entgelt, das auf diesen Teil entfällt. [2]Bei Personenbeförderungen im Gelegenheitsverkehr mit Kraftomnibussen, die nicht im Inland zugelassen sind und die bei der Ein- oder Ausreise eine Grenze zu einem Drittland überqueren, ist ein Durchschnittsbeförderungsentgelt für den Streckenanteil im Inland maßgebend (vgl. Abschnitte 10.8 und 16.2). [3]In allen übrigen Fällen ist das auf den steuerbaren Leistungsteil entfallende tatsächlich vereinbarte oder vereinnahmte Entgelt zu ermitteln (vgl. hierzu Absatz 6). [4]Das Finanzamt kann jedoch Unternehmer, die nach § 4 Nr. 3 UStG steuerfreie Umsätze bewirken, von der Verpflichtung befreien, die Entgelte für die vorbezeichneten steuerfreien Umsätze und die Entgelte für nicht steuerbare Beförderungen getrennt aufzuzeichnen (vgl. Abschnitt 22.6 Abs. 18 und 19).

(6) [1]Wird bei einer Beförderungsleistung, die sich nicht nur auf das Inland erstreckt und bei der kein Durchschnittsbeförderungsentgelt maßgebend ist, ein Gesamtpreis vereinbart oder vereinnahmt, ist der auf den inländischen Streckenanteil entfallende Entgeltanteil anhand dieses Gesamtpreises zu ermitteln. [2]Hierzu gilt Folgendes:

1. [1]Grundsätzlich ist vom vereinbarten oder vereinnahmten Nettobeförderungspreis auszugehen. [2]Zum Nettobeförderungspreis gehören nicht die Umsatzsteuer für die Beförderungsleistung im Inland und die für den nicht steuerbaren Leistungsanteil in anderen Staaten zu zahlende Umsatzsteuer oder ähnliche Steuer. [3]Sofern nicht besondere Umstände (wie z. B. tarifliche Vereinbarungen im internationalen Eisenbahnverkehr) eine andere Aufteilung rechtfertigen, ist der Nettobeförderungspreis für jede einzelne Beförderungsleistung im Verhältnis der Längen der inländischen und ausländischen Streckenanteile – einschließlich sog. Leerkilometer – aufzuteilen (vgl. BFH-Urteil vom 12. 3. 1998, V R 17/93,

BStBl II S. 523). [4]Unter Leerkilometer sind dabei nur die während der Beförderungsleistung ohne zu befördernde Personen zurückgelegten Streckenanteile zu verstehen. [5]Die Hin- bzw. Rückfahrt vom bzw. zum Betriebshof – ohne zu befördernde Personen – ist nicht Teil der Beförderungsleistung und damit auch nicht bei der Aufteilung der Streckenanteile zu berücksichtigen. [6]Das auf den inländischen Streckenanteil entfallende Entgelt kann nach folgender Formel ermittelt werden:

$$\text{Entgelt für den inländischen Streckenanteil} = \frac{\text{Nettobeförderungspreis für die Gesamtstrecke} \times \text{Anzahl der km des inländischen Streckenanteils}}{\text{Anzahl der km der Gesamtstrecke}}$$

2. [1]Bei Personenbeförderungen ist es nicht zu beanstanden, wenn zur Ermittlung des auf den inländischen Streckenanteil entfallenden Entgelts nicht vom Nettobeförderungspreis ausgegangen wird, sondern von dem für die Gesamtstrecke vereinbarten oder vereinnahmten Bruttobeförderungspreis, z. B. Gesamtpreis einschließlich der im Inland und im Ausland erhobenen Umsatzsteuer oder ähnlichen Steuer. [2]Für die Entgeltermittlung kann in diesem Falle die folgende geänderte Berechnungsformel dienen:

$$\text{Bruttoentgelt (Entgelt zuzüglich Umsatzsteuer) für den inländischen Streckenanteil} = \frac{\text{Bruttobeförderungspreis für die Gesamtstrecke} \times \text{Anzahl der km des inländischen Streckenanteils}}{\text{Anzahl der km der Gesamtstrecke}}$$

[3]Innerhalb eines Besteuerungszeitraumes muss bei allen Beförderungen einer Verkehrsart, z. B. bei Personenbeförderungen im Gelegenheitsverkehr mit Kraftfahrzeugen, nach ein und derselben Methode verfahren werden.

Verbindungsstrecken im Inland

(7) [1]Zu den Verbindungsstrecken im Inland nach § 2 UStDV gehören insbesondere diejenigen Verbindungsstrecken von nicht mehr als 30 km Länge, für die in den folgenden Abkommen und Verträgen Erleichterungen für den Durchgangsverkehr vereinbart worden sind:

1. Deutsch-Schweizerisches Abkommen vom 5. 2. 1958, Anlage III (BGBl. 1960 II S. 2162), geändert durch Vereinbarung vom 15. 5. 1981 (BGBl. II S. 211);
2. Deutsch-Österreichisches Abkommen vom 14. 9. 1955, Artikel 1 Abs. 1 (BGBl. 1957 II S. 586);
3. Deutsch-Österreichisches Abkommen vom 14. 9. 1955, Artikel 1 (BGBl. 1957 II S. 589);
4. Deutsch-Österreichischer Vertrag vom 6. 9. 1962, Anlage II (BGBl. 1963 II S. 1280), zuletzt geändert durch Vereinbarung vom 3. 12. 1981 (BGBl. 1982 II S. 28);
5. Deutsch-Österreichischer Vertrag vom 17. 2. 1966, Artikel 1 und 14 (BGBl. 1967 II S. 2092);
6. Deutsch-Niederländischer Vertrag vom 8. 4. 1960, Artikel 33 (BGBl. 1963 II S. 463).

[2]Bei diesen Strecken ist eine Prüfung, ob sie den nächsten oder verkehrstechnisch günstigsten Weg darstellen, nicht erforderlich. [3]Bei anderen Verbindungsstrecken muss diese Voraussetzung im Einzelfall geprüft werden.

(8) [1]§ 2 UStDV umfasst die grenzüberschreitenden Personen- und Güterbeförderungen, die von im Inland oder im Ausland ansässigen Unternehmern bewirkt werden, mit Ausnahme der Personenbeförderungen im Linienverkehr mit Kraftfahrzeugen. [2]Bei grenzüberschreitenden Beförderungen im Passagier- und Fährverkehr mit Wasserfahrzeugen hat § 7 Abs. 2, 3 und 5 UStDV Vorrang (vgl. Absätze 15 bis 17).

Verbindungsstrecken im Ausland

(9) Zu den Verbindungsstrecken im Ausland nach § 3 UStDV gehören insbesondere diejenigen Verbindungsstrecken von nicht mehr als 10 km Länge, die in den in Absatz 7 und in den nachfolgend aufgeführten Abkommen und Verträgen enthalten sind:

1. Deutsch-Österreichischer Vertrag vom 17. 2. 1966, Artikel 1 (BGBl. 1967 II S. 2086);
2. Deutsch-Belgischer Vertrag vom 24. 9. 1956, Artikel 12 (BGBl. 1958 II S. 263);
3. Deutsch-Schweizerischer Vertrag vom 25. 4. 1977, Artikel 5 (BGBl. 1978 II S. 1201).

(10) [1]Der Anwendungsbereich des § 3 UStDV umfasst die grenzüberschreitenden Personen- und Güterbeförderungen, die von im Inland oder im Ausland ansässigen Unternehmern durchgeführt werden, mit Ausnahme der Personenbeförderungen im Linienverkehr mit Kraftfahrzeugen. [2]Bei grenzüberschreitenden Beförderungen im Passagier- und Fährverkehr mit Wasserfahrzeugen hat § 7 Abs. 2, 3 und 5 UStDV Vorrang (vgl. Absätze 15 bis 17).

Anschlussstrecken im Schienenbahnverkehr

(11) [1]Im Eisenbahnverkehr enden die Beförderungsstrecken der nationalen Eisenbahnverwaltungen in der Regel an der Grenze des jeweiligen Hoheitsgebiets. [2]In Ausnahmefällen betreiben jedoch die Eisenbahnverwaltungen kurze Beförderungsstrecken im Nachbarstaat bis zu einem dort befindlichen vertraglich festgelegten Gemeinschafts- oder Betriebswechselbahnhof (Anschlussstrecken). [3]Bei Personenbeförderungen im grenzüberschreitenden Eisenbahnverkehr sind die nach § 4 UStDV von inländischen Eisenbahnverwaltungen im Ausland betriebenen Anschlussstrecken als inländische Beförderungsstrecken und die von ausländischen Eisenbahnverwaltungen im Inland betriebenen Anschlussstrecken als ausländische Beförderungsstrecken anzusehen. [4]Ferner gelten bei Personenbeförderungen Schienenbahnstrecken in den in § 1 Abs. 3 UStG bezeichneten Gebieten als inländische Beförderungsstrecken.

(12) [1]Bei grenzüberschreitenden Personenbeförderungen im Gelegenheitsverkehr mit im Inland oder im Ausland zugelassenen Kraftfahrzeugen sind inländische Streckenanteile, die in einer Fahrtrichtung nicht länger als 10 km sind, nach § 5 UStDV als ausländische Beförderungsstrecken anzusehen. [2]Die Regelung gilt jedoch nicht für Personenbeförderungen von und zu den in § 1 Abs. 3 UStG bezeichneten Gebieten (vgl. auch Absatz 13). [3]Der „Gelegenheitsverkehr mit Kraftfahrzeugen“ umfasst nach § 46 PBefG den Verkehr mit Taxen (§ 47 PBefG), die Ausflugsfahrten und Ferienziel-Reisen (§ 48 PBefG) und den Verkehr mit Mietomnibussen und Mietwagen (§ 49 PBefG).

(13) [1]Bei grenzüberschreitenden Personenbeförderungen mit Kraftfahrzeugen, die von im Inland oder im Ausland ansässigen Unternehmern von und zu den in § 1 Abs. 3 UStG bezeichneten Gebieten sowie zwischen diesen Gebieten bewirkt werden, sind die Streckenanteile in diesen Gebieten nach § 6 UStDV als inländische Beförderungsstrecken anzusehen. [2]Damit sind diese Beförderungen insgesamt steuerbar und mangels einer Befreiungsvorschrift auch steuerpflichtig.

Kurze Strecken im grenzüberschreitenden Verkehr mit Wasserfahrzeugen

(14) [1]Bei grenzüberschreitenden Beförderungen im Passagier- und Fährverkehr mit Wasserfahrzeugen jeglicher Art, die lediglich im Inland und in den in § 1 Abs. 3 UStG bezeichneten Gebieten ausgeführt werden, sind nach § 7 Abs. 1 UStDV die Streckenanteile in den in § 1 Abs. 3 UStG bezeichneten Gebieten als inländische Beförderungsstrecken anzusehen. [2]Hieraus ergibt sich, dass diese Beförderungen insgesamt steuerbar sind. [3]Unter die Regelung fallen insbesondere folgende Sachverhalte:

1. Grenzüberschreitende Beförderungen zwischen Hafengebieten im Inland und Freihäfen.

   Beispiel:

   Ein Unternehmer befördert mit seinem Schiff Personen zwischen dem Freihafen Cuxhaven und dem übrigen Cuxhavener Hafengebiet.

2. Grenzüberschreitende Beförderungen, die zwischen inländischen Häfen durchgeführt werden und bei denen neben dem Inland lediglich die in § 1 Abs. 3 UStG bezeichneten Gebiete durchfahren werden.

   Beispiel:

   [1]Ein Unternehmer befördert mit seinem Schiff Touristen zwischen den ostfriesischen Inseln und benutzt hierbei den Seeweg nördlich der Inseln. [2]Bei den Fahrten wird jedoch die Hoheitsgrenze nicht überschritten.

(15) Für grenzüberschreitende Beförderungen im Passagier- und Fährverkehr mit Wasserfahrzeugen jeglicher Art, die zwischen inländischen Häfen durchgeführt werden, bei denen jedoch nicht lediglich das Inland und die in § 1 Abs. 3 UStG bezeichneten Gebiete, sondern auch das übrige Ausland berührt werden, enthält § 7 Abs. 2 UStDV folgende Sonderregelungen:

1. [1]Ausländische Beförderungsstrecken sind als inländische Beförderungsstrecken anzusehen, wenn die ausländischen Streckenanteile außerhalb der in § 1 Abs. 3 UStG bezeichneten Gebiete jeweils nicht mehr als 10 km betragen (§ 7 Abs. 2 Satz 1 Nr. 1 UStDV). [2]Die Vorschrift ist im Ergebnis eine Ergänzung des § 7 Abs. 1 UStDV.

   B e i s p i e l :

   [1]Ein Unternehmer befördert Touristen mit seinem Schiff zwischen den Nordseeinseln und legt dabei nicht mehr als 10 km jenseits der Hoheitsgrenze zurück.

   [2]Die Beförderungen im Seegebiet bis zur Hoheitsgrenze sind ohne Rücksicht auf die Länge der Beförderungsstrecke steuerbar. [3]Die Beförderungen im Seegebiet jenseits der Hoheitsgrenze sind ebenfalls steuerbar, weil die Beförderungsstrecke hier nicht länger als 10 km ist.

2. [1]Inländische Streckenanteile sind als ausländische Beförderungsstrecken anzusehen und Beförderungsleistungen, die auf die in § 1 Abs. 3 UStG bezeichneten Gebiete entfallen, sind nicht wie Umsätze im Inland zu behandeln, wenn bei der einzelnen Beförderung
   a) der ausländische Streckenanteil außerhalb der in § 1 Abs. 3 UStG bezeichneten Gebiete länger als 10 km und
   b) der Streckenanteil im Inland und in den in § 1 Abs. 3 UStG bezeichneten Gebieten nicht länger als 20 km

   sind (§ 7 Abs. 2 Satz 1 Nr. 2 UStDV). [2]Die Beförderungen sind deshalb insgesamt nicht steuerbar.

(16) [1]Keine Sonderregelung besteht für die Fälle, in denen die ausländischen Streckenanteile außerhalb der in § 1 Abs. 3 UStG bezeichneten Gebiete jeweils länger als 10 km und die Streckenanteile im Inland und in den vorbezeichneten Gebieten jeweils länger als 20 km sind. [2]In diesen Fällen ist deshalb die jeweilige Beförderungsleistung in einen steuerbaren Teil und einen nicht steuerbaren Teil aufzuteilen. [3]Bei der Aufteilung ist zu beachten, dass Beförderungen in den in § 1 Abs. 3 UStG bezeichneten Gebieten steuerbar sind, wenn sie für unternehmensfremde Zwecke des Auftraggebers ausgeführt werden oder eine sonstige Leistung im Sinne von § 3 Abs. 9a Nr. 2 UStG vorliegt.

B e i s p i e l :

[1]Ein Unternehmer befördert mit seinem Schiff Touristen auf die hohe See hinaus. [2]Der Streckenanteil vom Hafen bis zur Hoheitsgrenze hin und zurück beträgt 50 km. [3]Der Streckenanteil jenseits der Hoheitsgrenze beträgt 12,5 km.

[4]Die Beförderung ist zu 80 % steuerbar und zu 20 % nicht steuerbar.

(17) [1]Bei grenzüberschreitenden Beförderungen im Passagier- und Fährverkehr mit Wasserfahrzeugen für die Seeschifffahrt nach § 7 Abs. 3 UStDV handelt es sich um folgende Beförderungen:

1. Beförderungen, die zwischen ausländischen Seehäfen durchgeführt werden und durch das Inland oder durch die in § 1 Abs. 3 UStG bezeichneten Gebiete führen.

   B e i s p i e l :

   [1]Ein Unternehmer befördert Touristen mit seinem Schiff von Stockholm durch den Nord-Ostsee-Kanal nach London. [2]Die Strecke durch den Nord-Ostsee-Kanal ist als ausländischer Streckenanteil anzusehen.

2. [1]Beförderungen, die zwischen einem inländischen Seehafen und einem ausländischen Seehafen durchgeführt werden. [2]Inländische Seehäfen sind nach § 7 Abs. 4 UStDV auch die Freihäfen und die Insel Helgoland.

Beispiel 1:

Beförderungen im Passagier- und Fährverkehr zwischen Kiel und Oslo (Norwegen) oder Göteborg (Schweden).

Beispiel 2:

Beförderungen im Rahmen von Kreuzfahrten, die zwar in ein und demselben inländischen Seehafen beginnen und enden, bei denen aber zwischendurch mindestens ein ausländischer Seehafen angelaufen wird.

[2]Die Regelung des § 7 Abs. 3 UStDV hat zur Folge, dass die Beförderungen insgesamt nicht steuerbar sind. [3]Das gilt auch für die Gewährung von Unterbringung und Verpflegung sowie die Erbringung sonstiger – im Zusammenhang mit der Reise stehender – Dienstleistungen an die beförderten Personen, soweit diese Leistungen erforderlich sind, um die Personenbeförderung planmäßig durchführen und optimal in Anspruch nehmen zu können (vgl. BFH-Urteile vom 1. 8. 1996, V R 58/94, BStBl 1997 II S. 160, und vom 2. 3. 2011, XI R 25/09, BStBl II S. 737).

(18) Bei Beförderungen von Personen mit Schiffen auf dem Rhein zwischen Basel (Rhein-km 170) und Neuburgweier (Rhein-km 353) über insgesamt 183 km ist hinsichtlich der einzelnen Streckenanteile wie folgt zu verfahren:

1. Streckenanteil zwischen der Grenze bei Basel (Rhein-km 170) und Breisach (Rhein-km 227) über insgesamt 57 km:
   [1]Die Beförderungen erfolgen hier auf dem in Frankreich gelegenen Rheinseitenkanal. [2]Sie unterliegen deshalb auf diesem Streckenanteil nicht der deutschen Umsatzsteuer.
2. Streckenanteil zwischen Breisach (Rhein-km 227) und Straßburg (Rhein-km 295) über insgesamt 68 km:
   a) [1]Hier werden die Beförderungen auf einzelnen Streckenabschnitten (Schleusen und Schleusenkanälen) von zusammen 34 km auf französischem Hoheitsgebiet durchgeführt. [2]Die Beförderungen unterliegen insoweit nicht der deutschen Umsatzsteuer.
   b) [1]Auf einzelnen anderen Streckenabschnitten von zusammen 34 km finden die Beförderungen auf dem Rheinstrom statt. [2]Die Hoheitsgrenze zwischen Frankreich und der Bundesrepublik Deutschland wird durch die Achse des Talwegs bestimmt. [3]Bedingt durch den Verlauf der Fahrrinne und mit Rücksicht auf den übrigen Verkehr muss die Schifffahrt häufig die Hoheitsgrenze überfahren. [4]In der Regel wird der Verkehr je zur Hälfte (= 17 km) auf deutschem und französischem Hoheitsgebiet abgewickelt.
3. Streckenanteil zwischen Straßburg (Rhein-km 295) und der Grenze bei Neuburgweier (Rhein-km 353) über insgesamt 58 km:
   [1]Die Hoheitsgrenze im Rhein wird auch hier durch die Achse des Talwegs bestimmt. [2]Deshalb ist auch hier davon auszugehen, dass die Beförderungen nur zur Hälfte (= 29 km) im Inland stattfinden.

Anmerkung

Führt der leistende Unternehmer eine **Personenbeförderungsleistung** aus, bestimmt sich der Ort der sonstigen Leistung nach den Vorgaben des § 3 b Abs. 1 UStG. Die Beförderungsleistung ist jeweils dort ausgeführt, wo sie bewirkt wird. Das bedeutet, dass jeder im Inland gefahrene Kilometer zu einer steuerbaren und auch steuerpflichtigen Leistung führt, jeder im Ausland gefahrene Kilometer im Inland nicht steuerbar ist.

Hinweis: Vereinfachungsregelungen in der UStDV – teilweise aufgehoben

In § 2 bis § 7 UStDV sind Vereinfachungsregelungen zu den Beförderungsleistungen mit aufgenommen.

Bei grenzüberschreitenden Personenbeförderungen im Gelegenheitsverkehr mit Kraftfahrzeugen waren nach § 5 UStDV bisher inländische Streckenanteile, die in einer Fahrtrichtung nicht länger als zehn Kilometer sind, als ausländische Beförderungsstrecken angesehen. Diese Regelung ist im

Zusammenhang mit der seitdem vorhandenen Möglichkeit der Teilnahme an der One-Stop-Shop-Regelung zum 1.7.2021 aufgehoben worden; die Finanzverwaltung (BMF-Schreiben v. 1.4.2021, BStBl I 2021, 629) hat deshalb zum 1.7.2021 Abschn. 3b.1 Abs. 12 UStAE aufgehoben.

Wird eine **Güterbeförderungsleistung** gegenüber einem **Unternehmer für dessen Unternehmen** oder gegenüber einer nichtunternehmerisch tätigen juristischen Person, der eine USt-IdNr. erteilt worden ist, ausgeführt, ist die Beförderungsleistung immer dort erbracht, wo der Leistungsempfänger sein Unternehmer betreibt oder eine die Leistung empfangende Betriebsstätte unterhält, § 3 a Abs. 2 UStG. Es kommt dabei nicht darauf an, wo die Beförderung tatsächlich erfolgt, gegebenenfalls ist aber die Sonderregelung des § 3 a Abs. 8 UStG zu beachten (vgl. dazu Anmerkung zu Abschn. 3a.14 UStAE).

Lediglich in den Fällen, in denen es sich um eine **drittlandsgrenzüberschreitende Güterbeförderung** handelt, kann es unter den Voraussetzungen des § 4 Nr. 3 Buchst. a UStG zu einer **Steuerbefreiung** kommen; dies ist aber – zumindest in bestimmten Fällen – seit dem 1.1.2022 auf die Leistungen der Hauptfrachtführer beschränkt (vgl. dazu Anmerkung zu Abschn. 4.3.2 UStAE).

Bei einer **Güterbeförderung gegenüber einem Nichtunternehmer** bestimmt sich der Ort nach der jeweiligen Beförderungsstrecke, wenn es sich um eine inländische Beförderung, eine Beförderung im Drittlandsgebiet oder zwischen Inland und Drittlandsgebiet handelt, § 3 b Abs. 1 UStG. Der inländische Teil kann dann aber nach § 4 Nr. 3 Buchst. a UStG steuerbefreit sein, wenn es sich um eine **drittlandsgrenzüberschreitende Beförderung** handelt.

Beginnt und endet die Beförderung eines Gegenstands, die gegenüber einem Nichtunternehmer ausgeführt wird, in zwei verschiedenen Mitgliedstaaten (**innergemeinschaftliche Beförderung eines Gegenstands**), bestimmt sich der Ort der Beförderungsleistung nach § 3 b Abs. 3 UStG und ist immer dort, wo die Beförderung beginnt. Diese Beförderung unterliegt keiner Steuerbefreiung.

UStAE 3 b.2. Ort der Leistung, die im Zusammenhang mit einer Güterbeförderung steht

(1) [1]Die Ortsregelung des § 3 b Abs. 2 UStG ist nur bei Leistungen an Nichtunternehmer (siehe Abschnitt 3 a.1 Abs. 1) anzuwenden. [2]Werden mit der Beförderung eines Gegenstands in Zusammenhang stehende Leistungen an einen Leistungsempfänger im Sinne des § 3 a Abs. 2 UStG (siehe Abschnitt 3 a.2 Abs. 1) erbracht, richtet sich der Leistungsort nach § 3 a Abs. 2 UStG. [3]Zum Leistungsort bei Leistungen, die im Zusammenhang mit einer Güterbeförderung stehen und die im Drittlandsgebiet genutzt oder ausgewertet werden, vgl. § 3 a Abs. 8 Satz 1 UStG und Abschnitt 3 a.14 Abs. 5.

(2) [1]Für den Ort einer Leistung, die im Zusammenhang mit einer Güterbeförderung steht (§ 3 b Abs. 2 UStG), gelten die Ausführungen in Abschnitt 3 a.6 Abs. 1 sinngemäß. [2]Bei der Anwendung der Ortsregelung kommt es nicht darauf an, ob die Leistung mit einer rein inländischen, einer grenzüberschreitenden oder einer innergemeinschaftlichen Güterbeförderung im Zusammenhang steht.

(3) [1]Die Regelung des § 3 b Abs. 2 UStG gilt für Umsätze, die selbständige Leistungen sind. [2]Sofern das Beladen, das Entladen, der Umschlag, die Lagerung oder eine andere sonstige Leistung Nebenleistungen zu einer Güterbeförderung darstellen, teilen sie deren umsatzsteuerliches Schicksal.

UStAE 3 b.3. Ort der innergemeinschaftlichen Güterbeförderung

(1) [1]§ 3 b Abs. 3 UStG ist nur anzuwenden, wenn die innergemeinschaftliche Beförderung eines Gegenstands (innergemeinschaftliche Güterbeförderung) an einen Nichtunternehmer (siehe Abschnitt 3 a.1 Abs. 1) erfolgt. [2]In diesen Fällen wird die Leistung an dem Ort ausgeführt, an dem die Beförderung des Gegenstands beginnt (Abgangsort). [3]Wird eine innergemeinschaftliche Güterbeförderung an einen Leistungsempfänger im Sinne des § 3 a Abs. 2 UStG (siehe Abschnitt 3 a.2 Abs. 1) ausgeführt, richtet sich der Leistungsort nach § 3 a Abs. 2 UStG.

(2) [1]Eine innergemeinschaftliche Güterbeförderung liegt nach § 3b Abs. 3 Satz 1 UStG vor, wenn sie in dem Gebiet von zwei verschiedenen EU-Mitgliedstaaten beginnt (Abgangsort) und endet (Ankunftsort). [2]Eine Anfahrt des Beförderungsunternehmers zum Abgangsort ist unmaßgeblich. [3]Entsprechendes gilt für den Ankunftsort. [4]Die Voraussetzungen einer innergemeinschaftlichen Güterbeförderung sind für jeden Beförderungsauftrag gesondert zu prüfen; sie müssen sich aus den im Beförderungs- und Speditionsgewerbe üblicherweise verwendeten Unterlagen (z. B. schriftlicher Speditionsauftrag oder Frachtbrief) ergeben. [5]Für die Annahme einer innergemeinschaftlichen Güterbeförderung ist es unerheblich, ob die Beförderungsstrecke ausschließlich über Gemeinschaftsgebiet oder auch über Drittlandsgebiet führt (vgl. Absatz 4 Beispiel 2).

(3) [1]Die deutschen Freihäfen gehören unionsrechtlich zum Gebiet der Bundesrepublik Deutschland (Artikel 5 MwStSystRL). [2]Deshalb ist eine innergemeinschaftliche Güterbeförderung auch dann gegeben, wenn die Beförderung in einem deutschen Freihafen beginnt und in einem anderen EU-Mitgliedstaat endet oder umgekehrt.

(4) Beispielsfälle für innergemeinschaftliche Güterbeförderungen:

Beispiel 1:

[1]Die Privatperson P aus Deutschland beauftragt den deutschen Frachtführer F, Güter von Spanien nach Deutschland zu befördern.

[2]Bei der Beförderungsleistung des F handelt es sich um eine innergemeinschaftliche Güterbeförderung, weil der Transport in einem EU-Mitgliedstaat beginnt und in einem anderen EU-Mitgliedstaat endet. [3]Der Ort dieser Beförderungsleistung liegt in Spanien, da die Beförderung der Güter in Spanien beginnt (§ 3b Abs. 3 UStG). [4]F ist Steuerschuldner in Spanien (Artikel 193 MwStSystRL; vgl. auch Abschnitt 3a.16 Abs. 4). [5]Die Abrechnung richtet sich nach den Regelungen des spanischen Umsatzsteuerrechts.

Beispiel 2:

[1]Die Privatperson P aus Italien beauftragt den in der Schweiz ansässigen Frachtführer F, Güter von Deutschland über die Schweiz nach Italien zu befördern.

[2]Bei der Beförderungsleistung des F handelt es sich um eine innergemeinschaftliche Güterbeförderung, weil der Transport in zwei verschiedenen EU-Mitgliedstaaten beginnt und endet. [3]Der Ort dieser Leistung bestimmt sich nach dem inländischen Abgangsort (§ 3b Abs. 3 UStG). [4]Die Leistung ist in Deutschland steuerbar und steuerpflichtig. [5]Unbeachtlich ist dabei, dass ein Teil der Beförderungsstrecke auf das Drittland Schweiz entfällt (vgl. Absatz 2 Satz 5). [6]Der leistende Unternehmer F ist Steuerschuldner (§ 13a Abs. 1 Nr. 1 UStG) und hat den Umsatz im Rahmen des allgemeinen Besteuerungsverfahrens (§ 18 Abs. 1 bis 4 UStG) zu versteuern (vgl. hierzu Abschnitt 3a.16 Abs. 3).

Anmerkung

Eine **innergemeinschaftliche Güterbeförderung** i. S. d. § 3b Abs. 3 UStG setzt eine Beförderung voraus, die in einem Mitgliedstaat beginnt und in einem anderen Mitgliedstaat endet. Unerheblich ist, wenn die Wegstrecke auch über das Drittlandsgebiet führt (z. B. von Deutschland über die Schweiz nach Italien). Außerdem gilt die Sonderregelung nur, wenn die Leistung an einen **Nichtunternehmer** ausgeführt wird.

Hinweis: Keine Anwendung in B2B-Fällen

Wird eine solche Leistung gegenüber einem Unternehmer für dessen Unternehmen ausgeführt, bestimmt sich der Leistungsort nach der Grundvorschrift des § 3a Abs. 2 UStG und ist dort, wo der leistungsempfangende Unternehmer sein Unternehmen betreibt bzw. eine die Leistung beziehende Betriebsstätte unterhält. Auf die Beförderungsstrecke kommt es in diesen Fällen nicht an. Soweit die Beförderung aber ausschließlich im Drittlandsgebiet ausgeführt wird, ist auf die Sonderregelung des § 3a Abs. 8 UStG zu achten.

Seit dem 1.7.2021 sind die Leistungen, die ein deutscher Unternehmer nach § 3 b Abs. 3 UStG in einem anderen Mitgliedstaat ausführt, grds. im Rahmen der **One-Stop-Shop-Regelung** nach § 18 j UStG zu besteuern, wenn der leistende Unternehmer sich für dieses besondere Besteuerungsverfahren entschieden hat (ansonsten muss eine individuelle Besteuerung in dem jeweiligen Leistungsland erfolgen).

UStAE 3 b.4. Ort der gebrochenen innergemeinschaftlichen Güterbeförderung

(1) [1]Eine gebrochene Güterbeförderung liegt vor, wenn einem Beförderungsunternehmer für eine Güterbeförderung über die gesamte Beförderungsstrecke ein Auftrag erteilt wird, jedoch bei der Durchführung der Beförderung mehrere Beförderungsunternehmer nacheinander mitwirken. [2]Liegen Beginn und Ende der gesamten Beförderung in den Gebieten verschiedener EU-Mitgliedstaaten, ist hinsichtlich der Beförderungsleistung des Beförderungsunternehmers an den Auftraggeber eine gebrochene innergemeinschaftliche Güterbeförderung nach § 3 b Abs. 3 UStG gegeben, wenn der Auftraggeber ein Nichtunternehmer (siehe Abschnitt 3 a.1 Abs. 1) ist. [3]Die Beförderungsleistungen der vom Auftragnehmer eingeschalteten weiteren Beförderungsunternehmer sind für sich zu beurteilen. [4]Da es sich insoweit jeweils um Leistungen an einen anderen Unternehmer für dessen unternehmerischen Bereich handelt, richtet sich der Leistungsort für diese Beförderungsleistungen nicht nach § 3 b Abs. 1 Sätze 1 bis 3 oder Abs. 3 UStG, sondern nach § 3 a Abs. 2 UStG.

Beispiel 1:

[1]Die in Deutschland ansässige Privatperson P beauftragt den in Frankreich ansässigen Frachtführer S, Güter von Paris nach Rostock zu befördern. [2]S befördert die Güter von Paris nach Aachen und beauftragt für die Strecke von Aachen nach Rostock den in Köln ansässigen Unterfrachtführer F mit der Beförderung. [3]Dabei teilt S im Frachtbrief an F den Abgangsort und den Bestimmungsort der Gesamtbeförderung mit. [4]S verwendet gegenüber F seine französische USt-IdNr.

[5]Die Beförderungsleistung des S an seinen Auftraggeber P umfasst die Gesamtbeförderung von Paris nach Rostock. [6]Die Leistung ist in Deutschland nicht steuerbar, da der Abgangsort in Frankreich liegt (§ 3 b Abs. 3 UStG).

[7]Die Beförderungsleistung des F von Aachen nach Rostock an seinen Auftraggeber S ist keine innergemeinschaftliche Güterbeförderung, sondern eine inländische Güterbeförderung. [8]Da aber S Unternehmer ist und den Umsatz zur Ausführung von Umsätzen, also für den unternehmerischen Bereich verwendet, ist der Leistungsort in Frankreich (§ 3 a Abs. 2 UStG). [9]Steuerschuldner der französischen Umsatzsteuer ist der Leistungsempfänger S, da der leistende Unternehmer F nicht in Frankreich ansässig ist (vgl. Artikel 196 MwStSystRL, vgl. auch Abschnitt 3 a.16 Abs. 5). [10]In der Rechnung an S darf keine französische Umsatzsteuer enthalten sein (vgl. hierzu Abschnitt 3 a.16 Abs. 6); auf die Steuerschuldnerschaft des Leistungsempfängers S ist in der Rechnung hinzuweisen.

Beispiel 2:

[1]Die deutsche Privatperson P beauftragt den in Deutschland ansässigen Frachtführer S, Güter von Amsterdam nach Dresden zu befördern. [2]S beauftragt den in den Niederlanden ansässigen Unterfrachtführer F, die Güter von Amsterdam nach Venlo zu bringen. [3]Dort übernimmt S die Güter und befördert sie weiter nach Dresden. [4]Dabei teilt S im Frachtbrief an F den Abgangsort und den Bestimmungsort der Gesamtbeförderung mit. [5]S verwendet gegenüber F seine deutsche USt-IdNr.

[6]Die Beförderungsleistung des S an seinen Auftraggeber P umfasst die Gesamtbeförderung von Amsterdam nach Dresden und ist eine innergemeinschaftliche Güterbeförderung. [7]Die Leistung ist in Deutschland nicht steuerbar, der Leistungsort ist am Abgangsort in den Niederlanden (§ 3 b Abs. 3 UStG). [8]Steuerschuldner in den Niederlanden ist der leistende Unternehmer S (Artikel 193 MwStSystRL).

[9]Die Beförderungsleistung des F an seinen Auftraggeber S von Amsterdam nach Venlo ist keine innergemeinschaftliche Güterbeförderung, sondern eine inländische Güterbeförderung in den Niederlanden. [10]Da S Unternehmer ist und den Umsatz zur Ausführung von Umsätzen, also für den unternehmerischen Bereich verwendet, ist der Leistungsort in Deutschland (§ 3 a Abs. 2 UStG). [11]Steuer-

schuldner in Deutschland ist der Leistungsempfänger S (§ 13b Abs. 1 und Abs. 5 Satz 1 UStG). [12]F darf in der Rechnung an S die deutsche Umsatzsteuer nicht gesondert ausweisen.

(2) [1]Wird bei Vertragsabschluss einer gebrochenen innergemeinschaftlichen Güterbeförderung eine „unfreie Versendung" bzw. „Nachnahme der Fracht beim Empfänger" vereinbart, trägt der Empfänger der Frachtsendung die gesamten Beförderungskosten. [2]Dabei erhält jeder nachfolgende Beförderungsunternehmer die Rechnung des vorhergehenden Beförderungsunternehmers über die Kosten der bisherigen Teilbeförderung. [3]Der letzte Beförderungsunternehmer rechnet beim Empfänger der Ware über die Gesamtbeförderung ab. [4]In diesen Fällen ist jeder Rechnungsempfänger als Leistungsempfänger im Sinne des § 3b Abs. 3 bzw. des § 3a Abs. 2 UStG anzusehen (vgl. Abschnitt 3a.2 Abs. 2).

Beispiel:

[1]Die deutsche Privatperson P beauftragt den deutschen Frachtführer S, Güter von Potsdam nach Bordeaux zu befördern. [2]Die Beförderungskosten sollen dem Empfänger (Privatperson) A in Bordeaux in Rechnung gestellt werden (Frachtnachnahme). [3]S befördert die Güter zu seinem Unterfrachtführer F in Paris und stellt diesem seine Kosten für die Beförderung bis Paris in Rechnung. [4]F befördert die Güter nach Bordeaux und berechnet dem Empfänger A die Kosten der Gesamtbeförderung. [5]Bei Auftragserteilung wird angegeben, dass F gegenüber S seine französische USt-IdNr. verwendet.

[6]Als Leistungsempfänger des S ist F anzusehen, da S gegenüber F abrechnet und F die Frachtkosten des S als eigene Schuld übernommen hat. [7]Als Leistungsempfänger von F ist A anzusehen, da F gegenüber A abrechnet (vgl. Abschnitt 3a.2 Abs. 2).

[8]Die Beförderungsleistung des S an F umfasst die Beförderung von Potsdam nach Paris. [9]Die Leistung ist in Frankreich steuerbar, da der Leistungsempfänger F Unternehmer ist und den Umsatz zur Ausführung von Umsätzen, also für den unternehmerischen Bereich verwendet (§ 3a Abs. 2 UStG). [10]Steuerschuldner der französischen Umsatzsteuer ist der Leistungsempfänger F, da der leistende Unternehmer S nicht in Frankreich ansässig ist (vgl. Artikel 196 MwStSystRL, vgl. auch Abschnitt 3a.16 Abs. 5). [11]In der Rechnung an F darf keine französische Umsatzsteuer enthalten sein (vgl. hierzu Abschnitt 3a.16 Abs. 6); auf die Steuerschuldnerschaft des F ist in der Rechnung hinzuweisen.

[12]Da F gegenüber A die gesamte Beförderung abrechnet, ist F so zu behandeln, als ob er die Gesamtbeförderung von Potsdam nach Bordeaux erbracht hätte. [13]Die Leistung ist als innergemeinschaftliche Güterbeförderung in Deutschland steuerbar und steuerpflichtig (§ 3b Abs. 3 UStG). [14]Steuerschuldner der deutschen Umsatzsteuer ist der leistende Unternehmer F (§ 13a Abs. 1 Nr. 1 UStG; vgl. auch Abschnitt 3a.16 Abs. 3).

Zu § 3c UStG

UStG § 3c Ort der Lieferung beim Fernverkauf

(1) [1]Als Ort der Lieferung eines innergemeinschaftlichen Fernverkaufs gilt der Ort, an dem sich der Gegenstand bei Beendigung der Beförderung oder Versendung an den Erwerber befindet. [2]Ein innergemeinschaftlicher Fernverkauf ist die Lieferung eines Gegenstands, der durch den Lieferer oder für dessen Rechnung aus dem Gebiet eines Mitgliedstaates in das Gebiet eines anderen Mitgliedstaates oder aus dem übrigen Gemeinschaftsgebiet in die in § 1 Absatz 3 bezeichneten Gebiete an den Erwerber befördert oder versandt wird, einschließlich jener Lieferung, an deren Beförderung oder Versendung der Lieferer indirekt beteiligt ist. [3]Erwerber im Sinne des Satzes 2 ist ein in § 3a Absatz 5 Satz 1 bezeichneter Empfänger oder eine in § 1a Absatz 3 Nummer 1 genannte Person, die weder die maßgebende Erwerbsschwelle überschreitet noch auf ihre Anwendung verzichtet; im Fall der Beendigung der Beförderung oder Versendung im Gebiet eines anderen Mitgliedstaates ist die von diesem Mitgliedstaat festgesetzte Erwerbsschwelle maßgebend.

(2) [1]Als Ort der Lieferung eines Fernverkaufs eines Gegenstands, der aus dem Drittlandsgebiet in einen anderen Mitgliedstaat als den, in dem die Beförderung oder Versendung des Gegenstands an den Erwerber endet, ein-

geführt wird, gilt der Ort, an dem sich der Gegenstand bei Beendigung der Beförderung oder Versendung an den Erwerber befindet. [2]§ 3 Absatz 3 a Satz 4 und 5 gilt entsprechend.

(3) [1]Der Ort der Lieferung beim Fernverkauf eines Gegenstands, der aus dem Drittlandsgebiet in den Mitgliedstaat, in dem die Beförderung oder Versendung der Gegenstände an den Erwerber endet, eingeführt wird, gilt als in diesem Mitgliedstaat gelegen, sofern die Steuer auf diesen Gegenstand gemäß dem besonderen Besteuerungsverfahren nach § 18 k zu erklären ist. [2]§ 3 Absatz 3 a Satz 4 und 5 gilt entsprechend. [3]Bei einem Fernverkauf nach § 3 Absatz 3 a Satz 2 gilt Satz 1 für die Lieferung, der die Beförderung oder Versendung des Gegenstandes gemäß § 3 Absatz 6 b zugeschrieben wird, entsprechend, auch wenn die Steuer auf diesen Gegenstand nicht gemäß dem besonderen Besteuerungsverfahren nach § 18 k zu erklären ist und ein Unternehmer oder dessen Beauftragter Schuldner der Einfuhrumsatzsteuer für die Einfuhr des Gegenstands ist.

(4) [1]Absatz 1 ist nicht anzuwenden, wenn der leistende Unternehmer seinen Sitz, seine Geschäftsleitung, eine Betriebsstätte oder in Ermangelung eines Sitzes, einer Geschäftsleitung oder einer Betriebsstätte seinen Wohnsitz oder gewöhnlichen Aufenthalt in nur einem Mitgliedstaat hat und der Gesamtbetrag der Entgelte der in § 3 a Absatz 5 Satz 2 bezeichneten sonstigen Leistungen an in § 3 a Absatz 5 Satz 1 bezeichnete Empfänger mit Wohnsitz, gewöhnlichem Aufenthalt oder Sitz in anderen Mitgliedstaaten sowie der innergemeinschaftlichen Fernverkäufe nach Absatz 1 Satz 2 und 3 insgesamt 10 000 Euro im vorangegangenen Kalenderjahr nicht überschritten hat und im laufenden Kalenderjahr nicht überschreitet. [2]Der leistende Unternehmer kann dem Finanzamt erklären, dass er auf die Anwendung des Satzes 1 verzichtet. [3]Die Erklärung bindet den Unternehmer mindestens für zwei Kalenderjahre.

(5) [1]Die Absätze 1 bis 3 gelten nicht für

1. die Lieferung neuer Fahrzeuge,
2. die Lieferung eines Gegenstands, der mit oder ohne probeweise Inbetriebnahme durch den Lieferer oder für dessen Rechnung montiert oder installiert geliefert wird, und für
3. die Lieferung eines Gegenstands, auf die die Differenzbesteuerung nach § 25 a Absatz 1 oder 2 angewendet wird.

[2]Bei verbrauchsteuerpflichtigen Waren gelten die Absätze 1 bis 3 nicht für Lieferungen an eine in § 1 a Absatz 3 Nummer 1 genannte Person.

UStAE 3 c.1. Ort der Lieferung beim Fernverkauf

(1) [1]§ 3 c Abs. 1 UStG verlagert den Ort der Lieferung eines innergemeinschaftlichen Fernverkaufs gemäß dem Bestimmungslandprinzip an den Ort, an dem sich der Gegenstand bei Beendigung der Beförderung oder Versendung an den Erwerber befindet, sofern nicht der Ausschlusstatbestand des § 3 c Abs. 4 Satz 1 UStG greift. [2]Im Falle des § 3 c Abs. 4 Satz 1 UStG verlagert sich der Ort der Lieferung eines innergemeinschaftlichen Fernverkaufs nicht an den Ort, an dem sich der Gegenstand bei Beendigung der Beförderung oder Versendung an den Erwerber befindet, sondern es verbleibt bei der Regelung des § 3 Abs. 6 Satz 1 UStG. [3]Abschnitt 3 a.9 a Abs. 1 Satz 1 Nr. 1 Sätze 2 bis 4 und 6 gelten entsprechend; Abschnitt 3 a.9 a Abs. 1 Satz 1 Nr. 1 Satz 5 gilt entsprechend unter der Maßgabe, dass die Erklärung als abgegeben gilt, wenn der liefernde Unternehmer die Voraussetzungen nach § 3 c Abs. 4 Satz 1 UStG erfüllt, jedoch weiterhin die Regelung nach § 3 c Abs. 1 UStG anwendet. [4]Im Falle der dezentralen Besteuerung von Organisationseinheiten der Gebietskörperschaften Bund bzw. Länder (§ 18 Abs. 4 f und 4 g UStG) greift der Ausschlusstatbestand des § 3 c Abs. 4 UStG nicht (§ 18 Abs. 4 f Satz 6 UStG).

Beispiel 1:

[1]Ein im Inland ansässiger Händler veräußert über die eigene Internetseite einen Fernseher an eine Privatperson in Frankreich. [2]Die Ware wird aus seinem Lager im Inland an den Wohnsitz der Privatperson in Frankreich versendet. [3]Der Händler überschreitet die Umsatzschwelle von 10 000 € nicht und verzichtet nicht auf die Anwendung des § 3 c Abs. 4 Satz 1 UStG (§ 3 c Abs. 4 Satz 2 UStG).

[4]Die Lieferung des Händlers an die Privatperson ist gemäß § 3 Abs. 6 Satz 1 UStG im Inland steuerbar und steuerpflichtig. [5]§ 3 c Abs. 1 UStG ist nach § 3 c Abs. 4 Satz 1 UStG nicht anzuwenden, weil der Händler nur in einem EU-Mitgliedstaat ansässig ist und die Umsatzschwelle nicht überschreitet.

Beispiel 2:

[1]Sachverhalt wie Beispiel 1. [2]Der Händler überschreitet jedoch die Umsatzschwelle von 10 000 € (§ 3c Abs. 4 Satz 1 UStG) bzw. verzichtet auf die Anwendung des § 3c Abs. 4 Satz 1 UStG (§ 3c Abs. 4 Satz 2 UStG).

[3]Auf die Lieferung des Händlers an die Privatperson ist § 3c Abs. 1 UStG anzuwenden. [4]Der Ort der Lieferung ist der Ort, an dem sich der Gegenstand bei Beendigung der Versendung an die Privatperson befindet (hier: Frankreich). [5]Der Händler kann das besondere Besteuerungsverfahren im Sinne des § 18j UStG (vgl. Abschnitt 18j.1) in Anspruch nehmen und den Umsatz darüber erklären. [6]Andernfalls hat der Händler den Umsatz im Bestimmungsland (hier: Frankreich) im allgemeinen Besteuerungsverfahren (Artikel 250 bis 261 MwStSystRL) zu erklären.

Beispiel 3:

[1]Ein in Südkorea ansässiger Händler veräußert über die eigene Internetseite einen Fernseher an eine Privatperson in Frankreich. [2]Die Ware wird aus dem Lager seiner Betriebsstätte im Inland an den Wohnsitz der Privatperson in Frankreich versendet. [3]Der Händler überschreitet die Umsatzschwelle von 10 000 € nicht und verzichtet nicht auf die Anwendung des § 3c Abs. 4 Satz 1 UStG (§ 3c Abs. 4 Satz 2 UStG).

[4]Die Lieferung des Händlers an die Privatperson ist gemäß § 3 Abs. 6 Satz 1 UStG im Inland steuerbar und steuerpflichtig. [5]§ 3c Abs. 1 UStG ist nach § 3c Abs. 4 Satz 1 UStG nicht anzuwenden, weil der Händler eine Betriebsstätte in nur einem EU-Mitgliedstaat hat und die Umsatzschwelle nicht überschreitet.

Beispiel 4:

[1]Sachverhalt wie Beispiel 3. [2]Der Händler überschreitet jedoch die Umsatzschwelle von 10 000 € (§ 3c Abs. 4 Satz 1 UStG) bzw. verzichtet auf die Anwendung des § 3c Abs. 4 Satz 1 UStG (§ 3c Abs. 4 Satz 2 UStG).

[3]Auf die Lieferung des Händlers an die Privatperson ist § 3c Abs. 1 UStG anzuwenden. [4]Der Ort der Lieferung ist der Ort, an dem sich der Gegenstand bei Beendigung der Versendung an die Privatperson befindet (hier: Frankreich). [5]Der Händler kann das besondere Besteuerungsverfahren im Sinne des § 18j UStG (vgl. Abschnitt 18j.1) in Anspruch nehmen und den Umsatz darüber erklären. [6]Andernfalls hat der Händler den Umsatz im Bestimmungsland (hier: Frankreich) im allgemeinen Besteuerungsverfahren (Artikel 250 bis 261 MwStSystRL) zu erklären.

Beispiel 5:

[1]Ein im Inland ansässiger Händler H veräußert über die eigene Internetseite Handyzubehör an eine im Inland ansässige Privatperson. [2]Die Ware wird aus seinem Lager in Frankreich an den Wohnsitz der Privatperson versendet. [3]H verzichtet auf die Anwendung von § 3c Abs. 4 Satz 1 UStG und nimmt an dem besonderen Besteuerungsverfahren nach § 18j UStG (vgl. Abschnitt 18j.1) teil.

[4]Auf die Lieferung des Händlers an die Privatperson ist § 3c Abs. 1 UStG anzuwenden. [5]Der Ort der Lieferung ist der Ort, an dem sich der Gegenstand bei Beendigung der Versendung an die Privatperson befindet (hier: Inland). [6]Der Händler hat die Umsätze über das besondere Besteuerungsverfahren im Sinne des § 18j UStG (vgl. Abschnitt 18j.1) zu erklären.

(2) [1]Ein innergemeinschaftlicher Fernverkauf ist die Lieferung eines Gegenstands, der durch den Lieferer oder für dessen Rechnung aus dem Gebiet eines EU-Mitgliedstaates in das Gebiet eines anderen EU-Mitgliedstaates oder aus dem übrigen Gemeinschaftsgebiet in die in § 1 Abs. 3 UStG bezeichneten Gebiete an eine in § 1a Abs. 3 Nr. 1 UStG genannte Person oder eine Person nach § 3a Abs. 5 Satz 1 UStG – unter direkter oder indirekter Beteiligung – befördert oder versendet wird. [2]Lieferungen von Gas, Elektrizität, Wärme und Kälte sind keine bewegten Lieferungen und sind deshalb nicht vom Begriff des innergemeinschaftlichen Fernverkaufs im Sinne des § 3c Abs. 1 Satz 2 UStG erfasst. [3]Erwerber im Sinne des Satzes 1 sind Nichtunternehmer (siehe Abschnitt 3a.1 Abs. 1) sowie Unternehmer, die nur steuerfreie – nicht zum Vorsteuerabzug berechtigende – Umsätze ausführen, Kleinunternehmer, pauschalierende Land- und Forst-

wirte und juristische Personen, die nicht Unternehmer sind oder den Gegenstand nicht für das Unternehmen erwerben. [4]Im Hinblick auf die in § 1 a Abs. 3 Nr. 1 UStG genannten Personen ist der Erwerberkreis auf diejenigen Personen beschränkt, die weder die maßgebende Erwerbsschwelle im Sinne des § 1 a Abs. 3 Nr. 2 UStG überschreiten, noch auf ihre Anwendung nach § 1 a Abs. 4 UStG verzichten (vgl. zu den Erwerbsschwellen in den EU-Mitgliedstaaten Abschnitt 3.18 Abs. 4 Satz 7). [5]Sofern die Beförderung oder Versendung im Gebiet eines anderen EU-Mitgliedstaates endet, ist die von diesem EU-Mitgliedstaat festgesetzte Erwerbsschwelle maßgebend. [6]Als indirekte Beteiligung des Lieferers am Versand oder der Beförderung der Gegenstände sind die in Abschnitt 3.18 Abs. 4 Satz 8 genannten Fälle anzusehen.

Beispiel:

[1]Händler H aus Köln verkauft Waren über die eigene Internetseite an eine Privatperson in Belgien. [2]Die Waren werden durch eine Spedition zum Kunden transportiert. [3]H stellt dem Kunden die Transportkosten in Rechnung und leitet sie nach Zahlung an die Spedition weiter.

[4]Da H seinem Kunden die Transportkosten berechnet und der Spedition weiterleitet, ist von einer indirekten Beteiligung am Transport auszugehen und es liegt ein innergemeinschaftlicher Fernverkauf von Gegenständen vor. [5]Der Lieferort verlagert sich damit nach § 3 c Abs. 1 UStG nach Belgien, wenn H die Umsatzschwelle von 10 000 € überschreitet oder überschritten hat (§ 3 c Abs. 4 Satz 1 UStG) bzw. auf die Anwendung des § 3 c Abs. 4 Satz 1 UStG verzichtet (§ 3 c Abs. 4 Satz 2 UStG).

(3) [1]§ 3 c Abs. 2 UStG verlagert den Ort der Lieferung eines Fernverkaufs eines Gegenstands, der aus dem Drittlandsgebiet in einen anderen EU-Mitgliedstaat als den, in dem die Beförderung oder Versendung des Gegenstands an den Erwerber endet, eingeführt wird, an den Ort, an dem sich der Gegenstand bei Beendigung der Beförderung oder Versendung an den Erwerber befindet. [2]Absatz 2 Sätze 3 bis 6 und Abschnitt 3.18 Abs. 4 Sätze 1 bis 8 gelten entsprechend.

Beispiel:

[1]Ein in Südkorea ansässiger Händler H veräußert über die eigene Internetseite Handyzubehör (Sachwert: 200 €) an eine Privatperson in Frankreich. [2]Die Ware wird durch H aus dem Lager in Südkorea nach Deutschland versendet, wo die Zollanmeldung erfolgt. [3]Von dort aus wird die Ware weiter an den Wohnsitz der Privatperson in Frankreich versendet.

[4]Da die Ware aus dem Drittlandsgebiet in einen anderen EU-Mitgliedstaat (hier: Deutschland) als den, in dem die Beförderung oder Versendung des Gegenstandes an den Erwerber endet (hier: Frankreich), eingeführt wird, verlagert sich der Ort nach § 3 c Abs. 2 Satz 1 UStG an den Ort, an dem sich der Gegenstand bei Beendigung der Beförderung oder Versendung an den Erwerber befindet (hier: Frankreich). [5]H hat den Umsatz im Bestimmungsland (hier: Frankreich) im allgemeinen Besteuerungsverfahren (Artikel 250 bis 261 MwStSystRL) zu erklären.

(4) [1]§ 3 c Abs. 3 Satz 1 UStG verlagert den Ort der Lieferung eines Fernverkaufs eines Gegenstands, der aus dem Drittlandsgebiet in den EU-Mitgliedstaat, in dem die Beförderung oder Versendung des Gegenstands an den Erwerber endet, eingeführt wird, in diesen EU-Mitgliedstaat, sofern die Steuer auf diesen Gegenstand gemäß dem besonderen Besteuerungsverfahren nach § 18 k UStG (vgl. Abschnitt 18 k.1) zu erklären ist.

Beispiel 1:

[1]Ein in Südkorea ansässiger Händler H veräußert über die eigene Internetseite Handyzubehör (Sachwert: 50 €) an eine im Inland ansässige Privatperson. [2]Die Ware wird aus seinem Lager in Südkorea an den Wohnsitz der Privatperson versendet. [3]Die Zollanmeldung in Deutschland erfolgt durch den Spediteur S in indirekter Vertretung des H. [4]H nimmt das besondere Besteuerungsverfahren nach § 18 k UStG (vgl. Abschnitt 18 k.1) nicht in Anspruch.

[5]Da die Zollanmeldung für Rechnung des H erfolgt, schuldet H die Einfuhrumsatzsteuer, die er unter den allgemeinen Voraussetzungen des § 15 UStG als Vorsteuer abziehen kann. [6]Die Lieferung des H an die Privatperson ist gemäß § 3 Abs. 8 UStG im Inland steuerbar und steuerpflichtig. [7]H hat den Umsatz im Inland im allgemeinen Besteuerungsverfahren (§ 18 Abs. 1 bis 4 UStG) zu erklären. [8]§ 3 c Abs. 3 Satz 1 UStG ist nicht anzuwenden, weil H das besondere Besteuerungsverfahren nach § 18 k UStG nicht in Anspruch nimmt.

Beispiel 2:

[1]Sachverhalt wie Beispiel 1. [2]H nimmt jedoch durch einen im Inland ansässigen Vertreter das besondere Besteuerungsverfahren nach § 18k UStG (vgl. Abschnitt 18k.1) in Anspruch.

[3]Die Einfuhr der Waren ist gemäß § 5 Abs. 1 Nr. 7 UStG steuerfrei. [4]Die Lieferung des H an die Privatperson ist im Inland nach § 3c Abs. 3 Satz 1 UStG steuerbar und steuerpflichtig. [5]H hat diesen Umsatz im besonderen Besteuerungsverfahren nach § 18k UStG zu erklären (vgl. Abschnitt 18k.1).

Beispiel 3:

[1]Sachverhalt wie Beispiel 1. [2]Die Zollanmeldung in Deutschland erfolgt jedoch durch die Privatperson oder durch einen Post- oder Kurierdienstleister im Namen und für Rechnung der Privatperson.

[3]Da die Zollanmeldung im Namen der Privatperson erfolgt, schuldet die Privatperson die Einfuhrumsatzsteuer, weshalb § 3 Abs. 8 UStG keine Anwendung findet. [4]Die Lieferung des H an die Privatperson ist im Inland nicht steuerbar, da sich der Ort der Lieferung nach § 3 Abs. 6 Satz 1 UStG in Südkorea befindet. [5]§ 3c Abs. 3 Satz 1 UStG ist nicht anzuwenden, weil H das besondere Besteuerungsverfahren nach § 18k UStG nicht in Anspruch nimmt.

Beispiel 4:

[1]Ein im Inland ansässiger Händler H veräußert Handyzubehör (Sachwert: 60 €) über die eigene Internetseite an eine im Inland ansässige Privatperson. [2]Die Ware wird aus seinem Lager in der Schweiz an den Wohnsitz der Privatperson versendet. [3]Die Zollanmeldung in Deutschland erfolgt durch H. [4]Der Unternehmer nimmt das besondere Besteuerungsverfahren nach § 18k UStG (vgl. Abschnitt 18k.1) in Anspruch.

[5]Auf die Lieferung des H an die Privatperson ist § 3c Abs. 3 Satz 1 UStG anzuwenden. [6]Der Ort der Lieferung ist der Ort, an dem sich der Gegenstand bei Beendigung der Versendung an die Privatperson befindet (hier: Inland). [7]Die Einfuhr der Ware ist nach § 5 Abs. 1 Nr. 7 UStG steuerfrei. [8]H hat die Umsätze über das besondere Besteuerungsverfahren im Sinne des § 18k UStG (vgl. Abschnitt 18k.1) zu erklären.

[2]Durch § 3c Abs. 3 Satz 3 UStG wird sichergestellt, dass bei einem Fernverkauf nach § 3 Abs. 3a Satz 2 UStG die Ortsverlagerung auch dann eintritt, wenn der Umsatz nicht in dem besonderen Besteuerungsverfahren nach § 18k UStG zu erklären ist sowie ein Unternehmer oder dessen Beauftragter Schuldner der Einfuhrumsatzsteuer sein sollte.

Beispiel 5:

[1]Ein in Südkorea ansässiger Händler H veräußert über eine elektronische Schnittstelle Handyzubehör (Sachwert: 50 €) an eine im Inland ansässige Privatperson. [2]Die Ware wird aus einem Lager in Südkorea an den Wohnsitz der Privatperson versendet. [3]Die Zollanmeldung in Deutschland erfolgt durch den Spediteur S in indirekter Vertretung des H. [4]Der Betreiber der elektronischen Schnittstelle nimmt das besondere Besteuerungsverfahren nach § 18k UStG (vgl. Abschnitt 18k.1) nicht in Anspruch.

[5]Nach § 3 Abs. 3a Satz 2 UStG werden eine Lieferung des H an den Betreiber der elektronischen Schnittstelle und eine Lieferung des Betreibers der elektronischen Schnittstelle an die im Inland ansässige Privatperson fingiert. [6]Da die Zollanmeldung für Rechnung des H erfolgt, schuldet H die Einfuhrumsatzsteuer. [7]Die Warenbewegung wird nach § 3 Abs. 6b UStG der Lieferung des Betreibers der elektronischen Schnittstelle zugeschrieben. [8]Zum Abzug der Einfuhrumsatzsteuer als Vorsteuer ist H nicht berechtigt, da er eine ruhende Lieferung in Südkorea bewirkt und daher die anschließende Einfuhr im Zuge der bewegten Lieferung nicht für sein Unternehmen ausgeführt wird (siehe Abschnitt 15.8 Abs. 4). [9]Vorsteuerabzugsberechtigt ist der Betreiber der elektronischen Schnittstelle, der die bewegte Lieferung ausführt und dabei so zu behandeln ist, als ob er den Gegenstand für sein Unternehmen selbst erhalten und geliefert hätte. [10]Voraussetzung ist, dass H ihm den Beleg für den Vorsteuerabzug aushändigt (vgl. Abschnitt 15.8 Abs. 7). [11]Die Lieferung des H an den Betreiber der elektronischen Schnittstelle ist gemäß § 3 Abs. 7 Satz 2 Nr. 1 UStG im Inland nicht

steuerbar. [12]Die Lieferung des Betreibers der elektronischen Schnittstelle an die Privatperson ist im Inland nach § 3 c Abs. 3 Satz 3 UStG steuerbar und steuerpflichtig. [13]§ 3 Abs. 8 UStG findet keine Anwendung, da die Lieferung des H an den Betreiber der elektronischen Schnittstelle unbewegt ist und der Betreiber der elektronischen Schnittstelle nicht die Einfuhrumsatzsteuer schuldet.

(5) Nach § 3 c Abs. 5 UStG kommt es zu keiner Verlagerung des Orts der Lieferung an den Bestimmungsort, wenn

- ein neues Fahrzeug geliefert wird,
- ein Gegenstand, der mit oder ohne probeweise Inbetriebnahme durch den Lieferer oder für dessen Rechnung montiert oder installiert geliefert wird,
- auf die Lieferung eines Gegenstands die Differenzbesteuerung nach § 25 a Abs. 1 oder 2 UStG angewendet wird oder
- verbrauchsteuerpflichtige Waren an eine in § 1 a Abs. 3 Nr. 1 UStG genannte Person geliefert werden.

Anmerkung

1. Versandhandelsregelung bis 30.6.2021

Es ist das Besteuerungsziel in der EU, eine Umsatzsteuer möglichst dort entstehen zu lassen, wo eine Ware oder Dienstleistung verbraucht wird (sog. „**Bestimmungslandprinzip**“). Bisher waren Lieferungen an Abnehmer, die keinen innergemeinschaftlichen Erwerb besteuern mussten (Abnehmer i. S. d. § 3 c Abs. 2 UStG in der bis zum 30.6.2021 geltenden Fassung), als sog. „Versandhandelslieferungen“ über die bis zum 30.06.2021 geltende Fassung des § 3 c UStG im Bestimmungsland ausgeführt, wenn der liefernde Unternehmer entweder die dort geltende Lieferschwelle überschritt oder auf die Anwendung dieser Sonderregelung verzichtete.

Voraussetzungen für die Anwendung dieser Regelung waren bis 30.6.2021:

- Der **liefernde Unternehmer** befördert oder versendet den Gegenstand; die Regelung kann nicht zur Anwendung kommen, wenn die Ware vom Kunden abgeholt wird oder der Kunde einen Frachtführer beauftragt.
- Der Gegenstand gelangt von einem **Mitgliedstaat** in einen anderen Mitgliedstaat.
- Der **Leistungsempfänger** ist ein Abnehmer, der keinen innergemeinschaftlichen Erwerb der Besteuerung zu unterwerfen hat. Dies ist in § 3 c Abs. 2 UStG so umgesetzt worden, dass der Leistungsempfänger entweder nicht zu den in § 1a Abs. 1 Nr. 2 UStG aufgeführten Personen gehört (in § 1 a Abs. 1 Nr. 2 UStG sind die Personen aufgeführt, die innergemeinschaftliche Erwerbe besteuern müssen) oder zu den besonderen Abnehmern i. S. d. § 1 a Abs. 3 UStG gehört, die die Erwerbsschwelle nicht überschritten haben und auch nicht auf die Anwendung dieser Ausnahmeregelung verzichtet haben (dies sind i. d. R. unternehmerische Abnehmer, die aber aus dem normalen Besteuerungsverfahren herausfallen, z. B. Kleinunternehmer oder Unternehmer, die nur steuerfreie, den Vorsteuerabzug ausschließende Umsätze ausführen).
- Der **liefernde Unternehmer** muss die Lieferschwelle des Bestimmungslands übersteigen (diese ist individuell für jedes Land festgelegt und beträgt entweder 35.000 € oder 100.000 €). Soweit der Unternehmer diese Lieferschwelle nicht übersteigt, kann er aber auf die Anwendung dieser Ausnahmeregelung verzichten. Bei der Prüfung der Schwelle wird vorrangig das vorangegangene Kalenderjahr geprüft – ist in diesem die Schwelle überschritten, liegen die Voraussetzungen vor. Falls die Schwelle im vorangegangenen Kalenderjahr nicht überschritten ist, liegt die Voraussetzung des § 3 c UStG ab der Lieferung vor, mit der im aktuellen Kalenderjahr die Schwelle überschritten wird (damit kann es mitten in einem Kalenderjahr zur Änderung des Orts von Lieferungen kommen).

Lagen die Voraussetzungen vor, war der Ort der Lieferung dort, wo sich der Gegenstand der Lieferung am Ende der Beförderung oder Versendung befand. Der leistende Unternehmer musste dann die Umsatzsteuer des Bestimmungsstaats berechnen, sich individuell in diesem Staat zur Umsatzsteuer registrieren lassen und nach den dort geltenden Vorschriften dort Erklärungen bzw. Voranmeldungen abgeben.

2. Innergemeinschaftliche Fernverkäufe seit dem 1.7.2021

Seit dem 1.7.2021 ist die Versandhandelsregelung als sog. „**innergemeinschaftlicher Fernverkauf**" reformiert worden. Der Ort der Lieferung ist – mit Ausnahme einer geringfügigen Bagatellregelung (Umsatzschwelle) – weiterhin bei der Lieferung an einen Abnehmerkreis, der keinen innergemeinschaftlichen Erwerb der Besteuerung unterwerfen muss (Nichtunternehmer i. S. d. § 3a Abs. 5 Satz 1 UStG oder die sog. besonderen Unternehmer nach § 1a Abs. 3 Nr. 1 UStG, die die jeweilige Erwerbsschwelle des Bestimmungsstaats nicht übersteigen und nicht darauf verzichten), nach § 3c Abs. 1 UStG in der seit dem 1.7.2021 geltenden Fassung dort, wo sich der Gegenstand am Ende der Beförderung oder Versendung befindet. Es haben sich aber insbesondere **zwei wesentliche Veränderungen** im Vergleich zu den bisherigen Regelungen ergeben, die zu umfangreichen Anpassungen führen:

1. Es gibt seit dem 1.7.2021 **keine Lieferschwelle** in der bisher bekannten Höhe mehr. Es kommt lediglich eine für alle Mitgliedstaaten **einheitliche Bagatellgrenze i. H. v. 10.000 €** (§ 3c Abs. 4 UStG) – die sog. **Umsatzschwelle** – zur Anwendung, die zusammen mit der bisher schon bekannten Bagatellgrenze für die Telekommunikationsdienstleistungen, Rundfunk- und Fernsehdienstleistungen sowie den auf elektronischem Weg erbrachten sonstigen Leistungen („TRFE-Leistungen") an Nichtunternehmer i. S. d. § 3a Abs. 5 UStG gilt. Die Bagatellgrenze **gilt nicht pro Land**, sondern stellt die **Summe** aller unter diese Regelungen fallenden Umsätze dar.
2. Während bei der bisherigen Versandhandelsregelung der leistende Unternehmer unter den Bedingungen des § 3c UStG sich in dem jeweiligen Bestimmungsmitgliedstaat auch unmittelbar registrieren und besteuern lassen musste, ist jetzt wahlweise die bisher nur für bestimmte sonstige Leistungen geltende „Mini-One-Stop-Shop-Regelung" auf diese Leistungen erweitert worden – als „**One-Stop-Shop-Regelung**" (OSS-Regelung; § 18j UStG).

   Hinweis: Beförderung/Versendung durch liefernden Unternehmer

   Voraussetzung ist, dass der liefernde Unternehmer den Gegenstand befördert oder versendet oder an der Beförderung oder Versendung indirekt beteiligt ist (die indirekte Beteiligung ist unionseinheitlich über Art. 5a MwStVO definiert). Die Regelung gilt nicht bei Abholung durch den Kunden.

   Beispiel: Innergemeinschaftlicher Fernverkauf

   Einzelhändler H aus Hannover versendet auch gelegentlich Kleidungsstücke an private Erwerber in anderen Mitgliedstaaten. Früher (bis 30.6.2021) hatte er mit seinen Lieferungen die Lieferschwellen anderer Mitgliedstaaten nicht überschritten, da diese Lieferungen jährlich in der Summe nur ca. 25.000 € ausmachen. Da H seit dem 1.7.2021 die unionseinheitliche Bagatellgrenze von 10.000 € überschreitet, verlagert sich der Ort seiner Versandlieferungen (= innergemeinschaftliche Fernverkäufe) seit dem 1.7.2021 in die jeweiligen Bestimmungsländer; die Lieferungen unterliegen den Besteuerungsgrundsätzen des jeweiligen Bestimmungsstaats; er muss mit den Steuersätzen der Bestimmungsmitgliedstaaten kalkulieren. H muss sich aber nicht jeweils individuell in den einzelnen Mitgliedstaaten umsatzsteuerrechtlich erfassen lassen, er kann nach § 18j UStG die Besteuerung über das elektronische Portal des Bundeszentralamts für Steuern vornehmen (One-Stop-Shop-Regelung).

Der leistende Unternehmer muss sich nicht über die OSS-Regelung in seinem Heimatstaat umsatzsteuerrechtlich erfassen lassen (**Wahlrecht**). Falls er dies aber nicht tun sollte, muss er sich individuell in dem jeweiligen Bestimmungsstaat in der EU erfassen lassen. Da auch Lieferungen in geringfügigem Umfang (zusammen für alle anderen Mitgliedstaaten nicht mehr als 10.000 €) in einen Mitgliedstaat schon zu einem dort steuerbaren und steuerpflichtigen Umsatz führen, wird aber die elektronische Besteuerung über die OSS-Regelung **wirtschaftlich die einzig sinnvolle Lösung** sein. Der leistende Unternehmer kann auf die Bagatellregelung des § 3c Abs. 4 UStG verzichten, ist dann mindestens für zwei Jahre daran gebunden.

Hinweis: Steuerrelevanter Umsatz im Bestimmungsstaat

Auch wenn die Besteuerung über die OSS-Regelung erfolgt, bleibt es ein in einem anderen Mitgliedstaat ausgeführter Umsatz, der mit dem in dem jeweiligen Zielstaat maßgeblichen Steuersatz zu erfassen ist. Unternehmer müssen deshalb mit den Steuersätzen der Zielstaaten kalkulieren, soweit sie die einheitliche Umsatzschwelle von 10.000 € übersteigen.

Nach § 3 c Abs. 5 UStG gelten die Regelungen aber nicht bei der Lieferung neuer Fahrzeuge, bei der Lieferung eines Gegenstands, der mit oder ohne probeweise Inbetriebnahme durch den Lieferer oder für dessen Rechnung montiert oder installiert geliefert wird (sog. Montagelieferung) und für Gegenstände, für die die Differenzbesteuerung nach § 25 a UStG angewendet wird.

3. Weitere Liefermöglichkeiten nach § 3 c UStG seit dem 1.7.2021

Über die für deutsche Unternehmer relevanten Neuregelungen der innergemeinschaftlichen Fernverkäufe werden sich noch weitere Veränderungen ergeben, die aber im Wesentlichen voraussetzen, dass die Leistung durch einen **Drittlandsunternehmer** ausgeführt wird oder die Ware zumindest **aus dem Drittland in die EU gelangt**:

- Fernverkauf eines Gegenstands, der **aus dem Drittlandsgebiet** in einen **anderen Mitgliedstaat** als den, in dem die Beförderung oder Versendung des Gegenstands an den Erwerber endet, eingeführt wird. Der Ort der Lieferung ist nach § 3 c Abs. 2 UStG dort, wo sich der Gegenstand am Ende der Beförderung oder Versendung befindet (z. B. deutscher Unternehmer führt Gegenstand aus der Schweiz in Deutschland in den freien Verkehr ein und verkauft ihn an Privatkunden in Dänemark). Die Regelung gilt unabhängig einer umsatzbezogenen Bagatellgrenze (Umsatzschwelle).
- Fernverkauf eines Gegenstands, der **aus dem Drittlandsgebiet** in **den Mitgliedstaat**, in dem die Beförderung oder Versendung der Gegenstände an den Erwerber endet, eingeführt wird, wenn die Lieferung über das besondere elektronische Besteuerungsverfahren nach § 18 k UStG erfolgt. Der Ort der Lieferung ist nach § 3 c Abs. 3 UStG im Einfuhrland. Die Regelung gilt unabhängig einer umsatzbezogenen Bagatellgrenze (Umsatzschwelle).
- **Steuerbefreiung einer Einfuhr von Sendungen** mit einem Sachwert von höchstens **150 €** (§ 5 Abs. 1 Nr. 7 UStG), wenn die Ware im Gemeinschaftsgebiet der Besteuerung über die One-Stop-Shop-Regelung des § 18 k UStG (Import-One-Stop-Shop) unterworfen wird. Soweit von dieser Regelung kein Gebrauch gemacht wird, kann nach **§ 21 a UStG** ein **besonderes Einfuhrverfahren** in Anspruch genommen werden; dies soll eine vereinfachte Abwicklung mit einer verschobenen Steuererhebung durch den Postdienstleister beim Empfänger ermöglichen.
- Einführung einer **fiktiven Reihengeschäftsregelung** (§ 3 Abs. 3 a i. V. m. Abs. 7 Satz 2 UStG), wenn die Lieferung der Ware von einem Unternehmer über eine **elektronische Schnittstelle** (eine elektronische Schnittstelle ist ein elektronischer Marktplatz, elektronische Plattform, ein elektronisches Portal o.ä.) unterstützt wird; vgl. dazu Abschn. 3.18 UStAE.

4. Umsetzung durch die Finanzverwaltung

Die Finanzverwaltung hatte rechtzeitig mit Schreiben v. 1.4.2021 (BStBl I 2021, 629) den **Abschn. 3c.1 UStAE zum 1.7.2021 völlig neu gefasst**. In Abschn. 3c.1 UStAE wird der **innergemeinschaftliche Fernverkauf** anhand von verschiedenen Beispielen illustriert. Liegen die Voraussetzungen für einen innergemeinschaftlichen Fernverkauf vor, verlagert sich der **Ort der Lieferung** in den Mitgliedstaat, **in dem sich der Gegenstand am Ende der Beförderung oder Versendung befindet**. Eine Ausnahme liegt nur dann vor, wenn der leistende Unternehmer im vorangegangenen Kalenderjahr und im laufenden Kalenderjahr die **Umsatzschwelle** von 10.000 € nicht überschritten hat und auch nicht auf die Anwendung dieser Ausnahmereglung verzichtet hat. Bezüglich der Anwendung der Umsatzschwelle (Bagatellgrenze) wird auf Abschn. 3a.9a Abs. 1 UStAE verwiesen.

Beispiele: Prüfung der Umsatzschwelle

Der in Deutschland ansässige Unternehmer U verkauft über das Internet einen Fernseher für 1.500 € an eine Privatperson in Österreich. Die Ware wird am 1.7.2026 aus seinem Lager in Deutschland durch einen von ihm beauftragten Frachtführer zum Kunden nach Österreich transportiert.

a) U hat im Jahr 2025 Waren im Gesamtwert von 20.000 € an Privatpersonen in anderen Mitgliedstaaten geliefert.

b) U hat im Jahr 2025 keine Waren in andere Mitgliedstaaten geliefert, hat aber im ersten Halbjahr 2026 schon für 12.000 € an diese Abnehmer Waren geliefert.

c) U hat bisher noch keine Waren an Abnehmer in anderen Mitgliedstaaten geliefert, aber im Jahr 2025 für 12.000 € Privatpersonen aus den Niederlanden den Download von E-Books ermöglicht.

d) U hat im Jahr 2025 Waren für 5.000 € an Privatpersonen in anderen Mitgliedstaaten geliefert, im Jahr 2026 bis 30.6.2026 bisher für 7.000 €.

In den Fällen a) – c) hat U jeweils die Umsatzschwelle von 10.000 € nach § 3 c Abs. 4 UStG überschritten, sodass der Ort der Lieferung des Fernsehers nach § 3 c Abs. 1 UStG in Österreich ist (Ende der Versendung). Die Lieferung ist im Inland nicht steuerbar, es entsteht aber österreichische Umsatzsteuer, da der Umsatz nach österreichischem Recht dort steuerbar und steuerpflichtig ist. Soweit U an dem besonderen Besteuerungsverfahren nach § 18 j UStG teilnimmt (OSS), ist der Umsatz in der besonderen Umsatzsteuererklärung für das dritte Quartal gegenüber dem BZSt zu erklären und die österreichische Umsatzsteuer bis Ende Oktober 2026 an das BZSt zu zahlen. Für die Anwendung des OSS ist die Anmeldung bis zum 30.6.2026 erforderlich. Nimmt U nicht an dem besonderen Besteuerungsverfahren nach § 18 j UStG teil, muss er sich für diese Lieferung in Österreich umsatzsteuerrechtlich erfassen lassen.

Nur im Fall d) hat U die Umsatzschwelle von 10.000 € bisher nicht überschritten, sodass sich der Ort der Lieferung nicht nach Österreich verlagert. Die Lieferung ist mit Übergabe an den Frachtführer ausgeführt (§ 3 Abs. 6 Satz 4 UStG) und damit im Inland steuerbar und auch steuerpflichtig. U muss deutsche Umsatzsteuer abführen. Wenn er im weiteren Verlauf von 2026 mit weiteren Lieferungen (in der Summe) oder den TRFE-Leistungen die Umsatzschwelle von 10.000 € überschreitet, ist die Leistung, mit der die Schwelle überschritten wird, die erste Leistung, deren Ort sich nach § 3 c Abs. 1 UStG richtet.

Der Unternehmer kann aber auf die Anwendung der Umsatzschwellenregelung verzichten, dies bindet ihn dann zwei Kalenderjahre. Verzichtet der Unternehmer auf die Umsatzschwellenregelung, ist der Ort der innergemeinschaftlichen Fernverkäufe auch dann in dem anderen Mitgliedstaat, wenn die Umsatzgrenze von 10.000 € nicht überschritten wurde.

Hinweis: Nach Reform der Kleinunternehmerbesteuerung seit 2025 neue Überlegungen

Da zum 1.1.2025 die EU-grenzüberschreitende Kleinunternehmerbesteuerung realisiert wurde, ergeben sich ab diesem Zeitpunkt neue Überlegungen auch in Bezug auf den Verzicht auf die Anwendung der Umsatzschwellenregelung. Hat der Unternehmer im gesamten Gemeinschaftsgebiet einen Umsatz von nicht mehr als 100.000 € im Vorjahr und bisher im laufenden Kalenderjahr, kann er in den anderen Mitgliedstaaten nach den dort geltenden Regelungen die Kleinunternehmerbesteuerung in Anspruch nehmen (er benötigt dann eine Kleinunternehmer-Identifikationsnummer und muss vierteljährliche Umsatzmeldungen beim BZSt abgeben; vgl. dazu § 19a UStG). Wenn er mit seinen Umsätzen nach § 3c Abs. 1 und § 3a Abs. 5 UStG die Umsatzschwelle nicht überschreitet, unterliegen die Umsätze der inländischen Besteuerung. Verzichtet er auf die Anwendung der Umsatzschwellenregelung, sind die Umsätze in den anderen Mitgliedstaaten steuerbar und – bei Anwendung der dort geltenden Kleinunternehmerbesteuerung – steuerfrei. Allerdings verliert er für damit im Zusammenhang stehende Eingangsleistungen im Inland den Vorsteuerabzug, § 15 Abs. 2 Satz 1 Nr. 3 UStG. Ggf. kann durch die Ausübung des Wahlrechts und der damit einhergehenden Verlagerung des Orts der Lieferung in den Bestimmungsmitgliedstaat nach § 3c Abs. 1 UStG der inländische Gesamtumsatz unter die Umsatzgrenze nach § 19 Abs. 1 UStG gedrückt werden, sodass dann auch die Voraussetzungen für die Kleinunternehmerbesteuerung im Inland vorliegen.

In **Abschn. 3c.1 Abs. 2 UStAE** definiert die Finanzverwaltung die **Leistungsempfänger** i. S. d. Regelung des § 3c Abs. 1 UStG. Weiterhin muss der leistende Unternehmer den Gegenstand der Lieferung in einen anderen Mitgliedstaat befördern oder versenden oder wenigstens indirekt an dem Warentransport beteiligt sein; da die **Lieferung von Gas, Elektrizität, Wärme und Kälte** keine bewegte Lieferung sein kann, fallen diese Lieferungen **nicht unter den Begriff des innergemeinschaftlichen Fernverkaufs**. Zur Frage der **mittelbaren Beteiligung** an dem Warentransport verweist die Finanzverwaltung auf die gleichlautenden Regelungen zur fiktiven Lieferung bei Einschaltung einer elektronischen Schnittstelle; vgl. dazu Abschn. 3.18 UStAE und die Anmerkung dazu.

Hinweis: Angabe der Erwerbsschwellen im UStAE

Früher hatte die Finanzverwaltung die Liefer- und Erwerbsschwellen (bis 30.6.2021) in Abschn. 3c.1 UStAE für alle Mitgliedstaaten aufgelistet. Die Lieferschwellen sind seit dem 1.7.2021 entfallen, die Erwerbsschwellen der anderen Mitgliedstaaten hat die Finanzverwaltung seit dem 1.7.2021 in Abschn. 3.18 Abs. 4 UStAE aufgenommen.

5. Elektronische Besteuerungsverfahren

2015 wurde in der EU die sog. „Mini-One-Stop-Shop-Regelung“ (MOSS) eingeführt, die es nicht im Mitgliedstaat der Steuerentstehung ansässigen Unternehmern ermöglicht, in einem besonderen elektronischen Verfahren über eine „kleine einzige Anlaufstelle“ (KEA) Telekommunikationsdienstleistungen, Rundfunk- und Fernsehdienstleistungen oder auf elektronischem Weg erbrachte Dienstleistungen (sog. „TRFE-Leistungen“) ohne individuelle Registrierung im Bestimmungsstaat zu erklären, wenn sie dort Umsatzsteuer schulden. Dieses Verfahren wurde (für Umsätze, die ab dem 1.7.2021 ausgeführt werden) fortgeschrieben und inhaltlich deutlich ausgeweitet.

Hinweis: Zuständigkeit beim BZSt

Soweit diese elektronischen Verfahren genutzt werden und die Registrierung dafür in Deutschland erfolgt, ist das Bundeszentralamt für Steuern (BZSt) zuständig.

5.1 Besteuerungsverfahren für Drittlandsunternehmer

Über die Regelung des **§ 18i UStG** wird es nicht im Gemeinschaftsgebiet ansässigen Unternehmern ermöglicht, in dem besonderen Verfahren sonstige Leistungen an Empfänger nach § 3a Abs. 5 Satz 1 UStG (dies sind insbesondere Nichtunternehmer sowie juristische Personen, die nicht Unternehmer sind und die keine USt-IdNr. haben), für die sie Umsatzsteuer in der EU schulden, über eine elektronische Erfassung in einem Mitgliedstaat abzuwickeln. In diesem Zusammenhang ist Folgendes zu beachten:

- In diesem Verfahren können nicht nur die „TRFE-Leistungen“ besteuert werden, sondern alle gegenüber diesen Leistungsempfängern ausgeführte sonstige Leistungen.
- Der Besteuerungszeitraum ist nach § 16 Abs. 1c Satz 1 UStG das Kalendervierteljahr, die Erklärung ist innerhalb eines Monats nach Ablauf des Besteuerungszeitraums elektronisch abzugeben und die Zahlung bis zu dieser Frist zu leisten.

5.2 Besteuerungsverfahren für im Gemeinschaftsgebiet ansässige Unternehmer

Unternehmer aus dem Gemeinschaftsgebiet (insb. also auch inländische Unternehmer) konnten die Besteuerung der „TRFE-Leistungen“ seit 2015 über die MOSS-Regelung in Anspruch nehmen, wenn sie in einem anderen Mitgliedstaat Umsatzsteuer schulden. Diese Regelung ist über **§ 18j UStG** reformiert und ausgeweitet worden.

- In diesem Verfahren können nicht nur die „TRFE-Leistungen“ besteuert werden, sondern **alle** gegenüber den in § 3a Abs. 5 Satz 1 UStG genannten Leistungsempfängern ausgeführte **sonstige Leistungen**, für die der Unternehmer in einem anderen Mitgliedstaat die Umsatzsteuer schuldet.

- Ebenfalls ist ab diesem Zeitpunkt die Besteuerung der **innergemeinschaftlichen Fernverkäufe** nach § 3 c Abs. 1 Satz 2 und Satz 3 UStG in diesem Verfahren ermöglicht worden.
- Zusätzlich können Unternehmer, die Lieferungen von nicht im Gemeinschaftsgebiet ansässige Unternehmer über elektronische Schnittstellen unterstützen (§ 3 Abs. 3 a Satz 1 UStG) und die fiktive Reihengeschäfte ausführen, die One-Stop-Shop-Regelung in Anspruch nehmen, wenn Beginn und Ende der Beförderung oder Versendung im selben Mitgliedstaat liegen.
- Der **Besteuerungszeitraum** ist nach § 16 Abs. 1 d Satz 1 UStG das Kalendervierteljahr, die Erklärung ist **innerhalb eines Monats** nach Ablauf des Besteuerungszeitraums elektronisch abzugeben (früher musste die Erklärung innerhalb von 20 Tagen nach Ablauf des Besteuerungszeitraums abgegeben werden und die Zahlung geleistet werden) und die Zahlung bis zu dieser Frist zu leisten. Anders als es davor der Fall war, ist es den Unternehmen gestattet, **Berichtigungen** einer Erklärung in einer späteren Erklärung vorzunehmen.
- Die Teilnahme an der Regelung ist nur **einheitlich für alle Mitgliedstaaten** und alle in der Regelung aufgeführten Umsätze möglich und muss vorher angezeigt werden.

5.3 Besteuerungsverfahren für Fernverkäufe von aus dem Drittlandsgebiet eingeführten Gegenständen (bis 150 €)

Neu in **§ 18 k UStG** wurde ein sog. **Import-One-Stop-Shop** (IOSS) eingeführt. Danach können Unternehmer, die als Steuerschuldner Fernverkäufe mit aus dem Drittlandsgebiet eingeführten Gegenständen (bis Sachwert von höchstens 150 €) ausführen und dafür im Gemeinschaftsgebiet Umsatzsteuer schulden, diese Umsatzsteuer ebenfalls in einem besonderen elektronischen Verfahren bei einer einzigen Stelle im Gemeinschaftsgebiet (wenn in Deutschland, ist dies auch das BZSt) erklären.

Zu § 3 d UStG

UStG § 3 d Ort des innergemeinschaftlichen Erwerbs

[1]Der innergemeinschaftliche Erwerb wird in dem Gebiet des Mitgliedstaates bewirkt, in dem sich der Gegenstand am Ende der Beförderung oder Versendung befindet. [2]Verwendet der Erwerber gegenüber dem Lieferer eine ihm von einem anderen Mitgliedstaat erteilte Umsatzsteuer-Identifikationsnummer, gilt der Erwerb so lange in dem Gebiet dieses Mitgliedstaates als bewirkt, bis der Erwerber nachweist, dass der Erwerb durch den in Satz 1 bezeichneten Mitgliedstaat besteuert worden ist oder nach § 25 b Abs. 3 als besteuert gilt, sofern der erste Abnehmer seiner Erklärungspflicht nach § 18 a Absatz 7 Satz 1 Nummer 4 nachgekommen ist.

UStAE 3 d.1. Ort des innergemeinschaftlichen Erwerbs

(1) [1]Die Beurteilung der Frage, in welchem Mitgliedstaat die Beförderung eines Gegenstands endet, ist im Wesentlichen das Ergebnis einer Würdigung der tatsächlichen Umstände. [2]Beim Erwerb einer Yacht können die Angaben in einem „T2L“-Versandpapier im Sinne des Artikel 205 UZK-IA sowie ein im Schiffsregister eingetragener Heimathafen Anhaltspunkte sein (vgl. BFH-Urteil vom 20. 12. 2006, V R 11/06, BStBl 2007 II S. 424).

(2) [1]Der EU-Mitgliedstaat, in dem der innergemeinschaftliche Erwerb bewirkt wird oder als bewirkt gilt, nimmt seine Besteuerungskompetenz unabhängig von der umsatzsteuerlichen Behandlung des Vorgangs im EU-Mitgliedstaat des Beginns der Beförderung oder Versendung des Gegenstands wahr. [2]Dabei ist unbeachtlich, ob der Umsatz bereits im EU-Mitgliedstaat des Beginns der Beförderung oder Versendung besteuert wurde. [3]Etwaige Anträge auf Berichtigung einer vom Abgangsstaat festgesetzten Steuer werden von diesem Staat nach dessen nationalen Vorschriften bearbeitet (vgl. Artikel 16 MwStVO).

(3) Zur Verwendung einer USt-IdNr. vgl. Abschnitt 3 a.2 Abs. 10.

(4) [1]Entsteht die Umsatzsteuer für einen innergemeinschaftlichen Erwerb im Inland nur auf Grund der Verwendung einer von Deutschland erteilten USt-IdNr. nach § 3 d Satz 2 UStG, ist der Abzug dieser Umsatzsteuer als Vorsteuer ausgeschlossen (vgl. Abschnitt 15.10 Abs. 2 Satz 2). [2]Eine Entlastung von dieser Umsatzsteuer ist dem Unternehmer ausschließlich durch den Nachweis möglich, dass der Erwerb in dem Gebiet eines anderen Mitgliedstaats besteuert worden ist oder nach § 25b Abs. 3 UStG als besteuert gilt (vgl. § 17 Abs. 2 Nr. 4 UStG sowie für eine nachträgliche Rechnungsberichtigung zur Aufnahme der erforderlichen Angaben nach § 14a Abs. 7 UStG siehe Abschnitt 15.2a Abs. 7, und vgl. BFH-Urteil vom 17.07.2024 – XI R 35/22 (XI R 14/20), BStBl II S. 810). [3]In der Wahl der Mittel der Nachweisführung im Sinne des § 3 d Satz 2 UStG ist der Unternehmer grundsätzlich frei. [4]Eine Besteuerung im Mitgliedstaat der Beendigung der Beförderung oder Versendung ist insbesondere dann nachgewiesen, wenn anhand der steuerlichen Aufzeichnungen des Unternehmers nachvollziehbar ist, dass der Umsatz in eine von ihm in diesem Mitgliedstaat abgegebene Steuererklärung eingeflossen ist und dort zu einer Besteuerung geführt hat.

Anmerkung

Verwirklicht ein Unternehmer einen innergemeinschaftlichen Erwerb, muss geprüft werden, wo sich der Ort des Erwerbs befindet. Der Ort des innergemeinschaftlichen Erwerbs bestimmt sich dabei immer nach § 3 d Satz 1 UStG mit dem Ort, an dem sich der Gegenstand am Ende der Warenbewegung befindet. Der Abnehmer muss somit immer in dem **Mitgliedstaat** einen Erwerb besteuern, in dem die **Beförderung oder Versendung des Gegenstands endet.**

Darüber hinaus kann – **zusätzlich** – noch eine Besteuerung eines innergemeinschaftlichen Erwerbs in dem Mitgliedstaat erfolgen, aus dem die USt-IdNr. des Abnehmers stammt, wenn die verwendete USt-IdNr. nicht in dem Mitgliedstaat erteilt worden ist, in dem der Gegenstand sich am Ende der Beförderung befindet, **§ 3 d Satz 2 UStG.** Dieser zusätzliche Erwerb kann (nur) nach § 17 Abs. 2 Nr. 4 UStG später rückgängig gemacht werden, wenn in dem Mitgliedstaat, aus dem die USt-IdNr. stammt, gegenüber den Finanzbehörden nachgewiesen wird, dass der Erwerb in dem Bestimmungsland besteuert worden ist, in dem sich der Gegenstand am Ende der Beförderung befunden hat.

Beispiel: Innergemeinschaftlicher Erwerb nach § 3 d Satz 2 UStG

Der regelbesteuerte Unternehmer U aus Deutschland verwendet bei der Bestellung einer Ware gegenüber seinem dänischen Lieferanten seine USt-IdNr. aus Deutschland. U lässt die Ware jedoch vom Lieferanten aus Dänemark in sein Auslieferungslager in Schweden transportieren.

U muss nach § 3 d Satz 1 UStG in Schweden einen innergemeinschaftlichen Erwerb besteuern, da der Gegenstand sich am Ende der Beförderung in Schweden befunden hat (Umsetzung des sog. Bestimmungslandprinzips). Da U aber eine USt-IdNr. aus Deutschland verwendet hat, ist zusätzlich ein innergemeinschaftlicher Erwerb nach § 3 d Satz 2 UStG in Deutschland der Besteuerung zu unterwerfen. U kann aus diesem innergemeinschaftlichen Erwerb in Deutschland keinen Vorsteuerabzug nach § 15 Abs. 1 Satz 1 Nr. 3 UStG geltend machen. Wenn U in Deutschland nachweisen kann, dass der innergemeinschaftliche Erwerb ordnungsgemäß in Schweden besteuert worden ist, kann der Erwerb in Deutschland nach § 17 Abs. 2 Nr. 4 UStG in dem Voranmeldungszeitraum rückgängig gemacht werden, in dem der Nachweis geführt werden kann. Der Nachweis wird sich in der Regel aus der Buchhaltung und der Umsatzsteueranmeldung der schwedischen Betriebsstätte ergeben.

Der EuGH (Urt. v. 22.4.2010 – C-536/08, X und Facet Trading BV, BFH/NV 2010, 1225) und der BFH (Urt. v. 1.9.2010 – V R 39/08, BStBl II 2011, 658 sowie Urt. v. 8.9.2010 – XI R 40/08, BStBl II 2011, 661) haben eindeutig klargestellt, dass der Vorsteuerabzug für einen innergemeinschaftlichen Erwerb sich immer nur für den im Bestimmungsmitgliedstaat nach § 3 d Satz 1 UStG besteuerten Erwerb ergeben kann. Ein Vorsteuerabzug für einen im Registrierungsland nach § 3 d Satz 2 UStG ausgeführten innergemeinschaftlichen Erwerb kann sich nicht ergeben – diese entstehende Umsatzsteuer kann nur unter den Nachweisbedingungen des § 17 Abs. 2 Nr. 4 UStG rückgängig gemacht werden. Der Gesetzgeber hat dies 2013 klarstellend auch in § 15 Abs. 1 Satz 1 Nr. 3 UStG mit aufgenommen.

Tritt der Unternehmer mit einer USt-IdNr. aus einem anderen Mitgliedstaat als dem Bestimmungsland auf, ergibt sich dort immer erst einmal eine **liquiditätsmäßige Belastung**, bis der Nachweis geführt werden kann. Die Korrektur nach § 17 Abs. 2 Nr. 4 UStG kann erst in dem Voranmeldungszeitraum vorgenommen werden, in dem der Nachweis stattfinden kann. Damit kann sich in ungünstigen Fällen auch eine **Verzinsung** nach § 233 a AO ergeben (neben dem Vorwurf einer Steuerhinterziehung/Verkürzung).

Hinweis: Keine Befreiung des i.g. Erwerbs nach § 3 d Satz 2 UStG

Soweit der innergemeinschaftliche Erwerb nach § 3 d Satz 2 UStG dem Grunde nach unter eine Steuerbefreiung nach § 4 b UStG fallen sollte, ist nach Auffassung der Finanzverwaltung (BayLfSt v. 2.4.2012, DStR 2012, 861) diese Steuerbefreiung nicht anwendbar.

Anwendungsfälle, in denen eine USt-IdNr. aus einem anderen Mitgliedstaat verwendet werden und bei denen es dann zur zusätzlichen Besteuerung des innergemeinschaftlichen Erwerbs nach § 3 d Satz 2 UStG kommt, sind in der Praxis insbesondere:

- Waren werden vom Hauptsitz aus bestellt, aber zu einer Betriebsstätte in einem anderen Mitgliedstaat ausgeliefert.
- Baumaterial wird vom Sitz des Unternehmers bestellt, aber vom Lieferer direkt an eine Baustelle in einem anderen Mitgliedstaat transportiert.
- Ein deutscher Unternehmer führt gegenüber einem deutschen Kunden einen eiligen Reparaturauftrag an einer Maschine in einem anderen Mitgliedstaat aus. Ein dafür benötigtes Ersatzteil lässt sich der deutsche Unternehmer von einem Zulieferer aus Deutschland per Nachtkurier in den anderen Mitgliedstaat senden; hier muss aber geprüft werden, ob dies noch mit der Rechtsprechung des EuGH vereinbar ist, vgl. dazu unten.
- Bei einem Reihengeschäft kommt es zu einer fehlerhaften Zuordnung der Beförderungslieferung.

Hinweis: Erkennen ist in der Praxis schwierig

Häufig lässt sich ein solcher Vorgang nicht nur aus den Rechnungen ermitteln, sondern nur durch einen Abgleich von Rechnungen und Warenbegleitpapieren (Lieferschein).

Der **EuGH** (Urt. v. 7.7.2022 – C-696/20, B, BFH/NV 2022, 1039) hat allerdings den Anwendungsbereich des § 3 d Satz 2 UStG **eingeschränkt**. Ist der Mitgliedstaat des Beginns der Beförderung identisch mit dem Mitgliedstaat, aus dem der Leistungsempfänger die USt-IdNr. verwendet, würde es in demselben Mitgliedstaat zu einer Doppelbesteuerung kommen (der leistende Unternehmer stellt dann, da keine USt-IdNr. aus einem anderen Mitgliedstaat vorliegt, für die Lieferung Umsatzsteuer in Rechnung und der Leistungsempfänger hätte dann auch noch in diesem Land einen innergemeinschaftlichen Erwerb nach § 3 d Satz 2 UStG). Noch nicht geklärt ist aber, ob dies auch dann gelten soll, wenn die für eine aufgrund der Verwendung einer inländischen USt-IdNr. nicht steuerfreien innergemeinschaftlichen Lieferung gesondert ausgewiesene Umsatzsteuer vom Leistungsempfänger als Vorsteuer abgezogen werden kann (in diesem Fall liegt wohl keine unrichtig ausgewiesene Umsatzsteuer nach § 14 c Abs. 1 UStG vor).

Hinweis: Keine Besteuerung eines i.g. Erwerbs durch Dritten

Der EuGH hat aber klargestellt, dass die Besteuerung des i.g. Erwerbs durch einen Dritten kein „Nachweis“ i. S. d. § 3 d Satz 2 UStG darstellt und insoweit die Besteuerung nach § 3 d Satz 2 UStG nicht ausschließt.

Die Finanzverwaltung ist bei der Überarbeitung der Verwaltungsanweisungen zu den Reihengeschäften im April 2023 bisher weiter bei einer „Doppelbesteuerung“ geblieben, vgl. Abschn. 3.14 Abs. 18 UStAE.

Zu § 3 e UStG

UStG § 3 e Ort der Lieferungen und Restaurationsleistungen während einer Beförderung an Bord eines Schiffs, in einem Luftfahrzeug oder in einer Eisenbahn

(1) Wird ein Gegenstand an Bord eines Schiffs, in einem Luftfahrzeug oder in einer Eisenbahn während einer Beförderung innerhalb des Gemeinschaftsgebiets geliefert oder dort eine sonstige Leistung ausgeführt, die in der Abgabe von Speisen und Getränken zum Verzehr an Ort und Stelle (Restaurationsleistung) besteht, gilt der Abgangsort des jeweiligen Beförderungsmittels im Gemeinschaftsgebiet als Ort der Lieferung oder der sonstigen Leistung.

(2) [1]Als Beförderung innerhalb des Gemeinschaftsgebiets im Sinne des Absatzes 1 gilt die Beförderung oder der Teil der Beförderung zwischen dem Abgangsort und dem Ankunftsort des Beförderungsmittels im Gemeinschaftsgebiet ohne Zwischenaufenthalt außerhalb des Gemeinschaftsgebiets. [2]Abgangsort im Sinne des Satzes 1 ist der erste Ort innerhalb des Gemeinschaftsgebiets, an dem Reisende in das Beförderungsmittel einsteigen können. [3]Ankunftsort im Sinne des Satzes 1 ist der letzte Ort innerhalb des Gemeinschaftsgebiets, an dem Reisende das Beförderungsmittel verlassen können. [4]Hin- und Rückfahrt gelten als gesonderte Beförderungen.

UStAE 3 e.1. Ort der Lieferung und der Restaurationsleistung während einer Beförderung an Bord eines Schiffs, in einem Luftfahrzeug oder in der Eisenbahn (§ 3 e UStG)

[1]Der Ort der Lieferung von Gegenständen sowie der Ort der Abgabe von Speisen und Getränken zum Verzehr an Ort und Stelle (Restaurationsleistung) während einer Beförderung an Bord eines Schiffs, in einem Luftfahrzeug oder in der Eisenbahn ist grundsätzlich nach § 3 e UStG im Inland belegen, wenn die Beförderung im Inland beginnt bzw. der Abgangsort des Beförderungsmittels im Inland belegen ist und die Beförderung im Gemeinschaftsgebiet endet bzw. der Ankunftsort des Beförderungsmittels im Gemeinschaftsgebiet belegen ist. [2]Ausgenommen sind dabei lediglich Lieferungen und Restaurationsleistungen während eines Zwischenaufenthalts eines Schiffs im Drittland, bei dem die Reisenden das Schiff, und sei es nur für kurze Zeit, verlassen können, sowie während des Aufenthalts des Schiffs im Hoheitsgebiet dieses Staates. [3]Lieferungen von Gegenständen und Restaurationsleistungen auf einem Schiff während eines solchen Zwischenaufenthalts und im Verlauf der Beförderung im Hoheitsgebiet dieses Staates, unterliegen der Besteuerungskompetenz des Staates, in dem der Zwischenaufenthalt erfolgt (vgl. EuGH-Urteil vom 15. 9. 2005, C-58/04, Köhler, BStBl 2007 II S. 150, sowie BFH-Urteil vom 20. 12. 2005, V R 30/02, BStBl 2007 II S. 139). [4]Gilt der Abgangsort des Beförderungsmittels nicht als Ort der Lieferung oder Restaurationsleistung, bestimmt sich dieser nach § 3 Abs. 6 bis 8 UStG bzw. nach § 3 a Abs. 3 Nr. 3 **a** Buchstabe **a** UStG (vgl. Abschnitt 3 a.6 Abs. 9). [5]Snacks, kleine Süßigkeiten und Getränke, die an Bord eines Flugzeugs während einer Beförderung innerhalb des Gemeinschaftsgebiets gegen gesondertes Entgelt abgegeben werden, werden nach § 3 e UStG am Abgangsort des Flugzeugs geliefert; eine Nebenleistung zur Flugbeförderung liegt nicht vor (vgl. BFH-Urteil vom 27. 2. 2014, V R 14/13, BStBl II S. 869).

Anmerkung

In § 3 e UStG wird der Ort der **Lieferung von Gegenständen** geregelt, die in einem Beförderungsmittel (Schiff, Flugzeug, Eisenbahn) geliefert werden, das innerhalb des Gemeinschaftsgebiets verkehrt. In diesen Fällen ist der Ort der Lieferung dort, wo das Beförderungsmittel gestartet ist (z. B. ist bei der Fährüberfahrt von Deutschland nach Dänemark jeder während dieser Überfahrt gelieferte Gegenstand mit einem Ort in Deutschland geliefert, auf der Rückfahrt von Dänemark sind alle Lieferungen in Dänemark ausgeführt).

Hinweis: Keine Anwendung in Reisebussen

Die Vorschrift des § 3 e UStG gilt nicht für Lieferungen von Gegenständen oder Restaurationsdienstleistungen in Omnibussen.

Voraussetzung für die Anwendung des § 3 e UStG ist, dass das Beförderungsmittel **keinen Aufenthalt in einem Drittland** hat. Ein Zwischenhalt, an dem nicht Passagiere ein- und aussteigen können, gilt aber nicht als ein solcher Zwischenaufenthalt (zur Lieferung an Bord eines Kreuzfahrtschiffs vgl. EuGH, Urt. v. 15.9.2005 – C-58/04, Antje Köhler, BStBl II 2007, 150).

Die Regelung, dass der Leistungsort sich am Abgangsort des Beförderungsmittels befindet, gilt auch bei **Restaurationsdienstleistungen**. Für die Restaurationsdienstleistungen galt – soweit der Ort der Leistung nach diesen Grundsätzen im Inland war – für die nach dem 30.6.2020 und vor dem 1.1.2024 ausgeführten Umsätze auch der ermäßigte Steuersatz nach § 12 Abs. 2 Nr. 15 UStG (nur für die Speisen, nicht für die Getränke). Da der ermäßigte Steuersatz für Speisen bei Restaurations- und Verpflegungsdienstleistungen **ab dem 1.1.2026** (wieder) – diesmal aber zeitlich unbegrenzt – gilt, ist dann z.B. bei der Fährüberfahrt von Deutschland nach Schweden ein Steuersatz von 7 % bei der Abgabe von Speisen anzuwenden (auf der Rückfahrt unterliegen diese Leistungen der schwedischen Umsatzbesteuerung).

Hinweis: Anwendung auch auf Verpflegung bei Flügen

Nach der Rechtsprechung des BFH (Urt. v. 27.2.2014 – V R 14/13, BStBl II 2014, 869) gilt dies auch bei der Lieferung von Gegenständen und der Ausführung von Restaurantdienstleistungen an Bord von Flügen, die innerhalb der Europäischen Union abgewickelt werden. Keine Anwendung kann bei Leistungen auf Flügen zwischen EU und Drittlandsgebiet erfolgen.

Zu § 3 f UStG

UStG § 3 f ***(weggefallen)***

UStAE 3 f.1.

(weggefallen)

Anmerkung

Unentgeltliche Wertabgabe führen unter den Bedingungen des § 3 Abs. 1b UStG (für Lieferungen) oder des § 3 Abs. 9 a UStG (für sonstige Leistungen) zu besteuerten Leistungen. Bis zum 17.12.2019 war für diese unentgeltlichen Ausgangsleistungen der Ort der Wertabgabe nach § 3 f UStG zu bestimmen. Danach ergab sich (**bis 17.12.2019**) folgende Rechtsfolge:

- Grundsätzlich war die Leistung dort ausgeführt, wo der leistende Unternehmer sein Unternehmen betrieb (§ 3 f Satz 1 UStG);
- wurde die Leistung von einer Betriebsstätte ausgeführt, war der Ort der Wertabgabe dort, wo der Unternehmer diese Betriebsstätte unterhielt.

Hinweis: Keine Vereinbarkeit mit Unionsrecht

Da diese (durchaus systematisch sinnvolle) Regelung keine Basis im Unionsrecht hat, ist sie zum 18.12.2019 ersatzlos gestrichen worden.

Unentgeltliche Wertabgaben unterliegen selbstverständlich weiterhin der Besteuerung. Der Ort der Wertabgabe ist aber für alle unentgeltlichen Leistungen ab dem 18.12.2019 in **analoger Anwendung** der Regelungen zur Bestimmung von entgeltlichen Leistungen zu ermitteln.

Hinweis: Analoge Anwendung der Regelungen entgeltlicher Umsätze

Die analoge Anwendung der gesetzlichen Regelungen zur Bestimmung des Orts entgeltlicher Leistungen ist nicht ohne Probleme. So ist insbesondere die Entnahme eines Gegenstands nicht durch eine „Übergabe" des Gegenstands an einen Dritten bewirkt, sondern schon mit der (gedanklichen) Aussonderung des Gegenstands aus dem Unternehmensvermögen.

Zu § 3 g UStG

UStG § 3 g Ort der Lieferung von Gas, Elektrizität, Wärme oder Kälte

(1) [1]Bei einer Lieferung von Gas über das Erdgasnetz, von Elektrizität oder von Wärme oder Kälte über Wärme- oder Kältenetze an einen Unternehmer, dessen Haupttätigkeit in Bezug auf den Erwerb dieser Gegenstände in deren Lieferung besteht und dessen eigener Verbrauch dieser Gegenstände von untergeordneter Bedeutung ist, gilt als Ort dieser Lieferung der Ort, an dem der Abnehmer sein Unternehmen betreibt. [2]Wird die Lieferung an die Betriebsstätte eines Unternehmers im Sinne des Satzes 1 ausgeführt, so ist stattdessen der Ort der Betriebsstätte maßgebend.

(2) [1]Bei einer Lieferung von Gas über das Erdgasnetz, von Elektrizität oder von Wärme oder Kälte über Wärme- oder Kältenetze an andere als die in Absatz 1 bezeichneten Abnehmer gilt als Ort der Lieferung der Ort, an dem der Abnehmer die Gegenstände tatsächlich nutzt oder verbraucht. [2]Soweit die Gegenstände von diesem Abnehmer nicht tatsächlich genutzt oder verbraucht werden, gelten sie als an dem Ort genutzt oder verbraucht, an dem der Abnehmer seinen Sitz, eine Betriebsstätte, an die die Gegenstände geliefert werden, oder seinen Wohnsitz hat.

(3) Auf Gegenstände, deren Lieferungsort sich nach Absatz 1 oder Absatz 2 bestimmt, sind die Vorschriften des § 1 a Abs. 2 und § 3 Abs. 1 a nicht anzuwenden.

UStAE 3 g.1. Ort der Lieferung von Gas oder Elektrizität

Allgemeines

(1) [1]§ 3 g UStG ist in Bezug auf Gas für alle Druckstufen und in Bezug auf Elektrizität für alle Spannungsstufen anzuwenden. [2]Bezüglich der Lieferung von Gas ist die Anwendung auf Lieferungen über das Erdgasnetz beschränkt und findet z. B. keine Anwendung auf den Verkauf von Gas in Flaschen oder die Befüllung von Gastanks mittels Tanklastzügen. [3]Zum Erdgasnetz gehören auch die Erdgasspeicheranlagen, deren Zugang ausschließlich über eine Erdgasleitung erfolgt, die fest und dauerhaft an das Erdgasverteil- bzw. Erdgasübertragungsnetz angeschlossen ist. [4]Zur Steuerbarkeit von Umsätzen im Zusammenhang mit der Abgabe von Energie durch einen Netzbetreiber vgl. Abschnitt 1.7.

Wiederverkäufer

(2) [1]Bei der Lieferung von Gas über das Erdgasnetz oder Elektrizität ist danach zu unterscheiden, ob diese Lieferung an einen Unternehmer, dessen Haupttätigkeit in Bezug auf den Erwerb dieser Gegenstände in deren Lieferung besteht und dessen eigener Verbrauch dieser Gegenstände von untergeordneter Bedeutung ist (sog. Wiederverkäufer von Gas oder Elektrizität) oder an einen anderen Abnehmer erfolgt. [2]Die Haupttätigkeit des Unternehmers in Bezug auf den Erwerb von Gas über das Erdgasverteilungsnetz oder von Elektrizität besteht dann in deren Lieferung, d. h. im Wiederverkauf dieser Gegenstände, wenn der Unternehmer mehr als die Hälfte der von ihm erworbenen Menge weiterveräußert. [3]Lieferungen von Elektrizität, die als Nebenleistung erfolgen (vgl. Abschnitt 4.12.1 Abs. 5 Satz 3), gelten nicht als weiterveräußert in diesem Sinne. [4]Zur Wiederverkäufereigenschaft eines Betreibers von dezentralen Stromgewinnungsanlagen vgl. Abschnitt 2.5 Abs. 3. [5]Der eigene Gas- bzw. Elektrizitätsverbrauch des Unternehmers ist von untergeordneter Bedeutung, wenn nicht mehr als 5 % der erworbenen Menge zu eigenen (unternehmerischen sowie nichtunternehmerischen) Zwecken verwendet wird. [6]Die Bereiche „Gas" und „Elektrizität" sind dabei getrennt, jedoch für das gesamte Unternehmen im Sinne des § 2 UStG zu beurteilen. [7]In der Folge werden grenzüberschreitende Leistungen zwischen Unternehmensteilen, die als nicht steuerbare Innenumsätze zu behandeln sind und die nach § 3 g Abs. 3 UStG auch keinen Verbringungstatbestand erfüllen, in diese Betrachtung einbezogen. [8]Außerdem ist damit ein Unternehmer, der z. B. nur im Bereich „Elektrizität" mehr als die Hälfte der von ihm erworbenen Menge weiterveräußert und nicht mehr als 5 % zu eigenen Zwecken verwendet, diese Voraussetzungen aber für den Bereich „Gas" nicht erfüllt, nur für Lieferungen an ihn im Bereich „Elektrizität" als Wiederverkäufer anzusehen. [9]Die Gebietskörperschaften Bund und Länder gelten weder für die Lieferung von Gas über das Erdgasnetz noch für die Lieferung von Elektrizität als Wiederverkäufer.

(3) [1]Maßgeblich sind die Verhältnisse im vorangegangenen Kalenderjahr. [2]Verwendet der Unternehmer zwar mehr als 5 %, jedoch nicht mehr als 10 % der erworbenen Menge an Gas oder Elektrizität zu eigenen Zwecken, ist weiterhin von einer untergeordneten Bedeutung auszugehen, wenn die im Mittel der vorangegangenen drei Jahre zu eigenen Zwecken verbrauchte Menge 5 % der in diesem Zeitraum erworbenen Menge nicht überschritten hat. [3]Im Unternehmen selbst erzeugte Mengen bleiben bei der Beurteilung unberücksichtigt. [4]Ob die selbst erzeugte Menge veräußert oder zum eigenen Verbrauch im Unternehmen verwendet wird, ist daher unbeachtlich. [5]Ebenso ist die veräußerte Energiemenge, die selbst erzeugt wurde, hinsichtlich der Beurteilung der Wiederverkäufereigenschaft aus der Gesamtmenge der veräußerten Energie auszuscheiden; auch sie beeinflusst die nach Absatz 2 Sätze 1 und 2 einzuhaltenden Grenzwerte nicht. [6]Sowohl hinsichtlich der erworbenen als auch hinsichtlich der veräußerten Menge an Energie ist wegen der Betrachtung des gesamten Unternehmens darauf abzustellen, ob die Energie von einem anderen Unternehmen erworben bzw. an ein anderes Unternehmen veräußert worden ist. [7]Netzverluste bleiben bei der Ermittlung der Menge der zu eigenen Zwecken verwendeten Energie außer Betracht. [8]Anderer Abnehmer ist ein Abnehmer, der nicht Wiederverkäufer ist.

Ort der Lieferung von Gas oder Elektrizität

(4) [1]Bei der Lieferung von Gas oder Elektrizität an einen Wiederverkäufer gilt entweder der Ort, von dem aus dieser sein Unternehmen betreibt, oder – wenn die Lieferung an eine Betriebsstätte des Wiederverkäufers ausgeführt wird – der Ort dieser Betriebsstätte als Ort der Lieferung. [2]Eine Lieferung erfolgt an eine Betriebsstätte, wenn sie ausschließlich oder überwiegend für diese bestimmt ist; Abschnitt 3 a.2 Abs. 4 gilt sinngemäß. [3]Dementsprechend ist auf die Bestellung durch und die Abrechnung für Rechnung der Betriebsstätte abzustellen. [4]Es kommt nicht darauf an, wie und wo der Wiederverkäufer die gelieferten Gegenstände tatsächlich verwendet. [5]Somit gilt diese Regelung auch für die für den eigenen Verbrauch des Wiederverkäufers gelieferte Menge. [6]Dies ist insbesondere von Bedeutung bei der Verwendung für eigene Zwecke in eigenen ausländischen Betriebsstätten und ausländischen Betriebsstätten des Organträgers; auch insoweit verbleibt es bei der Besteuerung im Sitzstaat, soweit nicht unmittelbar an die ausländische Betriebsstätte geliefert wird.

(5) [1]Bei der Lieferung von Gas oder Elektrizität an einen anderen Abnehmer wird grundsätzlich auf den Ort des tatsächlichen Verbrauchs dieser Gegenstände abgestellt. [2]Das ist regelmäßig der Ort, wo sich der Zähler des Abnehmers befindet. [3]Sollte der andere Abnehmer die an ihn gelieferten Gegenstände nicht tatsächlich verbrauchen (z. B. bei Weiterverkauf von Überkapazitäten), wird insoweit für die Lieferung an diesen Abnehmer der Verbrauch nach § 3 g Abs. 2 Satz 2 UStG dort fingiert, wo dieser sein Unternehmen betreibt oder eine Betriebsstätte hat, an die die Gegenstände geliefert werden. [4]Im Ergebnis führt dies dazu, dass im Falle des Weiterverkaufs von Gas über das Erdgasnetz oder Elektrizität für den Erwerb dieser Gegenstände stets das Empfängerortprinzip gilt. [5]Da Gas und Elektrizität allenfalls in begrenztem Umfang gespeichert werden, steht regelmäßig bereits bei Abnahme von Gas über das Erdgasnetz oder Elektrizität fest, in welchem Umfang ein Wiederverkauf erfolgt.

Innergemeinschaftlicher Erwerb, innergemeinschaftliches Verbringen sowie Einfuhr von Gas oder Elektrizität

(6) [1]Durch die spezielle Ortsregelung für die Lieferung von Gas über das Erdgasnetz oder Elektrizität wird klargestellt, dass Lieferungen dieser Gegenstände keine bewegten Lieferungen sind. [2]Daraus folgt, dass weder eine Ausfuhrlieferung nach § 6 UStG noch eine innergemeinschaftliche Lieferung nach § 6 a UStG vorliegen kann. [3]Bei Lieferungen von Gas über das Erdgasnetz und von Elektrizität unter den Bedingungen von § 3 g Abs. 1 oder 2 UStG liegt weder ein innergemeinschaftliches Verbringen noch ein innergemeinschaftlicher Erwerb vor. [4]Die Einfuhr von Gas über das Erdgasnetz oder von Elektrizität ist nach § 5 Abs. 1 Nr. 6 UStG steuerfrei. [5]§ 3 g UStG gilt auch im Verhältnis zum Drittlandsgebiet; die Anwendung von § 3 Abs. 8 UStG ist demgegenüber mangels Beförderung oder Versendung ausgeschlossen. [6]Die Lieferung von Gas über das Erdgasnetz und von Elektrizität aus dem Drittlandsgebiet in das Inland ist damit im Inland steuerbar und steuerpflichtig; die Steuerschuldnerschaft des Leistungsempfängers unter den Voraussetzungen des § 13 b Abs. 2 Nr. 5 Buchstabe a und Abs. 5 Satz 1 UStG ist zu beachten (vgl. Abschnitt 13 b.1 Abs. 2 Nr. 7 Buchstabe a und Abschnitt 13 b.3 a Abs. 1). [7]Die Lieferung

von Gas über das Erdgasnetz und von Elektrizität aus dem Inland in das Drittlandsgebiet ist eine im Inland nicht steuerbare Lieferung.

Zu § 4 Nr. 1 UStG

ZWEITER ABSCHNITT
Steuerbefreiungen und Steuervergütungen

UStG §4 Steuerbefreiungen bei Lieferungen und sonstigen Leistungen

Von den unter § 1 Abs. 1 Nr. 1 fallenden Umsätzen sind steuerfrei:

1. a) die Ausfuhrlieferungen (§ 6) und die Lohnveredelungen an Gegenständen der Ausfuhr (§ 7),
   b) die innergemeinschaftlichen Lieferungen (§ 6a); dies gilt nicht, wenn der Unternehmer seiner Pflicht zur Abgabe der Zusammenfassenden Meldung (§ 18a) nicht nachgekommen ist oder soweit er diese im Hinblick auf die jeweilige Lieferung unrichtig oder unvollständig abgegeben hat;

UStDV

§8 Grundsätze für den Ausfuhrnachweis bei Ausfuhrlieferungen

(1) [1]Bei Ausfuhrlieferungen (§ 6 des Gesetzes) muss der Unternehmer im Geltungsbereich des Gesetzes durch Belege nachweisen, dass er oder der Abnehmer den Gegenstand der Lieferung in das Drittlandsgebiet befördert oder versendet hat (Ausfuhrnachweis). [2]Die Voraussetzung muss sich aus den Belegen eindeutig und leicht nachprüfbar ergeben.

(2) Ist der Gegenstand der Lieferung durch Beauftragte vor der Ausfuhr bearbeitet oder verarbeitet worden (§ 6 Abs. 1 Satz 2 des Gesetzes), so muss sich auch dies aus den Belegen nach Absatz 1 eindeutig und leicht nachprüfbar ergeben.

§9 Ausfuhrnachweis bei Ausfuhrlieferungen in Beförderungsfällen

(1) [1]Hat der Unternehmer oder der Abnehmer den Gegenstand der Lieferung in das Drittlandsgebiet befördert, hat der Unternehmer den Ausfuhrnachweis durch folgenden Beleg zu führen:

1. bei Ausfuhranmeldung im elektronischen Ausfuhrverfahren nach Artikel 326 der Durchführungsverordnung zum Zollkodex der Union mit der durch die zuständige Ausfuhrzollstelle auf elektronischem Weg übermittelten Bestätigung, dass der Gegenstand ausgeführt wurde (Ausgangsvermerk);
2. bei allen anderen Ausfuhranmeldungen durch einen Beleg in Papierform oder einen elektronisch zur Verfügung gestellten Beleg, der folgende Angaben zu enthalten hat:
   a) den Namen und die Anschrift des liefernden Unternehmers,
   b) die Menge des ausgeführten Gegenstands und die handelsübliche Bezeichnung,
   c) den Ort und den Tag der Ausfuhr sowie
   d) eine Ausfuhrbestätigung der Grenzzollstelle eines Mitgliedstaates, die den Ausgang des Gegenstands aus dem Gemeinschaftsgebiet überwacht.

[2]Hat der Unternehmer statt des Ausgangsvermerks eine von der Ausfuhrzollstelle auf elektronischem Weg übermittelte alternative Bestätigung, dass der Gegenstand ausgeführt wurde (Alternativ-Ausgangsvermerk), gilt diese als Ausfuhrnachweis.

(2) [1]Bei der Ausfuhr von Fahrzeugen im Sinne des § 1b Absatz 2 Satz 1 Nummer 1 des Gesetzes, die zum bestimmungsmäßigen Gebrauch im Straßenverkehr einer Zulassung bedürfen, muss

1. der Beleg nach Absatz 1 auch die Fahrzeug-Identifikationsnummer im Sinne des § 6 Absatz 6 Nummer 6 der Fahrzeug-Zulassungsverordnung enthalten und
2. der Unternehmer zusätzlich über eine Bescheinigung über die Zulassung, die Verzollung oder die Einfuhrbesteuerung im Drittland verfügen.

[2]Satz 1 Nummer 2 gilt nicht in den Fällen, in denen das Fahrzeug mit einem Ausfuhrkennzeichen ausgeführt wird, wenn aus dem Beleg nach Satz 1 Nummer 1 die Nummer des Ausfuhrkennzeichens ersichtlich ist, oder in denen das Fahrzeug nicht im Sinne der Fahrzeug-Zulassungsverordnung auf öffentlichen Straßen in Betrieb gesetzt worden ist und nicht auf eigener Achse in das Drittlandsgebiet ausgeführt wird.

(3) [1]An die Stelle der Ausfuhrbestätigung nach Absatz 1 Satz 1 Nummer 2 Buchstabe d tritt bei einer Ausfuhr im gemeinsamen Versandverfahren oder im Unionsversandverfahren oder bei einer Ausfuhr mit Carnets TIR, wenn diese Verfahren nicht bei einer Grenzzollstelle beginnen, eine Ausfuhrbestätigung der Abgangsstelle. [2]Diese Ausfuhrbestätigung wird nach Eingang des Beendigungsnachweises für das Versandverfahren erteilt, sofern sich aus ihr die Ausfuhr ergibt.

(4) Im Sinne dieser Verordnung gilt als Durchführungsverordnung zum Zollkodex der Union die Durchführungsverordnung (EU) 2015/2447 der Kommission vom 24. November 2015 mit Einzelheiten zur Umsetzung von Bestimmungen der Verordnung (EU) Nr. 952/2013 des Europäischen Parlaments und des Rates zur Festlegung des Zollkodex der Union (ABl. L 343 vom 29. 12. 2015, S. 558) in der jeweils geltenden Fassung.

§ 10 Ausfuhrnachweis bei Ausfuhrlieferungen in Versendungsfällen

(1) [1]Hat der Unternehmer oder der Abnehmer den Gegenstand der Lieferung in das Drittlandsgebiet versendet, hat der Unternehmer den Ausfuhrnachweis durch folgenden Beleg zu führen:

1. bei Ausfuhranmeldung im elektronischen Ausfuhrverfahren nach Artikel 326 der Durchführungsverordnung zum Zollkodex der Union mit dem Ausgangsvermerk;
2. bei allen anderen Ausfuhranmeldungen:
   a) mit einem Versendungsbeleg, insbesondere durch handelsrechtlichen Frachtbrief, der vom Auftraggeber des Frachtführers unterzeichnet ist, mit einem Konnossement, mit einem Einlieferungsschein für im Postverkehr beförderte Sendungen oder deren Doppelstücke, oder
   b) mit einem anderen handelsüblichen Beleg als den Belegen nach Buchstabe a, insbesondere mit einer Bescheinigung des beauftragten Spediteurs; dieser Beleg hat folgende Angaben zu enthalten:
      aa) den Namen und die Anschrift des mit der Beförderung beauftragten Unternehmers sowie das Ausstellungsdatum,
      bb) den Namen und die Anschrift des liefernden Unternehmers und des Auftraggebers der Versendung,
      cc) die Menge und die Art (handelsübliche Bezeichnung) des ausgeführten Gegenstands,
      dd) den Ort und den Tag der Ausfuhr oder den Ort und den Tag der Versendung des ausgeführten Gegenstands in das Drittlandsgebiet,
      ee) den Empfänger des ausgeführten Gegenstands und den Bestimmungsort im Drittlandsgebiet,
      ff) eine Versicherung des mit der Beförderung beauftragten Unternehmers darüber, dass die Angaben im Beleg auf der Grundlage von Geschäftsunterlagen gemacht wurden, die im Gemeinschaftsgebiet nachprüfbar sind, sowie
      gg) die Unterschrift des mit der Beförderung beauftragten Unternehmers.

[2]Hat der Unternehmer statt des Ausgangsvermerks einen Alternativ-Ausgangsvermerk, gilt dieser als Ausfuhrnachweis.

(2) [1]Bei der Ausfuhr von Fahrzeugen im Sinne des § 1 b Absatz 2 Satz 1 Nummer 1 des Gesetzes, die zum bestimmungsmäßigen Gebrauch im Straßenverkehr einer Zulassung bedürfen, muss

1. der Beleg nach Absatz 1 auch die Fahrzeug-Identifikationsnummer enthalten und
2. der Unternehmer zusätzlich über eine Bescheinigung über die Zulassung, die Verzollung oder die Einfuhrbesteuerung im Drittland verfügen.

[2]Satz 1 Nummer 2 gilt nicht in den Fällen, in denen das Fahrzeug mit einem Ausfuhrkennzeichen ausgeführt wird, wenn aus dem Beleg nach Satz 1 Nummer 1 die Nummer des Ausfuhrkennzeichens ersichtlich ist, oder in denen das Fahrzeug nicht im Sinne der Fahrzeug-Zulassungsverordnung auf öffentlichen Straßen in Betrieb gesetzt worden ist und nicht auf eigener Achse in das Drittlandsgebiet ausgeführt wird.

(3) [1]Ist eine Ausfuhr elektronisch angemeldet worden und ist es dem Unternehmer nicht möglich oder nicht zumutbar, den Ausfuhrnachweis nach Absatz 1 Satz 1 Nummer 1 zu führen, kann dieser die Ausfuhr mit den in Absatz 1 Satz 1 Nummer 2 genannten Belegen nachweisen. [2]In den Fällen nach Satz 1 muss der Beleg zusätzlich zu den Angaben nach Absatz 1 Satz 1 Nummer 2 die Versendungsbezugsnummer der Ausfuhranmeldung nach Artikel 226 der Durchführungsverordnung zum Zollkodex der Union (Master Reference Number – MRN) enthalten.

(4) Ist es dem Unternehmer nicht möglich oder nicht zumutbar, den Ausfuhrnachweis nach Absatz 1 Satz 1 Nummer 2 zu führen, kann er die Ausfuhr wie in Beförderungsfällen nach § 9 Absatz 1 Satz 1 Nummer 2 nachweisen.

§ 11 Ausfuhrnachweis bei Ausfuhrlieferungen in Bearbeitungs- und Verarbeitungsfällen

(1) Hat ein Beauftragter den Gegenstand der Lieferung vor der Ausfuhr bearbeitet oder verarbeitet, hat der liefernde Unternehmer den Ausfuhrnachweis durch einen Beleg nach § 9 oder § 10 zu führen, der zusätzlich folgende Angaben zu enthalten hat:

1. den Namen und die Anschrift des Beauftragten,
2. die Menge und die handelsübliche Bezeichnung des Gegenstands, der an den Beauftragten übergeben oder versendet wurde,
3. den Ort und den Tag der Entgegennahme des Gegenstands durch den Beauftragten sowie
4. die Bezeichnung des Auftrags sowie die Bezeichnung der Bearbeitung oder Verarbeitung, die vom Beauftragten vorgenommen wurde.

(2) Haben mehrere Beauftragte den Gegenstand der Lieferung bearbeitet oder verarbeitet, hat der liefernde Unternehmer die in Absatz 1 genannten Angaben für jeden Beauftragten, der die Bearbeitung oder Verarbeitung vornimmt, zu machen.

§ 12 Ausfuhrnachweis bei Lohnveredelungen an Gegenständen der Ausfuhr

Bei Lohnveredelungen an Gegenständen der Ausfuhr (§ 7 des Gesetzes) sind die Vorschriften über die Führung des Ausfuhrnachweises bei Ausfuhrlieferungen (§§ 8 bis 11) entsprechend anzuwenden.

§ 13 Buchmäßiger Nachweis bei Ausfuhrlieferungen und Lohnveredelungen an Gegenständen der Ausfuhr

(1) [1]Bei Ausfuhrlieferungen und Lohnveredelungen an Gegenständen der Ausfuhr (§§ 6 und 7 des Gesetzes) hat der Unternehmer im Geltungsbereich des Gesetzes die Voraussetzungen der Steuerbefreiung buchmäßig nachzuweisen. [2]Die Voraussetzungen müssen eindeutig und leicht nachprüfbar aus der Buchführung zu ersehen sein.

(2) Der Unternehmer hat regelmäßig Folgendes aufzuzeichnen:

1. die Menge des Gegenstands der Lieferung oder die Art und den Umfang der Lohnveredelung sowie die handelsübliche Bezeichnung einschließlich der Fahrzeug-Identifikationsnummer bei Fahrzeugen im Sinne des § 1 b Absatz 2 des Gesetzes,
2. den Namen und die Anschrift des Abnehmers oder Auftraggebers,
3. den Tag der Lieferung oder der Lohnveredelung,
4. das vereinbarte Entgelt oder bei der Besteuerung nach vereinnahmten Entgelten das vereinnahmte Entgelt und den Tag der Vereinnahmung,
5. die Art und den Umfang einer Bearbeitung oder Verarbeitung vor der Ausfuhr (§ 6 Absatz 1 Satz 2, § 7 Absatz 1 Satz 2 des Gesetzes),
6. den Tag der Ausfuhr sowie
7. in den Fällen des § 9 Absatz 1 Satz 1 Nummer 1, des § 10 Absatz 1 Satz 1 Nummer 1 und des § 10 Absatz 3 die Master Reference Number – MRN.

(3) In den Fällen des § 6 Absatz 1 Satz 1 Nummer 1 des Gesetzes, in denen der Abnehmer kein ausländischer Abnehmer ist, hat der Unternehmer zusätzlich zu den Angaben nach Absatz 2 aufzuzeichnen:

1. die Beförderung oder Versendung durch ihn selbst sowie
2. den Bestimmungsort.

(4) In den Fällen des § 6 Absatz 1 Satz 1 Nummer 3 des Gesetzes hat der Unternehmer zusätzlich zu den Angaben nach Absatz 2 aufzuzeichnen:

1. die Beförderung oder Versendung,
2. den Bestimmungsort sowie
3. in den Fällen, in denen der Abnehmer ein Unternehmer ist, auch den Gewerbezweig oder Beruf des Abnehmers und den Erwerbszweck.

(5) In den Fällen des § 6 Absatz 1 Satz 1 Nummer 2 und 3 des Gesetzes, in denen der Abnehmer ein Unternehmer ist und er oder sein Beauftragter den Gegenstand der Lieferung im persönlichen Reisegepäck ausführt, hat der Unternehmer zusätzlich zu den Angaben nach Absatz 2 auch den Gewerbezweig oder Beruf des Abnehmers und den Erwerbszweck aufzuzeichnen.

(6) In den Fällen des § 6 Absatz 3 des Gesetzes hat der Unternehmer zusätzlich zu den Angaben nach Absatz 2 Folgendes aufzuzeichnen:

1. den Gewerbezweig oder Beruf des Abnehmers sowie
2. den Verwendungszweck des Beförderungsmittels.

(7) [1]In den Fällen des § 7 Absatz 1 Satz 1 Nummer 1 des Gesetzes, in denen der Auftraggeber kein ausländischer Auftraggeber ist, ist Absatz 3 entsprechend anzuwenden. [2]In den Fällen des § 7 Absatz 1 Satz 1 Nummer 3 Buchstabe b des Gesetzes ist Absatz 4 entsprechend anzuwenden.

§ 14 *(weggefallen)*

§ 15 *(weggefallen)*

§ 16 *(weggefallen)*

§ 17 Abnehmernachweis bei Ausfuhrlieferungen im nichtkommerziellen Reiseverkehr

In den Fällen des § 6 Absatz 3 a des Gesetzes hat der Beleg nach § 9 zusätzlich folgende Angaben zu enthalten:

1. den Namen und die Anschrift des Abnehmers sowie
2. eine Bestätigung der Grenzzollstelle eines Mitgliedstaates, die den Ausgang des Gegenstands der Lieferung aus dem Gemeinschaftsgebiet überwacht, dass die nach Nummer 1 gemachten Angaben mit den Eintragungen in dem vorgelegten Pass oder sonstigen Grenzübertrittspapier desjenigen übereinstimmen, der den Gegenstand in das Drittlandsgebiet verbringt.

§ 17 a Gelangensvermutung bei innergemeinschaftlichen Lieferungen in Beförderungs- und Versendungsfällen

(1) Für die Zwecke der Anwendung der Steuerbefreiung für innergemeinschaftliche Lieferungen (§ 4 Nummer 1 Buchstabe b des Gesetzes) wird vermutet, dass der Gegenstand der Lieferung in das übrige Gemeinschaftsgebiet befördert oder versendet wurde, wenn eine der folgenden Voraussetzungen erfüllt ist:

1. Der liefernde Unternehmer gibt an, dass der Gegenstand der Lieferung von ihm oder von einem von ihm beauftragten Dritten in das übrige Gemeinschaftsgebiet befördert oder versendet wurde und ist im Besitz folgender einander nicht widersprechenden Belege, welche jeweils von unterschiedlichen Parteien ausgestellt wurden, die voneinander, vom liefernden Unternehmer und vom Abnehmer unabhängig sind:
   a) mindestens zwei Belege nach Absatz 2 Nummer 1 oder
   b) einem Beleg nach Absatz 2 Nummer 1 und einem Beleg nach Absatz 2 Nummer 2, mit dem die Beförderung oder die Versendung in das übrige Gemeinschaftsgebiet bestätigt wird.
2. Der liefernde Unternehmer ist im Besitz folgender Belege:
   a) einer Gelangensbestätigung (§ 17b Absatz 2 Satz 1 Nummer 2), die der Abnehmer dem liefernden Unternehmer spätestens am zehnten Tag des auf die Lieferung folgenden Monats vorlegt und
   b) folgender einander nicht widersprechenden Belege, welche jeweils von unterschiedlichen Parteien ausgestellt wurden, die voneinander, vom liefernden Unternehmer und vom Abnehmer unabhängig sind:
      aa) mindestens zwei Belege nach Absatz 2 Nummer 1 oder
      bb) einem Beleg nach Absatz 2 Nummer 1 und einem Beleg nach Absatz 2 Nummer 2, mit dem die Beförderung oder die Versendung in das übrige Gemeinschaftsgebiet bestätigt wird.

(2) Belege im Sinne des Absatzes 1 Nummer 1 und 2 sind:

1. Beförderungsbelege (§ 17b Absatz 3 Satz 1 Nummer 3 bis 5) oder Versendungsbelege (§ 17b Absatz 3 Satz 1 Nummer 1 und 2);
2. folgende sonstige Belege:
   a) eine Versicherungspolice für die Beförderung oder die Versendung des Gegenstands der Lieferung in das übrige Gemeinschaftsgebiet oder Bankunterlagen, die die Bezahlung der Beförderung oder der Versendung des Gegenstands der Lieferung in das übrige Gemeinschaftsgebiet belegen;
   b) ein von einer öffentlicher Stelle (z. B. Notar) ausgestelltes offizielles Dokument, das die Ankunft des Gegenstands der Lieferung im übrigen Gemeinschaftsgebiet bestätigt;
   c) eine Bestätigung eines Lagerinhabers im übrigen Gemeinschaftsgebiet, dass die Lagerung des Gegenstands der Lieferung dort erfolgt.

(3) Das Finanzamt kann eine nach Absatz 1 bestehende Vermutung widerlegen.

§ 17 b Gelangensnachweis bei innergemeinschaftlichen Lieferungen in Beförderungs- und Versendungsfällen

(1) [1]Besteht keine Vermutung nach § 17a Absatz 1, hat der Unternehmer bei innergemeinschaftlichen Lieferungen (§ 6a Absatz 1 des Gesetzes) im Geltungsbereich des Gesetzes durch Belege nachzuweisen, dass er oder der Abnehmer den Gegenstand der Lieferung in das übrige Gemeinschaftsgebiet befördert oder versendet hat. [2]Die Voraussetzung muss sich aus den Belegen eindeutig und leicht nachprüfbar ergeben.

(2) [1]Als eindeutig und leicht nachprüfbar nach Absatz 1 gilt insbesondere ein Nachweis, der wie folgt geführt wird:

1. durch das Doppel der Rechnung (§§ 14 und 14a des Gesetzes) und
2. durch eine Bestätigung des Abnehmers, dass der Gegenstand der Lieferung in das übrige Gemeinschaftsgebiet gelangt ist (Gelangensbestätigung), die folgende Angaben zu enthalten hat:
   a) den Namen und die Anschrift des Abnehmers,
   b) die Menge des Gegenstands der Lieferung und die handelsübliche Bezeichnung einschließlich der Fahrzeug-Identifikationsnummer bei Fahrzeugen im Sinne des § 1b Absatz 2 des Gesetzes,
   c) im Fall der Beförderung oder Versendung durch den Unternehmer oder im Fall der Versendung durch den Abnehmer den Ort und den Monat des Erhalts des Gegenstands im übrigen Gemeinschaftsgebiet und im Fall der Beförderung des Gegenstands durch den Abnehmer den Ort und den Monat des Endes der Beförderung des Gegenstands im übrigen Gemeinschaftsgebiet,
   d) das Ausstellungsdatum der Bestätigung sowie
   e) die Unterschrift des Abnehmers oder eines von ihm zur Abnahme Beauftragten. Bei einer elektronischen Übermittlung der Gelangensbestätigung ist eine Unterschrift nicht erforderlich, sofern erkennbar ist, dass die elektronische Übermittlung im Verfügungsbereich des Abnehmers oder des Beauftragten begonnen hat.

[2]Die Gelangensbestätigung kann als Sammelbestätigung ausgestellt werden. [3]In der Sammelbestätigung können Umsätze aus bis zu einem Quartal zusammengefasst werden. [4]Die Gelangensbestätigung kann in jeder die erforderlichen Angaben enthaltenden Form erbracht werden; sie kann auch aus mehreren Dokumenten bestehen, aus denen sich die geforderten Angaben insgesamt ergeben.

(3) [1]In folgenden Fällen kann der Unternehmer den Nachweis auch durch folgende andere Belege als die in Absatz 2 Nummer 2 genannte Gelangensbestätigung führen:

1. bei der Versendung des Gegenstands der Lieferung durch den Unternehmer oder Abnehmer:
   a) durch einen Versendungsbeleg, insbesondere durch
      aa) einen handelsrechtlichen Frachtbrief, der vom Auftraggeber des Frachtführers unterzeichnet ist und die Unterschrift des Empfängers als Bestätigung des Erhalts des Gegenstands der Lieferung enthält,
      bb) ein Konnossement oder
      cc) Doppelstücke des Frachtbriefs oder Konnossements,

b) durch einen anderen handelsüblichen Beleg als den Belegen nach Buchstabe a, insbesondere mit einer Bescheinigung des beauftragten Spediteurs, der folgende Angaben zu enthalten hat:
   aa) den Namen und die Anschrift des mit der Beförderung beauftragten Unternehmers sowie das Ausstellungsdatum,
   bb) den Namen und die Anschrift des liefernden Unternehmers sowie des Auftraggebers der Versendung,
   cc) die Menge des Gegenstands der Lieferung und dessen handelsübliche Bezeichnung,
   dd) den Empfänger des Gegenstands der Lieferung und den Bestimmungsort im übrigen Gemeinschaftsgebiet,
   ee) den Monat, in dem die Beförderung des Gegenstands der Lieferung im übrigen Gemeinschaftsgebiet geendet hat,
   ff) eine Versicherung des mit der Beförderung beauftragten Unternehmers, dass die Angaben in dem Beleg auf Grund von Geschäftsunterlagen gemacht wurden, die im Gemeinschaftsgebiet nachprüfbar sind, sowie
   gg) die Unterschrift des mit der Beförderung beauftragten Unternehmers.

   Bei einer elektronischen Übermittlung des Belegs an den liefernden Unternehmer ist eine Unterschrift des mit der Beförderung beauftragten Unternehmers nicht erforderlich, sofern erkennbar ist, dass die elektronische Übermittlung im Verfügungsbereich des mit der Beförderung beauftragten Unternehmers begonnen hat,
c) durch eine schriftliche oder elektronische Auftragserteilung und ein von dem mit der Beförderung Beauftragten erstelltes Protokoll, das den Transport lückenlos bis zur Ablieferung beim Empfänger nachweist, oder
d) in den Fällen von Postsendungen, in denen eine Belegnachweisführung nach Buchstabe c nicht möglich ist: durch eine Empfangsbescheinigung eines Postdienstleisters über die Entgegennahme der an den Abnehmer adressierten Postsendung und den Nachweis über die Bezahlung der Lieferung;

2. bei der Versendung des Gegenstands der Lieferung durch den Abnehmer durch einen Nachweis über die Entrichtung der Gegenleistung für die Lieferung des Gegenstands von einem Bankkonto des Abnehmers sowie durch eine Bescheinigung des beauftragten Spediteurs, die folgende Angaben zu enthalten hat:
   a) den Namen und die Anschrift des mit der Beförderung beauftragten Unternehmers sowie das Ausstellungsdatum,
   b) den Namen und die Anschrift des liefernden Unternehmers sowie des Auftraggebers der Versendung,
   c) die Menge des Gegenstands der Lieferung und die handelsübliche Bezeichnung,
   d) den Empfänger des Gegenstands der Lieferung und den Bestimmungsort im übrigen Gemeinschaftsgebiet,
   e) eine Versicherung des mit der Beförderung beauftragten Unternehmers, den Gegenstand der Lieferung an den Bestimmungsort im übrigen Gemeinschaftsgebiet zu befördern, sowie
   f) die Unterschrift des mit der Beförderung beauftragten Unternehmers;
3. bei der Beförderung im Unionsversandverfahren in das übrige Gemeinschaftsgebiet durch eine Bestätigung der Abgangsstelle über die innergemeinschaftliche Lieferung, die nach Eingang des Beendigungsnachweises für das Versandverfahren erteilt wird, sofern sich daraus die Lieferung in das übrige Gemeinschaftsgebiet ergibt;
4. bei der Lieferung verbrauchsteuerpflichtiger Waren:
   a) bei der Beförderung verbrauchsteuerpflichtiger Waren unter Steueraussetzung und Verwendung des IT-Verfahrens EMCS (Excise Movement and Control System – EDV-gestütztes Beförderungs- und Kontrollsystem für verbrauchsteuerpflichtige Waren) durch die von der zuständigen Behörde des anderen Mitgliedstaates validierte EMCS-Eingangsmeldung,
   b) bei der Beförderung verbrauchsteuerpflichtiger Waren des steuerrechtlich freien Verkehrs durch die dritte Ausfertigung des vereinfachten Begleitdokuments, das dem zuständigen Hauptzollamt für Zwecke der Verbrauchsteuerentlastung vorzulegen ist;
5. bei der Lieferung von Fahrzeugen, die durch den Abnehmer befördert werden und für die eine Zulassung für den Straßenverkehr erforderlich ist, durch einen Nachweis über die Zulassung des Fahrzeugs auf den Erwerber im Bestimmungsmitgliedstaat der Lieferung.

[2]Der Beleg nach Satz 1 muss bei der Lieferung eines Fahrzeugs im Sinne des § 1 b Absatz 2 des Gesetzes zusätzlich dessen Fahrzeug-Identifikationsnummer enthalten. [3]In den Fällen von Satz 1 Nummer 1 gilt Absatz 2 Nummer 2 Satz 2 bis 4 entsprechend. [4]Bestehen in den Fällen des Satzes 1 Nummer 2 begründete Zweifel, dass der Liefergegenstand tatsächlich in das übrige Gemeinschaftsgebiet gelangt ist, hat der Unternehmer den Nachweis nach Absatz 1 oder mit den übrigen Belegen nach den Absätzen 2 oder 3 zu führen.

§ 17 c Nachweis bei innergemeinschaftlichen Lieferungen in Bearbeitungs- oder Verarbeitungsfällen

[1]Ist der Gegenstand der Lieferung vor der Beförderung oder Versendung in das übrige Gemeinschaftsgebiet durch einen Beauftragten bearbeitet oder verarbeitet worden (§ 6 a Absatz 1 Satz 2 des Gesetzes), hat der Unternehmer dies durch Belege eindeutig und leicht nachprüfbar nachzuweisen. [2]Der Nachweis ist durch Belege nach § 17 b zu führen, die zusätzlich die in § 11 Absatz 1 Nummer 1 bis 4 bezeichneten Angaben enthalten. [3]Ist der Gegenstand durch mehrere Beauftragte bearbeitet oder verarbeitet worden, ist § 11 Absatz 2 entsprechend anzuwenden.

§ 17 d Buchmäßiger Nachweis bei innergemeinschaftlichen Lieferungen

(1) [1]Bei innergemeinschaftlichen Lieferungen (§ 6 a Absatz 1 und 2 des Gesetzes) hat der Unternehmer im Geltungsbereich des Gesetzes die Voraussetzungen der Steuerbefreiung einschließlich der ausländischen Umsatzsteuer-Identifikationsnummer des Abnehmers buchmäßig nachzuweisen. [2]Die Voraussetzungen müssen eindeutig und leicht nachprüfbar aus der Buchführung zu ersehen sein.

(2) Der Unternehmer hat Folgendes aufzuzeichnen:

1. den Namen und die Anschrift des Abnehmers,
2. den Namen und die Anschrift des Beauftragten des Abnehmers bei einer Lieferung, die im Einzelhandel oder in einer für den Einzelhandel gebräuchlichen Art und Weise erfolgt,
3. den Gewerbezweig oder Beruf des Abnehmers,
4. die Menge des Gegenstands der Lieferung und dessen handelsübliche Bezeichnung einschließlich der Fahrzeug-Identifikationsnummer bei Fahrzeugen im Sinne des § 1 b Absatz 2 des Gesetzes,
5. den Tag der Lieferung,
6. das vereinbarte Entgelt oder bei der Besteuerung nach vereinnahmten Entgelten das vereinnahmte Entgelt und den Tag der Vereinnahmung,
7. die Art und den Umfang einer Bearbeitung oder Verarbeitung vor der Beförderung oder der Versendung in das übrige Gemeinschaftsgebiet (§ 6a Absatz 1 Satz 2 des Gesetzes),
8. die Beförderung oder Versendung in das übrige Gemeinschaftsgebiet sowie
9. den Bestimmungsort im übrigen Gemeinschaftsgebiet.

(3) In den einer Lieferung gleichgestellten Verbringungsfällen (§ 6a Absatz 2 des Gesetzes) hat der Unternehmer Folgendes aufzuzeichnen:

1. die Menge des verbrachten Gegenstands und seine handelsübliche Bezeichnung einschließlich der Fahrzeug-Identifikationsnummer bei Fahrzeugen im Sinne des § 1 b Absatz 2 des Gesetzes,
2. die Anschrift und die Umsatzsteuer-Identifikationsnummer des im anderen Mitgliedstaat belegenen Unternehmensteils,
3. den Tag des Verbringens sowie
4. die Bemessungsgrundlage nach § 10 Absatz 4 Satz 1 Nummer 1 des Gesetzes.

(4) Werden neue Fahrzeuge an Abnehmer ohne Umsatzsteuer-Identifikationsnummer in das übrige Gemeinschaftsgebiet geliefert, hat der Unternehmer Folgendes aufzuzeichnen:

1. den Namen und die Anschrift des Erwerbers,
2. die handelsübliche Bezeichnung des gelieferten Fahrzeugs einschließlich der Fahrzeug-Identifikationsnummer,
3. den Tag der Lieferung,
4. das vereinbarte Entgelt oder bei der Besteuerung nach vereinnahmten Entgelten das vereinnahmte Entgelt und den Tag der Vereinnahmung,
5. die in § 1 b Absatz 2 und 3 des Gesetzes genannten Merkmale,
6. die Beförderung oder Versendung in das übrige Gemeinschaftsgebiet sowie
7. den Bestimmungsort im übrigen Gemeinschaftsgebiet.

UStAE 4.1.1. Ausfuhrlieferungen und Lohnveredelungen an Gegenständen der Ausfuhr

Auf die Abschnitte 6.1 bis 6.12 und 7.1 bis 7.4 wird hingewiesen.

UStAE 4.1.2. Innergemeinschaftliche Lieferungen

Allgemeines

(1) Auf die Abschnitte 6a.1 bis 6a.8 wird hingewiesen.

Zusammenfassende Meldung – Allgemeines

(2) [1]Gemäß § 4 Nr. 1 Buchstabe b UStG ist die Steuerfreiheit der innergemeinschaftlichen Lieferung davon abhängig, dass der Unternehmer seiner gesetzlichen Pflicht zur Abgabe einer Zusammenfassenden Meldung (ZM) gemäß § 18a UStG nachkommt und diese im Hinblick auf die jeweilige Lieferung richtig und vollständig ist. [2]Gibt der Unternehmer die ZM für den betreffenden Meldezeitraum nicht, unrichtig oder unvollständig ab, erfüllt er die Voraussetzungen für die Steuerbefreiung nicht. [3]Die Feststellung, dass die Voraussetzungen nicht erfüllt sind, kann immer erst nachträglich getroffen werden, da die Abgabe einer ZM zu einer innergemeinschaftlichen Lieferung immer erst später, nämlich bis zum 25. Tag nach Ablauf des jeweiligen Meldezeitraums erfolgt. [4]§ 18a Abs. 8 UStG ist entsprechend zu berücksichtigen.

Zusammenfassende Meldung – Berichtigung und verspätete Abgabe

(3) [1]Die Pflicht zur Berichtigung einer fehlerhaften ZM nach § 18a Abs. 10 UStG bleibt vom Vorliegen der Voraussetzungen gemäß § 4 Nr. 1 Buchstabe b UStG unberührt. [2]Eine fehlerhafte ZM ist gemäß § 18a Abs. 10 UStG innerhalb eines Monats zu berichtigen, wenn der Unternehmer nachträglich erkennt, dass die von ihm abgegebene ZM unrichtig oder unvollständig ist. [3]Auf § 18a Abs. 7 Satz 2 UStG wird hingewiesen. [4]Die in § 18a Abs. 10 UStG normierte Frist dient ausschließlich den Zwecken der Durchführung eines ordnungsgemäßen innergemeinschaftlichen Kontrollverfahrens sowie eines etwaigen Bußgeldverfahrens (§ 26a Abs. 2 Nr. 5 UStG). [5]Die Verpflichtung zur Abgabe einer richtigen und vollständigen ZM für Zwecke der Steuerbefreiung nach § 4 Nr. 1 Buchstabe b UStG besteht auch über die in § 18a Abs. 10 UStG genannte Frist hinaus. [6]Berichtigt der Unternehmer die fehlerhafte ursprüngliche ZM für den Meldezeitraum nicht, ist die Steuerbefreiung für die betreffende Lieferung nachträglich zu versagen. [7]Eine Berichtigung von Fehlern in einer anderen ZM als der ursprünglichen, führt zu keinem Aufleben der Steuerfreiheit für die betreffende Lieferung. [8]Wird eine nicht fristgerecht abgegebene ZM erstmalig für den betreffenden Meldezeitraum richtig und vollständig abgegeben, liegen in diesem Zeitpunkt erstmals die materiell-rechtlichen Voraussetzungen für die Steuerbefreiung vor und diese ist bei Vorliegen der weiteren Voraussetzungen zu gewähren. [9]Die erstmalige Abgabe einer ZM und die Berichtigung einer fehlerhaften ZM durch den Unternehmer innerhalb der Festsetzungsfrist entfalten für Zwecke der Steuerbefreiung Rückwirkung. [10]Die rückwirkende Gewährung der Steuerbefreiung im Veranlagungsverfahren schließt ein Bußgeldverfahren des BZSt nach § 26a Abs. 2 Nr. 5 UStG nicht aus.

Beispiel 1:

[1]Der in Deutschland ansässige Unternehmer U liefert an einen französischen Kraftwerksbetreiber A am 10. 2. 01 eine Maschine im Wert von 50 000 €. [2]Die Rechnungsstellung erfolgt ebenfalls am 10. 2. 01. [3]A hat gegenüber U seine französische USt-IdNr. bei Auftragserteilung verwendet. [4]In der ZM für Februar 01 gibt U versehentlich durch einen fehlerhaften Abgleich im Buchhaltungssystem an, Gegenstände im Wert von 5 000 € an A geliefert zu haben. [5]U entdeckt den Fehler zufällig am 10. 6. 01 und meldet in der ZM Juni 01, die er am 5. 7. 01 an das BZSt übermittelt, dass er an A Waren im Wert von 45 000 € geliefert hat. [6]Zwar liegen die übrigen Voraussetzungen für eine steuerfreie innergemeinschaftliche Lieferung vor, allerdings hat U für Februar 01 eine unrichtige ZM in Bezug auf die Lieferung an A abgegeben. [7]Da er den Fehler nicht in der ursprünglichen ZM für Februar 01 berichtigt hat, sondern in der ZM für Juni 01, ist die Steuerfreiheit insgesamt zu versagen. [8]Würde U sowohl die ZM für Februar 01 als auch für Juni 01 berichtigen, wäre die Steuerbefreiung für die Lieferung an A rückwirkend zu gewähren, sofern die entsprechenden Steuerfestsetzungen noch änderbar sind.

Beispiel 2:

[1]Der in Deutschland ansässige Unternehmer U liefert an einen französischen Kraftwerksbetreiber A am 10. 2. 01 eine Maschine im Wert von 50 000 €. [2]Die Rechnungsstellung erfolgt ebenfalls am 10. 2. 01. [3]A hat gegenüber U seine französische USt-IdNr. bei Auftragserteilung verwendet. [4]U gibt nach Ablauf des Meldezeitraums für Februar 01 keine ZM ab. [5]Damit liegen nicht alle materiell-rechtlichen Voraussetzungen für die Steuerbefreiung einer innergemeinschaftlichen Lieferung vor. [6]Die Steuerbefreiung ist für diese Lieferung zu versagen. [7]Gibt U die ZM für Februar 01 nach Ablauf der Abgabefrist noch richtig und vollständig ab, liegen die Voraussetzungen für die Steuerbefreiung im Zeitpunkt der verspäteten Abgabe erstmals vor und die Steuerbefreiung für die Lieferung an A ist rückwirkend zu gewähren, sofern die entsprechende Steuerfestsetzung noch änderbar ist.

Anmerkung

1. Grundsätze für die innergemeinschaftlichen Lieferungen

Lieferungen an Unternehmer in einem anderen Mitgliedstaat, die dort der Erwerbsbesteuerung unterliegen, sind im Ausgangsmitgliedstaat als innergemeinschaftliche Lieferung (§ 4 Nr. 1 Buchst. b i. V. m. § 6a UStG) steuerfrei. Dazu müssen bestimmte, unionsrechtlich einheitlich vorgeschriebene, Voraussetzungen erfüllt sein und diese auch buch- und belegmäßig nachgewiesen werden. Nachdem der EuGH in seiner Rechtsprechung insbesondere die Notwendigkeit des Nachweises der USt-IdNr. des

Leistungsempfängers als zwingende Voraussetzung für die Steuerfreiheit der innergemeinschaftlichen Lieferung infrage gestellt hatte, wurden durch die sog. „**Quick Fixes**" unionseinheitlich die Voraussetzungen für eine steuerfreie innergemeinschaftliche Lieferung **zum 1.1.2020 nachjustiert**. Durch Gesetz zur weiteren steuerlichen Förderung der Elektromobilität und zur Änderung weiterer steuerlicher Vorschriften (v. 12.12.2019, BGBl. I 2019, 2451) wurden diese Vorgaben in das nationale Recht übernommen. Die Veränderungen lassen sich wie folgt zusammenfassen:

- Voraussetzung für die Steuerfreiheit als innergemeinschaftliche Lieferung ist die **zutreffende Angabe** der jeweiligen Lieferung in der **Zusammenfassenden Meldung** nach § 4 Nr. 1 Buchst. b i. V. m. § 18a UStG. Die Möglichkeiten einer Berichtigung der Zusammenfassenden Meldung nach § 18a Abs. 10 UStG bleiben unberührt.
- Der **Leistungsempfänger** (Unternehmer oder juristische Person, die nicht Unternehmer ist oder den Gegenstand nicht für ihr Unternehmen erwirbt) muss in einem anderen Mitgliedstaat für Zwecke der Umsatzsteuer erfasst sein, § 6a Abs. 1 Satz 1 Nr. 2 Buchst. a und b UStG.
- Der Leistungsempfänger hat gegenüber dem Lieferer eine ihm von einem anderen Mitgliedstaat erteilte **gültige USt-IdNr.** aus einem anderen Mitgliedstaat verwendet.

Darüber hinaus waren unionsrechtlich zum 1.1.2020 erstmalig Vermutungsregelungen aufgenommen worden, die für den Nachweis des Gelangens des Gegenstands in den anderen Mitgliedstaat gelten.

Hinweis: Unionsrechtliche Vorgaben zu den Nachweisen

Diese Regelungen waren in Art. 45a MwStVO aufgenommen worden und gelten damit ab dem 1.1.2020 automatisch in allen Mitgliedstaaten. In Deutschland sind diese Regelungen – verbal leicht angepasst – in § 17a UStDV aufgenommen worden. Die bisherigen Nachweise für das Gelangen des Gegenstands in einen anderen Mitgliedstaat (bisher § 17a ff. UStDV a. F.) gelten aber weiterhin und sind jetzt in § 17b ff. UStDV erfasst.

Der EuGH (Urt. v. 13.11.2025 – C-639/24, Flo Vermeer d.o.o., UR 2025, 911) hat seine Rechtsprechung bestätigt, dass die Steuerbefreiung für eine innergemeinschaftliche Lieferung gewährt wird, wenn die materiellen Voraussetzungen erfüllt sind, auch wenn bestimmten formellen Anforderungen nicht genügt wird. Die Vermutungsregeln des Art. 45a MwStVO (vgl. § 17a UStDV) haben daran nichts geändert. Art. 45a MwStVO will die Beweisführung für innergemeinschaftliche Lieferungen erleichtern und nicht die Rechte des Unternehmers verschlechtern. Zu versagen ist die Steuerbefreiung, wenn sich der Unternehmer an einer eigenen oder fremden Steuerhinterziehung beteiligt hat oder der Verstoß den sicheren Nachweis, dass die materiellen Anforderungen vorliegen, verhindert hat.

2. Umsetzung durch die Finanzverwaltung

Die Finanzverwaltung hatte in Abschn. 4.1.2 UStAE Hinweise zur Zusammenfassenden Meldung als Voraussetzung für die Steuerbefreiung der innergemeinschaftlichen Lieferung aufgenommen. Seit dem 1.1.2020 ist Voraussetzung für die Steuerfreiheit nach § 4 Nr. 1 Buchst. b UStG, dass die Lieferung richtig, vollständig und fristgerecht in der Zusammenfassenden Meldung nach § 18a UStG aufgenommen worden ist. Da die Zusammenfassende Meldung erst nach der Umsatzsteuer-Voranmeldung abgegeben wird (soweit keine Dauerfrist-Verlängerung vorliegt), stellt die Finanzverwaltung fest, dass die Feststellung, dass die Voraussetzungen nicht erfüllt sind, immer erst nachträglich getroffen werden kann.

Ist eine Lieferung **nicht zutreffend in der Zusammenfassenden Meldung** erfasst worden, kann der Unternehmer die Zusammenfassende Meldung berichtigen. Die Berichtigung entfaltet nach der von der Finanzverwaltung seit Mai 2022 (gem. BMF, Schreiben v. 20.5.2022, BStBl I 2022, 738 zur Änderung von Abschn. 4.1.2 UStAE) vertretenen Auffassung Rückwirkung für die Steuerbefreiung, wenn die Berichtigung innerhalb der Festsetzungsfrist für den betreffenden Meldezeitraum erfolgt.

Hinweis: Zutreffende Berichtigung notwendig

Die Berichtigung muss für den Meldezeitraum erfolgen, in dem die Lieferung erfolgt ist. Die Finanzverwaltung weist ausdrücklich darauf hin, dass die Lieferung nicht steuerfrei ist, wenn die

Berichtigung für den Meldezeitraum vorgenommen wird, in dem der Fehler festgestellt wird. Dies gilt insbesondere, wenn versehentlich ein falscher Betrag in der zutreffenden Zusammenfassenden Meldung erfasst worden ist und dies später festgestellt wird. In diesem Fall muss die ursprüngliche Meldung berichtigt werden.

Die Finanzverwaltung hat außerdem im Mai 2022 die **nicht fristgerechte** Abgabe der Zusammenfassenden Meldung aus der Aufzählung in Abschn. 4.1.2 UStAE der Vorgänge herausgenommen, die zum Ausschluss der Steuerfreiheit der innergemeinschaftlichen Lieferung führen. Es wird jetzt vielmehr klargestellt, dass in den Fällen, in denen eine nicht fristgerecht abgegebene Zusammenfassende Meldung erstmalig für den betreffenden Meldezeitraum richtig und vollständig abgegeben wird, in diesem Zeitpunkt erstmals die materiell-rechtlichen Voraussetzungen für die Steuerbefreiung vorliegen und – soweit die weiteren Voraussetzungen vorliegen – die **Steuerbefreiung zu gewähren** ist.

Hinweis: Gesetzesanpassung im Jahressteuergesetz 2022

Durch das Jahressteuergesetz 2022 ist klarstellend § 4 Nr. 1 Buchst. b Satz 2 UStG gestrichen worden, der erst zum 1.1.2020 mit aufgenommen war. In diesem Satz wurde auf die Berichtigungspflicht für die Zusammenfassende Meldung nach § 18a Abs. 10 UStG verwiesen. Da diese mit der Steuerbefreiung aber eigentlich nichts zu tun hat, ist dieser missverständliche Hinweis aufgehoben worden. Es bleibt aber dabei, dass eine unzutreffende Zusammenfassende Meldung innerhalb eines Monats nach Feststellung des Fehlers zu berichtigen ist – ein Verstoß gegen diese Verpflichtung kann weiterhin als Ordnungswidrigkeit geahndet werden, führt aber nicht zur Versagung der Steuerbefreiung als innergemeinschaftliche Lieferung.

Zu beachten ist aber, dass zwei Verfahren (BFH und EuGH) anhängig sind, in denen es um den Nachweis der Voraussetzungen für eine **steuerfreie innergemeinschaftliche Lieferung** geht, vgl. dazu Abschn. 6a.1 UStAE.

Zu § 4 Nr. 2 UStG

UStG § 4 Nr. 2. die Umsätze für die Seeschifffahrt und für die Luftfahrt (§ 8);

§ 18 Buchmäßiger Nachweis bei Umsätzen für die Seeschifffahrt und für die Luftfahrt

[1]Bei Umsätzen für die Seeschifffahrt und für die Luftfahrt (§ 8 des Gesetzes) ist § 13 Abs. 1 und 2 Nr. 1 bis 4 entsprechend anzuwenden. [2]Zusätzlich soll der Unternehmer aufzeichnen, für welchen Zweck der Gegenstand der Lieferung oder die sonstige Leistung bestimmt ist.

UStAE 4.2.1. Umsätze für die Seeschifffahrt und für die Luftfahrt

Auf die Abschnitte 8.1 bis 8.3 wird hingewiesen.

Zu § 4 Nr. 3 UStG

UStG § 4 Nr. 3. die folgenden sonstigen Leistungen:

a) die grenzüberschreitenden Beförderungen von Gegenständen, die Beförderungen im internationalen Eisenbahnfrachtverkehr und andere sonstige Leistungen, wenn sich die Leistungen
   aa) unmittelbar auf Gegenstände der Ausfuhr beziehen oder auf eingeführte Gegenstände beziehen, die im externen Versandverfahren in das Drittlandsgebiet befördert werden, oder
   bb) auf Gegenstände der Einfuhr in das Gebiet eines Mitgliedstaates der Europäischen Union beziehen und die Kosten für die Leistungen in der Bemessungsgrundlage für diese Einfuhr enthalten sind. Nicht befreit sind die Beförderungen der in § 1 Abs. 3 Nr. 4 Buchstabe a bezeichneten Gegenstände aus einem Freihafen in das Inland,

b) die Beförderungen von Gegenständen nach und von den Inseln, die die autonomen Regionen Azoren und Madeira bilden,
c) sonstige Leistungen, die sich unmittelbar auf eingeführte Gegenstände beziehen, für die zollamtlich eine vorübergehende Verwendung in den in § 1 Abs. 1 Nr. 4 bezeichneten Gebieten bewilligt worden ist, wenn der Leistungsempfänger ein ausländischer Auftraggeber (§ 7 Abs. 2) ist. Dies gilt nicht für sonstige Leistungen, die sich auf Beförderungsmittel, Paletten und Container beziehen.

Die Vorschrift gilt nicht für die in den Nummern 8, 10 und 11 bezeichneten Umsätze und für die Bearbeitung oder Verarbeitung eines Gegenstands einschließlich der Werkleistung im Sinne des § 3 Abs. 10. Die Voraussetzungen der Steuerbefreiung müssen vom Unternehmer nachgewiesen sein. Das Bundesministerium der Finanzen kann mit Zustimmung des Bundesrates durch Rechtsverordnung bestimmen, wie der Unternehmer den Nachweis zu führen hat;

UStDV

§ 19 ***(weggefallen)***

§ 20 Belegmäßiger Nachweis bei steuerfreien Leistungen, die sich auf Gegenstände der Ausfuhr oder Einfuhr beziehen

(1) [1]Bei einer Leistung, die sich unmittelbar auf einen Gegenstand der Ausfuhr bezieht oder auf einen eingeführten Gegenstand bezieht, der im externen Versandverfahren in das Drittlandsgebiet befördert wird (§ 4 Nr. 3 Satz 1 Buchstabe a Doppelbuchstabe aa des Gesetzes), muss der Unternehmer durch Belege die Ausfuhr oder Wiederausfuhr des Gegenstands nachweisen. [2]Die Voraussetzung muss sich aus den Belegen eindeutig und leicht nachprüfbar ergeben. [3]Die Vorschriften über den Ausfuhrnachweis in den §§ 9 bis 11 sind entsprechend anzuwenden.

(2) Bei einer Leistung, die sich auf einen Gegenstand der Einfuhr in das Gebiet eines Mitgliedstaates der Europäischen Union bezieht (§ 4 Nr. 3 Satz 1 Buchstabe a Doppelbuchstabe bb des Gesetzes), muss der Unternehmer durch Belege nachweisen, dass die Kosten für diese Leistung in der Bemessungsgrundlage für die Einfuhr enthalten sind.

(3) Der Unternehmer muss die Nachweise im Geltungsbereich des Gesetzes führen.

§ 21 Buchmäßiger Nachweis bei steuerfreien Leistungen, die sich auf Gegenstände der Ausfuhr oder Einfuhr beziehen

[1]Bei einer Leistung, die sich auf einen Gegenstand der Ausfuhr, auf einen Gegenstand der Einfuhr in das Gebiet eines Mitgliedstaates der Europäischen Union oder auf einen eingeführten Gegenstand bezieht, der im externen Versandverfahren in das Drittlandsgebiet befördert wird (§ 4 Nr. 3 Satz 1 Buchstabe a des Gesetzes), ist § 13 Abs. 1 und Abs. 2 Nr. 1 bis 4 entsprechend anzuwenden. [2]Zusätzlich soll der Unternehmer aufzeichnen:

1. bei einer Leistung, die sich auf einen Gegenstand der Ausfuhr bezieht oder auf einen eingeführten Gegenstand bezieht, der im externen Versandverfahren in das Drittlandsgebiet befördert wird, dass der Gegenstand ausgeführt oder wiederausgeführt worden ist;
2. bei einer Leistung, die sich auf einen Gegenstand der Einfuhr in das Gebiet eines Mitgliedstaates der Europäischen Union bezieht, dass die Kosten für die Leistung in der Bemessungsgrundlage für die Einfuhr enthalten sind.

UStAE 4.3.1. Allgemeines

(1) [1]Die Steuerbefreiung nach § 4 Nr. 3 UStG setzt voraus, dass die in der Vorschrift bezeichneten Leistungen umsatzsteuerrechtlich selbständig zu beurteilende Leistungen sind. [2]Ist eine Leistung nur eine unselbständige Nebenleistung zu einer Hauptleistung, teilt sie deren umsatzsteuerrechtliches Schicksal (vgl. Abschnitt 3.10 Abs. 5). [3]Vortransporte zu sich anschließenden Luftbeförderungen sind keine unselbständigen Nebenleistungen. [4]Hingegen ist die Beförderung im Eisenbahngepäckverkehr als unselbständige Nebenleistung zur Personenbeförderung anzusehen. [5]Zum Eisenbahngepäckverkehr zählt auch der „Auto-im-Reisezugverkehr“.

(2) Das Finanzamt kann die Unternehmer von der Verpflichtung befreien, die Entgelte für Leistungen, die nach § 4 Nr. 3 UStG steuerfrei sind, und die Entgelte für nicht steuerbare Umsätze, z. B. für Beförderungen im Ausland, getrennt aufzuzeichnen (vgl. Abschnitt 22.6 Abs. 18 und 19).

UStAE 4.3.2. Grenzüberschreitende Güterbeförderungen

(1) [1]Eine grenzüberschreitende Beförderung von Gegenständen, die im Zusammenhang mit einer Ausfuhr, einer Durchfuhr oder einer Einfuhr steht, ist unter den Voraussetzungen des § 4 Nr. 3 Satz 1

Buchstabe a und Sätze 2 bis 4 UStG steuerfrei (vgl. Abschnitte 4.3.3 und 4.3.4). [2]Sie liegt vor, wenn sich eine Güterbeförderung sowohl auf das Inland als auch auf das Ausland erstreckt (§ 3b Abs. 1 Satz 4 UStG). [3]Zu den grenzüberschreitenden Beförderungen im Allgemeinen vgl. Abschnitt 3b.1. [4]Grenzüberschreitende Beförderungen sind grundsätzlich auch die Beförderungen aus einem Freihafen in das Inland oder vom Inland in einen Freihafen (§ 1 Abs. 2 UStG); Güterbeförderungen vom Inland in einen Freihafen sind jedoch nicht nach § 4 Nr. 3 Buchstabe a Doppelbuchstabe aa UStG als grenzüberschreitende Beförderungen, die sich unmittelbar auf Gegenstände der Ausfuhr beziehen, steuerfrei, wenn der Beförderungsunternehmer nicht das nach der Weiterverschiffung der Güter vorgesehene Transportziel im Drittlandsgebiet nachweisen kann, auch wenn das Transportziel des Güterbeförderungsunternehmers (Freihafen) selbst – zumindest nach den Regelungen des nationalen Rechts – nach § 1 Abs. 2 Satz 1 in Verbindung mit Abs. 2a Satz 1 UStG als Drittlandsgebiet gilt. [5]Wird ein Gegenstand im Zusammenhang mit einer Ausfuhr oder einer Einfuhr grenzüberschreitend befördert und ist der Leistungsort für diese Leistung unter Anwendung von § 3a Abs. 2 UStG im Inland, ist dieser Umsatz unter den weiteren Voraussetzungen des § 4 Nr. 3 UStG steuerfrei (§ 4 Nr. 3 Satz 1 Buchstabe a UStG), auch wenn bei dieser Beförderung das Inland nicht berührt wird.

(2) [1]Beförderungen im internationalen Eisenbahnfrachtverkehr sind Güterbeförderungen, auf die die „Einheitlichen Rechtsvorschriften für den Vertrag über die internationale Eisenbahnbeförderung von Gütern (CIM)" anzuwenden sind. [2]Die Rechtsvorschriften sind im Anhang B des Übereinkommens über den internationalen Eisenbahnverkehr (COTIF) vom 9. 5. 1980 (BGBl. 1985 II S. 225), geändert durch Protokoll vom 3. 6. 1999 (BGBl. 2002 II S. 2221), enthalten. [3]Sie finden auf Sendungen von Gütern Anwendung, die mit durchgehendem Frachtbrief zur Beförderung auf einem Schienenwege aufgegeben werden, der das Inland und mindestens einen Nachbarstaat berührt.

(3) [1]Für die Befreiung nach § 4 Nr. 3 Satz 1 Buchstabe a UStG ist es unerheblich, auf welche Weise die Beförderungen durchgeführt werden, z. B. mit Kraftfahrzeugen, Luftfahrzeugen, Eisenbahnen, Seeschiffen, Binnenschiffen oder durch Rohrleitungen. [2]Auf Grund der Definition des Beförderungsbegriffs in § 3 Abs. 6 Satz 2 UStG sind auch das Schleppen und Schieben stets als Beförderung anzusehen.

(4) [1]Ein Frachtführer, der die Beförderung von Gegenständen übernommen hat, bewirkt auch dann eine Beförderungsleistung, wenn er die Beförderung nicht selbst ausführt, sondern sie von einem oder mehreren anderen Frachtführern (Unterfrachtführern) ausführen lässt. [2]In diesen Fällen hat er die Stellung eines Hauptfrachtführers, für den der oder die Unterfrachtführer ebenfalls Beförderungsleistungen bewirken. [3]Beförderungsleistungen können grenzüberschreitend sein. [4]Die Beförderungsleistungen des Hauptfrachtführers sowie der Unterfrachtführer, deren Leistungen sich sowohl auf das Inland als auch auf das Ausland erstrecken, sind grenzüberschreitend. [5]Zur Anwendung der Steuerbefreiung bei grenzüberschreitenden Beförderungen und anderen Leistungen, die sich unmittelbar auf Gegenstände der Ausfuhr oder Durchfuhr beziehen (§ 4 Nr. 3 Satz 1 Buchstabe a Doppelbuchstabe aa UStG) in Haupt- und Unterfrachtführerkonstellationen vgl. Abschnitt 4.3.4 Abs. 3.

(5) [1]Spediteure sind in den Fällen des Selbsteintritts der Spedition zu festen Kosten – Übernahmesätzen – sowie des Sammelladungsverkehrs umsatzsteuerrechtlich als Beförderer anzusehen. [2]Der Fall eines Selbsteintritts liegt vor, wenn der Spediteur die Beförderung selbst ausführt (§ 458 HGB). [3]Im Fall der Spedition zu festen Kosten – Übernahmesätzen – hat sich der Spediteur mit dem Auftraggeber über einen bestimmten Satz der Beförderungskosten geeinigt (§ 459 HGB). [4]Der Fall eines Sammelladungsverkehrs ist gegeben, wenn der Spediteur die Versendung des Gegenstands zusammen mit den Gegenständen anderer Auftraggeber bewirkt, und zwar auf Grund eines für seine Rechnung über eine Sammelladung geschlossenen Frachtvertrags (§ 460 HGB).

(6) [1]Im Güterfernverkehr mit Kraftfahrzeugen ist verkehrsrechtlich davon auszugehen, dass den Frachtbriefen jeweils besondere Beförderungsverträge zu Grunde liegen und dass es sich bei der Durchführung dieser Verträge jeweils um selbständige Beförderungsleistungen handelt. [2]Dementsprechend ist auch umsatzsteuerrechtlich jede frachtbriefmäßig gesondert behandelte Beförderung als selbständige Beförderungsleistung anzusehen.

Anmerkung

Die **Beförderung von Gegenständen** kann – soweit sie in Deutschland steuerbar ist – unter den Voraussetzungen des § 4 Nr. 3 Buchst. a UStG steuerfrei sein. Notwendig ist dafür eine drittlandsgrenzüberschreitende Warenbewegung:

– Die Beförderung muss sich entweder unmittelbar auf Gegenstände der **Ausfuhr** beziehen (§ 4 Nr. 3 Buchst. a Doppelbuchst. aa UStG; dem gleichgestellt ist auch die Durchfuhr im Rahmen des externen Versandverfahrens) oder

– auf Gegenstände der **Einfuhr** in das Gebiet eines Mitgliedstaats der Europäischen Union, wenn die Kosten für diese Leistungen in die Bemessungsgrundlage für die Einfuhr mit einbezogen wurden (§ 4 Nr. 3 Buchst. a Doppelbuchst. bb UStG; dies ist in Deutschland regelmäßig über § 11 Abs. 3 Nr. 3 UStG sichergestellt).

Früher war es in Deutschland unerheblich, ob die Beförderungsleistung unmittelbar an den Versender oder den Empfänger dieser Gegenstände erbracht wurde. So konnte auch die Beförderungsleistung eines sog. **Unterfrachtführers** gegenüber dem Hauptfrachtführer unter den weiteren Bedingungen steuerfrei sein.

Der **EuGH** (Urt. v. 29.6.2017 – C-288/16, L. C., UR 2017, 599) hatte allerdings in einem aus Lettland vorgelegten Verfahren entschieden, dass ein unmittelbarer Zusammenhang zu einer Aus- oder Einfuhr nicht nur voraussetzt, dass die betreffenden Leistungen zur tatsächlichen Durchführung einer Ausfuhr oder Einfuhr beitragen müssen, sondern dass diese Dienstleistungen auch **unmittelbar an den Ausführer, den Einführer oder den Empfänger der Gegenstände** erbracht werden müssen.

Die **Finanzverwaltung** hatte mit Schreiben v. 6.2.2020, BStBl I 2020, 235 entsprechend dem Urteil des EuGH den UStAE angepasst. In Abschn. 4.3.2 Abs. 4 Satz 5 UStAE war aufgenommen worden, dass die Steuerbefreiung grundsätzlich nur für die Leistung des Hauptfrachtführers, nicht aber für die Leistungen der Unterfrachtführer in Betracht kommt, da dieser die Beförderungsleistungen nicht unmittelbar an den Versender oder den Empfänger der Gegenstände erbringt, sondern an den Hauptfrachtführer. In einer Präzisierung der Grundsätze durch BMF, Schreiben v. 27.9.2021 (BStBl I 2021, 1810) wurde dieser Verweis wieder **geändert** und durch einen allgemeinen **Hinweis auf Abschn. 4.3.4 Abs. 3 UStAE** ersetzt; vgl. zu diesen aufgrund einer Nichtbeanstandungsregelung ab 2022 anzuwendenden Grundsätzen Anmerkungen zu Abschn. 4.3.4.

UStAE 4.3.3. Grenzüberschreitende Güterbeförderungen und andere sonstige Leistungen, die sich auf Gegenstände der Einfuhr beziehen

(1) [1]Die Steuerbefreiung nach § 4 Nr. 3 Satz 1 Buchstabe a Doppelbuchstabe bb UStG kommt insbesondere für folgende sonstige Leistungen in Betracht:

1. für grenzüberschreitende Güterbeförderungen und Beförderungen im internationalen Eisenbahnfrachtverkehr (vgl. Abschnitt 4.3.2) bis zum ersten Bestimmungsort in der Gemeinschaft (vgl. Absatz 8 Beispiel 1);
2. für Güterbeförderungen, die nach vorangegangener Beförderung nach Nr. 1 nach einem weiteren Bestimmungsort in der Gemeinschaft durchgeführt werden, z. B. Beförderungen auf Grund einer nachträglichen Verfügung oder Beförderungen durch Rollfuhrunternehmer vom Flughafen, Binnenhafen oder Bahnhof zum Empfänger (vgl. Absatz 8 Beispiele 2 und 3);
3. für den Umschlag und die Lagerung von eingeführten Gegenständen (vgl. Absatz 8 Beispiele 1 bis 6);
4. für handelsübliche Nebenleistungen, die bei grenzüberschreitenden Güterbeförderungen oder bei den in den Nummern 2 und 3 bezeichneten Leistungen vorkommen, z. B. Wiegen, Messen, Probeziehen oder Anmelden zur Abfertigung zum freien Verkehr;
5. für die Besorgung der in den Nummern 1 bis 4 bezeichneten Leistungen;

6. für Vermittlungsleistungen, für die die Steuerbefreiung nach § 4 Nr. 5 UStG nicht in Betracht kommt, z. B. für die Vermittlung von steuerpflichtigen Lieferungen, die von einem Importlager im Inland ausgeführt werden (vgl. Absatz 8 Beispiele 5 und 6).

[2]Die Steuerbefreiung setzt nicht voraus, dass die Leistungen an einen ausländischen Auftraggeber bewirkt werden. [3]Die Leistungen sind steuerfrei, wenn sie sich auf Gegenstände der Einfuhr beziehen und soweit die Kosten für die Leistungen in der Bemessungsgrundlage für diese Einfuhr enthalten sind.

(2) [1]Da die Steuerbefreiung für jede Leistung, die sich auf Gegenstände der Einfuhr bezieht, in Betracht kommen kann, braucht nicht geprüft zu werden, ob es sich um eine Beförderung, einen Umschlag oder eine Lagerung von Einfuhrgegenständen oder um handelsübliche Nebenleistungen dazu handelt. [2]Voraussetzung für die Steuerbefreiung ist, dass die Kosten für die Leistungen in der Bemessungsgrundlage für die Einfuhr enthalten sind. [3]Diese Voraussetzung ist in den Fällen erfüllt, in denen die Kosten einer Leistung nach § 11 Abs. 1 oder 2 und/oder 3 Nr. 3 und 4 UStG Teil der Bemessungsgrundlage für die Einfuhr geworden sind (vgl. Absatz 8 Beispiele 1, 2 und 4 bis 6). [4]Dies ist auch bei Gegenständen der Fall, deren Einfuhr nach den für die Einfuhrbesteuerung geltenden Vorschriften befreit ist (z. B. Umzugs- oder Messegut).

(3) [1]Der leistende Unternehmer hat im Geltungsbereich des UStG durch Belege nachzuweisen, dass die Kosten für die Leistung in der Bemessungsgrundlage für die Einfuhr enthalten sind (§ 20 Abs. 2 und 3 UStDV). [2]Aus Vereinfachungsgründen wird jedoch bei Leistungen an ausländische Auftraggeber auf den Nachweis durch Belege verzichtet, wenn das Entgelt für die einzelne Leistung weniger als 100 € beträgt und sich aus der Gesamtheit der beim leistenden Unternehmer vorhandenen Unterlagen keine berechtigten Zweifel daran ergeben, dass die Kosten für die Leistung Teil der Bemessungsgrundlage für die Einfuhr sind.

(4) Als Belege für den in Absatz 3 bezeichneten Nachweis kommen in Betracht:

1. zollamtliche Belege, und zwar
   a) [1]ein Stück der Zollanmeldung – auch ergänzende Zollanmeldung – mit der Festsetzung der Einfuhrabgaben und gegebenenfalls auch der Zollquittung. [2]Diese Belege können als Nachweise insbesondere in den Fällen dienen, in denen der leistende Unternehmer, z. B. der Spediteur, selbst die Abfertigung der Gegenstände, auf die sich seine Leistung bezieht, zum freien Verkehr beantragt,
   b) [1]ein Beleg mit einer Bestätigung der Zollstelle, dass die Kosten für die Leistung in die Bemessungsgrundlage für die Einfuhr einbezogen worden sind. [2]Für diesen Beleg soll von den deutschen Zollstellen eine Bescheinigung nach vorgeschriebenem Muster verwendet werden. [3]Die Zollstelle erteilt die vorbezeichnete Bestätigung auf Antrag, und zwar auch auf anderen im Beförderungs- und Speditionsgewerbe üblichen Papieren. [4]Diese Papiere müssen jedoch alle Angaben enthalten, die das Muster vorsieht. [5]Auf Absatz 8 Beispiele 2 und 4 bis 6 wird hingewiesen. [6]Sind bei der Besteuerung der Einfuhr die Kosten für die Leistung des Unternehmers geschätzt worden, genügt es für den Nachweis, dass der geschätzte Betrag in den Belegen angegeben ist. [7]Bescheinigungen entsprechenden Inhalts von Zollstellen anderer EU-Mitgliedstaaten sind ebenfalls anzuerkennen;
2. andere Belege
   [1]In den Fällen, in denen die Kosten für eine Leistung nach § 11 Abs. 1 und 2 und/oder 3 Nr. 3 und 4 UStG Teil der Bemessungsgrundlage für die Einfuhr geworden sind, genügt der eindeutige Nachweis hierüber. [2]Als Nachweisbelege kommen in diesen Fällen insbesondere der schriftliche Speditionsauftrag, das im Speditionsgewerbe übliche Bordero, ein Doppel des Versandscheins, ein Doppel der Rechnung des Lieferers über die Lieferung der Gegenstände oder der vom Lieferer ausgestellte Lieferschein in Betracht (vgl. Absatz 8 Beispiele 1, 5 und 6). [3]Erfolgt die Beförderung und die Zollabfertigung durch verschiedene Beauftragte, wird als ausreichender Nachweis auch eine Bestätigung eines Verzollungsspediteurs auf einem der in Satz 2 genannten Belege anerkannt, wenn der Verzollungsspediteur in dieser eigenhändig unterschriebenen Bestätigung versichert, dass es sich bei den beförderten Gegenständen um Gegenstände der Einfuhr handelt, die zollamtlich abgefertigt wurden und die Beförderungskosten (des Beförderungsspediteurs) in der Bemessungsgrundlage für die Einfuhrumsatzsteuer enthalten sind. [4]Die Belege können auch auf elektronischem Weg übermittelt wer-

den; bei einer elektronischen Übermittlung eines Belegs ist eine Unterschrift nicht erforderlich, sofern erkennbar ist, dass die elektronische Übermittlung im Verfügungsbereich des Ausstellers begonnen hat. [5]Abschnitt 6 a.4 Abs. 3 Satz 2 und Abs. 6 ist entsprechend anzuwenden;

3. Fotokopien
   Fotokopien können nur in Verbindung mit anderen beim leistenden Unternehmer vorhandenen Belegen als ausreichend anerkannt werden, wenn sich aus der Gesamtheit der Belege keine ernsthaften Zweifel an der Erfassung der Kosten bei der Besteuerung der Einfuhr ergeben.

(5) [1]Bei der Inanspruchnahme der Steuerbefreiung ist es aus Vereinfachungsgründen nicht zu beanstanden, wenn der Unternehmer den in § 20 Abs. 2 UStDV vorgeschriebenen Nachweis durch einen Beleg erbringt, aus dem sich eindeutig und leicht nachprüfbar ergibt, dass im Zeitpunkt seiner Leistungserbringung die Einfuhrumsatzsteuer noch nicht entstanden ist. [2]Hierfür kommen beispielsweise die vom Lagerhalter im Rahmen der vorübergehenden Verwahrung oder eines bewilligten Zolllagerverfahrens zu führenden Bestandsaufzeichnungen sowie das im Seeverkehr übliche Konnossement in Betracht. [3]Im Übrigen ist Absatz 4 sinngemäß anzuwenden.

(6) [1]Ist bei einer Beförderung im Eisenbahnfrachtverkehr, die im Anschluss an eine grenzüberschreitende Beförderung oder Beförderung im internationalen Eisenbahnfrachtverkehr bewirkt wird, der Absender im Ausland außerhalb der Gebiete im Sinne des § 1 Abs. 3 UStG ansässig und werden die Beförderungskosten von diesem Absender bezahlt, kann der Nachweis über die Einbeziehung der Beförderungskosten in die Bemessungsgrundlage für die Einfuhr aus Vereinfachungsgründen durch folgende Bescheinigungen auf dem Frachtbrief erbracht werden:

„Bescheinigungen für Umsatzsteuerzwecke

1. Bescheinigung des im Gemeinschaftsgebiet ansässigen Beauftragten des ausländischen Absenders
   Nach meinen Unterlagen handelt es sich um Gegenstände der Einfuhr. Die Beförderungskosten werden von

   ____
   (Name und Anschrift des ausländischen Absenders)

   bezahlt.

   ____
   (Ort und Datum) (Unterschrift)

2. Bescheinigung der Zollstelle (zu Zollbeleg-Nr. …)
   Bei der Ermittlung der Bemessungsgrundlage für die Einfuhr (§ 11 UStG) wurden die Beförderungskosten bis

   ____
   (Bestimmungsort im Gemeinschaftsgebiet)

   entsprechend der Anmeldung erfasst.

   ____
   (Ort und Datum) (Unterschrift und Dienststempel)“

[2]Der in der Bescheinigung Nummer 1 angegebene ausländische Absender muss der im Frachtbrief angegebene Absender sein. [3]Als Beauftragter des ausländischen Absenders kommt insbesondere ein im Gemeinschaftsgebiet ansässiger Unternehmer in Betracht, der im Namen und für Rechnung des ausländischen Absenders die Weiterbeförderung der eingeführten Gegenstände über Strecken, die ausschließlich im Gemeinschaftsgebiet gelegen sind, veranlasst. [4]Die Bescheinigung kann auch auf elektronischem Weg übermittelt werden; bei einer elektronischen Übermittlung der Bescheinigung ist eine Unterschrift nicht erforderlich, sofern erkennbar ist, dass die elektronische Übermittlung im Verfügungsbereich des Ausstellers begonnen hat. [5]Abschnitt 6 a.4 Abs. 3 Satz 2 und Abs. 6 ist entsprechend anzuwenden.

(7) [1]Bei grenzüberschreitenden Beförderungen von einem Drittland in das Gemeinschaftsgebiet werden die Kosten für die Beförderung der eingeführten Gegenstände bis zum ersten Bestimmungsort im Ge-

meinschaftsgebiet in die Bemessungsgrundlage für die Einfuhrumsatzsteuer einbezogen (§ 11 Abs. 3 Nr. 3 UStG). [2]Beförderungskosten zu einem weiteren Bestimmungsort im Gemeinschaftsgebiet sind ebenfalls einzubeziehen, sofern dieser weitere Bestimmungsort im Zeitpunkt des Entstehens der Einfuhrumsatzsteuer bereits feststeht (§ 11 Abs. 3 Nr. 4 UStG). [3]Dies gilt auch für die auf inländische oder innergemeinschaftliche Beförderungsleistungen und andere sonstige Leistungen entfallenden Kosten im Zusammenhang mit einer Einfuhr (vgl. Absatz 8 Beispiele 2 und 3).

(8) Beispiele zur Steuerbefreiung für sonstige Leistungen, die sich auf Gegenstände der Einfuhr beziehen und steuerbar sind:

Beispiel 1:

[1]Der Lieferer L mit Sitz in Lübeck liefert aus Norwegen kommende Gegenstände an den Abnehmer A in Mailand, und zwar „frei Bestimmungsort Mailand". [2]Im Auftrag und für Rechnung des L werden die folgenden Leistungen bewirkt:

[3]Der Reeder R befördert die Gegenstände bis Lübeck. [4]Die Weiterbeförderung bis Mailand führt der Spediteur S mit seinem Lkw aus. [5]Den Umschlag vom Schiff auf den Lkw bewirkt der Unternehmer U.

[6]A beantragt bei der Ankunft der Gegenstände in Mailand deren Abfertigung zur Überlassung zum zollrechtlich freien Verkehr. [7]Bemessungsgrundlage für die Einfuhr ist der Zollwert. [8]Das ist regelmäßig der Preis (Artikel 70 UZK). [9]In den Preis hat L auf Grund der Lieferkondition „frei Bestimmungsort Mailand" auch die Kosten für die Leistungen von R, S und U einkalkuliert.

[10]Bei der grenzüberschreitenden Güterbeförderung des R von Norwegen nach Lübeck, der Anschlussbeförderung des S von Lübeck bis Mailand und der Umschlagsleistung des U handelt es sich um Leistungen, die sich auf Gegenstände der Einfuhr beziehen. [11]R, S und U weisen jeweils anhand des von L empfangenen Doppels der Lieferrechnung die Lieferkondition „frei Bestimmungsort Mailand" nach. [12]Ferner ergibt sich aus der Lieferrechnung, dass L Gegenstände geliefert hat, bei deren Einfuhr der Preis Bemessungsgrundlage ist. [13]Dadurch ist nachgewiesen, dass die Kosten für die Leistungen des R, des S und des U in der Bemessungsgrundlage für die Einfuhr enthalten sind. [14]R, S und U können deshalb für ihre Leistungen, sofern sie auch den buchmäßigen Nachweis führen, die Steuerbefreiung nach § 4 Nr. 3 Satz 1 Buchstabe a Doppelbuchstabe bb UStG in Anspruch nehmen. [15]Der Nachweis kann auch durch die in Absatz 4 Nr. 2 bezeichneten Belege erbracht werden.

Beispiel 2:

[1]Sachverhalt wie im Beispiel 1, jedoch mit Abnehmer A in München und der Liefervereinbarung „frei Grenze". [2]A hat die Umschlagskosten und die Beförderungskosten von Lübeck bis München gesondert angemeldet. [3]Ferner hat A der Zollstelle die für den Nachweis der Höhe der Umschlags- und Beförderungskosten erforderlichen Unterlagen vorgelegt. [4]In diesem Falle ist Bemessungsgrundlage für die Einfuhr nach § 11 Abs. 1 und 3 Nr. 3 und 4 UStG der Zollwert der Gegenstände frei Grenze zuzüglich darin noch nicht enthaltener Umschlags- und Beförderungskosten bis München (= weiterer Bestimmungsort im Gemeinschaftsgebiet).

[5]Wie im Beispiel 1 ist die grenzüberschreitende Güterbeförderung des R von Norwegen nach Lübeck nach § 4 Nr. 3 Satz 1 Buchstabe a Doppelbuchstabe bb UStG steuerfrei. [6]Die Anschlussbeförderung des S von Lübeck bis München und die Umschlagsleistung des U sind ebenfalls Leistungen, die sich auf Gegenstände der Einfuhr beziehen. [7]Die Kosten für die Leistungen sind in die Bemessungsgrundlage für die Einfuhr einzubeziehen, da der weitere Bestimmungsort im Gemeinschaftsgebiet im Zeitpunkt des Entstehens der Einfuhrumsatzsteuer bereits feststeht (§ 11 Abs. 3 Nr. 4 UStG). [8]Die Leistungen sind deshalb ebenfalls nach § 4 Nr. 3 Satz 1 Buchstabe a Doppelbuchstabe bb UStG steuerfrei.

Beispiel 3:

[1]Der in Deutschland ansässige Unternehmer U beauftragt den niederländischen Frachtführer F, Güter von New York nach München zu befördern. [2]F beauftragt mit der Beförderung per Schiff bis

Rotterdam den niederländischen Reeder R. [3]In Rotterdam wird die Ware umgeladen und von F per Lkw bis München weiterbefördert. [4]F beantragt für U bei der Einfuhr in die Niederlande, die Ware erst im Bestimmungsland Deutschland zur Überlassung zum zoll- und steuerrechtlichen freien Verkehr für U abfertigen zu lassen (sog. T 1-Versandverfahren). [5]Diese Abfertigung erfolgt bei einem deutschen Zollamt.

[6]Die Beförderungsleistung des F von New York nach München ist eine grenzüberschreitende Güterbeförderung. [7]Die Einfuhr der Ware in die Niederlande wird dort nicht besteuert, da die Ware unter zollamtlicher Überwachung im T 1-Verfahren nach Deutschland verbracht wird. [8]Die Kosten für die Beförderung bis München (= erster Bestimmungsort im Gemeinschaftsgebiet) werden in die Bemessungsgrundlage der deutschen Einfuhrumsatzsteuer einbezogen (§ 11 Abs. 3 Nr. 3 UStG). [9]Die Beförderungsleistung des F an U ist in Deutschland steuerbar (§ 3 a Abs. 2 Satz 1 UStG), jedoch nach § 4 Nr. 3 Satz 1 Buchstabe a Doppelbuchstabe bb UStG steuerfrei. [10]Die Beförderungsleistung des R an den Frachtführer F ist in Deutschland nicht steuerbar (§ 3 a Abs. 2 Satz 1 UStG).

Beispiel 4:

[1]Der Lieferer L in Odessa liefert Gegenstände an den Abnehmer A mit Sitz in München für dessen Unternehmen zu der Lieferbedingung „ab Werk“. [2]Der Spediteur S aus Odessa übernimmt im Auftrag des A die Beförderung der Gegenstände von Odessa bis München zu einem festen Preis – Übernahmesatz –. [3]S führt die Beförderung jedoch nicht selbst durch, sondern beauftragt auf seine Kosten (franco) den Binnenschiffer B mit der Beförderung von Odessa bis Passau und der Übergabe der Gegenstände an den Empfangsspediteur E. [4]Dieser führt ebenfalls im Auftrag des S auf dessen Kosten den Umschlag aus dem Schiff auf den Lkw und die Übergabe an den Frachtführer F durch. [5]F führt die Weiterbeförderung im Auftrag des S von Passau nach München durch. [6]Der Abnehmer A beantragt in München die Abfertigung zum freien Verkehr und rechnet den Übernahmesatz unmittelbar mit S ab. [7]Mit dem zwischen S und A vereinbarten Übernahmesatz sind auch die Kosten für die Leistungen des B, des E und des F abgegolten.

[8]Bei der Leistung des S handelt es sich um eine Spedition zu festen Kosten (vgl. Abschnitt 4.3.2 Abs. 5). [9]S bewirkt damit eine sonstige Leistung (grenzüberschreitende Güterbeförderung von Odessa bis München), die insgesamt steuerbar (§ 3 a Abs. 2 Satz 1 UStG), aber steuerfrei ist (§ 4 Nr. 3 Satz 1 Buchstabe a Doppelbuchstabe bb UStG). [10]Der Endpunkt dieser Beförderung ist der erste Bestimmungsort im Gemeinschaftsgebiet im Sinne des § 11 Abs. 3 Nr. 3 UStG. [11]Nach dieser Vorschrift sind deshalb die Kosten für die Beförderung des S bis München in die Bemessungsgrundlage für die Einfuhr einzubeziehen. [12]Über die Leistung des S an A sind die Kosten der Leistungen von B, E und F in der Bemessungsgrundlage für die Einfuhr enthalten.

[13]Die Beförderung des B von Odessa bis Passau ist als grenzüberschreitende Güterbeförderung insgesamt nicht steuerbar (§ 3 a Abs. 2 Satz 1 UStG), da S seinen Sitz im Drittlandsgebiet hat. [14]Die Umschlagsleistung des E und die Beförderung des F von Passau bis München sind zwar Leistungen, die sich auf Gegenstände der Einfuhr beziehen, jedoch ebenfalls nicht steuerbar.

Beispiel 5:

[1]Der im Inland ansässige Handelsvertreter H ist damit betraut, Lieferungen von Nicht-Unionswaren für den im Inland ansässigen Unternehmer U zu vermitteln. [2]Um eine zügige Auslieferung der vermittelten Gegenstände zu gewährleisten, hat U die Gegenstände bereits vor der Vermittlung in das Inland einführen und auf ein Zolllager des H bringen lassen. [3]Nachdem H die Lieferung der Gegenstände vermittelt hat, entnimmt er sie aus dem Zolllager in den freien Verkehr und sendet sie dem Abnehmer zu. [4]Mit der Entnahme der Gegenstände aus dem Zolllager entsteht die Einfuhrumsatzsteuer. [5]Die Vermittlungsprovision des H und die an H gezahlten Lagerkosten sind in die Bemessungsgrundlage für die Einfuhr (§ 11 Abs. 3 Nr. 3 UStG) einzubeziehen. [6]H weist dies durch einen zollamtlichen Beleg nach. [7]Die Vermittlungsleistung des H fällt nicht unter die Steuerbefreiung des § 4 Nr. 5 UStG. [8]H kann jedoch für die Vermittlung die Steuerbefreiung nach § 4 Nr. 3 Satz 1 Buchstabe a Doppelbuchstabe bb UStG in Anspruch nehmen, sofern er den erforderlichen buchmäßigen Nachweis führt. [9]Dasselbe gilt für die Lagerung.

Beispiel 6:

[1]Sachverhalt wie im Beispiel 5, jedoch werden die Gegenstände nicht auf ein Zolllager verbracht, sondern sofort zum freien Verkehr abgefertigt und von H außerhalb eines Zolllagers gelagert. [2]Im Zeitpunkt der Abfertigung stehen die Vermittlungsprovision und die Lagerkosten des H noch nicht fest. [3]Die Beträge werden deshalb nicht in die Bemessungsgrundlage für die Einfuhr einbezogen.

[4]Die Leistungen des H sind weder nach § 4 Nr. 5 UStG noch nach § 4 Nr. 3 Satz 1 Buchstabe a Doppelbuchstabe bb UStG steuerfrei.

[5]Falls die erst nach der Abfertigung zum freien Verkehr entstehenden Kosten (Vermittlungsprovision und Lagerkosten) bereits bei der Abfertigung bekannt sind, sind diese Kosten in die Bemessungsgrundlage für die Einfuhr einzubeziehen (§ 11 Abs. 3 Nr. 3 UStG). [6]Die Rechtslage ist dann dieselbe wie in Beispiel 5.

(9) [1]Beförderungen aus einem Freihafen in das Inland sowie ihre Besorgung sind von der Steuerbefreiung ausgenommen, wenn sich die beförderten Gegenstände in einer zollamtlich bewilligten Freihafen-Veredelung (§ 12b EUStBV) oder in einer zollamtlich besonders zugelassenen Freihafenlagerung (§ 12a EUStBV) befunden haben (§ 4 Nr. 3 Satz 1 Buchstabe a Doppelbuchstabe bb Satz 2 UStG).

Anmerkung

Voraussetzung für die Steuerbefreiung der **drittlandsgrenzüberschreitenden Güterbeförderung** bei der **Einfuhr** ist, dass die Kosten für diese Güterbeförderung in der Bemessungsgrundlage für die Einfuhr enthalten sind, § 4 Nr. 3 Buchst. a Doppelbuchst. bb UStG. Dies ist regelmäßig durch § 11 Abs. 3 Nr. 3 UStG (Kosten für die Beförderung bis zum ersten Bestimmungsort im Gemeinschaftsgebiet) so geregelt.

Hinweis: Analoge Anwendung bei Steuerbefreiung der Einfuhr

Nach dem EuGH (Urt. v. 4.10.2017 – C-273/16, Federal Express Europe Inc., UR 2018, 118) ist das Unionsrecht dahin auszulegen, dass es einer nationalen Regelung entgegensteht, wonach die Anwendung der Steuerbefreiung auf Nebenleistungen, einschließlich der Beförderungsleistungen, nicht nur voraussetzt, dass deren Wert in die Besteuerungsgrundlage einbezogen wird, sondern auch, dass auf diese Leistungen bei der Einfuhr tatsächlich Einfuhrumsatzsteuer erhoben wird. Damit können im Ergebnis auch die Beförderungsleistungen steuerfrei ausgeführt werden, wenn aufgrund einer Steuerbefreiung nach § 5 UStG eine steuerfreie Einfuhr vorliegt.

UStAE 4.3.4. Grenzüberschreitende Beförderungen und andere sonstige Leistungen, die sich unmittelbar auf Gegenstände der Ausfuhr oder der Durchfuhr beziehen

(1) [1]Die Steuerbefreiung nach § 4 Nr. 3 Satz 1 Buchstabe a Doppelbuchstabe aa UStG kommt insbesondere für folgende sonstige Leistungen in Betracht:

1. für grenzüberschreitende Güterbeförderungen und Beförderungen im internationalen Eisenbahnfrachtverkehr (vgl. Abschnitt 4.3.2) ins Drittlandsgebiet;
2. für inländische und innergemeinschaftliche Güterbeförderungen, die einer Beförderung nach Nr. 1 vorangehen, z. B. Beförderungen durch Rollfuhrunternehmer vom Absender zum Flughafen, Binnenhafen oder Bahnhof oder Beförderungen von leeren Transportbehältern, z. B. Containern, zum Beladeort;
3. für den Umschlag und die Lagerung von Gegenständen vor ihrer Ausfuhr oder während ihrer Durchfuhr;
4. für die handelsüblichen Nebenleistungen, die bei Güterbeförderungen aus dem Inland in das Drittlandsgebiet oder durch das Inland oder bei den in den Nummern 1 bis 3 bezeichneten Leistungen vorkommen, z. B. Wiegen, Messen oder Probeziehen;
5. für die Besorgung der in den Nummern 1 bis 4 bezeichneten Leistungen.

[2]Die Leistungen müssen sich unmittelbar auf Gegenstände der Ausfuhr oder der Durchfuhr beziehen. [3]Eine Ausfuhr liegt vor, wenn ein Gegenstand in das Drittlandsgebiet verbracht wird. [4]Dabei ist nicht

Voraussetzung, dass der Gegenstand im Drittlandsgebiet verbleibt. [5]Es ist unbeachtlich, ob es sich um eine Beförderung, einen Umschlag oder eine Lagerung oder um eine handelsübliche Nebenleistung zu diesen Leistungen handelt. [6]Auch die Tätigkeit einer internationalen Kontroll- und Überwachungsgesellschaft, deren „Bescheinigung über die Entladung und Einfuhr" von Erzeugnissen in das Drittland Voraussetzung für eine im Inland zu gewährende Ausfuhrerstattung ist, steht in unmittelbarem Zusammenhang mit Gegenständen der Ausfuhr (vgl. BFH-Urteil vom 10. 11. 2010, V R 27/09, BStBl 2011 II S. 557).

(2) Folgende sonstige Leistungen sind nicht als Leistungen anzusehen, die sich unmittelbar auf Gegenstände der Ausfuhr oder der Durchfuhr beziehen:

1. [1]Vermittlungsleistungen im Zusammenhang mit der Ausfuhr oder der Durchfuhr von Gegenständen. [2]Diese Leistungen können jedoch nach § 4 Nr. 5 UStG steuerfrei sein (vgl. Abschnitt 4.5.1);
2. [1]Leistungen, die sich im Rahmen einer Ausfuhr oder einer Durchfuhr von Gegenständen nicht auf diese Gegenstände, sondern auf die Beförderungsmittel beziehen, z.B. die Leistung eines Gutachters, die sich auf einen verunglückten Lkw – und nicht auf seine Ladung – bezieht, oder die Überlassung eines Liegeplatzes in einem Binnenhafen. [2]Für Leistungen, die für den unmittelbaren Bedarf von Seeschiffen oder Luftfahrzeugen, einschließlich ihrer Ausrüstungsgegenstände und ihrer Ladungen, bestimmt sind, kann jedoch die Steuerbefreiung nach § 4 Nr. 2, § 8 Abs. 1 Nr. 5 oder Abs. 2 Nr. 4 UStG in Betracht kommen (vgl. Abschnitt 8.1 Abs. 7 und Abschnitt 8.2 Abs. 7).

(3) [1]Die Steuerbefreiung kommt grundsätzlich nur für die Leistung des Hauptfrachtführers, nicht aber für die Leistungen der Unterfrachtführer in Betracht, da diese die Beförderungsleistungen nicht unmittelbar an den Versender oder den Empfänger der Gegenstände erbringen, sondern an den Hauptfrachtführer (vgl. EuGH-Urteil vom 29. 6. 2017, C-288/16, L.C.). [2]Versender ist der liefernde Unternehmer; Empfänger ist der Abnehmer des Gegenstandes. [3]In Fällen, in denen ein Versender (z.B. ein Händler) oder Empfänger (z.B. Nichtunternehmer oder Unternehmer) einen Hauptfrachtführer (z.B. einen Logistikdienstleister) mit der grenzüberschreitenden Beförderung von Gegenständen beauftragt, dieser hierzu einen Unterfrachtführer (z.B. ein Speditionsunternehmen) beauftragt und neben der Beförderung dieser Gegenstände, z.B. in einem Container oder einem Paket, auch Gegenstände grenzüberschreitend befördert werden, für die der Hauptfrachtführer selbst liefernder Unternehmer und damit Versender ist (gemischte Sendung), kommt die Steuerbefreiung grundsätzlich nur für die grenzüberschreitende Beförderung des Unterfrachtführers hinsichtlich der Gegenstände in Betracht, für die der Hauptfrachtführer selbst Versender ist. [4]Die grenzüberschreitende Beförderungsleistung des Unterfrachtführers für die Gegenstände, für die der Hauptfrachtführer jedoch nicht selbst Versender ist, ist wegen der fehlenden Unmittelbarkeit nicht von der Steuerbefreiung umfasst (vgl. EuGH-Urteil vom 29. 6. 2017, C-288/16, L.C.). [5]Die Beförderungsleistung bei solch einer gemischten Sendung ist entsprechend in einen steuerpflichtigen und steuerfreien Teil aufzuteilen. [6]Es wird jedoch nicht beanstandet, wenn diese Leistung, auch für Zwecke des Vorsteuerabzugs, insgesamt als steuerpflichtig behandelt wird. [7]Der Unternehmer (Hauptfrachtführer) muss für die Anwendung der Steuerbefreiung durch Belege nachweisen, dass er im Sinne von § 4 Nr. 3 Buchstabe a Doppelbuchstabe aa UStG begünstigte Leistungen unmittelbar an den Versender oder den Empfänger erbringt, etwa durch eine beleghafte Erklärung über eine Versendereigenschaft. [8]In Fällen, in denen sich herausstellt, dass die Angaben über die Eigenschaft als Versender unzutreffend waren, kann die Steuerbefreiung zur Vermeidung von Unbilligkeiten gleichwohl gewährt werden, wenn der Unternehmer keine Kenntnis davon hatte und auch nicht mit der Sorgfalt eines ordentlichen Kaufmanns erkennen konnte, dass die Angaben des Versenders unzutreffend waren. [9]Werden grenzüberschreitende Beförderungsleistungen oder sonstige begünstigte Leistungen im Namen eines Unternehmers, jedoch für Rechnung eines anderen Unternehmers beauftragt und vom ersten Unternehmer die Versendereigenschaft bestätigt, ist davon auszugehen, dass diese Angabe unzutreffend ist. [10]Zur Frage der Steuerbefreiung bei Leistungen im Bereich des Be- und Entladens eines Seeschiffes auf einer vorhergehenden Stufe vgl. Abschnitt 8.1 Abs. 1 Sätze 4 und 5.

(4) [1]Als Gegenstände der Ausfuhr oder der Durchfuhr sind auch solche Gegenstände anzusehen, die sich vor der Ausfuhr im Rahmen einer Bearbeitung oder Verarbeitung im Sinne des § 6 Abs. 1 Satz 2 UStG oder einer Lohnveredelung im Sinne des § 7 UStG befinden. [2]Die Steuerbefreiung erstreckt sich somit auch auf sonstige Leistungen, die sich unmittelbar auf diese Gegenstände beziehen.

(5) [1]Bei grenzüberschreitenden Güterbeförderungen und anderen sonstigen Leistungen, einschließlich Besorgungsleistungen, die sich unmittelbar auf Gegenstände der Ausfuhr oder der Durchfuhr beziehen, hat der leistende Unternehmer im Geltungsbereich des UStG die Ausfuhr oder Wiederausfuhr der Gegenstände durch Belege eindeutig und leicht nachprüfbar nachzuweisen (§ 20 Abs. 1 und 3 UStDV). [2]Bei grenzüberschreitenden Güterbeförderungen kommen insbesondere die vorgeschriebenen Frachturkunden (z. B. Frachtbrief, Konnossement), der schriftliche Speditionsauftrag, das im Speditionsgewerbe übliche Bordero, ein Doppel des Versandscheins oder im EDV-gestützten Ausfuhrverfahren (ATLAS-Ausfuhr) die durch die AfZSt per EDIFACT-Nachricht übermittelte Statusmeldung über die Erlaubnis des Ausgangs „STA" als Nachweisbelege in Betracht. [3]Bei anderen sonstigen Leistungen kommen als Ausfuhrbelege insbesondere Belege mit einer Ausfuhrbestätigung der den Ausgang aus dem Zollgebiet der Gemeinschaft überwachenden Grenzzollstelle, Versendungsbelege oder sonstige handelsübliche Belege in Betracht (§§ 9 bis 11 UStDV, vgl. Abschnitte 6.6 bis 6.8). [4]Die sonstigen handelsüblichen Belege können auch von den Unternehmern ausgestellt werden, die für die Lieferung die Steuerbefreiung für Ausfuhrlieferungen (§ 4 Nr. 1 Buchstabe a, § 6 UStG) oder für die Bearbeitung oder Verarbeitung die Steuerbefreiung für Lohnveredelungen an Gegenständen der Ausfuhr (§ 4 Nr. 1 Buchstabe a, § 7 UStG) in Anspruch nehmen. [5]Diese Unternehmer müssen für die Inanspruchnahme der vorbezeichneten Steuerbefreiungen die Ausfuhr der Gegenstände nachweisen. [6]Anhand der bei ihnen vorhandenen Unterlagen können sie deshalb einen sonstigen handelsüblichen Beleg, z. B. für einen Frachtführer, Umschlagbetrieb oder Lagerhalter, ausstellen. [7]Die Belege können auch auf elektronischem Weg übermittelt werden; bei einer elektronischen Übermittlung der Belege ist eine Unterschrift nicht erforderlich, sofern erkennbar ist, dass die elektronische Übermittlung im Verfügungsbereich des Ausstellers des Belegs begonnen hat. [8]Abschnitt 6 a.4 Abs. 3 Satz 2 und Abs. 6 ist entsprechend anzuwenden.

(6) Bei Vortransporten, die mit Beförderungen im Luftfrachtverkehr aus dem Inland in das Drittlandsgebiet verbunden sind, ist der Nachweis der Ausfuhr oder Wiederausfuhr als erfüllt anzusehen, wenn sich aus den Unterlagen des Unternehmers eindeutig und leicht nachprüfbar ergibt, dass im Einzelfall

1. die Vortransporte auf Grund eines Auftrags bewirkt worden sind, der auch die Ausführung der nachfolgenden grenzüberschreitenden Beförderung zum Gegenstand hat,
2. die Vortransporte als örtliche Rollgebühren oder Vortransportkosten abgerechnet worden sind und
3. die Kosten der Vortransporte wie folgt ausgewiesen worden sind:
   a) im Luftfrachtbrief – oder im Sammelladungsverkehr im Hausluftfrachtbrief – oder
   b) in der Rechnung an den Auftraggeber, wenn die Rechnung die Nummer des Luftfrachtbriefs – oder im Sammelladungsverkehr die Nummer des Hausluftfrachtbriefs – enthält.

(7) [1]Ist bei einer Beförderung im Eisenbahnfrachtverkehr, die einer grenzüberschreitenden Beförderung oder einer Beförderung im internationalen Eisenbahnfrachtverkehr vorausgeht, der Empfänger oder der Absender im Ausland außerhalb der Gebiete im Sinne des § 1 Abs. 3 UStG ansässig und werden die Beförderungskosten von diesem Empfänger oder Absender bezahlt, kann die Ausfuhr oder Wiederausfuhr aus Vereinfachungsgründen durch folgende Bescheinigung auf dem Frachtbrief nachgewiesen werden:

„Bescheinigung für Umsatzsteuerzwecke

Nach meinen Unterlagen bezieht sich die Beförderung unmittelbar auf Gegenstände der Ausfuhr oder der Durchfuhr (§ 4 Nr. 3 Satz 1 Buchstabe a Doppelbuchstabe aa UStG).

Die Beförderungskosten werden von

____

(Name und Anschrift des ausländischen Empfängers oder Absenders)

bezahlt.

____________________________ ____________________________

(Ort und Datum) (Unterschrift)"

[2]Der in der vorbezeichneten Bescheinigung angegebene ausländische Empfänger oder Absender muss der im Frachtbrief angegebene Empfänger oder Absender sein. [3]Die Bescheinigung kann auch auf elek-

tronischem Weg übermittelt werden; bei einer elektronischen Übermittlung der Bescheinigung ist eine Unterschrift nicht erforderlich, sofern erkennbar ist, dass die elektronische Übermittlung im Verfügungsbereich des Ausstellers des Belegs begonnen hat. [4]Abschnitt 6a.4 Abs. 3 Satz 2 und Abs. 6 ist entsprechend anzuwenden.

(8) [1]Bei einer Güterbeförderung, die einer grenzüberschreitenden Güterbeförderung vorangeht, kann die Ausfuhr oder die Wiederausfuhr aus Vereinfachungsgründen durch folgende Bescheinigung des auftraggebenden Spediteurs/Hauptfrachtführers oder des auftraggebenden Lieferers auf dem schriftlichen Transportauftrag nachgewiesen werden:

„Bescheinigung für Umsatzsteuerzwecke

Ich versichere, dass ich die im Auftrag genannten Gegenstände nach … (Ort im Drittlandsgebiet) versenden werde. Die Angaben habe ich nach bestem Wissen und Gewissen auf Grund meiner Geschäftsunterlagen gemacht, die im Gemeinschaftsgebiet nachprüfbar sind.

______________________	______________________
(Ort und Datum)	(Unterschrift)“

[2]Rechnen der Spediteur/Hauptfrachtführer bzw. der auftraggebende Lieferer und der Unterfrachtführer durch Gutschrift (§ 14 Abs. 2 Satz **5** UStG) ab, kann die Bescheinigung nach Satz 1 auch auf der Gutschrift erfolgen. [3]Auf die eigenhändige Unterschrift des auftraggebenden Spediteurs/Frachtführers bzw. des auftraggebenden Lieferers kann verzichtet werden, wenn die für den Spediteur/Hauptfrachtführer bzw. den auftraggebenden Lieferer zuständige Oberfinanzdirektion bzw. oberste Landesfinanzbehörde dies genehmigt hat und in dem Transportauftrag oder der Gutschrift auf die Genehmigungsverfügung bzw. den Genehmigungserlass unter Angabe von Datum und Aktenzeichen hingewiesen wird. [4]Die Belege können auch auf elektronischem Weg übermittelt werden; bei einer elektronischen Übermittlung der Bescheinigung nach Satz 1 ist eine Unterschrift nicht erforderlich, sofern erkennbar ist, dass die elektronische Übermittlung im Verfügungsbereich des Spediteurs/Hauptfrachtführers bzw. des auftraggebenden Lieferers begonnen hat. [5]Abschnitt 6a.4 Abs. 3 Satz 2 und Abs. 6 ist entsprechend anzuwenden.

(9) [1]Eine grenzüberschreitende Beförderung zwischen dem Inland und einem Drittland liegt auch vor, wenn die Güterbeförderung vom Inland über einen anderen EU-Mitgliedstaat in ein Drittland durchgeführt wird. [2]Befördert in diesem Fall ein Unternehmer die Güter auf einer Teilstrecke vom Inland in das übrige Gemeinschaftsgebiet, ist diese Leistung nach § 4 Nr. 3 Satz 1 Buchstabe a Doppelbuchstabe aa UStG steuerfrei. [3]Der Unternehmer hat die Ausfuhr der Güter durch Belege nachzuweisen (§ 4 Nr. 3 Sätze 3 und 4 UStG in Verbindung mit § 20 Abs. 1 und 3 UStDV). [4]Der Beleg kann auch auf elektronischem Weg übermittelt werden; bei einer elektronischen Übermittlung des Belegs ist eine Unterschrift nicht erforderlich, sofern erkennbar ist, dass die elektronische Übermittlung im Verfügungsbereich des Ausstellers begonnen hat. [5]Abschnitt 6a.4 Abs. 3 Satz 2 und Abs. 6 ist entsprechend anzuwenden. [6]Wird der Nachweis nicht erbracht, ist die Güterbeförderung steuerpflichtig.

Beispiel:

[1]Die in der Schweiz ansässige Privatperson P beauftragt den in Deutschland ansässigen Frachtführer F, Güter von Mainz nach Istanbul (Türkei) zu befördern. [2]F beauftragt den deutschen Unterfrachtführer F1 mit der Beförderung von Mainz nach Bozen (Italien) und den italienischen Unterfrachtführer F2 mit der Beförderung von Bozen nach Istanbul. [3]Dabei kann F2 die Ausfuhr in die Türkei durch Belege nachweisen, F1 dagegen nicht.

[4]Die Beförderungsleistung des F an seinen Leistungsempfänger P umfasst die Gesamtbeförderung von Mainz nach Istanbul. [5]Nach § 3b Abs. 1 Sätze 2 und 3 UStG ist nur der Teil der Leistung steuerbar, der auf den inländischen Streckenanteil entfällt. [6]Dieser Teil der Leistung ist nach § 4 Nr. 3 Satz 1 Buchstabe a Doppelbuchstabe aa UStG allerdings steuerfrei, da sich diese Güterbeförderung unmittelbar auf Gegenstände der Ausfuhr bezieht und unmittelbar an den Versender erbracht wird.

[7]Der Ort der Beförderungsleistung des Unterfrachtführers F1 an den Frachtführer F bestimmt sich nach dem Ort, von dem aus F sein Unternehmen betreibt (§ 3a Abs. 2 Satz 1 UStG). [8]Die Leistung des F1 ist nicht steuerfrei, da F1 keinen belegmäßigen Nachweis nach § 20 Abs. 1 und Abs. 3 UStDV

erbringen kann und zudem keine unmittelbare Beförderung für den Versender P erbringt. [9]Steuerschuldner ist der leistende Unternehmer F1 (§ 13a Abs. 1 Nr. 1 UStG).

[10]Die Beförderungsleistung des Unterfrachtführers F2 an den Frachtführer F ist in Deutschland steuerbar (§ 3a Abs. 2 Satz 1 UStG) und aufgrund der fehlenden Unmittelbarkeit der Beförderungsleistung für den Versender P steuerpflichtig.

Anmerkung

1. Allgemeines zu den Nachweisen

Drittlandsgrenzüberschreitende Güterbeförderungsleistungen sowie andere sonstige Leistungen, die sich unmittelbar auf die Ausfuhr beziehen können unter den Bedingungen des § 4 Nr. 3 Buchst. a Doppelbuchst. aa UStG steuerfrei sein. Die Voraussetzungen müssen nachgewiesen sein. Die Finanzverwaltung gibt u. a. in Abschn. 4.3.4 UStAE Hinweise zu den **Nachweisen**.

Hinweis: Nachweise haben nach Rechtsprechung des EuGH nur formellen Charakter

Der EuGH (Urt. v. 8.11.2018 – C-495/17, Cartrans Spedition Srl, UR 2018, 908) hat dazu festgestellt, dass das Unionsrecht einer nationalen Regelung entgegensteht, wonach die Anwendung der Steuerbefreiung voraussetzt, dass der Steuerpflichtige die Ausfuhrzollanmeldung bezüglich der betreffenden Gegenstände vorlegt. Insoweit haben die zuständigen Behörden zum Zweck der Gewährung der genannten Steuerbefreiungen zu prüfen, ob die Erfüllung der Voraussetzung bezüglich der Ausfuhr der betreffenden Gegenstände mit einem hinreichend hohen Wahrscheinlichkeitsgrad aus der Gesamtheit der ihnen verfügbaren Nachweise abgeleitet werden kann. In diesem Kontext stellt ein von einer Zollstelle des Drittlands, für das die Gegenstände bestimmt sind, mit einem Sichtvermerk versehenes Carnet TIR, das der Steuerpflichtige vorgelegt hat, einen Nachweis dar, den diese Behörden grundsätzlich gebührend berücksichtigen müssen, es sei denn, sie haben konkrete Gründe für Zweifel an der Echtheit oder der Zuverlässigkeit dieses Dokuments.

2. Einschaltung eines Unterfrachtführers

Die Finanzverwaltung (BMF-Schreiben v. 6.2.2020, BStBl I 2020, 235) hatte im Februar 2020 unter Bezugnahme auf eine Entscheidung des EuGH (Urt. v. 29.6.2017 – C-288/16, L. C., UR 2017, 599) die Anwendungsgrundsätze dahingehend geändert, dass eine Steuerbefreiung nur dann gegeben ist, wenn die drittlandsgrenzüberschreitende Güterbeförderung unmittelbar gegenüber dem Versender oder dem Empfänger der Gegenstände ausgeführt wird. Ein sog. Unterfrachtführer kann danach die Steuerbefreiung nicht in Anspruch nehmen. Eine in dem Schreiben gewährte **Nichtbeanstandungsregelung** wurde später noch **bis zum 31.12.2021** verlängert (BMF-Schreiben v. 14.10.2020, BStBl I 2020, 1043).

Beispiel: Beauftragung eines Unterfrachtführers

Unternehmer U aus Hannover beauftragt den Hauptfrachtführer HF aus Hannover, für ihn einen Gegenstand von Hannover nach Bern zu transportieren. HF, der den Gegenstand von Hannover nach Singen (DE) transportiert, beauftragt den Unterfrachtführer UF aus Singen, den Gegenstand von Singen nach Bern (CH) zu transportieren.

HF führt eine in Deutschland steuerbare Beförderungsleistung (der Ort ist nach § 3a Abs. 2 Satz 1 UStG am Sitz des U in Hannover) aus, die aber als drittlandsgrenzüberschreitende Beförderungsleistung nach § 4 Nr. 3 Buchst. a Doppelbuchst. aa UStG steuerfrei ist. HF schuldet gegenüber seinem Vertragspartner die grenzüberschreitende Beförderung des Gegenstands.

UF führt ebenfalls eine in Deutschland steuerbare Beförderungsleistung aus (der Ort ist nach § 3a Abs. 2 Satz 1 UStG am Sitz des HF in Hannover). Die Leistung unterliegt aber nicht der Steuerbefreiung nach § 4 Nr. 3 Buchst. a UStG, weil die Beförderungsleistung nicht an den Absender oder Empfänger des Gegenstands erbracht wird. Die Leistung des UF ist steuerpflichtig.

Auch **Leistungsempfänger** (z. B. Hauptfrachtführer) müssen diese Veränderung beachten. So kann es sein, dass sich daraus für sie auch die Steuerschuldnerschaft nach § 13b UStG ergeben kann (z. B., wenn im oben angegebenen Beispiel der UF aus der Schweiz kommen würde; in diesem Fall würde die Leistung des UF auch steuerbar und steuerpflichtig in Deutschland sein, HF würde dann zum Steuerschuldner werden, § 13 b Abs. 2 Nr. 1 i. V. m. Abs. 5 Satz 1 und Abs. 7 UStG).

Die **Finanzverwaltung** (BMF-Schreiben v. 27.9.2021, BStBl I 2021, 1810) hatte dann die Grundsätze noch einmal **präzisiert** und in Abschn. 4.3.4 Abs. 3 UStAE aufgenommen. Da diese Verwaltungsanweisung sich auf den Transport von Gegenständen aus dem Gemeinschaftsgebiet in das Drittlandsgebiet bezieht, sind offensichtlich von dieser Beschränkung nur die „**Exportfälle**" betroffen. Für den umgekehrten Fall – die Gegenstände gelangen aus dem Drittlandsgebiet in das Gemeinschaftsgebiet – ist von der Finanzverwaltung keine vergleichbare Regelung aufgenommen worden. Ob sich dies aus dem zugrunde liegenden Urteil des EuGH ableiten lässt, kann bezweifelt werden.

In diesem Schreiben hat die Finanzverwaltung im Nachgang auch die Voraussetzungen zur Gewährung der Steuerbefreiung insbesondere in den Fällen, in denen sog. **gemischte Sendungen** vorliegen präzisiert und eine **Vertrauensschutzregelung** eingeführt. Die Steuerbefreiung kann nach den Vorgaben des EuGH nur dann erfolgen, wenn die drittlandsgrenzüberschreitende Beförderung eines Gegenstands durch den Unternehmer unmittelbar an den Versender oder den Empfänger ausgeführt wird. Grundsätzlich wird klargestellt, dass

- **Versender** der liefernde Unternehmer ist und
- **Empfänger** der Abnehmer des Gegenstands

ist.

Bei sog. **gemischten Sendungen**, bei denen ein Hauptfrachtführer Aufträge an einen Unterfrachtführer erteilt, gleichzeitig aber auch als Lieferer (Versender) dem (Unter-)Frachtführer Aufträge erteilt und diese Waren alle in einem Container o.ä. drittlandsgrenzüberschreitend transportiert werden, muss grundsätzlich eine Aufteilung vorgenommen werden. Die Steuerbefreiung kann dem Grunde nach nur insoweit vorliegen, wie es sich nicht um den Unterauftrag handelt. Die Finanzverwaltung beanstandet es aber nicht, wenn in solchen Fällen die gesamte Beförderungsleistung steuerpflichtig behandelt wird – dies gilt auch für den Vorsteuerabzug des Leistungsempfängers.

Hinweis: Nachweisvorschriften beachten

Der Unternehmer, der als Beförderer die Steuerbefreiung nach § 4 Nr. 3 Buchst. a UStG in Anspruch nehmen möchte, muss **nachweisen**, dass sein Auftraggeber als Versender oder als Empfänger den Auftrag erteilt hat – z. B. durch eine **beleghafte Bestätigung** des Auftraggebers, dass er Versender ist. Da der befördernde Unternehmer in Einzelfällen aber nur schwer erkennen kann, ob sein Auftraggeber tatsächlich als „Versender" i. S. d. Vorschrift auftritt, hat die Finanzverwaltung noch eine **Vertrauensschutzregelung** aufgenommen, dass die Steuerbefreiung zur **Vermeidung von Unbilligkeiten** gewährt wird, wenn der Unternehmer keine Kenntnis hatte und auch mit der Sorgfalt eines ordentlichen Kaufmanns nicht erkennen konnte, dass der Auftraggeber unzutreffende Angaben über seine Versendereigenschaft gemacht hat.

Die Vertrauensschutzregelung gilt aber nicht, wenn eine drittlandsgrenzüberschreitende Güterbeförderung im Namen eines Unternehmers, jedoch für Rechnung eines anderen Unternehmers beauftragt wird und der erste Unternehmer eine Bestätigung über seine Versendereigenschaft erteilt.

UStAE 4.3.5. Ausnahmen von der Steuerbefreiung

(1) [1]Die Steuerbefreiung nach § 4 Nr. 3 UStG (vgl. Abschnitte 4.3.3 und 4.3.4) ist ausgeschlossen für die in § 4 Nr. 8, 10, 11 und 11 b UStG bezeichneten Umsätze. [2]Dadurch wird bei Umsätzen des Geld- und Kapitalverkehrs, bei Versicherungsumsätzen und bei Post-Universaldienstleistungen eine Steuerbefreiung mit Vorsteuerabzug in anderen als in den in § 15 Abs. 3 **Satz 1** Nr. 1 Buchstabe b und Nr. 2 Buchstabe b UStG bezeichneten Fällen vermieden. [3]Die Regelung hat jedoch nur Bedeutung für umsatzsteuerrechtlich selbständige Leistungen.

(2) [1]Von der Steuerbefreiung nach § 4 Nr. 3 UStG sind ferner Bearbeitungen oder Verarbeitungen von Gegenständen einschließlich Werkleistungen im Sinne des § 3 Abs. 10 UStG ausgeschlossen. [2]Diese Leistungen können jedoch z. B. unter den Voraussetzungen des § 4 Nr. 1 Buchstabe a, § 7 UStG steuerfrei sein.

UStAE 4.3.6. Buchmäßiger Nachweis

[1]Die jeweiligen Voraussetzungen der Steuerbefreiung nach § 4 Nr. 3 UStG müssen vom Unternehmer buchmäßig nachgewiesen sein (§ 21 UStDV). [2]Hierfür gelten die Ausführungen zum buchmäßigen Nachweis bei Ausfuhrlieferungen in Abschnitt 6.10 Abs. 1 bis 5 entsprechend. [3]Regelmäßig soll der Unternehmer Folgendes aufzeichnen:

1. die Art und den Umfang der sonstigen Leistung – bei Besorgungsleistungen einschließlich der Art und des Umfangs der besorgten Leistung –;
2. den Namen und die Anschrift des Auftraggebers;
3. den Tag der sonstigen Leistung;
4. das vereinbarte Entgelt oder das vereinnahmte Entgelt und den Tag der Vereinnahmung und
5. a) die Einbeziehung der Kosten für die Leistung in die Bemessungsgrundlage für die Einfuhr, z. B. durch Hinweis auf die Belege im Sinne des § 20 Abs. 2 UStDV (vgl. Abschnitt 4.3.3 Abs. 3 und 4), oder
   b) die Ausfuhr oder Wiederausfuhr der Gegenstände, auf die sich die Leistung bezogen hat, z. B. durch Hinweis auf die Ausfuhrbelege (vgl. Abschnitt 4.3.4 Abs. 5 bis 7 und 9).

Zu § 4 Nr. 4 UStG

UStG § 4 Nr. 4. die Lieferungen von Gold an Zentralbanken;

UStAE 4.4.1. Lieferungen von Gold an Zentralbanken

[1]Unter die Steuerbefreiung nach § 4 Nr. 4 UStG fallen Goldlieferungen an die Deutsche Bundesbank und die Europäische Zentralbank. [2]Die Steuerbefreiung erstreckt sich ferner auf Goldlieferungen, die an Zentralbanken anderer Staaten oder an die den Zentralbanken entsprechenden Währungsbehörden anderer Staaten bewirkt werden. [3]Es ist hierbei nicht erforderlich, dass das gelieferte Gold in das Ausland gelangt. [4]Liegen für Goldlieferungen nach § 4 Nr. 4 UStG auch die Voraussetzungen der Steuerbefreiung für Anlagegold (§ 25 c Abs. 1 und 2 UStG) vor, geht die Steuerbefreiung des § 25 c Abs. 1 und 2 UStG der Steuerbefreiung des § 4 Nr. 4 UStG vor.

Zu § 4 Nr. 4a UStG

UStG § 4 Nr. 4 a. ***weggefallen***

UStAE 4.4 a.1.

(weggefallen)

Anmerkung

Hinweis: Regelungen sind zum 1.1.2026 aufgehoben worden

Die Regelungen des § 4 Nr. 4a UStG zum Steuerlager und die über das Umsatzsteuergesetz verstreuten Folgeregelungen (z.B. bei der Bemessungsgrundlage, der Steuerschuldnerschaft, dem Vorsteuerabzug) sind zum 1.1.2026 ersatzlos aufgehoben worden. Die Regelung hat sich in der Praxis nicht durchgesetzt und ist wohl nach den Feststellungen des Bundesrechnungshofs auch betrugsanfällig.

Damit sich die Anwender auf die geänderten Rahmenbedingungen anpassen können, ist die Streichung mit längerem zeitlichen Vorlauf durch das Jahressteuergesetz 2024 umgesetzt worden. Im Jahressteuergesetz 2024 hatte der Gesetzgeber aber vergessen, Übergangsregelungen für die Gegenstände zu treffen, die sich am 31.12.2025 in einem solchen Umsatzsteuerlager befinden und damit bisher keiner Umsatzbesteuerung unterlegen hatten. Durch das Gesetz zur Modernisierung und Digitalisierung der Schwarzarbeitsbekämpfung ist in § 27 Abs. 40a UStG geregelt worden, dass für die Gegenstände, die sich am 31.12.2025 (24 Uhr) in einem Steuerlager befinden, die Regelungen für Steuerlager in der Fassung vom 31.12.2025 weiter gelten sollen. Zum 30.12.2029 erfolgt eine „Zwangsauslagerung" für alle dann noch in einem Steuerlager vorhandenen Gegenständen. Eine „steuerfreie Einlagerung" in ein Steuerlager ist aber ab dem 1.1.2026 nicht mehr möglich. Die Finanzverwaltung hat mit ausführlichem Schreiben v. 29.12.2025 (BStBl I 2025, 2106) zu den Übergangsregelungen Stellung genommen und die Verwaltungsanweisung des Abschn. 4.4a.1 UStAE aufgehoben.

1. Allgemeines

Durch die sog. 2. Vereinfachungsrichtlinie (Richtlinie 95/7/EWG des Rates v. 10.4.1995) der EU sind in das Unionsrecht Rahmenbedingungen zur Gewährung einer Steuerbefreiung für bestimmte Umsätze im Zusammenhang mit einem von jedem EU-Mitgliedstaat selbst zu definierenden **Umsatzsteuerlager** festgesetzt worden. Durch die Regelung sollte eine Gleichbehandlung von bestimmten Unionswaren mit Drittlandswaren in Zolllagern erreicht werden.

Als Umsatzsteuerlager kommt jeder Ort im Inland in Betracht, der zur Lagerung der in der **Anlage 1 zum UStG** bezeichneten Gegenstände geeignet ist. Umsatzsteuerlager können auch in den Räumen oder an jedem anderen Ort, der als Zolllager zugelassen wurde, errichtet werden.

Als **Lagerhalter** kommt jeder Unternehmer in Betracht, der die begünstigten Gegenstände in seinem Unternehmen lagern kann. Die Einrichtung und der Betrieb eines Umsatzsteuerlagers müssen vom zuständigen **Finanzamt bewilligt** worden sein. Der Lagerhalter soll hierzu in seinem schriftlichen Antrag insbesondere folgende Angaben machen:

- Ort und Anschrift des Umsatzsteuerlagers sowie der dazugehörigen Lagerstätten,
- Zeitpunkt der beabsichtigten Inbetriebnahme,
- Beschreibung der Gegenstände gemäß Anlage 1 zum UStG, die gelagert werden sollen.

Außerdem ist das **wirtschaftliche Bedürfnis** für den Betrieb des Umsatzsteuerlagers **darzulegen**. Dieses kann regelmäßig angenommen werden, wenn die zu lagernden Gegenstände mehrfach ohne Warenbewegung umgesetzt werden sollen (z. B. an Warenterminbörsen).

Letztmalig konnten Gegenstände **bis zum 31.12.2025** steuerfrei in ein Steuerlager erworben werden.

2. Leistungen im Zusammenhang mit einem Steuerlager

Die Steuerbefreiung im Zusammenhang mit einem Steuerlager betraf sowohl die Lieferung **in ein Steuerlager**, die (ruhende) Lieferung **innerhalb eines Steuerlagers** sowie die (bewegte) **Lieferung zwischen zwei Steuerlagern**.

Hinweis: Abschließende Aufzählung der Gegenstände in Anlage 1

Im Zusammenhang mit einem Steuerlager konnten nicht alle Gegenstände steuerfrei geliefert werden, sondern nur die abschließend in einer Anlage 1 zum UStG aufgeführten Gegenstände. Dies sind insbesondere Wirtschaftsgüter, die warenterminfähig sind.

Die Steuerbefreiung im Zusammenhang mit einem Steuerlager erstreckte sich bis Ende 2025 auch auf **bestimmte sonstige Leistungen** im Zusammenhang mit der Einlagerung, der Erhaltung, der Verbesserung der Gegenstände oder ähnlicher Leistungen.

Wenn der Gegenstand aus dem Steuerlager ausgelagert wird, ist der **der Auslagerung vorangegangene Umsatz zu besteuern**. Steuerschuldner ist in diesem Fall grundsätzlich der Auslagerer. Dies gilt auch über den 31.12.2025 hinaus für die Gegenstände, die sich am 31.12.2025 in einem Steuerlager befinden.

Auslagerung ist der tatsächliche Vorgang der endgültigen Herausnahme eines Gegenstands aus einem Umsatzsteuerlager. Auslagerung kann auch die nicht begünstigte Verwendung oder Aufbereitung eines Gegenstands sein (z. B. Lieferung an einen Nichtunternehmer oder Entnahme für nichtunternehmerische Zwecke). Der Vorgang der Auslagerung setzt keine Leistung zwischen zwei Leistungspartnern voraus.

Auslagerer ist der Unternehmer, der im Zeitpunkt der Auslagerung die Verfügungsmacht über den Gegenstand hat. Dem Auslagerer muss eine inländische USt-IdNr. erteilt worden sein. Nicht im Inland ansässige Auslagerer müssen sich daher im Inland bei dem örtlich zuständigen Finanzamt registrieren lassen. In bestimmten Fällen (z. B. bei einer auf eine Auslagerung folgenden steuerfreien innergemeinschaftlichen Lieferung) kann sich der Auslagerer auch durch einen Fiskalvertreter vertreten lassen. In diesem Fall ist die USt-IdNr. des Fiskalvertreters aufzuzeichnen.

Falls der Gegenstand beim Auslagern in das Drittlandsgebiet oder das übrige Gemeinschaftsgebiet gelangt, kann unter den übrigen Voraussetzungen eine **steuerfreie Ausfuhrlieferung** nach § 4 Nr. 1 Buchst. a UStG oder **eine steuerfreie innergemeinschaftliche Lieferung** nach § 4 Nr. 1 Buchst. b UStG vorliegen.

Hinweis: Diverse Beispiele im BMF-Schreiben

Die Finanzverwaltung (BMF, Schreiben v. 28.1.2004, BStBl I 2004, 242) hat in einem ausführlichen Schreiben diverse Beispiele für die Anwendung der Steuerbefreiung nach § 4 Nr. 4a UStG zusammengestellt.

Beispiel: Erwerb in ein Steuerlager

Unternehmer A lieferte Rohzucker (gemäß Anlage 1 zum Gesetz) bis zum 31.12.2025 an den Unternehmer B. A beförderte den Rohzucker von Kiel in ein Umsatzsteuerlager beim Lagerhalter L1 in Hannover.

Die Lieferung des A war eine im Inland steuerbare Lieferung (Ort nach § 3 Abs. 6 Satz 1 UStG in Kiel, Beförderungslieferung), sie war aber nach § 4 Nr. 4a Satz 1 Buchst. a UStG eine steuerfreie Lieferung in ein Steuerlager.

Beispiel: Auslagerung

Unternehmer B (vgl. voriges Beispiel) entschließt sich 2026, den Rohzucker in seiner Betriebsstätte in Sachsen zu verarbeiten. Er holt den Zucker aus dem Steuerlager bei L1 in Hannover ab. Die ursprünglich für die Lieferung des A an B gewährte Steuerbefreiung entfällt, da der Gegenstand aus dem Steuerlager entnommen wurde. Die Regelungen zur Auslagerung gelten auch trotz Aufhebung des § 4 Nr. 4a UStG für alle am 31.12.2025 in einem Steuerlager befindlichen Gegenstände weiter, § 27 Abs. 40a UStG.

Somit ist die Lieferung des A an B eine steuerbare und steuerpflichtige Lieferung, § 4 Nr. 4a Satz 1 Buchst. a Satz 2 UStG. Steuerschuldner für diese Lieferung ist nicht A, sondern Unternehmer B, § 13a Abs. 1 Nr. 6 UStG. Unter den allgemeinen Voraussetzungen des § 15 UStG kann B den Vorsteuerabzug vornehmen, § 15 Abs. 1 Satz 1 Nr. 5 UStG.

Der **Lagerhalter** ist verpflichtet, bestimmte **Aufzeichnungen** zu führen, § 22 Abs. 4c Satz 2 UStG. Verstößt er gegen diese Aufzeichnungsvorschriften, wird er neben dem Auslagerer zum Gesamtschuldner für die aus der Auslagerung entstehende Umsatzsteuer.

3. Übergangsregelungen

Mit Schreiben v. 29.12.2025 (BStBl I 2025, 2106) hat die **Finanzverwaltung** zu den **Übergangsregelungen** des § 27 Abs. 40a UStG Stellung genommen. Diese Hinweise zu den Übergangsregelungen werden nicht in den UStAE aufgenommen, lediglich in Abschn. 27.1 UStAE wird in einem neuen Absatz 7 auf das BMF-Schreiben verwiesen. Gleichzeitig hat die Finanzverwaltung Abschn. 4.4a.1 UStAE aufgehoben, der aber auch keine inhaltlichen Feststellungen zum Steuerlager enthielt, sondern nur auf das damalige Einführungsschreiben (BMF v. 28.1.2004, BStBl I 2004, 242) verwies.

Die Finanzverwaltung nimmt in ihrem Schreiben zum Teil inhaltlich die Rechtsfolgen mit auf, die sich aus der normalen Abwicklung im Zusammenhang mit einem Steuerlager ergeben (vgl. dazu oben).

Darüber hinaus werden **besondere Hinweise** aufgrund der Aufhebung der Regelungen zum Steuerlager und der **Anwendung der Übergangsregelungen** gegeben.

Hinweis: Weitergeltung der bisherigen Regelungen

Für alle Gegenstände, die bis 31.12.2025 steuerfrei in ein Umsatzsteuerlager eingelagert worden waren und die auch bis Ende 2025 nicht „ausgelagert" worden waren, gelten alle zum 31.12.2025 aufgehobenen Rechtsvorschriften, die das Steuerlager betreffen, unverändert bis zum 30.12.2029 weiter.

Insbesondere sind in der **Übergangszeit** die folgenden Regelungen zu beachten:

- **Leistungen nach dem 31.12.2025 an Gegenständen, die sich noch in einem Steuerlager befinden**: Werden nach dem 31.12.2025 Leistungen an den noch in einem bewilligten Lager eingelagerten und dort befindlichen Gegenständen ausgeführt, die mit der Lagerung, der Erhaltung, der Verbesserung der Aufmachung und Handelsgüte oder der Vorbereitung des Vertriebs oder Weiterverkaufs der eingelagerten Gegenstände unmittelbar zusammenhängen, sind diese Leistungen auch nach dem 31.12.2025 bis einschließlich 30.12.2029 nach § 4 Nr. 4a Satz 1 Buchst. b i.V.m. § 27 Abs. 40a UStG steuerfrei.
- **Weitergehende Bearbeitungen**: Weitergehende Be- oder Verarbeitungen der eingelagerten Gegenstände, insbesondere Leistungen, durch die die im Lager befindlichen Gegenstände für die Lieferung auf der Einzelhandelsstufe aufbereitet werden, fallen nicht mehr unter diese Befreiung. Werden derartige Umsätze an den in einem Lager eingelagerten Gegenständen erbracht, führt dies zur zwangsweisen Auslagerung dieser Gegenstände.
- **Vermittlungen**: Die Vermittlung sowohl von Lieferungen als auch von Leistungen, die unmittelbar mit den in einem Umsatzsteuerlager befindlichen Gegenständen zusammenhängen, ist bis einschließlich 30.12.2029 steuerfrei nach § 4 Nr. 5 Satz 1 Buchst. a i.V.m. § 27 Abs. 40a UStG.
- **Aufzeichnungen**: Auch über den 31.12.2025 hinaus müssen die entsprechenden Aufzeichnungen geführt werden. Bei der Ausführung von Leistungen an den Gegenständen, die sich (noch) in einem Steuerlager befinden, muss sich der leistende Unternehmer bestätigen lassen, dass es sich bei den bearbeiteten Gegenständen um solche handelt, die vor dem 31.12.2025 in das Steuerlager eingelagert wurden.

  Hinweis: Auslagerung durch Weiterverarbeitung oder Transport aus Lager

  Zu einer Auslagerung kommt es (auch ohne einen Transport des Gegenstands), wenn eine weitergehende Be- oder Verarbeitung an dem eingelagerten Gegenstand erbracht wird, insbesondere wenn Leistungen ausgeführt werden, durch die die im Umsatzsteuerlager befindlichen Gegenstände für die Lieferung auf der Einzelhandelsstufe aufbereitet werden.

  Eine Auslagerung liegt in der Regel auch dann vor, wenn der Gegenstand aus dem bewilligten Lager befördert oder versendet wird. Die Beförderung oder Versendung muss nicht mit einer Lieferung des Gegenstands zusammenhängen. Verbleibt der Gegenstand bei einer Lieferung (Rechtsgeschäft) in dem Steuerlager oder wird er in ein anderes bewilligtes Lager transportiert, verbleibt es bei den bis 31.12.2025 in ein Steuerlager eingelagerten Gegenständen hingegen bei der Steuerfreiheit nach § 4 Nr. 4a i.V.m. § 27 Abs. 40a UStG.

Zu § 4 Nr. 4b UStG

UStG § 4 Nr. 4b. die einer Einfuhr vorangehende Lieferung von Gegenständen, wenn der Abnehmer oder dessen Beauftragter den Gegenstand der Lieferung einführt. Dies gilt entsprechend für Lieferungen, die den in Satz 1 genannten Lieferungen vorausgegangen sind. Die Voraussetzungen der Steuerbefreiung müssen vom Unternehmer eindeutig und leicht nachprüfbar nachgewiesen sein;

UStAE 4.4b.1. Steuerbefreiung für die einer Einfuhr vorangehenden Lieferungen von Gegenständen

[1]Nach § 4 Nr. 4b UStG ist die einer Einfuhr vorangehende Lieferung (Einfuhrlieferung) von der Umsatzsteuer befreit, wenn der Abnehmer oder dessen Beauftragter den Gegenstand einführt. [2]Die Steuerbefreiung gilt für Lieferungen von Nicht-Unionswaren, die sich in einem besonderen Zollverfahren nach Artikel 210 UZK befinden (vgl. im Einzelnen BMF-Schreiben vom 28. 1. 2004, BStBl I S. 242). [3]Zu den Nicht-Unionswaren gehören nach Artikel 5 Nr. 24 UZK auch Waren, die aus der gemeinsamen Be- oder Verarbeitung von Unions- und Nicht-Unionsware entstehen.

Beispiel:

[1]Eine im Drittland gefertigte Glasscheibe wird von Unternehmer A bei der Ankunft in Deutschland in die aktive Veredelung übergeführt. [2]Die Glasscheibe wird anschließend in einen Kunststoffrahmen, der sich im freien Verkehr befindet, eingebaut. [3]Die Glasscheibe einschließlich Kunststoffrahmen wird danach im Rahmen des aktiven Veredelungsverkehrs an Unternehmer B veräußert, der die gesamte Scheibe in sein Produkt (Fahrzeug) einbaut. [4]Unternehmer B fertigt die Fahrzeuge, die nicht in das Drittland ausgeführt werden, zum freien Verkehr ab und entrichtet die fälligen Einfuhrabgaben (Zoll und Einfuhrumsatzsteuer).

[5]Nach Artikel 256 Abs. 1 Buchstabe a UZK werden grundsätzlich nur Nicht-Unionswaren in das Verfahren der aktiven Veredelung übergeführt. [6]Durch das „Hinzufügen" von Nicht-Unionswaren (hier die Glasscheibe) verlieren die Unionswaren (hier der verwendete Glasrahmen) allerdings ihren zollrechtlichen Status „Unionswaren" und werden zu Nicht-Unionswaren.

[7]Wird das Endprodukt (hier die gerahmte Glasscheibe) im Rahmen eines weiteren Verfahrens der aktiven Veredelung an einen Abnehmer veräußert, der das Endprodukt in ein neues Produkt (z. B. ein Fahrzeug) einbaut, und gelangt das Wirtschaftsgut in diesem Zusammenhang in den Wirtschaftskreislauf der EU (z. B. durch Abfertigung zur Überlassung zum zoll- und steuerrechtlich freien Verkehr), entstehen Einfuhrabgaben.

[8]Soweit der Unternehmer, der den Gegenstand eingeführt hat, zum Vorsteuerabzug berechtigt ist, kann er unter den weiteren Voraussetzungen des § 15 UStG die entstandene Einfuhrumsatzsteuer als Vorsteuer abziehen (§ 15 Abs. 1 Satz 1 Nr. 2 UStG).

[9]Die Lieferung des im Rahmen der aktiven Veredelung bearbeiteten und gelieferten Gegenstands (hier die gerahmte Glasscheibe) ist nach § 4 Nr. 4b UStG umsatzsteuerfrei, wenn der Abnehmer der Lieferung oder dessen Beauftragter den Gegenstand einführt.

Anmerkung

Unter bestimmten Voraussetzungen sind Lieferungen, die einer Einfuhr vorangehen nach § 4 Nr. 4b UStG steuerfrei. Voraussetzung für die Anwendung der Steuerbefreiung ist, dass der Gegenstand aus dem Drittlandsgebiet in das Inland gelangt ist und dort später – nach einer **Lieferung im Inland** – zum freien Verkehr abgefertigt wird.

Beispiel: Lieferung vor Einfuhr

Der ausländische Aussteller A verbringt für eine Messe einen Gegenstand aus dem Drittland in das Inland. Der Gegenstand wird noch nicht zum freien Verkehr in Deutschland abgefertigt (vorübergehende Verwendung). Entgegen der ursprünglichen Planung wird der Gegenstand auf der Messe an den Erwerber E veräußert. Der Gegenstand wird nach der Lieferung (Verschaffung der Verfügungsmacht auf dem Messegelände) für E in Deutschland eingeführt (auf seinen Namen wird die Eingangsabgabe angemeldet und entrichtet).

Die zu dem Zeitpunkt der Einfuhr entstehende EUSt kann von E nach § 15 Abs. 1 Satz 1 Nr. 2 UStG als Vorsteuer abgezogen werden, wenn die EUSt entstanden ist und keine vorsteuerabzugsschädliche Verwendungsabsicht vorliegt. Die im Inland ausgeführte steuerbare Lieferung des A auf dem

Messegelände ist steuerfrei nach § 4 Nr. 4b UStG. Mit dieser Steuerbefreiung wird eine steuerliche Erfassung des ausländischen Unternehmers in Deutschland vermieden.

Zu § 4 Nr. 4c UStG

UStG § 4 Nr. 4c. die Lieferung von Gegenständen an einen Unternehmer für sein Unternehmen, die dieser nach § 3 Absatz 3a Satz 1 im Gemeinschaftsgebiet weiterliefert;

UStAE 4.4c.1. Steuerbefreiung der Lieferung im Sinne des § 3 Abs. 3a Satz 1 UStG an einen Unternehmer

[1]Wird ein Gegenstand, dessen Beförderung oder Versendung im Gemeinschaftsgebiet beginnt und endet, durch einen nicht im Gemeinschaftsgebiet ansässigen Unternehmer an einen Nichtunternehmer (siehe Abschnitt 3a.1 Abs. 1) geliefert und wird dies durch einen Unternehmer mittels seiner elektronischen Schnittstelle unterstützt, so wird dieser Unternehmer nach § 3 Abs. 3a Satz 1 UStG behandelt, als ob er diesen Gegenstand für sein Unternehmen selbst erhalten und geliefert hätte (vgl. Abschnitt 3.18 Abs. 1). [2]Die gemäß § 3 Abs. 3a Satz 1 UStG fingierte Lieferung des nicht im Gemeinschaftsgebiet ansässigen Unternehmers an den Unternehmer, der den Gegenstand im Gemeinschaftsgebiet weiterliefert (Betreiber der elektronischen Schnittstelle), wird nach § 4 Nr. 4c UStG von der Umsatzsteuer befreit. [3]Zur Frage, wann ein Unternehmer eine Lieferung im Sinne des § 3 Abs. 3a Satz 1 UStG unterstützt, und zum Begriff „elektronische Schnittstelle" wird auf Abschnitt 3.18 Abs. 3 verwiesen.

Anmerkung

Bei Lieferungen über eine elektronische Schnittstelle (**elektronischen Marktplatz**), bei der die Beförderung oder Versendung im Gemeinschaftsgebiet beginnt und endet, liegt ein **fiktives Reihengeschäft** (Unternehmer – elektronische Schnittstelle – Kunde) vor, wenn der Unternehmer nicht im Gemeinschaftsgebiet ansässig ist, § 3 Abs. 3a Satz 1 UStG. In diesem Fall ist der Lieferung der elektronischen Schnittstelle die Warenbewegung zuzurechnen, § 3 Abs. 6b UStG. Die Lieferung des (aus dem Drittlandsgebiet stammenden) Unternehmers ist die ruhende Lieferung nach § 3 Abs. 7 Satz 2 Nr. 1 UStG, die aber – soweit der Ort der Lieferung im Inland ist – nach § 4 Nr. 4c UStG steuerfrei ist. Die Finanzverwaltung hat in Abschn. 4.4c.1 UStAE Hinweise zu dieser Steuerbefreiung aufgenommen, die nicht über die sich aus dem Gesetz bzw. aus der Systematik ergebenden Erkenntnisse hinausgehen.

Beispiel: Steuerbefreiung bei fiktivem Reihengeschäft

Der in der Schweiz ansässige Unternehmer S verkauft über das in Deutschland ansässige Internetportal I (I ist zivilrechtlich Vermittler und handelt in fremden Namen) ein Elektrogerät für 2.000 €. Die Ware gelangt aus dem Lager des S in Schweinfurt zum Kunden K nach Köln.

Obwohl I nur als Vermittler handelt, wird nach § 3 Abs. 3a Satz 1 UStG – S kommt aus dem Drittlandsgebiet, die Versendung der Ware beginnt und endet im Gemeinschaftsgebiet – eine Lieferkette (fiktives Reihengeschäft) fingiert; S liefert danach an I; I liefert an K.

Die Warenbewegung wird der Lieferung des I an K zugeordnet, § 3 Abs. 6b UStG. Damit ist die Lieferung des I am Beginn der Warenbewegung (Schweinfurt) ausgeführt – die Lieferung des I ist im Inland steuerbar und steuerpflichtig. I muss die sich aus der Lieferung an K ergebende deutsche Umsatzsteuer berechnen und anmelden. Soweit I an dem besonderen Verfahren nach § 18j UStG (One-Stop-Shop) teilnimmt, ist der Umsatz in diesem Verfahren zu besteuern, ansonsten im Regelverfahren (Umsatzsteuer-Voranmeldung).

Die Lieferung des S ist die ruhende Lieferung, die vor der bewegten Lieferung als ausgeführt gilt und ebenfalls einen Ort der Lieferung am Beginn der Warenbewegung hat, § 3 Abs. 7 Satz 1 Nr. 1 UStG. S liefert damit im Inland steuerbar an I. Die Lieferung ist aber nach § 4 Nr. 4c UStG steuerfrei, sodass für S im Inland keine Veranlagungsverpflichtung besteht.

Zu § 4 Nr. 5 UStG

UStG § 4 Nr. 5. die Vermittlung
a) der unter die Nummer 1 Buchstabe a, Nummern 2 bis 4b und Nummern 6 und 7 fallenden Umsätze,
b) der grenzüberschreitenden Beförderungen von Personen mit Luftfahrzeugen oder Seeschiffen,
c) der Umsätze, die ausschließlich im Drittlandsgebiet bewirkt werden,
d) der Lieferungen, die nach § 3 Abs. 8 als im Inland ausgeführt zu behandeln sind.

Nicht befreit ist die Vermittlung von Umsätzen durch Reisebüros für Reisende. Die Voraussetzungen der Steuerbefreiung müssen vom Unternehmer nachgewiesen sein. Das Bundesministerium der Finanzen kann mit Zustimmung des Bundesrates durch Rechtsverordnung bestimmen, wie der Unternehmer den Nachweis zu führen hat;

UStDV

§ 22 Buchmäßiger Nachweis bei steuerfreien Vermittlungen

(1) Bei Vermittlungen im Sinne des § 4 Nr. 5 des Gesetzes ist § 13 Abs. 1 entsprechend anzuwenden.

(2) Der Unternehmer soll regelmäßig Folgendes aufzeichnen:

1. die Vermittlung und den vermittelten Umsatz;
2. den Tag der Vermittlung;
3. den Namen und die Anschrift des Unternehmers, der den vermittelten Umsatz ausgeführt hat;
4. das für die Vermittlung vereinbarte Entgelt oder bei der Besteuerung nach vereinnahmten Entgelten das für die Vermittlung vereinnahmte Entgelt und den Tag der Vereinnahmung.

UStAE 4.5.1. Steuerfreie Vermittlungsleistungen

(1) [1]Die Vermittlungsleistung erfordert ein Handeln in fremdem Namen und für fremde Rechnung. [2]Der Wille, in fremdem Namen zu handeln und unmittelbare Rechtsbeziehungen zwischen dem leistenden Unternehmer und dem Leistungsempfänger herzustellen, muss hierbei den Beteiligten gegenüber deutlich zum Ausdruck kommen (vgl. BFH-Urteil vom 19. 1. 1967, V 52/63, BStBl III S. 211). [3]Für die Annahme einer Vermittlungsleistung reicht es aus, dass der Unternehmer nur eine Vermittlungsvollmacht – also keine Abschlussvollmacht – besitzt (vgl. § 84 HGB). [4]Zum Begriff der Vermittlungsleistung vgl. Abschnitt 3.7 Abs. 1. **[5]Hinsichtlich einer einheitlichen Vermittlungsleistung, durch die mehrere einzelne Leistungen vermittelt werden, vgl. Abschnitt 3.10 Abs. 6 Nr. 22.**

(2) [1]Die Steuerbefreiung des § 4 Nr. 5 UStG erstreckt sich nicht auf die als handelsübliche Nebenleistungen bezeichneten Tätigkeiten, die im Zusammenhang mit Vermittlungsleistungen als selbständige Leistungen vorkommen. [2]Nebenleistungen sind daher im Rahmen des § 4 Nr. 5 UStG nur dann steuerfrei, wenn sie als unselbständiger Teil der Vermittlungsleistung anzusehen sind, z. B. die Übernahme des Inkasso oder der Entrichtung der Einfuhrabgaben durch den Vermittler. [3]Für die selbständigen Leistungen, die im Zusammenhang mit den Vermittlungsleistungen ausgeübt werden, kann jedoch gegebenenfalls Steuerbefreiung nach § 4 Nr. 2 UStG oder nach § 4 Nr. 3 UStG in Betracht kommen.

(3) [1]Für die Steuerbefreiung nach § 4 Nr. 5 Satz 1 Buchstabe a UStG wird zu der Frage, welche der vermittelten Umsätze unter die Befreiungsvorschriften des § 4 Nr. 1 Buchstabe a, Nr. 2 bis 4b sowie Nr. 6 und 7 UStG fallen, auf die Abschnitte 1.9, 3.13, 4.1.1 bis 4.4b.1, 4.6.1, 4.6.2, 4.7.1, 6.1 bis 6.12 und 7.1 bis 8.3 hingewiesen. **[2]Eine steuerfreie Vermittlungsleistung im Sinne des § 4 Nr. 5 Satz 1 Buchstabe a UStG muss einen eindeutigen Bezug zu konkreten Umsätzen im Sinne des § 4 Nr. 1 Buchstabe a, Nr. 2 bis 4b sowie Nr. 6 und 7 UStG aufweisen (zum Klarierungsagenten vgl. Abschnitt 3.10 Abs. 6 Nr. 22). [3]Dabei kommt eine Aufteilung einer einheitlichen Vermittlungsleistung in einen steuerpflichtigen und einen steuerfreien Teil grundsätzlich nicht in Betracht (vgl. BFH-Urteil vom 18.01.2024 – V R 4/22, BStBl II 2025 S. 638).**

(4) Bei der Vermittlung von grenzüberschreitenden Personenbeförderungen mit Luftfahrzeugen oder Seeschiffen (§ 4 Nr. 5 Satz 1 Buchstabe b UStG) ist es unerheblich, wenn kurze ausländische Strecken-

anteile als Beförderungsstrecken im Inland oder kurze Streckenanteile im Inland als Beförderungsstrecken im Ausland anzusehen sind (vgl. Abschnitt 3b.1 Abs. 7 bis 18).

(5) [1]Nicht unter die Befreiungsvorschrift des § 4 Nr. 5 UStG fällt die Vermittlung der Lieferungen, die im Anschluss an die Einfuhr an einem Ort im Inland bewirkt werden. [2]Hierbei handelt es sich insbesondere um die Fälle, in denen der Gegenstand nach der Einfuhr gelagert und erst anschließend vom Lager aus an den Abnehmer geliefert wird. [3]Für die Vermittlung dieser Lieferungen kann jedoch die Steuerbefreiung nach § 4 Nr. 3 Satz 1 Buchstabe a Doppelbuchstabe bb UStG in Betracht kommen (vgl. Abschnitt 4.3.3 Abs. 1 Satz 1 Nr. 6).

(6) Zur Möglichkeit der Steuerbefreiung von Ausgleichszahlungen an Handelsvertreter nach § 89b HGB vgl. BFH-Urteil vom 25. 6. 1998, V R 57/97, BStBl 1999 II S. 102.

Anmerkung

Bestimmte Vermittlungsleistungen sind nach § 4 Nr. 5 UStG steuerfrei. Dabei bezieht sich das Gesetz auf die Steuerbefreiungsnorm des jeweils vermittelten Umsatzes. Besonders zu beachten ist, dass zwar die **Vermittlung einer Ausfuhrlieferung** von der Umsatzsteuer befreit ist, die Vermittlung einer innergemeinschaftlichen Lieferung aber zu einem steuerbaren (soweit sich der Ort der Vermittlungsleistung im Inland befindet, im Regelfall liegt eine B2B-Leistung nach § 3a Abs. 2 UStG vor, die dort ausgeführt ist, wo der Leistungsempfänger sein Unternehmen betreibt) und steuerpflichtigen Umsatz führt.

Hinweis: Unmittelbare Leistung erforderlich

Das Unionsrecht regelt, dass Dienstleistungen (Beförderungsleistungen und Nebentätigkeiten zur Beförderung, Vermittlungen etc.), von der Umsatzsteuer zu befreien sind, wenn sie in unmittelbarem Zusammenhang mit der Ausfuhr von Gegenständen nach Orten außerhalb der Union stehen.

Der EuGH (Urt. v. 29.6.2017 – C-288/16, L.C., UR 2017, 599) hatte dazu festgestellt, dass die Steuerbefreiung nur dann in Frage kommen könne, wenn die Leistung unmittelbar gegenüber dem Absender oder Empfänger der Ware ausgeführt wird. M.E. müsste diese Rechtsprechung auch auf die Vermittlungsleistungen angewendet werden; die Finanzverwaltung hat sich bisher dazu nicht geäußert. Zur Anwendung und Übergangsregelung bei den Unterfrachtführern vgl. Anmerkung zu Abschn. 4.3.4 UStAE.

UStAE 4.5.2. Vermittlungsleistungen der Reisebüros

(1) [1]Die Steuerbefreiung nach § 4 Nr. 5 UStG erstreckt sich auch auf steuerbare Vermittlungsleistungen der Reisebüros. [2]Ausgenommen von der Befreiung sind jedoch die in § 4 Nr. 5 Satz 2 UStG bezeichneten Vermittlungsleistungen (vgl. hierzu Absatz 5). [3]Die Befreiung kommt insbesondere für Vermittlungsleistungen in Betracht, bei denen die Reisebüros als Vermittler für die sog. Leistungsträger, z.B. Beförderungsunternehmer, auftreten. [4]Zu Abgrenzungsfragen beim Zusammentreffen von Vermittlungsleistungen und Reiseleistungen vgl. Abschnitt 25.1 Abs. 5.

(2) Die Steuerbefreiung für Vermittlungsleistungen an einen Leistungsträger kommt in Betracht, wenn das Reisebüro die Vermittlungsprovision nicht vom Leistungsträger oder einer zentralen Vermittlungsstelle überwiesen erhält, sondern in der vertraglich zulässigen Höhe selbst berechnet und dem Leistungsträger nur den Preis abzüglich der Provision zahlt.

(3) [1]Zum Ort der Leistung bei der Vermittlung von Unterkünften siehe Abschnitte 3a.3 Abs. 9 und 3a.7 Abs. 1. [2]Liegt danach der Ort nicht im Inland, ist die Vermittlungsleistung nicht steuerbar. [3]§ 4 Nr. 5 Satz 1 Buchstabe c UStG kommt daher für diese Vermittlungsleistungen nicht in Betracht.

(4) [1]Die Vermittlung einer Reiseleistung im Sinne des § 25 UStG für einen im Inland ansässigen Reiseveranstalter ist steuerpflichtig, auch wenn sich die betreffende Reiseleistung aus einer oder mehreren in § 4 Nr. 5 Satz 1 Buchstabe b und c UStG bezeichneten Leistungen zusammensetzt. [2]Es liegt jedoch keine Vermittlung einer Reiseleistung im Sinne des § 25 Abs. 1 UStG, sondern eine Vermittlung von Einzelleistungen durch das Reisebüro vor, soweit der Reiseveranstalter die Reiseleistung mit eigenen Mitteln

erbringt. [3]Das gilt auch, wenn die vermittelten Leistungen in einer Summe angeboten werden und die Reisebüros für die Vermittlung dieser Leistungen eine einheitliche Provision erhalten.

(5) [1]Die Ausnahmeregelung des § 4 Nr. 5 Satz 2 UStG betrifft alle Unternehmer, die Reiseleistungen für Reisende vermitteln. [2]Es kommt nicht darauf an, ob sich der Unternehmer als Reisebüro bezeichnet. [3]Maßgebend ist vielmehr, ob er die Tätigkeit eines Reisebüros ausübt. [4]Da die Reisebüros die Reiseleistungen in der Regel im Auftrag der Leistungsträger und nicht im Auftrag der Reisenden vermitteln, fällt im Allgemeinen nur die Vermittlung solcher Tätigkeiten unter die Ausnahmeregelung, für die das Reisebüro dem Reisenden ein gesondertes Entgelt berechnet. [5]Das ist z. B. dann der Fall, wenn der Leistungsträger die Zahlung einer Vergütung an das Reisebüro ausgeschlossen hat und das Reisebüro daher dem Reisenden von sich aus einen Zuschlag zu dem vom Leistungsträger für seine Leistung geforderten Entgelt berechnet. [6]Das Gleiche trifft auf die Fälle zu, in denen das Reisebüro dem Reisenden für eine besondere Leistung gesondert Kosten berechnet, wie z. B. Telefon- oder Telefaxkosten, Visabeschaffungsgebühren oder besondere Bearbeitungsgebühren. [7]Für diese Leistungen scheidet die Steuerbefreiung auch dann aus, wenn sie im Zusammenhang mit nicht steuerbaren oder steuerfreien Vermittlungsleistungen an einen Leistungsträger bewirkt werden.

Beispiel:

[1]Das Reisebüro vermittelt dem Reisenden einen grenzüberschreitenden Flug. [2]Gleichzeitig vermittelt es im Auftrag des Reisenden die Erteilung des Visums. [3]Die Steuerbefreiung des § 4 Nr. 5 UStG kann in diesem Fall nur für die Vermittlung des Fluges in Betracht kommen.

(6) [1]Erhält ein Reisebüro eine Zahlung von einem Luftverkehrsunternehmen, das die dem Reisenden vermittelte grenzüberschreitende Personenbeförderung im Luftverkehr erbringt, obwohl eine Vermittlungsprovision nicht vereinbart wurde (z. B. im Rahmen des sog. Nullprovisionsmodells oder einer sog. Incentive-Vereinbarung), ist im Einzelfall auf Basis der vertraglichen Vereinbarungen zu prüfen, welche Leistungen des Reisebüros mit der Zahlung vergütet werden. [2]Zahlungen des Luftverkehrsunternehmens für die Bereitschaft des Reisebüros, die Erbringung von Leistungen des Luftverkehrsunternehmens in besonderem Maß zu fördern und in Kundengesprächen bevorzugt anzubieten, sind Entgelt für eine steuerpflichtige Vertriebsleistung eigener Art des Reisebüros gegenüber dem Luftverkehrsunternehmen. [3]Erhält ein Reisebüro, das grenzüberschreitende Personenbeförderungsleistungen im Luftverkehr im Auftrag des Luftverkehrsunternehmens vermittelt, von diesem für den Flugscheinverkauf ein Entgelt, und erhebt es daneben einen zusätzlichen Betrag vom Reisenden (z. B. sog. Service-Fee), erbringt es beim Flugscheinverkauf eine nach § 4 Nr. 5 Satz 1 Buchstabe b UStG steuerfreie Vermittlungsleistung an das Luftverkehrsunternehmen und gleichzeitig eine Vermittlungsleistung an den Reisenden (vgl. im Einzelnen Abschnitt 10.1 Abs. 9).

(7) [1]Firmenkunden-Reisebüros erbringen mit ihren Leistungen an Firmenkunden hauptsächlich Vermittlungsleistungen und nicht eine einheitliche sonstige Leistung der Kundenbetreuung. [2]Wesen des Vertrags zwischen Firmenkunden-Reisebüro und Firmenkunden ist die effiziente Vermittlung von Reiseleistungen unter Beachtung aller Vorgaben des Firmenkunden. [3]Hierzu gehört insbesondere auch die Einhaltung der kundeninternen Reisekosten-Richtlinie und die erleichterte Reisebuchung mittels Online-Buchungsplattformen. [4]Das Entgelt wird in erster Linie für die Vermittlung der Reiseleistung des Leistungsträgers und nicht für eine gesonderte Betreuungsleistung gezahlt.

(8) [1]Das Firmenkunden-Reisebüro wird nicht (nur) im Auftrag des jeweiligen Leistungsträgers tätig. [2]Es tritt regelmäßig als Vermittler im Namen und für Rechnung des Firmenkunden auf. [3]Die Vermittlungsleistung des Reisebüros ist nach Abschnitt 53 Abs. 6 Satz 4 steuerpflichtig, wenn dem Kunden für die Vermittlung der Tätigkeit ein gesondertes Entgelt berechnet wird. [4]Das betrifft insbesondere Fälle, in denen das Reisebüro dem Kunden für eine besondere Leistung gesondert Kosten berechnet (z. B. besondere Bearbeitungsgebühren).

(9) [1]Eine von einem Reisebüro an einen Reiseveranstalter erbrachte Leistung ist auch dann noch als Vermittlungsleistung anzusehen, wenn der Reisende von der Reise vertragsgemäß zurücktritt und das Reisebüro in diesem Fall vom Reiseveranstalter nur noch ein vermindertes Entgelt (sog. Stornoprovision) für die von ihm erbrachte Leistung erhält.

UStAE 4.5.3. Verkauf von Flugscheinen durch Reisebüros oder Tickethändler („Consolidator")

(1) [1]Bei Verkäufen von Flugscheinen sind grundsätzlich folgende Sachverhalte zu unterscheiden:

1. [1]Der Linienflugschein wird von einem lizensierten IATA-Reisebüro verkauft und das Reisebüro erhält hierfür eine Provision. [2]Der Linienflugschein enthält einen Preiseindruck, der dem offiziellen IATA-Preis entspricht. [3]Der Kunde erhält sofort oder auch später eine Gutschrift in Höhe des gewährten Rabattes. [4]Die Abrechnung erfolgt als „Nettopreisticket", so dass keine übliche Vermittlungsprovision vereinbart wird. [5]Die Flugscheine werden mit einem am Markt durchsetzbaren Aufschlag auf den Festpreis an den Reisenden veräußert. [6]Der Festpreis liegt in der Regel deutlich unter dem um die Provision geminderten offiziellen Ticketpreis. [7]Erfolgt die Veräußerung über einen Vermittler („Consolidator"), erhöht sich der Festpreis um einen Gewinnzuschlag des Vermittlers. [8]Die Abrechnung erfolgt dann über eine sog. „Bruttoabrechnung".
2. [1]Bei „IT-Flugscheinen" (Linientickets mit einem besonderen Status) darf der Flugpreis nicht im Flugschein ausgewiesen werden, da er nur im Zusammenhang mit einer Pauschalreise (Kombination des Flugs mit einer anderen Reiseleistung, z. B. Hotel) gültig ist. [2]Der Verkauf des Flugscheins an den Kunden mit einem verbundenen, zusätzlichen Leistungsgutschein (Voucher) erfolgt in einem Gesamtpaket zu einem Pauschalpreis. [3]Sind sich der Kunde und der Verkäufer der Leistung aber einig, dass der Leistungsgutschein wertlos ist (Null-Voucher), handelt es sich wirtschaftlich um den Verkauf eines günstigen Fluges und nicht um eine Pauschalreise.
3. [1]„Weichwährungstickets" sind Flugscheine mit regulärem Preiseindruck (IATA-Tarif). [2]Allerdings lautet der Flugpreis nicht auf Euro, sondern wird in einer beliebigen „weicheren" Währung ausgedruckt. [3]Dabei wird der Flugschein entweder unmittelbar im „Weichwährungsland" erworben oder in Deutschland mit einem fingierten ausländischen Abflugort ausgestellt und der für den angeblichen Abflugort gültige, günstigere Preis zu Grunde gelegt.
4. [1]Charterflugscheine unterlagen bis zur Änderung der luftfahrtrechtlichen Bestimmungen den gleichen Beschränkungen wie „IT-Flugscheine", d. h. nur die Bündelung der Flugleistung mit einer/mehreren anderen touristischen Leistungen führte zu einem gültigen Ticket. [2]Die Umgehung der luftfahrtrechtlichen Beschränkungen wurde über die Ausstellung von „Null-Vouchers" erreicht. [3]Nach der Aufhebung der Beschränkungen ist der Verkauf von einzelnen Charterflugscheinen ohne Leistungsgutschein (sog. Nur-Flüge) zulässig.

[2]Die Veräußerung dieser Flugscheine an den Kunden erfolgt entweder unmittelbar über Reisebüros oder über einen oder mehrere zwischengeschaltete Tickethändler („Consolidator"). [3]Die eigentliche Beförderung kommt zwischen der Fluggesellschaft und dem Kunden zustande. [4]Kennzeichnend ist in allen Sachverhalten, dass die Umsätze Elemente eines Eigengeschäfts (Veranstalterleistung) sowie eines Vermittlungsgeschäfts enthalten.

(2) [1]Aus Vereinfachungsgründen kann der Verkauf von Einzeltickets für grenzüberschreitende Flüge (Linien- oder Charterflugschein) vom Reisebüro im Auftrag des Luftverkehrsunternehmens an die Kunden als steuerfreie Vermittlungsleistung nach § 4 Nr. 5 Satz 1 Buchstabe b UStG behandelt werden. [2]Gleiches gilt für die Umsätze des Consolidators, der in den Verkauf der Einzeltickets eingeschaltet worden ist. [3]Die Vereinfachungsregelung findet ausschließlich Anwendung beim Verkauf von Einzelflugtickets durch Reisebüros und Tickethändler. [4]Sobald diese ein „Paket" von Flugtickets erwerben und mit anderen Leistungen (z. B. Unterkunft und Verpflegung) zu einer Pauschalreise verbinden, handelt es sich um eine Reiseleistung, deren Umsatzbesteuerung sich nach § 25 UStG richtet. [5]Können nicht alle Reisen aus diesem „Paket" veräußert werden und werden daher Flugtickets ohne die vorgesehenen zusätzlichen Leistungen veräußert, sind die Voraussetzungen einer Vermittlungsleistung im Sinne des Satzes 1 nicht erfüllt, da insoweit das Reisebüro bzw. der Tickethändler auf eigene Rechnung und eigenes Risiko tätig wird. [6]Nachträglich (rückwirkend) kann diese Leistung nicht in eine Vermittlungsleistung umgedeutet werden. [7]Die Versteuerung richtet sich in diesen Fällen daher weiterhin nach § 25 UStG. [8]Reisebüros/Tickethändler müssen deshalb beim Erwerb der Flugtickets entscheiden, ob sie die Flugtickets einzeln „veräußern" oder zusammen mit anderen Leistungen in einem „Paket" anbieten wollen. [9]Der Nachweis hierüber ist entsprechend den Regelungen des § 25 Abs. 5 Nr. 2 in Verbindung mit § 22 Abs. 2 Nr. 1 UStG zu führen.

(3) Erhebt das Reisebüro beim Verkauf eines Einzeltickets vom Reisenden zusätzlich Gebühren (z. B. sog. Service-Fee), liegt insoweit eine Vermittlungsleistung vor (vgl. Abschnitt 10.1 Abs. 9 Nr. 1 und 4).

(4) Wird dem Flugschein eine zusätzliche „Leistung" des Reisebüros oder des Consolidators ohne entsprechenden Gegenwert (z. B. Null-Voucher) hinzugefügt, handelt es sich bei dem wertlosen Leistungsgutschein um eine unentgeltliche Beigabe.

(5) [1]Das Reisebüro bzw. der Consolidator hat die Voraussetzungen der steuerfreien Vermittlungsleistung im Einzelnen nachzuweisen. [2]Dabei muss dem Käufer des Flugscheins deutlich werden, dass sich die angebotene Leistung auf die bloße Vermittlung der Beförderung beschränkt und die Beförderungsleistung tatsächlich von einem anderen Unternehmer (der Fluggesellschaft) erbracht wird.

(6) [1]Steht ein Ticketverkauf dagegen im Zusammenhang mit anderen Leistungen, die vom leistenden Unternehmer erbracht werden (Transfer, Unterkunft, Verpflegung usw.), liegt in der Gesamtleistung eine eigenständige Veranstaltungsleistung, die unter den Voraussetzungen des § 25 UStG der Margenbesteuerung unterworfen wird. [2]Dabei kommt es nicht auf die Art des Flugscheins (Linien- oder Charterflugschein) an.

UStAE 4.5.4. Buchmäßiger Nachweis

(1) [1]Der Unternehmer hat den Buchnachweis eindeutig und leicht nachprüfbar zu führen. [2]Wegen der allgemeinen Grundsätze wird auf die Ausführungen zum buchmäßigen Nachweis bei Ausfuhrlieferungen hingewiesen (vgl. Abschnitt 6.10 Abs. 1 bis 3).

(2) [1]In § 22 Abs. 2 UStDV ist geregelt, welche Angaben der Unternehmer für die Steuerbefreiung des § 4 Nr. 5 UStG aufzeichnen soll. [2]Zum Nachweis der Richtigkeit dieser buchmäßigen Aufzeichnung sind im Allgemeinen schriftliche Angaben des Auftraggebers oder schriftliche Bestätigungen mündlicher Angaben des Auftraggebers durch den Unternehmer über das Vorliegen der maßgeblichen Merkmale erforderlich. [3]Außerdem kann dieser Nachweis durch geeignete Unterlagen über das vermittelte Geschäft geführt werden, wenn daraus der Zusammenhang mit der Vermittlungsleistung, z. B. durch ein Zweitstück der Verkaufs- oder Versendungsunterlagen, hervorgeht.

(3) [1]Bei einer mündlich vereinbarten Vermittlungsleistung kann der Nachweis auch dadurch geführt werden, dass der Vermittler, z. B. das Reisebüro, den Vermittlungsauftrag seinem Auftraggeber, z. B. dem Beförderungsunternehmer, auf der Abrechnung oder dem Überweisungsträger bestätigt. [2]Das kann z. B. in der Weise geschehen, dass der Vermittler in diesen Unterlagen den vom Auftraggeber für die vermittelte Leistung insgesamt geforderten Betrag angibt und davon den einbehaltenen Betrag unter der Bezeichnung „vereinbarte Provision" ausdrücklich absetzt.

(4) [1]Zum buchmäßigen Nachweis gehören auch Angaben über den vermittelten Umsatz (§ 22 Abs. 2 Nr. 1 UStDV). [2]Im Allgemeinen ist es als ausreichend anzusehen, wenn der Unternehmer die erforderlichen Merkmale in seinen Aufzeichnungen festhält. [3]Bei der Vermittlung der in § 4 Nr. 5 Satz 1 Buchstabe a UStG bezeichneten Umsätze sollen sich daher die Aufzeichnungen auch darauf erstrecken, dass der vermittelte Umsatz unter eine der Steuerbefreiungen des § 4 Nr. 1 Buchstabe a, Nr. 2 bis 4 b sowie Nr. 6 und 7 UStG fällt. [4]Dementsprechend sind in den Fällen des § 4 Nr. 5 Satz 1 Buchstaben b und c UStG auch der Ort und in den Fällen des Buchstabens b zusätzlich die Art des vermittelten Umsatzes aufzuzeichnen. [5]Bei der Vermittlung von Einfuhrlieferungen genügen Angaben darüber, dass der Liefergegenstand im Zuge der Lieferung vom Drittlandsgebiet in das Inland gelangt ist. [6]Einer Unterscheidung danach, ob es sich hierbei um eine Lieferung im Drittlandsgebiet oder um eine unter § 3 Abs. 8 UStG fallende Lieferung handelt, bedarf es für die Inanspruchnahme der Steuerbefreiung des § 4 Nr. 5 UStG aus Vereinfachungsgründen nicht.

Zu § 4 Nr. 6 UStG

UStG § 4 Nr. 6. a) die Lieferungen und sonstigen Leistungen der Eisenbahnen des Bundes auf Gemeinschaftsbahnhöfen, Betriebswechselbahnhöfen, Grenzbetriebsstrecken und Durchgangsstrecken an Eisenbahnverwaltungen mit Sitz im Ausland,

b) *weggefallen*
c) die Lieferungen von eingeführten Gegenständen an im Drittlandsgebiet, ausgenommen Gebiete nach § 1 Abs. 3, ansässige Abnehmer, soweit für die Gegenstände zollamtlich eine vorübergehende Verwendung in den in § 1 Abs. 1 Nr. 4 bezeichneten Gebieten bewilligt worden ist und diese Bewilligung auch nach der Lieferung gilt. Nicht befreit sind die Lieferungen von Beförderungsmitteln, Paletten und Containern,
d) Personenbeförderungen im Passagier- und Fährverkehr mit Wasserfahrzeugen für die Seeschifffahrt, wenn die Personenbeförderungen zwischen inländischen Seehäfen und der Insel Helgoland durchgeführt werden,
e) die Abgabe von Speisen und Getränken zum Verzehr an Ort und Stelle im Verkehr mit Wasserfahrzeugen für die Seeschifffahrt zwischen einem inländischen und ausländischen Seehafen und zwischen zwei ausländischen Seehäfen. Inländische Seehäfen im Sinne des Satzes 1 sind auch die Freihäfen und Häfen auf der Insel Helgoland;

UStAE 4.6.1. Leistungen der Eisenbahnen des Bundes

Bei den Leistungen der Eisenbahnen des Bundes handelt es sich insbesondere um die Überlassung von Anlagen und Räumen, um Personalgestellungen und um Lieferungen von Betriebsstoffen, Schmierstoffen und Energie.

UStAE 4.6.2. Steuerbefreiung für Restaurationsumsätze an Bord von Seeschiffen

[1]Die Steuerbefreiung nach § 4 Nr. 6 Buchstabe e UStG umfasst die entgeltliche und unentgeltliche Abgabe von Speisen und Getränken zum Verzehr an Bord von Seeschiffen, sofern diese eine selbständige sonstige Leistung ist. [2]Nicht befreit ist die Lieferung von Speisen und Getränken. [3]Zur Abgrenzung vgl. Abschnitt 3.6.

Zu § 4 Nr. 7 UStG

UStG § 4 Nr. 7. die Lieferungen, ausgenommen Lieferungen neuer Fahrzeuge im Sinne des § 1 b Abs. 2 und 3, und die sonstigen Leistungen
a) an andere Vertragsparteien des Nordatlantikvertrags, die nicht unter die in § 26 Abs. 5 bezeichneten Steuerbefreiungen fallen, wenn die Umsätze für den Gebrauch oder Verbrauch durch die Streitkräfte dieser Vertragsparteien, ihr ziviles Begleitpersonal oder für die Versorgung ihrer Kasinos oder Kantinen bestimmt sind und die Streitkräfte der gemeinsamen Verteidigungsanstrengung dienen,
b) an die in dem Gebiet eines anderen Mitgliedstaates stationierten Streitkräfte der Vertragsparteien des Nordatlantikvertrags, soweit sie nicht an die Streitkräfte dieses Mitgliedstaates ausgeführt werden,
c) an die in dem Gebiet eines anderen Mitgliedstaates ansässigen ständigen diplomatischen Missionen und berufskonsularischen Vertretungen sowie deren Mitglieder,
d) an die in dem Gebiet eines anderen Mitgliedstaates ansässigen zwischenstaatlichen Einrichtungen sowie deren Mitglieder,
e) an Streitkräfte eines anderen Mitgliedstaates, wenn die Umsätze für den Gebrauch oder Verbrauch durch die Streitkräfte, ihres zivilen Begleitpersonals oder für die Versorgung ihrer Kasinos oder Kantinen bestimmt sind und die Streitkräfte an einer Verteidigungsanstrengung teilnehmen, die zur Durchführung einer Tätigkeit der Union im Rahmen der Gemeinsamen Sicherheits- und Verteidigungspolitik unternommen wird und
f) an die in dem Gebiet eines anderen Mitgliedstaates stationierten Streitkräfte eines Mitgliedstaates, wenn die Umsätze nicht an die Streitkräfte des anderen Mitgliedstaates ausgeführt werden, die Umsätze für den Gebrauch oder Verbrauch durch die Streitkräfte, ihres zivilen Begleitpersonals oder für die Versorgung ihrer Kasinos oder Kantinen bestimmt sind und die Streitkräfte an einer Verteidigungsanstrengung teilnehmen, die zur Durchführung einer Tätigkeit der Union im Rahmen der Gemeinsamen Sicherheits- und Verteidigungspolitik unternommen wird.

Der Gegenstand der Lieferung muss in den Fällen des Satzes 1 Buchstabe b bis d und f in das Gebiet des anderen Mitgliedstaates befördert oder versendet werden. Für die Steuerbefreiungen nach Satz 1 Buchstabe b bis d und f sind die in dem anderen Mitgliedstaat geltenden Voraussetzungen maßgebend. Die Voraussetzungen der Steuerbefreiungen müssen vom Unternehmer nachgewiesen sein. Bei den Steuerbefreiungen nach Satz 1 Buchstabe b bis d und f hat der Unternehmer die in dem anderen Mitgliedstaat geltenden Voraussetzungen dadurch nachzuweisen, dass ihm der Abnehmer eine von der zuständigen Behörde des anderen Mitgliedstaates oder, wenn er hierzu ermächtigt ist, eine selbst ausgestellte Bescheinigung nach amtlich vorgeschriebenem Muster aushändigt. Das Bundesministerium der Finanzen kann mit Zustimmung des Bundesrates durch Rechtsverordnung bestimmen, wie der Unternehmer die übrigen Voraussetzungen nachzuweisen hat;

UStAE 4.7.1. Leistungen an Vertragsparteien des Nordatlantikvertrages, NATO-Streitkräfte, diplomatische Missionen, zwischenstaatliche Einrichtungen und Streitkräfte der Mitgliedstaaten der Europäischen Union im Rahmen der GSVP

(1) [1]Die Steuerbefreiung nach § 4 Nr. 7 Satz 1 Buchstabe a UStG betrifft insbesondere wehrtechnische Gemeinschaftsprojekte der NATO-Partner, bei denen der Generalunternehmer im Inland ansässig ist. [2]Die Leistungen eines Generalunternehmers sind steuerfrei, wenn die Verträge so gestaltet und durchgeführt werden, dass der Generalunternehmer seine Leistungen unmittelbar an jeden einzelnen der beteiligten Staaten ausführt. [3]Diese Voraussetzungen sind auch dann erfüllt, wenn beim Abschluss und bei der Durchführung der Verträge das Bundesamt für Ausrüstung, Informationstechnik und Nutzung der Bundeswehr oder eine von den beteiligten Staaten geschaffene Einrichtung im Namen und für Rechnung der beteiligten Staaten handelt.

(2) [1]Die Steuerbefreiung nach § 4 Nr. 7 Satz 1 Buchstabe a UStG umfasst auch Lieferungen von Rüstungsgegenständen an andere NATO-Partner. [2]Für diese Lieferungen kann auch die Steuerbefreiung für Ausfuhrlieferungen nach § 4 Nr. 1 Buchstabe a, § 6 Abs. 1 UStG in Betracht kommen (vgl. Abschnitt 6.1).

(3) [1]Nach § 4 Nr. 7 Satz 1 Buchstabe b UStG sind Lieferungen und sonstige Leistungen an die im Gebiet eines anderen Mitgliedstaats stationierten NATO-Streitkräfte befreit. [2]Dabei darf es sich nicht um die Streitkräfte dieses Mitgliedstaates handeln (z. B. Lieferungen an die belgischen Streitkräfte in Belgien). [3]Begünstigt sind Leistungsbezüge, die für unmittelbare amtliche Zwecke der Streitkraft selbst und für den persönlichen Gebrauch oder Verbrauch durch Angehörige der Streitkraft bestimmt sind. [4]Die Steuerbefreiung kann nicht für Leistungen an den einzelnen Soldaten in Anspruch genommen werden, sondern nur, wenn die Beschaffungsstelle der im übrigen Gemeinschaftsgebiet stationierten Streitkraft Auftraggeber und Rechnungsempfänger der Leistung ist.

(3 a) [1]Die Steuerbefreiungen nach § 4 Nr. 7 Satz 1 Buchstaben e und f UStG betreffen Maßnahmen im Rahmen der Gemeinsamen Sicherheits- und Verteidigungspolitik (GSVP) gemäß Titel V Kapitel 2 Abschnitt 2 des Vertrags über die Europäische Union. [2]Verteidigungsanstrengungen, die zur Durchführung einer Tätigkeit der Union im Rahmen der GSVP unternommen werden, sind unter anderem militärische Missionen und Operationen, Tätigkeiten von Gefechtsverbänden, der gegenseitige Beistand, Projekte im Rahmen der Ständigen Strukturierten Zusammenarbeit (SSZ) sowie Tätigkeiten der Europäischen Verteidigungsagentur (European Defence Agency – EDA). [3]Ausgenommen sind Tätigkeiten im Rahmen der Solidaritätsklausel nach Artikel 222 des Vertrags über die Arbeitsweise der Europäischen Union und andere bilaterale oder multilaterale Tätigkeiten der Mitgliedstaaten, soweit sie nicht mit Verteidigungsanstrengungen, die zur Durchführung einer Tätigkeit der Union im Rahmen der GSVP unternommen werden, in Zusammenhang stehen. [4]Hierzu zählen auch zivile Missionen im Rahmen der GSVP, Aufgaben, zu deren Erfüllung ausschließlich Zivilpersonal oder zivile Fähigkeiten eingesetzt werden und Lieferungen und Leistungen, die die Streitkräfte für den Gebrauch oder Verbrauch durch die Truppen oder das Zivilpersonal erwerben, das sie innerhalb ihres eigenen Mitgliedstaats begleitet.

(3 b) [1]Nach § 4 Nr. 7 Satz 1 Buchstabe e UStG sind Lieferungen und sonstige Leistungen an Streitkräfte eines anderen Mitgliedstaats, die an einer Verteidigungsanstrengung im Inland teilnehmen, befreit. [2]Be-

günstigt sind Leistungsbezüge, die für unmittelbare amtliche Zwecke der Streitkraft selbst und für den persönlichen Gebrauch oder Verbrauch durch Angehörige der Streitkraft, ihres zivilen Begleitpersonals oder für die Versorgung ihrer Kasinos oder Kantinen bestimmt sind. [3]Die Steuerbefreiung kann nicht für Leistungen an den einzelnen Soldaten in Anspruch genommen werden, sondern nur, wenn die Beschaffungsstelle der Streitkraft Auftraggeber und Rechnungsempfänger der Leistung ist.

(3 c) [1]Nach § 4 Nr. 7 Satz 1 Buchstabe f UStG sind Lieferungen und sonstige Leistungen an die im Gebiet eines anderen Mitgliedstaats stationierten Streitkräfte befreit. [2]Dabei darf es sich nicht um die Streitkräfte dieses Mitgliedstaates handeln (z. B. Lieferungen an die belgischen Streitkräfte in Belgien). [3]Begünstigt sind Leistungsbezüge, die für unmittelbare amtliche Zwecke der Streitkraft selbst und für den persönlichen Gebrauch oder Verbrauch durch Angehörige der Streitkraft, ihres zivilen Begleitpersonals oder für die Versorgung ihrer Kasinos oder Kantinen bestimmt sind. [4]Die Steuerbefreiung kann nicht für Leistungen an den einzelnen Soldaten in Anspruch genommen werden, sondern nur, wenn die Beschaffungsstelle der im übrigen Gemeinschaftsgebiet stationierten Streitkraft Auftraggeber und Rechnungsempfänger der Leistung ist.

(4) [1]Die Steuerbefreiung nach § 4 Nr. 7 Satz 1 UStG gilt nicht für die Lieferungen neuer Fahrzeuge im Sinne des § 1 b Abs. 2 und 3 UStG. [2]In diesen Fällen richtet sich die Steuerbefreiung nach § 4 Nr. 1 Buchstabe b, § 6 a UStG.

(5) [1]Die Steuerbefreiung nach § 4 Nr. 7 Satz 1 Buchstabe b bis d und f UStG setzt voraus, dass der Gegenstand der Lieferung in das Gebiet des anderen Mitgliedstaates befördert oder versendet wird. [2]Die Beförderung oder Versendung ist durch einen Beleg entsprechend § 17 a oder § 17 b UStDV nachzuweisen. [3]Eine Steuerbefreiung kann nur für Leistungsbezüge gewährt werden, die noch für mindestens sechs Monate zum Gebrauch oder Verbrauch im übrigen Gemeinschaftsgebiet bestimmt sind, mit Ausnahme der Steuerbefreiung nach § 4 Nr. 7 Satz 1 Buchstabe f UStG.

(6) [1]Für die genannten Einrichtungen und Personen ist die Steuerbefreiung nach § 4 Nr. 7 Satz 1 Buchstabe b bis d und f UStG – abgesehen von den beleg- und buchmäßigen Nachweiserfordernissen – von den Voraussetzungen und Beschränkungen abhängig, die im Gastmitgliedstaat gelten. [2]Bei Lieferungen und sonstigen Leistungen an Organe oder sonstige Organisationseinheiten (z. B. Außenstellen oder Vertretungen) von zwischenstaatlichen Einrichtungen gelten die umsatzsteuerlichen Privilegien des Mitgliedstaates, in dem sich diese Einrichtungen befinden. [3]Der Unternehmer hat als Voraussetzung der Steuerbefreiung zwingend mit der ihm vom Abnehmer ausgehändigten und für diesen von der zuständigen Behörde des Gastmitgliedstaates erteilten Bestätigung (Sichtvermerk) nachzuweisen, dass die in dem Gastmitgliedstaat geltenden Voraussetzungen und Beschränkungen eingehalten sind (siehe Satz 1). [4]Kann diese vorgelegt werden, ist dies zwar ein wichtiges, aber nicht allein entscheidendes Kriterium und führt für sich alleine noch nicht zur Anwendung der Steuerbefreiung nach § 4 Nr. 7 Satz 1 Buchstabe b bis d und f UStG. [5]Die Gastmitgliedstaaten können zur Vereinfachung des Bestätigungsverfahrens bestimmte Einrichtungen von der Verpflichtung befreien, einen Sichtvermerk der zuständigen Behörde einzuholen. [6]In diesen Fällen tritt an die Stelle des Sichtvermerks eine Eigenbestätigung der Einrichtung, in der auf die entsprechende Genehmigung (Datum und Aktenzeichen) hinzuweisen ist. [7]Für die von der zuständigen Behörde des Gastmitgliedstaates zu erteilende Bestätigung bzw. die Eigenbestätigung der begünstigten Einrichtung ist ein Vordruck nach amtlich vorgeschriebenem Muster zu verwenden (vgl. BMF-Schreiben vom 16. 09. 2022, BStBl I S. 1418, und Artikel 51 in Verbindung mit Anhang II MwStVO).

(7) [1]Die Voraussetzungen der Steuerbefreiung müssen vom Unternehmer im Geltungsbereich des UStG buchmäßig nachgewiesen werden. [2]Die Voraussetzungen müssen eindeutig und leicht nachprüfbar aus der Buchführung zu ersehen sein. [3]Der Unternehmer soll den Nachweis bei Lieferungen entsprechend § 17 d Abs. 2 UStDV und bei sonstigen Leistungen entsprechend § 13 Abs. 2 UStDV führen. [4]Kann der Unternehmer den beleg- und buchmäßigen Nachweis nicht, nicht vollständig oder nicht zeitnah führen, ist grundsätzlich davon auszugehen, dass die Voraussetzungen der Steuerbefreiung nicht erfüllt sind. [5]Etwas anderes gilt ausnahmsweise dann, wenn auf Grund der vorliegenden Belege und der sich daraus ergebenden tatsächlichen Umstände objektiv feststeht, dass die Voraussetzungen der Steuerbefreiung vorliegen (vgl. auch BFH-Urteil vom 5. 7. 2012, V R 10/10, BStBl 2014 II S. 539).

Anmerkung

§ 4 Nr. 7 UStG befreit unter weiteren Voraussetzungen Leistungen, die an Vertragsparteien des Nordatlantikvertrags, NATO-Streitkräfte, diplomatische Missionen und zwischenstaatliche Einrichtungen ausgeführt werden. Die Befreiung setzt bestimmte Buch- und Belegnachweise voraus (vgl. Abschn. 4.7.1 Abs. 6 UStAE).

Im Zusammenhang mit der Steuerbegünstigung von Lieferungen an bestimmte begünstigte Leistungsempfänger waren 2022 verschiedene Änderungen eingetreten, auf die die Finanzverwaltung reagiert:

1. In **§ 4 Nr. 7 Satz 1 Buchst. e und Buchst. f UStG** sind mit Wirkung **ab dem 1.7.2022** Vorschriften zur Steuerbefreiung von Leistungen im Zusammenhang mit der Gemeinsamen Sicherheits- und Verteidigungspolitik der Union eingeführt worden. Danach sind Lieferungen (mit Ausnahme neuer Fahrzeuge nach § 1b Abs. 2 und Abs. 3 UStG) und sonstige Leistungen an **Streitkräfte eines anderen Mitgliedstaats** im Inland oder an in einem anderen Mitgliedstaat stationierte Streitkräfte eines weiteren Mitgliedstaats befreit, wenn die Umsätze für den Gebrauch oder Verbrauch durch die Streitkräfte, ihr ziviles Begleitpersonal oder für die Versorgung ihrer Kasinos oder Kantinen bestimmt sind und die Streitkräfte an einer Verteidigungsanstrengung teilnehmen, die zur Durchführung einer Tätigkeit der Union im Rahmen der Gemeinsamen Sicherheits- und Verteidigungspolitik unternommen wird.
2. Rückwirkend **zum 1.1.2021** sind Regelungen zur Steuervergütung für Leistungsbezüge europäischer Einrichtungen insbesondere in Reaktion auf die COVID-19-Pandemie in **§ 4c UStG** eingeführt worden.

Die Finanzverwaltung (BMF, Schreiben v. 11.11.2022) hat zu den Neuregelungen Hinweise in Abschn. 4.7.1 Abs. 3a bis Abs. 3c UStAE aufgenommen. Die Steuerbefreiungen betreffen Maßnahmen im Rahmen der Gemeinsamen Sicherheits- und Verteidigungspolitik (GSVP – gem. Titel V Kap. 2 Abschn. 2 des Vertrags über die Europäische Union), u. a. militärische Missionen und Operationen, Tätigkeiten von Gefechtsverbänden oder der gegenseitige Beistand. Nicht dazu gehören zivile Missionen im Rahmen der GSVP, Aufgaben, zu deren Erfüllung ausschließlich Zivilpersonal oder zivile Fähigkeiten eingesetzt werden und Lieferungen und Leistungen, die die Streitkräfte für den Gebrauch oder Verbrauch durch die Truppen oder das Zivilpersonal erwerben, das sie innerhalb ihres eigenen Mitgliedstaats begleitet.

Hinweis: Unmittelbarer Zusammenhang notwendig

Unter die Steuerbefreiung fallen nur die Leistungen, die für **unmittelbare amtliche Zwecke** der Streitkraft selbst und für den persönlichen Gebrauch oder Verbrauch durch Angehörige der Streitkraft, ihres zivilen Begleitpersonals oder für die Versorgung ihrer Kasinos oder Kantinen bestimmt sind. Die Steuerbefreiung kann nicht für Leistungen an den einzelnen Soldaten in Anspruch genommen werden, sondern nur, wenn die Beschaffungsstelle der Streitkraft Auftraggeber und Rechnungsempfänger der Leistung ist.

Nach § 4 Nr. 7 Satz 3 UStG sind für die Steuerbefreiung der Umsätze an die in § 4 Nr. 7 Satz 1 Buchst. b–d und f UStG genannten Einrichtungen und Personen die **in dem Gastmitgliedstaat geltenden Voraussetzungen** und Beschränkungen maßgebend. Der leistende Unternehmer muss dies durch eine **Bescheinigung** vom Leistungsempfänger, ausgestellt von der zuständigen Behörde des Gastmitgliedstaates (bzw. durch eine von der begünstigten Einrichtung selbst ausgestellte Bescheinigung) nach amtlich vorgeschriebenem Muster, nachweisen. Die Bescheinigung wird von den zuständigen Behörden des Aufnahmemitgliedstaats bzw. von der begünstigten Einrichtung mit einem Dienststempelabdruck versehen.

Die Finanzverwaltung (BMF, Schreiben v. 16.9.2022, BStBl I 2022, 1418) hat für Umsätze, die **nach dem 30.6.2022** ausgeführt werden, das Muster der **Bescheinigung neu veröffentlicht** (in deutscher, englischer und französischer Sprache).

Soweit Leistungen ausgeführt werden, die unter die Steuerbefreiungsnormen nach § 4 Nr. 7 Satz 1 Buchst. e und Buchst. f UStG fallen, sind für alle ab dem 1.7.2022 ausgeführten Umsätze die neuen

Muster „Bescheinigung über die Steuerbefreiung von der Mehrwertsteuer und/oder der Verbrauchsteuer“ zu verwenden.

Die Finanzverwaltung hat die Liste der Hauptquartiere nach Art. 14 des Ergänzungsabkommens zum Protokoll über die NATO-Hauptquartiere zuletzt durch Schreiben v. 14.11.2025 (BStBl I 2025, 2013) neu gefasst.

Zu § 4 Nr. 8 UStG

UStG § 4 Nr. 8. a) die Gewährung und die Vermittlung von Krediten,

b) die Umsätze und die Vermittlung der Umsätze von gesetzlichen Zahlungsmitteln. Das gilt nicht, wenn die Zahlungsmittel wegen ihres Metallgehalts oder ihres Sammlerwerts umgesetzt werden,

c) die Umsätze im Geschäft mit Forderungen, Schecks und anderen Handelspapieren sowie die Vermittlung dieser Umsätze, ausgenommen die Einziehung von Forderungen,

d) die Umsätze und die Vermittlung der Umsätze im Einlagengeschäft, im Kontokorrentverkehr, im Zahlungs- und Überweisungsverkehr und das Inkasso von Handelspapieren,

e) die Umsätze im Geschäft mit Wertpapieren und die Vermittlung dieser Umsätze, ausgenommen die Verwahrung und die Verwaltung von Wertpapieren,

f) die Umsätze und die Vermittlung der Umsätze von Anteilen an Gesellschaften und anderen Vereinigungen,

g) die Übernahme von Verbindlichkeiten, von Bürgschaften und anderen Sicherheiten sowie die Vermittlung dieser Umsätze,

h) die Verwaltung von Organismen für gemeinsame Anlagen in Wertpapieren im Sinne des § 1 Absatz 2 des Kapitalanlagegesetzbuchs, die Verwaltung von alternativen Investmentfonds im Sinne des § 1 Absatz 3 des Kapitalanlagegesetzbuchs und die Verwaltung von Versorgungseinrichtungen im Sinne des Versicherungsaufsichtsgesetzes,

i) die Umsätze der im Inland gültigen amtlichen Wertzeichen zum aufgedruckten Wert;

j) *weggefallen*

k) *weggefallen*

UStAE 4.8.1. Vermittlungsleistungen im Sinne des § 4 Nr. 8 und 11 UStG

[1]Die in § 4 Nr. 8 und 11 UStG bezeichneten Vermittlungsleistungen setzen die Tätigkeit einer Mittelsperson voraus, die nicht den Platz einer der Parteien des zu vermittelnden Vertragsverhältnisses einnimmt und deren Tätigkeit sich von den vertraglichen Leistungen, die von den Parteien dieses Vertrages erbracht werden, unterscheidet. [2]Zweck der Vermittlungstätigkeit ist, das Erforderliche zu tun, damit zwei Parteien einen Vertrag schließen, an dessen Inhalt der Vermittler kein Eigeninteresse hat. [3]Es genügt, wenn der jeweilige Vermittler zu den Parteien eine mittelbare Verbindung über andere Steuerpflichtige unterhält, die selbst in unmittelbarer Verbindung zu einer dieser Parteien stehen (vgl. BFH-Urteil vom 28. 5. 2009; V R 7/08, BStBl II 2010 S. 80). [4]Die Mittlertätigkeit kann darin bestehen, einer Vertragspartei Gelegenheit zum Abschluss eines Vertrages nachzuweisen, mit der anderen Partei Kontakt aufzunehmen oder über die Einzelheiten der gegenseitigen Leistungen zu verhandeln, wobei sich die Tätigkeit auf ein einzelnes Geschäft, das vermittelt werden soll, beziehen muss. [5]Die spezifischen und wesentlichen Funktionen einer Vermittlung sind auch erfüllt, wenn ein Unternehmer einem Vermittler am Abschluss eines Vertrages potentiell interessierte Personen nachweist und hierfür eine sog. „Zuführungsprovision“ erhält (vgl. BFH-Urteil vom 28. 5. 2009, V R 7/08, a. a. O.). [6]Nicht steuerfrei sind hingegen Leistungen, die keinen spezifischen und wesentlichen Bezug zu einzelnen Vermittlungsgeschäften aufweisen, sondern allenfalls dazu dienen, als Subunternehmer den Versicherer bei den ihm selbst obliegenden Aufgaben zu unterstützen, ohne Vertragsbeziehungen zu den Versicherten zu unterhalten (vgl. BFH-Urteil vom 28. 5. 2009, V R 7/08, a. a. O.). [7]Wer lediglich einen Teil der mit einem zu vermittelnden Vertragsverhältnis verbundenen Sacharbeit übernimmt oder lediglich einem anderen Unternehmer Vermittler zuführt und diese betreut, erbringt insoweit keine steuerfreie Vermittlungsleis-

tung (vgl. BFH-Urteil vom 14. 5. 2014, XI R 13/11, BStBl II S. 734). [8]Die Steuerbefreiung einer Vermittlungsleistung setzt nicht voraus, dass es tatsächlich zum Abschluss des zu vermittelnden Vertragsverhältnisses gekommen ist. [9]Unbeschadet dessen erfüllen bloße Beratungsleistungen den Begriff der Vermittlung nicht (vgl. EuGH-Urteil vom 21. 6. 2007, C-453/05, Ludwig). [10]Auch die Betreuung, Überwachung oder Schulung von nachgeordneten selbständigen Vermittlern kann zur berufstypischen Tätigkeit eines Bausparkassenvertreters, Versicherungsvertreters oder Versicherungsmaklers nach § 4 Nr. 11 UStG oder zu Vermittlungsleistungen der in § 4 Nr. 8 UStG bezeichneten Art gehören. [11]Dies setzt aber voraus, dass der Unternehmer, der die Leistung der Betreuung, Überwachung und Schulung übernimmt, durch Prüfung eines jeden Vertragsangebots mittelbar auf eine der Vertragsparteien einwirken kann. [12]Dabei ist auf die Möglichkeit abzustellen, eine solche Prüfung im Einzelfall durchzuführen (vgl. BFH-Urteil vom 3. 8. 2017, V R 19/16, BStBl II S. 1207).

Anmerkung

Nach § 4 Nr. 8 UStG sind verschiedene Finanzdienstleistungen steuerfrei. Dies betrifft auch **Vermittlungsleistungen von Finanzdienstleistern**. § 4 Nr. 11 UStG befreit die (Vermittlungs-)Tätigkeiten von Bausparkassenvertretern, Versicherungsvertretern und Versicherungsmaklern. Die Finanzverwaltung war früher davon ausgegangen, dass eine steuerfreie Vermittlungsleistung regelmäßig nur dann vorliegen kann, wenn der Vermittler mit wenigstens einer der am Grundvertrag beteiligten Parteien in einem unmittelbaren Kontakt steht.

Nachdem der BFH (Urt. v. 24.7.2014 – V R 9/13, BFH/NV 2014, 1783) entschieden hatte, dass Versicherungsmakler i. S. d. § 4 Nr. 11 UStG auch sein kann, wer sog. Blanko-Deckungskarten für Kurzzeitversicherungen an- und verkauft, ohne direkt mit einer der Versicherungsvertragsparteien in unmittelbaren Kontakt zu stehen, hatte die Finanzverwaltung (BMF, Schreiben v. 8.12.2015, BStBl I 2015, 1066) den UStAE angepasst. Es wurde klargestellt, dass es für die Steuerbefreiung als Vermittlungsleistung ausreichend ist, wenn der jeweilige Vermittler zu den Parteien eine **mittelbare Verbindung** über andere Steuerpflichtige unterhält, die selbst in unmittelbarer Verbindung zu einer dieser Parteien stehen.

Hinweis: Bezug zu jeder einzelnen Tätigkeit notwendig

Die Tätigkeit muss sich auf ein einzelnes Geschäft beziehen, das vermittelt werden soll. Nicht steuerfrei sind Leistungen, die keinen spezifischen und wesentlichen Bezug zu einzelnen Vermittlungsgeschäften aufweisen, sondern allenfalls dazu dienen, als Subunternehmer den Versicherer bei den ihm selbst obliegenden Aufgaben zu unterstützen, ohne Vertragsbeziehungen zu den Versicherten zu unterhalten.

Die Grundsätze waren in allen offenen Fällen anzuwenden. Für Umsätze, die **vor dem 31.12.2015** erbracht wurden, wurde es von der Finanzverwaltung nicht beanstandet, wenn der Unternehmer seine Leistungen abweichend von diesen Grundsätzen bei solchen Konstellationen steuerpflichtig behandelt.

Hinweis: Steuerbefreiung von Verwaltung von Krediten aus Gesetzesplan gestrichen

In § 4 Nr. 8 Buchst. a und Buchst. g UStG sollten durch das Zukunftsfinanzierungsgesetz die umsatzsteuerlichen Befreiungstatbestände auf die Verwaltung von Krediten und Kreditsicherheiten durch die Kreditgeber ausgedehnt werden, um die unionsrechtlichen Vorgaben vollständig in nationales Recht umzusetzen. Die noch in der ersten Lesung verabschiedeten Änderungen sind dann aber im Finanzausschuss des Bundestags gestrichen worden. Die Änderung sollte zur Anpassung an Art. 135 Abs. 1 Buchst. b und Buchst. c MwStSystRL erfolgen. Die Verwaltung von Krediten und Kreditsicherheiten durch den Kreditgeber bleiben deshalb (vorerst) steuerpflichtige Leistungen. Ein erneuter Anlauf im Rahmen des Jahressteuergesetzes 2024 ist ebenfalls im weiteren Gesetzgebungsverfahren wieder dem „Rotstift" zum Opfer gefallen.

Der BFH (Urt. v. 8.7.2025 – XI R 7/23, BFH/NV 2025/1724) hat zu den Vermittlern grundsätzlich entschieden, dass ein nach § 4 Nr. 11 UStG steuerfreier Umsatz aus der Tätigkeit als Bausparkassenvertreter, Versicherungsvertreter und Versicherungsmakler auch dann vorliegen kann, wenn aufgrund der Tätigkeit ein bestehender Vertrag durch Abschluss einer **Änderungsvereinbarung optimiert** wird. Der Umstand, dass der Versicherungsnehmer das Entgelt entrichtet, steht der Steuerbefreiung nicht entgegen.

Nicht erforderlich ist, dass der Vermittler selbst keinen Einfluss auf die Inhalte des vermittelten Vertrags hat. Das **EuG** (Urt. v. 26.11.2025 – T-657/24, Versãofast, Unipessoal, Lda, zurzeit nur auf der Internetseite des EuGH/EuG) hat im Zusammenhang mit der Vermittlung von Immobilienkreditverträgen festgestellt, dass die Steuerbefreiung nach Art. 135 Abs. 1 Buchst. b MwStSystRL für die Tätigkeiten eines Kreditvermittlers gilt, der Kunden sucht und anwirbt, um ihnen Immobilienkreditverträge anzubieten, sie durch Tätigkeiten vor Vertragsabschluss unterstützt, die Kommunikation mit den Kreditinstituten übernimmt und von diesen Instituten nach Maßgabe des Betrags der aufgrund seiner Vermittlung geschlossenen Kreditverträge vergütet wird. Dies gilt auch ungeachtet dessen, dass er weder befugt ist, im Namen der Kreditinstitute zu handeln, noch Einfluss auf den Inhalt der Kreditangebote hat, und die Kunden frei entscheiden können, ob und mit welchem Institut sie einen Kreditvertrag abschließen.

UStAE 4.8.2. Gewährung und Vermittlung von Krediten

(1) [1]Gewährt ein Unternehmer im Zusammenhang mit einer Lieferung oder sonstigen Leistung einen Kredit, ist diese Kreditgewährung nach § 4 Nr. 8 Buchstabe a UStG steuerfrei, wenn sie als selbständige Leistung anzusehen ist. [2]Entgelte für steuerfreie Kreditleistungen können Stundungszinsen, Zielzinsen und Kontokorrentzinsen sein (vgl. Abschnitt 3.11 Abs. 3 und 4). [3]Als Kreditgewährung ist auch die Kreditbereitschaft anzusehen, zu der sich ein Unternehmer vertraglich bis zur Auszahlung des Darlehens verpflichtet hat. [4]Zur umsatzsteuerrechtlichen Behandlung von Krediten, die im eigenen Namen, aber für fremde Rechnung gewährt werden, siehe Abschnitt 3.15.

(2) [1]Werden bei der Gewährung von Krediten Sicherheiten verlangt, müssen zur Ermittlung der Beleihungsgrenzen der Sicherungsobjekte, z. B. Grundstücke, bewegliche Sachen, Warenlager, deren Werte festgestellt werden. [2]Die dem Kreditgeber hierdurch entstehenden Kosten, insbesondere Schätzungsgebühren und Fahrtkosten, werden dem Kreditnehmer bei der Kreditgewährung in Rechnung gestellt. [3]Mit der Ermittlung der Beleihungsgrenzen der Sicherungsobjekte werden keine selbständigen wirtschaftlichen Zwecke verfolgt. [4]Diese Tätigkeit dient vielmehr lediglich dazu, die Kreditgewährung zu ermöglichen. [5]Dieser unmittelbare, auf wirtschaftlichen Gegebenheiten beruhende Zusammenhang rechtfertigt es, in der Ermittlung des Wertes der Sicherungsobjekte eine Nebenleistung zur Kreditgewährung zu sehen und sie damit als steuerfrei nach § 4 Nr. 8 Buchstabe a UStG zu behandeln (BFH-Urteil vom 9. 7. 1970, V R 32/70, BStBl II S. 645).

(3) Zur umsatzsteuerrechtlichen Behandlung des Factoring siehe Abschnitt 2.4.

(4) [1]Die Darlehenshingabe der Bausparkassen durch Auszahlung der Baudarlehen auf Grund von Bausparverträgen ist als Kreditgewährung nach § 4 Nr. 8 Buchstabe a UStG steuerfrei. [2]Die Steuerfreiheit umfasst die gesamte Vergütung, die von den Bausparkassen für die Kreditgewährung vereinnahmt wird. [3]Darunter fallen außer den Zinsbeträgen auch die Nebengebühren, wie z. B. die Abschluss- und die Zuteilungsgebühren. [4]Steuerfrei sind ferner die durch die Darlehensgebühr und durch die Kontogebühr abgegoltenen Leistungen der Bausparkasse (BFH-Urteil vom 13. 2. 1969, V R 68/67, BStBl II S. 449). [5]Dagegen sind insbesondere die Herausgabe eines Nachrichtenblatts, die Bauberatung und Bauaufsicht steuerpflichtig, weil es sich dabei um selbständige Leistungen neben der Kreditgewährung handelt.

(5) Die Vergütungen, die dem Pfandleiher nach § 10 Abs. 1 Satz 1 Nr. 2 der Verordnung über den Geschäftsbetrieb der gewerblichen Pfandleiher (PfandlV) zustehen, sind Entgelt für eine nach § 4 Nr. 8 Buchstabe a UStG steuerfreie Kreditgewährung (BFH-Urteil vom 09.07.1970 – V R 32/70, BStBl II S. 645).

(6) Hat der Kunde einer Hypothekenbank bei Nichtabnahme des Hypothekendarlehens, bei dessen vorzeitiger Rückzahlung oder bei Widerruf einer Darlehenszusage oder Rückforderung des Darlehens als Folge bestimmter, vom Kunden zu vertretender Ereignisse im Voraus festgelegte Beträge zu zahlen (sog. Nichtabnahme- bzw. Vorfälligkeitsentschädigungen), handelt es sich – soweit nicht Schadensersatz vorliegt – um Entgelte für nach § 4 Nr. 8 Buchstabe a UStG steuerfreie Kreditleistungen (BFH-Urteil vom 20. 3. 1980, V R 32/76, BStBl II S. 538).

(7) [1]Eine nach § 4 Nr. 8 Buchstabe a UStG steuerfreie Kreditgewährung liegt nicht vor, wenn jemand einem Unternehmer Geld für dessen Unternehmen oder zur Durchführung einzelner Geschäfte gegen Beteiligung nicht nur am Gewinn, sondern auch am Verlust zur Verfügung stellt. [2]Eine Beteiligung am Verlust ist mit dem Wesen des Darlehens, bei dem die hingegebene Geldsumme zurückzuzahlen ist, unvereinbar (BFH-Urteil vom 19. 3. 1970, V R 137/69, BStBl II S. 602).

(8) [1]Vereinbart eine Bank mit einem Kreditvermittler, dass dieser in die Kreditanträge der Kreditkunden einen höheren Zinssatz einsetzen darf, als sie ohne die Einschaltung eines Kreditvermittlers verlangen würde (sog. Packing), ist die Zinsdifferenz das Entgelt für eine Vermittlungsleistung des Kreditvermittlers gegenüber der Bank (BFH-Urteil vom 8. 5. 1980, V R 126/76, BStBl II S. 618). [2]Die Leistung ist als Kreditvermittlung nach § 4 Nr. 8 Buchstabe a UStG steuerfrei.

(9) Eine vorab erstellte Finanzanalyse der Kundendaten durch den Vermittler, in der Absicht den Kunden bei der Auswahl des Finanzproduktes zu unterstützen bzw. das für ihn am besten passende Finanzprodukt auswählen zu können, kann, wenn sie ähnlich einer Kaufberatung das Mittel darstellt, um die Hauptleistung Kreditvermittlung in Anspruch zu nehmen, als unselbständige Nebenleistung (vgl. hierzu Abschnitt 3.10 Abs. 5) zur Kreditvermittlung angesehen werden.

Anmerkung

Steuerbefreit sind **Kreditgewährungen** (Kapitalüberlassungen auf Zeit gegen Entgelt), wenn sie als selbstständige Leistungen anzusehen sind. Fälle steuerfreier Kreditgewährung sind insbesondere:

- Kreditgewährungen von Kreditinstituten, Hypothekenbank oder Bausparkassen;
- Kredite bei Abzahlungsgeschäften. Dies sind Warenlieferungen gegen Bewilligung von Teilzahlungen und gegen besonders vereinbarte und berechnete Teilzahlungszuschläge;
- abredegemäße Verzinsung einer Kaufpreisschuld;
- sonstige gesondert vereinbarte Kreditgewährungen:
  - Stundungszinsen (Leistungsempfänger darf nach Fälligkeit zahlen),
  - Zielzinsen (Leistungsempfänger wählt statt Barpreis den höheren Zielpreis),
  - Kontokorrentzinsen; § 355 HGB.

Soweit die Kreditgewährung (z. B. im Zusammenhang mit einem Verkauf eines Gegenstands) nicht als gesondert vereinbarte Leistung anzusehen ist, teilt sie als **Nebenleistung** das Schicksal der Hauptleistung. Voraussetzungen für eigenständige Rechtsgeschäfte sind insbesondere:

- Die Lieferung oder die sonstige Leistung und die Kreditgewährung mit den dafür aufgewendeten Entgelten müssen bei Abschluss des Umsatzgeschäfts je für sich gesondert vereinbart worden sein. Das für ein Umsatzgeschäft vereinbarte Entgelt kann nicht nachträglich in ein Entgelt für die Lieferung oder sonstige Leistung und ein Entgelt für die Kreditgewährung aufgeteilt werden.
- Eigenständige Bildung von Leistungspreisen.
- Die Entgelte für die beiden Leistungen müssen getrennt abgerechnet werden.

Hinweis: Keine Angabe des Jahreszinses notwendig

Früher war die Finanzverwaltung davon ausgegangen, dass eine Trennung der steuerfreien Kreditgewährung von einer gleichzeitig erfolgten Lieferung nur dann möglich ist, wenn in der Kreditvereinbarung auch der Jahreszins mit angegeben ist. Nach der dem entgegenstehenden Rechtsprechung des BFH (Urt. v. 13.11.2013 – XI R 24/11, BStBl II 2017, 1147) hatte die Finanzverwaltung (BMF, Schreiben v. 8.11.2017, BStBl I 2017, 1517) die Verwaltungsanweisungen in Abschn. 3.11 UStAE angepasst.

UStAE 4.8.3. Gesetzliche Zahlungsmittel

(1) [1]Von der Steuerfreiheit für die Umsätze von gesetzlichen Zahlungsmitteln (kursgültige Münzen und Banknoten) und für die Vermittlung dieser Umsätze sind solche Zahlungsmittel ausgenommen, die wegen ihres Metallgehalts oder ihres Sammlerwerts umgesetzt werden. [2]Hierdurch sollen gesetzliche Zahlungsmittel, die als Waren gehandelt werden, auch umsatzsteuerrechtlich als Waren behandelt werden.

(2) [1]Bei anderen Münzen als Goldmünzen, deren Umsätze nach § 25 c UStG steuerbefreit sind, und bei Banknoten ist davon auszugehen, dass sie wegen ihres Metallgehalts oder ihres Sammlerwerts umgesetzt werden, wenn sie mit einem höheren Wert als ihrem Nennwert umgesetzt werden. [2]Die Umsätze dieser Münzen und Banknoten sind nicht von der Umsatzsteuer befreit.

(3) [1]Das Sortengeschäft (Geldwechselgeschäft) bleibt von den Regelungen der Absätze 1 und 2 unberührt. [2]Dies gilt auch dann, wenn die fremde Währung auf Wunsch des Käufers in kleiner Stückelung (kleine Scheine oder Münzen) ausgezahlt und hierfür ein vom gültigen Wechselkurs abweichender Kurs berechnet wird oder Verwaltungszuschläge erhoben werden.

(3 a) [1]Sog. virtuelle Währungen (Kryptowährungen, z. B. Bitcoin) werden den gesetzlichen Zahlungsmitteln gleichgestellt, soweit diese sog. virtuellen Währungen von den an der Transaktion Beteiligten als alternatives vertragliches und unmittelbares Zahlungsmittel akzeptiert worden sind und keinem anderen Zweck als der Verwendung als Zahlungsmittel dienen (vgl. EuGH-Urteil vom 22. 10. 2015, C-264/14, Hedqvist, BStBl 2018 II S. 211). [2]Dies gilt nicht für virtuelles Spielgeld (sog. Spielwährungen oder Ingame-Währungen, insbesondere in Onlinespielen).

(4) [1]Die durch Geldspielautomaten erzielten Umsätze sind keine Umsätze von gesetzlichen Zahlungsmitteln. [2]Die Steuerbefreiung nach § 4 Nr. 8 Buchstabe b UStG kommt daher für diese Umsätze nicht in Betracht (BFH-Urteil vom 4. 2. 1971, V R 41/69, BStBl II S. 467).

Anmerkung

1. Kryptowährungen als Zahlungsmittel

Obwohl der **Bitcoin** als die erste relevante Form einer Kryptowährung (virtuelle Währung oder digitale Währung) schon 2009 entstanden war, erreichte er eine wirtschaftliche Bedeutung erst in den letzten Jahren. Öffentliche Aufmerksamkeit erlangte der Bitcoin durch starke Wertzuwächse aber auch erhebliche Wertschwankungen. Der EuGH (Urt. v. 22.10.2015 – C-264/14, Hedqvist, DStRE 2015, 1404) hatte sich schon 2015 mit Tauschvorgängen von konventionellen Währungen in virtuelle Währungen (und umgekehrt) beschäftigen müssen. Der EuGH hatte in diesem Zusammenhang festgestellt, dass virtuelle, beidseitig handelbare Währungen wie z. B. der Bitcoin, die im Rahmen von Umtauschgeschäften gegen konventionelle Währungen getauscht werden, **nicht als Gegenstand** i. S. d. § 3 Abs. 1 UStG (Art. 14 MwStSystRL) eingestuft werden können. Der Zweck einer virtuellen Währung besteht ausschließlich in der Verwendung als Zahlungsmittel. Umsätze rund um solche virtuellen Währungen können damit nur als sonstige Leistungen (Dienstleistungen) eingeordnet werden. Weiter hatte der EuGH ausgeführt, dass die Tauschleistungen in den Anwendungsbereich des Art. 135 Abs. 1 Buchst. e MwStSystRL (in Deutschland § 4 Nr. 8 Buchst. b UStG) fallen und somit umsatzsteuerfrei sind.

2. Grundaussagen der Finanzverwaltung aus 2018

Die **Finanzverwaltung** (BMF, Schreiben v. 27.2.2018, BStBl I 2018, 316 zur Einführung eines neuen Abschn. 4.8.3 Abs. 3 a UStAE) hatte 2018 erstmals zu den Vorgängen Stellung genommen, die sich im Zusammenhang mit Kryptowährungen ergeben. Dabei werden zum Umtausch von Kryptowährungen in konventionelle Währungen (und umgekehrt) die Vorgaben aus der Rechtsprechung des EuGH umgesetzt. Die Finanzverwaltung hat aber auch zur Schaffung („Schürfen") der Kryptowährungen und den weiteren, mit diesen Währungen verbundenen Tätigkeiten Stellung genommen.

Hinweis: Gleichstellung mit gesetzlichen Zahlungsmitteln

Kryptowährungen werden den gesetzlichen Zahlungsmitteln gleichgestellt, soweit sie von den an Transaktionen Beteiligten als alternatives vertragliches und unmittelbares Zahlungsmittel akzeptiert worden sind und keinem anderen Zweck als der Verwendung als Zahlungsmittel dienen.

Der **Umtausch von Bitcoins** (oder vergleichbaren Kryptowährungen) in konventionelle Währungen (oder umgekehrt) vollzieht sich im Rahmen von sonstigen Leistungen, die – soweit der Ort der Leistung im Inland liegt – steuerbar, aber nach § 4 Nr. 8 Buchst. b UStG steuerfrei sind; unter den Bedingungen des § 9 Abs. 1 UStG könnte der leistende Unternehmer auf die Steuerfreiheit des Umsatzes verzichten. Die Steuerfreiheit schließt den Vorsteuerabzug aus damit im Zusammenhang stehenden Leistungen aus.

Hinweis: Allgemeine Grundsätze zur systematischen Prüfung anzuwenden

Der Ort der Leistung richtet sich nach den allgemeinen Grundsätzen: Ist der Leistungsempfänger ein Unternehmer, der die Leistung für Zwecke seines Unternehmens bezieht, bestimmt sich der Ort der sonstigen Leistung mit dem Ort, an dem der Leistungsempfänger sein Unternehmen betreibt, § 3a Abs. 2 UStG. Dieselbe Rechtsfolge ergibt sich, wenn der Leistungsempfänger nicht Unternehmer ist oder die Leistung nicht für Zwecke seines Unternehmens bezieht und aus dem Drittlandsgebiet stammt, sog. Katalogleistung nach § 3a Abs. 4 Satz 2 Nr. 6 i. V. m. Satz 1 UStG. Ist der Leistungsempfänger ein Nichtunternehmer aus dem Gemeinschaftsgebiet, ist der Ort der sonstigen Leistung dort, wo der leistende Unternehmer sein Unternehmen betreibt, § 3a Abs. 1 UStG.

Die **Bezahlung von Leistungen durch Bitcoins** oder vergleichbaren Kryptowährungen wird der Verwendung von konventionellen Zahlungsmitteln gleichgesetzt, soweit sie keinem anderen Zweck als dem eines reinen Zahlungsmittels dienen. Damit ist die Hingabe von Bitcoins nicht steuerbar.

Hinweis: Umrechnung notwendig

Die Bitcoins, die der leistende Unternehmer als Gegenleistung für eine Lieferung oder sonstige Leistung erhält, müssen in Euro umgerechnet werden. Die Finanzverwaltung führt dazu aus, dass die Umrechnung in analoger Anwendung des Art. 91 Abs. 2 MwStSystRL zum letzten veröffentlichten Verkaufskurs zu dem Zeitpunkt zu erfolgen hat, zu dem die Leistung ausgeführt wird. Dazu kann auf die Umrechnungsportale im Internet zurückgegriffen werden. Der leistende Unternehmer hat dazu den Umrechnungskurs zu dokumentieren.

Im Zusammenhang mit Kryptowährungen können sich aber noch andere Vorgänge ergeben, die nach Auffassung der Finanzverwaltung wie folgt zu beurteilen sind:

- „**Mining**“: Bitcoins oder ähnliche Kryptowährungen werden im Rahmen rechnergestützter Verfahren geschaffen (sog. „Schürfen“). Dabei stellen „Miner“ Rechnerkapazitäten zur Verfügung, zeichnen Transaktionen auf und überführen diese in die „Blockchain“. Die Finanzverwaltung vertritt dazu die Auffassung, dass die Leistungen der „Miner“ nicht steuerbare Leistungen sind. Die sog. Transaktionsgebühr, welche die „Miner“ von anderen Nutzern des Systems erhalten kann, wird freiwillig gezahlt und steht in keinem unmittelbaren Zusammenhang mit den Leistungen. Auch der Erhalt neuer Bitcoins durch das System selbst stellt kein Entgelt im Rahmen eines Leistungsaustauschs dar.
- „**Wallets**“ (elektronische Geldbörsen): Unternehmer, die sog. Wallets betreiben und dafür eine Gebühr (Entgelt) verlangen, erbringen steuerbare Leistungen, soweit der Leistungsort im Inland liegt – es handelt sich hierbei um elektronisch ausgeführt Leistungen (der Leistungsort bestimmt sich damit bei B2B-Leistungen nach § 3a Abs. 2 UStG, bei B2C-Leistungen nach § 3a Abs. 5 UStG). Die Leistungen unterliegen keiner Steuerbefreiung, führen damit zu steuerpflichtigen Umsätzen.
- **Handelsplattformen**: Die Grundaussagen der Finanzverwaltung wurden 2021 überarbeitet; vgl. dazu 3.

Hinweis: Zum Anwendungsbereich

Die Ausführungen des BMF beziehen sich vorrangig auf Bitcoins. Die Finanzverwaltung stellt aber klar, dass sich die Aussagen analog auch auf andere Kryptowährungen beziehen. Ausgenommen davon ist aber virtuelles Spielgeld (sog. Spielwährungen oder Ingame-Währungen, insbesondere in Onlinespielen), da es sich hierbei nicht um Zahlungsmittel im Unionsrecht handelt. Insbesondere kann damit nicht die Steuerbefreiung auf Umtauschleistungen angewendet werden.

3. Veränderte Rahmenbedingungen für Börsenbetreiber

Tritt der **Börsenbetreiber** als zentraler Kontrahent (als sog. CCP – central counterparty) in eine Wertpapierabwicklung ein, indem er Wertpapiere im eigenen Namen und auf eigene Rechnung kauft und verkauft, liegt eine **einheitliche Leistung** vor, die nach den Regelungen des § 4 Nr. 8 Buchst. e UStG steuerfrei ist. Die dabei mit ausgeführten IT-Dienstleistungen sind Nebenleistungen, die das Schicksal der Hauptleistung teilen.

Ist der Börsenbetreiber **nur als Abwickler und technischer Anbieter** im Börsengeschäft tätig, muss geprüft werden, welche Dienstleistungen von ihm erbracht werden. Regelmäßig können sowohl das Matching (als Matching wird das elektronische Verfahren zur Zusammenführung von Kauf- und Verkaufsorder bezeichnet. Der Börsenbetreiber erhebt dafür eine Transaktionsgebühr), das Clearing (Clearing wird die Abwicklung des Matchings bezeichnet – Prozess der Erstellung von Positionen, darunter die Berechnung von Nettoverbindlichkeiten und die Gewährleistung, dass zur Absicherung des aus diesen Positionen erwachsenden Risikos Finanzinstrumente, Bargeld oder beides ausreichend zur Verfügung stehen) und das Settlement (als Settlement wird die Darstellung des Erfüllungsgeschäfts bei den Depotbanken des Käufers und des Verkäufers bezeichnet) übernommen werden. Werden – wie es regelmäßig der Fall sein dürfte – diese Leistungen durch einen einzigen Leistungserbringer ausgeführt, stellt dies eine einheitliche Leistung dar, bei der das Matching als die Hauptleistung anzusehen ist. Für diese einheitliche Leistung ist die Steuerbefreiung nach § 4 Nr. 8 Buchst. e UStG grundsätzlich anwendbar. Hierbei ist es unerheblich, ob der leistende Unternehmer als Vermittler tätig ist, da es sich dem Grunde nach schon um einen Umsatz im Geschäft mit Wertpapieren handelt.

Hinweis: Option möglich

Ist die Steuerbefreiung nach § 4 Nr. 8 Buchst. e UStG einschlägig, kann der leistende Unternehmer auf die Steuerbefreiung nach § 9 Abs. 1 UStG verzichten, wenn die Leistung an einen anderen Unternehmer für dessen Unternehmen ausgeführt wird. Die Vorsteuerabzugsberechtigung des Leistungsempfängers ist dafür nicht notwendig, wird aber regelmäßig als wirtschaftliche Voraussetzung angesehen.

Nur wenn der Börsenbetreiber als technischer Anbieter die Börsenprogramme zur Verfügung stellt, ohne dass die Leistungsempfänger selbst Transaktionen auf dem Börsenplatz vornehmen, handelt es sich um eine eigenständige Leistung, die nicht der Steuerbefreiung nach § 4 Nr. 8 Buchst. e UStG unterliegen kann.

Hinweis: Grundsätze gelten nicht nur für Kryptowährungen

Die Grundsätze gelten sowohl für den Börsenhandel mit herkömmlichen Wertpapieren als auch mit Krypto-Währungen (z. B. Bitcoin, Ethereum). Damit können sowohl Leistungen von zentralen (CEX – hier behält der Betreiber die vollständige Kontrolle über alle vorgenommenen Transaktionen; Handel und Verwahrung erfolgen auf dem IT-System des Börsenplatzes) als auch von dezentralen (DEX – bei dezentralen Börsen besitzt der Nutzer die Schlüssel zu seinem Guthaben) Börsen unter die Steuerbefreiung nach § 4 Nr. 8 Buchst. e UStG fallen.

Die Finanzverwaltung hatte früher in ihrem Schreiben aus 2018 (vgl. dazu 2.) nur festgestellt, dass Betreiber einer Handelsplattform, die ihre Internetseite als technischen Marktplatz zum Erwerb bzw. Handel von Bitcoin den Marktteilnehmern zur Verfügung stellen, lediglich rein EDV-technische Dienstleistungen ausführen, die nicht zu einer Steuerbefreiung führen können. Diese Passage des BMF-Schreiben aus 2018 ist von der Finanzverwaltung (BMF-Schreiben v. 3.5.2021, BStBl I 2021, 713) aufgehoben worden.

Die Grundsätze des Schreibens sind in allen offenen Fällen anzuwenden. Die Finanzverwaltung hat aber für alle bis zum 30.6.2021 ausgeführten Umsätze eine umfassende **Nichtbeanstandungsregelung** getroffen. Soweit der leistende Unternehmer bisher nicht von einer einheitlichen Leistung ausgegangen war und deshalb teilweise Umsatzsteuer berechnet hatte, wird dies sowohl bei dem leistenden Unternehmer als auch für den Leistungsempfänger für den Vorsteuerabzug nicht beanstandet. Insoweit kann der leistende Unternehmer auch für Vorbezüge den Vorsteuerabzug geltend machen.

Hinweis: Vorsteuerberichtigung prüfen

Soweit in der Vergangenheit aus der Anschaffung technischer Einrichtungen der Vorsteuerabzug geltend gemacht worden war, da von einer eigenständigen IT-Dienstleistung ausgegangen war und jetzt eine einheitliche, der Steuerbefreiung nach § 4 Nr. 8 Buchst. e UStG unterliegende Dienstleistung vorliegt, muss innerhalb des Berichtigungszeitraums nach § 15a UStG an eine Vorsteuerberichtigung gedacht werden, soweit keine Option nach § 9 Abs. 1 UStG möglich bzw. gewollt ist.

4. Weitere virtuelle „Zahlungsmittel“

Zur Frage, ob Umsätze mit **„Spielegold“** (in online-Spielen einsetzbare virtuelle Währung) auch als „Währungsumsätze angesehen werden können oder welche anderen Rechtsfolgen sich bei An- und Verkauf solcher virtueller, nur in beschränkten Rahmen verwendbarer „Zahlungsmittel“ ergeben, ist derzeit ein Vorabentscheidungsersuchen beim EuGH anhängig. Allerdings hat die Generalanwältin Kokott (Schlussanträge v. 11.9.2025 zur Rs. C-472/24) die Behandlung als „Währung“ eindeutig abgelehnt. Umsätze über diese virtuellen Zahlungsmittel über eine Handelsplattform könnten aber – entgegen der gesetzlichen Regelung – nach Auffassung der Generalanwältin unter bestimmten Voraussetzungen als differenzbesteuerter Umsatz angesehen werden (vgl. dazu auch Abschn. 25a.1 UStAE).

UStAE 4.8.4. Umsätze im Geschäft mit Forderungen

(1) Unter die Steuerbefreiung nach § 4 Nr. 8 Buchstabe c UStG fallen auch die Umsätze von aufschiebend bedingten Geldforderungen (BFH-Urteil vom 12. 12. 1963, V 60/61 U, BStBl 1964 III S. 109).

(2) Die Veräußerung eines Bausparvorratsvertrags ist als einheitliche Leistung anzusehen, die in vollem Umfang nach § 4 Nr. 8 Buchstabe c UStG steuerfrei ist.

(3) Zur Steuerbefreiung bei der Veräußerung von Kapitallebensversicherungen auf dem Zweitmarkt vgl. BFH-Urteil vom 5. 9. 2019, V R 57/17, BStBl 2020 II S. 356.

(4) Zur umsatzsteuerrechtlichen Behandlung des Factoring siehe Abschnitt 2.4.

(5) [1]Zu den Umsätzen im Geschäft mit Forderungen gehören auch die Optionsgeschäfte mit Geldforderungen. [2]Gegenstand dieser Optionsgeschäfte ist das Recht, bestimmte Geldforderungen innerhalb einer bestimmten Frist zu einem festen Kurs geltend machen oder veräußern zu können. [3]Unter die Steuerbefreiung fallen auch die Optionsgeschäfte mit Devisen.

(6) [1]Bei Geschäften mit Warenforderungen (z. B. Optionen im Warentermingeschäft) handelt es sich ebenfalls um Umsätze im Geschäft mit Forderungen (vgl. BFH-Urteil vom 30. 3. 2006, V R 19/02, BStBl 2007 II S. 68). [2]Optionsgeschäfte auf Warenterminkontrakte sind nur dann nach § 4 Nr. 8 Buchstabe c UStG steuerfrei, wenn die Optionsausübung nicht zu einer Warenlieferung führt.

(7) Ein Umsatz im Geschäft mit Forderungen wird nicht ausgeführt, wenn lediglich Zahlungsansprüche (z. B. Zahlungsansprüche nach der EU-Agrarreform (GAP-Reform) für land- und forstwirtschaftliche Betriebe) zeitweilig oder endgültig übertragen werden (vgl. BFH-Urteil vom 30. 3. 2011, XI R 19/10, BStBl II S. 772).

Anmerkung

Der BFH (Urt. v. 5.9.2019 – V R 57/17, BStBl II 2020, 356) hatte sich in einem Verfahren mit der Steuerfreiheit der **Übertragung von Kapitallebensversicherungen** beschäftigt. Die Klägerin erwarb von Privatpersonen Kapitallebensversicherungen, **optimierte** diese Verträge (z. B. durch Kündigung von Zusatzleistungen, Optimierung der Zahlungsweise etc.) und **verkaufte diese Kapitallebensversicherungen an eine Fondsgesellschaft** durch Vertragsübernahme (bei Zustimmung der Versicherungsgesellschaft) oder Abtretung. Die Verkäuferin der Kapitallebensversicherung behandelte die Veräußerung als steuerbaren aber nach § 4 Nr. 8 Buchst. c UStG steuerfreien Umsatz (Umsätze im Geschäft mit Forderungen).

Nachdem die Finanzverwaltung und das Finanzgericht den Umsatz als steuerpflichtige Dienstleistung angesehen hatten, stellte der BFH fest, dass die Veräußerung von „gebrauchten" Kapitallebensversicherungen auf dem Zweitmarkt als Umsatz im **Geschäft mit Forderungen nach § 4 Nr. 8 Buchst. c UStG** von der Umsatzsteuer befreit ist.

Die **Finanzverwaltung** hat mit Schreiben v. 17.6.2020 (BStBl I 2020, 581) den UStAE dahingehend ergänzt, dass für die Steuerbefreiung bei der Veräußerung von Kapitallebensversicherungen auf die Entscheidung des BFH verwiesen wird.

Der **Verkauf von Kapitallebensversicherungen durch die Person, die diese Versicherung abgeschlossen** hat, ist regelmäßig nicht steuerbar, da es an der Unternehmereigenschaft des Verkäufers mangeln wird. Werden solche Versicherungen aber **zur Kapitalanlage von Unternehmen erworben** und weiterveräußert, erfolgt dies unter den genannten Bedingungen als steuerfreier Umsatz von Geldforderungen.

Die Grundsätze sind in allen offenen Fällen anzuwenden. Die Finanzverwaltung beanstandet es aber nicht, wenn für **Umsätze, die vor dem 1.1.2021** ausgeführt werden, die bisherigen Regelungen angewendet werden.

UStAE 4.8.5. Einlagengeschäft

(1) Zu den nach § 4 Nr. 8 Buchstabe d UStG steuerfreien Umsätzen im Einlagengeschäft gehören z. B. die Verwahrung des Kontoguthabens, die Kontoführung, Kontenauflösungen, Kontensperrungen und sonstige mittelbar mit dem Einlagengeschäft zusammenhängende Leistungen, die durch Kontogebühren oder durch den Einbehalt negativer Einlagezinsen aus der Einlage des Leistungsempfängers vergütet werden.

(2) Die von Bausparkassen und anderen Instituten erhobenen Gebühren für die Bearbeitung von Wohnungsbauprämienanträgen sind Entgelte für steuerfreie Umsätze im Einlagengeschäft im Sinne des § 4 Nr. 8 Buchstabe d UStG.

UStAE 4.8.6. Inkasso von Handelspapieren

Handelspapiere im Sinne des § 4 Nr. 8 Buchstabe d UStG sind Wechsel, Schecks, Quittungen oder ähnliche Dokumente im Sinne der „Einheitlichen Richtlinien für Inkassi – ERI 522" der Internationalen Handelskammer.

UStAE 4.8.7. Zahlungs-, Überweisungs- und Kontokorrentverkehr

(1) [1]Nach § 4 Nr. 8 Buchstabe d UStG steuerfreie Leistungen im Rahmen des Kontokorrentverkehrs sind z. B. die Veräußerung von Scheckheften, der Firmeneindruck auf Zahlungs- und Überweisungsvordrucken und die Anfertigung von Kontoabschriften und Fotokopien. [2]Die Steuerfreiheit der Umsätze im Zahlungsverkehr hängt nicht davon ab, dass der Unternehmer ein Kreditinstitut im Sinne des § 1 Abs. 1 Satz 1 KWG betreibt (vgl. BFH-Urteil vom 27. 8. 1998, V R 84/97, BStBl 1999 II S. 106).

(2) [1]Umsätze im Überweisungsverkehr liegen nur dann vor, wenn die erbrachten Dienstleistungen eine Weiterleitung von Geldern bewirken und zu rechtlichen und finanziellen Änderungen führen (vgl. BFH-Urteil vom 13. 7. 2006, V R 57/04, BStBl 2007 II S. 19). [2]Es liegt kein nach § 4 Nr. 8 Buchstabe d UStG steuerfreier Umsatz vor, wenn für eine Bank, die Geldausgabeautomaten betreibt, Dienstleistungen erbracht werden, die darin bestehen, diese Automaten aufzustellen und zu warten, sie mit Bargeld zu befüllen und mit Hard- und Software zum Einlesen der Geldkartendaten auszustatten, Autorisierungsanfragen wegen Bargeldabhebungen an die Bank weiterzuleiten, die die verwendete Geldkarte ausgege-

ben hat, die gewünschte Bargeldauszahlung vorzunehmen und einen Datensatz über die Auszahlungen zu generieren (vgl. EuGH-Urteil vom 3. 10. 2019, C-42/18, Cardpoint, und BFH-Urteil vom 13. 11. 2019, V R 30/19, BStBl 2020 II S. 522). [3]Leistungen eines Rechenzentrums (Rechenzentrale) an Banken können nur dann nach § 4 Nr. 8 Buchstabe d UStG steuerfrei sein, wenn diese Leistungen ein im Großen und Ganzen eigenständiges Ganzes sind, das die spezifischen und wesentlichen Funktionen der Leistungen des § 4 Nr. 8 Buchstabe d UStG erfüllt. [4]Besteht ein Leistungspaket aus diversen Einzelleistungen, die einzeln vergütet werden, können nicht einzelne dieser Leistungen zu nach § 4 Nr. 8 Buchstabe d UStG steuerfreien Leistungen zusammengefasst werden. [5]Unerheblich für die Anwendung der Steuerbefreiung nach § 4 Nr. 8 Buchstabe d UStG auf Leistungen eines Rechenzentrums an die Bank ist die inhaltliche Vorgabe der Bank, dass das Rechenzentrum für die Ausführung der Kundenanweisung keine dispositive Entscheidung zu treffen hat (vgl. BFH-Urteil vom 12. 6. 2008, V R 32/06, BStBl II S. 777). [6]Die Steuerbefreiung nach § 4 Nr. 8 Buchstabe d UStG gilt für die Leistungen der Banken und der Rechenzentren dagegen nicht, wenn sie die ihnen übertragenen Vorgänge sämtlich nur technisch abwickeln (vgl. BFH-Urteil vom 16. 11. 2016, XI R 35/14, BStBl 2017 II S. 327). [7]Bei dem im Rahmen eines bargeldlosen Zahlungssystems für die Überlassung elektronischer Zahlungskarten in Stadien erhobenen Kartenpfand handelt es sich nicht um pauschalierten (durch die Kartenrückgabe auflösend bedingten) Schadensersatz, sondern um Entgelt für eine steuerbare sonstige Leistung, die nach § 4 Nr. 8 Buchstabe d UStG als Umsatz im Zahlungs- und Überweisungsverkehr steuerfrei ist, wenn der leistende Unternehmer selbst die Übertragung von Geldern vornimmt (vgl. Abschnitt 3.10 Abs. 6 Nr. 18 und BFH-Urteil vom 26. 01. 2022 – XI R 19/19 (XI R 12/17), BStBl II S. 582).

Anmerkung

1. Kryptowährungen

Zu den Vorgängen im Zusammenhang mit **Kryptowährungen** vgl. Anmerkungen zu Abschn. 4.8.3 UStAE.

2. Geldausgabeautomaten

Der EuGH (Urt. v. 3.10.2019 – C-42/18, Cardpoint GmbH, BFH/NV 2019, 1486) hatte entschieden, dass kein von der Umsatzsteuer befreiter Umsatz im Zahlungsverkehr vorliegt, wenn für eine Bank, die **Geldausgabeautomaten** betreibt, Dienstleistungen erbracht werden, die darin bestehen, diese Automaten aufzustellen und zu warten, sie mit Bargeld zu befüllen und mit Hard- und Software zum Einlesen der Geldkartendaten auszustatten, Autorisierungsanfragen wegen Bargeldabhebungen an die Bank weiterzuleiten, die die verwendete Geldkarte ausgegeben hat, die gewünschte Bargeldauszahlung vorzunehmen und einen Datensatz über die Auszahlungen zu generieren. Diese Dienstleistungen unterliegen keiner Steuerbefreiung. Der BFH (Urt. v. 13.11.2019 – V R 30/19, BStBl II 2020, 522) hat dies so umgesetzt.

3. Tankkarten/E-Charging

Zur Ausgabe von **Tankkarten** hat der EuGH (Urt. v. 15.5.2019 – C-235/18, Vega International Car Transport and Logistic, BFH/NV 2019, 1053) entschieden, dass das Unionsrecht dahin auszulegen ist, dass die Bereitstellung von Tankkarten durch eine Muttergesellschaft für ihre Tochtergesellschaften, wodurch diese die Fahrzeuge, die sie überführen, mit Kraftstoff betanken können, als von der **Umsatzsteuer befreite Gewährung eines Kredits** eingestuft werden kann. Damit erbringt der die Tankkarte ausgebende Unternehmer an den Tankkarteninhaber keine Lieferung des Treibstoffs, sondern führt eine Kreditgewährung aus. Die Lieferung des Treibstoffs erfolgt zwischen dem Mineralölkonzern und dem Inhaber der Tankkarte.

Hinweis: Rechtsprechung des EuGH zum E-Charging

Der EuGH hat sich in zwei Verfahren mit dem Aufladen von E-Fahrzeugen beschäftigt. In dem einen Verfahren (EuGH, Urt. v. 20.4.2023 – C-282/22, p.w W, UR 2023, 517) ging es um die direkte Lieferung von Strom durch einen Charge Point Provider an den Nutzer. In diesem Fall stellt dies eine einheitliche Lieferung dar (Bereitstellung Ladeeinrichtung, Übertragung Elektrizität, notwendige technische Unterstützung, Bereitstellung von IT-Anwendungen). In dem anderen Fall ging es um die Leistungsbeziehungen bei Einschaltung eines E-Mobility Providers (EuGH, Urt. v. 17.10.2024 – C-60/23, Digital Charging Solutions, BFH/NV 2024, 143). In diesem Fall wird für die Lieferung der Elektrizität eine Lieferkette aufgebaut.

Zur Frage der Leistungsbeziehungen bei dem Aufladen von Elektrofahrzeugen (**E-Charging**) sind über die Urteile des EuGH hinaus bisher nur Stellungnahmen des Mehrwertsteuerausschusses auf Unionsebene bekannt. Die Finanzverwaltung hat sich national dazu noch nicht geäußert.

Die Finanzverwaltung hat sich 2025 (BMF Schr. v. 21.1.2025, BStBl I 2025, 371) zu Tankkartensystemen geäußert, dieses allerdings auf den Hinweis beschränkt, dass dieselben Regelungen gelten, wie bei Einschaltung eines Leasinggebers in die Lieferung von Treibstoffen. Dazu wird auf ein Schreiben aus dem Jahr 2004 verwiesen. Vgl. ausführlich zu den Möglichkeiten bei Tankkartensystemen auch Abschn. 1.1 UStAE.

4. Zahlungseinzug

Auch die **Übernahme des Zahlungseinzugs** durch Verrechnungsstellen oder Inkassobüros stellt keine steuerfreie sonstige Leistung dar, wenn der eingeschaltete Unternehmer gegenüber seinem Auftraggeber nur die Dienstleistung des Zahlungseinzugs betreibt (vgl. auch EuGH, Urt. v. 25.7.2018 – C-5/17, DPAS Limited, BFH/NV 2018, 1134).

Andere Leistungsbeziehungen liegen aber vor, wenn ein Unternehmer Forderung kauft und diese dann in eigener Verantwortung einzieht; vgl. dazu Anmerkung zu Abschn. 2.4 UStAE.

5. Rabattkarten

Rabattkarten führen in aller Regel nicht zu steuerfreien Umsätzen, sondern stellen Entgeltsänderungen (Minderung der Bemessungsgrundlage) dar. Zum Frage des Zeitpunkts der Änderung hat der BFH (Urt. v. 16.1.2020 – V R 42/17, BStBl II 2020, 361) entschieden: Beteiligt sich ein Unternehmer an einem **von einem Dritten betriebenen Rabattsystem**, das an Kunden des Unternehmers umsatzabhängige Punkte ausgibt, so mindert sich die Bemessungsgrundlage des Unternehmers erst, wenn der Kunde die Punkte tatsächlich einlöst.

6. Kartenpfand bei der Überlassung von elektronischen Zahlungskarten

Bei dem im Rahmen eines **bargeldlosen Zahlungssystems** für die Überlassung **elektronischer Zahlungskarten** in Stadien erhobenen **Kartenpfand** handelt es sich nach der Rechtsprechung des BFH (Urt. 26.1.2022 – XI R 19/19, BStBl II 2022, 582) nicht um pauschalierten (durch die Kartenrückgabe auflösend bedingten) Schadensersatz, sondern um eine steuerbare sonstige Leistung, die nach § 4 Nr. 8 Buchst. d UStG als Umsatz im **Zahlungs- und Überweisungsverkehr steuerfrei** ist, wenn der leistende Unternehmer selbst die Übertragung von Geldern vornimmt. Die Finanzverwaltung hat zum Jahresende 2022 dieses Urteil mit in den UStAE aufgenommen.

UStAE 4.8.8. Umsätze im Geschäft mit Wertpapieren

(1) [1]Zu den Umsätzen im Geschäft mit Wertpapieren gehören auch die Optionsgeschäfte mit Wertpapieren (vgl. BFH-Urteil vom 30. 3. 2006, V R 19/02, BStBl 2007 II S. 68). [2]Gegenstand dieser Optionsgeschäfte ist das Recht, eine bestimmte Anzahl von Wertpapieren innerhalb einer bestimmten Frist jederzeit zu einem festen Preis fordern (Kaufoption) oder liefern (Verkaufsoption) zu können. [3]Die Steuerbefreiung nach § 4 Nr. 8 Buchstabe e UStG umfasst sowohl den Abschluss von Optionsgeschäften als auch die Übertragung von Optionsrechten.

(2) Zu den Umsätzen im Geschäft mit Wertpapieren gehören auch die sonstigen Leistungen im Emissionsgeschäft, z.B. die Übernahme und Platzierung von Neuemissionen und die Börseneinführung von Wertpapieren.

(3) Zur Vermittlung von erstmalig ausgegebenen Anteilen vgl. Abschnitt 4.8.10 Abs. 4 in Verbindung mit Abschnitt 1.6 Abs. 2.

(4) Zur Frage der Beschaffung von Anschriften von Wertpapieranlegern gilt Abschnitt 4.8.1 entsprechend.

(5) Die Erfüllung der Meldepflichten nach § 22 WpHG durch ein Zentralinstitut oder ein anderes Kreditinstitut für den Meldepflichtigen ist nicht nach § 4 Nr. 8 Buchstabe e UStG steuerfrei.

(6) [1]Eine steuerfreie Vermittlungsleistung kommt auch in den Fällen der von einem Wertpapieremittenten, z. B. einer Fondsgesellschaft, gezahlten Bestands- und Kontinuitätsprovisionen in Betracht, in denen – bezogen auf den einzelnen Kunden – die im Depotbestand enthaltenen Wertpapiere nicht ausschließlich durch das depotführende Kreditinstitut vermittelt wurden. [2]Überträgt ein Kunde sein Depot auf ein anderes Kreditinstitut und hat dieses bei Depotübergang noch keine der im übertragenen Depot befindlichen Wertpapiere an diesen Kunden bis dahin vermittelt, stellen auch die für die übertragenen Wertpapiere an das aufnehmende Kreditinstitut gezahlten Bestands- und Kontinuitätsprovisionen Entgelt für steuerfreie Vermittlungsleistungen dar, wenn

- die Bestands- und Kontinuitätsprovisionen ausschließlich auf der Grundlage der zwischen Emittent und aufnehmendem Kreditinstitut abgeschlossenen Vertriebsvereinbarung gezahlt werden,
- neben der Vertriebsleistung keine weitere Leistung zwischen Emittent und aufnehmendem Kreditinstitut erbracht wird,
- der Emittent auch nach Depotüberträgen – bezogen auf die gesamten Wertpapierbestände – in der Summe die gleichen Bestands- und Kontinuitätsprovisionen an die Kreditinstitute zahlt, mit denen eine Vertriebsvereinbarung besteht, und
- der Zahlung der Bestands- und Kontinuitätsprovisionen immer eine zuvor getätigte Vertriebsleistung eines Kreditinstituts vorausgeht.

[3]Satz 2 gilt entsprechend, wenn nur einzelne Wertpapiere in ein Depot eines anderen Kreditinstituts übertragen werden.

Anmerkung

Bei **Einschaltung von Börsenplätzen** ist das BMF-Schreiben v. 3.5.2021, BStBl I 2021, 713 zur „Umsatzsteuerrechtlichen Behandlung der Leistungen von Börsen und anderen Handelsplattformen für Finanzprodukte“ zu beachten; vgl. auch Anmerkung zu Abschn. 4.8.3 UStAE.

UStAE 4.8.9. Verwahrung und Verwaltung von Wertpapieren

(1) [1]Bei der Abgrenzung der steuerfreien Umsätze im Geschäft mit Wertpapieren von der steuerpflichtigen Verwahrung und Verwaltung von Wertpapieren gilt Folgendes: [2]Die Leistung des Unternehmers (Kreditinstitut) ist grundsätzlich steuerfrei, wenn das Entgelt dem Emittenten in Rechnung gestellt wird. [3]Sie ist grundsätzlich steuerpflichtig, wenn sie dem Depotkunden in Rechnung gestellt wird. [4]Zu den steuerpflichtigen Leistungen gehören z. B. auch die Depotunterhaltung, das Inkasso von fremden Zins- und Dividendenscheinen, die Ausfertigung von Depotauszügen, von Erträgnis-, Kurswert- und Steuerkurswertaufstellungen sowie die Informationsübermittlung von Kreditinstituten an Emittenten zur Führung des Aktienregisters bei Namensaktien.

(2) [1]Bei der Vermögensverwaltung (Portfolioverwaltung) nimmt eine Bank einerseits die Vermögensverwaltung und andererseits Transaktionen vor. [2]Dabei handelt es sich um eine einheitliche Leistung der Vermögensverwaltung (vgl. Abschnitt 3.10 Abs. 1 und 3), die nicht nach § 4 Nr. 8 Buchstabe e UStG steuerfrei ist. [3]Eine Aufspaltung dieser wirtschaftlich einheitlichen Leistung ist nicht möglich (vgl. EuGH-Urteile vom 25. 2. 1999, C-349/96, CPP, und vom 19. 7. 2012, C-44/11, Deutsche Bank, BStBl II S. 945, und BFH-Urteil vom 11. 10. 2012, V R 9/10, BStBl 2014 II S. 279). [4]Zur Abgrenzung der Vermögensverwaltung von der Verwaltung von Investmentvermögen (§ 4 Nr. 8 Buchstabe h UStG) siehe Abschnitt 4.8.13.

UStAE 4.8.10. Gesellschaftsanteile

(1) [1]Zu den Anteilen an Gesellschaften gehören insbesondere die Anteile an Kapitalgesellschaften, z. B. GmbH-Anteile, die Anteile an Personengesellschaften, z. B. OHG-Anteile, und die stille Beteiligung (§ 230 HGB). [2]Zur Steuerbarkeit bei der Ausgabe von Gesellschaftsanteilen vgl. Abschnitt 1.6 Abs. 2.

(2) [1]Erwirbt jemand treuhänderisch Gesellschaftsanteile und verwaltet diese gegen Entgelt, werden ihm dadurch keine Gesellschaftsanteile verschafft. [2]Die Tätigkeit ist deshalb grundsätzlich steuerpflichtig. [3]Dies gilt auch dann, wenn sich der Unternehmer treuhänderisch an einer Anlagegesellschaft beteiligt und deren Geschäfte führt (vgl. BFH-Urteil vom 29. 1. 1998, V R 67/96, BStBl II S. 413). [4]Eine Befreiung nach § 4 Nr. 8 Buchstabe h UStG kommt nur in Betracht, wenn der Unternehmer nach den Vorschriften des KAGB tätig geworden ist.

(3) [1]Zum Begriff der Vermittlung siehe Abschnitt 4.8.1. [2]Eine unmittelbare Beauftragung durch eine der Parteien des vermittelnden Vertrages ist nicht erforderlich (vgl. BFH-Urteil vom 20. 12. 2007, V R 62/06, BStBl 2008 II S. 641). [3]Marketing- und Werbeaktivitäten, die darin bestehen, dass sich ein Vertriebsunternehmen nur in allgemeiner Form an die Öffentlichkeit wendet, sind mangels Handelns gegenüber individuellen Vertragsinteressenten keine Vermittlung nach § 4 Nr. 8 Buchstabe f UStG (BFH-Urteil vom 6. 12. 2007, V R 66/05, BStBl 2008 II S. 638). [4]Keine Vermittlungsleistung erbringt ein Unternehmer, der einem mit dem Vertrieb von Gesellschaftsanteilen betrauten Unternehmer Abschlussvertreter zuführt und diese betreut (BFH-Urteil vom 23. 10. 2002, V R 68/01, BStBl 2003 II S. 618). [5]Die Steuerfreiheit für die Vermittlung nach § 4 Nr. 8 Buchstabe f UStG setzt eine Tätigkeit voraus, die einzelne Vertragsabschlüsse fördert. [6]Eine der Art nach geschäftsführende Leitung einer Vermittlungsorganisation ist keine derartige Vermittlung (vgl. BFH-Urteil vom 20. 12. 2007, V R 62/06, BStBl 2008 II S. 641).

(4) Die Vermittlung von erstmalig ausgegebenen Gesellschaftsanteilen (zur Ausgabe von Gesellschaftsanteilen vgl. Abschnitt 1.6 Abs. 2) ist steuerbar und nach § 4 Nr. 8 Buchstabe f UStG steuerfrei (vgl. EuGH-Urteil vom 27. 5. 2004, C-68/03, Lipjes).

(5) Die Vermittlung der Mitgliedschaften in einem Idealverein ist nicht nach § 4 Nr. 8 Buchstabe f UStG steuerfrei (vgl. BFH-Urteil vom 27. 7. 1995, V R 40/93, BStBl II S. 753).

Anmerkung

Die Übertragung wie auch die Vermittlung der Übertragung von Anteilen an Gesellschaften führt nach § 4 Nr. 8 Buchst. e oder Buchst. f UStG zu einem **steuerfreien Umsatz**. Die Umsätze sind aber unter den Bedingungen des § 9 Abs. 1 UStG **optionsfähig**.

Hinweis: Steuerbarkeit muss geprüft werden

Bevor die Frage der Steuerbefreiung einer Anteilsübertragung systematisch geprüft werden kann, muss erst geprüft werden, ob die Übertragung der Anteile überhaupt steuerbar ist. Dabei muss beachtet werden, dass – so zumindest der systematische Grundfall – Anteile an Gesellschaften (unabhängig einer ertragsteuerrechtlichen Behandlung) nicht im Rahmen eines Unternehmens gehalten werden, sodass der Verkauf der Anteile nicht steuerbar ist. Vgl. dazu auch Abschn. 2.3 UStAE.

UStAE 4.8.11. Übernahme von Verbindlichkeiten

[1]Der Begriff „Übernahme von Verbindlichkeiten" erfasst lediglich Geldverbindlichkeiten im Bereich von Finanzdienstleistungen. [2]Die Übernahme anderer Verpflichtungen, wie beispielsweise die Renovierung einer Immobilie, ist vom Anwendungsbereich des § 4 Nr. 8 Buchstabe g UStG ausgeschlossen (vgl. EuGH-Urteil vom 19. 4. 2007, C-455/05, Velvet & Steel Immobilien). [3]Nach § 4 Nr. 8 Buchstabe g UStG ist die Übernahme von Verbindlichkeiten, soweit hierin nicht lediglich – wie im Regelfall – eine Entgeltzahlung zu sehen ist (vgl. Abschnitt 1.1 Abs. 3 und BFH-Urteil vom 31. 7. 1969, V R 149/66, BStBl 1970 II S. 73), steuerfrei, z. B. Übernahme von Einlagen bei der Zusammenlegung von Kreditinstituten.

UStAE 4.8.12. Übernahme von Bürgschaften und anderen Sicherheiten

(1) [1]Als andere Sicherheiten, deren Übernahme nach § 4 Nr. 8 Buchstabe g UStG steuerfrei ist, sind z. B. Garantieverpflichtungen (vgl. BFH-Urteile vom 14. 12. 1989, V R 125/84, BStBl 1990 II S. 401, vom 24. 1. 1991, V R 19/87, BStBl II S. 539 – Zinshöchstbetragsgarantie und Liquiditätsgarantie –, und vom 22. 10. 1992, V R 53/89, BStBl 1993 II S. 318 – Ausbietungsgarantie und Vermietungsgarantie –) und Kautionsversicherungen (vgl. Abschnitt 4.10.1 Abs. 2 Satz 3) anzusehen. [2]Der umsatzsteuerbare Verzicht auf eine Garantie ist steuerfrei, wenn die Einräumung dieser Garantie nach § 4 Nr. 8 Buchstabe g UStG steuerfrei ist oder – bei Entgeltlichkeit – steuerfrei wäre (vgl. BFH-Urteil vom 15. 4. 2015, V R 46/13, BStBl II S. 947). [3]Umsätze, die keine Finanzdienstleistungen sind, sind vom Anwendungsbereich des § 4 Nr. 8 Buchst. g UStG ausgeschlossen (vgl. Abschn. 4.8.11 Sätze 1 und 2). [4]Zur Garantiezusage eines Kraftfahrzeughändlers vgl. Abschnitt 4. 10.1 Abs. 4 Satz 3.

(2) [1]Ein Garantieversprechen ist nach § 4 Nr. 8 Buchstabe g UStG steuerfrei, wenn es ein vom Eigenverhalten des Garantiegebers unabhängiges Risiko abdeckt; diese Voraussetzung liegt nicht vor, wenn lediglich garantiert wird, eine aus einem anderen Grund geschuldete Leistung vertragsgemäß auszuführen (vgl. BFH-Urteil vom 14. 12. 1989, V R 125/84, BStBl 1990 II S. 401). [2]Leistungen persönlich haftender Gesellschafter, für die eine unabhängig vom Gewinn bemessene Haftungsvergütung gezahlt wird, sind nicht nach § 4 Nr. 8 Buchstabe g UStG steuerfrei, weil ein ggf. haftender Gesellschafter über seine Geschäftsführungstätigkeit unmittelbaren Einfluss auf das Gesellschaftsergebnis – und damit auf die Frage, ob es zu einem Haftungsfall kommt – hat.

(3) Bei den im Rahmen der Einlagensicherung von den jeweiligen Sicherungseinrichtungen an ihre Mitglieder erbrachten Präventiv- und Sicherungsmaßnahmen handelt es sich unter den weiteren Voraussetzungen des § 4 Nr. 8 Buchstabe a (Kreditgewährung) und Buchstabe g (Bürgschaften, Garantiezusagen und -verpflichtungen) UStG um steuerfreie Leistungen.

UStAE 4.8.13. Verwaltung von Investmentvermögen und von Versorgungseinrichtungen

Allgemeines und Begriffsbestimmungen

(1) [1]Die Steuerbefreiung nach § 4 Nr. 8 Buchstabe h UStG erstreckt sich auf die Verwaltung von OGAW im Sinne des § 1 Abs. 2 KAGB, die Verwaltung von AIF im Sinne des § 1 Abs. 3 KAGB und die Verwaltung von Versorgungseinrichtungen im Sinne des Versicherungsaufsichtsgesetzes (siehe Absatz 21). [2]Nicht unter die Steuerbefreiung fallen Leistungen der Vermögensverwaltung mit Wertpapieren, bei der die mit den Leistungen beauftragte Bank auf Grund eigenen Ermessens über den Kauf und Verkauf von Wertpapieren entscheidet und diese Entscheidung durch den Kauf und Verkauf der Wertpapiere vollzieht (vgl. EuGH-Urteil vom 19. 7. 2012, C-44/11, Deutsche Bank, BStBl II S. 945, und BFH-Urteil vom 11. 10. 2012, V R 9/10, BStBl 2014 II S. 279).

(2) [1]OGAW sind Investmentvermögen, die die Anforderungen der sog. OGAW-Richtlinie (Richtlinie 2009/65/EG des Europäischen Parlaments und des Rates vom 13. Juli 2009 zur Koordinierung der Rechts- und Verwaltungsvorschriften betreffend bestimmte OGAW, ABl. EU 2009 Nr. L 302/32) erfüllen (§ 1 Abs. 2 KAGB). [2]AIF sind alle Investmentvermögen, die keine OGAW sind (§ 1 Abs. 3 KAGB). [3]Unter AIF fallen somit alle geschlossenen Investmentvermögen und alle offenen Investmentvermögen, die nicht als OGAW gelten. [4]Ein Investmentvermögen ist nach § 1 Abs. 1 Satz 1 KAGB jeder Organismus für gemeinsame Anlagen, der von einer Anzahl von Anlegern Kapital einsammelt, um es nach einer festgelegten Anlagestrategie zum Nutzen dieser Anleger zu investieren und der kein operativ tätiges Unternehmen außerhalb des Finanzsektors ist. [5]Eine Anzahl von Anlegern ist gegeben, wenn die Anlagebedingungen, die Satzung oder der Gesellschaftsvertrag des Organismus für gemeinsame Anlagen die Anzahl möglicher Anleger nicht auf einen Anleger begrenzen (§ 1 Abs. 1 Satz 2 KAGB). [6]Inländische Investmentvermögen sind Investmentvermögen, die dem inländischen Recht unterliegen (§ 1 Abs. 7 KAGB). [7]EU-Investmentvermögen sind Investmentvermögen, die dem Recht eines anderen Mitglied-

staates des Abkommens über den Europäischen Wirtschaftsraum unterliegen (§ 1 Abs. 8 KAGB). [8]Ausländische AIF sind AIF, die dem Recht eines Drittstaates unterliegen (§ 1 Abs. 9 KAGB).

(3) [1]Offene inländische Investmentvermögen dürfen unter den Voraussetzungen des § 91 KAGB in Form eines Sondervermögens, einer Investmentaktiengesellschaft mit veränderlichem Kapital oder einer offenen Investmentkommanditgesellschaft gebildet werden. [2]Geschlossene inländische Investmentvermögen dürfen nach § 139 KAGB als Investmentaktiengesellschaft mit fixem Kapital oder als geschlossene Investmentkommanditgesellschaft aufgelegt werden. [3]Sondervermögen sind inländische offene Investmentvermögen in Vertragsform, die von einer Verwaltungsgesellschaft, z. B. der Kapitalverwaltungsgesellschaft im Sinne des § 17 Abs. 2 Nr. 1 KAGB, für Rechnung der Anleger nach Maßgabe des KAGB und den Anlagebedingungen, nach denen sich das Rechtsverhältnis der Verwaltungsgesellschaft zu den Anlegern bestimmt, verwaltet werden (§ 1 Abs. 10 KAGB).

(4) [1]Kapitalverwaltungsgesellschaften sind Unternehmen mit satzungsmäßigem Sitz und Hauptverwaltung im Inland, deren Geschäftsbetrieb darauf gerichtet ist, inländische Investmentvermögen, EU-Investmentvermögen oder ausländische AIF zu verwalten (§ 17 Abs. 1 Satz 1 KAGB). [2]Je nach Art des verwalteten Investmentvermögens bestehen Kapitalverwaltungsgesellschaften in zwei Ausprägungen. [3]OGAW-Kapitalverwaltungsgesellschaften sind Kapitalverwaltungsgesellschaften nach § 17 KAGB, die mindestens einen OGAW verwalten oder zu verwalten beabsichtigen (§ 1 Abs. 15 KAGB). [4]AIF-Kapitalverwaltungsgesellschaften sind Kapitalverwaltungsgesellschaften nach § 17 KAGB, die mindestens einen AIF verwalten oder zu verwalten beabsichtigen (§ 1 Abs. 16 KAGB). [5]Kapitalverwaltungsgesellschaften, die vom Investmentvermögen oder im Namen des Investmentvermögens bestellt sind und auf Grund dieser Bestellung für die Verwaltung des Investmentvermögens verantwortlich sind (externe Kapitalverwaltungsgesellschaften, § 17 Abs. 2 Nr. 1 KAGB), dürfen neben der kollektiven Vermögensverwaltung (§ 1 Abs. 19 Nr. 24 KAGB) von OGAW bzw. AIF nur die Dienstleistungen und Nebendienstleistungen nach § 20 Abs. 2 bzw. Abs. 3 KAGB erbringen. [6]Sie dürfen jedoch nicht ausschließlich die in § 20 Abs. 2 Nr. 1 bis 4 KAGB bzw. § 20 Abs. 3 Nr. 1 bis 6 KAGB genannten Leistungen erbringen, ohne auch die kollektive Vermögensverwaltung zu erbringen (§ 20 Abs. 4 KAGB).

(5) [1]Die OGAW-Kapitalverwaltungsgesellschaft hat sicherzustellen, dass für jeden von ihr verwalteten OGAW eine Verwahrstelle beauftragt wird, die ein zugelassenes Kreditinstitut im Sinne des § 68 Abs. 2 KAGB ist (§ 68 Abs. 1 Satz 1 KAGB); die AIF-Kapitalverwaltungsgesellschaft muss nach § 80 Abs. 1 Satz 1 KAGB dafür sorgen, dass eine Verwahrstelle im Sinne des § 80 Abs. 2 oder 3 KAGB beauftragt wird. [2]Die Verwahrstelle ist neben den Verwahraufgaben nach § 72 KAGB bzw. § 81 KAGB zu sonstigen Aufgaben nach Maßgabe der §§ 74 bis 79 KAGB bzw. der §§ 83 bis 89a KAGB verpflichtet. [3]Nach Artikel 22 Abs. 3 Buchstaben a und b der OGAW-Richtlinie muss die Verwahrstelle u. a. dafür sorgen, dass die Ausgabe und die Rücknahme sowie die Berechnung des Wertes der Anteile nach den gesetzlichen Vorschriften oder Vertragsbedingungen erfolgt. [4]Für OGAW-Kapitalverwaltungsgesellschaften bestimmt § 76 Abs. 1 Nr. 1 KAGB demgemäß, dass die Verwahrstelle im Rahmen ihrer Kontrollfunktion sicherzustellen hat, dass die Ausgabe und Rücknahme von Anteilen und die Ermittlung des Wertes der Anteile den Vorschriften des KAGB und den Anlagebedingungen entsprechen. [5]Die Ausgabe und die Rücknahme der Anteile hat die Verwahrstelle selbst vorzunehmen (§ 71 Abs. 1 Satz 1 KAGB). [6]Die Bewertung des Werts eines inländischen OGAW je Anteil oder Aktie wird entweder von der Verwahrstelle unter Mitwirkung der OGAW-Kapitalverwaltungsgesellschaft oder nur von der OGAW-Kapitalverwaltungsgesellschaft vorgenommen (§ 212 KAGB). [7]Hinsichtlich der Bestimmungen für die Verwahrstellen von AIF-Kapitalverwaltungsgesellschaften wird auf die Vorschriften für AIF-Verwahrstellen (§§ 80 bis 90 KAGB) verwiesen.

(6) [1]Die Kapitalverwaltungsgesellschaft kann unter den Bedingungen des § 36 Abs. 1 KAGB Aufgaben, die für die Durchführung der Geschäfte wesentlich sind, zum Zwecke einer effizienteren Geschäftsführung auf ein anderes Unternehmen (Auslagerungsunternehmen) auslagern. [2]So muss das Auslagerungsunternehmen z. B. über ausreichende Ressourcen für die Ausführung der ihm übertragenen Aufgaben verfügen und die Personen, die die Geschäfte des Auslagerungsunternehmens tatsächlich leiten, müssen zuverlässig sein und über ausreichende Erfahrung verfügen (§ 36 Abs. 1 Satz 1 Nr. 2 KAGB). [3]Eine weitere Bedingung ist, dass die Auslagerung die Wirksamkeit der Beaufsichtigung der Kapitalverwaltungsgesellschaft in keiner Weise beeinträchtigen darf; insbesondere darf sie weder die Kapitalverwaltungsgesellschaft daran hindern, im Interesse ihrer Anleger zu handeln, noch darf sie verhindern, dass

das Investmentvermögen im Interesse der Anleger verwaltet wird (§ 36 Abs. 1 Satz 1 Nr. 5 KAGB). [4]Das Auslagerungsunternehmen darf die ihm übertragenen ausgelagerten Aufgaben unter den Bedingungen des § 36 Abs. 6 KAGB weiter übertragen (Unterauslagerung).

(7) [1]Die Verwahrstelle darf der Kapitalverwaltungsgesellschaft aus den zu einem inländischen OGAW bzw. AIF gehörenden Konten nur die für die Verwaltung des inländischen OGAW bzw. AIF zustehende Vergütung und den ihr zustehenden Ersatz von Aufwendungen auszahlen (§§ 79 Abs. 1 und 89a Abs. 1 KAGB). [2]Werden die zu einem inländischen AIF gehörenden Konten bei einer anderen Stelle nach § 83 Abs. 6 Satz 2 KAGB geführt, bedarf die Auszahlung der der AIF-Kapitalverwaltungsgesellschaft für die Verwaltung des inländischen AIF zustehenden Vergütung und des ihr zustehenden Ersatzes von Aufwendungen der Zustimmung der Verwahrstelle (§ 89a Abs. 1 Satz 2 KAGB).

Investmentvermögen, deren Verwaltung unter die Umsatzsteuerbefreiung nach § 4 Buchstabe h UStG fällt (sog. begünstigte Investmentvermögen)

(8) [1]Steuerbegünstigt können inländische Investmentvermögen, EU-Investmentvermögen und ausländische AIF sein. [2]Investmentvermögen, die die Anforderungen der OGAW-Richtlinie erfüllen, stellen grundsätzlich steuerbegünstigte Investmentvermögen dar. [3]Darüber hinaus fallen auch AIF im Sinne des § 1 Abs. 3 KAGB in den Anwendungsbereich der Steuerbefreiung.

Verwaltung von Investmentvermögen

(9) Die Steuerbefreiung umfasst lediglich Tätigkeiten der Verwaltung; andere Tätigkeiten als die Verwaltung, insbesondere Tätigkeiten der Verwahrung von Vermögensgegenständen des Investmentvermögens sowie sonstige Aufgaben nach Maßgabe der §§ 72 bis 79 KAGB bzw. der §§ 81 bis 89a KAGB, sind nicht steuerbegünstigt.

(10) [1]Die Anwendung der Steuerbefreiung setzt das Vorliegen eines steuerbaren Leistungsaustauschs voraus. [2]Die Steuerbefreiung ist unabhängig davon anzuwenden, in welcher Rechtsform der Leistungserbringer auftritt. [3]Für die Steuerbefreiung ist auch unerheblich, dass § 36 Abs. 1 Satz 1 Nr. 3 KAGB (Auslagerung) verlangt, dass bei der Übertragung der Portfolioverwaltung ein für Zwecke der Vermögensverwaltung oder Finanzportfolioverwaltung zugelassenes oder registriertes Unternehmen, das der Aufsicht unterliegt, benannt wird.

Verwaltung des Investmentvermögens durch eine externe Kapitalverwaltungsgesellschaft

(11) [1]Bei einem Investmentvermögen in der Form eines Sondervermögens erfüllt die Kapitalverwaltungsgesellschaft durch die Verwaltung des Investmentvermögens ihre gegenüber den Anlegern auf Grund des Investmentvertrags bestehenden Verpflichtungen. [2]Dabei können die zum Investmentvermögen gehörenden Vermögensgegenstände nach Maßgabe der Vertragsbedingungen im Eigentum der Kapitalverwaltungsgesellschaft oder im Miteigentum der Anleger stehen. [3]Es liegt eine Verwaltungsleistung gegenüber den Anlegern als Leistungsempfänger vor. [4]Bei einem Investmentvermögen in der Form einer Investmentgesellschaft (§ 1 Abs. 11 KAGB), das eine externe Kapitalverwaltungsgesellschaft mit der Verwaltung und Anlage ihrer Mittel bestellt hat, wird die Kapitalverwaltungsgesellschaft ausschließlich auf Grund der vertraglichen Vereinbarung zwischen ihr und der Investmentgesellschaft tätig. [5]Es liegt eine Verwaltungsleistung gegenüber der Investmentgesellschaft als Leistungsempfänger vor.

Investmentvermögen in Form einer intern verwalteten Investmentgesellschaft

(12) [1]Hat das Investmentvermögen die Organisationsform einer Investmentaktiengesellschaft im Sinne des KAGB oder einer Investmentkommanditgesellschaft im Sinne des KAGB, ist der Anleger Aktionär bzw. Gesellschafter. [2]Seine konkrete Rechtsstellung richtet sich nach gesellschaftsrechtlichen Regelungen und der Satzung bzw. dem Gesellschaftsvertrag der Investmentgesellschaft. [3]Soweit keine separate schuldrechtliche Vereinbarung über die Erbringung einer besonderen Verwaltungsleistung besteht, ist insofern kein Leistungsaustausch zwischen der Investmentgesellschaft und ihren Aktionären bzw. Gesellschaftern anzuneh-

men. [4]Der Anspruch auf die Verwaltungsleistung ergibt sich aus der Gesellschafterstellung. [5]Die Verwaltung des Investmentvermögens durch die Investmentgesellschaft ist insoweit ein nicht steuerbarer Vorgang.

Auslagerung von Verwaltungstätigkeiten durch eine Kapitalverwaltungsgesellschaft

(13) [1]Beauftragt eine Kapitalverwaltungsgesellschaft einen Dritten mit der Verwaltung des Investmentvermögens, erbringt dieser eine Leistung gegenüber der Kapitalverwaltungsgesellschaft, indem er die ihr insoweit obliegende Pflicht erfüllt. [2]Der Dritte wird ausschließlich auf Grund der vertraglichen Vereinbarung zwischen ihm und der Kapitalverwaltungsgesellschaft tätig, so dass er auch nur ihr gegenüber zur Leistung verpflichtet ist.

Auslagerung von Verwaltungstätigkeiten bei Investmentgesellschaften

(14) [1]Beauftragt eine intern verwaltete Investmentaktiengesellschaft bzw. eine intern verwaltete Investmentkommanditgesellschaft einen Dritten mit der Wahrnehmung von Aufgaben, erbringt der Dritte ihr gegenüber eine Leistung, da grundsätzlich der intern verwalteten Investmentgesellschaft die Anlage und die Verwaltung ihrer Mittel obliegt. [2]Beauftragt eine extern verwaltete Investmentgesellschaft eine Kapitalverwaltungsgesellschaft mit der Verwaltung und Anlage ihrer Mittel, ist die Kapitalverwaltungsgesellschaft Vertragspartnerin des von ihr mit bestimmten Verwaltungstätigkeiten beauftragten Dritten. [3]Dieser erbringt somit auch nur gegenüber der Kapitalverwaltungsgesellschaft und nicht gegenüber der Investmentgesellschaft eine Leistung.

Ausgelagerte Verwaltungstätigkeiten als Gegenstand der Steuerbefreiung

(15) [1]Für Tätigkeiten im Rahmen der Verwaltung von Investmentvermögen, die nach § 36 Abs. 1 KAGB auf ein anderes Unternehmen ausgelagert worden sind, kann ebenfalls die Steuerbefreiung in Betracht kommen. [2]Zur steuerfreien Verwaltung gehören auch Dienstleistungen der administrativen und buchhalterischen Verwaltung von Investmentvermögen durch einen außenstehenden Verwalter, wenn sie ein im Großen und Ganzen eigenständiges Ganzes bilden und für die Verwaltung dieses Investmentvermögens spezifisch und wesentlich sind. [3]Rein materielle oder technische Dienstleistungen, die in diesem Zusammenhang erbracht werden, wie z. B. die Zurverfügungstellung eines Datenverarbeitungssystems, fallen nicht unter die Steuerbefreiung. [4]Ob die Dienstleistungen der administrativen und buchhalterischen Verwaltung von Investmentvermögen durch einen außenstehenden Verwalter ein im Großen und Ganzen eigenständiges Ganzes bilden, ist danach zu beurteilen, ob die übertragenen Aufgaben für die Durchführung der Geschäfte der Kapitalverwaltungsgesellschaft/Investmentgesellschaft unerlässlich sind und ob der außenstehende Verwalter die Aufgaben eigenverantwortlich auszuführen hat. [5]Vorbereitende Handlungen, bei denen sich die Kapitalverwaltungsgesellschaft/Investmentgesellschaft eine abschließende Entscheidung vorbehält, bilden regelmäßig nicht ein im Großen und Ganzen eigenständiges Ganzes. [6]Demgegenüber fallen Leistungen, die in der Abgabe von Empfehlungen zum An- und Verkauf von Vermögenswerten (z. B. Wertpapiere oder Immobilien) gegenüber einer Kapitalverwaltungsgesellschaft bestehen, unter die Steuerbefreiung, wenn eine enge Verbindung zu der spezifischen Tätigkeit einer Kapitalverwaltungsgesellschaft besteht. [7]Davon ist auszugehen, wenn die Empfehlung für den Kauf oder Verkauf von Vermögenswerten konkret an den rechtlichen und tatsächlichen Erfordernissen der jeweiligen Wertpapieranlage ausgerichtet ist, die Empfehlung für den Kauf oder Verkauf von Vermögenswerten auf Grund ständiger Beobachtung des Fondsvermögens erteilt wird und auf einem stets aktuellen Kenntnisstand über die Zusammenstellung des Vermögens beruht (vgl. BFH-Urteil vom 11. 4. 2013, V R 51/10, BStBl II S. 877, EuGH-Urteil vom 7. 3. 2013, C-275/11, GfBk, BStBl II S. 900).

(16) [1]Für die Beurteilung der Steuerbefreiung ist im Übrigen grundsätzlich ausschließlich die Art der ausgelagerten Tätigkeiten maßgebend und nicht die Eigenschaft des Unternehmens, das die betreffende Leistung erbringt. [2]§ 36 KAGB ist insoweit für die steuerliche Beurteilung der Auslagerung ohne Bedeutung. [3]Soweit Aufgaben der Kapitalverwaltungsgesellschaft/Investmentgesellschaft von den Verwahrstellen wahrgenommen oder auf diese übertragen werden, die zu den administrativen Tätigkeiten der Kapitalverwaltungsgesellschaft/Investmentgesellschaft und nicht zu den Tätigkeiten als Verwahrstelle

gehören, kann die Steuerbefreiung auch dann in Betracht kommen, wenn sie durch die Verwahrstellen wahrgenommen werden.

Steuerfreie Verwaltungstätigkeiten

(17) Insbesondere folgende Tätigkeiten der Verwaltung von Investmentvermögen durch die Kapitalverwaltungsgesellschaft, die Investmentaktiengesellschaft, die Investmentkommanditgesellschaft oder die Verwahrstelle sind steuerfrei nach § 4 Nr. 8 Buchstabe h UStG:

1. Portfolioverwaltung,
2. Risikomanagement,
3. Ausübung des Sicherheitenmanagements (Verwalten von Sicherheiten, sog. Collateral Management, das im Rahmen von Wertpapierleihgeschäften nach § 200 Abs. 2 KAGB Aufgabe der OGAW-Kapitalverwaltungsgesellschaft ist),
4. Folgende administrative Leistungen, soweit sie nicht dem Anteilsvertrieb dienen:
   a) Gesetzlich vorgeschriebene und im Rahmen der Fondsverwaltung vorgeschriebene Rechnungslegungsdienstleistungen (u. a. Fondsbuchhaltung und die Erstellung von Jahresberichten und sonstiger Berichte),
   b) Bewertung und Preisfestsetzung (Ermittlung und verbindliche Festsetzung des Anteilspreises),
   c) Überwachung und Einhaltung der Rechtsvorschriften (u. a. Kontrolle der Anlagegrenzen und der Marktgerechtigkeit [Fonds-Controlling]),
   d) Ausgabe und Rücknahme von Anteilen (diese Aufgabe wird nach § 71 Abs. 1 KAGB von der Verwahrstelle ausgeführt),
   e) Führung des Anteilinhaberregisters,
   f) Beantwortung von Kundenanfragen und Übermittlung von Informationen an Kunden, auch für potentielle Neukunden,
   g) Tätigkeiten im Zusammenhang mit der Gewinnausschüttung,
   h) Erstellung von Kontraktabrechnungen (einschließlich Versand und Zertifikate, ausgenommen Erstellung von Steuererklärungen),
   i) Führung gesetzlich vorgeschriebener und im Rahmen der Fondsverwaltung vorgeschriebener Aufzeichnungen,
   j) die aufsichtsrechtlich vorgeschriebene Prospekterstellung.

(18) [1]Wird von einem außenstehenden Dritten, auf den Verwaltungsaufgaben übertragen wurden, nur ein Teil der Leistungen aus dem vorstehenden Leistungskatalog erbracht, kommt die Steuerbefreiung nur in Betracht, wenn die erbrachte Leistung ein im Großen und Ganzen eigenständiges Ganzes bildet und für die Verwaltung von Investmentvermögen spezifisch und wesentlich ist. [2]Leistungen, die in der Abgabe von Empfehlungen zum An- und Verkauf von Vermögenswerten (z. B. Wertpapiere oder Immobilien) gegenüber einer Kapitalverwaltungsgesellschaft bestehen, können unter die Steuerbefreiung fallen (vgl. Absatz 15 Sätze 6 und 7). [3]Für eine administrative Leistung nach Absatz 17 Nr. 4 Buchstabe e bis j kommt im Fall der Auslagerung auf einen außenstehenden Dritten die Steuerbefreiung nur in Betracht, wenn die Leistung von dem Dritten gemeinsam mit einer der in Absatz 17 Nr. 4 Buchstabe a bis d aufgeführten administrativen Leistungen erbracht wird. [4]Erbringt eine Kapitalverwaltungsgesellschaft, eine Investmentaktiengesellschaft, eine Investmentkommanditgesellschaft oder eine Verwahrstelle Verwaltungsleistungen bezüglich des ihr nach dem KAGB zugewiesenen Investmentvermögens, kann die Steuerbefreiung unabhängig davon in Betracht kommen, ob ggf. nur einzelne Verwaltungsleistungen aus dem vorstehenden Leistungskatalog erbracht werden.

Steuerpflichtige Tätigkeiten im Zusammenhang mit der Verwaltung

(19) Insbesondere folgende Tätigkeiten können nicht als Tätigkeiten der Verwaltung von Investmentvermögen angesehen werden und fallen daher nicht unter die Steuerbefreiung nach § 4 Nr. 8 Buchstabe h UStG, soweit sie nicht Nebenleistungen zu einer nach Absatz 17 steuerfreien Tätigkeit sind (zur allgemeinen Abgrenzung von Haupt- und Nebenleistung vgl. Abschnitt 3.10):

1. Erstellung von Steuererklärungen,
2. Tätigkeiten im Zusammenhang mit der Portfolioverwaltung wie allgemeine Rechercheleistungen – sofern diese nicht unselbständige Nebenleistungen zu Beratungsleistungen mit konkreten Kauf- oder Verkaufsempfehlungen für Vermögenswerte (z. B. Wertpapiere oder Immobilien) sind –, insbesondere
   a) die planmäßige Beobachtung der Wertpapiermärkte,
   b) die Beobachtung der Entwicklungen auf den Märkten,
   c) das Analysieren der wirtschaftlichen Situation in den verschiedenen Währungszonen, Staaten oder Branchen,
   d) die Prüfung der Gewinnaussichten einzelner Unternehmen,
   e) die Aufbereitung der Ergebnisse dieser Analysen,
3. Beratungsleistungen ohne konkrete Kauf- oder Verkaufsempfehlungen,
4. Tätigkeiten im Zusammenhang mit dem Anteilsvertrieb, wie z. B. die Erstellung von Werbematerialien,
5. Tätigkeiten im Zusammenhang mit der tatsächlichen Bewirtschaftung gehaltener Immobilien, insbesondere ihre Vermietung, die Verwaltung der bestehenden Mietverhältnisse, die Beauftragung Dritter mit Instandhaltungsmaßnahmen sowie deren Überwachung und Überprüfung (vgl. EuGH-Urteil vom 9. 12. 2015, C-595/13, Fiscale Eenheid X).

Andere steuerpflichtige Tätigkeiten

(20) [1]Nicht nach § 4 Nr. 8 Buchstabe h UStG steuerfrei sind insbesondere alle Leistungen der Verwahrstelle als Verwahr- oder Kontrollstelle gegenüber der Kapitalverwaltungsgesellschaft. [2]Dies sind insbesondere folgende Leistungen:

1. Verwahrung der Vermögensgegenstände des Investmentvermögens; hierzu gehören z. B.:
   a) die Verwahrung der zu einem Investmentvermögen gehörenden Wertpapiere, Einlagenzertifikate und Bargeldbestände in gesperrten Depots und Konten,
   b) die Verwahrung von als Sicherheiten für Wertpapiergeschäfte oder Wertpapier-Pensionsgeschäfte verpfändeten Wertpapieren oder abgetretenen Guthaben bei der Verwahrstelle oder unter Kontrolle der Verwahrstelle bei einem geeigneten Kreditinstitut,
   c) die Übertragung der Verwahrung von zu einem Investmentvermögen gehörenden Wertpapieren an eine Wertpapiersammelbank oder an eine andere in- oder ausländische Bank,
   d) die Unterhaltung von Geschäftsbeziehungen mit Drittverwahrern;
2. Leistungen zur Erfüllung der Zahlstellenfunktion,
3. Einzug und Gutschrift von Zinsen und Dividenden,
4. Mitwirkung an Kapitalmaßnahmen (Corporate Actions) und der Stimmrechtsausübung (Proxy Voting),
5. Abwicklung des Erwerbs und Verkaufs der Vermögensgegenstände inklusive Abgleich der Geschäftsdaten mit dem Broker (Broker-Matching); hierbei handelt es sich nicht um Verwaltungstätigkeiten, die von der Kapitalverwaltungsgesellschaft auf die Verwahrstelle übertragen werden könnten, sondern um Tätigkeiten der Verwahrstelle im Rahmen der Verwahrung der Vermögensgegenstände,
6. Leistungen der Kontrolle und Überwachung, die gewährleisten, dass die Verwaltung des Investmentvermögens nach den entsprechenden gesetzlichen Vorschriften erfolgt, wie insbesondere
   a) Kontrolle der Ermittlung und der verbindlichen Feststellung des Anteilspreises,
   b) Kontrolle der Ausgabe und Rücknahme von Anteilen,
   c) Erstellung aufsichtsrechtlicher Meldungen, z. B. Meldungen, zu denen die Verwahrstelle verpflichtet ist.

Verwaltung von Versorgungseinrichtungen

(21) [1]Nach § 4 Nr. 8 Buchstabe h UStG ist die Verwaltung von Versorgungseinrichtungen, welche Leistungen im Todes- oder Erlebensfall, bei Arbeitseinstellung oder bei Minderung der Erwerbstätigkeit vorsehen, steuerfrei (§ 1 Abs. 2 VAG). [2]Die Versorgungswerke der Ärzte, Apotheker, Architekten, Notare, Rechtsanwälte, Steuerberater bzw. Steuerbevollmächtigten, Tierärzte, Wirtschaftsprüfer und vereidigten

Buchprüfer sowie Zahnärzte zählen zu den Versorgungseinrichtungen im Sinne des § 1 Abs. 2 VAG; Pensionsfonds sind Versorgungseinrichtungen im Sinne des § 236 Abs. 1 VAG. [3]Damit sind die unmittelbaren Verwaltungsleistungen durch Unternehmer an die auftraggebenden Versorgungseinrichtungen steuerfrei. [4]Voraussetzung für die Steuerbefreiung ist jedoch nicht, dass die Versorgungseinrichtungen der Versicherungsaufsicht unterliegen. [5]Einzelleistungen an die jeweilige Versorgungseinrichtung, die keine unmittelbare Verwaltungstätigkeit darstellen (z. B. Erstellung eines versicherungsmathematischen Gutachtens), fallen dagegen nicht unter die Steuerbefreiung nach § 4 Nr. 8 Buchstabe h UStG. [6]Zu weiteren Einzelheiten, insbesondere bei Unterstützungskassen, vgl. BMF-Schreiben vom 18. 12. 1997, BStBl I S. 1046. [7]Bei Leistungen zur Durchführung des Versorgungsausgleichs nach dem Gesetz über den Versorgungsausgleich (Versorgungsausgleichsgesetz – VersAusglG) handelt es sich abweichend von diesem BMF-Schreiben um typische und somit steuerfreie Verwaltungsleistungen.

Vermögensverwaltung

(22) [1]Bei der Vermögensverwaltung (Portfolioverwaltung) nimmt eine Bank einerseits die Vermögensverwaltung und andererseits Transaktionen vor (vgl. Abschnitt 4.8.9 Abs. 2). [2]Die Steuerbefreiung nach § 4 Nr. 8 Buchstabe h UStG kommt in Betracht, soweit tatsächlich begünstigte Investmentvermögen verwaltet werden (vgl. Absätze 1 bis 18).

Anmerkung

1. Rechtslage bis 31.12.2023

Zum 1.7.2021 ist durch das sog. Fondsstandortgesetz (Fondsstandortgesetz v. 3.6.2021, BGBl. I 2021, 1498) auch die Möglichkeit in § 4 Nr. 8 Buchst. h UStG aufgenommen worden, die **Verwaltung von Wagniskapitalfonds steuerfrei** vorzunehmen. Die Finanzverwaltung (BMF, Schreiben v. 24.6.2022, BStBl I 2022, 1006) hat zur Abgrenzung der Leistungen im Zusammenhang mit der Verwaltung von Wagniskapitalfonds einen neuen Abschn. 4.8.13 Abs. 10 UStAE aufgenommen. Die Definitionen und Abgrenzungen basieren im Wesentlichen auf der **EuVECA-Verordnung** (Verordnung (EU) Nr. 345/2013 des Europäischen Parlaments und des Rates v. 17.4.2013 über Europäische Risikokapitalfonds, ABl L 115/1 geändert durch Verordnung (EU) 2017/1991 des Europäischen Parlaments und des Rates v. 25.10.2017, ABl L 293/1 und durch Verordnung (EU) 2019/1156 des Europäischen Parlaments und des Rates v. 20.6.2019, ABl L 188/55).

Ein Wagniskapitalfonds liegt vor, wenn aufgrund der Anlagebedingungen eine Investition ganz oder zu mehr als 50 % des Kapitals – hierbei handelt es sich um das eingebrachte bzw. das noch nicht eingeforderte, aber zugesagte Kapital – zum Zeitpunkt der ersten Wagniskapitalbeteiligung in **Wachstumsunternehmen** (sog. Zielunternehmen) erfolgen soll, der Fonds selbst aber keine OGAW (Organismen für gemeinsame Anlagen in Wertpapieren i. S. d. § 1 Abs. 2 KAGB) ist. Wachstumsunternehmen müssen die folgenden Voraussetzungen erfüllen:

- Das **Zielunternehmen** ist zum Zeitpunkt der ersten Wagniskapitalbeteiligung **nicht älter als 12 Jahre** seit Unternehmensgründung;
- das **Zielunternehmen** entspricht im Zeitpunkt der ersten Wagniskapitalfinanzierung der **Größe** i. S. d. Art. 3 Buchst. d Unterbuchst. i der EuVECA-Verordnung (dies sind i. d. R. Unternehmen, die nicht an einem geregelten Markt notiert sind und bis 499 Personen beschäftigen oder kleine bzw. mittlere Unternehmen, die an einem KMU-Wachstumsmarkt notiert sind);
- das **Zielunternehmen** hat seinen **Sitz** in einem Gebiet nach Art. 3 Buchst. d Unterbuchst. iv der EuVECA-Verordnung (Gemeinschaftsgebiet sowie bestimmte, kooperierende Drittstaaten) sowie
- das **Zielunternehmen** ist **fortlaufend** mit Gewinnerzielungsabsicht **aktiv**.

Hinweis: Steuerbarkeit muss geprüft werden

Der Unternehmer muss die Tatbestandsvoraussetzungen **nachweisen**. Die **Voraussetzungen** für die steuerfreie Verwaltung **liegen nicht mehr vor**, wenn der Fonds seine Strategie ändert, nicht mehr zu mehr als 50 % in die Zielunternehmen investiert wird oder die Zielunternehmen nicht mehr die Voraussetzungen erfüllen.

Die Grundsätze gelten für alle **Umsätze, die nach dem 30.6.2021 ausgeführt worden sind**. Die Finanzverwaltung **beanstandet es aber für alle bis zum 30.6.2022 ausgeführten Umsätze** – die nach diesen Regelungen steuerfrei wären – **nicht**, wenn diese noch steuerpflichtig ausgeführt wurden. Dies gilt entsprechend für den Vorsteuerabzug des Leistungsempfängers.

2. Erweiterung zum 1.1.2024

Im Rahmen des Zukunftsfinanzierungsgesetzes sollten Änderungen in § 4 Nr. 8 UStG vorgenommen werden, die sich im Wesentlichen aufgrund der weiteren Anpassung an die MwStSystRL ergeben hätten. Nach der Beschlussempfehlung des Finanzausschusses wurde aber nur eine Änderung in § 4 Nr. 8 Buchst. h UStG vorgenommen.

In § 4 Nr. 8 Buchst. h UStG wird **ab dem 1.1.2024** geregelt, dass alle **„alternativen Investmentfonds**" von der Umsatzsteuer befreit sind (bisher waren dies nur die Verwaltung von mit Wertpapieren im Sinne des § 1 Abs. 2 des Kapitalanlagegesetzbuchs vergleichbaren alternativen Investmentfonds"), dafür wird die „Verwaltung von Wagniskapitalfonds" gestrichen.

Seit **dem 1.1.2024** sind damit von der Steuerbefreiung des § 4 Nr. 8 Buchst. h UStG die folgenden Leistungen erfasst:

- Verwaltung von Organismen für gemeinsame Anlagen in Wertpapieren (OGAW) i.S.d. § 1 Abs. 2 KAGB,
- Verwaltung von alternativen Investmentfonds (AIF) i.S.d. § 1 Abs. 3 KAGB (dies erfasst auch die Wagniskapitalfonds),
- Verwaltung von Versorgungseinrichtungen i.S.d. Versicherungsaufsichtsgesetz.

Hinweis: Alle alternativen Investmentfonds jetzt steuerbefreit

Grundlage ist Art. 135 Abs. 1 Buchst. g MwStSystRL. Danach befreien die Mitgliedstaaten die Verwaltung von durch die Mitgliedstaaten als solche definierten Sondervermögen. Der Umfang der Umsatzsteuerbefreiung erstreckte sich ausweislich der Gesetzesbegründung nach bisheriger nationaler Rechtslage auf Investmentfonds im Sinne der OGAW-Richtlinie und auf die Verwaltung solcher alternativer Investmentfonds (AIF), die den gleichen Wettbewerbsbedingungen unterliegen, sowie auf die Verwaltung von Wagniskapitalfonds. Durch die Gesetzesänderung werden die Verwaltungsleistungen von alternativen Investmentfonds im Sinne des § 1 Abs. 3 des Kapitalanlagegesetzbuchs von der Umsatzsteuer befreit; dies betrifft dann auch mittelbar die Wagniskapitalfonds, sodass eine ausdrückliche Nennung nicht mehr notwendig ist.

Durch die Ausweitung der Steuerbefreiung auf die Verwaltung aller alternativen Investmentfonds entfällt ab dem 1.1.2024 die Prüfung der Vergleichbarkeitskriterien der AIF mit OGAW. Die Verwaltung von alternativen Investmentfonds unterliegt jetzt in jedem Fall der Steuerbefreiung.

Die Finanzverwaltung (BMF, Schreiben v. 17.5.2024, BStBl I 2024, 921) hat relativ schnell auf die zum 1.1.2024 in Kraft getretene Ausweitung der Steuerbefreiung auf die Verwaltung aller alternativen Investmentfonds reagiert. Für alle Umsätze, die **nach dem 31.12.2023** ausgeführt worden sind, gilt die Steuerbefreiung für die Verwaltung aller alternativer Investmentfonds – die Umsätze sind auch **zwingend steuerfrei**, da sie nicht unter die Optionsmöglichkeit des § 9 Abs. 1 UStG fallen.

UStAE 4.8.14. Amtliche Wertzeichen

[1]Durch die Worte „zum aufgedruckten Wert" wird zum Ausdruck gebracht, dass die Steuerbefreiung nach § 4 Nr. 8 Buchstabe i UStG für die im Inland gültigen amtlichen Wertzeichen nur in Betracht kommt, wenn die Wertzeichen zum aufgedruckten Wert geliefert werden. [2]Zum aufgedruckten Wert gehören auch aufgedruckte Sonderzuschläge, z.B. Zuschlag bei Wohlfahrtsmarken. [3]Werden die Wertzeichen mit einem höheren Preis als dem aufgedruckten Wert gehandelt, ist der Umsatz insgesamt steu-

erpflichtig. [4]Lieferungen der im Inland postgültigen Briefmarken sind auch dann steuerfrei, wenn diese zu einem Preis veräußert werden, der unter ihrem aufgedruckten Wert liegt.

Zu § 4 Nr. 9 UStG

UStG § 4 Nr. 9. a) die Umsätze, die unter das Grunderwerbsteuergesetz fallen,

b) die Umsätze, die unter das Rennwett- und Lotteriegesetz fallen. Nicht befreit sind die unter das Rennwett- und Lotteriegesetz fallenden Umsätze, die von der Rennwett- und Lotteriesteuer befreit sind oder von denen diese Steuer allgemein nicht erhoben wird;

UStAE 4.9.1. Umsätze, die unter das Grunderwerbsteuergesetz fallen

(1) [1]Zu den Umsätzen, die unter das GrEStG fallen (grunderwerbsteuerbare Umsätze), gehören insbesondere die Umsätze von unbebauten und bebauten Grundstücken. [2]Für die Grunderwerbsteuer können mehrere von dem Grundstückserwerber mit verschiedenen Personen – z.B. Grundstückseigentümer, Bauunternehmer, Bauhandwerker – abgeschlossene Verträge als ein einheitliches, auf den Erwerb von fertigem Wohnraum gerichtetes Vertragswerk anzusehen sein (BFH-Urteile vom 27. 10. 1982, II R 102/81, BStBl 1983 II S. 55, und vom 27. 10. 1999, II R 17/99, BStBl 2000 II S. 34). [3]Dieser dem GrEStG unterliegende Vorgang wird jedoch nicht zwischen dem Grundstückserwerber und den einzelnen Bauunternehmern bzw. Bauhandwerkern verwirklicht (BFH-Urteile vom 7. 2. 1991, V R 53/85, BStBl II S. 737, vom 29. 8. 1991, V R 87/86, BStBl 1992 II S. 206, und vom 10. 9. 1992, V R 99/88, BStBl 1993 II S. 316). [4]Die Leistungen der Architekten, der einzelnen Bauunternehmer und der Bauhandwerker sind mit dem der Grunderwerbsteuer unterliegenden Erwerbsvorgang nicht identisch und fallen daher auch nicht unter die Umsatzsteuerbefreiung nach § 4 Nr. 9 Buchstabe a UStG (vgl. auch BFH-Beschluss vom 30. 10. 1986, V B 44/86, BStBl 1987 II S. 145, und BFH-Urteil vom 24. 2. 2000, V R 89/98, BStBl II S. 278). [5]Ein nach § 4 Nr. 9 Buchstabe a UStG insgesamt steuerfreier einheitlicher Grundstücksumsatz kann nicht nur bei der Veräußerung eines bereits bebauten Grundstücks vorliegen, sondern auch dann, wenn derselbe Veräußerer in zwei getrennten Verträgen ein Grundstück veräußert und die Pflicht zur Erstellung eines schlüsselfertigen Bürohauses und Geschäftshauses übernimmt. [6]Leistungsgegenstand ist in diesem Fall ein noch zu bebauendes Grundstück (BFH-Urteil vom 19. 3. 2009, V R 50/07, BStBl 2010 II S. 78).

(2) Unter die Steuerbefreiung nach § 4 Nr. 9 Buchstabe a UStG fallen z.B. auch:

1. die Bestellung von Erbbaurechten (BFH-Urteile vom 28. 11. 1967, II 1/64, BStBl 1968 II S. 222, und vom 28. 11. 1967, II R 37/66, BStBl 1968 II S. 223) und die Übertragung von Erbbaurechten (BFH-Urteil vom 5. 12. 1979, II R 122/76, BStBl 1980 II S. 136);
2. die Übertragung von Miteigentumsanteilen an einem Grundstück;
3. die Lieferung von auf fremdem Boden errichteten Gebäuden nach Ablauf der Miet- oder Pachtzeit (vgl. Abschnitt F II des BMF-Schreibens vom 23. 7. 1986, BStBl I S. 432);
4. die Übertragung eines Betriebsgrundstückes zur Vermeidung einer drohenden Enteignung (BFH-Urteil vom 24. 6. 1992, V R 60/88, BStBl II S. 986);
5. die Umsätze von Grundstücken und von Gebäuden nach dem Sachenrechtsbereinigungsgesetz und
6. die Entnahme von Grundstücken, unabhängig davon, ob damit ein Rechtsträgerwechsel verbunden ist.

Anmerkung

Umsätze, die unter das **Grunderwerbsteuergesetz** fallen, sind grundsätzlich steuerfrei, um eine doppelte Belastung dieses Umsatzes mit einer an den Umsatz anknüpfenden Steuer (Umsatzsteuer und Grunderwerbsteuer) zu vermeiden, § 4 Nr. 9 Buchst. a UStG. Typische Fälle sind der Verkauf einer Immobilie oder auch die unentgeltliche Übertragung der Immobilie.

Hinweis: Entstehung einer Grunderwerbsteuer unbeachtlich

Nicht erforderlich ist, dass auch tatsächlich eine Grunderwerbsteuer anfällt; so sind auch die Umsätze umsatzsteuerfrei, die einer Befreiung bei der Grunderwerbsteuer unterliegen (z. B. Übertragung zwischen Ehegatten oder zwischen Eltern und Kind sowie Schenkungen und Übergänge im Rahmen von Erbschaften).

Bevor die Steuerbefreiung einer Grundstücksübertragung geprüft wird, muss zuerst geprüft werden, ob es sich bei einer Übertragung eines Grundstücks nicht um eine nicht steuerbare Geschäftsveräußerung im Ganzen nach § 1 Abs. 1a UStG handelt.

Bei einem steuerfreien Umsatz, der unter das Grunderwerbsteuergesetz fällt, besteht grundsätzlich die Möglichkeit, auf die **Steuerpflicht zu optieren**, soweit die Leistung an einen anderen Unternehmer für dessen Unternehmen erbracht wird.

Hinweis: Grundsätzlich Reverse-Charge-Verfahren bei Option

Soweit der leistende Unternehmer zulässigerweise auf die Steuerpflicht nach § 9 UStG optiert, wird der Leistungsempfänger zum Steuerschuldner nach § 13b Abs. 2 Nr. 3 i. V. m. Abs. 5 Satz 1 UStG.

Auch die **Entnahme eines Grundstücks** aus dem Unternehmen fällt unter die Befreiung nach § 4 Nr. 9 Buchst. a UStG (BMF, Schreiben v. 22.9.2008, BStBl I 2008, 895 sowie Abschn. 4.9.1 Abs. 2 Nr. 6 UStAE).

UStAE 4.9.2. Umsätze, die unter das Rennwett- und Lotteriegesetz fallen

(1) [1]Die Leistungen der Buchmacher im Wettgeschäft sind nach § 4 Nr. 9 Buchstabe b UStG umsatzsteuerfrei, weil sie der Rennwettsteuer unterliegen. [2]Zum Entgelt für diese Leistungen zählt alles, was der Wettende hierfür aufwendet. [3]Dazu gehören auch der von den Buchmachern zum Wetteinsatz erhobene Zuschlag und die Wettscheingebühr, weil ihnen keine besonderen selbständig zu beurteilenden Leistungen des Buchmachers gegenüberstehen. [4]Auch wenn die Rennwettsteuer lediglich nach dem Wetteinsatz bemessen wird, erstreckt sich daher die Umsatzsteuerbefreiung auf die gesamte Leistung des Buchmachers.

(2) [1]Buchmacher, die nicht selbst Wetten abschließen, sondern nur vermitteln, sind mit ihrer Vermittlungsleistung, für die sie eine Provision erhalten, nicht nach § 4 Nr. 9 Buchstabe b UStG von der Umsatzsteuer befreit. [2]Die Tätigkeit von Vertretern, die die Wetten für einen Buchmacher entgegennehmen, fällt nicht unter § 4 Nr. 9 Buchstabe b UStG (vgl. EuGH-Beschluss vom 14. 5. 2008, C-231/07 und C-232/07, Tiercé Ladbroke).

(3) [1]Im Inland veranstaltete öffentliche Lotterien unterliegen der Lotteriesteuer. [2]Schuldner der Lotteriesteuer ist der Veranstalter der Lotterie. [3]Lässt ein Wohlfahrtsverband eine ihm genehmigte Lotterie von einem gewerblichen Lotterieunternehmen durchführen, ist Veranstalter der Verband. [4]Der Lotterieunternehmer kann die Steuerbefreiung nach § 4 Nr. 9 Buchstabe b UStG nicht in Anspruch nehmen (BFH-Urteil vom 10. 12. 1970, V R 50/67, BStBl 1971 II S. 193).

(4) [1]Spiele, die dem Spieler lediglich die Möglichkeit einräumen, seinen Geldeinsatz wiederzuerlangen (sog. Fun-Games), fallen nicht unter die Steuerbefreiung des § 4 Nr. 9 Buchstabe b UStG (BFH-Urteil vom 29. 5. 2008, V R 7/06, BStBl 2009 II S. 64). [2]Das gilt auch für den Betrieb von Geldspielautomaten (BFH-Urteil vom 10. 11. 2010, XI R 79/07, BStBl 2011 II S. 311).

Anmerkung

1. Besteuerung von Sachlotterien

Führen Veranstalter **Sachlotterien** durch, können sich dadurch verschiedene umsatzsteuerrechtliche Konsequenzen ergeben. Das Landesamt für Steuern in Niedersachsen hat in einer Verfügung v. 3.7.2019, DStR 2019, 1870 zu den wichtigsten Fragen rund um die Sachlotterien Stellung genommen.

Der **Verkauf der Lose** stellt eine Lieferung dar (vgl. BFH, Urt. v. 10.12.1959 – V 317/57 U, BStBl III 1960, 77). Die Losverkäufe sind steuerfrei, wenn sie unter das RennwLottG fallen, § 4 Nr. 9 Buchst. b

UStG. Dies soll aber nicht gelten, wenn die Verkäufe der Lose von der **Rennwett- und Lotteriesteuer befreit** sind oder diese Steuer nicht erhoben wird. Zu **steuerpflichtigen Umsätzen** führen damit insbesondere die folgenden Vorgänge:

- Im Inland steuerbare Umsätze von Online-Glücksspielen.
- Genehmigte Sachlotterien zu ausschließlich gemeinnützigen, mildtätigen oder kirchlichen Zwecken, bei denen der Gesamtpreis der einzelnen Lotterien den Wert von 40.000 € nicht übersteigt (§ 18 Nr. 2 Buchst. a RennwLottG).
- Sachlotterien auf Volksfesten, Jahrmärkten u. ä. Veranstaltungen, bei denen die Gestehungskosten eines Gewinns höchstens 60 €, mindestens 50 % der Gesamteinsätze an die Spieler zurückfließen und mindestens 20 % der Lose zu Gewinnen führen. Diese Lotterien sind nicht erlaubnispflichtig und fallen deshalb nicht unter das RennwLottG.

Werden die genannten Grenzen für die nicht unter das RennwLottG fallenden Sachlotterien überschritten, unterliegen die Lotterien der Lotteriesteuer von 20 %. Der Verkauf der Lose ist dann nach § 4 Nr. 9 Buchst. b UStG von der Umsatzsteuer befreit.

Liegen **keine umsatzsteuerfreien Lotterien** vor, bestimmt sich die Bemessungsgrundlage ausgehend von dem **Verkaufserlösen** und kann nicht auf den Überschuss nach Abzug der Ausgaben für die Gewinne begrenzt werden. Die Umsatzsteuer ist regelmäßig mit dem Regelsteuersatz aus den Einnahmen aus den Losverkäufen herauszurechnen. Bei Lotterien zu ausschließlich gemeinnützigen, mildtätigen oder kirchlichen Zwecken, bei denen der Gesamtpreis der einzelnen Lotterien den Wert von 40.000 € nicht übersteigt kommt allerdings der ermäßigte Steuersatz von 7 % bzw. in der Zeit vom 1.7. bis 31.12.2020 mit 5 % zur Anwendung (§ 12 Abs. 2 Nr. 8 Buchst. a UStG sowie Abschn. 12.9 Abs. 14 UStAE).

Die **Abgabe der Sachgewinne** erfolgt unentgeltlich außerhalb eines Leistungsaustauschs und ist deshalb nicht steuerbar. Der Lospreis ist kein Entgelt für einen Gewinn.

Bezüglich des **Vorsteuerabzugs** aus dem Erwerb der Sachgewinne vertritt das LfSt Niedersachsen die Auffassung, dass der Veranstalter aus dem Leistungsbezug nicht zum Vorsteuerabzug nach § 15 Abs. 1 UStG berechtigt ist, wenn der Sachgewinn **zweckgerichtet für die unentgeltliche Wertabgabe** erworben wurde (vgl. auch Abschn. 15.15 UStAE). Soweit aber die Anschaffungskosten netto 35 € nicht überschreiten sollten, soll keine dem Grunde nach unter § 3 Abs. 1b Satz 1 Nr. 3 UStG fallende Wertabgabe vorliegen, sodass der Veranstalter insoweit keine andere Einschränkung vorliegen sollte, den Vorsteuerabzug in Abhängigkeit der Gesamttätigkeit des Unternehmens erhalten soll. Bei einer umsatzsteuerfreien Lotterie wäre dann der Vorsteuerabzug nach § 15 Abs. 2 Satz 1 Nr. 1 UStG ausgeschlossen.

Bezüglich der **Sachgewinne bis 35 €** kann fraglich sein, ob die Rechtsauffassung des LfSt Niedersachsen zutreffend ist. Nach § 3 Abs. 1b Satz 1 Nr. 3 UStG sind von der Annahme einer als Lieferung geltenden entgeltlichen Wertabgabe Geschenke bis 35 € ausgenommen. In der Verfügung wird einfach unterstellt, dass der Sachgewinn ein „Geschenk“ i. S. d. Regelung ist. Dies erscheint unzutreffend. Gewinne sind systematisch keine Geschenke, sodass die Einschränkung des § 3 Abs. 1b Satz 1 Nr. 3 UStG hier nicht einschlägig ist und deshalb der Vorsteuerabzug unabhängig der Wertgrenze ausgeschlossen sein müsste. Da die Auslegung aber zugunsten der Veranstalter erfolgt, sollte dies hingenommen werden. Soweit dem LfSt Niedersachsen gefolgt werden sollte, müsste sich nach erfolgter gesetzlicher Anhebung der Geschenkegrenze auf 50 € ein Wert für die Sachgewinne i. H. v. 50 € ergeben.

2. Vereinbarkeit mit dem Unionsrecht bei Geldspielautomaten

Die Frage, ob die nationale Besteuerung mit dem Unionsrecht vereinbar ist, hatte schon mehrfach auch den EuGH beschäftigt (vgl. z. B. EuGH, Urt. v. 10.6.2010 – C-58/09, Leo-Libera,GmbH, BFH/NV 2010, 1590; EuGH, Urt. v. 24.10.2013 – C-440/12, Metropol Spielstätten, UR 2013, 2660). Der BFH (Urt. v. 11.12.2019 – XI R 13/18, BStBl II 2020, 296) hat nochmals festgestellt, dass die Umsatzsteuerbesteuerung beim Betreiben von Geldspielautomaten mit Gewinnmöglichkeit mit Unionsrecht vereinbar ist.

Hinweis: Berechnungsgrundlage für Umsatzsteuer bei Geldspielgeräten

Zur Berechnungsgrundlage bei der steuerpflichtigen Leistung bei Geldspielgeräten mit Gewinnmöglichkeit vgl. BMF, Schreiben v. 5.11.2021, BStBl I 2021, 2223.

Nachdem zum 1.7.2021 allerdings die **virtuelle Automatensteuer** eingeführt wurde, die Online-Glücksspielumsätze mit einer Lotteriesteuer belegt und damit zu einer Umsatzsteuerfreiheit dieser Umsätze führt, war fraglich, ob das sog. terrestrische Glücksspiel nicht auch steuerfrei sein muss. Das FG Münster (Beschl. v. 27.12.2021 – 5 V 2705/21 U (Verfahren zur AdV)) hatte wegen der bestehenden Umsatzsteuerfreiheit für Online-Glücksspiele im Hinblick auf den europäischen Neutralitätsgrundsatz Zweifel an der Umsatzsteuerpflicht der terrestrischen Geldspielautomaten und hatte AdV gewährt. Der **BFH** (Beschl. v. 26.9.2022 – XI B 9/22 (AdV), BFH/NV 2022, 1417) hat den Beschluss des FG aufgehoben und sieht **keine ernstlichen Zweifel** an der Besteuerung der terrestrischen Automatenspiele. Die Leistungen sind nach Auffassung des BFH nicht miteinander vergleichbar, sodass der Neutralitätsgrundsatz nicht durchgreift. Obwohl es sich nur erst einmal um eine Entscheidung zur Aussetzung der Vollziehung handelt, hat sich der BFH damit doch ziemlich festgelegt. Eine gegen den Beschluss des BFH erhobene Verfassungsbeschwerde ist vom BVerfG nicht zur Entscheidung angenommen worden (BVerfG, Beschl. v. 24.2.2023 – 1 BvR 289/23). Das FG Münster hat danach **keine Aussetzung der Vollziehung** gewährt (FG Münster, Beschl. v. 17.7.2023 – 5 V 1047/23 U, MwStR 2023, 709) und festgestellt, dass die Umsätze des Unternehmers aus dem Betrieb der Geldspielautomaten nicht dem Rennwett- und Lotteriegesetz unterfallen und sind deshalb nach nationalem Recht auch nicht steuerbefreit. Der Unternehmer kann sich für die Umsätze nicht auf eine unmittelbare Anwendung der unionsrechtlichen Befreiung berufen, da Art. 135 Abs. 1 Buchst. i MwStSystRL keine zwingende Steuerbefreiung für Umsätze aus Glücksspielen mit Geldeinsatz vorgibt.

Hinweis: Ähnliche Verfahren beim EuGH

Das FG Münster hatte eine Vorlage an den EuGH abgelehnt, obwohl aus Belgien zwei Vorabentscheidungsersuchen in vergleichbarer Sache anhängig waren. Der EuGH (Urt. v. 12.9.2024 – C-73/23, Chaudfontaine Loisirs SA, MwStR 2024, 706) hat zu den Unterschieden zwischen offline und online angebotenen Glücksspielen mit Geldeinsatz festgestellt, dass hier erhebliche Unterschiede bestehen, die die Entscheidung des Durchschnittsverbrauchers, die eine oder die andere Spielkategorie zu wählen, erheblich beeinflussen. Deshalb liegt in einer unterschiedlichen Behandlung kein Verstoß gegen Unionsrecht vor. In einem weiteren Verfahren (EuGH, Urt. v. 12.9.2024 – C-741/22, Casino de Spa SA u.a., MwStR 2024, 706) hat der EuGH entschieden, dass ebenfalls kein Verstoß gegen Unionsrecht vorliegt, wenn nationale Regelungen den Online-Kauf von Lotterielosen einerseits und die Teilnahme an sonstigen online angebotenen Glücksspielen mit Geldeinsatz andererseits unterschiedlich behandeln.

Zu § 4 Nr. 10 UStG

UStG § 4 Nr. 10. a) die Leistungen auf Grund eines Versicherungsverhältnisses im Sinne des Versicherungsteuergesetzes. Das gilt auch, wenn die Zahlung des Versicherungsentgelts nicht der Versicherungsteuer unterliegt,

b) die Leistungen, die darin bestehen, dass anderen Personen Versicherungsschutz verschafft wird;

UStAE 4.10.1. Versicherungsleistungen

(1) Die Befreiungsvorschrift betrifft auch Leistungen aus Versicherungs- und Rückversicherungsverträgen, die wegen Fehlens der in § 1 Abs. 1 bis 4 VersStG genannten Voraussetzungen nicht der Versicherungsteuer unterliegen.

(2) [1]Nicht befreit sind Versicherungsleistungen, die aus anderen Gründen nicht unter das VersStG fallen. [2]Hierbei handelt es sich um Leistungen aus einem Vertrag, durch den der Versicherer sich verpflichtet, für den Versicherungsnehmer Bürgschaft oder sonstige Sicherheit zu leisten (§ 2 Abs. 2 VersStG). [3]Hierunter sind insbesondere die Kautionsversicherungen (Bürgschafts- und Personenkautionsversicherungen) zu verstehen (vgl. BFH-Urteil vom 13. 7. 1972, V R 33/68). [4]Es kann jedoch die Steuerbefreiung nach § 4 Nr. 8 Buchstabe g UStG in Betracht kommen (vgl. Abschnitt 4.8.12).

(3) [1]Übernimmt bei der durch eine Beteiligungsklausel im Versicherungsvertrag offengelegten Mitversicherung eines Risikos durch mehrere Versicherer (sog. offene Mitversicherung) der führende Versicherer die bei Begründung und Abwicklung der Mitversicherungsverträge anfallenden Verwaltungsaufgaben (sog. Führungsleistungen) gegen einen erhöhten Anteil aus dem Versicherungsentgelt (sog. Führungsprovision), liegt darin eine steuerbare und steuerpflichtige sonstige Leistung an den/die Mitversicherer. [2]Hierbei handelt es sich nicht um Leistungen auf Grund eines Versicherungsverhältnisses im Sinne des VersStG (BFH-Urteil vom 24. 4. 2013, XI R 7/11, BStBl II S. 648).

(4) [1]Die Dienstleistung eines von einem Kraftfahrzeughändler unabhängigen Wirtschaftsteilnehmers, die darin besteht, gegen Zahlung eines Pauschalbetrags mechanische Ausfälle bestimmter Teile eines Gebrauchtfahrzeugs zu versichern, stellt einen nach § 4 Nr. 10 Buchstabe a UStG steuerfreien Versicherungsumsatz dar (vgl. EuGH-Urteil vom 16. 7. 2015, C-584/13, Mapfre asistencia und Mapfre warranty). [2]Zur Verschaffung von Versicherungsschutz durch einen Kraftfahrzeughändler vgl. Abschnitt 3.10 Abs. 6 Nr. 3 und Abschnitt 4.10.2 Abs. 1 Satz 1. [3]Die entgeltliche Garantiezusage eines Kraftfahrzeughändlers, mit der dieser als Garantiegeber im Garantiefall eine Geldleistung verspricht, ist eine Leistung auf Grund eines Versicherungsverhältnisses im Sinne des VersStG, die nach § 4 Nr. 10 Buchstabe a UStG steuerfrei ist (vgl. BFH-Urteil vom 18. 11. 2018, XI R 16/17, BStBl 2021 II S. 461); Gleiches gilt für das Versprechen einer Reparaturleistung durch den Garantiegeber (vgl. BMF-Schreiben vom 11. 5. 2021, BStBl 2021 I S. 781).

Anmerkung

1. Grundsätze

Steuerbefreit sind nach **§ 4 Nr. 10 Buchst. a UStG** Leistungen aus Versicherungsverträgen, die dem Versicherungsteuergesetz unterliegen. Der Versicherer gewährt Versicherungsschutz und zahlt bei Eintritt des Versicherungsfalls die Versicherungssumme oder erbringt eine Sachleistung. Die Steuerbefreiung nach § 4 Nr. 10 Buchst. a UStG beschränkt sich auf die Leistung „Gewährung von Versicherungsschutz“ und etwaige Sachleistungen (z. B. in der Glas- oder Krankenversicherung).

Der BFH (Urt. v. 14.11.2018 – XI R 16/17, BFH/NV 2019, 356) hat entschieden, dass die entgeltliche **Garantiezusage** eines Kfz-Händlers keine unselbständige Nebenleistung zur Fahrzeuglieferung ist, sondern eine eigenständige Leistung. Mit einer Garantiezusage, durch die der Kfz-Verkäufer als Garantiegeber im Garantiefall eine Geldleistung verspricht, liegt eine Leistung aufgrund eines Versicherungsverhältnisses i. S. d. VersStG vor, die nach § 4 Nr. 10 Buchst. a UStG steuerfrei ist.

Eine nach **§ 4 Nr. 10 Buchst. a UStG** umsatzsteuerfreie Leistung muss nicht in der Zahlung eines Geldbetrags, sondern kann auch in Beistandsleistungen in Form von **Sachleistungen** bestehen (EuGH, Urt. v. 25.2.1999 – C-349/96, CPP, HFR 1999, 421).

Hinweis: Anhängiges Verfahren beim BFH

Beim BFH (V R 21/25) ist ein Verfahren zur Abgrenzung bei Vereinen anhängig, in dem es darum geht, ob der Teil der Mitgliedsbeiträge, der auf die außergerichtliche Rechtsberatung der Mitglieder eines Vereins entfällt, als steuerfreie Versicherungsleistung nach § 4 Nr. 10 Buchst. a UStG einzuordnen ist. Das Sächsische FG (Urt. v. 5.2.2025 – 5 K 423/24) hatte festgestellt, dass mit der satzungsgemäßen Zusage des Vereins, seinen Mitgliedern gegen Zahlung eines festen Jahresbeitrags außergerichtliche Rechtsberatung in miet- und pachtrechtlichen Angelegenheiten zu gewähren, eine Leistung aufgrund eines Versicherungsverhältnisses vorliegt, die steuerfrei nach § 4 Nr. 10 Buchst. a UStG ist.

2. Garantiezusagen

Mehrfach wurde in den vergangenen Jahren die umsatzsteuerrechtliche und versicherungsteuerrechtliche **Behandlung von Garantiezusagen** (Garantieverlängerungen) verändert. Die Finanzverwaltung hat mit Schreiben v. 11.5.2021 (BStBl I 2021, 781) dazu Stellung genommen und eine mittlerweile mehrfach verlängerte Nichtbeanstandungsregelung bis 31.12.2022 aufgenommen. Im Ergebnis sind solche Garantiezusagen als **eigenständige Leistung** anzusehen, die i. d. R. zur Steuerfreiheit nach § 4 Nr. 10 Buchst. a UStG führt, aber der Versicherungsteuer unterliegt. Vgl. dazu ausführlich Anmerkung zu Abschn. 1.3 UStAE.

UStAE 4.10.2. Verschaffung von Versicherungsschutz

(1) [1]Die Verschaffung eines Versicherungsschutzes liegt vor, wenn der Unternehmer mit einem Versicherungsunternehmen einen Versicherungsvertrag zugunsten eines Dritten abschließt (vgl. BFH-Urteil vom 9. 10. 2002, V R 67/01, BStBl 2003 II S. 378). [2]Der Begriff Versicherungsschutz umfasst alle Versicherungsarten. [3]Hierzu gehören z. B. Lebens-, Kranken-, Unfall-, Haftpflicht-, Rechtsschutz-, Diebstahl-, Feuer- und Hausratversicherungen. [4]Unter die Steuerbefreiung fällt auch die Besorgung einer Transportversicherung durch den Unternehmer, der die Beförderung der versicherten Gegenstände durchführt; das gilt nicht für die Haftungsversicherung des Spediteurs, auch wenn diese dem Kunden in Rechnung gestellt wird.

(2) [1]Durch den Versicherungsvertrag muss der begünstigte Dritte – oder bei Lebensversicherungen auf den Todesfall der Bezugsberechtigte – das Recht erhalten, im Versicherungsfall die Versicherungsleistung zu fordern. [2]Unerheblich ist es, ob dieses Recht unmittelbar gegenüber dem Versicherungsunternehmen oder mittelbar über den Unternehmer geltend gemacht werden kann. [3]Bei der Frage, ob ein Versicherungsverhältnis vorliegt, ist von den Grundsätzen des VersStG auszugehen. [4]Ein Vertrag, der einem Dritten (Arbeitnehmer oder Vereinsmitglied) lediglich die Befugnis einräumt, einen Versicherungsvertrag zu günstigeren Konditionen abzuschließen, verschafft keinen unmittelbaren Anspruch des Dritten gegen das Versicherungsunternehmen und demnach keinen Versicherungsschutz nach § 4 Nr. 10 Buchstabe b UStG. [5]Auch in der Übernahme weiterer Aufgaben für das Versicherungsunternehmen (insbesondere Beitragsinkasso und Abwicklung des Geschäftsverkehrs) liegt kein Verschaffen von Versicherungsschutz. [6]Für diese Tätigkeit kommt auch eine Steuerbefreiung nach § 4 Nr. 11 UStG nicht in Betracht.

Anmerkung

Steuerfrei ist nach **§ 4 Nr. 10 Buchst. b UStG** auch die Verschaffung von Versicherungsschutz, den ein Unternehmer durch Versicherungsvertrag einem Dritten, z. B. einem Arbeitnehmer oder einem anderen Begünstigten, zuwendet. Der Versicherungsschutz umfasst **alle Versicherungsarten**.

Zu § 4 Nr. 11 UStG

UStG § 4 Nr. 11. die Umsätze aus der Tätigkeit als Bausparkassenvertreter, Versicherungsvertreter und Versicherungsmakler;

UStAE 4.11.1. Bausparkassenvertreter, Versicherungsvertreter, Versicherungsmakler

(1) [1]Die Befreiungsvorschrift des § 4 Nr. 11 UStG enthält eine ausschließliche Aufzählung der begünstigten Berufsgruppen. [2]Sie kann auf andere Berufe, z. B. Bankenvertreter, auch wenn sie ähnliche Tätigkeitsmerkmale aufweisen, nicht angewendet werden (vgl. BFH-Urteil vom 16. 7. 1970, V R 138/69, BStBl II S. 709). [3]Die Begriffe des Versicherungsvertreters und Versicherungsmaklers sind richtlini-

enkonform nach dem Unionsrecht und nicht handelsrechtlich im Sinne von § 92 und § 93 HGB auszulegen (vgl. BFH-Urteil vom 6. 9. 2007, V R 50/05, BStBl 2008 II S. 829).

(2) [1]Die Befreiung erstreckt sich auf alle Leistungen, die in Ausübung der begünstigten Tätigkeiten erbracht werden. [2]Sie ist weder an eine bestimmte Rechtsform des Unternehmens gebunden, noch stellt sie darauf ab, dass die begünstigten Tätigkeiten im Rahmen der gesamten unternehmerischen Tätigkeit überwiegen. [3]Unter die Befreiung fällt z. B. auch ein Kreditinstitut, das Bauspar- oder Versicherungsverträge vermittelt; zum Begriff der Vermittlung siehe Abschnitt 4.8.1. [4]Zu der Tätigkeit der Kreditinstitute als Bausparkassenvertreter gehört auch die im Zusammenhang mit dieser Tätigkeit übernommene Bewilligung und Auszahlung der Bauspardarlehen. [5]Der Wortlaut der Vorschrift „aus der Tätigkeit als" erfordert, dass die Umsätze des Berufsangehörigen für seinen Beruf charakteristisch, d. h. berufstypisch, sind. [6]Auch die Betreuung, Überwachung oder Schulung von nachgeordneten selbständigen Vermittlern kann zur berufstypischen Tätigkeit eines Bausparkassenvertreters, Versicherungsvertreters oder Versicherungsmaklers gehören, wenn der Unternehmer, der diese Leistungen übernimmt, durch Prüfung eines jeden Vertragsangebots mittelbar auf eine der Vertragsparteien einwirken kann. [7]Dabei ist auf die Möglichkeit abzustellen, eine solche Prüfung im Einzelfall durchzuführen. [8]Die Zahlung erfolgsabhängiger Vergütungen (sog. Superprovisionen) ist ein Beweisanzeichen, dass berufstypische Leistungen erbracht werden (vgl. BFH-Urteil**e** vom 09. 07. 1998 – V R 62/97, BStBl 1999 II S. 253, **und vom 08.07.2025 – XI R 7/23, BStBl II S. 948**). [9]Sog. „Backoffice-Tätigkeiten", die darin bestehen, gegen Vergütung Dienstleistungen für ein Versicherungsunternehmen zu erbringen, stellen keine zu Versicherungsumsätzen gehörenden Dienstleistungen im Sinne des § 4 Nr. 11 UStG dar, die von Versicherungsmaklern oder Versicherungsvertretern erbracht werden (vgl. EuGH-Urteil vom 3. 3. 2005, C-472/03, Arthur Andersen und BFH-Urteil vom 3. 8. 2017, V R 19/16, BStBl II S. 1207). [10]Nach dem Wortlaut der Vorschrift sind die Hilfsgeschäfte von der Steuerbefreiung ausgeschlossen (vgl. BFH-Urteil vom 11. 4. 1957, V 46/56 U, BStBl III S. 222). [11]Es kann jedoch die Steuerbefreiung nach § 4 Nr. 28 UStG in Betracht kommen (vgl. Abschnitt 4.28.1). [12]Versicherungsmakler, die nach § 34 d Abs. 1 Satz 8 GewO gegenüber Dritten, die nicht Verbraucher sind, beratend tätig werden (Honorarberatung), erbringen keine steuerfreie Leistung nach § 4 Nr. 11 UStG.

(3) [1]Bestandspflegeleistungen in Form von nachwirkender Vertragsbetreuung, z. B. durch Hilfen bei Modifikationen oder Abwicklung von Verträgen, die gegen Bestandspflegeprovision erbracht werden, sind berufstypisch und somit nach § 4 Nr. 11 UStG steuerfrei. [2]**Ein nach § 4 Nr. 11 UStG steuerfreier Umsatz aus der Tätigkeit als Bausparkassenvertreter, Versicherungsvertreter und Versicherungsmakler kann auch dann vorliegen, wenn aufgrund der Tätigkeit ein bestehender Vertrag durch Abschluss einer Änderungsvereinbarung optimiert wird (BFH-Urteil vom 08.07.2025 – XI R 7/23, BStBl II S. 948).**

Anmerkung

Begünstigt sind Leistungen der selbstständig tätigen

- Bausparkassenvertreter,
- Versicherungsvertreter,
- Versicherungsmakler

aus ihrer typischen Berufstätigkeit. Eine Anwendung der Befreiungsvorschrift auf andere Berufe ist nicht möglich.

Hinweis: Richtlinienkonforme Auslegung notwendig

Der BFH (Urt. v. 6.9.2007 – V R 50/05, BStBl II 2008, 829) hat entschieden, dass die in § 4 Nr. 11 UStG genannten Begriffe des Versicherungsvertreters und des Versicherungsmaklers richtlinienkonform entsprechend Art. 135 Abs. 1 Buchst. a MwStSystRL und nicht handelsrechtlich nach den Begriffen des Versicherungsvertreters und des Handelsmaklers i. S. d. § 92 und § 93 HGB auszulegen sind.

Daraus ergibt sich, dass es zu den wesentlichen Aspekten einer steuerfreien Versicherungsvermittlungstätigkeit gehört, Kunden zu suchen und diese mit dem **Versicherer zusammenzuführen**. Das bloße Erheben von Kundendaten erfüllt nicht die spezifischen und wesentlichen Funktionen einer Versicherungsvermittlungstätigkeit. Allgemein sind Unterstützungsleistungen für die Ausübung der dem Versicherer selbst obliegenden Aufgaben steuerpflichtig. Auch Dienstleistungen wie z. B. die Festsetzung und Auszahlung von Provisionen der Versicherungsvertreter, das Halten der Kontakte mit diesen und die Weitergabe von Informationen an die Versicherungsvertreter gehören nicht zu den Tätigkeiten eines Versicherungsvertreters.

Hinweis: Optimierung von Verträgen fällt unter die Steuerbefreiung

Der BFH (Urt. v. 8.7.2025 – XI R 7/23, BStBl II 2025, 948) hat entschieden, dass ein nach § 4 Nr. 11 UStG steuerfreier Umsatz aus der Tätigkeit als Bausparkassenvertreter, Versicherungsvertreter und Versicherungsmakler auch dann vorliegen kann, wenn aufgrund der Tätigkeit ein bestehender Vertrag durch Abschluss einer Änderungsvereinbarung optimiert wird. Der Umstand, dass der Versicherungsnehmer das Entgelt entrichtet, steht der Steuerbefreiung nicht entgegen.

Auch die **Betreuung, Überwachung oder Schulung** von nachgeordneten selbstständigen Vermittlern kann zur berufstypischen Tätigkeit eines Bausparkassenvertreters, Versicherungsvertreters oder Versicherungsmaklers gehören. Dies setzt aber voraus (BFH, Urt. v. 9.7.1998 – V R 62/97, BStBl II 1999, 253), dass der Unternehmer, der die Leistungen der Betreuung, Überwachung oder Schulung übernimmt, durch Prüfung eines jeden Vertragsangebots mittelbar auf eine der Vertragsparteien einwirken kann. Dabei ist auf die Möglichkeit abzustellen, eine solche Prüfung im Einzelfall durchzuführen. Bei Verwendung von Standardverträgen und standardisierten Vorgängen genügt es, dass der Unternehmer durch die einmalige Prüfung und Genehmigung der Standardverträge und standardisierten Vorgänge mittelbar auf eine der Vertragsparteien einwirken kann. Ansonsten kann die berufstypische berufliche Fortbildung seit 2025 unter den allgemeinen Bedingungen des § 4 Nr. 21 UStG zu steuerfreien Bildungsleistungen führen.

Hinweis: Backoffice-Leistungen nicht steuerbefreit

Sogenannte „Backoffice-Leistungen" – Leistungen, die darin bestehen, gegen Vergütung allgemeine Dienstleistungen gegenüber Versicherungsgesellschaften auszuführen – führen nicht zur Steuerbefreiung nach § 4 Nr. 11 UStG (EuGH, Urt. v. 3.3.2005 – C-472/03, Arthur Andersen, BFH/NV Beilage 2005, 188).

Zu § 4 Nr. 11a UStG

UStG § 4 Nr. 11 a. die folgenden vom 1. Januar 1993 bis zum 31. Dezember 1995 ausgeführten Umsätze der Deutschen Bundespost TELEKOM und der Deutsche Telekom AG:

a) die Überlassung von Anschlüssen des Telefonnetzes und des diensteintegrierenden digitalen Fernmeldenetzes sowie die Bereitstellung der von diesen Anschlüssen ausgehenden Verbindungen innerhalb dieser Netze und zu Mobilfunkendeinrichtungen,

b) die Überlassung von Übertragungswegen im Netzmonopol des Bundes,

c) die Ausstrahlung und Übertragung von Rundfunksignalen einschließlich der Überlassung der dazu erforderlichen Sendeanlagen und sonstigen Einrichtungen sowie das Empfangen und Verteilen von Rundfunksignalen in Breitbandverteilnetzen einschließlich der Überlassung von Kabelanschlüssen;

Zu § 4 Nr. 11b UStG

UStG § 4 Nr. 11 b. Universaldienstleistungen nach Artikel 3 Absatz 4 der Richtlinie 97/67/EG des Europäischen Parlaments und des Rates vom 15. Dezember 1997 über gemeinsame Vorschriften für die Entwicklung des Binnenmarktes der Postdienste der Gemeinschaft und die Verbesserung der Dienstequalität (ABl. L 15 vom 21. 1. 1998, S. 14, L 23 vom 30. 1. 1998, S. 39), die zuletzt durch die Richtlinie 2008/6/EG (ABl. L 52 vom 27. 2. 2008, S. 3) geändert worden ist, in der jeweils geltenden Fassung. Die Steuerbefreiung setzt voraus, dass der Unternehmer sich entsprechend einer Bescheinigung des Bundeszentralamtes für Steuern gegenüber dieser Behörde verpflichtet hat, flächendeckend im gesamten Gebiet der Bundesrepublik Deutschland die Gesamtheit der Universaldienstleistungen oder einen Teilbereich dieser Leistungen nach Satz 1 anzubieten. Die Steuerbefreiung gilt nicht für Leistungen, die der Unternehmer erbringt

a) auf Grund individuell ausgehandelter Vereinbarungen oder
b) auf Grund allgemeiner Geschäftsbedingungen zu abweichenden Qualitätsbedingungen oder zu günstigeren Preisen als den nach den allgemein für jedermann zugänglichen Tarifen oder als den nach § 40 Absatz 1 des Postgesetzes vom 15. Juli 2024 (BGBl. 2024 I Nr. 236), in der jeweils geltenden Fassung, genehmigten Entgelten;

UStAE 4.11b.1 Umsatzsteuerbefreiung für Post-Universaldienstleistungen

Begünstigte Leistungen

(1) [1]Unter die Steuerbefreiung nach § 4 Nummer 11b UStG fallen nur bestimmte Post-Universaldienstleistungen. [2]Post-Universaldienstleistungen sind ein Mindestangebot an Postdienstleistungen, die flächendeckend im gesamten Gebiet der Bundesrepublik Deutschland in einer bestimmten Qualität und zu einem erschwinglichen Preis erbracht werden (§ 11 Postgesetz – PostG). [3]Inhalt, Umfang und Qualitätsmerkmale von Post-Universaldienstleistungen sind in der Post-Universaldienstleistungsverordnung (PUDLV) festgelegt.

(2) Unter die Steuerbefreiung nach § 4 Nummer 11b UStG fallen nur folgende Post-Universaldienstleistungen:

1. [1]Die Beförderung von Briefsendungen bis zu einem Gewicht von 2000 Gramm. [2]Briefsendungen sind adressierte schriftliche Mitteilungen; Mitteilungen, die den Empfänger nicht mit Namen bezeichnen, sondern lediglich mit einer Sammelbezeichnung von Wohnung oder Geschäftssitz versehen sind, gelten nicht als adressiert und sind dementsprechend keine Briefsendungen (§ 4 Nummer 2 Sätze 1 und 3 PostG).
   [3]Briefsendungen sind nur dann der Art nach begünstigte Post-Universaldienstleistungen, wenn die Qualitätsmerkmale des § 2 PUDLV erfüllt sind:
   a) [1]Bundesweit müssen mindestens 12000 stationäre Einrichtungen vorhanden sein, in denen Verträge über Briefbeförderungsleistungen abgeschlossen und abgewickelt werden können. [2]In allen Gemeinden mit mehr als 2000 Einwohnern muss mindestens eine stationäre Einrichtung vorhanden sein; dies gilt in der Regel auch für Gemeinden, die gemäß landesplanerischen Vorgaben zentralörtliche Funktionen haben. [3]In Gemeinden mit mehr als 4000 Einwohnern und Gemeinden, die gemäß landesplanerischen Vorgaben zentralörtliche Funktionen haben, ist grundsätzlich zu gewährleisten, dass in zusammenhängend bebauten Gebieten eine stationäre Einrichtung in maximal 2000 Metern für die Kunden erreichbar ist. [4]Bei Veränderungen der stationären Einrichtungen ist frühzeitig, mindestens zehn Wochen vor der Maßnahme, das Benehmen mit der zuständigen kommunalen Gebietskörperschaft herzustellen. [5]Daneben muss in allen Landkreisen mindestens je Fläche von 80 Quadratkilometern eine stationäre Einrichtung vorhanden sein. [6]Alle übrigen Orte müssen durch einen mobilen Postservice versorgt werden. [7]Die Einrichtungen müssen werktäglich nachfragegerecht betriebsbereit sein.
   b) [1]Briefkästen müssen so ausreichend vorhanden sein, dass die Kunden in zusammenhängend bebauten Wohngebieten in der Regel nicht mehr als 1000 Meter zurückzulegen haben, um zu einem Briefkasten zu gelangen. [2]Briefkästen sind jeden Werktag sowie bedarfsgerecht jeden Sonn- und Feiertag so zu leeren, dass die in Buchstabe c genannten Qualitätsmerkmale eingehalten werden können. [3]Dabei sind die Leerungszeiten der Briefkästen an den Bedürfnissen des Wirtschaftslebens zu orientieren; die Leerungszeiten und die nächste Leerung sind auf den Briefkästen anzugeben. [4]Briefkästen im Sinne der Sätze 1 und 2 sind auch andere zur Einlieferung von Briefsendungen geeignete Vorrichtungen.
   c) [1]Von den an einem Werktag eingelieferten inländischen Briefsendungen müssen – mit Ausnahme der Sendungen, die eine Mindesteinlieferungsmenge von 50 Stück je Einlieferungsvorgang voraussetzen – im Jahresdurchschnitt mindestens 80 % an dem ersten auf den Einliefe-

rungstag folgenden Werktag und 95 % bis zum zweiten auf den Einlieferungstag folgenden Werktag ausgeliefert werden. [2]Im grenzüberschreitenden Briefverkehr mit Mitgliedstaaten der Europäischen Union gelten die im Anhang der Richtlinie 97/67/EG des Europäischen Parlaments und des Rates vom 15. 12. 1997 über gemeinsame Vorschriften für die Entwicklung des Binnenmarktes der Postdienste der Gemeinschaft und die Verbesserung der Dienstequalität (ABl. EG 1998 Nr. L 15 S. 14) in der jeweils geltenden Fassung festgelegten Qualitätsmerkmale. [3]Wird der Anhang dieser Richtlinie geändert, gelten die Qualitätsmerkmale in der geänderten Fassung vom ersten Tage des dritten auf die Veröffentlichung der Änderung folgenden Monats an.

d) [1]Briefsendungen sind zuzustellen, sofern der Empfänger nicht durch Einrichtung eines Postfaches oder in sonstiger Weise erklärt hat, dass er die Sendungen abholen will. [2]Die Zustellung hat an der in der Anschrift genannten Wohn- oder Geschäftsadresse durch Einwurf in eine für den Empfänger bestimmte und ausreichend aufnahmefähige Vorrichtung für den Empfang von Briefsendungen oder durch persönliche Aushändigung an den Empfänger zu erfolgen. [3]Kann eine Sendung nicht gemäß Satz 2 zugestellt werden, ist sie nach Möglichkeit einem Ersatzempfänger auszuhändigen, soweit keine gegenteilige Weisung des Absenders oder Empfängers vorliegt. [4]Ist die Wohn- oder Geschäftsadresse des Empfängers nur unter unverhältnismäßigen Schwierigkeiten zu erreichen oder fehlt eine geeignete und zugängliche Vorrichtung für den Empfang von Briefsendungen, kann der Empfänger von der Zustellung ausgeschlossen werden. [5]Der Betroffene ist von dem beabsichtigten Ausschluss zu unterrichten.

e) Die Zustellung hat mindestens einmal werktäglich zu erfolgen (vgl. BFH-Urteil vom 2. 3. 2016, V R 20/15, BStBl II S. 548).

2. [1]Die Beförderung von adressierten Büchern, Katalogen, Zeitungen und Zeitschriften, bis zu einem Gewicht von 2 000 Gramm. [2]Die Beförderung muss durch Unternehmer erfolgen, die die Beförderung von Briefsendungen (vgl. vorstehende Nummer 1) oder die Beförderung von adressierten Paketen bis zu einem Gewicht von 20 Kilogramm durchführen (vgl. § 1 Abs. 1 Nummer 1 und 3 PUDLV i. V. m. § 4 Nummer 1 Buchstabe c PostG).
   [3]Für das Vorliegen einer Post-Universaldienstleistung gelten für die Beförderung von adressierten Büchern und Katalogen die Qualitätsmerkmale für Briefsendungen (§ 2 PUDLV) entsprechend (vgl. vorstehende Nummer 1 Satz 3).
   [4]Die Beförderung von Zeitungen und Zeitschriften ist nur dann der Art nach eine begünstigte Post-Universaldienstleistung, wenn die Qualitätsmerkmale des § 4 PUDLV erfüllt sind:

a) Zeitungen und Zeitschriften sind im Rahmen des betrieblich Zumutbaren bedarfsgerecht zu befördern.

b) [1]Zeitungen und Zeitschriften sind zuzustellen, sofern der Empfänger nicht durch Einrichtung eines Postfaches oder in sonstiger Weise erklärt hat, dass er die Sendungen abholen will. [2]Die Zustellung hat an der in der Anschrift genannten Wohn- oder Geschäftsadresse durch Einwurf in eine für den Empfänger bestimmte und ausreichend aufnahmefähige Vorrichtung für den Empfang von Zeitungen und Zeitschriften oder durch persönliche Aushändigung an den Empfänger zu erfolgen. [3]Kann eine Sendung nicht gemäß Satz 2 zugestellt werden, ist sie nach Möglichkeit einem Ersatzempfänger auszuhändigen, soweit keine gegenteilige Weisung des Absenders oder Empfängers vorliegt. [4]Ist die Wohn- oder Geschäftsadresse des Empfängers nur unter unverhältnismäßigen Schwierigkeiten zu erreichen oder fehlt eine geeignete und zugängliche Vorrichtung für den Empfang von Zeitungen und Zeitschriften, kann der Empfänger von der Zustellung ausgeschlossen werden. [5]Der Betroffene ist von dem beabsichtigten Ausschluss zu unterrichten.

c) Die Zustellung hat mindestens einmal werktäglich zu erfolgen (vgl. BFH-Urteil vom 2. 3. 2016, V R 20/15, a. a. O.).

3. [1]Die Beförderung von adressierten Paketen bis zu einem Gewicht von 10 Kilogramm.
   [2]Die Beförderung von adressierten Paketen ist nur dann der Art nach eine begünstigte Post-Universaldienstleistung, wenn die Qualitätsmerkmale des § 3 PUDLV erfüllt sind:

a) Für die Bereitstellung von Einrichtungen, in denen Verträge über Paketbeförderungsleistungen abgeschlossen und abgewickelt werden können, gelten die Qualitätsmerkmale für Briefsendungen (§ 2 Nummer 1 PUDLV) entsprechend (vgl. vorstehende Nummer 1 Satz 3 Buchstabe a).

b) [1]Von den an einem Werktag eingelieferten inländischen Paketen müssen im Jahresdurchschnitt mindestens 80 % bis zum zweiten auf den Einlieferungstag folgenden Werktag ausgeliefert werden. [2]Im grenzüberschreitenden Paketverkehr mit EU-Mitgliedstaaten gelten die im Anhang der Richtlinie 97/67/EG des Europäischen Parlaments und des Rates vom 15. 12. 1997 über gemeinsame Vorschriften für die Entwicklung des Binnenmarktes der Postdienste der Gemeinschaft und die Verbesserung der Dienstequalität (ABl. EG 1998 Nr. L 15 S. 14) in der jeweils geltenden Fassung festgelegten Qualitätsmerkmale. [3]Wird der Anhang dieser Richtlinie geändert, gelten die Qualitätsmerkmale in der geänderten Fassung vom ersten Tage des dritten auf die Veröffentlichung der Änderung folgenden Monats an.

c) [1]Pakete sind zuzustellen, sofern der Empfänger nicht erklärt hat, dass er die Sendungen abholen will. [2]Die Zustellung hat an der in der Anschrift genannten Wohn- oder Geschäftsadresse durch persönliche Aushändigung an den Empfänger oder einen Ersatzempfänger zu erfolgen, soweit keine gegenteilige Weisung des Absenders oder Empfängers vorliegt.

d) Die Zustellung hat mindestens einmal werktäglich zu erfolgen (vgl. BFH-Urteil vom 2. 3. 2016, V R 20/15, a. a. O.).

4. [1]Einschreibsendungen; Einschreibsendungen sind Briefsendungen, die pauschal gegen Verlust, Entwendung oder Beschädigung versichert sind und gegen Empfangsbestätigung ausgehändigt werden (§ 1 Abs. 2 Nummer 1 PUDLV).
   [2]Für das Vorliegen einer Post-Universaldienstleistung gelten die Qualitätsmerkmale für Briefsendungen (§ 2 PUDLV) entsprechend (vgl. vorstehende Nummer 1 Satz 3).
5. [1]Wertsendungen; Wertsendungen sind Briefsendungen, deren Inhalt in Höhe des vom Absender angegebenen Wertes gegen Verlust, Entwendung oder Beschädigung versichert ist (§ 1 Abs. 2 Nummer 2 PUDLV).
   [2]Für das Vorliegen einer Post-Universaldienstleistung gelten die Qualitätsmerkmale für Briefsendungen (§ 2 PUDLV) entsprechend (vgl. vorstehende Nummer 1 Satz 3).
6. Förmliche Zustellungen von Schriftstücken von Gerichten oder Verwaltungsbehörden auf der Grundlage der Prozessordnungen und der Gesetze, die die Verwaltungszustellungen regeln, entsprechend einer seitens der Bundesnetzagentur zu diesem Zweck erteilten Lizenz, wenn sich der Lizenznehmer verpflichtet, diese Zustellungen im gesamten Bundesgebiet anzubieten (vgl. EuGH-Urteil vom 16. 10. 2019, C-4/18 und C-5/18, Winterhoff u. a. sowie BFH-Urteile vom 6. 2. 2020 – V R 36/19 (V R 30/15), BStBl 2021 II S. 790, und vom 6. 2. 2020 – V R 37/19 (V R 8/16), BStBl 2021 II S. 792).

(3) [1]Weitere Voraussetzung für das Vorliegen einer der Art nach begünstigten Post-Universaldienstleistung ist für die unter Absatz 2 genannten Leistungen, dass der Preis für diese Leistungen erschwinglich sein muss. [2]Der Preis gilt als erschwinglich, wenn er dem realen Preis für die durchschnittliche Nachfrage eines Privathaushalts nach der jeweiligen Postuniversaldienstleistung entspricht. [3]Dies ist bei Briefsendungen bis zu einem Gewicht von 1 000 Gramm bis zu einer Einlieferungsmenge von weniger als 50 Sendungen grundsätzlich das nach § 19 PostG genehmigte Entgelt, wenn der Unternehmer auf diesem Markt marktbeherrschend ist. [4]Bei allen anderen Post-Universaldienstleistungen, die nicht dieser Entgeltsgenehmigungspflicht unterliegen, ist dies das Entgelt, das der Unternehmer für die jeweilige Einzelleistung an Privathaushalte allgemein festgelegt hat. [5]Als genehmigtes Entgelt ist auch das um 1 % verminderte Entgelt anzusehen, das der Leistungsempfänger für unter Absatz 2 genannte begünstigte Briefsendungen entrichtet, für die die Freimachung mittels einer Frankiermaschine (sog. Freistempler) durch den Leistungsempfänger erfolgt. [6]Soweit eine Entgeltminderung jedoch aus anderen Gründen gewährt wird, z. B. weil die Briefsendungen unmittelbar beim Anbieter der Post-Universaldienstleistung eingeliefert werden müssen, liegen die Voraussetzungen für die Steuerbefreiung nicht vor (vgl. nachfolgend unter Absatz 7).

Begünstigter Unternehmerkreis

(4) [1]Begünstigt können alle Unternehmer sein, die die in Absatz 2 genannten Leistungen selbst erbringen; hierzu gehören auch Unternehmenszusammenschlüsse. [2]Voraussetzung ist, dass sie sich verpflichten, alle Post-Universaldienstleistungsbereiche bzw. einen einzelnen der in Absatz 2 genannten Post-

Universaldienstleistungsbereiche ständig und flächendeckend im gesamten Gebiet der Bundesrepublik Deutschland anzubieten.

Beispiel 1:

[1]Der Postdienstleistungsanbieter P verpflichtet sich, ständig anzubieten, Briefsendungen bis zu einem Gewicht von 2 000 Gramm im gesamten Gebiet der Bundesrepublik Deutschland durchzuführen. [2]Die Voraussetzungen des § 2 PUDLV sind erfüllt.

[3]Die Durchführung der Briefsendungen bis zu einem Gewicht von 2 000 Gramm ist unter den weiteren Voraussetzungen des § 4 Nummer 11 b UStG steuerfrei.

Beispiel 2:

[1]Der Postdienstleistungsanbieter P verpflichtet sich, ständig anzubieten, Briefsendungen bis zu einem Gewicht von 2 000 Gramm sowie Paketsendungen bis zu einem Gewicht von 5 Kilogramm im gesamten Gebiet der Bundesrepublik Deutschland durchzuführen. [2]Die Voraussetzungen der §§ 2 und 3 PUDLV sind erfüllt.

[3]Die Durchführung der Briefsendungen bis zu einem Gewicht von 2 000 Gramm durch P ist unter den weiteren Voraussetzungen des § 4 Nummer 11 b UStG steuerfrei. [4]Die Durchführung der Paketsendungen bis zu einem Gewicht von 5 Kilogramm ist dagegen steuerpflichtig, da P sich nicht verpflichtet hat, den gesamten Bereich der Paketsendungen bis zu einem Gewicht von 10 Kilogramm anzubieten.

Beispiel 3:

[1]Der Postdienstleistungsanbieter P verpflichtet sich, ständig anzubieten, Briefsendungen bis zu einem Gewicht von 1 000 Gramm im gesamten Gebiet der Bundesrepublik Deutschland durchzuführen. [2]Die Voraussetzungen der §§ 2 und 3 PUDLV sind erfüllt.

[3]Die Durchführung der Briefsendungen bis zu einem Gewicht von 1 000 Gramm ist steuerpflichtig, da P sich nicht verpflichtet hat, den gesamten Bereich der Briefsendungen bis zu einem Gewicht von 2 000 Gramm anzubieten.

Beispiel 4:

[1]Der Postdienstleistungsanbieter P verpflichtet sich, ständig anzubieten, Briefsendungen bis zu einem Gewicht von 1 000 Gramm im gesamten Gebiet der Bundesrepublik Deutschland und Briefsendungen mit einem Gewicht von mehr als 1 000 Gramm bis zu einem Gewicht von 2 000 Gramm nur in Nordrhein-Westfalen durchzuführen. [2]Die Voraussetzungen der §§ 2 und 3 PUDLV sind erfüllt.

[3]Die Durchführung der Briefsendungen ist insgesamt steuerpflichtig, da P sich nicht verpflichtet hat, den gesamten Bereich der Briefsendungen bis zu einem Gewicht von 2 000 Gramm ständig und flächendeckend im gesamten Gebiet der Bundesrepublik Deutschland anzubieten.

Der Art nach nicht unter die Steuerbefreiung fallende Leistungen

(5) Nicht unter die Steuerbefreiung fallen folgende in § 1 PUDLV genannte Leistungen:

1. Die Beförderung von Paketsendungen mit einem Gewicht von mehr als 10 Kilogramm,
2. die Beförderung von adressierten Büchern, Katalogen, Zeitungen und Zeitschriften mit einem Gewicht von jeweils mehr als 2 Kilogramm,
3. Expresszustellungen; Expresszustellungen sind Briefsendungen, die so bald wie möglich nach ihrem Eingang bei einer Zustelleinrichtung des leistenden Unternehmers durch besonderen Boten zugestellt werden (§ 1 Abs. 2 Nummer 4 PUDLV),
4. Nachnahmesendungen; Nachnahmesendungen sind Briefsendungen, die erst nach Einziehung eines bestimmten Geldbetrages an den Empfänger ausgehändigt werden (§ 1 Abs. 2 Nummer 3 PUDLV).

(6) [1]Ausdrücklich sind auch Leistungen, deren Bedingungen zwischen den Vertragsparteien individuell vereinbart werden, nicht steuerfrei (§ 4 Nummer 11 b Satz 3 Buchstabe a UStG).
[2]Hierunter fallen auch Leistungen eines Postdienstleistungsanbieters an einen im eigenen Namen und für

eigene Rechnung auftretenden sog. Konsolidierer, der Inhaber einer postrechtlichen Lizenz gem. § 51 Abs. 1 Satz 2 Nummer 5 PostG ist und Briefsendungen eines oder mehrerer Absender bündelt und vorsortiert in die Briefzentren des Postdienstleistungsanbieters einliefert, wenn der Postdienstleistungsanbieter dem Konsolidierer nachträglich Rabatte auf die festgelegten Entgelte für einzelne Briefsendungen gewährt.

Beispiel 1:

[1]Der Konsolidierer K liefert an einem Tag 1 000 Briefsendungen des Absenders A vereinbarungsgemäß beim Postdienstleistungsanbieter P ein. [2]K tritt gegenüber P im eigenen Namen und für eigene Rechnung auf. [3]Das Standardporto für eine Briefsendung beträgt 0,85 €. [4]K erhält für die Einlieferung von P einen Rabatt in Höhe von 21 %.

[5]Die von P an K erbrachte Postdienstleistung ist steuerpflichtig. [6]Eine Steuerbefreiung ist wegen individueller Vereinbarungen zwischen den Vertragsparteien ausgeschlossen (§ 4 Nummer 11 b Satz 3 Buchstabe a UStG).

[3]Tritt der Konsolidierer gegenüber dem Postdienstleistungsanbieter im Namen und für Rechnung der Absender auf, so dass die Postdienstleistung vom Postdienstleistungsanbieter gegenüber dem Absender der Briefsendung erbracht wird, und gewährt der Postdienstleistungsanbieter dem Absender über den Konsolidierer nachträglich einen Rabatt, fällt die Leistung ebenfalls nicht unter die Steuerbefreiung nach § 4 Nummer 11 b UStG.

Beispiel 2:

[1]Der Konsolidierer K liefert an einem Tag 1 000 Briefsendungen des Absenders A vereinbarungsgemäß beim Postdienstleistungsanbieter P ein. [2]K tritt gegenüber P im Namen und für Rechnung des A auf. [3]Das Standardporto für eine Briefsendung beträgt 0,85 €. [4]K erhält für die Einlieferung von P einen Rabatt in Höhe von 21 %. [5]K gewährt dem A einen Rabatt in Höhe von 8 %. [6]Die Rabatte werden bereits im Zeitpunkt der Ausführung der sonstigen Leistung gewährt.

[7]Die von P an A erbrachte Postdienstleistung ist steuerpflichtig. [8]Der Rabatt in Höhe von 21 % mindert das Entgelt für die von P an A erbrachte Postdienstleistung. [9]§ 4 Nummer 11 b Satz 3 Buchstabe a UStG schließt eine Steuerbefreiung aus.

[4]Zur Behandlung von Leistungen eines sog. Konsolidierers wird im Übrigen auf das BMF-Schreiben vom 13. 12. 2006 (BStBl 2007 I S. 119) verwiesen.

(7) [1]Nicht unter die Steuerbefreiung fallen außerdem nach § 4 Nummer 11 b Satz 3 Buchstabe b UStG sog. AGB-Leistungen

a) mit nach den Allgemeinen Geschäftsbedingungen eines Anbieters festgelegten Qualitätsmerkmalen, die von den festgelegten Qualitätsmerkmalen (vgl. Absatz 2) abweichen,

Beispiel:

[1]Der Postdienstleistungsanbieter P befördert den einzelnen Standardbrief bis 20 Gramm für ein Entgelt von 0,45 €. [2]In seinen Allgemeinen Geschäftsbedingungen bietet er an, Standardbriefe ab einer Einlieferungsmenge von 50 Stück für ein Entgelt von 0,40 € zu befördern, wenn die Briefe beim Anbieter unmittelbar eingeliefert werden. [3]Der Kunde K macht hiervon Gebrauch und liefert 100 Standardbriefe ein. [4]P stellt K ein Entgelt von 40 € in Rechnung.

[5]Die Beförderung der 100 Standardbriefe zu einem Entgelt von 40 € ist steuerpflichtig. [6]Die Steuerbefreiung nach § 4 Nummer 11 b UStG kann nicht in Anspruch genommen werden, weil die Standardbriefe zwingend bei einer stationären Einrichtung des P eingeliefert werden müssen und nicht in einen Briefkasten eingeworfen werden können. [7]Es liegt somit keine begünstigte Post-Universaldienstleistung vor.

b) [1]zu nach den Allgemeinen Geschäftsbedingungen eines Anbieters festgelegten Tarifen, die zwar grundsätzlich für jedermann zugänglich sind, aber nicht für den durchschnittlichen Nachfrager eines Privathaushalts bestimmt sind.

Beispiel:

[1]Der Postdienstleistungsanbieter P befördert den einzelnen Standardbrief bis 20 Gramm für ein Entgelt von 0,45 €. [2]In seinen Allgemeinen Geschäftsbedingungen bietet er an, Standardbriefe ab einer Einlieferungsmenge von 50 Stück für ein Entgelt von 0,40 € zu befördern. [3]Der Kunde K macht hiervon Gebrauch und liefert 100 Standardbriefe ein. [4]P stellt K ein Entgelt von 40 € in Rechnung.

[5]Die Beförderung der 100 Standardbriefe zu einem Entgelt von 40 € ist steuerpflichtig. [6]Die Steuerbefreiung nach § 4 Nummer 11 b UStG kann nicht in Anspruch genommen werden, weil das Entgelt für die Einlieferung der 100 Standardbriefe von dem Entgelt für die Einlieferung von bis zu 50 Standardbriefen abweicht und der zugrunde liegende Tarif damit nicht für den durchschnittlichen Nachfrager eines Privathaushalts bestimmt ist.

[2]Hierzu gehört auch der Versand von sog. Postvertriebsstücken (Zeitungen und Zeitschriften), bei denen das Entgelt dasjenige unterschreitet, das für die Einzelsendung festgelegt ist,
bzw.

c) zu günstigeren Preisen als den nach § 19 PostG genehmigten Entgelten.

Beispiel:

[1]Der Postdienstleistungsanbieter P befördert den einzelnen Standardbrief bis 20 Gramm für ein nach § 19 PostG von der Bundesnetzagentur genehmigtes Entgelt von 0,45 €. [2]In seinen Allgemeinen Geschäftsbedingungen bietet er an, Standardbriefe ab einer Einlieferungsmenge von 50 Stück für ein Entgelt von 0,40 € zu befördern. [3]Der Kunde K macht hiervon Gebrauch und liefert 100 Standardbriefe ein. [4]P stellt K ein Entgelt von 40 € in Rechnung.

[5]Die Beförderung der 100 Standardbriefe zu einem Entgelt von 40 € ist steuerpflichtig. [6]Die Steuerbefreiung nach § 4 Nummer 11 b UStG kann nicht in Anspruch genommen werden, weil das Entgelt für die Einlieferung der 100 Standardbriefe von dem nach § 19 PostG von der Bundesnetzagentur genehmigten Entgelt für die Einlieferung von bis zu 50 Standardbriefen abweicht.

[2]Eine Steuerbefreiung kommt für diese Leistungen schon deshalb nicht in Betracht, weil es sich hierbei nicht um Post-Universaldienstleistungen im Sinne des Artikels 3 der 1. Post-Richtlinie und damit auch im Sinne des § 11 PostG und der PUDLV handelt, da die darin genannten Qualitätsmerkmale nicht erfüllt werden. [3]Unbeachtlich ist, aus welchen Gründen das nach den Allgemeinen Geschäftsbedingungen vorgesehene niedrigere Entgelt vereinbart wurde. [4]So ist z. B. die Beförderung von Paketen und Büchern nicht steuerfrei, wenn diese mit einem Leitcode auf der Sendung eingeliefert werden und hierfür eine Entgeltminderung gewährt wird.

(8) *weggefallen*

(9) [1]Nicht unter die Steuerbefreiung nach § 4 Nummer 11 b UStG fällt auch die Transportversicherung für einen Brief. [2]Diese Leistung ist keine Nebenleistung zur Briefsendung, sondern eine eigenständige Leistung, die unter die Steuerbefreiung nach § 4 Nummer 10 Buchstabe a UStG fällt.

Feststellung des Vorliegens der Voraussetzungen der Steuerbefreiung

(10) [1]Die Feststellung, dass die Voraussetzungen für die Anwendung der Steuerbefreiung erfüllt sind, trifft nicht das für den Postdienstleister zuständige Finanzamt, sondern das Bundeszentralamt für Steuern (§ 4 Nummer 11 b Satz 2 UStG). [2]Hierzu muss der Unternehmer, der die Steuerbefreiung für alle oder für Teilbereiche der unter die Begünstigung fallenden Leistungen (vgl. Absatz 2) in Anspruch nehmen will, einen entsprechenden formlosen Antrag beim Bundeszentralamt für Steuern (BZSt), An der Küppe 1, 53225 Bonn, stellen. [3]Der Antragsteller hat in seinem Antrag darzulegen, für welche Leistungen er die Steuerbefreiung in Anspruch nehmen will. [4]Hierzu muss er erklären, dass er sich verpflichtet, die genannten Leistungen flächendeckend zu erbringen und im Einzelnen nachweisen, dass die weiteren Voraussetzungen für das Vorliegen einer Post-Universaldienstleistung bei den von ihm zu erbringenden Leistungen erfüllt sind. [5]Dabei hat der Antragsteller seine unternehmerische Konzeption für sein Angebot an Post-Universaldienstleistungen darzulegen.

(11) Stellt das BZSt fest, dass die Voraussetzungen für die Steuerbefreiung vorliegen, erteilt es hierüber dem Antragsteller eine entsprechende Bescheinigung.

(12) Stellt sich im Nachhinein heraus, dass die Voraussetzungen für die Bescheinigung nicht oder nicht mehr vorliegen, nimmt sie das Bundeszentralamt für Steuern – ggf. auch rückwirkend – zurück.

Anwendung

(13) Soweit das BMF-Schreiben vom 13. 12. 2006 (BStBl 2007 I S. 119) diesem Abschnitt entgegensteht, ist es nicht mehr anzuwenden.

(14) Liegen für Leistungen nach § 4 Nr. 11b UStG auch die Voraussetzungen der Steuerbefreiung für Leistungen im Zusammenhang mit Gegenständen der Ausfuhr (§ 4 Nr. 3 Satz 1 Buchstabe a Doppelbuchstabe aa UStG) vor, geht die Steuerbefreiung des § 4 Nr. 11b UStG dieser Steuerbefreiung vor.

Anmerkung

Hinweis: Postrechtsreform führt zu geringen Anpassungen

Das Postrecht ist durch das Postrechtsmodernisierungsgesetz v. 15.7.2024 (BGBl. I 2024 Nr. 236) angepasst worden. Der Verweis in § 4 Nr. 11b Satz 3 Buchst. b UStG ist entsprechend geändert worden. Die Finanzverwaltung hat sich noch nicht zu den Änderungen geäußert.

Nach diversen gesetzlichen Anläufen wurde **zum 1.7.2010** (Gesetz zur Umsetzung steuerlicher EU-Vorgaben sowie zur Änderung steuerlicher Vorschriften v. 8.4.2010) die Steuerbefreiung für die Postdienstleistungen umfassend geändert. Während bisher die unmittelbar dem Postwesen dienenden Umsätze der Deutschen Post steuerbefreit waren, sind seitdem – unabhängig des leistenden Unternehmers – die Universaldienstleistungen im Postwesen steuerbefreit (so auch EuGH, Urt. v. 23.4.2009 – C-357/07, TNT Post UK, BFH/NV 2009, 1056).

Voraussetzung zur Erfüllung der gesetzlichen Vorgaben des § 4 Nr. 11 Buchst. b UStG ist, dass der Unternehmer ein **Mindestangebot an Postdienstleistungen** flächendeckend in der gesamten Bundesrepublik Deutschland ausführt. Daneben sind bestimmte Qualitätsmerkmale einzuhalten und die Leistungen zu einem erschwinglichen Preis auszuführen.

Hinweis: Gesetzliche Vorgaben müssen eingehalten werden

Ob grundsätzlich steuerbegünstigte Leistungen ausgeführt werden, hängt von der Einhaltung der im Postgesetz (PostG) und in der Post-Universaldienstleistungsverordnung (PUDLV) festgelegten Voraussetzungen ab.

Die Steuerbegünstigung kann sich auf alle **Universalpostdienstleistungen** oder auch nur auf einzelne Bereiche der Universalpostdienstleistungen beschränken. Will der Unternehmer Universalpostdienstleistungen nur für einen bestimmten Bereich ausführen, muss er in diesem Bereich aber das gesamte Leistungsangebot flächendeckend anbieten.

Hinweis: Keine Beschränkung auf Regionen möglich

Wird die Ausführung der Leistungen auf eine bestimmte Region beschränkt, handelt es sich nicht um steuerbefreite Leistungen. Dies gilt auch dann, wenn in dieser Region das gesamte Leistungsangebot vorliegt (z. B. Briefzustellung von Briefen bis 2.000 Gramm in Niedersachsen).

Nach der Rechtsprechung des BFH (Urt. v. 2.3.2016 – V R 20/15, BStBl II 2016, 548) setzt die Steuerbefreiung auch voraus, dass die Postzustellung an sechs Arbeitstagen pro Woche erfolgt.

Die Voraussetzungen müssen von dem **leistenden Unternehmer** (Postdienstleister) **nachgewiesen** werden. Die Feststellung, ob ein Unternehmer die Voraussetzungen des § 4 Nr. 11 Buchst. b UStG erfüllt, trifft nicht das für den Unternehmer zuständige Finanzamt, sondern das **Bundeszentralamt für Steuern**. Der Unternehmer hat dort einen formlosen Antrag zu stellen und muss darlegen, welche steuerbefreiten Leistungen er ausführen will. Weiterhin muss er sich verpflichten, die Leistungen flächendeckend in ganz Deutschland auszuführen. Liegen nach der Prüfung des BZSt die Voraussetzungen vor, erteilt es darüber dem Unternehmer eine Bescheinigung. Das Bundeszentralamt für Steuern kann die Bescheinigung wieder zurücknehmen, wenn die Voraussetzungen nicht (mehr) vorliegen. Die Rücknahme kann auch rückwirkend erfolgen.

Grundsätzlich ist es auch möglich, dass **Unternehmenszusammenschlüsse** sich gemeinsam verpflichten, die Universalpostdienstleistungen flächendeckend auszuführen.

Die Steuerbefreiung nach § 4 Nr. 11 Buchst. b UStG setzt weiter voraus, dass **keine individuellen Preisabsprachen** zwischen Einlieferern und dem Anbieter getroffen werden. Dadurch wird die Bindung von Großkunden an einen Postdienstleister dann erschwert, wenn dieser nicht oder nicht vollständig zum Vorsteuerabzug berechtigt ist (z. B. Banken und Versicherungen).

Hinweis: Auch förmliche Zustellung begünstigt

Die förmliche Zustellung von Schriftstücken nach öffentlich-rechtlichen Vorschriften ist eine Post-Universaldienstleistung nach Art. 3 Abs. 4 der Richtlinie 97/67/EG (Post-Richtlinie), die als von „öffentlichen Posteinrichtungen" erbrachte Dienstleistung nach Art. 132 Abs. 1 Buchst. a MwStSystRL von der Umsatzsteuer befreit ist (BFH, Urt. v. 6.2.2020 – V R 36/19, BStBl II 2021, 790 nach Entscheidung des EuGH, Urt. v. 16.10.2019 – C-4/18, Winterhoff). Die **Finanzverwaltung** (BMF-Schreiben v. 28.9.2021, BStBl I 2021, 1858) stellt deshalb in **Abschn. 4.11b.1 Abs. 2 Nr. 6 UStAE** klar, dass auch die förmliche Zustellung von Schriftstücken von Gerichten oder Verwaltungsbehörden auf der Grundlage der Prozessordnungen und der Gesetze, die die entsprechenden Verwaltungszustellungen regeln, entsprechend einer von der Bundesnetzagentur zu diesem Zweck erteilten Lizenz eine solche Post-Universaldienstleistung darstellt, wenn der Anbieter sich verpflichtet hat, die Zustellungen im **gesamten Bundesgebiet** anzubieten.

Zu § 4 Nr. 12 UStG

UStG § 4 Nr. 12. a) die Vermietung und die Verpachtung von Grundstücken, von Berechtigungen, für die die Vorschriften des bürgerlichen Rechts über Grundstücke gelten, und von staatlichen Hoheitsrechten, die Nutzungen von Grund und Boden betreffen,

b) die Überlassung von Grundstücken und Grundstücksteilen zur Nutzung auf Grund eines auf Übertragung des Eigentums gerichteten Vertrags oder Vorvertrags,

c) die Bestellung, die Übertragung und die Überlassung der Ausübung von dinglichen Nutzungsrechten an Grundstücken.

Nicht befreit sind die Vermietung von Wohn- und Schlafräumen, die ein Unternehmer zur kurzfristigen Beherbergung von Fremden bereithält, die Vermietung von Plätzen für das Abstellen von Fahrzeugen, die kurzfristige Vermietung auf Campingplätzen und die Vermietung und die Verpachtung von Maschinen und sonstigen Vorrichtungen aller Art, die zu einer Betriebsanlage gehören (Betriebsvorrichtungen), auch wenn sie wesentliche Bestandteile eines Grundstücks sind;

UStAE 4.12.1. Vermietung und Verpachtung von Grundstücken

(1) [1]Zum Begriff des Grundstücks vgl. im Einzelnen Abschnitt 3 a.3 Abs. 2 Sätze 2 und 3. [2]Die Frage, ob eine Vermietung oder Verpachtung eines Grundstücks im Sinne des § 4 Nr. 12 Satz 1 Buchstabe a UStG vorliegt, richtet sich nicht nach den Vorschriften des nationalen Zivilrechts, sondern nach Unionsrecht (BFH-Urteile vom 8. 11. 2012, V R 15/12, BStBl 2013 II S. 455, und vom 28. 5. 2013, XI R 32/11, BStBl 2014 II S. 411). [3]Danach setzt die Vermietung eines Grundstücks voraus, dass dem Mieter vom Vermieter auf bestimmte Zeit gegen eine Vergütung das Recht eingeräumt wird, das Grundstück so in Besitz zu nehmen, als ob er dessen Eigentümer wäre, und jede andere Person von diesem Recht auszuschließen. [4]Für die Beurteilung, ob eine bestimmte Vereinbarung als „Vermietung" in diesem Sinne zu behandeln ist, sind alle Umstände des Einzelfalls, vor allem der tatsächlich verwirklichte Sachverhalt zu berücksichtigen. [5]Maßgebend ist insoweit der objektive Inhalt des Vorgangs, unabhängig von der

Bezeichnung, die die Parteien ihm gegeben haben (vgl. EuGH-Urteil vom 16. 12. 2010, C-270/09, Macdonald Resorts Limited). [6]Diese Voraussetzungen gelten auch für die Verpachtung eines Grundstücks (vgl. EuGH-Urteil vom 6. 12. 2007, C-451/06, Walderdorff) und die hierdurch typischerweise eingeräumten Berechtigungen an dem Grundstück zur Ausübung einer sachgerechten und nachhaltigen Bewirtschaftung. [7]Der Vermietung eines Grundstücks gleichzusetzen ist der Verzicht auf Rechte aus dem Mietvertrag gegen eine Abstandszahlung (vgl. EuGH-Urteil vom 15. 12. 1993, C-63/92, Lubbock Fine, BStBl 1995 II S. 480, und Abschnitt 1.3 Abs. 13). [8]Eine Dienstleistung, die darin besteht, dass eine Person, die ursprünglich kein Recht an einem Grundstück hat, aber gegen Entgelt die Rechte und Pflichten aus einem Mietvertrag über dieses Grundstück übernimmt, ist nicht von der Umsatzsteuer befreit (vgl. EuGH-Urteile vom 9. 10. 2001, C-409/98, Mirror Group, und C-108/99, Cantor Fitzgerald International).

(2) [1]Für die Vermietung eines Grundstücks ist es nicht erforderlich, dass die vermietete Grundstücksfläche bereits im Zeitpunkt des Abschlusses des Mietvertrags bestimmt ist. [2]Der Mietvertrag kann auch über eine zunächst unbestimmte, aber bestimmbare Grundstücksfläche (z. B. Fahrzeugabstellplatz) geschlossen werden. [3]Die spätere Konkretisierung der Grundstücksfläche kann durch den Vermieter oder den Mieter erfolgen. [4]Die Dauer des Vertragsverhältnisses ist ohne Bedeutung. [5]Auch die kurzfristige Gebrauchsüberlassung eines Grundstücks kann daher die Voraussetzungen einer Vermietung erfüllen. [6]Die Dauer der Gebrauchsüberlassung muss nicht von vornherein festgelegt sein. [7]Auch vertragliche Beschränkungen des an der Mietsache bestehenden Nutzungsrechts schließen nicht aus, dass es sich um ein ausschließliches Nutzungsrecht handelt (vgl. EuGH-Urteil vom 18. 11. 2004, C-284/03, Temco Europe).

(3) [1]Die Steuerbefreiung nach § 4 Nr. 12 Satz 1 Buchstabe a UStG gilt nicht nur für die Vermietung und die Verpachtung von ganzen Grundstücken, sondern auch für die Vermietung und die Verpachtung von Grundstücksteilen. [2]Hierzu gehören insbesondere Gebäude und Gebäudeteile wie Stockwerke, Wohnungen und einzelne Räume (vgl. BFH-Urteil vom 8. 10. 1991, V R 89/86, BStBl 1992 II S. 108). [3]Auch räumlich abgrenzbare und individualisierte Grundstücksparzellen fallen hierunter (vgl. BFH-Urteile vom 21. 6. 2017, V R 3/17, BStBl 2018 II S. 372, und V R 4/17, BStBl 2018 II S. 370). [4]Die Steuerbefreiung erstreckt sich in der Regel auch auf mitvermietete oder mitverpachtete Einrichtungsgegenstände, z. B. auf das bewegliche Büromobiliar oder das bewegliche Inventar eines Seniorenheims (vgl. BFH-Urteil vom 11. 11. 2015, V R 37/14, BStBl 2017 II S. 1259); vgl. aber Abschnitt 4.12.10 zur Vermietung und Verpachtung von Betriebsvorrichtungen. [5]Zur Vermietung von Abstellflächen für Fahrzeuge vgl. Abschnitt 4.12.2. [6]Steuerfrei ist auch die Überlassung von Werkdienstwohnungen durch Arbeitgeber an Arbeitnehmer (vgl. BFH-Urteile vom 30. 7. 1986, V R 99/76, BStBl II S. 877, und vom 7. 10. 1987, V R 2/79, BStBl 1988 II S. 88), wenn sie mehr als sechs Monate dauert (vgl. Abschnitt 4.12.9 Abs. 1 Satz 2). [7]Wegen der Überlassung von Räumen einer Pension an Saison-Arbeitnehmer vgl. aber Abschnitt 4.12.9 Abs. 2 Satz 3. [8]Soweit die Verwendung eines dem Unternehmen zugeordneten Grundstücks/Gebäudes für nichtunternehmerische Zwecke steuerbar ist und die Übergangsregelung nach § 27 Abs. 16 UStG Anwendung findet (vgl. auch Abschnitt 3.4 Abs. 6 bis 8), ist diese nicht einer steuerfreien Grundstücksvermietung im Sinne des § 4 Nr. 12 Satz 1 Buchstabe a UStG gleichgestellt (vgl. BFH-Urteil vom 24. 7. 2003, V R 39/99, BStBl 2004 II S. 371, und BMF-Schreiben vom 13. 4. 2004, BStBl I S. 469).

(4) [1]Eine Grundstücksvermietung liegt regelmäßig nicht vor bei der Vermietung von Baulichkeiten, die nur zu einem vorübergehenden Zweck mit dem Grund und Boden verbunden und daher keine Bestandteile des Grundstücks sind (vgl. BFH-Urteil vom 15. 12. 1966, V 252/63, BStBl 1967 III S. 209). [2]Steuerpflichtig kann hiernach insbesondere die Vermietung von Büro- und Wohncontainern, Baubuden, Kiosken, Tribünen und ähnlichen Einrichtungen sein. [3]Allerdings stellt die Vermietung eines Gebäudes, das aus Fertigteilen errichtet wird, die so in das Erdreich eingelassen werden, dass sie weder leicht demontiert noch leicht versetzt werden können, die Vermietung eines Grundstücks dar, auch wenn dieses Gebäude nach Beendigung des Mietvertrags entfernt und auf einem anderen Grundstück wieder verwendet werden soll (vgl. EuGH-Urteil vom 16. 1. 2003, C-315/00, Maierhofer). [4]Gleiches gilt für die Verpachtung eines Hausboots einschließlich der dazugehörenden Liegefläche und Steganlage, wenn das Hausboot mit nicht leicht zu lösenden Befestigungen, die am Ufer oder auf dem Grund eines Gewässers angebracht sind, ortsfest gehalten wird und an einem abgegrenzten und identifizierbaren Liegeplatz im Gewässer liegt sowie vertraglich und tatsächlich auf Dauer ausschließlich ortsfest und damit wie ein mit

einem Grundstück fest verbundenes Gebäude genutzt wird (vgl. EuGH-Urteil vom 15. 11. 2012, C-532/11, Leichenich, BStBl 2013 II S. 891). [5]Steuerpflichtig ist hingegen die Vermietung beweglicher Gegenstände wie z. B. Zelte, Wohnanhänger und Mobilheime (vgl. EuGH-Urteil vom 3. 7. 1997, C-60/96, Kommission); vgl. aber Abschnitt 4.12.3 zur Vermietung von Campingflächen.

(5) [1]Zu den nach § 4 Nr. 12 Satz 1 UStG steuerfreien Leistungen der Vermietung und Verpachtung von Grundstücken gehören auch die damit in unmittelbarem wirtschaftlichen Zusammenhang stehenden üblichen Nebenleistungen (BFH-Urteil vom 9. 12. 1971, V R 84/71, BStBl 1972 II S. 203). [2]Dies sind Leistungen, die im Vergleich zur Grundstücksvermietung bzw. -verpachtung nebensächlich sind, mit ihr eng zusammenhängen und in ihrem Gefolge üblicherweise vorkommen. [3]Als Nebenleistungen sind in der Regel die Lieferung von Wärme, die Versorgung mit Wasser, auch mit Warmwasser, die Überlassung von Waschmaschinen, die Flur- und Treppenreinigung, die Treppenbeleuchtung, die Lieferung von Strom sowie die Bereitstellung von Internet- und/oder TV-Anschluss durch den Vermieter anzusehen (vgl. BFH-Urteil vom 15. 1. 2009, V R 91/07, BStBl II S. 615, und EuGH-Urteile vom 11. 6. 2009, C-572/07, RLRE Tellmer Proberty, und vom 27. 9. 2012, C-392/11, Field Fisher Waterhouse). [4]Eine Nebenleistung zur Wohnungsvermietung ist in der Regel auch die von dem Vermieter einer Wohnanlage vertraglich übernommene Balkonbepflanzung (BFH-Urteil vom 9. 12. 1971, V R 84/71, BStBl 1972 II S. 203). [5]Keine Nebenleistungen sind die Lieferungen von Heizgas und Heizöl.

(6) *weggefallen*

Anmerkung

1. Vermietung von Grundstücken

Die Vermietung eines Grundstücks setzt voraus, dass dem Mieter vom Vermieter **auf bestimmte Zeit** gegen eine Vergütung das Recht eingeräumt wird, das Grundstück so in Besitz zu nehmen, als ob er dessen Eigentümer wäre, und jede andere Person von diesem Recht auszuschließen. Dabei sind alle Umstände des Einzelfalls, vor allem der tatsächlich verwirklichte Sachverhalt zu berücksichtigen. Maßgebend ist der **objektive Inhalt des Vorgangs**, unabhängig von der Bezeichnung durch die Parteien (EuGH, Urt. v. 16.12.2010 – C-270/09, Macdonald Resorts Limited, BFH/NV 2011, 397). Diese Voraussetzungen gelten auch für die Verpachtung eines Grundstücks (EuGH, Urt. v. 6.12.2007 – C-451/06, Gabrielle Walderdorff, BFH/NV Beilage 2008, 146) und die hierdurch typischerweise eingeräumten Berechtigungen an dem Grundstück zur Ausübung einer sachgerechten und nachhaltigen Bewirtschaftung (vgl. auch BMF, Schreiben v. 21.1.2016, BStBl I 2016, 150).

Bei der Vermietung von **Grundstücken oder Grundstücksteilen** (auch von Gebäuden und Gebäudeteilen) ergibt sich grundsätzlich nach § 4 Nr. 12 UStG eine Steuerbefreiung. Von dieser Steuerbefreiung sind die folgenden Umsätze erfasst:

- Vermietung und Verpachtung von Grundstücken, von Berechtigungen, für die die Vorschriften des bürgerlichen Rechts über Grundstücke gelten, und von staatlichen Hoheitsrechten, die Nutzungen von Grund und Boden betreffen,
- die Überlassung von Grundstücken und Grundstücksteilen zur Nutzung aufgrund eines auf Übertragung des Eigentums gerichteten Vertrags oder Vorvertrags,
- die Bestellung, die Übertragung und die Überlassung der Ausübung von dinglichen Nutzungsrechten an Grundstücken.

Hinweis: Weite Auslegung

Der Begriff des Grundstücks ist weit auszulegen. So kann auch die Vermietung eines fest verankerten Hausboots eine Vermietung eines Grundstücks darstellen (EuGH, Urt. v. 15.11.2012 – C-532/11, Leichenich, DStR 2013, 10).

Von diesen Steuerbefreiungen sind nach § 4 Nr. 12 Satz 2 UStG aber die folgenden Vermietungsleistungen **ausgeschlossen**:

- Vermietung von Wohn- und Schlafräumen, die ein Unternehmer zur kurzfristigen Beherbergung von Fremden bereithält; eine Beherbergung liegt aber nicht vor, wenn in einem Hotel dem Gast der Raum nur halbstündlich oder stundenweise überlassen wird; BFH, Urt. v. 24.9.2015 – V R 30/14, BStBl II 2017, 132 zur Überlassung von Hotelzimmern in einem sog. „Stundenhotel",
- Vermietung von Plätzen für das Abstellen von Fahrzeugen,
- kurzfristige Vermietung auf Campingplätzen und
- Vermietung und Verpachtung von Betriebsvorrichtungen (Maschinen und sonstige Vorrichtungen, die zu einer Betriebsanlage gehören); zur Frage des damit verbundenen „Aufteilungsgebots" vgl. Anmerkung zu Abschn. 4.12.10 UStAE.

Soweit es sich um eine steuerbefreite Vermietung handelt, hat der Vermieter unter den Voraussetzungen des § 9 UStG die Möglichkeit, diese Vermietung steuerpflichtig durchzuführen (**Option**). Wenn der Vermietungsumsatz steuerfrei ausgeführt wird, hat der Vermieter keinen Vorsteuerabzugsanspruch aus den Anschaffungs- oder Herstellungskosten sowie aus den laufenden Unterhaltungskosten des vermieteten Objekts.

Soweit zulässigerweise auf die Steuerpflicht einer Vermietung optiert wurde, steht dem Unternehmer aus den Anschaffungs- oder Herstellungskosten sowie aus den laufenden Unterhaltungskosten für das Objekt der Vorsteuerabzug nach § 15 UStG zu.

2. Steuerbefreiung von Nebenkosten

Wenn eine Vermietung durch Option steuerpflichtig ausgeübt worden ist, erstreckt sich die Steuerpflicht nach der derzeitigen Rechtslage auch automatisch auf alle **Nebenleistungen der Vermietung** (z. B. Umlagen). Eine auf die Nebenkosten beschränkte Option kann nicht in Betracht kommen. Dies gilt dann auch für die Nebenkosten, für die keine Vorsteuerabzugsberechtigung besteht (z. B. Grundsteuer, Versicherung).

Allerdings ist zu beachten, dass sich nach der **Rechtsprechung des EuGH** etwas anderes ergeben kann. Der EuGH (Urt. v. 16.4.2015 – C-42/14 – Wojskowa Agencja Mieszkaniowa w Warszawie, BFH/NV 2015, 941) musste sich in einem Verfahren mit der Frage auseinander setzen, ob die typischen Nebenkosten, die einem Mieter vom Vermieter weiterberechnet werden, als Nebenleistungen angesehen werden können. Der EuGH hat hier den nationalen Gerichten zwar einen Ermessensspielraum eingeräumt, grundsätzlich aber festgestellt, dass bei den weiterberechneten Kosten, bei denen der Mieter durch sein individuelles Verhalten einen Einfluss auf die Höhe der Kosten hat (z. B. Wasserverbrauch, Wärmelieferung), keine Nebenleistungen vorliegen.

Der **BFH** musste sich in diesem Zusammenhang mit mehreren Revisionsverfahren auseinandersetzen. Unter XI R 8/21 war die Frage anhängig, ob die Lieferung von selbsterzeugten Strom durch einen Vermieter an seine Mieter eine Nebenleistung zur (steuerfreien) Wohnungsvermietung darstellt. Der Vermieter hatte auf seinem Gebäude eine **Photovoltaikanlage** installiert und mit den Mietern jeweils einen individuellen Vertrag über die Lieferung von Strom geschlossen. Soweit die Leistung der Anlage nicht ausreichte, kaufte der Vermieter im öffentlichen Netz entsprechende Leistung dazu. Die Mieter hätten auch die (theoretische) Wahlmöglichkeit gehabt, den Strom von einem anderen Anbieter zu beziehen. Das FG Niedersachsen (FG Niedersachsen, Urt. v. 25.2.2021 – 11 K 201/19) war hier wohl zutreffend davon ausgegangen, dass eine Nebenleistung in diesem Fall nicht vorliegt. Die Finanzverwaltung wollte eine (steuerfreie) Nebenleistung der Stromlieferung zur Wohnungsvermietung annehmen. Dies hätte im Ergebnis dazu geführt, dass ein Vorsteuerabzug aus der Anschaffung der Photovoltaikanlage nicht möglich gewesen wäre. Der BFH (Urt. v. 17.7.2024 – XI R 8/21, BFH/NV 2024, 1397) hat in diesem Fall das Urteil des FG Niedersachsen bestätigt. Die Lieferung von Strom aus einer vom Vermieter unterhaltenen Photovoltaikanlage für den privaten Bedarf der Mieter stellt keine Nebenleistung zu der steuerfreien Wohnungsvermietung dar.

Hinweis: Kopplungsverbot maßgeblich

Neben verschiedenen Hinweisen des BFH zur Frage der Nebenleistungen hat der BFH seine Entscheidung auch darauf gestützt, dass nach § 42a EnWG ein sog. Kopplungsverbot vorliegt. Danach darf in einem (Wohnungs)Mietvertrag keine Stromlieferung einheitlich vereinbart werden.

In einem anderen Fall (nach FG Münster, Urt. v. 6.4.2021 – 5 K 3866/18 U), ging es um eine Vermietungs-GbR, die aus der **Errichtung einer neuen Heizungsanlage** den Vorsteuerabzug vornehmen wollte, da die Wärmelieferung eine eigenständige (unabhängige) Leistung darstellen solle, musste der BFH unter V R 15/21 entscheiden. Das FG war unter Bezugnahme auf das Urteil des EuGH zu einer eigenständigen Leistung gekommen. Der BFH (Urt. v. 7.12.2023 – V R 15/21, BStBl II 2024, 621) hat im Revisionsverfahren die Entscheidung des FG aufgehoben und der Grundstücksgemeinschaft aus der Erneuerung der Heizungsanlage keinen Vorsteuerabzug zugebilligt. Der BFH hat in diesem Fall zu Recht darauf hingewiesen, dass – selbst wenn die Wärmelieferung als eigenständige Leistung steuerpflichtig wäre – die Kosten aus der Erneuerung der Heizungsanlage den Mietern nicht als Nebenkosten weiterbelastet werden können. Als Nebenkosten können nur laufende Betriebskosten abgerechnet, sodass die Erneuerung (wie auch Reparaturarbeiten) über die in diesem Fall steuerfreie Mieteinnahmen bezahlt werden. Deshalb steht die Erneuerung der Heizung in direktem Zusammenhang mit den steuerfreien Mieteinnahmen, sodass der Vorsteuerabzug nach § 15 Abs. 2 Satz 1 Nr. 1 UStG ausgeschlossen ist. Keine Entscheidung musste der BFH deshalb darüber fällen, ob die Wärmelieferung als Nebenleistung anzusehen ist oder ggf. eine eigenständige (steuerpflichtige) Leistung darstellt.

Hinweis: Bereitstellung von Internet etc. stellt auch Nebenleistung dar

Die Finanzverwaltung (BMF v. 2.5.2022, BStBl I 2022, 736 zur Ergänzung von Abschn. 4.12.1 Abs. 5 UStAE) hat auch die Bereitstellung von Internet und/oder TV-Anschluss in die Aufzählung der Nebenleistungen mit aufgenommen. Gleichzeitig wurde klargestellt, dass dadurch Vermieter aber auch Wohnungseigentümergemeinschaften, die den Mietern oder Wohnungseigentümern Telekommunikationsdienstleistungen weiterberechnen, die sie selbst in Anspruch genommen haben, nicht unter das Reverse-Charge-Verfahren (§ 13b Abs. 2 Nr. 12 i. V. m. Abs. 5 Satz 6 UStG) fallen. Dies soll unabhängig davon gelten, ob der leistende Unternehmer auf die Steuerbefreiung nach § 4 Nr. 12 UStG bzw. bei Wohnungseigentümergemeinschaften nach § 4 Nr. 13 UStG nach § 9 UStG verzichtet (vgl. dazu auch Abschn. 13b.7b Abs. 7 und Abs. 8 UStAE).

3. Überlassung von Einrichtungsgegenständen

Nach der früheren Auffassung der Finanzverwaltung war die **Überlassung von Einrichtungsgegenständen**, z. B. bei der Vermietung von möblierten Büros keine Nebenleistung, sondern eine selbstständig ausgeführte – nicht steuerfreie – Leistung. Soweit bei der Vermietung des Büros nicht auf die Steuerbefreiung nach § 9 UStG verzichtet wurde, musste danach das Entgelt in einen steuerfreien Anteil für die Raumüberlassung und einen steuerpflichtigen Teil für die Überlassung des Inventars aufgeteilt werden. Nachdem der BFH (Urt. v. 11.11.2015 – V R 37/14, BStBl II 2017, 1259) aber die Steuerfreiheit nach § 4 Nr. 12 Satz 1 Buchst. a UStG auf die Vermietung möblierter Räume oder Gebäude ausgeweitet hatte, wenn es sich um eine auf Dauer angelegte und nicht um eine kurzfristige Überlassung handelt, hat die Finanzverwaltung (BMF, Schreiben v. 8.12.2017, BStBl I 2017, 1664 zur Aufhebung des Abschn. 4.12.1 Abs. 6 UStAE) ihre bisherige Rechtsauffassung aufgegeben. Für Umsätze, die **bis zum 31.12.2017** ausgeführt wurden, wird es aber nicht beanstandet, wenn dabei noch von einer steuerpflichtigen Vermietung der Einrichtungsgegenstände ausgegangen wurde.

Hinweis: Abgrenzung ist Tatsachenwürdigung

Leistungen, die für die Nutzung einer gemieteten Immobilie nützlich oder sogar notwendig sind, können im Einzelfall entweder Nebenleistungen darstellen oder mit der Vermietung untrennbar verbunden sein und mit dieser eine einheitliche Leistung bilden. Die Feststellung, ob im konkreten Fall eine einheitliche Leistung vorliegt, obliegt den nationalen Gerichten. Sie ist in der Regel eine Tatsachenwürdigung durch das FG, die den BFH grundsätzlich gemäß § 118 Abs. 2 FGO bindet.

Nutzt der **Unternehmer** einen Teil eines dem Unternehmen zugeordneten Hauses auch **für nichtunternehmerische Zwecke**, ist keine „Vermietung" gegeben, da die Vermietung die Überlassung an Dritte gegen Entgelt voraussetzt.

4. Unterbringung von Asylbewerbern

Aufgrund steigender Zahlen von Kriegsflüchtlingen und Asylbewerbern werden wieder vermehrt Gebäude zur Unterbringung der Personen von der öffentlichen Hand oder Betreibern von Gemeinschaftsunterkünften angemietet. In Einzelfällen werden nicht nur Räume überlassen, sondern auch noch darüber hinausgehende Leistungen erbracht. Die OFD Frankfurt a. M. (OFD Frankfurt a. M., Verfügung v. 13.4.2023, S 7168 A – 015 – St 16, UR 2023, 773) hat die sich daraus ergebenden umsatzsteuerrechtlichen Konsequenzen zusammengestellt und aktualisiert.

4.1 Langfristige Vermietung

Regelmäßig werden Verträge über die Überlassung von Räumen zur Unterbringung von Kriegsflüchtlingen und Asylbewerbern **langfristig** (d. h. für mehr als **sechs Monate**) abgeschlossen. Diese Überlassung ist nach § 4 Nr. 12 Satz 1 Buchst. a UStG steuerfrei. Bei der Berechnung der Frist ist die Laufzeit des Vertrags maßgeblich. Es ist nicht auf die tatsächliche Aufenthaltsdauer der untergebrachten Personen abzustellen.

Allerdings können neben der Überlassung der Räumlichkeiten noch weitere Leistungen ausgeführt werden. Hier gilt Folgendes:

- Übliche **Nebenleistungen** (Bereitstellung von Mobiliar; Versorgung mit Strom, Wasser, Wärme; Reinigung der allgemeinen Außen- und Innenbereiche; Hausmeisterservice; Abnutzungszuschlag, wenn keine Renovierung erfolgt) sind wie die Vermietung zu behandeln und führen insgesamt zu steuerfreien Umsätzen nach § 4 Nr. 12 UStG. Da die Vermietungsleistungen regelmäßig an die öffentliche Hand erbracht werden, kann für die steuerfreie Vermietungsleistung nicht auf die Steuerfreiheit nach § 9 UStG verzichtet werden
- Werden Leistungen im Zusammenhang mit der **Bewirtschaftung von Gemeinschaftsunterkünften** ausgeführt (Verpflegung der untergebrachten Personen; Überlassung und Reinigung von (Bett-)Wäsche; Waschdienst; Kontrolle der Zimmer; Führen von Anwesenheitslisten; Sicherheitsdienst; Gestellung von Hauspersonal; soziale Betreuung) liegt eine einheitliche Leistung vor. Diese Leistung kann unter den Bedingungen des **§ 4 Nr. 18 UStG steuerfrei** sein, BFH, Urt. v. 24.3.2021 – V R 1/19, BStBl II 2023, 279.

  Hinweis: Einheitlichkeit der Leistung

  Der BFH hat die Einheitlichkeit dieser Leistungen bestätigt und die Anwendung des Art. 132 Abs. 1 Buchst. g MwStSystRL bejaht (eng mit der Sozialfürsorge und der sozialen Sicherheit verbundene Dienstleistungen). Zum 1.1.2020 wurde § 4 Nr. 18 UStG unionsrechtskonform angepasst. Danach sind eng mit der Sozialfürsorge und der sozialen Sicherheit verbundene Leistungen steuerfrei, wenn diese Leistungen von Einrichtungen des öffentlichen Rechts oder anderen Einrichtungen, die keine systematische Gewinnerzielung anstreben, erbracht werden. Etwaige Gewinne, die trotzdem anfallen, dürfen nicht verteilt werden, sondern müssen zur Erhaltung oder Verbesserung der durch die Einrichtung erbrachten Leistungen verwendet werden. Vgl. dazu auch BMF, Schreiben v. 14.2.2023, BStBl I 2023, 348.

4.2 Kurzfristige Vermietung

Werden Räumlichkeiten ausnahmsweise kurzfristig – bis zu sechs Monate – vermietet, handelt es sich um steuerbare und steuerpflichtige Leistungen. Allerdings unterliegen die Leistungen dem ermäßigten Steuersatz, § 12 Abs. 2 Nr. 11 UStG. Dies gilt entsprechend für die damit zusammenhängenden Nebenleistungen.

Hinweis: Aufteilungsgebot für Hotelleistungen ist offen

Für evtl. daneben ausgeführte Verpflegungsdienstleistungen (bis 31.12.2023 für Speisen noch der ermäßigte Steuersatz, wieder ab 1.1.2026), Nutzung von Kommunikationsnetzen etc. verweist die Finanzverwaltung auf das sog. „Aufteilungsgebot" und will diese Leistungen regelmäßig dem allgemeinen Steuersatz unterwerfen. Ob das Aufteilungsgebot in diesem Bereich allerdings anwendbar ist, muss vom EuGH entschieden werden; vgl. dazu Anmerkungen zu Abschn. 3.10 UStAE. Es scheint sich abzuzeichnen, dass die Aufteilung in unterschiedliche Steuersätze nach unionsrechtlichen Grundsätzen zulässig ist.

4.3 Weitere Möglichkeiten

Neben der lang- und kurzfristigen Vermietung nimmt die OFD Frankfurt a. M. noch zu den folgenden Punkten Stellung:

- Zur **vorübergehenden Unterbringung** in Zweckbetrieben steuerbegünstigter Körperschaften, Einrichtungen von juristischen Personen des öffentlichen Rechts oder in Wohnungen von Vermietungsgenossenschaften wird auf die **bis 31.12.2021 befristete Billigkeitsmaßnahme** des BMF (Schreiben v. 20.11.2014, BStBl I 2014, 1613 sowie BMF, Schreiben v. 31.7.2018, BStBl I 2018, 982) verwiesen.
- Werden bisher vorsteuerabzugsberechtigt genutzte **Hallen** vorübergehend für **hoheitliche** (nichtunternehmerische) **Unterbringungszwecke** verwendet, ist aus Billigkeitsgründen von einer Vorsteuerberichtigung bzw. der Besteuerung einer unentgeltlichen Wertabgabe abzusehen, wenn die Anlage anschließend wieder für die ursprünglichen Zwecke verwendet werden soll.

5. Einheitliche Leistung bei Bestattungsleistungen

Anhängig ist derzeit ein Revisionsverfahren beim BFH (V R 31/23) zur Frage der Einheitlichkeit von Bestattungsleistungen oder ob bestimmte Leistungen als steuerfreie Grundstücksleistungen angesehen werden können. Das FG Berlin-Brandenburg (Urt. v. 7.11.2023 – 2 K 2111/22) hatte entschieden, dass die Überlassung von Kühlräumen und Kühlzellen zur Aufbewahrung von Leichen, die Überlassung von Räumlichkeiten zur Abhaltung von Trauerfeiern sowie die sogenannte hygienische Totenversorgung durch ein Bestattungsunternehmen nicht umsatzsteuerfrei ist, sondern Teil einer einheitlichen (komplexen) umsatzsteuerpflichtigen Bestattungsleistung darstellt.

UStAE 4.12.2. Vermietung von Plätzen für das Abstellen von Fahrzeugen

(1) [1]Die Vermietung von Plätzen für das Abstellen von Fahrzeugen ist nach § 4 Nr. 12 Satz 2 UStG umsatzsteuerpflichtig. [2]Als Plätze für das Abstellen von Fahrzeugen kommen Grundstücke einschließlich Wasserflächen (vgl. BFH-Urteil vom 8. 10. 1991, V R 46/88, BStBl 1992 II S. 368, und EuGH-Urteil vom 3. 3. 2005, C-428/02, Fonden Marselisberg Lystbådehavn) oder Grundstücksteile in Betracht. [3]Die Bezeichnung des Platzes und die bauliche oder technische Gestaltung (z. B. Befestigung, Begrenzung, Überdachung) sind ohne Bedeutung. [4]Auch auf die Dauer der Nutzung als Stellplatz kommt es nicht an. [5]Die Stellplätze können sich im Freien (z. B. Parkplätze, Parkbuchten, Bootsliegeplätze) oder in Parkhäusern, Tiefgaragen, Einzelgaragen, Boots- und Flugzeughallen befinden. [6]Auch andere Flächen (z. B. landwirtschaftliche Grundstücke), die aus besonderem Anlass (z. B. Sport- und Festveranstaltung) nur vorübergehend für das Abstellen von Fahrzeugen genutzt werden, gehören zu den Stellplätzen in diesem Sinne.

(2) [1]Als Fahrzeuge sind vor allem Beförderungsmittel anzusehen. [2]Das sind Gegenstände, deren Hauptzweck auf die Beförderung von Personen und Gütern zu Lande, zu Wasser oder in der Luft gerichtet ist und die sich auch tatsächlich fortbewegen. [3]Hierzu gehören auch Fahrzeuganhänger sowie Elektro-Caddywagen. [4]Tiere (z. B. Reitpferde) können zwar Beförderungsmittel sein, sie fallen jedoch nicht unter den Fahrzeugbegriff. [5]Der Begriff des Fahrzeugs nach § 4 Nr. 12 Satz 2 UStG geht jedoch über den Begriff des Beförderungsmittels hinaus. [6]Als Fahrzeuge sind auch Gegenstände anzusehen, die sich tatsächlich fortbewegen, ohne dass die Beförderung von Personen und Gütern im Vordergrund steht. [7]Hierbei han-

delt es sich insbesondere um gewerblich genutzte Gegenstände (z. B. Bau- und Ladekräne, Bagger, Planierraupen, Gabelstapler, Elektrokarren), landwirtschaftlich genutzte Gegenstände (z. B. Mähdrescher, Rübenernter) und militärisch genutzte Gegenstände (z. B. Panzer, Kampfflugzeuge, Kriegsschiffe).

(3) [1]Eine Vermietung von Plätzen für das Abstellen von Fahrzeugen liegt vor, wenn dem Fahrzeugbesitzer der Gebrauch einer Stellfläche überlassen wird. [2]Auf die tatsächliche Nutzung der überlassenen Stellfläche als Fahrzeugstellplatz durch den Mieter kommt es nicht an. [3]§ 4 Nr. 12 Satz 2 UStG gilt auch für die Vermietung eines Parkplatz-Grundstücks, wenn der Mieter dort zwar nicht selbst parken will, aber entsprechend der Vereinbarung im Mietvertrag das Grundstück Dritten zum Parken überlässt (vgl. BFH-Urteil vom 30. 3. 2006, V R 52/05, BStBl II S. 731). [4]Die Vermietung ist steuerfrei, wenn sie eine Nebenleistung zu einer steuerfreien Leistung, insbesondere zu einer steuerfreien Grundstücksvermietung nach § 4 Nr. 12 Satz 1 UStG ist. [5]Für die Annahme einer Nebenleistung ist es unschädlich, wenn die steuerfreie Grundstücksvermietung und die Stellplatzvermietung zivilrechtlich in getrennten Verträgen vereinbart werden. [6]Beide Verträge müssen aber zwischen denselben Vertragspartnern abgeschlossen sein. [7]Die Verträge können jedoch zu unterschiedlichen Zeiten zustande kommen. [8]Für die Annahme einer Nebenleistung ist ein räumlicher Zusammenhang zwischen Grundstück und Stellplatz erforderlich. [9]Dieser Zusammenhang ist gegeben, wenn der Platz für das Abstellen des Fahrzeugs Teil eines einheitlichen Gebäudekomplexes ist oder sich in unmittelbarer Nähe des Grundstücks befindet (z. B. Reihenhauszeile mit zentralem Garagengrundstück).

Beispiel 1:

[1]Vermieter V und Mieter M schließen über eine Wohnung und einen Fahrzeugstellplatz auf dem gleichen Grundstück zwei Mietverträge ab.

[2]Die Vermietung des Stellplatzes ist eine Nebenleistung zur Wohnungsvermietung. [3]Das gilt auch, wenn der Vertrag über die Stellplatzvermietung erst zu einem späteren Zeitpunkt abgeschlossen wird.

Beispiel 2:

[1]Ein Vermieter vermietet an eine Gemeinde ein Bürogebäude und die auf dem gleichen Grundstück liegenden und zur Nutzung des Gebäudes erforderlichen Plätze zum Abstellen von Fahrzeugen.

[2]Die Vermietung der Fahrzeugstellplätze ist als Nebenleistung zur Vermietung des Bürogebäudes anzusehen.

Beispiel 3:

[1]Vermieter V schließt mit dem Mieter M1 einen Wohnungsmietvertrag und mit dem im Haushalt von M1 lebenden Sohn M2 einen Vertrag über die Vermietung eines zur Wohnung gehörenden Fahrzeugstellplatzes ab.

[2]Die Vermietung des Stellplatzes ist eine eigenständige steuerpflichtige Leistung. [3]Eine Nebenleistung liegt nicht vor, weil der Mieter der Wohnung und der Mieter des Stellplatzes verschiedene Personen sind. [4]Ohne Bedeutung ist, dass M2 im Haushalt von M1 lebt.

Beispiel 4:

[1]Eine GmbH vermietet eine Wohnung. [2]Der Geschäftsführer der GmbH vermietet seine im Privateigentum stehende Garage im gleichen Gebäudekomplex an denselben Mieter.

[3]Da die Mietverträge nicht zwischen denselben Personen abgeschlossen sind, liegen zwei selbständig zu beurteilende Leistungen vor.

Beispiel 5:

[1]Vermieter V1 eines Mehrfamilienhauses kann keine eigenen Stellplätze anbieten. [2]Zur besseren Vermietung seiner Wohnungen hat er mit seinem Nachbarn V2 einen Rahmenvertrag über die Vermietung von Fahrzeugstellplätzen abgeschlossen. [3]Dieser vermietet die Stellplätze unmittelbar an die Wohnungsmieter.

[4]Es bestehen zwei Leistungsbeziehungen zu den Wohnungs- und Stellplatzmietern. [5]Die Stellplatzvermietung durch V2 ist als selbständige Leistung steuerpflichtig. [6]Gleiches gilt, wenn V1 den Rahmenvertrag mit V2 aus baurechtlichen Verpflichtungen zur Bereitstellung von Parkflächen abschließt.

Beispiel 6:

[1]Ein Grundstückseigentümer ist gegenüber einem Wohnungsvermieter V verpflichtet, auf einem in seinem Eigentum befindlichen Nachbargrundstück die Errichtung von Fahrzeugstellplätzen für die Mieter des V zu dulden (Eintragung einer dinglichen Baulast im Grundbuch). [2]V mietet die Parkflächen insgesamt an und vermietet sie an seine Wohnungsmieter weiter.

[3]Die Vermietung der Stellplätze durch den Grundstückseigentümer an V ist steuerpflichtig. [4]Die Weitervermietung der in räumlicher Nähe zu den Wohnungen befindlichen Stellplätze ist eine Nebenleistung zur Wohnungsvermietung des V.

Beispiel 7:

[1]Eine Behörde einer Gebietskörperschaft vermietet im Rahmen eines Betriebes gewerblicher Art Wohnungen und zu den Wohnungen gehörige Fahrzeugstellplätze. [2]Die Vermietung der Wohnung wird durch Verwaltungsvereinbarung einer anderen Behörde der gleichen Gebietskörperschaft übertragen. [3]Die Stellplatzmietverträge werden weiterhin von der bisherigen Behörde abgeschlossen.

[4]Da die Behörden der gleichen Gebietskörperschaft angehören, ist auf der Vermieterseite Personenidentität bei der Vermietung der Wohnung und der Stellplätze gegeben. [5]Die Stellplatzvermietungen sind Nebenleistungen zu den Wohnungsvermietungen.

Anmerkung

Die Vermietung von Plätzen für das Abstellen von Fahrzeugen erfolgt grundsätzlich im Rahmen einer **steuerpflichtigen Vermietung**. Es kommt dabei nicht auf die Dauer der Vermietung an. Soweit es sich jedoch um eine Nebenleistung zu einer steuerfreien Hauptleistung handelt, ist die Nebenleistung „Parkplatzvermietung“ ebenfalls steuerfrei.

Hinweis: Nebenleistung war umstritten, BFH bleibt aber bei seiner Linie

Nach Abschn. 4.12.2 UStAE ist die Vermietung eines Parkplatzes im Zusammenhang mit einer Wohnung oder einer Gewerbeeinheit eine Nebenleistung, so auch BFH, Urt. v. 1.3.2016 – XI R 11/14, BStBl II 2016, 753. Dies war aber nicht unumstritten. Das FG Thüringen hatte in einem Verfahren anders entschieden und in einem Verfahren zur Vorsteuerberichtigung für eine Tiefgarage die Einordnung als Nebenleistung verneint. Der BFH hat in dem Revisionsverfahren (BFH, Urt. v. 10.12.2020 – V R 41/19, BFH/NV 2021, 949) entschieden, dass die Vermietung von Plätzen für das Abstellen von Fahrzeugen wie die Vermietung von Grundstücken für Wohnzwecke steuerfrei ist, wenn sie im Rahmen eines einheitlichen wirtschaftlichen Vorgangs mit dieser eng verbunden ist, da die Mietflächen Teil eines Gebäudekomplexes sind und von ein und demselben Vermieter an ein und denselben Mieter vermietet werden. Dabei ist es ohne Bedeutung, ob andere (externe) Mieter von Stellplätzen Zugang zu diesen hatten, ohne das Mietwohngebäude betreten zu müssen.

Für eine **steuerfreie Nebenleistung** kommt es nicht darauf an, dass es sich um einen einheitlichen Mietvertrag handelt oder die Vermietung des Parkplatzes in zeitlicher Nähe zur Wohnungsvermietung erfolgte. So kann auch bei einem späteren Abschluss eines solchen Parkplatzmietvertrags eine Nebenleistung vorliegen. Allerdings muss der Mietvertrag über den Parkplatz mit dem Mieter der Wohnung abgeschlossen werden und der Parkplatz in räumlicher Nähe zu der Mietwohnung liegen. Ein Haupt- und Nebenleistungsverhältnis setzt grundsätzlich Identität der an den Geschäften beteiligten Personen voraus.

Hinweis: Kleinunternehmereigenschaft prüfen

Wenn ein Vermieter nur in geringfügigem Umfang freie Parkplätze an Nichtmieter vermietet, kann für ihn die Besteuerung als Kleinunternehmer in Betracht kommen. Voraussetzung ist, dass er mit allen steuerpflichtigen Umsätzen seines gesamten Unternehmens die Umsatzgrenze von 25.000 € (ab 2025) nicht nachhaltig übersteigt.

Keine Nebenleistung zu einer anderen (Haupt)Leistung liegt aber nach BFH, Beschl. v. 18.10.2023 – XI B 41/23 (AdV), BFH/NV 2024, 179 vor, wenn neben steuerfreien Museumsumsätzen den Besuchern auch entgeltpflichtig Parkplätze zur Verfügung gestellt werden.

Ob die Vermietung von Flächen zum Abstellen von zum **Verkauf bestimmten Fahrzeugen** auf Automärkten eine umsatzsteuerpflichtige Leistung nach § 4 Nr. 12 Satz 2 UStG ist, ist derzeit in einem **Revisionsverfahren beim BFH anhängig** (V R 4/24). Das FG München (Urt. v. 30.1.2024 – 5 K 1078/23, MwStR 2024, 369) hatte in dem vorliegenden Fall die Steuerbefreiung abgelehnt.

UStAE 4.12.3. Vermietung von Campingflächen

(1) [1]Die Leistungen der Campingplatzunternehmer sind als Grundstücksvermietungen im Sinne des § 4 Nr. 12 Satz 1 UStG anzusehen, wenn sie darauf gerichtet sind, dem Benutzer des Campingplatzes den Gebrauch einer bestimmten, nur ihm zur Verfügung stehenden Campingfläche zu gewähren (vgl. Abschnitt 4.12.1 Abs. 2). [2]Die Dauer der Überlassung der Campingfläche ist für die Frage, ob eine Vermietung vorliegt, ohne Bedeutung.

(2) [1]Die Überlassung einer Campingfläche ist nur dann steuerfrei, wenn sie nicht kurzfristig ist, d.h. wenn die tatsächliche Gebrauchsüberlassung mehr als sechs Monate beträgt (vgl. BFH-Urteil vom 13. 2. 2008; XI R 51/06, BStBl 2009 II S. 63).

Beispiel 1:

[1]Eine Campingfläche wird auf unbestimmte Dauer vermietet. [2]Der Vertrag kann monatlich gekündigt werden.

[3]Die Vermietung ist als langfristig anzusehen und somit steuerfrei. [4]Endet die tatsächliche Gebrauchsüberlassung jedoch vor Ablauf von sechs Monaten, handelt es sich insgesamt um eine steuerpflichtige kurzfristige Vermietung.

Beispiel 2:

[1]Eine Campingfläche wird für drei Monate vermietet. [2]Der Mietvertrag verlängert sich automatisch um je einen Monat, wenn er nicht vorher gekündigt wird.

[3]Die Vermietung ist als kurzfristig anzusehen und somit steuerpflichtig. [4]Dauert die tatsächliche Gebrauchsüberlassung jedoch mehr als sechs Monate, handelt es sich insgesamt um eine steuerfreie langfristige Vermietung.

[2]Zur Anwendung des ermäßigten Steuersatzes auf Umsätze aus der kurzfristigen Vermietung von Campingflächen siehe Abschnitt 12.16.

(3) [1]Die vom Campingplatzunternehmer durch die Überlassung von üblichen Gemeinschaftseinrichtungen gewährten Leistungen sind gegenüber der Vermietung der Campingfläche von untergeordneter Bedeutung. [2]Sie sind als Nebenleistungen anzusehen, die den Charakter der Hauptleistung als Grundstücksvermietung nicht beeinträchtigen. [3]Zu den üblichen Gemeinschaftseinrichtungen gehören insbesondere Wasch- und Duschräume, Toiletten, Wasserzapfstellen, elektrische Anschlüsse, Vorrichtungen zur Müllbeseitigung, Kinderspielplätze. [4]Die Nebenleistungen fallen unter die Steuerbefreiung für die Grundstücksvermietung. [5]Dies gilt auch dann, wenn für sie ein besonderes Entgelt berechnet wird. [6]Die vom Campingplatzunternehmer durch die Überlassung von Wasserzapfstellen, Abwasseranschlüssen und elektrischen Anschlüssen erbrachten Leistungen sind in den Fällen nicht als Nebenleistungen steuerfrei, in denen die Einrichtungen nicht für alle Benutzer gemeinschaftlich, sondern gesondert für einzelne Benutzer bereitgestellt werden und es sich um Betriebsvorrichtungen im Sinne von § 4 Nr. 12 Satz 2 UStG handelt (vgl. BFH-Urteil vom 28. 5. 1998, V R 19/96, BStBl 2010 II S. 307). [7]Bei den Lieferungen von Strom, Wärme und Wasser durch den Campingplatzunternehmer ist entsprechend den Regelungen in Abschnitt 4.12.1 Abs. 5 und 6 zu verfahren.

(4) [1]Leistungen, die nicht durch die Überlassung von üblichen Gemeinschaftseinrichtungen erbracht werden, sind nicht als Nebenleistungen anzusehen. [2]Es handelt sich hier in der Regel um Leistungen, die darin bestehen, dass den Benutzern der Campingplätze besondere Sportgeräte, Sportanlagen usw. zur Verfügung gestellt werden wie z. B. Segelboote, Wasserski, Reitpferde, Tennisplätze, Minigolfplätze, Hallenbäder, Saunabäder. [3]Derartige Leistungen sind umsatzsteuerrechtlich gesondert zu beurteilen. [4]Die Überlassung von Sportgeräten fällt nicht unter die Steuerbefreiung nach § 4 Nr. 12 Satz 1 Buchstabe a UStG. [5]Das Gleiche gilt für die Überlassung von Sportanlagen (BFH-Urteil vom 31. 5. 2001, V R 97/98, BStBl II S. 658). [6]Wird für die bezeichneten Leistungen und für die Vermietung der Campingfläche ein Gesamtentgelt berechnet, ist dieses Entgelt im Schätzungswege aufzuteilen.

Anmerkung

Die Vermietung von **Grundstücksteilen auf Campingplätzen** ist dann steuerfrei, wenn es sich um eine langfristige Vermietung handelt. Eine langfristige Vermietung liegt vor, wenn die Gebrauchsüberlassung mindestens sechs Monate beträgt. Die **weiteren Leistungen**, die der Campingplatzbetreiber erbringt (z. B. Zurverfügungstellung von Gemeinschaftseinrichtungen) sind gegenüber der Vermietung des Grundstücksteiles von untergeordneter Bedeutung und stellen somit eine Nebenleistung zur Hauptleistung Grundstücksvermietung dar.

Nach Auffassung der Finanzverwaltung sind bei der Beurteilung der Prüfung der Langfristigkeit die folgenden Fälle zu unterscheiden:

- Eine Campingfläche wird auf **unbestimmte Zeit** vermietet. Der Vertrag kann monatlich gekündigt werden. Die Vermietung ist als langfristig anzusehen und somit steuerfrei. Endet die tatsächliche Gebrauchsüberlassung jedoch vor Ablauf von sechs Monaten, handelt es sich insgesamt um eine steuerpflichtige Vermietung.
- Eine Campingfläche wird für drei Monate vermietet. Der **Mietvertrag verlängert sich** automatisch um je einen Monat, wenn er nicht vorher gekündigt wird. Die Vermietung ist als kurzfristig anzusehen und somit steuerpflichtig. Dauert die tatsächliche Gebrauchsüberlassung jedoch mindestens sechs Monate, handelt es sich insgesamt um eine langfristige Vermietung.

  Hinweis: Stromüberlassung ist Nebenleistung

  Stellt ein Campingplatzvermieter einem Dauermieter auch Strom zur Verfügung, handelt es sich um eine steuerfreie Nebenleistung zur steuerfreien Vermietung des Dauerplatzes (BFH, Urt. v. 15.1.2009 – V R 91/07, BStBl II 2009, 615).

Kommt die Steuerbefreiung für die Campingplatzvermietung nicht in Betracht, wird der **ermäßigte Steuersatz** nach § 12 Abs. 2 Nr. 11 UStG zur Anwendung kommen.

UStAE 4.12.4. Abbau- und Ablagerungsverträge

[1]Verträge, durch die der Grundstückseigentümer einem anderen gestattet, die im Grundstück vorhandenen Bodenschätze, z. B. Sand, Kies, Kalk, Torf, abzubauen, sind unter den in Abschnitt 4.12.1 Abs. 1 genannten Voraussetzungen in der Regel als Pachtverträge anzusehen und von der Umsatzsteuer befreit (vgl. BFH-Urteil vom 28. 6. 1973, V R 7/72, BStBl II S. 717). [2]Verträge über die entgeltliche Überlassung von Grundstücken zur Ablagerung von Abfällen – z. B. Überlassung eines Steinbruchs zur Auffüllung mit Klärschlamm – sind unter den in Abschnitt 4.12.1 Abs. 1 genannten Voraussetzungen in der Regel als Mietverträge anzusehen und von der Umsatzsteuer befreit. [3]Dies gilt auch dann, wenn sich das Entgelt nicht nach der Nutzungsdauer, sondern nach der Menge der abgelagerten Abfälle bemisst.

UStAE 4.12.5. Gemischte Verträge

(1) [1]Ein gemischter Vertrag liegt vor, wenn die Leistungsvereinbarung sowohl Elemente einer Grundstücksüberlassung als auch anderer Leistungen umfasst. [2]Bei einem solchen Vertrag ist nach den all-

gemeinen Grundsätzen des Abschnitts 3.10 Absätze 1 bis 4 zunächst zu prüfen, ob es sich um eine einheitliche Leistung oder um mehrere selbständige Leistungen handelt. [3]Liegen mehrere selbständige Leistungen vor, ist zu prüfen, ob diese nach den Grundsätzen von Haupt- und Nebenleistung (vgl. Abschnitt 3.10 Abs. 5) einheitlich zu beurteilen sind.

(2) [1]Liegt nach Absatz 1 eine einheitlich zu beurteilende Leistung vor, ist für die Steuerbefreiung nach § 4 Nr. 12 Satz 1 Buchstabe a UStG entscheidend, ob das Vermietungselement der Leistung ihr Gepräge gibt (vgl. BFH-Urteile vom 31. 5. 2001, V R 97/98, BStBl II S. 658, und vom 24. 1. 2008, V R 12/05, BStBl 2009 II S. 60). [2]In diesem Fall ist die Leistung insgesamt steuerfrei. [3]Eine Aufteilung des Entgelts in einen auf das Element der Grundstücksüberlassung und einen auf den Leistungsteil anderer Art entfallenden Teil ist nicht zulässig. [4]Dies kann z. B. die Vermietung von Standflächen bei Kirmesveranstaltungen oder auf Wochenmärkten betreffen, wenn die Überlassung der Standplätze als wesentliches Leistungselement prägend ist und darüber hinaus erbrachte Leistungen als Nebenleistungen anzusehen sind. [5]Zur Abgrenzung gegenüber insgesamt steuerpflichtigen Leistungen vgl. Abschnitt 4.12.6 Abs. 2.

Anmerkung

Ein **gemischter Vertrag** liegt vor, wenn ein einheitliches Vertragswerk sowohl Elemente einer steuerfreien Grundstücksvermietung wie auch andere – im Regelfall nicht steuerfreie – Leistungselemente enthält, ohne dass eines der Leistungselemente hinter dem anderen Leistungselement eindeutig zurücktritt. In diesen Fällen ist zu prüfen, ob es sich um eine einheitliche Leistung oder um mehrere Leistungen handelt. Liegen mehrere Leistungen vor, muss geprüft werden, ob ein Haupt- und Nebenleistungsverhältnis vorliegt. Liegt nur eine Leistung vor, muss überprüft werden, welche Leistung dem Gesamten das Gepräge gibt. Gibt die Vermietungsleistung der Gesamtleistung das Gepräge, ist die gesamte Leistung steuerfrei.

Hinweis: Standplatzvermietung auf Wochenmärkten

Werden auf einem Wochenmarkt Standplätze vermietet, handelt es sich um eine einheitliche Leistung, die nicht im Rahmen eines gemischten Vertrags in eine steuerfreie Grundstücksvermietung und eine steuerpflichtige Leistung anderer Art (Reinigungsleistung, Überlassung von Strom etc.) aufzuteilen ist (BFH, Urt. v. 24.1.2008 – V R 12/05, BStBl II 2009, 60 sowie BMF, Schreiben v. 15.1.2009, BStBl I 2009, 69; bestätigt durch BFH, Urt. v. 13.2.2014 – V R 5/13, BStBl II 2017, 846).

UStAE 4.12.6. Verträge besonderer Art

(1) [1]Ein Vertrag besonderer Art liegt vor, wenn die Gebrauchsüberlassung des Grundstücks gegenüber anderen wesentlicheren Leistungen zurücktritt und das Vertragsverhältnis ein einheitliches, unteilbares Ganzes darstellt (vgl. BFH-Urteile vom 19. 12. 1952, V 4/51 U, BStBl 1953 III S. 98, und vom 31. 5. 2001, V R 97/98, BStBl II S. 658). [2]Bei einem Vertrag besonderer Art kommt die Steuerbefreiung nach § 4 Nr. 12 UStG weder für die gesamte Leistung noch für einen Teil der Leistung in Betracht.

(2) Verträge besonderer Art liegen z. B. in folgenden Fällen vor:

1. Der Veranstalter einer Ausstellung überlässt den Ausstellern unter besonderen Auflagen Freiflächen in Hallen zur Schaustellung gewerblicher Erzeugnisse.
2. *weggefallen*
3. *weggefallen*
4. Ein Hausbesitzer überlässt Prostituierten Zimmer und erbringt zusätzliche Leistungselemente, die die Ausübung des Gewerbes der Bewohnerinnen fördern und die der Gesamtleistung das Gepräge geben (vgl. BFH-Urteil vom 17. 12. 2014, XI R 16/11, BStBl 2015 II S. 427).
5. Ein Unternehmer übernimmt neben der Raumüberlassung die Lagerung und Aufbewahrung von Gütern – Lagergeschäft §§ 467 ff. HGB – (vgl. BFH-Urteil vom 14. 11. 1968, V 191/65, BStBl 1969 II S. 120).
6. Ein Hausbesitzer überlässt die Außenwandflächen oder Dachflächen des Gebäudes zu Reklamezwecken (vgl. BFH-Urteil vom 23. 10. 1957, V 153/55 U, BStBl III S. 457).

7. Eine Gemeinde gestattet einem Unternehmer, auf öffentlichen Wegen und Plätzen Anschlagtafeln zu errichten und auf diesen Wirtschaftswerbung zu betreiben (BFH-Urteil vom 31. 7. 1962, I 283/61 U, BStBl III S. 476).
8. Ein Unternehmer gestattet die Benutzung eines Sportplatzes oder eines Schwimmbads (Sportanlage) gegen Eintrittsgeld (vgl. BFH-Urteil vom 31. 5. 2001, V R 97/98, BStBl II S. 658).
9. Ein Golfclub stellt vereinsfremden Spielern seine Anlage gegen Entgelt (sog. Greenfee) zur Verfügung (vgl. BFH-Urteil vom 9. 4. 1987, V R 150/78, BStBl II S. 659).
10. Vereinen oder Schulen werden einzelne Schwimmbahnen zur Verfügung gestellt (vgl. BFH-Urteile vom 10. 2. 1994, V R 33/92, BStBl II S. 668, und vom 31. 5. 2001, V R 97/98, BStBl II S. 658).
11. Zwischen denselben Beteiligten werden ein Tankstellenvertrag – Tankstellenagenturvertrag – und ein Tankstellenmietvertrag – Vertrag über die Nutzung der Tankstelle – abgeschlossen, die beide eine Einheit bilden, wobei die Bestimmungen des Tankstellenvertrags eine beherrschende und die des Mietvertrags eine untergeordnete Rolle spielen (BFH-Urteile vom 5. 2. 1959, V 138/57 U, BStBl III S. 223, und vom 21. 4. 1966, V 200/63, BStBl III S. 415).
12. [1]Betreiber eines Alten- oder Pflegeheims erbringen gegenüber pflegebedürftigen Heiminsassen umfassende medizinische und pflegerische Betreuung und Versorgung. [2]Die nach § 4 Nr. 12 Satz 1 Buchstabe a UStG steuerfreie Vermietung von Grundstücken tritt hinter diese Leistungen zurück (vgl. BFH-Urteil vom 21. 4. 1993, XI R 55/90, BStBl 1994 II S. 266). [3]Für die Leistungen der Alten- oder Pflegeheimbetreiber kann die Steuerbefreiung nach § 4 Nr. 16 Satz 1 Buchstabe c, d oder n UStG in Betracht kommen.
13. Schützen wird gestattet, eine überdachte Schießanlage zur Ausübung des Schießsports gegen ein Eintrittsgeld und ein nach Art und Anzahl der abgegebenen Schüsse bemessenes Entgelt zu nutzen (vgl. BFH-Urteile vom 24. 6. 1993, V R 69/92, BStBl 1994 II S. 52, und vom 31. 5. 2001, V R 97/98, BStBl II S. 658).
14. Ein Gastwirt räumt das Recht zum Aufstellen eines Zigarettenautomaten in seiner Gastwirtschaft ein (vgl. EuGH-Urteil vom 12. 6. 2003, C-275/01, Sinclair Collins).
15. Der Eigentümer einer Wasserfläche räumt ein Fischereirecht ein, ohne die Grundstücksfläche unter Ausschluss anderer zu überlassen (vgl. EuGH-Urteil vom 6. 12. 2007, C-451/06, Walderdorff).
16. [1]Eine Einrichtung stellt ihren Bewohnern aufgrund eines Wohn- und Betreuungsvertrags, der unter das Wohn- und Betreuungsvertragsgesetz (WBVG) fällt, Wohnraum, Pflege- und Betreuungsleistungen und ggf. Verpflegung als Teil der Betreuungsleistung zur Verfügung. [2]Die nach § 4 Nr. 12 Satz 1 Buchstabe a UStG steuerfreie Vermietung von Grundstücken tritt hinter diese Leistungen zurück. [3]Für die Umsätze aus diesen Wohn- und Betreuungsverträgen kommt insgesamt die Steuerbefreiung nach § 4 Nr. 16 Satz 1 Buchstabe h UStG in Betracht.

Anmerkung

Bei **Verträgen besonderer Art** werden neben einer Grundstücksüberlassung auch Leistungen anderer Art erbracht, wobei die anderen Leistungen der einheitlichen Leistung das Gepräge geben, sodass weder insgesamt noch teilweise eine steuerfreie Grundstücksüberlassung vorliegt. Beispiele für insgesamt steuerpflichtige Verträge besonderer Art sind:

- Bei Ausstellungen werden Ausstellern Stände überlassen,
- eine Gemeinde überlässt Grundstücksflächen für die Dauer eines Jahrmarkts,
- ein Hausbesitzer überlässt die Außenwände oder Dachflächen eines Gebäudes zu Reklamezwecken,
- zwischen denselben Beteiligten werden ein Tankstellenagenturvertrag und ein Tankstellenmietvertrag geschlossen.

UStAE 4.12.7. Kaufanwartschaftsverhältnisse

[1]Nach § 4 Nr. 12 Satz 1 Buchstabe b UStG ist die Überlassung von Grundstücken und Grundstücksteilen zur Nutzung auf Grund von Kaufanwartschaftsverhältnissen steuerfrei. [2]Der hierbei zu Grunde liegende

Kaufanwartschaftsvertrag und der gleichzeitig abgeschlossene Nutzungsvertrag sehen in der Regel vor, dass dem Kaufanwärter das Grundstück bis zur Auflassung zur Nutzung überlassen wird. [3]Vielfach liegt zwischen der Auflassung und der Eintragung des neuen Eigentümers in das Grundbuch eine längere Zeitspanne, in der das bestehende Nutzungsverhältnis zwischen den Beteiligten auch nach der Auflassung fortgesetzt wird und in der der Kaufanwärter bis zur Eintragung in das Grundbuch die im Nutzungsvertrag vereinbarte Nutzungsgebühr weiter zahlt. [4]In diesen Fällen ist davon auszugehen, dass die Nutzungsgebühren auch in der Zeit zwischen Auflassung und Grundbucheintragung auf Grund des – stillschweigend verlängerten – Nutzungsvertrags entrichtet werden und damit nach § 4 Nr. 12 Satz 1 Buchstabe b UStG steuerfrei sind.

UStAE 4.12.8. Dingliche Nutzungsrechte

(1) [1]Unter die Steuerbefreiung nach § 4 Nr. 12 Satz 1 Buchstabe c UStG fallen insbesondere der Nießbrauch (§ 1030 BGB), die Grunddienstbarkeit (§ 1018 BGB), die beschränkte persönliche Dienstbarkeit (§ 1090 BGB) sowie das Dauerwohnrecht und das Dauernutzungsrecht (§ 31 WEG), wenn die Bestellung solcher dinglicher Nutzungsrechte vom Begriff der Vermietung und Verpachtung nach Abschnitt 4.12.1 umfasst wird. [2]Danach ist z. B. die entgeltliche Bestellung eines unwiderruflich eingeräumten dinglichen Nutzungsrechts zur Durchführung von Ausgleichsmaßnahmen nach den Naturschutzgesetzen nicht nach § 4 Nr. 12 UStG befreit (vgl. BFH-Urteile vom 8. 11. 2012, V R 15/12, BStBl 2013 II S. 455, und vom 28. 5. 2013, XI R 32/11, BStBl 2014 II S. 411). [3]Es fallen nur jene dinglichen Nutzungsrechte unter die Steuerbefreiung, die – wie z. B. die Einräumung des Wegerechts – dem Inhaber ein Nutzungsrecht an dem Grundstück geben (vgl. BFH-Urteil vom 24. 2. 2005, V R 45/02, BStBl 2007 II S. 61).

(2) [1]Bei der Überlassung von Grundstücksteilen zur Errichtung von Strommasten für eine Überlandleitung, der Einräumung des Rechts zur Überspannung der Grundstücke und der Bewilligung einer beschränkten persönlichen Dienstbarkeit zur dinglichen Sicherung dieser Rechte handelt es sich um eine einheitliche sonstige Leistung, die nach § 1 Abs. 1 Nr. 1 UStG steuerbar und nach § 4 Nr. 12 Satz 1 Buchstabe a UStG steuerfrei ist. [2]Der Bewilligung der Grunddienstbarkeit kommt neben der Vermietung und Verpachtung der Grundstücke in diesem Fall kein eigenständiger umsatzsteuerlicher Gehalt zu, da sie nur der Absicherung der Rechte aus dem Miet- bzw. Pachtvertrag dient. [3]Die vorstehenden Grundsätze gelten z. B. auch bei der Überlassung von Grundstücken zum Verlegen von Erdleitungen (z. B. Erdgas- oder Elektrizitätsleitungen) oder bei der Überlassung von Grundstücken für Autobahn- oder Eisenbahntrassen (vgl. BFH-Urteil vom 11. 11. 2004, V R 30/04, BStBl 2005 II S. 802).

UStAE 4.12.9. Beherbergungsumsätze

(1) [1]Die nach § 4 Nr. 12 Satz 2 UStG steuerpflichtige Vermietung von Wohn- und Schlafräumen, die ein Unternehmer zur kurzfristigen Beherbergung von Fremden bereithält, setzt kein gaststättenähnliches Verhältnis voraus. [2]Entscheidend ist vielmehr die Absicht des Unternehmers, die Räume nicht auf Dauer und damit nicht für einen dauernden Aufenthalt im Sinne der §§ 8 und 9 AO zur Verfügung zu stellen (BFH-Beschluss vom 18. 1. 1973, V B 47/72, BStBl II S. 426). [3]Die halbstündige oder stundenweise Überlassung von Zimmern in einem „Stundenhotel“ ist keine Beherbergung im Sinne von § 4 Nr. 12 Satz 2 UStG und daher steuerfrei (vgl. BFH-Urteil vom 24. 9. 2015, V R 30/14, BStBl 2017 II S. 132).

(2) [1]Hat ein Unternehmer den einen Teil der in einem Gebäude befindlichen Räume längerfristig, den anderen Teil nur kurzfristig vermietet, ist die Vermietung nur insoweit steuerfrei, als er die Räume eindeutig und leicht nachprüfbar zur nicht nur vorübergehenden Beherbergung von Fremden bereitgehalten hat (vgl. BFH-Urteil vom 9. 12. 1993, V R 38/91, BStBl 1994 II S. 585). [2]Bietet der Unternehmer dieselben Räume wahlweise zur lang- oder kurzfristigen Beherbergung von Fremden an, sind sämtliche Umsätze steuerpflichtig (vgl. BFH-Urteil vom 20. 4. 1988, X R 5/82, BStBl II S. 795). [3]Steuerpflichtig ist auch die Überlassung von Räumen einer Pension an Saison-Arbeitnehmer (Kost und Logis), wenn diese Räume wahlweise zur kurzfristigen Beherbergung von Gästen oder des Saison-Personals bereitgehalten

werden (BFH-Urteil vom 13. 9. 1988, V R 46/83, BStBl II S. 1021). [4]Zur Anwendung des ermäßigten Steuersatzes auf Umsätze aus der kurzfristigen Vermietung von Wohn- und Schlafräumen siehe Abschnitt 12.16.

Anmerkung

Vermietet ein Unternehmer im Inland Wohn- und Schlafräume zur **kurzfristigen Beherbergung von Personen**, ist dies ein steuerbarer Umsatz, der grundsätzlich nicht steuerbefreit ist, § 4 Nr. 12 Satz 2 UStG. Der Ort dieser Leistungen ist immer dort, wo sich das Grundstück oder der Grundstücksteil befindet, § 3a Abs. 3 Nr. 1 UStG. Dies trifft ebenso auf die kurzfristige Vermietung von Campingplätzen zu.

Hinweis: Kurzfristige Vermietung bis sechs Monate

Von einer kurzfristigen Vermietung wird ausgegangen, wenn die Vermietung nicht länger als sechs Monate (üblicherweise) dauert. Entscheidend für die Frage, ob ein Unternehmer Wohn- und Schlafräume zur kurzfristigen Beherbergung von Fremden i. S. d. § 4 Nr. 12 Satz 2 UStG bereithält, ist nicht die tatsächliche Dauer der Vermietung, sondern die aus den äußeren Umständen ableitbare diesbezügliche Absicht des Vermieters (BFH, Beschl. v. 23.9.2014 – V B 37/14, BFH/NV 2015, 67.

Welchen **Umfang die Beherbergungsleistungen** haben – insbesondere, ob die damit verbundenen weiteren Leistungen Nebenleistungen sind oder unter ein sog. Aufteilungsgebot fallen – ist derzeit strittig, vgl. BFH, Beschl. v. 7.3.2022 – XI B 2/21 (AdV), BFH/NV 2022, 789 sowie Anmerkungen zu Abschn. 3.10 UStAE. Der BFH hat hier in drei Verfahren den EuGH angerufen (BFH, Beschl. v. 10.1.2024 – XI R 11/23, BFH/NV 2024, 1021 – beim EuGH anhängig unter C-409/24, J-GmbH; BFH, Beschl. v. 10.1.2024 – XI R 13/23, BFH/NV 2024, 1028 – beim EuGH anhängig unter C-410/24, Blapp; BFH, Beschl. v. 10.1.2024 – XI R 14/23, BFH/NV 2024, 1030 – beim EuGH anhängig unter C-411/24, D GmbH). Nach der Auffassung der Generalanwältin v. 25.9.2025 zu den Verfahren sind zumindest die **Verpflegungsleistungen wohl trennbar** und einem anderen Steuersatz zu unterwerfen, wie die Übernachtungsleistungen; vgl. Anmerkung zu Abschn. 3.10 UStAE.

Hinweis: Auch Wohncontainer können begünstigt sein

Auch die kurzfristige Vermietung von Wohncontainern an Erntehelfer kann eine Vermietung für Beherbergungsumsätze darstellen und dann dem ermäßigten Steuersatz nach § 12 Abs. 2 Nr. 11 Satz 1 UStG unterliegen. Der BFH (Urt. v. 29.11.2022 - XI R 13/20, BStBl II 2023, 938) hat dazu festgestellt, dass nicht nur die Vermietung von Grundstücken und mit diesen fest verbundenen Gebäuden begünstigt ist, sondern allgemein die Vermietung von Wohn- und Schlafräumen durch einen Unternehmer zur kurzfristigen Beherbergung von Fremden und damit auch die Vermietung von Wohncontainern an Erntehelfer. Damit können auch nicht ortsfeste Einrichtungen zur Anwendung des ermäßigten Steuersatzes führen; vgl. auch Abschn. 12.16 UStAE.

UStAE 4.12.10. Vermietung und Verpachtung von Betriebsvorrichtungen

[1]Die Vermietung und Verpachtung von Betriebsvorrichtungen ist selbst dann nach § 4 Nr. 12 Satz 2 UStG steuerpflichtig, wenn diese wesentliche Bestandteile des Grundstücks sind (vgl. BFH-Urteil vom 28. 5. 1998, V R 19/96, BStBl 2010 II S. 307). [2]Der Begriff der „Maschinen und sonstigen Vorrichtungen aller Art, die zu einer Betriebsanlage gehören (Betriebsvorrichtungen)“, ist in § 4 Nr. 12 Satz 2 UStG in gleicher Weise auszulegen wie für das Bewertungsrecht (BFH-Urteil vom 16. 10. 1980, V R 51/76, BStBl 1981 II S. 228). [3]Im Bewertungsrecht sind die Betriebsvorrichtungen von den Gebäuden, den einzelnen Teilen eines Gebäudes und den Außenanlagen des Grundstücks, z. B. Umzäunungen, Bodenbefestigungen, abzugrenzen. [4]Liegen dabei alle Merkmale des Gebäudebegriffs vor, kann das Bauwerk keine Betriebsvorrichtung sein (BFH-Urteil vom 15. 6. 2005, II R 67/04, BStBl II S. 688). [5]Ein Bauwerk ist als Gebäude anzusehen, wenn es Menschen, Tieren oder Sachen durch räumliche Umschließung Schutz gegen Witterungseinflüsse gewährt, den Aufenthalt von Menschen gestattet, fest mit dem Grund und Boden verbunden, von einiger Beständigkeit und ausreichend standfest ist (BFH-Urteil vom 28. 5. 2003, II R 41/01, BStBl II S. 693). [6]Zu den Betriebsvorrichtungen gehören hiernach neben Maschinen

und maschinenähnlichen Anlagen alle Anlagen, die – ohne Gebäude, Teil eines Gebäudes oder Außenanlage eines Gebäudes zu sein – in besonderer und unmittelbarer Beziehung zu dem auf dem Grundstück ausgeübten Gewerbebetrieb stehen, d.h. Anlagen, durch die das Gewerbe unmittelbar betrieben wird (BFH-Urteil vom 11. 12. 1991, II R 14/89, BStBl 1992 II S. 278). [7]Die Überlassung eines landwirtschaftlichen Betriebs mit aus Rebflächen bestehenden landwirtschaftlichen Grundflächen kann nicht als Vermietung und Verpachtung von Vorrichtungen oder Maschinen eingestuft werden (vgl. EuGH-Urteil vom 28. 2. 2019, C-278/18, Sequeira Mesquita). [8]Wegen der Einzelheiten zum Begriff der Betriebsvorrichtungen und zur Abgrenzung zum Gebäudebegriff wird auf den gleich lautenden Ländererlass vom 5. 6. 2013, BStBl I S. 734, hingewiesen.

Anmerkung

1. Zur Definition der Betriebsvorrichtung

Betriebsvorrichtungen werden im Rahmen einer steuerpflichtigen Vermietung überlassen. Zu den Betriebsvorrichtungen gehören Maschinen und maschinenähnliche Anlagen sowie Anlagen, die – ohne Gebäude, Teil eines Gebäudes oder Außenanlage eines Gebäudes zu sein – in besonderer und unmittelbarer Beziehung zu dem auf dem Grundstück ausgeübten Gewerbebetrieb stehen. Dies sind insbesondere die Anlagen, durch die das Gewerbe unmittelbar betrieben wird. Solche Betriebsvorrichtungen sind insbesondere:

- Abladevorrichtung
- Absaugvorrichtung
- Arbeitsbühne
- Beförderungsanlage
- Förderband
- Gleisanlage
- Hebebühne
- Hochregallager
- Kühleinrichtung
- Lastenaufzug
- Schaukasten
- Tank und Tankanlage
- Tresoranlage
- Verkaufsautomat
- Wartungsbühne

2. Aufteilungsgebot oder einheitliche Leistung?

Grundsätzlich ist die Vermietung und Verpachtung von Betriebsvorrichtungen nach § 4 Nr. 12 Satz 2 UStG von der Steuerbefreiung ausdrücklich ausgenommen. Soweit die Überlassung der Betriebsvorrichtungen im Zusammenhang mit einer steuerfreien Vermietung eines Grundstücks oder Grundstücksteils einherging, wurde regelmäßig eine Aufteilung des Gesamtentgelts in einen Teil steuerfreie Grundstücksvermietung und steuerpflichtige Vermietung der Betriebsvorrichtung vorgenommen, selbst wenn es sich an sich um eine Nebenleistung handelte.

In einem Fall musste sich der **EuGH** erneut mit der Frage der unselbstständigen Nebenleistung auseinander setzen. In dem vom BFH (Beschl. v. 26.5.2021 – V R 22/20, BFH/NV 2021, 1316) dem EuGH vorgelegten Fall wurde eine Stallanlage zur Putenaufzucht mit dazugehörenden Betriebsvorrichtungen (hier eine spezielle Fütterungsanlage) in einem einheitlichen Vertrag ohne Aufteilung der Entgeltsanteile steuerfrei verpachtet. Nachdem die Finanzverwaltung die (anteilige) Verpachtung der

Betriebsvorrichtung entsprechend § 4 Nr. 12 Satz 2 UStG aus der Steuerbefreiung der Verpachtungsleistung herausgenommen hatte, war das Niedersächsische Finanzgericht (Urt. v. 11.06.2020 – 11 K 24/19) zu dem Ergebnis gekommen, dass die Umsatzsteuerpflicht der Vermietung und Verpachtung von Betriebsvorrichtungen nach § 4 Nr. 12 Satz 2 UStG nicht gilt, wenn Einrichtungsgegenstände mitverpachtet werden, die für den bestimmungsgemäßen Gebrauch der jeweiligen Immobilien zwingend erforderlich sind und diese erst betriebs- und benutzungsfähig machen. In dem Revisionsverfahren hatte der BFH das Verfahren ausgesetzt und den EuGH angerufen. Dabei war zu klären, ob die Steuerpflicht der Vermietung von auf Dauer eingebauten Vorrichtungen und Maschinen gemäß Art.135 Abs. 2 Buchst. c MwStSystRL

- nur die **isolierte (eigenständige) Vermietung** derartiger Vorrichtungen und Maschinen oder auch
- die Vermietung (Verpachtung) derartiger Vorrichtungen und Maschinen, die aufgrund einer zwischen denselben Parteien erfolgenden Gebäudeverpachtung (und als **Nebenleistung** zu dieser) nach Art. 135 Abs. 1 Buchst. l MwStSystRL steuerfrei ist

erfasst.

Der EuGH (Urt. v. 4.5.2023 – C-516/21, Y, BFH/NV 2023, 943) hat in seinem Urteil festgestellt, dass die Rückausnahme zur Steuerbefreiung (Art. 135 Abs. 2 Satz 1 Buchst. c MwStSystRL; § 4 Nr. 12 Satz 2 UStG) **keine Anwendung** findet, wenn die Vermietung der Betriebsvorrichtung eine **Nebenleistung** zu einer steuerfreien Verpachtung eines Gebäudes darstellt. Voraussetzung ist, dass die Leistung eine wirtschaftlich einheitliche Leistung bildet. Der BFH muss prüfen, ob es sich bei dem vorliegenden Sachverhalt um eine wirtschaftlich einheitliche Leistung handelt – hier hat der EuGH aber recht eindeutig den Weg gewiesen, in dem er wörtlich festgestellt hat, dass dies in dem vorliegenden Fall „nahe zu liegen scheint". Weiterhin muss der BFH prüfen, ob es sich bei der Verpachtung der Betriebsvorrichtung um die Nebenleistung handelt oder ob es sich um die Hauptleistung handelt. Dies hatte aber schon das Niedersächsische Finanzgericht in seinem Ursprungsurteil so abgewogen und war zu dem Ergebnis gekommen, dass in diesem Fall die Betriebsvorrichtungen als Nebenleistungen anzusehen sind. Da dies als Tatsachenfeststellung offensichtlich nicht gegen allgemeine Denkgesetze verstößt, ist der BFH in seinem Folgeurteil (BFH, Beschl. v. 17.8.2023 – V R 7/23, BFH/NV 2023, 1386) dem gefolgt. Das Finanzgericht war damit in seinem Urteil schon auf der Linie des EuGH.

Zumindest bei der Frage der Steuerpflicht oder Steuerbefreiung bei Betriebsvorrichtungen im Zusammenhang mit Immobilien dürfte damit **keine künstliche Aufspaltung** mehr vorzunehmen sein. Allerdings muss dann immer intensiv geprüft werden, welche Leistung als Hauptleistung anzusehen ist.

Die Rückausnahme aus der Steuerbefreiung nach § 4 Nr. 12 Satz 2 UStG bei den Betriebsvorrichtungen bleibt aber weiterhin bestehen, wenn es sich um eine Einzelleistung handelt bzw. wenn Vermieter des Grundstücks (der Immobilie) ein anderer Rechtsträger ist als der Vermieter der Betriebsvorrichtung.

3. Einheitliche Leistungen bei Bestattungsleistungen?

Zur Frage der Einheitlichkeit bei Bestattungsleistungen ist ein Verfahren beim BFH anhängig (V R 31/23), vgl. auch Anmerkung zu Abschn. 4.12.1 UStAE.

UStAE 4.12.11. Nutzungsüberlassung von Sportanlagen und anderen Anlagen

(1) [1]Die Überlassung von Sportanlagen durch den Sportanlagenbetreiber an Endverbraucher ist eine einheitliche steuerpflichtige Leistung (vgl. BFH-Urteil vom 31. 5. 2001, V R 97/98, BStBl II S. 658, siehe auch Abschnitt 3.10). [2]Dies gilt auch für die Überlassung anderer Anlagen an Endverbraucher. [3]Die Absätze 2 bis 4 sind insoweit nicht anzuwenden.

(2) [1]Überlässt ein Unternehmer eine gesamte Sportanlage einem anderen Unternehmer als Betreiber zur Überlassung an Dritte (sog. Zwischenvermietung), ist die Nutzungsüberlassung an diesen Betreiber in eine steuerfreie Grundstücksüberlassung und eine steuerpflichtige Vermietung von Betriebsvorrichtungen aufzuteilen (vgl. BFH-Urteil vom 11. 3. 2009, XI R 71/07, BStBl 2010 II S. 209). [2]Nach den Vorschrif-

ten des Bewertungsrechts und damit auch nach § 4 Nr. 12 UStG (vgl. Abschnitt 4.12.10) sind bei den nachstehend aufgeführten Sportanlagen insbesondere folgende Einrichtungen als Grundstücksteile bzw. Betriebsvorrichtungen anzusehen:

1. Sportplätze und Sportstadien
   a) Grundstücksteile:
   Überdachungen von Zuschauerflächen, wenn sie nach der Verkehrsauffassung einen Raum umschließen und dadurch gegen Witterungseinflüsse Schutz gewähren, allgemeine Beleuchtungsanlagen, Einfriedungen, allgemeine Wege- und Platzbefestigungen, Kassenhäuschen – soweit nicht transportabel –, Kioske, Umkleideräume, Duschen im Gebäude, Toiletten, Saunen, Unterrichts- und Ausbildungsräume, Übernachtungsräume für Trainingsmannschaften.
   b) Betriebsvorrichtungen:
   besonders hergerichtete Spielfelder – Spielfeldbefestigung, Drainage, Rasen, Rasenheizung –, Laufbahnen, Sprunggruben, Zuschauerwälle, Zuschauertribünen – soweit nicht Grundstücksteil nach Buchstabe a –, spezielle Beleuchtungsanlagen, z. B. Flutlicht, Abgrenzungszäune und Sperrgitter zwischen Spielfeld und Zuschaueranlagen, Anzeigetafeln, Schwimm- und Massagebecken, Küchen- und Ausschankeinrichtungen.
2. Schwimmbäder (Frei- und Hallenbäder)
   a) Grundstücksteile:
   Überdachungen von Zuschauerflächen unter den unter Nummer 1 Buchstabe a bezeichneten Voraussetzungen, Kassenhäuschen – soweit nicht transportabel –, Kioske, allgemeine Wege- und Platzbefestigungen, Duschräume, Toiletten, technische Räume, allgemeine Beleuchtungsanlagen, Emporen, Galerien.
   b) Betriebsvorrichtungen:
   Schwimmbecken, Sprunganlagen, Duschen im Freien und im Gebäude, Rasen von Liegewiesen, Kinderspielanlagen, Umkleidekabinen, Zuschauertribünen – soweit nicht Grundstücksteil nach Nummer 1 Buchstabe a –, technische Ein- und Vorrichtungen, Einrichtungen der Saunen, der Solarien und der Wannenbäder, spezielle Beleuchtungsanlagen, Bestuhlung der Emporen und Galerien.
3. Tennisplätze und Tennishallen
   a) Grundstücksteile:
   Überdachungen von Zuschauerflächen unter den unter Nummer 1 Buchstabe a bezeichneten Voraussetzungen, Open-Air-Hallen, allgemeine Beleuchtungsanlagen, Duschen, Umkleideräume, Toiletten.
   b) Betriebsvorrichtungen:
   besonders hergerichtete Spielfelder – Spielfeldbefestigung mit Unterbau bei Freiplätzen, spezielle Oberböden bei Hallenplätzen –, Drainage, Bewässerungsanlagen der Spielfelder, Netz mit Haltevorrichtungen, Schiedsrichterstühle, freistehende Übungswände, Zuschauertribünen – soweit nicht Grundstücksteil nach Nummer 1 Buchstabe a –, Einfriedungen der Spielplätze, Zuschauerabsperrungen, Brüstungen, Traglufthallen, spezielle Beleuchtungsanlagen, Ballfangnetze, Ballfanggardinen, zusätzliche Platzbeheizung in Hallen.
4. Schießstände
   a) Grundstücksteile:
   allgemeine Einfriedungen.
   b) Betriebsvorrichtungen:
   Anzeigevorrichtungen, Zielscheibenanlagen, Schutzvorrichtungen, Einfriedungen als Sicherheitsmaßnahmen.
5. Kegelbahnen
   a) Grundstücksteile:
   allgemeine Beleuchtungsanlagen.
   b) Betriebsvorrichtungen:
   Bahnen, Kugelfangeinrichtungen, Kugelrücklaufeinrichtungen, automatische Kegelaufstelleinrichtungen, automatische Anzeigeeinrichtungen, spezielle Beleuchtungsanlagen, Schallisolierungen.

6. Squashhallen
   a) Grundstücksteile:
      Zuschauertribünen, allgemeine Beleuchtungsanlagen, Umkleideräume, Duschräume, Toiletten.
   b) Betriebsvorrichtungen:
      Trennwände zur Aufteilung in Boxen – soweit nicht tragende Wände -, besondere Herrichtung der Spielwände, Ballfangnetze, Schwingböden, Bestuhlung der Zuschauertribünen, spezielle Beleuchtungsanlagen.
7. Reithallen
   a) Grundstücksteile:
      Stallungen – einschließlich Boxenaufteilungen und Futterraufen –, Futterböden, Nebenräume, allgemeine Beleuchtungsanlagen, Galerien, Emporen.
   b) Betriebsvorrichtungen:
      spezieller Reithallenboden, Befeuchtungseinrichtungen für den Reithallenboden, Bande an den Außenwänden, spezielle Beleuchtungsanlagen, Tribünen – soweit nicht Grundstücksteil nach Nummer 1 Buchstabe a –, Richterstände, Pferdesolarium, Pferdewaschanlage, Schmiede – technische Einrichtungen –, Futtersilos, automatische Pferdebewegungsanlage, sonstiges Zubehör wie Hindernisse, Spiegel, Geräte zur Aufarbeitung des Bodens, Markierungen.
8. Turn-, Sport- und Festhallen, Mehrzweckhallen
   a) Grundstücksteile:
      Galerien, Emporen, Schwingböden in Mehrzweckhallen, allgemeine Beleuchtungsanlagen, Duschen, Umkleidekabinen und -räume, Toiletten, Saunen, bewegliche Trennwände.
   b) Betriebsvorrichtungen:
      Zuschauertribünen – soweit nicht Grundstücksteil nach Nummer 1 Buchstabe a –, Schwingböden in reinen Turn- und Sporthallen, Turngeräte, Bestuhlung der Tribünen, Galerien und Emporen, spezielle Beleuchtungsanlagen, Kücheneinrichtungen, Ausschankeinrichtungen, Bühneneinrichtungen, Kühlsystem bei Nutzung für Eissportzwecke.
9. Eissportstadien, -hallen, -zentren
   a) Grundstücksteile:
      Unterböden von Eislaufflächen, Eisschnellaufbahnen und Eisschießbahnen, Unterböden der Umgangszonen und des Anschnallbereichs, allgemeine Beleuchtungsanlagen, Klimaanlagen im Hallenbereich, Duschräume, Toiletten, Umkleideräume, Regieraum, Werkstatt, Massageräume, Sanitätsraum, Duschen, Heizungs- und Warmwasserversorgungsanlagen, Umschließungen von Trafostationen und Notstromversorgungsanlagen – wenn nicht Betriebsvorrichtung nach Buchstabe b –, Überdachungen von Zuschauerflächen unter den unter Nummer 1 Buchstabe a bezeichneten Voraussetzungen, Emporen und Galerien, Kassenhäuschen – soweit nicht transportabel –, Kioske, allgemeine Wege- und Platzbefestigungen, Einfriedungen, Ver- und Entsorgungsleitungen.
   b) Betriebsvorrichtungen:
      Oberböden von Eislaufflächen, Eisschnellaufbahnen und Eisschießbahnen, Schneegruben, Kälteerzeuger, Schlittschuh schonender Bodenbelag, Oberbodenbelag des Anschnallbereichs, spezielle Beleuchtungsanlagen, Lautsprecheranlagen, Spielanzeige, Uhren, Anzeigetafeln, Abgrenzungen, Sicherheitseinrichtungen, Sperrgitter zwischen Spielfeld und Zuschauerbereich, Massagebecken, Transformatorenhäuser oder ähnliche kleine Bauwerke, die Betriebsvorrichtungen enthalten und nicht mehr als 30 qm Grundfläche haben, Trafo und Schalteinrichtungen, Notstromaggregat, Zuschauertribünen – soweit nicht Grundstücksteil nach Nummer 1 Buchstabe a –, Bestuhlung der Zuschauertribünen, der Emporen und Galerien, Küchen- und Ausschankeinrichtungen.
10. Golfplätze
   a) Grundstücksteile:
      Einfriedungen, soweit sie nicht unmittelbar als Schutzvorrichtungen dienen, allgemeine Wege- und Platzbefestigungen, Kassenhäuschen – soweit nicht transportabel –, Kioske, Klubräume, Wirtschaftsräume, Büros, Aufenthaltsräume, Umkleideräume, Duschräume, Toiletten, Verkaufsräume, Caddy-Räume, Lager- und Werkstatträume.

b) Betriebsvorrichtungen:
besonders hergerichtete Abschläge, Spielbahnen, roughs und greens (Spielbefestigung, Drainage, Rasen), Spielbahnhindernisse, Übungsflächen, Einfriedungen, soweit sie unmittelbar als Schutzvorrichtungen dienen, Abgrenzungseinrichtungen zwischen Spielbahnen und Zuschauern, Anzeige- und Markierungseinrichtungen oder -gegenstände, Unterstehhäuschen, Küchen- und Ausschankeinrichtungen, Bewässerungsanlagen – einschließlich Brunnen und Pumpen – und Drainagen, wenn sie ausschließlich der Unterhaltung der für das Golfspiel notwendigen Rasenflächen dienen.

(3) [1]Für die Aufteilung bei der Überlassung einer gesamten Sportanlage an einen anderen Unternehmer als Betreiber zur Überlassung an Dritte (sog. Zwischenvermietung) in den steuerfreien Teil für die Vermietung des Grundstücks (Grund und Boden, Gebäude, Gebäudeteile, Außenanlagen) sowie in den steuerpflichtigen Teil für die Vermietung der Betriebsvorrichtungen sind die jeweiligen Verhältnisse des Einzelfalles maßgebend. [2]Bei der Aufteilung ist im Regelfall von dem Verhältnis der Herstellungs- bzw. Anschaffungskosten der Grundstücke zu denen der Betriebsvorrichtungen auszugehen. [3]Zu berücksichtigen sind hierbei die Nutzungsdauer und die kalkulatorischen Zinsen auf das eingesetzte Kapital. [4]Die Aufteilung ist erforderlichenfalls im Schätzungswege vorzunehmen. [5]Der Vermieter kann das Aufteilungsverhältnis aus Vereinfachungsgründen für die gesamte Vermietungsdauer beibehalten und – soweit eine wirtschaftliche Zuordnung nicht möglich ist – auch der Aufteilung der Vorsteuern zu Grunde legen.

Beispiel:

[1]Ein Unternehmer überlässt ein Hallenbad einem anderen Unternehmer als Betreiber, der die gesamte Sportanlage zur Überlassung an Dritte für einen Zeitraum von 10 Jahren nutzt. [2]Die Herstellungs- bzw. Anschaffungskosten des Hallenbads haben betragen:

Grund und Boden	1 Mio. €
Gebäude	2 Mio. €
Betriebsvorrichtungen	3 Mio. €
insgesamt	6 Mio. €

[3]Bei den Gebäuden wird von einer Nutzungsdauer von 50 Jahren und einer AfA von 2 %, bei den Betriebsvorrichtungen von einer Nutzungsdauer von 20 Jahren und einer AfA von 5 % ausgegangen. [4]Die kalkulatorischen Zinsen werden mit 6 % angesetzt. [5]Es ergibt sich:

	AfA	Zinsen	Gesamt
Grund und Boden	–	60 000	60 000
Gebäude	40 000	120 000	160 000
insgesamt	40 000	180 000	220 000
Betriebsvorrichtungen	150 000	180 000	330 000

[6]Die Gesamtsumme von AfA und Zinsen beträgt danach 550 000 €. [7]Davon entfallen auf den Grund und Boden sowie auf die Gebäude 220 000 € (2/5) und auf die Betriebsvorrichtungen 330 000 € (3/5).

[8]Die Umsätze aus der Überlassung des Hallenbads sind zu zwei Fünfteln nach § 4 Nr. 12 Satz 1 Buchstabe a UStG steuerfrei und zu drei Fünfteln steuerpflichtig.

(4) [1]Bei der Nutzungsüberlassung anderer Anlagen mit vorhandenen Betriebsvorrichtungen beurteilt sich die Leistung aus der Sicht eines Durchschnittsverbrauchers unter Berücksichtigung der vorgesehenen Art der Nutzung, wie sie sich aus Unterlagen des leistenden Unternehmers ergibt (z. B. aus dem Mietvertrag), und hilfsweise aus der Ausstattung der überlassenen Räumlichkeiten. [2]Dies gilt beispielsweise bei der Nutzungsüberlassung von Veranstaltungsräumen an einen Veranstalter für Konzerte, Theateraufführungen, Hochzeiten, Bürger- und Vereinsversammlungen und sonstige Veranstaltungen (vgl. BMF-Schreiben vom 17. 4. 2003, BStBl I S. 279). [3]Hierbei ist von folgenden Grundsätzen auszugehen:

1. [1]Umfasst die Nutzungsüberlassung von Räumen auch die Nutzung vorhandener Betriebsvorrichtungen, auf die es einem Veranstalter bei der vorgesehenen Art der Nutzung nicht ankommt, weil er in

erster Linie die Räumlichkeiten als solche nutzen will, ist die Leistung als steuerfreie Grundstücksüberlassung anzusehen. [2]Die Überlassung der vorhandenen Betriebsvorrichtungen bleibt dann umsatzsteuerrechtlich unberücksichtigt. [3]Die Umsatzsteuerbefreiung der Grundstücksüberlassung umfasst auch die mit der Grundstücksüberlassung in unmittelbarem wirtschaftlichem Zusammenhang stehenden üblichen Nebenleistungen. [4]Zusatzleistungen mit aus Sicht eines Durchschnittsverbrauchers eigenständigem wirtschaftlichem Gewicht sind als weitere Hauptleistungen umsatzsteuerrechtlich separat zu beurteilen.

Beispiel:

[1]Ein Anlagenbetreiber überlässt seine Veranstaltungshalle einschließlich der vorhandenen Betriebsvorrichtungen zur Durchführung einer schriftlichen Leistungsprüfung einer Schulungseinrichtung. [2]Der Schulungseinrichtung kommt es auf die Nutzung des Raumes und nicht auf die Nutzung der Betriebsvorrichtungen an.

[3]Der Anlagenbetreiber erbringt an die Schulungseinrichtung eine steuerfreie Grundstücksüberlassung.

2. [1]Überlässt ein Anlagenbetreiber Veranstaltungsräume mit Betriebsvorrichtungen (z. B. vorhandener Bestuhlung, Bühne, speziellen Beleuchtungs- oder Lautsprecheranlagen und anderen Einrichtungen mit Betriebsvorrichtungscharakter), die für die vorgesehene Art der Nutzung regelmäßig benötigt werden, ist die Leistung des Anlagenbetreibers in aller Regel in eine steuerfreie Grundstücksvermietung und in eine steuerpflichtige Vermietung von Betriebsvorrichtungen aufzuteilen. [2]Eine andere Beurteilung ergibt sich lediglich in den Ausnahmefällen, in denen ein Durchschnittsverbraucher die Leistungselemente als eine einheitliche Leistung ansieht und die Grundstücksvermietung gegenüber anderen Leistungen derart in den Hintergrund tritt, dass die Raumüberlassung aus seiner Sicht – wie die Überlassung von Sportanlagen zur sportlichen Nutzung durch Endverbraucher – keinen leistungsbestimmenden Bestandteil mehr ausmacht. [3]In diesen Fällen liegt insgesamt eine umsatzsteuerpflichtige Leistung eigener Art vor.

Beispiel:

[1]Ein Betreiber überlässt seine Veranstaltungshalle an einen Veranstalter zur Durchführung einer Ausstellung. [2]Dem Veranstalter kommt es auch darauf an, vorhandene Betriebsvorrichtungen zu nutzen.

[3]Der Betreiber erbringt an den Veranstalter eine sonstige Leistung, die in eine steuerfreie Grundstücksvermietung und in eine steuerpflichtige Vermietung von Betriebsvorrichtungen aufzuteilen ist. [4]Die Nutzungsüberlassung des Veranstalters an die Ausstellungsteilnehmer ist – soweit sie gegen Entgelt erbracht wird – nach den Grundsätzen des BFH-Urteils vom 31. 5. 2001, V R 97/98, BStBl II S. 658, eine einheitliche steuerpflichtige Leistung (vgl. Abschnitte 3 a.4 und 4.12.6 Abs. 2 Nr. 1).

Anmerkung

1. Überlassung von Sportanlagen

Bei der **entgeltlichen Nutzung von Sportanlagen** liegt im Regelfall – unabhängig von der Art der Sportanlage – eine einheitliche sonstige Leistung vor, die weder ganz noch teilweise als steuerfreie Grundstücksüberlassung anzusehen ist.

Während früher die Nutzungsüberlassung von Sportanlagen dann zu einem teilweise steuerfreien Vermietungsumsatz führte, wenn der leistende Unternehmer dem Kunden einen fest abgrenzbaren Raum zuwies (insbesondere bei Tennisplätzen), wurde die Nutzungsüberlassung von Sportanlagen nach der Änderung der Rechtsprechung durch den BFH (Urt. v. 31.5.2001 – V R 97/98, BStBl II 2001, 658; dies Urteil beruht auf der Entscheidung des EuGH, Urt. v. 18.1.2001 – C-150/99, Lindöpark Stockholm, BFH/NV Beilage 2001, 44) aus der Sicht eines Durchschnittsverbrauchers beurteilt und insgesamt als steuerpflichtige sonstige Leistung beurteilt. Nach einer langwierigen politischen Diskussion wurde dem Steuerpflichtigen durch § 27 Abs. 6 UStG – befristet bis zum 31.12.2004 – ein Wahlrecht eingeräumt, bis zu diesem Stichtag die Umsätze weiterhin zum Teil als steuerfreie Vermietungsleistung zu besteuern.

Grundsätzlich können sich bei der Nutzungsüberlassung einer Sportanlage die folgenden Fälle ergeben:

Nutzungsüberlassung von Sportanlagen

Leistungsempfänger und Nutzung	Umsatzsteuerliche Beurteilung
Überlassung von Einrichtungen von Sportanlagen an einzelne Endverbraucher (z. B. stundenweise Vermietung eines Tennisplatzes)	Es liegt eine insgesamt steuerpflichtige sonstige Leistung vor, eine steuerfreie Grundstücksvermietung scheidet aus
Stundenweise Vermietung von Sportanlagen an Vereine, die die Anlagen für ihre satzungsmäßigen Sportzwecke verwenden	Es liegt eine insgesamt steuerpflichtige sonstige Leistung vor, eine steuerfreie Grundstücksvermietung scheidet aus
Es werden Rahmenverträge mit anderen Unternehmern abgeschlossen, nach denen bestimmte Personengruppen die gesamten Einrichtungen einer Sportanlage nutzen können (z. B. im Rahmen eines Freizeitprogramms für Arbeitnehmer)	Es liegt eine insgesamt steuerpflichtige sonstige Leistung vor, eine steuerfreie Grundstücksvermietung scheidet aus
Sportanlagen oder Nebenräume werden für andere, als für sportliche Zwecke vermietet (z. B. eine große Sporthalle wird für Zwecke einer öffentlichen Anhörung an die Gemeinde vermietet)	Die Leistung richtet sich auf eine Grundstücksüberlassung und ist damit nach § 4 Nr. 12 Satz 1 Buchst. a UStG steuerfrei
Sportanlagen werden insgesamt an andere Unternehmer zur Nutzung durch Dritte vermietet (z. B. ein Investor vermietet eine Sportanlage an einen Betreiber)	Die Leistung ist zum Teil als steuerfreie Grundstücksvermietung nach § 4 Nr. 12 Satz 1 Buchst. a UStG anzusehen. Soweit Betriebsvorrichtungen ebenfalls vermietet werden, liegt insoweit ein steuerpflichtiger Umsatz vor (§ 4 Nr. 12 Satz 2 UStG)

2. Überlassung von anderen Anlagen

Diese oben stehenden Grundsätze sind nicht nur auf die Nutzung von Sportanlagen anzuwenden, sondern auch auf **andere Anlagen**. Dabei ist im jedem Einzelfall zu prüfen, ob das Interesse des Mieters auf eine Raumnutzung oder auf andere Inhalte gerichtet ist, Abschn. 4.12.11 Abs. 4 UStAE. Dabei lassen sich die folgenden Grundtypen der Nutzungsüberlassung unterscheiden:

- Das Interesse des Mieters ist **ausschließlich auf eine Raumnutzung gerichtet**, ein Interesse an der Nutzung eventuell vorhandener Betriebsvorrichtungen liegt nicht vor. Die Leistung besteht ausschließlich in einer steuerfreien Grundstücksnutzung nach § 4 Nr. 12 Satz 1 Buchst. a UStG. Die gegebenenfalls mit vermieteten Betriebsvorrichtungen führen zu keiner eigenständigen Leistung (z. B. Überlassung einer Veranstaltungshalle an einen Bildungsträger, der die Halle für eine Leistungsprüfung verwenden will).
- Das Interesse des Mieters ist **sowohl auf die Raumnutzung wie auch auf die Nutzung der Betriebsvorrichtungen gerichtet**. Es handelt sich um eine zum Teil steuerfreie Grundstücksvermietung nach § 4 Nr. 12 Satz 1 Buchst. a UStG und eine zum Teil steuerpflichtige Überlassung von Betriebsvorrichtungen nach § 4 Nr. 12 Satz 2 UStG (z. B. Überlassung einer Veranstaltungshalle an einen Veranstalter zur Durchführung einer Ausstellung bei der auch die Betriebsvorrichtungen genutzt werden sollen).
- Das Interesse des Mieters ist fast **ausschließlich auf die Nutzung der Betriebsvorrichtungen gerichtet**. Die Raumnutzung tritt hinter der Nutzung der Betriebsvorrichtungen in den Hintergrund. Es liegt eine insgesamt einheitliche steuerpflichtige sonstige Leistung vor (z. B.: Ein Betreiber eines Tonstudios überlässt einem Musiker das gesamte Tonstudio mit allen technischen Geräten sowie dem technischen Personal).

Hinweis: Grundsatz Haupt- und Nebenleistung beachten

Soweit zwischen einzelnen Leistungen aber ein Haupt- und Nebenleistungsverhältnis besteht, muss hier auch der Grundsatz gelten, dass keine künstliche Aufspaltung eines Umsatzes erfolgt. Vgl. dazu auch Anmerkung zu Abschn. 4.12.10 UStAE zum Aufteilungsgebot und der Rechtsprechung des EuGH (Urt. v. 4.5.2023 – C-516/21, Y, BFH/NV 2023, 943).

Zu § 4 Nr. 13 UStG

UStG § 4 Nr. 13. die Leistungen, die die Gemeinschaften der Wohnungseigentümer im Sinne des Wohnungseigentumsgesetzes in der im Bundesgesetzblatt Teil III, Gliederungsnummer 403-1, veröffentlichten bereinigten Fassung, in der jeweils geltenden Fassung an die Wohnungseigentümer und Teileigentümer erbringen, soweit die Leistungen in der Überlassung des gemeinschaftlichen Eigentums zum Gebrauch, seiner Instandhaltung, Instandsetzung und sonstigen Verwaltung sowie der Lieferung von Wärme und ähnlichen Gegenständen bestehen;

UStAE 4.13.1. Gemeinschaften der Wohnungseigentümer

(1) [1]Das WEG unterscheidet zwischen dem Sondereigentum der einzelnen und dem gemeinschaftlichen Eigentum aller Wohnungs- und Teileigentümer (§ 1 WEG). [2]Gemeinschaftliches Eigentum sind das Grundstück sowie die Teile, Anlagen und Einrichtungen eines Gebäudes, die nicht im Sondereigentum eines Mitglieds der Gemeinschaft oder im Eigentum eines Dritten stehen. [3]Das gemeinschaftliche Eigentum wird in der Regel von der Gemeinschaft der Wohnungseigentümer verwaltet (§ 18 WEG).

(2) [1]Im Rahmen ihrer Verwaltungsaufgaben erbringen die Gemeinschaften der Wohnungseigentümer neben nicht steuerbaren Gemeinschaftsleistungen, die den Gesamtbelangen aller Mitglieder dienen, auch steuerbare Sonderleistungen an einzelne Mitglieder. [2]Die Gemeinschaften der Wohnungseigentümer erheben zur Deckung ihrer Kosten von ihren Mitgliedern (Wohnungs- und Teileigentümern) Umlagen, insbesondere für

- Lieferungen von Wärme (Heizung), Wasser und Strom;
- Waschküchen- und Waschmaschinenbenutzung;
- Verwaltungsgebühren (Entschädigung für den Verwalter der Gemeinschaft);
- Hausmeisterlohn;
- Instandhaltung und Instandsetzung des gemeinschaftlichen Eigentums;
- Flurbeleuchtung;
- Schornsteinreinigung;
- Feuer- und Haftpflichtversicherung;
- Müllabfuhr;
- Straßenreinigung;
- Entwässerung.

[3]Diese Umlagen sind das Entgelt für steuerbare Sonderleistungen der Gemeinschaften der Wohnungseigentümer an ihre Mitglieder. [4]Hinsichtlich der verschiedenartigen Lieferungen und sonstigen Leistungen liegen jeweils selbständige Umsätze der Gemeinschaften der Wohnungseigentümer an ihre Mitglieder vor, die nach § 4 Nr. 13 UStG steuerfrei sind. [5]Die Instandhaltung, Instandsetzung und Verwaltung des Sondereigentums der Mitglieder oder des Eigentums Dritter fallen nicht unter die Befreiungsvorschrift. [6]Zu den ähnlichen Gegenständen wie Wärme, deren Lieferung an die Mitglieder der Gemeinschaft steuerfrei ist, gehören nicht Kohlen, Koks, Heizöl und Gas.

Anmerkung

Strittig war die Frage, ob eine Wohnungseigentümergemeinschaft (WEG) mit der **Lieferung von Wärme an Miteigentümer** eine der Besteuerung unterliegende Lieferung ausführt oder ob es sich um steuerfreie Leistungen handelt. Nach nationalen Vorschriften unterliegt dies der Steuerbefreiung nach § 4 Nr. 13 UStG.

In dem Streitfall betreibt die **WEG ein Blockheizkraftwerk** und liefert Wärme an die Wohnungs- und Teileigentümer. Nach nationaler Auffassung unterliegt die Leistung der Steuerbefreiung nach § 4 Nr. 13 UStG und schließt insoweit den Vorsteuerabzug aus Herstellungs- und Betriebskosten des Blockheizkraftwerks aus. Das FG Baden-Württemberg (Beschl. v. 12.9.2018 – 14 K 3709/16, UR 2019, 624) hatte Zweifel, ob die Regelung mit dem Unionsrecht vereinbar ist und hat den EuGH angerufen.

Nach der **Beschlussempfehlung des Generalanwalts** beim EuGH (Beschlussempfehlung des Generalanwalts Bobeck v. 10.9.2020 zur Rs. C-449/19) verstößt ein Mitgliedstaat gegen Unionsrecht, soweit es die Lieferung von Wärme durch eine WEG von der Umsatzsteuer befreit, wenn die Wärme der Beheizung des Sondereigentums dient. Keinen Verstoß sieht der Generalanwalt in einer Steuerfreistellung, wenn die Wärmelieferung der Beheizung des Gemeinschaftseigentums dient.

Der EuGH (Urt. v. 17.12.2020 – C-449/19, WEG Tevesstraße, BFH/NV 2021, 430) hat – der Beschlussempfehlung des Generalanwalts beim EuGH folgend – festgestellt, dass die Lieferung der Wärme nicht unter den Begriff der Vermietung oder Verpachtung von Grundstücken fällt und damit nicht in den Anwendungsbereich von Art. 135 Abs. 1 Buchst. l MwStSystRL fällt. Für eine Anwendung des § 4 Nr. 13 UStG fehlt eine unionsrechtliche Grundlage.

Hinweis: Praktische Probleme in der Praxis zu erwarten

Damit ist die Lieferung der Wärme von der WEG an die Eigentümer für deren Beheizung des Sonder- oder Teileigentums zumindest aus unionsrechtlicher Sicht eine steuerbare und steuerpflichtige Leistung. Damit hat eine WEG den Vorsteuerabzug aus den mit der Beheizung zusammenhängenden Eingangsleistungen und muss die Wärmelieferung der Besteuerung unterwerfen. Soweit eine WEG dann nicht unter die Kleinunternehmerbesteuerung fällt (dies dürfte nur für kleine Eigentümergemeinschaften möglich sein), können sich daraus erhebliche Probleme ergeben. Die nationale Umsetzung bleibt abzuwarten; solange § 4 Nr. 13 UStG im deutschen UStG enthalten ist, können Wohnungseigentümergemeinschaften diese Regelung aber noch in Anspruch nehmen. Bisher sind keine gesetzgeberischen Aktivitäten für eine Anpassung vorhanden.

Zu § 4 Nr. 14 UStG

UStG § 4 Nr. 14. a) Heilbehandlungen im Bereich der Humanmedizin, die im Rahmen der Ausübung der Tätigkeit als Arzt, Zahnarzt, Heilpraktiker, Physiotherapeut, Hebamme oder einer ähnlichen heilberuflichen Tätigkeit durchgeführt werden. Satz 1 gilt nicht für die Lieferung oder Wiederherstellung von Zahnprothesen (aus Unterpositionen 9021 21 und 9021 29 00 des Zolltarifs) und kieferorthopädischen Apparaten (aus Unterposition 9021 10 des Zolltarifs), soweit sie der Unternehmer in seinem Unternehmen hergestellt oder wiederhergestellt hat;

b) Krankenhausbehandlungen und ärztliche Heilbehandlungen einschließlich der Diagnostik, Befunderhebung, Vorsorge, Rehabilitation, Geburtshilfe und Hospizleistungen sowie damit eng verbundene Umsätze, die von Einrichtungen des öffentlichen Rechts erbracht werden. Die in Satz 1 bezeichneten Leistungen sind auch steuerfrei, wenn sie von

aa) zugelassenen Krankenhäusern nach § 108 des Fünften Buches Sozialgesetzbuch oder anderen Krankenhäusern, die ihre Leistungen in sozialer Hinsicht unter vergleichbaren Bedingungen wie die Krankenhäuser erbringen, die in öffentlich-rechtlicher Trägerschaft stehen oder nach § 108 des Fünften Buches Sozialgesetzbuch zugelassen sind; in sozialer Hinsicht vergleichbare Bedingungen liegen vor, wenn das Leistungsangebot des Krankenhauses den von Krankenhäusern in öffentlich-rechtlicher Trägerschaft oder nach § 108 des Fünften Buches Sozialgesetzbuch zugelassenen Krankenhäusern erbrachten Leistungen entspricht und die Kosten voraussichtlich in mindestens 40 Prozent der jährlichen Belegungs- oder Berechnungstage auf Patienten entfallen, bei denen für die Krankenhausleistungen kein höheres Entgelt als für allgemeine Krankenhausleistungen nach dem Krankenhausentgeltgesetz oder der Bundespflegesatzverordnung berechnet wurde oder voraussichtlich mindestens 40 Prozent der Leistungen den in § 4 Nummer 15 Buchstabe b genannten Personen zugutekommen, dabei ist grundsätzlich auf die Verhältnisse im vorangegangenen Kalenderjahr abzustellen,

bb) Zentren für ärztliche Heilbehandlung und Diagnostik oder Befunderhebung, die an der vertragsärztlichen Versorgung nach § 95 des Fünften Buches Sozialgesetzbuch teilnehmen oder für die Regelungen nach § 115 des Fünften Buches Sozialgesetzbuch gelten,

cc) Einrichtungen, die von den Trägern der gesetzlichen Unfallversicherung nach § 34 des Siebten Buches Sozialgesetzbuch an der Versorgung beteiligt worden sind,
dd) Einrichtungen, mit denen Versorgungsverträge nach den §§ 111 und 111 a des Fünften Buches Sozialgesetzbuch bestehen,
ee) Rehabilitationseinrichtungen, mit denen Verträge nach § 38 des Neunten Buches Sozialgesetzbuch bestehen,
ff) Einrichtungen zur Geburtshilfe, für die Verträge nach § 134 a des Fünften Buches Sozialgesetzbuch gelten,
gg) Hospizen, mit denen Verträge nach § 39 a Abs. 1 des Fünften Buches Sozialgesetzbuch bestehen, oder
hh) Einrichtungen, mit denen Verträge nach § 127 in Verbindung mit § 126 Absatz 3 des Fünften Buches Sozialgesetzbuch über die Erbringung nichtärztlicher Dialyseleistungen bestehen,
erbracht werden und es sich ihrer Art nach um Leistungen handelt, auf die sich die Zulassung, der Vertrag oder die Regelung nach dem Sozialgesetzbuch jeweils bezieht, oder
ii) von Einrichtungen nach § 138 Abs. 1 Satz 1 des Strafvollzugsgesetzes erbracht werden;

c) Leistungen nach den Buchstaben a und b, die im Rahmen der hausarztzentrierten Versorgung nach § 73 b des Fünften Buches Sozialgesetzbuch oder der besonderen Versorgung nach § 140 a des Fünften Buches Sozialgesetzbuch von Einrichtungen erbracht werden, mit denen entsprechende Verträge bestehen, sowie Leistungen zur Sicherstellung der ambulanten Versorgung in stationären Pflegeeinrichtungen die durch Einrichtungen erbracht werden, mit denen Verträge nach § 119 b des Fünften Buches Sozialgesetzbuch bestehen;
d) *weggefallen*
e) die zur Verhütung von nosokomialen Infektionen und zur Vermeidung der Weiterverbreitung von Krankheitserregern, insbesondere solcher mit Resistenzen, erbrachten Leistungen eines Arztes oder einer Hygienefachkraft, an in den Buchstaben a und b genannte Einrichtungen, die diesen dazu dienen, ihre Heilbehandlungsleistungen ordnungsgemäß unter Beachtung der nach dem Infektionsschutzgesetz und den Rechtsverordnungen der Länder nach § 23 Absatz 8 des Infektionsschutzgesetzes bestehenden Verpflichtungen zu erbringen;
f) die eng mit der Förderung des öffentlichen Gesundheitswesens verbundenen Leistungen, die erbracht werden von
aa) juristischen Personen des öffentlichen Rechts,
bb) Sanitäts- und Rettungsdiensten, die die landesrechtlichen Voraussetzungen erfüllen, oder
cc) Einrichtungen, die nach § 75 des Fünften Buches Sozialgesetzbuch die Durchführung des ärztlichen Notdienstes sicherstellen;

UStAE 4.14.1. Anwendungsbereich und Umfang der Steuerbefreiung

Anwendungsbereich

(1) [1]Kriterium für die Abgrenzung der Anwendungsbereiche von § 4 Nr. 14 Buchstabe a und Buchstabe b UStG ist weniger die Art der Leistung als vielmehr der Ort ihrer Erbringung. [2]§ 4 Nr. 14 Buchstabe b UStG bezieht sich auf Leistungen, die in Einrichtungen des öffentlichen Rechts oder unter Bedingungen, die mit den Bedingungen für diese Einrichtungen in sozialer Hinsicht vergleichbar sind, von Krankenanstalten, Zentren für ärztliche Heilbehandlung und Diagnostik und anderen ordnungsgemäß anerkannten Einrichtungen gleicher Art erbracht werden. [3]§ 4 Nr. 14 Buchstabe a UStG betrifft dagegen Leistungen, die außerhalb von Krankenhäusern oder ähnlichen Einrichtungen, z. B. in Praxisräumen des Behandelnden, in der Wohnung des Patienten oder an einem anderen Ort erbracht werden (vgl. EuGH-Urteil vom 18. 09.2019, C-700/17, Peters).

(2) [1]Neben dem Kriterium der Heilbehandlung (vgl. Absatz 4) muss für die Anwendung der Steuerbefreiung des § 4 Nr. 14 Buchstabe a UStG auch eine entsprechende Befähigung des Unternehmers vorliegen. [2]Diese ergibt sich aus der Ausübung eines der in § 4 Nr. 14 Buchstabe a Satz 1 UStG bezeichneten Katalogberufe oder einer ähnlichen heilberuflichen Tätigkeit (vgl. Abschnitt 4.14.4 Abs. 6 und 7).

(3) [1]Krankenhausbehandlungen und ärztliche Heilbehandlungen nach § 4 Nr. 14 Buchstabe b UStG zeichnen sich dadurch aus, dass sie in Einrichtungen mit sozialer Zweckbestimmung, wie der des Schutzes der menschlichen Gesundheit, erbracht werden. [2]Krankenhausbehandlungen und ärztliche Heilbehandlungen umfassen in Anlehnung an die im Fünften Buch Sozialgesetzbuch (SGB V – Gesetzliche Krankenversicherung) bzw. Elften Buch Sozialgesetzbuch (SGB XI – Soziale Pflegeversicherung) und im Strafvollzugsgesetz (StVollzG) definierten Leistungen u.a. Leistungen der Diagnostik, Befunderhebung, Vorsorge, Rehabilitation, Geburtshilfe und Hospizleistungen (vgl. Abschnitt 4.14.5 Abs. 1 ff.).

Umfang der Steuerbefreiung

(4) [1]Unter Beachtung der Rechtsprechung des Europäischen Gerichtshofs sind „ärztliche Heilbehandlungen" ebenso wie „Heilbehandlungen im Bereich der Humanmedizin" Tätigkeiten, die zum Zweck der Vorbeugung, Diagnose, Behandlung und, soweit möglich, der Heilung von Krankheiten oder Gesundheitsstörungen bei Menschen vorgenommen werden. [2]Die befreiten Leistungen müssen dem Schutz der Gesundheit des Betroffenen dienen (EuGH-Urteile vom 14. 9. 2000, C-384/98, D., vom 20. 11. 2003, C-212/01, Unterpertinger, und vom 20. 11. 2003, C-307/01, d'Ambrumenil und Dispute Resolution Services). [3]Dies gilt unabhängig davon, um welche konkrete heilberufliche Leistung es sich handelt (Untersuchung, Attest, Gutachten usw.), für wen sie erbracht wird (Patient, Gericht, Sozialversicherung o.a.), wer sie erbringt (freiberuflicher oder angestellter Arzt, Heilpraktiker, Physiotherapeut oder Unternehmer, der ähnliche heilberufliche Tätigkeiten ausübt, bzw. Krankenhäuser, Kliniken usw.) **und in welcher Form sie erbracht wird (persönliches, telefonisches oder digitales Beratungsgespräch zwischen Patient und Arzt; vgl. BFH-Urteil vom 23.09.2020 – XI R 6/20 (XI R 19/15), BStBl II 2023 S. 415).** [4]Heilberufliche Leistungen sind daher nur steuerfrei, wenn bei der Tätigkeit ein therapeutisches Ziel im Vordergrund steht. [5]Die Abgabe von (Fertig-)Medikamenten kann zudem eine unselbständige Nebenleistung zu der nach § 4 Nr. 14 Buchstabe a oder b UStG umsatzsteuerfreien Heilbehandlungsleistung darstellen. [6]Hierunter fällt die Abgabe von allen Medikamenten, die im Zeitpunkt der Heilbehandlung für diese unentbehrlich sind und ohne die diese Heilbehandlung nicht erfolgversprechend wäre. [7]Hiervon ist auszugehen, wenn die Medikamentenabgabe während der Behandlung durch den behandelnden Arzt erfolgt. [8]Hierunter fällt u.a. die Abgabe dialyseimmanenter Medikamente im Rahmen einer ambulanten oder stationären Dialysebehandlung, die Abgabe von Faktorpräparaten im Rahmen der Behandlung von Blutern unabhängig vom Ort der Einnahme, die Abgabe von Zytostatika im Rahmen einer Chemotherapie zur Krebsbehandlung oder die Abgabe von schmerzstillenden bzw. entzündungshemmenden Medikamenten im Rahmen einer Heilbehandlung. [9]Nicht unter die Befreiung fallen Tätigkeiten, die nicht Teil eines konkreten, individuellen, der Diagnose, Behandlung, Vorbeugung und Heilung von Krankheiten oder Gesundheitsstörungen dienenden Leistungskonzeptes sind. [10]Neben (Zahn-)Ärzten und Psychotherapeuten dürfen lediglich Heilpraktiker als Angehörige der Heilberufe eigenverantwortlich körperliche oder seelische Leiden behandeln. [11]Das gilt auch für die auf das Gebiet der Physiotherapie beschränkten Heilpraktiker (vgl. BVerwG-Urteil vom 26. 8. 2009, 3 C 19.08, BVerwGE 134, S. 345). [12]Für Leistungen aus der Tätigkeit von Gesundheitsfachberufen kommt die Steuerbefreiung grundsätzlich nur in Betracht, wenn sie aufgrund ärztlicher Verordnung bzw. einer Verordnung eines Heilpraktikers oder im Rahmen einer Vorsorge- oder Rehabilitationsmaßnahme durchgeführt werden (vgl. BFH-Urteil vom 7. 7. 2005, V R 23/04, BStBl II S. 904). [13]Behandlungen durch Angehörige von Gesundheitsfachberufen im Anschluss/Nachgang einer Verordnung eines Arztes oder Heilpraktikers sind grundsätzlich nicht als steuerfreie Heilbehandlung anzusehen, sofern für diese Anschlussbehandlungen keine neue Verordnung vorliegt.

(5) Danach sind z. B. folgende Tätigkeiten keine Heilbehandlungsleistungen:

1. die schriftstellerische oder wissenschaftliche Tätigkeit, auch soweit es sich dabei um Berichte in einer ärztlichen Fachzeitschrift handelt;
2. die Vortragstätigkeit, auch wenn der Vortrag vor Ärzten im Rahmen einer Fortbildung gehalten wird;
3. die Lehrtätigkeit;
4. die Lieferungen von Hilfsmitteln, z. B. Kontaktlinsen, Schuheinlagen;
5. die entgeltliche Nutzungsüberlassung von medizinischen Großgeräten;

6. die Erstellung von Alkohol-Gutachten, Zeugnissen oder Gutachten über das Sehvermögen, über Berufstauglichkeit, in Versicherungsangelegenheiten oder in Unterbringungssachen (vgl. z. B. BFH-Beschluss vom 31. 7. 2007, V B 98/06, BStBl 2008 II S. 35, und BFH-Urteil vom 8. 10. 2008, V R 32/07, BStBl 2009 II S. 429), Einstellungsuntersuchungen, Untersuchungsleistungen wie z. B. Röntgenaufnahmen zur Erstellung eines umsatzsteuerpflichtigen Gutachtens (vgl. hierzu auch BMF-Schreiben vom 8. 11. 2001, BStBl I S. 826, BMF-Schreiben vom 4. 5. 2007, BStBl I S. 481, und EuGH-Urteil vom 20. 11. 2003, C-307/01, d'Ambrumenil und Dispute Resolution Services);

6a. [1]Meldungen eines Arztes zur reinen Dokumentation von Patientendaten, wenn diese Meldungen keine Auswirkungen auf die Heilbehandlung eines bestimmten Patienten haben (vgl. BFH-Urteil vom 9. 9. 2015, XI R 31/13, n. v.). [2]Steuerfrei sind dagegen Meldungen, z. B. zur klinischen Krebsregistrierung nach § 65 c Abs. 6 SGB V, bei denen nach der Auswertung der übermittelten Daten eine patientenindividuelle Rückmeldung an den Arzt erfolgt und hierdurch weitere im Einzelfall erforderliche Behandlungsmaßnahmen getroffen werden können. [3]Dies gilt auch für Meldungen zum Abschluss der Behandlung. [4]Als patientenindividuell ist auch eine pseudonymisierte Rückmeldung anzusehen, wenn der Arzt auf Grund des Inhalts und Bezugs der Rückmeldung eine konkrete Behandlungsentscheidung für den von der Rückmeldung individuell betroffenen Patienten vornehmen kann;

7. kosmetische Leistungen von Podologinnen/Podologen in der Fußpflege;

8. [1]ästhetisch-plastische Leistungen, soweit ein therapeutisches Ziel nicht im Vordergrund steht. [2]Indiz hierfür kann sein, dass die Kosten regelmäßig nicht durch Krankenversicherungen übernommen werden (vgl. BFH-Urteil vom 17. 7. 2004, V R 27/03, BStBl II S. 862);

9. [1]Leistungen zur Prävention und Selbsthilfe im Sinne des § 20 SGB V, die keinen unmittelbaren Krankheitsbezug haben, weil sie lediglich „den allgemeinen Gesundheitszustand verbessern und insbesondere einen Beitrag zur Verminderung sozial bedingter Ungleichheiten von Gesundheitschancen erbringen" sollen – § 20 Abs. 1 Satz 2 SGB V – (vgl. BFH-Urteil vom 7. 7. 2005, V R 23/04, BStBl II S. 904). [2]Etwas anderes gilt, wenn die entsprechenden Maßnahmen im Rahmen einer medizinischen Behandlung – auf Grund ärztlicher Anordnung oder mithilfe einer Vorsorge- oder Rehabilitationsmaßnahme – durchgeführt werden, z. B. auf Grund der von Betriebsärzten vorgenommenen und auf medizinischen Feststellungen der Betriebsärzte beruhenden Sammelüberweisung von Arbeitnehmern zur Teilnahme an Raucherentwöhnungsseminaren (vgl. BFH-Urteil vom 26. 8. 2014, XI R 19/12, BStBl 2015 II S. 310);

10. Supervisionsleistungen (vgl. BFH-Urteil vom 30. 6. 2005, V R 1/02, BStBl II S. 675);

11. die Durchführung einer Leichenschau, soweit es sich um die zweite Leichenschau oder weitere handelt sowie das spätere Ausstellen der Todesbescheinigung als Genehmigung zur Feuerbestattung;

12. die bloße Überlassung von Praxis- und Operationsräumen nebst Ausstattung sowie die Gestellung von Personal durch einen Arzt an andere Ärzte (vgl. BFH-Urteil vom 18. 3. 2015, XI R 15/11, BStBl II S. 1058).

(5 a) [1]Als ärztliche Verordnung gilt im Allgemeinen sowohl das Kassenrezept als auch das Privatrezept; bei Rezepten von Heilpraktikern handelt es sich durchweg um Privatrezepte. [2]Eine Behandlungsempfehlung durch einen Arzt oder Heilpraktiker, z. B. bei Antritt des Aufenthalts in einem „Kur"-Hotel, gilt nicht als für die Steuerbefreiung ausreichende Verordnung.

(6) [1]Hilfsgeschäfte sind nicht nach § 4 Nr. 14 UStG steuerfrei. [2]Es kann jedoch die Steuerbefreiung nach § 4 Nr. 28 UStG in Betracht kommen (vgl. Abschnitt 4.28.1).

Anmerkung

1. Umsatzsteuerbefreiung von Heilbehandlungen, § 4 Nr. 14 UStG

1.1 Zweck der Steuerbefreiung

Der Zweck der umsatzsteuerlichen Befreiung von Heilbehandlungsleistungen besteht in erster Linie in einer Kostenentlastung bei den Sozialversicherungsträgern.

Unabhängig vom Kreis der Empfänger wirkt sich die Befreiung auf die **Kosten des Gesundheitswesens** insg. aus, weil alle entsprechenden Leistungen befreit sind. Die Steuerbefreiung für heilberufliche Tätigkeiten ist als Ausnahme von dem Grundsatz, dass jede Dienstleistung gegen Entgelt der Umsatzsteuer unterliegt, eng auszulegen. Diese Auslegung muss jedoch mit den Zielen in Einklang stehen, die mit den Befreiungen verfolgt werden.

Die Befreiung ist „unvollkommen", weil ein **Vorsteuerabzug nicht** in Betracht kommt und eine Option (Verzicht auf die Befreiung) nicht möglich ist. Vor allem bei Existenzgründern (Praxiseröffnungen) mit großem Vorsteueranfall wirkt sich dies nachteilig aus.

1.2 Begriff der Heilbehandlung

Nach der Rspr. des EuGH liegt eine „ärztliche Heilbehandlung" bzw. „Heilbehandlung im Bereich der Humanmedizin" vor, wenn es sich um Tätigkeiten handelt, die zum Zweck der

- Vorbeugung,
- Diagnose,
- Behandlung und
- (soweit möglich) zur Heilung von Krankheiten oder Gesundheitsstörungen bei Menschen

vorgenommen werden. Die befreiten Leistungen müssen außerdem dem Schutz der Gesundheit des Betroffenen dienen (EuGH, Urt. v. 14.9.2000 – C-384/98, EuGHE I 2000, 6795; EuGH, Urt. v. 20.11.2003 – C-307/01, EuGHE I 2003, 13989; BFH-Urt. v. 25.9.2024 – XI R 17/21 Rz. 19; dem folgt die deutsche FinVerw in Abschn. 4.14.1. Abs. 4 S. 1 UStAE).

Um Heilbehandlungen handelt es sich, wenn sie direkt an der Krankheit und deren Ursachen ansetzen und nicht nur darauf abzielen, die Auswirkungen der Erkrankung auf die Lebensgestaltung aufzufangen oder abzumildern oder das allgemeine Wohlbefinden zu steigern.

Die Begrifflichkeit der Heilbehandlung ist unabhängig davon erfüllt, um welche konkrete heilberufliche Leistung es sich handelt (Untersuchung, Attest, Gutachten usw.), für wen sie erbracht wird (Patient, Gericht, Sozialversicherung o. a.), wer sie erbringt (freiberuflicher oder angestellter Arzt, Heilpraktiker, Physiotherapeut oder Unternehmer, der ähnliche heilberufliche Tätigkeiten ausübt, bzw. Krankenhäuser, Kliniken usw.) und in welcher Form sie erbracht wird (persönliches, telefonisches oder digitales Beratungsgespräch zwischen Patient und Arzt). Auch die sog. **„Online-Sprechstunde"** erfüllt den Befreiungstatbestand. Darauf hat das **BMF im Schreiben vom 29.4.2024** (III C 3-S 7117-j/21/10002:004, 2024/0136327, BStBl I 2024, 762) ausdrücklich hingewiesen und Abschn. 4.14.1. Abs. 4 Satz 3 UStAE entsprechend ergänzt.

1.3 Unionsrechtliche Regelungen in Art. 132 MwStSystRL

Mit § 4 Nr. 14 UStG sollen die Vorgaben des Art. 132 Abs. 1 Buchst. b und c MwStSystRL in nationales Recht umgesetzt werden. Danach sind Heilbehandlungen im Bereich der Humanmedizin, die i.R.d. Ausübung der von dem betreffenden Mitgliedstaat definierten ärztlichen und arztähnlichen Berufe durchgeführt werden, von der Mehrwertsteuer befreit (Art. 132 Abs. 1 Buchst. c MwStSystRL). Für Krankenhausleistungen gilt daneben die Befreiungsregelung in Art. 132 Abs. 1 Buchst. b MwStSystRL.

Wichtig ist vor allem auch die Befreiung nach Art. 132 Abs. 1 Buchst. g) MwStSystRL. Danach sind die eng mit der Sozialfürsorge oder der sozialen Sicherheit verbundenen Leistungen von der Umsatzsteuer befreit.

1.4 EuGH/BFH: Gesundheitstelefon und Patientenbegleitprogramme

Auf Vorlage des BFH (BFH, Beschl. v. 18.9.2018 – XI R 19/15, BStBl II 2019, 178) hatte der EuGH über folgende Fragestellung zu befinden:

Hinweis

In welchem Umfang können die durch externe Dienstleister für Krankenkassen i.R.e. Gesundheitstelefons und Patientenbegleitprogrammen erbrachten telefonischen Beratungsleistungen als Heilbehandlungen i. S. v. § 4 Nr. 14 Buchst. a S. 1 UStG angesehen werden?

1.5 Entscheidung und Begründung des EuGH

Der EuGH hat mit Urteil vom 5.3.2020 (C-48/19, MwStR 2020, 305 ff.) über das Vorabentscheidungsersuchen des BFH entschieden und dabei folgendes herausgestellt:

- Auf die Frage, an welchem Ort die Heilbehandlungsleistung erfolgt, kommt es nicht an. Art. 132 Abs. 1 Buchst. b und c MwStSystRL enthält keine Vorgabe, dass die Leistungen nur an bestimmten Orten – etwa in Praxisräumen eines Arztes – erbracht werden können. Auch eine telefonische Beratungsleistung ist damit zulässig.
- Gerade bei einer telemedizinischen Leistung muss allerdings konkret geprüft werden, ob eine Heilbehandlung vorliegt. Entscheidend ist, ob die telefonische Beratung einen therapeutischen Zweck verfolgt.
- Eine steuerfreie Heilbehandlung liegt vor, wenn es um die Einordnung von Symptomen und die nächsten notwendigen Schritte (Untersuchungen, Einnahme von Medikamenten) geht. Davon zu trennen sind allgemeine Informationen, die der Anrufende über Krankheiten und Therapien einholen möchte.
- An die Qualifikation des bei telemedizinischen Beratungen eingesetzten Personals sind keine besonderen Anforderungen zu stellen. Es obliegt den Mitgliedstaaten die beruflichen Anforderungen festzulegen, die es dann den Anbietern ermöglichen die telefonischen Beratungsleistungen mit einem ausreichenden Qualitätsniveau zu erbringen.

1.6 Nachfolgeentscheidung des BFH

In der Folgeentscheidung hat der BFH mit Urt. v. 23.9.20 – XI R 6/20, BStBl II 2024, 662 Folgendes herausgestellt:

- Auf die Frage, an welchem Ort die Heilbehandlungsleistung erfolgt, kommt es nicht an. Art. 132 Abs. 1 Buchst. b und c MwStSystRL enthält keine Vorgabe, dass die Leistungen nur an bestimmten Orten – etwa in Praxisräumen eines Arztes – erbracht werden können. Auch eine telefonische Beratungsleistung ist damit zulässig.
- Telefonische Beratungen im Rahmen von Patientenbegleitprogrammen können Heilbehandlungen im Bereich der Humanmedizin sein, wenn diese als Patientenschulungen im Rahmen der ergänzenden Leistungen zur Rehabilitation nachgewiesen einen therapeutischen Zweck erfüllen.
- Für die nicht unter einen der Katalogberufe des § 4 Nr. 14 Buchst. a UStG fallenden Unternehmer kann sich die erforderliche Berufsqualifikation entweder aus einer berufsrechtlichen Regelung oder daraus ergeben, dass die betreffenden heilberuflichen Leistungen in der Regel von den Sozialversicherungsträgern finanziert werden.
- Die FinVerw hat das Urteil bisher nicht umgesetzt und in den UStAE einfließen lassen.

1.7 Anmerkung

Auf den ersten Blick ist die Entscheidung des EuGH wenig ergiebig, denn er verweist darauf, dass es letztlich „Sache des vorlegenden Gerichts" ist, Einzelheiten der Umsatzsteuerbefreiung einer Heilbehandlung zu prüfen.

Auf den zweiten – etwas genaueren – Blick, wird aber deutlich, dass der EuGH zumindest im Ansatz einige sehr interessante und wichtige Vorgaben für den immer wichtiger werdenden Bereich der **Telemedizin** gegeben hat. Gerade die Zeit der sog. „Corona-Krise" hat gezeigt, dass auch telefonische Beratungen oder solche mittels einer Videokonferenz besondere Bedeutung erlangt haben.

Folgende Differenzierung ist dabei wichtig:

- **Allgemeine Informationen** über Krankheiten, Therapien oder geeignete Ärzte, die nicht darauf abzielen, dem Anrufer eine konkrete Empfehlung zu geben sind **steuerpflichtig.**
- Nur dann, wenn der Anrufer **bestimmte Symptome** schildert und ihm **Empfehlungen** gegeben werden, wie er weiter vorgehen kann, welche Medikamente helfen könnten oder welchen Arzt er aufsuchen kann, sieht der EuGH als von der Umsatzsteuer **befreit** an.

Allerdings bleiben die Ausführungen des EuGH sehr vage. So wird nicht deutlich, wie diese Abgrenzung vorgenommen werden soll. Im Schrifttum wird vorgeschlagen hierfür ggfs. die Abgrenzung in § 1 Abs. 1 und 2 HeilprG heranzuziehen (Erdbrügger, MwStR 2020, 308, 309). Das würde aber bedeuten, dass lediglich diejenigen, die unter die Vorschrift fallen oder Ärzte befreit sind.

Zu beachten ist in diesem Zusammenhang dann aber weiter, dass der EuGH für das **Personal**, das die Beratungsleistungen erbringt, **keine besondere Qualifikation** verlangt. Dies ist allerdings offenbar nur für die Aussage von Bedeutung, dass die **Kommunikationsart** – z. B. persönliches Gespräch in der Praxis oder Beratung via Internet/Telefon – für den EuGH unerheblich ist.

Praxishinweis

Die FinVerw hat die Nachfolgeentscheidung des BFH erst **2024 amtlich im BStBl II veröffentlicht.** Damit steht jedoch fest, dass diese Rechtsprechung von der **Verwaltung** allgemein **angewendet** wird.

2. Leistungen einer Hygienefachkraft in Alten- und Pflegeheimen

2.1 Sachverhalt

Das FG Münster hatte über einen Sachverhalt zu befinden, in dem ein Fachkrankenpfleger für Krankenhaushygiene als Hygienefachkraft in Alten- und Pflegeheimen selbstständig tätig war.

Seine Leistungen umfassten:

- Erarbeitung von Hygienekonzepten;
- Erstellung von Hygieneplänen, Infektionsstatistiken und Mitwirkung bei der Einhaltung der Regeln der Krankenhaushygiene und Altenheimhygiene;
- Mitwirkung bei der Erkennung von Krankheit mit Infektionen;
- allgemeine und bereichsspezifische Beratung;
- Schulung, Beratung, Fortbildung und fachliche Anleitung von Pflegekräften, Ärzten und sonstigem Personal;
- mehrmalige Hausbegehungen im Jahr (Arbeitsablauf, Beobachtung, Mitarbeiterbefragung, Kontrolle der Mängelbeseitigung, Kontrolle von Geräten);
- Telefonische Auskünfte, Dokumentation/Berichtswesen (Mängelliste);
- Festlegung der Vorgehensweise bei einer Isolierung von Patienten.

2.2 Entscheidung des FG Münster (FG Münster, Urt. v. 1.6.2021 – 15 K 2712/17 U)

Das FG Münster hielt die Klage für begründet. Der Kläger könne sich zwar nicht auf nationale Befreiungsregelungen in § 4 Nr. 14 oder 16 UStG berufen, wohl aber auf Art. 132 Abs. 1 Buchst. g) MwStSystRL.

Eine Steuerbefreiung nach § 4 Nr. 14 Buchst. a) UStG (Heilbehandlungen) komme nicht in Betracht, weil kein unmittelbarer Zusammenhang mit einer Heilbehandlungstätigkeit in Krankenhäusern oder anderen medizinischen Einrichtungen vorliege. Alten- und Pflegeheime erfüllten diese Voraussetzung nicht.

Auch eine Steuerbefreiung nach § 4 Nr. 14 Buchst. e) UStG komme nicht in Betracht; danach seien zwar die Leistungen einer Hygienefachkraft von der Umsatzsteuer befreit. Erforderlich sei jedoch auch insofern ein unmittelbarer Zusammenhang mit Heilbehandlungsleistungen.

Auch der Befreiungstatbestand des § 4 Nr. 16 Buchst. d) oder e) UStG sei nicht erfüllt; die Regelungen seien nur auf eine häusliche Krankenpflege anzuwenden und nicht auf Leistungen in Alten- und Pflegeheimen.

Der Kläger könne sich aber unmittelbar auf Art. 132 Abs. 1 Buchst. g) MwStSystRL berufen: Die Regelung knüpfe die Steuerbefreiung an leistungs- und personenbezogene Voraussetzungen. Es müsse sich um eng mit der Sozialfürsorge oder der sozialen Sicherheit verbundene Leistungen handeln. Diese Voraussetzungen seien erfüllt, weil die fraglichen Hygiene Leistungen des Klägers unerlässlich seien für die Sozialfürsorge und die soziale Sicherheit gerade in Alten- und Pflegeheimen.

2.3 Anmerkung

Die Entscheidung ist rechtskräftig geworden, obwohl das FG Münster die Revision zugelassen hatte. Das Urteil hatte in Zeiten der Corona-Pandemie eine überragende Bedeutung für die Tätigkeit von Hygienefachkräften in Alten- und Pflegeheimen. Deren Bewohner sind besonders anfällig und daher auch besonders schutzbedürftig. Aber auch über die Corona-Pandemie hinaus ist das Urteil ein wichtiger Beitrag für die USt-Befreiung im Bereich der Heilbehandlungen.

> **Hinweis**
>
> Das FG Münster hat herausgestellt, dass die Regelungen insbesondere in § 4 Nr. 16 UStG nicht mit dem Unionsrecht kompatibel sind. Gerade daraus ergibt sich die unmittelbare Anwendung des Art. 132 Abs. 1 Buchst. g) MwStSystRL. Hier dürfte der deutsche Steuergesetzgeber gefordert sein. Eine Ergänzung der nationalen Befreiungsregelungen scheint unvermeidbar.

3. Umsatzsteuerbefreiung für Laborleistungen

3.1 BFH-Rechtsprechung aus 2017

Mit Urteil v. 24.8.2017 V R 25/16, hatte der BFH entschieden, dass medizinische Analysen, die von einem in **privatrechtlicher Form organisierten Labor** außerhalb der Praxisräume des praktischen Arztes durchgeführt werden, der sie angeordnet hat, nach § 4 Nr. 14 Buchst. b UStG steuerfrei sein können, **nicht** aber auch nach Buchst. a dieser Vorschrift **steuerfrei** sind.

3.2 Änderung der Rechtsprechung aufgrund der EuGH-Rechtsprechung in der Rechtssache Peters

Diese **Rechtsprechung** ist nach dem BFH, Urt. v. 18.12.2019 – XI R 23/19 aufgrund der Entscheidung des EuGH in der Rechtssache Peters (EuGH, Urt. v. 18.9.2019 – C-700/17) **überholt**. Danach können nämlich medizinische Analysen eines Facharztes für klinische Chemie und Laboratoriumsdiagnostik nicht nur nach § 4 Nr. 14 Buchst. b UStG, sondern auch nach § 4 Nr. 14 Buchst. a S. 1 UStG steuerfrei sein. Das Bestehen eines **Vertrauensverhältnisses zwischen Behandelndem und Patient** ist keine Voraussetzung mehr für die Steuerbefreiung einer Tätigkeit i.R.e. Heilbehandlung i. S. d. § 4 Nr. 14 Buchst. a S. 1 UStG.

3.3 Anwendung der Rechtsprechung durch die FinVerW

Mit **BMF-Schreiben v. 10.10.2023** – III C 3 – S7170/20/10002 :001 **wendet die FinVerw die Grundsätze der BFH und EuGH-Rechtsprechung an** und hat Abschn. 4.14.1 UStAE entsprechend angepasst.

Allerdings gibt es eine Nichtbeanstandungs- und Übergangsregelung: Für Umsätze, die bis zum 31.12.2023 erbracht wurden, hat es die FinVerw nicht beanstandet, wenn der Unternehmer seine Leistungen umsatzsteuerpflichtig behandelt hat, sofern die Voraussetzungen für die Steuerbefreiung nach § 4 Nr. 14 Buchst. b S. 2 Doppelbuchst. bb oder cc UStG nicht vorgelegen haben.

3.4 Anmerkung

Die Rechtsprechung von EuGH und BFH aus dem Jahr 2019 **ist zu begrüßen**, weil dadurch die Abgrenzungsproblematik zu § 4 Nr. 14 Buchstabe b) UStG entfällt. Es ist nicht etwa unerheblich, ob die Befreiungsregelung sich nun aus § 4 Nr. 14 Buchstabe a) oder aus Buchstabe b) UStG ergibt, denn die Befreiung nach Buchstabe b) ist an weitergehende Voraussetzungen geknüpft. Insbesondere muss die Heilbehandlung von einer öffentlich-rechtlichen Einrichtung erbracht werden.

Warum die **FinVerw 4 Jahre benötigt** hat, um zu entscheiden, ob die Rechtsprechung angewandt wird, ist unverständlich.

4. Umsatzsteuerbefreiung für Haarwurzeltransplantationen bei Haarausfall (Alopezie)

4.1 Sachverhalt

Der Kläger (Facharzt für Chirurgie) führt bei Patienten mit **Alopezie** Haartransplantationen durch. Er sah diese Transplantationen ausnahmslos als steuerfreie Heilbehandlungen im Bereich der Humanmedizin an (§ 4 Nr. 14 Buchst. a UStG, Art. 132 Abs. 1 Buchst. c MwStSystRL).

Nach einer Außenprüfung nahm das FA an, dass die Transplantationen nur insoweit steuerfrei seien, als sie auf Patienten mit **vernarbender Alopezie** entfielen. Nur insoweit sei eine Krankheit im Sinne des § 27 Satz 1 Nr. 1 des Fünften Buches Sozialgesetzbuch ersichtlich. Die übrigen Umsätze seien hingegen steuerpflichtig.

4.2 Entscheidung des BFH

Der BFH sah dies mit Urteil v. 25.9.2024 – XI R 17/21 etwas anders und verwies die Rechtssache an das FG zur erneuten Verhandlung und Entscheidung an das FG Düsseldorf zurück.

Dafür waren folgende Erwägungen ausschlaggebend:

- Ein **therapeutischer Zweck** im umsatzsteuerrechtlichen Sinne kann auch dann vorliegen, wenn eine Haarwurzeltransplantation nicht auf die Ursachen des Haarausfalls einwirkt, sondern lediglich ihre Folgen beseitigt.
- Bei hereditärer und **vernarbender Alopezie** besteht eine tatsächliche Vermutung dafür, dass ein **behandlungsbedürftiger Zustand** vorliegt.
- Die Diagnose einer **androgenetischen Alopezie** rechtfertigt noch nicht die tatsächliche Vermutung, dass ein behandlungsbedürftiger Zustand vorliegt.
- Zum Nachweis der Steuerbefreiung einer Haarwurzeltransplantation ist bei androgenetischer Alopezie eine qualifizierte ärztliche Bescheinigung vorzulegen; pauschale, nicht näher substantiierte Erklärungen des transplantierenden Arztes genügen insoweit nicht.

4.3 Anmerkung

Der Mangel an Haupthaar führt nach Meinung des BFH ab einem bestimmten Grad der Alopezie nicht generell zu einer Beeinträchtigung von Körperfunktionen. Es liegt also in diesen Fällen **nicht stets eine behandlungsbedürftige Krankheit** oder Gesundheitsstörung vor.

Dem Vorbringen des Klägers, dass die fehlenden Haare nicht mehr als natürlicher Schutz vor Sonne, Kälte und Hitze zur Verfügung stünden, folgt der BFH nicht. Denn auch andere Teile des Körpers sind – so der BFH in Rz. 30 der Entscheidung XI R 17/21 – nicht behaart und müssen deshalb vor Sonne, Kälte und Hitze geschützt werden, ohne dass deshalb ein behandlungsbedürftiger Zustand vorläge.

Wichtig ist aber die Feststellung des BFH, dass **bei vernarbender Alopezie** eine tatsächliche Vermutung für eine Behandlungsbedürftigkeit besteht, so dass zumindest insofern die Voraussetzungen für die **Steuerbefreiung** nach § 4 Nr. 14 UStG vorliegen.

Die Entscheidung ist zwischenzeitlich im BStBl II 2025, 95 **amtlich veröffentlicht**. Damit steht fest, dass sie von der FinVerw allgemein angewendet wird und von allen Finanzämtern beachtet werden muss.

5. Steuerbefreiung von Krankenhausbehandlungsleistungen eines nicht zugelassenen privaten Krankenhauses

Krankenhausleistungen eines nicht nach § 108 SGB V zugelassenen privaten Krankenhauses sind nach Auffassung des BFH nicht nach Art. 132 Abs. 1 Buchst. b MwStSystRL umsatzsteuerfrei, wenn sie nicht unter Bedingungen erbracht werden, die mit den Bedingungen für zugelassene Krankenhäuser in sozialer Hinsicht vergleichbar sind, d.h., wenn das private Krankenhaus nicht die Gewähr für eine leistungsfähige und wirtschaftliche Krankenhausbehandlung wie zugelassene Krankenhäuser bietet (BFH, Urt. v. 08.07.2025 – XI R 36/23).

5.1 Sachverhalt

Die Klägerin betrieb eine Privatklinik, die nicht nach § 108 SGB V zugelassen war, so dass gesetzlich Krankenversicherte keinen Anspruch hatten, dort behandelt zu werden.

Ihre Leistungen stellte die Klägerin den Patienten unmittelbar in Rechnung. Sofern die Behandlung medizinisch indiziert war, rechnete die Klägerin ihre Leistungen ohne Ausweis von Umsatzsteuer ab. Das FA erkannte die Steuerfreiheit der Klinikleistungen nicht an. Das FG der ersten Instanz wies die Klage ab.

5.2 Begründung des BFH

Der BFH hat die Entscheidung des FG im Ergebnis bestätigt, also die Steuerbefreiung ebenfalls verneint. Dafür waren folgende Erwägungen maßgebend:

- Die **fehlende Wirtschaftlichkeit** der Betriebsführung (erhöhter Pflegeschlüssel, Versorgung eines Chefarztstandards sowie Vorhalten von medizinisch nicht notwendigen Einzelzimmern) spricht gegen eine soziale Vergleichbarkeit.
- Auch der Umstand, dass die Klägerin von ihren Patienten **deutlich höhere Vergütungssätze** verlangte, als dies einem zugelassenen Krankenhaus möglich gewesen wäre, spricht gegen die Annahme, dass die streitigen Leistungen unter Bedingungen erbracht wurden, die sozial mit denen öffentlicher Einrichtungen vergleichbar sind.
- Außerdem spricht der Umstand, dass die Kosten der **Leistungen** der Klägerin **nicht zu einem großen Teil von Einrichtungen der sozialen Sicherheit übernommen** wurden, gegen eine Vergleichbarkeit der Bedingungen in sozialer Hinsicht.

5.3 Anmerkung

Krankenhausleistungen, die von Einrichtungen des öffentlichen Rechts erbracht werden, sind nach § 4 Nr. 14 Buchst. b UStG steuerfrei. Diese Steuerbefreiung gilt aber nicht ohne Weiteres auch für private Krankenhäuser. Hier haben der deutsche Gesetzgeber und der europäische Normgeber weitere Voraussetzungen aufgestellt, die erfüllt sein müssen. Eine Steuerbefreiung der streitbefangenen Umsätze war im Streitjahr dem nationalen Recht nicht zu entnehmen. Die Klägerin war im Streitjahr **als Krankenhaus im Sinne von § 108 SGB V a.F. nicht zugelassen** gewesen.

Sie konnte sich des Weiteren zwar grundsätzlich auf Art. 132 Abs. 1 Buchst. b MwstSystRL berufen. Aber die Voraussetzungen hierfür lagen nach Ansicht des XI. Senats des BFH nicht vor. Voraussetzung war u.a., dass die Leistungen unter Bedingungen erbracht werden, **die mit den Bedingungen für Einrichtungen des öffentlichen Rechts in sozialer Hinsicht vergleichbar** sind.

Daran scheiterte die Steuerbefreiung im Streitfall:

Denn u.a. mit dem erhöhten Pflegeschlüssel und der Versorgung eines Chefarztstandards einerseits und dem Vorhalten von medizinisch nicht notwendigen Einzelzimmern andererseits war sowohl die personelle als auch die sächliche Ausstattung des Krankenhauses der Klägerin erheblich aufwendiger, als es der Versorgungsauftrag erfordert, und die Betriebsführung der Klägerin deshalb aus sozialrechtlicher Sicht als nicht wirtschaftlich anzusehen.

Hinweis: Weiteres Verfahren

Unter dem Az. V R 2/25 ist zu der Problematik ein weiteres Verfahren beim BFH anhängig (Rev. gegen ein Urteil des Niedersächsischen FG v. 15.01.2025 – 5 K 256/17). Insofern bleibt die weitere Entwicklung abzuwarten.

UStAE 4.14.2. Tätigkeit als Arzt

(1) [1]Tätigkeit als Arzt im Sinne von § 4 Nr. 14 Buchstabe a UStG ist die Ausübung der Heilkunde unter der Berufsbezeichnung „Arzt" oder „Ärztin". [2]Zur Ausübung der Heilkunde gehören Maßnahmen, die der Feststellung, Heilung oder Linderung von Krankheiten, Leiden oder Körperschäden beim Menschen dienen. [3]Auch die Leistungen der vorbeugenden Gesundheitspflege (z. B. prophylaktische Impfungen und Vorsorgeuntersuchungen) gehören zur Ausübung der Heilkunde; dabei ist es unerheblich, ob die Leistungen gegenüber Einzelpersonen oder Personengruppen bewirkt werden. [4]Zum Umfang der Steuerbefreiung siehe Abschnitt 4.14.1.

(2) [1]Leistungen eines Arztes aus dem Betrieb eines Krankenhauses oder einer anderen Einrichtung im Sinne des § 4 Nr. 14 Buchstabe b UStG sind auch hinsichtlich der ärztlichen Leistung nur dann befreit, wenn die in § 4 Nr. 14 Buchstabe b UStG bezeichneten Voraussetzungen erfüllt sind (vgl. BFH-Urteil vom 18. 3. 2004, V R 53/00, BStBl II S. 677). [2]Heilbehandlungsleistungen eines selbständigen Arztes, die in einem Krankenhaus erbracht werden (z. B. Belegarzt), sowie die selbständigen ärztlichen Leistungen eines im Krankenhaus angestellten Arztes (z. B. in der eigenen Praxis im Krankenhaus), sind demgegenüber nach § 4 Nr. 14 Buchstabe a UStG steuerfrei.

(3) [1]Die im Zusammenhang mit einem Schwangerschaftsabbruch nach § 218 a StGB stehenden ärztlichen Leistungen stellen umsatzsteuerfreie Heilbehandlungsleistungen dar; dies gilt auch für die nach den §§ 218 b, 219 StGB vorgesehene Sozialberatung durch einen Arzt. [2]Bei den sonstigen Leistungen eines Arztes im Zusammenhang mit Empfängnisverhütungsmaßnahmen handelt es sich um umsatzsteuerfreie Heilbehandlungsleistungen. [3]Die sonstigen ärztlichen Leistungen bei Schwangerschaftsabbrüchen und Empfängnisverhütungsmaßnahmen sind auch steuerfrei, wenn sie von Einrichtungen nach § 4 Nr. 14 Buchstabe b UStG ausgeführt werden.

(4) [1]Sonstige Leistungen eines Arztes im Zusammenhang mit Fruchtbarkeitsbehandlungen, z. B. das Einfrieren (Kryokonservierung) und Lagern von Eizellen oder Spermien, sind umsatzsteuerfreie Heilbehandlungsleistungen. [2]Steuerfrei ist auch die weitere Lagerung der vom Arzt im Rahmen einer Fruchtbarkeitsbehandlung eingefrorenen Eizellen oder Spermien, wenn damit ein therapeutischer Zweck verfolgt wird, z. B. zur Herbeiführung einer weiteren Schwangerschaft bei einer andauernden organisch bedingten Sterilität. [3]Steuerpflichtig ist hingegen die vorsorgliche Lagerung von Eizellen oder Spermien ohne medizinischen Anlass, wie z. B. das sog. Social Freezing (vgl. BFH-Urteil vom 29. 7. 2015, XI R 23/13, BStBl 2017 II S. 733). [4]Die bloße Lagerung eingefrorener Eizellen oder Spermien durch dritte Unternehmer, wie z. B. Kryobanken, die nicht auch die vorhergehende oder die sich ggf. anschließende Fruchtbarkeitsbehandlung erbringen, ist regelmäßig umsatzsteuerpflichtig. [5]Die Sätze 1 bis 4 gelten entsprechend, wenn die sonstigen Leistungen im Rahmen einer Fruchtbarkeitsbehandlung von Einrichtungen nach § 4 Nr. 14 Buchstabe b UStG erbracht werden.

Anmerkung

1. Notärztliche Tätigkeit

1.1 Notarzt auf Veranstaltungen

Der BFH hat in einer Grundsatzentscheidung aus dem Jahr 2018 (BFH, Urt. v. 2.8.2018 – V R 37/17) ausgeführt, dass der ärztliche Notfalldienst unmittelbar dem Schutz und der Aufrechterhaltung der menschlichen Gesundheit dient.

Es handelte sich um einen Fall, in dem der Arzt im Rahmen von Veranstaltungen tätig war und während der jeweiligen Veranstaltung bei Rundgängen auf dem Veranstaltungsgelände frühzeitig Gefahren und auch gesundheitliche Probleme der anwesenden Personen erkennen und bei Bedarf Untersuchungen und ggfs. Behandlungen durchführen sollte.

Der BFH stellte den Vergleich mit vorbeugenden Behandlungen/Untersuchungen an, denn es geht auch bei der Notfallbereitschaft eines Arztes um Leistungen, die die menschliche Gesundheit

- schützen,
- aufrechterhalten oder
- wiederherstellen sollen (EuGH, Urt. v. 13.3.2014 – C-366/12).

Wichtig ist, dass der Begriff der „ärztlichen Heilbehandlung" nicht auf sämtliche Leistungen, die mit der Behandlung von Patienten zusammenhängen, ausgedehnt werden kann. Anders als bei der USt-Befreiung von Krankenhausleistungen nach Art. 132 Abs. 1 Buchst. b MwStSystRL enthält Art. 132 Abs. 1 Buchst. c MwStSystRL keine Bezugnahme auf Umsätze, die „mit ärztlichen Heilbehandlungen eng zusammenhängen".

Hinweis: Enges Verständnis des BFH bei der Überlassung von OP-Räumen

Überlässt z. B. ein Anästhesist einem anderen Arzt Operationsräume nebst Ausstattung gegen Entgelt zur Durchführung von Operationen, an denen er selbst teilnimmt, ist die Raumüberlassung durch den Anästhesisten an den Operateur nicht als Heilbehandlung steuerfrei, auch wenn diese Leistung mit einer Heilbehandlung zusammenhängt (BFH, Urt. v. 18.3.2015 – XI R 15/11, BStBl II 2015, 1058).

1.2 Notärztlicher Bereitschaftsdienst ebenfalls von der Umsatzsteuer befreit

Lange war nicht entschieden, ob auch die Fälle der reinen Einsatzbereitschaft eines Arztes, unter die USt-Befreiung fallen. Handelt es sich um eine befreite Leistung, wenn der Arzt hierfür einen festen Monatsbetrag erhält?

Diese Frage hat das Niedersächsische Finanzgericht in einer Grundsatzentscheidung vom 23.1.2020 (11 K 186/19) zugunsten der Steuerbefreiung entschieden.

Auch rein ärztliche Bereitschaftsdienste, die dadurch gekennzeichnet sind, dass sich ein Arzt zur Sicherstellung der notärztlichen Behandlung in einem Landkreis jederzeit zum Einsatz bereithält, sind als Heilbehandlungen einzustufen. Denn derartige Dienste sind – so das FG – für notärztliche Behandlungen unerlässlich und gehören zum typischen Berufsbild eines Arztes. Die Übernahme derartiger Bereitschaftsdienste ist daher nicht etwa nur Voraussetzung für eine gegebenenfalls erforderliche Notfallbehandlung, sondern dient selbst der Behandlung einer Krankheit oder Gesundheitsstörung und wird daher von § 4 Nr. 14 Buchst. a UStG mit umfasst.

Gegen die Entscheidung hatte das beklagte Finanzamt **Revision** eingelegt. Mit Beschluss vom 15.6.2021 hat der BFH die **Revision als unzulässig verworfen**, so dass materiell-rechtlich keine Entscheidung erfolgt ist.

Nach einer Entscheidung des FG Münster, Urt. v. 9.5.2023 – 15 K 1953/20 U stellt sich die Rechtslage wie folgt dar. Das FG Münster hatte mit Urt. v. 9.5.2023 – 15 K 1953/20 U entschieden, dass die Übernahme von ärztlichen Notfallvertretungen durch einen Arzt **gegen Entgelt** unter Freistellung des vertretenen Arztes von sämtlichen Verpflichtungen im Zusammenhang mit diesem Dienst eine sonstige Leistung gegenüber dem vertretenen Arzt ist. Diese ist steuerbar und steuerpflichtig.

Im Revisionsverfahren hat der BFH diese Entscheidung aufgehoben und damit im Ergebnis der Klage stattgegeben (BFH, Urt. v. 14.5.2025 – XI 24/23). Der ärztliche Notfalldienst ist danach auch dann von der Umsatzsteuer befreit, wenn ein Arzt ihn als Vertreter für einen anderen Arzt (gegen Entgelt) **übernimmt.**

Auch die vertretungsweise Übernahme ärztlicher Notfalldienste gegen Entgelt (durch einen anderen Arzt) sei – so der XI. Senat – eine **steuerfreie Heilbehandlung** im Bereich der Humanmedizin. Zwar haben sich die vertretenen Ärzte durch die Vertretung quasi Freizeit „erkauft". Allerdings sei dies dadurch geschehen, dass der Kläger einen ärztlichen Notfalldienst erbracht hat, der eine ärztliche Heilbehandlung sei. Er gewährleiste damit die ärztliche Versorgung von Notfallpatienten im jeweiligen Einsatzgebiet, was eine umsatzsteuerfreie Tätigkeit sei. Auf den Umfang der tatsächlichen Inanspruchnahme des Notfalldienstes durch Patienten kommt es also nicht an.

Hinweis: Regionale Unterschiede in der Organisation unerheblich

Der BFH überträgt damit seine o.a. Rechtsprechung zum Bereitschaftsdienst bei Großveranstaltungen (oben unter 1.1.) auf den „Sitz- und Fahrdienst“. Er stellt diese Leistungserbringung durch (fachlich qualifizierte) Subunternehmer der Leistungserbringung durch den Arzt gleich. Der BFH nimmt damit eine tätigkeitsbezogene Betrachtungsweise vor, die die möglichst gleichmäßige Umsatzbesteuerung ärztlicher Notfalldienste gewährleistet. Auf regionale Unterschiede in der Organisation der Notfalldienste durch die KV kommt es dadurch nicht an.

1.3 Auffassung der Finanzverwaltung

Die Verwaltung hat die Entscheidungen des BFH zur notärztlichen Tätigkeit aus 2018 und auch aus 2025 bisher nicht amtlich im BStBl II veröffentlicht. Das bedeutet, dass die Finanzämter – etwa im Rahmen von Betriebsprüfungen – nicht verpflichtet sind die Rechtsprechung des BFH anzuwenden.

2. Einlagerung eingefrorener Eizellen (Kryokonservierung) von der Umsatzsteuer befreit

Nach Auffassung des BFH im Urteil v. 7.7.2022 – V R 10/20 ist die **weitere Lagerung** von i.R.e. Fruchtbarkeitsbehandlung eingefrorenen Eizellen durch einen Arzt gegen Entgelt **umsatzsteuerfrei**, wenn damit ein **therapeutischer Zweck** verfolgt wird (z. B. **Herbeiführung einer weiteren Schwangerschaft** im Hinblick auf eine andauernde organisch bedingte Sterilität besteht – so schon BFH, Urt. v. 29.7.2015, XI R 23/13).

In der Entscheidung V R 10/20 hat der BFH ergänzend zu der Entscheidung des XI. Senats XI R 23/13 aus dem Jahr 2015 hervorgehoben, dass auch die **isolierte Einlagerung eingefrorener Eizellen** nach seiner Meinung umsatzsteuerfrei ist.

Hinweis: Auffassung der Verwaltung

Die Rechtsprechung des BFH steht im Widerspruch zur Rechtsauffassung der FinVerw in **Abschn. 4.14.2 Abs. 4 Satz 4 UStAE**. Nach Meinung des BFH macht es keinen Unterschied, ob es sich um eine „weitere Lagerung“ oder um eine „bloße (isolierte) Lagerung“ handelt. In beiden Fällen – so der BFH – handele es sich um eine Lagerung als **eigenständige Leistung**.

UStAE 4.14.3. Tätigkeit als Zahnarzt

(1) [1]Tätigkeit als Zahnarzt im Sinne von § 4 Nr. 14 Buchstabe a UStG ist die Ausübung der Zahnheilkunde unter der Berufsbezeichnung „Zahnarzt“ oder „Zahnärztin“. [2]Als Ausübung der Zahnheilkunde ist die berufsmäßige, auf zahnärztlich wissenschaftliche Kenntnisse gegründete Feststellung und Behandlung von Zahn-, Mund- und Kieferkrankheiten anzusehen. [3]Ausübung der Zahnheilkunde ist auch der Einsatz einer intraoralen Videokamera eines CEREC-Gerätes für diagnostische Zwecke.

(2) [1]Die Lieferung oder Wiederherstellung von Zahnprothesen, anderen Waren der Zahnprothetik sowie kieferorthopädischen Apparaten und Vorrichtungen ist von der Steuerbefreiung ausgeschlossen, soweit die bezeichneten Gegenstände im Unternehmen des Zahnarztes hergestellt oder wiederhergestellt werden. [2]Dabei ist es unerheblich, ob die Arbeiten vom Zahnarzt selbst oder von angestellten Personen durchgeführt werden.

(3) [1]Füllungen (Inlays), Dreiviertelkronen (Onlays) und Verblendschalen für die Frontflächen der Zähne (Veneers) aus Keramik sind Zahnprothesen im Sinne der Unterposition 9021 29 00 des Zolltarifs, auch wenn sie vom Zahnarzt computergesteuert im sog. CEREC-Verfahren hergestellt werden (vgl. BFH-Urteil vom 28. 11. 1996, V R 23/95, BStBl 1999 II S. 251). [2]Zur Herstellung von Zahnprothesen und kieferorthopädischen Apparaten gehört auch die Herstellung von Modellen, Bissschablonen, Bisswällen und Funktionslöffeln. [3]Hat der Zahnarzt diese Leistungen in seinem Unternehmen erbracht, besteht insoweit auch dann Steuerpflicht, wenn die übrigen Herstellungsarbeiten von anderen Unternehmern durchgeführt werden.

(4) [1]Lassen Zahnärzte Zahnprothesen und andere Waren der Zahnprothetik außerhalb ihres Unternehmens fertigen, stellen sie aber Material, z. B. Gold und Zähne, bei, ist die Beistellung einer Herstellung gleichzusetzen. [2]Die Lieferung der Zahnprothesen durch den Zahnarzt ist daher hinsichtlich des beigestellten Materials steuerpflichtig.

(5) [1]Die Zahnärzte sind berechtigt, Pauschbeträge oder die tatsächlich entstandenen Kosten gesondert zu berechnen für

1. Abformmaterial zur Herstellung von Kieferabdrücken;
2. Hülsen zum Schutz beschliffener Zähne für die Zeit von der Präparierung der Zähne bis zur Eingliederung der Kronen;
3. nicht individuell hergestellte provisorische Kronen;
4. Material für direkte Unterfütterungen von Zahnprothesen und
5. Versandkosten für die Übersendung von Abdrücken usw. an das zahntechnische Labor.

[2]Die Pauschbeträge oder die berechneten tatsächlichen Kosten gehören zum Entgelt für steuerfreie zahnärztliche Leistungen. [3]Steuerpflichtig sind jedoch die Lieferungen von im Unternehmen des Zahnarztes individuell hergestellten provisorischen Kronen und die im Unternehmen des Zahnarztes durchgeführten indirekten Unterfütterungen von Zahnprothesen.

(6) Als Entgelt für die Lieferung oder Wiederherstellung des Zahnersatzes usw. sind die Material- und zahntechnischen Laborkosten anzusetzen, die der Zahnarzt nach § 9 GOZ neben den Gebühren für seine ärztliche Leistung berechnen kann.

(7) [1]Wird der Zahnersatz teils durch einen selbständigen Zahntechniker, teils im Unternehmen des Zahnarztes hergestellt, ist der Zahnarzt nur mit dem auf sein Unternehmen entfallenden Leistungsanteil steuerpflichtig. [2]Bei der Ermittlung des steuerpflichtigen Leistungsanteils sind deshalb die Beträge nicht zu berücksichtigen, die der Zahnarzt an den selbständigen Zahntechniker zu zahlen hat.

(8) [1]Die Überlassung von kieferorthopädischen Apparaten (Zahnspangen) und Vorrichtungen, die der Fehlbildung des Kiefers entgegenwirken, ist Teil der steuerfreien Heilbehandlung. [2]Steuerpflichtige Lieferungen von kieferorthopädischen Apparaten können jedoch nicht schon deshalb ausgeschlossen werden, weil Zahnärzte sich das Eigentum daran vorbehalten haben (vgl. BFH-Urteil vom 23. 10. 1997, V R 36/96, BStBl 1998 II S. 584).

(8 a) [1]Umsätze aus der professionellen Zahnreinigung sind umsatzsteuerfreie Heilbehandlungsleistungen, weil sie zur zahnmedizinischen Prophylaxe gehören. [2]Werden derartige Leistungen nicht von Zahnärzten, sondern von einem Angehörigen eines ähnlichen Heilberufs erbracht, ist für die Steuerbefreiung eine ärztliche Verordnung/Indikation erforderlich. [3]Von den umsatzsteuerfreien Zahnreinigungen abzugrenzen sind Maßnahmen aus ästhetischen Gründen wie Bleaching, sofern diese nicht dazu dienen, die negativen Folgen einer vorherigen steuerfreien Heilbehandlung zu beseitigen (vgl. BFH-Urteil vom 19. 3. 2015, V R 60/14, BStBl II S. 946).

(9) Die Steuerfreiheit für die Umsätze der Zahnärzte gilt auch für die Umsätze der Dentisten.

UStAE 4.14.4. Tätigkeit als Heilpraktiker, Physiotherapeut, Hebamme sowie als Angehöriger ähnlicher Heilberufe

Tätigkeit als Heilpraktiker

(1) [1]Die Tätigkeit als Heilpraktiker im Sinne des § 4 Nr. 14 Buchstabe a UStG ist die berufsmäßige Ausübung der Heilkunde am Menschen – ausgenommen Zahnheilkunde – durch den Inhaber einer Erlaubnis nach § 1 Abs. 1 des Heilpraktikergesetzes.

Tätigkeit als Physiotherapeut

(2) [1]Die Tätigkeit eines Physiotherapeuten im Sinne des § 4 Nr. 14 Buchstabe a UStG besteht darin, Störungen des Bewegungssystems zu beheben und die sensomotorische Entwicklung zu fördern. [2]Ein Teilbereich der Physiotherapie ist die Krankengymnastik. [3]Die Berufsbezeichnung des Krankengymnasten

ist mit Einführung des Masseur- und Physiotherapeutengesetzes – MPhG – durch die Bezeichnung „Physiotherapeut" ersetzt worden. [4]Zu den Heilmethoden der Physiotherapie kann u. a. die Hippotherapie gehören (vgl. BFH-Urteil vom 30. 1. 2008, XI R 53/06, BStBl II S. 647).

Tätigkeit als Hebamme

(3) [1]Die Tätigkeit einer Hebamme bzw. eines Entbindungspflegers im Sinne des § 4 Nr. 14 Buchstabe a UStG umfasst die eigenverantwortliche Betreuung, Beratung und Pflege der Frau von Beginn der Schwangerschaft an, bei der Geburt, im Wochenbett und in der gesamten Stillzeit. [2]Eine ärztliche Verordnung ist für die Umsatzsteuerbefreiung dieser Tätigkeit nicht erforderlich.

(4) [1]Zu den steuerfreien Leistungen einer Hebamme gehören u. a. die Aufklärung und Beratung zu den Methoden der Familienplanung, die Feststellung der Schwangerschaft, die Schwangerschaftsvorsorge der normal verlaufenden Schwangerschaft mit deren notwendigen Untersuchungen sowie Veranlassung von Untersuchungen, Vorbereitung auf die Elternschaft, Geburtsvorbereitung, die eigenverantwortliche kontinuierliche Betreuung der Gebärenden und Überwachung des Fötus mit zu Hilfenahme geeigneter Mittel (Geburtshilfe) bei Spontangeburten (Entbindung), Pflege und Überwachung im gesamten Wochenbett von Wöchnerin und Kind, Überwachung der Rückbildungsvorgänge, Hilfe beim Stillen/Stillberatung, Rückbildungsgymnastik und Beratung zur angemessenen Pflege und Ernährung des Neugeborenen. [2]Unter die Steuerbefreiung fallen auch die Leistungen als Beleghebamme.

(5) Die Leistungen im Rahmen der Entbindung in von Hebammen geleiteten Einrichtungen können unter den weiteren Voraussetzungen des § 4 Nr. 14 Buchstabe b Satz 2 Doppelbuchstabe ff UStG steuerfrei sein (vgl. Abschnitt 4.14.5 Abs. 19).

Tätigkeit als Angehöriger ähnlicher heilberuflicher Tätigkeiten

(6) [1]Neben den Leistungen aus der Tätigkeit als (Zahn-)Arzt oder (Zahn-)Ärztin und aus den in § 4 Nr. 14 Buchstabe a Satz 1 UStG genannten nichtärztlichen Heil- und Gesundheitsfachberufen können auch die Umsätze aus der Tätigkeit von nicht ausdrücklich genannten Heil- und Gesundheitsfachberufen unter die Steuerbefreiung fallen. [2]Dies gilt jedoch nur dann, wenn es sich um eine einem Katalogberuf ähnliche heilberufliche Tätigkeit handelt und die sonstigen Voraussetzungen dieser Vorschrift erfüllt sind. [3]Für die Frage, ob eine ähnliche heilberufliche Tätigkeit vorliegt, ist entscheidendes Kriterium die Qualifikation des Behandelnden (vgl. EuGH-Urteil vom 27. 6. 2006, C-443/04, Solleveld). [4]Die Steuerbefreiung der Umsätze aus heilberuflicher Tätigkeit im Sinne von § 4 Nr. 14 Buchstabe a UStG setzt voraus, dass es sich um ärztliche oder arztähnliche Leistungen handeln muss, und dass diese von Personen erbracht werden, die die erforderlichen beruflichen Befähigungsnachweise besitzen (vgl. BFH-Urteil vom 12. 8. 2004, V R 18/02, BStBl 2005 II S. 227). [5]Grundsätzlich kann vom Vorliegen der Befähigungsnachweise ausgegangen werden, wenn die heilberufliche Tätigkeit in der Regel von Sozialversicherungsträgern finanziert wird, d. h. wenn ein Großteil der Träger der gesetzlichen Krankenkassen eine Kostentragung in ihrer Satzung regelt (vgl. BVerfG-Urteil vom 29. 8. 1999, 2 BvR 1264/90, BStBl 2000 II S. 155, und BFH-Urteil vom 8. 3. 2012, V R 30/09, BStBl II S. 623). [6]Auf die ertragsteuerliche Auslegung des § 18 EStG kommt es für die Frage der Umsatzsteuerfreiheit nach § 4 Nr. 14 Buchstabe a UStG nicht an, da diese Norm unter Berücksichtigung der MwStSystRL und damit nicht nach einkommensteuerrechtlichen Grundsätzen auszulegen ist.

(7) [1]Ein Beruf ist einem der im Gesetz genannten Katalogberufe ähnlich, wenn das typische Bild des Katalogberufs mit seinen wesentlichen Merkmalen dem Gesamtbild des zu beurteilenden Berufs vergleichbar ist. [2]Dazu gehören die Vergleichbarkeit der jeweils ausgeübten Tätigkeit nach den sie charakterisierenden Merkmalen, die Vergleichbarkeit der Ausbildung und die Vergleichbarkeit der Bedingungen, an die das Gesetz die Ausübung des zu vergleichenden Berufs knüpft (BFH-Urteil vom 29. 1. 1998, V R 3/96, BStBl II S. 453). [3]Dies macht vergleichbare berufsrechtliche Regelungen über Ausbildung, Prüfung, staatliche Anerkennung sowie staatliche Erlaubnis und Überwachung der Berufsausübung erforderlich.

(8) [1]Das Fehlen einer berufsrechtlichen Regelung ist für sich allein kein Hinderungsgrund für die Befreiung. [2]Als Nachweis der beruflichen Befähigung für eine ärztliche oder arztähnliche Leistung ist grund-

sätzlich auch die Zulassung des jeweiligen Unternehmers bzw. die regelmäßige Zulassung seiner Berufsgruppe nach § 124 Abs. 2 SGB V durch die zuständigen Stellen der gesetzlichen Krankenkassen anzusehen. [3]Ist weder der jeweilige Unternehmer selbst noch – regelmäßig – seine Berufsgruppe nach § 124 Abs. 2 SGB V durch die zuständigen Stellen der gesetzlichen Krankenkassen zugelassen, kann Indiz für das Vorliegen eines beruflichen Befähigungsnachweises die Aufnahme von Leistungen der betreffenden Art in den Leistungskatalog der gesetzlichen Krankenkassen (§ 92 SGB V) sein (vgl. BFH-Urteil vom 11. 11. 2004, V R 34/02, BStBl 2005 II S. 316).

(9) [1]Darüber hinaus kommen nach § 4 Nr. 14 UStG steuerfreie Leistungen auch dann in Betracht, wenn eine Rehabilitationseinrichtung auf Grund eines Versorgungsvertrags nach § 11 Abs. 2, §§ 40, 111 SGB V mit Hilfe von Fachkräften Leistungen der Rehabilitation erbringt. [2]In diesem Fall sind regelmäßig sowohl die Leistungen der Rehabilitationseinrichtung als auch die Leistungen der Fachkräfte an die Rehabilitationseinrichtung steuerfrei, soweit sie die im Versorgungsvertrag benannte Qualifikation besitzen (vgl. BFH-Urteil vom 25. 11. 2004, V R 44/02, BStBl 2005 II S. 190). [3]Leistungen im Rahmen von Rehabilitationssport und Funktionstraining, die im Sinne des § 64 Abs. 1 Nr. 3 und 4 SGB IX in Verbindung mit der „Rahmenvereinbarung über den Rehabilitationssport und das Funktionstraining" erbracht werden, können nach § 4 Nr. 14 UStG steuerfrei sein (vgl. BFH-Urteil vom 30. 4. 2009, V R 6/07, BStBl II S. 679).

(9 a) [1]Der berufliche Befähigungsnachweis kann sich auch aus dem Abschluss eines Integrierten Versorgungsvertrags nach §§ 140 a ff. SGB V zwischen dem Berufsverband des Leistungserbringers und den gesetzlichen Kassen ergeben. [2]Dies setzt voraus, dass der Leistungserbringer Mitglied des Berufsverbands ist, der Integrierte Versorgungsvertrag Qualitätsanforderungen für diese Leistungserbringer aufstellt und der Leistungserbringer diese Anforderungen auch erfüllt (vgl. BFH-Urteile vom 8. 3. 2012, V R 30/09, BStBl II S. 623 und vom 26. 7. 2017, XI R 3/15, BStBl 2018 II S. 793).

(10) Bei Einschaltung von Subunternehmern gilt Folgendes: Wird eine ärztliche oder arztähnliche Leistung in der Unternehmerkette erbracht, müssen bei jedem Unternehmer in der Kette die Voraussetzungen nach § 4 Nr. 14 Buchstabe a UStG geprüft werden.

(11) [1]Eine ähnliche heilberufliche Tätigkeit nach § 4 Nr. 14 Buchstabe a Satz 1 UStG üben z. B. aus:

1. Dental-Hygienikerinnen und Dental-Hygieniker im Auftrag eines Zahnarztes (vgl. BFH-Urteil vom 12. 10. 2004, V R 54/03, BStBl 2005 II S. 106);
2. Diätassistentinnen und Diätassistenten (Diätassistentengesetz – DiätAssG –);
3. Ergotherapeutinnen und Ergotherapeuten (Ergotherapeutengesetz – ErgThG –);
4. [1]Krankenschwestern, Gesundheits- und Krankenpflegerinnen und Gesundheits- und Krankenpfleger, Gesundheits- und Kinderkrankenpflegerinnen und Gesundheits- und Kinderkrankenpfleger (Krankenpflegegesetz – KrPflG –) sowie Altenpflegerinnen und Altenpfleger (Altenpflegegesetz – AltpflG –). [2]Sozialpflegerische Leistungen (z. B. Grundpflege und hauswirtschaftliche Versorgung) sind nicht nach § 4 Nr. 14 UStG steuerfrei. [3]Es kann jedoch die Steuerbefreiung nach § 4 Nr. 16 UStG in Betracht kommen (vgl. Abschnitt 4.16.5 Abs. 6);
5. Logopädinnen und Logopäden (Gesetz über den Beruf des Logopäden – LogopG –);
6. [1]Masseurinnen und medizinische Bademeisterinnen und Masseure und medizinische Bademeister (Masseur- und Physiotherapeutengesetz – MPhG –). [2]Die Steuerbefreiung kann von den genannten Unternehmern u. a. für die medizinische Fußpflege und die Verabreichung von medizinischen Bädern, Unterwassermassagen, Fangopackungen (BFH-Urteil vom 24. 1. 1985, IV R 249/82, BStBl II S. 676) und Wärmebestrahlungen in Anspruch genommen werden. [3]Das gilt auch dann, wenn diese Verabreichungen selbständige Leistungen und nicht Hilfstätigkeiten zur Heilmassage darstellen;
7. auf dem Gebiet der Humanmedizin selbständig tätige medizinisch-technische Assistentinnen für Funktionsdiagnostik und medizinisch-technische Assistenten für Funktionsdiagnostik (Gesetz über technische Assistenten der Medizin – MTAG – vgl. BFH-Urteil vom 29. 1. 1998, V R 3/96, BStBl II S. 453);
8. Dipl. Oecotrophologinnen und Dipl. Oecotrophologen (Ernährungsberatende) im Rahmen einer medizinischen Behandlung (vgl. BFH-Urteile vom 10. 3. 2005, V R 54/04, BStBl II S. 669, und vom 7. 7. 2005, V R 23/04, BStBl II S. 904);

9. Orthoptistinnen und Orthoptisten (Orthoptistengesetz – OrthoptG –);
10. Podologinnen und Podologen (Podologengesetz – PodG –);
11. Psychologische Psychotherapeutinnen und Psychologische Psychotherapeuten sowie Kinder- und Jugendlichenpsychotherapeutinnen und Kinder- und Jugendlichenpsychotherapeuten (Psychotherapeutengesetz – PsychThG –);
12. Rettungsassistentinnen und Rettungsassistenten (Rettungsassistentengesetz – RettAssG – in der bis zum 31. 12. 2014 geltenden Fassung (BGBl. 2013 I S. 1348)) bzw. Notfallsanitäterinnen und Notfallsanitäter (Notfallsanitätergesetz – NotSanG –);
13. Sprachtherapeutinnen und Sprachtherapeuten, die staatlich anerkannt und nach § 124 Abs. 2 SGB V zugelassen sind;
14. Apothekerinnen und Apotheker, die im Rahmen des Modellvorhabens nach § 132j SGB V Grippeschutzimpfungen durchführen, oder die nach § 5 Abs. 10 Satz 2 Nr. 2 Betäubungsmittel-Verschreibungsverordnung Substitutionsmittel dem Patienten zum unmittelbaren Verbrauch überlassen.

[2]Personen, die eine Ausbildung in einem nichtärztlichen Heil- und Gesundheitsfachberuf absolviert haben, verfügen im Regelfall bereits dann über die erforderliche Berufsqualifikation zur Erbringung steuerfreier Heilbehandlungsleistungen nach § 4 Nr. 14 Buchstabe a UStG, wenn sie die nach dem jeweiligen Berufszulassungsgesetz vorgesehene staatliche Prüfung mit Erfolg abgelegt haben (vgl. BFH-Urteil vom 7. 2. 2013, V R 22/12, BStBl 2014 II S. 126). [3]Satz 2 gilt nicht, soweit Personen im Sinne des Satzes 1 Nr. 4 im Rahmen von Modellvorhaben nach § 63 Abs. 3c SGB V tätig werden.

(12) Keine ähnliche heilberufliche Tätigkeit nach § 4 Nr. 14 Buchstabe a Satz 1 UStG üben z. B. aus:

1. Fußpraktikerinnen und Fußpraktiker, weil sie vorwiegend auf kosmetischem Gebiet tätig werden;
2. Heileurythmistinnen und Heileurythmisten (BFH-Urteil vom 11. 11. 2004, V R 34/02, BStBl 2005 II S. 316); etwas anderes gilt, wenn diese den Nachweis ihrer beruflichen Qualifikation durch die Teilnahmeberechtigung an einem Vertrag zur Integrierten Versorgung erbringen (vgl. Absatz 9a);
3. Krankenpflegehelferinnen und Krankenpflegehelfer (BFH-Urteil vom 26. 8. 1993, V R 45/89, BStBl II S. 887);
4. Logotherapeutinnen und Logotherapeuten (BFH-Urteil vom 23. 8. 2007, V R 38/04, BStBl 2008 II S. 37);
5. Kosmetikerinnen und Kosmetiker (BFH-Urteil vom 2. 9. 2010, V R 47/09, BStBl 2011 II S. 195);
6. Vitalogistinnen und Vitalogisten.

(12a) [1]Medizinisch indizierte osteopathische Leistungen stellen Heilbehandlungen im Sinne des § 4 Nr. 14 Buchstabe a UStG dar, wenn sie von einem Arzt oder Heilpraktiker mit einer entsprechenden Zusatzausbildung erbracht werden. [2]Auch Physiotherapeuten oder Masseure bzw. medizinische Bademeister mit entsprechender Zusatzausbildung können umsatzsteuerfreie osteopathische Leistungen erbringen, sofern eine ärztliche Verordnung bzw. eine Verordnung eines Heilpraktikers vorliegt.

(13) [1]Die Umsätze aus dem Betrieb einer Sauna sind grundsätzlich keine Umsätze aus der Tätigkeit eines der in § 4 Nr. 14 Buchstabe a UStG ausdrücklich genannten Berufe oder aus einer ähnlichen heilberuflichen Tätigkeit. [2]Die Verabreichung von Saunabädern ist nur insoweit nach § 4 Nr. 14 UStG umsatzsteuerfrei, als hierin eine Hilfstätigkeit zu einem Heilberuf oder einem diesen ähnlichen Beruf, z. B. als Vorbereitung oder als Nachbehandlung zu einer Massagetätigkeit, zu sehen ist (BFH-Urteile vom 21. 10. 1971, V R 19/71, BStBl 1972 II S. 78, und vom 13. 7. 1994, XI R 90/92, BStBl 1995 II S. 84).

UStAE 4.14.5. Krankenhausbehandlungen und ärztliche Heilbehandlungen

(1) [1]Krankenhausbehandlungen und ärztliche Heilbehandlungen einschließlich der Diagnostik, Befunderhebung, Vorsorge, Rehabilitation, Geburtshilfe und Hospizleistungen sowie damit eng verbundene Umsätze, sind nach § 4 Nr. 14 Buchstabe b UStG steuerfrei, wenn sie

- von Einrichtungen des öffentlichen Rechts (§ 4 Nr. 14 Buchstabe b Satz 1 UStG) oder
- von den in § 4 Nr. 14 Buchstabe b Satz 2 Doppelbuchstaben aa bis hh UStG genannten Einrichtungen jeweils im Rahmen des von der Zulassung, dem Vertrag bzw. der Regelung nach Sozialgesetzbuch erfassten Bereichs (vgl. Absatz 24) erbracht werden.

[2]Die Behandlung der Leistungen im Maßregelvollzug durch Einrichtungen des privaten Rechts bestimmt sich nach § 4 Nr. 14 Buchstabe b Satz 2 Doppelbuchstabe ii UStG (vgl. Absatz 23).

Krankenhäuser (§ 4 Nr. 14 Buchstabe b Satz 2 Doppelbuchstabe aa UStG)

(2) Krankenhäuser sind Einrichtungen, die der Krankenhausbehandlung oder Geburtshilfe dienen, fachlich-medizinisch unter ständiger ärztlicher Leitung stehen, über ausreichende, ihrem Versorgungsauftrag entsprechende diagnostische und therapeutische Möglichkeiten verfügen und nach wissenschaftlich anerkannten Methoden arbeiten, mit Hilfe von jederzeit verfügbarem ärztlichem, Pflege-, Funktions- und medizinisch-technischem Personal darauf eingerichtet sind, vorwiegend durch ärztliche und pflegerische Hilfeleistung Krankheiten der Patienten zu erkennen, zu heilen, ihre Verschlimmerung zu verhüten, Krankheitsbeschwerden zu lindern oder Geburtshilfe zu leisten, und in denen die Patienten untergebracht und verpflegt werden können (§ 107 Abs. 1 SGB V).

(3) [1]Krankenhäuser, die von Einrichtungen des privaten Rechts betrieben werden, unterliegen der Steuerbefreiung nach § 4 Nr. 14 Buchstabe b Satz 2 Doppelbuchstabe aa UStG, wenn sie nach § 108 SGB V zugelassen sind. [2]Dies sind somit

1. Krankenhäuser, die nach den landesrechtlichen Vorschriften als Hochschulklinik anerkannt sind,
2. Krankenhäuser, die in den Krankenhausplan eines Landes aufgenommen sind (Plankrankenhäuser), sowie
3. Krankenhäuser, die einen Versorgungsvertrag mit den Landesverbänden der Krankenkassen und den Verbänden der Ersatzkassen abgeschlossen haben.

(4) [1]Krankenhäuser, die nicht von juristischen Personen des öffentlichen Rechts betrieben werden und die weder eine Zulassung nach § 108 SGB V besitzen noch eine sonstige Einrichtung im Sinne des § 4 Nr. 14 Buchstabe b Satz 2 UStG sind, sind mit ihren in § 4 Nr. 14 Buchstabe b Satz 1 UStG genannten Leistungen steuerpflichtig. [2]Auch ihre in einer Vielzahl sonstiger Krankenhausleistungen eingebetteten ärztlichen Heilbehandlungsleistungen sind demnach von der Umsatzsteuerbefreiung ausgeschlossen (vgl. BFH-Urteil vom 18. 3. 2004, V R 53/00, BStBl II S. 677). [3]Zur Anwendung der BFH-Urteile vom 23. 10. 2014, V R 20/14, BStBl 2016 II S. 785, und vom 18. 3. 2015, XI R 38/13, BStBl 2016 II S. 793, vgl. BMF-Schreiben vom 6. 10. 2016, BStBl I S. 1076.

Zentren für ärztliche Heilbehandlung und Diagnostik oder Befunderhebung (§ 4 Nr. 14 Buchstabe b Satz 2 Doppelbuchstabe bb oder cc UStG)

(5) [1]In Zentren für ärztliche Heilbehandlung und Diagnostik werden durch ärztliche Leistungen Krankheiten, Leiden und Körperschäden festgestellt, geheilt oder gelindert. [2]Im Gegensatz zu Krankenhäusern wird den untersuchten und behandelten Personen regelmäßig weder Unterkunft noch Verpflegung gewährt.

(6) [1]Zentren für ärztliche Befunderhebung sind Einrichtungen, in denen durch ärztliche Leistung der Zustand menschlicher Organe, Gewebe, Körperflüssigkeiten usw. festgestellt wird. [2]Die Leistungen unterliegen nur der Steuerbefreiung, sofern ein therapeutisches Ziel im Vordergrund steht. [3]Blutalkoholuntersuchungen für gerichtliche Zwecke in Einrichtungen ärztlicher Befunderhebung sind daher nicht steuerfrei.

(7) [1]Leistungen von Zentren für ärztliche Heilbehandlung, Diagnostik oder Befunderhebung als Einrichtungen des privaten Rechts sind steuerfrei, wenn sie die Voraussetzungen nach § 4 Nr. 14 Buchstabe b Satz 2 Doppelbuchstabe bb UStG erfüllen. [2]Die Befreiung setzt hiernach entweder eine Teilnahme an der ärztlichen Versorgung nach § 95 SGB V oder die Anwendung der Regelungen nach § 115 SGB V voraus. [3]Eine Teilnahme an der vertragsärztlichen Versorgung nach § 95 SGB V ist auch dann gegeben, wenn eine Einrichtung nach § 13 des Schwangerschaftskonfliktgesetzes mit einer kassenärztlichen Vereinigung eine Vergütungsvereinbarung nach § 75 Abs. 9 SGB V abgeschlossen hat. [4]Die Anforderung an die Steuerbefreiung gilt auch dann als erfüllt, wenn eine diagnostische Leistung von einer Einrichtung erbracht wird, die auf Grundlage einer durch die gesetzlichen Krankenversicherung abgeschlossenen vertraglichen Vereinbarung an der Heilbehandlung beteiligt worden ist. [5]Dies gilt insbesondere für labordiagnostische Typisierungsleistungen, die im Rahmen der Vorbereitung einer Stammzellentransplantation zur Suche nach einem geeigneten Spender für die Behandlung einer lebensbedrohlich erkrankten Person erbracht und

durch das Zentrale Knochenmarkspender-Register Deutschland beauftragt werden. [6]Die vertragliche Regelung zwischen dem Spitzenverband der gesetzlichen Krankenversicherung und dem Zentralen Knochenmarkspender-Register Deutschland schließt auch labordiagnostische Typisierungsleistungen von durch zugelassene Spenderdateien beauftragte Labore mit ein.

Einrichtungen von klinischen Chemikern und Laborärzten

(8) Klinische Chemiker sind Personen, die den von der Deutschen Gesellschaft für Klinische Chemie e. V. entwickelten Ausbildungsgang mit Erfolg beendet haben und dies durch die von der genannten Gesellschaft ausgesprochene Anerkennung nachweisen.

(9) Medizinische Analysen klinischer Chemiker und von Laborärzten können sowohl nach § 4 Nr. 14 Buchstabe a UStG als auch nach § 4 Nr. 14 Buchstabe b Satz 2 Doppelbuchstabe bb oder cc UStG steuerfrei sein (vgl. BFH-Urteil vom 18. 12.2019 – XI R 23/19 (XI R 23/15), BStBl II 2023 S. 984) sofern die Leistungen im Rahmen einer Heilbehandlung erbracht werden.

Medizinische Versorgungszentren

(10) [1]Medizinische Versorgungszentren sind rechtsformunabhängige fachlich übergreifende ärztlich geleitete Einrichtungen, in denen Ärzte – mit verschiedenen Facharzt- oder Schwerpunktbezeichnungen – als Angestellte oder Vertragsärzte tätig sind (§ 95 Abs. 1 SGB V). [2]Medizinische Versorgungszentren, die an der vertragsärztlichen Versorgung nach § 95 SGB V teilnehmen, erbringen steuerfreie Leistungen nach § 4 Nr. 14 Buchstabe b Satz 2 Doppelbuchstabe bb UStG. [3]Die an einem medizinischen Versorgungszentrum als selbständige Unternehmer tätigen Ärzte erbringen dagegen steuerfreie Leistungen im Sinne des § 4 Nr. 14 Buchstabe a Satz 1 UStG, wenn sie ihre Leistungen gegenüber dem medizinischen Versorgungszentrum erbringen. [4]Zu den Leistungen von Einrichtungen, mit denen Verträge nach §§ 73 b, 73 c oder 140 a SGB V bestehen, vgl. Abschnitt 4.14.9.

Einrichtungen nach § 115 SGB V

(11) Die Regelungen des § 115 SGB V beziehen sich auf Verträge und Rahmenempfehlungen zwischen Krankenkassen, Krankenhäusern und Vertragsärzten, deren Ziel in der Gewährleistung einer nahtlosen ambulanten und stationären Heilbehandlung gegenüber dem Leistungsempfänger besteht.

(12) [1]Hierunter fallen insbesondere Einrichtungen, in denen Patienten durch Zusammenarbeit mehrerer Vertragsärzte ambulant oder stationär versorgt werden (z. B. Praxiskliniken). [2]Zu den Leistungen von Einrichtungen, mit denen Verträge nach §§ 73 b, 73 c oder 140 a SGB V bestehen, vgl. Abschnitt 4.14.9.

(13) Des Weiteren gehören zum Kreis der nach § 4 Nr. 14 Buchstabe b Satz 2 Doppelbuchstabe bb UStG anerkannten Einrichtungen alle Einrichtungen des Vierten Abschnitts des Vierten Kapitels SGB V, für die die Regelung nach § 115 SGB V anzuwenden sind, z. B. auch Hochschulambulanzen nach § 117 SGB V, Psychiatrische Institutsambulanzen nach § 118 SGB V und Sozialpädiatrische Zentren nach § 119 SGB V.

Einrichtungen der gesetzlichen Unfallversicherung (§ 4 Nr. 14 Buchstabe b Satz 2 Doppelbuchstabe cc)

(14) [1]Einrichtungen, die von den Trägern der gesetzlichen Unfallversicherung nach § 34 SGB VII an der Versorgung beteiligt worden sind, erbringen als anerkannte Einrichtung nach § 4 Nr. 14 Buchstabe b Satz 2 Doppelbuchstabe cc UStG steuerfreie Heilbehandlungen im Sinne des § 4 Nr. 14 Buchstabe b Satz 1 UStG. [2]Die Beteiligung von Einrichtungen an der Durchführung von Heilbehandlungen bzw. der Versorgung durch Träger der gesetzlichen Unfallversicherungen nach § 34 SGB VII kann auch durch Verwaltungsakt erfolgen.

Vorsorge- und Rehabilitationseinrichtungen (§ 4 Nr. 14 Buchstabe b Satz 2 Doppelbuchstabe dd UStG)

(15) Vorsorge- oder Rehabilitationseinrichtungen sind fachlich-medizinisch unter ständiger ärztlicher Verantwortung und unter Mitwirkung von besonders geschultem Personal stehende Einrichtungen, die der stationären Behandlung der Patienten dienen, um eine Schwächung der Gesundheit zu beseitigen

oder einer Gefährdung der gesundheitlichen Entwicklung eines Kindes entgegenzuwirken (Vorsorge) oder eine Krankheit zu heilen, ihre Verschlimmerung zu verhüten oder Krankheitsbeschwerden zu lindern oder im Anschluss an Krankenhausbehandlung den dabei erzielten Behandlungserfolg zu sichern oder zu festigen (Rehabilitation), wobei Leistungen der aktivierenden Pflege nicht von den Krankenkassen übernommen werden dürfen (vgl. § 107 Abs. 2 SGB V).

(16) Vorsorge- oder Rehabilitationseinrichtungen, mit denen ein Versorgungsvertrag nach § 111 SGB V besteht, sind mit ihren medizinischen Leistungen zur Vorsorge oder Leistungen zur medizinischen Rehabilitation einschließlich der Anschlussheilbehandlung, die eine stationäre Behandlung, aber keine Krankenhausbehandlung erfordern, nach § 4 Nr. 14 Buchstabe b Satz 2 Doppelbuchstabe dd UStG steuerfrei.

Einrichtungen des Müttergenesungswerks oder gleichartige Einrichtungen (§ 4 Nr. 14 Buchstabe b Satz 2 Doppelbuchstabe dd UStG)

(17) Einrichtungen des Müttergenesungswerks oder gleichartige Einrichtungen oder für Vater-Kind-Maßnahmen geeignete Einrichtungen, mit denen ein Versorgungsvertrag nach § 111a SGB V besteht, sind mit ihren stationären medizinischen Leistungen zur Vorsorge oder Rehabilitation für Mütter und Väter nach § 4 Nr. 14 Buchstabe b Satz 2 Doppelbuchstabe dd UStG steuerfrei.

Medizinische Rehabilitationseinrichtungen (§ 4 Nr. 14 Buchstabe b Satz 2 Doppelbuchstabe ee UStG)

(18) [1]Nach § 4 Nr. 14 Buchstabe b Satz 2 Doppelbuchstabe ee UStG gelten Rehabilitationsdienste und Rehabilitationseinrichtungen, mit denen Verträge nach § 38 SGB IX (Rehabilitation und Teilhabe behinderter Menschen) bestehen, als anerkannte Einrichtungen. [2]Dies gilt auch für ambulante Rehabilitationseinrichtungen, die Leistungen nach § 40 Abs. 1 SGB V erbringen und mit denen Verträge unter Berücksichtigung von § 38 SGB IX bestehen (§ 2 Abs. 3 der Richtlinie des Gemeinsamen Bundesausschusses über Leistungen zur medizinischen Rehabilitation).

Einrichtungen zur Geburtshilfe (§ 4 Nr. 14 Buchstabe b Satz 2 Doppelbuchstabe ff UStG)

(19) [1]Von Hebammen geleitete Einrichtungen zur Geburtshilfe, z. B. Geburtshäuser und Entbindungsheime, erbringen mit der Hilfe bei der Geburt und der Überwachung des Wochenbettverlaufs sowohl ambulante wie auch stationäre Leistungen. [2]Werden diese Leistungen von Einrichtungen des privaten Rechts erbracht, unterliegen sie der Steuerbefreiung, wenn für sie nach § 4 Nr. 14 Buchstabe b Satz 2 Doppelbuchstabe ff UStG Verträge nach § 134a SGB V gelten. [3]Verträge dieser Art dienen der Regelung und Versorgung mit Hebammenhilfe. [4]Die Steuerbefreiung ist unabhängig von einer sozialversicherungsrechtlichen Abrechnungsfähigkeit dieser Leistung.

Hospize (§ 4 Nr. 14 Buchstabe b Satz 2 Doppelbuchstabe gg UStG)

(20) [1]Hospize dienen der Begleitung eines würdevolleren Sterbens. [2]Leistungen in und von Hospizen werden sowohl ambulant als auch stationär ausgeführt.

(21) [1]Stationäre und teilstationäre Hospizleistungen fallen unter die Befreiungsvorschrift nach § 4 Nr. 14 Buchstabe b Satz 2 Doppelbuchstabe gg UStG, sofern sie von Einrichtungen des Privatrechts erbracht werden, mit denen Verträge nach § 39a Abs. 1 SGB V bestehen. [2]Diese Verträge regeln Zuschüsse zur stationären oder teilstationären Versorgung in Hospizen, in denen palliativ-medizinische Behandlungen erbracht werden, wenn eine ambulante Versorgung im eigenen Haushalt ausgeschlossen ist.

(22) [1]Ambulante Hospizleistungen, die unter der fachlichen Verantwortung von Gesundheits- und Krankenpflegern oder anderen vergleichbar qualifizierten medizinischen Fachkräften erbracht werden, unterliegen der Steuerbefreiung nach § 4 Nr. 14 Buchstabe a UStG. [2]Das Gleiche gilt für Leistungen der spezialisierten ambulanten Palliativversorgung nach § 37b SGB V.

Dialyseeinrichtungen (§ 4 Nr. 14 Buchstabe b Satz 2 Doppelbuchstabe hh UStG)

(22 a) Einrichtungen, die nicht bereits nach § 95 SGB V als Dialysezentren zugelassen sind, mit denen aber Verträge nach § 127 in Verbindung mit § 126 Abs. 3 SGB V über die Erbringung nichtärztlicher Dialyseleistungen bestehen, sind mit ihren entsprechenden Dialyseleistungen nach § 4 Nr. 14 Buchstabe b Satz 2 Doppelbuchstabe hh UStG von der Umsatzsteuer befreit.

Maßregelvollzug (§ 4 Nr. 14 Buchstabe b Satz 2 Doppelbuchstabe ii UStG)

(23) [1]Die Umsätze von Krankenhäusern des Maßregelvollzugs, die von juristischen Personen des öffentlichen Rechts betrieben werden, sind nach § 4 Nr. 14 Buchstabe b Satz 1 UStG umsatzsteuerfrei. [2]Einrichtungen des privaten Rechts, denen im Wege der Beleihung die Durchführung des Maßregelvollzugs übertragen wird und die nicht über eine Zulassung nach § 108 SGB V verfügen, sind mit ihren Leistungen nach § 4 Nr. 14 Buchstabe b Satz 2 Doppelbuchstabe ii UStG ebenfalls von der Umsatzsteuer befreit, wenn es sich um Einrichtungen nach § 138 Abs. 1 Satz 1 StVollzG handelt. [3]Hierunter fallen insbesondere psychiatrische Krankenhäuser und Entziehungsanstalten, in denen psychisch kranke oder suchtkranke Straftäter behandelt und untergebracht werden. [4]Neben den ärztlichen Behandlungsleistungen umfasst die Steuerbefreiung auch die Unterbringung, Verpflegung und Verwahrung der in diesen Einrichtungen untergebrachten Personen.

Beschränkung der Steuerbefreiungen

(24) [1]Leistungen nach § 4 Nr. 14 Buchstabe b UStG sind sowohl im Bereich gesetzlicher Versicherungen steuerfrei als auch bei Vorliegen eines privaten Versicherungsschutzes. [2]Die Steuerbefreiung für Einrichtungen im Sinne des § 4 Nr. 14 Buchstabe b Satz 2 Doppelbuchstabe aa bis hh UStG wird jedoch jeweils auf den Bereich der Zulassung, des Vertrages bzw. der Regelung nach Sozialgesetzbuch beschränkt.

Beispiel:

Eine Einrichtung ohne Zulassung nach § 108 SGB V, mit der ein Versorgungsvertrag nach § 111 SGB V besteht, kann keine steuerfreien Krankenhausbehandlungen erbringen.

(25) [1]Die Steuerbefreiung beschränkt sich allerdings nicht auf den „Umfang“ z. B. des im Rahmen der Zulassung vereinbarten Leistungspakets. [2]Sofern z. B. ein nach § 108 SGB V zugelassenes Krankenhaus Leistungen erbringt, die über den Leistungskatalog der gesetzlichen Krankenversicherung hinausgehen (z. B. Chefarztbehandlung, Doppel-, oder Einzelzimmerbelegung), fallen auch diese unter die Steuerbefreiung nach § 4 Nr. 14 Buchstabe b UStG.

Anmerkung

1. Umsatzsteuerbefreiung für ambulante Heilbehandlungen

§ 4 Nr. 14 UStG befreit Heilbehandlungen im Bereich der Humanmedizin von der USt. Zweck dieser USt-Befreiung ist in erster Linie eine Kostenentlastung der Sozialversicherungsträger.

Es handelt sich Ausnahmen von dem Grundsatz, dass jede Dienstleistung gegen Entgelt der USt unterliegt. Demgemäß ist diese Vorschrift grundsätzlich eng auszulegen.

Nach der Rspr. des EuGH (Urt. v. 14.9.2000 – C-384/98; Urt. v. 20.11.2003 – C-307/01) liegt eine „ärztliche Heilbehandlung“ bzw. „Heilbehandlung im Bereich der Humanmedizin“ vor, wenn es sich um Tätigkeiten handelt, die zum Zweck der

- Vorbeugung,
- Diagnose,
- Behandlung und
- (soweit möglich) zur Heilung von Krankheiten oder Gesundheitsstörungen bei Menschen vorgenommen werden.

Die befreiten Leistungen müssen außerdem dem Schutz der Gesundheit des Betroffenen dienen.

Mit § 4 Nr. 14 UStG sollen die Vorgaben des Art. 132 Abs. 1 Buchst. b und c MwStSystRL in nationales Recht umgesetzt werden.

2. Facharzt für Laboratoriumsdiagnostik

2.1 Sachverhalt XI R 23/19 (XI R 23/15)

In seiner Entscheidung vom 18.12.2019 – XI R 23/19 (XI R 23/15) hatte sich der BFH mit der USt-Befreiung eines Facharztes für Laboratoriumsdiagnostik zu befassen, der Leistungen für eine X-GmbH erbrachte, die ihrerseits niedergelassenen Ärzten Laborleistungen zur Verfügung stellte. Für seine Leistungen erhielt der Arzt eine Festvergütung von der X-GmbH.

2.2 Begründung des BFH

2.2.1 Verhältnis der Befreiungsvorschriften

Der BFH entschied, dass auch medizinische Analysen, die der vorbeugenden Beobachtung und Untersuchung der Patienten dienen „ärztliche Heilbehandlungen" i. S.d nationalen Befreiungsregelungen und des Unionsrechts sein können, § 4 Nr. 14 Buchst. a) UStG.

In Umsetzung der Rechtsprechung des EuGH hat der BFH hervorgehoben, dass die USt-Befreiung des Klägers **nicht durch die Befreiungsregelung in § 4 Nr. 14 S. 2 Buchst. b Doppelbuchst. bb UStG verdrängt** wird. Es stehe der Befreiung der Einzelperson nicht entgegen, dass der Gesetzgeber in vergleichbaren Fällen nur die medizinischen Zentren für Heilbehandlung und Diagnostik befreien wollte. Vielmehr werde auch der Kläger als **Einzelperson** von der USt befreit, § 4 Nr. 14 Buchst. a UStG.

2.2.2 Kein Vertrauensverhältnis zwischen Arzt und Patient erforderlich

In der Entscheidung XI R 23/19 (XI R 23/15) hat der BFH darüber hinaus entschieden, dass das Bestehen eines **Vertrauensverhältnisses zwischen Arzt und Patient keine** zwingende **Voraussetzung** für die USt-Befreiung einer Tätigkeit im Rahmen einer Heilbehandlung i. S. d. § 4 Nr. 14 Buchst. a UStG ist.

Der BFH hebt – in Umsetzung der EuGH-Rechtsprechung in der der Entscheidung zugrunde liegenden Rechtssache „Peters" – hervor, dass es sich hierbei lediglich um einen typischen Anwendungsfall der Befreiungsvorschrift handelt (EuGH, Urt. v. 18.9.2019 – C-700/17, RS Peters). Dies hatte der BFH bereits in früheren Entscheidungen hervorgehoben (z.B. BFH, Urt. v. 29.06.2011 – XI R 52/07, BStBl II 2013, 971, Rz. 27).

3. Auffassung der Finanzverwaltung

Die FinVerw hat zwischenzeitlich Abschn. 4.14.5 Abs. 9 UStAE geändert und wendet die Entscheidung XI R 23/19 (XI R 23/15) an.

Nach Auffassung des FG Schleswig-Holstein (FG Schleswig-Holstein, Urt. v. 17.05.2022 – 4 K 119/18) sind ärztliche Heilbehandlungen auch dann nach **§ 4 Nr. 14 Buchst. a UStG** steuerfrei, wenn sie i.R.v. Krankenhausleistungen erbracht werden und diese ihrerseits **nicht** nach **§ 4 Nr. 14 Buchst. b UStG begünstigt** sind, weil nicht alle Voraussetzungen dieser Norm erfüllt sind.

Eine **isolierte Betrachtung** nach **Maßgabe des § 4 Nr. 14 Buchst. a UStG** der ärztlichen Leistungen i.R.v. nicht begünstigten Krankenhausleistungen ist **zulässig.**

Hinweis

Im entschiedenen Fall erbrachte die Klägerin (eine GmbH) Leistungen im Bereich der ästhetisch-plastischen Chirurgie durch ihren Geschäftsführer und Alleingesellschafter. Fraglich war, ob ein Teil dieser Leistungen, der **unstreitig medizinisch indiziert** war, nach § 4 Nr. 14 Buchst. a UStG steuerbefreit ist. Das hat das FG bejaht.

Über die Revision des Finanzamts gegen die Entscheidung des FG Schleswig-Holstein hat der BFH mit Urt. v. 19.12.2024 – V R 10/22 entschieden. Der **BFH** hat das Verfahren zwar an das FG **zurückverwiesen**, aber in der Sache seine **Entscheidung** aus dem Verfahren XI R 23/19 **bestätigt**. Zurückverwiesen hat der BFH die Sache, weil sich die Leistungen der Klägerin nicht auf die Erbringung einer ärztlichen Heilbehandlungsleistung beschränkten, sondern zudem auch den stationären Krankenhausaufenthalt umfassten. In diesem Zusammenhang ist dann zu prüfen, ob die Voraussetzungen des § 4 Nr. 14 Buchst. a Satz 1 UStG auf diese Regelung bezogen erfüllt sind.

UStAE 4.14.6. Eng mit Krankenhausbehandlungen und ärztlichen Heilbehandlungen verbundene Umsätze

(1) [1]Als eng mit Krankenhausbehandlungen und ärztlichen Heilbehandlungen nach § 4 Nr. 14 Buchstabe b UStG verbundene Umsätze sind Leistungen anzusehen, die für diese Einrichtungen nach der Verkehrsauffassung typisch und unerlässlich sind, regelmäßig und allgemein beim laufenden Betrieb vorkommen und damit unmittelbar oder mittelbar zusammenhängen (vgl. BFH-Urteil vom 1. 12. 1977, V R 37/75, BStBl 1978 II S. 173). [2]Die Umsätze dürfen nicht im Wesentlichen dazu bestimmt sein, den Einrichtungen zusätzliche Einnahmen durch Tätigkeiten zu verschaffen, die in unmittelbarem Wettbewerb zu steuerpflichtigen Umsätzen anderer Unternehmer stehen (vgl. EuGH-Urteil vom 1. 12. 2005, C-394/04 und C-395/04, Ygeia).

(2) Unter diesen Voraussetzungen können zu den eng verbundenen Umsätzen gehören:

1. die stationäre oder teilstationäre Aufnahme von Patienten, deren ärztliche und pflegerische Betreuung einschließlich der Lieferungen der zur Behandlung erforderlichen Medikamente;
2. die Behandlung und Versorgung ambulanter Patienten;
3. [1]die Abgabe von Medikamenten durch die Apotheke eines Krankenhauses, für die im Rahmen einer ambulant in den Räumen dieses Krankenhauses durchgeführte Heilbehandlung; auf eine patientenindividuelle Herstellung der Medikamente und die sozialrechtliche Ermächtigungsform für die ambulante Heilbehandlung kommt es nicht an (vgl. BFH-Urteil vom 24. 09. 2014 – V R 19/11, BStBl II 2016 S. 781). [2]Dies gilt nur für die Abgabe von Medikamenten, die im Zeitpunkt einer Heilbehandlung unentbehrlich sind, d. h., wenn die ärztliche Leistung ohne diese Medikamentenabgabe nicht erfolgversprechend wäre. [3]Hierfür ist die ärztliche Entscheidung über die Notwendigkeit der konkreten Behandlung maßgeblich. [4]Eine Behandlung im selben Gebäude, in dem sich auch die Krankenhausapotheke befindet, ist nicht erforderlich. [5]Für die Steuerbefreiung ist die Abgabe von Medikamenten durch die Krankenhausapotheke eines Krankenhauses zur Behandlung eines Patienten in einem Krankenhaus desselben Unternehmers an einem anderen Standort unschädlich. [6]Das gilt entsprechend auch für die Medikamentenabgabe im Rahmen eines Vertrags nach § 140 a SGB V von einem Krankenhaus an einen anderen Vertragspartner dieses Krankenhauses, der die Arzneimittel zur Durchführung einer Heilbehandlung im Rahmen dieses Vertrags verwendet, wenn das abgebende Krankenhaus selbst vergleichbare Behandlungen vornimmt und nicht lediglich insoweit Lieferant von Medikamenten ist.
4. die Lieferungen von Körperersatzstücken und orthopädischen Hilfsmitteln, soweit sie unmittelbar mit einer Leistung im Sinne des § 4 Nr. 14 Buchstabe b UStG in Zusammenhang stehen;
5. die Überlassung von Einrichtungen (z. B. Operationssaal, Röntgenanlage, medizinisch-technische Großgeräte), und die damit verbundene Gestellung von medizinischem Hilfspersonal durch Einrichtungen nach § 4 Nr. 14 Buchstabe b UStG an andere Einrichtungen dieser Art, an angestellte Ärzte für deren selbständige Tätigkeit und an niedergelassene Ärzte zur Mitbenutzung;
6. *weggefallen*
7. die Gestellung von Ärzten und von medizinischem Hilfspersonal durch Einrichtungen nach § 4 Nr. 14 Buchstabe b UStG an andere Einrichtungen dieser Art;
8. [1]die Lieferungen von Gegenständen des Anlagevermögens, z. B. Röntgeneinrichtungen, Krankenfahrstühle und sonstige Einrichtungsgegenstände. [2]Zur Veräußerung des gesamten Anlagevermögens siehe jedoch Absatz 3 Nummer 11;
9. die Erstellung von ärztlichen Gutachten gegen Entgelt, sofern ein therapeutischer Zweck im Vordergrund steht.

(3) Nicht zu den eng verbundenen Umsätzen gehören insbesondere:

1. die entgeltliche Abgabe von Speisen und Getränken an Besucher;
2. die Lieferungen von Arzneimitteln an das Personal oder Besucher sowie die Abgabe von Medikamenten gegen gesondertes Entgelt an ehemals ambulante oder stationäre Patienten zur Überbrückung;
3. [1]die Arzneimittellieferungen einer Krankenhausapotheke an Krankenhäuser anderer Träger (BFH-Urteil vom 18. 10. 1990, V R 76/89, BStBl 1991 II S. 268) sowie die entgeltlichen Medikamentenlieferungen an ermächtigte Ambulanzen des Krankenhauses, an Polikliniken, an Institutsambulanzen, an sozialpädiatrische Zentren – soweit es sich in diesen Fällen nicht um nicht steuerbare Innenumsätze des Trägers der jeweiligen Krankenhausapotheke handelt – und an öffentliche Apotheken. [2]Auch die Steuerbefreiung nach § 4 Nr. 18 UStG kommt insoweit nicht in Betracht;
4. *weggefallen*
5. die in Abschnitt 4.14.1 Abs. 5 Nr. 6 genannten Leistungen;
6. [1]ästhetisch-plastische Leistungen, soweit ein therapeutisches Ziel nicht im Vordergrund steht. [2]Indiz hierfür kann sein, dass die Kosten regelmäßig nicht durch Krankenversicherungen übernommen werden (vgl. BFH-Urteil vom 17. 7. 2004, V R 27/03, BStBl II S. 862);
7. Leistungen zur Prävention und Selbsthilfe im Sinne des § 20 SGB V, die keinen unmittelbaren Krankheitsbezug haben, weil sie lediglich „den allgemeinen Gesundheitszustand verbessern und insbesondere einen Beitrag zur Verminderung sozial bedingter Ungleichheiten von Gesundheitschancen erbringen" sollen – § 20 Abs. 1 Satz 2 SGB V – (vgl. BFH-Urteil vom 7. 7. 2005, V R 23/04, BStBl II S. 904);
8. Supervisionsleistungen (vgl. BFH-Urteil vom 30. 6. 2005, V R 1/02, BStBl II S. 675);
9. [1]die Leistungen der Zentralwäschereien (vgl. BFH-Urteil vom 18. 10. 1990, V R 35/85, BStBl 1991 II S. 157). [2]Dies gilt sowohl für die Fälle, in denen ein Krankenhaus in seiner Wäscherei auch die Wäsche anderer Krankenhäuser reinigt, als auch für die Fälle, in denen die Wäsche mehrerer Krankenhäuser in einer verselbständigten Wäscherei gereinigt wird. [3]Auch die Steuerbefreiung nach § 4 Nr. 18 UStG kommt nicht in Betracht;
10. die Telefongestellung an Patienten, die Vermietung von Fernsehgeräten und die Unterbringung und Verpflegung von Begleitpersonen (EuGH-Urteil vom 1. 12. 2005, C-394/04 und C-395/04, Ygeia);
11. [1]die Veräußerung des gesamten beweglichen Anlagevermögens und der Warenvorräte nach Einstellung des Betriebs (BFH-Urteil vom 1. 12. 1977, V R 37/75, BStBl 1978 II S. 173). [2]Es kann jedoch die Steuerbefreiung nach § 4 Nr. 28 UStG in Betracht kommen.

UStAE 4.14.7. Rechtsform des Unternehmers

Tätigkeit als Arzt, Zahnarzt, Heilpraktiker, Physiotherapeut, Hebamme, oder ähnliche heilberufliche Tätigkeit (§ 4 Nr. 14 Buchstabe a UStG)

(1) [1]Werden Leistungen aus der Tätigkeit als Arzt, Zahnarzt, Heilpraktiker oder aus einer anderen heilberuflichen Tätigkeit im Sinne des § 4 Nr. 14 Buchstabe a UStG erbracht, kommt es für die Steuerbefreiung nach dieser Vorschrift nicht darauf an, in welcher Rechtsform der Unternehmer die Leistung erbringt (vgl. BFH-Urteile vom 4. 3. 1998, XI R 53/96, BStBl 2000 II S. 13, und vom 26. 9. 2007, V R 54/05, BStBl 2008 II S. 262). [2]Auch ein in der Rechtsform einer GmbH & Co. KG betriebenes Unternehmen kann bei Vorliegen der Voraussetzungen die Steuerbefreiung nach § 4 Nr. 14 UStG in Anspruch nehmen (vgl. Beschluss des BVerfG vom 10. 11. 1999, 2 BvR 2861/93, BStBl 2000 II S. 160). [3]Die Steuerbefreiung hängt im Wesentlichen davon ab, dass es sich um ärztliche oder arztähnliche Leistungen handelt und dass diese von Personen erbracht werden, die die erforderlichen beruflichen Befähigungsnachweise besitzen (vgl. EuGH-Urteil vom 10. 9. 2002, C-141/00, Kügler). [4]Die Leistungen können auch mit Hilfe von Arbeitnehmern, die die erforderliche berufliche Qualifikation aufweisen, erbracht werden (vgl. BFH-Urteil vom 1. 4. 2004, V R 54/98, BStBl II S. 681, für eine Stiftung).

(2) Die Umsätze einer Personengesellschaft aus einer heilberuflichen Tätigkeit sind auch dann nach § 4 Nr. 14 Buchstabe a UStG steuerfrei, wenn die Gesellschaft daneben eine Tätigkeit im Sinne des § 15 Abs. 1

Nr. 1 EStG ausübt und ihre Einkünfte deshalb ertragsteuerlich als Einkünfte aus Gewerbebetrieb nach § 15 Abs. 3 Nr. 1 EStG zu qualifizieren sind (vgl. BFH-Urteil vom 13. 7. 1994, XI R 90/92, BStBl 1995 II S. 84).

(3) [1]Der Befreiung von Heilbehandlungen im Bereich der Humanmedizin steht nicht entgegen, wenn diese im Rahmen von Verträgen der hausarztzentrierten Versorgung nach § 73b SGB V oder der besonderen ambulanten ärztlichen Versorgung nach § 73c SGB V bzw. nach anderen sozialrechtlichen Vorschriften erbracht werden. [2]Zu den Leistungen von Einrichtungen, mit denen Verträge nach §§ 73b, 73c oder 140a SGB V bestehen, vgl. Abschnitt 4.14.9.

Krankenhausbehandlungen und ärztliche Heilbehandlungen (§ 4 Nr. 14 Buchstabe b UStG)

(4) Neben Leistungen, die unmittelbar von Ärzten oder anderen Heilkundigen unter ärztlicher Aufsicht erbracht werden, umfasst der Begriff ärztliche Heilbehandlung auch arztähnliche Leistungen, die u. a. in Krankenhäusern unter der alleinigen Verantwortung von Personen, die keine Ärzte sind, erbracht werden (vgl. EuGH-Urteil vom 6. 11. 2003, C-45/01, Dornier).

(5) [1]Begünstigte Leistungserbringer können Einrichtungen des öffentlichen Rechts (§ 4 Nr. 14 Buchstabe b Satz 1 UStG) oder Einrichtungen des privaten Rechts, die nach § 4 Nr. 14 Buchstabe b Satz 2 UStG mit Einrichtungen des öffentlichen Rechts in sozialer Hinsicht, insbesondere hinsichtlich der Bedingungen, vergleichbar sind, sein. [2]Der Begriff „Einrichtung" umfasst dabei auch natürliche Personen. [3]Als privatrechtliche Einrichtungen sind auch Einrichtungen anzusehen, die in der Form privatrechtlicher Gesellschaften betrieben werden, deren Anteile nur von juristischen Personen des öffentlichen Rechts gehalten werden.

UStAE 4.14.8.

(weggefallen)

UStAE 4.14.9. Leistungen von Einrichtungen mit Versorgungsverträgen nach §§ 73b, 73c oder 140a SGB V

(1) Im Rahmen eines Versorgungsvertrags nach §§ 73b, 73c oder 140a SGB V wird die vollständige bzw. teilweise ambulante und/oder stationäre Versorgung der Mitglieder der jeweiligen Krankenkasse auf eine Einrichtung im Sinne der §§ 73b Abs. 4, 73c Abs. 3 oder 140b Abs. 1 SGB V übertragen mit dem Ziel, eine bevölkerungsbezogene Flächendeckung der Versorgung zu ermöglichen.

(2) Einrichtungen im Sinne der §§ 73b Abs. 4, 73c Abs. 3 und 140b Abs. 1 SGB V, die Leistungen nach § 4 Nr. 14 Buchstabe a und b UStG erbringen, führen nach § 4 Nr. 14 Buchstabe c UStG steuerfreie Umsätze aus, soweit mit ihnen Verträge

- zur hausarztzentrierten Versorgung nach § 73b SGB V,
- zur besonderen ambulanten ärztlichen Versorgung nach § 73c SGB V oder
- zur integrierten Versorgung nach § 140a SGB V

bestehen.

(3) Zu den Einrichtungen nach § 73b Abs. 4 SGB V zählen:

- vertragsärztliche Leistungserbringer, die an der hausärztlichen Versorgung nach § 73 Abs. 1a SGB V teilnehmen und deren Gemeinschaften;
- Gemeinschaften, die mindestens die Hälfte der an der hausärztlichen Versorgung teilnehmenden Allgemeinärzte des Bezirks einer Kassenärztlichen Vereinigung vertreten;
- Träger von Einrichtungen, die eine hausarztzentrierte Versorgung nach § 73b Abs. 1 SGB V durch vertragsärztliche Leistungserbringer, die an der hausärztlichen Versorgung nach § 73 Abs. 1a SGB V teilnehmen, anbieten;

- Kassenärztliche Vereinigungen, soweit Gemeinschaften von vertragsärztlichen Leistungserbringern, die an der hausärztlichen Versorgung nach § 73 Abs. 1 a SGB V teilnehmen, sie hierzu ermächtigt haben.

(4) Zu den Einrichtungen nach § 73 c Abs. 3 SGB V zählen:

- vertragsärztliche Leistungserbringer;
- Gemeinschaften vertragsärztlicher Leistungserbringer;
- Träger von Einrichtungen, die eine besondere ambulante Versorgung nach § 73 c Abs. 1 SGB V durch vertragsärztliche Leistungserbringer anbieten;
- Kassenärztliche Vereinigungen.

(5) Zu den Einrichtungen nach § 140 b Abs. 1 SGB V zählen:

- einzelne, zur vertragsärztlichen Versorgung zugelassene Ärzte und Zahnärzte und einzelne sonstige, nach dem Vierten Kapitel des SGB V zur Versorgung der Versicherten berechtigte Leistungserbringer;
- Träger zugelassener Krankenhäuser, soweit sie zur Versorgung berechtigt sind, Träger von stationären Vorsorge- und Rehabilitationseinrichtungen, soweit mit ihnen ein Versorgungsvertrag nach § 111 SGB V besteht, Träger von ambulanten Rehabilitationseinrichtungen;
- Träger von Einrichtungen nach § 95 Abs. 1 Satz 2 SGB V (medizinische Versorgungszentren);
- Träger von Einrichtungen, die eine integrierte Versorgung nach § 140 a SGB V durch zur Versorgung der Versicherten nach dem Vierten Kapitel des SGB V berechtigte Leistungserbringer anbieten (sog. Managementgesellschaften);
- Pflegekassen und zugelassene Pflegeeinrichtungen auf der Grundlage des § 92 b SGB XI;
- Gemeinschaften der vorgenannten Leistungserbringer und deren Gemeinschaften;
- Praxiskliniken nach § 115 Abs. 2 Satz 1 Nr. 1 SGB V.

(6) [1]Gemeinschaften der in Absatz 3 bis 5 genannten Einrichtungen sind z. B. Managementgesellschaften, die als Träger dieser Einrichtungen nicht selbst Versorger sind, sondern eine Versorgung durch dazu berechtigte Leistungserbringer anbieten. [2]Sie erbringen mit der Übernahme der Versorgung von Patienten und dem „Einkauf" von Behandlungsleistungen Dritter sowie der Einhaltung vereinbarter Ziele und Qualitätsstandards steuerfreie Leistungen, wenn die beteiligten Leistungserbringer die jeweiligen Heilbehandlungsleistungen unmittelbar mit dem Träger abrechnen. [3]In diesen Fällen ist die Wahrnehmung von Managementaufgaben als unselbständiger Teil der Heilbehandlungsleistung der Managementgesellschaften gegenüber der jeweiligen Krankenkasse anzusehen. [4]Sofern in einem Vertrag zur vollständigen bzw. teilweisen ambulanten und/oder stationären Versorgung der Mitglieder der Krankenkasse jedoch lediglich Steuerungs-, Koordinierungs- und/oder Managementaufgaben von der Krankenkasse auf die Managementgesellschaft übertragen werden, handelt es sich hierbei um eine Auslagerung von Verwaltungsaufgaben. [5]Diese Leistungen gegenüber der jeweiligen Krankenkasse stellen keine begünstigten Heilbehandlungen dar und sind steuerpflichtig.

Zu § 4 Nr. 15 UStG

UStG § 4 Nr. 15. die Umsätze der gesetzlichen Träger der Sozialversicherung, der gesetzlichen Träger der Grundsicherung für Arbeitsuchende nach dem Zweiten Buch Sozialgesetzbuch sowie der gemeinsamen Einrichtungen nach § 44b Abs. 1 des Zweiten Buches Sozialgesetzbuch, der örtlichen und überörtlichen Träger der Sozialhilfe sowie der nach Bundes- oder Landesrecht zur Durchführung des Vierzehnten Buches Sozialgesetzbuch **oder des Soldatenentschädigungsgesetzes** zuständigen Verwaltungsbehörden

a) untereinander,
b) an die Versicherten, die Bezieher von Leistungen nach dem Zweiten Buch Sozialgesetzbuch, die Empfänger von Sozialhilfe, die Berechtigten der Sozialen Entschädigung **oder die Berechtigten der Soldatenentschädigung;**

UStAE 4.15.1. Sozialversicherung, Grundsicherung für Arbeitsuchende, Sozialhilfe, Kriegsopferversorgung

(1) [1]Nach § 4 Nr. 15 Buchstabe a und b UStG sind in unionsrechtskonformer Auslegung von Artikel 132 Abs. 1 Buchstabe g MwStSystRL nur die Umsätze der in § 4 Nr. 15 UStG genannten Unternehmer untereinander und an die Versicherten steuerfrei, bei denen es sich um eng mit der Sozialfürsorge oder der sozialen Sicherheit verbundene Leistungen handelt. [2]Es kommt grundsätzlich nicht darauf an, dass diese aufgrund einer gesetzlichen Verpflichtung bewirkt werden.

(2) Nicht unter die Steuerbefreiung des § 4 Nr. 15 Buchstabe b UStG fallen Leistungen, die außerhalb eines bestehenden Sozialversicherungsverhältnisses erbracht werden, sowie Tätigkeiten, die für die Einrichtung nicht unerlässlich oder dazu bestimmt sind, der Einrichtung zusätzliche Einnahmen zu verschaffen (vgl. BFH-Urteil vom 16. 12. 2015 – XI R 52/13, BStBI II 2023 S. 412).

Zu § 4 Nr. 15a UStG

UStG § 4 Nr. 15 a. die auf Gesetz beruhenden Leistungen der Medizinischen Dienste (§ 278 SGB V) und des Medizinischen Dienstes Bund (§ 281 SGB V) untereinander und für die gesetzlichen Träger der Sozialversicherung und deren Verbände und für die Träger der Grundsicherung für Arbeitsuchende nach dem Zweiten Buch Sozialgesetzbuch sowie die gemeinsamen Einrichtungen nach § 44 b des Zweiten Buches Sozialgesetzbuch;

Zu § 4 Nr. 15b UStG

UStG § 4 Nr. 15 b. Eingliederungsleistungen nach dem Zweiten Buch Sozialgesetzbuch, Leistungen der aktiven Arbeitsförderung nach dem Dritten Buch Sozialgesetzbuch und vergleichbare Leistungen, die von Einrichtungen des öffentlichen Rechts oder anderen Einrichtungen mit sozialem Charakter erbracht werden. Andere Einrichtungen mit sozialem Charakter im Sinne dieser Vorschrift sind Einrichtungen,

a) die nach § 178 des Dritten Buches Sozialgesetzbuch zugelassen sind,
b) die für ihre Leistungen nach Satz 1 Verträge mit den gesetzlichen Trägern der Grundsicherung für Arbeitsuchende nach dem Zweiten Buch Sozialgesetzbuch geschlossen haben oder
c) die für Leistungen, die denen nach Satz 1 vergleichbar sind, Verträge mit juristischen Personen des öffentlichen Rechts, die diese Leistungen mit dem Ziel der Eingliederung in den Arbeitsmarkt durchführen, geschlossen haben;

Zu § 4 Nr. 15c UStG

UStG § 4 Nr. 15 c. Leistungen zur Teilhabe am Arbeitsleben nach § 49 des Neunten Buches Sozialgesetzbuch, die von Einrichtungen des öffentlichen Rechts oder anderen Einrichtungen mit sozialem Charakter erbracht werden. Andere Einrichtungen mit sozialem Charakter im Sinne dieser Vorschrift sind Rehabilitationsdienste und -einrichtungen nach den §§ 36 und 51 des Neunten Buches Sozialgesetzbuch, mit denen Verträge nach § 38 des Neunten Buches Sozialgesetzbuch abgeschlossen worden sind;

Zu § 4 Nr. 16 UStG

UStG § 4 Nr. 16. die eng mit der Betreuung oder Pflege körperlich, kognitiv oder psychisch hilfsbedürftiger Personen verbundenen Leistungen, die erbracht werden von

a) juristischen Personen des öffentlichen Rechts,
b) Einrichtungen, mit denen ein Vertrag nach § 132 des Fünften Buches Sozialgesetzbuch besteht,

c) Einrichtungen, mit denen ein Vertrag nach § 132a des Fünften Buches Sozialgesetzbuch, § 72 oder § 77 des Elften Buches Sozialgesetzbuch besteht oder die Leistungen zur häuslichen Pflege oder zur Heimpflege erbringen und die hierzu nach § 26 Abs. 5 in Verbindung mit § 44 des Siebten Buches Sozialgesetzbuch bestimmt sind,
d) Einrichtungen, die Leistungen der häuslichen Krankenpflege oder Haushaltshilfe erbringen und die hierzu nach § 26 Abs. 5 in Verbindung mit den §§ 32 und 42 des Siebten Buches Sozialgesetzbuch bestimmt sind,
e) Einrichtungen, mit denen eine Vereinbarung nach § 194 des Neunten Buches Sozialgesetzbuch besteht,
f) Einrichtungen, die nach § 225 des Neunten Buches Sozialgesetzbuch anerkannt sind,
g) Einrichtungen, soweit sie Leistungen erbringen, die landesrechtlich als Angebote zur Unterstützung im Alltag nach § 45a des Elften Buches Sozialgesetzbuch anerkannt sind,
h) Einrichtungen, mit denen eine Vereinbarung nach § 123 des Neunten Buches Sozialgesetzbuch oder nach § 76 des Zwölften Buches Sozialgesetzbuch besteht,
i) Einrichtungen, mit denen ein Vertrag nach § 8 Absatz 3 des Gesetzes zur Errichtung der Sozialversicherung für Landwirtschaft, Forsten und Gartenbau über die Gewährung von häuslicher Krankenpflege oder Haushaltshilfe nach den §§ 10 und 11 des Zweiten Gesetzes über die Krankenversicherung der Landwirte, § 10 des Gesetzes über die Alterssicherung der Landwirte oder nach § 54 Absatz 2 des Siebten Buches Sozialgesetzbuch besteht,
j) Einrichtungen, die aufgrund einer Landesrahmenempfehlung nach § 2 der Frühförderungsverordnung als fachlich geeignete interdisziplinäre Frühförderstellen anerkannt sind,
k) Einrichtungen, die als Betreuer nach § 1814 Absatz 1 des Bürgerlichen Gesetzbuchs bestellt worden sind, sofern es sich nicht um Leistungen handelt, die nach § 1877 Absatz 3 des Bürgerlichen Gesetzbuchs vergütet werden,
l) Einrichtungen, mit denen eine Vereinbarung zur Pflegeberatung nach § 7a des Elften Buches Sozialgesetzbuch besteht,
m) Einrichtungen, die als Verfahrenspfleger nach den §§ 276, 297, 298, 317 und 419 des Gesetzes über das Verfahren in Familiensachen und in den Angelegenheiten der freiwilligen Gerichtsbarkeit bestellt worden sind, wenn die Preise, die diese Einrichtungen verlangen, von den zuständigen Behörden genehmigt sind oder die genehmigten Preise nicht übersteigen; bei Umsätzen, für die eine Preisgenehmigung nicht vorgesehen ist, müssen die verlangten Preise unter den Preisen liegen, die der Mehrwertsteuer unterliegende gewerbliche Unternehmen für entsprechende Umsätze fordern, oder
n) Einrichtungen, bei denen die Betreuungs- oder Pflegekosten oder die Kosten für eng mit der Betreuung oder Pflege verbundene Leistungen in mindestens 25 Prozent der Fälle von den gesetzlichen Trägern der Sozialversicherung, den Trägern der Sozialhilfe, den Trägern der Eingliederungshilfe nach § 94 des Neunten Buches Sozialgesetzbuch, dem Träger der Soldatenentschädigung oder den für die Durchführung des Vierzehnten Buches Sozialgesetzbuch zuständigen Stellen ganz oder zum überwiegenden Teil vergütet werden.

Leistungen im Sinne des Satzes 1, die von Einrichtungen nach den Buchstaben b bis n erbracht werden, sind befreit, soweit es sich ihrer Art nach um Leistungen handelt, auf die sich die Anerkennung, der Vertrag oder die Vereinbarung nach Sozialrecht oder die Vergütung jeweils bezieht;

UStAE 4.16.1. Anwendungsbereich und Umfang der Steuerbefreiung

Anwendungsbereich

(1) [1]§ 4 Nr. 16 UStG befreit die eng mit der Betreuung oder Pflege körperlich, kognitiv oder psychisch hilfsbedürftiger Personen verbundenen Leistungen. [2]Welche Leistungen letztlich im Einzelnen in den Anwendungsbereich der Steuerbefreiung fallen, ergibt sich aus der Definition der nach § 4 Nr. 16 Satz 1 Buchstaben a bis n UStG begünstigten Einrichtungen. [3]Die eng mit der Betreuung und Pflege hilfsbedürftiger Personen verbundenen Leistungen dieser Einrichtungen fallen nach § 4 Nr. 16 Satz 2 UStG in den Anwendungsbereich der Steuerbefreiung, soweit es sich ihrer Art nach um Leistungen handelt, auf die sich die Anerkennung, der Vertrag oder die Vereinbarung nach Sozialrecht oder die Vergütung jeweils beziehen (vgl. auch Absätze 8 und 9).

(2) Die eng mit der Betreuung oder Pflege körperlich, kognitiv oder psychisch hilfsbedürftiger Personen verbundenen Leistungen sind nach § 4 Nr. 16 Satz 1 Buchstabe a UStG steuerfrei, wenn sie von juristischen Personen des öffentlichen Rechts erbracht werden.

(3) [1]Ferner sind die eng mit der Betreuung oder Pflege hilfsbedürftiger Personen verbundenen Leistungen nach § 4 Nr. 16 Satz 1 Buchstaben b bis n UStG steuerfrei, wenn sie von anderen anerkannten Einrichtungen mit sozialem Charakter im Sinne des Artikels 132 Abs. 1 Buchstabe g MwStSystRL erbracht werden. [2]Dabei umfasst der Begriff „Einrichtungen" unabhängig von der Rechts- oder Organisationsform des Leistungserbringers sowohl natürliche als auch juristische Personen. [3]Als andere Einrichtungen sind auch Einrichtungen anzusehen, die in der Form privatrechtlicher Gesellschaften betrieben werden, deren Anteile nur von juristischen Personen des öffentlichen Rechts gehalten werden. [4]Für die Anerkennung eines Unternehmers als eine Einrichtung mit sozialem Charakter reicht es für sich allein nicht schon aus, dass der Unternehmer lediglich als Subunternehmer für eine anerkannte Einrichtung tätig ist (vgl. Abschnitt 4.16.3 Abs. 3 a). [5]Eine Aufgabenübertragung oder Kostenübernahme ohne eine spezifische gesetzliche Grundlage führt nicht zu einer Anerkennung eines Unternehmers als eine Einrichtung mit sozialem Charakter (vgl. BFH-Urteil vom 18. 02. 2016 – V R 46/14, BStBl II 2023 S. 771). [6]Ein Zeitarbeitsunternehmen, das anerkannten Pflegeeinrichtungen staatlich geprüfte Pflegekräfte zur Verfügung stellt, ist selbst keine Einrichtung mit sozialem Charakter (vgl. EuGH-Urteil vom 12. 03. 2015, C-594/13, „go fair" Zeitarbeit, BStBl II S. 980).

Umfang der Steuerbefreiung an hilfsbedürftige Personen

(4) [1]Die Steuerbefreiung erfasst sowohl eng mit der Betreuung als auch mit der Pflege hilfsbedürftiger Personen verbundene Leistungen. [2]Hilfsbedürftig sind alle Personen, die körperliche, kognitive oder psychische Beeinträchtigungen haben oder gesundheitlich bedingte Belastungen oder Anforderungen nicht selbständig kompensieren oder bewältigen können (vgl. § 14 SGB XI). [3]Dies schließt auch Personen mit ein, bei denen ein Grundpflegebedarf oder eine erhebliche Einschränkung der Alltagskompetenz (§ 45 a SGB XI), besteht. [4]Hilfsbedürftig sind darüber hinaus auch Personen, denen Haushaltshilfe nach dem KVLG 1989, dem ALG oder dem SGB VII gewährt wird, etwa im Fall der Arbeitsunfähigkeit nach § 10 Abs. 1 KVLG 1989.

Umfang der Steuerbefreiung bei Leistungen auch an nicht hilfsbedürftige Personen

(5) [1]Soweit Pflege- oder Betreuungsleistungen in stationären Einrichtungen in geringem Umfang auch an nicht hilfsbedürftige Personen erbracht werden, ist die Inanspruchnahme der Steuerbefreiung nicht zu beanstanden. [2]Von einem geringen Umfang ist auszugehen, wenn die Leistungen in nicht mehr als 10 % der Fälle an nicht hilfsbedürftige Personen erbracht werden. [3]Die Steuerbefreiung gilt dann insgesamt für eng mit der Betreuung und Pflege verbundene Leistungen eines Altenheims oder Pflegeheims, auch wenn hier in geringem Umfang bereits Personen aufgenommen werden, die nicht hilfsbedürftig sind.

Umfang der Steuerbefreiung bei Betreuungs- und Pflegeleistungen

(6) [1]Die Steuerbefreiung umfasst die eng mit der Betreuung oder Pflege körperlich, kognitiv oder psychisch hilfsbedürftiger Personen verbundenen Leistungen, unabhängig davon, ob diese Leistungen ambulant oder stationär erbracht werden. [2]Werden die Leistungen stationär erbracht, kommt es zudem nicht darauf an, ob die Personen vorübergehend oder dauerhaft aufgenommen werden.

(7) [1]Unter den Begriff der Betreuung oder Pflege fallen z. B. die in § 36 Abs. 1 SGB XI bzw. § 64 b SGB XII aufgeführten körperbezogenen Pflegemaßnahmen und pflegerischen Betreuungsmaßnahmen sowie Hilfen bei der Haushaltsführung; bei teilstationärer oder stationärer Aufnahme gilt dies auch für die Unterbringung und Verpflegung. [2]Steuerfreie Betreuungsleistungen kann eine Einrichtung im Sinne von § 4 Nr. 16 UStG z. B. auch in Form von Leistungen zur hauswirtschaftlichen Versorgung, zur Sozialen Teilhabe oder in Form von Angeboten zur Unterstützung im Alltag erbringen (vgl. auch Abschnitt 4.16.5).

Beschränkung der Steuerbefreiung

(8) [1]Leistungen nach § 4 Nr. 16 UStG sind sowohl im Bereich gesetzlicher Versicherungen steuerfrei als auch bei Vorliegen eines privaten Versicherungsschutzes. [2]Nach § 4 Nr. 16 Satz 2 UStG sind eng mit der Betreuung oder Pflege hilfsbedürftiger Personen verbundene Leistungen, die von den in § 4 Nr. 16 Satz 1 UStG genannten Einrichtungen erbracht werden, befreit, soweit es sich ihrer Art nach um Leistungen handelt, auf die sich die Anerkennung, der Vertrag oder die Vereinbarung nach Sozialrecht oder die Vergütung jeweils bezieht.

Beispiel 1:

[1]Ein Unternehmer erbringt Haushaltshilfeleistungen im Rahmen eines Vertrages nach § 132 SGB V mit der Krankenkasse A an eine hilfsbedürftige Person. [2]Daneben erbringt er die identischen Haushaltshilfeleistungen an hilfsbedürftige Privatpersonen, an hilfsbedürftige Privatversicherte sowie an die Krankenkasse B. [3]Ein Vertrag nach § 132 SGB V besteht mit der Krankenkasse B nicht. [4]Der Unternehmer stellt eine begünstigte Einrichtung nach § 4 Nr. 16 Satz 1 Buchstabe b UStG dar. [5]Somit sind die gesamten Haushaltshilfeleistungen im Sinne des § 132 SGB V steuerfrei.

Beispiel 2:

Ein Unternehmer, der Leistungen in verschiedenen Bereichen erbringt, z. B. neben einem nach § 72 SGB XI zugelassenen Pflegeheim auch einen Integrationsfachdienst betreibt, hat die Voraussetzung für die Steuerbefreiung für beide Bereiche gesondert nachzuweisen (Vereinbarung nach § 194 SGB IX).

(9) [1]Die Steuerbefreiung beschränkt sich allerdings nicht auf den „Umfang" z. B. des im Rahmen der Zulassung vereinbarten Leistungspakets. [2]Sofern z. B. eine nach § 72 SGB XI zugelassene Pflegeeinrichtung Leistungen erbringt, die über den Leistungskatalog der gesetzlichen Krankenversicherung hinausgehen (z. B. tägliche Hilfe beim Baden anstatt nur einmal wöchentlich), fallen auch diese unter die Steuerbefreiung nach § 4 Nr. 16 Satz 1 Buchstabe c UStG.

UStAE 4.16.2. Nachweis der Voraussetzungen

(1) [1]Die Voraussetzungen für die Steuerbefreiung, dass die Leistungen an hilfsbedürftige Personen erbracht wurden, müssen für jede betreute oder gepflegte Person beleg- und buchmäßig nachgewiesen werden. [2]Hierzu gehören insbesondere

- der Nachweis der Pflegebedürftigkeit und ihrer voraussichtlichen Dauer durch eine Bestätigung der Krankenkasse, der Pflegekasse, des Sozialhilfeträgers, des Gesundheitsamts oder durch ärztliche Verordnung;
- der Nachweis der Kosten des Falls durch Rechnungen und der Höhe der Kostenerstattung der gesetzlichen Träger der Sozialversicherung oder Sozialhilfe durch entsprechende Abrechnungsunterlagen;
- die Aufzeichnung des Namens und der Anschrift der hilfsbedürftigen Person;
- die Aufzeichnung des Entgelts für die gesamte Betreuungs- oder Pflegeleistung und der Höhe des Kostenersatzes durch den Träger der Sozialversicherung oder Sozialhilfe für den einzelnen Fall;
- die Summe der gesamten Fälle eines Kalenderjahres;
- die Summe der Fälle dieses Jahres mit überwiegender Kostentragung durch die Träger der Sozialversicherung oder Sozialhilfe.

[3]Übernimmt eine anerkannte und zugelassene Pflegeeinrichtung als Kooperationspartner einer anderen Einrichtung einen Teil des Pflegeauftrags für eine zu pflegende Person, kann für beide Einrichtungen die Steuerbefreiung nach § 4 Nr. 16 UStG in Betracht kommen.

(2) [1]Als Nachweis über die Hilfsbedürftigkeit der gepflegten oder betreuten Personen kommen ferner andere Belege/Aufzeichnungen, die als Nachweis eines Betreuungs- und Pflegebedarfs geeignet sind und oftmals bereits auf Grund sozialrechtlicher Vorgaben vorhanden sind, z. B. Betreuungstagebücher und Pflegeleistungsaufzeichnungen der Pflegekräfte, in Betracht. [2]Ferner kann sich der Pflegebedarf ins-

besondere aus der Anerkennung eines Pflegegrads nach den §§ 14 oder 15 SGB XI oder aus einem diesbezüglichen Ablehnungsbescheid ergeben.

UStAE 4.16.3. Einrichtungen nach § 4 Nr. 16 Satz 1 Buchstabe n UStG

(1) Sofern eng mit der Betreuung oder Pflege hilfsbedürftiger Personen verbundene Leistungen von Einrichtungen erbracht werden, die nicht nach Sozialrecht anerkannt sind und mit denen weder ein Vertrag noch eine Vereinbarung nach Sozialrecht bestehen, sind diese nach § 4 Nr. 16 Satz 1 Buchstabe n UStG steuerfrei, wenn die Betreuungs- oder Pflegekosten oder die Kosten für eng mit der Betreuung oder Pflege verbundene Leistungen in mindestens 25 % der Fälle dieser Einrichtung von den gesetzlichen Trägern der Sozialversicherung, den Trägern der Sozialhilfe, den Trägern der Eingliederungshilfe nach § 94 SGB IX oder den für die Durchführung des Vierzehnten Buches Sozialgesetzbuch zuständigen Stellen ganz oder zum überwiegenden Teil vergütet werden.

(1 a) [1]Bei den gesetzlichen Trägern der Sozialversicherung und den Trägern der Sozialhilfe handelt es sich um Körperschaften des öffentlichen Rechts. [2]Bestandteile der Sozialversicherung sind nach § 4 Abs. 2 SGB I die gesetzliche Kranken-, Pflege-, Unfall- und Rentenversicherung einschließlich der Alterssicherung der Landwirte. [3]Ferner unterliegt die Arbeitsförderung nach Maßgabe des § 1 Abs. 1 Satz 2 SGB IV den Gemeinsamen Vorschriften für die Sozialversicherung. [4]Träger der Sozialversicherung sind im Einzelnen:

- in der gesetzlichen Krankenversicherung die (Allgemeinen) Ortskrankenkassen, die Betriebskrankenkassen, die Innungskrankenkassen, die Sozialversicherung für Landwirtschaft, Forsten und Gartenbau, die Deutsche Rentenversicherung, die Knappschaft-Bahn-See und die Ersatzkassen;
- in der sozialen Pflegeversicherung die bei den Krankenkassen eingerichteten Pflegekassen;
- in der gesetzlichen Unfallversicherung die gewerblichen Berufsgenossenschaften, die Sozialversicherung für Landwirtschaft, Forsten und Gartenbau, die Gemeindeunfallversicherungsverbände, die Unfallkassen der Länder und der Gemeinden, die Feuerwehr-Unfallkassen, die gemeinsamen Unfallkassen für den Landes- und den kommunalen Bereich sowie die Unfallkasse Bund und Bahn;
- in der Arbeitslosenversicherung die Bundesagentur für Arbeit, die Regionaldirektionen und die Agenturen für Arbeit.

[5]Örtliche Träger der Sozialhilfe sind nach § 3 SGB XII die kreisfreien Städte und die Kreise, soweit nicht nach Landesrecht etwas anderes bestimmt wird. [6]Der überörtliche Träger wird vom Land bestimmt und ist in jedem Bundesland ein anderer. [7]Landes- oder Bundesgerichte sind hingegen keine gesetzlichen Träger der Sozialversicherung oder der Sozialhilfe.

(2) Eine Vergütung der Betreuungs- oder Pflegeleistungen aus Geldern des Persönlichen Budgets (§ 29 SGB IX) durch die hilfsbedürftige Person als mittelbare Vergütung ist nicht in die Ermittlung der Sozialgrenze bei der erbringenden Einrichtung mit einzubeziehen.

(3) [1]Für die Ermittlung der 25%-Grenze nach § 4 Nr. 16 Satz 1 Buchstabe n UStG und die darauf beruhende Anwendung der Befreiung muss zu Beginn des Kalenderjahres bzw. bei Aufnahme der Tätigkeit bereits absehbar sein, dass die Betreuungs- und Pflegekosten oder die Kosten für eng mit der Betreuung oder Pflege verbundene Leistungen in mindestens 25 % der Fälle ganz oder zum überwiegenden Teil von den gesetzlichen Trägern der Sozialversicherung, den Trägern der Sozialhilfe, den Trägern der Eingliederungshilfe nach § 94 SGB IX oder den für die Durchführung des Vierzehnten Buches Sozialgesetzbuch zuständigen Stellen vergütet werden. [2]Maßgebend für die Beurteilung sind dabei die Verhältnisse zu Beginn des Kalenderjahres bzw. bei Aufnahme der Tätigkeit, unabhängig davon, wie sich die Umsätze des Unternehmers später im Kalenderjahr entwickeln. [3]Ferner gilt die Grenze ab dem Zeitpunkt als erreicht, ab dem der Unternehmer auf Grund einer Vereinbarung mit einem Sozialträger absehbar regelmäßig die 25%-Grenze erreichen wird. [4]Des Weiteren gilt die 25%-Grenze auch für das laufende Kalenderjahr als erreicht, wenn diese im vorangegangenen Kalenderjahr erreicht wurde.

(3 a) [1]Eine Vergütung im Sinne des § 4 Nr. 16 Satz 1 Buchstabe n UStG kann nicht nur bei einer unmittelbaren, sondern auch bei einer mittelbaren (durchgeleiteten) Kostentragung vorliegen. [2]Das ist dann der Fall, wenn die in Absatz 3 genannten Träger und Einrichtungen in Kenntnis der Person des leistungs-

erbringenden Subunternehmers auf Grundlage einer expliziten Entscheidung die Kosten für dessen Leistungen übernehmen (vgl. BFH-Urteile vom 13. 06. 2018 – XI R 20/16, BStBl II 2023 S. 786 und vom 24. 02. 2021 – XI R 30/20 (XI R 11/17), BStBl II 2023 S. 792). [3]Die bloße Möglichkeit, Verträge über Betreuungs- und Pflegeleistungen mit den in Absatz 3 genannten Trägern und Einrichtungen abschließen zu können, genügt nicht für die Anerkennung als Einrichtung mit sozialem Charakter. [4]Die Nachweispflicht für die entscheidungserheblichen Tatsachen hat der Unternehmer. [5]Wenn die Kosten für Pflegeleistungen nicht ganz oder zum überwiegenden Teil von Einrichtungen der sozialen Sicherheit vergütet werden, sondern die zu pflegende Person selbst aus eigenen Mitteln für die Pflegeleistungen aufzukommen hat, kann nicht von einer Übernahme der Kosten durch soziale Einrichtungen gesprochen werden; dies gilt auch, wenn der Leistungsempfänger die für seine Pflege eingesetzten Mittel aus einer Altersrente bezogen hat (vgl. BFH-Beschluss vom 01. 06. 2021 – XI B 27/20, n. v.).

(3b) [1]Für die Auslegung des Begriffs „Fälle" ist grundsätzlich von der Anzahl der hilfsbedürftigen Personen im laufe eines Kalendermonats auszugehen. [2]Bei der stationären oder teilstationären Unterbringung in einer Einrichtung gilt daher die Aufnahme einer Person innerhalb eines Kalendermonats als ein „Fall". [3]Bei der Erbringung ambulanter Betreuungs- oder Pflegeleistungen gelten grundsätzlich alle Leistungen für eine Person in einem Kalendermonat als ein „Fall". [4]Leistungen, die in einem Kalendermonat für denselben Auftraggeber gegenüber einer Mehrzahl von hilfsbedürftigen Personen einmalig oder wiederkehrend erbracht werden, z. B. von einem Gebärdensprachdolmetscher, gelten als ein „Fall". [5]Etwas anderes gilt, wenn eine hilfsbedürftige Person in ihrer Lebensführung begleitet wird und der Leistungserbringer innerhalb eines Kalendermonats gegenüber mehreren Leistungsempfängern seine Leistung erbringt, z. B. am Arbeitsplatz gegenüber dem Arbeitgeber der hilfsbedürftigen Person, im Rahmen eines Sozialprojekts gegenüber dem Sozialträger und im Rahmen der Teilhabe am Leben gegenüber der hilfsbedürftigen Person selbst; diese Leistungen gelten als drei Fälle pro Kalendermonat. [6]Werden von einem Unternehmer mehrere verschiedenartige Einrichtungen im Sinne des § 4 Nr. 16 Satz 1 UStG betrieben, sind die im laufe eines Kalendermonats betreuten oder gepflegten Personen zur Ermittlung der Gesamtzahl der Fälle jeder Einrichtung gesondert zuzuordnen.

(4) [1]Die Kosten eines „Falls" werden von den gesetzlichen Trägern der Sozialversicherung, den Trägern der Sozialhilfe, den Trägern der Eingliederungshilfe nach § 94 SGB IX, oder den für die Durchführung des Vierzehnten Buches Sozialgesetzbuch zuständigen Stellen zum überwiegenden Teil getragen, wenn sie die Kosten des Falls allein oder gemeinsam zu mehr als 50 % übernehmen. [2]Der Zeitpunkt der Kostenerstattung ist dabei ohne Bedeutung. [3]Kostenzuschüsse oder Kostenerstattungen anderer Einrichtungen (z. B. private Krankenkassen, Beihilfestellen für Beamte, Wohlfahrtsverbände) sind den eigenen Aufwendungen der hilfsbedürftigen Person zuzurechnen.

(5) *weggefallen*

(6) *weggefallen*

Anmerkung

1. Umsatzsteuerbefreiung für Verfahrenspfleger, § 4 Nr. 16 S. 1 Buchst. m) UStG

Im Urteil vom 25.11.2021 entschied der BFH, dass ein Verfahrenspfleger die **Voraussetzungen** einer **Umsatzsteuerbefreiung erfüllt** (BFH, Urt. v. 25.11.2021 – V R 34/19).

Der Kläger war u.a. als Verfahrenspfleger in Betreuungssachen (§ 276 FamFG) und in Unterbringungssachen (§ 317 FamFG) tätig. Er wurde allerdings **nicht** als **amtlich bestellter Betreuer** (§ 1896 BGB) tätig; seine Tätigkeit beschränkte sich vielmehr auf die Mitwirkung im gerichtlichen Verfahren vor der Anordnung einer Betreuung oder der Anordnung einer Unterbringung.

Der Kläger war der Meinung diese Umsätze seien jedenfalls nach Art. 132 Abs. 1 Buchst. g) der MwStSystRL steuerfrei. Das FA lehnte dieses ab. Der BFH gab dem Kläger Recht.

1.1 Nationales Recht

In dem Streitfall war es zwischen den Beteiligten allerdings unstreitig, dass nach nationalem Recht eine Steuerbefreiung nicht in Betracht kam. Die Leistungen des Klägers als Verfahrenspfleger in Betreuungs- und Unterbringungssachen waren **weder** nach **§ 4 Nr. 16 Buchst. k) UStG noch nach § 4 Nr. 25 UStG befreit**, denn der Kläger erfüllte schon nicht die tatbestandlichen Voraussetzungen dieser Vorschriften: Er war weder Betreuer i.S.d. § 1896 BGB noch Vormund oder Ergänzungspfleger. Für Verfahrenspfleger existierte seinerzeit keine Befreiungsregelung in § 4 Nr. 16 UStG.

1.2 Unionsrecht

Allerdings kam der BFH zu dem Ergebnis, dass die Voraussetzungen einer Umsatzsteuerbefreiung nach **Art. 132 Abs. 1 Buchst. g MwStSystRL** erfüllt sind:

- Bei den Leistungen des Klägers handelt es sich um begünstigte Leistungen sozialen Charakters.
- Der Kläger ist auch als Einrichtung mit sozialem Charakter anzuerkennen („eng mit der Sozialfürsorge und der sozialen Sicherheit verbundene Dienstleistungen“).
- Außerdem handelt es sich um Leistungen an (hilfsbedürftige) Personen, deren geistige Fähigkeiten infolge Krankheit, Behinderung oder Gebrechlichkeit beeinträchtigt sind.

Hinweis

Unerheblich war für den BFH, dass als Verfahrenspfleger i.d.R. **Rechtsanwälte** bestellt werden. Der Verfahrenspfleger ist nach der gesetzlichen Ausformung ein „besonderer Pfleger“, der für seine Aufgaben anwaltliche Qualifikationen mitbringen kann, aber nicht muss. Er ist auch als soziale Einrichtung anerkannt. Einer Anerkennung als „Einrichtung“ steht nicht entgegen, dass es sich beim Kläger um eine natürliche Person mit Gewinnerzielungsabsicht handelt.

2. Pflege- und Betreuungsleistungen nach § 4 Nr. 16 S. 1 Buchst. n) UStG

2.1 Geltungsbereich der sog. 25%-Grenze

Nach § 4 Nr. 16 S. 1 Buchst. l) UStG waren Betreuungs- und Pflegeleistungen von Einrichtungen (die nicht nach den sozialrechtlichen Regelungen anerkannt sind) von der Umsatzsteuer befreit, **wenn die Betreuungs- oder Pflegekosten im vorangegangenen Kalenderjahr in mindestens 25 % der Fälle** von den gesetzlichen Trägern der Sozialversicherung, den Trägern der Sozialhilfe, den Trägern der Eingliederungshilfe nach § 94 SGB IX oder der für die Durchführung der Kriegsopferversorgung zuständigen Versorgungsverwaltung einschließlich der Träger der Kriegsopferfürsorge ganz oder zum überwiegenden Teil **vergütet wurden**.

Nach dem BFH, Urt. v. 19.03.2013 – XI R 47/07 darf die Anerkennung des sozialen Charakters einer Pflegeeinrichtung nicht allein daran scheitern, dass das Gesetz ausschließlich auf die **Verhältnisse des vorangegangenen Kalenderjahrs** abstellt. In Neugründungsfällen hatte die FinVerw in Abschnitt 4.16.3 Abs. 5 Satz 2 UStAE verfügt, dass auf die voraussichtlichen Verhältnisse des laufenden Jahres abzustellen sei. War jedoch ein Unternehmer, für dessen Tätigkeit nur die Steuerbefreiung nach § 4 Nr. 16 Satz 1 Buchst. l UStG in Betracht kommt, im Vorjahr bereits tätig, ohne die 25 %-Grenze zu erfüllen, scheitert die Steuerbefreiung am ausschließlichen Abstellen auf das Vorjahr.

2.2 Umsatzsteuerbefreiung von Betreuungs- und Pflegeleistungen aus dem Persönlichen Budget

Eine Leistung ist nach Auffassung des BFH in die Berechnung der Sozialgrenze des § 4 Nr. 16 Satz 1 Buchst. l UStG a. F. (**jetzt**: § 4 Nr. 16 Satz 1 Buchst. n UStG) einzubeziehen, wenn ein Budgetnehmer mit einem in der Vorschrift genannten Kostenträger als Budgetgeber eine **individuelle Zielvereinbarung** abgeschlossen hat sowie ein Gesamtplan des Budgetgebers vorliegt, in denen jeweils der Leistungserbringer namentlich genannt wird (BFH, Urt. v. 30.04.2025 – XI R 25/24).

Hinweis

Danach sind auch Leistungen, die aus dem Persönlichen Budget finanziert werden, bei der Ermittlung der 25 %-Grenze gemäß § 4 Nr. 16 Satz 1 Buchst. k, l, m oder n UStG a.F. zu berücksichtigen, sofern eine ausdrückliche Entscheidung hinsichtlich der Person des Leistungserbringers durch einen in dieser Vorschrift genannten Träger (etwa gesetzlicher Sozialversicherungsträger, Sozialhilfeträger oder Träger der Eingliederungshilfe nach § 94 SGB IX) getroffen wurde.

Der XI. Senat des BFH hat sich mit dieser Entscheidung dem V. Senat angeschlossen (BFH, Urt. v. 19.12.2024 – V R 1/22). Damit dürfte die Rechtslage endgültig geklärt sein. Soweit allerdings im Einzelfall fraglich ist, ob der Kostenträger das Persönliche Budget tatsächlich in Kenntnis und unter Benennung der leistenden Person bewilligt hat, liegt die **Beweislast** für die Steuerfreiheit beim **Leistungserbringer** (BFH, Urt. v. 30.04.2025 – XI R 1/23).

Hinweis: Keine Anwendungsregelung durch die Verwaltung

Hinzuweisen ist darauf, dass die FinVerw bisher die Entscheidungen des BFH V R 1/22 und XI R 25724 nicht amtlich im BStBl II veröffentlicht hat. Derzeit sind mithin die Finanzämter – etwa in Betriebsprüfungen – **nicht verpflichtet**, die **BFH-Rechtsprechung anzuwenden**. Die Entwicklung bleibt abzuwarten.

3. Gesetzesänderungen

3.1 § 4 Nr. 16 Buchst. m UStG

Zwischenzeitlich ist § 4 Nr. 16 UStG durch eine Befreiungsregelung für Verfahrenspfleger ergänzt worden. Durch Artikel 22 des Wachstumschancengesetzes v. 27.3.2024 (BGBl. 2024 I Nr. 108) wurde in § 4 Nr. 16 UStG nach Buchstabe l ein neuer **Buchstabe m** eingefügt, wodurch der bisherige Buchstabe m zum Buchstaben n wurde. Die Befreiung für Verfahrenspfleger findet sich also in § 4 Nr. 16 Buchst. m UStG.

3.2 § 4 Nr. 16 Buchst. n UStG

Nach § 4 Nr. 16 Satz 1 Buchst. n) (ehemals Buchst. m)) UStG reicht es jetzt aus (Änderung durch das JStG 2020), wenn zu Beginn des Kalenderjahres bzw. bei Aufnahme der Tätigkeit bereits absehbar ist, dass der Unternehmer die 25 %-Grenze erfüllen wird. Maßgebend für die Beurteilung sind dabei im Interesse der Rechtssicherheit die Verhältnisse zu Beginn des Kalenderjahres bzw. bei Aufnahme der Tätigkeit, unabhängig davon, wie sich die Umsätze des Unternehmers später entwickeln. Ferner gilt die 25%-Grenze ab dem Zeitpunkt als erfüllt, ab dem der Unternehmer aufgrund einer Vereinbarung mit einem Sozialträger absehbar regelmäßig die 25 %-Grenze erfüllen wird. Die Grundsätze sind vergleichbar mit der Anwendung der Umsatzgrenzen in der Kleinunternehmerregelung des § 19 Abs. 1 UStG.

Praxishinweis: Anwendung und Voraussetzungen des § 4 Nr. 16 Buchst. n UStG

§ 4 Nr. 16 Buchst. m UStG wurde zwischenzeitlich aufgrund der Ergänzung für Verfahrenspfleger (s.o. Abschn. 1.3) zu § 4 Nr. 16 Buchst. n UStG, ohne dass es insofern zu materiell-rechtlichen Änderungen kam.

4. Pflegegutachten des MDK

Auch im sozialen Bereich werden vielfältig Leistungen durch private Unternehmen erbracht. Hier stellt sich dann die Frage der USt-Befreiung nach nationalem Recht oder nach Unionsrecht. Im Bereich der Sozialfürsorge sind u.a. nach § 4 Nr. 15 Buchst. a) UStG die auf Gesetz beruhenden Leistungen der Medizinischen Dienste der Krankenkassen (MdK) von der Umsatzsteuer befreit. Die Vorschrift befreit aber lediglich Leistungen der Sozialfürsorge und der sozialen Sicherheit von der Besteuerung, nicht aber auch die eng mit diesen Leistungen verbundene Leistungen.

Hier stellt sich dann die Frage, ob diese Umsätze – unter unmittelbarer Berufung auf das Unionsrecht – dann nach Art. 132 Abs. Buchst. g) MwStSystRL von der Umsatzsteuer befreit sind.

Über einen solchen Fall hatte der BFH zu entscheiden, nachdem er zuvor den EuGH um Vorabentscheidung gebeten hatte (BFH, Urt. v. 24.2.2021 – XI R 30/20 – Nachfolgeentscheidung nach EuGH, Urt. v. 8.10.2020 – C-657/17).

4.1 Sachverhalt

Die Klägerin erstellte in den für den MDK-Gutachten zur Pflegebedürftigkeit von Patienten. Die Leistungen rechnete der MDK monatlich ihr gegenüber ab, wobei er keine Umsatzsteuer auswies. Die Umsätze aus der Gutachtertätigkeit erklärte die Klägerin als steuerfrei, nahm jedoch den Vorsteuerabzug aus allen Eingangsleistungen ungekürzt in Anspruch.

Nach einer Außenprüfung kam das Finanzamt zu der Auffassung, die Gutachtertätigkeit sei weder nach nationalem noch nach Unionsrecht umsatzsteuerfrei. Der hiergegen erhobenen Klage gab das FG statt Niedersächsisches FG, Urt. v. 9.6.2016 – 11 K 15/16.

Das Revisionsverfahren setzte der BFH aus und bat den EuGH um Vorabentscheidung.

4.2 Entscheidung und Begründung des BFH

Der BFH hat mit Urt. v. 24.2.2021 – XI R 30/20 (vormals XI R 11/17) abschließend über die Sache entschieden. Er ist mit nachfolgender Begründung der Meinung, dass die Leistungen der Klägerin nicht von der Umsatzsteuer befreit sind:

- Das Leistungsmerkmal „eng mit der Sozialfürsorge und der sozialen Sicherheit verbunden" in Art. 132 Abs. 1 Buchst. g) MwStSystRL setzt voraus, dass die betreffenden Lieferungen bzw. Dienstleistungen jedenfalls für die der Sozialfürsorge und der sozialen Sicherheit unterfallenden Umsätze unerlässlich sind. Diese Voraussetzung erfüllt die Klägerin.
- Dienstleistungen, die die Erstellung von Gutachten zur Pflegebedürftigkeit betreffen, müssen nicht unmittelbar an die pflegebedürftigen Personen erbracht werden, um als eng mit der Sozialfürsorge und der sozialen Sicherheit verbunden angesehen werden zu können.
- Die Klägerin ist allerdings keine „**Einrichtung mit sozialem Charakter**" im Sinne des Art. 132 Abs. 1 Buchst. g) MwStSystRL. Die Anerkennung eines Gutachters als Einrichtung mit sozialem Charakter folgt insbesondere nicht aus einer bloß mittelbaren Erstattung der Kosten für die Gutachtertätigkeit über den MDK, ohne dass dies auf einer expliziten Entscheidung der Pflegekasse beruht oder der Gutachter die Möglichkeit genutzt hätte, in Bezug auf diese Tätigkeit mit der Pflegekasse einen entsprechenden Vertrag zu schließen.

4.3 Anmerkung

Der BFH hat – unter Berücksichtigung der Ausführungen des EuGH im Verfahren C-657/17 – seine Rechtsprechung ändern müssen. Die Entscheidung jedenfalls aber bringt Klarheit in einem Bereich, der immer wieder Gegenstand finanzgerichtlicher Verfahren ist. Aus der Entscheidung wird deutlich, dass es nicht allein darauf ankommt, ob eine Leistung „eng mit der Sozialfürsorge und der sozialen Sicherheit" (Art. 132 Abs. 1 Buchst. g) MwStSystRL) zusammenhängt. Vielmehr ist zusätzlich erforderlich, dass eine „Einrichtung mit sozialem Charakter" vorliegt. Maßgebend dafür sind nach Auffassung des BFH folgende Voraussetzungen, die allerdings nicht kumulativ vorliegen müssen:

- Das Bestehen spezifischer Vorschriften, bei denen es sich um nationale oder regionale Rechts- oder Verwaltungsvorschriften, Steuervorschriften oder Vorschriften im Bereich der sozialen Sicherheit handeln kann,
- das mit den Tätigkeiten des betreffenden Steuerpflichtigen verbundene Gemeinwohlinteresse,
- die Tatsache, dass andere Steuerpflichtige mit den gleichen Tätigkeiten bereits in den Genuss einer ähnlichen Anerkennung kommen, und
- die Übernahme der Kosten der fraglichen Leistungen zum großen Teil durch Krankenkassen oder durch andere Einrichtungen der sozialen Sicherheit.

Diese Voraussetzungen erfüllte die Klägerin im Streitfall nicht. Insbesondere die – mittelbare – Kostenübernahme durch den MDK reichte nach Meinung des BFH nicht aus (Änderung der Rechtsprechung – anders noch BFH, Urt. v. 18.8.2015 – V R 13/14).

Praxishinweis: Anwendungs- und Übergangsregelung

Die FinVerw wendet die Entscheidung XI R 30/20 an (BMF v. 12.7.2023, BStBl I 2023, 1505 Tz. 3) und hat **Abschn. 4.16.3. Abs. 3a sowie Abschn. 4.25.1 Abs. 2 S. 3 Nr. 2 S. 1 UStAE** entsprechend angepasst. Die entsprechenden Anpassungen sind auf Umsätze anzuwenden, die nach dem

31.12.2020 erbracht wurden/werden. Sie gelten für alle offenen Fälle. Für Umsätze, die bis zum 31.12.2023 erbracht wurden, beanstandet es die FinVerw nicht, wenn der Unternehmer seine Leistungen umsatzsteuerpflichtig behandelt bzw. behandelt hat.

UStAE 4.16.4. Leistungen der Altenheime, Pflegeheime und Altenwohnheime

Altenheime (§ 4 Nr. 16 Satz 1 Buchstabe n UStG)

(1) Altenheime sind Einrichtungen, in denen ältere Menschen, die grundsätzlich nicht pflegebedürftig, aber zur Führung eines eigenen Hausstands außerstande sind, Unterkunft, Verpflegung und Betreuung erhalten.

(2) Die Inanspruchnahme der Steuerbefreiung nach § 4 Nr. 16 Satz 1 Buchstabe n UStG für Betreuungs- oder Pflegeleistungen an hilfsbedürftige Personen durch private Altenheime setzt grundsätzlich voraus, dass die Leistungen im vorangegangenen Kalenderjahr in 25 % der Fälle von den gesetzlichen Trägern der Sozialversicherung oder der Sozialhilfe oder den für die Durchführung des Vierzehnten Buches Sozialgesetzbuch zuständigen Stellen ganz oder zum überwiegenden Teil vergütet worden sind.

Pflegeheime (§ 4 Nr. 16 Satz 1 Buchstaben c oder d UStG)

(3) Stationäre Pflegeeinrichtungen (Pflegeheime) sind selbständige wirtschaftliche Einrichtungen, in denen Pflegebedürftige unter ständiger Verantwortung einer ausgebildeten Pflegefachkraft gepflegt werden und ganztägig (vollstationär) oder nur tagsüber oder nur nachts (teilstationär) untergebracht und verpflegt werden (§ 71 Abs. 2 SGB XI).

(4) Die Betreuungs- oder Pflegeleistungen an hilfsbedürftige Personen in stationären Pflegeeinrichtungen sind nach § 4 Nr. 16 Satz 1 Buchstabe c bzw. d UStG steuerfrei, wenn mit den Einrichtungen ein Versorgungsvertrag nach § 72 SGB XI besteht bzw. diese zur Heimpflege nach § 26 Abs. 5 in Verbindung mit § 44 SGB VII bestimmt oder die Voraussetzungen nach § 4 Nr. 16 Satz 1 Buchstabe n UStG erfüllt sind.

Altenwohnheime

(5) [1]Beim Betrieb eines Altenwohnheims ist grundsätzlich nur von einer nach § 4 Nr. 12 UStG steuerfreien Vermietungsleistung auszugehen. [2]Wird mit den Bewohnern eines Altenwohnheims ein Vertrag über die Aufnahme in das Heim geschlossen, der neben der Wohnraumüberlassung auch Leistungen zur Betreuung oder Pflege vorsieht, wobei die Betreuungs- und Pflegeleistungen die Wohnraumüberlassung aber nicht überlagern, handelt es sich um zwei getrennt voneinander zu betrachtende Leistungen. [3]Auch in diesem Fall ist die Wohnraumüberlassung grundsätzlich nach § 4 Nr. 12 UStG steuerfrei. [4]Werden daneben eigenständige Leistungen der Betreuung oder Pflege erbracht, können diese unter den Voraussetzungen des § 4 Nr. 16 UStG steuerfrei sein (vgl. BFH-Urteil vom 4. 5. 2011, XI R 35/10, BStBl II S. 836).

Anmerkung

1. Befreiung von Pflege- und Betreuungsleistungen seit 2009

Seit 2009 sind von der USt-Befreiung gem. § 4 Nr. 16 UStG neben Pflegeleistungen auch Betreuungsleistungen gegenüber körperlich, geistig oder seelisch hilfsbedürftigen Personen erfasst.

§ 4 Nr. 16 S. 1 UStG ist durch das Jahressteuergesetz 2020 ergänzt worden.

Die Regelung stellt klar, dass unter den übrigen Voraussetzungen der Vorschrift auch die Leistungen solcher Einrichtungen befreit sein können, die selbst unmittelbar keine Pflege- oder Betreuungsleistungen erbringen.

Dies kann Einrichtungen i. S. d. § 4 Nr. 16 S. 1 Buchst. a) bis Buchst. l) UStG betreffen, die z. B.

- neben der **Pflegeberatung** nach § 7a SGB XI,
- der Erstellung von **Gutachten zur Feststellung der Pflegebedürftigkeit** nach § 18 SGB XI,
- Leistungen beim **Hausnotruf** nach § 40 SGB XI oder
- der Erteilung von **Pflegekursen** nach § 45 SGB XI

selbst unmittelbar keine Pflege- oder Betreuungsleistungen erbringen.

2. Einbeziehung von Pflegeberatungsleistungen

Mit § 4 Nr. 16 Satz 1 Buchst. l UStG werden Einrichtungen als solche mit sozialem Charakter anerkannt, mit denen eine Vereinbarung zur Pflegeberatung nach § 7a SGB XI besteht.

Hinweis

Damit erfasst die USt-Befreiung neben Pflegeberatungsleistungen im Auftrag der gesetzlichen Pflegekassen auch solche Pflegeberatungsleistungen, die aufgrund von Vereinbarungen mit der privaten Pflege-Pflichtversicherung nach § 7a Abs. 5 SGB XI erbracht werden.

UStAE 4.16.5. Weitere Betreuungs- und/oder Pflegeeinrichtungen

Haushaltshilfeleistungen (§ 4 Nr. 16 Satz 1 Buchstabe b, d, i oder n UStG)

(1) Haushaltshilfe erhalten Personen, denen z. B. wegen einer Krankenhausbehandlung und ggf. weiterer Voraussetzungen die Weiterführung des Haushalts nicht möglich ist.

(2) [1]Haushaltshilfeleistungen sind nach § 4 Nr. 16 Satz 1 Buchstabe b UStG steuerfrei, wenn diese von Einrichtungen erbracht werden, mit denen ein Vertrag nach § 132 SGB V besteht. [2]Hierunter fallen insbesondere Umsätze, die eine Einrichtung durch Gestellung von Haushaltshilfen im Sinne des § 38 SGB V erzielt (vgl. BFH-Urteil vom 30. 7. 2008, XI R 61/07, BStBl 2009 II S. 68).

(3) [1]Auch die Haushaltshilfeleistungen von Einrichtungen, die hierzu nach § 26 Abs. 5 in Verbindung mit § 42 SGB VII (Haushaltshilfe und Kinderbetreuung) bestimmt sind (§ 4 Nr. 16 Satz 1 Buchstabe d UStG) oder mit denen ein Vertrag nach § 8 Abs. 3 Satz 2 SVLFGG (Inanspruchnahme anderer geeigneter Personen, Einrichtungen oder Unternehmen zur Gewährung von häuslicher Krankenpflege, Betriebs- und Haushaltshilfe) über die Gewährung von Leistungen

- nach den §§ 10 und 11 KVLG 1989 (Betriebs- und Haushaltshilfe in der landwirtschaftlichen Krankenversicherung wegen Krankheit, einer medizinischen Vorsorge- oder Rehabilitationsleistung oder Schwangerschaft und Entbindung),
- nach den §§ 10, 36, 37 und 39 ALG (Betriebs- und Haushaltshilfe in der Alterssicherung der Landwirte bei medizinischer Rehabilitation, bei Arbeitsunfähigkeit, Schwangerschaft und Kuren, bei Tod und in anderen Fällen) oder
- nach § 54 Abs. 2 SGB VII (Betriebs- oder Haushaltshilfe in der landwirtschaftlichen Unfallversicherung)

besteht (§ 4 Nr. 16 Satz 1 Buchstabe i UStG), sind steuerfrei. [2]Zudem sind Haushaltshilfeleistungen steuerfrei, wenn die Voraussetzungen des § 4 Nr. 16 Satz 1 Buchstabe n UStG erfüllt sind.

(4) Für die Leistungen aus der Gestellung von Betriebshelfern kann die Steuerbefreiung nach § 4 Nr. 27 Buchstabe b UStG unter den dortigen Voraussetzungen in Betracht kommen.

Leistungen der häuslichen Pflege (§ 4 Nr. 16 Satz 1 Buchstabe c, i oder n UStG)

(5) [1]Einrichtungen, die Leistungen zur häuslichen Pflege und Betreuung sowie zur hauswirtschaftlichen Versorgung erbringen, sind mit ihren Leistungen steuerfrei, wenn mit ihnen die Krankenkasse einen

Vertrag nach § 132 a SGB V (Versorgung mit häuslicher Krankenpflege) bzw. die zuständige Pflegekasse einen Vertrag nach § 77 SGB XI (Häusliche Pflege durch Einzelpersonen) geschlossen hat oder mit ihnen ein Versorgungsvertrag

- nach § 72 SGB XI (zugelassene Pflegeeinrichtungen – § 4 Nr. 16 Satz 1 Buchstabe c UStG) bzw.
- nach § 8 Abs. 3 Satz 2 SVLFGG (Inanspruchnahme anderer geeigneter Personen, Einrichtungen oder Unternehmen zur Gewährung von häuslicher Krankenpflege, Betriebs- und Haushaltshilfe – § 4 Nr. 16 Satz 1 Buchstabe i UStG) über die Gewährung von Leistungen nach § 8 KVLG 1989 i. V. m. § 37 SGB V besteht,
- oder wenn sie hierzu nach § 26 Abs. 5 in Verbindung mit §§ 32 bzw. 44 SGB VII (Leistungen bei Pflegebedürftigkeit durch häusliche Krankenpflege bzw. Pflege) bestimmt sind (§ 4 Nr. 16 Satz 1 Buchstabe c UStG)

bzw. wenn die Voraussetzungen nach § 4 Nr. 16 Satz 1 Buchstabe n UStG erfüllt sind. [2]Unter die Steuerbefreiung fallen auch die von diesen Einrichtungen erbrachten Pflegeberatungsleistungen nach §§ 7 a bzw. 37 Abs. 3 SGB XI.

(6) [1]Häusliche Krankenpflege kann die auf Grund ärztlicher Verordnung erforderliche Grund- und Behandlungspflege sowie die hauswirtschaftliche Versorgung umfassen. [2]Nach § 4 Nr. 16 UStG sind aber nur die Grundpflegeleistungen und die hauswirtschaftliche Versorgung befreit. [3]Dabei fallen auch isolierte hauswirtschaftliche Versorgungsleistungen, die an hilfsbedürftige Personen erbracht werden, unter diese Steuerbefreiung. [4]Leistungen der Behandlungspflege können aber unter den weiteren Voraussetzungen des § 4 Nr. 14 UStG steuerfrei sein (vgl. Abschnitt 4.14.4 Abs. 11 Nr. 4).

Leistungen der Integrationsfachdienste (§ 4 Nr. 16 Satz 1 Buchstabe e UStG)

(7) [1]Integrationsfachdienste sind Dienste Dritter, die bei der Durchführung der Maßnahmen zur Teilhabe schwer behinderter Menschen am Arbeitsleben, um die Erwerbsfähigkeit des genannten Personenkreises herzustellen oder wiederherzustellen, beteiligt sind. [2]Sie können unter weiteren Voraussetzungen auch zur beruflichen Eingliederung von behinderten Menschen, die nicht schwer behindert sind, tätig werden (§ 192 Abs. 1 und 4 SGB IX). [3]Sie können zur Teilhabe (schwer-)behinderter Menschen am Arbeitsleben (Aufnahme, Ausübung und Sicherung einer möglichst dauerhaften Beschäftigung) beteiligt werden, indem sie die (schwer-)behinderten Menschen beraten, unterstützen und auf geeignete Arbeitsplätze vermitteln, sowie die Arbeitgeber informieren, beraten und ihnen Hilfe leisten (§ 193 SGB IX). [4]Anders als bei den Leistungen der Arbeitsvermittlungsagenturen steht hier die Betreuung behinderter Menschen zur Eingliederung ins Arbeitsleben im Vordergrund.

(8) [1]Die Inanspruchnahme der Steuerbefreiung nach § 4 Nr. 16 Satz 1 Buchstabe e UStG für Leistungen der Integrationsfachdienste setzt voraus, dass diese im Auftrag der Integrationsämter oder der Rehabilitationsträger tätig werden und mit ihnen eine Vereinbarung nach § 194 SGB IX besteht. [2]Für die Inanspruchnahme der Steuerbefreiung nach § 4 Nr. 16 Satz 1 Buchstabe e UStG kommt es ausschließlich darauf an, dass das Integrationsamt mit dem Integrationsfachdienst eine Vereinbarung abgeschlossen hat, in der dieser als Integrationsfachdienst benannt ist. [3]Wenn diese (Grund-)Vereinbarung besteht, sind alle Tätigkeiten des Integrationsfachdienstes im Rahmen des gesetzlichen Auftrages (§ 193 SGB IX) steuerbefreit. [4]Dabei ist es unerheblich, wer den konkreten Auftrag im Einzelfall erteilt (z. B. Integrationsamt, Rehabilitationsträger oder Träger der Arbeitsverwaltung).

Leistungen der Werkstätten für behinderte Menschen (§ 4 Nr. 16 Satz 1 Buchstabe f UStG)

(9) [1]Eine Werkstatt für behinderte Menschen ist eine Einrichtung zur Teilhabe behinderter Menschen am Arbeitsleben und zur Eingliederung in das Arbeitsleben. [2]Eine solche Werkstatt steht allen behinderten Menschen offen, sofern erwartet werden kann, dass sie spätestens nach Teilnahme an Maßnahmen im Berufsbildungsbereich wenigstens ein Mindestmaß wirtschaftlich verwertbarer Arbeitsleistungen erbringen werden (§ 219 Abs. 1 und 2 SGB IX). [3]Behinderte Menschen, die die Voraussetzungen für die Beschäftigung in der Werkstatt nicht erfüllen, sollen in Einrichtungen oder Gruppen betreut und gefördert werden, die der Werkstatt angegliedert sind (§ 219 Abs. 3 SGB IX).

(10) [1]Die nach dem Sozialgesetzbuch an Werkstätten für behinderte Menschen und deren angegliederten Betreuungseinrichtungen gezahlten Pflegegelder sind als Entgelte für die Betreuungs-, Beköstigung-, Beherbergungs- und Beförderungsleistungen dieser Werkstätten anzusehen. [2]Diese Leistungen sind nach § 4 Nr. 16 Satz 1 Buchstabe f UStG befreit, wenn sie von Werkstätten bzw. deren Zusammenschlüssen erbracht werden, die nach § 225 SGB IX anerkannt sind.

(11) Zur umsatzsteuerlichen Behandlung der Umsätze im Werkstattbereich wird auf Abschnitt 12.9 Abs. 4 Nr. 4 hingewiesen.

Angebote zur Unterstützung im Alltag (§ 4 Nr. 16 Satz 1 Buchstabe g UStG)

(12) [1]Angebote zur Unterstützung im Alltag sind zum einen Angebote, in denen Helferinnen und Helfer unter pflegefachlicher Anleitung die Betreuung von Pflegebedürftigen mit allgemeinem oder mit besonderem Betreuungsbedarf in Gruppen oder im häuslichen Bereich übernehmen sowie pflegende Angehörige und vergleichbar nahestehende Pflegepersonen entlasten und beratend unterstützen (Betreuungsangebote sowie Angebote zur Entlastung von Pflegenden, § 45 a Abs. 1 Satz 2 Nr. 1 und Nr. 2 SGB XI). [2]Das sind z. B. Betreuungsgruppen für Pflegebedürftige mit demenzbedingten Fähigkeitsstörungen, mit geistigen Behinderungen oder mit psychischen Erkrankungen, Helferinnen- und Helferkreise zur stundenweisen Entlastung pflegender Angehöriger im häuslichen Bereich, die Tagesbetreuung in Kleingruppen oder die Einzelbetreuung durch anerkannte Helferinnen und Helfer oder familienentlastende Dienste. [3]Angebote zur Unterstützung im Alltag sind zum anderen Angebote, die dazu dienen, die Pflegebedürftigen bei der Bewältigung von allgemeinen oder pflegebedingten Anforderungen des Alltags oder im Haushalt, insbesondere der Haushaltsführung, oder bei der eigenverantwortlichen Organisation individuell benötigter Hilfeleistungen zu unterstützen (Angebote zur Entlastung im Alltag, § 45 a Abs. 1 Satz 2 Nr. 3 SGB XI). [4]Das sind z. B. Alltagsbegleiterinnen und -begleiter oder Angebote für haushaltsnahe Dienstleistungen.

(13) [1]Solche Angebote zur Unterstützung im Alltag werden z. B. von ambulanten Pflegediensten, von Wohlfahrtsverbänden, Betroffenenverbänden, Nachbarschaftshäusern, Kirchengemeinden und anderen Organisationen und Vereinen erbracht, aber auch von Einzelpersonen. [2]Umsätze von Einrichtungen sind nach § 4 Nr. 16 Satz 1 Buchstabe g UStG steuerfrei, soweit sie Leistungen erbringen, die landesrechtlich als Angebote zur Unterstützung im Alltag nach § 45 a SGB XI anerkannt oder zugelassen sind.

Eingliederungshilfe- und Sozialhilfeleistungen (§ 4 Nr. 16 Satz 1 Buchstabe h UStG)

(14) [1]Die Träger der Eingliederungshilfe nach § 94 SGB IX und der Sozialhilfe sind für alle Vertragsangelegenheiten der Leistungserbringer im Bereich Eingliederungshilfe und Sozialhilfe zuständig. [2]Neben dem Abschluss von Rahmenvereinbarungen mit den Vereinigungen der Leistungserbringer werden auch individuelle Leistungs- und Vergütungsvereinbarungen nach § 123 SGB IX oder nach § 76 SGB XII geschlossen.

(15) [1]Im Bereich Eingliederungshilfe (SGB IX Teil 2) werden mit den Leistungserbringern nach §§ 123 ff. SGB IX ausschließlich Verträge über die Erbringung der Fachleistungen der Eingliederungshilfe (z. B. Assistenzleistungen) an Menschen mit wesentlichen Behinderungen (§ 99 SGB IX) abgeschlossen. [2]Im Bereich des SGB XII werden nach §§ 75 ff. SGB XII insbesondere Verträge für die folgenden Leistungsbereiche abgeschlossen:

- Leistungen der Hilfe zur Pflege (§§ 61 ff. SGB XII [7. Kapitel]);
- Leistungen zur Überwindung besonderer sozialer Schwierigkeiten (§§ 67 ff. SGB XII [8. Kapitel]).

(16) Leistungserbringer, die Vereinbarungen nach § 123 SGB IX oder nach § 76 SGB XII mit den Trägern der Eingliederungshilfe und der Sozialhilfe geschlossen haben, sind nach § 4 Nr. 16 Satz 1 Buchstabe h UStG begünstigte Einrichtungen (vgl. BFH-Urteil vom 09. 03. 2017 – V R 39/16, BStBl II 2023 S. 784).

Interdisziplinäre Frühförderstellen (§ 4 Nr. 16 Satz 1 Buchstabe j UStG)

(17) [1]Interdisziplinäre Frühförderstellen sind familien- und wohnortnahe Dienste und Einrichtungen, die der Früherkennung, Behandlung und Förderung von Kindern dienen, um in interdisziplinärer Zusammenarbeit von qualifizierten medizinisch-therapeutischen und pädagogischen Fachkräften eine

drohende oder bereits eingetretene Behinderung zum frühestmöglichen Zeitpunkt zu erkennen und die Behinderung durch gezielte Förder- und Behandlungsmaßnahmen auszugleichen oder zu mildern. [2]Leistungen durch interdisziplinäre Frühförderstellen werden in der Regel in ambulanter, einschließlich mobiler Form erbracht (§ 3 Frühförderungsverordnung).

(18) Die Leistungen der interdisziplinären Frühförderstellen sind nach § 4 Nr. 16 Satz 1 Buchstabe j UStG steuerfrei, wenn die Stellen auf der Grundlage einer Landesrahmenempfehlung nach § 2 Frühförderungsverordnung als fachlich geeignet anerkannt sind.

(19) Leistungen der sozialpädiatrischen Zentren (§ 4 Frühförderungsverordnung, § 119 SGB V), die Leistungen zur Früherkennung und Frühförderung behinderter oder von Behinderung bedrohter Kinder erbringen, können unter den weiteren Voraussetzungen nach § 4 Nr. 14 Buchstabe b Satz 2 Doppelbuchstabe bb UStG steuerfrei sein.

Rechtliche Betreuungsleistungen (§ 4 Nr. 16 Satz 1 Buchstabe k UStG)

(20) [1]Rechtliche Betreuung erhalten volljährige Personen, die ihre Angelegenheiten auf Grund einer psychischen Krankheit oder einer körperlichen, geistigen oder seelischen Behinderung ganz oder teilweise nicht besorgen können. [2]Rechtliche Betreuungsleistungen nach §§ 1896 ff. BGB sind nach § 4 Nr. 16 Satz 1 Buchstabe k UStG steuerfrei, wenn sie von Einrichtungen erbracht werden, denen die rechtliche Betreuung nach § 1896 BGB durch einen Betreuungsbeschluss übertragen wurde. [3]Der Begriff „Einrichtungen" erfasst – unabhängig von der Rechts- oder Organisationsform des Leistungserbringers – sowohl natürliche als auch juristische Personen. [4]Nicht unter die Steuerbefreiung des § 4 Nr. 16 Satz 1 Buchstabe k UStG fallen Leistungen, die nach § 1908 i Abs. 1 Satz 1 in Verbindung mit § 1835 Abs. 3 BGB vergütet werden (Dienste, die zum Gewerbe oder Beruf des Betreuers gehören), da es sich bei ihnen nicht um Betreuungsleistungen im eigentlichen Sinne handelt; z. B. wenn der Betreuer Rechtsanwalt ist und den Betreuten in einem Prozess vertritt oder wenn er Steuerberater ist und die Steuererklärung für den Betreuten erstellt (vgl. BFH-Urteil vom 25. 4. 2013, V R 7/11, BStBl II S. 976). [5]Zu rechtlichen Betreuungsleistungen für Kinder und Jugendliche vgl. auch Abschnitt 4.25.2 Abs. 7 ff.

Pflegeberatungsleistungen (§ 4 Nr. 16 Satz 1 Buchstabe l UStG)

(20 a) [1]Pflegeberatungsleistungen sind nach § 4 Nr. 16 Satz 1 Buchstabe l UStG steuerfrei, wenn sie von Einrichtungen erbracht werden, mit denen eine Vereinbarung zur Pflegeberatung nach § 7 a SGB XI besteht. [2]Damit umfasst die Steuerbefreiung neben Pflegeberatungsleistungen im Auftrag der gesetzlichen Pflegekassen auch solche Pflegeberatungsleistungen, die auf Grund von Vereinbarungen mit der privaten Pflege-Pflichtversicherung nach § 7 a Abs. 5 SGB XI erbracht werden, und andere eng mit der Pflegeberatung verbundene Pflege- und Betreuungsleistungen, soweit die Einrichtungen hierzu von den Pflegekassen oder der privaten Pflege-Pflichtversicherung beauftragt wurden bzw. sie hierzu gesetzlich befugt sind, z. B. damit zusammenhängende Schulungskurse und Beratungen.

Sonstige eng mit der Betreuung oder Pflege hilfsbedürftiger Personen verbundene Leistungen (§ 4 Nr. 16 Satz 1 Buchstabe n UStG)

(21) [1]Zu den begünstigten Leistungen zählen auch Leistungen zur Betreuung hilfsbedürftiger Personen zum Erwerb und Erhalt praktischer Kenntnisse und Fähigkeiten, die erforderlich und geeignet sind, Menschen mit Behinderungen oder von Behinderung bedrohten Menschen die für sie erreichbare Teilhabe am Leben in der Gemeinschaft zu ermöglichen, z. B. die Unterrichtung im Umgang mit dem Langstock als Orientierungshilfe für blinde Menschen. [2]Zu den begünstigten Leistungen zählen auch Leistungen der Eingliederungshilfe für Menschen mit Behinderungen, für die mit den Leistungserbringern keine Vereinbarungen nach § 123 SGB IX geschlossen wurden. [3]Zur umsatzsteuerlichen Behandlung der Leistungen von Gebärdensprachdolmetschern vgl. BMF-Schreiben vom 1. 2. 2016, BStBl I S. 219. [4]Auch die Erstellung von Gutachten zur Feststellung der Pflegebedürftigkeit nach § 18 SGB XI, Leistungen des Hausnotrufs nach § 40 SGB XI oder die Erteilung von Pflegekursen nach § 45 SGB XI sind als eng mit der Betreuung oder Pflege hilfsbedürftiger Personen verbundene Leistungen anzusehen.

UStAE 4.16.6. Eng verbundene Umsätze

(1) [1]Als eng mit der Betreuung oder Pflege körperlich, kognitiv oder psychisch hilfsbedürftiger Personen verbundene Umsätze einer Einrichtung sind Leistungen anzusehen, die für diese Einrichtungen nach der Verkehrsauffassung typisch und unerlässlich sind, regelmäßig und allgemein beim laufenden Betrieb vorkommen und damit unmittelbar oder mittelbar zusammenhängen (vgl. BFH-Urteil vom 01. 12. 1977 – V R 37/75, BStBl II 1978 S. 173). [2]Die Umsätze dürfen nicht im Wesentlichen dazu bestimmt sein, den Einrichtungen zusätzliche Einnahmen durch Tätigkeiten zu verschaffen, die in unmittelbarem Wettbewerb zu steuerpflichtigen Umsätzen anderer Unternehmer stehen (vgl. EuGH-Urteil vom 1. 12. 2005, C-394/04 und C-395/04, Ygeia).

(2) Unter diesen Voraussetzungen können zu den eng verbundenen Umsätzen gehören:

1. die stationäre oder teilstationäre Aufnahme von hilfsbedürftigen Personen, deren Betreuung oder Pflege einschließlich der Lieferungen der zur Betreuung oder Pflege erforderlichen Medikamente und Hilfsmittel z. B. Verbandsmaterial;
2. die (ambulante) Betreuung, Pflege oder hauswirtschaftliche Versorgung (Einkaufen, Kochen, Verpflegen, Reinigen der Wohnung, Waschen der Kleidung) hilfsbedürftiger Personen (vgl. BFH-Urteil vom 22. 4. 2004, V R 1/98, BStBl II S. 849);
3. [1]die Lieferungen von Gegenständen, die im Wege der Arbeitstherapie hergestellt worden sind, sofern kein nennenswerter Wettbewerb zu den entsprechenden Unternehmen der gewerblichen Wirtschaft besteht. [2]Ein solcher Wettbewerb ist anzunehmen, wenn für den Absatz der im Wege der Arbeitstherapie hergestellten Gegenstände geworben wird;
4. die Gestellung von Personal durch Einrichtungen nach § 4 Nr. 16 Satz 1 UStG an andere Einrichtungen dieser Art;
5. Verpflegungsleistungen, die durch Werkstätten für behinderte Menschen an die Menschen mit Behinderung erbracht werden.

(3) Nicht zu den eng verbundenen Umsätzen gehören insbesondere:

1. die entgeltliche Abgabe von Speisen und Getränken an Besucher;
2. die Telefongestellung an hilfsbedürftige Personen, die Vermietung von Fernsehgeräten und die Unterbringung und Verpflegung von Begleitpersonen (EuGH-Urteil vom 1. 12. 2005, C-394/04 und C-395/04, Ygeia);
3. [1]die Veräußerung des gesamten beweglichen Anlagevermögens und der Warenvorräte nach Einstellung des Betriebs (BFH-Urteil vom 1. 12. 1977, V R 37/75, BStBl 1978 II S. 173). [2]Es kann jedoch die Steuerbefreiung nach § 4 Nr. 28 UStG in Betracht kommen;
4. die Abgabe von Medikamenten und Hilfsmitteln gegen gesondertes Entgelt an ehemals stationär oder teilstationär untergebrachte körperlich, kognitiv oder psychisch hilfsbedürftige Personen;
5. [1]Verpflegungsleistungen, insbesondere Lieferungen von Speisen, soweit sie eigenständige Leistungen darstellen (z. B. „Essen auf Rädern“) (vgl. BFH-Urteil vom 01.12.201 0 – XI R 46/08, BStBl II 2023 S. 269). [2]Diese Leistungen unterliegen aber unter den Voraussetzungen des § 12 Abs. 2 Nr. 1 oder 8 UStG dem ermäßigten Steuersatz.

Zu § 4 Nr. 17 UStG

UStG § 4 Nr. 17. a) die Lieferungen von menschlichen Organen, menschlichem Blut und Frauenmilch,

b) die Beförderungen von kranken und verletzten Personen mit Fahrzeugen, die hierfür besonders eingerichtet sind;

UStAE 4.17.1. Menschliche Organe, menschliches Blut und Frauenmilch

(1) [1]Unter den Begriff „menschliches Blut“ fallen sowohl Vollblut, als auch Blutbestandteile, wie z. B. Blutzellen und Blutplasma. [2]Die Steuerbefreiung für die Lieferung von menschlichem Blut setzt weiter voraus, dass die Lieferung unmittelbar zu den dem Gemeinwohl dienenden Tätigkeiten beiträgt, d. h.

unmittelbar für Gesundheitsleistungen oder zu therapeutischen Zwecken eingesetzt wird. [3]In den Anwendungsbereich der Steuerbefreiung fallen danach Frischblutkonserven, Vollblutkonserven, Serum- und Plasmakonserven, Serumaugentropfen und Konserven zellulärer Blutbestandteile, z. B. Thrombozytenkonzentrat und Erythrozytenkonzentrat. [4]Die Steuerbefreiung für die Lieferung von menschlichem Blut umfasst nicht die Lieferung von aus menschlichem Blut gewonnenem Blutplasma, wenn dieses Blutplasma nicht unmittelbar für therapeutische Zwecke, sondern ausschließlich zur Herstellung von Arzneimitteln bestimmt ist (vgl. EuGH-Urteil vom 5. 10. 2016, C-412/15, TMD, BStBl 2017 II S. 505).

(2) [1]Nicht unter die Befreiung fallen die aus Mischungen von humanem Blutplasma hergestellten Plasmapräparate. [2]Hierzu gehören insbesondere: Faktoren-Präparate, Humanalbumin, Fibrinogen, Immunglobuline. [3]Dies gilt ebenso für die Lieferung allogener menschlicher Knochen, welche als Teil des Skeletts nicht unter den Begriff „Organe" fallen.

(3) Für die Steuerfreiheit der Lieferungen von Frauenmilch ist es ohne Bedeutung, ob die Frauenmilch bearbeitet, z. B. gereinigt, erhitzt, tiefgekühlt, getrocknet, wird.

(4) Liegen für die Lieferungen nach § 4 Nr. 17 Buchstabe a UStG auch die Voraussetzungen einer Ausfuhrlieferung (§ 4 Nr. 1 Buchstabe a, § 6 UStG) bzw. einer innergemeinschaftlichen Lieferung (§ 4 Nr. 1 Buchstabe b, § 6a UStG) vor, geht die Steuerbefreiung des § 4 Nr. 17 Buchstabe a UStG diesen Steuerbefreiungen vor.

UStAE 4.17.2. Beförderung von kranken und verletzten Personen

(1) [1]Ein Fahrzeug (Kraft-, Luft- und Wasserfahrzeug) ist für die Beförderung von kranken und verletzten Personen besonders eingerichtet, wenn es durch die vorhandenen Einrichtungen die typischen Merkmale eines Krankenfahrzeugs aufweist, z. B. Liegen, Spezialsitze. [2]Spezielle Einrichtungen für die Beförderung von Kranken und Verletzten können u. a. auch eine Bodenverankerung für Rollstühle, eine Auffahrrampe sowie eine seitlich ausfahrbare Trittstufe sein. [3]Bei Fahrzeugen, die nach dem Fahrzeugschein als Krankenkraftwagen anerkannt sind (§ 4 Abs. 6 PBefG), ist stets davon auszugehen, dass sie für die Beförderung von kranken und verletzten Personen besonders eingerichtet sind. [4]Serienmäßige Pkw, die lediglich mit blauem Rundumlicht und Einsatzhorn, sog. Martinshorn, ausgerüstet sind, erfüllen die Voraussetzungen nicht (BFH-Urteil vom 16. 11. 1989, V R 9/85, BStBl 1990 II S. 255). [5]Die Ausstattung mit einer Trage und einer Grundausstattung für „Erste Hilfe" reicht nicht aus.

(2) [1]Für die Inanspruchnahme der Steuerbefreiung nach § 4 Nr. 17 Buchstabe b UStG ist es nicht erforderlich, dass das verwendete Fahrzeug für die Beförderung von kranken und verletzten Personen dauerhaft besonders eingerichtet ist; das Fahrzeug muss aber im Zeitpunkt der begünstigten Beförderung nach seiner Bauart und Ausstattung speziell für die Beförderung verletzter und kranker Personen bestimmt sein (vgl. BFH-Urteil vom 12. 8. 2004, V R 45/03, BStBl 2005 II S. 314). [2]Bei der Beförderung mit Fahrzeugen, die zum Zweck einer anderweitigen Verwendung umgerüstet werden können, sind die Voraussetzungen für jede einzelne Fahrt, z. B. mittels eines Fahrtenbuchs, nachzuweisen. [3]Befördert der Unternehmer neben kranken oder verletzten Personen in einem hierfür besonders eingerichteten Fahrzeug weitere Personen, ist das auf die Beförderung der weiteren Personen entfallende Entgelt steuerpflichtig; ein für steuerfreie und steuerpflichtige Beförderungsleistungen einheitliches Entgelt ist aufzuteilen.

(3) Die Steuerbefreiung gilt nicht nur für die Beförderung von akut erkrankten und verletzten Personen, sondern auch für die Beförderung von Personen, die körperlich oder geistig behindert und auf die Benutzung eines Rollstuhls angewiesen sind (vgl. BFH-Urteil vom 12. 8. 2004, V R 45/03, BStBl 2005 II S. 314).

(4) [1]Nach § 4 Nr. 17 Buchstabe b UStG sind bestimmte Beförderungsleistungen befreit. [2]Dabei ist es nicht erforderlich, dass die Beförderungen auf Grund eines Beförderungsvertrages ausgeführt werden oder dass der Empfänger der umsatzsteuerlichen Leistung und die beförderte Person identisch sind. [3]Es können deshalb auch die Beförderungen von kranken oder verletzten Personen im Rahmen von Dienstverträgen über den Betrieb einer Rettungswache befreit werden (vgl. BFH-Urteil vom 18. 1. 1995, XI R 71/93, BStBl II S. 559).

(5) [1]Die Leistungen der Notfallrettung umfassen sowohl Leistungen der Lebensrettung und Betreuung von Notfallpatienten als auch deren Beförderung. [2]Die lebensrettenden Maßnahmen i. e. S. werden regelmäßig durch selbständige Ärzte erbracht, die sich dazu gegenüber dem beauftragten Unternehmen verpflichtet haben und insoweit als Unternehmer im Sinne des § 2 UStG tätig werden. [3]Die Leistungen dieser Ärzte sind nach § 4 Nr. 14 Buchstabe a UStG steuerfrei. [4]Die vom beauftragten Unternehmer am Einsatzort erbrachten lebensrettenden Maßnahmen im weiteren Sinne können unter den Voraussetzungen des § 4 Nr. 14 Buchstabe a oder b UStG steuerfrei sein. [5]Die Beförderung von Notfallpatienten in dafür besonders eingerichteten Fahrzeugen ist steuerfrei nach § 4 Nr. 17 Buchstabe b UStG. [6]Wird der Verletzte im Anschluss an eine Notfallrettung in ein Krankenhaus befördert, stellen die lebensrettenden Maßnahmen, die der Vorbereitung der Transportfähigkeit des Patienten dienen, eine einheitliche Leistung dar, die nach § 4 Nr. 17 Buchstabe b UStG steuerfrei ist.

(6) [1]Werden Leistungen zur Sicherstellung der Einsatzbereitschaft der Rettungsmittel und des Personals (sog. Vorhalteleistungen) von demselben Unternehmer erbracht, der die Beförderung von Notfallpatienten als Hauptleistung ausführt, teilen die Vorhalteleistungen als Nebenleistungen das Schicksal der Hauptleistung. [2]Eine Steuerbefreiung nach § 4 Nr. 17 Buchstabe b UStG kommt hingegen nicht in Betracht, wenn Vorhalteleistungen und Hauptleistungen von verschiedenen Unternehmern erbracht werden.

Anmerkung

Steuerbefreiung von Rettungsdiensten (BFH, Urt. v. 24.2.2021 – XI R 32/20)

Hinweis

Der Kläger ist ein anerkannter Verband der freien Wohlfahrtspflege und Mitglied eines Wohlfahrtsverbandes. Er ist als gemeinnützig und mildtätig i. S. der §§ 51 bis 68 AO anerkannt und unterliegt mit seinen Einkünften grundsätzlich nicht der Besteuerung. Der Kläger ist als Leistungserbringer im öffentlichen Rettungsdienst tätig. Die Einzelheiten sind in einem Vertrag zwischen dem Landkreis und dem Kläger geregelt.

Nach einer Außenprüfung vertrat das FA die Auffassung, dass die Leistungen des Klägers, soweit dieser durch seine Abrechnungsstelle für andere Leistungserbringer gegenüber den Sozialleistungsträgern abgerechnet hat, nicht gemäß § 4 Nr. 18 UStG oder Art. 132 Abs. 1 Buchst. g MwStSystRL von der Umsatzsteuer befreit seien. Das FG verneinte in erster Instanz eine Umsatzsteuerbefreiung nach § 4 Nr. 17 bzw. § 4 Nr. 18 UStG und auch nach Art 132 Abs. 1 Buchst. g MwStSystRL.

Nach **§ 4 Nr. 17 Buchst. b UStG** sind die Beförderungen von kranken und verletzten Personen mit Fahrzeugen, die hierfür besonders eingerichtet sind, steuerfrei.

Nach **§ 4 Nr. 18 UStG** sind die Leistungen der amtlich anerkannten Verbände der freien Wohlfahrtspflege und der der freien Wohlfahrtspflege dienenden Körperschaften, Personenvereinigungen und Vermögensmassen, die einem Wohlfahrtsverband als Mitglied angeschlossen sind, steuerfrei, wenn die dort genannten weitergehenden Voraussetzungen erfüllt sind.

Ob die Abrechnungsleistungen bereits nach § 4 Nr. 17 Buchst. b UStG als Bestandteil der Leistung „Beförderungen von Kranken und verletzten Personen mit Fahrzeugen, die hierfür besonders eingerichtet sind", oder nach § 4 Nr. 18 UStG steuerfrei sind, hat der BFH in der Entscheidung XI R 32/20 offen gelassen, weil jedenfalls die Voraussetzungen des **Art. 132 Abs. 1 Buchst. g MwStSystRL** erfüllt sind:

Nach dieser Vorschrift befreien die Mitgliedstaaten *„eng mit der Sozialfürsorge und der sozialen Sicherheit verbundene Dienstleistungen ..., einschließlich derjenigen, die durch ... Einrichtungen des öffentlichen Rechts oder andere von dem betreffenden Mitgliedstaat als Einrichtungen mit sozialem Charakter anerkannte Einrichtungen bewirkt werden"*.

Die Steuerbefreiung knüpft damit an leistungs- und an personenbezogene Voraussetzungen an: Es muss sich um eng mit der Sozialfürsorge oder der sozialen Sicherheit verbundene Leistungen handeln, die von Einrichtungen des öffentlichen Rechts oder anderen Einrichtungen erbracht werden, die von dem betreffenden Mitgliedstaat als Einrichtungen mit im Wesentlichen sozialem Charakter anerkannt worden sind.

Im Fall XI R 32/20 waren die vom Kläger mit seiner Haupttätigkeit erbrachten Leistungen des Krankentransports und der Notfallrettung bereits dem Grunde nach begünstigt; die Abrechnungen des Klägers über diese Leistungen war Teil derselben und damit ebenfalls begünstigt (Rechtsfolge aus Art. 132 Abs. 1 Buchst. g MwStSystRL).

Hinweis

Mit Urteil vom 24.8.2022 – XI R 25/20 hat der BFH seine Rechtsprechung aus der Entscheidung XI R 32/20 nochmals bestätigt.

Eine Reaktion der FinVerw steht aus **(Stand Dezember 2025)**. Bisher ist auch eine amtliche Veröffentlichung im BStBl II nicht erfolgt.

Zu § 4 Nr. 18 UStG

UStG § 4 Nr. 18. eng mit der Sozialfürsorge und der sozialen Sicherheit verbundene Leistungen, wenn diese Leistungen von Einrichtungen des öffentlichen Rechts oder anderen Einrichtungen, die keine systematische Gewinnerzielung anstreben, erbracht werden. Etwaige Gewinne, die trotzdem anfallen, dürfen nicht verteilt, sondern müssen zur Erhaltung oder Verbesserung der durch die Einrichtung erbrachten Leistungen verwendet werden. Für in anderen Nummern des § 4 bezeichnete Leistungen kommt die Steuerbefreiung nur unter den dort genannten Voraussetzungen in Betracht;

UStDV

§ 23 ***(weggefallen)***

UStAE 4.18.1. Eng mit der Sozialfürsorge und der sozialen Sicherheit verbundene Leistungen

Umfang der Steuerbefreiung

(1) [1]Die Steuerbefreiung des § 4 Nr. 18 UStG umfasst eng mit der Sozialfürsorge und der sozialen Sicherheit verbundene Leistungen im Sinne des Artikels 132 Abs. 1 Buchstabe g MwStSystRL, soweit diese nicht bereits in anderen Nummern des § 4 UStG genannt sind. [2]Unter eng mit der Sozialfürsorge und der sozialen Sicherheit verbundene Leistungen fallen sowohl Leistungen, die im Rahmen von Maßnahmen der Sozialfürsorge und der sozialen Sicherheit unmittelbar an die hilfsbedürftigen Personen erbracht werden, als auch solche Leistungen, die zwar nicht unmittelbar an die hilfsbedürftigen Personen erbracht werden, jedoch für die Umsätze im Bereich der Sozialfürsorge und der sozialen Sicherheit unerlässlich sind (vgl. EuGH-Urteil vom 08. 10. 2020, C-657/19, Finanzamt D); eine Vertragsbeziehung zu der hilfsbedürftigen Person selbst muss nicht bestehen.

(2) [1]Nach § 4 Nr. 18 UStG sind insbesondere Leistungen an wirtschaftlich hilfsbedürftige Personen zur Überwindung der wirtschaftlichen Hilfsbedürftigkeit steuerfrei, z.B. Leistungen der Schuldnerberatung im außergerichtlichen Insolvenzverfahren, der „Tafeln“, der Frauenhäuser nach § 36a SGB II, der Bahnhofsmission, der Mitternachtsmission oder die Beratung und Hilfe für Obdach- und Wohnungslose. **[2]Als eng mit der Sozialfürsorge und der sozialen Sicherheit verbundene Leistungen sind auch Leistungen steuerfrei, die an wirtschaftlich hilfsbedürftige Personen zu einem marktunüblichen niedrigen Entgelt z.B. im Rahmen eines Second-Hand-Ladens oder einer Fahrradreparaturwerkstatt erbracht werden.** [3]Auch Beratungsleistungen für Angehörige drogen- oder alkoholabhängiger Menschen oder bei Fragen zu Mütterkuren, Mutter-Kind-Kuren oder Vater-Kind-Kuren, Leistungen der Beratungsstellen für Ehe- und Lebensfragen und die Beratung und Hilfe für Haftentlassene sowie für Prostituierte sind eng mit der Sozialfürsorge und der sozialen Sicherheit verbundene Leistungen. [4]Das gilt auch für Leistungen im Zusammenhang mit der Migration von Menschen, z.B. die Beratung und Hilfe für Migranten, Asylbewerber, Aussiedler oder Flüchtlinge. [5]Hierunter fallen auch die im Zusammenhang mit dem Betrieb von Flüchtlingsunterkünften erbrachten Leistungen

wie die Unterbringung und Betreuung der Flüchtlinge, sowie in Erstaufnahmeeinrichtungen auch die Verpflegung der Flüchtlinge (vgl. BFH-Urteil vom 24.03.2021 – V R 1/19, BStBl II 2023 S. 279).

(3) [1]Unter die Steuerbefreiung des § 4 Nr. 18 UStG fallen auch Leistungen, die auf Grund von Verträgen zur Übertragung von Aufgaben im Rahmen des Bundesfreiwilligendienstes nach § 16 Bundesfreiwilligendienstgesetz (BFDG) erbracht werden, sofern die Einsatzstellen mit den Freiwilligen Aufgaben im Bereich der Sozialfürsorge oder der sozialen Sicherheit erfüllen. [2]Insbesondere sind die unter § 4 Nr. 14 Buchstabe f, Nr. 15, 15 a, 15 b, 15 c, 16 und 18 UStG genannten Leistungen als eng mit der Sozialfürsorge und der sozialen Sicherheit verbundene Dienstleistungen anzusehen. [3]Sofern die Freiwilligen durch die Einsatzstellen jedoch für Aufgaben in anderen Bereichen eingesetzt werden, z. B. in den Bereichen Umwelt- oder Naturschutz, Landschaftspflege, Kultur und Denkmalpflege, Sport sowie Zivil- und Katastrophenschutz, ist eine Befreiung der auf Grund eines vorgenannten Vertrages nach § 16 BFDG u. a. von Zentralstellen an das Bundesamt für Familie und zivilgesellschaftliche Aufgaben erbrachten Leistungen nach § 4 Nr. 18 UStG nicht möglich (vgl. BFH-Urteil vom 23. 07. 2009 – V R 93/07, BStBl II 2015 S. 735). [4]Des Weiteren sind auch Leistungen, die ein Träger des Jugendfreiwilligendienstes, der gemäß § 11 Abs. 1 Jugendfreiwilligendienstegesetz zur Gewährung von Geld- und Sachleistungen an die Freiwilligen verpflichtet ist, an die Einsatzstelle der Freiwilligen erbringt, und die dem Träger von der Einsatzstelle durch eine monatliche Pauschale vergütet werden, von der Steuerbefreiung des § 4 Nr. 18 UStG umfasst (vgl. BFH-Urteil vom 24. 06. 2020 – V R 21/19, BStBl II 2023 S. 276); die Sätze 2 und 3 gelten entsprechend.

(4) [1]Eine Steuerfreiheit für die Beherbergung, Beköstigung, ausgenommen die Abgabe von alkoholischen Getränken, und die üblichen Naturalleistungen an Personen, die bei den begünstigten Leistungen tätig sind, kommt nur dann in Betracht, wenn diese Sachzuwendungen als Vergütung für geleistete Dienste gewährt werden. [2]Diese Voraussetzung ist erfüllt, wenn ein Arbeitnehmer nach dem Arbeitsvertrag, den mündlichen Abreden oder nach den sonstigen Umständen des Arbeitsverhältnisses (z. B. faktische betriebliche Übung) neben dem Barlohn einen zusätzlichen Lohn in Form der Sachzuwendungen erhält. [3]Unschädlich ist es hierbei, wenn die Beteiligten aus verrechnungstechnischen Gründen einen Bruttogesamtlohn bilden und hierauf die Sachzuwendungen anrechnen. [4]Die Sachzuwendungen werden jedoch nicht als Vergütung für geleistete Dienste gewährt, wenn sie auf den Barlohn des Arbeitnehmers angerechnet werden. [5]Die Sachzuwendungen haben hier nicht die Eigenschaft eines Arbeitslohnes. [6]Vielmehr liegt ein besonderer Umsatz an den Arbeitnehmer vor, der nicht unter die Befreiung des § 4 Nr. 18 UStG fällt (vgl. BFH-Urteil vom 03. 03. 1960 – V 103/58 U, BStBl III S. 169).

(5) [1]Die Steuerbefreiung nach § 4 Nr. 18 UStG findet keine Anwendung, wenn für eine Leistung eine andere Steuerbefreiung als lex specialis vorgeht (vgl. EuGH-Urteil vom 15. 11. 2012, C-174/11, Zimmermann). [2]Das gilt u. a. für Heilbehandlungsleistungen, für Leistungen der Behindertenhilfe (z. B. der Werkstätten für behinderte Menschen), für Leistungen im Rahmen der rechtlichen Betreuung, der Altenhilfe, der Jugendhilfe oder für Leistungen zur Beförderung von kranken und verletzten Personen.

(6) [1]Leistungen, die in der Regel nicht speziell den hilfsbedürftigen Personen im Rahmen der Sozialfürsorge und der sozialen Sicherheit angeboten werden, z. B. Umzugsleistungen, Rechtsberatungsleistungen oder allgemeine Geschäftsführungs- und Verwaltungsleistungen, sind als solche keine eng mit der Sozialfürsorge und der sozialen Sicherheit verbundenen Leistungen. [2]Auch bei den von einem Menüservice erbrachten Leistungen handelt es sich nicht um eng mit der Sozialfürsorge oder der sozialen Sicherheit verbundene Leistungen; diese fallen daher nicht unter die Steuerbefreiung des § 4 Nr. 18 UStG (vgl. BFH-Urteil vom 01. 12. 2010 – XI R 46/08, BStBl II 2023 S. 269). [3]Die Leistungen eines solchen Menüservice oder Mahlzeitendienstes (z. B. „Essen auf Rädern") unterliegen aber unter den Voraussetzungen des § 12 Abs. 2 Nr. 1 oder 8 UStG dem ermäßigten Steuersatz.

Begünstigte Leistungserbringer

(7) [1]Eng mit der Sozialfürsorge und der sozialen Sicherheit verbundene Leistungen sind steuerfrei, wenn sie von Einrichtungen juristischer Personen des öffentlichen Rechts oder von anderen Einrichtungen, die keine systematische Gewinnerzielung anstreben, erbracht werden. [2]Bei der Beurteilung der Frage, ob es sich um eine Einrichtung handelt, die keine systematische Gewinnerzielung anstrebt, sind sämtliche Tätigkeiten desselben Unternehmers zu berücksichtigen. [3]Eine Einrichtung ohne systematische Gewinnerzie-

lung kann jedoch auch dann vorliegen, wenn sie zwar systematisch danach strebt, Überschüsse zu erwirtschaften, sie diese jedoch nicht als Gewinn an ihre Mitglieder ausschüttet, sondern für die Durchführung ihrer Leistungen verwendet (vgl. EuGH-Urteil vom 21. 03. 2002, C-174/00, Kennemer Golf & Country Club).

Anmerkung

Steuerbefreiung von Leistungen der Sozialfürsorge und der sozialen Sicherheit, § 4 Nr. 18 UStG

1. Billigkeitsregelung

Im Zusammenhang mit der Bekämpfung der Corona-Pandemie hatte die FinVerw (BMF-Schr. v. 15.6.2021, BStBl 2021 I S. 855) im Rahmen einer Billigkeitsregelung für die VZ 2020 und 2021 bestimmt, dass alle im unmittelbaren Zusammenhang mit der Eindämmung und der Bekämpfung der Corona-Pandemie von den in § 4 Nr. 18 UStG genannten Einrichtungen erbrachten Leistungen steuerfrei behandelt werden können.

Zu diesen Leistungen gehören auch die entgeltliche Gestellung von Personal, Räumlichkeiten, Sachmitteln oder die Erbringung anderer Leistungen an Körperschaften des privaten und öffentlichen Rechts, soweit die empfangende Einrichtung selbst Leistungen zur Eindämmung oder Bekämpfung der Corona-Pandemie erbrachte. Ob die die Leistung empfangende Körperschaft ihre Leistungen als steuerfreie Leistungen, mangels Entgeltlichkeit oder aufgrund hoheitlicher Tätigkeit nicht steuerbar erbringt, war unbeachtlich.

Die ursprünglich bis Ende 2021 befristete Billigkeitsmaßnahme war aufgrund der anhaltenden Pandemie bis zum 31.12.2022 verlängert worden (BMF-Schr. v. 3.12.2021, BStBl 2021 I S. 2488). Die FinVerw hat diese Frist in der Folge nochmals um ein Jahr (**bis zum 31.12.2023**) verlängert (BMF-Schr. v. 12.12.2022, IV C 4 – S 2223/19/10003 :006 BStBl I 2022, 1677). Eine weitere Verlängerung über den 31.12.2023 hinaus ist **nicht erfolgt.**

Praxishinweis

Die Befreiungsregelung im Billigkeitswege durch die FinVerw ist mithin bis zum Veranlagungszeitraum 2023, also auch noch bei Fertigstellung der Steuererklärungen in 2024 und 2025 zu beachten. Seit 2024 ist die Billigkeitsregelung nicht mehr anwendbar.

2. Second-Hand-Läden und Fahrradreparaturwerkstätten

Mit BMF-Schreiben vom 11.12.2025 – III C 3 – S 7175/00036/001/05 hat die FinVerw den Abschn. 4.18.1 Abs. 2 um einen neuen Satz 2 ergänzt:

Als eng mit der Sozialfürsorge und der sozialen Sicherheit verbundene Leistungen sind danach auch Leistungen solche steuerfrei, die an wirtschaftlich hilfsbedürftige Personen zu einem **marktunüblichen niedrigen Entgelt** z.B. im Rahmen eines **Second-Hand-Ladens** oder einer **Fahrradreparaturwerkstatt** erbracht werden.

Wichtig ist, dass der Hinweis auf Second-Hand-Läden und Fahrradreparaturwerkstätten nur beispielhaft und **nicht abschließend** ist. Auch vergleichbare Läden können mithin unter diese Regelung fallen.

Praxishinweis: Übergangsregelung

Die Ergänzung ist auf alle offenen Umsätze anzuwenden, die **nach dem 31.12.2019** erbracht wurden bzw. werden. Für Umsätze, die **vor dem 01.01.2026** erbracht wurden bzw. werden, wird es von der FinVerw nicht beanstandet, wenn die Leistungen als steuerpflichtig behandelt werden.

Zu § 4 Nr. 18a UStG

UStG § 4 Nr. 18a. die Leistungen zwischen den selbständigen Gliederungen einer politischen Partei, soweit diese Leistungen im Rahmen der satzungsgemäßen Aufgaben gegen Kostenerstattung ausgeführt werden, und sofern die jeweilige Partei nicht gemäß § 18 Absatz 7 des Parteiengesetzes von der staatlichen Teilfinanzierung ausgeschlossen ist;

Zu § 4 Nr. 19 UStG

UStG § 4 Nr. 19. a) die Umsätze der Blinden, die nicht mehr als zwei Arbeitnehmer beschäftigen. Nicht als Arbeitnehmer gelten der Ehegatte, der eingetragene Lebenspartner, die minderjährigen Abkömmlinge, die Eltern des Blinden und die Lehrlinge. Die Blindheit ist nach den für die Besteuerung des Einkommens maßgebenden Vorschriften nachzuweisen. Die Steuerfreiheit gilt nicht für die Lieferungen von Energieerzeugnissen im Sinne des § 1 Abs. 2 und 3 des Energiesteuergesetzes und von Alkoholerzeugnissen im Sinne des Alkoholsteuergesetzes, wenn der Blinde für diese Erzeugnisse Energiesteuer oder Alkoholsteuer zu entrichten hat,

b) die folgenden Umsätze der nicht unter Buchstabe a fallenden Inhaber von anerkannten Blindenwerkstätten und der anerkannten Zusammenschlüsse von Blindenwerkstätten im Sinne des § 226 des Neunten Buches Sozialgesetzbuch:

aa) die Lieferungen von Blindenwaren und Zusatzwaren,

bb) die sonstigen Leistungen, soweit bei ihrer Ausführung ausschließlich Blinde mitgewirkt haben;

UStAE 4.19.1. Blinde

(1) Der Unternehmer hat den Nachweis der Blindheit in der gleichen Weise wie bei der Einkommensteuer für die Inanspruchnahme eines Pauschbetrags nach § 33 b EStG in Verbindung mit § 65 EStDV zu führen.

(2) [1]Bei der Frage nach den beschäftigten Arbeitnehmern kommt es nach dem Sinn und Zweck der Steuerbefreiung nicht auf die Anzahl der Arbeitnehmer schlechthin, sondern auf ihre zeitliche Arbeitsleistung an. [2]Die Umsätze von Blinden sind daher auch dann steuerfrei, wenn mehr als zwei Teilzeitkräfte beschäftigt werden, sofern ihre Beschäftigungszeit – bezogen jeweils auf den Kalendermonat – diejenige von zwei ganztägig beschäftigten Arbeitnehmern nicht übersteigt.

(3) [1]Die Einschränkung der Steuerbefreiung für die Lieferungen von Mineralöl und Alkoholerzeugnissen in den Fällen, in denen der Blinde für diese Waren Energiesteuer oder Alkoholsteuer zu entrichten hat, ist insbesondere für blinde Tankstellenunternehmer von Bedeutung, denen nach § 7 EnergieStG ein Lager für Energieerzeugnisse bewilligt ist. [2]Der Begriff Mineralöl richtet sich nach § 1 Abs. 2 und 3 EnergieStG. [3]Hiernach fallen unter diesen Begriff vor allem Vergaserkraftstoffe, Dieselkraftstoffe, Flüssiggase (Autogase). [4]Der Begriff Alkoholerzeugnisse richtet sich nach § 1 des Alkoholsteuergesetzes (AlkStG). [5]Bei einer Erhöhung der Energiesteuer oder Alkoholsteuer können die entsprechenden Waren einer Nachsteuer unterliegen. [6]Wenn blinde Unternehmer lediglich eine solche Nachsteuer zu entrichten haben, entfällt die Steuerbefreiung nicht.

(4) Liegen für die Lieferungen durch einen in § 4 Nr. 19 Buchstabe a UStG genannten Unternehmer auch die Voraussetzungen einer Ausfuhrlieferung (§ 4 Nr. 1 Buchstabe a, § 6 UStG) bzw. einer innergemeinschaftlichen Lieferung (§ 4 Nr. 1 Buchstabe b, § 6 a UStG) vor, geht die Steuerbefreiung des § 4 Nr. 19 Buchstabe a UStG diesen Steuerbefreiungen vor.

UStAE 4.19.2. Blindenwerkstätten

(1) [1]Blindenwerkstätten sind Betriebe, in denen ausschließlich Blindenwaren hergestellt und in denen bei der Herstellung andere Personen als Blinde nur mit Hilfs- oder Nebenarbeiten beschäftigt werden. [2]Die Unternehmer sind im Besitz eines Anerkennungsbescheids auf Grund des Blindenwarenvertriebsgesetzes vom 9. 4. 1965 (BGBl. I S. 311) in der bis zum 13. 9. 2007 geltenden Fassung (BGBl. I S. 2246).

(2) [1]Welche Waren als Blindenwaren und Zusatzwaren anzusehen sind, bestimmt sich nach § 2 des Blindenwarenvertriebsgesetzes vom 9. 4. 1965 (BGBl. I S. 311) in der bis zum 13. 9. 2007 geltenden Fassung (BGBl. I S. 2246) und nach den §§ 1 und 2 der zu diesem Gesetz ergangenen Durchführungsverordnung vom 11. 8. 1965 (BGBl. I S. 807), geändert durch die Verordnung vom 10. 7. 1991 (BGBl. I S. 1491) in der bis zum 13. 9. 2007 geltenden Fassung (BGBl. I S. 2246). [2]Unter die Steuerbefreiung fallen auch die Umsätze von solchen Blindenwaren, die nicht in der eigenen Blindenwerkstätte hergestellt sind.

(3) Liegen für die Lieferungen durch einen in § 4 Nr. 19 Buchstabe b UStG genannten Unternehmer auch die Voraussetzungen einer Ausfuhrlieferung (§ 4 Nr. 1 Buchstabe a, § 6 UStG) bzw. einer innergemeinschaftlichen Lieferung (§ 4 Nr. 1 Buchstabe b, § 6a UStG) vor, geht die Steuerbefreiung des § 4 Nr. 19 Buchstabe b UStG diesen Steuerbefreiungen vor.

Zu § 4 Nr. 20 UStG

UStG § 4 Nr. 20. a) die Umsätze folgender Einrichtungen juristischer Personen des öffentlichen Rechts: Theater, Orchester, Kammermusikensembles, Chöre, Museen, botanische Gärten, zoologische Gärten, Tierparks, Archive, Büchereien sowie Denkmäler der Bau- und Gartenbaukunst. Das Gleiche gilt für die Umsätze gleichartiger Einrichtungen anderer Unternehmer, wenn die zuständige Landesbehörde bescheinigt, dass sie die gleichen kulturellen Aufgaben wie die in Satz 1 bezeichneten Einrichtungen erfüllen. Steuerfrei sind auch die Umsätze von Bühnenregisseuren und Bühnenchoreographen an Einrichtungen im Sinne der Sätze 1 und 2, wenn die zuständige Landesbehörde bescheinigt, dass deren künstlerische Leistungen diesen Einrichtungen unmittelbar dienen. Museen im Sinne dieser Vorschrift sind wissenschaftliche Sammlungen und Kunstsammlungen,

b) die Veranstaltung von Theatervorführungen und Konzerten durch andere Unternehmer, wenn die Darbietungen von den unter Buchstabe a bezeichneten Theatern, Orchestern, Kammermusikensembles oder Chören erbracht werden;

UStAE 4.20.1. Theater

(1) [1]Ein Theater im Sinne des § 4 Nr. 20 UStG wendet sich in der Regel an eine unbestimmte Zahl von Zuschauern und hat die Aufgabe, der Öffentlichkeit Theaterstücke in künstlerischer Form nahezubringen (BVerwG-Urteil vom 31. 7. 2008, 9 B 80/07). [2]Danach können Umsätze eines Theaters nur vorliegen, wenn Personen in irgendeiner Weise auf einer Bühne vor einem Publikum ein Stück zur Aufführung bringen oder eine für Zuschauer bestimmte Aufführung durch eine Person erfolgt (vgl. BFH-Urteile vom 4. 5. 2011, XI R 44/08, BStBl II 2014 S. 200, und vom 10. 1. 2013, V R 31/10, BStBl II S. 352). [3]Wenn z. B. so viele künstlerische und technische Kräfte und die zur Aufführung von Theaterveranstaltungen notwendigen technischen Voraussetzungen unterhalten werden, dass die Durchführung eines Spielplans aus eigenen Kräften möglich ist (BFH-Urteil vom 14. 11. 1968, V 217/64, BStBl 1969 II S. 274), liegt ein Theater vor. [4]Es genügt, dass ein Theater die künstlerischen und technischen Kräfte nur für die Spielzeit eines Stückes verpflichtet. [5]Ein eigenes oder gemietetes Theatergebäude braucht nicht vorhanden zu sein (BFH-Urteil vom 24. 3. 1960, V 158/58 U, BStBl III S. 277). [6]Unter die Befreiungsvorschrift fallen deshalb auch die Theatervorführungen in einem Fernsehstudio, und zwar unabhängig davon, ob die Theatervorführung unmittelbar übertragen oder aufgezeichnet wird. **[7]Von der Befreiungsvorschrift erfasst ist auch die Bereitstellung von Live-Streaming-Angeboten an einen Leistungsempfänger, die parallel zu bzw. anstelle der „Vor-Ort"-Veranstaltung und in Echtzeit erfolgen. [8]Dagegen sind Streaming-Angebote aufgezeichneter Veranstaltungen von der Steuerbefreiung ausgeschlossen.**

(2) [1]Zu den Theatern gehören auch Freilichtbühnen, Wanderbühnen, Zimmertheater, Heimatbühnen, Puppen-, Marionetten- und Schattenspieltheater sowie literarische und politische Kabaretts, wenn sie die in Absatz 1 bezeichneten Voraussetzungen erfüllen. [2]Theatervorführungen sind auch Aufführungen der Pantomime und Tanzkunst, der Kleinkunst, des Varietés (u. a. Zauberei, Artistik und Bauchrednerei), der Eisrevuen sowie Mischformen von Sprech-, Musik- und Tanzdarbietungen (vgl. BFH-Urteile vom 4. 5. 2011, XI R 44/08, BStBl II 2014 S. 200, und vom 10. 1. 2013, V R 31/10, BStBl II S. 352). [3]Filmvorführungen fallen nicht unter die Steuerbefreiung. [4]Dasselbe gilt für reine Autorenlesungen vor Publikum (vgl. BFH-Urteil vom 25. 02. 2015 – XI R 35/12, BStBl II S. 677).

(3) [1]Befreit sind die eigentlichen Theaterleistungen einschließlich der damit üblicherweise verbundenen Nebenleistungen. [2]Als Theaterleistungen sind auch solche Leistungen anzusehen, die gegenüber einem gastgebenden Theater ausgeführt werden, z. B. zur Verfügung stellen eines Ensembles. [3]Zu den Nebenleistungen gehören insbesondere die Aufbewahrung der Garderobe, der Verkauf von Programmen und die Vermietung von Operngläsern. [4]Die Abgabe von Speisen und Getränken bei Theatervorstellungen ist keine

nach § 4 Nr. 20 Buchstabe a UStG steuerfreie Nebenleistung (BFH-Urteile vom 14. 5. 1998, V R 85/97, BStBl 1999 II S. 145, vom 21. 4. 2005, V R 6/03, BStBl II S. 899, und vom 18. 8. 2005, V R 20/03, BStBl II S. 910). [5]Bei einer Veranstaltung, bei der kulinarische und künstlerische Elemente untrennbar gleichwertig nebeneinander angeboten werden und aus Sicht des Durchschnittsverbrauchers gerade dieses Kombinationserlebnis im Vordergrund steht, liegt eine einheitliche sonstige Leistung eigener Art vor; diese unterliegt dem allgemeinen Steuersatz nach § 12 Abs. 1 UStG (vgl. BFH-Urteil vom 13. 6. 2018, XI R 2/16, BStBl II S. 678, sowie Abschnitt 12.5 Abs. 2 Satz 10). [6]Der Betrieb einer Theatergaststätte und die Vermietung oder Verpachtung eines Theaters oder eines Nebenbetriebs, z. B. Gaststätte, Kleiderablage, sind steuerpflichtig, sofern nicht besondere Befreiungsvorschriften, z. B. § 4 Nr. 12 UStG, anzuwenden sind.

(4) [1]Veranstalter ist derjenige, der im eigenen Namen die organisatorischen Maßnahmen dafür trifft, dass die Theatervorführung abgehalten werden kann, wobei er die Umstände, den Ort und die Zeit der Darbietung selbst bestimmt. [2]Werden bei Theatervorführungen mehrere Veranstalter tätig, kann jeder Veranstalter die Steuerbefreiung des § 4 Nr. 20 Buchstabe b UStG unter den Voraussetzungen dieser Vorschrift in Anspruch nehmen. [3]Bei Tournee-Veranstaltungen kann deshalb die Steuerbefreiung sowohl dem Tournee-Veranstalter als auch dem örtlichen Veranstalter zustehen.

Anmerkung

1. Zweck der Befreiungsregelung des § 4 Nr. 20 UStG

§ 4 Nr. 20 UStG befreit die Umsätze bestimmter kultureller Einrichtungen der Gebietskörperschaften und gleichartiger Einrichtungen anderer Unternehmer (§ 4 Nr. 20 Buchst. a) UStG) sowie die Dienstleistungen durch andere Unternehmer als Veranstalter von Theatervorführungen und Konzerten (§ 4 Nr. 20 Buchst. b) UStG).

1.1 Gleichartige Unternehmen

Zu prüfen ist immer, ob der Unternehmer eine Einrichtung betreibt, die mit einer Einrichtung im Sinne des § 4 Nr. 20 Buchstabe a) Satz 1 UStG gleichartig ist.

Der Zweck der Regelung besteht vor allem darin, die Leistungen eines ohnehin in erheblichem Umfang staatlich subventionierten Bereichs nicht noch durch die Umsatzsteuer zusätzlich finanziell zu belasten (so z. B. FG Münster, Urt. v. 8.10.2018 – 5 K 1215/16 U, m. w. N.). Letztlich profitiert von der Befreiungsregelung natürlich auch der Verbraucher.

1.2 Einarbeitung der neueren BFH-Rechtsprechung

Im Zuge eines BMF-Schreibens vom 12.11.2020 hat die Finanzverwaltung den Bereich der durch § 4 Nr. 20 UStG begünstigten Unternehmer unter Anwendung der BFH-Rechtsprechung ausgeweitet. Weder der Wortlaut noch der Zweck der Steuerbefreiung lassen danach den Schluss zu, dass die Steuerbefreiung nur solchen Theatern zugutekommen soll, die „auf hohem Niveau" arbeiten. Abgrenzend ist festzuhalten, dass etwa sogenannte Hochzeits- und Trauerredner im Regelfall nicht als Künstler anzusehen sind (vgl. hierzu z. B. BFH, Urt. v. 4.5.2011 – XI R 44/08, BStBl II 2014, 200; BFH, Urt. v. 10.1.2013 – V R 31/10, BStBl II 2013, 352).

Die Rechtsprechung des BFH hat in der Vergangenheit die Aufführung von Theaterstücken nicht nur in einem engeren Sinne, sondern auch erweiternd ausgelegt. Dazu gehören zum Beispiel auch Darbietungen der Pantomime und der Tanzkunst, der Kleinkunst, Eisrevuen und Puppenspiele.

2. Nebenleistungen

Zu den begünstigten Leistungen nach § 4 Nr. 20 UStG gehören nur die mit dem Betrieb **eng zusammengehörenden Leistungen** sowie die damit üblicherweise verbundenen Nebenleistungen.

Nebenleistungen bei Theaterleistungen sind deshalb etwa der

- Verkauf von Programmen und
- die Aufbewahrung von Garderobe.

Die Umsätze aus einem **Gastronomiebetrieb** sind dagegen **steuerpflichtig**, weil sie für die Theatervorstellung nicht unerlässlich sind sondern in erster Linie dazu bestimmt sind, dem Theater zusätzliche

Einnahmen zu verschaffen. Damit liegt insofern eine selbstständige Hauptleistung vor (vgl. BFH, Urt. v. 18.8.2005 – V R 20/03).

Praxishinweis: Anwendung des BMF-Schreibens v. 12.11.2020

Das BMF-Schreiben ist im Grundsatz auf alle offenen Fälle anzuwenden. Für Umsätze, die vor dem 1.1.2021 ausgeführt werden, wird es jedoch nicht beanstandet, wenn die Vertragspartner die Leistungen – auch für Zwecke des Vorsteuerabzugs – abweichend von den Ausführungen in dem BMF-Schreiben als umsatzsteuerpflichtig behandeln bzw. diese Umsätze dem allgemeinen Steuersatz unterwerfen.

3. Online-Veranstaltungen/Live-Streams BMF v. 29.4.2024

Mit BMF-Schreiben v. 29.4.2024-III C 3-S 7117-j/21/10002:004, 2024/0136327, BStBl I 2024, 726 hatte die FinVerw auch zu einigen USt-Befreiungstatbeständen – u.a. § 4 Nr. 20 UStG – Stellung bezogen, obwohl es an sich den Ort der Leistung bei bestimmten Online-Dienstleistungen betraf.

4. Online-Veranstaltungen/Live-Streams BMF v. 08.08.2025

Mit BMF-Schreiben v. 08.08.2025 - III C 3 – S 7117j/00008/006/043, BStBl I 2025, 1637 hat das BMF sein Schreiben v. 29.4.2024 aufgehoben und erneut zur umsatzsteuerlichen Behandlung von Online-Veranstaltungsdienstleistungen Stellung bezogen. Inhaltlich wurde gegenüber dem Schreiben vom 29.4.2024 nicht viel geändert:

Danach gelten **vorproduzierte Inhalte** weiterhin als elektronisch erbrachte Dienstleistungen. Sie werden mithin weder steuerbefreit noch ermäßigt besteuert.

Live-Streaming oder hybride Veranstaltungen gelten dagegen als sonstige Leistungen i.S. des § 3a Abs. 3 Nr. 3 UStG, die als steuerbare Leistungen und – bei Vorliegen der gesetzlichen Voraussetzungen – den Steuerbefreiungen nach § 4 Nr. 14, Nr. 20 oder Nr. 21 UStG bzw. dem ermäßigten Steuersatz für Eintrittsberechtigungen nach § 12 Abs. 2 Nr. 7 Buchst. a UStG unterliegen können. Dies soll auch nach Auffassung der Verwaltung auch für die Fälle gelten, in denen diese Leistungen im Wege der **Dienstleistungskommission** nach § 3 Abs. 11 bzw. Abs. 11a UStG erbracht werden.

Eine wichtige Änderung gegenüber dem Schreiben vom 29.04.2024 betrifft die Rz. 12 des BMF-Schreibens vom 08.08.2025. Hier hatte das BMF bisher für den Fall einer **Leistungskombination** aus Live-Streams (mit und ohne Interaktionsmöglichkeit) und Überlassung einer Aufzeichnung die Auffassung vertreten, es läge eine einheitliche Leistung eigener Art vor, die deshalb dem Regelsteuersatz unterliege. Diese Formulierung aus dem BMF-Schreiben v. 29.04.2024 wurde im BMF-Schreiben vom 08.08.2025 gestrichen. Ob es sich bei der neben der Bereitstellung eines Live-Streams angebotenen weiteren Leistung in Form einer Aufzeichnung, die zu einem späteren Zeitpunkt abgerufen werden kann, zusammen mit der Bereitstellung des Live-Streams um **eine einheitliche Leistung** handelt, ist nach den **allgemeinen Regelungen zur Einheitlichkeit der Leistung** zu beurteilen.

Praxishinweis: Die Sicht des Durchschnittsverbrauchers

Danach ist das **Wesen des fraglichen Umsatzes** zu ermitteln, um festzustellen, ob der Unternehmer dem Leistungsempfänger gegenüber mehrere selbständige Hauptleistungen oder eine einheitliche Leistung erbringt. Nach der Rechtsprechung ist dabei auf die **Sicht des Durchschnittsverbrauchers** abzustellen. Entscheidend ist der **wirtschaftliche Gehalt der erbrachten Leistungen**.

Für die Anwendungspraxis ist dies alles andere als rechtssicher. Wie die Praxis zeigt, steht die Sicht eines sog. Durchschnittsverbrauchers oft erst nach letztinstanzlicher Entscheidung des BFH/EuGH tatsächlich fest. Dabei ist das BMF-Schreiben vom 08.08.2025 auch für diejenigen Anbieter bedeutsam, die aufgrund der Erlangung eines Vorsteuerabzugs die Steuerpflicht ihrer Ausgangsleistungen sicherstellen wollen und vor dem Hintergrund des (jetzt aufgehobenen) BMF-Schreibens v. 29.4.2024 Kombinationsangebote gewählt hatten.

In Abschn. 4.20.1 Abs. 1 heißt es in den Sätzen 7 und 8:

*„(…) Von der Befreiungsvorschrift erfasst ist auch die Bereitstellung von Live-Streaming-Angeboten an einen Leistungsempfänger, die **parallel** zu bzw. anstelle der „Vor-Ort"-Veranstaltung **und in***

***Echtzeit** erfolgen. Dagegen sind Streaming-Angebote **aufgezeichneter Veranstaltungen von der Steuerbefreiung ausgeschlossen.**"*

Wenn also der Dienstleistungsempfänger die Theatervorführung „in Echtzeit" verfolgen kann, unterfällt dies der Befreiungsregelung. Anders ist es allerdings, wenn der Dienstleistungsempfänger die Aufführung als Aufzeichnung verfolgt.

Praxishinweis

Warum das BMF i.R.e. **Ortsregelung** die **Befreiungstatbestände** aufgreift, bleibt unklar. Materiellrechtlich ist auch fraglich, ob die Rechtsauffassung hinsichtlich der umsatzsteuerlichen Behandlung von Aufzeichnungen zutreffend ist. Eine rechtliche Grundlage folgt m.E. weder aus dem UStG noch aus dem Unionsrecht.

UStAE 4.20.2. Orchester, Kammermusikensembles und Chöre

(1) [1]Zu den Orchestern, Kammermusikensembles und Chören gehören alle Musiker- und Gesangsgruppen, die aus zwei oder mehr Mitwirkenden bestehen. [2]Artikel 132 Abs. 1 Buchstabe n MwStSystRL ist dahin auszulegen, dass der Begriff der „anderen ... anerkannten Einrichtungen" als Einzelkünstler auftretende Solisten und Dirigenten nicht ausschließt (vgl. auch EuGH-Urteil vom 3. 4. 2003, C-144/00, Hoffmann, BStBl II S. 679). [3]Demnach ist auch die Leistung eines einzelnen Orchestermusikers gegenüber dem Orchester, in dem er tätig ist, als kulturelle Dienstleistung eines Solisten anzusehen (vgl. BFH-Urteile vom 18. 2. 2010 – V R 28/08, BStBl II S. 876, und vom 22. 8. 2019 – V R 14/17, BStBl 2020 II S. 720). [4]Auf die Art der Musik kommt es nicht an; auch Unterhaltungsmusik kann unter die Vorschrift fallen. [5]Unter Konzerten sind Aufführungen von Musikstücken zu verstehen, bei denen Instrumente und/oder die menschliche Stimme eingesetzt werden (BFH-Urteil vom 26. 4. 1995, XI R 20/94, BStBl II S. 519).

(2) Zur umsatzsteuerlichen Behandlung von Konzerten, bei denen mehrere Veranstalter tätig werden, wird auf Abschnitt 4.20.1 Abs. 4 hingewiesen.

(3) Zur umsatzsteuerlichen Behandlung der Bereitstellung von Streaming-Angeboten wird auf Abschnitt 4.20.1 Abs. 1 Sätze 7 und 8 hingewiesen.

UStAE 4.20.3. Museen und Denkmäler der Bau- und Gartenbaukunst

(1) [1]Museen im Sinne des § 4 Nr. 20 Buchstabe a UStG sind wissenschaftliche Sammlungen und Kunstsammlungen. [2]Deren Umsätze sind steuerfrei, wenn die Einrichtungen die Voraussetzungen des § 4 Nr. 20 Buchstabe a Sätze 1 und 2 UStG erfüllen. [3]Ob eine Sammlung wissenschaftlich ist, richtet sich nach dem Gesamtbild der Umstände, z. B. danach, ob die Sammlung nach wissenschaftlichen Gesichtspunkten zusammengestellt oder geordnet ist und ob sie entsprechend durch Beschriftungen und/oder Kataloge erläutert wird. [4]Als Gegenstände derartiger Sammlungen kommen auch technische Gegenstände wie Luftfahrzeuge in Betracht (vgl. BFH-Urteil vom 19. 5. 1993 – V R 110/88, BStBl II S. 779).

(2) [1]Als Museen können auch Kunstausstellungen in Betracht kommen. [2]Hierbei muss es sich um Kunstsammlungen handeln, die ausgestellt und dadurch der Öffentlichkeit zum Betrachten und zu den damit verbundenen kulturellen und bildenden Zwecken zugänglich gemacht werden. [3]Es kann sich dabei auch um die Kunstsammlung einer anderen Person handeln. [4]Die Sammlungen können auch eigens für die Ausstellung zusammengestellt sein. [5]Es kommt nicht darauf an, ob Sonderausstellungen entweder komplett aus den Sammlungsbeständen anderer Einrichtungen oder privater Leihgeber zusammengestellt sind oder aber nur zu einem geringen Anteil aus der eigenen Sammlung bestückt werden. [6]Aus dem Begriff der Sammlung folgt ferner kein Erfordernis der Dauerhaftigkeit (vgl. BFH-Urteil vom 22. 11. 2018, V R 29/17, BStBl 2021 II S. 495). [7]Daher können auch Ausstellungen, welche nur für eine begrenzte Zeit besichtigt werden können (sog. Wanderausstellungen), sowie Sammlungen vergänglicher Gegenstände (wie beispielsweise Eis- oder Sandskulpturen) grundsätzlich hierunter fallen, sofern es sich bei den ausgestellten Objekten um Kunstwerke handelt. [8]Kunstausstellungen, die Verkaufszwecken

dienen und damit gewerbliche Ziele verfolgen, können demgegenüber nicht als Museen angesehen werden. [9]Verkäufe von sehr untergeordneter Bedeutung beeinträchtigen die Eigenschaft der Kunstausstellung als Kunstsammlung dagegen nicht.

(3) [1]Steuerfrei sind insbesondere die Leistungen der Museen, für die als Entgelte Eintrittsgelder erhoben werden, und zwar auch insoweit, als es sich um Sonderausstellungen, Führungen und Vorträge handelt. [2]Die Steuerbefreiung erfasst auch die bei diesen Leistungen üblichen Nebenleistungen, z. B. den Verkauf von Katalogen und Museumsführern und die Aufbewahrung der Garderobe. [3]Weitere typische Museumsleistungen sind das Dulden der Anfertigung von Reproduktionen, Abgüssen und Nachbildungen sowie die Restaurierung und Pflege von Kunstwerken in Privatbesitz, die von den Museen im Interesse der Erhaltung dieser Werke für die Allgemeinheit vorgenommen werden. [4]Der Verkauf von Kunstpostkarten, Fotografien, Dias, Plakaten, Klischees, Reproduktionen, Abgüssen, Nachbildungen, Farbdrucken und Bildbänden ist nur dann als typische Museumsleistung steuerfrei, wenn

1. es sich um Darstellungen von Objekten des betreffenden Museums handelt,
2. das Museum die genannten Gegenstände selbst herstellt oder herstellen lässt und
3. diese Gegenstände ausschließlich in diesem Museum vertrieben werden.

[5]Der Verkauf von Literatur, die in Beziehung zu der Sammlung des betreffenden Museums steht, ist bei Vorliegen der Voraussetzungen zu Satz 4 Nummern 2 und 3 ebenfalls steuerfrei. [6]Die Veräußerung von Museumsobjekten sowie von Altmaterial ist dagegen von der Steuerbefreiung nach § 4 Nr. 20 UStG ausgeschlossen. [7]Es kann jedoch die Steuerbefreiung nach § 4 Nr. 28 UStG in Betracht kommen (vgl. Abschnitt 4.28.1).

(4) [1]Denkmäler der Baukunst sind Bauwerke, die nach denkmalpflegerischen Gesichtspunkten als schützenswerte Zeugnisse der Architektur anzusehen sind. [2]Hierzu gehören z. B. Kirchen, Schlösser, Burgen und Burgruinen. [3]Auf eine künstlerische Ausgestaltung kommt es nicht an. [4]Zu den Denkmälern der Gartenbaukunst gehören z. B. Parkanlagen mit künstlerischer Ausgestaltung.

Anmerkung

1. Zweck der Befreiungsregelung des § 4 Nr. 20 UStG

§ 4 Nr. 20 UStG befreit die Umsätze bestimmter kultureller Einrichtungen der Gebietskörperschaften und gleichartiger Einrichtungen anderer Unternehmer (§ 4 Nr. 20 Buchst. a) UStG) sowie die Dienstleistungen durch andere Unternehmer als Veranstalter von Theatervorführungen und Konzerten (§ 4 Nr. 20 Buchst. b) UStG). Dazu gehören auch Museen und Denkmäler der Bau- und Gartenbaukunst.

Der Zweck der Regelung besteht vor allem darin, die Leistungen eines ohnehin in erheblichem Umfang staatlich subventionierten Bereichs nicht noch durch die Umsatzsteuer zusätzlich finanziell zu belasten. Letztlich profitiert von der Befreiungsregelung natürlich auch der Verbraucher.

2. Nebenleistungen

Zu den begünstigten Leistungen nach § 4 Nr. 20 UStG gehören nur die mit dem Betrieb **eng zusammengehörenden Leistungen** sowie die damit üblicherweise verbundenen Nebenleistungen.

Im Verfahren des vorläufigen Rechtsschutzes XI B 41/23 hatte der BFH zu entscheiden, ob Umsätze

– aus dem Betrieb eines WC im Museum sowie
– eines zum Museum gehörenden Parkplatzes

als Nebenleistung zur Hauptleistung „Museumsbetrieb“ ebenfalls von der Umsatzsteuer befreit sind.

Der BFH verweist hierzu zunächst auf die ständige Rechtsprechung von EuGH und BFH zum Verhältnis Haupt-/Nebenleistung (BFH, Beschl. v. 18.10.2023 – XI B 41/23 (AdV)).

Danach ist insbesondere eine Leistung als Nebenleistung einer Hauptleistung anzusehen, wenn sie für die Kunden „*keinen eigenen Zweck darstellt, sondern das Mittel, um die Hauptleistung des Leistungserbringers unter optimalen Bedingungen in Anspruch zu nehmen*“ (vgl. z. B. EuGH, Urt. v. 4.5.2023 – C-516/21, Finanzamt X).

WC-Anlage:

Der Betrieb der WC-Anlage ist daher zwar nach Auffassung des BFH nicht selbst nach § 4 Nr. 20 Buchst. a UStG steuerfrei, dürfte aber im Grundsatz eine für den Betrieb der Museumseinrichtung unerlässliche, steuerfreie Nebenleistung sein.

Die vom FG angesprochene Nutzung der WC-Anlage durch Personen, die keine nach § 4 Nr. 20 Buchst. a UStG steuerfreie Hauptleistung in Anspruch genommen haben (z.B. Wanderer, Radfahrer, Besucher des Informationszentrums, Besucher, die das Denkmal nur von außen betrachtet haben, ohne Eintritt zu zahlen, oder Besucher der Gastronomiebetriebe) führt nicht dazu, dass Leistungen an die zahlenden Besucher des Museums, an die die Klägerin steuerfreie Umsätze als Hauptleistung ausgeführt hat, keine steuerfreie Nebenleistung sein könnten. Feststellungen dazu hatte das FG Berlin-Brandenburg jedoch nicht getroffen.

Im zweiten Rechtsgang hat das FG Berlin-Brandenburg den **Anteil der zahlenden Besucher an den Toilettenumsätzen geschätzt** (§ 96 Abs. 1 Satz 1 FGO). Das FG kam danach zu einem Anteil von 60 % der Toilettennutzer, die auch das Denkmal besucht hatten. Demgemäß blieben in diesem Umfang die Toilettenumsätze als Nebenleistung zu der Hauptleistung „Denkmal" umsatzsteuerfrei (FG Berlin-Brandenburg, Beschl. v. 15.4.2024 – 7 V 7031/23).

Parkplätze:

Anders ist es mit der Überlassung von Parkplätzen. Hierbei handelt es sich weder um eine Leistung, die für ein Museum typisch ist, noch ist sie für eine Museumsleistung unerlässlich. Im Verfahren XI B 41/23 ergab sich das im Übrigen schon daraus, dass das Museum auch auf andere Weise als mit dem Personenkraftwagen erreichbar ist. Im Beschluss vom 15.04.2024 – 7 V 7031/23 hat das FG Berlin-Brandenburg in dieser Hinsicht an seiner vorherigen (nach Zurückverweisung durch den BFH) vertretenen Auffassung festgehalten.

UStAE 4.20.4. Zoologische Gärten und Tierparks

(1) [1]Zoologische Gärten im Sinne der Befreiungsvorschrift sind auch Aquarien und Terrarien. [2]Sog. Vergnügungsparks sind keine begünstigten Einrichtungen; das gilt auch für Delfinarien, die auf dem Gelände zoologischer Gärten von anderen Unternehmern in eigener Regie betrieben werden (BFH-Urteil vom 20. 4. 1988, X R 20/82, BStBl II S. 796).

(2) [1]Die Umsätze der zoologischen Gärten und Tierparks sind unter der Voraussetzung steuerfrei, dass es sich um typische Leistungen der bezeichneten Einrichtungen handelt. [2]Typische Umsätze sind insbesondere:

1. Zurschaustellung von Tieren;
2. Erteilung der Erlaubnis zum Fotografieren;
3. Verkauf von Ansichtskarten, Fotografien und Dias mit Zoo- und Tierparkmotiven;
4. Verkauf von Zoo- und Tierparkführern;
5. Verkauf von Tierfutter an die Besucher zum Füttern der zur Schau gestellten Tiere;
6. Verkauf von Tieren, wenn der Verkauf den Aufgaben der zoologischen Gärten und Tierparks dient oder mit dem Betrieb dieser Einrichtung zwangsläufig verbunden ist, z. B. Verkauf zum Zweck der Zurschaustellung in einem anderen zoologischen Garten oder Tierpark, Verkauf zum Zweck der Zucht oder Verkauf zum Zweck der Verjüngung des Tierbestandes.

(3) Insbesondere folgende Umsätze der zoologischen Gärten und Tierparks sind für diese nicht typisch und fallen deshalb nicht unter die Steuerbefreiung:

1. Umsätze in den Gaststättenbetrieben;
2. Verkauf von Gebrauchsartikeln, z. B. Zeitungen, und anderen als den in Absatz 2 Satz 2 Nummer 3 bezeichneten Andenken;
3. Duldung der Jagd in einem Tierpark;

4. Verkauf von Wildbret, Fellen, Jagdtrophäen und Abwurfstangen;
5. Überlassung besonderer Vergnügungseinrichtungen, z.B. Kleinbahnen, Autoscooter, Boote, Minigolfplätze;
6. [1]Verkauf von Gegenständen des Anlagevermögens, ausgenommen die in Absatz 2 Satz 2 Nummer 6 bezeichneten Umsätze von Tieren. [2]Es kann jedoch die Steuerbefreiung nach § 4 Nr. 28 UStG in Betracht kommen (vgl. Abschnitt 4.28.1).

UStAE 4.20.5. Bescheinigungsverfahren

(1) [1]Für die Erteilung der Bescheinigung der zuständigen Landesbehörde gilt Abschnitt 4.21.7 Abs. 2, 3 und 6 entsprechend. [2]**Die Bescheinigung nach § 4 Nr. 20 Buchstabe a Sätze 2 und 3 UStG ist zwingend zu erteilen, wenn die Voraussetzungen für die Steuerbefreiung vorliegen (vgl. BVerwG-Urteil vom 04.05.2006 – 10 C 10/05).** [3]Gastieren ausländische Theater und Orchester im Inland an verschiedenen Orten, genügt eine Bescheinigung der Landesbehörde, in deren Zuständigkeitsbereich das ausländische Ensemble erstmalig im Inland tätig wird.

(2) *weggefallen*

Zu § 4 Nr. 21 UStG

UStG § 4 Nr. 21. a) die unmittelbar dem Schul- und Bildungszweck dienenden Leistungen von Einrichtungen des öffentlichen Rechts, die mit solchen Aufgaben betraut sind, privater Schulen und anderen allgemeinbildenden oder berufsbildenden Einrichtungen,
- aa) wenn sie als Ersatzschulen gemäß Artikel 7 Abs. 4 des Grundgesetzes staatlich genehmigt oder nach Landesrecht erlaubt sind oder
- bb) wenn die zuständige Landesbehörde bescheinigt, dass sie Schulunterricht, Hochschulunterricht, Ausbildung, Fortbildung oder berufliche Umschulung erbringen,

b) die unmittelbar dem Schul- und Bildungszweck dienenden Unterrichtsleistungen selbständiger Lehrer
- aa) an Hochschulen im Sinne der §§ 1 und 70 des Hochschulrahmengesetzes und öffentlichen allgemein bildenden oder berufsbildenden Schulen oder
- bb) an privaten Schulen und anderen allgemein bildenden oder berufsbildenden Einrichtungen, soweit diese die Voraussetzungen des Buchstabens a erfüllen,

c) Schul- und Hochschulunterricht, der von Privatlehrern erteilt wird.

Für die in den Nummern 15b und 15c bezeichneten Leistungen kommt die Steuerbefreiung nur unter den dort genannten Voraussetzungen in Betracht;

UStAE 4.21.1. Unmittelbar dem Schul- und Bildungszweck dienende Leistungen

Allgemeines

(1) [1]**Die dem Schul- und Bildungszweck dienenden Leistungen in § 4 Nr. 21 Satz 1 Buchstabe a und Buchstabe b UStG umfassen Schulunterricht, Hochschulunterricht, Ausbildung, Fortbildung sowie berufliche Umschulung (Bildungsleistungen) und auch damit eng verbundene Lieferungen und sonstige Leistungen.** [2]**Unmittelbar dem Schul- und Bildungszweck dienen die Leistungen, die ihn nicht nur ermöglichen, sondern ihn selbst bewirken (vgl. BFH-Urteil vom 21.03.2007 – V R 28/04, BStBl II 2010 S. 999).** [3]Es ist unerheblich, wem gegenüber sich der Unternehmer zivilrechtlich zur Ausführung dieser Leistungen verpflichtet hat. [4]Auf die Ziele der Personen, welche die **Leistungen in Anspruch nehmen**, kommt es nicht an. [5]Entscheidend sind vielmehr die Art der erbrachten Leistungen und ihre generelle Eignung als Schul**unterricht**, Hochschulunterricht, **Ausbildung, Fortbildung oder berufliche Umschulung.** [6]Deshalb ist es auch ohne Belang, wie hoch der Anteil der Schüler ist, die den Unterricht tatsächlich im Hinblick auf eine **Schul- oder Berufsbildung** besuchen oder später tatsächlich den entsprechenden Beruf ergreifen (vgl. BFH-Urteil vom 24.01.2008 – V R 3/05, BStBl II 2012 S. 267).

(2) [1]**Bildungs**leistungen können auch parallel zu bzw. anstelle **einer** „Vor-Ort"-Veranstaltung als interaktiver Live-Stream angeboten werden. [2]**Die Bereitstellung einer Aufzeichnung des Unterrichts im Nachgang zu einer „Vor-Ort"-Veranstaltung oder zu einem Live-Stream ohne gesondertes Entgelt stellt eine Nebenleistung zur Bildungsleistung dar.** [3]Dagegen sind bloße Streaming-Angebote eines aufgezeichneten Unterrichts oder Onlineübungen und Onlineklausuren mit automatisiert generierter Rückmeldung, wie sie zum Beispiel mit Lern-Apps oder auf Lernplattformen bereitgestellt werden, von der Steuerbefreiung ausgeschlossen. [4]**Lehrgänge und Streaming-Angebote, die nach dem Fernunterrichtsschutzgesetz zugelassen sind, sind Bildungsleistungen.**

Schul- und Hochschulunterricht

(3) [1]Unter Schul- und Hochschulunterricht i.S.d. § 4 Nr. 21 UStG ist solcher Unterricht zu fassen, der als Teil eines integrierten Systems für die Vermittlung von Kenntnissen und Fähigkeiten in Bezug auf ein breites und vielfältiges Spektrum von Stoffen anzusehen ist. [2]Der Unterricht ist als Teil des integrierten Bildungssystems anzusehen, wenn er der Vertiefung und Entwicklung der Kenntnisse und Fähigkeiten durch die Schüler und Studenten je nach ihrem Fortschritt und ihrer Spezialisierung auf den verschiedenen dieses System bildenden Stufen dient. [3]Dieser Unterricht folgt regelmäßig einem längerfristig angelegten Lehrplan. [4]Darunter fällt auch Unterricht, der von einem Lehrer in einzelnen Fächern, z.B. Mathematik oder Latein, erbracht wird, sofern dieser darauf ausgelegt ist, Kenntnisse und Fähigkeiten der Schüler und Studenten auf verschiedenen Stufen zu entwickeln oder um zusätzliche Zeugnisse oder Abschlüsse zu erwerben. [5]Schüler und Studenten in diesem Sinne sind Personen jeder Altersgruppe; deshalb kann auch Unterricht im Bereich der Erwachsenenbildung Schul- und Hochschulunterricht sein.

(4) [1]Schul- und Hochschulunterricht schließt Tätigkeiten ein, bei denen die Unterweisung in Schulen oder Hochschulen erteilt wird, um die Kenntnisse und Fähigkeiten der Schüler oder Studenten zu entwickeln (vgl. EuGH-Urteil vom 14.06.2007, C-445/05, Haderer, und BFH-Urteil vom 27.09.2007 – V R 75/03, BStBl II 2008 S. 323), sowie Tätigkeiten, die im Wesentlichen im Rahmen der Vermittlung von Kenntnissen und Fähigkeiten durch den Unterrichtenden an Schüler und Studenten ausgeübt werden (vgl. EuGH-Urteil vom 28.01.2010, C-473/08, Eulitz). [2]Demzufolge umfasst dieser Unterricht auch Tätigkeiten zur Vermittlung sowohl praktischer als auch theoretischer Kenntnisse, die der Vertiefung und Festigung der von den Schülern und Studenten in Bildungseinrichtungen erworbenen Kenntnisse dienen, z.B. Nachhilfeleistungen und Hausaufgabenhilfe.

(5) Umfasst vom Begriff „Schul- und Hochschulunterricht" sind auch z.B. Bewerbungstrainings oder Potenzialchecks für Schüler (vgl. BVerwG-Urteil vom 12.06.2013, 9 C 4/12) oder Kurse zu „Sofortmaßnahmen am Unfallort", die die Teilnehmer zur Erstversorgung Unfallverletzter und zur Durchführung anderer lebensrettender Sofortmaßnahmen befähigen sollen (vgl. BFH-Urteile vom 10.01.2008 – V R 52/06, BStBl II 2025 S. 802 und vom 28.01.2009 – XI R 77/07, n. v.).

(6) [1]Nicht umfasst vom Begriff „Schul- und Hochschulunterricht" i.S.d. § 4 Nr. 21 UStG ist außerhalb des integrierten Systems erteilter spezialisierter, punktueller Unterricht. [2]Danach ist Fahrschulunterricht einer Fahrschule zum Erwerb der Fahrerlaubnisklassen B und C1 (siehe auch Absatz 10 und Abschnitt 4.21.5 Abs. 5) kein Schul- und Hochschulunterricht, sondern Unterricht, der die Fähigkeit vermittelt, ein Fahrzeug zu führen. [3]Auch in einer Schwimmschule erteilter Schwimmunterricht, Surf- und Segelunterricht und Kampfsportunterricht ist ein spezialisierter, punktueller Unterricht (vgl. EuGH-Urteile vom 14.03.2019, C-449/17, A & G Fahrschul-Akademie GmbH, und vom 21.10.2021, C-373/19, Dubrovin & Tröger GbR – Aquatics, EuGH-Beschluss vom 07.10.2019, C-47/19, Finanzamt Hamburg-Barmbek-Uhlenhorst, sowie BFH-Urteile vom 23.05.2019 – V R 7/19 (V R 38/16), BStBl II 2025 S. 820, vom 15.12.2021 – XI R 31/21 (XI R 6/18) n.V., und vom 16.12.2021 – V R 31/21 (V R 32/18), BStBl II 2025 S. 831, sowie BVerwG-Beschluss vom 22.09.2021 – 9 B 8/21). [4]Dasselbe gilt für die Tätigkeit eines Präventions- und Persönlichkeitstrainers und die Tätigkeit eines Gästeführers in einem Museum (vgl. BFH-Urteil vom 15.12.2021 – XI R 3/20, BStBl II 2025 S. 827, und BFH-Beschluss vom 15.02.2022 – XI R 30/21 (XI R 37/18), BStBl II 2025 S. 833).

(7) [1]Auch Leistungen, bei denen die Möglichkeit im Vordergrund steht, gemeinsam mit Anderen Sport zu treiben, sind grundsätzlich nicht als Unterricht anzusehen (vgl. BFH-Beschluss vom 25.10.2018 – XI B 57/18, n. v.). [2]Sporttraining, Sportkurse und Sportlehrgänge können aber unter den Voraussetzungen des § 4 Nr. 22 Buchstabe b UStG steuerfrei sein.

Ausbildung, Fortbildung und berufliche Umschulung

(8) [1]Dienstleistungen der Ausbildung, Fortbildung und der beruflichen Umschulung (berufsbildende Leistungen) umfassen nach Artikel 44 Satz 1 MwStVO Schulungsmaßnahmen mit direktem Bezug zu einem Gewerbe oder einem Beruf (Alternative 1) sowie jegliche Schulungsmaßnahmen, die dem Erwerb oder der Erhaltung beruflicher Kenntnisse dienen (Alternative 2). [2]Für Schulungsmaßnahmen, die dem Erwerb oder der Erhaltung beruflicher Kenntnisse dienen (Alternative 2), besteht weder ein Unmittelbarkeitserfordernis noch kommt es (wie bei Alternative 1) auf einen direkten Gewerbe- oder Berufsbezug an. [3]Hierbei ist vielmehr auf die konkrete Eignung der Schulungsmaßnahme zum Erwerb oder zur Erhaltung beruflicher Kenntnisse und Fähigkeiten abzustellen, d.h. es muss den Teilnehmern ermöglicht werden, die vermittelten Kenntnisse und Fähigkeiten beruflich zu nutzen. [4]Danach fallen Schulungsmaßnahmen unter die Umsatzsteuerbefreiung, wenn sie auf die Bedürfnisse der beruflichen Bildung zugeschnitten sind. [5]Verwenden alle Teilnehmer die Schulungsmaßnahme beruflich, ist die erforderliche Eignung zu unterstellen. [6]Auf die in Absatz 3 bis 6 genannten Anforderungen an die Steuerfreiheit des Schul- und Hochschulunterrichts kommt es für die Steuerfreiheit der Ausbildung, Fortbildung und der beruflichen Umschulung nicht an (vgl. BFH-Urteil vom 30.06.2022 – V R 32/21 (V R 31/17), BStBl II 2025 S. 837). [7]Keine berufsbildenden Leistungen sind Leistungen in der Art einer Unternehmensberatung, die nicht im engeren Sinn der Bildung der Teilnehmer, sondern der Verbesserung der Betriebsführung dienen.

(9) [1]Zu den Leistungen der Ausbildung und beruflichen Umschulung zählen Leistungsangebote (Lehrgänge, Kurse u.Ä.), die jeweils für sich genommen zum Erwerb von Kenntnissen und Fähigkeiten führen, die zur Aufnahme eines Berufs befähigen bzw. auf einen Berufswechsel vorbereiten. [2]Leistungen der Fortbildung sind solche, die es in dem ausgeübten Beruf ermöglichen, die berufliche Handlungsfähigkeit zu erhalten, anzupassen, zu erweitern oder beruflich aufzusteigen.

(10) [1]Berufsbildende Leistungen sind u.a. solche, die öffentlich-rechtlich geregelt sind, z.B. bundesrechtlich im Berufsbildungsgesetz, in der Handwerksordnung, im Seemannsgesetz oder in den Gesetzen der Länder zu den Ausbildungsberufen. [2]Auch Leistungen, die den Anforderungen zu den nicht öffentlich-rechtlich geregelten Berufen entsprechen, sind berufsbildende Leistungen. [3]Hierunter fällt auch der Fahrunterricht von Fahrschulen für die Fahrerlaubnisklassen C, CE, D, DE D1, D1E, T und L als Dienstleistung im Bereich der Ausbildung, Fortbildung oder der beruflichen Umschulung (vgl. auch Abschnitt 4.21.5 Abs. 5).

(11) [1]Leistungen, die die Aufnahme an einer (Hoch-)Schule oder Fach(hoch-)schule ermöglichen, z.B. Musikunterricht (Instrumental- und Vokalunterricht), Unterricht im künstlerischen Bühnentanz oder Unterricht in darstellender und bildender Kunst, sind als Ausbildungsleistungen anzusehen (siehe auch Abschnitt 4.21.5 Abs. 7). [2]Hiervon umfasst sind sowohl Musikunterricht als auch Kurse der tänzerischen Früherziehung, Kindertanzen und klassischer Ballettunterricht für Kinder ab 3 Jahren. [3]Bei Gruppenangeboten, die sich an Kinder ab 3 Jahren richten, ist es unschädlich, wenn einzelne Kinder unter 3 Jahre alt sind. [4]Maßgeblich für die Einordnung als Ausbildungsleistung ist allein die Ausgestaltung des angebotenen Unterrichts. [5]Diese Leistungen können unter den vorgenannten Voraussetzungen unabhängig von den persönlichen Voraussetzungen des Lernenden (z.B. Alter, Kenntnisstand) bzw. dessen Intention unter die Steuerbefreiung fallen. [6]Musik-, Kunst- und Bewegungsunterricht für Kinder unter 3 Jahren kann nach § 4 Nr. 23 Satz 1 Buchstabe a UStG steuerfrei sein (vgl. auch Abschnitt 4.21.2 Abs. 1 Satz 7).

(12) [1]Für die Steuerbefreiung nach § 4 Nr. 21 UStG ist es ausreichend, wenn die Schulungsmaßnahme zum Erwerb oder zum Erhalt beruflicher Kenntnisse und Fähigkeiten konkret geeignet ist (vgl. Absatz 8). [2]Daher fallen auch Schulungsmaßnahmen unter die Steuerbefreiung, die lediglich einen mittelbaren Bezug zur Ausübung einer beruflichen Tätigkeit aufweisen (z.B. Leistungen der allgemeinen

Qualifikation wie IT-Schulungen, Computer-, Sprach- und Kommunikationskurse). [3]Das gilt auch für Supervisionsleistungen, wenn sie im Einzelfall nicht als eine Art der Unternehmensberatung erfolgen, sondern die Teilnehmer für die von ihnen ausgeübte Berufstätigkeit geschult werden (vgl. BFH-Urteile vom 20.03.2014 – V R 3/13, BStBl II 2025 S. 809, und vom 22.06.2022 – XI R 32/21 (XI R 6/19), BStBl II 2025 S. 835).

(13) **[1]Nach Artikel 44 Satz 2 MwStVO ist die Dauer der Ausbildung, Fortbildung oder beruflichen Umschulung für eine eventuelle Steuerbefreiung unerheblich. [2]Eine steuerfreie berufsbildende Leistung kann somit auch im Rahmen von Tagesveranstaltungen oder Vortragsreihen erfolgen (vgl. BFH-Urteil vom 07.10.2010 – V R 12/10, BStBl II 2011 S. 303). [3]Im Hinblick auf die Leistungen selbständiger Lehrer (siehe Abschnitt 4.21.6) bedeutet dies, dass auch einzelne Vorträge, die evtl. Bestandteile eines Tages- bzw. Kurz-Seminars sind, unter die Steuerbefreiung fallen.**

(14) **Zum Bestandteil der Bildungsleistung gehören auch diejenigen Elemente, die den organisatorischen Rahmen der Einrichtung ausmachen, in der der Unterricht erteilt wird (vgl. EuGH-Urteile vom 14.06.2007, C-434/05, Horizon College, und vom 28.01.2010, C-473/08, Eulitz); darunter fällt auch z.B. die vom Unterricht getrennt erbrachte Prüfungstätigkeit (vgl. BFH-Urteil vom 30.06.2022 – V R 32/21 (V R 31/17), BStBl II 2025 S. 837).**

Eng verbundene Umsätze

(15) **[1]Als eng mit Schulunterricht, Hochschulunterricht, Ausbildung, Fortbildung oder beruflicher Umschulung verbunden sind unter bestimmten Voraussetzungen Leistungen anzusehen, die als eigenständige Leistungen zur Bildungsleistung erbracht werden. [2]Sowohl die Bildungsleistung als auch die damit eng verbundene Leistung muss von einer in § 4 Nr. 21 Satz 1 Buchstabe a UStG genannten Einrichtung erbracht werden. [3]Der eng verbundene Umsatz muss außerdem zur Ausübung der Bildungsleistung unerlässlich sein; das ist dann der Fall, wenn er von solcher Art und Qualität ist, dass ohne Rückgriff auf ihn eine Gleichwertigkeit der Bildungsleistung nicht gewährleistet ist. [4]Der eng verbundene Umsatz darf nicht im Wesentlichen dazu bestimmt sein, der Einrichtung zusätzliche Einnahmen durch Tätigkeiten zu verschaffen, die in unmittelbarem Wettbewerb zu steuerpflichtigen Tätigkeiten gewerblicher Unternehmer stehen; dafür reicht es nicht bereits aus, wenn als Gegenleistung lediglich eine Kostenerstattung erfolgt (vgl. EuGH-Urteile vom 01.12.2005, C-394/04 und C-395/04, Ygeia, und vom 14.06.2007, C-434/05, Horizon College).**

(16) **Unter diesen Voraussetzungen können zu den eng verbundenen Umsätzen gehören**

1. **die Zurverfügungstellung von Lehr-, Lern- und Verbrauchsmaterial, sofern es inhaltlich den Unterricht ergänzt, zum Einsatz im Unterricht bestimmt ist und keine Nebenleistung vorliegt (vgl. Abschnitt 4.21.2 Abs. 2 UStAE);**
2. **die entgeltliche Gestellung eines Lehrers an eine andere Lehreinrichtung (EuGH-Urteil vom 14.06.2007, C-434/05, Horizon College);**
3. **Restaurations- und Unterhaltungsleistungen, die der Ausbildung der Studenten dienen und die für einen eingeschränkten Nutzerkreis und zu nicht kostendeckenden Preisen erbracht werden (EuGH-Urteil vom 04.05.2017, C-699/15, Brockenhurst College);**
4. **Leistungen von Schülerfirmen und Schülergenossenschaften, die rechtlich unselbständig sind, in die Organisationsstruktur der Schule integriert sind und in denen im Rahmen von unternehmerischen Schulprojekten ökonomisches Handeln gelehrt oder berufliche Orientierung vertieft wird.**

(17) **Nicht zu den eng verbundenen Umsätzen gehören:**

1. **die entgeltliche Forschungstätigkeit staatlicher Hochschulen, da sie für den Hochschulunterricht nicht unverzichtbar ist (EuGH-Urteil vom 20.06.2002, C-287/00, Kommission/Deutschland);**
2. **[1]die entgeltliche Abgabe von Speisen und Getränken an Teilnehmer sowie die Unterbringung der Teilnehmer (vgl. BFH-Urteil vom 17.03.1981 – VIII R 149/76, BStBl II S. 746). [2]Die Verpflegung mit kalten oder kleinen Gerichten im Seminarraum, wie z.B. bei Kaffeepausen, kann hingegen als eng verbundener Umsatz angesehen werden (BFH-Urteil vom 07.10.2010 – V R 12/10, BStBl II 2011 S. 303). [3]Im Übrigen kann die Verpflegung und Beherbergung der Teilnehmer nach § 4 Nr. 23 Satz 1 Buchstabe c UStG steuerfrei sein.**

(18) Eng verbundene Umsätze von Privatlehrern sind nicht nach § 4 Nr. 21 Satz 1 Buchstabe c UStG befreit.

Anmerkung

1. Neufassung des § 4 Nr. 21 UStG ab 1.1.2025

1.1 Gesetzeswortlaut seit 1.1.2025

Der Gesetzgeber hat im Zuge des Jahressteuergesetzes 2024 die Steuerbefreiung der Bildungsleistungen in § 4 Nr. 21 völlig neu gefasst.

Der Wortlaut seit dem 1.1.2025:

Steuerfrei sind

a) die unmittelbar dem Schul- und Bildungszweck dienenden Leistungen von Einrichtungen des öffentlichen Rechts, die mit solchen Aufgaben betraut sind, privaten Schulen und anderen allgemeinbildenden oder berufsbildenden Einrichtungen

aa) wenn sie als Ersatzschulen gemäß Artikel 7 Abs. 4 des Grundgesetzes staatlich genehmigt oder nach Landesrecht erlaubt sind oder

bb) wenn die zuständige Landesbehörde bescheinigt, dass sie Schul- und Hochschulunterricht, Aus- und Fortbildung sowie berufliche Umschulung erbringen

b) die unmittelbar dem Schul- und Bildungszweck dienenden Unterrichtsleistungen selbständiger Lehrer

aa) an Hochschulen im Sinne der §§ 1 und 70 des Hochschulrahmengesetzes und öffentlichen allgemeinbildenden oder berufsbildenden Schulen oder

bb) an privaten Schulen und anderen allgemeinbildenden oder berufsbildenden Einrichtungen, soweit diese die Voraussetzungen des Buchstabens a erfüllen,

c) Schul- und Hochschulunterricht, der von Privatlehrern erteilt wird.

Für die in den Nummern 15b und 15c bezeichneten Leistungen kommt die Steuerbefreiung nur unter den dort genannten Voraussetzungen in Betracht.

Die FinVerw hat sich in einem Anwendungsschreiben des BMF vom 24.10.2025 – III C 3 – S 7179/00054/001/094, BStBl I 2025, 1841 ausführlich zu der Regelung des § 4 Nr. 21 UStG i. d. F. des Jahressteuergesetzes 2024 geäußert und durch dieses Schreiben gleichzeitig den UStAE in diesem Bereich umfassend geändert.

1.2 Schul- und Hochschulunterricht

In Abschn. 4.21.1 Abs. 3 bis 7 UStAE äußert sich die FinVerw. nunmehr ausführlich zur Frage, wann es sich um Schul- und Hochschulunterricht i. S. d. § 4 Nr. 21 UStG handelt. Dieses setzt generell ein integriertes System der Vermittlung von Kenntnissen und Fähigkeiten in Bezug auf ein **breites und vielfältiges Spektrum von Stoffen** und die Vertiefung und Entwicklung dieser Kenntnisse und Fähigkeiten durch die Schüler und Studenten je nach Fortschritt und Spezialisierung auf den verschiedenen dieses System bildenden Stoffen voraus. Der EuGH hat dazu entschieden, dass **Schwimmunterricht** in einer Schwimmschule nicht als steuerfreie Leistung nach Art. 132 Abs. 1 Buchst. i MwStSystRL angesehen werden kann. Er bleibt insofern bei seiner eher engen Auslegung der Befreiungsregelungen, die er bereits in seiner Entscheidung vom 14.3.2019 – C-449/17 – A & G Fahrschulakademie GmbH herausgestellt hatte.

Im Anschluss an die **„Fahrschul-Entscheidung“** des EuGH stellte sich die Frage, ob die Befreiung auch dann zu verneinen ist, wenn es – wie etwa bei Schwimmunterricht – um das **Erlernen elementarer Grundfähigkeiten** geht. Der BFH hatte deshalb mit Beschluss v. 27.3.2019 – V R 32/18 hierzu den EuGH angerufen.

Sachverhalt

Die Dubrovin und Tröger GbR betrieb eine Schwimmschule. Die GbR begehrte eine USt-Befreiung und berief sich unmittelbar auf Art. 132 Abs. 1 Buchst. j MwStSystRL.

Der EuGH hat erneut – wie bei der Rechtssache A & G Fahrschulakademie GmbH – das Vorliegen einer Steuerbefreiung verneint. Er hat dazu folgendes hervorgehoben:

- Der Begriff Schul- und Hochschulunterricht verweist auf ein „breites und vielfältiges Spektrum von Stoffen“ sowie auf eine Entwicklung und Vertiefung dieser Kenntnisse und Fähigkeiten.
- Schwimmunterricht ist nur ein spezialisierter und punktuell erteilter Unterricht, der dem vielfältigen Spektrum von Stoffen, wie sie für den Schul- und Hochschulunterricht charakteristisch sind, nicht gleichkommt.

1.3 Ausbildung, Fortbildung, berufliche Umschulung, Art. 44 MwStDVO

Ausbildung, Fortbildung und berufliche Umschulung werden in Art. 44 MwStDVO definiert. Es handelt sich danach um

> *„(…) Schulungsmaßnahmen mit direktem Bezug zu einem Gewerbe oder einem Beruf sowie jegliche Schulungsmaßnahme, die dem Erwerb oder der Erhaltung beruflicher Kenntnisse dient. Die Dauer der Ausbildung, Fortbildung oder beruflichen Umschulung ist hierfür unerheblich.“*

Es muss sich also um Dienstleistungen handeln, die Schulungsmaßnahmen mit direktem Bezug zu einem Gewerbe oder einem Beruf umfassen, sowie Dienstleistungen, die jegliche Schulungsmaßnahmen umfassen, die dem Erwerb oder der Erhaltung beruflicher Kenntnisse dienen. Die Dauer der Ausbildung, Fortbildung oder beruflichen Umschulung ist hierfür unerheblich.

Nach der **Rechtsprechung des BFH** liegen solche **berufsbezogenen Bildungsleistungen** vor, wenn die Leistungen ihrer Art nach den Zielen der Berufsaus- oder der Berufsfortbildung dienen, d. h. wenn spezielle Kenntnisse und Fertigkeiten vermittelt werden, die zur Ausübung bestimmter beruflicher Tätigkeiten notwendig sind (BFH, Urt. v. 21.3.2007 – V R 28/04).

Bei **Art. 44 Satz 1 Alternative 2 MwStVO** genügt die konkrete Eignung der Schulungsmaßnahme zum Erwerb oder zur Erhaltung beruflicher Kenntnisse. Hierfür kommt es darauf an, ob die Schulungsmaßnahme Teilnehmern ermöglicht, die vermittelten Kenntnisse und Fähigkeiten **beruflich** zu nutzen.

Verwenden **alle Teilnehmer** die Schulungsmaßnahme beruflich, ist dabei die erforderliche Eignung zu unterstellen (sog. **„geschlossene Kurse“**). Die Schulungsmaßnahme ist dann in jedem Fall steuerfrei.

Handelt es sich hingegen um „gemischte Kurse“ mit **Berufsverwendung nur durch einzelne Teilnehmer**, folgt eine Steuerfreiheit für alle Kursteilnehmer daraus, dass ansonsten ein- und dieselbe Schulungsmaßnahme je nach der individuellen Verwendung des jeweiligen Teilnehmers **teils steuerfrei und teils steuerpflichtig wäre**.

Danach können z. B. die Leistungen von **Ballett- oder Kampfsportschulen** als Aus- und Fortbildung dem Grunde nach auch nach der Neufassung seit 1.1.2025 weiterhin steuerfrei bleiben, ohne dass dem die einschränkende Auslegung des EuGH zum Unterrichtsbegriff entgegensteht, z. B. auch dann, wenn etwa bei lediglich **zwei von hundert Schülern eine Berufsverwendung** besteht, weil der Anteil der Schüler mit Berufsverwendung aufgrund der vorgenannten leistungsbezogenen Auslegung ohne Belang ist (vgl. z. B. BFH, Urt. v 28.5.2013 – XI R 35/11, BStBl. II 2013, 879).

1.4 Steuerpflichtige Bildungsleistungen?

Nicht immer ist vom Bildungsanbieter eine Steuerfreiheit gewünscht. Vielmehr ergeben sich aus bestimmten Eingangsleistungen ggfs. (hohe) Vorsteuerbeträge, die der Bildungsanbieter abziehen möchte.

Nach der **bis zum 31.12.2024** geltenden Fassung des § 4 Nr. 21 UStG ergab sich **keine eingeschränkte Vorsteuerabzugsberechtigung**, weil die erforderliche behördliche Anerkennung des Leistungserbringers im beruflichen Bildungsbereich nur unter den engen Voraussetzungen des § 4 Nr. 21 Buchst. a Doppelbuchst. bb UStG erfolgte, wonach die Steuerfreiheit an eine Bescheinigung geknüpft war, dass die Einrichtung auf eine vor einer juristischen Person des öffentlichen Rechts abzulegende Prüfung ordnungsgemäß vorbereitet.

Diese **Einschränkung** enthält die **Neufassung nicht mehr**, so dass davon ausgegangen werden muss, dass grundsätzlich alle Aus-/Fortbildungs- und Umschulungsleistungen umsatzsteuerfrei sind.

Ob der Umstand, dass der Bildungsanbieter etwa eine Bescheinigung nicht einholt, zu einem anderen Ergebnis führt, ist fraglich. Anders als der Entwurf vom Januar 2025, enthält das endgültige Anwendungsschreiben des BMF vom 24.10.2025 (a.a.O.) nicht mehr ausdrücklich den Hinweis, dass auch die Finanzbehörde die Genehmigung bei der zuständigen Behörde einholen kann. In Rz. 7 des BMF-Schreibens vom 24.10.2025 verweist die FinVerw darauf, dass dann, wenn die begründete Annahme einer begünstigten Bildungsleistung besteht, die Finanzbehörde die Erteilung einer Bescheinigung anregen bzw. darum bitten darf.

1.5 Keine Option möglich

Gerade im Bereich der Fortbildung waren die Voraussetzungen der Norm i. d. R. nicht erfüllt, so dass die Leistungen der Einrichtungen steuerpflichtig waren. Diese Regelung war allerdings unter den Vorgaben des Unionsrechts zweifelhaft, so dass die EU-Kommission Deutschland bereits aufgefordert hatte, hier eine Neuregelung zu treffen, die dann zum 1.1.2025 erfolgt ist.

Hintergrund ist der Umstand, dass Art. 137 MwStSystRL für die Steuerbefreiung der Bildungsleistungen keine Optionsmöglichkeit vorsieht. Die Unternehmer hat mithin kein Wahlrecht zwischen steuerfrei und steuerpflichtig.

1.6 Bildungsleistungen als Online-Veranstaltung

Im Zusammenhang mit einem **BMF-Schreiben v. 29.04.2024**, BStBl I 2024, 726 zum Leistungsort bei Online-Veranstaltungsleistungen hatte sich die FinVerw auch zu den Auswirkungen u. a. auf die Steuerbefreiungstatbestände geäußert. Dabei unterscheidet sie zwischen dem

– Angebot vorproduzierter Inhalte,
– dem Live-Streaming und
– den Leistungskombinationen.

Im Wesentlichen stellte die Verwaltung die Konsequenzen für kulturelle Angebote i. S. d. § 4 Nr. 20 UStG dar. Sie übertrug diese Rechtsfolgen dann aber auch auf weitere Angebote der Aus- und Fortbildung bzw. auch auf Gesundheitsleistungen. Zwischenzeitlich hat die Verwaltung dieses BMF-Schreiben aufgehoben und durch ein neues **BMF-Schreiben vom 08.08.2025, BStBl I 2025, 1637** ersetzt. Darin sind inhaltlich die Ausführungen zu den vorproduzierten Inhalten und zum Live-Streaming unverändert übernommen worden, nur bei den **Leistungskombinationen** (Rz. 12 des BMF-Schreibens v. 24.10.2025) äußert sich die Finverw jetzt anders.

1.6.1 Vorproduzierte Inhalte

Die FinVerw vertritt die Auffassung, dass für die **Leistungen, die auf vorproduzierten Inhalten basieren**, weder die Steuerbefreiung nach § 4 Nr. 20 UStG noch die Anwendung des ermäßigten Steuersatzes nach § 12 Abs. 2 UStG in Betracht kommt. Dies soll auch auf vergleichbare Leistungen im **Bildungs- oder Gesundheitswesen** so anwendbar sein.

1.6.2 Live-Streaming

Anders als bei den vorproduzierten Inhalten kann bei einem Live-Streaming unter den weiteren Voraussetzungen die Steuerbefreiung nach § 4 Nr. 20 UStG sowie – soweit keine Steuerbefreiung einschlägig ist – der ermäßigte Steuersatz nach § 12 Abs. 2 Nr. 7 Buchst. a UStG zur Anwendung kommen. Auch bei Bildungsleistungen (§ 4 Nr. 21 UStG) oder bei Gesundheitsleistungen (§ 4 Nr. 14 UStG) kann es in diesen Fällen unter den weiteren Voraussetzungen zur Anwendung einer Steuerbefreiung kommen.

1.6.3 Leistungskombinationen

Bei einer solchen einheitlichen Leistung eigener Art soll es nach Auffassung der Finanzverwaltung insgesamt zur Anwendung des Regelsteuersatzes kommen – eine Aufteilung des Entgelts soll nicht in Betracht kommen. Im BMF-Schreiben v. 08.08.2025 (s. o.) sind die „Definitionen" der einheitlichen und selbstständigen Leistungen nicht mehr enthalten. In Tz. 12 wird nur noch auf den **Durchschnittsverbraucher** verwiesen zur Abgrenzung, ob eine einheitliche Leistung vorliegt oder ob es sich um selbstständige Leistungen handelt, wenn neben dem Live-Stream zu einem späteren Zeitpunkt eine Aufzeichnung abgerufen werden kann. Die Regelungen im BMF-Schreiben vom 29.04.2024 gelten nach der Anwendungsregelung in Tz. 18 des BMF-Schreibens vom 08.08.2025 noch bis zum 31.12.2025 weiter, wenn sich der Stpfl. auf die „alte" Regelung beruft (Nichtbeanstandungsregelung).

Hinweis: Durchschnittsverbraucher

Wie mit dieser Änderung in Tz. 12 des BMF-Schreibens vom 08.08.2025 in der Anwendungspraxis umzugehen ist, ist fraglich. Der Hinweis auf die **„Sicht des Durchschnittsverbrauchers"** entspricht zwar der Rechtsprechung von BFH und EuGH, ist aber hier ohne weitere Ausführungen der Verwaltung wenig hilfreich. Einerseits könnte dadurch zum Ausdruck kommen, dass die Verwaltung bei ihrer im aufgehobenen Schreiben vom 29.04.2024 Tz. 12 a) und b) geäußerten Auffassung bleibt, diese nur nicht mehr deutlich zum Ausdruck bringen möchte. Genauso gut könnte es nämlich auch sein, dass sie von ihrer Rechtsauffassung abgerückt ist. Möglich wäre z. B. eine einheitliche Leistung in der Weise anzunehmen, dass Präsenzveranstaltung und Live-Streaming als Hauptleistung und die Aufzeichnung (ohne zusätzliches Entgelt) als Nebenleistung angesehen wird, die dann umsatzsteuerlich das Schicksal der Hauptleistung (= USt-Pflicht) teilt.

1.7 Anwendungs- und Übergangsregelung

Für die Anwendungspraxis – insbesondere diejenigen Bildungsanbieter, die bisher bewusst auf die Steuerbefreiung verzichtet habe – ist die **Anwendungs-/Übergangsregelung** des BMF im Schreiben vom 24.10.2025 von Bedeutung: Die FinVerw verweist in Rz. 5 des BMF-Schreibens darauf, dass es für Umsätze, die vor dem 1.1.2028 erbracht wurden bzw. werden nicht beanstandet wird, wenn der Unternehmer seine Leistungen weiterhin entsprechend den Regelungen in Abschn. 4.21.1 bis 4.21. 5 UStAE in der **am 31.12.2024 geltenden Fassung** als steuerfrei oder steuerpflichtig behandelt.

Hinweis: Zweifelhafte Übergangsregelung bis 31.12.2027

Auch hier wird nicht deutlich, was die Verwaltung dem Rechtsanwender damit mitteilen möchte. Nicht ausgeschlossen werden kann, dass man seitens des BMF bis Ende 2027 keine grundlegenden Veränderungen in der Anwendungspraxis will. Allerdings bedeutet der Verweis auf den „alten" UStAE nicht auch gleichzeitig, dass das bis 31.12.2024 geltende Gesetz weiterhin anwendbar ist. Eine solche Regelung kann die Verwaltung gar nicht treffen. Es gilt mithin die „alte" Verwaltungsregelung im Zusammenhang mit dem neuen Gesetz. Daraus wird dann deutlich, dass diese Sichtweise des BMF gar nicht passen kann. Dies schon deshalb, weil auch im „alten" Abschn. 4.21.2 Abs. 3 S. 1 UStAE a.F. bereits der Hinweis auf Art. 44 MwStVO enthalten war, so dass genau das eintreten könnte, was man eigentlich bis Ende 2027 vermeiden will.

UStAE 4.21.2. Nicht unmittelbar dem Schul- und Bildungszweck dienende Leistungen

(1) [1]Für die Annahme eines Schul- und Bildungszwecks ist entscheidend, dass die Leistungen nicht nur der bloßen Freizeitgestaltung dienen. [2]**Veranstaltungen und Kurse**, die von ihrer Zielsetzung auf **bloße** Freizeitgestaltung gerichtet sind, sind von der Steuerbefreiung nach § 4 Nr. 21 UStG ausgeschlossen (vgl. BFH-Urteil**e vom 27.09.2007 – V R 75/03, BStBl II 2008 S. 323,** vom 24.01.2008 – V R 3/05, BStBl II 2012 S. 267, **und vom 28.05.2013 – XI R 35/11, BStBl II S. 879**). [3]**Eine solche Zielsetzung ist anzunehmen, wenn die Veranstaltung lediglich den organisatorischen Rahmen für eine Gelegenheit zum Ausüben einer Freizeitaktivität bietet, wie z.B. animierte Tanzabende, eine bloße Produktherstellung (u.a.**

das Töpfern einer Vase, die Fertigstellung eines Adventskranzes) oder das bloße Ausüben einer Tätigkeit (u.a. Kochen, Kalligraphieren). [4]Ob die erbrachte Unterrichtsleistung den Charakter einer Veranstaltung hat, die lediglich den Rahmen für eine Gelegenheit zum Ausüben einer Freizeitaktivität („bloße Freizeitgestaltung") bietet, kann nur im jeweiligen Einzelfall entschieden werden. [5]Die bloße Möglichkeit, während einer solchen Veranstaltung erlernte Fähigkeiten oder Kenntnisse auch beruflich nutzen zu können, nimmt einer solchen Veranstaltung nicht den Charakter einer Freizeitaktivität (vgl. BFH-Urteil vom 22.01.2025 – XI R 9/22, BStBl II S. 842). [6]Eine Freizeitaktivität liegt nicht vor, wenn sich Schulungsangebote an Personen richten, die sich ehrenamtlich engagieren wollen, z.B. Kurse zur Ausbildung von Schöffen oder Übungsleitern. [7]Erziehungsleistungen an Kinder und Jugendliche, wie insbesondere altersgerechte Sprach- und Wissensvermittlung, Angebote von Musik-, Kunst- und Bewegungserziehung sowie die Vermittlung von sozialen Kompetenzen und Werten (insbesondere im Bereich des Erlernens elementarer Grundfähigkeiten), können aber nach § 4 Nr. 23 Satz 1 Buchstabe a UStG steuerfrei sein.

(2) [1]Die Lieferungen von Lehr-, Lern**- und Verbrauchs**material dienen nicht unmittelbar dem Schul- und Bildungszweck. [2]Sie sind nur insoweit steuerfrei, als es sich um **einen eng verbundenen Umsatz (siehe Abschnitt 4.21.1 Abs. 15 bis 17) oder um** Nebenleistungen **(siehe Abschnitt 3.10)** handelt. [3]Eine Nebenleistung liegt in diesen Fällen vor, wenn das den Lehrgangsteilnehmern überlassene Lehr-, Lern**- und Verbrauchs**material inhaltlich den Unterricht ergänzt **und** zum Einsatz im Unterricht bestimmt ist.

(3) [1]Leistungen, die sich auf die Unterbringung und Verpflegung von Schülern beziehen, dienen dem Schul- und Bildungszweck im Regelfall nicht unmittelbar, sondern nur mittelbar (BFH-Urteil vom 17.03.1981 – VIII R 149/76, BStBl II S. 746). **[2]Es liegt auch im Grundsatz keine eng verbundene Leistung (siehe Abschnitt 4.21.1 Abs. 15 bis 17) oder Nebenleistung zu einer steuerfreien Leistung vor (vgl. BFH-Urteil vom 07.10.2010 – V R 12/10, BStBl II 2011 S. 303).** [3]Diese Leistungen **sind** aber unter den Voraussetzungen des § 4 Nr. 23 UStG steuerfrei.

Anmerkung

1. Neufassung des UStAE

Aufgrund des Anwendungsschreibens des BMF vom 24.10.2025 - II C 3 – S 7179/00054/001/094, BStBl I 2025, 1841 ist der UStAE in diesem Bereich vollständig überarbeitet worden. Abschn. 4.21.2 hat mithin auch einen völlig neuen Inhalt erhalten (siehe dazu auch die Kommentierung zu Abschn. 4.21.1 UStAE).

Die FinVerw definiert unter Abschn. 4.21.1. die „Unmittelbar dem Schul- und Bildungszweck dienende (n) Leistungen", so wie sich die Rechtslage auf der Grundlage der Neufassung des § 4 Nr. 21 UStG in diesem Bereich darstellt (vgl. dazu die Anm. zu **Abschn. 4.21.1 UStAE**). In Abschn. 4.21.2 UStAE wird jetzt dargestellt, was nach Auffassung der FinVerw künftig nicht mehr unter die Norm des § 4 Nr. 21 UStG fällt.

2. Nicht unmittelbar dem Schul- und Bildungszweck dienende Leistungen

Für die Annahme eines Schul- und Bildungszwecks ist entscheidend, dass die Leistungen **nicht nur der bloßen Freizeitgestaltung** dienen. Derartige Veranstaltungen und Kurse, die auf bloße Freizeitgestaltung gerichtet sind, sind unter Verweis der FinVerw auf die ständige Rspr. des BFH von der Steuerbefreiung nach § 4 Nr. 21 UStG ausgeschlossen (vgl. BFH, Urt. v. 27.09.2007 – V R 75/03, BStBl II 2008, 323, BFH, Urt. v. 24.01.2008 – V R 3/05, BStBl II 2012, 267; BFH, Urt. v. 28.05.2013 – XI R 35/11, BStBl II 2013, 879). Nachfolgend gibt die FinVerw in **Abschn. 4.21.2 S. 3–7 UStAE** eine beispielhafte Aufzählung von Kursen/Veranstaltungen, die den Befreiungstatbestand nicht erfüllen.

Dazu zählen z. B.:

- Veranstaltungen, die lediglich den organisatorischen Rahmen für eine Gelegenheit zum Ausüben einer Freizeitaktivität (z. B. animierte Tanzabende),
- eine bloße Produktherstellung (u. a. das Töpfern einer Vase, die Fertigstellung eines Adventskranzes)

Eine Freizeitaktivität liegt dagegen nicht vor, wenn sich Schulungsangebote an Personen richten, die sich ehrenamtlich engagieren wollen.

Hinweis: Erziehungsleistungen

Wichtig ist der Hinweis der FinVerw., dass **Erziehungsleistungen** an Kinder und Jugendliche, wie z. B. die Vermittlung von sozialen Kompetenzen und Werten aber nach **§ 4 Nr. 23 S. 1 Buchst. a UStG** steuerfrei sein können.

2.1 Ergänzende Leistungen und Nebenleistungen, Verpflegung und Unterbringung

Ergänzend verweist die FinVerw. in **Abschn. 4.21.2 Abs. 2 UStAE** darauf, dass die Lieferungen von Lehr-, Lern- und Verbrauchsmaterial nicht unmittelbar dem Schul- und Bildungszweck dienen. Sie sind nur insoweit steuerfrei, als es sich um einen **eng verbundenen Umsatz oder um Nebenleistungen** handelt. Eine Nebenleistung liegt in diesen Fällen vor, wenn das den Lehrgangsteilnehmern überlassene Lehr-, Lern- und Verbrauchsmaterial inhaltlich den Unterricht ergänzt und zum Einsatz im Unterricht bestimmt ist.

Hinweis: Unterbringung und Verpflegung von Schülern

Leistungen, die sich auf die **Unterbringung und Verpflegung von Schülern** beziehen, dienen dem Schul- und Bildungszweck im Regelfall nicht unmittelbar, sondern nur **mittelbar** (Hinweis auf BFH, Urt. v. 17.03.1981 – VIII R 149/76, BStBl 1981 II, 746). Es liegt auch im Grundsatz keine eng verbundene Leistung oder Nebenleistung zu einer steuerfreien Leistung vor.

Diese Leistungen können aber – wie die Erziehungsleistungen (s.o.) – unter den Voraussetzungen des **§ 4 Nr. 23 UStG steuerfrei** sein.

UStAE 4.21.3. Einrichtungen des öffentlichen Rechts

[1]Nach § 4 Nr. 21 Satz 1 Buchstabe a UStG sind Einrichtungen von juristischen Personen des öffentlichen Rechts, die mit Aufgaben des Schulunterrichts, des Hochschulunterrichts, der Ausbildung, der Fortbildung oder der beruflichen Umschulung aufgrund entsprechender Rechtsgrundlagen (z.B. der Schul- und Weiterbildungsgesetze der Länder, des Hochschulrahmengesetzes, des Gesetzes zur vorläufigen Regelung des Rechts der Industrie- und Handelskammern oder der HwO) betraut sind, als begünstigte Bildungseinrichtungen anzusehen. [2]Der Begriff der Einrichtung setzt nicht voraus, dass die Tätigkeit in einem selbständigen Bereich der juristischen Person des öffentlichen Rechts ausgeübt wird. [3]Hierzu gehören insbesondere allgemeinbildende oder berufsbildende Schulen in öffentlich-rechtlicher Trägerschaft und staatliche Hochschulen.

Anmerkung

Begriff der Einrichtung des öffentlichen Rechts

Mit BMF-Schreiben vom 24.10.2025 III C 3 – S 7179/00054/001/094, BStBl I 2025, 1841 hat die FinVerw in den UStAE eine Regelung zur Definition der Einrichtung des öffentlichen Rechts aufgenommen.

Unter Hinweis auf § 4 Nr. 21 S. 1 Buchst. a) UStG verweist sie darauf, dass es sich um Einrichtungen handelt, die aufgrund entsprechender Rechtsgrundlagen (z. B. Schul- und Weiterbildungsgesetze der Länder oder der HWO) mit Ausbildung, Fortbildung und beruflicher Umschulung betraut sind. Liegen diese Voraussetzungen vor, handelt es sich um begünstigte – d.h. von der Umsatzsteuer befreite – Bildungseinrichtungen.

Hinweis: Begriff „Einrichtung"

Der Begriff der Einrichtung setzt nicht voraus, dass die Tätigkeit in einem selbstständigen Bereich der jur. Person des öffentlichen Rechts ausgeübt wird (Abschn. 4.21.3 S. 2 UStAE).

UStAE 4.21.4. Ersatzschulen

Der Nachweis, dass für den Betrieb der Ersatzschule eine staatliche Genehmigung oder landesrechtliche Erlaubnis vorliegt, kann durch eine Bescheinigung der Schulaufsichtsbehörde geführt werden.

Anmerkung

1. Neufassung des UStAE

Die Regelung zu den Ersatzschulen findet sich systematisch richtig jetzt in Abschn. 4.21.4 UStAE. Die Änderung erfolgte im Zuge des Anwendungsschreibens des BMF vom 24.10.2025, BStBl I 2025, 1841 zur Neufassung des § 4 Nr. 21 UStG ab 1.1.2025.

2. Keine inhaltliche Änderung

Inhaltlich ist die Regelung im UStAE nicht geändert worden: Nach wie vor kann der Nachweis, dass für den Betrieb der Ersatzschule eine staatliche Genehmigung oder landesrechtliche Erlaubnis vorliegt, durch eine Bescheinigung der Schulaufsichtsbehörde geführt werden.

UStAE 4.21.5. Ergänzungsschulen und andere allgemeinbildende oder berufsbildende Einrichtungen

(1) [1]Zu den **anderen** allgemeinbildenden oder berufsbildenden Einrichtungen **nach § 4 Nr. 21 Satz 1 Buchstabe a UStG** gehören u.a. Fernlehrinstitute, Fahrlehrerausbildungsstätten, Heilpraktikerschulen **sowie Einrichtungen, die** Nachhilfeunterricht für Schüler **oder** Repetitorien **für Studenten erteilen.** [2]Zum Begriff der allgemeinbildenden Einrichtung wird auf das Urteil des BVerwG vom 03.12.1976 – VII C 73.75, BStBl II 1977 S. 334, hingewiesen. [3]Berufsbildende Einrichtungen sind Einrichtungen, die Leistungen erbringen, die ihrer Art nach den Zielen der Berufsaus**bildung, der** Berufsfortbildung **oder der beruflichen Umschulung** dienen. [4]Sie müssen spezielle Kenntnisse und Fertigkeiten vermitteln, die zur Ausübung bestimmter beruflicher Tätigkeiten notwendig sind (BFH-Urteil vom 18.12.2003 – V R 62/02, BStBl II 2004 S. 252). [5]Auf die Rechtsform des Trägers der Einrichtung kommt es nicht an. [6]Es können deshalb auch natürliche Personen oder Personenzusammenschlüsse begünstigte Einrichtungen betreiben, wenn neben den personellen auch die organisatorischen und sachlichen Voraussetzungen vorliegen, um einen Unterricht zu ermöglichen.

(2) [1]Der Unternehmer ist Träger einer Bildungseinrichtung, wenn er selbst entgeltliche Unterrichtsleistungen gegenüber seinen Vertragspartnern (z.B. Schüler, Studenten, **Auszubildende,** Berufstätige oder Arbeitgeber) anbietet. [2]Die Einrichtung braucht im Rahmen ihres Lehrprogramms keinen eigenen Lehrstoff anzubieten. **[3]Es ist nicht erforderlich, dass eine Bildungseinrichtung im vorstehenden Sinne ausschließlich Bildungsleistungen erbringt. [4]Keine Bildungseinrichtung in diesem Sinne sind jedoch z.B. Hersteller- oder Vertriebsunternehmen, die lediglich den Absatz ihrer Produkte durch entsprechende (Produkt-)Schulungen beim Kunden fördern (u.a. Einweisungen zu Software und Maschinen), da sie keine vergleichbare Zielsetzung haben wie die genannten Einrichtungen des öffentlichen Rechts; dahingegen können Unternehmer, die Schulungen z.B. von herstellerübergreifender Software anbieten, insoweit zu den begünstigten Bildungseinrichtungen gehören. [5]Auch ein Rechtsanwalt ist nicht als Bildungseinrichtung anzusehen, soweit er Leistungen erbringt, die nur eines der Ziele des Anwaltsberufs darstellen, z.B. bei Leistungen gegenüber Nichterwerbstätigen im Rahmen eines sog. Lotsendienstes für Gründungswillige (vgl. BFH-Urteil vom 29.03.2017 – XI R 6/16, BStBl II 2025 S. 817).**

(3) **[1]Ein vom Bundesamt für Migration und Flüchtlinge zur Durchführung von Leistungen** nach § 43 AufenthG (Integrationskurse) **oder nach § 45a AufenthG (berufsbezogene Deutschsprachförderung) zugelassener Kursträger ist eine berufsbildende Einrichtung, da Integrations- und Berufssprachkurse** dem Erwerb ausreichender Kenntnisse der deutschen Sprache **dienen.** [2]Diese Maßnahmen fallen daher unter die Steuerbefreiung des § 4 Nr. 21 **Satz 1** Buchstabe a UStG.

(4) [1]Die Aufgaben der Integrationsfachdienste (§§ 192 ff SGB IX) entsprechen in Teilbereichen den in § 45 SGB III genannten Tätigkeiten, gehen jedoch insgesamt darüber hinaus. [2]Da eine Trennung der einzelnen

Aufgaben nicht möglich ist, kommt eine Steuerbefreiung nach § 4 Nr. 21 UStG für die Leistungen der Integrationsfachdienste insgesamt nicht in Betracht; auf die Ausführungen in Abschnitt 4.16.5 Abs. 7 und 8 wird hingewiesen.

(5) [1]Fahrschulen können grundsätzlich nicht als allgemeinbildende oder berufsbildende Einrichtungen beurteilt werden (BFH-Urteil**e** vom 14.03.1974 – V R 54/73, BStBl II S. 527, **und vom 23.05.2019 – V R 7/19 (V R 38/16), BStBl II 2025 S. 820, sowie EuGH-Urteil vom 14.03.2019, C-449/17, A & G Fahrschul-Akademie GmbH**). [2]Fahrschulen **können aber insoweit berufsbildende Einrichtungen sein, als sie** Lehrgänge zur Ausbildung für die Fahrerlaubnis der Klassen C, CE, D, DE, D1, D1E, T und L durchführen, da diese Leistungen in der Regel der Berufsausbildung dienen. [3]Eine Fahrerlaubnis der Klassen C, CE, D, DE, D1 und D1E darf nur erteilt werden, wenn der Bewerber bereits die Fahrerlaubnis der Klasse B besitzt oder die Voraussetzungen für deren Erteilung erfüllt hat (§ 9 Fahrerlaubnis-Verordnung). [4]Eine Steuerbefreiung kommt deshalb auch in Betracht, wenn der Fahrschüler im Rahmen seiner Ausbildung zeitgleich neben den Klassen C und CE die Fahrerlaubnis der Klasse B erwerben möchte; die Ausbildungsleistung, die auf die Klasse B entfällt, ist aber steuerpflichtig. [5]Als Lehrgang ist die dem einzelnen Fahrschüler gegenüber erbrachte Leistung anzusehen. [6]Bei Fahrschulen gelten als Bescheinigung im Sinne des § 4 Nr. 21 **Satz 1** Buchstabe a Doppelbuchstabe bb UStG:

– die nach dem 31.12.2017 erteilte Fahrschulerlaubnis (§ 26 Abs. 1 FahrlG) in den Fahrlehrerlaubnisklassen CE und DE oder
– die vor dem 01.01.2018 ausgestellte Fahrschulerlaubnisurkunde (§ 13 Abs. 1 FahrlG), die zur Ausbildung zum Erwerb der Fahrerlaubnis der Klasse 2 bzw. 3 (ausgestellt bis zum 31.12.1998) bzw. der Fahrerlaubnisklassen C, CE, D, DE, D1, D1E, T und L (ausgestellt ab Januar 1999) berechtigt oder
– bei Fahrschulen, die bei Inkrafttreten des FahrlG alter Fassung bestanden und die Fahrschulerlaubnis somit nach § 69 FahrlG als erteilt gilt, eine Bescheinigung der zuständigen Landesbehörde, welche die Angabe enthält, dass die Fahrschulerlaubnis für die Ausbildung zum Erwerb der Klasse 2 berechtigt.

[7]Die Anerkennung von Fahrschulen als berufsbildende Einrichtungen nach § 4 Nr. 21 **Satz 1** Buchstabe a Doppelbuchstabe bb erstreckt sich auch auf Lehrgänge zum Erwerb der Grundqualifikation nach § 2 Abs. 1 BKrFQG, der beschleunigten Grundqualifikation nach § 2 Abs. 2 BKrFQG sowie die in § 5 BKrFQG vorgeschriebenen Weiterbildungskurse. [8]Bei nach § 9 Abs. 2 BKrFQG anerkannten Ausbildungsstätten gilt die durch eine nach Landesrecht zuständige Behörde erfolgte staatliche Anerkennung als Ausbildungsstätte im Sinne von § 9 Abs. 1 BKrFQG ebenfalls als Bescheinigung im Sinne des § 4 Nr. 21 **Satz 1** Buchstabe a Doppelbuchstabe bb UStG. [9]Unter die Steuerbefreiung fallen auch die Leistungen von Fahrschulen, die zur Ausbildung gegenüber Mitgliedern der Freiwilligen Feuerwehren, der nach Landesrecht anerkannten Rettungsdienste und der technischen Hilfsdienste sowie des Katastrophenschutzes erbracht werden und zum Führen von Einsatzfahrzeugen bis zu einer zulässigen Gesamtmasse von 7,5 t berechtigen.

(6) [1]Eine „Jagdschule", die Schulungen zur Vorbereitung auf die Jägerprüfung durchführt, ist keine allgemeinbildende oder berufsbildende Einrichtung im Sinne des § 4 Nr. 21 UStG. [2]Eine Steuerbefreiung nach dieser Vorschrift kommt daher nicht in Betracht (BFH-Urteil vom 18.12.2003 – V R 62/02, BStBl II 2004 S. 252).

(7) [1]**Musikschulen, künstlerische Bühnentanzschulen und Schulen für darstellende oder bildende Künste, deren Leistungen eine Aufnahme an einer (Hoch-)Schule oder Fach(hoch-)schule ermöglichen, werden** als allgemeinbildende oder berufsbildende Einrichtungen beurteilt. [2]**Zu den Leistungen dieser Einrichtungen siehe auch Abschnitt 4.21.1 Abs. 11.**

(8) [1]**Einrichtungen, die insbesondere durch die Vermittlung von Kenntnissen und Fähigkeiten der Didaktik und Methodik (Unterrichtslehre), der Pädagogik und Lernpsychologie, sowie hinsichtlich der berufsbezogenen Rechtsvorschriften – wie u.a. jener zum Schutz von Kindern und Jugendlichen – in der berufsbezogenen erforderlichen Tiefe Lehrkräfte ausbilden, sind als berufsbildende Einrichtungen anzusehen.** [2]**Es ist ausreichend, wenn die Ausbildungsleistung zusammen mit Leistungen anderer Unternehmer bewirkt wird.**

Anmerkung

1. Ergänzungsschulen und andere allgemein bildende oder berufsbildende Einrichtungen

Zu den anderen **allgemeinbildenden oder berufsbildenden Einrichtungen** gehören u. a. Fernlehrinstitute, Fahrlehrerausbildungsstätten, Heilpraktikerschulen sowie Einrichtungen, die Nachhilfeunterricht für Schüler oder Repetitorien für Studenten erteilen. Es ist nicht erforderlich, dass die Bildungseinrichtung ausschließlich Bildungsleistungen erbringt.

> **Hinweis: Absatzförderung von Produkten**
>
> Keine Bildungseinrichtungen sind nach Abschn. 4.21.5 Abs. 2 UStAE z. B. Hersteller- oder Vertriebsunternehmen, die lediglich den Absatz ihrer Produkte durch entsprechende (Produkt-)Schulungen beim Kunden fördern (u. a. Einweisungen zu Software und Maschinen); andererseits können aber Unternehmer, die Schulungen z. B. von herstellerübergreifender Software anbieten, insoweit zu den begünstigten Bildungseinrichtungen gehören.

Branchenspezifische Hinweise und Abgrenzungen nimmt die FinVerw in Abschn. 4.21.5 UStAE u. a. zu Integrations- und Berufssprachkursen, Integrationsfachdiensten sowie sehr ausführlich zu Fahrschulen sowie zu Musikschulen, künstlerischen Bühnentanzschulen und Schulen für darstellende oder bildende Künste, deren Leistungen eine Aufnahme an einer (Hoch-)Schule oder Fach(hoch-)schule ermöglichen vor.

Hinzuweisen ist in diesem Zusammenhang auch auf die Rechtsprechung des EuGH.

Der EuGH hat entschieden, dass **Schwimmunterricht** in einer Schwimmschule nicht als steuerfreie Leistung nach Art. 132 Abs. 1 Buchst. i MwStSystRL angesehen werden kann. Er bleibt insofern bei seiner eher engen Auslegung der Befreiungsregelungen, die er bereits in seiner Entscheidung vom 14.3.2019 – C-449/17 – A & G Fahrschulakademie GmbH herausgestellt hatte (siehe dazu die Anmerkungen zu Abschn. 4.21.1 und 4.21.2 UStAE).

2. Weitere Einzelfälle: Einschränkungen der Befreiungsregelung durch EuGH und BFH

2.1 Grundsätze der BFH-Rechtsprechung unter Anwendung der EuGH-Rechtsprechung

Der EuGH schränkt den Anwendungsbereich der USt-Befreiungsregelungen im Bildungsbereich erheblich ein. Die Abgrenzung bleibt schwierig, macht aber deutlich, dass **„punktuell" erteilter Unterricht** (EuGH) nicht den Anforderungen der Befreiungsregelung entspricht. Alles, was nicht die „Allgemeinbildung" fördert, dürfte aus der Befreiung herausfallen.

In der Nachfolgeentscheidung zur Rechtssache „Aquatics" hat der BFH diese Rechtsauffassung des EuGH bestätigt (BFH, Urt. v. 16.12.2021 – V R 31/21).

2.2 Flugunterricht zur Erlangung einer Privatpilotenlizenz steuerpflichtig

Mit Urteil vom 13.11.2024 – XI R 31/22 hat der BFH entschieden, dass Flugunterricht, der dazu dient, eine sog. Privatpilotenlizenz für Hobbyflieger (Private Pilot Licence – PPL) zu erlangen, nicht von der Umsatzsteuer befreit ist.

Der klagende Luftsport-Verein bildete u. a. Flugschüler aus. Die beim Erwerb des hierfür verwendeten Flugzeugs gezahlte Umsatzsteuer zog der Verein als Vorsteuer ab. Das FA versagte den Vorsteuerabzug, da der Unterricht umsatzsteuerfrei sei und die Überlassung des Flugzeugs an den Flugschüler Teil einer einheitlichen Leistung und keine selbständige Leistung sei. Das FG bestätigte die Auffassung des FA und wies die Klage ab.

Der BFH hat die Vorentscheidung aufgehoben und klargestellt, dass dem Verein der **Vorsteuerabzug dem Grunde nach** zusteht, weil eine Steuerbefreiung nicht in Betracht kommt.

- Eine **Befreiung** des Flugunterrichts als Schulunterricht oder Hochschulunterricht **kommt nicht in Betracht**; denn Flugunterricht vermittelt **kein „breites und vielfältiges Spektrum von Stoffen"**, sondern ist ein spezialisierter, punktuell erteilter Unterricht.

- Der Flugunterricht zum Erwerb der Privatpilotenlizenz (PPL) für Hobbyflieger ist auch **nicht als Ausbildung oder Fortbildung umsatzsteuerfrei**. Der Unterricht dient einem privaten Hobby), auch wenn die vermittelten Kenntnisse für berufliche Zwecke nützlich sein mögen.
- Steuerfreie, Fortbildung oder berufliche Umschulung wäre vorstellbar, soweit es um Unterricht zum Erwerb der Verkehrspilotenlizenz (Airline Transport Pilot Licence, ATPL) geht.

Hinweis: Ermäßigter Steuersatz?

Im Rahmen der Zurückverweisung hat der BFH dem FG allerdings u. a. auch aufgegeben zu prüfen, ob der **ermäßigte Steuersatz (§ 12 Abs. 2 Nr. 8 UStG) zu Recht angewendet worden ist.** Dies könnte zweifelhaft sein, da der Verein in Wettbewerb zu gewerblichen Flugschulen treten könnte, die ihre Leistungen zum Regelsteuersatz erbringen. Dazu ist ergänzend anzumerken, dass der Streitfall vor dem Jahr 2022 mit alter Unionsrechtslage spielt).

2.3 Reitunterricht ggfs. steuerfrei

In seiner Entscheidung vom 22.01.2025 (XI R 9/22) zur USt-Befreiung aus der Tätigkeit eines Reiterhofs verdeutlicht der BFH die Anforderungen an eine USt-Befreiung im Bereich des Freizeitsports. Er zieht den Vergleich mit Tanz-, Schwimm- oder Jagdschulen.

Allerdings kann – und auch das wird durch diese Entscheidung deutlich – ausnahmsweise bei nachgewiesener Berufsbezogenheit die Steuerbefreiung nach § 4 Nr. 21 UStG in Betracht kommen. Entscheidend dafür ist dann immer die tatsächliche Ausrichtung der Reitkurse auf den Erwerb von Leistungsabzeichen, die als **Zugangsvoraussetzung für den Turniersport** – und damit potenziell für eine **berufliche Tätigkeit** – dient.

2.4 Musik- und Tanzschulen steuerfrei

Im Rahmen des Gesetzgebungsverfahrens zur Neufassung des § 4 Nr. 21 UStG war vor allem immer wieder die Steuerfreiheit von Musikschulen und anderen Einrichtungen mit Bezug zur bildenden Kunst problematisiert worden („Bildung darf sich nicht verteuern").

Vor diesem Hintergrund ist es nachvollziehbar, dass sich die FinVerw, jetzt in Abschn. 4.21 Abs. 7 UStAE ausführlicher als bisher damit befasst.

Danach gilt: Musikschulen, künstlerische Bühnentanzschulen und Schulen für darstellende oder bildende Künste, deren Leistungen eine Aufnahme an einer (Hoch-)Schule oder Fach(hoch-)schule ermöglichen, werden als allgemeinbildende oder berufsbildende Einrichtungen beurteilt.

Hiervon umfasst sind sowohl **Musikunterricht** als auch Kurse der tänzerischen Früherziehung, Kindertanzen und klassischer Ballettunterricht **für Kinder ab 3 Jahren**. Bei Gruppenangeboten, die sich an Kinder ab 3 Jahren richten, ist es - so die FinVerw in **Abschn. 4.21.1 Abs. 11 UStAE – unschädlich, wenn einzelne Kinder unter 3 Jahre alt sind**. Maßgeblich für die Einordnung als Ausbildungsleistung ist allein die Ausgestaltung des angebotenen Unterrichts. Diese Leistungen fallen damit im Regelfall unter die Steuerbefreiung.

Musik -, Kunst- und Bewegungsunterricht für Kinder unter 3 Jahren kann nach § 4 Nr. 23 S. 1 Buchst. a) UStG steuerfrei sein (vgl. dazu auch **Abschnitt 4.21.2 Abs. 1 S. 7**).

UStAE 4.21.6. Erteilung von Unterricht durch selbständige Lehrer an Schulen und Hochschulen

(1) [1]Die Steuerbefreiung nach § 4 Nr. 21 **Satz 1** Buchstabe b UStG gilt für Personen, die als freie Mitarbeiter an Schulen, Hochschulen oder ähnlichen Bildungseinrichtungen (z.B. Volkshochschulen, **Industrie- und Handwerkskammern oder Handelskammern**) Unterricht erteilen. [2]Auf die Rechtsform des Unternehmers kommt es nicht an. [3]Daher ist die Vorschrift auch anzuwenden, wenn Personenzusammenschlüsse oder juristische Personen beauftragt werden, an anderen Bildungseinrichtungen Unterricht zu erteilen. **[4]Zum**

Begriff „unmittelbar dem Schul- und Bildungszweck dienende Leistungen" siehe Abschnitt 4.21.1 und 4.21.2.

(**2**) (Fach-)Autoren erbringen mit der Erstellung von Lehrbriefen keine unmittelbare Unterrichtstätigkeit; hierbei fehlt es an der Einflussnahme durch den persönlichen Kontakt mit den Studenten.

(3) [1]Der Unternehmer hat in geeigneter Weise nachzuweisen, dass er an einer **Schule,** Hochschule oder Einrichtung im Sinne des § 4 Nr. 21 **Satz 1** Buchstabe a UStG tätig ist. [2]Dient die Einrichtung verschiedenartigen Bildungszwecken, hat er nachzuweisen, dass er in einem Bereich tätig ist, der **dem Schulunterricht, dem Hochschulunterricht, der Ausbildung, der Fortbildung oder der beruflichen Umschulung dient** (begünstigter Bereich). [3]Der Nachweis ist durch eine Bestätigung der Bildungseinrichtung zu führen, aus der sich ergibt, dass diese die Voraussetzungen des § 4 Nr. 21 **Satz 1** Buchstabe a Doppelbuchstabe bb UStG erfüllt und die Unterrichtsleistung des Unternehmers im begünstigten Bereich der Einrichtung erfolgt. [4]Auf die Bestätigung wird verzichtet, wenn die Unterrichtsleistungen an folgenden Einrichtungen erbracht werden:

1. Hochschulen im Sinne der §§ 1 und 70 des Hochschulrahmengesetzes;
2. **Einrichtungen des** öffentliche**n Rechts (**allgemein- und berufsbildende Schulen, z.B. Gymnasien, Realschulen, Berufsschulen**)**;
3. als Ersatzschulen nach Artikel 7 Abs. 4 GG staatlich genehmigte oder nach Landesrecht erlaubte Schulen.

(4) [1]Die Bestätigung soll folgende Angaben enthalten:

1. Bezeichnung und Anschrift der Bildungseinrichtung;
2. Name und Anschrift des Unternehmers;
3. Bezeichnung des Fachs, des Kurses oder Lehrgangs **etc.**, in dem der Unternehmer unterrichtet;
4. Unterrichtszeitraum und
5. Versicherung über das Vorliegen einer Bescheinigung nach § 4 Nr. 21 **Satz 1** Buchstabe a Doppelbuchstabe bb UStG für den oben bezeichneten Unterrichtsbereich.

[2]Erteilt der Unternehmer bei einer Bildungseinrichtung in mehreren Fächern, Kursen oder Lehrgängen **etc**. Unterricht, können diese in einer Bestätigung zusammengefasst werden. [3]Sie sind gesondert aufzuführen. [4]Die Bestätigung ist für jedes Kalenderjahr gesondert zu erteilen. [5]Erstreckt sich ein Kurs oder Lehrgang über den 31. Dezember eines Kalenderjahrs hinaus, reicht es für den Nachweis aus, wenn nur eine Bestätigung für die betroffenen Besteuerungszeiträume erteilt wird. [6]Der Unterrichtszeitraum muss in diesem Falle beide Kalenderjahre benennen.

(5) [1]Die Bildungseinrichtung darf dem bei ihr tätigen Unternehmer nur dann eine Bestätigung erteilen, wenn sie selbst über eine Bescheinigung der zuständigen Landesbehörde verfügt (vgl. BFH-**Beschluss** vom 27.07.2021 – V R 39/20, BStBl II S. 964). [2]Bei der Bestimmung der zuständigen Landesbehörde gilt Abschnitt 4.21.**7** Abs. 3 entsprechend. [3]Es ist daher nicht zu beanstanden, wenn der Bestätigung eine Bescheinigung der Behörde eines anderen Bundeslands zu Grunde liegt. [4]Erstreckt sich die Bescheinigung der Landesbehörde für die Bildungseinrichtung nur auf einen Teilbereich ihres Leistungsangebots, darf die Bildungseinrichtung dem Unternehmer nur dann eine Bestätigung erteilen, soweit er bei ihr im begünstigten Bereich unterrichtet. [5]Erteilt die Bildungseinrichtung dem Unternehmer eine Bestätigung, obwohl sie selbst keine Bescheinigung der zuständigen Landesbehörde besitzt, oder erteilt die Bildungseinrichtung eine Bestätigung für einen Tätigkeitsbereich, für den die ihr erteilte Bescheinigung der zuständigen Landesbehörde nicht gilt, ist die Steuerbefreiung für die Unterrichtsleistung des Unternehmers zu versagen. [6]Sofern eine Bestätigung bzw. Zulassung nach Abschnitt 4.21.**7** Abs. 5 **bis 7** vorliegt, tritt diese an die Stelle der Bescheinigung der zuständigen Landesbehörde.

Anmerkung

1. Zweistufiges Befreiungsmodell in § 4 Nr. 21 UStG

§ 4 Nr. 21 UStG liegt ein **zweistufiges Befreiungsmodell** zugrunde, bei dem zwischen

- der Leistung der Bildungseinrichtung und
- der Leistung des für die Bildungseinrichtung selbständig tätigen Lehrers

zu unterscheiden ist.

Die FinVerw. hat den bisherigen Abschn. 4.21.3 UStAE angepasst. In diesem Zusammenhang finden sich die Ausführungen der FinVerw. jetzt in aktualisierter Form in **Abschn. 4.21.6 UStAE.** Bei den Änderungen handelt es sich vor allem um redaktionelle Anpassungen, die mit dem Wortlaut des neuen § 4 Nr. 21 UStG (seit 1.1.2025) zusammenhängen. So wird etwa jetzt in Abschn. 4.21.6 Abs. 3 S. 2 UStAE der „begünstigte Bereich" mit Schul- und Hochschulunterricht, Ausbildung, Fortbildung oder beruflicher Umschulung definiert. Es wird also nicht mehr – entsprechend der bisherigen Fassung des Abschn. 4.21.3 Abs. 3 S. 2 UStAE auf die „ordnungsgemäße Prüfungsvorbereitung" als begünstigter Bereich verwiesen.

Hinweis: Übergangsregelung

Hinzuweisen ist allerdings auf die **Übergangsregelung** im BMF-Schreiben vom 24.10.2025 III C 3 – S 7179/00054/001/095, BStBl I 2025, 1841, wonach es bis zum 31.12.2027 nicht beanstandet wird, wenn sich Unternehmer die bis zum 31.12.2024 gültige Fassung des UStAE berufen (**Nichtbeanstandungsregelung**). Zur Kritik an dieser Anwendungsregelung vgl. die Kommentierung zu Abschn. 4.21.1 UStAE.

1.1 Leistung der Bildungseinrichtung

§ 4 Nr. 21 Buchst. a UStG befreit die Leistung der Bildungseinrichtung. Steuerfrei sind danach die unmittelbar dem Schul- und Bildungszweck dienenden Leistungen privater Schulen und anderer allgemeinbildender oder berufsbildender Einrichtungen, wenn sie als Ersatzschulen gemäß Art. 7 Abs. 4 des Grundgesetzes staatlich genehmigt oder nach Landesrecht erlaubt sind (Doppelbuchst. aa) oder wenn die zuständige Landesbehörde bescheinigt, dass sie auf einen Beruf oder eine vor einer juristischen Person des öffentlichen Rechts abzulegende Prüfung ordnungsgemäß vorbereiten (Doppelbuchst. bb).

Die in § 4 Nr. 21 Buchst. a Doppelbuchst. bb UStG bezeichnete **Bescheinigung** der Landesbehörde ist dem Unternehmer zu erteilen, der die dem Bildungszweck dienende Leistungen erbringt.

1.2 Leistungen des für die Bildungseinrichtung selbständig tätigen Lehrers

Die Steuerfreiheit des für die Bildungseinrichtung tätigen Lehrers ergibt sich demgegenüber aus § 4 Nr. 21 Buchst. b UStG. Diese Steuerfreiheit erfasst die unmittelbar dem Schul- und Bildungszweck dienenden Unterrichtsleistungen selbständiger Lehrer an Hochschulen und öffentlichen allgemeinbildenden oder berufsbildenden Schulen (Doppelbuchst. aa) oder an privaten Schulen und anderen allgemeinbildenden oder berufsbildenden Einrichtungen, soweit diese die Voraussetzungen des Buchst. a erfüllen (Doppelbuchst. bb).

Ist der selbständige Lehrer nach § 4 Nr. 21 Buchst. b Doppelbuchst. bb UStG an einer Einrichtung tätig, die die Voraussetzungen des § 4 Nr. 21 Buchst. a Doppelbuchst. bb UStG erfüllt, muss dieser Einrichtung die dort bezeichnete Bescheinigung erteilt worden sein. Der selbständige Lehrer hat diese Anwendungsvoraussetzung für die Steuerfreiheit als steuermindernden Umstand **nachzuweisen** (BFH, Urt. v. 4.12.2014 – V R 16/12).

Sachverhalt

In der Streitsache V R 39/20 war der Kläger als Referent für verschiedene Ämter tätig. Die Ämter gehörten zum Geschäftsbereich eines Ministeriums, das auch für die Erteilung der Bescheinigungen nach § 4 Nr. 21 Buchst. a Doppelbuchst. bb UStG zuständig war. Das FA besteuerte seine Leistungen mit dem Regelsteuersatz. Nach Bestandskraft der Umsatzsteuerfestsetzung legte er eine Bescheinigung des Ministeriums vor, die den Hinweis auf § 4 Nr. 21 Buchst. a Doppelbuchst bb UStG enthielt.

Der BFH entschied, dass im Streitfall kein Grundlagenbescheid i. S. d. § 4 Nr. 21 Buchst a Doppelbuchst bb UStG vorliegt. Mithin konnte die **Bestandskraft** der Umsatzsteuerfestsetzungen nicht nach § 171 Abs. 10 AO i. V. m. § 175 AO durchbrochen werden.

Ein **Grundlagenbescheid** i. S. von Buchst a liegt deshalb nicht vor, weil sich diese Bescheinigung zwingend ausschließlich an eine Bildungseinrichtung im Sinne der Regelung richtet. Der Kläger war jedoch selbst nicht eine derartige Einrichtung, sondern er war für eine solche tätig.

Es kam deshalb im Grundsatz nur die Befreiung nach Buchst b in Betracht, denn der Kläger war selbständiger Lehrer i. S. d. Vorschrift. Der Ansatz der Steuerbefreiung scheiterte in diesem Fall jedoch daran, dass die Umsatzsteuerfestsetzung bereits bestandskräftig war. Buchst b Doppelbuchst bb setzt eine **Nachweisbescheinigung** der zuständigen Behörde voraus, die aber **kein Grundlagenbescheid** ist. Demgemäß kam in der Rechtssache V R 39/20 eine Steuerbefreiung vor dem Hintergrund der Bestandskraft der Umsatzsteuerfestsetzung nicht mehr in Betracht.

1.3 Anmerkung

Die Entscheidung liegt auf der Linie der Rechtsauffassung der FinVerw in Abschn. 4.21.3 Abs. 3 UStAE wonach der Unternehmer in geeigneter Weise nachweisen muss, dass er an einer Schule/Hochschule i. S. d. § 4 Nr. 21 Buchst a UStG tätig ist.

Der Nachweis ist letztlich Ausfluss der **Feststellungslast**, die der Unternehmer (Lehrer) für das Vorliegen der Voraussetzungen der USt-Befreiung trägt.

Die FinVerw hat die Entscheidung amtlich veröffentlicht (BFH, Beschl. v. 27.7.2021 – V R 39/20, BStBl II 2021, 964), wendet sie also auch offiziell mit der Folge an, dass die Finanzämter sie beachten müssen.

Hinweis: Bescheinigung

Im Fall V R 39/20 war die vom Kläger vorgelegte Bescheinigung wahrscheinlich durchaus geeignet, den Nachweis für die USt-Befreiung zu erbringen. Allerderdings stand dem die Bestandskraft entgegen.

Die Entscheidung macht einmal mehr deutlich wie komplex und schwierig die Regelung des § 4 Nr. 21 UStG für den Bürger ist.

UStAE 4.21.7. Bescheinigungsverfahren

(1) [1]**Einrichtungen des öffentlichen Rechts**, Träger von **privaten Schulen** und anderen allgemeinbildenden oder berufsbildenden Einrichtungen benötigen, sofern sie keine Ersatzschule im Sinne des § 4 Nr. 21 **Satz 1** Buchstabe a Doppelbuchstabe aa UStG betreiben, nach § 4 Nr. 21 **Satz 1** Buchstabe a Doppelbuchstabe bb UStG eine Bescheinigung der zuständigen Landesbehörde. [2]Aus dieser Bescheinigung muss sich ergeben, dass **der** Unternehmer **mit der bescheinigten Leistung Schulunterricht, Hochschulunterricht, Ausbildung, Fortbildung oder berufliche Umschulung erbringt**.

(2) [1]Die zuständige Landesbehörde befindet darüber, ob, **mit welchen Leistungen** und für welchen Zeitraum die Bildungseinrichtung **Schulunterricht, Hochschulunterricht, Ausbildung, Fortbildung oder berufliche Umschulung erbringt.** [2]**Hierfür prüft die zuständige Landesbehörde z.B. die objektive Eignung der eingesetzten Lehrkräfte (siehe Abschnitt 4.21.8 Abs. 3), des Lehrplans, der Lehrmethode oder des Lehrmaterials.** [3]**Die Bescheinigung weist damit nach, dass die darin benannten Leistungen dem Schul- und Bildungszweck dienen und** bindet die Finanzbehörden insoweit als Grundlagenbescheid nach § 171 Abs. 10 in Verbindung mit § 175 Abs. 1 Satz 1 Nr. 1 AO (vgl. BFH-Urteil vom 20.08.2009 – V R 25/08, BStBl II 2010 S. 15, und **BFH-Beschluss** vom 27.07.2021 – V R 39/20, BStBl II S. 964); das schließt nicht aus, dass die Finanzbehörden bei der zuständigen Landesbehörde eine Überprüfung der Beschei-

nigung anregen. [4]Die Finanzbehörden entscheiden jedoch in eigener Zuständigkeit, ob die Voraussetzungen für die Steuerfreiheit im Übrigen vorliegen. [5]Dazu gehören **die Voraussetzung der Unmittelbarkeit und** die Voraussetzungen einer allgemeinbildenden oder berufsbildenden Einrichtung (BFH-Urteil vom 03.05.1989 – V R 83/84, BStBl II S. 815). [6]Eine für zurückliegende Zeiträume erteilte Bescheinigung kann nur unter den Voraussetzungen des § 171 Abs. 10 AO eine Ablaufhemmung auslösen (vgl. AEAO zu § 171, Nr. 6.1, 6.2 und 6.5). [7]Die zuständige Landesbehörde kann darauf in der Bescheinigung hinweisen. [8]Die konkrete Feststellung, für welche Umsatzsteuerfestsetzung die Bescheinigung bzw. deren Aufhebung von Bedeutung ist, trifft die Finanzbehörde.

(3) [1]Erbringt der Unternehmer die dem Schul- und Bildungszweck dienenden Leistungen in mehreren Bundesländern, ist eine Bescheinigung der zuständigen Behörde des Bundeslands, in dem der Unternehmer steuerlich geführt wird, als für umsatzsteuerliche Zwecke ausreichend anzusehen. [2]Werden die Leistungen ausschließlich außerhalb dieses Bundeslands ausgeführt, genügt eine Bescheinigung der zuständigen Behörde eines der Bundesländer, in denen der Unternehmer tätig wird. [3]Erbringen Unternehmer Leistungen im Sinne des § 4 Nr. 21 **Satz 1** Buchstabe a UStG im Rahmen eines Franchisevertrags, muss jeder Franchisenehmer selbst bei der für ihn zuständigen Landesbehörde die Ausstellung einer Bescheinigung nach § 4 Nr. 21 **Satz 1** Buchstabe a Doppelbuchstabe bb UStG beantragen.

(4) Werden Leistungen erbracht, die verschiedenartigen Bildungszwecken dienen, **ist es ausreichend, wenn die verschiedenen Bildungsmaßnahmen in einer Bescheinigung** im Sinne des § 4 Nr. 21 **Satz 1** Buchstabe a Doppelbuchstabe bb UStG **einzeln benannt werden, z.B.** bei Fernlehrinstituten **jeder** Lehrgang.

(5) [1]**Die** Zulassung eines Trägers zur Durchführung von Integrationskursen **oder der berufsbezogenen Deutschsprachförderung** nach Abschnitt 4.21.**5** Abs. **3** durch das Bundesamt für Migration und Flüchtlinge gilt als Bescheinigung im Sinne des § 4 Nr. 21 **Satz 1** Buchstabe a Doppelbuchstabe bb UStG, wenn aus der Zulassung ersichtlich ist, dass sich die zuständige Landesbehörde – generell oder im Einzelfall – mit der Zulassung durch das Bundesamt für Migration und Flüchtlinge einverstanden erklärt hat. [2]Liegen die Voraussetzungen vor, tritt die Zulassung an die Stelle der Bescheinigung der zuständigen Landesbehörde und bindet die Finanzbehörden insoweit ebenfalls als Grundlagenbescheid nach § 171 Abs. 10 in Verbindung mit § 175 Abs. 1 Satz 1 Nr. 1 AO.

(6) [1]Die Bescheinigung durch eine nach Landesrecht zuständige untergeordnete Behörde gilt als eine nach § 4 Nr. 21 **Satz 1** Buchstabe a Doppelbuchstabe bb UStG erforderliche Bescheinigung der zuständigen Landesbehörde. [2]Das Gleiche gilt für die staatliche Anerkennung der Bildungseinrichtungen durch eine nach Landesrecht zuständige Behörde, wenn diese Anerkennung inhaltlich der Bescheinigung der zuständigen Landesbehörde entspricht.

(7) [1]**Bei Kooperationsverträgen z.B. für die berufliche oder hochschulische Ausbildung nach dem Pflegeberufegesetz, für die Ausbildung nach landesrechtlichen Vorschriften über eine Helfer- oder Assistenzausbildung und bei Vereinbarungen über die Durchführung des berufspraktischen Teils des Hebammenstudiums nach dem Hebammengesetz, genügt es, wenn nur die Träger der praktischen Ausbildung, die Träger des praktischen Teils der hochschulischen Pflegeausbildung, die verantwortlichen Praxiseinrichtungen oder die für die Ausbildung nach dem Notfallsanitätergesetz und für die Ausbildung zum Rettungssanitäter nach dem jeweiligen Landesrecht die für die Ausbildung gesamtverantwortlichen Einrichtungen und nicht auch die Kooperations- bzw. Vereinbarungspartner eine Bescheinigung bei der zuständigen Landesbehörde beantragen.** [2]**Als Nachweis nach Abschnitt 4.21.6 Abs. 3, dass die weiteren an der praktischen Ausbildung bzw. am berufspraktischen Teil des Hebammenstudiums beteiligten Einrichtungen (Kooperationspartner) an einer Einrichtung im Sinne des § 4 Nr. 21 Satz 1 Buchstabe a UStG tätig sind, ist eine Kopie der Bescheinigung des Trägers der praktischen Ausbildung, des Trägers des praktischen Teils der hochschulischen Pflegeausbildung, der verantwortlichen Praxiseinrichtung oder der für die Ausbildung gesamtverantwortlichen Einrichtung ausreichend, wenn ein gültiger Kooperationsvertrag bzw. eine Vereinbarung über die Durchführung des berufspraktischen Teils für das Jahr der Bescheinigung vorgelegt wird, den die Kooperations- bzw. Vereinbarungspartner mit dem Inhaber der Bescheinigung geschlossen haben.**

Anmerkung

Bescheinigungsverfahren in § 4 Nr. 21 UStG seit dem 1.1.2025

Die Regelung in § 4 Nr. 21 Buchst. a UStG lautet seit dem 1.1.2025:

Steuerfrei sind

a) die unmittelbar dem Schul- und Bildungszweck dienenden Leistungen von Einrichtungen des öffentlichen Rechts, die mit solchen Aufgaben betraut sind, privaten Schulen und anderen allgemeinbildenden oder berufsbildenden Einrichtungen

aa) wenn sie als Ersatzschulen gemäß Artikel 7 Abs. 4 des Grundgesetzes staatlich genehmigt oder nach Landesrecht erlaubt sind oder

bb) wenn die zuständige Landesbehörde bescheinigt, dass sie Schul- und Hochschulunterricht, Aus- und Fortbildung sowie berufliche Umschulung erbringen

Zur bisherigen Regelung und zum danach erforderlichen Bescheinigungsverfahren hieß es in Abschn. 4.21.5 Abs. 2 Sätze 1 und 2 UStAE:

Die für die Erteilung der Bescheinigung zuständige Landesbehörde kann nicht nur vom Unternehmer, ***sondern auch von Amts wegen eingeschaltet*** *werden (BVerwG-Urteil vom 4.5.2006, 10 C 10.05); hierüber ist der Unternehmer zu unterrichten. Die Bescheinigung ist zwingend zu erteilen, wenn die gesetzlichen Voraussetzungen für die Steuerbefreiung vorliegen (BVerwG, Urteil vom 4.5.2006, 10 C 10.05). (...)*

Daraus dürfte folgen, dass nach der Neuregelung seit dem 1.1.2025 grundsätzlich und ohne Ausnahme steuerfreie Leistungen erbracht werden, werden, wenn die entsprechenden Begriffe der „Ausbildung", „Fortbildung" und beruflichen Umschulung" erfüllt sind (**vgl. dazu die Ausführungen/Kommentierungen in der Anm. zu Abschn. 4.21.1 UStAE**).

Die **Neuregelung** hat damit insbesondere Konsequenzen für Bildungseinrichtungen, die ihre Leistungen **bisher steuerpflichtig** erbracht haben und in der Vergangenheit auch entsprechende Vorsteuerbeträge abgezogen habe. Im Hinblick auf die generelle Steuerbefreiung dürfte künftig die Möglichkeit des Vorsteuerabzugs nicht mehr bestehen.

In der Neufassung des UStAE (jetzt in Abschn. 4.21.7 Abs. 2) ist der Hinweis darauf, dass die Finanzbehörde auch von Amts wegen die Bescheinigung einholen kann, nicht mehr enthalten. Gleichwohl dürfte sich daraus nicht ergeben, dass auch nach der seit dem 1.1.2025 geltenden Regelung steuerpflichtige Leistungen denkbar sind. Dies widerspricht dem Unionsrecht, denn aus **Art. 137 MwStSystRL folgt nicht**, dass der Unternehmer ein **Wahlrecht** zwischen Steuerpflicht und Steuerbefreiung im Sinne einer Option hat. Vielmehr sind auch nach dem Unionsrecht und den einschlägigen Regelungen in Art 132 Abs. 2 Buchst. i) und j) MwStSystRL diese Leistungen ausschließlich als steuerfrei vorgesehen.

Hinzuweisen ist aber darauf, dass das BMF in seinem **Anwendungsschreiben vom 24.10.2025**, BStBl I 2025, 1841 zu dem seit dem 1.1.2025 geltenden § 4 Nr. 21 UStG in den Rz. 5 und 7 **Übergangs- und Anwendungsregelungen** getroffen hat: Danach wird es bis Ende 2027 zum einen nicht beanstandet, wenn der Unternehmer seine **Leistungen weiterhin als steuerfrei oder steuerpflichtig** entsprechend den Regelungen in **Abschn. 4.21.1 bis 4.21. 5 des UStAE in der am 31.12.2024 geltenden Fassung** behandelt.

Darüber hinaus verweist die FinVerw aber darauf, dass für den Fall, dass der Unternehmer **keine Bescheinigung** der zuständigen Behörde **vorlegt**, die FinVerw die Erteilung einer solchen Bescheinigung **bei der zuständigen Landesbehörde anregen** oder darum **bitten** kann.

Wie mit dieser Formulierung umzugehen ist, ist unklar. Jedenfalls aber dürfte sich daraus künftig keine Verpflichtung der FinVerw ergeben, von Amts wegen die Erteilung der Bescheinigung zu beantragen. Insofern bleibt aber die weitere Entwicklung abzuwarten.

Hinweis: Übergangsregelung bis 31.12.2027

Nicht ausgeschlossen werden kann einerseits, dass man seitens des BMF bis Ende 2027 keine grundlegenden Veränderungen in der Anwendungspraxis will. Allerdings bedeutet der Verweis auf den „alten“ UStAE andererseits aber nicht auch gleichzeitig, dass die **bis 31.12.2024** geltende **gesetzliche Regelung** weiterhin anwendbar ist. Eine solche Regelung kann die Verwaltung gar nicht treffen. Es gilt mithin die „alte“ Verwaltungsregelung im Zusammenhang mit dem neuen Gesetz. Daraus wird dann deutlich, dass diese Sichtweise des BMF nicht passen kann. Dies schon deshalb, weil auch im „alten“ Abschn. 4.21.2 Abs. 3 S. 1 UStAE a.F. bereits der Hinweis auf Art. 44 MwStVO enthalten war, so dass genau das eintreten könnte, was man eigentlich bis Ende 2027 vermeiden will, nämlich ausschließlich Regelungen für steuerfreie Leistungen zu treffen.

UStAE 4.21.8. Privatlehrer

(1) § 4 Nr. 21 Satz 1 Buchstabe c UStG befreit Schul- und Hochschulunterricht, der von Privatlehrern erteilt wird, von der Umsatzsteuer. [1]Der Begriff des Privatlehrers umfasst hierbei nur natürliche Personen. [2]Die Steuerbefreiung erfasst von Privatlehrern erteilte Unterrichtseinheiten, die sich auf Schul- und Hochschulunterricht beziehen, und schließt somit auch die Vermittlung von Kenntnissen und Fähigkeiten im Hinblick auf die Ausübung einer Berufstätigkeit – d.h. Ausbildung, Fortbildung und Umschulung – ein (vgl. BFH-Urteil vom 20.03.2014 – V R 3/13, BStBl II 2025 S. 809). [3]Zum Umfang der begünstigten Leistungen vgl. Abschnitt 4.21.1 und 4.21.2.

(2) [1]Der Privatlehrer muss die Unterrichtsleistungen in eigener Person, für eigene Rechnung und in eigener Verantwortung erbringen (vgl. BFH-Urteil vom 27.09.2007 – V R 75/03, BStBl II 2008 S. 323). [2]Dabei gestaltet und organisiert der Privatlehrer, z.B. als Nachhilfelehrer oder als Musiklehrer, selbst die Unterrichtseinheiten, die z.B. auch in dessen Wohnung erteilt werden können. [3]Der Unterricht muss auf die individuellen Bedürfnisse des jeweiligen Schülers oder Studenten ausgerichtet sein. [4]Dem steht es nicht entgegen, wenn der Unterricht gleichzeitig gegenüber mehreren Schülern oder Studenten erbracht wird. [5]Ein Lehrer, der im Verhinderungsfall Anspruch auf Fortzahlung der Vergütung hat, wird nicht für eigene Rechnung tätig und kann damit nicht als Privatlehrer in diesem Sinne angesehen werden. [6]Auf eigene Verantwortung wird die Unterrichtstätigkeit dann erbracht, wenn der Privatlehrer das Lehrkonzept selbst bestimmt; das gilt unabhängig davon, ob das Thema oder ein Lehrplan vorgegeben sind, z.B. im Rahmen des Franchisings. [7]Das Erfordernis, dass der Unterricht privat erteilt wird, setzt keine unmittelbare Vertragsbeziehung zwischen den Schülern oder Studenten und dem Privatlehrer voraus. [8]Eine Vertragsbeziehung des Privatlehrers kann auch mit anderen Personen, etwa mit den Eltern der Schüler und Studenten oder mit anderen Auftraggebern, bestehen.

(3) [1]Ein Privatlehrer ist objektiv geeignet, Schul- und Hochschulunterricht zu erbringen, wenn dieser über fachliche und pädagogische Qualifikationen verfügt. [2]Diese können durch ein Studium, eine Ausbildung, einen Berufsabschluss sowie durch nachweisbar langjährige Erfahrung, persönliches Engagement oder spezifische Lebenserfahrungen erworben worden sein.

(4) [1]Kein Privatlehrer nach § 4 Nr. 21 Satz 1 Buchstabe c UStG ist ein Unternehmer, der als selbständiger Lehrer Bildungsleistungen im Rahmen von Verträgen mit Bildungseinrichtungen an diese Einrichtungen erbringt, weil nicht er, sondern die Bildungseinrichtung, an der er Unterricht erteilt, die Unterrichtsleistung an die Teilnehmer erbringt. [2]Unterrichtsleistungen eines solchen selbständigen Lehrers sind unter den weiteren Voraussetzungen des § 4 Nr. 21 Satz 1 Buchstabe b UStG steuerfrei (vgl. Abschnitt 4.21.6).

(5) [1]Der Begriff des Privatlehrers ist nicht erfüllt, wenn das Unternehmen organisatorische Strukturen aufweist, die denen eines Schulbetriebs ähnlich sind. [2]Dies ist der Fall, wenn z.B. entsprechendes Personal und Sachmittel sowie Unterrichtsräume zur Verfügung stehen und beständig Lehrveranstaltungen angeboten werden. [3]Demzufolge kommt für eine Einrichtung, in der sowohl der Unternehmer als auch seine Mitarbeiter Unterricht erteilen, eine Steuerbefreiung nach § 4 Nr. 21 Satz 1 Buchstabe c

UStG nicht in Betracht; und zwar auch nicht anteilig für den vom Unternehmer selbst erteilten Unterricht. Die Leistungen einer solchen Einrichtung können vielmehr nur unter den Voraussetzungen des § 4 Nr. 21 Satz 1 Buchstabe a UStG von der Umsatzsteuer befreit sein.

Anmerkung

1. Voraussetzungen für die Steuerbefreiung eines Privatlehrers

In einem neuen **Abschn. 4.21.8 UStAE** hat die FinVerw durch ein BMF-Schreiben vom 24.10.2025, BStBl I 2025, 1841 Hinweise zu der zum 1.1.2025 gesetzlich neu geregelten Steuerbefreiung für Schul- und Hochschulunterricht aufgenommen, soweit dieser Unterricht von **Privatlehrern** erteilt wird (§ 4 Nr. 21 Satz 1 Buchst. c) UStG).

Hinweis: Begriff „Privatlehrer"

Der Privatlehrer muss die Unterrichtsleistungen in eigener Person, für eigene Rechnung und in eigener Verantwortung erbringen (Hinweis auf BFH, Urt. v. 27.09.2007 – V R 75/03, BStBl II 2008, 323).

Der Begriff des Privatlehrers umfasst ausschließlich natürliche Personen.

Ein Privatlehrer gestaltet und organisiert die Unterrichtseinheiten selbst. Beispielhaft verweist die FinVerw hier auf **Nachhilfe- und Musiklehrer** (Abschn. 4.21.8 Abs. 2 S. 2 UStAE).

Der Unterricht muss auf die **individuellen Bedürfnisse** des jeweiligen Schülers oder Studenten ausgerichtet sein, kann aber auch gleichzeitig gegenüber mehreren Teilnehmenden erbracht werden. Dass der Unterricht privat erteilt wird, setzt keine unmittelbare Vertragsbeziehung zwischen den Schülern oder Studenten und dem Privatlehrer voraus. Eine **Vertragsbeziehung** des Privatlehrers kann auch mit anderen Personen, etwa mit den **Eltern der Schüler und Studenten** oder mit anderen Auftraggebern, bestehen.

Hinweis: Begriff „Privatlehrer" nicht erfüllt

Der **Begriff des Privatlehrers** ist nicht erfüllt, wenn ein Unternehmer als selbstständiger Lehrer Bildungsleistungen i.R.v. Verträgen mit Bildungseinrichtungen an diese Einrichtungen erbringt. Diese Leistungen können dann nur unter den (weiteren) Voraussetzungen des § 4 Nr. 21 Satz 1 Buchst. b UStG steuerfrei sein (so die FinVerw in Abschn. 4.21.8 Abs. 4 UStAE).

Ein Privatlehrer ist objektiv geeignet, Schul- und Hochschulunterricht zu erbringen, wenn er über fachliche und pädagogische Qualifikationen verfügt. Diese können durch

- ein Studium,
- eine Ausbildung,
- einen Berufsabschluss sowie
- durch nachweisbar langjährige Erfahrung, persönliches Engagement oder spezifische Lebenserfahrungen

erworben worden sein.

Hinweis: Keine Bescheinigung erforderlich

Ein Privatlehrer benötigt **keine Bescheinigung einer Landesbehörde** für seine Leistungen.

2. Eigenschaft als Privatlehrer nicht erfüllt

In Abschn. 4.21.8 Abs. 5 UStAE verweist die FinVerw darauf, dass die **Eigenschaft** als **Privatlehrer** dann **nicht vorliegt**, wenn das Unternehmen organisatorische Strukturen aufweist, die denen eines Schulbetriebs ähnlich sind (Personal und Sachmittel, Unterrichtsräume, fortlaufende Lehrveranstaltungen).

In diesem Fall müssen die Voraussetzungen für die Steuerbefreiung nach § 4 Nr. 21 Satz 1 Buchst. a) UStG erfüllt sein, d. h. die Einrichtung muss die Voraussetzungen für die Steuerbefreiung erbringen.

Zu § 4 Nr. 21a UStG

UStG § 4 Nr. 21 a. *weggefallen*

Zu § 4 Nr. 22 UStG

UStG § 4 Nr. 22. a) die Vorträge, Kurse und anderen Veranstaltungen wissenschaftlicher oder belehrender Art, die von juristischen Personen des öffentlichen Rechts, von Verwaltungs- und Wirtschaftsakademien, von Volkshochschulen oder von Einrichtungen, die gemeinnützigen Zwecken oder dem Zweck eines Berufsverbandes dienen, durchgeführt werden, wenn die Einnahmen überwiegend zur Deckung der Kosten verwendet werden,

b) andere kulturelle und sportliche Veranstaltungen, die von den in Buchstabe a genannten Unternehmern durchgeführt werden, soweit das Entgelt in Teilnehmergebühren besteht;

UStAE 4.22.1. Veranstaltung wissenschaftlicher und belehrender Art

(1) [1]Volkshochschulen sind Einrichtungen, die auf freiwilliger, überparteilicher und überkonfessioneller Grundlage Bildungsziele verfolgen. [2]Begünstigt sind auch Volkshochschulen mit gebundener Erwachsenenbildung. [3]Das sind Einrichtungen, die von einer festen politischen, sozialen oder weltanschaulichen Grundeinstellung ausgehen, im Übrigen aber den Kreis der Hörer nicht ausdrücklich einengen (BFH-Urteil vom 2. 8. 1962, V 37/60 U, BStBl III S. 458).

(2) [1]Veranstaltungen wissenschaftlicher oder belehrender Art sind solche, die als Erziehung von Kindern und Jugendlichen, als Schul- oder Hochschulunterricht, als Ausbildung, Fortbildung oder berufliche Umschulung zu qualifizieren sind (vgl. BFH-Urteil vom 27. 4. 2006, V R 53/04, BStBl 2007 II S. 16). [2]Soweit diese online erbracht werden, gilt Abschnitt 4.21.**1** Abs. 2 entsprechend.

(3) [1]Begünstigt sind nach § 4 Nr. 22 Buchstabe a UStG nur Leistungen, die von den im Gesetz genannten Unternehmern erbracht werden und in Vorträgen, Kursen und anderen Veranstaltungen wissenschaftlicher oder belehrender Art bestehen. [2]Es handelt sich hierbei um eine abschließende Aufzählung, die nicht im Auslegungswege erweitert werden kann. [3]Vergleichbare Tätigkeiten der bei den begünstigten Unternehmern tätigen externen Dozenten fallen nicht hierunter (vgl. BFH-Beschluss vom 12. 5. 2005, V B 146/03, BStBl II S. 714). [4]Sie können unter den Voraussetzungen des § 4 Nr. 21 UStG steuerfrei sein (vgl. Abschnitt 4.21.**6**). [5]Beherbergung und Beköstigung sind grundsätzlich nur unter den Voraussetzungen des § 4 Nr. 23 UStG steuerfrei (vgl. BFH-Urteil vom 7. 10. 2010, V R 12/10, BStBl 2011 II S. 303).

(4) [1]Zu den in § 4 Nr. 22 Buchstabe a UStG bezeichneten Veranstaltungen belehrender Art gehört auf dem Gebiet des Sports die Erteilung von Sportunterricht, z. B. die Erteilung von Schwimm-, Tennis-, Reit-, Segel- und Skiunterricht. [2]Tanzkurse stellen nur dann Sportunterricht dar, wenn die Teilnehmer das Tanzen als Tanzsportler in erster Linie als Wettkampf zwischen Paaren bzw. Formationen im Rahmen des Vereins- bzw. Leistungssports betreiben (vgl. BFH-Urteil vom 27. 4. 2006, V R 53/04, BStBl 2007 II S. 16). [3]Der Sportunterricht ist steuerfrei, soweit er von einem Sportverein im Rahmen eines Zweckbetriebes im Sinne des § 67 a AO durchgeführt wird. [4]Ein bestimmter Stunden- und Stoffplan sowie eine von den Teilnehmern abzulegende Prüfung sind nicht erforderlich. [5]Die Steuerbefreiung gilt unabhängig davon, ob der Sportunterricht Mitgliedern des Vereins oder anderen Personen erteilt wird.

UStAE 4.22.2. Andere kulturelle und sportliche Veranstaltungen

(1) Als andere kulturelle Veranstaltungen kommen z. B. Musikwettbewerbe und Trachtenfeste in Betracht.

(2) [1]Eine sportliche Veranstaltung ist die organisatorische Maßnahme einer begünstigten Einrichtung, die es aktiven Sportlern erlaubt, Sport zu treiben. [2]Eine bestimmte Organisationsform oder -struktur ist für die Veranstaltung nicht notwendig (vgl. BFH-Urteil vom 25. 7. 1996, V R 7/95, BStBl 1997 II S. 154). [3]Es ist auch nicht erforderlich, dass Publikum teilnimmt oder ausschließlich Mitglieder sich betätigen.

[4]Deshalb können schon das bloße Training, Sportkurse und Sportlehrgänge eine sportliche Veranstaltung sein. [5]Eine sportliche Veranstaltung liegt auch vor, wenn ein Sportverein im Rahmen einer anderen Veranstaltung eine sportliche Darbietung präsentiert. [6]Die andere Veranstaltung braucht nicht notwendigerweise die sportliche Veranstaltung eines Sportvereins zu sein (BFH-Urteil vom 4. 5. 1994, XI R 109/90, BStBl II S. 886). [7]Zu sportlichen Veranstaltungen, die gemeinnützige Sportvereine gegen Mitgliederbeiträge durchführen, vgl. BMF-Schreiben vom 4. 2. 2019, BStBl I S. 115.

(3) [1]Sportreisen sind als sportliche Veranstaltung anzusehen, wenn die sportliche Betätigung wesentlicher und notwendiger Bestandteil der Reise ist (z. B. Reise zum Wettkampfort). [2]Reisen, bei denen die Erholung der Teilnehmer im Vordergrund steht (Touristikreisen), zählen dagegen nicht zu den sportlichen Veranstaltungen, selbst wenn anlässlich der Reise auch Sport getrieben wird.

(4) [1]Eine sportliche Veranstaltung ist nicht gegeben, wenn sich die organisatorische Maßnahme auf Sonderleistungen für einzelne Personen beschränkt. [2]Dies liegt vor, wenn die Maßnahme nur eine Nutzungsüberlassung von Sportgegenständen bzw. -anlagen oder bloße konkrete Dienstleistungen, wie z. B. die Beförderung zum Ort der sportlichen Betätigung oder ein spezielles Training für einzelne Sportler zum Gegenstand hat (BFH-Urteil vom 25. 7. 1996, V R 7/95, BStBl 1997 II S. 154). [3]Auch die Genehmigung von Wettkampfveranstaltungen oder von Trikotwerbung sowie die Ausstellung oder Verlängerung von Sportausweisen durch einen Sportverband sind keine sportlichen Veranstaltungen im Sinne des § 4 Nr. 22 Buchstabe b UStG; wegen der Anwendung des ermäßigten Steuersatzes vgl. Abschnitt 12.9 Abs. 4 Nr. 1. [4]Die Verwaltung von Sporthallen sowie das Einziehen der Hallenmieten einschließlich des Mahnwesens und Vollstreckungswesens durch einen gemeinnützigen Verein gegen Entgelt einer Stadt ist ebenfalls keine sportliche Veranstaltung nach § 4 Nr. 22 Buchstabe b UStG (BFH-Urteil vom 5. 8. 2010, V R 54/09, BStBl 2011 II S. 191).

(5) [1]Teilnehmergebühren sind Entgelte, die gezahlt werden, um an den Veranstaltungen aktiv teilnehmen zu können, z. B. Startgelder und Meldegelder. [2]Soweit das Entgelt für die Veranstaltung in Eintrittsgeldern der Zuschauer besteht, ist die Befreiungsvorschrift nicht anzuwenden.

Zu § 4 Nr. 23 UStG

UStG § 4 Nr. 23. a) die Erziehung von Kindern und Jugendlichen und damit eng verbundene Lieferungen und sonstige Leistungen, die durch Einrichtungen des öffentlichen Rechts, die mit solchen Aufgaben betraut sind, oder durch andere Einrichtungen erbracht werden, deren Zielsetzung mit der einer Einrichtung des öffentlichen Rechts vergleichbar ist und die keine systematische Gewinnerzielung anstreben; etwaige Gewinne, die trotzdem anfallen, dürfen nicht verteilt, sondern müssen zur Erhaltung oder Verbesserung der durch die Einrichtung erbrachten Leistungen verwendet werden,

b) eng mit der Betreuung von Kindern und Jugendlichen verbundene Lieferungen und sonstige Leistungen, die durch Einrichtungen des öffentlichen Rechts oder durch andere als Einrichtungen mit sozialem Charakter anerkannte Einrichtungen erbracht werden. Andere Einrichtungen mit sozialem Charakter im Sinne dieser Vorschrift sind Einrichtungen, soweit sie
   aa) auf Grund gesetzlicher Regelungen im Bereich der sozialen Sicherheit tätig werden oder
   bb) Leistungen erbringen, die im vorangegangenen Kalenderjahr ganz oder zum überwiegenden Teil durch Einrichtungen des öffentlichen Rechts vergütet wurden,

c) Verpflegungsdienstleistungen und Beherbergungsleistungen gegenüber Kindern in Kindertageseinrichtungen, Studierenden und Schülern an Hochschulen im Sinne der Hochschulgesetze der Länder, an einer staatlichen oder staatlich anerkannten Berufsakademie, an öffentlichen Schulen und an Ersatzschulen, die gemäß Artikel 7 Absatz 4 des Grundgesetzes staatlich genehmigt oder nach Landesrecht erlaubt sind, sowie an staatlich anerkannten Ergänzungsschulen und an Berufsschulheimen durch Einrichtungen des öffentlichen Rechts oder durch andere Einrichtungen, die keine systematische Gewinnerzielung anstreben; etwaige Gewinne, die trotzdem anfallen, dürfen nicht verteilt, sondern müssen zur Erhaltung oder Verbesserung der durch die Einrichtung erbrachten Leistungen verwendet werden.

Steuerfrei sind auch die Beherbergung, Beköstigung und die üblichen Naturalleistungen, die die Unternehmer den Personen, die bei der Erbringung der Leistungen nach Satz 1 Buchstabe a und b beteiligt sind, als Vergütung für die geleisteten Dienste gewähren. Kinder und Jugendliche im Sinne von Satz 1 Buchstabe a und b sind alle Personen, die noch nicht 27 Jahre alt sind. Für die in den Nummern 15b, 15c, 21, 24 und 25 bezeichneten Leistungen kommt die Steuerbefreiung nur unter den dort genannten Voraussetzungen in Betracht;

UStAE 4.23.1. Beherbergung und Beköstigung von Jugendlichen

(1) [1]Die Steuerbefreiung nach § 4 Nr. 23 UStG ist davon abhängig, dass die Aufnahme der Jugendlichen zu Erziehungs-, Ausbildungs- oder Fortbildungszwecken erfolgt. [2]Sie hängt nicht davon ab, in welchem Umfang und in welcher Organisationsform die Aufnahme von Jugendlichen zu den genannten Zwecken betrieben wird; die Tätigkeit muss auch nicht der alleinige Gegenstand oder der Hauptgegenstand des Unternehmens sein (BFH-Urteil vom 24. 5. 1989, V R 127/84, BStBl II S. 912).

(2) [1]Die Erziehungs-, Ausbildungs- oder Fortbildungsleistungen müssen dem Unternehmer, der die Jugendlichen aufgenommen hat, selbst obliegen. [2]Dabei ist es nicht erforderlich, dass der Unternehmer die Leistungen allein erbringt. [3]Er kann die ihm obliegenden Leistungen zur Gänze selbst oder teilweise durch Beauftragte erbringen. [4]Für die Steuerbefreiung nach § 4 Nr. 23 UStG ist es auch ausreichend, wenn der leistende Unternehmer konkrete Erziehungs-, Ausbildungs- oder Fortbildungszwecke, z.B. in seiner Satzung, festschreibt und den Leistungsempfänger vertraglich verpflichtet, sich im Rahmen seines Aufenthaltes an diesen pädagogischen Grundsätzen zu orientieren. [5]Der leistende Unternehmer erbringt auch in diesen Fällen – zumindest mittelbar – Leistungen im Sinne des § 4 Nr. 23 UStG, die über Beherbergungs- und Verpflegungsleistungen hinausgehen. [6]Der Unternehmer, der Jugendliche für Erziehungszwecke bei sich aufnimmt, muss eine Einrichtung auf dem Gebiet der Kinder- und Jugendbetreuung oder der Kinder- und Jugenderziehung im Sinne des Artikels 132 Abs. 1 Buchstabe h oder i MwStSystRL unterhalten. [7]Daher können – unter Beachtung der übrigen Voraussetzungen des § 4 Nr. 23 UStG – die Steuerbefreiung nur Einrichtungen des öffentlichen Rechts auf dem Gebiet der Kinder- und Jugendbetreuung sowie der Kinder- und Jugenderziehung oder vergleichbare privatrechtliche Einrichtungen in Anspruch nehmen (BFH-Urteil vom 28. 9. 2000, V R 26/99, BStBl 2001 II S. 691); dies gilt entsprechend für Einrichtungen, die Jugendliche für die sonstigen in § 4 Nr. 23 Satz 1 UStG genannten Zwecke aufnehmen. [8]Vergleichbare privatrechtliche Einrichtungen sind insbesondere Kinder- und Jugendhilfeeinrichtungen, die als solche formal durch staatliche Einrichtungen anerkannt sind oder deren Kosten überwiegend von hierfür zuständigen Einrichtungen des öffentlichen Rechts übernommen werden. [9]Hierzu gehören nicht Einrichtungen, die im Rahmen des Hotel- und Gaststättengewerbes der Aufnahme von Kindern oder Jugendlichen dienen und die dafür nach § 45 Abs. 1 Satz 2 Nr. 3 SGB VIII einer Erlaubnis nicht bedürfen. [10]Die Leistungen im Zusammenhang mit der Aufnahme müssen dem in § 4 Nr. 23 UStG genannten Personenkreis tatsächlich zu Gute kommen. [11]Auf die Frage, wer Vertragspartner des Unternehmers und damit Leistungsempfänger im Rechtssinne ist, kommt es nicht an. [12]Dem Kantinenpächter einer berufsbildenden oder schulischen Einrichtung steht für die Abgabe von Speisen und Getränken an Schüler und Lehrpersonal die Steuerbefreiung nach § 4 Nr. 23 UStG nicht zu, weil er allein mit der Bewirtung der Schüler diese nicht zur Erziehung, Ausbildung oder Fortbildung bei sich aufnimmt (vgl. BFH-Beschluss vom 26. 7. 1979, V B 15/79, BStBl II S. 721). [13]Dasselbe gilt für derartige Leistungen eines Schulfördervereins (vgl. BFH-Urteil vom 12. 2. 2009, V R 47/07, BStBl II S. 677). [14]Die Befreiung ist aber möglich, wenn die Beköstigung im Rahmen der Aufnahme der Jugendlichen zu den begünstigten Zwecken zum Beispiel von der Bildungseinrichtung selbst erbracht wird. [15]Davon ausgenommen ist die Abgabe von alkoholischen Getränken. [16]Leistungen der Beherbergung und Beköstigung während kurzfristiger Urlaubsaufenthalte oder Fahrten, die von Sport- und Freizeitangeboten geprägt sind, stellen keine Aufnahme zu Erziehungs-, Ausbildungs- oder Fortbildungszwecken dar (vgl. BFH-Urteile vom 12. 5. 2009, V R 35/07, BStBl II S. 1032, und vom 30. 7. 2008, V R 66/06, BStBl 2010 II S. 507). [17]Fahrten, die nach § 11 SGB VIII ausgeführt werden, können unter den Voraussetzung des § 4 Nr. 25 UStG steuerfrei sein.

(3) [1]Der Begriff „Aufnahme“ ist nicht an die Voraussetzung gebunden, dass die Jugendlichen Unterkunft während der Nachtzeit und volle Verpflegung erhalten. [2]Es genügt außerdem, wenn die Aufnahme so lange andauert, dass der im Gesetz vorausgesetzte Erziehungs- oder Bildungszweck erreicht werden kann. [3]Zu den begünstigten Leistungen gehören neben der Beherbergung und Beköstigung insbesondere die Beaufsichtigung der häuslichen Schularbeiten und die Freizeitgestaltung durch Basteln, Spiele und Sport (BFH-Urteil

vom 19. 12. 1963, V 102/61 U, BStBl 1964 III S. 110). [4]Sowohl die Erziehungs-, Ausbildungs- und Fortbildungsleistung als auch die damit zusammenhängenden Unterbringungs- und Verpflegungsleistungen sind bei Vorliegen der weiteren Voraussetzungen des § 4 Nr. 23 UStG als einheitliche Leistung zu befreien.

(4) [1]Die Erziehungs-, Ausbildungs- und Fortbildungszwecke umfassen nicht nur den beruflichen Bereich, sondern die gesamte geistige, sittliche und körperliche Erziehung und Fortbildung von Jugendlichen (vgl. BFH-Urteil vom 21. 11. 1974, II R 107/68, BStBl 1975 II S. 389). [2]Vorbehaltlich von Abs. 2 Satz 16 gehört hierzu u. a. auch die sportliche Erziehung. [3]Die Befreiungsvorschrift kommt deshalb sowohl bei von einer anerkannten Kinder- und Jugendhilfeeinrichtung durchgeführten Sportlehrgängen für Berufssportler als auch bei solchen für Amateursportler in Betracht.

(5) Hinsichtlich des Begriffs der Vergütung für geleistete Dienste wird auf Abschnitt 4.18.1 Abs. 4 hingewiesen.

(6) [1]§ 4 Nr. 23 Satz 4 UStG regelt, dass diese Steuerbefreiungsvorschrift nicht gilt, soweit eine Leistung der Jugendhilfe nach SGB VIII erbracht wird. [2]Die Leistungen nach § 2 Abs. 2 SGB VIII (Abschnitt 4.25.1 Abs. 1 Satz 2) und die Inobhutnahme nach § 42 SGB VIII sind somit nur unter den Voraussetzungen des § 4 Nr. 25 UStG steuerfrei.

Anmerkung

Beherbergungsleistungen gegenüber Studierenden und Schülern an Hochschulen und Schulen

§ 4 Nr. 23 S. 1 Buchst. c) UStG ist durch das Jahressteuergesetz 2020 zum 1.1.2021 um Beherbergungsleistungen gegenüber Studierenden und Schülern an Hochschulen und bestimmten Schulen ergänzt werden. Durch die Einbeziehung will der Gesetzgeber sicher stellen, dass der Zugang von Studierenden und Schülern zu den vielfach weitgehend kostenfreien Betreuungs-, Erziehungs- und Bildungsleistungen nicht durch hohe Kosten für die Unterbringung versperrt wird.

Beherbergungsleistungen, sind nach § 4 Nr. 23 S. 1 Buchst. c) UStG **steuerfrei**, wenn sie als eigenständige Leistung gegenüber Studierenden und Schülern

- an Hochschulen im Sinne der Hochschulgesetze der Länder,
- an einer staatlichen oder staatlich anerkannten Berufsakademie,
- an öffentlichen Schulen und an Ersatzschulen, die gemäß Art. 7 Abs. 4 GG staatlich genehmigt oder nach Landesrecht erlaubt sind, sowie
- an staatlich anerkannten Ergänzungsschulen

erbracht werden.

Hinweis

Von der Umsatzsteuer befreit sind danach Beherbergungsleistungen gegenüber Studierenden. Darunter fallen auch Leistungen gegenüber Studierenden aus dem Ausland, die nur kurzzeitig an einer deutschen Hochschule studieren (Gesetzesbegründung in BT-Drucksache 19/22850, S. 120).

Eine bestimmte zeitliche Dauer ist bei der Beherbergungsleistung keine Voraussetzung für die Steuerbefreiung, weshalb auch das **kurzfristige Vermieten** von Wohn- und Schlafräumen von der Befreiungsregelung erfasst ist (so z.B. *Gehm*, in Küffner/Zugmaier, Umsatzsteuer-Kommentar, § 4 Nr. 23 Rz. 56 m.w.N.).

Auch private Pensionen und Privathaushalte fallen unter die Befreiung (so z.B. *Huschens* in Schwarz/Widmann/Radeisen, UStG, § 4 Nr. 23 Rz. 20).

Zu § 4 Nr. 24 UStG

UStG § 4 Nr. 24. die Leistungen des Deutschen Jugendherbergswerkes, Hauptverband für Jugendwandern und Jugendherbergen e. V., einschließlich der diesem Verband angeschlossenen Untergliederungen, Einrichtungen und Jugendherbergen, soweit die Leistungen den Satzungszwecken unmittelbar dienen oder Personen, die bei diesen Leistungen tätig sind, Beherbergung, Beköstigung und die üblichen Naturalleistungen als Vergütung für die geleisteten Dienste gewährt werden. Das Gleiche gilt für die Leistungen anderer Vereinigungen, die gleiche Aufgaben unter denselben Voraussetzungen erfüllen;

UStAE 4.24.1. Jugendherbergswesen

(1) Nach Satz 1 der Vorschrift des § 4 Nr. 24 UStG sind folgende Unternehmer begünstigt:

1. das Deutsche Jugendherbergswerk, Hauptverband für Jugendwandern und Jugendherbergen e. V. (DJH), und die ihm angeschlossenen Landes-, Kreis- und Ortsverbände;
2. kommunale, kirchliche und andere Träger von Jugendherbergen, die dem DJH als Mitglied angeschlossen sind und deren Häuser im Deutschen Jugendherbergsverzeichnis als Jugendherbergen ausgewiesen sind;
3. die Pächter der Jugendherbergen, die von den in den Nummern 1 und 2 genannten Unternehmern unterhalten werden;
4. die Herbergseltern, soweit sie einen Teil der Jugendherberge, insbesondere die Kantine, auf eigene Rechnung betreiben.

(2) Die in Absatz 1 genannten Unternehmer erbringen folgende Leistungen:

1. die Beherbergung und die Beköstigung in Jugendherbergen einschließlich der Lieferung von Lebensmitteln und alkoholfreien Getränken außerhalb der Tagesverpflegung (Zusatz- und Wanderverpflegung);
2. die Durchführung von Freizeiten, Wanderfahrten und Veranstaltungen, die dem Sport, der Erholung oder der Bildung dienen;
3. die Lieferungen von Schlafsäcken und die Überlassung von Schlafsäcken und Bettwäsche zum Gebrauch;
4. die Überlassung von Rucksäcken, Fahrrädern und Fotoapparaten zum Gebrauch;
5. die Überlassung von Spiel- und Sportgeräten zum Gebrauch sowie die Gestattung der Telefonbenutzung in Jugendherbergen;
6. die Lieferungen von Wanderkarten, Wanderbüchern und von Ansichtskarten mit Jugendherbergsmotiven;
7. die Lieferungen von Jugendherbergsverzeichnissen, Jugendherbergskalendern, Jugendherbergsschriften und von Wimpeln und Abzeichen mit dem Emblem des DJH oder des Internationalen Jugendherbergswerks (IYHF);
8. die Lieferungen der für den Betrieb von Jugendherbergen erforderlichen und vom Hauptverband oder von den Landesverbänden zentral beschafften Einrichtungsgegenstände.

(3) [1]Die in Absatz 2 bezeichneten Leistungen dienen unmittelbar den Satzungszwecken der begünstigten Unternehmer und sind daher steuerfrei, wenn

1. [1]die Leistungen in den Fällen des Absatzes 2 Nr. 1 bis 6 an folgende Personen bewirkt werden:
   a) Jugendliche; Jugendliche in diesem Sinne sind alle Personen vor Vollendung des 27. Lebensjahres,
   b) andere Personen, wenn sie sich in der Ausbildung oder Fortbildung befinden und Mitglied einer geführten Gruppe sind,
   c) Leiter und Betreuer von Gruppen, deren Mitglieder die in den Buchstaben a und b genannten Jugendlichen oder andere Personen sind,
   d) [1]wandernde Familien mit Kindern. [2]Hierunter fallen alle Inhaber von Familienmitgliedsausweisen in Begleitung von eigenen oder anderen minderjährigen Kindern.

[2]Soweit die Leistungen in geringem Umfang auch an andere Personen erbracht werden, ist die Inanspruchnahme der Steuerbefreiung nicht zu beanstanden. [3]Von einem geringen Umfang ist auszugehen, wenn die Leistungen an diese Personen nicht mehr als 2 % der in Absatz 2 Nr. 1 bis 6 bezeichneten Leistungen betragen;

2. die Leistungen im Fall des Absatzes 2 Nr. 8 an die in Absatz 1 genannten Unternehmer bewirkt werden.

[2]Die Steuerfreiheit der in Absatz 2 Nr. 7 bezeichneten Leistungen ist nicht von der Lieferung an bestimmte Personen oder Einrichtungen abhängig.

(4) Hinsichtlich des Begriffs der Vergütung für geleistete Dienste wird auf Abschnitt 4.18.1 Abs. 4 hingewiesen.

(5) [1]Nach § 4 Nr. 24 Satz 2 UStG gilt die Steuerbefreiung auch für andere Vereinigungen, die gleiche Aufgaben unter denselben Voraussetzungen erfüllen. [2]Hierbei ist es insbesondere erforderlich, dass die Unterkunftsstätten der anderen Vereinigungen nach der Satzung und ihrer tatsächlichen Durchführung überwiegend Jugendlichen dienen. [3]Zu den hiernach begünstigten „anderen Vereinigungen" gehören der Touristenverein „Natur Freunde Deutschlands Verband für Umweltschutz, sanften Tourismus, Sport und Kultur Bundesgruppe Deutschland e. V." und die ihm angeschlossenen Landesverbände, Bezirke und Ortsgruppen sowie die Pächter der von diesen Unternehmern unterhaltenen Naturfreundehäuser. [4]Die Absätze 2 bis 4 gelten entsprechend.

Zu § 4 Nr. 25 UStG

UStG § 4 Nr. 25. Leistungen der Jugendhilfe nach § 2 Absatz 2 des Achten Buches Sozialgesetzbuch, die Inobhutnahme nach § 42 des Achten Buches Sozialgesetzbuch und Leistungen der Adoptionsvermittlung nach dem Adoptionsvermittlungsgesetz, wenn diese Leistungen von Trägern der öffentlichen Jugendhilfe oder anderen Einrichtungen mit sozialem Charakter erbracht werden. Andere Einrichtungen mit sozialem Charakter im Sinne dieser Vorschrift sind

a) von der zuständigen Jugendbehörde anerkannte Träger der freien Jugendhilfe, die Kirchen und Religionsgemeinschaften des öffentlichen Rechts,
b) Einrichtungen, soweit sie
   aa) für ihre Leistungen eine im Achten Buch Sozialgesetzbuch geforderte Erlaubnis besitzen oder nach § 44 oder § 45 Abs. 1 Nr. 1 und 2 des Achten Buches Sozialgesetzbuch einer Erlaubnis nicht bedürfen,
   bb) Leistungen erbringen, die im vorangegangenen Kalenderjahr ganz oder zum überwiegenden Teil durch Träger der öffentlichen Jugendhilfe oder Einrichtungen nach Buchstabe a vergütet wurden,
   cc) Leistungen der Kindertagespflege erbringen, für die sie nach § 23 Absatz 3 des Achten Buches Sozialgesetzbuch geeignet sind, oder
   dd) Leistungen der Adoptionsvermittlung erbringen, für die sie nach § 4 Absatz 1 des Adoptionsvermittlungsgesetzes anerkannt oder nach § 4 Absatz 2 des Adoptionsvermittlungsgesetzes zugelassen sind.

[3]Steuerfrei sind auch

a) die Durchführung von kulturellen und sportlichen Veranstaltungen, wenn die Darbietungen von den von der Jugendhilfe begünstigten Personen selbst erbracht oder die Einnahmen überwiegend zur Deckung der Kosten verwendet werden und diese Leistungen in engem Zusammenhang mit den in Satz 1 bezeichneten Leistungen stehen,
b) die Beherbergung, Beköstigung und die üblichen Naturalleistungen, die diese Einrichtungen den Empfängern der Jugendhilfeleistungen und Mitarbeitern in der Jugendhilfe sowie den bei den Leistungen nach Satz 1 tätigen Personen als Vergütung für die geleisteten Dienste gewähren,
c) Leistungen, die von Einrichtungen erbracht werden, die als Vormünder nach § 1773 des Bürgerlichen Gesetzbuchs oder als Ergänzungspfleger nach § 1809 des Bürgerlichen Gesetzbuchs bestellt worden sind, sofern es sich nicht um Leistungen handelt, die nach § 1877 Absatz 3 des Bürgerlichen Gesetzbuchs vergütet werden,
d) Einrichtungen, die als Verfahrensbeistand nach den §§ 158, 167, 174 oder § 191 des Gesetzes über das Verfahren in Familiensachen und in den Angelegenheiten der freiwilligen Gerichtsbarkeit bestellt worden sind, wenn die Preise, die diese Einrichtungen verlangen, von den zuständigen Behörden geneh-

migt sind oder die genehmigten Preise nicht übersteigen; bei Umsätzen, für die eine Preisgenehmigung nicht vorgesehen ist, müssen die verlangten Preise unter den Preisen liegen, die der Mehrwertsteuer unterliegende gewerbliche Unternehmen für entsprechende Umsätze fordern;

UStAE 4.25.1. Leistungen im Rahmen der Kinder- und Jugendhilfe

(1) [1]Die Steuerbefreiungsvorschrift des § 4 Nr. 25 Satz 1 UStG umfasst die Leistungen der Jugendhilfe nach § 2 Abs. 2 SGB VIII und die Inobhutnahme nach § 42 SGB VIII. [2]Unter § 2 Abs. 2 SGB VIII fallen folgende Leistungen:

1. Angebote der Jugendarbeit, der Jugendsozialarbeit und des erzieherischen Kinder- und Jugendschutzes (§§ 11 bis 14 SGB VIII);
2. Angebote zur Förderung der Erziehung in der Familie (§§ 16 bis 21 SGB VIII);
3. Angebote zur Förderung von Kindern in Tageseinrichtungen und in Tagespflege (§§ 22 bis 25 SGB VIII);
4. Hilfe zur Erziehung und ergänzende Leistungen (§§ 27 bis 35, 36, 37, 39, 40 SGB VIII);
5. Hilfe für seelisch behinderte Kinder und Jugendliche und ergänzende Leistungen (§§ 35a bis 37, 39, 40 SGB VIII);
6. Hilfe für junge Volljährige und Nachbetreuung (§ 41 SGB VIII).

[3]Mit Wirkung vom 1. 11. 2015 wurde der Inobhutnahme von ausländischen Kindern und Jugendlichen nach § 42 Abs. 1 Nr. 3 SGB VIII die vorläufige Inobhutnahme von ausländischen Kindern und Jugendlichen nach unbegleiteter Einreise nach § 42a SGB VIII vorgeschaltet. [4]Da es sich hierbei ebenfalls um Leistungen der Jugendhilfe handelt, sind diese Leistungen nach § 42a SGB VIII unter den weiteren Voraussetzungen des § 4 Nr. 25 UStG ebenso wie die Leistungen der Inobhutnahme nach § 42 SGB VIII umsatzsteuerfrei.

Begünstigte Leistungserbringer

(2) [1]Die vorgenannten Leistungen sind steuerfrei, wenn sie durch Träger der öffentlichen Jugendhilfe (§ 69 SGB VIII) oder andere Einrichtungen mit sozialem Charakter erbracht werden. [2]Der Begriff der „anderen Einrichtung mit sozialem Charakter“ entspricht der Formulierung der maßgeblichen unionsrechtlichen Grundlage (Artikel 132 Abs. 1 Buchstabe h MwStSystRL). [3]Auf der Grundlage der dort eingeräumten Befugnis der Mitgliedstaaten sind insoweit anerkannt:

1. von der zuständigen Jugendbehörde anerkannte Träger der freien Jugendhilfe (§ 75 Abs. 1 SGB VIII), die Kirchen und Religionsgemeinschaften des öffentlichen Rechts;
2. [1]bestimmte weitere Einrichtungen soweit sie
   a) [1]für ihre Leistungen eine im SGB VIII geforderte Erlaubnis besitzen. [2]Insoweit handelt es sich um die Erlaubnistatbestände des § 43 SGB VIII (Erlaubnis zur Kindertagespflege), § 44 Abs. 1 Satz 1 SGB VIII (Erlaubnis zur Vollzeitpflege), § 45 Abs. 1 Satz 1 SGB VIII (Erlaubnis für den Betrieb einer Einrichtung, in der Kinder oder Jugendliche ganztägig oder für einen Teil des Tages betreut werden oder Unterkunft erhalten) und § 54 SGB VIII (Erlaubnis zur Übernahme von Pflegschaften oder Vormundschaften durch rechtsfähige Vereine). [3]Eine Betriebserlaubnis, die einer Einrichtung nach § 45 SGB VIII erteilt wurde, gilt auch als Erlaubnis für eine sonstige Wohnform im Sinne des § 48a Abs. 2 SGB VIII, wenn sie in der Erlaubnis ausdrücklich aufgeführt ist. [4]Das gilt auch bei einem Wechsel einer sonstigen Wohnform im Sinne des § 48a Abs. 2 SGB VIII, wenn die zuständige Behörde bestätigt hat, dass die Einrichtung ihrer Anzeigepflicht nachgekommen ist und der Unternehmer die für die Tätigkeit notwendige Eignung besitzt. [5]Die Ausführungen zur Wirkung der Betriebserlaubnis in den Sätzen 3 und 4 gelten sinngemäß auch für einen Unternehmer, der vom Träger einer Jugendhilfeeinrichtung mit der pädagogischen Leitung dieser Einrichtung beauftragt wurde,
   b) [1]für ihre Leistungen einer Erlaubnis nach SGB VIII nicht bedürfen. [2]Dies sind die in § 44 Abs. 1 Satz 2 SGB VIII geregelten Fälle der Vollzeitpflege sowie der Betrieb einer Einrichtung nach § 45 SGB VIII, allerdings nur, wenn es sich um eine Jugendfreizeiteinrichtung, eine Jugendausbildungseinrichtung, eine Jugendherberge oder ein Schullandheim im Sinne des § 45 Abs. 1 Satz 2 Nr. 1 SGB VIII oder um ein landesgesetzlich der Schulaufsicht unterstehendes Schülerheim im

Sinne des § 45 Abs. 1 Satz 2 Nr. 2 SGB VIII handelt. [3]Ausgenommen sind somit die Einrichtungen im Sinne des § 45 Abs. 1 Satz 2 Nr. 3 SGB VIII, die außerhalb der Jugendhilfe liegende Aufgaben für Kinder oder Jugendliche wahrnehmen,

c) [1]Leistungen erbringen, die im vorangegangenen Kalenderjahr ganz oder zum überwiegenden Teil von Trägern der öffentlichen Jugendhilfe (§ 69 SGB VIII), anerkannten Trägern der freien Jugendhilfe (§ 75 Abs. 1 SGB VIII) oder Kirchen und Religionsgemeinschaften des öffentlichen Rechts vergütet wurden. [2]Eine Vergütung in diesem Sinne kann nicht nur bei einer unmittelbaren, sondern auch bei einer mittelbaren (durchgeleiteten) Kostentragung vorliegen (vgl. BFH-Urteil vom 22. 06. 2016 – V R 46/15, BStBl II 2023 S. 776). [3]Das ist dann der Fall, wenn die zuvor genannten Träger und Einrichtungen in Kenntnis der Person des Subunternehmers auf der Grundlage einer expliziten Entscheidung die Kosten für dessen Leistungen übernehmen. [4]Vergütet der Kostenträger Leistungen einer Einrichtung, ohne die Kosten für den Subunternehmer ausdrücklich zu übernehmen, so sind die Leistungen des Subunternehmers nicht als von einem Träger der öffentlichen oder freien Jugendhilfe vergütet anzusehen (vgl. BFH-Urteile vom 13. 06. 2018 – XI R 20/16, BStBl II 2023 S. 786, und vom 24. 02. 2021 – XI R 30/20 (XI R 11 /17), BStBl II 2023 S. 792). [5]Die Vergütung ist nicht um eine eventuelle Kostenbeteiligung nach §§ 90 ff. SGB VIII, z. B. der Eltern, zu mindern,

d) [1]Leistungen der Kindertagespflege erbringen, für die die Einrichtungen nach § 23 Abs. 3 SGB VIII geeignet sind und aufgrund dessen nach § 24 i. V. m. § 23 Abs. 1 SGB VIII vermittelt werden können. [2]Da der Befreiungstatbestand insoweit allein darauf abstellt, dass die Einrichtung nach § 23 Abs. 3 SGB VIII als Tagespflegeperson geeignet ist, greift die Steuerbefreiung somit auch in den Fällen, in denen die Leistung „privat", also ohne Vermittlung durch das Jugendamt, nachgefragt wird,

e) Adoptionsvermittlungsleistungen nach dem Adoptionsvermittlungsgesetz (AdVermiG) erbringen und hierfür als Adoptionsvermittlungsstellen nach § 4 Abs. 1 AdVermiG anerkannt oder nach § 4 Abs. 2 AdVermiG zugelassen sind.

[2]Der Begriff „Einrichtungen" umfasst dabei auch natürliche Personen.

Leistungsberechtigte/-adressaten

(3) [1]Das SGB VIII unterscheidet Leistungsberechtigte und Leistungsadressaten. [2]Leistungen der Jugendhilfe – namentlich im Eltern-Kind-Verhältnis – sind meist nicht personenorientiert, sondern systemorientiert. [3]Sie zielen nicht nur auf die Verhaltensänderung einer bestimmten Person ab, sondern auf die Änderung bzw. Verbesserung des Eltern-Kind-Verhältnisses. [4]Deshalb sind leistungsberechtigte Personen

- in der Regel die Eltern,
  darüber hinaus
- Kinder im Rahmen der Förderung in Tageseinrichtungen und in Tagespflege,
- Kinder und Jugendliche als Teilnehmer an Veranstaltungen der Jugendarbeit (§ 11 SGB VIII),
- Kinder und Jugendliche im Rahmen der Eingliederungshilfe für seelisch Behinderte (§ 35 a SGB VIII),
- junge Volljährige im Rahmen von Veranstaltungen der Jugendarbeit (§ 11 SGB VIII) und von Hilfe für junge Volljährige (§ 41 SGB VIII).

[5]Leistungsadressaten sind bei Hilfen für Eltern regelmäßig auch Kinder und Jugendliche.

(4) [1]§ 4 Nr. 25 UStG verzichtet zudem auf eine eigenständige Definition des „Jugendlichen". [2]Umsatzsteuerbefreit können daher auch Leistungen an Personen über 27 Jahren sein, z. B. Angebote der Jugendarbeit (§ 11 SGB VIII), die nach § 11 Abs. 4 SGB VIII in angemessenem Umfang auch Personen einbeziehen, die das 27. Lebensjahr vollendet haben.

Eng mit der Jugendhilfe verbundene Leistungen

(5) *weggefallen*

(6) *weggefallen*

(7) *weggefallen*

(8) *weggefallen*

(9) *weggefallen*

Anmerkung

1. Gegenstand der Steuerbefreiung in § 4 Nr. 25 UStG

Die Vorschrift beinhaltet eine Steuerbefreiung für Leistungen im Bereich der Kinder- und Jugendhilfe. Sie bezweckt, die Träger der öffentlichen und freien Jugendhilfe mit bestimmten Tätigkeiten von der Umsatzsteuer zu entlasten, mit denen sie nicht oder nur in geringem Umfang in Wettbewerb zur gewerblichen Wirtschaft treten (*Gehm*, in Küffner/Zugmaier, Umsatzsteuer-Kommentar, § 4 Nr. 25 Rz. 1).

§ 4 Nr. 25 UStG enthält **objektive und subjektive Elemente**. Dabei umfasst der **Begriff der Einrichtung** auch **Einzelunternehmer** (Niedersächsisches LfSt v. 12.2.2020 – S 7183-19-St 181).

2. Umsatzsteuerbefreiung für Verfahrensbeistände gem. § 4 Nr. 25 UStG

Mit § 4 Nr. 25 S. 3 Buchst. d UStG werden seit einer Ergänzung zum 1.1.2021 auch Einrichtungen, die als Verfahrensbeistand (§§ 158, 174 oder 191 FamFG) zur Wahrnehmung der Interessen minderjähriger Kinder in Kindschaftssachen, in Abstammungssachen oder in Adoptionssachen bestellt wurden, als begünstigte Einrichtungen anerkannt.

Hinweis

Der Begriff „Einrichtungen" umfasst natürliche und juristische Personen.

Die Steuerbefreiung erfasst demnach die Beistandsleistungen sowohl von **Rechtsanwälten, Pädagogen Kinder- und Jugendpsychologen** als auch von Mitarbeitern von **Betreuungsvereinen**, die vom Familiengericht zum Verfahrensbeistand bestellt wurden.

3. Ergänzung durch das Wachstumschancengesetz zum 1.1.2024

Mit dem Wachstumschancengesetz hat der Gesetzgeber eine weitere Ergänzung der Vorschrift durch Einfügung eines § 4 Nr. 25 S. 3 Buchst. d) UStG vorgenommen: Die Steuerbefreiung wurde um die i.R.e. Unterbringung oder freiheitsentziehenden Maßnahme nach § 167 Abs. 1 i.V.m. § 317 FamFG **für Minderjährige tätige Verfahrensbeistände** ergänzt.

UStAE 4.25.2. Eng mit der Jugendhilfe verbundene Leistungen

Durchführung von kulturellen und sportlichen Veranstaltungen

(1) Steuerfrei ist nach § 4 Nr. 25 Satz 3 Buchstabe a UStG auch die Durchführung von kulturellen und sportlichen Veranstaltungen, wenn die Darbietungen von den von der Jugendhilfe begünstigten Personen (vgl. Abschnitt 4.25.1 Absätze 3 und 4) selbst erbracht oder die Einnahmen überwiegend zur Deckung der Kosten verwendet werden und diese Leistungen in engem Zusammenhang mit den in § 4 Nr. 25 Satz 1 UStG bezeichneten Leistungen (vgl. Abschnitt 4.25.1 Abs. 1 und 2) stehen.

(2) [1]In § 4 Nr. 25 Satz 3 Buchstabe a UStG wird auf „die von der Jugendhilfe begünstigten Personen" abgestellt. [2]Danach ist die Einbeziehung von Eltern in die Durchführung von kulturellen und sportlichen Veranstaltungen für die Steuerbefreiung unschädlich, sofern diese Leistungen in engem Zusammenhang mit den Leistungen der Jugendhilfe stehen.

Beherbergung, Beköstigung und die üblichen Naturalleistungen

(3) [1]Nach § 4 Nr. 25 Satz 3 Buchstabe b UStG sind auch die Beherbergung, Beköstigung und die üblichen Naturalleistungen steuerfrei, die diese Einrichtungen den Empfängern der Jugendhilfeleistungen und Mitarbeitern in der Jugendhilfe sowie den bei den Leistungen nach § 4 Nr. 25 Satz 1 UStG tätigen Personen als Vergütung für die geleisteten Dienste gewähren. [2]Davon ausgenommen ist die Abgabe von alkoholischen Getränken. [3]Hinsichtlich des Begriffs der Vergütung für geleistete Dienste wird auf Abschnitt 4.18.1 Abs. 4 hingewiesen.

(4) Durch das Abstellen auf den „Empfänger der Jugendhilfeleistungen" wird auch insoweit eine steuerfreie Einbeziehung von Eltern ermöglicht.

Leistungen von Vormündern und Ergänzungspflegern

(5) Von der Umsatzsteuer sind nach § 4 Nr. 25 Satz 3 Buchstabe c UStG auch die Leistungen befreit, die von einer Einrichtung erbracht werden, die als Vormund nach § 1773 BGB oder als Ergänzungspfleger nach § 1909 BGB bestellt worden ist, es sei denn, es handelt sich um Leistungen, die nach § 1835 Abs. 3 BGB vergütet werden.

(6) Für alle Pflegschaften gelten die Vorschriften über die Vormundschaft nach § 1915 BGB entsprechend; hinsichtlich der von nicht mittellosen Pfleglingen zu zahlenden Vergütung gilt eine Sonderregelung zur Berechnung der Vergütung abweichend von § 3 Abs. 1 bis 3 Vormünder- und Betreuervergütungsgesetz (§ 1915 Abs. 1 Satz 2 BGB).

(7) [1]Die Ergänzungspflegschaft nach § 1909 BGB dient – wie die Vormundschaft – der Fürsorge für Minderjährige, wenn deren Angelegenheiten in Teilbereichen nicht von dem Sorgeberechtigten (Eltern oder Vormund) besorgt werden können. [2]Die Ergänzungspflegschaft kann sich, der Betreuung vergleichbar, auf die gesamte Personen- oder Vermögenssorge oder auf einzelne Angelegenheiten dieser Teilbereiche beziehen. [3]Wird die Pflegschaft in Teilbereichen wahrgenommen, bleibt die sorgerechtliche Zuständigkeit der Eltern oder des Vormunds in den übrigen Angelegenheiten bestehen. [4]So kann z. B. Eltern, die ihr Kind vernachlässigen, nur die Personensorge entzogen und einem Ergänzungspfleger übertragen werden; die Vermögenssorge bleibt in diesem Fall bei den Eltern. [5]Andererseits kann auch die Ergänzungspflegschaft für Vermögensangelegenheiten des Minderjährigen erforderlich sein, insbesondere in den Fällen des § 1909 Abs. 1 Satz 2 BGB in Verbindung mit § 1638 Abs. 1 BGB.

(7 a) [1]Als eine Form der Ergänzungspflegschaft fallen auch die Leistungen, die von einer Einrichtung erbracht werden, die als Umgangspfleger nach § 1684 Abs. 3 BGB bestellt worden ist, unter die Steuerbefreiung nach § 4 Nr. 25 Satz 3 Buchstabe c UStG. [2]Für die Umgangspflegschaft, die als ein Sonderfall der Pflegschaft den Umgang zwischen Eltern(-teil) und Kind regelt, sind ebenfalls die Regelungen über die Pflegschaft (§ 1909 ff. BGB) entsprechend anzuwenden (vgl. § 1915 Abs. 1 Satz 1 BGB).

(8) [1]Die sonstigen Pflegschaften des BGB sind mit der Vormundschaft und Ergänzungspflegschaft nicht vergleichbar, da diese nicht auf die Fürsorge für Minderjährige gerichtet sind und somit bei ihnen der spezifisch soziale Charakter nicht gegeben ist. [2]Für die Leistungen im Rahmen der sonstigen Pflegschaften des BGB wird deshalb keine Umsatzsteuerbefreiung gewährt. [3]Unter die sonstigen Pflegschaften fallen die Abwesenheitspflegschaft für abwesende Volljährige (§ 1911 BGB) und die Nachlasspflegschaft (§§ 1960 ff. BGB) sowie die Sammlungspflegschaft (§ 1914 BGB). [4]Sie betreffen nur die Verwaltung von Vermögen und haben keinen spezifischen Bezug auf Minderjährige, für die die elterlichen Sorgeberechtigten ersetzt werden müssen. [5]Des Weiteren zählen hierzu die Pflegschaft für einen unbekannten Beteiligten nach § 1913 BGB und die Pflegschaft für eine Leibesfrucht nach § 1912 BGB, die ebenfalls in der Regel nur die Verwaltung von Vermögen betreffen.

Leistungen von Verfahrensbeiständen

(9) [1]Nach § 4 Nr. 25 Satz 3 Buchstabe d UStG sind die von Verfahrensbeiständen erbrachten Leistungen von der Umsatzsteuer befreit, wenn sie von Einrichtungen erbracht werden, die als Verfahrensbeistand nach den §§ 158, 174 oder 191 des Gesetzes über das Verfahren in Familiensachen und in den Angelegenheiten der freiwilligen Gerichtsbarkeit zur Wahrnehmung der Interessen minderjähriger Kinder in Kindschaftssachen, in Abstammungssachen oder in Adoptionssachen bestellt worden sind (vgl. BFH-Urteil vom 17. 07. 2019 – V R 27/17, BStBl II 2023 S. 591). [2]Unter die Steuerbefreiung fallen sowohl die von freiberuflich tätigen Rechtsanwälten, Pädagogen sowie Kinder- und Jugendpsychologen erbrachten Beistandsleistungen als auch die Leistungen von Mitarbeitern von Betreuungsvereinen, die vom Familiengericht zum Verfahrensbeistand bestellt wurden. [3]Voraussetzung für die Steuerbefreiung ist, dass die Preise, die diese Einrichtungen verlangen, von den zuständigen Behörden genehmigt sind oder die genehmigten Preise nicht übersteigen. [4]Bei Umsätzen, für die eine Preisgenehmigung nicht

vorgesehen ist, müssen die verlangten Preise unter den Preisen liegen, die der Mehrwertsteuer unterliegende gewerbliche Unternehmen für entsprechende Umsätze fordern.

Reiseleistungen im Drittland

(10) Liegen für Leistungen nach § 4 Nr. 25 UStG auch die Voraussetzungen der Steuerbefreiung für Reiseleistungen im Drittland (§ 25 Abs. 2 UStG) vor, geht die Steuerbefreiung des § 4 Nr. 25 UStG der Steuerbefreiung nach § 25 Abs. 2 UStG vor.

Anmerkung

Umsatzsteuerbefreiung für Verfahrensbeistände gem. § 4 Nr. 25 UStG

Mit § 4 Nr. 25 S. 3 Buchst. d UStG werden Einrichtungen, die als Verfahrensbeistand zur Wahrnehmung der Interessen minderjähriger Kinder in Kindschaftssachen, in Abstammungssachen oder in Adoptionssachen bestellt wurden, als begünstigte Einrichtungen anerkannt. Die Ergänzung des Gesetzes erfolgte durch das Jahressteuergesetz 2020 und bezog sich mithin auf Verfahrensbeistände gem. **§§ 158, 174 oder 191 FamFG**.

Mit Wirkung ab 1.4.2024 wurde die Regelung um Verfahrensbeistände nach **§ 167 FamFG** ergänzt (dazu Widmann, MwStR 2024, 252 ff.). Diese Verfahrensbeistände werden bei **Unterbringung bzw. freiheitsentziehenden Maßnahmen** Minderjähriger bestellt..

Hinweis

Der Begriff „Einrichtungen" umfasst natürliche und juristische Personen.

Die Steuerbefreiung erfasst demnach die Beistandsleistungen sowohl von **Rechtsanwälten, Pädagogen Kinder- und Jugendpsychologen** als auch von Mitarbeitern von **Betreuungsvereinen**, die vom Familiengericht zum Verfahrensbeistand bestellt wurden.

Mit dieser Regelung wird die **Rechtsprechung des BFH umgesetzt**, wonach an der Tätigkeit eines Verfahrensbeistands in Kindschaftssachen auf Grund der besonderen Schutzbedürftigkeit von Kindern ein besonderes Gemeinwohlinteresse besteht (BFH, Urt. v. 17.7.2019 – V R 27/17, BStBl II 2023, 591). Ein gerichtlich bestellter Verfahrensbeistand konnte sich nach Auffassung des BFH bisher auf die unionsrechtliche Steuerbefreiung nach Artikel 132 Abs. 1 Buchstabe g MwStSystRL berufen. Die **Berufung auf das günstigere Unionsrecht** ist mit der Gesetzesänderung **nicht mehr notwendig**.

Die FinVerw hat vor dem Hintergrund der Gesetzesänderung Abschn. 4.25.2 Abs. 9 UStAE neu gefasst.

Voraussetzung für die Steuerbefreiung ist nach Auffassung des BMF, dass die Preise, die diese Einrichtungen verlangen, von den zuständigen Behörden genehmigt sind oder die genehmigten Preise nicht übersteigen.

Bei Umsätzen, für die eine Preisgenehmigung nicht vorgesehen ist, müssen die verlangten Preise unter den Preisen liegen, die der Mehrwertsteuer unterliegende gewerbliche Unternehmen für entsprechende Umsätze fordern.

Die Änderung des Abschn. 4.25.2 Abs. 9 UStAE erfolgte mit BMF v. 28.4.2023 – III C 3 – S 7183/19/10003 :002.

Hinweis

Für Umsätze, die **vor dem 1.1.2021** erbracht wurden, wird es von der FinVerw nicht beanstandet, wenn der Unternehmer seine Leistungen abweichend von den Grundsätzen des BFH im Verfahren V R 27/17 als **umsatzsteuerpflichtig** behandelt hat. Diese Übergangsregelung dürfte inzwischen allenfalls noch im Rahmen von Außenprüfungen Bedeutung haben, die sich auf **Zeiträume bis 2020** beziehen.

Zu § 4 Nr. 26 UStG

UStG § 4 Nr. 26. die ehrenamtliche Tätigkeit,

a) wenn sie für juristische Personen des öffentlichen Rechts ausgeübt wird oder
b) wenn das Entgelt für diese Tätigkeit nur in Auslagenersatz und einer angemessenen Entschädigung für Zeitversäumnis besteht;

UStAE 4.26.1. Ehrenamtliche Tätigkeit

(1) [1]Für die Steuerbefreiung nach § 4 Nr. 26 Buchstabe a und Buchstabe b UStG ist das Vorliegen einer ehrenamtlichen Tätigkeit erforderlich (vgl. BFH-Urteil vom 17. 12. 2015; V R 45/14, BStBl 2017 II S. 658). [2]Hierzu rechnen neben den in einem Gesetz ausdrücklich als solche genannten Tätigkeiten auch die, die man im allgemeinen Sprachgebrauch herkömmlicherweise als ehrenamtlich bezeichnet (vgl. BFH-Urteil vom 27. 7. 1972; V R 33/72, BStBl II S. 844) oder die dem materiellen Begriffsinhalt der Ehrenamtlichkeit entsprechen (vgl. BFH-Urteil vom 14. 5. 2008, XI R 70/07, BStBl II S. 912, und vom 20. 8. 2009, V R 32/08, BStBl 2010 II S. 88). [3]Die Annahme der Ehrenamtlichkeit kraft gesetzlicher Regelung erfordert die Benennung in einem materiellen oder formellen Gesetz. [4]Eine Ehrenamtlichkeit kraft gesetzlicher Regelung ist allerdings nicht anzunehmen, wenn es sich um eine Bestimmung in einer im Bereich der Selbstverwaltung erlassenen Satzung handelt (vgl. BFH-Urteil vom 17. 12. 2015, V R 45/14, a. a. O.). [5]Die Tätigkeit im Aufsichtsrat einer Volksbank wird im allgemeinen Sprachgebrauch herkömmlicherweise nicht als ehrenamtlich bezeichnet (vgl. BFH-Urteil vom 20. 8. 2009, V R 32/08, a. a. O.). [6]Ergibt sich die Bezeichnung „ehrenamtlich" weder aus einem Gesetz noch lässt sich ein diesbezüglicher Sprachgebrauch ermitteln, bedarf es einer Bestimmung des materiellen Begriffsinhalts. [7]Im öffentlich-rechtlichen Bereich ist darunter die unentgeltliche Mitwirkung natürlicher Personen bei der Erfüllung öffentlicher Aufgaben zu verstehen, die auf Grund behördlicher Bestellung außerhalb eines haupt- oder nebenamtlichen Dienstverhältnisses stattfindet und für die lediglich eine Entschädigung besonderer Art gezahlt wird (vgl. BFH-Urteil vom 16. 12. 1987, X R 7/82, BStBl 1988 II S. 384). [8]Wenn eine Tätigkeit für den hoheitlichen Bereich einer juristischen Person des öffentlichen Rechts (vgl. Abschnitt 4.26.1 Abs. 2 Satz 1 UStAE) in einem anderen Gesetz oder im allgemeinen Sprachgebrauch als ehrenamtlich bezeichnet wird, kann grundsätzlich vom Vorliegen der Befreiungsvoraussetzungen ausgegangen werden, es sei denn, die Anwendung des Begriffs der Ehrenamtlichkeit auf die Tätigkeit ist mit der gebotenen engen Auslegung des Begriffs der Ehrenamtlichkeit ausnahmsweise nicht mehr vereinbar, insbesondere wenn sie in einem Umfang ausgeführt wird, bei dem die Annahme einer beruflichen Ausübung nicht mehr ausgeschlossen werden kann. [9]Für den nicht-öffentlichen Bereich kommt es nach dem materiellen Begriffsinhalt hingegen auf das Fehlen eines eigennützigen Erwerbsstrebens, die fehlende Hauptberuflichkeit und den Einsatz für eine fremdnützig bestimmte Einrichtung an. [10]Danach kann sowohl die Tätigkeit eines Ratsmitgliedes im Aufsichtsrat einer kommunalen Eigengesellschaft (BFH-Urteil vom 4. 5. 1994, XI R 86/92, BStBl II S. 773) als auch die Tätigkeit in Gremien der berufsständischen Kammern und Verbände eine ehrenamtliche Tätigkeit im Sinne der Befreiungsvorschrift sein. [11]Liegt ein eigennütziges Erwerbsstreben oder eine Hauptberuflichkeit vor bzw. wird der Einsatz nicht für eine fremdnützig bestimmte Einrichtung erbracht, kann unabhängig von der Höhe der Entschädigung nicht von einer ehrenamtlichen Tätigkeit ausgegangen werden. [12]Das ist insbesondere dann der Fall, wenn der Zeitaufwand der Tätigkeit auf eine hauptberufliche Teilzeit- oder sogar Vollzeitbeschäftigung hindeutet. [13]Ein Entgelt, das nicht lediglich im Sinne einer Entschädigung für Zeitversäumnis oder eines Verdienstausfalls gezahlt wird, sondern sich an der Qualifikation des Tätigen und seiner Leistung orientiert, steht dem Begriff der ehrenamtlichen Tätigkeit entgegen.

(2) [1]Die ehrenamtlichen Tätigkeiten für juristische Personen des öffentlichen Rechts fallen nur dann unter § 4 Nr. 26 Buchstabe a UStG, wenn sie für deren nichtunternehmerischen Bereich ausgeführt werden. [2]Es muss sich also um die Ausübung einer ehrenamtlichen Tätigkeit für den öffentlich-rechtlichen Bereich handeln. [3]Wird die ehrenamtliche Tätigkeit für den Betrieb gewerblicher Art einer Körperschaft des öffentlichen Rechts ausgeübt, kann sie deshalb nur unter den Voraussetzungen des § 4 Nr. 26 Buchstabe b UStG steuerfrei belassen werden (BFH-Urteil vom 4. 4. 1974, V R 70/73, BStBl II S. 528).

(3) Die Mitwirkung von Rechtsanwälten in Rechtsberatungsdiensten ist keine ehrenamtliche Tätigkeit, weil die Rechtsanwälte in diesen Fällen nicht außerhalb ihres Hauptberufs tätig werden.

(4) [1]Geht in Fällen des § 4 Nr. 26 Buchstabe b UStG das Entgelt über einen Auslagenersatz und eine angemessene Entschädigung für Zeitversäumnis hinaus, besteht in vollem Umfang Steuerpflicht. [2]Was als angemessene Entschädigung für Zeitversäumnis anzusehen ist, muss nach den Verhältnissen des Einzelfalls beurteilt werden; dabei ist eine Entschädigung in Höhe von bis zu 50 € je Tätigkeitsstunde regelmäßig als angemessen anzusehen, sofern die Vergütung für die gesamten ehrenamtlichen Tätigkeiten im Sinne des § 4 Nr. 26 Buchstabe b UStG den Betrag von 17 500 € im Jahr nicht übersteigt. [3]Zur Ermittlung der Grenze von 17 500 € ist auf die tatsächliche Höhe der Aufwandsentschädigung im Vorjahr sowie die voraussichtliche Höhe der Aufwandsentschädigung im laufenden Jahr abzustellen. [4]Ein (echter) Auslagenersatz, der für die tatsächlich entstandenen und nachgewiesenen Aufwendungen der ehrenamtlichen Tätigkeit vergütet wird, bleibt bei der Berechnung der Betragsgrenzen unberücksichtigt. [5]Als Auslagenersatz im Sinne des Satzes 4 werden beispielsweise auch ein Fahrtkostenersatz nach den pauschalen Kilometersätzen oder auch Verpflegungsmehraufwendungen anerkannt, sofern sie lohnsteuerlich ihrer Höhe nach als Reisekosten angesetzt werden könnten (vgl. R 9.4 Abs. 1 LStR).

(5) [1]Eine vom tatsächlichen Zeitaufwand unabhängig z. B. laufend gezahlte Pauschale bzw. monatliche oder jährlich laufend gezahlte pauschale Vergütung sowie ein gesondert gezahltes Urlaubs-, Weihnachts- bzw. Krankheitsgeld stehen dem Charakter einer Entschädigung für Zeitversäumnis entgegen und führen zur Nichtanwendbarkeit der Befreiungsvorschrift mit der Folge, dass sämtliche für diese Tätigkeit gezahlten Vergütungen – auch soweit sie daneben in Auslagenersatz oder einer Entschädigung für Zeitaufwand bestehen – der Umsatzsteuer unterliegen. [2]Dies gilt für eine pauschal gezahlte Aufwandsentschädigung nicht, wenn der Vertrag, die Satzung oder der Beschluss eines laut Satzung hierzu befugten Gremiums zwar eine Pauschale vorsieht, aber zugleich festgehalten ist, dass der ehrenamtlich Tätige durchschnittlich eine bestimmte Anzahl an Stunden pro Woche/Monat/Jahr für die fremdnützig bestimmte Einrichtung tätig ist und die in Absatz 4 genannten Betragsgrenzen nicht überschritten werden. [3]Der tatsächliche Zeitaufwand ist glaubhaft zu machen. [4]Aus Vereinfachungsgründen kann die Steuerbefreiung auch ohne weitere Prüfung gewährt werden, wenn der Jahresgesamtbetrag der Entschädigungen den Freibetrag nach § 3 Nr. 26 EStG nicht übersteigt. [5]In diesen Fällen bedarf es lediglich der Angabe der Tätigkeiten und der Höhe der dabei erhaltenen Entschädigungen.

Beispiel 1:

[1]Ein ehrenamtlich Tätiger, der für seine Ehrenamtstätigkeit (1 Stunde/Woche) eine pauschale Entschädigung für Zeitversäumnis in Höhe von 120 € monatlich und zusätzlich für eine weitere ehrenamtliche Tätigkeit (ca. 20 Stunden/Jahr) eine jährliche Entschädigung für Zeitversäumnis in Höhe von 500 € erhält, kann die Steuerbefreiung gemäß § 4 Nr. 26 Buchstabe b UStG – auch ohne zusätzliche Nachweise – in Anspruch nehmen, da der Jahresgesamtbetrag seiner Entschädigungen (1 940 €) den Freibetrag nach § 3 Nr. 26 EStG nicht übersteigt. [2]Ein daneben gezahlter Auslagenersatz für tatsächlich entstandene Aufwendungen bleibt bei der Berechnung der Betragsgrenzen unberücksichtigt.

Beispiel 2:

[1]Ein ehrenamtlich Tätiger, der für seine ehrenamtliche Tätigkeit (7 Stunden/Woche) eine pauschale monatliche Entschädigung für Zeitversäumnis in Höhe von 1 200 € erhält und in acht Wochen im Jahr seine Tätigkeit auf Grund Urlaub/Krankheit nicht ausübt, hat einen durchschnittlichen Stundensatz in Höhe von rund 46 € (44 Wochen je 7 Stunden, Gesamtvergütung 14 400 €). [2]Eine weitere ehrenamtliche Tätigkeit wird durch ihn nicht ausgeübt. [3]Die Steuerbefreiung kann gewährt werden, da die Vergütung nicht mehr als 50 € je Tätigkeitsstunde beträgt und die Grenze von 17 500 € nicht übersteigt.

Zu § 4 Nr. 27 UStG

UStG § 4 Nr. 27. a) die Gestellung von Personal durch religiöse und weltanschauliche Einrichtungen für die in Nummer 14 Buchstabe b, in den Nummern 16, 18, 21, 22 Buchstabe a sowie in den Nummern 23 und 25 genannten Tätigkeiten und für Zwecke geistlichen Beistands,

b) die Gestellung von land- und forstwirtschaftlichen Arbeitskräften durch juristische Personen des privaten oder des öffentlichen Rechts für land- und forstwirtschaftliche Betriebe (§ 24 Abs. 2) mit höchstens drei Vollarbeitskräften zur Überbrückung des Ausfalls des Betriebsinhabers oder dessen voll mitarbeitenden Familienangehörigen wegen Krankheit, Unfalls, Schwangerschaft, eingeschränkter Erwerbsfähigkeit oder Todes sowie die Gestellung von Betriebshelfern an die gesetzlichen Träger der Sozialversicherung;

UStAE 4.27.1. Gestellung von Personal durch religiöse und weltanschauliche Einrichtungen

(1) [1]Die Steuerbefreiung nach § 4 Nr. 27 Buchstabe a UStG umfasst die Gestellung von selbständigem, nicht beim leistenden Unternehmer abhängig beschäftigtem Personal, wie z. B. die Gestellung von Mitgliedern oder Angehörigen der Einrichtungen sowie die Gestellung abhängig beschäftigter Arbeitnehmer. [2]Unter den Begriff religiöse und weltanschauliche Einrichtungen fallen alle Einrichtungen, die den Schutz des Artikels 4 Abs. 1 und 2 GG und des Artikels 140 GG in Verbindung mit Artikel 137 der deutschen Verfassung vom 11. 08. 1919 (Weimarer Verfassung) in Anspruch zu nehmen berechtigt sind. [3]Hierunter fallen z. B. Kirchen in der Rechtsform einer juristischen Person des öffentlichen Rechts, geistliche Genossenschaften oder Mutterhäuser.

(2) [1]Die Voraussetzung, dass die Personalgestellung für bestimmte unter § 4 Nr. 27 Buchstabe a UStG genannte Tätigkeiten erfolgt, ist erfüllt, wenn die Einrichtung, der das Personal gestellt wird, steuerfreie Leistungen nach § 4 Nr. 14 Buchstabe b, Nr. 16, 18, 21, 22 Buchstabe a sowie Nr. 23 und 25 UStG erbringt, und wenn die überlassene Person in diesem steuerbegünstigten Bereich tätig wird. [2]In Betracht kommen insbesondere die Gestellung von Gesundheits- und Krankenpflegern oder Altenpflegern an Krankenhäuser oder Altenheime sowie die Gestellung von Lehrern an Schulen zur Erteilung von Unterricht. [3]Dies gilt für die Erteilung von Unterricht jeder Art, also nicht nur für die Erteilung von Religionsunterricht. [4]Wird Personal für Zwecke geistlichen Beistands, z. B. für Zwecke des Abhaltens von Gottesdiensten, gestellt, muss die aufnehmende Einrichtung keine weiteren Voraussetzungen erfüllen.

UStAE 4.27.2. Gestellung von land- und forstwirtschaftlichen Arbeitskräften sowie Gestellung von Betriebshelfern

(1) [1]Steuerfrei sind insbesondere Leistungen land- und forstwirtschaftlicher Selbsthilfeeinrichtungen – Betriebshilfsdienste und Dorfhelferinnendienste –, die in der Regel in der Rechtsform eines eingetragenen Vereins betrieben werden. [2]Die Vorschrift des § 4 Nr. 27 Buchstabe b UStG unterscheidet zwischen unmittelbaren Leistungen an land- und forstwirtschaftliche Betriebe und Leistungen an die gesetzlichen Träger der Sozialversicherung.

Unmittelbare Leistungen an land- und forstwirtschaftliche Betriebe

(2) [1]Die Steuerbefreiung für unmittelbare Leistungen an land- und forstwirtschaftliche Betriebe kann nur von juristischen Personen des privaten oder öffentlichen Rechts – z. B. eingetragenen Vereinen oder Genossenschaften – beansprucht werden, nicht aber von Einzelunternehmern oder Personengesellschaften. [2]Befreit ist nur die Gestellung land- und forstwirtschaftlicher Arbeitskräfte. [3]Die Arbeitskräfte müssen unmittelbar land- und forstwirtschaftlichen Unternehmern für deren land- und forstwirtschaftliche Betriebe im Sinne des § 24 Abs. 2 UStG gestellt werden. [4]Indessen hängt die Steuerbefreiung nicht davon ab, ob die Kosten für die Ersatzkräfte von den gesetzlichen Trägern der Sozialversicherung erstattet werden.

(3) [1]Der Unternehmer hat nachzuweisen, dass die Arbeitskräfte für einen land- und forstwirtschaftlichen Betrieb mit höchstens drei Vollarbeitskräften gestellt worden sind. [2]Dieser Nachweis kann durch eine schriftliche Bestätigung des betreffenden Land- und Forstwirts geführt werden. [3]Darüber hinaus ist

nachzuweisen, dass die gestellte Arbeitskraft den Ausfall des Betriebsinhabers oder eines voll mitarbeitenden Familienangehörigen wegen Krankheit, Unfalls, Schwangerschaft, eingeschränkter Erwerbsfähigkeit oder Todes überbrückt. [4]Für diesen Nachweis sind entsprechende Bescheinigungen oder Bestätigungen Dritter – z. B. ärztliche Bescheinigungen, Bescheinigungen der Krankenhäuser und Heilanstalten oder Bestätigungen der Sozialversicherungsträger – erforderlich.

Leistungen an die gesetzlichen Träger der Sozialversicherung

(4) [1]Die Steuerbefreiung des § 4 Nr. 27 Buchstabe b UStG umfasst weiterhin die Gestellung von Betriebshelfern an die gesetzlichen Träger der Sozialversicherung (Berufsgenossenschaften, Krankenkassen, Rentenversicherungsträger, landwirtschaftliche Alterskassen). [2]Diese Träger sind verpflichtet, ihren Mitgliedern in bestimmten Notfällen – z. B. bei einem Arbeitsunfall, einem Krankenhausaufenthalt oder einer Heilanstaltspflege – Betriebshilfe zu gewähren. [3]Sie bedienen sich dabei anderer Unternehmer – z. B. der Betriebshilfsdienste und der Dorfhelferinnendienste – und lassen sich von diesen die erforderlichen Ersatzkräfte zur Verfügung stellen. [4]Die Unternehmer, die Ersatzkräfte zur Verfügung stellen, erbringen damit steuerfreie Leistungen an die gesetzlichen Träger der Sozialversicherung. [5]Auf die Rechtsform des Unternehmens kommt es dabei nicht an. [6]Unter die Steuerbefreiung fällt auch die „Selbstgestellung" eines Einzelunternehmers, der seine Betriebshelferleistungen gegenüber einem Träger der Sozialversicherung erbringt.

(5) [1]Die Steuerbefreiung nach Absatz 4 ist nicht anwendbar, wenn es die gesetzlichen Träger der Sozialversicherung ihren Mitgliedern überlassen, die Ersatzkräfte selbst zu beschaffen, und ihnen lediglich die dadurch entstandenen Kosten erstatten. [2]In diesen Fällen kann aber die Steuerbefreiung für unmittelbare Leistungen an land- und forstwirtschaftliche Betriebe (Absätze 2 und 3) in Betracht kommen.

Zu § 4 Nr. 28 UStG

UStG § 4 Nr. 28. die Lieferungen von Gegenständen, für die der Vorsteuerabzug nach § 15 Abs. 1 a ausgeschlossen ist oder wenn der Unternehmer die gelieferten Gegenstände ausschließlich für eine nach den Nummern 8 bis 27 und 29 steuerfreie Tätigkeit verwendet hat;

UStAE 4.28.1. Lieferung bestimmter Gegenstände

(1) [1]Nach § 4 Nr. 28 UStG ist die Lieferung von Gegenständen befreit, die der Unternehmer ausschließlich für Tätigkeiten verwendet, die nach § 4 Nr. 8 bis 27 und 29 UStG steuerfrei sind (vgl. BFH-Urteil vom 21. 9. 2016, V R 43/15, BStBl 2017 II S. 1203). [2]Diese Voraussetzungen müssen während des gesamten Verwendungszeitraumes vorgelegen haben.

Beispiel:

Ein Arzt veräußert Einrichtungsgegenstände, die ausschließlich seiner nach § 4 Nr. 14 UStG steuerfreien Tätigkeit gedient haben.

[3]§ 4 Nr. 28 UStG ist weder unmittelbar noch entsprechend auf sonstige Leistungen anwendbar (vgl. BFH-Urteil vom 26. 4. 1995, XI R 75/94, BStBl II S. 746).

(2) [1]Aus Vereinfachungsgründen kann die Steuerbefreiung nach § 4 Nr. 28 UStG auch in den Fällen in Anspruch genommen werden, in denen der Unternehmer die Gegenstände in geringfügigem Umfang (höchstens 5 %) für Tätigkeiten verwendet hat, die nicht nach § 4 Nr. 8 bis 27 und 29 UStG befreit sind. [2]Voraussetzung hierfür ist jedoch, dass der Unternehmer für diese Gegenstände darauf verzichtet, einen anteiligen Vorsteuerabzug vorzunehmen.

(3) [1]Nach § 4 Nr. 28 UStG ist auch die Lieferung von Gegenständen befreit, für die der Vorsteuerabzug nach § 15 Abs. 1 a UStG ausgeschlossen ist. [2]Die Steuerbefreiung kommt hiernach nur in Betracht, wenn im Zeitpunkt der Lieferung die Vorsteuer für die gesamten Anschaffungs- oder Herstellungskosten einschließlich der Nebenkosten und der nachträglichen Anschaffungs- oder Herstellungskosten nicht abgezogen werden konnte.

Beispiel:

[1]Ein Unternehmer veräußert im Jahr 02 Einrichtungen seines Gästehauses. [2]Ein Vorsteuerabzug aus den Anschaffungs- und Herstellungskosten, die auf die Einrichtungen entfallen, war im Jahr 01 nach § 15 Abs. 1 a UStG ausgeschlossen. [3]Die Lieferung der Einrichtungsgegenstände im Jahr 02 ist hiernach steuerfrei.

(4) [1]Die Lieferung von Gegenständen ist auch dann nach § 4 Nr. 28 UStG befreit, wenn die anteiligen Anschaffungs- oder Herstellungskosten in der Zeit bis zum 31. 3. 1999 als Repräsentationsaufwendungen der Besteuerung des Eigenverbrauchs unterworfen waren und für die Zeit nach dem 31. 3. 1999 eine Vorsteuerberichtigung nach § 17 Abs. 1 in Verbindung mit Abs. 2 Nr. 5 UStG vorgenommen wurde. [2]Die Steuerbefreiung kommt hiernach nur in Betracht, wenn im Zeitpunkt der Lieferung der Vorsteuerabzug aus der Anschaffung, Herstellung oder Einfuhr des Gegenstands im Ergebnis durch die Besteuerung als Eigenverbrauch oder durch die Vorsteuerberichtigung nach § 17 UStG vollständig ausgeglichen worden ist. [3]Dies bedeutet, dass die Steuer für den Eigenverbrauch und die Vorsteuerberichtigung angemeldet und entrichtet sein muss. [4]Im Übrigen wird auf das BFH-Urteil vom 2. 7. 2008, XI R 60/06, BStBl 2009 II S. 167 hingewiesen.

Beispiel:

[1]Der Unternehmer U hat ein Segelschiff für 100 000 € zuzüglich Umsatzsteuer erworben. [2]Er verkauft es im Kalenderjahr 2004. [3]Bis zum 31. 3. 1999 hat er die Aufwendungen für das Schiff als Repräsentationsaufwendungen der Eigenverbrauchsbesteuerung nach § 1 Abs. 1 Nr. 2 Buchstabe c UStG 1993 unterworfen. [4]Für die Zeit nach dem 31. 3. 1999 bis zum 31. 12. 2003 nimmt er eine Vorsteuerberichtigung nach § 17 Abs. 1 in Verbindung mit Abs. 2 Nr. 5 UStG vor. [5]Die Steuer für den Aufwendungseigenverbrauch und die Vorsteuerberichtigung nach § 17 UStG ist vollständig entrichtet worden. [6]Das Schiff ist mit Ablauf des 31. 12. 2003 vollständig abgeschrieben.

[7]Der Verkauf im Kalenderjahr 2004 ist nach § 4 Nr. 28 UStG steuerfrei.

(5) Absatz 4 gilt entsprechend für die Lieferungen im Sinne des § 3 Abs. 1 b Satz 1 Nr. 1 UStG.

(6) Liegen für die Lieferungen von Gegenständen nach § 4 Nr. 28 UStG durch den Unternehmer auch die Voraussetzungen einer Ausfuhrlieferung (§ 4 Nr. 1 Buchstabe a, § 6 UStG) bzw. einer innergemeinschaftlichen Lieferung (§ 4 Nr. 1 Buchstabe b, § 6 a UStG) vor, geht die Steuerbefreiung des § 4 Nr. 28 UStG diesen Steuerbefreiungen vor.

(7) § 4 Nr. 28 UStG ist auch dann anwendbar, wenn der Abzug der Vorsteuer aus den Anschaffungskosten der gelieferten Gegenstände in unmittelbarer Anwendung der MwStSystRL nach § 15 Abs. 2 Satz 1 Nr. 1 UStG ausgeschlossen war (vgl. BFH-Urteil vom 16. 5. 2012, XI R 24/10, BStBl 2013 II S. 52).

Zu § 4 Nr. 29 UStG

UStG § 4 Nr. 29. sonstige Leistungen von selbständigen, im Inland ansässigen Zusammenschlüssen von Personen, deren Mitglieder eine dem Gemeinwohl dienende nichtunternehmerische Tätigkeit oder eine dem Gemeinwohl dienende Tätigkeit ausüben, die nach den Nummern 11 b, 14 bis 18, 20 bis 25 oder 27 von der Steuer befreit ist, gegenüber ihren im Inland ansässigen Mitgliedern, soweit diese Leistungen für unmittelbare Zwecke der Ausübung dieser Tätigkeiten verwendet werden und der Zusammenschluss von seinen Mitgliedern lediglich die genaue Erstattung des jeweiligen Anteils an den gemeinsamen Kosten fordert, vorausgesetzt, dass diese Befreiung nicht zu einer Wettbewerbsverzerrung führt.

UStAE 4.29.1. Befreiung der Leistungen von selbständigen Personenzusammenschlüssen an ihre Mitglieder

Zur Befreiung der Leistungen von selbständigen Personenzusammenschlüssen an ihre Mitglieder vgl. BMF-Schreiben vom 19. 07. 2022, BStBl I S. 1208.

Zu § 4 a UStG

UStG § 4 a Steuervergütung für Leistungsbezüge zur Verwendung zu humanitären, karitativen oder erzieherischen Zwecken im Drittlandsgebiet

(1) [1]Körperschaften, die ausschließlich und unmittelbar gemeinnützige, mildtätige oder kirchliche Zwecke verfolgen (§§ 51 bis 68 der Abgabenordnung), und juristischen Personen des öffentlichen Rechts wird auf Antrag eine Steuervergütung zum Ausgleich der Steuer gewährt, die auf der an sie bewirkten Lieferung eines Gegenstands, seiner Einfuhr oder seinem innergemeinschaftlichen Erwerb lastet, wenn die folgenden Voraussetzungen erfüllt sind:

1. Die Lieferung, die Einfuhr oder der innergemeinschaftliche Erwerb des Gegenstands muss steuerpflichtig gewesen sein.
2. Die auf die Lieferung des Gegenstands entfallende Steuer muss in einer nach § 14 ausgestellten Rechnung gesondert ausgewiesen und mit dem Kaufpreis bezahlt worden sein.
3. Die für die Einfuhr oder den innergemeinschaftlichen Erwerb des Gegenstands geschuldete Steuer muss entrichtet worden sein.
4. Der Gegenstand muss in das Drittlandsgebiet gelangt sein.
5. Der Gegenstand muss im Drittlandsgebiet zu humanitären, karitativen oder erzieherischen Zwecken verwendet werden.
6. Der Erwerb oder die Einfuhr des Gegenstands und seine Ausfuhr dürfen von einer Körperschaft, die steuerbegünstigte Zwecke verfolgt, nicht im Rahmen eines wirtschaftlichen Geschäftsbetriebs und von einer juristischen Person des öffentlichen Rechts nicht im Rahmen ihres Unternehmens vorgenommen worden sein.
7. Die vorstehenden Voraussetzungen müssen nachgewiesen sein.

[2]Der Antrag, in dem der Antragsteller die zu gewährende Vergütung selbst zu berechnen hat, ist nach amtlich vorgeschriebenem Vordruck oder amtlich vorgeschriebenem Datensatz durch Datenfernübertragung zu stellen.

(2) Das Bundesministerium der Finanzen kann mit Zustimmung des Bundesrates durch Rechtsverordnung näher bestimmen,

1. wie die Voraussetzungen für den Vergütungsanspruch nach Absatz 1 Satz 1 nachzuweisen sind und
2. in welcher Frist die Vergütung zu beantragen ist.

UStDV

§ 24 Antragsfrist für die Steuervergütung und Nachweis der Voraussetzungen

(1) [1]Die Steuervergütung ist bei dem zuständigen Finanzamt bis zum Ablauf des Kalenderjahres nach amtlich vorgeschriebenem Vordruck oder amtlich vorgeschriebenem Datensatz über die amtlich bestimmte Schnittstelle zu beantragen, das auf das Kalenderjahr folgt, in dem der Gegenstand in das Drittlandsgebiet gelangt. [2]Ein Antrag kann mehrere Ansprüche auf die Steuervergütung umfassen.

(2) Der Nachweis, dass der Gegenstand in das Drittlandsgebiet gelangt ist, muss in der gleichen Weise wie bei Ausfuhrlieferungen geführt werden (§§ 8 bis 11).

(3) [1]Die Voraussetzungen für die Steuervergütung sind im Geltungsbereich des Gesetzes buchmäßig nachzuweisen. [2]Regelmäßig sollen aufgezeichnet werden:

1. die handelsübliche Bezeichnung und die Menge des ausgeführten Gegenstands;
2. der Name und die Anschrift des Lieferers;
3. der Name und die Anschrift des Empfängers;
4. der Verwendungszweck im Drittlandsgebiet;
5. der Tag der Ausfuhr des Gegenstands;
6. die mit dem Kaufpreis für die Lieferung des Gegenstands bezahlte Steuer oder die für die Einfuhr oder den innergemeinschaftlichen Erwerb des Gegenstands entrichtete Steuer.

UStAE 4 a.1. Vergütungsberechtigte

Vergütungsberechtigte nach § 4 a Abs. 1 UStG sind:

1. Körperschaften, Personenvereinigungen und Vermögensmassen im Sinne des KStG, die ausschließlich und unmittelbar gemeinnützige, mildtätige oder kirchliche Zwecke verfolgen (§§ 51 bis 68 AO), und
2. juristische Personen des öffentlichen Rechts.

UStAE 4 a.2. Voraussetzungen für die Vergütung

(1) [1]Die Voraussetzungen für die Vergütung (§ 4 a Abs. 1 UStG) sind nicht erfüllt, wenn die Lieferung des Gegenstands an den Vergütungsberechtigten nicht der Umsatzsteuer unterlegen hat. [2]Dies ist z. B. der Fall bei steuerfreien Lieferungen, bei Lieferungen durch Privatpersonen sowie bei unentgeltlichen Lieferungen, zu denen insbesondere Sachspenden gehören. [3]Unbeachtlich ist, ob die der Lieferung an den Vergütungsberechtigten vorausgegangene Lieferung umsatzsteuerpflichtig gewesen ist.

(2) [1]Ist in der Rechnung ein zu niedriger Steuerbetrag ausgewiesen, ist nur dieser Betrag zu vergüten. [2]Bei einem zu hohen Steuerausweis wird die Vergütung nur bis zur Höhe der für den betreffenden Umsatz gesetzlich vorgeschriebenen Steuer gewährt. [3]Ausgeschlossen ist die Vergütung der Steuer außerdem in den Fällen eines unberechtigten Steuerausweises nach § 14c Abs. 2 UStG, z.B. bei Lieferungen durch Privatpersonen.

(3) [1]Die Vergütung kann erst beantragt werden, wenn der Kaufpreis einschließlich Umsatzsteuer für den erworbenen Gegenstand in voller Höhe gezahlt worden ist. [2]Abschlags- oder Teilzahlungen genügen nicht. [3]Bei einem vorher eingeführten Gegenstand ist es erforderlich, dass die für die Einfuhr geschuldete Einfuhrumsatzsteuer entrichtet ist. [4]Schuldet die juristische Person die Steuer für den innergemeinschaftlichen Erwerb, muss diese entrichtet worden sein.

(4) [1]Die Vergütung ist nur zu gewähren, wenn der ausgeführte Gegenstand im Drittlandsgebiet (§ 1 Abs. 2 a Satz 3 UStG) verbleibt und dort zu humanitären, karitativen oder erzieherischen Zwecken verwendet wird. [2]Der Vergütungsberechtigte muss diese Zwecke im Drittlandsgebiet nicht selbst – z. B. mit eigenen Einrichtungen und Hilfskräften – erfüllen. [3]Es reicht aus, wenn der Gegenstand einem Empfänger im Drittlandsgebiet übereignet wird – z. B. einer nationalen oder internationalen Institution –, der ihn dort zu den begünstigten Zwecken verwendet.

(5) [1]Ist die Verwendung der ausgeführten Gegenstände zu den nach § 4 a Abs. 1 Satz 1 Nr. 5 UStG begünstigten Zwecken vorgesehen (vgl. Absatz 9), kann die Vergütung schon beansprucht werden, wenn die Gegenstände zunächst im Drittlandsgebiet – z. B. in einem Freihafen – eingelagert werden. [2]Nicht zu gewähren ist die Vergütung bei einer zugelassenen vorübergehenden Freihafenlagerung nach § 12 a EUStBV. [3]Werden Gegenstände im Anschluss an eine vorübergehende Freihafenlagerung einer begünstigten Verwendung im Drittlandsgebiet zugeführt, kann die Vergütung von diesem Zeitpunkt an beansprucht werden.

(6) [1]Humanitär im Sinne des § 4 a Abs. 1 Satz 1 Nr. 5 UStG ist nicht nur die Beseitigung und Milderung besonderer Notlagen, sondern auch die Verbesserung der wirtschaftlichen und sozialen Verhältnisse und der Umweltbedingungen. [2]Karitative Zwecke werden verfolgt, wenn anderen selbstlose Hilfe gewährt wird. [3]Erzieherischen Zwecken (vgl. Abschnitt 4.23.1 Abs. 4) dienen auch Gegenstände, die für die berufliche und nichtberufliche Aus- und Weiterbildung einschließlich der Bildungsarbeit auf politischem, weltanschaulichem, künstlerischem und wissenschaftlichem Gebiet verwendet werden. [4]Es ist davon auszugehen, dass die steuerbegünstigten Zwecke im Sinne der §§ 52 bis 54 AO zugleich auch den in § 4 a Abs. 1 Satz 1 Nr. 5 UStG bezeichneten Verwendungszwecken entsprechen.

(7) [1]Die ausgeführten Gegenstände brauchen nicht für Gruppen von Menschen verwendet zu werden; sie können auch Einzelpersonen im Drittlandsgebiet überlassen werden. [2]Eine Vergütung kann deshalb z. B. für die Versendung von Lebensmitteln, Medikamenten oder Bekleidung an Privatpersonen in Betracht kommen.

(8) Bei Körperschaften, die steuerbegünstigte Zwecke verfolgen, stehen der Erwerb oder die Einfuhr und die Ausfuhr im Rahmen eines Zweckbetriebs (§§ 65 bis 68 AO) dem Anspruch auf Vergütung nicht entgegen.

(9) Eine Vergütung der Umsatzsteuer ist ausgeschlossen, wenn der Vergütungsberechtigte die Gegenstände vor der Ausfuhr in das Drittland im Inland genutzt hat.

UStAE 4 a.3. Nachweis der Voraussetzungen

(1) [1]Das Vorliegen der Voraussetzungen für die Steuervergütung ist durch Belege nachzuweisen (§ 4 a Abs. 1 Satz 1 Nr. 7 UStG, § 24 Abs. 2 und 3 UStDV). [2]Als Belege für den Ausfuhrnachweis (vgl. § 24 Abs. 2 UStDV) kommen insbesondere Frachtbriefe, Konnossemente, Posteinlieferungsscheine oder deren Doppelstücke sowie Spediteurbescheinigungen in Betracht (vgl. Abschnitte 6.5 bis 6.9).

(2) Für den buchmäßigen Nachweis der Voraussetzungen (vgl. § 24 Abs. 3 UStDV) ist Folgendes zu beachten:

1. Zur Bezeichnung des Lieferers genügt es im Allgemeinen, seinen Namen aufzuzeichnen.
2. [1]Wird der Gegenstand von dem Vergütungsberechtigten selbst zu begünstigten Zwecken verwendet, ist als Empfänger die Anschrift der betreffenden Stelle des Vergütungsberechtigten im Drittlandsgebiet anzugeben. [2]Werden ausgeführte Gegenstände von Hilfskräften des Vergütungsberechtigten im Drittlandsgebiet Einzelpersonen übergeben – z. B. Verteilung von Lebensmitteln, Medikamenten und Bekleidung –, ist lediglich der Ort aufzuzeichnen, an dem die Übergabe vorgenommen wird.
3. Bei Zweifeln über den Verwendungszweck im Drittlandsgebiet kann die begünstigte Verwendung durch eine Bestätigung einer staatlichen Stelle oder einer internationalen Organisation nachgewiesen werden.
4. [1]Statt des Ausfuhrtags kann auch der Kalendermonat aufgezeichnet werden, in dem der Gegenstand ausgeführt worden ist. [2]Bei einer vorübergehenden Freihafenlagerung, an die sich eine begünstigte Verwendung der ausgeführten Gegenstände im Drittlandsgebiet anschließt (vgl. Abschnitt 4 a.2 Abs. 5), ist zusätzlich der Zeitpunkt (Tag oder Kalendermonat) des Beginns der begünstigten Verwendung aufzuzeichnen.
5. Zum Nachweis, dass die Umsatzsteuer bezahlt oder die Einfuhrumsatzsteuer entrichtet wurde, ist in den Aufzeichnungen auf die betreffende Rechnung und den Zahlungsbeleg bzw. auf den Beleg über die Einfuhrumsatzsteuer (vgl. Abschnitt 15.11 Abs. 1 Satz 2 Nr. 2) hinzuweisen.
6. [1]Ändert sich die Umsatzsteuer – z. B. durch die Inanspruchnahme eines Skontos, durch die Gewährung eines nachträglichen Rabatts, durch eine Preisherabsetzung oder durch eine Nachberechnung –, sind der Betrag der Entgeltänderung und der Betrag, um den sich die Umsatzsteuer erhöht oder vermindert, aufzuzeichnen. [2]Ist die Festsetzung der Einfuhrumsatzsteuer nachträglich geändert worden, muss neben dem Betrag, um den sich die Einfuhrumsatzsteuer verringert oder erhöht hat, ggf. der Betrag aufgezeichnet werden, um den sich die Bemessungsgrundlage der Einfuhrumsatzsteuer geändert hat. [3]Aufzuzeichnen sind darüber hinaus erlassene oder erstattete Einfuhrumsatzsteuerbeträge.

UStAE 4 a.4. Antragsverfahren

(1) [1]Die Vergütung ist nur auf Antrag zu gewähren (§ 4 a Abs. 1 Satz 1 UStG). [2]Bestandteil des Vergütungsantrags ist eine Anlage, in der die Ausfuhren einzeln aufzuführen sind. [3]In der Anlage sind auch nachträgliche Minderungen von Vergütungsansprüchen anzugeben, die der Vergütungsberechtigte bereits mit früheren Anträgen geltend gemacht hat.

(2) [1]Der Vergütungsantrag einschließlich Anlage (vgl. BMF-Schreiben vom 5. 11. 2019, BStBl I S. 1041) ist bei dem Finanzamt einzureichen, in dessen Bezirk der Vergütungsberechtigte seinen Sitz hat. [2]Der Antrag ist bis zum Ablauf des Kalenderjahrs zu stellen, das dem Kalenderjahr folgt, in dem der Gegenstand in das Drittlandsgebiet gelangt ist (§ 24 Abs. 1 Satz 1 UStDV). [3]Die Antragsfrist kann nicht verlängert werden (Ausschlussfrist). [4]Bei Versäumung der Antragsfrist kann unter den Voraussetzungen des

§ 110 AO allenfalls Wiedereinsetzung in den vorigen Stand gewährt werden. [5]Ist der ausgeführte Gegenstand zunächst im Rahmen einer zugelassenen Freihafenlagerung nach § 12 a EUStBV vorübergehend in einem Freihafen gelagert worden, ist für die Antragsfrist der Zeitpunkt des Beginns der begünstigten Verwendung des Gegenstands maßgebend.

UStAE 4 a.5. Wiedereinfuhr von Gegenständen

[1]Wiedereingeführte Gegenstände, für die bei der Ausfuhr eine Vergütung nach § 4 a UStG gewährt worden ist, sind nicht als Rückwaren einfuhrumsatzsteuerfrei (§ 12 Nr. 3 EUStBV). [2]Vergütungsberechtigte müssen deshalb bei der Wiedereinfuhr von Gegenständen erklären, ob der betreffende Gegenstand zur Verwendung für humanitäre, karitative oder erzieherische Zwecke in das Drittlandsgebiet ausgeführt und dafür die Vergütung beansprucht worden ist.

Zu § 4 b UStG

UStG § 4 b Steuerbefreiung beim innergemeinschaftlichen Erwerb von Gegenständen

Steuerfrei ist der innergemeinschaftliche Erwerb

1. der in § 4 Nr. 8 Buchstabe e und Nr. 17 Buchstabe a sowie der in § 8 Abs. 1 Nr. 1 und 2 bezeichneten Gegenstände;
2. der in § 4 Nr. 4 bis 4 b und Nr. 8 Buchstabe b und i sowie der in § 8 Abs. 2 Nr. 1 und 2 bezeichneten Gegenstände unter den in diesen Vorschriften bezeichneten Voraussetzungen;
3. der Gegenstände, deren Einfuhr (§ 1 Abs. 1 Nr. 4) nach den für die Einfuhrumsatzsteuer geltenden Vorschriften steuerfrei wäre;
4. der Gegenstände, die zur Ausführung von Umsätzen verwendet werden, für die der Ausschluss vom Vorsteuerabzug nach § 15 Abs. 3 nicht eintritt.

UStAE 4 b.1. Steuerbefreiung beim innergemeinschaftlichen Erwerb von Gegenständen

(1) [1]Die Steuerbefreiung nach § 4 b UStG setzt einen innergemeinschaftlichen Erwerb voraus. [2]Durch § 4 b Nr. 1 und 2 UStG ist der innergemeinschaftliche Erwerb bestimmter Gegenstände, deren Lieferung im Inland steuerfrei wäre, von der Umsatzsteuer befreit. [3]Danach ist steuerfrei insbesondere der innergemeinschaftliche Erwerb von:

a) Gold durch Zentralbanken – z. B. durch die Deutsche Bundesbank – (Abschnitt 4.4.1);
b) gesetzlichen Zahlungsmitteln, die nicht wegen ihres Metallgehalts oder ihres Sammlerwerts umgesetzt werden (Abschnitt 4.8.3 Abs. 1);
c) Wasserfahrzeugen, die nach ihrer Bauart dem Erwerb durch die Seeschifffahrt oder der Rettung Schiffbrüchiger dienen (Abschnitt 8.1 Abs. 2).

(2) [1]Nach § 4 b Nr. 3 UStG ist der innergemeinschaftliche Erwerb der Gegenstände, deren Einfuhr steuerfrei wäre, von der Steuer befreit. [2]Der Umfang dieser Steuerbefreiung ergibt sich zu einem wesentlichen Teil aus der EUStBV.

(3) [1]§ 4 b Nr. 4 UStG befreit den innergemeinschaftlichen Erwerb von Gegenständen, die der Unternehmer für Umsätze verwendet, für die der Ausschluss vom Vorsteuerabzug nach § 15 Abs. 3 UStG nicht eintritt (z. B. für steuerfreie innergemeinschaftliche Lieferungen, steuerfreie Ausfuhrlieferungen oder nicht umsatzsteuerbare Lieferungen im Drittlandsgebiet). [2]Es wird jedoch nicht beanstandet, wenn in diesen Fällen der innergemeinschaftliche Erwerb steuerpflichtig behandelt wird.

Zu § 4 c UStG

UStG § 4 c Steuervergütung für Leistungsbezüge europäischer Einrichtungen

(1) Europäischen Einrichtungen wird

1. die von dem Unternehmer für eine Leistung gesetzlich geschuldete und von der Einrichtung gezahlte Steuer sowie
2. die von der Einrichtung nach § 13 b Absatz 5 geschuldete und von ihr entrichtete Steuer

auf Antrag vergütet, sofern die Leistung nicht von der Steuer befreit werden kann.

(2) Europäische Einrichtungen im Sinne des Absatzes 1 sind

1. die Europäische Union, die Europäische Atomgemeinschaft, die Europäische Zentralbank und die Europäische Investitionsbank sowie die von der Europäischen Union geschaffenen Einrichtungen, auf die das dem Vertrag über die Europäische Union und dem Vertrag über die Arbeitsweise der Europäischen Union beigefügte Protokoll (Nr. 7) über die Vorrechte und Befreiungen der Europäischen Union (ABl. C 202 vom 7. 6. 2016, S. 266) anwendbar ist, und
2. die Europäische Kommission sowie nach dem Unionsrecht geschaffene Agenturen und Einrichtungen.

(3) Die Vergütung an eine in Absatz 2 Nummer 1 bezeichnete Einrichtung erfolgt in den Grenzen und zu den Bedingungen, die in dem dem Vertrag über die Europäische Union und dem Vertrag über die Arbeitsweise der Europäischen Union beigefügten Protokoll (Nr. 7) über die Vorrechte und Befreiungen der Europäischen Union und den Übereinkünften zu seiner Umsetzung oder in den Abkommen über den Sitz der Einrichtung festgelegt sind.

(4) [1]Die Vergütung an eine in Absatz 2 Nummer 2 bezeichnete Einrichtung setzt voraus, dass die Leistung

1. in Wahrnehmung der der Einrichtung durch das Unionsrecht übertragenen Aufgaben bezogen wurde, um auf die COVID-19-Pandemie zu reagieren, und
2. nicht zur Ausführung einer eigenen entgeltlichen Leistung verwendet wird.

[2]Soweit die Voraussetzungen nach Antragstellung wegfallen, ist die Einrichtung verpflichtet, dies dem Bundeszentralamt für Steuern innerhalb eines Monats anzuzeigen.

Zu § 5 UStG

UStG § 5 Steuerbefreiungen bei der Einfuhr

(1) Steuerfrei ist die Einfuhr

1. der in § 4 Nr. 8 Buchstabe e und Nr. 17 Buchstabe a sowie der in § 8 Abs. 1 Nr. 1, 2 und 3 bezeichneten Gegenstände;
2. der in § 4 Nr. 4 und Nr. 8 Buchstabe b und i sowie der in § 8 Abs. 2 Nr. 1, 2 und 3 bezeichneten Gegenstände unter den in diesen Vorschriften bezeichneten Voraussetzungen;
3. der Gegenstände, die von einem Schuldner der Einfuhrumsatzsteuer im Anschluss an die Einfuhr unmittelbar zur Ausführung von innergemeinschaftlichen Lieferungen (§ 4 Nummer 1 Buchstabe b, § 6 a) verwendet werden; der Schuldner der Einfuhrumsatzsteuer hat zum Zeitpunkt der Einfuhr
   a) seine im Geltungsbereich dieses Gesetzes erteilte Umsatzsteuer-Identifikationsnummer oder die im Geltungsbereich dieses Gesetzes erteilte Umsatzsteuer-Identifikationsnummer seines Fiskalvertreters und
   b) die im anderen Mitgliedstaat erteilte Umsatzsteuer-Identifikationsnummer des Abnehmers mitzuteilen sowie
   c) nachzuweisen, dass die Gegenstände zur Beförderung oder Versendung in das übrige Gemeinschaftsgebiet bestimmt sind;
4. ***weggefallen***
5. ***weggefallen***
6. von Erdgas über das Erdgasnetz oder von Erdgas, das von einem Gastanker aus in das Erdgasnetz oder ein vorgelagertes Gasleitungsnetz eingespeist wird, von Elektrizität oder von Wärme oder Kälte über Wärme- oder Kältenetze;

7. von aus dem Drittlandsgebiet eingeführten Gegenständen in Sendungen mit einem Sachwert von höchstens 150 Euro, für die die Steuer im Rahmen des besonderen Besteuerungsverfahrens nach § 18k zu erklären ist und für die in der Anmeldung zur Überlassung in den freien Verkehr die nach Artikel 369q der Richtlinie 2006/112/EG des Rates vom 28. November 2006 über das gemeinsame Mehrwertsteuersystem (ABl. L 347 vom 11. 12. 2006, S. 1) in der jeweils geltenden Fassung von einem Mitgliedstaat der Europäischen Union erteilte individuelle Identifikationsnummer des Lieferers oder die dem in seinem Auftrag handelnden Vertreter für diesen Lieferer erteilte individuelle Identifikationsnummer angegeben wird;
8. von Gegenständen durch die Europäische Union, die Europäische Atomgemeinschaft, die Europäische Zentralbank und die Europäische Investitionsbank sowie die von der Europäischen Union geschaffenen Einrichtungen, auf die das dem Vertrag über die Europäische Union und dem Vertrag über die Arbeitsweise der Europäischen Union beigefügte Protokoll (Nr. 7) über die Vorrechte und Befreiungen der Europäischen Union (ABl. C 202 vom 7. 6. 2016, S. 266) anwendbar ist, und zwar in den Grenzen und zu den Bedingungen, die in diesem Protokoll und den Übereinkünften zu seiner Umsetzung oder in den Abkommen über den Sitz festgelegt sind;
9. von Gegenständen durch die Europäische Kommission sowie nach dem Unionsrecht geschaffene Agenturen und Einrichtungen, sofern die Gegenstände in Wahrnehmung der ihnen durch das Unionsrecht übertragenen Aufgaben eingeführt werden, um auf die COVID-19-Pandemie zu reagieren. Dies gilt nicht für Gegenstände, die von der Europäischen Kommission oder der nach dem Unionsrecht geschaffenen Agentur oder Einrichtung zur Ausführung von eigenen entgeltlichen Lieferungen verwendet werden. Soweit die Voraussetzungen für die Steuerbefreiung nach der Einfuhr wegfallen, ist die Europäische Kommission oder die nach dem Unionsrecht geschaffene Agentur oder Einrichtung verpflichtet, dies dem für die Besteuerung dieser Einfuhr zuständigen Hauptzollamt innerhalb eines Monats anzuzeigen. In diesem Fall wird die Einfuhrumsatzsteuer nach den im Zeitpunkt des Wegfalls geltenden Bestimmungen festgesetzt;
10. von Gegenständen durch die Streitkräfte anderer Mitgliedstaaten für den eigenen Gebrauch oder Verbrauch oder für den ihres zivilen Begleitpersonals oder für die Versorgung ihrer Kasinos oder Kantinen, wenn diese Streitkräfte an einer Verteidigungsanstrengung teilnehmen, die zur Durchführung einer Tätigkeit der Union im Rahmen der Gemeinsamen Sicherheits- und Verteidigungspolitik unternommen wird.

(2) Das Bundesministerium der Finanzen kann durch Rechtsverordnung, die nicht der Zustimmung des Bundesrates bedarf, zur Erleichterung des Warenverkehrs über die Grenze und zur Vereinfachung der Verwaltung Steuerfreiheit oder Steuerermäßigung anordnen

1. für Gegenstände, die nicht oder nicht mehr am Güterumsatz und an der Preisbildung teilnehmen;
2. für Gegenstände in kleinen Mengen oder von geringem Wert;
3. für Gegenstände, die nur vorübergehend ausgeführt worden waren, ohne ihre Zugehörigkeit oder enge Beziehung zur inländischen Wirtschaft verloren zu haben;
4. für Gegenstände, die nach zollamtlich bewilligter Veredelung in Freihäfen eingeführt werden;
5. für Gegenstände, die nur vorübergehend eingeführt und danach unter zollamtlicher Überwachung wieder ausgeführt werden;
6. für Gegenstände, für die nach zwischenstaatlichem Brauch keine Einfuhrumsatzsteuer erhoben wird;
7. für Gegenstände, die an Bord von Verkehrsmitteln als Mundvorrat, als Brenn-, Treib- oder Schmierstoffe, als technische Öle oder als Betriebsmittel eingeführt werden;
8. für Gegenstände, die weder zum Handel noch zur gewerblichen Verwendung bestimmt und insgesamt nicht mehr wert sind, als in Rechtsakten des Rates der Europäischen Union oder der Europäischen Kommission über die Verzollung zum Pauschalsatz festgelegt ist, soweit dadurch schutzwürdige Interessen der inländischen Wirtschaft nicht verletzt werden und keine unangemessenen Steuervorteile entstehen. Es hat dabei Rechtsakte des Rates der Europäischen Union oder der Europäischen Kommission zu berücksichtigen.

(3) Das Bundesministerium der Finanzen kann durch Rechtsverordnung, die nicht der Zustimmung des Bundesrates bedarf, anordnen, dass unter den sinngemäß anzuwendenden Voraussetzungen von Rechtsakten des Rates der Europäischen Union oder der Europäischen Kommission über die Erstattung oder den Erlass von Einfuhrabgaben die Einfuhrumsatzsteuer ganz oder teilweise erstattet oder erlassen wird.

Zu § 6 UStG

UStG § 6 Ausfuhrlieferung

(1) [1]Eine Ausfuhrlieferung (§ 4 Nr. 1 Buchstabe a) liegt vor, wenn bei einer Lieferung

1. der Unternehmer den Gegenstand der Lieferung in das Drittlandsgebiet, ausgenommen Gebiete nach § 1 Abs. 3, befördert oder versendet hat oder
2. der Abnehmer den Gegenstand der Lieferung in das Drittlandsgebiet, ausgenommen Gebiete nach § 1 Abs. 3, befördert oder versendet hat und ein ausländischer Abnehmer ist oder
3. der Unternehmer oder der Abnehmer den Gegenstand der Lieferung in die in § 1 Abs. 3 bezeichneten Gebiete befördert oder versendet hat und der Abnehmer
   a) ein Unternehmer ist, der den Gegenstand für sein Unternehmen erworben hat und dieser nicht ausschließlich oder nicht zum Teil für eine nach § 4 Nummer 8 bis 27 und 29 steuerfreie Tätigkeit verwendet werden soll, oder
   b) ein ausländischer Abnehmer, aber kein Unternehmer ist und der Gegenstand in das übrige Drittlandsgebiet gelangt.

[2]Der Gegenstand der Lieferung kann durch Beauftragte vor der Ausfuhr bearbeitet oder verarbeitet worden sein.

(2) [1]Ausländischer Abnehmer im Sinne des Absatzes 1 Satz 1 Nr. 2 und 3 ist

1. ein Abnehmer, der seinen Wohnort oder Sitz im Ausland, ausgenommen die in § 1 Abs. 3 bezeichneten Gebiete, hat, oder
2. eine Zweigniederlassung eines im Inland oder in den in § 1 Abs. 3 bezeichneten Gebieten ansässigen Unternehmers, die ihren Sitz im Ausland, ausgenommen die bezeichneten Gebiete, hat, wenn sie das Umsatzgeschäft im eigenen Namen abgeschlossen hat.

[2]Eine Zweigniederlassung im Inland oder in den in § 1 Abs. 3 bezeichneten Gebieten ist kein ausländischer Abnehmer.

(3) Ist in den Fällen des Absatzes 1 Satz 1 Nr. 2 und 3 der Gegenstand der Lieferung zur Ausrüstung oder Versorgung eines Beförderungsmittels bestimmt, so liegt eine Ausfuhrlieferung nur vor, wenn

1. der Abnehmer ein ausländischer Unternehmer ist und
2. das Beförderungsmittel den Zwecken des Unternehmens des Abnehmers dient.

(3 a) [1]Wird in den Fällen des Absatzes 1 Satz 1 Nr. 2 und 3 der Gegenstand der Lieferung nicht für unternehmerische Zwecke erworben und durch den Abnehmer im persönlichen Reisegepäck ausgeführt, liegt eine Ausfuhrlieferung nur vor, wenn

1. der Abnehmer seinen Wohnort oder Sitz im Drittlandsgebiet, ausgenommen Gebiete nach § 1 Abs. 3, hat,
2. der Gegenstand der Lieferung vor Ablauf des dritten Kalendermonats, der auf den Monat der Lieferung folgt, ausgeführt wird und
3. der Gesamtwert der Lieferung einschließlich Umsatzsteuer 50 Euro übersteigt.

[2]Nummer 3 tritt zum Ende des Jahres außer Kraft, in dem die Ausfuhr- und Abnehmernachweise in Deutschland erstmals elektronisch erteilt werden.

(4) [1]Die Voraussetzungen der Absätze 1, 3 und 3 a sowie die Bearbeitung oder Verarbeitung im Sinne des Absatzes 1 Satz 2 müssen vom Unternehmer nachgewiesen sein. [2]Das Bundesministerium der Finanzen kann mit Zustimmung des Bundesrates durch Rechtsverordnung bestimmen, wie der Unternehmer die Nachweise zu führen hat.

(5) Die Absätze 1 bis 4 gelten nicht für die Lieferungen im Sinne des § 3 Abs. 1 b.

UStDV

§ 8 Grundsätze für den Ausfuhrnachweis bei Ausfuhrlieferungen

(1) [1]Bei Ausfuhrlieferungen (§ 6 des Gesetzes) muss der Unternehmer im Geltungsbereich des Gesetzes durch Belege nachweisen, dass er oder der Abnehmer den Gegenstand der Lieferung in das Drittlandsgebiet befördert oder versendet hat (Ausfuhrnachweis). [2]Die Voraussetzung muss sich aus den Belegen eindeutig und leicht nachprüfbar ergeben.

(2) Ist der Gegenstand der Lieferung durch Beauftragte vor der Ausfuhr bearbeitet oder verarbeitet worden (§ 6 Abs. 1 Satz 2 des Gesetzes), so muss sich auch dies aus den Belegen nach Absatz 1 eindeutig und leicht nachprüfbar ergeben.

§ 9 Ausfuhrnachweis bei Ausfuhrlieferungen in Beförderungsfällen

(1) [1]Hat der Unternehmer oder der Abnehmer den Gegenstand der Lieferung in das Drittlandsgebiet befördert, hat der Unternehmer den Ausfuhrnachweis durch folgenden Beleg zu führen:

1. bei Ausfuhranmeldung im elektronischen Ausfuhrverfahren nach Artikel 326 der Durchführungsverordnung zum Zollkodex der Union mit der durch die zuständige Ausfuhrzollstelle auf elektronischem Weg übermittelten Bestätigung, dass der Gegenstand ausgeführt wurde (Ausgangsvermerk);
2. bei allen anderen Ausfuhranmeldungen durch einen Beleg in Papierform oder einen elektronisch zur Verfügung gestellten Beleg, der folgende Angaben zu enthalten hat:
   a) den Namen und die Anschrift des liefernden Unternehmers,
   b) die Menge des ausgeführten Gegenstands und die handelsübliche Bezeichnung,
   c) den Ort und den Tag der Ausfuhr sowie
   d) eine Ausfuhrbestätigung der Grenzzollstelle eines Mitgliedstaates, die den Ausgang des Gegenstands aus dem Gemeinschaftsgebiet überwacht.

[2]Hat der Unternehmer statt des Ausgangsvermerks eine von der Ausfuhrzollstelle auf elektronischem Weg übermittelte alternative Bestätigung, dass der Gegenstand ausgeführt wurde (Alternativ-Ausgangsvermerk), gilt diese als Ausfuhrnachweis.

(2) [1]Bei der Ausfuhr von Fahrzeugen im Sinne des § 1 b Absatz 2 Satz 1 Nummer 1 des Gesetzes, die zum bestimmungsmäßigen Gebrauch im Straßenverkehr einer Zulassung bedürfen, muss

1. der Beleg nach Absatz 1 auch die Fahrzeug-Identifikationsnummer im Sinne des § 6 Absatz 6 Nummer 6 der Fahrzeug-Zulassungsverordnung enthalten und
2. der Unternehmer zusätzlich über eine Bescheinigung über die Zulassung, die Verzollung oder die Einfuhrbesteuerung im Drittland verfügen.

[2]Satz 1 Nummer 2 gilt nicht in den Fällen, in denen das Fahrzeug mit einem Ausfuhrkennzeichen ausgeführt wird, wenn aus dem Beleg nach Satz 1 Nummer 1 die Nummer des Ausfuhrkennzeichens ersichtlich ist, oder in denen das Fahrzeug nicht im Sinne der Fahrzeug-Zulassungsverordnung auf öffentlichen Straßen in Betrieb gesetzt worden ist und nicht auf eigener Achse in das Drittlandsgebiet ausgeführt wird.

(3) [1]An die Stelle der Ausfuhrbestätigung nach Absatz 1 Satz 1 Nummer 2 Buchstabe d tritt bei einer Ausfuhr im gemeinsamen Versandverfahren oder im Unionsversandverfahren oder bei einer Ausfuhr mit Carnets TIR, wenn diese Verfahren nicht bei einer Grenzzollstelle beginnen, eine Ausfuhrbestätigung der Abgangsstelle. [2]Diese Ausfuhrbestätigung wird nach Eingang des Beendigungsnachweises für das Versandverfahren erteilt, sofern sich aus ihr die Ausfuhr ergibt.

(4) Im Sinne dieser Verordnung gilt als Durchführungsverordnung zum Zollkodex der Union die Durchführungsverordnung (EU) 2015/2447 der Kommission vom 24. November 2015 mit Einzelheiten zur Umsetzung von Bestimmungen der Verordnung (EU) Nr. 952/2013 des Europäischen Parlaments und des Rates zur Festlegung des Zollkodex der Union (ABl. L 343 vom 29. 12. 2015, S. 558) in der jeweils geltenden Fassung.

§ 10 Ausfuhrnachweis bei Ausfuhrlieferungen in Versendungsfällen

(1) [1]Hat der Unternehmer oder der Abnehmer den Gegenstand der Lieferung in das Drittlandsgebiet versendet, hat der Unternehmer den Ausfuhrnachweis durch folgenden Beleg zu führen:

1. bei Ausfuhranmeldung im elektronischen Ausfuhrverfahren nach Artikel 326 der Durchführungsverordnung zum Zollkodex der Union mit dem Ausgangsvermerk;
2. bei allen anderen Ausfuhranmeldungen:
   a) mit einem Versendungsbeleg, insbesondere durch handelsrechtlichen Frachtbrief, der vom Auftraggeber des Frachtführers unterzeichnet ist, mit einem Konnossement, mit einem Einlieferungsschein für im Postverkehr beförderte Sendungen oder deren Doppelstücke, oder
   b) mit einem anderen handelsüblichen Beleg als den Belegen nach Buchstabe a, insbesondere mit einer Bescheinigung des beauftragten Spediteurs; dieser Beleg hat folgende Angaben zu enthalten:
      aa) den Namen und die Anschrift des mit der Beförderung beauftragten Unternehmers sowie das Ausstellungsdatum,
      bb) den Namen und die Anschrift des liefernden Unternehmers und des Auftraggebers der Versendung,
      cc) die Menge und die Art (handelsübliche Bezeichnung) des ausgeführten Gegenstands,
      dd) den Ort und den Tag der Ausfuhr oder den Ort und den Tag der Versendung des ausgeführten Gegenstands in das Drittlandsgebiet,
      ee) den Empfänger des ausgeführten Gegenstands und den Bestimmungsort im Drittlandsgebiet,
      ff) eine Versicherung des mit der Beförderung beauftragten Unternehmers darüber, dass die Angaben im Beleg auf der Grundlage von Geschäftsunterlagen gemacht wurden, die im Gemeinschaftsgebiet nachprüfbar sind, sowie
      gg) die Unterschrift des mit der Beförderung beauftragten Unternehmers.

[2]Hat der Unternehmer statt des Ausgangsvermerks einen Alternativ-Ausgangsvermerk, gilt dieser als Ausfuhrnachweis.

(2) [1]Bei der Ausfuhr von Fahrzeugen im Sinne des § 1 b Absatz 2 Satz 1 Nummer 1 des Gesetzes, die zum bestimmungsmäßigen Gebrauch im Straßenverkehr einer Zulassung bedürfen, muss

1. der Beleg nach Absatz 1 auch die Fahrzeug-Identifikationsnummer enthalten und
2. der Unternehmer zusätzlich über eine Bescheinigung über die Zulassung, die Verzollung oder die Einfuhrbesteuerung im Drittland verfügen.

[2]Satz 1 Nummer 2 gilt nicht in den Fällen, in denen das Fahrzeug mit einem Ausfuhrkennzeichen ausgeführt wird, wenn aus dem Beleg nach Satz 1 Nummer 1 die Nummer des Ausfuhrkennzeichens ersichtlich ist, oder in denen das Fahrzeug nicht im Sinne der Fahrzeug-Zulassungsverordnung auf öffentlichen Straßen in Betrieb gesetzt worden ist und nicht auf eigener Achse in das Drittlandsgebiet ausgeführt wird.

(3) [1]Ist eine Ausfuhr elektronisch angemeldet worden und ist es dem Unternehmer nicht möglich oder nicht zumutbar, den Ausfuhrnachweis nach Absatz 1 Satz 1 Nummer 1 zu führen, kann dieser die Ausfuhr mit den in Absatz 1 Satz 1 Nummer 2 genannten Belegen nachweisen. [2]In den Fällen nach Satz 1 muss der Beleg zusätzlich zu den Angaben nach Absatz 1 Satz 1 Nummer 2 die Versendungsbezugsnummer der Ausfuhranmeldung nach Artikel 226 der Durchführungsverordnung zum Zollkodex der Union (Master Reference Number – MRN) enthalten.

(4) Ist es dem Unternehmer nicht möglich oder nicht zumutbar, den Ausfuhrnachweis nach Absatz 1 Satz 1 Nummer 2 zu führen, kann er die Ausfuhr wie in Beförderungsfällen nach § 9 Absatz 1 Satz 1 Nummer 2 nachweisen.

§ 11 Ausfuhrnachweis bei Ausfuhrlieferungen in Bearbeitungs- und Verarbeitungsfällen

(1) Hat ein Beauftragter den Gegenstand der Lieferung vor der Ausfuhr bearbeitet oder verarbeitet, hat der liefernde Unternehmer den Ausfuhrnachweis durch einen Beleg nach § 9 oder § 10 zu führen, der zusätzlich folgende Angaben zu enthalten hat:

1. den Namen und die Anschrift des Beauftragten,
2. die Menge und die handelsübliche Bezeichnung des Gegenstands, der an den Beauftragten übergeben oder versendet wurde,
3. den Ort und den Tag der Entgegennahme des Gegenstands durch den Beauftragten sowie
4. die Bezeichnung des Auftrags sowie die Bezeichnung der Bearbeitung oder Verarbeitung, die vom Beauftragten vorgenommen wurde.

(2) Haben mehrere Beauftragte den Gegenstand der Lieferung bearbeitet oder verarbeitet, hat der liefernde Unternehmer die in Absatz 1 genannten Angaben für jeden Beauftragten, der die Bearbeitung oder Verarbeitung vornimmt, zu machen.

§ 12 Ausfuhrnachweis bei Lohnveredelungen an Gegenständen der Ausfuhr

Bei Lohnveredelungen an Gegenständen der Ausfuhr (§ 7 des Gesetzes) sind die Vorschriften über die Führung des Ausfuhrnachweises bei Ausfuhrlieferungen (§§ 8 bis 11) entsprechend anzuwenden.

§ 13 Buchmäßiger Nachweis bei Ausfuhrlieferungen und Lohnveredelungen an Gegenständen der Ausfuhr

(1) [1]Bei Ausfuhrlieferungen und Lohnveredelungen an Gegenständen der Ausfuhr (§§ 6 und 7 des Gesetzes) hat der Unternehmer im Geltungsbereich des Gesetzes die Voraussetzungen der Steuerbefreiung buchmäßig nachzuweisen. [2]Die Voraussetzungen müssen eindeutig und leicht nachprüfbar aus der Buchführung zu ersehen sein.

(2) Der Unternehmer hat regelmäßig Folgendes aufzuzeichnen:

1. die Menge des Gegenstands der Lieferung oder die Art und den Umfang der Lohnveredelung sowie die handelsübliche Bezeichnung einschließlich der Fahrzeug-Identifikationsnummer bei Fahrzeugen im Sinne des § 1 b Absatz 2 des Gesetzes,
2. den Namen und die Anschrift des Abnehmers oder Auftraggebers,
3. den Tag der Lieferung oder der Lohnveredelung,
4. das vereinbarte Entgelt oder bei der Besteuerung nach vereinnahmten Entgelten das vereinnahmte Entgelt und den Tag der Vereinnahmung,
5. die Art und den Umfang einer Bearbeitung oder Verarbeitung vor der Ausfuhr (§ 6 Absatz 1 Satz 2, § 7 Absatz 1 Satz 2 des Gesetzes),
6. den Tag der Ausfuhr sowie
7. in den Fällen des § 9 Absatz 1 Satz 1 Nummer 1, des § 10 Absatz 1 Satz 1 Nummer 1 und des § 10 Absatz 3 die Master Reference Number – MRN.

(3) In den Fällen des § 6 Absatz 1 Satz 1 Nummer 1 des Gesetzes, in denen der Abnehmer kein ausländischer Abnehmer ist, hat der Unternehmer zusätzlich zu den Angaben nach Absatz 2 aufzuzeichnen:

1. die Beförderung oder Versendung durch ihn selbst sowie
2. den Bestimmungsort.

(4) In den Fällen des § 6 Absatz 1 Satz 1 Nummer 3 des Gesetzes hat der Unternehmer zusätzlich zu den Angaben nach Absatz 2 aufzuzeichnen:

1. die Beförderung oder Versendung,

2. den Bestimmungsort sowie
3. in den Fällen, in denen der Abnehmer ein Unternehmer ist, auch den Gewerbezweig oder Beruf des Abnehmers und den Erwerbszweck.

(5) In den Fällen des § 6 Absatz 1 Satz 1 Nummer 2 und 3 des Gesetzes, in denen der Abnehmer ein Unternehmer ist und er oder sein Beauftragter den Gegenstand der Lieferung im persönlichen Reisegepäck ausführt, hat der Unternehmer zusätzlich zu den Angaben nach Absatz 2 auch den Gewerbezweig oder Beruf des Abnehmers und den Erwerbszweck aufzuzeichnen.

(6) In den Fällen des § 6 Absatz 3 des Gesetzes hat der Unternehmer zusätzlich zu den Angaben nach Absatz 2 Folgendes aufzuzeichnen:

1. den Gewerbezweig oder Beruf des Abnehmers sowie
2. den Verwendungszweck des Beförderungsmittels.

(7) [1]In den Fällen des § 7 Absatz 1 Satz 1 Nummer 1 des Gesetzes, in denen der Auftraggeber kein ausländischer Auftraggeber ist, ist Absatz 3 entsprechend anzuwenden. [2]In den Fällen des § 7 Absatz 1 Satz 1 Nummer 3 Buchstabe b des Gesetzes ist Absatz 4 entsprechend anzuwenden.

§ 14 *(weggefallen)*

§ 15 *(weggefallen)*

§ 16 *(weggefallen)*

§ 17 Abnehmernachweis bei Ausfuhrlieferungen im nichtkommerziellen Reiseverkehr

In den Fällen des § 6 Absatz 3 a des Gesetzes hat der Beleg nach § 9 zusätzlich folgende Angaben zu enthalten:

1. den Namen und die Anschrift des Abnehmers sowie
2. eine Bestätigung der Grenzzollstelle eines Mitgliedstaates, die den Ausgang des Gegenstands der Lieferung aus dem Gemeinschaftsgebiet überwacht, dass die nach Nummer 1 gemachten Angaben mit den Eintragungen in dem vorgelegten Pass oder sonstigen Grenzübertrittspapier desjenigen übereinstimmen, der den Gegenstand in das Drittlandsgebiet verbringt.

UStAE 6.1. Ausfuhrlieferungen

(1) [1]Hat der Unternehmer den Gegenstand der Lieferung in das Drittlandsgebiet außerhalb der in § 1 Abs. 3 UStG bezeichneten Gebiete befördert oder versendet, braucht der Abnehmer kein ausländischer Abnehmer zu sein (§ 6 Abs. 1 Satz 1 Nr. 1 UStG). [2]Die Steuerbefreiung kann deshalb in diesen Ausfuhrfällen z. B. auch für die Lieferungen an Abnehmer in Anspruch genommen werden, die ihren Wohnort oder Sitz im Inland oder in den in § 1 Abs. 3 UStG bezeichneten Gebieten haben. [3]Das gilt auch für Lieferungen, bei denen der Unternehmer den Gegenstand auf die Insel Helgoland oder in das Gebiet von Büsingen befördert oder versendet hat, weil diese Gebiete umsatzsteuerrechtlich nicht zum Inland im Sinne des § 1 Abs. 2 Satz 1 UStG gehören und auch nicht zu den in § 1 Abs. 3 UStG bezeichneten Gebieten zählen.

(2) [1]Hat der Abnehmer den Gegenstand der Lieferung in das Drittlandsgebiet – außerhalb der in § 1 Abs. 3 UStG bezeichneten Gebiete – befördert oder versendet (Abholfall), muss er ein ausländischer Abnehmer sein (§ 6 Abs. 1 Satz 1 Nr. 2 UStG). [2]Zum Begriff des ausländischen Abnehmers wird auf Abschnitt 6.3 hingewiesen.

(3) [1]Haben der Unternehmer oder der Abnehmer den Gegenstand der Lieferung in die in § 1 Abs. 3 UStG bezeichneten Gebiete, d. h. in einen Freihafen oder in die Gewässer oder Watten zwischen der Hoheitsgrenze und der jeweiligen Basislinie (vgl. Abschnitt 1.9 Abs. 3) befördert oder versendet, kommt die Steuerbefreiung (§ 6 Abs. 1 Satz 1 Nr. 3 UStG) in Betracht, wenn der Abnehmer ein Unternehmer ist, der den Gegenstand für Zwecke seines Unternehmens erworben hat (vgl. Abschnitt 15.2 b) und dieser nicht ausschließlich oder nicht zum Teil für eine nach § 4 Nr. 8 bis 27 und 29 UStG steuerfreie Tätigkeit verwendet werden soll. [2]Bei der Lieferung eines einheitlichen Gegenstands, z. B. eines Kraftfahrzeugs, ist im Allgemeinen davon auszugehen, dass der Abnehmer den Gegenstand dann für Zwecke seines Unternehmens erwirbt, wenn der unternehmerische Verwendungszweck zum Zeitpunkt des Erwerbs überwiegt. [3]Bei der Lieferung von vertretbaren Sachen, die der Abnehmer sowohl für unternehmerische als auch für nichtunternehmerische Zwecke erworben hat, ist der Anteil, der auf den unternehmeri-

schen Erwerbszweck entfällt, durch eine Aufteilung entsprechend den Erwerbszwecken zu ermitteln. [4]Bei ausländischen Abnehmern, die keine Unternehmer sind, muss der Gegenstand in das übrige Drittlandsgebiet gelangen.

(3 a) [1]Die sog. gebrochene Beförderung oder Versendung des Gegenstands der Lieferung durch mehrere Beteiligte (Lieferer und Abnehmer bzw. in deren Auftrag jeweils ein Dritter) ist für die Annahme der Steuerbefreiung einer Ausfuhrlieferung unschädlich, wenn der Abnehmer zu Beginn des Transports feststeht (vgl. Abschnitt 3.12 Abs. 3 Satz 4 ff.) und der Transport ohne nennenswerte Unterbrechung erfolgt. [2]Der liefernde Unternehmer muss nachweisen, dass ein zeitlicher und sachlicher Zusammenhang zwischen der Lieferung des Gegenstands und seiner Beförderung oder Versendung sowie ein kontinuierlicher Ablauf dieses Vorgangs gegeben sind. [3]In den Fällen, in denen der Abnehmer den Gegenstand der Lieferung im Rahmen seines Teils der Lieferstrecke in das Drittlandsgebiet befördert oder versendet, müssen die Voraussetzungen des § 6 Abs. 1 Satz 1 Nr. 2 UStG erfüllt sein.

(4) Liegt ein Reihengeschäft vor, kann nur die Beförderungs- oder Versendungslieferung (vgl. Abschnitt 3.14 Abs. 14) unter den Voraussetzungen des § 6 UStG als Ausfuhrlieferung steuerfrei sein.

(5) [1]Der Gegenstand der Lieferung kann durch einen Beauftragten oder mehrere Beauftragte vor der Ausfuhr sowohl im Inland als auch in einem anderen EU-Mitgliedstaat bearbeitet oder verarbeitet worden sein. [2]Es kann sich nur um Beauftragte des Abnehmers oder eines folgenden Abnehmers handeln. [3]Erteilt der liefernde Unternehmer oder ein vorangegangener Lieferer den Bearbeitungs- oder Verarbeitungsauftrag, ist die Ausführung dieses Auftrags ein der Lieferung des Unternehmers vorgelagerter Umsatz. [4]Gegenstand der Lieferung des Unternehmers ist in diesem Fall der bearbeitete oder verarbeitete Gegenstand und nicht der Gegenstand vor seiner Bearbeitung oder Verarbeitung. [5]Der Auftrag für die Bearbeitung oder Verarbeitung des Gegenstands der Lieferung kann auch von einem Abnehmer erteilt worden sein, der kein ausländischer Abnehmer ist.

(6) Besondere Regelungen sind getroffen worden:

1. für Lieferungen von Gegenständen der Schiffsausrüstung an ausländische Binnenschiffer (vgl. BMF-Schreiben vom 19. 6. 1974, BStBl I S. 438);
2. für Fälle, in denen Formen, Modelle oder Werkzeuge zur Herstellung steuerfrei ausgeführter Gegenstände benötigt wurden (vgl. BMF-Schreiben vom 27. 11. 1975, BStBl I S. 1126).

(7) Die Steuerbefreiung für Ausfuhrlieferungen (§ 4 Nr. 1 Buchstabe a, § 6 UStG) kommt nicht in Betracht, wenn für die Lieferung eines Gegenstands in das Drittlandsgebiet auch die Voraussetzungen der Steuerbefreiungen nach § 4 Nr. 17, 19 oder 28 oder nach § 25 c Abs. 1 und 2 UStG vorliegen.

Anmerkung

1. Allgemeines

Gelangt ein Gegenstand bei einer Lieferung **in das Drittlandsgebiet**, muss geprüft werden, ob die Voraussetzungen der Ausfuhrlieferung nach § 6 UStG vorliegen. Sind die Voraussetzungen des § 6 UStG erfüllt, ergibt sich zwingend die Steuerbefreiung der Lieferung nach § 4 Nr. 1 Buchst. a UStG. Eine Ausfuhrlieferung setzt eine sog. bewegte Lieferung i. S. d. § 3 Abs. 6 UStG voraus. Der Ort der Lieferung ist in diesem Falle dort, wo die Beförderung des Gegenstands beginnt oder der Gegenstand einem Beauftragten übergeben wird. Im Zuge der Bewegung des Gegenstands muss der Gegenstand tatsächlich in das Drittlandsgebiet gelangen. Dabei kann der Gegenstand vor der Ausfuhr noch von einem Beauftragten bearbeitet werden.

Hinweis: Gegenstand muss in das Drittlandsgebiet gelangen

Ohne Nachweis des tatsächlichen Gelangens des Gegenstands in das Drittlandsgebiet kann keine steuerfreie Ausfuhrlieferung vorliegen.

Da teilweise unterschiedliche Voraussetzungen und Aufzeichnungsvorschriften vorliegen, müssen die Ausfuhrlieferungen in folgende **Fälle** unterteilt werden:

- Der **liefernde Unternehmer** befördert oder versendet den Gegenstand in das Drittlandsgebiet, ausgenommen in die deutschen Freihäfen und die Gewässer und Watten zwischen der Hoheitsgrenze und der jeweiligen Strandlinie, § 6 Abs. 1 Satz 1 Nr. 1 UStG.
- Der **Abnehmer** befördert oder versendet den Gegenstand der Lieferung in das Drittlandsgebiet, ausgenommen in die deutschen Freihäfen und die Gewässer und Watten zwischen der Hoheitsgrenze und der jeweiligen Strandlinie. Der Abnehmer muss ein ausländischer Abnehmer sein, § 6 Abs. 1 Satz 1 Nr. 2 UStG.
- Der Lieferer oder der Abnehmer befördert oder versendet den Gegenstand in einen deutschen **Freihafen** oder die Gewässer und Watten zwischen der Hoheitsgrenze und der jeweiligen Strandlinie. Der Abnehmer muss den Gegenstand als Unternehmer für sein Unternehmen verwenden und darf keine, den Vorsteuerabzug ausschließenden Umsätze ausführen oder muss als ausländischer Abnehmer den Gegenstand anschließend in das übrige Drittlandsgebiet ausführen, § 6 Abs. 1 Satz 1 Nr. 3 UStG.

Hinweis: Freihafen Cuxhaven wird zum 1.1.2027 aufgehoben

Die Freizone des Hafens Cuxhaven („Freihafen Cuxhaven") sollte eigentlich schon zum 1.1.2026 aufgehoben werden – dies geschieht aufgrund des Regierungswechsels nun erst zum 1.1.2027. Dann gibt es nur noch ein Freihafengebiet in Bremerhaven.

2. Besonderheiten für gebrochene Beförderungen

Besonderheiten bestehen bei einer sog. **gebrochenen Beförderung**. In einem solchen Fall sind sowohl der Lieferer als auch der Abnehmer in den Transport des Liefergegenstands eingebunden, weil sie sich z. B. den Transport des Liefergegenstands zu dem Bestimmungsort geteilt haben (vgl. auch BMF, Schreiben v. 7.12.2015, BStBl I 2015, 1014). Grundsätzlich gilt bei einer solchen gebrochenen Beförderung der **erste Teiltransport** als maßgeblich für die Bestimmung des Orts der Lieferung. Für die Prüfung der Steuerbefreiung als Ausfuhrlieferung muss darauf abgestellt werden, ob im **Zeitpunkt des Grenzüberschritts** die Voraussetzungen für die Steuerbefreiung vorliegen. Bei der Prüfung der Ausfuhrlieferung ist entscheidend, wer den Gegenstand der Lieferung über die Binnenmarktgrenze transportiert. Wenn der Abnehmer den Gegenstand im Rahmen seines Teils der Lieferstrecke in das Drittlandsgebiet befördert oder versendet, muss er die Voraussetzungen als ausländischer Abnehmer erfüllen, § 6 Abs. 1 Satz 1 Nr. 2 i. V. m. Abs. 2 UStG.

UStAE 6.2. Elektronisches Ausfuhrverfahren (Allgemeines)

(1) [1]Seit 1. 7. 2009 besteht EU-einheitlich die Pflicht zur Teilnahme am elektronischen Ausfuhrverfahren (Artikel 326 UZK-IA). [2]In Deutschland steht hierfür das IT-System ATLAS-Ausfuhr zur Verfügung. [3]Die Pflicht zur Abgabe elektronischer Anmeldungen betrifft alle Anmeldungen unabhängig vom Beförderungsweg (Straßen-, Luft-, See-, Post- und Bahnverkehr).

(2) [1]Die Ausfuhrzollstelle (AfZSt) überführt die elektronisch angemeldeten Waren in das Ausfuhrverfahren und übermittelt der angegebenen Ausgangszollstelle (AgZSt) vorab die Angaben zum Ausfuhrvorgang. [2]Über das europäische IT-System AES (Automated Export System)/ECS (Export Control System) kann die AgZSt, unabhängig davon, in welchem Mitgliedstaat sie sich befindet, anhand der Registriernummer der Ausfuhranmeldung (MRN) den Ausfuhrvorgang aufrufen und den körperlichen Ausgang der Waren überwachen. [3]Die AgZSt vergewissert sich unter anderem, dass die gestellten Waren den angemeldeten entsprechen, und überwacht den körperlichen Ausgang der Waren aus dem Zollgebiet der Gemeinschaft. [4]Der körperliche Ausgang der Waren ist der AfZSt durch die AgZSt mit der „Ausgangsbestätigung/Kontrollergebnis" unmittelbar anzuzeigen. [5]Weder im nationalen noch im europäischen Zollrecht existiert eine Differenzierung zwischen Beförderungs- und Versendungsfällen. [6]Für alle elektronisch angemeldeten Waren übersendet die AgZSt der AfZSt die Nachricht „Ausgangsbestätigung/Kontrollergebnis".

(3) [1]Der Nachrichtenaustausch zwischen den Teilnehmern und den Zolldienststellen wird im IT-Verfahren ATLAS mit EDIFACT-Nachrichten durchgeführt, die auf EDIFACT-Nachrichtentypen basieren. [2]Die (deutsche) AfZSt erledigt den Ausfuhrvorgang auf Basis der von der AgZSt übermittelten „Ausgangsbestätigung" dadurch, dass sie dem Ausführer/Anmelder elektronisch den „Ausgangsvermerk" (Artikel 334 UZK-IA) als PDF-Dokument (vgl. Anlage 1 zum BMF-Schreiben vom 3. 5. 2010, BStBl I S. 497) übermittelt. [3]Der „Ausgangsvermerk" beinhaltet die Daten der ursprünglichen Ausfuhranmeldung, ergänzt um die zusätzlichen Feststellungen und Ergebnisse der AgZSt. [4]Der belegmäßige Nachweis der Ausfuhr wird daher zollrechtlich in allen Fällen (Beförderungs- und Versendungsfällen) durch den „Ausgangsvermerk" erbracht.

(4) [1]Von dem seit 1. 7. 2009 geltenden elektronischen Nachrichtenaustauschverfahren sind – aus zollrechtlicher Sicht – Abweichungen nur zulässig?

1. [1]im Ausfall- und Sicherheitskonzept (erkennbar am Stempelabdruck „ECS/AES Notfallverfahren"). [2]Hier wird das Exemplar Nr. 3 des Einheitspapiers, ein Handelsbeleg oder ein Verwaltungspapier als schriftliche Ausfuhranmeldung verwendet,
2. [1]bei der Ausfuhr mit mündlicher oder konkludenter Anmeldung (in Fällen von geringer wirtschaftlicher Bedeutung). [2]Hier wird ggf. ein sonstiger handelsüblicher Beleg als Ausfuhranmeldung verwendet.

[2]Nur in diesen Fällen wird die vom Ausführer/Anmelder vorgelegte Ausfuhranmeldung von der AgZSt auf der Rückseite mit Dienststempelabdruck versehen.

(5) [1]Geht die Nachricht „Ausgangsbestätigung/Kontrollergebnis" der AgZSt bei der AfZSt – aus welchen Gründen auch immer – nicht ein, kann das Ausfuhrverfahren nicht automatisiert mit dem PDF-Dokument „Ausgangsvermerk" erledigt werden. [2]Das Gemeinschaftszollrecht sieht in diesen Fällen eine Überprüfung des Ausfuhrvorgangs vor (Artikel 334 und 335 UZK-IA). [3]Sofern der Ausfuhrvorgang weder verwaltungsintern noch durch den Anmelder/Ausführer geklärt werden kann, wird die ursprüngliche Ausfuhranmeldung für ungültig erklärt. [4]Wird durch die Recherchen der AgZSt der Ausgang bestätigt, erstellt die AfZSt einen per EDIFACT-Nachricht übermittelten „Ausgangsvermerk". [5]Legt der Anmelder/Ausführer einen sog. Alternativnachweis vor, erstellt die AfZSt ebenfalls einen per EDIFACT-Nachricht übermittelten „Alternativ-Ausgangsvermerk" (vgl. Anlage 2 zum BMF-Schreiben vom 3. 5. 2010, BStBl I S. 497).

Anmerkung

Seit dem **1.7.2009** besteht in der Europäischen Union die Pflicht zur Teilnahme am **elektronischen Ausfuhrverfahren**. Deshalb ist das frühere schriftliche Verfahren zur Ausfuhranmeldung durch ein elektronisches Verfahren ersetzt worden. In Deutschland erfolgt die Abwicklung über das Verfahren „**ATLAS-Ausfuhr**". Das elektronische Anmeldeverfahren gilt seit dem 1.7.2009 unabhängig davon, auf welchem Beförderungsweg die Ware transportiert wird (vgl. auch BMF, Schreiben v. 17.7.2009, BStBl I 2009, 855). Die Finanzverwaltung hat die allgemeinen Grundsätze für das elektronische Ausfuhrverfahren in Abschn. 6.2 UStAE zusammengestellt. Führt ein Unternehmer Waren aus der Europäischen Union aus, muss er die Waren bei der **Ausfuhrzollstelle** anmelden. An der EU-Außengrenze ist diese Ware dann der **Ausgangszollstelle** der Union zu melden. Die bei der Ausfuhrzollstelle elektronisch angemeldeten Waren werden von der Ausfuhrzollstelle in das Ausfuhrverfahren übernommen. Die Daten werden der angegebenen Ausgangszollstelle vorab übermittelt. Die Ausgangszollstelle kann – unabhängig davon, in welchem Mitgliedstaat sie sich befindet – auf diese Daten anhand einer Registrierungsnummer (**Movement Reference Number** (MRN)) zugreifen und den körperlichen Ausgang der Waren überwachen.

Ist die überprüfte Ware aus der Europäischen Union ausgeführt worden, teilt die Ausgangszollstelle dies der Ausfuhrzollstelle mit der „**Ausgangsbestätigung/Kontrollergebnis**" mit.

Hinweis: Transportverfahren ist unbeachtlich

Es ist dabei nicht zu unterscheiden, ob es sich um einen Beförderungsfall (die Ware wird von einem Beteiligten selbst transportiert) oder einen Versendungsfall (die Ware wird von einem Beauftragten transportiert) handelt.

Zwischen dem Unternehmer und den Zolldienststellen erfolgt die Abwicklung im ATLAS-Verfahren mit EDIFACT-Nachrichten (Electronic Data Interchange for Administration, Commerce and Transport). Die deutsche Ausfuhrzollstelle erledigt den Vorgang auf Basis der von der Ausgangszollstelle übermittelten Ausgangsbestätigung und übermittelt dem Ausführer oder dem Anmelder elektronisch den „Ausgangsvermerk" als PDF-Dokument.

Abweichungen von diesem Verfahren sind aus zollrechtlicher Sicht nur zulässig:

– im Ausfall- und Sicherheitskonzept (dies ist erkennbar an dem Stempelabdruck „ECS/AES Notfallverfahren"). In diesem Fall wird das Exemplar Nr. 3 des Einheitspapiers, ein Handelsbeleg oder ein Verwaltungspapier als schriftliche Ausfuhranmeldung verwendet.
– bei der Ausfuhr mit mündlicher oder konkludenter Anmeldung in Fällen von geringer wirtschaftlicher Bedeutung (insbesondere bei Ausfuhranmeldungen bis zu einem Warenwert von 1.000 €). In diesen Fällen wird ein sonstiger handelsüblicher Beleg als Ausfuhranmeldung verwendet.

In den Fällen, in denen die **Ausgangsbestätigung nicht bei der Ausfuhrzollstelle eingeht**, muss eine Überprüfung des Ausfuhrvorgangs vorgenommen werden. Kann der Vorgang durch Recherchen der Ausgangszollstelle geklärt werden, wird der normale Ausgangsvermerk erteilt. Wird die Ausfuhr durch einen Alternativnachweis (dies sind z. B. Einfuhrverzollungsbelege, von den Zollbehörden eines Mitgliedstaats oder Drittlands beglaubigte Dokumente, Frachtbrief, Konnossement, Posteinlieferungsschein oder deren Doppelstücke, Bescheinigung des beauftragten Spediteurs, Versandbestätigung des Lieferers) nachgewiesen, erstellt die Ausfuhrzollstelle einen per EDIFACT-Nachricht übermittelten „Alternativ-Ausgangsvermerk".

Der **liefernde Unternehmer** muss belegmäßig nachweisen, dass der von ihm gelieferte Gegenstand tatsächlich in das Drittlandsgebiet gelangt ist, um die Steuerbefreiung nach § 4 Nr. 1 Buchst. a i. V. m. § 6 UStG in Anspruch zu nehmen. Zum Nachweis in dem elektronischen Verfahren gilt das dem Anmelder/Ausführer per EDIFACT-Nachricht übermittelte PDF-Dokument als Ausfuhrnachweis. Dies gilt auch für einen „Alternativ-Ausgangsvermerk" im Zusammenhang mit dem Alternativ-Nachweis. Alternativ-Nachweise können aber ohne den Vermerk als „Alternativ-Ausgangsvermerk", nicht als Ausfuhrbescheinigung anerkannt werden.

Der Unternehmer hat die mit der Zollverwaltung ausgetauschten EDIFACT-Nachrichten und das Logbuch zum Nachweis des Nachrichtenaustauschs zu archivieren.

Hinweis: Nachweis in Ausnahmefällen

Kann der Unternehmer bei einer Versendung eines Gegenstands den Belegnachweis nicht führen, da er nicht der Anmelder der Ausfuhr war und ihm nicht der Ausgangsvermerk erteilt wurde, kann der Nachweis nach § 10 Abs. 1 UStDV geführt werden (dies kann insbesondere durch einen Versendungsbeleg oder einen sonstigen handelsüblichen Beleg erfolgen).

In den Fällen, in denen die Ausfuhr **nicht im elektronischen Verfahren abgewickelt** wird, gilt für den Nachweis Folgendes:

– Bei einem Ausfall des Systems wird der Ausfuhrnachweis wie bisher durch die üblichen Ausfuhrpapiere – insbesondere Exemplar Nr. 3 des Einheitspapiers – geführt. Allerdings sind diese Papiere nur als Ausfuhrnachweis anzuerkennen, wenn sie neben dem Dienststempelabdruck der Grenzzollstelle den Stempelabdruck „ECS/AES Notfallverfahren" tragen.
– Bei einer Ausfuhr im mündlichen oder konkludenten Verfahren muss ein Ausfuhrnachweis mit Dienststempelabdruck der Grenzzollstelle vorgelegt werden.

Seit dem 1.1.2009 gilt im Binnenmarkt eine **weitere Vereinfachung** bei der Ausfuhranmeldung, die sog. einzige Bewilligung (vgl. dazu Abschn. 6.9 Abs. 14 und Abs. 15 UStAE).

UStAE 6.3. Ausländischer Abnehmer

(1) Ausländische Abnehmer sind Personen mit Wohnort oder Sitz im Ausland (§ 1 Abs. 2 Satz 2 UStG) – also auch auf Helgoland oder in der Gemeinde Büsingen – mit Ausnahme der in § 1 Abs. 3 UStG bezeichneten Gebiete (z. B. in den Freihäfen).

(2) [1]Wer ausländischer Abnehmer ist, bestimmt sich bei einer natürlichen Person nach ihrem Wohnort. [2]Es ist unbeachtlich, welche Staatsangehörigkeit der Abnehmer hat. [3]Wohnort ist der Ort, an dem sich der Abnehmer für längere Zeit eine Wohnung genommen hat und der nicht nur auf Grund subjektiver Willensentscheidung, sondern auch bei objektiver Betrachtung als der örtliche Mittelpunkt seines Lebens anzusehen ist (BFH-Urteil vom 31. 07. 1975 – V R 52/74, BStBl II 1976 S. 80). [4]Der Begriff des Wohnorts ist nicht mit den in §§ 8 und 9 AO verwendeten Begriffen des Wohnsitzes und des gewöhnlichen Aufenthalts inhaltsgleich. [5]Eine Wohnsitzbegründung im Inland und im Ausland ist gleichzeitig möglich; dagegen kann ein Abnehmer jeweils nur einen Wohnort im Sinne des § 6 Abs. 2 Satz 1 Nr. 1 UStG haben. [6]Die zeitliche Dauer eines Aufenthalts ist ein zwar wichtiges, aber nicht allein entscheidendes Kriterium für die Bestimmung des Wohnorts. [7]Daneben müssen die sonstigen Umstände des Aufenthalts, insbesondere sein Zweck, in Betracht gezogen werden. [8]Arbeitnehmer eines ausländischen Unternehmers, die lediglich zur Durchführung eines bestimmten, zeitlich begrenzten Auftrags in das Inland kommen, ohne hier objektiv erkennbar den örtlichen Mittelpunkt ihres Lebens zu begründen, bleiben daher ausländische Abnehmer, auch wenn ihr Aufenthalt im Inland von längerer Dauer ist (BFH-Urteil vom 31. 7. 1975, V R 52/74, a. a. O.). [9]Personen, die ihren Wohnort vom Inland in das Ausland mit Ausnahme der in § 1 Abs. 3 UStG bezeichneten Gebiete verlegen oder zurückverlegen, sind bis zu ihrer tatsächlichen Ausreise (Grenzübergang) keine ausländischen Abnehmer (BFH-Urteil vom 14. 12. 1994, XI R 70/93, BStBl 1995 II S. 515). [10]Eine nach § 6 Abs. 1 Satz 1 Nr. 2 oder Nr. 3 Buchstabe b UStG steuerfreie Ausfuhrlieferung kann an sie nur nach diesem Zeitpunkt erbracht werden. [11]Maßgebend für den Zeitpunkt der Lieferung ist das Erfüllungsgeschäft und nicht das Verpflichtungsgeschäft. [12]Zum Nachweis des Wohnorts des Abnehmers bei Ausfuhrlieferungen im nichtkommerziellen Reiseverkehr vgl. Abschnitt 6.11 Abs. 11.

(3) Bei Abnehmern mit wechselndem Aufenthalt ist wie folgt zu verfahren:

1. [1]Deutsche Auslandsbeamte, die ihren Wohnort im staatsrechtlichen Ausland haben, sind ausländische Abnehmer. [2]Das Gleiche gilt für deutsche Auslandsvertretungen, z. B. Botschaften, Gesandtschaften, Konsulate, für Zweigstellen oder Dozenturen des Goethe-Instituts im Ausland, für im Ausland errichtete Bundeswehrdienststellen und im Ausland befindliche Bundeswehr-Einsatzkontingente, wenn sie das Umsatzgeschäft im eigenen Namen abgeschlossen haben.
2. Ausländische Diplomaten, die in der Bundesrepublik Deutschland akkreditiert sind, sind keine ausländischen Abnehmer.
3. [1]Ausländische Touristen, die sich nur vorübergehend im Inland aufhalten, verlieren auch bei längerem Aufenthalt nicht ihre Eigenschaft als ausländische Abnehmer. [2]Das Gleiche gilt für Ausländer, die sich aus beruflichen Gründen vorübergehend im Inland aufhalten, wie z. B. ausländische Künstler und Angehörige von Gastspiel-Ensembles.
4. [1]Ausländische Gastarbeiter verlegen mit Beginn ihres Arbeitsverhältnisses ihren Wirkungskreis vom Ausland in das Inland. [2]In der Regel sind sie daher bis zu ihrer endgültigen Ausreise nicht als ausländische Abnehmer anzusehen. [3]Ausländische Studenten sind in gleicher Weise zu behandeln.
5. Arbeitnehmer eines ausländischen Unternehmers, die nur zur Durchführung eines bestimmten zeitlich begrenzten Auftrags in das Inland kommen, bleiben ausländische Abnehmer (vgl. Absatz 2 Satz 8).
6. Mitglieder der in der Bundesrepublik Deutschland stationierten ausländischen Truppen und die im Inland wohnenden Angehörigen der Mitglieder sind keine ausländischen Abnehmer.

Anmerkung

Wenn der **Abnehmer** den Gegenstand der Lieferung in das Drittlandsgebiet – ausgenommen die Freihäfen und der Küstenstreifen zwischen der Hoheitsgrenze und der jeweiligen Strandlinie – befördert oder versendet, liegt eine steuerfreie Ausfuhrlieferung nur dann vor, wenn der Abnehmer ein **ausländischer Abnehmer** ist, § 6 Abs. 1 Satz 1 Nr. 2 i. V. m. § 6 Abs. 2 UStG.

Ein ausländischer Abnehmer ist ein Abnehmer, der zum **Zeitpunkt der Lieferung** (maßgeblich ist stets das Erfüllungsgeschäft) seinen Wohnort oder Sitz im Ausland (ohne Freihäfen und dem Küstenstreifen zwischen der Hoheitsgrenze und der jeweiligen Strandlinie) hat. Der Wohnort ist der Ort, an dem der Abnehmer für längere Zeit Wohnung genommen hat und der nicht nur aufgrund subjektiver Willensentscheidung, sondern auch bei objektiver Betrachtung als der örtliche Mittelpunkt seines Lebens anzusehen ist.

Hinweis: Wohnort maßgeblich

Der Wohnort i. S. d. § 6 Abs. 2 UStG ist nicht identisch mit dem Begriff des Wohnsitz nach § 8 AO oder dem Begriff des gewöhnlichen Aufenthaltsorts nach § 9 AO.

Während eine Person mehrere Wohnsitze haben kann, besteht immer nur **ein Wohnort** als der zentrale Mittelpunkt des Lebens.

Hinweis: Grenzübertritt maßgebend

Wenn eine Person ihren Wohnort in das Drittland verlegt, gilt sie bis zur tatsächlichen Ausreise (Grenzübergang) nicht als ausländischer Abnehmer (BFH, Urt. v. 14.12.1994 – XI R 70/93, BStBl II 1995, 515).

Ist es zweifelhaft, ob der Abnehmer die Voraussetzungen als ausländischer Abnehmer erfüllt, sollte der liefernde Unternehmer die Gegenstände der Lieferung selbst in das Drittlandsgebiet befördern oder versenden, da es in diesen Fällen nicht auf die Eigenschaft des Abnehmers ankommt.

Der **liefernde Unternehmer** muss die Eigenschaft des ausländischen Abnehmers **nachweisen**. Dabei kann aus Vereinfachungsgründen bezüglich des Wohnorts auf den im Reisepass oder einem Personalausweis angegebenen Ort Bezug genommen werden. Diese Angaben (Land, Wohnort) müssen in den Ausfuhrbeleg (Rechnung oder ein entsprechender Beleg) übernommen werden.

UStAE 6.4. Ausschluss der Steuerbefreiung bei der Ausrüstung und Versorgung von Beförderungsmitteln

Allgemeines

(1) [1]Die Steuerbefreiung für Ausfuhrlieferungen ist bei der Lieferung eines Gegenstands, der zur Ausrüstung oder Versorgung nichtunternehmerischer Beförderungsmittel bestimmt ist, insbesondere in den Fällen ausgeschlossen, in denen der ausländische Abnehmer – und nicht der Lieferer – den Liefergegenstand in das Drittlandsgebiet befördert oder versendet hat (§ 6 Abs. 3 UStG).

Beispiel:

[1]Der Unternehmer U verkauft zwei Fahrradreifen an den ausländischen Abnehmer K. [2]K befördert oder versendet diese in ein Drittland. [3]Die Fahrradreifen sind zur Nutzung am privaten Fahrrad des K bestimmt.

[4]Es liegt keine Ausfuhrlieferung im Sinne des § 6 Abs. 1 Satz 1 Nr. 2 UStG vor, da die Fahrradreifen als Ausrüstungsgegenstände für ein Beförderungsmittel erworben werden, das nicht den unternehmerischen Zwecken des ausländischen Abnehmers dient (§ 6 Abs. 3 Nr. 2 UStG). [5]Eine Ausfuhrlieferung nach § 6 Abs. 3a UStG kommt ebenfalls nicht in Betracht, da Beförderungsmittel, deren Bestandteile sowie Gegenstände zu deren Ausrüstung und Versorgung kein persönliches Reisegepäck sind (vgl. Abschnitt 6.11 Abs. 1 Satz 6). [6]Diese Lieferung ist somit steuerpflichtig.

(2) [1]Unter § 6 Abs. 3 UStG fallen auch die Lieferungen, bei denen der Unternehmer den Gegenstand, der zur Ausrüstung oder Versorgung eines nichtunternehmerischen Beförderungsmittels, z.B. eines Sportbootes, bestimmt ist, in die in § 1 Abs. 3 UStG bezeichneten Gebiete befördert oder versendet hat (Fall des § 6 Abs. 1 Satz 1 Nr. 3 Buchstabe b UStG). [2]In diesem Fall ist die Steuerbefreiung für Ausfuhrlieferungen stets ausgeschlossen.

(3) **[1]Werden hingegen Gegenstände zur Ausrüstung eines privaten Beförderungsmittels im Rahmen einer Werklieferung geliefert, ist die Steuerbefreiung für Ausfuhrlieferungen nicht nach § 6 Abs. 3 UStG ausgeschlossen. [2]Für diese Werklieferungen kommt die Steuerbefreiung für Ausfuhrlieferungen nach § 6 Abs. 1 UStG in Betracht.**

Beispiel:

[1]Der ausländische Abnehmer K bringt seinen Oldtimer in die Werkstatt des Unternehmers U im Inland zur Restauration. [2]Unternehmer U demontiert den Pkw, überarbeitet diesen in seiner Gesamtheit und verbaut u.a. die von ihm beschafften neuen Karosserieteile, einen neuen Motor, neue Sitze und versieht den Pkw mit neuer Elektrik. [3]Der Entgeltanteil des Materials beträgt mehr als 50 % des Gesamtentgelts für die Restauration. [4]Nach Abschluss der Restauration holt K den Oldtimer bei U im Inland ab und befördert ihn in ein Drittland.

[5]Die Leistung des U stellt eine Werklieferung an einem Beförderungsmittel dar. [6]Da K den Oldtimer in ein Drittland befördert, ist die Lieferung als Ausfuhrlieferung nach § 4 Nr. 1 Buchstabe a in Verbindung mit § 6 Abs. 1 Satz 1 Nr. 2 UStG steuerfrei; der Ausschluss nach § 6 Abs. 3 UStG findet keine Anwendung.

(4) In den Fällen des § 6 Abs. 3 UStG, in denen das Beförderungsmittel den Zwecken des Unternehmens des ausländischen Abnehmers dient und deshalb die Steuerbefreiung für Ausfuhrlieferungen nicht ausgeschlossen ist, hat der Lieferer den Gewerbezweig oder Beruf des Abnehmers und den Verwendungszweck des Beförderungsmittels zusätzlich aufzuzeichnen (vgl. Abschnitt 6.10 Abs. 7).

Ausrüstung oder Versorgung eines Beförderungsmittels

(5) **[1]Zum Begriff des Beförderungsmittels vgl. Abschnitt 3a.5 Abs. 2. [2]Zu den Gegenständen zur Ausrüstung eines privaten Beförderungsmittels gehören – unabhängig von der Art ihrer Befestigung – alle Teile einschließlich Ersatz- und Zubehörteile. [3]Als Zubehörteile sind bewegliche Gegenstände anzusehen, die, ohne direkter Bestandteil des Beförderungsmittels zu sein, dem Zweck der Verwendung des Beförderungsmittels zu dienen bestimmt sein können und zu diesem in einem dieser Bestimmung entsprechenden räumlichen Verhältnis stehen (vgl. § 97 Abs. 1 BGB). [4]Bei der Beurteilung, ob es sich um ein Zubehörteil handelt, kommt es allerdings hauptsächlich auf die objektive Verkehrsanschauung an, welchem – ggf. ihr innenwohnenden – Hauptzweck die Sache zu dienen bestimmt ist. [5]Dabei können auch weitere Informationsquellen wie die zolltarifliche Einordnung sachdienlich sein. [6]Eine vom objektiven Hauptzweck abweichende subjektive Verwendungsabsicht, eine abweichende tatsächliche Verwendung oder eine abweichende vertragliche Vereinbarung ist bei der Zuordnungsbeurteilung im Grundsatz nicht ausschlaggebend. [7]Daher sind u.a. Schlösser, Beleuchtungssets mit Batterie oder Akku, Fahrradtaschen, Fahrradkörbe, Werkzeuge und Reservekanister als Zubehörteile anzusehen, auch wenn diese nicht am Beförderungsmittel befestigt sind oder mit diesem verwendet werden. [8]Als Ersatzteile sind Gegenstände anzusehen, die defekte oder verschlissene Bauteile des Beförderungsmittels ersetzen. [9]Zu den Gegenständen zur Versorgung eines privaten Beförderungsmittels gehören Gegenstände, die zum Verbrauch in dem bzw. durch das Beförderungsmittel bestimmt sind, z.B. Treibstoff, Motoröl, Bremsflüssigkeit, Autowaschmittel und Autopflegemittel, Farben/Lackstifte, Frostschutzmittel und Öl für Fahrradketten.**

Beispiel 1:

[1]Der Unternehmer U verkauft zwei Fahrradreifen an den ausländischen Abnehmer K. [2]K lässt die Fahrradreifen von U direkt auf sein Fahrrad aufziehen. [3]Die Fahrradreifen sind zur Nutzung des privaten Fahrrads des K bestimmt, welches er anschließend in ein Drittland befördert.

[4]Es liegt keine Ausfuhrlieferung im Sinne des § 6 Abs. 1 Satz 1 Nr. 2 UStG vor, da die Fahrradreifen als Ausrüstungsgegenstände für ein Beförderungsmittel erworben werden, das nicht den unternehmerischen Zwecken des ausländischen Abnehmers dient (§ 6 Abs. 3 Nr. 2 UStG). [5]Diese Lieferung ist steuerpflichtig. [6]Die Montage des Fahrradzubehörs durch U stellt mangels Be- oder Verarbeitung keine Werklieferung im Sinne des § 3 Abs. 4 UStG dar (vgl. BFH-Urteil vom 30.09.1999 – V R 77/98, BStBl II 2000 S. 14).

Beispiel 2:

[1]Der Unternehmer U verkauft einen Kindersitz an den ausländischen Abnehmer K. [2]K holt den Kindersitz von U im Inland ab und transportiert ihn mit seinem privaten Pkw in ein Drittland.

[3]Es liegt keine Ausfuhrlieferung im Sinne des § 6 Abs. 1 Satz 1 Nr. 2 UStG vor, da das Beförderungsmittel (hier: Pkw) nicht den unternehmerischen Zwecken des ausländischen Abnehmers dient (§ 6 Abs. 3 Nr. 2 UStG). [4]Dabei ist es unerheblich, ob der Ausrüstungsgegenstand (hier: Kindersitz) in das Beförderungsmittel fest verbaut wird oder nicht. [5]Die Lieferung des Kindersitzes ist somit steuerpflichtig. [6]Auch die eventuelle Montage des Kindersitzes durch U stellt keine Werklieferung im Sinne des § 3 Abs. 4 UStG dar (vgl. vgl. BFH-Urteil vom 30.09.1999 – V R 77/98, a.a.O.).

Lieferungen von Ausrüstungs- und Versorgungsgegenständen zur Weiterlieferung

(6) [1]Die Ausnahmeregelung des § 6 Abs. 3 UStG findet nach ihrem Sinn und Zweck nur auf diejenigen Lieferungen Anwendung, bei denen die Gegenstände zur Ausrüstung oder Versorgung des eigenen Beförderungsmittels des Abnehmers oder des von ihm mitgeführten fremden Beförderungsmittels bestimmt sind. [2]Die Regelung gilt jedoch nicht für Lieferungen von Ausrüstungsgegenständen und Versorgungsgegenständen, die ein Unternehmer zur Weiterlieferung oder zur Verwendung in seinem Unternehmen, z.B. für Reparaturen, erworben hat.

Beispiel 1:

[1]Der Unternehmer U verkauft 100 Pkw-Reifen an den ausländischen Abnehmer K, der einen Kraftfahrzeughandel und eine Kraftfahrzeugwerkstatt betreibt. [2]K holt die Reifen mit eigenem Lkw im Inland ab. [3]Die Reifen sind zur Weiterveräußerung oder zur Verwendung bei Kraftfahrzeugreparaturen bestimmt.

[4]Es liegt eine Lieferung im Sinne des § 6 Abs. 1 Satz 1 Nr. 2 UStG vor. [5]Gleichwohl findet § 6 Abs. 3 UStG keine Anwendung. [6]Die Lieferung ist deshalb steuerfrei, wenn U den Ausfuhrnachweis und den buchmäßigen Nachweis geführt hat.

Beispiel 2:

[1]Sachverhalt wie im Beispiel 1. [2]U versendet jedoch die Reifen zur Verfügung des K in einen Freihafen.

[3]Es liegt eine Lieferung im Sinne des § 6 Abs. 1 Satz 1 Nr. 3 Buchstabe a UStG vor. [4]Für sie gilt die rechtliche Beurteilung wie im Beispiel 1.

Anmerkung

1. Allgemeines

Werden von einem **ausländischen Abnehmer** Ausrüstungsgegenstände für ein Beförderungsmittel oder Gegenstände, die der Versorgung eines Beförderungsmittels dienen, in das Drittlandsgebiet – einschließlich der Freihäfen und des Küstenstreifens zwischen der jeweiligen Strandlinie und der Hoheitsgrenze – befördert oder versendet, liegt eine steuerfreie Ausfuhrlieferung nur dann vor, wenn:

– der Abnehmer ein ausländischer Unternehmer ist und
– das Beförderungsmittel den Zwecken des Unternehmens des Abnehmers dient.

Zu den **Beförderungsmitteln** gehören neben landbetriebenen Kraftfahrzeugen auch Wasserfahrzeuge und Luftfahrzeuge. Zu den Gegenständen, die der Ausrüstung von Beförderungsmitteln dienen, gehören alle Fahrzeug-, Ersatz- und Zubehörteile. Zu den Ausrüstungsgegenständen gehören neben Treibstoffen und Ölen auch Wasch- und Pflegemittel.

Hinweis: Keine Anwendung bei Werklieferung

Werden solche Ausrüstungs- oder Versorgungsgegenstände im Rahmen einer Werklieferung (z. B. bei einer größeren Reparatur in einer Werkstatt) geliefert, ergibt sich keine Einschränkung bei der Steuerbefreiung.

Der liefernde Unternehmer hat bei der Lieferung solcher Gegenstände stets neben den sowieso notwendigen Aufzeichnungen auch den **Gewerbe- oder Berufszweig** des Abnehmers sowie den Verwendungszweck des Fahrzeugs aufzuzeichnen.

Hinweis: Keine Anwendung bei eigenbetrieblicher Verwendung

Der Ausschluss bei der Steuerbefreiung für Ausfuhrlieferungen greift nicht in den Fällen, in denen der Abnehmer die Teile für eigene unternehmerische Zwecke, aber nicht für sein eigenes Fahrzeug verwendet (z. B., wenn er im Drittlandsgebiet eine Werkstatt unterhält).

Die Möglichkeiten zur Steuerbefreiung ergeben sich damit wie folgt:

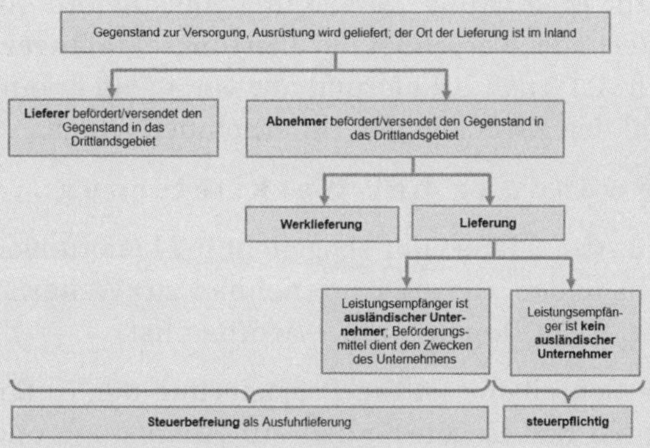

2. Präzisierung der Finanzverwaltung im Jahr 2025

Im Zusammenhang mit den Regelungen zur Steuerbefreiung der Gegenstände, die zur Ausrüstung oder Versorgung eines Beförderungsmittels bestimmt sind, hat die Finanzverwaltung mit **Schreiben v. 12.3.2025 (BStBl I 2025, 726)** Präzisierungen bei den einschlägigen Definitionen der zugrunde liegenden Begriffe vorgenommen:

- **Beförderungsmittel**: Ergänzend zu der bisher schon vorhandenen Definition stellt die Finanzverwaltung klar, dass diese zur Fortbewegung geeignet sein müssen. In die bisher schon vorhandene Aufzählung (vgl. Abschn. 3a.5 Abs. 2 UStAE) werden neben Personenkraftwagen, Motorräder, Fahrräder, E-Bikes und Dreiräder mit aufgenommen.
- **Gegenstände der Ausrüstung**: Zu den Gegenständen der Ausrüstung eines Beförderungsmittels gehören alle Teile des Beförderungsmittels, somit auch Ersatz- und Zubehörteile. Hierbei ist es unerheblich, ob es sich um zum Gebrauch mitgeführte bewegliche Gegenstände (die Finanzverwaltung führt hier exemplarisch Schlösser, Beleuchtungsset mit Batterie oder Akku, Fahrradtaschen, Fahrradkörbe, Werkzeuge, Abschleppseile, Warndreiecke, Verbandskästen, Warnlampen, Planen, Ersatzreifen bzw. Reserveräder, Reservekanister oder Schonbezüge, Feuerlöscher, Automatten, Warnblinkleuchten, externe Navigationssysteme oder Fahrradcomputer auf), nicht fest eingebaute Gegenstände oder Anbauvorrichtungen (hier werden beispielhaft Dachgepäckträger, Skiträger, Fahrradträger und abnehmbare Außenspiegel genannt) oder zum festen Einbau bestimmte Gegenstände (die Finanzverwaltung nennt hier Fahrradreifen, Schläuche, Ketten, Bremsscheiben, Pedale, Schalthebel, Ständer, Akkus, Autoradios, Lautsprecher, Batterien, Austauschmotore, Spoiler,

Schalldämpfer, Federn, Stoßdämpfer, Zusatzscheinwerfer, Nebelleuchten und sonstige Ersatzteile (z. B. Stoßstangen, Kotflügel)) handelt.

- **Ersatzteile**: Ersatzteile sind Ausrüstungsgegenstände, die defekte oder verschlissene Bauteile des Beförderungsmittels ersetzen.
- **Zubehörteile**: Zubehör des Beförderungsmittels sind Ausrüstungsgegenstände, die als bewegliche Sachen (in Anlehnung an § 97 BGB. Sie stellen keinen Bestandteil der Hauptsache dar) dem wirtschaftlichen Zweck der Hauptsache zu dienen bestimmt sind und zu ihr in einem dieser Bestimmung entsprechenden räumlichen Verhältnis stehen. Bei der Beurteilung eines Gegenstands als „Zubehör" können auch weitere Informationsquellen, wie die zolltarifliche Einordnung, die Verkehrsauffassung, die lexikalische Beurteilung oder die Branchenüblichkeit herangezogen werden. Eine vom objektiven Hauptzweck abweichende subjektive Verwendungsabsicht, eine abweichende tatsächliche Verwendung oder eine abweichende vertragliche Vereinbarung ist grundsätzlich bei der Beurteilung nicht ausschlaggebend
- **Gegenstände der Versorgung**: Unter diesen Gegenständen sind die technischen Verbrauchsgegenstände zu verstehen, die zum Verbrauch in dem bzw. durch das Beförderungsmittel bestimmt sind (dies können Treibstoffe, Zusätze, Schmiermittel, Öle, Bremsflüssigkeit, Putzmittel, Pflege- und Frostschutzmittel sowie auch Farben/Lacke sein).

Werden solche Gegenstände zur Ausrüstung, Versorgung eines Beförderungsmittels oder als Zubehör/Ersatzteil geliefert und **befördert oder versendet** der **Leistungsempfänger** den Gegenstand in das Drittlandsgebiet, liegt eine (steuerfreie) Ausfuhrlieferung nur vor, wenn er ein **ausländischer Unternehmer** ist und das Beförderungsmittel den Zwecken des Unternehmens dient.

Hinweis: Keine Anwendung bei Werklieferung

Die Einschränkung des § 6 Abs. 3 UStG gilt aber nicht für Lieferungen von Ausrüstungsgegenständen und Versorgungsgegenständen, die ein Unternehmer zur Weiterlieferung oder zur Verwendung in seinem Unternehmen, z. B. für Reparaturen, erworben hat.

Wesentlicher Inhalt des BMF-Schreibens ist die **Präzisierung** der Auffassung der Finanzverwaltung zur Frage der **Werklieferung** bei den Gegenständen zur Ausrüstung oder Versorgung eines Beförderungsmittels. Da bei einer Werklieferung der Ausschluss der Steuerbefreiung als Ausfuhrlieferung grds. nicht in Betracht kommt (Abschn. 6.4 Abs. 3 UStAE – bisher Abschn. 6.4 Abs. 1 UStAE), ist dies die entscheidende Abgrenzung für die Anwendung der Steuerbefreiung.

Hinweis: Austausch von Reifen keine Werklieferung

Wenn Ersatz- und Zubehörteile im unmittelbaren Zusammenhang mit ihrem Verkauf vom leistenden Unternehmer am bzw. in das Beförderungsmittel montiert werden, geht die Finanzverwaltung regelmäßig davon aus, dass es sich um eine Lieferung und nicht um eine Werklieferung handelt. Die Finanzverwaltung geht davon aus, dass bei einer Montage insoweit keine Be- oder Verarbeitung des Beförderungsmittels, sondern eine Nebenleistung zur Lieferung vorliegt.

Grundsätzlich bleibt es aber bei der auch schon bisher vertretenen Auffassung, dass bei einer Werklieferung die Einschränkungen des § 6 Abs. 3 UStG systematisch nicht zur Anwendung kommen. Dies kann sich ergeben, wenn an einem Beförderungsmittel umfangreiche Instandsetzungsarbeiten ausgeführt werden. Die Finanzverwaltung illustriert dies an der Restauration eines Oldtimers.

Liegen die einschränkenden Voraussetzungen des § 6 Abs. 3 UStG bei der Lieferung von Gegenständen zur Ausrüstung oder Versorgung eines Beförderungsmittels vor, kann sich auch **keine Steuerbefreiung als Ausfuhrlieferung aus § 6 Abs. 3a UStG** ergeben. Nach § 6 Abs. 3a UStG kann zwar unter bestimmten Voraussetzungen eine Steuerbefreiung bei Gegenständen, die im persönlichen Reisegepäck in das Drittlandsgebiet ausgeführt werden, vorliegen. Ein Beförderungsmittel, seine Bestandteile sowie die Gegenstände zur Ausrüstung und Versorgung sind aber kein persönliches Reisegepäck (Abschn. 6.11 Abs. 1 Satz 6 USt).

UStAE 6.5. Ausfuhrnachweis (Allgemeines)

(1) [1]Der Unternehmer hat die Ausfuhr durch Belege nachzuweisen (§ 6 Abs. 4 UStG und §§ 8 bis 11 UStDV). [2]Die Vorlage der Belege reicht jedoch für die Annahme einer Ausfuhrlieferung nicht in jedem Fall aus. [3]Die geforderten Unterlagen bilden nur die Grundlage einer sachlichen Prüfung auf die inhaltliche Richtigkeit der Angaben (BFH-Urteil vom 14. 12. 1994, XI R 70/93, BStBl 1995 II S. 515). [4]Für die Führung des Ausfuhrnachweises hat der Unternehmer in jedem Falle die Grundsätze des § 8 UStDV zu beachten (Mussvorschrift). [5]Für die Form und den Inhalt des Ausfuhrnachweises enthalten die §§ 9 bis 11 UStDV Mussvorschriften. [6]Der Unternehmer kann den Ausfuhrnachweis nur in besonders begründeten Einzelfällen auch abweichend von diesen Vorschriften führen, wenn

1. sich aus der Gesamtheit der Belege die Ausfuhr eindeutig und leicht nachprüfbar ergibt (§ 8 Abs. 1 Satz 2 UStDV) und
2. die buchmäßig nachzuweisenden Voraussetzungen eindeutig und leicht nachprüfbar aus der Buchführung zu ersehen sind (§ 13 Abs. 1 Satz 2 UStDV).

[7]Zu den besonders begründeten Einzelfällen gehören z. B. Funktionsstörungen der elektronischen Systeme der Zollverwaltung. [8]Kann der Unternehmer den beleg- und buchmäßigen Nachweis nicht, nicht vollständig oder nicht zeitnah führen, ist grundsätzlich davon auszugehen, dass die Voraussetzungen für die Steuerbefreiung nicht erfüllt sind. [9]Etwas anderes gilt im Falle der Nichteinhaltung einer formellen Anforderung ausnahmsweise dann, wenn nach objektiven Kriterien zweifelsfrei feststeht, dass die materiell-rechtlichen Voraussetzungen für die Steuerfreiheit der Ausfuhrlieferung vorliegen, insbesondere, wenn objektiv erkennbar feststeht, dass der Gegenstand der Lieferung das Gemeinschaftsgebiet tatsächlich verlassen hat (Grundsatz der Steuerneutralität und Grundsatz der Verhältnismäßigkeit, vgl. EuGH-Urteile vom 08.11.2018, C-495/17, Cartrans Spedition, vom 28.03.2019, C-275/18, Vinš, und vom 17.10.2019, C-653/18, Unitel Sp, und BFH-Urteil vom 12.03.2020 – V R 20/19, BStBl II S. 608). [10]Allerdings kann sich der liefernde Unternehmer nicht auf die Grundsätze steuerlicher Neutralität und der Verhältnismäßigkeit berufen, wenn

1. sich der liefernde Unternehmer vorsätzlich an einer das Funktionieren des gemeinsamen Mehrwertsteuersystems gefährdenden Steuerhinterziehung beteiligt hat bzw. davon Kenntnis hatte oder nach der Sorgfalt eines ordentlichen Kaufmanns hätte haben müssen, dass der von ihm bewirkte Umsatz mit einer Steuerhinterziehung des Erwerbers zu Lasten eines Mitgliedstaates verknüpft war und er nicht alle ihm zur Verfügung stehenden, zumutbaren Maßnahmen ergriffen hat, um diese zu verhindern (vgl. EuGH-Urteile vom 08.11.2018, C-495/17, Cartrans Spedition, vom 28.03.2019, C-275/18, Vinš, und vom 17.10.2019, C-653/18, Unitel Sp, und BFH-Urteil vom 12.03.2020 – V R 20/19, a. a. O.), oder
2. der Verstoß gegen die formellen Anforderungen den sicheren Nachweis verhindert, dass die materiell-rechtlichen Voraussetzungen für die Steuerbefreiung erfüllt wurden (vgl. EuGH-Urteile vom 08.11.2018, C-495/17, Cartrans Spedition, vom 28.03.2019, C-275/18, Vinš, und vom 17.10.2019, C-653/18, Unitel Sp, und BFH-Urteil vom 12.03.2020 – V R 20/19, a. a. O.).

(2) [1]Die Angaben in den Belegen für den Ausfuhrnachweis müssen im Geltungsbereich des UStG nachprüfbar sein. [2]Es genügt, wenn der Aussteller der Belege die Geschäftsunterlagen, auf denen die Angaben in den Belegen beruhen, dem Finanzamt auf Verlangen im Geltungsbereich des UStG vorlegt. [3]Die Regelung in § 10 Abs. 1 Nr. 2 Buchstabe b Doppelbuchstabe ff UStDV bleibt unberührt. [4]Die Ausfuhrbelege müssen sich im Besitz des Unternehmers befinden. [5]Sie sind nach § 147 Abs. 3 Satz 1 AO **acht** Jahre aufzubewahren. [6]Diese Aufbewahrungsfrist kann sich nach § 147 Abs. 3 Satz 5 AO verlängern.

(3) [1]Der Ausfuhrnachweis kann als Bestandteil des buchmäßigen Nachweises noch bis zur letzten mündlichen Verhandlung vor dem Finanzgericht über eine Klage gegen die erstmalige endgültige Steuerfestsetzung oder den Berichtigungsbescheid geführt werden (BFH-Urteil vom 28. 2. 1980, V R 118/76, BStBl II S. 415). [2]Das gilt nicht, wenn das Finanzgericht für die Vorlage des Ausfuhrnachweises eine Ausschlussfrist gesetzt hat.

(4) [1]Ausfuhrbelege können nach § 147 Abs. 2 AO auch auf solchen Datenträgern aufbewahrt werden, bei denen das Verfahren den Grundsätzen ordnungsmäßiger Buchführung entspricht und sichergestellt ist,

dass bei der Lesbarmachung die Wiedergabe mit den empfangenen Ausfuhrbelegen bildlich übereinstimmt. [2]Als solche bildlich wiedergabefähige Datenträger kommen neben Bildträgern (z. B. Mikrofilm oder Mikrokopie) insbesondere auch die maschinell lesbaren Datenträger (z. B. Diskette, Magnetband, Magnetplatte, elektrooptische Speicherplatte) in Betracht, soweit auf diesen eine Veränderung bzw. Verfälschung nicht möglich ist (vgl. BMF-Schreiben vom 28. 11. 2019, BStBl I S. 1269, **zuletzt geändert durch BMF-Schreiben vom 14.07.2025, BStBl I S. 1502**). [3]Unternehmer, die ihre Geschäftspapiere unter Beachtung der in den vorbezeichneten BMF-Schreiben festgelegten Verfahren aufbewahren, können mit Hilfe der gespeicherten Daten oder mikroverfilmten Unterlagen den Ausfuhrnachweis erbringen. [4]Wird kein zugelassenes Verfahren angewendet, gelten Ausdrucke oder Fotokopien für sich allein nicht als ausreichender Ausfuhrnachweis. [5]Sie können nur in Verbindung mit anderen Belegen als Ausfuhrnachweis anerkannt werden, wenn sich aus der Gesamtheit der Belege die Ausfuhr des Gegenstands zweifelsfrei ergibt.

(5) *weggefallen*

(6) [1]Aus den im Steuerrecht allgemein geltenden Grundsätzen der Verhältnismäßigkeit und des Vertrauensschutzes ergibt sich, dass die Steuerfreiheit einer Ausfuhrlieferung nicht versagt werden darf, wenn der liefernde Unternehmer die Fälschung des Ausfuhrnachweises, den der Abnehmer ihm vorlegt, auch bei Beachtung der Sorgfalt eines ordentlichen Kaufmanns nicht hat erkennen können (BFH-Urteil vom 30. 7. 2008, V R 7/03, BStBl 2010 II S. 1075). [2]Ob die Grundsätze des Vertrauensschutzes die Gewährung der Steuerbefreiung gebieten, obwohl die Voraussetzungen einer Ausfuhrlieferung nicht erfüllt sind, kann nur im Billigkeitsverfahren entschieden werden. [3]Hat der liefernde Unternehmer alle ihm zu Gebote stehenden zumutbaren Maßnahmen ergriffen, um sicherzustellen, dass die von ihm getätigten Umsätze nicht zu einer Beteiligung an einer Steuerhinterziehung führen, ist das Verwaltungsermessen hinsichtlich der Gewährung einer Billigkeitsmaßnahme auf null reduziert (vgl. BFH-Urteil vom 30. 7. 2008, V R 7/03, a. a. O.).

Anmerkung

Der **EuGH** hatte sich in der Vergangenheit umfassend mit den Bedingungen für die Voraussetzungen der Steuerfreiheit von Ausfuhrlieferungen auseinander gesetzt. Er hatte sich aber auch zu den Voraussetzungen von **Ausfuhrlieferungen** geäußert (z. B. EuGH, Urt. v. 17.10.2019 – C-653/18, Unitel Sp., UR 2019, 849; EuGH, Urt. v. 8.11.2018 – C-495/17, Cartrans Spedition, UR 2018, 908; EuGH, Urt. v. 28.3.2019 – C-275/18, Milan Vinš, UR 2019, 550) und dabei festgestellt, dass seine **zu den innergemeinschaftlichen Lieferungen getroffenen Feststellungen** auch für Ausfuhrlieferungen gelten.

Gelangt der Gegenstand einer Lieferung aus dem Gemeinschaftsgebiet in das Drittlandsgebiet, kann unter den weiteren Voraussetzungen des § 6 i. V. m. § 4 Nr. 1 Buchst. a UStG eine steuerfreie Ausfuhrlieferung vorliegen. Das Vorliegen der Tatbestandsvoraussetzungen muss von dem leistenden Unternehmer buch- und belegmäßig nachgewiesen werden. Verstößt der Unternehmer gegen diese Nachweisvoraussetzungen, stellt sich die Frage, ob trotzdem die Steuerbefreiung in Anspruch genommen werden kann, wenn objektiv feststeht, dass die Voraussetzungen für die Ausfuhrlieferung vorliegen.

Grundsätzlich gilt nach der Rechtsprechung des EuGH, dass in den Fällen, in denen die **materiellrechtlichen Voraussetzungen** für die Inanspruchnahme der Steuerbefreiung vorliegen, es unschädlich sein kann, wenn einzelne **formelle Kriterien des Buch- und Belegnachweises nicht erfüllt** sind.

Die **Finanzverwaltung hatte mit Schreiben v. 25.6.2020**, BStBl I 2020, 582 festgestellt, dass in den Fällen, in denen der Unternehmer den beleg- und buchmäßigen Nachweis nicht, nicht vollständig oder nicht zeitnah führen kann, eine Ausfuhrlieferung ausnahmsweise dennoch vorliegen kann, wenn nach **objektiven Kriterien** zweifelsfrei feststeht, dass die materiell-rechtlichen Voraussetzungen für die Steuerfreiheit der Ausfuhrlieferung vorliegen. Dies soll insbesondere dann gelten, wenn objektiv erkennbar feststeht, dass der Gegenstand der **Lieferung das Gemeinschaftsgebiet tatsächlich verlassen hat** (Grundsatz der Steuerneutralität und Grundsatz der Verhältnismäßigkeit).

Der EuGH hatte in seinen Urteilen aber zwei wesentliche Einschränkungen bei der Umsetzung dieser Grundsätze vorgenommen, die die Finanzverwaltung ebenfalls in den UStAE mit aufgenommen hat.

- Dieser objektive Nachweis gilt nicht, wenn sich der liefernde Unternehmer vorsätzlich an einer **Steuerhinterziehung** beteiligt hat, die das Funktionieren des Umsatzsteuersystems gefährdet, oder wenn er nach der Sorgfalt eines ordentlichen Kaufmanns **Kenntnis** hätte haben müssen, dass der von ihm ausgeführte Umsatz zu einer Steuerhinterziehung des Erwerbers führt und er nicht alle Maßnahmen ergriffen hatte, um dies zu verhindern.
- Diese Ausnahmeregelung gilt außerdem nicht, wenn der Verstoß gegen die formellen Anforderungen den sicheren **Nachweis verhindert**, dass die materiell-rechtlichen Voraussetzungen für die Steuerbefreiung als Ausfuhrlieferung erfüllt wurden.

Kommt es zwischen der Finanzverwaltung und dem Unternehmer zu einem Streit, ob eine Ausfuhrlieferung vorliegt oder nicht, liegt dies in der Praxis eher selten an den systematischen Grundsätzen. Vielmehr wird darüber gestritten, ob die vorliegenden Buch- und Belegnachweise ausreichend sind. Mit den von der Finanzverwaltung jetzt aus der sog. **Missbrauchsrechtsprechung des EuGH** übernommenen Grundsätzen ergibt sich zumindest theoretisch eine höhere Rechtssicherheit für den Unternehmer.

Die Umsetzung der Rechtsprechung des EuGH setzt aber nicht die bisherigen Anforderungen für die ordnungsgemäße Führung des Buch- und Belegnachweises bei den Ausfuhrlieferungen außer Kraft. Die Hürden, auch ohne einen ordnungsgemäßem Buch- und Belegnachweis zur Steuerfreiheit zu kommen, sind sehr hoch. Im Regelfall wird es einem Unternehmer, der keinen ordnungsgemäßen Belegnachweis vorlegen kann, dass der Gegenstand in das Drittlandsgebiet gelangt ist, kaum gelingen, dies nach „objektiven Kriterien zweifelsfrei“ anhand anderer Unterlagen nachweisen zu können. Deshalb sollte unabhängig von der Umsetzung der Rechtsprechung des EuGH **weiterhin darauf geachtet werden**, nach den Vorgaben der UStDV die entsprechenden **aussagefähigen Ausfuhrbelege vorzuhalten**.

Die Grundsätze des BMF-Schreibens sind in **allen offenen Fällen** anzuwenden.

Ausfuhrlieferungen müssen buch- und belegmäßig nachgewiesen werden. Ende 2022 hat die Finanzverwaltung den Hinweis **aufgehoben**, dass die **Bescheide des Hauptzollamts Hamburg-Jonas** über die Ausfuhrerstattung als Belege für den Ausfuhrnachweis anerkannt werden.

UStAE 6.6. Ausfuhrnachweis in Beförderungsfällen

(1) In Beförderungsfällen (vgl. Abschnitt 3.12 Abs. 2) ist die Ausfuhr wie folgt nachzuweisen (§ 9 UStDV):

1. bei einer Ausfuhr außerhalb des gVV/Unionsversandverfahrens oder des Versandverfahrens mit Carnet TIR
   a) [1]in Fällen, in denen die Ausfuhranmeldung im EDV-gestützten Ausfuhrverfahren (ATLAS-Ausfuhr) auf elektronischem Weg erfolgt, mit dem durch die AfZSt an den Anmelder/Ausführer per EDIFACT-Nachricht übermittelten PDF-Dokument „Ausgangsvermerk“ (vgl. Anlage 1 zum BMF-Schreiben vom 3. 5. 2010, BStBl I S. 499 und Abschnitt 6.7 a). [2]Dies gilt unabhängig davon, ob der Gegenstand der Ausfuhr vom Unternehmer oder vom Abnehmer befördert oder versendet wird. [3]Hat der Unternehmer statt des Ausgangsvermerks einen von der AfZSt erstellten „Alternativ-Ausgangsvermerk“ (vgl. Anlage 2 zum BMF-Schreiben vom 3. 5. 2010, BStBl I S. 499), gilt dieser als Ausfuhrnachweis. [4]Liegt dem Unternehmer weder ein „Ausgangsvermerk“ noch ein „Alternativ-Ausgangsvermerk“ vor, kann er den Belegnachweis entsprechend Abs**ätze** 6 **und 6a** führen. [5]Die Unternehmen haben die mit der Zollverwaltung ausgetauschten EDIFACT-Nachrichten zu archivieren (§ 147 Abs. 1 Nr. 4 a in Verbindung mit Abs. 2 und 3 AO). [6]Das Ausfuhrbegleitdokument (ABD) ist nicht als Ausfuhrnachweis geeignet, weil es von der AgZSt weder abgestempelt noch zurückgegeben wird. [7]Ein nachträglich von einer ausländischen Grenzzollstelle abgestempeltes ABD ist als Ausfuhrnachweis geeignet,
   b) [1]in Fällen, in denen die Ausfuhranmeldung nicht im elektronischen Ausfuhrverfahren durchgeführt werden kann (im Ausfall- und Sicherheitskonzept), wird das Exemplar Nr. 3 der Ausfuhranmeldung (= Exemplar Nr. 3 des Einheitspapiers – Einheitspapier Ausfuhr/Sicherheit,

Zollvordruck 033025 oder Einheitspapier, Zollvordruck 0733 mit Sicherheitsdokument, Zollvordruck 033023) als Nachweis der Beendigung des zollrechtlichen Ausfuhrverfahrens verwendet. [2]Dieser Beleg wird als Nachweis für Umsatzsteuerzwecke anerkannt, wenn die Ausfuhrbestätigung durch einen Vermerk (Dienststempelabdruck der Grenzzollstelle mit Datum) auf der Rückseite des Exemplars Nr. 3 der Ausfuhranmeldung angebracht ist. [3]Dieser Beleg muss im Fall des Ausfallkonzepts außerdem den Stempelabdruck „ECS/AES Notfallverfahren" tragen, da im Ausfallkonzept stets alle anstelle einer elektronischen Ausfuhranmeldung verwendeten schriftlichen Ausfuhranmeldungen mit diesem Stempelabdruck versehen werden,

c) [1]in Fällen, in denen die Ausfuhranmeldung nicht im elektronischen Ausfuhrverfahren erfolgt (bei Ausfuhren mit mündlicher oder konkludenter Anmeldung in Fällen von geringer wirtschaftlicher Bedeutung bzw. bei Ausfuhranmeldungen bis zu einem Warenwert von 1 000 €), wird auf andere Weise als mit dem Exemplar Nr. 3 der Ausfuhranmeldung (= Exemplar Nr. 3 des Einheitspapiers) der Ausgang der Ware überwacht. [2]Wird hierfür ein handelsüblicher Beleg (z. B. Frachtbrief, Rechnung, Lieferschein) verwendet, wird er als Nachweis für Umsatzsteuerzwecke anerkannt, wenn die Ausfuhrbestätigung durch einen Vermerk (Dienststempelabdruck der Grenzzollstelle mit Datum) auf der Rückseite angebracht ist. [3]In diesem Beleg müssen in jedem Fall Name und Anschrift des liefernden Unternehmers, die handelsübliche Bezeichnung und die Menge des ausgeführten Gegenstands, der Ort und der Tag der Ausfuhr sowie die Ausfuhrbestätigung der zuständigen Grenzzollstelle enthalten sein;

2. bei einer Ausfuhr im gVV/Unionsversandverfahren oder im Versandverfahren mit Carnet TIR
   a) [1]Ausfuhr nach Absatz 1 Nr. 1 Buchstabe a: durch das von der AfZSt übermittelte oder erstellte Dokument „Ausgangsvermerk", wenn das EDV-gestützte Ausfuhrverfahren erst nach Eingang der Kontrollergebnisnachricht/des Rückscheins oder Trennabschnitts im Versandverfahren (Beendigung des Versandverfahrens) durch die Abgangsstelle, die in diesen Fällen als AgZSt handelt, beendet wurde. [2]Dies gilt nur, wenn das EDV-gestützte Ausfuhrverfahren von einer deutschen Abgangsstelle (AgZSt) beendet wurde, oder
   b) [1]Ausfuhr nach Absatz 1 Nr. 1 Buchstabe b: durch eine Ausfuhrbestätigung der Abgangsstelle, die bei einer Ausfuhr im Versandverfahren (gVV/Unionsversandverfahren oder Carnet TIR) nach Eingang der Kontrollergebnisnachricht erteilt wird, sofern das Versandverfahren EDV-gestützt eröffnet wurde. [2]Bei einer Ausfuhr im Versandverfahren (gVV/Unionsversandverfahren oder Carnet TIR), das nicht EDV-gestützt eröffnet wurde, wird die Ausfuhrbestätigung nach Eingang des Rückscheins (Exemplar Nr. 5 des Einheitspapiers im gVV/Unionsversandverfahren) bzw. nach Eingang der Bescheinigung über die Beendigung im Carnet TIR (Trennabschnitt) erteilt, sofern sich aus letzterer die Ausfuhr ergibt.

(2) [1]Das Unionsversandverfahren dient der Erleichterung des innergemeinschaftlichen Warenverkehrs und der Erleichterung des Warenverkehrs zwischen EU-Mitgliedstaaten und den Drittstaaten Andorra und San Marino, während das gemeinsame Versandverfahren den Warenverkehr zwischen EU-Mitgliedstaaten und den EFTA-Ländern (Island, Liechtenstein, Norwegen und Schweiz) **und den übrigen Staaten des Übereinkommens (Türkei, Nordmazedonien, Serbien, Vereinigtes Königreich, Ukraine und Georgien)** erleichtert. [2]Beide Verfahren werden im Wesentlichen einheitlich abgewickelt. [3]Bei Ausfuhren im Rahmen dieser Verfahren werden die Grenzzollstellen grundsätzlich nicht eingeschaltet. [4]Die Waren sind der Abgangsstelle per Teilnehmernachricht (E_DEC_DAT/Versandanmeldung) oder Internetversandanmeldung über das System ATLAS-Versand anzumelden. [5]Die Abgangsstelle überlässt – nach Prüfung der Anmeldung – die Waren in das gVV/Unionsversandverfahren und händigt dem Hauptverpflichteten ein Versandbegleitdokument (VBD) aus. [6]Die Bestimmungsstelle leitet der Abgangsstelle nach Gestellung der Waren die Eingangsbestätigung und die Kontrollergebnisnachricht zu. [7]Die Abgangsstelle schließt hierauf das Ausfuhrverfahren im Rahmen ihrer Eigenschaft als Ausgangszollstelle durch einen manuellen Datenabgleich ab. [8]Bestehen auf Grund von Unstimmigkeiten in der Kontrollergebnisnachricht (oder Exemplar Nr. 5 des Einheitspapiers im gVV/Unionsversandverfahren bzw. Bescheinigung über die Beendigung im Carnet TIR (Trennabschnitt)) der Bestimmungs(zoll)stelle Zweifel an der tatsächlich erfolgten Ausfuhr der Waren, kann der Ausfuhrnachweis für den entsprechenden Ausfuhrvorgang nur durch Alternativnachweise (z. B. Drittlandsverzollungsbeleg) geführt werden. [9]Die

Teilnehmernachricht, die Internetversandanmeldung oder das VBD sind in diesem Zusammenhang nicht als Ausfuhrnachweise geeignet.

(3) [1]Die Ausfuhrbestätigung der den Ausgang des Gegenstands aus dem Gemeinschaftsgebiet überwachenden Grenzzollstelle oder der Abgangsstelle kann sich auf einem üblichen Geschäftsbeleg, z. B. Lieferschein, Rechnungsdurchschrift, Versandbegleitdokument oder der Ausfuhranmeldung (Exemplar Nr. 3 des Einheitspapiers) befinden. [2]Es kann auch ein besonderer Beleg, der die Angaben des § 9 UStDV enthält, oder ein dem Geschäftsbeleg oder besonderen Beleg anzustempelnder Aufkleber verwendet werden.

(4) [1]Die deutschen Zollstellen wirken auf Antrag bei der Erteilung der Ausfuhrbestätigung wie folgt mit:

1. Mitwirkung der Grenzzollstelle außerhalb des EDV-gestützten Ausfuhrverfahrens
   [1]Die Grenzzollstelle prüft die Angaben in dem vom Antragsteller vorgelegten Beleg und bescheinigt auf Antrag den körperlichen Ausgang der Waren durch einen Vermerk. [2]Der Vermerk erfolgt durch einen Dienststempelabdruck, der den Namen der Zollstelle und das Datum enthält. [3]Das nach der Verfahrensanweisung ATLAS Kapitel **8.2.6.1** Abs. **7** behandelte Exemplar Nr. 3 des Einheitspapiers Ausfuhr/Sicherheit (EPAS) dient grundsätzlich nur als Nachweis der Beendigung des zollrechtlichen Ausfuhrverfahrens. [4]In den Fällen, in denen das Exemplar Nr. 3 durch die letzte Zollstelle oder – wenn die Waren im Eisenbahn-, Post-, Luft- oder Seeverkehr ausgeführt werden – durch die für den Ort der Übernahme der Ausfuhrsendung durch die Beförderungsgesellschaften bzw. Postdienste zuständige Ausgangszollstelle behandelt wird, kann das Exemplar Nr. 3 als Ausfuhrnachweis für Umsatzsteuerzwecke (Ausfuhrbestätigung der Grenzzollstelle im Sinne von § 9 UStDV) verwendet werden. [5]Eines gesonderten Antrags bedarf es nicht.
2. Mitwirkung der Abgangsstelle bei Ausfuhren im gVV/Unionsversandverfahren oder im Versandverfahren mit Carnet TIR
   [1]Bei Ausfuhren im gVV/Unionsversandverfahren oder im Versandverfahren mit Carnet TIR wird, wenn diese Verfahren nicht bei einer Grenzzollstelle beginnen, die Ausfuhrbestätigung der Grenzzollstelle ersetzt durch
   a) eine Ausgangsbestätigung der Ausfuhrzollstelle bei einer Ausfuhr im EDV-gestützten Ausfuhrverfahren mit einem in Deutschland erzeugten Dokument „Ausgangsvermerk" (unter Beachtung von Absatz 1 Nr. 2 Buchstabe a), oder
   b) eine Ausfuhrbestätigung (§ 9 Abs. 3 UStDV) der Abgangsstelle, die bei einer Ausfuhr im gVV/Unionsversandverfahren nach Eingang der Kontrollergebnisnachricht/des Rückscheins oder Trennabschnitts erteilt wird (siehe unter Absatz 1 Nr. 2 Buchstabe b).

   [2]Die Ausfuhrbestätigung wird von der Abgangsstelle in den Fällen des Satzes 1 mit folgendem Vermerk erteilt: „Ausgeführt mit Versandanmeldung MRN/mit Carnet TIR VAB-Nr. … vom …";. [3]Der Vermerk muss Ort, Datum, Unterschrift und Dienststempelabdruck enthalten. [4]Die Sätze 1 bis 3 gelten sinngemäß für im Rahmen des Ausfallkonzepts für ATLAS-Versand erstellte Versandanmeldungen auf Basis des Einheitspapiers (vgl. Absatz 1 Nr. 1 Buchstabe b Satz 2).

[2]Die den Ausgang des Ausfuhrgegenstands aus dem Gemeinschaftsgebiet überwachenden Grenzzollstellen (Ausgangszollstellen) anderer EU-Mitgliedstaaten bescheinigen im Ausfall- und Sicherheitskonzept (vgl. Abschnitt 6.2 Abs. 4 Satz 1 Nr. 1) auf Antrag den körperlichen Ausgang der Waren ebenfalls durch einen Vermerk auf der Rückseite des Exemplars Nr. 3 der Ausfuhranmeldung (= Exemplar Nr. 3 des Einheitspapiers).

(4 a) [1]Bei der Ausfuhr von Fahrzeugen im Sinne des § 1b Abs. 2 Nr. 1 UStG (vgl. Abschnitt 1b.1), die zum bestimmungsmäßigen Gebrauch im Straßenverkehr einer Zulassung bedürfen, muss der Beleg nach § 9 Abs. 1 UStDV (vgl. Absätze 1 bis 3) immer auch die Fahrzeug-Identifikationsnummer im Sinne des § 6 Abs. 6 Nr. 6 FZV enthalten (§ 9 Abs. 2 Satz 1 Nr. 1 UStDV), unabhängig davon, ob das Fahrzeug mit Hilfe eines Beförderungsmittels oder auf eigener Achse ausgeführt wird. [2]Ob das ausgeführte Fahrzeug zum bestimmungsmäßigen Gebrauch im Straßenverkehr einer Zulassung bedarf, richtet sich dabei nach § 3 Abs. 1 und 3 Satz 1 Nr. 1 in Verbindung mit § 2 Nr. 1 und 3 FZV. [3]Außerdem muss der Unternehmer bei der Ausfuhr eines solchen Fahrzeugs nach § 9 Abs. 2 Satz 1 Nr. 2 UStDV grundsätzlich zusätzlich über eine Bescheinigung über die Zulassung, die Verzollung oder die Einfuhrbesteuerung im

Drittland verfügen; Absatz 6 Sätze **3** und **4** gilt entsprechend. [4]Dies gilt gemäß § 9 Abs. 2 Satz 2 UStDV jedoch nicht in den Fällen, in denen das Fahrzeug

1. mit einem Ausfuhrkennzeichen ausgeführt wird, das im Beleg nach § 9 Abs. 1 UStDV aufgeführt ist, oder
2. nicht im Sinne der FZV auf öffentlichen Straßen in Betrieb gesetzt worden ist (vgl. § 3 und §§ 41 bis 45 FZV) und nicht auf eigener Achse in das Drittlandsgebiet ausgeführt wird.

(5) Bei einer Werklieferung an einem beweglichen Gegenstand, z. B. bei dem Einbau eines Motors in ein Kraftfahrzeug, kann der Ausfuhrnachweis auch dann als erbracht angesehen werden, wenn die Grenzzollstelle oder Abgangsstelle die Ausfuhr des tatsächlich in das Drittlandsgebiet gelangten Gegenstands, z. B. des Kraftfahrzeugs, bestätigt und sich aus der Gesamtheit der vorliegenden Unterlagen kein ernstlicher Zweifel ergibt, dass die verwendeten Stoffe mit dem ausgeführten Gegenstand in das Drittlandsgebiet gelangt sind.

(6) **[1]Kann der Unternehmer den formellen Anforderungen des Ausfuhrnachweises nicht genügen, ist aufgrund des Grundsatzes der steuerlichen Neutralität die Steuerbefreiung für die Ausfuhrlieferung zu gewähren, wenn die materiell-rechtlichen Voraussetzungen für die Inanspruchnahme der Steuerbefreiung anhand objektiver Kriterien zweifelsfrei nachgewiesen werden (vgl. EuGH-Urteile vom 08.11.2018, C-495/17, Cartrans Spedition, vom 28.03.2019, C-275/18, Vin , und vom 17.10.2019, C-653/18, Unitel Sp, und BFH-Urteil vom 12.03.2020 – V R 20/19, BStBl II S. 608). [2]In folgenden Fällen ist daher ein Ausfuhrnachweis ohne eine Bestätigung der Grenzzollstelle oder der Abgangsstelle durch andere geeignete Belege oder Ersatzbelege anzuerkennen:**

1. **bei der Ausfuhr von Gegenständen, bei denen ein Nachweis durch Belege mit einer Bestätigung der Grenzzollstelle oder der Abgangsstelle nicht möglich ist,**
2. **bei der Ausfuhr von Gegenständen** durch die Kurier- und Poststelle des Auswärtigen Amts oder durch Transportmittel der Bundeswehr oder der Stationierungstruppen,
3. **bei der Ausfuhr von im Sicherheits- bzw. Transitbereich eines deutschen Flughafens erworbenen Gegenständen im Reiseverkehr bis zu einem Netto-Verkaufspreis der Einzelware von 1.000 € sowie bei einem Netto-Verkaufspreis der Einzelware von über 1.000 €, wenn eine Bestätigung der Grenzzollstelle nicht möglich ist, insbesondere wenn die Zollverwaltung nicht im jeweiligen Transit- bzw. Sicherheitsbereich, in dem sich das Verkaufsgeschäft des Unternehmers befindet, präsent ist.**

[3]Nachweise in ausländischer Sprache können grundsätzlich nur in Verbindung mit einer amtlich anerkannten Übersetzung anerkannt werden. [4]Bei Einfuhrverzollungsbelegen aus dem Drittlandsgebiet in englischer Sprache kann im Einzelfall auf eine amtliche Übersetzung verzichtet werden. [5]Zahlungsnachweise oder Rechnungen (Artikel 335 Abs. 4 Buchstabe b und c UZK-IA) können grundsätzlich nicht als Nachweise anerkannt werden.

(6a) [1]In den Fällen des Absatzes 6 Satz 2 können als Ersatzbelege insbesondere Bescheinigungen amtlicher Stellen der Bundesrepublik Deutschland anerkannt werden; amtliche Stellen der Bundesrepublik Deutschland im Bestimmungsland können aber keine Ausfuhrbescheinigungen für Kraftfahrzeuge erteilen. [2]Grundsätzlich sind anzuerkennen:

1. **Bescheinigungen des Auswärtigen Amts oder des Bundesamts für Auswärtige Angelegenheiten einschließlich der diplomatischen oder konsularischen Vertretungen der Bundesrepublik Deutschland im Bestimmungsland,**
2. **Bescheinigungen der Bundeswehr einschließlich ihrer im Drittlandsgebiet stationierten Truppeneinheiten,**
3. **Belege über die Verzollung oder Einfuhrbesteuerung durch außergemeinschaftliche Zollstellen oder beglaubigte Abschriften davon,**
4. **Transportbelege der Stationierungstruppen, z.B. Militärfrachtbriefe, und**
5. **Abwicklungsscheine.**

(7) [1]In Beförderungsfällen, bei denen der Unternehmer den Gegenstand der Lieferung in eine Freizone (Freihäfen Bremerhaven und Cuxhaven; vgl. Abschnitt 1.9 Abs. 1) befördert, ist die Beschaffung der Bestätigung bei den den Ausgang aus dem Gemeinschaftsgebiet überwachenden Zollämtern an der Freiha-

fengrenze wegen der großen Anzahl der Beförderungsfälle nicht zumutbar. [2]Als Ausfuhrnachweis kann deshalb ein Beleg anerkannt werden, der neben den in § 9 Abs. 1 Satz 1 Nr. 2 Buchstaben a bis c UStDV bezeichneten Angaben Folgendes enthält:

1. einen Hinweis darauf, dass der Unternehmer den Gegenstand in eine Freizone befördert hat;
2. [1]eine Empfangsbestätigung des Abnehmers oder seines Beauftragten mit Datum, Unterschrift, Firmenstempel und Bezeichnung des Empfangsorts. [2]Die Empfangsbestätigung kann auch auf elektronischem Weg übermittelt werden; bei einer elektronischen Übermittlung der Empfangsbestätigung ist eine Unterschrift nicht erforderlich, sofern erkennbar ist, dass die elektronische Übermittlung im Verfügungsbereich des Abnehmers begonnen hat. [3]Abschnitt 6a.4 Abs. 3 Satz 2 und Abs. 6 ist entsprechend anzuwenden.

[3]Als Belege kommen alle handelsüblichen Belege, insbesondere Lieferscheine, Kaiempfangsscheine oder Rechnungsdurchschriften, in Betracht. [4]Soweit sie die erforderlichen Angaben nicht enthalten, sind sie entsprechend zu ergänzen oder mit Hinweisen auf andere Belege zu versehen, aus denen sich die notwendigen Angaben ergeben.

Anmerkung

Im Zusammenhang mit der der Umsetzung der sog Missbrauchsrechtsprechung des EuGH (vgl. dazu Anmerkung zu Abschn. 6.5 UStAE) hat die **Finanzverwaltung mit Schreiben v. 25.6.2020**, BStBl I 2020, 582 auch eine Ergänzung zu den Ausfuhrnachweisen in Beförderungsfällen vorgenommen.

Früher war in Abschn. 6.6 Abs. 6 Satz 1 UStAE festgestellt worden, dass in den Fällen, in denen der Nachweis der Ausfuhr durch Belege mit einer Bestätigung der Grenzzollstelle oder der Abgangsstelle nicht möglich oder nicht zumutbar war, z. B. bei der Ausfuhr von Gegenständen im Reiseverkehr, ein Nachweis auch durch andere Belege zulässig ist. Dies wird jetzt **einschränkend dahingehend präzisiert**, dass dies an **Flughäfen** gelten soll, an denen die Zollverwaltung nicht im gesamten **Transit- und Sicherheitsbereich** präsent ist.

Seit dem 1.1.2021 können Bescheinigungen im Zusammenhang mit Ausfuhrlieferungen (Belegnachweis) in Sonderfällen auch durch das neu geschaffene **Bundesamt für Auswärtige Angelegenheiten** (BfAA) ausgestellt werden (BMF-Schreiben v. 27.9.2021, BStBl I 2021, 1812).

Mit Schreiben v. 1.7.2025 (BStBl I 2025, 1477) hatte die Finanzverwaltung in Abschn. 6.6 Abs. 6 und Abs. 6a UStAE die **Hinweise konkretisiert**, unter welchen Voraussetzungen der leistende Unternehmer die Steuerbefreiung aufgrund des Grundsatzes der **steuerlichen Neutralität** in Anspruch nehmen kann, obwohl die formellen Voraussetzungen (insbesondere der Ausfuhrnachweis durch eine Bestätigung der Grenzzollstelle) nicht vorliegen. Die **materiell-rechtlichen Voraussetzungen** nach § 6 UStG für eine Ausfuhrlieferung müssen aber in jedem Fall **vorliegen**

Die Finanzverwaltung hat im Rahmen der von ihr selbst als Konkretisierung bezeichneten Änderung insbesondere die bisher in Abschn. 6.6 Abs. 6 UStAE enthaltenen Hinweise in zwei Absätze unterteilt:

– In **Abschn. 6.6 Abs. 6 UStAE** (neu) sind die Fälle aufgeführt, in denen ein Ausfuhrnachweis ohne eine Bestätigung der Grenzzollstelle oder der Abgangsstelle durch andere geeignete Belege oder Ersatzbelege anzuerkennen ist.

  Hinweis: Abschließende Aufzählung

  Bisher war dies in Abschn. 6.6 Abs. 6 Satz 1 UStAE als eine beispielhafte Aufzählung vergleichbar enthalten. Nach der aktuellen Formulierung ist dies als eine abschließende Aufzählung zu verstehen. In Frage kommen die folgenden Fälle:

  – bei der Ausfuhr von Gegenständen, bei denen ein Nachweis durch Belege mit einer Bestätigung der Grenzzollstelle oder der Abgangsstelle nicht möglich ist;
  – bei der Ausfuhr von Gegenständen durch die Kurier- und Poststelle des Auswärtigen Amts oder durch Transportmittel der Bundeswehr oder der Stationierungstruppen;

- bei der Ausfuhr von im Sicherheits- bzw. Transitbereich eines deutschen Flughafens erworbenen Gegenständen im Reiseverkehr – jetzt dahingehend konkretisiert, dass dies bis zu einem Netto-Verkaufspreis der Einzelware von 1.000 € sowie bei einem Netto-Verkaufspreis der Einzelware von über 1.000 € gilt, wenn eine Bestätigung der Grenzzollstelle nicht möglich ist, insbesondere wenn die Zollverwaltung nicht im jeweiligen Transit- bzw. Sicherheitsbereich präsent ist, in dem sich das Verkaufsgeschäft des Unternehmers befindet.

- In Abschn. 6.6 Abs. 6a UStAE (neu) sind die Alternativ-Nachweise aufgeführt, die als Nachweise für das Gelangen der Gegenstände in das Drittlandsgebiet anzuerkennen sind, die Nachweise waren bisher in Abschn. 6.6 Abs. 6 Satz 3 UStAE entsprechend enthalten.

Die Grundsätze sind auf alle Fälle nach Veröffentlichung des Schreibens anzuwenden. Die Finanzverwaltung gewährt aber noch eine kleine **Nichtbeanstandungsregelung**: Für Umsätze, die vor dem 1.1.2026 ausgeführt wurden, wird es nicht beanstandet, wenn sich der leistende Unternehmer für die Nachweisführung auf die Unmöglichkeit bzw. die Nichtzumutbarkeit der Vorgaben in § 9 Abs. 1 Nr. 2 Buchst. d und § 17 Nr. 2 UStDV beruft und die Nachweise durch andere geeignete Belege zweifelsfrei erbracht hat. Ob dies dem Unternehmer in der Praxis eine deutlich weitergehende Möglichkeit eröffnet, kann aber bezweifelt werden, da in diesen Fällen die Hürden der Anerkennung hoch sind.

UStAE 6.7. Ausfuhrnachweis in Versendungsfällen

(1) [1]In den Versendungsfällen (vgl. Abschnitt 3.12 Abs. 3) muss der Ausfuhrnachweis, sofern die Ausfuhranmeldung im EDV-gestützten Ausfuhrverfahren (ATLAS-Ausfuhr) auf elektronischem Weg erfolgt, durch den „Ausgangsvermerk" bzw. „Alternativ-Ausgangsvermerk" geführt werden; Abschnitt 6.6 Abs. 1 Nr. 1 Buchstabe a gilt entsprechend.

(1a) [1]Bei allen anderen Ausfuhranmeldungen muss der Ausfuhrnachweis durch Versendungsbelege oder durch sonstige handelsübliche Belege geführt werden. [2]Versendungsbelege sind neben dem Eisenbahnfrachtbrief insbesondere der Luftfrachtbrief, der Einlieferungsschein für im Postverkehr beförderte Sendungen (vgl. Abschnitt 6.9 Abs. 5), das zur Auftragserteilung an einen Kurierdienst gefertigte Dokument (vgl. Abschnitt 6.9 Abs. 6), das Konnossement, der Ladeschein sowie deren Doppelstücke, wenn sich aus ihnen die grenzüberschreitende Warenbewegung ergibt. [3]Zum Begriff der sonstigen handelsüblichen Belege vgl. Absatz 2. [4]Die bei der Abwicklung eines Ausfuhrgeschäfts anfallenden Geschäftspapiere, z. B. Rechnungen, Auftragsschreiben, Lieferscheine oder deren Durchschriften, Kopien und Abschriften von Versendungsbelegen, Spediteur-Übernahmebescheinigungen, Frachtabrechnungen, sonstiger Schriftwechsel, können als Ausfuhrnachweis in Verbindung mit anderen Belegen anerkannt werden, wenn sich aus der Gesamtheit der Belege die Angaben nach § 10 Abs. 1 Satz 1 Nr. 2 UStDV eindeutig und leicht nachprüfbar ergeben. [5]Unternehmer oder Abnehmer, denen Belege über die Ausfuhr eines Gegenstands, z. B. Versendungsbelege oder sonstige handelsübliche Belege, ausgestellt worden sind, obwohl sie diese für Zwecke des Ausfuhrnachweises nicht benötigen, können die Belege mit einem Übertragungsvermerk versehen und an den Unternehmer, der die Lieferung bewirkt hat, zur Führung des Ausfuhrnachweises weiterleiten. [6]Ist der Versendungsbeleg ein Frachtbrief (z. B. CMR-Frachtbrief), muss dieser vom Absender als Auftraggeber des Frachtführers, also dem Versender des Liefergegenstands, unterzeichnet sein (beim CMR-Frachtbrief in Feld 22). [7]Der Auftraggeber kann hierbei von einem Dritten vertreten werden (z. B. Lagerhalter); es reicht aus, dass die Berechtigung des Dritten, den Frachtbrief zu unterschreiben, glaubhaft gemacht wird (z. B. durch Vorliegen eines Lagervertrages). [8]Beim Eisenbahnfrachtbrief kann die Unterschrift auch durch einen Stempelaufdruck oder einen maschinellen Bestätigungsvermerk ersetzt werden. [9]Die Unterschrift eines zur Besorgung des Warentransports eingeschalteten Dritten (z. B. ein Spediteur) ist nicht erforderlich. [10]Der Versendungsbeleg kann auch auf elektronischem Weg übermittelt werden; bei einer elektronischen Übermittlung des Versendungsbelegs ist eine Unterschrift nicht erforderlich, sofern erkennbar ist, dass die elektronische Übermittlung im Verfügungsbereich des Übermittlers begonnen hat. [11]Abschnitt 6 a.4 Abs. 6 ist entsprechend anzuwenden.

(2) [1]Ist ein Spediteur, Frachtführer oder Verfrachter mit der Beförderung oder Versendung des Gegenstands in das Drittlandsgebiet beauftragt worden, soll der Unternehmer in den Fällen des Absatzes 1 a die Ausfuhr durch eine Ausfuhrbescheinigung nach vorgeschriebenem Muster nachweisen. [2]Die Bescheinigung muss vom Spediteur nicht eigenhändig unterschrieben worden sein, wenn die für den Spediteur zuständige Landesfinanzbehörde die Verwendung des Unterschriftsstempels (Faksimile) oder einen Ausdruck des Namens der verantwortlichen Person genehmigt hat und auf der Bescheinigung auf die Genehmigungsverfügung der Landesfinanzbehörde unter Angabe von Datum und Aktenzeichen hingewiesen wird. [3]Die Bescheinigung kann auch auf elektronischem Weg übermittelt werden; bei einer elektronischen Übermittlung der Bescheinigung ist eine Unterschrift nicht erforderlich, sofern erkennbar ist, dass die elektronische Übermittlung im Verfügungsbereich des Spediteurs begonnen hat. [4]Abschnitt 6 a.4 Abs. 3 Satz 2 und Abs. 6 ist entsprechend anzuwenden. [5]Anstelle der Ausfuhrbescheinigung des Spediteurs, Frachtführers oder Verfrachters kann der Unternehmer den Ausfuhrnachweis im Ausfall- und Sicherheitskonzept (vgl. Abschnitt 6.2 Abs. 4 Satz 1 Nr. 1) auch mit dem Exemplar Nr. 3 des Einheitspapiers führen, wenn diese mit einem Ausfuhrvermerk der Ausgangszollstelle versehen sind (vgl. Abschnitt 6.6 Abs. 4 Satz 1 Nr. 1 Sätze 3 bis 5).

(2 a) [1]Ist eine Ausfuhr elektronisch angemeldet worden und ist es dem Unternehmer nicht möglich oder nicht zumutbar, den Ausfuhrnachweis mit dem „Ausgangsvermerk“ oder dem „Alternativ-Ausgangsvermerk“ zu führen, kann der Unternehmer die Ausfuhr mit den in § 10 Abs. 1 Satz 1 Nr. 2 UStDV genannten Belegen nachweisen. [2]In diesen Fällen muss der Beleg zusätzlich zu den nach § 10 Abs. 1 Satz 1 Nr. 2 UStDV erforderlichen Angaben die Versendungsbezugsnummer der Ausfuhranmeldung nach Artikel 226 UZK-IA und Artikel 1 Nr. 22 UZK-DA (MRN) enthalten. [3]An den Nachweis des Unternehmers, dass ein Ausnahmefall im Sinne des § 10 Abs. 3 UStDV vorliegt, sind keine erhöhten Anforderungen zu stellen. [4]Die Regelung in § 10 Abs. 3 UStDV betrifft hauptsächlich diejenigen Fälle, in denen ein anderer als der liefernde Unternehmer die Ausfuhr elektronisch anmeldet; die Sätze 1 bis 3 gelten jedoch auch in den Fällen, in denen das Ausfuhrverfahren nach Ablauf von 150 Tagen zollrechtlich für ungültig erklärt worden ist, weil eine ordnungsgemäße Beendigung des Ausfuhrverfahrens nicht möglich war. [5]Ein Beleg nach § 10 Abs. 1 Satz 1 Nr. 2 UStDV, der in den Fällen des § 10 Abs. 3 UStDV nicht die richtige MRN enthält, ist nicht als Ausfuhrnachweis anzuerkennen. [6]Eine unrichtige MRN kann jedoch korrigiert werden.

(3) [1]Die Regelung in § 10 Abs. 4 UStDV betrifft hauptsächlich diejenigen Fälle, in denen der selbständige Beauftragte, z. B. der Spediteur mit Sitz im Drittlandsgebiet oder die Privatperson, die in § 10 Abs. 1 Satz 1 Nr. 2 Buchstabe b Doppelbuchstabe ff UStDV vorgesehene Versicherung über die Nachprüfbarkeit seiner Angaben im Gemeinschaftsgebiet nicht abgeben kann. [2]An den Nachweis des Unternehmers, dass ein Ausnahmefall im Sinne des § 10 Abs. 4 UStDV vorliegt, sind keine erhöhten Anforderungen zu stellen.

(4) [1]Bei der Ausfuhr von Fahrzeugen im Sinne des § 1 b Abs. 2 Nr. 1 UStG (vgl. Abschnitt 1 b.1), die zum bestimmungsmäßigen Gebrauch im Straßenverkehr einer Zulassung bedürfen, muss der Beleg nach § 10 Abs. 1 UStDV (vgl. Absätze 1 und 2) immer auch die Fahrzeug-Identifikationsnummer im Sinne des § 6 Abs. 5 Nr. 5 FZV enthalten (§ 10 Abs. 2 Satz 1 Nr. 1 UStDV), unabhängig davon, ob das Fahrzeug mit Hilfe eines Beförderungsmittels oder auf eigener Achse ausgeführt wird. [2]Ob das ausgeführte Fahrzeug zum bestimmungsmäßigen Gebrauch im Straßenverkehr einer Zulassung bedarf, richtet sich dabei nach § 3 Abs. 1 und 2 Nr. 1 in Verbindung mit § 2 Nr. 1 und 3 FZV. [3]Außerdem muss der Unternehmer bei der Ausfuhr eines solchen Fahrzeugs nach § 10 Abs. 2 Satz 1 Nr. 2 UStDV grundsätzlich zusätzlich über eine Bescheinigung über die Zulassung, die Verzollung oder die Einfuhrbesteuerung im Drittland verfügen; Abschnitt 6.6 Absatz 6 Sätze **3** und **4** gilt entsprechend. [4]Dies gilt gemäß § 10 Abs. 2 Satz 2 UStDV jedoch nicht in den Fällen, in denen das Fahrzeug

1. mit einem Ausfuhrkennzeichen ausgeführt wird, das im Beleg nach § 10 Abs. 1 UStDV aufgeführt ist, oder
2. nicht im Sinne der FZV auf öffentlichen Straßen in Betrieb gesetzt worden ist (§ 3 und §§ 16 bis 19 FZV) und nicht auf eigener Achse in das Drittlandsgebiet ausgeführt wird.

Anmerkung

Wird der Gegenstand von einem **selbstständigen Beauftragten** befördert (Versendungslieferung), hat der Unternehmer den Nachweis ebenfalls durch die Ausfuhranmeldung im elektronischen Ausfuhrverfahren mit dem Ausgangsvermerk zu führen, § 10 Abs. 1 Nr. 1 UStDV.

Bei allen anderen Ausfuhranmeldungen sind die belegmäßigen Nachweise für die Ausfuhrlieferung nach § 10 Abs. 1 Nr. 2 UStDV wie folgt zu führen:

- durch einen Versendungsbeleg, insbesondere durch handelsrechtlichen **Frachtbrief**, der vom Auftraggeber des Frachtführers unterzeichnet ist, mit einem **Konnossement**, mit einem **Einlieferungsschein für im Postverkehr beförderte Sendungen** oder deren Doppelstücke, oder
- durch einen anderen handelsüblichen Beleg, insbesondere durch eine Bescheinigung des beauftragten Spediteurs. Der sonstige Beleg soll die folgenden Einzelheiten enthalten:
  a) den Namen und die Anschrift des mit der Beförderung beauftragten Unternehmers sowie das Ausstellungsdatum,
  b) den Namen und die Anschrift des liefernden Unternehmers sowie des Auftraggebers der Versendung,
  c) die Menge und die Art (handelsübliche Bezeichnung) des ausgeführten Gegenstands,
  d) den Ort und den Tag der Ausfuhr oder den Ort und den Tag der Versendung des ausgeführten Gegenstands in das Drittlandsgebiet,
  e) den Empfänger des ausgeführten Gegenstands und den Bestimmungsort im Drittlandsgebiet,
  f) eine Versicherung des mit der Beförderung beauftragten Unternehmers darüber, dass die Angaben im Beleg auf der Grundlage von Geschäftsunterlagen gemacht wurden, die im Gemeinschaftsgebiet nachprüfbar sind, sowie
  g) die Unterschrift des mit der Beförderung beauftragten Unternehmers.

  Hinweis: Postsendungen

  Bei Postsendungen kommen als Ausfuhrnachweise auch die Einlieferungsbescheinigungen oder die Versandbestätigungen auf vom Absender vorbereiteten Bescheinigungen in Betracht. Diese müssen aber vom Beförderer unterschrieben werden. Es ist kein Ausfuhrnachweis allein mittels Einlieferungsscheins der Post zu führen, vgl. FG Berlin-Brandenburg, Urt. v. 11.1.2017 – 7 K 7104/15, DStRE 2017, 1445.

Bei der Ausfuhrlieferung von Gegenständen in **gewöhnlichen Briefen**, für die eine Ausfuhranmeldung oder eine Ausfuhrkontrollmeldung nicht erforderlich ist, kann der Nachweis der Steuerfreiheit auch durch leicht nachprüfbare innerbetriebliche Versendungsunterlagen in Verbindung mit den Aufzeichnungen in der Finanzbuchhaltung geführt werden (z. B. Postausgangsbücher, Portobücher oder Auslieferungslisten).

Die genannten belegmäßigen Voraussetzungen müssen nach § 13 UStDV auch buchmäßig nachgewiesen werden. Dabei hat der leistende Unternehmer die Voraussetzungen so aufzuzeichnen, dass sie eindeutig und leicht nachprüfbar aus der Buchführung zu ersehen sind.

UStAE 6.7 a. Ausgangsvermerke als Ausfuhrnachweis

[1]Neben dem allgemeinen „Ausgangsvermerk" und dem „Alternativ-Ausgangsvermerk" (vgl. Abschnitt 6.6 Abs. 1 Nr. 1 Buchstabe a und Abschnitt 6.7 Abs. 1) werden folgende Ausgangsvermerke, die im EDV-gestützten Ausfuhrverfahren ATLAS durch die AfZSt an den Anmelder/Ausführer übermittelt werden, als Ausfuhrnachweis anerkannt:

1. Ausgangsvermerk auf Grund einer monatlichen Sammelanmeldung nach Artikel 167 und 182 UZK sowie 225 UZK-IA, soweit sich aus den begleitenden Dokumenten und aus der Buchführung die Ausfuhr der Ware eindeutig und leicht nachprüfbar ergibt,

2. Ausgangsvermerk auf Grund einer nachträglichen Ausfuhranmeldung im Ausfallverfahren,
3. Ausgangsvermerk auf Grund einer rückwirkenden Ausfuhranmeldung nach Artikel 337 UZK-IA und
4. Ausgangsvermerk auf Grund einer nachträglichen Ausfuhranmeldung bei vorheriger ganz oder teilweise unrichtiger Ausfuhranmeldung.

[2]Zu den Mustern dieser Ausgangsvermerke siehe Anlagen 1 bis 4 des BMF-Schreibens vom 23. 1. 2015 (BStBl I S. 144).

Anmerkung

Da von den Zollverwaltungen neben dem klassischen Ausgangsvermerk auch weitere Ausgangsvermerke erteilt werden, hat die Finanzverwaltung in Abschn. 6.7a UStAE die weiteren Ausgangsvermerke aufgeführt, die neben dem allgemeinen Ausgangsvermerk und dem „Alternativ-Ausgangsvermerk" als Ausfuhrnachweis anerkannt werden (in dem BMF-Schreiben v. 23.1.2015, BStBl I 2015, 144 sind für die verschiedenen Fälle jeweils Muster beigefügt):

- Ausgangsvermerk aufgrund einer monatlichen **Sammelanmeldung** nach Art. 167 und Art. 182 UZK sowie Art. 225 UZK-IA, soweit sich aus den begleitenden Dokumenten und aus der Buchführung die Ausfuhr der Ware eindeutig und leicht nachprüfbar ergibt.
- Ausgangsvermerk aufgrund einer **nachträglichen Ausfuhranmeldung im Notfallverfahren**. Kann das Ausfuhrverfahren nicht im elektronischen Ausfuhrverfahren durchgeführt werden und wird der Ausfuhrnachweis erst in Papierform geführt, kann nachträglich ein elektronischer Ausgangsvermerk erteilt werden, dieser ist als Ausfuhrnachweis anzuerkennen.
- Ausgangsvermerk aufgrund einer **rückwirkenden Ausfuhranmeldung** nach Art. 337 UZK-IA. Diese Ausfuhranmeldung ist von einem Ausführer abzugeben, wenn eine Ware ins Drittlandsgebiet gelangt ist, ohne zuvor zur Ausfuhr angemeldet worden zu sein. Dieser rückwirkend ausgestellte Ausgangsvermerk wird als Ausfuhrnachweis anerkannt.
- Ausgangsvermerk aufgrund einer **nachträglichen Ausfuhranmeldung** bei vorheriger ganz oder teilweise unrichtiger Ausfuhranmeldung. Wird eine Ausfuhranmeldung – regelmäßig zur Korrektur der Außenhandelsstatistik – korrigiert, wird die ursprüngliche Ausfuhranmeldung durch eine nachträgliche Anmeldung durch die Zollstelle ersetzt. Der in diesem Fall erzeugte Ausgangsvermerk ist als Ausfuhrnachweis anzuerkennen.

UStAE 6.8. Ausfuhrnachweis in Bearbeitungs- und Verarbeitungsfällen

(1) [1]Wenn der Gegenstand der Lieferung vor der Ausfuhr durch einen Beauftragten des Abnehmers bearbeitet oder verarbeitet worden ist (vgl. Abschnitt 6.1 Abs. 5), muss der Beleg über den Ausfuhrnachweis die in § 11 Abs. 1 UStDV aufgeführten zusätzlichen Angaben enthalten. [2]Dieser Beauftragte kann zu diesem Zweck den Beleg mit einem die zusätzlichen Angaben enthaltenden Übertragungsvermerk versehen oder die zusätzlichen Angaben auf einem gesonderten Beleg machen. [3]Er kann auch auf Grund der bei ihm vorhandenen Geschäftsunterlagen, z. B. Versendungsbeleg, Ausfuhrbescheinigung des beauftragten Spediteurs oder Bestätigung der den Ausgang aus dem Gemeinschaftsgebiet überwachenden Grenzzollstelle, dem Unternehmer eine kombinierte Ausfuhr- und Bearbeitungsbescheinigung nach vorgeschriebenem Muster ausstellen; hinsichtlich dieses Musters wird auf das BMF-Schreiben vom 13. 12. 2022, BStBl I 2022 S. 1685, verwiesen.

(2) [1]Ist der Gegenstand der Lieferung nacheinander durch mehrere Beauftragte des Abnehmers und/oder eines nachfolgenden Abnehmers bearbeitet oder verarbeitet worden, muss aus den Belegen des Unternehmers die von jedem Beauftragten vorgenommene Bearbeitung oder Verarbeitung ersichtlich sein. [2]In der Regel wird der Unternehmer den Nachweis hierüber durch eine Ausfuhr- und Bearbeitungsbescheinigung des Beauftragten des Abnehmers führen können, dem er den Gegenstand der Lieferung übergeben oder übersandt hat. [3]Der Beauftragte kann in der Ausfuhrbescheinigung nicht nur die von ihm selbst vorgenommene Bearbeitung oder Verarbeitung, sondern auch die Bearbeitung oder Verarbeitung nachfolgender Beauftragter sowie deren Namen und Anschrift angeben. [4]Der Unternehmer kann sich aber

auch die verschiedenen Bearbeitungen oder Verarbeitungen durch gesonderte Bescheinigung der einzelnen Beauftragten bestätigen lassen.

(3) [1]Der Beleg nach Absatz 1 bzw. die Bescheinigung nach Absatz 1 oder Absatz 2 können auch auf elektronischem Weg übermittelt werden; bei einer elektronischen Übermittlung des Belegs bzw. der Bescheinigung ist eine Unterschrift nicht erforderlich, sofern erkennbar ist, dass die elektronische Übermittlung im Verfügungsbereich des Ausstellers begonnen hat. [2]Abschnitt 6 a.4 Abs. 3 Satz 2 und Abs. 6 ist entsprechend anzuwenden.

Anmerkung

Ausfuhrlieferungen sind unter den weiteren Voraussetzungen des § 6 UStG i. V. m. § 4 Nr. 1 Buchst. a UStG steuerfrei. Ausdrücklich ist in § 6 Abs. 1 Satz 2 UStG geregelt, dass der Gegenstand der Lieferung durch **Beauftragte vor der Ausfuhr** bearbeitet oder verarbeitet werden kann.

Hinweis: Be- oder Verarbeitung durch Dritten

Die Be- oder Verarbeitung muss durch einen vom Leistungsempfänger Beauftragten (Dritten) erfolgen. Erfolgt die Be- oder Verarbeitung durch den liefernden Unternehmer, wäre Gegenstand der Lieferung schon der be- oder verarbeitete Gegenstand.

Der liefernde Unternehmer muss die Be- oder Verarbeitung und das anschließende Gelangen des Gegenstands in das Drittlandsgebiet **nachweisen**. Die dafür notwendigen **Formulare**, in denen der mit der Be- oder Verarbeitung beauftragte Unternehmer dem liefernden Unternehmer bestätigt, dass seine Leistung im Auftrag eines Dritten erfolgte und das der Gegenstand anschließend in das Ausland gelangt ist, wurden von der Finanzverwaltung (BMF, Schreiben v. 13.12.2022, BStBl I 2022, 1685) neu herausgegeben.

UStAE 6.9. Sonderregelungen zum Ausfuhrnachweis

Lieferungen im Freihafen

(1) [1]In einem Freihafen ausgeführte Lieferungen von Gegenständen, die sich im Zeitpunkt der Lieferung einfuhrumsatzsteuerrechtlich im freien Verkehr befinden (§ 1 Abs. 3 Satz 1 Nr. 4 Buchstabe b UStG), sind wie steuerfreie Ausfuhrlieferungen zu behandeln, wenn die Gegenstände bei Ausführung der Lieferungen in das Drittlandsgebiet außerhalb der in § 1 Abs. 3 UStG bezeichneten Gebiete gelangen. [2]Da eine Ausfuhr nicht vorliegt, kann kein Ausfuhrnachweis geführt werden. [3]Es genügt, dass der Unternehmer die vorbezeichneten Voraussetzungen glaubhaft macht. [4]Auch das Fehlen des buchmäßigen Nachweises ist in diesen Fällen zur Vermeidung von unbilligen Härten nicht zu beanstanden. [5]Eine entsprechende Regelung ist für die Fälle des Freihafen-Veredelungsverkehrs und der Freihafenlagerung (§ 1 Abs. 3 Satz 1 Nr. 4 Buchstabe a UStG) nicht erforderlich, weil in diesen Fällen keine steuerbaren Lieferungen vorliegen (vgl. Abschnitt 1.12 Abs. 3).

Versendungen nach Grenzbahnhöfen oder Güterabfertigungsstellen

(2) [1]Werden Liefergegenstände von einem Ort im Inland nach einem Grenzbahnhof oder einer Güterabfertigungsstelle eines deutschen Eisenbahnunternehmens im Drittlandsgebiet versendet, kann der Ausfuhrnachweis mit Hilfe des verwendeten Frachtbriefes, des Frachtbriefdoppels oder mit der von dem Eisenbahnunternehmen ausgestellten Bescheinigung zu Umsatzsteuerzwecken geführt werden. [2]Im Drittlandsgebiet liegen die folgenden Grenzbahnhöfe oder Güterabfertigungsstellen:

Basel Bad Bf,
Basel Bad Gbf,
Bremerhaven Nordhafen (ohne Carl-Schurz-Gelände) und
Schaffhausen.

[3]Als Grenzbahnhof im Drittlandsgebiet ist auch der Bahnhof Bremerhaven Kaiserhafen (ohne Ladebezirk Industriestammgleis Speckenbüttel) anzusehen. [4]Bei diesem Bahnhof liegen zwar die Gebäude im

Inland, die jeweiligen Be- und Entladestellen befinden sich jedoch im Freihafen. [5]Über den Bahnhof Bremerhaven Kaiserhafen können auch Liefergegenstände versandt werden, bei denen als Bestimmungsort Privatgleisanschlüsse, private Ladestellen oder Freiladegleise im Inland angegeben sind. [6]Es liegt deshalb keine Ausfuhr vor, wenn einer dieser Gleisanschlüsse, eine dieser Ladestellen oder eines dieser Ladegleise Bestimmungsort ist.

(3) [1]Werden Liefergegenstände aus dem Inland nach einem Grenzbahnhof oder einer Güterabfertigungsstelle im Inland versendet, liegt keine Ausfuhr vor. [2]Die verwendeten Frachtbriefe oder Frachtbriefdoppel kommen deshalb als Ausfuhrbelege nicht in Betracht. [3]Lediglich bei Versendungen nach dem Bahnhof Cuxhaven ist es möglich, Liefergegenstände durch zusätzliche Angabe des Anschlusses in den Freihafen zu versenden. [4]Die Bezeichnungen hierfür lauten

1. Cuxhaven, Anschluss Amerika-Bahnhof Gleise 1 und 2,
2. Cuxhaven, Anschluss Amerika-Bahnhof Lentzkai Gleise 9 und 10.

[5]Frachtbriefe oder Frachtbriefdoppel, in denen einer der bezeichneten Anschlüsse als Bestimmungsort angegeben ist, können deshalb als Ausfuhrnachweis anerkannt werden.

(4) [1]In den Fällen, in denen Gegenstände nach ihrer Ankunft auf einem Grenzbahnhof oder einer Güterabfertigungsstelle im Inland weiter in das Drittlandsgebiet befördert oder versendet werden, gelten für die Führung des Ausfuhrnachweises die allgemeinen Regelungen (vgl. Abschnitte 6.5 bis 6.7). [2]Jedoch ist Folgendes zu beachten:

1. [1]Auf folgenden Grenzbahnhöfen im Inland besteht auch eine Güterabfertigungsstelle der Schweizerischen Bundesbahnen (SBB):
   Konstanz, SBB und
   Singen (Hohentwiel), SBB.
   [2]Werden Liefergegenstände von diesen Gemeinschaftsbahnhöfen zu einem Bestimmungsort in der Schweiz versendet und zu diesem Zweck an den Güterabfertigungsstellen der SBB aufgegeben, kann der Ausfuhrnachweis auch mit Hilfe des Frachtbriefs oder Frachtbriefdoppels der SBB geführt werden.
2. [1]Auf dem Grenzbahnhof Waldshut kann die Güterabfertigungsstelle der Eisenbahnen des Bundes beim Güterverkehr mit der Schweiz die Abfertigungsarbeiten für die SBB erledigen. [2]Satz 2 der Nummer 1 gilt deshalb für diese Fälle entsprechend.

Postsendungen

(5) [1]Bei Postsendungen kommen als Ausfuhrnachweise in Betracht:

1. Versendungsbelege, und zwar
   a) [1]der Einlieferungsbeleg für eingeschriebene Briefsendungen einschließlich eingeschriebener Päckchen, für Briefe mit Wertangabe und für gewöhnliche Briefe mit Nachnahme sowie der Einlieferungsschein für Filialkunden bzw. die Einlieferungsliste (Auftrag zur Beförderung Ausland) für Vertragskunden für Postpakete (Wertpakete und gewöhnliche Postpakete). [2]Die Bescheinigung wird erteilt auf den Einlieferungsbelegen bzw. -scheinen, im Einlieferungsbuch, auf Belegen des Absenders, die im Aufdruck mit dem Einlieferungsbeleg bzw. -schein, der Einlieferungsliste oder dem Einlieferungsbuch im Wesentlichen übereinstimmen, und – bei gewöhnlichen Postpaketen – auch auf vom Absender vorbereiteten Bescheinigungen,
   b) die Versandbestätigung für gewöhnliche Päckchen auf vom Absender vorbereiteten Bescheinigungen;
2. andere Belege, und zwar
   a) [1]die von der AfZSt mit Dienststempelabdruck und von der AgZSt mit einem Dienststempelabdruck, der den Namen der Zollstelle und das Datum enthält, versehene und dem Beteiligten zurückgegebene bzw. zurückgesandte Ausfuhranmeldung (Exemplar Nr. 3 des Einheitspapiers) im Ausfall- und Sicherheitskonzept (vgl. Abschnitt 6.2 Abs. 4 Satz 1 Nr. 1). [2]Der Anmelder ist jedoch von der Vorlage einer schriftlichen Ausfuhranmeldung nach Artikel 141 Abs. 4 UZK-DA unter Einschränkung des Artikels 142 UZK-DA insbesondere in folgenden Fällen befreit:

aa) bei Postsendungen (Pakete oder Päckchen, Artikel 1 Nr. 24 UZK-DA), die zu kommerziellen Zwecken bestimmte Waren enthalten, bis zu einem Wert von 1 000 €;

bb) bei Postsendungen mit Waren zu nichtkommerziellen Zwecken (Artikel 1 Nr. 21 UZK-DA);

cc) bei Briefsendungen (Artikel 1 Nr. 26 UZK-DA).

[3]In diesen Fällen kann deshalb der Ausfuhrnachweis nicht mit Hilfe der Ausfuhranmeldung (Exemplar Nr. 3 des Einheitspapiers) geführt werden,

b) [1]leicht nachprüfbare innerbetriebliche Versendungsunterlagen in Verbindung mit den Aufzeichnungen in der Finanzbuchhaltung. [2]Dieser Nachweis kommt bei der Ausfuhr von Gegenständen in gewöhnlichen Briefen, für die eine Ausfuhranmeldung nicht erforderlich ist, in Betracht. [3]Diese Regelung trägt dem Umstand Rechnung, dass bei diesen Ausfuhrsendungen der Ausfuhrnachweis weder nach Nummer 1 noch nach Nummer 2 Buchstabe a geführt werden kann.

[2]Erfolgt die Versendung in ATLAS-Ausfuhr, gilt Abschnitt 6.6 Abs. 1 Nr. 1 Buchstaben a und b entsprechend.

Kurierdienste

(6) [1]Grundsätzlich sind an die schriftliche Auftragserteilung an den Unternehmer, der Kurierdienstleistungen erbringt, die gleichen Anforderungen zu stellen wie an einen Posteinlieferungsschein. [2]Ein Unternehmer erbringt eine Kurierdienstleistung, wenn er adressierte Sendungen in einer Weise befördert, dass entweder einzelne nachgewiesene Sendungen im Interesse einer schnellen und zuverlässigen Beförderung auf dem Weg vom Absender zum Empfänger ständig begleitet werden und die Begleitperson die Möglichkeit hat, jederzeit auf die einzelne Sendung zuzugreifen und die erforderlichen Dispositionen zu treffen, oder eine Kontrolle des Sendungsverlaufs durch den Einsatz elektronischer Kontroll- und Steuerungssysteme jederzeit möglich ist (sog. tracking and tracing). [3]Im Einzelnen sollen folgende Angaben vorhanden sein:

– Name und Anschrift des Ausstellers des Belegs;
– Name und Anschrift des Absenders;
– Name und Anschrift des Empfängers;
– handelsübliche Bezeichnung und Menge der beförderten Gegenstände;
– Tag der Einlieferung der beförderten Gegenstände beim Unternehmer.

[4]Aus Vereinfachungsgründen kann bzgl. der Angaben zur handelsüblichen Bezeichnung, Menge und Wert der beförderten Gegenstände auf die Rechnung des Auftraggebers durch Angabe der Rechnungsnummer verwiesen werden, wenn auf dieser die Nummer des Versendungsbelegs angegeben ist. [5]Überwacht ein Transportunternehmen den Sendungsverlauf elektronisch, wird für Zwecke des Ausfuhrnachweises nicht zwischen den Leistungen von Kurierdiensten und anderen Transportunternehmen (Spediteure/Frachtführer) unterschieden. [6]Erfolgt die Versendung in ATLAS-Ausfuhr, gilt Abschnitt 6.6 Abs. 1 Nr. 1 Buchstaben a und b entsprechend.

Druckerzeugnisse

(7) [1]Bücher, Zeitungen, Zeitschriften und sonstige Druckerzeugnisse werden vielfach als Sendungen zu ermäßigtem Entgelt oder als Sendungen zu ermäßigtem Entgelt in besonderem Beutel („M"-Beutel) in das Drittlandsgebiet versandt. [2]Bei diesen Sendungen kann der Ausfuhrnachweis nicht durch Versendungsbelege geführt werden. [3]Die Ausfuhr kann deshalb durch leicht nachprüfbare innerbetriebliche Versendungsunterlagen in Verbindung mit den Aufzeichnungen in der Finanzbuchhaltung nachgewiesen werden. [4]Innerbetriebliche Versendungsunterlagen können sein:

1. bei Lieferungen von Büchern in das Drittlandsgebiet
   a) Auslieferungslisten oder Auslieferungskarteien mit Versanddaten, nach Nummern oder alphabetisch geordnet;
   b) Durchschriften von Rechnungen oder Lieferscheinen, nach Nummern oder alphabetisch geordnet;
   c) Postausgangsbücher oder Portobücher;

2. bei Lieferungen von Zeitungen, Zeitschriften und sonstigen periodisch erscheinenden Druckschriften in das Drittlandsgebiet
   a) Fortsetzungskarteien oder Fortsetzungslisten mit Versanddaten – in der Regel nur bei geringer Anzahl von Einzellieferungen –;
   b) Fortsetzungskarteien oder Fortsetzungslisten ohne Versanddaten – bei Massenversand häufig erscheinender Zeitschriften –, und zwar entweder in Verbindung mit Strichvermerken auf den Karteikarten oder in Verbindung mit maschinell erstellten Aufklebeadressen;
   c) Durchschriften von Rechnungen, nach Nummern oder alphabetisch geordnet;
   d) Postausgangsbücher oder Portobücher – nicht bei Massenversand –.

[5]Die bezeichneten Versendungsunterlagen können unter den Voraussetzungen des § 146 Abs. 5 und des § 147 Abs. 2 AO auch auf Datenträgern geführt werden.

(8) [1]In den Fällen des Absatzes 7 soll durch Verweisungen zwischen den Versendungsunterlagen und der Finanzbuchhaltung der Zusammenhang zwischen den jeweiligen Lieferungen und den dazugehörigen Entgelten leicht nachprüfbar nachgewiesen werden. [2]Dazu dienen in der Regel die Nummern oder die Daten der Rechnungen oder der Lieferscheine, die auf den Debitorenkonten und auf den Auslieferungslisten, Auslieferungskarteien oder sonstigen Versendungsunterlagen zu vermerken sind. [3]Zulässig ist auch jedes andere System gegenseitiger Hinweise, sofern es die leichte Nachprüfbarkeit gewährleistet.

(9) [1]Werden Bücher, Zeitungen und Zeitschriften von einem Vertreter des Unternehmers, z.B. von einem sog. Auslieferer, gelagert und auf Weisung des Unternehmers an Abnehmer im Drittlandsgebiet versendet, kann der Unternehmer die Ausfuhr in der Regel durch eine Ausfuhrbestätigung seines Lieferers oder des Vertreters, die auf innerbetrieblichen Versendungsunterlagen beruhen kann, nachweisen. [2]Es bestehen keine Bedenken, Ausfuhrbestätigungen des versendenden Vertreters auch ohne Angabe des Tages der Versendung als ausreichenden Ausfuhrnachweis anzuerkennen, wenn nach der Gesamtheit der beim Unternehmer vorliegenden Unterlagen kein ernstlicher Zweifel an der Ausfuhr der Gegenstände besteht. [3]Die Ausfuhrbestätigung des versendenden Vertreters kann auch auf elektronischemWeg übermittelt werden; bei einer elektronischen Übermittlung der Ausfuhrbestätigung ist eine Unterschrift nicht erforderlich, sofern erkennbar ist, dass die elektronische Übermittlung im Verfügungsbereich des Ausstellers begonnen hat. [4]Abschnitt 6 a.4 Abs. 3 Satz 2 und Abs. 6 ist entsprechend anzuwenden.

(10) Erfolgt die Versendung der genannten Druckerzeugnisse in ATLAS-Ausfuhr, gilt Abschnitt 6.6 Abs. 1 Nr. 1 Buchstaben a und b entsprechend.

(11) *weggefallen*

(12) *weggefallen*

(13) *weggefallen*

Ausfuhranmeldungen im Rahmen der einzigen Bewilligung

(14) [1]Mit Wirkung vom 1. 1. 2009 wurden die Vorschriften über die Binnengrenzen überschreitende Abfertigungsmöglichkeiten im Rahmen einer sog. einzigen Bewilligung auch auf das Ausfuhrverfahren ausgedehnt (Verordnung [EG] Nr. 1192/2008 der Kommission vom 17. 11. 2008, ABl. EU 2008 Nr. L 329). [2]Mit dieser zentralisierten Zollabwicklung werden der Ort, an dem sich die Waren befinden und der Ort, an dem die Ausfuhranmeldung abgegeben wird, Mitgliedstaaten übergreifend entkoppelt.

(15) [1]Ein Unternehmen, das von mehreren Warenorten in der EU seine Ausfuhren tätigt, kann die Ausfuhrsendung zentral in dem Mitgliedstaat anmelden, in dem sich seine Hauptbuchhaltung befindet. [2]Für den Nachrichtenaustausch im EDV-gestützten Ausfuhrsystem bedeutet dies, dass der elektronische Ausfuhrvorgang in dem Mitgliedstaat begonnen und erledigt wird, in dem die ursprüngliche elektronische Anmeldung abgegeben wurde und zwar unabhängig davon, in welchem Mitgliedstaat sich die Waren im Anmeldezeitpunkt befanden. [3]Bei Ausfuhranmeldungen, die im Rahmen der „ausländischen" einzigen Bewilligung bei einer für den Ausführer/Anmelder zuständigen AfZSt in Deutschland abgegeben werden, müssen zwar in allen Mitgliedstaaten die Anmelder/Ausführer nach Artikel 334 UZK-IA über den körperlichen Ausgang

der Waren per EDIFACT-Nachricht unterrichtet werden; ob – wie in Deutschland – dazu zusätzlich noch ein PDF-Dokument beigefügt wird, obliegt der Entscheidung der Mitgliedstaaten.

Beispiel 1:

[1]Ein Unternehmen hat seine Hauptbuchhaltung in den Niederlanden und unterhält Warenorte in den Niederlanden und in Deutschland. [2]Die Ausfuhranmeldung erfolgt über das niederländische IT-System DSU auch für die in Deutschland befindlichen Waren. [3]Im deutschen IT-System ATLAS-Ausfuhr kann von der für den Warenort zuständigen AfZSt kein PDF-Dokument „Ausgangsvermerk" erzeugt werden.

[4]In diesen Fällen ist die von der ausländischen Zolldienststelle erhaltene EDIFACT-Nachricht über den körperlichen Ausgang der Waren als Beleg im Sinne des § 9 Abs. 1 UStDV oder des § 10 Abs. 1 UStDV und als Nachweis für Umsatzsteuerzwecke anzuerkennen, wenn der Unternehmer zusammen mit der Nachricht über Aufzeichnungen/Dokumentationen verfügt, dass er diese von der ausländischen Zolldienststelle erhalten hat. [5]Zusätzlich muss der Unternehmer die Verbindung der Nachricht mit der entsprechenden Ausfuhranmeldung bei der ausländischen Zolldienststelle aufzeichnen.

[4]Bei Ausfuhranmeldungen, die im Rahmen der „deutschen" einzigen Bewilligung bei einer für den Ausführer/Anmelder zuständigen AfZSt in einem anderen Mitgliedstaat abgegeben werden, erhält der Ausführer/Anmelder für alle Waren, die er über das deutsche IT-System ATLAS angemeldet hat, ein PDF-Dokument „Ausgangsvermerk".

Beispiel 2:

[1]Ein Unternehmen hat seine Hauptbuchhaltung in Deutschland und unterhält Warenorte in den Niederlanden und in Deutschland. [2]Die Ausfuhranmeldung erfolgt über das deutsche IT-System ATLAS-Ausfuhr auch für die in den Niederlanden befindlichen Waren. [3]Anhand der Angabe in Feld 15a (Ausfuhr-/Versendungsland) des Ausgangsvermerks ist für die deutschen Finanzämter erkennbar, dass sich die Waren im Anmeldezeitpunkt in einem anderen Mitgliedstaat befanden.

Abgabe der Ausfuhranmeldung in einem Mitgliedstaat des übrigen Gemeinschaftsgebiets

(16) Wurde die Ausfuhranmeldung zulässigerweise ohne einzige Bewilligung in einem Mitgliedstaat des übrigen Gemeinschaftsgebiets abgegeben, gilt Folgendes:

1. Hat die ausländische Zolldienststelle der von ihr übermittelten elektronischen Nachricht (z. B. EDIFACT-Nachricht) das PDF-Dokument „Ausgangsvermerk" beigefügt, ist der Ausfuhrnachweis mit diesem Ausgangsvermerk, der den Regelungen in § 9 Abs. 1 Satz 1 Nr. 1 UStDV und § 10 Abs. 1 Satz 1 Nr. 1 UStDV entspricht, zu führen.
2. Wurde dem Ausführer von der ausländischen Zolldienststelle lediglich eine elektronische Nachricht übersandt, ist der Ausfuhrnachweis wie folgt zu führen und unter folgenden Voraussetzungen anzuerkennen:
   a) der Unternehmer weist den körperlichen Ausgang der Waren mit der von der ausländischen Zolldienststelle erhaltenen elektronischen Nachricht nach,
   b) er verfügt über Aufzeichnungen/Dokumentationen, dass er die Nachricht von der ausländischen Zolldienststelle erhalten hat,
   c) er zeichnet die Verbindung der Nachricht mit der entsprechenden Ausfuhranmeldung bei der ausländischen Zolldienststelle auf und
   d) es bestehen keine Zweifel bezüglich des ordnungsgemäßen Ausgangs der Waren aus dem Zollgebiet der EU.

Anmerkung

Seit dem **1.7.2009** besteht in der Europäischen Union die Pflicht zur Teilnahme am **elektronischen Ausfuhrverfahren**.

Seit dem 1.1.2009 gilt im Binnenmarkt eine **weitere Vereinfachung** bei der Ausfuhranmeldung, die sog. einzige Bewilligung. In diesem Verfahren können Ausfuhranmeldungen auch in einem anderen Mitgliedstaat abgegeben werden, als dem Staat, in dem sich die Ware vor der Ausfuhr befindet. Dies bedeutet, dass der elektronische Ausfuhrvorgang in dem Mitgliedstaat begonnen und erledigt wird, in dem die ursprüngliche elektronische Anmeldung abgegeben wurde – unabhängig davon, wo sich die Waren zum Anmeldezeitpunkt befinden. In diesem Fall sind die Ausfuhrnachweise in Abhängigkeit davon zu führen, in welchem Land die Anmeldung erfolgte:

- Wird die Ware im **Ausland** angemeldet, befindet sich aber in Deutschland, kann in Deutschland von der für den Warenort zuständigen Ausgangszollstelle kein PDF-Dokument „Ausgangsvermerk" erzeugt werden. In diesem Fall ist die vom Unternehmer ausgedruckte ausländische EDIFACT-Nachricht als Ausfuhrbeleg anzuerkennen, wenn er über Aufzeichnungen verfügt, dass er die Nachricht von der ausländischen Zolldienststelle erhalten hat.
- Wird die Ware in **Deutschland** im Rahmen der einzigen Bewilligung angemeldet, befindet sich aber in einem anderen Mitgliedstaat, erfolgt der Nachweis über das PDF-Dokument „Ausgangsvermerk" (in Feld 15a ist das Ausfuhr- oder Versendungsland angegeben, sodass ersichtlich ist, dass die Ware sich nicht in Deutschland befunden hat).

UStAE 6.10. Buchmäßiger Nachweis

(1) Der Unternehmer hat die Ausfuhr – neben dem Ausfuhrnachweis (vgl. Abschnitt 6.5 Abs. 1) – buchmäßig nachzuweisen (§ 6 Abs. 4 UStG und § 13 UStDV).

(2) [1]Der buchmäßige Nachweis muss grundsätzlich im Geltungsbereich des UStG geführt werden. [2]Steuerlich zuverlässigen Unternehmern kann jedoch gestattet werden, die Aufzeichnungen über den buchmäßigen Nachweis im Ausland vorzunehmen und dort aufzubewahren. [3]Voraussetzung ist hierfür, dass andernfalls der buchmäßige Nachweis in unverhältnismäßiger Weise erschwert würde und dass die erforderlichen Unterlagen den deutschen Finanzbehörden jederzeit auf Verlangen im Geltungsbereich des UStG vorgelegt werden. [4]Der Bewilligungsbescheid ist unter einer entsprechenden Auflage und unter dem Vorbehalt jederzeitigen Widerrufs zu erteilen.

(3) [1]Aus dem Grundsatz, dass die buchmäßig nachzuweisenden Voraussetzungen eindeutig und leicht nachprüfbar aus der Buchführung zu ersehen sein müssen (§ 13 Abs. 1 UStDV), ergibt sich, dass die erforderlichen Aufzeichnungen laufend und unmittelbar nach Ausführung des jeweiligen Umsatzes vorgenommen werden müssen. [2]Der Unternehmer muss den buchmäßigen Nachweis der steuerfreien Ausfuhrlieferung (§ 6 Abs. 4 UStG in Verbindung mit § 13 UStDV) bis zu dem Zeitpunkt führen, zu dem er die Umsatzsteuer-Voranmeldung für die Ausfuhrlieferung zu übermitteln hat (vgl. BFH-Urteil vom 28. 8. 2014, V R 16/14, BStBl 2015 II S. 46). [3]Der Unternehmer kann fehlende oder fehlerhafte Aufzeichnungen eines rechtzeitig erbrachten Buchnachweises bis zum Schluss der letzten mündlichen Verhandlung vor dem Finanzgericht nach den für Rechnungsberichtigungen geltenden Grundsätzen ergänzen oder berichtigen (BFH-Urteil vom 28. 5. 2009, V R 23/08, BStBl 2010 II S. 517).

(3 a) Wird der Buchnachweis weder rechtzeitig geführt noch zulässigerweise ergänzt oder berichtigt, kann die Ausfuhrlieferung gleichwohl steuerfrei sein, wenn auf Grund der objektiven Beweislage feststeht, dass die Voraussetzungen des § 6 Abs. 1 bis Abs. 3 a UStG vorliegen (BFH-Urteil vom 28. 5. 2009, V R 23/08, BStBl 2010 II S. 517).

(4) [1]Der Inhalt und der Umfang des buchmäßigen Nachweises sind in Form von Mussvorschriften geregelt (§ 13 Abs. 2 bis 7 UStDV). [2]Der Unternehmer kann den Nachweis aber in besonders begründeten Einzelfällen auch in anderer Weise führen. [3]Er muss jedoch in jedem Fall die Grundsätze des § 13 Abs. 1 UStDV beachten.

(5) [1]Bei der Aufzeichnung der Menge und der handelsüblichen Bezeichnung des Gegenstands der Lieferung sind Sammelbezeichnungen, z.B. Lebensmittel oder Textilien, in der Regel nicht ausreichend (vgl. Abschnitt 14.5 Abs. 15). [2]Aus der Aufzeichnung der Art und des Umfangs einer etwaigen Bearbei-

tung oder Verarbeitung vor der Ausfuhr (vgl. Abschnitt 6.1 Abs. 5) sollen auch der Name und die Anschrift des mit der Bearbeitung oder Verarbeitung Beauftragten, die Bezeichnung des betreffenden Auftrags sowie die Menge und handelsübliche Bezeichnung des ausgeführten Gegenstands hervorgehen. [3]Als Grundlage dieser Aufzeichnungen können die Belege dienen, die der Unternehmer über die Bearbeitung oder Verarbeitung erhalten hat (vgl. Abschnitt 6.8). [4]Die Aufzeichnung der Fahrzeug-Identifikationsnummer bei der Lieferung eines Fahrzeugs im Sinne des § 1b Abs. 2 UStG nach § 13 Abs. 2 Nr. 1 UStDV und die Aufzeichnung der MRN nach § 13 Abs. 2 Nr. 7 UStDV sind unerlässlich.

(6) [1]Befördert oder versendet der Unternehmer oder der Abnehmer den Gegenstand der Lieferung in die in § 1 Abs. 3 UStG bezeichneten Gebiete, muss sich aus der Angabe des Berufs oder des Gewerbezweigs des Abnehmers dessen Unternehmereigenschaft sowie aus der Angabe des Erwerbszwecks des Abnehmers dessen Absicht, den Gegenstand für sein Unternehmen zu verwenden, ergeben. [2]Bei Lieferungen, deren Gegenstände nach Art und/oder Menge nur zur Verwendung in dem Unternehmen des Abnehmers bestimmt sein können, genügt neben der Aufzeichnung des Berufs oder Gewerbezweigs des Abnehmers die Angabe der Art und Menge der gelieferten Gegenstände. [3]In Zweifelsfällen kann der Erwerbszweck durch eine Bestätigung des Abnehmers nachgewiesen werden. [4]Bei Lieferungen an juristische Personen des öffentlichen Rechts ist davon auszugehen, dass die Lieferungen für deren hoheitlichen und nicht für deren unternehmerischen Bereich ausgeführt worden sind, sofern nicht der Unternehmer anhand von Aufzeichnungen und Belegen, z. B. durch eine Bescheinigung des Abnehmers, das Gegenteil nachweist. [5]Wenn der Abnehmer kein Unternehmer ist, muss sich aus den Aufzeichnungen der Bestimmungsort im übrigen Drittlandsgebiet ergeben.

(7) Bei den in § 6 Abs. 3 UStG bezeichneten Lieferungen von Gegenständen, die zur Ausrüstung oder Versorgung eines Beförderungsmittels bestimmt sind (vgl. Abschnitt 6.4), muss der Unternehmer zusätzlich zu den in § 13 Abs. 2 UStDV bezeichneten Angaben Folgendes aufzeichnen (§ 13 Abs. 6 UStDV):

1. den Gewerbezweig oder Beruf des ausländischen Abnehmers zum Nachweis der Unternehmereigenschaft des Abnehmers und
2. [1]den Zweck, dem das ausgerüstete oder versorgte Beförderungsmittel dient, zum Nachweis des unternehmerischen Verwendungszwecks. [2]Es genügt die Angabe der Art des Beförderungsmittels, wenn es seiner Art nach nur unternehmerischen Zwecken dienen kann, z. B. Lkw, Reiseomnibus, Frachtschiff. [3]Bei anderen Beförderungsmitteln, z. B. Pkw, Krafträdern, Sport- und Vergnügungsbooten oder Sportflugzeugen, ist davon auszugehen, dass sie nichtunternehmerischen Zwecken dienen, es sei denn, dass nach der Gesamtheit der bei dem Unternehmer befindlichen Unterlagen kein ernstlicher Zweifel daran besteht, dass das Beförderungsmittel den Zwecken des Unternehmens des Abnehmers dient. [4]Eine Bescheinigung des Abnehmers über den Verwendungszweck des Beförderungsmittels reicht wegen der fehlenden Nachprüfungsmöglichkeit in der Regel nicht aus.

(8) Zum Buchnachweis beim nichtkommerziellen Reiseverkehr vgl. Abschnitt 6.11 Abs. 16.

UStAE 6.11. Ausfuhrlieferungen im nichtkommerziellen Reiseverkehr

Allgemeines

(1) [1]Bei den Ausfuhrlieferungen im nichtkommerziellen Reiseverkehr (§ 6 Abs. 3 a UStG) handelt es sich um Fälle, in denen der Abnehmer Waren zu nichtunternehmerischen Zwecken erwirbt und im persönlichen Reisegepäck in das Drittlandsgebiet verbringt. [2]Voraussetzung für die Steuerbefreiung ist, dass der Gesamtwert der Lieferung einschließlich Umsatzsteuer 50 Euro übersteigt. [3]Zum „persönlichen Reisegepäck" gehören diejenigen Gegenstände, die der Abnehmer bei einem Grenzübertritt mit sich führt, z. B. das Handgepäck oder die in einem von ihm benutzten Fahrzeug befindlichen Gegenstände, sowie das anlässlich einer Reise aufgegebene Handgepäck. [4]Als Reise sind auch Einkaufsfahrten und der Berufsverkehr anzusehen. [5]Ein **Beförderungsmittel nach Abschnitt 3a.5 Abs. 2**, seine Bestandteile **sowie die Gegenstände zur Ausrüstung** und **Versorgung** sind kein persönliches Reisegepäck (**vgl. Abschnitt 6.4**). [6]Keine Ausfuhr im Reiseverkehr liegt vor, wenn der Käufer die Ware durch einen Spediteur, durch Bahn oder Post oder durch einen sonstigen Frachtführer in ein Drittland versendet.

Wertgrenze

(2) Ausfuhrlieferungen im nichtkommerziellen Reiseverkehr sind erst dann von der Umsatzsteuer befreit, wenn der Gesamtwert der Lieferung einschließlich Umsatzsteuer 50 € übersteigt (Wertgrenze).

(3) [1]Für die Feststellung, ob die Wertgrenze überschritten wurde, ist der Rechnungsbetrag maßgeblich (vgl. Artikel 48 Satz 1 MwStVO). [2]Der Rechnungsbetrag kann neben dem Entgelt und dem auf das Entgelt entfallenden Steuerbetrag u. a. auch Kosten für Nebenleistungen (z. B. für Beförderung oder für Warenumschließungen) enthalten, die in die Ermittlung der Wertgrenze mit einzubeziehen sind (vgl. Abschnitt 10.1 Abs. 3). [3]Pfandgeld auf Warenumschließungen, das dem Abnehmer bei der Lieferung berechnet wird, ist grundsätzlich Teil des Entgelts für die Lieferung (Nebenleistungen zur Hauptleistung; vgl. Abschnitt 3.10 Abs. 5a Satz 2). [4]Unabhängig davon, ob einzelne Liefergegenstände von der Steuerbefreiung für Ausfuhrlieferungen ausgeschlossen sind (z. B. Gegenstände, die zur Ausrüstung oder Versorgung nichtunternehmerischer Beförderungsmittel bestimmt sind; § 6 Abs. 3 UStG), werden diese jedoch bei der Ermittlung der Wertgrenze berücksichtigt.

(4) [1]Werden mehrere Gegenstände von ein und demselben Unternehmer an ein und denselben Abnehmer geliefert, darf der Gesamtwert der Lieferung nur dann zugrunde gelegt werden, wenn alle diese Gegenstände auf einer gemeinsamen Rechnung aufgeführt sind (vgl. Artikel 48 Satz 2 MwStVO). [2]Eine Zusammenfassung mehrerer einzelner Rechnungen, um dadurch die Wertgrenze von 50 € zu überschreiten, ist nicht zulässig.

(5) [1]Bei nachträglichen Entgeltminderungen ist für die Beurteilung der Wertgrenze zu unterscheiden: Pfandrückgaben bleiben aus Vereinfachungsgründen unberücksichtigt. [2]Nachträgliche Teilrückabwicklungen(etwa bei Reklamation, Umtausch gegen Barauszahlung) sind demgegenüber zu berücksichtigen.

(6) [1]Bei Einzweckgutscheinen im Sinne des § 3 Abs. 14 Satz 1 UStG kommt die Steuerbefreiung für Ausfuhrlieferungen im nichtkommerziellen Reiseverkehr – unabhängig von der Überschreitung der Wertgrenze – nicht in Betracht (ruhende Lieferung). [2]Die Ausgabe oder erstmalige Übertragung eines Mehrzweckgutscheins im Sinne des § 3 Abs. 15 Satz 1 UStG stellt keine umsatzsteuerbare Lieferung dar. [3]Bei einem Mehrzweckgutschein gilt die Lieferung des Gegenstandes erst im Zeitpunkt der tatsächlichen Lieferung (=Einlösung) als erbracht. [4]Die Wertgrenze ist daher auch für Mehrzweckgutscheine anzuwenden, die vor dem 1. 1. 2020 ausgegeben, aber erst nach dem 31. 12. 2019 eingelöst werden.

Beispiel:

[1]Kauf eines Mehrzweckgutscheins am 23. 12. 2019 in Höhe von 20 €; Einlösung des Gutscheins für den Kauf einer CD zum Rechnungsbetrag von 20 € am 4. 12. 2020. [2]Die Ausgabe des Mehrzweckgutscheins am 23. 12. 2019 ist umsatzsteuerlich unbeachtlich. [3]Erst mit Einlösung des Gutscheins am 4. 12. 2020 wird die tatsächliche Lieferung erbracht. [4]Die Steuerbefreiung kommt mangels Überschreiten der Wertgrenze nicht in Betracht.

Ausfuhrnachweis

(7) [1]Die Verbringung des Liefergegenstands in das Drittlandsgebiet muss grundsätzlich durch eine Ausfuhrbestätigung der den Ausgang des Gegenstands aus dem Gemeinschaftsgebiet überwachenden Grenzzollstelle eines EU-Mitgliedstaats (Ausgangszollstelle) nachgewiesen werden (§ 9 Abs. 1 Satz 1 Nr. 2 UStDV, Abschnitt 6.6 Abs. 3). [2]Die Ausfuhrbestätigung erfolgt durch einen Sichtvermerk der Ausgangszollstelle der Gemeinschaft auf der vorgelegten Rechnung oder dem vorgelegten Ausfuhrbeleg. [3]Unter Sichtvermerk ist der Dienststempelabdruck der Ausgangszollstelle mit Namen der Zollstelle und Datum zu verstehen.

(8) [1]Als ausreichender Ausfuhrnachweis ist grundsätzlich ein Beleg (Rechnung oder ein entsprechender Beleg) anzuerkennen, der mit einem gültigen Stempelabdruck der Ausgangszollstelle versehen ist. [2]Das gilt auch dann, wenn außer dem Stempelabdruck keine weiteren Angaben, z. B. Datum und Unterschrift, gemacht wurden oder wenn auf besonderen Ausfuhrbelegen die vordruckmäßig vorgesehenen Ankreuzungen fehlen. [3]Entscheidend ist, dass sich aus dem Beleg die Abfertigung des Liefergegenstands zur Ausfuhr durch die Ausgangszollstelle erkennen lässt. [4]**Zu Fällen eines** Ausfuhrnachweis**es ohne eine**

Bestätigung der Grenzzollstelle **oder der Abgangsstelle durch andere geeignete Belege oder Ersatzbelege siehe Abschnitt 6.6 Abs. 6 und 6a Nr. 1, 2, 4 und 5.**

(9) [1]Der Ausfuhrbeleg (Rechnung oder entsprechender Beleg) muss u.a. auch die handelsübliche Bezeichnung und die Menge des ausgeführten Gegenstands enthalten. [2]Handelsüblich ist jede im Geschäftsverkehr für die Gegenstände allgemein verwendete Bezeichnung, die den Erfordernissen von Kaufleuten im Sinne des HGB genügt und von Unternehmern in den entsprechenden Geschäftskreisen allgemein (d.h. nicht nur gelegentlich) verwendet wird, z.B. auch eine Markenartikelbezeichnung. [3]Ob eine Bezeichnung handelsüblich ist, ist unter Berücksichtigung von Handelsstufe, Art und Inhalt der Lieferungen und dem Wert der einzelnen Gegenstände im Einzelfall zu bestimmen. [4]Bezeichnungen allgemeiner Art, die Gruppen verschiedenartiger Gegenstände umfassen, z.B. Geschenkartikel, reichen grundsätzlich nicht aus (vgl. Abschnitt 14.5 Abs. 15). [5]Die im Ausfuhrbeleg verwendete handelsübliche Bezeichnung von Gegenständen ist nicht zu beanstanden, wenn die Ausgangszollstelle anhand der Angaben im Ausfuhrbeleg die Ausfuhr dieser Gegenstände bestätigt. [6]Damit ist ausreichend belegt, dass die Gegenstände im Ausfuhrbeleg so konkret bezeichnet worden sind, dass die Ausgangszollstelle in der Lage war, die Abfertigung dieser Gegenstände zur Ausfuhr zu bestätigen.

Nachweis der Ausfuhrfrist

(10) [1]Der Unternehmer hat die Einhaltung der Ausfuhrfrist (§ 6 Abs. 3a Nr. 2 UStG) durch Angabe des Tags der Ausfuhr im Ausfuhrbeleg nachzuweisen. [2]Fehlt auf dem Ausfuhrbeleg die Angabe des Ausfuhrtags (z.B. in den Fällen des Absatzes 2), muss der Unternehmer den Tag der Ausfuhr durch andere überprüfbare Unterlagen nachweisen.

Abnehmernachweis

(11) [1]Außer der Ausfuhr der Gegenstände hat der Unternehmer durch einen Beleg nachzuweisen, dass der Abnehmer im Zeitpunkt der Lieferung seinen Wohnort im Drittlandsgebiet hatte. [2]Bei einem Abnehmer aus dem Vereinigten Königreich Großbritannien und Nordirland befindet sich dessen Wohnort für Zwecke des Warenverkehrs nur dann im Drittlandsgebiet, wenn der Abnehmer diesen in Großbritannien (nicht Nordirland) hat (vgl. Abschnitt 1.10). [3]Wohnort ist der Ort, an dem der Abnehmer für längere Zeit seine Wohnung hat und der als der örtliche Mittelpunkt seines Lebens anzusehen ist. [4]Als Wohnort in diesem Sinne gilt der Ort, der im Reisepass oder in einem anderen in der Bundesrepublik Deutschland anerkannten Grenzübertrittspapier (insbesondere Personalausweis) eingetragen ist. [5]Der Unternehmer kann sich hiervon durch Einsichtnahme in das vom Abnehmer vorgelegte Grenzübertrittspapier überzeugen. [6]Aus dem Ausfuhrbeleg (Rechnung oder entsprechender Beleg) müssen sich daher der Name und die Anschrift des Abnehmers ergeben (Land, Wohnort, Straße und Hausnummer). [7]Ist die Angabe der vollständigen Anschrift des Abnehmers zum Beispiel auf Grund von Sprachproblemen nicht möglich, genügt neben dem Namen des Abnehmers die Angabe des Landes, in dem der Abnehmer wohnt, und die Angabe der Nummer des Reisepasses oder eines anderen anerkannten Grenzübertrittspapiers.

(12) [1]Im Ausfuhrbeleg bestätigt die Ausgangszollstelle außer der Ausfuhr, dass die Angaben zum Namen und zur Anschrift des Abnehmers mit den Eintragungen in dem vorgelegten Pass oder sonstigen Grenzübertrittspapier desjenigen übereinstimmen, der den Gegenstand in seinem Reisegepäck in das Drittlandsgebiet verbringt (§ 17 UStDV). [2]Ist aus dem ausländischen Grenzübertrittspapier nicht die volle Anschrift, sondern nur das Land und der Wohnort oder nur das Land ersichtlich, erteilen die Ausgangszollstellen auch in diesen Fällen die Abnehmerbestätigung. [3]Derartige Abnehmerbestätigungen sind als ausreichender Belegnachweis anzuerkennen. [4]Absatz 8 **Satz** 2 **ist** für Abnehmerbestätigungen entsprechend anzuwenden.

(13) [1]Die Abnehmerbestätigung wird von den deutschen Grenzzollstellen in folgenden Fällen trotz Vorlage eines gültigen Grenzübertrittspapiers des Ausführers nicht erteilt:

1. Die Angaben über den ausländischen Abnehmer in dem vorgelegten Beleg stimmen nicht mit den Eintragungen in dem vorgelegten Pass oder sonstigen Grenzübertrittspapier des Ausführers überein.

2. [1]Der Ausführer weist einen in einem Drittland ausgestellten Pass vor, in dem ein Aufenthaltstitel im Sinne des Aufenthaltsgesetzes für einen drei Monate übersteigenden Aufenthalt in der Bundesrepublik Deutschland oder in einem anderen EU-Mitgliedstaat eingetragen ist, wenn diese Erlaubnis noch nicht abgelaufen ist oder nach ihrem Ablauf noch kein Monat vergangen ist. [2]Entsprechendes gilt bei der Eintragung: „Aussetzung der Abschiebung (Duldung)". [3]Die Abnehmerbestätigung wird jedoch nicht versagt, wenn der Ausführer einen in einem Drittland ausgestellten Pass vorweist, in dem ein Aufenthaltstitel im Sinne des Aufenthaltsgesetzes durch eine Auslandsvertretung eines anderen EU-Mitgliedstaates für die Dauer von 180 Tagen eingetragen ist und mit dem kein Titel für einen gewöhnlichen Aufenthalt oder Wohnsitz in diesem anderen EU-Mitgliedstaat erworben wurde. [4]Die Abnehmerbestätigung wird ebenfalls nicht versagt, wenn der Ausführer einen Pass vorweist, in dem zwar eine Aufenthaltserlaubnis eingetragen ist, die formell noch nicht abgelaufen ist, er aber gleichzeitig eine Abmeldebestätigung vorlegt, die mindestens sechs Monate vor der erneuten Ausreise ausgestellt worden ist oder der Ausführer nur eine Aufenthaltserlaubnis in der Form des Sichtvermerks (Visum) einer Auslandsvertretung der Bundesrepublik Deutschland oder eines anderen Mitgliedstaats besitzt, die zu mehrmaligen Einreisen in die Gemeinschaft, dabei jedoch nur zu einem Aufenthalt von bis zu maximal drei Monaten pro Halbjahr berechtigt (sog. Geschäftsvisum). [5]Die Gültigkeit solcher Geschäftsvisa kann bis zu zehn Jahre betragen.
3. Der Ausführer weist einen ausländischen Personalausweis vor, der in einem Drittland ausgestellt worden ist, dessen Staatsangehörige nur unter Vorlage eines Passes und nicht lediglich unter Vorlage eines Personalausweises in die Bundesrepublik Deutschland einreisen dürfen.
4. [1]Der Ausführer weist einen deutschen oder einen in einem anderen EU-Mitgliedstaat ausgestellten Personalausweis vor. [2]Bei Vorlage des deutschen Personalausweises wird die Abnehmerbestätigung jedoch in den Fällen erteilt, in denen der Inhaber des Ausweises ein Bewohner Helgolands oder der Gemeinde Büsingen ist.
5. [1]Der Ausführer weist einen deutschen oder einen in einem anderen EU-Mitgliedstaat ausgestellten Pass vor, ohne seinen im Drittland befindlichen Wohnort durch Eintragung in den Pass oder durch eine besondere Bescheinigung nachweisen zu können; als eine solche Bescheinigung ist auch ein Aufenthaltstitel eines Drittlands mit mindestens noch einjähriger Gültigkeitsdauer anzusehen. [2]Bei Vorlage eines deutschen Passes wird die Abnehmerbestätigung jedoch in den Fällen erteilt, in denen der Inhaber des Passes ein Bewohner Helgolands oder der Gemeinde Büsingen ist.
6. Der Ausführer ist erkennbar ein Mitglied einer nicht in einem Drittland, sondern in der Bundesrepublik Deutschland oder in einem anderen EU-Mitgliedstaat stationierten Truppe, eines in diesen Gebieten befindlichen Gefolges oder deren Angehöriger.
7. [1]Der Ausführer legt einen vom Auswärtigen Amt ausgestellten amtlichen Pass (Diplomaten-, Ministerial- oder Dienstpass) vor. [2]Bei Diplomaten- und Dienstpässen mit eingetragenem Dienstort in einem Drittland kann die Abnehmerbestätigung erteilt werden, wenn der Ausführer nachweist, dass er die Auslandsmission bereits in der Vergangenheit angetreten hat (Einreisestempel des Drittstaates, Reisepass mit entsprechendem Wohnorteintrag, durch eine besondere Bescheinigung oder durch ein Dokument über den diplomatischen oder konsularischen Aufenthalt im Ausland, das auch in den Diplomaten- oder Dienstpass eingetragen oder eingeklebt sein kann).
8. [1]Der Abnehmer weist ausschließlich einen Reisepass des Vereinigten Königreichs Großbritannien und Nordirland vor. [2]Da dieser lediglich den Ländercode „GBR" und darüber hinaus keine Angaben zum Wohnort des Abnehmers enthält, ist eine Bestimmung des Wohnortes anhand dieses Reisepasses nicht möglich. [3]Weist der Abnehmer jedoch durch einen gültigen britischen Führerschein, einen aktuellen Kommunalsteuerbescheid oder eine aktuelle Strom-, Gas- oder Wasserrechnung (nicht älter als 12 Monate) seinen Wohnsitz in Großbritannien (nicht Nordirland) oder durch einen Aufenthaltstitel seinen Wohnsitz in einem anderen Drittland nach, kann die Abnehmerbestätigung durch die Grenzzollstelle erteilt werden.

[2]In diesen Fällen kann mit Hilfe des Grenzübertrittspapiers nicht der Nachweis erbracht werden, dass der Wohnort des Abnehmers in einem Drittland liegt. [3]Die deutsche Grenzzollstelle bestätigt dann lediglich die Ausfuhr des Gegenstands der Lieferung. [4]Ferner vermerkt sie auf dem Ausfuhrbeleg den Grund dafür, warum sie die Richtigkeit des Namens und der Anschrift des ausländischen Abnehmers nicht bestätigen kann.

(14) [1]Ist der Abnehmernachweis **in den Fällen des Abschnitts 6.6 Abs. 6 Satz 2 Nr. 1 und 3** durch eine Bestätigung der Grenzzollstelle **oder Abgangsstelle** nicht möglich, bestehen keine Bedenken, **geeignete Belege oder Ersatzbelege nach Abschnitt 6.6 Abs. 6a Satz 1 und Satz 2 Nr. 1, 2, 4 und 5** als ausreichend anzuerkennen. [2]Aus dieser Bestätigung muss hervorgehen, dass die Angaben über den ausländischen Abnehmer – Name und Anschrift – im Zeitpunkt der Lieferung zutreffend waren. [3]Die Erteilung von Ersatzbestätigungen durch Auslandsvertretungen der Bundesrepublik Deutschland ist gebührenpflichtig und unterliegt besonderen Anforderungen.

Ausfuhr- und Abnehmerbescheinigung

(15) [1]Für den Ausfuhrbeleg im Sinne des § 17 UStDV soll ein Vordruck nach vorgeschriebenem Muster (vgl. Anlage 2 der Anlage zum BMF-Schreiben vom **12.03.2025**, BStBl I S. **730**) verwendet werden. [2]Es bestehen keine Bedenken, wenn die in den Abschnitten B und C des Musters enthaltenen Angaben nicht auf einem besonderen Vordruck, sondern, z. B. durch Stempelaufdruck, auf einer Rechnung angebracht werden, sofern aus dieser Rechnung der Lieferer, der ausländische Abnehmer und der Gegenstand der Lieferung ersichtlich sind.

Buchnachweis

(16) [1]Neben dem belegmäßigen Ausfuhr- und Abnehmernachweis müssen sich die Voraussetzungen der Steuerbefreiung auch eindeutig und leicht nachprüfbar aus der Buchführung ergeben (§ 13 UStDV). [2]Grundlage des buchmäßigen Nachweises ist grundsätzlich der Beleg mit der Ausfuhr- und Abnehmerbestätigung der Ausgangszollstelle; **zur Anerkennung anderer geeigneter Belege siehe Absätze 12 und 14 und Abschnitt 6.6. Abs. 6 und 6a Satz 1 und Satz 2 Nr. 1, 2, 4 und 5.** [3]Hat die Ausgangszollstelle die Ausfuhr der Gegenstände sowie die Angaben zum Abnehmer in dem vorgelegten Beleg bestätigt, sind die in dem Beleg enthaltenen Angaben (z. B. hinsichtlich der handelsüblichen Bezeichnung der Gegenstände und der Anschrift des Abnehmers) insoweit auch als ausreichender Buchnachweis anzuerkennen. [4]Dies gilt auch dann, wenn zum Beispiel bei Sprachproblemen anstelle der vollständigen Anschrift lediglich das Land und die Passnummer aufgezeichnet werden.

Merkblatt

(17) Weitere Hinweise enthält das Merkblatt zur Umsatzsteuerbefreiung für Ausfuhrlieferungen im nichtkommerziellen Reiseverkehr, Stand **März** 2025 (Anlage 1 zum BMF-Schreiben vom **12.03.2025**, BStBl I S. **730**).

Anmerkung

Gelangen Gegenstände i.Z.m. einer **Beförderungs- oder Versendungslieferung** in das **Drittlandsgebiet**, kann unter weiteren Voraussetzungen eine Ausfuhrlieferung nach § 6 UStG vorliegen, die dann nach § 4 Nr. 1 Buchst. a UStG steuerfrei ist. Werden die Gegenstände nicht für unternehmerische Zwecke erworben und im **persönlichen Reisegepäck** in das Drittlandsgebiet ausgeführt, ergaben sich nach § 6 Abs. 3 a UStG zusätzliche Voraussetzungen:

- Der Leistungsempfänger muss seinen **Wohnort** (das BMF spricht zwar in ihrem Schreiben v. 10.1.2020, BStBl I 2020, 184 von „Wohnsitz", verkennt hier aber offensichtlich die unterschiedliche Bedeutung von Wohnsitz und Wohnort; vgl. auch Abschn. 6.3 Abs. 2 UStAE) oder **Sitz im Drittlandsgebiet** (ausgenommen aber die in § 1 Abs. 3 UStG aufgeführten Sondergebiete – Freihafen und Küstenstreifen zwischen der jeweiligen Strandlinie und der Hoheitsgrenze) haben und
- der Gegenstand der Lieferung muss **vor Ablauf des 3. Kalendermonats**, der auf den Monat der Lieferung folgt, ausgeführt werden.

Zum 1.1.2020 ist gesetzlich zusätzlich geregelt worden, dass der Gesamtwert der Lieferung (einschließlich Umsatzsteuer) 50 € übersteigt, § 6 Abs. 3 a Satz 1 Nr. 3 UStG.

Die Regelung ist eine „Notmaßnahme", um die ausufernden Ausfuhrlieferungen insbesondere im Grenzverkehr zur Schweiz einzudämmen. Eine geplante Einführung eines elektronischen Ausfuhrverfahrens ist derzeit wohl auf Eis gelegt worden bzw. verzögert sich. Es ist aber schon gesetzlich (§ 6 Abs. 3 a Satz 2 UStG) geregelt, dass die Wertgrenze wieder zum Ende des Jahres außer Kraft tritt, in dem die Ausfuhr- und Abnehmernachweise in Deutschland erstmals elektronisch erteilt werden.

Die Finanzverwaltung hat mit Schreiben v. 10.1.2020, BStBl I 2020, 184 zu der neu eingeführten Wertgrenze Stellung genommen und insoweit die Ausführungen in Abschn. 6.11 UStAE ergänzt. Insbesondere ist Folgendes zu beachten:

- Für die Prüfung der **Wertgrenze** („mehr als 50 €") ist der **Rechnungsbetrag** maßgeblich. Nebenleistungen gehen ebenso in die Prüfung mit ein wie auch Pfandgelder.
- Für die Prüfung der Wertgrenze kommt es nicht darauf an, ob die Gegenstände eventuell aus anderen Gründen von der Begünstigung ausgeschlossen sind (z. B. Gegenstände zur Ausrüstung oder Versorgung von Beförderungsmitteln nach § 6 Abs. 3 UStG).
- Für die Prüfung der Wertgrenze ist auf die **einzelne Rechnung** abzustellen. Eine Zusammenrechnung mehrerer Rechnungen (auch desselben Unternehmers) ist nicht zulässig.
- **Ändert sich die Bemessungsgrundlage** nachträglich (z. B. bei Reklamationen, Umtausch etc.), wirkt sich dies auf die Wertgrenze aus. Fällt damit der Gesamtwert auf 50 € oder darunter, liegt keine Ausfuhrlieferung mehr vor. Eine Ausnahme besteht ausdrücklich aber bei Pfandrückgaben: Hier soll aus Vereinfachungsgründen die Minderung unbeachtlich sein.

Die Regelung basiert auf **Art. 48 Satz 1 MwStVO**, nach der eine Wertgrenze von bis zu 175 € vorgesehen werden kann.

Die Regelung betrifft nicht nur die Abnehmer. Auch **Unternehmer** dürfen gegenüber ihren Kunden keine Steuerbefreiung als Ausfuhrlieferung mehr erfassen, wenn nicht die Voraussetzungen vorliegen. Dies kann sogar (in extremen Fällen) zu einer Nachzahlung durch den Kunden kommen.

Beispiel: Ausfuhrlieferung in die Schweiz

Im Oktober verkauft Unternehmer U aus Lörrach (DE) an einen privaten Kunden K aus der Schweiz verschiedene Kleidungsstücke für 45 € zuzgl. 19 % USt (= 8,55 €). Den Bruttobetrag von 53,55 € zahlt K bei Einkauf. Bei Übertritt in die Schweiz lässt sich K auf dem Ausfuhrkassenzettel sowohl den Abnehmernachweis als auch den Ausfuhrnachweis erteilen. Anfang November lässt sich K von U bei einem nächsten Einkauf die 8,55 € nach Vorlage der Nachweise erstatten. Aufgrund einer Reklamation wird Anfang Dezember ein Kleidungsstück zurückgenommen und dem K der Kaufpreis (auf Bruttobasis) von 5 € erstattet.

Da der Gesamtwert der Lieferung jetzt nicht mehr als 50 € ausmacht (jetzt nur noch 48,55 €), liegt keine Ausfuhrlieferung mehr vor, die Lieferung durch U ist im Inland steuerbar und steuerpflichtig. K müsste jetzt bei Reklamation und Rückgabe des Kleidungsstücks 3,55 € bezahlen.

Die Regelungen sind für alle **Lieferungen seit dem 1.1.2020** anzuwenden. Die Finanzverwaltung beanstandete es aber bis zur Veröffentlichung des Schreibens im BStBl I nicht (dies war der 31.1.2020), wenn die Regelungen zur Wertgrenze nicht entsprechend den Vorgaben des BMF angewendet wurden.

Bei Abnehmern mit einem **Reisepass des Vereinigten Königreichs Großbritannien** muss jeweils noch separat geprüft werden, ob der Abnehmer aus Großbritannien (= Drittlandsgebiet) oder aus Nordirland (= Gemeinschaftsgebiet) kommt.

Die Finanzverwaltung hat außerdem die Verwaltungsanweisungen um die zur Frage der **handelsüblichen Bezeichnung** in Rechnungen zu § 14 Abs. 4 UStG ergangene Rechtsprechung des BFH (Urt. v. 10.7.2019 – XI R 28/18, BStBl II 2021, 961) ergänzt. Ob eine Bezeichnung handelsüblich ist, ist dabei unter **Berücksichtigung von Handelsstufe, Art und Inhalt der Lieferungen** und dem Wert der einzelnen Gegenstände im Einzelfall zu bestimmen.

Hinweis: Aktualisiertes Merkblatt

Die Finanzverwaltung hat mit Datum vom 12.3.2025 (BStBl I 2025, 730) das Merkblatt zur Umsatzsteuerbefreiung für Ausfuhrlieferungen im nichtkommerziellen Reiseverkehr und das Vordruckmuster „Ausfuhr- und Abnehmerbescheinigungen für Umsatzsteuerzwecke bei Ausfuhren im nichtkommerziellen Reiseverkehr“ in aktualisierter Fassung herausgegeben.

UStAE 6.12. Gesonderter Steuerausweis bei Ausfuhrlieferungen

[1]Zu den Folgen eines gesonderten Steuerausweises bei Ausfuhrlieferungen vgl. Abschnitt 14c.1 Abs. 1 Satz **7** Nr. 3 und zur Möglichkeit der Berichtigung vgl. Abschnitt 14c.1 Abs. 7. [2]Bei Ausfuhren im nichtkommerziellen Reiseverkehr vgl. Abschnitt 14c.1 Abs. 8.

Zu § 6a UStG

UStG § 6a Innergemeinschaftliche Lieferung

(1) [1]Eine innergemeinschaftliche Lieferung (§ 4 Nummer 1 Buchstabe b) liegt vor, wenn bei einer Lieferung die folgenden Voraussetzungen erfüllt sind:

1. der Unternehmer oder der Abnehmer hat den Gegenstand der Lieferung in das übrige Gemeinschaftsgebiet befördert oder versendet,
2. der Abnehmer ist
   a) ein in einem anderen Mitgliedstaat für Zwecke der Umsatzsteuer erfasster Unternehmer, der den Gegenstand der Lieferung für sein Unternehmen erworben hat,
   b) eine in einem anderen Mitgliedstaat für Zwecke der Umsatzsteuer erfasste juristische Person, die nicht Unternehmer ist oder die den Gegenstand der Lieferung nicht für ihr Unternehmen erworben hat, oder
   c) bei der Lieferung eines neuen Fahrzeugs auch jeder andere Erwerber,
3. der Erwerb des Gegenstands der Lieferung unterliegt beim Abnehmer in einem anderen Mitgliedstaat den Vorschriften der Umsatzbesteuerungund
4. der Abnehmer im Sinne der Nummer 2 Buchstabe a oder b hat gegenüber dem Unternehmer eine ihm von einem anderen Mitgliedstaat erteilte gültige Umsatzsteuer-Identifikationsnummer verwendet.

[2]Der Gegenstand der Lieferung kann durch Beauftragte vor der Beförderung oder Versendung in das übrige Gemeinschaftsgebiet bearbeitet oder verarbeitet worden sein.

(2) Als innergemeinschaftliche Lieferung gilt auch das einer Lieferung gleichgestellte Verbringen eines Gegenstands (§ 3 Abs. 1 a).

(3) [1]Die Voraussetzungen der Absätze 1 und 2 müssen vom Unternehmer nachgewiesen sein. [2]Das Bundesministerium der Finanzen kann mit Zustimmung des Bundesrates durch Rechtsverordnung bestimmen, wie der Unternehmer den Nachweis zu führen hat.

(4) [1]Hat der Unternehmer eine Lieferung als steuerfrei behandelt, obwohl die Voraussetzungen nach Absatz 1 nicht vorliegen, so ist die Lieferung gleichwohl als steuerfrei anzusehen, wenn die Inanspruchnahme der Steuerbefreiung auf unrichtigen Angaben des Abnehmers beruht und der Unternehmer die Unrichtigkeit dieser Angaben auch bei Beachtung der Sorgfalt eines ordentlichen Kaufmanns nicht erkennen konnte. [2]In diesem Fall schuldet der Abnehmer die entgangene Steuer.

UStDV

§ 17a Gelangensvermutung bei innergemeinschaftlichen Lieferungen in Beförderungs- und Versendungsfällen

(1) Für die Zwecke der Anwendung der Steuerbefreiung für innergemeinschaftliche Lieferungen (§ 4 Nummer 1 Buchstabe b des Gesetzes) wird vermutet, dass der Gegenstand der Lieferung in das übrige Gemeinschaftsgebiet befördert oder versendet wurde, wenn eine der folgenden Voraussetzungen erfüllt ist:

1. Der liefernde Unternehmer gibt an, dass der Gegenstand der Lieferung von ihm oder von einem von ihm beauftragten Dritten in das übrige Gemeinschaftsgebiet befördert oder versendet wurde und ist im Besitz folgender einander nicht widersprechenden Belege, welche jeweils von unterschiedlichen Parteien ausgestellt wurden, die voneinander, vom liefernden Unternehmer und vom Abnehmer unabhängig sind:
   a) mindestens zwei Belege nach Absatz 2 Nummer 1 oder

b) einem Beleg nach Absatz 2 Nummer 1 und einem Beleg nach Absatz 2 Nummer 2, mit dem die Beförderung oder die Versendung in das übrige Gemeinschaftsgebiet bestätigt wird.
2. Der liefernde Unternehmer ist im Besitz folgender Belege:
   a) einer Gelangensbestätigung (§ 17b Absatz 2 Satz 1 Nummer 2), die der Abnehmer dem liefernden Unternehmer spätestens am zehnten Tag des auf die Lieferung folgenden Monats vorlegt und
   b) folgender einander nicht widersprechenden Belege, welche jeweils von unterschiedlichen Parteien ausgestellt wurden, die voneinander, vom liefernden Unternehmer und vom Abnehmer unabhängig sind:
      aa) mindestens zwei Belege nach Absatz 2 Nummer 1 oder
      bb) einem Beleg nach Absatz 2 Nummer 1 und einem Beleg nach Absatz 2 Nummer 2, mit dem die Beförderung oder die Versendung in das übrige Gemeinschaftsgebiet bestätigt wird.

(2) Belege im Sinne des Absatzes 1 Nummer 1 und 2 sind:

1. Beförderungsbelege (§ 17b Absatz 3 Satz 1 Nummer 3 bis 5) oder Versendungsbelege (§ 17b Absatz 3 Satz 1 Nummer 1 und 2);
2. folgende sonstige Belege:
   a) eine Versicherungspolice für die Beförderung oder die Versendung des Gegenstands der Lieferung in das übrige Gemeinschaftsgebiet oder Bankunterlagen, die die Bezahlung der Beförderung oder der Versendung des Gegenstands der Lieferung in das übrige Gemeinschaftsgebiet belegen;
   b) ein von einer öffentlicher Stelle (z. B. Notar) ausgestelltes offizielles Dokument, das die Ankunft des Gegenstands der Lieferung im übrigen Gemeinschaftsgebiet bestätigt;
   c) eine Bestätigung eines Lagerinhabers im übrigen Gemeinschaftsgebiet, dass die Lagerung des Gegenstands der Lieferung dort erfolgt.

(3) Das Finanzamt kann eine nach Absatz 1 bestehende Vermutung widerlegen.

§ 17b Gelangensnachweis bei innergemeinschaftlichen Lieferungen in Beförderungs- und Versendungsfällen

(1) [1]Besteht keine Vermutung nach § 17a Absatz 1, hat der Unternehmer bei innergemeinschaftlichen Lieferungen (§ 6a Absatz 1 des Gesetzes) im Geltungsbereich des Gesetzes durch Belege nachzuweisen, dass er oder der Abnehmer den Gegenstand der Lieferung in das übrige Gemeinschaftsgebiet befördert oder versendet hat. [2]Die Voraussetzung muss sich aus den Belegen eindeutig und leicht nachprüfbar ergeben.

(2) [1]Als eindeutig und leicht nachprüfbar nach Absatz 1 gilt insbesondere ein Nachweis, der wie folgt geführt wird:

1. durch das Doppel der Rechnung (§§ 14 und 14a des Gesetzes) und
2. durch eine Bestätigung des Abnehmers, dass der Gegenstand der Lieferung in das übrige Gemeinschaftsgebiet gelangt ist (Gelangensbestätigung), die folgende Angaben zu enthalten hat:
   a) den Namen und die Anschrift des Abnehmers,
   b) die Menge des Gegenstands der Lieferung und die handelsübliche Bezeichnung einschließlich der Fahrzeug-Identifikationsnummer bei Fahrzeugen im Sinne des § 1b Absatz 2 des Gesetzes,
   c) im Fall der Beförderung oder Versendung durch den Unternehmer oder im Fall der Versendung durch den Abnehmer den Ort und den Monat des Erhalts des Gegenstands im übrigen Gemeinschaftsgebiet und im Fall der Beförderung des Gegenstands durch den Abnehmer den Ort und den Monat des Endes der Beförderung des Gegenstands im übrigen Gemeinschaftsgebiet,
   d) das Ausstellungsdatum der Bestätigung sowie
   e) die Unterschrift des Abnehmers oder eines von ihm zur Abnahme Beauftragten. Bei einer elektronischen Übermittlung der Gelangensbestätigung ist eine Unterschrift nicht erforderlich, sofern erkennbar ist, dass die elektronische Übermittlung im Verfügungsbereich des Abnehmers oder des Beauftragten begonnen hat.

[2]Die Gelangensbestätigung kann als Sammelbestätigung ausgestellt werden. [3]In der Sammelbestätigung können Umsätze aus bis zu einem Quartal zusammengefasst werden. [4]Die Gelangensbestätigung kann in jeder die erforderlichen Angaben enthaltenden Form erbracht werden; sie kann auch aus mehreren Dokumenten bestehen, aus denen sich die geforderten Angaben insgesamt ergeben.

(3) [1]In folgenden Fällen kann der Unternehmer den Nachweis auch durch folgende andere Belege als die in Absatz 2 Nummer 2 genannte Gelangensbestätigung führen:

1. bei der Versendung des Gegenstands der Lieferung durch den Unternehmer oder Abnehmer:
   a) durch einen Versendungsbeleg, insbesondere durch
      aa) einen handelsrechtlichen Frachtbrief, der vom Auftraggeber des Frachtführers unterzeichnet ist und die Unterschrift des Empfängers als Bestätigung des Erhalts des Gegenstands der Lieferung enthält,
      bb) ein Konnossement oder
      cc) Doppelstücke des Frachtbriefs oder Konnossements,
   b) durch einen anderen handelsüblichen Beleg als den Belegen nach Buchstabe a, insbesondere mit einer Bescheinigung des beauftragten Spediteurs, der folgende Angaben zu enthalten hat:
      aa) den Namen und die Anschrift des mit der Beförderung beauftragten Unternehmers sowie das Ausstellungsdatum,
      bb) den Namen und die Anschrift des liefernden Unternehmers sowie des Auftraggebers der Versendung,
      cc) die Menge des Gegenstands der Lieferung und dessen handelsübliche Bezeichnung,

dd) den Empfänger des Gegenstands der Lieferung und den Bestimmungsort im übrigen Gemeinschaftsgebiet,
ee) den Monat, in dem die Beförderung des Gegenstands der Lieferung im übrigen Gemeinschaftsgebiet geendet hat,
ff) eine Versicherung des mit der Beförderung beauftragten Unternehmers, dass die Angaben in dem Beleg auf Grund von Geschäftsunterlagen gemacht wurden, die im Gemeinschaftsgebiet nachprüfbar sind, sowie
gg) die Unterschrift des mit der Beförderung beauftragten Unternehmers.
Bei einer elektronischen Übermittlung des Belegs an den liefernden Unternehmer ist eine Unterschrift des mit der Beförderung beauftragten Unternehmers nicht erforderlich, sofern erkennbar ist, dass die elektronische Übermittlung im Verfügungsbereich des mit der Beförderung beauftragten Unternehmers begonnen hat,

c) durch eine schriftliche oder elektronische Auftragserteilung und ein von dem mit der Beförderung Beauftragten erstelltes Protokoll, das den Transport lückenlos bis zur Ablieferung beim Empfänger nachweist, oder
d) in den Fällen von Postsendungen, in denen eine Belegnachweisführung nach Buchstabe c nicht möglich ist: durch eine Empfangsbescheinigung eines Postdienstleisters über die Entgegennahme der an den Abnehmer adressierten Postsendung und den Nachweis über die Bezahlung der Lieferung;

2. bei der Versendung des Gegenstands der Lieferung durch den Abnehmer durch einen Nachweis über die Entrichtung der Gegenleistung für die Lieferung des Gegenstands von einem Bankkonto des Abnehmers sowie durch eine Bescheinigung des beauftragten Spediteurs, die folgende Angaben zu enthalten hat:
   a) den Namen und die Anschrift des mit der Beförderung beauftragten Unternehmers sowie das Ausstellungsdatum,
   b) den Namen und die Anschrift des liefernden Unternehmers sowie des Auftraggebers der Versendung,
   c) die Menge des Gegenstands der Lieferung und die handelsübliche Bezeichnung,
   d) den Empfänger des Gegenstands der Lieferung und den Bestimmungsort im übrigen Gemeinschaftsgebiet,
   e) eine Versicherung des mit der Beförderung beauftragten Unternehmers, den Gegenstand der Lieferung an den Bestimmungsort im übrigen Gemeinschaftsgebiet zu befördern, sowie
   f) die Unterschrift des mit der Beförderung beauftragten Unternehmers;
3. bei der Beförderung im Unionsversandverfahren in das übrige Gemeinschaftsgebiet durch eine Bestätigung der Abgangsstelle über die innergemeinschaftliche Lieferung, die nach Eingang des Beendigungsnachweises für das Versandverfahren erteilt wird, sofern sich daraus die Lieferung in das übrige Gemeinschaftsgebiet ergibt;
4. bei der Lieferung verbrauchsteuerpflichtiger Waren:
   a) bei der Beförderung verbrauchsteuerpflichtiger Waren unter Steueraussetzung und Verwendung des IT-Verfahrens EMCS (Excise Movement and Control System – EDV-gestütztes Beförderungs- und Kontrollsystem für verbrauchsteuerpflichtige Waren) durch die von der zuständigen Behörde des anderen Mitgliedstaates validierte EMCS-Eingangsmeldung,
   b) bei der Beförderung verbrauchsteuerpflichtiger Waren des steuerrechtlich freien Verkehrs durch die dritte Ausfertigung des vereinfachten Begleitdokuments, das dem zuständigen Hauptzollamt für Zwecke der Verbrauchsteuerentlastung vorzulegen ist;
5. bei der Lieferung von Fahrzeugen, die durch den Abnehmer befördert werden und für die eine Zulassung für den Straßenverkehr erforderlich ist, durch einen Nachweis über die Zulassung des Fahrzeugs auf den Erwerber im Bestimmungsmitgliedstaat der Lieferung.

[2]Der Beleg nach Satz 1 muss bei der Lieferung eines Fahrzeugs im Sinne des § 1 b Absatz 2 des Gesetzes zusätzlich dessen Fahrzeug-Identifikationsnummer enthalten. [3]In den Fällen von Satz 1 Nummer 1 gilt Absatz 2 Nummer 2 Satz 2 bis 4 entsprechend. [4]Bestehen in den Fällen des Satzes 1 Nummer 2 begründete Zweifel, dass der Liefergegenstand tatsächlich in das übrige Gemeinschaftsgebiet gelangt ist, hat der Unternehmer den Nachweis nach Absatz 1 oder mit den übrigen Belegen nach den Absätzen 2 oder 3 zu führen.

§ 17 c Nachweis bei innergemeinschaftlichen Lieferungen in Bearbeitungs- oder Verarbeitungsfällen

[1]Ist der Gegenstand der Lieferung vor der Beförderung oder Versendung in das übrige Gemeinschaftsgebiet durch einen Beauftragten bearbeitet oder verarbeitet worden (§ 6a Absatz 1 Satz 2 des Gesetzes), hat der Unternehmer dies durch Belege eindeutig und leicht nachprüfbar nachzuweisen. [2]Der Nachweis ist durch Belege nach § 17b zu führen, die zusätzlich die in § 11 Absatz 1 Nummer 1 bis 4 bezeichneten Angaben enthalten. [3]Ist der Gegenstand durch mehrere Beauftragte bearbeitet oder verarbeitet worden, ist § 11 Absatz 2 entsprechend anzuwenden.

§ 17 d Buchmäßiger Nachweis bei innergemeinschaftlichen Lieferungen

(1) [1]Bei innergemeinschaftlichen Lieferungen (§ 6a Absatz 1 und 2 des Gesetzes) hat der Unternehmer im Geltungsbereich des Gesetzes die Voraussetzungen der Steuerbefreiung einschließlich der ausländischen Umsatzsteuer-Identifikationsnummer des Abnehmers buchmäßig nachzuweisen. [2]Die Voraussetzungen müssen eindeutig und leicht nachprüfbar aus der Buchführung zu ersehen sein.

(2) Der Unternehmer hat Folgendes aufzuzeichnen:

1. den Namen und die Anschrift des Abnehmers,
2. den Namen und die Anschrift des Beauftragten des Abnehmers bei einer Lieferung, die im Einzelhandel oder in einer für den Einzelhandel gebräuchlichen Art und Weise erfolgt,
3. den Gewerbezweig oder Beruf des Abnehmers,
4. die Menge des Gegenstands der Lieferung und dessen handelsübliche Bezeichnung einschließlich der Fahrzeug-Identifikationsnummer bei Fahrzeugen im Sinne des § 1b Absatz 2 des Gesetzes,
5. den Tag der Lieferung,
6. das vereinbarte Entgelt oder bei der Besteuerung nach vereinnahmten Entgelten das vereinnahmte Entgelt und den Tag der Vereinnahmung,
7. die Art und den Umfang einer Bearbeitung oder Verarbeitung vor der Beförderung oder der Versendung in das übrige Gemeinschaftsgebiet (§ 6a Absatz 1 Satz 2 des Gesetzes),
8. die Beförderung oder Versendung in das übrige Gemeinschaftsgebiet sowie
9. den Bestimmungsort im übrigen Gemeinschaftsgebiet.

(3) In den einer Lieferung gleichgestellten Verbringungsfällen (§ 6a Absatz 2 des Gesetzes) hat der Unternehmer Folgendes aufzuzeichnen:

1. die Menge des verbrachten Gegenstands und seine handelsübliche Bezeichnung einschließlich der Fahrzeug-Identifikationsnummer bei Fahrzeugen im Sinne des § 1b Absatz 2 des Gesetzes,
2. die Anschrift und die Umsatzsteuer-Identifikationsnummer des im anderen Mitgliedstaat belegenen Unternehmensteils,
3. den Tag des Verbringens sowie
4. die Bemessungsgrundlage nach § 10 Absatz 4 Satz 1 Nummer 1 des Gesetzes.

(4) Werden neue Fahrzeuge an Abnehmer ohne Umsatzsteuer-Identifikationsnummer in das übrige Gemeinschaftsgebiet geliefert, hat der Unternehmer Folgendes aufzuzeichnen:

1. den Namen und die Anschrift des Erwerbers,
2. die handelsübliche Bezeichnung des gelieferten Fahrzeugs einschließlich der Fahrzeug-Identifikationsnummer,
3. den Tag der Lieferung,
4. das vereinbarte Entgelt oder bei der Besteuerung nach vereinnahmten Entgelten das vereinnahmte Entgelt und den Tag der Vereinnahmung,
5. die in § 1b Absatz 2 und 3 des Gesetzes genannten Merkmale,
6. die Beförderung oder Versendung in das übrige Gemeinschaftsgebiet sowie
7. den Bestimmungsort im übrigen Gemeinschaftsgebiet.

UStAE 6a.1. Innergemeinschaftliche Lieferungen

(1) [1]Eine innergemeinschaftliche Lieferung setzt eine im Inland steuerbare Lieferung (§ 1 Abs. 1 Nr. 1 UStG) voraus. [2]Gegenstand der Lieferung muss ein körperlicher Gegenstand sein, der vom liefernden Unternehmer, vom Abnehmer oder von einem vom liefernden Unternehmer oder vom Abnehmer beauftragten Dritten in das übrige Gemeinschaftsgebiet befördert oder versendet wird (§ 3 Abs. 6 Satz 1 UStG). [3]Das Vorliegen einer innergemeinschaftlichen Lieferung kommt nicht in Betracht für Lieferungen von Gas über das Erdgasnetz und von Elektrizität im Sinne des § 3g UStG. [4]Werklieferungen (§ 3 Abs. 4 UStG) können unter den Voraussetzungen des § 3 Abs. 6 Satz 1 UStG innergemeinschaftliche Lieferungen sein.

(2) [1]Bei Reihengeschäften (§ 3 Abs. 6a Satz 1 UStG) kommt die Steuerbefreiung einer innergemeinschaftlichen Lieferung nur für die Lieferung in Betracht, der die Beförderung oder Versendung des Liefergegenstands zuzurechnen ist. [2]Im Rahmen eines Reihengeschäfts, bei dem die Warenbewegung im Inland beginnt und im Gebiet eines anderen Mitgliedstaates endet, kann daher mit der Beförderung oder Versendung des Liefergegenstands in das übrige Gemeinschaftsgebiet nur eine innergemeinschaftliche Lieferung im Sinne des § 6a UStG bewirkt werden. [3]Die Steuerbefreiung kommt demnach nur bei der Beförderungs- oder Versendungslieferung zur Anwendung (vgl. Abschnitt 3.14 Abs. 13).

(2a) Die Steuerbefreiung für innergemeinschaftliche Lieferungen (§ 4 Nr. 1 Buchstabe b, § 6a UStG) kommt nicht in Betracht, wenn für die Lieferung eines Gegenstands in das übrige Gemeinschaftsgebiet auch die Voraussetzungen der Steuerbefreiungen nach § 4 Nr. 17, 19 oder 28 oder nach § 25c Abs. 1 und 2 UStG vorliegen.

(3) [1]Die Person/Einrichtung, die eine steuerfreie innergemeinschaftliche Lieferung bewirken kann, muss ein Unternehmer sein, der seine Umsätze nach den allgemeinen Vorschriften des Umsatzsteuergesetzes

besteuert (sog. Regelversteuerer). [2]Auf Umsätze von Kleinunternehmern, die nicht nach § 19 Abs. **3** UStG zur Besteuerung nach den allgemeinen Vorschriften des Umsatzsteuergesetzes optiert haben, auf Umsätze im Rahmen eines land- und forstwirtschaftlichen Betriebs, auf die die Durchschnittssätze nach § 24 UStG angewendet werden, und auf Umsätze, die der Differenzbesteuerung nach § 25 a UStG unterliegen, findet die Steuerbefreiung nach § 4 Nr. 1 Buchstabe b, § 6 a UStG keine Anwendung (vgl. § 19 Abs. 1 Satz **2**, § 24 Abs. 1 Satz 2, § 25 a Abs. 5 Satz 2 und § 25 a Abs. 7 Nr. 3 UStG).

(4) Die Steuerbefreiung einer innergemeinschaftlichen Lieferung erstreckt sich auf das gesamte Entgelt, das für die Lieferung vereinbart oder vereinnahmt worden ist.

(5) Abschnitt 6.1 Abs. 6 Nr. 2 ist entsprechend anzuwenden.

Beförderung oder Versendung in das übrige Gemeinschaftsgebiet (§ 6 a Abs. 1 Satz 1 Nr. 1 UStG)

(6) [1]Das Vorliegen einer innergemeinschaftlichen Lieferung setzt voraus, dass der Unternehmer, der Abnehmer oder ein vom liefernden Unternehmer oder vom Abnehmer beauftragter Dritter den Gegenstand der Lieferung in das übrige Gemeinschaftsgebiet befördert oder versendet hat. [2]Eine Beförderungslieferung liegt vor, wenn der liefernde Unternehmer, der Abnehmer oder ein von diesen beauftragter unselbständiger Erfüllungsgehilfe den Gegenstand der Lieferung befördert. [3]Befördern ist jede Fortbewegung eines Gegenstands (§ 3 Abs. 6 Satz 2 UStG). [4]Eine Versendungslieferung liegt vor, wenn die Beförderung durch einen selbständigen Beauftragten ausgeführt oder besorgt wird. [5]Zu den weiteren Voraussetzungen einer Beförderungs- oder Versendungslieferung vgl. Abschnitt 3.12 Abs. 2 bzw. Abs. 3.

(7) [1]Das übrige Gemeinschaftsgebiet umfasst die unionsrechtlichen Inlandsgebiete der EU-Mitgliedstaaten mit Ausnahme des Inlands der Bundesrepublik Deutschland im Sinne des § 1 Abs. 2 Satz 1 UStG. [2]Zu den einzelnen Gebieten des übrigen Gemeinschaftsgebiets vgl. Abschnitt 1.10.

(8) [1]Die Beförderung oder Versendung des Gegenstands der Lieferung „in das übrige Gemeinschaftsgebiet“ erfordert, dass die Beförderung oder Versendung im Inland beginnt und im Gebiet eines anderen Mitgliedstaats endet. [2]Der Liefergegenstand muss somit das Inland der Bundesrepublik Deutschland physisch verlassen haben und tatsächlich in das übrige Gemeinschaftsgebiet gelangt, d. h. dort physisch angekommen sein. [3]Die sog. gebrochene Beförderung oder Versendung durch mehrere Beteiligte (Lieferer und Abnehmer bzw. in deren Auftrag jeweils ein Dritter) ist für die Annahme der Steuerbefreiung einer innergemeinschaftlichen Lieferung unschädlich, wenn der Abnehmer zu Beginn des Transports feststeht (vgl. Abschnitt 3.12 Abs. 3 Satz 4 ff.) und der Transport ohne nennenswerte Unterbrechung erfolgt. [4]Der liefernde Unternehmer muss nachweisen, dass ein zeitlicher und sachlicher Zusammenhang zwischen der Lieferung des Gegenstands und seiner Beförderung oder Versendung sowie ein kontinuierlicher Ablauf dieses Vorgangs gegeben sind. [5]Hat der Empfänger einer innergemeinschaftlichen Lieferung (Abnehmer) im Bestimmungsmitgliedstaat in seiner Mehrwertsteuererklärung den Erwerb des Gegenstands als innergemeinschaftlichen Erwerb erklärt, kann dies nur ein zusätzliches Indiz dafür darstellen, dass der Liefergegenstand tatsächlich das Inland physisch verlassen hat. [6]Ein maßgeblicher Anhaltspunkt für das Vorliegen einer innergemeinschaftlichen Lieferung ist dies jedoch nicht.

Empfänger (= Abnehmer) der Lieferung (§ 6 a Abs. 1 Satz 1 Nr. 2 UStG)

(9) Empfänger einer innergemeinschaftlichen Lieferung können nur folgende Personen sein:

1. Unternehmer, die den Gegenstand der Lieferung für ihr Unternehmen erworben haben;
2. juristische Personen, die nicht Unternehmer sind oder die den Gegenstand der Lieferung nicht für ihr Unternehmen erworben haben oder
3. bei der Lieferung eines neuen Fahrzeugs auch jeder andere Erwerber.

(10) [1]Der Abnehmer im Sinne des § 6 a Abs. 1 Satz 1 Nr. 2 UStG muss der Empfänger der Lieferung bzw. der Abnehmer des Gegenstands der Lieferung sein. [2]Das ist regelmäßig diejenige Person/Einrichtung, der der Anspruch auf die Lieferung zusteht und gegen die sich der zivilrechtliche Anspruch auf Zahlung des Kaufpreises richtet.

(11) [1]Eine Person/Einrichtung, die den Gegenstand für ihr Unternehmen erwirbt, muss zum Zeitpunkt der Lieferung Unternehmer sein. [2]Es ist nicht erforderlich, dass dieser Unternehmer im Ausland ansässig ist. [3]Es kann sich auch um einen im Inland ansässigen Unternehmer handeln. [4]Unerheblich ist auch, ob es sich (ggf. nach dem Recht eines anderen Mitgliedstaates) bei dem Abnehmer um einen Unternehmer, der ausschließlich steuerfreie den Vorsteuerabzug ausschließende Umsätze ausführt, oder um einen Land- und Forstwirt handelt, der seine Umsätze nach einer Pauschalregelung besteuert.

(12) [1]Von der Unternehmereigenschaft des Abnehmers kann regelmäßig ausgegangen werden, wenn dieser gegenüber dem liefernden Unternehmer mit einer ihm von einem anderen Mitgliedstaat erteilten, im Zeitpunkt der Lieferung gültigen USt-IdNr. auftritt. [2]Nicht ausreichend ist es, wenn die USt-IdNr. im Zeitpunkt der Lieferung vom Abnehmer lediglich beantragt wurde. [3]Die USt-IdNr. muss vielmehr im Zeitpunkt der Lieferung gültig sein.

(13) Von einem Erwerb des Gegenstands für das Unternehmen des Abnehmers kann regelmäßig ausgegangen werden, wenn der Abnehmer mit einer ihm von einem anderen Mitgliedstaat erteilten, im Zeitpunkt der Lieferung gültigen USt-IdNr. auftritt und sich aus der Art und Menge der erworbenen Gegenstände keine berechtigten Zweifel an der unternehmerischen Verwendung ergeben.

(14) [1]Die Lieferung kann auch an eine juristische Person, die nicht Unternehmer ist oder die den Gegenstand nicht für ihr Unternehmen erwirbt, bewirkt werden. [2]Es kann sich um eine juristische Person des öffentlichen oder des privaten Rechts handeln. [3]Die juristische Person kann im Ausland (z. B. eine ausländische Gebietskörperschaft, Anstalt oder Stiftung des öffentlichen Rechts oder ein ausländischer gemeinnütziger Verein) oder im Inland ansässig sein. [4]Von der Eigenschaft der juristischen Person als zur Erwerbsbesteuerung verpflichteter Abnehmer kann nur dann ausgegangen werden, wenn sie gegenüber dem liefernden Unternehmer mit einer ihr von einem anderen Mitgliedstaat erteilten, im Zeitpunkt der Lieferung gültigen USt-IdNr. auftritt.

(15) [1]Bei der Lieferung eines neuen Fahrzeugs kommt es auf die Eigenschaft des Abnehmers nicht an. [2]Hierbei kann es sich auch um Privatpersonen handeln. [3]Zum Begriff der neuen Fahrzeuge vgl. § 1b UStG und Abschnitt 1b.1.

Besteuerung des innergemeinschaftlichen Erwerbs in einem anderen Mitgliedstaat (§ 6a Abs. 1 Satz 1 Nr. 3 UStG)

(16) [1]Zu den Voraussetzungen einer innergemeinschaftlichen Lieferung gehört nach § 6a Abs. 1 Satz 1 Nr. 3 UStG, dass der Erwerb des Gegenstands der Lieferung beim Abnehmer in einem anderen Mitgliedstaat den Vorschriften der Umsatzbesteuerung (Besteuerung des innergemeinschaftlichen Erwerbs; kurz: Erwerbsbesteuerung) unterliegt. [2]Die Steuerbefreiung für innergemeinschaftliche Lieferungen kommt daher für andere Gegenstände als verbrauchsteuerpflichtige Waren und neue Fahrzeuge nicht in Betracht, wenn der Abnehmer Unternehmer, der ausschließlich steuerfreie den Vorsteuerabzug ausschließende Umsätze ausführt, Land- oder Forstwirt ist, der seine Umsätze nach einer Pauschalregelung versteuert, oder eine nicht unternehmerische juristische Person ist und die innergemeinschaftlichen Erwerbe dieses Abnehmerkreises im Bestimmungsmitgliedstaat des gelieferten Gegenstands nicht der Mehrwertsteuer unterliegen, weil im Bestimmungsmitgliedstaat die dortige Erwerbsschwelle vom Abnehmer nicht überschritten wird und er dort auch nicht zur Besteuerung seiner innergemeinschaftlichen Erwerbe optiert hat.

Beispiel 1:

[1]Das in Deutschland ansässige Saatgutunternehmen D liefert am 3. 3. 01 Saatgut an einen in Frankreich ansässigen Landwirt F, der dort mit seinen Umsätzen der Pauschalregelung für Land- und Forstwirte unterliegt. [2]Das Saatgut wird durch einen Spediteur im Auftrag des D vom Sitz des D zum Sitz des F nach Amiens befördert. [3]Das Entgelt für das Saatgut beträgt 2 000 €. [4]F hat außer dem Saatgut im Jahr 01 keine weiteren innergemeinschaftlichen Erwerbe getätigt und in Frankreich auch nicht zur Besteuerung der innergemeinschaftlichen Erwerbe optiert. [5]F hat gegenüber D keine französische USt-IdNr. verwendet. [6]Die Lieferung des D ist nicht als innergemeinschaftliche Lieferung zu behandeln, weil F mit seinem Erwerb in Frankreich nicht der Besteuerung des innergemeinschaftlichen Erwerbs unterliegt, da er unter die Pauschalregelung für Land- und Forstwirte fällt, die

Erwerbsschwelle nicht überschreitet und er auf deren Anwendung nicht verzichtet hat sowie F keine USt-IdNr. gegenüber D verwendet hat. [7]Die Lieferung des D ist als inländische Lieferung steuerbar und steuerpflichtig.

Beispiel 2:

[1]Der in Deutschland ansässige Weinhändler D, dessen Umsätze nicht der Durchschnittssatzbesteuerung (§ 24 UStG) unterliegen, liefert am 1. 4. 01 fünf Kisten Wein an den in Limoges (Frankreich) ansässigen Versicherungsvertreter F (nicht zum Vorsteuerabzug berechtigter Unternehmer). [2]D befördert die Ware mit eigenem Lkw nach Limoges. [3]Das Entgelt für die Lieferung beträgt 1 500 €. [4]F hat gegenüber D seine französische USt-IdNr. verwendet. [5]F hat außer dem Wein im Jahr 01 keine weiteren innergemeinschaftlichen Erwerbe getätigt.

[6]Für D ist die Lieferung des Weins als verbrauchsteuerpflichtige Ware eine innergemeinschaftliche Lieferung, weil der Wein aus dem Inland nach Frankreich gelangt, der Abnehmer ein Unternehmer ist und mit der Verwendung seiner USt-IdNr. zum Ausdruck bringt, dass er die Ware für sein Unternehmen erwirbt und den Erwerb in Frankreich der Besteuerung des innergemeinschaftlichen Erwerbs zu unterwerfen hat. [7]Da F seine französische USt-IdNr. verwendet, kann D davon ausgehen, dass der Wein für das Unternehmen des F erworben wird. [8]Unbeachtlich ist, ob F in Frankreich die Erwerbsschwelle überschritten hat oder nicht (vgl. analog für Deutschland § 1 a Abs. 5 in Verbindung mit Abs. 3 UStG). [9]Unbeachtlich ist auch, ob F in Frankreich tatsächlich einen innergemeinschaftlichen Erwerb erklärt oder nicht. [10]Indem F gegenüber D seine USt-IdNr. verwendet hat, sind zudem die Voraussetzungen des § 6 a Abs. 1 Satz 1 Nr. 4 UStG erfüllt.

(17) Durch die Regelung des § 6 a Abs. 1 Satz 1 Nr. 3 UStG, nach der der Erwerb des Gegenstands in einem anderen Mitgliedstaat den Vorschriften der Erwerbsbesteuerung unterliegen muss, wird sichergestellt, dass die Steuerbefreiung für innergemeinschaftliche Lieferungen in den Fällen nicht anzuwenden ist, in denen die in Absatz 16 bezeichneten Ausschlusstatbestände vorliegen.

(18) [1]Die Voraussetzung des § 6 a Abs. 1 Satz 1 Nr. 3 UStG ist erfüllt, wenn der Abnehmer gegenüber dem liefernden Unternehmer mit einer ihm von einem anderen Mitgliedstaat erteilten, im Zeitpunkt der Lieferung gültigen USt-IdNr. auftritt (vgl. BFH-Beschluss vom 5. 2. 2004, V B 180/03, n. v.). [2]Hiermit gibt der Abnehmer zu erkennen, dass er den Gegenstand steuerfrei erwerben will, weil der Erwerb in dem anderen Mitgliedstaat den dortigen Besteuerungsvorschriften unterliegt. [3]Es ist nicht erforderlich, dass der Erwerb des Gegenstands dort tatsächlich besteuert wird.

Beispiel:

[1]Der deutsche Computer-Händler H verkauft dem spanischen Abnehmer S einen Computer. [2]S lässt den Computer von seinem Beauftragten, dem in Frankreich ansässigen F abholen. [3]F tritt im Abholungszeitpunkt mit seiner ihm in Frankreich erteilten USt-IdNr. auf, die H als Abnehmer-USt-IdNr. aufzeichnet. [4]S verwendet gegenüber H keine USt-IdNr. [5]Die Voraussetzung des § 6 a Abs. 1 Satz 1 Nr. 3 UStG ist im vorliegenden Fall nicht erfüllt, weil der Abnehmer S gegenüber dem liefernden Unternehmer H nicht eine ihm von einem anderen Mitgliedstaat erteilte USt-IdNr. verwendet. [6]Die USt-IdNr. des F als Beauftragter des S kann für Zwecke des § 6 a Abs. 1 Satz 1 Nr. 3 UStG keine Verwendung finden.

[4]Die Voraussetzung, dass der Erwerb des Gegenstands der Erwerbsbesteuerung unterliegt, ist auch erfüllt, wenn der innergemeinschaftliche Erwerb in dem anderen Mitgliedstaat steuerfrei ist oder dem sog. Nullsteuersatz (Steuerbefreiung mit Vorsteuerabzug) unterliegt.

Verwendung einer von einem anderen Mitgliedstaat erteilten gültigen Umsatzsteuer-Identifikationsnummer (§ 6 a Abs. 1 Satz 1 Nr. 4 UStG)

(19) [1]§ 6 a Abs. 1 Satz 1 Nr. 4 UStG bestimmt, dass eine innergemeinschaftliche Lieferung nur vorliegt, wenn der Abnehmer gegenüber dem Unternehmer eine ihm von einem anderen Mitgliedstaat erteilte gültige USt-IdNr. verwendet. [2]Zum Begriff der Verwendung vgl. Abschnitt 3 a.2 Abs. 10 Sätze 2 bis 10. [3]Die nachträgliche Verwendung einer im Zeitpunkt der Lieferung gültigen USt-IdNr. durch den Abnehmer entfaltet für Zwecke der Steuerbefreiung Rückwirkung. [4]Die (ausländische) USt-IdNr. muss nicht durch den Mitgliedstaat erteilt worden sein, in dem die Beförderung oder Versendung endet. [5]Die Rege-

lung des § 3d Satz 2 UStG ist zu beachten. [6]Wurde eine USt-IdNr. gegenüber dem Unternehmer verwendet, die von dem Mitgliedstaat erteilt wurde, in dem die Beförderung oder Versendung beginnt, liegt tatbestandlich keine innergemeinschaftliche Lieferung vor. [7]Erteilt die Steuerverwaltung eines anderen Mitgliedstaates einem Organkreis nur eine USt-IdNr., ist diese bei der Verwendung durch die Organgesellschaft gegenüber einem inländischen Unternehmer anzuerkennen.

Bearbeitung oder Verarbeitung vor der Beförderung oder Versendung in das übrige Gemeinschaftsgebiet (§ 6a Abs. 1 Satz 2 UStG)

(20) [1]Der Gegenstand der Lieferung kann durch Beauftragte vor der Beförderung oder Versendung in das übrige Gemeinschaftsgebiet bearbeitet oder verarbeitet worden sein. [2]Der Ort, an dem diese Leistungen tatsächlich erbracht werden, kann sich im Inland, im Drittland oder in einem anderen Mitgliedstaat mit Ausnahme des Bestimmungsmitgliedstaats befinden. [3]Die genannten Leistungen dürfen unter den Voraussetzungen des § 6a Abs. 1 Satz 2 UStG nur von einem Beauftragten des Abnehmers oder eines folgenden Abnehmers erbracht werden. [4]Erteilt der liefernde Unternehmer oder ein vorangegangener Lieferer den Bearbeitungs- oder Verarbeitungsauftrag, ist die Ausführung dieses Auftrags ein der innergemeinschaftlichen Lieferung des Unternehmers vorgelagerter Umsatz. [5]Gegenstand der Lieferung des Unternehmers ist in diesem Fall der bearbeitete oder verarbeitete Gegenstand und nicht der Gegenstand vor seiner Bearbeitung oder Verarbeitung.

Beispiel 1:

[1]Das in Italien ansässige Textilverarbeitungsunternehmen I hat bei einer in Deutschland ansässigen Weberei D1 Stoffe zur Herstellung von Herrenanzügen bestellt. [2]D1 soll die Stoffe auftragsgemäß nach Italien befördern, nachdem sie von einer in Deutschland ansässigen Färberei D2 gefärbt worden sind. [3]D2 erbringt die Färbearbeiten im Auftrag von I.

[4]D1 erbringt mit der Lieferung der Stoffe an I eine innergemeinschaftliche Lieferung. Gegenstand dieser Lieferung sind die ungefärbten Stoffe. [5]Das Einfärben der Stoffe vor ihrer Beförderung nach Italien stellt eine Bearbeitung im Sinne von § 6a Abs. 1 Satz 2 UStG dar, die unabhängig von der innergemeinschaftlichen Lieferung des D1 zu beurteilen ist. [6]Voraussetzung hierfür ist allerdings, dass I (und nicht D1) den Auftrag zu der Verarbeitung erteilt hat.

Beispiel 2:

[1]Wie Beispiel 1; die Stoffe werden jedoch vor ihrer Beförderung durch D1 in Belgien von dem dort ansässigen Unternehmen B (im Auftrag des I) eingefärbt. [2]Zu diesem Zweck transportiert D1 die Stoffe zunächst nach Belgien und nach ihrer Einfärbung von dort nach Italien.

[3]D1 erbringt auch in diesem Falle eine im Inland steuerbare innergemeinschaftliche Lieferung an I. [4]Die Be- oder Verarbeitung des Liefergegenstands kann auch in einem anderen Mitgliedstaat als dem des Beginns oder Endes der Beförderung oder Versendung erfolgen.

Innergemeinschaftliches Verbringen als innergemeinschaftliche Lieferung (§ 6a Abs. 2 UStG)

(21) [1]Als innergemeinschaftliche Lieferung gilt nach § 6a Abs. 2 UStG auch das einer Lieferung gleichgestellte Verbringen eines Gegenstands (§ 3 Abs. 1a UStG). [2]Zu den Voraussetzungen eines innergemeinschaftlichen Verbringens vgl. Abschnitt 1a.2. [3]Ebenso wie bei einer innergemeinschaftlichen Lieferung nach § 6a Abs. 1 UStG ist auch bei einem innergemeinschaftlichen Verbringen nach § 6a Abs. 2 UStG die Steuerbefreiung davon abhängig, dass der Vorgang in dem anderen Mitgliedstaat den Vorschriften der Erwerbsbesteuerung unterliegt und das Verbringen in der ZM gemäß § 4 Nr. 1 Buchstabe b UStG zutreffend erklärt wird. [4]Die Absätze 16 bis 18 sowie Abschnitt 4.1.2 sind entsprechend anzuwenden.

Anmerkung

1. Ergänzung der Tatbestandsvoraussetzungen

Zum 1.1.2020 wurden durch die sog. „**Quick Fixes**" unionseinheitlich die Voraussetzungen für eine steuerfreie innergemeinschaftliche Lieferung erweitert. Durch Gesetz zur weiteren steuerlichen Förderung der Elektromobilität und zur Änderung weiterer steuerlicher Vorschriften (v. 12.12.2019, BGBl. I 2019, 2451) wurden diese Vorgaben in das nationale Recht übernommen. Im Ergebnis wurde die Verwendung der zutreffenden USt-IdNr. zur materiell-rechtlichen Voraussetzung für die innergemeinschaftliche Lieferung.

Hinweis: Auch vor 2020 kaum steuerfreie i.g. Lieferung ohne zutreffende USt-IdNr.

Bis 31.12.2019 war die Verwendung einer gültigen USt-IdNr. des Leistungsempfängers nicht materiell-rechtliche Voraussetzung für die Annahme als innergemeinschaftliche Lieferung. In der Praxis ergab sich aber keine realistische Chance, ohne zutreffende (gültige) USt-IdNr. des Leistungsempfängers eine steuerbefreite innergemeinschaftliche Lieferung auszuführen. Die Steuerbefreiung der innergemeinschaftlichen Lieferung ist (seit dem 1.1.2020) darüber hinaus von der zutreffenden Anmeldung in der Zusammenfassenden Meldung abhängig.

Obwohl durch die Gesetzesänderung zum 1.1.2020 eigentlich die USt-IdNr. des Leistungsempfängers zur materiell-rechtlichen Voraussetzung gemacht wurde, ist die Frage der Verwendung der USt-IdNr. durch den Leiostungsempfänger weiterhin ein Streitpunkt. Es sind zwei Verfahren anhängig, in denen es um den Nachweis der Voraussetzungen für eine **steuerfreie innergemeinschaftliche Lieferung** geht. Der **BFH** (Beschl. v. 15.9.2025 – V B 25/25 zur Zulassung der Revision; wohl V R 45/25) hat die Revision zur Klärung der Rechtsfrage zugelassen, welche Bedeutung der Verwendung einer von einem anderen Mitgliedstaat erteilten gültigen USt-IdNr. und ihrer Bestätigungsanfrage nach § 6a Abs. 1 Satz 1 Nr. 4 und Abs. 4 Satz 1 UStG mit Wirkung vom 1.1.2020 zukommt. Das FG Baden-Württemberg (FG Baden-Württemberg, Urt. v. 3.4.2025 – 12 K 831/24) hatte festgestellt, dass der **Vertrauensschutz** für steuerfreie innergemeinschaftliche Lieferungen keine unmittelbare Prüfung der USt-IdNr. erfordert, wenn diese schon qualifiziert geprüft wurde. Das österreichische BFG (Österreichisches BFG v. 18.9.2025, RE/2100001/2025) hat den **EuGH** angerufen, um zu klären, ob die Bekanntgabe einer ausländischen USt-IdNr. durch den Erwerber eine materielle Voraussetzung für die Steuerbefreiung einer innergemeinschaftlichen Lieferung ist, sodass die Lieferung bei fehlender Bekanntgabe einer solchen USt-IdNr. steuerpflichtig ist. Aus diesen beiden Entscheidungen könnten sich wichtige Erkenntnisse für die Steuerfreiheit innergemeinschaftlicher Lieferungen ergeben.

2. USt-IdNr. des Leistungsempfängers bis Ende 2019

Ohne zutreffende USt-IdNr. des Leistungsempfängers war auch bis Ende 2019 in der Praxis kaum eine steuerfreie innergemeinschaftliche Lieferung möglich. Dabei musste die USt-IdNr. schon zum Zeitpunkt der Lieferung dem liefernden Unternehmer vorliegen. Nicht erforderlich war (und ist auch weiterhin), dass die USt-IdNr. aus dem Land stammte, in das der Gegenstand dann auch tatsächlich gelangte.

Der **EuGH** (Urt. v. 27.9.2012 – C-587/10, Vogtländische Straßen-, Tief- und Rohrleitungsbau, BFH/NV 2013, 1919) hatte zwar (zur Rechtslage bis 31.12.2019) entschieden, dass die Steuerbefreiung nicht alleine wegen des Fehlens der USt-IdNr. versagt werden darf, wenn der Lieferer redlicherweise und nachdem er alle ihm zumutbaren Maßnahmen ergriffen hat, diese USt-IdNr. nicht mitteilen kann und er außerdem Angaben macht, die hinreichend belegen können, dass der Erwerber ein Steuerpflichtiger ist, der bei dem betreffenden Vorgang als solcher gehandelt hat. Dieses Urteil konnte aber auch bis zum 31.12.2019 in der Praxis nicht dazu herangezogen werden, steuerfreie Lieferungen ohne zutreffende USt-IdNr. vorzunehmen. Nur in **absoluten Ausnahmefällen** – z. B., wenn sich nachträglich ein Problem mit der erteilten USt-IdNr. ergeben sollte – konnte dieses Urteil als Argumentationsgrundlage für Lieferungen bis zum 31.12.2019 herangezogen werden. Da bei Nichtvorliegen der USt-IdNr. auch keine Zusammenfassende Meldung abgegeben werden kann, ist auf Unionsebene eine Änderung der MwStSystRL vorgenommen worden, die zum 1.1.2020 national umgesetzt worden ist und damit der

USt-IdNr. eine materiell-rechtliche Rolle bei der Steuerbefreiung zuweist. Darüber hinaus wird seit dem 1.1.2020 ausdrücklich in § 4 Nr. 1 Buchst. b UStG darauf hingewiesen, dass die Steuerbefreiung dann nicht vorliegt, solange der Unternehmer seiner Pflicht zur Abgabe der Zusammenfassenden Meldung (§ 18a UStG) nicht nachgekommen ist oder soweit er diese unrichtig oder unvollständig abgegeben hat.

3. Umsetzung der neuen Vorgaben ab 2020

Die Finanzverwaltung hat mit Schreiben v. 9.10.2020 (BStBl I 2020, 1038) zu den erweiterten Voraussetzungen für die innergemeinschaftliche Lieferung Stellung genommen. Insbesondere wurde in einem **neuen Abschn. 6a.1 Abs. 19 UStAE** zu der Verpflichtung Stellung genommen, dass der Leistungsempfänger eine ihm in einem anderen Mitgliedstaat erteilte **USt-IdNr. verwenden muss**. Die Verwendung setzt danach ein positives Tun voraus.

Hinweis: Hinweise zum „verwenden" einer USt-IdNr.

Die Finanzverwaltung verweist in diesem Zusammenhang auf die von ihr schon früher vorgenommenen Feststellungen zur Verwendung einer USt-IdNr. bei der Ausführung von sonstigen Leistungen i. S. d. § 3a Abs. 2 UStG (Abschn. 3a.2 Abs. 10 UStAE). In diesem Zusammenhang erweitert die Finanzverwaltung die Möglichkeiten, die Verwendung der USt-IdNr. nachzuweisen. Neben der schriftlichen Verwendung der USt-IdNr. bei Vertragsabschluss, der Aufzeichnung bei mündlicher Erteilung oder der Verwendung in einem Grundlagenvertrag liegt nach der jetzt erfolgten Ergänzung ein positives Tun auch dann vor, wenn der Leistungsempfänger die Erklärung über die Unternehmereigenschaft und den unternehmerischen Bezug objektiv nachvollziehbar vorgenommen hat und der Leistungsbezug vom Leistungsempfänger in zutreffender Weise erklärt worden ist, der leistende Unternehmer seinen Meldepflichten nach § 18a UStG nachgekommen ist und die Rechnung über die Leistung einen Hinweis auf die USt-IdNr., die nach § 18a Abs. 7 UStG in der Zusammenfassenden Meldung angegeben wurde, enthält.

Eine besondere Feststellung wurde von der Finanzverwaltung im Zusammenhang mit **Organschaften** vorgenommen: Erteilt die Steuerverwaltung eines anderen Mitgliedstaats einem Organkreis nur eine USt-IdNr., ist diese bei der Verwendung durch die Organgesellschaft gegenüber einem inländischen Unternehmer anzuerkennen.

Hinweis: Auch nachträgliche Verwendung möglich

Eine wichtige Modifizierung hat die Finanzverwaltung im Zusammenhang mit der Verwendung der USt-IdNr. vorgenommen. Die nachträgliche Verwendung einer im Zeitpunkt der Lieferung gültigen USt-IdNr. durch den Abnehmer entfaltet danach für Zwecke der Steuerbefreiung Rückwirkung, Abschn. 6a.1 Abs. 19 Satz 3 UStAE.

Allerdings muss in diesem Zusammenhang beachtet werden, dass für den leistenden Unternehmer dabei ein erhebliches Risiko besteht. Wird die USt-IdNr. nachträglich von dem Leistungsempfänger verwendet, wird der leistende Unternehmer kaum nachprüfen können, ob diese USt-IdNr. schon im Zeitpunkt der Lieferung gültig war. Bei den Bestätigungsabfragen beim BZSt wird einem Unternehmer nur bestätigt, dass die USt-IdNr. in diesem Zeitpunkt (Zeitpunkt der Abfrage) gültig ist – seit wann diese USt-IdNr. gültig ist kann zumindest derzeit nicht vom leistenden Unternehmer abgefragt werden.

Die Notwendigkeit der Angabe der zutreffenden USt-IdNr. in der Zusammenfassenden Meldung gilt nach der ausdrücklichen Feststellung der Finanzverwaltung (Abschn. 6a.1 Abs. 21 Satz 3 UStAE) auch in den Fällen des **innergemeinschaftlichen Verbringens** nach § 6a Abs. 2 UStG.

Hinweis: Praktische Probleme bei i.g. Verbringen ohne Lösungsansatz der Finanzverwaltung

Ein großes Problem kann sich aus dem kurzen Hinweis der Finanzverwaltung ergeben, dass für ein **steuerfreies innergemeinschaftliches Verbringen** i. S. d. § 6a Abs. 2 UStG ebenfalls erforderlich ist, dass dieses ebenfalls in der Zusammenfassenden Meldung angegeben wurde. Die zutreffende Meldung in der Zusammenfassenden Meldung setzt voraus, dass der verbringende Unternehmer eine USt-IdNr. aus dem Bestimmungsland haben muss. Dies sollte dann kein Problem darstellen, wenn der Unternehmer in dem anderen Mitgliedstaat über eine feste Einrichtung verfügt.

Seit dem 1.1.2020 müssen aber in diesem Zusammenhang auch die Regelungen zum **Konsignationslager** nach § 6b UStG beachtet werden. Liegen bei dem Transport von Gegenständen in einen anderen Mitgliedstaat die Voraussetzungen für die Konsignationslagerregelung zwar vor, entfallen dann aber diese Voraussetzungen – z. B., weil die Waren nicht an den vorbestimmten Abnehmer geliefert werden oder weil die waren zerstört oder gestohlen werden – ist in diesem Moment ein innergemeinschaftliches Verbringen anzunehmen. Im Regelfall wird in diesen Fällen der Unternehmer keine USt-IdNr. aus dem Bestimmungsland haben. In diesem speziellen Fall der Lieferung über ein Konsignationslager und dem Wegfall der Voraussetzungen lässt es die Finanzverwaltung zu, dass die Meldung nach einer unverzüglichen Erfassung im Bestimmungsland nachgeholt wird, vgl. Abschn. 6b.1 Abs. 17 UStAE.

Leider hat die Finanzverwaltung keine Hinweise zu einer Frage gegeben, die derzeit die Praktiker verunsichert. Die innergemeinschaftliche Lieferung setzt (seit dem 1.1.2020) ausdrücklich voraus, dass die vom Leistungsempfänger verwendete USt-IdNr. ihm erteilt worden ist und im Zeitpunkt der Lieferung gültig ist. Dies ist regelmäßig durch die **qualifizierte Bestätigung** beim BZSt nachzuweisen. Liefert ein Unternehmer regelmäßig an denselben Abnehmer, stellt sich die Frage, ob jedes Mal eine qualifizierte Abfrage vorgenommen werden muss. Grundsätzlich kann dies eigentlich nicht dem Sinn und Zweck der Regelung entsprechen. In der Praxis kann es aber zur Rechtssicherheit sinnvoll sein, mindestens die USt-IdNr. des Leistungsempfängers regelmäßig und zeitnah zu prüfen. Die Rechtsprechung geht zumindest bei Gegenständen (insbesondere gebrauchten Fahrzeugen), bei denen tendenziell ein höheres **Hinterziehungspotential** besteht, davon aus, dass eher engmaschig die USt-IdNr. abgefragt werden muss. Belastbare Erkenntnisse ergeben sich ggf. aus den anhängigen Verfahren (siehe 1.).

UStAE 6 a.2. Nachweis der Voraussetzungen der Steuerbefreiung für innergemeinschaftliche Lieferungen

Allgemeines

(1) [1]Nach § 6a Abs. 3 Satz 1 UStG muss der liefernde Unternehmer die Voraussetzungen für das Vorliegen einer innergemeinschaftlichen Lieferung im Sinne von § 6a Abs. 1 und 2 UStG nachweisen. [2]Nach § 17d Abs. 1 Satz 1 UStDV hat der Unternehmer die Voraussetzungen der Steuerbefreiung der innergemeinschaftlichen Lieferung einschließlich der USt-IdNr. des Abnehmers buchmäßig nachzuweisen; die Voraussetzungen müssen eindeutig und leicht nachprüfbar aus der Buchführung zu ersehen sein (sog. Buchnachweis; § 17d Abs. 1 Satz 2 UStDV). [3]Unter einem Buchnachweis ist ein Nachweis durch Bücher oder Aufzeichnungen in Verbindung mit Belegen zu verstehen. [4]Der Buchnachweis verlangt deshalb stets mehr als den bloßen Nachweis entweder nur durch Aufzeichnungen oder nur durch Belege. [5]Belege werden durch die entsprechenden und erforderlichen Hinweise bzw. Bezugnahmen in den stets notwendigen Aufzeichnungen Bestandteil der Buchführung und damit des Buchnachweises, so dass beide eine Einheit bilden.

(2) [1]Die §§ 17a (Gelangensvermutung bei innergemeinschaftlichen Lieferungen in Beförderungs- und Versendungsfällen), 17b UStDV (Gelangensnachweis bei innergemeinschaftlichen Lieferungen in Beförderungs- und Versendungsfällen) und 17c UStDV (Nachweis bei innergemeinschaftlichen Lieferungen in Bearbeitungs- oder Verarbeitungsfällen) regeln, mit welchen Belegen der Unternehmer den Nachweis zu führen hat. [2]Werden die Voraussetzungen von § 17a UStDV erfüllt, wird widerlegbar vermutet, dass der Gegenstand der Lieferung in das übrige Gemeinschaftsgebiet befördert oder versendet wurde. [3]Besteht keine Vermutung nach § 17a UStDV, hat der Unternehmer nach § 17b Abs. 1 UStDV bei innergemeinschaftlichen Lieferungen durch Belege nachzuweisen, dass er oder der Abnehmer den Gegenstand der Lieferung in das übrige Gemeinschaftsgebiet befördert oder versendet hat. [4]Die Voraussetzung muss sich aus den Belegen eindeutig und leicht nachprüfbar ergeben (sog. Belegnachweis). [5]Hinsichtlich der übrigen Voraussetzungen des § 6a Abs. 1 UStG (z.B. Unternehmereigenschaft des Abnehmers,

Verpflichtung des Abnehmers zur Erwerbsbesteuerung im Bestimmungsmitgliedstaat), die auch nachgewiesen werden müssen, enthält die UStDV keine besonderen Regelungen für den Belegnachweis.

(3) [1]Grundsätzlich hat allein der Unternehmer die Feststellungslast für das Vorliegen der Voraussetzungen der Steuerbefreiung zu tragen. [2]Die Finanzverwaltung ist nicht an seiner Stelle verpflichtet, die Voraussetzungen der Steuerbefreiung nachzuweisen. [3]Insbesondere ist die Finanzverwaltung nicht verpflichtet, auf Verlangen des Unternehmers ein Auskunftsersuchen an die Finanzverwaltung im Zuständigkeitsbereich des vermeintlichen Abnehmers der innergemeinschaftlichen Lieferung zu stellen (vgl. EuGH-Urteil vom 27. 9. 2007, C-184/05, Twoh International, BStBl II S. 83). [4]Kann der Unternehmer den beleg- und buchmäßigen Nachweis nicht, nicht vollständig oder nicht zeitnah führen, ist deshalb grundsätzlich davon auszugehen, dass die Voraussetzungen der Steuerbefreiung einer innergemeinschaftlichen Lieferung (§ 6a Abs. 1 und 2 UStG) nicht erfüllt sind. [5]Etwas anderes gilt ausnahmsweise dann, wenn – trotz der Nichterfüllung, der nicht vollständigen oder der nicht zeitnahen Erfüllung des Buchnachweises – auf Grund der vorliegenden Belege und der sich daraus ergebenden tatsächlichen Umstände objektiv feststeht, dass die Voraussetzungen des § 6a Abs. 1 und 2 UStG vorliegen. [6]Damit kann ein zweifelsfreier Belegnachweis Mängel beim Buchnachweis heilen. [7]Dient der Verstoß gegen die Nachweispflichten nach § 6a Abs. 3 UStG aber dazu, die Identität des Abnehmers der innergemeinschaftlichen Lieferung zu verschleiern, um diesem im Bestimmungsmitgliedstaat eine Mehrwertsteuerhinterziehung zu ermöglichen, kann der Unternehmer die Steuerbefreiung für die innergemeinschaftliche Lieferung auch nicht aufgrund des objektiven Nachweises ihrer Voraussetzungen in Anspruch nehmen (vgl. BFH-Urteile vom 17. 2. 2011, V R 30/10, BStBl II S. 769, und vom 11. 8. 2011, V R 19/10, BStBl 2012 II S. 156, sowie EuGH-Urteil vom 7. 12. 2010, C-285/09, R., BStBl 2011 II S. 846). [8]Das Gleiche gilt, wenn sich ein Unternehmer wissentlich an einem „strukturierten Verfahrensablauf“ beteiligt, der darauf abzielt, die Besteuerung des innergemeinschaftlichen Erwerbs im Bestimmungsmitgliedstaat durch Vortäuschen einer differenzbesteuerten Lieferung zu verdecken (vgl. BFH-Urteil vom 11. 8. 2011, V R 19/10, a.a.O.).

(4) Sind Mängel im Buch- und/oder Belegnachweis festgestellt worden und hat das Finanzamt z.B. durch ein bereits erfolgtes Auskunftsersuchen an den Bestimmungsmitgliedstaat die Kenntnis erlangt, dass der Liefergegenstand tatsächlich in das übrige Gemeinschaftsgebiet gelangt ist, ist auch diese Information in die objektive Beweislage einzubeziehen.

(5) [1]Der Unternehmer ist nicht von seiner grundsätzlichen Verpflichtung entbunden, den Beleg- und Buchnachweis vollständig und rechtzeitig zu führen. [2]Nur unter dieser Voraussetzung kann der Unternehmer die Vertrauensschutzregelung nach § 6a Abs. 4 UStG in Anspruch nehmen (vgl. Abschnitt 6a.8 Abs. 1 bis 4). [3]An die Nachweispflichten sind besonders hohe Anforderungen zu stellen, wenn der (angeblichen) innergemeinschaftlichen Lieferung eines hochwertigen Gegenstands (z.B. eines hochwertigen Pkw) ein Barkauf mit Beauftragten zu Grunde liegt (vgl. BFH-Urteil vom 14. 11. 2012, XI R 17/12, BStBl 2013 II S. 407).

Voraussetzungen des Beleg- und Buchnachweises nach den §§ 17a bis 17d UStDV

(6) [1]Die §§ 17a bis 17d UStDV regeln im Einzelnen, wie der Unternehmer die Nachweise der Steuerbefreiung einer innergemeinschaftlichen Lieferung zu führen hat. [2]Während gemäß § 17a UStDV bei Vorliegen der Voraussetzungen widerlegbar vermutet wird, dass der Gegenstand der Lieferung in das übrige Gemeinschaftsgebiet befördert oder versendet wurde, gilt bei Erfüllung der Voraussetzungen von § 17b UStDV der Belegnachweis als erbracht (siehe Absatz 8). [3]Zwischen § 17a UStDV einerseits und §§ 17b bzw. 17 c UStDV anderseits besteht kein Vorrangverhältnis. [4]Der Unternehmer kann den Belegnachweis entweder nach § 17a UStDV oder nach § 17b UStDV führen. [5]§ 17b Abs. 1 UStDV bestimmt in Form einer Generalklausel (Mussvorschrift), dass der Unternehmer im Geltungsbereich des UStG durch Belege nachzuweisen hat, dass er oder der Abnehmer den Liefergegenstand in das übrige Gemeinschaftsgebiet befördert oder versendet hat. [6]Dies muss sich aus den Belegen leicht und eindeutig nachprüfbar ergeben. [7]Der Unternehmer muss den Belegnachweis einer innergemeinschaftlichen Lieferung nicht zwingend mit einer Gelangensbestätigung nach § 17b Abs. 2 Nr. 2 UStDV oder mit den in § 17b Abs. 3 UStDV aufgeführten weiteren Nachweismöglichkeiten führen. [8]Die Gelangensbestätigung ist eine mög-

liche Form des Belegnachweises, mit dem die Voraussetzungen der Steuerbefreiung einer innergemeinschaftlichen Lieferung für die Finanzverwaltung eindeutig und leicht nachprüfbar sind. [9]Gleiches gilt auch für die in § 17b Abs. 3 UStDV aufgeführten Belege, mit denen der Unternehmer anstelle der Gelangensbestätigung die Steuerbefreiung einer innergemeinschaftlichen Lieferung nachweisen kann. [10]Dem Unternehmer steht es frei, den Belegnachweis mit allen geeigneten Belegen und Beweismitteln zu führen, aus denen sich das Gelangen des Liefergegenstands in das übrige Gemeinschaftsgebiet an den umsatzsteuerrechtlichen Abnehmer in der Gesamtschau nachvollziehbar und glaubhaft ergibt.

(7) § 17d Abs. 1 UStDV setzt voraus, dass auch in der Person des Abnehmers die Voraussetzungen für die Inanspruchnahme der Steuerbefreiung durch den liefernden Unternehmer vorliegen müssen und bestimmt, dass der Unternehmer die ausländische USt-IdNr. des Abnehmers buchmäßig nachzuweisen, d. h. aufzuzeichnen hat.

(8) [1]Führt der Unternehmer den Belegnachweis anhand der in § 17b Abs. 2 und 3 UStDV geregelten Nachweismöglichkeiten, ist der belegmäßige Nachweis als erfüllt anzuerkennen. [2]Das Fehlen einer der in den Vorschriften des § 17b Abs. 2 und 3 UStDV aufgeführten Voraussetzungen führt jedoch nicht zwangsläufig zur Versagung der Steuerbefreiung. [3]Der jeweils bezeichnete Nachweis kann auch durch andere Belege – z. B. durch die auf den Rechnungen ausgewiesene Anschrift des Leistungsempfängers als Belegnachweis des Bestimmungsorts nach § 17b Abs. 2 Nr. 2 Buchstabe c UStDV – erbracht werden. [4]Diese können nur dann als Nachweise anerkannt werden, wenn

1. sich aus der Gesamtheit der Belege die innergemeinschaftliche Lieferung eindeutig und leicht nachprüfbar ergibt (§ 17b Abs. 1 Satz 2 UStDV) und
2. die buchmäßig nachzuweisenden Voraussetzungen eindeutig und leicht nachprüfbar aus der Buchführung zu ersehen sind (§ 17d Abs. 1 UStDV).

(9) Abschnitt 6.5 Abs. 2 bis 4 ist entsprechend anzuwenden.

Anmerkung

Der liefernde Unternehmer muss die Voraussetzungen für das Vorliegen der innergemeinschaftlichen Lieferung grundsätzlich **buch- und belegmäßig** nachweisen, § 6a Abs. 3 UStG. Dabei soll der Buchnachweis mehr als den bloßen Nachweis entweder durch Aufzeichnungen oder nur durch Belege erfordern. Die Belege werden durch Hinweise bzw. Bezugnahmen in den Aufzeichnungen Bestandteil der Buchführung und damit des Buchnachweises – beide sollen somit eine Einheit darstellen.

Hinweis: Notwendigkeit des Nachweises

Die Finanzverwaltung geht regelmäßig davon aus, dass die Voraussetzungen für eine innergemeinschaftliche Lieferung nicht vorliegen, wenn der liefernde Unternehmer den Buch- und Belegnachweis nicht, nicht vollständig oder nicht zeitnah führt. Ausnahmsweise kann aber dennoch von dem Vorliegen der Voraussetzungen ausgegangen werden, wenn aufgrund der vorliegenden Belege und sich der daraus ergebenden tatsächlichen Umstände objektiv ergibt, dass die Voraussetzungen des § 6a UStG vorliegen (BFH, Urt. v. 28.5.2009 – V R 23/08, BStBl II 2010, 517 – das Urteil erging zu Ausfuhrlieferungen kann aber entsprechend auch für innergemeinschaftliche Lieferungen angewendet werden). Belegnachweise können dabei – gegebenenfalls bis zum Schluss der mündlichen Verhandlung vor dem Finanzgericht – nachgeholt werden.

Der belegmäßige Nachweis kann nach der Rechtsprechung des BFH (Urt. v. 19.3.2015 – V R 14/14, BStBl II 2015, 912) auch nicht durch andere Beweismittel (z. B. Zeugenvernehmung im Rahmen eines Finanzgerichtsverfahrens) ersetzt werden.

Zur Frage des Nachweises durch die sog. „Gelangensbestätigung" sind **Revisionsverfahren** beim BFH anhängig, vgl. Abschn. 6a.4 UStAE.

UStAE 6 a.3. Belegnachweis in Beförderungs- und Versendungsfällen – Allgemeines

Allgemeine Anforderungen an die Belegnachweise

(1) [1]Der Unternehmer kann den Belegnachweis nach § 17 a und b UStDV erforderlichenfalls bis zum Schluss der mündlichen Verhandlung vor dem Finanzgericht nachholen. [2]Mit einer Rechnung nach § 17 b Abs. 2 Nr. 1 UStDV, die nicht auf die Steuerfreiheit der innergemeinschaftlichen Lieferung hinweist, und/oder einer nicht gegenüber dem liefernden Unternehmer abgegebenen Spediteurversicherung nach Abschnitt 6 a.5 Abs. 9 und 10, die den Unternehmer auch nicht namentlich bezeichnet, kann der Belegnachweis nach § 17 b Abs. 2 Nr. 1 und Abs. 3 Satz 1 Nr. 2 UStDV nicht geführt werden (vgl. BFH-Urteile vom 12. 5. 2011, V R 46/10, BStBl II S. 957, und vom 14. 11. 2012, XI R 8/11 zu § 17 a UStDV a. F.). [3]In Fällen der innergemeinschaftlichen Lieferung eines Fahrzeugs im Sinne des § 1 b Abs. 2 UStG müssen die Belege nach § 17 b Abs. 2 Nr. 2 UStDV bzw. nach § 17 b Abs. 3 Satz 1 UStDV zusätzlich die Fahrzeug-Identifikationsnummer des Fahrzeugs enthalten.

Bestimmungsort im übrigen Gemeinschaftsgebiet

(2) [1]Die Begriffe des Orts des Erhalts des Liefergegenstands bzw. des Orts des Endes der Beförderung des Liefergegenstands im übrigen Gemeinschaftsgebiet in § 17 b Abs. 2 Satz 1 Nr. 2 Buchstabe c UStDV sind dahingehend zu verstehen, dass aus den Belegen der jeweilige EU-Mitgliedstaat, in den der gelieferte Gegenstand im Rahmen der innergemeinschaftlichen Lieferung gelangt, und der dort belegene Bestimmungsort des Liefergegenstands (z. B. Stadt, Gemeinde) hervorgehen. [2]Mit einer Bescheinigung des Kraftfahrt-Bundesamtes, wonach ein vorgeblich innergemeinschaftlich geliefertes Fahrzeug nicht in Deutschland für den Straßenverkehr zugelassen ist, kann der Nachweis, dass ein Fahrzeug das Inland verlassen hat bzw. in das übrige Gemeinschaftsgebiet befördert worden ist, nicht geführt werden. [3]Die Risiken hinsichtlich der Voraussetzungen einer innergemeinschaftlichen Lieferung, die sich daraus ergeben, dass der Lieferer die Beförderung oder Versendung der Sache dem Erwerber überlässt, trägt grundsätzlich der liefernde Unternehmer. [4]So kann der Unternehmer nicht mit Erfolg einwenden, er habe z. B. als Zwischenhändler in einem Reihengeschäft ein berechtigtes wirtschaftliches Interesse daran, den endgültigen Bestimmungsort des Liefergegenstands nicht nachzuweisen, um den Endabnehmer nicht preisgeben zu müssen, zumal die Regelungen über die Nachweise bei der Inanspruchnahme der Steuerbefreiung für innergemeinschaftliche Lieferungen keine Sonderregelungen für Reihengeschäfte vorsehen. [5]Auch ein Einwand des liefernden Unternehmers, dass er im Falle der Beförderung oder Versendung durch den Abnehmer in einem Reihengeschäft keine verlässlichen Nachweise über den Bestimmungsort des Gegenstands führen könne, weil dieser ihm nur bekannt sein könne, wenn er selbst den Transportauftrag erteilt habe, ist nicht durchgreifend.

(3) [1]Entspricht der Ort des Erhalts des Gegenstands im übrigen Gemeinschaftsgebiet bzw. der Ort des Endes der Beförderung des Gegenstands im übrigen Gemeinschaftsgebiet nicht den Angaben des Abnehmers, ist dies nicht zu beanstanden, wenn es sich bei dem tatsächlichen Ort um einen Ort im übrigen Gemeinschaftsgebiet handelt. [2]Zweifel über das Gelangen des Gegenstands in das übrige Gemeinschaftsgebiet gehen zu Lasten des Steuerpflichtigen.

Anmerkung

Mit Wirkung zum **1.10.2013** trat eine Neufassung der UStDV in Kraft, die für alle ab dem 1.10.2013 ausgeführten Lieferungen anzuwenden war (Elfte Verordnung zur Änderung der Umsatzsteuer-Durchführungsverordnung v. 25.3.2013, BGBl. I 2013, 602). Die Finanzverwaltung gewährte aber noch eine **Übergangsregelung für alle bis zum 31.12.2013** ausgeführten Lieferungen, sodass die Regelungen spätestens ab dem 1.1.2014 anzuwenden sind. Im Mittelpunkt der Änderungen stehen Veränderungen bei den Buch- und Belegnachweisen bei innergemeinschaftlichen Lieferungen. **Zum 1.1.2020** sind die bisherigen Regelungen um einen Paragraf in der UStDV verschoben worden, da die seit 1.1.2020 in Art. 45 a MwStVO unionseinheitlich geregelten Vermutungsregelungen in § 17 a UStDV übernommen worden sind.

Im Zentrum der nationalen Regelung steht die sog. **Gelangensbestätigung**. Diese ist grundsätzlich in allen Fällen der innergemeinschaftlichen Lieferung als Nachweis über das körperliche (physische) Gelangen des Gegenstands in einen anderen Mitgliedstaat zu verwenden. Der Unternehmer kann den Nachweis aber – in Abhängigkeit der jeweiligen Art des Transports – auch durch Alternativnachweise führen. Zur Frage des Vertrauensschutzes bei Nichterhalt der Gelangensbestätigung sind **Revisionsverfahren** beim BFH anhängig, vgl. Abschn. 6a.4 UStAE.

Hinweis: Vorgaben der UStDV

Bei innergemeinschaftlichen Lieferungen hat der Unternehmer im Geltungsbereich dieser Verordnung durch Belege nachzuweisen, dass er oder der Abnehmer den Gegenstand der Lieferung in das übrige Gemeinschaftsgebiet befördert oder versendet hat. Die Voraussetzung muss sich aus den Belegen eindeutig und leicht nachprüfbar ergeben, § 17b Abs. 1 UStDV. Seit dem 1.1.2020 sind in § 17a UStDV die über Art. 45a MwStVO unionseinheitlichen Vermutungsregelungen aufgenommen worden. Da diese Vermutungsregelungen aber immer mindestens zwei unabhängige Belege erfordern, kommt diesen Nachweisen national kaum eine Bedeutung zu. Die bis zum 31.12.2019 national geltenden Regelungen (§ 17a UStDV in der bis zum 31.12.2019 geltenden Fassung) sind seit dem 1.1.2020 entsprechend in § 17b UStDV aufgenommen worden. Der ausreichende nationale Nachweis ist auch weiterhin möglich.

Insbesondere bei **Abhollieferungen** (der Kunde holt den Gegenstand selbst beim liefernden Unternehmer ab) kann der Nachweis seit dem 1.1.2014 nur durch einen Beleg oder mehrere Belege geführt werden, aus denen sich das tatsächliche Gelangen des Gegenstands in den anderen Mitgliedstaat ergibt. Dieser Beleg muss den Monat enthalten, in dem der Gegenstand tatsächlich im anderen Mitgliedstaat angekommen ist. Außerdem muss der Ort der Ankunft angegeben werden. Diese Informationen können erst dann angegeben werden, wenn der Gegenstand tatsächlich in dem anderen Mitgliedstaat angekommen ist.

Hinweis: Probleme der praktischen Umsetzung bei Abholung

Zumindest bei Abnehmern, zu denen keine ständigen Geschäftsbeziehungen bestehen, wird der leistende Unternehmer deshalb bei Abholung des Gegenstands erst einmal einen Bruttobetrag verlangen müssen und dann den Steuerbetrag an den Abnehmer erstatten, wenn die Gelangensbestätigung vorliegt. Ob dies sich am Markt umsetzen lässt, muss in jedem Einzelfall geprüft werden.

Liegen dem liefernden Unternehmer Belege der in § 17a UStDV (seit dem 1.1.2020) oder § 17b Abs. 2 und Abs. 3 UStDV genannten Art nicht vor, kann der Unternehmer die Steuerbefreiung einer innergemeinschaftlichen Lieferung auch mit anderen Belegen oder Beweismitteln nicht führen, kommt der Unternehmer seinen Nachweispflichten nicht oder nur unvollständig nach, erweisen sich die Nachweisangaben bei einer Überprüfung als unzutreffend oder bestehen zumindest berechtigte Zweifel an der inhaltlichen Richtigkeit der Angaben, die der Unternehmer nicht ausräumt, ist von der **Steuerpflicht der Lieferung** auszugehen.

Hinweis: Neue Nachweise (seit 2020) sollen nicht zu Verschärfung führen

Der EuGH (Urt. v. 13.11.2025 – C-639/24, Flo Verneer d.o.o., UR 2025, 911) hat seine Rechtsprechung bestätigt, dass die Steuerbefreiung für eine innergemeinschaftliche Lieferung gewährt wird, wenn die materiellen Voraussetzungen erfüllt sind, auch wenn bestimmten formellen Anforderungen nicht genügt wird. Die Vermutungsregeln des Art. 45a MwStVO (vgl. § 17a UStDV) haben daran nichts geändert. Art. 45a MwStVO will die Beweisführung für innergemeinschaftliche Lieferungen erleichtern und nicht die Rechte des Unternehmers verschlechtern. Zu versagen ist die Steuerbefreiung, wenn sich der Unternehmer an einer eigenen oder fremden Steuerhinterziehung beteiligt hat oder der Verstoß den sicheren Nachweis, dass die materiellen Anforderungen vorliegen, verhindert hat.

UStAE 6 a.3 a. Belegnachweis in Beförderungs- und Versendungsfällen – Gelangensvermutung

Allgemeines

(1) [1]Nach § 17a Abs. 1 UStDV wird bei Vorliegen der Voraussetzungen vermutet, dass der Gegenstand der Lieferung in das übrige Gemeinschaftsgebiet befördert oder versendet wurde. [2]§ 17a Abs. 1 UStDV beinhaltet zwei Sachverhaltsvarianten, die zu unterschiedlichen Anforderungen beim Belegnachweis führen. [3]Während § 17a Abs. 1 Nr. 1 UStDV den Fall der Beförderung oder Versendung durch den Unternehmer oder durch einen von ihm beauftragten Dritten regelt, gilt § 17a Abs. 1 Nr. 2 UStDV für alle übrigen Fälle (z. B. Abholfall durch den Abnehmer). [4]Der Unternehmer kann anstatt der Voraussetzungen des § 17a UStDV den Belegnachweis auch nach den in § 17b bzw. § 17c UStDV statuierten Regelungen erbringen.

Belege

(2) [1]§ 17a Abs. 2 UStDV benennt die notwendigen Belege und verweist hierzu unter anderem auf die in § 17b Abs. 3 Satz 1 Nr. 3 UStDV benannten Beförderungsbelege (vgl. hierzu Abschnitt 6a.5 Abs. 11) und die in § 17b Abs. 3 Satz 1 Nr. 1 Buchstabe a UStDV aufgeführten Versendungsbelege (vgl. hierzu Abschnitt 6a.5 Abs. 1 und 2). [2]Die Gelangensvermutung erfordert immer mindestens zwei Belege, die von unterschiedlichen Parteien ausgestellt wurden und die zudem vom Unternehmer und Abnehmer unabhängig sind.

Widerlegbare Vermutung

(3) [1]Gemäß § 17a Abs. 3 UStDV kann das Finanzamt eine nach Absatz 1 bestehende Vermutung widerlegen. [2]Die Vermutung ist widerlegt, wenn das Finanzamt (z. B. anhand vorliegender Unterlagen oder Belege) feststellt, dass die Gegenstände beispielsweise nicht in das übrige Gemeinschaftsgebiet gelangt sind, sodass keine innergemeinschaftliche Lieferung vorliegt. [3]Kann das Finanzamt nachweisen, dass Belege unzutreffende Angaben enthalten oder gefälscht sind, steht es dem Unternehmer frei, durch andere Belege im Sinne von § 17a Abs. 2 UStDV das Gelangen in das übrige Gemeinschaftsgebiet zu belegen.

UStAE 6 a.4. Belegnachweis in Beförderungs- und Versendungsfällen – Gelangensbestätigung

Allgemeines

(1) Nach § 17b Abs. 2 Satz 1 UStDV gilt in den Fällen, in denen der Unternehmer oder der Abnehmer den Gegenstand der Lieferung in das übrige Gemeinschaftsgebiet befördert oder versendet hat, insbesondere ein Nachweis, den der Unternehmer hierüber wie folgt führt, als eindeutig und leicht nachprüfbar:

1. durch das Doppel der Rechnung (§§ 14, 14a UStG) und
2. [1]durch eine Bestätigung des Abnehmers, dass der Gegenstand der Lieferung in das übrige Gemeinschaftsgebiet gelangt ist (Gelangensbestätigung). [2]Diese Bestätigung hat folgende Angaben zu enthalten:
   a) den Namen und die Anschrift des Abnehmers,
   b) die Menge des Gegenstands der Lieferung und die handelsübliche Bezeichnung einschließlich der Fahrzeug-Identifikationsnummer bei Fahrzeugen im Sinne des § 1b Abs. 2 UStG,
   c) im Fall der Beförderung oder Versendung durch den Unternehmer oder im Fall der Versendung durch den Abnehmer den Ort und den Monat des Erhalts des Gegenstands im übrigen Gemeinschaftsgebiet und im Fall der Beförderung des Gegenstands durch den Abnehmer den Ort und den Monat des Endes der Beförderung des Gegenstands im übrigen Gemeinschaftsgebiet,
   d) das Ausstellungsdatum der Bestätigung sowie
   e) [1]die Unterschrift des Abnehmers oder eines von ihm zur Abnahme Beauftragten. [2]Bei einer elektronischen Übermittlung der Gelangensbestätigung ist eine Unterschrift nicht erforderlich, so-

fern erkennbar ist, dass die elektronische Übermittlung im Verfügungsbereich des Abnehmers oder des Beauftragten begonnen hat.

Unterschrift des Abnehmers

(2) [1]Die Gelangensbestätigung muss u. a. die Unterschrift des Abnehmers enthalten. [2]Die Unterschrift des Abnehmers kann auch von einem von dem Abnehmer zur Abnahme des Liefergegenstands Beauftragten oder von einem zur Vertretung des Abnehmers Berechtigten geleistet werden. [3]Dies kann z. B. ein Arbeitnehmer des Abnehmers sein, ein selbständiger Lagerhalter, der für den Abnehmer die Ware entgegennimmt, ein anderer Unternehmer, der mit der Warenannahme beauftragt wurde, oder in einem Reihengeschäft der tatsächliche (letzte) Abnehmer am Ende der Lieferkette. [4]Sofern an der Vertretungsberechtigung für das Leisten der Unterschrift des Abnehmers im konkreten Einzelfall Zweifel bestehen, ist der Nachweis der Vertretungsberechtigung zu führen. [5]Dieser Nachweis kann sich aus der Gesamtschau mit anderen Unterlagen, die dem liefernden Unternehmer vorliegen, ergeben (unter Anderem Lieferauftrag, Bestellvorgang, Firmenstempel des Abnehmers auf der Gelangensbestätigung). [6]Ein mit dem Warentransport beauftragter selbständiger Dritter kann für Zwecke der Gelangensbestätigung nicht zur Abnahme der Ware beauftragt sein.

(3) [1]Bei einer elektronischen Übermittlung der Gelangensbestätigung ist eine Unterschrift nach Absatz 2 nicht erforderlich, sofern erkennbar ist, dass die elektronische Übermittlung im Verfügungsbereich des Abnehmers oder des Beauftragten begonnen hat (§ 17b Abs. 2 Nr. 2 Buchstabe e Satz 2 UStDV). [2]Von der Erkennbarkeit des Beginns der elektronischen Übermittlung im Verfügungsbereich des Abnehmers ist insbesondere auszugehen, wenn bei der elektronischen Übermittlung der Gelangensbestätigung keine begründeten Zweifel daran bestehen, dass die Angaben dem Abnehmer zugerechnet werden können (z. B. Absenderangabe und Datum der Erstellung der E-Mail in dem sog. Header-Abschnitt der E-Mail, Nutzung einer im Zusammenhang mit dem Abschluss oder der Durchführung des Liefervertrags bekannt gewordenen E-Mail-Adresse, Verwendung eines zuvor zwischen dem Unternehmer und dem Abnehmer vereinbarten elektronischen Verfahrens). [3]Eine bei der Übermittlung der Gelangensbestätigung verwendete E-Mail-Adresse muss dem liefernden Unternehmer nicht bereits vorher bekannt gewesen sein. [4]Für die Erkennbarkeit des Übermittlungsbeginns im Verfügungsbereich des Abnehmers ist es unschädlich, wenn die E-Mail-Adresse eine Domain enthält, die nicht auf den Ansässigkeitsmitgliedstaat des Abnehmers oder auf den Bestimmungsmitgliedstaat der Lieferung hinweist.

Sammelbestätigung

(4) [1]Die Gelangensbestätigung kann als Sammelbestätigung ausgestellt werden. [2]In dieser können Umsätze aus bis zu einem Quartal zusammengefasst werden (§ 17b Abs. 2 Nr. 2 Sätze 2 und 3 UStDV). [3]Es ist somit nicht erforderlich, die Gelangensbestätigung für jeden einzelnen Liefergegenstand auszustellen. [4]Bei Lieferungen, die mehrere Gegenstände umfassen, oder bei Rechnungen, in denen einem Abnehmer gegenüber über mehrere Lieferungen abgerechnet wird, ist es regelmäßig ausreichend, wenn sich die Gelangensbestätigung auf die jeweilige Gesamtlieferung bzw. auf die Sammelrechnung bezieht. [5]Die Sammelbestätigung nach einem Quartal ist auch bei der Pflicht zur monatlichen Übermittlung von Umsatzsteuer-Voranmeldungen zulässig.

Beispiel 1:

[1]Der deutsche Unternehmer U hat mit einem dänischen Unternehmer K eine ständige Geschäftsbeziehung und liefert in den Monaten Juli bis September Waren, über die in insgesamt 150 Rechnungen abgerechnet wird. [2]K kann in einer einzigen Gelangensbestätigung den Erhalt der Waren unter Bezugnahme auf die jeweiligen Rechnungsnummern bestätigen. [3]Als Zeitpunkt des Warenerhalts kann der jeweilige Monat angegeben werden.

Beispiel 2:

[1]Der deutsche Unternehmer U hat an den italienischen Unternehmer K am 10. Januar, 20. Februar und 30. Juni eines Jahres Lieferungen ausgeführt. [2]K kann die Lieferungen des 10. Januar und des 20. Februar in einer Gelangensbestätigung zusammenfassen. [3]Für die Lieferung am 30. Juni muss

eine weitere Gelangensbestätigung (oder ein anderer Beleg als die Gelangensbestätigung) ausgestellt werden, weil diese Lieferung außerhalb des ersten Quartals liegt.

Formen der Gelangensbestätigung

(5) [1]Die Gelangensbestätigung kann in jeder die erforderlichen Angaben enthaltenen Form erbracht werden; sie kann auch aus mehreren Dokumenten bestehen, aus denen sich die geforderten Angaben insgesamt ergeben (§ 17b Abs. 2 Satz 4 UStDV); eine gegenseitige Bezugnahme in den entsprechenden Dokumenten ist dabei nicht erforderlich. [2]Die Bestätigung muss sich also keineswegs zwingend aus einem einzigen Beleg ergeben. [3]Sie kann z. B. auch aus einer Kombination des Lieferscheins mit einer entsprechenden Bestätigung über den Erhalt des Liefergegenstands bestehen. [4]Sie kann auch aus einer Kopie der Rechnung über die innergemeinschaftliche Lieferung, ergänzt um die weiteren erforderlichen Angaben, bestehen. [5]In den Fällen der Versendung des Gegenstands der innergemeinschaftlichen Lieferung durch den Unternehmer oder durch den Abnehmer können die Angaben der Gelangensbestätigung auch auf einem Versendungsbeleg enthalten sein. [6]Eine dem Muster der Anlagen 1 bis 3 inhaltlich entsprechende Gelangensbestätigung ist als Beleg im Sinne des § 17b Abs. 2 Satz 1 Nr. 2 UStDV anzuerkennen. [7]Die Gelangensbestätigung oder die die Gelangensbestätigung bildenden Dokumente können danach auch in englischer oder französischer Sprache abgefasst werden; entsprechende Nachweise in anderen Sprachfassungen bedürfen einer amtlich beglaubigten Übersetzung. [8]Auch die Verwendung des Musters einer Gelangensbestätigung bedeutet nicht, dass die Gelangensbestätigung zwingend ein einziger Beleg sein muss. [9]Das Muster soll lediglich verdeutlichen, welche Angaben für eine Gelangensbestätigung erforderlich sind.

Beispiel 1:

[1]Der deutsche Unternehmer U hat einem französischen Unternehmer K am 5. 12. 01 einen Büroschrank geliefert. [2]K hat den Schrank mit eigenem Lkw abgeholt und nach Paris transportiert. [3]Das Ende der Beförderung war am 7. 12. 01. [4]U hat K am 10. 01. 02 über die Lieferung eine Rechnung mit der Nr. 1234 ausgestellt.

[5]K kann U das Gelangen des Schranks nach Frankreich sinngemäß wie folgt bestätigen: „Die Beförderung der mit Rechnung Nummer 1234 vom 10. 01. 02 abgerechneten Waren endete im Dezember 01 in Paris“.

Beispiel 2:

[1]Der deutsche Unternehmer U hat einem polnischen Unternehmer K in der Zeit vom 10. 01. bis 30. 03. 02 Waren geliefert, die jeweils bar bezahlt und von einem von K beauftragten Frachtführer nach Warschau transportiert wurden (Verschaffung der Verfügungsmacht durch Übergabe der Ware an den von K beauftragten Frachtführer). [2]Es wurden insgesamt zehn Lieferungen getätigt bzw. zehn Transporte nach Warschau durchgeführt. [3]Drei Transporte endeten am 14., 20. und 24. 01. 02. [4]Vier Transporte endeten am 5., 9., 15. und 25. 02. 02. [5]Die restlichen drei Transporte endeten am 10. und 23. März sowie am 5. April des Jahres 02. [6]U hat K über jede Lieferung eine Rechnung mit den Nummern X1 bis X10 ausgestellt, wobei die ersten drei Rechnungen auf Tage im Januar 02, die folgenden vier Rechnungen auf Tage im Februar 02 und die restlichen drei Rechnungen auf Tage im April 02 datiert sind.

[7]K kann U das Gelangen der Liefergegenstände nach Polen, z. B. durch Übersendung einer E-Mail (vgl. Absatz 6), als Sammelbestätigung (vgl. Absatz 4) sinngemäß wie folgt bestätigen: „Ich habe die mit den Rechnungen Nr. X1 bis X3 abgerechneten Waren im Monat Januar 02, die mit den Rechnungen X4 bis X7 abgerechneten Waren im Monat Februar 02, die mit Rechnungen X8 und X9 abgerechneten Waren im März 02 und die mit Rechnung X10 abgerechneten Waren im April 02 in Warschau erhalten.

(6) [1]Die Gelangensbestätigung kann auf elektronischem Weg, z. B. per E-Mail, ggf. mit PDF- oder Textdateianhang, per Computer-Telefax oder Fax-Server, per Web-Download oder im Wege des elektronischen Datenaustauschs (EDI) übermittelt werden; eine wirksame elektronische Übermittlung ist auch dann möglich, wenn der Ort der elektronischen Übermittlung nicht mit dem Ort des Gelangens des

Liefergegenstands im übrigen Gemeinschaftsgebiet übereinstimmt. [2]Eine auf elektronischem Weg erhaltene Gelangensbestätigung kann für umsatzsteuerliche Zwecke auch in ausgedruckter Form aufbewahrt werden. [3]Wird die Gelangensbestätigung per E-Mail übersandt, soll, um den Nachweis der Herkunft des Dokuments vollständig führen zu können, auch die E-Mail archiviert werden, die für umsatzsteuerliche Zwecke ebenfalls in ausgedruckter Form aufbewahrt werden kann. [4]Die GoBD (vgl. BMF-Schreiben vom 28. 11. 2019, BStBl I S. 1269, **zuletzt geändert durch BMF-Schreiben vom 14.07.2025, BStBl I S. 1502**) bleiben unberührt.

Anmerkung

Eine steuerfreie innergemeinschaftliche Lieferung kann nur dann vorliegen, wenn die Voraussetzungen des § 6a Abs. 1 oder Abs. 2 UStG erfüllt sind, dazu hat der leistende Unternehmer bestimmte Buch- und Belegnachweise zu führen. Wie diese Nachweise zu führen sind, regelt das BMF mit Zustimmung des Bundesrats durch Rechtsverordnung. Umgesetzt ist dies in der UStDV.

Hinweis: Gelangensbestätigung weist nur Gelangen nach

Die Gelangensbestätigung betrifft nur den Nachweis bei der innergemeinschaftlichen Lieferung, dass der Gegenstand tatsächlich in den anderen Mitgliedstaat gelangt ist. Dass der Leistungsempfänger ein Unternehmer ist und den Gegenstand für sein Unternehmen bezieht (§ 6a Abs. 1 Satz 1 Nr. 2 UStG), dass der Leistungsempfänger einen innergemeinschaftlichen Erwerb besteuern muss (§ 6a Abs. 1 Satz 1 Nr. 3 UStG) und dass (seit dem 1.1.2020) der Leistungsempfänger mit einer gültigen USt-IdNr. auftreten muss, ist darüber hinaus nachzuweisen – mit der zutreffenden (qualifiziert) bestätigten USt-IdNr. des Leistungsempfängers. An diesen Verpflichtungen hat sich durch die Gelangensbestätigung nichts geändert.

Nach der **zum 1.10.2013** in Kraft getretenen Fassung der UStDV muss der Unternehmer den Nachweis führen, dass der Gegenstand der Lieferung tatsächlich (physisch) in einen anderen Mitgliedstaat gelangt ist. Nur dann kann sich der Buch- und Belegnachweis ergeben, der zur Steuerfreiheit der innergemeinschaftlichen Lieferung führt.

Zum 1.1.2020 sind – alternativ – in § 17a UStDV entsprechend Art. 45a MwStVO Vermutungsregelungen aufgenommen worden, nach der sich für den liefernden Unternehmer die Vermutung ergibt, dass der Gegenstand in einen anderen Mitgliedstaat gelangt ist. Diese unionseinheitlichen Vermutungsregelungen setzen grundsätzlich zwei voneinander unabhängige Belege voraus und führen dann lediglich zu der Vermutung, dass der Gegenstand in einen anderen Mitgliedstaat gelangt ist. Die **bisherigen nationalen Regelungen gelten aber in Deutschland weiter**, sodass auch ab dem 1.1.2020 der Gelangensbestätigung (seit dem 1.1.2020: § 17b UStDV) für den Nachweis des tatsächlichen Gelangens des Gegenstands die entscheidende Bedeutung zukommt.

In der **Gelangensbestätigung müssen enthalten** sein:

– der Name und die Anschrift des Abnehmers,
– die Menge des Gegenstands der Lieferung und die handelsübliche Bezeichnung einschließlich der Fahrzeug-Identifikationsnummer bei Fahrzeugen i. S. d. § 1b Abs. 2 UStG,
– im Fall der Beförderung oder Versendung durch den Unternehmer oder im Fall der Versendung durch den Abnehmer den Ort und den Monat des Erhalts des Gegenstands im übrigen Gemeinschaftsgebiet und im Fall der Beförderung des Gegenstands durch den Abnehmer den Ort und den Monat des Endes der Beförderung des Gegenstands im übrigen Gemeinschaftsgebiet,
– das Ausstellungsdatum der Bestätigung sowie
– die Unterschrift des Abnehmers oder eines von ihm zur Abnahme Beauftragten. Bei einer elektronischen Übermittlung der Gelangensbestätigung ist eine Unterschrift nicht erforderlich, sofern erkennbar ist, dass die elektronische Übermittlung im Verfügungsbereich des Abnehmers oder des Beauftragten begonnen hat.

Hinweis: Elektronische Übertragung möglich

Bei der elektronischen Übertragung der Gelangensbestätigung (z. B. als E-Mail) muss ersichtlich sein, dass die E-Mail aus dem Verfügungsbereich des Leistungsempfängers stammt (der E-Mail-Header muss sichtbar sein). Die elektronisch übermittelte Gelangensbestätigung oder die anderen Unterlagen müssen aber nicht elektronisch archiviert werden, es reicht ein Ausdruck auf Papier aus. Grundsätzlich sollen keine Zweifel an der Herkunft bestehen, wenn sich aus der Absenderangabe und dem Datum der Erstellung der E-Mail in dem sog. Header-Abschnitt der E-Mail der Empfänger der Warenlieferung ermitteln lässt oder wenn eine im Zusammenhang mit dem Abschluss oder der Durchführung des Liefervertrags bekannt gewordene E-Mail-Adresse verwendet wird. Allerdings muss die E-Mail-Adresse dem Lieferer nicht vorher bekannt sein. Es ist auch nicht erforderlich, dass die E-Mail-Adresse eine Domain enthält, die aus dem Ansässigkeitsstaat des Leistungsempfängers stammt.

Bei der Nachweisführung durch eine Gelangensbestätigung sind die folgenden Besonderheiten zu beachten:

- Die Angaben der Gelangensbestätigung müssen sich nicht zwingend aus einem Beleg ergeben, die Einzelangaben können sich auch aus mehreren Dokumenten ergeben.
- Der Unternehmer muss nicht ein Originalformular (die Finanzverwaltung hat als Anlage 1 bis Anlage 3 zu Abschn. 6a.4 UStAE ein Muster in deutscher, englischer und französischer Sprache beigefügt) für die Gelangensbestätigung verwenden.
- Die Gelangensbestätigung kann auch elektronisch übertragen werden.
- Es können auch Sammelbestätigungen (monatlich, quartalsweise) ausgestellt werden. In der Sammelbestätigung muss aber ein Zusammenhang zwischen der Lieferung und dem Erhalt des Gegenstands hergestellt werden (z. B.: Ich bestätige den Erhalt der in der Rechnung XY aufgeführten Ware; die Ware ist bei mir im März 2026 in … angekommen).

Der Nachweis des Gelangens des Gegenstands in den anderen Mitgliedstaat führt insbesondere bei **Abhollieferungen** durch den Käufer für den leistenden Unternehmer zu besonderen Überlegungen. Während früher (bis längstens 31.12.2013) der Nachweis des Gelangens des Gegenstands in einen anderen Mitgliedstaat durch eine Bestätigung des Kunden geführt werden konnte, in der bestätigt wurde, dass der Gegenstand in den anderen Mitgliedstaat transportiert werden würde, kann der Nachweis seit dem 1.1.2014 erst dann geführt werden, wenn der Gegenstand tatsächlich in dem anderen Mitgliedstaat angekommen ist. Der liefernde Unternehmer trägt damit bis zum Erhalt der Bestätigung das Risiko, Umsatzsteuer für die Lieferung an das Finanzamt abführen zu müssen.

Ob es im Zusammenhang mit der Gelangensbestätigung für den liefernden Unternehmer einen **Vertrauensschutz** gibt, ist Gegenstand von **Revisionsverfahren** beim BFH:

- In dem einen Fall (beim BFH anhängig unter V R 39/25) wird geprüft, ob – und ggf. unter welchen Voraussetzungen – die Gewährung von Vertrauensschutz nach § 6 a Abs. 4 Satz 1 UStG dem Unternehmer zu versagen ist, wenn der Abnehmer dem Lieferanten im Abholfall keine Gelangensbestätigung übermittelt. Das Niedersächsische FG, Urt. v. 13.5.2025 – 5 K 9/25 hatte entschieden, dass keine Gewährung von Vertrauensschutz nach § 6 a Abs. 4 Satz 1 UStG in Betracht kommt, wenn der Abnehmer dem Lieferanten im Abholfall keine Gelangensbestätigung übermittelt.
- In dem anderen Fall (beim BFH anhängig unter V R 3/25) geht es neben der Frage, ob auch in dem Fall, wenn alle Tatbestandsmerkmale des § 6 a Abs. 4 UStG erfüllt sind, dem Lieferanten der Vertrauensschutz versagt werden kann, wenn ihm der Abnehmer im Abholfall keine Gelangensbestätigung zurückschickt, auch um den Zeitpunkt der Beurteilung. Konkret wird gefragt, ob der maßgebende Zeitpunkt für die Bildung des Vertrauensschutzes nach § 6 a Abs. 4 UStG beim Lieferanten im Abholfall einer Ware der Zeitpunkt der Lieferung der Ware (Entstehung der Steuerschuld) ist. Auch in diesem Fall hatte das Finanzgericht (Hessisches FG, Urt. v. 1.7.2024 – 1 K 1247/21) dem Unternehmer einen Vertrauensschutz versagt.

UStAE 6a.5. Belegnachweis in Beförderungs- und Versendungsfällen – Andere Belege als die Gelangensbestätigung

Versendungsbeleg in Versendungsfällen (Frachtbrief, Konnossement)

(1) [1]Nach § 17b Abs. 3 Satz 1 Nr. 1 Buchstabe a UStDV kann der Unternehmer in den Fällen, in denen er oder der Abnehmer den Gegenstand der Lieferung in das übrige Gemeinschaftsgebiet versendet hat, den Nachweis der innergemeinschaftlichen Lieferung wie folgt führen: durch einen Versendungsbeleg, insbesondere durch einen handelsrechtlichen Frachtbrief, der vom Auftraggeber des Frachtführers unterzeichnet ist und die Unterschrift des Empfängers als Bestätigung des Erhalts des Gegenstands der Lieferung enthält, durch ein Konnossement oder durch Doppelstücke des Frachtbriefs oder des Konnossements. [2]Abschnitt 6a.4 Abs. 5 Satz 1 ist entsprechend anzuwenden.

(2) [1]Die Unterschrift eines zur Besorgung des Warentransports eingeschalteten Dritten (z.B. eines Spediteurs) ist nicht erforderlich. [2]Ist der Versendungsbeleg ein Frachtbrief (z.B. CMR-Frachtbrief), muss dieser vom Absender als Auftraggeber des Frachtführers, also dem Versender des Liefergegenstands, unterzeichnet sein (beim CMR-Frachtbrief in Feld 22). [3]Der Auftraggeber kann hierbei von einem Dritten vertreten werden (z.B. Lagerhalter); es reicht aus, dass die Berechtigung des Dritten, den Frachtbrief zu unterschreiben, glaubhaft gemacht wird (z.B. durch Vorliegen eines Lagervertrages). [4]Beim internationalen Eisenbahnfrachtbrief (CIM-Frachtbrief) wird die Unterschrift regelmäßig durch einen Stempelaufdruck oder einen maschinellen Bestätigungsvermerk ersetzt; dies ist grundsätzlich ausreichend. [5]Hinsichtlich der Unterschrift des Empfängers (z.B. beim CMR-Frachtbrief in Feld 24) sind die Regelungen in Abschnitt 6a.4 Abs. 2 entsprechend anzuwenden. [6]Bei Frachtbriefen in Form des Seawaybill oder Airwaybill kann von einer Unterschrift des Auftraggebers des Frachtführers abgesehen werden. [7]Hinsichtlich der Ausstellung des Versendungsbelegs als Sammelbestätigung und der Form der Ausstellung sind die Regelungen in Abschnitt 6a.4 Abs. 4 bis 6 entsprechend anzuwenden. [8]Bei der Lieferung eines Fahrzeugs im Sinne des § 1b Abs. 2 UStG muss der Versendungsbeleg zusätzlich die Fahrzeug-Identifikationsnummer enthalten.

Anderer handelsüblicher Beleg als ein Versendungsbeleg in Versendungsfällen (Spediteurbescheinigung)

(3) [1]Nach § 17b Abs. 3 Satz 1 Nr. 1 Buchstabe b UStDV kann der Unternehmer in den Fällen, in denen er oder der Abnehmer den Gegenstand der Lieferung in das übrige Gemeinschaftsgebiet versendet hat, den Nachweis der innergemeinschaftlichen Lieferung wie folgt führen: durch einen anderen handelsüblichen Beleg als einen Versendungsbeleg nach Absatz 1 und 2, insbesondere mit einer Bescheinigung des beauftragten Spediteurs (Spediteurbescheinigung). [2]Diese Bescheinigung hat folgende Angaben zu enthalten:

1. den Namen und die Anschrift des mit der Beförderung beauftragten Unternehmers sowie das Ausstellungsdatum,
2. den Namen und die Anschrift des liefernden Unternehmers sowie des Auftraggebers der Versendung,
3. die Menge des Gegenstands der Lieferung und dessen handelsübliche Bezeichnung,
4. den Empfänger des Gegenstands der Lieferung und den Bestimmungsort im übrigen Gemeinschaftsgebiet,
5. den Monat, in dem die Beförderung des Gegenstands der Lieferung im übrigen Gemeinschaftsgebiet geendet hat,
6. eine Versicherung des mit der Beförderung beauftragten Unternehmers, dass die Angaben in dem Beleg auf Grund von Geschäftsunterlagen gemacht wurden, die im Gemeinschaftsgebiet nachprüfbar sind, sowie
7. die Unterschrift des mit der Beförderung beauftragten Unternehmers.

(4) [1]Eine dem Muster der Anlage 4 entsprechende, vollständig und richtig ausgefüllte Spediteurbescheinigung ist als Beleg im Sinne des § 17b Abs. 3 Satz 1 Nr. 1 Buchstabe b UStDV anzuerkennen. [2]Abschnitt 6a.4 Abs. 5 Satz 1 und Abschnitt 6.7 Abs. 2 Satz 2 gelten entsprechend. [3]Bei einer elektro-

nischen Übermittlung des Belegs an den liefernden Unternehmer ist eine Unterschrift des mit der Beförderung beauftragten Unternehmers nicht erforderlich, sofern erkennbar ist, dass die elektronische Übermittlung im Verfügungsbereich des mit der Beförderung beauftragten Unternehmers begonnen hat. [4]Abschnitt 6a.4 Abs. 3 bis 6 ist entsprechend anzuwenden.

Versendungsprotokoll in Versendungsfällen

(5) [1]Nach § 17b Abs. 3 Satz 1 Nr. 1 Buchstabe c UStDV kann der Unternehmer in den Fällen, in denen er oder der Abnehmer den Gegenstand der Lieferung in das übrige Gemeinschaftsgebiet versendet hat, den Nachweis der innergemeinschaftlichen Lieferung wie folgt führen: durch eine schriftliche oder elektronische Auftragserteilung und ein von dem mit der Beförderung Beauftragten (z.B. Kurierdienstleister) erstelltes Protokoll, das den Transport lückenlos bis zur Ablieferung beim Empfänger nachweist. [2]Hinsichtlich der Ausstellung des Versendungsprotokolls als Sammelbestätigung und der Form der Ausstellung sind die Regelungen in Abschnitt 6a.4 Abs. 4 bis 6 entsprechend anzuwenden. [3]Abweichend von Satz 1 kann der Unternehmer aus Vereinfachungsgründen bei der Versendung eines oder mehrerer Gegenstände, deren Wert insgesamt 500 € nicht übersteigt, den Nachweis der innergemeinschaftlichen Lieferung wie folgt führen: durch eine schriftliche oder elektronische Auftragserteilung und durch einen Nachweis über die Entrichtung der Gegenleistung für die Lieferung des Gegenstands oder der Gegenstände.

(6) [1]Für eine schriftliche oder elektronische Auftragserteilung sind inhaltlich die folgenden Angaben ausreichend:

- Name und Anschrift des Ausstellers des Belegs;
- Name und Anschrift des Absenders;
- Name und Anschrift des Empfängers;
- handelsübliche Bezeichnung und Menge der beförderten Gegenstände;
- Tag der Abholung bzw. Übernahme der beförderten Gegenstände durch den mit der Beförderung beauftragten Unternehmer.

[2]Aus Vereinfachungsgründen kann bezüglich der Angaben zur handelsüblichen Bezeichnung und Menge der beförderten Gegenstände auf die Rechnung über die Lieferung durch Angabe der Rechnungsnummer verwiesen werden, wenn auf dieser die Nummer des Versendungsbelegs angegeben ist. [3]Eine schriftliche oder elektronische Auftragserteilung kann darin bestehen, dass der liefernde Unternehmer mit dem mit der Beförderung beauftragten Unternehmer eine schriftliche Rahmenvereinbarung über periodisch zu erbringende Warentransporte abgeschlossen hat oder schriftliche Bestätigungen des mit der Beförderung beauftragten Unternehmers über den Beförderungsauftrag vorliegen, wie z.B. Einlieferungslisten oder Versandquittungen. [4]Aus dem von dem mit der Beförderung beauftragten Unternehmer erstellten Protokoll, das den Warentransport nachvollziehbar bis zur Ablieferung beim Empfänger nachweist (sog. tracking-and-tracing-Protokoll), muss sich der Monat und der Ort des Endes der Beförderung im übrigen Gemeinschaftsgebiet ergeben. [5]Ein Nachweis der Bestätigung des Empfängers, die Ware erhalten zu haben (z.B. Nachweis der Unterschrift des Empfängers gegenüber dem örtlichen Frachtführer), ist nicht erforderlich. [6]Der liefernde Unternehmer kann das Protokoll über den Warentransport, wenn es ihm in elektronischer Form zur Verfügung gestellt wird, elektronisch oder in Form eines Ausdrucks aufbewahren. [7]Bei einer elektronischen Aufbewahrung des Protokolls ist Abschnitt 6a.4 Abs. 6 entsprechend anzuwenden.

Empfangsbescheinigung eines Postdienstleisters in Versendungsfällen

(7) [1]Nach § 17b Abs. 3 Satz 1 Nr. 1 Buchstabe d UStDV kann der Unternehmer in den Fällen von Postsendungen, in denen er oder der Abnehmer den Gegenstand der Lieferung in das übrige Gemeinschaftsgebiet versendet hat und in denen eine Belegnachweisführung nach § 17b Abs. 3 Satz 1 Nr. 1 Buchstabe c UStDV nicht möglich ist, den Nachweis wie folgt führen: durch eine Empfangsbescheinigung eines Postdienstleisters über die Entgegennahme der an den Abnehmer adressierten Postsendung und den Nachweis über die Bezahlung der Lieferung. [2]Abschnitt 6a.4 Abs. 5 Satz 1 ist entsprechend anzuwenden. [3]Eine Belegnachweisführung nach § 17b Abs. 3 Satz 1 Nr. 1 Buchstabe c UStDV gilt auch

dann als möglich, wenn der mit der Beförderung Beauftragte (z. B. ein Kurierdienstleister) kein nachvollziehbares Protokoll, das den Transport bis zur Ablieferung beim Empfänger nachweist, sondern z. B. nur ein Protokoll bis zur Übergabe der Waren an den letzten Unterfrachtführer zur Verfügung stellt; in diesen Fällen kann der Belegnachweis damit nicht mit einer Empfangsbescheinigung eines Postdienstleisters nach § 17b Abs. 3 Satz 1 Nr. 1 Buchstabe d UStDV geführt werden.

(8) [1]Für eine Empfangsbescheinigung des Postdienstleisters über die Entgegennahme der Postsendung an den Abnehmer sind die folgenden Angaben ausreichend:

- Name und Anschrift des Ausstellers des Belegs;
- Name und Anschrift des Absenders;
- Name und Anschrift des Empfängers;
- handelsübliche Bezeichnung und Menge der beförderten Gegenstände;
- Tag der Abholung bzw. Übernahme der beförderten Gegenstände durch den mit der Beförderung beauftragten Postdienstleister.

[2]Die Angaben in der Empfangsbescheinigung über den Empfänger und die gelieferten Gegenstände können durch einen entsprechenden Verweis auf die Rechnung, einen Lieferschein oder entsprechende andere Dokumente über die Lieferung ersetzt werden. [3]Der Zusammenhang zwischen der Empfangsbescheinigung des Postdienstleisters und der jeweiligen Rechnung über die innergemeinschaftliche Lieferung muss, ggf. durch ein gegenseitiges Verweissystem, leicht nachprüfbar sein. [4]Der Nachweis der Bezahlung des Liefergegenstands ist grundsätzlich mit Hilfe des entsprechenden Kontoauszugs oder im Fall einer Barzahlung mit einem Doppel der Zahlungsquittierung zu führen. [5]Als Bezahlung des Liefergegenstands gilt bei verbundenen Unternehmen auch die Verrechnung über ein internes Abrechnungssystem (sog. inter company clearing). [6]In diesen Fällen ist der Nachweis in entsprechender Form zu führen.

Andere Bescheinigung des Spediteurs in Versendungsfällen im Auftrag des Abnehmers (Spediteurversicherung)

(9) Nach § 17b Abs. 3 Satz 1 Nr. 2 UStDV kann der Unternehmer bei der Versendung des Gegenstands der Lieferung durch den Abnehmer den Nachweis der innergemeinschaftlichen Lieferung wie folgt führen: durch einen Nachweis über die Entrichtung der Gegenleistung für die Lieferung des Gegenstands von einem Bankkonto des Abnehmers sowie durch eine Bescheinigung des beauftragten Spediteurs (Spediteurversicherung), die folgende Angaben zu enthalten hat:

1. den Namen und die Anschrift des mit der Beförderung beauftragten Unternehmers sowie das Ausstellungsdatum,
2. den Namen und die Anschrift des liefernden Unternehmers sowie des Auftraggebers der Versendung,
3. die Menge des Gegenstands der Lieferung und die handelsübliche Bezeichnung,
4. den Empfänger des Gegenstands der Lieferung und den Bestimmungsort im übrigen Gemeinschaftsgebiet,
5. eine Versicherung des mit der Beförderung beauftragten Unternehmers, den Gegenstand der Lieferung an den Bestimmungsort im übrigen Gemeinschaftsgebiet zu befördern, sowie
6. die Unterschrift des mit der Beförderung beauftragten Unternehmers; Abschnitt 6.7 Abs. 2 Satz 2 gilt entsprechend.

(10) [1]Der liefernde Unternehmer hat den Nachweis der Bezahlung des Liefergegenstands von einem Bankkonto des Abnehmers zu führen. [2]Das Bankkonto des Abnehmers kann ein ausländisches oder inländisches Konto (z. B. auch ein inländisches Konzernverrechnungskonto) sein; als Bezahlung des Liefergegenstands gilt bei verbundenen Unternehmen auch die Verrechnung über ein internes Abrechnungssystem (sog. inter company clearing). [3]Neben dem Nachweis über die Bezahlung des Liefergegenstands hat der liefernde Unternehmer den Nachweis in Form der Spediteurversicherung zu führen. [4]Der Nachweis mit einer Spediteurversicherung kommt nur in den Fällen in Betracht, in denen der Abnehmer den Liefergegenstand versendet. [5]Eine dem Muster der Anlage 5 entsprechende, vollständig und richtig ausgefüllte Spediteurversicherung ist als Beleg im Sinne des § 17b Abs. 3 Satz 1 Nr. 2 UStDV

anzuerkennen. [6]Bestehen in den Fällen der Versendung des Liefergegenstands im Auftrag des Abnehmers begründete Zweifel daran, dass der Liefergegenstand tatsächlich in das übrige Gemeinschaftsgebiet gelangt ist, hat der Unternehmer den Nachweis der innergemeinschaftlichen Lieferung mit anderen Mitteln als der Spediteurversicherung, z. B. mit der Gelangensbestätigung nach Abschnitt 6 a.4 oder einem der anderen Belege nach § 17b Abs. 3 UStDV zu führen.

Bestätigung der Abgangsstelle in Beförderungsfällen im Unionsversandverfahren

(11) [1]Nach § 17b Abs. 3 Satz 1 Nr. 3 UStDV kann der Unternehmer bei der Beförderung des Gegenstands der Lieferung im Unionsversandverfahren in das übrige Gemeinschaftsgebiet den Nachweis der innergemeinschaftlichen Lieferung wie folgt führen: durch eine Bestätigung der Abgangsstelle über die innergemeinschaftliche Lieferung, die nach Eingang des Beendigungsnachweises für das Versandverfahren erteilt wird, sofern sich daraus die Lieferung in das übrige Gemeinschaftsgebiet ergibt. [2]Diese Nachweismöglichkeit ist auch in den Fällen der Versendung des Gegenstands der Lieferung zulässig.

EMCS-Eingangsmeldung bei der Lieferung verbrauchsteuerpflichtiger Waren in Beförderungsfällen

(12) [1]Nach § 17b Abs. 3 Satz 1 Nr. 4 Buchstabe a UStDV kann der Unternehmer bei der Beförderung verbrauchsteuerpflichtiger Waren unter Steueraussetzung und Verwendung des IT-Verfahrens EMCS (Excise Movement and Control System – EDV-gestütztes Beförderungs- und Kontrollsystem für verbrauchsteuerpflichtige Waren) den Nachweis der innergemeinschaftlichen Lieferung wie folgt führen: durch die von der zuständigen Behörde des anderen Mitgliedstaats (Bestimmungsmitgliedstaates) validierte EMCS-Eingangsmeldung. [2]Diese Nachweismöglichkeit ist auch in den Fällen der Versendung verbrauchsteuerpflichtiger Waren zulässig.

(13) [1]Als Nachweis der innergemeinschaftlichen Lieferung nach Absatz 12 ist eine nach den Anforderungen der Tabelle 6 in Anhang I der Delegierten Verordnung (EU) 2022/1636 der Kommission vom 05. 07. 2022 zur Ergänzung der Richtlinie (EU) 2020/262 des Rates durch Festlegung von Struktur und Inhalt der im Zusammenhang mit der Beförderung verbrauchsteuerpflichtiger Waren ausgetauschten Dokumente und durch Festlegung von Schwellenwerten für Verluste aufgrund der Beschaffenheit der Waren (ABl. EU 2022 Nr. L 247 S. 2; vgl. Anlage 6) zollrechtlich vollständig und richtig ausgefüllte Eingangsmeldung nur anzuerkennen, wenn darin Angaben zum Bestimmungsort enthalten sind. [2]In Fällen, in denen diese Angaben fehlen, muss der Unternehmer weitere Belege vorlegen, aus denen sich der Bestimmungsort eindeutig und leicht nachprüfbar ergibt.

Dritte Ausfertigung des vereinfachten Begleitdokuments bei Lieferung verbrauchsteuerpflichtiger Waren des steuerrechtlich freien Verkehrs in Beförderungsfällen

(14) [1]Nach § 17b Abs. 3 Satz 1 Nr. 4 Buchstabe b UStDV kann der Unternehmer bei der Beförderung verbrauchsteuerpflichtiger Waren des steuerrechtlich freien Verkehrs den Nachweis der innergemeinschaftlichen Lieferung wie folgt führen: durch die dritte Ausfertigung des vereinfachten Begleitdokuments, das dem zuständigen Hauptzollamt für Zwecke der Verbrauchsteuerentlastung vorzulegen ist. [2]Diese Nachweismöglichkeit ist auch in den Fällen der Versendung verbrauchsteuerpflichtiger Waren zulässig.

(15) Eine nach dem Muster des im Anhang zu der Verordnung (EWG) Nr. 3649/92 der Kommission vom 17. 12. 1992 über ein vereinfachtes Begleitdokument für die Beförderung von verbrauchsteuerpflichtigen Waren, die sich bereits im steuerrechtlich freien Verkehr des Abgangsmitgliedstaats befinden (ABl. EG 1992 Nr. L 369 S. 17), enthaltenen Begleitdokuments vollständig und richtig ausgefüllte dritte Ausfertigung (3. Ausfertigung; vgl. Anlage 7) ist als Beleg im Sinne von Absatz 14 anzuerkennen.

Zulassung des Fahrzeugs auf den Erwerber bei Beförderung durch den Abnehmer

(16) Nach § 17b Abs. 3 Satz 1 Nr. 5 UStDV kann der Unternehmer bei der innergemeinschaftlichen Lieferung von Fahrzeugen, die durch den Abnehmer befördert werden und für die eine Zulassung für den Straßenverkehr erforderlich ist, den Nachweis der innergemeinschaftlichen Lieferung wie folgt führen: durch einen Nachweis über die Zulassung des Fahrzeugs auf den Erwerber im Bestimmungsmitgliedstaat der Lieferung; dabei ist eine einfache Kopie der Zulassung ausreichend.

(17) [1]Der Nachweis der Zulassung muss die Fahrzeug-Identifikationsnummer enthalten. [2]Ein Nachweis der Zulassung des Fahrzeugs im übrigen Gemeinschaftsgebiet auf eine andere Person als den Erwerber, d. h. den Abnehmer der Lieferung, ist kein ausreichender Nachweis.

Anmerkung

1. Nationale Regelungen

Neben dem Nachweis über die Gelangensbestätigung kann der leistende Unternehmer den Nachweis des körperlichen Gelangens auch durch einen **Alternativnachweis** führen. Der Nachweis darüber, dass der Gegenstand tatsächlich in einen anderen Mitgliedstaat gelangt ist, kann danach auch – jeweils in Abhängigkeit von der Durchführung des Warentransports – durch die folgenden Belege geführt werden:

- Bei der Versendung des Gegenstands der Lieferung durch den Unternehmer oder Abnehmer: Durch einen Versendungsbeleg, insbesondere durch einen **handelsrechtlichen Frachtbrief** (z. B. einen CMR-Frachtbrief), der vom Auftraggeber des Frachtführers unterzeichnet ist und die Unterschrift des Empfängers als Bestätigung des Erhalts des Gegenstands der Lieferung enthält oder ein Konnossement, § 17b Abs. 3 Nr. 1 Buchst. a UStDV.
- Bei der Versendung des Gegenstands der Lieferung durch den Unternehmer oder Abnehmer: Durch einen anderen **handelsüblichen Beleg**, insbesondere mit einer Bescheinigung des beauftragten Spediteurs (die Finanzverwaltung hat als Anlage 4 zu Abschn. 6a.5 UStAE ein Muster einer solchen Spediteursbescheinigung beigefügt), in der neben den die Leistung und die Vertragspartner bezeichnenden Angaben der Spediteur versichert, wann (Angabe des Monats) er den Gegenstand bei dem Kunden in einem anderen Mitgliedstaat abgeliefert hat, § 17b Abs. 3 Nr. 1 Buchst. b UStDV. Die Spediteursbescheinigung kann auch als **Sammelbestätigung** ausgestellt und elektronisch übermittelt werden. In diesem Fall ist keine Unterschrift notwendig, wenn sich erkennen lässt, dass die elektronische Übermittlung im Verfügungsbereich des mit der Beförderung beauftragten Unternehmers begonnen hatte; grundsätzlich gelten hier dieselben Voraussetzungen wie bei der Gelangensbestätigung.
- Durch eine schriftliche oder elektronische Auftragserteilung und ein von dem mit der Beförderung Beauftragten erstelltes Protokoll („**tracking and tracing**"), das den Transport lückenlos bis zur Ablieferung beim Empfänger nachweist, § 17b Abs. 3 Nr. 1 Buchst. c UStDV. Dabei ist es ausreichend, wenn für die notwendige Angabe zur handelsüblichen Bezeichnung und der Menge der beförderten Gegenstände in der schriftlichen Auftragserteilung auf die Rechnung (Angabe der Rechnungsnummer) hingewiesen wird. Eine Unterschrift des Empfängers der Ware ist in diesen Fällen nicht notwendig. Zur Archivierung elektronisch übermittelter Protokolle ist es ausreichend, wenn ein Ausdruck aufbewahrt wird. Aus **Vereinfachungsgründen** kann bei der Versendung eines oder mehrerer Gegenstände, deren Wert insgesamt 500 € nicht übersteigt, der Nachweis durch eine schriftliche oder elektronische Auftragserteilung und durch einen Nachweis über die Entrichtung der Gegenleistung für die Lieferung geführt werden.
- In den Fällen von **Postsendungen**, in denen ein elektronisches Protokoll nicht möglich ist, durch eine Empfangsbescheinigung eines Postdienstleisters über die Entgegennahme der an den Abnehmer adressierten Postsendung und den Nachweis über die Bezahlung der Lieferung, § 17b Abs. 3 Nr. 1 Buchst. d UStDV.

- Bei der **Versendung** des Gegenstands der Lieferung **durch den Abnehmer** durch einen Nachweis über die Entrichtung der Gegenleistung für die Lieferung des Gegenstands von einem Bankkonto des Abnehmers sowie durch eine Versicherung des beauftragten Spediteurs (Anlage 5 zu Abschn. 6a.5 UStAE), in der neben den die Leistung und die Vertragspartner bezeichnenden Angaben der Spediteur versichert, den Gegenstand in einen anderen Mitgliedstaat transportieren zu wollen, § 17b Abs. 3 Nr. 2 UStDV. Diese Möglichkeit gilt nur in den Fällen, in denen der Leistungsempfänger einen Dritten mit dem Transport beauftragt hat.

  Hinweis: Probleme bei Nachweis Zahlung von Bankkonto des Leistungsempfängers

  Die Finanzverwaltung äußert sich zu der Zahlung von einem Bankkonto des Leistungsempfängers nur sehr eingeschränkt, indem festgestellt wird, dass es sich dabei um ein inländisches oder ausländisches Konto oder auch um ein Konzernverrechnungskonto handeln kann; bei Zahlung zwischen verbundenen Unternehmen auch durch Verrechnung über ein internes Abrechnungssystem (inter company clearing). Zu den Problemen der Aufrechnung, des Factorings, der Zahlung im abgekürzten Zahlungsweg, des Tausches oder des tauschähnlichen Umsatzes wird von der Verwaltung keine Stellung bezogen. Darüber hinaus muss beachtet werden, in diesen Fällen die internen Abläufe auch darauf einzustellen, da erfahrungsgemäß bei der Überwachung des Zahlungseingangs keine Kontrolle mehr bezüglich der Prüfung der Voraussetzungen der Steuerfreiheit als innergemeinschaftliche Lieferung vorgenommen wird.

Die Finanzverwaltung hat im UStAE auch zu **Sonderfällen** des Nachweises Stellung bezogen:

- Bestätigung der Abgangsstelle in Beförderungsfällen im gemeinschaftlichen Versandverfahren, vgl. Abschn. 6a.5 Abs. 11 UStAE.
- EMCS-Eingangsmeldung bei der Lieferung verbrauchsteuerpflichtiger Waren in Beförderungsfällen, vgl. Abschn. 6a.5 Abs. 12 UStAE.
- Dritte Ausfertigung des vereinfachten Begleitdokuments bei der Lieferung verbrauchsteuerpflichtiger Waren des steuerrechtlich freien Verkehrs in Beförderungsfällen. Die Finanzverwaltung (BMF, Schreiben v. 11.7.2023, BStBl I 2023, 1499) hat klargestellt, dass die **validierte EMCS-Eingangsmeldung** nur dann als Gelangensnachweis der innergemeinschaftlichen Lieferung in Betracht kommt, wenn darin jeweils **Angaben zum Bestimmungsort enthalten** sind. In Fällen, in denen diese Angaben fehlen, muss der Unternehmer weitere Belege vorlegen, aus denen sich der Bestimmungsort eindeutig und leicht nachprüfbar ergibt, vgl. Abschn. 6a.5 Abs. 13 UStAE.
- Zulassung des Fahrzeugs auf den Erwerber bei Beförderung durch den Abnehmer, vgl. Abschn. 6a.5 Abs. 14 UStAE.

2. Unionsrechtliche Regelungen

Über die in der MwStSystRL zum 1.1.2020 erfassten Voraussetzungen für die innergemeinschaftlichen Lieferungen, sind die in der MwStVO enthaltenen Vorgaben – die nicht national gesetzlich umgesetzt werden müssen, da sie automatisch in allen Mitgliedstaaten gelten – zum Nachweis der innergemeinschaftlichen Lieferung ebenfalls mit Wirkung zum 1.1.2020 geregelt worden, **Art. 45a MwStVO**. In Deutschland sind diese Vorgaben (als Alternativnachweis) in § 17a UStDV umgesetzt worden.

In den **Erwägungsgründen** (Durchführungsverordnung (EU) 2018/1912 des Rates v. 4.12.2018 zur Änderung der Durchführungsverordnung (EU) Nr. 282/2011 hinsichtlich bestimmter Befreiungen bei innergemeinschaftlichen Umsätzen, ABl EU 2018 L 311/11) zur Änderung der MwStVO heißt es dazu: „Durch die unterschiedlichen Ansätze der Mitgliedstaaten bei der Anwendung dieser Befreiung für innergemeinschaftliche Umsätze sind Schwierigkeiten und Rechtsunsicherheit für die Unternehmen entstanden. Das widerspricht dem Ziel der Förderung des gemeinschaftsinternen Handels und der Beseitigung der Steuergrenzen. Es ist daher wichtig, die Bedingungen für die Anwendung dieser Befreiungen zu klären und zu harmonisieren. Da der grenzüberschreitende Mehrwertsteuerbetrug in erster

Linie im Zusammenhang mit der Befreiung bei innergemeinschaftlichen Lieferungen steht, ist es notwendig, gewisse Bedingungen, unter denen Gegenstände als vom Hoheitsgebiet des Mitgliedstaats der Lieferung versandt oder befördert gelten, ausdrücklich zu nennen. Um eine praktische Lösung für die Unternehmen und gleichzeitig Sicherheit für die Steuerverwaltungen zu schaffen, sollten in der Durchführungsverordnung (EU) Nr. 282/2011 des Rates zwei widerlegbare Vermutungen eingeführt werden."

Die Vorgaben nach Art. 45a MwStVO setzen – entgegen den nationalen Bedingungen – immer **zwei unabhängige Belege** voraus; vgl. § 17a UStDV.

Hinweis: National nur ein Nachweis notwendig

Die nationalen Möglichkeiten des Nachweises (jetzt § 17b UStDV) setzen immer nur einen Nachweis voraus, der Nachweis ist also im Verhältnis zu den unionsrechtlichen Vorgaben einfacher zu führen. Damit wird in der Praxis der Nachweis des tatsächlichen Gelangens weiterhin nach den (bisherigen) nationalen Vorschriften geführt werden.

Der EuGH (Urt. v. 13.11.2025 – C-639/24,– Flo Verneer d.o.o., UR 2025, 911) hat zu den Regelungen festgestellt, dass sie keine Verschärfung für den Nachweis durch den liefernden Unternehmer darstellen sollen, vgl. auch Abschn. 6a.3 UStAE.

UStAE 6a.6. Belegnachweis in Bearbeitungs- oder Verarbeitungsfällen

[1]In Bearbeitungs- oder Verarbeitungsfällen im Zusammenhang mit innergemeinschaftlichen Lieferungen hat der liefernde Unternehmer den Belegnachweis durch Belege nach § 17b UStDV zu führen, die zusätzlich die in § 11 Abs. 1 Nr. 1 bis 4 UStDV bezeichneten Angaben enthalten (§ 17c Satz 2 UStDV). [2]Abschnitt 6.8 ist entsprechend anzuwenden.

Anmerkung

Innergemeinschaftliche Lieferungen sind unter den weiteren Voraussetzungen des § 6a UStG i. V. m. § 4 Nr. 1 Buchst. b UStG steuerfrei. Ausdrücklich ist in § 6a Abs. 1 Satz 2 UStG geregelt, dass der Gegenstand der Lieferung durch **Beauftragte vor der innergemeinschaftlichen Lieferung** bearbeitet oder verarbeitet werden kann.

Hinweis: Be- oder Verarbeitung durch einen Dritten

Die Be- oder Verarbeitung muss durch einen vom Leistungsempfänger Beauftragten (Dritten) erfolgen. Erfolgt die Be- oder Verarbeitung durch den liefernden Unternehmer, wäre Gegenstand der Lieferung schon der be- oder verarbeitete Gegenstand.

Der liefernde Unternehmer muss die Be- oder Verarbeitung und das anschließende Gelangen des Gegenstands in das übrige Gemeinschaftsgebiet **nachweisen**. Die dafür notwendigen **Formulare**, in denen der mit Be- oder Verarbeitung beauftragte Unternehmer dem liefernden Unternehmer bestätigt, dass seine Leistung im Auftrag eines Dritten erfolgte und das der Gegenstand anschließend in das Ausland gelangt ist, wurden von der Finanzverwaltung (BMF, Schreiben v. 13.12.2022, BStBl I 2022, 1685) neu herausgegeben.

UStAE 6a.7. Buchmäßiger Nachweis

(1) [1]Zur Führung des Buchnachweises muss der liefernde Unternehmer die ausländische USt-IdNr. des Abnehmers aufzeichnen (§ 17d Abs. 1 UStDV). [2]Darüber hinaus muss er den Namen und die Anschrift des Abnehmers aufzeichnen (§ 17d Abs. 2 Nr. 1 UStDV). [3]Zu den erforderlichen Voraussetzungen der Steuerbefreiung gehört auch die Unternehmereigenschaft des Abnehmers. [4]Diese muss der liefernde Unternehmer nachweisen (§ 17d Abs. 1 UStDV in Verbindung mit § 6a Abs. 1 Satz 1 Nr. 2 Buchstabe a UStG). [5]Die Aufzeichnung der ausländischen USt-IdNr. allein reicht hierfür nicht aus, weil sich aus ihr nicht

ergibt, wer der tatsächliche Leistungsempfänger ist. [6]Die Beteiligten eines Leistungsaustausches – und somit auch der Abnehmer – ergeben sich regelmäßig aus den zivilrechtlichen Vereinbarungen. [7]Handelt jemand im fremden Namen, kommt es darauf an, ob er hierzu Vertretungsmacht hat. [8]Der Unternehmer muss daher die Identität des Abnehmers (bzw. dessen Vertretungsberechtigten), z.B. durch Vorlage des Kaufvertrags, nachweisen. [9]Handelt ein Dritter im Namen des Abnehmers, muss der Unternehmer auch die Vollmacht des Vertretungsberechtigten nachweisen, weil beim Handeln im fremden Namen die Wirksamkeit der Vertretung davon abhängt, ob der Vertretungsberechtigte Vertretungsmacht hat.

(2) [1]Die nach § 17 d Abs. 1 Satz 1 UStDV buchmäßig nachzuweisende USt-IdNr. des Abnehmers bezeichnet die gültige ausländische USt-IdNr. des Abnehmers im Sinne des Abschnitts 6 a.1 Abs. 10. [2]Wenn der liefernde Unternehmer die gültige ausländische USt-IdNr. des Abnehmers nicht aufzeichnen bzw. im Bestätigungsverfahren beim BZSt nicht erfragen kann, weil ihm eine unrichtige USt-IdNr. genannt worden ist, steht nicht objektiv fest, an welchen Abnehmer die Lieferung bewirkt wurde. [3]Im Übrigen steht nicht entsprechend § 6 a Abs. 1 Satz 1 Nr. 3 UStG fest, dass der Erwerb des Gegenstands in dem anderen Mitgliedstaat der Erwerbsbesteuerung unterliegt. [4]In einem solchen Fall liegen die Voraussetzungen für die Inanspruchnahme der Steuerbefreiung für eine innergemeinschaftliche Lieferung nicht vor. [5]Zu einer etwaigen Gewährung von Vertrauensschutz in diesen Fällen vgl. Abschnitt 6 a.8.

(3) Hat der Unternehmer eine im Zeitpunkt der Lieferung gültige ausländische USt-IdNr. des Abnehmers im Sinne des Abschnitts 6 a.1 Abs. 10 aufgezeichnet, kann

- die Feststellung, dass der Adressat einer Lieferung den Gegenstand nicht zur Ausführung entgeltlicher Umsätze verwendet hat,
- die Feststellung, der Empfänger der Lieferung habe die mit Hilfe der bezogenen Lieferungen ausgeführten Umsätze nicht versteuert, oder
- die Mitteilung eines anderen Mitgliedstaates, bei dem Abnehmer handele es sich um einen „missing trader",

für sich genommen nicht zu dem Schluss führen, nicht der Vertragspartner, sondern eine andere Person sei Empfänger der Lieferung gewesen.

(4) Für die Unternehmereigenschaft des Abnehmers ist es auch unerheblich, ob dieser im Bestimmungsmitgliedstaat des Gegenstands der Lieferung seine umsatzsteuerlichen Pflichten erfüllt.

(5) [1]Regelmäßig ergibt sich aus den abgeschlossenen zivilrechtlichen Vereinbarungen, wer bei einem Umsatz als Leistender und wer als Leistungsempfänger anzusehen ist. [2]Allerdings kommt unter vergleichbaren Voraussetzungen eine von den „vertraglichen Vereinbarungen" abweichende Bestimmung des Leistungsempfängers in Betracht, wenn bei einer innergemeinschaftlichen Lieferung nach den konkreten Umständen des Falles für den liefernden Unternehmer erkennbar eine andere Person als sein „Vertragspartner" unter dessen Namen auftritt, und bei denen der liefernde Unternehmer mit der Nichtbesteuerung des innergemeinschaftlichen Erwerbs rechnet oder rechnen muss.

(6) [1]Der Inhalt und der Umfang des buchmäßigen Nachweises sind in Form von Mussvorschriften geregelt (§ 17 d Abs. 2 bis 4 UStDV). [2]Der Unternehmer kann den Nachweis aber auch in anderer Weise führen. [3]Er muss jedoch in jedem Fall die Grundsätze des § 17 d Abs. 1 UStDV beachten.

(7) [1]Der buchmäßige Nachweis muss grundsätzlich im Geltungsbereich des UStG geführt werden. [2]Steuerlich zuverlässigen Unternehmern kann jedoch gestattet werden, die Aufzeichnungen über den buchmäßigen Nachweis im Ausland vorzunehmen und dort aufzubewahren. [3]Voraussetzung ist hierfür, dass andernfalls der buchmäßige Nachweis in unverhältnismäßiger Weise erschwert würde und dass die erforderlichen Unterlagen den deutschen Finanzbehörden jederzeit auf Verlangen im Geltungsbereich des UStG vorgelegt werden. [4]Der Bewilligungsbescheid ist unter einer entsprechenden Auflage und unter dem Vorbehalt jederzeitigen Widerrufs zu erteilen. [5]Die zuständige Finanzbehörde kann unter den Voraussetzungen des § 146 Abs. 2 a und 2 b AO auf schriftlichen Antrag des Unternehmers bewilligen, dass die elektronischen Aufzeichnungen über den buchmäßigen Nachweis im Ausland geführt und aufbewahrt werden.

(8) [1]Aus dem Grundsatz, dass die buchmäßig nachzuweisenden Voraussetzungen eindeutig und leicht nachprüfbar aus der Buchführung zu ersehen sein müssen (§ 17 d Abs. 1 UStDV), ergibt sich, dass die

erforderlichen Aufzeichnungen grundsätzlich laufend und unmittelbar nach Ausführung des jeweiligen Umsatzes vorgenommen werden sollen. [2]Der buchmäßige Nachweis darf um den gegebenenfalls später eingegangenen Belegnachweis vervollständigt werden. [3]Der Unternehmer muss den buchmäßigen Nachweis der steuerfreien innergemeinschaftlichen Lieferung bis zu dem Zeitpunkt führen, zu dem er die Umsatzsteuer-Voranmeldung für die innergemeinschaftliche Lieferung zu übermitteln hat. [4]Der Unternehmer kann fehlende oder fehlerhafte Aufzeichnungen eines rechtzeitig erbrachten Buchnachweises bis zum Schluss der letzten mündlichen Verhandlung vor dem Finanzgericht ergänzen oder berichtigen.

(9) [1]Bei der Aufzeichnung der Menge und der handelsüblichen Bezeichnung des Gegenstands der Lieferung sind Sammelbezeichnungen, z. B. Lebensmittel oder Textilien, in der Regel nicht ausreichend (vgl. Abschnitt 14.5 Abs. 15). [2]Die Aufzeichnung der Fahrzeug-Identifikationsnummer bei der Lieferung eines Fahrzeugs im Sinne von § 1 b Abs. 2 UStG nach § 17 d Abs. 2 Nr. 4 UStDV ist unerlässlich. [3]Aus der Aufzeichnung der Art und des Umfangs einer etwaigen Bearbeitung oder Verarbeitung vor der Beförderung oder Versendung in das übrige Gemeinschaftsgebiet sollen auch der Name und die Anschrift des mit der Bearbeitung oder Verarbeitung Beauftragten, die Bezeichnung des betreffenden Auftrags sowie die Menge und handelsübliche Bezeichnung des gelieferten Gegenstands hervorgehen. [4]Als Grundlage dieser Aufzeichnungen können die Belege dienen, die der Unternehmer über die Bearbeitung oder Verarbeitung erhalten hat.

Anmerkung

Die Voraussetzungen für eine innergemeinschaftliche Lieferung (sowohl die Lieferung als auch das innergemeinschaftliche Verbringen) müssen nicht nur belegmäßig, sondern auch **buchmäßig** nachgewiesen werden.

Hinweis: Auch innergemeinschaftliches Verbringen betroffen

Für das innergemeinschaftliche Verbringen ist von dem Buchnachweis betroffen. Grundsätzlich ist für den Vorgang des innergemeinschaftlichen Verbringens kein formaler Belegnachweis gefordert (aber in aller Regel eine sog. „Pro-forma Rechnung" mit den notwendigen Daten). Wegen der notwendigen Buchnachweise werden die Voraussetzungen aber nicht wesentlich von den Belegnachweisen abweichen. Darüber hinaus ist – zumindest nach Auffassung der Finanzverwaltung – seit 2020 auch die USt-IdNr. des leistungsempfangenen Unternehmensteils notwendig.

UStAE 6 a.8. Gewährung von Vertrauensschutz

(1) [1]Nach § 6 a Abs. 4 UStG ist eine Lieferung, die der Unternehmer als steuerfreie innergemeinschaftliche Lieferung behandelt hat, obwohl die Voraussetzungen nach § 6 a Abs. 1 UStG nicht vorliegen, gleichwohl als steuerfrei anzusehen, wenn die Inanspruchnahme der Steuerbefreiung auf unrichtigen Angaben des Abnehmers beruht und der Unternehmer die Unrichtigkeit dieser Angaben auch bei Beachtung der Sorgfalt eines ordentlichen Kaufmanns nicht erkennen konnte. [2]In diesem Fall schuldet der Abnehmer die entgangene Steuer. [3]Die Frage, ob der Unternehmer die Unrichtigkeit der Angaben des Abnehmers auch bei Sorgfalt eines ordentlichen Kaufmanns nicht erkennen konnte, stellt sich erst dann, wenn der Unternehmer seinen Nachweispflichten nach §§ 17 a ff. UStDV vollständig nachgekommen ist. [4]Entscheidend dabei ist, dass die vom Unternehmer vorgelegten Nachweise (buch- und belegmäßig) eindeutig und schlüssig auf die Ausführung einer innergemeinschaftlichen Lieferung hindeuten und dass der Unternehmer bei der Nachweisführung – insbesondere mit Blick auf die Unrichtigkeit der Angaben – der Sorgfaltspflicht des ordentlichen Kaufmanns genügte und in gutem Glauben war. [5]Die Steuerbefreiung nach § 6 a Abs. 4 Satz 1 UStG setzt voraus, dass der Unternehmer den Nachweispflichten nach § 6 a Abs. 3 UStG in Verbindung mit §§ 17 a ff. UStDV als Voraussetzung für die Steuerbefreiung nach § 6 a Abs. 4 Satz 1 UStG ihrer Art nach vollständig nachkommt. [6]Maßgeblich ist hierfür die formelle Vollständigkeit, nicht aber auch die inhaltliche Richtigkeit der Beleg- und Buchangaben, da § 6 a Abs. 4 Satz 1 UStG das Vertrauen auf unrichtige Abnehmerangaben schützt (vgl. BFH-Urteil vom 12. 5. 2011, V R 46/10, BStBl II S. 957).

(2) [1]„Abnehmer“ im Sinne des § 6 a Abs. 4 Satz 2 UStG ist derjenige, der den Unternehmer durch falsche Angaben getäuscht hat, d. h. derjenige, der gegenüber dem Unternehmer als (vermeintlicher) Erwerber aufgetreten ist. [2]Dieser schuldet die entgangene Steuer und die Steuer ist gegen ihn festzusetzen und ggf. zu vollstrecken (ggf. im Wege der Amtshilfe, da es sich bei den Betroffenen in der Regel um nicht im Inland ansässige Personen handelt). [3]Der (vermeintliche) Abnehmer im Sinne des § 6 a Abs. 4 Satz 2 UStG muss nicht notwendigerweise mit der im Beleg- und Buchnachweis des Unternehmers als Leistungsempfänger dokumentierten Person übereinstimmen. [4]Liegen die Voraussetzungen für die Gewährung von Vertrauensschutz vor, ist eine Lieferung, die der Unternehmer als steuerfreie innergemeinschaftliche Lieferung behandelt hat, obwohl die Voraussetzungen nach § 6 a Abs. 1 UStG nicht vorliegen, auch dann als steuerfrei anzusehen, wenn eine Festsetzung der Steuer nach § 6 a Abs. 4 Satz 2 UStG gegen den Abnehmer nicht möglich ist, z. B. weil dieser sich dem Zugriff der Finanzbehörde entzogen hat.

(3) Die örtliche Zuständigkeit des Finanzamts für die Festsetzung der entgangenen Steuer ergibt sich aus § 21 Abs. 1 AO und der UStZustV.

(4) [1]Der gute Glaube im Sinne des § 6 a Abs. 4 UStG bezieht sich allein auf unrichtige Angaben über die in § 6 a Abs. 1 UStG bezeichneten Voraussetzungen (Unternehmereigenschaft des Abnehmers, Verwendung des Lieferungsgegenstands für sein Unternehmen, körperliche Warenbewegung in den anderen Mitgliedstaat). [2]Er bezieht sich nicht auch auf die Richtigkeit der nach § 6 a Abs. 3 UStG in Verbindung mit § 17 a ff. UStDV vom Unternehmer zu erfüllenden Nachweise (vgl. BFH-Urteil vom 12. 5. 2011, V R 46/10, BStBl II S. 957).

(5) [1]Die Erfüllung des Beleg- und Buchnachweises gehört zu den Sorgfaltspflichten eines ordentlichen Kaufmanns. [2]Deshalb stellt sich die Frage, ob der Unternehmer die Unrichtigkeit der Angaben des Abnehmers auch bei Sorgfalt eines ordentlichen Kaufmanns nicht erkennen konnte, erst dann, wenn der Unternehmer seinen Nachweispflichten nach §§ 17 a bis 17 d UStDV vollständig nachgekommen ist. [3]Allerdings kann die Gewährung von Vertrauensschutz im Einzelfall in Betracht kommen, wenn der Unternehmer eine unrichtige USt-IdNr. aufgezeichnet hat, dies jedoch auch bei Beachtung der Sorgfalt eines ordentlichen Kaufmanns nicht erkennen konnte (z. B. weil der Bestimmungsmitgliedstaat die USt-IdNr. des Abnehmers rückwirkend für ungültig erklärt hat). [4]Der Unternehmer trägt die Feststellungslast, dass er die Sorgfalt eines ordentlichen Kaufmanns beachtet hat.

(6) [1]War die Unrichtigkeit einer USt-IdNr. erkennbar und hat der Unternehmer dies nicht erkannt (z. B. weil das Bestätigungsverfahren nicht oder zu einem späteren Zeitpunkt als dem des Umsatzes durchgeführt wird), genügt dies nicht der Sorgfaltspflicht eines ordentlichen Kaufmanns. [2]Gleiches gilt in Fällen, in denen der Abnehmer oder dessen Beauftragter den Gegenstand der Lieferung befördert und der liefernde Unternehmer die Steuerbefreiung in Anspruch nimmt, ohne über eine schriftliche Versicherung des Abnehmers zu verfügen, den Gegenstand der Lieferung in einen anderen Mitgliedstaat befördern zu wollen.

(7) [1]An die Nachweispflichten sind besonders hohe Anforderungen zu stellen, wenn der vermeintlichen innergemeinschaftlichen Lieferung ein Barkauf zu Grunde liegt. [2]In Fällen dieser Art ist es dem Unternehmer auch zumutbar, dass er sich über den Namen, die Anschrift des Abnehmers und ggf. über den Namen, die Anschrift und die Vertretungsmacht eines Vertreters des Abnehmers vergewissert und entsprechende Belege vorlegen kann. [3]Wird der Gegenstand der Lieferung von einem Vertreter des Abnehmers beim liefernden Unternehmer abgeholt, reicht die alleinige Durchführung eines qualifizierten Bestätigungsverfahrens nach § 18 e UStG über die vom Abnehmer verwendete USt-IdNr. nicht aus, um den Sorgfaltspflichten eines ordentlichen Kaufmanns zu genügen. [4]Auffällige Unterschiede zwischen der Unterschrift des Abholers unter der Empfangsbestätigung auf der Rechnung und der Unterschrift auf dem vorgelegten Personalausweis können Umstände sein, die den Unternehmer zu besonderer Sorgfalt hinsichtlich der Identität des angeblichen Vertragspartners und des Abholers veranlassen müssen (vgl. BFH-Urteil vom 14. 11. 2012, XI R 17/12, BStBl 2013 II S. 407).

(8) [1]Die Vertrauensschutzregelung ist auf Fälle, in denen der Abnehmer in sich widersprüchliche oder unklare Angaben zu seiner Identität macht, von vornherein nicht anwendbar. [2]Bei unklarer Sachlage verstößt es stets gegen die einem ordentlichen Kaufmann obliegenden Sorgfaltspflichten, wenn der lie-

fernde Unternehmer diese Unklarheiten bzw. Widersprüchlichkeiten aus Unachtsamkeit gar nicht erkennt oder im Vertrauen auf diese Angaben die weitere Aufklärung unterlässt. [3]Für einen Vertrauensschutz ist nur dort Raum, wo eine Täuschung des liefernden Unternehmers festgestellt werden kann.

(9) [1]Für die Inanspruchnahme des Vertrauensschutzes nach § 6 a Abs. 4 Satz 1 UStG muss der Lieferer in gutem Glauben handeln und alle Maßnahmen ergreifen, die vernünftigerweise verlangt werden können, um sicherzustellen, dass der von ihm getätigte Umsatz nicht zu seiner Beteiligung an einer Steuerhinterziehung führt. [2]Dabei sind alle Gesichtspunkte und tatsächlichen Umstände umfassend zu berücksichtigen. [3]Danach kann sich die zur Steuerpflicht führende Bösgläubigkeit auch aus Umständen ergeben, die nicht mit den Beleg- und Buchangaben zusammenhängen (vgl. BFH-Urteil vom 25. 4. 2013, V R 28/11, BStBl II S. 656).

Anmerkung

1. Grundlagen des Vertrauensschutzes im Unionsrecht

Der EuGH hat sich in den letzten Jahren in verschiedenen Fällen mit den Grundregeln eines Vertrauensschutzes auseinandergesetzt. Trotz unterschiedlicher Sachverhalte hat er in seiner Rechtsprechung allgemeine Grundsätze herausgearbeitet, die den Rahmen des Unionsrechts für **Vertrauensschutzmaßnahmen** abstecken:

- Es ist ein anerkanntes Ziel des Unionsrechts, **Maßnahmen zur Bekämpfung von Steuerhinterziehungen**, Steuerumgehungen oder etwaiger Missbräuche zu ergreifen (EuGH, Urt. v. 21.2.2006 – C-255/02, Halifax plc, BFH/NV Beilage 2006, 260).
- Es ist ein legitimes Recht der Mitgliedstaaten, dass sie Maßnahmen ergreifen, die **Ansprüche ihrer Staatskasse möglichst wirksam zu schützen**. Die Mitgliedstaaten dürfen dabei aber nicht über das Maß hinausgehen, was hierzu erforderlich ist (EuGH, Urt. v. 11.5.2006 – C-384/04, Federation of Technological Industries, BFH/NV Beilage 2006, 312).
- Bei Ausübung ihrer Befugnisse müssen die Mitgliedstaaten den Grundsatz der **Rechtssicherheit** beachten (EuGH, Urt. v. 27.9.2007 – C-409/04, Teleos plc, BFH/NV Beilage 2008, 25). Dies gilt in besonderem Maße dann, wenn es sich um eine Regelung handelt, die sich finanziell belastend auf den Steuerpflichtigen auswirkt. Die von einer Regelung betroffenen Unternehmer müssen von Anfang an in der Lage sein, den Umfang der ihnen auferlegten Verpflichtungen zu erkennen und damit auch die steuerlichen Belastungen ermitteln zu können.
- Die Mitgliedstaaten müssen bei ihren Maßnahmen auch den Grundsatz der **Verhältnismäßigkeit** beachten. Sie müssen sich dabei solcher Mittel bedienen, die es zwar erlauben, die innerstaatlichen Ziele wirksam zu erreichen, die eingesetzten Mittel dürfen jedoch die Ziele und Grundsätze des Unionsrechts möglichst wenig beeinträchtigen (EuGH, Urt. v. 18.12.1997 – C-286/94, Garage Molenheide, UR 1998, 317).
- Es verstößt nicht gegen das Unionsrecht, wenn vom Unternehmer gefordert wird, dass er alle Maßnahmen ergreift, die vernünftigerweise von ihm verlangt werden können, um sicherzustellen, dass der von ihm getätigte Umsatz nicht zu seiner Beteiligung an einer Steuerhinterziehung führt (EuGH, Urt. v. 6.7.2006 – C-439/04, Axel Kittel und C-440/04, Recolta Recycling, DStR 2006, 1274).
- Die Finanzverwaltung ist nicht verpflichtet, Untersuchungen anzustellen, um die Absichten der an einem Umsatzgeschäft beteiligten Unternehmer zu ermitteln (EuGH, Urt. v. 6.4.1995 – C-4/94, BLP Group plc, IStR 1995, 983).
- Hat ein Unternehmer **wissentlich** die Identität eines Vertragspartners **verschleiert** und damit dazu beigetragen, die Besteuerung eines innergemeinschaftlichen Erwerbs in einem anderen Mitgliedstaat zu verhindern, kann dem leistenden Unternehmer die Steuerbefreiung als innergemeinschaftliche Lieferung versagt werden (EuGH, Urt. v. 7.12.2010 – C-285/09, R, BFH/NV 2011, 396).
- Das Unionsrecht ist dahin auszulegen, dass es ihm zuwiderläuft, dass die Steuerbehörde eines Mitgliedstaats das Recht auf eine Umsatzsteuerbefreiung aufgrund einer innergemeinschaftlichen Lieferung mit der Begründung versagt, dass der Erwerber nicht in einem anderen Mitgliedstaat für die

Zwecke der Mehrwertsteuer erfasst gewesen sei und dass der Lieferant weder die Echtheit der Unterschrift auf den Dokumenten, die er seiner Erklärung über die angeblich steuerfreie Lieferung als Belege beigefügt habe, noch die Bevollmächtigung der Person nachgewiesen habe, die diese Dokumente im Namen des Erwerbers unterzeichnet habe, obwohl die zum Beleg des Rechts auf Steuerbefreiung vom Lieferanten seiner Erklärung beigefügten Nachweise der vom nationalen Recht festgelegten Liste der der Steuerbehörde vorzulegenden Dokumente entsprachen und zunächst von dieser als Nachweise akzeptiert wurden, was vom vorlegenden Gericht zu prüfen sein wird. Dem Unionsrecht kommt eine unmittelbare Wirkung zu, sodass sich Steuerpflichtige vor den nationalen Gerichten gegenüber dem Staat auf diese Bestimmung berufen können, um eine Umsatzsteuerbefreiung für eine innergemeinschaftliche Lieferung zu erlangen (EuGH, Urt. v. 9.10.2014 – C-492/13, Traum EOOD, UR 2014, 943).

Hinweis: Voraussetzung ist gutgläubiger Unternehmer

Mit diesen Urteilen dürfte geklärt sein, dass sich für den nicht gutgläubigen Unternehmer, der wusste oder hätte wissen müssen, dass sich aus dem gesamten Umsatzgeschäft eine Steuerhinterziehung oder ein Steuermissbrauch ergibt, grundsätzlich keine umsatzsteuerliche Begünstigung ergeben kann. Bei sachgerechter Anwendung kann sich aus diesem Grundsatz aber nur eine Versagung von Begünstigungsregelungen ergeben, wenn die Mitwirkung des Steuerpflichtigen an einer Hinterziehung oder einem Missbrauch nachgewiesen ist.

2. Nationale Umsetzung

Der **BFH** hat darüber hinaus die Grundsätze aus der Rechtsprechung des EuGH zu den innergemeinschaftlichen Lieferungen im Wesentlichen übernommen, ist aber (teilweise) über die Anforderungen hinausgegangen. Die allgemeinen Grundsätze ergeben sich – zusammen gefasst – wie folgt (z. B. BFH, Urt. v. 25.4.2013 – V R 28/11, BStBl II 2013, 656):

- Der Unternehmer kann die Steuerfreiheit für die innergemeinschaftliche Lieferung in Anspruch nehmen, wenn er die Nachweispflichten erfüllt.
- Kommt der Unternehmer den Nachweispflichten nicht oder nur unvollständig nach, sind die Nachweisangaben unzutreffend oder bestehen zumindest berechtigte Zweifel an der inhaltlichen Richtigkeit der Angaben, die der Unternehmer nicht ausräumt, ist von der Steuerpflicht der Lieferung auszugehen. Trotz derartiger Mängel ist die Lieferung aber steuerfrei, wenn objektiv zweifelsfrei feststeht, dass die Voraussetzungen der Steuerfreiheit erfüllt sind.
- Hat der Unternehmer die Nachweispflichten ihrer Art nach vollständig erfüllt, kommt Vertrauensschutz in Betracht. Dass die Angaben unrichtig sind, ist ohne Bedeutung, wenn er das bei Anwendung der erforderlichen Sorgfalt nicht erkennen konnte.

Hinweis: Berücksichtigung aller Umstände

Zu beachten ist dabei insbesondere, dass der BFH in seiner Entscheidung ausdrücklich feststellte, dass dabei alle Gesichtspunkte und tatsächlichen Umstände umfassend zu berücksichtigen sind. Danach kann sich die zur Steuerpflicht führende Bösgläubigkeit auch aus Umständen ergeben, die nicht mit den Beleg- und Buchangaben zusammenhängen. Damit konnten auch Erkenntnisse mit in die Beurteilung der Steuerfreiheit eingehen, die nicht durch die nationalen Vorgaben zum Buch- oder Belegnachweis gedeckt sind.

Die **Finanzverwaltung** hatte lange Zeit zu Vertrauensschutzmöglichkeiten im Umsatzsteuerrecht geschwiegen und erst in 2009 (BMF, Schreiben v. 6.1.2009, BStBl I 2009, 60) neben einer ausführlichen Darstellung der Voraussetzungen der innergemeinschaftlichen Lieferung auch den Vertrauensschutztatbestand in diesen Fällen aufgegriffen. Da sich der BFH (Urt. v. 12.5.2009 – V R 65/06, BStBl II 2010, 511) zu Einzelheiten der Voraussetzungen innergemeinschaftlicher Lieferungen schon kurz nach Veröffentlichung des BMF-Schreibens anders positionierte, musste die Finanzverwaltung ihre Rechtsauffassung in 2010 (BMF, Schreiben v. 5.5.2010, BStBl I 2010, 508) teilweise revidieren. Mittlerweile sind die entsprechenden Verwaltungsanweisungen in den Abschn. 6a.8 UStAE eingegangen. Neben den über § 6 a Abs. 4 UStG geregelten Fällen des Vertrauensschutzes gehört nach Auffassung der Finanzverwaltung die **Erfüllung der Beleg- und Buchnachweise** zu den Sorgfaltspflichten eines ordentlichen Kaufmanns. Der vom nationalen Gesetzgeber geforderte strenge Beleg- und Buchnachweis als Voraussetzung für die Steuerfreiheit der innergemeinschaftlichen Lieferung ist mit dem Unionsrecht vereinbar (BFH, Urt. v. 6.12.2007 – V R 59/03, BStBl II 2009, 57). Ein Anspruch auf Vertrauensschutz – und damit die Möglichkeit der niedrigeren Festsetzung der Steuer im Billigkeitswege oder ein Erlass einer Steuer – kann sich dann nicht ergeben, wenn der Unternehmer gegen Aufzeichnungsvorschriften verstößt oder notwendige Belege nicht beibringen kann.

Hinweis: Kein Vertrauensschutz bei Verstoß gegen Buch- und Belegnachweise

Wenn der Unternehmer gegen die Verpflichtung verstößt, die notwendigen Buch- und Belegnachweise zu führen, kann sich kein Vertrauensschutz ergeben. Davon unberührt bleiben aber andere Nachweismöglichkeiten, wenn die Voraussetzungen für die Steuerfreiheit vorliegen.

Liegen die **Voraussetzungen** für eine innergemeinschaftliche Lieferung oder eine Ausfuhrlieferung **objektiv nicht vor**, kann diese Lieferung trotzdem steuerfrei sein, wenn der leistende Unternehmer vom Vertragspartner getäuscht worden ist oder wenn nachträglich Voraussetzungen entfallen. Dieses könnte beispielsweise in den folgenden Fällen vorliegen:

- Eine beim Bundeszentralamt für Steuern verifizierte USt-IdNr. des Leistungsempfängers wurde von dem die USt-IdNr. erteilenden Mitgliedstaat nachträglich für ungültig erklärt (so auch EuGH, Urt. v. 6.9.2012 – C-273/11, Mecsek-Gabona, BFH/NV 2012, 1919),
- der Nachweis des Gelangens des Gegenstands in den anderen Mitgliedstaat wird vom Leistungsempfänger durch einen gefälschten Frachtbrief geführt, dessen Fälschung zunächst nicht erkennbar war oder
- der Nachweis einer Ausfuhrlieferung wird durch den Leistungsempfänger anhand von gefälschten Ausfuhrdokumenten erbracht, deren Fälschung für den liefernden Unternehmer nicht erkennbar war.

Hinweis: Kein Vertrauensschutz bei unklaren Sachverhalten

Liegen unklare Sachverhalte vor oder macht der Unternehmer widersprüchliche Aussagen, kann grundsätzlich kein Vertrauensschutz gewährt werden. Ein Vertrauensschutz kann sich nur dann ergeben, wenn festgestellt ist, dass der Unternehmer von seinem Vertragspartner getäuscht worden ist (vgl. auch BFH, Urt. v. 14.11.2012 – XI R 17/12, BStBl II 2013, 407).

Ob es einen **Vertrauensschutz** für den leistenden Unternehmer im Zusammenhang mit der Prüfung der USt-IdNr. gibt (beim BFH anhängig unter V R 45/25) und ob es einen Vertrauensschutz bei Nichterhalt der Gelangensbestätigung in Abholfällen geben kann (beim BFH anhängig unter V R 39/25 sowie V R 3/25) ist derzeit Gegenstand von **Revisionsverfahren**. Vgl. dazu Abschn. 6a.1 und Abschn. 6a.4 UStAE.

Anlage 1
zum Umsatzsteuer-Anwendungserlass
(zu Abschnitt 6 a.4)

– Muster einer Gelangensbestätigung im Sinne des § 17 b Abs. 2 Nr. 2 UStDV –

Bestätigung über das Gelangen des Gegenstands einer innergemeinschaftlichen Lieferung in einen anderen EU-Mitgliedstaat (Gelangensbestätigung)

(Name und Anschrift des Abnehmers der innergemeinschaftlichen Lieferung, ggf. E-Mail-Adresse)

Hiermit bestätige ich als Abnehmer, dass ich folgenden Gegenstand[1)]/dass folgender Gegenstand[1)] einer innergemeinschaftlichen Lieferung

---

(Menge des Gegenstands der Lieferung)

(handelsübliche Bezeichnung, bei Fahrzeugen zusätzlich die Fahrzeug-Identifikationsnummer)

im

(Monat und Jahr des Erhalts des Liefergegenstands im Mitgliedstaat, in den der Liefergegenstand gelangt ist, wenn der liefernde Unternehmer den Liefergegenstand befördert oder versendet hat oder wenn der Abnehmer den Liefergegenstand versendet hat)

(Monat und Jahr des Endes der Beförderung, wenn der Abnehmer den Liefergegenstand selbst befördert hat)

in/nach[1)]

(Mitgliedstaat und Ort, wohin der Liefergegenstand im Rahmen einer Beförderung oder Versendung gelangt ist)

erhalten habe/gelangt ist[1)].

(Datum der Ausstellung der Bestätigung)

(Unterschrift des Abnehmers oder seines Vertretungsberechtigten sowie Name des Unterzeichnenden in Druckschrift)

1) Nichtzutreffendes streichen.

Anlage 2
zum Umsatzsteuer-Anwendungserlass
(zu Abschnitt 6 a.4)

– Model of an entry certificate within the meaning of section 17 b subsection (2) number 2 of the Value Added Tax Implementing Ordinance (*Umsatzsteuer-Durchführungsverordnung – UStDV*) –

Certification of the entry of the object of an intra-Community supply into another EU Member State (Entry Certificate)

(Name and address of the customer of the intra-Community supply, e-mail address if applicable)

I as the customer hereby certify my receipt/the entry[1] of the following object of an intra-Community supply

---

(Quantity of the object of the supply)

(Standard commercial description – in the case of vehicles, including vehicle identification number)

in

(Month and year the object of the supply was received in the Member State of entry if the supplying trader transported or dispatched the object of the supply or if the customer dispatched the object of the supply)

(Month and year the transportation ended if the customer transported the object of the supply himself or herself)

in/at[1]

(Member State and place of entry as part of the transport or dispatch of the object)

(Date of issue of the certificate)

(Signature of the customer or of the authorised representative as well as the signatory's name in capitals)

1) Delete as appropriate.

Anlage 3
zum Umsatzsteuer-Anwendungserlass
(zu Abschnitt 6a.4)

Modèle d'attestation de réception au sens des dispositions de l'article 17b paragraphe 2 n°2 du règlement d'application de la loi sur la TVA (*Umsatzsteuer-Durchführungsverordnung – UStDV*)

Attestation de la réception d'un bien ayant fait l'objet d'une livraison intracommunautaire dans un autre Etat membre de l'UE (attestation de réception)

____

(nom et adresse du destinataire de la livraison intracommunautaire, adresse e-mail si disponible)

J'atteste par les présentes en qualité de destinataire que j'ai reçu[1] le bien suivant/que le bien suivant ayant fait l'objet d'une livraison intracommunautaire est parvenu[1]

____

(quantité du bien ayant fait l'objet de la livraison)

____

(appellation commerciale; pour les véhicules : en plus : numéro d'identification du véhicule)

en

____

(le mois et l'année de la réception du bien objet de la livraison dans l'Etat membre dans lequel il est parvenu, lorsque l'entreprise qui a effectué la livraison a transporté ou expédié le bien objet de la livraison ou lorsque le destinataire a expédié le bien objet de la livraison)

____

(le mois et l'année de la fin du transport lorsque le destinataire a lui-même transporté le bien objet de la livraison)

à[1]

____

(Etat membre et lieu où le bien objet de la livraison est parvenu dans le cadre d'un transport ou d'une expédition)

____

(date d'établissement de l'attestation)

____

(signature du destinataire ou de son représentant et nom du soussigné en majuscules d'imprimerie)

(1) Rayer la mention inutile.

Anlage 4
zum Umsatzsteuer-Anwendungserlass
(zu Abschnitt 6a.5)

Name/Firma und Anschrift des Spediteurs oder Frachtführers (Straße, Hausnummer, Postleitzahl, Ort)

Name/Firma und Anschrift des liefernden Unternehmers (Straße, Hausnummer, Postleitzahl, Ort)

Bescheinigung für Umsatzsteuerzwecke bei der Versendung/Beförderung durch einen Spediteur oder Frachtführer in das übrige Gemeinschaftsgebiet (§ 17b Abs. 3 Satz 1 Nr. 1 Buchstabe b UStDV) – Spediteurbescheinigung

An
Firma/Herrn/Frau

____
(Name)

____
(Straße)

in ______________________________
(PLZ, Sitz/Wohnort)

Ich bestätige hiermit, dass mir am ____________________

____

von Ihnen/von der Firma/von Herrn/von Frau[1)]

____________________ in ____________________
(Straße) (PLZ, Sitz/Wohnort)

die folgenden Gegenstände übergeben/übersandt[1)] worden sind:

____

Menge und handelsübliche Bezeichnung der Gegenstände
(bei Fahrzeugen zusätzlich die Fahrzeug-Identifikationsnummer)

____

Ich habe die Gegenstände auftragsgemäß

im ______________________________
(Monat und Jahr des Erhalts der Gegenstände durch den Empfänger)

nach ______________________________
(EU-Mitgliedstaat und Ort)

an ______________________________
(Name des Empfängers der Lieferung)

versendet/befördert[1)].

____

Der Auftrag ist mir von ______________________________

____________________ in ____________________
(Straße) (PLZ, Sitz/Wohnort)

erteilt worden. Ich versichere, die Angaben in dieser Bescheinigung aufgrund von Geschäftsunterlagen gemacht zu haben, die im Gemeinschaftsgebiet nachgeprüft werden können.

____
(Datum, Unterschrift)

1) Nichtzutreffendes bitte streichen

Anlage 5
zum Umsatzsteuer-Anwendungserlass
(zu Abschnitt 6a.5)

Name/Firma und Anschrift des Spediteurs oder Frachtführers
(Straße, Hausnummer, Postleitzahl, Ort)

Name/Firma und Anschrift des liefernden Unternehmers
(Straße, Hausnummer, Postleitzahl, Ort)

Bescheinigung für Umsatzsteuerzwecke bei der Versendung/Beförderung durch einen Spediteur oder Frachtführer in das übrige Gemeinschaftsgebiet (§ 17b Abs. 3 Satz 1 Nr. 2 UStDV) – Spediteurversicherung

An
Firma/Herrn/Frau

□ (als Abnehmer der Lieferung)

____
(Name)

____
(Straße)

in ______________________________
(PLZ, Sitz/Wohnort)

Ich bestätige hiermit, dass mir am ______________

____
von Ihnen/von der Firma/von Herrn/von Frau [1)]

______________________ in ______________________
(Straße) (PLZ, Sitz/Wohnort)

die folgenden Gegenstände übergeben/übersandt[1)] worden sind:

____

Menge und handelsübliche Bezeichnung der Gegenstände
(bei Fahrzeugen zusätzlich die Fahrzeug-Identifikationsnummer)

____

Ich versichere, dass ich die Gegenstände auftragsgemäß

nach ______________________________
(EU-Mitgliedstaat und Ort)

an ______________________________
(Name des Empfängers der Lieferung)

befördern werde.

____

Der Auftrag ist mir von ______________________________

______________________ in ______________________
(Straße) (PLZ, Sitz/Wohnort)

erteilt worden.

______________________ ______________________
1) Nichtzutreffendes bitte streichen (Datum, Unterschrift)

Anlage 6
zum Umsatzsteuer-Anwendungserlass
(zu Abschnitt 6 a.5)

Anhang I, Tabelle 6 (nach Artikel 8 und Artikel 9 Absatz 3 der Delegierten Verordnung (EU) 2022/1636)

Eingangsmeldung/Ausfuhrmeldung

A	B	C	D	E	F	G
1		**ATTRIBUT**	R			
	a	Datum und Uhrzeit der Validierung der Eingangs- bzw. Ausfuhrmeldung	C	Von den zuständigen Behörden des Bestimmungs-/Ausfuhrmitgliedstaats bei Validierung der Eingangsmeldung bzw. Ausfuhrmeldung anzugeben	Die Uhrzeit ist als Ortszeit anzugeben.	DatumUhrzeit
2		**BEFÖRDERUNG VERBRAUCHSTEUERPFLICHTIGER WAREN**	R			
	a	Referenzcode (ARC)	R		Anzugeben ist der ARC des e-VD/v-e-VD. Siehe Anhang II Codeliste 2.	an21
	b	Ordnungsnummer	R		Anzugeben ist die Ordnungsnummer des e-VD/v-e-VD. Die Ordnungsnummer wird bei der Erstvalidierung des e-VD/v-e-VD auf „1" gesetzt und bei jeder Änderung des Bestimmungsorts um 1 erhöht.	n..2
3		**EMPFÄNGER**	C	„R", wenn das Datenelement „Meldungsart" im entsprechenden elektronischen Verwaltungsdokument nicht auf „2 – Vorlage für die Ausfuhr mit Anschreibeverfahren" gesetzt ist		
	a	Verbrauchsteuernummer/ Umsatzsteuer-Identifikationsnummer	C	– „R" bei Code Bestimmungsort 1, 2, 3, 4, 9, 10 und 11 – „O" bei Code Bestimmungsort 6 – Dieses Datenelement entfällt bei Code Bestimmungsort 5*(Siehe Code Bestimmungsort in Tabelle 1 Feld 1 a)*	Angaben bei Code Bestimmungsort – 1, 2, 3, 4, 9 und 10: Anzugeben ist eine gültige SEED-Registrierungsnummer des zugelassenen Lagerinhabers, des registrierten Empfängers, des registrierten Empfängers im Einzelfall, des zertifizierten Empfängers oder des zertifizierten Empfängers im Einzelfall. – 6: Anzugeben ist die Umsatzsteuer-Identifikationsnummer des Vertreters des Versenders bei der Ausfuhrzollstelle. – „11": Anzugeben ist eine gültige SEED-Registrierungsnummer des Empfängers, d.h. des ursprünglichen zertifizierten Versenders oder des zertifizierten Versenders im Einzelfall.	an..16
	b	Name	R			an..182

A	B	C	D	E	F	G
	c	Straße	R			an..65
	d	Hausnummer	O			an..11
	e	Postleitzahl	R			an..10
	f	Ort	R			an..50
	g	NAD_LNG	R		Für die in dieser Datengruppe verwendete Sprache ist der Sprachencode gemäß Anhang II Codeliste 1 anzugeben.	a2
	h	EORI-Nummer	C	– „O" bei Code Bestimmungsort 6 – Dieses Datenelement entfällt bei Code Bestimmungsort 1, 2, 3, 4, 5, 8, 9 und 10*(Siehe Code Bestimmungsort in Tabelle 1 Feld 1 a)*	Anzugeben ist die EORI-Nummer der für die Abgabe der Ausfuhranmeldung zuständigen Person gemäß Artikel 21 Absatz 1 der Richtlinie (EU) 2020/262.	an..17
4		**ORT DER LIEFERUNG**	C	– „R" bei Code Bestimmungsort 1 und 4 – „O" bei Code Bestimmungsort 2, 3, 5, 9 und 10*(Siehe Code Bestimmungsort in Tabelle 1 Feld 1 a)*	Anzugeben ist der Ort der tatsächlichen Lieferung der verbrauchsteuerpflichtigen Waren.	
	a	Verbrauchsteuernummer/ Umsatzsteuer-Identifikationsnummer	C	– „R" bei Code Bestimmungsort 1 – „O" bei Code Bestimmungsort 2, 3 und 5*(Siehe Code Bestimmungsort in Tabelle 1 Feld 1 a)*	Angaben bei Code Bestimmungsort – 1: Anzugeben ist eine gültige SEED-Registrierungsnummer des Bestimmungssteuerlagers. – 2, 3, 5, 9 und 10: Anzugeben ist eine Umsatzsteuer-Identifikationsnummer oder sonstige Kennung.	an..16
	b	Name	C	– „R" bei Code Bestimmungsort 1, 2, 3, 5, 9 und 10 – „O" bei Code Bestimmungsort 4 *(Siehe Code Bestimmungsort in Tabelle 1 Feld 1 a)*		an..182
	c	Straße	C	Für Feld 4 c, 4 e und 4 f: – „R" bei Code 2, 3, 4, 5, 9 und 10 – „O" bei Code Bestimmungsort 1 *(Siehe Code für den Bestimmungsort in Tabelle 1 Feld 1 a)*		an..65
	d	Hausnummer	O			an..11
	e	Postleitzahl	C			an..10
	f	Ort	C			an..50
	g	NAD_LNG	C	„R", wenn das betreffende Textfeld verwendet wird	Für die in dieser Datengruppe verwendete Sprache ist der Sprachencode gemäß Anhang II Codeliste 1 anzugeben.	a2

A	B	C	D	E	F	G
5		**ZUSTÄNDIGE DIENSTSTELLE FÜR DEN EMPFÄNGER**	C	„R“ bei Code Bestimmungsort 1, 2, 3, 4, 5, 9, 10 und 11 *(Siehe Code Bestimmungsort in Tabelle 1 Feld 1 a)*		
	a	Dienststellenschlüsselnummer	R		Anzugeben ist der Code der für die Verbrauchsteuerkontrolle am Bestimmungsort zuständigen Stelle der zuständigen Behörden im Bestimmungsmitgliedstaat. Siehe Anhang II Codeliste 4.	an8
6		**EINGANGS-/AUSFUHRMELDUNG**	R			
	a	Ankunftsdatum der verbrauchsteuerpflichtigen Waren	R		Datum des Endes der Beförderung gemäß Artikel 19 Absatz 2 und Artikel 33 Absatz 4 der Richtlinie (EU) 2020/262	Datum
	b	Empfangsergebnis	R		Mögliche Kennziffern: 1 = Empfang der Waren erfolgt, keine Beanstandung, 2 = Empfang der Waren erfolgt trotz Beanstandung, 3 = Empfang der Waren verweigert, 4 = Empfang der Waren teilweise verweigert, 21 = Ausgang der Waren erfolgt, keine Beanstandung, 22 = Ausgang der Waren erfolgt trotz Beanstandung, 23 = Ausgang der Waren verweigert.	n..2
	c	Ergänzende Informationen	O		Anzugeben sind ergänzende Informationen zum Empfang der verbrauchsteuerpflichtigen Waren.	an..350
	d	Ergänzende Informationen_LNG	C	„R“, wenn das betreffende Textfeld verwendet wird	Für die in dieser Datengruppe verwendete Sprache ist der Sprachencode gemäß Anhang II Codeliste 1 anzugeben.	a2
7		**POSITIONSDATEN DER EINGANGS-/AUSFUHRMELDUNG**	C	„R“, wenn die Kennziffer für das Empfangsergebnis weder „1“ noch „21“ lautet *(siehe Feld 6 b)*		999 x
	a	Positionsnummer	R		Bei verbrauchsteuerpflichtigen Waren, bei denen die Kennziffer für das Empfangsergebnis weder „1“ noch „21“ lautet, ist die Positionsnummer des zugehörigen e-VD/v-e-VD (Tabelle 1 Feld 17 a) anzugeben. Der Wert dieses Datenelements muss größer als null sein.	n..3
	b	Kennzeichen Fehl-/Mehrmenge	D	„R“, wenn für den betreffenden Datensatz eine Fehlmenge oder eine Mehrmenge festgestellt wird	Mögliche Kennziffern: S = Fehlmenge (Shortage), E = Mehrmenge (Excess).	a1
	c	Festgestellte Fehl-/Mehrmenge	C	„R“ bei Anzeige in Feld 7 b	Anzugeben ist die Menge (in der zum Produktcode gehörigen Maßeinheit – siehe Anhang II Codelisten 10 und 11). Der Wert dieses Datenelements muss größer als null sein.	n..15,3
	d	Verbrauchsteuer-Produktcode	R		Anzugeben ist der jeweilige Verbrauchsteuer-Produktcode, siehe Anhang II Codeliste 10.	an4

A	B	C	D	E	F	G
	e	Zurückgewiesene Menge	C	„R“, wenn die Kennziffer für das Gesamtergebnis des Warenempfangs „4“ lautet *(Siehe Feld 6 b)*	Für jeden einzelnen Datensatz ist die Menge der abgelehnten verbrauchsteuerpflichtigen Waren (in der zum Produktcode gehörigen Maßeinheit – siehe Anhang II Codelisten 10 und 11) anzugeben. Der Wert dieses Datenelements muss größer als null sein.	n..15,3
7.1		**GRUND DER BEANSTANDUNG**	D	R“ für jeden einzelnen Datensatz, wenn die Kennziffer für das Gesamtergebnis des Warenempfangs „2“, „3“, „4“, „22“ oder „23“ lautet *(Siehe Feld 6 b)*		9 X
	a	Code für die Beanstandung	R		Mögliche Kennziffern: 0 = Sonstiges, 1 = Mehrmenge, 2 = Fehlmenge, 3 = Waren beschädigt, 4 = Verschluss aufgebrochen, 5 = Meldung durch ECS (Ausfuhrkontrollsystem), 7 = Menge größer als in der Ermächtigung des registrierten bzw. zertifizierten Empfängers im Einzelfall genannt.	n1
	b	Ergänzende Informationen	C	– „R“, wenn die Kennziffer für den Grund der Beanstandung „0“ lautet – „O“, wenn die Kennziffer für den Grund der Beanstandung „1“, „2“, „3“, „4“, „5“ oder „7“ lautet *(Siehe Feld 7.1 a)*	Anzugeben sind ergänzende Informationen zum Empfang der verbrauchsteuerpflichtigen Waren.	an..350
	c	Ergänzende Informationen_LNG	C	„R“, wenn das betreffende Textfeld verwendet wird	Für die in dieser Datengruppe verwendete Sprache ist der Sprachencode gemäß Anhang II Codeliste 1 anzugeben.	a2.

Anlage 7
zum Umsatzsteuer-Anwendungserlass
(zu Abschnitt 6a.5)

EUROPÄISCHE GEMEINSCHAFT
VERBRAUCHSTEUERN

VEREINFACHTES BEGLEITDOKUMENT
INNERGEMEINSCHAFTLICHE BEFÖRDERUNG VON WAREN DES STEUERRECHTLICH FREIEN VERKEHRS

3

Ausfertigung zur Rücksendung an den Lieferer

3

1 Lieferer MwSt.-Nummer
☐ (Name und Adresse)

2 Bezugsnummer des Lieferers

3 Zuständige Behörde des Bestimmungslandes
(Bezeichnung und Anschrift)

4 Empfänger MwSt.-Nummer
(Name und Adresse)

5 Beförderer/Beförderungsmittel

6 Bezugsnummer und Datum der Anmeldung bei der zuständigen Behörde des Bestimmungslandes

7 Ort der Lieferung

8 Zeichen, Anzahl und Art der Packstücke, Warenbeschreibung

9 Warencode (KN-Code)

10 Menge

11 Rohgewicht (kg)

12 Eigengewicht (kg)

13 Rechnungspreis/Warenwert

14 Bescheinigungen (bestimmte Weine und Spirituosen, kleine Brauereien und Brennereien)

A Kontrollvermerk der zuständigen Behörde

Fortsetzung auf der Rückseite der Ausfertigungen 2 und 3

15 Für die Richtigkeit der Angaben in Feld 1–13:
Rücksendung der Ausfertigung 3 gewünscht: Ja ☐ Nein ☐ (*)

Firma des Unterzeichners (mit Telefonnummer)

Name des Unterzeichners

Ort, Datum

Unterschrift

(*) Zutreffendes ankreuzen

B EMPFANGSBESTÄTIGUNG

Die Waren sind beim Empfänger eingegangen

Ort .... Datum .... Bezugsnummer ....

Die Verbrauchsteuer ist entrichtet * / zur Zahlung angemeldet worden.

Datum .... Bezugsnummer ....

Sonstige Bemerkungen des Empfängers:

Ort/Datum .... Name des Unterzeichners ....

Unterschrift

*) Nichtzutreffendes streichen.

A **Kontrollvermerk (Fortsetzung)**

Zu § 6b UStG

UStG § 6b Konsignationslagerregelung

(1) Für die Beförderung oder Versendung eines Gegenstandes aus dem Gebiet eines Mitgliedstaates in das Gebiet eines anderen Mitgliedstaates für Zwecke einer Lieferung des Gegenstandes nach dem Ende dieser Beförderung oder Versendung an einen Erwerber gilt eine Besteuerung nach Maßgabe der nachfolgenden Vorschriften, wenn folgende Voraussetzungen erfüllt sind:

1. Der Unternehmer oder ein vom Unternehmer beauftragter Dritter befördert oder versendet einen Gegenstand des Unternehmens aus dem Gebiet eines Mitgliedstaates (Abgangsmitgliedstaat) in das Gebiet eines anderen Mitgliedstaates (Bestimmungsmitgliedstaat) zu dem Zweck, dass nach dem Ende dieser Beförderung oder Versendung die Lieferung (§ 3 Absatz 1) gemäß einer bestehenden Vereinbarung an einen Erwerber bewirkt werden soll, dessen vollständiger Name und dessen vollständige Anschrift dem Unternehmer zum Zeitpunkt des Beginns der Beförderung oder Versendung des Gegenstands bekannt ist und der Gegenstand im Bestimmungsland verbleibt.
2. Der Unternehmer hat in dem Bestimmungsmitgliedstaat weder seinen Sitz noch seine Geschäftsleitung oder eine Betriebsstätte oder in Ermangelung eines Sitzes, einer Geschäftsleitung oder einer Betriebsstätte seinen Wohnsitz oder gewöhnlichen Aufenthalt.
3. Der Erwerber im Sinne der Nummer 1, an den die Lieferung bewirkt werden soll, hat gegenüber dem Unternehmer bis zum Beginn der Beförderung oder Versendung die ihm vom Bestimmungsmitgliedstaat erteilte Umsatzsteuer-Identifikationsnummer verwendet.
4. Der Unternehmer zeichnet die Beförderung oder Versendung des Gegenstandes im Sinne der Nummer 1 nach Maßgabe des § 22 Absatz 4f gesondert auf und kommt seiner Pflicht nach § 18a Absatz 1 in Verbindung mit Absatz 6 Nummer 3 und Absatz 7 Nummer 2a rechtzeitig, richtig und vollständig nach.

(2) Wenn die Voraussetzungen nach Absatz 1 erfüllt sind, gilt zum Zeitpunkt der Lieferung des Gegenstandes an den Erwerber, sofern diese Lieferung innerhalb der Frist nach Absatz 3 bewirkt wird, Folgendes:

1. Die Lieferung an den Erwerber wird einer im Abgangsmitgliedstaat steuerbaren und steuerfreien innergemeinschaftlichen Lieferung (§ 6a) gleichgestellt.
2. Die Lieferung an den Erwerber wird einem im Bestimmungsmitgliedstaat steuerbaren innergemeinschaftlichen Erwerb (§ 1a Absatz 1) gleichgestellt.

(3) Wird die Lieferung an den Erwerber nicht innerhalb von zwölf Monaten nach dem Ende der Beförderung oder Versendung des Gegenstandes im Sinne des Absatzes 1 Nummer 1 bewirkt und ist keine der Voraussetzungen des Absatzes 6 erfüllt, so gilt am Tag nach Ablauf des Zeitraums von zwölf Monaten die Beförderung oder Versendung des Gegenstandes als das einer innergemeinschaftlichen Lieferung gleichgestellte Verbringen (§ 6a Absatz 2 in Verbindung mit § 3 Absatz 1a).

(4) Absatz 3 ist nicht anzuwenden, wenn folgende Voraussetzungen vorliegen:

1. Die nach Absatz 1 Nummer 1 beabsichtigte Lieferung wird nicht bewirkt und der Gegenstand gelangt innerhalb von zwölf Monaten nach dem Ende der Beförderung oder Versendung aus dem Bestimmungsmitgliedstaat in den Abgangsmitgliedstaat zurück.
2. Der Unternehmer zeichnet das Zurückgelangen des Gegenstandes nach Maßgabe des § 22 Absatz 4f gesondert auf.

(5) Tritt innerhalb von zwölf Monaten nach dem Ende der Beförderung oder Versendung des Gegenstandes im Sinne des Absatzes 1 Nummer 1 und vor dem Zeitpunkt der Lieferung ein anderer Unternehmer an die Stelle des Erwerbers im Sinne des Absatzes 1 Nummer 1, gilt in dem Zeitpunkt, in dem der andere Unternehmer an die Stelle des Erwerbers tritt, Absatz 4 sinngemäß, wenn folgende Voraussetzungen vorliegen:

1. Der andere Unternehmer hat gegenüber dem Unternehmer die ihm vom Bestimmungsmitgliedstaat erteilte Umsatzsteuer-Identifikationsnummer verwendet.
2. Der vollständige Name und die vollständige Anschrift des anderen Unternehmers sind dem Unternehmer bekannt.
3. Der Unternehmer zeichnet den Erwerberwechsel nach Maßgabe des § 22 Absatz 4f gesondert auf.

(6) [1]Fällt eine der Voraussetzungen nach den Absätzen 1 und 5 innerhalb von zwölf Monaten nach dem Ende der Beförderung oder Versendung des Gegenstandes im Sinne des Absatzes 1 Nummer 1 und vor dem Zeitpunkt der Lieferung weg, so gilt am Tag des Wegfalls der Voraussetzung die Beförderung oder Versendung des Gegenstandes als das einer innergemeinschaftlichen Lieferung gleichgestellte Verbringen (§ 6a Absatz 2 in Verbindung mit § 3 Absatz 1a). [2]Wird die Lieferung an einen anderen Erwerber als einen Erwerber nach Absatz 1 Nummer 1 oder Absatz 5 bewirkt, gelten die Voraussetzungen nach den Absätzen 1 und 5 an dem Tag vor der Lieferung als nicht mehr erfüllt. [3]Satz 2 gilt sinngemäß, wenn der Gegenstand vor der Lieferung oder bei der Lieferung in einen anderen Mitgliedstaat als den Abgangsmitgliedstaat oder in das Drittlandsgebiet befördert oder versendet wird. [4]Im Fall der Zerstörung, des Verlustes oder des Diebstahls des Gegenstandes nach dem Ende der Beförderung oder Versendung des Gegenstandes im Sinne des Absatzes 1 Nummer 1 und vor dem Zeitpunkt der Lieferung gelten die Voraussetzungen nach den Absätzen 1 und 5 an dem Tag, an dem die Zerstörung, der Verlust oder der Diebstahl festgestellt wird, als nicht mehr erfüllt.

UStAE 6b.1. Lieferung in ein Lager im Sinne des § 6b UStG im Gemeinschaftsgebiet (Konsignationslagerregelung)

Allgemeines

(1) [1]§ 6b UStG beinhaltet eine Vereinfachungsregelung für Lieferungen in ein Lager zu Abrufzwecken im Gemeinschaftsgebiet (Konsignationslagerregelung). [2]Lager im Sinne des § 6b UStG (vgl. Artikel 17a Abs. 1 MwStSystRL) sind Warenlager, in welche der liefernde Unternehmer oder ein von ihm beauftragter Dritter Gegenstände aus dem Gebiet eines Mitgliedstaates (Abgangsmitgliedstaat) in das Gebiet eines anderen Mitgliedstaates (Bestimmungsmitgliedstaat) in einen zum Verbleib gedachten Bestand und zur Entnahme nach eigenem Ermessen durch einen dem liefernden Unternehmer bekannten Erwerber befördert oder versendet. [3]Für die Anwendung der Konsignationslagerregelung müssen dem Unternehmer aufgrund einer vertraglichen Vereinbarung im Sinne des Absatzes 3 zum Beginn der Beförderung oder Versendung die folgenden Angaben des Erwerbers bekannt sein:

- der vollständige Name,
- die vollständige Adresse,
- die dem Erwerber vom Bestimmungsmitgliedstaat erteilte USt-IdNr.

(2) [1]Die Vereinfachungsregelung nach § 6b UStG kommt nicht in Betracht, wenn der Unternehmer im Bestimmungsmitgliedstaat ansässig ist, d. h. wenn er dort seinen Sitz, seine Geschäftsleitung oder eine Betriebsstätte (vgl. Abschnitt 3a.1 Abs. 3) oder in Ermangelung eines Sitzes, einer Geschäftsleitung oder einer Betriebsstätte seinen Wohnsitz oder gewöhnlichen Aufenthalt hat. [2]Dies gilt unabhängig davon, ob eine der vorgenannten Ansässigkeitsformen am Liefergeschehen beteiligt ist. [3]Bereits ein im Eigentum des Unternehmers befindliches Lager oder ein durch den Unternehmer angemietetes oder gepachtetes Lager, welches mit eigenen Mitteln (z. B. mit eigenem Personal), aus dem Bestimmungsmitgliedstaat betrieben wird, begründet eine solche Ansässigkeit. [4]Eine alleinige Registrierung für mehrwertsteuerliche Zwecke im Bestimmungsmitgliedstaat begründet jedoch noch keine Ansässigkeit.

(3) [1]Die vertragliche Vereinbarung mit dem dem liefernden Unternehmer bekannten späteren Erwerber muss die Verschaffung der Verfügungsmacht zu einem späteren Zeitpunkt als dem der Beendigung der Beförderung oder Versendung vorsehen. [2]Ausreichend ist ein (Rahmen-)Vertrag, der die Modalitäten bestimmt, unter denen der Erwerber zur Entnahme der im Bestand des Lagers befindlichen Waren berechtigt, aber nicht verpflichtet, ist. [3]Hat der spätere Erwerber vor dem Zeitpunkt der Entnahme des Liefergegenstandes diesen bereits verbindlich bestellt oder bezahlt, kann die Vereinfachungsregelung nach § 6b UStG unter den übrigen Voraussetzungen angewendet werden, wenn der liefernde Unternehmer und der spätere Erwerber deren Anwendung z. B. in einem Rahmenvertrag vereinbaren. [4]Für Fälle, in denen § 6b UStG bereits dem Grunde nach keine Anwendung findet, gelten die Regelungen in Abschnitt 1a.2 Abs. 6 Satz 6 bzw. Abschnitt 3.12 Abs. 3 Satz 8 sowie Abs. 7 Satz 1; in den Fällen des § 6b Abs. 3 und 6 UStG sind die Regelungen in Abschnitt 1a.2 Abs. 6 Satz 6 bzw. Abschnitt 3.12 Abs. 3 Satz 8 sowie Abs. 7 Satz 1 jedoch nicht anzuwenden.

Beispiel:

[1]Beim belgischen Automobilhersteller Z mit Sitz in Belgien werden im Februar 02 Motorenteile von einem deutschen Zulieferer A mit Sitz in Köln eingelagert, die Z zuvor bei A verbindlich bestellt hat. [2]Nach einem entsprechenden Rahmenvertrag soll die Vereinfachungsregelung nach § 6b UStG Anwendung finden und die Verfügungsmacht an den Motorenteilen erst im Zeitpunkt der Entnahme durch Z auf Z übergehen. [3]Aufgrund erheblicher Produktionsverzögerungen erfolgt die Entnahme der Motorenteile durch Z erst im März 03. [4]Bereits am Tag nach Ablauf der 12-Monatsfrist im Februar 03 tritt die Rechtsfolge nach § 6b Abs. 3 UStG ein, sodass die Beförderung oder Versendung durch A als das einer innergemeinschaftlichen Lieferung gleichgestellte Verbringen nach § 6b Abs. 3 in Verbindung mit § 6a Abs. 2 und § 3 Abs. 1a Satz 1 UStG gilt. [5]A muss sich spätestens im Zeitpunkt, in dem das Ereignis (am Tag nach Ablauf der 12-Monatsfrist) eintritt, unverzüglich im Bestimmungsmitgliedstaat für Mehrwertsteuerzwecke registrieren lassen und die Erteilung einer USt-IdNr. beantragen (vgl. Absätze 15 und 17).

[5]Für ein Lager im Sinne des § 6b UStG können auch Vereinbarungen mit mehreren bekannten Erwerbern geschlossen werden. [6]Sind entsprechende Vereinbarungen mit mehreren Erwerbern geschlossen, muss für jeden Erwerber entsprechend des § 22 Abs. 4f und 4g UStG sichergestellt sein, dass die Gegenstände dem jeweiligen Erwerber eindeutig und klar zugeordnet werden können. [7]Zur Ersetzung eines Erwerbers siehe Absatz 6.

(4) [1]Ein Lager im Sinne des § 6b UStG kann zum Beispiel ein Konsignationslager oder ein Auslieferungslager sein. [2]Ein Lager nach Satz 1, in welches die Gegenstände der Lieferung gelangen, muss nicht zwingend ein Lager im Sinne eines Gebäudes sein. [3]Eine Zwischenlagerung der Gegenstände in einem Lager im Sinne des § 6b UStG kann an jedem räumlich und physisch bestimmbaren Ort erfolgen, für den ein vorhandener Inhaber gegeben ist und für den die eingelagerten Gegenstände der Art und Menge nach bestimmbar sind. [4]Die Angaben müssen mit den Aufzeichnungen nach § 22 Abs. 4f UStG übereinstimmen. [5]Hierzu zählen sowohl ortsfeste Behälterlager für körperliche Gegenstände in flüssigem oder gasförmigem Aggregatzustand, z. B. ortsfeste Tanklager (oberirdisch oder unterirdisch), als auch jeder andere räumlich und physisch bestimmbare Ort (z. B. Eisenbahnwaggons, Container, Trailer oder Binnenschiffe), wenn hinreichend nachgewiesen wird, dass es sich um ein Lager im Sinne des § 6b UStG handelt (vgl. hierzu § 22 Abs. 4f Nr. 6 UStG). [6]Für eine leichte und eindeutige Nachprüfbarkeit muss daher für jeden Zeitpunkt bis zur Entnahme mit hinreichender Sicherheit leicht und einwandfrei aus den Aufzeichnungen im Sinne des § 22 Abs. 4f UStG erkennbar sein, wo sich die Gegenstände bis zum Zeitpunkt der Entnahme durch den Erwerber befinden.

Erwerber (=Abnehmer) der Lieferung (§ 6b Abs. 1 UStG)

(5) [1]Erwerber einer Lieferung nach § 6b Abs. 1 UStG kann nur sein, wer im Zeitpunkt des Abschlusses der Vereinbarung nach § 6b Abs. 1 Nr. 1 UStG Unternehmer ist und die Gegenstände für sein Unternehmen erwerben will. [2]Auch ein Kommissionär kann als berechtigter Erwerber fungieren. [3]Ein Sitz, eine Geschäftsleitung oder eine Betriebsstätte (vgl. Abschnitt 3a.1 Abs. 3) oder in Ermangelung eines Sitzes, einer Geschäftsleitung oder einer Betriebsstätte ein Wohnsitz oder gewöhnlicher Aufenthalt im Bestimmungsmitgliedstaat ist nicht Voraussetzung. [4]Der dem liefernden Unternehmer bekannte und zur Entnahme der Gegenstände berechtigte Erwerber muss zum Zwecke der Inanspruchnahme der Konsignationslagerregelung die ihm vom Bestimmungsmitgliedstaat erteilte USt-IdNr. verwenden. [5]Hinsichtlich der Auslegung des Begriffs der Verwendung der von einem anderen Mitgliedsstaat erteilten und gültigen USt-IdNr. siehe Abschnitt 3a.2 Abs. 10 Sätze 2 bis 10. [6]Die Verwendung einer anderen als vom Bestimmungsmitgliedstaat erteilten USt-IdNr. schließt die Anwendung des § 6b UStG hingegen aus.

Wechsel des Erwerbers (§ 6b Abs. 5 UStG)

(6) [1]Wird der berechtigte Erwerber durch einen anderen Erwerber innerhalb von 12 Monaten ersetzt, müssen alle Voraussetzungen des Absatzes 1 Satz 3 erfüllt sein. [2]Die vertragliche Vereinbarung für die Substitution muss zudem bereits am Tag des Wirksamwerdens des Erlöschens der bisherigen Vereinbarung wirksam abgeschlossen sein. [3]Es ist auch möglich, dass der neue Erwerber nur über einen Teil

der sich im Lager im Sinne des § 6b UStG befindlichen Gegenstände eine Vereinbarung abschließt. [4]Auch hier gelten die Regelungen der klaren und eindeutigen Identifizierbarkeit der Gegenstände (vgl. Absatz 3 Satz 6). [5]Durch den Wechsel eines Erwerbers wird die 12-Monatsfrist nach § 6b Abs. 3 UStG (vgl. auch Absatz 15 Satz 2) nicht verlängert. [6]Die Frist beginnt im Zeitpunkt der ersten Ankunft der Waren im Lager (Einlagerung) im anderen Mitgliedstaat, in den sie versendet oder befördert wurden (vgl. Absatz 15 Satz 2). [7]Eine im Rahmen der Substitution erfolgende Beförderung durch den Unternehmer an einen anderen Lagerort im Bestimmungsmitgliedstaat bleibt unschädlich und verlängert nicht die 12-Monatsfrist nach § 6b Abs. 3 UStG (vgl. auch Absatz 15 Satz 2). [8]Wegen der Melde- und Aufzeichnungspflichten im Falle eines Wechsels des Erwerbers wird auf die Abschnitte 18a.1 und 18a.3 sowie 22.3b verwiesen.

Beispiel 1:

[1]Der deutsche Zulieferer A befördert im Rahmen einer Lagerabrufvereinbarung mit Unternehmer B (berechtigter Erwerber) ab Februar 01 Motorenteile in ein Lager in Frankreich. [2]Im September desselben Jahres ändern Zulieferer A und Unternehmer B ihre Vereinbarung für den Teil der Motorenteile, die von Unternehmer B noch nicht entnommen wurden. [3]Diese Motorenteile verbleiben im Lager. [4]Gleichzeitig schließt Zulieferer A mit Unternehmer C (weiterer berechtigter Erwerber) eine Vereinbarung über die noch im Lager befindlichen Motorenteile ab. [5]C entnimmt diese Motorenteile im November und Dezember 01.

[6]Im Februar 01 hat A die Beförderung der Motorenteile aufzuzeichnen und in der ZM die verwendete USt-IdNr. des Unternehmers B anzugeben. [7]Auch der Lagerhalter muss im Februar 01 die Ankunft der Waren im Bestand registrieren. [8]Für die entnommenen Motorenteile durch Unternehmer B gilt jeweils im Zeitpunkt der Entnahme für A die Annahme einer innergemeinschaftlichen Lieferung und für B die eines innergemeinschaftlichen Erwerbes (§ 6b Abs. 2 UStG). [9]Ab dem Zeitpunkt der Änderung der Vereinbarung im September 01 tritt die Rechtsfolge des § 6b Abs. 2 UStG für A und B nicht mehr ein. [10]Die Ersetzung des B durch C nach § 6b Abs. 5 UStG ist von A nach § 22 Abs. 4f UStG aufzuzeichnen und in der ZM anzugeben. [11]C hat seine ihm vom Bestimmungsmitgliedstaat erteilte USt-IdNr. gegenüber A zu verwenden. [12]Bei Entnahme der Motorenteile durch C im November und Dezember 01 tritt die Rechtsfolge des § 6b Abs. 2 UStG ein.

Beispiel 2:

[1]Sachverhalt wie in Beispiel 1, jedoch erfolgt die neue Vereinbarung mit Unternehmer C erst im Oktober 01. [2]Alle Ausführungen in Beispiel 1 Sätze 1 bis 9 finden analog Anwendung. [3]Die Vereinbarung mit C im Oktober 01 stellt jedoch für die bereits im Lager befindlichen Motorenteile keine wirksame Ersetzung im Sinne des § 6b Abs. 5 UStG dar, da die vertragliche Vereinbarung mit dem neuen Erwerber C nicht bereits am Tag des Wirksamwerdens des Erlöschens der bisherigen Vereinbarung mit B abgeschlossen war. [4]Die Beförderung oder Versendung durch A in sein Lager gilt am Tag des Wegfalls der Voraussetzungen nach § 6b Abs. 1 UStG im September 01 als ein einer innergemeinschaftlichen Lieferung gleichgestelltes Verbringen nach § 6b Abs. 6 in Verbindung mit § 6a Abs. 2 und § 3 Abs. 1a Satz 1 UStG. [5]A unterliegt somit einer unverzüglichen Registrierungspflicht im Bestimmungsmitgliedstaat.

Gelangen eines Gegenstandes aus dem Abgangsmitgliedstaat in den Bestimmungsmitgliedstaat

(7) [1]Die Beförderung (vgl. § 3 Abs. 6 Satz 2 UStG) oder Versendung (vgl. § 3 Abs. 6 Satz 3 UStG) in den Bestimmungsmitgliedstaat muss durch den Unternehmer oder durch einen von ihm beauftragten Dritten erfolgen. [2]Übernimmt der spätere Erwerber den Transport, darf dies für die Anwendung der Konsignationslagerregelung nur ausdrücklich und erkennbar im Namen des liefernden Unternehmers erfolgen, und ohne dass dem späteren Erwerber bereits die Verfügungsmacht an dem Gegenstand verschafft wird. [3]Hiervon kann regelmäßig ausgegangen werden, wenn entsprechende Vereinbarungen z. B. in einem Rahmenvertrag aufgenommen wurden.

(8) [1]Bei dem Gegenstand, der vom Erwerber aus dem Lager im Sinne des § 6b UStG entnommen wird, muss es sich um denselben Gegenstand handeln, der aus dem Abgangsmitgliedstaat in das Lager im

Sinne des § 6b UStG im Bestimmungsmitgliedstaat befördert oder versendet worden ist. [2]Die Verwendung des Gegenstandes vor Entnahme durch den Erwerber für eine Werklieferung oder Werkleistung (vgl. Abschnitt 3.8) des Unternehmers führt zum Ausschluss der Vereinfachungsregelung nach § 6b UStG.

(9) Für den Ort der Lieferung im Sinne des § 6b Abs. 1 UStG gilt Abschnitt 3.12 Abs. 1 Satz 1 entsprechend.

(10) Bestimmungsmitgliedstaat und Abgangsmitgliedstaat sind die unionsrechtlichen Inlandsgebiete der übrigen EU-Mitgliedstaaten und das Inland der Bundesrepublik Deutschland im Sinne des § 1 Abs. 2 Satz 1 UStG (vgl. Abschnitt 1.10).

(11) [1]Für Lieferungen eines im Drittland ansässigen Unternehmers aus einem Mitgliedstaat in ein Lager im Sinne des § 6b UStG in einem anderen Mitgliedstaat (Bestimmungsmitgliedstaat) kann die Konsignationslagerregelung angewendet werden. [2]Voraussetzung ist die Registrierung für mehrwertsteuerliche Zwecke des Unternehmers im Abgangsmitgliedstaat. [3]Auf die tatsächliche Ansässigkeit der Vertragsparteien ist nicht abzustellen. [4]Der Unternehmer kann auch Gegenstände, die zur Einlagerung und Entnahme durch einen oder mehrere berechtigte(n) Erwerber in einem Lager im Sinne des § 6b UStG bestimmt sind, aus verschiedenen anderen Mitgliedstaaten in das Lager im Sinne des § 6b UStG im Bestimmungsmitgliedstaat befördern oder versenden.

(12) Eine Kombination der Steuerbefreiung nach § 5 Abs. 1 Nr. 3 UStG (Einfuhr mit anschließender steuerfreier innergemeinschaftlicher Lieferung) mit einer Beförderung/Versendung in ein Lager im Sinne des § 6b UStG ist nicht möglich, da es hier an einer unmittelbar ausgeführten innergemeinschaftlichen Lieferung fehlt.

Verbleiben im Bestimmungsmitgliedstaat

(13) [1]Die Konsignationslagerregelung setzt ein Verbleiben des Liefergegenstandes im Bestimmungsmitgliedstaat vom Zeitpunkt der Einlagerung bis zur Entnahme durch den Erwerber voraus. [2]Eine der Entnahme des Liefergegenstandes aus dem Lager im Sinne des § 6b UStG nachfolgende Lieferung des Erwerbers über die Grenzen des Bestimmungsmitgliedstaates hinaus ist unschädlich. [3]Die Beförderung oder Versendung in ein anderes im Bestimmungsmitgliedstaat gelegenes Lager im Sinne des § 6b UStG vor Entnahme aus dem ursprünglichen Lager durch den Erwerber führt ebenfalls nicht zum Ausschluss dieser Regelung. [4]Die Beförderung oder Versendung in ein Lager im Sinne des § 6b UStG in einem anderen als dem vereinbarten Mitgliedstaat setzt eine Rücklieferung (§ 6b Abs. 4 UStG) voraus (vgl. Absatz 18). [5]Erfolgt der Verzicht auf die Rücklieferung und werden die Gegenstände unmittelbar in einen weiteren Mitgliedstaat oder ins Drittland befördert oder versendet, tritt die Rechtsfolge nach § 6b Abs. 6 UStG ein.

Reihengeschäfte

(14) Bei Reihengeschäften (§ 3 Abs. 6a UStG) kommt die Vereinfachungsregelung nach § 6b UStG nicht in Betracht, da bei Reihengeschäften im Rahmen der Warenbewegung dem Erwerber bereits die Verfügungsmacht an dem Gegenstand der Lieferung verschafft wird.

12-Monatsfrist (§ 6b Abs. 3 UStG)

(15) [1]Die Vereinfachungsregelung nach § 6b UStG setzt eine Entnahme des Gegenstandes aus dem Lager im Sinne des § 6b UStG durch den berechtigten Erwerber binnen eines Zeitraums von 12 Monaten voraus (12-Monatsfrist nach § 6b Abs. 3 UStG). [2]Der Zeitraum von 12 Monaten beginnt am Tag nach Beendigung des Warentransportes im Bestimmungsmitgliedstaat (Einlagerung im Lager). [3]Für die Berechnung der Frist gelten die Grundsätze der Artikel 2 und 3 der Verordnung (EWG, Euratom) Nr. 1182/71 vom 3. 6. 1971; § 108 Abs. 1 AO findet insoweit keine Anwendung. [4]Der Unternehmer hat die Einhaltung der Frist durch Angabe des Tags der Einlagerung und des Tags der Entnahme (Lieferung im Sinne des § 6b Abs. 2 UStG) nachzuweisen. [5]Der Inhalt und der Umfang der Aufzeichnungspflichten ergibt sich aus § 22 Abs. 4f UStG.

Beispiel:

[1]Der deutsche Zulieferer A befördert im Rahmen einer Lagerabrufvereinbarung mit Unternehmer B (berechtigter Erwerber) ab Januar 01 Motorenteile in ein Lager in Frankreich. [2]Ein Warentransport beginnt am Donnerstag, 14. 1. 01, von Deutschland nach Frankreich und trifft am selben Tag am Lagerort in Frankreich ein. [3]Die Motorenteile werden ebenfalls am 14. 1. 01 eingelagert. [4]Die 12-Monatsfrist beginnt nach Artikel 3 Abs. 1 Unterabs. 2 der Verordnung (EWG, Euratom) Nr. 1182/71 vom 3. 6. 1971 am Freitag, 15. 1. 01. [5]Grundsätzlich würde diese nach Artikel 3 Abs. 2 Buchstabe c der Verordnung (EWG, Euratom) Nr. 1182/71 vom 3. 6. 1971 am Sonnabend, 15. 1. 02, enden, aufgrund Artikel 2 Abs. 1 Unterabs. 2 der Verordnung (EWG, Euratom) Nr. 1182/71 vom 3. 6. 1971 endet diese am Montag, 17. 1. 02. [6]Die Rechtsfolge nach § 6b Abs. 3 UStG tritt somit am Tag nach Ablauf der 12-Monatsfrist am Dienstag, 18. 1. 02 ein (siehe Absatz 17).

(16) [1]Aus Vereinfachungsgründen wird es für Waren besonderer Form (Flüssigkeiten, Gase, Schüttgüter) nicht beanstandet, wenn für Zwecke der Fristberechnung das Verfahren FIFO „First in – First out" angewendet wird. [2]Dieses Verfahren kann auch für andere identische und eindeutig identifizierbare Waren, die nicht als Massengüter anzusehen sind, zur Anwendung kommen. [3]Für identische Waren verschiedener liefernder Unternehmen in einem Lager im Sinne des § 6b UStG ist das Verfahren auf den Bestand eines jeden liefernden Unternehmers gesondert anzuwenden.

(17) [1]Wird die Lagerfrist nach § 6b Abs. 3 UStG überschritten und liegt keine der Voraussetzungen des § 6b Abs. 6 UStG vor, ist für die Waren am Tag nach Ablauf der 12-Monatsfrist ein einer innergemeinschaftlichen Lieferung gleichgestelltes Verbringen im Sinne des § 6a Abs. 2 in Verbindung mit § 3 Abs. 1a UStG anzunehmen. [2]Hieraus ergibt sich für den Unternehmer die Pflicht zur unverzüglichen Registrierung in dem Mitgliedstaat, in dem sich das Lager im Sinne des § 6b UStG befindet. [3]Dies gilt auch dann, wenn das im Bestimmungsmitgliedstaat einem innergemeinschaftlichen Erwerb gleichgestellte Verbringen steuerbefreit wäre. [4]Gegebenenfalls besteht, in Abhängigkeit von den Bestimmungen in dem Mitgliedstaat, in dem sich das Lager im Sinne des § 6b UStG befindet, die Möglichkeit, einen Fiskalvertreter zu beauftragen. [5]Bemessungsgrundlage für das der innergemeinschaftlichen Lieferung und dem innergemeinschaftlichen Erwerb gleichgestellte Verbringen ist der Einkaufspreis zuzüglich der Nebenkosten für den Gegenstand oder mangels eines Einkaufspreises die Selbstkosten, jeweils zum Zeitpunkt des Umsatzes und ohne Umsatzsteuer (§ 10 Abs. 4 Satz 1 Nr. 1 UStG).

Beispiel:

[1]Sachverhalt wie in Beispiel 1 zu Absatz 6, jedoch entnimmt Unternehmer C die Waren erst im April 02. [2]Alle Ausführungen in Absatz 6 Beispiel 1 Sätze 1 bis 11 finden analog Anwendung. [3]Jedoch wurde für die verbliebenen Motorenteile im Lager die 12-Monatsfrist überschritten (siehe § 6b Abs. 3 UStG), sodass am Tag nach Ablauf des Zeitraums von 12 Monaten die Beförderung oder Versendung durch A als das einer innergemeinschaftlichen Lieferung gleichgestellte Verbringen nach § 6b Abs. 3 in Verbindung mit § 6a Abs. 2 und § 3 Abs. 1a Satz 1 UStG gilt. [4]A muss sich spätestens im Zeitpunkt, in dem das Ereignis (am Tag nach Ablauf der 12-Monatsfrist) eintritt, unverzüglich im Bestimmungsmitgliedstaat für Mehrwertsteuerzwecke registrieren lassen und die Erteilung einer USt-IdNr. beantragen. [5]Nur dann und bei Vorliegen der übrigen tatbestandlichen Voraussetzungen, etwa der Abgabe einer zutreffenden ZM, kann eine Steuerbefreiung im Sinne des § 4 Nr. 1 Buchstabe b UStG für dieses innergemeinschaftliche Verbringen nach § 6b Abs. 3 in Verbindung mit § 6a Abs. 2 UStG vorliegen.

Rückausnahme durch Rücklieferung (§ 6b Abs. 4 UStG)

(18) [1]Nach § 6b Abs. 4 UStG gilt § 6b Abs. 3 UStG in den Fällen nicht, in denen der Unternehmer die beabsichtigte Lieferung nicht bewirkt hat und der Gegenstand binnen 12 Monaten (zur Fristberechnung vgl. Absatz 15) nach Einlagerung im Lager im Sinne des § 6b UStG im Bestimmungsmitgliedstaat in den Abgangsmitgliedstaat zurückbefördert bzw. -versendet wird und der Beginn der Rückbeförderung bzw. -versendung (Rücklieferung) nach § 22 Abs. 4f Nr. 14 UStG aufgezeichnet worden ist. [2]Wegen der Meldepflichten im Falle einer Rücklieferung wird auf die Abschnitte 18a.1 und 18a.3 verwiesen.

Ausschluss der Vereinfachungsregelung (§ 6b Abs. 6 UStG)

(19) [1]Die Fiktion nach § 6b Abs. 2 UStG findet nach ihrem Sinn und Zweck nur auf diejenigen Lieferungen Anwendung, für die die Voraussetzungen nach § 6b Abs. 1 und 5 UStG innerhalb von 12 Monaten nach Ende der Beförderung oder Versendung in den Bestimmungsmitgliedsstaat vorliegen. [2]Durch die Nichterfüllung einer dieser Voraussetzungen kann der liefernde Unternehmer erreichen, dass die Vereinfachungsregelung nach § 6b UStG keine Anwendung findet. [3]Die Anwendung der Regelung ist gegenstandsbezogen. [4]Ein Ausschluss der Vereinfachungsregelung für eine bestimmte Lieferung eines oder mehrerer Gegenstände führt daher nicht zur grundsätzlichen Versagung der Regelung für weitere Lieferungen von Gegenständen in ein Lager im Sinne des § 6b UStG.

(20) [1]Unter § 6b Abs. 6 Satz 2 UStG fallen Lieferungen, bei denen ein anderer Erwerber als der nach § 6b Abs. 1 Nr. 1 oder Abs. 5 UStG die Verfügungsmacht an dem Gegenstand erhält. [2]Die Voraussetzungen nach § 6b Abs. 1 und 5 UStG gelten an dem Tag vor der Lieferung als nicht mehr erfüllt. [3]In diesem Fall liegt stets ein einer innergemeinschaftlichen Lieferung gleichgestelltes Verbringen vor.

(21) [1]Nach § 6b Abs. 6 Satz 3 UStG kommt § 6b Abs. 2 UStG ebenfalls nicht zur Anwendung, wenn der Gegenstand der Lieferung vor der Lieferung oder bei Lieferung in einen anderen Mitgliedstaat als den Abgangsmitgliedstaat oder in das Drittland befördert oder versendet wird. [2]Vielmehr liegt in diesem Fall am Tag vor der Beförderung oder Versendung ein einer innergemeinschaftlichen Lieferung gleichgestelltes Verbringen vor. [3]Soll ein sich bereits in einem Lager im Sinne des § 6b UStG im Bestimmungsmitgliedstaat befindlicher Gegenstand vor Lieferung aus diesem Lager in ein in einem anderen Mitgliedstaat gelegenes Lager im Sinne des § 6b UStG befördert oder versendet werden, bedarf es zur Vermeidung der Ausschlussregelung des § 6b Abs. 6 Satz 3 in Verbindung mit Satz 2 UStG einer Rücklieferung nach § 6b Abs. 4 UStG in den Abgangsmitgliedstaat (vgl. Absätze 13 und 18).

(22) [1]In den Fällen des § 6b Abs. 6 Satz 4 UStG, in denen der Gegenstand nach dem Ende der Beförderung oder Versendung in das Lager im Sinne des § 6b UStG und vor dem Zeitpunkt der Lieferung durch Zerstörung, Verlust oder Diebstahl verloren geht, ist die Anwendung des § 6b Abs. 2 UStG grundsätzlich ausgeschlossen. [2]Die Voraussetzungen nach § 6b Abs. 1 und 5 UStG gelten an dem Tag, an dem die Zerstörung, der Verlust oder der Diebstahl festgestellt wird, als nicht mehr erfüllt. [3]Gewöhnliche, branchenübliche, sich aus den Erfahrungen der letzten Lagerungsjahre ergebende Mengenverluste von Gegenständen, die aufgrund ihrer Beschaffenheit oder infolge unvorhersehbarer Umstände nach dem Ende der Beförderung oder Versendung und vor dem Zeitpunkt der Lieferung entstanden sind, gelten als sog. „kleine Verluste", für die § 6b Abs. 6 Satz 4 UStG keine Anwendung findet. [4]Von „kleinen Verlusten" ist im Regelfall auszugehen, wenn diese wert- oder mengenmäßig weniger als 5 % des Gesamtbestands (Freigrenze) der identischen Gegenstände betragen, der an dem Tag der Zerstörung, des Verlustes oder des Diebstahls oder, falls ein solcher Tag nicht bestimmt werden kann, an dem Tag, an dem die Zerstörung oder das Fehlen der Gegenstände erkannt worden ist, festgestellt wurde.

Beispiel:

[1]Der deutsche Zulieferer A befördert im Rahmen einer Lagerabrufvereinbarung mit Unternehmer B (berechtigter Erwerber) ab Februar 01 5 000 Motorenteile in ein Lager im Sinne des § 6b UStG in Frankreich. [2]Am 2. 10. 01 werden 6 000 Motorenteile bei einem Diebstahl entwendet und im Rahmen der Inventur stellt A im Dezember 01 fest, dass von den jährlich gelieferten 60 000 Motorenteilen 300 Stück durch Rost unbrauchbar geworden sind. [3]Am Tag der Inventur befinden sich noch 10 000 Motorenteile im Lager. [4]Aus den Unterlagen des A ist zu entnehmen, dass in den Jahren 00 und 01 bereits jährlich 300 bis 400 Motorenteile selbige Mängel durch Verrostung aufgewiesen haben.

[5]Im Februar 01 hat A die Beförderung der 5 000 Motorenteile aufzuzeichnen und in der ZM die verwendete USt-IdNr. des Unternehmers B anzugeben. [6]Für die 6 000 entwendeten Motorenteile tritt am 2. 10. 01 die Rechtsfolge nach § 6b Abs. 6 Satz 4 UStG ein und die Lieferung gilt als ein einer innergemeinschaftlichen Lieferung gleichgestelltes Verbringen nach § 6b Abs. 6 in Verbindung mit § 6a Abs. 2 und § 3 Abs. 1a Satz 1 UStG. [7]A unterliegt für die 6 000 Motorenteile somit einer unverzüglichen Registrierungspflicht im Bestimmungsmitgliedstaat und muss die Erteilung einer USt-IdNr. beantragen. [8]Für den im Dezember 01 im Rahmen der Inventur festgestellten Verlust der 300 Motorenteile

tritt aus Vereinfachungsgründen (weniger als 5 % des Gesamtbestandes der am Tag der Feststellung im Lager befindlichen identischen Gegenstände) die Rechtsfolge des § 6b Abs. 6 UStG nicht ein. 9A unterläge nur für die 300 Motorenteile nicht einer Registrierungspflicht im Bestimmungsmitgliedstaat. 10A ist bereits durch den Diebstahl im Bestimmungsland zur Registrierung verpflichtet, eine Meldung für den „kleinen" Verlust der 300 Motorenteile muss nicht erfolgen.

(23) 1Für alle in den Absätzen 19 bis 22 eintretenden Fälle, in denen ein einer innergemeinschaftlichen Lieferung gleichgestelltes Verbringen anzunehmen ist, sind Absatz 17 Sätze 2 bis 5 entsprechend anzuwenden; zur Anwendung der Steuerbefreiung nach § 4 Nr. 1 Buchstabe b UStG gelten die Grundsätze des Beispiels in Absatz 17 entsprechend. 2Die steuerliche Registrierung im Bestimmungsmitgliedstaat ist bis zum Erhalt der USt-IdNr. anhand geeigneter Unterlagen nachzuweisen.

Konsequenzen des Austritts des Vereinigten Königreichs Großbritannien und Nordirland aus der Europäischen Union

(24) 1Das Vereinigte Königreich Großbritannien und Nordirland ist mit Ablauf des 31. 12. 2020 Drittlandsgebiet. 2Allerdings wird Nordirland für die Umsatzbesteuerung des Warenverkehrs auch nach dem 31. 12. 2020 als zum Gemeinschaftsgebiet gehörig behandelt; vgl. Abschnitt 1.10 Abs. 3. 3Die Absätze 1 bis 23 gelten demnach nicht für die Lieferung gemäß § 6b UStG, deren Warentransport durch Beförderung oder Versendung nach dem 31. 12. 2020 in das oder aus dem Vereinigte(n) Königreich Großbritannien (ohne Nordirland) erfolgt. 4Für die Entnahme der Waren, die vor dem 1. 1. 2021 eingelagert wurden und für die die Voraussetzungen nach § 6b Abs. 1 UStG vorliegen, wird bei einer Entnahme nach dem 31. 12. 2020 im Zeitpunkt der Entnahme die Lieferung an den Erwerber einer innergemeinschaftlichen Lieferung (§ 6a UStG) gleichgestellt, unabhängig davon, ob das Lager im Sinne des § 6b UStG in dem Vereinigten Königreich Großbritannien (ohne Nordirland) oder in Deutschland belegen ist. 5Für die entsprechenden Lieferungen können keine Angaben in der ZM gemacht werden. 6Es sind jedoch die Aufzeichnungen entsprechend § 22 Abs. 4f und 4g UStG vorzuhalten und aufzubewahren. 7Für einen Gegenstand, der vor dem 1. 1. 2021 im Rahmen der Konsignationslagerregelung aus dem Vereinigten Königreich Großbritannien (ohne Nordirland) in ein Lager im Sinne des § 6b UStG in einen Bestimmungsmitgliedstaat befördert oder versendet worden ist, für den der liefernde Unternehmer die beabsichtigte Lieferung nicht innerhalb der Frist bewirkt hat und der Gegenstand binnen 12 Monaten (zur Fristberechnung vgl. Absatz 15) nach Einlagerung im Bestimmungsmitgliedstaat in den Abgangsmitgliedstaat zurückbefördert oder -versendet wird (siehe § 6b Abs. 4 UStG), gelten die Regelungen für Ausfuhrlieferungen im Sinne des § 6 UStG. 8Für Fälle im Sinne des § 6b Abs. 6 UStG, deren Warenbeförderung oder -versendung aus dem oder in das Vereinigte(n) Königreich Großbritannien (ohne Nordirland) vor dem 01. 01. 2021 endet, gilt Satz 3 entsprechend. 9Für Waren, die nicht innerhalb der 12-Monatsfrist (letzter Stichtag: 31. 12. 2021) durch den Erwerber entnommen wurden, wird aus Vereinfachungsgründen auf eine Anwendung des § 6b Abs. 3 UStG verzichtet, sofern sich aus den Aufzeichnungen nach § 22 Abs. 4f und 4g UStG ergibt, dass sich die Gegenstände weiterhin im Vereinigten Königreich Großbritannien (ohne Nordirland) befinden und keine Anzeichen für einen Betrug vorliegen. 10Darüber hinausgehende zusätzliche Verpflichtungen bestehen nicht.

Anmerkung

1. Konsignationslagerregelung seit 2020

Mit einem neuen Art. 17a MwStSystRL sind zum **1.1.2020 unionseinheitlich** neue Regelungen zu den Konsignationslagerfällen getroffen worden, die die Probleme, die sich bisher aus der nicht einheitlichen Behandlung der Konsignationslagerlieferungen in der Europäischen Union ergaben, beseitigen sollen. Die Änderungen sind im Rahmen der sog. Quick Fixes (Richtlinie (EU) 2018/1910 des Rates v. 4.12.2018 zur Änderung der Richtlinie 2006/112/EG in Bezug auf die Harmonisierung und Vereinfachung bestimmter Regelungen des Mehrwertsteuersystems zur Besteuerung des Handels zwischen Mitgliedstaaten, ABl EU 2018 L 311/3) in der Europäischen Union umgesetzt worden.

Befördert oder versendet ein Unternehmer einen Gegenstand von einem Mitgliedstaat in einen anderen Mitgliedstaat der Europäischen Union, ohne schon einem Käufer die Verfügungsmacht an dem Gegenstand zu verschaffen (= Lieferung i. S. d. § 3 Abs. 1 UStG), können sich für ihn in beiden Mitgliedstaaten umsatzsteuerrechtliche Konsequenzen ergeben. Bis zum 31.12.2019 waren diese Konsequenzen in der Europäischen Union nicht abgestimmt. Seit dem 1.1.2020 liegen – in Deutschland im Wesentlichen in **§ 6b UStG** umgesetzt – harmonisierte Regelungen für alle Mitgliedstaaten vor.

Vom Grundsatz her können die Ergebnisse wie folgt zusammengefasst werden:

- Liegen die **Voraussetzungen für die Konsignationslagerregelung** vor (insbesondere, dass die Ware nach den Transport in den anderen Mitgliedstaat innerhalb von **zwölf Monaten** von dem bestimmbaren Abnehmer auch tatsächlich abgenommen worden ist), hat der **liefernde Unternehmer** in seinem Heimatstaat (dem Staat, in dem die Warenbewegung beginnt) eine steuerbare aber als innergemeinschaftliche Lieferung steuerfreie Lieferung. Er muss sich nicht im Bestimmungsmitgliedstaat umsatzsteuerrechtlich erfassen lassen. Der Lieferer darf in seiner Rechnung nur einen Nettobetrag ausweisen.
- Der **Käufer** muss in seinem Heimatstaat einen steuerbaren und in der Regel steuerpflichtigen **innergemeinschaftlichen Erwerb** der Besteuerung unterwerfen. Der Vorsteuerabzug aus der Erwerbsteuer richtet sich nach der Verwendungsabsicht.

  Hinweis: Ziel ist eine Vereinfachungsregelung

  Die Konsignationslagerregelung soll eine Vereinfachungsregelung für die betroffenen Unternehmer darstellen. Soweit die Bedingungen alle vorliegen, tritt dieser Vereinfachungseffekt auch ein. Allerdings sind sehr viele notwendige Voraussetzungen zu erfüllen, sodass teilweise der Vereinfachungseffekt wieder verloren geht und auf die Betroffenen nicht unerhebliche Risiken zukommen. Es muss immer – schon bei Transport des Gegenstands in den anderen Mitgliedstaat – die USt-IdNr. des vorgesehenen Erwerbers aus dem Bestimmungsmitgliedstaat vorliegen.

In Deutschland sind die Regelungen zum Konsignationslager in § 6b UStG zusammengefasst und werden durch umfangreiche Aufzeichnungsvorschriften in § 22 Abs. 4f UStG (für den liefernden Unternehmer) und § 22 Abs. 4g UStG (für den erwerbenden Unternehmer) ergänzt. Die **Regelungen des § 6b UStG** lassen sich wie folgt zusammenfassen:

- **§ 6b Abs. 1 UStG** regelt die **Tatbestandsvoraussetzungen**. Es muss ein Gegenstand in einen anderen Mitgliedstaat befördert oder versendet werden, ohne dass an dem Gegenstand einem Abnehmer schon Verfügungsmacht verschafft worden ist. Der Abnehmer muss aber schon feststehen (Name, Anschrift, USt-IdNr. aus dem Bestimmungsmitgliedstaat) und es müssen die notwendigen Aufzeichnungen darüber geführt werden sowie die Meldungen abgegeben werden. Der liefernde Unternehmer darf in dem Bestimmungsmitgliedstaat weder Sitz noch Betriebsstätte oder Wohnsitz haben.
- **§ 6b Abs. 2 UStG** regelt die **Rechtsfolgen**. Liegen alle Voraussetzungen vor, liegt für den liefernden Unternehmer im Moment der Lieferung (Verschaffung der Verfügungsmacht) eine in seinem Heimatstaat ausgeführte steuerbare und steuerfreie innergemeinschaftliche Lieferung vor und der Erwerber hat in diesem Zeitpunkt einen in dem Bestimmungsmitgliedstaat steuerbaren (und in der Regel steuerpflichtigen) innergemeinschaftlichen Erwerb der Besteuerung zu unterwerfen.
- **§ 6b Abs. 3 UStG** setzt eine **Frist** fest, in der der Gegenstand an den feststehenden Abnehmer geliefert werden muss. Wird der Gegenstand nicht innerhalb von **zwölf Monaten** nach der Beförderung oder Versendung an den feststehenden Käufer geliefert, ist am folgenden Tag ein innergemeinschaftliches Verbringen für den Unternehmer zu erfassen.
- **§ 6b Abs. 4 UStG** regelt die **Ausnahme**, dass es nicht zu einem innergemeinschaftlichen Verbringen kommt, wenn der Gegenstand innerhalb der Frist von zwölf Monaten **wieder in den Ausgangsmitgliedstaat zurück gelangt** und dies ordnungsgemäß aufgezeichnet wird.
- **§ 6b Abs. 5 UStG** regelt die **Ausnahme**, dass innerhalb der Frist von zwölf Monaten der feststehende Abnehmer unter bestimmten Bedingungen gegen einen **anderen Abnehmer ausgetauscht** werden kann.

– **§ 6b Abs. 6 UStG** regelt die **Rechtsfolgen bei weiteren Verstößen** gegen die Konsignationslagerregelung (z. B. die Voraussetzungen entfallen, der Gegenstand gelangt aus dem Bestimmungsmitgliedstaat in das Drittland oder einen anderen Mitgliedstaat oder der Gegenstand wird zerstört oder gestohlen). Auch in diesen Fällen muss der Unternehmer ein innergemeinschaftliches Verbringen erfassen.

Beispiel: Konsignationslager

Die X-GmbH auch Xanten (DE) hat einen potenziellen Kunden K in Kerkrade (NL), dessen niederländische USt-IdNr. der X-GmbH auch vorliegt. Am 15.5.01 transportiert die X-GmbH 20 Kühlaggregate nach Kerkrade, die K in Maschinenanlagen einzubauen beabsichtigt. Mit dem Transport in die Niederlande ist noch keine Verschaffung der Verfügungsmacht an den Gegenständen verbunden (Transport in ein Konsignationslager), es kann aber nur K auf diese Gegenstände zugreifen. Im Juni und im August 01 entnimmt K jeweils 10 Aggregate um sie bestimmungsgemäß zu verwenden. Mit Entnahme der Motoren geht jeweils die Verfügungsmacht auf K über, die Zahlungsverpflichtung von 1.500 € pro Aggregat (netto) wird von K zeitnah erfüllt.

Die X-GmbH befördert im Mai 01 die 20 Kühlaggregate von Deutschland in die Niederlande ohne ihrem feststehenden Vertragspartner schon die Verfügungsmacht an den Gegenständen zu verschaffen – Lieferungen i. S. d. § 3 Abs. 1 UStG liegen damit noch nicht vor. Da aber die Voraussetzungen des § 6b Abs. 1 UStG vorliegen, führt der Transport der Gegenstände zu keinem innergemeinschaftlichen Verbringen für die A-GmbH nach § 3 Abs. 1a und § 1a Abs. 2 UStG.

Liegen die Voraussetzungen des § 6b UStG vor, ist nach § 3 Abs. 1a Satz 3 und § 1a Abs. 2a UStG ein innergemeinschaftliches Verbringen zur eigenen Verfügung ausdrücklich ausgeschlossen.

Die folgenden Voraussetzungen des § 6b Abs. 1 UStG liegen vor:

– Die X-GmbH hat die Gegenstände in einen anderen Mitgliedstaat befördert, um diese dann später an einen feststehenden Kunden zu liefern. Nach den Sachverhaltsangaben sind auch der vollständige Name und die vollständige Anschrift des zukünftigen Leistungsempfängers (K) bekannt, § 6b Abs. 1 Nr. 1 UStG.

– Die X-GmbH hat in den Niederlanden keinen Sitz und keine Betriebsstätte, § 6b Abs. 1 Nr. 2 UStG.

– Der X-GmbH liegt schon zum Zeitpunkt des Transports die USt-IdNr. des bestimmten Abnehmers K aus den Niederlanden vor. Außerdem sollen die notwendigen Aufzeichnungen nach § 22 Abs. 4g UStG von K geführt werden, § 6b Abs. 1 Nr. 3 UStG.

– Die X-GmbH führt die notwendigen Aufzeichnungen nach § 22 Abs. 4f UStG und meldet den Vorgang zeitnah gegenüber dem BZSt an – die Anmeldung in der Zusammenfassenden Meldung kann zwar organisatorisch derzeit noch nicht erfolgen, es muss aber eine separate Meldung gegenüber dem BZSt abgegeben werden.

Im Juni und im August 01 liegen jeweils Lieferungen nach § 3 Abs. 1 UStG von 10 Kühlaggregaten vor, da jetzt dem feststehenden Abnehmer die Verfügungsmacht an den Gegenständen verschafft wird. Nach § 6b Abs. 2 UStG führt dies jeweils im Juni und im August 01 – da alle Voraussetzungen der Konsignationslagerregelung erfüllt sind, insbesondere die Gegenstände innerhalb der 12-Monatsfrist an den feststehenden Unternehmer geliefert werden – für die X-GmbH in Deutschland zu steuerbaren aber als innergemeinschaftliche Lieferungen (§ 6a Abs. 1 Satz 1 Nr. 1 bis Nr. 4 UStG, § 4 Nr. 1 Buchst. b UStG) steuerfreien Umsätzen. Die X-GmbH muss jeweils im Juni und August 01 in der Zusammenfassenden Meldung nach § 18a UStG (unter der USt-IdNr. des niederländischen Käufers) und in der USt-Voranmeldung nach § 18b UStG innergemeinschaftliche Lieferungen mit einer Bemessungsgrundlage von (10 × 1.500 € =) 15.000 € melden.

K muss im Juni und August 01 analog § 6b Abs. 2 i. V. m. § 1a UStG in den Niederlanden jeweils steuerbare innergemeinschaftliche Erwerbe mit einer Bemessungsgrundlage von jeweils 15.000 € anmelden. Soweit keine nationale Steuerbefreiung (analog § 4b UStG) in den Niederlanden für diese Erwerbe zur Anwendung kommt, würde eine Erwerbsteuer für K i. H. v. jeweils (20.000 € × 21 % =) 3.150 € entstehen. Unter den weiteren Bedingungen kann dann aber diese Erwerbsteuer als Vorsteuer geltend gemacht werden (analog § 15 Abs. 1 Satz 1 Nr. 3 UStG).

2. Verwaltungsanweisungen zur Meldung bei Konsignationslagerfällen

Die Regelungen des § 6b UStG zur Konsignationslagerregelung sind daran gebunden, dass der leistende Unternehmer bestimmte **Aufzeichnungsvorschriften** nach § 22 Abs. 4f UStG erfüllt und die Warenbewegungen in der Zusammenfassenden Meldung mit den notwendigen Angaben aufnimmt, § 18a Abs. 1 Satz 1 i. V. m. Abs. 6 Nr. 3 und Abs. 7 Satz 1 Nr. 2a UStG. Allerdings hatte sich schon im Vorfeld der Verabschiedung der Regelungen abgezeichnet, dass das BZSt nicht fristgerecht die technischen Bedingungen für die Aufnahme dieser zusätzlichen Meldedaten in die Zusammenfassende Meldung schaffen kann (im Gesetzgebungsverfahren – bei den Beratungen im Bundesrat – war von einem Termin nicht vor Oktober 2021 die Rede, bisher ist immer noch keine Umsetzung erfolgt).

Das **BMF** hat mit Schreiben v. 28.1.2020, BStBl I 2020, 224 für die erstmals für den Januar 2020 zu meldenden Beförderungen oder Versendungen i.Z.m. einem Konsignationslager den separat zu verwendenden Vordruck bekannt gegeben und darüber hinaus auch auf der Internet-Seite des BZSt eine Ausfüllanleitung bereitgestellt.

In dem Vordruck sind die folgenden (alternativen) **Sachverhalte** zu melden:

- Wird ein Gegenstand aus Deutschland in ein in einem anderen Mitgliedstaat belegenes **Konsignationslager befördert oder versendet**, muss die USt-IdNr. des vorgesehenen Abnehmers unter dem Tatbestand „1“ gemeldet werden.
- Wird der Gegenstand innerhalb der vorgesehenen Verwendungsfrist von 12 Monaten **wieder in den Ausgangsmitgliedstaat zurückverbracht**, muss dies ebenfalls unter der USt-IdNr. des ursprünglich vorgesehenen Abnehmers unter dem Tatbestand „2“ gemeldet werden.
- **Korrekturen/Berichtigungen** sind ebenfalls mit dem Tatbestand „2“ zu melden.
- Tritt unter den Bedingungen des § 6b Abs. 5 UStG innerhalb der Verwendungsfrist von 12 Monaten ein **anderer Unternehmer an die Stelle des ursprünglich vorgesehenen Abnehmers** ein, muss der Vorgang unter der USt-IdNr. des neuen Abnehmers unter dem Tatbestand „3“ gemeldet werden. Zusätzlich ist auch die USt-IdNr. des ursprünglich vorgesehenen Abnehmers mit anzugeben.

Bemessungsgrundlagen sind bei diesen Meldungen nicht anzugeben.

Die besondere Meldung über die ausgeführte Beförderung oder Versendung kann direkt über ein **Online-Formular**, das auf dem Formularserver der Bundesfinanzverwaltung (https://www.formulare-bfinv.de) bereitgestellt ist, ausgefüllt und übermittelt werden. Das Formular kann aber auch **offline** ausgefüllt werden und dann authentifiziert von einer registrierten De-Mail-Adresse an das DE-Mail-Postfach des BZSt (Konsignationslager@bzst.de-mail.de) übermittelt werden.

Erkennt der Unternehmer, dass die abgegebene Meldung **unzutreffend** ist, muss eine **berichtigte Meldung** abgegeben werden (Kennzeichen 03). In diesem Fall sind die zutreffenden Angaben nicht zu wiederholen, sondern nur die unrichtigen Angaben mit dem Tatbestand „2“ zu melden.

3. Umsetzung durch BMF-Schreiben vom Dezember 2021

Im Mittelpunkt der Änderungen durch das BMF-Schreiben v. 10.12.2021 steht der neue **Abschn. 6b.1 UStAE**, der über insgesamt 24 Absätze verfügt. Diese lassen sich wie folgt unterteilen:

- In **Abschn. 6b.1 Abs. 1 bis Abs. 4 UStAE** werden die allgemeinen Voraussetzungen für die Konsignationslagerregelung aufgenommen.
- In **Abschn. 6b.1 Abs. 5 UStAE** werden Hinweise zu den notwendigen Voraussetzungen gegeben, die der Erwerber erfüllen muss.
- **Abschn. 6b.1 Abs. 6 UStAE** erläutert die sich aus § 6b Abs. 5 UStG ergebende Möglichkeit des Wechsels des Abnehmers.

- **Abschn. 6b.1 Abs. 7 bis Abs. 12 UStAE** betrifft das Gelangen des Gegenstands aus einem Mitgliedstaat in einen anderen Mitgliedstaat.
- In **Abschn. 6b.1 Abs. 12 UStAE** wird die notwendige Voraussetzung des Verbleibens im Bestimmungsmitgliedstaat beschrieben.
- **Abschn. 6b.1 Abs. 14 UStAE** schließt Reihengeschäfte von der Anwendung der Konsignationslagerregelung aus, da in diesen Fällen mit der Warenbewegung schon die Verschaffung der Verfügungsmacht erfolgt.
- Die 12-Monatsfrist als notwendige Voraussetzung wird in **Abschn. 6b.1 Abs. 15 bis Abs. 17 UStAE** dargestellt.
- Der Unternehmer kann den Gegenstand innerhalb der Verwendungsfrist wieder in den Ausgangsmitgliedstaat zurücktransportieren. In **Abschn. 6b.1 Abs. 18 UStAE** nimmt die Finanzverwaltung dazu Stellung.
- In verschiedenen Fällen ist die Anwendung der Konsignationslagerregelung nach § 6b Abs. 6 UStAE ausgeschlossen. In **Abschn. 6b.1 Abs. 19 bis Abs. 23 UStAE** werden von der Finanzverwaltung Hinweise dazu sowie Anwendungsregelungen vorgegeben.
- In **Abschn. 6b.1 Abs. 24 UStAE** werden die Konsequenzen des Brexit dargestellt.

Die Grundsätze sind auf alle Sachverhalte anzuwenden, bei denen der Transport in das Konsignationslager **ab dem 1.1.2020** begonnen hat.

3.1 Voraussetzungen für die Konsignationslagerregelung

Die Finanzverwaltung stellt die allgemeinen Voraussetzungen für die Anwendung der Konsignationslagerregelung dar (Lager zu Abrufzwecken). Diese Darstellung geht nicht wesentlich über die sich aus dem Gesetz ergebenden Tatbestandsmerkmale hinaus. Die folgenden Punkte sind dabei zu beachten:

- Der Gegenstand muss aus **einem Mitgliedstaat in einen anderen Mitgliedstaat** gelangen und zum Beginn der Beförderung oder Versendung müssen der **vollständige Name**, die **vollständige Adresse** und die dem Erwerber im Bestimmungsmitgliedstaat erteilte **USt-IdNr.** bekannt sein.
- Der (leistende) **Unternehmer** darf **im Bestimmungsmitgliedstaat nicht ansässig** sein (keinen Sitz, keine Geschäftsleitung, keine feste Einrichtung i. S. einer Betriebsstätte); dies gilt unabhängig einer Beteiligung am Liefergeschehen. Eine Registrierung für umsatzsteuerrechtliche Zwecke begründet aber allein nicht die Ansässigkeit im Bestimmungsmitgliedstaat.

  Hinweis: Eigenes Lager schließt Anwendung aus

  Ein angemietetes oder gepachtetes Lager im Bestimmungsmitgliedstaat, das mit eigenen Mitteln (z. B. eigenem Personal) betrieben wird, begründet eine Ansässigkeit, die die Anwendung der Konsignationslagerregelung ausschließt.

- Die **Verfügungsmacht** an dem Gegenstand muss zu einem späteren Zeitpunkt als dem Warentransport auf den Käufer übergehen. Ausreichend sind danach vertragliche Festlegungen, die die Modalitäten der (späteren) Verschaffung der Verfügungsmacht regeln – dies kann sich auch aus einem **Rahmenvertrag** ergeben. Eine verbindliche Bestellung oder eine Zahlung stehen einer solchen Vereinbarung nicht entgegen.
- Die Ware muss für den vorab festgelegten Abnehmer bestimmt sein. Sind **Vereinbarungen mit mehreren Abnehmern** abgeschlossen, muss durch die Aufzeichnungen sichergestellt sein, dass die Gegenstände dem jeweiligen Erwerber eindeutig und klar zugeordnet werden können.
- **Lager** i. S. d. Regelung kann jeder **räumlich und physisch bestimmbare Ort** sein. Dies können Gebäude, Räume, Eisenbahnwaggons, Schiffe, Container aber auch Tanklager sein. Voraussetzung ist, dass sich aus den Aufzeichnungen eindeutig ergibt, wo sich die Gegenstände bis zur Entnahme durch den Erwerber befinden.

3.2 Abnehmer

Der **Leistungsempfänger** (Abnehmer) muss im Zeitpunkt des Abschlusses der Vereinbarung Unternehmer sein und den Gegenstand für Zwecke seines Unternehmens erwerben wollen. Auch ein **Kommissionär** kann Abnehmer sein. Zwingende Voraussetzung ist, dass er gegenüber dem leistenden Unternehmer mit seiner **USt-IdNr. auftritt, die aus dem Bestimmungsmitgliedstaat** stammt.

Hinweis: USt-IdNr. aus anderem Mitgliedstaat notwendig

Verwendet der Leistungsempfänger eine USt-IdNr. aus einem anderen Mitgliedstaat als dem Staat, in dem sich der Gegenstand am Ende der Beförderung oder Versendung befindet, kommt die Konsignationslagerregelung nicht zur Anwendung. Eine Ansässigkeit im Bestimmungsmitgliedstaat ist nicht erforderlich. Abnehmer kann auch ein Drittlandsunternehmer sein, der über eine USt-IdNr. aus dem Bestimmungsmitgliedstaat verfügt.

3.3 Wechsel des Abnehmers

Grundsätzlich kann der **vorbestimmte Abnehmer** innerhalb der 12-Monatsfrist **ausgetauscht** werden. Im Gesetz sind keine weiteren Voraussetzungen für diesen Austausch vorgegeben.

Hinweis: Rechtzeitige vertragliche Vereinbarung notwendig

Die Finanzverwaltung legt fest, dass zu einem wirksamen Austausch erforderlich ist, dass die vertragliche Vereinbarung für den Austausch des Abnehmers bereits am Tag des Wirksamwerdens des Erlöschens der bisherigen Vereinbarung abgeschlossen sein muss. Wird die Vereinbarung mit dem neuen Abnehmer erst zu einem späteren Zeitpunkt abgeschlossen, führt dies zur Nichtanwendung der Vereinfachungsregelung.

Der Wechsel des Abnehmers führt **nicht zu einer Verlängerung der 12-Monatsfrist**. Allerdings kann im Rahmen eines solchen Abnehmerwechsels der Gegenstand in ein anderes Lager in demselben Bestimmungsmitgliedstaat transportiert werden.

3.4 Gelangen in den anderen Mitgliedstaat

Der Gegenstand muss **aus einem Mitgliedstaat in einen anderen Mitgliedstaat gelangen**. Wer den Gegenstand befördert oder versendet ist, ist unerheblich. Auch der Abnehmer kann den Gegenstand befördern oder versenden, wenn sich aus der vertraglichen Vereinbarung ergibt, dass damit noch nicht die Verschaffung der Verfügungsmacht verbunden ist.

Der **Gegenstand**, der später aus dem Konsignationslager entnommen wird, muss mit dem in den anderen Mitgliedstaat verbrachten Gegenstand **identisch** sein. Damit führt eine Be- oder Verarbeitung im Bestimmungsland durch den leistenden Unternehmer (z. B. im Rahmen einer Werklieferung oder Werkleistung) zum Ausschluss von der Konsignationslagerregelung.

Hinweis: Unionsgrenzüberschreitende Warenbewegung notwendig

Für die Anwendung der Konsignationslagerregelung muss eine Warenbewegung zwischen zwei Mitgliedstaaten vorliegen, die Ansässigkeit der Vertragsparteien ist unerheblich. Kommt der liefernde Unternehmer aus dem Drittlandsgebiet, muss er aber umsatzsteuerrechtlich im Ausgangsmitgliedstaat registriert sein, damit dort die Meldepflichten erfüllt werden können.

3.5 Verbleiben in dem anderen Mitgliedstaat

Der Gegenstand muss **bis zur Entnahme** durch den vorbestimmten oder ausgetauschten Abnehmer in dem **Bestimmungsmitgliedstaat verbleiben**. Innerhalb des Bestimmungsmitgliedstaats kann der Gegenstand aber von einer Lagerstätte in eine andere Lagerstätte verbracht werden. Ob der **Abnehmer** den Gegenstand nach der Herausnahme aus der Konsignationslagerregelung in einen anderen Mitgliedstaat oder in das Drittlandsgebiet befördert oder versendet, hat keinen Einfluss mehr aus die Anwendung der Vereinfachungsregelung.

Hinweis: Rücktransport

Wird der Gegenstand innerhalb der 12-Monatsfrist wieder in den Ausgangsmitgliedstaat zurück transportiert, ergeben sich keine umsatzsteuerrechtlichen Konsequenzen. Der Unternehmer muss allerdings das Zurückgelangen entsprechend aufzeichnen. Wenn aber der Gegenstand unmittelbar aus dem Bestimmungsmitgliedstaat in einen anderen Mitgliedstaat oder in das Drittlandsgebiet transportiert wird, führt dies zum Wegfall der Vereinfachungsregelung.

3.6 12-Monatsfrist

Der Gegenstand muss – wenn er nicht wieder in den Ausgangsmitgliedstaat zurückgelangt – innerhalb von **12 Monaten** von dem vorbestimmten Abnehmer oder einem diesen ersetzenden anderen Abnehmer **abgenommen** werden.

Hinweis: Fristberechnung nach unionseinheitlichen Grundsätzen

Die Frist ist tagesgenau zu berechnen. Die nationalen Regelungen des BGB sind nicht anzuwenden. Aufgrund der unionseinheitlichen Umsetzung gelten unionseinheitliche Grundsätze – Art. 2 und Art. 3 der Verordnung (EWG, Euratom) Nr. 1182/71 v. 3.6.1971 – die sich aber nicht wesentlich von den nationalen Vorschriften unterscheiden. Fällt die Frist auf einen Feiertag, Sonntag und Sonnabend, ist der nächste Arbeitstag maßgeblich.

Der Unternehmer muss die genauen Tage (**Tag der Einlagerung** – nicht der Absendung oder Tag der Ankunft im Bestimmungsmitgliedstaat und Tag der Entnahme aus dem Konsignationslager) aufzeichnen. Er ist für die Einhaltung der Frist **nachweispflichtig**.

Hinweis: Verbrauchsfolgeverfahren

Bei Flüssigkeiten, Gasen oder Schüttgut kann aus Vereinfachungsgründen das Verbrauchsfolgeverfahren FIFO – first in / first out – angewendet werden.

3.7 Vereinfachung und Verstoß gegen die Vereinfachungsregelungen

Nur wenn **alle Voraussetzungen** des § 6b Abs. 1 und Abs. 5 UStG vorliegen, kommt es zur **Vereinfachung** i. S. d. Regelung. In diesem Fall muss sich der liefernde Unternehmer nicht im Bestimmungsmitgliedstaat registrieren lassen und meldet zum Zeitpunkt der Entnahme des Gegenstands aus dem Konsignationslager in seinem Heimatstaat eine steuerfreie innergemeinschaftliche Lieferung (an den Abnehmer) an. Der Erwerber muss dazu korrespondierend im Bestimmungsmitgliedstaat einen innergemeinschaftlichen Erwerb anmelden.

Hinweis: Nichterfüllung führt zu Wegfall der Vereinfachungsregelung

Die Finanzverwaltung stellt klar, dass durch die (bewusste) Nichterfüllung einer der Voraussetzungen der liefernde Unternehmer erreichen kann, dass die Vereinfachungsregelung nicht zur Anwendung kommt. Da die Regelung gegenstandsbezogen ist, führt der Verstoß gegen die Voraussetzungen bei einem Gegenstand nicht automatisch auch zum Ausschluss der Regelung bei anderen Gegenständen.

Breiten Raum nehmen die Ausführungen zu **§ 6b Abs. 6 UStG** ein. Ein **Verstoß** gegen die Regelungen und damit ein Verbringen des Gegenstands (vgl. zu den Rechtsfolgen 3.8.) liegt in den folgenden Fällen vor:

- Ein **anderer** als der vorbestimmte oder der ausgetauschte **Abnehmer** erhält die **Verfügungsmacht** über den Gegenstand. Der Gegenstand gilt am Tag vor der Lieferung als innergemeinschaftlich verbracht.
- Der Gegenstand der Lieferung wird in **einen anderen Mitgliedstaat befördert** oder versendet (Ausnahme allerdings bei Rückgelangen des Gegenstands in den Ausgangsmitgliedstaat innerhalb der 12-Monatsfrist). Dies gilt entsprechend, wenn der Gegenstand in das **Drittlandsgebiet** befördert oder versendet wird. Der Gegenstand gilt am Tag vor der Lieferung als innergemeinschaftlich verbracht.

– Der Gegenstand geht nach Einlagerung und vor Verschaffung der Verfügungsmacht durch **Zerstörung, Verlust oder Diebstahl** verloren. In diesem Fall gelten die Voraussetzungen für die Vereinfachungsregelung an dem Tag der Feststellung als nicht mehr gegeben. Allerdings sollen „kleine Verluste" nicht zu einem Wegfall der Vereinfachungsregelung führen.

Hinweis: Abgrenzung für Ausnahmeregelung

Unter solche „kleinen Verluste" fallen gewöhnliche, branchenübliche, sich aus den Erfahrungen der letzten Lagerungsjahre ergebende Mengenverluste von Gegenständen, die aufgrund ihrer Beschaffenheit oder infolge unvorhersehbarer Umstände entstanden sind. Von „kleinen Verlusten" ist im Regelfall auszugehen, wenn diese wert- oder mengenmäßig weniger als 5 % des Gesamtbestands (Freigrenze) der identischen Gegenstände betragen, der an dem Tag der Zerstörung, des Verlustes oder des Diebstahls oder, falls ein solcher Tag nicht bestimmt werden kann, an dem Tag, an dem die Zerstörung oder das Fehlen der Gegenstände erkannt worden ist, festgestellt wurde.

3.8 Rechtsfolgen bei Verstoß gegen die Vereinfachungsregelung

Wird die 12-Monatsfrist überschritten, gilt am Tag nach Ablauf der Frist der Gegenstand als **innergemeinschaftlich verbracht**. Dies bedeutet, dass der Unternehmer im Ausgangsmitgliedstaat eine fiktive Lieferung nach § 3 Abs. 1a UStG (an sich selbst) und im Bestimmungsmitgliedstaat einen fiktiven innergemeinschaftlichen Erwerb (von sich selbst) nach § 1a Abs. 2 UStG anmelden muss. Dies setzt dann – wenn das Bestimmungsland nicht die Anmeldung über einen Fiskalvertreter ermöglicht – eine **Registrierung im Bestimmungsmitgliedstaat** voraus. Dieselbe Rechtsfolge ergibt sich, wenn aus anderen Gründen (§ 6b Abs. 6 UStG) gegen die Voraussetzungen der Konsignationslagerregelung verstoßen wird. In diesen Fall tritt die Rechtsfolge aber schon am Tag des Verstoßes gegen die Voraussetzungen oder am Vortag ein.

Hinweis: Folgen des Verbringens

Im Ausgangsmitgliedstaat liegt dann eine steuerbare aber unter den weiteren Voraussetzungen des § 4 Nr. 1 Buchst. b und § 6a Abs. 2 UStG steuerfreie innergemeinschaftliche Lieferung (an sich selbst) vor. Dazu ist aber eine USt-IdNr. des Unternehmers aus dem Bestimmungsmitgliedstaat notwendig. Da der Unternehmer, der ja vom Vorliegen der Vereinfachungsregelung ausgegangen war, regelmäßig keine USt-IdNr. in dem Bestimmungsmitgliedstaat haben wird, war unklar, ob im Ausgangsmitgliedstaat eine steuerfreie innergemeinschaftliche Lieferung vorliegen kann. Die Finanzverwaltung hat dazu in Abschn. 6b.1 Abs. 17 Beispiel Satz 5 UStAE geregelt, dass bei einer unverzüglichen Registrierung und Beantragung einer USt-IdNr. im Bestimmungsmitgliedstaat auch dieses innergemeinschaftliche Verbringen – unter den weiteren Voraussetzungen – steuerfrei ist.

3.9 Bemessungsgrundlage

Zur Bemessungsgrundlage werden von der Finanzverwaltung kaum Aussagen getroffen. Lediglich bei Verstoß gegen die Voraussetzungen wird für die Besteuerung des innergemeinschaftlichen Verbringens (innergemeinschaftliche Lieferung i. S. d. § 3 Abs. 1a UStG und innergemeinschaftlicher Erwerb i. S. d. § 1a Abs. 2 UStG) auf die Bemessungsgrundlage nach **§ 10 Abs. 4 Satz 1 Nr. 1 UStG** verwiesen und auf den Einkaufspreis zuzüglich der Nebenkosten für den Gegenstand oder mangels eines Einkaufpreises die Selbstkosten zum Zeitpunkt des Umsatzes verwiesen.

3.10 Weitere Hinweise

Die Finanzverwaltung nimmt in dem Schreiben noch **weitere Ergänzungen** im UStAE vor, die keine wesentlichen inhaltlichen Neuerungen darstellen:

– In **Abschn. 6b.2 UStAE** ist zu den **Nachweisen** lediglich ein Hinweis auf Abschn. 22.3b UStAE aufgenommen worden. Dort wird aber im Wesentlichen auch nur auf die Inhalte des § 22 Abs. 4f und Abs. 4g UStG verweisen. Ergänzend wird darauf hingewiesen, dass die Aufzeichnungspflichten auch Dritten übertragen werden können.

- Zu den **Meldefristen der Zusammenfassenden Meldung** wird darauf hingewiesen, dass Unternehmer, die nur Lieferungen i. S. d. § 6b UStG ausführen, vierteljährliche Zusammenfassende Meldungen abzugeben haben.
- Die in der **Zusammenfassenden Meldung anzugebenden Tatbestände** nach § 18a Abs. 7 Nr. 2a UStG sind in dem neuen Abschn. 18a.3 Abs. 2 UStAE aufgenommen worden.

3.11 Kritische Anmerkung

Es liegt eine **Vereinfachungsregelung** der Europäischen Union vor, die den **Namen leider nicht verdient**. Es gab das Problem, dass in den Fällen des Transports eines Gegenstands in den anderen Mitgliedstaat mit einer erst danach erfolgenden Lieferung, die einzelnen Mitgliedstaaten unterschiedliche Regelungen getroffen hatten. Von einer von Beginn an anzunehmenden innergemeinschaftlichen Lieferung – verbunden mit unterschiedlichen Aufschubzeiten – bis hin zu einem innergemeinschaftlichen Verbringen und einer dann im Bestimmungsmitgliedstaat der Besteuerung zu unterwerfenden Lieferung (verbunden mit einer Registrierungspflicht) gab es diverse Varianten, die auch Doppelbesteuerungen nicht ausschlossen. Es war deshalb **sinnvoll**, dass im Binnenmarkt nach einer einheitlichen und einfachen Lösung gesucht wurde. Allerdings ist das **Ergebnis alles andere als überzeugend**. Deshalb ist auch beschlossen worden, im Rahmen von ViDA (Vat in the Digital Age) innerhalb der Europäischen Union die Konsignationslagerregelung wieder abzuschaffen und durch eine Erweiterung der One-Stop-Shop-Lösung (Besteuerung von Umsätzen in dem Ansässigkeitsstaat für andere Mitgliedstaaten) zu ersetzen. Geplant als Umsetzungszeitpunkt ist derzeit der 1.7.2029.

Insbesondere sind die **Regelungen zu den „kleinen Verlusten" zu beachten**, die – bei Schwund, Verderb o.ä. Verlusten – nicht zu einem Verstoß gegen die „Vereinfachungsregelung" führen soll. Diese Regelung kann alles andere als überzeugen, da sie bezogen auf die 5 %-Grenze zum Zeitpunkt des Wegfalls der Voraussetzungen bzw. der Feststellung des Verlustes zu **völlig willkürlichen Ergebnissen** führt. Falls solche „Verluste" im Rahmen einer Inventur festgestellt werden sollten und der Unternehmer – aus welchen wirtschaftlichen Gründen auch immer – den Lagerbestand zum Bilanzstichtag bewusst hoch oder niedrig ansetzt, kommt es bei ansonsten gleichen Voraussetzungen zu völlig unterschiedlichen Konsequenzen.

4. Beschlossene Abschaffung der Konsignationslagerregelung

Da sich offensichtlich der gewünschte Vereinfachungseffekt durch die Konsignationslagerregelung nicht eingestellt hat, ist die Regelung durch Änderungsbeschluss zur MwStSystRL (ViDA, „Vat in the Digital Age" – Vorschlag der Kommission zur Modernisierung des Unionsrechts, angenommen am 12.3.2025 und am 25.3.2025 im Abl EU veröffentlicht (RL 2025/516; DVO 2025/518)) wieder abgeschafft worden. Dies muss von den Mitgliedstaaten zu bestimmten Terminen in den nationalen Gesetzen umgesetzt werden. Für die **Einlagerung** von Gegenständen in ein Konsignationslager **endet die Regelung mit Ablauf des 30.6.2028**. Für die bis zu diesem Zeitpunkt eingelagerten Gegenstände kann die Konsignationslagerregelung noch – wie bisher – weitergeführt werden, sodass sich aufgrund der maximal einjährigen Haltedauer dann ein abschließendes Ende der Konsignationslagerregelung zum 30.6.2029 ergibt.

Die bisherige Konsignationslagerregelung soll dann durch eine **erweiterte One-Stop-Shop-Regelung ersetzt** werden, die dann grundsätzlich für alle Fälle des innergemeinschaftlichen Verbringens die Möglichkeit der Anmeldung und Besteuerung über eine einzige Anlaufstelle im Ansässigkeitsstaat des Unternehmers ermöglicht.

UStAE 6b.2. Nachweis der Voraussetzungen der Konsignationslagerregelung nach § 6b UStG

Nachweise (Allgemeines)

(1) Wegen des Belegnachweises und der Aufzeichnungspflichten im Zeitpunkt der Entnahme der Waren (§ 6b Abs. 2 UStG) wird auf Abschnitt 22.3b verwiesen.

(2) Hinsichtlich der Verpflichtungen zur Abgabe der ZM siehe Abschnitte 4.1.2 Abs. 2 und 3, 18a.1 Abs. 1 und 2, 18a.2 Abs. 7 und 18a.3 Abs. 1 und 2.

Zu § 7 UStG

UStG § 7 Lohnveredelung an Gegenständen der Ausfuhr

(1) [1]Eine Lohnveredelung an einem Gegenstand der Ausfuhr (§ 4 Nr. 1 Buchstabe a) liegt vor, wenn bei einer Bearbeitung oder Verarbeitung eines Gegenstands der Auftraggeber den Gegenstand zum Zweck der Bearbeitung oder Verarbeitung in das Gemeinschaftsgebiet eingeführt oder zu diesem Zweck in diesem Gebiet erworben hat und

1. der Unternehmer den bearbeiteten oder verarbeiteten Gegenstand in das Drittlandsgebiet, ausgenommen Gebiete nach § 1 Abs. 3, befördert oder versendet hat oder
2. der Auftraggeber den bearbeiteten oder verarbeiteten Gegenstand in das Drittlandsgebiet befördert oder versendet hat und ein ausländischer Auftraggeber ist oder
3. der Unternehmer den bearbeiteten oder verarbeiteten Gegenstand in die in § 1 Abs. 3 bezeichneten Gebiete befördert oder versendet hat und der Auftraggeber
   a) ein ausländischer Auftraggeber ist oder
   b) ein Unternehmer ist, der im Inland oder in den bezeichneten Gebieten ansässig ist und den bearbeiteten oder verarbeiteten Gegenstand für Zwecke seines Unternehmens verwendet.

[2]Der bearbeitete oder verarbeitete Gegenstand kann durch weitere Beauftragte vor der Ausfuhr bearbeitet oder verarbeitet worden sein.

(2) Ausländischer Auftraggeber im Sinne des Absatzes 1 Satz 1 Nr. 2 und 3 ist ein Auftraggeber, der die für den ausländischen Abnehmer geforderten Voraussetzungen (§ 6 Abs. 2) erfüllt.

(3) Bei Werkleistungen im Sinne des § 3 Abs. 10 gilt Absatz 1 entsprechend.

(4) [1]Die Voraussetzungen des Absatzes 1 sowie die Bearbeitung oder Verarbeitung im Sinne des Absatzes 1 Satz 2 müssen vom Unternehmer nachgewiesen sein. [2]Das Bundesministerium der Finanzen kann mit Zustimmung des Bundesrates durch Rechtsverordnung bestimmen, wie der Unternehmer die Nachweise zu führen hat.

(5) Die Absätze 1 bis 4 gelten nicht für die sonstigen Leistungen im Sinne des § 3 Abs. 9a Nr. 2.

UStDV

§ 8 Grundsätze für den Ausfuhrnachweis bei Ausfuhrlieferungen

(1) [1]Bei Ausfuhrlieferungen (§ 6 des Gesetzes) muss der Unternehmer im Geltungsbereich des Gesetzes durch Belege nachweisen, dass er oder der Abnehmer den Gegenstand der Lieferung in das Drittlandsgebiet befördert oder versendet hat (Ausfuhrnachweis). [2]Die Voraussetzung muss sich aus den Belegen eindeutig und leicht nachprüfbar ergeben.

(2) Ist der Gegenstand der Lieferung durch Beauftragte vor der Ausfuhr bearbeitet oder verarbeitet worden (§ 6 Abs. 1 Satz 2 des Gesetzes), so muss sich auch dies aus den Belegen nach Absatz 1 eindeutig und leicht nachprüfbar ergeben.

§ 9 Ausfuhrnachweis bei Ausfuhrlieferungen in Beförderungsfällen

(1) [1]Hat der Unternehmer oder der Abnehmer den Gegenstand der Lieferung in das Drittlandsgebiet befördert, hat der Unternehmer den Ausfuhrnachweis durch folgenden Beleg zu führen:

1. bei Ausfuhranmeldung im elektronischen Ausfuhrverfahren nach Artikel 326 der Durchführungsverordnung zum Zollkodex der Union mit der durch die zuständige Ausfuhrzollstelle auf elektronischem Weg übermittelten Bestätigung, dass der Gegenstand ausgeführt wurde (Ausgangsvermerk);
2. bei allen anderen Ausfuhranmeldungen durch einen Beleg in Papierform oder einen elektronisch zur Verfügung gestellten Beleg, der folgende Angaben zu enthalten hat:
   a) den Namen und die Anschrift des liefernden Unternehmers,
   b) die Menge des ausgeführten Gegenstands und die handelsübliche Bezeichnung,
   c) den Ort und den Tag der Ausfuhr sowie
   d) eine Ausfuhrbestätigung der Grenzzollstelle eines Mitgliedstaates, die den Ausgang des Gegenstands aus dem Gemeinschaftsgebiet überwacht.

[2]Hat der Unternehmer statt des Ausgangsvermerks eine von der Ausfuhrzollstelle auf elektronischem Weg übermittelte alternative Bestätigung, dass der Gegenstand ausgeführt wurde (Alternativ-Ausgangsvermerk), gilt diese als Ausfuhrnachweis.

(2) [1]Bei der Ausfuhr von Fahrzeugen im Sinne des § 1 b Absatz 2 Satz 1 Nummer 1 des Gesetzes, die zum bestimmungsmäßigen Gebrauch im Straßenverkehr einer Zulassung bedürfen, muss

1. der Beleg nach Absatz 1 auch die Fahrzeug-Identifikationsnummer im Sinne des § 6 Absatz 6 Nummer 6 der Fahrzeug-Zulassungsverordnung enthalten und
2. der Unternehmer zusätzlich über eine Bescheinigung über die Zulassung, die Verzollung oder die Einfuhrbesteuerung im Drittland verfügen.

[2]Satz 1 Nummer 2 gilt nicht in den Fällen, in denen das Fahrzeug mit einem Ausfuhrkennzeichen ausgeführt wird, wenn aus dem Beleg nach Satz 1 Nummer 1 die Nummer des Ausfuhrkennzeichens ersichtlich ist, oder in denen das Fahrzeug nicht im Sinne der Fahrzeug-Zulassungsverordnung auf öffentlichen Straßen in Betrieb gesetzt worden ist und nicht auf eigener Achse in das Drittlandsgebiet ausgeführt wird.

(3) [1]An die Stelle der Ausfuhrbestätigung nach Absatz 1 Satz 1 Nummer 2 Buchstabe d tritt bei einer Ausfuhr im gemeinsamen Versandverfahren oder im Unionsversandverfahren oder bei einer Ausfuhr mit Carnets TIR, wenn diese Verfahren nicht bei einer Grenzzollstelle beginnen, eine Ausfuhrbestätigung der Abgangsstelle. [2]Diese Ausfuhrbestätigung wird nach Eingang des Beendigungsnachweises für das Versandverfahren erteilt, sofern sich aus ihr die Ausfuhr ergibt.

(4) Im Sinne dieser Verordnung gilt als Durchführungsverordnung zum Zollkodex der Union die Durchführungsverordnung (EU) 2015/2447 der Kommission vom 24. November 2015 mit Einzelheiten zur Umsetzung von Bestimmungen der Verordnung (EU) Nr. 952/2013 des Europäischen Parlaments und des Rates zur Festlegung des Zollkodex der Union (ABl. L 343 vom 29. 12. 2015, S. 558) in der jeweils geltenden Fassung.

§ 10 Ausfuhrnachweis bei Ausfuhrlieferungen in Versendungsfällen

(1) [1]Hat der Unternehmer oder der Abnehmer den Gegenstand der Lieferung in das Drittlandsgebiet versendet, hat der Unternehmer den Ausfuhrnachweis durch folgenden Beleg zu führen:

1. bei Ausfuhranmeldung im elektronischen Ausfuhrverfahren nach Artikel 326 der Durchführungsverordnung zum Zollkodex der Union mit dem Ausgangsvermerk;
2. bei allen anderen Ausfuhranmeldungen:
   a) mit einem Versendungsbeleg, insbesondere durch handelsrechtlichen Frachtbrief, der vom Auftraggeber des Frachtführers unterzeichnet ist, mit einem Konnossement, mit einem Einlieferungsschein für im Postverkehr beförderte Sendungen oder deren Doppelstücke, oder
   b) mit einem anderen handelsüblichen Beleg als den Belegen nach Buchstabe a, insbesondere mit einer Bescheinigung des beauftragten Spediteurs; dieser Beleg hat folgende Angaben zu enthalten:
      aa) den Namen und die Anschrift des mit der Beförderung beauftragten Unternehmers sowie das Ausstellungsdatum,
      bb) den Namen und die Anschrift des liefernden Unternehmers und des Auftraggebers der Versendung,
      cc) die Menge und die Art (handelsübliche Bezeichnung) des ausgeführten Gegenstands,
      dd) den Ort und den Tag der Ausfuhr oder den Ort und den Tag der Versendung des ausgeführten Gegenstands in das Drittlandsgebiet,
      ee) den Empfänger des ausgeführten Gegenstands und den Bestimmungsort im Drittlandsgebiet,
      ff) eine Versicherung des mit der Beförderung beauftragten Unternehmers darüber, dass die Angaben im Beleg auf der Grundlage von Geschäftsunterlagen gemacht wurden, die im Gemeinschaftsgebiet nachprüfbar sind, sowie
      gg) die Unterschrift des mit der Beförderung beauftragten Unternehmers.

[2]Hat der Unternehmer statt des Ausgangsvermerks einen Alternativ-Ausgangsvermerk, gilt dieser als Ausfuhrnachweis.

(2) [1]Bei der Ausfuhr von Fahrzeugen im Sinne des § 1 b Absatz 2 Satz 1 Nummer 1 des Gesetzes, die zum bestimmungsmäßigen Gebrauch im Straßenverkehr einer Zulassung bedürfen, muss

1. der Beleg nach Absatz 1 auch die Fahrzeug-Identifikationsnummer enthalten und
2. der Unternehmer zusätzlich über eine Bescheinigung über die Zulassung, die Verzollung oder die Einfuhrbesteuerung im Drittland verfügen.

[2]Satz 1 Nummer 2 gilt nicht in den Fällen, in denen das Fahrzeug mit einem Ausfuhrkennzeichen ausgeführt wird, wenn aus dem Beleg nach Satz 1 Nummer 1 die Nummer des Ausfuhrkennzeichens ersichtlich ist, oder in denen das Fahrzeug nicht im Sinne der Fahrzeug-Zulassungsverordnung auf öffentlichen Straßen in Betrieb gesetzt worden ist und nicht auf eigener Achse in das Drittlandsgebiet ausgeführt wird.

(3) [1]Ist eine Ausfuhr elektronisch angemeldet worden und ist es dem Unternehmer nicht möglich oder nicht zumutbar, den Ausfuhrnachweis nach Absatz 1 Satz 1 Nummer 1 zu führen, kann dieser die Ausfuhr mit den in Absatz 1 Satz 1 Nummer 2 genannten Belegen nachweisen. [2]In den Fällen nach Satz 1 muss der Beleg zusätzlich zu den Angaben nach Absatz 1 Satz 1 Nummer 2 die Versendungsbezugsnummer der Ausfuhranmeldung nach Artikel 226 der Durchführungsverordnung zum Zollkodex der Union (Master Reference Number – MRN) enthalten.

(4) Ist es dem Unternehmer nicht möglich oder nicht zumutbar, den Ausfuhrnachweis nach Absatz 1 Satz 1 Nummer 2 zu führen, kann er die Ausfuhr wie in Beförderungsfällen nach § 9 Absatz 1 Satz 1 Nummer 2 nachweisen.

§ 11 Ausfuhrnachweis bei Ausfuhrlieferungen in Bearbeitungs- und Verarbeitungsfällen

(1) Hat ein Beauftragter den Gegenstand der Lieferung vor der Ausfuhr bearbeitet oder verarbeitet, hat der liefernde Unternehmer den Ausfuhrnachweis durch einen Beleg nach § 9 oder § 10 zu führen, der zusätzlich folgende Angaben zu enthalten hat:

1. den Namen und die Anschrift des Beauftragten,
2. die Menge und die handelsübliche Bezeichnung des Gegenstands, der an den Beauftragten übergeben oder versendet wurde,
3. den Ort und den Tag der Entgegennahme des Gegenstands durch den Beauftragten sowie
4. die Bezeichnung des Auftrags sowie die Bezeichnung der Bearbeitung oder Verarbeitung, die vom Beauftragten vorgenommen wurde.

(2) Haben mehrere Beauftragte den Gegenstand der Lieferung bearbeitet oder verarbeitet, hat der liefernde Unternehmer die in Absatz 1 genannten Angaben für jeden Beauftragten, der die Bearbeitung oder Verarbeitung vornimmt, zu machen.

§ 12 Ausfuhrnachweis bei Lohnveredelungen an Gegenständen der Ausfuhr

Bei Lohnveredelungen an Gegenständen der Ausfuhr (§ 7 des Gesetzes) sind die Vorschriften über die Führung des Ausfuhrnachweises bei Ausfuhrlieferungen (§§ 8 bis 11) entsprechend anzuwenden.

§ 13 Buchmäßiger Nachweis bei Ausfuhrlieferungen und Lohnveredelungen an Gegenständen der Ausfuhr

(1) [1]Bei Ausfuhrlieferungen und Lohnveredelungen an Gegenständen der Ausfuhr (§§ 6 und 7 des Gesetzes) hat der Unternehmer im Geltungsbereich des Gesetzes die Voraussetzungen der Steuerbefreiung buchmäßig nachzuweisen. [2]Die Voraussetzungen müssen eindeutig und leicht nachprüfbar aus der Buchführung zu ersehen sein.

(2) Der Unternehmer hat regelmäßig Folgendes aufzuzeichnen:

1. die Menge des Gegenstands der Lieferung oder die Art und den Umfang der Lohnveredelung sowie die handelsübliche Bezeichnung einschließlich der Fahrzeug-Identifikationsnummer bei Fahrzeugen im Sinne des § 1 b Absatz 2 des Gesetzes,
2. den Namen und die Anschrift des Abnehmers oder Auftraggebers,
3. den Tag der Lieferung oder der Lohnveredelung,
4. das vereinbarte Entgelt oder bei der Besteuerung nach vereinnahmten Entgelten das vereinnahmte Entgelt und den Tag der Vereinnahmung,
5. die Art und den Umfang einer Bearbeitung oder Verarbeitung vor der Ausfuhr (§ 6 Absatz 1 Satz 2, § 7 Absatz 1 Satz 2 des Gesetzes),
6. den Tag der Ausfuhr sowie
7. in den Fällen des § 9 Absatz 1 Satz 1 Nummer 1, des § 10 Absatz 1 Satz 1 Nummer 1 und des § 10 Absatz 3 die Master Reference Number – MRN.

(3) In den Fällen des § 6 Absatz 1 Satz 1 Nummer 1 des Gesetzes, in denen der Abnehmer kein ausländischer Abnehmer ist, hat der Unternehmer zusätzlich zu den Angaben nach Absatz 2 aufzuzeichnen:

1. die Beförderung oder Versendung durch ihn selbst sowie
2. den Bestimmungsort.

(4) In den Fällen des § 6 Absatz 1 Satz 1 Nummer 3 des Gesetzes hat der Unternehmer zusätzlich zu den Angaben nach Absatz 2 aufzuzeichnen:

1. die Beförderung oder Versendung,
2. den Bestimmungsort sowie
3. in den Fällen, in denen der Abnehmer ein Unternehmer ist, auch den Gewerbezweig oder Beruf des Abnehmers und den Erwerbszweck.

(5) In den Fällen des § 6 Absatz 1 Satz 1 Nummer 2 und 3 des Gesetzes, in denen der Abnehmer ein Unternehmer ist und er oder sein Beauftragter den Gegenstand der Lieferung im persönlichen Reisegepäck ausführt, hat der Unternehmer zusätzlich zu den Angaben nach Absatz 2 auch den Gewerbezweig oder Beruf des Abnehmers und den Erwerbszweck aufzuzeichnen.

(6) In den Fällen des § 6 Absatz 3 des Gesetzes hat der Unternehmer zusätzlich zu den Angaben nach Absatz 2 Folgendes aufzuzeichnen:

1. den Gewerbezweig oder Beruf des Abnehmers sowie
2. den Verwendungszweck des Beförderungsmittels.

(7) [1]In den Fällen des § 7 Absatz 1 Satz 1 Nummer 1 des Gesetzes, in denen der Auftraggeber kein ausländischer Auftraggeber ist, ist Absatz 3 entsprechend anzuwenden. [2]In den Fällen des § 7 Absatz 1 Satz 1 Nummer 3 Buchstabe b des Gesetzes ist Absatz 4 entsprechend anzuwenden.

§ 14 ***(weggefallen)***

§ 15 ***(weggefallen)***

§ 16 ***(weggefallen)***

§ 17 Abnehmernachweis bei Ausfuhrlieferungen im nichtkommerziellen Reiseverkehr

In den Fällen des § 6 Absatz 3 a des Gesetzes hat der Beleg nach § 9 zusätzlich folgende Angaben zu enthalten:

1. den Namen und die Anschrift des Abnehmers sowie
2. eine Bestätigung der Grenzzollstelle eines Mitgliedstaates, die den Ausgang des Gegenstands der Lieferung aus dem Gemeinschaftsgebiet überwacht, dass die nach Nummer 1 gemachten Angaben mit den Eintragungen in dem vorgelegten Pass oder sonstigen Grenzübertrittspapier desjenigen übereinstimmen, der den Gegenstand in das Drittlandsgebiet verbringt.

UStAE 7.1. Lohnveredelung an Gegenständen der Ausfuhr

(1) [1]Die Befreiungstatbestände in § 7 Abs. 1 Satz 1 Nr. 1 und 2 UStG entsprechen den Befreiungstatbeständen bei der Steuerbefreiung für Ausfuhrlieferungen in § 6 Abs. 1 Satz 1 Nr. 1 und 2 UStG. [2]Die Ausführungen in Abschnitt 6.1 Abs. 1 und 2 gelten deshalb entsprechend.

(1 a) [1]Hat der Unternehmer den zu bearbeitenden oder zu verarbeitenden Gegenstand in die in § 1 Abs. 3 UStG bezeichneten Gebiete, d. h. in einen Freihafen oder in die Gewässer oder Watten zwischen der Hoheitsgrenze und der jeweiligen Strandlinie (vgl. Abschnitt 1.9 Abs. 3) befördert oder versendet, liegt bei ausländischen Auftraggebern (§ 7 Abs. 2 UStG) eine Lohnveredelung nach § 7 Abs. 1 Satz 1 Nr. 3 Buchstabe a UStG vor. [2]Bei Auftraggebern, die im Inland oder in den bezeichneten Gebieten nach § 1 Abs. 3 UStG ansässig sind, liegt eine Lohnveredelung nach § 7 Abs. 1 Satz 1 Nr. 3 Buchstabe b UStG vor, wenn der Auftraggeber den bearbeiteten oder verarbeiteten Gegenstand für Zwecke seines Unternehmens verwendet (vgl. Abschnitt 15.2 b). [3]Der Auftraggeber erwirbt im Allgemeinen den zu bearbeitenden oder zu verarbeitenden Gegenstand für Zwecke seines Unternehmens, wenn der beabsichtigte unternehmerische Verwendungszweck im Zeitpunkt des Beginns der Beförderung oder Versendung überwiegt. [4]Bei der Be- oder Verarbeitung von vertretbaren Sachen, die der Auftraggeber sowohl für unternehmerische als auch für nichtunternehmerische Zwecke verwendet, ist der Anteil, der auf den unternehmerischen Erwerbszweck entfällt, durch eine Aufteilung entsprechend den Erwerbszwecken zu ermitteln.

(2) [1]Voraussetzung für die Steuerbefreiung bei jedem der Befreiungstatbestände ist, dass der Auftraggeber den zu bearbeitenden oder zu verarbeitenden Gegenstand zum Zwecke der Bearbeitung oder Verarbeitung in das Gemeinschaftsgebiet eingeführt oder zu diesem Zweck in diesem Gebiet erworben hat (§ 7 Abs. 1 Satz 1 UStG). [2]Die Bearbeitung oder Verarbeitung braucht nicht der ausschließliche Zweck für die Einfuhr oder für den Erwerb zu sein. [3]Die Absicht, den Gegenstand bearbeiten oder verarbeiten zu lassen, muss jedoch bei dem Auftraggeber bereits zum Zeitpunkt der Einfuhr oder des Erwerbs bestehen. [4]Eine Einfuhr durch den Auftraggeber liegt auch dann vor, wenn dieser den zu bearbeitenden oder zu verarbeitenden Gegenstand von dem Unternehmer im Drittlandsgebiet abholen lässt.

(3) [1]Die Voraussetzung der Einfuhr eines Gegenstands zum Zwecke seiner Bearbeitung oder Verarbeitung ist insbesondere in den folgenden Fällen als erfüllt anzusehen:

1. Der Gegenstand wurde in einer zollamtlich bewilligten aktiven Veredelung – einschließlich einer Ausbesserung – veredelt.

   B e i s p i e l 1 :

   [1]Der im Inland ansässigen Weberei W ist von der zuständigen Zollstelle eine aktive Veredelung (Artikel 256 UZK) mit Garnen zum Verweben für den in der Schweiz ansässigen Trachtenverein (nicht unternehmerisch tätiger Auftraggeber) S bewilligt worden. [2]S versendet zu diesem Zweck Garne an W. [3]Die Garne werden zollamtlich zur aktiven Veredelung abgefertigt. [4]Für ihre Einfuhr werden keine Einfuhrabgaben erhoben. [5]W verwebt die Garne, meldet die hergestellten Gewebe zur Wiederausfuhr an und sendet sie an S in die Schweiz zurück.

2. [1]Der eingeführte Gegenstand wurde in die Überlassung zum zollrechtlich freien Verkehr übergeführt. [2]Die Einfuhrumsatzsteuer ist entstanden.

   Beispiel 2:

   [1]Der in der Schweiz ansässige Auftraggeber S (Nichtunternehmer) beauftragt die im Inland ansässige Weberei W mit dem Verweben von Garnen. [2]S versendet zu diesem Zweck Garne an W. [3]Da es sich auf Grund des vorliegenden Präferenznachweises um eine zollfreie Einfuhr handelt und W zum Vorsteuerabzug berechtigt ist, wird keine aktive Veredelung bewilligt. [4]W verwebt die Garne und sendet die Gewebe an S in die Schweiz zurück. [5]Die für die Einfuhr der Garne entstandene Einfuhrumsatzsteuer kann W als Vorsteuer abziehen (vgl. Abschnitt 15.8 Abs. 8).

3. Das Bestimmungsland hat für die Wiedereinfuhr des bearbeiteten oder verarbeiteten Gegenstands Einfuhrabgaben, z. B. Zoll oder Einfuhrumsatzsteuer, erhoben.

   Beispiel 3:

   [1]Der im Drittlandsgebiet wohnhafte Kfz-Besitzer K hat seinen Pkw zur Reparatur durch eine Kraftfahrzeugwerkstatt im Inland eingeführt. [2]Die Reparatur besteht in einer Werkleistung. [3]Der Kraftwagen ist bei der Einfuhr konkludent (Artikel 139 Abs. 1 UZK-DA) in die vorübergehende Verwendung (Artikel 250 UZK) übergeführt worden. [4]Die Einfuhr in das Inland kann deshalb nicht durch zollamtliche Belege einer deutschen Zollstelle nachgewiesen werden. [5]Das Wohnsitzland hat jedoch bei der Wiedereinfuhr des reparierten Kraftfahrzeugs Einfuhrabgaben erhoben.

[2]Wegen des in den in Satz 1 Nummern 1 bis 3 genannten Sachverhalten zu führenden buchmäßigen Nachweises wird auf Abschnitt 7.3 Abs. 2 hingewiesen.

(4) [1]Bei Beförderungsmitteln und Transportbehältern, die ihrer Art nach von einem ausländischen Auftraggeber nur für unternehmerische Zwecke verwendet werden können – z. B. Binnenschiffe für gewerbliche Zwecke, Eisenbahnwagen, Container, Kraftomnibusse, Lkw, Anhänger, Tankauflieger, Tanksattelschlepper und Tankcontainer – kann unterstellt werden, dass sie nicht nur zu Transportzwecken, sondern regelmäßig auch zur Wartung, Reinigung und Instandsetzung eingeführt werden. [2]In diesen Fällen braucht deshalb der Einfuhrzweck nicht nachgewiesen zu werden.

(5) [1]Die Voraussetzung des Erwerbs im Gemeinschaftsgebiet zum Zwecke der Bearbeitung oder Verarbeitung ist bei einem Gegenstand insbesondere als erfüllt anzusehen, wenn

1. das Bestimmungsland für die Einfuhr des bearbeiteten oder verarbeiteten Gegenstands Einfuhrabgaben, z. B. Zoll, Einfuhrumsatzsteuer, erhoben hat, die nach dem Wert des eingeführten Gegenstands, einschließlich der durch die Bearbeitung oder Verarbeitung eingetretenen Wertsteigerung, berechnet worden sind, oder
2. der Gegenstand unmittelbar vom Lieferer an den beauftragten Unternehmer oder – im Falle der Bearbeitung oder Verarbeitung durch mehrere Beauftragte – vom vorangegangenen Beauftragten an den nachfolgenden Beauftragten gelangt ist.

[2]Zum buchmäßigen Nachweis wird auf Abschnitt 7.3 Abs. 2 hingewiesen.

(6) [1]In der Regel liegt keine Einfuhr zum Zwecke der Bearbeitung oder Verarbeitung vor, wenn ein Gegenstand, der in das Inland gelangt ist, hier wider Erwarten reparaturbedürftig geworden und deshalb bearbeitet oder verarbeitet worden ist. [2]Die Steuerbefreiung kommt hiernach z. B. nicht in Betracht, wenn ein im Drittlandsgebiet zugelassenes Kraftfahrzeug während einer Fahrt im Inland unerwartet repariert werden musste. [3]Entsprechendes gilt, wenn ein Gegenstand, z. B. ein Kraftwagen, den ein ausländischer Abnehmer im Inland erworben hat, hier vor der Ausfuhr genutzt wurde und während dieser Zeit wider Erwarten repariert werden musste.

(7) [1]Der bearbeitete oder verarbeitete oder – im Falle der Werkleistung nach § 3 Abs. 10 UStG – der überlassene Gegenstand kann durch einen weiteren Beauftragten oder mehrere weitere Beauftragte des Auftraggebers oder eines folgenden Auftraggebers vor der Ausfuhr bearbeitet oder verarbeitet worden sein. [2]Die Ausführungen in Abschnitt 6.1 Abs. 5 gelten hierzu entsprechend.

Anmerkung

Unter einer **Lohnveredelung** ist die Bearbeitung oder die Verarbeitung eines Gegenstands zu verstehen, der im Anschluss an die Be- oder Verarbeitung aus dem Inland in das Drittlandsgebiet gelangt. Der leistende Unternehmer erbringt in diesem Fall eine sonstige Leistung in der Form einer Werkleistung. Voraussetzung für eine Lohnveredelung ist aber immer, dass es sich um einen im Inland steuerbaren Umsatz handelt, der **Ort der sonstigen Leistung muss damit im Inland** liegen.

Bei der Bestimmung des Orts der sonstigen Leistung hatten sich seit dem 1.1.2010 erhebliche Veränderungen ergeben, die auch auf die Anwendung der Steuerbefreiungsnorm der Lohnveredelung Einfluss haben. Es ergeben sich für die Bestimmung des Orts der sonstigen Leistung – die für die Lohnveredelung Bedeutung haben – die folgenden Möglichkeiten:

– Wird ein Gegenstand **für einen Nichtunternehmer** be- oder verarbeitet, ist der Ort der sonstigen Leistung dort, wo der leistende Unternehmer für diesen Auftrag ausschließlich oder überwiegend tätig geworden ist, § 3 a Abs. 3 Nr. 3a Buchst. b UStG (bis 31.12.2024: § 3a Abs. 3 Nr. 3 Buchst. c UStG).

– Wird die Leistung an einen **anderen Unternehmer** für dessen Unternehmen ausgeführt (dies gilt auch bei einer Leistung an eine juristische Person, die nicht Unternehmer ist, der aber eine USt-IdNr. erteilt worden ist), ist der Ort der Bearbeitung eines beweglichen körperlichen Gegenstands dort, wo der Leistungsempfänger sein Unternehmen betreibt oder eine die Leistung empfangende Betriebsstätte unterhält, § 3 a Abs. 2 UStG.

  Hinweis: Einfuhr oder Erwerb notwendig

  Eine Lohnveredelung kann nur vorliegen, wenn der Gegenstand vom Auftraggeber zum Zweck der Bearbeitung in das Gemeinschaftsgebiet eingeführt worden ist oder zum Zweck der Bearbeitung im Gemeinschaftsgebiet erworben wurde. Wird ein Gegenstand nicht zum Zweck der Bearbeitung eingeführt oder im Inland erworben (z. B. bei Beschädigung eines Fahrzeugs im Inland bei einem Unfall und einer anschließenden Reparatur, die als Werkleistung anzusehen ist), kann keine steuerfreie Lohnveredelung an dem Gegenstand ausgeführt werden.

Da bei einer steuerfreien Lohnveredelung je nach **Art der Warenbewegung** verschiedene Voraussetzungen für die Steuerfreiheit vorliegen, sind die folgenden Fälle zu unterscheiden, in jedem Fall muss aber belegmäßig nachgewiesen werden, dass der be- oder verarbeitete Gegenstand tatsächlich in das Drittlandsgebiet gelangt ist:

– Der **leistende Unternehmer befördert oder versendet** den be- oder verarbeiteten Gegenstand in das Drittlandsgebiet, ausgenommen in die deutschen Freihäfen und die Gewässer und Watten zwischen der Hoheitsgrenze und der jeweiligen Strandlinie, § 7 Abs. 1 Satz 1 Nr. 1 UStG.

– Der **Auftraggeber befördert oder versendet** den be- oder verarbeiteten Gegenstand in das Drittlandsgebiet. Der Auftraggeber muss ein ausländischer Auftraggeber sein, § 7 Abs. 1 Satz 1 Nr. 2 UStG.

– Der leistende Unternehmer befördert oder versendet den be- oder verarbeiteten Gegenstand in einen deutschen Freihafen oder die Gewässer und Watten zwischen der Hoheitsgrenze und der jeweiligen Strandlinie. Der Auftraggeber muss ein ausländischer Auftraggeber oder ein Unternehmer sein, der im Inland oder im Freihafen ansässig ist und den be- oder verarbeiteten Gegenstand für Zwecke seines Unternehmens verwendet, § 7 Abs. 1 Satz 1 Nr. 3 UStG.

UStAE 7.2. Ausfuhrnachweis

(1) [1]Die für den Ausfuhrnachweis bei Ausfuhrlieferungen maßgebenden Vorschriften sind entsprechend anzuwenden. [2]Auf die Ausführungen in den Abschnitten 6.5 bis 6.8 wird hingewiesen. [3]Hat der Unternehmer einen anderen Unternehmer (Subunternehmer) mit der Bearbeitung oder Verarbeitung beauftragt und befördert oder versendet dieser den bearbeiteten, verarbeiteten oder überlassenen Gegenstand in das Drittlandsgebiet, kann die Ausfuhr in diesen Fällen durch eine Versandbestätigung nachgewiesen

werden. [4]Die Versandbestätigung des versendenden Vertreters kann auch auf elektronischem Weg übermittelt werden; bei einer elektronischen Übermittlung der Versandbestätigung ist eine Unterschrift nicht erforderlich, sofern erkennbar ist, dass die elektronische Übermittlung im Verfügungsbereich des Ausstellers begonnen hat. [5]Abschnitt 6 a.4 Abs. 3 Satz 2 und Abs. 6 ist entsprechend anzuwenden.

(2) Beziehen sich die Bearbeitungen oder Verarbeitungen auf Binnenschiffe, die gewerblichen Zwecken dienen, Eisenbahnwagen oder Container ausländischer Auftraggeber (vgl. Abschnitt 7.1 Abs. 4), kann der Unternehmer den Nachweis der Ausfuhr dadurch erbringen, dass er neben dem Namen und der Anschrift des ausländischen Auftraggebers und des Verwenders, wenn dieser nicht der Auftraggeber ist, Folgendes aufzeichnet:

1. bei Binnenschiffen, die gewerblichen Zwecken dienen, den Namen und den Heimathafen des Schiffes,
2. bei Eisenbahnwagen das Kennzeichen der ausländischen Eisenbahnverwaltung und die Nummer des Eisenbahnwagens und
3. bei Containern das Kennzeichen des Behälters.

(3) [1]Wird der Nachweis der Einfuhr zum Zwecke der Bearbeitung oder Verarbeitung durch Hinweis auf die Belege über die Bezahlung der Einfuhrabgaben des Bestimmungslandes geführt (vgl. Abschnitt 7.3 Abs. 2 Nr. 3), kann dieser Nachweis zugleich als Ausfuhrnachweis angesehen werden. [2]Eines weiteren Nachweises für die Ausfuhr bedarf es in diesen Fällen nicht mehr.

Anmerkung

Führt ein Unternehmer im Inland eine steuerbare Lohnveredelung aus (vgl. dazu Anmerkung zu Abschn. 7.1 UStAE), ergibt sich die Steuerbefreiung unter den Bedingungen des § 7 i. V. m. § 4 Nr. 1 Buchst. a UStG. Die Voraussetzungen für die Inanspruchnahme der Steuerbefreiung für die Lohnveredelung müssen vom Unternehmer belegmäßig nachgewiesen werden.

Hinweis: Nachweise wie bei der Ausfuhrlieferung

Die Nachweise für eine Lohnveredelung ergeben sich analog zu den Vorschriften für die Ausfuhrlieferung, § 12 UStDV mit Verweis auf §§ 8 bis 11 UStDV.

UStAE 7.3. Buchmäßiger Nachweis

(1) [1]Die Ausführungen zum buchmäßigen Nachweis bei Ausfuhrlieferungen in Abschnitt 6.10 Abs. 1 bis 6 gelten entsprechend. [2]Ist der Gegenstand durch mehrere Unternehmer – Beauftragte – nacheinander bearbeitet oder verarbeitet worden (vgl. Abschnitt 7.1 Abs. 7), muss jeder dieser Unternehmer die Voraussetzungen der Steuerbefreiung einschließlich der Einfuhr oder des Erwerbs im Gemeinschaftsgebiet zum Zwecke der Bearbeitung oder Verarbeitung buchmäßig nachweisen.

(2) Der Nachweis der Einfuhr oder des Erwerbs für Zwecke der Bearbeitung und Verarbeitung muss in den Fällen des Abschnitts 7.1 Abs. 3 und 5 wie folgt geführt werden:

1. in den Fällen der aktiven Lohnveredelung (vgl. Abschnitt 7.1 Abs. 3 Satz 1 Nr. 1) durch Hinweis auf die zollamtlichen Belege über die Anmeldung der Waren zur Veredelung und über die Abmeldung der Waren aus der Veredelung;
2. [1]in den Fällen der Einfuhrbesteuerung (vgl. Abschnitt 7.1 Abs. 3 Satz 1 Nr. 2) durch Hinweis auf den zollamtlichen Beleg über die Entstehung der Einfuhrumsatzsteuer. [2]Im Falle der Bearbeitung oder Verarbeitung durch mehrere Unternehmer – Beauftragte – genügt bei den nachfolgenden Beauftragten ein Hinweis auf eine Bescheinigung des vorangegangenen Beauftragten, worin dieser die Entstehung der Einfuhrumsatzsteuer bestätigt hat;
3. in den Fällen der Erhebung von Einfuhrabgaben durch das Bestimmungsland (vgl. Abschnitt 7.1 Abs. 3 Satz 1 Nr. 3 und Abs. 5 Satz 1 Nr. 1) durch Hinweis auf die bei dem Unternehmer vorhandenen Belege oder ihre beglaubigten Abschriften über die Bezahlung der Einfuhrabgaben des Bestimmungslands;

4. in den Fällen, in denen der im Gemeinschaftsgebiet erworbene Gegenstand unmittelbar vom Lieferer an den Unternehmer – Beauftragten – oder von dem vorangegangenen Beauftragten an den nachfolgenden Beauftragten gelangt ist (vgl. Abschnitt 7.1 Abs. 5 Satz 1 Nr. 2), durch Hinweis auf die Durchschrift der Ausfuhrbestätigung für Umsatzsteuerzwecke in Bearbeitungs- oder Verarbeitungsfällen.

(3) [1]Bei der Bearbeitung, z. B. Wartung, Reinigung oder Instandsetzung, eines Kraftfahrzeuges eines ausländischen Auftraggebers kann der Unternehmer den Nachweis der Einfuhr des Kraftfahrzeuges zum Zwecke dieser Bearbeitung auch in anderer Weise führen. [2]In Betracht kommen z. B. Hinweise auf eine schriftliche Anmeldung des Auftraggebers zur Reparatur oder auf eine Bescheinigung einer ausländischen Behörde, dass das Kraftfahrzeug bei einem Unfall im Drittlandsgebiet beschädigt worden ist. [3]Diese Regelung gilt jedoch nur dann, wenn nach den Umständen des Einzelfalls keine ernsthaften Zweifel daran bestehen, dass der Auftraggeber das Kraftfahrzeug zum Zwecke der Bearbeitung eingeführt hat.

Anmerkung

Führt ein Unternehmer im Inland eine steuerbare Lohnveredelung aus (vgl. dazu Anmerkung zu Abschn. 7.1 UStAE), ergibt sich die Steuerbefreiung unter den Bedingungen des § 7 i. V. m. § 4 Nr. 1 Buchst. a UStG. Die Voraussetzungen für die Inanspruchnahme der Steuerbefreiung für die Lohnveredelung müssen vom Unternehmer buchmäßig nachgewiesen werden.

Hinweis: Nachweise wie bei der Ausfuhrlieferung

Die Nachweise für eine Lohnveredelung ergeben sich entsprechend der Vorschriften für die Ausfuhrlieferung, § 13 UStDV.

UStAE 7.4. Abgrenzung zwischen Lohnveredelungen im Sinne des § 7 UStG und Ausfuhrlieferungen im Sinne des § 6 UStG

[1]Die Steuerbefreiung für Ausfuhrlieferungen kommt für Werklieferungen an eingeführten oder im Gemeinschaftsgebiet erworbenen Gegenständen – anders als die Steuerbefreiung nach § 4 Nr. 1 Buchstabe a, § 7 UStG bei Werkleistungen (Lohnveredelungen) – ohne Rücksicht darauf in Betracht, zu welchem Zweck die Gegenstände eingeführt oder erworben worden sind. [2]Deshalb ist für die Frage, ob für einen Umsatz Steuerfreiheit gewährt werden kann, insbesondere bei Reparaturen beweglicher körperlicher Gegenstände häufig von entscheidender Bedeutung, ob der Umsatz eine Werklieferung (§ 3 Abs. 4 UStG) oder eine Werkleistung darstellt. [3]Zur Abgrenzung zwischen Werklieferung und Werkleistung allgemein und bei Reparaturen beweglicher körperlicher Gegenstände vgl. Abschnitt 3.8.

Zu § 8 UStG

UStG § 8 Umsätze für die Seeschifffahrt und für die Luftfahrt

(1) Umsätze für die Seeschifffahrt (§ 4 Nr. 2) sind:

1. die Lieferungen, Umbauten, Instandsetzungen, Wartungen, Vercharterungen und Vermietungen von Wasserfahrzeugen für die Seeschifffahrt, die dem Erwerb durch die Seeschifffahrt oder der Rettung Schiffbrüchiger zu dienen bestimmt sind (aus Positionen 8901 und 8902 00, aus Unterposition 8903 92 10, aus Position 8904 00 und aus Unterposition 8906 90 10 des Zolltarifs);
2. die Lieferungen, Instandsetzungen, Wartungen und Vermietungen von Gegenständen, die zur Ausrüstung der in Nummer 1 bezeichneten Wasserfahrzeuge bestimmt sind;
3. die Lieferungen von Gegenständen, die zur Versorgung der in Nummer 1 bezeichneten Wasserfahrzeuge bestimmt sind. Nicht befreit sind die Lieferungen von Bordproviant zur Versorgung von Wasserfahrzeugen der Küstenfischerei;

4. die Lieferungen von Gegenständen, die zur Versorgung von Kriegsschiffen (Unterposition 8906 10 00 des Zolltarifs) auf Fahrten bestimmt sind, bei denen ein Hafen oder ein Ankerplatz im Ausland und außerhalb des Küstengebiets im Sinne des Zollrechts angelaufen werden soll;
5. andere als die in den Nummern 1 und 2 bezeichneten sonstigen Leistungen, die für den unmittelbaren Bedarf der in Nummer 1 bezeichneten Wasserfahrzeuge, einschließlich ihrer Ausrüstungsgegenstände und ihrer Ladungen, bestimmt sind.

(2) Umsätze für die Luftfahrt (§ 4 Nr. 2) sind:

1. die Lieferungen, Umbauten, Instandsetzungen, Wartungen, Vercharterungen und Vermietungen von Luftfahrzeugen, die zur Verwendung durch Unternehmer bestimmt sind, die im entgeltlichen Luftverkehr überwiegend grenzüberschreitende Beförderungen oder Beförderungen auf ausschließlich im Ausland gelegenen Strecken und nur in unbedeutendem Umfang nach § 4 Nummer 17 Buchstabe b steuerfreie, auf das Inland beschränkte Beförderungen durchführen;
2. die Lieferungen, Instandsetzungen, Wartungen und Vermietungen von Gegenständen, die zur Ausrüstung der in Nummer 1 bezeichneten Luftfahrzeuge bestimmt sind;
3. die Lieferungen von Gegenständen, die zur Versorgung der in Nummer 1 bezeichneten Luftfahrzeuge bestimmt sind;
4. andere als die in den Nummern 1 und 2 bezeichneten sonstigen Leistungen, die für den unmittelbaren Bedarf der in Nummer 1 bezeichneten Luftfahrzeuge, einschließlich ihrer Ausrüstungsgegenstände und ihrer Ladungen, bestimmt sind.

(3) [1]Die in den Absätzen 1 und 2 bezeichneten Voraussetzungen müssen vom Unternehmer nachgewiesen sein. [2]Das Bundesministerium der Finanzen kann mit Zustimmung des Bundesrates durch Rechtsverordnung bestimmen, wie der Unternehmer den Nachweis zu führen hat.

UStDV

§ 18 Buchmäßiger Nachweis bei Umsätzen für die Seeschifffahrt und für die Luftfahrt

[1]Bei Umsätzen für die Seeschifffahrt und für die Luftfahrt (§ 8 des Gesetzes) ist § 13 Abs. 1 und 2 Nr. 1 bis 4 entsprechend anzuwenden. [2]Zusätzlich soll der Unternehmer aufzeichnen, für welchen Zweck der Gegenstand der Lieferung oder die sonstige Leistung bestimmt ist.

UStAE 8.1. Umsätze für die Seeschifffahrt

(1) [1]Die Steuerbefreiung nach § 4 Nr. 2, § 8 Abs. 1 UStG ist grundsätzlich davon abhängig, dass die Umsätze unmittelbar an Betreiber eines Seeschiffes oder an die Gesellschaft zur Rettung Schiffbrüchiger bewirkt werden. [2]Die Lieferung eines Wasserfahrzeuges im Sinne des § 8 Abs. 1 Nr. 1 UStG ist auch dann umsatzsteuerfrei, wenn die Lieferung an einen Unternehmer erfolgt, der das Wasserfahrzeug zum Zweck der Überlassung an einen Betreiber eines Seeschiffes oder die Gesellschaft zur Rettung Schiffbrüchiger zu deren ausschließlicher Nutzung erwirbt und diese Zweckbestimmung im Zeitpunkt der Lieferung endgültig feststeht und vom liefernden Unternehmer nachgewiesen wird (vgl. EuGH-Urteil vom 19. 7. 2012, C-33/11, A.). [3]Die Steuerbefreiung kann sich nicht auf Umsätze auf den vorhergehenden Stufen erstrecken, wenn im Zeitpunkt dieser Leistungen deren endgültige Verwendung für den Bedarf eines konkreten, eindeutig identifizierbaren Seeschiffes ihrem Wesen nach nicht feststeht. **[4]Steht** jedoch im Zeitpunkt der Leistung deren endgültige Verwendung für den Bedarf eines solchen Seeschiffes fest und ist die endgültige Zweckbestimmung der Leistung bereits aufgrund der Befolgung der steuerlichen Buchführungs- und Aufzeichnungspflichten (Beleg- und Buchnachweis) sowie der Befolgung der Aufbewahrungspflichten und nicht erst durch besondere Kontroll- und Überwachungsmechanismen nachvollziehbar, kann sich die Steuerbefreiung auch auf vorhergehende Stufen erstrecken (vgl. EuGH-Urteile vom 14.09.2006, C-181/04 bis C-183/04, Elmeka, und vom 19.07.2012, C-33/11, A). [5]Auch Dienstleistungen im Bereich des Beladens und Entladens eines Seeschiffes können steuerfrei sein, wenn sie nicht unmittelbar an den Betreiber eines Seeschiffes, sondern auf einer vorhergehenden Stufe erbracht werden, wie etwa eine von einem Unterauftragnehmer an einen Auftraggeber erbrachte Be- oder Entladeleistung, die dieser dann einem Speditions- oder Transportunternehmen weiterberechnet. [6]Auch können Be- und Entladedienstleistungen steuerfrei sein, die an den Verfügungsberechtigten der Schiffs-

ladung, etwa deren Ausführer oder Einführer, erbracht werden (vgl. EuGH-Urteil vom 4. 5. 2017, C-33/16, A, BStBl II S. 1027). [7]**Bereits das abstrakte Erfordernis von Kontroll- und Überwachungsmaßnahmen steht der Anwendung der Steuerfreiheit entgegen. [8]Unter die Steuerfreiheit fallen daher nicht solche Vorstufenumsätze, die bereits aufgrund ihres Wesens objektiv sowohl für steuerfreie als auch für steuerpflichtige Leistungen verwendet werden können, ungeachtet der im Vertrag vorgesehenen Zweckbestimmung und der tatsächlichen Verwendung (z.B. bloße Nutzungsüberlassung bei der Vermietung einer Maschine, vgl. BFH-Urteil vom 19.12.2024 – V R 12/23, BStBl II 2025 S. 664).** [9]Unter den Begriff „Betreiber" fallen unter Berücksichtigung des unionsrechtlichen Umfangs der Befreiung von Umsätzen für die Seeschifffahrt sowohl Reeder als auch Bereederer von Seeschiffen, sofern die Leistungen unmittelbar dem Erwerb durch die Seeschifffahrt dienen. [10]Die Eigentumsverhältnisse sind für die Steuerbefreiung insoweit unerheblich. [11]Eine Zwischenlagerung von Lieferungsgegenständen im Sinne des § 8 Abs. 1 UStG ist ebenfalls unschädlich. [12]Chartervergütungen, die von Linienreedereien geleistet werden, die wiederum Bereederungsverträge mit Reedereien abschließen, sind als Gegenleistung für steuerbefreite Umsätze für die Seeschifffahrt anzusehen.

(2) [1]Bei den begünstigten Schiffen (§ 8 Abs. 1 Nr. 1 UStG) muss es sich um bereits vorhandene Wasserfahrzeuge handeln, die nach ihrer Bauart dem Erwerb durch die Seeschifffahrt oder der Rettung Schiffbrüchiger dienen; maßgebend ist die zolltarifliche Einordnung. [2]Ein Wasserfahrzeug ist ab dem Zeitpunkt seiner Abnahme durch den Besteller als „vorhanden" anzusehen. [3]Zu den vorbezeichneten Schiffen gehören insbesondere Seeschiffe der Handelsschifffahrt, seegehende Fahrgast- und Fährschiffe, Fischereifahrzeuge und Schiffe des Seeschifffahrtshilfsgewerbes, z. B. Seeschlepper und Bugsierschiffe. [4]Nicht dazu gehören Wassersportfahrzeuge (vgl. BFH-Urteil vom 13. 2. 1992, V R 141/90, BStBl II S. 576) und Behördenfahrzeuge. [5]Weitere Voraussetzung für die Steuerbefreiung ist, dass die nach ihrer Bauart begünstigten Wasserfahrzeuge auch tatsächlich ausschließlich oder überwiegend in der Erwerbsseeschifffahrt oder zur Rettung Schiffbrüchiger eingesetzt werden. [6]Als Erwerbsseeschifffahrt ist die Schifffahrt seewärts des Küstenmeeres im Sinne des Seerechtsübereinkommens der Vereinten Nationen vom 10. 12. 1982 (BGBl. 1994 II S. 1798) und die Küstenfischerei nach Absatz 5 anzusehen. [7]Zur seewärtigen Abgrenzung veröffentlicht jeder Küstenstaat Seekarten oder Verzeichnisse geographischer Koordinaten (vgl. Artikel 16 des Seerechtsübereinkommens der Vereinten Nationen, Bekanntmachung der Proklamation der Bundesregierung über die Ausweitung des deutschen Küstenmeeres vom 11. 11. 1994, BGBl. 1994 I S. 3428). [8]Die seewärtige Begrenzung des Küstenmeeres der Bundesrepublik Deutschland verläuft im Wesentlichen in einem Abstand von 12 Seemeilen, gemessen von der Niedrigwasserlinie und den geraden Basislinien und ergibt sich aus den Seegrenzkarten 2920 und 2921 (Bundesamt für Seeschifffahrt und Hydrographie). [9]In den Fällen der Reise-, Zeit-, Slot- und Bareboat-Vercharterung handelt es sich jeweils um eine steuerfreie Vercharterung eines Wasserfahrzeuges für die Seeschifffahrt nach § 4 Nr. 2, § 8 Abs. 1 Nr. 1 UStG. [10]Wesentliches Merkmal dieser Verträge ist das Zurverfügungstellen eines Schiffes bzw. von Schiffsraum. [11]Lediglich die Beförderung im Rahmen von Stückgutverträgen wird als Güterbeförderung angesehen, deren Behandlung sich nach §§ 3a, 3b, 4 Nr. 3 UStG (vgl. Abschnitte 3b.3, 4.3.2 bis 4.3.4) richtet.

(3) Zu den Gegenständen der Schiffsausrüstung (§ 8 Abs. 1 Nr. 2 UStG) gehören:

1. die an Bord eines Schiffes zum Gebrauch mitgeführten in der Regel beweglichen Gegenstände, z. B. optische und nautische Geräte, Drahtseile und Tauwerk, Persenninge, Werkzeug und Ankerketten, nicht aber Transportbehälter, z. B. Container,
2. das Schiffszubehör, z. B. Rettungsboote und andere Rettungsvorrichtungen, Möbel, Wäsche und anderes Schiffsinventar, Seekarten und Handbücher, sowie
3. Teile von Schiffen und andere Gegenstände, die in ein bestimmtes nach § 8 Abs. 1 Nr. 1 UStG begünstigtes Wasserfahrzeug eingebaut werden sollen oder die zum Ersatz von Teilen oder zur Reparatur eines begünstigten Wasserfahrzeugs bestimmt sind; Absatz 2 Sätze 1 und 2 gilt entsprechend.

(4) Gegenstände zur Versorgung von Schiffen (§ 8 Abs. 1 Nr. 3 Satz 1 UStG) sind die technischen Verbrauchsgegenstände – z. B. Treibstoffe, Schmierstoffe, Farbe oder Putzwolle –, die sonstigen zum Verbrauch durch die Besatzungsmitglieder und die Fahrgäste bestimmten Gegenstände – z. B. Proviant, Genussmittel, Toilettenartikel, Zeitungen und Zeitschriften – und die Waren für Schiffsapotheken, Bord-

kantinen sowie Bordläden, wenn diese üblicherweise für den Gebrauch oder Verbrauch durch die Besatzungsmitglieder oder die Fahrgäste an Bord bestimmt sind.

(5) [1]Küstenfischerei (§ 8 Abs. 1 Nr. 3 Satz 2 UStG) ist die Fischerei, die in dem Gebiet des Küstenmeeres (vgl. Absatz 2 Satz 6) durchgeführt wird. [2]Unter Bordproviant sind die ausschließlich zum Verbrauch an Bord durch Besatzung und Passagiere bestimmten Waren (Mundvorrat) zu verstehen.

(6) [1]Bei der Versorgung ausländischer Kriegsschiffe (§ 8 Abs. 1 Nr. 4 UStG) kann davon ausgegangen werden, dass die Voraussetzung für die Steuerbefreiung stets erfüllt ist. [2]Bei der Versorgung von Kriegsschiffen der Bundeswehr ist die Voraussetzung durch einen Bestellschein, der die erforderlichen Angaben enthält, nachzuweisen. [3]Zu dem Begriff „Gegenstände zur Versorgung von Schiffen" gelten die Ausführungen in Absatz 4 entsprechend.

(7) [1]Zu den in § 8 Abs. 1 Nr. 5 UStG bezeichneten sonstigen Leistungen gehören, wenn die Voraussetzungen des Absatzes 1 erfüllt sind, insbesondere:

1. [1]die Leistungen des Schiffsmaklers, soweit es sich hierbei nicht um Vermittlungsleistungen handelt. [2]Der Schiffsmakler vermittelt im Allgemeinen den Abschluss von Seefrachtverträgen. [3]Sein Aufgabenbereich bestimmt sich jedoch nicht allein nach den Vorschriften über den Handelsmakler (§§ 93 ff. HGB). [4]Nach der Verkehrsauffassung und Verwaltungsübung ist vielmehr davon auszugehen, dass er, im Gegensatz zum Handelsmakler, nicht nur von Fall zu Fall tätig wird, sondern auch ständig mit der Betreuung eines Schiffs betraut sein kann;
2. [1]die Leistungen des Havariekommissars. [2]Dieser ist in der Regel als Schadensagent für Versicherer, Versicherungsnehmer, Versicherte oder Beförderungsunternehmer tätig. [3]Er hat hauptsächlich die Aufgabe, die Interessen seines Auftraggebers wahrzunehmen, wenn bei Beförderungen Schäden an den Beförderungsmitteln oder ihren Ladungen eintreten;
3. [1]die Leistungen des Schiffsbesichtigers. [2]Dieser ist ein Sachverständiger, der Schiffe und Ladungen besichtigt oder der auf Wunsch der Beteiligten bei Schiffshavarien oder Ladungsschäden Gutachten über Ursache, Art und Umfang der Schäden anfertigt;
4. [1]die Leistungen des Güterbesichtigers. [2]Dieser ist ein Sachverständiger, der zu einer Güterbesichtigung im Falle von Transportschäden aus Anlass einer Güterbeförderung berufen ist. [3]Eine amtliche Bestellung ist nicht zu fordern;
5. [1]die Leistungen des Dispacheurs. [2]Seine Tätigkeit besteht in der Feststellung und Verteilung von Schäden in den Fällen der großen Havarie (§ 595 HGB);
6. [1]die Leistungen der Hafenbetriebe. [2]Hierzu gehören alle Unternehmen, die Leistungen erbringen, die in unmittelbarem Zusammenhang mit der Zweckbestimmung eines Hafens stehen;
7. [1]das Schleppen. [2]Diese Leistung wird auf Grund eines Dienst- oder Werkvertrags, z.B. Assistieren beim Ein- und Auslaufen, Einschleppen eines Schiffes in den Hafen, Verholen eines Schiffes innerhalb des Hafens, oder auf Grund eines Frachtvertrags im Sinne des § 527 HGB (Fortbewegung eines unbemannten Schiffes) bewirkt;
8. [1]das Lotsen. [2]Diese Leistung liegt vor, wenn ein Schiff auf See oder Wasserstraßen von einem orts- und schifffahrtskundigen Berater geleitet wird, der dieser Tätigkeit berufsmäßig auf Grund behördlicher Zulassung oder eines Lotsenpatents nachgeht;
9. [1]das Bergen. [2]Hierunter fallen alle Leistungen für ein Schiff, seine Besatzung oder Ladung, die den Anspruch auf Berge- oder Hilfslohn begründen (vgl. § 574 HGB);
10. [1]die selbständigen Nebenleistungen zu den in den Nummern 1 bis 8 bezeichneten Leistungen. [2]Haupt- und Nebenleistungen können von verschiedenen Unternehmern bewirkt werden;
11. [1]die Personalgestellung im Rahmen des sog. Crew-Management. [2]Dagegen fallen die Personalbewirtschaftungsleistungen schon deshalb nicht unter die Steuerbefreiung, weil sie nicht unmittelbar an Unternehmer der Seeschifffahrt erbracht werden. [3]Die Personalvermittlung ist nach § 4 Nr. 5 UStG steuerfrei (vgl. Absatz 8);
12. die Vermietung (Leasing), das Be- und Entladen, das Lagern und die Reparatur von Seetransport-Containern, wenn sie für den unmittelbaren Bedarf der Schiffsladung bestimmt sind;
13. die bewaffnete Sicherheitsbegleitung.

[2]Im Übrigen ist Abschnitt 8.2 Abs. 7 und Abs. 8 auf die Umsätze für die Seeschifffahrt entsprechend anzuwenden.

(8) [1]Vermittlungsleistungen sind keine Leistungen für den unmittelbaren Bedarf der begünstigten Schiffe. [2]Das gilt auch dann, wenn sie von im Absatz 7 genannten Unternehmern erbracht werden. [3]Die Vermittlung der in § 8 UStG bezeichneten Umsätze ist jedoch unter den Voraussetzungen des § 4 Nr. 5 UStG steuerfrei.

(9) Sonstige Leistungen, die sich unmittelbar auf Gegenstände beziehen, die in das Drittlandsgebiet verbracht werden, oder die sich auf Gegenstände der Einfuhr in das Gebiet eines Mitgliedstaates der Europäischen Gemeinschaft beziehen, aber keine Leistungen für den unmittelbaren Bedarf der in § 8 Abs. 1 Nr. 1 und 2 UStG bezeichneten Wasserfahrzeuge darstellen, können nach § 4 Nr. 3 UStG unter den dort genannten Voraussetzungen steuerfrei sein.

Anmerkung

1. Begünstigtes Wasserfahrzeug („vorhanden")

Nach § 4 Nr. 2 UStG i. V. m. § 8 UStG sind bestimmte Umsätze für die internationale Luftfahrt und die Seeschifffahrt von der Umsatzsteuer befreit. Die Finanzverwaltung hatte schon 2017 (BMF, Schreiben v. 6.10.2017, BStBl I 2017, 1349) und 2018 (BMF, Schreiben v. 5.9.2018, BStBl I 2018, 1012) die Rechtsprechung des EuGH (Urt. v. 4.5.2017 – C-33/16, A Oy, UR 2017, 468) übernommen, dass in bestimmten Fällen – anders als bis dahin von der Finanzverwaltung angenommen – Leistungen nach § 4 Nr. 2 UStG i. V. m. § 8 UStG steuerfrei sein können, wenn sie **nicht unmittelbar an den Betreiber eines Seeschiffs** ausgeführt werden.

In seiner Entscheidung hatte der EuGH festgestellt, dass bei der **Ausführung von Be- und Entladeleistungen** Art. 148 Buchst. a MwStSystRL dahin auszulegen ist, dass nicht nur Dienstleistungen im Bereich des Beladens und Entladens eines Schiffs von der Steuer befreit sein können, die auf der letzten Handelsstufe einer solchen Dienstleistung erbracht werden, sondern auch bei auf einer **vorausgehenden Handelsstufe** erbrachten Dienstleistungen.

Allerdings konnten durch die BMF-Schreiben nicht alle Zweifelsfragen der Praxis geklärt werden, sodass die Verwaltung (BMF, Schreiben v. 18.6.2019, BStBl I 2019, 591) erneut eine Präzisierung ihrer Verwaltungsanweisungen vornehmen musste. Hintergrund der Änderung ist die Frage, ab wann ein Wasserfahrzeug als „**vorhanden**" angesehen werden kann. Nur wenn das Wasserfahrzeug „vorhanden" ist, kann eine Begünstigung i. S. d. § 8 UStG in Frage kommen. Bisher (durch BMF-Schreiben v. 5.9.2018) hatte die Finanzverwaltung festgestellt, dass ein Wasserfahrzeug frühestens ab dem Zeitpunkt seines (klassischen) Stapellaufs oder seines Aufschwimmens im Trockendock als „vorhanden" angesehen werden kann. In der überarbeiteten Fassung des Abschn. 8.1 Abs. 2 Satz 2 UStAE wird an Stelle des klassischen Stapellaufs festgestellt, dass ein Wasserfahrzeug ab dem Zeitpunkt seiner **Abnahme durch den Besteller** als „vorhanden" anzusehen ist.

Die Grundsätze sind in allen offenen Fällen anzuwenden. Die Finanzverwaltung beanstandet es aber nicht, wenn die bisherige Rechtslage zu Abschn. 8.1 Abs. 1 und Abs. 2 UStAE **für Umsätze vor dem 1.7.2019** weiter angewendet wird, auch brauchen keine **Rechnungen**, die im Jahr 2018 und dem ersten Halbjahr 2019 unter den bisherigen Voraussetzungen erstellt worden sind, berichtigt werden.

Hinweis: Keine Rechtssicherheit bei Vorstufenumsätzen

Die Steuerbefreiung kann sich vom Grundsatz her nicht auf Umsätze auf den vorhergehenden Stufen erstrecken, wenn im Zeitpunkt dieser Leistungen deren endgültige Verwendung für den Bedarf eines konkreten, eindeutig identifizierbaren Seeschiffs ihrem Wesen nach nicht feststeht. Steht im Zeitpunkt der Leistung deren endgültige Verwendung für den Bedarf eines solchen Seeschiffs fest und ist die endgültige Zweckbestimmung der Leistung bereits aufgrund der Befolgung der steuerlichen Buchführungs- und Aufzeichnungspflichten (Beleg- und Buchnachweis) sowie der Befolgung der Aufbewahrungspflichten und nicht erst durch besondere Kontroll- und Überwachungsmechanismen nachvollziehbar, kann sich die Steuerbefreiung aber auch auf vorhergehende Stufen erstrecken. Damit ist in der Praxis für die individuelle Beurteilung immer eine erhebliche Unsicherheit verbunden. Die Finanzverwaltung hat dies (Schreiben v. 19.12.2025, BStBl I 2025, 2091) noch dahingehend ergänzt, dass bereits das abstrakte Erfordernis von Kontroll- und Überwachungsmaßnahmen der Anwendung der Steuerbefreiung auf einer Vorstufe der Steuerbefreiung entgegen steht.

2. Wasserfahrzeug für die Seeschifffahrt

Zur wesentlichen Voraussetzung des § 4 Nr. 2 und § 8 Abs. 1 UStG gehört es, dass es sich um **Schiffe für die Seeschifffahrt** (Erwerbsseeschifffahrt) handelt. Die Finanzverwaltung hatte im UStAE nur allgemein auf die Seeschifffahrt mit der Feststellung verwiesen, dass sich dies nach den Vorschriften für das Seerecht bestimmt.

Mit Schreiben v. 15.6.2020, BStBl I 2020, 580 hat die Finanzverwaltung die **Definition der Erwerbsseeschifffahrt** und auch territoriale Abgrenzungen in den UStAE aufgenommen. Insbesondere ist jetzt Folgendes geregelt:

- Als **Erwerbsseeschifffahrt** ist die Schifffahrt seewärts des Küstenmeeres im Sinne des Seerechtsübereinkommens der Vereinten Nationen vom 10.12.1982 (BGBl. II 1994, 1798) und die **Küstenfischerei** (Küstenfischerei ist die Fischerei, die in den vor einer Küste liegenden Meeresteilen, die nicht zur Hohen See, sondern zum Gebiet des Uferstaates gehören (Territorialgewässer), durchgeführt wird) anzusehen.
- Zur **seewärtigen Abgrenzung** veröffentlicht jeder Küstenstaat Seekarten oder Verzeichnisse geographischer Koordinaten (Art. 16 des Seerechtsübereinkommens der Vereinten Nationen, Bekanntmachung der Proklamation der Bundesregierung über die Ausweitung des deutschen Küstenmeeres vom 11.11.1994, BGBl. I 1994, 3428).
- Die seewärtige Begrenzung des Küstenmeeres der Bundesrepublik Deutschland verläuft im Wesentlichen in einem Abstand von 12 Seemeilen, gemessen von der Niedrigwasserlinie und den geraden Basislinien und ergibt sich aus den Seegrenzkarten 2920 und 2921 (Bundesamt für Seeschifffahrt und Hydrographie).

Darüber hinaus ist eine sprachliche Anpassung in den Ausführungen im Abschn. 8.1 Abs. 2 UStAE vorgenommen worden. Während es bisher bei den begünstigten Schiffen um bereits vorhandene Wasserfahrzeuge handeln musste die nach ihrer Bauart dem Erwerb durch die Seeschifffahrt oder der Rettung Schiffbrüchiger zu dienen bestimmt sind, muss es sich um **Schiffe handeln, die diesen Zwecken dienen**. Sie müssen dann auch zu diesen Zwecken tatsächlich eingesetzt werden (bisher war hier formuliert, dass sie für diese Zwecke eingesetzt werden sollen).

Die Finanzverwaltung hatte mit dem Schreiben vom 15.6.2020 auch Einschränkungen für Gegenstände aufgenommen, die der **Versorgung der Seeschiffe** dienen. Danach gehörten nur Lebensmittel, Genussmittel und geringpreisige Non-Food-Artikel, die für den **Grundbedarf der Besatzungsmitglieder und Fahrgäste** dienen sollten, zu den begünstigten Artikeln. Beibehalten wurde damals eine Regelung, dass auch unter einschränkenden Voraussetzungen Gegenstände, die zur **Wiedereinfuhr in das Inland** bestimmt waren, steuerbegünstigt sein konnten. Eine in diesem Schreiben aufgenommene Nichtbeanstandungsregelung für Umsätze, die bis zum 31.12.2020 ausgeführt wurden, war dann noch bis zum **31.3.2021** (BMF-Schreiben v. 18.12.2020, BStBl I 2021, 64) verlängert worden.

Vor Ablauf der verlängerten Nichtbeanstandungsfrist hat die Finanzverwaltung (BMF-Schreiben v. 26.3.2021, BStBl I 2021, 385) den Wortlaut des Abschn. 8.1 Abs. 4 UStAE **erneut angepasst**. Danach sind zum Verbrauch durch Besatzungsmitglieder und Fahrgäste bestimmte Gegenstände (z. B. Proviant, Genussmittel, Toilettenartikel) in Bordkantinen sowie Bordläden nur dann begünstigt, wenn diese **üblicherweise für den Gebrauch oder Verbrauch durch die Besatzungsmitglieder oder die Fahrgäste an Bord bestimmt sind**.

Die Finanzverwaltung hat damit im Ergebnis für eine **Verschärfung** gesorgt. Während nach der alten Fassung auch Genussmittel und **geringpreisige Non-Food-Artikel** begünstigt sein konnten, wenn sie **nicht zum Ge- oder Verbrauch an Bord bestimmt** waren, ist diese Möglichkeit durch die Neufassung aus dem UStAE **entfernt** worden.

Die Grundsätze sind in allen offenen Fällen anzuwenden. Die Finanzverwaltung beanstandet es aber nicht, wenn **für Umsätze, die vor dem 1.4.2021** ausgeführt werden, die bisherigen Regelungen angewendet werden.

3. Verweis auf Zolltarifsnummern

Für die Einordnung der jeweiligen Seeschiffe wird (verbindlich) auf die maßgeblichen **Zolltarifsnummern** verwiesen. Derzeit (seit 1.1.2025) ergibt sich allerdings ein Fehler, da § 8 Abs. 1 Nr. 1 UStG für die Steuerbefreiung bei Wasserfahrzeugen u.a. auf die Unterposition 8903 92 10 des Zolltarifs verweist. Diese Unterposition existiert seit der Anpassung der Kombinierten Nomenklatur zum 1.1.2025 nicht mehr (jetzt wohl 8903 32 10 – allerdings mit geringfügig anderer verbaler Umschreibung). Eine Anpassung ist momentan noch nicht gesetzlich vorgenommen worden.

UStAE 8.2. Umsätze für die Luftfahrt

(1) Abschnitt 8.1 Abs. 1 bis 3 ist auf Umsätze für die Luftfahrt entsprechend anzuwenden.

(2) [1]Die Steuerbefreiung nach § 8 Abs. 2 Nr. 1 UStG ist davon abhängig, dass der Unternehmer nur in unbedeutendem Umfang nach § 4 Nr. 17 Buchstabe b UStG steuerfreie, auf das Inland beschränkte Beförderungen mit Luftfahrzeugen durchführt (vgl. Abschnitt 4.17.2). [2]Der Unternehmer führt dann steuerfreie, auf das Inland beschränkte Beförderungen mit Luftfahrzeugen in unbedeutendem Umfang durch, wenn die Entgelte für diese Umsätze im vorangegangenen Kalenderjahr nicht mehr als 1 % der Entgelte seiner im jeweiligen Zeitraum ausgeführten Personenbeförderungen im Binnenluftverkehr und im internationalen Luftverkehr betragen oder die Anzahl der Flüge, bei denen nach § 4 Nr. 17 Buchstabe b UStG steuerfreie, auf das Inland beschränkte Beförderungen ausgeführt werden, im vorangegangenen Kalenderjahr nicht mehr als 1 % der Gesamtzahl der ausgeführten Flüge des Unternehmers im Personenverkehr beträgt.

(3) [1]Von den Beförderungen im internationalen Luftverkehr im Sinne des § 8 Abs. 2 Nr. 1 UStG sind die Beförderungen zu unterscheiden, die sich ausschließlich auf das Inland erstrecken (Binnenluftverkehr). [2]Die Frage, welcher der beiden Verkehre überwiegt, bestimmt sich nach der Höhe der Entgelte für die Personen- und Güterbeförderungen im Luftverkehr. [3]Übersteigen bei einem Unternehmer, der ausschließlich – oder mit einem Unternehmensteil oder auch nur im Rahmen von Hilfsumsätzen – entgeltlichen Luftverkehr betreibt, die Entgelte für die Beförderungen im internationalen Luftverkehr die Entgelte für die Beförderungen im Binnenluftverkehr, kommt für die Lieferungen usw. von Luftfahrzeugen, die zum Einsatz bei diesem Unternehmer bestimmt sind, die Steuerbefreiung in Betracht. [4]Auf den Zweck, für den das einzelne Flugzeug bestimmt ist oder verwendet wird – Einsatz im internationalen Luftverkehr oder im Binnenluftverkehr –, kommt es nicht an. [5]Bei den Luftverkehrsunternehmern mit Sitz im Ausland ist davon auszugehen, dass sie im Rahmen ihres entgeltlichen Luftverkehrs überwiegend internationalen Luftverkehr betreiben und nur in unbedeutendem Umfang nach § 4 Nr. 17 Buchstabe b UStG steuerfreie, auf das Inland beschränkte Beförderungen durchführen. [6]Bei den Luftverkehrsunternehmern mit Sitz im Inland kann diese Voraussetzung als erfüllt angesehen werden, wenn sie in der für den Besteuerungszeitraum maßgeblichen im Bundessteuerblatt veröffentlichten Liste aufgeführt sind. [7]Die Liste wird jeweils zu Beginn eines Kalenderjahres neu herausgegeben, soweit bis zu diesem Zeitpunkt Änderungen eingetreten sind. [8]Das Vorliegen einer aktiven Betriebsgenehmigung durch das Luftfahrtbundesamt kann ein Indiz dafür sein, dass das betreffende Unternehmen in die Liste aufgenommen werden kann, ist aber keine materiell-rechtliche Voraussetzung für die Anwendung der Steuerbefreiung nach § 8 Abs. 2 UStG.

(4) [1]Bis zur Aufnahme eines Unternehmers in die in Absatz 3 bezeichnete Liste gilt Folgendes: Haben die zuständigen Landesfinanzbehörden bei einem Unternehmer festgestellt, dass er im entgeltlichen Luftverkehr überwiegend internationalen Luftverkehr betreibt und nur in unbedeutendem Umfang nach § 4 Nr. 17 Buchstabe b UStG steuerfreie, auf das Inland beschränkte Beförderungsleistungen erbringt, erteilt das zuständige Finanzamt dem Unternehmer hierüber einen schriftlichen bis zum Ablauf des Kalenderjahres befristeten Bescheid. [2]Der Unternehmer kann anderen Unternehmern Ablichtungen

oder Abschriften des Bescheids des Finanzamts übersenden und sie auf diese Weise unterrichten. [3]Die anderen Unternehmer sind berechtigt, diese Ablichtungen oder Abschriften bis zum Beginn des neuen Kalenderjahres für die Führung des buchmäßigen Nachweises zu verwenden.

(5) [1]Das Finanzamt prüft einmal jährlich, ob der in die Liste aufgenommene Unternehmer die Voraussetzungen hierfür noch erfüllt. [2]Ist der Unternehmer danach in die nächste Liste nicht mehr aufzunehmen, können andere Unternehmer aus Vereinfachungsgründen bei Umsätzen, die sie bis zum Beginn des neuen Kalenderjahres bewirken, noch davon ausgehen, dass der Unternehmer im entgeltlichen Luftverkehr überwiegend internationalen Luftverkehr betreibt und nur in unbedeutendem Umfang nach § 4 Nr. 17 Buchstabe b UStG steuerfreie, auf das Inland beschränkte Beförderungen durchführt.

(6) [1]Bezüglich der Begriffe „Ausrüstungsgegenstände" und „Versorgungsgegenstände" gelten die Ausführungen in Abschnitt 8.1 Abs. 3 und 4 entsprechend. [2]Jedoch ist es nicht erforderlich, dass der Unternehmer die Gegenstände zur Ausrüstung oder Versorgung eines bestimmten Luftfahrzeuges liefert. [3]Bei speziell nur für die Luftfahrt zu verwendenden Containern (z. B. für einen bestimmten Flugzeugtyp angefertigte Container) handelt es sich um Ausrüstungsgegenstände im Sinne von § 8 Abs. 2 Nr. 2 UStG.

(7) Zu den sonstigen Leistungen im Sinne des § 8 Abs. 2 Nr. 4 UStG gehören insbesondere:

1. die Duldung der Benutzung des Flughafens und seiner Anlagen einschließlich der Erteilung der Start- und Landeerlaubnis;
2. die Reinigung von Luftfahrzeugen;
3. die Umschlagsleistungen auf Flughäfen;
4. die Leistungen der Havariekommissare, soweit sie bei Beförderungen im Luftverkehr anlässlich von Schäden an den Beförderungsmitteln oder ihren Ladungen tätig werden (vgl. Abschnitt 8.1 Abs. 7 Satz 1 Nr. 2);
5. die mit dem Flugbetrieb zusammenhängenden sonstigen Leistungen auf Flughäfen, z. B. das Schleppen von Flugzeugen;
6. die sog. Standby-Leistungen selbständiger Piloten bei Vorliegen der sonstigen Voraussetzungen des § 8 Abs. 2 Nr. 4 UStG und
7. [1]die Leistungen für Zwecke der Luftsicherheitskontrollen zur Überprüfung von Fluggästen und deren Gepäck an eine Luftsicherheitsbehörde (§ 5 LuftSiG in Verbindung mit § 29 LuftVG) oder an einen zur Wahrnehmung der Luftsicherheitskontrollen Beliehenen (§ 16 a LuftSiG). [2]Dies gilt auch für die Aufwendungen für den Erwerb, die Nutzung und die Erhaltung von Sicherheitseinrichtungen zur Fluggast- und Gepäckkontrolle (z. B. Körper- oder Gepäckscanner) und den Einkauf von Security-Leistungen.

(8) Nicht befreit nach § 4 Nr. 2, § 8 Abs. 2 Nr. 4 UStG sind insbesondere die folgenden sonstigen Leistungen:

1. [1]die Vermittlung von befreiten Umsätzen. [2]Es kann jedoch die Steuerbefreiung nach § 4 Nr. 5 UStG in Betracht kommen (vgl. Abschnitt 4.5.1 Abs. 3);
2. die Vermietung von Hallen für Werftbetriebe auf Flughäfen;
3. die Leistungen zu Kontrollzwecken des Flughafen- und Bodenpersonals sowie sonstige Bodendienstleistungen (z. B. die Reinigung des Flughafens), soweit sie nicht nach Absatz 7 Nr. 7 begünstigt sind;
4. die Beherbergung und Beköstigung von Besatzungsmitgliedern eines Luftfahrzeuges;
5. die Beförderung von Besatzungsmitgliedern, z. B. mit einem Taxi, vom Flughafen zum Hotel und zurück;
6. die Beherbergung und Beköstigung von Passagieren bei Flugunregelmäßigkeiten;
7. die Beförderung von Passagieren und des Fluggepäcks, z. B. mit einem Kraftfahrzeug, zu einem Ausweichflughafen und
8. die Zugangsberechtigung zu Warteräumen in Flughäfen (siehe Abschnitt 3 a.3 Abs. 9 Nr. 2c).

Anmerkung

1. Grundsätze

Umsätze, die für die Seeschifffahrt und für die **Luftfahrt** ausgeführt werden, sind nicht nur Umsätze, die im Bereich dieser gewerblichen Tätigkeiten ausgeführt werden, sondern gerade auch die Vorumsätze, die an Unternehmer ausgeführt werden, die in diesen Bereichen unternehmerisch tätig sind (sog. Vorstufenbefreiung). Allerdings ist nur eine Befreiung auf der direkten Vorstufe möglich. Die Leistung muss direkt an den Betreiber des Seeschiffes oder des Luftfahrzeugs erbracht werden.

Bei den Umsätzen für die Luftfahrt sind **vergleichbare Arten von Leistungen** von der Steuerbegünstigung erfasst. Damit unterliegen im Wesentlichen Lieferungen und Arbeiten im Zusammenhang mit Luftfahrzeugen sowie Leistungen im Zusammenhang mit Ausrüstungsgegenständen und Leistungen im Zusammenhang mit der Versorgung und dem unmittelbaren Bedarf des Luftfahrzeugs der Steuerbegünstigung nach § 8 Abs. 2 UStG. Anders als bei der Begünstigung für die Seeschifffahrt ist bei den Umsätzen für die Luftfahrt nicht darauf abzustellen, ob die Leistung für ein bestimmtes begünstigtes Fahrzeug ausgeführt wird. Die Regelung des § 8 Abs. 2 UStG ist damit eine im Wesentlichen **personenbezogene Befreiungsvorschrift**. Unter die Begünstigung fallen alle Luftfahrtgesellschaften, die überwiegend im entgeltlichen internationalen Luftverkehr tätig sind oder ausschließlich Beförderungsleistungen auf Auslandsstrecken erbringen. Liegen diese Voraussetzungen vor – die bei im Ausland ansässigen Luftfahrtgesellschaften grundsätzlich unterstellt werden und bei inländischen Luftfahrtgesellschaften im Regelfall von einer Aufnahme in einer im Bundessteuerblatt veröffentlichten Liste abhängig ist –, dann sind auch Leistungen an diese Unternehmer begünstigt, die an nicht im internationalen Luftverkehr eingesetzten Luftfahrzeugen ausgeführt werden.

Hinweis: Änderung bei Ambulanzflügen

Zum 1.7.2013 ist durch das Amtshilferichtlinie-Umsetzungsgesetz (BGBl. I 2013, 1809) § 8 Abs. 2 Nr. 1 UStG geändert worden. Während bis zum 30.6.2013 Unternehmer, die im internationalen Luftverkehr überwiegend grenzüberschreitende Personenbeförderungen ausführten, von der Anwendung des § 8 UStG ausgeschlossen waren, wenn sie auch in geringem Umfang kranke oder verletzte Personen (sog. Ambulanzflüge) beförderten, sind solche auf das Inland beschränkten Beförderungen in unbedeutendem Umfang jetzt für die Anwendung der Steuerbefreiung nicht mehr schädlich. Durch die Neuregelung sollte die Benachteiligung deutscher Unternehmen beseitigt werden, die (überwiegend) grenzüberschreitende Beförderungen von kranken oder verletzten Personen erbringen.

Die Voraussetzungen für die Steuerbefreiung nach § 4 Nr. 2 i. V. m. § 8 Abs. 1 oder Abs. 2 UStG müssen von dem Unternehmer **buchmäßig** nachgewiesen werden, § 8 Abs. 3 UStG i. V. m. § 18 UStDV. Neben den Angaben über die Art und den Umfang der ausgeführten Leistung und den Angaben über den Leistungsempfänger muss der leistende Unternehmer dabei insbesondere auch den Zweck der begünstigten Leistung aufzeichnen.

2. Zu den Luftsicherheitskontrollen

Umsätze für die Luftfahrt können unter gesetzlich genau beschriebenen Voraussetzungen steuerfrei ausgeführt werden. Die Finanzverwaltung ging bisher unterschiedslos davon aus, dass Leistungen an eine Luftfahrtbehörde für Zwecke der Luftaufsicht i. S. d. § 29 LuftVG nicht zu den nach § 8 Abs. 2 UStG begünstigten Leistungen gehören.

Für alle ab dem 1.1.2021 ausgeführten Umsätze differenziert die Finanzverwaltung (BMF-Schreiben v. 22.7.2021, BStBl I 2021, 1023) bei den Fluggastkontrollen und strukturiert in diesem Zusammenhang Abschn. 8.2 UStAE neu. Zu den jetzt auch steuerbefreiten Leistungen nach § 8 Abs. 2 UStG gehören auch **Leistungen für Zwecke der Luftsicherheitskontrollen zur Überprüfung von Fluggästen und deren Gepäck an eine Luftsicherheitsbehörde** (§ 5 LuftSiG i. V. m. § 29 LuftVG) oder an einen zur Wahrnehmung der Luftsicherheitskontrollen Beliehenen (§ 16a LuftSiG) Dies gilt auch für die **Anschaffung von Sicherheitseinrichtungen zur Fluggast- und Gepäckkontrolle** (z. B. Körper- oder Gepäckscanner) und den Einkauf von Security-Leistungen.

Hinweis: Kontrollzwecke und Bodendienstleistungen

Von der Steuerbefreiung sind nicht die Leistungen zu Kontrollzwecken des Flughafen- und Bodenpersonals sowie sonstige Bodendienstleistungen (z. B. die Reinigung des Flughafens) erfasst, soweit sie nicht ausdrücklich zu den genannten begünstigten Zwecken gehören.

Die Finanzverwaltung fasst die Aussagen zu den steuerfreien Leistungen, die unmittelbar für den Bedarf begünstigter Luftfahrzeuge bestimmt sind (§ 8 Abs. 2 Nr. 4 UStG), in einem neuen Abschn. 8.2 Abs. 7 UStAE zusammen (bisher waren diese Umsätze in Abschn. 8.2 Abs. 6 Satz 4 UStAE zusammengefasst). Neben dieser formalen Änderung wurden auch die Regelungen für Leistungen i.Z.m. **Fluggastkontrollen** überarbeitet. Dies betrifft dann auch **Leistungsbezüge für Gegenstände**, die in dem Luftsicherheitsbereich verwendet werden.

Die Steuerbefreiung für diese Umsätze gilt **für alle Umsätze, die nach dem 31.12.2020 ausgeführt worden sind**. Die Finanzverwaltung beanstandet es für Umsätze, die vor dem 1.10.2021 ausgeführt werden, aber nicht, wenn diese Leistungen abweichend von den neuen Regelungen in Abschn. 8.2 Abs. 7 Nr. 7 UStAE noch steuerpflichtig ausgeführt werden. Dies gilt ebenfalls für den Vorsteuerabzug des Leistungsempfängers.

Hinweis: Kein Einfluss auf Vorsteuerabzug

Soweit diese Fluggastkontrollen jetzt steuerfrei ausgeführt werden, hat dies **keinen Einfluss auf den Vorsteuerabzug für Vorleistungen**, da die steuerfreien Ausgangsleistungen nach § 4 Nr. 2 UStG zu den Leistungen gehören, die trotz Steuerbefreiung den Vorsteuerabzug nicht ausschließen (§ 15 Abs. 3 Nr. 1 Buchst. a UStG). Insoweit kommt es auch zu keiner Vorsteuerberichtigung für Geräte, die innerhalb des maßgeblichen Vorsteuerberichtigungszeitraums unter Vorsteuerabzug erworben wurden.

UStAE 8.3. Buchmäßiger Nachweis

(1) [1]Der Unternehmer hat die Voraussetzungen der Steuerbefreiung buchmäßig nachzuweisen. [2]Hierzu gelten die Ausführungen zu den Ausfuhrlieferungen entsprechend (vgl. Abschnitt 6.10 Abs. 1 bis 4).

(2) [1]Der Unternehmer soll nach § 18 UStDV neben den in § 13 Abs. 2 Nr. 1 bis 4 UStDV bezeichneten Angaben auch aufzeichnen, für welchen Zweck der Gegenstand der Lieferung oder die sonstige Leistung bestimmt ist. [2]Es genügt der Hinweis auf Urkunden, z. B. auf ein Schiffszertifikat, oder auf Belege, wenn sich aus diesen Unterlagen der Zweck eindeutig und leicht nachprüfbar ergibt. [3]In Zweifelsfällen kann der begünstigte Zweck durch eine Bestätigung desjenigen, bei dem er verwirklicht werden soll, nachgewiesen werden. [4]Soll der begünstigte Zweck bei einem Dritten verwirklicht werden (vgl. Abschnitt 8.1 Abs. 1 und Abschnitt 8.2 Abs. 1), sollen auch der Name und die Anschrift dieses Dritten aufgezeichnet sein.

(3) [1]Bei Reihengeschäften können ausländische Unternehmer in der Reihe den buchmäßigen Nachweis in der Regel nicht im Geltungsbereich des UStG erbringen. [2]In diesen Fällen ist zur Vermeidung von Unbilligkeiten das Fehlen des Nachweises nicht zu beanstanden.

Zu § 9 UStG

UStG § 9 Verzicht auf Steuerbefreiungen

(1) Der Unternehmer kann einen Umsatz, der nach § 4 Nr. 8 Buchstabe a bis g, Nr. 9 Buchstabe a, Nr. 12, 13 oder 19 steuerfrei ist, als steuerpflichtig behandeln, wenn der Umsatz an einen anderen Unternehmer für dessen Unternehmen ausgeführt wird.

(2) [1]Der Verzicht auf Steuerbefreiung nach Absatz 1 ist bei der Bestellung und Übertragung von Erbbaurechten (§ 4 Nr. 9 Buchstabe a), bei der Vermietung oder Verpachtung von Grundstücken (§ 4 Nr. 12 Satz 1 Buchstabe a) und bei den in § 4 Nr. 12 Satz 1 Buchstabe b und c bezeichneten Umsätzen nur zulässig, soweit

der Leistungsempfänger das Grundstück ausschließlich für Umsätze verwendet oder zu verwenden beabsichtigt, die den Vorsteuerabzug nicht ausschließen. [2]Der Unternehmer hat die Voraussetzungen nachzuweisen.

(3) [1]Der Verzicht auf Steuerbefreiung nach Absatz 1 ist bei Lieferungen von Grundstücken (§ 4 Nr. 9 Buchstabe a) im Zwangsversteigerungsverfahren durch den Vollstreckungsschuldner an den Ersteher bis zur Aufforderung zur Abgabe von Geboten im Versteigerungstermin zulässig. [2]Bei anderen Umsätzen im Sinne von § 4 Nummer 9 Buchstabe a kann der Verzicht auf Steuerbefreiung nach Absatz 1 nur in dem gemäß § 311 b Absatz 1 des Bürgerlichen Gesetzbuchs notariell zu beurkundenden Vertrag erklärt werden.

UStAE 9.1. Verzicht auf Steuerbefreiungen (§ 9 Abs. 1 UStG)

(1) [1]Ein Verzicht auf Steuerbefreiungen (Option) ist nur in den Fällen des § 4 Nr. 8 Buchstaben a bis g, Nr. 9 Buchstabe a, Nr. 12, 13 oder 19 UStG zulässig. [2]Der Unternehmer hat bei diesen Steuerbefreiungen die Möglichkeit, seine Entscheidung für die Steuerpflicht bei jedem Umsatz einzeln zu treffen. [3]Zu den Aufzeichnungspflichten wird auf Abschnitt 22.2 Abs. 4 hingewiesen.

(2) [1]Der Verzicht auf die Steuerbefreiung ist in den Fällen des § 19 Abs. 1 Satz 1 UStG nicht zulässig (§ 19 Abs. 1 Satz **2** UStG). [2]Für Unternehmer, die ihre Umsätze aus land- und forstwirtschaftlichen Betrieben nach den Vorschriften des § 24 UStG versteuern, findet § 9 UStG keine Anwendung (§ 24 Abs. 1 Satz 2 UStG). [3]Ferner ist § 9 UStG in den Fällen der unentgeltlichen Wertabgabe nach § 3 Abs. 1 b Satz 1 Nr. 1 und 2 UStG nicht anzuwenden.

(3) [1]Die Erklärung zur Option nach § 9 UStG sowie die Rücknahme dieser Option sind zulässig, solange die Steuerfestsetzung für das Jahr der Leistungserbringung anfechtbar oder auf Grund eines Vorbehalts der Nachprüfung nach § 164 AO noch änderbar ist (vgl. BFH-Urteile vom 19. 12. 2013, V R 6/12, BStBl 2017 II S. 837, und V R 7/12, BStBl 2017 II S. 841). [2]Im Rahmen einer Geschäftsveräußerung im Ganzen kommt eine Option grundsätzlich nicht in Betracht. [3]Gehen die Parteien jedoch im Rahmen des notariellen Kaufvertrags übereinstimmend von einer Geschäftsveräußerung im Ganzen aus und beabsichtigen sie lediglich für den Fall, dass sich ihre rechtliche Beurteilung später als unzutreffend herausstellt, eine Option zur Steuerpflicht, gilt diese vorsorglich und im Übrigen unbedingt im notariellen Kaufvertrag erklärte Option als mit Vertragsschluss wirksam. [4]Weitere Einschränkungen ergeben sich für Umsätze im Sinne des § 4 Nr. 9 Buchstabe a UStG aus § 9 Abs. 3 UStG (vgl. hierzu Abschnitt 9.2 Abs. 8 und 9). [5]An eine besondere Form ist die Ausübung des Verzichts auf Steuerbefreiung nicht gebunden. [6]Die Option erfolgt, indem der leistende Unternehmer den Umsatz als steuerpflichtig behandelt. [7]Dies geschieht regelmäßig, wenn er gegenüber dem Leistungsempfänger mit gesondertem Ausweis der Umsatzsteuer abrechnet. [8]Der Verzicht kann auch in anderer Weise (durch schlüssiges Verhalten) erklärt werden, soweit aus den Erklärungen oder sonstigen Verlautbarungen, in die das gesamte Verhalten einzubeziehen ist, der Wille zum Verzicht eindeutig hervorgeht.

(4) [1]Unter den in Absatz 3 genannten Voraussetzungen kann der Verzicht auch wieder rückgängig gemacht werden. [2]Sind für diese Umsätze Rechnungen oder Gutschriften mit gesondertem Steuerausweis erteilt worden, entfällt die Steuerschuld nur, wenn die Rechnungen oder Gutschriften berichtigt werden (vgl. § 14 c Abs. 1 Satz 3 UStG und Abschnitt 14 c.1 Abs. 11). [3]Einer Zustimmung des Leistungsempfängers zur Rückgängigmachung des Verzichts bedarf es grundsätzlich nicht.

(5) [1]Voraussetzung für einen Verzicht auf die Steuerbefreiungen der in § 9 Abs. 1 UStG genannten Umsätze ist, dass steuerbare Umsätze von einem Unternehmer im Rahmen seines Unternehmens an einen Unternehmer für dessen Unternehmen ausgeführt werden bzw. eine entsprechende Verwendungsabsicht besteht, auch wenn es, z. B. bei erfolglosen Vorbereitungshandlungen, tatsächlich nicht zu einem Verwendungsumsatz kommt (BFH-Urteil vom 17. 5. 2001, V R 38/00, BStBl 2003 II S. 434; vgl. Abschnitt 2.6 Abs. 1). [2]Diese Verwendungsabsicht muss der Unternehmer, der von dem Verzicht auf die Steuerbefreiung Gebrauch machen möchte, objektiv belegen und in gutem Glauben erklären (BFH-Urteil vom 22. 3. 2001, V R 46/00, BStBl 2003 II S. 433, vgl. Abschnitt 15.12). [3]Eine Option ist nicht zulässig, soweit der leistende Unternehmer den Gegenstand der Leistung oder der Leistungsempfänger die erhaltene Leistung zulässigerweise anteilig nicht seinem Unternehmen zugeordnet hat oder zuordnen konnte (vgl. BFH-Urteile vom 20. 7. 1988, X R 6/80, BStBl II S. 915, und vom 28. 2. 1996, XI R 70/90,

BStBl II S. 459). [4]Wegen der Grundsätze für die Zuordnung einer Leistung zum Unternehmen wird auf Abschnitt 15.2c verwiesen.

(6) [1]Der Verzicht auf die Steuerbefreiung kann bei der Lieferung vertretbarer Sachen sowie bei aufteilbaren sonstigen Leistungen auf deren Teile begrenzt werden (Teiloption). [2]Eine Teiloption kommt z.B. bei der Gebäudelieferung, insbesondere bei unterschiedlichen Nutzungsarten der Gebäudeteile, in Betracht. [3]Unter Zugrundelegung unterschiedlicher wirtschaftlicher Funktionen ist auch eine Aufteilung nach räumlichen Gesichtspunkten (nicht dagegen eine bloße quotale Aufteilung) möglich (vgl. BFH-Urteile vom 26. 6. 1996, XI R 43/90, BStBl 1997 II S. 98, und vom 24. 4. 2014, V R 27/13, BStBl II S. 732). [4]Bei der Lieferung von Gebäuden oder Gebäudeteilen und dem dazugehörigen Grund und Boden kann die Option für eine Besteuerung nur zusammen für die Gebäude oder Gebäudeteile und den dazugehörigen Grund und Boden ausgeübt werden (EuGH-Urteil vom 8. 6. 2000, C-400/98, Breitsohl, BStBl 2003 II S. 452). [5]Sind bei der Vermietung an mehrere Personen die einzelnen Gemeinschafter als Leistungsempfänger anzusehen (vgl. Abschnitt 15.2b Abs. 1), kann der Vermieter nur insoweit optieren, als der Vermietungsumsatz an einen unternehmerisch tätigen Gemeinschafter ausgeführt wird (vgl. BFH-Urteil vom 1. 2. 2001, V R 79/99, BStBl 2008 II S. 495).

Anmerkung

1. Allgemeines zur Option

Der Unternehmer hat die Möglichkeit, bestimmte steuerbefreite Umsätze steuerpflichtig zu behandeln. Dies ist dann von Bedeutung, wenn der Unternehmer ansonsten keinen Vorsteuerabzug haben würde. Damit kommen systematisch für die Option zur Umsatzsteuer nur die Umsätze in Betracht, für die bei Steuerbefreiung keine Ausnahme vom Abzugsverbot der Vorsteuer nach § 15 Abs. 3 UStG infrage kommen kann. Darüber hinaus hat der Gesetzgeber den Anwendungsbereich für die Option durch die Regelung des § 9 Abs. 1 UStG auf die folgenden steuerbefreiten Umsätze beschränkt:

- § 4 Nr. 8 Buchst. a bis Buchst. g UStG: Umsätze im Zusammenhang mit **Geldgeschäften**, insbesondere die Gewährung und Vermittlung von Krediten, Umsätze im Geschäft mit Forderungen, Umsätze und die Vermittlung der Umsätze im Einlagengeschäft und Kontokorrentverkehr, Umsätze im Geschäft mit Wertpapieren, Umsätze und die Vermittlung von Umsätzen von Anteilen an Gesellschaften sowie die Übernahme von Verbindlichkeiten und Bürgschaften;
- § 4 Nr. 9 Buchst. a UStG: Umsätze, die unter das **Grunderwerbsteuergesetz** fallen;
- § 4 Nr. 12 UStG: die **Vermietung und Verpachtung von Grundstücken**, die Überlassung von Grundstücken zur Nutzung aufgrund eines auf Übertragung von Eigentum gerichteten Vertrags sowie die Bestellung, die Übertragung und die Überlassung der Ausübung von dinglichen Nutzungsrechten an Grundstücken;
- § 4 Nr. 13 UStG: bestimmte Leistungen, die **Wohnungseigentümergemeinschaften** an die Wohnungseigentümer und Teileigentümer erbringen;
- § 4 Nr. 19 UStG: bestimmte **Umsätze von Blinden** und Inhabern von Blindenwerkstätten.

Grundsätzlich ist eine Option aber immer nur dann möglich, wenn der Empfänger der Leistung ein Unternehmer ist und die Leistung auch für sein Unternehmen verwendet, § 9 Abs. 1 UStG

Hinweis: Ausweitung nur über Änderung der MwStSystRL möglich

Die Festlegung, welche steuerfreien Leistungen „optionsfähig“ sind, erfolgt abschließend in der MwStSystRL und liegt nicht in der Hand des nationalen Gesetzgebers. Es sind Bestrebungen vorhanden, auf europäischer Ebene eine Möglichkeit zur Option bei Bildungsleistungen (§ 4 Nr. 21 UStG) zu schaffen, um die sich seit dem 1.1.2025 ergebenden Probleme bei insbesondere den Fortbildungsleistungen zu vermeiden. Dies wird aber sicher nicht zeitnah geschehen (wenn überhaupt).

2. Ausübung Option

Die Ausübung der Option zur Umsatzsteuerpflicht ist an keine bestimmte Form gebunden. Der Unternehmer muss auch nicht bei der Option gegenüber dem Leistungsempfänger auf die Steuerpflicht optieren, es genügt, wenn er den betreffenden Umsatz in seiner Voranmeldung und Erklärung als steuerpflichtigen Umsatz behandelt. Zu beachten sind aber die Ausnahmen nach § 9 Abs. 3 UStG für Umsätze, die unter das Grunderwerbsteuergesetz fallen.

Für den Verzicht und die Rücknahme des Verzichts gelten **keine gesetzlichen Regelungen**. Eine Option auf die Umsatzsteuerpflicht kann jederzeit für die Zukunft ausgeübt werden. Die Finanzverwaltung ging früher davon aus, dass der Verzicht wie auch die Rücknahme des Verzichts solange möglich war, wie die Steuerfestsetzung für diese Leistung noch vorgenommen werden konnte. Der Verzicht war deshalb auch dann noch möglich, wenn eine Steuerfestsetzung aufgehoben oder geändert wurde (so früher Abschn. 148 Abs. 3 UStR 2008).

Der **BFH** (Urt. v. 10.12.2008 – XI R 1/08, BStBl II 2009, 1026) hatte dann aber – in einem Verfahren zum rückwirkenden Wechsel der Besteuerung von der Ist- zur Sollbesteuerung – die Rückgängigmachung der Optionen nach den §§ 9, 19, 23 UStG als auch die Rückgängigmachung der Istbesteuerung im Rahmen des § 20 UStG gleichgestellt und einen rückwirkenden Antrag sowie die rückwirkende Rücknahme desselben nur bis zum Eintritt der formellen Bestandskraft für zulässig erachtet (formelle Bestandskraft tritt ein, wenn die Rechtsbehelfsfrist im Verwaltungsverfahren und die Klagefrist bzw. die Rechtsmittelfrist im gerichtlichen Verfahren abgelaufen und daher Unanfechtbarkeit eingetreten ist. Die Bestandskraft kann nur bei Vorliegen bestimmter, gesetzlich geregelter Tatbestände durchbrochen werden).

Die **Finanzverwaltung** hatte die Grundsätze aus dem BFH-Urteil auch für den Widerruf der Option angewandt. Damit kann nach Auffassung der Finanzverwaltung der Verzicht auf die Steuerbefreiung wie auch die nachträgliche Rücknahme des Verzichts nur **bis zur formellen Bestandskraft** vorgenommen werden. Der BFH (Urt. v. 19.12.2013 – V R 6/12, BStBl II 2017, 837) hat dagegen klargestellt, dass dies nicht für den Widerruf bei der Option gelten soll; der Widerruf kann solange erfolgen, wie die Steuerfestsetzung anfechtbar oder nach § 164 AO änderbar ist. Grundsätzlich müsste dies in diesen Fällen auch für die Ausübung der Option für die Vergangenheit gelten. Mit Schreiben v. 2.8.2017 hat die Finanzverwaltung sowohl den Verzicht als auch den Widerruf bis zur materiellen Bestandskraft der Veranlagung zugelassen.

Hinweis: Keine Frist

Wird die Option ausgeübt, muss dafür für die Zukunft keine Frist eingehalten werden, sie kann jederzeit für die Zukunft wieder zurückgenommen werden. Gegebenenfalls erfolgt dann aber eine Vorsteuerberichtigung nach § 15 a UStG.

Ein einmal ausgeübter Verzicht auf die Steuerbefreiung kann unter den oben dargestellten Voraussetzungen auch wieder rückgängig gemacht werden. Der Leistungsempfänger muss dieser Rückgängigmachung nicht zustimmen.

Hinweis: Folgen des Widerrufs beachten

Soweit eine ausgeübte Option wieder rückgängig gemacht wird, muss der leistende Unternehmer die in den Rechnungen gesondert ausgewiesene Umsatzsteuer berichtigen, da er sie ansonsten nach § 14 c Abs. 1 UStG schuldet. Im Regelfall besteht hier zivilrechtlich ein Rückforderungsanspruch des Leistungsempfängers für die an den Unternehmer bezahlte Umsatzsteuer. Die Berichtigung der Umsatzsteuer kann nur erfolgen, wenn eine Zustimmung des Finanzamts zu dieser Berichtigung vorliegt und somit sichergestellt ist, dass der Vorsteuerabzug beim Leistungsempfänger nicht vorgenommen wurde oder wieder rückgängig gemacht worden ist (die „Gefährdung des Steueraufkommens muss ausgeschlossen sein").

UStAE 9.2. Einschränkung des Verzichts auf Steuerbefreiungen (§ 9 Abs. 2 und 3 UStG)

(1) [1]Der Verzicht auf die in § 9 Abs. 2 UStG genannten Steuerbefreiungen ist nur zulässig, soweit der Leistungsempfänger das Grundstück ausschließlich für Umsätze verwendet oder zu verwenden beabsichtigt, die den Vorsteuerabzug nach § 15 Abs. 1 UStG nicht ausschließen. [2]Unter den Begriff des Grundstücks fallen nicht nur Grundstücke insgesamt, sondern auch selbständig nutzbare Grundstücksteile (z. B. Wohnungen, gewerbliche Flächen, Büroräume, Praxisräume). [3]Soweit der Leistungsempfänger das Grundstück oder einzelne Grundstücksteile ausschließlich für Umsätze verwendet, die zum Vorsteuerabzug berechtigen, kann auf die Steuerbefreiung des einzelnen Umsatzes weiterhin verzichtet werden. [4]Werden mehrere Grundstücksteile räumlich oder zeitlich unterschiedlich genutzt, ist die Frage der Option bei jedem Grundstücksteil gesondert zu beurteilen. [5]Dabei ist es unschädlich, wenn die Verwendung der Grundstücksteile zivilrechtlich in einem einheitlichen Vertrag geregelt ist. [6]Ein vereinbartes Gesamtentgelt ist, ggf. im Schätzungswege, aufzuteilen.

Beispiel 1:

[1]V 1 errichtet ein Gebäude mit mehreren Wohnungen und vermietet es insgesamt an V 2. [2]Dieser vermietet die Wohnungen an Privatpersonen weiter.

[3]Die Vermietung des Gebäudes durch V 1 an V 2 und die Vermietung der Wohnungen durch V 2 an die Privatpersonen sind nach § 4 Nr. 12 Satz 1 Buchstabe a UStG steuerfrei. [4]V 1 kann auf die Steuerbefreiung nicht verzichten, weil sein Mieter das Gebäude für steuerfreie Umsätze verwendet, die den Vorsteuerabzug ausschließen (§ 9 Abs. 2 UStG). [5]V 2 kann auf die Steuerbefreiung nicht verzichten, weil er nicht an Unternehmer vermietet (§ 9 Abs. 1 UStG).

Beispiel 2:

[1]V 1 errichtet ein Gebäude und vermietet es an V 2. [2]Dieser vermietet es an eine Gemeinde zur Unterbringung der Gemeindeverwaltung weiter.

[3]Die Vermietung des Gebäudes durch V 1 an V 2 und die Weitervermietung durch V 2 an die Gemeinde sind nach § 4 Nr. 12 Satz 1 Buchstabe a UStG steuerfrei. [4]V 1 kann auf die Steuerbefreiung nicht verzichten, weil V 2 das Gebäude für steuerfreie Umsätze verwendet, die den Vorsteuerabzug ausschließen (§ 9 Abs. 2 UStG). [5]V 2 kann auf die Steuerbefreiung nicht verzichten, weil das Gebäude von der Gemeinde für nichtunternehmerische Zwecke genutzt wird (§ 9 Abs. 1 UStG).

Beispiel 3:

[1]V 1 errichtet ein gewerblich zu nutzendes Gebäude mit Einliegerwohnung und vermietet es insgesamt an V 2. [2]Dieser betreibt in den gewerblichen Räumen einen Supermarkt. [3]Die Einliegerwohnung vermietet V 2 an seinen angestellten Hausmeister.

[4]Die Vermietung des Gebäudes durch V 1 an V 2 und die Vermietung der Wohnung durch V 2 an den Hausmeister sind nach § 4 Nr. 12 Satz 1 Buchstabe a UStG steuerfrei. [5]V 1 kann bei der Vermietung der gewerblichen Räume auf die Steuerbefreiung verzichten, weil V 2 diese Räume ausschließlich für Umsätze verwendet, die zum Vorsteuerabzug berechtigen (§ 9 Abs. 2 UStG). [6]Bei der Vermietung der Einliegerwohnung kann V 1 auf die Steuerbefreiung nicht verzichten, weil V 2 die Wohnung für steuerfreie Umsätze verwendet, die den Vorsteuerabzug ausschließen (§ 9 Abs. 2 UStG). [7]V 2 kann bei der Vermietung der Einliegerwohnung nicht auf die Steuerbefreiung verzichten, weil der Hausmeister kein Unternehmer ist (§ 9 Abs. 1 UStG).

Beispiel 4:

[1]V errichtet ein mehrgeschossiges Gebäude und vermietet es wie folgt:

- die Räume des Erdgeschosses an eine Bank;
- die Räume im 1. Obergeschoss an einen Arzt;
- die Räume im 2. Obergeschoss an einen Rechtsanwalt;

– die Räume im 3. Obergeschoss an das städtische Schulamt.

[2]Die Vermietungsumsätze des V sind von der Umsatzsteuer befreit (§ 4 Nr. 12 Satz 1 Buchstabe a UStG). [3]Die Geschosse des Gebäudes sind selbständig nutzbare Grundstücksteile. [4]Die Frage der Option ist für jeden Grundstücksteil gesondert zu prüfen.

– Erdgeschoss

[5]V kann auf die Steuerbefreiung nicht verzichten, weil die Bank die Räume für grundsätzlich steuerfreie Umsätze (§ 4 Nr. 8 UStG) verwendet, die den Vorsteuerabzug ausschließen (§ 9 Abs. 2 UStG).

– 1. Obergeschoss

[6]V kann auf die Steuerbefreiung nicht verzichten, weil der Arzt die Räume für grundsätzlich steuerfreie Umsätze (§ 4 Nr. 14 UStG) verwendet, die den Vorsteuerabzug ausschließen (§ 9 Abs. 2 UStG).

– 2. Obergeschoss

[7]V kann auf die Steuerbefreiung verzichten, weil der Rechtsanwalt die Räume ausschließlich für Umsätze verwendet, die zum Vorsteuerabzug berechtigen (§ 9 Abs. 2 UStG).

– 3. Obergeschoss

[8]V kann auf die Steuerbefreiung nicht verzichten, weil die Stadt die Räume nicht unternehmerisch nutzt (§ 9 Abs. 1 UStG).

Beispiel 5:

[1]V 1 errichtet ein mehrgeschossiges Gebäude und vermietet es an V 2. [2]Dieser vermietet das Gebäude wie im Beispiel 4 weiter.

[3]Die Vermietung des Gebäudes durch V 1 an V 2 und die Weitervermietung durch V 2 sind nach § 4 Nr. 12 Satz 1 Buchstabe a UStG steuerfrei. [4]V 2 kann, wie in Beispiel 4 dargestellt, nur bei der Vermietung des 2. Obergeschosses an den Rechtsanwalt auf die Steuerbefreiung verzichten (§ 9 Abs. 2 UStG). [5]V 1 kann bei der Vermietung des 2. Obergeschosses auf die Steuerbefreiung verzichten, wenn V 2 von seiner Optionsmöglichkeit Gebrauch macht. [6]V 2 verwendet das 2. Obergeschoss in diesem Fall für steuerpflichtige Umsätze. [7]Bei der Vermietung der übrigen Geschosse kann V 1 auf die Steuerbefreiung nicht verzichten, weil V 2 diese Geschosse für steuerfreie Umsätze verwendet, die den Vorsteuerabzug ausschließen (§ 9 Abs. 2 UStG).

Beispiel 6:

[1]V errichtet ein zweistöckiges Gebäude und vermietet es an den Zahnarzt Z. [2]Dieser nutzt das Obergeschoss als Wohnung und betreibt im Erdgeschoss seine Praxis. [3]Einen Raum im Erdgeschoss nutzt Z ausschließlich für die Anfertigung und Wiederherstellung von Zahnprothesen.

[4]Die Vermietung des Gebäudes durch V an Z ist von der Umsatzsteuer befreit (§ 4 Nr. 12 Satz 1 Buchstabe a UStG). [5]Die Geschosse des Gebäudes und auch die Räume im Erdgeschoss sind selbständig nutzbare Grundstücksteile. [6]Die Frage der Option ist für jeden Grundstücksteil gesondert zu prüfen.

– Erdgeschoss

[7]V kann auf die Steuerbefreiung insoweit nicht verzichten, als Z die Räume für seine grundsätzlich steuerfreie zahnärztliche Tätigkeit (§ 4 Nr. 14 Buchstabe a Satz 1 UStG) verwendet, die den Vorsteuerabzug ausschließt (§ 9 Abs. 2 UStG). [8]Dagegen kann V auf die Steuerbefreiung insoweit verzichten, als Z einen Raum zur Anfertigung und Wiederherstellung von Zahnprothesen, also ausschließlich zur Erbringung von steuerpflichtigen und damit den Vorsteuerabzug nicht ausschließenden Umsätzen verwendet (§ 4 Nr. 14 Buchstabe a Satz 2 UStG).

– Obergeschoss

[9]V kann auf die Steuerbefreiung nicht verzichten, weil Z die Räume nicht unternehmerisch nutzt (§ 9 Abs. 1 UStG).

(2) [1]Die Option ist unter den Voraussetzungen des Absatzes 1 auch dann zulässig, wenn der Leistungsempfänger ein Unternehmer ist, der Reiseleistungen erbringt (§ 25 UStG) oder die Differenzbesteuerung für die Umsätze von beweglichen körperlichen Gegenständen anwendet (§ 25 a UStG). [2]Die Option ist nicht zulässig, wenn der Leistungsempfänger ein Unternehmer ist, der das Grundstück für Umsätze verwendet, für die er seine abziehbaren Vorsteuerbeträge nach Durchschnittssätzen entsprechend der Sonderregelung nach § 23 a UStG berechnet, oder der seine Umsätze nach den Durchschnittssätzen für land- und forstwirtschaftliche Betriebe nach § 24 UStG versteuert (vgl. BFH-Urteil vom 1. 3. 2018, V R 35/17, BStBl II S. 749). [3]Dasselbe gilt, wenn der Leistungsempfänger ein Unternehmer ist, **dessen Leistungen** nach § 19 UStG **steuerfrei sind**.

(3) [1]Verwendet der Leistungsempfänger das Grundstück bzw. einzelne Grundstücksteile nur in sehr geringem Umfang für Umsätze, die den Vorsteuerabzug ausschließen (Ausschlussumsätze), ist der Verzicht auf Steuerbefreiung zur Vermeidung von Härten weiterhin zulässig. [2]Eine geringfügige Verwendung für Ausschlussumsätze kann angenommen werden, wenn im Falle der steuerpflichtigen Vermietung die auf den Mietzins für das Grundstück bzw. für den Grundstücksteil entfallende Umsatzsteuer im Besteuerungszeitraum (Kalenderjahr, § 16 Abs. 1 Satz 2 UStG) höchstens zu 5 % vom Vorsteuerabzug ausgeschlossen wäre (Bagatellgrenze). [3]Für die Vorsteueraufteilung durch den Leistungsempfänger (Mieter) gelten die allgemeinen Grundsätze (vgl. Abschnitte 15.16 bis 15.18).

Beispiel 1:

[1]V vermietet das Erdgeschoss eines Gebäudes an den Schönheitschirurgen S. [2]Neben den steuerpflichtigen Leistungen (Durchführung von plastischen und ästhetischen Operationen) bewirkt S auch in geringem Umfang steuerfreie Heilbehandlungsleistungen (§ 4 Nr. 14 Buchstabe a UStG). [3]Die Aufteilung der sowohl mit den steuerpflichtigen als auch mit den steuerfreien Umsätzen in wirtschaftlichem Zusammenhang stehenden Vorsteuerbeträge nach ihrer wirtschaftlichen Zuordnung führt im Besteuerungszeitraum zu einem Vorsteuerausschluss von 3 %.

[4]Die Vermietung des Erdgeschosses von V an S ist nach § 4 Nr. 12 Satz 1 Buchstabe a UStG steuerfrei. [5]V kann auf die Steuerbefreiung verzichten, weil S das Erdgeschoss nur in geringfügigem Umfang für Umsätze verwendet, die den Vorsteuerabzug ausschließen.

Beispiel 2:

[1]V vermietet an den Autohändler A einen Ausstellungsraum. [2]A vermietet den Ausstellungsraum jährlich für zwei Wochen an ein Museum zur Ausstellung von Kunst.

[3]Die Vermietung des Ausstellungsraums durch V an A und die Weitervermietung durch A sind nach § 4 Nr. 12 Satz 1 Buchstabe a UStG steuerfrei. [4]Da A den Ausstellungsraum im Besteuerungszeitraum lediglich an 14 von 365 Tagen (ca. 4 %) zur Ausführung von Umsätzen verwendet, die den Vorsteuerabzug ausschließen, kann V auf die Steuerbefreiung der Vermietung des Ausstellungsraums verzichten. [5]A kann auf die Steuerbefreiung nicht verzichten, weil das Museum den Ausstellungsraum für steuerfreie Umsätze (§ 4 Nr. 20 Buchstabe a UStG) verwendet, die den Vorsteuerabzug ausschließen (§ 9 Abs. 2 UStG).

(4) [1]Der Unternehmer hat die Voraussetzungen für den Verzicht auf die Steuerbefreiungen nachzuweisen. [2]Der Nachweis ist an keine besondere Form gebunden. [3]Er kann sich aus einer Bestätigung des Mieters, aus Bestimmungen des Mietvertrags oder aus anderen Unterlagen ergeben. [4]Ständig wiederholte Bestätigungen des Mieters über die Verwendung des Grundstücks bzw. Grundstücksteils sind nicht erforderlich, solange beim Mieter keine Änderungen bei der Verwendung des Grundstücks zu erwarten sind. [5]Im Einzelfall kann es aber erforderlich sein, vom Mieter zumindest eine jährliche Bestätigung einzuholen.

(5) [1]§ 9 Abs. 2 UStG in der ab 1. 1. 1994 geltenden Fassung ist nicht anzuwenden, wenn das auf dem Grundstück errichtete Gebäude vor dem 1. 1. 1998 fertig gestellt wird und wenn mit der Errichtung des

Gebäudes vor dem 11. 11. 1993 begonnen wurde. [2]Unter dem Beginn der Errichtung eines Gebäudes ist der Zeitpunkt zu verstehen, in dem einer der folgenden Sachverhalte als Erster verwirklicht worden ist:

1. Beginn der Ausschachtungsarbeiten,
2. Erteilung eines spezifizierten Bauauftrags an den Bauunternehmer oder
3. Anfuhr nicht unbedeutender Mengen von Baumaterial auf dem Bauplatz.

[3]Vor diesem Zeitpunkt im Zusammenhang mit der Errichtung eines Gebäudes durchgeführte Arbeiten oder die Stellung eines Bauantrags sind noch nicht als Beginn der Errichtung anzusehen. [4]Dies gilt auch für die Arbeiten zum Abbruch eines Gebäudes, es sei denn, dass unmittelbar nach dem Abbruch des Gebäudes mit der Errichtung eines neuen Gebäudes begonnen wird. [5]Hiervon ist stets auszugehen, wenn der Steuerpflichtige die Entscheidung zu bauen für sich bindend und unwiderruflich nach außen hin erkennbar macht. [6]Dies kann z. B. durch eine Abbruchgenehmigung nachgewiesen werden, die nur unter der Auflage erteilt wurde, zeitnah ein neues Gebäude zu errichten.

(6) [1]Wird durch einen Anbau an einem Gebäude oder eine Aufstockung eines Gebäudes ertragsteuerlich ein selbständiges Wirtschaftsgut hergestellt, ist auf dieses Wirtschaftsgut die seit dem 1. 1. 1994 geltende Rechtslage anzuwenden. [2]Diese Rechtslage gilt auch, wenn ein Gebäude nachträglich durch Herstellungsarbeiten so umfassend saniert oder umgebaut wird, dass nach ertragsteuerlichen Grundsätzen ein anderes Wirtschaftsgut entsteht (vgl. H 7.3 EStH 2011 zu R 7.3 EStR). [3]Die Ausführungen in den Sätzen 1 und 2 sind jedoch in den Fällen nicht anzuwenden, in denen die Herstellungsarbeiten vor dem 11. 11. 1993 begonnen haben und vor dem 1. 1. 1998 abgeschlossen werden. [4]Die Einschränkung der Optionsmöglichkeiten ab 1. 1. 1994 hat keine Auswirkungen auf einen für die Errichtung des Gebäudes in Anspruch genommenen Vorsteuerabzug.

(7) [1]Durch die Veräußerung eines Grundstücks wird die Frage, ob der Verzicht auf die in § 9 Abs. 2 UStG genannten Steuerbefreiungen zulässig ist, nicht beeinflusst. [2]Für Grundstücke mit Altbauten gilt daher, auch wenn sie veräußert werden, die Rechtslage vor dem 1. 1. 1994. [3]Zu beachten sind aber weiterhin die Grundsätze des BMF-Schreibens vom 29. 5. 1992, BStBl I S. 378, zum Missbrauch rechtlicher Gestaltungsmöglichkeiten (§ 42 AO); vgl. auch BFH-Urteil vom 14. 5. 1992, V R 12/88, BStBl II S. 931.

(8) Ein Verzicht auf die Steuerbefreiung nach § 9 Abs. 1 UStG bei Lieferungen von Grundstücken (§ 4 Nr. 9 Buchstabe a UStG) im Zwangsversteigerungsverfahren durch den Vollstreckungsschuldner an den Ersteher ist bis zur Aufforderung zur Abgabe von Geboten im Versteigerungstermin zulässig.

(9) [1]Der Verzicht auf die Umsatzsteuerbefreiung der Lieferung eines Grundstücks außerhalb eines Zwangsversteigerungsverfahrens kann nur in dem dieser Grundstückslieferung zu Grunde liegenden notariell zu beurkundenden Vertrag erklärt werden. [2]Ein späterer Verzicht auf die Umsatzsteuerbefreiung ist unwirksam, auch wenn er notariell beurkundet wird (vgl. BFH-Urteil vom 21. 10. 2015, XI R 40/13, BStBl 2017 II S. 852). [3]Gleiches gilt für die Rücknahme des Verzichts auf die Umsatzsteuerbefreiung.

Anmerkung

1. Einschränkung abhängig vom Baujahr

Soweit sich die Option auf Nutzungen von Grundstücken bezieht (in der Regel bei Vermietungen von Grundstücken oder Grundstücksteilen, die grundsätzlich steuerfrei nach § 4 Nr. 12 Buchst. a UStG sind), sind über die Voraussetzungen des § 9 Abs. 1 UStG hinaus auch die Einschränkungen des § 9 Abs. 2 UStG zu berücksichtigen. Grundsätzlich muss der Leistungsempfänger ein voll zum Vorsteuerabzug berechtigter Unternehmer sein – allerdings ist die Bagatellregelung der Finanzverwaltung von 5 % (Abschn. 9.2 Abs. 3 UStAE) zu beachten.

Hinweis: Laufende Überprüfung notwendig

Die Prüfung, ob eine Option bei einem Vermietungsverhältnis möglich ist, sollte nicht nur bei Abschluss des Mietvertrags erfolgen. Es ist notwendig, laufend die Voraussetzungen für die Option zu prüfen. Dabei sind auch Veränderungen zu berücksichtigen, die bei den Mietern aufgrund tatsächlicher Änderungen der wirtschaftlichen Tätigkeit (dies ergab sich insbesondere in den Jahren 2020 bis 2022 aufgrund der Corona-Pandemie, wenn z.B. Apotheker tlw. auch steuerfreie Corona-Tests oder Corona-Impfungen ausführten oder eine an einen Gastwirt vermietete Einheit an ein Corona-Test-Center untervermietet wurde) oder aufgrund einer anderen umsatzsteuerrechtlichen Beurteilung der bisherigen Tätigkeit (z.B., wenn sich Veränderungen – Ausweitungen – bei der Anwendung von Steuerbefreiungen ergeben) Rückwirkungen auf die Optionsmöglichkeit des Vermieters nach sich ziehen.

Dabei ist insbesondere zu beachten, dass die Einschränkung der Optionsmöglichkeit nach § 9 Abs. 2 UStG in der Vergangenheit mehreren Änderungen unterlegen hat.

Hinweis: Zusammenhang mit § 27 Abs. 2 UStG beachten

Da die Anwendung des § 9 Abs. 2 UStG ausschließlich von dem Bau- bzw. Fertigstellungsjahr der Immobilie abhängt, kann diese Vorschrift nur im Zusammen-hang mit der Anwendungsvorschrift des § 27 Abs. 2 UStG umgesetzt werden.

Bei Gebäuden, bei denen mit dem **Baubeginn vor dem 11.11.1993** begonnen worden ist und die auch vor dem 1.1.1998 fertiggestellt worden sind, kann der Vermieter die Vermietung steuerpflichtig behandeln, wenn der Mieter ein Unternehmer ist und er die Räume für seine unternehmerischen Zwecke (allerdings keine Mietwohnzwecke) verwendet. Soweit diese Voraussetzungen gegeben sind, kommt es nicht darauf an, ob der Leistungsempfänger zum Vorsteuerabzug bezüglich der ihm in Rechnung gestellten Umsatzsteuer berechtigt ist. Damit können insbesondere Vermietungen steuerpflichtig behandelt werden, bei denen an Ärzte, Kreditinstitute oder Versicherungsunternehmen vermietet wird.

Hinweis: Wirtschaftliche Konsequenzen beachten

Da die Umsatzsteuer bei den nicht zum Vorsteuerabzug berechtigten Unternehmern Kosten darstellt, ist diese Umsatzsteuer meist nicht auf den Mieter zu überwälzen. Aus diesem Grunde ist – insbesondere nach Ablauf des zehnjährigen Berichtigungszeitraums nach § 15a UStG – laufend zu überprüfen, ob eine Vermietung steuerpflichtig behandelt werden sollte. Dabei ist zu berücksichtigen, dass auch größere Instandsetzungsarbeiten einen eigenständigen Vorsteuerberichtigungszeitraum auslösen können.

2. Vermietung/Verpachtung an durchschnittssatzbesteuerte Unternehmer

Werden Grundstücke oder Gebäude an einen Unternehmer vermietet, vollzieht sich dies grundsätzlich im Rahmen einer nach § 4 Nr. 12 UStG steuerfreien Vermietung. Unter den Bedingungen des § 9 UStG kann der leistende Unternehmer aber auf die Steuerbefreiung verzichten. Grundsätzlich muss die Leistung, damit überhaupt ein Verzicht auf die Steuerbefreiung in Frage kommen kann, an einen Unternehmer für dessen Unternehmen erfolgen. Bei Gebäuden, die ab dem 11.11.1993 errichtet wurden, ist weitere Voraussetzung, dass der Leistungsempfänger bezüglich einer ihm berechneten Umsatzsteuer aus der Vermietung voll zum Vorsteuerabzug berechtigt sein muss. Ist in diesen Fällen der Unternehmer nicht zum Vorsteuerabzug berechtigt, muss die Vermietung oder Verpachtung zwingend steuerfrei erfolgen.

Die Finanzverwaltung hatte bisher (Abschn. 9.2 Abs. 2 UStAE in der bis zum 6.11.2020 vorhandenen Fassung) die Rechtsauffassung vertreten, dass auch Unternehmer, die die **Durchschnittssatzbesteuerung** nach § 23 (mittlerweile zum 1.1.2023 aufgehoben) oder § 23a UStG wie auch die Durchschnittssatzbesteuerung nach § 24 UStG für Land- und Forstwirte anwenden, zu den vorsteuerabzugsberechtigten Unternehmern gehören, sodass ihnen gegenüber auch bei den ab dem 11.11.1993 errichteten Gebäuden auf die Steuerfreiheit verzichtet werden konnte.

Hinweis: Früheres Gestaltungsmodell

Offensichtlich war dies bei durchschnittssatzbesteuerten Land- und Forstwirten ein Modell, dass bei Neuerrichtung eines Stalls (o.ä. Gebäude), der Stall nicht durch den Landwirt selbst (dann ohne individuellen Vorsteuerabzug aus den Herstellungskosten) errichtet wurde, sondern der Stall durch eine vorgeschaltete „Vermietungs-GbR" oder den Ehepartner errichtet wurde und dann unter Verzicht auf die Steuerbefreiung an den Landwirt vermietet oder verpachtet wurde. In diesem Fall war sofort der Vorsteuerabzug aus den Herstellungskosten abzugsfähig, sodass nur noch die Nettoherstellungskosten finanziert werden mussten.

Der **BFH** (Urt. v. 1.3.2018 – V R 35/17, BFH/NV 2018, 801) hatte dem entgegen allerdings geurteilt, dass bei der Vermietung oder Verpachtung an einen durchschnittssatzbesteuerten Landwirt wegen § 9 Abs. 2 UStG nicht auf die Steuerbefreiung der Vermietungs- oder Verpachtungsleistung verzichtet werden darf. Die **Finanzverwaltung** hat die Rechtsprechung des BFH übernommen und wendet sie nicht nur auf die Land- und Forstwirte an, die § 24 UStG anwenden, sondern zutreffend auch für die Unternehmer, die die Vorsteuerbeträge nach § 23 a UStG (oder bis 2022 nach § 23 UStG) pauschalieren. Dies konnte aber bis Ende 2022 in dieser Absolutheit nicht zutreffend sein, soweit Leistungsempfänger unter die Teilpauschalierung nach § 70 Abs. 2 UStDV fallen (nach Abschn. B der Anlage zur UStDV) und insoweit den Vorsteuerabzug für bezogene Leistungen i. S. d. § 4 Nr. 12 UStG vornehmen können. In diesem Fall muss eine Option für den leistenden Unternehmer für eine Vermietungsleistung in Betracht kommen.

Hinweis: Vermietungsverhältnisse prüfen

Vermieter sollten sich deshalb – gerade bei Vermietung von kleinen Einheiten oder insbesondere auch bei Untervermietungen – intensiv mit den umsatzsteuerrechtlichen Bedingungen ihrer Mieter beschäftigen. Oftmals ist dies vielleicht nicht so transparent, insbesondere bei bestehenden Untermietverhältnissen.

Soweit bei solchen Vermietungen dennoch Umsatzsteuer in einer Rechnung oder einem Mietvertrag gesondert ausgewiesen wird, handelt es sich um einen unrichtigen Steuerausweis, diese Umsatzsteuer wird nach § 14c Abs. 1 UStG geschuldet. In diesen Fällen mit dem Mietobjekt zusammenhängende Vorsteuerbeträge sind nicht zum Abzug zugelassen, ggf. muss eine Vorsteuerberichtigung nach § 15a UStG vorgenommen werden.

Die Finanzverwaltung beanstandet es nicht, wenn dies für **Umsätze, die vor dem 1.1.2020 bewirkt wurden**, noch nicht angewendet wird.

3. Zeitpunkt der Option

Im Regelfall wird in der Praxis der Verzicht auf die Steuerbefreiung bei Leistungen gegenüber vorsteuerabzugsberechtigten Unternehmern vorgenommen, um selbst den Vorsteuerabzug für damit im Zusammenhang stehende Eingangsleistungen zu erhalten. Der Verzicht auf die Steuerbefreiung kann nicht nur für zukünftige Umsätze ausgeübt werden, ein Verzicht kann auch **für die Vergangenheit** vorgenommen oder für die Vergangenheit widerrufen werden. Die Finanzverwaltung hatte früher die Rechtsauffassung vertreten, dass die Option für die Vergangenheit nur bis zur formellen Bestandskraft (die formelle Bestandskraft tritt regelmäßig ein Monat nach Abgabe der Jahressteuererklärung ein) einer Veranlagung ausgeübt oder widerrufen werden kann.

BFH (Urt. v. 19.12.2013 – V R 6/12, BStBl II 2017, 837 sowie V R 7/12, BStBl II 2017, 841) hatte dagegen entschieden, dass die Rücknahme des Verzichts auf Steuerbefreiungen nach § 9 UStG möglich ist, solange die **Steuerfestsetzung für das Jahr der Leistungserbringung anfechtbar** oder auf **Grund eines Vorbehalts der Nachprüfung nach § 164 AO noch änderbar** ist (materielle Bestandskraft). Der Verzicht und sein Rückgängigmachen sind bezüglich der zeitlichen Grenzen ihres Ausübens gleich zu behandeln.

Die **Finanzverwaltung** hat mit Schreiben v. 2.8.2017 die Vorgaben aus der Rechtsprechung des BFH übernommen und den UStAE angepasst: Die Erklärung zur Option nach § 9 UStG sowie die Rücknahme dieser Option sind zulässig, solange die Steuerfestsetzung für das Jahr der Leistungserbringung anfechtbar oder auf Grund eines Vorbehalts der Nachprüfung nach § 164 AO noch änderbar ist.

4. Option bei Umsätzen, die unter das GrEStG fallen

Bei Umsätzen, die unter das **GrEStG** fallen, ist in § 9 Abs. 3 Satz 2 UStG als weitere Voraussetzung für die Option enthalten, dass schon im **notariellen Kaufvertrag** auf die Steuerbefreiung verzichtet werden muss.

Die Finanzverwaltung (BMF, Schreiben v. 31.3.2004, BStBl I 2004, 453) hatte früher ermöglicht, dass ein Verzicht auf die Steuerbefreiung bei diesen Umsätzen auch noch in einer notariellen Ergänzungsurkunde ausgeübt werden kann.

Entgegen der Auffassung der Finanzverwaltung hatte der **BFH** (Urt. v. 21.10.2015 – XI R 40/13, BStBl II 2017, 853) eine strengere Anwendung der gesetzlichen Vorgaben vorgenommen und die Option bei den unter das GrEStG fallenden Vorgängen – in aller Regel die Veräußerung von Grundstücken – **ausschließlich im notariellen Kaufvertrag** ermöglicht. Ein Nachholen der Option ist nach dieser Rechtsprechung nicht möglich.

Die **Finanzverwaltung** hat mit Schreiben v. 2.8.2017 die Vorgaben aus der Rechtsprechung des BFH übernommen und den UStAE angepasst: Der Verzicht auf die Umsatzsteuerbefreiung der Lieferung eines Grundstücks außerhalb eines Zwangsversteigerungsverfahrens kann nur in dem dieser Grundstückslieferung zu Grunde liegenden notariell zu beurkundenden Vertrag erklärt werden. Ein späterer Verzicht wie auch die Rücknahme des Verzichts auf die Umsatzsteuerbefreiung ist unwirksam, auch wenn er notariell beurkundet wird. Bei der Zwangsversteigerung eines Grundstücks muss schon bei der Aufforderung zur Abgabe eines Gebots auf die Steuerbefreiung verzichtet werden.

Hinweis: Widerruf möglich

Zum Widerruf des Verzichts auf die Steuerbefreiung hat der BFH (Beschl. v. 2.7.2021 – XI R 22/19, BFH/NV 2021, 1624) entschieden, dass die Option solange widerrufen werden kann, solange die Steuerfestsetzung für das Jahr der Leistungserbringung noch anfechtbar oder noch nach § 164 AO änderbar ist. In § 9 Abs. 3 Satz 2 UStG ist nur die Option, nicht aber der Widerruf geregelt.

Die Regelungen waren in allen offenen Fällen anzuwenden. Die Finanzverwaltung hatte 2017 jedoch Übergangs- und Vertrauensschutzregelungen getroffen:

– Für die Zeit vom 31.3.2004 bis 31.10.2010 wurde die Wirksamkeit von notariellen Vertragsergänzungen oder -änderungen nicht beanstandet.

– Für die Zeiträume ab dem 1.11.2010 kam in den Fällen von notariellen Vertragsergänzungen oder -änderungen ein Vertrauensschutz bis zur formellen Bestandskraft in Betracht, wenn die Erklärungen vor dem 1.1.2018 abgegeben wurden.

Hinweis: Verschiedene Überlegungen bei Grundstücksveräußerungen

Bei dem Verzicht auf die Steuerbefreiung bei der Veräußerung von Grundstücken muss der Verkäufer sich verschiedene Gedanken machen: Zuerst muss überprüft werden, ob die Immobilienveräußerung zu einer nicht steuerbaren Geschäftsveräußerung i. S. d. § 1 Abs. 1a UStG führt. Liegt eine nicht steuerbare Geschäftsveräußerung vor, tritt der Leistungsempfänger in die Rechtsposition des Verkäufers ein – insbesondere muss er die Vorsteuerberichtigungszeiträume des Verkäufers fortführen. Liegt keine Geschäftsveräußerung nach § 1 Abs. 1a UStG vor, muss geprüft werden, ob eine Option möglich und sinnvoll ist. Soweit dies bejaht wird, muss dann im notariellen Kaufvertrag auf die Steuerbefreiung verzichtet werden, ohne dass eine USt gesondert ausgewiesen werden darf, da der Leistungsempfänger zum Steuerschuldner (§ 13b Abs. 2 Nr. 3 i. V. m. Abs. 5 Satz 1 UStG) wird.

Es kann hinterfragt werden, ob die **einschränkende Rechtsprechung** des BFH dem Sinn der Regelung entspricht. Dem BFH ist zugute zu halten, dass der reine Wortlaut des Gesetzes nur den Verzicht auf die Steuerbefreiung in dem notariellen Kaufvertrag zulässt. Wenn aber der Sinn der Regelung mit in die Überlegung einbezogen wird, ergeben sich Zweifel. Die Option im Kaufvertrag war eingeführt worden, als die Übertragung der Steuerschuldnerschaft auf den Leistungsempfänger in diesen Fällen eingeführt worden war. Zum **Schutz des Käufers** wurde die Regelung mit aufgenommen, damit er schon bei Abschluss des Kaufvertrags über den Verzicht auf die Steuerbefreiung und die damit einhergehende Steuerschuldnerschaft informiert war. Insoweit war es aus Sicht der Praxis wünschenswert, einen solchen Verzicht auch noch nachträglich notariell zu vereinbaren. Es ergeben sich auch weder systematische noch logische Gründe, warum eine einvernehmliche nachträgliche (notariell beurkundete) Vertragsanpassung nicht wirksam sein sollte. Gerade auch vor der immer weiter zunehmenden

Komplexität der Abgrenzung der nicht steuerbaren Geschäftsveräußerung bei Immobilienumsätzen wäre es begrüßenswert, wenn § 9 Abs. 3 Satz 2 UStG dahingehend angepasst werden würde, dass ein Verzicht auf die Steuerbefreiung in notarieller Urkunde zu erklären ist – dies würde dann auch eine nachträgliche Vertragsanpassung ermöglichen, ohne dass eine Vertragspartei benachteiligt wäre.

GRUNE · RADEISEN

Umsatzsteuer 2026

Band 2

Umsatzsteuer 2026

Band 2

- Umsatzsteuergesetz (UStG)
- Umsatzsteuer-Durchführungsverordnung (UStDV)
- Verwaltungsregelung zur Anwendung des Umsatzsteuergesetzes (UStAE), Stand 1. 1. 2026 mit aktuellen Anmerkungen
- Richtlinie 2006/112/EG des Rates vom 28. November 2006 über das gemeinsame Mehrwertsteuersystem (MwStSystRL)
- Durchführungsverordnung (EU) Nr. 282/2011 des Rates vom 15. März 2011 zur Festlegung von Durchführungsvorschriften zur Richtlinie 2006/112/EG über das gemeinsame Mehrwertsteuersystem (MwStVO)

Dr. Jörg Grune
Rechtsanwalt/Steuerberater, Hannover

Prof. Dipl.-Kfm. Rolf-Rüdiger Radeisen
Steuerberater, Berlin

herausgegeben vom
Steuerberaterverband Niedersachsen Sachsen-Anhalt e.V.

Rechtsstand: 1. 1. 2026

BOORBERG

Bibliografische Information der Deutschen Nationalbibliothek | Die Deutsche Nationalbibliothek verzeichnet diese Publikation in der Deutschen Nationalbibliografie; detaillierte bibliografische Daten sind im Internet über www.dnb.de abrufbar.

ISBN 978-3-415-07820-8

Anfragen gemäß EU-Verordnung über die allgemeine Produktsicherheit (EU) 2023/988 (General Product Safety Regulation – GPSR) richten Sie bitte an:
Richard Boorberg Verlag GmbH, Produktsicherheit, Scharrstraße 2, 70563 Stuttgart;
E-Mail: produktsicherheit@boorberg.de

Titelfoto: © RBV/agsandrew – Fotolia | Satz: Reemers Publishing GmbH, Luisenstraße 62, 47799 Krefeld | Druck und Bindung: C. Maurer GmbH & Co. KG, Schubartstraße 21, 73312 Geislingen/Steige

Richard Boorberg Verlag GmbH & Co KG | Scharrstraße 2 | 70563 Stuttgart
Stuttgart | München | Hannover | Berlin | Weimar | Dresden
www.boorberg.de

Vorwort

Das Werk „Umsatzsteuer 2026“ enthält

- das UStG und die UStDV in der zum 1.1.2026 geltenden Fassung,
- die unionsrechtlichen Vorgaben (MwStSystRL) und Vorschriften (MwStVO) nach dem Stand vom 1.1.2026 mit Hinweisen auf bereits verabschiedete, aber noch nicht in Kraft getretene Änderungen und Ergänzungen,
- den Umsatzsteuer-Anwendungserlass (UStAE) i.d.F. vom 1.1.2026 sowie
- umfangreiche ergänzende Anmerkungen der Verfasser zu den einzelnen Abschnitten des UStAE.

Die Verwaltungsanweisungen zum Umsatzsteuerrecht (UStAE) sind die umfangsreichsten im deutschen Steuerrecht. Sie wurden auch zum 1.1.2026 wieder an vielen und entscheidenden Stellen verändert und ergänzt.

Nachdem die umsatzsteuerrechtlichen Entwicklungen des Jahres 2025 durch vielfältige Gesetzesänderungen – z.B. Einführung der verpflichtenden E-Rechnung, vollständige Neuregelung der Kleinunternehmerbesteuerung, Änderung der Regelungen für die Steuerbefreiung der Bildungsleistungen – geprägt waren, sind die zum 1.1.2026 in Kraft getretenen Gesetzesänderungen eher überschaubar geblieben: Die (Wieder-) Einführung des ermäßigten Steuersatzes in der Gastronomie, die Anpassung bei der Vorsteueraufteilung oder die Einführung einer Übergangsregelung im Zusammenhang mit der Abschaffung der Steuerlagerregelung.

Umso umfangreicher waren die Einführungs- und Anwendungsschreiben der Finanzverwaltung zu den ab 1.1.2025 geltenden Gesetzesänderungen. Dabei blieben allerdings für die Anwendungspraxis viele Fragen offen und manche Aussage des BMF muss auch kritisch hinterfragt werden. Hinzu kommt, dass die Finanzverwaltung mit ihren Aussagen nicht in allen Bereichen auf einem aktuellen Stand ist: So entsprechen etwa die Feststellungen zur umsatzsteuerlichen Organschaft nicht der aktuellen Rechtsprechung, zur Frage des sog. Aufteilungsgebots bei der Vermietung von Immobilien und Betriebsvorrichtungen wird nach wie vor ein BMF-Schreiben erwartet und die Rechtsprechung zum sog. Direktanspruch ignoriert die Finanzverwaltung beharrlich.

Weitere Entwicklungen ergaben sich durch die Rechtsprechung von BFH und EuGH: Von den unentgeltlichen Wertabgaben über die Steuerbefreiung bei heilkundlichen Leistungen bis zu Einzelfragen des Vorsteuerabzugs, des unrichtigen und unberechtigten Steuerausweises und zur Anwendung der Differenzbesteuerung wurden zu großen oder manchmal auch kleinen Fragestellungen Entscheidungen getroffen, die in das Werk „Umsatzsteuer 2026“ eingeflossen sind. Hinweise auf anhängige Verfahren bei EuGH, EuG und BFH runden das vorliegende Werk ab.

Die Kommentierungen zu den einzelnen Abschnitten des UStAE wurden erneut an die aktuellen Entwicklungen und Fragestellungen angepasst und wie üblich wieder mit ausführlichen Hinweisen für die Rechtsanwendungspraxis versehen. Kritische, aber natürlich auch positive Anmerkungen und Anregungen dazu werden gern entgegengenommen.

Die Verfasser möchten die Gelegenheit nutzen und sich an dieser Stelle für die gute und zuverlässige Betreuung des Werkes durch den Boorberg-Verlag bedanken. Besonderer Dank gilt Frau Melanie Wanderer, die auch für die Neuauflage des seit einigen Jahren zweibändigen Werkes wieder wertvolle Unterstützung im Lektorat geleistet hat und dafür gesorgt hat, dass manche Anmerkung auch noch kurzfristig aufgenommen werden konnte.

Berlin und Hannover im Januar 2026

Dr. Jörg Grune

Prof. Dipl.-Kfm. Rolf-Rüdiger Radeisen

Inhaltsverzeichnis

Verwaltungsregelung zur Anwendung des Umsatzsteuergesetzes – Umsatzsteuer-Anwendungserlass (UStAE) –

Aufgrund der Allgemeinen Verwaltungsvorschrift zur Aufhebung der Allgemeinen Verwaltungsvorschrift zur Ausführung des Umsatzsteuergesetzes (Umsatzsteuer-Richtlinien 2008 – UStR 2008) vom 6. Oktober 2010 sind die UStR 2008 mit Wirkung vom 1. November 2010 aufgehoben worden. An ihre Stelle ist der – zeitlich nicht befristete – Umsatzsteuer-Anwendungserlass getreten.

Seither erfolgte Änderungen des Umsatzsteuer-Anwendungserlasses sind bis einschließlich 29.12.2025 (BMF-Schreiben vom 29.12.2025 – III C 3 - S 7157/00010/002/077) eingearbeitet.

Die im Jahr 2025 erfolgten Änderungen der abgedruckten Vorschriften sind darüber hinaus im Text in Fettdruck hervorgehoben; Streichungen von Textpassagen sind nicht gesondert gekennzeichnet.

Inhaltsübersicht

Band 2

Abkürzungsverzeichnis

a. a. O.	am angeführten/angegebenen Ort
Abs.	Absatz
abzgl.	abzüglich
ABl.	Amtsblatt der Europäischen Union
ABl. EG	Amtsblatt der Europäischen Gemeinschaft
ABl. EU	Amtsblatt der Europäischen Union
AEAO	Anwendungserlass zur Abgabenordnung
AES	Automated Export System
AfA	Absetzung für Abnutzung
AfZSt	Ausfuhrzollstelle
AG	Aktiengesellschaft
AgZSt	Ausgangszollstelle
AIF	Alternative Investmentfonds
AktG	Aktiengesetz
ALG	Gesetz über die Alterssicherung der Landwirte
AO	Abgabenordnung
ASiG	Gesetz über Betriebsärzte, Sicherheitsingenieure und andere Fachkräfte für Arbeitssicherheit
ATLAS	Automatisiertes Tarif- und Lokales Zollabwicklungssystem
AusglMechV	Ausgleichsmechanismusverordnung
AWV	Außenwirtschaftsverordnung
BA	Bundesagentur für Arbeit
BAnz.	Bundesanzeiger
BauGB	Baugesetzbuch
BB	Betriebsberater
BewG	Bewertungsgesetz
BFH	Bundesfinanzhof
BGB	Bürgerliches Gesetzbuch
BGBl.	Bundesgesetzblatt
BGH	Bundesgerichtshof
BGHZ	Sammlung der Entscheidungen des Bundesgerichtshofs in Zivilsachen
BHO	Bundeshaushaltsordnung
BKrFQG	Berufskraftfahrer-Qualifikationsgesetz
BMF	Bundesministerium der Finanzen
BNatSchG	Bundesnaturschutzgesetz
BNotO	Bundesnotarordnung
BStBl	Bundessteuerblatt
BVerfG	Bundesverfassungsgericht
BVerwG	Bundesverwaltungsgericht
BVerwGE	Sammlung von Entscheidungen des Bundesverwaltungsgerichts
BZSt	Bundeszentralamt für Steuern
bzw.	beziehungsweise
CEREC	Ceramic Reconstruction (Keramische Rekonstruktion)
d.h.	das heißt
E-Rechnung	**elektronische Rechnung**
EBKrG	Eisenbahnkreuzungsgesetz
ECS	Export Control System
EDI	**Electronic Data Interchange (elektronischer Datenaustausch) nach Artikel 2 der Empfehlung 94/820/EG der Kommission vom 19. Oktober 1994 über die rechtlichen Aspekte des elektronischen Datenaustausches (ABl. L 338 vom 28.12.1994, S. 98)**

EDIFACT	Electronic Data Interchange For Administration, Commerce and Transport (Branchenübergreifender internationaler Standard für das Format elektronischer Daten im Geschäftsverkehr)
EDV	Elektronische Datenverarbeitung
EEG	Gesetz über den Vorrang erneuerbarer Energien
EEX	European Energy Exchange
EFTA	European Free Trade Association (Europäische Freihandelsassoziation)
EG	Europäische Gemeinschaft
eIDAS-VO	Verordnung (EU) Nr. 910/2014 des Europäischen Parlaments und des Rates vom 23. Juli 2014 über elektronische Identifizierung und Vertrauensdienste für elektronische Transaktionen im Binnenmarkt und zur Aufhebung der Richtlinie 1999/93/EG (eIDAS-Verordnung, ABl. EU 2014 Nr. L 257 S. 73)
EnergieStG	Energiesteuergesetz
EnEV	Energieeinsparverordnung
EStDV	Einkommensteuer-Durchführungsverordnung
EStG	Einkommensteuergesetz
EStR	Einkommensteuer-Richtlinien
EU	Europäische Union
EuGH	Europäischer Gerichtshof
EuGHE	Amtliche Sammlung der Entscheidungen des Europäischen Gerichtshofs
EUStBV	Einfuhrumsatzsteuer-Befreiungsverordnung
EVO	Eisenbahn-Verkehrsordnung
FahrlG	Fahrlehrergesetz
FGO	Finanzgerichtsordnung
FlurbG	Flurbereinigungsgesetz
FVG	Finanzverwaltungsgesetz
FzgLiefgMeldV	Fahrzeuglieferungs-Meldepflichtverordnung
FZV	Fahrzeugzulassungsverordnung
GasNZV	Verordnung über den Zugang zu Gasversorgungsnetzen
GewStG	Gewerbesteuergesetz
GG	Grundgesetz
ggf.	gegebenenfalls
GmbH	Gesellschaft mit beschränkter Haftung
GoBD	Grundsätze zur ordnungsmäßigen Führung und Aufbewahrung von Büchern, Aufzeichnungen und Unterlagen in elektronischer Form sowie zum Datenzugriff
GOZ	Gebührenordnung für Zahnärzte
GrEStG	Grunderwerbsteuergesetz
GVG	Gerichtsverfassungsgesetz
gVV	gemeinsames Versandverfahren
HeimG	Heimgesetz
HGB	Handelsgesetzbuch
HOAI	Honorarordnung für Architekten und Ingenieure
HwO	Gesetz zur Ordnung des Handwerks – Handwerksordnung
IATA	International Air Transport Association (Internationale Flug-Transport-Vereinigung)
i. e. S.	im engeren Sinne
InsO	Insolvenzordnung
InvStG	Investmentsteuergesetz
JÖSchG	Gesetz zum Schutze der Jugend in der Öffentlichkeit
JuSchG	Jugendschutzgesetz
JVEG	Justizvergütungs- und -entschädigungsgesetz

KAGB	Kapitalanlagegesetzbuch
Kfz	Kraftfahrzeug
KG	Kommanditgesellschaft
KGaA	Kommanditgesellschaft auf Aktien
KHG	Krankenhausfinanzierungsgesetz
KO	Konkursordnung
KostO	Kostenordnung (freiwillige Gerichtsbarkeit)
KStG	Körperschaftsteuergesetz
KStR	Körperschaftsteuer-Richtlinien
KU-IdNr.	**Kleinunternehmer-Identifikationsnummer**
KVLG 1989	Zweites Gesetz über die Krankenversicherung der Landwirte
KWG	Gesetz über das Kreditwesen
kWh	Kilowattstunde
KWK	Kraft-Wärme-Kopplung
KWKG	Kraft-Wärme-Kopplungs-Gesetz
Lkw	Lastkraftwagen
LStH	Amtliches Lohnsteuer-Handbuch
LStR	Lohnsteuer-Richtlinien
LuftVG	Luftverkehrsgesetz
MaStR	Marktstammdatenregister
MaStRV	Marktstammdatenregisterverordnung
MRN	Master Reference Number
MwStSystRL	Richtlinie 2006/112/EG des Rates vom 28. 11. 2006 über das gemeinsame Mehrwertsteuersystem (Mehrwertsteuer-Systemrichtlinie; ABl. EU Nr. L 347 S. 1)
MwStVO	Durchführungsverordnung (EU) Nr. 282/2011, ABl. EU 2011 Nr. L 77 S. 1
NATO	North Atlantic Treaty Organization (Organisation für den Nord-Atlantik-Vertrag)
NATO-ZAbk	Zusatzabkommen zur North Atlantic Treaty Organization
Nr.	Nummer
n. v.	nicht veröffentlicht
OGAW	Organismen für gemeinsame Anlagen in Wertpapieren
OHG	Offene Handelsgesellschaft
PBefG	Personenbeförderungsgesetz
PDF	Portable Document Format (deutsch: plattformunabhängiges Dokumentenformat)
Pkw	Personenkraftwagen
PostG	Postgesetz
ProstSchG	Prostituiertenschutzgesetz
PUDLV	Post-Universaldienstleistungsverordnung
RennwLottG	Rennwett- und Lotteriegesetz
Rn.	Randnummer
RVG	Gesetz über die Vergütung der Rechtsanwältinnen und Rechtsanwälte
S.	Seite
ScheckG	Scheckgesetz
SGB	Sozialgesetzbuch
sog.	sogenannte/sogenannten/sogenannter/sogenanntes
SortSchG	Sortenschutzgesetz
StBerG	Steuerberatungsgesetz
StBGebV	Gebührenverordnung für Steuerberater, Steuerbevollmächtigte und Steuerberatungsgesellschaften
StGB	Strafgesetzbuch
StromNZV	Verordnung über den Zugang zu Elektrizitätsversorgungsnetzen – Stromnetzzugangsverordnung

StVollzG	Gesetz über den Vollzug der Freiheitsstrafe und der freiheitsentziehenden Maßregeln der Besserung und Sicherung – Strafvollzugsgesetz
SvEV	Sozialversicherungsentgeltverordnung
SVLFGG	Gesetz zur Errichtung der Sozialversicherung für Landwirtschaft, Forsten und Gartenbau
TEHG	Treibhausgas-Emissionshandelsgesetz
TierZG	Tierzuchtgesetz
TIR	Transports Internationaux Routiers (deutsch: Internationaler Straßentransport)
Tz.	Textziffer
u.a.	und andere
u.Ä.	und Ähnliche/Ähnlicher/Ähnliches
UmwG	Umwandlungsgesetz
UrhG	Urheberrechtsgesetz
UStDV	Umsatzsteuer-Durchführungsverordnung
USt-IdNr.	Umsatzsteuer-Identifikationsnummer
UStG	Umsatzsteuergesetz
UStZustV	Umsatzsteuerzuständigkeitsverordnung
UZK	Verordnung (EU) Nr. 952/2013 des Europäischen Parlaments und des Rates vom 9. Oktober 2013 zur Festlegung des Zollkodex der Union (Unionszollkodex)
UZK-DA	Delegierte Verordnung (EU) 2015/2446 der Kommission vom 28. Juli 2015 zur Ergänzung des UZK mit Einzelheiten zur Präzisierung von Bestimmungen des UZK
UZK-IA	Durchführungsverordnung (EU) 2015/2447 der Kommission vom 24. November 2015 mit Einzelheiten zur Umsetzung von Bestimmungen des UZK
VAG	Versicherungsaufsichtsgesetz
VDG	Vertrauensdienstegesetz
VersStG	Versicherungsteuergesetz
vgl.	vergleiche
VO	Verordnung
VOB	Vergabe- und Vertragsordnung für Bauleistungen
WEG	Gesetz über das Wohnungseigentum und das Dauerwohnrecht (Wohnungseigentumsgesetz)
WG	Wechselgesetz
W-IdNr.	**Wirtschafts-Identifikationsnummer**
WpHG	Wertpapierhandelsgesetz
XML	**Extensible Markup Language (Maschinensprache zur Darstellung hierarchisch strukturierter Daten)**
z.B.	zum Beispiel
ZM	Zusammenfassende Meldung
ZollVG	Zollverwaltungsgesetz
ZPO	Zivilprozessordnung
ZVG	Gesetz über die Zwangsversteigerung und die Zwangsverwaltung
zzgl.	zuzüglich

Umsatzsteuergesetz (UStG)

in der Fassung der Bekanntmachung vom 21. Februar 2005 (BGBl. I S. 386), geändert durch Gesetze vom 22. September 2005 (BGBl. I S. 2809), vom 26. April 2006 (BGBl. I S. 1091), vom 28. April 2006 (BGBl. I S. 1095), vom 29. Juni 2006 (BGBl. I S. 1402), vom 22. August 2006 (BGBl. I S. 1970), vom 13. Dezember 2006 (BGBl. I S. 2878), vom 7. September 2007 (BGBl. I S. 2246), vom 10. Oktober 2007 (BGBl. I S. 2332), vom 20. Dezember 2007 (BGBl. I S. 3150), vom 19. Dezember 2008 (BGBl. I S. 2794), vom 20. Dezember 2008 (BGBl. I S. 2850), vom 16. Juli 2009 (BGBl. I S. 1959), vom 22. Dezember 2009 (BGBl. I S. 3950), vom 8. April 2010 (BGBl. I S. 386), vom 3. August 2010 (BGBl. I S. 1112), vom 8. Dezember 2010 (BGBl. I S. 1768), vom 24. März 2011 (BGBl. I S. 453), vom 5. April 2011 (BGBl. I S. 554), vom 16. Juni 2011 (BGBl. I S. 1090), vom 21. Juli 2011 (BGBl. I S. 1475), vom 1. November 2011 (BGBl. I S. 2131), vom 6. Dezember 2011 (BGBl. I S. 2562), vom 7. Dezember 2011 (BGBl. I S. 2592), vom 8. Mai 2012 (BGBl. I S. 1030), vom 26. Juni 2013 (BGBl. I S. 1809), vom 18. Dezember 2013 (BGBl. I S. 4318), vom 25. Juli 2014 (BGBl. I S. 1266), vom 22. Dezember 2014 (BGBl. I S. 2417), vom 2. November 2015 (BGBl. I S. 1834), vom 18. Juli 2016 (BGBl. I S. 1679), vom 19. Juli 2016 (BGBl. I S. 1730), vom 23. Dezember 2016 (BGBl. I S. 3191), vom 23. Dezember 2016 (BGBl. I S. 3234), vom 10. März 2017 (BGBl. I S. 420), vom 23. Juni 2017 (BGBl. I S. 1822), vom 30. Juni 2017 (BGBl. I S. 2143), vom 18. Juli 2017 (BGBl. I S. 2730), vom 18. Juli 2017 (BGBl. I S. 2745), vom 11. Dezember 2018 (BGBl. I S. 2338), vom 20. November 2019 (BGBl. I S. 1626), vom 22. November 2019 (BGBl. I S. 1746), vom 26. November 2019 (BGBl. I S. 1794), vom 12. Dezember 2019 (BGBl. I S. 2451), vom 12. Dezember 2019 (BGBl. I S. 2652), vom 21. Dezember 2019 (BGBl. I S. 2875), vom 21. Dezember 2019 (BGBl. I S. 2886), vom 19. Juni 2020 (BGBl. I S. 1385), vom 29. Juni 2020 (BGBl. I S. 1512), vom 21. Dezember 2020 (BGBl. I S. 3096), vom 10. März 2021 (BGBl. I S. 330), vom 4. Mai 2021 (BGBl. I S. 882), vom 2. Juni 2021 (BGBl. I S. 1259), vom 3. Juni 2021 (BGBl. I S. 1309), vom 3. Juni 2021 (BGBl. I S. 1498), vom 20. August 2021 (BGBl. I S. 3932), vom 21. Dezember 2021 (BGBl. I S. 5250), vom 19. Oktober 2022 (BGBl. I S. 1743), vom 24. Oktober 2022 (BGBl. I S. 1838), vom 16. Dezember 2022 (BGBl. I S. 2294), vom 19. Juli 2023 (BGBl. I Nr. 194), vom 11. Dezember 2023 (BGBl. I Nr. 354), vom 27. März 2024 (BGBl. I Nr. 108), vom 15. Juli 2024 (BGBl. I Nr. 236), vom 23. Oktober 2024 (BGBl. I Nr. 323), vom 2. Dezember 2024 (BGBl. I Nr. 387), **vom 22. Dezember 2025 (BGBl. I Nr. 363), vom 22. Dezember 2025 (BGBl. I Nr. 369)**

Zu § 10 UStG

DRITTER ABSCHNITT
Bemessungsgrundlagen

UStG § 10 Bemessungsgrundlage für Lieferungen, sonstige Leistungen und innergemeinschaftliche Erwerbe

(1) [1]Der Umsatz wird bei Lieferungen und sonstigen Leistungen (§ 1 Abs. 1 Nr. 1 Satz 1) und bei dem innergemeinschaftlichen Erwerb (§ 1 Abs. 1 Nr. 5) nach dem Entgelt bemessen. [2]Entgelt ist alles, was den Wert der Gegenleistung bildet, die der leistende Unternehmer vom Leistungsempfänger oder von einem anderen als dem Leistungsempfänger für die Leistung erhält oder erhalten soll, einschließlich der unmittelbar mit dem Preis dieser Umsätze zusammenhängenden Subventionen, jedoch abzüglich der für diese Leistung gesetzlich geschuldeten Umsatzsteuer. [3]Bei dem innergemeinschaftlichen Erwerb sind Verbrauchsteuern, die vom Erwerber geschuldet oder entrichtet werden, in die Bemessungsgrundlage einzubeziehen. [4]Die Beträge, die der Unternehmer im Namen und für Rechnung eines anderen vereinnahmt und verausgabt (durchlaufende Posten), gehören nicht zum Entgelt. [5]Liegen bei der Entgegennahme eines Mehrzweck-Gutscheins (§ 3 Absatz 15) keine Angaben über die Höhe der für den Gutschein erhaltenen Gegenleistung nach Satz 2 vor, so wird das Entgelt nach dem Gutscheinwert selbst oder nach dem in den damit zusammenhängenden Unterlagen angegebenen Geldwert bemessen, abzüglich der Umsatzsteuer, die danach auf die gelieferten Gegenstände oder die erbrachten Dienstleistungen entfällt.

(2) [1]Werden Rechte übertragen, die mit dem Besitz eines Pfandscheins verbunden sind, so gilt als vereinbartes Entgelt der Preis des Pfandscheins zuzüglich der Pfandsumme. [2]Beim Tausch (§ 3 Abs. 12 Satz 1), bei tauschähnlichen Umsätzen (§ 3 Abs. 12 Satz 2) und bei Hingabe an Zahlungs statt gilt der Wert jedes Umsatzes als Entgelt für den anderen Umsatz. [3]Die Umsatzsteuer gehört nicht zum Entgelt.

(3) *weggefallen*

(4) [1]Der Umsatz wird bemessen

1. bei dem Verbringen eines Gegenstands im Sinne des § 1 a Abs. 2 und des § 3 Abs. 1 a sowie bei Lieferungen im Sinne des § 3 Abs. 1 b nach dem Einkaufspreis zuzüglich der Nebenkosten für den Gegenstand oder für einen gleichartigen Gegenstand oder mangels eines Einkaufspreises nach den Selbstkosten, jeweils zum Zeitpunkt des Umsatzes;
2. bei sonstigen Leistungen im Sinne des § 3 Abs. 9 a Nr. 1 nach den bei der Ausführung dieser Umsätze entstandenen Ausgaben, soweit sie zum vollen oder teilweisen Vorsteuerabzug berechtigt haben. Zu diesen Ausgaben gehören auch die Anschaffungs- oder Herstellungskosten eines Wirtschaftsguts, soweit das Wirtschaftsgut dem Unternehmen zugeordnet ist und für die Erbringung der sonstigen Leistung verwendet wird. Betragen die Anschaffungs- oder Herstellungskosten mindestens 500 Euro, sind sie gleichmäßig auf einen Zeitraum zu verteilen, der dem für das Wirtschaftsgut maßgeblichen Berichtigungszeitraum nach § 15 a entspricht;
3. bei sonstigen Leistungen im Sinne des § 3 Abs. 9 a Nr. 2 nach den bei der Ausführung dieser Umsätze entstandenen Ausgaben. Satz 1 Nr. 2 Sätze 2 und 3 gilt entsprechend.

[2]Die Umsatzsteuer gehört nicht zur Bemessungsgrundlage.

(5) [1]Absatz 4 gilt entsprechend für

1. Lieferungen und sonstige Leistungen, die Körperschaften und Personenvereinigungen im Sinne des § 1 Abs. 1 Nr. 1 bis 5 des Körperschaftsteuergesetzes, nichtrechtsfähige Personenvereinigungen sowie Gemeinschaften im Rahmen ihres Unternehmens an ihre Anteilseigner, Gesellschafter, Mitglieder, Teilhaber oder diesen nahe stehende Personen sowie Einzelunternehmer an ihnen nahe stehende Personen ausführen;
2. Lieferungen und sonstige Leistungen, die ein Unternehmer an sein Personal oder dessen Angehörige auf Grund des Dienstverhältnisses ausführt,

wenn die Bemessungsgrundlage nach Absatz 4 das Entgelt nach Absatz 1 übersteigt; der Umsatz ist jedoch höchstens nach dem marktüblichen Entgelt zu bemessen. [2]Übersteigt das Entgelt nach Absatz 1 das marktübliche Entgelt, gilt Absatz 1.

(6) [1]Bei Beförderungen von Personen im Gelegenheitsverkehr mit Kraftomnibussen, die nicht im Inland zugelassen sind, tritt in den Fällen der Beförderungseinzelbesteuerung (§ 16 Abs. 5) an die Stelle des vereinbarten Entgelts ein Durchschnittsbeförderungsentgelt. [2]Das Durchschnittsbeförderungsentgelt ist nach der Zahl der beförderten Personen und der Zahl der Kilometer der Beförderungsstrecke im Inland (Personenkilometer) zu berechnen. [3]Das Bundesministerium der Finanzen kann mit Zustimmung des Bundesrates durch Rechtsverordnung das Durchschnittsbeförderungsentgelt je Personenkilometer festsetzen. [4]Das Durchschnittsbeförderungsentgelt muss zu einer Steuer führen, die nicht wesentlich von dem Betrag abweicht, der sich nach diesem Gesetz ohne Anwendung des Durchschnittsbeförderungsentgelts ergeben würde.

Umsatzsteuer-Durchführungsverordnung (UStDV)

in der Fassung der Bekanntmachung vom 21. Februar 2005 (BGBl. I S. 434), letzte Änderung vom 19. Dezember 2025 (BGBl. I Nr. 372)

§ 25 Durchschnittsbeförderungsentgelt

Das Durchschnittsbeförderungsentgelt wird auf 4,43 Cent je Personenkilometer festgesetzt.

UStAE 10.1. Entgelt

(1) [1]Der Begriff des Entgelts in § 10 Abs. 1 UStG gilt sowohl für die Besteuerung nach vereinbarten Entgelten (§ 16 Abs. 1 UStG) als auch für die Besteuerung nach vereinnahmten Entgelten (§ 20 UStG). [2]Zwischen den beiden Besteuerungsarten besteht insoweit kein Unterschied, als auch bei der Besteuerung nach vereinbarten Entgelten grundsätzlich nur das zu versteuern ist, was für die Lieferung oder sonstige Leistung tatsächlich vereinnahmt wird (vgl. BFH-Urteile vom 2. 4. 1981, V R 39/79, BStBl II S. 627, und vom 10. 11. 1983, V R 91/80, BStBl 1984 II S. 120). [3]Wegen der Änderung der Bemessungsgrundlage vgl. Abschnitte 17.1 und 17.2.

(2) [1]Das Entgelt ist auch dann Bemessungsgrundlage, wenn es dem objektiven Wert der bewirkten Leistung nicht entspricht. [2]Eine Ausnahme besteht für unentgeltliche oder verbilligte Leistungen durch Unternehmer an ihr Personal, von Vereinigungen an ihre Mitglieder und von Einzelunternehmern an ihnen nahe stehende Personen; vgl. Abschnitte 1.8, 10.6 und 10.7. [3]Liefert eine Kapitalgesellschaft einer Tochtergesellschaft einen Gegenstand zu einem überhöhten Preis, bildet dieser grundsätzlich selbst dann das Entgelt im Sinne des § 10 Abs. 1 UStG, wenn ein Teil der Gegenleistung ertragsteuerrechtlich als verdeckte Gewinnausschüttung zu beurteilen ist (BFH-Urteil vom 25. 11. 1987, X R 12/81, BStBl 1988 II S. 210).

(3) [1]Der Umfang des Entgelts beschränkt sich nicht auf die bürgerlich-rechtlich bestimmte oder bestimmbare Gegenleistung für eine Leistung, sondern erstreckt sich auf alles, was der Leistungsempfänger tatsächlich für die an ihn bewirkte Leistung aufwendet. [2]Dazu gehören auch Nebenkosten des Leistenden, die er vom Leistungsempfänger einfordert (vgl. BFH-Urteil vom 16. 3. 2000, V R 16/99, BStBl II S. 360). [3]Verlangt der Leistende für die Annahme einer Bezahlung mit Kredit- oder Geldkarte, dass der Leistungsempfänger ihm oder einem anderen Unternehmer hierfür einen Betrag entrichtet und wird der von diesem Empfänger zu zahlende Gesamtpreis durch die Zahlungsweise nicht beeinflusst, ist dieser Betrag Bestandteil der Bemessungsgrundlage für seine Leistung (vgl. Artikel 42 MwStVO). [4]Vereinbaren die Beteiligten rechtsirrtümlich die Gegenleistung ohne Umsatzsteuer, ist der ursprünglich vereinbarte Betrag in Entgelt und darauf entfallende Umsatzsteuer aufzuteilen (vgl. BFH-Urteil vom 20. 1. 1997, V R 28/95, BStBl II S. 716). [5]Neben dem vereinbarten Preis einer Leistung können auch zusätzliche Aufwendungen des Leistungsempfängers Leistungsentgelt sein, wenn der Leistungsempfänger sie zugunsten des Leistenden für die Leistung erbringt (vgl. BFH-Urteil vom 13. 12. 1995, XI R 16/95, BStBl 1996 II S. 208). [6]Wenn der Leistungsempfänger die Leistung irrtümlich doppelt bezahlt oder versehentlich zu viel zahlt, ist der Gesamtbetrag Entgelt im Sinne des § 10 Abs. 1 Satz 2 UStG (vgl. BFH-Urteil vom 19. 7. 2007, V R 11/05, BStBl II S. 966). [7]Es kommt nicht darauf an, ob der Leistungsempfänger gewillt ist, die vom Leistenden zu erbringende oder erbrachte Leistung anzunehmen, und ob er auf sie Wert legt oder nicht (vgl. BFH-Urteil vom 28. 1. 1988, V R 112/86, BStBl II S. 473). [8]Vertragsstrafen, die wegen Nichterfüllung oder wegen nicht gehöriger Erfüllung geleistet werden, haben Schadensersatzcharakter (vgl. Abschnitt 1.3 Abs. 3). [9]Auch Verzugszinsen, Fälligkeitszinsen, Prozesszinsen und Nutzungszinsen sind nicht Teil des Entgelts, sondern Schadensersatz (vgl. Abschnitt 1.3 Abs. 6). [10]Wegen der Behandlung der Teilzahlungszuschläge vgl. Abschnitt 3.11. [11]Das erhöhte Beförderungsentgelt, das Personenbeförderungsunternehmer von sog. Schwarzfahrern erheben, ist regelmäßig kein Entgelt für die Beförderungsleistung oder eine andere steuerbare Leistung des Beförderungsunternehmers (BFH-Urteil vom 25. 11. 1986, V R 109/78, BStBl 1987 II S. 228). [12]Als Entgelt für die Lieferung sind auch die dem Abnehmer vom Lieferer berechneten Beförderungskosten anzusehen. [13]Bei einer unfreien Versendung im Sinne des § 40 UStDV gehören jedoch die Kosten für die Beförderung oder deren Besorgung nicht zum Entgelt für die vom Absender ausgeführte Lieferung. [14]Bei Versendungen per Nachnahme ist als Entgelt für die gelieferte Ware der vom Empfänger entrichtete Nachnahmebetrag – ohne Umsatzsteuer – anzusehen, der auch die Zahlkarten- oder Überweisungsgebühr einschließt (vgl. BFH-Urteil vom 13. 12. 1973, V R 57/72, BStBl 1974 II S. 191). [15]Beim Pfandleihgeschäft sind die notwendigen Kosten der Verwertung, die der Pfandleiher einbehalten darf, nicht Entgelt innerhalb eines Leistungsaustauschs (vgl. BFH-Urteil vom 9. 7. 1970, V R 32/70, BStBl II S. 645). [16]Zahlungen im Rahmen einer sog. Erlöspoolung, die nicht leistungsbezogen sind, fehlt der Entgeltcharakter (BFH-Urteil vom 28. 2. 1974, V R 55/72, BStBl II S. 345). [17]Auch die Übernahme von Schulden kann Entgelt sein (vgl. Abschnitt 1.6 Abs. 2).

(4) [1]Eine Lieferung oder sonstige Leistung eines Unternehmers wird nur mit der Bemessungsgrundlage versteuert, die sich auf Grund der von ihm vereinnahmten Gegenleistung ergibt. [2]Umsatzsteuerrechtlich macht es keinen Unterschied, ob der Besteller eines Werks, das sich als mangelhaft erweist, das Werk behält und statt der Minderung Schadensersatz wegen Nichterfüllung verlangt (vgl. BFH-Urteil vom 16. 1. 2003, V R 72/01, BStBl II S. 620). [3]Weicht der vom Leistungsempfänger aufgewendete Betrag im Einzelfall von dem vom Unternehmer vereinnahmten Betrag ab, ist von den Aufwendungen des Abnehmers für die Lieferung oder sonstige Leistung auszugehen. [4]Bei der Abtretung einer Forderung unter dem Nennwert bestimmt sich deshalb das Entgelt für die der abgetretenen Forderung zu Grunde liegende Leistung nach den tatsächlichen Aufwendungen des Leistungsempfängers (vgl. BFH-Urteil vom 27. 5. 1987, X R 2/81, BStBl II S. 739). [5]Wegen der Steuer- und Vorsteuerberichtigung in diesen Fällen wird auf Abschnitt 17.1 Abs. 6 verwiesen.

(5) [1]Zum Entgelt gehören auch freiwillig an den Unternehmer gezahlte Beträge, z. B. Trinkgelder, wenn zwischen der Zahlung und der Leistung des Unternehmers eine innere Verknüpfung besteht (vgl. BFH-Urteil vom 17. 2. 1972, V R 118/71, BStBl II S. 405). [2]Der im Gaststätten- und Beherbergungsgewerbe erhobene Bedienungszuschlag ist Teil des vom Unternehmer vereinnahmten Entgelts, auch wenn das Bedienungspersonal den Zuschlag nicht abführt, sondern vereinbarungsgemäß als Entlohnung für seine Dienste zurückbehält (vgl. BFH-Urteil vom 19. 8. 1971, V R 74/68, BStBl 1972 II S. 24). [3]Dagegen rechnen die an das Bedienungspersonal gezahlten freiwilligen Trinkgelder nicht zum Entgelt für die Leistungen des Unternehmers.

(6) [1]Geschäftskosten dürfen das Entgelt nicht mindern. [2]Dies gilt auch für Provisionen, die der Unternehmer an seinen Handelsvertreter oder Makler für die Vermittlung des Geschäfts zu zahlen hat. [3]Mit Ausnahme der auf den Umsatz entfallenden Umsatzsteuer rechnen zum Entgelt auch die vom Unternehmer geschuldeten Steuern (Verbrauch- und Verkehrsteuern), öffentlichen Gebühren und Abgaben, auch wenn diese Beträge offen auf den Leistungsempfänger überwälzt werden. [4]Diese Abgaben können auch nicht als durchlaufende Posten im Sinne des § 10 Abs. 1 Satz 5 UStG behandelt werden (vgl. BFH-Urteil vom 4. 6. 1970, V R 92/66, V R 10/67, BStBl II S. 648, sowie Abschnitt 10.4).

(7) [1]Als Entgelt im Sinne des § 10 Abs. 1 Satz 2 UStG kommen auch Zahlungen des Leistungsempfängers an Dritte in Betracht, sofern sie für Rechnung des leistenden Unternehmers entrichtet werden und im Zusammenhang mit der Leistung stehen. [2]Dies gilt jedoch nicht für diejenigen Beträge, die der Leistungsempfänger im Rahmen eines eigenen Schuldverhältnisses mit einem Dritten aufwenden muss, damit der Unternehmer seine Leistung erbringen kann (vgl. BFH-Urteil vom 22. 2. 1968, V 84/64, BStBl II S. 463). [3]Nicht zum Entgelt nach § 10 UStG gehören auch öffentlich-rechtliche Abgaben, die der Leistungsempfänger auf Grund eigener Verpflichtung schuldet, auch wenn sie durch die bezogene Leistung veranlasst sind (vgl. zu Sozialversicherungsbeiträgen BFH-Urteil vom 25. 6. 2009, V R 37/08, BStBl II S. 873). [4]Zahlt eine Rundfunkanstalt zugunsten ihrer freien Mitarbeiter Beiträge an die Pensionskasse für freie Mitarbeiter der Deutschen Rundfunkanstalten, gehören auch die Beträge zum Entgelt für die Leistungen der Mitarbeiter (vgl. BFH-Urteil vom 9. 10. 2002, V R 73/01, BStBl 2003 II S. 217). [5]Erfüllt der Leistungsempfänger durch seine Zahlungen an einen Dritten sowohl eine eigene Verbindlichkeit als auch eine Schuld des leistenden Unternehmers, weil beide im Verhältnis zu dem Dritten Gesamtschuldner sind, rechnen die Zahlungen nur insoweit zum Entgelt, wie die Schuldbefreiung des leistenden Unternehmers für diesen von wirtschaftlichem Interesse ist und damit für ihn einen Wert darstellt. [6]Bei einer Grundstücksveräußerung gehört die gesamtschuldnerisch von Erwerber und Veräußerer geschuldete Grunderwerbsteuer auch dann nicht zum Entgelt für die Grundstücksveräußerung, wenn die Parteien des Grundstückskaufvertrags vereinbaren, dass der Erwerber die Grunderwerbsteuer allein zu tragen hat, weil der Erwerber mit der Zahlung der vertraglich übernommenen Grunderwerbsteuer eine ausschließlich eigene Verbindlichkeit begleicht. [7]Gleiches gilt hinsichtlich der vom Käufer zu tragenden Kosten der Beurkundung des Kaufvertrags und der Auflassung, der Eintragung ins Grundbuch und der zu der Eintragung erforderlichen Erklärungen (§ 448 Abs. 2 BGB), vgl. BFH-Urteil vom 9. 11. 2006, V R 9/04, BStBl 2007 II S. 285.

(8) [1]Wird das Pfandgeld für Warenumschließungen dem Abnehmer bei jeder Lieferung berechnet, ist es Teil des Entgelts für die Lieferung. [2]Bei Rücknahme des Leerguts und Rückzahlung des Pfandbetrags liegt eine Entgeltminderung vor. [3]Dabei wird es nicht beanstandet, wenn der Unternehmer die ausgezahlten Pfandgelder für Leergut unabhängig von dem Umfang der Vollgutlieferungen des jeweiligen Besteuerungszeitraums als Entgeltminderungen behandelt. [4]Es muss jedoch sichergestellt sein, dass die Entgeltminderungen in sachgerechter Weise (z. B. durch Aufteilung im gleichen Verhältnis wie bei den Vollgutlieferungen) den geltenden Steuersätzen zugeordnet werden. [5]Aus Vereinfachungsgründen **können** dem Unternehmer auf Antrag auch folgende Verfahren genehmigt werden:

1. [1]Die bei der Warenlieferung jeweils in Rechnung gestellten und bei Rückgabe des Leerguts dem Abnehmer zurückgewährten Pfandbeträge bleiben bei der laufenden Umsatzbesteuerung zunächst unberücksichtigt. [2]Der Unternehmer hat spätestens am Schluss jedes Kalenderjahrs den Pfandbetragssaldo, der sich aus dem Unterschiedsbetrag zwischen den den Abnehmern im Laufe des jeweiligen Abrechnungszeitraums berechneten und den zurückgewährten Pfandbeträgen ergibt, auf Grund seiner Aufzeichnungen zu ermitteln. [3]Dabei bleibt jedoch ein bereits versteuerter Saldovortrag, z. B. aus dem Vorjahr, außer Betracht. [4]Ein sich danach ergebender Überschuss an berechneten Pfandbeträgen ist zusammen mit den

Umsätzen des betreffenden letzten Voranmeldungszeitraums der Umsatzsteuer zu unterwerfen. [5]Bei diesem Pfandbetragssaldo handelt es sich um einen Nettobetrag – ohne Umsatzsteuer –. [6]Der Abnehmer kann die auf den Pfandbetragssaldo entfallende Steuer als Vorsteuer abziehen, wenn sie ihm gesondert in Rechnung gestellt ist. [7]Ergibt sich ein Pfandbetragssaldo zugunsten des Abnehmers, liegt bei diesem – seine Unternehmereigenschaft vorausgesetzt – eine steuerpflichtige Lieferung von Leergut vor. [8]Der Unternehmer, der dieses Verfahren beantragt, muss die bei den einzelnen Lieferungen berechneten und bei Rückgabe des Leerguts zurückgewährten Pfandbeträge – nach Abnehmern getrennt – gesondert von den sonstigen Entgelten aufzeichnen. [9]Die Aufzeichnungen müssen eindeutig und leicht nachprüfbar sein und fortlaufend geführt werden (vgl. § 63 Abs. 1 UStDV, § 146 AO). [10]Aus ihnen muss gegebenenfalls zu ersehen sein, wie sich die Pfandbeträge auf verschiedene Steuersätze verteilen (§ 22 Abs. 2 Nr. 1 UStG). [11]Für den Abnehmer muss aus der Rechnung klar ersichtlich sein, dass für die in Rechnung gestellten Pfandbeträge Umsatzsteuer nicht berechnet worden ist.
2. [1]**Alternativ zu** dem unter Nummer 1 geregelten Verfahren kann der Unternehmer in jeder einzelnen Rechnung die Leergutrücknahme mit der Vollgutlieferung verrechnen und nur den verbleibenden Netto-Rechnungsbetrag der Umsatzsteuer unterwerfen. [2]Einen sich möglicherweise zum Jahresende ergebenden Pfandbetragssaldo zugunsten des Abnehmers hat in diesem Fall weder der Lieferer noch der Abnehmer zu ermitteln und zu versteuern. [3]Auch gesonderte Aufzeichnungen über die Pfandbeträge sind nicht erforderlich.

[6]Bei den folgenden Abwicklungsarten ist zunächst ein Entgelt für die Überlassung der Warenumschließung nicht gegeben:

1. [1]Für den jeweiligen Abnehmer wird ein Leergutkonto geführt, auf dem der Lieferer das hingegebene und zurückgenommene Leergut mengenmäßig festhält. [2]Über den Saldo wird periodisch, häufig aber erst bei Lösung des Vertragsverhältnisses abgerechnet.
2. [1]Die Pfandbeträge für Leergutabgänge und Leergutzugänge werden vom Lieferer auf einem besonderen Konto verbucht und auch – nachrichtlich – in den jeweiligen Rechnungen ausgewiesen, ohne aber in die Rechnungssumme einbezogen zu werden. [2]Von Zeit zu Zeit wird über das Leergut abgerechnet.
3. [1]Der Lieferer erhebt mit jeder Lieferung einen Kautionsbetrag, z. B. 1 oder 2 Ct. je Flasche. [2]Diese Beträge dienen der Ansammlung eines Kautionsguthabens zugunsten des Abnehmers. [3]Die Verbuchung erfolgt auf einem besonderen Konto. [4]Daneben werden die Leergutbewegungen mengenmäßig festgehalten. [5]Über das Leergut wird in der Regel bei Auflösung der Vertragsbeziehungen abgerechnet.

[7]In diesen Fällen kommt ein von der vorangegangenen Warenlieferung losgelöster selbständiger Leistungsaustausch erst im Zeitpunkt der Leergutabrechnung zustande. [8]Die Annahme eines nicht steuerbaren Schadensersatzes scheidet aus, weil der Zahlung des Kunden eine Leistung des Unternehmers gegenübersteht. [9]Die dargestellten Vereinfachungsregelungen gelten sinngemäß auch für die Hin- und Rückgabe von Transporthilfsmitteln. [10]Zur Behandlung von Transporthilfsmitteln vgl. Abschnitt 3.10 Abs. 5a und zur Abgrenzung zwischen Transporthilfsmitteln und Warenumschließungen vgl. BMF-Schreiben vom 20. 10. 2014, BStBl I S. 1372.

(9) Hinsichtlich des Entgelts für die Vermittlung von grenzüberschreitenden Personenbeförderungsleistungen im Luftverkehr durch Reisebüros gilt:

1. [1]Die Vermittlung grenzüberschreitender Beförderungen von Personen im Luftverkehr gegenüber einem Reisenden ist steuerpflichtig, soweit die vermittelte Leistung auf das Inland entfällt (§ 3b Abs. 1, § 4 Nr. 5 Satz 2 UStG). [2]Abschnitt 4.5.3 Abs. 2 ist in diesen Fällen nicht anwendbar, weil das Reisebüro nicht im Auftrag des Luftverkehrsunternehmens tätig wird. [3]Soweit die vermittelte Leistung nicht auf das Inland entfällt, ist deren Vermittlung nicht steuerbar.
2. [1]Das Entgelt für eine Vermittlungsleistung im Sinne der Nummer 1 ist in einen steuerpflichtigen und einen nicht steuerbaren Teil aufzuteilen. [2]Die Umsatzsteuer ist aus der anteiligen Zahlung des Reisenden herauszurechnen. [3]Der Vorsteuerabzug ist auch hinsichtlich des nicht steuerbaren Teils dieser Vermittlungsleistung nicht ausgeschlossen.
3. [1]Erhält ein Reisebüro von einem Luftverkehrsunternehmen, das die dem Reisenden vermittelte Personenbeförderungsleistung erbringt, eine Zahlung, ohne von diesem ausdrücklich zur Vermittlung beauftragt zu sein (z. B. im Rahmen eines sog. Nullprovisionsmodells oder einer sog. Incentive-Verein-

barung), ist im Einzelfall auf Basis der vertraglichen Vereinbarungen zu prüfen, welche Leistungen des Reisebüros mit der Zahlung vergütet werden. [2]Zahlungen des Luftverkehrsunternehmens für die Bereitschaft des Reisebüros, die Erbringung von Leistungen des Luftverkehrsunternehmens in besonderem Maß zu fördern und in Kundengesprächen bevorzugt anzubieten, sind Entgelt für eine steuerpflichtige Vertriebsleistung eigener Art des Reisebüros gegenüber dem Luftverkehrsunternehmen.

4. Erhält ein Reisebüro, das grenzüberschreitende Personenbeförderungsleistungen im Luftverkehr im Auftrag des Luftverkehrsunternehmens vermittelt, von diesem für den Flugscheinverkauf ein Entgelt, und erhebt es daneben einen zusätzlichen Betrag vom Reisenden, erbringt es beim Flugscheinverkauf eine nach § 4 Nr. 5 Satz 1 Buchstabe b UStG steuerfreie Vermittlungsleistung an das Luftverkehrsunternehmen und gleichzeitig eine nach Maßgabe der Nummer 1 anteilig steuerpflichtige Vermittlungsleistung an den Reisenden.
5. Soweit eine vom Luftverkehrsunternehmen gezahlte Vergütung auf den vom Reisenden erhobenen Preis angerechnet wird, mindert sich die Bemessungsgrundlage für die Leistung gegenüber dem Reisenden entsprechend.
6. [1]Unter der Voraussetzung, dass der Unternehmer bei allen Vermittlungsleistungen im Sinne der Nummer 1 entsprechend verfährt, ist es nicht zu beanstanden, wenn der steuerpflichtige Teil einer Vermittlungsleistung im Sinne der Nummer 1 wie folgt ermittelt wird:
   - bei der Vermittlung von grenzüberschreitenden Beförderungen von Personen im Luftverkehr von bzw. zu Beförderungszielen im übrigen Gemeinschaftsgebiet (sog. EU-Flüge) mit 25 % des Entgelts für die Vermittlungsleistung,
   - bei der Vermittlung von grenzüberschreitenden Beförderungen von Personen im Luftverkehr von bzw. zu Beförderungszielen außerhalb des übrigen Gemeinschaftsgebiets (sog. Drittlandsflüge) mit 5 % des Entgelts für die Vermittlungsleistung.

   [2]Zwischen- oder Umsteigehalte gelten dabei nicht als Beförderungsziele. [3]Dieser vereinfachte Aufteilungsmaßstab gilt nicht, soweit das vom Reisenden erhobene Entgelt auf andere als die in Nummer 1 bezeichneten Leistungen entfällt (z. B. auf die Vermittlung von Unterkunft oder Mietwagen).

(10) [1]Zur Bemessungsgrundlage in den Fällen der Steuerschuldnerschaft des Leistungsempfängers nach § 13b UStG vgl. Abschnitt 13b.13. [2]Zur Bemessungsgrundlage bei Leistungen im Rahmen sog. Public-Private-Partnerships (PPP) im Bundesfernstraßenbau vgl. BMF-Schreiben vom 30. 3. 2022, BStBl I S. 568. [3]Zur Bemessungsgrundlage **bei Leistungen** im **Rahmen** des **Betriebs von Anlagen zur Energieerzeugung** vgl. Abschnitt 2.5.

(11) [1]Erbringt ein Unternehmer im Rahmen eines Gesamtverkaufspreises zwei oder mehrere unterschiedlich zu besteuernde Lieferungen oder sonstige Leistungen, ist der einheitliche Preis sachgerecht auf die einzelnen Leistungen aufzuteilen. [2]Dabei hat der Unternehmer grundsätzlich die einfachstmögliche sachgerechte Aufteilungsmethode zu wählen (vgl. BFH-Beschluss vom 3. 4. 2013, V B 125/12, BStBl II S. 973 und BFH-Urteil vom 30. 6. 2011, V R 44/10, BStBl II S. 1003). [3]Bestehen mehrere sachgerechte, gleich einfache Aufteilungsmethoden, kann der Unternehmer zwischen diesen Methoden frei wählen. [4]Bietet der Unternehmer die im Rahmen des Gesamtverkaufspreises erbrachten Leistungen auch einzeln an, ist der Gesamtverkaufspreis grundsätzlich nach dem Verhältnis der Einzelverkaufspreise aufzuteilen. [5]Daneben sind auch andere Aufteilungsmethoden wie das Verhältnis des Wareneinsatzes zulässig, sofern diese gleich einfach sind und zu sachgerechten Ergebnissen führen **(vgl. BFH-Urteil vom 22.01.2025 – XI R 19/23, BStBl II S. 583)**. [6]Die Aufteilung nach den betrieblichen Kosten ist keine gleich einfache Aufteilungsmethode und danach nicht zulässig. [7]Nach den vorstehenden Grundsätzen ist auch zu verfahren, wenn das Entgelt für eine einheitliche Leistung für Zwecke der Umsatzsteuer auf unterschiedlich besteuerte Leistungsbestandteile aufzuteilen ist, z. B. bei grenzüberschreitenden Personenbeförderungen i. S. von § 3b Abs. 1 Satz 2 UStG oder bei der Vermietung von Grundstücken mit aufstehenden Betriebsvorrichtungen nach § 4 Nr. 12 Satz 2 UStG. [8]Zur Aufteilung eines pauschalen Gesamtpreises/Gesamtentgelts

- für unterschiedlich besteuerte Dienstleistungen auf dem Gebiet der Telekommunikation siehe Abschnitt 3a.10 Abs. 7 und 8,
- für grenzüberschreitende Personenbeförderungen siehe Abschnitt 3b.1 Abs. 6,

- für die Vermietung von Sportanlagen zusammen mit den darauf befindlichen Betriebsvorrichtungen siehe Abschnitt 4.12.11 Abs. 3,
- für die Vermittlung von grenzüberschreitenden Personenbeförderungsleistungen im Luftverkehr durch Reisebüros siehe Abschnitt 10.1 Abs. 9 und
- für Beherbergungsleistungen zusammen mit nicht von der Steuerermäßigung nach § 12 Abs. 2 Nr. 11 Satz 1 UStG erfassten Leistungen siehe Abschnitt 12.16 Abs. 11 und 12.

[9]Zu den Aufzeichnungspflichten vgl. Abschnitt 22.2 Abs. 6.

(12) Für die Anwendung des ermäßigten Umsatzsteuersatzes für Restaurant- und Verpflegungsdienstleistungen, mit Ausnahme der Abgabe von Getränken, ist es nicht zu beanstanden, wenn zur Aufteilung des Gesamtkaufpreises von sogenannten Kombiangeboten aus Speisen inklusive Getränken (z.B. Buffet, All-Inclusive-Angeboten) der auf die Getränke entfallende Entgeltanteil mit 30 % des Pauschalpreises angesetzt wird.

Anmerkung

1. Entgelt bei „0 %-Finanzierung"

Nach § 10 Abs. 1 Satz 2 UStG ist Entgelt alles, was der Unternehmer aufwendet, um die Leistung zu erhalten, abzüglich der Umsatzsteuer. In diesem Zusammenhang hatte sich das Hessische Finanzgericht 2019 mit der Frage zu befassen, welche umsatzsteuerliche Bemessungsgrundlage anzusetzen ist, wenn ein Unternehmen seine Ware mit einer sog. 0 %-Finanzierung verbindet (Hessisches Finanzgericht, Urt. v. 12.2.2019 – 1 K 384/17). Das FG hatte seinerzeit die Revision zugelassen. Der BFH wies die Revision der Klägerin als unbegründet zurück (BFH, Urt. v. 24.2.2021 – XI R 15/19, BStBl II 2021, 729).

1.1 Sachverhalt

Bei der Klägerin handelte es sich um ein Unternehmen, das im Streitjahr seinen Kunden bei Warenkäufen eine sog. 0 %-Finanzierung anbot. Die Verträge mit den Kunden sahen trotz Ratenzahlung vor, dass die Kunden den gleichen Preis zu zahlen hatten wie bei einer Barzahlung. Der Unternehmer hatte mit der finanzierenden Bank eine Vereinbarung getroffen, wonach er bei den entsprechenden Darlehn verpflichtet war, der Bank eine Subvention zu zahlen. In den Rechnungen mit den Kunden wies der Unternehmer die an die Bank zu zahlenden Entgelte als „Nachlass" betragsmäßig aus.

Um die an die Bank geleiteten Entgelte kürzte das Unternehmen die Bemessungs-grundlage für seine steuerpflichtigen Umsätze. Nach einer Außenprüfung folgte das Finanzamt dieser Rechtsauffassung der Klägerin nicht. Daraufhin erhob sie nach erfolglosem Einspruchsverfahren Klage. Das Hessische FG wies die Klage ab, ließ aber die Revision zu.

1.2 Entscheidung des BFH

Der BFH wies die Revision der Klägerin als unbegründet zurück. Dafür waren im Wesentlichen folgende Erwägungen maßgebend:

- Bei den vom Kunden geschuldeten Kaufpreis handelt es sich um die Gegenleistung für die Lieferung der Klägerin an den Kunden. Der vom Kunden zu entrichtende Kaufpreis bildet die umsatzsteuerrechtliche Bemessungsgrundlage (§ 10 Abs. 1 UStG) für die Besteuerung der Lieferung.
- Unerheblich ist, dass der jeweilige Kunde den vereinbarten Kaufpreis nicht unmittelbar an die Klägerin, sondern unter Einschaltung der Bank zahlte. Das Unionsrecht verlangt nicht, dass die Gegenleistung für die Lieferung unmittelbar vom Empfänger der Lieferung erbracht wird. Die Entrichtung der Gegenleistung kann auch – wie im Streitfall – durch einen Dritten (hier die Bank) erfolgen.
- Das Entgelt ist Bemessungsgrundlage für die Umsatzsteuer. Dieses ist nicht um die von der Bank einbehaltene „Subvention" zu kürzen. Der Einbehalt hat seinen Rechtsgrund nicht im für die Besteuerung allein maßgeblichen Rechtsverhältnis zwischen der Klägerin und dem Kunden, sondern im Rechtsverhältnis zwischen der Klägerin und der Bank.
- Das Leistungsverhältnis zwischen der Klägerin und der Bank kann die Bemessungsgrundlage für die Lieferung der Klägerin an den Kunden nicht beeinflussen.

1.3 Anmerkung

Bisher existierte zu dieser Problematik keine Rechtsprechung des BFH. Lediglich der EuGH hatte in der Rechtssache „Primback" (EuGH, Urt. v. 15.5.2001 – C-34/99) in einem ähnlichen Fall die Kreditgewährung der Bank gegenüber dem Kunden als Teil eines anderen unabhängigen Geschäftsvorgangs gesehen, der von der Mehrwertsteuer befreit sei und der die Besteuerungsgrundlage des Kaufvertrags zwischen Primback und dem Kunden nicht berühren könne.

Hinweis

Die FinVerw wendet die Entscheidung an. Sie hat die Entscheidung XI R 15/19 amtlich im BStBl Teil II 2021, 729 veröffentlicht.

2. Umsatzsteuerliche Bemessungsgrundlage bei Betrug

Der EuGH hatte sich in einem Fall aus dem spanischen Umsatzsteuerrecht jetzt mit der Frage zu befassen, ob bei nicht erklärten Umsätzen ohne Erstellung einer Rechnung die gezahlten und erhaltenen Beträge die Mehrwertsteuer enthalten oder ob es sich um Nettobeträge handelt, bei der die Umsatzsteuer noch hinzuzurechnen ist (EuGH v. 1.7.2021 – C-521/19).

2.1 Sachverhalt

Der Kläger war als Vermittler von Künstlern tätig Er erbrachte Dienstleistungen für eine Gruppe von Unternehmen, die mit dem Infrastruktur- und Orchestermanagement für bestimmte Feste betraut war. Der Kläger nahm Kontakt zu den Festkomitees auf und verhandelte im Namen der Gruppe über den Auftritt der Orchester. Er erhielt 10 % der Einnahmen der Gruppe. Die Zahlungen an ihn wurden nicht erklärt, und es wurden keine Rechnungen ausgestellt; der Kläger gab keine Mehrwertsteuererklärungen ab.

Die spanische Finanzverwaltung war der Meinung, dass die erhaltenen Beträge keine Mehrwertsteuer enthielten. Im Rahmen des Klageverfahrens gegen diese Entscheidung der Verwaltung legt das oberste spanische Gericht die Sache dem EuGH zur Vorabentscheidung vor.

2.2 Entscheidung und Begründung des EuGH

Der EuGH hat die Rechtsauffassung des Klägers bestätigt. Nach Meinung des EuGH ist davon auszugehen, dass auch ein betrügerisch verschleierter Umsatz die Mehrwertsteuer enthält. Jede andere Auslegung verstieße gegen den umsatzsteuerlichen Neutralitätsgrundsatz und würde zu einer Mehrwertsteuerbelastung des Unternehmers führen, obwohl diese nur vom Endverbraucher getragen werden soll.

2.3 Anmerkung

Der EuGH macht deutlich, dass es in vergleichbaren Fällen nicht möglich ist, den vereinbarten Betrag als Nettobetrag anzusehen. Das gilt auch dann, wenn es sich um eine Betrugshandlung handelt. Der Fall ist genauso zu behandeln, wie der Fall, in dem die Vertragsparteien irrtümlich eine Gegenleistung ohne Umsatzsteuer vereinbaren (BFH, Urt. v. 22.4.2015 – XI R 43/11; Abschn. 10.1 Abs. 3 Satz 4 UStAE).

3. Bemessungsgrundlage bei Geldspielgeräten mit Gewinnmöglichkeit

Nach einer Grundsatzentscheidung des EuGH aus dem Jahr 1994 ist Bemessungsgrundlage für die Umsatzbesteuerung der – nach Ablauf eines bestimmten Zeitraums – mittels Zählwerk ermittelte Kasseninhalt abzüglich der darin enthaltenen Umsatzsteuer (EuGH, Urt. vom 5.5.1994, C-38/93, BStBl II 1994, 548 – RS Glawe). Dieser Betrachtung hatte sich die deutsche FinVerw mit BMF-Schreiben vom 5.7.1994, BStBl I 1994, 465 angeschlossen.

In der Folge hat die Rechtsprechung diese Betrachtung immer wieder bestätigt (vgl. etwa FG Münster, Urt. v. 9.4.2021 – 5 V 178/21 U m. w. N. auf die Rechtsprechung von BFH und EuGH).

Das BMF hat für die Frage der Ermittlung der Bemessungsgrundlage diese Auffassung konkretisiert (BMF v. 5.11.2021, BStBl I 2021, 2223). Danach ist auf den Saldo des Auslesestreifens der Geldspielgeräte abzustellen und demgemäß die Bemessungsgrundlage für die Umsatzsteuer wie folgt zu ermitteln:

Einwurf
– Auswurf
= Saldo (1)
– Erhöhung des Auszahlvorrats oder
+ Verminderung des Auszahlvorrats
+ Nachfüllungen
– Entnahmen
– Fehlbeträge
= elektronisch gezählte Kasse
+ Entnahme
– Nachfüllungen
= Saldo (2)

Der Saldo (2) ist demnach der um die Veränderung des Auszahlvorrats bereinigte sowie die Fehlbeträge geminderte Saldo (1). **Als umsatzsteuerrechtliche Bemessungsgrundlage ist der Saldo (1) heranzuziehen.**

3.1 Anwendung

Die Grundsätze des BMF-Schreibens sind in allen noch offenen Fällen anzuwenden.

Hinweis

Das FG Nürnberg hat die Rechtsauffassung zur Ermittlung des **Entgelts** bei Geldspielautomaten bestätigt, zugleich auch noch einmal darauf verwiesen, dass für die Frage der **Steuerbarkeit** eines Umsatzes die genaue Höhe der Gegenleistung nicht entscheidend ist. Deswegen könne – so das FG – für die Frage der Steuerbarkeit dahingestellt bleiben, ob die Gegenleistung gemäß § 1 Abs. 1 Nr. 1 UStG im Spieleinsatz oder in den Kasseneinnahmen am Ende eines bestimmten Zeitraums bestehe (FG Nürnberg, Urt. v. 27.2.2024 – 2 K 1354/20. Die gegen das Urteil eingelegte **Nichtzulassungsbeschwerde** hat der BFH mit ausführlicher Begründung zurückgewiesen (BFH, Beschl. v. 25.06.2025 – V B 23/24, BFH/NV 2025, 1193).

4. BFH bejaht Leistungsaustausch: Umsatzsteuerliche Behandlung der Mitgliedsbeiträge von Fitnessstudios während coronabedingter Schließzeiten

Fitnessstudios in Deutschland mussten im Zuge der Corona-Pandemie vom 17.3. bis zum 17.5.2020 den Betrieb aufgrund **gesetzlicher/ behördlicher Anordnung schließen**. Viele Studios versuchten während dieser Zeit, ihre Mitglieder durch diverse Angebote von einer Kündigung ihres Vertrags abzuhalten und sie von einer weiteren Mitgliedschaft zu überzeugen.

Umsatzsteuerlich tauchte in Außenprüfungen die Frage auf, ob die Fortzahlung der Mitgliedsbeiträge ein umsatzsteuerbares Entgelt ist. Hierzu ergingen vom FG Schleswig-Holstein und vom FG Hamburg zunächst Entscheidungen mit unterschiedlichen Ergebnissen.

Der BFH hat über die Revisionsverfahren mit Urteilen vom 13.11.2024 – XI R 36/22 und XI R 5/23 entschieden. Danach führt das Einräumen der Möglichkeit zur Weiternutzung des Fitnessstudios nach Ablauf der ursprl. vereinbarten Vertragslaufzeit zu einem verbrauchsfähigen Vorteil. Die zivilrechtliche Betrachtung ist insofern unerheblich.

Zum besseren Verständnis werden nachfolgend die beiden Sachverhalte und Entscheidungen der Finanzgerichte Schleswig-Holstein und Hamburg dargestellt.

4.1 FG Schleswig-Holstein v. 04.03.2023 – 4 K 41/22, EFG 2023, 364

Die Klägerin betreibt ein Fitnessstudio, das mit ihren Kunden Verträge über befristete Mitgliedschaften abschloss. Nach der für Schleswig-Holstein geltenden Landesverordnung hatte die Klägerin das Fitnessstudio vom 17.3.2020 bis zum 17.5.2020 pandemiebedingt zu schließen.

Auf die Schließung reagierte sie mit unterschiedlichen Ankündigungen: Drei Gratismonate, dreimal einen Gratismonat zum Verschenken und ein Personaltraining. Ferner wollte die Klägerin den Mitgliedern den Zeitraum, den sie nicht trainieren konnten, am Ende ihrer Mitgliedschaft beitragsfrei erstatten. Der Einzug der Beiträge erfolgte auch während des Zeitraums, in dem das Studio geschlossen blieb.

Die Klägerin teilte dem FA mit, dass sie die Anfang April vereinnahmten **Mitgliedsbeiträge nicht** in der Umsatzsteuervoranmeldung **erklärt** habe, da diese aufgrund der Schließung ohne Rechtsgrund gezahlt worden seien. Das FA unterwarf die Beträge demgegenüber der Umsatzsteuer.

Das FG wies die Klage ab.

- Die vereinnahmten Beträge der Mitglieder seien trotz der vorübergehenden Schließung des Studios als Entgelt i. S. d. § 10 UStG für steuerbare Leistungen zu beurteilen.
- Nach der EuGH-Rechtsprechung müsse zwischen Leistung und Gegenleistung ein unmittelbarer Zusammenhang bestehen, der sich aus einem zwischen dem Leistenden und dem Leistungsempfänger bestehenden Rechtsverhältnis ergeben müsse.
- Ob der Leistungsempfänger die bezogene Leistung tatsächlich verwende und ggf. zu welchem Zweck er dies tue, sei für die Annahme eines Leistungsaustausches unerheblich.
- Einem Leistungsaustausch stehe zudem nicht entgegen, wenn der Unternehmer mit der Tätigkeit (auch) einen eigenen (z. B. Werbe-) Zweck verwirklichen wolle. Denn durch eine gleichzeitig im eigenen Interesse durchgeführte Betätigung werde die wirtschaftliche Tätigkeit nicht verdrängt.
- Zum Entgelt würden im Übrigen auch freiwillige Zusatzzahlungen (Trinkgelder) gerechnet, die mit einer inneren Verknüpfung zur Leistung erbracht würden.
- Bei den Vertragsverhältnissen zwischen der Klägerin und ihren Mitgliedern handele es sich um Dauerschuldverhältnisse, die sich aus mehreren Leistungsbestandteilen zusammensetzten. Diese Dauerschuldverhältnisse seien von den Mitgliedern jedoch nicht gekündigt worden. Die widerspruchslose Hinnahme der Abbuchungen unter Berücksichtigung der o. g. Bekanntmachungen der Klägerin könne als Annahme der angebotenen Ersatzleistungen angesehen werden.

4.2 FG Hamburg, Urt. v. 16.02.2023 – 6 K 239/21, EFG 2023, 867

Der Betreiber eines Fitnessstudios bot neben einer beitragsfreien Verlängerung der Mitgliedschaft um die Schließzeiten (17.3.2020 bis zum 17.5.2020) Online-Live-Kurse (die allerdings auch Nichtmitgliedern über „Youtube" zugänglich waren) und weitere Vorteile (Gutschein zum Verschenken an Dritte, 1 × Personal Training) an.

Rund 95 % der Mitglieder zahlten ihren Mitgliedsbeitrag, während der Schließzeit weiter. Von der angebotenen Zeitgutschrift am Ende der Vertragslaufzeit machten nur 10 % der Mitglieder Gebrauch. Der Kläger vertrat deshalb die Auffassung, es liege kein Leistungsaustausch vor. Das Finanzamt war der Meinung, dass die Mitglieder mit der Weiterzahlung der Beiträge konkludent der Vertragsverlängerung zugstimmt hätten.

Das FG gab der Klage statt.

- Die Schließung stelle einen Fall der Unmöglichkeit gem. § 275 BGB dar. Da Sinn und Zweck der Mitgliedschaft darin bestünden, das Studio während der regulären Öffnungszeiten beliebig oft nutzen zu können, sei die geschuldete Leistung wegen Zeitablauf nicht nachholbar. Die vertragliche Regelung gebiete eine monatliche Betrachtung, so dass die zugesagte Vertragsverlängerung einen Leistungsaustausch nicht rechtfertigen könne.
- Der Grund für die Fortzahlung des Beitrags (Solidarität, Mitleid, Bequemlichkeit, oder Rechtsirrtum) sei unerheblich und berühre die umsatzsteuerliche Beurteilung nicht.
- Auch die Annahme eines freiwilligen Entgelts sei abzulehnen, weil es insgesamt an einer Gegenleistung fehle.
- Die angebotenen Ersatzleistungen seien kein Ersatz für die vertraglich geschuldete Hauptleistung des Studios, also den Zugang zu Trainingseinrichtungen und Präsenzkursen.
- Im Übrigen sei die stillschweigende Fortzahlung des Beitrags kein Ausdruck einer Willenserklärung zur Verlängerung der Mitgliedschaft.

Hinweis

In einem mit dem Sachverhalt des FG Hamburg vergleichbaren Streitfall kam das **Niedersächsische FG** demgegenüber zu einer abweichenden Entscheidung. In der Vereinnahmung der Mitgliedsbeiträge vor Ausführung der Leistung liege eine Anzahlung, für die die Umsatzsteuer nach § 13 Abs. 1 Nr. 1 Buchst. a) Satz 4 UStG mit Ablauf des VA-Zeitraums entstehe, in dem das Entgelt vereinnahmt worden sei. Das Urteil ist **rechtskräftig** (Niedersächsisches FG v. 23.05.2023 – 5 K 59/22, **juris**).

4.3 BFH, Urt. v. 13.11.2024 – XI R 36/22 und XI R 5/23

Der BFH hat mit zwei Entscheidungen jeweils vom 13.11.2024 über die Revisionsverfahren gegen die Urteile des FG Schleswig-Holstein und des FG Hamburg entschieden. Im Ergebnis hat er die Rechtsauffassung der FinVerw bestätigt.

Den Entscheidungen lagen folgende Erwägungen des BFH zugrunde:

- Wurde für eine vereinbarte Leistung (Lieferung oder Dienstleistung) ein Entgelt entrichtet, die Lieferung oder sonstige Leistung jedoch nicht ausgeführt, tritt die Minderung der Bemes-sungsgrundlage nach § 17 UStG nicht schon dann ein, wenn ein Rückzahlungsanspruch des Zahlenden besteht, sondern erst dann, wenn das bereits gezahlte Entgelt tatsächlich zurück-gezahlt worden ist (Hinweis u.a. auf BFH, Urt. v. 05.12.2018 – XI R 44/14).
- Das Einräumen allein der Möglichkeit zur Weiternutzung eines Fitnessstudios nach Ablauf der ursprünglich vereinbarten Vertragslaufzeit (= kostenfreie Zusatzmonate) ist auch dann ein verbrauchsfähiger Vorteil, wenn dem keine zivilrechtlich wirksame Vereinbarung mit dem Kunden zugrunde liegt, weil der Leistungsaustausch umsatzsteuerrechtlich aus dem wirtschaftlichen Zusammenhang zwischen den vom Unternehmer im Voraus vereinnahmten Mitgliedsbeiträgen (Gegenleistung) und dem verbrauchsfähigen Vorteil (in Gestalt von kostenfreien Zusatzmonaten) folgt, den die Mitglieder eines Fitnessstudios aufgrund ihrer Zahlung während der coronabedingten Schließung (Lockdown) erlangt haben.
- Auf die Beurteilung nach dem nationalen Zivilrecht kommt es insoweit nicht an.

Hinweis: Anwendung durch die Finanzverwaltung

Die FinVerw hat die Entscheidung XI R 5/23 im BStBl II 2025, 469 amtlich veröffentlicht, so dass sie allgemein von den Finanzämtern anzuwenden ist. Bedeutung haben die Entscheidungen übrigens nicht nur für die Zeit vom 17.3.–17.5.2020 **(wie in den Streitfällen)**, sondern auch für weitere Schließungen während der Corona-Zeit: Am **2.11.2020** trat ein weiterer Lockdown ein. Auch hier mussten Fitnessstudios (und Yogastudios) erneut schließen. Dieser Lockdown wurde in mehreren Stufen **bis zum 14.2.2021** verlängert.

5. Aufteilung eines einheitlichen Gesamtentgelts auf Liefergegenstände mit verschiedenen Steuersätzen in der Systemgastronomie, BFH, Urt v. 22.1.2025 – XI R 19/23

5.1 Sachverhalt

Der Kläger ist Organträger zweier GmbHs, die als Franchisenehmerinnen Schnellrestaurants betrieben. In den Restaurants wurden u.a. Kombiangebote, sog. Spar-Menüs (bestehend aus Getränken und Speisen zu einem einheitlichen Gesamtpreis) auch zum Verzehr außer Haus angeboten.

Die Aufteilung des Gesamtpreises auf die Bestandteile des Menüs, die dem ermäßigten Steuersatz und dem Regelsteuersatz unterliegen, nahm der Kläger nach der sog. „Food-and-Paper"-Methode (F&P-Methode) vor. Die Berechnung erfolgte dabei bei jedem Kombiangebot auf Knopfdruck, in-dem in der Kasse die tagesaktuellen Einkaufspreise der Produkte aus den internen Datenbanken hinterlegt und deren Verhältnisse zueinander auf die einzelnen Menübestandteile zugewiesen wurden, um den jeweiligen Entgelt- und Umsatzsteueranteil auf diese Weise ermitteln und aus-weisen zu können. Nach einer Außenprüfung vertrat das Finanzamt die Auffassung, dass die Be-messungsgrundlage für den Verkauf der Spar-Menüs außer Haus nach dem Verhältnis der Einzelverkaufspreise zu erfolgen habe. Die F&P-Methode sei nicht gleich einfach und führe nicht zu sachgerechten Ergebnissen.

Das FG Baden-Württemberg gab der hiergegen gerichteten Klage statt.

5.2 Entscheidung und Begründung des BFH

Auf die Revision des Finanzamts hin hat der BFH die Entscheidung des FG Baden-Württemberg aufgehoben und mit Urteil vom 22.1.2025 (XI R 19/23) die Klage abgewiesen:

- Das FG ist zunächst zutreffend davon ausgegangen, dass ein einheitlicher Gesamtpreis bei unterschiedlichen Steuersätzen auf (mindestens) zwei Lieferungen aufgeteilt werden muss. Dabei muss die Aufteilung nicht immer nach (ggf. fiktiven) **Einzelverkaufspreisen** (also der Marktwertmethode) erfolgen. **Ausnahmen** hiervon sind **möglich**.
- Die vom Kläger angewandte **F&P-Methode** ist aber im Streitfall deshalb **nicht sachgerecht**, weil es bei der Methode zu Überpreisen gegenüber den Einzelverkaufspreisen kommt. Sie führt also teilweise dazu, dass in einem Menü der Preis eines Lebensmittels mit einem hohen Wareneinsatz (z.B. eines Burgers) nach der F&P-Methode deutlich über dem Einzelverkaufspreis dieses Lebensmittels liegt.
- Es widerspricht der **wirtschaftlichen Realität**, dass der Verkaufspreis eines Produkts in einem mit Rabatt verkauften Menü höher sein könnte als der Einzelverkaufspreis.
- Die F&P-Methode auch deshalb nicht sachgerecht, weil bei Veränderung der Einkaufspreise für den Wareneinkauf eine sofortige Berücksichtigung dieser Änderung bei der F&P-Methode erfolgte, obwohl die Neuware in der Regel erst eine Woche später in den Filialen zum Verkauf kam. Auch darin liegt ein nicht sachgerechtes Ergebnis.

5.3 Anmerkungen

Der BFH hat darauf verwiesen, dass das Gesamtentgelt für ein Kombiangebot aus Speise und Getränk **keineswegs immer nach den Einzelverkaufspreisen aufzuteilen** ist, vielmehr sind auch andere Methoden grds. möglich. Entscheidend ist immer, dass die „einfachstmögliche" Bewertung-smethode verwendet wird.

> **Hinweis**
>
> Die Hinweise des BFH auf die Bewertungs-/Aufteilungsmethode entstammen der Rechtsprechung des EuGH in der RS CPP (EuGH v. 25.02.1999 – C-349/96). Dort hatte dieser ausgeführt, dass zur Aufteilung des Entgelts die „einfachstmögliche" Berechnungs- oder Bewertungsmethode zu verwenden ist. Dieser Auffassung folgt der BFH seitdem in ständiger Rechtsprechung (z.B. BFH v. 16.03.2023 – V R 17/21).

Ebenso wie die **FinVerw in Abschn. 10.1 Abs. 11 UStAE** ist auch der BFH letztlich offen für andere Aufteilungsmethoden, als die nach Einzelverkaufspreisen. Allerdings muss die „andere Methode" dann **zumindest ebenso sachgerecht** sein.

Die Klägerin im Verfahren XI R 19/23 hatte die **F&P-Methode** – also die Aufteilungsmethode nach Wareneinsätzen – als **sachgerecht** angesehen und dieser den Vorzug vor der EVP-Methode gegeben. Das hat der BFH in diesem Fall nicht als sachgerecht akzeptiert. Sachgerecht war es nicht, weil der BFH hier auf einen Verstoß gegen die **Grundsätze der „wirtschaftlichen und geschäftlichen Realität"** verweist. Nach der Rechtsprechung des EuGH handelt es sich bei diesem Grundsatz um ein grundlegendes Kriterium für die Anwendung des gemeinsamen Mehrwertsteuersystems. Gerade diese Vorgabe des EuGH sah der BFH in der besprochenen Entscheidung nicht als erfüllt an. Bei bestimmten Produktgruppen kam es nämlich dazu, dass das nach der F&P-Methode i.R.d. Kombiangebots errechnete anteilige Entgelt höher war als das entsprechende Entgelt bei einem Einzelverkauf.

> **Hinweis Bestätigung durch weiteres BFH-Urteil XI R 29/23**
>
> In einem Urteil, das die Frage beinhaltete, welcher Steuersatz für das E-Paper einer Tageszeitung anzuwenden ist, hat der BFH seine Rechtsprechung zur Aufteilung nochmals bekräftigt. Der Fall betraf die Rechtslage vor 2020, also eine Zeit, als für E-Paper der ermäßigte Steuersatz noch nicht galt. Zur Aufteilung des Entgelts zwischen Printfassung und E-Paper einer Tageszeitung verweist der BFH nochmals darauf, dass **grundsätzlich die Aufteilung nach Einzelverkaufspreisen vor-**

zunehmen ist. Andere Methoden sind danach zulässig, müssten aber zumindest ebenso sachgerecht sein (BFH, Urt. v. 09.07.2025 – XI R 29/23, Rz. 36).

6. Ermäßigter Steuersatz auf Restaurant- und Verpflegungsdienstleistungen seit 01.01.2026

Durch das SteuerändG 2025 wurde zum 01.01.2026 der ermäßigte Steuersatz für Restaurant- und Verpflegungsdienstleistungen wieder eingeführt. Der ermäßigte Steuersatz gilt mithin künftig für Inhouse und to-go-Leistungen einheitlich. Die Regelung betrifft nur Speisen, nicht aber Getränke. Für Getränke bleibt es einheitlich bei einem Steuersatz von 19%.

Das BMF hat mit Schreiben vom 22.12.2025 - III C 2 - S 7220/00023/014/027 eine Anwendungsregelung dazu erlassen: Danach beanstandet es die Verwaltung nicht, wenn zur Aufteilung des Gesamtkaufpreises von sog. Kombiangeboten aus Speisen inkl. Getränken (z.B. Buffet, All-Inclusive-Angeboten) der auf die Getränke entfallende Entgeltanteil **mit 30% des Pauschalpreises** angesetzt wird.

Hinweis Rechnungsangaben bei kurzfristiger Vermietung etc.

Im gleichen BMF-Schreiben hat die Verwaltung auch noch eine Regelung getroffen, die in Abschn. 12.16 Abs. 12 S. 2 UStAE eingegangen ist: Es wird danach nicht beanstandet, wenn der auf die Leistungen bei kurzfristiger Vermietung etc. entfallende Entgeltanteil der nicht dem ermäßigten Steuersatz unterliegt (Frühstück, Gepäcktransport, Spa etc.) **mit 15 % des Pauschalpreises** angesetzt wird. Bis Ende 2025 waren dies 20% (siehe die Anmerkungen zu Abschn. 12.16).

UStAE 10.2. Zuschüsse

Allgemeines

(1) [1]Zahlungen unter den Bezeichnungen „Zuschuss, Zuwendung, Beihilfe, Prämie, Ausgleichsbetrag u. Ä.“ (Zuschüsse) können entweder

1. Entgelt für eine Leistung an den Zuschussgeber (Zahlenden);
2. (zusätzliches) Entgelt eines Dritten oder
3. echter Zuschuss

sein. [2]Der Zahlende ist Leistungsempfänger, wenn er für seine Zahlung eine Leistung vom Zahlungsempfänger erhält. [3]Der Zahlende kann ein Dritter sein (§ 10 Abs. 1 Satz 2 UStG), der selbst nicht Leistungsempfänger ist.

Zuschüsse als Entgelt für Leistungen an den Zahlenden

(2) [1]Zuschüsse sind Entgelt für eine Leistung an den Zahlenden,

1. wenn ein Leistungsaustauschverhältnis zwischen dem leistenden Unternehmer (Zahlungsempfänger) und dem Zahlenden besteht (vgl. dazu Abschnitte 1.1 bis 1.6);
2. wenn ein unmittelbarer Zusammenhang zwischen der erbrachten Leistung und dem Zuschuss besteht, d. h. wenn der Zahlungsempfänger seine Leistung – insbesondere bei gegenseitigen Verträgen – erkennbar um der Gegenleistung willen erbringt;
3. wenn der Zahlende einen Gegenstand oder einen sonstigen Vorteil erhält, auf Grund dessen er als Empfänger einer Lieferung oder sonstigen Leistung angesehen werden kann;
4. wenn (beim Zahlenden oder am Ende der Verbraucherkette) ein Verbrauch im Sinne des gemeinsamen Mehrwertsteuerrechts vorliegt.

[2]Ob die Leistung des Zahlungsempfängers derart mit der Zahlung verknüpft ist, dass sie sich auf den Erhalt einer Gegenleistung (Zahlung) richtet, ergibt sich aus den Vereinbarungen des Zahlungsempfängers mit dem Zahlenden, z. B. den zu Grunde liegenden Verträgen oder den Vergaberichtlinien (vgl. BFH-Urteil vom 13. 11. 1997, V R 11/97, BStBl 1998 II S. 169). [3]Die Abgrenzung zwischen einem Entgelt für eine Leistung an den Zahlenden und einem nicht steuerbaren echten Zuschuss ist vor allem nach der Person des Bedachten und dem Förderungsziel vorzunehmen. [4]Dementsprechend ist bei Zuschüssen entscheidend, ob dem Zuschussgeber eine bestimmte Leistung zugewendet werden soll oder ob viel-

mehr die Tätigkeit des Zuwendungsempfängers nicht für den Zahlenden als Leistungsempfänger bestimmt ist, wobei als Indiz u.a. der vom Zahlenden verfolgte Zweck dient, vgl. BFH-Urteil vom 18.11.2021 – V R 17/20, BStBl II 2024 S. 492. [5]Die Annahme eines Leistungsaustauschs setzt weder auf der Seite des Zahlenden noch auf der Seite des Zahlungsempfängers rechtlich durchsetzbare Ansprüche voraus (vgl. BFH-Urteile vom 23. 2. 1989, V R 141/84, BStBl II S. 638, und vom 9. 10. 2003, V R 51/02, BStBl 2004 II S. 322). [6]Zuwendungen im Rahmen von Vertragsnaturschutzmaßnahmen, die für die Bearbeitung von Flächen des Zuwendungsgebers erfolgen, werden im Rahmen eines Leistungsaustauschs gezahlt; erfolgt die Zuwendung dagegen für eigene Flächen des Land- und Forstwirts, liegt im Allgemeinen ein nicht der Umsatzsteuer unterliegender echter Zuschuss vor. [7]Zahlungen für die Übernahme der Erfüllung von Aufgaben einer juristischen Person des öffentlichen Rechts, zu deren Ausführung sich die Parteien in einem gegenseitigen Vertrag verpflichtet haben, erfolgen grundsätzlich im Rahmen eines Leistungsaustauschs. [8]Die Zuwendung erfolgt in diesem Fall nicht lediglich zur Subventionierung aus strukturpolitischen, volkswirtschaftlichen oder allgemeinpolitischen Gründen, wenn der Zuwendungsgeber damit auch eigene wirtschaftliche Interessen verfolgt. [9]Gewährt eine juristische Person des öffentlichen Rechts in diesem Zusammenhang eine als „Starthilfe" bezeichnete Zuwendung neben der Übertragung des für die Durchführung der Aufgabe erforderlichen Vermögens zu einem symbolischen Kaufpreis, ist diese Zuwendung Entgelt für die Entbindung aus der Durchführung der öffentlichen Aufgabe (vgl. BFH-Urteil vom 21. 4. 2005, V R 11/03, BStBl 2007 II S. 63). [10]Besteht aufgrund eines Rechtsverhältnisses ein unmittelbarer Zusammenhang zwischen der Leistung des Zahlungsempfängers und der Zahlung, ist die Zahlung Entgelt für die Leistung des Zahlungsempfängers.

Beispiel 1:

Zuschüsse einer Gemeinde an einen eingetragenen Verein, z.B. eine Werbegemeinschaft zur vertragsgemäßen Durchführung einer Werbeveranstaltung in der Vorweihnachtszeit.

Beispiel 2:

[1]Ein Bauherr errichtet ein Geschäftshaus mit einer Tiefgarage und verpflichtet sich gegenüber der Stadt, einen Teil der Stellplätze der Allgemeinheit zur Verfügung zu stellen. [2]Er erhält dafür ein Entgelt von der Stadt (vgl. BFH-Urteil vom 13. 11. 1997, V R 11/97, a. a. O.).

Beispiel 3:

Anfertigung von Auftragsgutachten gegen Entgelt, wenn der öffentliche Auftraggeber das Honorar für das Gutachten und nicht dafür leistet, die Tätigkeit des Zahlungsempfängers zu ermöglichen oder allgemein zu fördern; zum Leistungsaustausch bei der Durchführung von Forschungsvorhaben, zu der die öffentliche Hand Zuwendungen bewilligt hat, vgl. BFH-Urteil vom 23. 2. 1989, V R 141/84, a. a. O.

Beispiel 4:

[1]Eine Gemeinde bedient sich zur Erfüllung der ihr nach Landesrecht obliegenden Verpflichtung zur Abwasserbeseitigung einschließlich der Errichtung der dafür benötigten Bauwerke eines Unternehmers. [2]Dieser erlangt dafür u. a. einen vertraglichen Anspruch auf die Fördermittel, die der Gemeinde zustehen.

[3]Der Unternehmer erbringt eine steuerbare Leistung an die Gemeinde. [4]Ein für Rechnung der Gemeinde vom Land an den Unternehmer gezahlter Investitionszuschuss für die Errichtung der Kläranlage ist Entgelt (vgl. BFH-Urteil vom 20. 12. 2001, V R 81/99, BStBl 2003 II S. 213).

Beispiel 5:

[1]Die Gemeinde G hat im Wege eines Geschäftsbesorgungsvertrages die Bewirtschaftung und den Erhalt einer im Gemeindegebiet belegenen Sporthalle auf den Sportverein V übertragen. [2]Nach diesem Vertrag übertrug G die Befugnis an V, die Sporthalle zur regelmäßigen oder einmaligen Ausübung von Vereins- und Betriebssport und zur gewerblichen und nichtgewerblichen privaten Nutzung zu sportlichen Zwecken im Namen und auf Rechnung der G zu vermieten. [3]G zahlte aufgrund des Geschäftsbesorgungsvertrags an V jährlich einen bestimmten Betrag. [4]Die Geschäftsbesorgung umfasste das Einziehen des Mietzinses unter Einschlussetwaiger Mahn- und Vollstreckungsverfahren.

[5]Aufgrund der Abgabe der Verwaltung der Sporthalle durch G an V sowie des Einziehens der Hallenmieten einschließlich des Mahn- und Vollstreckungswesens durch V wird die Grenze zum Leistungsaustausch überschritten (vgl. BFH-Urteile vom 05.08.2010 – V R 54/09, BStBl II 2011 S. 191, und vom 18.11.2021 – V R 17/20, a.a.O.). [6]V erbringt – unter Berücksichtigung des von G verfolgten übergeordneten Zwecks – eine steuerbare und steuerpflichtige Leistung (Bewirtschaftung und Erhalt der Liegenschaft) an G. [7]Zum Entgelt gehören die Zuwendungen der G.

Zuschüsse als zusätzliches Entgelt eines Dritten

(3) [1]Zusätzliches Entgelt im Sinne des § 10 Abs. 1 Satz 2 UStG sind solche Zahlungen, die der leistende Unternehmer (Zahlungsempfänger) von einem anderen als dem Leistungsempfänger für die Lieferung oder sonstige Leistung erhält. [2]Ein zusätzliches Entgelt kommt in der Regel nur dann in Betracht, wenn ein unmittelbarer Leistungsaustausch zwischen dem Zahlungsempfänger und dem zahlenden Dritten zu verneinen ist (vgl. BFH-Urteil vom 20. 2. 1992, V R 107/87, BStBl II S. 705). [3]Der Dritte ist in diesen Fällen nicht Leistungsempfänger. [4]Ein zusätzliches Entgelt liegt vor, wenn der Leistungsempfänger einen Rechtsanspruch auf die Zahlung hat, die Zahlung in Erfüllung einer öffentlich-rechtlichen Verpflichtung gegenüber dem Leistungsempfänger oder zumindest im Interesse des Leistungsempfängers gewährt wird (vgl. BFH-Urteile vom 25. 11. 1986 – V R 109/78 – BStBl II 1987 S. 228, und vom 08.05.2024 – XI R 16/20, BStBl II S. 662). [5]Diese Zahlung gehört unabhängig von der Bezeichnung als „Zuschuss" zum Entgelt, wenn der Zuschuss dem Abnehmer des Gegenstands oder dem Dienstleistungsempfänger zugutekommt, der Zuschuss gerade für die Lieferung eines bestimmten Gegenstands oder die Erbringung einer bestimmten sonstigen Leistung gezahlt wird und mit der Verpflichtung der den Zuschuss gewährenden Stelle zur Zuschusszahlung das Recht des Zahlungsempfängers (des Leistenden) auf Auszahlung des Zuschusses einhergeht, wenn er einen steuerbaren Umsatz bewirkt hat (vgl. BFH-Urteil vom 9. 10. 2003, V R 51/02, BStBl 2004 II S. 322).

Beispiel 1:

[1]Die BA gewährt einer Werkstatt für behinderte Menschen pauschale Zuwendungen zu den Sach-, Personal- und Beförderungskosten, die für die Betreuung und Ausbildung der behinderten Menschen entstehen.

[2]Die Zahlungen sind Entgelt von dritter Seite für die Leistungen der Werkstatt für behinderte Menschen (Zahlungsempfänger) an die behinderten Menschen, da der einzelne behinderte Mensch auf diese Zahlungen einen Anspruch hat.

Beispiel 2:

[1]Ein Bundesland gewährt einem Studentenwerk einen Zuschuss zum Bau eines Studentenwohnheims. [2]Der Zuschuss wird unmittelbar dem Bauunternehmer ausgezahlt.

[3]Es liegt Entgelt von dritter Seite für die Leistung des Bauunternehmers an das Studentenwerk vor.

[6]Wird das Entgelt für eine Leistung des Unternehmers wegen der Insolvenz des Leistungsempfängers uneinbringlich und zahlt eine Bank, die zu dem Leistungsempfänger Geschäftsbeziehungen unterhalten hat, an den Unternehmer gegen Abtretung der Insolvenzforderung einen Betrag, der sich – unter Berücksichtigung von Gewährleistungsansprüchen – an der Höhe des noch nicht bezahlten Entgelts orientiert, kann diese Zahlung Entgelt eines Dritten für die Leistung des Unternehmers sein (vgl. BFH-Urteil vom 19. 10. 2001, V R 48/00, BStBl 2003 II S. 210, zur Abtretung einer Konkursforderung).

(4) [1]Nicht zum zusätzlichen Entgelt gehören hingegen Zahlungen eines Dritten dann, wenn sie dem leistenden Unternehmer (Zahlungsempfänger) zu dessen Förderung und nicht überwiegend im Interesse des Leistungsempfängers gewährt werden. [2]Die Abgrenzung von zusätzlichem Entgelt und echtem Zuschuss wird somit nach der Person des Bedachten und nach dem Förderungsziel vorgenommen (BFH-Urteil vom 8. 3. 1990, V R 67/89, BStBl II S. 708). [3]Ist die Zahlung des Dritten an den Zahlungsempfänger ein echter Zuschuss, weil sie zur Förderung des Zahlungsempfängers gewährt wird, ist es unbeachtlich, dass der Zuschuss auch dem Leistungsempfänger zugutekommt, weil er nicht das Entgelt aufzubringen hat, das der Zahlungsempfänger – ohne den Zuschuss – verlangen müsste (vgl. BFH-Urteil vom 9. 10. 1975, V R 88/74, BStBl 1976 II S. 105).

(5) [1]Ein zusätzliches Entgelt ist anzunehmen, wenn die Zahlung die Entgeltzahlung des Leistungsempfängers ergänzt und sie damit preisauffüllenden Charakter hat. [2]Die Zahlung dient der Preisauffüllung, wenn sie den erklärten Zweck hat, das Entgelt für die Leistung des Zahlungsempfängers an den Leistungsempfänger auf die nach Kalkulationsgrundsätzen erforderliche Höhe zu bringen und dadurch das Zustandekommen eines Leistungsaustauschs zu sichern oder wenigstens zu erleichtern (vgl. BFH-Urteil vom 24. 8. 1967, V 31/64, BStBl III S. 717). [3]Die von Versicherten der gesetzlichen Krankenkassen nach § 31 Abs. 3 SGB V zu entrichtende Zuzahlung bei der Abgabe von Arzneimitteln ist Entgelt von dritter Seite für die Lieferung des Arzneimittels durch die Apotheke an die Krankenkasse. [4]Hinsichtlich der den Verlagen zugewendeten Druckkostenzuschüsse bei der Vervielfältigung und Verbreitung von Druckwerken gilt:

1. [1]Der Druckkostenzuschuss des Autors an den Verlag ist grundsätzlich Entgelt für die Leistung des Verlags an den Autor, wenn zwischen dem Verlag und dem Autor ein Leistungsaustauschverhältnis z. B. auf Grund eines Verlagsvertrags besteht (vgl. BFH-Urteil vom 21. 10. 2015, XI R 22/13, BStBl 2018 II S. 612). [2]Dabei ist es unerheblich, ob der Autor den Druckkostenzuschuss aus eigenen Mitteln oder mit Fördermitteln finanziert. [3]Zahlt der Dritte die Fördermittel für den Autor unmittelbar an den Verlag, liegt ein verkürzter Zahlungsweg vor.
2. Der Druckkostenzuschuss eines Dritten an den Verlag, der nicht im Namen und für Rechnung des Autors gewährt wird, ist grundsätzlich dann Entgelt von dritter Seite für die Leistung des Verlags an den Autor, wenn zwischen dem Verlag und dem Autor ein Leistungsaustauschverhältnis z. B. auf Grund eines Verlagsvertrags besteht.
3. Druckkostenzuschüsse eines Dritten an den Verlag sind grundsätzlich dann Entgelt für die Leistung des Verlags an den Dritten, wenn zwischen dem Verlag und dem Dritten ein Leistungsaustauschverhältnis z. B. auf Grund eines gegenseitigen Vertrags besteht.

[5]Entgelt von dritter Seite liegt auch dann vor, wenn der Zahlungsempfänger in pauschalierter Form das erhalten soll, was ihm vom Begünstigten (Leistungsempfänger) für die Leistung zustünde, wobei eine Kostendeckung nicht erforderlich ist (vgl. BFH-Urteil vom 26. 6. 1986, V R 93/77, BStBl II S. 723). [6]Wegen der Rechnungserteilung bei der Vereinnahmung von Entgelten von dritter Seite vgl. Abschnitt 14.10 Abs. 1. [7]Liefert der Vermittler eines Mobilfunkvertrags im eigenen Namen an den Kunden ein Mobilfunkgerät oder einen sonstigen Elektronikartikel und gewährt das Mobilfunkunternehmen dem Vermittler auf Grund vertraglicher Vereinbarung eine von der Abgabe des Mobilfunkgeräts oder sonstigen Elektronikartikels abhängige Provision bzw. einen davon abhängigen Provisionsbestandteil, handelt es sich bei dieser Provision oder diesem Provisionsbestandteil insoweit nicht um ein Entgelt für die Vermittlungsleistung an das Mobilfunkunternehmen, sondern um ein von einem Dritten gezahltes Entgelt im Sinne des § 10 Abs. 1 Satz 2 UStG für die Lieferung des Mobilfunkgeräts oder des sonstigen Elektronikartikels (vgl. BFH-Urteil vom 16. 10. 2013, XI R 39/12, BStBl 2014 II S. 1024). [8]Dies gilt unabhängig von der Höhe einer von dem Kunden zu leistenden Zuzahlung. [9]Wird zwischen dem Mobilfunkunternehmen und dem Vermittler ein Vertrag geschlossen, nach dem das Mobilfunkunternehmen dem Vermittler eine (Abschluss)Provision unabhängig von der Abgabe eines Mobilfunkgeräts (vertragliche Entkopplung) an den Endkunden zahlt, stellt die Provision insgesamt Entgelt für die Vermittlungsleistung dar.

(6) [1]Nach den vorstehenden Grundsätzen ist auch dann zu verfahren, wenn bei der Einschaltung von Unternehmern in die Erfüllung hoheitlicher Aufgaben einer juristischen Person des öffentlichen Rechts der eingeschaltete Unternehmer einen eigenen gesetzlichen oder sonstigen Anspruch auf die Zahlung hat. [2]Auch wenn es nach den Vergabebedingungen im Ermessen des Zuwendungsgebers steht, ob er die Mittel der juristischen Person des öffentlichen Rechts oder unmittelbar dem eingeschalteten Unternehmer gewährt, ist entscheidend, dass der Unternehmer einen eigenen Anspruch auf die Zuwendung hat (vgl. BMF-Schreiben vom 27. 12. 1990, BStBl 1991 I S. 81).

Beispiel 1:

[1]Erstattung von Fahrgeldausfällen für die unentgeltliche Beförderung schwer behinderter Menschen im öffentlichen Personenverkehr nach §§ 145 ff. SGB IX.

[2]Die erstatteten Fahrgeldausfälle sind Entgelt eines Dritten, da die Zahlungen das Fahrgeld abgelten sollen, das die begünstigten Personen ansonsten als Leistungsempfänger entsprechend dem geltenden Tarif hätten aufwenden müssen. [3]Nicht entscheidungserheblich ist, dass die Erstattungen pau-

schaliert erfolgen. [4]Maßgeblich ist vielmehr, dass die Zuwendungen nach einem Prozentsatz der Fahrgeldeinnahmen berechnet werden und damit in geschätzter Höhe die erbrachten Beförderungsleistungen abgelten sollen. [5]Inwieweit mit der Erstattung eine Äquivalenz von Leistung und Gegenleistung erreicht wird, ist nicht entscheidend (vgl. BFH-Urteil vom 26. 6. 1986, BStBl II S. 723).

Beispiel 2:

[1]Eine Gemeinde bedient sich zur Erfüllung ihrer hoheitlichen Aufgaben im Bereich der Abfallwirtschaft einer GmbH. [2]Die GmbH übernimmt die Errichtung und den Betrieb von Entsorgungseinrichtungen. [3]Hierfür gewährt das Land Zuwendungen, die nach den Förderrichtlinien von den abfallbeseitigungspflichtigen Gemeinden oder den mit der Abfallbeseitigung beauftragten privaten Unternehmern beantragt werden können.

a) [1]Die Gemeinde ist Antragstellerin.

[2]Das Land zahlt die Zuwendungen an die antragstellende Gemeinde aus. [3]Die Gemeinde reicht die Gelder an die GmbH weiter.

[4]Die GmbH erbringt steuerbare und steuerpflichtige Leistungen (Errichtung und Betrieb der Entsorgungseinrichtungen) an die Gemeinde. [5]Zum Entgelt für diese Leistungen gehören auch die von der Gemeinde an die GmbH weitergeleiteten Zuwendungen des Landes.

[6]Selbst wenn das Land auf Antrag der Gemeinde die Mittel direkt an die GmbH überwiesen hätte, wären diese Teile des Entgelts für die Leistungen der GmbH.

b) [1]Die GmbH ist Antragstellerin.

[2]Das Land zahlt die Zuwendungen an die antragstellende GmbH aus.

[3]Die GmbH erbringt auch in diesem Fall steuerbare und steuerpflichtige Leistungen an die Gemeinde. [4]Die Zahlungen des Landes an die GmbH sind zusätzliches Entgelt eines Dritten für die Leistungen der GmbH an die Gemeinde, da die Zahlungen im Interesse der Gemeinde geleistet werden.

Echte Zuschüsse

(7) [1]Echte Zuschüsse liegen vor, wenn die Zahlungen nicht auf Grund eines Leistungsaustauschverhältnisses erbracht werden (vgl. BFH-Urteile vom 28. 7. 1994, V R 19/92, BStBl 1995 II S. 86, und vom 13. 11. 1997, V R 11/97, BStBl 1998 II S. 169). [2]Das ist der Fall, wenn die Zahlungen nicht an bestimmte Umsätze anknüpfen, sondern unabhängig von einer bestimmten Leistung gewährt werden, weil z. B. der leistende Unternehmer (Zahlungsempfänger) einen Anspruch auf die Zahlung hat oder weil in Erfüllung einer öffentlich-rechtlichen Verpflichtung bzw. im überwiegenden öffentlich-rechtlichen Interesse an ihn gezahlt wird (vgl. BFH-Urteile vom 24. 8. 1967, V 31/64, BStBl III S. 717, und vom 25. 11. 1986, V R 109/78, BStBl 1987 II S. 228). [3]Echte Zuschüsse liegen auch vor, wenn der Zahlungsempfänger die Zahlungen lediglich erhält, um ganz allgemein in die Lage versetzt zu werden, überhaupt tätig zu werden oder seine nach dem Gesellschaftszweck obliegenden Aufgaben erfüllen zu können. [4]So sind Zahlungen echte Zuschüsse, die vorrangig dem leistenden Zahlungsempfänger zu seiner Förderung aus strukturpolitischen, volkswirtschaftlichen oder allgemeinpolitischen Gründen gewährt werden (BFH-Urteile vom 13. 11. 1997 – V R 11/97, a. a. O., und vom 18.11.2021 – V R 17/20, BStBl II 2024 S. 492). [5]Dies gilt auch für Beihilfen in der Landwirtschaft, durch die Strukturveränderungen oder Verhaltensänderungen z. B. auf Grund von EG-Marktordnungen gefördert werden sollen. [6]Ebenso stellen **Prämien wie z.B.** Marktprämie**n**, Managementprämie**n** **und** Flexibilitätsprämien echte, nichtsteuerbare Zuschüsse dar, vgl. Abschnitt 2.5 Abs. **18**. [7]Vorteile in Form von Subventionen, Beihilfen, Förderprämien, Geldpreisen und dergleichen, die ein Unternehmer als Anerkennung oder zur Förderung seiner im allgemeinen Interesse liegenden Tätigkeiten ohne Bindung an bestimmte Umsätze erhält, sind kein Entgelt (vgl. BFH-Urteil vom 6. 8. 1970, V R 94/68, BStBl II S. 730). [8]Die bloße technische Anknüpfung von Förderungsmaßnahmen an eine Leistung des Zahlungsempfängers führt nicht dazu, dass die Förderung als zusätzliches Entgelt für die Leistung zu beurteilen ist, wenn das Förderungsziel nicht die Subvention der Preise zugunsten der Abnehmer (Leistungsempfänger), sondern die Subvention des Zahlungsempfängers ist (vgl. BFH-Urteil vom 8. 3. 1990, V R 67/89, BStBl II S. 708).

Beispiel 1:

[1]Zuschüsse, die die BA bestimmten Unternehmern zu den Löhnen und Ausbildungsvergütungen oder zu den Kosten für Arbeitserprobung und Probebeschäftigung gewährt.

[2]Damit erbringt die BA weder als Dritter zusätzliche Entgelte zugunsten der Vertragspartner des leistenden Unternehmers, noch erfüllt sie als dessen Leistungsempfänger eigene Entgeltverpflichtungen.

Beispiel 2:

[1]Zuschüsse, die von den gesetzlichen Trägern der Grundsicherung für Arbeitssuchende für die Teilnehmer an Arbeitsgelegenheiten mit Mehraufwandsentschädigung zur Abdeckung des durch die Ausübung des Zusatzjobs entstehenden tatsächlichen Mehraufwands gezahlt werden, sind echte Zuschüsse. [2]Ein unmittelbarer Zusammenhang zwischen einer erbrachten Leistung und der Zuwendung besteht nicht.

Beispiel 3:

[1]Für die Einrichtung von Zusatzjobs können den Arbeitsgelegenheiten mit Mehraufwandsentschädigung die entstehenden Kosten von den gesetzlichen Trägern der Grundsicherung für Arbeitssuchende erstattet werden. [2]Die Erstattung kann sowohl Sach- als auch Personalkosten umfassen und pauschal ausgezahlt werden.

[3]Diese Maßnahmekostenpauschale stellt einen echten Zuschuss an die Arbeitsgelegenheit dar, sie soll ihre Kosten für die Einrichtung und die Durchführung der Zusatzjobs abdecken. [4]Ein individualisierbarer Leistungsempfänger ist nicht feststellbar.

Beispiel 4:

[1]Qualifizierungsmaßnahmen, die eine Arbeitsgelegenheit mit Mehraufwandsentschädigung selbst oder von einem externen Weiterbildungsträger durchführen lässt.

[2]Qualifizierungsmaßnahmen, die von der Arbeitsgelegenheit selbst durchgeführt werden und bei denen deren eigenunternehmerisches Interesse im Vordergrund steht, sind keine Leistungen im umsatzsteuerrechtlichen Sinn; ebenso begründet die Vereinbarung zur Durchführung von Qualifizierungsmaßnahmen, bei denen deren eigenunternehmerisches Interesse im Vordergrund steht, durch externe Weiterbildungsträger keinen Vertrag zugunsten Dritter. [3]Die von den gesetzlichen Trägern der Grundsicherung für Arbeitssuchende insoweit geleisteten Zahlungen sind kein Entgelt für eine Leistung der Arbeitsgelegenheit gegenüber diesen Trägern oder dem Weiterzubildenden, sondern echte Zuschüsse. [4]Für die Beurteilung der Leistungen der externen Weiterbildungsträger gelten die allgemeinen umsatzsteuerrechtlichen Grundsätze.

Beispiel 5:

[1]Zuwendungen des Bundes und der Länder nach den vom Bundesministerium des Innern (BMI) herausgegebenen Grundsätzen zur Regelung von Kriterien und Höhe der Förderung des Deutschen Olympischen Sportbundes – Bereich Leistungssport – sowie den vom BMI entworfenen Vereinbarungs-/Vertragsmuster, die bundesweit zur Weiterleitung der Bundeszuwendung bei der Förderung der Olympiastützpunkte und Bundesleistungszentren verwendet werden sollen, zu den Betriebs- und Unterhaltskosten ausgewählter Sportstätten.

[2]Im Allgemeinen liegt kein Leistungsaustausch zwischen dem Träger der geförderten Sportstätte und dem Träger des Olympiastützpunkts vor, auch wenn Nutzungszeiten für einen bestimmten Personenkreis in den Zuwendungsbedingungen enthalten sind, denn die Zuwendungen werden im Regelfall für die im allgemeinen Interesse liegende Sportförderung zur Verfügung gestellt. [3]Dies gilt auch für die Förderung des Leistungssports. [4]Die normierten Auflagen für den Zuwendungsempfänger reichen für die Annahme eines Leistungsaustauschverhältnisses nicht aus. [5]Sie haben lediglich den Zweck, den Zuwendungsgeber über den von ihm erhofften und erstrebten Nutzen des Projekts zu unterrichten und die sachgerechte Verwendung der eingesetzten Fördermittel sicherzustellen und werden daher als echte Zuschüsse gewährt.

Beispiel 6:

[1]Dem Verein V wird nach einem mit der Gemeinde G geschlossenen Nutzungsvertrag eine Sportanlage zur langfristigen Eigennutzung unentgeltlich zur Verfügung gestellt. [2]V hat gegenüber G keine konkreten Betreiberleistungen wie z. B. die Vorhaltung bestimmter Sportangebote zu erbringen. [3]V erhält von G eine pauschale Kostenerstattung für die Bewirtschaftung.

[4]Die Zahlungen von G stellen einen echten nicht steuerbaren Zuschuss dar. [5]G verfolgt mit diesen Zahlungen den Zweck, die Tätigkeit von V allgemein zu fördern und V in die Lage zu versetzen, seine gemeinnützige Tätigkeitauszuüben (vgl. BFH-Urteil vom 18.11.2021 – V R 17/20, a.a.O.).

Zuwendungen aus öffentlichen Kassen

(8) [1]Ob Zuwendungen aus öffentlichen Kassen echte Zuschüsse sind, ergibt sich nicht aus der haushaltsrechtlichen Erlaubnis zur Ausgabe, sondern allein aus dem Grund der Zahlung (vgl. BFH-Urteile vom 27. 11. 2008, V R 8/07, BStBl 2009 II S. 397, und vom 18. 12. 2008, V R 38/06, BStBl 2009 II S. 749). [2]Werden Zuwendungen aus öffentlichen Kassen ausschließlich auf der Grundlage des Haushaltsrechts in Verbindung mit den dazu erlassenen Allgemeinen Nebenbestimmungen vergeben, liegen in der Regel echte Zuschüsse vor. [3]Denn die in den Allgemeinen Nebenbestimmungen normierten Auflagen für den Zuwendungsempfänger reichen grundsätzlich für die Annahme eines Leistungsaustauschverhältnisses nicht aus. [4]Sie haben den Sinn, den Zuwendungsgeber über den von ihm erhofften und erstrebten Nutzen des Projekts zu unterrichten und die sachgerechte Verwendung der eingesetzten Fördermittel sicherzustellen. [5]Grund der Zahlung ist in diesen Fällen die im überwiegenden öffentlichen Interesse liegende Förderung des Zuwendungsempfängers, nicht der Erwerb eines verbrauchsfähigen Vorteils durch den Zuwendungsgeber.

(9) [1]Wird die Bewilligung der Zuwendungen über die Allgemeinen Nebenbestimmungen hinaus mit besonderen Nebenbestimmungen verknüpft, kann ein Leistungsaustauschverhältnis vorliegen. [2]Besondere Nebenbestimmungen sind auf den jeweiligen Einzelfall abgestellte Regelungen, die Bestandteil jeder Zuwendung sein können und im Zuwendungsbescheid oder -vertrag besonders kenntlich zu machen sind. [3]Dort können Auflagen und insbesondere Vorbehalte des Zuwendungsgebers hinsichtlich der Verwendung des Tätigkeitsergebnisses geregelt sein, die auf einen Leistungsaustausch schließen lassen. [4]Entsprechendes gilt für vertraglich geregelte Vereinbarungen. [5]Denn bei Leistungen, zu denen sich die Vertragsparteien in einem gegenseitigen Vertrag verpflichtet haben, liegt grundsätzlich ein Leistungsaustausch vor (vgl. BFH-Urteil vom 18. 12. 2008, V R 38/06, BStBl 2009 II S. 749). [6]Das ist nicht der Fall, wenn vertraglich vereinbarte Zahlungen aus den in Absatz 7 Sätze 3 und 4 genannten Gründen gewährt werden (vgl. BFH-Urteil vom 18.11.2021 – V R 17/20, BStBl II 2024 S. 492). [7]Regelungen zur technischen Abwicklung der Zuwendung und zum haushaltsrechtlichen Nachweis ihrer Verwendung sind umsatzsteuerrechtlich regelmäßig unbeachtlich (vgl. BFH-Urteil vom 28. 7. 1994, V R 19/92, BStBl 1995 II S. 86).

(10) [1]Zuwendungen, die zur Projektförderung oder zur institutionellen Förderung auf der Grundlage folgender Nebenbestimmungen gewährt werden, sind grundsätzlich als nicht der Umsatzsteuer unterliegende echte Zuschüsse zu beurteilen:

1. Nebenbestimmungen für Zuwendungen auf Kostenbasis des Bundesministeriums für Bildung und Forschung (BMBF) an Unternehmen der gewerblichen Wirtschaft für Forschungs- und Entwicklungsvorhaben (NKBF 98); diese gelten z. B. auch im Geschäftsbereich des Bundesministeriums für Wirtschaft und Energie (BMWi) und des Bundesministeriums für Umwelt, Naturschutz und nukleare Sicherheit (BMU);
2. Allgemeine Nebenbestimmungen für Zuwendungen zur Projektförderung (ANBest-P) – Anlage 2 der VV zu § 44 BHO;
3. Allgemeine Nebenbestimmungen für Zuwendungen zur Projektförderung an Gebietskörperschaften und Zusammenschlüsse von Gebietskörperschaften (ANBest-GK) – Anlage 3 der VV zu § 44 BHO;
4. Besondere Nebenbestimmungen für Zuwendungen des BMBF zur Projektförderung auf Ausgabenbasis (BNBest-BMBF 98); diese gelten z. B. auch im Geschäftsbereich des BMWi und des BMU;
5. Allgemeine Nebenbestimmungen für Zuwendungen zur Projektförderung auf Kostenbasis (ANBest-P-Kosten) – Anlage 4 der VV zu § 44 BHO;

6. Allgemeine Nebenbestimmungen für Zuwendungen zur institutionellen Förderung (ANBest-I) – Anlage 1 der VV zu § 44 BHO;
7. Finanzstatut für Forschungseinrichtungen der Hermann von Helmholtz-Gemeinschaft Deutscher Forschungszentren e. V. (FinSt-HZ);
8. Nebenbestimmungen für Zuwendungen auf Kostenbasis des Bundesministeriums für Bildung und Forschung an gewerbliche Unternehmen für Forschungs- und Entwicklungsvorhaben (NKBF 2017); diese gelten z. B. auch im Geschäftsbereich des BMWi und des BMU;
9. Nebenbestimmungen für Zuwendungen auf Ausgabenbasis (NABF); diese gelten z. B. auch im Geschäftsbereich des BMWi und des BMU;
10. Zuwendungen im Zusammenhang mit EU-Rahmenprogrammen, die den Teilnehmern für Forschungs- und Innovationstätigkeiten innerhalb der Rahmenprogramme der EU (beispielsweise Horizont 2020; RP7 oder Horizont Europa), jedoch außerhalb öffentlicher Auftragsvergabe bereitgestellt werden, wenn die Zuwendungen nicht mit dem Preis einer Lieferung von Gegenständen oder der Erbringung einer Dienstleistung im Zusammenhang stehen, und sofern keine Übertragung der Eigentumsrechte an den Ergebnissen von aus den genannten EU-Rahmenprogrammen finanzierten Tätigkeiten an die Kommission vorgesehen ist.

[2]Entsprechendes gilt für Zuwendungen, die nach Richtlinien und Nebenbestimmungen zur Förderung bestimmter Vorhaben gewährt werden, die inhaltlich den o. a. Förderbestimmungen entsprechen (z. B. Zuwendungen im Rahmen der Programme der Biotechnologie- und Energieforschung sowie zur Förderung des Forschungs- und Entwicklungspersonals in der Wirtschaft). [3]Diese Beurteilung schließt im Einzelfall eine Prüfung nicht aus, ob auf Grund zusätzlicher Auflagen oder Bedingungen des Zuwendungsgebers oder sonstiger Umstände ein steuerbarer Leistungsaustausch zwischen dem Zuwendungsgeber und dem Zuwendungsempfänger begründet worden ist. [4]Dabei ist bei Vorliegen entsprechender Umstände auch die Frage des Entgelts von dritter Seite zu prüfen. [5]Eine Prüfung kommt insbesondere in Betracht, wenn die Tätigkeit zur Erfüllung von Ressortaufgaben des Zuwendungsgebers durchgeführt wird und deshalb z. B. folgende zusätzliche Vereinbarungen getroffen wurden (vgl. auch BFH-Urteile vom 23. 2. 1989, V R 141/84, BStBl II S. 638, und vom 28. 7. 1994, V R 19/92, BStBl 1995 II S. 86):

1. Vorbehalt von Verwertungsrechten für den Zuwendungsgeber;
2. Zustimmungsvorbehalt des Zuwendungsgebers für die Veröffentlichung der Ergebnisse;
3. fachliche Detailsteuerung durch den Zuwendungsgeber;
4. Vollfinanzierung bei Zuwendungen an Unternehmen der gewerblichen Wirtschaft.

[6]Die Vorbehalte sprechen nicht für einen Leistungsaustausch, wenn sie lediglich dazu dienen, die Tätigkeit zu optimieren und die Ergebnisse für die Allgemeinheit zu sichern. [7]Nach den vorstehenden Grundsätzen ist auch bei der umsatzsteuerlichen Beurteilung von Zuwendungen zur Projektförderung sowie zur institutionellen Förderung auf Grund entsprechender Bestimmungen der Bundesländer zu verfahren.

Anmerkung

1. Zuschüsse einer Gemeinde an einen Sportverein

Mit Urteil v. 18.11.2021 – V R 17/20 hat der BFH entschieden, dass Zahlungen einer Gemeinde an einen Sportverein im Zusammenhang mit der Bewirtschaftung einer zur langfristigen Eigennutzung überlassenen Sportanlage, die es dem Sportverein ermöglichen sollen, sein Sportangebot aufrechtzuerhalten, nicht umsatzsteuerbare „echte" Zuschüsse für die Tätigkeit des Sportvereins darstellen.

Dabei ist – so der BFH – in erster Linie der von der Gemeinde mit den Zahlungen verfolgte Zweck zu berücksichtigen.

Im entschiedenen Fall hatten die Zahlungen der Gemeinde **strukturpolitische Gründe**. Zweck der Zahlungen der Gemeinde im Zusammenhang mit der Bewirtschaftung der dem Sportverein kostenfrei zur Nutzung überlassenen gemeindlichen Sportanlagen war nämlich die **Ermöglichung der eigenverantwortlichen Umsetzung der gemeinnützigen Tätigkeit des Vereins** im Sinne der örtlichen Gemeinschaft.

2. Umsetzung der BFH-Entscheidung V R 17/20 durch das BMF

Das Urteil V R 17/20 wendet das BMF mit BMF-Schreiben v. 11.6. 2024 – III C 2-S 7200/19/10001:028, 2024/0406096, BStBl I 2024, 979 an. Das BMF hat dementsprechend Abschn. 10.2. Abs. 2 UStAE geändert. Entscheidend ist danach die Person des Bedachten und das Förderziel.

Es ist mithin danach zu differenzieren, ob

– dem Zuschussgeber eine bestimmte Leistung zugewendet werden soll (= steuerbares Entgelt) oder

– ob die Tätigkeit des Zuwendungsempfängers nicht für den Zahlenden als Leistungsempfänger bestimmt ist, wobei als Indiz u. a. der vom Zahlenden verfolgte Zweck dient (= kein Entgelt).

Beispiel (nach Abschn. 10.2. Abs. 7 UStAE):

Dem Sportverein V wird von der Gemeinde G eine Sportanlage zur langfristigen Eigennutzung unentgeltlich zur Verfügung gestellt. V hat gegenüber G keine konkreten Betreiberleistungen wie z.B. die Vorhaltung bestimmter Sportangebote zu erbringen. V erhält von G eine pauschale Kostenerstattung für die Bewirtschaftung.

Die Zahlungen von G stellen **einen echten nicht steuerbaren Zuschuss** dar. G verfolgt mit diesen Zahlungen den Zweck, die Tätigkeit von V allgemein zu fördern und V in die Lage zu versetzen, seine gemeinnützige Tätigkeit auszuüben.

3. Abgabe von Schutzmasken während der Corona-Pandemie

In der Zeit vom 15.12.2020 bis 6.1.2021 erhielten die Apotheken für die Abgabe von Schutzmasken an besondere vulnerable Personengruppen eine Pauschalzahlung aus der Liquiditätsreserve des Gesundheitsfonds, der vom Nacht- und Notdienstfonds des Deutschen Apothekerverbandes e.V. ausgezahlt wurde.

Hier stellte sich die Frage, ob es sich um ein umsatzsteuerbares Entgelt oder um einen nichtsteuerbaren Zuschuss handelt. Nach Auffassung des BFH stellen die Zahlungen **keinen „echten Zuschuss“** dar. Es handelt sich vielmehr um das **Entgelt eines Dritten** für die Lieferungen an den anspruchsberechtigten Personenkreis (BFH, Urt. v. 06.02.2025 – V R 24/23, BStBl. II 2025, 587).

UStAE 10.3. Entgeltminderungen

(1) [1]Entgeltminderungen liegen vor, wenn der Leistungsempfänger bei der Zahlung Beträge abzieht, z. B. Skonti, Rabatte, Preisnachlässe usw., oder wenn dem Leistungsempfänger bereits gezahlte Beträge zurückgewährt werden, ohne dass er dafür eine Leistung zu erbringen hat. [2]Hierbei ist der Abzugsbetrag oder die Rückzahlung in Entgelt und Umsatzsteuer aufzuteilen (vgl. BFH-Urteil vom 28. 5. 2009, V R 2/08, BStBl II S. 870). [3]Auf die Gründe, die für die Ermäßigung des Entgelts maßgebend waren, kommt es nicht an (vgl. BFH-Urteil vom 21. 3. 1968, V R 85/65, BStBl II S. 466). [4]Die Pflicht des Unternehmers, bei nachträglichen Änderungen des Entgelts die Steuer bzw. den Vorsteuerabzug zu berichtigen, ergibt sich aus § 17 UStG. [5]Eine Entgeltminderung liegt grundsätzlich auch vor, wenn ein in der Leistungskette beteiligter Unternehmer einem nicht unmittelbar nachfolgenden Abnehmer einen Teil des von diesem gezahlten Leistungsentgelts erstattet oder ihm gegenüber einen Preisnachlass gewährt. [6]Erstattet danach der erste Unternehmer in einer Leistungskette dem Endverbraucher einen Teil des von diesem gezahlten Leistungsentgelts oder gewährt er ihm einen Preisnachlass, mindert sich dadurch grundsätzlich die Bemessungsgrundlage des ersten Unternehmers an seinen unmittelbaren Abnehmer (vgl. EuGH-Urteil vom 24. 10. 1996, C-317/94, Elida Gibbs, BStBl 2004 II S. 324). [7]Auf die Abschnitte 17.1 und 17.2 wird hingewiesen.

(2) [1]Eine Entgeltminderung kann vorliegen, wenn der Erwerber einer Ware Mängel von sich aus beseitigt und dem Lieferer die entstandenen Kosten berechnet. [2]Zur Frage, ob in derartigen Fällen ein Schadensersatz vorliegt, vgl. Abschnitt 1.3 Abs. 1. [3]Wird jedoch von den Vertragspartnern von vornherein ein pauschaler Abzug vom Kaufpreis vereinbart und dafür vom Erwerber global auf alle Ansprüche aus der Sachmängelhaftung des Lieferers verzichtet, erbringt der Käufer eine entgeltliche sonstige Leistung

(vgl. BFH-Urteil vom 15. 12. 1966, V R 83/64, BStBl 1967 III S. 234). [4]Zuwendungen, die ein Lieferant seinem Abnehmer für die Durchführung von Werbemaßnahmen gewährt, sind regelmäßig als Preisnachlass zu behandeln, wenn und soweit keine Verpflichtung zur Werbung besteht, der Werber die Werbung im eigenen Interesse am Erfolg der Werbemaßnahme ausführt und die Gewährung des Zuschusses nicht losgelöst von der Warenlieferung, sondern mit dieser eng verknüpft ist (vgl. BFH-Urteil vom 5. 8. 1965, V 144/62 U, BStBl III S. 630). [5]Werbeprämien, die den Abnehmern für die Werbung eines neuen Kunden gewährt werden, mindern daher nicht das Entgelt (vgl. BFH-Urteil vom 7. 3. 1995, XI R 72/93, BStBl II S. 518). [6]Entsprechendes gilt bei der Überlassung von Prämienbüchern durch eine Buchgemeinschaft an ihre Mitglieder für die Werbung neuer Mitglieder (vgl. BFH-Urteil vom 17. 12. 1959, V 251/58 U, BStBl 1960 III S. 97). [7]Soweit einem Altabonnenten eine Prämie als Belohnung für die Verlängerung seines eigenen Belieferungsverhältnisses gewährt wird, liegt eine Entgeltminderung vor (vgl. BFH-Urteil vom 7. 3. 1995, XI R 72/93, a. a. O.). [8]Die Teilnahme eines Händlers an einem Verkaufswettbewerb seines Lieferanten, dessen Gegenstände die vertriebenen Produkte sind, begründet regelmäßig keinen besonderen Leistungsaustausch, die Zuwendung des Preises kann jedoch als Preisnachlass durch den Lieferanten zu behandeln sein (BFH-Urteil vom 9. 11. 1994, XI R 81/92, BStBl 1995 II S. 277). [9]Gleiches gilt für die Zuwendung eines Lieferanten an einen Abnehmer als Belohnung für Warenbezüge in einer bestimmten Größenordnung (vgl. BFH-Urteil vom 28. 6. 1995, XI R 66/94, BStBl II S. 850). [10]Hat der leistende Unternehmer eine Vertragsstrafe wegen nicht gehöriger Erfüllung an den Leistungsempfänger zu zahlen, liegt darin keine Entgeltminderung (vgl. Abschnitt 1.3 Abs. 3). [11]Die nach der Milch-Garantiemengen-Verordnung erhobene Abgabe mindert nicht das Entgelt für die Milchlieferungen des Erzeugers.

(3) Eine Minderung des Kaufpreises einer Ware liegt nicht vor, wenn der Käufer vom Verkäufer zur Ware einen Chip erhält, der zum verbilligten Bezug von Leistungen eines Dritten berechtigt, und der Kunde den vereinbarten Kaufpreis für die Ware unabhängig davon, ob er den Chip annimmt, zu zahlen hat und die Rechnung über den Warenkauf diesen Kaufpreis ausweist (BFH-Urteil vom 11. 5. 2006, V R 33/03, BStBl II S. 699, und vgl. Abschnitt 17.2 Abs. 8).

(4) Sog. Preisnachlässe, die von Verkaufsagenten eingeräumt werden, sind wie folgt zu behandeln:

Beispiel 1:

[1]Der Agent räumt den Abnehmern mit Zustimmung der Lieferfirma einen Preisnachlass vom Listenpreis zu Lasten seiner Provision ein. [2]Der Lieferer erteilt dem Abnehmer eine Rechnung über den geminderten Preis. [3]Dem Agenten wird auf Grund der vereinbarten „Provisionsklausel" nur die um den Preisnachlass gekürzte Provision gutgeschrieben.

[4]In diesem Fall hat der Lieferer nur den vom Abnehmer aufgewendeten Betrag zu versteuern. [5]Der vom Agenten eingeräumte Preisnachlass ist ihm nicht in Form eines Provisionsverzichts des Agenten als Entgelt von dritter Seite zugeflossen. [6]Das Entgelt für die Leistung des Agenten besteht in der ihm gutgeschriebenen, gekürzten Provision.

Beispiel 2:

[1]Der Agent räumt den Preisnachlass ohne Beteiligung der Lieferfirma zu Lasten seiner Provision ein. [2]Der Lieferer erteilt dem Abnehmer eine Rechnung über den vollen Listenpreis und schreibt dem Agenten die volle Provision nach dem Listenpreis gut. [3]Der Agent gewährt dem Abnehmer den zugesagten Preisnachlass in bar, durch Gutschrift oder durch Sachleistungen, z. B. kostenlose Lieferung von Zubehör o. Ä.

[4]In diesem Fall mindert der vom Agenten eingeräumte Preisnachlass weder das Entgelt der Lieferfirma noch die Provision des Agenten (vgl. BFH-Urteil vom 27. 2. 2014, V R 18/11, BStBl 2015 II S. 306, und Abschnitt 17.2 Abs. 7). [5]Der Agent ist nicht berechtigt, dem Abnehmer eine Abrechnung über den Preisnachlass mit Ausweis der Umsatzsteuer zu erteilen und einen entsprechenden Vorsteuerabzug vorzunehmen, weil zwischen ihm und dem Abnehmer kein Leistungsaustausch stattfindet (vgl. auch BFH-Beschluss vom 14. 4. 1983, V B 28/81, BStBl II S. 393).

(5) Sog. Preisnachlässe, die ein Zentralregulierer seinen Anschlusskunden für den Bezug von Waren von bestimmten Lieferanten gewährt, mindern nicht die Bemessungsgrundlage für die Leistungen, die der Zentralregulierer gegenüber den Lieferanten erbringt, und führen dementsprechend auch nicht zu einer

Berichtigung des Vorsteuerabzuges beim Anschlusskunden aus den Warenbezügen (BFH-Urteil vom 3. 7. 2014, V R 3/12, BStBl 2015 II S. 307).

(6) [1]Wechselvorzinsen (Wechseldiskont), die dem Unternehmer bei der Weitergabe (Diskontierung) eines für seine Lieferung oder sonstige Leistung in Zahlung genommenen Wechsels abgezogen werden, mindern das Entgelt für seinen Umsatz (vgl. BFH-Urteil vom 27. 10. 1967, V 206/64, BStBl 1968 II S. 128). [2]Dies gilt auch für die bei Prolongation eines Wechsels berechneten Wechselvorzinsen. [3]Dagegen sind die Wechselumlaufspesen (Diskontspesen) Kosten des Zahlungseinzugs, die das Entgelt nicht mindern (vgl. BFH-Urteil vom 29. 11. 1955, V 79/55 S, BStBl 1956 III S. 53). [4]Hat der Unternehmer für seine steuerpflichtige Leistung eine Rechnung mit gesondertem Steuerausweis im Sinne des § 14 Abs. 2 UStG erteilt und unterlässt er es, seinem Abnehmer die Entgeltminderung und die darauf entfallende Steuer mitzuteilen, schuldet er die auf den Wechseldiskont entfallende Steuer nach § 14 c Abs. 1 UStG. [5]Gewährt der Unternehmer im Zusammenhang mit einer Lieferung oder sonstigen Leistung einen Kredit, der als gesonderte Leistung anzusehen ist (vgl. Abschnitt 3.11 Abs. 1 und 2), und hat er über die zu leistenden Zahlungen Wechsel ausgestellt, die vom Leistungsempfänger akzeptiert werden, mindern die bei der Weitergabe der Wechsel berechneten Wechselvorzinsen nicht das Entgelt für die Lieferung oder sonstige Leistung.

(7) [1]Der vom Hersteller eines Arzneimittels den gesetzlichen Krankenkassen zu gewährende gesetzliche Rabatt führt beim Hersteller zu einer Minderung des Entgelts für seine Lieferung an den Zwischenhändler oder die Apotheke. [2]Gleiches gilt bei der verbilligten Abgabe des Arzneimittels durch die in der Lieferkette beteiligten Unternehmer. [3]Die Erstattung des Abschlags durch den Hersteller ist in diesem Fall Entgelt von dritter Seite für die Lieferung des Arzneimittels. [4]Verzichtet eine Apotheke, die nicht nach § 43 b SGB V zum Einzug der Zuzahlung nach § 31 Abs. 3 SGB V verpflichtet ist, auf diese Zuzahlung, mindert sich insoweit die Bemessungsgrundlage für die Lieferung an die jeweilige Krankenkasse. [5]Gleiches gilt bei der Gewährung von Boni auf erhobene Zuzahlungen. [6]Wegen der Änderung des für die ursprüngliche Lieferung geschuldeten Umsatzsteuerbetrags sowie des in Anspruch genommenen Vorsteuerabzugs vgl. Abschnitt 17.1. [7]Zahlungen des Herstellers auf Grundlage des § 1 des Gesetzes über Rabatte für Arzneimittel (AMRabG) an die Unternehmen der privaten Krankenversicherung und an die Träger der Kosten in Krankheits-, Pflege- und Geburtsfällen nach beamtenrechtlichen Vorschriften mindern ebenfalls die Bemessungsgrundlage für die gelieferten Arzneimittel (vgl. BFH-Urteil vom 8. 2. 2018, V R 42/15, BStBl II S. 676).

Anmerkung

1. Entgeltminderung bei Aufhebung eines Architektenvertrags

Nach Abschn. 10.3. Abs. 1 UStAE liegen Entgeltminderungen vor, wenn der Leistungsempfänger bei der Zahlung Beträge abzieht, z. B. Skonti, Rabatte, Preisnachlässe usw., oder wenn dem Leistungsempfänger bereits gezahlte Beträge zurückgewährt werden, ohne dass er dafür eine Leistung zu erbringen hat. Eine Entgeltminderung kann auch dann vorliegen, wenn der Erwerber einer Ware Mängel von sich aus beseitigt und dem Lieferer die entstandenen Kosten berechnet, Abschn. 10.3. Abs. 2 Satz 1 UStAE.

Wird ein Bauvertrag gekündigt, ist die nach den zivilrechtlichen Regelungen im BGB und der Vergabe und Vertragsordnung für Bauleistungen zu zahlende Vergütung nach der BGH-Rspr. nur insoweit Entgelt/Bemessungsgrundlage i. S. d. § 10 Abs. 1 UStG als sie auf schon erbrachte Leistungsteile entfällt (vgl. BGH, Urt. v. 22.11.2007 – VII ZR 83/05). Dieser Auffassung hat sich der BFH jetzt ausdrücklich angeschlossen (BFH, Urt. v. 26.8.2021 – V R 13/19).

Die Entscheidung V R 13/19 hat die FinVerw amtlich im BStBl II 2022, 197 veröffentlicht. Sie entspricht im Übrigen auch Abschn. 1.3. Abs. 5 UStAE.

Sachverhalt V R 13/19

Im Streitfall **V R 13/19** war der Kläger selbständiger Landschaftsarchitekt. Er übernahm für den X-Kreis die Gestaltung der Freianlagen zweier Schulen. Dabei ging es nach dem Vertrag um mehrere Bauabschnitte im Zeitraum 2012 bis 2015. Mitte 2016 teilte der X-Kreis dem Kläger mit, dass das Projekt Umbau V-Schule aus finanziellen Gründen nicht mehr realisiert werde und bat den Kläger, eine Schlussrechnung zu erstellen. In dieser Schlussrechnung ermittelte er Gesamtvergütung erbrachter und nicht erbrachter Leistungen von rd. 310.000 EUR. Nach Abzug bereits geleisteter Abschlagszahlungen verblieb danach ein Betrag in Höhe von rd. 277.000 €. Im Februar 2017 wurde die Kündigung des Architektenvertrags ausgesprochen.

Der Kläger behandelte das Honorar für die bereits erbrachten Leistungen als steuerbaren und steuerpflichtigen Umsatz zum Regelsteuersatz. Das Ausfallhonorar sah er hingegen als nicht steuerbar an. Das FA ging davon aus, dass es sich bei der als Ausfallhonorar bezeichneten Leistung um die Gegenleistung für den Verzicht des Klägers auf die Erfüllung des Architektenvertrages handele. Es behandelte diesen Betrag als Gegenleistung, aus der die Umsatzsteuer herauszurechnen sei.

2. Minderung der Bemessungsgrundlage nach strafrechtlicher Einziehung von Taterträgen

2.1 Sachverhalt

Der BFH hatte im Verfahren **XI R 6/23** über folgenden Sachverhalt zu befinden:

Der Kläger hatte als Diplom-Ingenieur nachhaltig und ohne Anweisung seines Arbeitgebers für Auftragserteilungen von beauftragten Unternehmen kostenlose Leistungen, überwiegend für seinen privaten Hausbau, erhalten. Dafür wurde er vom Landgericht wegen Bestechlichkeit und Steuerhinterziehung zu einer Freiheitsstrafe verurteilt. Zusätzlich wurden die Bestechungsgelder auf gerichtliche Anordnung nach §§ 73 ff. StGB eingezogen.

Das FA behandelte die „Schmiergeldzahlungen“ bzw. die Zuwendungen durch die beauftragten Unternehmen als Entgelte für ust-pfl. Leistungen und unterwarf sie der USt. Die vom Kläger geleisteten Zahlungen an die Landesjustizkasse hinsichtlich der eingezogenen Bestechungsgelder **minderten** nach Ansicht des FA und des FG (FG Berlin-Brandenburg, Urt. v. 07.03.2023 – 2 K 2150/21) **nicht die BMG für die USt.**

2.2 Entscheidung und Begründung des BFH

Der BFH hat mit **Urt. v. 25.09.2024 – XI R 6/23, BStBl II 2025, 377** die Vorentscheidung aufgehoben und die Sache an das FG zurückverwiesen. Dafür waren folgende Erwägungen maßgebend:

- Bestechungsgelder und auch die sonstigen Entgelte, die der Kläger für seine „Dienstleistungen“ erhalten hat, sind umsatzsteuerbar und ust-pflichtig.
- Aber: Nach der Rspr. von BVerfG und EuGH ist eine Minderung der BMG gemäß § 17 UStG bzw. Art. 90 MwStSystRL geboten, weil anderenfalls der Gleichbehandlungsgrundsatz (Art. 3 Abs. 1 GG, Art. 20 der Charta der Grundrechte der EU) und die Neutralität der Mehrwertsteuer verletzt wären.
- Es käme anderenfalls zu einer unzulässigen Doppelbelastung des Täters. Dabei spielt es keine Rolle, dass der eingezogene Betrag über die Staatskasse an den Verletzten und nicht an den bestechenden Unternehmer zurückgezahlt wird.

2.3 Anmerkung

Der Entscheidung des BFH ist zuzustimmen. Zunächst hat der BFH erneut darauf verwiesen, dass auch Schmiergelder ust-pfl. Umsätze sind. Entscheidend ist das Vorliegen eines **Wettbewerbs** zwischen einem **illegalen und legalen Wirtschaftssektor**, d. h. zwischen einer legalen und einer illegalen Auswahl an Unternehmern, die den Zuschlag für einen Auftrag erhalten (BFH, Urt. v. 04.06.1987 – V R 9/79 (Prostitution); BFH, Urt. v. 08.09.2011 – V R 43/10 (Unterschlagung/Hehlerei)).

Im entschiedenen Fall führt dies dazu, dass die Abschöpfungsbeträge, die der Kläger an die Staatskasse gezahlt hat, die BMG für die Umsatzsteuer mindern müssen (BVerfG, Beschl. v. 23.01.1990 – 1 BvL 4/87 bis 1 BvL 7/87; BFH, Urt. v. 14.05.2014 – X R 23/12, Rz 73).

Andernfalls käme es zu einer **unionsrechtswidrigen Doppelbelastung**. Die Steuer-verwaltung darf als Bemessungsgrundlage nur den Betrag erheben, der den dem Stpfl. gezahlten übersteigt (vgl. EuGH, Urt. v. 3.7.1997 – C-330/95, Rz 15; (Verminderung der Mehrwertsteuerbemessungsgrundlage) EuGH, Urt. v. 15.10.2020 – C-335/19, Rz 21).

Die Entscheidung ist amtlich im BStBl II 2025, 377 veröffentlicht, also von den Finanzämtern anzuwenden.

UStAE 10.4. Durchlaufende Posten

(1) [1]Durchlaufende Posten gehören nicht zum Entgelt (§ 10 Abs. 1 Satz 5 UStG). [2]Sie liegen vor, wenn der Unternehmer, der die Beträge vereinnahmt und verauslagt, im Zahlungsverkehr lediglich die Funktion einer Mittelsperson ausübt, ohne selbst einen Anspruch auf den Betrag gegen den Leistenden zu haben und auch nicht zur Zahlung an den Empfänger verpflichtet zu sein. [3]Ob der Unternehmer Beträge im Namen und für Rechnung eines anderen vereinnahmt und verauslagt, kann nicht nach der wirtschaftlichen Betrachtungsweise entschieden werden. [4]Es ist vielmehr erforderlich, dass zwischen dem Zahlungsverpflichteten und dem, der Anspruch auf die Zahlung hat (Zahlungsempfänger), unmittelbare Rechtsbeziehungen bestehen (vgl. BFH-Urteil vom 24. 2. 1966, V 135/63, BStBl III S. 263). [5]Liegen solche unmittelbaren Rechtsbeziehungen mit dem Unternehmer vor, sind Rechtsbeziehungen ohne Bedeutung, die zwischen dem Zahlungsempfänger und der Person bestehen, die an den Unternehmer leistet oder zu leisten verpflichtet ist (vgl. BFH-Urteil vom 2. 3. 1967, V 54/64, BStBl III S. 377).

(2) [1]Unmittelbare Rechtsbeziehungen setzen voraus, dass der Zahlungsverpflichtete und der Zahlungsempfänger jeweils den Namen des anderen und die Höhe des gezahlten Betrags erfahren (vgl. BFH-Urteil vom 4. 12. 1969, V R 104/66, BStBl 1970 II S. 191). [2]Dieser Grundsatz findet jedoch regelmäßig auf Abgaben und Beiträge keine Anwendung. [3]Solche Beträge können auch dann durchlaufende Posten sein, wenn die Mittelsperson dem Zahlungsempfänger die Namen der Zahlungsverpflichteten und die jeweilige Höhe der Beträge nicht mitteilt (vgl. BFH-Urteil vom 11. 8. 1966, V 13/64, BStBl III S. 647). [4]Kosten (Gebühren und Auslagen), die Rechtsanwälte, Notare und Angehörige verwandter Berufe bei Behörden und ähnlichen Stellen für ihre Auftraggeber auslegen, können als durchlaufende Posten auch dann anerkannt werden, wenn dem Zahlungsempfänger Namen und Anschriften der Auftraggeber nicht mitgeteilt werden. [5]Voraussetzung ist, dass die Kosten nach Kosten-(Gebühren-)ordnungen berechnet werden, die den Auftraggeber als Kosten-(Gebühren-)schuldner bestimmen (vgl. BFH-Urteil vom 24. 8. 1967, V 239/64, BStBl III S. 719). [6]Zu durchlaufenden Posten im Rahmen von postvorbereitenden sonstigen Leistungen von Konsolidierern an die Deutsche Post AG vgl. BMF-Schreiben vom 13. 12. 2006, BStBl 2007 I S. 119. [7]Die von den gesetzlichen Trägern der Grundsicherung für Arbeitssuchende gezahlte Mehraufwandsentschädigung ist bei der Auszahlung durch die Arbeitsgelegenheit bei dieser als durchlaufender Posten zu beurteilen.

(3) [1]Steuern, öffentliche Gebühren und Abgaben, die vom Unternehmer geschuldet werden, sind bei ihm keine durchlaufenden Posten, auch wenn sie dem Leistungsempfänger gesondert berechnet werden (vgl. BFH-Urteil vom 4. 6. 1970, V R 10/67, BStBl II S. 648, und Abschnitt 10.1 Abs. 6). [2]Dementsprechend sind z. B. Gebühren, die im Rahmen eines Grundbuchabrufverfahrens vom Notar geschuldet werden, bei diesem keine durchlaufenden Posten, auch wenn sie als verauslagte Gerichtskosten in Rechnung gestellt werden dürfen.

(4) Für die Annahme eines durchlaufenden Postens in Fällen der Gesamtschuldnerschaft obliegt der Nachweis über die Funktion als Mittelsperson dem Unternehmer.

Anmerkung

1. Begriff des durchlaufenden Postens

Durchlaufende Posten gehören nach § 10 Abs. 1 S. 5 UStG nicht zum Entgelt. Sie liegen z.B. bei Angehörigen der rechtsberatenden Berufe (Rechtsanwälte, Notare) vor, wenn der Anwalt/Notar, der die Beträge vereinnahmt und verauslagt, im Zahlungsverkehr lediglich die Funktion einer Mittelsperson ausübt und selbst keinen Anspruch auf den Betrag gegen den Leistenden (Mandant) hat und nicht selbst zur Zahlung an den Empfänger verpflichtet ist, Abschn. 10.4 Abs. 1 UStAE.

1.1 Steuern und Abgaben

Steuern und Abgaben, die von Rechtsanwälten, Notaren oder Steuerberatern selbst geschuldet werden, gehören dagegen zum Entgelt und sind keine durchlaufenden Posten, Abschn. 10.1 Abs. 6 und Abschn. 10.4 Abs. 3 UStAE.

Hinweis zur Abgrenzung Entgelt – durchlaufender Posten

Entscheidend ist immer, gegen wen der Zahlungsempfänger im Fall einer Leistungsstörung zivilrechtlich den Zahlungsanspruch durchsetzen könnte. Hätte der Zahlungsberechtigte einen Anspruch unmittelbar gegenüber dem Rechtsanwalt/Notar, sind die Zahlungen in die Ermittlung von Entgelt und Umsatzsteuer einzubeziehen, mithin also kein durchlaufender Posten.

1.2 Einzelfälle

1.2.1 Gebühren für die Nutzung des automatisierten Verfahrens zum Abruf von Daten aus dem maschinellen Grundbuch

Zur Vorbereitung eines Grundstücksvertrages müssen sich Notare über den Grundbuchinhalt Kenntnis verschaffen. Im Rahmen des automatisierten Abrufverfahrens für das elektronisch geführte Grundbuch können die Notare, Versicherungen, öffentlich bestellte Vermessungsingenieurbüros, Banken und Sparkassen auch über die Öffnungszeiten der Grundbuchämter hinaus die Grundbücher der Amtsgerichte einsehen.

Voraussetzung hierfür ist die Zulassung zum automatisierten Abrufverfahren nach § 133 Grundbuchordnung (GBO). Die von den Abrufteilnehmern zu zahlenden Kosten des automatisierten Abrufverfahrens werden nach der Verordnung über Grundbuchabrufverfahrensgebühren ermittelt und umfassen eine einmalige Einrichtungsgebühr, eine einmalige Lizenzgebühr, ggf. eine monatliche Grundgebühr (je nach Abrufaufkommen) und Abrufgebühren.

Die Notare berechnen diese Ausgaben den Auftraggebern weiter. Da jedoch nach den hier einschlägigen Gebührenordnungen nicht der Auftraggeber, sondern der Notar gegenüber der Justiz Gebührenschuldner ist – ihm wird die Genehmigung zu der Einrichtung des Abrufverfahrens erteilt –, zahlt er die Grundbuchabrufverfahrensgebühren

- im eigenen Namen und
- auf eigene Rechnung,

so dass diese **nicht als durchlaufende Posten** zu behandeln sind, **sondern** zum umsatzsteuerlichen **Entgelt** gehören (Abschn. 10.4 Abs. 3 S. 2 UStAE).

1.2.2 Gerichtskosten

Für Kosten nach § 22 Gerichtskostengesetz (GKG) ist derjenige Gebührenschuldner, in dessen Namen das Verfahren beantragt wird („Partei"). Gerichtskosten stellen für den Rechtsanwalt daher einen durchlaufenden Posten dar.

1.2.3 Kosten für Grundbuchauszüge, Handelsregisterauszüge und Einwohnermeldeamtsanfragen

Für Grundbuchauszüge, Handelsregisterauszüge und Einwohnermeldeamtsanfragen ist regelmäßig der Rechtsanwalt, Notar etc. der Gebührenschuldner. Bei Weiterberechnung an den Mandanten gehören diese Auslagen zum **Entgelt**.

1.2.4 Aktenversendungspauschale

Die Aktenversendungspauschale deckt die mit der Aktenversendung verbundene Serviceleistung der Justiz ab und wird nur dann erhoben, wenn die Aktenversendung auf Antrag erfolgt. Der Antragsteller schuldet die zu erhebende Pauschale (§ 28 Abs. 2 GKG).

Da als Antragsteller nur der Rechtsanwalt/Notar selbst und nicht der Mandant in Frage kommt, handelt es sich nicht um durchlaufende Posten.

2. Unionsrechtliche Regelung, Art. 79 MwStSystRL

Die Frage, ob ein Unternehmer Beträge im Namen und für Rechnung eines anderen vereinnahmt und verausgabt, kann nicht nach der wirtschaftlichen Betrachtungsweise entschieden werden. Es ist immer wichtig, dass zwischen dem Zahlungsverpflichteten und dem Zahlungsempfänger unmittelbare Rechtsbeziehungen bestehen (vgl. Abschn. 10.4. Abs. 1 S. 3 und 4 UStAE).

Nach Art. 79 Buchst. c MwStSystRL muss die Mittelsperson die Beträge in ihrer Buchhaltung als durchlaufende Posten behandeln. Der deutsche Gesetzgeber hat diese Voraussetzung nicht ausdrücklich in § 10 Abs. 1 S. 5 UStG übernommen. Gleichwohl folgert der BFH (BFH, Urt. v. 11.2.1999 – V R 46/98) daraus, dass die Mittelsperson letztlich ein **Wahlrecht** hat, ob sie die im fremden Namen und für fremde Rechnung verauslagten Beträge als durchlaufende Posten behandelt wissen will oder nicht.

UStAE 10.5. Bemessungsgrundlage beim Tausch und bei tauschähnlichen Umsätzen

Allgemeines

(1) [1]Beim Tausch und bei tauschähnlichen Umsätzen gilt der Wert jedes Umsatzes als Entgelt für den anderen Umsatz. [2]Der Wert des anderen Umsatzes wird durch den subjektiven Wert für die tatsächlich erhaltene und in Geld ausdrückbare Gegenleistung bestimmt. [3]Subjektiver Wert ist derjenige, den der Leistungsempfänger der Leistung beimisst, die er sich verschaffen will und deren Wert dem Betrag entspricht, den er zu diesem Zweck aufzuwenden bereit ist (vgl. BFH-Urteil vom 16. 4. 2008, XI R 56/06, BStBl II S. 909, und EuGH-Urteil vom 2. 6. 1994, C-33/93, Empire Stores). [4]Dieser Wert umfasst alle Ausgaben einschließlich der Nebenleistungen, die der Empfänger der jeweiligen Leistung aufwendet, um diese Leistung zu erhalten (vgl. BFH-Urteile vom 1. 8. 2002, V R 21/01, BStBl 2003 II S. 438, und vom 16. 4. 2008, XI R 56/06, a. a. O.; zu Versandkosten vgl. z. B. EuGH-Urteil vom 3. 7. 2001, C-380/99, Bertelsmann). [5]Soweit der Leistungsempfänger konkrete Aufwendungen für die von ihm erbrachte Gegenleistung getätigt hat, ist daher der gemeine Wert (§ 9 BewG) dieser Gegenleistung nicht maßgeblich. [6]Hat er keine konkreten Aufwendungen für seine Gegenleistung getätigt, ist das Entgelt für die Leistung gem. § 162 AO zu schätzen (vgl. BFH-Urteil vom 25. 4. 2018, XI R 21/16, BStBl II S. 505). [7]Wird ein Geldbetrag zugezahlt, handelt es sich um einen Tausch oder tauschähnlichen Umsatz mit Baraufgabe. [8]In diesen Fällen ist der Wert der Sachleistung um diesen Betrag zu mindern. [9]Wird im Rahmen eines tauschähnlichen Umsatzes Kapital zinslos oder verbilligt zur Nutzung überlassen, richtet sich der Wert dieses Vorteils nach den allgemeinen Vorschriften des BewG (§§ 13 bis 16 BewG). [10]Danach ist ein einjähriger Betrag der Nutzung mit 5,5 % des Darlehens zu ermitteln (vgl. BFH-Urteil vom 28. 2. 1991, V R 12/85, BStBl II S. 649).

Materialabfall und werthaltige Abfälle

(2) [1]Zum Entgelt für eine Werkleistung oder eine Werklieferung kann neben der vereinbarten Barvergütung auch der bei der Werkleistung oder Werklieferung anfallende Materialabfall gehören, den der Leistungsempfänger dem leistenden Unternehmer überlässt. [2]Das gilt insbesondere, wenn Leistungsempfänger und leistender Unternehmer sich darüber einig sind, dass die Barvergütung kein hinreichender Gegenwert für die Werkleistung oder die Werklieferung ist. [3]Der Wert des Materialabfalls kann auch dann anteilige Gegenleistung für die Werkleistung oder die Werklieferung sein, wenn über den Verbleib des Materialabfalls keine besondere Vereinbarung getroffen worden ist. [4]Die Vermutung, dass in diesem Fall die Höhe der vereinbarten Barvergütung durch den überlassenen Materialabfall beeinflusst worden ist, besteht insbesondere, wenn es sich um wertvollen Materialabfall handelt (vgl. BFH-Urteil vom 15. 12. 1988, V R 24/88, BStBl 1989 II S. 252). [5]Übernimmt bei der Entsorgung werthaltiger Abfälle der Unternehmer (Entsorger) die vertraglich geschuldete industrielle Aufbereitung und erhält er die Verwertungs- und Vermarktungsmöglichkeit über die im Abfall enthaltenen Wertstoffe, bleibt der Charakter der Leistung als Entsorgungsleistung ungeachtet des durch den Entsorger erzielten Preises für die Wertstoffe unberührt. [6]Der Wert des Wertstoffs ist Bemessungsgrundlage für die erbrachte Entsorgungsleistung, ggf. – je nach Marktlage – abzüglich bzw. zuzüglich einer Baraufgabe. [7]Die für die Höhe der Baraufgabe maßgebenden Verhältnisse ergeben sich dabei regelmäßig aus den vertraglichen Vereinbarungen und Abrechnungen. [8]Bemessungsgrundlage für die Lieferung des Unternehmers, der den werthaltigen Abfall abgibt, ist der Wert der Gegenleistung (Entsorgungsleistung) ggf. – je nach Marktlage – abzüglich bzw. zuzüglich einer Baraufgabe. [9]Zu tauschähnlichen Umsätzen bei der Abgabe von werthaltigen Abfällen vgl. Abschnitt 3.16. [10]Beginnt die Beförderung oder Versendung an den Abnehmer (Entsorger) in einem

anderen EU-Mitgliedstaat, kann die Leistung des liefernden Unternehmers als innergemeinschaftliche Lieferung steuerfrei sein. [11]Der Entsorger hat einen betragsmäßig identischen innergemeinschaftlichen Erwerb des werthaltigen Abfalls der Umsatzbesteuerung in Deutschland zu unterwerfen, wenn hier die Entsorgung des Abfalls erfolgt.

Austauschverfahren in der Kraftfahrzeugwirtschaft

(3) [1]Die Umsätze beim Austauschverfahren in der Kraftfahrzeugwirtschaft sind in der Regel Tauschlieferungen mit Baraufgabe (vgl. BFH-Urteil vom 3. 5. 1962, V 298/59 S, BStBl III S. 265). [2]Der Lieferung eines aufbereiteten funktionsfähigen Austauschteils (z. B. Motor, Aggregat, Achse, Benzinpumpe, Kurbelwelle, Vergaser) durch den Unternehmer der Kraftfahrzeugwirtschaft stehen eine Geldzahlung und eine Lieferung des reparaturbedürftigen Kraftfahrzeugteils (Altteils) durch den Kunden gegenüber. [3]Als Entgelt für die Lieferung des Austauschteils sind demnach die vereinbarte Geldzahlung und der subjektive Wert des Altteils, jeweils abzüglich der darin enthaltenen Umsatzsteuer, anzusetzen (vgl. BFH-Urteil vom 25. 4. 2018, XI R 21/16, BStBl II S. 505). [4]Dabei können die Altteile mit einem Durchschnittswert von 10 % des sog. Bruttoaustauschentgelts bewertet werden. [5]Als Bruttoaustauschentgelt ist der Betrag anzusehen, den der Endabnehmer für den Erwerb eines dem zurückgegebenen Altteil entsprechenden Austauschteils abzüglich Umsatzsteuer, jedoch ohne Abzug eines Rabatts zu zahlen hat. [6]Der Durchschnittswert ist danach auf allen Wirtschaftsstufen gleich. [7]Er kann beim Austauschverfahren sowohl für Pkw als auch für andere Kraftfahrzeuge, insbesondere auch Traktoren, Mähdrescher und andere selbst fahrende Arbeitsmaschinen im Sinne des § 3 Abs. 3 Satz 1 Nr. 1 Buchstabe a FZV, angewandt werden. [8]Setzt ein Unternehmer bei der Abrechnung an Stelle des Durchschnittswerts andere Werte an, sind die tatsächlichen Werte der Umsatzsteuer zu unterwerfen. [9]Zur Vereinfachung der Abrechnung (§ 14 UStG) und zur Erleichterung der Aufzeichnungspflichten (§ 22 UStG) kann wie folgt verfahren werden:

1. [1]Die Lieferungen von Altteilen durch die am Kraftfahrzeug-Austauschverfahren beteiligten Unternehmer werden nicht zur Umsatzsteuer herangezogen. [2]Soweit der Endabnehmer des Austauschteils ein Land- und Forstwirt ist und seine Umsätze nach § 24 UStG nach Durchschnittssätzen versteuert, ist der Lieferer des Austauschteils, z. B. Reparaturwerkstatt, verpflichtet, über die an ihn ausgeführte Lieferung des Altteils auf Verlangen eine Gutschrift nach § 14 Abs. 2 **Satz 5** UStG zu erteilen (vgl. Nummer 2 Satz 2 Buchstabe a Beispiel 2).
2. [1]Bei der Lieferung des Austauschteils wird der Wert des zurückgegebenen Altteils in allen Fällen von den Lieferern – Hersteller, Großhändler, Reparaturwerkstatt – als Teil der Bemessungsgrundlage berücksichtigt. [2]Dabei ist Folgendes zu beachten:
   a) [1]In der Rechnung über die Lieferung des Austauschteils braucht der Wert des Altteils nicht in den Rechnungsbetrag einbezogen zu werden. [2]Es genügt, dass der Unternehmer den auf den Wert des Altteils entfallenden Steuerbetrag angibt.

   Beispiel 1:

1	Austauschmotor	1 000,– €
+	Umsatzsteuer (19 %)	190,– €
+	Umsatzsteuer (19 %) auf den Wert des Altteils von 100 € (10 % von 1 000 €)	19,– €
		1 209,– €

   Beispiel 2:

   (Lieferung eines Austauschteils an einen Landwirt, der § 24 UStG anwendet)

1	Austauschmotor	1 000,– €
+	Umsatzsteuer (19 %)	190,– €
+	Umsatzsteuer (19 %) auf den Wert des Altteils von 100 € (10 % von 1 000 €)	19,– €
		1 209,– €

./. Gutschrift 8,4 % auf den Wert des Altteils (100 €)	8,40 €
	1 200,60 €

[3]In einer E-Rechnung kann die Umsatzsteuer auf das Altteil z.B. dadurch angegeben werden, dass eine Rechnungsposition mit der Bemessungsgrundlage für das Altteil und dem anzuwendenden Steuersatz sowie eine Rechnungsposition mit identischer, aber negativer Netto-Bemessungsgrundlage ohne Steuersatz aufgenommen wird.

b) [1]Der Lieferer der Austauschteile – Hersteller, Großhändler, Reparaturwerkstatt – hat die auf die Werte der Altteile entfallenden Steuerbeträge gesondert aufzuzeichnen. [2]Am Schluss des Voranmeldungs- und des Besteuerungszeitraums ist aus der Summe dieser Steuerbeträge die Summe der betreffenden Entgeltteile zu errechnen.

c) Der Lieferungsempfänger muss, sofern er auf der Eingangsseite die Entgelte für empfangene steuerpflichtige Lieferungen und sonstige Leistungen und die darauf entfallenden Steuerbeträge nicht getrennt voneinander, sondern nach § 63 Abs. 5 UStDV in einer Summe aufzeichnet, die um die Steuer auf die Werte der Altteile verminderten Bruttorechnungsbeträge (nach den vorstehenden Beispielen 1 190 €) und die auf die Werte der Altteile entfallenden Steuerbeträge getrennt voneinander aufzeichnen.

(4) [1]Nimmt ein Kraftfahrzeughändler beim Verkauf eines Kraftfahrzeugs einen Gebrauchtwagen in Zahlung und leistet der Käufer in Höhe des Differenzbetrags eine Zuzahlung, liegt ein Tausch mit Baraufgabe vor. [2]Zum Entgelt des Händlers gehört neben der Zuzahlung auch der subjektive Wert des in Zahlung genommenen gebrauchten Fahrzeugs. [3]Der subjektive Wert ergibt sich aus dem individuell vereinbarten Verkaufspreis zwischen dem Kraftfahrzeughändler und dem Käufer abzüglich der vom Käufer zu leistenden Zuzahlung. [4]Denn dies ist der Wert, den der Händler dem Gebrauchtwagen beimisst und den er bereit ist, hierfür aufzuwenden (vgl. Abs. 1 Sätze 2 bis 4).

(5) *weggefallen*

Forderungskauf

(6) [1]Der Forderungskauf ohne Übernahme des Forderungseinzugs stellt einen tauschähnlichen Umsatz dar, bei dem der Forderungskäufer eine Baraufgabe leistet, vgl. Abschnitt 2.4 Abs. 5 Sätze 1 bis 3. [2]Die Baraufgabe des Forderungskäufers ist der von ihm ausgezahlte Betrag. [3]Der Wert der Leistung des Forderungskäufers besteht aus dem Wert für die Kreditgewährung, welcher durch die Gebühr und den Zins bestimmt wird, sowie dem bar aufgegebenen Betrag. [4]Der Wert der Leistung des Forderungsverkäufers besteht aus dem Kaufpreis, d.h. dem (Brutto-)Nennwert der abgetretenen Forderung zzgl. der darauf entfallenden Umsatzsteuer. [5]Dementsprechend ist Bemessungsgrundlage für die Leistung des Forderungsverkäufers der Wert des gewährten Kredits – dieser wird regelmäßig durch die vereinbarten Gebühren und Zinsen bestimmt – zzgl. des vom Käufer gezahlten Auszahlungsbetrags. [6]Bemessungsgrundlage für die Leistung des Forderungskäufers ist der Wert der übertragenen Forderung – dieser entspricht dem Bruttoverkaufspreis der Forderung, abzüglich der selbst geleisteten Baraufgabe in Höhe des Auszahlungsbetrags.

Beispiel:

[1]V hat eine Forderung über 1 190 000 € gegenüber einem Dritten, die er an den Erwerber K veräußert und abtritt. [2]Der Einzug der Forderung verbleibt bei V. [3]Sowohl V als auch K machen von der Möglichkeit der Option nach § 9 UStG Gebrauch. [4]K zahlt dem V den Forderungsbetrag (1 190 000 €) zuzüglich Umsatzsteuer (226 100 €) und abzüglich einer vereinbarten Gebühr von 5 950 €, also 1 410 150 €.

[5]Da der Einzug der Forderung nicht vom Erwerber der Forderung übernommen wird, erbringt K keine Factoringleistung, sondern eine grundsätzlich nach § 4 Nr. 8 Buchstabe a UStG steuerfreie Kreditgewährung. [6]Die Leistung des V besteht in der Abtretung seiner Forderung; auch diese Leistung ist grundsätzlich nach § 4 Nr. 8 Buchstabe c UStG steuerfrei. [7]Da sowohl V als auch K für ihre Leistung zur Steuerpflicht optiert haben, sind die Bemessungsgrundlagen für ihre Leistungen wie folgt zu ermitteln:

[8]Bemessungsgrundlage für die Leistung des V ist der Wert des gewährten Kredits – dieser wird durch die vereinbarte Gebühr i. H. v. 5 950 € bestimmt – zuzüglich des vom Käufer gezahlten Auszahlungsbetrags i. H. v. 1 410 150 €, abzüglich der darin enthaltenen Umsatzsteuer von 226 100 €. [9]Im Ergebnis ergibt sich somit eine Bemessungsgrundlage in Höhe des Bruttowerts der abgetretenen Forderung von 1 190 000 €.

[10]Bemessungsgrundlage für die Leistung des Forderungskäufers ist der Wert der übertragenen Forderung – dieser entspricht dem Bruttoverkaufspreis der Forderung von 1 416 100 €, abzüglich der selbst geleisteten Baraufgabe in Höhe des Auszahlungsbetrags von 1 410 150 €. [11]Im Ergebnis ergibt sich dabei eine Bemessungsgrundlage in Höhe der vereinbarten Gebühr, abzüglich der darin enthaltenen Umsatzsteuer, also 5 000 €.

Anmerkung

1. BFH: Bemessungsgrundlage bei Tauschumsätzen – subjektiver Wert

Der BFH, Urt. v. 25.4. 2018 – XI R 21/16 hat darauf hingewiesen, dass die Bemessungsgrundlage bei Tauschumsätzen (§ 3 Abs. 12 UStG) anhand des **subjektiven Wertes** und nicht des gemeinen Wertes festzustellen ist.

Bei der Inzahlungnahme eines gebrauchten Fahrzeugs beim Verkauf eines neuen Fahrzeugs hatte die Finanzverwaltung demgegenüber bisher den gemeinen Wert des in Zahlung genommenen Fahrzeugs als Teil der Gegenleistung angesetzt (= objektiver Wert), dies ergab sich aus Abschn. 10.5 Abs. 4 UStAE. Soweit das Altfahrzeug zu einem überhöhten Preis angerechnet wurde, ergab sich mithin ein verdeckter Preisnachlass, der sich (soweit kein zu hoher Steuerausweis in einer Rechnung vorgenommen wurde) mindernd auf die Bemessungsgrundlage des Kfz-Händlers auswirkte.

2. Finanzverwaltung ändert UStAE

Mit BMF, Schr. v. 28.8.2020 hat die Finanzverwaltung Abschn. 10.5 Abs. 4 UStAE geändert und Abs. 5 aufgehoben. Die Verwaltung folgt der Rechtsauffassung des BFH aus der Entscheidung XI R 21/16. Zum Kaufpreis des Neufahrzeugs gehört der subjektive Wert des in Zahlung genommenen Fahrzeugs. Dieser Wert ergibt sich aus dem individuell vereinbarten Kaufpreis.

Soweit bisher die Regelungen zum verdeckten Preisnachlass durch den Händler umgesetzt worden waren, ergibt sich daraus jetzt eine höhere Bemessungsgrundlage. Ein Ausgleich kann sich z. T. ergeben, wenn der Verkauf des Altfahrzeugs i.R.d. Differenzbesteuerung erfolgt.

Hinweis: Nichtbeanstandungsregelung

Für Umsätze vor dem 1.1.2022 wird es von der Verwaltung nicht beanstandet, wenn noch nach der alten Regelung verfahren wird (Nichtbeanstandungsregelung).

3. Zustimmung zur Verarbeitung von Nutzerdaten als tauschähnlicher Umsatz?

Aktuell ist – u.a. ausgelöst durch eine Bemerkung des BFH im Urt. v. 09.07.2025 – XI R 29/23 – die Frage bedeutsam, ob die Zustimmung zur **Verarbeitung von Nutzerdaten durch einen (Online-)Kunden** ein Entgelt für eine „kostenlose" Bereitstellung elektronischer Dienstleistungen sein kann.

Im Verfahren XI R 29/23 hat der BFH diese Frage offen gelassen, weil es darauf nicht ankam. Im November 2025 hat sich jedoch aufgrund einer Anfrage aus Italien bereits der **Mehrwertsteuerausschuss** der EU mit der Frage befasst und dazu im Arbeitspapier Nr. 1118 eine (nicht bindende) Stellungnahme abgegeben. Danach könnte z.B. der Abschluss eines **Abonnements zur werbefreien Nutzung einer Webseite** einen **tauschähnlichen Umsatz** darstellen.

Offen ist allerdings, wie die **Höhe des Entgelts** in diesen Fällen ggfs. zu ermitteln wäre. Die Entwicklung bleibt abzuwarten.

UStAE 10.6. Bemessungsgrundlage bei unentgeltlichen Wertabgaben

(1) [1]Bei den einer Lieferung gleichgestellten Wertabgaben im Sinne des § 3 Abs. 1b UStG (vgl. Abschnitt 3.3) ist bei der Ermittlung der Bemessungsgrundlage grundsätzlich vom Einkaufspreis zuzüglich der Nebenkosten für den Gegenstand oder für einen gleichartigen Gegenstand im Zeitpunkt der Entnahme oder Zuwendung auszugehen (§ 10 Abs. 4 Satz 1 Nr. 1 UStG). [2]Dieser fiktive Einkaufspreis entspricht in der Regel dem – auf der Handelsstufe des Unternehmers ermittelbaren – Wiederbeschaffungspreis im Zeitpunkt der Entnahme. [3]Bei im eigenen Unternehmen hergestellten Gegenständen ist ebenfalls grundsätzlich der fiktive Einkaufspreis maßgebend. [4]Ist der hergestellte Gegenstand eine Sonderanfertigung, für die ein Marktpreis nicht ermittelbar ist, oder lässt sich aus anderen Gründen ein Einkaufspreis am Markt für einen gleichartigen Gegenstand nicht ermitteln, sind die Selbstkosten zum Zeitpunkt des Umsatzes anzusetzen (vgl. BFH-Urteil vom 12. 12. 2012, XI R 3/10, BStBl 2014 II S. 809). [5]Diese umfassen alle durch den betrieblichen Leistungsprozess bis zum Zeitpunkt der Entnahme oder Zuwendung entstandenen Ausgaben; dabei sind auch die nicht zum Vorsteuerabzug berechtigenden Kosten in die Bemessungsgrundlage einzubeziehen **(vgl. BFH-Urteil vom 04.09.2024 – XI R 15/24 (XI R 17/20), BStBl II 2025 S. 465)**. [6]Bei der Ermittlung der Selbstkosten sind die Anschaffungs- oder Herstellungskosten des Unternehmensgegenstandes, soweit dieser der Fertigung des unentgeltlich zugewendeten Gegenstandes gedient hat, auf die betriebsgewöhnliche Nutzungsdauer, die nach den ertragsteuerrechtlichen Grundsätzen anzusetzen ist, zu verteilen. [7]Die auf die Wertabgabe entfallende Umsatzsteuer gehört nicht zur Bemessungsgrundlage. [8]Zu den Pauschbeträgen für unentgeltliche Wertabgaben (Sachentnahmen) **2025** vgl. BMF-Schreiben vom **21.01.2025**, BStBl I S. **288**. [9]Zur Frage der Bemessungsgrundlage der unentgeltlichen Wertabgabe von Wärme, die durch eine KWK-Anlage erzeugt wird, vgl. Abschnitt 2.5 Abs. **14** bis **16**.

(1 a) [1]Bei der Ermittlung der Bemessungsgrundlage nach den Grundsätzen des Absatzes 1 Sätze 1 bis 6 ist auch zu berücksichtigen, ob Gegenstände zum Zeitpunkt der unentgeltlichen Wertabgabe aufgrund ihrer Beschaffenheit nicht mehr oder nur noch stark eingeschränkt verkehrsfähig sind. [2]Hiervon ist bei Lebensmitteln auszugehen, wenn diese kurz vor Ablauf des Mindesthaltbarkeitsdatums stehen oder die Verkaufsfähigkeit als Frischware, wie Backwaren, Obst und Gemüse, wegen Mängeln nicht mehr gegeben ist. [3]Dies gilt auch für Non-Food-Artikel mit Mindesthaltbarkeitsdatum wie beispielsweise Kosmetika, Drogerieartikel, pharmazeutische Artikel, Tierfutter oder Bauchemieprodukte wie Silikon oder Beschichtungen sowie Blumen und andere verderbliche Waren. [4]Bei anderen Gegenständen ist die Verkehrsfähigkeit eingeschränkt, wenn diese aufgrund von erheblichen Material- oder Verpackungsfehlern (z. B. Befüllungsfehler, Falschetikettierung, beschädigte Retouren) oder fehlender Marktgängigkeit (z. B. Vorjahresware oder saisonale Ware wie Weihnachts- oder Osterartikel) nicht mehr oder nur noch schwer verkäuflich sind. [5]Werden solche Gegenstände im Rahmen einer unentgeltlichen Wertabgabe abgegeben (z. B. Hingabe als Spende), kann eine im Vergleich zu noch verkehrsfähiger Ware geminderte Bemessungsgrundlage angesetzt werden. [6]Die Minderung ist im Umfang der Einschränkung der Verkehrsfähigkeit vorzunehmen, so dass der Ansatz einer Bemessungsgrundlage von 0 € nur bei wertloser Ware (z. B. Lebensmittel und Non-Food-Artikel kurz vor Ablauf des Mindesthaltbarkeitsdatums oder bei Frischwaren, bei denen die Verkaufsfähigkeit nicht mehr gegeben ist) in Betracht kommt. [7]Eine eingeschränkte Verkehrsfähigkeit liegt insbesondere nicht vor, wenn Neuware ohne jegliche Beeinträchtigung aus wirtschaftlichen oder logistischen Gründen aus dem Warenverkehr ausgesondert wird. [8]Auch wenn diese Neuware ansonsten vernichtet werden würde, weil z. B. Verpackungen beschädigt sind, bei Bekleidung deutliche Spuren einer Anprobe erkennbar sind oder Ware verschmutzt ist, ohne dass sie beschädigt ist, führt dies nicht dazu, dass die Neuware ihre Verkaufsfähigkeit vollständig verliert. [9]Auch in diesen Fällen ist ein fiktiver Einkaufspreis anhand objektiver Schätzungsunterlagen zu ermitteln.

(2) [1]Im Fall einer nach § 3 Abs. 1b Satz 1 Nr. 1 in Verbindung mit Satz 2 UStG steuerpflichtigen Entnahme eines Gegenstands, den der Unternehmer ohne Berechtigung zum Vorsteuerabzug erworben hat und an dem Arbeiten ausgeführt worden sind, die zum Vorsteuerabzug berechtigt und zum Einbau von Bestandteilen geführt haben (vgl. Abschnitt 3.3 Abs. 2 bis 4), ist Bemessungsgrundlage nach § 10 Abs. 4 Satz 1 Nr. 1 UStG der Einkaufspreis der Bestandteile im Zeitpunkt der Entnahme (Restwert). [2]Ob ein nachträglich z. B. in einen Pkw eingebauter Bestandteil im Zeitpunkt der Entnahme des Pkw

noch einen Restwert hat, lässt sich im Allgemeinen unter Heranziehung anerkannter Marktübersichten für den Wert gebrauchter Pkw (z. B. sog. „Schwacke-Liste“ oder vergleichbare Übersichten von Automobilclubs) beurteilen. [3]Wenn insoweit kein Aufschlag auf den – im Wesentlichen nach Alter und Laufleistung bestimmten – durchschnittlichen Marktwert des Pkw im Zeitpunkt der Entnahme üblich ist, scheidet der Ansatz eines Restwertes aus.

(3) [1]Bei den einer sonstigen Leistung gleichgestellten Wertabgaben im Sinne des § 3 Abs. 9a UStG (vgl. Abschnitt 3.4) bilden die bei der Ausführung der Leistung entstandenen Ausgaben die Bemessungsgrundlage (§ 10 Abs. 4 Satz 1 Nr. 2 und 3 UStG). [2]Soweit ein Gegenstand für die Erbringung der sonstigen Leistung verwendet wird, zählen hierzu auch die Anschaffungs- und Herstellungskosten für diesen Gegenstand. [3]Diese sind gleichmäßig auf einen Zeitraum zu verteilen, der dem Berichtigungszeitraum nach § 15a UStG für diesen Gegenstand entspricht (vgl. EuGH-Urteil vom 14. 9. 2006, C-72/05, Wollny, BStBl 2007 II S. 32). [4]In diese Ausgaben sind – unabhängig von der Einkunftsermittlungsart – die nach § 15 UStG abziehbaren Vorsteuerbeträge nicht einzubeziehen. [5]Besteht die Wertabgabe in der Verwendung eines Gegenstands (§ 3 Abs. 9a Nr. 1 UStG), sind nach § 10 Abs. 4 Satz 1 Nr. 2 UStG aus der Bemessungsgrundlage solche Ausgaben auszuscheiden, die nicht zum vollen oder teilweisen Vorsteuerabzug berechtigt haben. [6]Dabei ist es unerheblich, ob das Fehlen des Abzugsrechts darauf zurückzuführen ist, dass

a) für die Leistung an den Unternehmer keine Umsatzsteuer geschuldet wird oder
b) die Umsatzsteuer für die empfangene Leistung beim Unternehmer nach § 15 Abs. 1a oder 2 UStG vom Vorsteuerabzug ausgeschlossen ist oder
c) die Aufwendungen in öffentlichen Abgaben (Steuern, Gebühren oder Beiträgen) bestehen.

[7]Zur Bemessungsgrundlage zählen auch Ausgaben, die aus Zuschüssen finanziert worden sind.

(4) Zur Bemessungsgrundlage

- bei unentgeltlichen Leistungen an das Personal vgl. Abschnitt 1.8;
- bei nichtunternehmerischer Verwendung eines dem Unternehmen (teilweise) zugeordneten Fahrzeugs vgl. Abschnitt 15.23.

(5) [1]Bei der privaten Nutzung von Freizeitgegenständen (z. B. Wohnmobile, Wohnwagen, Sportboote, Sportflugzeuge) ist nur der Teil der Ausgaben zu berücksichtigen, der zu den Gesamtausgaben im selben Verhältnis steht wie die Dauer der tatsächlichen Verwendung des Gegenstands für unternehmensfremde Zwecke zur Gesamtdauer seiner tatsächlichen Verwendung (vgl. BFH-Urteil vom 24. 08. 2000 – V R 9/00, BStBl II 2001 S. 76). [2]Das ist der Fall, wenn der Unternehmer über den Gegenstand – wie ein Endverbraucher – nach Belieben verfügen kann und ihn nicht (zugleich) für unternehmerische Zwecke bereithält oder bereithalten muss. [3]Für die Berechnung des Verhältnisses werden Leerstandszeiten bzw. Zeiten der Nichtnutzung weder der nichtunternehmerischen noch der unternehmerischen Nutzung zugerechnet.

Beispiel:

[1]Ein Unternehmer vermietet eine dem Unternehmensvermögen zugeordnete Yacht im Kalenderjahr an insgesamt 49 Tagen. [2]Er nutzte seine Yacht an insgesamt 7 Tagen für eine private Segeltour. [3]Die gesamten vorsteuerbelasteten Ausgaben im Kalenderjahr betragen 28 000 €. [4]In der übrigen Zeit stand sie ihm für private Zwecke jederzeit zur Verfügung.

[5]Als Bemessungsgrundlage bei der unentgeltlichen Wertabgabe werden von den gesamten vorsteuerbelasteten Ausgaben (28 000 €) die anteiligen auf die private Verwendung entfallenden Ausgaben im Verhältnis von 56 Tagen der tatsächlichen Gesamtnutzung zur Privatnutzung von 7 Tagen angesetzt. [6]Die Umsatzsteuer beträgt demnach 665 € (7/56 von 28 000 € = 3 500 €, darauf 19 % Umsatzsteuer).

UStAE 10.7. Mindestbemessungsgrundlage (§ 10 Abs. 5 UStG)

(1) [1]Die Mindestbemessungsgrundlage gilt nur für folgende Umsätze:

1. Umsätze der in § 10 Abs. 5 Nr. 1 UStG genannten Vereinigungen an ihre Anteilseigner, Gesellschafter, Mitglieder und Teilhaber oder diesen nahestehende Personen (vgl. Beispiele 2 und 3);
2. Umsätze von Einzelunternehmern an ihnen nahestehende Personen;
3. Umsätze von Unternehmern an ihr Personal oder dessen Angehörige auf Grund des Dienstverhältnisses (vgl. Abschnitt 1.8).

[2]Als „nahestehende Personen" sind Angehörige im Sinne des § 15 AO sowie andere Personen und Gesellschaften anzusehen, zu denen **der Unternehmer oder dessen** Anteilseigner, Gesellschafter usw. eine enge rechtliche, wirtschaftliche oder persönliche Beziehung hat **(zu Gesellschaften, an denen der Unternehmer beteiligt ist, vgl. BFH-Urteil vom 09.11.2022 – XI R 31/19, BStBl II 2025 S. 262)**. [3]Ist das für die genannten Umsätze entrichtete Entgelt niedriger als die nach § 10 Abs. 4 UStG in Betracht kommenden Werte oder Ausgaben für gleichartige unentgeltliche Leistungen, sind als Bemessungsgrundlage die Werte oder Ausgaben nach § 10 Abs. 4 UStG anzusetzen (vgl. Abschnitt 10.6). [4]Die Anwendung der Mindestbemessungsgrundlage setzt voraus, dass die Gefahr einer Steuerhinterziehung oder -umgehung besteht (vgl. BFH-Urteil vom 8. 10. 1997, XI R 8/86, BStBl II S. 840, und EuGH-Urteil vom 29. 5. 1997, C-63/96, Skripalle, BStBl II S. 841). [5]Hieran fehlt es, wenn das vereinbarte Entgelt dem marktüblichen Entgelt entspricht oder der Unternehmer seine Leistung in Höhe des marktüblichen Entgelts versteuert (vgl. BFH-Urteil vom 7. 10. 2010, V R 4/10, BStBl 2016 II S. 181). [6]Insoweit ist der Umsatz höchstens nach dem marktüblichen Entgelt zu bemessen. [7]Marktübliches Entgelt ist der gesamte Betrag, den ein Leistungsempfänger an einen Unternehmer unter Berücksichtigung der Handelsstufe zahlen müsste, um die betreffende Leistung zu diesem Zeitpunkt unter den Bedingungen des freien Wettbewerbs zu erhalten. [8]Dies gilt auch bei Dienstleistungen z. B. in Form der Überlassung von Leasingfahrzeugen an Arbeitnehmer. [9]Sonderkonditionen für besondere Gruppen von Kunden oder Sonderkonditionen für Mitarbeiter und Führungskräfte anderer Arbeitgeber haben daher keine Auswirkung auf das marktübliche Entgelt. [10]Das marktübliche Entgelt wird durch im Einzelfall gewährte Zuschüsse nicht gemindert. [11]Das Vorliegen und die Höhe eines die Mindestbemessungsgrundlage mindernden marktüblichen Entgelts ist vom Unternehmer darzulegen.

Beispiel 1:

Fall	Vereinbartes Entgelt	Marktübliches Entgelt	Wert nach § 10 Abs. 4 UStG	Bemessungsgrundlage
1	10	20	15	15
2	12	10	15	12
3	12	12	15	12
4	10	12	15	12

Beispiel 2:

[1]Eine KG überlässt einem ihrer Gesellschafter einen firmeneigenen Pkw zur privaten Nutzung. [2]Sie belastet in der allgemeinen kaufmännischen Buchführung das Privatkonto des Gesellschafters im Kalenderjahr mit 2 400 €. [3]Der auf die private Nutzung des Pkw entfallende Anteil an den zum Vorsteuerabzug berechtigten Ausgaben (z. B. Anschaffungs- oder Herstellungskosten verteilt auf den maßgeblichen Berichtigungszeitraum nach § 15 a UStG, Kraftstoff, Öl, Reparaturen) beträgt jedoch 3 600 €.

a) [1]Die marktübliche Miete für den Pkw beträgt 4 500 € für das Kalenderjahr.

[2]Das vom Gesellschafter durch Belastung seines Privatkontos entrichtete Entgelt ist niedriger als die Bemessungsgrundlage nach § 10 Abs. 4 Satz 1 Nr. 2 UStG sowie als das marktübliche Entgelt. [3]Nach § 10 Abs. 5 Satz 1 erster Halbsatz UStG ist deshalb die Pkw-Überlassung mit 3 600 € zu versteuern.

b) [1]Die marktübliche Miete für den Pkw beträgt 1 800 € für das Kalenderjahr.

[2]Das vom Gesellschafter durch Belastung seines Privatkontos entrichtete Entgelt übersteigt zwar nicht die Bemessungsgrundlage nach § 10 Abs. 4 Satz 1 Nr. 2 UStG, jedoch das niedrigere markt-

übliche Entgelt. [3]Nach § 10 Abs. 5 Satz 2 UStG ist daher die Pkw-Überlassung mit dem vereinbarten Entgelt in Höhe von 2 400 € zu versteuern.

c) [1]Die marktübliche Miete für den Pkw beträgt 2 800 € für das Kalenderjahr.

[2]Das marktübliche Entgelt bildet die Höchstgrenze für die Mindestbemessungsgrundlage. [3]Da das vereinbarte Entgelt unter dem marktüblichen Entgelt liegt, kommt nach § 10 Abs. 5 Satz 1 zweiter Halbsatz UStG das marktübliche Entgelt in Höhe von 2 800 € zum Ansatz.

Beispiel 3:

[1]Ein Verein gestattet seinen Mitgliedern und auch Dritten die Benutzung seiner Vereinseinrichtungen gegen Entgelt. [2]Das von den Mitgliedern zu entrichtende Entgelt ist niedriger als das von Dritten zu zahlende Entgelt.

a) [1]Der Verein ist nicht als gemeinnützig anerkannt.

[2]Es ist zu prüfen, ob die bei der Überlassung der Vereinseinrichtungen entstandenen Ausgaben das vom Mitglied gezahlte Entgelt übersteigen. [3]Ist dies der Fall, sind nach § 10 Abs. 5 Nr. 1 UStG grundsätzlich die Ausgaben als Bemessungsgrundlage anzusetzen. [4]Übersteigen die Ausgaben das von den Dritten zu zahlende Entgelt, ist dieses (marktübliche) Entgelt die Bemessungsgrundlage. [5]Bei einem Ansatz der Mindestbemessungsgrundlage erübrigt sich die Prüfung, ob ein Teil der Mitgliederbeiträge als Entgelt für Sonderleistungen anzusehen ist.

b) [1]Der Verein ist als gemeinnützig anerkannt.

[2]Mitglieder gemeinnütziger Vereine dürfen im Gegensatz zu Mitgliedern anderer Vereine nach § 55 Abs. 1 Nr. 1 AO keine Gewinnanteile und in ihrer Eigenschaft als Mitglieder auch keine sonstigen Zuwendungen aus Mitteln des Vereins erhalten. [3]Erbringt der Verein an seine Mitglieder Sonderleistungen gegen Entgelt, braucht aus Vereinfachungsgründen eine Ermittlung der Ausgaben und ggf. des marktüblichen Entgelts erst dann vorgenommen zu werden, wenn die Entgelte offensichtlich nicht kostendeckend sind.

(2) [1]Die Mindestbemessungsgrundlage nach § 10 Abs. 5 Nr. 2 UStG findet keine Anwendung, wenn die Leistung des Unternehmers an sein Personal nicht zur Befriedigung persönlicher Bedürfnisse des Personals erfolgt, sondern durch betriebliche Erfordernisse bedingt ist, weil dann keine Leistung „auf Grund des Dienstverhältnisses“ vorliegt (vgl. zur verbilligten Überlassung von Arbeitskleidung BFH-Urteile vom 27. 2. 2008, XI R 50/07, BStBl 2009 II S. 426, und vom 29. 5. 2008, V R 12/07, BStBl 2009 II S. 428). [2]Auch die entgeltliche Beförderung von Arbeitnehmern zur Arbeitsstätte ist keine Leistung „auf Grund des Dienstverhältnisses“, wenn für die Arbeitnehmer keine zumutbaren Möglichkeiten bestehen, die Arbeitsstätte mit öffentlichen Verkehrsmitteln zu erreichen (vgl. BFH-Urteil vom 15. 11. 2007, V R 15/06, BStBl 2009 II S. 423). [3]Vgl. im Einzelnen Abschnitt 1.8 Abs. 4 und Abs. 6 Satz 5.

(3) Wegen der Rechnungserteilung in den Fällen der Mindestbemessungsgrundlage vgl. Abschnitt 14.9.

(4) Zur Mindestbemessungsgrundlage in den Fällen des § 13 b Abs. 5 UStG vgl. Abschnitt 13 b.13 Abs. 1.

(5) Zur Mindestbemessungsgrundlage im Fall der Lieferung von Wärme, die durch eine KWK-Anlage erzeugt wird, vgl. Abschnitt 2.5 Abs. **17**.

(6) [1]Der Anwendung der Mindestbemessungsgrundlage steht nicht entgegen, dass über eine ordnungsgemäß erbrachte Leistung an einen vorsteuerabzugsberechtigten Unternehmer abgerechnet wird (vgl. BFH-Urteil vom 24. 1. 2008, V R 39/06, BStBl 2009 II S. 786). [2]Die Mindestbemessungsgrundlage ist jedoch bei Leistungen an einen zum vollen Vorsteuerabzug berechtigten Unternehmer dann nicht anwendbar, wenn der vom Leistungsempfänger in Anspruch genommene Vorsteuerabzug keiner Vorsteuerberichtigung nach § 15 a UStG unterliegt (vgl. BFH-Urteil vom 5. 6. 2014, XI R 44/12, BStBl 2016 II S. 187). [3]Dies ist der Fall, wenn die bezogene Leistung der Art nach keinem Berichtigungstatbestand des § 15 a UStG unterfällt. [4]Bei der Lieferung von Strom und Wärme an einen zum vollen Vorsteuerabzug berechtigten Unternehmer findet die Mindestbemessungsgrundlage keine An-

wendung, wenn die Leistung im Zeitpunkt der Lieferung verbraucht wird. [5]Abnehmer, die ihre Vorsteuern nach Durchschnittssätzen entsprechend den Sonderregelungen nach §§ 23a und 24 UStG ermitteln, sind keine zum vollen Vorsteuerabzug berechtigte Unternehmer.

(7) Die Mindestbemessungsgrundlage nach § 10 Abs. 5 UStG findet auch bei der Bestimmung der Bemessungsgrundlage bei Einzweck- und Mehrzweck-Gutscheinen im Sinne des § 3 Abs. 13 bis 15 UStG (vgl. hierzu Abschnitt 3.17 Abs. 6 und Abs. 12) Anwendung.

Anmerkung

1. Grundsätze der Mindestbemessungsgrundlage

§ 10 Abs. 5 UStG regelt eine Mindestbemessungsgrundlage, die sicherzustellen soll, dass zu einem **unangemessen niedrigen Entgelt** gegenüber „nahestehenden Personen" ausgeführte Umsätze wie die entsprechenden unentgeltlichen Umsätze besteuert werden.

Die von § 10 Abs. 5 UStG erfassten Umsätze fallen zwar an sich unter § 1 Abs. 1 Nr. 1 UStG, weil sie ein steuerbares Entgelt wären, so dass § 10 Abs. 1 UStG die zutreffende Bemessungsgrundlage wäre. Letztlich soll aber ein unversteuerter Verbrauch ausgeschlossen werden, da in den Fällen der Mindestbemessungsgrundlage das tatsächlich entrichtete Entgelt nicht marktüblich, sondern zu niedrig ist.

Ist die Gegenleistung niedriger als die nach § 10 Abs. 4 UStG in Betracht kommenden Werte oder Ausgaben für gleichartige unentgeltliche Leistungen, so müssen unter den weiteren Voraussetzungen des § 10 Abs. 5 UStG als Bemessungsgrundlage die Werte oder Ausgaben nach § 10 Abs. 4 UStG angesetzt werden. Es ist demgemäß die tatsächliche Gegenleistung des Leistungsempfängers mit den Werten nach **§ 10 Abs. 4 UStG** zu vergleichen. Sind diese Werte höher, ist die Bemessungsgrundlage regelmäßig auf diese Werte **hochzusetzen.**

2. Mindestbemessungsgrundlage bei Vorsteuerberichtigung nach § 15a UStG

Die Mindestbemessungsgrundlage gilt u. a. für Umsätze von Unternehmern an ihr Personal oder dessen Angehörige auf Grund des Dienstverhältnisses (vgl. Abschnitt 1.8 UStAE).

Ist das für die Umsätze entrichtete Entgelt niedriger als die nach § 10 Abs. 4 UStG in Betracht kommenden Werte oder Ausgaben für gleichartige unentgeltliche Leistungen, sind als Bemessungsgrundlage die Werte oder Ausgaben nach § 10 Abs. 4 UStG anzusetzen (vgl. Abschnitt 10.6 UStAE). Die Anwendung der Mindestbemessungsgrundlage setzt voraus, dass die Gefahr einer Steuerhinterziehung oder -umgehung besteht (vgl. BFH, Urt. v. 8.10.1997 – XI R 8/86; EuGH, Urt. v. 29. 5. 1997 – C-63/96).

Der BFH hatte in einer Entscheidung aus 2014 herausgestellt, dass die Mindestbemessungsgrundlage nach § 10 Abs. 5 UStG jedenfalls dann keine Anwendung findet, wenn der vom Leistungsempfänger in Anspruch genommene Vorsteuerabzug keiner Vorsteuerberichtigung nach § 15a UStG unterliegt (BFH, Urt. v. 5.6.2014 – XI R 44/12). Dem folgt die Finanzverwaltung (BMF-Schr. v. 23.2.2016 – III C 2 – S 7208/11/10001).

3. Mindestbemessungsgrundlage bei der Lieferung von Strom und Wärme

Oftmals werden Gesellschaften gegründet, die Strom und Wärme erzeugen. Beides wird dann den Gesellschaftern ggfs. zu günstigen Preisen zur Verfügung gestellt. In diesen Fällen stellt sich die Frage des Ansatzes der Mindestbemessungsgrundlage nach § 10 Abs. 5 UStG.

Die Verwaltung hat unter Hinweis auf die BFH-Entscheidung XI R 44/12 herausgestellt, dass bei der Lieferung von Strom und Wärme an zum vollen Vorsteuerabzug berechtigte Unternehmer die **Mindestbemessungsgrundlage** des § 10 Abs. 5 UStG **keine Anwendung** findet. Hintergrund ist, dass hierbei die nach Auffassung des BFH für die Anwendung des § 10 Abs. 5 UStG erforderliche Möglichkeit der Vorsteuerberichtigung im Regelfall ausscheidet, weil die Verwendung der Energie im Zeitpunkt der Lieferung erfolgt (BMF-Schreiben v. 7.7.2020 – III C 2 – S 7208/19/10001 :001).

Dies gilt für alle offenen Fälle.

Die Verwaltung hat Abschn. 10.7 Abs. 6 Satz 4 UStAE angepasst. Der bisherige Satz 4 wurde zu einem neuen Satz 5.

3.1 Verbilligte Lieferung von Strom und Gas an Arbeitnehmer

Das LfSt Niedersachsen hat sich mit Verfügung vom 7.7.2020 (S 7208 – 25 – St 182) zur Bemessungsgrundlage für die verbilligte Lieferung von Strom und Gas an **Arbeitnehmer von Energieversorgern** geäußert. Es hat darin die Auffassung vertreten, dass in diesen Fällen die Mindestbemessungsgrundlage nach § 10 Abs. 5 UStG anzusetzen sei. Bemessungsgrundlage ist danach mindestens der nach § 10 Abs. 4 Satz 1 Nr. 1 UStG ermittelte Wert. Dieser entspricht dem Wiederbeschaffungspreis im Zeitpunkt der Entnahme auf der Handelsstufe des Unternehmers. Nach Meinung des LfSt Niedersachsen sind in die Bemessungsgrundlage auch die Verbrauchsteuer (z. B. Stromsteuer, Energiesteuer) und die Konzessionsabgabe einzubeziehen.

3.2 Belegschaftsrabatte

Die Regelung in Abschn. 1.8. Abs. 6 S. 4 UStAE, wonach Belegschaftsrabatte (z.B. die Lieferung von Jahreswagen an Werksangehörige in der Automobilindustrie) nicht zur Anwendung der Mindestbemessungsgrundlage, sondern zum Ansatz des tatsächlich aufgewendeten Betrags abzüglich Umsatzsteuer führen, ist nach Auffassung des LfSt Niedersachsen in der Verfügung vom 7.7.2020 auf diesen Fall nicht anwendbar.

UStAE 10.8. Durchschnittsbeförderungsentgelt

[1]Bei der Beförderungseinzelbesteuerung wird aus Vereinfachungsgründen als Bemessungsgrundlage ein Durchschnittsbeförderungsentgelt angesetzt (§ 10 Abs. 6 UStG). [2]Das Durchschnittsbeförderungsentgelt beträgt 4,43 Cent je Personenkilometer (§ 25 UStDV). [3]Auf diese Bemessungsgrundlage ist der allgemeine Steuersatz (§ 12 Abs. 1 UStG) anzuwenden. [4]Der Unternehmer kann nach Ablauf des Besteuerungszeitraums anstelle der Beförderungseinzelbesteuerung die Berechnung der Steuer nach § 16 Abs. 1 und 2 UStG beantragen (§ 16 Abs. 5b UStG), vgl. Abschnitt 18.8 Abs. 3.

Zu § 11 UStG

UStG § 11 Bemessungsgrundlage für die Einfuhr

(1) Der Umsatz wird bei der Einfuhr (§ 1 Abs. 1 Nr. 4) nach dem Wert des eingeführten Gegenstands nach den jeweiligen Vorschriften über den Zollwert bemessen.

(2) [1]Ist ein Gegenstand ausgeführt, in einem Drittlandsgebiet für Rechnung des Ausführers veredelt und von diesem oder für ihn wieder eingeführt worden, so wird abweichend von Absatz 1 der Umsatz bei der Einfuhr nach dem für die Veredelung zu zahlenden Entgelt oder, falls ein solches Entgelt nicht gezahlt wird, nach der durch die Veredelung eingetretenen Wertsteigerung bemessen. [2]Das gilt auch, wenn die Veredelung in einer Ausbesserung besteht und an Stelle eines ausgebesserten Gegenstands ein Gegenstand eingeführt wird, der ihm nach Menge und Beschaffenheit nachweislich entspricht. [3]Ist der eingeführte Gegenstand vor der Einfuhr geliefert worden und hat diese Lieferung nicht der Umsatzsteuer unterlegen, so gilt Absatz 1.

(3) Dem Betrag nach Absatz 1 oder 2 sind hinzuzurechnen, soweit sie darin nicht enthalten sind:

1. die im Ausland für den eingeführten Gegenstand geschuldeten Beträge an Einfuhrabgaben, Steuern und sonstigen Abgaben;
2. die auf Grund der Einfuhr im Zeitpunkt des Entstehens der Einfuhrumsatzsteuer auf den Gegenstand entfallenden Beträge an Einfuhrabgaben und an Verbrauchsteuern außer der Einfuhrumsatzsteuer, soweit die Steuern unbedingt entstanden sind;
3. die auf den Gegenstand entfallenden Kosten für die Vermittlung der Lieferung und die Kosten der Beförderung sowie für andere sonstige Leistungen bis zum ersten Bestimmungsort im Gemeinschaftsgebiet;

4. die in Nummer 3 bezeichneten Kosten bis zu einem weiteren Bestimmungsort im Gemeinschaftsgebiet, sofern dieser im Zeitpunkt des Entstehens der Einfuhrumsatzsteuer bereits feststeht.

(4) Zur Bemessungsgrundlage gehören nicht Preisermäßigungen und Vergütungen, die sich auf den eingeführten Gegenstand beziehen und die im Zeitpunkt des Entstehens der Einfuhrumsatzsteuer feststehen.

(5) Für die Umrechnung von Werten in fremder Währung gelten die entsprechenden Vorschriften über den Zollwert der Waren, die in Rechtsakten des Rates der Europäischen Union oder der Europäischen Kommission festgelegt sind.

Zu § 12 UStG

VIERTER ABSCHNITT
Steuer und Vorsteuer

UStG § 12 Steuersätze

(1) Die Steuer beträgt für jeden steuerpflichtigen Umsatz 19 Prozent der Bemessungsgrundlage (§§ 10, 11, 25 Abs. 3 und § 25 a Abs. 3 und 4).

(2) Die Steuer ermäßigt sich auf 7 Prozent für die folgenden Umsätze:

1. die Lieferungen, die Einfuhr und der innergemeinschaftliche Erwerb der in Anlage 2 bezeichneten Gegenstände;
2. die Vermietung der in Anlage 2 bezeichneten Gegenstände mit Ausnahme der in der Nummer 49 Buchstabe f, den Nummern 53 und 54 bezeichneten Gegenstände;
3. die Aufzucht und das Halten von Vieh, die Anzucht von Pflanzen und die Teilnahme an Leistungsprüfungen für Tiere;
4. die Leistungen, die unmittelbar der Vatertierhaltung, der Förderung der Tierzucht, der künstlichen Tierbesamung oder der Leistungs- und Qualitätsprüfung in der Tierzucht und in der Milchwirtschaft dienen;
5. *weggefallen*
6. die Leistungen aus der Tätigkeit als Zahntechniker sowie die in § 4 Nr. 14 Buchstabe a Satz 2 bezeichneten Leistungen der Zahnärzte;
7. a) die Eintrittsberechtigung für Theater, Konzerte und Museen sowie die den Theatervorführungen und Konzerten vergleichbaren Darbietungen ausübender Künstler,
   b) die Überlassung von Filmen zur Auswertung und Vorführung sowie die Filmvorführungen, soweit die Filme nach § 6 Abs. 3 Nr. 1 bis 5 des Gesetzes zum Schutze der Jugend in der Öffentlichkeit oder nach § 14 Abs. 2 Nr. 1 bis 5 des Jugendschutzgesetzes vom 23. Juli 2002 (BGBl. I S. 2730, 2003 I S. 476) in der jeweils geltenden Fassung gekennzeichnet sind oder vor dem 1. Januar 1970 erstaufgeführt wurden,
   c) die Einräumung, Übertragung und Wahrnehmung von Rechten, die sich aus dem Urheberrechtsgesetz ergeben,
   d) die Zirkusvorführungen, die Leistungen aus der Tätigkeit als Schausteller sowie die unmittelbar mit dem Betrieb der zoologischen Gärten verbundenen Umsätze;
8. a) die Leistungen der Körperschaften, die ausschließlich und unmittelbar gemeinnützige, mildtätige oder kirchliche Zwecke verfolgen (§§ 51 bis 68 der Abgabenordnung). Das gilt nicht für Leistungen, die im Rahmen eines wirtschaftlichen Geschäftsbetriebs ausgeführt werden. Für Leistungen, die im Rahmen eines in den §§ 66 bis 68 der Abgabenordnung bezeichneten Zweckbetriebs ausgeführt werden, gilt Satz 1 nur, wenn der Zweckbetrieb nicht in erster Linie der Erzielung zusätzlicher Einnahmen durch die Ausführung von Umsätzen dient, die in unmittelbarem Wettbewerb mit dem allgemeinen Steuersatz unterliegenden Leistungen anderer Unternehmer ausgeführt werden, oder wenn die Körperschaft mit diesen Leistungen ihrer in den §§ 66 bis 68 der Abgabenordnung bezeichneten Zweckbetriebe ihre steuerbegünstigten satzungsgemäßen Zwecke selbst verwirklicht. Körperschaften verwirklichen mit ihren in den §§ 66 bis 68 der Abgabenordnung bezeichneten Zweckbetrieben ihre steuerbegünstigten satzungsgemäßen Zwecke selbst, wenn die Leistungsempfänger oder an der Leistungserbringung beteiligte Personen vom steuerbegünstigten Zweck der Einrichtung erfasst werden,

b) die Leistungen der nichtrechtsfähigen Personenvereinigungen und Gemeinschaften der in Buchstabe a Satz 1 bezeichneten Körperschaften, wenn diese Leistungen, falls die Körperschaften sie anteilig selbst ausführten, insgesamt nach Buchstabe a ermäßigt besteuert würden;

9. die unmittelbar mit dem Betrieb der Schwimmbäder verbundenen Umsätze sowie die Verabreichung von Heilbädern. Das Gleiche gilt für die Bereitstellung von Kureinrichtungen, soweit als Entgelt eine Kurtaxe zu entrichten ist;
10. die Beförderungen von Personen
    a) im Schienenbahnverkehr,
    b) im Verkehr mit Oberleitungsomnibussen, im genehmigten Linienverkehr mit Kraftfahrzeugen, im Verkehr mit Taxen, mit Drahtseilbahnen und sonstigen mechanischen Aufstiegshilfen aller Art und im genehmigten Linienverkehr mit Schiffen sowie die Beförderungen im Fährverkehr
       aa) innerhalb einer Gemeinde oder
       bb) wenn die Beförderungsstrecke nicht mehr als 50 Kilometer beträgt;
11. die Vermietung von Wohn- und Schlafräumen, die ein Unternehmer zur kurzfristigen Beherbergung von Fremden bereithält, sowie die kurzfristige Vermietung von Campingflächen. Satz 1 gilt nicht für Leistungen, die nicht unmittelbar der Vermietung dienen, auch wenn diese Leistungen mit dem Entgelt für die Vermietung abgegolten sind;
12. *weggefallen*
13. *weggefallen*
14. die Überlassung der in Nummer 49 Buchstabe a bis e und Nummer 50 der Anlage 2 bezeichneten Erzeugnisse in elektronischer Form, unabhängig davon, ob das Erzeugnis auch auf einem physischen Träger angeboten wird, mit Ausnahme der Veröffentlichungen, die vollständig oder im Wesentlichen aus Videoinhalten oder hörbarer Musik bestehen. Ebenfalls ausgenommen sind Erzeugnisse, für die Beschränkungen als jugendgefährdende Trägermedien oder Hinweispflichten nach § 15 Absatz 1 bis 3 und 6 des Jugendschutzgesetzes in der jeweils geltenden Fassung bestehen, sowie Veröffentlichungen, die vollständig oder im Wesentlichen Werbezwecken, einschließlich Reisewerbung, dienen. Begünstigt ist auch die Bereitstellung eines Zugangs zu Datenbanken, die eine Vielzahl von elektronischen Büchern, Zeitungen oder Zeitschriften oder Teile von diesen enthalten;
15. die Restaurant- und Verpflegungsdienstleistungen, mit Ausnahme der Abgabe von Getränken.

(3) Die Steuer ermäßigt sich auf 0 Prozent für die folgenden Umsätze:

1. die Lieferungen von Solarmodulen an den Betreiber einer Photovoltaikanlage, einschließlich der für den Betrieb einer Photovoltaikanlage wesentlichen Komponenten und der Speicher, die dazu dienen, den mit Solarmodulen erzeugten Strom zu speichern, wenn die Photovoltaikanlage auf oder in der Nähe von Privatwohnungen, Wohnungen sowie öffentlichen und anderen Gebäuden, die für dem Gemeinwohl dienende Tätigkeiten genutzt werden, installiert wird. Die Voraussetzungen des Satzes 1 gelten als erfüllt, wenn die installierte Bruttoleistung der Photovoltaikanlage laut Marktstammdatenregister nicht mehr als 30 Kilowatt (peak) beträgt oder betragen wird;
2. den innergemeinschaftlichen Erwerb der in Nummer 1 bezeichneten Gegenstände, die die Voraussetzungen der Nummer 1 erfüllen;
3. die Einfuhr der in Nummer 1 bezeichneten Gegenstände, die die Voraussetzungen der Nummer 1 erfüllen;
4. die Installation von Photovoltaikanlagen sowie der Speicher, die dazu dienen, den mit Solarmodulen erzeugten Strom zu speichern, wenn die Lieferung der installierten Komponenten die Voraussetzungen der Nummer 1 erfüllt.

UStDV

§§ 26 bis 29 ***(weggefallen)***

§ 30 Schausteller

Als Leistungen aus der Tätigkeit als Schausteller gelten Schaustellungen, Musikaufführungen, unterhaltende Vorstellungen oder sonstige Lustbarkeiten auf Jahrmärkten, Volksfesten, Schützenfesten oder ähnlichen Veranstaltungen.

UStAE 12.1. Steuersätze (§ 12 Abs. 1, 2 und 3 UStG)

(1) [1]Nach § 12 UStG bestehen für die Besteuerung nach den allgemeinen Vorschriften des UStG folgende Steuersätze:

	allgemeiner Steuersatz	ermäßigter Steuersatz
vom 01. 01. 1968 bis 30. 06. 1968	10 %	5 %
vom 01. 07. 1968 bis 31. 12. 1977	11 %	5,5 %
vom 01. 01. 1978 bis 30. 06. 1979	12 %	6 %
vom 01. 07. 1979 bis 30. 06. 1983	13 %	6,5 %
vom 01. 07. 1983 bis 31. 12. 1992	14 %	7 %
vom 01. 01. 1993 bis 31. 03. 1998	15 %	7 %
vom 01. 04. 1998 bis 31. 12. 2006	16 %	7 %
vom 01. 01. 2007 bis 30. 06. 2020	19 %	7 %
vom 01. 07. 2020 bis 31. 12. 2020	16 %	5 %
vom 01. 01. 2021 bis 31. 12. 2022	19 %	7 %
ab 01. 01. 2023	19 %	7 % oder 0 %.

[2]Zur Anwendung des ermäßigten Steuersatzes auf die in der Anlage 2 des UStG aufgeführten Gegenstände vgl. das BMF-Schreiben vom 5. 8. 2004, BStBl I S. 638. [3]Zur Frage des anzuwendenden Steuersatzes in besonderen Fällen wird auf folgende Regelungen hingewiesen:

1. Lieferung sog. Kombinationsartikel, vgl. BMF-Schreiben vom 21. 3. 2006, BStBl I S. 286;
2. Umsätze mit getrockneten Schweineohren, vgl. BMF-Schreiben vom 16. 10. 2006, BStBl I S. 620;
3. Lieferung von Pflanzen und damit in Zusammenhang stehende sonstige Leistungen, vgl. BMF-Schreiben vom 4. 2. 2010, BStBl I S. 214;
4. Legen von Hauswasseranschlüssen, vgl. BMF-Schreiben vom 4. 2. 2021, BStBl I S. 312;
5. Umsätze mit Gehhilfe-Rollatoren, vgl. BMF-Schreiben vom 11. 8. 2011, BStBl I S. 824;
6. Umsätze mit Hörbüchern, vgl. BMF-Schreiben vom 1. 12. 2014, BStBl I S. 1614;
7. Umsätze mit Kunstgegenständen und Sammlungsstücken, vgl. BMF-Schreiben vom 18. 12. 2014, BStBl 2015 I S. 44;
8. Umsätze mit Fotobüchern, vgl. BMF-Schreiben vom 20. 4. 2016, BStBl I S. 483.

[4]Bestehen Zweifel, ob eine beabsichtigte Lieferung oder ein beabsichtigter innergemeinschaftlicher Erwerb eines Gegenstands unter die Steuermäßigung nach § 12 Abs. 2 Nr. 1 oder 13 UStG fällt, haben die Lieferer und die Abnehmer bzw. die innergemeinschaftlichen Erwerber die Möglichkeit, bei der zuständigen Dienststelle des Bildungs- und Wissenschaftszentrums der Bundesfinanzverwaltung eine unverbindliche Zolltarifauskunft für Umsatzsteuerzwecke (uvZTA) einzuholen. [5]UvZTA können auch von den Landesfinanzbehörden (z. B. den Finanzämtern) beantragt werden (vgl. Rz. 8 des BMF-Schreibens vom 5. 8. 2004, a. a. O., und des BMF-Schreibens vom 23. 10. 2006, BStBl I S. 622). [6]Das Vordruckmuster mit Hinweisen zu den Zuständigkeiten für die Erteilung von uvZTA steht auf den Internetseiten der Zollabteilung des Bundesministeriums der Finanzen (http://www.zoll.de) unter der Rubrik Formulare und Merkblätter zum Ausfüllen und Herunterladen bereit. [7]Zu den für land- und forstwirtschaftliche Betriebe geltenden Durchschnittssätzen vgl. § 24 Abs. 1 UStG. [8]Zur Abgrenzung von Lieferungen und sonstigen Leistungen bei der Abgabe von Speisen und Getränken vgl. Abschnitt 3.6.

(2) [1]Anzuwenden ist jeweils der Steuersatz, der in dem Zeitpunkt gilt, in dem der Umsatz ausgeführt wird. [2]Zu beachten ist der Zeitpunkt des Umsatzes besonders bei

1. der Änderung (Anhebung oder Herabsetzung) der Steuersätze,
2. der Einführung oder Aufhebung von Steuervergünstigungen (Steuerbefreiungen und Steuerermäßigungen) sowie
3. der Einführung oder Aufhebung von steuerpflichtigen Tatbeständen.

(3) [1]Bei einer Änderung der Steuersätze sind die neuen Steuersätze auf Umsätze anzuwenden, die von dem Inkrafttreten der jeweiligen Änderungsvorschrift an bewirkt werden. [2]Auf den Zeitpunkt der Vereinnahmung des Entgelts kommt es für die Frage, welchem Steuersatz eine Leistung oder Teilleistung

unterliegt, ebenso wenig an wie auf den Zeitpunkt der Rechnungserteilung. [3]Auch in den Fällen der Istversteuerung (§ 20 UStG) und der Istversteuerung von Anzahlungen (§ 13 Abs. 1 Nr. 1 Buchstabe a Satz 4 UStG) ist entscheidend, wann der Umsatz bewirkt wird. [4]Das gilt unabhängig davon, wann die Steuer nach § 13 Abs. 1 Nr. 1 UStG entsteht.

(4) [1]Für Leistungen, die in wirtschaftlich abgrenzbaren Teilen (Teilleistungen, vgl. Abschnitt 13.4) geschuldet werden, können bei einer Steuersatzänderung unterschiedliche Steuersätze in Betracht kommen. [2]Vor dem Inkrafttreten der Steuersatzänderung bewirkte Teilleistungen sind nach dem bisherigen Steuersatz zu versteuern. [3]Auf die danach bewirkten Teilleistungen ist der neue Steuersatz anzuwenden.

Anmerkung

1. Temporäre Steuersatzabsenkung ab 1.7.2020

Bedingt durch die Auswirkungen der Corona-Krise war kurzfristig politisch beschlossen worden, zur Konjunkturbelebung die Umsatzsteuersätze temporär für Umsätze nach dem 30.6.2020 und vor dem 1.1.2021 abzusenken.

Grundsätzlich galt:

– **Regelsteuersatz**: Für alle bis zum 30.6.2020 ausgeführten Umsätze gilt der Regelsteuersatz nach § 12 Abs. 1 UStG von 19 %; für alle in der Zeit vom 1.7.2020 bis 31.12.2020 ausgeführten Leistungen gilt ein Regelsteuersatz von **16 %** (§ 28 Abs. 1 UStG) und ab dem 1.1.2021 gilt dann wieder der (alte) Regelsteuersatz von 19 %.

– **Ermäßigter Steuersatz**: Für alle bis zum 30.6.2020 ausgeführten Umsätze gilt in den in § 12 Abs. 2 UStG aufgeführten Sonderfällen der ermäßigte Steuersatz von 7 %; für alle in der Zeit vom 1.7.2020 bis 31.12.2020 ausgeführten Leistungen gilt ein ermäßigter Steuersatz von **5 %** (§ 28 Abs. 2 UStG) und ab dem 1.1.2021 gilt dann wieder der (alte) ermäßigte Steuersatz von 7 %.

– **Land- und forstwirtschaftliche Betriebe**: Für bestimmte Sägewerkserzeugnisse, Getränke und alkoholische Flüssigkeiten gilt – abweichend von den ansonsten über § 24 UStG anzuwendenden Durchschnittssteuersätzen – der Regelsteuersatz. Dieser wurde in der Zeit vom 1.7.2020 bis 31.12.2020 ebenfalls auf 16 % (§ 28 Abs. 3 UStG) abgesenkt.

Die allgemeinen Durchschnittssätze nach § 24 UStG für die land- und forstwirtschaftlichen Betriebe blieben seinerseits unverändert. Auch die Durchschnittssätze für die **Vorsteuerpauschalierung** nach § 23 und § 23 a UStG hatte man nicht verändert.

2. 8. Gesetz zur Änderung von Verbrauchsteuergesetzen

Seit dem 1.7.2020 galt für Restaurations- und Verpflegungsleistungen nach § 12 Abs. 2 Nr. 15 UStG der ermäßigte Steuersatz von 7 %. Diese Regelung wurde nochmals bis zum 31.12.2023 verlängert.

Hinweis: Vereinfachungs- und Nichtbeanstandungsregelungen

Damit gelten auch die von der FinVerw festgelegten Vereinfachungsregelungen weiter. Dies ist in einem BMF-Schr. vom 21.11.2022 (III C 2 – S 7030/20/10006 :006) nochmals ausdrücklich bestätigt worden: bei sog. „**Kombiangeboten**", die sowohl Speisen als auch Getränke zu einem Pauschalpreis beinhalten (z. B. Frühstück, All-Inclusiv-Angebote), wird es von der Verwaltung nicht beanstandet, wenn der auf die Getränke entfallende Entgeltanteil mit **30 % des Pauschalpreises** angesetzt wird.

3. Ermäßigter Steuersatz für sog. Werbelebensmittel

Über die Frage, ob sog. Werbelebensmittel dem ermäßigten USt-Satz nach § 12 Abs. 2 Nr. 1 UStG unterliegen, hat der BFH mit Urt. v. 23.2.2023 – V R 38/21, BStBl II 2023, 797 entschieden.

Hinweis: Begriff Werbelebensmittel

Es handelt sich hierbei um in Kleinstgebinden abgepackte Nahrungsmittel – vornehmlich Süßigkeiten (z. B. Fruchtgummis, Kekse, Pfefferminzbonbons, Schokolinsen, Traubenzuckerwürfel), die sich entsprechend dem individuellen Kundenwunsch personalisieren und mit einem Werbeaufdruck versehen lassen. Der Kläger im Verfahren V R 38/21 betrieb einen Handel mit derartigen Werbeartikeln. **FA und FG Berlin-Brandenburg** (Urt. v. 29.9.2021 – 2 K 2211/20) sahen hierin eine umsatzsteuerliche **Leistung (Werbeleistung), die dem Regelsteuersatz (§ 12 Abs. 1 UStG) unterliegt**. Der Kläger war der Meinung, es handele sich um eine Lieferung von Lebensmitteln zum ermäßigten Steuersatz.

Der BFH hat die **Auffassung** von **FA und FG** grundsätzlich **nicht geteilt** und die Sache zur erneuten Verhandlung und Entscheidung an das FG zurückverwiesen.

Bei den fraglichen Werbelebensmitteln sei zunächst die Anlage 2 zum UStG anzuwenden (Liste der der dem ermäßigten Steuersatz unterliegenden Gegenstände). Soweit die Anlage 2 in Spalte 3 auf den Zolltarif Bezug nimmt, ist sie – ohne Berücksichtigung umsatzsteuerlicher Merkmale – nach Meinung des BFH **ausschließlich zolltariflich auszulegen**.

Der BFH nimmt hierzu eine mehrstufige Prüfung vor:

- Handelt es sich um ein **Nahrungsmittel**? Dies hat der BFH im Verfahren zum vorläufigen Rechtsschutz dieses Verfahrens bejaht (BFH, Beschluss v. 6.5.2022 – V S 7/21 (AdV)). Danach sind auch „Süßigkeiten" als Nahrungsmittel einzustufen. Entscheidend ist nur, dass dem menschlichen Organismus Nährstoffe geliefert werden, auch wenn der Verzehr andere Wirkungen entfaltet und entfalten soll.
- Welche **Rolle** kommt **der „Werbewirkung"** zu? Dies richtet sich nach Meinung des BFH nach dem in der Spalte 3 der Anlage 2 maßgeblichen **Zolltarif**. Hier wird auf die Kombinierte Nomenklatur (KN) der EU (zolltariliche und statische Nonmenklatur sowie Gemeinsamer Zolltarif, Amtsblatt EG 1987, Nr. L 256,1) verwiesen.
- In diesem Zusammenhang sind dann wiederum die **Auslegungsvorschriften** der **KN** (AblEU 2016, Nr. L 294, 1) zu beachten.

Unter Berücksichtigung dessen **verstößt** das FG-Urteil gegen **AV 5 Buchst. b) Satz 1.** Danach werden **übliche Verpackungen wie die darin enthaltenen Waren behandelt**. Das sind solche Verpackungen, die entweder für die Verwendung der Ware unbedingt notwendig sind oder die üblicherweise zur Vermarktung/Verwendung der darin enthaltenen Waren genutzt werden.

Hinweis: Verpackung

Unter der Voraussetzung, dass es sich bei den Süßigkeiten um Lebensmittel nach der Anlage 2 zum UStG und der KN handelt, **würde** mithin die **Verpackung für die Anwendung des Steuersatzes das Schicksal der enthaltenen Ware teilen,** mit der Folge, dass es zur Anwendung des **ermäßigten Steuersatzes** käme.

Vor diesem Hintergrund hat der BFH die Sache an das FG Berlin-Brandenburg zurückverwiesen.

Das **FG** hatte nämlich den Zolltarif nicht näher geprüft, sondern darauf abgestellt, dass die Werbelebensmittel **vorwiegend zu Werbezwecken geliefert** werden. Im zweiten Rechtsgang hat das FG nunmehr zu prüfen, unter welche zolltarifliche Regelung diese (Werbe-)Lebensmittel fallen.

Der BFH lässt deutlich durchblicken, dass nach seiner Einschätzung die Voraussetzungen für die Anwendung des ermäßigten Steuersatzes wohl erfüllt sind. Die FinVerw hat das Urteil V R 38/21 im BStBl II 2023, 797 amtlich veröffentlicht. Die Entscheidung wird damit über den entschiedenen Einzelfall hinaus allgemein angewendet.

4. Ermäßigter Steuersatz auf die Lieferung von Holzhackschnitzeln als Brennholz

4.1 Rechtsprechung von EuGH/BFH

Der **BFH** hatte mit Urt. v. 21.04.2022 – V R 2/22 (Folgeentscheidung zum **EuGH**, Urt. v. 03.02.2022 – C-515/20) entschieden, dass Holzhackschnitzel nach § 12 Abs. 2 Nr. 1 UStG i.V.m. der Anlage 2 Nr. 48 Buchst. a zum UStG dem **ermäßigten Steuersatz** unterliegen, wenn es sich dabei bei richtlinienkonformer Auslegung gem. Art. 122 MwStSystRL um Brennholz i.S.d. Warenbeschreibung der Anlage 2 Nr. 48 Buchst. a handelt.

Durch Artikel das **JStG 2024** hat der Gesetzgeber in Umsetzung der BFH/EuGH-Rechtsprechung die Nr. 48 Buchst. a der Anlage 2 zum UStG angepasst. Es wurde gesetzlich klargestellt, dass auch Holzhackschnitzel als Brennholz dem ermäßigten Steuersatz unterliegen, sofern diese in die **Position 4401 des Zolltarifs** eingereiht werden.

4.2 Anwendungsschreiben des BMF vom 15.07.2025

Mit BMF-Schreiben v. 15.07.2025 – III C 2 - S 7221/00019/005/056, BStBl I 2025, 1513 hat die FinVerw Einzelheiten zur Anwendung der Neuregelung herausgegeben. Danach ist für die Beurteilung, ob Holzhackschnitzel nach ihren objektiven Eigenschaften im Zeitpunkt der Lieferung ausschließlich zum Verbrennen bestimmt und geeignet sind, von Bedeutung,

- die Art der Aufmachung bei der Abgabe oder beim Verkauf (Bestimmung) und
- ein im Voraus festgelegter Feuchtegrad (Eignung).

Soweit der **Feuchtegrad** weniger als **25%** beträgt, ist davon auszugehen, dass die Holzhackschnitzel **zur Verbrennung geeignet** sind.

Praxishinweis: Feuchtegrad mehr als 25%

Bei einem Feuchtegehalt von mehr als 25% kann der ermäßigte Steuersatz gleichwohl zur Anwendung kommen, wenn die Holzhackschnitzel ohne weitere Bearbeitung (wie z.B. Lagerung oder Trocknung) **unmittelbar** vom Erwerber verwertet werden können. Dies kann z.B. der Fall sein, wenn der Erwerber über eine Anlage verfügt, bei der auch eine Verbrennung von Holz mit einem höheren Feuchtegehalt möglich ist. Hierfür ist es **ausreichend**, wenn der Erwerber dies – ohne dass es offensichtlich unzutreffend ist – **gegenüber dem leistenden Unternehmer versichert.**

4.3 Übergangsregelung

Die Grundsätze des BMF-Schreibens v. 15.07.2025 gelten mit weiteren Übergangsregelungen für alle Umsätze, die nach dem 05.12.2024 ausgeführt werden.

4.4 Anmerkung

Für einen Außenstehenden ist es schon erstaunlich, wie umfassend sich Rechtsprechung und FinVerw sich seit einigen Jahren mit dem Thema „Holzhackschnitzel“ befassen. Dabei ist auch zu beachten, dass Holzhackschnitzel oftmals gar nicht als Brennholz, sondern vielmehr zu Dekozwecken auf Beeten im Garten verteilt werden. Glücklicherweise muss der Leis-tungsempfänger nicht beim Erwerb der Holzhackschnitzel einen **Verwendungsnachweis** erbringen. Diese Problematik hat man offenbar auch in der FinVerw erkannt und zutreffend auf die **objektive Eignung als Brennholz** abgestellt. Damit dürfte diese Problematik jetzt abgeschlossen sein.

5. Absenkung der Umsatzsteuer in der Gastronomie

5.1 § 12 Abs. 2 Nr. 15 UStG seit 01.01.2026

Die Umsatzsteuer für Speisen in der Gastronomie – mit Ausnahme der Abgabe von Getränken – ist seit dem 01.01.2026 von 19 % auf 7 % reduziert worden (Steueränderungsgesetz 2025 v. 23.12.2025, BGBl I 2025 Nr. 363). Von der Senkung der Umsatzsteuer profitieren neben klassischen Gastronomiebetrieben auch

- Bäckereien,
- Metzgereien,
- der Lebensmitteleinzelhandel,
- Catering-Anbieter sowie
- die Kita-, Schul- und Krankenhausverpflegung.

Damit gilt wieder die Rechtslage, die aufgrund der zunächst coronabedingten Absenkung des Um-satzsteuersatzes für Speisen bis zum 31.12.2023 verlängert worden war (s.o. unter Ziff. 2).

Hinweis: Vereinfachungsregelungen

1. Nach der bis zum 31.12.2023 geltenden Rechtslage konnte aus Vereinfachungsgründen der auf Getränke entfallende Entgeltanteil mit 30% angesetzt werden. Dies war in einem BMF-Schr. vom 21.11.2022 (III C 2 – S 7030/20/10006 :006) ausdrücklich bestätigt worden: Bei sog. **„Kombiangeboten"**, die sowohl Speisen als auch Getränke zu einem Pauschalpreis beinhalten (z.B. Frühstück, All-Inclusiv-Angebote), wurde es von der Verwaltung nicht beanstandet, wenn der auf die **Getränke** entfallende **Entgeltanteil mit 30% des Pauschalpreises** angesetzt wurde. Anderenfalls hatte eine Aufteilung zu erfolgen (Einzelverkaufspreise /sachgerechte Schätzung).
2. Außerdem hatte die FinVerw 2020 den Prozentsatz für das sog. Business-Package angepasst. Für im Hotelgewerbe übliche, nicht dem ermäßigten Umsatzsteuersatz unterliegende Angebote (z.B. Frühstück, Sauna, Parkplatz) konnten 15% des Pauschalpreises für die regelbesteuerten Leistungen angesetzt werden (Abschn. 12.16 Abs. 12 UStAE).

Mit BMF-Schreiben v. 22.12.2025 – III C 2 – S 7220/00023/014/027 hat die FinVerw diese Regelungen wieder aufgegriffen und in gleicher Weise geregelt.

5.2 Gutscheine in der Gastronomie

Aufgrund der Wiedereinführung des ermäßigten USt-Satzes in der Gastronomie ab 1.1.2026 (§ 12 Abs. 2 Nr. 15 UStG) ergeben sich Veränderungen bei der Ausgabe von Gutscheinen zum Verzehr (§ 3 Abs. 13 bis 15 UStG).

Die Rechtslage stellt sich wie folgt dar:

Speisen u. Getränke (Inhouse) **Ausgabe Gutschein bis 31.12.2025**	Einzweck-Gutschein (Speisen 19%/Getränke 19%)	sofortige Besteuerung **2025**
Nur Speisen (Inhouse) **Ausgabe Gutschein ab 01.01.2026**	Einzweck-Gutschein (7%)	sofortige Besteuerung **2026**
Nur Getränke (Inhouse/to go) **Ausgabe Gutschein ab 01.01.2026**	Einzweck-Gutschein (19%)	sofortige Besteuerung **2026**
Speisen u. Getränke (Inhouse/to go) **Ausgabe Gutschein ab 01.01.2026**	**Mehrzweck-Gutschein** (Speisen 7%/Getränke 19%)	Besteuerung erst bei **Einlösung**

UStAE 12.2. Vieh- und Pflanzenzucht (§ 12 Abs. 2 Nr. 3 UStG)

(1) [1]Die Steuerermäßigung nach § 12 Abs. 2 Nr. 3 UStG gilt für sonstige Leistungen, die in der Aufzucht und dem Halten von Vieh, in der Anzucht von Pflanzen oder in der Teilnahme an Leistungsprüfungen für Tiere bestehen. [2]Hierunter fällt nicht die Klauen- oder Hufpflege (vgl. BFH-Urteil vom 16. 1. 2014, V R 26/13, BStBl II S. 350). [3]Sie kommt für alle Unternehmer in Betracht, die nicht § 24 UStG anwenden.

(2) [1]Unter Vieh sind solche Tiere zu verstehen, die als landwirtschaftliche Nutztiere in Nummer 1 der Anlage 2 des UStG aufgeführt sind; hierzu gehören außerdem Pferde, sofern sie der landwirtschaftlichen Erzeugung dienen (vgl. BFH-Urteil vom 10. 9. 2014, XI R 33/13, BStBl 2015 II S. 720). [2]Nicht begünstigt sind die Aufzucht und das Halten anderer Tiere, z. B. von Katzen oder Hunden.

(3) [1]Das Einstellen und Betreuen von Reitpferden, die von ihren Eigentümern zur Ausübung von Freizeitsport genutzt werden, fällt nicht unter den Begriff „Halten von Vieh" im Sinne des § 12 Abs. 2 Nr. 3 UStG und ist deshalb nicht mit dem ermäßigten, sondern mit dem allgemeinen Steuersatz zu versteuern (BFH-Urteil vom 22. 1. 2004, V R 41/02, BStBl II S. 757). [2]Gleiches gilt für Pferde, die zu gewerblichen Zwecken genutzt werden (z. B. durch Berufsreiter oder Reitlehrer), sowie für alle anderen Pferde, die ebenfalls nicht zu land- und forstwirtschaftlichen Zwecken genutzt werden (vgl. BFH-Urteil vom 10. 9. 2014, XI R 33/13, BStBl 2015 II S. 720). [3]Die Steuerermäßigung nach § 12 Abs. 2 Nr. 8 UStG bleibt bei Vorliegen der Voraussetzungen unberührt; zu den Voraussetzungen des § 24 UStG vgl. Abschnitt 24.3 Abs. 12.

(4) [1]Eine Anzucht von Pflanzen liegt vor, wenn ein Pflanzenzüchter einem Unternehmer (Kostnehmer) junge Pflanzen – in der Regel als Sämlinge bezeichnet – überlässt, damit dieser sie auf seinem Grundstück

einpflanzt, pflegt und dem Pflanzenzüchter auf Abruf zurückgibt. [2]Die Hingabe der Sämlinge an den Kostnehmer stellt keine Lieferung dar (BFH-Urteil vom 19. 7. 1962, V 145/59 U, BStBl III S. 543). [3]Dementsprechend kann auch die Rückgabe der aus den Sämlingen angezogenen Pflanzen nicht als Rücklieferung angesehen werden. [4]Die Tätigkeit des Kostnehmers ist vielmehr eine begünstigte sonstige Leistung.

(5) [1]Leistungsprüfungen für Tiere sind tierzüchterische Veranstaltungen, die als Wettbewerbe mit Prämierung durchgeführt werden, z. B. Tierschauen, Pferderennen oder Pferdeleistungsschauen (Turniere). [2]Der ermäßigte Steuersatz nach § 12 Abs. 2 Nr. 3 UStG ist auf Entgelte anzuwenden, die dem Unternehmer platzierungsunabhängig für die Teilnahme an solchen Leistungsprüfungen zufließen (z. B. Antrittsgelder), insbesondere auf Zahlungen, die den Prämien im Sinne des Abschnitts 12.3 Abs. 3 Satz 1 Nr. 8 entsprechen, sowie platzierungsunabhängige Preisgelder; zu den grundsätzlichen Voraussetzungen für einen Leistungsaustausch vgl. Abschnitt 1.1 Abs. 24. [3]Für die Inanspruchnahme der Steuerermäßigung nach § 12 Abs. 2 Nr. 3 UStG ist es jedoch nicht Voraussetzung, dass es sich bei dem geprüften Tier um ein Zuchttier handelt. [4]Nach dieser Vorschrift ist nur die Teilnahme an Tierleistungsprüfungen begünstigt. [5]Für die Veranstaltung dieser Prüfungen kann jedoch der ermäßigte Steuersatz nach § 12 Abs. 2 Nr. 4 oder 8 UStG oder Steuerfreiheit nach § 4 Nr. 22 Buchstabe b UStG in Betracht kommen.

Anmerkung

Bestimmte Leistungen von Unternehmern, die nicht die Sonderregelung des § 24 UStG (für land- und forstwirtschaftliche Betriebe) in Anspruch nehmen, sind dem **ermäßigten Steuersatz** zu unterwerfen. Dazu gehören insbesondere Umsätze im Zusammenhang mit der Aufzucht und dem Halten von Vieh, der Anzucht von Pflanzen, der Vatertierhaltung, der Tierzucht sowie ähnlicher Leistungen. Nicht erforderlich ist, dass der Unternehmer als Land- oder Forstwirt tätig ist.

Hinweis: Änderung seit 2022 bei Durchschnittssatzbesteuerung beachten

Aufgrund der seit dem 1.1.2022 bestehenden Möglichkeit einer regelmäßigen Anpassung der Durchschnittssatzbesteuerung nach § 24 UStG kann dem ermäßigten Steuersatz nach § 12 Abs. 2 Nr. 3 UStG eine größere Bedeutung zukommen.

Das **Einstellen und Betreuen von Reitpferden**, die von ihren Eigentümern zur Ausübung von Freizeitsport genutzt werden, fällt nicht unter den Begriff „Halten von Vieh" i. S. d. § 12 Abs. 2 Nr. 3 UStG und ist deshalb nicht mit dem ermäßigten, sondern mit dem allgemeinen Steuersatz zu besteuern (BFH, Urt. v. 22.1.2004 – V R 41/02, BStBl II 2004, 757). Dies gilt auch für Pferde, die zu selbstständigen oder gewerblichen, nicht landwirtschaftlichen Zwecken genutzt werden (z. B. durch Berufsreiter oder Reitlehrer).

Hinweis: Keine Unternehmereigenschaft bei Preisgeldern

Zur Frage, unter welchen Bedingungen eine Unternehmereigenschaft bei Teilnahme an Wettbewerben etc. vorliegt, vgl. Anmerkung zu Abschn. 1.1 UStAE.

Umsätze aus dem **Pferderennsport** unterliegen dem ermäßigten Steuersatz nach § 12 Abs. 2 Nr. 3 UStG. Diese Sichtweise der FinVerw hatte das FG Köln (Urt. v. 18.4.2018 – 9 K 2738/15, EFG 2018, 1405) anders gesehen und entschieden, dass sich der Anwendungsbereich der Vorschrift wegen der unionsrechtlichen Vorgaben nur auf **Leistungsprüfungen** für Tiere erstreckt, die der **landwirtschaftlichen Erzeugung** dienen. Die Revision des Klägers gegen diese Entscheidung hat der BFH mit Urt. v. 15.12.2021 – XI R 19/18, BStBl II 2024, 495 – allerdings **aus anderen Gründen** – als unbegründet zurückgewiesen. Möglichweise ist wegen der „anderen Gründe" der Zurückweisung der Revision seitens der Verwaltung Abschn. 12.2 Abs. 5 UStAE noch nicht angepasst worden, obwohl das Urteil amtlich im BStBl II veröffentlicht wurde.

UStAE 12.3. Vatertierhaltung, Förderung der Tierzucht usw. (§ 12 Abs. 2 Nr. 4 UStG)

(1) [1]§ 12 Abs. 2 Nr. 4 UStG betrifft nur Leistungen, die einer für landwirtschaftliche Zwecke geeigneten Tierzucht usw. zu dienen bestimmt sind (vgl. BFH-Urteil vom 17. 11. 1966, V 20/65, BStBl 1967 III S. 164). [2]Die Leistungen müssen den begünstigten Zwecken unmittelbar dienen. [3]Diese Voraussetzung ist nicht erfüllt bei Lieferungen von Impfstoffen durch die Pharmaindustrie an Tierseuchenkassen, Trächtigkeitsuntersuchungen bei Zuchttieren, Maßnahmen der Unfruchtbarkeitsbekämpfung, Kaiserschnitt, Geburtshilfe und bei der Klauenpflege (vgl. BFH-Urteil vom 16. 1. 2014, V R 26/13, BStBl II S. 350).

(2) [1]Entgelte für Leistungen, die unmittelbar der Vatertierhaltung dienen, sind insbesondere:

1. Deckgelder;
2. Umlagen (z. T. auch Mitgliederbeiträge genannt), die nach der Zahl der deckfähigen Tiere bemessen werden;
3. Zuschüsse, die nach der Zahl der gedeckten Tiere oder nach sonstigen mit den Umsätzen des Unternehmers (Vatertierhalters) verknüpften Maßstäben bemessen werden (zusätzliche Entgelte von dritter Seite nach § 10 Abs. 1 Satz 2 UStG).

[2]Die kurzfristige Einstallung von Pferden zum Zwecke der Bedeckung ist auch dann eine unselbständige Nebenleistung zu der ermäßigt zu besteuernden Hauptleistung Bedeckung, wenn die Halter der Pferde nicht landwirtschaftliche Pferdeeigentümer sind. [3]In den Fällen der langfristigen Einstallung sind die Pensions- und die Deckleistung zwei selbständige Hauptleistungen. [4]Die Pensionsleistung unterliegt dem allgemeinen Steuersatz, sofern das eingestallte Tier keiner land- und forstwirtschaftlichen Erzeugertätigkeit dient (vgl. Abschnitt 12.2 Abs. 3). [5]Dies gilt auch für den Zeitraum, in dem die Deckleistung erbracht wird. [6]Die Deckleistung ist nach § 12 Abs. 2 Nr. 4 UStG ermäßigt zu besteuern.

(3) [1]Entgelte für Leistungen, die unmittelbar der Förderung der Tierzucht dienen, sind insbesondere:

1. Gebühren für Eintragungen in Zuchtbücher, zu denen z. B. Herdbücher, Leistungsbücher und Elite-Register gehören;
2. Gebühren für die Zuchtwertschätzung von Zuchttieren;
3. Gebühren für die Ausstellung und Überprüfung von Abstammungsnachweisen (einschließlich der damit verbundenen Blutgruppenbestimmungen), für Kälberkennzeichnung durch Ohrmarken und für die Bereitstellung von Stall- und Gestütbüchern;
4. Entgelte für prophylaktische und therapeutische Maßnahmen nach tierseuchenrechtlichen Vorschriften bei Zuchttieren (z. B. die staatlich vorgeschriebenen Reihenuntersuchungen auf Tuberkulose, Brucellose und Leukose, die jährlichen Impfungen gegen Maul- und Klauenseuche, Maßnahmen zur Bekämpfung der Aujeszkyschen Krankheit, Leistungen zur Verhütung, Kontrolle und Tilgung bestimmter transmissibler spongiformer Enzephalopathien (TSE) auch an toten Zuchttieren sowie Bekämpfungsprogramme von IBR (Infektiöse Bovine Rhinitis) / IVB (Infektiöse Bovine Vulvovaginitis) und BVD (Bovine Virus Diarrhoe) oder die Behandlung gegen Dassellarven) sowie die Entgelte für die Ausstellung von Gesundheitszeugnissen bei Zuchttieren;
5. Entgelte für die Durchführung von Veranstaltungen, insbesondere Versteigerungen, auf denen Zuchttiere mit Abstammungsnachweis abgesetzt werden (z. B. Standgelder, Kataloggelder und Impfgebühren), sowie Provisionen für die Vermittlung des An- und Verkaufs von Zuchttieren im Rahmen solcher Absatzveranstaltungen (vgl. BFH-Urteil vom 18. 12. 1996, XI R 19/96, BStBl 1997 II S. 334);
6. [1]Entgelte, die von Tierzüchtern oder ihren Angestellten für die Teilnahme an Ausstellungen und Lehrschauen, die lediglich die Tierzucht betreffen, zu entrichten sind (z. B. Eintritts-, Katalog- und Standgelder). [2]Der ermäßigte Steuersatz ist auch anzuwenden, wenn mit den Ausstellungen oder Lehrschauen Material- und Eignungsprüfungen verbunden sind;
7. unechte Mitgliederbeiträge, die von Tierzuchtvereinigungen für Leistungen der vorstehenden Art erhoben werden;
8. Züchterprämien, wenn sie ausnahmsweise umsatzsteuerrechtlich Leistungsentgelte darstellen (vgl. BFH-Urteile vom 2. 10. 1969, V R 163/66, BStBl 1970 II S. 111, und vom 7. 8. 1970, V R 94/68, BStBl II S. 730); zur Nichtsteuerbarkeit vgl. Abschnitt 10.2 Abs. 7 Satz 7;

9. Entgelte für die Lieferung von Embryonen an Tierzüchter zum Einsetzen in deren Tiere sowie die unmittelbar mit dem Einsetzen der Embryonen in Zusammenhang stehenden Leistungen.

[2]Zuchttiere im Sinne dieser Vorschrift sind Tiere der in der Nummer 1 der Anlage 2 des UStG aufgeführten Nutztierarten sowie Pferde, die in Beständen stehen, die zur Vermehrung bestimmt sind und deren Identität gesichert ist. [3]Aus Vereinfachungsgründen kommt es nicht darauf an, ob das Einzeltier tatsächlich zur Zucht verwendet wird. [4]Es genügt, dass das Tier einem zur Vermehrung bestimmten Bestand angehört. [5]Zuchttiere sind auch Reit- und Rennpferde sowie die ihrer Nachzucht dienenden Pferde. [6]Wallache sind Zuchttiere, wenn sie die Voraussetzungen des § 2 Nr. 11 TierZG erfüllen (vgl. BFH-Urteil vom 18. 12. 1996, XI R 19/96, a. a. O.). [7]Die Steuerermäßigung ist auf Eintrittsgelder, die bei Pferderennen, Pferdeleistungsschauen (Turnieren) und ähnlichen Veranstaltungen erhoben werden, nicht anzuwenden. [8]Bei gemeinnützigen Vereinen, z. B. Rennvereinen oder Reit- und Fahrvereinen, kann hierfür jedoch der ermäßigte Steuersatz unter den Voraussetzungen des § 12 Abs. 2 Nr. 8 Buchstabe a UStG in Betracht kommen.

(4) Unmittelbar der künstlichen Tierbesamung dienen nur

1. die Besamungsleistung, z. B. durch Besamungsgenossenschaften, Tierärzte oder Besamungstechniker, und
2. die Tiersamenlieferung an Tierhalter zur Besamung ihrer Tiere.

(5) Entgelte für Leistungen, die unmittelbar der Leistungs- und Qualitätsprüfung in der Tierzucht und in der Milchwirtschaft dienen, sind insbesondere:

1. Entgelte für Milchleistungsprüfungen bei Kühen, Ziegen oder Schafen einschließlich der Untersuchungen der Milchbestandteile;
2. Entgelte für Mastleistungsprüfungen bei Rindern, Schweinen, Schafen und Geflügel;
3. Entgelte für Eierleistungsprüfungen bei Geflügel;
4. Entgelte für die Prüfung der Aufzuchtleistung bei Schweinen;
5. Entgelte für Leistungsprüfungen bei Pferden, z. B. Nenn- und Startgelder bei Pferdeleistungsschauen (Turnieren) oder Rennen;
6. Entgelte für Leistungsprüfungen bei Brieftauben, z. B. Korb- und Satzgelder;
7. Entgelte für Milch-Qualitätsprüfungen, insbesondere für die Anlieferungskontrolle bei den Molkereien;
8. unechte Mitgliederbeiträge, die von Kontrollverbänden oder sonstigen Vereinigungen für Leistungen der vorstehenden Art erhoben werden.

(6) [1]Nebenleistungen teilen umsatzsteuerrechtlich das Schicksal der Hauptleistung. [2]Zu Nebenleistungen vgl. Abschnitt 3.10 Abs. 5. [3]Begünstigte Nebenleistungen liegen z. B. vor, wenn bei einer tierseuchenprophylaktischen Impfung von Zuchttieren Impfstoffe eingesetzt werden, oder wenn im Rahmen einer Besamungsleistung Tiersamen und Arzneimittel abgegeben werden, die bei der künstlichen Tierbesamung erforderlich sind. [4]Die Kontrolle des Erfolgs einer künstlichen Besamung (z. B. mittels Ultraschall-Scannertechnik) kann eine Nebenleistung zur Besamungsleistung sein.

Anmerkung

Die Vorschrift ist nicht auf bestimmte Unternehmer (z.B. landwirtschaftliche Vereinigungen) beschränkt, sondern **gilt für alle Unternehmer**, die den allgemeinen Vorschriften des UStG unterliegen. Sie bezieht sich nach herrschender Auffassung nur auf Leistungen, die einer für landwirtschaftliche Zwecke geeigneten Tierzucht zu dienen bestimmt sind.

Nach Ansicht der Finanzverwaltung sind deshalb als Tiere i. S. der Begriffe „Vatertierhaltung", „Tierzucht" und „Tierbesamung" **nur Tiere der in Nr. 1 der Anlage 2 des UStG genannten Nutztierarten** sowie Pferde, die in Beständen stehen, die zur Vermehrung bestimmt sind und deren Identität gesichert ist, anzusehen. In Nr. 1 der Anlage 2 des UStG sind

– Maultiere und Maulesel,
– Hausrinder,
– Hausschweine,

- Hausschafe,
- Hausziegen,
- Hausgeflügel,
- Hauskaninchen,
- Haustauben und
- Bienen

als **landwirtschaftliche Nutztiere** genannt.

Ermäßigt zu besteuern sind nach § 12 Abs. 2 Nr. 4 UStG die Leistungen, die unmittelbar der Vatertierhaltung, der Förderung der Tierzucht, der künstlichen Tierbesamung oder der Leistungs- und Qualitätsprüfung in der Tierzucht und in der Milchwirtschaft dienen. Für die **Unmittelbarkeit** kommt es darauf an, dass die von der Vorschrift begünstigten Zwecke durch die jeweilige Leistung selbst gefördert oder begünstigt werden.

Hinweis: Klauenpflege nicht begünstigt

Nach der Rechtsprechung des BFH (Urt. v. 16.1.2014 – V R 26/13, BStBl II 2014, 350) ist Klauenpflege keine Leistung, die unmittelbar der Förderung der Tierzucht dient.

UStAE 12.4. Umsätze der Zahntechniker und Zahnärzte (§ 12 Abs. 2 Nr. 6 UStG)

(1) [1]Der ermäßigte Steuersatz nach § 12 Abs. 2 Nr. 6 UStG ist auf alle sonstigen Leistungen aus der Tätigkeit als Zahntechniker und auf die Lieferungen von Zahnersatz einschließlich der unentgeltlichen Wertabgaben anzuwenden (vgl. BFH-Urteil vom 24. 10. 2013, V R 14/12, BStBl 2014 II S. 286). [2]Begünstigt sind auch Lieferungen von halbfertigen Teilen von Zahnprothesen. [3]Die Steuerermäßigung setzt nicht voraus, dass der Zahntechniker als Einzelunternehmer tätig wird. [4]Begünstigt sind auch Leistungen der zahntechnischen Labors, die in der Rechtsform einer Gesellschaft – z. B. OHG, KG oder GmbH – betrieben werden.

(2) [1]Bei den Zahnärzten umfasst die Steuerermäßigung die Leistungen, die nach § 4 Nr. 14 Buchstabe a Satz 2 UStG von der Steuerbefreiung ausgeschlossen sind. [2]Es handelt sich um die Lieferung oder Wiederherstellung von Zahnprothesen (aus Unterpositionen 9021 21 und 9021 29 00 des Zolltarifs) und kieferorthopädischen Apparaten (aus Unterposition 9021 10 des Zolltarifs), soweit sie der Zahnarzt in seinem Unternehmen hergestellt oder wiederhergestellt hat. [3]Dabei ist es unerheblich, ob die Arbeiten vom Zahnarzt selbst oder von angestellten Personen ausgeführt werden. [4]Zur Abgrenzung der steuerfreien Umsätze von den dem ermäßigten Steuersatz unterliegenden Prothetikumsätzen vgl. Abschnitt 4.14.3.

(3) [1]Dentisten stehen den Zahnärzten gleich. [2]Sie werden deshalb in § 12 Abs. 2 Nr. 6 UStG nicht besonders genannt.

(4) Hilfsgeschäfte, wie z. B. der Verkauf von Anlagegegenständen, Bohrern, Gips und sonstigem Material, unterliegen nicht dem ermäßigten Steuersatz (vgl. auch BFH-Urteil vom 28. 10. 1971, V R 101/71, BStBl 1972 II S. 102).

Anmerkung

1. Steuerbefreiung als Grundsatz

Die Umsätze der Zahntechniker sind nach der MwStSystRL ebenso wie die Prothetikumsätze der Zahnärzte an sich nach Art. 132 Abs. 1 Buchst. e MwStSystRL von der Umsatzsteuer zu befreien. Während einer Übergangszeit können sie aber weiterhin besteuert werden (vgl. Anhang X Teil A Nr. 1 MwStSystRL). Von dieser Möglichkeit wurde in Deutschland Gebrauch gemacht, weil eine Befreiung aller Prothetikumsätze nach Meinung des Gesetzgebers zu nicht vertretbaren Steuerausfällen geführt hätte.

Wann diese Übergangsregelung ausläuft, ist noch nicht abzusehen (Mann, in Küffner/Zugmaier, Umsatzsteuer-Kommentar, § 12 Abs. 2 Nr. 6 Rz. 2).

2. Ermäßigter Steuersatz

Der ermäßigte Steuersatz ist auf **alle Umsätze aus der Tätigkeit als Zahntechniker** einschließlich der unentgeltlichen Wertabgaben anzuwenden. Begünstigt ist auch die Lieferung von halbfertigen Zahnprothesen. Nicht von Bedeutung ist die Rechtsform, in der das zahntechnische Labor betrieben wird.

Zahnärzte, die zahntechnische Leistungen in ihrem Unternehmen ausführen (Lieferung oder Wiederherstellung von Zahnprothesen, kieferorthopädische Apparate), erbringen insoweit keine steuerfreien Leistungen nach § 4 Nr. 14 UStG. Diese Leistungen unterliegen aber dem ermäßigten Steuersatz nach § 12 Abs. 2 Nr. 6 UStG.

Hinweis: Keine Anwendung auf Hilfsgeschäfte

Hilfsgeschäfte (Verkauf von Anlagegegenständen, Bohrern, Material) unterliegen nicht dem ermäßigten Steuersatz.

UStAE 12.5. Eintrittsberechtigung für Theater, Konzerte, Museen usw. (§ 12 Abs. 2 Nr. 7 Buchstabe a UStG)

(1) [1]Begünstigt sind die in § 12 Abs. 2 Nr. 7 Buchstabe a UStG bezeichneten Leistungen, wenn sie nicht unter die Befreiungsvorschrift des § 4 Nr. 20 Buchstabe a UStG fallen. [2]Die Begriffe Theater und Konzert sowie auch der Umfang der ermäßigt zu besteuernden Leistungen ausübender Künstler sind nach den Merkmalen abzugrenzen, die für die Steuerbefreiung maßgebend sind. [3]Zum Museumsbegriff wird auf Absatz **7** verwiesen. [4]Artikel 98 Abs. 1 und 2 in Verbindung mit Anhang III Nr. 7 und 9 MwStSystRL erfasst sowohl die Leistungen einzelner ausübender Künstler als auch die Leistungen der zu einer Gruppe zusammengeschlossenen Künstler (vgl. EuGH-Urteil vom 23. 10. 2003, C-109/02, Kommission/Deutschland, BStBl 2004 II S. 337, 482). [5]Die Leistungen von Dirigenten können dem ermäßigten Steuersatz nach § 12 Abs. 2 Nr. 7 Buchstabe a UStG unterliegen; nicht dagegen die Leistungen von Regisseuren (soweit nicht umsatzsteuerfrei), Bühnen- und Kostümbildnern (vgl. aber Abschnitt 12.7 Abs. 19), Tontechnikern, Beleuchtern, Maskenbildnern, Souffleusen, Cuttern oder Kameraleuten. [6]Die Tätigkeit eines Hochzeits- oder Trauerredners stellt grundsätzlich keine künstlerische Tätigkeit dar. [7]Ist die Tätigkeit jedoch als die eines ausübenden Künstlers anzusehen, kann der ermäßigte Steuersatz anzuwenden sein. [8]Dies ist dann der Fall, wenn die künstlerische Leistung von einer eigenschöpferischen Leistung des Künstlers geprägt wird, in der seine besondere Gestaltungskraft zum Ausdruck kommt. [9]Gegen eine künstlerische Tätigkeit spricht bei einer Redetätigkeit die Beschränkung auf eine schablonenartige Wiederholung anhand eines Redegerüstes (vgl. BFH-Urteil vom 3. 12. 2015, V R 61/14, BStBl 2020 II S. 797).

(2) [1]Die Steuerermäßigung erstreckt sich auf den **Verkauf von Eintrittsberechtigungen für** die Veranstaltung von Theatervorführungen und Konzerten. [2]**Begünstigt ist nur der Verkauf von Eintrittsberechtigungen; die Ermäßigung erstreckt sich nicht auf andere Leistungen der Veranstalter oder die Vermittlung des Verkaufs von Eintrittsberechtigungen.** [3]Die Theatervorführung bzw. das Konzert müssen den eigentlichen Zweck der Veranstaltung ausmachen (vgl. BFH-Urteil vom 26. 4. 1995, XI R 20/94, BStBl II S. 519). [4]Zum Begriff Theater/Theatervorführungen gilt Abschnitt 4.20.1 entsprechend. [5]Als Konzerte sind musikalische und gesangliche Aufführungen durch einzelne oder mehrere Personen anzusehen. [6]Das bloße Abspielen eines Tonträgers durch einen Diskjockey ist kein Konzert. [7]Jedoch kann eine „Techno"-Veranstaltung ein Konzert im Sinne des § 12 Abs. 2 Nr. 7 Buchstabe a UStG sein (BFH-Urteile vom 18. 8. 2005, V R 50/04, BStBl 2006 II S. 101, und vom 23. 7. 2020, V R 17/17, BStBl 2021 II S. 406). [8]Pop- und Rockkonzerte, die den Besuchern die Möglichkeit bieten, zu der im Rahmen des Konzerts dargebotenen Musik zu tanzen, können Konzerte sein (vgl. BFH-Urteil vom 26. 4. 1995, XI R 20/94, a. a. O.). [9]Begünstigt ist auch **der Verkauf von Eintrittsberechtigungen für** die Veranstaltung von Mischformen zwischen Theatervorführung und Konzert (vgl. BFH-Urteil vom 26.04.1995 – XI R 20/94, a.a.O.). [10]Leistungen anderer Art, die in Verbindung mit diesen Veranstaltungen erbracht werden, müssen von so untergeordneter Bedeutung sein, dass dadurch der Charakter der Veranstaltungen als Theatervorfüh-

rung oder Konzert nicht beeinträchtigt wird (für eine sog. Dinner-Show siehe BFH-Urteile vom 10. 1. 2013, V R 31/10, a.a.O., und vom 13. 6. 2018, XI R 2/16, BStBl II S. 678). [11]Nicht begünstigt sind nach dieser Vorschrift z.B. gesangliche, kabarettistische oder tänzerische Darbietungen im Rahmen einer Tanzbelustigung, einer sportlichen Veranstaltung oder zur Unterhaltung der Besucher von Gaststätten.

(3) [1]Der ausübende Künstler hat nicht zu unterscheiden, ob seine Leistung im Rahmen einer nicht begünstigten Tanzveranstaltung oder eines begünstigten Konzertes dargeboten wird, es sei denn, er wird **selbst** als **Verkäufer der Eintrittsberechtigungen** tätig. [2]Seine Leistung an einen Veranstalter kann unabhängig von dem für die Veranstaltung selbst anzuwendenden Steuersatz ermäßigt zu besteuern sein.

(4) [1]Werden bei Theatervorführungen und Konzerten mehrere Veranstalter tätig, kann nur der Veranstalter die Steuerermäßigung in Anspruch nehmen, der die Eintrittsberechtigung verschafft. [2]Bei Tournee-Veranstaltungen steht deshalb die Steuerermäßigung regelmäßig nur dem örtlichen Veranstalter zu. [3]Dem ermäßigten Steuersatz unterliegen ebenfalls die Umsätze von Ticket-Eigenhändlern aus dem Verkauf von Eintrittsberechtigungen. [4]Auf Vermittlungsleistungen ist die Steuerermäßigung hingegen nicht anzuwenden (vgl. BFH-Urteil vom 3. 11. 2011, V R 16/09, BStBl 2012 II S. 378).

(5) Nicht begünstigt nach § 12 Abs. 2 Nr. 7 Buchst. a UStG sind die Leistungen der Gastspieldirektionen, welche im eigenen Namen Künstler verpflichten und im Anschluss daran das von diesen dargebotene Programm an einen Veranstalter in einem gesonderten Vertrag verkaufen.

(6) **Die Steuerermäßigung erstreckt sich auf den Verkauf einer digitalen Eintrittsberechtigung für ein Live-Streaming-Angebot, welches in Echtzeit parallel zu bzw. anstelle der „Vor-Ort"-Veranstaltung erfolgt, sofern die Leistung nicht nach § 4 Nr. 20 UStG steuerfrei ist (vgl. Abschnitt 4.20.1 Sätze 7 und 8 sowie Abschnitt 4.20.2 Abs. 3).**

(7) [1]Bei der Bestimmung des Museumsbegriffs in § 12 Abs. 2 Nr. 7 Buchstabe a UStG ist die grundlegende Begriffsdefinition in § 4 Nr. 20 Buchstabe a Satz 4 UStG zu beachten (vgl. Abschnitt 4.20.3 Abs. 1 und 2). [2]Die Steuersatzermäßigung in § 12 Abs. 2 Nr. 7 Buchstabe a UStG erfasst nur die Eintrittsberechtigung für die in § 4 Nr. 20 Buchstabe a Satz 4 UStG genannten wissenschaftlichen Sammlungen und Kunstsammlungen, sofern das Museum die Voraussetzungen des § 4 Nr. 20 Buchstabe a Sätze 1 und 2 UStG nicht erfüllt (vgl. BFH-Urteil vom 22. 11. 2018, V R 29/17, BStBl 2021 II S. 495).

Anmerkung

1. Begünstigte Leistungen

Die **Eintrittsberechtigung** für Theater, Konzerte und Museen, sowie die den Theatervorführungen und Konzerten vergleichbaren Darbietungen ausübender Künstler unterliegen dem ermäßigten Steuersatz nach § 12 Abs. 2 Nr. 7 Buchst. a UStG. Die Begünstigungen sind **nicht davon abhängig**, dass ein **bestimmtes Niveau** erreicht wird.

Hinweis: Begünstigung setzt Steuerpflicht voraus

Die Ermäßigung trifft nur die Unternehmer, die nicht schon nach § 4 Nr. 20 Buchst. a UStG steuerfreie Leistungen erbringen, wie z. B. Einrichtungen des Bundes, der Länder, der Gemeinden oder Gemeindeverbände.

Zu den Leistungen von Theatern gehören auch die Vorführungen von pantomimischen Werken einschließlich Werken der Tanzkunst, Kleinkunst- und Varieté-Theatervorführungen sowie Puppenspiele und Eisrevuen. Konzerte sind musikalische und gesangliche Aufführungen durch einzelne oder mehrere Personen. Auch eine Unterhaltungsshow kann unter die Steuerermäßigung fallen (BFH, Urt. v. 9.10.2003 – V R 86/01, BFH/NV 2004, 984).

Nicht begünstigt sind aber gesangliche, kabarettistische oder tänzerische Darbietungen im Rahmen einer sportlichen Veranstaltung oder zur Unterhaltung der Besucher einer Gaststätte. Ebenso unterliegen die Leistungen im Zusammenhang mit einer sog. Dinner-Show dem Regelsteuersatz (BFH, Urt. v. 13.6.2018 – XI R 2/16, BStBl II 2018, 678).

Der **EuGH** (Urt. v. 23.10.2003 – C-109/02, Hoffmann, BStBl II 2004, 337) hatte entschieden, dass für die **Solistenleistungen** an Konzertveranstalter – wie für Ensembles – der ermäßigte Steuersatz gewährt werden muss. Er hebt dabei auf den Grundsatz der Steuerneutralität ab, der einer umsatzsteuerlichen Ungleichbehandlung gleichartiger Waren oder Dienstleistungen, die miteinander im Wettbewerb stehen, entgegensteht. Die Vorgabe des Gerichts wurde zum 1.1.2005 durch die Neufassung des § 12 Abs. 2 Nr. 7 Buchst. a UStG dergestalt umgesetzt, dass für die Leistungen der ausübenden Künstler, die mit denen der Theater, Orchester, Kammermusikensembles und Chöre vergleichbar sind, der ermäßigte Steuersatz anzuwenden ist.

Die Steuerermäßigung für ausübende Künstler nach § 12 Abs. 2 Nr. 7 Buchst. a UStG hängt nicht davon ab, ob von den Zuschauern oder Zuhörern eine „Eintrittsberechtigung“ verlangt wird.

Hinweis: Hochzeits- und Trauerredner als ausübende Künstler?

Nach der Rechtsprechung des BFH (Urt. v. 3.12.2015 – V R 61/14, BStBl II 2020, 797) kann auch ein Hochzeits- und Trauerredner ausübender Künstler sein, wenn seine Leistungen eine schöpferische Gestaltungshöhe erreichen. Die Finanzverwaltung (BMF, Schreiben v. 12.11.2020, BStBl I 2020, 1265) schließt sich der BFH-Meinung an, dass die Tätigkeit eines Hochzeits- und Trauerredners grundsätzlich keine künstlerische Tätigkeit darstellt. Wenn aber die künstlerische Leistung von einer eigenschöpferischen Leistung des Künstlers geprägt wird, in der seine besondere Gestaltungskraft zum Ausdruck kommt, kann die Leistung der eines ausübenden Künstlers gleichgestellt sein und dem ermäßigten Steuersatz unterliegen. Gegen eine künstlerische Tätigkeit spricht bei einer Rednertätigkeit die Beschränkung auf eine schablonenartige Wiederholung anhand eines Redegerüsts.

Das FG Düsseldorf (Urt. v. 27.09.2024 – 1 K 1459/22 U wählt einen anderen Ansatz: Selbst bei **Anerkennung eines Kunstwerts** einer Hochzeits- oder Trauerrede tritt dieser hinter dem **Gebrauchswert** der Rede zurück. Diese Zeremonien erfüllen vielmehr eine **soziale Funktion** und ersetzen die klassischen kirchliche Beerdigungen und Hochzeiten. Letztlich handelt es sich – so das FG Düsseldorf – für die Auftraggeber um eine **wirtschaftliche Dienstleistung** und damit nicht um eine dem Förderungszweck des § 12 Abs. 2 Nr. 7 Buchstabe a UStG unterfallende künstlerische Darbietung.

Nach der Rechtsprechung des BFH (Urt. v. 23.7.2020 – V R 17/17, BStBl II 2021, 406) sind Eintrittserlöse für **Techno- und House-Konzerte** nach § 12 Abs. 2 Nr. 7 Buchst. a UStG steuersatzermäßigt, wenn diese Musikaufführungen den eigentlichen Zweck der Veranstaltung darstellen und die daneben erbrachten Leistungen von so untergeordneter Bedeutung sind, dass sie den Charakter der Musikaufführung nicht beeinträchtigen. Die Darbietung von Techno- und House-Musik durch verschiedene **DJs** kann einer Veranstaltung auch dann das Gepräge eines Konzerts oder einer konzertähnlichen Veranstaltung geben, wenn die Musikaufführungen regelmäßig (wöchentlich) stattfinden.

In eine ähnliche Richtung geht die **„Dia-Show“**-Entscheidung des BFH: Ein diplomierter Opern- und Chansonsänger, war als Sänger und Bildjournalist tätig. Er veranstaltete u.a. sog. „B…-Shows“ (Shows). Bei diesen Shows präsentierte er Fotos, die er zuvor auf Reisen im In- und Ausland aufgenommen hatte. Zugleich kommentierte er die gezeigten Fotos und bot (passend zu den gezeigten Regionen) Gesangsdarbietungen dar. Während einer Veranstaltung wurden ca. 600 Bilder gezeigt. Hierbei handelte es sich nicht nur um Fotos des Stpfl., sondern auch um Bilder eines ehemaligen Bühnenbildners, die speziell für die jeweilige Veranstaltung angefertigt und in die Bildfolge eingereiht wurden.

Der BFH entschied, dass eine Dia-Show, die für sich betrachtet **nicht** der **Steuersatzermäßigung** unterliegt, im Zusammenspiel mit den anderen Elementen einer Show ihren Charakter als bloße Vorführung von Bildern verlieren kann und dabei „untrennbarer Bestandteil einer einheitlichen theater- und konzertähnlichen Leistung werden“ kann, auf die § 12 Abs. 2 Nr. 7 Buchst. a UStG anzuwenden ist (BFH, Urt. v. 28.9.2022 – XI R 5/22) Der BFH gab mithin dem Stpfl. Recht.

2. Zum Museumsbegriff

Leistungen von Museen können unterschiedlichen Steuerbegünstigungen unterliegen, die dann auch einen Einfluss auf den Umfang der Begünstigung haben:

1. Nach **§ 4 Nr. 20 Buchst. a UStG** sind Museen des Bundes, der Länder oder der Gemeinden (Gemeindeverbände) sowie gleichartige Einrichtungen, soweit sie dieselben kulturellen Aufgaben erfüllen, **von der Umsatzsteuer befreit**. In diesem Fall erstreckt sich die Steuerbefreiung auf die gesamten Umsätze mit Kulturbezug, die von dem Museum ausgeführt werden.
2. Kommt es nicht zur Anwendung der Steuerbefreiung, kann die **Steuersatzermäßigung** nach **§ 12 Abs. 2 Nr. 7 Buchst. a UStG** zur Anwendung kommen. In diesem Fall beschränkt sich die Ermäßigung aber nur auf die Eintrittsberechtigungen.

Hinweis: BFH grenzt Museumsbegriff ab

Der BFH (Urt. v. 23.11.2018 – V R 29/17, BStBl II 2021, 495) hatte in einem Fall, in dem es um die Steuersatzermäßigung für Eintrittsberechtigungen für themenbezogene Ausstellungen mit Eisskulpturen ging, die von internationalen Künstlern nur für diese Ausstellung geschaffen wurden und die anschließend witterungsbedingt zerstört wurden, den ermäßigten Steuersatz für die Eintrittsberechtigungen gewährt. In diesem Verfahren hat er auch grundsätzlich zur Abgrenzung des Museumsbegriffs Stellung genommen.

Die **Finanzverwaltung** (BMF-Schreiben v. 28.6.2021, BStBl I 2021, 868) hat die wesentlichen Aussagen des BFH übernommen und in Abschn. 4.20.3 Abs. 2 UStAE klargestellt, dass eine begünstigte Ausstellung auch die Kunstsammlung einer anderen Person sein kann. Die ausgestellte Sammlung kann auch aus **Sammlungen anderer Einrichtungen oder privater Leihgeber** extra für diese Ausstellung zusammengestellt worden sein. Unter Bezugnahme auf das Urteil zu den Eisskulpturen (vergleichbar aber z. B. auch Sandskulpturen) wird festgestellt, dass aus dem Begriff einer „Sammlung" nicht folgt, dass diese dauerhaft bestehen müsse.

Hinweis: Kunstwerke notwendig

Damit eine Begünstigung vorliegen kann, muss es sich aber bei den ausgestellten Objekten um „Kunstwerke" handeln. Hier ist die Abgrenzung allerdings schwierig, da es keine allgemeingültige Definition für „Kunst" gibt.

In dem neu eingefügten Abschn. 12.5 Abs. 6 UStAE zur **Ermäßigung des Steuersatzes** für die Eintrittsberechtigungen wird auf den allgemeinen Museumsbegriff verwiesen; soweit das Museum diese Voraussetzungen nicht erfüllt (z. B. falls für nichtstaatliche Museen keine Bescheinigung der zuständigen Landesbehörde vorliegt), können zumindest die Eintrittsgelder dem ermäßigten Steuersatz unterworfen werden.

Die Frage, ob eine Ermäßigung des Steuersatzes für Kunstausstellungen nichtstaatlicher Museen in Frage kommen kann, ist in der Praxis nicht leicht zu beantworten. Eine fehlerhafte Einschätzung kann in der Praxis auch nicht durch eine Nachberechnung korrigiert werden. Zumindest ist von der Finanzverwaltung umgesetzt worden, dass es sich bei den Sammlungen nicht um eigene Sammlungen handeln muss, sondern es sich auch um die Ausstellung von Gegenständen Dritter handeln kann. Ebenfalls ist nunmehr klargestellt, dass der Ausstellungsgegenstand nicht dauerhaft bestehen muss.

Hinweis: Andere Ausstellungen nicht begünstigt

Voraussetzung für die Ermäßigung des Steuersatzes ist aber, dass es sich um eine wissenschaftliche Sammlung oder eine Kunstsammlung handeln muss und dass die Ausstellung kulturellen oder allgemeinbildenden Zwecken dient. Eintrittsgelder für andere Arten von Ausstellungen können damit nicht begünstigt sein.

3. Online-Veranstaltungsdienstleistungen

3.1 Live-Stream

Ein BMF-Schreiben v. 29.4.2024-III C 3-S 7117-j/21/10002:004, 2024/0136327, BStBl I 2024, 726 setzte sich an sich mit dem Ort der Leistung bei bestimmten Online-Dienstleistungen auseinander. In diesem

Zusammenhang hatte die FinVerw nicht nur zu den Befreiungstatbeständen, sondern auch auch zu den Steuersatzermäßigungen – u.a. zu § 12 Abs. 7 Nr. 7 Buchst. a) UStG – Stellung bezogen.

Dieses BMF-Schreiben wurde zwischenzeitlich aufgehoben und durch ein **BMF-Schreiben vom 08.08.2025**, BStBl I 2025, 1637 ersetzt. Dabei unterscheidet die Verwaltung zwischen dem

- Angebot vorproduzierter Inhalte,
- dem Live-Streaming und
- den Leistungskombinationen.

In Abschn. 12.5. Abs. 6 UStAE heißt es jetzt zum Live-Stream:

> *„(…) Die Steuerermäßigung erstreckt sich auf den **Verkauf einer digitalen Eintrittsberechtigung** für ein **Live-Streaming-Angebot**, welches in Echtzeit parallel zu bzw. anstelle der „Vor-Ort"-Veranstaltung erfolgt, sofern die Leistung nicht nach § 4 Nr. 20 UStG steuerfrei ist (vgl. Abschnitt 4.20.1 Sätze 7 und 8 sowie Abschnitt 4.20.2 Abs. 3)." (…)*

3.2 Aufzeichnungen und vorproduzierte Inhalte

Im Gegensatz zum Live-Streaming **lehnt** die FinVerw bei vorproduzierten Inhalten/Aufzeichnungen die **Anwendung des ermäßigten Steuersatzes** (und auch der Steuerbefreiung nach § 4 Nr. 20 UStG vgl. dazu die Kommentierung zu Abschn. 4.20.3 UStAE) **ab** (vgl. dazu BMF v. 08.08.2025, BStBl I 2025, 1637 – **Rz. 5**).

3.3 Einheitliche Leistung eigener Art

Ob es sich bei der neben der Bereitstellung eines Live-Streams (mit und ohne Interaktionsmöglichkeit) angebotenen weiteren Leistung in Form einer Aufzeichnung, die zu einem späteren, vom Nutzer gewählten Zeitpunkt abgerufen werden kann, um eine **selbständige Leistung** oder – zusammen mit der Bereitstellung des Live-Streams – um eine **einheitliche Leistung** handelt, ist nach Auffassung des BMF nach den **allgemeinen Regelungen zur Einheitlichkeit der Leistung** zu entscheiden.

Es ist dazu das Wesen des fraglichen Umsatzes zu ermitteln. Das BMF verweist dazu auf die Rechtsprechung, wonach in derartigen Fällen die Sicht des Durchschnittsverbrauchers maßgebend ist. Entscheidend soll immer der „wirtschaftliche Gehalt der erbrachten Leistungen" sein (vgl. dazu BMF v. 08.08.2025, BStBl I 2025, 1637 – Rz. 12).

> **Hinweis: Durchschnittsverbraucher**
>
> Wie mit diesem Hinweis in Tz. 12 des BMF-Schreibens vom 08.08.2025 in der Anwendungspraxis umzugehen ist, ist fraglich. Die **„Sicht des Durchschnittsverbrauchers"** entspricht zwar der Rechtsprechung, ist aber hier ohne weitere Ausführungen der Verwaltung wenig hilfreich. Einerseits könnte dadurch zum Ausdruck kommen, dass die Verwaltung bei ihrer im aufgehobenen Schreiben vom 29.04.2024 Tz. 12 a) und b) geäußerten Auffassung bleibt, diese nur nicht mehr deutlich zum Ausdruck bringen möchte. Genauso gut könnte es aber auch sein, dass sie von ihrer Rechtsauffassung abgerückt ist. Möglich wäre z.B. eine einheitliche Leistung in der Weise anzunehmen, dass Präsenzveranstaltung und Live-Streaming als Hauptleistung und die Aufzeichnung (ohne zusätzliches Entgelt) als Nebenleistung angesehen wird, die dann umsatzsteuerlich das Schicksal der Hauptleistung (= USt-Pflicht) teilt.
>
> Rechtssicher ist diese Sichtweise der Finverw für die Anwendungspraxis jedenfalls nicht.

UStAE 12.6. Überlassung von Filmen und Filmvorführungen (§ 12 Abs. 2 Nr. 7 Buchstabe b UStG)

(1) [1]Nach § 12 Abs. 2 Nr. 7 Buchstabe b UStG sind die Überlassung von Filmen zur Auswertung und Vorführung sowie die Filmvorführungen begünstigt, wenn die Filme vor dem 1. 1. 1970 erstaufgeführt wurden. [2]Sind die Filme nach dem 31. 12. 1969 erstaufgeführt worden, kommt die Begünstigung nur in Be-

tracht, wenn die Filme nach § 6 Abs. 3 Nr. 1 bis 5 JÖSchG oder nach § 14 Abs. 2 Nr. 1 bis 5 JuSchG vom 23. 7. 2002 (BGBl. I S. 2730, 2003 I S. 476) in der jeweils geltenden Fassung gekennzeichnet sind. [3]Begünstigt sind danach auch die mit „Nicht freigegeben unter achtzehn Jahren“ gekennzeichneten Filme.

(2) [1]Die Überlassung von Filmen zur Auswertung und Vorführung fällt zugleich unter § 12 Abs. 2 Nr. 7 Buchstabe c UStG (vgl. Abschnitt 12.7). [2]Das Senden von Spielfilmen durch private Fernsehunternehmen oder Hotelbesitzer, z. B. im Rahmen des Pay-TV (Abruf-Fernsehen), ist weder nach Buchstabe b noch nach Buchstabe c des § 12 Abs. 2 Nr. 7 UStG begünstigt (vgl. BFH-Urteil vom 26. 1. 2006, V R 70/03, BStBl II S. 387). [3]Ebenso fällt die Vorführung eines oder mehrerer Filme oder Filmausschnitte in einem zur alleinigen Nutzung durch den Leistungsempfänger überlassenen Raum (z. B. Einzelkabinen in Erotikläden) nicht unter die Steuerermäßigung nach § 12 Abs. 2 Nr. 7 Buchstabe b UStG (vgl. EuGH-Urteil vom 18. 3. 2010, C-3/09, Erotic Center).

(3) [1]Bei begünstigten Filmvorführungen ist der ermäßigte Steuersatz auf die Eintrittsgelder anzuwenden. [2]Die Aufbewahrung der Garderobe und der Verkauf von Programmen sind als Nebenleistungen ebenfalls begünstigt. [3]Andere Umsätze – z. B. die Abgabe von Speisen und Getränken oder Hilfsumsätze – fallen nicht unter diese Steuerermäßigung (vgl. BFH-Urteile vom 7. 3. 1995, XI R 46/93, BStBl II S. 429, und vom 1. 6. 1995, V R 90/93, BStBl II S. 914). [4]Werbeleistungen durch Vorführungen von Werbefilmen sowie Lichtbildervorführungen, auch sog. Dia-Multivisionsvorführungen, sind keine begünstigten Filmvorführungen (vgl. BFH-Urteil vom 10. 12. 1997, XI R 73/96, BStBl 1998 II S. 222).

(4) [1]Mit Filmen bespielte Videokassetten, DVDs und Blu-ray Discs sind als Filme anzusehen. [2]Ihre Überlassung an andere Unternehmer zur Vorführung oder Weitervermietung ist unter den Voraussetzungen des Absatzes 1 eine begünstigte Überlassung von Filmen zur Auswertung. [3]Die Vermietung zur Verwendung im nichtöffentlichen – privaten – Bereich durch den Mieter ist dagegen nicht nach § 12 Abs. 2 Nr. 7 Buchstaben b oder c begünstigt (vgl. BFH-Urteil vom 29. 11. 1984, V R 96/84, BStBl 1985 II S. 271).

Anmerkung

Die **Überlassung von Filmen** zur Auswertung sowie die Filmvorführungen sind nach § 12 Abs. 2 Nr. 7 Buchst. b UStG dann begünstigt:

- wenn der Film vor dem 1.1.1970 erstaufgeführt wurde oder
- wenn der Film ab dem 1.1.1970 erstaufgeführt worden ist und der Film nach § 6 Abs. 3 Nr. 1 bis 5 des Gesetzes zum Schutz der Jugend in der Öffentlichkeit oder nach § 14 Abs. 2 Nr. 1 bis Nr. 5 des Jugendschutzgesetzes gekennzeichnet ist. Begünstigt sind danach auch die mit „Nicht freigegeben unter achtzehn Jahren“ gekennzeichneten Filme.

Begünstigt sind nur öffentliche Filmvorführungen, wobei die Art der Filmvorführung keine Bedeutung hat. Der Empfang von Fernseh- und Rundfunkprogrammen in der eigenen Wohnung ist demgemäß von der Steuerermäßigung ausgenommen. Die **Ausstrahlung eines Fernsehprogramms** im Bezahlfernsehen ist also keine Filmvorführung i. S. d. Regelung (BFH, Urt. v. 26.1.2006 – V R 70/03, BStBl II 2006, 387).

Auch das Abspielen von Filmen durch **Hotelbesitzer** wie auch das Vorführen von Filmen in einem dem Nutzer zur alleinigen Nutzung überlassenen Raum (z. B. Einzelkabinen in Erotikläden) unterliegt nicht dem ermäßigten Steuersatz (EuGH, Urt. v. 18.3.2010 – C-3/09, Erotic Center BVBA, BFH/NV 2010, 1068). Eine öffentliche Filmvorführung in einem Hotelzimmer liegt m.E. nicht vor. In den meisten Fällen dürfte sich der ermäßigte Steuersatz aus § 12 Abs. 2 Nr. 11 UStG ergeben, da es sich um einen **unmittelbar mit der Beherbergung verbunden Umsatz** handelt.

UStAE 12.7. Einräumung, Übertragung und Wahrnehmung urheberrechtlicher Schutzrechte (§ 12 Abs. 2 Nr. 7 Buchstabe c UStG)

Allgemeines

(1) [1]Nach § 12 Abs. 2 Nr. 7 Buchstabe c UStG sind sonstige Leistungen begünstigt, deren wesentlicher Inhalt in der Einräumung, Übertragung und Wahrnehmung von Rechten nach dem UrhG besteht. [2]Ob

dies der Fall ist, bestimmt sich nach dem entsprechend der vertraglichen Vereinbarung erzielten wirtschaftlichen Ergebnis. [3]Hierfür ist neben dem vertraglich vereinbarten Leistungsentgelt maßgebend, für welchen Teil der Leistung die Gegenleistung im Rahmen des Leistungsaustausches erbracht wird (vgl. BFH-Urteil vom 14. 2. 1974, V R 129/70, BStBl II S. 261). [4]Nicht ausschlaggebend ist die Leistungsbezeichnung in der Rechnung, z. B. „Übertragung von Nutzungsrechten“ oder „künstlerische Tätigkeit“. [5]Ist eine nicht begünstigte Lieferung anzunehmen, ändert eine Aufsplittung des Rechnungsbetrags in Honorar und Lieferung daran nichts. [6]Nicht begünstigt sind z. B. Leistungen auf dem Gebiet der Meinungs-, Sozial-, Wirtschafts-, Markt-, Verbraucher- und Werbeforschung, weil der Hauptinhalt dieser Leistungen nicht in einer Rechtsübertragung, sondern in der Ausführung und Auswertung demoskopischer Erhebungen usw. besteht. [7]Das Gleiche gilt für die Überlassung von Programmen für Anlagen der elektronischen Datenverarbeitung (Software) zum Betrieb von EDV-Anlagen. [8]Wenn der wirtschaftliche Gehalt der Überlassung des Computerprogramms überwiegend auf seine Anwendung für die Bedürfnisse des Leistungsempfängers gerichtet ist, ist die hiermit verbundene Übertragung urheberrechtlicher Nutzungsrechte Bestandteil einer einheitlichen wirtschaftlichen Gesamtleistung, die nicht in der Übertragung urheberrechtlicher Schutzrechte, sondern in der Überlassung von Software zur Benutzung besteht. [9]Die Einräumung oder Übertragung von urheberrechtlichen Befugnissen stellt dazu nur eine Nebenleistung dar. [10]Dagegen unterliegt die Überlassung von urheberrechtlich geschützten Computerprogrammen dem ermäßigten Steuersatz, wenn dem Leistungsempfänger die in § 69c Satz 1 Nr. 1 bis 4 UrhG bezeichneten Rechte auf Vervielfältigung und Verbreitung nicht nur als Nebenfolge eingeräumt werden (vgl. BFH-Urteil vom 27. 9. 2001, V R 14/01, BStBl 2002 II S. 114). [11]Dabei ist von den vertraglichen Vereinbarungen und den tatsächlichen Leistungen auszugehen. [12]Ergänzend ist auf objektive Beweisanzeichen (z. B. die Tätigkeit des Leistungsempfängers, die vorhandenen Vertriebsvorbereitungen und Vertriebswege, die wirkliche Durchführung der Vervielfältigung und Verbreitung sowie die Vereinbarungen über die Bemessung und Aufteilung des Entgelts) abzustellen (vgl. BFH-Urteile vom 25. 11. 2004, V R 4/04, BStBl 2005 II S. 415, und vom 25. 11. 2004, V R 25/04, 26/04, BStBl 2005 II S. 419). [13]Bei Standort- und Biotopkartierungen ist Hauptinhalt der Leistung nicht die Übertragung von Urheberrechten, sondern die vertragsgemäße Durchführung der Untersuchungen und die Erstellung der Kartierung. [14]Die entgeltliche Nutzungsüberlassung von digitalen Informationsquellen (z. B. Datenbanken und elektronische Zeitschriften, Bücher und Nachschlagewerke) durch Bibliotheken kann der Einräumung, Übertragung und Wahrnehmung von Patenten, Urheberrechten, Markenrechten und ähnlichen Rechten, wie z. B. Gebrauchs- und Verlagsrechten nicht gleichgestellt werden. [15]Die Steuerermäßigung gilt auch nicht für Leistungen, mit denen zwar derartige Rechtsübertragungen verbunden sind, die jedoch nach ihrem wirtschaftlichen Gehalt als Lieferungen oder elektronische Dienstleistungen anzusehen sind (vgl. BFH-Urteil vom 3. 12. 2015, V R 43/13, BStBl 2016 II S. 858). [16]Zur Frage der Abgrenzung zwischen Lieferung und sonstiger Leistung vgl. Abschnitt 3.5.

(2) [1]Zu den Rechten, deren Einräumung, Übertragung und Wahrnehmung begünstigt sind, gehören nicht nur die Urheberrechte nach dem ersten Teil des UrhG (§§ 1 bis 69g), sondern alle Rechte, die sich aus dem Gesetz ergeben. [2]Urheberrechtlich geschützt sind z. B. auch die Darbietungen ausübender Künstler (vgl. Absätze 19 bis 21). [3]Dem ermäßigten Steuersatz unterliegen außerdem die Umsätze der Verwertungsgesellschaften, die nach dem Urheberrechtswahrnehmungsgesetz Nutzungsrechte, Einwilligungsrechte oder Vergütungsansprüche wahrnehmen.

(3) [1]Urheber ist nach § 7 UrhG der Schöpfer des Werks. [2]Werke im urheberrechtlichen Sinn sind nach § 2 Abs. 2 UrhG nur persönliche geistige Schöpfungen. [3]Zu den urheberrechtlich geschützten Werken der Literatur, Wissenschaft und Kunst gehören nach § 2 Abs. 1 UrhG insbesondere

1. Sprachwerke, wie Schriftwerke, Reden und Computerprogramme (vgl. Absätze 1 und 6 bis 14);
2. Werke der Musik (vgl. Absatz 15);
3. pantomimische Werke einschließlich der Werke der Tanzkunst;
4. Werke der bildenden Künste einschließlich der Werke der Baukunst und der angewandten Kunst und Entwürfe solcher Werke (vgl. Absätze 16 und 17);
5. Lichtbildwerke einschließlich der Werke, die ähnlich wie Lichtbildwerke geschaffen werden (vgl. Absatz 18);
6. Filmwerke einschließlich der Werke, die ähnlich wie Filmwerke geschaffen werden;

7. Darstellungen wissenschaftlicher oder technischer Art, wie Zeichnungen, Pläne, Karten, Skizzen, Tabellen und plastische Darstellungen.

(4) [1]Der Urheber hat das ausschließliche Recht, sein Werk zu verwerten. [2]Dabei wird zwischen der Verwertung in körperlicher Form und der öffentlichen Wiedergabe in unkörperlicher Form unterschieden. [3]Das Recht der Verwertung eines Werks in körperlicher Form umfasst nach § 15 Abs. 1 UrhG insbesondere

1. das Vervielfältigungsrecht (§ 16 UrhG),
2. das Verbreitungsrecht (§ 17 UrhG) und
3. das Ausstellungsrecht (§ 18 UrhG).

[4]Zum Recht der öffentlichen Wiedergabe gehören nach § 15 Abs. 2 UrhG insbesondere

1. das Vortrags-, Aufführungs- und Vorführungsrecht (§ 19 UrhG);
2. das Recht der öffentlichen Zugänglichmachung (§ 19a UrhG);
3. das Senderecht (§ 20 UrhG);
4. das Recht der Wiedergabe durch Bild- und Tonträger (§ 21 UrhG) und
5. das Recht der Wiedergabe von Funksendungen und der Wiedergabe von öffentlicher Zugänglichmachung (§ 22 UrhG).

(5) [1]Der Urheber kann nach § 31 Abs. 1 UrhG einem anderen das Recht einräumen, das Werk auf einzelne oder alle Nutzungsarten zu nutzen. [2]Dieses Nutzungsrecht kann als einfaches oder ausschließliches Recht eingeräumt und außerdem räumlich, zeitlich oder inhaltlich beschränkt werden.

Schriftsteller

(6) [1]Für Schriftsteller kommt die Steuerermäßigung in Betracht, soweit sie einem anderen Nutzungsrechte an urheberrechtlich geschützten Werken einräumen. [2]Zu den geschützten Sprachwerken gehören z. B. Romane, Epen, Sagen, Erzählungen, Märchen, Fabeln, Novellen, Kurzgeschichten, Essays, Satiren, Anekdoten, Biographien, Autobiographien, Reiseberichte, Aphorismen, Traktate, Gedichte, Balladen, Sonette, Oden, Elegien, Epigramme, Liedtexte, Bühnenwerke aller Art, Libretti, Hörspiele, Drehbücher, wissenschaftliche Bücher, Abhandlungen und Vorträge, Forschungsberichte, Denkschriften, Kommentare zu politischen und kulturellen Ereignissen sowie Reden und Predigten (vgl. aber Absatz 13).

(7) [1]Mit der Veräußerung des Originals eines Werks, z. B. des Manuskripts eines Sprachwerks, wird nach § 44 Abs. 1 UrhG im Zweifel dem Erwerber ein Nutzungsrecht nicht eingeräumt. [2]Auf die bloße Lieferung eines Manuskripts ist deshalb grundsätzlich der allgemeine Steuersatz anzuwenden. [3]Eine nach § 12 Abs. 2 Nr. 7 Buchstabe c UStG begünstigte sonstige Leistung ist nur dann anzunehmen, wenn zugleich mit der Veräußerung des Werkoriginals dem Erwerber auf Grund einer besonderen Vereinbarung Nutzungsrechte an dem Werk eingeräumt werden.

(8) [1]Der Schriftsteller, der im Rahmen einer Veranstaltung seine Werkausgaben signiert oder Autogramme gibt und dafür vom Veranstalter – z. B. Verleger oder Buchhändler – ein Entgelt erhält, erbringt eine sonstige Leistung, die dem allgemeinen Steuersatz unterliegt. [2]Das Gleiche gilt grundsätzlich auch dann, wenn der Schriftsteller aus seinen Werken liest oder mit bestimmten Personengruppen – z. B. Lesern, Politikern, Schriftstellern, Buchhändlern – Gespräche oder Aussprachen führt. [3]Wird die Lesung oder das Gespräch von einer Rundfunk- und Fernsehanstalt – z. B. in einem Studio – veranstaltet und gesendet, führt der Schriftsteller eine Leistung aus, deren wesentlicher Inhalt in der Einräumung urheberrechtlicher Nutzungsrechte – u. a. des Senderechts – besteht und auf die deshalb der ermäßigte Steuersatz anzuwenden ist. [4]Dabei ist es unerheblich, ob die Lesung oder das Gespräch zugleich mit der Aufnahme gesendet (Live-Sendung) oder zunächst auf Bild- und Tonträger aufgenommen und später gesendet wird. [5]Das Gleiche gilt, wenn nur Teile oder Ausschnitte gesendet werden oder eine Sendung unterbleibt.

Journalisten, Presseagenturen

(9) [1]Zu den begünstigten Leistungen der Journalisten gehören u. a. Kommentare zu politischen, kulturellen, wissenschaftlichen, wirtschaftlichen, technischen und religiösen Ereignissen und Entwicklungen,

Kunstkritiken einschließlich Buch-, Theater-, Musik-, Schallplatten- und Filmkritiken sowie Reportagen, die über den bloßen Bericht hinaus eine kritische Würdigung vornehmen. [2]Nicht urheberrechtlich geschützt sind z. B. Tatsachennachrichten und Tagesneuigkeiten, es sei denn, sie haben durch eine individuelle Formgebung Werkcharakter erlangt.

(10) [1]Zur Vermeidung von Abgrenzungsschwierigkeiten wird aus Vereinfachungsgründen zugelassen, dass Journalisten grundsätzlich auf ihre Leistungen aus journalistischer Tätigkeit insgesamt den ermäßigten Steuersatz anwenden. [2]Nur die Journalisten, die lediglich Daten sammeln und ohne redaktionelle Bearbeitung weiterleiten – z. B. Kurs- und Preisnotierungen, Börsennotizen, Wettervorhersagen, Rennergebnisse, Fußball- und andere Sportergebnisse, Theater-, Opern- und Kinospielpläne sowie Ausstellungs- und Tagungspläne –, haben ihre Leistungen nach dem allgemeinen Steuersatz zu versteuern.

(11) Bei den Leistungen der Pressedienste und -agenturen, deren wesentlicher Inhalt in der Einräumung oder Übertragung der Verwertungsrechte – z. B. Vervielfältigungsrecht, Verbreitungsrecht, Senderecht – an dem in den sog. Pressediensten enthaltenen Material besteht, ist Folgendes zu beachten:

1. [1]Die Bilderdienste sind nach § 2 Abs. 1 Nr. 5 und § 72 UrhG geschützt. [2]Die Einräumung oder Übertragung von Verwertungsrechten an dem Bildmaterial führt deshalb stets zur Anwendung des ermäßigten Steuersatzes (vgl. Absatz 18).
2. [1]Bei sonstigen Pressediensten kann der Anteil der urheberrechtlich geschützten Beiträge – insbesondere Namensberichte, Aufsätze und redaktionell besonders aufgemachte Nachrichten – unterschiedlich sein. [2]Die Vereinfachungsregelung in Absatz 10 gilt entsprechend.

Übersetzungen und andere Bearbeitungen

(12) [1]Die Übersetzer fremdsprachiger Werke – z. B. Romane, Gedichte, Schauspiele, wissenschaftliche Bücher und Abhandlungen – räumen urheberrechtliche Nutzungsrechte ein, wenn die Werke in der Übersetzung z. B. veröffentlicht oder aufgeführt werden. [2]Unerheblich ist es, ob ein Sprachwerk einzeln – z. B. als Buch – oder in Sammlungen – z. B. Zeitschriften, Zeitungen, Kalendern, Almanachen – veröffentlicht wird. [3]Entsprechendes gilt für andere Bearbeitungen urheberrechtlich geschützter Werke, sofern sie persönliche geistige Schöpfungen des Bearbeiters sind, z. B. für die Dramatisierung eines Romans oder einer Novelle, für die Episierung eines Bühnenstücks, einer Ballade oder eines Gedichts, für die Umgestaltung eines Romans, einer Kurzgeschichte, einer Anekdote oder eines Bühnenstücks zu einer Ballade oder einem Gedicht, für die Umwandlung eines Schauspiels, eines Romans oder einer Novelle in ein Opernlibretto oder ein Musical, für die Fortsetzung eines literarischen Werks, für die Verwendung einer literarischen Vorlage – Roman, Novelle, Schauspiel usw. – für Comicstrips – Comics – sowie für das Schreiben eines Filmdrehbuchs nach einer Vorlage und die Verfilmung. [4]Die Übertragung von Senderechten an Übersetzungen von Nachrichtensendungen in die Deutsche Gebärdensprache unterliegt dem ermäßigten Steuersatz nach § 12 Abs. 2 Nr. 7 Buchstabe c UStG (vgl. BFH-Urteil vom 18. 8. 2005, V R 42/03, BStBl 2006 II S. 44).

Vorträge, Reden, Gutachten, technische Darstellungen

(13) [1]Vorträge und Reden sind zwar urheberrechtlich geschützte Sprachwerke. [2]Wer einen Vortrag oder eine Rede hält, räumt damit jedoch einem anderen keine urheberrechtlichen Nutzungsrechte ein. [3]Das Gleiche gilt für Vorlesungen, das Abhalten von Seminaren, die Erteilung von Unterricht sowie die Beteiligung an Aussprachen. [4]Urheberrechtliche Nutzungsrechte werden auch dann nicht eingeräumt, wenn z. B. der Inhalt oder der Text eines Vortrags oder einer Rede in schriftlicher Wiedergabe dem Veranstalter oder den Teilnehmern übergeben wird. [5]Eine steuerermäßigte Einräumung von urheberrechtlichen Nutzungsrechten liegt aber insoweit vor, als ein Vortrag oder eine Rede – z. B. in einer Fachzeitschrift oder als Sonderdruck – veröffentlicht wird. [6]Außerdem kommt der ermäßigte Steuersatz z. B. dann in Betracht, wenn Vorträge oder Unterrichtsveranstaltungen von Rundfunk- und Fernsehanstalten gesendet werden.

(14) [1]Die Übergabe eines Gutachtens oder einer Studie ist regelmäßig nicht mit der Einräumung urheberrechtlicher Nutzungsrechte verbunden, auch wenn das Werk urheberrechtlichen Schutz genießt. [2]Das gilt auch, wenn sich der Auftraggeber vorsorglich das Recht der alleinigen Verwertung und Nut-

zung einräumen lässt. [3]Werden im Zusammenhang mit der Erstellung eines Gutachtens oder einer Studie auch Urheberrechte zur Vervielfältigung und Verbreitung des Gutachtens oder der Studie übertragen, ist auf diese Gesamtleistung der allgemeine Steuersatz anzuwenden, wenn der Schwerpunkt der Leistung nicht in der Übertragung der Urheberrechte liegt, sondern in der Erstellung des Gutachtens oder der Studie im eigenständigen Interesse des Auftraggebers. [4]Entgeltliche Leistungen auf Grund von Forschungs- und Entwicklungsaufträgen unterliegen, sofern sie nicht im Rahmen eines Zweckbetriebs (§§ 65 und 68 Nr. 9 AO) erbracht werden, stets insgesamt der Umsatzsteuer nach dem allgemeinen Steuersatz. [5]Das gilt auch dann, wenn hinsichtlich der Forschungs- und Entwicklungsergebnisse eine Übertragung urheberrechtlicher Nutzungsrechte vereinbart wird und die Forschungs- und Entwicklungsergebnisse in der Form von Berichten, Dokumentationen usw. tatsächlich veröffentlicht werden. [6]Die Übertragung urheberrechtlicher Nutzungsrechte ist in diesen Fällen lediglich eine Nebenleistung und muss somit bei der umsatzsteuerrechtlichen Beurteilung unbeachtet bleiben. [7]Zu den geschützten Werken im Sinne des § 2 Abs. 1 Nr. 1 UrhG können auch Sprachwerke gehören, in die ausschließlich handwerkliche, technische und wissenschaftliche Kenntnisse und Erfahrungen eingeflossen sind, z. B. technische Darstellungen und Handbücher, Darstellungen und Erläuterungen technischer Funktionen, Bedienungs- und Gebrauchsanleitungen sowie Wartungs-, Pflege- und Reparaturanleitungen. [8]Voraussetzung hierfür ist, dass es sich um persönliche geistige Schöpfungen handelt, die eine individuelle Eigenart aufweisen. [9]Es genügt, dass die individuelle Prägung in der Form und Gestaltung des Werks zum Ausdruck kommt.

Werke der Musik

(15) [1]Die Urheber von Musikwerken erbringen mit der Einräumung urheberrechtlicher Nutzungsrechte an ihren Werken steuerbegünstigte Leistungen. [2]Urheberrechtlichen Schutz genießt auch elektronische Musik. [3]Zu den urheberrechtlich geschützten Musikwerken bzw. Bearbeitungen gehören außerdem z. B. Klavierauszüge aus Orchesterwerken, Potpourris, in denen nicht nur verschiedene Musikstücke oder Melodien aneinandergereiht sind, die Instrumentierungen von Melodien und die Orchesterbearbeitungen von Klavierstücken.

Werke der bildenden Künste und der angewandten Kunst

(16) [1]Mit der vertraglichen Vereinbarung über die Vervielfältigung und Verbreitung von Werken der bildenden Künste – z. B. in Büchern und Zeitschriften, auf Kalendern, Postkarten und Kunstblättern sowie mit Diapositiven – werden urheberrechtliche Nutzungsrechte eingeräumt. [2]Der Graphiker, der einem Galeristen oder Verleger das Recht überträgt, Originalgraphiken zu drucken und zu vertreiben, erbringt eine begünstigte Leistung. [3]Das Gleiche gilt z. B. für die Einräumung des Rechts zur Herstellung und zum Vertrieb künstlerischer Siebdrucke – sog. Serigraphien –, die vom Künstler signiert und nummeriert werden. [4]Urheberrechtlichen Schutz genießen auch die Werke der Karikaturisten, Cartoonisten und Pressezeichner. [5]Das Folgerecht, das bei der Weiterveräußerung eines Originals der bildenden Künste entsteht (§ 26 UrhG), zählt nicht zu den urheberrechtlichen Nutzungs- und Verwertungsrechten. [6]Zur Nichtsteuerbarkeit vgl. Abschnitt 1.1 Abs. 21.

(17) [1]Für die Frage, ob Leistungen der Gebrauchsgraphiker und der Graphik-Designer ermäßigt zu besteuern sind, ist aus Vereinfachungsgründen auf die dem Leistungsaustausch zugrunde liegende zivilrechtliche Vereinbarung abzustellen, sofern dies nicht zu offensichtlich unzutreffenden steuerlichen Ergebnissen führt. [2]Gehen die Vertragspartner ausweislich der zwischen ihnen geschlossenen Vereinbarung einvernehmlich von der Einräumung urheberrechtlicher Nutzungsrechte an einem Muster oder einem Entwurf aus, ist der ermäßigte Steuersatz anzuwenden. [3]Ein Tätowierer erbringt mit dem Aufbringen einer Tätowierung keine begünstigte Leistung (vgl. BFH-Urteil vom 23. 7. 1998, V R 87/97, BStBl II S. 641).

Lichtbildwerke und Lichtbilder

(18) [1]Urheberrechtlich geschützt sind Lichtbildwerke und Werke, die ähnlich wie Lichtbildwerke geschaffen werden. [2]Lichtbilder und Erzeugnisse, die ähnlich wie Lichtbilder hergestellt werden, sind nach § 72 UrhG den Lichtbildwerken urheberrechtlich praktisch gleichgestellt. [3]Dem ermäßigten Steu-

ersatz unterliegen deshalb insbesondere die Leistungen der Bildjournalisten (Bildberichterstatter), Bildagenturen (vgl. Absatz 11 Nr. 1), Kameramänner und Foto-Designer. [4]Übergibt der Fotograf seinem Auftraggeber nur die bestellten Positive oder Bilddateien – z. B. Passbilder, Familien- oder Gruppenaufnahmen –, geht die Rechtsübertragung in der nicht begünstigten Lieferung auf. [5]Das Gleiche gilt für die Herstellung und Überlassung von Luftbildaufnahmen für planerische Zwecke – z. B. Landesplanung, Natur- und Umweltschutz oder Erfassung und Bilanzierung der Flächennutzung –, für Zwecke der Geodäsie – z. B. auch fotografische Messbilder (Fotogramme) nach dem Verfahren der Fotogrammetrie – oder für bestimmte wissenschaftliche Zwecke – z. B. auf dem Gebiet der Archäologie –, selbst wenn damit auch urheberrechtliche Nutzungsrechte übertragen werden.

Darbietungen ausübender Künstler

(19) [1]Außer den Werken der Literatur, Wissenschaft und Kunst sind auch die Darbietungen ausübender Künstler urheberrechtlich geschützt. [2]Diese Schutzrechte sind in §§ 74 ff. UrhG abschließend aufgeführt (verwandtes Schutzrecht). [3]Ausübender Künstler ist nach § 73 UrhG, wer ein Werk vorträgt oder aufführt oder hierbei künstlerisch mitwirkt. [4]Zu den ausübenden Künstlern zählen insbesondere Schauspieler, Sänger, Musiker, Tänzer, Dirigenten, Kapellmeister, Regisseure und Spielleiter sowie Bühnen- und Kostümbildner (vgl. BMF-Schreiben vom 7. 2. 2014, BStBl I S. 273). [5]Ausübende Künstler sind z. B. auch Tonmeister, die bei Aufführungen elektronischer Musik mitwirken. [6]Im Einzelfall kann auch der Beleuchter ein ausübender Künstler sein.

(20) [1]Nach § 79 UrhG kann der ausübende Künstler die ihm durch §§ 77 und 78 UrhG gewährten Rechte und Ansprüche übertragen. [2]Begünstigte Leistungen ausübender Künstler liegen z. B. in folgenden Fällen vor:

1. Musikwerke – z. B. Opern, Operetten, Musicals, Ballette, Chorwerke, Gesänge, Messen, Kantaten, Madrigale, Motetten, Orgelwerke, Sinfonien, Kammermusikwerke, Solokonzerte, Lieder, Chansons, Spirituals und Jazz –, Bühnenwerke – z. B. Schauspiele, Schauspielszenen, Mysterienspiele, Fastnachtsspiele, Kabarettszenen, Varietészenen und die Bühnenfassung einer Erzählung – sowie Hörspiele und Hörspielfassungen von Sprachwerken werden
   a) im Studio oder Sendesaal einer Rundfunk- und Fernsehanstalt aufgeführt, auf Bild- und Tonträger aufgenommen und gesendet oder
   b) im Studio eines Tonträgerherstellers – z. B. eines Schallplattenproduzenten – aufgeführt, auf Tonträger aufgenommen und vervielfältigt.
2. Öffentliche Aufführungen von Musikwerken und Bühnenwerken – z. B. in einem Konzertsaal oder Theater – werden
   a) von einer Rundfunk- und Fernsehanstalt veranstaltet, auf Bild- und Tonträger aufgenommen und – z. B. als Live-Sendung – gesendet oder
   b) von einem Tonträgerhersteller veranstaltet, auf Tonträger aufgenommen – sog. Live-Mitschnitt – und vervielfältigt.
3. Fernsehfilme werden von einer Fernsehanstalt oder in ihrem Auftrag von einem Filmproduzenten hergestellt.
4. Vorführfilme – Spielfilme – werden von einem Filmproduzenten hergestellt.
5. Darbietungen ausübender Künstler – z. B. die Rezitation von Gedichten und Balladen, das Vorlesen einer Novelle, der Vortrag von Liedern, das Spielen eines Musikwerks – werden in einem Studio auf Bild- und Tonträger aufgenommen und von einer Rundfunk- und Fernsehanstalt gesendet oder von einem Tonträgerhersteller vervielfältigt.
6. Darbietungen ausübender Künstler – z. B. Sänger, Musiker, Schauspieler, Tänzer – im Rahmen von Rundfunk- und Fernsehsendungen – z. B. in Shows und sonstigen Unterhaltungssendungen, in Quizveranstaltungen sowie bei Sportsendungen und Diskussionsveranstaltungen – werden auf Bild- und Tonträger aufgenommen und gesendet.

(21) [1]Mit der Darbietung eines ausübenden Künstlers ist nicht in jedem Fall eine Einwilligung zu ihrer Verwertung oder eine Übertragung urheberrechtlicher Nutzungsrechte verbunden. [2]Eine Einräumung, Übertragung oder Wahrnehmung urheberrechtlicher Schutzrechte liegt auch dann nicht vor, wenn die Darbietung zur Dokumentation, für Archivzwecke oder z. B. zum wissenschaftlichen Gebrauch mit-

geschnitten wird. [3]Hat ein an eine Agentur gebundener Künstler dieser sein Recht der Funksendung und der öffentlichen Wiedergabe zur ausschließlichen Verwertung übertragen und stellt die Agentur den Künstler vertragsgemäß einer Rundfunk- oder Fernsehanstalt für die Mitwirkung in einer Rundfunk- oder Fernsehsendung zur Verfügung, ist Hauptinhalt der Leistung der Agentur gegenüber der Rundfunk- und Fernsehanstalt die Einräumung von urheberrechtlichen Nutzungsrechten, auf die der ermäßigte Steuersatz nach § 12 Abs. 2 Nr. 7 Buchstabe c UStG anzuwenden ist. [4]Soweit die Voraussetzungen nach § 12 Abs. 2 Nr. 7 Buchstabe c UStG nicht vorliegen, kann auch eine Steuerermäßigung nach § 12 Abs. 2 Nr. 7 Buchstabe a UStG in Betracht kommen, vgl. Abschnitt 12.5 Abs. 1.

(22) [1]Kann ein urheberrechtlich geschütztes Werk, z.B. ein Sprachwerk, vom Auftraggeber nur durch die Ausnutzung von Rechten an diesem Werk bestimmungsgemäß verwendet werden und werden ihm daher die entsprechenden Nutzungsrechte eingeräumt oder übertragen, bildet die Einräumung oder Übertragung urheberrechtlicher Nutzungsrechte den wesentlichen Inhalt der Leistung. [2]Die Herstellung des Werks geht als Vorstufe für die eigentliche Leistung in dieser auf, und zwar auch dann, wenn das Werkoriginal dem Auftraggeber überlassen wird.

B e i s p i e l 1 :

[1]Bei der Überlassung von urheberrechtlich geschützten Kopiervorlagen für Unterrichtszwecke ist wesentlicher Inhalt der Leistung die Übertragung urheberrechtlicher Nutzungsrechte. [2]Das gilt auch für die Überlassung von Kopiervorlagen an Personen, die diese nicht selbst für Unterrichtszwecke verwenden, z.B. an Buchhändler.

B e i s p i e l 2 :

[1]Bei der Erarbeitung urheberrechtlich geschützter technischer Dienstvorschriften (Benutzungsunterlagen) für den Hersteller eines Produkts stellt die Überlassung des Manuskripts oder druckfertiger Vorlagen zur Verwertung – z.B. zur Vervielfältigung – lediglich eine unselbständige Nebenleistung zur Hauptleistung dar, die in der Übertragung urheberrechtlicher Nutzungsrechte besteht. [2]Wird jedoch vertraglich neben der Erarbeitung einer Dienstvorschrift auch die Lieferung der benötigten Druckexemplare dieses Werks vereinbart, liegt eine einheitliche Hauptleistung (Lieferung) vor, in der die Einarbeitung der Dienstvorschrift als unselbständige Nebenleistung aufgeht. [3]Auf diese Lieferung ist aber nach § 12 Abs. 2 Nr. 1 UStG in Verbindung mit Nr. 49 der Anlage 2 des UStG ebenfalls der ermäßigte Steuersatz anzuwenden.

B e i s p i e l 3 :

[1]Die Erstellung von urheberrechtlich geschütztem technischen Schulungsmaterial – Lehrtafeln, Lehrfilme, bei denen der Auftragnehmer im urheberrechtlichen Sinne Hersteller des Lehrfilms ist, Diapositive – ist nach ihrem wesentlichen Inhalt auch dann eine unter § 12 Abs. 2 Nr. 7 Buchstabe c UStG fallende sonstige Leistung, wenn der erstellte Entwurf, die Druck- oder Kopiervorlagen, das Filmwerk oder die Diapositive dem Auftraggeber übergeben werden.

[2]Wird bei der Erstellung von Lehrtafeln zusätzlich zur Übertragung urheberrechtlicher Nutzungsrechte auch die Herstellung und Lieferung der benötigten Exemplare (Vervielfältigungsstücke) übernommen, liegt eine nicht unter § 12 Abs. 2 Nr. 7 Buchstabe c UStG fallende Werklieferung vor, auf die nach § 12 Abs. 1 UStG der allgemeine Steuersatz anzuwenden ist.

(23) [1]Die Gestattung der Herstellung von Aufnahmen von Sportveranstaltungen ist keine nach § 12 Abs. 2 Nr. 7 Buchstabe c UStG begünstigte Übertragung urheberrechtlicher Nutzungsrechte, da ein urheberrechtlich geschütztes Werk erst mit der Herstellung der Aufnahmen entsteht. [2]Vielmehr willigt der Veranstalter hierdurch in Eingriffe ein, die er auf Grund außerhalb des Urheberrechts bestehender Rechte verbieten könnte (z.B. durch Ausübung des Hausrechts). [3]Wenn der Veranstalter des Sportereignisses die Aufnahmen selbst herstellt und die daran bestehenden Urheberrechte verwertet, sind die Umsätze aus der Verwertung von Rechten an Laufbildern nach § 12 Abs. 2 Nr. 7 Buchstabe c UStG ermäßigt zu besteuern (Absatz 3 Satz 3 Nr. 6).

Anmerkung

Die Einräumung, Übertragung und Wahrnehmung von Rechten, die sich aus dem **Urheberrechtsgesetz** ergeben, fallen unter die Steuerbegünstigung des § 12 Abs. 2 Nr. 7 Buchst. c UStG.

Eine Begünstigung kann danach nur dann in Betracht kommen, wenn es sich um eine Leistung handelt, die unter das Urheberrechtsgesetz fällt. Bei der Anwendung des ermäßigten Steuersatzes bei der Einräumung, Übertragung und Wahrnehmung urheberrechtlicher Schutzrechte ist es nicht Voraussetzung, dass die Leistungsbezeichnung in der Rechnung (z. B. „Übertragung von Nutzungsrechten" oder „künstlerische Tätigkeit") aufgenommen ist.

Zu den Leistungen, die unter das **Urheberrechtsgesetz** fallen, gehören insbesondere:

Leistung	Besonderheiten
Schriftsteller	Nicht entscheidend ist die Übergabe des Manuskripts, es kommt vielmehr auf die Vereinbarung über die Nutzungsrechte an dem Werk an. Lesungen, Autogrammstunden etc. unterliegen dem Regelsteuersatz.
Journalisten und Presseagenturen	Erfasst werden alle Arten journalistischer Betätigung, ausgenommen ist lediglich das Sammeln von Informationen, ohne diese gesammelten Daten redaktionell zu bearbeiten (z. B. Börsennotizen, Wettervorhersagen, Kinospielpläne).
Übersetzungen und andere Bearbeitungen	Unerheblich ist, ob die Übersetzung als Buch veröffentlicht wird oder es sich um eine Übersetzung für ein Filmdrehbuch handelt. Auch die Übersetzung von Nachrichtensendungen in die Gebärdensprache kann dem ermäßigten Steuersatz unterliegen (BFH, Urt. v. 18.8.2005 – V R 42/03, BStBl II 2006, 44).
Vorträge und Reden	Vorträge und Reden (zum Trauer- und Hochzeitsredner vgl. BFH, Urt. v. 3.12.2015 – V R 61/14, BStBl II 2020, 797 sowie Anmerkung zu Abschn. 12.5 UStAE) unterliegen insoweit dem ermäßigten Steuersatz, wie z. B. der Vortrag in einer Fachzeitschrift veröffentlicht wird oder von Rundfunk- oder Fernsehanstalten gesendet wird.
Werke der Musik	Alle Musikwerke, soweit Rechte eingeräumt werden.
Werke der bildenden Künste und der angewandten Kunst	Werke von Gebrauchsgrafikern und Grafik-Designern sind nur insoweit begünstigt, als ausdrücklich das Nutzungsrecht an den Werken übertragen wird. Die Tätowierung ist keine dem ermäßigten Steuersatz zu unterwerfende Leistung.
Lichtbildwerke und Lichtbilder	Ermäßigt besteuert werden die Leistungen der Bildjournalisten, Bildagenturen, Kameramänner/-frauen. Nicht begünstigt ist allerdings die Übergabe von Fotopositiven (z. B. bei Hochzeitsfotos, Passfotos). Bei Fotografen geht bei der Übergabe von bestellten Positiven oder Bilddateien (z. B. bei Passbildern, Familien- oder Gruppenaufnahmen) die Rechtsübertragung in der nicht begünstigten Lieferung auf (vgl. dazu FG Berlin-Brandenburg, Urt. v. 23.02.2017 – 5 K 5052/15 und FG Schleswig-Holstein, Urt. v. 18.07.2017 – 4 K 64/16 (beide rkr.).
Darbietungen ausübender Künstler	Ein ausübender Künstler ist, wer ein Werk vorträgt oder ausführt oder hierbei künstlerisch mitwirkt (z. B. Schauspieler, Sänger, Musiker, Tänzer, Dirigenten, Regisseure). Nicht begünstigt sind aber künstlerische Darbietungen, die weder von Rundfunk- und Fernsehanstalten gesendet noch auf Bild- und Tonträger aufgenommen und vervielfältigt werden.
Computerprogramme	Der ermäßigte Steuersatz ist anzuwenden, wenn der Leistungsempfänger die Rechte auf Vervielfältigung und Verbreitung erhält (BFH, Urt. v. 27.9.2001 – V R 14/01, BStBl II 2002, 114). Dem Regelsteuersatz unterliegen Leistungen, bei denen der Gehalt des Vorgangs nicht auf die Verbreitung des Programms, sondern überwiegend auf seine Anwendung für die Bedürfnisse des Leistungsempfängers gerichtet ist, so z. B. immer bei Standardsoftware.

Grundsätzlich können mit einer Tätigkeit mehrere Leistungen verbunden sein, die dann entsprechend gesondert umsatzsteuerrechtlich zu prüfen sind.

Hinweis: Zahlungen der Verwertungsgesellschaften

Aufgrund der Rechtsprechung des EuGH (Urt. v. 18.1.2017 – C-37/16, SAWP, BFH/NV 2017, 558) ergab sich eine Änderung der umsatzsteuerrechtlichen Behandlung der Zahlung der gesetzlichen Vergütungsansprüche nach § 27 sowie § 54, § 54a und § 54c UrhG durch Verpflichtete an Verwertungsgesellschaften sowie die Ausschüttung der Einnahmen an die Urheber durch Aufhebung des § 3 Abs. 9 Satz 3 UStG zum 1.1.2019. Zu den Zahlungen von Verwertungsgesellschaften an die Verleger vgl. BMF-Schreiben v. 14.10.2021, BStBl I 2021, 2133.

UStAE 12.8. Zirkusunternehmen, Schausteller und zoologische Gärten (§ 12 Abs. 2 Nr. 7 Buchstabe d UStG)

(1) [1]Zirkusvorführungen sind auch die von den Zirkusunternehmen veranstalteten Tierschauen. [2]Begünstigt sind auch die üblichen Nebenleistungen, z. B. der Verkauf von Programmen und die Aufbewahrung der Garderobe. [3]Bei Fernsehaufzeichnungen und -übertragungen ist die Leistung des Zirkusunternehmens sowohl nach Buchstabe c als auch nach Buchstabe d des § 12 Abs. 2 Nr. 7 UStG begünstigt. [4]Nicht begünstigt sind Hilfsgeschäfte, wie z. B. Veräußerungen von Anlagegegenständen. [5]Für den Verkauf der in Nummer 1 der Anlage 2 des UStG bezeichneten Tiere kommt jedoch die Steuerermäßigung nach § 12 Abs. 2 Nr. 1 UStG in Betracht.

(2) [1]Als Leistungen aus der Tätigkeit als Schausteller gelten Schaustellungen, Musikaufführungen, unterhaltende Vorstellungen oder sonstige Lustbarkeiten, die auf Jahrmärkten, Volksfesten, Schützenfesten oder ähnlichen Veranstaltungen erbracht werden (§ 30 UStDV). [2]Begünstigt sind tätigkeits- und nicht personenbezogene Leistungen, die voraussetzen, dass der jeweilige Umsatz auf einer ambulanten, d. h. ortsungebunden ausgeführten schaustellerischen Leistung beruht (vgl. BFH-Urteil vom 25. 11. 1993, V R 59/91, BStBl 1994 II S. 336). [3]Dabei reicht es aus, wenn diese Leistungen vom Unternehmer im eigenen Namen mit Hilfe seiner Arbeitnehmer oder sonstiger Erfüllungsgehilfen (z. B. engagierte Schaustellergruppen) an die Besucher der Veranstaltungen ausgeführt werden (vgl. BFH-Urteil vom 18. 7. 2002, V R 89/01, BStBl 2004 II S. 88). [4]Unter die Steuerermäßigung fällt auch die Gewährung von Eintrittsberechtigungen zu Stadt- oder Dorffesten, die nur einmal jährlich durchgeführt werden und bei denen die schaustellerischen Leistungen ausschließlich mit Hilfe von sonstigen Erfüllungsgehilfen erbracht werden (vgl. BFH-Urteil vom 5. 11. 2014, XI R 42/12, BStBl 2017 II S. 849). [5]Ähnliche Veranstaltungen können auch durch den Schausteller selbst organisierte und unter seiner Regie stattfindende Eigenveranstaltungen sein (vgl. BFH-Urteil vom 25. 11. 1993, V R 59/91, a. a. O.). [6]Ortsgebundene Schaustellungsunternehmen – z. B. Märchenwaldunternehmen, Vergnügungsparks – sind mit ihren Leistungen nicht begünstigt (vgl. BFH-Urteile vom 22. 10. 1970, V R 67/70, BStBl 1971 II S. 37, vom 22. 6. 1972, V R 36/71, BStBl II S. 684, vom 25. 11. 1993, V R 59/91, a. a. O., und vom 2. 8. 2018, V R 6/16, BStBl 2019 II S. 293, und EuGH-Urteil vom 9. 9. 2021, C-406/20, Phantasialand). [7]Zu den begünstigten Leistungen (§ 30 UStDV) gehören auch die Leistungen der Schau- und Belustigungsgeschäfte, der Fahrgeschäfte aller Art – Karussells, Schiffschaukeln, Achterbahnen usw. –, der Schießstände sowie die Ausspielungen. [8]Nicht begünstigt sind Warenlieferungen, sofern sie nicht unter § 12 Abs. 2 Nr. 1 UStG fallen, und Hilfsgeschäfte.

(3) [1]Die Steuerermäßigung kommt für die Leistungen der zoologischen Gärten in Betracht, die nicht unter § 4 Nr. 20 Buchstabe a UStG (vgl. Abschnitt 4.20.4) fallen. [2]Zoologische Gärten sind z. B. auch Aquarien und Terrarien, nicht dagegen Delphinarien (vgl. BFH-Urteil vom 20. 4. 1988, X R 20/82, BStBl II S. 796). [3]Für Tierparks gilt die Steuerermäßigung nicht; ihre Umsätze können aber nach § 4 Nr. 20 Buchstabe a UStG steuerfrei sein. [4]Tierpark in diesem Sinn ist eine Anlage, in der weniger Tierarten als in zoologischen Gärten, diese aber in Herden oder Zuchtgruppen auf großen Flächen gehalten werden.

(4) [1]Zu den Umsätzen, die unmittelbar mit dem Betrieb der zoologischen Gärten verbunden sind, gehören nur Leistungen, auf die der Betrieb eines zoologischen Gartens im eigentlichen Sinn gerichtet ist, in denen sich also dieser Betrieb verwirklicht (BFH-Urteil vom 4. 12. 1980, V R 60/79, BStBl 1981 II S. 231). [2]Hierunter fallen insbesondere die Umsätze, bei denen die Entgelte in Eintrittsgeldern bestehen, einschließlich etwaiger Nebenleistungen (z. B. Abgabe von Wegweisern und Lageplänen). [3]Nicht zu den begünstigten Umsätzen gehören z. B. Hilfsumsätze und die entgeltliche Überlassung von Parkplätzen an Zoobesucher.

Anmerkung

Zirkusvorführungen, Leistungen aus der Tätigkeit als Schausteller sowie die unmittelbar mit dem Betrieb der zoologischen Gärten verbundenen Umsätze unterliegen nach § 12 Abs. 2 Nr. 7 Buchst. d UStG dem ermäßigten Steuersatz.

Hinweis: Eintrittsgelder können ermäßigt besteuert werden

Eintrittsgelder, die eine Gemeinde von Besuchern eines von ihr veranstalteten Dorffestes für von ihr organisierte „Schaustellungen, Musikaufführungen, unterhaltende Vorstellungen oder sonstige

Lustbarkeiten“ verlangt, unterliegen dem ermäßigten Umsatzsteuersatz nach § 12 Abs. 2 Nr. 7 Buchst. d UStG (BFH, Urt. v. 5.11.2014 – XI R 42/12, BStBl II 2017, 849).

Unter die Steuerermäßigung fallen auch die **üblichen Nebenleistungen** (z. B. Verkauf von Programmen, Garderobe). Verkäufe von Anlagegegenständen fallen aber nicht unter diese Regelung.

Schausteller sind Unternehmer, die ein Reisegewerbe betreiben, also von Ort zu Ort ziehen, und ihre der Unterhaltung dienenden Leistungen auf Jahrmärkten, Volksfesten oder ähnlichen Festen erbringen (BFH, Urt. v. 12.1.2006 – V R 67/03, BFH/NV 2006, 1360). Darunter fallen nach § 30 UStDV auch die Leistungen der Schau- und Belustigungsgeschäfte, der Fahrgeschäfte und der Ausspielungen. Voraussetzung ist, dass die Leistungen an ständig wechselnden Orten erbracht werden.

Hinweis: Leistung kann durch Erfüllungsgehilfen ausgeführt werden

Nach der Rechtsprechung des BFH (BFH, Urt. v. 18.7.2002 – V R 89/01, BStBl II 2004, 88) ist es für die Steuerermäßigung nicht Voraussetzung, dass der Unternehmer selbst von Ort zu Ort zieht. Es ist ausreichend, wenn die Leistung von seinen Arbeitnehmern oder Erfüllungsgehilfen in seinem Namen erbracht wird.

Umsätze aus der Veräußerung von Eintrittskarten für ortsgebundene Veranstaltungen unterliegen ebenfalls nicht dem ermäßigten Steuersatz nach § 12 Abs. 2 Nr. 7 Buchst. d UStG (BFH, Urt. v. 10.6.2020 – V R 16/17, BStBl II 2021, 887). Im Hinblick auf die amtliche Veröffentlichung im BStBl II wird die Entscheidung mithin von der Verwaltung akzeptiert.

Nach der Rechtsprechung des BFH (Urt. v. 2.8.2018 – V R 6/16, BStBl II 2019, 160) gilt die Steuersatzermäßigung nach § 12 Abs. 2 Nr. 7 Buchst. d UStG nicht für ortsgebundene Schaustellungsunternehmen. Das FG Köln (Beschl. v. 25.8.2020 – 8 K 1092/17) vermutete darin eine Ungleichbehandlung, da sich nach dem Unionsrecht die Ermäßigung des Steuersatzes für Jahrmärkte und Vergnügungsparks ergeben kann und hatte deshalb den **EuGH angerufen**. **Vergnügungsparks** sind nach Auffassung des FG tendenziell ortsgebundene Anlagen, sodass sie nach dem nationalen Steuerrecht nicht ermäßigt besteuerte Umsätze ausführen könnten. Dagegen können ortsungebundene Schaustellungsunternehmen den ermäßigten Steuersatz in Anspruch nehmen. Das Gericht fragte in diesem Zusammenhang, ob die Rechtsprechung des EuGH, nach der der Kontext von verschiedenen Leistungen dazu führen kann, dass sie ungleichartig sind, auf die Leistungserbringung von ortsungebundenen Schaustellern und ortsgebundenen Schaustellerunternehmen in Gestalt von Freizeitparks anwendbar ist. Der EuGH (Urt. v. 9.9.2021 – C-406/20, Phantasialand, BFH/NV 2021, 1455) hat dazu entschieden, dass die Leistungen **ortsgebundener und ortsungebundener Schausteller unterschiedlich besteuert werden können**; die endgültige Beurteilung, ob gleichartige Leistungen vorliegen, obliegt aber dem nationalen Gericht (nach EuGH tendenziell wohl eher nicht). Der **BFH** (Urt. v. 17.3.2022 – XI R 23/21, BStBl II 2022, 818) hat in einem vergleichbaren Verfahren nach dem Urteil des EuGH festgestellt, dass die Leistungen eines ortsgebundenen Freizeitparks nicht mit einem Jahrmarkt vergleichbar sind und deshalb die Anwendung unterschiedlicher Steuersätze zulässig ist.

Hinweis: Sicht eines Durchschnittsbetrachters

Das FG Köln stellte – über die eigentliche Fachfrage hinaus – die Frage nach der Interpretation der „Sicht eines Durchschnittsverbrauchers“ – eine von der europäischen wie auch der nationalen Rechtsprechung gerne verwendete Formulierung. Das FG wollte wissen, ob die „Sicht des Durchschnittsverbrauchers“, die entsprechend der EuGH-Rechtsprechung ein wesentliches Element des Grundsatzes der Neutralität der Umsatzsteuer darstellt, eine einer Beweiserhebung durch Sachverständigengutachten nicht zugängliche „gedankliche Perspektive“ darstellt. Der EuGH hat dazu festgestellt, dass ein Gericht in aller Regel in der Lage ist, die Sicht des Durchschnittsverbrauchers aufgrund eigener Sachkunde festzustellen. Das Unionsrecht verbietet jedoch nicht, dass ein nationales Gericht, das bei dieser Beurteilung besondere Schwierigkeiten hat, hierzu nach Maßgabe des nationalen Rechts ein Sachverständigengutachten einholt. Die deutsche FinVerw wendet die Entscheidung des EuGH an, denn sie hat das Urteil amtlich im BStBl II 2022, 818 veröffentlicht.

UStAE 12.9. Gemeinnützige, mildtätige und kirchliche Einrichtungen (§ 12 Abs. 2 Nr. 8 Buchstabe a UStG)

Allgemeines

(1) [1]Begünstigt nach § 12 Abs. 2 Nr. 8 Buchstabe a UStG sind die Leistungen der Körperschaften, die gemeinnützige, mildtätige oder kirchliche Zwecke im Sinne der §§ 51 bis 68 AO verfolgen. [2]Die abgabenrechtlichen Vorschriften gelten auch für Betriebe gewerblicher Art von juristischen Personen des öffentlichen Rechts. [3]Es ist nicht erforderlich, dass der gesamte unternehmerische Bereich einer juristischen Person des öffentlichen Rechts gemeinnützigen Zwecken dient. [4]Wenn bereits für andere Steuern (vgl. z.B. § 5 Abs. 1 Nr. 9 KStG) darüber entschieden ist, ob und gegebenenfalls in welchen Bereichen das Unternehmen steuerbegünstigte Zwecke verfolgt, ist von dieser Entscheidung im Allgemeinen auch für Zwecke der Umsatzsteuer auszugehen. [5]Ist diese Frage für andere Steuern nicht entschieden worden, sind die Voraussetzungen für die Steuerermäßigung nach § 12 Abs. 2 Nr. 8 Buchstabe a UStG besonders zu prüfen. [6]Der ermäßigte Steuersatz nach § 12 Abs. 2 Nr. 8 Buchstabe a UStG kommt nicht nur für entgeltliche Leistungen der begünstigten Körperschaften in Betracht, sondern auch für unentgeltliche Wertabgaben an den eigenen nichtunternehmerischen Bereich, wenn diese aus Tätigkeitsbereichen erfolgen, die nicht nach § 12 Abs. 2 Nr. 8 Buchstabe a Sätze 2 und 3 UStG einer Besteuerung mit dem allgemeinen Steuersatz unterliegen (vgl. Abschnitt 3.2 Abs. 2 Satz 3).

(2) [1]Die auf Grund des Reichssiedlungsgesetzes von den zuständigen Landesbehörden begründeten oder anerkannten gemeinnützigen Siedlungsunternehmen sind nur begünstigt, wenn sie alle Voraussetzungen der Gemeinnützigkeit im Sinne der AO erfüllen. [2]Dem allgemeinen Steuersatz unterliegen die Leistungen insbesondere dann, wenn in der Satzung oder dem Gesellschaftsvertrag die Ausschüttung von Dividenden vorgesehen ist.

Wirtschaftlicher Geschäftsbetrieb, Zweckbetrieb

(3) [1]Die Steuerermäßigung gilt nicht für die Leistungen, die im Rahmen eines wirtschaftlichen Geschäftsbetriebs ausgeführt werden. [2]Der Begriff des wirtschaftlichen Geschäftsbetriebs ist in § 14 AO bestimmt. [3]Nach § 64 AO bleibt die Steuervergünstigung für einen wirtschaftlichen Geschäftsbetrieb jedoch bestehen, soweit es sich um einen Zweckbetrieb im Sinne der §§ 65 bis 68 AO handelt. Für die Annahme eines Zweckbetriebs ist nach § 65 AO vor allem erforderlich, dass der wirtschaftliche Geschäftsbetrieb zu den nicht begünstigten Betrieben derselben oder ähnlichen Art nicht in größerem Umfang in Wettbewerb treten darf, als es bei der Erfüllung der steuerbegünstigten Zwecke unvermeidbar ist. [4]Liegt nach den §§ 66 bis 68 AO ein Zweckbetrieb vor, müssen die allgemeinen Voraussetzungen des § 65 AO für die Annahme eines Zweckbetriebs nicht erfüllt sein (vgl. BFH-Urteile vom 18. 1. 1995, V R 139–142/92, BStBl II S. 446, und vom 25. 7. 1996, V R 7/95, BStBl 1997 II S. 154). [5]Ist nach den Grundsätzen des § 14 AO lediglich Vermögensverwaltung gegeben, wird die Steuerermäßigung ebenfalls nicht ausgeschlossen.

(4) Folgende Regelungen zur Abgrenzung von wirtschaftlichen Geschäftsbetrieben und Zweckbetrieben sind zu beachten:

1. [1]Die Tätigkeit der Landessportbünde im Rahmen der Verleihung des Deutschen Sportabzeichens und des Deutschen Jugendsportabzeichens stellt einen Zweckbetrieb im Sinne des § 65 AO dar. [2]Entsprechendes kann bei gemeinnützigen Sportverbänden für die Genehmigung von Wettkampfveranstaltungen der Sportvereine sowie für die Ausstellung oder Verlängerung von Sportausweisen für Sportler gelten.
2. [1]Die Herstellung und Veräußerung von Erzeugnissen, die in der 2. Stufe der Blutfraktionierung gewonnen werden – Plasmaderivate wie Albumin, Globulin, Gerinnungsfaktoren –, durch die Blutspendedienste des Deutschen Roten Kreuzes sind ein nicht begünstigter wirtschaftlicher Geschäftsbetrieb (§§ 14 und 64 Abs. 6 Nr. 3 AO). [2]Ein nicht begünstigter wirtschaftlicher Geschäftsbetrieb ist ebenfalls die Weiterveräußerung von im Aphereseverfahren gewonnenen Blutbestandteilen der 1. Stufe der Blutfraktionierung zur weiteren Fraktionierung.
3. [1]Krankenfahrten, die von gemeinnützigen und mildtätigen Organisationen ausgeführt werden, erfüllen nicht die Voraussetzungen des § 66 Abs. 2 AO und finden deshalb nicht im Rahmen einer Ein-

richtung der Wohlfahrtspflege statt. [2]Die Annahme eines Zweckbetriebs nach § 65 AO scheidet aus Wettbewerbsgründen aus, so dass die Krankenfahrten als wirtschaftlicher Geschäftsbetrieb im Sinne der §§ 64 und 14 AO zu behandeln sind. [3]Krankenfahrten sind Fahrten von Patienten, für die ein Arzt die Beförderung in einem Pkw, Mietwagen oder Taxi verordnet hat. [4]Zur Steuerbefreiung vgl. Abschnitt 4.17.2. [5]Zur Steuerermäßigung nach § 12 Abs. 2 Nr. 10 UStG vgl. Abschnitt 12.13 Abs. 8.

4. [1]Bei den Werkstätten für behinderte Menschen umfasst der Zweckbetrieb (§ 68 Nr. 3 Buchstabe a AO) auch den eigentlichen Werkstattbereich. [2]Im Werkstattbereich werden in der Regel keine nach § 4 Nr. 16 Satz 1 Buchstabe f UStG steuerfreien Umsätze ausgeführt. [3]Die steuerpflichtigen Umsätze unterliegen nach Maßgabe der Absätze 8 bis 15 dem ermäßigten Steuersatz. [4]Die den Werkstätten für behinderte Menschen in Rechnung gestellten Umsatzsteuerbeträge, die auf Leistungen entfallen, die andere Unternehmer für den Werkstattbetrieb ausgeführt haben, können deshalb nach § 15 Abs. 1 UStG in vollem Umfang als Vorsteuern abgezogen werden. [5]Eine Aufteilung der Vorsteuerbeträge in einen abziehbaren und einen nicht abziehbaren Teil entfällt. [6]Das gilt insbesondere auch insoweit, als Investitionen für den Werkstattbereich – z. B. Neubau oder Umbau, Anschaffung von Einrichtungsgegenständen oder Maschinen – vorgenommen werden.
5. [1]Als Zweckbetrieb werden nach § 68 Nr. 6 AO die von den zuständigen Behörden genehmigten Lotterien und Ausspielungen steuerbegünstigter Körperschaften anerkannt, wenn der Reinertrag unmittelbar und ausschließlich zur Förderung gemeinnütziger, mildtätiger oder kirchlicher Zwecke verwendet wird. [2]Eine nachhaltige Tätigkeit im Sinne des § 14 AO und des § 2 Abs. 1 Satz 3 UStG liegt auch dann vor, wenn Lotterien oder Ausspielungen jedes Jahr nur einmal veranstaltet werden. [3]Deshalb ist auch in diesen Fällen grundsätzlich ein Zweckbetrieb gegeben, für dessen Umsätze der ermäßigte Steuersatz in Betracht kommt. [4]Soweit öffentliche Lotterien und Ausspielungen von steuerbegünstigten Körperschaften der Lotteriesteuer unterliegen (vgl. §§ 17 und 18 RennwLottG), sind die daraus erzielten Umsätze nach § 4 Nr. 9 Buchstabe b UStG steuerfrei.
6. [1]Mensa- und Cafeteria-Betriebe, die von gemeinnützigen Studentenwerken unterhalten werden, werden nach Maßgabe des § 66 AO als Zweckbetriebe angesehen. [2]Speisen- und Getränkeumsätze, die in diesen Betrieben an Nichtstudierende ausgeführt werden, unterliegen deshalb nach Abs. 9 Satz 3 Nr. 1 dem ermäßigten Steuersatz. [3]Nichtstudierender ist, wer nach dem jeweiligen Landesstudentenwerks- bzw. Landeshochschulgesetz nicht unter den begünstigten Personenkreis des Studentenwerks fällt, insbesondere Hochschulbedienstete, z. B. Hochschullehrer, wissenschaftliche Räte, Assistenten und Schreibkräfte sowie Studentenwerksbedienstete und Gäste. [4]Dies gilt z. B. auch für die Umsätze von alkoholischen Flüssigkeiten, sofern diese das Warenangebot des Mensa- und Cafeteria-Betriebs ergänzen und lediglich einen geringen Teil des Gesamtumsatzes ausmachen. [5]Als geringer Anteil am Gesamtumsatz wird es angesehen, wenn diese Umsätze im vorangegangenen Kalenderjahr nicht mehr als 5 % des Gesamtumsatzes betragen haben. [6]Verpflegungsdienstleistungen gegenüber Studierenden und Schülern sind unter den Voraussetzungen des § 4 Nr. 23 Satz 1 Buchstabe c UStG steuerfrei.
7. [1]Die kurzfristige Vermietung von Wohnräumen und Schlafräumen an Nichtstudierende durch ein Studentenwerk ist ein selbständiger wirtschaftlicher Geschäftsbetrieb, wenn sie sich aus tatsächlichen Gründen von den satzungsmäßigen Leistungen abgrenzen lässt. [2]Dieser wirtschaftliche Geschäftsbetrieb ist kein Zweckbetrieb. [3]Zur Anwendung der Steuerermäßigung nach § 12 Abs. 2 Nr. 11 UStG vgl. Abschnitt 12.16.
8. Die entgeltliche Überlassung von Kfz durch einen „Carsharing"-Verein an seine Mitglieder ist kein Zweckbetrieb (vgl. BFH-Urteil vom 12. 6. 2008, V R 33/05, BStBl 2009 II S. 221).
9. Die nicht nur gelegentliche Erbringung von Geschäftsführungs- und Verwaltungsleistungen für einem Verein angeschlossene Mitgliedsvereine stellt keinen Zweckbetrieb dar (vgl. BFH-Urteil vom 29. 1. 2009, V R 46/06, BStBl II S. 560).
10. Die Verwaltung von Sporthallen sowie das Einziehen der Hallenmieten einschließlich des Mahn- und Vollstreckungswesens durch einen gemeinnützigen Verein gegen Entgelt im Namen und für Rechnung einer Stadt ist kein begünstigter Zweckbetrieb (vgl. BFH-Urteil vom 5. 8. 2010, V R 54/09, BStBl 2011 II S. 191).

(5) [1]Nach § 68 Nr. 7 AO sind kulturelle Einrichtungen und Veranstaltungen einer steuerbegünstigten Körperschaft unabhängig von einer Umsatz- oder Einkommensgrenze als Zweckbetrieb zu behandeln. [2]Die Umsätze von Speisen und Getränken sowie die Werbung gehören nicht zum Zweckbetrieb.

(6) [1]Nach § 67 a Abs. 1 AO sind sportliche Veranstaltungen eines Sportvereins ein Zweckbetrieb, wenn die Einnahmen einschließlich Umsatzsteuer 45 000 € im Jahr nicht übersteigen. [2]Das gilt unabhängig davon, ob bezahlte Sportler im Sinne des § 67 a Abs. 3 AO teilnehmen oder nicht. [3]Die Umsätze von Speisen und Getränken sowie die Werbung anlässlich einer sportlichen Veranstaltung gehören nicht zum Zweckbetrieb. [4]Ein nach § 67 a Abs. 2 und 3 AO körperschaftsteuerrechtlich wirksamer Verzicht auf die Anwendung des § 67 a Abs. 1 Satz 1 AO gilt auch für Zwecke der Umsatzsteuer. [5]Wegen weiterer Einzelheiten zur Behandlung sportlicher Veranstaltungen vgl. AEAO zu § 67 a.

(7) [1]Eine steuerbegünstigte sportliche oder kulturelle Veranstaltung im Sinne der §§ 67 a, 68 Nr. 7 AO kann auch dann vorliegen, wenn ein Sport- oder Kulturverein in Erfüllung seiner Satzungszwecke im Rahmen einer Veranstaltung einer anderen Person oder Körperschaft eine sportliche oder kulturelle Darbietung erbringt. [2]Die Veranstaltung, bei der die sportliche oder kulturelle Darbietung präsentiert wird, braucht keine steuerbegünstigte Veranstaltung zu sein (vgl. BFH-Urteil vom 4. 5. 1994, XI R 109/90, BStBl II S. 886).

Ermäßigter Steuersatz bei Leistungen der Zweckbetriebe steuerbegünstigter Körperschaften

(8) [1]Die umsatzsteuerliche Begünstigung eines wirtschaftlichen Geschäftsbetriebs nach § 12 Abs. 2 Nr. 8 UStG kann auch dann gewährt werden, wenn sich die Auswirkungen auf den Wettbewerb, die von den Umsätzen eines wirtschaftlichen Geschäftsbetriebs ausgehen, nicht auf das zur Erfüllung des steuerbegünstigten Zwecks unvermeidbare Maß beschränken. [2]Voraussetzung ist jedoch, dass sich ein derartiger Geschäftsbetrieb in seiner Gesamtrichtung als ein Zweckbetrieb darstellt, mit dem erkennbar darauf abgezielt wird, die satzungsmäßigen Zwecke der Körperschaft zu verwirklichen. [3]Die Anwendung der Steuerermäßigungsvorschrift des § 12 Abs. 2 Nr. 8 Buchstabe a UStG kann daher nicht lediglich von einer gesetzlichen Zugehörigkeitsfiktion zum begünstigten Bereich einer Körperschaft abhängig gemacht werden. [4]Vielmehr ist es erforderlich, dass auch die ausgeführten Leistungen von ihrer tatsächlichen Ausgestaltung her und in ihrer Gesamtrichtung dazu bestimmt sind, den in der Satzung bezeichneten steuerbegünstigten Zweck der Körperschaft selbst zu verwirklichen. [5]Insoweit gilt allein der Betrieb eines steuerbegünstigten Zweckbetriebs selbst nicht als steuerbegünstigter Zweck. [6]Die Regelung des § 12 Abs. 2 Nr. 8 Buchstabe a Satz 3 UStG zielt darauf ab, Wettbewerbsverzerrungen durch die Inanspruchnahme des ermäßigten Steuersatzes auf den unionsrechtlich zulässigen Umfang zu beschränken und dadurch missbräuchlichen Gestaltungen zu begegnen. [7]Nur soweit die Körperschaft mit den Leistungen ihrer in §§ 66 bis 68 AO bezeichneten Zweckbetriebe ihre steuerbegünstigten satzungsgemäßen Zwecke selbst verwirklicht, kommt der ermäßigte Steuersatz uneingeschränkt zur Anwendung. [8]Für die übrigen Umsätze gilt dies nur, wenn der Zweckbetrieb nicht in erster Linie der Erzielung zusätzlicher Einnahmen dient, die in unmittelbarem Wettbewerb mit dem allgemeinen Steuersatz unterliegenden Leistungen anderer Unternehmer ausgeführt werden (vgl. BFH-Urteil vom 5. 8. 2010, V R 54/09, BStBl 2011 II S. 191); ist diese Voraussetzung nicht erfüllt, unterliegen die übrigen Leistungen des Zweckbetriebs dem allgemeinen Steuersatz.

Zweckbetriebe, die nicht in erster Linie der Erzielung zusätzlicher Einnahmen dienen

(9) [1]Nach § 65 AO als Zweckbetriebe anerkannte wirtschaftliche Geschäftsbetriebe gewährleisten bereits, dass sie auch hinsichtlich der Umsätze, mit deren Ausführung selbst sie ausnahmsweise nicht auch ihre satzungsmäßigen Zwecke verwirklichen, zu nicht begünstigten Betrieben derselben oder ähnlicher Art nicht in größerem Umfang in Wettbewerb treten, als es zur Erfüllung der steuerbegünstigten Zwecke unvermeidbar ist und sie damit nicht in erster Linie der Erzielung zusätzlicher Einnahmen durch die Ausführung von Umsätzen dienen, die in unmittelbarem Wettbewerb mit dem allgemeinen Steuersatz unterliegenden Leistungen anderer Unternehmer ausgeführt werden. [2]Der ermäßigte Steuersatz ist daher auf Zweckbetriebe nach § 65 AO uneingeschränkt anwendbar. [3]Gleiches gilt für folgende, als Zweckbetriebe anerkannte wirtschaftliche Geschäftsbetriebe:

1. Einrichtungen der Wohlfahrtspflege im Sinne des § 66 AO, denn diese dürfen nach Abs. 2 dieser Vorschrift nicht des Erwerbs wegen ausgeübt werden;
2. in § 68 Nr. 1 Buchstabe a AO aufgeführte Alten-, Altenwohn- und Pflegeheime, Erholungsheime oder Mahlzeitendienste, denn diese müssen mindestens zwei Drittel ihrer Leistungen gegenüber den in § 53 AO genannten Personen erbringen (§ 66 Abs. 3 AO), um Zweckbetrieb sein zu können;
3. Selbstversorgungseinrichtungen nach § 68 Nr. 2 AO, denn diese dürfen höchstens 20 % ihrer Leistungen an Außenstehende erbringen, um als Zweckbetrieb anerkannt zu werden.

Leistungen, mit deren Ausführung selbst lediglich steuerbegünstigte Zwecke verwirklicht werden

(10) [1]Auch die satzungsmäßig erbrachten Leistungen der folgenden als Katalog-Zweckbetriebe anerkannten wirtschaftlichen Geschäftsbetriebe unterliegen, sofern sie nicht bereits unter eine Steuerbefreiungsvorschrift fallen, weiterhin dem ermäßigten Steuersatz, weil mit ihrer Ausführung selbst die steuerbegünstigten Zwecke der Körperschaft unmittelbar verwirklicht werden:

1. [1]Krankenhäuser. [2]Umsätze auf dem Gebiet der Heilbehandlung sind Leistungen, mit deren Ausführung selbst der steuerbegünstigte Zweck eines in § 67 AO bezeichneten Zweckbetriebs verwirklicht wird (vgl. AEAO zu § 67);
2. [1]Sportvereine. [2]Die z. B. als Eintrittsgeld für die von den Vereinen durchgeführten sportlichen Veranstaltungen erhobenen Beträge sind Entgelte für Leistungen, mit deren Ausführung selbst die steuerbegünstigten Zwecke eines in § 67 a AO bezeichneten Zweckbetriebs verwirklicht werden. [3]Dies gilt nicht, wenn die Besteuerungsgrenze des § 67 a Abs. 1 AO überschritten wurde und im Falle des Verzichts auf deren Anwendung hinsichtlich der in § 67 a Abs. 3 Satz 2 AO genannten Veranstaltungen;
3. [1]Kindergärten, Kinder-, Jugend- und Studenten- oder Schullandheime. [2]Mit der Ausführung der Betreuungs- oder Beherbergungsumsätze selbst werden die steuerbegünstigten Zwecke der in § 68 Nr. 1 Buchstabe b AO bezeichneten Zweckbetriebe verwirklicht;
4. [1]Einrichtungen für Beschäftigungs- und Arbeitstherapie. [2]Mit der Ausführung der auf Grund ärztlicher Indikation außerhalb eines Beschäftigungsverhältnisses erbrachten Therapie-, Ausbildungs- oder Förderungsleistungen selbst wird der steuerbegünstigte Zweck eines in § 68 Nr. 3 Buchstabe b AO bezeichneten Zweckbetriebs verwirklicht;
5. [1]Einrichtungen zur Durchführung der Blindenfürsorge, der Fürsorge für Körperbehinderte, der Fürsorgeerziehung und der freiwilligen Erziehungshilfe. [2]Mit der Ausführung der gegenüber diesem Personenkreis erbrachten Leistungen auf dem Gebiet der Fürsorge selbst werden die steuerbegünstigten Zwecke der in § 68 Nr. 4 und 5 AO bezeichneten Zweckbetriebe verwirklicht;
6. [1]Kulturelle Einrichtungen, wie Museen, Theater, Konzerte und Kunstausstellungen. [2]Die z. B. als Eintrittsgeld erhobenen Beträge sind Entgelt für Leistungen, mit deren Ausführung selbst die steuerbegünstigten Zwecke eines in § 68 Nr. 7 AO bezeichneten Zweckbetriebs verwirklicht werden;
7. [1]Volkshochschulen u. ä. Einrichtungen. [2]Mit der Durchführung von Lehrveranstaltungen selbst werden die steuerbegünstigten Zwecke der in § 68 Nr. 8 AO bezeichneten Zweckbetriebe verwirklicht; soweit dabei den Teilnehmern Beherbergungs- oder Beköstigungsleistungen erbracht werden vgl. BFH-Urteil vom 8. 3. 2012, V R 14/11, BStBl II S. 630 sowie die Ausführungen in Absatz 11;
8. [1]Wissenschafts- und Forschungseinrichtungen, deren Träger sich überwiegend aus Zuwendungen der öffentlichen Hand oder Dritter oder aus der Vermögensverwaltung finanzieren. [2]Mit der Ausführung von Forschungsumsätzen selbst werden die steuerbegünstigten Zwecke der in § 68 Nr. 9 AO bezeichneten Forschungseinrichtungen verwirklicht. [3]Dies gilt auch für die Auftragsforschung. [4]Die Steuerermäßigung kann nicht in Anspruch genommen werden für Tätigkeiten, die sich auf die Anwendung gesicherter wissenschaftlicher Erkenntnisse beschränken, für die Übernahme von Projekttätigkeiten sowie für wirtschaftliche Tätigkeiten ohne Forschungsbezug.

[2]Sofern besondere Ausgestaltungsformen gemeinnütziger Zwecke nach den allgemeinen abgabenrechtlichen Regelungen ebenfalls bestimmten Katalogzweckbetrieben zugeordnet werden, besteht kein Anlass, hiervon umsatzsteuerrechtlich abzuweichen. [3]So werden beispielsweise mit Leistungen wie „Betreutes Wohnen“, „Hausnotrufleistungen“, „Betreute Krankentransporte“ selbst die in § 66 AO bezeichneten steuerbegünstigten Zwecke verwirklicht. [4]Werden derartige Leistungen von wirtschaftlichen Ge-

schäftsbetrieben, die nach §§ 66 oder 68 Nr. 1 AO als Zweckbetrieb anerkannt sind, satzungsmäßig ausgeführt, fallen auch sie in den Anwendungsbereich des ermäßigten Steuersatzes. [5]Hinsichtlich der übrigen Umsätze der genannten Zweckbetriebe gelten die Ausführungen in Absatz 11.

Leistungen, mit deren Ausführung selbst nicht steuerbegünstigte Zwecke verwirklicht werden

(11) [1]Vorbehaltlich der Regelungen der Absätze 12 bis 14 unterliegen von Zweckbetrieben ausgeführte Leistungen, mit deren Ausführung selbst nicht steuerbegünstigte Zwecke verwirklicht werden, nur dann dem ermäßigten Steuersatz, wenn der Zweckbetrieb insgesamt nicht in erster Linie der Erzielung von zusätzlichen Einnahmen durch die Ausführung von Umsätzen dient, die in unmittelbarem Wettbewerb mit dem allgemeinen Steuersatz unterliegenden Leistungen anderer Unternehmer ausgeführt werden. [2]Einnahmen aus derartigen Umsätzen werden zusätzlich erzielt, wenn die Umsätze nicht lediglich Hilfsumsätze (Abschnitt 19.**2** Abs. **3** Sätze 4 und 5) sind (zusätzliche Einnahmen). [3]Ein Zweckbetrieb dient in erster Linie der Erzielung zusätzlicher Einnahmen, wenn mehr als 50 % seiner gesamten steuerpflichtigen Umsätze durch derartige (zusätzliche und wettbewerbsrelevante) Leistungen erzielt werden. [4]Leistungen sind dann nicht wettbewerbsrelevant, wenn sie auch bei allen anderen Unternehmern dem ermäßigten Steuersatz unterliegen (z. B. die Lieferungen von Speisen oder seit dem 1. 1. 2010 Beherbergungsleistungen). [5]Umsatzsteuerfreie Umsätze sowie umsatzsteuerrechtlich als nicht steuerbare Zuschüsse zu beurteilende Zuwendungen sind – unabhängig von einer ertragsteuerrechtlichen Beurteilung als Betriebseinnahmen – keine zusätzlichen Einnahmen im Sinne des Satzes 3. [6]Aus Vereinfachungsgründen kann davon ausgegangen werden, dass ein Zweckbetrieb nicht in erster Linie der Erzielung zusätzlicher Einnahmen dient, wenn der Gesamtumsatz im Sinne des § 19 Abs. **2** UStG des Zweckbetriebs die Besteuerungsgrenze des § 64 Abs. 3 AO insgesamt nicht übersteigt. [7]Da sich bei Leistungen gegenüber in vollem Umfang zum Vorsteuerabzug berechtigten Unternehmen kein Wettbewerbsvorteil ergibt, ist es nicht zu beanstanden, wenn diese Umsätze bei der betragsmäßigen Prüfung unberücksichtigt bleiben.

Einzelfälle

(12) [1]Bei Werkstätten für behinderte Menschen (§ 68 Nr. 3 Buchstabe a AO) gehören sowohl der Verkauf von Waren, die in einer Werkstätte für behinderte Menschen selbst hergestellt worden sind, als auch die Umsätze von Handelsbetrieben, die nach § 225 SGB IX als zusätzlicher Arbeitsbereich, zusätzlicher Betriebsteil oder zusätzliche Betriebsstätte einer Werkstatt für behinderte Menschen anerkannt sind, sowie sonstige Leistungen, sofern sie in die Anerkennung nach § 225 SGB IX einbezogen sind, zum Zweckbetrieb. [2]Für die Frage, ob der Zweckbetrieb in erster Linie der Erzielung von zusätzlichen Einnahmen dient, gelten die folgenden Ausführungen für Zweckbetriebe nach § 68 Nr. 3 Buchstabe c AO entsprechend.

(13) [1]Inklusionsbetriebe im Sinne von § 215 Abs. 1 SGB IX unterliegen weder nach § 215 SGB IX noch nach § 68 Nr. 3 Buchstabe c AO bestimmten Voraussetzungen in Bezug auf die Ausführung ihrer Leistungen; sie können dementsprechend mit der Ausführung ihrer Leistungen selbst keinen steuerbegünstigten Zweck erfüllen. [2]Daher ist bei Überschreiten der Besteuerungsgrenze (§ 64 Abs. 3 AO) grundsätzlich zu prüfen, ob die Einrichtung in erster Linie der Erzielung von zusätzlichen Einnahmen dient. [3]Dies ist regelmäßig der Fall,

- wenn die besonders betroffenen schwerbehinderten Menschen im Sinne des § 215 Abs. 1 SGB IX oder die psychisch kranken beschäftigten Menschen im Sinne des § 215 Abs. 4 SGB IX nicht als Arbeitnehmer der Einrichtung beschäftigt sind, sondern lediglich z. B. von Zeitarbeitsfirmen entliehen werden; dies gilt nicht, soweit die entliehenen Arbeitnehmer über die nach § 68 Nr. 3 Buchstabe c AO erforderliche Quote hinaus beschäftigt werden, oder
- wenn die Einrichtung von anderen Unternehmern in die Erbringung von Leistungen lediglich zwischengeschaltet wird oder sich zur Erbringung eines wesentlichen Teils der Leistung anderer Subunternehmer bedient, die nicht selbst steuerbegünstigt sind.

[4]Anhaltspunkte dafür, dass ein Zweckbetrieb nach § 68 Nr. 3 Buchstabe c AO in erster Linie der Erzielung zusätzlicher Einnahmen durch Steuervorteile dient, sind insbesondere:

- Fehlen einer nach Art und Umfang der erbrachten Leistungen erforderlichen Geschäftseinrichtung;
- Nutzung des ermäßigten Steuersatzes als Werbemittel, insbesondere zur Anbahnung von Geschäftsverbindungen zu nicht vorsteuerabzugsberechtigten Leistungsempfängern;
- Erbringung von Leistungen fast ausschließlich gegenüber nicht vorsteuerabzugsberechtigten Leistungsempfängern;
- das Fehlen von medizinisch, psychologisch, pädagogisch oder anderweitig spezifiziert geschultem Personal, welches im Hinblick auf die besonderen Belange der besonders betroffenen schwerbehinderten Menschen geeignet ist, deren Heranführung an das Erwerbsleben zu fördern, bzw. die Unterlassung gleichwertiger Ersatzmaßnahmen;
- die Beschäftigung der besonders betroffenen schwerbehinderten Menschen nicht im eigentlichen Erwerbsbereich der Einrichtung, sondern überwiegend in Hilfsfunktionen.

[5]Aus Vereinfachungsgründen können diese Anhaltspunkte unberücksichtigt bleiben, wenn der Gesamtumsatz der Einrichtung (§ 19 Abs. **2** UStG) den für Kleinunternehmer geltenden Betrag von **25000** € im Jahr (Kleinunternehmergrenze, § 19 Abs. 1 UStG) je Beschäftigtem, der zu der Gruppe der besonders betroffenen schwerbehinderten Menschen im Sinne des § 215 Abs. 1 SGB IX oder der psychisch kranken beschäftigten Menschen im Sinne des § 215 Abs. 4 SGB IX zählt, nicht übersteigt, oder wenn der durch die Anwendung des ermäßigten Steuersatzes im Kalenderjahr erzielte Steuervorteil insgesamt den um Zuwendungen Dritter gekürzten Betrag nicht übersteigt, welchen die Einrichtung im Rahmen der Beschäftigung aller besonders betroffenen schwerbehinderten Menschen im Sinne des § 215 Abs. 1 SGB IX oder der psychisch kranken beschäftigten Menschen im Sinne des § 215 Abs. 4 SGB IX in diesem Zeitraum zusätzlich aufwendet. [6]Vorbehaltlich des Nachweises höherer tatsächlicher Aufwendungen kann als zusätzlich aufgewendeter Betrag die um Lohnzuschüsse Dritter gekürzte Summe der Löhne und Gehälter, die an die besonders betroffenen schwerbehinderten Menschen im Sinne des § 215 Abs. 1 SGB IX und an die psychisch kranken beschäftigten Menschen im Sinne des § 215 Abs. 4 SGB IX ausgezahlt wird, zu Grunde gelegt werden. [7]Als erzielter Steuervorteil gilt die Differenz zwischen der Anwendung des allgemeinen Steuersatzes und der Anwendung des ermäßigten Steuersatzes auf den ohne Anwendung der Steuerermäßigung nach § 12 Abs. 2 Nr. 8 UStG dem allgemeinen Steuersatz unterliegenden Teil des Gesamtumsatzes der Einrichtung.

(14) [1]Behördlich genehmigte Lotterien und Ausspielungen können mit dem Verkauf ihrer Lose selbst regelmäßig nicht den gemeinnützigen Zweck eines Zweckbetriebs nach § 68 Nr. 6 AO verwirklichen, da sie lediglich den Reinertrag dafür zu verwenden haben. [2]Aus Vereinfachungsgründen kann jedoch auch bei Überschreiten der Besteuerungsgrenze des § 64 Abs. 3 AO davon ausgegangen werden, dass der Zweckbetrieb nicht in erster Linie der Erzielung zusätzlicher Einnahmen dient, wenn der Gesamtpreis der Lose je genehmigter Lotterie oder Ausspielung zu ausschließlich gemeinnützigen, mildtätigen oder kirchlichen Zwecken 40 000 € (§ 28 RennwLottG) nicht überschreitet. [3]Die nicht nach § 4 Nr. 9 Buchstabe b UStG steuerfreien Leistungen nicht gemeinnütziger Lotterieveranstalter unterliegen auch dann dem allgemeinen Steuersatz, wenn die Reinerlöse für steuerbegünstigte Zwecke verwendet werden.

(15) [1]Für die Anwendung der Absätze 8 ff. ist das Gesamtbild der Verhältnisse im Einzelfall maßgebend. [2]Bei der Prüfung der betragsmäßigen Nichtaufgriffsgrenzen sowie bei der Gegenüberstellung der zusätzlichen Einnahmen zu den übrigen Einnahmen ist dabei auf die Verhältnisse des abgelaufenen Kalenderjahres sowie auf die voraussichtlichen Verhältnisse des laufenden Kalenderjahres abzustellen.

Anmerkung

1. Entgeltliche Überlassung von Bootsliegeplätzen

Die Überlassung von Bootsliegeplätzen unterliegt nicht dem ermäßigten Umsatzsteuersatz gem. § 12 Abs. 2 Nr. 8 Buchst. a) UStG

Sachverhalt

Ein gemeinnütziger Verein zur Förderung des Segel- und Motorwassersports unterhielt Liegeplätze, die Gästen gegen Entgelt zur Verfügung standen. Der Verein unterwarf die Einnahmen dem ermäßigten Steuersatz. Das FA wandte dagegen den Regelsteuersatz an. Das FG wies die Klage mit dem Hinweis ab, die Überlassung von Bootsliegeplätzen könne nicht als Vermietung von Campingflächen i. S. v. § 12 Abs. 2 Nr. 11 UStG angesehen werden (Niedersächsisches FG, Urt. v. 15.6.2017 – 5 K 210/15).

Mit der Revision machte der Verein geltend, die Besteuerung mit dem Regelsatz sei gleichheitswidrig, da die Überlassung von Flächen für Wohnmobile und Wohnwagen – ein vergleichbarer wirtschaftlicher Vorgang – ermäßigt besteuert werde (§ 12 Abs. 2 Nr. 11 Satz 2 UStG). Der BFH setzte das Verfahren zunächst aus und rief den EuGH an (BFH, Beschl. v. 2.8.2018 – V R 33/17).

1.1 Keine Begünstigung als gemeinnützige Einrichtung

Die Voraussetzungen der Steuersatzermäßigung nach § 12 Abs. 2 Nr. 8 Buchst. a UStG liegen nicht vor. Es fehlt jedenfalls an den Voraussetzungen des § 12 Abs. 2 Nr. 8 Buchst. a Satz 3 UStG (Alt. 1). Danach gilt die Steuerermäßigung nicht, wenn der Zweckbetrieb in unmittelbarem Wettbewerb mit dem allgemeinen Steuersatz unterliegenden Leistungen anderer Unternehmer steht. Das ist bei den von dem Verein ausgeführten Beherbergungsumsätzen der Fall.

1.2 Enge Auslegung der Ausnahmeregelung

In dem Urteil C-715/18 weist der EuGH erneut darauf hin, dass Bestimmungen, mit denen von einem Grundsatz abgewichen wird, **eng auszulegen** sind. Zum anderen müssen die im Anh. III MwStSystRL verwendeten Begriffe entsprechend ihrer gewöhnlichen Bedeutung ausgelegt werden. In der Nachfolgeentscheidung (BFH, Urt. v. 24.6.2020 – V R 47/19 hat der BFH die EuGH-Entscheidung bestätigt. Die FinVerw hat das BFH-Urt. V R 47/19 amtlich im BStBl II 2020, 853 veröffentlicht, wendet es also über den entschiedenen Einzelfall hinaus an.

1.3 Weiterführender Hinweis

Wegen der Einzelheiten und auch im Hinblick auf die Frage der Steuersatzermäßigung gem. § 12 Abs. 2 Nr. 11 UStG (kurzfristige Vermietung von Campingflächen) wird auf die Anmerkung zu 12.16 UStAE Bezug genommen.

2. Umsätze aus dem Betrieb einer Mitarbeiterkantine

Nach einer rechtskräftigen Entscheidung des FG Münster sind die Umsätze aus dem Betrieb einer **Mitarbeiterkantine eines Krankenhauses** weder nach § 4 Nr. 14 Buchst. b UStG von der Umsatzsteuer befreit (keine Krankenhausbehandlungen oder ärztliche Heilbehandlungen), noch ist die Steuersatzermäßigung nach § 12 Abs. 2 Nr. 8 Buchst. a UStG zu gewähren.

Im Hinblick auf die Anwendung des § 12 Abs. 2 Nr. 8 UStG fehlt es an einem Zweckbetrieb, weil der Betrieb nicht der Patientenversorgung, sondern den Bedürfnissen der Mitarbeiter dient (FG Münster, Urt. v. 23.03.2023 – 5 K 2867/20).

UStAE 12.10. Zusammenschlüsse steuerbegünstigter Einrichtungen (§ 12 Abs. 2 Nr. 8 Buchstabe b UStG)

[1]Die Steuerermäßigung nach § 12 Abs. 2 Nr. 8 Buchstabe b UStG für Leistungen von nichtrechtsfähigen Personenvereinigungen oder Gemeinschaften steuerbegünstigter Körperschaften wird unter folgenden Voraussetzungen gewährt:

1. Alle Mitglieder der nichtrechtsfähigen Personenvereinigung oder Gemeinschaft müssen steuerbegünstigte Körperschaften im Sinne der §§ 51 ff. AO sein.
2. Alle Leistungen müssten, falls sie anteilig von den Mitgliedern der Personenvereinigung oder der Gemeinschaft ausgeführt würden, nach § 12 Abs. 2 Nr. 8 Buchstabe a UStG ermäßigt zu besteuern sein.

[2]Eine Personenvereinigung oder Gemeinschaft kann somit für ihre Leistungen nur dann die Umsatzsteuerermäßigung nach § 12 Abs. 2 Nr. 8 Buchstabe b UStG beanspruchen, wenn sie sich auf steuerbegünstigte Bereiche, z. B. Zweckbetriebe, erstreckt. [3]Daneben kann jedoch mit den wirtschaftlichen Geschäftsbetrieben, die nicht Zweckbetriebe sind, z. B. Vereinsgaststätten, jeweils eine gesonderte Personenvereinigung oder Gemeinschaft gebildet werden, deren Leistungen der Umsatzsteuer nach dem allgemeinen Steuersatz unterliegen. [4]Bestehen begünstigte und nicht begünstigte Personenvereinigungen oder Gemeinschaften nebeneinander, müssen u. a. die für Umsatzsteuerzwecke erforderlichen Aufzeichnungen dieser Zusammenschlüsse voneinander getrennt geführt werden. [5]Die Steuerermäßigung ist ausgeschlossen, wenn eine Personenvereinigung oder Gemeinschaft auch Zweckbetriebe, für deren Leistungen der ermäßigte Steuersatz nach § 12 Abs. 2 Nr. 8 Buchstabe a Satz 3 UStG auch nur teilweise ausgeschlossen ist, oder wirtschaftliche Geschäftsbetriebe umfasst, die keine Zweckbetriebe sind, z. B. Gemeinschaft aus der kulturellen Veranstaltung des einen und dem Bewirtungsbetrieb des anderen gemeinnützigen Vereins. [6]Auch bei gemeinschaftlichen Sportveranstaltungen darf durch die Zurechnung der anteiligen Einnahmen der Personenvereinigung oder der Gemeinschaft bei keinem Vereinigungs- oder Gemeinschaftsmitglied ein wirtschaftlicher Geschäftsbetrieb entstehen, der nicht Zweckbetrieb ist.

UStAE 12.11. Schwimm- und Heilbäder, Bereitstellung von Kureinrichtungen (§ 12 Abs. 2 Nr. 9 UStG)

(1) [1]Unmittelbar mit dem Betrieb der Schwimmbäder verbundene Umsätze liegen insbesondere vor bei

1. der Benutzung der Schwimmbäder, z. B. durch Einzelbesucher, Gruppen oder Vereine (gegen Eintrittsberechtigung oder bei Vermietung des ganzen Schwimmbads an einen Verein);
2. ergänzenden Nebenleistungen, z. B. Benutzung von Einzelkabinen;
3. der Erteilung von Schwimmunterricht;
4. notwendigen Hilfsleistungen, z. B. Vermietung von Schwimmgürteln, Handtüchern und Badekleidung, Aufbewahrung der Garderobe, Benutzung von Haartrocknern.

[2]Ein Schwimmbad im Sinne des § 12 Abs. 2 Nr. 9 UStG muss dazu bestimmt und geeignet sein, eine Gelegenheit zum Schwimmen zu bieten. [3]Dies setzt voraus, dass insbesondere die Wassertiefe und die Größe des Beckens das Schwimmen oder andere sportliche Betätigungen ermöglichen (vgl. BFH-Urteil vom 28. 8. 2014, V R 24/13, BStBl 2015 II S. 194). [4]Die sportliche Betätigung muss nicht auf einem bestimmten Niveau oder in einer bestimmten Art und Weise, etwa regelmäßig oder organisiert oder im Hinblick auf die Teilnahme an sportlichen Wettkämpfen, ausgeübt werden. [5]Die Steuerermäßigung nach § 12 Abs. 2 Nr. 9 UStG scheidet aus, wenn die Überlassung des Schwimmbads mit weiteren, nicht begünstigten Einrichtungen im Rahmen einer eigenständigen Leistung besonderer Art erfolgt (vgl. BMF-Schreiben vom 18. Dezember 2019, BStBl I S. 1396, und BFH-Urteil vom 8. 9. 1994, V R 88/92, BStBl II S. 959).

(2) [1]Nicht unmittelbar mit dem Betrieb eines Schwimmbads verbunden und deshalb nicht begünstigt sind u. a. die Abgabe von Reinigungsbädern, die Lieferungen von Seife und Haarwaschmitteln, die Vermietung von Liegestühlen und Strandkörben, die Zurverfügungstellung von Unterhaltungseinrichtungen – Minigolf, Tischtennis und dgl. – und die Vermietung oder Verpachtung einzelner Betriebsteile, wie z. B. die Vermietung eines Parkplatzes, einer Sauna oder von Reinigungsbädern. [2]Das Gleiche gilt für die Parkplatzüberlassung, die Fahrradaufbewahrung sowie für die Umsätze in Kiosken, Milchbars und sonstigen angegliederten Wirtschaftsbetrieben.

(3) [1]Die Verabreichung eines Heilbads im Sinne des § 12 Abs. 2 Nr. 9 UStG muss der Behandlung einer Krankheit oder einer anderen Gesundheitsstörung und damit dem Schutz der menschlichen Gesundheit dienen (vgl. BFH-Urteil vom 12. 5. 2005, V R 54/02, BStBl 2007 II S. 283). [2]Davon ist auszugehen, wenn das Heilbad im Einzelfall nach § 4 der Richtlinie des Gemeinsamen Bundesausschusses über die Verordnung von Heilmitteln in der vertragsärztlichen Versorgung (Heilmittel-Richtlinie/HeilM-RL in der jeweils geltenden Fassung) in Verbindung mit dem sog. Heilmittelkatalog als Heilmittel selbständig verordnungsfähig ist, unabhängig davon, ob eine Verordnung tatsächlich vorliegt. [3]Die Heilmittel-Richtlinie und der Katalog verordnungsfähiger Heilmittel nach § 92 Abs. 6 SGB V (Zweiter Teil der Heilmittel-Richtlinie) stehen auf den Internetseiten des Gemeinsamen Bundesausschusses unter – Informa-

tionsarchiv – Richtlinien – (https://www.g-ba.de/informationen/richtlinien/12/) zum Herunterladen bereit. [4]Als verordnungsfähig anerkannt sind danach beispielsweise Peloidbäder und -packungen, Inhalationen, Elektrotherapie, Heilmassage, Heilgymnastik und Unterwasserdruckstrahl-Massagen. [5]Für diese Maßnahmen kommt eine Steuerermäßigung nach § 12 Abs. 2 Nr. 9 UStG in Betracht, sofern sie im Einzelfall nicht nach § 4 Nr. 14 UStG steuerfrei sind. [6]Nicht verordnungsfähig und somit keine Heilbäder im Sinne des § 12 Abs. 2 Nr. 9 UStG sind nach § 5 der Heilmittel-Richtlinie u. a. folgende in der Anlage zu der Richtlinie aufgeführte Maßnahmen:

1. Maßnahmen, deren therapeutischer Nutzen nach Maßgabe der Verfahrensordnung des Gemeinsamen Bundesausschusses (VerfO) nicht nachgewiesen ist, z. B. Höhlen-/Speläotherapie, nicht-invasive Magnetfeldtherapie, Fußreflexzonenmassage, Akupunktmassage und Atlas-Therapie nach Arlen;
2. Maßnahmen, die der persönlichen Lebensführung zuzuordnen sind, z. B.:
   a) Massage des ganzen Körpers (Ganz- bzw. Vollmassagen), Massage mittels Geräten sowie Unterwassermassage mittels automatischer Düsen, sofern es sich nicht um eine Heilmassage handelt;
   b) Teil- und Wannenbäder, soweit sie nicht nach den Vorgaben des Heilmittelkataloges verordnungsfähig sind;
   c) Sauna, römisch-irische und russisch-römische Bäder;
   d) Schwimmen und Baden, auch in Thermal- und Warmwasserbädern – hier kommt allerdings eine Ermäßigung nach § 12 Abs. 2 Nr. 9 Satz 1 Alternative 1 UStG in Betracht;
   e) Maßnahmen, die der Veränderung der Körperform (z. B. Bodybuilding) oder dem Fitness-Training dienen.

[7]Keine Heilbäder sind außerdem z. B. sog. Floating-Bäder, Heubäder, Schokobäder, Kleopatrabäder, Aromabäder, Meerwasserbäder, Lichtbehandlungen, Garshan und Reiki.

(4) [1]Die Verabreichung von Heilbädern setzt eine Abgabe des Heilbades unmittelbar an den Kurgast voraus. [2]An dieser Voraussetzung fehlt es, wenn Kurbetriebe Heilwasser nicht an Kurgäste, sondern an Dritte – z. B. an Sozialversicherungsträger – liefern, die das Wasser zur Verabreichung von Heilbädern in ihren eigenen Sanatorien verwenden. [3]Das Gleiche gilt, wenn Heilwässer nicht unmittelbar zur Anwendung durch den Kurgast abgegeben werden. [4]Für die Abgrenzung gegenüber den nicht begünstigten Leistungen der Heilbäder gelten im Übrigen die Absätze 1 und 2 entsprechend.

(5) [1]Bei der Bereitstellung von Kureinrichtungen handelt es sich um eine einheitliche Gesamtleistung, die sich aus verschiedenartigen Einzelleistungen (z. B. die Veranstaltung von Kurkonzerten, das Gewähren von Trinkkuren sowie das Überlassen von Kurbädern, Kurstränden, Kurparks und anderen Kuranlagen oder -einrichtungen zur Benutzung) zusammensetzt. [2]Eine aufgrund der Kommunalabgabengesetze der Länder oder vergleichbarer Regelungen erhobene Kurtaxe kann aus Vereinfachungsgründen als Gegenleistung für eine in jedem Fall nach § 12 Abs. 2 Nr. 9 UStG ermäßigt zu besteuernde Leistung angesehen werden. [3]Eine andere Bezeichnung als „Kurtaxe" (z. B. Kurbeitrag oder -abgabe) ist unschädlich. [4]Voraussetzung für die Anwendung der Steuerermäßigung ist, dass die Gemeinde als Kur-, Erholungs- oder Küstenbadeort anerkannt ist. [5]Nicht begünstigt sind Einzelleistungen, wie z. B. die Gebrauchsüberlassung einzelner Kureinrichtungen oder -anlagen und die Veranstaltung von Konzerten, Theatervorführungen oder Festen, für die neben der Kurtaxe ein besonderes Entgelt zu zahlen ist.

UStAE 12.12.

(weggefallen)

UStAE 12.13. Begünstigte Verkehrsarten

(1) Die einzelnen nach § 12 Abs. 2 Nr. 10 UStG begünstigten Verkehrsarten sind grundsätzlich nach dem Verkehrsrecht abzugrenzen.

Verkehr mit Schienenbahnen

(2) [1]Schienenbahnen sind die Vollbahnen – Haupt- und Nebenbahnen – und die Kleinbahnen sowie die sonstigen Eisenbahnen, z. B. Anschlussbahnen und Straßenbahnen. [2]Als Straßenbahnen gelten auch Hoch- und Untergrundbahnen, Schwebebahnen und ähnliche Bahnen besonderer Bauart (§ 4 Abs. 2 PBefG). [3]Zu den Schienenbahnen gehören auch Kleinbahnen in Tierparks und Ausstellungen (BFH-Urteil vom 14. 12. 1951, II 176/51 U, BStBl 1952 III S. 22) sowie Bergbahnen.

Verkehr mit Oberleitungsomnibussen

(3) Oberleitungsomnibusse sind nach § 4 Abs. 3 PBefG elektrisch angetriebene, nicht an Schienen gebundene Straßenfahrzeuge, die ihre Antriebsenergie einer Fahrleitung entnehmen.

Genehmigter Linienverkehr mit Kraftfahrzeugen

(4) [1]Linienverkehr mit Kraftfahrzeugen ist eine zwischen bestimmten Ausgangs- und Endpunkten eingerichtete regelmäßige Verkehrsverbindung, auf der Fahrgäste an bestimmten Haltestellen ein- und aussteigen können. [2]Er setzt nicht voraus, dass ein Fahrplan mit bestimmten Abfahrts- und Ankunftszeiten besteht oder Zwischenhaltestellen eingerichtet sind (§ 42 PBefG). [3]Als Linienverkehr gilt auch die Beförderung von

1. Berufstätigen zwischen Wohnung und Arbeitsstelle (Berufsverkehr);
2. Schülern zwischen Wohnung und Lehranstalt (Schülerfahrten; hierzu gehören z. B. Fahrten zum Schwimmunterricht, nicht jedoch Klassenfahrten);
3. Kindern zwischen Wohnung und Kindergarten (Kindergartenfahrten);
4. Personen zum Besuch von Märkten (Marktfahrten);
5. Theaterbesuchern.

[4]Linienverkehr kann mit Kraftomnibussen und mit Pkw sowie in besonderen Ausnahmefällen auch mit Lkw betrieben werden.

(5) [1]Beförderungen im Linienverkehr mit Kraftfahrzeugen sind jedoch nur dann begünstigt, wenn der Linienverkehr genehmigt ist oder unter die Freistellungsverordnung zum PBefG fällt oder eine genehmigungsfreie Sonderform des Linienverkehrs im Sinne der Verordnung (EWG) Nr. 684/92 vom 16. 3. 1992 (ABl. EG Nr. L 74 S. 1) darstellt. [2]Über die Genehmigung muss eine entsprechende Genehmigungsurkunde oder eine einstweilige Erlaubnis der zuständigen Genehmigungsstelle vorliegen. [3]Eine begünstigte Personenbeförderungsleistung setzt nicht voraus, dass sie durch den Genehmigungsinhaber (§ 2 Abs. 1 PBefG) mit eigenbetrieblichen Kraftomnibussen erbracht wird. [4]Hinsichtlich des Leistungsverhältnisses zwischen Auftraggeber und Subunternehmer ist im Einzelfall zu prüfen, ob es sich um eine nicht begünstigte Gestellungsleistung, wie z. B. die Anmietung eines Busses, oder um eine begünstigungsfähige Beförderungsleistung, z. B. auf Grund eines Betriebsführungsübertragungsvertrages, handelt. [5]Nur der Genehmigungsinhaber kann auf die von ihm erbrachten Beförderungsleistungen den ermäßigten **Steuersatz** anwenden. [6]Eine Genehmigung für den Mietomnibusverkehr ist nicht ausreichend. [7]Im Falle der Betriebsübertragung nach § 2 Abs. 2 PBefG gelten die vom Betriebsführungsberechtigten ausgeführten Beförderungsleistungen als solche im genehmigten Linienverkehr, sofern die Betriebsübertragung von der zuständigen Behörde (§ 11 PBefG) genehmigt worden ist. [8]Für bestimmte Beförderungen im Linienverkehr sieht die Freistellungsverordnung zum PBefG von dem Erfordernis einer Genehmigung für den Linienverkehr ab. [9]Hierbei handelt es sich um Beförderungen durch die Streitkräfte oder durch die Polizei mit eigenen Kraftfahrzeugen sowie um die folgenden Beförderungen, wenn von den beförderten Personen selbst ein Entgelt nicht zu entrichten ist:

1. Beförderungen von Berufstätigen mit Kraftfahrzeugen zu und von ihrer Eigenart nach wechselnden Arbeitsstellen, insbesondere Baustellen, sofern nicht ein solcher Verkehr zwischen gleichbleibenden Ausgangs- und Endpunkten länger als ein Jahr betrieben wird;
2. Beförderungen von Berufstätigen mit Kraftfahrzeugen zu und von Arbeitsstellen in der Land- und Forstwirtschaft;
3. Beförderungen mit Kraftfahrzeugen durch oder für Kirchen oder sonstigen Religionsgesellschaften zu und von Gottesdiensten;

4. Beförderungen mit Kraftfahrzeugen durch oder für Schulträger zum und vom Unterricht;
5. Beförderungen von Kranken wegen einer Beschäftigungstherapie oder zu sonstigen Behandlungszwecken durch Krankenhäuser oder Heilanstalten mit eigenen Kraftfahrzeugen;
6. Beförderungen von Berufstätigen mit Pkw von und zu ihren Arbeitsstellen;
7. Beförderungen von körperlich, geistig oder seelisch behinderten Personen mit Kraftfahrzeugen zu und von Einrichtungen, die der Betreuung dieser Personenkreise dienen;
8. Beförderungen von Arbeitnehmern durch den Arbeitgeber zu betrieblichen Zwecken zwischen Arbeitsstätten desselben Betriebes;
9. Beförderungen mit Kraftfahrzeugen durch oder für Kindergartenträger zwischen Wohnung und Kindergarten.

[10]Diese Beförderungen sind wie genehmigter Linienverkehr zu behandeln. [11]Ebenso zu behandeln sind die nach der Verordnung (EWG) Nr. 684/92 genehmigungsfreien Sonderformen des grenzüberschreitenden Linienverkehrs, der der regelmäßigen ausschließlichen Beförderung bestimmter Gruppen von Fahrgästen dient, wenn der besondere Linienverkehr zwischen dem Veranstalter und dem Verkehrsunternehmer vertraglich geregelt ist. [12]Zu den Sonderformen des Linienverkehrs zählen insbesondere:

1. die Beförderung von Arbeitnehmern zwischen Wohnort und Arbeitsstätte;
2. die Beförderung von Schülern und Studenten zwischen Wohnort und Lehranstalt;
3. die Beförderung von Angehörigen der Streitkräfte und ihren Familien zwischen Herkunftsland und Stationierungsort.

[13]Der Verkehrsunternehmer muss neben der in Satz 7 genannten vertraglichen Regelung die Genehmigung für Personenbeförderungen im Linien-, Pendel- oder Gelegenheitsverkehr mit Kraftomnibussen durch den Niederlassungsstaat erhalten haben, die Voraussetzungen der gemeinschaftlichen Rechtsvorschriften über den Zugang zum Beruf des Personenkraftverkehrsunternehmers im innerstaatlichen und grenzüberschreitenden Verkehr sowie die Rechtsvorschriften über die Sicherheit im Straßenverkehr für Fahrer und Fahrzeuge erfüllen. [14]Der Nachweis über das Vorliegen einer genehmigungsfreien Sonderform des Linienverkehrs nach der Verordnung (EWG) Nr. 684/92 kann durch die Vorlage des zwischen dem Veranstalter und dem Verkehrsunternehmer abgeschlossenen Beförderungsvertrags erbracht werden.

(6) [1]Keine Beförderungsleistung liegt vor, wenn ein Kraftfahrzeug unbemannt – auf Grund eines Miet- oder Leihvertrags – zur Durchführung von Beförderungen im genehmigten Linienverkehr zur Verfügung gestellt wird. [2]Diese Leistung ist deshalb nicht begünstigt.

Verkehr mit Taxen

(7) [1]Verkehr mit Taxen ist nach § 47 Abs. 1 PBefG die Beförderung von Personen mit Pkw, die der Unternehmer an behördlich zugelassenen Stellen bereithält und mit denen er Fahrten zu einem vom Fahrgast bestimmten Ziel ausführt. [2]Der Unternehmer kann Beförderungsaufträge auch während einer Fahrt oder am Betriebssitz entgegennehmen. [3]Das der Abgrenzung zum Linien- und Ausflugsfahrtenverkehr dienende Merkmal der Bestimmung des Fahrtziels durch den Fahrgast ist auch dann erfüllt, wenn nicht die zu befördernde Person persönlich, sondern eine andere, ihrer Sphäre (der „Fahrgastseite") zuzurechnende Person das Fahrtziel vorgibt oder mitteilt und dabei Auftraggeber und/oder Rechnungsadressat des Taxiunternehmers ist (z. B. bei Transferleistungen für Reisebüros). [4]Pkw sind Kraftfahrzeuge, die nach ihrer Bauart und Ausstattung zur Beförderung von nicht mehr als 9 Personen – einschließlich Führer – geeignet und bestimmt sind (§ 4 Abs. 4 Nr. 1 PBefG). [5]Der Verkehr mit Taxen bedarf der Genehmigung. [6]Über die Genehmigung wird eine besondere Urkunde erteilt. [7]Eine begünstigte Personenbeförderungsleistung setzt nicht voraus, dass sie durch den Genehmigungsinhaber mit eigenbetriebenen Taxen erbracht wird (vgl. BFH-Urteil vom 23. 9. 2015, V R 4/15, BStBl 2016 II S. 494). [8]Deshalb kann die Steuerermäßigung auch dann anzuwenden sein, wenn der leistende Unternehmer über keine eigene Genehmigung nach dem PBefG verfügt und die Personenbeförderung durch einen Subunternehmer durchführen lässt, der eine entsprechende Genehmigung besitzt. [9]Ist im Gebiet einer Gemeinde der Verkehr mit Pkw allgemein unzulässig, kann ein umsatzsteuerrechtlich begünstigter Verkehr mit Taxen auch ohne Pkw (z. B. mit Pferdefuhrwerken) vorliegen, wenn die übrigen Merkmale des Taxenverkehrs

in vergleichbarer Form gegeben sind. [10]Maßgeblich ist, ob die durchgeführten Beförderungen dem Leitbild des Verkehrs mit Taxen im Sinne von § 47 PBefG als Beförderung von Personen mit Wagen entsprechen, die der Unternehmer an öffentlich zugänglichen Stellen bereithält und mit denen er Fahrten zu einem vom Fahrgast bestimmten Ziel ausführt. [11]Zu prüfen ist auch, ob allgemeine Beförderungsentgelte (Tarife) oder jeweils speziell ausgehandelte Beförderungspreise vorliegen (vgl. BFH-Urteil vom 13. 11. 2019, V R 9/18, BStBl 2021 II S. 540).

(8) [1]Grundsätzlich nicht begünstigt ist der Verkehr mit Mietwagen (BFH-Urteile vom 30. 10. 1969, V R 99/69, BStBl 1970 II S. 78, vom 2. 7. 2014, XI R 22/10, BStBl 2015 II S. 416 und XI R 39/10, BStBl 2015 II S. 421, und BVerfG-Beschluss vom 11. 2. 1992, 1 BvL 29/87, BVerfGE 85, 238). [2]Der Mietwagenverkehr unterscheidet sich im Wesentlichen vom Taxenverkehr dadurch, dass nur Beförderungsaufträge ausgeführt werden dürfen, die am Betriebssitz oder in der Wohnung des Unternehmers eingegangen sind (§ 49 Abs. 4 PBefG). [3]Führt ein Mietwagenunternehmer hingegen Krankenfahrten mit hierfür nicht besonders eingerichteten Fahrzeugen durch (vgl. Abschnitt 4.17.2) und beruhen diese steuerpflichtigen Leistungen auf mit Krankenkassen geschlossenen Sondervereinbarungen, die ebenfalls für Taxiunternehmer gelten, ist die Steuerermäßigung bei Vorliegen der weiteren Voraussetzungen anwendbar (vgl. BFH-Urteil vom 2. 7. 2014, XI R 39/10, a. a. O.). [4]Liegt in diesem Fall der Beförderungsleistung eines Mietwagenunternehmers eine nur für Mietwagenunternehmen geltende Sondervereinbarung zu Grunde, kann die Steuerermäßigung zur Anwendung kommen, wenn der Unternehmer nachweist, dass im selben räumlichen Geltungsbereich eine hinsichtlich Beförderungsentgelt und Transportpflicht inhaltsgleiche Sondervereinbarung für Taxiunternehmer gilt. [5]Die Gleichartigkeit dieser für Mietwagen- bzw. Taxiunternehmer geltenden Sondervereinbarungen kann für den Bereich der Krankenfahrten aus Vereinfachungsgründen in solchen Fällen regelmäßig unterstellt werden, in denen dem Mietwagenunternehmer ein Nachweis gleichartiger Sondervereinbarungen (z. B. über den Verband) praktisch nicht möglich ist oder in denen keine Vergleichsmöglichkeit besteht. [6]Die entgeltliche Überlassung von Kfz durch einen Carsharing-Verein an seine Mitglieder ist nicht begünstigt (BFH-Urteil vom 12. 6. 2008, V R 33/05, BStBl 2009 II S. 221).

Verkehr mit Drahtseilbahnen und sonstigen mechanischen Aufstiegshilfen

(9) [1]Zu den Drahtseilbahnen gehören Standseilbahnen und andere Anlagen, deren Fahrzeuge von Rädern oder anderen Einrichtungen getragen und durch ein oder mehrere Seile bewegt werden, Seilschwebebahnen, deren Fahrzeuge von einem oder mehreren Seilen getragen und/oder bewegt werden (einschließlich Kabinenbahnen und Sesselbahnen) und Schleppaufzüge, bei denen mit geeigneten Geräten ausgerüstete Benutzer durch ein Seil fortbewegt werden (vgl. Artikel 1 Abs. 3 der Richtlinie 2000/9/EG vom 20. 3. 2000, ABl. L 106 vom 3. 5. 2000, S. 21). [2]Zu den sonstigen mechanischen Aufstiegshilfen gehören auch Seilschwebebahnen, Sessellifte und Skilifte.

(10) [1]Nicht begünstigt ist grundsätzlich der Betrieb einer Sommer- oder Winterrodelbahn. [2]Ebenso unterliegen die mit einer sog. „Coaster-Bahn" erbrachten Umsätze, bei denen die Fahrtkunden auf schienengebundenen Schlitten zu Tal fahren, nicht dem ermäßigten Steuersatz, da es sich umsatzsteuerrechtlich insoweit nicht um Beförderungsleistungen handelt (vgl. BFH-Urteil vom 20. 2. 2013, XI R 12/11, BStBl II S. 645).

Genehmigter Linienverkehr mit Schiffen

(10 a) [1]Hinsichtlich des Linienverkehrs mit Schiffen gelten die Regelungen in Absatz 4 sinngemäß. [2]Die Steuerermäßigung gilt damit insbesondere nicht für Floßfahrten, Wildwasserrafting-Touren oder für andere Leistungen zur Ausübung des Wassersports. [3]Ebenso sind organisierte Schiffsfahrten mit angeschlossener Tanz-, Verkaufs- oder einer ähnlichen Veranstaltung, Sonderfahrten wie z. B. Sommernachts- oder Feiertagsfahrten, die Vercharterung von Schiffen inklusive Besatzung zum Transport geschlossener Gesellschaften (z. B. anlässlich von Betriebsausflügen oder von privaten Feiern) sowie Rundfahrten, bei denen Anfangs- und Endpunkt identisch sind und kein Zwischenhalt angeboten wird, nicht begünstigt. [4]Personenbeförderungen im Linienverkehr mit Schiffen sind nur dann begünstigt, wenn der Linienverkehr genehmigt ist. [5]Soweit die verkehrsrechtlichen Bestimmungen des Bundes und der Länder kein Genehmigungsverfahren vorsehen, ist von einer stillschweigenden Genehmigung

des Linienverkehrs auszugehen. [6]Erbringt der Unternehmer neben der Beförderung im Linienverkehr mit Schiffen weitere selbständige Einzelleistungen wie z. B. Restaurationsleistungen (vgl. Abschnitt 3.6), sind die Einzelleistungen umsatzsteuerlich jeweils für sich zu beurteilen.

Fährverkehr

(10b) [1]Fährverkehr ist der Übersetzverkehr mit Schiffen zwischen zwei festen Anlegestellen (z. B. bei Flussquerungen oder im Verkehr zwischen dem Festland und Inseln). [2]Die Anwendung der Steuerermäßigung ist nicht vom Vorliegen einer Genehmigung abhängig.

Nebenleistungen

(11) [1]Der ermäßigte Steuersatz erstreckt sich auch auf die Nebenleistungen zu einer begünstigten Hauptleistung. [2]Als Nebenleistung zur Personenbeförderung ist insbesondere die Beförderung des Reisegepäcks des Reisenden anzusehen. [3]Zum Reisegepäck gehören z. B. die Gegenstände, die nach der EVO und nach den Einheitlichen Rechtsvorschriften für den Vertrag über die internationale Eisenbahnbeförderung von Personen (CIV), Anhang A zum Übereinkommen über den internationalen Eisenbahnverkehr (COTIF) vom 9. 5. 1980 in der Fassung vom 3. 6. 1999 (BGBl. 2002 II S. 2140), als Reisegepäck befördert werden. [4]Nebenleistung zur Personenbeförderung ist auch der Transport von Personenkraftwagen, Krafträdern und anderen Fahrzeugen. [5]Dies gilt nicht, wenn Schwerpunkt der Fährleistung, wie z. B. beim Transport von Lkw, die Güterbeförderung ist.

Anmerkung

1. Ermäßigter Umsatzsteuersatz bei Personenbeförderung

§ 12 Abs. 2 Nr. 10 UStG ist in der Vergangenheit mehrfach geändert worden. Zuletzt ist die Vorschrift für den Schienenbahnverkehr auch in Gestalt des Fernverkehrs ausgedehnt worden (Ges. zur Umsetzung des Klimaschutzprogramms 2030 im Steuerrecht v. 21.12.2019 – BGBl. I 2019, 2886).

1.1 Fährverkehr

Nach § 12 Abs. 2 Nr. 10 Buchst. b) UStG ist u. a. der Fährverkehr begünstigt innerhalb einer Gemeinde oder wenn die Beförderungsstrecke nicht mehr als 50 Kilometer beträgt.

1.2 Nebenleistungen beim Fährverkehr

Nebenleistungen teilen hinsichtlich des Steuersatzes das Schicksal der jeweiligen Hauptleistung. Nach der Rechtsprechung von EuGH und BFH liegen Nebenleistungen jedenfalls dann vor, wenn diese Leistung das Mittel darstellt, um die Hauptleistung unter optimalen Bedingungen in Anspruch zu nehmen (vgl. z. B. EuGH, Urt. v. 10.11.2016 – C-432/15; BFH, Urt. v. 2.8.2018 – V R 6/16).

Vor diesem Hintergrund hat das BMF mit Schr. v. 30.9.2020 – III C 2 – S 7244/20/100001 :2 Abschn. 12.13 Abs. 11 nach Satz 3 um die Sätze 4 und 5 ergänzt: Danach ist Nebenleistung zur Personenbeförderung auch der Transport von Pkw, Krafträdern und anderen Fahrzeugen. Dies gilt nur dann nicht, wenn der Schwerpunkt der Fährleistung die Güterbeförderung ist, wie dies z. B. beim Transport von Lkw der Fall ist.

2. Anwendung und Nichtbeanstandungsregelung

Die Regelung ist auf alle offenen Fälle anzuwenden. Es wurde von der Verwaltung allerdings nicht beanstandet, wenn **bis zum 31.12.2020** Fährleistungen auch dann ermäßigt besteuert wurden, wenn ihr Schwerpunkt – wie beim Transport von Lkw – die Güterbeförderung war.

3. Personenbeförderung mit Pferdefuhrwerken

Dem ermäßigten Umsatzsteuersatz unterliegt nach § 12 Abs. 2 Nr. 10 Buchst. b) UStG u. a. auch der Verkehr mit Taxen innerhalb einer Gemeinde. Das Niedersächsische FG hatte über die Frage zu befinden, ob ein sog. Inseltaxi“ mit Pferdefuhrwerken auf einer autofreien Insel unter die Steuersatzermäßigung fällt. Die Entscheidung erging im 2. Rechtszug auf der Grundlage des BFH, Urt. v. 13.11.2019 – V R 9/18, BStBl II 2021, 540.

Sachverhalt

Im entschiedenen Fall waren aufgrund der einschlägigen straßenrechtlichen Vorschriften die Straßen auf einer Nordseeinsel nur für pferdebespannte Fuhrwerke, Radfahrer und Fußgänger gewidmet und der Landkreis hatte entsprechend das Zeichen Nr. 250 („Verbot für Fahrzeuge aller Art") gem. StVO aufgestellt. Kfz benötigten demzufolge auf der Insel eine Sondernutzungserlaubnis. Dabei bot die Klägerin (eine GmbH) u. a. ein „Inseltaxi" an, wonach auf individuelle Bestellung hin Gäste vom Flughafen der Insel zu ihrem Feriendomizil und wieder zurück gefahren wurden (Niedersächsisches FG, Urt. v. 11.6.2020 – 11 K 236/17, rkr.)

3.1 Anwendung der Grundsätze des Personenbeförderungsgesetzes

Das FG bejahte die Anwendung des ermäßigten Umsatzsteuersatzes (§ 12 Abs. 2 Nr. 10 Buchst. b) UStG) im Wesentlichen mit der Begründung, dass eine Personenbeförderung auf dieser Insel mit Kfz nicht möglich ist. Entscheidend waren dabei die Vorgaben des Personenbeförderungsgesetzes (PBefG), auch wenn dieses Gesetz unmittelbar nicht anwendbar war. Insbesondere verfügte die Stpfl. über keine Genehmigung nach § 2 PBefG, weil sie keinen Taxenverkehr i. S. d. PBefG betrieb.

3.2 Taxi oder Mietwagen

Dabei hat das FG vor allem eine Abgrenzung zum (nicht begünstigten) Mietwagenverkehr vorgenommen. Nach Meinung des FG liegt ein Vergleich mit einem Taxi auf der Insel näher als ein mit einem Mietwagen.

– Beim Mietwagenverkehr dürfen nur Beförderungsaufträge ausgeführt werden, die am Betriebssitz des Unternehmers oder seiner Wohnung eingegangen sind, zudem muss dieser unverzüglich nach Ausführung der Fahrt wieder zu seinem Betriebssitz zurückkehren (§ 49 Abs. 4 Satz 2 und 3 PBefG). Dies ist im Streitfall aber nicht gegeben.
– Denn ähnlich einem Taxi stellt der Unternehmer auf öffentlichen Straßen und Plätzen seine Beförderungsleistung bereit und führt die Fahrten zu einem vom Fahrgast bestimmten Ziel aus (§ 47 Abs. 1 PBefG).

Hinweis

Wichtig ist, dass für die Anwendung des § 12 Abs. 2 Nr. 10 UStG grundsätzlich Voraussetzung ist, dass die Beförderung innerhalb einer Gemeinde erfolgt oder die Beförderungsstrecke nicht mehr als 50 km beträgt. Im entschiedenen Fall war dies im Hinblick auf die Insellage unproblematisch.

3.3 Anmerkung

Das Urteil des Niedersächsischen FG steht im Widerspruch zu Abschn. 12.13. Abs. 7 UStAE, wonach nur Personenkraftwagen (Pkw) als Taxen in Betracht kommen.

Die Entscheidung ist zweifellos der besonderen Insellage und dem dortigen Verbot der Nutzung von Kfz geschuldet. Auf Fälle, in denen diese Beschränkung nicht besteht, ist sie nicht übertragbar.

Auch in der Sache selbst erscheint die Entscheidung nicht frei von Zweifeln, da bei Anwendung der Grundsätze des PBefG zur Abgrenzung von Taxen und Mietwagen auch ein Vergleich mit Mietwagen hätte angenommen werden können.

Der Fall macht einmal mehr deutlich, wie dicht Obsiegen oder Verlieren in einem Gerichtsverfahren beieinander liegen. Möglicherweise hätte ein anderes Gericht oder das Gericht in anderer Besetzung diesen Fall anders entschieden. Der Klägerin, die in dem Verfahren obsiegt hat, wird das egal sein.

4. Steuerermäßigung für den Linienverkehr mit Schiffen, § 12 Abs. 2 Nr. 10 Buchst. b) UStG

Die Umsatzsteuer ermäßigt sich nach § 12 Abs. 2 Nr. 10 UStG insbesondere für die Beförderungen von Personen im genehmigten Linienverkehr mit Schiffen.

Die Vorschrift definiert den Begriff des genehmigten Linienverkehrs mit Schiffen nicht. Auch das PBefG enthält hierzu keine Regelungen.

4.1 Definition des Linienverkehrs (BFH)

Der BFH orientiert sich bei der Auslegung des Begriffs des Linienverkehrs mit Schiffen an der Regelung zum Linienverkehr mit Kraftfahrzeugen in § 42 Satz 1 PBefG (BFH, Urt. v. 24.6.2020 – V R 2/19). Danach ist Linienverkehr eine zwischen bestimmten Ausgangs- und Endpunkten eingerichtete regelmäßige Verkehrsverbindung, auf der Fahrgäste an bestimmten Haltestellen ein- und aussteigen können. Ausgangs- und Endpunkt der Strecke müssen im Vorhinein fest bestimmt sein.

Hinsichtlich der Regelmäßigkeit des Linienverkehrs ist ausschlaggebend, dass er für das Fahrgastpublikum vorhersehbar wiederkehrend – auf derselben Strecke und über eine gewisse Dauer – stattfindet, so dass sich Fahrgäste auf die Benutzung einrichten können. Außerdem muss die sog. Fahrgastfreiheit insofern gewährleistet sein, als ein Linienverkehr einem unbestimmten und unbeschränkten Personenkreis offensteht und auf der Hin- und Rückfahrt ein Fahrgastwechsel eintreten kann oder zumindest wenigstens möglich sein muss.

4.2 Allgemeine Betriebs-/Beförderungspflicht unerheblich

Ohne Bedeutung ist demgegenüber, ob eine allgemeine Betriebs- und Beförderungspflicht nach §§ 21, 22 PBefG besteht, so dass lediglich darauf abzustellen ist, dass die für einen Linienverkehr erforderliche Regelmäßigkeit und Fahrgastfreiheit auch die wesentlichen Elemente der Beförderungspflicht nach § 22 PBefG umfasst (so z. B. BFH, Urt. v. 28.8.2019 – XI R 27/17).

Ausflugs- und Rundfahrten mit Schiffen unterliegen demgemäß nicht dem ermäßigten Steuersatz, sondern dem Regelsteuersatz, § 12 Abs. 1 UStG.

4.3 Auffassung der Finanzverwaltung

Die Auffassung des BFH stimmt mit der Rechtsauffassung der Finanzverwaltung in Abschnitt 12.13. Abs. 10a UStAE überein. Darauf weist die OFD Frankfurt a. M. in ihrer Verfügung vom 9.10.2020 – S 7244 A – 023 – St 16) hin.

Der ermäßigte Steuersatz gilt neben Ausflugs- und Rundfahrten auch nicht Floßfahrten, Wildwasserrafting oder andere Leistungen zur Ausübung des Wassersports. Außerdem sind organisierte Schiffsfahrten zum Transport geschlossener Gesellschaften und ähnliche Veranstaltungen nicht begünstigt.

UStAE 12.14. Begünstigte Beförderungsstrecken

(1) Unter Gemeinde im Sinne des § 12 Abs. 2 Nr. 10 Buchstabe b Doppelbuchstabe aa UStG ist die politische Gemeinde zu verstehen.

(2) [1]Beförderungsstrecke (§ 12 Abs. 2 Nr. 10 Buchstabe b Doppelbuchstabe bb UStG) ist die Strecke, auf der der Beförderungsunternehmer einen Fahrgast oder eine Mehrzahl von Fahrgästen auf Grund eines Beförderungsvertrags oder mehrerer Beförderungsverträge befördert oder, z. B. durch einen Subunternehmer, befördern lässt. [2]Werden mehrere Beförderungsverträge abgeschlossen, erbringt der Beförderungsunternehmer eine entsprechende Zahl von Beförderungsleistungen, von denen jede für sich zu beurteilen ist. [3]Nur eine Beförderungsleistung liegt vor, wenn der Beförderungsunternehmer mit einer Mehrzahl von Personen bzw. zur Beförderung einer Mehrzahl von Personen einen Beförderungsvertrag abgeschlossen hat. [4]Maßgebliche Beförderungsstrecke ist in diesem Fall die vom Beförderungsunternehmer auf Grund des Beförderungsvertrages zurückgelegte Strecke. [5]Sie beginnt mit dem Einstieg der ersten und endet mit dem Ausstieg der letzten beförderten Person innerhalb einer Fahrtrichtung. [6]Bei grenzüberschreitenden Beförderungen ist nur die Länge des auf das Inland entfallenden Teils der Beförderungsstrecke maßgebend. [7]Bei der Bemessung dieses Streckenanteils sind die §§ 2 bis 7 UStDV zu beachten.

(3) [1]Maßgebliche Beförderungsstrecke ist bei Ausgabe von Fahrausweisen grundsätzlich die im Fahrausweis ausgewiesene Tarifentfernung, sofern die Beförderungsleistung nur auf Beförderungsstrecken im Inland durchgeführt wird. [2]Bei Fahrausweisen für grenzüberschreitende Beförderungen ist die Tarifentfernung der auf das Inland entfallenden Beförderungsstrecke unter Berücksichtigung der §§ 2 bis 7 UStDV maßgebend. [3]Vorstehende Grundsätze gelten auch für die Fälle, in denen der Fahrgast die Fahrt unter-

bricht oder auf ein anderes Verkehrsmittel desselben Beförderers umsteigt. [4]Wird eine Umwegkarte gelöst, ist der gefahrene Umweg bei Ermittlung der Länge der Beförderungsstrecke zu berücksichtigen. [5]Bei Bezirkskarten, Netzkarten, Streifenkarten usw. ist als maßgebliche Beförderungsstrecke die längste Strecke anzusehen, die der Fahrgast mit dem Fahrausweis zurücklegen kann. [6]Zwei getrennte Beförderungsstrecken liegen vor, wenn ein Fahrausweis ausgegeben wird, der zur Hin- und Rückfahrt berechtigt.

(4) [1]Verkehrsunternehmer haben sich vielfach zu einem Verkehrsverbund zusammengeschlossen. [2]Ein solcher Verbund bezweckt die Ausgabe von durchgehenden Fahrausweisen, die den Fahrgast zur Inanspruchnahme von Beförderungsleistungen verschiedener, im Verkehrsverbund zusammengeschlossener Beförderungsunternehmer berechtigen (Wechselverkehr). [3]In diesen Fällen bewirkt jeder Beförderungsunternehmer mit seinem Verkehrsmittel eine eigene Beförderungsleistung unmittelbar an den Fahrgast, wenn folgende Voraussetzungen vorliegen:

1. In den Tarifen der beteiligten Beförderungsunternehmer bzw. des Verkehrsverbundes muss festgelegt sein, dass der Fahrgast den Beförderungsvertrag jeweils mit dem Beförderungsunternehmer abschließt, mit dessen Verkehrsmittel er befördert wird; ferner muss sich aus ihnen ergeben, dass die Fahrausweise im Namen und für Rechnung des jeweiligen Beförderungsunternehmers verkauft werden und dass für die von ihm durchfahrene Beförderungsstrecke seine Beförderungsbedingungen gelten.
2. Die praktische Durchführung der Beförderungen muss den Tarifbedingungen entsprechen.

(5) [1]Bei Taxifahrten sind Hin- und Rückfahrt eine einheitliche Beförderungsleistung, wenn vereinbarungsgemäß die Fahrt unterbrochen wird und der Fahrer auf den Fahrgast wartet (Wartefahrt). [2]Keine einheitliche Beförderungsleistung liegt jedoch vor, wenn das Taxi nicht auf den Fahrgast wartet, sondern später – sei es auf Grund vorheriger Vereinbarung über den Abholzeitpunkt oder auf Grund erneuter Bestellung – wieder abholt und zum Ausgangspunkt zurückbefördert (Doppelfahrt). [3]In diesem Fall ist die Gesamtfahrtstrecke nicht zusammenzurechnen und die beiden Fahrten sind als Nahverkehrsleistungen mit dem begünstigten Steuersatz abzurechnen, wenn die als einheitliche Nahverkehrsleistung zu wertende Hinfahrt 50 km nicht überschreitet. [4]Bemessungsgrundlage für diese Taxifahrten ist das für die jeweilige Fahrt vereinbarte Entgelt; dabei ist ohne Bedeutung, ob der Fahrpreis unter Berücksichtigung unterschiedlicher Tarife für die „Leerfahrt" berechnet wird (vgl. BFH-Urteil vom 19. 7. 2007, V R 68/05, BStBl 2008 II S. 208).

UStAE 12.15. Beförderung von Arbeitnehmern zwischen Wohnung und Arbeitsstelle

(1) [1]Für die Beförderung von Arbeitnehmern zwischen Wohnung und Arbeitsstelle kann der ermäßigte Steuersatz nach § 12 Abs. 2 Nr. 10 UStG nur dann in Betracht kommen, wenn es sich bei den Beförderungen verkehrsrechtlich um Beförderungen im genehmigten Linienverkehr handelt (vgl. Abschnitt 12.13 Abs. 4 bis 6). [2]Bei den in Abschnitt 12.13 Abs. 5 Satz 9 bezeichneten Beförderungen ist auf Grund der Freistellung keine personenbeförderungsrechtliche Genehmigung erforderlich. [3]Gleichwohl sind diese Beförderungen umsatzsteuerrechtlich wie Beförderungen im genehmigten Linienverkehr zu behandeln (vgl. BFH-Urteil vom 11. 3. 1988, V R 114/83, BStBl II S. 651). [4]Im Zweifel ist eine Stellungnahme der für die Erteilung der Genehmigung zuständigen Verkehrsbehörde einzuholen. [5]Zur genehmigungsfreien Sonderform des Linienverkehrs im Sinne der Verordnung (EWG) Nr. 684/92 vom 16. 3. 1992 vgl. Abschnitt 12.13 Abs. 5 Satz 11 ff.

(2) In den Fällen, in denen der Arbeitgeber selbst seine Arbeitnehmer zwischen Wohnung und Arbeitsstelle befördert, muss er in eigener Person die in Absatz 1 bezeichneten Voraussetzungen erfüllen, wenn er für die Beförderung den ermäßigten Steuersatz nach § 12 Abs. 2 Nr. 10 UStG in Anspruch nehmen will.

(3) [1]Hat der Arbeitgeber einen Beförderungsunternehmer mit der Beförderung beauftragt, liegen umsatzsteuerrechtlich einerseits eine Leistung des Beförderungsunternehmers an den Arbeitgeber, andererseits Leistungen des Arbeitgebers an jeden Arbeitnehmer vor. [2]Erfüllt der Beförderungsunternehmer die in Absatz 1 bezeichneten Voraussetzungen, ist seine Leistung als Beförderungsleistung im Sinne des § 12 Abs. 2 Nr. 10 UStG anzusehen. [3]Dabei ist davon auszugehen, dass der Beförderungsunternehmer als Genehmigungsinhaber den Verkehr auch dann im eigenen Namen, unter eigener Verantwortung und für eigene Rechnung betreibt, wenn der Arbeitgeber den Einsatz allgemein regelt, insbesondere Zweck, Ziel und Ablauf der Fahrt bestimmt. [4]Die Steuerermäßigung nach § 12 Abs. 2 Nr. 10 UStG kommt für die

Beförderungsleistung des Arbeitgebers, der den Linienverkehr nicht selbst betreibt, dagegen nicht in Betracht (BFH-Urteil vom 11. 3. 1988, V R 30/84, BStBl II S. 643).

UStAE 12.16. Umsätze aus der kurzfristigen Vermietung von Wohn- und Schlafräumen sowie aus der kurzfristigen Vermietung von Campingflächen (§ 12 Abs. 2 Nr. 11 UStG)

(1) [1]Die in § 12 Abs. 2 Nr. 11 Satz 1 UStG bezeichneten Umsätze gehören zu den nach § 4 Nr. 12 Satz 2 UStG von der Steuerbefreiung ausgenommenen Umsätzen. [2]Hinsichtlich des Merkmals der Kurzfristigkeit gelten daher die in den Abschnitten 4.10.2 Abs. 1 und 4.12.3 Abs. 2 dargestellten Grundsätze. [3]Die Steuerermäßigung begünstigt nicht nur die Vermietung von Grundstücken und mit diesen fest verbundenen Gebäuden, sondern allgemein die Vermietung von Wohn- und Schlafräumen zur kurzfristigen Beherbergung von Fremden.[4]§ 12 Abs. 2 Nr. 11 Satz 1 UStG erfasst daher auch die Beherbergung in nicht ortsfesten Einrichtungen (vgl. BFH-Urteil vom 29. 11.2022 XI R 13/20, BStBl II 2023 S. 938). [5]Maßgeblich für die Anwendung des ermäßigten Steuersatzes ist neben der Kurzfristigkeit der Vermietung, dass der Schwerpunkt der Leistung in der Überlassung der Wohn- oder Schlafräume zur Beherbergung liegt.

(2) [1]Der Schwerpunkt der Leistung liegt nicht in der Überlassung der Wohn- oder Schlafräume zur Beherbergung, wenn aus Sicht eines Durchschnittsverbrauchers der Charakter der Leistung nicht durch die Überlassung von Räumen zu Wohn- oder Schlafzwecken, sondern durch andere Aspekte geprägt wird. [2]So ist beispielsweise die Vermietung von nicht ortsfesten Hausbooten oder Wohnmobilen zur Durchführung von Reisen insgesamt nicht begünstigt, da dabei nicht der Beherbergungsgedanke im Vordergrund steht, sondern andere Aspekte, wie die gegebene Mobilität und örtliche Flexibilität für die Gesamtleistung charakterbestimmend sind. [3]Sonstige Leistungen eigener Art, bei denen die Überlassung von Räumen nicht charakterbestimmend ist (z. B. die Anmietung von Räumen, um dort entgeltlich sexuelle Dienstleistungen zu erbringen) unterliegen auch hinsichtlich dieses Leistungsaspekts ebenfalls nicht der Steuerermäßigung nach § 12 Abs. 2 Nr. 11 Satz 1 UStG.

Vermietung von Wohn- und Schlafräumen, die ein Unternehmer zur kurzfristigen Beherbergung von Fremden bereithält

(3) [1]Die Steuerermäßigung nach § 12 Abs. 2 Nr. 11 Satz 1 UStG setzt ebenso wie § 4 Nr. 12 Satz 2 UStG eine Vermietung von Wohn- und Schlafräumen zur kurzfristigen Beherbergung voraus. [2]Hieran fehlt es bei einer Vermietung z. B. in einem „Bordell" (vgl. BFH-Urteil vom 22. 8. 2013, V R 18/12, BStBl II S. 1058). [3]Auch das halbstündige oder stundenweise Überlassen von Zimmern in einem „Stundenhotel" ist keine Beherbergung im Sinne des § 12 Abs. 2 Nr. 11 Satz 1 UStG (vgl. BFH-Urteil vom 24. 9. 2015, V R 30/14, BStBl 2017 II S. 132). [4]Die Steuerermäßigung für Beherbergungsleistungen umfasst sowohl die Umsätze des klassischen Hotelgewerbes als auch kurzfristige Beherbergungen in Pensionen, Fremdenzimmern, Ferienwohnungen und vergleichbaren Einrichtungen. [5]Für die Inanspruchnahme der Steuerermäßigung ist es jedoch nicht Voraussetzung, dass der Unternehmer einen hotelartigen Betrieb führt oder Eigentümer der überlassenen Räumlichkeiten ist. [6]Begünstigt ist daher beispielsweise auch die Unterbringung von Begleitpersonen in Krankenhäusern, sofern diese Leistung nicht nach § 4 Nr. 14 Buchstabe b UStG (z. B. bei Aufnahme einer Begleitperson zu therapeutischen Zwecken) steuerfrei ist.

(4) [1]Die erbrachte Leistung muss unmittelbar der Beherbergung dienen. [2]Diese Voraussetzung ist insbesondere hinsichtlich der folgenden Leistungen erfüllt, auch wenn die Leistungen gegen gesondertes Entgelt erbracht werden:

- Überlassung von möblierten und mit anderen Einrichtungsgegenständen (z. B. Fernsehgerät, Radio, Telefon, Zimmersafe) ausgestatteten Räumen;
- Stromanschluss;
- Überlassung von Bettwäsche, Handtüchern und Bademänteln;
- Reinigung der gemieteten Räume;
- Bereitstellung von Körperpflegeutensilien, Schuhputz- und Nähzeug;
- Weckdienst;

- Bereitstellung eines Schuhputzautomaten;
- Mitunterbringung von Tieren in den überlassenen Wohn- und Schlafräumen.

(5) Insbesondere folgende Leistungen sind keine Beherbergungsleistungen im Sinne von § 12 Abs. 2 Nr. 11 UStG und daher nicht begünstigt:

- Überlassung von Tagungsräumen;
- Überlassung von Räumen zur Ausübung einer beruflichen oder gewerblichen Tätigkeit (vgl. BFH-Urteil vom 22. 8. 2013, V R 18/12, BStBl II S. 1058);
- Gesondert vereinbarte Überlassung von Plätzen zum Abstellen von Fahrzeugen;
- Überlassung von nicht ortsfesten Wohnmobilen, Caravans, Wohnanhängern, Hausbooten und Yachten;
- Beförderungen in Schlafwagen der Eisenbahnen;
- Überlassung von Kabinen auf der Beförderung dienenden Schiffen;
- Vermittlung von Beherbergungsleistungen;
- Umsätze von Tierpensionen;
- Unentgeltliche Wertabgaben (z. B. Selbstnutzung von Ferienwohnungen).

(6) Stornokosten stellen grundsätzlich nichtsteuerbaren Schadensersatz dar (vgl. EuGH-Urteil vom 18. 7. 2007, C-277/05, Société thermale d'Eugénie-Les-Bains).

Kurzfristige Vermietung von Campingflächen

(7) [1]Die kurzfristige Vermietung von Campingflächen betrifft Flächen zum Aufstellen von Zelten und Flächen zum Abstellen von Wohnmobilen und Wohnwagen. [2]Ebenso ist die kurzfristige Vermietung von ortsfesten Wohnmobilen, Wohncaravans und Wohnanhängern begünstigt. [3]Für die Steuerermäßigung ist es unschädlich, wenn auf der überlassenen Fläche auch das zum Transport des Zelts bzw. zum Ziehen des Wohnwagens verwendete Fahrzeug abgestellt werden kann. [4]Zur begünstigten Vermietung gehört auch die Lieferung von Strom (vgl. Abschnitt 4.12.1 Abs. 5 Satz 3). [5]Nicht unter die Steuerermäßigung fällt die entgeltliche Überlassung von Bootsliegeplätzen (vgl. EuGH-Urteil vom 19. 12. 2019, C-715/18, Segler-Vereinigung Cuxhaven, und BFH-Urteil vom 24. 6. 2020, V R 47/19, BStBl II S. 853).

Leistungen, die nicht unmittelbar der Vermietung dienen

(8) [1]Nach § 12 Abs. 2 Nr. 11 Satz 2 UStG gilt die Steuerermäßigung nicht für Leistungen, die nicht unmittelbar der Vermietung dienen, auch wenn es sich um Nebenleistungen zur Beherbergung handelt und diese Leistungen mit dem Entgelt für die Vermietung abgegolten sind (Aufteilungsgebot). [2]Der Grundsatz, dass eine (unselbständige) Nebenleistung das Schicksal der Hauptleistung teilt, wird von diesem Aufteilungsgebot verdrängt. [3]Das in § 12 Abs. 2 Nr. 11 Satz 2 UStG gesetzlich normierte Aufteilungsgebot für einheitliche Leistungen geht den allgemeinen Grundsätzen zur Abgrenzung von Haupt- und Nebenleistung vor (BFH-Urteil vom 24. 4. 2013, XI R 3/11, BStBl 2014 II S. 86). [4]Unter dieses Aufteilungsgebot fallen insbesondere:

- Verpflegungsleistungen (z. B. Frühstück, Halb- oder Vollpension, „All inclusive“);
- Getränkeversorgung aus der Minibar;
- Nutzung von Kommunikationsnetzen (insbesondere Telefon und Internet);
- Nutzung von Fernsehprogrammen außerhalb des allgemein und ohne gesondertes Entgelt zugänglichen Programms („pay per view“);
- [1]Leistungen, die das körperliche, geistige und seelische Wohlbefinden steigern („Wellnessangebote“). [2]Die Überlassung von Schwimmbädern oder die Verabreichung von Heilbädern im Zusammenhang mit einer begünstigten Beherbergungsleistung kann dagegen nach § 12 Abs. 2 Nr. 9 Satz 1 UStG dem ermäßigten Steuersatz unterliegen;
- Überlassung von Fahrberechtigungen für den Nahverkehr, die jedoch nach § 12 Abs. 2 Nr. 10 UStG dem ermäßigten Steuersatz unterliegen können;
- Überlassung von Eintrittsberechtigungen für Veranstaltungen, die jedoch nach § 4 Nr. 20 UStG steuerfrei sein oder nach § 12 Abs. 2 Nr. 7 Buchstabe a oder d UStG dem ermäßigten Steuersatz unterliegen können;
- Transport von Gepäck außerhalb des Beherbergungsbetriebs;

- Überlassung von Sportgeräten und -anlagen;
- Ausflüge;
- Reinigung und Bügeln von Kleidung, Schuhputzservice;
- Transport zwischen Bahnhof/Flughafen und Unterkunft;
- Einräumung von Parkmöglichkeiten, auch wenn diese nicht gesondert vereinbart und vergütet werden (vgl. BFH-Urteil vom 1. 3. 2016, XI R 11/14, BStBl II S. 753).

Anwendung der Steuerermäßigung in den Fällen des § 25 UStG

(9) [1]Soweit Reiseleistungen der Margenbesteuerung nach § 25 UStG unterliegen, gelten sie nach § 25 Abs. 1 Satz 3 UStG als eine einheitliche sonstige Leistung. [2]Eine Reiseleistung unterliegt als sonstige Leistung eigener Art auch hinsichtlich ihres Beherbergungsanteils nicht der Steuerermäßigung nach § 12 Abs. 2 Nr. 11 UStG. [3]Das gilt auch, wenn die Reiseleistung nur aus einer Übernachtungsleistung besteht.

Angaben in der Rechnung

(10) [1]Der Unternehmer ist **in den Fällen von** § 14 Abs. 2 Satz **2** Nr. 1 **und Nr. 2** UStG verpflichtet, innerhalb von sechs Monaten nach Ausführung der Leistung eine Rechnung mit den in § 14 Abs. 4 UStG genannten Angaben auszustellen. [2]Für Umsätze aus der Vermietung von Wohn- und Schlafräumen zur kurzfristigen Beherbergung von Fremden sowie die kurzfristige Vermietung von Campingflächen besteht eine **Rechnungsausstellungspflicht** jedoch nicht, wenn die Leistung weder an einen anderen Unternehmer für dessen Unternehmen noch an eine juristische Person erbracht wird (vgl. Abschnitt 14.1 Abs. **9** Satz **8**).

(11) [1]Wird für Leistungen, die nicht von der Steuerermäßigung nach § 12 Abs. 2 Nr. 11 Satz 1 UStG erfasst werden, kein gesondertes Entgelt berechnet, ist deren Entgeltanteil zu schätzen. [2]Schätzungsmaßstab kann hierbei beispielsweise der kalkulatorische Kostenanteil zuzüglich eines angemessenen Gewinnaufschlags sein.

(12) [1]Aus Vereinfachungsgründen wird es – auch für Zwecke des Vorsteuerabzugs des Leistungsempfängers – nicht beanstandet, wenn folgende in einem Pauschalangebot enthaltene nicht begünstigte Leistungen in der Rechnung zu einem Sammelposten (z. B. „Business-Package“, „Servicepauschale“) zusammengefasst und der darauf entfallende Entgeltanteil in einem Betrag ausgewiesen werden:

- Abgabe eines Frühstücks;
- Nutzung von Kommunikationsnetzen;
- Reinigung und Bügeln von Kleidung, Schuhputzservice;
- Transport zwischen Bahnhof/Flughafen und Unterkunft;
- Transport von Gepäck außerhalb des Beherbergungsbetriebs;
- Nutzung von Saunaeinrichtungen;
- Überlassung von Fitnessgeräten;
- Überlassung von Plätzen zum Abstellen von Fahrzeugen.

[2]Es wird ebenfalls nicht beanstandet, wenn der auf diese Leistungen entfallende Entgeltanteil mit **15** % des Pauschalpreises angesetzt wird. [3]Für Kleinbetragsrechnungen (§ 33 UStDV) gilt dies für den in der Rechnung anzugebenden Steuerbetrag entsprechend. [4]Die Vereinfachungsregelung gilt nicht für Leistungen, für die ein gesondertes Entgelt vereinbart wird.

Anmerkung

1. Überlassung von Bootsliegeplätzen

Die Überlassung von Bootsliegeplätzen wird von der Steuersatzermäßigung für die „kurzfristige Vermietung von Campingflächen“ nach § 12 Abs. 2 Nr. 11 UStG nicht umfasst.

Sachverhalt

Ein gemeinnütziger Verein zur Förderung des Segel- und Motorwassersports unterhielt Liegeplätze, die Gästen gegen Entgelt zur Verfügung standen. Der Verein unterwarf die Einnahmen dem ermäßigten Steuersatz. Das FA wandte dagegen den Regelsteuersatz an. Das FG wies die Klage mit dem Hinweis ab, die Überlassung von Bootsliegeplätzen könne nicht als Vermietung von Campingflächen i. S. v. § 12 Abs. 2 Nr. 11 UStG angesehen werden (Niedersächsisches FG, Urt. v. 15.6.2017 – 5 K 210/15).

Mit der Revision machte der Verein geltend, die Besteuerung mit dem Regelsatz sei gleichheitswidrig, da die Überlassung von Flächen für Wohnmobile und Wohnwagen – ein vergleichbarer wirtschaftlicher Vorgang – ermäßigt besteuert werde (§ 12 Abs. 2 Nr. 11 Satz 2 UStG). Der BFH setzte das Verfahren zunächst aus und rief den EuGH an (BFH, Beschl. v. 2.8.2018 – V R 33/17).

1.1 Kein Verstoß gegen den Neutralitätsgrundsatz

Nunmehr liegt nach der Entscheidung des EuGH Ende 2019 auch die Nachfolgeentscheidung des BFH vor: Nach Meinung des EuGH und des BFH ist eine Wasserfläche in Gestalt eines Bootsliegeplatzes keine Campingfläche. (EuGH, Urt. v. 19.12.2019 – C-715/18; BFH, Urt. v. 24.6.2020 – V R 47/19, BStBl II 2020, 853). Diese Beurteilung ergibt sich aus Art. 98 Abs. 2 i. V. m. Anh. III Nr. 12 MwStSystRL. Denn die Vermietung von Bootsliegeplätzen ist im Wortlaut des Anh. III Nr. 12 MwStSystRL nicht enthalten und dem Begriff der Beherbergung auch nicht immanent. Die Vermietung von Bootsliegeplätzen soll in erster Linie das sichere Festmachen der Boote am Liegeplatz ermöglichen.

Diese Auslegung der neueren Rechtsprechung steht im Einklang mit dem unionsrechtlichen Neutralitätsgrundsatz.

Hinweis

Der Neutralitätsgrundsatz verbietet es, gleichartige Gegenstände oder Dienstleistungen, die miteinander in Wettbewerb stehen, hinsichtlich der Mehrwertsteuer unterschiedlich zu behandeln (vgl. z. B. BFH, Urt. v. 2.8.2018 – V R 6/16).

Nach Meinung des EuGH (a. a. O.) erfüllen die Vermietung von Campingplätzen und Wohnwagenplätzen einerseits und die Vermietung von Bootsliegeplätzen andererseits unterschiedliche Zwecke. Boote dienen nicht – zumindest jedenfalls nicht in erster Linie – als Beherbergungsorte. Wegen dieser unterschiedlichen Zweckrichtung (Beherbergung, Anlegen des Bootes) stehen die Dienstleistungen nicht miteinander in Wettbewerb. Damit liegt ein hinreichender Differenzierungsgrund für eine unterschiedliche Behandlung vor.

1.2 Keine Begünstigung als gemeinnützige Einrichtung

Die Voraussetzungen der Steuersatzermäßigung nach § 12 Abs. 2 Nr. 8 Buchst. a UStG liegen ebenfalls nicht vor. Es fehlt jedenfalls an den Voraussetzungen des § 12 Abs. 2 Nr. 8 Buchst. a Satz 3 UStG (Alt. 1). Danach gilt die Steuerermäßigung nicht, wenn der Zweckbetrieb in unmittelbarem Wettbewerb mit dem allgemeinen Steuersatz unterliegenden Leistungen anderer Unternehmer steht. Das ist bei den von dem Verein ausgeführten Beherbergungsumsätzen der Fall.

1.3 Enge Auslegung der Ausnahmeregelung

In dem Urteil C-715/18 weist der EuGH erneut darauf hin, dass Bestimmungen, mit denen von einem Grundsatz abgewichen wird, **eng auszulegen** sind. Zum anderen müssen die im Anh. III MwStSystRL verwendeten Begriffe entsprechend ihrer gewöhnlichen Bedeutung ausgelegt werden.

1.4 Fazit

Die Entscheidungen von EuGH und BFH überzeugen leider nicht. Es wird nicht gewürdigt, dass im Streitfall die Bootsliegeplätze tatsächlich an die Gäste zum vorrangigen Zweck der Beherbergung vergleichbar einem Wohnmobilabstellplatz vermietet wurden. Der Zweck, das Boot festzumachen, spielte nur eine untergeordnete Rolle. Dies hätte eigentlich bereits auf der Tatsachenebene in diese Richtung entschieden werden können und müssen.

Hinweis

Zur Überlassung von Bootsliegsplätzen siehe auch die Anmerkungen zu Abschn. 12.9 UStAE.

2. Hotelübernachtung mit weiteren Leistungen (z.B. Frühstück, Spa-Benutzung, Parkplatzgestellung)

Der BFH hatte mit Beschluss vom 7.3.2022 (XI B 2/21) im Verfahren der Aussetzung (AdV)der Vollziehung dem Antragsteller Recht gegeben und die AdV gewährt.

Sachverhalt

Die X-GmbH betreibt ein Hotel. In der USt-Erklärung 2017 ging sie davon aus, Übernachtung, Frühstück und Spa-Benutzung seien eine einheitliche Leistung zum ermäßigten Steuersatz von 7 %. Das FA vertrat demgegenüber unter Hinweis auf die BFH-Rechtsprechung die Auffassung, es handele sich um jeweils eigenständige Leistungen, von denen die Übernachtung dem ermäßigten (7 %) und Frühstück sowie Spa-Benutzung dem Regelsteuersatz (19 %) zu unterwerfen seien.

Hiergegen legte die X-GmbH Einspruch ein, über den noch nicht entschieden ist. Zugleich beantragte sie die Aussetzung der Vollziehung (AdV) des USt-Bescheids.

2.1 Die bisherige Auffassung des BFH

In Deutschland gibt es **zwei gesetzliche Aufteilungsgebote:**

- Bei der Abgrenzung der Steuerfreiheit bei Vermietung von Betriebsvorrichtungen (§ 4 Nr. 12 Satz 2 UStG) und
- bei dem ermäßigten Steuersatz bei Übernachtungsleistungen und den damit zusammenhängenden Restaurationsdienstleistungen (§ 12 Abs. 2 Nr. 11 UStG).

Frühstück und Spa-Benutzung gehörten nach der bisherigen BFH-Auffassung zu den Leistungen, die i. S. des § 12 Abs. 2 Nr. 11 Satz 2 UStG nicht unmittelbar der Vermietung dienen und deshalb **von der Steuersatzermäßigung ausgenommen** sind. Dies gilt auch, soweit diese weiteren Leistungen als Nebenleistungen zu der ermäßigt zu besteuernden Übernachtungsleistung, der Hauptleistung, erbracht werden. § 12 Abs. 2 Nr. 11 Satz 2 UStG normiert ein sog. **Aufteilungsgebot**. Es gilt für Leistungen, die nicht unmittelbar der Vermietung dienen und wurde vom BFH bisher als unionsrechtskonform angesehen (BFH, Urt. v. 24.4.2013 – XI R 3/11, BStBl II 2014, S. 86, Rz. 51).

Der nationale Gesetzgeber hat mit der Regelung von der Ermächtigung in Art. 98 Abs. 1 und 2 i. V. m. Anhang III Kategorie 12 MwStSystRL dadurch Gebrauch gemacht, dass nicht sämtliche „Beherbergungen in Hotels und ähnlichen Einrichtungen" einschließlich der dabei erbrachten Nebenleistungen dem ermäßigten Steuersatz unterworfen werden, sondern nur diejenigen Leistungen, die unmittelbar der Vermietung dienen. Dies ist nach der bisher vom BFH vertretenen Ansicht unionsrechtlich nicht zu beanstanden (BFH, Urt. v. 24.4.2013, a. a. O., Rz. 53).

2.2 Geänderte EuGH-Rechtsprechung (Rechtssache „Stadion Amsterdam")

Der EuGH hatte im Urteil „Stadion Amsterdam" entschieden, dass eine einheitliche Leistung, die aus zwei separaten Bestandteilen, einem Haupt- und einem Nebenbestandteil, besteht, für die bei getrennter Erbringung unterschiedliche Mehrwertsteuersätze gälten, nur zu dem für diese einheitliche Leistung geltenden Mehrwertsteuersatz zu besteuern ist, der sich nach dem Hauptbestandteil richtet. Dies gelte auch dann, wenn der Preis jedes Bestandteils, der in den vom Verbraucher für die Inanspruchnahme dieser Leistung gezahlten Gesamtpreis einfließt, bestimmt werden kann (vgl. EuGH, Urt. v. 18.01.2018 – C-463/16, Stadion Amsterdam, Rz 36).

2.3 Vorabentscheidungsersuchen des BFH vom 10.01.2024

Nach Ergehen der EuGH-Entscheidung hatte der BFH mit Beschluss vom 26.05.2021 – V R 22/20) den EuGH um Vorabentscheidung ersucht, ob das nationale Aufteilungsgebot in § 4 Nr. 12 Satz 2 UStG mit dem Unionsrecht vereinbar ist (Steuerpflicht der Vermietung von auf Dauer eingebauten Betriebsvorrichtungen und Maschinen).

Der EuGH und nachfolgend der BFH hatten verdeutlicht, dass es sich im Fall der Verpachtung eines Stallgebäudes mit auf Dauer eingebauten Betriebsvorrichtungen und Maschinen um eine **wirtschaftlich einheitliche Leistung** handelt. Diese einheitliche Leistung führte im Streitfall zu einer **einheitlich steuerfreien Vermietungs-/Verpachtungsleistung** (EuGH, Urt. v. 04.05.2023 – C-516/21; BFH, Urt. v. 17.8.2023 – V R 7/23 (V R 22/20). Nach diesen Entscheidungen ist die Rechtslage zum sog. Aufteilungsgebot in § 4 Nr.12 S. 2 UStG in dieser Form **nicht unionskonform** und bedarf der Überarbeitung durch den Gesetzgeber. Entsprechende Aktivitäten hätte der Gesetzgeber bereits im Wachstumschancengesetz entfalten können. Darin suchte man eine Gesetzesinitiative jedoch ebenso vergebens wie aktuell im Regierungsentwurf zu einem JStG 2024. Ein möglicher Grund für das zögerliche Verhalten des Gesetzgebers könnte in diversen Verfahren beim BFH zu sehen sein, die das zweite Aufteilungsgebot in § 12 Abs. 2 Nr. 11 UStG betreffen.

Und in diesen Verfahren hat der BFH mit Beschl. v. 10.1.2024 den EuGH angerufen und um Vorabentscheidung gebeten, ob das in **§ 12 Abs. 2 Nr. 11 UStG normierte Aufteilungsgebot unionsrechtskonform** ist (BFH, Beschl. v. 10.01.2024 – XI R 11/13, 13/13 und 14/23 – **Az. des EuGH. C-409/24, C-410/24 und C-411/24**).

In den drei Verfahren ging es um die Frage, ob neben der reinen Beherbergungs-/Übernachtungsleistung des Hotels auch weitere Leistungen – **Parkplatzgestellung, hoteleigenes W-LAN, Spa-Bereich, Frühstück** – dem ermäßigten USt-Satz unterliegen, oder ob insofern ein Aufteilungsgebot gilt. Dies hätte zur Folge, dass für die weiteren Leistungen der Regelsteuersatz zur Anwendung käme.

2.4 Entscheidungsbegründung des BFH

Die bisher vom BFH vertretene Rechtsauffassung, wonach ein Aufteilungsgebot unionsrechtskonform ist, ist nach Ergehen der EuGH-Entscheidungen in den Rechtssachen „Stadion Amsterdam“ (EuGH, Urt. v. 18.01.2018 – C-463/16, UR 2018, 200, Stadion Amsterdam CV) und „Finanzamt X“ (EuGH, Urt. v. 04.05.2023 – C-516/21, BFH/NV 2023, 943 – Finanzamt X) **nicht mehr zweifelsfrei.**

Ein „**acte clair**“ (also eine eindeutige Rechtslage, wonach ein Vorabentscheidungsersuchen dann nicht mehr zu ergehen hat, wenn über die Auslegung und Gültigkeit von Unionsrecht vernünftigerweise keine Zweifel bestehen können) **liegt nicht mehr vor.** Denn der Grundsatz, dass die unselbständige Nebenleistung stets das Schicksal der Hauptleistung zu teilen hat, könnte das Aufteilungsgebot des § 12 Abs. 2 Nr. 11 Satz 2 UStG verdrängen.

Allerdings ist das in § 12 Abs. 2 Nr. 11 Satz 2 UStG normierte Aufteilungsgebot für Leistungen, die nicht unmittelbar der Vermietung dienen, unionsrechtskonform, weil kein Verstoß gegen den Grundsatz der steuerlichen Neutralität vorliegt. Denn das Aufteilungsgebot zieht nicht die Gefahr einer Wettbewerbsverzerrung nach sich.

2.5 Hinweise für die Anwendungspraxis

Die Vorlagefragen betreffen ausschließlich Sachverhalte, bei denen die neben der Übernachtungsleistung erbrachten Leistungselemente weder zu- noch abgewählt werden konnten und deren Inanspruchnahme als Pauschalpreis abgerechnet wurde. Damit liegen mit der Hauptleistung (der Beherbergungsleistung) untrennbar verbundene Nebenleistungen vor. Es handelt sich also um eine einheitliche Leistung mit der Beherbergung.

Soweit vom Gast **zu- und abwählbare Leistungen** vorliegen, handelt es sich nach der eindeutigen Aussage des BFH **nicht** um **Nebenleistungen**. In diesen Fällen ist immer eine eigenständige Beurteilung vorzunehmen, für die dann zumeist der Regelsteuersatz zur Anwendung kommt.

Die allgemein in derartigen Fällen übliche Empfehlung lautet, dass vergleichbare Fälle bis zu den Entscheidungen des EuGH **offen gehalten** werden sollten.

Für die **Vergangenheit** könnte dies durchaus **zielführend** sein, um ggfs im Falle einer für die Stpfl. positiven Entscheidung des EuGH die Vorteile aus der Anwendung eines einheitlichen ermäßigten Steuersatzes nutzen zu können.

Hinweis

Hierbei ist jedoch zu bedenken, dass ein bisher in Rechnungen ausgewiesener zu hoher Steuerbetrag nach **§ 14c Abs. 1 UStG** geschuldet wird und ein Rückzahlungsanspruch gegenüber dem Finanzamt nur dann geltend gemacht werden kann, wenn die entsprechenden Rechnungen korrigiert werden.

Soweit allerdings **Rechnungen an Endverbraucher** („Privatkunden“) ausgestellt werden, besteht ja **keine Gefährdung des Steueraufkommens**, so dass nach der neueren Rechtsprechung des EuGH die USt nach § 14c UStG nicht geschuldet würde (EuGH, Urt. v. 08.12.2022 – C-378/21, BFH/NV 2023, 365 – P-GmbH). Dies wird zwischenzeitlich auch von der FinVerw akzeptiert (BMF-Schr. v. 27.02.2024 – III C 2 – S 7282/19/10001 :002, BStBl I 2024, 361).

Erwogen werden kann, **in Zukunft** bei der Rechnungsstellung an Endverbraucher (Privatkunden) **keine USt offen auszuweisen** und **Bruttopreisvereinbarungen** zu treffen. Im Falle einer positiven Rechtsprechungsentwicklung beim EuGH/BFH könnte die USt dann gegenüber dem Finanzamt auf einen niedrigeren Steuersatz berichtigt werden, ohne die Rechnung gegenüber dem Kunden korrigieren zu müssen.

Bei **vorsteuerabzugsberechtigten Kunden** ist ein **offener Umsatzsteuerausweis** hingegen derzeit **unumgänglich**. Die Rechnungsstellung sollte in diesen Fällen unverändert fortgeführt werden.

Hinweis: Schlussanträge der Generalanwältin

Am **25.9.2025** hat die Generalanwältin Capeta in den drei Verfahren C-409 bis 411/24 ihre **Schlussanträge** vorgelegt. Die Anträge wurden nur auf das Verfahren beschränkt, das um die Abgabe des Frühstücks ging. Bei den anderen beiden Sachverhalten (**Spa, WLAN, Parkplatz**) hatte die Generalanwältin **Zweifel**, ob es sich überhaupt um **steuerbare Leistungen** handelt, da sie nach Vorlage des BFH **„kostenlos“** erbracht wurden.

Für Übernachtung und Frühstück zu einem Einheitspreis wurde die nationale **Aufteilung** von der Generalanwältin **bestätigt**. Es seien „Nebenleistungen“, die aber nicht so untrennbar mit der Hauptleistung verbunden sind, als dass sie nicht separat besteuert werden können. Die Aufteilung entspreche auch dem Willen des nationalen Gesetzgebers und dem Zweck der MwStSystRL.

Die Regelung stehe auch im Einklang mit dem Grundsatz der steuerlichen Neutralität (keine Besserstellung des Hoteliers gegenüber Drittanbietern).

Die Entscheidungen des EuGH in den Verfahren C-409 bis 411/24 bleiben abzuwarten.

2.6 Rechnungsangaben

In Abschn. 12.16 Abs.12 UStAE hat die Verwaltung Vereinfachungsregelungen vorgenommen:

Danach wird es – auch für Zwecke des Vorsteuerabzugs des Leistungsempfängers – nicht beanstandet, wenn folgende in einem Pauschalangebot enthaltene nicht begünstigte Leistungen in der Rechnung zu einem **Sammelposten** (z.B. „Business-Package“, „Servicepauschale“) **zusammengefasst** und der darauf entfallende Entgeltanteil in einem Betrag ausgewiesen werden:

- Abgabe eines Frühstücks;
- Nutzung von Kommunikationsnetzen;
- Reinigung und Bügeln von Kleidung, Schuhputzservice;
- Transport zwischen Bahnhof/Flughafen und Unterkunft;
- Transport von Gepäck außerhalb des Beherbergungsbetriebs;
- Nutzung von Saunaeinrichtungen;
- Überlassung von Fitnessgeräten;
- Überlassung von Plätzen zum Abstellen von Fahrzeugen.

Die Verwaltung hat diese Vereinfachungsregelung mit **BMF-Schreiben v. 22.12.2025** um eine Weitere ergänzt: Danach wird es nicht beanstandet, wenn der auf diese Leistungen entfallende Entgeltanteil mit **15% des Pauschalpreises** (bis 31.12.2025: **20%**) angesetzt wird.

Die Vereinfachungsregelung gilt nicht für Leistungen, für die ein **gesondertes Entgelt** vereinbart wird.

3. Beherbergung von Erntehelfern

Mit Urteil vom 29.11.2022 – XI R 13/20, BStBl II 2023, 938, hat der BFH entschieden, dass § 12 Abs. 2 Nr. 11 S. 1 UStG nicht nur die Vermietung von Grundstücken und mit diesen fest verbundenen Gebäuden begünstigt, sondern allgemein die Vermietung von Wohn- und Schlafräumen durch einen Unternehmer zur kurzfristigen Beherbergung von Fremden und damit **auch die Vermietung von Wohncontainern an Erntehelfer.**

Die FinVerw wendet dieses Urteil an und hat Abschn. 12.16 Abs. 1 S. 3 UStAE entsprechend angepasst.

In Abschn. 12.16 Abs. 1 S. 4 und 5 UStAE weist die FinVerw aber darauf hin, dass der Schwerpunkt der Leistung nicht in der Überlassung der Wohn- oder Schlafräume zur Beherbergung liegt, wenn aus Sicht eines Durchschnittsverbrauchers der Charakter der Leistung nicht durch die Überlassung von Räumen zu Wohn- oder Schlafzwecken, sondern durch andere Aspekte geprägt wird. So ist dann etwa die Vermietung von **nicht ortsfesten Hausbooten oder Wohnmobilen** zur Durchführung von Reisen insgesamt nicht begünstigt, weil dabei nicht der Beherbergungsgedanke im Vordergrund steht, sondern andere Aspekte, wie z. B. die Mobilität und örtliche Flexibilität. Sonstige Leistungen eigener Art, bei denen die **Überlassung von Räumen nicht charakterbestimmend ist** (z. B. die Anmietung von Räumen, um dort entgeltlich sexuelle Dienstleistungen zu erbringen), unterliegen nach Auffassung der FinVerw auch hinsichtlich dieses Leistungsaspekts ebenfalls nicht der Steuerermäßigung nach § 12 Abs. 2 Nr. 11 S. 1 UStG (vgl. dazu BMF-Schr. v. 6.10.2023 – II C 2 – S 7245/19/10001 :004).

UStAE 12.17. Digitale Medien (§ 12 Abs. 2 Nr. 14 UStG)

(1) [1]Nach § 12 Abs. 2 Nr. 14 Satz 1 UStG unterliegt die Überlassung der in Nummer 49 Buchstabe a bis e und Nummer 50 der Anlage 2 des UStG bezeichneten Erzeugnisse in elektronischer Form dem ermäßigten Steuersatz. [2]Dies gilt unabhängig davon, ob das Erzeugnis auch auf einem physischen Träger angeboten wird. [3]Von der Ermäßigung ausgenommen sind Veröffentlichungen, die vollständig oder im Wesentlichen aus Videoinhalten oder hörbarer Musik bestehen. [4]Entscheidend ist, ob die digitalen Produkte in ihrer Funktion über die gedruckter Bücher, Zeitungen oder Zeitschriften deutlich hinausgehen. [5]Die Durchsuchbarkeit, Filtermöglichkeit und Verlinkung innerhalb des digitalen Produkts schließen die Anwendung des ermäßigten Steuersatzes nicht aus. [6]Ebenfalls ausgenommen sind nach § 12 Abs. 2 Nr. 14 Satz 2 UStG Erzeugnisse, für die Beschränkungen als jugendgefährdende Trägermedien oder Hinweispflichten nach § 15 Abs. 1 bis 3 und 6 JuSchG in der jeweils geltenden Fassung bestehen, sowie Veröffentlichungen, die vollständig oder im Wesentlichen Werbezwecken, einschließlich Reisewerbung, dienen. [7]Bei einem Angebot verschiedener kombinierter Produkte zu einem einheitlichen Entgelt (sog. Bundling-Angebot) ist nach den Grundsätzen des Abschnitts 3.10 im Einzelfall zu entscheiden, ob eine einheitliche Leistung vorliegt, die einem einheitlichen Steuersatz unterliegt, oder ob ein Leistungsbündel gegeben ist, dessen einzelne Leistungsbestandteile separat zu betrachten sind und ggf. unterschiedlichen Steuersätzen unterliegen. [8]Ob ausschließlich in elektronischer Form vertriebene Produkte dem ermäßigten Steuersatz unterliegen, kann nicht im Wege einer uvZTA (vgl. Abschnitt 12.1 Abs. 1 Satz 4) geklärt werden.

(2) [1]Dem ermäßigten Steuersatz unterliegt nach § 12 Abs. 2 Nr. 14 Satz 3 UStG auch die Bereitstellung eines Zugangs zu Datenbanken, die eine Vielzahl von elektronischen Büchern, Zeitungen oder Zeitschriften oder Teile von diesen enthalten. [2]Die Bereitstellung eines Zugangs zu einer Datenbank kann in rein elektronischer Form (z. B. über einen Online-Zugang u. Ä.) oder mittels eines physischen Datenträgers (z. B. CD-Rom, DVD, USB-Stick u. Ä.) erfolgen. [3]Die Bereitstellung eines Zugangs zu einer Datenbank stellt eine einheitliche Leistung dar. [4]Eine Datenbank im Sinne des § 12 Abs. 2 Nr. 14 Satz 3 UStG ist eine Sammlung von Werken, Daten und anderen unabhängigen Elementen, die systematisch oder methodisch angeordnet und einzeln mit elektronischen Mitteln zugänglich sind (vgl. Abschnitt 3 a.12 Abs. 3 Nr. 5 Satz 2). [5]Erforderlich für die Begünstigung ist, dass die Datenbank eine Vielzahl von elektronischen Büchern, Zeitungen oder Zeitschriften oder Teile von diesen enthält und somit primär durch die Bereitstellung begünstigter Werke im Sinne des § 12 Abs. 2 Nr. 14 Satz 1 UStG geprägt wird. [6]Dabei ist auf die Sicht des Durchschnittsverbrauchers abzustellen. [7]Unschädlich ist, wenn die Datenbank auch oder nur andere der in Nummer 49 Buchstabe a bis e und Nummer 50 der Anlage 2 des UStG bezeichneten Erzeugnisse (z. B. Noten) in elektronischer Form enthält. [8]Datenbanken, die überwiegend andere Elemente als elektronische Bücher, Zeitungen oder Zeitschriften oder Teile von diesen enthalten, sind nicht begünstigt. [9]Ob andere Elemente als die nach § 12 Abs. 2 Nr. 14 Satz 1 UStG begünstigten überwiegen, beurteilt sich sowohl quantitativ als auch qualitativ anhand der in der Datenbank enthaltenen Elemente. [10]Die Durchsuchbarkeit, Filtermöglichkeit und Verlinkung innerhalb der Datenbank schließen die Anwendung des ermäßigten Steuersatzes nicht aus. [11]Nicht begünstigt sind Datenbanken, die Elemente im Sinne des § 12 Abs. 2 Nr. 14 Satz 2 UStG enthalten. [12]Unschädlich ist, wenn eine Datenbank Werbung enthält, ohne den Tatbestand des § 12 Abs. 2 Nr. 14 Satz 2 UStG zu erfüllen.

Beispiel 1:

[1]Eine Datenbank enthält Noten sowie kurze Hörbeispiele der einzelnen Lieder zur besseren Auffindbarkeit und bietet zusätzlich die Möglichkeit, die Noten in eine andere Tonart umzuwandeln. [2]In der Datenbank überwiegen die begünstigten Elemente (Noten) sowohl qualitativ als auch quantitativ.

[3]Der Zugang zur Datenbank unterliegt insgesamt dem ermäßigten Steuersatz.

Beispiel 2:

[1]Im Rahmen eines digitalen Office-Pakets bietet ein Verlag neben Kommentaren, Gerichtsurteilen, Aufsätzen, Gesetzestexten und Verordnungen auch Formulare zum Ausfüllen oder Tools wie Steuer- oder auch Mindestlohnrechner sowie e-Trainings, Generatoren und Online-Live-Seminare an. [2]Sowohl bei der Anzahl der in der Datenbank enthaltenen Dateien als auch bei den abgerufenen Inhalten überwiegen die begünstigten Elemente (Kommentare, Gerichtsurteile, Aufsätze, Gesetzestexte, Verordnungen und Formulare).

[3]Der Zugang zur Datenbank unterliegt insgesamt dem ermäßigten Steuersatz.

Beispiel 3:

[1]Eine Plattform bietet neben Texten auch kurze Videos, einen Chatroom mit anderen Teilnehmern und die Möglichkeit eines interaktiven Abschlusstests. [2]Bei qualitativer/quantitativer Betrachtungsweise überwiegen die nicht begünstigten Elemente.

[3]Der Zugang zur Datenbank unterliegt insgesamt nicht dem ermäßigten Steuersatz.

Beispiel 4:

[1]Im Rahmen einer Plattform zur Bereitstellung von Lehr- und Lernmedien bietet ein Verlag neben Schulbüchern, Wörterbüchern, Enzyklopädien, Handreichungen für den Unterricht, Test- und Prüfungsbögen in Textform auch kurze Erklärvideos und Hörbeispiele oder Tools für das kollaborative digitale Lernen, beispielsweise Zuweisfunktionen von Aufgaben sowie Lernstandsanzeigen und Planer zur Unterrichtsgestaltung an.

[2]Bei qualitativer/quantitativer Betrachtungsweise überwiegen die begünstigten Elemente (Schulbücher, Wörterbücher, Enzyklopädien, Handreichungen für den Unterricht, Test- und Prüfungsbögen in Textform). [3]Der Zugang zur Datenbank unterliegt insgesamt dem ermäßigten Steuersatz.

UStAE 12.18. Nullsteuersatz für bestimmte Photovoltaikanlagen

Lieferung einer Photovoltaikanlage

(1) [1]Die Verschaffung der Verfügungsmacht an einer Photovoltaikanlage begründet eine Lieferung im Sinne des § 3 Abs. 1 UStG und unterliegt dem Nullsteuersatz. [2]Zur Bestimmung des Zeitpunkts der Lieferung einer Photovoltaikanlage vgl. Abschnitt 13.1. [3]Lieferungen und sonstige Leistungen, die für den Leistungsempfänger keinen eigenen Zweck, sondern das Mittel darstellen, um die Lieferung der Photovoltaikanlage unter optimalen Bedingungen in Anspruch zu nehmen, teilen das Schicksal der Lieferung der Photovoltaikanlage und sind als Nebenleistungen zur Hauptleistung dementsprechend einheitlich mit dem Nullsteuersatz zu besteuern (vgl. Abschnitt 3.10). [4]Zu den Nebenleistungen der Lieferung der Photovoltaikanlage zählen u. a. die Übernahme der Anmeldung in das MaStR, die Bereitstellung von Software zur Steuerung und Überwachung der Anlage, die Montage der Solarmodule, die Kabelinstallationen, die Lieferung und der Anschluss des Wechselrichters oder des Zweirichtungszählers, die Lieferung von Schrauben und Stromkabeln, die Herstellung des AC-Anschlusses, die Bereitstellung von Gerüsten oder auch die Lieferung von Befestigungsmaterial, die Erneuerung oder Ertüchtigung eines Zählerschranks, die Erneuerung oder Ertüchtigung der Unterkonstruktioneiner Photovoltaikanlage (z. B. durch eine Verbreiterung oder Aufdopplung von Sparren) oder auch die Lieferung eines Taubenschutzes. [5]Nicht zu den Nebenleistungen der Lieferung der Photovoltaikanlage zählen u.a. die zwingend vorgeschriebenen Maßnahmen (z.B. Demontage und Neumontage von Platten) bei einem Aufbringen der Photovoltaikanlage auf Dächern mit asbesthaltigen Deckwerkstoffen oder auch die Anpassung einer

Blitzschutzanlage. [6]Dem Nullsteuersatz unterliegen grundsätzlich auch die Lieferungen von Photovoltaikanlagen durch Bauträger. [7]Dies gilt auch, wenn der Bauträger neben der Aufdachphotovoltaikanlage auch das Gebäude liefert, da die Lieferung der Photovoltaikanlage hierzu eine eigenständige Leistung und keine unselbstständige Nebenleistung darstellt. [8]Die Vermietung von Photovoltaikanlagen stellt keine Lieferung von Photovoltaikanlagen dar und unterliegt daher dem Regelsteuersatz. [9]Dagegen können Leasing- oder Mietkaufverträge je nach konkreter Ausgestaltung umsatzsteuerrechtlich als Lieferung oder als sonstige Leistung einzustufen sein. [10]Maßgeblich für die Abgrenzung sind die vertraglichen Vereinbarungen zwischen den Vertragsparteien gemäß den Grundsätzen des Abschnittes 3.5 Abs. 5. [11]Dabei sind Laufzeit, Zahlungsbedingungen und mögliche Kombinationen mit anderen Leistungselementen u. Ä. zu berücksichtigen. [12]Der Nullsteuersatz findet keine Anwendung auf den Teil des Entgelts, der auf eigenständige Serviceleistungen entfällt wie z. B. Wartungsarbeiten, die Einholung von behördlichen Genehmigungen oder die Versicherung der Photovoltaikanlage mit einer Haftpflicht- und Vermögensschadens-Versicherung. [13]Ein einheitlicher Mietbetrag ist nach der einfachsten möglichen Methode aufzuteilen.

Beispiel:

[1]Unternehmer U vermietet an Kunden K eine Photovoltaikanlage. [2]Der Zeitraum der Vermietung beträgt 20 Jahre. [3]Die jährliche Miete beträgt 1 625 €. [4]Von dem Mietbetrag entfallen 1 300 € auf die Überlassung der Photovoltaikanlage einschließlich der damit verbundenen Finanzierungskosten, während der restliche Betrag von 325 € auf die einhergehenden Serviceleistungen (Versicherung usw.) gezahlt wird. [5]U räumt K die Option ein, zum Ende der Mietzeit die Photovoltaikanlage zum Preis von 1 € zu erwerben. [6]Sofern K von der Option Gebrauch macht, tritt U die Herstellergarantie, deren weitere Laufzeit sich zum Zeitpunkt der Optionsausübung noch auf 5 Jahre beläuft, an K ab. [7]Sollte K von der Option keinen Gebrauch machen, ist er auf Grund des Mietvertrages verpflichtet, die Photovoltaikanlage zum Ende der Mietzeit auf eigene Kosten abzubauen und dem U auszuhändigen. [8]Der Verkehrswert der Photovoltaikanlage beträgt zu Beginn der Vertragslaufzeit 22 000 € und am Ende der Vertragslaufzeit 4 400 €.

[9]Es liegt eine Lieferung der Photovoltaikanlage des U an K vor. [10]Die Summe der vertraglichen Raten beträgt 26 000 € und entspricht damit dem Verkehrswert des Gegenstands einschließlich der Finanzierungskosten. [11]K muss bei der Ausübung der Option lediglich 1 € bezahlen und muss daher zusätzlich keine erhebliche Summe entrichten. [12]Unter Einbeziehung der Abtretung der Herstellergarantie in die Gesamtbetrachtung erscheint die Optionsausübung zum Vertragsende als einzig wirtschaftlich rationale Möglichkeit für den K. [13]Bezüglich des Entgelts, das K für die Überlassung der Photovoltaikanlage an U zu entrichten hat, findet der Nullsteuersatz Anwendung. [14]Die Serviceleistungen sind mit dem Regelsteuersatz zu besteuern, so dass U für den jährlichen Betrag in Höhe von 325 € für die Serviceleistungen Umsatzsteuer in Höhe von 51,89 € abzuführen hat.

[14]Für Mietkauf und Leasingverträge, die als Lieferung einzustufen sind und die keine Aufteilung des Entgelts gemäß Satz 12 vorsehen, ist eine Aufteilung anhand der internen Kalkulation vorzunehmen, wenn die Photovoltaikanlage nach dem 31. 12. 2022 geliefert worden ist. [15]Es wird nicht beanstandet, wenn der Unternehmer pauschalierend ein Verhältnis von 90 % für die Überlassung der Photovoltaikanlage und 10 % für die eigenständigen Serviceleistungen ansetzt. [16]Im Übrigen gelten die Grundsätze des Abschnittes 3.5 Abs. 7.

Betreiber einer Photovoltaikanlage

(2) [1]Der Nullsteuersatz erfasst nur die Lieferung an den Betreiber einer Photovoltaikanlage. [2]Die in der Lieferkette vorausgehenden Lieferungen (z. B. an Zwischenhändler, Leasinggeber, Mietverkäufer) unterliegen hingegen dem Regelsteuersatz. [3]Betreiber der Photovoltaikanlage sind die natürlichen Personen, juristischen Personen oder Personenzusammenschlüsse, die dem Grunde nach zum Leistungszeitpunkt als Betreiber der jeweiligen Anlage im MaStR registrierungspflichtig sind oder voraussichtlich registrierungspflichtig werden. [4]Hierfür genügt es, wenn die Anlage unmittelbar an das Stromnetz angeschlossen werden soll; auf eine tatsächliche Einspeisung oder Förderung nach dem EEG kommt es nicht an. [5]Auch wird für die Anwendung des Nullsteuersatzes nicht die Unternehmereigenschaft des Betreibers

vorausgesetzt. [6]Die tatsächliche Registrierung im MaStR (z.B. im Falle von Steckersolargeräten, sog. Balkonkraftwerken) ist für die Betreibereigenschaft nicht maßgeblich. [7]Nachträgliche Änderungen der Person des Betreibers sind unerheblich. [8]Besteht keine Registrierungspflicht (beispielsweise bei sog. Inselanlagen), kann gleichwohl der Nullsteuersatz zur Anwendung kommen (vgl. Absatz 7). [9]In diesem Fall ist aus Vereinfachungsgründen davon auszugehen, dass der Leistungsempfänger Betreiber der Photovoltaikanlage ist. [10]Hinsichtlich der Nachweispflichten vgl. Absatz 6.

Belegenheitsvoraussetzungen

(3) [1]Die Anwendung des Nullsteuersatzes setzt eine Installation der Solarmodule/Speicher/wesentlichen Komponenten auf oder in der Nähe von Privatwohnungen, Wohnungen oder öffentlichen und anderen Gebäuden, die für dem Gemeinwohl dienende Tätigkeiten genutzt werden, voraus. [2]Wohnung/Privatwohnung ist jeder umschlossene Raum, der zum Wohnen oder Schlafen benutzt wird. [3]Als Wohnung im Sinne dieser Vorschrift gelten daher auch Gebäude auf Freizeitgrundstücken und Gartenlauben in Kleingartensiedlungen. [4]Wohnwagen und Wohnschiffe sind nur dann als Wohnungen anzusehen, wenn sie nicht oder nur gelegentlich fortbewegt werden. [5]Öffentliche und andere Gebäude, die für dem Gemeinwohl dienende Tätigkeiten genutzt werden, liegen vor, wenn das jeweilige Gebäude für Umsätze nach § 4 Nr. 11b, 14 bis 18, 20 bis 25, 27 und 29 oder § 12 Abs. 2 Nr. 8 UStG oder für hoheitliche oder ideelle Tätigkeiten verwendet wird. [6]Container können ebenfalls den für die Anwendung des Nullsteuersatzes erforderlichen Gebäudebegriff erfüllen, soweit die übrigen Voraussetzungen vorliegen (z.B. Schulcontainer, die für hoheitliche Tätigkeiten etwa zur Auslagerung von Schulklassen wegen Sanierungsarbeiten genutzt werden). [7]In der Nähe der genannten Wohnungen/Gebäude befindet sich eine Photovoltaikanlage insbesondere, wenn sie auf dem Grundstück installiert ist, auf dem sich auch die betreffende Wohnung bzw. das betreffende begünstigte Gebäude befindet (z.B. Garage, Gartenschuppen, Zaun). [8]Von einer Nähe ist daher auch auszugehen, wenn zwischen dem Grundstück und der Photovoltaikanlage ein räumlicher oder funktionaler Nutzungszusammenhang besteht (z.B. einheitlicher Gebäudekomplex oder einheitliches Areal). [9]Die Vereinfachungsregelung des § 12 Abs. 3 Nr. 1 Satz 2 UStG bleibt davon unberührt.

(4) [1]Wird ein Gebäude sowohl für begünstigte als auch nicht begünstigte Zwecke verwendet (z.B. teilweise zu Wohnzwecken und teilweise zu gewerblichen Zwecken), ist grundsätzlich von einem begünstigten Gebäude auszugehen. [2]Dies gilt nur dann nicht, wenn die unschädliche Nutzung so sehr hinter der schädlichen Nutzung zurücktritt, dass eine Anwendung der Begünstigung nicht sachgerecht wäre. [3]Hiervon ist auszugehen, wenn die unschädliche Nutzung in so engem Zusammenhang mit der schädlichen Nutzung steht, dass ihr kein eigener Zweck zukommt (beispielsweise Hausmeisterwohnung in einem Gewerbekomplex) oder wenn die auf die unschädliche Nutzung entfallenden Nutzflächenanteile weniger als 10 % der Gesamtgebäudenutzfläche ausmachen. [4]Tritt die unschädliche Nutzung hinter der schädlichen Nutzung zurück, unterliegt die Lieferung insgesamt dem Regelsteuersatz.

Vereinfachungsregelung in § 12 Abs. 3 Nr. 1 Satz 2 UStG

(5) [1]Die Voraussetzungen des § 12 Abs. 3 Nr. 1 Satz 1 UStG gelten als erfüllt, wenn die installierte Bruttoleistung der Photovoltaikanlage (Einheit) laut MaStR nicht mehr als 30 kW (peak) beträgt oder betragen wird. [2]Die Regelung stellt eine Vereinfachung für die Prüfung der Gebäudeart dar. [3]Die Vereinfachungsregelung gilt nicht für die Betreibereigenschaft. [4]Besteht keine Registrierungspflicht im MaStR, ist die Vereinfachungsregelung nicht anwendbar (vgl. aber die Vereinfachungsregelung in Absatz 6). [5]Nach § 16 Abs. 3 Nr. 7 MaStRV eröffnet die Bundesnetzagentur den Finanzbehörden des Bundes und der Länder auf Anforderung einen Zugang zu Daten, die nach § 15 Abs. 1 MaStRV nicht veröffentlicht werden, einschließlich personenbezogener Daten, soweit die Finanzbehörden diese Daten zur Erfüllung ihrer gesetzlichen Aufgaben benötigen. [6]Die 30 kW-Grenze ist einheitenbezogen zu prüfen. [7]Bei der nachträglichen Erweiterung einer Photovoltaikanlage ist die Leistung der bestehenden Einheit mit der der Erweiterung zu addieren. [8]Wird die 30 kW-Grenze durch die Erweiterung überschritten, ist die Vereinfachungsregelung auf den nachträglich ergänzten Teil nicht anwendbar. [9]Für den bereits bestehenden Teil führt dies jedoch nicht zur nachträglichen Nichtanwendbarkeit der Vereinfachungsregelung.

Nachweis über das Vorliegen der Voraussetzungen

(6) [1]Der leistende Unternehmer hat nachzuweisen, dass die Tatbestandsvoraussetzungen zur Anwendung des Nullsteuersatzes erfüllt sind. [2]Ausreichend für den Nachweis ist es, wenn der Erwerber erklärt, dass er Betreiber der Photovoltaikanlage ist und es sich entweder um ein begünstigtes Gebäude handelt oder die installierte Bruttoleistung der Photovoltaikanlage laut MaStR nicht mehr als 30 kW (peak) beträgt oder betragen wird. [3]Eine Erklärung des Erwerbers im Sinne des Satzes 2 kann auch im Rahmen der vertraglichen Vereinbarung (z. B. AGB) erfolgen. [4]Dasselbe gilt für nachträgliche Lieferungen von Speichern, wesentlichen Komponenten und Ersatzteilen.

Solarmodule und Speicher

(7) [1]Netzgebundene Anlagen und nicht-netzgebundene stationäre Anlagen (sog. Inselanlagen) unterliegen dem Nullsteuersatz. [2]Aus Vereinfachungsgründen ist davon auszugehen, dass Solarmodule mit einer Leistung von 300 Watt und mehr für netzgekoppelte Anlagen oder stationäre Inselanlagen eingesetzt werden. [3]Beträgt die Leistung der Photovoltaikanlagen nicht mehr als 800 Voltampere, entfällt die besondere Nachweispflicht nach Absatz 6, auch die Betreibereigenschaft des Leistungsempfängers wird unterstellt. [4]Dies gilt nicht für Lieferungen durch Hersteller von Photovoltaikanlagen und Lieferungen im Großhandel. [5]Stationäre Solarmodule, die neben der Stromerzeugung weitere unbedeutende Nebenzwecke erfüllen, sind ebenfalls begünstigt (z. B. Solartische). [6]Ebenso begünstigt sind sogenannte Hybridmodule, die sowohl Strom als auch Wärme produzieren. [7]Bei sog. Solar-Carports oder Solar-Terrassenüberdachungen ist nicht mehr von einem nur unbedeutenden Nebenzweck im Sinne des Satzes 5 auszugehen. [8]In diesen Fällen stellt allerdings die Photovoltaikanlage ein eigenständiges Wirtschaftsgut dar; bei Erfüllung der Voraussetzungen des § 12 Abs. 3 Nr. 1 UStG unterliegen daher die Solarpaneele (mit Halterung),die wesentlichen Komponenten sowie die hierfür erforderlichen Nebenleistungen zur Lieferung der Photovoltaikanlage nach den allgemeinen Grundsätzen des Absatzes 1 dem Nullsteuersatz; nicht hingegen die primäre Unterkonstruktion, die den Zweck der Terrassenüberdachung oder des Carports selbst erfüllt. [9]Batterien und Speicher unterliegen dem Nullsteuersatz, wenn diese im konkreten Anwendungsfall dazu bestimmt sind, Strom aus begünstigten Solarmodulen im Sinne der Sätze 1 bis 6 zu speichern. [10]Aus Vereinfachungsgründen ist davon auszugehen, dass Speicher mit einer nutzbaren Kapazität von mindestens 5 kWh bestimmt sind, Strom aus begünstigten Solarmodulen im Sinne der Sätze 1 bis 6 zu speichern. [11]Die Lieferung sowie die Installation eines Energiespeichersystems, das den mit einer Photovoltaikanlage im Sinne des § 12 Abs. 3 Nr. 1 UStG erzeugten überschüssigen Strom vollständig oder teilweise chemisch in Wasserstoff speichert, unterliegt dem Nullsteuersatz des § 12 Abs. 3 UStG, wenn keine anderweitige Verwendung des Wasserstoffs außer der Rückumwandlung der im Wasserstoff gespeicherten chemischen Energie in elektrischen Strom zum Verbrauch möglich ist. [12]Das im Rückumwandlungsprozess zwangsläufige Entstehen von nutzbarer Wärme ist hierbei unerheblich. [13]Nachträgliche Änderungen der Nutzung von Batterien und Speicher sind unerheblich.

Wesentliche Komponenten

(8) [1]Neben den Solarmodulen und dem Batteriespeicher (auch nachträglich eingebaute Speicher) unterliegen „wesentliche Komponenten“ dem Nullsteuersatz. [2]Wesentliche Komponenten sind die Gegenstände, deren Verwendungszweck speziell im Betrieb oder der Installation von Photovoltaikanlagen liegt oder die zur Erfüllung technischer Normen notwendig sind. [3]Zu den wesentlichen Komponenten gehören jene, die geliefert und installiert werden, um Photovoltaikanlagen zu errichten und zu betreiben, insbesondere die photovoltaikanlagenspezifischen Komponenten wie z. B.:

- Wechselrichter,
- Dachhalterung,
- Energiemanagement-System,
- Solarkabel,
- Einspeisesteckdose (sog. Wieland-Steckdose),
- Funk-Rundsteuerungsempfänger
- Backup Box und der Notstromversorgung dienende Einrichtungen.

[4]Auch die (nachträgliche) Lieferung einzelner wesentlicher Komponenten und deren Ersatzteile, sowie deren Installation unterliegen dem Nullsteuersatz, wenn diese Teil einer Anlage sind, die die Voraussetzungen des § 12 Abs. 3 Nr. 1 UStG erfüllt. [5]Ebenso unterliegt die isolierte Erweiterung bzw. Erneuerung eines Zählerschranks im Zusammenhang mit der Installation einer Photovoltaikanlage, die die Voraussetzungen des § 12 Abs. 3 Nr. 1 UStG erfüllt, dem Nullsteuersatz.

(9) [1]Keine wesentlichen Komponenten sind Zubehör, wie z. B. Schrauben, Nägel und Kabel, auch wenn diese für die Installation der Anlage notwendig sind. [2]Ebenso wenig gehören Stromverbraucher für den neu erzeugten Strom (z. B. Ladeinfrastruktur, Wärmepumpe, Wasserstoffspeicher mit nicht ausschließlicher Bestimmung zur Stromerzeugung durch Rückumwandlung des Wasserstoffs in Strom) zu den wesentlichen Komponenten einer Photovoltaikanlage (vgl. aber zur Einheitlichkeit der Leistung Absatz 1).

Beispiel 1:

[1]Unternehmer U erwirbt im Baumarkt u. a. Schrauben und Kabel, um eine Photovoltaikanlage in Eigenleistung auf seinem Privathaus zu errichten.

[2]Die Lieferung der Schrauben und Kabel unterliegt dem Regelsteuersatz in Höhe von 19 %, da es sich nicht um wesentliche Komponenten im Sinne des § 12 Abs. 3 UStG handelt.

Beispiel 2:

[1]Unternehmer U beauftragt das Solarunternehmen S im Rahmen einer sog. „Paketlösung“ eine Photovoltaikanlage auf seinem Privathaus zu installieren. [2]In den Materialkosten, die S gegenüber U in Rechnung stellt, sind auch Kabel und Schrauben enthalten.

[3]Die Lieferung der nicht wesentlichen Komponenten (Kabel und Schrauben) erfolgt im Rahmen einer einheitlichen Leistung (Lieferung einer Photovoltaikanlage) und unterliegt unter den übrigen Voraussetzungen des § 12 Abs. 3 UStG dem Nullsteuersatz.

Installation einer Photovoltaikanlage

(10) [1]Gemäß § 12 Abs. 3 Nr. 4 UStG unterliegt auch die Installation von Photovoltaikanlagen der Begünstigung, wenn die Lieferung der installierten Komponenten die Voraussetzungen der § 12 Abs. 3 Nr. 1 UStG erfüllt. [2]Zu den begünstigten Leistungen gehören die photovoltaikanlagenspezifischen Arbeiten, die ausschließlich dazu dienen, eine Photovoltaikanlage sicher für das Gebäude und für die sich darin befindlichen Menschen zu betreiben (z. B. photovoltaikanlagenspezifische Elektroinstallation). [3]Die Installationsarbeiten müssen direkt gegenüber dem Anlagenbetreiber erbracht werden, um unter die Steuersatzermäßigung zu fallen. [4](Vor-)Arbeiten, die auch anderen Stromverbrauchern oder Stromerzeugern oder anderen Zwecken zugutekommen, unterliegen nicht dem Nullsteuersatz (vgl. aber zur Einheitlichkeit der Leistung Absatz 1).

Beispiel 1:

[1]Unternehmer U errichtet in Eigenleistung eine Photovoltaikanlage auf seinem Privathaus. [2]Für die erforderlichen Bodenarbeiten beauftragt U eine Baufirma B und für die Erweiterung seines Zählerschranks das Elektrounternehmen E. [3]Des Weiteren ist eine Verstärkung der Dachsparren erforderlich. [4]U beauftragt hierfür das Dachdeckerunternehmen D.

[5]Die Bodenarbeiten unterliegen ebenso dem Regelsteuersatz in Höhe von 19 % wie die Dacharbeiten. [6]Die Erweiterung des Zählerschranks unterliegt dem Nullsteuersatz.

Beispiel 2:

[1]Unternehmer U errichtet in Eigenleistung eine Photovoltaikanlage auf seinem Privathaus. [2]Das Gebäude des U wird gleichzeitig und unabhängig von der Errichtung der Photovoltaikanlage grundlegend renoviert. [3]So werden umfassende Elektroarbeiten durchgeführt, bei denen auch eine Erneuerung des Zählerschranks erforderlich ist. [4]In diesem Zusammenhang wird die Photovoltaikanlage berücksichtigt und angeschlossen.

[5]Die am Privathaus des U durchgeführten Elektroarbeiten unterliegen insgesamt dem Regelsteuersatz in Höhe von 19 %, da die Erneuerung des Zählerschranks nicht durch die Installation der Photovoltaikanlage bedingt ist und sie somit nicht in ursächlichem Zusammenhang mit der Installation der Photovoltaikanlage steht.

Beispiel 3:

[1]Sachverhalt wie in Beispiel 1, jedoch beauftragt U das Solarunternehmen S im Rahmen einer sog. „Paketlösung" eine Photovoltaikanlage mit 25 kw (peak) auf seinem Gebäude zu installieren.

[2]Alle von S im Rahmen einer einheitlichen Leistung (Dacharbeiten, Lieferung einer Photovoltaikanlage, Bodenarbeiten, Erweiterung Zählerschrank) erbrachten Arbeiten unterliegen unter den übrigen Voraussetzungen des § 12 Abs. 3 UStG dem Nullsteuersatz.

Anmerkung

1. Grundzüge des Nullsteuersatzes gem. § 12 Abs. 3 UStG

Nach § 12 Abs. 3 UStG ermäßigt sich die **Steuer auf 0 %** für die Lieferungen (sowie auch die Einfuhr, der innergemeinschaftliche Erwerb und die Installation) von Solarmodulen an den Betreiber einer PV-Anlage, einschließlich der für den Betrieb einer Photovoltaikanlage wesentlichen Komponenten (incl. Speicher), die dazu dienen, den mit Solarmodulen erzeugten Strom zu speichern, wenn die Photovoltaikanlage auf oder in der Nähe von Privatwohnungen, Wohnungen sowie öffentlichen und anderen Gebäuden, die für dem Gemeinwohl dienende Tätigkeiten genutzt werden, installiert wird.

Die Regelung enthält daneben eine **Vereinfachungsregelung**, wonach die Voraussetzungen als erfüllt gelten, wenn die installierte Bruttoleistung der PV-Anlage laut Marktstammdatenregister (MAStR) nicht mehr als **30 kW (peak)** beträgt oder betragen wird.

Der Nullsteuersatz gilt ausschließlich für Leistungen gegenüber dem Betreiber der PV-Anlage. Die Lieferungen der Hersteller, Groß- und Einzelhändler, die nicht Betreiber der PV-Anlage sind, unterliegen weiterhin dem Regelsteuersatz. Insofern gibt es keine Einschränkung des Vorsteuerabzugs. In dieser Hinsicht unterscheidet sich der „Nullsteuersatz" von einer USt-Befreiungsregelung.

Die Neuregelung kommt zur Anwendung, wenn die **Leistung nach dem 31.12.2022** ausgeführt wurde. Da es sich bei der Lieferung von PV-Anlagen um Werklieferungen gem. § 651 BGB handelt (§ 3 Abs. 4 UStG) ist die Ausführung mit der Abnahme der Lieferung – also der Abnahme der PV-Anlage gegenüber dem Installateur erfolgt.

Hinweis: Abnahmeprotokoll maßgebend

Entscheidend ist, wann die installierte Anlage abgenommen wurde. Hintergrund ist, dass es sich i. d. R. um Werklieferungsverträge gem. § 650 BGB handelt. Danach kommt es auf die Abnahme des Werks an, d. h., darin liegt umsatzsteuerlich die Verschaffung der Verfügungsmacht gem. § 3 Abs. 1 UStG. Wenn ein **Abnahmeprotokoll** existiert, ist dieses maßgebend. Ist dies nicht der Fall, kommt es auf den **Zeitpunkt der Inbetriebnahme** an. Erfolgte diese vor dem 1.1.2023 kommt der „Nullsteuersatz" nicht zur Anwendung. Der Einbau eines sog Zweirichtungszählers durch den örtlichen Energieversorger ist unerheblich.

2. Rechtslage bis 31.12.2022

Bis zum 31.12.2022 konnte ein Unternehmer eine PV-Anlage voll seinem Unternehmen zuordnen. Wenn er auf die Anwendung der **Kleinunternehmerregelung** (§ 19 UStG) verzichtete, war er zum vollen Vorsteuerabzug aus der Anschaffung der PV-Anlage berechtigt. Im Gegenzug unterlag dann der privat (= dezentral) verbrauchte Strom der Besteuerung als unentgeltliche Wertabgabe (§ 3 Absatz 1 b S. 1 Nr. 1 UStG). Für diese „Altfälle" hat sich durch die seit dem 1.1.2023 geltende Regelung im Grundsatz nichts geändert.

Hinweis: Bindungswirkung der Option

Die **Bindung** an die Option beträgt **mindestens 5 Jahre**. Es handelte sich nach der bis zum 31.12.2024 geltenden Rechtslage um volle Kalenderjahre, so dass der Widerruf der Option gem. § 19 Abs. 2 Satz 3 UStG a.F. ggfs. erst mit Ablauf des 6. Jahres erfolgen sollte, um eine Vorsteuerberichtigung nach § 15 a UStG zu vermeiden.

Da sich die **Rechtslage zur Kleinunternehmerbesteuerung** seit dem 01.01.2025 **geändert** hat, gilt jetzt Folgendes: Nach § 19 Abs. 3 UStG n.F. kann ein Widerruf erst mit Beginn des auf die 5-jährige Bindungsfrist folgenden Kalenderjahres erfolgen.

Wichtig ist, dass für den Widerruf seit dem 01.01.2025 die neue Rechtslage zu § 19 UStG gilt.

2.1 Entnahme von sog. „Altanlagen"

Vor dem Hintergrund der seit dem 1.1.2023 geltenden Regelung mit Nullsteuersatz stellt sich die Frage, ob und ggfs. in welchem Umfang vor dem 1.1.2023 angeschaffte PV-Anlagen entnommen werden können.

Hierzu hat sich die FinVerw bereits kurz nach Inkrafttreten der Regelung in § 12 Abs. 3 UStG in einem BMF-Schreiben geäußert (BMF v. 27.2.2023, BStBl I 2023, 351). Danach unterliegt die Entnahme oder unentgeltliche Zuwendung einer PV-Anlage, die zum vollen (oder teilweisen) Vorsteuerabzug berechtigt hat, gem. § 3 Abs. 1 b UStG als unentgeltliche Wertabgabe weiterhin grds. der Umsatzsteuer. Eine Entnahme ist nur möglich, wenn **mindestens 90 % des erzeugten Stroms für nichtunternehmerische Zwecke verwendet** werden. Unter den übrigen Voraussetzungen des § 12 Abs. 3 UStG unterliegt diese unentgeltliche Wertabgabe dann dem Nullsteuersatz, anderenfalls aber dem Regelsteuersatz. Von mindestens 90 % nichtunternehmerischer Nutzung war nach Auffassung der FinVerw „aus Vereinfachungsgründen" zunächst nur dann auszugehen, wenn

- ein Teil des mit der PV-Anlage erzeugten Stroms z. B. in einer Batterie gespeichert wird oder aber
- eine Rentabilitätsberechnung eine Nutzung für unternehmensfremde Zwecke von 90 % nahelegt (BMF v. 27.2.2023, BStBl I 2023, 351 Rz. 5).

Mit BMF-Schreiben v. 30.11.2023 – III C 2 – S 7220/22/10002 :013 (BStBl I 2023, 2085) hat die FinVerw diese Vereinfachungsregelung ergänzt:

Danach ist die „90 %-Regelung" des BMF auch dann als erfüllt anzusehen, wenn

- mit Hilfe einer **Wall-Box die Autobatterie** des privat genutzten Fahrzeugs **geladen** wird oder
- wenn eine **Wärmepumpe** verwendet wird, die nicht dem unternehmerischen Bereich zugeordnet ist (BMF v. 30.11.2023, a. a. O. Rz. 3).

Hinweis: Mindestnutzung 10%

Die Rechtsauffassung des BMF erscheint zweifelhaft. Zunächst fehlt dafür eine Rechtsgrundlage; im Übrigen ist zu bedenken, dass ein Unternehmer ab einer unternehmerischen Nutzung von 10% ein Zuordnungswahlrecht hat (§ 15 Abs. 1 S. 2 UStG). Das darf m.E. aber nicht zum „Umkehrschluss" einer 90%-Regelung für die Entnahme führen. Richtigerweise müsste der Entnahmevorgang mit einem Steuersatz von 0% angesetzt werden: dies unter der Voraussetzung, dass sich die Entnahmebesteuerung immer nach dem aktuellen Steuersatz richtet.

2.2 Keine Vorsteuerberichtigung nach § 15 a Abs. 1 UStG

Die Entnahme löst keine Vorsteuerberichtigung nach § 15 a UStG aus. Es handelt sich **nicht** um eine Änderung im Verhältnis steuerfrei/steuerpflichtig i. S. d. § 15 a Abs. 1 UStG.

Außerdem liegt auch **kein Sondertatbestand** des § 15 a UStG vor. Eine Vorsteuerberichtigung liegt nicht vor, weil die Entnahme der Anlage aus dem unternehmerischen Bereich als unentgeltliche Wertabgabe nach § 3 Abs. 1 b UStG i. V. m. § 12 Abs. 3 UStG mit 0 % zu besteuern ist. Es hat also eine **Besteuerung dem Grunde nach** stattgefunden, wobei lediglich der Höhe nach keine USt anfällt, weil der Nullsteuersatz zur Anwendung kommt.

Hinweis: „Änderung der Verhältnisse" i.S.d. § 15a Abs. 1 UStG

Eine Vorsteuerberichtigung nach § 15a Abs. 1 UStG setzt immer eine **Änderung der Verhältnisse** voraus. Eine solche liegt jedoch nicht vor, weil die Entnahme der Anlage aus dem unternehmerischen Bereich als unentgeltliche Wertabgabe nach § 3 Abs. 1b UStG i. V. m. § 12 Abs. 3 UStG mit 0 % zu besteuern ist. Es hat also eine Besteuerung dem Grunde nach stattgefunden, wobei lediglich der Höhe nach keine USt anfällt, weil der Nullsteuersatz zur Anwendung kommt.

Ist die Entnahme der PV-Anlage wirksam erfolgt, muss der Betreiber für die Zukunft (vom Zeitpunkt der Entnahme an) den **Eigenverbrauch** des Stroms **nicht mehr als unentgeltliche Wertabgabe versteuern.**

Keinen Einfluss hat hingegen die Entnahme auf die **Versteuerung der Einspeiseerlöse**, die weiterhin zu erfolgen hat. Diese endet erst dann, wenn die Option zur Regelbesteuerung wirksam widerrufen wurde und damit die Kleinunternehmerregelung wieder zur Anwendung kommt (so auch BMF v. 30.11.2023, a. a. O. Rz. 7).

Hinweis: Vorsteuerabzug und Entnahme

Das BMF hat dies in seinem Schreiben vom 30.11.2023 (a. a. O., Rz. 5) auch so bestätigt. **Nach einer Entnahme** ist ein **Vorsteuerabzug** aus Lieferungen und sonstigen Leistungen für die PV-Anlage – z. B. für Reparaturen – also noch **anteilig** möglich.

Die FinVerw in NRW (www.finanzverwaltung.nrw.de/photovoltaikanlage-und-das-finanzamt) weist zutreffend darauf hin, dass insoweit der tatsächliche – und nicht der für die Entnahme unterstellte – Anteil der unternehmerischen Nutzung maßgebend sei. Vorsteuerbeträge aus direkt der unternehmerischen Tätigkeit zuzuordnenden Aufwendungen – z. B. Steuerberatungskosten – seien dagegen voll abzugsfähig.

2.3 Zeitpunkt der Entnahme

Zum Entnahmezeitpunkt enthält das Gesetz keine Regelung. Generell wird die Auffassung vertreten, dass eine Entnahme immer nur zum aktuellen Zeitpunkt erfolgen kann. Grundsätzlich ist damit eine „rückwirkende Entnahme" nicht zulässig. Für PV-Anlagen hatte die Finverw eine Ausnahme gemacht: Im Hinblick auf „ungeklärte Rechtsfragen" zur umsatzsteuerlichen Behandlung von Photovoltaikanlagen ließ das BMF eine bis zum 11.1.2024 gegenüber dem Finanzamt erklärte Entnahme bei Vorliegen der übrigen Voraussetzungen des § 3 Abs. 1b Satz 1 Nr. 1 UStG jedoch ausnahmsweise auch rückwirkend auf den 1.1.2023 (Rz. 4 des BMF-Schreibens v. 30.11.2023, a.a.O.).

2.4 Altanlagen: Auswirkungen der Entnahme auf die Option zur Regelbesteuerung?

Zutreffend weist das BMF in Rz. 7 des BMF-Schreibens vom 30.11.2023 darauf hin, dass ein Stpfl., der vor dem 1.1.2023 eine Photovoltaikanlage angeschafft und wirksam zur Regelbesteuerung optiert hat, auch dann weiterhin der 5-jährigen Bindungsfrist des § 19 Abs. 2 Satz 2 UStG unterliegt, wenn er die Photovoltaikanlage aus dem Unternehmen entnommen hat. Ein vorzeitiger Wechsel in die Kleinunternehmerregelung ist nicht möglich.

2.5 § 15a UStG bei Wechsel zurück in die Kleinunternehmerregelung?

Grundsätzlich stellt ein Wechsel aus der Regelbesteuerung zurück in die Kleinunternehmerregelung nach § 15a Abs. 7 UStG eine Änderung der Verhältnisse i. S. d. § 15a UStG dar, die zur Vorsteuerberichtigung führt.

Hinweis: Billigkeitsregelung zur Rückkehr in die Kleinunternehmerbesteuerung

Vereinfachend und als Billigkeitsregelung lässt es die FinVerw in Rz. 8 des BMF-Schreibens vom 30.11.2023 zu, dass eine **Änderung der Verhältnisse** im Sinne des § 15a Abs. 7 UStG bereits dann **nicht** mehr vorliegt, **wenn die Entnahme der Anlage nur eine juristische Sekunde vor dem Wechsel in die Kleinunternehmerschaft erfolgt.**

Das bedeutet: Wenn der Stpfl. dem FA gegenüber erklärt, er habe die PV-Anlage entnommen und sei unmittelbar danach wieder in die Kleinunternehmerregelung zurück gewechselt, löst dies **keine Vorsteuerberichtigung nach § 15 a UStG** aus.

Diese Vorgehensweise der FinVerw ist ausdrücklich zu begrüßen.

2.6 Geschäftsveräußerung im Ganzen

Eine Veräußerung einer vor dem 1.1.2023 angeschafften PV-Anlage dürfte sich für den Stpfl. i. d. R. nicht positiv auswirken: In einem neuen Abschn. 1.5. Abs. 10 UStAE weist die Verwaltung darauf hin, dass die Veräußerung oder unentgeltliche Übertragung einer PV-Anlage zu einer nicht steuerbaren Geschäftsveräußerung im Ganzen führt. Der Erwerber tritt damit in die Rechtsstellung des Veräußerers. Wendet der Erwerber einer „Altanlage, anders als der Veräußerer die Kleinunternehmerbesteuerung an, führt dies – jedenfalls innerhalb des Berichtigungszeitraums – zu einer Vorsteuerberichtigung nach § 15 a Abs. 7 UStG.

2.7 Vorsteuerabzug aus den Reparaturkosten einer „Altanlage“

Der BFH hat Ende 2022 eine Entscheidung gefällt, in der es um den Vorsteuerabzug aus einer Reparaturrechnung für eine PV-Anlage ging. Im entschiedenen Fall war durch eine unsachgemäße Installation im Jahr 2009 10 Jahre später ein erheblicher Schaden am Dach eingetreten. Zivilrechtliche Ansprüche gegen den Installateur waren verjährt. Das Finanzamt erkannte den geltend gemachten Vorsteuerabzug aus der Reparaturrechnung nicht an.

Der BFH sah dies aber anders. Seine wesentliche Begründung:

- Der für den Vorsteuerabzug maßgebende **unmittelbare Zusammenhang zwischen Eingangsumsatz und** einem oder mehreren **Ausgangsumsätzen** ist im Streitfall gegeben. Für das Abzugsrecht ist entscheidend, dass die Ausgaben zu den **Kostenelementen** der besteuerten Ausgangsumsätze gehören.
- Der erforderliche unmittelbare Zusammenhang ist nach dem objektiven Inhalt des betreffenden Umsatzes zu beurteilen. Dabei ist neben der Verwendung der Eingangsleistungen auch der **ausschließliche Entstehungsgrund des Eingangsumsatzes** von Bedeutung.
- Die Kosten stehen danach (auch) dann in einem direkten und unmittelbaren Zusammenhang mit der wirtschaftlichen Tätigkeit des Stpfl., wenn sie ihren ausschließlichen **Entstehungsgrund** in der **wirtschaftlichen** (= unternehmerischen) **Tätigkeit** haben. In diesem Sinne war im Streitfall die **Eingangsleistung** i. S. d. EuGH-Rspr. **für die wirtschaftliche Tätigkeit** des Klägers „**unerlässlich**“ (Hinweis auf EuGH, Urt. v. 16.9.2020 – C-528/19 – Mitteldeutsche Hartstein-Industrie).

Hinweis: FinVerw. wendet Rechtsprechung an

In der Entscheidung XI R 16/21 lag der ausschließliche **Entstehungsgrund** für die streitigen Vorsteuerbeträge **in der unternehmerischen Sphäre** des Stpfl. Die Reparaturkosten waren aus diesem Grund Teil der Kostenelemente der Ausgangsumsätze der PV-Anlage. Der Schaden an dem ansonsten voll funktionsfähigen Dach war ausschließlich **durch die unsachgemäße Montage** der PV-Anlage im Jahr 2009 entstanden und die Reparatur war auch nur in dem hierfür erforderlichen Umfang erfolgt.

Wichtig: Die FinVerw. hatte lange gezögert die Entscheidung XI R 16/21 anzuwenden. Hintergrund war offenbar, dass dieses Urteil nicht mit den Regelungen im UStAE im Einklang stand. Zwischenzeitlich ist die Entscheidung – amtlich – im BStBl II 2025, 580 veröffentlicht worden, wird also auch **von der FinVerw akzeptiert**.

3. Rechtslage seit dem 1.1.2023

3.1 Belegenheit

Die Anwendung der Nullsteuer-Regelung in § 12 Abs. 3 UStG setzt voraus, dass die Anlage auf oder in der Nähe von

- Privatwohnungen,
- Wohnungen oder
- bestimmten öffentlichen Gebäuden, die dem Gemeinwohl dienen,

errichtet ist.

Hinweis: Definitionen

In Abschn. 12.18. Abs. 3 UStAE definiert die Verwaltung das wie folgt:

Wohnung/Privatwohnung ist jeder umschlossene Raum, der zum Wohnen oder Schlafen benutzt wird (auch auf Freizeitgrundstücken, z. B. Lauben; auf Wohnwagen oder Wohnschiffen nur, wenn sie nicht oder nur gelegentlich fortbewegt werden).

Öffentliche und andere Gebäude, die für dem Gemeinwohl dienende Tätigkeiten genutzt werden, liegen vor, wenn das jeweilige Gebäude für steuerfreie Umsätze nach § 4 Nr. 11b, 14–18, 20–25, 27 und 29 oder § 12 Abs. 2 Nr. 8 UStG oder für hoheitliche Tätigkeiten verwendet wird.

3.2 Verwendung

Wird ein Gebäude sowohl für begünstigte als auch für nicht begünstigte Zwecke verwendet (teilweise Wohnzwecke, teilweise gewerbliche Zwecke), ist grds. von einem begünstigten Gebäude auszugehen.

Nach Abschn. 12.18. Abs. 4 UStAE gilt dies nur dann nicht, wenn, wenn die unschädliche Nutzung so sehr hinter der schädlichen Nutzung zurücktritt, dass eine Anwendung der Begünstigung nicht sachgerecht wäre. Davon ist nach Meinung der FinVerw auszugehen, wenn die unschädliche Nutzung in so engem Zusammenhang mit der schädlichen Nutzung steht, dass ihr kein eigener Zweck zukommt (z. B. Hausmeisterwohnung in einem Gewerbekomplex) oder wenn die auf die unschädliche Nutzung entfallenden Nutzflächenanteile weniger als 10 % der Gesamtgebäudenutzfläche ausmachen. Tritt die unschädliche Nutzung hinter der schädlichen Nutzung zurück, unterliegt die Lieferung insgesamt dem Regelsteuersatz gem. § 12 Abs. 1 UStG.

Hinweis: Nähebegriff

In der Nähe eines begünstigten Gebäudes ist eine Photovoltaikanlage errichtet, wenn sie auf dem Grundstück installiert ist (z. B. auf der Garage, Gartenschuppen) oder ein räumlicher Zusammenhang (z. B. einheitlicher Gebäudekomplex) besteht, Abschn. 12.18. Abs. 3 S. 7 UStAE.

3.3 Vereinfachungsregelung

Beträgt die installierte Bruttoleistung der Anlage nicht mehr als 30 kW (peak) nach Marktstammdatenregister (MaStR) gelten die Voraussetzungen des Zusammenhangs mit einem begünstigten Gebäude als erfüllt. In diesem Fall kommt es also nicht darauf an, an oder in der Nähe welchen Gebäudes die Anlage errichtet wird. Damit unterliegt etwa auch eine PV-Anlage auf einem Büro- oder Werkstattgebäude dem Nullsteuersatz, wenn die Anlage nicht mehr als 30 kW (peak) hat.

Erfolgt keine Eintragung ins MaStR, ist die Vereinfachungsregelung grds. nicht anwendbar.

Hinweis: Nachweis des Nullsteuersatzes

Nachweis: Nach Abschn. 12.18. Abs. 6 UStAE muss der Unternehmer, der den Nullsteuersatz anwendet, die Voraussetzungen **nachweisen**. Es reicht dabei aus, wenn er erklärt, dass er Betreiber der Photovoltaikanlage ist und es sich um ein begünstigtes Gebäude handelt oder die installierte Bruttoleistung der Photovoltaikanlage laut MAStR nicht mehr als 30 kW (peak) beträgt oder betragen wird. Die Erklärung kann sich auch aus dem Vertrag ergeben, Abschn. 12.18. Abs. 6 S. 3 UStAE.

4. Lieferung von Modulen, Speichern und wesentlichen Komponenten

4.1 Wesentliche Komponenten

Nach Abschn. 12.18. Abs. 7 UStAE unterliegen auch sog. Inselanlagen dem Nullsteuersatz. Das sind netzgebundene Anlagen und nichtnetzgebundene Anlagen, die stationär betrieben werden. Aus **Vereinfachungsgründen** geht die **FinVerw** davon aus, dass Solarmodule mit einer Leistung **ab 300 Watt** für netzgekoppelte oder stationäre Inselanlagen eingesetzt werden. Beträgt die Leistung der PV-Anlage **nicht mehr als 800 VA (Voltampere)** entfällt für den Betreiber die besondere Nachweispflicht nach Abschn. 12.18. Abs. 6 UStAE. Bis zum 15.5.2024 galt insofern eine Grenze von 600 Watt. Voltampere ist immer größer oder gleich Watt, gewährleistet aber wohl eine genauere Angabe. Stationäre Solarmodule, die neben der Stromerzeugung weitere unbedeutende Nebenzwecke erfüllen, sind ebenfalls begünstigt (z. B. Solartische). Ebenso sind Hybridmodule (produzieren sowohl Strom als auch Warmwasser) begünstigt. Diese Regelung ist besonders für sog. „**Balkonkraftwerke**" von Bedeutung (dazu BMF v. 15.08.2024, BStBl I 2024, 1135 = Abschn. 12.18 Abs. 7 S. 3 UStAE).

Batterien und Speicher unterliegen dem Nullsteuersatz, wenn sie ausschließlich zum Speichern von Strom aus begünstigten Anlagen genutzt werden können. Nach Abschn. 12.18 Abs. 7 Satz 10 UStAE ist davon auszugehen, dass **Speicher** mit einer nutzbaren Kapazität von **mindestens 5 kWh** dazu bestimmt sind, Strom aus begünstigten Solarmodulen zu speichern.

4.2 Nebenleistungen

Nach Abschn. 12.18. Abs. 8 UStAE unterliegen auch „**wesentliche Komponenten**" dem Nullsteuersatz. Auch die Lieferung einzelner dieser „wesentlichen Komponenten" unterliegt dem Nullsteuersatz, wenn die Anlage die allgemeinen Voraussetzungen erfüllt. Dazu gehören nach Abschn. 12.18. Abs. 8 UStAE:

- Wechselrichter,
- Dachhalterung,
- Energiemanagement-System,
- Solarkabel,
- Wieland-Steckdose,
- Backup-Box

Auch die **nachträgliche Lieferung wesentlicher Bestandteile** und deren **Ersatzteile**, sowie deren Installation unterliegen dem **Nullsteuersatz**. Entscheidend ist dann nur, dass sie Teil einer Anlage sind, die die Voraussetzungen des § 12 Abs. 3 Nr.1 UStG erfüllt. (Abschn. 12.18. Abs. 8 Satz 4 UStAE).

> **Hinweis: Begünstigung bei Austausch defekter Komponenten**
>
> Der Austausch und die Installation defekter Komponenten ist deshalb im Grundsatz begünstigt. Nicht begünstigt ist jedoch die Reparatur oder Wartung einer Anlage ohne die gleichzeitige Lieferung von Ersatzteilen. Daraus folgt, dass auch Garantie- und Wartungsverträge weiterhin dem Regelsteuersatz unterliegen.

Keine wesentliche Komponente ist **Zubehör** (z. B. Schrauben, Nägel und Kabel), auch wenn es für die Installation der Anlage notwendig ist, Abschn. 12.18. Abs. 9 UStAE. Daneben gehören auch Stromverbraucher für den neu erzeugten Strom (z. B. Ladeinfrastruktur, Wärmepumpe, Wasserstoffspeicher mit nicht ausschließlicher Bestimmung zur Stromerzeugung durch Rückumwandlung des Wasserstoffs in Strom) grundsätzlich **nicht zu den wesentlichen Komponenten einer Photovoltaikanlage**, es sei denn es handelt sich im Einzelfall um eine einheitliche Leistung – bestehend aus Haupt- und Nebenleistung (vgl. dazu Abschn. 12.18 Abs. 1 Satz 3 UStAE)

Nebenleistungen teilen umsatzsteuerlich immer das „Schicksal" der Hauptleistung. Was Nebenleistung bei der Installation einer PV-Anlage ist, hat die FinVerw auch in Abschn. 12.18. Abs. 1 S. 4 und

5 UStAE definiert. Danach sind auch nachfolgende Leistungen als Nebenleistung anzusehen, die dem Nullsteuersatz unterliegen:

- Montage der Solarmodule,
- Kabelinstallation,
- Lieferung und Anschluss des Wechselrichters,
- Lieferung von Stromkabeln und
- Die Herstellung des AC-Anschlusses

Mit BMF-Schreiben vom 30.11.2023 wurden weitere Nebenleistungen von Photovoltaikanlagen berücksichtigt.

Danach gehört nicht nur die Erneuerung von **Zählerschränken**, sondern auch deren **„Ertüchtigung"**, d. h. Anpassung zu den Nebenleistungen (so auch ergänzend Abschn. 12.18. Abs. 8 Satz 5 UStAE, der durch BMF-Schreiben v. 30.11.2023 ergänzt wurde).

Bei der Erneuerung von Zählerschränken gilt aber nur dann der Nullsteuersatz, wenn die Erneuerung/Ertüchtigung **ausschließlich i.Z.m. der Installation einer Photovoltaikanlage** erfolgt. Anderenfalls kommt der Regelsteuersatz zum Tragen (so auch Beispiel 2 Satz 5 in Abschn. 12.18 Abs. 10 UStAE).

Der Nullsteuersatz kommt allerdings auch für die **Unterkonstruktion einer Photovoltaikanlage** – also z. B. die Verbreiterung oder Aufdoppelung von Dachsparren). Auch die Lieferung eines **Taubenschutzes** gilt jetzt als Nebenleistung, die zum Nullsteuersatz zu erfolgen hat (Abschn. 12.18 Abs. 1 Satz 4 UStAE).

Ausdrücklich **nicht zu den Nebenleistungen** zählen u. a. die zwingend vorgeschriebenen Maßnahmen (z. B. **Demontage und Neumontage** von Platten) bei einem Aufbringen der Photovoltaikanlage auf Dächern mit **asbesthaltigen Deckwerkstoffen** oder auch die **Anpassung einer Blitzschutzanlage Abschn. 12.18 Abs. 1 Satz 5 UStAE).**

Hinweis: Haupt- und Nebenleistung durch unterschiedliche Unternehmer

Gelegentlich kommt es vor, dass es im Rahmen der Installation einer PV-Anlage zu Leistungen mehrerer Unternehmer kommt, die nicht in einem Subunternehmerverhältnis zueinander stehen. Wenn also etwa die Unterkonstruktion einer PV-Anlage und die Installation der Solarmodule durch zwei verschiedene Unternehmer erfolgt, stellt sich die Frage, ob auch für die Nebenleistung „Unterkonstruktion" der Nullsteuersatz gilt. M.E. ist das zu bejahen, weil der **Nullsteuersatz** nicht davon abhängig sein kann, ob Haupt- und Nebenleistung(en) von einem Unternehmer oder von verschiedenen voneinander unabhängigen Unternehmern erbracht werden.

5. Vermietung von PV-Anlagen

Die **Vermietung** von PV-Anlagen ist **nicht begünstigt**, weil es sich nicht um eine Lieferung handelt, Abschn. 12.18. Abs. 1 S. 7–12 UStAE.

Dagegen können **Leasing- und Mietkaufmodelle** dem **Nullsteuersatz** unterliegen. Entscheidend ist dabei die **vertragliche Ausgestaltung** im Einzelfall. Handelt es sich nach einer derartigen Prüfung um eine Lieferung, so greift grundsätzlich der Nullsteuersatz ein. Dabei müssen allerdings eigenständige Serviceleistungen (also keine Nebenleistungen) herausgerechnet und dem Regelsteuersatz unterworfen werden: Dazu gehören Wartungs-, Reparaturarbeiten, Einholen von behördlichen Genehmigungen. In diesem Fall muss eine Aufteilung vorgenommen werden.

Hinweis: Pauschalierung bei Serviceleistungen

Es wird von der FinVerw nicht beanstandet, wenn der Unternehmer pauschalierend ein Verhältnis von 80 % für die Überlassung der Photovoltaikanlage und 20 % für die eigenständigen Serviceleistungen ansetzt, Abschn. 12.18. Abs. 10 S. 11 UStAE.

6. Subunternehmer und Bauträgerfälle

Leistungen von **Subunternehmern** unterliegen dem **Regelsteuersatz**, denn deren Leistungen sind nicht i. S. d. § 12 Abs. 3 UStG ggü. dem „Betreiber" erbracht. Ggfs. kommt es dann zur Anwendung des Reverse-Charge-Verfahren (§ 13 b UStG).

In sog. **Bauträgerfällen** unterliegt die **Lieferung von „Photovoltaikanlagen"** dem Nullsteuersatz, auch wenn der Bauträger neben der PV-Anlage das Gebäude liefert. Die Lieferung der PV-Anlage ist eine eigenständige Leistung keine Nebenleistung, Abschn. 12.18. Abs. 1 S. 5 und 6 UStAE. Die ursprgl. Differenzierung des BMF im Schreiben vom 27.2.2023, wonach dies nur für „Aufdachanlagen" und nicht für „Indachanlagen" gilt, hat das BMF mit Schreiben vom 30.11.2023 und Änderung des Abschn. 12.18 Abs. 1 S. 6 UStAE ausdrücklich aufgegeben.

Zu § 13 UStG

UStG § 13 Entstehung der Steuer

(1) Die Steuer entsteht

1. für Lieferungen und sonstige Leistungen
   a) bei der Berechnung der Steuer nach vereinbarten Entgelten (§ 16 Abs. 1 Satz 1) mit Ablauf des Voranmeldungszeitraums, in dem die Leistungen ausgeführt worden sind. Das gilt auch für Teilleistungen. Sie liegen vor, wenn für bestimmte Teile einer wirtschaftlich teilbaren Leistung das Entgelt gesondert vereinbart wird. Wird das Entgelt oder ein Teil des Entgelts vereinnahmt, bevor die Leistung oder die Teilleistung ausgeführt worden ist, so entsteht insoweit die Steuer mit Ablauf des Voranmeldungszeitraums, in dem das Entgelt oder das Teilentgelt vereinnahmt worden ist,
   b) bei der Berechnung der Steuer nach vereinnahmten Entgelten (§ 20) mit Ablauf des Voranmeldungszeitraums, in dem die Entgelte vereinnahmt worden sind,
   c) in den Fällen der Beförderungseinzelbesteuerung nach § 16 Abs. 5 in dem Zeitpunkt, in dem der Kraftomnibus in das Inland gelangt,
   d) in den Fällen des § 18 Abs. 4 c mit Ablauf des Besteuerungszeitraums nach § 16 Abs. 1 a Satz 1, in dem die Leistungen ausgeführt worden sind,
   e) in den Fällen des § 18 Absatz 4 e mit Ablauf des Besteuerungszeitraums nach § 16 Absatz 1 b Satz 1, in dem die Leistungen ausgeführt worden sind,
   f) in den Fällen des § 18 i mit Ablauf des Besteuerungszeitraums nach § 16 Absatz 1 c Satz 1, in dem die Leistungen ausgeführt worden sind; Buchstabe b bleibt unberührt,
   g) in den Fällen des § 18 j vorbehaltlich des Buchstabens i mit Ablauf des Besteuerungszeitraums nach § 16 Absatz 1 d Satz 1, in dem die Leistungen ausgeführt worden sind; Buchstabe b bleibt unberührt,
   h) in den Fällen des § 18 k mit Ablauf des Besteuerungszeitraums nach § 16 Absatz 1 e Satz 1, in dem die Lieferungen ausgeführt worden sind; die Gegenstände gelten als zu dem Zeitpunkt geliefert, zu dem die Zahlung angenommen wurde; Buchstabe b bleibt unberührt,
   i) in den Fällen des § 3 Absatz 3 a zu dem Zeitpunkt, zu dem die Zahlung angenommen wurde;
2. für Leistungen im Sinne des § 3 Abs. 1 b und 9 a mit Ablauf des Voranmeldungszeitraums, in dem diese Leistungen ausgeführt worden sind;
3. in den Fällen des § 14 c im Zeitpunkt der Ausgabe der Rechnung;
4. *weggefallen*
5. im Fall des § 17 Absatz 1 Satz 7 mit Ablauf des Voranmeldungszeitraums, in dem die Änderung der Bemessungsgrundlage eingetreten ist;
6. für den innergemeinschaftlichen Erwerb im Sinne des § 1 a mit Ausstellung der Rechnung, spätestens jedoch mit Ablauf des dem Erwerb folgenden Kalendermonats;
7. für den innergemeinschaftlichen Erwerb von neuen Fahrzeugen im Sinne des § 1 b am Tag des Erwerbs;
8. im Fall des § 6 a Abs. 4 Satz 2 in dem Zeitpunkt, in dem die Lieferung ausgeführt wird.

(2) Für die Einfuhrumsatzsteuer gilt § 21 Abs. 2.

(3) *weggefallen*

UStAE 13.1. Entstehung der Steuer bei der Versteuerung nach vereinbarten Entgelten

(1) [1]Bei der Versteuerung nach vereinbarten Entgelten (Sollversteuerung) entsteht die Steuer grundsätzlich mit Ablauf des Voranmeldungszeitraums, in dem die Lieferung oder sonstige Leistung ausgeführt worden ist. [2]Das gilt auch für unentgeltliche Wertabgaben im Sinne des § 3 Abs. 1b und 9a UStG. [3]Die Steuerentstehung ist nicht auf bereits fällige Entgeltansprüche beschränkt (vgl. BFH-Urteil vom 01. 02. 2022 – V R 37/21 (V R 16/19), BStBl II S. 860). [4]Die Steuer entsteht in der gesetzlichen Höhe unabhängig davon, ob die am Leistungsaustausch beteiligten Unternehmer von den ihnen vom Gesetz gebotenen Möglichkeiten der Rechnungserteilung mit gesondertem Steuerausweis und des Vorsteuerabzugs Gebrauch machen oder nicht. [5]Für Umsätze, die ein Unternehmer in seinen Voranmeldungen nicht angibt (auch bei Rechtsirrtum über deren Steuerbarkeit), entsteht die Umsatzsteuer ebenso wie bei ordnungsgemäß erklärten Umsätzen (vgl. BFH-Urteil vom 20. 1. 1997, V R 28/95, BStBl II S. 716). [6]Der Zeitpunkt der Leistung ist entscheidend, für welchen Voranmeldungszeitraum ein Umsatz zu berücksichtigen ist (vgl. BFH-Urteil vom 13. 10. 1960, V 294/58 U, BStBl III S. 478). [7]Dies gilt nicht für die Istversteuerung von Anzahlungen im Sinne des § 13 Abs. 1 Nr. 1 Buchstabe a Satz 4 UStG (vgl. Abschnitt 13.5).

(2) [1]Lieferungen – einschließlich Werklieferungen – sind grundsätzlich dann ausgeführt, wenn der Leistungsempfänger die Verfügungsmacht über den zu liefernden Gegenstand erlangt. [2]Lieferungen, bei denen der Lieferort nach § 3 Abs. 6 UStG bestimmt wird, werden im Zeitpunkt des Beginns der Beförderung oder Versendung des Gegenstands ausgeführt (vgl. BFH-Urteil vom 6. 12. 2007, V R 24/05, BStBl 2009 II S. 490). [3]Bei Sukzessivlieferungsverträgen ist der Zeitpunkt jeder einzelnen Lieferung maßgebend. [4]Lieferungen von Elektrizität, Gas, Wärme, Kälte und Wasser sind jedoch erst mit Ablauf des jeweiligen Ablesezeitraums als ausgeführt zu behandeln. [5]Die während des Ablesezeitraums geleisteten Abschlagszahlungen der Tarifabnehmer sind nicht als Entgelt für Teilleistungen (vgl. Abschnitt 13.4) anzusehen; sie führen jedoch bereits mit Ablauf des Voranmeldungszeitraums ihrer Vereinnahmung nach § 13 Abs. 1 Nr. 1 Buchstabe a Satz 4 UStG zur Entstehung der Steuer (vgl. Abschnitt 13.5).

(3) [1]Sonstige Leistungen, insbesondere Werkleistungen, sind grundsätzlich im Zeitpunkt ihrer Vollendung ausgeführt. [2]Bei zeitlich begrenzten Dauerleistungen, z. B. Duldungs- oder Unterlassungsleistungen (vgl. Abschnitt 3.1 Abs. 4) ist die Leistung mit Beendigung des entsprechenden Rechtsverhältnisses ausgeführt, es sei denn, die Beteiligten haben Teilleistungen (vgl. Abschnitt 13.4) vereinbart. [3]Anzahlungen sind stets im Zeitpunkt ihrer Vereinnahmung zu versteuern (vgl. Abschnitt 13.5).

(4) [1]Eine Leasinggesellschaft, die ihrem Kunden (Mieter) eine Sache gegen Entrichtung monatlicher Leasingraten überlässt, erbringt eine Dauerleistung, die entsprechend der Vereinbarung über die monatlich zu zahlenden Leasingraten in Form von Teilleistungen (vgl. Abschnitt 13.4) bewirkt wird. [2]Die Steuer entsteht jeweils mit Ablauf des monatlichen Voranmeldungszeitraums, für den die Leasingrate zu entrichten ist. [3]Tritt die Leasinggesellschaft ihre Forderung gegen den Mieter auf Zahlung der Leasingraten an eine Bank ab, die das Risiko des Ausfalls der erworbenen Forderung übernimmt, führt die Vereinnahmung des Abtretungsentgelts nicht zur sofortigen Entstehung der Steuer für die Vermietung nach § 13 Abs. 1 Nr. 1 Buchstabe a Satz 4 UStG, weil das Abtretungsentgelt nicht zugleich Entgelt für die der Forderung zu Grunde liegende Vermietungsleistung ist. [4]Die Bank zahlt das Abtretungsentgelt für den Erwerb der Forderung, nicht aber als Dritter für die Leistung der Leasinggesellschaft an den Mieter. [5]Die Leasinggesellschaft vereinnahmt das Entgelt für ihre Vermietungsleistung vielmehr jeweils mit der Zahlung der Leasingraten durch den Mieter an die Bank, weil sie insoweit gleichzeitig von ihrer Gewährleistungspflicht für den rechtlichen Bestand der Forderung gegenüber der Bank befreit wird. [6]Dieser Vereinnahmungszeitpunkt wird in der Regel mit dem Zeitpunkt der Ausführung der einzelnen Teilleistung übereinstimmen.

(5) Nach den Grundsätzen des Absatzes 4 ist auch in anderen Fällen zu verfahren, in denen Forderungen für noch zu erbringende Leistungen oder Teilleistungen verkauft werden.

(6) [1]Bei einem Kauf auf Probe (§ 454 BGB) im Versandhandel kommt der Kaufvertrag noch nicht mit der Zusendung der Ware, sondern erst nach Ablauf der vom Verkäufer eingeräumten Billigungsfrist oder durch Überweisung des Kaufpreises zustande. [2]Erst zu diesem Zeitpunkt ist umsatzsteuerrechtlich die Lieferung ausgeführt (vgl. BFH-Urteil vom 6. 12. 2007, V R 24/05, BStBl 2009 II S. 490). [3]Dagegen ist bei einem Kauf mit Rückgaberecht bereits mit der Zusendung der Ware der Kaufvertrag zustande gekommen und die Lieferung ausgeführt.

(7) [1]Eine Abmahnleistung im Sinne des Abschnitts 1.3 Abs. 16 a ist mit dem Zugang der Abmahnung beim Abgemahnten ausgeführt. [2]Aus Vereinfachungsgründen wird es nicht beanstandet, wenn der Steuerpflichtige die Versteuerung für die Abmahnleistung in demjenigen Voranmeldungszeitraum vornimmt, in dem die Abmahnung an den Abgemahnten abgesendet wurde (vgl. BMF-Schreiben vom 1. 10. 2021, BStBl I S. 1859).

Anmerkung

1. Verschiebung der Steuerentstehung bei Ratenzahlung? (EuGH C-324/20)

Der BFH hatte mit Beschluss vom 7.5.2020 das Revisionsverfahren V R 16/19 ausgesetzt und dem EuGH folgende Fragen zur Vorabentscheidung vorgelegt:

- Ergibt sich bei einer einmalig und daher nicht zeitraumbezogen erbrachten Dienstleistung der Anlass zu aufeinanderfolgenden Abrechnungen oder Zahlungen i. S. v. Art. 64 Abs. 1 MwStSystRL bereits aus der Vereinbarung einer Ratenzahlung?
- Hilfsweise bei Verneinung der ersten Frage: Ist von einer Nichtbezahlung i. S. v. Art. 90 Abs. 1 MwStSystRL auszugehen, wenn der Steuerpflichtige bei der Erbringung seiner Leistung vereinbart, dass diese in fünf Jahresraten zu vergüten ist und das nationale Recht für den Fall der späteren Zahlung eine Berichtigung vorsieht, durch die die vorherige Minderung der Steuerbemessungsgrundlage nach dieser Bestimmung wiederrückgängig gemacht wird?

Sachverhalt

Die Klägerin versteuert ihre Umsätze nach vereinbarten Entgelten (§ 13 Abs. 1 Nr. 1 Buchst. a) UStG). Sie erbrachte im Streitjahr 2012 eine Vermittlungsleistung an eine T-GmbH zwecks Verkaufs eines Grundstücks durch die T-GmbH an einen Dritten. Als Gegenleistung war vereinbart, dass die Klägerin von der T-GmbH ein Honorar in Höhe von 1 Mio. Euro zzgl. Mehrwertsteuer erhält, das in fünf Teilbeträgen von jeweils 200.000 Euro zzgl. Umsatzsteuer zu zahlen ist. Die Klägerin erstellte zum jeweiligen Fälligkeitszeitpunkt eine Rechnung über den geschuldeten Betrag, vereinnahmte den Betrag und entrichtete die entsprechende Umsatzsteuer.

Das Finanzamt ging davon aus, dass die Klägerin aufgrund der im Streitjahr bereits erbrachten Vermittlungsleistungen das gesamte Vermittlungshonorar zu versteuern habe. Das FG Rheinland-Pfalz gab der Klage überwiegend statt (FG Rheinland-Pfalz, Urt. v. 26.3.2019 – 3 K 1816/18). Das beklagte FA ging in die – vom FG zugelassene – Revision.

2. Entscheidung des EuGH vom 28.10.2021 – C-324/20

Der EuGH stellte in seiner Entscheidung vom 28.10.2021 folgende Grundsätze heraus:

- Bei der Besteuerung nach vereinbarten Entgelten **entsteht die Steuer** mit **Ausführung der Leistung**.
- Art. 64 MwStSystRL führt bei **Ratenzahlungen nicht** zu einer **späteren Steuerentstehung**, denn die Steuer entsteht in vollem Umfang mit Ausführung der Leistung.

3. Folgeentscheidung des BFH (V R 37/21 (V R 16/19))

In der Nachfolgeentscheidung entschied der BFH mit Urt. 01.02.2022 – V R 37/21 (vormals V R 16/19), dass die Steuerentstehung gemäß § 13 Abs. 1 Nr. 1 Buchst. a Satz 1 UStG nicht auf bereits fällige Entgeltansprüche beschränkt ist.

Eine Teilleistung i. S. v. § 13 Abs. 1 Nr. 1 Buchstabe a Satz 3 UStG, bei der für bestimmte Teile einer wirtschaftlich teilbaren Leistung das Entgelt gesondert vereinbart wird, erfordert eine **Leistung mit kontinuierlichem oder wiederkehrendem Charakter**. Eine Anwendung des § 13 Abs. 1 Nr. 1 Buchst. a Satz 3 UStG auf eine einmalige Leistung **gegen bloße Ratenzahlung** sei **ausgeschlossen**.

Außerdem weist der BFH im o. g. Urteil darauf hin, dass die Vereinbarung einer Ratenzahlung keine Uneinbringlichkeit i. S. von § 17 Abs. 2 Nr. 1 UStG begründet.

Hinweise

1. **Konsequenz** dieser Rechtsprechung ist, dass ein Unternehmer, der nach vereinbarten Entgelten besteuert (§ 13 Abs. 1 Nr. 1 Buchst. a) UStG) immer mit **Ausführung der Leistung** (Lieferung oder sonstige Leistung) die Umsatzsteuer abzuführen hat. Dies gilt unabhängig davon, ob er die Gegenleistung bereits erhalten hat oder ob die – wie im Streitfall – ratenweise erbracht wird.
2. **Anders** ist es bei einer Berechnung der Steuer **nach vereinnahmten Entgelten**. Hier entsteht die Steuer nach § 13 Abs. 1 Nr. 1 Buchst. b) UStG mit Ablauf des Voranmeldungszeitraums, in dem die Entgelte vereinnahmt worden sind.
3. Die noch nicht vereinnahmten Raten führen auch nicht zu einer **Minderung der Bemessungsgrundlage** i. S. d. § 17 UStG. Denn im Streitfall konnte nicht von einer Uneinbringlichkeit ausgegangen werden.
4. Die FinVerw hat auf die Entscheidung des BFH reagiert und wendet die BFH-Entscheidung V R 37/21 an. Abschn. 13.1. Abs. 1 und Abschn. 13.4. sowie Abschn. 17.1. Abs. 5 UStAE wurden entsprechend angepasst.

4. Vereinbarung von Ratenzahlungen – Entstehung der Umsatzsteuer bei Ausführung der Leistung (BFH XI R 28/20)

Auch bei der Vereinbarung von Ratenzahlungen bleibt es nach der o. a. Rechtsprechung von EuGH und BFH dabei, dass die USt bei Ausführung der Leistung entsteht. Ratenzahlungen führen also nicht zu Teilleistungen.

Offen war jetzt noch die Problematik einer Kombination aus Teilleistungen und Ratenzahlungen. Kurz gesagt: Wie ist zu entscheiden, wenn Teilleistungen in Raten erbracht werden. Über diese Frage hat der BFH zwischenzeitlich auch entschieden.

Das Ergebnis war wenig überraschend: Auch wenn Teilleistungen in Raten erbracht werden, kommt es auf den Zeitpunkt der (Teil-) Leistungsausführung an (BFH, Beschl. v. 28.9. 2022 – XI R 28/20).

Hinweis

Der Entscheidung lag folgender Sachverhalt zugrunde: Die Klägerin – eine GbR –verpflichtete sich ggü. einer GmbH eine PV-Anlage gegen eine Gesamtvergütung ca. 1,2 Mio EUR zu errichten, zahlbar in Teilbeträgen nach Baufortschritt von zweimal 450.000 EUR und einmal 358.000 EUR. Die Teilbeträge sollten nur insoweit gezahlt werden, als sie von der GmbH aus den laufenden Einnahmen der Stromeinspeisung beglichen werden konnten. Die Rechnungstellung erfolgte mit den vereinbarten Beträgen nach Baufortschritt. Die GmbH zahlte für 2011 65.000 EUR (netto) und für 2012 52.000 EUR (netto) entsprechend den Einnahmen aus der Stromeinspeisung. Diese Beträge erklärte die Klägerin als Umsatz in den Jahreserklärungen 2011 und 2012. Das FA setzte die USt abweichend davon nach den vereinbarten Teilbeträgen fest (450.000 EUR bzw. 808.000 EUR).

Nach Auffassung des BFH sind die vom EuGH (EuGH, Urt. v. 28.10.2021 – C-324/20) aufgestellten **Grundsätze auch auf Teilleistungen anzuwenden**. Jede einzelne **Teilleistung** ist danach auch individuell betrachtet **eine einmalige Leistung**.

Der Umstand, dass die jeweiligen Teilleistungen im Verfahren XI R 28/20 aufgrund der Fälligkeitsabrede in Raten vergütet werden sollten, führt zu keinem anderen Ergebnis. **Ratenzahlungen** sind

keine Teilleistungen i. S. d. Unionsrechts und des nationalen Umsatzsteuerrechts. Teilleistungen liegen vielmehr nur dann vor, wenn es sich um eine wirtschaftlich teilbare Leistung handelt.

Hinweis

In dem Verfahren XI R 28/20 war es insoweit unstreitig, dass es sich bei der Vereinbarung einer Zahlung nach Baufortschritt um Teilleistungen handelt. Dass die Teilleistungen in Raten beglichen wurden, führt nicht zur Verschiebung der Steuerentstehung.

Der BFH hat nochmals deutlich gemacht, dass Ratenzahlungen keine Teilleistungen sind. Außerdem hat er Klarheit geschaffen in der Frage, ob ggfs. bei Ratenzahlungsvereinbarungen eine Abkehr von der Sollversteuerung in Betracht kommen kann. Er verneint dies mit zutreffenden Erwägungen, die auch zur Rechtssicherheit beitragen werden.

Die FinVerw wendet die Entscheidung XI R 28/20 an, denn sie wurde **amtlich** im BStBl II 2023, 598 **veröffentlicht.**

UStAE 13.2. Sollversteuerung in der Bauwirtschaft

(1) [1]In der Bauwirtschaft werden Werklieferungen und Werkleistungen auf dem Grund und Boden der Auftraggeber im Allgemeinen nicht in Teilleistungen (vgl. Abschnitt 13.4), sondern als einheitliche Leistungen erbracht. [2]Diese Leistungen sind ausgeführt:

1. [1]Werklieferungen, wenn dem Auftraggeber die Verfügungsmacht verschafft wird. [2]Das gilt auch dann, wenn das Eigentum an den verwendeten Baustoffen nach §§ 946, 93, 94 BGB zur Zeit der Verbindung mit dem Grundstück auf den Auftraggeber übergeht. [3]Der Werklieferungsvertrag wird mit der Übergabe und Abnahme des fertig gestellten Werks erfüllt (vgl. BFH-Urteil vom 05. 09. 2019 – V R 38/17, BStBl II 2022 S. 696). [4]Der Auftraggeber erhält die Verfügungsmacht mit der Übergabe des fertig gestellten Werks (vgl. BFH-Urteil vom 26. 2. 1976, V R 132/73, BStBl II S. 309). [5]Auf die Form der Abnahme kommt es dabei nicht an. [6]Insbesondere ist eine Verschaffung der Verfügungsmacht bereits dann anzunehmen, wenn der Auftraggeber das Werk durch schlüssiges Verhalten, z. B. durch Benutzung, abgenommen hat und eine förmliche Abnahme entweder gar nicht oder erst später erfolgen soll. [7]Wird das vertraglich vereinbarte Werk nicht fertig gestellt und ist eine Vollendung des Werks durch den Werkunternehmer nicht mehr vorgesehen, entsteht ein neuer Leistungsgegenstand. [8]Dieser beschränkt sich bei der Eröffnung eines Insolvenzverfahrens auf den vom Werkunternehmer bis zu diesem Zeitpunkt gelieferten Teil des Werks, wenn der Insolvenzverwalter die weitere Erfüllung des Werkvertrags nach § 103 InsO ablehnt (vgl. Abschnitt 3.9). [9]In diesen Fällen ist die Lieferung im Zeitpunkt der Insolvenzeröffnung bewirkt. [10]Wählt der Insolvenzverwalter die Erfüllung eines bei Eröffnung des Insolvenzverfahrens noch nicht oder nicht vollständig erfüllten Werkvertrags, wird die Werklieferung – wenn keine Teilleistungen im Sinne des § 13 Abs. 1 Nr. 1 Buchstabe a Sätze 2 und 3 UStG gesondert vereinbart worden sind – erst mit der Leistungserbringung nach Verfahrenseröffnung ausgeführt (BFH-Urteil vom 30. 4. 2009, V R 1/06, BStBl 2010 II S. 138). [11]Im Falle der Kündigung des Werkvertrags wird die Leistung mit dem Tag des Zugangs der Kündigung ausgeführt. [12]Stellt der Werkunternehmer die Arbeiten an dem vereinbarten Werk vorzeitig ein, weil der Besteller – ohne eine eindeutige Erklärung abzugeben – nicht willens und in der Lage ist, seinerseits den Vertrag zu erfüllen, wird das bis dahin errichtete halbfertige Werk zum Gegenstand der Werklieferung. [13]Es wird in dem Zeitpunkt geliefert, in dem für den Werkunternehmer nach den gegebenen objektiven Umständen feststeht, dass er wegen fehlender Aussicht auf die Erlangung weiteren Werklohns nicht mehr leisten wird (vgl. BFH-Urteil vom 28. 2. 1980, V R 90/75, BStBl II S. 535).
2. Sonstige Leistungen, insbesondere Werkleistungen, grundsätzlich im Zeitpunkt ihrer Vollendung, der häufig mit dem Zeitpunkt der Abnahme zusammenfallen wird.

(2) [1]Die in der Bauwirtschaft regelmäßig vor Ausführung der Leistung vereinnahmten Vorauszahlungen, Abschlagszahlungen usw. führen jedoch bereits mit Ablauf des Voranmeldungszeitraums ihrer Vereinnahmung nach § 13 Abs. 1 Nr. 1 Buchstabe a Satz 4 UStG (vgl. Abschnitt 13.5) zur Entstehung der Steuer. [2]Wird über die bereits erbrachten Bauleistungen erst einige Zeit nach Ausführung der Leistungen

abgerechnet, ist das Entgelt – sofern es noch nicht feststeht – sachgerecht zu schätzen, z. B. an Hand des Angebots (vgl. auch BMF-Schreiben vom 27. 01. 2023, BStBl I S. 305). [3]Weitere Hinweise enthält das Merkblatt zur Umsatzbesteuerung in der Bauwirtschaft, Stand Januar 2023 (BMF-Schreiben vom 27. 01. 2023, a. a. O.).

UStAE 13.3. Sollversteuerung bei Architekten und Ingenieuren

Leistungen nach der Verordnung über die Honorare für Architekten- und Ingenieurleistungen (HOAI)

(1) [1]Die Leistungen der Architekten und Ingenieure, denen Leistungsbilder nach der HOAI zu Grunde liegen, werden grundsätzlich als einheitliche Leistung erbracht, auch wenn die Gesamtleistung nach der Beschreibung in der HOAI, insbesondere durch die Aufgliederung der Leistungsbilder in Leistungsphasen, teilbar ist. [2]Allein die Aufgliederung der Leistungsbilder zur Ermittlung des (Teil-)Honorars führt nicht zur Annahme von Teilleistungen im Sinne des § 13 Abs. 1 Nr. 1 Buchstabe a Sätze 2 und 3 UStG (vgl. Abschnitt 13.4). [3]Nur wenn zwischen den Vertragspartnern im Rahmen des Gesamtauftrags über ein Leistungsbild zusätzliche Vereinbarungen über die gesonderte Ausführung und Honorierung einzelner Leistungsphasen getroffen werden, sind insoweit Teilleistungen anzunehmen.

(2) Absatz 1 gilt sinngemäß auch für Architekten- und Ingenieurleistungen, die nicht nach der HOAI abgerechnet werden.

Leistungen nach den Richtlinien für die Durchführung von Bauaufgaben des Bundes im Zuständigkeitsbereich der Finanzbauverwaltungen (RBBau)

(3) [1]Architekten- und Ingenieurleistungen werden entsprechend des Vertragsmusters (Teil 3/VM1/1 RBBau) vergeben. [2]Nach § 1 dieses Vertragsmusters wird der Auftragnehmer zunächst nur mit der Aufstellung der Entscheidungsunterlage – Bau – beauftragt. [3]Für diese Leistung wird das Honorar auch gesondert ermittelt. [4]Im Vertrag wird die Absichtserklärung abgegeben, dem Auftragnehmer weitere Leistungen zu übertragen, wenn die Voraussetzungen dazu gegeben sind. [5]Die Übertragung dieser weiteren Leistungen erfolgt durch gesonderte Schreiben. [6]Bei dieser Abwicklung ist das Aufstellen der Entscheidungsunterlage – Bau – als eine selbständige Leistung des Architekten oder Ingenieurs anzusehen. [7]Mit der Ausführung der ihm gesondert übertragenen weiteren Leistungen erbringt er ebenfalls eine selbständige einheitliche Gesamtleistung, es sei denn, dass die unter Absatz 1 bezeichneten Voraussetzungen für die Annahme von Teilleistungen vorliegen.

UStAE 13.4. Teilleistungen

[1]Teilleistungen setzen voraus, dass eine nach wirtschaftlicher Betrachtungsweise teilbare Leistung nicht als Ganzes, sondern in Teilen geschuldet und bewirkt wird. [2]Eine Leistung ist in Teilen geschuldet, wenn für bestimmte Teile das Entgelt gesondert vereinbart wird (§ 13 Abs. 1 Nr. 1 Buchstabe a Satz 3 UStG). [3]Vereinbarungen dieser Art werden im Allgemeinen anzunehmen sein, wenn für einzelne Leistungsteile gesonderte Entgeltabrechnungen durchgeführt werden. [4]Eine Teilleistung im Sinne von § 13 Abs. 1 Nr. 1 Buchstabe a Satz 3 UStG erfordert eine Leistung mit kontinuierlichem oder wiederkehrendem Charakter (vgl. BFH-Urteil vom 01. 02. 2022 – V R 37/21 (V R 16/19), BStBl II S. 860). [5]Keine Teilleistung liegt hingegen vor, wenn es sich um eine einmalige Leistung gegen Ratenzahlung handelt. [6]Deshalb gehören Vorauszahlungen auf spätere Teilleistungen zum Entgelt für diese Teilleistungen (vgl. BFH-Urteil vom 19. 5. 1988, V R 102/83, BStBl II S. 848), die jedoch nach § 13 Abs. 1 Nr. 1 Buchstabe a Satz 4 UStG bereits mit Ablauf des Voranmeldungszeitraums ihrer Vereinnahmung zur Entstehung der Steuer führen (vgl. Abschnitt 13.5).

Beispiel 1:

In einem Mietvertrag über 2 Jahre ist eine monatliche Mietzahlung vereinbart.

Beispiel 2:

[1]Ein Bauunternehmer hat sich verpflichtet, zu Einheitspreisen (§ 4 Abs. 1 Nr. 1 VOB/A) die Maurer- und Betonarbeiten sowie den Innen- und Außenputz an einem Bauwerk auszuführen. [2]Die Maurer- und Betonarbeiten werden gesondert abgenommen und abgerechnet. [3]Die Arbeiten am Innen- und der Außenputz werden später ausgeführt, gesondert abgenommen und abgerechnet.

[7]In den Beispielen 1 und 2 werden Leistungen in Teilen geschuldet und bewirkt.

Beispiel 3:

[1]Eine Fahrschule schließt mit ihren Fahrschülern Verträge über die praktische und theoretische Ausbildung zur Erlangung des Führerscheins ab und weist darin die Grundgebühr, den Preis je Fahrstunde und die Gebühr für die Vorstellung zur Prüfung gesondert aus. [2]Entsprechend werden die Abrechnungen durchgeführt.

[3]Die einzelnen Fahrstunden und die Vorstellung zur Prüfung sind als Teilleistungen zu behandeln, weil für diese Teile das Entgelt gesondert vereinbart worden ist. [4]Die durch die Grundgebühr abgegoltenen Ausbildungsleistungen können mangels eines gesondert vereinbarten Entgelts nicht in weitere Teilleistungen zerlegt werden (vgl. BFH-Urteil vom 21. 4. 1994, V R 59/92, n.v.).

Beispiel 4:

[1]Ein Unternehmer wird beauftragt, in einem Wohnhaus Parkettfußböden zu legen. [2]In der Auftragsbestätigung sind die Materialkosten getrennt ausgewiesen. [3]Der Unternehmer versendet die Materialien zum Bestimmungsort und führt dort die Arbeiten aus.

[4]Gegenstand der vom Auftragnehmer auszuführenden Werklieferung ist der fertige Parkettfußboden. [5]Die Werklieferung bildet eine Einheit, die nicht in eine Materiallieferung und in eine Werkleistung zerlegt werden kann (vgl. Abschnitte 3.8 und 3.10).

Beispiel 5:

[1]Eine Gebietskörperschaft überträgt einem Bauunternehmer nach Maßgabe der VOB als Gesamtleistung die Maurer- und Betonarbeiten an einem Hausbau. [2]Sie gewährt dem Bauunternehmer auf Antrag nach Maßgabe des § 16 Abs. 1 Nr. 1 VOB/B „in Höhe des Wertes der jeweils nachgewiesenen vertragsgemäßen Leistungen“ Abschlagszahlungen.

[3]Die Abschlagszahlungen sind ohne Einfluss auf die Haftung und gelten nicht als Abnahme von Teilleistungen. [4]Der Bauunternehmer erteilt die Schlussrechnung erst, wenn die Gesamtleistung ausgeführt ist. [5]Die Abschlagszahlungen unterliegen der Istversteuerung (vgl. Abschnitt 13.5). [6]Soweit das Entgelt laut Schlussrechnung die geleisteten Abschlagszahlungen übersteigt, entsteht die Steuer mit Ablauf des Voranmeldungszeitraums, in dem der Bauunternehmer die gesamte, vertraglich geschuldete Werklieferung bewirkt hat.

[8]Weitere Hinweise zu Teilleistungen enthält das Merkblatt zur Umsatzbesteuerung in der Bauwirtschaft, Stand Januar 2023 (BMF-Schreiben vom 27. 01. 2023, BStBl I S. 305).

UStAE 13.5. Istversteuerung von Anzahlungen

(1) [1]Nach § 13 Abs. 1 Nr. 1 Buchstabe a Satz 4 UStG entsteht die Steuer in den Fällen, in denen das Entgelt oder ein Teil des Entgelts (z.B. Anzahlungen, Abschlagszahlungen, Vorauszahlungen) vor Ausführung der Leistung oder Teilleistung gezahlt wird, bereits mit Ablauf des Voranmeldungszeitraums, in dem das Entgelt oder Teilentgelt vereinnahmt worden ist. [2]Zum Zeitpunkt der Vereinnahmung vgl. Abschnitt 13.6 Abs. 1.

(2) [1]Anzahlungen können außer in Barzahlungen auch in Lieferungen oder sonstigen Leistungen bestehen, die im Rahmen eines Tauschs oder tauschähnlichen Umsatzes als Entgelt oder Teilentgelt hingegeben werden. [2]Eine Vereinnahmung der Anzahlung durch den Leistungsempfänger wird in diesen Fällen nicht dadurch ausgeschlossen, dass diese Leistung selbst noch nicht als ausgeführt gilt und die Steuer

hierfür nach § 13 Abs. 1 Nr. 1 Buchst. a Satz 1 UStG noch nicht entstanden ist (vgl. EuGH-Urteil vom 19. 12. 2012, C-549/11, Orfey Balgaria).

(3) [1]Anzahlungen führen zur Entstehung der Steuer, wenn sie für eine bestimmte Lieferung oder sonstige Leistung entrichtet werden. [2]Dies setzt voraus, dass alle maßgeblichen Elemente der künftigen Lieferung oder künftigen Dienstleistung bereits bekannt sind, insbesondere die Gegenstände oder die Dienstleistungen zum Zeitpunkt der Anzahlung genau bestimmt sind (vgl. BFH-Urteile vom 15.09.2011 – V R 36/09, BStBl II 2012 S. 365, vom 14.11.2018 – XI R 27/16, n.v., vom 10.04.2019 – XI R 4/17, BStBl II S. 635, **und vom 13.11.2024 – XI R 5/23, BStBl II 2025 S. 469**). [3]Bezieht sich eine Anzahlung auf mehrere Lieferungen oder sonstige Leistungen, ist sie entsprechend aufzuteilen. [4]Was Gegenstand der Lieferung oder sonstigen Leistung ist, muss nach den Gegebenheiten des Einzelfalls beurteilt werden. [5]Wird eine Leistung in Teilen geschuldet und bewirkt (Teilleistung), sind Anzahlungen der jeweiligen Teilleistung zuzurechnen, für die sie geleistet werden (vgl. BFH-Urteil vom 19. 5. 1988, V R 102/83, BStBl II S. 848). [6]Fehlt es bei der Vereinnahmung der Zahlung noch an einer konkreten Leistungsvereinbarung, ist zu prüfen, ob die Zahlung als bloße Kreditgewährung zu betrachten ist; aus den Umständen des Einzelfalles, z. B. bei dauernder Geschäftsverbindung mit regelmäßig sich wiederholenden Aufträgen, kann sich ergeben, dass es sich dennoch um eine Anzahlung für eine künftige Leistung handelt, die zur Entstehung der Steuer führt.

(4) [1]Eine Anzahlung für eine Leistung, die voraussichtlich unter eine Befreiungsvorschrift des § 4 UStG fällt oder nicht steuerbar ist, braucht nicht der Steuer unterworfen zu werden. [2]Dagegen ist die Anzahlung zu versteuern, wenn bei ihrer Vereinnahmung noch nicht abzusehen ist, ob die Voraussetzungen für die Steuerbefreiung oder Nichtsteuerbarkeit der Leistung erfüllt werden. [3]Ergibt sich im Nachhinein, dass die Leistung nicht der Umsatzsteuer unterliegt, ist die Bemessungsgrundlage in entsprechender Anwendung des § 17 Abs. 2 Nr. 2 UStG zu berichtigen (vgl. BFH-Urteil vom 8. 9. 2011, V R 42/10, BStBl 2012 II S. 248).

(5) Zur Behandlung von Anzahlungen für steuerpflichtige Reiseleistungen, für die die Bemessungsgrundlage nach § 25 Abs. 3 UStG zu ermitteln ist, vgl. Abschnitt 25.3 Abs. 5.

(6) Zur Rechnungserteilung bei der Istversteuerung von Anzahlungen vgl. Abschnitt 14.8, zum Vorsteuerabzug bei Anzahlungen vgl. Abschnitt 15.3 und zur Minderung der Bemessungsgrundlage bei Rückgewährung einer Anzahlung vgl. Abschnitt 17.1 Abs. 7.

(7) Werden Anzahlungen in fremder Währung geleistet, ist die einzelne Anzahlung nach dem im Monat der Vereinnahmung geltenden Durchschnittskurs umzurechnen (§ 16 Abs. 6 UStG); bei dieser Umrechnung verbleibt es, auch wenn im Zeitpunkt der Leistungsausführung ein anderer Durchschnittskurs gilt.

(8) Zur Behandlung von Anzahlungen für Leistungen im Sinne des § 13b UStG, wenn die Voraussetzungen für die Steuerschuld des Leistungsempfängers im Zeitpunkt der Vereinnahmungen der Anzahlungen noch nicht vorlagen, vgl. Abschnitt 13b.12 Abs. 3.

UStAE 13.6. Entstehung der Steuer bei der Versteuerung nach vereinnahmten Entgelten

(1) [1]Bei der Versteuerung nach vereinnahmten Entgelten (Istversteuerung; vgl. Abschnitt 20.1) entsteht die Steuer für Lieferungen und sonstige Leistungen mit Ablauf des Voranmeldungszeitraums, in dem die Entgelte vereinnahmt worden sind. [2]Anzahlungen (vgl. Abschnitt 13.5) sind stets im Voranmeldungszeitraum ihrer Vereinnahmung zu versteuern. [3]Als Zeitpunkt der Vereinnahmung gilt bei Überweisungen auf ein Bankkonto grundsätzlich der Zeitpunkt der Gutschrift. [4]Zur Frage der Vereinnahmung bei Einzahlung auf ein gesperrtes Konto vgl. BFH-Urteile vom 27. 11. 1958, V 284/57 U, BStBl 1959 III S. 64, und vom 23. 4. 1980, VII R 156/75, BStBl II S. 643. [5]Vereinnahmt sind auch Beträge, die der Schuldner dem Gläubiger am Fälligkeitstag gutschreibt, wenn die Beträge dem Berechtigten von nun an zur Verwendung zur Verfügung stehen (vgl. BFH-Urteil vom 24. 3. 1993, X R 55/91, BStBl II S. 499). [6]Dies gilt jedoch nicht, wenn die Beträge im Zeitpunkt der Gutschrift nicht fällig waren und das Guthaben nicht verzinst wird (vgl. BFH-Urteil vom 12. 11. 1997, XI R 30/97, BStBl 1998 II S. 252). [7]Beim Kontokorrentverkehr ist das Entgelt mit der Anerkennung des Saldos am Ende eines Abrechnungszeitraums vereinnahmt. [8]Wird für eine Leistung ein Wechsel in Zahlung genommen, gilt das Entgelt erst mit dem Tag der Einlösung oder – bei Weitergabe – mit dem Tag der Gutschrift oder Wertstellung als vereinnahmt. [9]Ein Scheckbetrag ist

grundsätzlich nicht erst mit Einlösung des Schecks, sondern bereits mit dessen Hingabe zugeflossen, wenn der sofortigen Vorlage des Schecks keine zivilrechtlichen Abreden entgegenstehen und wenn davon ausgegangen werden kann, dass die bezogene Bank im Falle der sofortigen Vorlage des Schecks den Scheckbetrag auszahlen oder gutschreiben wird (vgl. BFH-Urteil vom 20. 3. 2001 – IX R 97/97, BStBl II S. 482). [10]Die Abtretung einer Forderung an Zahlungs statt (§ 364 Abs. 1 BGB) führt im Zeitpunkt der Abtretung in Höhe des wirtschaftlichen Wertes, der der Forderung im Abtretungszeitpunkt zukommt, zu einem Zufluss. [11]Das Gleiche gilt bei einer zahlungshalber erfolgten Zahlungsabtretung (§ 364 Abs. 2 BGB), wenn eine fällige, unbestrittene und einziehbare Forderung vorliegt (vgl. BFH-Urteil vom 30. 10. 1980 – IV R 97/78, BStBl 1981 II S. 305). [12]Eine Aufrechnung ist im Zeitpunkt der Aufrechnungserklärung einer Zahlung gleichzusetzen (vgl. BFH-Urteil vom 19. 4. 1977, VIII R 119/75, BStBl II S. 601).

(2) Führen Unternehmer, denen die Versteuerung nach vereinnahmten Entgelten gestattet worden ist, Leistungen an ihr Personal aus, für die kein besonderes Entgelt berechnet wird, entsteht die Steuer insoweit mit Ablauf des Voranmeldungszeitraums, in dem diese Leistungen ausgeführt worden sind.

(3) [1]Die im Zeitpunkt der Ausführung der Lieferung oder sonstigen Leistung geltenden Voraussetzungen für die Entstehung der Steuer bleiben auch dann maßgebend, wenn der Unternehmer von der Berechnung der Steuer nach vereinnahmten Entgelten zur Berechnung der Steuer nach vereinbarten Entgelten wechselt. [2]Für Umsätze, die in einem Besteuerungszeitraum ausgeführt wurden, für den dem Unternehmer die Berechnung der Steuer nach vereinnahmten Entgelten erlaubt war, gilt diese Versteuerung weiter, auch wenn in späteren Besteuerungszeiträumen ein Wechsel zur Sollversteuerung eintritt. [3]Danach entsteht die Steuer insoweit bei Vereinnahmung des Entgelts (vgl. BFH-Urteil vom 30. 1. 2003, V R 58/01, BStBl II S. 817). [4]Im Falle eines bereits sollversteuerten Umsatzes bleibt der Zeitpunkt des Entstehens der Steuer auch dann unverändert, wenn der Unternehmer zur Ist-Versteuerung wechselt und das Entgelt noch nicht vereinnahmt hat.

Anmerkung

Zeitpunkt der Vereinnahmung nach § 13 Abs. 1 Nr. 1 Buchst. b des UStG bei Überweisungen

Der BFH hat im Verfahren V R 12/22 klargestellt, dass bei Überweisungen eine **Vereinnahmung** des Entgelts i. S. d. § 13 Abs. 1 Nr. 1 Buchst. b UStG auch dann erst im **Zeitpunkt der Gutschrift auf dem Girokonto** des Zahlungsempfängers vorliegt, wenn die Wertstellung (Valutierung) bereits zu einem früheren Zeitpunkt wirksam wird.

Hinweis

In dem Verfahren ging es um einen Ist-Versteuerer, dem ein Entgelt für eine steuerpflichtige Leistung am 2.1.2020 tatsächlich dem Konto gutgeschrieben wurde. Dies erfolgte aber mit (rückwirkender) Valuta zum 31.12.2019 des Vorjahrs. Das Finanzamt wollte die Einnahme schon im Jahr der Wertstellung (Valuta) erfassen, der Kläger demgegenüber im Jahr der tatsächlichen Gutschrift.

Der BFH hat zutreffend klargestellt, dass eine Vereinnahmung i. S. d. § 13 Abs. 1 Nr. 1 Buchstabe b) UStG erst mit tatsächlicher Gutschrift vorliegt. Erst zu diesem Zeitpunkt kann der Stpfl. über den Betrag verfügen (BFH, Urt. v. 17.8.2023 – V R 12/22). Dies entspricht auch Abschn. 13.6. Abs. 1 S. 3 UStAE. Warum im entschiedenen Fall das beklagte Finanzamt von dieser verbindlichen Vorgabe im UStAE für die FinVerw abgewichen ist, erschließt sich nicht. Die FinVerw hat das Urteil amtlich im BStBl II 2024, 79 veröffentlicht, so dass damit – zusätzlich zur Regelung im UStAE – eine endgültige Rechtssicherheit für die Anwendungspraxis gegeben ist.

UStAE 13.7. Entstehung der Steuer in den Fällen des unrichtigen Steuerausweises

[1]In den Fällen des unrichtigen Steuerausweises (§ 14c Abs. 1 Satz 1 UStG, Abschnitt 14c.1) entsteht die Steuer nach § 13 Abs. 1 Nr. 3 UStG im Zeitpunkt der Ausgabe der Rechnung. [2]Weist der leistende Unternehmer oder der von ihm beauftragte Dritte in einer Rechnung über eine steuerpflichtige Leistung einen höheren Steuerbetrag aus, als der leistende Unternehmer nach dem Gesetz schuldet, wird es aus Vereinfachungsgründen jedoch nicht beanstandet, wenn der Unternehmer den Mehrbetrag für den Vor-

anmeldungszeitraum anmeldet, mit dessen Ablauf die Steuer für die zu Grunde liegende Leistung nach § 13 Abs. 1 Nr. 1 Buchstabe a oder b UStG entsteht.

Beispiel:

[1]Der Unternehmer U liefert im Voranmeldungszeitraum Januar 01 einen Rollstuhl (Position 8713 des Zolltarifs) an ein Altenheim (kein Endverbraucher) für insgesamt 238 € und weist in der am 02. 02. 01 ausgegebenen Rechnung unter Anwendung des Steuersatzes **in Höhe** von 19 % eine darin enthaltene Umsatzsteuer in Höhe von 38 € gesondert aus.

[2]Die gesetzlich geschuldete Steuer in Höhe von 7 % entsteht mit Ablauf des Voranmeldungszeitraums Januar 01. [3]Der nach § 14 c Abs. 1 Satz 1 UStG geschuldete Mehrbetrag entsteht im Zeitpunkt der Ausgabe der Rechnung im Februar 01. [4]Es wird jedoch nicht beanstandet, wenn der Unternehmer die in der Rechnung ausgewiesene Steuer in voller Höhe für den Voranmeldungszeitraum Januar 01 anmeldet.

UStAE 13.8. Entstehung der Steuer in den Fällen des § 3 Abs. 3 a und § 18 k UStG

[1]In den Fällen des § 3 Abs. 3 a UStG entsteht die Steuer zu dem Zeitpunkt, zu dem die Zahlung angenommen wurde. [2]In den Fällen des § 18 k UStG entsteht die Steuer mit Ablauf des Besteuerungszeitraums (Kalendermonat; § 16 Abs. 1 e Satz 1 UStG), in dem die Lieferungen ausgeführt worden sind; die Gegenstände gelten als zu dem Zeitpunkt geliefert, zu dem die Zahlung angenommen wurde. [3]Der Zeitpunkt, zu dem die Zahlung angenommen wurde, ist der Zeitpunkt, zu dem die Zahlung bestätigt wurde oder die Zahlungsgenehmigungsmeldung oder eine Zahlungszusage des Erwerbers beim Lieferer, der die Gegenstände über eine elektronische Schnittstelle verkauft bzw. an dem besonderen Besteuerungsverfahren nach § 18 k UStG teilnimmt, oder für dessen Rechnung eingeht, und zwar unabhängig davon, wann die tatsächliche Zahlung erfolgt, je nachdem, welcher Zeitpunkt der frühere ist (vgl. Artikel 41 a MwStVO).

Zu § 13 a UStG

UStG § 13 a Steuerschuldner

(1) Steuerschuldner ist in den Fällen

1. des § 1 Abs. 1 Nr. 1 und des § 14 c Abs. 1 der Unternehmer;
2. des § 1 Abs. 1 Nr. 5 der Erwerber;
3. des § 6 a Abs. 4 der Abnehmer;
4. des § 14 c Abs. 2 der Aussteller der Rechnung;
5. des § 25 b Abs. 2 der letzte Abnehmer;
6. ***weggefallen***
7. des § 18 k neben dem Unternehmer der im Gemeinschaftsgebiet ansässige Vertreter, sofern ein solcher vom Unternehmer vertraglich bestellt und dies der Finanzbehörde nach § 18 k Absatz 1 Satz 2 angezeigt wurde. Der Vertreter ist gleichzeitig Empfangsbevollmächtigter für den Unternehmer und dadurch ermächtigt, alle Verwaltungsakte und Mitteilungen der Finanzbehörde in Empfang zu nehmen, die mit dem Besteuerungsverfahren nach § 18 k und einem außergerichtlichen Rechtsbehelfsverfahren nach dem Siebenten Teil der Abgabenordnung zusammenhängen. Bei der Bekanntgabe an den Vertreter ist darauf hinzuweisen, dass sie auch mit Wirkung für und gegen den Unternehmer erfolgt. Die Empfangsbevollmächtigung des Vertreters kann nur nach Beendigung des Vertragsverhältnisses und mit Wirkung für die Zukunft widerrufen werden. Der Widerruf wird gegenüber der Finanzbehörde erst wirksam, wenn er ihr zugegangen ist.

(2) Für die Einfuhrumsatzsteuer gilt § 21 Abs. 2.

Zu § 13 b UStG

UStG § 13 b Leistungsempfänger als Steuerschuldner

(1) Für nach § 3 a Absatz 2 im Inland steuerpflichtige sonstige Leistungen eines im übrigen Gemeinschaftsgebiet ansässigen Unternehmers entsteht die Steuer mit Ablauf des Voranmeldungszeitraums, in dem die Leistungen ausgeführt worden sind.

(2) Für folgende steuerpflichtige Umsätze entsteht die Steuer mit Ausstellung der Rechnung, spätestens jedoch mit Ablauf des der Ausführung der Leistung folgenden Kalendermonats:

1. Werklieferungen und nicht unter Absatz 1 fallende sonstige Leistungen eines im Ausland ansässigen Unternehmers;
2. Lieferungen sicherungsübereigneter Gegenstände durch den Sicherungsgeber an den Sicherungsnehmer außerhalb des Insolvenzverfahrens;
3. Umsätze, die unter das Grunderwerbsteuergesetz fallen;
4. Bauleistungen, einschließlich Werklieferungen und sonstigen Leistungen im Zusammenhang mit Grundstücken, die der Herstellung, Instandsetzung, Instandhaltung, Änderung oder Beseitigung von Bauwerken dienen, mit Ausnahme von Planungs- und Überwachungsleistungen. Als Grundstücke gelten insbesondere auch Sachen, Ausstattungsgegenstände und Maschinen, die auf Dauer in einem Gebäude oder Bauwerk installiert sind und die nicht bewegt werden können, ohne das Gebäude oder Bauwerk zu zerstören oder zu verändern. Nummer 1 bleibt unberührt;
5. Lieferungen
   a) der in § 3 g Absatz 1 Satz 1 genannten Gegenstände eines im Ausland ansässigen Unternehmers unter den Bedingungen des § 3 g und
   b) von Gas über das Erdgasnetz und von Elektrizität, die nicht unter Buchstabe a fallen;
6. Übertragung von Berechtigungen nach § 3 Nummer 3 des Treibhausgas-Emissionshandelsgesetzes, Emissionsreduktionseinheiten nach § 2 Nummer 20 des Projekt-Mechanismen-Gesetzes, zertifizierten Emissionsreduktionen nach § 2 Nummer 21 des Projekt-Mechanismen-Gesetzes, Emissionszertifikaten nach § 3 Nummer 2 des Brennstoffemissionshandelsgesetzes sowie von Gas- und Elektrizitätszertifikaten;
7. Lieferungen der in der Anlage 3 bezeichneten Gegenstände;
8. Reinigen von Gebäuden und Gebäudeteilen. Nummer 1 bleibt unberührt;
9. Lieferungen von Gold mit einem Feingehalt von mindestens 325 Tausendstel, in Rohform oder als Halbzeug (aus Position 7108 des Zolltarifs) und von Goldplattierungen mit einem Goldfeingehalt von mindestens 325 Tausendstel (aus Position 7109);
10. Lieferungen von Mobilfunkgeräten, Tablet-Computern und Spielekonsolen sowie von integrierten Schaltkreisen vor Einbau in einen zur Lieferung auf der Einzelhandelsstufe geeigneten Gegenstand, wenn die Summe der für sie in Rechnung zu stellenden Entgelte im Rahmen eines wirtschaftlichen Vorgangs mindestens 5 000 Euro beträgt; nachträgliche Minderungen des Entgelts bleiben dabei unberücksichtigt;
11. Lieferungen der in der Anlage 4 bezeichneten Gegenstände, wenn die Summe der für sie in Rechnung zu stellenden Entgelte im Rahmen eines wirtschaftlichen Vorgangs mindestens 5 000 Euro beträgt; nachträgliche Minderungen des Entgelts bleiben dabei unberücksichtigt;
12. sonstige Leistungen auf dem Gebiet der Telekommunikation. Nummer 1 bleibt unberührt.

(3) Abweichend von den Absätzen 1 und 2 Nummer 1 entsteht die Steuer für sonstige Leistungen, die dauerhaft über einen Zeitraum von mehr als einem Jahr erbracht werden, spätestens mit Ablauf eines jeden Kalenderjahres, in dem sie tatsächlich erbracht werden.

(4) [1]Bei der Anwendung der Absätze 1 bis 3 gilt § 13 Absatz 1 Nummer 1 Buchstabe a Satz 2 und 3 entsprechend. [2]Wird in den in den Absätzen 1 bis 3 sowie in den in Satz 1 genannten Fällen das Entgelt oder ein Teil des Entgelts vereinnahmt, bevor die Leistung oder die Teilleistung ausgeführt worden ist, entsteht insoweit die Steuer mit Ablauf des Voranmeldungszeitraums, in dem das Entgelt oder das Teilentgelt vereinnahmt worden ist.

(5) [1]In den in den Absätzen 1 und 2 Nummer 1 bis 3 genannten Fällen schuldet der Leistungsempfänger die Steuer, wenn er ein Unternehmer oder eine juristische Person ist; in den in Absatz 2 Nummer 5 Buchstabe a, Nummer 6, 7, 9 bis 11 genannten Fällen schuldet der Leistungsempfänger die Steuer, wenn er ein Unternehmer ist. [2]In den in Absatz 2 Nummer 4 Satz 1 genannten Fällen schuldet der Leistungsempfänger die Steuer unabhän-

gig davon, ob er sie für eine von ihm erbrachte Leistung im Sinne des Absatzes 2 Nummer 4 Satz 1 verwendet, wenn er ein Unternehmer ist, der nachhaltig entsprechende Leistungen erbringt; davon ist auszugehen, wenn ihm das zuständige Finanzamt eine im Zeitpunkt der Ausführung des Umsatzes gültige auf längstens drei Jahre befristete Bescheinigung, die nur mit Wirkung für die Zukunft widerrufen oder zurückgenommen werden kann, darüber erteilt hat, dass er ein Unternehmer ist, der entsprechende Leistungen erbringt. [3]Bei den in Absatz 2 Nummer 5 Buchstabe b genannten Lieferungen von Erdgas schuldet der Leistungsempfänger die Steuer, wenn er ein Wiederverkäufer von Erdgas im Sinne des § 3 g ist. [4]Bei den in Absatz 2 Nummer 5 Buchstabe b genannten Lieferungen von Elektrizität schuldet der Leistungsempfänger in den Fällen die Steuer, in denen der liefernde Unternehmer und der Leistungsempfänger Wiederverkäufer von Elektrizität im Sinne des § 3 g sind. [5]In den in Absatz 2 Nummer 8 Satz 1 genannten Fällen schuldet der Leistungsempfänger die Steuer unabhängig davon, ob er sie für eine von ihm erbrachte Leistung im Sinne des Absatzes 2 Nummer 8 Satz 1 verwendet, wenn er ein Unternehmer ist, der nachhaltig entsprechende Leistungen erbringt; davon ist auszugehen, wenn ihm das zuständige Finanzamt eine im Zeitpunkt der Ausführung des Umsatzes gültige auf längstens drei Jahre befristete Bescheinigung, die nur mit Wirkung für die Zukunft widerrufen oder zurückgenommen werden kann, darüber erteilt hat, dass er ein Unternehmer ist, der entsprechende Leistungen erbringt. [6]Bei den in Absatz 2 Nummer 12 Satz 1 genannten Leistungen schuldet der Leistungsempfänger die Steuer, wenn er ein Unternehmer ist, dessen Haupttätigkeit in Bezug auf den Erwerb dieser Leistungen in deren Erbringung besteht und dessen eigener Verbrauch dieser Leistungen von untergeordneter Bedeutung ist; davon ist auszugehen, wenn ihm das zuständige Finanzamt eine im Zeitpunkt der Ausführung des Umsatzes gültige auf längstens drei Jahre befristete Bescheinigung, die nur mit Wirkung für die Zukunft widerrufen oder zurückgenommen werden kann, darüber erteilt hat, dass er ein Unternehmer ist, der entsprechende Leistungen erbringt. [7]Die Sätze 1 bis 6 gelten vorbehaltlich des Satzes 11 auch, wenn die Leistung für den nichtunternehmerischen Bereich bezogen wird. [8]Sind Leistungsempfänger und leistender Unternehmer in Zweifelsfällen übereinstimmend vom Vorliegen der Voraussetzungen des Absatzes 2 Nummer 4, 5 Buchstabe b, Nummer 6 bis 12 ausgegangen, obwohl dies nach der Art der Umsätze unter Anlegung objektiver Kriterien nicht zutreffend war, gilt der Leistungsempfänger dennoch als Steuerschuldner, sofern dadurch keine Steuerausfälle entstehen. [9]Die Sätze 2 und 5 gelten auch dann, wenn die entsprechenden Leistungen des Leistungsempfängers nach § 19 Absatz 1 oder 4 steuerfrei sind. [10]Die Sätze 1 bis 9 gelten nicht, wenn ein in Absatz 2 Nummer 2, 7 oder 9 bis 11 genannter Gegenstand von dem Unternehmer, der die Lieferung bewirkt, unter den Voraussetzungen des § 25 a geliefert wird. [11]In den in Absatz 2 Nummer 4, 5 Buchstabe b und Nummer 7 bis 12 genannten Fällen schulden juristische Personen des öffentlichen Rechts die Steuer nicht, wenn sie die Leistung für den nichtunternehmerischen Bereich beziehen.

(6) Die Absätze 1 bis 5 finden keine Anwendung, wenn die Leistung des im Ausland ansässigen Unternehmers besteht

1. in einer Personenbeförderung, die der Beförderungseinzelbesteuerung (§ 16 Absatz 5) unterlegen hat,
2. in einer Personenbeförderung, die mit einem Fahrzeug im Sinne des § 1 b Absatz 2 Satz 1 Nummer 1 durchgeführt worden ist,
3. in einer grenzüberschreitenden Personenbeförderung im Luftverkehr,
4. in der Einräumung der Eintrittsberechtigung für Messen, Ausstellungen und Kongresse im Inland,
5. in einer sonstigen Leistung einer Durchführungsgesellschaft an im Ausland ansässige Unternehmer, soweit diese Leistung im Zusammenhang mit der Veranstaltung von Messen und Ausstellungen im Inland steht, oder
6. in der Abgabe von Speisen und Getränken zum Verzehr an Ort und Stelle (Restaurationsleistung), wenn diese Abgabe an Bord eines Schiffs, in einem Luftfahrzeug oder in einer Eisenbahn erfolgt.

(7) [1]Ein im Ausland ansässiger Unternehmer im Sinne des Absatzes 2 Nummer 1 und 5 ist ein Unternehmer, der im Inland, auf der Insel Helgoland und in einem der in § 1 Absatz 3 bezeichneten Gebiete weder einen Wohnsitz, seinen gewöhnlichen Aufenthalt, seinen Sitz, seine Geschäftsleitung noch eine Betriebsstätte hat; dies gilt auch, wenn der Unternehmer ausschließlich einen Wohnsitz oder einen gewöhnlichen Aufenthaltsort im Inland, aber seinen Sitz, den Ort der Geschäftsleitung oder eine Betriebsstätte im Ausland hat. [2]Ein im übrigen Gemeinschaftsgebiet ansässiger Unternehmer ist ein Unternehmer, der in den Gebieten der übrigen Mitgliedstaaten der Europäischen Union, die nach dem Gemeinschaftsrecht als Inland dieser Mitgliedstaaten gelten, einen Wohnsitz, seinen gewöhnlichen Aufenthalt, seinen Sitz, seine Geschäftsleitung oder eine Betriebsstätte hat; dies gilt nicht, wenn der Unternehmer ausschließlich einen Wohnsitz oder einen gewöhnlichen Aufenthaltsort in den Gebieten der übrigen Mitgliedstaaten der Europäischen Union, die nach dem Gemeinschaftsrecht als Inland

dieser Mitgliedstaaten gelten, aber seinen Sitz, den Ort der Geschäftsleitung oder eine Betriebsstätte im Drittlandsgebiet hat. [3]Hat der Unternehmer im Inland eine Betriebsstätte und führt er einen Umsatz nach Absatz 1 oder Absatz 2 Nummer 1 oder Nummer 5 aus, gilt er hinsichtlich dieses Umsatzes als im Ausland oder im übrigen Gemeinschaftsgebiet ansässig, wenn die Betriebsstätte an diesem Umsatz nicht beteiligt ist. [4]Maßgebend ist der Zeitpunkt, in dem die Leistung ausgeführt wird. [5]Ist es zweifelhaft, ob der Unternehmer diese Voraussetzungen erfüllt, schuldet der Leistungsempfänger die Steuer nur dann nicht, wenn ihm der Unternehmer durch eine Bescheinigung des nach den abgabenrechtlichen Vorschriften für die Besteuerung seiner Umsätze zuständigen Finanzamts nachweist, dass er kein Unternehmer im Sinne der Sätze 1 und 2 ist.

(8) Bei der Berechnung der Steuer ist § 24 nicht anzuwenden.

(9) Das Bundesministerium der Finanzen kann mit Zustimmung des Bundesrates durch Rechtsverordnung bestimmen, unter welchen Voraussetzungen zur Vereinfachung des Besteuerungsverfahrens in den Fällen, in denen ein anderer als der Leistungsempfänger ein Entgelt gewährt, der andere an Stelle des Leistungsempfängers Steuerschuldner nach Absatz 5 ist.

(10) [1]Das Bundesministerium der Finanzen kann mit Zustimmung des Bundesrates durch Rechtsverordnung den Anwendungsbereich der Steuerschuldnerschaft des Leistungsempfängers nach den Absätzen 2 und 5 auf weitere Umsätze erweitern, wenn im Zusammenhang mit diesen Umsätzen in vielen Fällen der Verdacht auf Steuerhinterziehung in einem besonders schweren Fall aufgetreten ist, die voraussichtlich zu erheblichen und unwiederbringlichen Steuermindereinnahmen führen. [2]Voraussetzungen für eine solche Erweiterung sind, dass

1. die Erweiterung frühestens zu dem Zeitpunkt in Kraft treten darf, zu dem die Europäische Kommission entsprechend Artikel 199 b Absatz 3 der Richtlinie 2006/112/EG des Rates vom 28. November 2006 über das gemeinsame Mehrwertsteuersystem (ABl. L 347 vom 11. 12. 2006, S. 1) in der Fassung von Artikel 1 Nummer 1 der Richtlinie 2013/42/EU (ABl. L 201 vom 26. 7. 2013, S. 1) mitgeteilt hat, dass sie keine Einwände gegen die Erweiterung erhebt;
2. die Bundesregierung einen Antrag auf eine Ermächtigung durch den Rat entsprechend Artikel 395 der Richtlinie 2006/112/EG in der Fassung von Artikel 1 Nummer 2 der Richtlinie 2013/42/EG (ABl. L 201 vom 26. 7. 2013, S. 1) gestellt hat, durch die die Bundesrepublik Deutschland ermächtigt werden soll, in Abweichung von Artikel 193 der Richtlinie 2006/112/EG, die zuletzt durch die Richtlinie 2013/61/EU (ABl. L 353 vom 28. 12. 2013, S. 5) geändert worden ist, die Steuerschuldnerschaft des Leistungsempfängers für die von der Erweiterung nach Nummer 1 erfassten Umsätze zur Vermeidung von Steuerhinterziehungen einführen zu dürfen;
3. die Verordnung nach neun Monaten außer Kraft tritt, wenn die Ermächtigung nach Nummer 2 nicht erteilt worden ist; wurde die Ermächtigung nach Nummer 2 erteilt, tritt die Verordnung außer Kraft, sobald die gesetzliche Regelung, mit der die Ermächtigung in nationales Recht umgesetzt wird, in Kraft tritt.

UStDV

§ 30 a Steuerschuldnerschaft bei unfreien Versendungen

[1]Lässt ein Absender einen Gegenstand durch einen im Ausland ansässigen Frachtführer oder Verfrachter unfrei zum Empfänger der Frachtsendung befördern oder eine solche Beförderung durch einen im Ausland ansässigen Spediteur unfrei besorgen, ist der Empfänger der Frachtsendung an Stelle des Leistungsempfängers Steuerschuldner nach § 13 b Absatz 5 des Gesetzes, wenn

1. er ein Unternehmer oder eine juristische Person des öffentlichen Rechts ist,
2. er die Entrichtung des Entgelts für die Beförderung oder für ihre Besorgung übernommen hat und
3. aus der Rechnung über die Beförderung oder ihre Besorgung auch die in Nummer 2 bezeichnete Voraussetzung zu ersehen ist.

[2]Dies gilt auch, wenn die Leistung für den nichtunternehmerischen Bereich bezogen wird.

UStAE 13 b.1. Steuerschuldnerschaft des Leistungsempfängers

(1) [1]Unternehmer und juristische Personen schulden als Leistungsempfänger für bestimmte an sie im Inland ausgeführte steuerpflichtige Umsätze die Steuer. [2]Dies gilt sowohl für im Inland ansässige als auch für im Ausland ansässige Leistungsempfänger. [3]Auch Kleinunternehmer (§ 19 UStG), pauschalversteuernde Land- und Forstwirte (§ 24 UStG) und Unternehmer, die ausschließlich steuerfreie Umsätze tätigen, schulden die Steuer. [4]Die Steuerschuldnerschaft erstreckt sich mit Ausnahme der in § 13 b Abs. 5 Satz 11 UStG genannten Leistungen, die ausschließlich an den nichtunternehmerischen Bereich

von juristischen Personen des öffentlichen Rechts erbracht werden, sowohl auf die Umsätze für den unternehmerischen als auch auf die Umsätze für den nichtunternehmerischen Bereich des Leistungsempfängers. [5]Zuständig für die Besteuerung dieser Umsätze ist das Finanzamt, bei dem der Leistungsempfänger als Unternehmer umsatzsteuerlich erfasst ist. [6]Für juristische Personen ist das Finanzamt zuständig, in dessen Bezirk sie ihren Sitz haben.

(2) [1]Für folgende steuerpflichtige Umsätze schuldet der Leistungsempfänger die Steuer:

1. Nach § 3 a Abs. 2 UStG im Inland steuerpflichtige sonstige Leistungen eines im übrigen Gemeinschaftsgebiet ansässigen Unternehmers (§ 13 b Abs. 1 UStG).
2. Werklieferungen im Ausland ansässiger Unternehmer (§ 13 b Abs. 2 Nr. 1 UStG).

   Beispiel:

   [1]Der in Kiel ansässige Bauunternehmer U hat den Auftrag erhalten, in Flensburg ein Geschäftshaus zu errichten. [2]Lieferung und Einbau der Fenster lässt U von seinem dänischen Subunternehmer D aus Kopenhagen ausführen.

   [3]Der im Ausland ansässige Unternehmer D erbringt im Inland eine steuerpflichtige Werklieferung an U (§ 3 Abs. 4 und 7 Satz 1 UStG). [4]Die Umsatzsteuer für diese Werklieferung schuldet U (§ 13 b Abs. 5 Satz 1 in Verbindung mit Abs. 2 Nr. 1 UStG).

3. Sonstige Leistungen im Ausland ansässiger Unternehmer (§ 13 b Abs. 2 Nr. 1 UStG).

   Beispiel:

   [1]Der in Frankreich ansässige Architekt F plant für den in Stuttgart ansässigen Unternehmer U die Errichtung eines Gebäudes in München.

   [2]Der im Ausland ansässige Unternehmer F erbringt im Inland steuerpflichtige Leistungen an U (§ 3 a Abs. 3 Nr. 1 UStG). [3]Die Umsatzsteuer für diese Leistung schuldet U (§ 13 b Abs. 5 Satz 1 in Verbindung mit Abs. 2 Nr. 1 UStG).

4. [1]Lieferungen von sicherungsübereigneten Gegenständen durch den Sicherungsgeber an den Sicherungsnehmer außerhalb des Insolvenzverfahrens (§ 13 b Abs. 2 Nr. 2 UStG). [2]§ 13 b Abs. 2 Nr. 2 und Abs. 5 Sätze 1 und 7 bis 9 UStG findet keine Anwendung, wenn ein sicherungsübereigneter Gegenstand vom Sicherungsgeber unter den Voraussetzungen des § 25 a UStG geliefert wird.

   Beispiel:

   [1]Für den Unternehmer U in Leipzig finanziert eine Bank B in Dresden die Anschaffung eines Pkw. [2]Bis zur Rückzahlung des Darlehens lässt sich B den Pkw zur Sicherheit übereignen. [3]Da U seinen Zahlungsverpflichtungen nicht nachkommt, verwertet B den Pkw durch Veräußerung an einen privaten Abnehmer A.

   [4]Mit der Veräußerung des Pkw durch B liegen eine Lieferung des U (Sicherungsgeber) an B (Sicherungsnehmer) sowie eine Lieferung von B an A vor (vgl. Abschnitt 1.2 Abs. 1). [5]Für die Lieferung des U schuldet B als Leistungsempfänger die Umsatzsteuer (§ 13 b Abs. 5 Satz 1 in Verbindung mit Abs. 2 Nr. 2 UStG).

5. [1]Umsätze, die unter das GrEStG fallen (§ 13 b Abs. 2 Nr. 3 UStG). [2]Zu den Umsätzen, die unter das GrEStG fallen, vgl. Abschnitt 4.9.1. [3]Hierzu gehören insbesondere:
   - Die Umsätze von unbebauten und bebauten Grundstücken und
   - die Bestellung und Übertragung von Erbbaurechten gegen Einmalzahlung oder regelmäßig wiederkehrende Erbbauzinsen.

   [4]Da die Umsätze, die unter das GrEStG fallen, nach § 4 Nr. 9 Buchstabe a UStG steuerfrei sind, ist für die Anwendung der Steuerschuldnerschaft des Leistungsempfängers (Abnehmers) erforderlich, dass ein wirksamer Verzicht auf die Steuerbefreiung (Option) durch den Lieferer vorliegt (vgl. Abschnitte 9.1 und 9.2 Abs. 8 und 9).

Beispiel:

[1]Der Unternehmer U in Berlin ist Eigentümer eines Werkstattgebäudes, dessen Errichtung mit Darlehen einer Bank B finanziert wurde. [2]Da U seine Zahlungsverpflichtungen nicht erfüllt, betreibt B die Zwangsversteigerung des Grundstückes. [3]Den Zuschlag erhält der Unternehmer E. [4]Auf die Steuerbefreiung der Grundstückslieferung (§ 4 Nr. 9 Buchstabe a UStG) verzichtet U rechtzeitig (§ 9 Abs. 3 Satz 1 UStG).

[5]Mit dem Zuschlag in der Zwangsversteigerung erbringt U an E eine steuerpflichtige Lieferung. [6]E schuldet als Leistungsempfänger die Umsatzsteuer (§ 13 b Abs. 5 Satz 1 in Verbindung mit Abs. 2 Nr. 3 UStG).

6. [1]Bauleistungen, einschließlich Werklieferungen und sonstigen Leistungen im Zusammenhang mit Grundstücken, die der Herstellung, Instandsetzung, Instandhaltung, Änderung oder Beseitigung von Bauwerken dienen, mit Ausnahmen von Planungs- und Überwachungsleistungen (§ 13 b Abs. 2 Nr. 4 Satz 1 UStG). [2]Als Grundstücke gelten insbesondere auch Sachen, Ausstattungsgegenstände und Maschinen, die auf Dauer in einem Gebäude oder Bauwerk installiert sind und die nicht bewegt werden können, ohne das Gebäude oder Bauwerk zu zerstören oder zu verändern (§ 13 b Abs. 2 Nr. 4 Satz 2 UStG). [3]Die Veränderung muss dabei erheblich sein; Abschnitt 3 a.3 Abs. 2 Satz 3 vierter Spiegelstrich Satz 2 gilt entsprechend. [4]§ 13 b Abs. 2 Nr. 1 UStG bleibt unberührt.
7. Lieferungen
   a) der in § 3 g Abs. 1 Satz 1 UStG genannten Gegenstände eines im Ausland ansässigen Unternehmers unter den Bedingungen des § 3 g UStG (vgl. Abschnitt 3 g.1) und
   b) von Gas über das Erdgasnetz und von Elektrizität, die nicht unter Buchstabe a fallen.
8. [1]Übertragung von Berechtigungen nach § 3 Nr. 3 des Treibhausgas-Emissionshandelsgesetzes vom 21. 07. 2011 (BGBl. 2011 I S. 1475), Emissionsreduktionseinheiten nach § 2 Nr. 20 des Projekt-Mechanismen-Gesetzes, zertifizierten Emissionsreduktionen nach § 2 Nr. 21 des Projekt-Mechanismen-Gesetzes, Emissionszertifikaten nach § 3 Nr. 2 des Brennstoffemissionshandelsgesetzes sowie Gas- und Elektrizitätszertifikaten (§ 13 b Abs. 2 Nr. 6 UStG). [2]Zu den Elektrizitätszertifikaten gehören insbesondere Herkunftsnachweise nach § 79 Erneuerbare-Energien-Gesetz und Regionalnachweise nach § 79 a Erneuerbare-Energien-Gesetz.
9. [1]Lieferungen der in der Anlage 3 des UStG bezeichneten Gegenstände (§ 13 b Abs. 2 Nr. 7 UStG). [2]§ 13 b Abs. 2 Nr. 7 und Abs. 5 Sätze 1 und 7 bis 9 UStG findet keine Anwendung, wenn ein in der Anlage 3 bezeichneter Gegenstand von dem liefernden Unternehmer unter den Voraussetzungen des § 25 a UStG geliefert wird.
10. [1]Reinigen von Gebäuden und Gebäudeteilen (§ 13 b Abs. 2 Nr. 8 UStG). [2]§ 13 b Abs. 2 Nr. 1 bleibt unberührt.
11. [1]Lieferungen von Gold mit einem Feingehalt von mindestens 325 Tausendstel, in Rohform oder als Halbzeug (aus Position 7108 des Zolltarifs) und von Goldplattierungen mit einem Goldfeingehalt von mindestens 325 Tausendstel (aus Position 7109) (§ 13 b Abs. 2 Nr. 9 UStG). [2]§ 13 b Abs. 2 Nr. 9 und Abs. 5 Sätze 1 und 7 bis 9 UStG findet keine Anwendung, wenn ein in § 13 b Abs. 2 Nr. 9 UStG bezeichneter Gegenstand von dem liefernden Unternehmer unter den Voraussetzungen des § 25 a UStG geliefert wird.
12. [1]Lieferungen von Mobilfunkgeräten, Tablet-Computern und Spielekonsolen sowie von integrierten Schaltkreisen vor Einbau in einen zur Lieferung auf der Einzelhandelsstufe geeigneten Gegenstand, wenn die Summe der für sie in Rechnung zu stellenden Entgelte im Rahmen eines wirtschaftlichen Vorgangs mindestens 5 000 € beträgt; nachträgliche Minderungen des Entgelts bleiben dabei unberücksichtigt (§ 13 b Abs. 2 Nr. 10 UStG). [2]§ 13 b Abs. 2 Nr. 10 und Abs. 5 Sätze 1 und 7 bis 9 UStG findet keine Anwendung, wenn ein in § 13 b Abs. 2 Nr. 10 UStG bezeichneter Gegenstand von dem liefernden Unternehmer unter den Voraussetzungen des § 25 a UStG geliefert wird.
13. [1]Lieferungen der in der Anlage 4 des UStG bezeichneten Gegenstände, wenn die Summe der für sie in Rechnung zu stellenden Entgelte im Rahmen eines wirtschaftlichen Vorgangs mindestens 5 000 € beträgt; nachträgliche Minderungen des Entgelts bleiben dabei unberücksichtigt (§ 13 b Abs. 2 Nr. 11 UStG). [2]§ 13 b Abs. 2 Nr. 11 und Abs. 5 Sätze 1 und 7 bis 9 UStG findet keine Anwendung, wenn ein

in der Anlage 4 bezeichneter Gegenstand von dem liefernden Unternehmer unter den Voraussetzungen des § 25 a UStG geliefert wird.

14. [1]Sonstige Leistungen auf dem Gebiet der Telekommunikation (§ 13 b Abs. 2 Nr. 12 Satz 1 UStG). [2]§ 13 b Abs. 2 Nr. 1 UStG bleibt unberührt.

[2]Der Leistungsempfänger schuldet die Steuer auch beim Tausch und bei tauschähnlichen Umsätzen.

(3) [1]Werden steuerpflichtige Umsätze nach Absatz 2 an Organisationseinheiten der Gebietskörperschaften Bund bzw. Länder erbracht, sind die Verhältnisse der jeweiligen Gebietskörperschaft maßgeblich. [2]Dabei gelten die Voraussetzungen des § 13 b Abs. 1 und 2 Nr. 1 bis 3, 5 Buchstabe a, Nr. 6, 7, 9 bis 11 in Verbindung mit Abs. 5 Satz 1 UStG stets als erfüllt; § 13 b Abs. 5 Satz 11 UStG und Abschnitt 3 g.1 Abs. 2 Satz 9 bleiben unberührt. [3]Dagegen gelten die Voraussetzungen des § 13 b Abs. 2 Nr. 4, 5 Buchstabe b, Nr. 8 und 12 in Verbindung mit Abs. 5 Sätze 2 bis 6 UStG stets als nicht gegeben.

Anmerkung

1. Übertragung von Treibhausgasemmissionsrechten und Gas- und Elektrizitätszertifikaten

Zum 1.7.2010 wurde § 13b Abs. 2 Nr. 6 UStG um die Übertragung von Treibhausgasemissionsrechten ergänzt. Bei der Übertragung von Berechtigungen nach § 3 Nr. 3 TEHG, Ermissionsreduktionseinheiten i.S.d. § 2 Nr. 20 PMG (Produkt-Mechanismen-Gesetz) wird der Leistungsempfänger zum Steuerschuldner. Voraussetzung ist, dass es sich um eine in Deutschland steuerpflichtige Leistung handelt. Damit hat der deutsche Gesetzgeber das Wahlrecht in Art. 199a MwStSystRL umgesetzt. Zum 1.1.2020 wurde die Regelung um Gas- und Elektrizitätszertifikate ergänzt.

2. Ergänzung des § 13 b Abs. 2 Nr. 6 UStG um Zertifikate nach dem Brennstoffemissionshandelsgesetz (BEHG)

Die Anwendung des Reverse-Charge-Verfahrens ist ergänzt worden: In § 13b Abs. 2 Nr. 6 UStG ist neben den anderen dort genannten Emissionsrechten ab dem 1.1.2023 auch die Übertragung von Emissionszertifikaten nach § 3 Nr. 2 BEHG (Gesetz über einen nationalen Zertifikatehandel für Brennstoffemissionen – BEHG) in den Anwendungsbereich des Reverse-Charge-Verfahrens einbezogen worden.

2.1 Anwendungsschreiben des BMF vom 5.9.2023

Hierzu hat sich die FinVerw in einem Anwendungsschreiben geäußert (BMF-Schreiben v. 5.9.2023 – II C 3-S 7279/20/10004:003, BStBl I 2023, 1655).

Die Regelung ist im Grundsatz auf Umsätze aus der Übertragung von Emmissionszertifikaten anzuwenden, die **nach dem 31.12.2022** ausgeführt wurden. In diesen Fällen ist der Leistungsempfänger Steuerschuldner, wenn er ein Unternehmer ist. Entsprechend hat der leistende Unternehmer eine Rechnung auszustellen, in der das (Netto-)Entgelt sowie der Hinweis „Steuerschuldnerschaft des Leistungsempfängers" (§ 14 a Abs. 5 UStG) anzugeben sind. Dies gilt – so das BMF – unabhängig davon, ob der leistende Unternehmer das Entgelt oder Teile des Entgelts vor dem 1.1.2023 vereinnahmt hat oder nicht.

2.2 Rechnung mit Steuerausweis

Hat der leistende Unternehmer das Entgelt oder Teile des Entgelts **vor dem 11.1.2023 vereinnahmt** und hierfür auch eine **Rechnung mit offenem Steuerausweis erstellt**, hat er die Rechnung über diese Zahlung im Voranmeldungszeitraum der tatsächlichen Ausführung der Leistung zu berichtigen (§ 27 Abs. 1 S. 3 UStG). Erfolgt keine Berichtigung, **schuldet der Rechnungsaussteller die ausgewiesene Steuer nach § 14 c Abs. 1 S. 1 und 2 UStG**. In der Schlussrechnung sind die gezahlten Abschlagszahlungen nur dann mit ihrem Bruttobetrag (einschließlich Umsatzsteuer) anzurechnen, wenn die Umsatzsteuer bis zum Zeitpunkt der Erteilung der Schlussrechnung nicht an den Leistungsempfänger zurückerstattet wurde.

2.3 Nichtbeanstandungs-/Übergangsregelung

Die FinVerw hat es nicht beanstandet, wenn bei der Anwendung der Steuerschuldnerschaft des Leistungsempfängers nur das um das vor dem 1.1.2023 vom leistenden Unternehmer vereinnahmte Entgelt oder die vereinnahmten Teile des Entgelts geminderte Entgelt zugrunde gelegt wurde (Nichtbeanstandungsregelung).

Voraussetzung hierfür war, dass diese Anzahlung vom leistenden Unternehmer in zutreffender Höhe erklärt (= in einer Umsatzsteuer-Voranmeldung oder in einer Umsatzsteuererklärung für das Kalenderjahr angemeldet) und gezahlt wurde. In derartigen Fällen waren die **Rechnungen**, mit denen über die Anzahlungen abgerechnet wurde, **nicht zu berichtigen.**

2.4 Abrechnung über Leistungen vor dem 1.1.2023

Für Leistungen aus der Übertragung von Emissionszertifikaten nach § 3 Nr. 2 BEHG i.S.d. § 13b Abs. 2 Nr. 6 UStG, die vor dem 1.1.2023 erbracht worden sind, ist der leistende Unternehmer nach § 13a Abs. 1 Nr. 1 UStG Steuerschuldner. **§ 13b Abs. 2 Nr. 6 i.V.m. Abs. 5 UStG ist insoweit nicht anzuwenden.**

2.5 Berichtigung nach dem 31.12. 2022 einer vor dem 1.1.2023 erstellten und bezahlten Rechnung über Anzahlungen

Hat sich nach dem 31.12.2022 herausgestellt, dass die in Rechnung gestellte und vom leistenden Unternehmer vereinnahmte Anzahlung i.d.H. unrichtig war, ist die ursprüngliche Rechnung bei Inanspruchnahme der Nichtbeanstandungsregelung (siehe oben 2.2.) nur insoweit nach § 17 Abs. 1 UStG zu berichtigen, als der überzahlte Betrag zurückgezahlt wurde und insoweit die Grundlage für die Versteuerung der Anzahlung entfallen ist.

2.6 Änderung des UStAE

Aufgrund des BMF-Schreibens vom 5.9.2023 ist Abschn. 13b.1. Abs. 2 S. 1 Nr. 8 S. 1 UStAE geändert worden.

UStAE 13b.2. Bauleistungen

(1) [1]Der Begriff des Bauwerks (vgl. Abschnitt 13b.1 Abs. 2 Nr. 6) ist weit auszulegen und umfasst nicht nur Gebäude, sondern darüber hinaus sämtliche irgendwie mit dem Erdboden verbundene oder infolge ihrer eigenen Schwere auf ihm ruhende, aus Baustoffen oder Bauteilen hergestellte Anlagen (z.B. Brücken, Straßen oder Tunnel, Versorgungsleitungen, Schiffshebewerke, Windkraftanlagen). [2]In jedem Fall gelten die in Abschnitt 3a.3 Abs. 2 Satz 3 Spiegelstriche 2 bis 4 genannten Grundstücke als Bauwerke im Sinne des § 13b Abs. 2 Nr. 4 UStG.

(2) *weggefallen*

(3) [1]Eine Bauleistung muss sich unmittelbar auf die Substanz des Bauwerks auswirken, d.h. es muss eine Substanzerweiterung, Substanzverbesserung, Substanzbeseitigung oder Substanzerhaltung bewirkt werden. [2]Hierzu zählen auch Erhaltungsaufwendungen (z.B. Reparaturleistungen); vgl. hierzu aber Absatz 7 Nr. 15.

(4) [1]Werden im Rahmen eines Vertragsverhältnisses mehrere Leistungen erbracht, bei denen es sich teilweise um Bauleistungen handelt, kommt es darauf an, welche Leistung im Vordergrund steht, also der vertraglichen Beziehung das Gepräge gibt. [2]Die Leistung fällt nur dann – insgesamt – unter § 13b Abs. 2 Nr. 4 Satz 1 UStG, wenn die Bauleistung als Hauptleistung anzusehen ist. [3]Ein auf einem Gesamtvertrag beruhendes Leistungsverhältnis ist jedoch aufzuteilen, wenn hierin mehrere ihrem wirtschaftlichen Gehalt nach selbständige und voneinander unabhängige Einzelleistungen zusammengefasst werden (vgl. BFH-Urteil vom 24. 11. 1994, V R 30/92, BStBl 1995 II S. 151).

(5) Zu den Bauleistungen gehören insbesondere auch:

1. Der Einbau von Fenstern, Türen, Bodenbelägen, Aufzügen, Rolltreppen und Heizungsanlagen sowie die Errichtung von Dächern und Treppenhäusern;
2. [1]die Werklieferungen oder der Einbau von Ausstattungsgegenständen oder Maschinenanlagen, sofern diese sich unmittelbar auf die Substanz des Bauwerks auswirken (vgl. Absatz 3). [2]Dies ist der Fall, wenn die Ausstattungsgegenstände oder Maschinenanlagen auf Dauer in einem Gebäude oder

Bauwerk installiert sind, und nicht bewegt werden können, ohne das Gebäude oder Bauwerk zu zerstören oder erheblich zu verändern; Abschnitt 3 a.3 Abs. 2 Satz 3 vierter Spiegelstrich Satz 2 gilt entsprechend;

3. *weggefallen*
4. *weggefallen*
5. Erdarbeiten im Zusammenhang mit der Erstellung eines Bauwerks;
6. [1]EDV- oder Telefonanlagen, die fest mit dem Bauwerk verbunden sind, in das sie eingebaut werden. [2]Die Lieferung von Endgeräten allein ist dagegen keine Bauleistung;
7. die Dachbegrünung eines Bauwerks;
8. der Hausanschluss durch Versorgungsunternehmen (die Hausanschlussarbeiten umfassen regelmäßig Erdarbeiten, Mauerdurchbruch, Installation der Hausanschlüsse und Verlegung der Hausanschlussleitungen vom Netz des Versorgungsunternehmens zum Hausanschluss), wenn es sich um eine eigenständige Leistung handelt;
9. [1]künstlerische Leistungen an Bauwerken, wenn sie sich unmittelbar auf die Substanz auswirken und der Künstler auch die Ausführung des Werks als eigene Leistung schuldet. [2]Stellt der Künstler lediglich Ideen oder Planungen zur Verfügung oder überwacht er die Ausführung des von einem Dritten geschuldeten Werks durch einen Unternehmer, liegt keine Bauleistung vor;
10. [1]ein Reinigungsvorgang, bei dem die zu reinigende Oberfläche verändert wird. [2]Dies gilt z. B. für eine Fassadenreinigung, bei der die Oberfläche abgeschliffen oder mit Sandstrahl bearbeitet wird;
11. Werklieferungen von Photovoltaikanlagen, die auf oder an einem Gebäude oder Bauwerk installiert werden (z. B. dachintegrierte Anlagen, Auf-Dach-Anlagen oder Fassadenmontagen) oder mit dem Grund und Boden auf Dauer fest verbunden werden (Freiland-Photovoltaikanlagen).

(6) [1]Von den Bauleistungen ausgenommen sind nach § 13 b Abs. 2 Nr. 4 Satz 1 UStG ausdrücklich Planungs- und Überwachungsleistungen. [2]Hierunter fallen ausschließlich planerische Leistungen (z. B. von Statikern, Architekten, Garten- und Innenarchitekten, Vermessungs-, Prüf- und Bauingenieuren), Labordienstleistungen (z. B. chemische Analyse von Baustoffen) oder reine Leistungen zur Bauüberwachung, zur Prüfung von Bauabrechnungen und zur Durchführung von Ausschreibungen und Vergaben.

(7) Insbesondere folgende Leistungen fallen nicht unter die in § 13 b Abs. 2 Nr. 4 Satz 1 UStG genannten Umsätze:

1. Materiallieferungen (z. B. durch Baustoffhändler oder Baumärkte), auch wenn der liefernde Unternehmer den Gegenstand der Lieferung im Auftrag des Leistungsempfängers herstellt, nicht aber selbst in ein Bauwerk einbaut;
2. [1]Lieferungen einzelner Maschinen, die vom liefernden Unternehmer im Auftrag des Abnehmers auf ein Fundament gestellt werden. [2]Stellt der liefernde Unternehmer das Fundament oder die Befestigungsvorrichtung allerdings vor Ort selbst her, ist nach den Grundsätzen in Absatz 4 zu entscheiden, ob es sich um eine Bauleistung handelt;
3. [1]Anliefern von Beton. [2]Wird Beton geliefert und durch Personal des liefernden Unternehmers an der entsprechenden Stelle des Bauwerks lediglich abgelassen oder in ein gesondertes Behältnis oder eine Verschalung eingefüllt, liegt eine Lieferung, aber keine Werklieferung, und somit keine Bauleistung vor. [3]Dagegen liegt eine Bauleistung vor, wenn der liefernde Unternehmer den Beton mit eigenem Personal fachgerecht verarbeitet;
4. Lieferungen von Wasser und Energie;
5. [1]Zurverfügungstellen von Betonpumpen und anderen Baugeräten. [2]Das Zurverfügungstellen von Baugeräten ist dann eine Bauleistung, wenn gleichzeitig Personal für substanzverändernde Arbeiten zur Verfügung gestellt wird.

   [3]Zu den Baugeräten gehören auch Großgeräte wie Krane oder selbstfahrende Arbeitsmaschinen. [4]Das reine Zurverfügungstellen (Vermietung) von Kranen – auch mit Personal – stellt keine Bauleistung dar. [5]Eine Bauleistung liegt auch dann nicht vor, wenn Leistungsinhalt ist, einen Kran an die Baustelle zu bringen, diesen aufzubauen und zu bedienen und nach Weisung des Anmietenden bzw. dessen Erfüllungsgehilfen Güter am Haken zu befördern. [6]Ebenso liegt keine Bauleistung vor, wenn ein Baukran mit Personal vermietet wird und die mit dem Kran bewegten Materialien vom Personal

des Auftraggebers befestigt oder mit dem Bauwerk verbunden werden, da nicht vom Personal des Leistungserbringers in die Substanz des Bauwerks eingegriffen wird;

6. Aufstellen von Material- und Bürocontainern, mobilen Toilettenhäusern;
7. Entsorgung von Baumaterialien (Schuttabfuhr durch Abfuhrunternehmer);
8. Aufstellen von Messeständen;
9. Gerüstbau;
10. [1]Anlegen von Bepflanzungen und deren Pflege (z. B. Bäume, Gehölze, Blumen, Rasen) mit Ausnahme von Dachbegrünungen. [2]Nicht zu den Bauleistungen im Zusammenhang mit einem Bauwerk gehören das Anlegen von Gärten und von Wegen in Gärten, soweit dabei keine Bauwerke hergestellt, instand gesetzt, geändert oder beseitigt werden, die als Hauptleistung anzusehen sind. [3]Das Anschütten von Hügeln und Böschungen sowie das Ausheben von Gräben und Mulden zur Landschaftsgestaltung sind ebenfalls keine Bauleistungen;
11. [1]Aufhängen und Anschließen von Beleuchtungen sowie das Anschließen von Elektrogeräten. [2]Dagegen ist die Installation einer Lichtwerbeanlage und die Montage und das Anschließen von Beleuchtungssystemen, z. B. in Kaufhäusern oder Fabrikhallen, eine Bauleistung;
12. [1]als Verkehrssicherungsleistungen bezeichnete Leistungen (Auf- und Abbau, Vorhaltung, Wartung und Kontrolle von Verkehrseinrichtungen, unter anderem Absperrgeräte, Leiteinrichtungen, Blinklicht- und Lichtzeichenanlagen, Aufbringung von vorübergehenden Markierungen, Lieferung und Aufstellen von transportablen Verkehrszeichen, Einsatz von fahrbaren Absperrtafeln und die reine Vermietung von Verkehrseinrichtungen und Bauzäunen). [2]Dagegen sind das Aufbringen von Endmarkierungen (sog. Weißmarkierungen) sowie das Aufstellen von Verkehrszeichen und Verkehrseinrichtungen, die dauerhaft im öffentlichen Verkehrsraum verbleiben, Bauleistungen, wenn es sich um jeweils eigenständige Leistungen handelt;
13. die Arbeitnehmerüberlassung, auch wenn die überlassenen Arbeitnehmer für den Entleiher Bauleistungen erbringen, unabhängig davon, ob die Leistungen nach dem Arbeitnehmerüberlassungsgesetz erbracht werden oder nicht;
14. die bloße Reinigung von Räumlichkeiten oder Flächen, z. B. von Fenstern;
15. [1]Reparatur- und Wartungsarbeiten an Bauwerken oder Teilen von Bauwerken, wenn das (Netto-)Entgelt für den einzelnen Umsatz nicht mehr als 500 € beträgt. [2]Wartungsleistungen an Bauwerken oder Teilen von Bauwerken, die einen Nettowert von 500 € übersteigen, sind nur dann als Bauleistungen zu behandeln, wenn Teile verändert, bearbeitet oder ausgetauscht werden;
16. Luftdurchlässigkeitsmessungen an Gebäuden, die für die Erfüllung von § 6 EnEV und Anlage 4 zur EnEV durchgeführt werden, da sich diese Leistungen nicht auf die Substanz eines Gebäudes auswirken;
17. [1]Bebauung von eigenen Grundstücken zum Zwecke des Verkaufs; insoweit liegt eine Lieferung und keine Werklieferung vor. [2]Dies gilt auch dann, wenn die Verträge mit den Abnehmern bereits zu einem Zeitpunkt geschlossen werden, in dem diese noch Einfluss auf die Bauausführung und Baugestaltung – unabhängig vom Umfang – nehmen können.

UStAE 13 b.3. Bauleistender Unternehmer als Leistungsempfänger

(1) [1]Werden Bauleistungen von einem im Inland ansässigen Unternehmer im Inland erbracht, ist der Leistungsempfänger nur dann Steuerschuldner, wenn er Unternehmer ist und selbst Bauleistungen erbringt, unabhängig davon, ob er sie für eine von ihm erbrachte Bauleistung verwendet (§ 13 b Abs. 5 Satz 2 UStG). [2]Der Leistungsempfänger muss derartige Bauleistungen nachhaltig erbringen oder erbracht haben. [3]Die Steuerschuldnerschaft des Leistungsempfängers gilt deshalb vor allem nicht für Nichtunternehmer sowie für Unternehmer mit anderen als den vorgenannten Umsätzen, z. B. Baustoffhändler, die ausschließlich Baumaterial liefern, oder Unternehmer, die ausschließlich Lieferungen erbringen, die unter das GrEStG fallen.

(2) [1]Ein Unternehmer erbringt zumindest dann nachhaltig Bauleistungen, wenn er mindestens 10 % seines Weltumsatzes (Summe seiner im Inland steuerbaren und nicht steuerbaren Umsätze) als Bauleistungen erbringt. [2]**Dies gilt unabhängig davon, ob der Leistungsempfänger Kleinunternehmer ist und die von ihm nachhaltig erbrachten Bauleistungen daher nach § 19 Abs. 1 oder 4 UStG oder nach einer**

entsprechenden Vorschrift in einem anderen Mitgliedstaat steuerfrei sind. [3]Unternehmer, die Bauleistungen unterhalb dieser Grenze erbringen, sind danach grundsätzlich keine bauleistenden Unternehmer. [4]Hat der Unternehmer zunächst keine Bauleistungen ausgeführt oder nimmt er seine Tätigkeit in diesem Bereich erst auf, ist er – abweichend von Absatz 1 – auch schon vor der erstmaligen Erbringung von Bauleistungen als bauleistender Unternehmer anzusehen, wenn er nach außen erkennbar mit ersten Handlungen zur nachhaltigen Erbringung von Bauleistungen begonnen hat und die Bauleistungen voraussichtlich mehr als 10 % seines Weltumsatzes im Sinne des Satzes 1 betragen werden.

(3) [1]Es ist davon auszugehen, dass die Voraussetzung nach Absatz 2 erfüllt ist, wenn dem Unternehmer das nach den abgabenrechtlichen Vorschriften für die Besteuerung seiner Umsätze zuständige Finanzamt auf Antrag oder von Amts wegen eine im Zeitpunkt der Ausführung des Umsatzes gültige Bescheinigung nach dem Vordruckmuster USt 1 TG erteilt hat; hinsichtlich dieses Musters wird auf das BMF-Schreiben vom 5. 11. 2019, BStBl I S. 1041, verwiesen. [2]Zur Erteilung dieser Bescheinigung sind die Voraussetzungen in geeigneter Weise glaubhaft zu machen. [3]Aus Vereinfachungsgründen kann auf den Weltumsatz des im Zeitpunkt der Ausstellung der Bescheinigung abgelaufenen Besteuerungszeitraums abgestellt werden, für den dem Finanzamt bereits Umsatzsteuer-Voranmeldungen bzw. Umsatzsteuererklärungen für das Kalenderjahr vorliegen. [4]In den Fällen des Absatz 2 Satz **4** muss glaubhaft gemacht werden, dass der Umfang der ausgeführten Bauleistungen zukünftig die 10 %-Grenze nach Absatz 2 Satz 1 überschreiten wird.

(4) Die Gültigkeitsdauer der Bescheinigung nach Absatz 3 Satz 1 ist auf längstens drei Jahre zu beschränken; sie kann nur mit Wirkung für die Zukunft widerrufen oder zurückgenommen werden.

(5) [1]Hat das Finanzamt dem Unternehmer eine Bescheinigung nach dem Vordruckmuster USt 1 TG ausgestellt, ist er auch dann als Leistungsempfänger Steuerschuldner, wenn er diesen Nachweis gegenüber dem leistenden Unternehmer nicht – im Original oder in Kopie – verwendet oder sich herausstellt, dass der Unternehmer tatsächlich nicht mindestens 10 % seines Weltumsatzes nach Absatz 1 Satz 1 als Bauleistungen erbringt oder erbracht hat. [2]Wurde die Bescheinigung mit Wirkung für die Zukunft widerrufen oder zurückgenommen, und erbringt der Leistungsempfänger nicht nachhaltig Bauleistungen, schuldet der leistende Unternehmer dann die Steuer, wenn er hiervon Kenntnis hatte oder hätte haben können. [3]Hatte der leistende Unternehmer in diesen Fällen keine Kenntnis oder hat er keine Kenntnis haben können, wird es beim leistenden Unternehmer und beim Leistungsempfänger nicht beanstandet, wenn beide einvernehmlich von einer Steuerschuldnerschaft des Leistungsempfängers ausgehen und durch diese Handhabung keine Steuerausfälle entstehen; dies gilt dann als erfüllt, wenn der Umsatz vom Leistungsempfänger in zutreffender Höhe versteuert wird.

(6) [1]Arbeitsgemeinschaften (ARGE) sind auch dann als Leistungsempfänger Steuerschuldner, wenn sie nur eine Bauleistung als Gesamtleistung erbringen. [2]Dies gilt bereits für den Zeitraum, in dem sie noch keinen Umsatz erbracht haben. [3]Soweit Gesellschafter einer ARGE Bauleistungen an die ARGE erbringen, ist die ARGE als Leistungsempfänger Steuerschuldner. [4]Bestehen Zweifel, ob die Leistung an die ARGE eine Bauleistung ist, kann § 13 b Abs. 5 Satz 8 UStG (vgl. Abschnitt 13 b.8) angewendet werden.

(7) [1]Erbringt bei einem Organschaftsverhältnis nur ein Teil des Organkreises (z. B. der Organträger oder eine Organgesellschaft) nachhaltig Bauleistungen, ist der Organträger nur für die Bauleistungen Steuerschuldner, die an diesen Teil des Organkreises erbracht werden. [2]Die Absätze 1 bis 5 sind auf den jeweiligen Unternehmensteil entsprechend anzuwenden. [3]Bei der Berechnung der 10 %-Grenze sind nur die Bemessungsgrundlagen der Umsätze zu berücksichtigen, die dieser Teil des Organkreises erbracht hat; nicht steuerbare Innenumsätze sind dabei unbeachtlich. [4]Die Bescheinigung nach dem Vordruckmuster USt 1 TG stellt das für den Organkreis für Zwecke der Umsatzsteuer zuständige Finanzamt für alle im Inland gelegenen Unternehmensteile im Sinne des Abschnitts 2.9 Abs. 3 bis 5 auf Antrag oder von Amts wegen aus. [5]Der Antrag im Sinne des Satzes 4 ist von dem Organträger zu stellen; Abschnitt 2.9 Abs. 6 und 7 gilt entsprechend. [6]Der Antrag hat folgende Informationen zu enthalten:

- Steuernummer, unter der der Organkreis im Inland für Zwecke der Umsatzsteuer geführt wird,
- Name und Anschrift des Organträgers; im Falle der Ansässigkeit des Organträgers im Ausland zusätzlich Name und Anschrift des im Inland gelegenen wirtschaftlich bedeutendsten Unternehmensteils,

- Name und Anschrift der betreffenden Organgesellschaft bzw. im Inland gelegenen Betriebsstätte,
- Steuernummer, unter der die betreffende Organgesellschaft bzw. im Inland gelegene Betriebsstätte ertragsteuerlich geführt wird,
- Bezeichnung des zuständigen Finanzamts, bei dem die betreffende Organgesellschaft bzw. im Inland gelegene Betriebsstätte ertragsteuerlich geführt wird.

(8) [1]Bauträger, die ausschließlich eigene Grundstücke zum Zwecke des Verkaufs bebauen, führen eine bloße Grundstückslieferung mit der Folge aus, dass sie für an sie erbrachte, in § 13 b Abs. 2 Nr. 4 Satz 1 UStG genannte Leistungen grundsätzlich nicht Steuerschuldner nach § 13 b Abs. 5 Satz 2 UStG sind; § 13 b Abs. 2 Nr. 1 und Abs. 5 Satz 1 erster Halbsatz UStG sowie die Absätze 3 und 5 bleiben unberührt. [2]Dies gilt auch dann, wenn die entsprechenden Kaufverträge mit den Kunden bereits zu einem Zeitpunkt geschlossen werden, in dem der Kunde noch Einfluss auf die Bauausführung und Baugestaltung – unabhängig vom Umfang – nehmen kann, unabhängig davon, ob dieser Umsatz steuerpflichtig ist oder unter die Steuerbefreiung nach § 4 Nr. 9 Buchstabe a UStG fällt (vgl. Abschnitt 13 b.2 Abs. 7 Nr. 17). [3]Bei Unternehmern (Bauträgern), die sowohl Umsätze erbringen, die unter das GrEStG fallen, als auch, z. B. als Generalunternehmer, Bauleistungen im Sinne von § 13 b Abs. 2 Nr. 4 Satz 1 UStG, sind die allgemeinen Grundsätze der Absätze 1 bis 7 anzuwenden.

(9) [1]Die Gemeinschaft der Wohnungseigentümer ist für Bauleistungen als Leistungsempfänger nicht Steuerschuldner, wenn diese Leistungen als nach § 4 Nr. 13 UStG steuerfreie Leistungen der Gemeinschaft der Wohnungseigentümer an die einzelnen Wohnungseigentümer weitergegeben werden. [2]Dies gilt auch dann, wenn die Gemeinschaft der Wohnungseigentümer derartige Umsätze nach § 9 Abs. 1 UStG als steuerpflichtig behandelt.

(10) Es ist nicht erforderlich, dass die an den Leistungsempfänger erbrachten Bauleistungen mit von ihm erbrachten Bauleistungen unmittelbar zusammenhängen.

Beispiel:

[1]Der Bauunternehmer A beauftragt den Unternehmer B mit dem Einbau einer Heizungsanlage in sein Bürogebäude. [2]A bewirkt nachhaltig Bauleistungen.

[3]Der Einbau der Heizungsanlage durch B ist eine unter § 13 b Abs. 2 Nr. 4 Satz 1 und Abs. 5 Satz 2 UStG fallende Werklieferung. [4]Für diesen Umsatz ist A Steuerschuldner, da er selbst nachhaltig Bauleistungen erbringt. [5]Unbeachtlich ist, dass der von B erbrachte Umsatz nicht mit den Ausgangsumsätzen des A in unmittelbarem Zusammenhang steht.

(11) Die Steuerschuldnerschaft des Leistungsempfängers nach § 13 b Abs. 2 Nr. 4 Satz 1 UStG ist von Personengesellschaften (z. B. KG, GbR) und Kapitalgesellschaften (AG, GmbH) nicht anzuwenden, wenn ein Unternehmer eine Bauleistung für den privaten Bereich eines (Mit-)Gesellschafters oder Anteilseigners erbringt, da es sich hierbei um unterschiedliche Personen handelt.

(12) [1]Erfüllt der Leistungsempfänger die Voraussetzungen des § 13 b Abs. 5 Satz 2 UStG, ist er auch dann Steuerschuldner, wenn die Leistung für den nichtunternehmerischen Bereich erbracht wird (§ 13 b Abs. 5 Satz 7 UStG). [2]Ausgenommen hiervon sind Bauleistungen, die ausschließlich an den nichtunternehmerischen Bereich von juristischen Personen des öffentlichen Rechts erbracht werden, auch wenn diese im Rahmen von Betrieben gewerblicher Art unternehmerisch tätig sind und nachhaltig Bauleistungen erbringen (vgl. § 13 b Abs. 5 Satz 11 UStG). [3]Absatz 1 ist auf den jeweiligen Betrieb gewerblicher Art einer juristischen Person des öffentlichen Rechts entsprechend anzuwenden, der Bauleistungen erbringt.

(13) Erbringt ein Unternehmer eine Leistung, die keine Bauleistung ist, und bezeichnet er sie dennoch in der Rechnung als Bauleistung, ist der Leistungsempfänger für diesen Umsatz nicht Steuerschuldner nach § 13 b Abs. 5 UStG.

(14) Werden Bauleistungen an Organisationseinheiten der Gebietskörperschaften Bund bzw. Länder erbracht, vgl. Abschnitt 13 b.1 Abs. 3 Sätze 1 und 3.

UStAE 13 b.3 a. Lieferungen von Gas, Elektrizität, Wärme oder Kälte

(1) [1]Die Steuerschuldnerschaft des Leistungsempfängers nach § 13 b Abs. 2 Nr. 5 Buchstabe a in Verbindung mit Abs. 5 Satz 1 zweiter Halbsatz UStG gilt für Lieferungen von Gas über das Erdgasnetz, von Elektrizität sowie von Wärme und Kälte über ein Wärme- oder Kältenetz durch einen im Ausland ansässigen Unternehmer an einen anderen Unternehmer unter den Bedingungen des § 3 g UStG. [2]Zu den Bedingungen nach § 3 g UStG vgl. Abschnitt 3 g.1 Abs. 1 bis 3.

(2) [1]Bei Lieferungen von Gas über das Erdgasnetz durch einen im Inland ansässigen Unternehmer ist der Leistungsempfänger Steuerschuldner nach § 13 b Abs. 2 Nr. 5 Buchstabe b in Verbindung mit Abs. 5 Satz 3 UStG, wenn er ein Wiederverkäufer von Erdgas im Sinne des § 3 g UStG ist. [2]Bei Lieferungen von Elektrizität durch einen im Inland ansässigen Unternehmer ist der Leistungsempfänger Steuerschuldner nach § 13 b Abs. 2 Nr. 5 Buchstabe b in Verbindung mit Abs. 5 Satz 4 UStG, wenn er und der liefernde Unternehmer Wiederverkäufer von Elektrizität im Sinne des § 3 g Abs. 1 UStG sind. [3]Betreiber von dezentralen Stromgewinnungsanlagen (z. B. Photovoltaik- bzw. Windkraftanlagen, Biogas-Blockheizkraftwerke) sind regelmäßig keine Wiederverkäufer von Elektrizität im Sinne des § 3 g UStG (vgl. Abschnitt 2.5 Abs. 3), wenn sie ausschließlich selbsterzeugte Elektrizität liefern. [4]Zum Begriff des Wiederverkäufers von Erdgas oder Elektrizität im Sinne des § 3 g Abs. 1 UStG vgl. Abschnitt 3 g.1 Abs. 2 und 3. [5]Es ist davon auszugehen, dass ein Unternehmer Wiederverkäufer von Erdgas oder Elektrizität ist, wenn er einen im Zeitpunkt der Ausführung des Umsatzes gültigen Nachweis nach dem Vordruckmuster USt 1 TH im Original oder in Kopie vorlegt; hinsichtlich dieses Musters wird auf das BMF-Schreiben vom 5. 11. 2019, BStBl I S. 1041, verwiesen. [6]Verwendet bei der Lieferung von Erdgas der Leistungsempfänger einen Nachweis nach dem Vordruckmuster USt 1 TH, ist er Steuerschuldner, auch wenn er im Zeitpunkt der Lieferung tatsächlich kein Wiederverkäufer von Erdgas im Sinne des § 3 g UStG ist; dies gilt nicht, wenn der Leistungsempfänger einen gefälschten Nachweis nach dem Vordruckmuster USt 1 TH verwendet hat und der Vertragspartner hiervon Kenntnis hatte. [7]Bei der Lieferung von Elektrizität gilt dies entsprechend für die Verwendung eines Nachweises nach dem Vordruckmuster USt 1 TH durch den leistenden Unternehmer und/oder den Leistungsempfänger.

(3) [1]Erfüllt bei einem Organschaftsverhältnis nur ein Teil des Organkreises (z. B. der Organträger oder eine Organgesellschaft) die Voraussetzung als Wiederverkäufer nach § 3 g Abs. 1 UStG, ist für Zwecke der Anwendung der Steuerschuldnerschaft des Leistungsempfängers nach § 13 b Abs. 2 Nr. 5 Buchstabe b und Abs. 5 Satz 3 und 4 UStG nur dieser Teil des Organkreises als Wiederverkäufer anzusehen. [2]Absatz 2 und Abschnitt 3 g.1 Abs. 2 und 3 sind insoweit nur auf den jeweiligen Unternehmensteil anzuwenden; nicht steuerbare Innenumsätze sind bei der Ermittlung der Wiederverkäufereigenschaft unbeachtlich. [3]Die Bescheinigung nach dem Vordruckmuster USt 1 TH stellt das für den Organkreis für Zwecke der Umsatzsteuer zuständige Finanzamt für alle im Inland gelegenen Unternehmensteile im Sinne des Abschnitts 2.9 Abs. 3 bis 5 auf Antrag aus. [4]Der Antrag im Sinne des Satzes 3 ist von dem Organträger zu stellen; Abschnitt 2.9 Abs. 6 und 7 sowie Abschnitt 13 b.3 Abs. 7 Satz 6 gelten entsprechend.

(4) [1]Erfüllen der leistende Unternehmer und der Leistungsempfänger die Voraussetzungen des § 13 b Abs. 5 Satz 3 und 4 UStG, ist der Leistungsempfänger auch dann Steuerschuldner, wenn die Leistung für den nichtunternehmerischen Bereich erbracht wird (§ 13 b Abs. 5 Satz 7 UStG). [2]Ausgenommen hiervon sind die Lieferungen von Erdgas und Elektrizität, die ausschließlich an den nichtunternehmerischen Bereich von juristischen Personen des öffentlichen Rechts erbracht werden, auch wenn diese im Rahmen von Betrieben gewerblicher Art als Wiederverkäufer von Erdgas bzw. Elektrizität im Sinne von § 3 g Abs. 1 UStG unternehmerisch tätig sind (vgl. § 13 b Abs. 5 Satz 11 UStG). [3]Absatz 2 ist auf den jeweiligen Betrieb gewerblicher Art einer juristischen Person des öffentlichen Rechts entsprechend anzuwenden, der Wiederverkäufer von Erdgas bzw. Elektrizität im Sinne von § 3 g Abs. 1 UStG ist.

(4 a) Der Ausgleich von Mehr- bzw. Mindermengen Gas stellt eine Lieferung dar (vgl. Abschnitt 1.7 Abs. 5).

(5) Lieferungen von Elektrizität sind auch:

1. Die Lieferung von Elektrizität aus dezentralen Stromgewinnungsanlagen durch Verteilernetzbetreiber und Übertragungsnetzbetreiber zum Zweck der Vermarktung an der Strombörse EEX.
2. [1]Die Energiebeschaffung zur Deckung von Netzverlusten. [2]Hierbei handelt es sich um physische Beschaffungsgeschäfte durch Netzbetreiber zur Deckung des Bedarfes an Netzverlustenergie.
3. [1]Der horizontale Belastungsausgleich der Übertragungsnetzbetreiber (nur Anteil physischer Ausgleich). [2]Hierbei handelt es sich um den physikalischen Ausgleich der Elektrizitätsmengen zwischen den einzelnen Regelzonen im Übertragungsnetz untereinander.
4. Die Regelenergielieferung (positiver Preis), das ist der Energiefluss zum Ausgleich des Bedarfs an Regelenergie und damit eine physische Elektrizitätslieferung.
5. Ausgleich von Mehr- bzw. Mindermengen Strom (vgl. Abschnitt 1.7 Abs. 6).

(6) Keine Lieferungen von Elektrizität sind:

1. [1]Der Bilanzkreis- und Regelzonenausgleich sowie die Bilanzkreisabrechnung. [2]Dabei handelt es sich um die Verteilung der Kosten des Regelenergieeinsatzes beim Übertragungsnetzbetreiber auf alle Bilanzkreisverantwortlichen (z.B. Händler, Lieferanten) im Rahmen der Bilanzkreisabrechnung. [3]Leistungserbringer dieser sonstigen Leistung ist stets der Übertragungsnetzbetreiber, wobei sich im Rahmen der Verteilung auf die einzelnen Bilanzkreise infolge der energetischen Über- und Unterdeckungen der Bilanzkreise positive bzw. negative (finanzielle) Abrechnungsergebnisse ergeben (vgl. auch Abschnitt 1.7 Abs. 1 Satz 1).
2. Die Netznutzung in Form der Bereitstellung und Vorhaltung des Netzes bzw. des Netzzugangs durch den Netzbetreiber (Verteilernetzbetreiber bzw. Übertragungsnetzbetreiber) gegenüber seinen Netzkunden.
3. [1]Die Regelleistung (primär, sekundär, Minutenreserve – Anteil Leistungsvorhaltung). [2]Hierbei handelt es sich um eine sonstige Leistung, die in der Bereitschaft zur Bereitstellung von Regelleistungskapazität zur Aufrechterhaltung der Systemstabilität des elektrischen Systems (Stromnetz) besteht.
4. [1]Die Regelenergielieferung (negativer Preis), bei der ein Energieversorger seine am Markt nicht mehr zu einem positiven Kaufpreis veräußerbare überschüssige Elektrizität in Verbindung mit einer Zuzahlung abgibt, um sich eigene Aufwendungen für das Zurückfahren der eigenen Produktionsanlagen zu ersparen. [2]Hier liegt keine Lieferung von Elektrizität vor, sondern eine sonstige Leistung des Abnehmers (vgl. auch Abschnitt 1.7 Abs. 1 Satz 3).

(7) [1]Werden Lieferungen von Gas über das Erdgasnetz, von Elektrizität sowie von Wärme und Kälte über ein Wärme- oder Kältenetz durch einen im Ausland ansässigen Unternehmer an Organisationseinheiten der Gebietskörperschaften Bund bzw. Länder (§ 18 Abs. 4 f und 4 g UStG) erbracht, vgl. Abschnitte 3 g.1 Abs. 2 Satz 9 und 13 b.1 Abs. 3 Sätze 1 und 2. [2]Werden Lieferungen von Gas über das Erdgasnetz und von Elektrizität durch einen im Inland ansässigen Unternehmer an Organisationseinheiten der Gebietskörperschaften Bund bzw. Länder erbracht, vgl. Abschnitt 13 b.1 Abs. 3 Sätze 1 und 3.

UStAE 13 b.4. Lieferungen von Industrieschrott, Altmetallen und sonstigen Abfallstoffen

(1) [1]Zu den in der Anlage 3 des UStG bezeichneten Gegenständen gehören:

1. [1]Unter Nummer 1 der Anlage 3 des UStG fallen nur granulierte Schlacken (Schlackensand) aus der Eisen- und Stahlherstellung im Sinne der Unterposition 2618 00 00 des Zolltarifs. [2]Hierzu gehört granulierte Schlacke (Schlackensand), die zum Beispiel durch rasches Eingießen flüssiger, aus dem Hochofen kommender Schlacken in Wasser gewonnen wird. [3]Nicht hierzu gehören dagegen mit Dampf oder Druckluft hergestellte Schlackenwolle sowie Schaumschlacke, die man erhält, wenn man schmelzflüssiger Schlacke etwas Wasser zusetzt, und Schlackenzement.
2. [1]Unter Nummer 2 der Anlage 3 des UStG fallen nur Schlacken (ausgenommen granulierte Schlacke), Zunder und andere Abfälle der Eisen- und Stahlherstellung im Sinne der Unterposition 2619 00 des Zolltarifs. [2]Die hierzu gehörenden Schlacken bestehen entweder aus Aluminium- oder Calciumsilicaten, die beim Schmelzen von Eisenerz (Hochofenschlacke), beim Raffinieren von Roheisen oder

bei der Stahlherstellung (Konverterschlacke) entstehen. [3]Diese Schlacken gehören auch dann hierzu, wenn ihr Eisenanteil zur Wiedergewinnung des Metalls ausreicht. [4]Außerdem gehören Hochofenstaub und andere Abfälle oder Rückstände der Eisen- oder Stahlherstellung hierzu, sofern sie nicht bereits von Nummer 8 der Anlage 3 des UStG (vgl. nachfolgende Nummer 8) umfasst sind. [5]Nicht hierzu gehören dagegen phosphorhaltige Schlacken (Thomasphosphat-Schlacke). [6]Bei der Lieferung von nach der Düngemittelverordnung hergestellten Konverter- und Hüttenkalken wird es aus Vereinfachungsgründen nicht beanstandet, wenn die Unternehmer übereinstimmend § 13 a Abs. 1 Nr. 1 UStG angewendet haben und der Umsatz in zutreffender Höhe versteuert wurde.

3. [1]Unter Nummer 3 der Anlage 3 des UStG fallen nur Schlacken, Aschen und Rückstände (ausgenommen solche der Eisen- und Stahlherstellung), die Metalle, Arsen oder deren Verbindungen enthalten, im Sinne der Position 2620 des Zolltarifs. [2]Hierzu gehören Schlacken, Aschen und Rückstände (andere als solche der Nummern 1, 2 und 7 der Anlage 3 des UStG, vgl. Nummern 1, 2 und 7), die Arsen und Arsenverbindungen (auch Metalle enthaltend), Metalle oder deren Verbindungen enthalten und die eine Beschaffenheit aufweisen, wie sie zum Gewinnen von Arsen oder Metall oder zum Herstellen von Metallverbindungen verwendet werden. [3]Derartige Schlacken, Aschen und Rückstände fallen bei der Aufarbeitung von Erzen oder von metallurgischen Zwischenerzeugnissen (z. B. Matten) an oder stammen aus elektrolytischen, chemischen oder anderen industriellen Verfahren, die keine mechanischen Bearbeitungen einschließen. [4]Nicht hierzu gehören Aschen und Rückstände vom Verbrennen von Siedlungsabfällen, Schlämme aus Lagertanks für Erdöl (überwiegend aus solchen Ölen bestehend), chemisch einheitliche Verbindungen sowie Zinkstaub, der durch Kondensation von Zinkdämpfen gewonnen wird.
4. [1]Unter Nummer 4 der Anlage 3 des UStG fallen nur Abfälle, Schnitzel und Bruch von Kunststoffen der Position 3915 des Zolltarifs. [2]Diese Waren können entweder aus zerbrochenen oder gebrauchten Kunststoffwaren, die in diesem Zustand eindeutig für den ursprünglichen Verwendungszweck unbrauchbar sind, bestehen oder es sind Bearbeitungsabfälle (Späne, Schnitzel, Bruch usw.). [3]Gewisse Abfälle können als Formmasse, Lackrohstoffe, Füllstoffe usw. wieder verwendet werden. [4]Außerdem gehören hierzu Abfälle, Schnitzel und Bruch aus einem einzigen duroplastischen Stoff oder aus Mischungen von zwei oder mehr thermoplastischen Stoffen, auch wenn sie in Primärformen umgewandelt worden sind. [5]Hierunter fallen auch Styropor sowie gebrauchte (leere) Tonerkartuschen und Tintenpatronen, soweit diese nicht von Position 8443 des Zolltarifs erfasst sind. [6]Nicht hierzu gehören jedoch Abfälle, Schnitzel und Bruch aus einem einzigen thermoplastischen Stoff, in Primärformen umgewandelt.
5. [1]Unter Nummer 5 der Anlage 3 des UStG fallen nur Abfälle, Bruch und Schnitzel von Weichkautschuk, auch zu Pulver oder Granulat zerkleinert, der Unterposition 4004 00 00 des Zolltarifs. [2]Hierzu gehören auch zum Runderneuern ungeeignete gebrauchte Reifen sowie Granulate daraus. [3]Nicht dazu gehören zum Runderneuern geeignete gebrauchte Reifen sowie Abfälle, Bruch, Schnitzel, Pulver und Granulat aus Hartkautschuk.
6. [1]Unter Nummer 6 der Anlage 3 des UStG fallen nur Bruchglas und andere Abfälle und Scherben von Glas der Unterposition 7001 00 10 des Zolltarifs. [2]Der Begriff „Bruchglas“ bezeichnet zerbrochenes Glas zur Wiederverwertung bei der Glasherstellung.
7. [1]Unter Nummer 7 der Anlage 3 des UStG fallen nur Abfälle und Schrott von Edelmetallen oder Edelmetallplattierungen sowie andere Abfälle und Schrott, Edelmetalle oder Edelmetallverbindungen enthaltend, von der hauptsächlich zur Wiedergewinnung von Edelmetallen verwendeten Art, im Sinne der Position 7112 des Zolltarifs. [2]Hierzu gehören Abfälle und Schrott, die Edelmetalle enthalten und ausschließlich zur Wiedergewinnung des Edelmetalls oder als Base zur Herstellung chemischer Erzeugnisse geeignet sind. [3]Hierher gehören auch Abfälle und Schrott aller Materialien, die Edelmetalle oder Edelmetallverbindungen von der hauptsächlich zur Wiedergewinnung von Edelmetallen verwendeten Art enthalten. [4]Hierunter fallen ebenfalls durch Zerbrechen, Zerschlagen oder Abnutzung für ihren ursprünglichen Verwendungszweck unbrauchbar gewordene alte Waren (Tischgeräte, Gold- und Silberschmiedewaren, Katalysatoren in Form von Metallgeweben usw.); ausgenommen sind daher Waren, die – mit oder ohne Reparatur oder Aufarbeiten – für ihren ursprünglichen Zweck brauchbar sind oder – ohne Anwendung eines Verfahrens zum Wiedergewinnen des Edelmetalls – zu anderen Zwecken gebraucht werden können. [5]Eingeschmolzener und zu Rohblöcken, Masseln oder ähnlichen Formen gegossener Abfall und Schrott von Edelmetallen ist als unbe-

arbeitetes Metall einzureihen und fällt deshalb nicht unter Nummer 7 der Anlage 3 des UStG, sondern unter Nummer 1 oder 2 der Anlage 4 des UStG (vgl. § 13 b Abs. 2 Nr. 11 UStG und Abschnitt 13 b.7 a Abs. 1 Satz 1 Nr. 1 und 2). [6]Sofern es sich um Gold handelt, kann § 13 b Abs. 2 Nr. 9 UStG in Betracht kommen (vgl. Abschnitt 13 b.6).

8. [1]Unter Nummer 8 der Anlage 3 des UStG fallen nur Abfälle und Schrott aus Eisen oder Stahl sowie Abfallblöcke aus Eisen oder Stahl der Position 7204 des Zolltarifs. [2]Hierzu gehören Abfälle und Schrott, die beim Herstellen oder beim Be- und Verarbeiten von Eisen oder Stahl anfallen, und Waren aus Eisen oder Stahl, die durch Bruch, Verschnitt, Verschleiß oder aus anderen Gründen als solche endgültig unbrauchbar sind. [3]Als Abfallblöcke aus Eisen oder Stahl gelten grob in Masseln oder Rohblöcke ohne Gießköpfe gegossene Erzeugnisse mit deutlich sichtbaren Oberflächenfehlern, die hinsichtlich ihrer chemischen Zusammensetzung nicht den Begriffsbestimmungen für Roheisen, Spiegeleisen oder Ferrolegierungen entsprechen. [4]Hinsichtlich der Lieferung von Roheisen, Spiegeleisen und massiven stranggegossenen, nur vorgewalzten oder vorgeschmiedeten Erzeugnissen aus Eisen oder Stahl vgl. Abschnitt 13 b.7 a Abs. 1 Satz 1 Nr. 3.
9. [1]Unter Nummer 9 der Anlage 3 des UStG fallen nur Abfälle und Schrott aus Kupfer der Position 7404 des Zolltarifs. [2]Hierzu gehören Abfälle und Schrott, die beim Herstellen oder beim Be- und Verarbeiten von Kupfer anfallen, und Waren aus Kupfer, die durch Bruch, Verschnitt, Verschleiß oder aus anderen Gründen als solche endgültig unbrauchbar sind. [3]Außerdem gehört hierzu der beim Ziehen von Kupfer entstehende Schlamm, der hauptsächlich aus Kupferpulver besteht, das mit den beim Ziehvorgang verwendeten Schmiermitteln vermischt ist. [4]Hinsichtlich der Lieferung von Kupfer vgl. Abschnitt 13 b.7 a Abs. 1 Satz 1 Nr. 4.
10. [1]Unter Nummer 10 der Anlage 3 des UStG fallen nur Abfälle und Schrott aus Nickel der Position 7503 des Zolltarifs. [2]Hierzu gehören Abfälle und Schrott, die beim Herstellen oder beim Be- und Verarbeiten von Nickel anfallen, und Waren aus Nickel, die durch Bruch, Verschnitt, Verschleiß oder aus anderen Gründen als solche endgültig unbrauchbar sind. [3]Hinsichtlich der Lieferung von Nickel vgl. Abschnitt 13 b.7 a Abs. 1 Satz 1 Nr. 5.
11. [1]Unter Nummer 11 der Anlage 3 des UStG fallen nur Abfälle und Schrott aus Aluminium der Position 7602 des Zolltarifs. [2]Hierzu gehören Abfälle und Schrott, die beim Herstellen oder beim Be- und Verarbeiten von Aluminium anfallen, und Waren aus Aluminium, die durch Bruch, Verschnitt, Verschleiß oder aus anderen Gründen als solche endgültig unbrauchbar sind. [3]Hinsichtlich der Lieferung von Aluminium vgl. Abschnitt 13 b.7 a Abs. 1 Satz 1 Nr. 6.
12. [1]Unter Nummer 12 der Anlage 3 des UStG fallen nur Abfälle und Schrott aus Blei der Position 7802 des Zolltarifs. [2]Hierzu gehören Abfälle und Schrott, die beim Herstellen oder beim Be- und Verarbeiten von Blei anfallen, und Waren aus Blei, die durch Bruch, Verschnitt, Verschleiß oder aus anderen Gründen als solche endgültig unbrauchbar sind. [3]Hinsichtlich der Lieferung von Blei vgl. Abschnitt 13 b.7 a Abs. 1 Satz 1 Nr. 7.
13. [1]Unter Nummer 13 der Anlage 3 des UStG fallen nur Abfälle und Schrott aus Zink der Position 7902 des Zolltarifs. [2]Hierzu gehören Abfälle und Schrott, die beim Herstellen oder beim Be- und Verarbeiten von Zink anfallen, und Waren aus Zink, die durch Bruch, Verschnitt, Verschleiß oder aus anderen Gründen als solche endgültig unbrauchbar sind. [3]Hinsichtlich der Lieferung von Zink vgl. Abschnitt 13 b.7 a Abs. 1 Satz 1 Nr. 8.
14. [1]Unter Nummer 14 der Anlage 3 des UStG fallen nur Abfälle und Schrott aus Zinn der Position 8002 des Zolltarifs. [2]Hierzu gehören Abfälle und Schrott, die beim Herstellen oder beim Be- und Verarbeiten von Zinn anfallen, und Waren aus Zinn, die durch Bruch, Verschnitt, Verschleiß oder aus anderen Gründen als solche endgültig unbrauchbar sind. [3]Hinsichtlich der Lieferung von Zinn vgl. Abschnitt 13 b.7 a Abs. 1 Satz 1 Nr. 9.
15. [1]Unter Nummer 15 der Anlage 3 des UStG fallen nur Abfälle und Schrott der in den Positionen 8101 bis 8113 des Zolltarifs genannten anderen unedlen Metalle. [2]Hierzu gehören Abfälle und Schrott, die beim Herstellen oder beim Be- und Verarbeiten der genannten unedlen Metalle anfallen, sowie Waren aus diesen unedlen Metallen, die durch Bruch, Verschnitt, Verschleiß oder aus anderen Gründen als solche endgültig unbrauchbar sind. [3]Zu den unedlen Metallen zählen hierbei Wolfram, Molybdän, Tantal, Magnesium, Cobalt, Bismut (Wismut), Cadmium, Titan, Zirconium, Antimon, Mangan, Beryllium, Chrom, Germanium, Vanadium, Gallium, Hafnium, Indium, Niob (Columbium),

Rhenium, Thallium und Cermet. [4]Hinsichtlich der Lieferung der vorgenannten unedlen Metalle vgl. Abschnitt 13 b.7 a Abs. 1 Satz 1 Nr. 10 und 11.

16. [1]Unter Nummer 16 der Anlage 3 des UStG fallen nur Abfälle und Schrott von elektrischen Primärelementen, Primärbatterien und Akkumulatoren; ausgebrauchte elektrische Primärelemente, Primärbatterien und Akkumulatoren im Sinne der Unterposition 8548 10 des Zolltarifs. [2]Diese Erzeugnisse sind im Allgemeinen als Fabrikationsabfälle erkennbar, oder sie bestehen entweder aus elektrischen Primärelementen, Primärbatterien oder Akkumulatoren, die durch Bruch, Zerstörung, Abnutzung oder aus anderen Gründen als solche nicht mehr verwendet werden können oder nicht wiederaufladbar sind, oder aus Schrott davon. [3]Ausgebrauchte elektrische Primärelemente und Akkumulatoren dienen im Allgemeinen zur Rückgewinnung von Metallen (Blei, Nickel, Cadmium usw.), Metallverbindungen oder Schlacken. [4]Unter Nummer 16 der Anlage 3 des UStG fallen insbesondere nicht mehr gebrauchsfähige Batterien und nicht mehr aufladbare Akkus.

[2]Bestehen Zweifel, ob ein Gegenstand unter die Anlage 3 des UStG fällt, haben der Lieferer und der Abnehmer die Möglichkeit, bei dem zuständigen Bildungs- und Wissenschaftszentrum der Bundesfinanzverwaltung eine unverbindliche Zolltarifauskunft für Umsatzsteuerzwecke (uvZTA) mit dem Vordruckmuster 0310 einzuholen. [3]Das Vordruckmuster mit Hinweisen zu den Zuständigkeiten für die Erteilung von uvZTA steht auf den Internetseiten der Zollabteilung des Bundesministeriums der Finanzen (http://www.zoll.de) unter der Rubrik Formulare und Merkblätter zum Ausfüllen und Herunterladen bereit. [4]UvZTA können auch von den Landesfinanzbehörden (z. B. den Finanzämtern) beantragt werden.

(2) [1]Werden sowohl Gegenstände geliefert, die unter die Anlage 3 des UStG fallen, als auch Gegenstände, die nicht unter die Anlage 3 des UStG fallen, ergeben sich unterschiedliche Steuerschuldner. [2]Dies ist auch bei der Rechnungsstellung zu beachten.

Beispiel 1:

[1]Der in München ansässige Aluminiumhersteller U liefert Schlackenzement und Schlackensand in zwei getrennten Partien an den auf Landschafts-, Tief- und Straßenbau spezialisierten Unternehmer B in Köln.

[2]Es liegen zwei Lieferungen vor. [3]Die Umsatzsteuer für die Lieferung des Schlackenzements wird vom leistenden Unternehmer U geschuldet (§ 13 a Abs. 1 Nr. 1 UStG), da Schlackenzement in der Anlage 3 des UStG nicht aufgeführt ist (insbesondere fällt Schlackenzement nicht unter die Nummer 1 der Anlage 3 des UStG).

[4]Für die Lieferung des Schlackensands schuldet der Empfänger B die Umsatzsteuer (§ 13 b Abs. 5 Satz 1 in Verbindung mit Abs. 2 Nr. 7 UStG).

[5]In der Rechnung ist hinsichtlich des gelieferten Schlackenzements u. a. das Entgelt sowie die hierauf entfallende Umsatzsteuer gesondert auszuweisen (§ 14 Abs. 4 Satz 1 Nr. 7 und 8 UStG). [6]Hinsichtlich des gelieferten Schlackensands ist eine Steuer nicht gesondert auszuweisen (§ 14 a Abs. 5 Satz 2 UStG). [7]U ist zur Ausstellung einer Rechnung mit der Angabe „Steuerschuldnerschaft des Leistungsempfängers" verpflichtet (§ 14 a Abs. 5 Satz 1 UStG).

[3]Erfolgt die Lieferung von Gegenständen der Anlage 3 des UStG im Rahmen eines Tauschs oder eines tauschähnlichen Umsatzes, gilt als Entgelt für jede einzelne Leistung der Wert der vom Leistungsempfänger erhaltenen Gegenleistung, beim Tausch oder tauschähnlichen Umsatz mit Baraufgabe ggf. abzüglich bzw. zuzüglich einer Baraufgabe (vgl. Abschnitt 10.5 Abs. 1 Sätze 5 bis 9). [4]Zum Entgelt bei Werkleistungen, bei denen zum Entgelt neben der vereinbarten Barvergütung auch der bei der Werkleistung anfallende Materialabfall gehört, vgl. Abschnitt 10.5 Abs. 2.

Beispiel 2:

[1]Der Metallverarbeitungsbetrieb B stellt Spezialmuttern für das Maschinenbauunternehmen M im Werklohn her. [2]Der erforderliche Stahl wird von M gestellt. [3]Dabei wird für jeden Auftrag gesondert festgelegt, aus welcher Menge Stahl welche Menge Muttern herzustellen ist. [4]Der anfallende Schrott verbleibt bei B und wird auf den Werklohn angerechnet.

[5]Es liegt ein tauschähnlicher Umsatz vor, bei dem die Gegenleistung für die Herstellung der Muttern in der Lieferung des Stahlschrotts zuzüglich der Baraufgabe besteht (vgl. Abschnitt 10.5 Abs. 2 Sätze 1 und 8). [6]Neben der Umsatzsteuer für das Herstellen der Spezialmuttern (§ 13a Abs. 1 Nr. 1 UStG) schuldet B als Leistungsempfänger auch die Umsatzsteuer für die Lieferung des Stahlschrotts (§ 13b Abs. 5 Satz 1 in Verbindung mit Abs. 2 Nr. 7 UStG).

[5]Zur Bemessungsgrundlage bei tauschähnlichen Umsätzen bei der Abgabe von werthaltigen Abfällen, für die gesetzliche Entsorgungspflichten bestehen, vgl. Abschnitt 10.5 Abs. 2 Satz 9.

(3) [1]Werden Mischungen oder Warenzusammensetzungen geliefert, die sowohl aus in der Anlage 3 des UStG bezeichneten als auch dort nicht genannten Gegenständen bestehen, sind die Bestandteile grundsätzlich getrennt zu beurteilen. [2]Ist eine getrennte Beurteilung nicht möglich, werden Waren nach Satz 1 nach dem Stoff oder Bestandteil beurteilt, der ihnen ihren wesentlichen Charakter verleiht; die Steuerschuldnerschaft des Leistungsempfängers nach § 13b Abs. 2 Nr. 7 UStG ist demnach auf Lieferungen von Gegenständen anzuwenden, sofern der Stoff oder der Bestandteil, der den Gegenständen ihren wesentlichen Charakter verleiht, in der Anlage 3 des UStG bezeichnet ist; § 13b Abs. 5 Satz 8 UStG und Abschnitt 13b.8 bleibt unberührt. [3]Bei durch Bruch, Verschleiß oder aus ähnlichen Gründen nicht mehr gebrauchsfähigen Maschinen, Elektro- und Elektronikgeräten und Heizkesseln und Fahrzeugwracks ist aus Vereinfachungsgründen davon auszugehen, dass sie unter die Steuerschuldnerschaft des Leistungsempfängers nach § 13b Abs. 2 Nr. 7 UStG fallen; dies gilt auch für Gegenstände, für die es eine eigene Zolltarifposition gibt. [4]Unterliegt die Lieferung unbrauchbar gewordener landwirtschaftlicher Geräte der Durchschnittssatzbesteuerung nach § 24 UStG (vgl. Abschnitt 24.2 Abs. 6), findet § 13b Abs. 2 Nr. 7 UStG keine Anwendung.

(4) [1]Erfüllt der Leistungsempfänger die Voraussetzungen des § 13b Abs. 5 Satz 1 zweiter Halbsatz UStG, ist er auch dann Steuerschuldner, wenn die Leistung für den nichtunternehmerischen Bereich erbracht wird (§ 13b Abs. 5 Satz 7 UStG). [2]Ausgenommen hiervon sind Lieferungen der in der Anlage 3 des UStG bezeichneten Gegenstände, die ausschließlich an den nichtunternehmerischen Bereich von juristischen Personen des öffentlichen Rechts erbracht werden, auch wenn diese im Rahmen von Betrieben gewerblicher Art unternehmerisch tätig sind (vgl. § 13b Abs. 5 Satz 11 UStG).

(5) Werden Lieferungen der in der Anlage 3 des UStG bezeichneten Gegenstände an Organisationseinheiten der Gebietskörperschaften Bund bzw. Länder erbracht, vgl. Abschnitt 13b.1 Abs. 3 Sätze 1 und 2.

UStAE 13b.5. Reinigung von Gebäuden und Gebäudeteilen

(1) [1]Zu den Gebäuden gehören Baulichkeiten, die auf Dauer fest mit dem Grundstück verbunden sind. [2]Zu den Gebäudeteilen zählen insbesondere Stockwerke, Wohnungen und einzelne Räume. [3]Nicht zu den Gebäuden oder Gebäudeteilen gehören Baulichkeiten, die nur zu einem vorübergehenden Zweck mit dem Grund und Boden verbunden und daher keine Bestandteile eines Grundstücks sind, insbesondere Büro- oder Wohncontainer, Baubuden, Kioske, Tribünen oder ähnliche Einrichtungen.

(2) Unter die Reinigung von Gebäuden und Gebäudeteilen fällt insbesondere:

1. Die Reinigung sowie die pflegende und schützende (Nach-)Behandlung von Gebäuden und Gebäudeteilen (innen und außen);
2. [1]die Hausfassadenreinigung (einschließlich Graffitientfernung). [2]Dies gilt nicht für Reinigungsarbeiten, die bereits unter § 13b Abs. 2 Nr. 4 Satz 1 UStG fallen (vgl. Abschnitt 13b.2 Abs. 5 Nr. 10);
3. die Fensterreinigung;
4. die Reinigung von Dachrinnen und Fallrohren;
5. die Bauendreinigung;
6. die Reinigung von haustechnischen Anlagen, soweit es sich nicht um Wartungsarbeiten handelt;
7. die Hausmeisterdienste und die Objektbetreuung, wenn sie auch Gebäudereinigungsleistungen beinhalten.

(3) Insbesondere folgende Leistungen fallen nicht unter die in § 13b Abs. 2 Nr. 8 Satz 1 UStG genannten Umsätze:

1. Die Schornsteinreinigung;
2. die Schädlingsbekämpfung;
3. der Winterdienst, soweit es sich um eine eigenständige Leistung handelt;
4. die Reinigung von Inventar, wie Möbel, Teppiche, Matratzen, Bettwäsche, Gardinen und Vorhänge, Geschirr, Jalousien und Bilder, soweit es sich um eine eigenständige Leistung handelt;
5. die Arbeitnehmerüberlassung, auch wenn die überlassenen Arbeitnehmer für den Entleiher Gebäudereinigungsleistungen erbringen, unabhängig davon, ob die Leistungen nach dem Arbeitnehmerüberlassungsgesetz erbracht werden oder nicht.

(4) [1]Werden Gebäudereinigungsleistungen von einem im Inland ansässigen Unternehmer im Inland erbracht, ist der Leistungsempfänger nur dann Steuerschuldner, wenn er Unternehmer ist und selbst nachhaltig Gebäudereinigungsleistungen erbringt, unabhängig davon, ob er sie für eine von ihm erbrachte Gebäudereinigungsleistung verwendet (§ 13b Abs. 5 Satz 5 UStG). [2]Abschnitt 13b.2 Abs. 4 und Abschnitt 13b.3 Abs. 1 bis 5, 7, 9, 11, 13 und 14 gelten sinngemäß.

(5) Es ist nicht erforderlich, dass die an den Leistungsempfänger erbrachten Gebäudereinigungsleistungen mit von ihm erbrachten Gebäudereinigungsleistungen unmittelbar zusammenhängen.

Beispiel:

[1]Der Gebäudereiniger A beauftragt den Unternehmer B mit der Reinigung seines Bürogebäudes.[2]A bewirkt nachhaltig Gebäudereinigungsleistungen.

[3]Die Gebäudereinigungsleistung durch B ist eine unter § 13b Abs. 2 Nr. 8 Satz 1 und Abs. 5 Satz 5 UStG fallende sonstige Leistung. [4]Für diesen Umsatz ist A Steuerschuldner, da er selbst nachhaltig Gebäudereinigungsleistungen erbringt. [5]Unbeachtlich ist, dass der von B erbrachte Umsatz nicht mit den Ausgangsumsätzen des A in unmittelbarem Zusammenhang steht.

(6) [1]Erfüllt der Leistungsempfänger die Voraussetzungen des § 13b Abs. 5 Satz 5 UStG, ist er auch dann Steuerschuldner, wenn die Leistung für den nichtunternehmerischen Bereich erbracht wird (§ 13b Abs. 5 Satz 7 UStG). [2]Ausgenommen hiervon sind Gebäudereinigungsleistungen, die ausschließlich an den nichtunternehmerischen Bereich von juristischen Personen des öffentlichen Rechts erbracht werden, auch wenn diese im Rahmen von Betrieben gewerblicher Art unternehmerisch tätig sind und nachhaltig Gebäudereinigungsleistungen erbringen (vgl. § 13b Abs. 5 Satz 11 UStG). [3]Absatz 4 ist auf den jeweiligen Betrieb gewerblicher Art einer juristischen Person des öffentlichen Rechts entsprechend anzuwenden, der Gebäudereinigungsleistungen erbringt.

UStAE 13b.6. Lieferungen von Gold mit einem Feingehalt von mindestens 325 Tausendstel

(1) [1]Unter die Umsätze nach § 13b Abs. 2 Nr. 9 UStG (vgl. Abschnitt 13b.1 Abs. 2 Nr. 11) fallen die Lieferung von Gold (einschließlich von platiniertem Gold) oder Goldlegierungen in Rohform oder als Halbzeug mit einem Feingehalt von mindestens 325 Tausendstel und Goldplattierungen mit einem Feingehalt von mindestens 325 Tausendstel und die steuerpflichtigen Lieferungen von Anlagegold mit einem Feingehalt von mindestens 995 Tausendstel nach § 25c Abs. 3 UStG. [2]Ebenfalls darunter fällt die Lieferung von Barren, die in einer zufälligen groben Verschmelzung von Schrott und verschiedenen goldhaltigen Metallgegenständen sowie verschiedenen anderen Metallen, Stoffen und Substanzen bestehen und die einen Goldgehalt von mindestens 325 Tausendstel haben (vgl. EuGH-Urteil vom 26. 5. 2016, C-550/14, Envirotec Denmark). [3]Goldplattierungen sind Waren, bei denen auf einer Metallunterlage auf einer Seite oder auf mehreren Seiten Gold in beliebiger Dicke durch Schweißen, Löten, Warmwalzen oder ähnliche mechanische Verfahren aufgebracht worden ist. [4]Zum Umfang der Lieferungen von Anlagegold vgl. Abschnitt 25c.1 Abs. 1 Satz 2, Abs. 2 und 4, zur Möglichkeit der Option zur Umsatzsteuerpflicht bei der Lieferung von Anlagegold vgl. Abschnitt 25c.1 Abs. 5.

B e i s p i e l :

[1]Der in Bremen ansässige Goldhändler G überlässt der Scheideanstalt S in Hamburg verunreinigtes Gold mit einem Feingehalt von 500 Tausendstel. [2]S trennt vereinbarungsgemäß das verunreinigte Gold in Anlagegold und unedle Metalle und stellt aus dem Anlagegold einen Goldbarren mit einem Feingehalt von 995 Tausendstel her; das hergestellte Gold fällt unter die Position 7108 des Zolltarifs. [3]Der entsprechende Goldgewichtsanteil wird G auf einem Anlagegoldkonto gutgeschrieben; G hat nach den vertraglichen Vereinbarungen auch nach der Bearbeitung des Goldes und der Gutschrift auf dem Anlagegoldkonto noch die Verfügungsmacht an dem Gold. [4]Danach verzichtet G gegen Entgelt auf seinen Herausgabeanspruch des Anlagegolds. [5]G hat nach § 25 c Abs. 3 Satz 2 UStG zur Umsatzsteuerpflicht optiert.

[6]Der Verzicht auf Herausgabe des Anlagegolds gegen Entgelt stellt eine Lieferung des Anlagegolds von G an S dar. [7]Da G nach § 25 c Abs. 3 Satz 2 UStG zur Umsatzsteuerpflicht optiert hat, schuldet S als Leistungsempfänger die Umsatzsteuer für diese Lieferung (§ 13 b Abs. 5 Satz 1 in Verbindung mit Abs. 2 Nr. 9 UStG).

(2) [1]Erfüllt der Leistungsempfänger die Voraussetzungen des § 13 b Abs. 5 Satz 1 zweiter Halbsatz UStG, ist er auch dann Steuerschuldner, wenn die Leistung für den nichtunternehmerischen Bereich erbracht wird (§ 13 b Abs. 5 Satz 7 UStG). [2]Ausgenommen hiervon sind Lieferungen von Gold in der in § 13 b Abs. 2 Nr. 9 UStG bezeichneten Art, die ausschließlich an den nichtunternehmerischen Bereich von juristischen Personen des öffentlichen Rechts erbracht werden, auch wenn diese im Rahmen von Betrieben gewerblicher Art unternehmerisch tätig sind (vgl. § 13 b Abs. 5 Satz 11 UStG).

(3) Werden Lieferungen nach Absatz 1 Satz 1 an Organisationseinheiten der Gebietskörperschaften Bund bzw. Länder erbracht, vgl. Abschnitt 13 b.1 Abs. 3 Sätze 1 und 2.

UStAE 13 b.7. Lieferungen von Mobilfunkgeräten, Tablet-Computern, Spielekonsolen und integrierten Schaltkreisen

(1) [1]Mobilfunkgeräte sind Geräte, die zum Gebrauch mittels eines zugelassenen Mobilfunk-Netzes und auf bestimmten Frequenzen hergestellt oder hergerichtet wurden, unabhängig von etwaigen weiteren Nutzungsmöglichkeiten. [2]Hiervon werden insbesondere alle Geräte erfasst, mit denen Telekommunikationsleistungen in Form von Sprachübertragung über drahtlose Mobilfunk-Netzwerke in Anspruch genommen werden können, z. B. Telefone zur Verwendung in beliebigen drahtlosen Mobilfunk-Netzwerken (insbesondere für den zellularen Mobilfunk – Mobiltelefone – und Satellitentelefone) und mobile Datenerfassungsgeräte mit der Möglichkeit zur Verwendung in beliebigen drahtlosen Mobilfunk-Netzwerken; hierzu gehören nicht CB-Funkgeräte und Walkie-Talkies. [3]Ebenso fällt die Lieferung von kombinierten Produkten (sog. Produktbundle), d. h. gemeinsame Lieferungen von Mobilfunkgeräten und Zubehör zu einem einheitlichen Entgelt, unter die Regelung, wenn die Lieferung des Mobilfunkgeräts die Hauptleistung darstellt. [4]Die Lieferung von Geräten, die ausschließlich reine Daten übertragen, ohne diese in akustische Signale umzusetzen, fällt dagegen nicht unter die Regelung. [5]Zum Beispiel gehören daher folgende Gegenstände nicht zu den Mobilfunkgeräten im Sinne von § 13 b Abs. 2 Nr. 10 UStG:

1. Navigationsgeräte;
2. Computer, soweit sie eine Sprachübertragung über drahtlose Mobilfunk-Netzwerke nicht ermöglichen (z. B. Tablet-PC);
3. mp3-Player;
4. Spielekonsolen;
5. On-Board-Units.

(1 a) Ein Tablet-Computer (aus Unterposition 8471 30 00 des Zolltarifs) ist ein tragbarer, flacher Computer in besonders leichter Ausführung, der vollständig in einem Touchscreen-Gehäuse untergebracht ist und mit den Fingern oder einem Stift bedient werden kann.

(1 b) [1]Spielekonsolen sind Computer oder computerähnliche Geräte, die in erster Linie für Videospiele entwickelt werden. [2]Neben dem Spielen können sie weitere Funktionen bieten, z. B. Wiedergabe von Audio-CDs, Video-DVDs und Blu-ray Discs.

(2) [1]Ein integrierter Schaltkreis ist eine auf einem einzelnen (Halbleiter-)Substrat (sog. Chip) untergebrachte elektronische Schaltung (elektronische Bauelemente mit Verdrahtung). [2]Zu den integrierten Schaltkreisen zählen insbesondere Mikroprozessoren und CPUs (Central Processing Unit, Hauptprozessor einer elektronischen Rechenanlage). [3]Die Lieferungen dieser Gegenstände fallen unter die Umsätze im Sinne von § 13 b Abs. 2 Nr. 10 UStG (vgl. Abschnitt 13 b.1 Abs. 2 Nr. 12), sofern sie (noch) nicht in einen zur Lieferung auf der Einzelhandelsstufe geeigneten Gegenstand (Endprodukt) eingebaut wurden; ein Gegenstand ist für die Lieferung auf der Einzelhandelsstufe insbesondere dann geeignet, wenn er ohne weitere Be- oder Verarbeitung an einen Endverbraucher geliefert werden kann. [4]Die Voraussetzungen des Satzes 3 erster Halbsatz sind immer dann erfüllt, wenn integrierte Schaltkreise unverbaut an Unternehmer geliefert werden; dies gilt auch dann, wenn unverbaute integrierte Schaltkreise auch an Letztverbraucher abgegeben werden können. [5]Wird ein integrierter Schaltkreis in einen anderen Gegenstand eingebaut oder verbaut, handelt es sich bei dem weiter gelieferten Wirtschaftsgut nicht mehr um einen integrierten Schaltkreis; in diesem Fall ist es unbeachtlich, ob der weiter gelieferte Gegenstand ein Endprodukt ist und auf der Einzelhandelsstufe gehandelt werden kann.

Beispiel:

[1]Der in Halle ansässige Chiphersteller C liefert dem in Erfurt ansässigen Computerhändler A CPUs zu einem Preis von insgesamt 20 000 €. [2]Diese werden von C an A unverbaut, d. h. ohne Einarbeitung in ein Endprodukt, übergeben. [3]A baut einen Teil der CPUs in Computer ein und bietet den Rest in seinem Geschäft zum Einzelverkauf an. [4]Im Anschluss liefert A unverbaute CPUs in seinem Geschäft an den Unternehmer U für insgesamt 6 000 €. [5]Außerdem liefert er Computer mit den eingebauten CPUs an den Einzelhändler E für insgesamt 7 000 €.

[6]A schuldet als Leistungsempfänger der Lieferung des C die Umsatzsteuer nach § 13 b Abs. 5 Satz 1 in Verbindung mit Abs. 2 Nr. 10 UStG, weil es sich insgesamt um die Lieferung unverbauter integrierter Schaltkreise handelt; auf die spätere Verwendung durch A kommt es nicht an.

[7]Für die sich anschließende Lieferung der CPUs von A an U schuldet U als Leistungsempfänger die Umsatzsteuer nach § 13 b Abs. 5 Satz 1 in Verbindung mit Abs. 2 Nr. 10 UStG, weil es sich insgesamt um die Lieferung unverbauter integrierter Schaltkreise handelt; auf die spätere Verwendung durch U kommt es nicht an.

[8]Für die Lieferung der Computer mit den eingebauten CPUs von A an E schuldet A als leistender Unternehmer die Umsatzsteuer (§ 13 a Abs. 1 Nr. 1 UStG), weil Liefergegenstand nicht mehr integrierte Schaltkreise, sondern Computer sind.

[6]Aus Vereinfachungsgründen kann die Abgrenzung der unter § 13 b Abs. 2 Nr. 10 UStG fallenden integrierten Schaltkreise anhand der Unterposition 5842 31 90 des Zolltarifs vorgenommen werden; dies sind insbesondere monolithische und hybride elektronische integrierte Schaltungen mit in großer Dichte angeordneten und als eine Einheit anzusehenden passiven und aktiven Bauelementen, die sich als Prozessoren bzw. Steuer- und Kontrollschaltungen darstellen. [7]Die Lieferungen folgender Gegenstände fallen beispielsweise nicht unter die in § 13 b Abs. 2 Nr. 10 UStG genannten Umsätze, auch wenn sie elektronische Komponenten im Sinne der Sätze 1 und 2 enthalten:

1. Antennen;
2. elektrotechnische Filter;
3. Induktivitäten (passive elektrische oder elektronische Bauelemente mit festem oder einstellbarem Induktivitätswert);
4. Kondensatoren;
5. Sensoren (Fühler).

[8]Als verbaute integrierte Schaltkreise im Sinne des Satzes 5 sind insbesondere die folgenden Gegenstände anzusehen, bei denen der einzelne integrierte Schaltkreis bereits mit anderen Bauteilen verbunden wurde:

1. Platinen, die mit integrierten Schaltkreisen und ggf. mit verschiedenen anderen Bauelementen bestückt sind;
2. Bauteile, in denen mehrere integrierte Schaltkreise zusammengefasst sind;
3. zusammengesetzte elektronische Schaltungen;
4. Platinen, in die integrierte Schaltkreise integriert sind (sog. Chips on board);
5. Speicherkarten mit integrierten Schaltungen (sog. Smart Cards);
6. Grafikkarten, Flashspeicherkarten, Schnittstellenkarten, Soundkarten, Memory-Sticks.

[9]Ebenfalls nicht unter § 13 b Abs. 2 Nr. 10 UStG fallen:

1. Verarbeitungseinheiten für automatische Datenverarbeitungsmaschinen, auch mit einer oder zwei der folgenden Arten von Einheiten in einem gemeinsamen Gehäuse: Speichereinheit, Eingabe- und Ausgabeeinheit (Unterposition 8471 50 00 des Zolltarifs);
2. Baugruppen zusammengesetzter elektronischer Schaltungen für automatische Datenverarbeitungsmaschinen oder für andere Maschinen der Position 8471 (Unterposition 8473 30 20 des Zolltarifs);
3. Teile und Zubehör für automatische Datenverarbeitungsmaschinen oder für andere Maschinen der Position 8471 (Unterposition 8473 30 80 des Zolltarifs).

(3) [1]Lieferungen von Mobilfunkgeräten, Tablet-Computern, Spielekonsolen und integrierten Schaltkreisen fallen nur unter die Regelung zur Steuerschuldnerschaft des Leistungsempfängers nach § 13 b Abs. 2 Nr. 10 UStG, wenn der Leistungsempfänger ein Unternehmer ist und die Summe der für die steuerpflichtigen Lieferungen dieser Gegenstände in Rechnung zu stellenden Bemessungsgrundlagen mindestens 5 000 € beträgt. [2]Abzustellen ist dabei auf alle im Rahmen eines zusammenhängenden wirtschaftlichen Vorgangs gelieferten Gegenstände der genannten Art. [3]Als Anhaltspunkt für einen wirtschaftlichen Vorgang dient insbesondere die Bestellung, der Auftrag, der Vertrag oder der Rahmen-Vertrag mit konkretem Auftragsvolumen. [4]Lieferungen bilden stets einen einheitlichen wirtschaftlichen Vorgang, wenn sie im Rahmen eines einzigen Erfüllungsgeschäfts ausgeführt werden, auch wenn hierüber mehrere Aufträge vorliegen oder mehrere Rechnungen ausgestellt werden.

Beispiel:

[1]Der in Stuttgart ansässige Großhändler G bestellt am 1. 7. 01 bei dem in München ansässigen Handyhersteller H 900 Mobilfunkgeräte zu einem Preis von insgesamt 45 000 €. [2]Vereinbarungsgemäß liefert H die Mobilfunkgeräte in zehn Tranchen mit je 90 Stück zu je 4 500 € an G aus.

[3]Die zehn Tranchen Mobilfunkgeräte stellen einen zusammenhängenden wirtschaftlichen Vorgang dar, denn die Lieferung der Geräte erfolgte auf der Grundlage einer Bestellung über die Gesamtmenge von 900 Stück. [4]G schuldet daher als Leistungsempfänger die Umsatzsteuer für diese zusammenhängenden Lieferungen (§ 13 b Abs. 5 Satz 1 in Verbindung mit Abs. 2 Nr. 10 UStG).

[5]Keine Lieferungen im Rahmen eines zusammenhängenden wirtschaftlichen Vorgangs liegen in folgenden Fällen vor:

1. Lieferungen aus einem Konsignationslager, das der liefernde Unternehmer in den Räumlichkeiten des Abnehmers unterhält, wenn der Abnehmer Mobilfunkgeräte, Tablet-Computer, Spielekonsolen oder integrierte Schaltkreise jederzeit in beliebiger Menge entnehmen kann;
2. Lieferungen auf Grund eines Rahmenvertrags, in dem lediglich Lieferkonditionen und Preise der zu liefernden Gegenstände, nicht aber deren Menge festgelegt wird;
3. Lieferungen im Rahmen einer dauerhaften Geschäftsbeziehung, bei denen Aufträge – ggf. mehrmals täglich – schriftlich, per Telefon, per Telefax oder auf elektronischem Weg erteilt werden, die zu liefernden Gegenstände ggf. auch zusammen ausgeliefert werden, es sich aber bei den Lieferungen um voneinander unabhängige Erfüllungsgeschäfte handelt.

[6]Bei der Anwendung des Satzes 1 bleiben nachträgliche Entgeltminderungen für die Beurteilung der Betragsgrenze von 5 000 € unberücksichtigt; dies gilt auch für nachträgliche Teilrückabwicklungen. [7]Ist auf Grund der vertraglichen Vereinbarungen nicht absehbar oder erkennbar, ob die Betragsgrenze von 5 000 € für Lieferungen erreicht oder überschritten wird, wird es aus Vereinfachungsgründen nicht beanstandet, wenn die Steuerschuldnerschaft des Leistungsempfängers nach § 13 b Abs. 2 Nr. 10 und Abs. 5 Satz 1 zweiter Halbsatz UStG angewendet wird, sofern beide Vertragspartner übereinstimmend

vom Vorliegen der Voraussetzungen zur Anwendung von § 13 b UStG ausgegangen sind und dadurch keine Steuerausfälle entstehen; dies gilt dann als erfüllt, wenn der Umsatz vom Leistungsempfänger in zutreffender Höhe versteuert wird. [8]Dies gilt auch dann, wenn sich im Nachhinein herausstellt, dass die Betragsgrenze von 5 000 € nicht überschritten wird.

(4) [1]Erfüllt der Leistungsempfänger die Voraussetzungen des § 13 b Abs. 5 Satz 1 zweiter Halbsatz UStG, ist er auch dann Steuerschuldner, wenn die Leistung für den nichtunternehmerischen Bereich erbracht wird (§ 13 b Abs. 5 Satz 7 UStG). [2]Ausgenommen hiervon sind Lieferungen von Mobilfunkgeräten, Tablet-Computern und Spielekonsolen sowie von integrierten Schaltkreisen vor Einbau in einen zur Lieferung auf der Einzelhandelsstufe geeigneten Gegenstand, die ausschließlich an den nichtunternehmerischen Bereich von juristischen Personen des öffentlichen Rechts erbracht werden, auch wenn diese im Rahmen von Betrieben gewerblicher Art unternehmerisch tätig sind (vgl. § 13 b Abs. 5 Satz 11 UStG). [3]Absatz 3 ist auf den jeweiligen Betrieb gewerblicher Art einer juristischen Person des öffentlichen Rechts entsprechend anzuwenden.

(5) Werden Lieferungen von Mobilfunkgeräten, Tablet-Computern, Spielekonsolen und von integrierten Schaltkreisen vor Einbau in einen zur Lieferung auf der Einzelhandelsstufe geeigneten Gegenstand, deren Summe der für sie in Rechnung zu stellenden Entgelte im Rahmen eines wirtschaftlichen Vorgangs mindestens 5 000 € beträgt, an Organisationseinheiten der Gebietskörperschaften Bund bzw. Länder erbracht, vgl. Abschnitt 13 b.1 Abs. 3 Sätze 1 und 2.

UStAE 13 b.7 a. Lieferungen von Edelmetallen, unedlen Metallen und Cermets

(1) [1]Zu den in der Anlage 4 des UStG bezeichneten Gegenständen gehören vor allem Metalle in Rohform oder als Halberzeugnis, im Einzelnen sind das:

1. [1]Unter Nummer 1 der Anlage 4 des UStG fallen nur Silber (in Rohform, als Halbzeug oder als Pulver) sowie Silberplattierungen auf unedlen Metallen (in Rohform oder als Halbzeug) im Sinne der Positionen 7106 und 7107 des Zolltarifs. [2]Hierzu gehören Silber und Silberlegierungen sowie vergoldetes Silber, platiniertes Silber und mit Platinbeimetallen überzogenes Silber (z. B. palladiniertes, rhodiniertes Silber) in den verschiedenen Roh- und Halbzeugformen und in Pulverform. [3]Als Silberplattierungen gelten u. a. Waren, bei denen auf einer Metallunterlage auf einer Seite oder mehreren Seiten Silber durch Löten, Schweißen, Warmwalzen oder ähnliche mechanische Verfahren aufgebracht ist. [4]Nicht hierzu gehören gegossene, gesinterte, getriebene, gestanzte usw. Stücke in Form von Rohlingen für Schmuckwaren usw. (z. B. Fassungen, Rohlinge von Ringen, Blumen, Tiere, andere Figuren) sowie Abfälle und Schrott aus Silber (vgl. hierzu Abschnitt 13 b.4 Abs. 1 Satz 1 Nr. 7).
2. [1]Unter Nummer 2 der Anlage 4 des UStG fallen nur Platin, Palladium, Rhodium, Iridium, Osmium und Ruthenium (in Rohform, als Halbzeug oder als Pulver) sowie Platinplattierungen auf unedlen Metallen, auf Silber oder auf Gold (in Rohform oder als Halbzeug) im Sinne der Position 7110 und der Unterposition 7111 00 00 des Zolltarifs. [2]Hierzu gehören Platin oder Platinlegierungen in Rohform oder als Halbzeug. [3]Als Platinplattierungen gelten u. a. Waren, bei denen auf einer Metallunterlage auf einer Seite oder mehreren Seiten Platin durch Löten, Schweißen, Warmwalzen oder ähnliche mechanische Verfahren aufgebracht ist. [4]Nicht hierzu gehören gegossene, gesinterte, getriebene, gestanzte usw. Stücke in Form von Rohlingen für Schmuckwaren usw. (z. B. Fassungen, Rohlinge von Ringen, Blumen, Tiere, andere Figuren) sowie Abfälle und Schrott aus Platin (vgl. hierzu Abschnitt 13 b.4 Abs. 1 Satz 1 Nr. 7).
3. [1]Unter Nummer 3 der Anlage 4 des UStG fallen nur Roheisen oder Spiegeleisen (in Masseln, Blöcken oder anderen Rohformen), Körner und Pulver aus Roheisen, Spiegeleisen, Eisen oder Stahl, Rohblöcke und andere Rohformen aus Eisen oder Stahl, Halbzeug aus Eisen oder Stahl im Sinne der Positionen 7201, 7205, 7206, 7207, 7218 und 7224 des Zolltarifs. [2]Roheisen kann in Form von Masseln, Barren oder Blöcken, auch gebrochen oder in flüssiger Form vorliegen, jedoch gehören geformte oder bearbeitete Waren (z. B. rohe oder bearbeitete Gussstücke oder Rohre) nicht hierzu. [3]Zu der Nummer 3 der Anlage 4 des UStG gehören Eisen und nicht legierter Stahl, nicht rostender Stahl und anderer legierter Stahl in Rohblöcken (Ingots) oder anderen Rohformen (auch als Halbzeug). [4]Nicht hierzu gehören radioaktive Eisenpulver (Isotope), als Arzneiwaren aufgemachte Eisen-

pulver, Rohre oder Behälter aus Stahl sowie Abfälle und Schrott aus Eisen oder Stahl (vgl. hierzu Abschnitt 13 b.4 Abs. 1 Satz 1 Nr. 8).

4. [1]Unter Nummer 4 der Anlage 4 des UStG fallen nur nicht raffiniertes Kupfer und Kupferanoden zum elektrolytischen Raffinieren, raffiniertes Kupfer und Kupferlegierungen (in Rohform), Kupfervorlegierungen, Pulver und Flitter aus Kupfer im Sinne der Positionen 7402, 7403, 7405 und 7406 des Zolltarifs. [2]Hierzu gehören Schwarzkupfer und Blisterkupfer sowie Kupferkathoden und Kupferkathodenabschnitte (Unterposition 7403 11 00 des Zolltarifs). [3]Nicht hierzu gehören Pulver und Flitter aus Kupfer, die zubereitete Farben sind, zugeschnittener Flitter sowie Abfälle und Schrott aus Kupfer (vgl. hierzu Abschnitt 13 b.4 Abs. 1 Satz 1 Nr. 9).
5. [1]Unter Nummer 5 der Anlage 4 des UStG fallen nur Nickelmatte, Nickeloxidsinter und andere Zwischenerzeugnisse der Nickelmetallurgie, Nickel in Rohform sowie Pulver und Flitter aus Nickel im Sinne der Positionen 7501, 7502 und 7504 des Zolltarifs. [2]Hierzu gehören unreine Nickeloxide, unreines Ferronickel und Nickelspeise. [3]Nicht hierzu gehören Abfälle und Schrott aus Nickel (vgl. hierzu Abschnitt 13 b.4 Abs. 1 Satz 1 Nr. 10).
6. [1]Unter Nummer 6 der Anlage 4 des UStG fallen nur Aluminium in Rohform, Pulver und Flitter aus Aluminium im Sinne der Positionen 7601 und 7603 des Zolltarifs. [2]Nicht hierzu gehören Pulver und Flitter aus Aluminium, die zubereitete Farben sind, zugeschnittener Flitter sowie Abfälle und Schrott aus Aluminium (vgl. hierzu Abschnitt 13 b.4 Abs. 1 Satz 1 Nr. 11).
7. [1]Unter Nummer 7 der Anlage 4 des UStG fallen nur Blei in Rohform, Pulver und Flitter aus Blei im Sinne der Position 7801 und aus der Position 7804 des Zolltarifs. [2]Hierzu gehören Blei in Rohformen in verschiedenen Reinheitsgraden (von unreinem Blei und silberhaltigem Blei bis zum raffinierten Elektrolytblei), gegossene Anoden zum elektrolytischen Raffinieren und gegossene Stangen, die z. B. zum Walzen, Ziehen oder zum Gießen in geformte Waren bestimmt sind. [3]Nicht hierzu gehören Pulver und Flitter aus Blei, die zubereitete Farben sind, sowie Abfälle und Schrott aus Blei (vgl. hierzu Abschnitt 13 b.4 Abs. 1 Satz 1 Nr. 12).
8. [1]Unter Nummer 8 der Anlage 4 des UStG fallen nur Zink in Rohform, Staub, Pulver und Flitter aus Zink im Sinne der Positionen 7901 und 7903 des Zolltarifs. [2]Hierzu gehört Zink in Rohform der verschiedenen Reinheitsgrade. [3]Nicht hierzu gehören Staub, Pulver und Flitter aus Zink, die zubereitete Farben sind, sowie Abfälle und Schrott aus Zink (vgl. hierzu Abschnitt 13 b.4 Abs. 1 Satz 1 Nr. 13).
9. [1]Unter Nummer 9 der Anlage 4 des UStG fällt nur Zinn in Rohform im Sinne der Position 8001 des Zolltarifs. [2]Nicht hierzu gehören Abfälle und Schrott aus Zinn (vgl. hierzu Abschnitt 13 b.4 Abs. 1 Satz 1 Nr. 14).
10. [1]Unter Nummer 10 der Anlage 4 des UStG fallen nur andere unedle Metalle in Rohform oder als Pulver aus den Positionen 8101 bis 8112 des Zolltarifs. [2]Hierzu gehören Wolfram, Molybdän, Tantal, Magnesium, Cobalt, Bismut (Wismut), Cadmium, Titan, Zirconium, Antimon, Mangan, Beryllium, Chrom, Germanium, Vanadium, Gallium, Hafnium, Indium, Niob (Columbium), Rhenium und Thallium. [3]Nicht hierzu gehören Wolfram-, Molybdän-, Tantal- und Titancarbid sowie Abfälle und Schrott aus anderen unedlen Metallen (vgl. hierzu Abschnitt 13 b.4 Abs. 1 Satz 1 Nr. 15).
11. [1]Unter Nummer 11 der Anlage 4 des UStG fallen nur Cermets (Erzeugnisse aus einem keramischen und einem metallischen Bestandteil) in Rohform im Sinne der Unterposition 8113 00 20 des Zolltarifs. [2]Nicht hierzu gehören Waren aus Cermets, Cermets, die spaltbare oder radioaktive Stoffe enthalten, Plättchen, Stäbchen, Spitzen und ähnliche Formstücke für Werkzeuge aus Cermets sowie Abfälle und Schrott aus Cermets (vgl. aber Abschnitt 13 b.4 Abs. 1 Satz 1 Nr. 15).

[2]Bestehen Zweifel, ob ein Gegenstand unter die Anlage 4 des UStG fällt, gilt Abschnitt 13 b.4 Abs. 1 Sätze 2 bis 4 entsprechend. [3]Abschnitt 13 b.4 Abs. 2 Sätze 1 bis 3 und Abs. 3 Sätze 1 und 2 gilt sinngemäß.

(2) [1]Lieferungen von Edelmetallen, unedlen Metallen und Cermets fallen nur unter die Regelung zur Steuerschuldnerschaft des Leistungsempfängers nach § 13 b Abs. 2 Nr. 11 UStG, wenn der Leistungsempfänger ein Unternehmer ist und die Summe der für die steuerpflichtigen Lieferungen dieser Gegenstände in Rechnung zu stellenden Bemessungsgrundlagen im Rahmen eines wirtschaftlichen Vorgangs mindestens 5 000 € beträgt. [2]Abschnitt 13 b.7 Abs. 3 gilt sinngemäß.

(3) [1]Erfüllt der Leistungsempfänger die Voraussetzungen des § 13b Abs. 5 Satz 1 zweiter Halbsatz UStG, ist er auch dann Steuerschuldner, wenn die Leistung für den nichtunternehmerischen Bereich erbracht wird (§ 13b Abs. 5 Satz 7 UStG). [2]Ausgenommen hiervon sind Lieferungen von Edelmetallen, unedlen Metallen und Cermets, die ausschließlich an den nichtunternehmerischen Bereich von juristischen Personen des öffentlichen Rechts erbracht werden, auch wenn diese im Rahmen von Betrieben gewerblicher Art unternehmerisch tätig sind (vgl. § 13b Abs. 5 Satz 11 UStG). [3]Absatz 2 ist auf den jeweiligen Betrieb gewerblicher Art einer juristischen Person des öffentlichen Rechts entsprechend anzuwenden.

(4) Werden Lieferungen der in der Anlage 4 des UStG bezeichneten Gegenstände an Organisationseinheiten der Gebietskörperschaften Bund bzw. Länder erbracht, vgl. Abschnitt 13b.1 Abs. 3 Sätze 1 und 2.

UStAE 13b.7b. Sonstige Leistungen auf dem Gebiet der Telekommunikation

(1) Zum Begriff der sonstigen Leistung auf dem Gebiet der Telekommunikation im Sinne des § 13b Abs. 2 Nr. 12 Satz 1 UStG wird auf Abschnitt 3a.10 verwiesen.

(2) [1]Bei diesen sonstigen Leistungen auf dem Gebiet der Telekommunikation schuldet der Leistungsempfänger die Steuer, wenn er ein Unternehmer ist, dessen Haupttätigkeit in Bezug auf den Erwerb dieser Leistungen in deren Erbringung besteht und dessen eigener Verbrauch dieser Leistungen von untergeordneter Bedeutung ist (§ 13b Abs. 5 Satz 6 erster Halbsatz UStG, sog. Wiederverkäufer). [2]Die Haupttätigkeit des Unternehmers in Bezug auf den Erwerb dieser Leistungen besteht dann in deren Erbringung, wenn der Unternehmer mehr als die Hälfte der von ihm erworbenen Leistungen weiterveräußert. [3]Der eigene Verbrauch dieser Leistungen ist von untergeordneter Bedeutung, wenn nicht mehr als 5 % der erworbenen Leistungen zu eigenen (unternehmerischen sowie nichtunternehmerischen) Zwecken verwendet wird. [4]Maßgeblich sind die Verhältnisse im vorangegangenen Kalenderjahr; nimmt der Unternehmer seine Tätigkeit in diesem Bereich erst auf, ist er auch schon vor der erstmaligen Erbringung von Leistungen auf dem Gebiet der Telekommunikation als Wiederverkäufer anzusehen, wenn er nach außen erkennbar mit ersten Handlungen zur Erbringung von Leistungen auf dem Gebiet der Telekommunikation begonnen hat und mit diesen Leistungen voraussichtlich die vorgenannten Voraussetzungen erfüllen wird. [5]Verwendet der Unternehmer zwar mehr als 5 %, jedoch nicht mehr als 10 % der erworbenen Leistungen zu eigenen Zwecken, ist weiterhin von einer untergeordneten Bedeutung auszugehen, wenn die im Mittel der vorangegangenen drei Jahre zu eigenen Zwecken verbrauchten Leistungen 5 % der in diesem Zeitraum erworbenen Leistungen nicht überschritten haben. [6]Im Unternehmen selbst erzeugte Leistungen bleiben bei der Beurteilung unberücksichtigt. [7]Ob die selbst erzeugten Leistungen veräußert oder zum eigenen Verbrauch im Unternehmen verwendet werden, ist daher unbeachtlich. [8]Ebenso sind die veräußerten Leistungen, die selbst erzeugt wurden, hinsichtlich der Beurteilung der Wiederverkäufereigenschaft aus der Gesamtheit der veräußerten Leistungen auszuscheiden; auch beeinflussen sie die nach den Sätzen 1 und 2 einzuhaltenden Grenzwerte nicht.

(3) [1]Es ist davon auszugehen, dass ein Unternehmer Wiederverkäufer nach Absatz 2 ist, wenn ihm das nach den abgabenrechtlichen Vorschriften für die Besteuerung seiner Umsätze zuständige Finanzamt auf Antrag oder von Amts wegen eine im Zeitpunkt der Ausführung des Umsatzes gültige Bescheinigung nach dem Vordruckmuster USt 1 TQ erteilt hat; hinsichtlich dieses Musters wird auf das BMF-Schreiben vom 23. 12. 2020, BStBl I S. 92, verwiesen. [2]Die Gültigkeitsdauer der Bescheinigung ist auf längstens drei Jahre zu beschränken; sie kann nur mit Wirkung für die Zukunft widerrufen oder zurückgenommen werden. [3]Verwendet der Leistungsempfänger einen Nachweis nach dem Vordruckmuster USt 1 TQ – im Original oder in Kopie –, ist er Steuerschuldner, auch wenn er im Zeitpunkt der Leistung tatsächlich kein Wiederverkäufer nach Absatz 2 ist; dies gilt nicht, wenn der Leistungsempfänger einen gefälschten Nachweis nach dem Vordruckmuster USt 1 TQ verwendet hat und der leistende Unternehmer hiervon Kenntnis hatte.

(4) [1]Hat das Finanzamt dem Unternehmer eine Bescheinigung nach dem Vordruckmuster USt 1 TQ ausgestellt, ist er auch dann als Leistungsempfänger Steuerschuldner, wenn er diesen Nachweis gegenüber dem leistenden Unternehmer nicht – im Original oder in Kopie – verwendet. [2]Wurde die Bescheinigung mit Wirkung für die Zukunft widerrufen oder zurückgenommen und ist der Leistungsempfänger kein

Wiederverkäufer nach Absatz 2, schuldet der leistende Unternehmer dann die Steuer, wenn er hiervon Kenntnis hatte oder hätte haben können. [3]Hatte der leistende Unternehmer in diesen Fällen keine Kenntnis oder hat er keine Kenntnis haben können, wird es beim leistenden Unternehmer und beim Leistungsempfänger nicht beanstandet, wenn beide einvernehmlich von einer Steuerschuldnerschaft des Leistungsempfängers ausgehen und durch diese Handhabung keine Steuerausfälle entstehen; dies gilt dann als erfüllt, wenn der Umsatz vom Leistungsempfänger in zutreffender Höhe versteuert wird.

(5) [1]Erfüllt bei einem Organschaftsverhältnis nur ein Teil des Organkreises (z. B. der Organträger oder eine Organgesellschaft) die Voraussetzung als Wiederverkäufer nach Absatz 2, ist für Zwecke der Anwendung der Steuerschuldnerschaft des Leistungsempfängers nach § 13 b Abs. 2 Nr. 12 und Abs. 5 Satz 6 UStG nur dieser Teil des Organkreises als Wiederverkäufer anzusehen. [2]Die Absätze 2 und 3 sind insoweit nur auf den jeweiligen Unternehmensteil anzuwenden; nicht steuerbare Innenumsätze sind bei der Ermittlung der Wiederverkäufereigenschaft unbeachtlich. [3]Die Bescheinigung nach dem Vordruckmuster USt 1 TQ stellt das für den Organkreis für Zwecke der Umsatzsteuer zuständige Finanzamt für alle im Inland gelegenen Unternehmensteile im Sinne des Abschnitts 2.9 Abs. 3 bis 5 auf Antrag aus. [4]Der Antrag im Sinne des Satzes 3 ist von dem Organträger zu stellen; Abschnitt 2.9 Abs. 6 und 7 sowie Abschnitt 13 b.3 Abs. 7 Satz 6 gelten entsprechend.

(6) [1]Erfüllt der Leistungsempfänger die Voraussetzungen des § 13 b Abs. 5 Satz 6 erster Halbsatz UStG, ist der Leistungsempfänger auch dann Steuerschuldner, wenn die Leistung für den nichtunternehmerischen Bereich erbracht wird (§ 13 b Abs. 5 Satz 7 UStG). [2]Ausgenommen hiervon sind die sonstigen Leistungen auf dem Gebiet der Telekommunikation, die ausschließlich an den nichtunternehmerischen Bereich von juristischen Personen des öffentlichen Rechts erbracht werden, auch wenn diese im Rahmen von Betrieben gewerblicher Art als Wiederverkäufer von sonstigen Leistungen auf dem Gebiet der Telekommunikation unternehmerisch tätig sind (vgl. § 13 b Abs. 5 Satz 11 UStG). [3]Absätze 2 und 3 sind auf den jeweiligen Betrieb gewerblicher Art einer juristischen Person des öffentlichen Rechts entsprechend anzuwenden, der Wiederverkäufer von sonstigen Leistungen auf dem Gebiet der Telekommunikation ist.

(7) Werden sonstige Leistungen auf dem Gebiet der Telekommunikation an Organisationseinheiten der Gebietskörperschaften Bund bzw. Länder erbracht, vgl. Abschnitt 13 b.1 Abs. 3 Sätze 1 und 3.

(8) [1]Die Gemeinschaften der Wohnungseigentümer sind für Telekommunikationsdienstleistungen als Leistungsempfänger nicht Steuerschuldner, wenn diese Leistungen als nach § 4 Nr. 13 UStG steuerfreie Leistungen der Gemeinschaften der Wohnungseigentümer an die einzelnen Wohnungseigentümer weitergegeben werden. [2]Dies gilt auch, wenn die Wohnungseigentümergemeinschaft derartige Umsätze nach § 9 Abs. 1 UStG als steuerpflichtig behandelt.

(9) [1]Vermieter sind für Telekommunikationsdienstleistungen als Leistungsempfänger nicht Steuerschuldner, wenn diese Leistungen als nach § 4 Nr. 12 UStG steuerfreie Nebenleistungen der Vermieter an die einzelnen Mieter weitergegeben werden. [2]Dies gilt auch, wenn der Vermieter derartige Umsätze nach § 9 Abs. 1 UStG als steuerpflichtig behandelt.

Anmerkung

1. Ergänzung des § 13 b Abs. 2 UStG durch das Jahressteuergesetz 2020

Der Zweck des Reverse-Charge-Verfahrens besteht im Wesentlichen darin, Steuerausfälle zu verhindern. Viele Tatbestände des § 13 b Abs. 2 UStG zielen darauf ab, bekannt gewordene Umsatzsteuerbetrugsmodelle künftig zu verhindern.

Hinweis

Mit der Regelung (durch das Jahressteuergesetz 2020) ist § 13 b Abs. 2 UStG zum Ende des Jahres 2020 um eine Nr. 12 ergänzt worden. Damit sollen Umsatzsteuerbetrugsmodelle im Zusammenhang mit Voice over IP verhindert werden: Dabei wird in der Regel zunächst der Mantel einer deutschen Firma erworben. Diese Mantelfirma bezieht Telekommunikationsdienstleistungen von einem sog. Missing Trader. Die Telekommunikationsdienstleistungen werden dann zu einem erheblichen Teil an im Ausland (Drittland) ansässige Leistungsempfänger weiterveräußert, so dass nichtsteuerbare Ausgangsumsätze erbracht werden. Beteiligt sind meist Personen, die ihren Wohnsitz nicht im Inland haben und sich dadurch dem Zugriff der deutschen Steuer- und Strafverfolgungsbehörden entziehen.

Die Steuerausfälle entstehen dadurch, dass die Steuer dem Leistungsempfänger (d. h. der Mantelfirma) in Rechnung gestellt wird, dieser die in Rechnung gestellte Steuer als Vorsteuer abzieht, der leistende Unternehmer (Missing Trader) aber die in Rechnung gestellte Steuer nicht an das Finanzamt abführt. Dies wird bei einer Steuerschuldnerschaft des Leistungsempfängers nach § 13 b UStG vermieden.

Die Ergänzung des § 13 b Abs. 2 UStG gilt **nicht für** Unternehmen, die Telekommunikationsdienstleistungen nur als **Nebenleistungen** erbringen oder die solche Leistungen lediglich erwerben, ohne sie weiterzuveräußern. Nach § 13 b Abs. 5 Satz 6 UStG-E soll der Anwendungsbereich auf Leistungen von Wiederverkäufern beschränkt werden.

Hinweis

Hierbei handelt es sich um Unternehmer, deren Haupttätigkeit im Erwerb dieser Leistungen und in deren Erbringung besteht und deren eigener Verbrauch dieser Leistungen von untergeordneter Bedeutung ist.

2. Vermieter und Wohnungseigentümergemeinschaften keine Wiederverkäufer

Der Begriff des Wiederverkäufers ist grundsätzlich eng auszulegen. Die FinVerw hat aber mit BMF-Schr. v. 2.5.2022, BStBl 2022 I S. 736 klargestellt, dass **Wohnungseigentümergemeinschaften** und **Vermieter keine „Wiederverkäufer“** sind, wenn sie Telekommunikationsdienstleistungen an Wohnungseigentümer oder Mieter weitergeben.

Hinweis

Es wird allerdings von der Verwaltung nicht beanstandet, wenn für Leistungen, die vor dem 1.7.2022 ausgeführt wurden, die Beteiligten übereinstimmend die Vorschriften des § 13 b Abs. 2 Nr. 12 i. V. m. Abs. 5 Satz 6 UStG angewendet haben.

3. Bescheinigung

Um Rechtssicherheit für den leistenden Unternehmer als auch für den Leistungsempfänger zu erlangen, sieht § 13b Abs. 5 Satz 6 UStG vor, dass die zuständige Finanzbehörde dem Leistungsempfänger eine Bescheinigung ausstellt, aus der sich die Wiederverkäufereigenschaft des Unternehmers ergibt (**Vordruckmuster USt 1 TQ**). Die Gültigkeit der Bescheinigung ist auf **längstens drei Jahre** zu beschränken; sie kann nur mit Wirkung für die Zukunft widerrufen oder zurückgenommen werden.

Hat das Finanzamt dem Unternehmer eine Bescheinigung ausgestellt, ist dieser auch dann als Leistungsempfänger Steuerschuldner, wenn er diesen **Nachweis** gegenüber dem leistenden Unternehmer nicht verwendet.

Verwendet der Leistungsempfänger einen Nachweis nach dem Vordruck USt 1 TQ, ist er Steuerschuldner, auch wenn er im Zeitpunkt der Leistung **tatsächlich kein Wiederverkäufer** ist (Ausnahme: gefälschter Nachweis, von dem der leistende Unternehmer Kenntnis hatte).

UStAE 13 b.8. Vereinfachungsregelung

(1) [1]Haben der leistende Unternehmer und der Leistungsempfänger für einen an ihn erbrachten Umsatz § 13 b Abs. 2 Nr. 4, Nr. 5 Buchstabe b oder Nr. 7 bis 12 in Verbindung mit Abs. 5 Satz 1 zweiter Halbsatz und Sätze 3 bis 6 UStG angewandt, obwohl dies nach Art der Umsätze unter Anlegung objektiver Voraussetzungen nicht zutreffend war, gilt der Leistungsempfänger dennoch als Steuerschuldner (§ 13 b Abs. 5 Satz 8 UStG). [2]Voraussetzung ist, dass durch diese Handhabung keine Steuerausfälle entstehen. [3]Dies gilt dann als erfüllt, wenn der Umsatz vom Leistungsempfänger in zutreffender Höhe versteuert wird.

(2) § 13b Abs. 5 Satz 8 UStG gilt nicht bei einer Anwendung der Steuerschuldnerschaft des Leistungsempfängers, wenn fraglich war, ob die Voraussetzungen hierfür in der Person der beteiligten Unternehmer (z. B. die Eigenschaft als Bauleistender; vgl. dazu Abschnitt 13b.3 Abs. 1 bis 7) erfüllt sind.

UStAE 13b.9. Unfreie Versendungen

[1]Zu den sonstigen Leistungen, für die der Leistungsempfänger die Steuer schuldet (vgl. Abschnitt 13b.1 Abs. 2 Nr. 3), können auch die unfreie Versendung oder die Besorgung einer solchen gehören (§§ 453 ff. HGB). [2]Eine unfreie Versendung liegt vor, wenn ein Absender einen Gegenstand durch einen Frachtführer oder Verfrachter unfrei zum Empfänger der Frachtsendung befördern oder eine solche Beförderung durch einen Spediteur unfrei besorgen lässt. [3]Die Beförderungsleistung wird nicht gegenüber dem Absender, sondern gegenüber dem Empfänger der Frachtsendung abgerechnet. [4]Nach § 30a UStDV wird der Rechnungsempfänger aus Vereinfachungsgründen unter folgenden Voraussetzungen an Stelle des Absenders zum Steuerschuldner für die Beförderungsleistung bestimmt:

1. Der Gegenstand wird durch einen im Ausland ansässigen Unternehmer befördert oder eine solche Beförderung durch einen im Ausland ansässigen Spediteur besorgt;
2. der Empfänger der Frachtsendung (Rechnungsempfänger) ist ein Unternehmer oder eine juristische Person des öffentlichen Rechts;
3. der Empfänger der Frachtsendung (Rechnungsempfänger) hat die Entrichtung des Entgelts für die Beförderung oder für ihre Besorgung übernommen und
4. aus der Rechnung über die Beförderung oder ihre Besorgung ist auch die in der Nummer 3 bezeichnete Voraussetzung zu ersehen.

[5]Der Rechnungsempfänger erkennt seine Steuerschuldnerschaft anhand der Angaben in der Rechnung (§ 14a UStG und § 30a Satz 1 Nr. 3 UStDV).

> B e i s p i e l :
>
> [1]Der in Frankreich ansässige Unternehmer F versendet vereinbarungsgemäß einen Gegenstand per Frachtnachnahme durch den ebenfalls in Frankreich ansässigen Beförderungsunternehmer B von Paris nach Stuttgart an den dort ansässigen Unternehmer U. [2]B stellt dem U die Beförderungsleistung in Rechnung. [3]U verwendet gegenüber B seine deutsche USt-IdNr.
>
> [4]B erbringt eine in Deutschland steuerpflichtige innergemeinschaftliche Güterbeförderung, weil U, der als Leistungsempfänger anzusehen ist (vgl. Abschnitt 3a.2 Abs. 2) ein Unternehmer ist, der die Leistung für sein Unternehmen bezieht (§ 3a Abs. 2 Satz 1 UStG). [5]U schuldet damit auch die Umsatzsteuer für diese Beförderungsleistung (§ 13b Abs. 9 UStG, § 30a UStDV).

UStAE 13b.10. Ausnahmen

(1) [1]§ 13b Abs. 1 bis 5 UStG findet keine Anwendung, wenn die Leistung des im Ausland ansässigen Unternehmers in einer Personenbeförderung im Gelegenheitsverkehr mit nicht im Inland zugelassenen Kraftomnibussen besteht und bei der eine Grenze zum Drittland überschritten wird (§ 13b Abs. 6 Nr. 1 UStG). [2]Dies gilt auch, wenn die Personenbeförderung mit einem Fahrzeug im Sinne des § 1b Abs. 2 Satz 1 Nr. 1 UStG (insbesondere Taxi und Kraftomnibus) durchgeführt worden ist (§ 13b Abs. 6 Nr. 2 UStG). [3]Der Unternehmer hat diese Beförderungen im Wege der Beförderungseinzelbesteuerung (§ 16 Abs. 5 UStG, § 18 Abs. 5 UStG) oder im allgemeinen Besteuerungsverfahren zu versteuern. [4]§ 13b Abs. 1 bis 5 UStG findet ebenfalls keine Anwendung, wenn die Leistung des im Ausland ansässigen Unternehmers in einer grenzüberschreitenden Personenbeförderung im Luftverkehr besteht (§ 13b Abs. 6 Nr. 3 UStG).

(2) [1]§ 13b Abs. 1 bis 5 UStG findet auch keine Anwendung, wenn die Leistung des im Ausland ansässigen Unternehmers in der Einräumung der Eintrittsberechtigung für Messen, Ausstellungen und Kongresse im Inland besteht (§ 13b Abs. 6 Nr. 4 UStG). [2]Unter die Umsätze, die zur Einräumung der Eintrittsberechtigung für Messen, Ausstellungen und Kongresse gehören, fallen insbesondere Leistungen,

für die der Leistungsempfänger Kongress-, Teilnehmer- oder Seminarentgelte entrichtet, sowie damit im Zusammenhang stehende Nebenleistungen, wie z. B. Beförderungsleistungen, Vermietung von Fahrzeugen oder Unterbringung, wenn diese Leistungen vom Veranstalter der Messe, der Ausstellung oder des Kongresses zusammen mit der Einräumung der Eintrittsberechtigung als einheitliche Leistung (vgl. Abschnitt 3.10) angeboten werden.

(3) [1]Im Rahmen von Messen und Ausstellungen werden auch Gemeinschaftsausstellungen durchgeführt, z. B. von Ausstellern, die in demselben ausländischen Staat ansässig sind. [2]Vielfach ist in diesen Fällen zwischen dem Veranstalter und den Ausstellern ein Unternehmen eingeschaltet, das im eigenen Namen die Gemeinschaftsausstellung organisiert (Durchführungsgesellschaft). [3]In diesen Fällen erbringt der Veranstalter sonstige Leistungen an die zwischengeschaltete Durchführungsgesellschaft. [4]Diese erbringt die sonstigen Leistungen an die an der Gemeinschaftsausstellung beteiligten Aussteller. [5]§ 13 b Abs. 1 bis 5 UStG findet keine Anwendung, wenn die im Ausland ansässige Durchführungsgesellschaft sonstige Leistungen an im Ausland ansässige Unternehmer erbringt, soweit diese Leistung im Zusammenhang mit der Veranstaltung von Messen und Ausstellungen im Inland steht (§ 13 b Abs. 6 Nr. 5 UStG). [6]Für ausländische staatliche Stellen, die mit der Organisation von Gemeinschaftsausstellungen im Rahmen von Messen und Ausstellungen beauftragt worden sind, gelten die Ausführungen in den Sätzen 1 bis 5 entsprechend, sofern die betreffende ausländische staatliche Stelle von den einzelnen Ausstellern ihres Landes Entgelte in der Regel in Abhängigkeit von der beanspruchten Ausstellungsfläche erhebt und deshalb insoweit als Unternehmer anzusehen ist.

(4) § 13 b Abs. 1 bis 5 UStG findet ebenfalls keine Anwendung, wenn die Leistung des im Ausland ansässigen Unternehmers in der Abgabe von Speisen und Getränken zum Verzehr an Ort und Stelle (Restaurationsleistung) besteht, wenn diese Abgabe an Bord eines Schiffs, in einem Luftfahrzeug oder in einer Eisenbahn erfolgt (§ 13 b Abs. 6 Nr. 6 UStG).

UStAE 13 b.11. Im Ausland bzw. im übrigen Gemeinschaftsgebiet ansässiger Unternehmer

(1) [1]Ein im Ausland ansässiger Unternehmer im Sinne des § 13 b Abs. 7 UStG ist ein Unternehmer, der im Inland (§ 1 Abs. 2 UStG), auf der Insel Helgoland und in einem der in § 1 Abs. 3 UStG bezeichneten Gebiete weder einen Wohnsitz, seinen gewöhnlichen Aufenthalt, seinen Sitz, seine Geschäftsleitung noch eine Betriebsstätte hat (§ 13 b Abs. 7 Satz 1 erster Halbsatz UStG); dies gilt auch, wenn der Unternehmer ausschließlich einen Wohnsitz oder einen gewöhnlichen Aufenthaltsort im Inland, aber seinen Sitz, den Ort der Geschäftsleitung oder eine Betriebsstätte im Ausland hat (§ 13 b Abs. 7 Satz 1 zweiter Halbsatz UStG). [2]Ein im übrigen Gemeinschaftsgebiet ansässiger Unternehmer ist ein Unternehmer, der in den Gebieten der anderen EU-Mitgliedstaaten, die nach dem Unionsrecht als Inland dieser Mitgliedstaaten gelten, einen Wohnsitz, seinen gewöhnlichen Aufenthalt, seinen Sitz, seine Geschäftsleitung oder eine Betriebsstätte hat (§ 13 b Abs. 7 Satz 2 erster Halbsatz UStG); dies gilt nicht, wenn der Unternehmer ausschließlich einen Wohnsitz oder einen gewöhnlichen Aufenthaltsort in den Gebieten der anderen EU-Mitgliedstaaten der Europäischen Union, die nach dem Unionsrecht als Inland dieser Mitgliedstaaten gelten, aber seinen Sitz, den Ort der Geschäftsleitung oder eine Betriebsstätte im Drittlandsgebiet hat (§ 13 b Abs. 7 Satz 2 zweiter Halbsatz UStG). [3]Hat der Unternehmer im Inland eine Betriebsstätte (vgl. Abschnitt 3 a.1 Abs. 3) und führt er einen Umsatz nach § 13 b Abs. 1 oder Abs. 2 Nr. 1 oder Nr. 5 Buchstabe a UStG aus, gilt er hinsichtlich dieses Umsatzes als im Ausland oder im übrigen Gemeinschaftsgebiet ansässig, wenn die Betriebsstätte an dem Umsatz nicht beteiligt ist (§ 13 b Abs. 7 Satz 3 UStG). [4]Dies ist regelmäßig dann der Fall, wenn der Unternehmer hierfür nicht die technische und personelle Ausstattung dieser Betriebsstätte nutzt. [5]Nicht als Nutzung der technischen und personellen Ausstattung der Betriebsstätte gelten unterstützende Arbeiten durch die Betriebsstätte wie Buchhaltung, Rechnungsausstellung oder Einziehung von Forderungen. [6]Stellt der leistende Unternehmer die Rechnung über den von ihm erbrachten Umsatz aber unter Angabe der der Betriebsstätte erteilten USt-IdNr. aus, gilt die Betriebsstätte als an dem Umsatz beteiligt, so dass der Unternehmer als im Inland ansässig anzusehen ist (vgl. Artikel 53 MwStVO). [7]Hat der Unternehmer seinen Sitz im Inland und wird ein im Inland steuerbarer und steuerpflichtiger Umsatz vom Ausland aus, z. B. von einer Be-

triebsstätte, erbracht, ist der Unternehmer als im Inland ansässig zu betrachten, selbst wenn der Sitz des Unternehmens an diesem Umsatz nicht beteiligt war (vgl. Artikel 54 MwStVO).

(2) [1]Für die Frage, ob ein Unternehmer im Ausland bzw. im übrigen Gemeinschaftsgebiet ansässig ist, ist der Zeitpunkt maßgebend, in dem die Leistung ausgeführt wird (§ 13b Abs. 7 Satz 3 UStG); dieser Zeitpunkt ist auch dann maßgebend, wenn das Merkmal der Ansässigkeit im Ausland bzw. im übrigen Gemeinschaftsgebiet bei Vertragsabschluss noch nicht vorgelegen hat. [2]Unternehmer, die ein im Inland gelegenes Grundstück besitzen und steuerpflichtig vermieten, sind insoweit als im Inland ansässig zu behandeln. [3]Sie haben diese Umsätze im allgemeinen Besteuerungsverfahren zu erklären. [4]Der Leistungsempfänger schuldet nicht die Steuer für diese Umsätze. [5]Die Tatsache, dass ein Unternehmer bei einem Finanzamt im Inland umsatzsteuerlich geführt wird, ist kein Merkmal dafür, dass er im Inland ansässig ist. [6]Das Gleiche gilt grundsätzlich, wenn dem Unternehmer eine deutsche USt-IdNr. erteilt wurde. [7]Zur Frage der Ansässigkeit bei Organschaftsverhältnissen vgl. Abschnitt 2.9.

(3) [1]Ist es für den Leistungsempfänger nach den Umständen des Einzelfalls ungewiss, ob der leistende Unternehmer im Zeitpunkt der Leistungserbringung im Inland ansässig ist – z. B. weil die Standortfrage in rechtlicher oder tatsächlicher Hinsicht unklar ist oder die Angaben des leistenden Unternehmers zu Zweifeln Anlass geben –, schuldet der Leistungsempfänger die Steuer nur dann nicht, wenn ihm der leistende Unternehmer durch eine Bescheinigung des nach den abgabenrechtlichen Vorschriften für die Besteuerung seiner Umsätze zuständigen Finanzamts nachweist, dass er kein Unternehmer im Sinne des § 13b Abs. 7 Satz 1 UStG ist (§ 13b Abs. 7 Satz 5 UStG). [2]Die Bescheinigung hat der leistende Unternehmer bei dem für ihn zuständigen Finanzamt zu beantragen. [3]Soweit erforderlich hat er hierbei in geeigneter Weise darzulegen, dass er im Inland ansässig ist. [4]Die Bescheinigung nach § 13b Abs. 7 Satz 5 UStG ist vom zuständigen Finanzamt nach dem Muster USt 1 TS zu erteilen. [5]Hinsichtlich dieses Musters wird auf das BMF-Schreiben vom 5. 11. 2019, BStBl I S. 1041, hingewiesen.

(4) [1]Die Gültigkeitsdauer der Bescheinigung (Absatz 3) ist auf ein Jahr beschränkt. [2]Ist nicht auszuschließen, dass der leistende Unternehmer für eine kürzere Dauer als ein Jahr im Inland ansässig bleibt, hat das Finanzamt die Gültigkeit der Bescheinigung entsprechend zu befristen.

UStAE 13b.12. Entstehung der Steuer beim Leistungsempfänger

(1) Schuldet der Leistungsempfänger für einen Umsatz die Steuer, gilt zur Entstehung der Steuer Folgendes:

1. [1]Für die in Abschnitt 13b.1 Abs. 2 Nr. 1 bezeichneten steuerpflichtigen Umsätze entsteht die Steuer mit Ablauf des Voranmeldungszeitraums, in dem die Leistungen ausgeführt worden sind (§ 13b Abs. 1 UStG). [2]§ 13 Abs. 1 Nr. 1 Buchstabe a Sätze 2 und 3 UStG gilt entsprechend (§ 13b Abs. 4 Satz 1 UStG).
2. [1]Abschnitt 13b.1 Abs. 2 Nr. 2 bis 14 bezeichneten steuerpflichtigen Umsätze entsteht die Steuer mit Ausstellung der Rechnung, spätestens jedoch mit Ablauf des der Ausführung der Leistung folgenden Kalendermonats (§ 13b Abs. 2 UStG). [2]§ 13 Abs. 1 Nr. 1 Buchstabe a Sätze 2 und 3 UStG gilt entsprechend (§ 13b Abs. 4 Satz 1 UStG).

   Beispiel:

   [1]Der in Belgien ansässige Unternehmer B führt am 18. 3. 01 in Köln eine Werklieferung (Errichtung und Aufbau eines Messestandes) an seinen deutschen Abnehmer D aus. [2]Die Rechnung über diesen im Inland steuerpflichtigen Umsatz, für den D als Leistungsempfänger die Steuer schuldet, erstellt B am 15. 4. 01. [3]Sie geht D am 17. 4. 01 zu. [4]D hat monatliche Umsatzsteuer-Voranmeldungen zu übermitteln.

   [5]Die Steuer entsteht mit Ablauf des Monats, in dem die Rechnung ausgestellt worden ist (§ 13b Abs. 2 Nr. 1 UStG); das ist mit Ablauf des Monats April 01. [6]D hat den Umsatz in seiner Umsatzsteuer-Voranmeldung April 01 anzumelden. [7]Dies würde auch dann gelten, wenn die Rechnung erst im Mai 01 erstellt oder erst in diesem Monat bei D angekommen wäre.

(2) Abweichend von § 13b Abs. 1 und 2 Nr. 1 UStG entsteht die Steuer für sonstige Leistungen, die dauerhaft über einen Zeitraum von mehr als einem Jahr erbracht werden, spätestens mit Ablauf eines jeden Kalenderjahres, in dem sie tatsächlich erbracht werden (§ 13b Abs. 3 UStG).

(3) [1]Wird das Entgelt oder ein Teil des Entgelts vereinnahmt, bevor die Leistung oder Teilleistung ausgeführt worden ist, entsteht insoweit die Steuer mit Ablauf des Voranmeldungszeitraums, in dem das Entgelt oder das Teilentgelt vereinnahmt worden ist (§ 13b Abs. 4 Satz 2 UStG). [2]Aus Vereinfachungsgründen ist es nicht zu beanstanden, wenn der Leistungsempfänger die Steuer auf das Entgelt oder Teilentgelt bereits in dem Voranmeldungszeitraum anmeldet, in dem die Beträge von ihm verausgabt werden. [3]Liegen die Voraussetzungen für die Steuerschuld des Leistungsempfängers im Zeitpunkt der Vereinnahmung der Anzahlungen nicht vor, schuldet der leistende Unternehmer die Umsatzsteuer. [4]Erfüllt der Leistungsempfänger im Zeitpunkt der Leistungserbringung die Voraussetzungen als Steuerschuldner, bleibt die bisherige Besteuerung der Anzahlungen beim leistenden Unternehmer bestehen (vgl. BFH-Urteil vom 21. 6. 2001, V R 68/00, BStBl 2002 II S. 255). [5]In den Fällen des Abschnitts 13b.1 Abs. 2 Nr. 12 und 13 ist auch im Fall einer Anzahlungsrechnung für die Prüfung der Betragsgrenze von 5 000 € auf den gesamten wirtschaftlichen Vorgang und nicht auf den Betrag in der Anzahlungsrechnung abzustellen.

Anmerkung

1. Allgemeines zu § 13b Abs. 1 UStG

§ 13b UStG regelt die Steuerschuldnerschaft des Leistungsempfängers, auch als Reverse Charge Verfahren bezeichnet.

Der Hintergrund für die Regelung besteht vor allem darin Umsatzsteuerausfälle zu verhindern, die dadurch eintreten können, dass bestimmte Leistungen von Unternehmern nicht oder nicht vollständig im allgemeinen Besteuerungsverfahren erfasst werden bzw. der Fiskus den Steueranspruch beim Leistenden nicht realisieren kann.

Der Gesetzgeber sieht in der Verlagerung der Steuerschuldnerschaft eine wirksame Methode zur Vermeidung von Steuerausfällen bei einer (vermuteten) unzuverlässigen oder hinterziehungsanfälligen Erfüllung steuerrechtlicher Pflichten durch den leistenden Unternehmer.

In § 13b UStG sind **zwei Fallgruppen** zu unterscheiden:

- Die einfache **Verlagerung der Steuerschuld** auf den Leistungsempfänger in den Fallgruppen des § 13b Abs. 1 und Abs. 2 Nr.1 UStG (anstelle eines leistenden Unternehmers mit Ansässigkeit im Ausland ist ein im Inland ansässiger Leistungsempfänger Steuerschuldner) und
- die **Schaffung einer „Nullsituation“** in den Fällen des § 13b Abs. 2 Nr. 2–12 UStG durch Saldierung von Steuer und Vorsteuer in einer Person.

Für die in **§ 13b Abs. 1 UStG** aufgeführten steuerpflichtigen sonstigen Leistungen entsteht die Steuer mit Ablauf des Voranmeldungszeitraums, in dem die **Leistungen ausgeführt** worden sind. Hierbei handelt es sich um sonstige Leistungen eines im übrigen Gemeinschaftsgebiet ansässigen Unternehmers, die nach **§ 3a Abs. 2 UStG** im Inland ausgeführt werden. Sonstige Leistungen sind im Übrigen grundsätzlich im Zeitpunkt ihrer Vollendung ausgeführt (vgl. dazu **Abschn. 13.1 Abs. 3 Satz 1 UStAE**).

2. Grundsatzentscheidung zu den Voraussetzungen des § 13b UStG – BFH, Urt. v. 10.12.2020 – V R 7/20

2.1 Sachverhalt

2011 erwarb der Kläger das Alleineigentum an einem Grundstück im Inland, auf dem ein Einfamilienhaus errichtet werden sollte. In der Baugenehmigung wurden der Kläger und seine Ehefrau als Bauherren ausgewiesen. In der Folge unterzeichnete der Kläger als „Auftraggeber“ mit einer österreichischen Firma X einen Bauvertrag über Holzbauarbeiten für den Bau des Hauses. In der Gesamtrechnung (Schlussrechnung) berechnete X den Ehegatten 246.833 EUR und **wies die Umsatzsteuer** von 46.898 EUR **gesondert aus**. Die Firma X führte die Umsatzsteuer an das für sie im Inland zuständige FA ab.

Zum 1.8.2012 wurde die Betriebsstätte der Firma des Klägers an eine neue Adresse umgemeldet. **X** erstellte im Juli 2013 gegenüber den Ehegatten eine **Stornorechnung** und adressierte an den Kläger eine neue Rechnung über den **Nettobetrag** von 246.833 EUR. Diese Rechnung enthielt den Vermerk *„Übergang der Steuerschuld lt. § 13b UStG auf den Leistungsempfänger"*.

Der Kläger reichte am 1.9.2014 beim FA eine Umsatzsteuerjahreserklärung für 2012 ein, mit der er keine steuerpflichtigen Umsätze, sondern lediglich einen Vorsteuerbetrag von 45,60 EUR erklärte. Diese Vorsteuer resultierte aus einer Vorbereitungshandlung, die er zur Ausübung eines Weinhandels ab März 2013 unternommen hatte.

Das Finanzamt vertrat die Auffassung, dass der Kläger für die Werklieferung der österreichischen Firma X die Umsatzsteuer als Leistungsempfänger im Jahr 2012 schulde und setzte sie entsprechend fest.

Die hiergegen erhobene Klage wies das FG ab.

2.2 Entscheidung des BFH

Der BFH hat die Entscheidung des FG mit folgenden Erwägungen bestätigt:

- Der **Kläger ist Steuerschuldner** für die von der österreichischen Baufirma X erbrachten Werklieferungen. Die Voraussetzungen des § 13 b Abs. 2 Nr. 1 UStG sind erfüllt.
- Die **Verlagerung der Steuerschuld** ergibt sich im Streitfall aus **§ 13 b Abs. 5 S. 1 UStG**. Die Unternehmereigenschaft des Klägers liegt vor, da er im Streitjahr bereits Vorbereitungshandlungen für den Betrieb eines Weinhandels unternommen hat. Eine etwaige Kleinunternehmereigenschaft ist unerheblich, zumal der Kläger auf die Anwendung des § 19 Abs. 1 UStG auch verzichtet hat.
- Der **Kläger** ist auch **Leistungsempfänger**, da eine mögliche Mitberechtigung der Ehefrau des Klägers unbeachtlich ist. Eine Innen-GbR zwischen dem Kläger und seiner Ehefrau kommt nicht in Betracht. Hierzu fehlt es an einem für eine GbR erforderlichen gemeinsamen Zweck.
- Der Wortlaut des § 13 b Abs. 5 S. 1 UStG lässt es zu, die Vorschrift über die Verlagerung der Steuerschuld auch dann anzuwenden, wenn neben dem Leistungsempfänger **eine weitere Person** (hier die Ehefrau) **Empfänger der Leistung** ist. Denn auch in diesem Fall schuldet der Kläger als **Gesamtschuldner** (§ 421 BGB) das an die Firma X zu entrichtende Entgelt.

2.3 Gesamtschuldnerschaft

In der Entscheidung V R 7/20 ergab sich die **Besonderheit**, dass Ehegatten die Leistungen bezogen hatten, wobei lediglich der Ehemann Unternehmer war. Außerdem musste der BFH sich mit der Frage befassen, welche Auswirkung es hat, dass die Eheleute den Auftrag an den leistenden (österreichischen) Unternehmer erteilt hatten, dieser auch zunächst eine Rechnung an die Eheleute verfasst hatte, später aber – nach Stornierung dieser Rechnung – die neue Rechnung nur noch an den Ehemann adressierte.

Das Vorbringen des Klägers, es habe sich um eine Ehegatten-GbR (ggfs. Innen-GbR) gehandelt verneint der BFH zutreffend, weil die Verfolgung eines gemeinsamen Zweckes (§ 705 BGB) nicht erkennbar war.

> **Hinweis**
>
> Wichtig ist, dass in diesen und vergleichbaren Fällen die Mitberechtigung eines weiteren (nichtunternehmerischen) Leistungsempfängers (im Besprechungsfall die Ehefrau) unschädlich ist. Richtigerweise verweist der BFH insofern auf den Wortlaut des § 13 b Abs. 5 S. 1 UStG, der vom unternehmerischen Leistungsempfänger als Steuerschuldner spricht. Eine Begrenzung auf *einen* Leistungsempfänger ist der Vorschrift nicht zu entnehmen.

Im Übrigen verweist der BFH für den Fall einer GbR zutreffend auf die **Gesamtschuldnerregelung** in § 421 BGB.

2.4 Keine Anwendung der Grundsätze aus der Rechtssache „HE"

Soweit im Schrifttum darauf verwiesen wird, dass in vergleichbaren Fällen, in denen Ehegatten Leistungsempfänger sind, eine **Aufteilung der Steuerschuld** entsprechend den Grundsätzen der Rechtssache „HE" des EuGH bzw. der Nachfolgeentscheidung des BFH (EuGH, Urt. v. 21.4.2005 – C-25/03; BFH, Urt. v. 6.10.2005 – V R 40/01) vorzunehmen sei, verweist der BFH auf Folgendes:

- Ehegatten, die auf einem in ihrem Miteigentum stehenden Grundstück ein Wohngebäude errichten, sind als Empfänger der Bauleistungen anzusehen, wenn die Ehegattengemeinschaft **ohne eigene Rechtspersönlichkeit** handelt und als solche keine unternehmerische Tätigkeit ausübt.
- Ist bei einer solchen Ehegattengemeinschaft nur ein Ehegatte unternehmerisch tätig und verwendet dieser einen Teil des Gebäudes ausschließlich für seine unternehmerischen Zwecke (z. B. als Arbeitszimmer), **so steht ihm das Vorsteuerabzugsrecht aus den bezogenen Bauleistungen anteilig** zu, soweit der seinem Unternehmen zugeordnete Anteil am Gebäude seinen Miteigentumsanteil nicht übersteigt.

Im entschiedenen Fall war der Kläger – **anders als in der Rechtssache „HE"** – Alleineigentümer des Grundstücks.

Offen bleibt aber, ob anders zu entscheiden wäre, wenn **Eheleute Miteigentümer eines Grundstücks** sind und im Übrigen – wie es häufig der Fall sein dürfte – auch den **Bauvertrag gemeinsam unterzeichnen**. Für diesen Fall könnten die Grundsätze der Rechtssache „HE" einschlägig sein, denn ob es um den Vorsteuerabzug oder die Steuerschuldnerschaft der Leistungsempfänger geht, dürfte für die Frage der jeweiligen Aufteilung nicht von ausschlaggebender Bedeutung sein.

2.5 Anwendung durch die FinVerw

Die FinVerw hat das Urteil V R 7/20 im BStBl II 2022, 528 veröffentlicht, wendet es also uneingeschränkt an.

UStAE 13b.13. Bemessungsgrundlage und Berechnung der Steuer

(1) [1]In den Fällen, in denen der Leistungsempfänger die Steuer schuldet, ist Bemessungsgrundlage der in der Rechnung oder Gutschrift ausgewiesene Betrag (Betrag ohne Umsatzsteuer); zur Bemessungsgrundlage für steuerpflichtige Umsätze, die unter das GrEStG fallen, vgl. Abschnitt 10.1 Abs. 7 Sätze 6 und 7. [2]Die Umsatzsteuer ist von diesem Betrag vom Leistungsempfänger zu berechnen (vgl. Absatz 4 und Abschnitt 13b.14 Abs. 1). [3]Bei tauschähnlichen Umsätzen mit oder ohne Baraufgabe ist § 10 Abs. 2 Sätze 2 und 3 UStG anzuwenden. [4]Die Mindestbemessungsgrundlage nach § 10 Abs. 5 UStG ist auch bei Leistungen eines im Ausland bzw. im übrigen Gemeinschaftsgebiet ansässigen Unternehmers zu beachten. [5]Ist der Leistungsempfänger Steuerschuldner nach § 13b Abs. 5 UStG, hat er die Bemessungsgrundlage für den Umsatz nach § 10 Abs. 5 UStG zu ermitteln.

(2) Im Zwangsversteigerungsverfahren ist das Meistgebot der Berechnung als Nettobetrag zu Grunde zu legen.

(3) *weggefallen*

(4) [1]Der Leistungsempfänger hat bei der Steuerberechnung den Steuersatz zu Grunde zu legen, der sich für den maßgeblichen Umsatz nach § 12 UStG ergibt. [2]Das gilt auch in den Fällen, in denen der Leistungsempfänger die Besteuerung nach § 19 Abs. 1 oder § 24 Abs. 1 UStG anwendet (§ 13b Abs. 8 UStG). [3]Ändert sich die Bemessungsgrundlage, gilt § 17 Abs. 1 Sätze 1 bis 4 UStG in den Fällen des § 13b UStG sinngemäß.

UStAE 13 b.14. Rechnungserteilung

(1) [1]Führt der im Inland ansässige Unternehmer Umsätze im Sinne des § 13 b Abs. 2 Nr. 2 bis 12 UStG aus, für die der Leistungsempfänger nach § 13 b Abs. 5 UStG die Steuer schuldet, ist er zur Ausstellung von Rechnungen verpflichtet (§ 14 a Abs. 5 Satz 1 UStG), in denen die Steuer nicht gesondert ausgewiesen ist (§ 14 a Abs. 5 Satz 2 UStG). [2]Auch eine Gutschrift ist eine Rechnung (§ 14 Abs. 2 Satz **5** UStG). [3]Neben den übrigen Angaben nach § 14 Abs. 4 UStG müssen die Rechnungen die Angabe „Steuerschuldnerschaft des Leistungsempfängers" enthalten (§ 14 a Abs. 5 Satz 1 UStG). [4]Fehlt diese Angabe in der Rechnung, wird der Leistungsempfänger von der Steuerschuldnerschaft nicht entbunden. [5]Weist der leistende Unternehmer die Steuer in der Rechnung gesondert aus, wird diese Steuer von ihm nach § 14 c Abs. 1 UStG geschuldet (vgl. BFH-Urteil vom 12. 10. 2016 – XI R 43/14, BStBl II 2022 S. 566).

(2) [1]Der leistende Unternehmer und der Leistungsempfänger haben ein Doppel der Rechnung **acht** Jahre aufzubewahren. [2]Die Aufbewahrungsfrist beginnt mit dem Schluss des Kalenderjahres, in dem die Rechnung ausgestellt worden ist (§ 14 b Abs. 1 UStG).

Anmerkung

1. Rechnungserteilung in Fällen der Steuerschuldnerschaft des Leistungsempfängers gem. § 13 b UStG

Für die Rechnungserteilung in den Fällen des § 13 b UStG enthält § 14 a Abs. 5 UStG eine besondere Regelung. Führt der Unternehmer eine Leistung aus, für die der Leistungsempfänger nach § 13 b Abs. 5 UStG die Umsatzsteuer schuldet, ist er nach § 14 a Abs. 5 Satz 1 Halbsatz 1 UStG zur Ausstellung einer Rechnung mit der Angabe „Steuerschuldnerschaft des Leistungsempfängers" verpflichtet. Die Vorschrift über den gesonderten Ausweis der Steuer (§ 14 Abs. 4 Satz 1 Nr. 8 UStG) ist nach § 14 a Abs. 5 Satz 2 UStG ausdrücklich nicht anzuwenden.

2. Rechnungsberichtigung

Das Niedersächsische Finanzgericht hatte über einen Fall zu entscheiden, in dem der Unternehmer fälschlicherweise von den Voraussetzungen des § 13 b UStG ausgegangen war und in der Rechnung unter der Rubrik Umsatzsteuer eine Angabe mit 0 EUR bzw. 0 % gemacht hatte. Der vorgesehene Hinweis gemäß § 14 a Abs. 5 UStG auf § 13 b UStG fehlte (Niedersächsisches FG, Urt. v. 23.1.2020 – 11 K 324/19, EFG 2021, 225).

2.1 Rückwirkende Rechnungsberichtigung?

Der Unternehmer nahm eine Berichtigung der Rechnung vor, die eine Rückwirkung auf den Zeitpunkt der erstmaligen Rechnungsausstellung entfalten sollte. Dies lehnte das beklagte Finanzamt unter Hinweis darauf ab, dass entsprechend den Vorgaben des BFH es an einer der fünf Mindestangaben in einer Rechnung fehle (hier: ausgewiesene Umsatzsteuer) und im Übrigen es an dem erforderlichen Hinweis auf § 13 b UStG gem. § 14 a Abs. 5 UStG fehle.

Entscheidung des Niedersächsischen Finanzgerichts

Das FG gab der Klage statt:
In den Fällen der fehlenden Mindestangaben eine Rückwirkung zu versagen, sei auch hinsichtlich des Vertrauensschutzes vertretbar, da der Unternehmer bei sorgfältiger Prüfung seiner Eingangsrechnungen unproblematisch prüfen kann, ob die Rechnung alle notwendigen Angaben enthält. Unterlässt er dies, ist es auch angemessen, ihm den rückwirkenden Vorsteuerabzug zu versagen. Dagegen haben die Klägerin und die jeweiligen Leistungsempfänger vorliegend eine Rechtslage unterstellt und auf Grundlage dieser angenommenen Rechtslage entsprechende Rechnungen erstellt. Dass überhaupt eine Rechnungskorrektur vonnöten war, habe sich allein aus der im Rahmen der Außenprüfung aufgekommenen Frage nach dem Sitz der Klägerin und damit der Anwendung des Reverse-Charge-Verfahrens ergeben. Unter Berücksichtigung der Rechtsprechung des EuGH in der Rechtssache Senatex sei es vor diesem Hintergrund systemwidrig, der Klägerin den rückwirkenden Vorsteuerabzug zu versagen.

2.2 BMF: „§ 13 b-Rechnung“ kann rückwirkend berichtigt werden

Die Finanzverwaltung hat sich zwischenzeitlich im BMF-Schreiben vom 18.9.2020 (III C 2 – S 7286-a/19/100001 :1, BStBl I 2020, 976, siehe dazu die Anmerkung unter 14.11) in Tz. 23 auch mit dieser Problematik am Beispiel einer Rechnung auseinandergesetzt, die fälschlicherweise als sog. „§ 13 b-Rechnung“ angesehen wird und deshalb keine ausgewiesene Umsatzsteuer enthält.

Die Finanzverwaltung hält dies im Grundsatz für **unschädlich**, wenn die Rechnung zumindest den Hinweis auf § 13 b UStG gem. § 14 a Abs. 5 UStG enthält.

2.3 Niedersächsisches FG: Fehlender Hinweis gem. § 14 a Abs. 5 UStG unschädlich

Im Fall des Niedersächsischen Finanzgerichts (a. a. O.) fehlte ein entsprechender Hinweis gem. § 14 a Abs. 5 UStG. Das Gericht hat sich mit dieser Problematik nicht ausdrücklich auseinandergesetzt.

Hinweis

Der fehlende Hinweis dürfte jedenfalls dann unschädlich sein, wenn aus den Gesamtumständen deutlich wird, dass es sich um eine „§ 13 b-Rechnung“ handeln soll. Das FG hat der Klägerin mithin die Möglichkeit der rückwirkenden Rechnungsberichtigung zugesprochen.

2.4 Revisionsentscheidung des BFH

Das beklagte Finanzamt hatte hiergegen Revision eingelegt. Der BFH hat auf die Revision hin das Urteil des FG aufgehoben (BFH, Urt. v. 7.7.2022 – V R 33/20). Wegen der Einzelheiten wird auf die Kommentierung zu Abschn. 14.11 unter Ziffer 2.2 verwiesen.

Die FinVerw. wendet das Urteil an und hat es im BStBl II 2022, 821 veröffentlicht.

UStAE 13 b.15. Vorsteuerabzug des Leistungsempfängers

(1) [1]Der Leistungsempfänger kann die von ihm nach § 13 b Abs. 5 UStG geschuldete Umsatzsteuer als Vorsteuer abziehen, wenn er die Lieferung oder sonstige Leistung für sein Unternehmen bezieht und zur Ausführung von Umsätzen verwendet, die den Vorsteuerabzug nicht ausschließen. [2]Soweit die Steuer auf eine Zahlung vor Ausführung dieser Leistung entfällt, ist sie bereits abziehbar, wenn die Zahlung geleistet worden ist (§ 15 Abs. 1 Satz 1 Nr. 4 UStG).

(2) Erteilt der leistende Unternehmer dem Leistungsempfänger eine Rechnung, die entgegen § 14 a Abs. 5 Satz 1 UStG nicht die Angabe „Steuerschuldnerschaft des Leistungsempfängers“ enthält (vgl. Abschnitt 13 b.14 Abs. 1), ist dem Leistungsempfänger dennoch der Vorsteuerabzug unter den weiteren Voraussetzungen des § 15 UStG zu gewähren, da nach § 15 Abs. 1 Satz 1 Nr. 4 UStG das Vorliegen einer Rechnung nach §§ 14, 14 a UStG nicht Voraussetzung für den Abzug der nach § 13 b Abs. 5 UStG geschuldeten Steuer als Vorsteuer ist.

(3) [1]Liegt dem Leistungsempfänger im Zeitpunkt der Erstellung der Voranmeldung bzw. Umsatzsteuererklärung für das Kalenderjahr, in der der Umsatz anzumelden ist, für den der Leistungsempfänger die Steuer schuldet, keine Rechnung vor, muss er die Bemessungsgrundlage ggf. schätzen. [2]Die von ihm angemeldete Steuer kann er im gleichen Besteuerungszeitraum unter den weiteren Voraussetzungen des § 15 UStG als Vorsteuer abziehen.

(4) [1]Soweit an nicht im Inland ansässige Unternehmer Umsätze ausgeführt werden, für die diese die Steuer nach § 13 b Abs. 5 UStG schulden, haben sie die für Vorleistungen in Rechnung gestellte Steuer im allgemeinen Besteuerungsverfahren und nicht im Vorsteuer-Vergütungsverfahren als Vorsteuer geltend zu machen.

Beispiel:

[1]Der in Frankreich ansässige Unternehmer A wird von dem ebenfalls in Frankreich ansässigen Unternehmer B beauftragt, eine Maschine nach Frankfurt zu liefern und dort zu montieren. [2]Der Lieferort soll sich nach § 3 Abs. 7 UStG richten.

[3]In diesem Fall erbringt A im Inland eine steuerpflichtige Werklieferung an B (§ 13 b Abs. 2 Nr. 1 UStG). [4]Die Umsatzsteuer für diese Werklieferung schuldet B (§ 13 b Abs. 5 Satz 1 UStG). [5]Unter den weiteren Voraussetzungen des § 15 UStG kann B im allgemeinen Besteuerungsverfahren die nach § 13 b Abs. 5 Satz 1 UStG geschuldete Steuer und die für Vorleistungen an ihn in Rechnung gestellte Steuer als Vorsteuer abziehen (§ 15 Abs. 1 Satz 1 Nr. 1 und 4 UStG).

[2]Für Unternehmer, die nicht im Gemeinschaftsgebiet ansässig sind und die nur Steuer nach § 13 b Abs. 5 UStG, nur Steuer nach § 13 b Abs. 5 und § 13 a Abs. 1 Nr. 1 in Verbindung mit § 14 c Abs. 1 UStG oder nur Steuer nach § 13 b Abs. 5 und § 13 a Abs. 1 Nr. 4 UStG schulden, gelten die Einschränkungen des § 18 Abs. 9 Sätze 5 und 6 UStG entsprechend (§ 15 Abs. 4 b UStG). [3]Satz 2 gilt nicht, wenn Unternehmer, die nicht im Gemeinschaftsgebiet ansässig sind, auch steuerpflichtige Umsätze im Inland ausführen, für die sie oder ein anderer die Steuer schulden.

(5) Der Unternehmer kann bei Vorliegen der weiteren Voraussetzungen des § 15 UStG den Vorsteuerabzug in der Voranmeldung oder in der Umsatzsteuererklärung für das Kalenderjahr geltend machen, in der er den Umsatz zu versteuern hat (vgl. § 13 b Abs. 1 und 2 UStG).

UStAE 13 b.16. Steuerschuldnerschaft des Leistungsempfängers und allgemeines Besteuerungsverfahren

(1) [1]Voranmeldungen (§ 18 Abs. 1 und 2 UStG) und eine Umsatzsteuererklärung für das Kalenderjahr (§ 18 Abs. 3 und 4 UStG) haben auch Unternehmer und juristische Personen abzugeben, soweit sie als Leistungsempfänger ausschließlich eine Steuer nach § 13 b Abs. 5 UStG zu entrichten haben (§ 18 Abs. 4 a Satz 1 UStG). [2]Voranmeldungen sind nur für die Voranmeldungszeiträume abzugeben, in denen die Steuer für die Umsätze im Sinne des § 13 b Abs. 1 und 2 UStG zu erklären ist (§ 18 Abs. 4 a Satz 2 UStG). [3]Die Anwendung des § 18 Abs. 2 a UStG ist ausgeschlossen.

(2) [1]Hat der im Ausland bzw. im übrigen Gemeinschaftsgebiet ansässige Unternehmer im Besteuerungszeitraum oder Voranmeldungszeitraum nur Umsätze ausgeführt, für die der Leistungsempfänger die Steuer schuldet (§ 13 b Abs. 5 UStG), sind von ihm nur dann Steueranmeldungen abzugeben, wenn er selbst als Leistungsempfänger eine Steuer nach § 13 b UStG schuldet, er eine Steuer nach § 14 c UStG schuldet oder wenn ihn das Finanzamt hierzu besonders auffordert. [2]Das Finanzamt hat den Unternehmer insbesondere in den Fällen zur Abgabe von Steueranmeldungen aufzufordern, in denen es zweifelhaft ist, ob er tatsächlich nur Umsätze ausgeführt hat, für die der Leistungsempfänger die Steuer schuldet. [3]Eine Besteuerung des im Ausland bzw. im übrigen Gemeinschaftsgebiet ansässigen Unternehmers nach § 16 und § 18 Abs. 1 bis 4 UStG ist jedoch nur dann durchzuführen, wenn er im Inland steuerpflichtige Umsätze ausgeführt hat, für die der Leistungsempfänger die Steuer nicht schuldet.

(3) [1]Bei der Besteuerung des im Ausland bzw. im übrigen Gemeinschaftsgebiet ansässigen Unternehmers nach § 16 und § 18 Abs. 1 bis 4 UStG sind die Umsätze, für die der Leistungsempfänger die Steuer schuldet, nicht zu berücksichtigen. [2]Ferner bleiben die Vorsteuerbeträge unberücksichtigt, die im Vorsteuer-Vergütungsverfahren (§ 18 Abs. 9 UStG, §§ 59 bis 61 a UStDV) vergütet wurden. [3]Die danach verbleibenden Vorsteuerbeträge sind ggf. durch Vorlage der Rechnungen und Einfuhrbelege nachzuweisen. [4]Abschnitt 15.11 Abs. 1 gilt sinngemäß. [5]Das Finanzamt hat die vorgelegten Rechnungen und Einfuhrbelege durch Stempelaufdruck oder in anderer Weise zu entwerten und dem Unternehmer zurückzusenden.

(4) Hat der im Ausland bzw. im übrigen Gemeinschaftsgebiet ansässige Unternehmer im Besteuerungszeitraum oder im Voranmeldungszeitraum nur Umsätze ausgeführt, für die der Leistungsempfänger die Steuer schuldet, und kommt deshalb das allgemeine Besteuerungsverfahren nach § 16 und § 18 Abs. 1 bis 4 UStG nicht zur Anwendung, können die nach § 15 UStG abziehbaren Vorsteuerbeträge unter den weiteren Voraussetzungen nur im Vorsteuer-Vergütungsverfahren (§ 18 Abs. 9 UStG, §§ 59 bis 61 a UStDV) vergütet werden.

UStAE 13 b.17. Aufzeichnungspflichten

[1]Neben den allgemeinen Aufzeichnungspflichten nach § 22 UStG müssen in den Fällen des § 13 b Abs. 1 bis 5 UStG beim Leistungsempfänger die in § 22 Abs. 2 Nr. 1 und 2 UStG enthaltenen Angaben über die an ihn ausgeführten oder noch nicht ausgeführten Lieferungen und sonstigen Leistungen aus den Aufzeichnungen zu ersehen sein. [2]Auch der leistende Unternehmer hat diese Angaben gesondert aufzuzeichnen (§ 22 Abs. 2 Nr. 8 UStG). [3]Die Verpflichtung, zur Feststellung der Steuer und der Grundlagen ihrer Berechnung Aufzeichnungen zu machen, gilt in den Fällen der Steuerschuldnerschaft des Leistungsempfängers auch für Personen, die nicht Unternehmer sind (§ 22 Abs. 1 Satz 2 UStG); z. B. Bezug einer Leistung für den nichtunternehmerischen Bereich des Unternehmers oder den Hoheitsbereich einer juristischen Person des öffentlichen Rechts mit Ausnahme der in § 13 b Abs. 5 Satz 11 UStG genannten Leistungen, die ausschließlich an den nichtunternehmerischen Bereich von juristischen Personen des öffentlichen Rechts erbracht werden.

UStAE 13 b.18. Übergangsregelungen

[1]Zur Übergangsregelung in § 27 Abs. 4 UStG vgl. BMF-Schreiben vom 5. 12. 2001, BStBl I S. 1013. [2]Zur Übergangsregelung bei der Anwendung der Erweiterung des § 13 b UStG ab 1. 4. 2004 auf alle Umsätze, die unter das GrEStG fallen, und auf bestimmte Bauleistungen vgl. BMF-Schreiben vom 31. 3. 2004, BStBl I S. 453, und vom 2. 12. 2004, BStBl I S. 1129. [3]Zur Übergangsregelung bei der Anwendung der Erweiterung der Ausnahmen, in denen die Steuerschuldnerschaft des Leistungsempfängers nicht anzuwenden ist, ab 1. 1. 2007 bei Messen, Ausstellungen und Kongressen vgl. BMF-Schreiben vom 20. 12. 2006, BStBl I S. 796. [4]Zur Übergangsregelung bei der Abgrenzung des Begriffs des Unternehmers, der selbst Bauleistungen erbringt, vgl. BMF-Schreiben vom 16. 10. 2009, BStBl I S. 1298. [5]Zum Übergang auf die Anwendung der Erweiterung des § 13 b UStG ab 1. 1. 2011 auf Lieferungen von Kälte und Wärme, Lieferungen der in der Anlage 3 des UStG bezeichneten Gegenstände und bestimmte Lieferungen von Gold sowie zur Übergangsregelung bei der Anwendung der Erweiterung des § 13 b UStG ab 1. 1. 2011 auf Gebäudereinigungsleistungen vgl. BMF-Schreiben vom 4. 2. 2011, BStBl I S. 156. [6]Zum Übergang auf die Anwendung der Erweiterung des § 13 b UStG ab 1. 7. 2011 auf bestimmte Lieferungen von Mobilfunkgeräten und integrierten Schaltkreisen vgl. Teil II des BMF-Schreibens vom 24. 6. 2011, BStBl I S. 687, und Teil II des BMF-Schreibens vom 22. 9. 2011, BStBl I S. 910. [7]Zum Übergang auf die Anwendung der Erweiterung des § 13 b UStG ab 1. 9. 2013 auf Lieferungen von Gas über das Erdgasnetz oder Elektrizität durch einen im Inland ansässigen Unternehmer vgl. BMF-Schreiben vom 19. 9. 2013, BStBl I S. 1212. [8]Zum Übergang auf die Anwendung der Erweiterung des § 13 b UStG ab 1. 10. 2014 auf Lieferungen von Tablet-Computern, Spielekonsolen, Edelmetallen, unedlen Metallen, Selen und Cermets sowie zur Änderung der Anwendung des § 13 b UStG ab 1. 10. 2014 bei Bauleistungen und Gebäudereinigungsleistungen vgl. Teil II des BMF-Schreibens vom 26. 9. 2014, BStBl I S. 1297. [9]Zum Übergang auf die Anwendung der Änderung des § 13 b UStG ab 1. 1. 2015 auf Lieferungen von Edelmetallen, unedlen Metallen und Cermets vgl. Teil II des BMF-Schreibens vom 13. 3. 2015, BStBl I S. 234. [10]Zum Übergang auf die Anwendung der Änderung des § 13 b UStG ab 6. 11. 2015 auf Lieferungen der in der Anlage 3 des UStG bezeichneten Gegenstände, auf Gebäudereinigungsleistungen, auf bestimmte Lieferungen von Gold sowie auf Lieferungen von Mobilfunkgeräten, Tablet-Computern, Spielekonsolen, integrierten Schaltkreisen, Edelmetallen, unedlen Metallen und Cermets vgl. Teil II des BMF-Schreibens vom 10. 8. 2016, BStBl I S. 820. [11]Zum Übergang auf die Anwendung der Änderung des § 13 b UStG ab 1. 1. 2020 auf Übertragungen von Gas- und Elektrizitätszertifikaten vgl. Teil II des BMF-Schreibens vom 23. 3. 2020, BStBl I S. 288. [12]Zum Übergang auf die Anwendung der Änderung des § 13 b UStG ab 1. 1. 2021 auf sonstige Leistungen auf dem Gebiet der Telekommunikation vgl. Teil II des BMF-Schreibens vom 23. 12. 2020, BStBl I S. 92.

Zu § 13 c UStG

UStG § 13 c Haftung bei Abtretung, Verpfändung oder Pfändung von Forderungen

(1) [1]Soweit der leistende Unternehmer den Anspruch auf die Gegenleistung für einen steuerpflichtigen Umsatz im Sinne des § 1 Abs. 1 Nr. 1 an einen anderen Unternehmer abgetreten und die festgesetzte Steuer, bei deren Berechnung dieser Umsatz berücksichtigt worden ist, bei Fälligkeit nicht oder nicht vollständig entrichtet hat, haftet der Abtretungsempfänger nach Maßgabe des Absatzes 2 für die in der Forderung enthaltene Umsatzsteuer, soweit sie im vereinnahmten Betrag enthalten ist. [2]Ist die Vollziehung der Steuerfestsetzung in Bezug auf die in der abgetretenen Forderung enthaltene Umsatzsteuer gegenüber dem leistenden Unternehmer ausgesetzt, gilt die Steuer insoweit als nicht fällig. [3]Soweit der Abtretungsempfänger die Forderung an einen Dritten abgetreten hat, gilt sie in voller Höhe als vereinnahmt. [4]Die Forderung gilt durch den Abtretungsempfänger nicht als vereinnahmt, soweit der leistende Unternehmer für die Abtretung der Forderung eine Gegenleistung in Geld vereinnahmt. [5]Voraussetzung ist, dass dieser Geldbetrag tatsächlich in den Verfügungsbereich des leistenden Unternehmers gelangt; davon ist nicht auszugehen, soweit dieser Geldbetrag auf ein Konto gezahlt wird, auf das der Abtretungsempfänger die Möglichkeit des Zugriffs hat. [6]Mit Eröffnung eines Insolvenzverfahrens gilt die Umsatzsteuer im Sinne des Satzes 1, die zum Zeitpunkt der Eröffnung eine Insolvenzforderung darstellt und noch nicht fällig geworden ist, im Verhältnis zum Abtretungsempfänger als fällig.

(2) [1]Der Abtretungsempfänger ist ab dem Zeitpunkt in Anspruch zu nehmen, in dem die festgesetzte Steuer fällig wird, frühestens ab dem Zeitpunkt der Vereinnahmung der abgetretenen Forderung. [2]Bei der Inanspruchnahme nach Satz 1 besteht abweichend von § 191 der Abgabenordnung kein Ermessen. [3]Die Haftung ist der Höhe nach begrenzt auf die im Zeitpunkt der Fälligkeit nicht entrichtete Steuer. [4]Soweit der Abtretungsempfänger auf die nach Absatz 1 Satz 1 festgesetzte Steuer Zahlungen im Sinne des § 48 der Abgabenordnung geleistet hat, haftet er nicht.

(3) [1]Die Absätze 1 und 2 gelten bei der Verpfändung oder der Pfändung von Forderungen entsprechend. [2]An die Stelle des Abtretungsempfängers tritt im Fall der Verpfändung der Pfandgläubiger und im Fall der Pfändung der Vollstreckungsgläubiger.

UStAE 13 c.1. Haftung bei Abtretung, Verpfändung oder Pfändung von Forderungen

(1) [1]§ 13 c UStG regelt eine Haftung für die Fälle, in denen ein leistender Unternehmer (Steuerschuldner) seinen Anspruch auf die Gegenleistung für einen steuerpflichtigen Umsatz (Forderung) abtritt, der Abtretungsempfänger die Forderung einzieht oder an einen Dritten überträgt und der Steuerschuldner die in der Forderung enthaltene Umsatzsteuer bei Fälligkeit nicht oder nicht rechtzeitig entrichtet. [2]§ 13 c UStG umfasst auch die Fälle, in denen Forderungen des leistenden Unternehmers verpfändet oder gepfändet werden.

Tatbestandsmerkmale

(2) [1]§ 13 c UStG erfasst nur die Abtretung, Verpfändung oder Pfändung von Forderungen aus steuerbaren und steuerpflichtigen Umsätzen eines Unternehmers. [2]Der steuerpflichtige Umsatz muss nicht an einen anderen Unternehmer erbracht worden sein, es kann sich auch um einen steuerpflichtigen Umsatz an einen Nichtunternehmer handeln.

(3) [1]Der Haftungstatbestand umfasst grundsätzlich alle Formen der Abtretung, Verpfändung oder Pfändung von Forderungen aus diesen Umsätzen. [2]Insbesondere fällt unter § 13 c UStG die Abtretung bestimmter künftiger Forderungen aus bestehenden Geschäftsverbindungen zugunsten eines Dritten im Zusammenhang mit Waren- oder Bankkrediten. [3]Hauptfälle dieser Abtretungen künftiger Forderungen sind u. a. die Sicherungsabtretung zugunsten eines Kreditgebers, einschließlich der sog. Globalzession.

(4) [1]Die Abtretung (§ 398 BGB) ist grundsätzlich nicht formbedürftig. [2]Unmittelbare Folge der Abtretung ist der Wechsel der Gläubigerstellung.

(5) Die Rechtsfolgen des § 13 c UStG für die Forderungsabtretung treten auch bei der Verpfändung oder Pfändung von Forderungen ein.

(6) [1]Bei der Pfändung von Forderungen kommt eine Haftung des Vollstreckungsgläubigers in Betracht. [2]Durch die Pfändung wird eine Geldforderung beschlagnahmt (z. B. § 829 ZPO). [3]Die Pfändung ist mit der Zustellung des Beschlusses an den Drittschuldner als bewirkt anzusehen (§ 829 Abs. 3 ZPO).

(7) [1]Die Abtretung, Verpfändung oder Pfändung von Forderungen kann auf einen Teilbetrag der Gesamtforderung beschränkt werden. [2]Dabei ist die Umsatzsteuer zivilrechtlich unselbständiger Teil des abgetretenen, verpfändeten oder gepfändeten Forderungsbetrags. [3]Die Abtretung kann nicht auf einen (fiktiven) Nettobetrag ohne Umsatzsteuer beschränkt werden, vielmehr erstreckt sich die Haftung auf die im abgetretenen, verpfändeten oder gepfändeten Betrag enthaltene Umsatzsteuer. [4]Die Umsatzsteuer, für die gehaftet wird, ist somit aus dem abgetretenen, verpfändeten oder gepfändeten Forderungsbetrag heraus zu rechnen.

(8) [1]Voraussetzung für die Haftung ist, dass der Leistende ein Unternehmer im Sinne des § 2 UStG ist. [2]Zur Anwendung des § 13 c UStG bei Kleinunternehmern im Sinne des § 19 UStG und land- und forstwirtschaftlichen Unternehmern, die die Durchschnittssatzbesteuerung nach § 24 UStG anwenden, vgl. Absatz 11.

(9) [1]Der Abtretungsempfänger, Pfandgläubiger oder Vollstreckungsgläubiger muss nach § 13 c Abs. 1 Satz 1 in Verbindung mit Abs. 3 UStG Unternehmer im Sinne des § 2 UStG sein. [2]Kleinunternehmer im Sinne des § 19 UStG oder land- und forstwirtschaftliche Unternehmer, die die Durchschnittssatzbesteuerung nach § 24 UStG anwenden, können auch Haftungsschuldner im Sinne des § 13 c UStG sein. [3]Nicht Voraussetzung für die Haftung nach § 13 c UStG ist, dass die Abtretung, Verpfändung oder Pfändung der Forderung für den unternehmerischen Bereich des Abtretungsempfängers, Pfandgläubigers oder Vollstreckungsgläubigers erfolgt. [4]Pfändet z. B. ein Unternehmer eine Forderung für seinen nichtunternehmerischen Bereich, kann er als Haftungsschuldner nach § 13 c UStG in Anspruch genommen werden.

(10) [1]Bei Abtretungen und Verpfändungen an Nichtunternehmer oder Pfändungen durch Nichtunternehmer kommt die Haftung nach § 13 c UStG nicht in Betracht. [2]Zu den Nichtunternehmern gehören auch juristische Personen des öffentlichen Rechts, soweit nicht ein Betrieb gewerblicher Art (vgl. § 2 Abs. 3 UStG) vorliegt.

(11) [1]§ 13 c UStG setzt voraus, dass der leistende Unternehmer die Steuer, bei deren Ermittlung der steuerpflichtige Umsatz ganz oder teilweise berücksichtigt wurde, für den der Anspruch auf Gegenleistung (Forderung) abgetreten, verpfändet oder gepfändet wird, zum Zeitpunkt der Fälligkeit nicht oder nicht vollständig entrichtet hat. [2]§ 13 c UStG kann deshalb nicht angewendet werden, wenn sich keine zu entrichtende Steuer ergibt (z. B. bei Vorsteuerüberschüssen; bei leistenden Unternehmern, die die sog. Kleinunternehmerregelung im Sinne des § 19 UStG anwenden). [3]Bei der Abtretung, Verpfändung oder Pfändung von Forderungen eines land- und forstwirtschaftlichen Unternehmers, der die Durchschnittssatzbesteuerung nach § 24 UStG anwendet, kommt eine Haftung in Betracht, soweit bei diesem eine Zahllast entsteht.

(12) [1]War die Umsatzsteuer, für die eine Haftung in Betracht kommen würde, in der Vorauszahlung für den maßgeblichen Voranmeldungszeitraum nicht enthalten, kommt eine Haftung nicht in Betracht. [2]Ist die in der abgetretenen, verpfändeten oder gepfändeten Forderung enthaltene Umsatzsteuer erstmals in der zu entrichtenden Steuer für das Kalenderjahr enthalten, greift die Haftung ein, wenn der leistende Unternehmer den Unterschiedsbetrag im Sinne des § 18 Abs. 4 UStG bei Fälligkeit nicht oder nicht vollständig entrichtet hat.

(13) [1]Hat der leistende Unternehmer die Vorauszahlung für den maßgeblichen Voranmeldungszeitraum vollständig entrichtet und war die in der abgetretenen, verpfändeten oder gepfändeten Forderung enthaltene Umsatzsteuer in der Vorauszahlung enthalten, haftet der Abtretungsempfänger, Pfandgläubiger oder Vollstreckungsgläubiger nicht. [2]Dies gilt auch dann, wenn sich für das entsprechende Kalenderjahr eine zu entrichtende Steuer im Sinne des § 18 Abs. 3 UStG zugunsten des Finanzamts ergibt und der Unternehmer den Unterschiedsbetrag nach § 18 Abs. 4 UStG bei Fälligkeit nicht oder nicht vollständig entrichtet hat.

(14) [1]Die Haftung greift dem Grunde nach, wenn die Steuer nicht bis zum Ablauf des Fälligkeitstags entrichtet wird. [2]Die Fälligkeit richtet sich nach § 220 Abs. 1 AO in Verbindung mit § 18 Abs. 1 und 4

UStG. [3]Die Anwendung von § 13 c UStG kommt nicht in Betracht, wenn die Steuer innerhalb der Zahlungs-Schonfrist nach § 240 Abs. 3 AO entrichtet wird. [4]Ein bis zum Ablauf der Zahlungs-Schonfrist entrichteter Betrag ist bei der Berechnung des Haftungsbetrags zu berücksichtigen. [5]Soweit die Steuer nach diesem Zeitpunkt entrichtet wird, fallen die Voraussetzungen für den Erlass eines Haftungsbescheids (vgl. Absatz 40) ab diesem Zeitpunkt weg.

(15) Ist die umsatzsteuerrechtliche Behandlung des der Forderung zu Grunde liegenden steuerpflichtigen Umsatzes streitig und wurde in Bezug darauf bei der entsprechenden Steuerfestsetzung Aussetzung der Vollziehung gewährt, ist insoweit keine Fälligkeit gegeben (§ 13 c Abs. 1 Satz 2 UStG).

(16) [1]Für die Begründung der Haftung reicht es aus, wenn der der abgetretenen, verpfändeten oder gepfändeten Forderung zu Grunde liegende Umsatz bei der Steuer berücksichtigt wurde. [2]Eine weitere Zuordnung der in der abgetretenen, verpfändeten oder gepfändeten Forderung enthaltenen Umsatzsteuer ist nicht erforderlich. [3]Deshalb kann die Haftung nicht dadurch ausgeschlossen werden, dass der leistende Unternehmer Zahlungen an das Finanzamt speziell der in den abgetretenen, verpfändeten oder gepfändeten Forderungen enthaltenen Umsatzsteuer zuordnet.

(17) [1]Wird über das Vermögen des leistenden Unternehmers das Insolvenzverfahren eröffnet, können Steuerbeträge nicht mehr festgesetzt werden, das Steuerfestsetzungsverfahren wird unterbrochen. [2]Ist die Umsatzsteuer, für die die Haftung in Betracht kommt, durch den Insolvenzverwalter bzw. den Insolvenzschuldner für Zeiträume vor Eröffnung des Insolvenzverfahrens angemeldet worden, gilt die Umsatzsteuer nach § 41 Abs. 1 InsO insoweit als fällig im Sinne des § 13 c UStG. [3]Entsprechendes gilt, wenn die Umsatzsteuer von Amts wegen zur Insolvenztabelle angemeldet worden ist. [4]Hierbei ist es unerheblich, ob der Insolvenzverwalter der Anmeldung widerspricht. [5]Nur in Fällen der Aussetzung der Vollziehung (vgl. Absatz 15) ist keine Fälligkeit im Sinne des § 13 c UStG gegeben. [6]Von einer Nichtentrichtung der Steuer ist auch dann auszugehen, wenn eine Insolvenzquote zu erwarten ist. [7]Wird tatsächlich eine Zahlung durch den Insolvenzverwalter auf die angemeldete Umsatzsteuer geleistet, ist ein rechtmäßiger Haftungsbescheid zugunsten des Haftungsschuldners insoweit zu widerrufen (vgl. Absatz 40).

Vereinnahmung

(18) [1]Die Haftung setzt voraus, dass der Abtretungsempfänger, Pfandgläubiger oder Vollstreckungsgläubiger die abgetretene, verpfändete oder gepfändete Forderung ganz oder teilweise vereinnahmt hat. [2]Wurde die Forderung teilweise vereinnahmt, erstreckt sich die Haftung nur auf die Umsatzsteuer, die im tatsächlich vereinnahmten Betrag enthalten ist.

(19) [1]In den Fällen der Sicherungsabtretung gilt die Forderung durch den Abtretungsempfänger auch dann als vereinnahmt, soweit der leistende Unternehmer die Forderung selbst einzieht und den Geldbetrag an den Abtretungsempfänger weiterleitet oder soweit der Abtretungsempfänger die Möglichkeit des Zugriffs auf den Geldbetrag hat. [2]Bei der Vereinnahmung des Forderungsbetrags durch den Abtretungsempfänger selbst ist dessen Einziehungs- oder Verfügungsbefugnis an einer Forderung zu berücksichtigen.

(20) [1]Macht der Abtretungsempfänger von seiner Einziehungsbefugnis Gebrauch, ist maßgebender Rechtsgrund die mit der Abtretung verbundene Sicherungsabrede. [2]Eine Vereinnahmung durch das kontoführende Unternehmen (z. B. ein Kreditinstitut) als Abtretungsempfänger liegt in den Fällen der Sicherungsabtretung (insbesondere der Globalzession) vor, wenn dieses die Forderung unter Offenlegung der Sicherungsabrede selbst beim Schuldner der Forderung einzieht. [3]In diesem Fall entzieht es dem leistenden Unternehmer dessen Einziehungsbefugnis auf Grund der im Rahmen der Globalzession getroffenen Vereinbarungen.

(21) Eine Vereinnahmung durch den Abtretungsempfänger bzw. Gläubiger liegt darüber hinaus auch dann vor, wenn die Einziehung der Forderung durch den Abtretungsempfänger auf der Grundlage anderer Ansprüche, wie z. B. einer Einzelabrede, eines Pfandrechts oder ohne Rechtsgrundlage erfolgt.

(22) [1]Macht der Abtretungsempfänger von seiner Verfügungsbefugnis Gebrauch, ist insoweit die Abtretung für die Inhaberschaft an der Forderung maßgebend. [2]Diese begründet auch bei mittelbarer Vereinnahmung (z. B. mittels Bareinzahlung oder Überweisung von einem anderen Konto des Gläubigers nach Vereinnahmung durch den Gläubiger) das Recht auf Entzug der Verfügungsbefugnis.

(23) [1]Der Abtretungsempfänger soll nach Sinn und Zweck des § 13c UStG haften, soweit nicht mehr der leistende Unternehmer, sondern der Abtretungsempfänger über den eingegangenen Geldbetrag verfügen kann und daher die Verfügungsmacht über die in der abgetretenen Forderung enthaltene Umsatzsteuer hat. [2]In den Fällen der Sicherungsabtretung gilt demnach die Forderung auch dann durch den Abtretungsempfänger als vereinnahmt, wenn und soweit der leistende Unternehmer die Forderung zwar selbst einzieht, den Geldbetrag jedoch an den Abtretungsempfänger weiterleitet oder dieser die Möglichkeit des Zugriffs auf diesen Betrag hat (vgl. Absatz 19). [3]Dies betrifft insbesondere die Fälle, in denen Forderungsbeträge auf einem beim Abtretungsempfänger geführten Konto des leistenden Unternehmers eingehen. [4]Die Vereinnahmung des Forderungsbetrags durch den Abtretungsempfänger wird jedoch nicht bereits bei jedem Geldeingang auf einem bei dem Abtretungsempfänger geführten Konto des leistenden Unternehmers fingiert, dies grundsätzlich auch dann nicht, wenn sich das Konto des leistenden Unternehmers im Debet befindet, sondern nur soweit der Abtretungsempfänger die Verfügungsbefugnis erhält.

(24) [1]Die Verfügungsbefugnis am Forderungsbetrag liegt in folgenden Fällen beim Abtretungsempfänger, so dass insoweit eine Vereinnahmung durch diesen fingiert wird:

1. Das beim Abtretungsempfänger geführte Konto des leistenden Unternehmers befindet sich auch nach der Gutschrift des Forderungseingangs im Debet und es besteht keine Kreditvereinbarung („Kreditlinie", „Kreditrahmen").

   Beispiel:

   [1]Unternehmer A unterhält ein Kontokorrentkonto bei dem kontoführenden Unternehmen B. [2]B hat sich die Forderungen aus der Geschäftstätigkeit des A im Wege der Globalzession abtreten lassen. [3]Es besteht keine Kreditvereinbarung für das Konto des A bei B. [4]Ein Kunde des A begleicht eine Forderung i. H. v. 34 800 € durch Barzahlung; A zahlt den Betrag auf sein Konto bei B ein, welches nach der Gutschrift noch einen Saldo von 5 000 € im Debet aufweist.

   [5]B hat das Recht, den Betrag ausschließlich zum Ausgleich der eigenen Forderung zu verwenden und dem A insoweit eine anderweitige Verfügung zu versagen. [6]Die Forderung gilt in voller Höhe als durch B vereinnahmt.

2. Das beim Abtretungsempfänger geführte Konto des leistenden Unternehmers befindet sich auch nach der Gutschrift des Forderungseingangs im Debet und eine bestehende Kreditvereinbarung („vereinbarte Überziehung") ist ausgeschöpft.

   Beispiel:

   [1]Unternehmer A unterhält ein Kontokorrentkonto bei dem kontoführenden Unternehmen B. [2]B hat sich die Forderungen aus der Geschäftstätigkeit des A im Wege der Globalzession abtreten lassen. [3]Für das Konto des A bei B besteht ein Kreditrahmen von 100 000 € (sog. „vereinbarte Überziehung"). [4]Ein Kunde des A begleicht eine Forderung i. H. v. 34 800 € durch Überweisung auf das Konto des A bei B, welches nach der Gutschrift noch einen Saldo von 120 000 € im Debet aufweist.

   [5]B hat das Recht, den Betrag ausschließlich zum Ausgleich der eigenen Forderung zu verwenden und dem A insoweit eine anderweitige Verfügung zu versagen. [6]Die Forderung gilt in voller Höhe als durch B vereinnahmt.

3. [1]Das beim Abtretungsempfänger geführte Konto des leistenden Unternehmers befindet sich auch nach der Gutschrift des Forderungseingangs im Debet und ein bestehender Kreditrahmen ist zwar noch nicht ausgeschöpft, wird jedoch im unmittelbaren Zusammenhang mit dem Geldeingang eingeschränkt. [2]Das Konto des leistenden Unternehmers ist nach dieser Einschränkung (z. B. durch Kündigung oder Reduzierung des Kreditrahmens) über das vereinbarte Maß in Anspruch genommen.

   Beispiel:

   [1]Unternehmer A unterhält ein Kontokorrentkonto bei dem kontoführenden Unternehmen B. [2]B hat sich die Forderungen aus der Geschäftstätigkeit des A im Wege der Globalzession abtreten lassen. [3]Für das Konto des A bei B besteht ein Kreditrahmen von 100 000 € (sog. „vereinbarte Überzie-

hung“). [4]Ein Kunde des A begleicht eine Forderung i. H. v. 34 800 € durch Überweisung auf das Konto des A bei B, welches nach der Gutschrift noch einen Saldo von 70 000 € im Debet aufweist. [5]B reduziert den vereinbarten Kreditrahmen unmittelbar nach Gutschrift des Forderungseingangs auf 50 000 €.

[6]A kann über den gutgeschriebenen Forderungsbetrag nicht mehr verfügen, da er von B zum Ausgleich der eigenen (durch die Reduzierung des Kontokorrentkredits entstandenen) Forderung verwendet worden ist und dem A kein weiterer Verfügungsrahmen auf seinem Konto verblieben ist. [7]Die Forderung gilt in voller Höhe als durch B vereinnahmt.

4. Der Abtretungsempfänger separiert den Geldbetrag nach Eingang auf dem Konto des leistenden Unternehmers auf ein anderes Konto, z. B. ein Sicherheitenerlöskonto.

   Beispiel:

   [1]Unternehmer A unterhält ein Kontokorrentkonto bei dem kontoführenden Unternehmen B. [2]B hat sich die Forderungen aus der Geschäftstätigkeit des A im Wege der Globalzession abtreten lassen. [3]Für das Konto des A bei B besteht ein Kreditrahmen von 100 000 € (sog. „vereinbarte Überziehung“). [4]Ein Kunde des A begleicht eine Forderung i. H. v. 34 800 € durch Überweisung auf das Konto des A bei B, welches nach der Gutschrift zunächst noch einen Saldo von 80 000 € im Debet aufweist. [5]B bucht den zunächst gutgeschriebenen Betrag auf ein Darlehnskonto des A um, welches von diesem nicht bedient worden war.

   [6]A kann über den gutgeschriebenen Forderungsbetrag nach Separierung durch B nicht mehr verfügen, da er von B zum Ausgleich der eigenen (neben dem Kontokorrent bestehenden Darlehns-) Forderung verwendet worden ist. [7]Dies gilt unabhängig davon, ob dem A ein Verfügungsrahmen auf seinem Konto verblieben ist. [8]Die Forderung gilt in voller Höhe als durch B vereinnahmt.

   [9]Gleiches gilt bei Umbuchung auf ein gesondertes Sicherheitenerlöskonto.

(25) [1]Bei einem Kontokorrentkonto widerspricht das kontoführende Unternehmen Verfügungen des leistenden Unternehmers regelmäßig nicht bereits bei jedem Überschreiten des vereinbarten Kreditrahmens. [2]In der Regel erfolgt ein Widerspruch erst dann, wenn die vorgenommene Anweisung den vereinbarten Kreditrahmen um mehr als 15 % überschreitet. [3]In diesem Rahmen kann der leistende Unternehmer die Erfüllung seiner Kontoanweisungen vom kontoführenden Unternehmen regelmäßig noch erwarten. [4]Es ist daher nur insoweit von einem Entzug der Verfügungsbefugnis über eingehende Beträge durch das kontoführende Unternehmen auszugehen, als das Konto des leistenden Unternehmers den vereinbarten Kreditrahmen auch nach der Gutschrift des Forderungseingangs um 15 % überschreitet; nur insoweit muss der leistende Unternehmer davon ausgehen, dass er über den gutgeschriebenen Betrag nicht mehr verfügen können wird.

Beispiel:

[1]Unternehmer A unterhält ein Kontokorrentkonto bei dem kontoführenden Unternehmen B. [2]B hat sich die Forderungen aus der Geschäftstätigkeit des A im Wege der Globalzession abtreten lassen. [3]Für das Konto des A bei B besteht ein Kreditrahmen von 100 000 € (sog. „vereinbarte Überziehung“). [4]Ein Kunde des A begleicht eine Forderung i. H. v. 34 800 € durch Überweisung auf das Konto des A bei B, welches nach der Gutschrift noch einen Saldo von 110 000 € im Debet aufweist.

[5]Obwohl der Kreditrahmen des A keine weiteren Verfügungen zulässt und die Forderung damit als in voller Höhe als durch B vereinnahmt gelten könnte, ist davon auszugehen, dass A über einen Teilbetrag der gutgeschriebenen Forderung i. H. v. 5 000 € noch verfügen kann, da die kontoführenden Unternehmen im Allgemeinen nur den die Kreditlinie um 15 % übersteigenden Forderungseingang zum Ausgleich der eigenen (durch ausnahmsweise geduldete Überziehung des Kontokorrentkredits entstandenen) Forderung verwenden wird und den A insoweit von einer Verfügung ausschließen. [6]Die Forderung gilt daher i. H. v. 29 800 € als durch B vereinnahmt.

(26) [1]Kündigt oder reduziert das kontoführende Unternehmen die Kreditlinie zwar ganz oder teilweise, ggf. auf einen geringeren Betrag, räumt es dem leistenden Unternehmer jedoch einen gewissen Zeitraum ein, um dieses Kreditziel (vereinbarte Überziehung) zu erreichen, wird es während dieses Zeitraums

auch weiterhin Verfügungen des Unternehmers zu Lasten seines Kontokorrents innerhalb des bisherigen Kreditrahmens zulassen (geduldete Überziehung). [2]In diesem Fall ist von einer Vereinnahmung durch das kontoführende Unternehmen für eigene Zwecke der Rückführung eingeräumter Kredite nur insoweit auszugehen, als die geduldete Überziehung insgesamt zu einer Verringerung des in Anspruch genommenen Kredits geführt hat. [3]Bei dieser Betrachtung ist auf den Unterschiedsbetrag abzustellen, der sich nach Gutschrift des Geldeingangs zum Kreditbetrag im Kündigungszeitpunkt ergibt.

Beispiel:

[1]Unternehmer A unterhält ein Kontokorrentkonto bei dem kontoführenden Unternehmen B. [2]B hat sich die Forderungen aus der Geschäftstätigkeit des A im Wege der Globalzession abtreten lassen. [3]Für das Konto des A bei B besteht ein Kreditrahmen von 100 000 € (sog. „vereinbarte Überziehung“), der auch vollständig ausgeschöpft ist. [3]B kündigt diesen Kreditrahmen auf 40 000 € herab, räumt dem A jedoch eine Zeitspanne von drei Monaten ein, um dieses Kreditziel zu erreichen und sagt dem A zu, Verfügungen zu Lasten dieses Kontos innerhalb des bisherigen Kreditrahmens zunächst nicht zu widersprechen. [4]Innerhalb dieses Zeitraums verzeichnet B insgesamt 348 000 € Zahlungseingänge und führt Verfügungen von insgesamt 298 000 € zu Lasten des A aus.

[5]A hat bei einem Debet von 50 000 € nach Ablauf der drei Monate nicht mehr die Möglichkeit, über die seinem Konto gutgeschriebenen Forderungseingänge zu verfügen, da sowohl der (nun i. H. v. 40 000 €) vereinbarte, als auch der üblicherweise zusätzlich geduldete Kreditrahmen (i. H. v. weiteren 15 %, hier 6 000 €) ausgeschöpft ist und B diese Beträge zum Ausgleich der eigenen (durch die teilweise Kündigung des Kontokorrentkredits entstandenen) Forderung verwendet hat. [6]Wegen der Zusage von B, zunächst die Verfügungsmöglichkeit des A im bisherigen Umfang zu belassen, gelten die Forderungen nicht i. H. v. 348 000 € als durch B vereinnahmt, sondern nur im Umfang der tatsächlichen Verwendung zur Darlehensrückführung von 50 000 €. [7]Eine Haftung des B besteht dementsprechend für die in den durch B als vereinnahmt geltenden Forderungen enthaltene Umsatzsteuer von 7 983 €.

(27) [1]In den Fällen des Forderungsverkaufs gilt die Forderung nicht durch den Abtretungsempfänger als vereinnahmt, soweit der leistende Unternehmer für die Abtretung der Forderung eine Gegenleistung in Geld vereinnahmt (z. B. bei entsprechend gestalteten Asset-Backed-Securities (ABS)-Transaktionen). [2]Voraussetzung ist, dass dieser Geldbetrag tatsächlich in den Verfügungsbereich des leistenden Unternehmers gelangt. [3]Davon ist nicht auszugehen, soweit dieser Geldbetrag auf ein Konto gezahlt wird, auf das der Abtretungsempfänger die Möglichkeit des Zugriffs hat. [4]Hinsichtlich der Vereinnahmung eines Kaufpreises für eine abgetretene Forderung durch den Forderungskäufer bzw. Abtretungsempfänger gelten die Absätze 20 bis 26 entsprechend, soweit der Kaufpreis auf einem beim Forderungskäufer bzw. Abtretungsempfänger geführten Konto des leistenden Unternehmers eingeht.

(28) [1]§ 13 c UStG ist anzuwenden, wenn im Rahmen von Insolvenzverfahren beim leistenden Unternehmer anstelle des Abtretungsempfängers der Insolvenzverwalter die abgetretene Forderung einzieht oder verwertet (§ 166 Abs. 2 InsO). [2]Der Abtretungsempfänger vereinnahmt den vom Insolvenzverwalter eingezogenen Geldbetrag nach Abzug der Feststellungs- und Verwertungskosten (§ 170 InsO) auf Grund des durch die Abtretung begründeten Absonderungsrechts. [3]Die Absätze 18, 30 und 41 ff. sind hinsichtlich des Umfangs der Haftung entsprechend anzuwenden.

(29) [1]Vereinnahmt der Abtretungsempfänger, Pfandgläubiger oder Vollstreckungsgläubiger die Forderung und zahlt er den eingezogenen Geldbetrag ganz oder teilweise an den leistenden Unternehmer zurück, beschränkt sich die Haftung auf die im einbehaltenen Restbetrag enthaltene Umsatzsteuer. [2]Die Haftung kann nicht dadurch ausgeschlossen werden, dass der Abtretungsempfänger, Pfandgläubiger oder Vollstreckungsgläubiger an den leistenden Unternehmer einen Betrag in Höhe der auf die Forderung entfallenden Umsatzsteuer entrichtet, vielmehr beschränkt sich auch in diesem Fall die Haftung auf die im einbehaltenen Restbetrag enthaltene Umsatzsteuer.

(30) [1]Hat der Abtretungsempfänger die abgetretene Forderung ganz oder teilweise an einen Dritten abgetreten, gilt dieses Rechtsgeschäft insoweit als Vereinnahmung, d. h. der Abtretungsempfänger kann für die im Gesamtbetrag der weiter übertragenen Forderung enthaltene Umsatzsteuer in Haftung genommen werden. [2]Dies gilt unabhängig davon, welche Gegenleistung er für die Übertragung der Forderung erhal-

ten hat. [3]Entsprechendes gilt für die Pfandgläubiger und Vollstreckungsgläubiger in den Fällen der Verpfändung und Pfändung von Forderungen.

Inanspruchnahme des Haftenden

(31) [1]Die Haftungsinanspruchnahme ist frühestens in dem Zeitpunkt zulässig, in dem die Steuer fällig war und nicht oder nicht vollständig entrichtet wurde (unter Beachtung von § 240 Abs. 3 AO). [2]Hat der Abtretungsempfänger, Pfandgläubiger oder Vollstreckungsgläubiger die Forderung zu diesem Zeitpunkt noch nicht vereinnahmt, ist der Zeitpunkt der nachfolgenden Vereinnahmung maßgebend.

(32) [1]Der Abtretungsempfänger, Pfandgläubiger oder Vollstreckungsgläubiger ist bei Vorliegen der gesetzlichen Voraussetzungen durch Haftungsbescheid in Anspruch zu nehmen. [2]Die Haftungsinanspruchnahme nach anderen Haftungstatbeständen (z. B. auf Grund §§ 69 AO, 128 HGB) bleibt unberührt.

(33) [1]Für den Erlass des Haftungsbescheids gelten die allgemeinen Regeln des § 191 AO, ohne dass dabei ein Ermessen besteht. [2]Auf ein Verschulden des leistenden Unternehmers oder des Abtretungsempfängers kommt es nicht an. [3]Bei der Inanspruchnahme des Haftungsschuldners durch Zahlungsaufforderung (Leistungsgebot) ist § 219 AO zu beachten.

(34) Der Haftungsbescheid ist durch das Finanzamt zu erlassen, das für die Umsatzsteuer des leistenden Unternehmers örtlich zuständig ist (vgl. §§ 21, 24 AO).

(35) [1]Stellt das Finanzamt fest, dass der Anspruch des leistenden Unternehmers auf Gegenleistung für einen steuerpflichtigen Umsatz im Sinne des § 1 Abs. 1 Nr. 1 UStG an einen anderen Unternehmer abgetreten, verpfändet oder gepfändet wurde, ist zu prüfen, ob die Steuer, bei deren Berechnung der Umsatz berücksichtigt worden ist, bei Fälligkeit nicht oder nicht vollständig entrichtet wurde. [2]Es ist insbesondere im Vollstreckungsverfahren und im Rahmen von Außenprüfungen auf entsprechende Haftungstatbestände zu achten und ggf. zeitnah der Erlass eines Haftungsbescheids anzuregen.

(36) [1]Das für den leistenden Unternehmer zuständige Finanzamt ist berechtigt, den Abtretungsempfänger, Pfandgläubiger oder Vollstreckungsgläubiger über den Zeitpunkt und die Höhe der vereinnahmten abgetretenen, verpfändeten oder gepfändeten Forderung zu befragen und Belege anzufordern, weil es für den Erlass des Haftungsbescheids zuständig ist. [2]Diese Befragung soll in der Regel in schriftlicher Form durchgeführt werden. [3]Es gelten die Mitwirkungspflichten im Sinne des §§ 90 ff. AO.

(37) [1]Der leistende Unternehmer hat nach § 93 AO Auskunft über den der Abtretung, Verpfändung oder Pfändung zu Grunde liegenden Umsatz (Höhe des Umsatzes und den darauf entfallenen Steuerbetrag) sowie über den Abtretungsempfänger, Pfandgläubiger oder Vollstreckungsgläubiger zu geben. [2]Es gelten die Mitwirkungspflichten im Sinne des §§ 90 ff. AO. [3]Der Abtretungsempfänger, Pfandgläubiger oder Vollstreckungsgläubiger muss vom leistenden Unternehmer so eindeutig bezeichnet werden, dass er durch das anfragende Finanzamt eindeutig und leicht identifiziert werden kann. [4]Wird keine oder keine hinreichende Antwort erteilt, kann diese mit Zwangsmitteln (§§ 328 ff. AO) durchgesetzt oder eine Außenprüfung bzw. eine Umsatzsteuer-Nachschau (§ 27 b UStG) durchgeführt werden.

(38) [1]Dem Abtretungsempfänger, Pfandgläubiger oder Vollstreckungsgläubiger soll vor Erlass eines Haftungsbescheids rechtliches Gehör gewährt werden (vgl. § 91 AO). [2]Er hat nach § 93 AO Auskunft zu geben. [3]Wird keine oder keine hinreichende Antwort erteilt, kann das für den leistenden Unternehmer zuständige Finanzamt z. B. ein Ersuchen auf Amtshilfe bei dem für den Abtretungsempfänger, Pfandgläubiger oder Vollstreckungsgläubiger örtlich zuständigen Finanzamt stellen. [4]Die Ermittlungen können auch im Rahmen einer Außenprüfung oder einer Umsatzsteuer-Nachschau nach § 27 b UStG durchgeführt werden.

(39) Mit der Festsetzung der Haftungsschuld wird ein Gesamtschuldverhältnis im Sinne des § 44 AO begründet.

(40) [1]Die Rechtmäßigkeit des Haftungsbescheids richtet sich nach den Verhältnissen im Zeitpunkt seines Erlasses bzw. der entsprechenden Einspruchsentscheidung. [2]Minderungen der dem Haftungsbescheid zu Grunde liegenden Steuerschuld durch Zahlungen des Steuerschuldners nach Ergehen einer Einspruchsentscheidung berühren die Rechtmäßigkeit des Haftungsbescheids nicht. [3]Ein rechtmäßiger

Haftungsbescheid ist aber zugunsten des Haftungsschuldners zu widerrufen, soweit die ihm zu Grunde liegende Steuerschuld später gemindert worden ist.

(41) Die Haftung ist der Höhe nach auf den Betrag der im Fälligkeitszeitpunkt nicht entrichteten Steuer und auf die im vereinnahmten Betrag der abgetretenen, verpfändeten oder gepfändeten Forderung enthaltene Umsatzsteuer begrenzt (zweifache Begrenzung).

Beispiel 1:

[1]Der Unternehmer U hat auf Grund der Angaben in seiner Umsatzsteuer-Voranmeldung eine Vorauszahlung i. H. v. 20 000 € an das Finanzamt zu entrichten. [2]In der Bemessungsgrundlage für die Umsatzsteuer ist auch ein Betrag i. H. v. 100 000 € enthalten, der zivilrechtlich zuzüglich 19 000 € Umsatzsteuer an den Abtretungsempfänger A, der Unternehmer im Sinne des § 2 UStG ist, abgetreten worden ist. [3]A hat 119 000 € vereinnahmt. [4]U entrichtet bei Fälligkeit der Vorauszahlung nur einen Betrag i. H. v. 15 000 € an das Finanzamt.

[5]Eine Haftungsinanspruchnahme des A ist i. H. v. 5 000 € zulässig. [6]Die Differenz zwischen der Vorauszahlung (20 000 €) und dem von U entrichteten Betrag (15 000 €) ist geringer als der in der abgetretenen Forderung enthaltene Umsatzsteuerbetrag (19 000 €).

Beispiel 2:

[1]Wie Beispiel 1. [2]U entrichtet die Vorauszahlung bei Fälligkeit nicht. [3]Das Finanzamt stellt fest, dass A die abgetretene Forderung an einen Dritten für 80 000 € zuzüglich 15 200 € Umsatzsteuer übertragen hat.

[4]Die Haftungsinanspruchnahme des A ist i. H. v. 19 000 € zulässig. [5]Die abgetretene Forderung gilt infolge der Übertragung an den Dritten als in voller Höhe vereinnahmt.

Beispiel 3:

[1]Der Unternehmer U hat auf Grund der Angaben in seiner Umsatzsteuer-Voranmeldung für den Monat Juli eine Vorauszahlung i. H. v. 20 000 € an das Finanzamt zu entrichten. [2]In der Bemessungsgrundlage für die Umsatzsteuer ist auch ein Betrag i. H. v. 100 000 € enthalten, der zivilrechtlich zuzüglich 19 000 € Umsatzsteuer an den Abtretungsempfänger A, der Unternehmer im Sinne des § 2 UStG ist, abgetreten worden ist. [3]U entrichtet bei Fälligkeit nur einen Betrag i. H. v. 5 000 € an das Finanzamt. [4]Das Finanzamt stellt fest, dass A am 20. August aus der abgetretenen Forderung einen Teilbetrag i. H. v. 59 500 € erhalten hat.

[5]Der Haftungstatbestand ist frühestens zum 20. August erfüllt. [6]Der Haftungsbetrag ist der Höhe nach auf 15 000 € (20 000 € – 5 000 €) begrenzt. [7]Wegen der nur teilweisen Vereinnahmung der Forderung ist A nur i. H. v. 9 500 € (in dem vereinnahmten Betrag enthaltene Steuer) in Anspruch zu nehmen.

Haftungsausschluss

(42) Der Abtretungsempfänger, Pfandgläubiger oder Vollstreckungsgläubiger kann sich der Haftungsinanspruchnahme entziehen, soweit er als Dritter Zahlungen im Sinne des § 48 AO zugunsten des leistenden Unternehmers bewirkt.

(43) [1]Derartige Zahlungen soll der Abtretungsempfänger, Pfandgläubiger oder Vollstreckungsgläubiger an das für den leistenden Unternehmer örtlich zuständige Finanzamt unter Angabe der Steuernummer des Steuerschuldners leisten. [2]Insbesondere soll der Anlass der Zahlung angegeben werden sowie der Name desjenigen, für den die Zahlung geleistet wird. [3]Zusätzlich soll der Abtretungsempfänger, Pfandgläubiger oder Vollstreckungsgläubiger die Zahlung zeitraumbezogen der Vorauszahlung oder dem Unterschiedsbetrag zuordnen, in der/dem die Umsatzsteuer aus dem der abgetretenen, verpfändeten oder gepfändeten Forderung zu Grunde liegenden Umsatz enthalten ist. [4]Die Steuerschuld des leistenden Unternehmers verringert sich um die vom Abtretungsempfänger, Pfandgläubiger oder Vollstreckungsschuldner geleisteten Zahlungen. [5]Wird die Steuer vom leistenden Unternehmer im Fälligkeitszeitpunkt entrichtet, kann der vom Abtretungsempfänger, Pfandgläubiger oder Vollstreckungsgläubiger geleistete

Betrag an den leistenden Unternehmer erstattet oder mit anderen Steuerrückständen des leistenden Unternehmers verrechnet werden.

Übergangsregelung

(44) [1]§ 27 Abs. 7 UStG regelt, dass § 13 c UStG auf Forderungen anzuwenden ist, die nach dem 7. 11. 2003 abgetreten, verpfändet oder gepfändet worden sind. [2]Wird eine nach dem 31. 12. 2003 entstandene Forderung vereinnahmt, die auf Grund einer Globalzession vor dem 8. 11. 2003 abgetreten wurde, ist § 13 c UStG nicht anwendbar (vgl. BFH-Urteil vom 3. 6. 2009, XI R 57/07, BStBl 2010 II S. 520).

Zu § 13 d UStG

UStG § 13 d *(weggefallen)*

Zu § 14 UStG

UStG § 14 Ausstellung von Rechnungen

(1) [1]Rechnung ist jedes Dokument, mit dem über eine Lieferung oder sonstige Leistung abgerechnet wird, gleichgültig, wie dieses Dokument im Geschäftsverkehr bezeichnet wird. [2]Eine Rechnung kann als elektronische Rechnung oder vorbehaltlich des Absatzes 2 als sonstige Rechnung übermittelt werden. [3]Eine elektronische Rechnung ist eine Rechnung, die in einem strukturierten elektronischen Format ausgestellt, übermittelt und empfangen wird und eine elektronische Verarbeitung ermöglicht. [4]Eine sonstige Rechnung ist eine Rechnung, die in einem anderen elektronischen Format oder auf Papier übermittelt wird. [5]Die Übermittlung einer elektronischen Rechnung oder einer sonstigen Rechnung in einem elektronischen Format bedarf der Zustimmung des Empfängers, soweit keine Verpflichtung nach Absatz 2 Satz 2 Nummer 1 besteht. [6]Das strukturierte elektronische Format einer elektronischen Rechnung

1. muss der europäischen Norm für die elektronische Rechnungsstellung und der Liste der entsprechenden Syntaxen gemäß der Richtlinie 2014/55/EU des Europäischen Parlaments und des Rates vom 16. April 2014 über die elektronische Rechnungsstellung bei öffentlichen Aufträgen (ABl. L 133 vom 6.5.2014, S. 1) entsprechen oder
2. kann zwischen Rechnungsaussteller und Rechnungsempfänger vereinbart werden. Voraussetzung ist, dass das Format die richtige und vollständige Extraktion der nach diesem Gesetz erforderlichen Angaben aus der elektronischen Rechnung in ein Format ermöglicht, das der Norm nach Nummer 1 entspricht oder mit dieser interoperabel ist.

(2) [1]Führt der Unternehmer eine Lieferung oder eine sonstige Leistung nach § 1 Absatz 1 Nummer 1 aus, ist er berechtigt, eine Rechnung auszustellen. [2]In den folgenden Fällen ist er zur Ausstellung einer Rechnung innerhalb von sechs Monaten nach Ausführung der Leistung verpflichtet, wenn der Umsatz nicht nach § 4 Nummer 8 bis 29 steuerfrei ist:

1. für eine Leistung an einen anderen Unternehmer für dessen Unternehmen; die Rechnung ist als elektronische Rechnung nach Absatz 1 Satz 3 und 6 auszustellen, wenn der leistende Unternehmer und der Leistungsempfänger im Inland oder in einem der in § 1 Absatz 3 bezeichneten Gebiete ansässig sind;
2. für eine Leistung an eine juristische Person, die nicht Unternehmer ist;
3. für eine steuerpflichtige Werklieferung (§ 3 Absatz 4 Satz 1) oder sonstige Leistung im Zusammenhang mit einem Grundstück an einen anderen als in den Nummern 1 oder 2 genannten Empfänger.

[3]Ein im Inland oder in einem der in § 1 Absatz 3 bezeichneten Gebiete ansässiger Unternehmer ist ein Unternehmer, der in einem dieser Gebiete seinen Sitz, seine Geschäftsleitung, eine Betriebsstätte, die an dem Umsatz beteiligt ist, oder in Ermangelung eines Sitzes seinen Wohnsitz oder gewöhnlichen Aufenthalt hat. [4]§ 14a bleibt unberührt. [5]Unbeschadet der Verpflichtungen nach Satz 2 kann eine Rechnung von einem in Satz 2 Nummer 1 oder 2 bezeichneten Leistungsempfänger für eine Lieferung oder sonstige Leistung des Unternehmers ausgestellt werden, sofern dies vorher vereinbart wurde (Gutschrift). [6]Die Gutschrift verliert die Wirkung einer

Rechnung, sobald der Empfänger der Gutschrift dem ihm übermittelten Dokument widerspricht. [7]Eine Rechnung kann im Namen und für Rechnung des Unternehmers oder eines in Satz 2 Nummer 1 oder 2 bezeichneten Leistungsempfängers von einem Dritten ausgestellt werden.

(3) [1]Die Echtheit der Herkunft der Rechnung, die Unversehrtheit ihres Inhalts und ihre Lesbarkeit müssen gewährleistet werden. [2]Echtheit der Herkunft bedeutet die Sicherheit der Identität des Rechnungsausstellers. [3]Unversehrtheit des Inhalts bedeutet, dass die nach diesem Gesetz erforderlichen Angaben nicht geändert wurden. [4]Jeder Unternehmer legt fest, in welcher Weise die Echtheit der Herkunft, die Unversehrtheit des Inhalts und die Lesbarkeit der Rechnung gewährleistet werden. [5]Dies kann durch jegliche innerbetriebliche Kontrollverfahren erreicht werden, die einen verlässlichen Prüfpfad zwischen Rechnung und Leistung schaffen können. [6]Unbeschadet anderer zulässiger Verfahren gelten bei einer elektronischen Rechnung die Echtheit der Herkunft und die Unversehrtheit des Inhalts als gewährleistet durch

1. eine qualifizierte elektronische Signatur oder
2. elektronischen Datenaustausch (EDI) nach Artikel 2 der Empfehlung 94/820/EG der Kommission vom 19. Oktober 1994 über die rechtlichen Aspekte des elektronischen Datenaustausches (ABl. L 338 vom 28.12.1994, S. 98), wenn in der Vereinbarung über diesen Datenaustausch der Einsatz von Verfahren vorgesehen ist, die die Echtheit der Herkunft und die Unversehrtheit der Daten gewährleisten.

(4) [1]Eine Rechnung muss folgende Angaben enthalten:

1. den vollständigen Namen und die vollständige Anschrift des leistenden Unternehmers und des Leistungsempfängers,
2. die dem leistenden Unternehmer vom Finanzamt erteilte Steuernummer oder die ihm vom Bundeszentralamt für Steuern erteilte Umsatzsteuer-Identifikationsnummer,
3. das Ausstellungsdatum,
4. eine fortlaufende Nummer mit einer oder mehreren Zahlenreihen, die zur Identifizierung der Rechnung vom Rechnungsaussteller einmalig vergeben wird (Rechnungsnummer),
5. die Menge und die Art (handelsübliche Bezeichnung) der gelieferten Gegenstände oder den Umfang und die Art der sonstigen Leistung,
6. den Zeitpunkt der Lieferung oder sonstigen Leistung; in den Fällen des Absatzes 5 Satz 1 den Zeitpunkt der Vereinnahmung des Entgelts oder eines Teils des Entgelts, sofern der Zeitpunkt der Vereinnahmung feststeht und nicht mit dem Ausstellungsdatum der Rechnung übereinstimmt,

[Nummer 6a wird mit Wirkung vom 1.1.2028 eingefügt; Änderung vom 2.12.2024]

6a. *die Angabe „Versteuerung nach vereinnahmten Entgelten", sofern der leistende Unternehmer die Steuer nach § 20 berechnet,*

7. das nach Steuersätzen und einzelnen Steuerbefreiungen aufgeschlüsselte Entgelt für die Lieferung oder sonstige Leistung (§ 10) sowie jede im Voraus vereinbarte Minderung des Entgelts, sofern sie nicht bereits im Entgelt berücksichtigt ist,
8. den anzuwendenden Steuersatz sowie den auf das Entgelt entfallenden Steuerbetrag oder im Fall einer Steuerbefreiung einen Hinweis darauf, dass für die Lieferung oder sonstige Leistung eine Steuerbefreiung gilt,
9. in den Fällen des § 14 b Abs. 1 Satz 5 einen Hinweis auf die Aufbewahrungspflicht des Leistungsempfängers und
10. in den Fällen der Ausstellung der Rechnung durch den Leistungsempfänger oder durch einen von ihm beauftragten Dritten gemäß Absatz 2 Satz 5 die Angabe „Gutschrift".

[2]In den Fällen des § 10 Abs. 5 sind die Nummern 7 und 8 mit der Maßgabe anzuwenden, dass die Bemessungsgrundlage für die Leistung (§ 10 Abs. 4) und der darauf entfallende Steuerbetrag anzugeben sind. [3]Unternehmer, die § 24 Abs. 1 bis 3 anwenden, sind jedoch auch in diesen Fällen nur zur Angabe des Entgelts und des darauf entfallenden Steuerbetrags berechtigt. [4]Die Berichtigung einer Rechnung um fehlende oder unzutreffende Angaben ist kein rückwirkendes Ereignis im Sinne von § 175 Absatz 1 Satz 1 Nummer 2 und § 233 a Absatz 2 a der Abgabenordnung.

(5) [1]Vereinnahmt der Unternehmer das Entgelt oder einen Teil des Entgelts für eine noch nicht ausgeführte Lieferung oder sonstige Leistung, gelten die Absätze 1 bis 4 sinngemäß. [2]Wird eine Endrechnung erteilt, sind in ihr die vor Ausführung der Lieferung oder sonstigen Leistung vereinnahmten Teilentgelte und die auf sie

entfallenden Steuerbeträge abzusetzen, wenn über die Teilentgelte Rechnungen im Sinne der Absätze 1 bis 4 ausgestellt worden sind.

(6) [1]Das Bundesministerium der Finanzen kann mit Zustimmung des Bundesrates zur Vereinfachung des Besteuerungsverfahrens durch Rechtsverordnung bestimmen, in welchen Fällen und unter welchen Voraussetzungen

1. Dokumente als Rechnungen anerkannt werden können,
2. die nach Absatz 4 erforderlichen Angaben in mehreren Dokumenten enthalten sein können,
3. Rechnungen bestimmte Angaben nach Absatz 4 nicht enthalten müssen,
4. eine Verpflichtung des Unternehmers zur Ausstellung von Rechnungen mit gesondertem Steuerausweis (Absatz 4) entfällt oder
5. Rechnungen berichtigt werden können.

[2]Das Bundesministerium der Finanzen kann mit Zustimmung des Bundesrates zur Vereinfachung des Besteuerungsverfahrens durch Rechtsverordnung nähere Bestimmungen zur Ausgestaltung des strukturierten elektronischen Formats einer elektronischen Rechnung erlassen.

(7) [1]Führt der Unternehmer einen Umsatz im Inland aus, für den der Leistungsempfänger die Steuer nach § 13 b schuldet, und hat der Unternehmer im Inland weder seinen Sitz noch seine Geschäftsleitung, eine Betriebsstätte, von der aus der Umsatz ausgeführt wird oder die an der Erbringung dieses Umsatzes beteiligt ist, oder in Ermangelung eines Sitzes seinen Wohnsitz oder gewöhnlichen Aufenthalt im Inland, so gelten abweichend von den Absätzen 1 bis 6 für die Rechnungserteilung die Vorschriften des Mitgliedstaats, in dem der Unternehmer seinen Sitz, seine Geschäftsleitung, eine Betriebsstätte, von der aus der Umsatz ausgeführt wird, oder in Ermangelung eines Sitzes seinen Wohnsitz oder gewöhnlichen Aufenthalt hat. [2]Satz 1 gilt nicht, wenn eine Gutschrift gemäß Absatz 2 Satz 2 vereinbart worden ist. [3]Nimmt der Unternehmer in einem anderen Mitgliedstaat an einem der besonderen Besteuerungsverfahren entsprechend Titel XII Kapitel 6 der Richtlinie 2006/112/EG des Rates vom 28. November 2006 über das gemeinsame Mehrwertsteuersystem (ABl. L 347 vom 11. 12. 2006, S. 1) in der jeweils gültigen Fassung teil, so gelten für die in den besonderen Besteuerungsverfahren zu erklärenden Umsätze abweichend von den Absätzen 1 bis 6 für die Rechnungserteilung die Vorschriften des Mitgliedstaates, in dem der Unternehmer seine Teilnahme anzeigt.

UStDV

§ 31 Angaben in der Rechnung

(1) [1]Eine Rechnung kann aus mehreren Dokumenten bestehen, aus denen sich die nach § 14 Abs. 4 des Gesetzes geforderten Angaben insgesamt ergeben. [2]In einem dieser Dokumente sind das Entgelt und der darauf entfallende Steuerbetrag jeweils zusammengefasst anzugeben und alle anderen Dokumente zu bezeichnen, aus denen sich die übrigen Angaben nach § 14 Abs. 4 des Gesetzes ergeben. [3]Die Angaben müssen leicht und eindeutig nachprüfbar sein.

(2) Den Anforderungen des § 14 Abs. 4 Satz 1 Nr. 1 des Gesetzes ist genügt, wenn sich auf Grund der in die Rechnung aufgenommenen Bezeichnungen der Name und die Anschrift sowohl des leistenden Unternehmers als auch des Leistungsempfängers eindeutig feststellen lassen.

(3) [1]Für die in § 14 Abs. 4 Satz 1 Nr. 1 und 5 des Gesetzes vorgeschriebenen Angaben können Abkürzungen, Buchstaben, Zahlen oder Symbole verwendet werden, wenn ihre Bedeutung in der Rechnung oder in anderen Unterlagen eindeutig festgelegt ist. [2]Die erforderlichen anderen Unterlagen müssen sowohl beim Aussteller als auch beim Empfänger der Rechnung vorhanden sein.

(4) Als Zeitpunkt der Lieferung oder sonstigen Leistung (§ 14 Abs. 4 Satz 1 Nr. 6 des Gesetzes) kann der Kalendermonat angegeben werden, in dem die Leistung ausgeführt wird.

(5) [1]Eine Rechnung kann berichtigt werden, wenn

a) sie nicht alle Angaben nach § 14 Abs. 4 oder § 14 a des Gesetzes enthält oder
b) Angaben in der Rechnung unzutreffend sind.

[2]Es müssen nur die fehlenden oder unzutreffenden Angaben durch ein Dokument, das spezifisch und eindeutig auf die Rechnung bezogen ist, übermittelt werden. [3]Es gelten die gleichen Anforderungen an Form und Inhalt wie in § 14 des Gesetzes.

§ 32 Rechnungen über Umsätze, die verschiedenen Steuersätzen unterliegen

Wird in einer Rechnung über Lieferungen oder sonstige Leistungen, die verschiedenen Steuersätzen unterliegen, der Steuerbetrag durch Maschinen automatisch ermittelt und durch diese in der Rechnung angegeben, ist der Ausweis des Steuerbetrags in einer Summe zulässig, wenn für die einzelnen Posten der Rechnung der Steuersatz angegeben wird.

§ 33 Rechnungen über Kleinbeträge

[1]Eine Rechnung, deren Gesamtbetrag 250 Euro nicht übersteigt, muss mindestens folgende Angaben enthalten:

1. den vollständigen Namen und die vollständige Anschrift des leistenden Unternehmers,
2. das Ausstellungsdatum,
3. die Menge und die Art der gelieferten Gegenstände oder den Umfang und die Art der sonstigen Leistung und

[Nummer 3a wird mit Wirkung vom 1.1.2028 eingefügt; Änderung vom 2.12.2024]

3a. *die Angabe „Versteuerung nach vereinnahmten Entgelten", sofern der leistende Unternehmer die Steuer nach § 20 des Gesetzes berechnet und*

4. das Entgelt und den darauf entfallenden Steuerbetrag für die Lieferung oder sonstige Leistung in einer Summe sowie den anzuwendenden Steuersatz oder im Fall einer Steuerbefreiung einen Hinweis darauf, dass für die Lieferung oder sonstige Leistung eine Steuerbefreiung gilt.

[2]Die §§ 31 und 32 sind entsprechend anzuwenden. [3]Die Sätze 1 und 2 gelten nicht für Rechnungen über Leistungen im Sinne der §§ 3c, 6a und 13b des Gesetzes. [4]Eine Rechnung nach Satz 1 kann abweichend von § 14 Absatz 2 Satz 2 des Gesetzes immer als sonstige Rechnung im Sinne von § 14 Absatz 1 Satz 4 des Gesetzes übermittelt werden.

§ 34 Fahrausweise als Rechnungen

(1) [1]Fahrausweise, die für die Beförderung von Personen ausgegeben werden, gelten als Rechnungen im Sinne des § 14 des Gesetzes, wenn sie mindestens die folgenden Angaben enthalten:

1. den vollständigen Namen und die vollständige Anschrift des Unternehmers, der die Beförderungsleistung ausführt. § 31 Abs. 2 ist entsprechend anzuwenden,
2. das Ausstellungsdatum,

[Nummer 2a wird mit Wirkung vom 1.1.2028 eingefügt; Änderung vom 2.12.2024]

2a. *die Angabe „Versteuerung nach vereinnahmten Entgelten", sofern der leistende Unternehmer die Steuer nach § 20 des Gesetzes berechnet*

3. das Entgelt und den darauf entfallenden Steuerbetrag in einer Summe,
4. den anzuwendenden Steuersatz, wenn die Beförderungsleistung nicht dem ermäßigten Steuersatz nach § 12 Abs. 2 Nr. 10 des Gesetzes unterliegt, und
5. im Fall der Anwendung des § 26 Abs. 3 des Gesetzes einen Hinweis auf die grenzüberschreitende Beförderung von Personen im Luftverkehr.

[2]Eine Rechnung nach Satz 1 kann abweichend von § 14 Absatz 2 Satz 2 des Gesetzes immer als sonstige Rechnung im Sinne von § 14 Absatz 1 Satz 4 des Gesetzes übermittelt werden.

(2) [1]Fahrausweise für eine grenzüberschreitende Beförderung im Personenverkehr und im internationalen Eisenbahn-Personenverkehr gelten nur dann als Rechnung im Sinne des § 14 des Gesetzes, wenn eine Bescheinigung des Beförderungsunternehmers oder seines Beauftragten darüber vorliegt, welcher Anteil des Beförderungspreises auf die Strecke im Inland entfällt. [2]In der Bescheinigung ist der Steuersatz anzugeben, der auf den auf das Inland entfallenden Teil der Beförderungsleistung anzuwenden ist.

(3) Die Absätze 1 und 2 gelten für Belege im Reisegepäckverkehr entsprechend.

§ 34a Rechnungen von Kleinunternehmern

[1]Eine Rechnung über Umsätze, die nach § 19 Absatz 1 des Gesetzes steuerfrei sind, muss mindestens folgende Angaben enthalten:

1. den vollständigen Namen und die vollständige Anschrift des leistenden Unternehmers und des Leistungsempfängers,
2. die dem leistenden Unternehmer vom Finanzamt erteilte Steuernummer oder die ihm vom Bundeszentralamt für Steuern erteilte Umsatzsteuer-Identifikationsnummer oder Kleinunternehmer-Identifikationsnummer,
3. das Ausstellungsdatum,
4. die Menge und die Art (handelsübliche Bezeichnung) der gelieferten Gegenstände oder den Umfang und die Art der sonstigen Leistung,
5. das Entgelt für die Lieferung oder sonstige Leistung in einer Summe mit einem Hinweis darauf, dass für die Lieferung oder sonstige Leistung die Steuerbefreiung für Kleinunternehmer gilt (§ 19 des Gesetzes) und
6. in den Fällen der Ausstellung der Rechnung durch den Leistungsempfänger oder durch einen von ihm beauftragten Dritten gemäß § 14 Absatz 2 Satz 5 des Gesetzes die Angabe „Gutschrift".

[2]Die §§ 33 und 34 bleiben unberührt. [3]§ 31 gilt entsprechend. [4]Eine Rechnung nach Satz 1 kann abweichend von § 14 Absatz 2 Satz 2 des Gesetzes immer als sonstige Rechnung im Sinne von § 14 Absatz 1 Satz 4 des Gesetzes übermittelt werden.

UStAE 14.1. Zum Begriff der Rechnung

(1) [1]Nach § 14 Abs. 1 Satz 1 UStG ist eine Rechnung jedes Dokument, mit dem über eine Lieferung oder sonstige Leistung abgerechnet wird. [2]**Eine sonstige Rechnung (vgl. Absatz 2) kann auch aus einer Mehrzahl von Dokumenten bestehen, die die nach § 14 Abs. 4 und § 14a UStG geforderten Angaben insgesamt enthalten (§ 31 Abs. 1 UStDV).** [3]Rechnungen im Sinne des § 14 UStG brauchen nicht ausdrücklich als solche bezeichnet zu werden. [4]Es reicht aus, wenn sich aus dem Inhalt des Dokuments ergibt, dass der Unternehmer über eine Leistung abrechnet. [5]Keine Rechnungen sind Schriftstücke, die nicht der Abrechnung einer Leistung dienen, sondern sich ausschließlich auf den Zahlungsverkehr beziehen (z.B. Mahnungen), auch wenn sie alle in § 14 Abs. 4 UStG geforderten Angaben enthalten. [6]**Nicht steuerbare Innenumsätze, z.B. zwischen Betriebsabteilungen des-selben Unternehmens oder innerhalb eines Organkreises, sind innerbetriebliche Vorgänge.** [7]**Werden für sie Belege mit gesondertem Steuerausweis ausgestellt, handelt es sich umsatzsteuerlich nicht um Rechnungen, sondern um unternehmensinterne Buchungsbelege.** [8]**Die darin ausgewiesene Steuer wird nicht nach § 14c Abs. 2 UStG geschuldet (vgl. BFH-Urteil vom 28.10.2010 – V R 7/10, BStBl II 2011 S. 391, und Abschnitt 14c.2 Abs. 2a).** [9]**Handelt es sich nach den vorstehenden Regelungen bei einem öffentlich-rechtlichen Gebührenbescheid um eine Rech-nung im Sinne des UStG, gelten die allgemeinen umsatzsteuerlichen Regelungen (z.B. zur Verwendung einer E-Rechnung, vgl. Absatz 4), auch wenn das anzuwendende Verfahrensrecht ggf. abweichende Vorgaben macht.** [10]**Wurde der Gebührenbescheid umsatzsteuerlich in Form einer sonstigen Rechnung gestellt, kann diese durch nachträgliche Ausstellung einer E-Rechnung berichtigt werden (vgl. Abschnitt 15.2a Abs. 7).**

E-Rechnung und sonstige Rechnung (Begriffsbestimmungen)

(2) [1]Bei der Ausstellung von Rechnungen ist zwischen einer E-Rechnung im Sinne des § 14 Abs. 1 Satz 3 UStG und einer sonstigen Rechnung im Sinne des § 14 Abs. 1 Satz 4 UStG zu unterscheiden. [2]Eine E-Rechnung ist eine Rechnung, die in einem strukturierten elektronischen Format ausgestellt, übermittelt und empfangen wird und eine elektronische Verarbeitung ermöglicht. [3]Das strukturierte elektronische Format einer E-Rechnung

1. **muss der europäischen Norm EN 16931 entsprechen (technische Umsetzung der Richtlinie für die elektronische Rechnungsstellung und die Liste der entsprechenden Syntaxen gemäß der Richtlinie 2014/55/EU des Europäischen Parlaments und des Rates vom 16.04.2014 über die elektronische Rechnungsstellung bei öffentlichen Aufträgen, ABl. L 133 vom 06.05.2014, S. 1, vgl. Absatz 13) oder**
2. **[1]kann zwischen Rechnungsaussteller und Rechnungsempfänger vereinbart werden. [2]Voraussetzung ist, dass das Format die richtige und vollständige Extraktion der nach dem UStG erforderlichen Angaben aus der E-Rechnung in ein Format ermöglicht, das der Norm nach Nummer 1 entspricht oder mit dieser interoperabel ist (vgl. Absatz 15).**

[4]Als sonstige Rechnungen gelten alle Rechnungen

1. **in Papierform oder**
2. **[1]in anderen elektronischen Formaten, die nicht den in Satz 3 genannten Vorgaben entsprechen. [2]Dazu zählen auch alle nicht strukturierten elektronischen Dateien, zum Beispiel PDF-Dateien ohne integrierte Datensätze, Bilddateien oder Angaben in E-Mails. [3]Auch eine Datei, die auf Grund von Formatfehlern (vgl. Absatz 11) die Anforderungen an das strukturierte elektronische Format einer E-Rechnung nach § 14 Abs. 1 Satz 6 UStG nicht erfüllt, stellt unter der Voraussetzung des § 14 Abs. 1 Satz 1 UStG eine sonstige Rechnung in einem anderen elektronischen Format dar. [4]Zu Inhaltsfehlern bei einer E-Rechnung siehe Abschnitt 14.5 Abs. 1.**

[5]Der Rechnungsaussteller ist – vorbehaltlich einer Verpflichtung zur Verwendung einer E-Rechnung (vgl. Absatz 4) – frei in seiner Entscheidung, in welcher Weise er eine Rechnung übermittelt. [6]Bei Verwendung einer E-Rechnung, zu deren Ausstellung keine Verpflichtung nach Absatz 4 besteht, oder einer sonstigen Rechnung in einem anderen elektronischen Format hat er die erforderliche Zustimmung des Rechnungsempfängers zu beachten (vgl. Absatz 7). [7]Zum zivilrecht-lichen Anspruch auf Erteilung einer ordnungsmäßigen Rechnung vgl. Absatz 10.

Rechnungsausstellung

(3) [1]Führt der Unternehmer eine Lieferung oder eine sonstige Leistung aus, ist er berechtigt, eine Rechnung auszustellen. [2]Ein Unternehmer muss eine Rechnung ausstellen, wenn die Leistung nicht nach § 4 Nr. 8 bis 29 UStG steuerfrei ist und eine der folgenden Fallgruppen vorliegt:

1. **Die Leistung wird an einen anderen Unternehmer für dessen Unternehmen erbracht.**
2. **Die Leistung wird an eine juristische Person erbracht, auch soweit diese nicht Unternehmer ist.**
3. **Im Zusammenhang mit einem Grundstück wird eine steuerpflichtige Leistung (Werklieferung oder sonstige Leistung) an einen Empfänger erbracht, der nicht bereits unter Nummer 1 oder Nummer 2 fällt.**

[3]Die Rechnung muss regelmäßig innerhalb von sechs Monaten nach Ausführung der Leistung ausgestellt werden (zu den Ausnahmen siehe Abschnitt 14a.1 Abs. 3). [4]Wird das Entgelt oder ein Teil des Entgelts bereits vor Ausführung der Leistung vereinnahmt (Voraus- oder Anzahlungen), ist die Rechnung innerhalb von sechs Monaten nach Vereinnahmung des Entgelts oder des Teilentgelts auszustellen. [5]Bei Umsätzen zwischen inländischen Unternehmern ist regelmäßig eine E-Rechnung zu verwenden (siehe Absatz 4). [6]Eine Rechnung kann

- **durch den leistenden Unternehmer selbst,**
- **durch einen von ihm beauftragten Dritten, der im Namen und für Rechnung des Unternehmers abrechnet (§ 14 Abs. 2 Satz 7 UStG),**
- **durch den Leistungsempfänger (Gutschrift, § 14 Abs. 2 Satz 5 UStG, vgl. Abschnitt 14.3) oder**
- **in den Fällen des § 14 Abs. 2 Satz 2 Nr. 1 und 2 UStG durch einen vom Leistungsempfänger beauftragten Dritten (Gutschrift, § 14 Abs. 2 Satz 5 UStG, vgl. Abschnitt 14.3)**

ausgestellt werden. [7]Der Leistungsempfänger kann nicht Dritter sein. [8]Bedient sich der leistende Unternehmer zur Rechnungserstellung eines Dritten, hat der leistende Unternehmer sicherzustellen, dass der Dritte die Einhaltung der sich aus den §§ 14, 14a UStG ergebenden formalen Voraussetzungen gewährleistet. [9]Die zusätzlichen Pflichten bei der Ausstellung von Rechnungen in besonderen Fällen nach § 14a UStG (vgl. Abschnitt 14a.1) sind zu beachten.

(4) [1]Die Rechnung ist grundsätzlich als E-Rechnung auszustellen, wenn der Leistungsempfänger die Leistung für sein Unternehmen bezieht und sowohl Leistender als auch Leistungsempfänger im Inland oder in einem der in § 1 Abs. 3 UStG bezeichneten Gebiete ansässig sind. [2]Dies ist der Fall, wenn beide Unternehmer jeweils in einem dieser Gebiete ihren Sitz, ihre Geschäftsleitung, eine umsatzsteuerliche Betriebsstätte (vgl. Abschnitt 3a.1 Abs. 3), die an dem Umsatz beteiligt ist, oder in Ermangelung eines Sitzes ihren Wohnsitz oder gewöhnlichen Aufenthalt haben (§ 14 Abs. 2 Satz 3 UStG). [3]Zur Beteiligung ausländischer Unternehmensteile an einem im Inland steuerbaren und steuerpflichtigen Umsatz vgl. Abschnitt 13b.11 Abs. 1 Satz 7. [4]Die Ausstellung einer E-Rechnung an einen anderen inländischen Unternehmer bedarf nicht der Zustimmung des Leistungsempfängers. [5]Dieser hat die technischen Voraussetzungen für den Empfang einer E-Rechnung zu schaffen (siehe Absatz 5). [6]E-Rechnungen können z.B. per E-Mail, per Download über ein Internetportal oder per EDI, per Bereitstellung der Daten mittels einer elektronischen Schnittstelle oder durch gemeinsamen Zugriff auf einen zentralen Speicherort übermittelt werden. [7]Auf welches zulässige elektronische Rechnungsformat (vgl. Absatz 11) und welchen zulässigen Übermittlungsweg sich die Vertragsparteien einigen, ist zivilrechtlich zwischen ihnen zu klären. [8]Die grundsätzliche Verpflichtung zur Ausstellung einer E-Rechnung besteht auch dann, wenn die Umsätze den Sonderregelungen nach §§ 23a bis 25c UStG unterliegen oder wenn der Unternehmer eine Leistung im Sinne des § 13b Abs. 2 UStG ausführt, für die der Leistungsempfänger nach § 13b Abs. 5 UStG die Steuer schuldet. [9]Auch für Umsätze, die nach § 4 Nr. 1 bis 7 UStG steuerfrei sind, ist unter den übrigen Voraussetzungen eine E-Rechnung auszustellen (z.B. innergemeinschaftliche Lieferung aus Deutschland an die Betriebsstätte eines anderen inländischen Unternehmers im Gemeinschaftsgebiet). [10]Die Verpflichtung zur Ausstellung einer E-Rechnung gilt ebenfalls, wenn nur Teile der abgerechneten Leistungen der Pflicht zur Verwendung der E-Rechnung unterliegen (z.B. bei teilweise steuerpflichtigen, teilweise nach § 4 Nr. 8 bis 29 UStG steuerfreien Umsätzen) sowie in Fällen, in denen die Leistung aufgrund einer Op-tion (§ 9 Abs. 1 UStG) steuerpflichtig ist.

(5) [1]Inländische Unternehmer müssen die technischen Voraussetzungen zum Empfang einer E-Rechnung schaffen. [2]Dies gilt auch, wenn der Rechnungsempfänger der Sonderregelung nach § 19 UStG unterliegt. [3]Bei einem Empfang mittels E-Mail ist kein gesondertes E-Mail-Postfach nur für den Empfang von E-Rechnungen erforderlich. [4]Ist ein Unternehmer technisch nicht in der Lage, eine E-Rechnung empfangen zu können, bzw. verweigert er die Annahme, hat er kein Anrecht auf eine alternative Ausstellung einer sonstigen Rechnung durch den Rechnungsaussteller. [5]In diesem Fall gelten die umsatzsteuerrechtlichen Pflichten des Rechnungsausstellers auch als erfüllt, wenn er eine E-Rechnung ausgestellt und sich nachweislich (z.B. anhand eines Send-eprotokolls) um eine ordnungsgemäße Übermittlung bemüht hat.

(6) [1]Ein Verstoß gegen die Verpflichtung zur Ausstellung einer E-Rechnung wird beim Rechnungsaussteller nicht beanstandet, solange er keine Kenntnis davon hatte und auch nicht mit der Sorgfalt eines ordentlichen Kaufmanns erkennen konnte, dass seine Leistung an einen anderen Unternehmer für dessen Unternehmen erbracht wurde. [2]Die Verwendung der USt-IdNr. oder der W-IdNr. kann ein Indiz dafür sein, dass der Leistungsempfänger als Unternehmer handelt. [3]Ist mindestens einer der am Umsatz beteiligten Unternehmer nicht im Inland oder einem der in § 1 Abs. 3 UStG bezeichneten Gebiete ansässig, besteht keine Pflicht zur Ausstellung einer E-Rechnung; in diesen Fällen kann die gemäß § 14 Abs. 2 Satz 2 Nr. 1, erster Halbsatz UStG auszustellende Rechnung als Rechnung in Papierform oder mit Zustimmung des Rechnungsempfängers als E-Rechnung oder sonstige Rechnung in einem anderen elektronischen Format ausgestellt werden (§ 14 Abs. 1 Satz 5 UStG). [4]Kleinbetragsrechnungen nach § 33 UStDV (vgl. Abschnitt 14.6), Fahrausweise nach § 34 UStDV (vgl. Abschnitt 14.7) und Rechnungen eines Kleinunternehmers nach § 34a UStDV (vgl. Abschnitt 14.7a) können immer als sonstige Rechnung ausgestellt und übermittelt werden; verwendet der Rechnungsaussteller in diesen Fällen dennoch eine E-Rechnung, ist dies bei Umsätzen zwischen inländischen Unternehmern ohne Zustimmung des Rechnungsempfängers möglich. [5]Für Umsätze, bei denen trotz fehlender Verpflichtung zur Ausstellung (z.B. bei Umsätzen, die nach § 4 Nr. 8 bis 29 UStG steuerfrei sind, oder an private Endverbraucher) eine Rechnung ausgestellt wird, kann eine E-Rechnung nur bei Zustimmung des Rechnungsempfängers verwendet werden (§ 14 Abs. 1 Satz 5 UStG).

(7) [1]Sofern keine Pflicht zur Verwendung einer E-Rechnung (nach § 14 Abs. 2 Satz 2 Nr. 1, zweiter Halbsatz UStG) besteht, ist die Verwendung einer sonstigen Rechnung in Papierform immer zulässig. [2]Auch in diesen Fällen kann eine E-Rechnung oder eine sonstige Rechnung in einem anderen elektronischen Format verwendet werden, dies bedarf aber der Zustimmung des Rechnungsempfängers (§ 14 Abs. 1 Satz 5 UStG). [3]Zum Zustimmungserfordernis bei Kleinbetragsrechnungen, Fahrausweisen und Rechnungen eines Kleinunternehmers siehe Absatz 6. [4]Die Zustimmung bedarf dabei keiner besonderen Form und kann auch konkludent (z.B. durch eine widerspruchslose Annahme) erfolgen. [5]Es muss lediglich Einvernehmen zwischen Rechnungsaussteller und Rechnungsempfänger darüber bestehen, dass die Rechnung elektronisch übermittelt werden soll. [6]Die Zustimmung kann z.B. in Form einer Rahmenvereinbarung (z.B. in den Allgemeinen Geschäftsbedingungen) erklärt werden. [7]Sie kann auch nachträglich erklärt werden. [8]Es genügt aber auch, dass die Beteiligten diese Verfahrensweise tatsächlich praktizieren und damit stillschweigend billigen.

(8) [1]Nach § 14 Abs. 2 Satz 2 Nr. 2 UStG ist der Unternehmer bei Ausführung von Lieferungen oder sonstigen Leistungen an eine juristische Person, soweit sie nicht Unternehmer ist, verpflichtet, eine Rechnung auszustellen. [2]Die Rechnung kann – vorbehaltlich anderer Vorschriften, z.B. der ERechV – auf Papier oder mit Zustimmung des Leistungsempfängers als E-Rechnung oder als sonstige Rechnung in einem anderen elektronischen Format ausgestellt werden. [3]Die Zustimmung bedarf keiner besonderen Form und kann auch konkludent (z.B. durch eine widerspruchslose Annahme) erfolgen. [4]Wird ein Umsatz sowohl für den unternehmerischen als auch für den nichtunternehmerischen Bereich der juristischen Person ausgeführt, geht die Verpflichtung zur Ausstellung einer E-Rechnung nach § 14 Abs. 2 Satz 2 Nr. 1 UStG vor. [5]Zu Rechnungen von Kleinunternehmern vgl. Abschnitt 14.7a.

(9) [1]Nach § 14 Abs. 2 Satz 2 Nr. 3 UStG ist der Unternehmer bei Ausführung von steuerpflichtigen Leistungen (Werklieferungen im Sinne von § 3 Abs. 4 Satz 1 UStG oder sonstige Leistungen) im Zusammenhang mit einem Grundstück an einen anderen als unter § 14 Abs. 2 Satz 2 Nr. 1 und 2 UStG genannten Empfänger (Nichtunternehmer oder Unternehmer für dessen nichtunternehmerischen Bereich) ver-

pflichtet, eine Rechnung auszustellen. 2Zu den Einzelheiten, welche Leistungen hierunter fallen, siehe Abschnitt 14.2. 3Die Rechnung kann in Papierform oder – mit Zustimmung des Leistungsempfängers – als E-Rechnung oder als sonstige Rechnung in einem anderen elektronischen Format ausgestellt werden. 4Die Zustimmung bedarf keiner besonderen Form und kann auch konkludent (z.B. durch eine widerspruchslose Annahme) erfolgen. 5Die Verpflichtung zur Erteilung einer Rechnung ist nicht davon abhängig, ob der Empfänger der steuerpflichtigen Werklieferung oder sonstigen Leistung der Eigentümer des Grundstücks ist. 6Die Verpflichtung zur Erteilung einer Rechnung bei steuerpflichtigen Leistungen (Werklieferungen oder sonstigen Leistungen) im Zusammenhang mit einem Grundstück gilt auch für Land- und Forstwirte, die die Durchschnittssatzbesteuerung nach § 24 UStG anwenden. 7Zu Rechnungen von Kleinunternehmern vgl. Abschnitt 14.7a. 8Für steuerpflichtige sonstige Leistungen der in § 4 Nr. 12 Sätze 1 und 2 UStG bezeichneten Art, die weder an einen anderen Unternehmer für dessen Unternehmen noch an eine juristische Person erbracht werden, besteht keine Rechnung-sausstellungspflicht.

Anspruch auf Ausstellung einer Rechnung

(10) 1Besteht eine umsatzsteuerliche Verpflichtung zur Ausstellung einer Rechnung (vgl. Absatz 3), leitet sich hieraus ein zivilrechtlicher Anspruch des Leistungsempfängers ab, der nach § 13 GVG vor den ordentlichen Gerichten geltend zu machen ist (vgl. BGH-Urteil vom 11.12.1974 – VIII ZR 186/73). 2Satz 1 gilt entsprechend, wenn ein übersandter Datensatz bei bestehender Pflicht zur Ausstellung einer E-Rechnung nicht die Anforderungen an eine ordnungsmäßige Rechnung erfüllt. 3Zur Notwendigkeit, eine E-Rechnung empfangen zu können, siehe Absatz 5. 4Der Anspruch auf Erfüllung einer aus § 242 BGB abgeleiteten zivilrechtlichen Nebenpflicht aus dem zu Grunde liegenden Schuldverhältnis setzt voraus, dass der leistende Unternehmer zur Rechnungsausstellung mit gesondertem Steuerausweis berechtigt ist und ihn zivilrechtlich die Abrechnungslast trifft (vgl. BFH-Urteil vom 04.03.1982 – V R 107/79, BStBl II S. 309). 5Die Verjährung richtet sich nach § 195 BGB; weiterhin gelten die allgemeinen Vorschriften des BGB über die Verjährung. 6Ist es ernstlich zweifelhaft, ob eine Leistung der Umsatzsteuer unterliegt, kann der Leistungsempfänger die Erteilung einer Rechnung mit gesondert ausgewiesener Steuer nur verlangen, wenn der Vorgang bestandskräftig der Umsatzsteuer unterworfen wurde (vgl. BGH-Urteile vom 24.02.1988 – VIII ZR 64/87 und vom 10.11.1988 – VII ZR 137/87 sowie BFH-Urteil vom 30.03.2011 – XI R 12/08, BStBl II S. 819). 7Zu der Möglichkeit des Leistungsempfängers, die Steuerpflicht des Vorgangs auch durch eine Feststellungsklage nach § 41 FGO klären zu lassen, vgl. BFH-Urteil vom 10.07.1997 – V R 94/96, BStBl II S. 707. 8Nach Eröffnung des Insolvenzverfahrens ist der Anspruch auf Ausstellung einer Rechnung nach § 14 Abs. 1 UStG vom Insolvenzverwalter auch dann zu erfüllen, wenn die Leistung vor Eröffnung des Insolvenzverfahrens bewirkt wurde (vgl. BGH-Urteil vom 06.05.1981 – VIII ZR 45/80, zum Konkursverfahren).

Zulässige Formate einer E-Rechnung

(11) 1Das Format einer E-Rechnung muss gewährleisten, dass die Rechnungsangaben nach §§ 14, 14a UStG in einem strukturierten elektronischen Format übermittelt und elektronisch weiterverarbeitet werden können. 2Anderenfalls handelt es sich nicht um ein umsatzsteuerrechtlich zulässiges Format. 3Die Verwendung von Rechnungsformaten, die der Normenreihe EN 16931 (siehe Absatz 13) entsprechen, ist immer zulässig. 4Formatfehler liegen vor, wenn die Rechnungsdatei nicht den zulässigen Syntaxen bzw. deren technischen Vorgaben entspricht oder in den Fällen des § 14 Abs. 1 Satz 6 Nr. 2 UStG keine richtige und vollständige Extraktion zulässt. 5Dabei ist es unerheblich, welcher Art die Formatfehler sind, da die Datei dann nicht den Vorgaben des § 14 Abs. 1 Satz 6 UStG entspricht. 6Von Formatfehlern ist eine Verletzung der Geschäftsregeln zu unterscheiden (Geschäftsregelfehler). 7Diese liegen vor, wenn die Rechnungsdatei gegen die für dieses E-Rechnungsformat gültigen Geschäftsregeln verstößt. 8Geschäftsregeln sind technische Vorschriften zur Überprüfung der logischen Abhängigkeiten der in einer E-Rechnung enthaltenen Informationen. 9Geschäftsregelfehler können sich dadurch ergeben, dass die in einer Rechnung enthaltenen Informationen unvollständig sind (z.B. keine Angabe im Pflichtfeld „BT-10 Buyer reference“ in einer XRechnung) oder zueinander in Widerspruch stehen (z.B. Steuerbetrag stimmt rechnerisch nicht mit dem angegebenen Steuersatz überein). 10Zu den Rechtsfolgen vgl. Absatz 2 und Abschnitt 14.5 Abs. 1. 11Ob eine Rechnung die Anforderungen der Normenreihe

EN 16931 – auch hinsichtlich des Formats und der gültigen Geschäftsregeln – erfüllt, kann beispielsweise durch die Nutzung einer geeigneten Validierungsanwendung überprüft werden. [12]Daneben können unter bestimmten Voraussetzungen auch von der Normenreihe EN 16931 abweichende strukturierte elektronische Rechnungsformate verwendet werden, z.B. EDI-Verfahren (vgl. Absatz 15).

(12) [1]Eine E-Rechnung kann sowohl in einem rein strukturierten als auch in einem hybriden Format erstellt werden. [2]Die nationalen Rechnungsformate nach dem Standard XRechnung (vgl. Absatz 13) und – unter bestimmten Voraussetzungen – nach dem ZUGFeRD-Format (vgl. Absatz 14) erfüllen die Voraussetzungen einer Rechnung in einem strukturierten elektronischen Format, die der europäischen Norm EN 16931 entspricht. [3]Die Verwendung elektronischer Rechnungsformate ist nicht auf nationale Formate beschränkt, sofern diese der europäischen Norm EN 16931 entsprechen. [4]Für die Ausstellung einer E-Rechnung kommt insoweit auch eine Verwendung von weiteren europäischen Rechnungsformaten nach dem vorbezeichneten Standard in Betracht. [5]Welches – zulässige – Format verwendet wird, ist eine zivilrechtliche Frage, die nur zwischen den Vertragsparteien zu entscheiden ist.

(13) [1]Die Vorgaben der Richtlinie 2014/55/EU sind von dem CEN (Comité Européen de Normalisation, Europäisches Komitee für Normung) mit der europäischen Normenreihe EN 16931 technisch umgesetzt worden. [2]Eine solche E-Rechnung ist als rein strukturiertes Datenformat konzipiert und ermöglicht, Rechnungsdaten direkt und ohne Medienbruch in die verarbeitenden Systeme zu importieren. [3]Sie gibt die Verwendung des strukturierten Datenformates XML vor. [4]Dieses Format dient in erster Linie der maschinellen Verarbeitung und ist nicht für eine Sichtprüfung durch das menschliche Auge geeignet. [5]Durch eine Visualisierungsanwendung kann der XML-Datensatz für den Menschen lesbar dargestellt werden. [6]In Deutschland wurde auf Grundlage der Normenreihe EN 16931 der Standard XRechnung als rein strukturiertes Format (im Unterschied zu einem hybriden Format, vgl. Absatz 14) auf Basis des semantischen Kern-Datenmodells unter Berücksichtigung nationaler Besonderheiten entwickelt. [7]Der Standard XRechnung entspricht der Normenreihe EN 16931 und den Anforderungen des § 14 Abs. 1 Satz 6 Nr. 1 UStG. [8]Neben dem mit der Normenreihe EN 16931 übereinstimmenden („compliant“) Kern-Datenmodell stellt der Standard XRechnung auch eine konforme („conformant“) Erweiterung (sogenannte Extension XRechnung) zur Verfügung. [9]Mit einer Extension können z.B. branchenbezogene Anforderungen berücksichtigt werden, ohne das Kern-Datenmodell für alle Anwender erweitern zu müssen. [10]Die umsatzsteuerrechtlichen Pflichtangaben sind im Kern-Datenmodell enthalten. [11]Ob eine Rechnung die Anforderungen der Normenreihe EN 16931 erfüllt, kann beispielsweise durch die Nutzung einer geeigneten Validierungsanwendung überprüft werden.

(14) [1]Neben rein strukturierten elektronischen Formaten können auch hybride Rechnungsformate die Voraussetzungen an eine E-Rechnung erfüllen. [2]Ein hybrides Format besteht neben dem strukturierten Datenteil (z.B. XML-Datei) auch aus einem menschenlesbaren Datenteil (z.B. PDF-Dokument). [3]Beide Datenteile sind in einer Datei zusammengefasst. [4]Beispielsweise das hybride Format ZUGFeRD ab der Version 2.0.1 – ausgenommen die Profile MINIMUM und BASIC-WL – beruht auf der Normenreihe EN 16931 und fällt somit unter die zulässigen E-Rechnungs-Formate.

(15) [1]Das strukturierte elektronische Format einer E-Rechnung kann auch zwischen Rechnungsaussteller und Rechnungsempfänger vereinbart werden (§ 14 Abs. 1 Satz 6 Nr. 2 UStG) und damit von den Vorgaben der Normenreihe EN 16931 abweichen (z.B. bei EDI-Verfahren). [2]Voraussetzung hierfür ist, dass das Format die richtige und vollständige Extraktion der nach dem UStG erforderlichen Angaben aus der E-Rechnung in ein Format ermöglicht, das der Normenreihe EN 16931 entspricht oder mit dieser interoperabel ist. [3]Interoperabel bedeutet, dass die umsatzsteuerrechtlich geforderten Informationen aus dem ursprünglich verwendeten elektronischen Rechnungsformat ohne Informationsverlust weiterverarbeitet werden können, wie es auch eine entsprechende Extraktion der Informationen aus einer E-Rechnung gemäß der Normenreihe EN 16931 erlauben würde. [4]Ein Informationsverlust liegt vor, wenn sich der Inhalt oder die Bedeutung einer Information ändert oder diese nicht mehr erkennbar ist.

Besondere Fälle der Rechnungsausstellung

(16) [1]Soweit ein Kreditinstitut mittels Kontoauszug über eine von ihm erbrachte Leistung abrechnet, kommt diesem Kontoauszug Abrechnungscharakter zu mit der Folge, dass dieser Kontoauszug eine

Rechnung im Sinne des § 14 Abs. 1 Satz 1 UStG darstellt. [2]Ein Kontoauszug kann eine E-Rechnung darstellen, wenn er die Anforderungen an deren Format (vgl. Absätze 11 bis 15) und Inhalt (vgl. insbesondere Abschnitt 14.5) erfüllt. [3]Ansonsten handelt es sich um eine sonstige Rechnung, die erforderlichenfalls durch Ausstellung einer E-Rechnung berichtigt werden kann (vgl. Abschnitt 15.2a Abs. 7).

(17) [1]Als Rechnung im Sinne des § 14 Abs. 1 Satz 1 UStG ist auch ein Vertrag anzusehen, der die in § 14 Abs. 4 UStG geforderten Angaben enthält. [2]Er kann eine E-Rechnung darstellen, wenn er die Anforderungen an deren Format (vgl. Absätze 11 bis 15) erfüllt. [3]Ansonsten handelt es sich um eine sonstige Rechnung. [4]Bei bestehender Pflicht zur Ausstellung einer E-Rechnung nach Absatz 4 ist dann daher zusätzlich eine E-Rechnung auszustellen, die die sonstige Rechnung berichtigt (vgl. Abschnitt 15.2a Abs. 7). [5]In dieser kann der zugrundeliegende Vertrag als ergänzende Angabe in einem in der E-Rechnung enthaltenen Anhang aufgenommen werden.

(18) [1]Ist in einem Vertrag – z.B. in einem Miet- oder Pachtvertrag, Wartungsvertrag oder Pauschalvertrag mit einem Steuerberater – der Zeitraum, über den sich die jeweilige Leistung oder Teilleistung erstreckt, nicht angegeben, reicht es aus, wenn sich dieser aus den einzelnen Zahlungsbelegen, z.B. aus den Ausfertigungen der Überweisungsaufträge, ergibt (vgl. BFH-Beschluss vom 07.07.1988 – V B 72/86, BStBl II S. 913). [2]Die in einem Vertrag enthaltene gesonderte Inrechnung-stellung der Steuer muss jedoch wie bei jeder anderen Abrechnungsform eindeutig, klar und unbedingt sein. [3]Das ist nicht der Fall, wenn z.B. die in einem Vertrag enthaltene Abrechnung offen lässt, ob der leistende Unternehmer den Umsatz versteuern oder als steuerfrei behandeln will, und demnach die Abrechnungsvereinbarung für jeden der beiden Fälle eine wahlweise Ausgestaltung enthält (vgl. BFH-Urteil vom 04.03.1982 – V R 55/80, BStBl II S. 317).

(19) [1]Besteht eine Pflicht zur Ausstellung einer E-Rechnung nach Absatz 4, ist es bei einem Dauerschuldverhältnis (z.B. Mietverhältnis) ausreichend, wenn einmalig für den ersten Teilleistungszeitraum eine E-Rechnung ausgestellt wird, in welcher der zugrundeliegende Vertrag als Anhang enthalten ist oder sich aus dem sonstigen Inhalt der E-Rechnung klar ergibt, dass es sich um eine Dauerrechnung handelt. [2]Zu den Folgezeiträumen vgl. Abschnitt 14.5 Abs. 17. [3]Ändern sich die umsatzsteuerrechtlichen Rechnungspflichtangaben nach §§ 14, 14a UStG, muss die ursprüngliche E-Rechnung berichtigt werden oder eine neue E-Rechnung im Sinne der Absätze 11 bis 15 ausgestellt werden. [4]Solange sich die Rechnungsangaben nicht ändern, besteht für zulässigerweise als sonstige Rechnung erteilte Dauerrechnungen keine Pflicht, zusätzlich eine E-Rechnung auszustellen. [5]Besteht keine Verpflichtung zur Ausstellung einer E-Rechnung nach Absatz 4, können im Vertrag fehlende Pflichtangaben (vgl. Abschnitt 14.5) in anderen Unterlagen enthalten sein, auf die im Vertrag hinzuweisen ist (§ 31 Abs. 1 UStDV). [6]Umsatzsteuerlich kann auch eine Sammelrechnung als E-Rechnung ausgestellt werden.

Maßgebliche Vorschriften für die Rechnungsausstellung

(20) [1]Für Umsätze, die nach § 1 Abs. 1 Nr. 1 UStG im Inland steuerbar sind, gelten grundsätzlich die Vorschriften zur Rechnungsausstellung nach den §§ 14, 14a UStG. [2]Ist der Unternehmer zwar nicht im Inland, aber in einem anderen Mitgliedstaat ansässig und führt er einen nach § 1 Abs. 1 Nr. 1 UStG im Inland steuerbaren Umsatz aus, für den der Leistungsempfänger die Steuer nach § 13b Abs. 5 in Verbindung mit Abs. 1 und 2 UStG schuldet, gelten für die **Rechnungsausstellung** die Vorschriften des Mitgliedstaates, in dem der Unternehmer seinen Sitz, seine Geschäftsleitung, eine Betriebsstätte, von der aus der Umsatz ausgeführt wird, oder in Ermangelung eines Sitzes seinen Wohnsitz oder gewöhnlichen Aufenthalt hat (§ 14 Abs. 7 Satz 1 UStG). [3]Der Unternehmer ist bei Anwendung des § 14 Abs. 7 Satz 1 UStG nicht im Inland ansässig, wenn er weder seinen Sitz noch seine Geschäftsleitung, eine Betriebsstätte (vgl. Abschnitt 3a.1 Abs. 3), von der aus der Umsatz ausgeführt wird oder die an der Erbringung dieses Umsatzes beteiligt ist, oder in Ermangelung eines Sitzes seinen Wohnsitz oder gewöhnlichen Aufenthalt im Inland hat; dies gilt auch, wenn der Unternehmer ausschließlich einen Wohnsitz oder gewöhnlichen Aufenthaltsort im Inland, aber seinen Sitz, den Ort der Geschäftsleitung oder eine Betriebsstätte im Ausland hat. [4]Vereinbaren die am Leistungsaustausch Beteiligten, dass der Leistungsempfänger über den Umsatz abrechnet, greift der Grundsatz nach Satz 1 (§ 14 Abs. 7 Satz 2 UStG). [5]Ist der Unternehmer im Ausland ansässig und macht er von einem besonderen Besteuerungsverfahren im Sinne von § 14 Abs. 7 Satz 3 UStG Gebrauch, dessen Inanspruchnahme er in einem anderen Mitglied-

staat angezeigt hat, gelten für die in diesen Besteuerungsverfahren zu erklärenden Umsätze abweichend von § 14 Abs. 1 bis 6 UStG für die Rechnungserteilung die Vorschriften des anderen Mitgliedstaates. [6]Für im Drittlandsgebiet ansässige Unternehmer und für im Inland ansässige Unternehmer, die von einem besonderen Besteuerungsverfahren Gebrauch machen, dessen Inanspruchnahme sie beim BZSt angezeigt haben, gelten die Vorschriften zur Rechnungserteilung nach § 14 Abs. 1 bis 6 UStG. [7]Besondere Besteuerungsverfahren in diesem Sinne sind die nach

- § 18 Abs. 4 c UStG (vgl. Abschnitt 18.7 a),
- § 18 Abs. 4 d UStG (vgl. Abschnitt 18.7 a Abs. 7),
- § 18 Abs. 4 e UStG (vgl. Abschnitt 18.7 b),
- § 18 h UStG (vgl. Abschnitt 18 h.1),
- § 18 i UStG (vgl. Abschnitt 18 i.1 Abs. 1 Satz 1),
- § 18 j UStG (vgl. Abschnitt 18 j.1 Abs. 1) bzw.
- § 18 k UStG (vgl. Abschnitt 18 k.1 Abs. 1).

Beispiel 1:

[1]Der französische Unternehmer F erbringt an den deutschen Unternehmer D eine Unternehmensberatungsleistung. [2]F hat seinen Unternehmenssitz in Frankreich, von dem aus die Leistung erbracht wird.

[3]F erbringt an D eine sonstige Leistung, die nach § 3 a Abs. 2 UStG im Inland steuerbar ist. [4]Steuerschuldner für die steuerpflichtige Leistung ist D als Leistungsempfänger nach § 13 b Abs. 5 Satz 1 in Verbindung mit Abs. 1 UStG.

a) [1]F erteilt die Rechnung.

[2]F hat eine Rechnung nach den in Frankreich geltenden Vorgaben zur Rechnungserteilung auszustellen.

b) [1]F und D vereinbaren, dass D mit Gutschrift abrechnet.

[2]D hat die Gutschrift nach den in Deutschland geltenden Rechnungserteilungspflichten zu erstellen.

Beispiel 2:

[1]Wie Beispiel 1. [2]F weist in der Rechnung gesondert deutsche Umsatzsteuer aus.

[3]F hat deutsche Umsatzsteuer gesondert ausgewiesen, obwohl er diese nach deutschem Umsatzsteuergesetz nicht schuldet. [4]Solange F den unrichtigen Steuerbetrag gegenüber D nicht berichtigt, schuldet er den gesondert ausgewiesen Steuerbetrag nach § 14 c Abs. 1 UStG (vgl. Abschnitt 14 c.1). [5]Auch ohne Rechnungsberichtigung durch F wird D von der Steuerschuldnerschaft des Leistungsempfängers nach § 13 b Abs. 5 Satz 1 in Verbindung mit Abs. 1 UStG nicht entbunden.

Anmerkung

1. Einführung der verpflichtenden E-Rechnung zum 1.1.2025

Hinweis zur nachfolgenden Darstellung

Abschn. 14.1 UStAE betrifft zwar lediglich Anmerkungen der FinVerw zum **Begriff der Rechnung**. Im Folgenden werden gleichwohl in kompakter Weise die **Grundzüge der verpflichtenden elektronischen Rechnung ab 1.1.2025** unter Einbeziehung der beiden Anwendungsschreiben des BMF vom 15.10.2024 und 15.10.2025 dargestellt und kommentiert. Soweit erforderlich wird in den Kommentierungen zu anderen Abschnitten des UStAE dort auf diese Ausführungen Bezug genommen bzw. werden diese Ausführungen ergänzt.

Durch das Wachstumschancengesetz (Gesetz v. 27.03.2024, BGBl. I 2024, Nr. 108) wurde mit Wirkung ab 1.1.2025 die verpflichtende elektronische Rechnung (im Folgenden: E-Rechnung) eingeführt. Sie betrifft ausschließlich den **B2B-Bereich** im **Inland**. Ausgenommen sind **Rechnungen über Leistungen,**

die nach § 4 Nr. 8 bis 29 UStG steuerfrei sind, sowie Rechnungen über **Kleinbeträge** bis 250 EUR (§ 33 UStDV) und **Fahrausweise** (§ 34 UStDV).

Die verpflichtende E-Rechnung hängt eng zusammen mit einem zu einem späteren Zeitpunkt einzuführenden Meldesystem (**Reportingverfahren**). Daraus wird sich die Verpflichtung zur zeitnahen und transaktionsbezogenen elektronischen Meldung von bestimmten Rechnungsangaben an die Verwaltung ergeben. Derzeit ist die **Einführung des Reportingverfahrens in Deutschland** noch **unklar**. Nachdem zunächst der 1.1.2028 avisiert war, soll sich dessen Einführung nunmehr wohl um mindestens 2 Jahre verzögern, um vor allem die technischen Möglichkeiten zu schaffen.

Bereits vor Inkrafttreten der Regelungen hat das BMF am **15.10.2024, BStBl I 2024, 1320** ein erstes Anwendungsschreiben zur verpflichtenden E-Rechnung herausgegeben (siehe dazu die Anmerkungen unter Ziff. 2.). Exakt ein Jahr später hat die FinVerw ein weiteres Schreiben herausgegeben und damit – wie angekündigt – den UStAE umfassend geändert (**BMF-Schreiben v. 15.10.2025, BStBl I 2025, 1806**). Daneben hat die FinVerw einen **FAQ-Katalog** auf ihrer Internetseite www.bundesfinanzministerium.de veröffentlicht, den sie regelmäßig mit Fragen/Antworten aus der Praxis ergänzt.

Für die Praxis sind beide BMF-Schreiben von Bedeutung. Das BMF-Schreiben aus **2024** stellt die **Grundzüge** – vor allem die **Begriffe** – der Neuregelung heraus, während das Schreiben aus **2025** detaillierter zu einzelnen Fragen Stellung bezieht, vor allem aber umfassend die Regelungen des UStAE ergänzt. Dieses hatte sich die FinVerw noch in 2024 vorbehalten.

2. Einführungs- und Anwendungsschreiben des BMF vom 15.10.2024, BStBl I 2024, 1320

Das Anwendungsschreiben enthält wichtige Hinweise, die vor allem den Bereich

- Übermittlung von E-Rechnungen
- zulässige Formate der E-Rechnung
- Rechnungskorrektur und
- den Vorsteuerabzug

betreffen.

Vom Aufbau her verweist das BMF zunächst auf die aktuelle, noch bis zum 31.12.2024 geltende Rechtslage, um dann auf die Neuregelung einzugehen.

Hinweis

Im Folgenden wird auf die entsprechenden Randziffern des BMF-Schreibens v. 15.10.2024 immer in einem Klammerzusatz (Rz.) verwiesen.

2.1 Begriff E-Rechnung

Eine E-Rechnung i. S. d. § 14 Abs. 1 Satz 3 UStG ist eine Rechnung, die in einem strukturierten elektronischen Format

- ausgestellt,
- übermittelt und
- empfangen wird
- und eine elektronische Verarbeitung ermöglicht.

Das strukturierte elektronische Format muss der CEN-Norm 16931 entsprechen. Das BMF weist hierzu auf Folgendes hin (Abschn. 14.1 Abs. 2 UStAE):

Das strukturierte Format einer elektronischen Rechnung

- muss entweder der europäischen Norm für die elektronische Rechnungsstellung und der Liste der entsprechenden Syntaxen gemäß der Richtlinie 2014/55/EU des Europäischen Parlaments und des Rates vom 16. 4. 2014 über die elektronische Rechnungsstellung bei öffentlichen Aufträgen (ABl. L 133 vom 6.5.2014, S. 1) entsprechen (§ 14 Abs. 1 S. 6 Nr. 1 UStG) oder

– kann zwischen Rechnungsaussteller und Rechnungsempfänger vereinbart werden. Voraussetzung für eine solche Vereinbarung ist, dass das verwendete Format die richtige und vollständige Extraktion der nach dem UStG erforderlichen Angaben aus der E-Rechnung in ein Format ermöglicht, das **der Norm EN 16931 entspricht oder mit dieser interoperabel** ist (vgl. § 14 Abs. 1 S. 6 Nr. 2 UStG).

Wichtig ist nach § 14 Abs. 1 Satz 6 Nr. 2 UStG immer, dass sich aus der E-Rechnung im vereinbarten Format dann die erforderlichen Angaben richtig und vollständig in ein Format extrahieren lassen, das der o. g. **CEN-Norm 16931 entspricht oder mit dieser interoperabel** ist.

Hinweis: Begriff „interoperabel“

Interoperabel bedeutet in diesem Zusammenhang, dass die umsatzsteuerrechtlich geforderten Informationen aus der Ursprungsdatei ohne Informationsverlust in das Zielformat (entsprechend der Norm EN 16931) umgewandelt werden können. Ein Informationsverlust liegt vor, wenn sich der Inhalt oder die Bedeutung einer Information ändert oder diese nicht mehr erkennbar ist.

Vor diesem Hintergrund sind dann z. B. über das EDI-Verfahren ausgestellte Rechnungen, deren Formate nicht der CEN-Norm 16931 entsprechen, weiterhin zulässig. Die gewählte Formulierung ist technologieoffen und gilt damit auch für weitere – ggf. neue – elektronische Rechnungsformate (Rz. 33).

Hinweis: Zugelassene Formate (Rz. 24 ff.)

Das BMF weist im Anwendungsschreiben darauf hin, dass die Formerfordernisse etwa von Rechnungen nach dem XStandard, die u. a. im öffentlichen Auftragswesen (B2G) bereits zum Einsatz kommen, oder dem hybriden ZUGFeRD-Format (Kombination aus PDF-Dokument und XML-Datei ab Version 2.01) erfüllt werden. In Betracht kommen lt. BMF (Rz. 26) auch andere europäische Rechnungsformate – z. B. FatturaPA (Italien) oder Factur-X (Frankreich).

Anders als derzeit in Abschn. 14.4. Abs. 3 Satz 4 UStAE vorgesehen, ist künftig bei hybriden Rechnungsformaten der strukturierte Teil der führende.

2.2 Verpflichtung zur Ausstellung einer E-Rechnung

Die Verpflichtung, eine elektronische Rechnung im o. g. Sinne auszustellen, betrifft nur **Leistungen zwischen Unternehmern** (B2B). Zudem müssen leistender Unternehmer und Leistungsempfänger im Inland (bzw. in den Gebieten nach § 1 Abs. 3 UStG) ansässig sein.

Hinweis: Ansässigkeit im Inland (Rz. 13)

Die Ansässigkeit im Inland oder in einem der in § 1 Abs. 3 UStG bezeichneten Gebiet liegt vor, wenn der Unternehmer in einem dieser Gebiete seinen Sitz, seine Geschäftsleitung, eine – umsatzsteuerrechtliche – Betriebsstätte (vgl. Abschn. 3a.1 Absatz 3 UStAE), die an dem Umsatz beteiligt ist, oder in Ermangelung eines Sitzes seinen Wohnsitz oder gewöhnlichen Aufenthalt hat. Sind der leistende Unternehmer und/oder der Leistungsempfänger nicht im Inland ansässig, kann die Rechnung auch als sonstige Rechnung (auf Papier oder bei Zustimmung des Rechnungsempfängers in einem anderen elektronischen Format) ausgestellt werden.

2.3 Rechnungsformen und Gutschriften

Die Regelungen zur verpflichtenden Verwendung von E-Rechnungen gelten in gleicher Weise für die Rechnungsausstellung in Form einer **Gutschrift** (§ 14 Abs. 2 S. 5 UStG – vgl. Rz. 17) sowie für Rechnungen

– über Umsätze, für die der Leistungsempfänger die Steuer schuldet (§ 13b UStG),
– die von Kleinunternehmern (§ 19 UStG) empfangen werden,
– über Umsätze, die der Durchschnittssatzbesteuerung für land- und forstwirtschaftliche Betriebe unterliegen (§ 24 UStG),
– über Reiseleistungen (§ 25 UStG) und
– über Umsätze, für welche die Differenzbesteuerung (§ 25a UStG) angewendet wird

- über Vermietungsumsätze, wenn der Rechnungsempfänger ein Unternehmer ist, der ausschließlich steuerfreie Umsätze (z. B. Vermieter einer Wohnung) ausführt.
- Außerdem gelten die Regelungen, wenn nur Teile der abgerechneten Leistungen der Pflicht zur Verwendung einer E-Rechnung unterliegen (z. B. bei teilweise steuerpflichtigen, teilweise nach § 4 Nr. 8–29 UStG steuerfreien Umsätzen).

Hinweis: Keine E-Rechnungsausstellungspflicht für Kleinunternehmer

Im Rahmen des Jahressteuergesetzes 2024 hat der Gesetzgeber durch Einfügung eines § 34a Satz 4 UStDV Kleinunternehmer von der Verpflichtung E-Rechnungen auszustellen ausgenommen. Kleinunternehmer können ihre Rechnungen also als sonstige Rechnung ausstellen (z. B. Papier oder anderes elektronisches Format, das nicht die Vorgaben der E-Rechnungspflicht erfüllt).

Als Unternehmer müssen Kleinunternehmer aber ab dem 1.1.2025 in der Lage sein, strukturierte **E-Rechnungen zu empfangen**, zu visualisieren und zu archivieren.

2.4 Kleinbetragsrechnungen und Fahrausweise

Kleinbetragsrechnungen (Gesamtbetrag übersteigt 250 EUR nicht) und Fahrausweise, die für die Beförderung von Personen ausgegeben werden, können abweichend von der Verpflichtung in § 14 Abs. 2 S. 2 Nr. 1, 2. HS UStG immer als sonstige Rechnung ausgestellt und übermittelt werden (§ 33 S. 4, § 34 Abs. 1 S. 2 UStDV). Sie sind also von der Verpflichtung ausgenommen.

Mit Zustimmung des Rechnungsempfängers (§ 14 Abs. 1 S. 5 UStG) können diese auch als E-Rechnung ausgestellt und übermittelt werden. Diese Zustimmung kann z. B. auch konkludent erfolgen. Sie bedarf keiner besonderen Form (Rz. 22).

2.5 Zulässige Formate

X-Rechnung und ZUGFeRD-Rechnungen sind Rechnungen in einem strukturierten elektronischen Format. Es können aber auch andere europäische E-Rechnungsformate verwendet werden, die der europäischen Norm entsprechen (z. B. FatturaPA (Italien) oder Factur-X (Frankreich). Rechnungsdaten, die in einem strukturierten elektronischen Format (z. B. XML-Datei) übermittelt werden, sind in diesem Datenformat grds. nicht menschenlesbar, sondern erst nach einer Konvertierung (Visualisierung). Lesbar bedeutet ab 2025, dass die Datei maschinenlesbar sein muss.

2.5.1 Rein strukturierte Formate

Wichtig ist zunächst, dass eine per E-Mail übermittelte PDF-Datei ab 2025 keine „elektronische Rechnung" mehr darstellt. Die E-Rechnung muss vielmehr in einem „strukturierten elektronischen Format" ausgestellt, übermittelt und empfangen werden. Zulässig sind E-Rechnungen in einem rein strukturierten, aber auch in einem hybriden Format. Welches zulässige Format verwendet wird, ist eine zivilrechtliche Frage, die nur zwischen den Vertragsparteien zu entscheiden ist.

2.5.2 Hybride Formate

Neben rein strukturierten E-Rechnungen können auch hybride Rechnungsformate die Voraussetzungen an eine E-Rechnung erfüllen.

Ein hybrides Format besteht neben dem strukturierten Datenteil (z. B. XML-Datei) auch aus einem menschenlesbaren Datenteil (z. B. PDF-Dokument). Beide Datenteile sind in einer Datei zusammengefasst. Beispielsweise fällt das Format ZUGFeRD unter die hybriden Rechnungsformate.

Hinweis: ZUGFeRD-Format

ZUGFeRD ist ein branchenübergreifendes Datenformat für den elektronischen Rechnungsdatenaustausch. Es handelt sich um ein hybrides Datenformat, das in einem PDF-Dokument strukturierte Rechnungsdaten im XML-Format integriert. Der Rechnungsversand erfolgt grds. in Form eines PDF-Dokuments, welches die Sichtkomponente der Rechnung darstellt, die „begleitet" wird von den Rechnungsdaten im XML-Format.

2.6 Übermittlung und Empfang von E-Rechnungen (Rz. 36 ff.)

Die Übermittlung einer E-Rechnung muss in elektronischer Form erfolgen. Für die Übermittlung kommen z. B.

- der Versand per E-Mail,
- die Bereitstellung der Daten mittels einer elektronischen Schnittstelle oder
- die Möglichkeit des Downloads über ein (Kunden-) Portal

in Betracht.

Die Bereitstellung mittels elektronischer Schnittstelle bzw. Download über ein Kundenportal bedeutet auch, dass der Unternehmer etwa dann, wenn er im Einzelhandel eine Maschine für sein Unternehmen erwirbt im Nachhinein vom leistenden Unternehmer eine elektronische Rechnung anfordern bzw. über ein Kundenportal herunterladen kann.

Hinweis: Übermittlung mittels externem Speichermedium ausreichend

Die Übergabe der XML-Datei auf einem externen Speichermedium (z. B. USB-Stick) erfüllt ebenfalls die Voraussetzungen der Übermittlung in elektronischer Form. In den FAQs (Nr. 8) zur elektronischen Rechnung vom 19.11.2024 werden externe Speichermedien wie USB-Stick und externe Festplatte **ausdrücklich** als Übermittlungsmedium **zugelassen**.

Ab dem 1.1.2025 besteht für inländische Unternehmer die Notwendigkeit, eine E-Rechnung empfangen zu können. Hierfür reicht es aus, wenn der Rechnungsempfänger ein E-Mail-Postfach zur Verfügung stellt.

Hinweis: Gesondertes E-Mail-Postfach für E-Rechnungseingang nicht erforderlich (Rz. 40)

Es ist **nicht** zwingend **erforderlich**, dass es sich um ein **gesondertes E-Mail-Postfach** nur für den Empfang von E-Rechnungen handelt. Die Beteiligten können abweichend hiervon andere zulässige Übermittlungswege vereinbaren.

Verweigert der Rechnungsempfänger die Annahme einer E-Rechnung oder ist er etwa technisch hierzu nicht in der Lage, hat er kein Anrecht auf eine alternative Ausstellung einer sonstigen Rechnung durch den Rechnungsaussteller. In diesem Fall – so das BMF – gelten die umsatzsteuerrechtlichen Pflichten des Rechnungsausstellers auch als erfüllt, wenn er eine E-Rechnung ausgestellt und sich nachweislich um eine ordnungsgemäße Übermittlung bemüht hat (Rz. 42).

2.7 Verträge als Rechnung (Rz. 44–46)

Sofern eine Pflicht zur Ausstellung einer E-Rechnung bei einem Dauerschuldverhältnis (z. B. Mietverhältnis, Pachtverhältnis) besteht, ist es ausreichend, wenn für den ersten Teilleistungszeitraum eine E-Rechnung ausgestellt wird, welcher der zugrundeliegende Vertrag als Anhang beigefügt wird, oder sich aus dem sonstigen Inhalt klar ergibt, dass es sich um eine Dauerrechnung handelt (Rz. 45).

Für andere Verträge, die nach den §§ 14, 14a UStG als Rechnung angesehen werden können, besteht nach Auffassung des BMF für den Fall einer E-Rechnungspflicht die Möglichkeit den zugrunde liegenden Vertrag als ergänzende Angabe in einem Anhang zur E-Rechnung aufzunehmen (Rz. 44). Das kann dann als Anhang auch eine PDF-Datei sein (Rz. 35). Das BMF-Schreiben verdeutlicht aber auch, dass ein Link in der Datei die Voraussetzungen nach § 14 Abs. 1 S. 3 UStG oder § 31 Abs. 1 UStDV nicht erfüllt.

2.8 End- oder Restrechnung bei zuvor erteilten Voraus- und Anzahlungsrechnungen (Rz. 47, 48)

In einer Endrechnung, mit der ein Unternehmer über die ausgeführte Leistung insgesamt abrechnet, sind die vor der Ausführung der Leistung vereinnahmten Entgelte oder Teilentgelte sowie die hierauf entfallenden Steuerbeträge abzusetzen, wenn über diese Entgelte oder Teil entgelte Rechnungen mit gesondertem Steuerausweis erteilt worden sind, § 14 Absatz 5 S. 2 UStG und Abschn. 14.8 Absatz 7 bis 10 UStAE (Rz. 47). Statt einer Endrechnung kann auch eine Restrechnung erteilt werden (vgl. Abschnitt 14.8 Absatz 11 UStAE).

Das BMF weist zutreffend darauf hin, dass derzeit die Anforderungen an eine Endrechnung noch nicht im strukturierten Teil einer E-Rechnung darstellbar sind. Das BMF lässt deshalb in diesem Fall übergangsweise eine Restrechnung zu (Rz. 48).

Hinweis: Nichtbeanstandungsregelung (Rz. 48)

Die FinVerw beanstandet es nicht, wenn in einer bis zum 31.12.2027 als E-Rechnung ausgestellten Endrechnung ein Anhang im Sinne von **Abschn. 14.8 Abs. 8 Nr. 2 UStAE als unstrukturierte Datei** enthalten ist.

2.9 Rechnungsberichtigung (Rz. 49 ff.)

Der Rechnungsaussteller kann die ausgestellte E-Rechnung berichtigen. Für eine Rechnungsberichtigung gelten nach § 31 Abs. 5 S. 3 UStDV die **gleichen Anforderungen an Form und Inhalt wie in § 14 UStG**. Daher muss die Berichtigung einer E-Rechnung ebenfalls in der für diese vorgeschriebenen Form (unter Verwendung des entsprechenden Dokumententyps) erfolgen. Eine Übermittlung der fehlenden oder unzutreffenden Angaben in einer anderen Form ist nach zutreffender Auffassung des BMF nicht ausreichend (Rz. 49).

Hinweis: Berichtigung von Rechnungen aus der Zeit vor dem 1.1.2025

Da für die Rechnungen aus der Zeit vor dem 1.1.2025 keine Verpflichtung zur Verwendung des E-Rechnungsformats besteht, kann auch die Rechnungsberichtigung (nach dem 31.12.2024) ohne Verwendung einer E-Rechnung erfolgen (Rz. 50).

Eine wirksame Berichtigung wirkt unter den übrigen Voraussetzungen auf den Zeitpunkt der Ausstellung der ursprünglichen E-Rechnung zurück (Rz. 49; vgl. dazu auch BMF-Schreiben v. 18. 9. 2020, BStBl I 2020, 976 unter Anwendung der EuGH- und BFH-Rechtsprechung).

In Fällen einer Änderung der Bemessungsgrundlage nach § 17 UStG ist auch bei einer E-Rechnung eine Berichtigung des Steuerbetrags in der ursprünglichen Rechnung nicht erforderlich. Die E-Rechnung muss in derartigen Fällen daher nicht berichtigt werden.

Hinweis: Nachträglich abgerechnete Bonus- u. Rabattvereinbarungen (Rz. 51)

In derartigen Fällen ist gem. § 14 Abs. 4 S. 1 Nr. 7 UStG in der Rechnung nur darauf hinzuweisen, dass eine im Voraus vereinbarte Minderung des Entgelts besteht. Hierfür ist ein eindeutiger Verweis auf den Vertrag ausreichend.

2.10 E-Rechnung und Vorsteuerabzug (Rz. 55 ff.)

2.10.1 Unternehmereigenschaft des Rechnungsempfängers (Rz. 15)

Der Rechnungsaussteller kann sich bei Beachtung der Sorgfalt eines ordentlichen Kaufmanns auf die Angabe des Rechnungs-/Leistungsempfängers verlassen, dass dieser ein inländischer Unternehmer ist, sofern ihm keine gegenteiligen Informationen vorliegen. Dabei kann die Verwendung der USt-IDNr. ein in Indiz dafür sein, dass der Empfänger als Unternehmer handelt (Rz. 15).

2.10.2 Rechnungsausstellung im fehlerhaften Format (Rz. 59)

Allein wegen der Ausstellung einer Rechnung im falschen Format wird von der FinVerw der Vorsteuerabzug nicht beanstandet, sofern der Rechnungsempfänger anhand der ihm vorliegenden Informationen davon ausgehen konnte, dass der Rechnungsaussteller die Übergangsregelungen nach § 27 Abs. 38 UStG in Anspruch nehmen konnte.

Hinweis: Fehlerhaftes Format und Berichtigung (Rz. 57)

War der Rechnungsersteller zur Ausstellung einer E-Rechnung verpflichtet, kann eine stattdessen ausgestellte sonstige Rechnung nach Abschn. 15.2a Abs. 7 UStAE durch Ausstellen einer E-Rechnung berichtigt werden. Die E-Rechnung muss dann durch eine eindeutige Bezugnahme auf die ursprgl. Rechnung zum Ausdruck bringen, dass es sich um eine berichtigte Rechnung handelt, um die Anwendung des § 14c UStG auszuschließen. Eine solche Berichtigung wirkt dann auf den Zeitpunkt der Ausstellung der sonstigen Rechnung zurück.

Erfolgt keine Rechnungsberichtigung durch nachträgliches Ausstellen einer E-Rechnung, sind die in einer sonstigen Rechnung enthaltenen Angaben im Hinblick auf den Vorsteuerabzug als mögliche objektive Nachweise i. S. d. Abschn. 15.2a Abs. 1a UStAE zu berücksichtigen. Bei Anwendung dieser Regelung kann „unter Anlegung eines strengen Maßstabs" ein Vorsteuerabzug möglich sein, sofern die Finanzverwaltung über sämtliche Angaben verfügt, um die materiellen Voraussetzungen für den Vorsteuerabzug zu überprüfen. Bei einer inhaltlich richtigen und vollständigen sonstigen Rechnung werden die genannten Voraussetzungen i. d. R. erfüllt sein (Rz. 58).

Hinweis: Vorsteuerabzug trotz „sonstiger Rechnung"

Nach den Ausführungen im BMF-Schreiben kann also auch eine inhaltlich richtige und vollständige sonstige Rechnung zum Vorsteuerabzug, sofern daraus die materiellen Voraussetzungen zum Vorsteuerabzug erkennbar sind (vgl. dazu unten 3.2 sowie die Ergänzung in **Abschn. 15.2a Abs. 1a S. 12–14 UStAE**).

2.11 Aufbewahrung (Rz. 60)

Der strukturierte Teil einer E-Rechnung ist so aufzubewahren, dass dieser in seiner ursprünglichen Form vorliegt und die Anforderungen an die Unveränderbarkeit erfüllt werden. Eine maschinelle Auswertbarkeit seitens der Finanzverwaltung muss sichergestellt sein. Für Einzelheiten wird an dieser Stelle auf das BMF-Schreiben v. 28. 11. 2019, BStBl I 2019,1269, Rz. 131 und 133 verwiesen (vgl. dazu unten unter **3.12** m. w. N.).

2.12 Übergangsregelungen (Rz. 62 ff.)

Wichtig ist der Hinweis des BMF in Rz. 63 des BMF-Schreibens vom 15.10.2024:

Danach kann bis zum 31.12.2026 eine Rechnung für einen bis dahin ausgeführten Umsatz auch als sonstige Rechnung (z. B. Papierrechnung) ausgestellt und übermittelt werden. Die Zustimmung des Empfängers zu der Rechnungserteilung in einem anderen elektronischen Format bedarf keiner besonderen Form. Es muss lediglich Einvernehmen zwischen Rechnungsaussteller und Rechnungsempfänger über das zu verwendende Format bestehen. Die Zustimmung kann etwa in Form einer Rahmenvereinbarung (z. B. in den AGB) oder konkludent erfolgen.

Zu den Übergangsregelungen in § 27 Abs. 38 vgl. auch die Kommentierung zu Abschn. 27.1 UStAE.

3. Anwendungsschreiben des BMF vom 15.10.2025, BStBl I 2025, 1806

Am 15.10.2025 hat die FinVerw ein weiteres BMF-Schreiben verbunden mit Änderungen des UStAE veröffentlicht (BMF-Schreiben v. 15.10.BStBl I 2025, 1806). Das BMF hat darin einzelne Passagen aus dem BMF-Schreiben vom 15.10.2024 ergänzt und korrigiert. Außerdem hat es Beispiele und Praxishinweise gegeben. Schließlich wurden Teile der F&Q-Liste des BMF eingearbeitet. Am Ende wurden die gesamten Änderungen in den UStAE übernommen.

Herauszustellen sind folgende Punkte:

– Präzisierung, wann konkret eine E-Rechnung erforderlich ist und wann nicht
– Konkretisierung der Fehlerarten, Fehlerbegriff und jeweilige Rechtsfolgen
– Einfügung einer Vertrauensschutzregelung nach Validierung der E-Rechnung betreffend Format und Geschäftsregeln

- Rechnungsberichtigung bei Änderung der Bemessungsgrundlage
- Aufbewahrung von Rechnungen

3.1 Fehlerhafte Rechnungen

Das BMF differenziert zwischen Formatfehlern, Geschäftsregelfehlern und Inhaltsfehlern.

3.1.1 Formatfehler

Formatfehler in einer strukturierten Datei führen zu einer „sonstigen Rechnung".

Die Datei entspricht also nicht den Vorgaben des § 14 Abs. 1 S. 6 UStG. Formatfehler liegen vor, wenn die Rechnungsdatei **nicht den zulässigen Syntaxen** bzw. deren technischen Vorgaben entspricht oder in den Fällen des § 14 Abs. 1 S. 6 Nr. 2 UStG keine richtige und vollständige Extraktion zulässt. Ob es sich um einen Formatfehler handelt, kann mit einer geeigneten Validierungsanwendung überprüft werden, Abschn. 14.1. Abs. 11 UStAE.

Hinweis: Rechtsfolge Formatfehler

Die aufgrund des Formatfehlers vorliegende „sonstige Rechnung" führt nach Ablauf der Übergangsregelung gem. § 27 Abs. 38 (31.12.2026 bzw. 31.12.2027) zur Versagung des Vorsteuerabzugs.

3.1.2 Geschäftsregelfehler und (sonstige) Inhaltsfehler

Geschäftsregelfehler sind nach Auffassung des BMF offenbar eine Unterart eines inhaltlichen Fehlers. Bei einem Verstoß gegen die umsatzsteuerlichen Pflichtangaben in § 14 Abs. 4 und § 14 a UStG handelt es sich um eine **nicht ordnungsgemäße Rechnung**. Es handelt sich um Inhaltsfehler, die i.R.e. Validierung festgestellt werden.

Hinweis: Rechtsfolge Geschäftsregelfehler

Bei inhaltlichen Fehlern bleibt die Rechnung eine E-Rechnung, die aber nicht ordnungsgemäß ist. Es besteht dann aber grds. eine Berichtigungsmöglichkeit. Der Unternehmer kann sich bei Beachtung der Sorgfaltspflichten eines ordentlichen Kaufmanns auf das technische Ergebnis einer Validierung verlassen. Die FinVerw regt insofern an, den Validierungsbericht zum Nachweis aufzubewahren, **Abschn. 14.5. Abs. 1 S. 4–13 UStAE.**

Inhaltsfehler sind Fehler, bei denen etwa ein abweichender Leistungsempfänger vorhanden ist oder die Angabe des Steuersatzes fehlerhaft ist. Das Mittel zur Aufdeckung/Vermeidung von Inhaltsmängeln ist die Anwendung einer geeigneten Validierungsanwendung, Abschn. 15.2a Abs. 6 S. 3 UStAE.

Hinweis: Validierungsanwendung

Letztlich ist es immer wichtig bei Verwendung einer E-Rechnung eine **Validierungsanwendung** zu **verwenden**. Allerdings weist das BMF darauf hin, dass dies allein nicht ausreichend ist. Dadurch wird zwar ein Vertrauensschutz gewährt, allerdings ist immer die „Sorgfalt eines ordentlichen Kaufmanns" zu beachten, um überhaupt die Vertrauensschutzregeln anwenden zu können.

3.2 E-Rechnung und Vorsteuerabzug

Für den Vorsteuerabzug bei Rechnungen im **falschen Format** gilt Folgendes: Es liegt keine ordnungsgemäße Rechnung i. S. d. §§ 14, 14 a UStG vor, so dass **keine Berechtigung zum Vorsteuerabzug** besteht.

Aber: Bei einer inhaltlich richtigen und vollständigen sonstigen Rechnung dürften die Voraussetzungen für den Vorsteuerabzug gleichwohl erfüllt sein (so schon BMF v. 15.10.2024, jetzt **Abschn. 15.2a Abs. 1a S. 12–14 UStAE**).

3.3 Pflichtangaben gem. § 14 Abs. 4 UStG und E-Rechnung

Alle umsatzsteuerlichen **Pflichtangaben** i. S. d. § 14 Abs. 4, § 14 a UStG müssen im **strukturierten Teil der Rechnung enthalten** sein. Ein bloßer Verweis darauf, dass bestimmte Pflichtangaben in einem unstrukturierten Teil (Anlage) enthalten sind, genügt nicht den Anforderungen an eine ordnungsmäße E-Rechnung, **Abschn. 14.5 Abs. 1 S. 5 UStAE**).

Hinweis: Leistungsbeschreibung

Erleichterungen für die Leistungsbeschreibung: Ergänzende Angaben können in einen Anhang aufgenommen werden.

3.4 Kleinunternehmer, Kleinbetragsrechnungen und Fahrausweise und E-Rechnung

Kleinunternehmer müssen **keine E-Rechnungen ausstellen**. Dieses Erfordernis ist durch Einfügung des § 34 a S. 4 UStDV entfallen. Auch Kleinunternehmer bzw. Unternehmer, die ust-freie Umsätze ausführen, müssen allerdings **in der Lage sein, eine E-Rechnung zu empfangen.**

Bei Kleinbetragsrechnungen/Fahrausweisen und bei Rechnungen von Kleinunter-nehmern ist die Abrechnung mittels E-Rechnung zwar **nicht erforderlich**, **aber zulässig**. In diesem Fall ist eine Zustimmung des Rechnungsempfängers bei einem **Wahlrecht zugunsten der E-Rechnung nicht erforderlich**.

Wird die Rechnung als sonstige Rechnung übermittelt, bedarf dies allerdings der Zustimmung des Empfängers (§ 14 Abs. 1 S. 5 UStG). Die Zustimmung ist erforderlich, weil der Rechnungsempfänger kein ihm vollständig unbekanntes Rechnungsformat akzeptieren muss. Die Zustimmung kann konkludent erfolgen, d. h. die FinVerw stellt keine hohen Anforderungen an diese Zustimmung, **Abschn. 14.7a Abs. 3 UStAE.**

3.5 E-Rechnung und Änderung der Bemessungsgrundlage

Ändert sich die Bemessungsgrundlage (§ 17 UStG) etwa infolge von **Rabatten, Skonti oder anderen Nachlässen** etwa aufgrund von **Mängelrügen**, ist die ursprgl. Rechnung nicht zu korrigieren, **Abschn. 17.1 Abs. 3a S. 2 UStAE**. Darauf hatte das BMF schon im Schreiben vom 15.10.2024 hingewiesen (**Abschn. 14.5. Abs. 19 S. 15 UStAE**). Etwas anderes gilt nur dann, wenn sich Leistungsumfang und Leistungsgehalt ändern. Dies erfordert dann eine Rechnungskorrektur, Abschn. 14.11 Abs. 4 UStAE.

Hinweis: E-Rechnungserfordernis

Die Abgrenzung kann im Einzelfall schwierig sein. Es ist zu **empfehlen**, dass **vorsorglich immer eine Berichtigung** vorgenommen wird. Nur so lassen sich Risiken betreffend den Verlust des Vorsteuerabzugs oder des unberechtigten Steuerausweises gem. § 14 c Abs. 2 UStG von vornherein vermeiden.

3.6 Besonderes E-Mail-Postfach

Besondere E-Mail-Postfächer sind für den Rechnungseingang nicht erforderlich.

3.7 Kein Anspruch auf Erteilung einer sonstigen Rechnung

Für Personen, die sich **weigern**, eine E-Rechnung zu empfangen gilt: Es besteht kein Anspruch auf Erteilung einer sonstigen Rechnung. Der leistende Unternehmer hat seine Pflicht erfüllt, wenn er eine E-Rechnung versendet. Dies stellt keine Ordnungswidrigkeit i. S. d. § 26 a Abs. 2 UStG dar.

3.8 Weitere Anwendungsfälle der E-Rechnung

Weitere Anwendungsfälle der E-Rechnung:

- Umsätze, die dem Schuldübergang,
- der Durchschnittssatzbesteuerung und
- der Differenzbesteuerung unterliegen,

fallen unter die E-Rechnungspflicht.

3.9 Ausländischer Unternehmensteil

Ist ein ausländischer Unternehmensteil eines im Inland ansässigen Unternehmens an einem im Inland stpfl. Umsatz beteiligt, ist dies ein inländischer Umsatz (**Abschn. 13b.11 Abs. 1 S. 7 UStAE i. V. m. Abschn. 14.1 Abs. 4 S. 3 UStAE**).

3.10 Führendes Format

Bei hybridem Format ist der strukturierte Teil das führende Format (**Abschn. 14.4 Abs. 3 S. 2 Unterabs. 3 UStAE**).

Hinweis: Hybride Formate

Enthält die Bilddatei (z. B. PDF-Datei) gegenüber dem strukturierten Teil der E-Rechnung abweichende Angaben, liegt insoweit eine (in diesem Fall „weitere") sonstige Rechnung vor, die dazu führt, dass die Voraussetzungen des § 14c Abs. 1 UStG zu prüfen sind.

3.11 Archivierung

Bei Archivierung außerhalb GoBD-konformer Systeme:

Die Unversehrtheit und Lesbarkeit muss gewährleistet sein. Allein die Speicherung/Archivierung außerhalb eines GoBD-konformen Datenver-arbeitungssystems führt **nicht** zu einem **Verstoß** gegen **§ 14b Abs. 1 UStG, Abschn. 14b.1 Abs. 1 S. 5 UStAE.**

3.12 Aufbewahrung

Bei der Aufbewahrung von Rechnungen sind die von der Verwaltung herausgegebenen GoBD zu beachten (BMF-Schreiben v. 28.11.2019, BStBl I 2019, 1269).

Diese sind im Hinblick auf die ab 1.1.2025 geltenden Regelungen zur E-Rechnung durch ein **BMF-Schreiben v. 14.7.2025** angepasst bzw. ergänzt worden (BMF-Schreiben v. 14.7.2025, BStBl I 2025, 1502). Die Verwaltung weist hier darauf hin, dass es bei E-Rechnungen i. S. d. § 14 Abs. 1 S. 3 und 6 UStG ausreicht, wenn nur der strukturierte Teil aufbewahrt wird, **Abschn. 14b.1 Abs. 1 S. 4 UStAE**. Eine **Aufbewahrung des menschenlesbaren Datenteils** einer hybriden E-Rechnung (z. B. des PDF-Teils einer ZUGFeRD-Rechnung) ist nur dann erforderlich, wenn zusätzliche oder abweichende Informationen enthalten sind, die für die Besteuerung von Bedeutung sind (Rz. 119 der GoBD). Dies kann dann ggfs. dazu führen, dass die Voraussetzungen des § 14c UStG zu prüfen sind, **Abschn. 14c.1 Abs. 4a S. 2 UStAE**. Außerdem bedürfen in Form eines strukturierten Datensatzes empfangene Buchungsbelege, Handels- oder Geschäftsbriefe abweichend von § 147 Abs. 2 Nr. 1 AO keiner bildlichen, sondern nur einer inhaltlichen Übereinstimmung (Rz. 119 der GoBD).

3.13 Übergangsregelung

Die Grundsätze des BMF-Schreibens vom 15.10.2025 sind auf alle Umsätze anzuwenden, die nach dem 31.12.2024 ausgeführt werden, wobei allerdings die Übergangsregelungen in § 27 Abs. 38 UStG bis Ende 2027 zu beachten sind.

4. Fragen- und Antworten-Katalog (FAQ)

Die FinVerw hat zusätzlich zu den beiden Anwendungs- und Einführungsschreiben auf ihrer Internetseite noch einen Katalog mit 16 Fragen und Antworten zur E-Rechnung veröffentlicht (https://www.bundesfinanzministerium.de/Content/DE/FAQ/e-rechnung.html).

5. Kostenfreies Tool der Finanzverwaltung zur Lesbarmachung von E-Rechnungen

Die FinVerw hat außerdem ein kostenfreies Tool zur **Lesbarmachung** von E-Rechnungen unter **https://www.elster.de/eportal/e-rechnung** veröffentlicht. Es verwendet XRechnung in der aktuellen Version 3.01. (Stand: Dezember 2025).

UStAE 14.2. Rechnungsausstellungspflicht bei steuerpflichtigen Leistungen im Zusammenhang mit einem Grundstück

(1) [1]Der Begriff der steuerpflichtigen **Leistungen** (Werklieferungen oder sonstigen Leistungen) im Zusammenhang mit einem Grundstück (vgl. Abschnitt 14.1 Abs. **9**) umfasst die Bauleistungen nach § 13b Abs. 2 Nr. 4 UStG und sonstige Leistungen im Zusammenhang mit einem Grundstück im Sinne des § 3a Abs. 3 Nr. 1 UStG (vgl. Abschnitt 3a.3). [2]Sofern in den Absätzen 2 bis 4 für die **Rechnungsausstellungs-**

pflicht nach § 14 Abs. 2 Satz **2** Nr. **3** UStG darüber hinaus Leistungen als im Zusammenhang mit einem Grundstück qualifiziert werden, sind hieraus keine Rückschlüsse für die Anwendung von § 3a Abs. 3 Nr. 1 und § 13b Abs. 2 Nr. 4 UStG zu ziehen.

(2) [1]Zu den Leistungen, bei denen nach § 14 Abs. 2 Satz **2** Nr. **3** UStG eine Verpflichtung zur Rechnungserteilung besteht, gehören zunächst alle Bauleistungen, bei denen der Leistungsempfänger unter den weiteren Voraussetzungen des § 13b Abs. 2 Nr. 4 UStG Steuerschuldner sein kann (vgl. Abschnitt 13b.2). [2]Weiter gehören dazu die steuerpflichtigen Werklieferungen oder sonstigen Leistungen, die der Erschließung von Grundstücken oder der Vorbereitung von Bauleistungen dienen. [3]Damit sind z. B. auch die folgenden Leistungen von der Rechnungserteilungspflicht erfasst:

- Planerische Leistungen (z. B. von Statikern, Architekten, Garten- und Innenarchitekten, Vermessungs-, Prüf- und Bauingenieuren);
- Labordienstleistungen (z. B. die chemische Analyse von Baustoffen oder Bodenproben);
- reine Leistungen der Bauüberwachung;
- Leistungen zur Prüfung von Bauabrechnungen;
- Leistungen zur Durchführung von Ausschreibungen und Vergaben;
- Abbruch- oder Erdarbeiten.

(3) [1]Die steuerpflichtige Werklieferung oder sonstige Leistung muss in engem Zusammenhang mit einem Grundstück stehen. [2]Ein enger Zusammenhang ist gegeben, wenn sich die Werklieferung oder sonstige Leistung nach den tatsächlichen Umständen überwiegend auf die Bebauung, Verwertung, Nutzung oder Unterhaltung, aber auch Veräußerung oder den Erwerb des Grundstücks selbst bezieht. [3]Es besteht bei der Erbringung u. a. folgender Leistungen eine Verpflichtung zur Erteilung einer Rechnung:

- Zur Verfügung stellen von Betonpumpen oder von anderem Baugerät;
- Aufstellen von Material- oder Bürocontainern;
- Aufstellen von mobilen Toilettenhäusern;
- Entsorgung von Baumaterial (z. B. Schuttabfuhr durch ein Abfuhrunternehmen);
- Gerüstbau;
- bloße Reinigung von Räumlichkeiten oder Flächen (z. B. Fensterreinigung);
- Instandhaltungs-, Reparatur-, Wartungs- oder Renovierungsarbeiten an Bauwerken oder Teilen von Bauwerken (z. B. Klempner- oder Malerarbeiten);
- Anlegen von Grünanlagen und Bepflanzungen und deren Pflege (z. B. Bäume, Gehölze, Blumen, Rasen);
- Beurkundung von Grundstückskaufverträgen durch Notare;
- Vermittlungsleistungen der Makler bei Grundstücksveräußerungen oder Vermietungen.

(4) Sofern selbständige Leistungen vorliegen, sind folgende Leistungen keine Leistungen im Zusammenhang mit einem Grundstück, bei denen nach § 14 Abs. 2 Satz **2** Nr. **3** UStG die Verpflichtung zur Erteilung einer Rechnung besteht:

- Veröffentlichung von Immobilienanzeigen, z. B. durch Zeitungen;
- Rechts- und Steuerberatung in Grundstückssachen.

(5) [1]Alltägliche Geschäfte, die mit einem Kaufvertrag abgeschlossen werden (z. B. der Erwerb von Gegenständen durch einen Nichtunternehmer in einem Baumarkt), unterliegen nicht der Verpflichtung zur Rechnungserteilung. [2]Auch die Lieferung von Baumaterial auf eine Baustelle eines Nichtunternehmers oder eines Unternehmers, der das Baumaterial für seinen nichtunternehmerischen Bereich bezieht, wird nicht von der Verpflichtung zur Erteilung einer Rechnung umfasst.

UStAE 14.3. Rechnung in Form der Gutschrift

(1) [1]Eine Gutschrift ist eine Rechnung, die vom Leistungsempfänger ausgestellt wird (§ 14 Abs. 2 Satz **5** UStG). [2]**Die Regelungen zur verpflichtenden Verwendung von E-Rechnungen (vgl. Abschnitt 14.1 Abs. 4) gelten für die Rechnungsausstellung in Form einer Gutschrift entsprechend.** [3]Eine Gutschrift kann auch durch eine juristische Person, die nicht Unternehmer ist, ausgestellt werden, wenn sie Leistungsempfänger ist (§ 14 Abs. 2 Satz 2 Nr. **2** in Verbindung mit Satz **5** UStG). [4]Der Leistungsempfänger kann mit der

Ausstellung einer Gutschrift auch einen Dritten beauftragen, der im Namen und für Rechnung des Leistungsempfängers abrechnet (§ 14 Abs. 2 Satz 7 UStG). [5]Eine Gutschrift kann auch ausgestellt werden, wenn über steuerfreie Umsätze abgerechnet wird. [6]Dies kann dazu führen, dass **ein Unternehmer als** Empfänger der Gutschrift unrichtig ausgewiesene Steuer nach § 14c Abs. 1 UStG schuldet. **[7]Wird in der Gutschrift an einen Unternehmer Umsatzsteuer gesondert ausgewiesen, obwohl dieser nicht zum Steuerausweis berechtigt ist – z.B. bei dem Verkauf eines nicht unternehmerisch genutzten Pkw – schuldet er den Steuerbetrag nach § 14c Abs. 2 Satz 1 UStG. [8]Wird aufgrund einer vorherigen Vereinbarung ein Dokument erstellt, als Gutschrift verwendet und widerspricht der Empfänger diesem Dokument nicht unverzüglich (siehe dazu Absatz 4), obwohl er nicht Unternehmer ist oder die abgerechnete Leistung nicht tatsächlich ausgeführt hat, schuldet er die unberechtigt ausgewiesene Steuer nach § 14c Abs. 2 Satz 2 Nr. 2 UStG.**

(2) [1]Die am Leistungsaustausch Beteiligten können frei vereinbaren, ob der leistende Unternehmer oder der in § 14 Abs. 2 Satz **2** Nr. **1 oder** 2 UStG bezeichnete Leistungsempfänger abrechnet. [2]Die Vereinbarung hierüber muss vor der Abrechnung getroffen sein und kann sich aus Verträgen oder sonstigen Geschäftsunterlagen ergeben. [3]Sie ist an keine besondere Form gebunden und kann auch mündlich getroffen werden. [4]Die Gutschrift ist, vorbehaltlich der Regelungen des § 14a UStG, innerhalb von sechs Monaten zu erteilen (vgl. Abschnitt 14.1 Abs. 3) und **muss als solche gekennzeichnet sein (vgl.** § 14 Abs. 4 Satz 1 Nr. 10 UStG **und** Abschnitt 14.5 Abs. 24). [5]Keine Gutschrift ist die im allgemeinen Sprachgebrauch ebenso bezeichnete Stornierung oder Korrektur der ursprünglichen Rechnung (vgl. Abschnitt 14c.1 Abs. 3). [6]Wird **in einer sonstigen Rechnung** sowohl über empfangene Leistungen (Gutschrift) als auch über ausgeführte Leistungen (Rechnung) zusammen abgerechnet, muss **aus der Abrechnung hervorgehen, dass es sich um eine** Gutschrift **handelt.** **[7]Wenn solche Sachverhalte aus technischen Gründen nicht in einer E-Rechnung zusammengefasst werden können, sind hierfür getrennte E-Rechnungen auszustellen.** **[8]**Zudem muss aus dem Dokument zweifelsfrei hervorgehen, über welche Leistung als Leistungsempfänger bzw. leistender Unternehmer abgerechnet wird. **[9]**In dem Dokument sind Saldierung und Verrechnung der gegenseitigen Leistungen unzulässig.

(3) [1]Voraussetzung für die Wirksamkeit einer Gutschrift ist, dass die Gutschrift dem leistenden Unternehmer übermittelt worden ist und dieser dem ihm zugeleiteten Dokument nicht widerspricht (§ 14 Abs. 2 Satz **6** UStG). [2]Die Gutschrift ist übermittelt, wenn sie dem leistenden Unternehmer so zugänglich gemacht worden ist, dass er von ihrem Inhalt Kenntnis nehmen kann (vgl. BFH-Urteil vom 15. 9. 1994, XI R 56/93, BStBl 1995 II S. 275).

(4) [1]Der leistende Unternehmer kann der Gutschrift widersprechen. [2]Mit dem Widerspruch verliert die Gutschrift die Wirkung als Rechnung. [3]Dies gilt auch dann, wenn die Gutschrift den zivilrechtlichen Vereinbarungen entspricht und die Umsatzsteuer zutreffend ausweist. [4]Es genügt, dass der Widerspruch eine wirksame Willenserklärung darstellt (vgl. BFH-Urteil vom 23. 1. 2013, XI R 25/11, BStBl II S. 417). **[5]Wurde eine Vereinbarung nach Absatz 2 abgeschlossen und daraufhin ein Dokument mit gesondertem Steuerausweis erstellt, obwohl der Empfänger des Dokuments nicht Unternehmer ist oder die abgerechnete Leistung nicht tatsächlich ausgeführt hat, muss er dem Dokument unverzüglich widersprechen, um die Rechtsfolgen des § 14c Abs. 2 UStG zu vermeiden. [6]Erfolgt der Steuerausweis in einer Gutschrift an einen Unternehmer für eine Leistung, zu der dieser nicht zum Steuerausweis berechtigt ist (z.B. beim Verkauf eines Wirtschaftsguts außerhalb seines Unternehmens), schuldet er die Steuer bereits nach § 14c Abs. 2 Satz 1 UStG.** [7]Der Widerspruch wirkt – auch für den Vorsteuerabzug des Leistungsempfängers – **mit Ausnahme eines unverzüglichen Widerspruchs nach § 14c Abs. 2 Satz 2 Nr. 2 UStG** erst in dem Besteuerungszeitraum, in dem er erklärt wird (vgl. BFH-Urteil vom 19.05.1993 – V R 110/88, BStBl II S. 779, und Abschnitt 15.2a Abs. 11). **[8]**Die Wirksamkeit des Widerspruchs setzt den Zugang beim Gutschriftsaussteller voraus. **[9]**Für den Widerspruch gegen eine Gutschrift kommt es nicht auf die Verjährung nach den Vorgaben der §§ 195 ff. BGB an; er ist damit grundsätzlich unbefristet möglich.

Anmerkung

1. Voraussetzung der Gleichstellung von Rechnung und Gutschrift

Damit eine Gutschrift nach § 14 Abs. 2 S. 2 UStG einer Rechnung gleichsteht, muss sie über eine Lieferung oder sonstige Leistung eines Unternehmers ausgestellt sein. Dies ergibt sich aus dem insoweit eindeutigen Wortlaut des § 14 Abs. 2 S. 2 UStG. Das bedeutet gleichzeitig, dass eine Steuerschuld des Gutschriftempfängers nach § 14c Abs. 2 UStG die Unternehmereigenschaft des Empfängers voraussetzt.

In einer Entscheidung, in der es in erster Linie um die Unternehmereigenschaft von Mitgliedern eines Aufsichtsrats ging, hat der BFH Gelegenheit gehabt auch zum Verhältnis von Rechnung und Gutschrift Stellung zu beziehen (BFH, Urt. v. 27.11.2019 – V R 23/19, BStBl II 2021, 542).

Hinweis

In der Entscheidung V R 23/19 ging es um einen leitenden Angestellten einer AG, der Mitglied im Aufsichtsrat war und für diese Tätigkeit im Aufsichtsrat eine jährliche Festvergütung erhielt. Der BFH gab der Klage des Aufsichtsratsmitglieds statt und entschied, dass dieser jedenfalls dann, wenn er eine Festvergütung erhalte mangels eines „wirtschaftlichen Risikos“ kein Unternehmer sei. Da in den Gutschriften der AG allerdings USt ausgewiesen war, stellte sich die Frage, ob hierin ein unberechtigter Steuerausweis nach § 14c Abs. 2 UStG liegt. Der BFH hat dies verneint.

2. Schutz des Steueraufkommens

Der BFH hat deutlich herausgestellt, dass eine Gutschrift mit Ausweis von USt keine Steuerschuld nach § 14c Abs. 2 UStG begründen kann, wenn der Empfänger der Gutschrift kein umsatzsteuerlicher Unternehmer ist.

2.1 Erstmalige Entscheidung des BFH

In der Entscheidung V R 27/16 vom 16.3.2017 hatte der BFH diese Frage noch offengelassen.

In der neueren Entscheidung V R 23/19 lässt der BFH allerdings keinen Zweifel mehr daran, dass der **Wortlaut des Gesetzes** – in diesem Fall § 14 Abs. 2 S. 2 UStG – **eindeutig** ist: Damit eine Gutschrift nach § 14 Abs. 2 S. 2 UStG einer Rechnung gleichsteht und damit auch eine Steuerschuld des Gutschriftempfängers nach § 14c Abs. 2 UStG begründen kann, muss sie über „eine Lieferung oder sonstige Leistung **des Unternehmers** ausgestellt werden“. In diesem Zusammenhang verweist § 14 Abs. 2 UStG auf den allgemeinen Unternehmerbegriff des § 2 UStG.

2.2 Abweichung vom UStAE

Die Verwaltung ging bisher in Abschn. 14.3 Abs. 1 S. 2 UStAE davon aus, dass eine Gutschrift auch durch juristische Personen ausgestellt werden kann, die **nicht Unternehmer** sind. Dieser Auffassung folgt der BFH nicht. Er stellt vielmehr ausdrücklich klar, dass dies nur durch einen Unternehmer geschehen kann.

Mit BMF-Schreiben vom 19.8.2021, BStBl I 2021, 1087 wendet die FinVerw die geänderte Rspr des BFH aus der Entscheidung V R 23/19 an. Gleichzeitig wurde diese Entscheidung im BStBl II 2021, 542 amtlich veröffentlicht. Abschn. 14.3. Abs. 1 S. 2 UStAE hat die FinVerw zwischenzeitlich angepasst:

Danach kann eine Gutschrift auch durch eine juristische Person, die nicht Unternehmer ist, ausgestellt werden, **wenn sie Leistungsempfänger ist** (§ 14 Abs. 2 Satz 1 Nr. 2 in Verbindung mit Satz 2 UStG.

Fallbezug V R 23/19

Da es bei Aufsichtsratsmitgliedern (Gutschriftempfängern) zumindest in den Fällen, in denen eine Festvergütung gezahlt wird, an der Unternehmerstellung fehlt, liegen auch die Voraussetzungen für die Begründung einer Steuerschuld nach § 14c Abs. 2 UStG nicht vor. Zur Unternehmereigenschaft bei variablen Vergütungen siehe EuGH, Urt. v. 21.12.2023 – C-288/22 sowie die Kommentierung unter Abschn. 2.2 Abs. 3a UStAE.

2.3 Zweck des § 14c UStG – Schutz des Steueraufkommens

Das Ergebnis ist nicht ganz befriedigend, weil § 14c UStG dem Schutz des Steueraufkommens dient und deshalb möglicherweise aus diesem Grund eine Steuerschuld gerechtfertigt wäre.

Allerdings steht der klare Gesetzeswortlaut – wie der BFH völlig zutreffend herausstellt – einer derartigen Auslegung entgegen.

Hinweis: Anpassung durch das Jahressteuergesetz 2024

Die Ausführungen des BFH zur Nichtanwendung des § 14c UStG sind zutreffend, auch wenn dies mit dem Zweck der Vorschrift, die Gefährdung des Steueraufkommens zu bekämpfen nicht unbedingt in Einklang zu bringen ist.

Zwischenzeitlich hat der Gesetzgeber reagiert und im Jahressteuergesetz 2024 geregelt, dass § 14c auch auf die Abrechnung mittels Gutschrift anwendbar ist.

3. Ergänzungen aufgrund verpflichtender E-Rechnung seit 01.01.2025

Aufgrund der Einführungen der verpflichtenden E-Rechnungspflicht seit dem 01.01.2025 ergaben sich auch Folgewirkungen für die Abrechnungen im Gutschriftverfahren.

Das BMF hat im Zuge des **BMF-Schreibens v. 15.10.2025, BStBl I 2025, 1806** auch Abschn. 14.3 UStAE angepasst und in Abs. 1 einen Satz 2 eingefügt: Klarstellend wird darauf verwiesen, dass die Regelungen zur E-Rechnung nach Abschn. 14.1 Abs. 4 UStAE **entsprechend für die Rechnungsstellung in Form einer Gutschrift** gilt.

Alle weiteren Hinweise sind unverändert geblieben. Wichtig ist nach wie vor, dass nach der neuen Fassung des § 14 Abs. 2 S. 5 UStG eine **Abrechnung mittels Gutschrift** zwischen Leistendem und Leistungsempfänger **vorab vereinbart** sein muss.

UStAE 14.4. Echtheit, Unversehrtheit und Lesbarkeit von Rechnungen

(1) ***weggefallen***

(2) ***weggefallen***

(3) [1]**Für alle Rechnungsarten (E-Rechnungen und sonstige Rechnungen) gilt, dass die** Rechnungen ordnungsgemäß übermittelt **werden**, wenn die Echtheit der Herkunft, die Unversehrtheit des Inhalts und die Lesbarkeit der Rechnung gewährleistet sind; sie sind auch inhaltlich ordnungsgemäß, wenn alle erforderlichen Angaben nach § 14 Abs. 4 und § 14a UStG enthalten sind. [2]**Im Einzelnen gilt:**

– Die Echtheit der Herkunft einer Rechnung ist gewährleistet, wenn die Identität des Rechnungsausstellers sichergestellt ist.
– Die Unversehrtheit des Inhalts einer Rechnung ist gewährleistet, wenn die nach dem UStG erforderlichen Angaben während oder nach der Übermittlung der Rechnung nicht geändert worden sind.
– [1]**Die Lesbarkeit bedeutet bei einer E-Rechnung, dass der strukturierte Datensatz – z.B. die XML-Datei bei einer Rechnung, die der Normenreihe EN 16931 entspricht – maschinell auswertbar sein muss (maschinelle Lesbarkeit).** [2]**Ob eine Rechnung die Anforderungen der Normenreihe EN 16931 erfüllt, kann beispielsweise durch die Nutzung einer geeigneten Validierungsanwendung überprüft werden.** [3]**Die zusätzliche Erstellung eines menschenlesbaren Dokuments ist nicht erforderlich.** [4]**Denn die maschinelle Auswertbarkeit einer standardisierten Datei ermöglicht es auch, dass die Datei z.B. durch eine Visualisierungsanwendung menschenlesbar angezeigt werden kann (vgl. Abschnitt 14.1 Abs. 13).** [5]**Bei einem hybriden Format bilden die im strukturierten Teil vorliegenden Rechnungsdaten den führenden Teil.** [6]**Im Fall von Abweichungen zwischen den strukturierten Rechnungsdaten und den sonstigen Informationen im Bildteil gehen die Daten des strukturierten Teils denen der Bilddatei vor.**

– [1]Eine sonstige Rechnung gilt als lesbar, wenn sie für das menschliche Auge lesbar ist. [2]Sonstige Rechnungen in einem anderen elektronischen Format sind in ihrem Originalformat nicht menschenlesbar, sondern erst nach einer Konvertierung.

[3]Werden bei der Übermittlung einer Rechnung eine qualifizierte elektronische Signatur- oder ein EDI-Verfahren verwendet (vgl. Absätze 7 bis 10), gelten die Echtheit der Herkunft und die Unversehrtheit des Inhalts als gewährleistet. [4]Beides kann aber auch durch ein innerbetriebliches Kontrollverfahren (vgl. Absätze 4 bis 6) gewährleistet werden.

Innerbetriebliche Kontrollverfahren

(4) [1]Die Echtheit der Herkunft und die Unversehrtheit des Inhalts der Rechnung müssen, sofern keine qualifizierte elektronische Signatur verwendet oder die Rechnung per EDI übermittelt wird (vgl. Absätze 7 bis 10), durch ein innerbetriebliches Kontrollverfahren, das einen verlässlichen Prüfpfad zwischen Rechnung und Leistung schaffen kann, gewährleistet werden (§ 14 Abs. **3** UStG). [2]Der Empfänger einer Rechnung kann die ihm obliegenden Pflichten auch auf einen Dritten übertragen.

(5) [1]Als innerbetriebliches Kontrollverfahren im Sinne des § 14 Abs. **3** UStG ist ein Verfahren ausreichend, das der Unternehmer zum Abgleich der Rechnung mit seiner Zahlungsverpflichtung einsetzt, um zu gewährleisten, dass nur die Rechnungen beglichen werden, zu deren Begleichung eine Verpflichtung besteht. [2]Der Unternehmer kann hierbei auf bereits bestehende Rechnungsprüfungssysteme zurückgreifen. [3]Es werden keine technischen Verfahren vorgegeben, die der Unternehmer verwenden muss. [4]Es kann daher ein EDV-unterstütztes, aber auch ein manuelles Verfahren sein.

(6) [1]Ein innerbetriebliches Kontrollverfahren erfüllt die Anforderungen des § 14 Abs. **3** UStG, wenn es einen verlässlichen Prüfpfad beinhaltet, durch den ein Zusammenhang zwischen der Rechnung und der zu Grunde liegenden Leistung hergestellt werden kann. [2]Dieser Prüfpfad kann z. B. durch (**technischen oder** manuellen) Abgleich der Rechnung mit vorhandenen geschäftlichen Unterlagen (z. B. Bestellung, Auftrag, Kaufvertrag, Lieferschein oder Überweisung bzw. Zahlungsbeleg) gewährleistet werden. [3]Das innerbetriebliche Kontrollverfahren und der verlässliche Prüfpfad unterliegen keiner gesonderten Dokumentationspflicht. [4]Eine inhaltlich zutreffende Rechnung – insbesondere Leistung, Entgelt, leistender Unternehmer und Zahlungsempfänger sind zutreffend angegeben – rechtfertigt die Annahme, dass bei der Übermittlung keine die Echtheit der Herkunft oder die Unversehrtheit des Inhalts beeinträchtigenden Fehler vorgekommen sind.

Qualifizierte elektronische Signatur und elektronischer Datenaustausch (EDI)

(7) Beispiele für Technologien, die die Echtheit der Herkunft und die Unversehrtheit des Inhalts bei einer Rechnung gewährleisten, sind zum einen eine qualifizierte elektronische Signatur oder ein qualifiziertes elektronisches Siegel im Sinne der eIDAS-VO und zum anderen **ein** EDI-**Verfahren**, wenn in der Vereinbarung über diesen Datenaustausch der Einsatz von Verfahren vorgesehen ist, die die Echtheit der Herkunft und die Unversehrtheit der Daten gewährleisten (§ 14 Abs. 3 **Satz 6** Nr. 1 und 2 UStG).

(8) [1]Das VDG regelt die nationalen Ergänzungen zu der unmittelbar anwendbaren eIDAS-VO (ABl. EU 2014 Nr. L 257 S. 73). [2]Im Sinne der eIDAS-VO ist die elektronische Signatur die elektronische Bescheinigung für eine natürliche Person und das elektronische Siegel die elektronische Bescheinigung für eine juristische Person. [3]Beide Begriffe nach der eIDAS-VO fallen unter den umsatzsteuerlichen Begriff der qualifizierten elektronischen Signatur im Sinne von § 14 Abs. 3 **Satz 6** Nr. 1 UStG. [4]Zur Erstellung einer qualifizierten elektronischen Signatur oder eines qualifizierten elektronischen Siegels nach der eIDAS-VO wird ein qualifiziertes Zertifikat benötigt, das von einem Vertrauensdiensteanbieter ausgestellt wird und mit dem die Identität des Zertifikatsinhabers bestätigt wird (Artikel 3 Nr. 14 und 29 eIDAS-VO). [5]Es ist zulässig, dass eine oder mehrere natürliche Personen im Unternehmen bevollmächtigt werden, für den Unternehmer zu signieren. [6]Eine Verlagerung der dem leistenden Unternehmer oder dem von diesem beauftragten Dritten obliegenden steuerlichen Verpflichtungen ist damit jedoch nicht verbunden. [7]Die grundlegenden Anforderungen für ein qualifiziertes Zertifikat ergeben sich für qualifizierte elektronische Signaturen aus Artikel 28 Abs. 1 in Verbindung mit Anhang I eIDAS-VO und für qualifizierte

elektronische Siegel aus Artikel 38 Abs. 1 in Verbindung mit Anhang III eIDAS-VO, der Zertifikatsinhaber kann zusätzliche Attribute einsetzen (vgl. § 12 VDG). [8]Ein Attribut kann z. B. lauten „Frau Musterfrau ist Handlungsbevollmächtigte des Unternehmers A und berechtigt, für Unternehmer A Rechnungen bis zu einer Höhe von 100 000 € Gesamtbetrag zu unterzeichnen“. [9]Auch Vertreterregelungen und ggf. erforderliche Zeichnungsberechtigungen, die an die Unterzeichnung durch mehrere Berechtigte gekoppelt sind, können durch Attribute abgebildet werden. [10]Nach § 12 Abs. 2 VDG in Verbindung mit Anhang I Buchstabe c eIDAS-VO kann in einem qualifizierten Zertifikat für eine elektronische Signatur auf Verlangen des Zertifikatsinhabers anstelle seines Namens ein Pseudonym aufgeführt werden. [11]Das Finanzamt hat nach § 8 Abs. 2 Nr. 1 Buchstabe c VDG einen Anspruch auf Auskunft gegenüber dem Vertrauensdiensteanbieter, soweit dies zur Erfüllung der gesetzlichen Aufgaben erforderlich ist. [12]Für die Erstellung qualifizierter elektronischer Signaturen sind alle technischen Verfahren (z. B. Smart-Card, „Kryptobox“) zulässig, die den Vorgaben des VDG entsprechen. [13]Der Rechnungsaussteller kann die Rechnungen auch in einem automatisierten Massenverfahren signieren. [14]Es ist zulässig, mehrere Rechnungen an einen Rechnungsempfänger in einer Datei zusammenzufassen und diese Datei mit nur einer qualifizierten elektronischen Signatur an den Empfänger zu übermitteln.

(9) ***weggefallen***

Echtheit und Unversehrtheit bei besonderen Formen der Rechnungsstellung

(10) [1]Die Absätze **3** bis **8** gelten entsprechend für Gutschriften (§ 14 Abs. 2 Satz **5** UStG), Rechnungen, die im Namen und für Rechnung des Unternehmers oder eines in § 14 Abs. 2 Satz **2** Nr. 2 UStG bezeichneten Leistungsempfängers von einem Dritten ausgestellt werden (§ 14 Abs. 2 Satz **7** UStG) sowie für Anzahlungsrechnungen (§ 14 Abs. 5 UStG). [2]Wird eine Gutschrift ausgestellt, ist der leistende Unternehmer als Gutschriftsempfänger zur Durchführung des innerbetrieblichen Kontrollverfahrens entsprechend Absätzen 4 bis 6 verpflichtet. [3]Der Dritte ist nach §§ 93 ff. AO verpflichtet, dem Finanzamt die Prüfung des Verfahrens durch Erteilung von Auskünften und Vorlage von Unterlagen in seinen Räumen zu gestatten.

(11) ***weggefallen***

Anmerkung

1. Echtheit, Unversehrtheit und Lesbarkeit, § 14 Abs. 3 UStG

Nach § 14 Abs. 3 S. 1 UStG müssen die Echtheit der Herkunft der Rechnung, die Unversehrtheit und die Lesbarkeit gewährleistet werden.

Die FinVerw verweist vor allem darauf, dass bei der Lesbarkeit darauf zu achten ist, dass die XML-Datei die Anforderungen der Normenreihe EN 16931 (oder interoperabel) erfüllt.

1.1 Hybride Formate

Bei **hybriden Formaten** bilden die im **strukturierten** Teil der Rechnung den **führenden Teil**. Für den Fall, dass es **Abweichungen** zwischen dem menschenlesbaren und strukturierten Teil der Rechnung gibt, gehen die Daten der des strukturierten Teils denen der Bilddatei vor (Abschn. 14.4. Abs. 3 S. 2 UStAE).

1.2 Archivierung und Aufbewahrung

Die Unversehrtheit und Lesbarkeit muss auch bei der Archivierung außerhalb GoBD-konformer Systeme gewährleistet sein. Allein die Speicherung/Archivierung außerhalb eines GoBD-konformen Datenverarbeitungssystems führt nicht zu einem Verstoß gegen § 14 b Abs. 1 UStG, Abschn. 14b.1 Abs. 1 S. 5 UStAE.

Bei der Aufbewahrung von Rechnungen sind die von der Verwaltung heraus-gegebenen GoBD zu beachten (BMF-Schreiben v. 28.11.2019, BStBl I 2019, 1269). Diese sind im Hinblick auf die Regelungen zur E-Rechnung durch das BMF angepasst bzw. ergänzt worden (BMF-Schreiben v. 14.7.2025, BStBl I 2025, 1502).

Wegen weiterer Einzelheit wird auf die Ausführungen zu Abschn. 14b.1 und 14c.1 UStAE verwiesen.

UStAE 14.5. Pflichtangaben in der Rechnung

(1) [1]§ 14 Abs. 4 und § 14a UStG gelten nur für Rechnungen an andere Unternehmer oder an juris-tische Personen, soweit sie nicht Unternehmer sind, sowie an andere Leistungsempfänger, die in § 14a UStG bezeichnet sind. [2]Dabei ist es unerheblich, ob es sich um steuerpflichtige oder steuerfreie Leistungen oder um Teilleistungen handelt oder ob die Sonderregelungen nach den §§ 23a bis 25c UStG angewendet werden. [3]Sofern eine Verpflichtung zur Erteilung einer Rechnung besteht, muss die Rechnung alle Pflichtangaben, die sich aus § 14 Abs. 4, § 14a UStG sowie aus den §§ 33, 34 und **34a** UStDV ergeben, enthalten und die übrigen formalen Voraussetzungen des § 14 UStG erfüllen. **[4]Besteht die Verpflichtung zur Erteilung einer E-Rechnung (zur verpflichtenden Ausstellung einer E-Rechnung vgl. Abschnitt 14.1 Abs. 4) erfordert die Voraussetzung der elektronischen Verarbeitung (§ 14 Abs. 1 Satz 3 UStG), dass alle umsatzsteuerrechtlichen Pflichtangaben nach §§ 14, 14a UStG im strukturierten Teil der E-Rechnung enthalten sein müssen. [5]Ein bloßer Verweis in den strukturierten Daten auf eine Anlage, in der die Rechnungspflichtangaben in unstrukturierter Form enthalten sind, genügt nicht, da dann keine elektronische Verarbeitung möglich ist. [6]Da die umsatzsteuerrechtlichen Pflichtangaben im Kern-Datenmodell der E-Rechnung enthalten sind, ist die Verwendung einer Extension (branchenbezogene Anforderungen, vgl. Abschnitt 14.1 Abs. 13) nicht von den umsatzsteuerrechtlichen Vorgaben für die Ausstellung, Übermittlung und Empfang einer E-Rechnung betroffen. [7]Bei einem Verstoß gegen die umsatzsteuerlichen Pflichtangaben der §§ 14 Abs. 4 und 14a UStG liegt eine nicht ordnungsmäßige Rechnung vor (vgl. auch Abschnitt 15.2a). [8]Solche Fehler (Inhaltsfehler) können bei einer E-Rechnung beispielsweise als Verletzung der entsprechenden Geschäftsregeln im Rahmen einer Validierung (vgl. Abschnitt 14.1 Abs. 13) festgestellt werden. [9]Geschäftsregelfehler (vgl. Abschnitt 14.1 Abs. 11) zu anderen Inhalten (z.B. die fehlende Angabe des Feldes „BT-10 Buyer reference") sind umsatzsteuerlich unbeachtlich. [10]Inhaltsfehler können aber auch vorliegen, wenn formal kein Verstoß gegen die Geschäftsregeln vorliegt und zum Beispiel auch im Rahmen der Validierung kein Fehler festgestellt wurde (z.B. Angabe eines fehlerhaften Steuersatzes). [11]Eine Validierung der E-Rechnung ersetzt nicht die dem Empfänger obliegende Pflicht zur Überprüfung der Rechnung auf Vollständigkeit und Richtigkeit (vgl. Abschnitt 15.2a Abs. 6 und 15.11 Abs. 3), sondern unterstützt ihn hierbei. [12]Ein Unternehmer kann sich bei Beachtung der Sorgfaltspflichten eines ordentlichen Kaufmanns auf das technische Ergebnis einer Validierung (hinsichtlich des Formats und der Geschäftsregeln) durch eine geeignete Validierungsanwendung verlassen. [13]Zum Nachweis bietet es sich an, den Validierungsbericht aufzubewahren.** [14]Die Angaben, die eine Rechnung enthalten muss, sollen es der Finanzverwaltung insbesondere ermöglichen, die Entrichtung der geschuldeten Steuer und das Bestehen des Vorsteuerabzugsrechts zu kontrollieren (Kontrollfunktion der Rechnung, vgl. EuGH-Urteil vom 15. 9. 2016, C-516/14, Barlis 06). **[15]Eine sonstige Rechnung (vgl. Abschnitt 14.1 Abs. 2) wird ggf. von der** Gesamtheit aller Dokumente **gebildet**, die die nach § 14 Abs. 4 und § 14a UStG geforderten Angaben insgesamt enthalten **(§ 31 Abs. 1 UStDV)**. [16]In einem Dokument fehlende Angaben müssen in anderen Dokumenten enthalten sein. [17]In einem dieser Dokumente müssen mindestens das Entgelt und der Steuerbetrag angegeben werden. [18]Außerdem sind in diesem Dokument alle anderen Dokumente zu bezeichnen, aus denen sich die nach § 14 Abs. 4 und § 14a UStG erforderlichen Angaben insgesamt ergeben (§ 31 Abs. 1 UStDV). [19]Hinsichtlich der Leistungsbeschreibung ist es **nur bei einer sonstigen Rechnung** zulässig, auf den vom leistenden Unternehmer erstellten Lieferschein Bezug zu nehmen. [20]Alle Dokumente müssen vom Rechnungsaussteller erstellt werden. [21]Im Fall der Gutschrift muss deshalb der Gutschriftsaussteller alle Dokumente erstellen. [22]Ist ein Dritter mit der Rechnungserstellung beauftragt (§ 14 Abs. 2 Satz 7 UStG), ist auch derjenige, der den Dritten mit der Rechnungserstellung beauftragt hat, zur Erstellung der fehlenden Dokumente berechtigt. [23]Die Erteilung einer Rechnung, die nicht alle in § 14 Abs. 4 Satz 1 UStG aufgeführten Pflichtangaben enthält, gilt nicht als Ordnungswidrigkeit im Sinne des § 26a Abs. 2 Nr. 1 UStG.

Name und Anschrift des leistenden Unternehmers und des Leistungsempfängers

(2) [1]Nach § 14 Abs. 4 Satz 1 Nr. 1 UStG sind in der Rechnung der Name und die Anschrift des leistenden Unternehmers und des Leistungsempfängers jeweils vollständig anzugeben. [2]Dabei ist es nach § 31 Abs. 2 UStDV ausreichend, wenn sich auf Grund der in die Rechnung aufgenommenen Bezeichnungen

der Name und die Anschrift sowohl des leistenden Unternehmers als auch des Leistungsempfängers eindeutig feststellen lassen. [3]Unter diesen Voraussetzungen kann auch die Verwendung eines Aliasnamens nach dem ProstSchG eine ausreichende Rechnungsangabe sein (siehe BMF-Schreiben vom 7. 9. 2021, BStBl I S. 1591). [4]Bei Versteigerungen im fremden Namen und für fremde Rechnung (vgl. Abschnitt 3.7 Abs. 6) kann die sog. Losnummer als Angabe des leistenden Unternehmers (Einlieferer) genügen. [5]Es reicht jede Art von Anschrift, sofern der leistende Unternehmer bzw. der Leistungsempfänger unter dieser Anschrift erreichbar ist. [6]Dabei ist es unerheblich, ob die wirtschaftlichen Tätigkeiten des leistenden Unternehmers unter der Anschrift ausgeübt werden, die in der von ihm ausgestellten Rechnung angegeben ist (vgl. BFH-Urteile vom 13. 6. 2018, XI R 20/14, BStBl II S. 800, und vom 21. 6. 2018, V R 25/15, BStBl II S. 809, und V R 28/16, BStBl II S. 806). [7]Maßgeblich für eine Erreichbarkeit ist der Zeitpunkt der Rechnungsausstellung (vgl. BFH-Urteil vom 5. 12. 2018, XI R 22/14, BStBl 2020 II S. 418). [8]Verfügt der leistende Unternehmer bzw. der Leistungsempfänger über ein Postfach, über eine Großkundenadresse oder über eine c/o-Adresse, genügt die jeweilige Angabe in der Rechnung den Anforderungen des § 14 Abs. 4 Satz 1 Nr. 1 UStG an eine vollständige Anschrift.

(3) *weggefallen*

(4) [1]Im Fall der umsatzsteuerlichen Organschaft kann der Name und die Anschrift der Organgesellschaft angegeben werden, wenn der leistende Unternehmer oder der Leistungsempfänger unter dem Namen und der Anschrift der Organgesellschaft die Leistung erbracht bzw. bezogen hat. [2]Entsprechendes gilt für die Angabe der Anschrift einer Zweigniederlassung, einer Betriebsstätte oder eines Betriebsteils des Unternehmers.

Steuernummer oder USt-IdNr. des leistenden Unternehmers

(5) [1]Nach § 14 Abs. 4 Satz 1 Nr. 2 UStG muss der leistende Unternehmer in der Rechnung entweder die ihm vom inländischen Finanzamt erteilte Steuernummer oder die vom BZSt erteilte USt-IdNr. angeben (vgl. BFH-Urteil vom 2. 9. 2010, V R 55/09, BStBl 2011 II S. 235). [2]Wurde dem leistenden Unternehmer keine USt-IdNr. erteilt, ist zwingend die erteilte Steuernummer anzugeben. [3]Wenn das Finanzamt eine gesonderte Steuernummer für Zwecke der Umsatzbesteuerung erteilt hat (z. B. bei von der Zuständigkeit nach dem Betriebssitz abweichender Zuständigkeit nach § 21 AO), ist diese anzugeben. [4]Erteilt das Finanzamt dem leistenden Unternehmer eine neue Steuernummer (z. B. bei Verlagerung des Unternehmenssitzes), ist nur noch diese zu verwenden. [5]Es ist nicht erforderlich, dass der Unternehmer die vom Finanzamt erteilte Steuernummer um zusätzliche Angaben (z. B. Name oder Anschrift des Finanzamts, Finanzamtsnummer oder Länderschlüssel) ergänzt. [6]Im Fall der Gutschrift ist die Steuernummer bzw. die USt-IdNr. des leistenden Unternehmers und nicht die des die Gutschrift erteilenden Leistungsempfängers anzugeben. [7]Zu diesem Zweck hat der leistende Unternehmer (Gutschriftsempfänger) dem Aussteller der Gutschrift seine Steuernummer oder USt-IdNr. mitzuteilen. [8]Dies gilt auch für einen ausländischen Unternehmer, dem von einem inländischen Finanzamt eine Steuernummer oder vom BZSt eine USt-IdNr. erteilt wurde. [9]Hinsichtlich des Anspruchs natürlicher Personen auf Erteilung einer Steuernummer für Umsatzsteuerzwecke vgl. BFH-Urteil vom 23. 9. 2009, II R 66/07, BStBl 2010 II S. 712, und BMF-Schreiben vom 1. 7. 2010, BStBl I S. 625.

(6) [1]Leistet ein Unternehmer im eigenen Namen (Eigengeschäft) und vermittelt er einen Umsatz im fremden Namen und für fremde Rechnung (vermittelter Umsatz), gilt für die Angabe der Steuernummer oder der USt-IdNr. Folgendes:

- [2]Für das Eigengeschäft gibt der leistende Unternehmer seine Steuernummer oder USt-IdNr. an.
- [3]Rechnet der Unternehmer über einen vermittelten Umsatz ab (z. B. Tankstellenbetreiber, Reisebüro, Versteigerer), hat er die Steuernummer oder USt-IdNr. des leistenden Unternehmers (z. B. Mineralölgesellschaft, Reiseunternehmen, Einlieferer) anzugeben.
- [4]Werden das Eigengeschäft und der vermittelte Umsatz in einer Rechnung aufgeführt (vgl. Abschnitt 14.10 Abs. 3), kann aus Vereinfachungsgründen der jeweilige Umsatz durch Kennziffern oder durch Symbole der jeweiligen Steuernummer oder USt-IdNr. zugeordnet werden. [5]Diese sind in der Rechnung oder in anderen Dokumenten (§ 31 UStDV) zu erläutern.

(7) Im Fall der umsatzsteuerlichen Organschaft muss die Organgesellschaft die ihr oder dem Organträger erteilte USt-IdNr. oder die Steuernummer des Organträgers angeben.

(8) [1]Die Angabe der Steuernummer oder der USt-IdNr. ist vorbehaltlich der §§ 33 und 34 UStDV auch erforderlich, wenn

– ausschließlich über steuerfreie Umsätze abgerechnet wird,
– der Leistungsempfänger nach § 13b Abs. 5 UStG Steuerschuldner ist (vgl. auch § 14a Abs. 5 UStG).

[2]In Fällen, in denen sich das Unternehmen ausschließlich auf den Betrieb einer Photovoltaikanlage im Sinne des § 12 Abs. 3 Nr. 1 Satz 1 UStG sowie ggf. auf eine steuerfreie Vermietung und Verpachtung nach § 4 Nr. 12 UStG beschränkt (vgl. BMF-Schreiben vom 12.06.2023, BStBl I S. 990) und die Kleinunternehmerregelung nach § 19 UStG angewandt wird, wird es nicht beanstandet, wenn in einer Rechnung über die Stromlieferung im Zusammenhang mit der Photovoltaikanlage statt einer dem Betreiber der Photovoltaikanlage für Umsatzsteuerzwecke erteilten Steuernummer die ihm erteilte MaStR-Nummer verwendet wird.

(9) [1]Ein Vertrag erfüllt die Anforderung des § 14 Abs. 4 Satz 1 Nr. 2 UStG, wenn er die Steuernummer oder die USt-IdNr. des leistenden Unternehmers enthält. [2]Ist in dem Vertrag die Steuernummer angegeben und erteilt das Finanzamt dem leistenden Unternehmer eine neue Steuernummer (z.B. bei Verlagerung des Unternehmenssitzes), ist der Vertragspartner in geeigneter Weise darüber zu informieren. [3]Die leichte Nachprüfbarkeit dieser Angabe muss beim Leistungsempfänger gewährleistet sein. [4]Es ist nicht erforderlich, dass auf den Zahlungsbelegen die Steuernummer oder die USt-IdNr. des leistenden Unternehmers angegeben ist. **[5]Besteht die Verpflichtung zur Ausstellung einer E-Rechnung (vgl. Abschnitt 14.1 Abs. 4), kann der zugrundeliegende Vertrag als ergänzende Angabe in einem in der E-Rechnung enthaltenen Anhang aufgenommen werden (vgl. Abschnitt 14.1 Abs. 17). [6]Die Angabe der Steuernummer oder USt-IdNr. des leistenden Unternehmers muss als Pflichtangabe im strukturierten Teil der E-Rechnung enthalten sein.**

Fortlaufende Nummer (Rechnungsnummer)

(10) [1]Durch die fortlaufende Nummer (Rechnungsnummer) soll sichergestellt werden, dass die vom Unternehmer erstellte Rechnung einmalig ist. [2]Bei der Erstellung der Rechnungsnummer ist es zulässig, eine oder mehrere Zahlen- oder Buchstabenreihen zu verwenden. [3]Auch eine Kombination von Ziffern mit Buchstaben ist möglich. [4]Eine lückenlose Abfolge der ausgestellten Rechnungsnummern ist nicht zwingend. [5]Es ist auch zulässig, im Rahmen eines weltweiten Abrechnungssystems verschiedener, in unterschiedlichen Ländern angesiedelter Konzerngesellschaften nur einen fortlaufenden Nummernkreis zu verwenden.

(11) [1]Bei der Erstellung der Rechnungsnummer bleibt es dem Rechnungsaussteller überlassen, wie viele und welche separaten Nummernkreise geschaffen werden, in denen eine Rechnungsnummer jeweils einmalig vergeben wird. [2]Dabei sind Nummernkreise für zeitlich, geographisch oder organisatorisch abgegrenzte Bereiche zulässig, z.B. für Zeiträume (Monate, Wochen, Tage), verschiedene Filialen, Betriebsstätten einschließlich Organgesellschaften oder Bestandsobjekte. [3]Die einzelnen Nummernkreise müssen dabei nicht zwingend lückenlos sein. [4]Es muss jedoch gewährleistet sein (z.B. durch Vergabe einer bestimmten Klassifizierung für einen Nummernkreis), dass die jeweilige Rechnung leicht und eindeutig dem jeweiligen Nummernkreis zugeordnet werden kann und die Rechnungsnummer einmalig ist.

(12) **[1]Bei einer E-Rechnung über ein Dauerschuldverhältnis ist es erforderlich, dass die Rechnungsnummer im strukturierten Teil der E-Rechnung enthalten ist, um die Voraussetzung des § 14 Abs. 4 Satz 1 Nr. 4 UStG zu erfüllen. [2]Dabei ist es ausreichend, wenn eine in dem zugrundeliegenden Vertrag enthaltene einmalige Nummer (z.B. Wohnungs- oder Objektnummer, Mieternummer) verwendet wird. [3]Es ist nicht erforderlich, dass Zahlungsbelege eine gesonderte fortlaufende Nummer erhalten. [4]Zur Ausstellung von E-Rechnungen bei Dauerschuldverhältnissen vgl. Abschnitt 14.1 Abs. 19.**

(13) [1]Im Fall der Gutschrift ist die fortlaufende Nummer durch den Gutschriftsaussteller zu vergeben. [2]Wird die Rechnung nach § 14 Abs. 2 Satz **7** UStG von einem Dritten ausgestellt, kann dieser die fortlaufende Nummer vergeben.

(14) Kleinbetragsrechnungen nach § 33 UStDV, Fahrausweise nach § 34 UStDV **und Rechnungen von Kleinunternehmern nach § 34a UStDV** müssen keine fortlaufende Nummer enthalten.

Menge und Art der gelieferten Gegenstände oder Umfang und Art der sonstigen Leistung

(15) [1]Die Bezeichnung der Leistung muss eine eindeutige und leicht nachprüfbare Feststellung der Leistung ermöglichen, über die abgerechnet worden ist (vgl. BFH-Urteile vom 10. 11. 1994, V R 45/93, BStBl 1995 II S. 395, vom 8. 10. 2008, V R 59/07, BStBl 2009 II S. 218, vom 16. 1. 2014, V R 28/13, BStBl II S. 867, und vom 12. 3. 2020, V R 48/17, BStBl II S. 604). [2]**Besteht die Verpflichtung zur Ausstellung einer E-Rechnung (vgl. Abschnitt 14.1 Abs. 4), gilt hinsichtlich der Leistungsbeschreibung, dass die im strukturierten Teil der E-Rechnung enthaltenen Angaben eine eindeutige und leicht nachprüfbare Feststellung der Leistung ermöglichen müssen (vgl. Abschnitt 15.2a Abs. 4 und 5), die die Kontrollfunktion der Rechnung (vgl. Abschnitt 14.5 Abs. 1) gewährleisten können. [3]Ergänzende Angaben können jedoch in einem in der E-Rechnung enthaltenen Anhang aufgenommen werden (z. B. eine Aufschlüsselung von Stundennachweisen in einer PDF-Datei). [4]Ein enthaltener Link auf ein externes Ziel erfüllt nicht die Voraussetzungen nach § 14 Abs. 1 Satz 3 UStG.** [5]Unrichtige oder ungenaue Angaben, die eventuell auch keinen Rückschluss auf den Ort der Leistungserbringung und eine mögliche Steuerpflicht ermöglichen, genügen diesen Anforderungen nicht (vgl. BFH-Urteil vom 1. 3. 2018, V R 18/17, BStBl 2021 II S. 644). [6]Bei Lieferungen kann neben der Angabe der Menge die Angabe der Art der gelieferten Gegenstände in Form einer handelsüblichen Bezeichnung erfolgen (§ 14 Abs. 4 Satz 1 Nr. 5 UStG). [7]Handelsüblich ist jede im Geschäftsverkehr für die Gegenstände allgemein verwendete Bezeichnung, die den Erfordernissen von Kaufleuten im Sinne des HGB genügt und von Unternehmern in den entsprechenden Geschäftskreisen allgemein (d.h. nicht nur gelegentlich) verwendet wird, z.B. auch eine Markenartikelbezeichnung. [8]Ob eine Bezeichnung handelsüblich ist, ist unter Berücksichtigung von Handelsstufe, Art und Inhalt der Lieferungen und dem Wert der einzelnen Gegenstände im Einzelfall zu bestimmen (zu den Anforderungen bei hochpreisigen Uhren und Armbändern vgl. BFH-Beschluss vom 29. 11. 2002, V B 119/02, n.v.; abgrenzend dazu im Niedrigpreissegment vgl. BFH-Urteil vom 10. 7. 2019, XI R 28/18, BStBl 2021 II S. 961). [9]Bezeichnungen allgemeiner Art, die Gruppen verschiedenartiger Gegenstände umfassen, z.B. Geschenkartikel, reichen grundsätzlich nicht aus. [10]In Rechnungen über die Lieferung von Präsentkörben reicht es aus, als handelsübliche Bezeichnung des Liefergegenstandes lediglich „Präsentkorb“ anzugeben. [11]Die Mengen und die handelsüblichen Bezeichnungen der im Präsentkorb enthaltenen einzelnen Gegenstände brauchen in der Rechnung nicht genannt zu werden. [12]In einer Rechnung über die Übertragung bzw. Ausgabe eines Einzweck-Gutscheins nach § 3 Abs. 14 UStG ist die Bezeichnung der Gutscheinart (Einzweck-Gutschein) sowie eine kurze Beschreibung der Lieferung oder der sonstigen Leistung, zu deren Bezug der Gutschein berechtigt, ausreichend (vgl. hierzu Abschnitt 3.17 Abs. 2). [13]Bei einem Mehrzweck-Gutschein nach § 3 Abs. 15 UStG unterliegt erst bei dessen Einlösung die tatsächliche Lieferung oder die tatsächliche Erbringung der sonstigen Leistung der Umsatzsteuer (vgl. hierzu Abschnitt 3.17 Abs. 9); über diese Leistung ist dann nach den allgemeinen Regelungen abzurechnen. [14]Zur Verwendung der Geräteidentifikationsnummer als Bestandteil der handelsüblichen Bezeichnung des gelieferten Gegenstands vgl. BMF-Schreiben vom 1. 4. 2009, BStBl I S. 525.

Zeitpunkt der Leistung und Vereinnahmung des Entgelts

(16) [1]Nach § 14 Abs. 4 Satz 1 Nr. 6 UStG ist in der Rechnung der Zeitpunkt der Lieferung oder sonstigen Leistung anzugeben. [2]Dies gilt auch dann, wenn das Ausstellungsdatum der Rechnung (§ 14 Abs. 4 Satz 1 Nr. 3 UStG) mit dem Zeitpunkt der Lieferung oder der sonstigen Leistung übereinstimmt. [3]**Nur bei sonstigen Rechnungen genügt in diesen Fällen eine Angabe wie z.B. „Leistungsdatum entspricht Rechnungsdatum“ (vgl. BFH-Urteil vom 17.12.2008 – XI R 62/07, BStBl II 2009 S. 432). [4]In einer E-Rechnung hingegen muss die Angabe im vorgegebenen strukturierten Datenformat (vgl. Abschnitt**

14.1 Abs. 11 bis 15) enthalten sein. 5Nach § 31 Abs. 1 UStDV kann eine sonstige Rechnung aus mehreren Dokumenten bestehen, aus denen sich die nach § 14 Abs. 4 Satz 1 UStG erforderlichen Angaben insgesamt ergeben. 6Daher kann nur bei sonstigen Rechnungen die Angabe des Zeitpunkts der Lieferung in einem Lieferschein erfolgen, wenn in dem Dokument, in dem Entgelt und Steuerbetrag angegeben sind, der Lieferschein bezeichnet ist. 7Dies setzt voraus, dass der Lieferschein neben dem Lieferscheindatum eine gesonderte Angabe des Leistungsdatums enthält. 8Sofern das Leistungsdatum dem Lieferscheindatum entspricht, kann an Stelle der gesonderten Angabe des Leistungsdatums ein Hinweis in die Rechnung aufgenommen werden, dass das Lieferscheindatum dem Leistungsdatum entspricht. 9Nach § 31 Abs. 4 UStDV kann als Zeitpunkt der Lieferung oder der sonstigen Leistung der Kalendermonat angegeben werden, in dem die Leistung ausgeführt wird. 10Die Verpflichtung zur Angabe des Zeitpunkts der Lieferung oder der sonstigen Leistung besteht auch in den Fällen, in denen die Ausführung der Leistung gegen Barzahlung erfolgt. 11Im Einzelnen gilt **zum Zeitpunkt der Lieferung oder sonstigen Leistung** hierbei Folgendes:

1. ***weggefallen***
2. Angabe des Zeitpunkts der Lieferung in den Fällen, in denen der Ort der Lieferung nach § 3 Abs. 6 UStG bestimmt wird:
   1In den Fällen, in denen der Gegenstand der Lieferung durch den Lieferer, den Abnehmer oder einen vom Lieferer oder vom Abnehmer beauftragten Dritten befördert oder versendet wird, gilt die Lieferung nach § 3 Abs. 6 Satz 1 UStG dort als ausgeführt, wo die Beförderung oder Versendung an den Abnehmer oder in dessen Auftrag an einen Dritten beginnt (vgl. Abschnitt 3.12). 2Soweit es sich um eine Lieferung handelt, für die der Ort der Lieferung nach § 3 Abs. 6 UStG bestimmt wird, ist in der Rechnung als Tag der Lieferung der Tag des Beginns der Beförderung oder Versendung des Gegenstands der Lieferung anzugeben. 3Dieser Tag ist zugleich auch maßgeblich für die Entstehung der Steuer, wenn es nach § 13 Abs. 1 Nr. 1 UStG auf die Ausführung der Leistung ankommt (vgl. Abschnitt 13.1 Abs. 1 und 2 Satz 2).
3. Angabe des Zeitpunkts der Lieferung in anderen Fällen:
   1In allen Fällen, in denen sich der Ort der Lieferung nicht nach § 3 Abs. 6 UStG bestimmt, ist als Tag der Lieferung in der Rechnung der Tag der Verschaffung der Verfügungsmacht anzugeben. 2Zum Begriff der Verschaffung der Verfügungsmacht vgl. Abschnitt 3.1 Abs. 2.
4. Angabe des Zeitpunkts der sonstigen Leistung:
   1Nach § 14 Abs. 4 Satz 1 Nr. 6 UStG ist in der Rechnung der Zeitpunkt der sonstigen Leistung anzugeben. 2Dies ist der Zeitpunkt, zu dem die sonstige Leistung ausgeführt ist. 3Sonstige Leistungen sind grundsätzlich im Zeitpunkt ihrer Vollendung ausgeführt. 4Bei zeitlich begrenzten Dauerleistungen ist die Leistung mit Beendigung des entsprechenden Rechtsverhältnisses ausgeführt, es sei denn, die Beteiligten haben Teilleistungen vereinbart (vgl. Abschnitt 13.1 Abs. 3). 5Bei sonstigen Leistungen, die sich über mehrere Monate oder Jahre erstrecken, reicht die Angabe des gesamten Leistungszeitraums (z. B. „1. 1. 01 bis 31. 12. 01") aus. 6Eine Rechnung, die nur die Angabe einer Leistung „bis zum heutigen Tag" ohne Konkretisierung des Beginns des Leistungszeitraums enthält, erfüllt diese Voraussetzungen nicht (vgl. EuGH-Urteil vom 15. 9. 2016, C-516/14, Barlis 06).
5. Noch nicht ausgeführte Lieferung oder sonstige Leistung:
   1Wird über eine noch nicht ausgeführte Lieferung oder sonstige Leistung abgerechnet, handelt es sich um eine Rechnung über eine Anzahlung, in der die Angabe des Zeitpunkts der Vereinnahmung des Entgelts oder des Teilentgelts entsprechend § 14 Abs. 4 Satz 1 Nr. 6 UStG nur dann erforderlich ist, wenn der Zeitpunkt der Vereinnahmung bei der Rechnungsstellung feststeht und nicht mit dem Ausstellungsdatum der Rechnung übereinstimmt (vgl. BFH-Urteil vom 2. 12. 2015, V R 15/15, BStBl 2016 II S. 486). 2Auch in diesem Fall reicht es aus, den Kalendermonat der Vereinnahmung anzugeben. 3Auf der Rechnung ist kenntlich zu machen, dass über eine noch nicht erbrachte Leistung abgerechnet wird (vgl. Abschnitt 14.8 Abs. 4). **4Bei einer E-Rechnung kann dies gegebenenfalls durch die Verwendung eines entsprechenden Rechnungstyps erfolgen.**

(17) 1Ist in einem Vertrag – z. B. Miet- oder Pachtvertrag, Wartungsvertrag oder Pauschalvertrag mit einem Steuerberater – der Zeitraum, über den sich die jeweilige Leistung oder Teilleistung erstreckt, nicht angegeben, reicht es aus, wenn sich dieser Zeitraum aus den einzelnen Zahlungsbelegen, z. B. aus den Überweisungsaufträgen oder den Kontoauszügen, ergibt. 2Soweit periodisch wiederkehrende Zahlungen im

Rahmen eines Dauerschuldverhältnisses in der Höhe und zum Zeitpunkt der vertraglichen Fälligkeiten erfolgen und keine ausdrückliche Zahlungsbestimmung vorliegt, ergibt sich der Zeitpunkt der Leistung aus Vereinfachungsgründen durch die Zuordnung der Zahlung zu der Periode, in der sie geleistet wird. [3]Dabei wird es nicht beanstandet, wenn der Zahlungsbeleg vom Leistungsempfänger ausgestellt wird. **[4]Sofern eine Pflicht zur Ausstellung einer E-Rechnung bei einem Dauerschuldverhältnis (z.B. Mietverhältnis) besteht, ist es ausreichend, wenn einmalig für den ersten Teilleistungszeitraum eine E-Rechnung ausgestellt wird, in welcher der zugrundeliegende Vertrag als Anhang enthalten ist, oder sich aus dem sonstigen Inhalt klar ergibt, dass es sich um eine Dauerrechnung handelt. [5]Ändern sich die umsatzsteuerrechtlichen Rechnungspflichtangaben nach §§ 14, 14a UStG in den Folgezeiträumen (z.B. bei einer Mieterhöhung), müssen die Änderungen in einer neuen E-Rechnung abgebildet werden (vgl. Abschnitt 14.1 Abs. 19).**

Entgelt

(18) Nach § 14 Abs. 4 Satz 1 Nr. 7 UStG ist in der Rechnung das nach Steuersätzen und einzelnen Steuerbefreiungen aufgeschlüsselte Entgelt anzugeben.

Im Voraus vereinbarte Minderung des Entgelts

(19) [1]Zusätzlich ist jede im Voraus vereinbarte Minderung des Entgelts, sofern sie nicht bereits im Entgelt berücksichtigt ist, anzugeben **(§ 14 Abs. 4 Satz 1 Nr. 7 UStG).** [2]**Dies** bezieht sich nur auf solche Vereinbarungen, die der Leistungsempfänger gegenüber dem leistenden Unternehmer unmittelbar geltend machen kann. [3]Vereinbarungen des leistenden Unternehmers mit Dritten, die nicht Leistungsempfänger sind, müssen in der Rechnung nicht bezeichnet werden. [4]**Insbesondere** im Fall der Vereinbarung von Boni, Skonti und Rabatten, bei denen im Zeitpunkt der Rechnungserstellung die Höhe der Entgeltminderung nicht feststeht, **ist** in der Rechnung **eindeutig** auf die Vereinbarung hinzuweisen. [5]Für eine leichte und eindeutige Nachprüfbarkeit ist eine hinreichend genaue Bez-eichnung erforderlich **(z.B. durch Benennung des entsprechenden Vertrages).** [6]Diese Regelungen gelten sowohl im Fall des Steuerausweises in einer Rechnung als auch im Fall des Hinweises auf eine Steuerbefreiung. **[7]Die spätere Zahlung aufgrund einer solchen Vereinbarung stellt eine Änderung der Bemessungsgrundlage dar (§ 17 UStG, vgl. auch Abschnitt 17.1), eine Rechnungsberichtigung im Sinne von § 31 Abs. 5 UStDV ist dann nicht erforderlich. [8]Eine Belegaustauschpflicht besteht nur in den in § 17 Abs. 4 UStG bezeichneten Fällen. [9]Ein solcher Beleg kann, muss aber nicht als umsatzsteuerliche Rechnung ausgestellt werden. [10]Die Vereinbarung ist als Teil der Aufzeichnungspflichten (vgl. Abschnitt 22.2 Abs. 2) geordnet aufzubewahren (vgl. Abschnitt 22.1 Abs. 1).** [11]Bei Skontovereinbarungen genügt eine Angabe wie z.B. „2 % Skonto bei Zahlung bis“ den Anforderungen des § 14 Abs. 4 Satz 1 Nr. 7 UStG. [12]Das Skonto muss nicht betragsmäßig (weder mit dem Bruttobetrag noch mit dem Nettobetrag zzgl. USt) ausgewiesen werden.

Steuersatz und Steuerbetrag oder Hinweis auf eine Steuerbefreiung

(20) [1]Nach § 14 Abs. 4 Satz 1 Nr. 8 UStG ist in der Rechnung der Steuersatz sowie der auf das Entgelt entfallende Steuerbetrag oder im Fall der Steuerbefreiung ein Hinweis auf die Steuerbefreiung anzubringen. [2]Der Steuerbetrag muss vom Unternehmer für die von ihm ausgeführte steuerpflichtige Leistung nach Cent genau berechnet werden. [3]Ergibt sich bei der Steuerberechnung kein voller Centbetrag, ist der Centbetrag abzurunden, wenn die nachfolgende Ziffer höchstens 4 ist, bzw. aufzurunden, wenn die unmittelbar folgende Ziffer größer als 4 ist. [4]Bei dem Hinweis auf eine Steuerbefreiung ist es nicht erforderlich, dass der Unternehmer die entsprechende Vorschrift des UStG oder der MwStSystRL nennt. [5]Allerdings soll in der Rechnung ein Hinweis auf den Grund der Steuerbefreiung enthalten sein. [6]Dabei reicht eine Angabe in umgangssprachlicher Form aus (z. B. „Ausfuhr“, zur Angabe „innergemeinschaftliche Lieferung“ für den Belegnachweis vgl. BFH-Urteil vom 12. 5. 2011, V R 46/10, BStBl II S. 957, und Abschnitt 6 a.3 Abs. 1).

(21) [1]Die Regelung des § 32 UStDV für Rechnungen über Umsätze, die verschiedenen Steuersätzen unterliegen, gilt entsprechend, wenn in einer Rechnung neben steuerpflichtigen Umsätzen auch nicht steuerbare oder steuerfreie Umsätze aufgeführt werden. [2]Soweit Kosten für Nebenleistungen, z. B. für Beförderung, Verpackung, Versicherung, besonders berechnet werden, sind sie den unterschiedlich besteuer-

ten Hauptleistungen entsprechend zuzuordnen. [3]Die Aufteilung ist nach geeigneten Merkmalen, z. B. nach dem Verhältnis der Werte oder Gewichte, vorzunehmen.

(22) In Rechnungen für Umsätze, auf die die Durchschnittssätze des § 24 Abs. 1 UStG anzuwenden sind, ist außer dem Steuerbetrag der für den Umsatz maßgebliche Durchschnittssatz anzugeben (§ 24 Abs. 1 Satz 5 UStG).

Hinweis auf die Aufbewahrungspflicht des Leistungsempfängers

(23) [1]Nach § 14 Abs. 4 Satz 1 Nr. 9 UStG ist der leistende Unternehmer bei Ausführung einer steuerpflichtigen Werklieferung oder sonstigen Leistung im Zusammenhang mit einem Grundstück verpflichtet, in der Rechnung auf die einem nichtunternehmerischen Leistungsempfänger nach § 14b Abs. 1 Satz 5 UStG obliegenden Aufbewahrungspflichten hinzuweisen. [2]Hierbei ist es ausreichend, wenn in der Rechnung z. B. ein allgemeiner Hinweis enthalten ist, dass ein nichtunternehmerischer Leistungsempfänger diese Rechnung zwei Jahre aufzubewahren hat. [3]Ein Hinweis auf die Aufbewahrungspflicht des Leistungsempfängers nach § 14b Abs. 1 Satz 5 UStG ist nicht erforderlich, wenn es sich bei der steuerpflichtigen Werklieferung oder sonstigen Leistung um eine Bauleistung im Sinne des § 13b Abs. 2 Nr. 4 UStG an einen anderen Unternehmer handelt, für die dieser die Umsatzsteuer schuldet, oder mit einer Kleinbetragsrechnung im Sinne des § 33 UStDV abgerechnet wird.

Gutschrift

(24) [1]Vereinbaren die am Leistungsaustausch Beteiligten, dass der in § 14 Abs. 2 Satz **2 Nr. 1 oder** Nr. 2 UStG bezeichnete Leistungsempfänger abrechnet (Gutschrift, § 14 Abs. 2 Satz **5** UStG), muss die Gutschrift **als solche gekennzeichnet sein (vgl.** § 14 Abs. 4 Satz 1 Nr. 10 UStG); **bei E-Rechnungen beispielsweise durch die Auswahl des entsprechenden Rechnungstyps**. [2]Darüber hinaus kommt die Anerkennung von Formulierungen in Betracht, die in anderen Amtssprachen für den Begriff „Gutschrift" in Artikel 226 Nr. 10a MwStSystRL der jeweiligen Sprachfassung verwendet werden (z. B. „Self-billing"; vgl. **Anlage 8**). [3]Die Verwendung anderer Begriffe entspricht nicht § 14 Abs. 4 Satz 1 Nr. 10 UStG. [4]Gleichwohl ist der Vorsteuerabzug des Leistungsempfängers nicht allein wegen begrifflicher Unschärfen zu versagen, wenn die gewählte Bezeichnung hinreichend eindeutig ist (z. B. Eigenfaktura), die Gutschrift im Übrigen ordnungsgemäß erteilt wurde und keine Zweifel an ihrer inhaltlichen Richtigkeit bestehen **(vgl. im Übrigen Abschnitt 15.2a Abs. 1a)**.

Anmerkung

1. Pflichtangaben gem. § 14 Abs. 4 UStG

Wegen der Bedeutung, die der Rechnung für den Vorsteuerabzug (§ 15 Abs. 1 Satz 1 Nr. 1 Satz 2 UStG) zukommt, ist der **Inhalt der Rechnung** in § 14 Abs. 4 UStG genau festgelegt. Nach § 14 Abs. 4 Satz 1 UStG muss eine Rechnung folgende **Mindestangaben** enthalten:

- vollständigen Namen und vollständige Anschrift des leistenden Unternehmers und des Leistungsempfängers,
- vom Finanzamt erteilte StNr. oder USt-IdNr,
- Ausstellungsdatum,
- fortlaufende Rechnungsnummer,
- Menge und handelsübliche Bezeichnung des Gegenstandes der Lieferung oder Art und Umfang der sonstigen Leistung,
- Zeitpunkt der Lieferung oder sonstigen Leistung oder der Vereinnahmung des Entgelts oder Teilentgelts,
- nach Steuersätzen bzw. Steuerbefreiungen aufgeschlüsseltes Entgelt sowie im Voraus vereinbarte Entgeltminderungen,
- Steuersatz und auf das Entgelt entfallender Steuerbetrag oder Hinweis auf Steuerbefreiung,

- in den Fällen der Rechnungserteilung an Nichtunternehmer (§ 14 Abs. 2 Satz 1 Nr. 1 UStG) einen Hinweis auf die zweijährige Aufbewahrungsfrist nach § 14b Abs. 1 Satz 5 UStG,
- bei Rechnungsausstellung durch den Leistungsempfänger die Angabe „Gutschrift".

Nach Einführung der E-Rechnung gilt, dass alle Pflichtangaben grds. i.S.d. § 14 Abs. 4, § 14a UStG **im strukturierten Teil der Rechnung** enthalten sein müssen (**Abschn. 14. 5 Abs. 1 S. 4–13 UStAE**). Ein bloßer Verweis darauf, dass bestimmte Pflichtangaben in einem unstrukturierten Teil (Anlage) enthalten sind, genügt nicht den Anforderungen an eine ordnungsmäße E-Rechnung (**Abschn. 14.5 Abs. 1 S. 5 UStAE**).

Hinweis: Leistungsbeschreibung

Erleichterungen gelten für die Leistungsbeschreibung: Ergänzende Angaben können hier in einen Anhang aufgenommen werden.

Bei einem Verstoß gegen die Pflichtangaben nach § 14 Abs. 4 UStG liegt eine nichtordnungsgemäße Rechnung vor.

Zu den Rechtsfolgen der einzelnen Fehler siehe die **Ausführungen zu Abschn. 14.1 UStAE unter 3.1.**

2. Rechnungsmerkmal: Hinweis auf die Ist-Besteuerung (§ 14 Abs. 4 S. 1 Nr. 6a UStG)

Die Ist-Besteuerung (§ 20 UStG) muss aufgrund der aktuellen Rspr. des EuGH reformiert werden. Der Gesetzgeber ist dem mit dem JStG 2024 nachgekommen.

Hintergrund: Die Finanzbehörde kann unter den in § 20 UStG genannten Vorausset-zungen auf Antrag des Unternehmers gestatten, dass dieser die Steuer nicht nach vereinbarten (Grundsatz), sondern nach vereinnahmten Entgelten (Ausnahme) berechnet. Bei der Besteuerung nach vereinnahmten Entgelten entsteht die Steuer mit Ablauf des Voranmeldungszeitraums, in dem das Entgelt beim Unternehmer eingegangen ist.

Auf den Zeitpunkt des Vorsteuerabzugs hat dies nach derzeitiger Rechtslage keinen Einfluss: § 15 Abs. 1 S. 1 Nr. 1 UStG-E sieht als Zeitpunkt für den Vorsteuerabzug den Zeitpunkt vor, in dem die

- umsatzsteuerbare Leistung erbracht ist und
- eine ordnungsgemäße Rechnung

vorliegt. Diese Regelung widerspricht jedoch dem Unionsrecht. Denn nach Art. 167 der MwStSystRL entsteht das Recht auf Vorsteueranspruch dann, „wenn der Anspruch auf die abziehbare Vorsteuer entsteht". Der Steueranspruch entsteht bei Besteuerung nach vereinnahmten Entgelten (§ 20 UStG) aber erst im Zeitpunkt der Entgeltvereinnahmung.

Der Gesetzgeber hat deshalb i.R.d. JStG 2024 (Gesetz v. 5.12.2024, BGBl. I 2024 Nr. 387) eine Änderung des § 15 Abs. 1 UStG vorgenommen:

„Die Vorsteuer ist abziehbar, wenn der Unternehmer eine nach den §§ 14, 14a ausgestellte Rechnung besitzt und

a) die Leistung ausgeführt worden ist, wenn der leistende Unter-nehmer die Steuer nach vereinbarten Entgelten (§ 16 Absatz 1 Satz 1) berechnet,

b) soweit eine Zahlung auf eine ausgeführte Leistung geleistet worden ist, wenn der leistende Unternehmer die Steuer nach vereinnahmten Entgelten (§ 20) berechnet, oder

c) …"

Ergänzend dazu ist § 14 Abs. 4 UStG um eine weitere Pflichtangabe (Nr. 6a) ergänzt werden, wonach der Rechnungsaussteller darauf hinzuweisen hat, dass er der Ist-Besteuerung unterliegt.

Unklar ist, welche Konsequenzen es nach sich zieht, wenn diese Pflichtangabe fehlt. Dazu wird es noch einer Stellungnahme der FinVerw bedürfen, die nicht übereilt erfolgen muss, weil die Regelung **erst zum 1.1.2028** in Kraft tritt.

3. Rechnungsmerkmal: Leistungsbeschreibung in der Rechnung (§ 14 Abs. 4 S. 1 Nr. 5 UStG)

Um das Recht auf Vorsteuerabzug ausüben zu können, muss der Unternehmer über die abziehbare Steuer eine den Vorgaben des Art. 226 MwStSystRL entsprechende Rechnung besitzen, Art. 178 Buchst. a MwStSystRL.

Im deutschen Umsatzsteuerrecht sind diese Vorgaben in § 14 UStG umgesetzt. Die einzelnen Angaben, die eine Rechnung enthalten muss, ergeben sich im Wesentlichen aus § 14 Abs. 4 UStG.

Nach § 14 Abs. 4 Nr. 5 UStG muss eine Rechnung danach u.a. Angaben enthalten über (wörtlich)

> *„die Menge und die Art (handelsübliche Bezeichnung) der gelieferten Gegenstände oder den Umfang und die Art der sonstigen Leistung“.*

Dabei ist in der Praxis immer problematisch, wie der Begriff der Handelsüblichkeit auszulegen ist. Die Finanzverwaltung hat dazu in Abschn. 14.5 Abs. 15 UStAE Stellung bezogen:

> *(…) Handelsüblich (§ 14 Abs. 4 Satz 1 Nr. 5 UStG) ist jede im Geschäftsverkehr für einen Gegenstand allgemein verwendete Bezeichnung, z.B. auch Markenartikelbezeichnungen. Handelsübliche Sammelbezeichnungen sind ausreichend, wenn sie die Bestimmung des anzuwendenden Steuersatzes eindeutig ermöglichen, z.B. Baubeschläge, Büromöbel, Kurzwaren, Schnittblumen, Spirituosen, Tabakwaren, Waschmittel. Bezeichnungen allgemeiner Art, die Gruppen verschiedenartiger Gegenstände umfassen, z.B. Geschenkartikel, reichen nicht aus. (…)*

Im Zuge der Einführung der verpflichtenden E-Rechnung lässt die Verwaltung beim Merkmal „Leistungsbeschreibung“ insofern Erleichterungen zu, als ergänzende Angaben in einen Anhang aufgenommen werden können.

3.1 Leistungsbeschreibung bei Lieferung von Waren im sog. Niedrigpreissegment

3.1.1 Rechtsprechung des BFH

Der BFH hatte jetzt in drei Revisionsverfahren über die Frage der ordnungsgemäßen Leistungsbeschreibung bei Waren des sog. **Niedrigpreissegments** zu befinden:

- Welche Anforderungen sind an eine Leistungsbeschreibung in den Fällen der Geltendmachung des Vorsteuerabzugs aus Rechnungen über die Lieferung von Waren im Niedrigpreissegment zu stellen?
- Stellt bereits die bloße Angabe einer Gattung eine ausreichende Leistungsbeschreibung dar oder ist eine genaue Beschaffenheitsbeschreibung, z.B. durch Angabe der Eigenmarke, des Modelltyps, der Farbe und Größe usw., erforderlich?

Es handelt sich um drei Parallelentscheidungen jeweils vom 10.7.2019 (XI R 2/18, BFH/NV 2020, 238; XI R 28/18, BFH/NV 2020, 313 und XI R 27/18, BFH/NV 2020, 242).

Der BFH hat die Entscheidungen der FG aufgehoben und an das FG zurückverwiesen. Zur Begründung führte er Folgendes aus:

- Eine Rechnung muss Angaben tatsächlicher Art darüber enthalten, die die Identifizierung der abgerechneten Leistung ermöglichen, ohne dass dabei eine erschöpfende Beschreibung der konkret erbrachten Leistungen erforderlich ist.
- Dabei sollen die Angaben es der Steuerverwaltung ermöglichen das Bestehen des Vorsteuerabzugsrechts zu kontrollieren.
- Regelmäßig dürfte die nach diesen Maßstäben erforderliche Bezeichnung mit derjenigen übereinstimmen, mit der auch der Hersteller die Waren üblicherweise in den Verkehr bringt und die damit *„handelsüblich“* i.S.d. § 14 Abs. 4 Satz 1 Nr. 5 UStG ist.
- Der Klammerzusatz in § 14 Abs. 4 Satz 1 Nr. 5 UStG der *„handelsüblichen Bezeichnung“* ist unionsrechtskonform auszulegen. Danach genügt jede Bezeichnung der Art der gelieferten Gegen-

stände den formellen Vorsteuerabzugsvoraussetzungen, die unter die unionsrechtliche Definition „Menge und Art der gelieferten Gegenstände" fällt (Art. 226 Nr. 6 MwStSystRL).

– Die Prüfung dieser Voraussetzungen obliegt der jeweiligen Tatsacheninstanz.

Die Entscheidung des BFH macht deutlich, dass er eine etwas weniger strenge Linie einschlagen möchte. Entscheidend ist für den BFH, dass der Aufwand zur Identifizierung der Leistung begrenzt wird. Die Umstände des Einzelfalls (Tatsachenwürdigung) sind entscheidend und von folgenden Umständen abhängig:

– die jeweilige Handelsstufe
– Art und Inhalt des Geschäfts und
– Wert der einzelnen Waren.

Der BFH hat dem FG aufgegeben im zweiten Rechtsgang die erforderlichen Ermittlungen zur handelsüblichen Bezeichnung der gelieferten Waren – möglicherweise unter Einschaltung eines Sachverständigen – nachzuholen.

Wichtig ist, dass der BFH die Regelung in § 14 Abs. 4 Satz 1 Nr. 5 UStG nicht als unionsrechtswidrig angesehen hat, sondern dem Klammerzusatz zur „Handelsüblichkeit" keine über die Voraussetzungen des Art. 226 Nr. 6 MwStsystRL hinausgehende Bedeutung beimisst. Die nationale Regelung im UStG enthält mithin keine Verschärfung gegenüber dem Unionsrecht.

In einer weiteren Entscheidung hat der BFH im Übrigen darauf verwiesen, dass die Leistungsbeschreibung „Trockenbauarbeiten" den Anforderungen des § 14 Abs. 4 Satz 1 Nr. 5 UStG genügen kann, wenn sie sich auf ein

– konkret bezeichnetes Bauvorhaben
– an einem bestimmten Ort

bezieht (BFH, Urt. v. 15.10.2019 – V R 29/19 (V R 44/16)).

3.1.2 Umsetzung der Rechtsprechung durch die Finanzverwaltung

Die Verwaltung hat mit BMF-Schreiben v. 1.12.2021 – III C 2 – S 7280-a/19/10002 :001 reagiert und wendet die Rechtsprechung aus der Entscheidung XI R 28/18 an. Ergänzend verweist die Verwaltung auch noch auf die entsprechenden AdV-Entscheidungen des BFH v. 14.3.2019 (V B 3/19) und v. 15.5.2019 (XI B 13/19). Abschn. 14.5. wurde entsprechend angepasst.

Auch nach Meinung der FinVerw sind keine allgemeingültigen Aussagen möglich, wann eine Bezeichnung als handelsüblich angesehen werden kann und wann nicht. Vielmehr muss dies unter den **Umständen des Einzelfalles** entschieden werden. „**Handelsüblich**" ist eine Bezeichnung dann, wenn sie unter Berücksichtigung von Handelsstufe, Art und Inhalt der Lieferungen den Erfordernissen von Kaufleuten i.S.d. HGB genügt und von Unternehmern in den entsprechenden Geschäftskreisen allgemein (d.h. nicht nur gelegentlich) verwendet wird. In Zweifelsfällen ist der Unternehmer nach den allgemeinen Regeln nachweispflichtig, dass eine in der Rechnung aufgeführte Bezeichnung (z.B. bloße Gattungsbezeichnung wie „T-Shirts", „Bluse" o.ä.) auf der betroffenen Handelsstufe handelsüblich ist.

Hinweis

Die Angabe der handelsüblichen Bezeichnung ist nur bei Lieferungen möglich. Bei **sonstigen Leistungen** ist nach dem Gesetzeswortlaut **keine entsprechende Angabe vorgesehen**. Vielmehr müssen die Angaben zu einer sonstigen Leistung eine eindeutige Identifizierung der abgerechneten Leistungen ermöglichen. Der Umfang und die Art der erbrachten Dienstleistungen sind zu präzisieren, dies bedeutet jedoch nicht, dass die konkreten erbrachten Dienstleistungen erschöpfend beschrieben werden müssen (Hinweis auf BFH v. 15.10.2019 – V R 29/19).

3.2 Leistungsbeschreibung bei Gutscheinen (§ 3 Abs. 13–15 UStG)

In Abschn. 14.5. Abs. 5 Satz 15 UStAE hat die Finanzverwaltung geregelt, wie die Leistungsbeschreibung bei Einzweck- und Mehrzweck-Gutscheinen zu erfolgen hat.

3.2.1 Einzweck-Gutscheine

Für den Fall, dass ein Unternehmer einen sog. Einzweck-Gutschein (§ 3 Abs. 14 UStG) ausgibt – Ort der Leistung und Höhe der USt stehen bei Ausgabe fest und die Umsatzsteuer entsteht bei Ausgabe/Verkauf des Gutscheins – ist die Bezeichnung der Gutscheinart (hier Einzweck-Gutschein) und eine kurze Beschreibung der Lieferung oder sonstigen Leistung, zu deren Bezug der Gutschein berechtigt, ausreichend.

Hinweis

Die Rechtsauffassung der Finanzverwaltung geht über die gesetzliche Regelung hinaus, nach der es keinen Hinweis darauf gibt, dass ein Einzweck-Gutschein in einer Rechnung auch als solcher zu bezeichnen ist. Im Zweifel wird diese Auffassung noch die Finanzgerichte beschäftigen.

3.2.2 Mehrzweck-Gutscheine

Ein Mehrzweck-Gutschein löst erst bei Einlösung Umsatzsteuer aus (§ 3 Abs. 15 UStG). Demgemäß müssen hier bei Ausgabe des Gutscheins keine besonderen Hinweise in einer Rechnung erfolgen. Bei Einlösung des Gutscheins sind dann die Rechnungsangaben entsprechend den allgemeinen Regeln vorzunehmen, d.h. die Leistungsbeschreibung muss eine leichte und eindeutige nachprüfbare Feststellung der Leistung ermöglichen. Die Einzelheiten ergeben sich dazu aus Abschn. 14.5. Abs. 15 S. 1 bis 4 UStAE.

Hinweis

Hinzuweisen ist darauf, dass der BFH mit Beschl. v. 3.11.2022 – XI R 21/21, BFH/NV 2023, 485 den EuGH um **Vorabentscheidung** zur Frage des Vorliegens eines Einzweckgutscheins und zur **EU-Konformität der Regelungen in § 3 Abs. 14 UStG (Einzweckgutschein) bzw. § 3 Abs. 15 UStG (Mehrzweckgutschein)** angerufen hat. Das Verfahren ist dort beim EuGH unter dem Az. C-68/23 anhängig.

4. Rechnungsmerkmal: „vollständige Anschrift"

4.1 Rechtsprechung des BFH

Nach dem Urteilen des BFH v. 13.6.2018 – XI R 20/14 und v. 21.6.2018 – V R 25/15 reicht jede Art von Anschrift einschließlich einer Briefkastenanschrift aus, um die Vorgaben des § 14 Abs. 4 Nr. 1 UStG zu erfüllen. Bisher hatte der BFH darauf abgestellt, dass auch die wirtschaftliche Tätigkeit unter der angegebenen Anschrift ausgeübt wird.

Mit den Urteilen aus 2018 setzt der BFH die Rechtsprechung des EuGH (Urt. v. 15.11.2017 – C-374/16 und C-375/16, Geisel und Butin) um.

Für die Prüfung des Rechnungsmerkmals „vollständige Anschrift" ist der Zeitpunkt der Rechnungsausstellung maßgebend (BFH, Urt. v. 5.12.2018 – XI R 22/14).

Außerdem ist eine Identität von Rechnungsaussteller und leistendem Unternehmer erforderlich (BFH, Urt. v. 14.2.2019 – V R 47/16).

4.2 Umsetzung der Finanzverwaltung

Die Finanzverwaltung hat zu der geänderten BFH-Rechtsprechung mit BMF-Schreiben v. 13.7.2020 – III C 2 – S 7280-a/19/10001 :1 Stellung genommen und wendet die Rechtsprechung an.

Nach Auffassung der Verwaltung kam es allerdings schon bisher **nicht** darauf an, dass die wirtschaftliche Tätigkeit unter der angegebenen Anschrift ausgeübt wird, Abschn. 14.5. Abs. 2 Satz 5 UStAE. Insofern musste der UStAE in diesem Punkt nicht geändert werden. Die Verwaltung hat allerdings Abschn. 14.5. Abs. 2 UStAE um den Hinweis auf die Entscheidung BFH, Urt. v. 5.12.2018 – XI R 22/14 geändert, wonach maßgeblich für die Erreichbarkeit der Zeitpunkt der Rechnungsausstellung ist. Die Feststellungslast dafür trifft den Vorsteuerabzug begehrenden Leistungsempfänger (Abschn. 15.2a.

Abs. 2 Satz 6 und 7 UStAE). Im Übrigen hat die Verwaltung Abschn. 14.5. Abs. 15 Sätze 5–8 UStAE umfassend geändert und die Grundsätze der Rechtsprechung des BFH eingearbeitet.

5. Rechnungsmerkmal: „Leistungszeitpunkt“

5.1 Rechtsprechung des BFH

Nach § 14 Abs. 4 Satz 1 Nr. 6 UStG hat eine Rechnung u.a. auch den Zeitpunkt einer Lieferung oder sonstigen Leistung zu enthalten.

Der BFH hatte bereits 2018 entschieden, dass sich die Angabe des Kalendermonats als Leistungszeitpunkt (§ 14 Abs. 4 Satz 1 Nr. 6 UStG i. V. m. § 31 Abs. 4 UStDV) unter Beachtung der unionsrechtlichen Vorgaben aus dem **Ausstellungsdatum** der Rechnung ergeben kann, wenn nach den Verhältnissen des jeweiligen Einzelfalls davon auszugehen ist, dass die Leistung in dem Monat bewirkt wurde, in dem die Rechnung ausgestellt wurde (BFH, Urt. v. 1.3.2018 – V R 18/17).

Weiterhin hatte er festgestellt, dass die Leistungsbeschreibung im Urteilsfall keinen Rückschluss auf den Ort der Leistungserbringung und eine mögliche Steuerpflicht erlaubte und die Rechnungen daher mangels ordnungsgemäßer Leistungsbeschreibung nicht die Voraussetzungen für einen Vorsteuerabzug erfüllten. Mit Urteil v. 15.10 2019 (V R 44716) hatte er diese Auffassung noch einmal bestätigt. Liegen diese Voraussetzungen nicht vor, kommt ein Vorsteuerabzug nicht in Betracht.

5.2 Umsetzung der Rechtsprechung durch das BMF

Das BMF wendet mit Schr. v. 9.9.2021 (BStBl I 2021, 1593) diese BFH-Rechtsprechung grundsätzlich an. Die Verwaltung verweist aber darauf, dass sich der Umstand, dass Leistungszeitpunkt und Ausstellungsdatum der Rechnung zusammenfallen, immer aus den Umständen des Einzelfalls ergeben. So kann sich etwa ein Zusammenfallen aus einer Branchenüblichkeit ergeben oder auch daraus, dass der Rechnungsaussteller zeitnahe Abrechnungen regelmäßig durchführt.

Steht nicht fest, dass die Daten zusammenfallen, ist die Rechnung nicht ordnungsgemäß und ein Vorsteuerabzug kommt nicht in Betracht.

Durch das BMF-Schr. v. 9.9.2021 hat die FinVerw Abschn. 14.5 Abs. 15 und 15.2a UStAE geändert.

> **Hinweis**
>
> Im Übrigen ist der Vorsteuerabzug aus Rechnungen, die nicht alle Rechnungsvoraussetzungen des § 14 Abs. 4 UStG enthalten nur ausnahmsweise dann möglich, wenn die FinVerw über sämtliche Angaben verfügt, um die materiellen Voraussetzungen zu prüfen (BMF v. 18.9.2020, BStBl I 2020, 976 Rz. 9–13). Beim fehlenden Leistungszeitpunkt dürfte das nur in Ausnahmefällen der Fall sein.

6. Rechnungsmerkmal: „Steuernummer“

Die Angabe der Steuernummer oder der USt-IdNr. ist nach § 14 Abs. 4 Nr. 2 UStG auch erforderlich, wenn die Umsatzsteuer

- beim leistenden Unternehmer nach § 19 Abs. 1 UStG nicht erhoben wird,
- ausschließlich über steuerfreie Umsätze abgerechnet wird oder
- der Leistungsempfänger nach § 13 b Abs. 5 UStG Steuerschuldner ist (vgl. auch § 14 a Abs. 5 UStG).

In Fällen, in denen sich das Unternehmen ausschließlich auf den **Betrieb einer Photovoltaikanlage** i.S.d. § 12 Abs. 3 Nr. 1 Satz 1 UStG sowie ggf. auf eine **steuerfreie Vermietung und Verpachtung nach § 4 Nr. 12 UStG beschränkt** (vgl. BMF-Schreiben vom 12.06.2023, BStBl I S. 990) und die Kleinunternehmerregelung nach § 19 UStG angewandt wird, beanstandet es die FinVerw nicht, wenn in einer Rechnung über die Stromlieferung im Zusammenhang mit der Photovoltaikanlage **statt** einer dem Betreiber der Photovoltaikanlage für Umsatzsteuerzwecke erteilten **Steuernummer** die ihm erteilte **MaStR-Nummer** verwendet wird.

UStAE 14.6. Rechnungen über Kleinbeträge

(1) [1]Nach § 33 UStDV sind in Rechnungen, deren Gesamtbetrag 250 € nicht übersteigt (Kleinbetragsrechnungen), abweichend von § 14 Abs. 4 UStG nur folgende Angaben erforderlich:

- der vollständige Name und die vollständige Anschrift des leistenden Unternehmers;
- das Ausstellungsdatum;
- die Menge und die Art der gelieferten Gegenstände oder der Umfang und die Art der sonstigen Leistung und
- das Entgelt und der darauf entfallende Steuerbetrag in einer Summe sowie
- der anzuwendende Steuersatz oder
- im Fall einer Steuerbefreiung ein Hinweis darauf, dass für die Lieferung oder sonstige Leistung eine Steuerbefreiung gilt.

[2]Wird in einer Rechnung über verschiedene Leistungen abgerechnet, die verschiedenen Steuersätzen unterliegen, sind für die verschiedenen Steuersätzen unterliegenden Leistungen die jeweiligen Summen anzugeben.

(2) [1]Dabei sind die übrigen formalen Voraussetzungen des § 14 UStG zu beachten. [2]Die Grundsätze der §§ 31 (Angaben in der Rechnung) und 32 (Rechnungen über Umsätze, die verschiedenen Steuersätzen unterliegen) UStDV sind entsprechend anzuwenden.

(3) Wird über Leistungen im Sinne der §§ 3c (Ort der Lieferung beim Fernverkauf), 6a (innergemeinschaftliche Lieferung) oder 13b (Leistungsempfänger als Steuerschuldner) UStG abgerechnet, gilt § 33 UStDV nicht.

(4) [1]Rechnungen im Sinne von § 33 UStDV können abweichend von der Pflicht zur Ausstellung einer E-Rechnung immer entweder als Rechnung in Papierform oder mit Zustimmung des Empfängers in einem anderen elektronischen Format ausgestellt und übermittelt werden (vgl. Abschnitt 14.1 Abs. 2 und 7). [2]Die Zustimmung bedarf dabei keiner gesonderten Form. [3]Es muss lediglich Einvernehmen über das zu verwendende Format bestehen. [4]Die Ausstellung und Übermittlung einer E-Rechnung ist unter den übrigen Voraussetzungen immer ohne Zustimmung des Empfängers möglich. [5]Sofern in einer Rechnung über mehrere Leistungen abgerechnet wird, ist für die Verpflichtung zur Ausstellung einer E-Rechnung allein der Gesamtbetrag der Rechnung maßgebend. [6]Übersteigt der Gesamtbetrag der Rechnung 250 €, ist eine E-Rechnung auszustellen, auch wenn der Bruttobetrag des der Pflicht zur Erteilung einer E-Rechnung unterliegenden Anteils der abgerechneten Leistungen weniger als 250 € beträgt (z.B. bei auch mit abgerechneten bestimmten steuerfreien oder nicht steuerbaren Leistungen).

Anmerkung

Kleinbetragsrechnungen und (strukturierte) E-Rechnung

Kleinbetragsrechnungen (Gesamtbetrag bis 250 EUR) können abweichend von der Verpflichtung in § 14 Abs. 2 S. 2 Nr. 1, 2. HS UStG **mit Zustimmung des Empfängers** immer als sonstige Rechnung ausgestellt oder in einem Format übermittelt werden, das nicht den Vorgaben der verpflichtenden elektronischen Rechnung entspricht (§ 33 S. 4, § 34 Abs. 1 S. 2 UStDV). Sie sind also von der **Verpflichtung zur Ausstellung einer E-Rechnung ausgenommen.** Die **Zustimmung** kann auch konkludent erfolgen, d. h. sie bedarf keiner besonderen Form **(Abschn. 14.6. Abs. 4 UStAE)** des Empfängers.

Die Ausstellung und **Übermittlung** einer mittels **E-Rechnung** ist unter den übrigen Voraussetzungen immer ohne Zustimmung des Empfängers möglich (**Abschn. 14.6 Abs. 6 S. 4 UStAE**).

UStAE 14.7. Fahrausweise als Rechnungen

(1) [1]Fahrausweise (§ 34 UStDV) sind Dokumente, die einen Anspruch auf Beförderung von Personen gewähren. [2]Dazu gehören auch Zuschlagkarten für zuschlagspflichtige Züge, Platzkarten, Bettkarten und Liegekarten. [3]Mit Fahrscheindruckern ausgestellte Fahrscheine sind auch dann Fahrausweise im

Sinne des § 34 UStDV, wenn auf ihnen der Steuersatz in Verbindung mit einem Symbol angegeben ist (z. B. „V" mit dem zusätzlichen Vermerk „V = 19 % USt"). [4]Keine Fahrausweise sind Rechnungen über die Benutzung eines Taxis oder Mietwagens.

(2) [1]Zeitfahrausweise (Zeitkarten) werden von den Verkehrsunternehmen in folgenden Formen ausgegeben:

1. Die Zeitkarte wird für jeden Gültigkeitszeitraum insgesamt neu ausgestellt,
2. [1]die Zeitkarte ist zweigeteilt in eine Stammkarte und eine Wertkarte oder Wertmarke. [2]Hierbei gilt die Stammkarte, die lediglich der Identitätskontrolle dient, für einen längeren Zeitraum als die jeweilige Wertkarte oder Wertmarke.

[2]Beide Formen der Zeitkarten sind als Fahrausweise anzuerkennen, wenn sie die in § 34 Abs. 1 UStDV bezeichneten Angaben enthalten. [3]Sind diese Angaben bei den unter Satz 1 Nummer 2 aufgeführten Zeitkarten insgesamt auf der Wertkarte oder der Wertmarke vermerkt, sind diese Belege für sich allein als Fahrausweise anzusehen.

(3) [1]Fahrausweise gelten nach § 34 UStDV als Rechnungen im Sinne des § 14 UStG, wenn sie mindestens die folgenden Angaben enthalten:

- den vollständigen Namen und die vollständige Anschrift des Unternehmers, der die Beförderungsleistung ausführt (§ 31 Abs. 2 UStDV ist entsprechend anzuwenden);
- das Ausstellungsdatum;
- das Entgelt und den darauf entfallenden Steuerbetrag in einer Summe;
- den anzuwendenden Steuersatz, wenn die Beförderungsleistung nicht dem ermäßigten Steuersatz nach § 12 Abs. 2 Nr. 10 UStG unterliegt;
- im Fall der Anwendung des § 26 Abs. 3 UStG ein Hinweis auf die grenzüberschreitende Beförderung im Luftverkehr.

[2]Die übrigen formalen Voraussetzungen des § 14 UStG sind zu beachten. [3]Zur Erstellung von Fahrausweisen im Online-Verfahren vgl. Abschnitt **15.5** Abs. **1**. [4]Fahrausweise für eine grenzüberschreitende Beförderung im Personenverkehr und im internationalen Eisenbahn-Personenverkehr gelten nur dann als Rechnung im Sinne des § 14 UStG, wenn eine Bescheinigung des Beförderungsunternehmers oder seines Beauftragten darüber vorliegt, welcher Anteil des Beförderungspreises auf das Inland entfällt. [5]In der Bescheinigung ist der Steuersatz anzugeben, der auf den auf das Inland entfallenden Teil der Beförderungsleistung anzuwenden ist. [6]Die Ausführungen gelten für Belege im Reisegepäckverkehr entsprechend.

(4) [1]Fahrausweise können abweichend von der Pflicht zur Ausstellung einer E-Rechnung immer entweder als Rechnung in Papierform oder mit Zustimmung des Empfängers in einem anderen elektronischen Format ausgestellt und übermittelt werden (vgl. Abschnitt 14.1 Abs. 2 und 7). [2]Die Zustimmung bedarf dabei keiner gesonderten Form. [3]Es muss lediglich Einvernehmen über das zu verwendende Format bestehen. [4]Die Ausstellung und Übermittlung einer E-Rechnung ist unter den übrigen Voraussetzungen immer ohne Zustimmung des Empfängers möglich.

Anmerkung

Fahrausweise und (strukturierte) E-Rechnung

Fahrausweise können ebenso wie Kleinbetragsrechnungen abweichend von der Verpflichtung in § 14 Abs. 2 S. 2 Nr. 1, 2. HS UStG **mit Zustimmung des Empfängers** immer als sonstige Rechnung ausgestellt oder in einem Format übermittelt werden, das nicht den Vorgaben der verpflichtenden elektronischen Rechnung entspricht (§ 33 S. 4, § 34 Abs. 1 S. 2 UStDV). Sie sind also von der **Verpflichtung zur Ausstellung einer E-Rechnung ausgenommen.** Die **Zustimmung** kann auch konkludent erfolgen, d. h. sie bedarf keiner besonderen Form **(Abschn. 14.7. Abs. 4 UStAE).**

Die Ausstellung und **Übermittlung** einer mittels **E-Rechnung** ist unter den übrigen Voraussetzungen immer ohne Zustimmung des Empfängers möglich (**Abschn. 14.7 Abs. 4 S. 4 UStAE**).

Hinweis: Vorsteuerabzug bei Fahrausweisen im Online-Verfahren

Zum Vorsteuerabzug bei Fahrausweisen vgl. Abschn. 15.5 UStAE. Es wird von der Verwaltung nicht beanstandet, wenn der Fahrausweis im **Online-Verfahren** abgerufen wird und durch das Verfahren sichergestellt ist, dass eine Belastung auf einem Konto des Unternehmers erfolgt (**Abschn. 15.5. Abs. 1 S. 2 UStAE**).

UStAE 14.7a. Rechnungen von Kleinunternehmern

(1) [1]Unternehmer, die die Steuerbefreiung für Kleinunternehmer nach § 19 Abs. 1 UStG anwenden, können vereinfachte Rechnungen ausstellen. [2]Diese müssen abweichend von §§ 14, 14a UStG nur die in § 34a UStDV aufgeführten Angaben enthalten. [3]Nach § 34a Satz 1 Nr. 5 UStDV muss dabei darauf hingewiesen werden, dass für die Lieferung oder sonstige Leistung die Steuerbefreiung für Kleinunternehmer gilt (§ 19 UStG). [4]Eine Angabe in umgangssprachlicher Form ist ausreichend (z.B. „steuerfreier Kleinunternehmer"), wenn sie die Steuerfreiheit für Kleinunternehmer eindeutig bezeichnet.

(2) [1]Soweit ein Kleinunternehmer eine Rechnung im Sinne von § 33 UStDV (Kleinbetragsrechnungen) oder § 34 UStDV (Fahrausweise) ausstellt, braucht diese Rechnung nur die dort aufgeführten Angaben zu enthalten (§ 34a Satz 2 UStDV). [2]Auch im Fall einer Kleinbetragsrechnung muss ein Hinweis auf die Steuerbefreiung für Kleinunternehmer aufgenommen werden (§ 33 Satz 1 Nr. 4 UStDV). [3]Im Fall eines Fahrausweises gilt der Nichtausweis des angewandten Steuersatzes als Ausweis des ermäßigten Steuersatzes nach § 12 Abs. 2 Nr. 10 UStG (§ 34 Abs. 1 Nr. 4 UStDV). [4]Weist der Kleinunternehmer in einem Fahrausweis nicht gemäß Absatz 1 auf die Steuerbefreiung hin, schuldet er daher unter den übrigen Voraussetzungen die Steuer nach dem ermäßigten Steuersatz als Steuerausweis nach § 14c Abs. 1 UStG (vgl. Abschnitt 14c.1).

(3) [1]Rechnungen von Kleinunternehmern können immer entweder als Rechnung in Papierform oder mit Zustimmung des Empfängers in einem anderen elektronischen Format ausgestellt und übermittelt werden (vgl. Abschnitt 14.1 Abs. 2 und 7). [2]Die Zustimmung bedarf dabei keiner gesonderten Form. [3]Es muss lediglich Einvernehmen über das zu verwendende Format bestehen. [4]Die Ausstellung und Übermittlung einer E-Rechnung ist unter den übrigen Voraussetzungen immer ohne Zustimmung des Empfängers möglich.

(4) Für Unternehmer aus dem übrigen Gemeinschaftsgebiet, die die Steuerbefreiung für Kleinunternehmer nach § 19 Abs. 4 UStG anwenden, gelten die obigen Ausführungen entsprechend.

Anmerkung

1. Kleinunternehmer und (strukturierte) E-Rechnung

Mit dem JStG 2024 hat der Gesetzgeber einen neuen § 34a S. 4 UStDV eingeführt. Dieser regelt die Anforderungen an Rechnungen, die von Kleinunternehmern ausgestellt werden. Die Vorschrift räumt Kleinunternehmern ein Wahlrecht ein. Danach können diese abweichend von der Pflicht zur Ausstellung elektronischer Rechnungen (E-Rechnungen) ihre Rechnungen immer als sonstige Rechnung oder **mit Zustimmung des Rechnungsempfängers in einem anderen elektronischen Format** ausstellen. Die Zustimmung bedarf keiner besonderen Form.

Die Ausstellung und Übermittlung einer E-Rechnung ist unter den übrigen Voraussetzungen immer ohne Zustimmung des Empfängers möglich. Die zwischenzeitlich abweichende Auffassung hat das BMF durch das BMF-Schreiben v. 15.10.2025 und die Neufassung des Abschn. 14.7a Abs. 3 UStAE **zutreffend korrigiert.**

UStAE 14.8. Rechnungserteilung bei der Istversteuerung von Anzahlungen

(1) [1]Aus Rechnungen über Zahlungen vor Ausführung der Leistung muss hervorgehen, dass damit Voraus- oder Anzahlungen (vgl. Abschnitt 13.5) abgerechnet werden, z. B. durch Angabe des voraussichtlichen Zeitpunkts der Leistung. [2]Unerheblich ist, ob vor Ausführung der Leistung über das gesamte Entgelt oder nur einen Teil des Entgelts abgerechnet wird. [3]Die Regelung gilt auch für die Unternehmer, die die Steuer nach § 20 UStG nach vereinnahmten Entgelten berechnen.

(2) [1]Sofern die berechneten Voraus- oder Anzahlungen nicht geleistet werden, tritt eine Besteuerung nach § 14c Abs. 2 UStG nicht ein. [2]Das gilt auch dann, wenn der Unternehmer die Leistung nicht ausführt, es sei denn, die Leistung war von vornherein nicht beabsichtigt (vgl. BFH-Urteil vom 21. 2. 1980, V R 146/73, BStBl II S. 283).

(3) [1]Über Voraus- und Anzahlungen kann auch mit Gutschriften abgerechnet werden. [2]In diesen Fällen gilt § 14 Abs. 2 Sätze **5** und **6** UStG (vgl. Abschnitt 14.3).

(4) [1]Für Rechnungen über Voraus- oder Anzahlungen ist § 14 Abs. 4 UStG sinngemäß anzuwenden (vgl. Abschnitt 14.5 ff.). [2]In Rechnungen über Lieferungen oder sonstige Leistungen, auf die eine Voraus- oder Anzahlung geleistet wurde, müssen die Gegenstände der Lieferung oder die Art der sonstigen Leistung zum Zeitpunkt der Voraus- oder Anzahlung genau bestimmt sein (vgl. BFH-Urteil vom 24. 8. 2006, V R 16/05, BStBl 2007 II S. 340). [3]Statt des Zeitpunkts der Lieferung oder sonstigen Leistung (§ 14 Abs. 4 Satz 1 Nr. 6 UStG) ist der voraussichtliche Zeitpunkt oder der Kalendermonat der Leistung anzugeben (§ 31 Abs. 4 UStDV). [4]Haben die Beteiligten lediglich vereinbart, in welchem Zeitraum oder bis zu welchem Zeitpunkt die Leistung ausgeführt werden soll, ist dieser Zeitraum oder der betreffende Zeitpunkt in der Rechnung anzugeben. [5]Ist der Leistungszeitpunkt noch nicht vereinbart worden, genügt es, dass dies aus der Rechnung hervorgeht. [6]An die Stelle des Entgelts für die Lieferung oder sonstige Leistung tritt in einer Rechnung über eine Voraus- oder Anzahlung die Angabe des vor der Ausführung der Leistung vereinnahmten Entgelts oder Teilentgelts (§ 14 Abs. 4 Satz 1 Nr. 7 UStG). [7]Außerdem ist in einer Rechnung über eine Voraus- oder Anzahlung der auf das Entgelt oder Teilentgelt entfallende Umsatzsteuerbetrag auszuweisen (§ 14 Abs. 4 Satz 1 Nr. 8 UStG).

(5) [1]In einer Rechnung über Zahlungen vor Ausführung der Leistung können mehrere oder alle Voraus- oder Anzahlungen zusammengefasst werden. [2]Dabei genügt es, wenn der Unternehmer den Gesamtbetrag der vorausgezahlten Teilentgelte und die darauf entfallende Steuer angibt. [3]Rechnungen mit gesondertem Steuerausweis können schon erteilt werden, bevor eine Voraus- oder Anzahlung vereinnahmt worden ist. [4]Ist das im Voraus vereinnahmte Entgelt oder Teilentgelt niedriger als in der Rechnung angegeben, entsteht die Umsatzsteuer nur insoweit, als sie auf das tatsächlich vereinnahmte Entgelt oder Teilentgelt entfällt. [5]Einer Berichtigung der Rechnung bedarf es in diesem Falle nicht.

(6) [1]Der Unternehmer kann über die Leistung im Voraus eine Rechnung erteilen, in der das gesamte Entgelt und die Steuer für diese Leistung insgesamt gesondert ausgewiesen werden. [2]Zusätzliche Rechnungen über Voraus- oder Anzahlungen entfallen dann.

(7) [1]In einer Endrechnung, mit der ein Unternehmer über die ausgeführte Leistung insgesamt abrechnet, sind die vor der Ausführung der Leistung vereinnahmten Entgelte oder Teilentgelte sowie die hierauf entfallenden Steuerbeträge abzusetzen, wenn über diese Entgelte oder Teilentgelte Rechnungen mit gesondertem Steuerausweis erteilt worden sind (§ 14 Abs. 5 Satz 2 UStG). [2]Bei mehreren Voraus- oder Anzahlungen genügt es, wenn der Gesamtbetrag der vorausgezahlten Entgelte oder Teilentgelte und die Summe der darauf entfallenden Steuerbeträge abgesetzt werden. [3]Statt der vorausgezahlten Entgelte oder Teilentgelte und der Steuerbeträge können auch die Gesamtbeträge der Voraus- oder Anzahlungen abgesetzt und die darin enthaltenen Steuerbeträge zusätzlich angegeben werden. [4]Wird in der Endrechnung der Gesamtbetrag der Steuer für die Leistung angegeben, braucht der auf das verbleibende restliche Entgelt entfallende Steuerbetrag nicht angegeben zu werden. **[5]Zu Fällen, in denen die Pflicht zur Ausstellung einer E-Rechnung besteht, vgl. Rn. 47 und 48 des BMF-Schreibens vom 15.10.2024, BStBl I S. 1320.**

Beispiel 1:

Absetzung der einzelnen im Voraus vereinnahmten Teilentgelte und der auf sie entfallenden Steuerbeträge

Endrechnung

Errichtung einer Lagerhalle

Ablieferung und Abnahme: 10. 10. 01

	Summe	Preis	Entgelt	Umsatzsteuer
		7 140 000 €	6 000 000 €	1 140 000 €
./. Abschlagszahlungen				
5. 3. 01	1 190 000 €		1 000 000 €	190 000 €
2. 4. 01	1 190 000 €		1 000 000 €	190 000 €
4. 6. 01	1 190 000 €		1 000 000 €	190 000 €
3. 9. 01	2 380 000 €	5 950 000 €	2 000 000 €	380 000 €
Verbleibende Restzahlung		1 190 000 €	1 000 000 €	190 000 €

Beispiel 2:

Absetzung des Gesamtbetrags der vorausgezahlten Teilentgelte und der Summe der darauf entfallenden Steuerbeträge

Endrechnung

Lieferung und Einbau eines Fahrstuhls

Ablieferung und Abnahme: 10. 9. 01

	Preis	Entgelt	Umsatzsteuer
	1 428 000 €	1 200 000 €	228 000 €
./. Abschlagszahlungen am 2. 4. und 4. 6. 01	1 190 000 €	1 000 000 €	190 000 €
Verbleibende Restzahlung	238 000 €	200 000 €	38 000 €

Beispiel 3:

Absetzung des Gesamtbetrags der Abschlagszahlungen (Vorauszahlungen)

Endrechnung

Lieferung und Montage einer Heizungsanlage

Ablieferung und Abnahme: 10. 7. 01

Entgelt insgesamt	€ 1 500 000
+ Umsatzsteuer	€ 285 000
Gesamtpreis	€ 1 785 000
./. Abschlagszahlungen am 1. 2. und 7. 5. 01	€ 1 428 000
Verbleibende Restzahlung	€ 357 000
Darin enthaltene Umsatzsteuer	€ 57 000
In den Abschlagszahlungen enthaltene Umsatzsteuer	€ 228 000

Beispiel 4:

Verzicht auf die Angabe des auf das restliche Entgelt entfallenden Steuerbetrags

Endrechnung

Lieferung eines Baukrans am 20. 8. 01

1 Baukran	Entgelt		€ 1600000
	+ Umsatzsteuer		€ 304000
	Preis		€ 1904000
./. Abschlagszahlungen, geleistet am 12. 3., 14. 5. und 10. 7. 01:			
Entgelt		€ 1300000	
+ Umsatzsteuer		€ 247000	€ 1547000
Verbleibende Restzahlung			€ 357000

(8) Für die Erteilung der Endrechnung gelten folgende Vereinfachungen:

1. [1]Die vor der Ausführung der Leistung vereinnahmten Teilentgelte und die darauf entfallenden Steuerbeträge werden nicht vom Rechnungsbetrag abgesetzt, sondern auf der Endrechnung zusätzlich angegeben. [2]Auch hierbei können mehrere Voraus- oder Anzahlungen zusammengefasst werden.

Beispiel 1:

Angabe der einzelnen Anzahlungen

Endrechnung

Lieferung einer Entlüftungsanlage am 23. 7. 01

Entgelt	€ 800000
+ Umsatzsteuer	€ 152000
Preis	€ 952000

Geleistete Anzahlungen:

	Gesamtbetrag	Entgelt	Umsatzsteuer
1. 2. 01:	238000 €	200000 €	38000 €
5. 3. 01:	238000 €	200000 €	38000 €
7. 5. 01:	238000 €	200000 €	38000 €
	714000 €	600000 €	114000 €

Beispiel 2:

Angabe der Gesamt-Anzahlungen

Endrechnung

Lieferung eines Baggers am 18. 6. 01

	Preis	Entgelt	Umsatzsteuer
1 Bagger	535500 €	450000 €	85500 €

Geleistete Anzahlungen am 13. 3. und 21. 5. 01:

Entgelt	€ 350000 €
+ Umsatzsteuer	€ 66500 €
Gesamtbetrag	€ 416500 €

2. [1]Die vor der Ausführung der Leistung vereinnahmten Teilentgelte und die darauf entfallenden Steuerbeträge werden in einem Anhang der Endrechnung aufgeführt. [2]Auf diesen Anhang ist in der Endrechnung ausdrücklich hinzuweisen.

B e i s p i e l :

A n g a b e d e r e i n z e l n e n A n z a h l u n g e n i n e i n e m A n h a n g z u r E n d r e c h n u n g

Endrechnung Nr. ..., 19. 11. 01

Errichtung einer Montagehalle

Ablieferung und Abnahme: 12. 11. 01

Montagehalle	
Gesamtentgelt	€ 6 500 000
+ Umsatzsteuer	€ 1 235 000
Gesamtpreis	€ 7 735 000

Die geleisteten Anzahlungen sind in der angefügten Zahlungsübersicht zusammengestellt.

Anhang der Rechnung Nr. ... vom 19. 11. 01

Zahlungsübersicht

	Gesamtbetrag	Entgelt	Umsatzsteuer
Anzahlung am 1. 2. 01	2 380 000 €	2 000 000 €	380 000 €
Anzahlung am 2. 4. 01	1 190 000 €	1 000 000 €	190 000 €
Anzahlung am 4. 6. 01	1 190 000 €	1 000 000 €	190 000 €
Anzahlung am 1. 8. 01	1 190 000 €	1 000 000 €	190 000 €
	5 950 000 €	5 000 000 €	950 000 €

3. [1]Der Leistungsempfänger erhält außer der Endrechnung eine besondere Zusammenstellung der Anzahlungen, über die Rechnungen mit gesondertem Steuerausweis erteilt worden sind. [2]In der Endrechnung muss ausdrücklich auf die Zusammenstellung der Anzahlungen hingewiesen werden. [3]Die Zusammenstellung muss einen entsprechenden Hinweis auf die Endrechnung enthalten.

(9) [1]Wenn der Unternehmer ordnungsgemäß erteilte Rechnungen über Voraus- oder Anzahlungen, in denen die Steuer gesondert ausgewiesen ist, nachträglich bei der Abrechnung der gesamten Leistung widerruft oder zurücknimmt, ist er gleichwohl nach § 14 Abs. 5 Satz 2 UStG verpflichtet, in der Endrechnung die vorausgezahlten Entgelte oder Teilentgelte und die darauf entfallenden Steuerbeträge abzusetzen. [2]Dementsprechend ändert sich in diesem Falle auch an der Berechtigung des Leistungsempfängers zum Vorsteuerabzug auf Grund von Voraus- oder Anzahlungsrechnungen nichts.

(10) [1]Werden – entgegen der Verpflichtung nach § 14 Abs. 5 Satz 2 UStG – in einer Endrechnung oder der zugehörigen Zusammenstellung die vor der Leistung vereinnahmten Teilentgelte und die auf sie entfallenden Steuerbeträge nicht abgesetzt oder angegeben, hat der Unternehmer den in dieser Rechnung ausgewiesenen gesamten Steuerbetrag an das Finanzamt abzuführen. [2]Entsprechendes gilt, wenn in der Endrechnung oder der zugehörigen Zusammenstellung nur ein Teil der im Voraus vereinnahmten Teilentgelte und der auf sie entfallenden Steuerbeträge abgesetzt wird. [3]Der Teil der in der Endrechnung ausgewiesenen Steuer, der auf die vor der Leistung vereinnahmten Teilentgelte entfällt, wird in diesen Fällen zusätzlich nach § 14c Abs. 1 UStG geschuldet. [4]Der Leistungsempfänger kann jedoch nur den Teil des in der Endrechnung ausgewiesenen Steuerbetrags als Vorsteuer abziehen, der auf das nach der Ausführung der Leistung zu entrichtende restliche Entgelt entfällt. [5]Erteilt der Unternehmer dem Leistungsempfänger nachträglich eine berichtigte Endrechnung, die den Anforderungen des § 14 Abs. 5 Satz 2 UStG genügt, kann er die von ihm geschuldete Steuer in entsprechender Anwendung des § 17 Abs. 1 UStG berichtigen.

(11) [1]Statt einer Endrechnung kann der Unternehmer über das restliche Entgelt oder den verbliebenen Restpreis eine Rechnung erteilen (Restrechnung). [2]In ihr sind die im Voraus vereinnahmten Teilentgelte

und die darauf entfallenden Steuerbeträge nicht anzugeben. [3]Es ist jedoch nicht zu beanstanden, wenn zusätzlich das Gesamtentgelt (ohne Steuer) angegeben wird und davon die im Voraus vereinnahmten Teilentgelte (ohne Steuer) abgesetzt werden.

UStAE 14.9. Rechnungserteilung bei verbilligten Leistungen (§ 10 Abs. 5 UStG)

(1) [1]Grundsätzlich können in einer Rechnung nur das Entgelt und der darauf entfallende Umsatzsteuerbetrag ausgewiesen werden. [2]Hiervon abweichend sind Unternehmer berechtigt und bei Ausführung einer Leistung an einen unternehmerischen Leistungsempfänger oder an eine juristische Person **soweit sie nicht Unternehmer ist,** verpflichtet, in den folgenden Fällen die Mindestbemessungsgrundlage des § 10 Abs. 5 in Verbindung mit § 10 Abs. 4 UStG sowie den darauf entfallenden Steuerbetrag in einer Rechnung auszuweisen:

1. Körperschaften und Personenvereinigungen im Sinne des § 1 Abs. 1 Nr. 1 bis 5 KStG, nichtrechtsfähige Personenvereinigungen sowie Gemeinschaften führen im Inland verbilligte Lieferungen oder sonstige Leistungen an ihre Anteilseigner, Gesellschafter, Mitglieder, Teilhaber oder diesen nahe stehende Personen aus (§ 10 Abs. 5 Nr. 1 UStG).
2. Einzelunternehmer führen verbilligte Leistungen an ihnen nahe stehende Personen aus (§ 10 Abs. 5 Nr. 1 UStG).
3. Unternehmer führen verbilligte Leistungen an ihr Personal oder dessen Angehörige auf Grund des Dienstverhältnisses aus (§ 10 Abs. 5 Nr. 2 UStG).

   Beispiel:

   [1]Eine Gesellschaft liefert an ihren unternehmerisch tätigen Gesellschafter eine gebrauchte Maschine, deren Wiederbeschaffungskosten netto 50 000 € betragen, zu einem Kaufpreis von 30 000 €.

   [2]In diesem Fall muss die Rechnung neben den übrigen erforderlichen Angaben enthalten:

Mindestbemessungsgrundlage	50 000 €
19 % Umsatzsteuer	9 500 €

   [3]In einer E-Rechnung kann die Differenz zwischen Rechnungsbetrag (hier: 59.500 €) und Kaufpreis (hier: 30.000 €) als Netto-Nachlass (hier: 29.500 €) ausgewiesen werden. [4]Der die Maschine erwerbende Gesellschafter kann unter den weiteren Voraussetzungen des § 15 UStG 9 500 € als Vorsteuer abziehen.

(2) Für Land- und Forstwirte, die nach den Durchschnittssätzen des § 24 Abs. 1 bis 3 UStG besteuert werden, gilt die Regelung nicht.

UStAE 14.10. Rechnungserteilung in Einzelfällen

(1) [1]Erhält ein Unternehmer für seine Leistung von einem anderen als dem Leistungsempfänger ein zusätzliches Entgelt im Sinne des § 10 Abs. 1 Satz 2 UStG (Entgelt von dritter Seite), entspricht die Rechnung den Anforderungen des § 14 Abs. 4 Satz 1 Nr. 7 und 8 UStG, wenn in ihr das Gesamtentgelt – einschließlich der Zuzahlung – und der darauf entfallende Steuerbetrag angegeben sind. [2]Gibt der Unternehmer in der Rechnung den vollen Steuerbetrag, nicht aber das Entgelt von dritter Seite an, ist die Rechnung für Zwecke des Vorsteuerabzugs durch den Leistungsempfänger ausreichend, wenn der angegebene Steuerbetrag die für den Umsatz geschuldete Steuer nicht übersteigt.

(2) Auf folgende Regelungen wird hingewiesen:

1. Pfandgeld für Warenumschließungen,
   vgl. Abschnitt 10.1 Abs. 8;
2. Austauschverfahren in der Kraftfahrzeugwirtschaft,
   vgl. Abschnitt 10.5 Abs. 3;
3. Versteigerungsgewerbe, vgl. Abschnitte 3.7 Abs. 6 und 14.5 Abs. 2 und 6;

4. Kraft- und Schmierstofflieferungen für den Eigenbedarf der Tankstellenagenten, vgl. Abschnitt 3.7 Abs. 5;
5. Garantieleistungen in der Reifenindustrie, vgl. BMF-Schreiben vom 21. 11. 1974, BStBl I S. 1021;
6. Garantieleistungen und Freiinspektionen in der Kraftfahrzeugwirtschaft, vgl. BMF-Schreiben vom 3. 12. 1975, BStBl I S. 1132.

(3) [1]Leistungen verschiedener Unternehmer können in einer Rechnung aufgeführt werden, wenn darin über die Leistungen eines jeden Unternehmers getrennt abgerechnet wird, z. B. die Rechnung einer Tankstelle über eine eigene **Leistung** und über eine Kraftstofflieferung einer Mineralölgesellschaft. [2]Zur Angabe der Steuernummer oder USt-IdNr. in der Rechnung vgl. Abschnitt 14.5 Abs. 6. [3]Erfolgt die Trennung nicht zutreffend, entsteht auch Steuer nach § 14 c Abs. 2 UStG.

UStAE 14.11. Berichtigung von Rechnungen

(1) [1]Nach § 14 Abs. 6 **Satz 1** Nr. 5 UStG, § 31 Abs. 5 UStDV kann eine Rechnung berichtigt werden, wenn sie nicht alle Angaben nach § 14 Abs. 4 und § 14 a UStG enthält oder wenn Angaben in der Rechnung unzutreffend sind. [2]Dabei müssen nur die fehlenden oder unzutreffenden Angaben ergänzt oder berichtigt werden. [3]Die Berichtigung einer Rechnung um fehlende oder unzutreffende Angaben ist kein rückwirkendes Ereignis im Sinne von § 175 Abs. 1 Satz 1 Nr. 2 und § 233 a Abs. 2 a AO (§ 14 Abs. 4 Satz 4 UStG). [4]Die Berichtigung muss durch ein Dokument erfolgen, das spezifisch und eindeutig auf die Rechnung bezogen ist (vgl. BFH-Urteile vom 22. 01. 2020, XI R 10/17, BStBl II S. 601, und vom 05. 09. 2019 – V R 38/17, BStBl II 2022 S. 696). [5]Dies ist regelmäßig der Fall, wenn in diesem Dokument die fortlaufende Nummer der ursprünglichen Rechnung angegeben ist; eine neue Rechnungsnummer für dieses Dokument ist nicht erforderlich. [6]Das Dokument, mit dem die Berichtigung durchgeführt werden soll, muss die formalen Anforderungen der §§ 14 und 14 a UStG erfüllen **(§ 31 Abs. 5 Satz 3 UStDV). [7]Daher muss die Berichtigung einer E-Rechnung ebenfalls in der für diese vorgeschriebenen Form (unter Verwendung des entsprechenden Rechnungstyps) erfolgen. [8]Eine Übermittlung der fehlenden oder unzutreffenden Angaben in einer anderen Form ist nicht ausreichend. [9]Sofern dagegen für einen Umsatz nach § 14 Abs. 2 Satz 2 in Verbindung mit § 27 Abs. 38 UStG keine Verpflichtung zur Verwendung einer E-Rechnung besteht, kann eine Rechnungsberichtigung für diesen Umsatz auch ohne Verwendung einer E-Rechnung erfolgen.** [10]Für die Berichtigung einer Rechnung **gelten keine höheren Formanforderungen**, wenn in einem notariell beurkundeten Kaufvertrag mit Umsatzsteuerausweis abgerechnet worden ist (**vgl.** BFH-Urteil vom 11. 10. 2007 – V R 27/05, BStBl II 2008 S. 438). [11]Die Rückgabe der ursprünglichen Rechnung durch den Leistungsempfänger ist nicht erforderlich (vgl. BFH-Urteil vom 25. 2. 1993, V R 112/91, BStBl II S. 643).

(2) [1]Die Berichtigung einer Rechnung kann nur durch den Rechnungsaussteller selbst vorgenommen werden (vgl. BFH-Urteil vom 27. 9. 1979, V R 78/73, BStBl 1980 II S. 228). [2]Lediglich in dem Fall, in dem ein Dritter mit der Ausstellung der Rechnung beauftragt wurde (§ 14 Abs. 2 Satz **7** UStG), kann die Berichtigung durch den leistenden Unternehmer selbst oder im Fall der Gutschrift **(§ 14 Abs. 2 Satz 5 UStG)** durch den Gutschriftsaussteller vorgenommen werden. [3]Der **Rechnungsempfänger** kann von sich aus den Inhalt der ihm erteilten **Rechnung** nicht mit rechtlicher Wirkung verändern. [4]Insbesondere kann der gesonderte Ausweis der Steuer nur vom **Rechnungsaussteller** vorgenommen werden. [5]Der Leistungsempfänger kann den in einer ihm erteilten Rechnung enthaltenen Gesamtkaufpreis selbst dann nicht mit rechtlicher Wirkung in Entgelt und darauf entfallende Steuer aufteilen, wenn diese Änderung der Rechnung im Beisein des leistenden Unternehmers vorgenommen wird. [6]Eine Berichtigung oder Ergänzung **einer sonstigen Rechnung im Sinne von § 14 Abs. 1 Satz 4 UStG** durch den **Rechnungsempfänger** ist jedoch anzuerkennen, wenn sich der **Rechnungsaussteller** die Änderung zu eigen macht und dies aus **der geänderten Rechnung** oder anderen Unterlagen hervorgeht, auf die **in der Rechnung** hingewiesen **wird** (vgl. BFH-Beschluss vom 17.04.1980 – V S 18/79, BStBl II S. 540). [7]Zu der Möglichkeit des Rechnungsempfängers, in § 14 Abs. 4 Satz 1 Nr. 5 und 6 UStG bezeichnete Angaben für Zwecke des Vorsteuerabzugs selbst zu ergänzen oder nachzuweisen, vgl. Abschnitt 15.11 Abs. 3.

(3) [1]Da der Leistungsempfänger nach § 15 Abs. 1 Satz 1 Nr. 1 UStG im Besitz einer nach §§ 14, 14a UStG ausgestellten Rechnung sein muss, kann er vom Rechnungsaussteller eine Berichtigung verlangen, wenn die Rechnung nicht diesen Anforderungen genügt und dadurch der Vorsteuerabzug beim Leistungsempfänger gefährdet würde. [2]Zum zivilrechtlichen Anspruch vgl. Abschnitt 14.1 Abs. **10**.

(4) [1]Bei einer Änderung der Bemessungsgrundlage im Sinne von § 17 UStG (siehe dazu Abschnitt 17.1) ist keine Rechnungsberichtigung erforderlich (vgl. auch Abschnitt 17.1 Abs. 3a). [2]Beispiele hierfür sind Skonti, Nachlässe aufgrund von Mängelrügen ohne Auswirkungen auf die abgerechnete Leistung oder eine Rückgängigmachung einer Leistung im Sinne des § 17 Abs. 2 Nr. 3 UStG (vgl. Abschnitt 17.1 Abs. 8). [3]Änderungen im Leistungsumfang oder -gehalt (z.B. relevante Aufmaßänderungen in einer Rechnung über eine Bauleistung) stellen hingegen keine bloße Änderung der Bemessungsgrundlage dar und erfordern daher grundsätzlich eine Rechnungsberichtigung jedenfalls hinsichtlich der Leistungsbeschreibung.

Anmerkung

1. Rechnungsberichtigung und Rechtsfolgen

1.1 Rechtsgrundlage für die Rechnungsberichtigung

Rechtsgrundlage für die Berichtigung einer Rechnung, die nicht alle nach § 14 Abs. 4 UStG vorgeschriebenen Angaben enthält, ist § 31 UStDV. Danach kann eine Rechnung berichtigt werden, wenn sie nicht alle Angaben nach § 14 Abs. 4 UStG (oder § 14a UStG) enthält oder Angaben in der Rechnung unzutreffend sind. Ist dies der Fall, so kann nach § 31 Abs. 5 Satz 2 UStDV die unrichtige Rechnung ausgetauscht oder durch ein die fehlende Angabe ergänzendes Dokument berichtigt werden. Das Dokument, mit dem die Berichtigung durchgeführt werden soll, muss die formalen Anforderungen des § 14 UStG erfüllen.

1.2 Berichtigung nur durch den Rechnungsaussteller

Wichtig ist, dass die Berichtigung einer Rechnung im Grundsatz nur durch den Rechnungsaussteller erfolgen kann. Weil der Vorsteuerabzug nach § 15 UStG vom Besitz einer ordnungsgemäßen Rechnung abhängt, hat der Leistungsempfänger einen zivilrechtlichen Anspruch auf Rechnungsberichtigung, wenn die Erstrechnung nicht vollständig ist oder aber unzutreffende Angaben enthält.

> **Hinweis**
>
> Ändert sich die Bemessungsgrundlage einer Rechnung (sog. Entgeltminderung gem. § 17 UStG) ist es nicht erforderlich, dass der Rechnungsaussteller seine Rechnung berichtigt. Dies betrifft z. B. den Fall, dass der Rechnungsempfänger Zahlungsabzüge vornimmt aufgrund von Mängelrügen, Skonti, Boni oder Rabatten. In diesen Fällen hat der leistende Unternehmer seine Ausgangssteuer und der Leistungsempfänger seinen Vorsteuerabzug zu berichtigen, ohne dass hierüber Belege ausgetauscht werden müssen.

1.3 Folgen der Rechnungsberichtigung

Lange Zeit war streitig, wie zu verfahren ist, wenn der Stpfl. keine Rechnung vorweisen kann, die diese Voraussetzungen erfüllt, er die fehlerhafte Rechnung aber berichtigt, m. a. W., welche Wirkung die Rechnungsberichtigung hat:

- wirkt sie zurück auf den Zeitpunkt der erstmaligen Rechnungsausstellung (ex tunc) oder
- hat sie lediglich Wirkung für die Zukunft (ex nunc), d. h. kann der Stpfl. den Vorsteuerabzug erst in dem Zeitpunkt geltend machen, in dem eine Rechnung vorliegt, die die Voraussetzungen in §§ 14, 14a UStG erfüllt?

> **Hinweis**
>
> Die Frage der Wirkung einer Rechnungsberichtigung ist vor dem Hintergrund der Festsetzung von Nachzahlungszinsen (§ 233a AO) von erheblicher praktischer Bedeutung.

1.4 EuGH und BFH: Rückwirkende Rechnungsberichtigung

Der EuGH hat über die Vorlage mit Urteil v. 15.9.2016 (C-518/14 Rechtssache „Senatex") entschieden. Er hat die Rechtsauffassung des vorlegenden Gerichts bestätigt und ausgeführt, dass eine Rechnung, die einzelne Rechnungsmerkmale nicht oder nicht zutreffend enthält (im Streitfall war dies die USt-Identifikationsnummer) rückwirkend, d. h. mit Wirkung für das Jahr, in dem sie ausgestellt wurde, berichtigt werden kann.

Der EuGH begründet dies vor allem mit dem unionsrechtlichen Neutralitätsprinzip, nach dem ein Unternehmer vollständig von der im Rahmen seiner wirtschaftlichen Tätigkeiten geschuldeten oder entrichteten Umsatzsteuer entlastet werden muss.

In der Entscheidung „Senatex" hat der EuGH sich zum Zeitpunkt der Berichtigung nicht geäußert. Der EuGH hat diese Frage deshalb nicht beantwortet, weil die deutsche Regierung im Verlaufe des Verfahrens zu erkennen gegeben hatte, dass sie die berichtigten Rechnungen nicht als verspätet ansieht.

Unmittelbar nach der Veröffentlichung der Entscheidung des EuGH hat der BFH dann allerdings über die vom EuGH offengelassenen Fragen entscheiden (BFH, Urt. v. 20.10.2016 – V R 26/15).

1.5 Mindestangaben – berichtigungsfähige Rechnung

Mindestangaben sind nach zutreffender Rechtsauffassung des BFH erforderlich, um ein Dokument für Zwecke des Vorsteuerabzugs überhaupt als Rechnung anzusehen. Ein Dokument ist danach als Rechnung anzusehen, wenn es Angaben

- zum Rechnungsaussteller,
- zum Leistungsempfänger,
- zur Leistungsbeschreibung,
- zum Entgelt und
- zur gesondert ausgewiesenen USt enthält.

Wichtig ist, dass also nicht sämtliche Pflichtangaben des § 14 Abs. 4 Nr. 1 bis 10 UStG erforderlich sind. An einer berichtigungsfähigen Rechnung i. S. d. § 14 UStG fehlt es, wenn (z. B. im Anschluss an eine nicht mehr vorliegende Organschaft) der falsche Leistungsempfänger bezeichnet ist.

Der BFH hat dies mit Beschluss v. 30.05.2025 (V B 61/23) nochmals ausdrücklich bekräftigt: Für Zwecke des Vorsteuerabzugs ist bei der erstmaligen Ausstellung eines Rechnungsdokuments zwischen der **Ausstellung einer Nichtrechnung** und einer **fehlerhaften Rechnung** zu **unterscheiden**. Nur eine fehlerhafte Rechnung, die aber im Übrigen die Voraussetzungen einer umsatzsteuerlichen Rechnung erfüllt, kann mit Rückwirkung berichtigt werden.

> **Hinweis: Pflichtangaben beachten**
>
> In der Anwendungspraxis muss darauf geachtet werden, dass die o.a. **Pflichtangaben** (Rechnungsaussteller, Leistungsempfänger, Leistungsbeschreibung, Entgelt und gesondert ausgewiesene Umsatzsteuer) vollständig und richtig sind. Diese Pflichtangaben dürfen **nicht in so hohem Maße unbestimmt, unvollständig** oder offensichtlich **unzutreffend** sein, dass sie fehlenden Angaben gleichstehen. Folge ist dann immer, dass ein solches Dokument nicht einer Rechnung gleichgesetzt werden kann und die Berichtigung als erstmalige Erteilung einer Rechnung anzusehen wäre, der **keine Rückwirkung** zukommen kann.

1.6 Zeitliche Grenze der Rechnungsberichtigung

Zur zeitlichen Begrenzung einer Rechnungsberichtigung hat der BFH in der Entscheidung v. 20.10.2016 – V R 26/15 herausgestellt, dass die Rechnungskorrektur bis zum Schluss der letzten mündlichen Verhandlung vor dem Finanzgericht vorgenommen werden kann.

2. Die Auffassung des BMF

Das BMF hat ca. 4 Jahre benötigt, um die Fragen rund um die Rechnungsberichtigung zu behandeln. Man hat dies jetzt mit einem sehr ausführlichen BMF-Schreiben vom 18.9.2020 (III C 2 – S 7286-a/19/100001 :1, BStBl I 2020, 976) erläutert.

Im Ergebnis wird die Rechtsprechung von EuGH und BFH zur gesamten Rückwirkungsproblematik von der Verwaltung jetzt in allen offenen Fällen angewandt.

Auch Entscheidungen des BFH aus dem Jahr 2020 zu folgenden Fragen sind eingearbeitet worden:

– Steht die Stornierung und Neuerteilung einer Rechnung einer Rechnung einer Berichtigung gleich?
– Hat der Stpfl. ein Wahlrecht dergestalt, dass er die Rückwirkung in Anspruch nehmen kann oder nicht?

2.1 Stornorechnung

Nach Auffassung der Verwaltung kann eine Rechnungsberichtigung auch dadurch erfolgen, dass die ursprüngliche Rechnung storniert und eine Neuausstellung der Rechnung vorgenommen wird (BFH, Urt. v. 22.1.2020 – XI R 10/17; BMF-Schr. v. 18.9.2020 Tz. 14).

2.2 Kein Wahlrecht zur Rückwirkung

Die Finanzverwaltung wendet außerdem die Entscheidung des BFH vom 22.1.2020 – XI R 10/17 insofern an, als der BFH dort auch entschieden hat, dass der Stpfl. kein Wahlrecht hat. Die Rückwirkung einer Rechnungsberichtigung beim Vorsteuerabzug gilt also unabhängig davon, ob die Berichtigung zum Vorteil oder zum Nachteil des Leistungsempfängers wirkt (BMF-Schr. 18.9.2020, a. a. O. Tz. 16 – Übergangsweise hat die Verwaltung ein solches Wahlrecht bis zum 31.12.2020 gewährt).

Das hat der BFH in einer **Entscheidung v. 7.7.2022 (V R 33/20)** nochmals bestätigt. Das Urteil ist von der FinVerw inzwischen amtlich im BStBl II 2022, 821 veröffentlicht worden, wird also angewandt.

Im entschiedenen Fall hatte die Klägerin im Jahr 1992 ohne Beanstandung durch das FA den Vorsteuerabzug aus Rechnungen in Anspruch genommen, die zwar Angaben zum Leistungsempfänger enthielten, die aber entweder fehlerhaft oder unvollständig waren. Ihr gingen in 2014 (Streitjahr) berichtigte Rechnungen zu, die sie als Leistungsempfängerin nunmehr zutreffend bezeichneten. Daher machte sie geltend, dass sie aufgrund der Rechnungsberichtigungen für das Streitjahr erstmals zum Vorsteuerabzug berechtigt sei. Das FA folgte dem nicht.

Die Rechtsauffassung des FA (und auch des FG in erster Instanz) hat der BFH bestätigt.

In einem derartigen Fall, in dem die Rechtsprechung des BFH eine Rückwirkung der Rechnungsberichtigung zulässt (BFH, Urt. vom 20.10.2016 – V R 54/14), sind nämlich die nationalen Steuerbehörden daran gehindert, das Recht auf Vorsteuerabzug allein deshalb zu verweigern, weil die Rechnung, die der Steuerpflichtige besitzt, nicht ordnungsgemäß ist, obwohl diese Behörden über alle notwendigen Informationen verfügen, um zu prüfen, ob die materiellen Voraussetzungen für die Ausübung dieses Rechts vorliegen. Das bedeutet umgekehrt, dass ein Vorsteuerabzug **nicht in dem Zeitpunkt** in Betracht kommt, **in dem eine ordnungsgemäße Rechnung** vorliegt. Vielmehr ist der Stpfl. auf die generelle Möglichkeit der Rückwirkung zu verweisen.

2.3 Gesondert ausgewiesene Umsatzsteuer

Eine Rechnung ist im Grundsatz – nach Meinung der Rechtsprechung und der Verwaltung – u. a. nur dann berichtigungsfähig, wenn in ihr die Umsatzsteuer gesondert ausgewiesen ist. In Tz. 23 des BMF-Schreibens vom 18.9.2020 (a. a. O.) setzt sich die Verwaltung auch mit dieser Problematik am Beispiel einer Rechnung auseinander, die fälschlicherweise als sog. „§ 13b-Rechnung“ angesehen wird und deshalb keine ausgewiesene Umsatzsteuer enthält.

Die Finanzverwaltung hält dies im Grundsatz für unschädlich, wenn die Rechnung zumindest den Hinweis auf § 13b UStG gem. § 14a Abs. 5 UStG enthält.

3. Zusammenfassung: Rechnungsberichtigung nach BMF-Schreiben vom 18.9.2020

Rz. BMF	Rechnungsmangel	Rückw. Berichtigung ja/nein
18	Angabe eines Unternehmers, der nicht der leistende Unternehmer ist	Nein
19	Unzutreffende Bezeichnung der Rechtsform des Leistungsempfängers	Ja
20	Ungenaue Leistungsbeschreibung I (Grundsatz)	Ja
20	Ungenaue Leistungsbeschreibung II (zu allgemein gehalten – **BFH, Urt. v. 12.3.2020 – V R 48/17**)	Nein
21	**Entgelt**: Angabe des Bruttorechnungsbetrags und gesondert ausgewiesene USt	Ja
22	USt-Betrag nicht gesondert ausgewiesen	Nein
23	Fälschlicherweise auf Steuerschuldnerschaft gem. § 13 b UStG verwiesen	Ja
25	Fälschlicherweise kein Steuerausweis, weil Voraussetzungen einer **GiG** nicht vorliegen	Nein
25	Fälschlicherweise USt-Betrag nicht ausgewiesen, weil die Voraussetzungen einer **Steuerbefreiung** nicht vorliegen	Nein
26	Fälschlicherweise eine umsatzsteuerliche **Organschaft** angenommen und Belege über Innenumsätze erstellt	Nein
27	**Steuerbetrag** unzutreffend **zu niedrig** ausgewiesen	Nein

4. Jahressteuergesetz 2020: Rechnungsberichtigung kein rückwirkendes Ereignis

§ 14 Abs. 4 UStG ist durch das Jahressteuergesetz 2020 um einen Satz 4 ergänzt worden. Darin wird klargestellt, dass die Berichtigung einer Rechnung kein rückwirkendes Ereignis nach § 175 Abs. 1 S. 1 Nr. 2 AO und § 233 a Abs. 2 a AO ist. Diese Sichtweise des Gesetzgebers ist zutreffend, denn die Rechnungsberichtigung entfaltet im Hinblick auf die Entstehung des Rechts auf Vorsteuerabzug keine steuerliche Wirkung für die Vergangenheit. Wäre § 175 Abs. 1 Satz 1 AO anwendbar gewesen, hätte damit auch die Bestandskraft, ggfs. sogar die Festsetzungsverjährung durchbrochen werden können. Aufgrund der vorgenommenen Änderung in § 14 Abs. 4 UStG scheidet das nunmehr aus.

Im Vorgriff auf diese Gesetzesänderung hatte die FinVerw. eine entsprechende Regelung bereits in das BMF-Schreiben vom 18.9.2020 (a. a. O., oben unter Ziff. 2) aufgenommen.

Hinweis

Die Gesetzesänderung hat zur Folge, dass eine Rechnungsberichtigung keine zeitlich unbegrenzte Änderungsmöglichkeit eines Steuerbescheids nach sich zieht, wie dies im Falle der Annahme eines rückwirkenden Ereignisses aber der Fall gewesen wäre.

5. Rechnungsberichtigung bei verpflichtenden E-Rechnungen ab 1.1.2025

Durch das Wachstumschancengesetz (Gesetz v. 27.03.2024, BGBl. I 2024, Nr. 108) wurde mit Wirkung ab 1.1.2025 die verpflichtende elektronische Rechnung (E-Rechnung) eingeführt.

Der Rechnungsaussteller kann die ausgestellte E-Rechnung berichtigen. Für eine Rechnungsberichtigung gelten nach § 31 Abs. 5 S. 3 UStDV die gleichen Anforderungen an Form und Inhalt wie in § 14 UStG. Daher muss die Berichtigung einer E-Rechnung ebenfalls **in der für diese vorgeschriebenen Form** (unter Verwendung des entsprechenden Dokumententyps) erfolgen. Eine Übermittlung der fehlenden oder unzutreffenden Angaben in einer anderen Form ist nach Auf-fassung der Verwaltung nicht ausreichend (**Abschn. 14.11 Abs. 1 S. 7 UStAE**).

Hinweis: Berichtigung von Rechnungen aus der Zeit vor dem 1.1.2025

Da für die Rechnungen aus der Zeit vor dem 1.1.2025 keine Verpflichtung zur Verwendung des E-Rechnungsformats besteht, kann auch die Rechnungsberichtigung (nach dem 31.12.2024) ohne Verwendung einer E-Rechnung erfolgen (**Abschn. 14.11 Abs. 1 S. 9 UStAE**).

Eine **wirksame Berichtigung** wirkt unter den übrigen Voraussetzungen auf den Zeitpunkt der Ausstellung der ursprünglichen E-Rechnung zurück (vgl. dazu BMF-Schreiben v. 18. 9. 2020, BStBl I 2020, 976 unter Anwendung der EuGH- und BFH-Rechtsprechung).

In Fällen einer **Änderung der Bemessungsgrundlage nach § 17 UStG** ist auch bei einer E-Rechnung eine Berichtigung des Steuerbetrags in der ursprünglichen Rechnung nicht erforderlich. Die E-Rechnung muss in derartigen Fällen daher nicht berichtigt werden **(vgl. Abschn. 17.1 Abs. 3a S. 2 UStAE sowie die Ausführungen dort).**

Zu den Regelungen über die verpflichtende E-Rechnung seit 1.1.2025 vgl. im Übrigen die Kommentierung zu Abschn. 14.1 UStAE.

Hinweis:

Anlage 8 des UStAE (eingefügt mit Änderung vom 17.9.2025; in Kraft ab 17.9.2025) steht nach der Anmerkung zu Abschnitt 14a.1 UStAE (S. 953).

Zu § 14 a UStG

UStG § 14 a Zusätzliche Pflichten bei der Ausstellung von Rechnungen in besonderen Fällen

(1) [1]Hat der Unternehmer seinen Sitz, seine Geschäftsleitung, eine Betriebsstätte, von der aus der Umsatz ausgeführt wird, oder in Ermangelung eines Sitzes seinen Wohnsitz oder gewöhnlichen Aufenthalt im Inland und führt er einen Umsatz in einem anderen Mitgliedstaat aus, an dem eine Betriebsstätte in diesem Mitgliedstaat nicht beteiligt ist, so ist er zur Ausstellung einer Rechnung mit der Angabe „Steuerschuldnerschaft des Leistungsempfängers" verpflichtet, wenn die Steuer in dem anderen Mitgliedstaat von dem Leistungsempfänger geschuldet wird und keine Gutschrift gemäß § 14 Absatz 2 Satz 5 vereinbart worden ist. [2]Führt der Unternehmer eine sonstige Leistung im Sinne des § 3 a Absatz 2 in einem anderen Mitgliedstaat aus, so ist die Rechnung bis zum fünfzehnten Tag des Monats, der auf den Monat folgt, in dem der Umsatz ausgeführt worden ist, auszustellen. [3]In dieser Rechnung sind die Umsatzsteuer-Identifikationsnummer des Unternehmers und die des Leistungsempfängers anzugeben. [4]Wird eine Abrechnung durch Gutschrift gemäß § 14 Absatz 2 Satz 5 über eine sonstige Leistung im Sinne des § 3 a Absatz 2 vereinbart, die im Inland ausgeführt wird und für die der Leistungsempfänger die Steuer nach § 13 b Absatz 1 und 5 schuldet, sind die Sätze 2 und 3 und Absatz 5 entsprechend anzuwenden.

(2) [1]Führt der Unternehmer eine Lieferung im Sinne des § 3 c Absatz 1 im Inland aus, ist er zur Ausstellung einer Rechnung verpflichtet. [2]Satz 1 gilt nicht, wenn der Unternehmer an dem besonderen Besteuerungsverfahren nach § 18 j teilnimmt.

(3) [1]Führt der Unternehmer eine innergemeinschaftliche Lieferung aus, ist er zur Ausstellung einer Rechnung bis zum fünfzehnten Tag des Monats, der auf den Monat folgt, in dem der Umsatz ausgeführt worden ist, verpflichtet. [2]In der Rechnung sind auch die Umsatzsteuer-Identifikationsnummer des Unternehmers und die des Leistungsempfängers anzugeben. [3]Satz 1 gilt auch für Fahrzeuglieferer (§ 2 a). [4]Satz 2 gilt nicht in den Fällen der §§ 1 b und 2 a.

(4) [1]Eine Rechnung über die innergemeinschaftliche Lieferung eines neuen Fahrzeugs muss auch die in § 1 b Abs. 2 und 3 bezeichneten Merkmale enthalten. [2]Das gilt auch in den Fällen des § 2 a.

(5) [1]Führt der Unternehmer eine Leistung im Sinne des § 13 b Absatz 2 aus, für die der Leistungsempfänger nach § 13 b Absatz 5 die Steuer schuldet, ist er zur Ausstellung einer Rechnung mit der Angabe „Steuerschuldnerschaft des Leistungsempfängers" verpflichtet; Absatz 1 bleibt unberührt. [2]Die Vorschrift über den gesonderten Steuerausweis in einer Rechnung nach § 14 Absatz 4 Satz 1 Nummer 8 wird nicht angewendet.

(6) [1]In den Fällen der Besteuerung von Reiseleistungen nach § 25 hat die Rechnung die Angabe „Sonderregelung für Reisebüros" und in den Fällen der Differenzbesteuerung nach § 25 a die Angabe „Gebrauchtgegenstände/Sonderregelung", „Kunstgegenstände/Sonderregelung" oder „Sammlungsstücke und Antiquitäten/Sonderregelung" zu enthalten. [2]In den Fällen des § 25 Abs. 3 und des § 25 a Abs. 3 und 4 findet die Vorschrift über den gesonderten Steuerausweis in einer Rechnung (§ 14 Abs. 4 Satz 1 Nr. 8) keine Anwendung.

(7) [1]Wird in einer Rechnung über eine Lieferung im Sinne des § 25 b Abs. 2 abgerechnet, ist auch auf das Vorliegen eines innergemeinschaftlichen Dreiecksgeschäfts und die Steuerschuldnerschaft des letzten Abnehmers hinzuweisen. [2]Dabei sind die Umsatzsteuer-Identifikationsnummer des Unternehmers und die des Leistungsempfängers anzugeben. [3]Die Vorschrift über den gesonderten Steuerausweis in einer Rechnung (§ 14 Abs. 4 Satz 1 Nr. 8) findet keine Anwendung.

UStAE 14 a.1. Zusätzliche Pflichten bei der Ausstellung von Rechnungen in besonderen Fällen

(1) [1]§ 14 a UStG regelt die zusätzlichen Pflichten bei der Ausstellung von Rechnungen in besonderen Fällen. [2]§ 14 a UStG ergänzt § 14 UStG. [3]Soweit nichts anderes bestimmt ist, bleiben die Regelungen des § 14 UStG unberührt. [4]Dies schließt die nach § 14 Abs. 4 UStG geforderten Angaben ein. [5]Entsprechend § 14 Abs. 2 Satz **5** UStG kann auch mit einer Gutschrift abgerechnet werden. [6]Zu den besonderen Fällen gehören:

- sonstige Leistungen im Sinne des § 3 a Abs. 2 UStG, für die der Leistungsempfänger die Steuer nach § 13 b Abs. 1 und Abs. 5 Satz 1 UStG schuldet;
- Lieferungen im Sinne des § 3 c Abs. 1 UStG, wenn der Unternehmer nicht an dem besonderen Besteuerungsverfahren nach § 18 j UStG (vgl. Abschnitt 18 j.1) teilnimmt;
- innergemeinschaftliche Lieferungen (§ 6 a UStG);
- innergemeinschaftliche Lieferungen neuer Fahrzeuge (§§ 2 a, 6 a UStG);
- Fälle der Steuerschuldnerschaft des Leistungsempfängers (§ 13 b UStG);
- Besteuerung von Reiseleistungen (§ 25 UStG);
- Differenzbesteuerung (§ 25 a UStG) und
- innergemeinschaftliche Dreiecksgeschäfte (§ 25 b UStG).

(2) [1]Hat der Unternehmer seinen Sitz, seine Geschäftsleitung, eine Betriebsstätte, von der aus der Umsatz ausgeführt wird, oder in Ermangelung eines Sitzes seinen Wohnsitz oder gewöhnlichen Aufenthalt im Inland und führt er einen Umsatz in einem anderen Mitgliedstaat aus, an dem eine Betriebsstätte in diesem Mitgliedstaat nicht beteiligt ist, ist er zur Ausstellung einer Rechnung mit der Angabe „Steuerschuldnerschaft des Leistungsempfängers" verpflichtet, wenn die Steuer in dem anderen Mitgliedstaat von dem Leistungsempfänger geschuldet wird (§ 14 a Abs. 1 Satz 1 UStG). [2]Dies gilt nicht, wenn eine Abrechnung durch Gutschrift im Sinne des § 14 Abs. 2 Satz **5** UStG vereinbart worden ist. [3]Absatz 6 Satz 2 gilt entsprechend. [4]Vereinbaren die am Leistungsaustausch Beteiligten, dass der Leistungsempfänger über eine sonstige Leistung im Sinne des § 3 a Abs. 2 UStG abrechnet (Gutschrift, § 14 Abs. 2 Satz **5** UStG), die im Inland ausgeführt wird und für die der Leistungsempfänger die Steuer nach § 13 b Abs. 1 und 5 UStG schuldet, sind Absatz 3 Sätze 2 und 3 und Absatz 6 entsprechend anzuwenden.

(3) [1]Führt der Unternehmer eine innergemeinschaftliche Lieferung (§ 6 a UStG) aus, ist er nach § 14 a Abs. 3 UStG verpflichtet, spätestens am 15. Tag des Monats, der auf den Monat folgt, in dem die Lieferung ausgeführt worden ist, eine Rechnung auszustellen. [2]Die gleiche Frist gilt, wenn der Unternehmer eine sonstige Leistung im Sinne des § 3 a Abs. 2 UStG in einem anderen Mitgliedstaat ausführt, für die der Leistungsempfänger die Steuer schuldet (§ 14 a Abs. 1 Satz 2 UStG). [3]In beiden Fällen ist in der Rechnung sowohl die USt-IdNr. des Unternehmers als auch die des Leistungsempfängers anzugeben. [4]Eine Nichteinhaltung der vorgenannten Frist stellt keine Ordnungswidrigkeit nach § 26 a UStG dar. [5]Zum zivilrechtlichen Anspruch auf Erteilung einer ordnungsgemäßen Rechnung vgl. Abschnitt 14.1 Abs. **10**.

(4) [1]Der Unternehmer, der steuerfreie innergemeinschaftliche Lieferungen (§ 4 Nr. 1 Buchstabe b, § 6 a UStG) ausführt, muss in den Rechnungen auf die Steuerfreiheit hinweisen. [2]Eine Verpflichtung zur Ausstellung einer Rechnung besteht in diesen Fällen nicht nur, wenn der Abnehmer ein Unternehmer ist, der den Gegenstand der Lieferung für unternehmerische Zwecke erworben hat. [3]Sie besteht auch dann, wenn die innergemeinschaftliche Lieferung an eine juristische Person (z. B. eingetragener Verein oder Körperschaft des öffentlichen Rechts) erfolgt, die entweder kein Unternehmer ist oder den Gegenstand der Lieferung für ihren nichtunternehmerischen Bereich erworben hat.

(5) [1]Die Verpflichtung zur Ausstellung von Rechnungen über steuerfreie Lieferungen im Sinne des § 6 a UStG greift beim innergemeinschaftlichen Verbringen von Gegenständen nicht ein, weil Belege in Verbringensfällen weder als Abrechnungen anzusehen sind noch eine Außenwirkung entfalten (vgl. auch Abschnitt 14.1 Abs. **1**) und deshalb keine Rechnungen im Sinne des § 14 Abs. 1 UStG sind. [2]Zur Abwicklung von Verbringensfällen hat der inländische Unternehmensteil gleichwohl für den ausländischen Unternehmensteil einen Beleg auszustellen, in dem die verbrachten Gegenstände aufgeführt sind und der die Bemessungsgrundlagen, die USt-IdNr. des inländischen Unternehmensteils und die USt-IdNr. des ausländischen Unternehmensteils enthält (z. B. in einer sog. Pro-forma-Rechnung).

(6) [1]Führt der Unternehmer eine Leistung im Sinne des § 13 b Abs. 2 UStG aus, für die der Leistungsempfänger nach § 13 b Abs. 5 UStG die Steuer schuldet, ist er zur Ausstellung einer Rechnung mit der Angabe „Steuerschuldnerschaft des Leistungsempfängers" verpflichtet (vgl. Abschnitt 13 b.14 Abs. 1). [2]Alternativ kommen Formulierungen in Betracht, die in anderen Amtssprachen für den Begriff „Steuerschuldnerschaft des Leistungsempfängers" in Artikel 226 Nr. 11 a MwStSystRL der jeweiligen Sprachfassung verwendet werden (z. B. „Reverse charge"; vgl. **Anlage 8**). [3]Zur Rechnungslegung bei in einem anderen Mitgliedstaat ansässigen Unternehmer vgl. Abschnitt 14.1 Abs. **20**.

(7) [1]Der gesonderte Ausweis der Steuer ist auch in den Rechnungen des Unternehmers erforderlich, in denen er über die im Inland ausgeführten Fernverkäufe im Sinne des § 3 c UStG abrechnet. [2]Nimmt der Unternehmer an dem besonderen Besteuerungsverfahren nach § 18 j UStG teil, besteht keine besondere Pflicht zur Ausstellung einer Rechnung (§ 14 a Abs. 2 Satz 2 UStG). [3]In diesem Fall ist die Rechnung nach den Vorschriften des Mitgliedstaates zu erteilen, in dem der Unternehmer seine Teilnahme anzeigt (§ 14 Abs. 7 Satz 3 UStG).

(8) **Eine Rechnung** über die innergemeinschaftliche Lieferung von neuen Fahrzeugen muss neben den Angaben des § 14 Abs. 4 UStG alle für die ordnungsgemäße Durchführung der Erwerbsbesteuerung benötigten Merkmale (§ 1 b Abs. 2 und 3 UStG) enthalten.

(9) Zu den Besonderheiten bei der Rechnungserteilung im Rahmen

1. des innergemeinschaftlichen Dreiecksgeschäfts nach § 25 b UStG vgl. Abschnitt 25 b.1 Abs. 8,
2. der Steuerschuldnerschaft des Leistungsempfängers nach § 13 b UStG vgl. Abschnitt 13 b.14 Abs. 1.

(10) [1]In den Fällen der Besteuerung von Reiseleistungen nach § 25 UStG muss die Rechnung die Angabe „Sonderregelung für Reisebüros" und in den Fällen der Differenzbesteuerung nach § 25 a UStG die Angabe „Gebrauchtgegenstände/Sonderregelung", „Kunstgegenstände/Sonderregelung" oder „Sammlungsstücke und Antiquitäten/Sonderregelung" enthalten (§ 14 a Abs. 6 Satz 1 UStG). [2]Der Rechnungsaussteller kann anstelle der deutschen Begriffe auch Formulierungen verwenden, die in anderen Amtssprachen für die Rechnungsangaben nach Artikel 226 Nr. 13 und 14 MwStSystRL der jeweiligen Sprachfassung verwendet werden (z. B. „Margin scheme – Travel agents" für „Sonderregelung für Reisebüros", „Margin scheme – Second-hand goods" für „Gebrauchtgegenstände/Sonderregelung", „Margin scheme – Works of art" für „Kunstgegenstände/Sonderregelung" oder „Margin scheme – Collectors's items and antiques" für „Sammlungsstücke und Antiquitäten/Sonderregelung"; vgl. **Anlage 8**). [3]Ein gesonderter Steuerausweis ist in den Fällen des § 25 Abs. 3 und § 25 a Abs. 3 und 4 UStG unzulässig (§ 14 a Abs. 6 Satz 2 UStG) und ein Vorsteuerabzug aus diesen Rechnungen ausgeschlossen.

Anmerkung

1. Änderung des § 14a UStG durch das Wachstumschancengesetz zum 1.1.2025

Durch das Wachstumschancengesetz v. 27.3.2024 (BGBl. I 2024 Nr. 108) wurde § 14a UStG lediglich redaktionell in Abs. 1 Satz 1 und 4 geändert. Hintergrund ist die **Einführung der verpflichtenden elektronischen Rechnung** zum 1.1.2025. Es erfolgte keine inhaltliche Änderung, lediglich die Verweise auf andere Rechtsnormen in Abs. 1 Satz 1 und 4 würden geändert.

2. Zusätzliche Rechnungsangaben bei § 13 b UStG

Führt der Unternehmer eine Leistung im Sinne des § 13 b Abs. 2 UStG aus, für die der Leistungsempfänger nach § 13 b Abs. 5 UStG die Steuer schuldet, ist er zur Ausstellung einer Rechnung mit der

Angabe „Steuerschuldnerschaft des Leistungsempfängers“ verpflichtet. Alternativ kommen Formulierungen in Betracht, die in anderen Amtssprachen für den Begriff „Steuerschuldnerschaft des Leistungsempfängers“ in Art. 226 Nr. 11a MwStSystRL der jeweiligen Sprachfassung verwendet werden (z. B. „Reverse charge“).

2.1 Niedersächsisches FG 11 K 324/19

Das Niedersächsische FG hatte einer Entscheidung aus 2020 die Auffassung vertreten, dass eine (rückwirkende) Rechnungsberichtigung auch dann in Betracht komme, wenn fälschlicherweise von der Annahme einer „§ 13b-Rechnung“ (also USt-Ausweis mit 0 EUR bzw. 0%) vorliege (Niedersächsisches FG, Urt. v. 17.9.2020 – 11 K 324/19).

Die Entscheidung lag insofern auch auf der Linie der Auffassung des BMF (BMF-Schreiben v. 18.9.2020 – III C 2 – S 7286-a/19/10001 :001 BStBl I 2020, 976 – Rz. 23). Allerdings enthielt die fragliche Rechnung keinen Hinweis gem. § 14a Abs. 5 UStG darauf, dass es sich um eine Rechnung gem. § 13b UStG handele. Diesen Umstand hatte das FG nicht weiter problematisiert, weil es offenbar davon ausgegangen war, dass der fehlende Hinweis gem. § 14a Abs. 5 UStG dann unschädlich ist, wenn sich aus den Gesamtumständen ergibt, dass der Unternehmer eine „§ 13b-Rechnung“ erteilen wollte.

2.2 Revisionsentscheidung des BFH

Gegen die stattgebende Entscheidung des FG war das beklagte Finanzamt in die Revision gegangen. Hierüber hat der BFH mit Urteil vom 7.7.2022 – V R 33/20 entschieden. Er hat die Entscheidung des FG aufgehoben und die Klage abgewiesen. Die FinVerw hat das Urteil im BStBl II 2022, 821 amtlich veröffentlicht, wendet es also an.

Zu den Einzelheiten der Entscheidung V R 33/20 vgl. die Anmerkungen unter Abschn. 14.11 unter Ziffer 2.2.

3. Keine rückwirkende Korrektur von Rechnungen bei fehlendem Hinweis auf ein innergemeinschaftliches Dreiecksgeschäft gem. § 25b UStG (§ 14a Abs. 7 UStG)

3.1 Sachverhalt

Der Kläger betrieb einen Großhandel mit landwirtschaftlichen Maschinen. Für Polen besaß er das alleinige Vertriebsrecht für Maschinen dreier Hersteller, die in Deutschland, Belgien und Neuseeland/Tschechien ansässig waren. Die Maschinen wurden vom Kläger bei den Herstellern bestellt und von dort direkt an die Kunden in verschiedenen Mitgliedstaaten, insbesondere Polen, geliefert. Die Versendung erfolgte entweder durch den Kläger oder den Hersteller, jeweils unter Verwendung der USt-IDNr ihres Ansässigkeitsstaates. Auch die Endkunden verwendeten jeweils die USt-IDNr. ihres Ansässigkeitsstaates. Für die Lieferungen aus anderen Mitgliedstaaten nach Polen erklärte der Kläger in seinen deutschen Umsatzsteuererklärungen auf der Eingangsseite umsatzsteuerpflichtige i.g. Erwerbe im Inland und machte zugleich den Vorsteuerabzug geltend. Die Weiterlieferungen nach Polen behandelte der Kläger als umsatzsteuerfreie i.g Lieferungen. Die Rechnungen des Klägers enthielten zunächst keine Hinweise auf ein i.g. Dreiecksgeschäft.

Im Rahmen einer Ap. vertrat das FA die Auffassung, dass i.g. Reihengeschäfte vorlägen. Der Ort der Lieferungen an die Kunden liege im Abnehmerstaat. Dort hätte sich der Kläger jeweils für Zwecke der USt registrieren und seine Umsätze aus den Lieferungen an die Kunden erklären müssen. Daraufhin erteilte der Kläger im Dezember 2015 berichtigte Rechnungen i. S. des § 25b UStG und übermittelte berichtigte ZM an das BZSt.

3.2 Entscheidung des BFH

Der BFH wies die Klage mit Urteil v. 17.7.2024 (XI R 35/22 (XI R 14/20) ab.

- Eine rückwirkende Rechnungskorrektur komme nicht in Betracht.
- Voraussetzung für das Vorliegen eines i.g. Dreiecksgeschäfts ist u. a., dass der erste Abnehmer dem letzten Abnehmer **eine Rechnung i.S. des § 14a Abs. 7 UStG erteilt hat**, in der auf das Vorliegen eines i.g. Dreiecksgeschäfts und die Steuerschuldnerschaft des letzten Abnehmers hinzuweisen ist.

- Dieser Hinweis fehlte in den ursprünglichen Rechnungen. Soweit die berichtigten Rechnungen diese Voraussetzungen erfüllen, kommt der Berichtigung dieser Rechnungen **keine Rückwirkung** zu.
- Das **nachträgliche Erfüllen** einer für die **Steuerschuldverlagerung** auf den Empfänger einer Lieferung notwendigen Tatbestandsvoraussetzung **ist keine Korrektur**. Es handelt sich nach Meinung des BFH vielmehr um die erstmalige Ausstellung der erforderlichen Rechnung, die keine Rückwirkung entfalten kann. Dies gilt nicht nur in Fällen, in denen ein Umsatzsteuerbetrug gegeben ist, sondern generell für die Fälle des Dreiecksgeschäfts.

Praxishinweis: Keine rückwirkende Rechnungskorrektur

Nach der Regelung in § 25b Abs. 2 Nr. 3 UStG muss der erste Abnehmer dem letzten Abnehmer eine Rechnung i.S.d. § 14a Abs. 7 UStG erteilen, in der die Steuer nicht gesondert ausgewiesen ist. § 14a Abs. 7 Satz 1 UStG bestimmt, dass in der Rechnung auf das Vorliegen eines innergemeinschaftlichen Dreiecksgeschäfts und die Steuerschuldnerschaft des letzten Abnehmers hinzuweisen ist. Diese Hinweise fehlten im Streitfall in den zunächst erstellten Rechnungen. Nach Erkennen dieses Mangels wurden die Rechnungen entsprechend korrigiert.

Diese verneint der BFH unter Hinweis auf die Entscheidung des EuGH v. 8.12.2022 – C-247/21) .

Anlage 8
zum Umsatzsteuer-Anwendungserlass
(zu den Abschnitten 14.5 und 14 a.1)

– Tabelle zu den in anderen Amtssprachen verwendeten Begriffen für Rechnungsangaben –

Amtssprache	„Gutschrift“	„Steuerschuldnerschaft des Leistungsempfängers“	„Sonderregelung für Reisebüros“	„Gebrauchtgegenstände/Sonderregelung“	„Kunstgegenstände/ Sonderregelung“	„Sammlungsstücke und Antiquitäten/Sonderregelung“
Bulgarisch	самофактуриране	обратно начисляване	Режим на облагане на маржа – туристически агенти	Режим на облагане на маржа – стоки втора употреба	Режим на облагане на маржа – произведения на изкуството	Режим на облагане на маржа – колекционерски предмети и антикварни предмети
Dänisch	selvfakturering	omvendt betalingspligt	fortjenstmargenordning – rejsebureauer	fortjenstmargenordning – brugte genstande	fortjenstmargenordning – kunstgenstande	fortjenstmargenordning – samlerobjekter og antik
Englisch	Self-billing	Reverse charge	Margin scheme – Travel agents	Margin scheme – Secondhand goods	Margin scheme – Works of art	Margin scheme – Collector's items and antiques
Estnisch	endale arve koostamine	pöördmaksustamine	kasuminormi maksustamise kord – reisibürood	kasuminormi maksustamise kord – kasutatud kaubad	kasuminormi maksustamise kord – kunstiteosed	kasuminormi maksustamise kord – kollektsiooni- ja antiikesemed
Finnisch	itselaskutus	käännetty verovelvollisuus	voittomarginaalijärjestelmä – matkatoimistot	voittomarginaalijärjestelmä – käytetyt tavarat	voittomarginaalijärjestelmä – taideesineet	voittomarginaalijärjestelmä – keräily ja antiikkiesineet
Französisch	Autofacturation	Autoliquidation	Régime particulier – agences de voyage	Régime particulier – Biens d'occasion	Régime particulier – Objets d'art	Régime particulier – Objets de collection et d'antiquité
Gälisch*		aistriú táillí				
Griechisch	Αυτοτιμολόγηση	Αντίστροφη επιβάρυνση	Καθεστώς περιθωρίου – Ταξιδιωτικά πρακτορεία	Καθεστώς περιθωρίου – Μεταχειρισμένα αγαθά	Καθεστώς περιθωρίου – Έργα τέχνης	Καθεστώς περιθωρίου – Αντικείμενα συλλεκτικής και αρχαιολογικής αξίας
Italienisch	autofatturazione	inversione contabile	regime del margine – agenzie di viaggio	regime del margine – beni di occasione	regime del margine – oggetti d'arte	regime del margine – oggetti da collezione e di antiquariato
Kroatisch	Izdavanje računa od strane kupca	Zamjena obveznika plaćanja poreza *oder* Prijenos porezne obveze	Posebni režim – putničke agencije	Posebni režim – Rabljena roba	Posebni režim – Umjetnička djela	Posebni režim – Kolekcionarski predmeti i antikviteti
Lettisch	pašaprēķins	nodokļa apgrieztā maksāšana	peļņas daļas režīms ceļojumu agentūrām	peļņas daļas režīms lietotām precēm	peļņas daļas režīms mākslas darbiem	peļņas daļas režīms kolekciju priekšmetiem un senlietām
Litauisch	Sąskaitų faktūrų išsirašymas	Atvirkštinis apmokestinimas	Maržos apmokestinimo schema. Kelionių agentūros	Maržos apmokestinimo schema. Naudotos prekės	Maržos apmokestinimo schema. Meno kūriniai	Maržos apmokestinimo schema. Kolekcionavimo objektai ir antikvariniai daiktai

* Amtliche Fußnote: Keine vollständige Sprachfassung für Gälisch vorhanden

Amtssprache	„Gutschrift“	„Steuerschuldnerschaft des Leistungsempfängers“	„Sonderregelung für Reisebüros“	„Gebrauchtgegenstände/Sonderregelung“	„Kunstgegenstände/ Sonderregelung“	„Sammlungsstücke und Antiquitäten/Sonderregelung“
Maltesisch	Awtofatturazzjoni	Inverżjoni tal-ħlas	Skema ta' marġni – Aġenti tal-ivvjaġġar	Skema ta' marġini – Merkanzija użata	Skema ta' marġini – xogħlijiet tal-arti	Skema ta' marġini – oġġetti tal-kollezzjoni u antikitajiet
Niederländisch	factuur uitgereikt door afnemer	Btw verlegd	Bijzondere regeling reisbureaus	Bijzondere regeling – gebruikte goederen	Bijzondere regeling – kunstvoorwerpen	Bijzondere regeling – voorwerpen voor verzamelingen of antiquiteiten
Polnisch	samofakturowanie	odwrotne obciążenie	procedura marży dla biur podróży	procedura marży – towary używane	procedura marży – dzieła sztuki	procedura marży – przedmioty kolekcjonerskie i antyki
Portugiesisch	Autofacturação	Autoliquidação	Regime da margem de lucro – Agências de viagens	Regime da margem de lucro – Bens em segunda mão	Regime da margem de lucro – Objectos de arte	Regime da margem de lucro – Objectos de colecção e antiguidades
Rumänisch	autofacturare	taxare inversă	regimul marjei – agenții de turism	regimul marjei – bunuri second-hand	regimul marjei – obiecte de artă	regimul marjei – obiecte de colecție și antichități
Schwedisch	självfakturering	omvänd betalningsskyldighet	vinstmarginalbeskattning för resebyråer	vinstmarginalbeskattning för begagnade varor	vinstmarginalbeskattning för konstverk	vinstmarginalbeskattning för samlarföremål och antikviteter
Slowakisch	vyhotovenie faktúry odberateľom	prenesenie daňovej povinnosti	úprava zdaňovania prirážky – cestovné kancelárie	úprava zdaňovania prirážky – použitý tovar	úprava zdaňovania prirážky – umelecké diela	úprava zdaňovania prirážky – zberateľské predmety a starožitnosti
Slowenisch	Self-billing	Reverse Charge	Margin scheme – Travel agents	Margin scheme – Secondhand goods	Margin scheme – works of art	Margin scheme – collector's items and antiques
Spanisch	facturación por el destinatario	inversión del sujeto pasivo	Régimen especial – Agencias de viajes	Régimen especial – Bienes de ocasión	Régimen especial – Objetos de arte	Régimen especial – Objetos de arte
Tschechisch	vystaveno zákazníkem	daň odvede zákazník	zvláštní režim – cestovní kanceláře	zvláštní režim – použité zboží	zvláštní režim – umělecká díla	zvláštní režim – sběratelské předměty a starožitnosti
Ungarisch	önszámlázás	fordított adózás	Különbözet szerinti szabályozás – utazási irodák	Különbözet szerinti szabályozás – használt cikkek	Különbözet szerinti szabályozás – műalkotások	Különbözet szerinti szabályozás – gyűjteménydarabok és régiségek

Zu § 14 b UStG

UStG § 14 b Aufbewahrung von Rechnungen

(1) [1]Der Unternehmer hat ein Doppel der Rechnung, die er selbst oder ein Dritter in seinem Namen und für seine Rechnung ausgestellt hat, sowie alle Rechnungen, die er erhalten oder die ein Leistungsempfänger oder in dessen Namen und für dessen Rechnung ein Dritter ausgestellt hat, acht Jahre aufzubewahren. [2]Die Rechnungen müssen für den gesamten Zeitraum die Anforderungen des § 14 Absatz 3 Satz 1 erfüllen. [3]Die Aufbewahrungsfrist beginnt mit dem Schluss des Kalenderjahres, in dem die Rechnung ausgestellt worden ist; § 147 Abs. 3 der Abgabenordnung bleibt unberührt. [4]Die Sätze 1 bis 3 gelten auch

1. für Fahrzeuglieferer (§ 2 a);
2. in den Fällen, in denen der letzte Abnehmer die Steuer nach § 13 a Abs. 1 Nr. 5 schuldet, für den letzten Abnehmer;
3. in den Fällen, in denen der Leistungsempfänger die Steuer nach § 13 b Absatz 5 schuldet, für den Leistungsempfänger.

[5]In den Fällen des § 14 Absatz 2 Satz 2 Nummer 3 hat der Leistungsempfänger die Rechnung, einen Zahlungsbeleg oder eine andere beweiskräftige Unterlage zwei Jahre gemäß den Sätzen 2 und 3 aufzubewahren, soweit er

1. nicht Unternehmer ist oder
2. Unternehmer ist, aber die Leistung für seinen nichtunternehmerischen Bereich verwendet.

(2) [1]Der im Inland oder in einem der in § 1 Abs. 3 bezeichneten Gebiete ansässige Unternehmer hat alle Rechnungen im Inland oder in einem der in § 1 Abs. 3 bezeichneten Gebiete aufzubewahren. [2]Handelt es sich um eine elektronische Aufbewahrung, die eine vollständige Fernabfrage (Online-Zugriff) der betreffenden Daten und deren Herunterladen und Verwendung gewährleistet, darf der Unternehmer die Rechnungen auch im übrigen Gemeinschaftsgebiet, in einem der in § 1 Abs. 3 bezeichneten Gebiete, im Gebiet von Büsingen oder auf der Insel Helgoland aufbewahren. [3]Der Unternehmer hat dem Finanzamt den Aufbewahrungsort mitzuteilen, wenn er die Rechnungen nicht im Inland oder in einem der in § 1 Abs. 3 bezeichneten Gebiete aufbewahrt. [4]Der nicht im Inland oder in einem der in § 1 Abs. 3 bezeichneten Gebiete ansässige Unternehmer hat den Aufbewahrungsort der nach Absatz 1 aufzubewahrenden Rechnungen im Gemeinschaftsgebiet, in den in § 1 Abs. 3 bezeichneten Gebieten, im Gebiet von Büsingen oder auf der Insel Helgoland zu bestimmen. [5]In diesem Fall ist er verpflichtet, dem Finanzamt auf dessen Verlangen alle aufzubewahrenden Rechnungen und Daten oder die an deren Stelle tretenden Bild- und Datenträger unverzüglich zur Verfügung zu stellen. [6]Kommt er dieser Verpflichtung nicht oder nicht rechtzeitig nach, kann das Finanzamt verlangen, dass er die Rechnungen im Inland oder in einem der in § 1 Abs. 3 bezeichneten Gebiete aufbewahrt.

(3) Ein im Inland oder in einem der in § 1 Abs. 3 bezeichneten Gebiete ansässiger Unternehmer ist ein Unternehmer, der in einem dieser Gebiete einen Wohnsitz, seinen Sitz, seine Geschäftsleitung oder eine Zweigniederlassung hat.

(4) [1]Bewahrt ein Unternehmer die Rechnungen im übrigen Gemeinschaftsgebiet elektronisch auf, können die zuständigen Finanzbehörden die Rechnungen für Zwecke der Umsatzsteuerkontrolle über Online-Zugriff einsehen, herunterladen und verwenden. [2]Es muss sichergestellt sein, dass die zuständigen Finanzbehörden die Rechnungen unverzüglich über Online-Zugriff einsehen, herunterladen und verwenden können.

(5) Will der Unternehmer die Rechnungen außerhalb des Gemeinschaftsgebiets elektronisch aufbewahren, gilt § 146 Absatz 2 b der Abgabenordnung.

UStAE 14 b.1. Aufbewahrung von Rechnungen

(1) [1]Nach § 14 b Abs. 1 UStG hat der Unternehmer aufzubewahren:

- ein Doppel der Rechnung, die er selbst oder ein Dritter in seinem Namen und für seine Rechnung ausgestellt hat,
- alle Rechnungen, die er erhalten oder die ein Leistungsempfänger oder in dessen Namen und für dessen Rechnung ein Dritter ausgestellt hat.

[2]Die Aufbewahrung einer Rechnung muss grundsätzlich im empfangenen Format erfolgen. [3]Dabei muss die Echtheit der Herkunft, die Unversehrtheit ihres Inhalts und ihre Lesbarkeit gewähr-leistet sein (siehe Abschnitt 14.4). [4]Bei einer E-Rechnung ist zumindest deren strukturierter Teil so aufzubewahren, dass er unversehrt in seiner ursprünglichen Form vorliegt. [5]Für Zwecke der Umsatzsteuer gilt, dass alleine wegen einer Speicherung und Archivierung von E-Rechnungen außerhalb eines GoBD-konformen Datenverarbeitungssystems regelmäßig kein Verstoß gegen § 14b Abs. 1 UStG und die Unversehrtheit des Inhalts vorliegt. [6]Zum Vorsteuerabzug aus einer sonstigen Rechnung in einem anderen elektronischen Format vgl. Abschnitt 15.2a Abs. 1. [7]Soweit der Unternehmer Rechnungen mithilfe elektronischer Aufzeichnungssysteme (z. B. Kassensysteme) erteilt, ist es hinsichtlich einer erteilten Rechnung im Sinne des § 33 UStDV ausreichend, wenn ein Doppel der Ausgangsrechnung aus den unveränderbaren digitalen Aufzeichnungen reproduziert werden kann, die auch die übrigen Anforderungen der GoBD (vgl. BMF-Schreiben vom 28.11.2019, BStBl I S. 1269, **zuletzt geändert durch BMF-Schreiben vom 14.07.2025, BStBl I S. 1502**) erfüllen, insbesondere die Vollständigkeit, Richtigkeit und Zeitgerechtigkeit der Erfassung (siehe auch § 146 Abs. 1 und 4 AO). [8]Aufbewahrungspflichten nach anderen Vorschriften bleiben für andere als umsatzsteuerliche Zwecke unberührt. [9]Sind bei gemeinsamem Leistungsbezug durch mehrere Personen die einzelnen Gemeinschafter als Leistungsempfänger anzusehen (vgl. Abschnitt 15.2b Abs. 1), hat jeder unternehmerisch tätige Gemeinschafter eine **Kopie** der **Rechnung aufzubewahren; wurde eine Rechnung in Papierform ausgestellt, ist es ausreichend, wenn das Original bei einem der Gemeinschafter aufbewahrt wird.**

(2) [1]Die Aufbewahrungsfrist beträgt **acht** Jahre und beginnt mit dem Ablauf des Kalenderjahres, in dem die Rechnung ausgestellt wird. [2]Die Aufbewahrungsfrist läuft jedoch nicht ab, soweit und solange die Unterlagen für Steuern von Bedeutung sind, für welche die Festsetzungsfrist noch nicht abgelaufen ist (§ 147 Abs. 3 Satz 5 AO). **[3]Dies betrifft auch Rechnungen, die für eine Vorsteuerberichtigung mit einer zehnjährigen Berichtigungsfrist (§ 15a Abs. 1 Satz 2 UStG) relevant sind. [4]In derartigen Fällen endet die Aufbewahrungsfrist erst, wenn die Festsetzungsfrist für das letzte Jahr des zehnjährigen Berichtigungszeitraums abgelaufen ist.**

(3) Die Aufbewahrungspflichten gelten auch:

- für Fahrzeuglieferer (§ 2 a UStG);
- in den Fällen, in denen der letzte Abnehmer die Steuer nach § 13 a Abs. 1 Nr. 5 UStG schuldet, für den letzten Abnehmer und
- in den Fällen, in denen der Leistungsempfänger die Steuer nach § 13 b Abs. 5 UStG schuldet, für den Leistungsempfänger (unabhängig davon, ob die Leistung für den unternehmerischen oder nichtunternehmerischen Bereich bezogen wurde, mit Ausnahme der in § 13 b Abs. 5 Satz 10 UStG genannten Leistungen, die ausschließlich an den nichtunternehmerischen Bereich von juristischen Personen des öffentlichen Rechts erbracht werden).

(4) [1]In den Fällen des § 14 Abs. 2 Satz **2** Nr. **3** UStG hat der Leistungsempfänger die Rechnung, einen Zahlungsbeleg oder eine andere beweiskräftige Unterlage zwei Jahre aufzubewahren soweit er

- nicht Unternehmer ist oder
- Unternehmer ist, aber die Leistung für seinen nichtunternehmerischen Bereich verwendet.

[2]Als Zahlungsbelege kommen z. B. Kontobelege und Quittungen in Betracht. [3]Andere beweiskräftige Unterlagen im Sinne des § 14 b Abs. 1 Satz 5 UStG können z. B. Bauverträge, Abnahmeprotokolle nach VOB oder Unterlagen zu Rechtsstreitigkeiten im Zusammenhang mit der Leistung sein, mittels derer sich der Leistende, Art und Umfang der ausgeführten Leistung sowie das Entgelt bestimmen lassen. [4]Die Verpflichtung zur Aufbewahrung gilt auch dann, wenn der leistende Unternehmer entgegen § 14 Abs. 4 Satz 1 Nr. 9 UStG in der Rechnung nicht auf die Aufbewahrungspflichten nach § 14 b Abs. 1 Satz 5 UStG hingewiesen hat bzw. wenn ein Hinweis auf die Aufbewahrungspflichten des Leistungsempfängers nicht erforderlich war, weil es sich um eine Kleinbetragsrechnung im Sinne des § 33 UStDV handelt (vgl. Abschnitt 14.5 Abs. 23). [5]Für steuerpflichtige sonstige Leistungen der in § 4 Nr. 12 Sätze 1 und 2 UStG bezeichneten Art, die weder an einen anderen Unternehmer für dessen Unternehmen noch an eine juristische Person erbracht werden, besteht keine Verpflichtung des Leistungsempfängers zur

Aufbewahrung von Rechnungen, Zahlungsbelegen oder anderen beweiskräftigen Unterlagen. [6]§ 14 b Abs. 1 Satz 4 Nr. 3 UStG geht § 14 b Abs. 1 Satz 5 UStG vor.

(5) [1]Die Rechnungen müssen über den gesamten Aufbewahrungszeitraum die Anforderungen des § 14 Absatz 1 Satz 2 UStG – Echtheit der Herkunft, Unversehrtheit des Inhalts und Lesbarkeit der Rechnung – erfüllen. [2]Nachträgliche Änderungen sind nicht zulässig. [3]**Der strukturierte Teil einer E-Rechnung ist so aufzubewahren, dass dieser in seiner ursprünglichen Form vorliegt und die Anforderungen an die Unversehrtheit erfüllt werden (vgl. Abschnitt 14.4 Abs. 3).** [4]**Eine maschinelle Auswertbarkeit seitens der Finanzverwaltung muss sichergestellt sein.** [5]Sollte die **Rechnung in Papierform** auf Thermopapier ausgedruckt sein, ist sie durch einen nochmaligen Kopiervorgang auf Papier zu konservieren, das für den gesamten Aufbewahrungszeitraum nach § 14 b Absatz 1 UStG lesbar ist. [6]Dabei ist es nicht erforderlich, die ursprüngliche, auf Thermopapier ausgedruckte **Rechnung in Papierform** aufzubewahren.

(6) [1]**Für** die Aufbewahrung **von** Rechnungen (vgl. **Absatz 1**) sind durch innerbetriebliche Kontrollverfahren (vgl. Abschnitt 14.4 **Abs.** 4 bis 6) die Echtheit der Herkunft und die Unversehrtheit des Inhalts **sicherzustellen** sowie die Lesbarkeit der Rechnung **zu gewährleisten**. [2]Wird eine Rechnung (**E-Rechnung oder sonstige Rechnung in einem anderen elektronischen Format**) mit einer qualifizierten elektronischen Signatur übermittelt, ist auch die Signatur an sich als Nachweis über die Echtheit und die Unversehrtheit der Daten aufzubewahren, selbst wenn nach anderen Vorschriften die Gültigkeit dieser Nachweise bereits abgelaufen ist. [3]Aufbewahrungspflichten nach anderen Vorschriften, z.B. nach **der AO** (**vgl.** GoBD, BMF-Schreiben vom 28.11.2019, BStBl I S. 1269, **zuletzt geändert durch BMF-Schreiben vom 14.07.2025, BStBl I S. 1502**), bleiben für andere als umsatzsteuerliche Zwecke unberührt.

(7) [1]Im Inland oder in einem der in § 1 Abs. 3 UStG genannten Gebiete ansässige Unternehmer sind verpflichtet, die Rechnungen im Inland oder in einem der in § 1 Abs. 3 UStG genannten Gebiete aufzubewahren (§ 14 b Abs. 2 Satz 1 UStG). [2]Ein im Inland oder in einem der in § 1 Abs. 3 UStG bezeichneten Gebiete ansässiger Unternehmer ist ein Unternehmer, der in einem dieser Gebiete einen Wohnsitz, seinen Sitz, seine Geschäftsleitung oder eine Zweigniederlassung hat (§ 14 b Abs. 3 UStG).

(8) [1]Bei **E-Rechnungen wie auch elektronisch aufzubewahrenden sonstigen Rechnungen** kann der im Inland oder der in einem der in § 1 Abs. 3 UStG genannten Gebiete ansässige Unternehmer die Rechnungen im Gemeinschaftsgebiet, in einem der in § 1 Abs. 3 UStG genannten Gebiete, im Gebiet von Büsingen oder auf der Insel Helgoland aufbewahren, soweit eine vollständige Fernabfrage (Online-Zugriff) der betreffenden Daten und deren Herunterladen und Verwendung durch das Finanzamt gewährleistet ist. [2]Bewahrt der Unternehmer in diesem Fall die Rechnungen nicht im Inland oder in einem der in § 1 Abs. 3 UStG genannten Gebiete auf, hat er dem für die Umsatzbesteuerung zuständigen Finanzamt den Aufbewahrungsort unaufgefordert und schriftlich mitzuteilen. [3]Will der Unternehmer die Rechnungen außerhalb des Gemeinschaftsgebiets elektronisch aufbewahren, gilt § 146 Abs. 2 b AO (§ 14 b Abs. 5 UStG).

(9) [1]Ein nicht im Inland oder in einem der in § 1 Abs. 3 UStG bezeichneten Gebiete ansässiger Unternehmer hat die Rechnungen im Gemeinschaftsgebiet, in einem der in § 1 Abs. 3 UStG bezeichneten Gebiete, im Gebiet von Büsingen oder auf der Insel Helgoland aufzubewahren. [2]Er ist verpflichtet, dem Finanzamt auf dessen Verlangen alle aufzubewahrenden Rechnungen und Daten oder die an deren Stelle tretenden Bild- und Datenträger unverzüglich zur Verfügung zu stellen. [3]Kommt der Unternehmer dieser Verpflichtung nicht oder nicht rechtzeitig nach, kann das Finanzamt verlangen, dass er die Rechnungen im Inland oder in einem der in § 1 Abs. 3 UStG bezeichneten Gebiete aufbewahrt. [4]Ist ein nicht im Gemeinschaftsgebiet ansässiger Unternehmer nach den Bestimmungen des Staates, in dem er ansässig ist, verpflichtet, die Rechnung in Papierform im Staat der Ansässigkeit aufzubewahren, ist es ausreichend, wenn dieser Unternehmer im Gemeinschaftsgebiet **Kopien** der aufzubewahrenden Rechnungen in Papierform aufbewahrt.

(10) [1]Verletzt der Unternehmer seine Aufbewahrungspflichten nach § 14 b UStG, kann dies als eine Ordnungswidrigkeit im Sinne des § 26 a Abs. 2 Nr. 2 UStG geahndet werden. [2]Der Anspruch auf Vorsteuerabzug nach § 15 Abs. 1 Satz 1 Nr. 1 UStG bleibt hiervon zwar unberührt, der Unternehmer trägt nach allgemeinen Grundsätzen jedoch die objektive Feststellungslast für alle Tatsachen, die den Anspruch begründen. [3]Verletzungen der GoBD (vgl. BMF-Schreiben vom 28. 11. 2019, BStBl I S. 1269 **zuletzt ge-**

ändert durch BMF-Schreiben vom 14.07.2025, BStBl I S. 1502) wirken sich ebenfalls nicht auf den ursprünglichen Vorsteuerabzug aus, sofern die Voraussetzungen für den Vorsteuerabzug nachgewiesen werden (vgl. Abschnitt 15.11 Abs. 1 Satz 3). [4]Sind Unterlagen für den Vorsteuerabzug unvollständig oder nicht vorhanden, kann das Finanzamt die abziehbare Vorsteuer unter bestimmten Voraussetzungen schätzen oder aus Billigkeitsgründen ganz oder teilweise anerkennen, sofern im Übrigen die Voraussetzungen für den Vorsteuerabzug vorliegen (vgl. Abschnitt 15.11 Abs. 5 bis 7).

Anmerkung

1. Aufbewahrungsdauer

Nach§ 14b Abs. 1 S. 1 UStG ist ein Doppel der Rechnung **acht Jahre lang aufzubewahren.**

Dies gilt für Rechnungen, die der Unternehmer entweder selbst oder ein Dritter in seinem Namen und für seine Rechnung ausgestellt hat. Entsprechendes gilt für (Eingangs-)Rechnungen, die der Unternehmer entweder erhalten hat oder die ein Leistungsempfänger – oder in dessen Namen und für dessen Rechnung ein Dritter – ausgestellt hat. Die **achtjährige Aufbewahrungsdauer gilt ab 1.1.2025** (Änderung durch das 4. Bürokratieentlastungsgesetz – Gesetz v. 23.10.2024 I Nr. 323) und hat die bis dahin **geltende zehnjährige Aufbewahrungsdauer** abgelöst.

Die **achtjährige Aufbewahrungsfrist beginnt** mit dem Ablauf des Kalenderjahres, in dem die Rechnung ausgestellt wird. Sie läuft jedoch nicht ab, soweit und solange die Unterlagen für Steuern von Bedeutung sind, für welche die Festsetzungsfrist noch nicht abgelaufen ist. Dies ergibt sich aus § 147 Abs. 3 Satz 3 AO (vgl. dazu auch Abschn. 14b.1. Abs. 2 UStAE).

Die **achtjährigen Aufbewahrungspflichten** gelten auch für **Fahrzeuglieferer** nach § 2a UStG sowie für innergemeinschaftliche Dreiecksgeschäfte i.S. des § 25b UStG und für die Fälle der Steuerschuldnerschaft des Leistungsempfängers nach § 13b Abs. 2 UStG (Abschn. 14b.1. Abs. 3 UStAE).

2. Änderungen durch das Wachstumschancengesetz zum 1.1.2025 (verpflichtende E-Rechnung)

2.1 Redaktionelle Änderung

Durch das Wachstumschancengesetz v. 27.3.2024 (BGBl. 2024 I Nr. 108) ist § 14b UStG **redaktionell geändert** worden. Infolge der **Einführung der verpflichtenden elektronischen Rechnung zum 1.1.2025** wurden die Verweise auf § 14 in Abs. 1 Satz 2 angepasst. Inhaltliche Änderungen sind damit nicht verbunden gewesen.

2.2 Aufbewahrungen von E-Rechnungen ab 1.1.2025

Die Aufbewahrungspflicht bezieht sich **bei E-Rechnungen** ausschließlich auf das empfangene Format (**Abschn. 14b.1 Abs. 1 S. 2 UStAE**).

Bei der Aufbewahrung von Rechnungen sind die von der Verwaltung herausgegebenen GoBD zu beachten (BMF-Schreiben v. 28.11.2019, BStBl I 2019, 1269). Diese sind im Hinblick auf die ab 1.1.2025 geltenden Regelungen zur E-Rechnung durch ein BMF-Schreiben v. 14.7.2025 angepasst bzw. ergänzt worden (**BMF-Schreiben v. 14.7.2025, BStBl I 2025, 1502**).

Die Verwaltung weist hier darauf hin, dass es bei E-Rechnungen i.S.d. § 14 Abs. 1 S. 3 und 6 UStG ausreicht, wenn nur der strukturierte Teil aufbewahrt wird, **Abschn. 14b.1 Abs. 1 S. 4 UStAE**. Eine Aufbewahrung des menschenlesbaren Datenteils einer hybriden E-Rechnung (z.B. des PDF-Teils einer ZUGFeRD-Rechnung) ist nur dann erforderlich, wenn zusätzliche oder abweichende Informationen enthalten sind, die für die Besteuerung von Bedeutung sind (Rz. 119 der GoBD). Dies kann dann ggfs. dazu führen, dass die Voraussetzungen des § 14c UStG zu prüfen sind, **Abschn. 14c.1 Abs. 4a S. 2 UStAE**. Außerdem bedürfen in Form eines strukturierten Datensatzes empfangene Buchungsbelege, Handels- oder Geschäftsbriefe abweichend von § 147 Abs. 2 Nr. 1 AO keiner bildlichen, sondern nur einer inhaltlichen Übereinstimmung (Rz. 119 der GoBD).

Allerdings kann sich das Unternehmen im Eigeninteresse zur **Aufbewahrung der gesamten E-Mail** entscheiden, mit der die E-Rechnung transportiert wurde, um z.B. dokumentieren zu können, von welchem Absender die E-Mail stammt und wann sie versendet bzw. empfangen wurde. Im Übrigen können sich aus dem Mail-Header steuerrelevante Informationen ergeben (z.B. Zeitpunkt der Mail-Übermittlung, der für das Recht auf Vorsteuerabzug von Bedeutung sein kann).

3. Erfüllung der umsatzsteuerlichen Anforderungen bei elektronischen oder computergestützten Kassensystemen oder Registrierkassen

3.1 Änderung/Ergänzung Abschn. 14b.1. Abs. 1 S. 2 und 3 UStAE

Soweit der Unternehmer Rechnungen mithilfe elektronischer oder computergestützter Kassensysteme oder Registrierkassen erteilt, reicht es aus, wenn ein Doppel der Ausgangsrechnung (bzw. ein Kassenbeleg) aus den unveränderbaren digitalen Aufzeichnungen reproduziert werden kann, die auch die übrigen Anforderungen der GoBD erfüllen, insbesondere die Vollständigkeit, Richtigkeit und Zeitgerechtigkeit der Erfassung (Hinweis auf § 146 Abs. 1 und 4 AO, vgl. BMF-Schreiben v. 16.11.2021, BStBl I 2021, 2329).

Aufbewahrungspflichten nach anderen Vorschriften bleiben nach dem Erlass des BMF unberührt. Das BMF verweist insofern ergänzend auf **sein Schreiben vom 28.11.2019**, BStBl I 2019, 1269).

Bisher hatte es die Verwaltung für ausreichend erachtet, dass Tagesendsummenbons aufbewahrt werden, die bestimmte weitere Voraussetzungen erfüllen mussten. Vor dem Hintergrund der Neuregelungen in der AO und der KassenSichVO war die Regelung anzupassen.

3.2 Anwendungs- und Übergangsregelung

Die Grundsätze des BMF-Schreibens vom 16.11.2021 (a.a.O.) sind auf alle offenen Fälle anzuwenden. **Bis zum 31.12.2021** hatte es die Verwaltung allerdings nicht beanstandet, wenn der Aufbewahrungspflicht noch nach der bisherigen Regelung in Abschn. 14b.1. Abs. 1 Satz 2 UStAE (BMF-Schreiben v. 26.11.2010, BStBl I 2010, 1342) nachgekommen wird. Das BMF formulierte das wie folgt:

> *(...) Soweit der Unternehmer Rechnungen mithilfe elektronischer Registrierkassen erteilt, ist es hinsichtlich der erteilten Rechnungen (...) ausreichend, wenn **Tagesendsummenbons** aufbewahrt werden, **die die Gewähr der Vollständigkeit bieten und den Namen des Geschäfts, das Ausstellungsdatum und die Tagesendsumme enthalten**; im Übrigen sind die in **dem BMF-Schreiben vom 26.11.2010, BStBl I S. 1342**, genannten Voraussetzungen zu erfüllen. (...)*

Zu § 14 c UStG

UStG § 14 c Unrichtiger oder unberechtigter Steuerausweis

(1) [1]Hat der Unternehmer in einer Rechnung für eine Lieferung oder sonstige Leistung einen höheren Steuerbetrag, als er nach diesem Gesetz für den Umsatz schuldet, gesondert ausgewiesen (unrichtiger Steuerausweis), schuldet er auch den Mehrbetrag. [2]Berichtigt er den Steuerbetrag gegenüber dem Leistungsempfänger, ist § 17 Abs. 1 entsprechend anzuwenden. [3]In den Fällen des § 1 Abs. 1 a und in den Fällen der Rückgängigmachung des Verzichts auf die Steuerbefreiung nach § 9 gilt Absatz 2 Satz 3 bis 5 entsprechend.

(2) [1]Wer in einer Rechnung einen Steuerbetrag gesondert ausweist, obwohl er zum gesonderten Ausweis der Steuer nicht berechtigt ist (unberechtigter Steuerausweis), schuldet den ausgewiesenen Betrag. [2]Das Gleiche gilt, wenn jemand

1. wie ein leistender Unternehmer abrechnet und einen Steuerbetrag gesondert ausweist oder
2. einem nach einer vorherigen Vereinbarung erstellten, als Gutschrift verwendeten Dokument mit gesondertem Steuerausweis nicht unverzüglich widerspricht,

obwohl er nicht Unternehmer ist oder eine Lieferung oder sonstige Leistung nicht ausführt. [3]Der nach den Sätzen 1 und 2 geschuldete Steuerbetrag kann berichtigt werden, soweit die Gefährdung des Steueraufkommens beseitigt worden ist. [4]Die Gefährdung des Steueraufkommens ist beseitigt, wenn ein Vorsteuerabzug beim Empfänger der Rechnung nicht durchgeführt oder die geltend gemachte Vorsteuer an die Finanzbehörde zurückgezahlt worden ist. [5]Die Berichtigung des geschuldeten Steuerbetrags ist beim Finanzamt gesondert schriftlich zu beantragen und nach dessen Zustimmung in entsprechender Anwendung des § 17 Abs. 1 für den Besteuerungszeitraum vorzunehmen, in dem die Voraussetzungen des Satzes 4 eingetreten sind.

UStAE 14c.1. Unrichtiger Steuerausweis (§ 14c Abs. 1 UStG)

Zu hoher Steuerausweis

(1) [1]Weist der leistende Unternehmer oder der von ihm beauftragte Dritte in einer Rechnung einen höheren Steuerbetrag aus, als der leistende Unternehmer nach dem Gesetz schuldet (unrichtiger Steuerausweis), schuldet der leistende Unternehmer unter Beachtung von Absatz 1a auch den Mehrbetrag (§ 14c Abs. 1 Satz 1 UStG). [2]Die Rechtsfolgen treten unabhängig davon ein, ob die Rechnung alle in § 14 Abs. 4 und § 14a UStG aufgeführten Angaben enthält, die abstrakte Gefahr einer Vorsteuerinanspruchnahme ist ausreichend (vgl. BFH-Urteil vom 17. 2. 2011, V R 39/09, BStBl II S. 734). [3]Dies ist jedenfalls der Fall, wenn die Rechnung den Rechnungsaussteller, den Leistungsempfänger, eine Leistungsbeschreibung sowie das Entgelt und die gesondert ausgewiesene Umsatzsteuer enthält. [4]Als Angabe zum Entgelt genügt es bereits, wenn durch die Angabe des Bruttorechnungsbetrags und des gesondert ausgewiesenen Umsatzsteuerbetrags das Entgelt ohne weiteres errechnet werden kann. [5]Die Vorschrift des § 14c Abs. 1 UStG gilt für Unternehmer, die persönlich zum gesonderten Steuerausweis berechtigt sind und für eine Lieferung oder sonstige Leistung einen Steuerbetrag in der Rechnung gesondert ausgewiesen haben, obwohl sie für diesen Umsatz keine oder eine niedrigere Steuer schulden. **[6]Auch eine zivilrechtlich vollbeendete Personengesellschaft kann die Steuer nach § 14c Abs. 1 UStG schulden, vgl. BFH-Urteil vom 17.08.2023 – V R 3/21, BStBl II 2025 S. 883.** [7]Hiernach werden von § 14c Abs. 1 UStG Rechnungen mit gesondertem Steuerausweis erfasst (vgl. BFH-Urteil vom 7. 5. 1981, V R 126/75, BStBl II S. 547):

1. für steuerpflichtige Leistungen, wenn eine höhere als die dafür geschuldete Steuer ausgewiesen wurde;
2. für steuerpflichtige Leistungen in den Fällen der Steuerschuldnerschaft des Leistungsempfängers (vgl. Abschnitt 13b.14 Abs. 1 Satz 5);
3. für steuerfreie Leistungen;
4. für tatsächlich erbrachte, aber nicht steuerbare Leistungen (unentgeltliche Leistungen, Leistungen im Ausland und Geschäftsveräußerungen im Sinne des § 1 Abs. 1a UStG; vgl. abgrenzend zu nicht tatsächlich erbrachten Leistungen Abschnitt 14c.2 Abs. 2 Nr. 2);
5. für nicht versteuerte steuerpflichtige Leistungen, wenn die Steuer für die Leistung wegen des Ablaufs der Festsetzungsfrist (§§ 169 bis 171 AO) nicht mehr erhoben werden kann (vgl. BFH-Urteil vom 13. 11. 2003, V R 79/01, BStBl 2004 II S. 375).

[8]Die zu hoch ausgewiesene Steuer wird vom Unternehmer geschuldet, obwohl der Leistungsempfänger diese Steuer nicht als Vorsteuer abziehen kann (vgl. BFH-Urteil vom 6. 12. 2007, V R 3/06, BStBl 2009 II S. 203, Abschnitt 15.2 Abs. 1 Sätze 1 und 2). [9]Zur Steuerentstehung vgl. Abschnitt 13.7.

(1a) [1]Die Vorschrift ist unionsrechtskonform einschränkend auszulegen, dass keine Steuer nach § 14c Abs. 1 UStG entsteht, wenn ein Unternehmer eine Leistung tatsächlich ausgeführt und hierüber eine Rechnung mit einem unrichtigen Steuerausweis an einen Endverbraucher (insbesondere Nichtunternehmer oder Unternehmer für dessen nichtunternehmerischen Bereich) gestellt hat (vgl. EuGH-Urteil vom 08.12.2022, C-378/21, Finanzamt Österreich). [2]Es bedarf in diesen Fällen keiner Berichtigung des Steuerbetrages nach Absatz 5. [3]Die Tatsache, dass die fragliche Rechnung an einen Endverbraucher ausgestellt worden ist, stellt eine den Steueranspruch einschränkende Tatsache dar, die durch den Unternehmer glaubhaft darzulegen bzw. plausibel zu begründen ist. [4]In Mischfällen, in denen die gleiche Leistung betreffende Rechnungen mit unrichtigem Steuerausweis sowohl an Endverbraucher als auch an Unternehmer für deren unternehmerischen Bereich erteilt wurden, sind die vorgenannten Grundsätze nur bezüglich der Rechnungserteilung an Endverbraucher anzuwenden. [5]Es kann keine Schätzung der betroffenen Umsätze oder des Anteils der an Endverbraucher ausgestellten Rechnungen, keine Wahrscheinlichkeitsberechnung oder Ähnliches erfolgen. [6]Bei der Beurteilung, ob der Leistungsbezieher als Endverbraucher gehandelt hat, kann aber die Art der Leistung berücksichtigt werden. [7]Zu Leistungen, die ihrer Art nach mit hoher Wahrscheinlichkeit nicht für das Unternehmen, sondern für den privaten Gebrauch bestimmt sind vgl.

Abschnitt 3a.2 Abs. 11a; dieser Leistungskatalog ist aber unbeachtlich, sofern im Einzelfall feststeht, dass die Leistung nicht an einen Endverbraucher erbracht worden ist.

(2) [1]Ein zu hoher Steuerausweis im Sinne des § 14c Abs. 1 UStG liegt auch vor, wenn in Rechnungen über Kleinbeträge (§ 33 UStDV) oder in Fahrausweisen (§ 34 UStDV) ein zu hoher Steuersatz angegeben ist, **oder in der Rechnung eines Kleinunternehmers (auch nach § 34a UStDV) ein Steuerausweis erfolgt**. [2]Die Angabe einer falschen Beförderungsstrecke nach § 12 Abs. 2 Nr. 10 UStG führt für sich alleine noch nicht zu einer Steuerschuld nach § 14c Abs. 1 UStG, da diese nicht zu den Mindestangaben nach § 34 Abs. 1 UStDV gehört.

(3) [1]Die Regelung des § 14c Abs. 1 UStG ist auch auf Gutschriften (§ 14 Abs. 5 Satz **5** UStG) anzuwenden, soweit der Gutschriftsempfänger einem zu hohen Steuerbetrag nicht widerspricht (vgl. BFH-Urteil vom 23. 4. 1998, V R 13/92, BStBl II S. 418). [2]In diesem Fall schuldet der Gutschriftsempfänger die Steuer (vgl. BFH-Beschluss vom 15.12.2021 – XI R 19/18, BStBl II 2024 S. 495). [3]Zum Widerspruch vgl. Abschnitt 14.3 Abs. 4. [4]Wird in einem Dokument der Begriff „Gutschrift" verwendet, obwohl keine Gutschrift im umsatzsteuerrechtlichen Sinne nach § 14 Abs. 2 Satz **5** UStG vorliegt (z. B. kaufmännische Gutschrift), führt allein die Bezeichnung als „Gutschrift" nicht zur Anwendung des § 14c UStG.

(4) [1]§ 14c Abs. 1 UStG gilt auch, wenn der Steuerbetrag von einem zu hohen Entgelt berechnet wurde (bei verdecktem Preisnachlass vgl. BMF-Schreiben vom 28. 8. 2020, BStBl I S. 928). [2]Die Folgen des § 14c Abs. 1 UStG treten nicht ein, wenn in Rechnungen für nicht steuerpflichtige Leistungen lediglich der Gesamtpreis einschließlich Umsatzsteuer in einem Betrag angegeben wird. [3]Das Gleiche gilt, wenn der für eine Leistung geschuldete Kaufpreis auf Grund einer nachträglichen Vereinbarung wirksam herabgesetzt wird. [4]Zu Anzahlungen vgl. Abschnitt 13.5 Abs. 4. [5]Sind für ein und dieselbe Leistung mehrere Rechnungen ausgestellt worden, ohne dass sie als Duplikat oder Kopie gekennzeichnet wurden, schuldet der leistende Unternehmer den hierin gesondert ausgewiesenen Steuerbetrag (vgl. BFH-Urteil vom 27. 4. 1994, XI R 54/93, BStBl II S. 718). [6]Dies gilt nicht, wenn inhaltlich identische (s. § 14 Abs. 4 UStG) Mehrstücke derselben Rechnung übersandt werden. **[7]Es ist unschädlich, wenn die Datei zu einer E-Rechnung (vgl. Abschnitt 14.1 Abs. 11 bis 15) mehrfach übersandt wird, solange es sich um dieselbe Rechnung handelt und die Übermittlung nur als inhaltlich identisches Mehrstück erfolgt.** [8]Besteht eine **sonstige** Rechnung aus mehreren Dokumenten, sind diese Regelungen für die Dokumente in ihrer Gesamtheit anzuwenden.

(4a) **[1]Enthält der Bildteil eines hybriden Rechnungsformats (vgl. Abschnitt 14.1 Abs. 14) keine von dem strukturierten Teil abweichenden Rechnungsangaben nach §§ 14, 14a UStG, handelt es sich bei dem Bildteil um ein inhaltlich identisches Mehrstück (vgl. Absatz 4 Satz 6). [2]Enthält der Bildteil dagegen abweichende Rechnungsangaben (z.B. aufgrund manipulativer Eingriffe eine andere Leistungsbeschreibung oder einen abweichenden Umsatzsteuerbetrag), stellt er ggf. eine weitere (sonstige) Rechnung dar, für die die Voraussetzungen des § 14c UStG zu prüfen sind. [3]Dabei werden technisch begründete geringfügige Abweichungen, konkretisierende oder ergänzende Informationen (z.B. aus Gründen der Darstellung verkürzte Leistungsbeschreibung oder Rundungsdifferenzen) nicht beanstandet, wenn der Charakter als inhaltlich identisches Mehrstück nicht verloren geht. [4]Ein Vorsteuerabzug ist auch in diesen Fällen nur aus dem strukturierten Rechnungsteil möglich.**

(**4b**) [1]Soweit der Aussteller eines Dokuments mit diesem nicht über eine von ihm erbrachte Leistung, sondern über eine Entgeltminderung abrechnet und dies zusätzlich durch ein Minuszeichen bei dem offen ausgewiesenen Betrag zum Ausdruck bringt, wird dieser negative Betrag nicht nach § 14c Abs. 1 UStG geschuldet (vgl. BFH-Urteil vom 26. 06. 2019 – XI R 5/18, BStBl II 2023 S. 521). [2]Zu einem Schriftstück, das keine Rechnung, sondern Grundlage für den Zahlungsverkehr ist, siehe Abschnitt 14.1 Abs. 1 Satz **5**. [3]Bei der Prüfung, ob ein Dokument (nur) über Leistungen oder (auch) über Entgeltminderungen abrechnet, sind unter dem Gesichtspunkt der Gefährdung des Steueraufkommens weitere Dokumente nur dann ergänzend heranzuziehen, wenn die Abrechnung auf diese verweist.

Berichtigung eines zu hohen Steuerausweises

(5) [1]Der leistende Unternehmer oder der von ihm beauftragte Dritte kann den Steuerbetrag gegenüber dem Leistungsempfänger berichtigen (vgl. Absatz 7). [2]In diesem Fall ist § 17 Abs. 1 UStG entsprechend

anzuwenden. [3]Die Berichtigung des geschuldeten Mehrbetrags ist folglich für den Besteuerungszeitraum vorzunehmen, in welchem dem Leistungsempfänger die berichtigte Rechnung erteilt wurde; die Rechnungsberichtigung wirkt nicht auf den Zeitpunkt zurück, in dem die Rechnung erstmals ausgestellt wurde (vgl. BFH-Urteil vom 12. 10. 2016 – XI R 43/14, BStBl II 2022 S. 566). [4]Wurde ein zu hoch ausgewiesener Rechnungsbetrag bereits vereinnahmt und steht dem Leistungsempfänger aus der Rechnungsberichtigung ein Rückforderungsanspruch zu, ist die Berichtigung des geschuldeten Mehrbetrags erst nach einer entsprechenden Rückzahlung an den Leistungsempfänger zulässig (vgl. BFH-Urteile vom 18. 09. 2008 – V R 56/06, BStBl II 2009 S. 250, vom 02. 09. 2010 – V R 34/09, BStBl II 2011 S. 991, und vom 16. 05. 2018 – XI R 28/16, BStBl II 2022 S. 570). [5]Die Rückzahlung an den Leistungsempfänger kann auch im Wege der Abtretung erfolgen (vgl. BFH-Urteil vom 12. 10. 2016 – XI R 43/14, a. a. O.).

Beispiel:

[1]Ein Unternehmer berechnet für eine Lieferung die Umsatzsteuer mit 19 %, obwohl hierfür nach § 12 Abs. 2 UStG nur 7 % geschuldet werden.

Entgelt	1 000,– €
+ 19 % Umsatzsteuer	190,– €
Rechnungsbetrag	1 190,– €

[2]Wird der Rechnungsbetrag um die zu hoch ausgewiesene Steuer herabgesetzt, ergibt sich folgende berichtigte Rechnung:

Entgelt	1 000,– €
+ 7 % Umsatzsteuer	70,– €
Rechnungsbetrag	1 070,– €

[3]Diese berichtigte Rechnung ist für Zwecke der Berichtigung des Steuerbetrags nur anzuerkennen, soweit der leistende Unternehmer vom bereits vereinnahmten Rechnungsbetrag den Differenzbetrag in Höhe von 120 € (= 1 190 € – 1 070 €) an den Leistungsempfänger zurück gewährt. [4]Bleibt der Rechnungsbetrag in der berichtigten Rechnung unverändert, ergibt sich die richtige Steuer durch Herausrechnen aus dem bisherigen Rechnungsbetrag:

Rechnungsbetrag mit Steuer	1 190,– €
darin enthaltene Steuer auf der Grundlage	
des ermäßigten Steuersatzes von 7 % = 7/107	77,85 €
Rechnungsbetrag ohne Steuer	1 112,15 €
Berichtigte Rechnung:	
Entgelt	1 112,15 €
+ 7 % Umsatzsteuer	77,85 €
Rechnungsbetrag	1 190,– €

[5]Diese Rechnungsberichtigung ist für Zwecke der Berichtigung des Steuerbetrags auch ohne Rückgewähr des Entgelts anzuerkennen.

(6) [1]Im Rahmen eines Organschaftsverhältnisses ist eine von der Organgesellschaft mit einem zu hohen Steuerausweis ausgestellte Rechnung durch sie oder einen von ihr beauftragten Dritten gegenüber dem Leistungsempfänger zu berichtigen. [2]Die Steuerschuldnerschaft des Organträgers für den zu hohen Steuerausweis bleibt unberührt.

(7) [1]Die Berichtigung der zu hoch ausgewiesenen Umsatzsteuer im Sinne des § 14c Abs. 1 UStG erfolgt durch Berichtigungserklärung gegenüber dem Leistungsempfänger (vgl. BFH-Urteil vom 10. 12. 1992, V R 73/90, BStBl 1993 II S. 383). [2]Dem Leistungsempfänger muss eine hinreichend bestimmte, schriftliche Berichtigung tatsächlich zugehen (vgl. BFH-Urteil vom 12. 10. 2016 – XI R 43/14, BStBl II 2022 S. 566). [3]Es können mehrere Berichtigungen in einer einzigen Korrekturmeldung zusammengefasst werden, wenn sich daraus erkennen lässt, auf welche Umsatzsteuerbeträge im Einzelnen sich die Berichtigung beziehen soll (vgl. BFH-Urteil vom 25. 2. 1993, V R 112/91, BStBl II S. 643). [4]Zur Berichtigung von Rechnungen im Übrigen vgl. Abschnitt 14.11.

(8) [1]Hat ein Unternehmer – insbesondere im Einzelhandel – über eine tatsächlich erbrachte Lieferung an einen Abnehmer aus einem Drittland eine Rechnung mit gesondertem Steuerausweis (§ 14 Abs. 4 UStG) bzw. eine Kleinbetragsrechnung im Sinne des § 33 UStDV (z. B. einen Kassenbon mit Angabe des Steuersatzes) erteilt und werden nachträglich die Voraussetzungen für die Steuerbefreiung als Ausfuhrlieferung im nichtkommerziellen Reiseverkehr (sog. Export über den Ladentisch) erfüllt (vgl. im Einzelnen Abschnitt 6.11), liegt eine Rechnung mit einem unrichtigen Steuerausweis an einen Endverbraucher vor. [2]Gemäß Absatz 1a entsteht in derartigen Fällen keine Steuer nach § 14c Abs. 1 UStG. [3]Die Steuerschuld nach § 14c Abs. 1 UStG erlischt erst, wenn der Lieferer die Rechnung wirksam berichtigt (vgl. Absatz 7). [4]Aus Vereinfachungsgründen ist die Rechnungsberichtigung entbehrlich, wenn der ausländische Abnehmer die ursprüngliche Rechnung bzw. den ursprünglichen Kassenbon an den Unternehmer zurückgibt und dieser den zurückerhaltenen Beleg aufbewahrt.

Zu niedriger Steuerausweis

(9) [1]Bei zu niedrigem Steuerausweis schuldet der Unternehmer die gesetzlich vorgeschriebene Steuer. [2]Der Unternehmer hat in diesem Fall die Steuer unter Zugrundelegung des maßgeblichen Steuersatzes aus dem Gesamtrechnungsbetrag herauszurechnen.

Beispiel:

[1]Ein Unternehmer berechnet für eine Lieferung die Steuer mit 7 %, obwohl hierfür nach § 12 Abs. 1 UStG eine Steuer von 19 % geschuldet wird.

Berechnetes Entgelt	400,– €
+ 7 % Umsatzsteuer	28,– €
Gesamtrechnungsbetrag	428,– €
Herausrechnung der Steuer mit 19/119 ./.	68,34 €
Entgelt	359,66 €
Vom Unternehmer gesetzlich geschuldete Steuer:	
19 % von 359,66 € =	68,34 €

[2]Der Leistungsempfänger darf als Vorsteuer nur den in der Rechnung ausgewiesenen Steuerbetrag abziehen. [3]Es bleibt aber dem leistenden Unternehmer unbenommen, den zu niedrig ausgewiesenen Steuerbetrag zu berichtigen.

(10) [1]Hat der Leistungsempfänger entgegen § 15 Abs. 1 Satz 1 Nr. 1 UStG einen höheren Betrag als die für die Lieferung oder sonstige Leistung gesetzlich geschuldete Steuer als Vorsteuer geltend gemacht, hat er den Mehrbetrag an das Finanzamt zurückzuzahlen. [2]Die Rückzahlung ist für den Besteuerungszeitraum vorzunehmen, für den der Mehrbetrag als Vorsteuer abgezogen wurde.

(11) [1]In den Fällen eines unrichtigen Steuerausweises bei Umsätzen im Rahmen einer Geschäftsveräußerung an einen anderen Unternehmer für dessen Unternehmen (§ 1 Abs. 1a UStG) und bei Rückgängigmachung des Verzichts auf die Steuerbefreiung nach § 9 UStG ist die Berichtigung des geschuldeten Betrages nur zulässig, wenn die Rechnung berichtigt wird und soweit die Gefährdung des Steueraufkommens beseitigt ist (§ 14c Abs. 1 Satz 3 UStG). [2]Zur Beseitigung der Gefährdung des Steueraufkommens und zum besonderen Berichtigungsverfahren vgl. Abschnitt 14c.2.

Anmerkung

1. Voraussetzungen des § 14c Abs. 1 UStG

Nach § 14c Abs. 1 UStG ist Voraussetzung für eine Korrektur der unrichtig ausgewiesenen USt, dass eine Korrektur gegenüber dem Rechnungsempfänger erfolgt. Die wirksame Berichtigung eines Steuerbetrags nach § 14c Abs. 1 Satz 2, § 17 Abs. 1 UStG erfordert ferner grundsätzlich, dass der Unternehmer die vereinnahmte Umsatzsteuer an den Leistungsempfänger zurückgezahlt hat (BFH, Urt. v. 16.5.2018 – XI R 28/16, BStBl II 2022, 570). Es stellt sich aber die Frage, wie in den Fällen zu entscheiden ist, in denen eine Gefährdung des Steueraufkommens ausgeschlossen ist, weil etwa Rechnungen ausschließlich an Endverbraucher erteilt werden.

1.1 Vorlage des österreichischen BFG an den EuGH

Zu dieser Fragestellung hatte das österreichische Bundesfinanzgericht (BFG) am 21.6.2021 den EuGH angerufen.

Sachverhalt

Eine P-GmbH stellte im Streitjahr 2019 insgesamt 22.557 Kleinbetragsrechnungen an Endkunden mit Regelsteuersatz aus, obwohl die Leistungen der P-GmbH (Betreiberin eines Indoor-Spielplatzes) dem ermäßigten USt-Satz unterliegen.

Das BFG setzte das Verfahren aus und legte die Sache dem EuGH mit folgenden Fragen vor:

1. Wird die USt auch dann vom Rechnungsaussteller geschuldet, **wenn keine Gefährdung des Steueraufkommens vorliegen kann**?
2. Kann die Rechnungsberichtigung unterbleiben, wenn die Gefährdung des Steueraufkommens *ausgeschlossen* und die Berichtigung der Rechnungen **faktisch unmöglich** ist?
3. Steht der Rechnungsberichtigung entgegen, dass die Endverbraucher die Steuer im Rahmen des Entgelts getragen haben und der Stpfl. durch Berichtigung der Mehrwertsteuer bereichert wird?

1.2 Entscheidung des EuGH

Der EuGH hat in seiner Entscheidung v. 08.12.2022 – C-378/21, P-GmbH I – im Wesentlichen auf Art. 203 MwStSystRL verwiesen. Dort heißt es:

„Die Mehrwertsteuer wird von jeder Person geschuldet, die diese Steuer in einer Rechnung ausweist."

Der EuGH zitiert in diesem Zusammenhang zunächst seine bisherige Rechtsprechung, wonach die Vorschrift der Gefährdung des Steueraufkommens entgegenwirken soll.

Dies ist grundsätzlich dann der Fall, wenn ein Teil der Umsatzsteuer zu Unrecht in Rechnung gestellt wurde. Dann kommt Art. 203 MwStSystRL hinsichtlich des Betrages zur Anwendung, der den zutreffenden Betrag übersteigt. Damit wird der Gefahr begegnet, dass der Rechnungsempfänger einen überhöhten Vorsteuerabzug beansprucht.

Diese Gefahr besteht allerdings dann nicht, wenn die fragliche Lieferung/Dienstleistung ausschließlich – wie unstreitig im Vorlagefall – an Endverbraucher erbracht, die mithin zum Vorsteuerabzug nicht berechtigt waren. Dann ist Art. 203 MwStSystRL nicht anwendbar.

1.3 Anmerkung

In der Sache ist dem EuGH zuzustimmen. Die Entscheidung ist vor allem in ihrer Pragmatik zutreffend.

In vergleichbaren Fällen kann sicherlich eine gewisse abstrakte Gefahr für das Steueraufkommen nicht vollständig ausgeschlossen werden; dem kann – entsprechend den Ausführungen der Generalanwältin Juliane Kokott in ihren Schlussanträgen vom 08.09.2022 – aber ggfs. dadurch begegnet werden, dass der Anteil solcher Rechnungen durch Schätzung ermittelt wird. Dazu hat sich der EuGH wohl auch deshalb nicht geäußert, weil das vorlegende Gericht darauf verwiesen hatte, dass Rechnungsempfänger ausschließlich Endverbraucher waren und seine Vorlagefragen entsprechend formuliert hatte. Über die Vorlagefrage hinausgehend macht der EuGH in der Regel keine Ausführungen.

Allerdings hat das österreichische Bundesfinanzgericht in seiner Folgeentscheidung vom 27.1.2023 entschieden, dass **0,5% der Umsätze im Schätzungswege als Grundlage für eine „Steuerschuld kraft Rechnungslegung"** (in Deutschland „unrichtiger Steuerausweis nach § 14c Abs. 1 UStG") anzusetzen seien. Vor dem Hintergrund der Ausführungen der Generalsanwältin erscheint dies sachgerecht und zutreffend.

Hinweis

Die Generalanwältin Juliane Kokott hatte in ihren Schlussanträgen vom 8.9.2022 am Ende noch einen etwas anderen Gedanken einfließen lassen und danach unterschieden, ob der Rechnungsaussteller gut- oder bösgläubig war. Die Beseitigung der Gefährdung des Steueraufkommens sei nur bei

Bösgläubigkeit erforderlich, wobei die Unmöglichkeit der Beseitigung der Gefährdungslage in die Risikosphäre des Rechnungsausstellers falle. Auch diesen Gedanken hat der EuGH nicht aufgegriffen, weil es im Vorlagefall nicht darauf ankam.

Bei der Umsetzung der EuGH-Entscheidung C-378/21, P-GmbH I – nach § 14c Abs. 1 UStG ist bei unrichtig ausgewiesener Umsatzsteuer grundsätzlich Voraussetzung, dass eine Korrektur gegenüber dem Rechnungsempfänger erfolgt. Die wirksame Berichtigung eines Steuerbetrags nach § 14c Abs. 1 Satz 2, § 17 Abs. 1 UStG erfordert ferner nach Auffassung des BFH grundsätzlich, dass der Unternehmer die vereinnahmte Umsatzsteuer an den Leistungsempfänger zurückgezahlt hat (BFH, Urt. v. 16.5.2018 – XI R 28/16, BStBl II 2022, 570).

1.4 Umsetzung der Entscheidung „P-GmbH“

Die deutsche FinVerw hat mit BMF-Schreiben v. 27.2.2024 III C 2 – S 7282/19/10001 :002 auf die Entscheidung des EuGH C-378/21, P-GmbH I – reagiert und Abschn. 14c.1 UStAE um einen Absatz 1a ergänzt.

Sie stellt heraus, dass eine Gefährung des Steueraufkommens jedenfalls dann nicht vorliegt, wenn der jeweilige Unternehmer an Endverbraucher eine Leistung erbringt. Ist diese Voraussetzung erfüllt, kommt eine Inanspruchnahme nach § 14c Abs. 1 UStG nicht in Betracht.

1.4.1 „Endverbraucher“

Den Begriff des „Endverbrauchers“ definiert die Verwaltung mit „Nichtunternehmer“ bzw. „Unternehmer, die eine Leistung für ihren nichtunternehmerischen Bereich in Anspruch nehmen“. Die Festsellungslast dafür trägt der Unternehmer (Abschn. 14c.1 Abs. 1a S. 1–3 UStAE). Das bedeutet gleichzeitig, dass **Endverbraucher** danach auch **Unternehmer** sein können, die nur in der konkreten Situation (im entschiedenen Fall des EuGH z.B. auf dem Indoor-Spielplatz) **nicht unternehmerisch** „unterwegs“ waren.

1.4.2 Mischfälle

Problematisiert werden von der FinVerw in Abschn. 14c.1. Abs. 1a S. 4 UStAE die sog. „**Mischfälle**, d.h. diejenifgen Fallgestaltungen, in denen die Leistung ggü. Endverbrauchern und Verbrauchern erbracht werden, d.h. auch solche Unternehmer, die eine Leistung für ihr Unternehmen beziehen und deshalb potenziell vorsteuerabzugsberechtigt sind. Für diese Fälle lhnt die deutsche FinVerw – anders als die Generalanwält Kokott im Verfahren P-GmbH eine Schätzung bzw. Wahrscheinlichkeitsberechnung etc. ab.

Lediglich dann, wenn die Leistung **„ihrer Art nach“ mit „hoher Wahrscheinlichkeit“ an Endverbraucher** erbracht werden, wendet die Verwaltung Abschn. 3a.2 Abs. 11a UStAE an: Nach dieser Richtlinie gilt ein Leistungskatalog mit bestimmten Fällen, bei denen die verwltung ein unternehmerisches Handeln unterstellt. Offenbar soll im Umkehrschluss gelten, dass dann, wenn die tatbeständes des Leistungskatalogs nicht erfüllt sind, ein nichtunternehmerisches Handeln angenommen werden kann.

Hinweis

Der österreichische Verwaltungsgerichtshof hat diese Frage im Verfahren „P-GmbH“ erneut dem EuGH vorgelegt (VwGH (Österreich) v. 14.12.2023 – RO 2023/13/0014 – **Az. des EuGH C-794/23**), um eine Klärung zur Frage der „Mischfälle“ und zum Begriff des „Endverbrauchers“ zu erhalten.

Über dieses Vorabentscheidungsersuchen des österreichischen VwGH hat der EuGH mit Urt. v. 01.08.2025 (C-794/23 – **P-GmbH II**) entschieden.

Der EuGH äußert sich dabei zunächst noch einmal ausführlich ergänzend zum Begriff des „Endverbrauchers“. Er ist der Meinung, dass die Wendung „Endverbraucher, die nicht zum Vorsteuerabzug berechtigt sind“ eng auszulegen ist. Darunter fallen also ausschließlich Nichtsteuerpflichtige. Eine Gefährdungslage i.S.d. § 14c UStG soll danach immer dann vorliegen, wenn der Rechnungsempfänger steuerpflichtig ist.

Hinweis

Das bedeutet, dass Unternehmer (= „Steuerpflichtige“ i.S.d. MwStSystRL), die Leistungen im Einzelfall für private oder sonstige nicht zum Vorsteuerabzug berechtigende Zwecke in Anspruch nehmen, nicht als Endverbraucher in diesem Sinne anzusehen sind. Bei ihnen besteht nach Mein-ung des EuGH die abstrakte Möglichkeit eines Vorsteuerabzugs, was schädlich sei (Tz. 31 der Entscheidung C-794/23).

1.4.3 Schätzung?

Der EuGH kommt zu dem zutreffenden Schluss, dass der Kreis der Stpfl., die unternehmerisch handeln, **im Schätzungswege zu ermitteln** ist, sofern die unionsrechtlichen Grundsätze der Neutralität und Verhältnismäßigkeit dabei beachtet werden. Bei **Massengeschäften** – wie im Fall der P-GmbH – ist i.d.R. eine Einzelfallprüfung der Rechnungsempfänger nicht möglich, weil die entsprechenden Kassenbons nicht individualisiert sind, der Rechnungs- und Leistungsempfänger also nicht feststellbar ist. Der EuGH verweist deshalb ausdrücklich auf die Möglichkeit einer Schätzung, die allerdings bestimmte Anforderungen erfüllen muss. Sie muss

- auf objektiven, aktuellen und nachvollziehbaren Daten beruhen und
- sich an konkreten Anhaltspunkten orientieren, wie etwa der Art der erbrachten Leistung, den Modalitäten ihrer Erbringung, der Art der Rechnungslegung und vorhandenen statis-tischen Informationen über den Kundenkreis.

Die Schätzung beinhaltet außerdem eine **widerlegbare Vermutung**, d.h. für den Rechnung-saussteller besteht die Möglichkeit, entkräftende Umstände vorzutragen. Das Beweismaß darf dabei – wie der EuGH besonders betont – nicht übermäßig hoch angesetzt werden. Er verweist in diesem Zusammenhang auf die Grundsätze der Effektivität des Rechtsschutzes, wonach dem Un-ternehmer die Möglichkeit zur Berichtigung und Erstattung der zu Unrecht gezahlten Steuer nicht faktisch verwehrt werden darf. Es bestehe vielmehr – so der EuGH – eine Verpflichtung der Mitgliedstaaten, die USt. zu erstatten, soweit keine Steuergefährdung vorliegt.

Die **deutsche FinVerw.** wird nach alldem ihre im BMF-Schreiben v. 27.2.2024 vertretene **Rechtsauffassung überdenken/anpassen** müssen.

1.4.4 FG Köln: Leistung an nicht Vorsteuerabzugsberechtigte

Das FG Köln hatte in einem Verfahren die Frage aufgeworfen, ob grds. nicht Vorsteuerabzugsberechtigte aus der Anwendung des § 14c UStG herausfallen.

In dem Fall (Urt. v. 25.7.2023 – 8 K 16/23) ging es um einen Postdienstleister, der Brief- und Paketsendungen u.a. auch an Behörden, Gerichte etc. – also Einheiten lieferte, die kraft einer USt-Befreiung auch keinen Anspruch auf Vorsteuerabzug hatten. Hinzu kam, dass der Postdienstleister zuvor eine verbindliche Auskunft eingeholt und erhalten hatte, ob in seinen Rechnungen z.T. USt auszuweisen sei. Die FinVerw hatte dies bejaht, einige Jahre später im Rahemn einer Außenprüfung aber anders beurteilt und in dieser Hinsicht § 14c Abs. 1 UStG angewandt.

Das FG Köln hat hier die **Anwendung des § 14c Abs. 1 UStG verneint** mit Hinweis auf

- die Gutgläubigkeit der Klägerin (verbindliche Auskunft erhalten) und
- auf den Umstand hin, dass die Leistungsempfänger nicht vorsteuer-abzugsberechtigt waren.

Gegen die Entscheidung hatte das beklagte FA **Revision** eingelegt, die beim BFH unter dem Az. **V R 16/23** anhängig war. Das Revisionsverfahren beim BFH wurde inzwischen außergerichtlich **ohne Urteil abgeschlossen**. Die Entscheidung des FG Köln ist damit rechtskräftig. Im Ergebnis liegt sie auf der Linie des EuGH in der Sache P-GmbH II (siehe oben 1.4.2).

2. Zu hoher Steuerausweis in einer Rechnung

§ 14 c Abs. 1 UStG gilt für Unternehmer, die persönlich zum gesonderten Steuerausweis berechtigt sind und für eine Lieferung und sonstige Leistung einen Steuerbetrag gesondert ausgewiesen haben, obwohl sie für den Umsatz keine oder nur eine niedrigere Steuer schulden.

Auf die Gründe für den überhöhten Steuerausweis kommt es nicht an. Insbesondere ist **kein schuldhaftes**, d. h. **vorwerfbares Verhalten des Unternehmers erforderlich**. Der Fehler kann also auch auf die irrtümliche Anwendung eines zu hohen Steuersatzes zurückzuführen sein.

Rechtsfolge ist, dass der Unternehmer den Mehrbetrag schuldet. Unter dem Mehrbetrag, den der Rechnungsaussteller nach § 14 c Abs. 1 Satz 1 UStG zusätzlich abzuführen hat, ist die Differenz zwischen dem in der Rechnung zu hoch ausgewiesenen und dem gesetzlich richtigen Steuerbetrag zu verstehen.

Daraus folgt zwingend, dass dann, wenn der ausgewiesene Betrag **negativ** und damit **zu niedrig** ist, er schon begrifflich **kein „Mehrbetrag"** i. S. des § 14 c Abs. 1 UStG (BFH, Urt. v. 26.6.2019 – XI R 5/18, BStBl II 2024, 521; BMF v. 18.4.2023 – III C 2 – S 7282/19/10001 :005).

3. Unrichtiger Steuerausweis bei Erwerb einer vermieteten Immobilie

3.1 Problemstellung

Beim BFH ging es um die Folgen des Steuerausweises in Mietverträgen bei einer Veräußerung (hier: Zuschlag i.R.e. Zwangsversteigerung) einer Immobilie (BFH v. 5.12.2024, V R 16/22).

Was war passiert?

Die Klägerin hatte ein Grundstück i.R.e. Zwangsversteigerung erworben. Die Mietverträge, die der Voreigentümer abgeschlossen hatte, wiesen Umsatzsteuer für die Vermietung an eine Fachklinik und Physiotherapiepraxisräume mit 19 % aus. Die Klägerin sah die Umsätze demgegenüber als steuerfrei an.

Das FA setzte wegen des offenen Steuerausweises im Mietvertrag die unrichtig offen ausgew-iesene Umsatzsteuer gegenüber der Klägerin als Erwerberin fest.

Begründung:

- Die Klägerin ist nicht Steuerschuldnerin nach § 14c Abs. 1 Satz 1 UStG, da sie die Steuerbeträ-ge nicht selbst unrichtig offen ausgewiesen hat. Die als Aussteller in der Rechnung bezeich-nete Person muss mitgewirkt haben.
- Der vom Voreigentümer im Mietvertrag vorgenommene (unrichtige) Steuerausweis kann der Klägerin nicht nach § 566 Abs. 1 BGB zugerechnet werden. Die Vorschrift dient allein dem Mieterschutz.
- Die zivilrechtliche Pflicht zur Rechnungserteilung geht zwar auf den Erwerber über, nicht aber die bereits ausgestellten Rechnungsdokumente (und somit die dem unrichtigen Steuerausweis innewohnende abstrakte Gefährdungshaftung).
- Auch die Einzelrechtsnachfolge aufgrund einer Geschäftsveräußerung im Ganzen nach § 1 Abs. 1a Satz 3 UStG ändert nichts. Ein unrichtiger Steuerausweis in den Mietverträgen gehört nicht zu den übertragenen Wirtschaftsgütern, auf die sich die umsatzsteuerrechtliche Einzelrechtsnachfolge bezieht.

3.2 Konsequenzen für die Anwendungspraxis

Im Fall des Erwerbs einer Immobilie sollte der Erwerber immer zunächst die Mietveträge prüfen

- Bei **Anpassung des Vertrags** (= mit Weiterführung des USt-Ausweises) durch den neuen Eigentümer ergibt sich für ihn ein Fall des § 14c Abs. 1 UStG.
- **Ohne Anpassung** (= unveränderte Übernahme der Mietverträge) stellt sich die Frage des § 14c Abs. 2 UStG beim Veräußerer. Ggf. Haftung des Erwerbers nach § 75 AO. Im Streitfall kam das im Hinblick auf § 75 Abs. 2 AO nicht in Betracht (Erwerb i.W.d. Zwangsvollstreckung).

Beispiel zum Vorsteuerabzug des Mieters

V vermietet ust-pfl. Räume an M für 1.000 EUR zzgl. 190 EUR USt. M zieht die 190 EUR mtl. als Vorsteuer ab. V veräußert das Objekt an E, der den Mietvertrag mit M unverändert fortführt. Es fehlt eine ordnungsgemäße Rechnung (Rechnungsaussteller nicht der neuer Eigentümer E, sondern V).

Fraglich ist, ob die Voraussetzungen des Vorsteuerabzugs trotz Fehlens einer ordnungsgemäßen Rechnung erfüllt sind.

4. Konsequenzen für § 14c UStG aus der Einführung der verpflichtenden E-Rechnung zum 01.01.2025

Im Zuge der Einführung der verpflichtenden E-Rechnung zum 01.01.2025 hat das BMF Abschn. 14c.1 UStAE ergänzt.

4.1 Mehrfache Übermittlung derselben Rechnung

Es ist unschädlich, wenn die Datei zu einer Rechnung mehrfachübersandt wird, solange es sich um dieselbe Rechnung handelt und die Übermittlung nur als inhaltlich identisches Mehrstück erfolgt (**Abschn. 14c.1 Abs. 4 S. 7 UStAE**).

4.2 Hybride Rechnungsformate

Enthält der Bildteil eines hybriden Rechnungsformats keine von dem strukturierten Teil abweichenden Rechnungsangaben handelt es sich bei dem Bildteil um ein inhaltlich identisches Mehrstück (**Abschn. 14c.1 Abs. 4a UStAE**).

UStAE 14c.2. Unberechtigter Steuerausweis (§ 14c Abs. 2 UStG)

(1) [1]Wer in einer Rechnung einen Steuerbetrag ausweist, obwohl er dazu nicht berechtigt ist (unberechtigter Steuerausweis), schuldet unter Beachtung von Absatz 1a den ausgewiesenen Betrag (§ 14c Abs. 2 Sätze 1 und 2 UStG). [2]Dies gilt **vor allem**, wenn jemand wie ein leistender Unternehmer abrechnet und einen Steuerbetrag ausweist, obwohl er nicht Unternehmer ist oder eine Lieferung oder sonstige Leistung nicht ausführt. [3]Die Rechtsfolgen treten unabhängig davon ein, ob die Rechnung alle in § 14 Abs. 4 und § 14a UStG aufgeführten Angaben enthält, die abstrakte Gefahr einer Vorsteuerinanspruchnahme ist ausreichend (vgl. BFH-Urteile vom 17. 02. 2011 – V R 39/09, BStBl II S. 734, und vom 14. 02. 2019 – V R 68/17, BStBl II 2020 S. 65). [4]Die Anforderungen an einen unberechtigten Steuerausweis erfüllt eine Rechnung vielmehr schon dann, wenn sie den Rechnungsaussteller, den (vermeintlichen) Leistungsempfänger, eine Leistungsbeschreibung sowie das Entgelt und die gesondert ausgewiesene Umsatzsteuer enthält. [5]Als Angabe zum Entgelt genügt es bereits, wenn durch die Angabe des Bruttorechnungsbetrags und des gesondert ausgewiesenen Umsatzsteuerbetrags das Entgelt ohne weiteres errechnet werden kann. [6]Die Umsatzsteuer ist bereits dann gesondert ausgewiesen, wenn die Steuer als Geldbetrag genannt und als Steuerbetrag gekennzeichnet ist. [7]Der eindeutige, klare und unbedingte Ausweis der Umsatzsteuer genügt. [8]An den Steuerausweis im Sinne von § 14c Abs. 2 UStG sind im Übrigen keine bestimmten optischen Anforderungen zu stellen. [9]Die Steuer kann auch im Rahmen eines erläuternden Hinweises gesondert ausgewiesen werden (BFH-Urteil vom 21. 9. 2016, XI R 4/15, BStBl 2021 II S. 106). [10]Bei Kleinbetragsrechnungen (§ 33 UStDV) hat der angegebene Steuersatz die Wirkung des gesonderten Ausweises einer Steuer (vgl. BFH-Urteil vom 25. 9. 2013, XI R 41/12, BStBl 2014 II S. 135). [11]Entsprechendes gilt für Fahrausweise (§ 34 UStDV).

(1a) **Auf die Fälle des § 14c Abs. 2 UStG ist die einschränkende Auslegung nach Abschnitt 14c.1 Abs. 1a nicht anzuwenden, da schon die grundlegenden Voraussetzungen des Sachverhalts im EuGH-Urteil vom 08.12.2022, C-378/21, Finanzamt Österreich, (tatsächliche Leistungserbringung durch einen Unternehmer) nicht vorliegen.**

(2) Von § 14c Abs. 2 UStG werden die folgenden Fälle erfasst:

1. ***weggefallen***

2. [1]Ein Unternehmer erteilt eine Rechnung mit gesondertem Steuerausweis, obwohl er eine Leistung nicht ausführt, z. B. eine Schein- oder Gefälligkeitsrechnung oder in den Fällen des Schadensersatzes. [2]Hierunter fallen nicht Rechnungen, die vor Ausführung der Leistung erteilt werden und die ihrer Aufmachung (z. B. durch die Bezeichnung) oder ihrem Inhalt nach (z. B. durch Hinweis auf einen erst in der Zukunft liegenden Zeitpunkt der Leistung) eindeutig als Vorausrechnungen erkennbar sind (vgl. BFH-Urteile vom 20. 3. 1980, V R 131/74, BStBl II S. 287, vom 7. 4. 2011, V R 44/09, BStBl II S. 954, und vom 6. 4. 2016, V R 12/15, BStBl 2017 II S. 188). [3]Steht der Leistungszeitpunkt noch nicht fest, muss dies aus der Rechnung oder aus anderen Unterlagen, auf die in der Rechnung hingewiesen wird, hervorgehen. [4]Unterbleibt nach Erteilung einer Vorausrechnung mit Steuerausweis die zunächst beabsichtigte Leistung, z. B. bei Rückgängigmachung eines Kaufvertrags, ist § 14 c Abs. 2 UStG nicht anzuwenden (vgl. BFH-Urteil vom 21. 2. 1980, V R 146/73, BStBl II S. 283). [5]Das gilt unabhängig davon, ob die angeforderten Voraus- oder Anzahlungen geleistet werden (vgl. Abschnitt 14.8 Abs. 2). [6]Wer dagegen eine Vorausrechnung mit gesondertem Steuerausweis erteilt, obwohl bereits feststeht, dass er die darin aufgeführte Leistung nicht mehr ausführen wird, schuldet diese Steuer nach § 14 c Abs. 2 UStG (vgl. BFH-Urteil vom 5. 2. 1998, V R 65/97, BStBl II S. 415).
3. [1]Ein Unternehmer erteilt eine Rechnung mit gesondertem Steuerausweis, in der er statt des tatsächlich gelieferten Gegenstands einen anderen, von ihm nicht gelieferten Gegenstand aufführt, oder statt der tatsächlich ausgeführten sonstigen Leistung eine andere, von ihm nicht erbrachte Leistung angibt (unrichtige Leistungsbezeichnung). [2]Der leistende Unternehmer schuldet die gesondert ausgewiesene Steuer nach § 14 c Abs. 2 UStG neben der Steuer für die tatsächlich ausgeführte Leistung (vgl. BFH-Urteil vom 8. 9. 1994, V R 70/91, BStBl 1995 II S. 32).

B e i s p i e l e :

a) Es wird eine Büromaschine aufgeführt, während tatsächlich ein Fernsehgerät geliefert worden ist.

b) Es werden Antriebsmotoren angegeben, während tatsächlich der Schrott solcher Motoren geliefert worden ist (vgl. BFH-Beschluss vom 21. 5. 1987, V R 129/78, BStBl II S. 652).

c) Es wird hergestelltes Mauerwerk abgerechnet, während tatsächlich ein Kranführer überlassen worden ist (vgl. BFH-Beschluss vom 9. 12. 1987, V B 54/85, BStBl 1988 II S. 700).

d) Es werden „Malerarbeiten in Büroräumen“ in Rechnung gestellt, während die Malerarbeiten tatsächlich in der Wohnung des Leistungsempfängers ausgeführt worden sind.

[3]Die in Rechnungen mit ungenauer Angabe der Leistungsbezeichnung gesondert ausgewiesenen Steuerbeträge werden dagegen nicht nach § 14 c Abs. 2 UStG geschuldet. [4]Ungenaue Angaben liegen vor, wenn die Rechnungsangaben nicht so eingehend und eindeutig sind, dass sie ohne weiteres völlige Gewissheit über Art und Umfang des Leistungsgegenstands verschaffen.

B e i s p i e l :

Es werden ausgeführte Bauarbeiten lediglich durch Angabe einer Baustelle und „Arbeiten wie gesehen und besichtigt“ beschrieben (vgl. BFH-Beschluss vom 4. 12. 1987, V S 9/85, BStBl 1988 II S. 702).

4. [1]Ein Unternehmer erteilt eine Rechnung mit gesondertem Steuerausweis für eine Leistung, die er nicht im Rahmen seines Unternehmens ausführt, z.B. Verkauf eines Gegenstands aus dem Privatbereich **(§ 14c Abs. 2 Satz 1 UStG). [2]Das Gleiche gilt, wenn er – statt selber eine Rechnung auszustellen – eine Gutschrift mit gesondertem Steuerausweis erhält. [3]Bei einer Steuer nach § 14c Abs. 2 Satz 1 UStG kommt es nicht darauf an, ob ein unverzüglicher Widerspruch im Sinne von § 14c Abs. 2 Satz 2 Nr. 2 UStG vorliegt, vielmehr ist die Steuergefährdung nach § 14c Abs. 2 Satz 3 bis 5 UStG zu beseitigen.**

B e i s p i e l :

[1]Unternehmer U verkauft einen nicht unternehmerisch genutzten Pkw an einen Gebrauchtwagenhändler. [2]Über den Verkauf wird (in einer Rechnung oder einer Gutschrift) Umsatzsteuer gesondert ausgewiesen.
[3]U schuldet die ausgewiesene Umsatzsteuer nach § 14c Abs. 2 Satz 1 UStG.

5. [1]Ein Nichtunternehmer, z. B. eine Privatperson oder ein Hoheitsbetrieb einer juristischen Person des öffentlichen Rechts, weist in einem Dokument einen Steuerbetrag gesondert aus. [2]Das gilt auch für denjenigen, der Abrechnungen dadurch in den Verkehr bringt, dass er sie einem anderen zur beliebigen Verwendung überlässt oder ein blanko unterschriebenes Papier zum Ausfüllen als Kaufvertrag aushändigt, ohne ausdrücklich den gesonderten Steuerausweis zu untersagen (vgl. auch BFH-Urteil vom 5. 8. 1988, X R 66/82, BStBl II S. 1019). [3]Der Nichtunternehmer schuldet den Steuerbetrag, gleichgültig ob er eine Leistung ausführt oder nicht.
6. **[1]Zwei Personen vereinbaren, über eine Leistung mit einer Gutschrift (vgl. Abschnitt 14.3) abzurechnen. [2]Der Gutschriftsempfänger ist nicht Unternehmer oder führt die abgerechnete Leistung nicht tatsächlich aus. [3]Trotzdem wird in dem als Gutschrift verwendeten Dokument Umsatzsteuer offen ausgewiesen. [4]Der Gutschriftsempfänger schuldet den unberechtigten Steuerausweis nach § 14c Abs. 2 Satz 2 Nr. 2 UStG, wenn er dem als Gutschrift verwendeten Dokument nicht unverzüglich widerspricht.**

   Beispiel:

   [1]Unternehmer U verkauft einen nicht unternehmerisch genutzten Pkw an einen Gebrauchtwagenhändler. [2]Über den Verkauf wird (in einer Rechnung oder einer Gutschrift) Umsatzsteuer gesondert ausgewiesen.
   [3]U schuldet die ausgewiesene Umsatzsteuer nach § 14c Abs. 2 Satz 1 UStG.

(2 a) [1]Bei Umsätzen zwischen Betriebsabteilungen desselben Unternehmens oder innerhalb eines Organkreises handelt es sich nicht um steuerbare Lieferungen oder sonstige Leistungen, sondern um innerbetriebliche Vorgänge (sog. Innenumsätze). [2]Werden für sie Belege mit gesondertem Steuerausweis erteilt, sind diese Belege nicht als Rechnungen im Sinne des § 14c UStG, sondern als unternehmensinterne Buchungsbelege zu beurteilen. [3]Die darin ausgewiesene Steuer wird nicht nach § 14c Abs. 2 UStG geschuldet (vgl. BFH-Urteil vom 28. 10. 2010 – V R 7/10, BStBl II 2011 S. 391, und Abschnitt 14.1 Abs. **1**).

(2 b) [1]Soweit der Aussteller eines Dokuments mit diesem nicht unberechtigt über eine von ihm (angeblich) erbrachte Leistung, sondern über eine Entgeltminderung abrechnet und dies zusätzlich durch ein Minuszeichen bei dem offen ausgewiesenen Betrag zum Ausdruck bringt, wird dieser negative Betrag nicht nach § 14c Abs. 2 UStG geschuldet (vgl. BFH-Urteil vom 26. 06. 2019 – XI R 5/18, BStBl II 2023 S. 521). [2]Zu einem Schriftstück, das keine Rechnung, sondern Grundlage für den Zahlungsverkehr ist, siehe Abschnitt 14.1 Abs. 1 Satz **5**. [3]Bei der Prüfung, ob ein Dokument (nur) über Leistungen oder (auch) über Entgeltminderungen abrechnet, sind unter dem Gesichtspunkt der Gefährdung des Steueraufkommens weitere Dokumente nur dann ergänzend heranzuziehen, wenn die Abrechnung auf diese verweist.

(3) [1]Soweit der Aussteller der Rechnung den unberechtigten Steuerausweis gegenüber dem Belegempfänger für ungültig erklärt hat und die Gefährdung des Steueraufkommens beseitigt wurde, ist dem Schuldner des Steuerbetrags die Möglichkeit zur Berichtigung einzuräumen (§ 14c Abs. 2 Satz 3 ff. UStG). [2]Im Rahmen eines Organschaftsverhältnisses ist die Organgesellschaft oder ein von ihr beauftragter Dritter berechtigt, eine von ihr ausgestellte Rechnung mit unberechtigtem Steuerausweis gegenüber dem Belegempfänger für ungültig zu erklären. [3]Bei der Berichtigung des unberechtigten Steuerausweises ist § 17 Abs. 1 UStG entsprechend anzuwenden. [4]Auf den guten Glauben des Ausstellers der betreffenden Rechnung kommt es nicht an (vgl. BFH-Urteil vom 22. 2. 2001, V R 5/99, BStBl 2004 II S. 143). [5]Die Gefährdung des Steueraufkommens ist beseitigt, wenn ein Vorsteuerabzug beim Empfänger der Rechnung nicht durchgeführt oder die geltend gemachte Vorsteuer an das Finanzamt zurückgezahlt worden ist (§ 14c Abs. 2 Satz 4 UStG). [6]Dies ist in dem Sinne zu verstehen, dass endgültig feststehen muss, dass jedwede Gefährdung des Steueraufkommens ausgeschlossen ist (BFH-Urteil vom 8. 11. 2016, VII R 34/15, BStBl 2017 II S. 496). [7]Die nach § 14c Abs. 2 Satz 5 UStG erforderliche Zustimmung ist nicht von einer Rückzahlung eines vereinnahmten Betrags durch den Steuerschuldner an den Belegempfänger abhängig.

(4) [1]Steuerschuldner nach § 14c Abs. 2 UStG ist der Aussteller der Rechnung (§ 13a Abs. 1 Nr. 4 UStG). [2]Im Rahmen eines Organschaftsverhältnisses schuldet hingegen der Organträger die durch eine Organgesellschaft unberechtigt ausgewiesene Steuer. [3]Eine GmbH schuldet die Steuer nach § 14c Abs. 2 UStG, wenn ein nur zur Gesamtvertretung berechtigter Geschäftsführer ohne Mitwirkung des anderen Geschäftsführers das **Abrechnungsdokument** mit unberechtigtem Steuerausweis erstellt, ohne den allgemeinen Rahmen des ihm übertragenen Geschäftskreises zu überschreiten (vgl. BFH-Urteil vom 28. 1.

1993, V R 75/88, BStBl II S. 357). [4]Wirkt dagegen der in der Rechnung als Aussteller Bezeichnete in keiner Weise bei der Erstellung des Dokuments mit, kommt eine Inanspruchnahme nach § 14 c Abs. 2 UStG nicht in Betracht (vgl. BFH-Urteil vom 16. 3. 1993, XI R 103/90, BStBl II S. 531). [5]**Hierbei** sind die Grundsätze der Stellvertretung, zu denen auch die Grundsätze der Anscheins- und Duldungsvollmacht gehören, zu berücksichtigen (vgl. BFH-Urteile vom 07. 04. 2011 – V R 44/09, BStBl II S. 954, **und vom 05.12.2024 – V R 16/22, BStBl II 2025 S. 536**). [6]Zur Frage, wem die Rechnung zuzurechnen ist, die ein Vermittler auf den Namen seines Auftraggebers ausgestellt hat, vgl. BFH-Urteil vom 4. 3. 1982, V R 59/81, BStBl II S. 315. [7]**Zur Frage, wer Steuerschuldner ist, wenn ein Arbeitnehmer ohne Wissen und Zustimmung seines Arbeitgebers falsche Rechnungen ausstellt, in denen die Identität des Arbeitgebers als Aussteller der Rechnungen verwendet wird, vgl. EuGH-Urteil vom 30.01.2024, C-442/22, Dyrektor Izby Administracji Skarbowej w Lublinie.**

(5) [1]Der Schuldner des unberechtigt ausgewiesenen Betrages hat die Berichtigung des geschuldeten Steuerbetrags bei dem für seine Besteuerung zuständigen Finanzamt gesondert schriftlich zu beantragen. [2]Diesem Antrag hat er ausreichende Angaben über die Identität des Rechnungsempfängers beizufügen. [3]Das Finanzamt des Schuldners des unberechtigt ausgewiesenen Betrags hat durch Einholung einer Auskunft beim Finanzamt des Rechnungsempfängers zu ermitteln, in welcher Höhe und wann ein unberechtigt in Anspruch genommener Vorsteuerabzug durch den Rechnungsempfänger zurückgezahlt wurde. [4]Nach Einholung dieser Auskunft teilt das Finanzamt des Schuldners des unberechtigt ausgewiesenen Betrags diesem mit, für welchen Besteuerungszeitraum und in welcher Höhe die Berichtigung des geschuldeten Steuerbetrags vorgenommen werden kann. [5]Die Berichtigung des geschuldeten Steuerbetrags ist in entsprechender Anwendung des § 17 Abs. 1 UStG für den Besteuerungszeitraum vorzunehmen, in dem die Gefährdung des Steueraufkommens beseitigt worden ist (§ 14 c Abs. 2 Satz 5 UStG). [6]Hat der Rechnungsempfänger einen Vorsteuerabzug geltend gemacht, ist der auf Grund des unberechtigten Steuerausweises geschuldete Steuerbetrag für den Zeitraum zu berichtigen, in dem der Rechnungsempfänger die Vorsteuer an das Finanzamt zurückgezahlt hat. [7]Auf den Zeitpunkt der Berichtigungsbeantragung beim Finanzamt oder den einer Rechnungsberichtigung kommt es hierbei nicht an (vgl. BFH-Beschluss vom 27.07.2021 – V R 43/19, BStBl II 2024 S. 237). [8]Wurde beim Rechnungsempfänger kein Vorsteuerabzug durchgeführt, ist der nach § 14c Abs. 2 UStG geschuldete Betrag beim Rechnungsaussteller für den Zeitraum zu berichtigen, in dem die Steuer nach § 13 Abs. 1 Nr. 3 UStG entstanden ist.

(6) ***weggefallen***

(7) [1]Der Steueranspruch aus § 14c Abs. 2 UStG besteht vorbehaltlich Absatz 5 **grundsätzlich** unabhängig davon, ob der Rechnungsempfänger **(Gutschriftsaussteller)** die gesondert ausgewiesene Umsatzsteuer unberechtigt als Vorsteuer abgezogen hat oder nicht. [2]Es reicht aus, dass das Dokument als Abrechnung abstrakt die Gefahr begründet, vom Empfänger oder einem Dritten zur Inanspruchnahme des Vorsteuerabzugs gebraucht zu werden (vgl. BFH-Urteil vom 17. 2. 2011, V R 39/09, BStBl II S. 734). [3]**In den Fällen des § 14c Abs. 2 Satz 2 Nr. 2 UStG (nach vorheriger Vereinbarung als Gutschrift verwendetes Dokument mit gesondertem Steuerausweis) entsteht bei einem unverzüglichen Widerspruch durch den Empfänger (vgl. Abschnitt 14.3 Abs. 4) keine Steuer nach § 14c Abs. 2 UStG.** [4]**Im Übrigen führt alleine ein (späterer) wirksamer Widerspruch gegen eine Gutschrift nicht zur Beseitigung der Steuergefährdung nach § 14c Abs. 2 UStG, sodass in diesem Fall der Gutschriftsempfänger die ausgewiesene Steuer weiterhin nach § 14c Abs. 2 UStG schuldet, bis die Steuergefährdung beseitigt worden ist.**

(8) Für die Berichtigung der auf Grund des unberechtigt ausgewiesenen Steuerbetrags nach § 14 c Abs. 2 UStG ergangenen Steuerbescheide gelten die allgemeinen verfahrensrechtlichen Vorschriften der AO.

Anmerkung

1. Änderung des § 14c Abs. 2 UStG durch das Jahressteuergesetz 2024

Nach § 14 Abs. 2 Satz 2 UStG (seit 1.1.2025: § 14 Abs. 2 Satz 5 UStG) kann eine Rechnung auch vom Leistungsempfänger ausgestellt werden („Gutschrift"), soweit der Leistende und der Leistungsempfänger **dies vorher ausdrücklich vereinbart haben.**

Nach zutreffender Auffassung des BFH stand diese Gutschrift **einer Rechnung dann nicht gleich,** wenn mit ihr nicht über eine **Leistung eines Unternehmers** abgerechnet wird (BFH v. 27.11.2019 – V R 23/19,

BStBl 2021 II S. 542). In einer Gutschrift unrichtig ausgewiesene Steuer wurde deshalb bisher nach Meinung des BFH nicht geschuldet, weil § 14c UStG eine entsprechende Regelung nicht enthielt.

Diese Regelungslücke hat der Gesetzgeber mittels einer Änderung des § 14c Abs. 2 UStG durch das Jahressteuergesetz 2024 (Gesetz v. 5.12.2024, BGBl. I 2024 Nr. 387) mit Wirkung **geschlossen.**

Diese Regelung trat zum 6.12.2024 in Kraft.

2. BFH-Rechtsprechung zu den Voraussetzungen des § 14c Abs. 2 UStG

Im BMF-Schreiben v. 11.1.2021 – III C 2 – 7283/19/10001 :001 nimmt die FinVerw Bezug auf das BFH, Urt. v. 21.9.2016 – XI R 4/15. In dem seinerzeit entschiedenen Fall hatte ein nicht unternehmerisch tätiger öffentlich-rechtlicher Zweckverband zur Tierkörperbeseitigung in seinen Gebührenbescheiden als Teil der Entsorgungsgebühr ein Nettoentsorgungsentgelt nebst darauf entfallendem Steuerbetrag ausgewiesen. Der BFH entschied, dass es sich hierbei um einen unberechtigten Steuerausweis nach § 14c Abs. 2 UStG handelt.

Das BMF stellt nun heraus, dass auch schon nach bisheriger BFH-Rechtsprechung § 14c Abs. 2 UStG **nicht** voraussetzt, dass die erteilte Rechnung (gegebenenfalls auch unzutreffend) **alle in § 14 Abs. 4 Satz 1 UStG aufgezählten Rechnungsmerkmale** aufweist. Ein unberechtigter Steuerausweis in einer Rechnung ist nach Meinung des BFH bereits dann gegeben, wenn die Rechnung

- den Rechnungsaussteller,
- den (vermeintlichen) Leistungsempfänger,
- eine Leistungsbeschreibung sowie das Entgelt und
- die gesondert ausgewiesene Umsatzsteuer

ausweist. Die FinVerw hat Abschn. 14c.1 Abs. 1 UStAE entsprechend angepasst.

Die **Anforderungen an die Leistungsbeschreibung** in einer Rechnung i.S.v. § 14c UStG sind nach Meinung des BFH mit denjenigen vergleichbar, die an eine Rechnung zu stellen sind, die tatsächlich zum Vorsteuerabzug berechtigt (BFH, Urt. v. 26.6.2019 – XI R 5/18, BFH/NV 2019 S. 1462). Danach gelten die **Grundsätze des § 14 Abs. 4 UStG auch im Fall des § 14c UStG.** Stellt sich das Dokument bei alleiniger Betrachtung mithin als eine Rechnung i.S. des § 14c UStG dar, unter Hinzuziehung weiterer Dokumente aber nicht, scheidet eine Steuerschuld nach § 14c UStG aus. Umgekehrt bedeutet dies aber, dass auch im Anwendungsbereich des § 14c UStG Bezugnahmen auf andere Dokumente sowie vom Stpfl. beigebrachte zusätzliche Informationen von der Finanzbehörde zu berücksichtigen sind (BFH, Urt. v. 16.3.2017 – V R 27/16; BFH, Urt. v. 19.3.2025 – XI R 4/22). Ein Dokument, das aber auch nach Ausschöpfung von ergänzenden Informationen immer noch den Eindruck erweckt, dass damit über ust-pfl. Leistungen abgerechnet werden soll, ist eine Rechnung i.S.d. § 14c Abs. 2 UStG (BFH, Urt. v. 19.3.2025 – XI R 4/22 Rz. 23 ff.).

3. Gefährdung des Steueraufkommens

Da der unberechtigte USt-Ausweis nach § 14c Abs. 2 UStG nicht voraussetzt, dass alle in § 14 Abs. 4 UStG aufgezählten Rechnungsmerkmale im Abrechnungsdokument enthalten sein müssen, ist es nach der mittlerweile ständigen Rechtsprechung des BFH ausreichend, dass eine **abstrakte Gefahr der Vorsteuerinanspruchnahme** vorliegt (BFH, Urt. v. 17.2.2011 – V R 39/09).

4. Entfallen des unberechtigten Steuerausweises

4.1 Beseitigung der Gefährdung des Steueraufkommens

Nach § 14c Abs. 2 S. 3 UStG kann der aufgrund eines unberechtigten Steuerausweises gemäß § 14c Abs. 1 Satz 1 und 2 UStG entstandene Steuerbetrag berichtigt werden, soweit die **Gefährdung des Steueraufkommens beseitigt** worden ist. Die Berichtigung des geschuldeten Steuerbetrages ist gemäß § 14c Abs. 2 S. 5 UStG beim Finanzamt gesondert schriftlich zu beantragen und nach dessen Zustimmung in entsprechender Anwendung des § 17 Abs. 1 UStG für den Besteuerungszeitraum vorzunehmen, in dem die Voraussetzungen des § 14c Abs. 2 S. 4 UStG eingetreten sind.

In dem vom BFH entschiedenen Verfahren V R 43/19 war der **Zeitpunkt** der Rechnungsberichtigung zu Unrecht ausgewiesener Umsatzsteuer **streitig**.

Hat der Rechnungsempfänger den Vorsteuerabzug geltend gemacht, ist der aufgrund des unberechtigten Steuerausweises geschuldete Steuerbetrag gemäß § 14 c Abs. 2 UStG **für den Zeitraum zu berichtigen, in dem der Rechnungsempfänger die Vorsteuer an das Finanzamt zurückzahlt**.

Hinweis

Die Regelung findet sich in § 14 c Abs. 2 S. 5 UStG, wonach die Berichtigung des geschuldeten Steuerbetrags für den Besteuerungszeitraum vorzunehmen ist, in dem die Voraussetzung des Satz 4 eingetreten sind. Es kommt also nur darauf an, wann der Leistungsempfänger die als Vorsteuer geltend gemachte Steuer zurückgezahlt hat.

Offen gelassen hat der BFH in der Sache V R 43/19 die Frage, ob auch § 14 c Abs. 2 UStG (wie bei § 14c Abs. 1 UStG) eine Rechnungsberichtigung erforderlich ist, um die Steuerschuld zu beseitigen. Die FinVerw verlangt dies jedoch in Abschn. 14c.2. Abs. 3 Satz 1 UStAE („Ungültigkeitserklärung“).

4.2 Unterschiede § 14 c Abs. 1 UStG zu § 14 c Abs. 2 UStG

Aus der Entscheidung des BFH v. 27.7.2021 (V R 43/19) ergibt sich, dass die Berichtigung zurückwirkt auf den Zeitpunkt, in dem der Rechnungsempfänger den Vorsteuerabzug rückgängig gemacht hat.

In diesem Punkt unterscheidet sich die Rechtslage grundlegend von derjenigen nach § 14 c Abs. 1 UStG (unrichtiger Ausweis): Für § 14 c Abs. 1 UStG kommt es nach Auffassung von Rechtsprechung und Verwaltung darauf an, wann die berichtigte Rechnung erteilt wurde (Abschn. 14c.1.Abs. 5 Satz 3 UStAE; BFH, Urt. v. 19.3.2009 – V R 48/07). Beim unrichtigen Ausweis erfolgt die Korrektur also immer „ex nunc“, während sie beim unberechtigten Ausweis zurückwirkt (Wirkung „ex tunc“).

5. Negativer Betrag ist kein „ausgewiesener Betrag“

Wer in einer Rechnung einen **Steuerbetrag ausweist**, obwohl er dazu nicht berechtigt ist, **schuldet** nach § 14 c Abs. 2 UStG **den ausgewiesenen Betrag**. Betroffen von dieser Regelung sind in erster Linie folgende Fälle:

- Kleinunternehmer (§ 19 Abs. 1 UStG),
- Nichtunternehmer,
- Fälle, in denen über eine nicht ausgeführte Lieferung oder sonstige Leistung abgerechnet wird,
- es wird statt des tatsächlich gelieferten Gegenstandes über einen anderen nicht gelieferten Gegenstand abgerechnet,
- ein Unternehmer erteilt eine Rechnung mit gesondertem Steuerausweis, in der er statt der tatsächlich erbrachten sonstigen Leistung eine andere sonstige Leistung aufführt,
- ein Unternehmer erteilt eine Rechnung mit gesondertem Steuerausweis, obwohl er die Leistung nicht im Rahmen seines Unternehmens erbracht hat,
- ein Unternehmer rechnet über eine Leistung ab, die nicht er, sondern jemand anders tatsächlich erbracht hat.

Ein **negativer Betrag** ist kein **„ausgewiesener Betrag“ i. S. des § 14 c Abs. 2 Satz 1 und 2 UStG**, die vom Rechnungsaussteller „geschuldet“ wird. Zutreffend weist der BFH darauf hin, dass dann, wenn Rechnungsaussteller negative Beträge gemäß § 14 c Abs. 2 Satz 1 und 2 UStG, Art. 203 MwStSystRL schulden würden, negative Umsatzsteuerbeträge entstünden. Der geschuldete Betrag muss also immer positiv sein.

Hinweis

Die Festsetzung eines negativen Betrags (zugunsten des Rechnungsausstellers) widerspräche dem Zweck von § 14 c Abs. 2 UStG bzw. auch des Unionsrechts in Art. 203 MwStSystRL, einer Gefährdung des Steueraufkommens durch einen unzutreffenden Steuerausweis in Rechnungen entgegenzuwirken (BFH, Urt. v. 26.6.2019 – XI R 5/18; so auch BMF v. 18.4.2023, III C 2 – S 7282/19/10001 :005.BStBl I 2023, 776). Auf der Grundlage des BMF-Schreibens v. 18.4.2023 (a. a. O.) hat die FinVerw Abschn. 14c.2 UStAE um einen Abs. 2b und Abschn. 14c.1. UStAE um einen Abs. 4a ergänzt.

Abschn. 14c.2. Abs. 2b UStAE lautet:

„*(2b) [1]Soweit der Aussteller eines Dokuments mit diesem nicht unberechtigt über eine von ihm (angeblich) erbrachte Leistung, sondern über eine Entgeltminderung abrechnet und dies zusätzlich durch ein Minuszeichen bei dem offen ausgewiesenen Betrag zum Ausdruck bringt, wird dieser negative Betrag nicht nach § 14c Abs. 2 UStG geschuldet (vgl.* BFH-Urteil vom 26.06.2019 – XI R 5/18, *BStBl II 2023 S. 521). [2]Zu einem Schriftstück, das keine Rechnung, sondern Grundlage für den Zahlungsverkehr ist, siehe Abschnitt 14.1 Abs. 1 Satz 4. [3]Bei der Prüfung, ob ein Dokument (nur) über Leistungen oder (auch) über Entgeltminderungen abrechnet, sind unter dem Gesichtspunkt der Gefährdung des Steueraufkommens weitere Dokumente nur dann ergänzend heranzuziehen, wenn die Abrechnung auf diese verweist.*“

6. Arbeitnehmer kann Schuldner missbräuchlich ausgewiesener Umsatzsteuer sein

Der EuGH hat in einem polnischen Vorabentscheidungsersuchen entschieden, dass ein Arbeitnehmer, der **ohne Wissen/Zustimmung des Arbeitgebers** in dessen Namen missbräuchlich Rechnungen mit USt-Ausweis ausstellt, im Grundsatz Schuldner der vonn ihm **unberechtigt ausgewiesenen USt** ist. Der Arbeitgeber muss allerdings die im Geschäftsverkehr erforderliche Sorgfalt bei der Überwachung der Tätigkeit des Arbeitnehmers beachten. Tut er das nicht, fällt die USt-Schuld auf ihn zurück (EuGH, Urt. v. 30.1.2024 – C-442/22).

Hinweis

Dem Verfahren lag – verkürzt – folgender **Sachverhalt** zugrunde:

Eine Mitarbeiterin einer Tankstelle hatte unter dem Namen des Betriebsinhabers P im Zeitraum von Januar 2010 bis April 2014 insgesamt 1.679 falsche Mehrwertsteuerrechnungen (sog. „leere“ Rechnungen, die keinen tatsächlichen Verkauf von Waren widerspiegelten) mit einem ausgewiesenen Mehrwertsteuerbetrag in Höhe von insgesamt umgerechnet ca. 335.000 EUR an Unternehmen ausgestellt, die die in den Rechnungen ausgewiesene Mehrwertsteuer im Wege des Vorsteuerabzugs geltend machten. Diese falschen Rechnungen wurden nicht ins Verkaufsregister von P gebucht. Die Mehrwertsteuer wurde weder an die Staatskasse abgeführt noch von P erklärt.

In Deutschland stellt sich in vergleichbaren Fällen die Frage, ob der Arbeitnehmer ggfs. die unberechtigt ausgewiesene USt nach § 14c Abs. 2 UStG schuldet. In vergleichbaren Fällen obliegt dem Arbeitgeber zweifellos die **Feststellungslast** dafür, dass er bei der Kontrolle seiner Arbeitnehmer die **erforderlichen Sorgfaltspflichten** beachtet hat.

Ist dies nicht der Fall, bleibt es bei dem unberechtigten Ausweis der USt, allerdings ist dann nicht der Arbeitnehmer, sondern der **Arbeitgeber (Unternehmer) Schuldner der USt. nach § 14c Abs. 2 UStG.**

7. Keine Anwendung des § 14c Abs. 2 UStG bei Leistungen eines Kleinunternehmers an einen Endverbraucher

Vor dem Hintergrund der **EuGH-Entscheidung in der Rechtssache „P-GmbH“** (Urt. v. 8.12.2022 – C-378/21 jetzt Rechtssache „Finanzamt Österreich“) hat die deutsche FinVerw Abschn. 14c.2 UStAE um einen Absatz 1a ergänzt:

Für den Fall, dass ein **Kleinunternehmer** i.S.d. § 19 UStG in einer Rechnung an **Endverbraucher** Umsatzsteuer ausweist, bedarf es **keiner Berichtigung der Rechnungen nach § 14c Abs. 3 und 5 UStG**. Die Verwaltung weist darauf hin, dass dies nur für den Fall des Kleinunternehmers gilt und auf andere Fälle/Fallgestaltungen des § 14c Abs. 2 UStG keine Anwendung findet. Zu weiteren Einzelheiten – insbesondere zum **Begriff des Endverbrauchers** – vgl. die **Anm. zu Abschn. 14c.1 UStAE, dort unter 1.4.1.**

Zu § 15 UStG

UStG § 15 Vorsteuerabzug

(1) [1]Der Unternehmer kann die folgenden Vorsteuerbeträge abziehen:

[Nummer 1 in der bis 31.12.2027 gültigen Fassung]

1. die gesetzlich geschuldete Steuer für Lieferungen und sonstige Leistungen, die von einem anderen Unternehmer für sein Unternehmen ausgeführt worden sind. Die Ausübung des Vorsteuerabzugs setzt voraus, dass der Unternehmer eine nach den §§ 14, 14a ausgestellte Rechnung besitzt. Soweit der gesondert ausgewiesene Steuerbetrag auf eine Zahlung vor Ausführung dieser Umsätze entfällt, ist er bereits abziehbar, wenn die Rechnung vorliegt und die Zahlung geleistet worden ist;

[Nummer 1 in der ab 1.1.2028 gültigen Fassung]

1. *die gesetzlich geschuldete Steuer für Lieferungen und sonstige Leistungen, die von einem anderen Unternehmer für sein Unternehmen ausgeführt worden sind.* ***Die Vorsteuer ist abziehbar, wenn*** *der Unternehmer eine nach den §§ 14, 14a ausgestellte Rechnung besitzt* ***und***
   a) die Leistung ausgeführt worden ist, wenn der leistende Unternehmer die Steuer nach vereinbarten Entgelten (§ 16 Absatz 1 Satz 1) berechnet, oder
   b) soweit eine Zahlung auf eine ausgeführte Leistung geleistet worden ist, wenn der leistende Unternehmer die Steuer nach vereinnahmten Entgelten (§ 20) berechnet, oder
   c) soweit eine Zahlung vor Ausführung der Leistung geleistet worden ist
2. die entstandene Einfuhrumsatzsteuer für Gegenstände, die für sein Unternehmen nach § 1 Absatz 1 Nummer 4 eingeführt worden sind;
3. die Steuer für den innergemeinschaftlichen Erwerb von Gegenständen für sein Unternehmen, wenn der innergemeinschaftliche Erwerb nach § 3 d Satz 1 im Inland bewirkt wird;
4. die Steuer für Leistungen im Sinne des § 13 b Absatz 1 und 2, die für sein Unternehmen ausgeführt worden sind. Soweit die Steuer auf eine Zahlung vor Ausführung dieser Leistungen entfällt, ist sie abziehbar, wenn die Zahlung geleistet worden ist.

[2]Nicht als für das Unternehmen ausgeführt gilt die Lieferung, die Einfuhr oder der innergemeinschaftliche Erwerb eines Gegenstands, den der Unternehmer zu weniger als 10 Prozent für sein Unternehmen nutzt.

(1 a) [1]Nicht abziehbar sind Vorsteuerbeträge, die auf Aufwendungen, für die das Abzugsverbot des § 4 Abs. 5 Satz 1 Nr. 1 bis 4, 7 oder des § 12 Nr. 1 des Einkommensteuergesetzes gilt, entfallen. [2]Dies gilt nicht für Bewirtungsaufwendungen, soweit § 4 Abs. 5 Satz 1 Nr. 2 des Einkommensteuergesetzes einen Abzug angemessener und nachgewiesener Aufwendungen ausschließt.

(1 b) [1]Verwendet der Unternehmer ein Grundstück sowohl für Zwecke seines Unternehmens als auch für Zwecke, die außerhalb des Unternehmens liegen, oder für den privaten Bedarf seines Personals, ist die Steuer für die Lieferungen, die Einfuhr und den innergemeinschaftlichen Erwerb sowie für die sonstigen Leistungen im Zusammenhang mit diesem Grundstück vom Vorsteuerabzug ausgeschlossen, soweit sie nicht auf die Verwendung des Grundstücks für Zwecke des Unternehmens entfällt. [2]Bei Berechtigungen, für die die Vorschriften des bürgerlichen Rechts über Grundstücke gelten, und bei Gebäuden auf fremdem Grund und Boden ist Satz 1 entsprechend anzuwenden.

(2) [1]Vom Vorsteuerabzug ausgeschlossen ist die Steuer für die Lieferungen, die Einfuhr und den innergemeinschaftlichen Erwerb von Gegenständen sowie für die sonstigen Leistungen, die der Unternehmer zur Ausführung folgender Umsätze verwendet:

1. steuerfreie Umsätze;
2. Umsätze im Ausland, die steuerfrei wären, wenn sie im Inland ausgeführt würden;
3. Umsätze im übrigen Gemeinschaftsgebiet, die auf Grund der Sonderregelung für Kleinunternehmer des jeweiligen Mitgliedstaates steuerfrei sind.

[2]Gegenstände oder sonstige Leistungen, die der Unternehmer zur Ausführung einer Einfuhr oder eines innergemeinschaftlichen Erwerbs verwendet, sind den Umsätzen zuzuordnen, für die der eingeführte oder innergemeinschaftlich erworbene Gegenstand verwendet wird.

(3) [1]Der Ausschluss vom Vorsteuerabzug nach Absatz 2 tritt nicht ein, wenn die Umsätze

1. in den Fällen des Absatzes 2 Satz 1 Nr. 1
   a) nach § 4 Nr. 1 bis 7, § 25 Abs. 2 oder nach den in § 26 Abs. 5 bezeichneten Vorschriften steuerfrei sind oder
   b) nach § 4 Nummer 8 Buchstabe a bis g, Nummer 10 oder Nummer 11 steuerfrei sind und sich unmittelbar auf Gegenstände beziehen, die in das Drittlandsgebiet ausgeführt werden;
2. in den Fällen des Absatzes 2 Satz 1 Nr. 2
   a) nach § 4 Nr. 1 bis 7, § 25 Abs. 2 oder nach den in § 26 Abs. 5 bezeichneten Vorschriften steuerfrei wären oder
   b) nach § 4 Nummer 8 Buchstabe a bis g, Nummer 10 oder Nummer 11 steuerfrei wären und der Leistungsempfänger im Drittlandsgebiet ansässig ist oder diese Umsätze sich unmittelbar auf Gegenstände beziehen, die in das Drittlandsgebiet ausgeführt werden.

[2]Satz 1 gilt nicht für Umsätze, die auch unter Absatz 2 Satz 1 Nummer 3 oder § 19 fallen.

(4) [1]Verwendet der Unternehmer einen für sein Unternehmen gelieferten, eingeführten oder innergemeinschaftlich erworbenen Gegenstand oder eine von ihm in Anspruch genommene sonstige Leistung nur zum Teil zur Ausführung von Umsätzen, die den Vorsteuerabzug ausschließen, so ist der Teil der jeweiligen Vorsteuerbeträge nicht abziehbar, der den zum Ausschluss vom Vorsteuerabzug führenden Umsätzen wirtschaftlich zuzuordnen ist. [2]Der Unternehmer kann die nicht abziehbaren Teilbeträge im Wege einer sachgerechten Schätzung ermitteln. [3]Eine Ermittlung des nicht abziehbaren Teils der Vorsteuerbeträge nach dem Verhältnis der Umsätze, die den Vorsteuerabzug ausschließen, zu den Gesamtumsätzen ist nur zulässig, wenn keine andere, präzisere wirtschaftliche Zuordnung möglich ist. **[4]Für Grundstücke ist dabei eine Aufteilung nach dem Verhältnis der Nutzflächen vorzunehmen, es sei denn, eine andere Methode führt zu einer demgegenüber präziseren wirtschaftlichen Zuordnung. [5]In den Fällen des Absatzes 1b gelten die Sätze 1 bis 4 entsprechend.**

(4 a) Für Fahrzeuglieferer (§ 2 a) gelten folgende Einschränkungen des Vorsteuerabzugs:

1. Abziehbar ist nur die auf die Lieferung, die Einfuhr oder den innergemeinschaftlichen Erwerb des neuen Fahrzeugs entfallende Steuer.
2. Die Steuer kann nur bis zu dem Betrag abgezogen werden, der für die Lieferung des neuen Fahrzeugs geschuldet würde, wenn die Lieferung nicht steuerfrei wäre.
3. Die Steuer kann erst in dem Zeitpunkt abgezogen werden, in dem der Fahrzeuglieferer die innergemeinschaftliche Lieferung des neuen Fahrzeugs ausführt.

(4 b) Für Unternehmer, die nicht im Gemeinschaftsgebiet ansässig sind und die nur Steuer nach § 13 b Absatz 5, nur Steuer nach § 13 b Absatz 5 und § 13 a Absatz 1 Nummer 1 in Verbindung mit § 14 c Absatz 1 oder nur Steuer nach § 13 b Absatz 5 und § 13 a Absatz 1 Nummer 4 schulden, gelten die Einschränkungen des § 18 Absatz 9 Satz 5 und 6 entsprechend.

(5) Das Bundesministerium der Finanzen kann mit Zustimmung des Bundesrates durch Rechtsverordnung nähere Bestimmungen darüber treffen,

1. in welchen Fällen und unter welchen Voraussetzungen zur Vereinfachung des Besteuerungsverfahrens für den Vorsteuerabzug auf eine Rechnung im Sinne des § 14 oder auf einzelne Angaben in der Rechnung verzichtet werden kann,
2. unter welchen Voraussetzungen, für welchen Besteuerungszeitraum und in welchem Umfang zur Vereinfachung oder zur Vermeidung von Härten in den Fällen, in denen ein anderer als der Leistungsempfänger ein Entgelt gewährt (§ 10 Abs. 1 Satz 3), der andere den Vorsteuerabzug in Anspruch nehmen kann, und
3. wann in Fällen von geringer steuerlicher Bedeutung zur Vereinfachung oder zur Vermeidung von Härten bei der Aufteilung der Vorsteuerbeträge (Absatz 4) Umsätze, die den Vorsteuerabzug ausschließen, unberücksichtigt bleiben können oder von der Zuordnung von Vorsteuerbeträgen zu diesen Umsätzen abgesehen werden kann.

UStDV

§ 35 Vorsteuerabzug bei Rechnungen über Kleinbeträge und bei Fahrausweisen

(1) Bei Rechnungen im Sinne des § 33 kann der Unternehmer den Vorsteuerabzug in Anspruch nehmen, wenn er den Rechnungsbetrag in Entgelt und Steuerbetrag aufteilt.

(2) [1]Absatz 1 ist für Rechnungen im Sinne des § 34 entsprechend anzuwenden. [2]Bei der Aufteilung in Entgelt und Steuerbetrag ist der Steuersatz nach § 12 Absatz 1 des Gesetzes anzuwenden, wenn in der Rechnung dieser Steuersatz angegeben ist. [3]Bei den übrigen

Rechnungen ist der Steuersatz nach § 12 Abs. 2 des Gesetzes anzuwenden. [4]Bei Fahrausweisen im Luftverkehr kann der Vorsteuerabzug nur in Anspruch genommen werden, wenn der Steuersatz nach § 12 Abs. 1 des Gesetzes im Fahrausweis angegeben ist.

§§ 36 bis 39a ***(weggefallen)***

§ 40 Vorsteuerabzug bei unfreien Versendungen

(1) [1]Lässt ein Absender einen Gegenstand durch einen Frachtführer oder Verfrachter unfrei zu einem Dritten befördern oder eine solche Beförderung durch einen Spediteur unfrei besorgen, so ist für den Vorsteuerabzug der Empfänger der Frachtsendung als Auftraggeber dieser Leistungen anzusehen. [2]Der Absender darf die Steuer für diese Leistungen nicht als Vorsteuer abziehen. [3]Der Empfänger der Frachtsendung kann diese Steuer unter folgenden Voraussetzungen abziehen:

1. Er muss im Übrigen hinsichtlich der Beförderung oder ihrer Besorgung zum Abzug der Steuer berechtigt sein (§ 15 Abs. 1 Satz 1 Nr. 1 des Gesetzes).
2. Er muss die Entrichtung des Entgelts zuzüglich der Steuer für die Beförderung oder für ihre Besorgung übernommen haben.
3. Die in Nummer 2 bezeichnete Voraussetzung muss aus der Rechnung über die Beförderung oder ihre Besorgung zu ersehen sein. Die Rechnung ist vom Empfänger der Frachtsendung aufzubewahren.

(2) Die Vorschriften des § 22 des Gesetzes sowie des § 35 Abs. 1 und § 63 dieser Verordnung gelten für den Empfänger der Frachtsendung entsprechend.

§§ 41 bis 42 ***(weggefallen)***

§ 43 Erleichterungen bei der Aufteilung der Vorsteuern

Die den folgenden steuerfreien Umsätzen zuzuordnenden Vorsteuerbeträge sind nur dann vom Vorsteuerabzug ausgeschlossen, wenn sie diesen Umsätzen ausschließlich zuzuordnen sind:

1. Umsätze von Geldforderungen, denen zum Vorsteuerabzug berechtigende Umsätze des Unternehmers zugrunde liegen;
2. Umsätze von Wechseln, die der Unternehmer von einem Leistungsempfänger erhalten hat, weil er den Leistenden als Bürge oder Garantiegeber befriedigt. Das gilt nicht, wenn die Vorsteuern, die dem Umsatz dieses Leistenden zuzurechnen sind, vom Vorsteuerabzug ausgeschlossen sind;
3. sonstige Leistungen, die im Austausch von gesetzlichen Zahlungsmitteln bestehen, Lieferungen von im Inland gültigen amtlichen Wertzeichen sowie Einlagen bei Kreditinstituten, wenn diese Umsätze als Hilfsumsätze anzusehen sind.

UStAE 15.1. Zum Vorsteuerabzug berechtigter Personenkreis

(1) [1]Zum Vorsteuerabzug sind ausschließlich Unternehmer im Sinne der §§ 2 und 2 a UStG im Rahmen ihrer unternehmerischen Tätigkeit berechtigt. [2]Abziehbar sind hierbei auch Vorsteuerbeträge, die vor der Ausführung von Ausgangsumsätzen (vgl. BFH-Urteile vom 06. 05. 1993 – V R 45/88, BStBl II S. 564, und vom 16. 12. 1993 – V R 103/88, BStBl 1994 II S. 278) oder die nach Aufgabe des Unternehmens anfallen, sofern **die Leistungen für die** unternehmerische Tätigkeit **bezogen worden** sind. [3]Zum Beginn und Ende der Unternehmereigenschaft vgl. Abschnitt 2.6.

(2) [1]Im Ausland ansässige Unternehmer können den Vorsteuerabzug grundsätzlich auch dann beanspruchen, wenn sie im Inland keine Lieferungen oder sonstige Leistungen ausgeführt haben (vgl. aber Abschnitt 18.11 Abs. 4 zur erforderlichen Gegenseitigkeit beim Vorsteuer-Vergütungsverfahren für Unternehmer, die nicht im Gemeinschaftsgebiet ansässig sind). [2]Auch ihnen steht der Vorsteuerabzug nur insoweit zu, als die Vorsteuerbeträge ihrer unternehmerischen Tätigkeit zuzurechnen sind. [3]Das gilt auch für die Vorsteuern, die im Zusammenhang mit den im Ausland bewirkten Umsätzen stehen. [4]Zur Frage, ob die im Ausland ansässigen Unternehmer ihre abziehbaren Vorsteuerbeträge im Vorsteuer-Vergütungsverfahren (§§ 59 bis 61 a UStDV) oder im allgemeinen Besteuerungsverfahren (§ 16 und § 18 Abs. 1 bis 4 UStG) geltend zu machen haben, vgl. Abschnitt 18.15.

(3) [1]Folgende Unternehmer können ihre abziehbaren Vorsteuern ganz oder teilweise nach Durchschnittssätzen ermitteln:

1. *weggefallen*
2. Körperschaften, Personenvereinigungen und Vermögensmassen im Sinne des § 5 Abs. 1 Nr. 9 KStG mit einem Vorjahresumsatz bis zu 45 000 € (§ 23 a UStG) und
3. land- und forstwirtschaftliche Betriebe von Unternehmern, deren Gesamtumsatz (§ 19 Abs. **2** UStG) im vorangegangenen Kalenderjahr nicht mehr als 600 000 € betragen hat (§ 24 UStG).

[2]Unterhält ein Land- und Forstwirt neben einem – der Vorsteuerpauschalierung unterliegenden – landwirtschaftlichen Betrieb einen – der Regelbesteuerung unterliegenden – Gewerbebetrieb, muss er die einzelnen Leistungsbezüge und damit die dafür in Rechnung gestellten Steuerbeträge je einem der beiden Unternehmensteile zuordnen und diese Steuerbeträge in die nach § 15 Abs. 1 UStG abziehbaren Vorsteuerbeträge und die im Rahmen der Vorsteuerpauschalierung zu berücksichtigenden Steuerbeträge aufteilen (vgl. BFH-Urteil vom 13. 11. 2013, XI R 2/11, BStBl 2014 II S. 543). [3]Für diese Zuordnung kommt es darauf an, ob der Unternehmer mit den bezogenen Eingangsleistungen der Durchschnittssatzbesteuerung oder der Regelbesteuerung unterliegende Umsätze ausführt.

(4) **[1]Zum Ausschluss vom Vorsteuerabzug eines Unternehmers, der steuerfreie Umsätze nach § 19 Abs. 1 oder 4 UStG oder nach einer entsprechenden Regelung in einem anderen Mitgliedstaat erbringt, vgl. Abschnitte 15.2 Abs. 3, 15.13 Abs. 6 und 15.14 Abs. 1. [2]Der Vorsteuerabzug ist auch ausgeschlossen, wenn solche Unternehmer trotz Steuerfreiheit ihrer eigenen Umsätze einen Steuerbetrag offen ausweisen und diese Steuer nach § 14c Abs. 1 UStG schulden.**

(5) [1]Unternehmer, die von der Besteuerung nach § 19 Abs. 1 **oder 4**, §§ 23a oder 24 UStG zur allgemeinen Besteuerung des UStG übergegangen sind, können den Vorsteuerabzug nach § 15 UStG für folgende Beträge vornehmen:

1. gesondert in Rechnung gestellte Steuerbeträge für Lieferungen und sonstige Leistungen, die nach dem Zeitpunkt an sie ausgeführt worden sind, zu dem sie zur allgemeinen Besteuerung übergingen;
2. Einfuhrumsatzsteuer für Gegenstände, die nach dem Zeitpunkt, zu dem sie zur allgemeinen Besteuerung übergingen, für ihr Unternehmen eingeführt worden sind;
3. die Steuer für den innergemeinschaftlichen Erwerb von Gegenständen, die nach dem Zeitpunkt für ihr Unternehmen erworben wurden, zu dem sie zur allgemeinen Besteuerung übergingen;
4. die vom Leistungsempfänger nach § 13b UStG und § 25b UStG geschuldete Steuer für Leistungen, die nach dem Zeitpunkt an sie ausgeführt worden sind, zu dem sie zur allgemeinen Besteuerung übergingen.

[2]Vom Vorsteuerabzug ausgeschlossen sind die Steuerbeträge für Umsätze, die vor dem Zeitpunkt des Übergangs zur allgemeinen Besteuerung ausgeführt worden sind. [3]Das gilt auch für Bezüge, die erstmalig nach dem Übergang zur allgemeinen Besteuerung verwendet werden (vgl. BFH-Urteil vom 12.07.2023 – XI R 14/22, BStBl II 2024 S. 204). **[4]Jedoch stellt der Übergang zur Regelbesteuerung eine Änderung der Verhältnisse im Sinne von § 15a UStG zu diesem Zeitpunkt dar, weshalb für die entsprechenden Vorsteuerbeträge nur unter den dortigen Voraussetzungen und unter Beachtung der Bagatellgrenzen des § 44 UStDV eine Vorsteuerberichtigung zu Gunsten des Unternehmers möglich ist.** [5]Wechselt ein Landwirt, der einen Stall errichtet, vor dessen Fertigstellung von der Besteuerung nach § 24 UStG zur allgemeinen Besteuerung, können die Vorsteuerbeträge, die vor dem Wechsel angefallen sind, erst ab dem Zeitpunkt der erstmaligen Verwendung nach § 15a UStG (anteilig) geltend gemacht werden (vgl. BFH-Urteil vom 12. 6. 2008, V R 22/06, BStBl 2009 II S. 165, sowie Abschnitt 15a.9 Abs. 2). [6]Auf den Zeitpunkt des Eingangs der Rechnung oder der Entrichtung der Einfuhrumsatzsteuer kommt es nicht an (vgl. BFH-Urteile vom 6. 12. 1979, V R 87/72, BStBl 1980 II S. 279, und vom 17. 9. 1981, V R 76/75, BStBl 1982 II S. 198). [7]Wegen des Vorsteuerabzugs bei Zahlungen vor Ausführung des Umsatzes nach § 15 Abs. 1 Satz 1 Nr. 1 Satz 3 UStG vgl. Abschnitt 15.3.

(6) [1]Bei einem Übergang von der allgemeinen Besteuerung zur Besteuerung nach § 19 Abs. 1 **oder 4**, §§ 23a oder 24 UStG sind umgekehrt die in Absatz 5 bezeichneten Vorsteuerbeträge nicht nach § 15 UStG abziehbar. **[2]Der Übergang stellt eine Änderung der Verhältnisse im Sinne von § 15a UStG zu diesem Zeitpunkt dar, weshalb für einen vorher vorgenommenen Vorsteuerabzug unter den dortigen Voraussetzungen und unter Beachtung der Bagatellgrenzen des § 44 UStDV eine Vorsteuerberichtigung zu Lasten des Unternehmers zu prüfen ist.**

(7) Zum Verfahren bei der Geltendmachung von Vorsteuerbeträgen aus der Beteiligung an Gesamtobjekten vgl. BMF-Schreiben vom 24. 4. 1992, BStBl I S. 291.

UStAE 15.2. Allgemeines zum Vorsteuerabzug

(1) [1]Nach § 15 Abs. 1 Satz 1 Nr. 1 UStG ist nur die gesetzlich geschuldete Steuer für Lieferungen und sonstige Leistungen, die von einem anderen Unternehmer für das Unternehmen des Leistungsempfängers ausgeführt worden sind, als Vorsteuer abziehbar. [2]Ein Vorsteuerabzug ist damit nicht zulässig, soweit der die Rechnung ausstellende Unternehmer die Steuer nach § 14c UStG schuldet (vgl. BFH-Urteil vom 05. 09. 2019 – V R 38/17, BStBl II 2022 S. 696). [3]Abziehbar sind nur die Steuerbeträge, die nach dem deutschen UStG geschuldet werden (vgl. BFH-Urteile vom 2. 4. 1998, V R 34/97, BStBl II S. 695, und vom 6. 12. 2007, V R 3/06, BStBl 2009 II S. 203). [4]Abziehbar ist damit auch die Steuer für die Lieferungen und sonstigen Leistungen, die nach § 1 Abs. 3 UStG wie Umsätze im Inland zu behandeln sind. [5]Unternehmer, die mit ausländischen Vorsteuerbeträgen belastet wurden, haben sich wegen eines eventuellen Abzugs an den Staat zu wenden, der die Steuer erhoben hat. [6]Die EU-Mitgliedstaaten vergüten nach Maßgabe der Richtlinie 2008/9/EG des Rates vom 12. 2. 2008 den in einem anderen Mitgliedstaat ansässigen Unternehmern die Vorsteuern in einem besonderen Verfahren und haben hierfür zentrale Erstattungsbehörden bestimmt. [7]In der Bundesrepublik Deutschland sind Anträge auf Vergütung der Vorsteuerbeträge in anderen EU-Mitgliedstaaten elektronisch über das BZSt (www.bzst.de) zu übermitteln (vgl. auch Abschnitt 18g.1).

(2) [1]Die Berechtigung zum Vorsteuerabzug aus Lieferungen und sonstigen Leistungen ist unter folgenden Voraussetzungen gegeben:

1. Die Steuer muss für eine Lieferung oder sonstige Leistung gesondert in Rechnung gestellt worden sein (vgl. Abschnitt 15.2a);
2. die Lieferung oder sonstige Leistung muss von einem Unternehmer ausgeführt worden sein (vgl. Abschnitt 15.2a Abs. 1);
3. der Leistungsempfänger muss Unternehmer und die Lieferung oder sonstige Leistung für sein Unternehmen ausgeführt worden sein (vgl. Abschnitte 15.2b und 15.2c);
4. [1]der Leistungsempfänger ist im Besitz einer nach den §§ 14, 14a UStG ausgestellten Rechnung, in der die Angaben vollständig und richtig sind (vgl. Abschnitt 15.2a Abs. 6). [2]Wegen der Ausnahmen hiervon vgl. Abschnitt 15.2a Abs. 1a.

[2]Diese Voraussetzungen müssen insgesamt erfüllt werden. [3]Das gilt auch für Leistungsempfänger, die die Steuer für ihre Umsätze nach vereinnahmten Entgelten berechnen (§ 20 UStG). [4]Der den Vorsteuerabzug begehrende Unternehmer trägt die Feststellungslast für die Erfüllung der Anspruchsvoraussetzungen (vgl. BFH-Urteil vom 06. 04. 2016 – V R 6/14, BStBl 2017 II S. 577); **die Finanzbehörden können vom Unternehmer neben der Rechnung auch die Vorlage anderer Dokumente verlangen, durch die die abgerechneten Leistungen und ihre Verwendung für die Zwecke der steuerbaren Umsätze nachgewiesen werden (vgl. EuGH-Urteil vom 04.09.2025, C-726/23, Arcomet Towercranes, und BFH-Beschluss vom 07.03.2025 – XI B 25/24, n.v.).** [5]Der Vorsteuerabzug ist von einem Unternehmer für den Besteuerungszeitraum geltend zu machen, in dem die Berechtigung zum Vorsteuerabzug entstanden ist; für einen späteren Besteuerungszeitraum kann die Vorsteuer nicht abgezogen werden (vgl. BFH-Urteile vom 1. 12. 2010, XI R 28/08, BStBl 2011 II S. 994, und vom 13. 2. 2014, V R 8/13, BStBl 2014 II S. 595). [6]Fallen Empfang der Leistung und Empfang der Rechnung zeitlich auseinander, ist der Vorsteuerabzug für den Besteuerungszeitraum zulässig, in dem erstmalig beide Voraussetzungen erfüllt sind (vgl. BFH-Urteile vom 1. 7. 2004, V R 33/01, BStBl II S. 861, und vom 19. 6. 2013, XI R 41/10, BStBl 2014 II S. 738). [7]Im Falle eines objektiven Nachweises einzelner materieller Voraussetzungen für den Vorsteuerabzug ohne ordnungsmäßige (berichtigte) Rechnung (vgl. Abschnitt 15.2a Abs. 1a) ist der Vorsteuerabzug in dem Zeitpunkt vorzunehmen, in dem die Leistung bezogen wurde und eine Rechnung mit offen ausgewiesener Umsatzsteuer vorlag. [8]Zum Zeitpunkt des Vorsteuerabzuges aus einer berichtigten Rechnung siehe Abschnitt 15.2a Abs. 7. [9]Die Berechtigung des Organträgers zum Vorsteuerabzug aus Eingangsleistungen auf Ebene der Organgesellschaft richtet sich nach den Verhältnissen im Zeitpunkt des Leistungsbezugs, nicht der Rechnungserteilung (vgl. BFH-Urteil vom 13. 5. 2009, XI R 84/07, BStBl II S. 868). [10]Bei Zahlungen vor Ausführung des (Eingangs-)Umsatzes vgl. aber Abschnitt 15.3. [11]Bezieht ein Unternehmer Teilleistungen (z. B. Mietleistungen) für sein Unternehmen, ist sowohl für den Leistungsbezug (§ 15 Abs. 1 Satz 1 Nr. 1 UStG) als auch für die Frage der Verwendung dieser Leistungen

(§ 15 Abs. 2 UStG, vgl. Abschnitt 15.12) auf die monatlichen (Teil-)Leistungsabschnitte abzustellen (BFH-Urteil vom 9. 9. 1993, V R 42/91, BStBl 1994 II S. 269).

(3) Folgende Regelungen für den Vorsteuerabzug sind zu beachten:

1. [1]Nach § 15 Abs. 1a UStG sind Vorsteuerbeträge nicht abziehbar, die auf Aufwendungen entfallen, für die das Abzugsverbot des § 4 Abs. 5 Satz 1 Nr. 1 bis 4, 7 oder des § 12 Nr. 1 EStG gilt. [2]Ausgenommen von der Vorsteuerabzugsbeschränkung sind Bewirtungsaufwendungen, soweit § 4 Abs. 5 Satz 1 Nr. 2 EStG einen Abzug angemessener und nachgewiesener Aufwendungen ausschließt (vgl. auch Abschnitt 15.6 Abs. 6).
2. Nach § 15 Abs. 1b UStG sind Vorsteuerbeträge für ein dem Unternehmen zugeordnetes teilunternehmerisch genutztes Grundstück nicht abziehbar, soweit sie nicht auf die Verwendung des Grundstücks für Zwecke des Unternehmens entfallen (vgl. Abschnitt 15.6a).
3. [1]Ein **Unternehmer** ist nicht zum Vorsteuerabzug **aus Eingangsleistungen** berechtigt, **die er zur Ausführung von der Steuerbefreiung für Kleinunternehmer nach § 19 Abs. 1 oder 4 UStG oder einer entsprechenden Vorschrift in einem anderen Mitgliedstaat unterliegenden Ausgangsumsätzen verwendet** (**§ 15 Abs. 2 Satz 1 Nr. 1 bzw. Nr. 3** UStG; vgl. Abschnitt 15.1 Abs. 4 bis 6 und Abschnitt 19.7). [2]**Auch Vorsteuern eines inländischen Kleinunternehmers im Zusammenhang mit Umsätzen im Ausland sind nicht abzugsfähig (§ 15 Abs. 2 Satz 1 Nr. 2 UStG, siehe auch Abschnitt 15.14 Abs. 1), auch soweit sie dort steuerbar und steuerpflichtig sind.**
4. Ermitteln Unternehmer ihre abziehbaren Vorsteuern nach dem Durchschnittssatz des § 23a UStG, ist insoweit ein weiterer Vorsteuerabzug ausgeschlossen (§ 23a Abs. 1 UStG; vgl. Abschnitt 15.1 Abs. 3 Satz 1 Nr. 2, Abs. 5 und 6).
5. Werden die Vorsteuerbeträge, die den im Rahmen eines land- und forstwirtschaftlichen Betriebs ausgeführten Umsätzen zuzurechnen sind, nach Durchschnittssätzen ermittelt, entfällt ein weiterer Vorsteuerabzug (§ 24 Abs. 1 Satz 3 und 4 UStG; vgl. Abschnitt 15.1 Abs. 3 Satz 1 Nr. 3, Abs. 5 und 6 sowie Abschnitt 24.7 Abs. 2 und 3).
6. Bewirkt der Unternehmer Reiseleistungen im Sinne des § 25 Abs. 1 UStG, ist er nicht berechtigt, die ihm in diesen Fällen für die Reisevorleistungen gesondert in Rechnung gestellten Steuerbeträge als Vorsteuern abzuziehen (§ 25 Abs. 4 UStG, vgl. Abschnitt 25.4).
7. Ein Wiederverkäufer, der für die Lieferung beweglicher körperlicher Gegenstände die Differenzbesteuerung des § 25a Abs. 2 UStG anwendet, kann die entstandene Einfuhrumsatzsteuer sowie die Steuer für die an ihn ausgeführte Lieferung nicht als Vorsteuer abziehen (§ 25a Abs. 5 UStG; vgl. Abschnitt 25a.1 Abs. 7).
8. In Fällen der **Hinterziehung von Umsatzsteuer, der Erlangung eines nicht gerechtfertigten Vorsteuerabzugs oder der Schädigung des Umsatzsteueraufkommens auf einer vorhergehenden oder nachfolgenden Umsatzstufe, von der der Unternehmer wusste oder hätte wissen müssen,** ist **der** Vorsteuerabzug nach § 25f UStG zu **versagen, auch wenn die übrigen Voraussetzungen des § 15 UStG – z. B. der Besitz einer nach §§ 14, 14a UStG ausgestellten Rechnung – erfüllt sind** (vgl. Abschnitt 25f.1).

Anmerkung

1. Zeitpunkt des Vorsteuerabzugs bei der Ist-Besteuerung

Nach deutschem Umsatzsteuerrecht ist der Vorsteuerabzug mit dem Leistungsbezug beim Leistungsempfänger unabhängig davon gegeben, ob der leistende Unternehmer aufgrund der Ist-Versteuerung die Umsatzsteuer noch nicht schuldet, weil er das Entgelt noch nicht erhalten hat. Hierzu existiert zwar keine eindeutige Rechtsgrundlage, aber die Finanzverwaltung hat in Abschn. 15.2. Abs. 2 Nr. 1–4 UStAE geregelt, dass der Vorsteuerabzug neben weiteren Voraussetzungen „nur" voraussetzt, dass

- die **Leistung ausgeführt** wurde,
- die Steuer gesondert in Rechnung gestellt wurde,
- der Leistungsempfänger Unternehmer ist und die Leistung für sein Unternehmen ausgeführt wurde und
- der Leistungsempfänger im Besitz einer ordnungsgemäßen Rechnung i.S.d. §§ 14, 14a UStG

ist. Insofern ist unklar, ob das nationale Umsatzsteuerrecht mit den Vorgaben der MwStSystRL im Einklang steht.

Diese Problematik war zunächst Gegenstand eines bei FG Hamburg anhängigen Verfahrens. Das FG hatte dazu den EuGH angerufen (FG Hamburg, Beschl. v. 10.12.2019 – 1 K 337/17, MwStR 2020, 322).

1.1 Vorabentscheidungsersuchen des FG Hamburg

1.1.1 Sachverhalt

Die Klägerin, eine GbR, erzielte in den Streitjahren Umsätze aus der Vermietung eines Gewerbegrundstücks. Sie hatte dieses Grundstück ihrerseits gemietet. Sowohl die Klägerin als auch ihre Vermieterin hatten wirksam auf die Steuerbefreiung für derartige Vermietungsumsätze verzichtet. Beiden versteuerten ihre Umsätze zulässigerweise nach vereinnahmten Entgelten.

Im Verlauf des Mietverhältnisses kam es über mehrere Jahre zu Unregelmäßigkeiten bei der Mietzahlung. Entgegen § 15 Abs. 1 Satz 1 Nr. 1 UStG zog die Klägerin (Mieterin) die Vorsteuer aus der Dauermietrechnung nicht monatlich nach dem Leistungsdatum ab, sondern immer erst dann, wenn sie auch die (verspätete) Zahlung geleistet hatte.

Im Rahmen einer Außenprüfung wurde dies vom FA beanstandet und die Vorsteuer dem jeweiligen Leistungszeitraum zugeordnet. In diesem Zuge kam es dazu, dass Vorsteuerbeträge Zeiträumen zugewiesen wurden, für die schon Festsetzungsverjährung eingetreten war.

Die Klägerin vertrat die Auffassung, dass die Rechtsauffassung des FA gegen die Grundsätze der MwStSystRL verstoßen: Wenn der Leistende (Vermieter) seine Steuer nach vereinnahmten Entgelten berechne, entstehe der Vorsteueranspruch des Leistungsempfängers (Mieterin) erst dann, wenn dieser (der Leistungsempfänger) das Entgelt entrichtet habe. Die Klägerin habe ihren Vorsteueranspruch daher zu Recht immer erst im Jahr der Zahlung geltend gemacht.

1.1.2 Begründung des Vorabentscheidungsersuchens

Das FG Hamburg setzte das Verfahren aus und bat mit Beschluss vom 10.12.2019 den EuGH um Vorabentscheidung. Für die Entscheidung des FG Hamburg waren folgende Erwägungen maßgeblich:

- Nach deutscher Rechtsauffassung ist es für den Vorsteuerabzug unerheblich, ob der Leistungsempfänger (hier die Mieterin) Ist- oder Soll-Versteuerer ist.
- Von der in Art. 167a MwStSystRL vorgesehenen Möglichkeit den Vorsteuerabzug bei Ist-Versteuerern von der Entrichtung des Entgelts abhängig zu machen hat man in Deutschland keinen Gebrauch gemacht.
- Damit entsteht nach geltender Rechtslage der Vorsteueranspruch bereits dann, wenn der Leistungserbringer ein Ist-Versteuerer ist und das Entgelt noch gar nicht erhalten hat.
- Eine abweichende Bewertung könnte sich aus Art. 167 MwStSystRL ergeben. Danach entsteht der Vorsteueranspruch erst, wenn der Anspruch auf die abziehbare Steuer entsteht.
- Ist der Leistende – wie im Streitfall – Ist-Versteuerer, könnte der Vorsteuerabzug möglicherweise erst bei Zahlung der Steuer durch den Leistenden möglich sein.

1.2 Entscheidung des EuGH

Der EuGH entschied, dass die bisher in Deutschland angewandte Praxis, für den Vorsteuerabzug ausschließlich

- auf die Rechnung und
- die Ausführung der Leistung

abzustellen, gegen Art. 167 MwStSystRL verstößt. Art. 167 MwStSystRL stellt danach eindeutig klar, dass das Recht auf Vorsteuerabzug entsteht, wenn der Anspruch auf die abziehbare Steuer entsteht. Danach sind also die Entstehung der Umsatzsteuer und die Vorsteuerabzugsberechtigung beim Leistungsempfänger zeitlich miteinander verknüpft.

Hinweise

a) Entsteht also die Umsatzsteuer aufgrund der Sonderregelung der **Besteuerung nach vereinnahmten Entgelten beim leistenden Unternehmer** (Vermieter) erst mit Zahlungszufluss, kann beim Leistungsempfänger (hier die Mieterin) auch erst dann der Vorsteuerabzug entstehen.

b) Ob der **Leistungsempfänger** selbst seine **Ausgangsumsätze nach vereinnahmten oder vereinbarten Entgelten besteuert**, ist dagegen für den Zeitpunkt des Vorsteuerabzugs **ohne Bedeutung**. Insofern ändert sich nichts.

1.3 Gesetzesanpassung im Jahressteuergesetz 2024 erfolgt

Aufgrund der Entscheidung des EuGH hat der Gesetzgeber zwischenzeitlich reagiert und und § 15 Abs. 1 Satz 1 Nr. 1 UStG im Zuge des JStG 2024 angepasst (Gesetz v. 5.12.2024, BGBl. I 2024 Nr. 387).

Außerdem musste § 14 Abs. 4 UStG entsprechend den Vorgaben des Art. 226 Nr. 7a MwStSystRL um eine Pflichtangabe erweitert werden: Art. 226 Nr. 7a MwStSystRL sieht nämlich vor, dass die Rechnung ggfs. die Angabe **„Besteuerung nach vereinnahmten Entgelten“** enthalten muss, wenn der leistende Unternehmer diese Besteuerungsart anwendet. Nur dann kann der Leistungsempfänger den Zeitpunkt der Geltendmachung des Vorsteuerabzugs feststellen. Der Gesetzgeber hat deshalb richtigerweise in § 14 Abs. 4 Nr. 6a UStG einen entsprechenden Hinweis aufgenommen.

Unklar ist, welche **Konsequenzen** es nach sich zieht, wenn die **Pflichtangabe** in der Rechnung **fehlt**. Nach der Systematik des Umsatzsteuerrechts bedeutet dies zunächst, dass der Rechnungsempfänger **nicht zum Vorsteuerabzug** berechtigt ist. Das Gesetz selbst sieht dazu jedoch keine Regelung vor und auch der Gesetzesbegründung zum JStG 2024 ist dazu nichts zu entnehmen.

Zweck der Neuregelung in § 14 Abs. 4 Nr. 6a UStG ist es, dem Rechnungsempfänger die Information zu geben, dass der Aussteller der Rechnung Ist-Versteuerer ist, weil nach der Neufassung des § 15 Abs. 1 Nr. 1 Satz 2 UStG künftig zwischen verschiedenen Zeitpunkten des Vorsteuerabzugs zu unterscheiden ist.

Hinweis: Konsequenzen eines fehlenden Hinweises in der Rechnung

Das BMF hat sich dazu auf eine Anfrage wie folgt geäußert:

„Die Bundesregierung ist sich der in der Frage beschriebenen Problematik bewusst. Daher hat das Bundesministerium der Finanzen bereits im Vorfeld mit den obersten Finanzbehörden der Länder über die Möglichkeit einer Nichtbeanstandungsregelung für gutgläubige Rechnungsempfänger beraten und im Ergebnis eine solche befürwortet.“.

Inkrafttreten: **Die gesetzliche Neuregelung tritt erst zum 1.1.2028** in Kraft. Damit haben Gesetzgeber und Verwaltung noch Zeit, um vor allem über die Konsequenzen des fehlenden Rechnungshinweises nachzudenken.

M.E. lässt sich diese Problematik sinnvoll nur in der Weise lösen, dass die Nr. 6a in § 14 Abs. 4 UStG um einen Nachsatz ergänzt wird. Dieser muss darauf verweisen, dass der Rechnungsempfänger für den Fall, dass keine Angabe zur Ist-Versteuerung enthalten ist, darauf vertrauen kann, dass der Rechnungsaussteller der Soll-Besteuerung unterliegt.

Hinweis: Verfahren beim FG Hamburg

Der Vollständigkeit halber ist darauf hinzuweisen, dass sich das Verfahren 1 K 337/17 beim FG Hamburg zwischenzeitlich außergerichtlich – also ohne Urteil – erledigt hat. Es wird mithin keine Nachfolgeentscheidung nach dem Rücklauf vom EuGH dazu geben.

2. Versagung des Vorsteuerabzugs bei Einbindung in einen „Umsatzsteuerbetrug“

Vor einigen Jahren wurde zur Bekämpfung des Steuerbetrugs und des Steuermissbrauchs i.Z.m. der Umsatzsteuer eine Haftungsregelung in **§ 25d UStG eingeführt**, nach der ein Unternehmer für eine entgangene Umsatzsteuer auf einer Vorstufe haftete, wenn er wusste oder hätte wissen müssen, dass der leistende Unternehmer die Steuer aufgrund einer vorgefassten Absicht nicht entrichtete oder sich vorsätzlich außer Stande gesetzt hatte, die Steuer zu entrichten. Durch die Ausgestaltung als Haftungsregelung war diese Regelung aber mit erheblichen verfahrensrechtlichen Hürden verbunden und konnte die in sie gesetzten **Erwartungen nicht erfüllen**.

Der Gesetzgeber hat deshalb zum 1.1.2020 reagiert und die Regelung in § 25d UStG durch eine neue Vorschrift – den § 25f UStG – ersetzt. **§ 25f Abs. 1 UStG** bezieht sich auf die **Versagung des Vorsteuerabzugs** nach § 15 Abs. 1 Satz 1 Nr. 1 (Vorsteuer aus Leistungen anderer Unternehmer), Nr. 3 (Vorsteuerabzug aus innergemeinschaftlichen Erwerben) und Nr. 4 UStG (Vorsteuerabzug bei Steuerschuldnerschaft des Leistungsempfängers) sowie die **Versagung der Steuerbefreiung bei innergemeinschaftlichen Lieferungen** nach § 6a i. V. m. § 4 Nr. 1 Buchst. b UStG. Dies ist allerdings nicht mehr als Haftungsregelung ausgestaltet, sondern die genannten Konsequenzen sind auf der Festsetzungsebene zu ziehen. Es handelt sich auch nicht um eine Ermessensnorm, sondern die **Versagung** von Vorsteuerabzug und Steuerbefreiung ist **zwingend**.

> **Hinweis: Unmittelbare Beteiligung des Unternehmers nicht notwendig**
>
> Voraussetzung für § 25f Abs. 1 UStG ist nicht, dass der Unternehmer selbst in die Steuerhinterziehung oder den ungerechtfertigten Steuervorteil involviert ist. Es ist **ausreichend, dass der Unternehmer wusste oder hätte wissen müssen, dass auf einer vorhergehenden oder nachfolgenden Umsatzstufe ein solches Steuervergehen begangen wurde**.

In **§ 25f Abs. 2 UStG** ist geregelt, dass in den Fällen eines solchen Steuervergehens die Regelungen des § 25b Abs. 3 und Abs. 5 UStG beim **innergemeinschaftlichen Dreiecksgeschäft** ebenfalls nicht gelten sollen. § 25b Abs. 3 UStG betrifft die Besteuerung des innergemeinschaftlichen Erwerbs des mittleren Unternehmers im Bestimmungsmitgliedstaat und bestimmt dessen fiktive Besteuerung. § 25b Abs. 5 UStG regelt den Vorsteuerabzug für die beim letzten Erwerber entstehende Umsatzsteuer.

> **Hinweis: Einzelheiten zu § 25f UStG**
>
> Zu weiteren Einzelheiten der Vorschrift des § 25f UStG sowie auf die Rechtsprechung von EuGH und Finanzgerichtsbarkeit zu dieser Problematik wird auf die **Anmerkung zu Abschn. 25.f.1 Bezug genommen.**

3. Umsatzsteuerliche Konsequenzen des „Ehegatten-Vorschaltmodells

3.1 Begriff

Immer wieder ergeben sich im Steuerrecht Konstellationen, in denen Ehegatten (oder allgemein: nahe Angehörige) rechtsgeschäftlich miteinander in Kontakt treten. Daraus ergeben sich dann im Regelfall **Konsequenzen für die ESt und USt**. Üblicherweise wird dies als **Ehegatten-Vorschaltmodell** bezeichnet.

Umsatzsteuerlich sind i. d. R. zwei Dinge problematisch:

- die Unternehmereigenschaft und
- der Vorsteuerabzug.

Überlagert werden diese Konstellationen von der Problematik eines denkbaren Gestaltungsmissbrauchs (§ 42 AO).

3.2 BFH-Rechtsprechung zum Ehegatten-Vorschaltmodell

> **Hinweis: Sachverhalt BFH, Urt. v. 29.9.2022 – V R 29/20, BStBl II 2023, 986)**
>
> Die Klägerin war unternehmerisch tätig und vom Ehemann finanziell unabhängig. Sie erwarb einen Pkw zum Preis von 65.467,85 EUR zzgl. 12.438,90 EUR USt. Das Fahrzeug überließ sie mit Leasingvertrag ihrem Ehemann, der als Arzt freiberuflich tätig ist. Die Leasingraten wurden marktüblich vereinbart. Service und Wartung wurden entgegen dem Leasingvertrag gelegentlich auch von der Klägerin bezahlt. Außerdem fuhr sie teilweise auch mit dem Fahrzeug (mit).
>
> Die Klägerin machte den Vorsteuerabzug aus der Anschaffung des Pkw geltend. Umsätze aus Leasingraten wurden vollständig erfasst.

Das Finanzamt versagte den Vorsteuerabzug und die Umsätze der Klägerin aus den Leasingraten. Begründung u. a.: Rechtsmissbrauch, Scheingeschäft. Das FG Baden-Württemberg gab der Klage statt und ließ die Rev. zu.

Der BFH hat die Vorentscheidung **aufgehoben** und die Sache an das FG **zurückverwiesen**.

- Es liege kein Scheingeschäft vor, da der Leasingvertrag hinsichtlich seiner Hauptpflichten und damit im Wesentlichen so wie vereinbart auch tatsächlich durchgeführt worden sei.
- Die Voraussetzungen des Abzugsverbot s nach § 15 Nr. 1 a UStG i. V. m. § 12 Nr. 1 S. 1 EStG seien nicht erfüllt, weil das Fahrzeug nicht als „Familien-Pkw" für den Haushalt der Klägerin oder für den Unterhalt ihrer Familienangehörigen erworben worden sei, sondern für die unternehmerisch veranlasste Weitervermietung an ihren freiberuflich tätigen Ehemann.
- Der Inanspruchnahme des Vorsteuerabzugs liege **keine missbräuchliche Gestaltung i. S. v. § 42 AO** zugrunde. Bei einem finanziell unabhängigen Vermieter-Ehegatten wie im Streitfall lägen die Voraussetzungen selbst dann nicht vor, wenn dessen Vorschaltung den Vorsteuerabzug erst ermöglicht (Ehegatte Nichtunternehmer oder mit ust-freien Umsätzen).

3.2 Anmerkung

Der BFH hat in der Entscheidung V R 29/20 deutlich hervorgehoben, dass es unerheblich ist, dass die Klägerin sich **nicht am allgemeinen Markt beteiligt** hat, vielmehr **ausschließlich Leistungen an den Ehemann** erbracht hat. Insofern wird zutreffend auf die Grundsätze abgestellt, die der EuGH bereits im Jahr 1996 in der **„RS Enkler"** (EuGH, Urt. v. 26.9.1996 – C-230/94, DStR 1996, 1686) aufgestellt hat.

Wichtig: In der Rezensionsentscheidung hat der BFH die Sache an das FG **zurückverwiesen**, weil dieses die private (Mit-)Benutzung des Fahrzeugs durch die Klägerin nicht geprüft hatte. Dieses wäre vermeidbar gewesen, wenn man eine **Vollvermietung des Pkws an den Ehemann vorgenommen und im Leasing-/Mietvertrag eine Mitbenutzung der Ehefrau ausgeschlossen hätte**. Das muss dann auch tatsächlich durchgeführt werden. Hierzu ist es schädlich, dass – wie im entschiedenen Fall – die Klägerin im Versicherungsschein als weitere Nutzerin aufgeführt war.

Zu beachten ist bei der USt die **Mindest-Bemessungsgrundlage**, weil es sich um eine **Vermietung unter nahestehenden Personen** handelt. Danach ist die USt höchstens mit dem marktüblichen Entgelt zu bemessen. In der Entscheidung V R 29/20 spielte dieser Gesichtspunkt keine Rolle, weil die Ehegatten beim Leasingvertrag ein **marktübliches Entgelt vereinbart** hatten.

Wichtig ist der Hinweis des BFH, dass eine derartige Gestaltung **keineswegs missbräuchlich i. S. d. § 42 AO** ist. Hintergrund war hier vor allem der Umstand, dass die Eheleute **finanziell und wirtschaftlich unabhängig** voneinander waren.

Die FinVerw hat die Entscheidung V R 29/20 amtlich im BStBl II veröffentlicht. Sie wird also von der **Verwaltung** allgemein **angewendet**.

UStAE 15.2 a. Ordnungsmäßige Rechnung als Voraussetzung für den Vorsteuerabzug

Rechnung im Sinne der §§ 14, 14 a UStG

(1) [1]Nach § 15 Abs. 1 Satz 1 Nr. 1 Satz 2 in Verbindung mit § 14 Abs. 4 Satz 1 Nr. 8 UStG muss die Steuer in einer nach den §§ 14, 14 a UStG ausgestellten Rechnung gesondert ausgewiesen sein. [2]Der Begriff der Rechnung ergibt sich aus § 14 Abs. 1 UStG (vgl. auch Abschnitt 14.1). **[3]Sofern für einen Umsatz nach § 14 Abs. 2 Satz 2 in Verbindung mit § 27 Abs. 38 UStG eine Verpflichtung zur Ausstellung einer E-Rechnung besteht, erfüllt nur eine solche dem Grunde nach die Anforderungen der §§ 14, 14a UStG. [4]Wird in einem solchen Fall stattdessen eine sonstige Rechnung ausgestellt, handelt es sich nicht um eine ordnungsmäßige Rechnung im Sinne von §§ 14, 14a UStG, so dass diese Rechnung dem Grunde nach nicht zum Vorsteuerabzug berechtigt (vgl. aber Absatz 1a).** [5]Für den Vorsteuerabzug muss eine Rechnung das Entgelt und den Steuerbetrag getrennt ausweisen; die Angabe des Entgelts als Grundlage

des gesondert ausgewiesenen Steuerbetrags ist damit zwingend erforderlich (vgl. Abschnitt 15.11 Abs. 4). [6]Ein gesonderter Steuerausweis liegt nicht vor, wenn die in einem Vertrag enthaltene Abrechnung offen lässt, ob der leistende Unternehmer den Umsatz steuerfrei oder steuerpflichtig (§ 9 UStG) behandeln will (vgl. Abschnitt 14.1 Abs. **18**), oder in dem Dokument nicht durch Angaben tatsächlicher Art zum Ausdruck kommt, dass die gesondert ausgewiesene Steuer auf Lieferungen oder sonstigen Leistungen des Rechnungsausstellers an den Leistungsempfänger beruht (BFH-Urteil vom 12. 06. 1986 – V R 75/78, BStBl II S. 721). [7]Eine nach den §§ 14, 14a UStG ausgestellte Rechnung ist auch bei der Abrechnung der Leistung des Insolvenzverwalters an den Gemeinschuldner erforderlich. [8]Der Beschluss des Insolvenzgerichts über die Festsetzung der Vergütung ist für den Vorsteuerabzug nicht ausreichend (vgl. BFH-Urteile vom 20. 2. 1986, V R 16/81, BStBl II S. 579 und vom 26. 9. 2012, V R 9/11, BStBl 2013 II S. 346).

(1 a) [1]Das Recht auf Vorsteuerabzug kann ausnahmsweise auch geltend gemacht werden, wenn der Unternehmer im Besitz einer Rechnung ist, die nicht alle formellen Voraussetzungen erfüllt und die auch nicht berichtigt wurde (vgl. Absatz 7). [2]Der Vorsteuerabzug ist unter Anwendung eines strengen Maßstabes auch zu gewähren, wenn die Finanzverwaltung über sämtliche Angaben verfügt, um die materiellen Voraussetzungen zu überprüfen (vgl. EuGH-Urteil vom 15. 9. 2016, C-516/14, Barlis 06). [3]Der Unternehmer kann daher durch objektive Nachweise belegen, dass ihm andere Unternehmer auf einer vorausgehenden Umsatzstufe tatsächlich Gegenstände oder Dienstleistungen geliefert bzw. erbracht haben, die seinen der Umsatzsteuer unterliegenden Umsätzen dienten und für die er die Umsatzsteuer tatsächlich entrichtet hat. [4]Aus dieser Rechtsprechung folgt aber insbesondere nicht, dass ein Vorsteuerabzug gänzlich ohne Rechnung geltend gemacht werden kann (vgl. Rz. 39 ff des BFH-Urteils vom 15. 10. 2019, V R 14/18, BStBl 2020 II S. 596). [5]Der Nachweis über die tatsächliche Entrichtung der Steuer kann nämlich nur über eine Rechnung oder deren Kopie (vgl. Abschnitt 15.11. Abs. 1 Satz 4) mit offen ausgewiesener Umsatzsteuer erfolgen. [6]Ohne diesen Ausweis verbleiben Zweifel, ob und in welcher Höhe die Steuer in dem Zahlbetrag enthalten ist und damit, ob die Steuer tatsächlich entrichtet worden ist. [7]Entscheidend ist, dass die vorgelegten Beweismittel eine leichte und zweifelsfreie Feststellung der Voraussetzungen durch die Finanzbehörden ermöglichen (vgl. BFH-Urteil vom 12. 3. 2020, V R 48/17, BStBl II S. 604), anderenfalls ist die Kontrollfunktion nicht erfüllt. [8]Der Leistungszeitpunkt kann sich im Einzelfall aus dem Rechnungsdatum ergeben, wenn keine Zweifel bestehen, dass die Leistung in dem Monat der Rechnungsstellung ausgeführt wurde (vgl. BFH-Urteile vom 1. 3. 2018, V R 18/17, BStBl 2021 II S. 644, und vom 15. 10. 2019, V R 29/19 (V R 44/16), BStBl 2021 II S. 646). [9]Solche Zweifel bestehen insbesondere, wenn das Zusammenfallen von Rechnungs- und Leistungsdatum nicht branchenüblich ist, der Rechnungsaussteller eine zeitnahe Abrechnung nicht regelmäßig durchführt oder bei der konkreten Leistung sonstige Zweifel am Zusammenfallen der Daten bestehen. [10]Es besteht keine Pflicht der Finanzbehörden, fehlende Informationen selbst von Amts wegen zu ermitteln. [11]Zweifel und Unklarheiten wirken zu Lasten des Unternehmers (vgl. Abschnitt 15.11. Abs. 3 Satz 1). **[12]Die vorstehenden Grundsätze gelten auch dann, wenn für einen Umsatz nach § 14 Abs. 2 Satz 2 in Verbindung mit § 27 Abs. 38 UStG eine Verpflichtung zur Ausstellung einer E-Rechnung bestand, aber stattdessen eine sonstige Rechnung ausgestellt wurde und auch keine Rechnungsberichtigung durch nachträgliches Ausstellen einer E-Rechnung erfolgt ist (vgl. Absatz 7). [13]In solchen Fällen werden bei einer inhaltlich richtigen und vollständigen sonstigen Rechnung die genannten Voraussetzungen regelmäßig erfüllt sein. [14]Zu Einzelheiten siehe BMF-Schreiben vom 15.10.2024, BStBl I S. 1320.**

Rechnungsaussteller

(2) [1]Die Rechnung muss grundsätzlich vom leistenden Unternehmer oder vom Leistungsempfänger (Gutschrift) ausgestellt sein. [2]Ein Vorsteuerabzug ist deshalb nicht zulässig, wenn ein anderer im Namen des Leistenden oder des Leistungsempfängers eine Rechnung mit gesondertem Steuerausweis erteilt, ohne vom Leistenden oder vom Leistungsempfänger dazu beauftragt zu sein. [3]Der Rechnungsaussteller (Gutschriftsempfänger) muss mit dem leistenden Unternehmer grundsätzlich identisch sein, um eine Verbindung zwischen einer bestimmten wirtschaftlichen Transaktion und dem Rechnungsaussteller (Gutschriftsempfänger) herzustellen (vgl. BFH-Urteil vom 14. 2. 2019, V R 47/16, BStBl II 2020 S. 424). [4]Zur Abrechnung durch den Vermittler vgl. BFH-Urteil vom 4. 3. 1982, V R 59/81, BStBl II S. 315. [5]Der Vorsteuerabzug ist nur möglich, wenn die Rechnung die Angabe des vollständigen Namens und der vollständigen Anschrift des leistenden Unternehmers enthält, wobei es nicht erforderlich ist, dass die wirtschaftlichen Tä-

tigkeiten des leistenden Unternehmers unter der Anschrift ausgeübt werden, die in der von ihm ausgestellten Rechnung angegeben ist; es reicht vielmehr jede Art von Anschrift und damit auch eine Briefkastenanschrift, sofern der Unternehmer unter dieser Anschrift erreichbar ist (vgl. BFH-Urteile vom 13. 6. 2018, XI R 20/14, BStBl II S. 800, und vom 21. 6. 2018, V R 25/15, BStBl II S. 809, und V R 28/16, BStBl II S. 806). [6]Maßgeblich für eine Erreichbarkeit ist der Zeitpunkt der Rechnungsausstellung. [7]Die Feststellungslast für die postalische Erreichbarkeit zu diesem Zeitpunkt trifft den den Vorsteuerabzug begehrenden Leistungsempfänger (vgl. BFH-Urteil vom 5. 12. 2018, XI R 22/14, BStBl 2020 II S. 418). [8]Der Unternehmer, der die Lieferung oder sonstige Leistung ausgeführt hat, muss in der Rechnung (**Abrechnungsdokument**) grundsätzlich mit seinem wirklichen Namen bzw. mit der wirklichen Firma angegeben sein (vgl. auch § 31 Abs. 2 UStDV). [9]Bei der Verwendung eines unzutreffenden und ungenauen Namens (z. B. Scheinname oder Scheinfirma) kann der Vorsteuerabzug ausnahmsweise zugelassen werden, wenn der tatsächlich leistende Unternehmer eindeutig und leicht nachprüfbar aus dem **Abrechnungsdokument** ersichtlich ist (vgl. BFH-Urteil vom 7. 10. 1987, X R 60/82, BStBl 1988 II S. 34). [10]Diese Ausnahmekriterien sind eng auszulegen, so dass z. B. der Vorsteuerabzug unter folgenden Umständen unzulässig ist:

1. [1]Bei Verwendung einer Scheinfirma oder eines Scheinnamens ergibt sich aus dem **Abrechnungsdokument** kein Hinweis auf den tatsächlich leistenden Unternehmer (vgl. BFH-Urteil vom 19. 10. 1978 – V R 39/75, BStBl II 1979 S. 345). [2]Hinweise auf den tatsächlich leistenden Unternehmer fehlen in der Regel in Rechnungen mit willkürlich ausgesuchten Firmenbezeichnungen und/oder unzutreffenden Anschriften sowie bei Rechnungen von zwar existierenden Firmen, die aber die Leistung nicht ausgeführt haben (z. B. bei Verwendung von **Daten eines tatsächlich existierenden Unternehmers** ohne **dessen** Wissen). [3]Das gilt auch, wenn der Abrechnende bereits bei der Leistungsbewirkung unter dem fremden Namen aufgetreten ist (BFH-Urteil vom 17. 9. 1992, V R 41/89, BStBl 1993 II S. 205) oder wenn die als Rechnungsaussteller bezeichnete Person einen auf ihren Namen lautenden Gewerbebetrieb vortäuscht, ohne tatsächlich selbst direkt oder über einen rechtsgeschäftlichen Vertreter zivilrechtliche Vertragsbeziehungen mit dem Leistungsempfänger zu unterhalten (vgl. BFH-Urteil vom 15. 10. 2019, V R 29/19 (V R 44/16), BStBl 2021 II S. 646).
2. [1]Aus dem **Abrechnungsdokument** geht der tatsächlich leistende Unternehmer nicht eindeutig hervor. [2]Dies ist beispielsweise anzunehmen, wenn nach der Abrechnung mehrere leistende Unternehmer in Betracht kommen und sich der tatsächlich leistende Unternehmer nicht zweifelsfrei ergibt. [3]Die Feststellung, welcher Leistungsbeziehung die Verschaffung der Verfügungsmacht zuzurechnen ist, ist im Wesentlichen tatsächliche Würdigung (vgl. BFH-Urteil vom 4. 9. 2003, V R 9, 10/02, BStBl 2004 II S. 627). [4]Im Fall eines Strohmannverhältnisses sind die von dem (weisungsabhängigen) Strohmann bewirkten Leistungen trotz selbständigen Auftretens im Außenverhältnis dem Hintermann als Leistendem zuzurechnen (vgl. BFH-Urteil vom 15. 9. 1994, XI R 56/93, BStBl 1995 II S. 275). [5]Ein Strohmann, der im eigenen Namen Gegenstände verkauft und bewirkt, dass dem Abnehmer die Verfügungsmacht daran eingeräumt wird, kann aber umsatzsteuerrechtlich Leistender sein (vgl. BFH-Urteil vom 28. 1. 1999, V R 4/98, BStBl II S. 628, und BFH-Beschluss vom 31. 1. 2002, V B 108/01, BStBl 2004 II S. 622). [6]Ein Unternehmer, der unter fremdem Namen auftritt, liefert dagegen selbst, wenn nach den erkennbaren Umständen durch sein Handeln unter fremdem Namen lediglich verdeckt wird, dass er und nicht der „Vertretene“ die Lieferung erbringt (vgl. BFH-Urteil vom 4. 9. 2003, V R 9, 10/02, a. a. O.). [7]Im Übrigen vgl. zum Begriff des Leistenden Abschnitt 2.1 Abs. 3.
3. Aus dem **Abrechnungsdokument** ist der tatsächlich leistende Unternehmer nur schwer zu ermitteln, also nicht leicht nachprüfbar festzustellen.
4. Der tatsächlich leistende Unternehmer ist zwar bekannt, seine Identität ergibt sich jedoch nicht aus dem **Abrechnungsdokument** oder aus solchen Unterlagen, auf die in dem **Abrechnungsdokument** verwiesen wird (vgl. hierzu die zur zutreffenden Leistungsbezeichnung in Rechnungen ergangenen BFH-Beschlüsse vom 4. 12. 1987, V S 9/85, BStBl 1988 II S. 702, und vom 9. 12. 1987, V B 54/85, BStBl 1988 II S. 700).

[11]Steuern, die dem Unternehmer von einem Lieferer oder Leistenden in Rechnung gestellt werden, der nicht Unternehmer ist, sind – obwohl sie von diesem nach § 14 c Abs. 2 UStG geschuldet werden – nicht abziehbar (vgl. BFH-Urteile vom 8. 12. 1988, V R 28/84, BStBl 1989 II S. 250, und vom 2. 4. 1998, V R 34/97, BStBl II S. 695).

Rechnungsadressat

(3) [1]Der Vorsteuerabzug setzt grundsätzlich eine auf den Namen des umsatzsteuerlichen Leistungsempfängers lautende Rechnung mit gesondert ausgewiesener Steuer voraus. [2]Es ist jede Bezeichnung des Leistungsempfängers ausreichend, die eine eindeutige und leicht nachprüfbare Feststellung seines Namens und seiner Anschrift ermöglicht (vgl. BFH-Beschluss vom 2. 4. 1997, V B 26/96, BStBl II S. 443). [3]Eine andere Rechnungsadresse ist nicht zu beanstanden, wenn aus dem übrigen Inhalt der Rechnung oder aus anderen Unterlagen, auf die in der Rechnung hingewiesen wird (§ 31 Abs. 1 UStDV), Name und Anschrift des umsatzsteuerlichen Leistungsempfängers eindeutig hervorgehen (z. B. bei einer Rechnungsausstellung auf den Namen eines Gesellschafters für Leistungen an die Gesellschaft). [4]Eine Gesellschaft kann jedoch aus einer Rechnung, die nur auf einen Gesellschafter ausgestellt ist, keinen Vorsteuerabzug vornehmen, wenn die Rechnung keinen Hinweis auf die Gesellschaft als Leistungsempfänger enthält (vgl. BFH-Urteile vom 5. 10. 1995, V R 113/92, BStBl 1996 II S. 111). [5]Entsprechendes gilt für Gemeinschaften (vgl. BFH-Urteil vom 23. 9. 2009, XI R 14/08, BStBl 2010 II S. 243). [6]Der in einer Rechnung an die Bauherren eines Gesamtobjekts (z. B. Wohnanlage mit Eigentumswohnungen) gesondert ausgewiesene Steuerbetrag kann nach § 1 Abs. 2 der Verordnung über die gesonderte Feststellung von Besteuerungsgrundlagen nach § 180 Abs. 2 AO auf die Beteiligten verteilt und ihnen zugerechnet werden. [7]Die Bezeichnung der einzelnen Leistungsempfänger und der für sie abziehbare Steuerbetrag kann aus einer Abrechnung über das bezeichnete Gesamtobjekt abgeleitet werden (BFH-Urteil vom 27. 1. 1994, V R 31/91, BStBl II S. 488). [8]Sind bei gemeinsamem Leistungsbezug durch mehrere Personen die einzelnen Gemeinschafter als Leistungsempfänger anzusehen (vgl. Abschnitt 15.2b Abs. 1), genügt für Zwecke des Vorsteuerabzugs des einzelnen Gemeinschafters grundsätzlich eine Rechnung an die Gemeinschaft, die als Angabe nach § 14 Abs. 4 Satz 1 Nr. 1 UStG nur den vollständigen Namen und die vollständige Anschrift der Gemeinschaft enthält. [9]Aus den durch die den Vorsteuerabzug begehrenden Gemeinschafter nach § 22 UStG zu führenden Aufzeichnungen müssen sich dann die Namen und die Anschriften der übrigen Gemeinschafter sowie die auf die Gemeinschafter entfallenden Anteile am Gemeinschaftsvermögen ergeben. **[10]Eine Rechnung an eine solche Gemeinschaft, an der auch Unternehmer beteiligt sind, muss als E-Rechnung ausgestellt werden, wenn keine Übergangsregelung nach § 27 Abs. 38 UStG zur Anwendung kommt, da dann die Verpflichtung zur Ausstellung einer E-Rechnung vorgeht.** [11]In den Fällen eines Entgelts von dritter Seite (§ 10 Abs. 1 Satz 2 UStG) ist nicht der Dritte, sondern nur der Leistungsempfänger zum Vorsteuerabzug berechtigt (vgl. auch Abschnitt 14.10 Abs. 1).

Leistungsbeschreibung

(4) [1]In der Rechnung sind als Nachweis dafür, dass die Leistung für das Unternehmen bezogen wurde, zutreffende Angaben des leistenden Unternehmers über die Menge und die Art der von ihm gelieferten Gegenstände oder den Umfang und die Art der von ihm ausgeführten sonstigen Leistungen erforderlich (vgl. Abschnitt 14.5 Abs. 15). [2]Bei Lieferungen kann die erforderliche Angabe der Art in der (unter Berücksichtigung von Handelsstufe, Art und Inhalt der Lieferung und dem Wert der einzelnen Gegenstände) zutreffenden handelsüblichen Bezeichnung der einzelnen Liefergegenstände bestehen (zu den Anforderungen bei hochpreisigen Uhren und Armbändern vgl. BFH-Beschluss vom 29. 11. 2002, V B 119/02, n.v.; abgrenzend dazu im Niedrigpreissegment vgl. BFH-Urteil vom 10. 7. 2019, XI R 28/18, BStBl 2021 II S. 961). [3]In Zweifelsfällen ist der Unternehmer nach den allgemeinen Regeln (vgl. Absätze 5 und 6) nachweispflichtig, dass eine in der Rechnung aufgeführte Bezeichnung (z. B. bloße Gattungsbezeichnung wie „T-Shirts“ oder „Bluse“) auf der betreffenden Handelsstufe handelsüblich ist. [4]Bei sonstigen Leistungen müssen die Angaben eine eindeutige Identifizierung der abgerechneten Leistungen ermöglichen. [5]Der Umfang und die Art der erbrachten Dienstleistungen sind zu präzisieren; dies bedeutet jedoch nicht, dass die konkreten erbrachten Dienstleistungen erschöpfend beschrieben werden müssen (BFH-Urteil vom 15. 10. 2019, V R 29/19 (V R 44/16), BStBl 2021 II S. 646 und EuGH-Urteil vom 15. 9. 2016, C-516/14, Barlis 06). [6]Allein nicht ausreichend sind allgemeine Angaben wie „Erbringung juristischer Dienstleistungen“, „Bauarbeiten“ (vgl. BFH-Urteil vom 10. 11. 1994, V R 45/93, BStBl 1995 II S. 395), „Beratungsleistung“ (vgl. BFH-Beschluss vom 16. 12. 2008, V B 228/07, n.v.), „Werbungskosten lt. Absprache“, „Akquisitions-Aufwand“ oder „Reinigungskosten“ (vgl. BFH-Urteil vom 1. 3. 2018, V R 18/17, BStBl 2021 II S. 644), da sie nicht die erforderliche Kontrollfunktion (vgl. Abschnitt 14.5 Abs. 1) erfüllen.

(5) [1]Der Vorsteuerabzug kann nur auf Grund einer Rechnung geltend gemacht werden, die eine eindeutige und leicht nachprüfbare Feststellung der Leistung ermöglicht, über die abgerechnet worden ist (BFH-Urteile vom 10. 11. 1994, V R 45/93, BStBl 1995 II S. 395, vom 16. 1. 2014, V R 28/13, BStBl II S. 867, vom 1. 3. 2018, V R 18/17, BStBl 2021 II S. 644, und vom 15. 10. 2019, V R 29/19 (V R 44/16), BStBl 2021 II S. 646). [2]Eine für die Gewährung des Vorsteuerabzugs ausreichende Leistungsbezeichnung ist dann nicht gegeben, wenn die Angaben tatsächlicher Art im **Abrechnungsdokument** unrichtig oder so ungenau sind, dass sie eine Identifizierung des Leistungsgegenstands nicht ermöglichen. [3]Den Vorsteuerabzug ausschließende

1. unrichtige Angaben liegen vor, wenn eine in der Rechnung aufgeführte Leistung tatsächlich nicht erbracht ist und auch nicht erbracht werden soll (z. B. bei Gefälligkeitsrechnungen), oder zwar eine Leistung ausgeführt ist oder ausgeführt werden soll, jedoch in der Rechnung nicht auf die tatsächliche Leistung, sondern auf eine andere hingewiesen wird (vgl. Beispielsfälle in Abschnitt 14 c.2 Abs. 2 Nr. 3);
2. [1]ungenaue Angaben liegen vor, wenn die Rechnungsangaben zwar nicht unrichtig, aber nicht so eingehend und präzise sind, dass sie ohne weiteres völlige Gewissheit über Art und Umfang des Leistungsgegenstands verschaffen. [2]Dies ist regelmäßig der Fall, wenn sich anhand der Rechnung nachträglich nicht genau feststellen lässt, auf welchen gelieferten Gegenstand bzw. auf welchen beim Leistungsempfänger eingetretenen Erfolg einer sonstigen Leistung sich die gesondert ausgewiesene Steuer beziehen soll (vgl. Beispielsfälle in Abschnitt 14 c.2 Abs. 2 Nr. 3). [3]Die erforderlichen Angaben müssen aus der vom leistenden Unternehmer erstellten Rechnung oder aus weiteren, ergänzenden Unterlagen hervorgehen (vgl. Absätze 1 a und 7). [4]Rechnungsergänzungen durch den Leistungsempfänger können nicht berücksichtigt werden (vgl. BFH-Beschluss vom 4. 12. 1987, V S 9/85, BStBl 1988 II S. 702).

Überprüfung der Rechnungsangaben

(6) [1]Der Leistungsempfänger hat die in der Rechnung enthaltenen Angaben auf ihre Vollständigkeit und Richtigkeit zu überprüfen (vgl. BFH-Urteil vom 6. 12. 2007, V R 61/05, BStBl 2008 II S. 695). [2]Dabei ist allerdings der Grundsatz der Verhältnismäßigkeit zu wahren. **[3]Bei einer E-Rechnung bietet sich für die Überprüfung der Vollständigkeit der Rechnungsangaben, aber auch der Zulässigkeit des Formats (siehe Abschnitt 14.1 Abs. 11 bis 15) die Nutzung einer geeigneten Validierungsanwendung an.** [4]Enthält die Rechnung entgegen § 14 Abs. 4 Satz 1 Nr. 2 UStG nur eine Zahlen und Buchstabenkombination, bei der es sich nicht um die dem leistenden Unternehmer erteilte Steuernummer handelt, ist der Leistungsempfänger nach § 15 Abs. 1 Satz 1 Nr. 1 Satz 2 UStG – vorbehaltlich einer Rechnungsberichtigung – nicht zum Vorsteuerabzug berechtigt (BFH-Urteil vom 2. 9. 2010, V R 55/09, BStBl 2011 II S. 235). [5]Die Überprüfung der Richtigkeit der Steuernummer oder der inländischen USt-IdNr. und der Rechnungsnummer ist dem Rechnungsempfänger regelmäßig nicht möglich (vgl. BFH-Urteil vom 2. 9. 2010, V R 55/09, a. a. O.). [6]Ist eine dieser Angaben unrichtig und konnte der Unternehmer dies nicht erkennen, bleibt der Vorsteuerabzug erhalten, wenn im Übrigen die Voraussetzungen für den Vorsteuerabzug gegeben sind. [7]Unberührt davon bleibt, dass der Unternehmer nach § 15 Abs. 1 Satz 1 Nr. 1 UStG nur die gesetzlich geschuldete Steuer für Lieferungen und sonstige Leistungen eines anderen Unternehmers für sein Unternehmen als Vorsteuer abziehen kann. [8]Deshalb **besteht** z. B. **kein Recht auf** Vorsteuerabzug, wenn die Identität des leistenden Unternehmers mit den Rechnungsangaben nicht übereinstimmt oder über eine nicht ausgeführte Lieferung oder sonstige Leistung abgerechnet wird. [9]Hinsichtlich der übrigen nach den §§ 14, 14 a UStG erforderlichen Angaben hat der Rechnungsempfänger die inhaltliche Richtigkeit der Angaben zu überprüfen. [10]Dazu gehört insbesondere, ob es sich bei der ausgewiesenen Steuer um gesetzlich geschuldete Steuer für eine Lieferung oder sonstige Leistung handelt. [11]Bei unrichtigen Angaben **besteht** grundsätzlich **kein Recht auf** Vorsteuerabzug. [12]Enthält eine Rechnung Rechenfehler oder die unrichtige Angabe des Entgelts, des Steuersatzes oder des Steuerbetrags, kann ggf. der zu niedrig ausgewiesene Steuerbetrag abgezogen werden (vgl. Abschnitt 14 c.1 Abs. 9 und BFH-Urteil vom 28. 8. 2014, V R 49/13, BStBl 2021 II S. 825). [13]Im Fall des § 14 c Abs. 1 UStG kann der Vorsteuerabzug unter den übrigen Voraussetzungen in Höhe der für die bezogene Leistung geschuldeten Steuer vorgenommen werden. [14]Ungenauigkeiten **stehen dem Recht auf Vorsteuerabzug** unter den übrigen Voraussetzungen nicht **entgegen**, z. B. bei Schreibfehlern im Namen oder der Anschrift des leistenden Unternehmers oder des Leistungsempfängers oder in der Leistungsbeschreibung, **solange** eine eindeutige und unzweifelhafte Identifizierung der

am Leistungsaustausch Beteiligten, der Leistung und des Leistungszeitpunkts möglich ist und die Ungenauigkeiten nicht sinnentstellend sind.

Berichtigte Rechnung

(7) [1]Ist eine Rechnung nicht ordnungsmäßig und kann auch kein Nachweis im Sinne von Absatz 1a geführt werden, ist sie **zu berichtigen**, **um** das Recht auf einen Vorsteuerabzug zu **eröffnen** (vgl. Abschnitt 14.11.). [2]**Das gilt auch dann, wenn für einen Umsatz nach § 14 Abs. 2 Satz 2 in Verbindung mit § 27 Abs. 38 UStG eine Verpflichtung zur Ausstellung einer E-Rechnung bestand, aber stattdessen eine sonstige Rechnung ausgestellt wurde (z.B. eine durch ein Kassensystem oder ein Taxameter erzeugte Rechnung).** [3]**Die E-Rechnung muss dann durch eine spezifische und eindeutige Bezugnahme auf die ursprüngliche Rechnung zum Ausdruck bringen, dass es sich um eine berichtigte Rechnung handelt.** [4]Eine Rechnungsberichtigung kann auf den Zeitpunkt zurückwirken, in dem die Rechnung erstmals ausgestellt wurde (vgl. BFH-Urteil vom 20. 10. 2016, V R 26/15, BStBl 2020 II S. 593). [5]Auch der Stornierung einer Rechnung nebst Neuausstellung einer sie ersetzenden Rechnung kann eine Rückwirkung beim Vorsteuerabzug zukommen (vgl. BFH-Urteil vom 22. 1. 2020, XI R 10/17, BStBl II S. 601). [6]Die Rückwirkung einer Rechnungsberichtigung beim Vorsteuerabzug gilt unabhängig davon, ob die Berichtigung zum Vorteil oder zum Nachteil des Leistungsempfängers wirkt. [7]Eine Rechnung ist auch dann „unzutreffend" im Sinne des § 31 Abs. 5 Satz 1 Buchstabe b UStDV, wenn sie im Einvernehmen aller Beteiligten vollständig rückabgewickelt und die gezahlte Umsatzsteuer zurückgezahlt wurde (vgl. BFH-Urteil vom 22. 1. 2020, XI R 10/17, a.a.O.). [8]Ein Dokument ist dann eine rückwirkend berichtigungsfähige Rechnung, wenn es Angaben zum Rechnungsaussteller, zum Leistungsempfänger, zur Leistungsbeschreibung, zum Entgelt und zur gesondert ausgewiesenen Umsatzsteuer enthält. [9]Hierfür reicht es aus, dass die Rechnung diesbezügliche Angaben enthält und die Angaben nicht in so hohem Maße unbestimmt, unvollständig oder offensichtlich unzutreffend sind, dass sie fehlenden Angaben gleichstehen (vgl. BFH-Beschluss vom 14.11.2022 – XI B 105/21, n.v.). [10]Sind diese Anforderungen erfüllt, entfaltet die Rechnungsberichtigung immer Rückwirkung. [11]Die Rechnung kann bis zum Schluss der letzten mündlichen Verhandlung vor dem Finanzgericht berichtigt und vorgelegt werden. [12]Kleinbetragsrechnungen nach § 33 UStDV müssen nur berichtigt werden, soweit diese Vorschrift die in Rede stehenden Angaben erfordert. [13]Zu den Einzelheiten vgl. BMF-Schreiben vom 18. 9. 2020, BStBl I S. 976. [14]Keine Rückwirkung entfaltet eine Rechnungsberichtigung in folgenden Fällen:

- wenn eine Ausgangsrechnung von einem Unternehmer in der Annahme einer Leistungserbringung im Ausland ohne inländischen Steuerausweis erteilt worden ist (vgl. BFH-Urteil vom 07.07.2022 – V R 33/20, BStBl II S. 821);
- wenn eine vom Zwischenerwerber ausgestellte Rechnung über ein innergemeinschaftliches Dreiecksgeschäft im Sinne von § 25b Abs. 2 UStG nicht die nach § 14a Abs. 7 UStG erforderlichen Angaben enthält (vgl. BFH-Urteil vom 17.07.2024 – XI R 35/22 (XI R 14/20), BStBl II S. 810).

[15]Das Recht auf Vorsteuerabzug aus einer mit Rückwirkung berichtigten Rechnung ist grundsätzlich in dem Zeitpunkt auszuüben, in dem die Leistung bezogen wurde und die ursprüngliche Rechnung vorlag. [16]Abweichend hiervon kann bei einem zu niedrigen Steuerausweis in der ursprünglichen Rechnung das Recht auf Vorsteuerabzug in Höhe der Differenz zwischen dem zu niedrigen Steuerbetrag, für den ein Vorsteuerabzug bereits vorgenommen wurde, und dem zutreffenden Steuerbetrag erst dann ausgeübt werden, wenn der Leistungsempfänger im Besitz einer Rechnung ist, die den Steuerbetrag in zutreffender Höhe ausweist. [17]Wird eine Rechnung berichtigt, die nach den vorstehenden Ausführungen nicht rückwirkend berichtigungsfähig ist, kann der Vorsteuerabzug erst zu dem Zeitpunkt in Anspruch genommen werden, in dem der Rechnungsaussteller die Rechnung berichtigt und die zu berichtigenden Angaben an den Rechnungsempfänger übermittelt hat.

Endrechnungen

(8) [1]Bei einer Schlussrechnung ergibt sich der abzugsfähige Vorsteuerbetrag aus der ausgewiesenen Umsatzsteuer abzüglich der bereits in den Abschlagsrechnungen enthaltenen Umsatzsteuer (vgl. BFH-Urteil vom 05. 09. 2019 – V R 38/17, BStBl II 2022 S. 696). [2]Hat der leistende Unternehmer in einer Endrechnung die vor Ausführung der Lieferung oder sonstigen Leistung vereinnahmten Teilentgelte und die auf sie ent-

fallenden Steuerbeträge nicht nach § 14 Abs. 5 Satz 2 UStG abgesetzt, ist die zu hoch ausgewiesene Umsatzsteuer nicht als Vorsteuer abziehbar (BFH-Urteil vom 11. 04. 2002 – V R 26/01, BStBl II 2004 S. 317).

Gutschriften

(9) [1]**Auch wenn** über die Lieferung oder sonstige Leistung mit einer Gutschrift abgerechnet **wird**, kommt der Vorsteuerabzug für den Leistungsempfänger nur in Betracht, wenn **die ausgewiesene** Steuer **gesetzlich geschuldet wird**. [2]Daher **ist aus einer Gutschrift kein** Vorsteuerabzug **möglich**, wenn **die Lieferung oder sonstige Leistung nicht steuerpflichtig ist (vgl. auch BFH-Urteil vom 31.01.1980 – V R 60/74, BStBl II S. 369)**.

(10) **[1]**Hat der Aussteller der Gutschrift die Steuer zu hoch ausgewiesen, kann er den zu hoch ausgewiesenen Steuerbetrag nicht als Vorsteuer abziehen (vgl. Absatz 6). **[2]**Ein Vorsteuerabzug ist ebenfalls nicht zulässig, wenn eine Gutschrift ohne das Einverständnis des Gutschriftsempfängers erteilt wird oder wenn der Leistungsempfänger eine unvollständige und daher zum Vorsteuerabzug nicht berechtigende Rechnung (z. B. bei fehlendem gesonderten Steuerausweis) ohne ausdrückliche Anerkennung des Lieferers oder Leistenden durch eine Gutschrift ersetzt (vgl. auch Abschnitt 14.3 Abs. 1).

(11) [1]Der Vorsteuerabzug entfällt, soweit der Gutschriftsempfänger dem in der Gutschrift angegebenen Steuerbetrag widerspricht (vgl. § 14 Abs. 2 Satz **6** UStG). [2]Dieser Widerspruch wirkt auch für den Vorsteuerabzug des Gutschriftausstellers **grundsätzlich** erst in dem Besteuerungszeitraum, in dem er erklärt wird (vgl. BFH-Urteil vom 19. 5. 1993, V R 110/88, BStBl II S. 779). [3]Widerspricht der Gutschriftsempfänger dem übermittelten Abrechnungsdokument, verliert die Gutschrift die Wirkung einer zum Vorsteuerabzug berechtigenden Rechnung auch dann, wenn die Gutschrift den zivilrechtlichen Vereinbarungen entspricht und die Umsatzsteuer zutreffend ausweist; es genügt, dass der Widerspruch eine wirksame Willenserklärung darstellt (vgl. BFH-Urteil vom 23. 1. 2013, XI R 25/11, BStBl II S. 417). **[4]In den Fällen des § 14c Abs. 2 Satz 2 Nr. 2 UStG (unverzüglicher Widerspruch gegen ein als Gutschrift verwendetes Dokument) hat der Gutschriftsaussteller schon dem Grunde nach keinen Vorsteueranspruch (vgl. Abschnitt 15.2 Abs. 1.**

Betriebsinterne Abrechnungen

(12) [1]Steuerbeträge, die für einen Innenumsatz (z. B. zwischen Betriebsabteilungen desselben Unternehmers oder innerhalb eines Organkreises) gesondert ausgewiesen werden, berechtigen nicht zum Vorsteuerabzug (vgl. auch Abschnitt 14.1 Abs. **1**). [2]Bei Sacheinlagen von bisher nichtunternehmerisch (unternehmensfremd oder nichtwirtschaftlich i. e. S., vgl. Abschnitt 2.3 Abs. 1 a) verwendeten Gegenständen ist ein Vorsteuerabzug ebenfalls nicht zulässig.

Anmerkung

1. Ordnungsgemäße Rechnung als Voraussetzung für den Vorsteuerabzug

Das BMF hat am 18.9.2020 ein Schreiben zur rückwirkenden Rechnungsberichtigung herausgebracht. Damit werden mit kleinen Einschränkungen die Entscheidungen von EuGH und BFH zu dieser Thematik angewandt.

1. Die Rechtsprechung von EuGH und BFH-Rspr zur Rückwirkung einer Rechnungsberichtigung wird (in der Sache) angewandt.

   Das BMF weist darauf hin, dass der BFH in Umsetzung der EuGH-Entscheidung „*Senatex*" mit Urt. v. 20.10.2016 – V R 26/15 in Abkehr von seiner bisherigen Rechtsprechung entschieden habe, dass eine Rechnungsberichtigung auf den Zeitpunkt der erstmaligen Rechnungserteilung zurückwirkt.

2. **Abweichung**: Eine Rechnung ist materielle Voraussetzung für den Vorsteuerabzug (anders EuGH, Urt. v. 21.11.2018 – C-664/16, „Vadan").
3. **Grundsatz**: Es gibt keinen Vorsteuerabzug ohne Rechnung (Rz. 6, 10)

4. **Aber**: Wenn nicht alle formellen Anforderungen erfüllt sind, kann der Unternehmer durch obj. Nachweise die Voraussetzungen des Vorsteuerabzugs belegen (Rz. 10–13)
5. **Wichtig**: Die Stornierung und Neuerteilung einer Rechnung ist einer Berichtigung gleichzustellen (Rz. 14 mit Hinweis auf BFH, Urt. v. 15.10.2019 – V R 14/18)
6. Die Berichtigung kann **bis zum Schluss der letzten mündlichen Verhandlung** vor dem FG erfolgen (Rz. 14)
7. Die Rückwirkung der Rechnungsberichtigung ist unabhängig davon, ob sie sich zum Vor- oder zum Nachteil auswirkt – der Stpfl hat **kein Wahlrecht** – (Rz. 16 unter Hinweis auf BFH, Urt. v. 22.1.2020 – XI R 10/17)

   Ausnahme: Übergangsweise lässt das BMF bis zum 31.12.2020 zu, dass der Vorsteuerabzug erst in dem Zeitpunkt geltend gemacht wird, zu dem die berichtigte Rechnung ausgestellt wird.
8. Um eine Rechnungsberichtigung mit Rückwirkung vornehmen zu können müssen **fünf Mindestvoraussetzungen** vorliegen. Nur dann liegt eine berichtigungsfähige Rechnung vor (Rz. 16–27):
   a) Leistender Unternehmer
   b) Leistungsempfänger
   c) Leistungsbeschreibung
   d) Entgelt
   e) Gesondert ausgewiesene Umsatzsteuer
9. Soweit **bisher kein Steuerausweis** vorgenommen wurde, handelt es sich um einen Fall der der erstmaligen Erstellung einer Rechnung gleichsteht. In diesem Fall ist eine Berichtigung mit Rückwirkung nicht möglich (Rz. 25 unter Hinweis auf EuGH, Urt, v. 1.7.2007 – C-152/02, Terra-Baubedarfs-Handel; BFH, Urt. v. 1.7.2004 – V R 33/01).
10. Entsprechendes gilt, wenn bisher ein **zu niedriger Steuerausweis** vorgenommen wurde: Keine Rückwirkung, sondern Geltendmachung des zutreffenden Vorsteuerabzugs im Zeitpunkt der Korrektur (Rz. 27 unter Hinweis auf EuGH C-8/17 – Biosafe).
11. Rechnungen i. S. d. **§ 14 c UStG** entfalten **keine Rückwirkung** (Rz. 31 unter Hinweis auf A 17.1 Abs. 10 UStAE)
12. Die Berichtigung einer Rechnung mit Rückwirkung ist **kein rückwirkendes Ereignis** (entsprechende soll in einer Ergänzung des § 14 Abs. 4 UStG durch das JStG 2020 erfolgen)
13. **Anwendung**: Alle offenen Fälle.

Die im BMF-Schreiben v. 18.9.2020 dargestellten Grundzüge sind in **Abschn. 15.2a UStAE eingearbeitet** worden.

2. Rechnungsvoraussetzungen: Leistungsbeschreibung

2.1 Rechnungsvoraussetzungen für den Vorsteuerabzug

Eine zum Vorsteuerabzug berechtigende Rechnung hat insbesondere Angaben zu der dem Leistenden erteilten Steuernummer oder USt-IdNr. sowie zu Menge und Art (handelsübliche Bezeichnung) der gelieferten Gegenstände oder zu Umfang und Art der sonstigen Leistung zu enthalten (§ 14 Abs. 4 Satz 1 Nr. 2 und Nr. 5 UStG). Sie kann nach § 31 Abs. 5 Satz 1 UStDV berichtigt werden, wenn sie nicht alle Angaben nach § 14 Abs. 4 oder § 14 a UStG enthält oder wenn Angaben in der Rechnung unzutreffend sind.

Ein Dokument ist allerdings nur dann eine Rechnung und damit berichtigungsfähig, wenn es Angaben

- zum Rechnungsaussteller,
- zum Leistungsempfänger,

- zur Leistungsbeschreibung, zum Entgelt und
- zur gesondert ausgewiesenen Umsatzsteuer

enthält (vgl. z. B. BFH, Urt. v. 15.10.2019 – V R 19/18, BFH/NV 2020, 167).

2.2 Leistungsbeschreibung in der Rechnung

Hinsichtlich der Leistungsbeschreibung muss eine berichtigungsfähige Rechnung Angaben tatsächlicher Art enthalten, die es erlauben, die abgerechnete Leistung zu identifizieren. Das erfordert zwar keine erschöpfende Beschreibung der konkret erbrachten Leistung; die Rechnung muss es aber ermöglichen, die Leistung, über die abgerechnet worden ist, eindeutig und leicht nachprüfbar festzustellen.

2.3 BFH, Urt. v. 12.3.2020 – V R 48/17

In der Entscheidung V R 48/17 hat der BFH herausgestellt, dass es an einer solchen dann fehlt, wenn die Angaben in hohem Maße

- unbestimmt,
- unvollständig oder
- offensichtlich unzutreffend

sind. Dies ist jedenfalls dann der Fall, wenn sich aus der Abrechnung keine Anhaltspunkte für die Art des gelieferten Gegenstands oder der sonstigen Leistung ergeben.

Im entschiedenen Fall handelte es sich um eine Gutschrift, die als Leistungsbeschreibung lediglich den Hinweis „sales Products" (Produktverkäufe) enthielt.

2.4 Anmerkung

Das Urteil V R 48/17 knüpft an die bisherige Rechtsprechung des BFH an (vgl. z. B. BFH, Urt. v. 20.10.2016 – V R 26/15) Die Finanzverwaltung hat im BMF-Schr. v. 18.9.2020 – III C 2 – S 7276-a/19/ 10001: 001 Rz. 20 – auf das Urteil verwiesen und wendet es an. Einer Änderung des Abschn. 15.2a Abs. 5 UStAE bedurfte es nicht, weil die Entscheidung auf der Linie der Auffassung der Verwaltung liegt.

Praxishinweis: Berichtigungsfähigkeit immer vorab prüfen

Vor jeder Rechnungskorrektur ist immer zunächst zu prüfen, ob die Rechnung, die korrigiert werden soll, überhaupt berichtigungsfähig ist. Sind die vom BFH geforderten fünf Mindestangaben vorhanden, ist eine rückwirkende Rechnungsberichtigung möglich.

3. Mindestangaben für berichtigungsfähige Rechnung erforderlich?

Aufgrund einer Entscheidung des EuGH in der Rechtssache *Wilo Salmson* (EuGH, Urt. v. 21.10.2021 – C-80/20) ist erneut die Frage aufgeworfen worden, ob Mindestangaben in einer Rechnung, die zum Vorsteuerabzug berechtigen soll, überhaupt erforderlich sind.

Hinweis

Die deutsche FinVerw hat in Umsetzung der Rechtsprechung von BFH und EuGH mit BMF-Schreiben v. 18.9.2020 u. a. herausgestellt, dass eine Rechnung nur dann berichtigungsfähig ist, wenn sie mindestens Angaben zum leistenden Unternehmer, zum Leistungsempfänger, zur Leistungsbeschreibung und zum Entgelt enthält und außerdem die Umsatzsteuer gesondert ausgewiesen ist (siehe oben unter 1.). Die entsprechenden Ausführungen des BMF sind in Abschn. 15.2a UStAE eingegangen.

In der Rechtssache *Wilo Salmson* äußert sich der EuGH **nicht konkret zur Frage der Mindestangaben**.

Zu entnehmen ist der Entscheidung aber, dass das Gericht wohl eine Rechnung für den Vorsteuerabzug für im Grundsatz erforderlich hält. Der EuGH stellt aber erneut heraus, dass **Rechnungen** nur **formelle Voraussetzungen** für den Vorsteuerabzug sind. Das Grundprinzip der Mehrwertsteuer verlange – so der EuGH erneut –, dass der Vorsteuerabzug gewährt wird, wenn die materiellen Voraussetzungen erfüllt sind.

Dies soll selbst dann gelten, wenn bestimmte formelle Voraussetzungen nicht erfüllt sind. Die Generalanwältin hatte in ihrem Votum das Erfordernis der Mindestpflichtangaben in einer Rechnung verlangt. Hierauf geht der EuGH in seiner Entscheidung nicht ein. Daraus könnte man schließen, dass es nach Auffassung des EuGH gerade keine Mindestpflichtangaben – entsprechend der Rechtslage in Deutschland – geben soll.

Hinweis

Die Steuerpflichtigen sollten zunächst weiter von der nationalen Rechtslage ausgehen, wie sie jetzt auch in Abschn. 15.2a Abs. 7 Satz 6 UStAE unter Hinweis auf die Rechtsprechung des BFH dargelegt ist. Die Entscheidung in der Rechtssache *Wilo Salmson* ist zu einer Rechnung im Vorsteuervergütungsverfahren ergangen; insofern ist allerdings ist zu beachten, dass die formellen Voraussetzungen im besonderen Vorsteuervergütungsverfahren noch strenger sind als im allgemeinen Besteuerungsverfahren.

Hinzuweisen ist in diesem Zusammenhang auf die Entscheidung des FG Münster v. 24.5.2022 – 15 K 2561/18 U, EFG 2022, 1573. Das FG Münster hat die Rechtsauffassung bestätigt, wonach eine Rechnung die o.a. **Mindestangaben enthalten** muss, um **berichtigungsfähig** zu sein. Dieses Urteil des FG Münster ist **rechtskräftig** geworden.

4. Verpflichtende E-Rechnung seit 01.01.2025 und Vorsteuerabzug

Durch das Wachstumschancengesetz (Gesetz v. 27.03.2024, BGBl. I 2024, Nr. 108) wurde mit Wirkung ab 1.1.2025 die verpflichtende elektronische Rechnung (im Folgenden: E-Rechnung) eingeführt. Sie betrifft ausschließlich den B2B-Bereich im Inland. Ausgenommen sind Rechnungen über Leistungen, die nach § 4 Nr. 8 bis 29 UStG steuerfrei sind, sowie Rechnungen über Kleinbeträge bis 250 EUR (§ 33 UStDV) und Fahrausweise (§ 34 UStDV).

Bereits vor Inkrafttreten der Regelungen hatte das BMF am 15.10.2024, BStBl I 2024, 1320 herausgegeben ein erstes Anwendungsschreiben zur verpflichtenden E-Rechnung herausgegeben. Exakt ein Jahr später hat die FinVerw ein weiteres Schreiben veröffentlicht und damit – wie an-gekündigt – den UStAE umfassend geändert (BMF-Schreiben v. 15.10.2025, BStBl I 2025, 1806).

Auswirkungen der verpflichtenden E-Rechnung ergeben sich im Hinblick darauf, dass § 15 Abs. 1 UStG eine ordnungsgemäße Rechnung voraussetzt, die den Vorgaben des § 14 UStG entspricht, naturgemäß auch für den **Vorsteuerabzug**.

4.1 Unternehmereigenschaft des Rechnungsempfängers

Der Rechnungsaussteller kann sich bei Beachtung der Sorgfalt eines ordentlichen Kaufmanns auf die Angabe des Rechnungs-/Leistungsempfängers verlassen, dass dieser ein inländischer Unternehmer ist, sofern ihm keine gegenteiligen Informationen vorliegen. Dabei kann die Verwendung der USt-IDNr. ein in Indiz dafür sein, dass der Empfänger als Unternehmer handelt.

4.2 Rechnungsausstellung im fehlerhaften Format

Allein wegen der Ausstellung einer Rechnung im falschen Format wird von der FinVerw der Vorsteuerabzug nicht beanstandet, sofern der Rechnungsempfänger anhand der ihm vorliegenden Informationen davon ausgehen konnte, dass der Rechnungsaussteller die Übergangsregelungen nach § 27 Abs. 38 UStG in Anspruch nehmen konnte (**Abschn. 15.2a Abs. 1a S. 12 – 14 UStAE**).

Hinweis: Fehlerhaftes Format und Berichtigung

War der Rechnungsersteller zur Ausstellung einer E-Rechnung verpflichtet, kann eine stattdessen ausgestellte **sonstige Rechnung** nach **Abschn. 15.2a Abs. 7 UStAE** durch Ausstellen einer E-Rechnung berichtigt werden. Die E-Rechnung muss dann durch eine eindeutige Bezugnahme auf die ursprgl. Rechnung zum **Ausdruck bringen**, dass es sich um eine **berichtigte Rechnung** handelt, um die Anwendung des § 14c UStG auszuschließen. Eine solche Berichtigung wirkt dann auf den Zeitpunkt der Ausstellung der sonstigen Rechnung zurück (**Abschn. 15.2a Abs. 7 S. 2 und 3 UStAE**).

Erfolgt keine Rechnungsberichtigung durch nachträgliches Ausstellen einer E-Rechnung, sind die in einer sonstigen Rechnung enthaltenen Angaben im Hinblick auf den Vorsteuerabzug als **mögliche objektive Nachweise** i.S.d. Abschn. 15.2a Abs. 1a UStAE zu berücksichtigen.

Hinweis: Vorsteuerabzug trotz „sonstiger Rechnung“

Nach den Ausführungen der FinVerw kann also auch eine inhaltlich richtige und vollständige sonstige Rechnung zum Vorsteuerabzug berechtigen, sofern daraus die materiellen Voraussetzungen zum Vorsteuerabzug erkennbar sind (**Abschn. 15.2a Abs. 1a S. 12–14 UStAE**).

UStAE 15.2 b. Leistung für das Unternehmen

Leistungsempfänger

(1) [1]Eine Lieferung oder sonstige Leistung wird grundsätzlich an diejenige Person ausgeführt, die aus dem schuldrechtlichen Vertragsverhältnis, das dem Leistungsaustausch zu Grunde liegt, berechtigt oder verpflichtet ist (vgl. BFH-Urteil vom 28. 8. 2013, XI R 4/11, BStBl 2014 II S. 282). [2]Leistungsempfänger ist somit regelmäßig der Auftraggeber oder Besteller einer Leistung. [3]Alleine die Umlage der Umsatzsteuer durch den Leistungsempfänger auf sein unternehmerisch tätiges Mitglied führt auch unter Beachtung des Grundsatzes der Neutralität der Umsatzsteuer nicht dazu, dass das Mitglied zum Leistungsempfänger wird (vgl. BFH-Urteil vom 31. 5. 2017, XI R 40/14, BStBl 2021 II S. 828) [4]Saniert ein Treuhänder ein Gebäude für Zwecke einer umsatzsteuerpflichtigen Vermietung, ist der Treuhänder und nicht der Treugeber auf Grund der im Namen des Treuhänders bezogenen Bauleistungen zum Vorsteuerabzug berechtigt (BFH-Urteil vom 18. 2. 2009, V R 82/07, BStBl II S. 876). [5]Wird auf einem Grundstück, an dem die Ehegatten gemeinschaftlich Miteigentümer sind, ein Bauwerk errichtet, kann statt der Ehegattengemeinschaft auch einer der Ehegatten allein Leistungsempfänger sein. [6]In derartigen Fällen muss sich schon aus der Auftragserteilung klar ergeben, wer Auftraggeber und damit Leistungsempfänger ist. [7]Bei gemeinsamem Erwerb durch mehrere Personen in Form einer nicht selbst unternehmerisch tätigen Bruchteilsgemeinschaft sind die einzelnen Gemeinschafter als Leistungsempfänger anzusehen (BFH-Urteil vom 28. 8. 2014, V R 49/13, BStBl 2021 II S. 825). [8]Dies gilt für den Bezug von sonstigen Leistungen gleichermaßen, z. B. bei der Vermietung eines Ladenlokals an eine nichtunternehmerische Ehegattengemeinschaft (vgl. BFH-Urteil vom 1. 2. 2001, V R 79/99, BStBl 2008 II S. 495). [9]Alleine die unentgeltliche Nutzung eines in gemeinschaftlichem Eigentum stehenden Wirtschaftsgutes durch einen Gemeinschafter begründet weder eine eigene Rechtspersönlichkeit noch eine wirtschaftliche Tätigkeit der Gemeinschaft. [10]Einem Unternehmer, der nach den vorstehenden Grundsätzen als Leistungsempfänger anzusehen ist, steht nach § 15 Abs. 1 UStG der Vorsteuerabzug zu, wenn und soweit die Leistung für sein Unternehmen ausgeführt wurde (vgl. Absatz 2 und 3). [11]Ist bei einer solchen Gemeinschaft nur ein Gemeinschafter unternehmerisch tätig und verwendet dieser einen Teil des Gegenstands ausschließlich für seine unternehmerischen Zwecke, steht ihm das Vorsteuerabzugsrecht aus den bezogenen Leistungen anteilig zu, soweit der seinem Unternehmen zugeordnete Anteil am Gegenstand seinen Miteigentumsanteil nicht übersteigt (vgl. BFH-Urteil vom 6. 10. 2005, V R 40/01, BStBl 2007 II S. 13 sowie Abschnitt 15 a.2 Abs. 4). [12]Die tatsächliche Durchführung muss den getroffenen Vereinbarungen entsprechen (vgl. BFH-Urteile vom 11. 12. 1986, V R 57/76, BStBl 1987 II S. 233, vom 26. 11. 1987, V R 85/83, BStBl 1988 II S. 158, und vom 5. 10. 1995, V R 113/92, BStBl 1996 II S. 111). [13]Wird unter Missachtung des sich aus dem schuldrechtlichen Vertragsverhältnis ergebenden Anspruchs die Leistung tatsächlich an einen Dritten erbracht, kann der Dritte unabhängig von den zu Grunde liegenden Rechtsbeziehungen Leistungsempfänger sein (BFH-Urteil vom 1. 6. 1989, V R 72/84, BStBl II S. 677). [14]Zur Bestimmung des Leistungsempfängers bei Leistungen im Sinne des § 3 a Abs. 2 UStG vgl. Abschnitt 3 a.2 Abs. 2.

Leistung für das Unternehmen

(2) [1]Ein Unternehmer, der für Zwecke des Vorsteuerabzugs als Leistungsempfänger anzusehen ist (vgl. Absatz 1), ist nach § 15 Abs. 1 UStG zum Vorsteuerabzug berechtigt, soweit er Leistungen für sein Unternehmen im Sinne des § 2 Abs. 1 UStG und damit für seine unternehmerischen Tätigkeiten zur Erbrin-

gung entgeltlicher Leistungen zu verwenden beabsichtigt (vgl. BFH-Urteil vom 27. 1. 2011, V R 38/09, BStBl 2012 II S. 68). [2]Bei der Prüfung des Vorsteuerabzugs sind die Ausschlusstatbestände nach § 15 Abs. 1a, 1b und 2 UStG zu berücksichtigen (vgl. Abschnitte 15.6, 15.6a und 15.12 bis 15.14). [3]Zwischen Eingangs- und Ausgangsleistung muss nach dem objektiven Inhalt der bezogenen Leistung ein direkter und unmittelbarer Zusammenhang bestehen (vgl. BFH-Urteil vom 11. 04. 2013 – V R 29/10, BStBl II S. 840; nur mittelbar verfolgte Zwecke sind unerheblich (vgl. BFH-Urteil vom 13. 01. 2011 – V R 12/08, BStBl 2012 II S. 61), sofern die Voraussetzungen nach Absatz 2a nicht erfüllt sind. **[4]Maßgebend ist nicht nur die Verwendung der bezogenen Eingangsleistung, sondern auch der ausschließliche Entstehungsgrund des Eingangsumsatzes (vgl. BFH-Urteil vom 07.12.2022 – XI R 16/21, BStBl II 2025 S. 580).** [5]Im Hinblick auf den erforderlichen Zusammenhang ist wie folgt zu differenzieren (vgl. BFH-Urteil vom 11. 4. 2013, V R 29/10, a. a. O.):

1. [1]Besteht der direkte und unmittelbare Zusammenhang zu einem einzelnen Ausgangsumsatz seiner wirtschaftlichen Tätigkeit, der steuerpflichtig ist (bzw. von § 15 Abs. 3 UStG umfasst wird), kann der Unternehmer den Vorsteuerabzug in Anspruch nehmen. [2]Die für den Leistungsbezug getätigten Aufwendungen gehören dann zu den Kostenelementen dieses Ausgangsumsatzes.
2. [1]Bei einem direkten und unmittelbaren Zusammenhang zu einem Ausgangsumsatz, der mangels wirtschaftlicher Tätigkeit nicht dem Anwendungsbereich der Umsatzsteuer unterliegt oder ohne Anwendung von § 15 Abs. 3 UStG steuerfrei ist, besteht keine Berechtigung zum Vorsteuerabzug. [2]Dies gilt auch, wenn der Unternehmer eine Leistung z. B. für einen steuerfreien Ausgangsumsatz bezieht, um mittelbar seine zum Vorsteuerabzug berechtigende wirtschaftliche Gesamttätigkeit zu stärken, da der von ihm verfolgte endgültige Zweck unerheblich ist.
3. [1]Fehlt ein direkter und unmittelbarer Zusammenhang zwischen einem bestimmten Eingangsumsatz und einem oder mehreren Ausgangsumsätzen, kann der Unternehmer zum Vorsteuerabzug berechtigt sein, wenn die Kosten für die Eingangsleistung zu seinen allgemeinen Aufwendungen gehören und – als solche – Bestandteile des Preises der von ihm erbrachten Leistungen sind. [2]Derartige Kosten hängen direkt und unmittelbar mit seiner wirtschaftlichen Gesamttätigkeit zusammen und berechtigen nach Maßgabe dieser Gesamttätigkeit zum Vorsteuerabzug (vgl. Abschnitte 15.15, 15.21 und 15.22).

[6]Zum Ausschluss eines Vorsteuerabzuges einer Holdinggesellschaft aus Eingangsleistungen, die nicht in direktem und unmittelbarem Zusammenhang mit den eigenen Umsätzen, sondern mit denen der Tochtergesellschaften stehen, vgl. BFH-Urteil vom 15.02.2023 – XI R 24/22 (XI R 22/18), BStBl II S. 940. [7]Beabsichtigt der Unternehmer bereits bei Leistungsbezug, die bezogene Leistung nicht für seine unternehmerische Tätigkeit, sondern ausschließlich und unmittelbar für die Erbringung unentgeltlicher Wertabgaben im Sinne des § 3 Abs. 1b oder 9a UStG zu verwenden, ist er nicht zum Vorsteuerabzug berechtigt (vgl. Abschnitt 15.15 sowie BFH-Urteile vom 9. 12. 2010, V R 17/10, BStBl 2012 II S. 53, und vom 26. 8. 2014, XI R 26/10, BStBl 2021 II S. 881). [8]Beabsichtigt der Unternehmer bei Bezug der Leistung, diese teilweise für unternehmerische und nichtunternehmerische Tätigkeiten zu verwenden (teilunternehmerische Verwendung), ist er grundsätzlich nur im Umfang der beabsichtigten Verwendung für seine unternehmerische Tätigkeit zum Vorsteuerabzug berechtigt (vgl. BFH-Urteil vom 3. 3. 2011, V R 23/10, BStBl 2012 II S. 74). [9]Eine weitergehende Berechtigung zum Vorsteuerabzug besteht bei einer teilunternehmerischen Verwendung einheitlicher Gegenstände nur, wenn es sich bei der nichtunternehmerischen Tätigkeit um die Verwendung für Privatentnahmen im Sinne des § 3 Abs. 1b oder 9a UStG, also um Entnahmen für den privaten Bedarf des Unternehmers als natürliche Person und für den privaten Bedarf seines Personals (unternehmensfremde Tätigkeiten), handelt (vgl. Abschnitt 15.2c Abs. 2 Satz 1 Nr. 2 Buchstabe b und BFH-Urteil vom 3. 3. 2011, V R 23/10, a. a. O.). [10]Keine Privatentnahme in diesem Sinne ist dagegen eine Verwendung für nichtwirtschaftliche Tätigkeiten i. e. S. wie z. B. unentgeltliche Tätigkeiten eines Vereins aus ideellen Vereinszwecken oder hoheitliche Tätigkeiten einer juristischen Person des öffentlichen Rechts (vgl. Abschnitte 2.3 Abs. 1a, 2.10, 2.11, 15.19, 15.21 und 15.22 und BFH-Urteile vom 6. 5. 2010, V R 29/09, BStBl II S. 885, und vom 3. 3. 2011, V R 23/10, a. a. O.). [11]Hinsichtlich der Änderung des Nutzungsumfangs der Eingangsumsätze vgl. Abschnitte 3.3, 3.4 und 15a.1 Abs. 6 und 7.

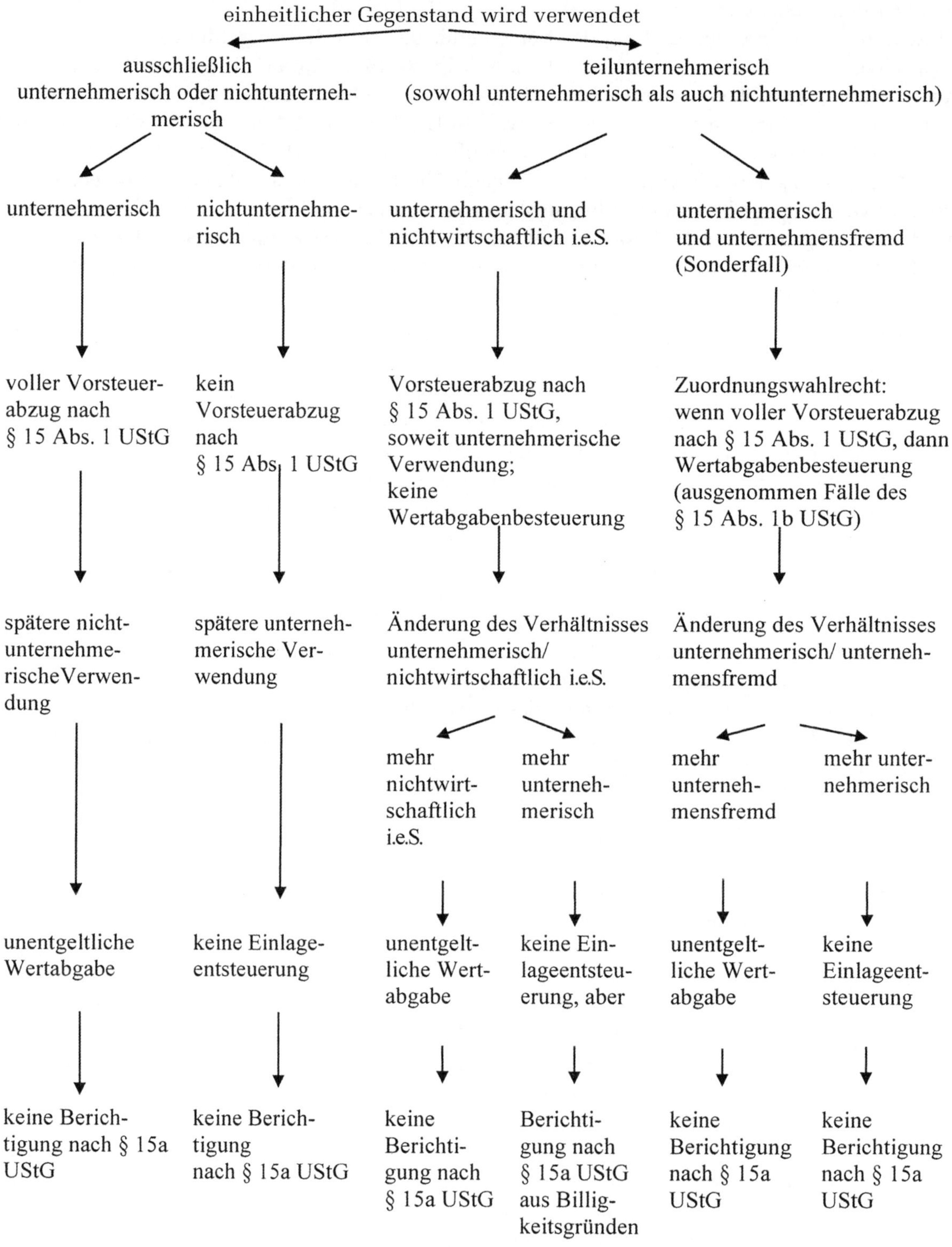

(2a) [1]Bezieht ein Unternehmer eine Leistung, um diese an einen Dritten unentgeltlich weiter zu leisten und zugleich die eigene unternehmerische Tätigkeit zu ermöglichen, steht ihm der Vorsteuerabzug zu, wenn die bezogene Eingangsleistung nicht über das hinausgeht, was erforderlich bzw. unerlässlich ist, um diesen Zweck zu erfüllen, und die Kosten für die Eingangsleistung Bestandteil des Preises der von ihm erbrachten Leistungen sind und der Vorteil des Dritten allenfalls nebensächlich ist. [2]Nur insoweit reicht eine mittelbare Veranlassung für den Vorsteuerabzug aus (vgl. BFH-Urteil vom 16.12.2020 – XI R 26/20 (XI R 28/17), BStBl II 2024 S. 146). [3]Der Bezug einer Leistung ist insbesondere dann erforderlich bzw. unerlässlich, wenn der Unternehmer seine wirtschaftliche Tätigkeit ohne Ausführung dieses Leistungsbezugs nicht ausüben oder fortführen könnte. [4]Ein solcher Leistungsbezug ist nicht schon deswegen erforderlich bzw. unerlässlich, weil dieser sich allein aus der Erfüllung einer rechtlichen Verpflichtung (wie z. B. einer behördlichen Auflage) begründet. [5]Geht der Leistungsbezug über das hinaus, was erforderlich bzw. unerlässlich war, liegt ein Leistungsbezug für das Unternehmen insoweit nicht vor und ein Vorsteuerabzug ist entsprechend ausgeschlossen; es besteht dann auch kein Zuordnungswahlrecht nach Abschnitt 15.2c Abs. 2 Satz 1 Nr. 2 Buchstabe b. [6]Eine in Fällen des Satzes 5 ggf. erforderliche Aufteilung ist in analoger Anwendung des Abschnitts 15.17 vorzunehmen. [7]Der Vorteil des Dritten ist insbesondere dann allenfalls nebensächlich, wenn die Weiterleistung der Leistung nicht den Bedürfnissen dieses Dritten dient oder wenn der Vorteil dieses Dritten gegenüber dem Bedarf des Unternehmers nur nebensächlich ist.

Beispiel 1:

[1]Unternehmer U möchte einen Steinbruch unternehmerisch ausbeuten. [2]Der Betrieb des Steinbruchs wird von der zuständigen Behörde nur unter der Auflage genehmigt, dass die Erschließung des Steinbruchs über eine öffentliche Gemeindestraße erfolgt. [3]U verpflichtet sich, die Kosten für den Ausbau der Straße zu tragen. [4]Die hierfür von U bezogenen Leistungen werden nur zu dem für die Nutzung durch den Schwerlastverkehr erforderlichen Ausbau der Straße genutzt und gehen nicht darüber hinaus. [5]Die Kosten für den Straßenausbau gehen kalkulatorisch in den Verkaufspreis der abgebauten Steine ein. [6]Durch Abnahme der Bauleistung durch die Gemeinde wird die Straße kostenlos an diese übertragen. [7]Die (öffentliche) Straße wird in der Folge hauptsächlich von dem Schwerlastverkehr im Zusammenhang mit dem Steinbruch genutzt, danebenerfolgt nur eine geringe Nutzung durch die Allgemeinheit (Pkw-Verkehr).

[8]Die Errichtung der Straße ist Voraussetzung für den Betrieb des Steinbruchs. [9]Die Arbeiten für die Errichtung der Straße gehen nicht über das hinaus, was erforderlich war, um den Steinbruch zu betreiben. [10]Die Kosten für die Baumaßnahmen gehen in die zum Vorsteuerabzug berechtigenden Ausgangsumsätze des U ein. [11]Aufgrund der hauptsächlichen Nutzung der Straße für den Schwerlastverkehr des U ist der Nutzen für die Gemeinde (in Form der nur geringen Pkw-Nutzung durch die Allgemeinheit) nur nebensächlich. [12]U ist daher zum Vorsteuerabzug aus den im Zusammenhang mit dem Straßenausbau bezogenen Leistungen berechtigt. [13]Eine Besteuerung der unentgeltlichen Wertabgabe des U an die Gemeindeerfolgt unter den genannten Umständen nicht (vgl. BFH-Urteil vom 16.12.2020 – XI R 26/20 (XI R 28/17), a.a.O.).

Beispiel 2:

[1]Ein Industriebetrieb wird über eine zum Schwerlastverkehr grundsätzlich geeignete Straße beliefert. [2]Durch die Besucher eines nah gelegenen Naherholungsgebiets wird der Lkw-Verkehr so erheblich beeinträchtigt, dass die Produktionsabläufe grundlegend gestört werden. [3]Der Industriebetrieb hat von der Gemeinde auf Antrag die Genehmigung erhalten, auf eigene Kosten die Straße so zu verbreitern, dass ein reibungsloser Lkw-Verkehr wieder möglich ist. [4]Um die Unfallgefahr durch das hohe Radfahreraufkommen zu minimieren, baut der Unternehmer freiwillig einen zusätzlichen Fahrradweg. [5]Aufgrund einer Auflage in der Genehmigung führt der Unternehmer dazu Maßnahmen zur Begrünung durch, um den Charakter des Naherholungsgebiets zu erhalten. [6]Alle Maßnahmen werden ausschließlich auf Grundstücken der Gemeinde durchgeführt bzw. betreffen die dem öffentlichen Verkehr gewidmete Straße.

[7]Die Verbreiterung der Straße ist für die Ausübung der wirtschaftlichen Tätigkeit des Industriebetriebes erforderlich, da erst hierdurch wieder ein ungestörter Betriebsablauf möglich ist. [8]Darüber hinaus ist der Vorteil der Gemeinde nur nebensächlich, da bereits eine für den öffentlichen Verkehr nutzbare Straße vorhanden ist. [9]Daher erfolgt der Bezug dieser Leistung für das Unternehmen des Industriebetriebes, wodurch insoweit ein Vorsteuerabzug möglich ist. [10]Die Aufwendungen für den Fahrradweg dienen der Verkehrssicherheit und verbessern weiter den Verkehrsfluss. [11]Allerdings ist eine Nutzung der ausgebauten Straße durch die Lkw auch ohne den Fahrradweg möglich. [12]Daneben ist der Vorteil für die Gemeinde bzw. die Allgemeinheit nicht nur nebensächlich, indem die Radfahrer mit dem Fahrradweg nun einen eigenen, bislang nicht vorhandenen Verkehrsstreifennutzen können. [13]Damit erfolgt dieser Leistungsbezug nicht für das Unternehmen und ein Vorsteuerabzug ist insoweit unzulässig. [14]Die Begrünungsmaßnahmen sind für die Ausübung der wirtschaft-

lichen Tätigkeit nicht erforderlich. [15]Selbst die gemeindliche Auflage zur Vornahme entsprechender Maßnahmen führt nicht dazu, dass diese für die Ausübung der wirtschaftlichen Tätigkeit unerlässlich werden. [16]Daneben ist der Vorteil für die Gemeinde bzw. die Allgemeinheit aus der Begrünung nicht nur nebensächlich, sondern dient unmittelbar ihren Bedürfnissen. [17]Damit erfolgt dieser Leistungsbezug nicht für das Unternehmen und ein Vorsteuerabzug ist insoweit unzulässig. [18]Wurden die einzelnen Leistungen oder Leistungsbestandteile nicht gesondert abgerechnet, ist eine Aufteilung der Vorsteuerbeträge in analoger Anwendung des Abschnitts 15.17 vorzunehmen. [19]Hinsichtlich der eigentlichen Straßenverbreiterung ergibt sich keine unentgeltliche Wertabgabe, da der Leistungsbezug für den Industriebetrieb erforderlich bzw. unerlässlich ist, um seine wirtschaftliche Tätigkeit ausüben zu können, und der Vorteil der Gemeinde hier allenfalls nebensächlich ist, da bereits eine nutzbare Straße vorhanden ist. [20]Hinsichtlich des Fahrradweges und der Begrünung ergibt sich ebenfalls keine unentgeltliche Wertabgabe, da insoweit schon keine Berechtigung zum Vorsteuerabzug bestanden hat.

(3) [1]Ob eine Leistung für unternehmerische Tätigkeiten bezogen wird, ist nach dem Innenverhältnis zu beurteilen. [2]Danach muss die Verwendung der bezogenen Leistung für unternehmerische Tätigkeiten objektiv möglich und auch durchgeführt sein. [3]Für die Frage, ob eine Leistung für das Unternehmen vorliegt, sind grundsätzlich die Verhältnisse im Zeitpunkt des Umsatzes an den Unternehmer maßgebend (vgl. BFH-Urteil vom 6. 5. 1993, V R 45/88, BStBl II S. 564); vgl. auch Abschnitt 15.2c Abs. 12. [4]Eine erstmalige vorübergehende nichtunternehmerische Verwendung steht dem Leistungsbezug für das Unternehmen nicht entgegen, wenn der erworbene Gegenstand anschließend bestimmungsgemäß unternehmerisch genutzt wird (vgl. BFH-Urteil vom 20. 7. 1988, X R 8/80, BStBl II S. 1012, und BFH-Beschluss vom 21. 6. 1990, V B 27/90, BStBl II S. 801). [5]Bei der Anschaffung von sog. Freizeitgegenständen (z. B. von Segelbooten, Segelflugzeugen und Wohnwagen) ist davon auszugehen, dass diese Gegenstände den nichtunternehmerischen Tätigkeiten zuzuordnen sind (vgl. Abschnitt 2.6 Abs. 3). [6]Zum Vorsteuerabzug aus dem Erwerb eines Flugzeugs durch die Ehefrau, das weitaus überwiegend vom Ehemann genutzt wird, vgl. BFH-Urteil vom 19. 5. 1988, V R 115/83, BStBl II S. 916. [7]Liefert ein Unternehmer unter der Anschrift und Bezeichnung, unter der er seine Umsatztätigkeit ausführt, einen ihm gelieferten für sein Unternehmen objektiv nützlichen Gegenstand sogleich weiter und rechnet darüber mit gesondertem Steuerausweis ab, behandelt er den Gegenstand als für sein Unternehmen bezogen (vgl. BFH-Urteil vom 27. 7. 1995, V R 44/94, BStBl II S. 853). [8]Eine Personengesellschaft kann die ihr in Rechnung gestellte Umsatzsteuer für von ihr bezogene Dienstleistungen, die der Erfüllung einkommensteuerrechtlicher Verpflichtungen ihrer Gesellschafter dienen, nicht als Vorsteuer abziehen (BFH-Urteil vom 8. 9. 2010, XI R 31/08, BStBl 2011 II S. 197). [9]Dient ein Insolvenzverfahren sowohl der Befriedigung von Verbindlichkeiten des – zum Vorsteuerabzug berechtigten – Unternehmers wie auch der Befriedigung von Privatverbindlichkeiten des Unternehmers, ist der Unternehmer aus der Leistung des Insolvenzverwalters grundsätzlich im Verhältnis der unternehmerischen zu den privaten Verbindlichkeiten, die im Insolvenzverfahren jeweils als Insolvenzforderungen geltend gemacht werden, zum anteiligen Vorsteuerabzug berechtigt (BFH-Urteil vom 15. 4. 2015, V R 44/14, BStBl II S. 679). [10]Dies gilt entsprechend für den Vorsteuerabzug des Gesamtrechtsnachfolgers eines vormals als Unternehmer zum Vorsteuerabzug berechtigten Erblassers aus den Leistungen des Nachlassinsolvenzverwalters (vgl. BFH-Urteil vom 21. 10. 2015, XI R 28/14, BStBl 2016 II S. 550). [11]Zu den Anforderungen an die Rechnungsstellung des Insolvenzverwalters vgl. Abschnitt 15.2a Abs. 1 Sätze 5 und 6. [12]Zum Vorsteuerabzug eines Insolvenzverwalters vgl. Abschnitt 15.2d Abs. 1 Nr. 14. [13]Zum Vorsteuerabzug eines Unternehmens, das seine Tätigkeit bereits vor Insolvenzeröffnung eingestellt hatte, vgl. Abschnitt 15.12 Abs. 1 Satz 5 Nr. 1.

Leistungsbezug durch Vorgründungsgesellschaft oder Gesellschafter

(4) [1]Ein Gesellschafter oder eine zur Gründung einer Kapitalgesellschaft errichtete Personengesellschaft (sog. Vorgründungsgesellschaft, der bzw. die nach Gründung der Kapitalgesellschaft die bezogenen Leistungen in einem Akt gegen Entgelt an diese veräußert und andere Ausgangsumsätze von vornherein nicht beabsichtigt hatte, ist unter den übrigen Voraussetzungen des § 15 UStG zum Abzug der Vorsteuer für den Bezug von Dienstleistungen und Gegenständen ungeachtet dessen berechtigt, dass die Umsätze im Rahmen einer Geschäftsveräußerung nach § 1 Abs. 1a UStG nicht der Umsatzsteuer unterliegen. [2]Maßgebend sind insoweit die beabsichtigten Umsätze der Kapitalgesellschaft (vgl. BFH-Urteil vom

15. 7. 2004, V R 84/99, BStBl 2005 II S. 155. [3]Erfolgt die Übertragung außerhalb einer entgeltlichen Leistung, kann dem Gesellschafter bzw. der Vorgründungsgesellschaft unter den übrigen Voraussetzungen des § 15 UStG der Vorsteuerabzug aus einer bezogenen Leistung zustehen, wenn es sich aus Sicht der (geplanten) Gesellschaft um einen Investitionsumsatz handelt und soweit die beabsichtigte Tätigkeit der Gesellschaft einen Vorsteuerabzug nicht ausschließt. [4]Unter den Begriff des Investitionsumsatzes fallen dabei bezogene Lieferungen oder sonstige Leistungen, die der Gesellschafter (bzw. die Vorgründungsgesellschaft) tatsächlich an die Gesellschaft überträgt und die von dieser für ihre wirtschaftliche Tätigkeit genutzt werden. [5]Gleiches gilt, wenn der Investitionsumsatz zwar beabsichtigt ist, aber nur deshalb nicht tatsächlich erfolgt, weil eine geplante Gesellschaftsgründung scheitert. [6]Der private Verbrauch oder der Weiterverkauf eines Investitionsumsatzes nach einer gescheiterten Gesellschaftsgründung führt nicht zum Verlust des ursprünglichen Vorsteuerabzugs, sondern zu einer Entnahmebesteuerung bzw. Lieferung im Rahmen eines Hilfsgeschäfts. [7]Für einen Vorsteuerabzug aus einem Investitionsumsatz genügt es, dass die Eigenschaft des Gesellschafters als (erfolgloser) Unternehmer aus diesem Investitionsumsatz resultiert. [8]Von einem Investitionsumsatz abzugrenzen sind bezogene Leistungen, die generell nicht an die Gesellschaft übertragen werden können (vgl. BFH-Urteil vom 11. 11. 2015, V R 8/15, BStBl 2022 II S. 288), sondern z. B. durch den Gesellschafter selbst genutzt oder verbraucht werden, oder die zwar von der Gesellschaft genutzt, aber nicht tatsächlich an sie übertragen werden (vgl. BFH-Urteil vom 26. 8. 2014, XI R 26/10, BStBl 2021 II S. 881).

Anmerkung

1. Vorsteuerabzug – direkter und unmittelbarer Zusammenhang oder reicht ein mittelbarer Zusammenhang

Nach Auffassung des EuGH setzt der Vorsteuerabzug im Grundsatz einen direkten und unmittelbaren Zusammenhang zwischen Eingangs- und Ausgangsleistung voraus. Aber auch dann, wenn dieser direkte und unmittelbare Zusammenhang fehlt, kann eine Vorsteuerabzugsberechtigung dann bestehen, wenn die Kosten zu den allgemeinen Aufwendungen des Unternehmers gehören und als solche zu den allgemeinen Aufwendungen gehören, die mit der wirtschaftlichen Gesamttätigkeit des Unternehmers zusammenhängen (EuGH, Urt. v. 16.9.2020 – C-528/19, Mitteldeutsche Hartstein).

Der EuGH bestätigte mit dieser Entscheidung seine neuere Rechtsprechung (EuGH, Urt. v. 14.9.2017 – C-132/16, Iberdrola Immobiliaria), der sich – in diesem Punkt – auch der BFH und die deutsche Finanzverwaltung in Abschn. 15.2b Abs. 2 Satz 4 Nr. 3 UStAE angeschlossen haben.

Sachverhalt

Im entschiedenen Fall wollte die Klägerin einen Kalksteinbruch betreiben Sie schloss daraufhin mit der Gemeinde eine Vereinbarung, mit der sie sich verpflichtete, für die Gemeinde eine öffentliche Straße auszubauen und der Gemeinde unentgeltlich zu überlassen. Die Klägerin beanspruchte den Vorsteuerabzug aus den Baukosten. Das Finanzamt gewährte den Vorsteuerabzug, wollte aber zusätzlich eine unentgeltliche Wertabgabe versteuern. Das Finanzgericht verweigerte hingegen den Ansatz einer steuerpflichtigen unentgeltlichen Wertabgabe bei gleichzeitiger Versagung des Vorsteuerabzugs. Der BFH rief den EuGH an.

Allerdings hatte der BFH zum Vorsteuerabzug aus Aufwendungen für eine gemeindliche Erschließungsstraße in einer Entscheidung aus 2011 eine davon abweichende Auffassung vertreten (BFH, Urt. v. 13.1.2011 – V R 12/08):

„Beabsichtigt der Unternehmer bereits bei Leistungsbezug, die bezogene Leistung nicht für seine wirtschaftliche Tätigkeit, sondern ausschließlich und unmittelbar für eine unentgeltliche Entnahme i. S. von § 3 Abs. 1b UStG zu verwenden, ist er nicht zum Vorsteuerabzug berechtigt. Dies gilt auch, wenn er mit dieser Entnahme mittelbar Ziele verfolgt, die ihn nach seiner wirtschaftlichen Gesamttätigkeit zum Vorsteuerabzug berechtigen würden.

Der Unternehmer ist nicht zum Vorsteuerabzug berechtigt, wenn er bei Errichtung von Erschließungsanlagen beabsichtigt, diese einer Gemeinde durch Zustimmung zur öffentlich-rechtlichen Widmung der Anlagen unentgeltlich i. S. von § 3 Abs. 1b Satz 1 Nr. 3 UStG zuzuwenden. Dies gilt auch, wenn er bei der Herstellung und Zustimmung zur Widmung der Erschließungsanlagen – mittelbar – beabsichtigt, Grundstücke im Erschließungsgebiet steuerpflichtig zu liefern.“

Dieser Auffassung war die Finanzverwaltung im BMF-Schr. v. 7.6.2012 – V D 2-S 7300/07/10001:001, 2012/0479016 im Wesentlichen gefolgt.

1.1 Anmerkung

Auf der gleichen Linie wie die Entscheidung des EuGH liegt auch eine Entscheidung des BFH aus dem Juni 2020 (BFH, Urt. v. 10.6.2020 – XI R 25/18). Der XI. Senat des BFH hat in dieser Entscheidung Bezug genommen auf die EuGH-Entscheidung C-432/15, Bastova (EuGH, Urt. v. 10.11.2016 – C-432/15), in der der EuGH sich auch zum direkten und unmittelbaren Zusammenhang zwischen Eingang- und Ausgangsleistung geäußert hatte.

Sachverhalt C-432/15

In der Rechtssache „*Bastova*“ ging es um die Frage, ob die die Preisgelder aus Anlass für die Teilnahme an Reitturnieren steuerbare Umsätze darstellen. Außerdem war streitig, ob ein Recht auf Vorsteuerabzug für Aufwendungen für die Pferde besteht. Der EuGH verneinte die Steuerbarkeit, bejahte aber die Vorsteuerabzugsberechtigung. Der EuGH hatte seinerzeit ausgeführt, dass ein Recht auf Abzug der gesamten Vorsteuer besteht, wenn die Pferde für den Verkauf bestimmt seien oder die Teilnahme an den Reitturnieren objektiv ein Mittel zur Förderung der wirtschaftlichen Tätigkeit Rennstalls sei. Sei dies der Fall, wiesen die Aufwendungen für die Vorbereitung und die Teilnahme dieser Pferde an den Pferderennen einen direkten und unmittelbaren Zusammenhang mit der gesamten wirtschaftlichen Tätigkeit des Stpfl. auf, die im Betrieb eines solchen Rennstalls besteht. U.a. könnten die Erfolge der Pferde in Rennen dem Rennstallbetreiber eine stärkere Publizität oder Aufmerksamkeit verschaffen, die den Preis seiner Dienstleistungen für das Training der Pferde Dritter beeinflussen können.

Auch im Verfahren XI R 25/18 ging es um die Teilnahme an Reitturnieren und den Vorsteuerabzug aus Aufwendungen für die Pferde. Der BFH bejahte den Vorsteuerabzug mit der Begründung, es sei in der Regel Ziel jeder Turnierteilnahme, den Ruf des Rennstalls zu mehren. Es sei nicht ersichtlich, welchen privaten Bedarf des Stpfl. oder eines Dritten die Leistungen des Rennstalls hätten dienen sollen.

Damit verneint der BFH unternehmensfremde Gründe und gleichzeitig die Annahme einer unentgeltlichen Wertabgabe, so dass auch kein Anlass bestand über den Ansatz der Mindestbemessungsgrundlage (§ 10 Abs. 5 UStG) nachzudenken (vgl. dazu auch die Anm. von *Widmann*, MwStR 2020, 1022 f., 1023)

1.2 Nachfolgeentscheidung des BFH und BMF-Schreiben zur Anwendung

Der BFH hat die EuGH-Rechtsprechung aus dem Urteil v. 16.9.2020 – C-528/19 zwischenzeitlich in der Nachfolgeentscheidung bestätigt (BFH v. 16.12.2020 – XI R 26/20). Unter bestimmten Voraussetzungen hält danach auch der BFH eine **mittelbare Veranlassung als Voraussetzung für den Vorsteuerabzug für ausreichend**. Für den Fall, dass eine Leistung bezogen wird, um sie an einen Dritten weiterzugeben berechtigt dies nur dann zum Vorsteuerabzug, wenn damit gleichzeitig die eigene unternehmerische Tätigkeit erst ermöglicht wird. Die bezogene Eingangsleistung darf dabei allerdings nicht über das hinausgehen, was erforderlich und unerlässlich war, um diesen unternehmerischen Zweck zu erfüllen. Außerdem müssen die Kosten der Eingangsleistung (kalkulatorisch) im Preis der getätigten Ausgangsumsätze enthalten sein und der Vorteil des Dritten darf – so der BFH unter Hinweis auf die Rechtssache „Mitteldeutsche Hartstein Industrie“ der EuGH (a.a.O.) allenfalls nebensächlich sein.

Rechtsfolge dieser Erweiterung der Vorsteuerabzugsberechtigung ist, dass § 3 Abs. 1b Satz 1 Nr. 3 UStG unionsrechtskonform dahingehend einschränkend auszulegen ist, dass eine Besteuerung der unentgeltlichen Wertabgabe dann nicht erfolgt, wenn kein unversteuerter Endverbrauch droht.

Hinweis

Die Problematik ist oftmals bei **Erschließungsmaßnahmen** von Bedeutung, bei denen häufig Leistungen von Unternehmern in Anspruch genommen werden, um die notwendige Infrastruktur zu schaffen, die aber auch von Dritten genutzt werden kann oder wo die geschaffene Infrastruktur „unentgeltlich“ auf die öffentliche Hand übergeht.

Die FinVerw hat mehr als drei Jahre benötigt, um zu entscheiden, ob und ggfs. in welcher Weise sie die Entscheidungen von EuGH und BFH anwendet. Mit BMF-Schreiben vom 24.1.2024 – III C 2 – S 7109/19/10004 :001 wird die Rechtsprechung allgemein anerkannt.

In dem BMF-Schreiben wird zunächst zutreffend zwischen den (neuen) Voraussetzungen für einen Verzicht auf die Besteuerung einer unentgeltlichen Wertabgabe nach § 3 Abs. 1 b UStG (Ergänzung im UStAE von Abschn. 3.2 um einen Abs. 4) und den Voraussetzungen für den Vorsteuerabzug, wenn ein Leistungsbezug lediglich mittelbar unternehmerisch veranlasst ist (Ergänzung im UStAE Abschn. 15.2b um einen Abs. 2 a) differenziert.

Die „Vorgabe“ des BFH (Urt. v. 16.12.2020 – XI R 26/20 (XI R 28/17), dass eine solche Ausgangsleistung aus unternehmerischen Gründen nicht der Besteuerung unterliegt, wenn kein unversteuerter Endverbrauch droht, setzt die Verwaltung wie folgt um:

– Die Eingangsleistung muss für Bedürfnisse des Unternehmers genutzt werden und geht nicht über das hinaus, was hierfür erforderlich bzw. unerlässlich ist,

– die Kosten für die Eingangsleistung sind Bestandteile des Preises der von dem Unternehmer erbrachten Leistungen und

– der Vorteil des Dritten ist allenfalls nebensächlich.

Hinweis

Nur in diesen Fällen – inhaltsgleich aus den Entscheidungsgründen des BFH übernommen – soll es bei einer aus unternehmerischen Gründen ausgeführten unentgeltlichen Lieferung nicht zu einer „Lieferung gegen Entgelt“ kommen.

Diese **Voraussetzungen** bestehen nach Auffassung der FinVerw z.B. in folgenden Fällen **nicht**:

– Bei unentgeltlicher Abgabe von bürgerlicher Bekleidung an Arbeitnehmer; (Hinweis auf BFH, Urt. v. 24.08.2022 – XI R 3/22, BStBl II 2023, 936).

– Bei Zuwendungen an Betriebsangehörige im Rahmen einer Betriebsveranstaltung, wenn diese ausschließlich dem privaten Bedarf der Betriebsangehörigen dienen und über Aufmerksamkeiten hinausgehen (Hinweis auf BFH, Urt. v. 10.05.2023 – V R 16/21, BStBl II 2023, 1023).

Der Bezug einer Leistung ist nach Auffassung der FinVerw in Abschn. 15.2b Abs. 2 a Satz 3 ff. UStAE insbes. dann **erforderlich bzw. unerlässlich**, wenn der Unternehmer seine wirtschaftliche Tätigkeit ohne Ausführung dieses Leistungsbezugs nicht ausüben oder fortführen könnte. Ein solcher Leistungsbezug ist andererseits nach Meinung aber **nicht** schon deswegen **erforderlich bzw. unerlässlich**, weil dieser sich allein aus der Erfüllung einer rechtlichen Verpflichtung (wie z.B. einer behördlichen Auflage) begründet.

Geht der Leistungsbezug über das hinaus, was erforderlich bzw. unerlässlich war, liegt ein Leistungsbezug für das Unternehmen insoweit nicht vor und der Vorsteuerabzug ist ausgeschlossen; es besteht dann auch **kein Zuordnungswahlrecht**.

Der **Vorteil des Dritten** ist dann allenfalls **nebensächlich**, **wenn die Weiterleitung der Leistung nicht den Bedürfnissen dieses Dritten dient** oder wenn der Vorteil dieses Dritten gegenüber dem Bedarf des Unternehmers nur nebensächlich ist (Abschn. 15.2b Abs. 2 a Satz 7 UStAE).

Hinweis

Liegen die o.a. Voraussetzungen nicht vor – die Eingangsleistungen gehen also über die Bedürfnisse des Unternehmers hinaus oder der Vorteil des Dritten ist nicht nebensächlich –, würde sich dem Grunde nach an sich eine unentgeltliche Wertabgabe nach § 3 Abs. 1b Satz 1 Nr. 3 UStG ergeben.

Aber: In diesen Fällen ist auch nach Auffassung der FinVerw in Abschn. 15.15 UStAE schon kein Vorsteuerabzug für den Leistungsbezug möglich, weil man zutreffend davon ausgeht, dass kein

Bezug für das Unternehmen vorliegt. Eine Besteuerung einer Wertabgabe kann dann also nicht erfolgen, da gar kein Bezug für das Unternehmen gegeben war.

1.3 Konsequenzen für die Anwendungspraxis

Das **BMF** hat im Schreiben v. 24.1.2024 (a.a.O.) in einer sehr einschränkenden Weise Stellung bezogen und **reduziert** die Anwendung der Rechtsprechung von EuGH und BFH in der Rechtssache „Mitteldeutsche Hartstein Industrie" **auf das Notwendigste**.

Das BMF führt **zwei Beispiele** an, von denen das erste den Sachverhalt der EuGH-Sache „Mitteldeutsche Hartstein-Industrie" wiedergeben soll. Allerdings versieht die FinVerw dieses Beispiel mit **„Ergänzungen"**, die sich so **aus dem EuGH-Urteil nicht ergeben**. Sie setzt dies so um, dass die Straße nur in Form einer „geringen Pkw-Nutzung durch die Allgemeinheit" genutzt wird.

Im **zweiten Beispiel** wird bei dem Ausbau einer solch notwendigen Straße aufgrund der Verkehrssicherheit noch ein **Fahrradstreifen** gebaut und aufgrund einer behördlichen Auflage ein Grünstreifen angelegt. Soweit die Aufwendungen des Unternehmers auf den Fahrradstreifen und den Grünstreifen entfallen, sieht die Verwaltung keinen Vorsteuerabzug für den Unternehmer. Dies soll gelten, selbst wenn dazu eine behördliche Auflage ergangen war.

Der **BFH** hat zwischenzeitlich in weiteren Fällen einen **mittelbaren Zusammenhang für ausreichend** erachtet (BFH v. 20.10.2021 – XI R 10/21, zum **Vorsteuerabzug aus den Aufwendungen für eine Hängeseilbrücke**; BFH v. 7.12.2022 – XI R 16/21 **zum Vorsteuerabzug aus Reparaturkosten an einem Dach, die durch eine Photovoltaikanlage verursacht wurden** (siehe dazu unten unter 5.). Beide Entscheidungen sind von der FinVerw **nicht amtlich veröffentlicht** wurden, werden also inhaltlich, d.h. von ihren Rechtsfolgen her nicht angewandt.

1.4 Anwendung des BMF-Schreibens

Die Grundsätze aus dem BMF-Schreiben vom 24.1.2024 sind in allen offenen Fällen anzuwenden.

2. Homeoffice

In einer Grundsatzentscheidung aus dem Jahr 2018 hatte sich der BFH mit der Vermietung von Räumlichkeiten an den Arbeitgeber des Stpfl. zu dessen betrieblichen Zwecken auseinanderzusetzen. Er vertrat in dieser – zum Ertragsteuerrecht ergangenen Entscheidung – die Auffassung, dass es sich nicht um eine Vermietung von Wohnraum, sondern (zweckentfremdet) um eine Vermietung zu gewerblichen Zwecken handele. Demgemäß sei die Einkünfteerzielungsabsicht durch eine objektbezogene Überschussprognose vom FG zu ermitteln (BFH, Urt. v. 17.4.2018 – IX R 9/17, BStBl II 2019, 219).

Die **FinVerw wendet diese Entscheidung an** (BMF, Schreiben v. 18.4.2019, BStBl I 2019, 461).

Umsatzsteuerlich geht es in diesen Fällen, in denen der Arbeitnehmer ein Homeoffice an den Arbeitgeber vermietet um die Frage des Vorsteuerabzugs und hierbei vorrangig um die Frage des direkten und unmittelbaren Zusammen-hangs zwischen Eingangs- und Ausgangsumsätzen. Diese Fallkonstellation hat jetzt den BFH beschäftigt.

2.1 Entscheidung und Begründung des BFH

Der BFH hat jetzt entschieden, dass den Klägern der Vorsteuerabzug nur teilweise zusteht (BFH v. 7.5.2020 – V R 1/18).

> Die Kläger (Eheleute) vermieten eine Einliegerwohnung in ihrem Zweifamilienhaus umsatzsteuerpflichtig an den Arbeitgeber des Klägers. Der Kläger nutzte den Bereich als Homeoffice. Im Streitjahr wurden umfangreiche Renovierung der Einliegerwohnung vorgenommen. Daraus entstanden Vorsteuerbeträge von denen ca. 2.550 EUR auf eine Badrenovierung entfielen. Das Finanzamt ordnete die Badrenovierung dem nichtunternehmerischen Bereich zu und kürzte Vorsteuer entsprechend. Das FG Köln gab der Klage teilweise statt: Vorsteuer für Toilette und Wachbecken (ca. 900 EUR) EUR wurden anerkannt (FG Köln, Urt. v. 3.8.2016 – 5 K 2515/14, EFG 2017, 831).

Für den BFH waren folgende Erwägungen maßgebend:

- Bei Aufwendungen für die Renovierung eines an den Arbeitgeber vermieteten Homeoffice besteht der für den Vorsteuerabzug erforderliche direkte und unmittelbare Zusammenhang mit den Vermietungsumsätzen nur, soweit das Homeoffice unternehmerisch/beruflich genutzt wird. Das bedeutet, dass die Aufwendungen zumindest zu den **Kostenelementen** der Ausgangsumsätze gehören müssen.
- Bei einer Bürotätigkeit kann sich die berufliche Nutzung des Homeoffice zwar auch auf einen Sanitärraum erstrecken, nicht jedoch auf ein mit Dusche und Badewanne ausgestattetes Badezimmer. Hierfür fehlt es an einem direkten und unmittelbaren Zusammenhang mit den Vermietungsumsätzen der Eheleute (Kläger).
- Im Streitfall erstreckten sich die Vorgaben des Arbeitgebers zur Ausstattung lediglich auf das Vorhandensein einer Sanitäreinrichtung. Außerdem wurde die Miete trotz der umfassenden Renovierung des Badezimmers nicht erhöht. Das deutete für den BFH darauf hin, dass der über die Toilette-/Waschbeckeneinrichtung hinausgehende Teil der Renovierungskosten gerade nicht zu den Kostenelementen der Vermietung an den Arbeitgeber gehörte.

2.2 Anmerkung

Die Entscheidung des BFH liegt auf der Linie der Finanzverwaltung in **Abschn. 15.2b Abs. 2 Satz 4 Nr. 1 UStAE.**

Dieses Urteil des BFH ist zutreffend. Eine Ausnahme von dem Erfordernis eines direkten und unmittelbaren Zusammenhangs zwischen Eingangs- und Ausgangsumsatz gilt nach neuerer Sichtweise des EuGH, wenn die Kosten für die fraglichen Dienstleistungen zu den **allgemeinen** Aufwendungen des Stpfl. gehören und sie **Kostenelemente** der von ihm gelieferten Gegenstände oder erbrachten Dienstleistungen sind. Hierbei handelt es sich um Kosten, die direkt und unmittelbar mit der gesamten wirtschaftlichen (unternehmerischen) Tätigkeit des Unternehmers zusammenhängen.

Bei einer **Bürotätigkeit** kann sich die berufliche Nutzung des Homeoffice nicht auf ein mit Dusche und Badewanne ausgestattetes Badezimmer beziehen. Insofern bestand der direkte und unmittelbare Zusammenhang mit den Vermietungsumsätzen bei dem noch streitigen Teil der Erhaltungsaufwendungen für das Badezimmer des Homeoffice (Badewanne und Dusche) nicht.

Der direkte und unmittelbare Zusammenhang ist nach Meinung des EuGH und BFH auch dann zu bejahen, wenn die Kosten ihren ausschließlichen Entstehungsgrund in dieser Tätigkeit haben. Er wird daher zu Recht auch dann bejaht, wenn die Eingangsleistung **für die wirtschaftliche Tätigkeit des Steuerpflichtigen „unerlässlich"** ist (vgl. EuGH, Urt. v. 16.9.2020 – C-528/19, „Mitteldeutsche Hartstein Industrie"; sowie BFH, Urt. v. 7.12.2022 – XI R 16/21 – zu einer Beschädigung des Hausdachs aufgrund unsachgemäßer Montage einer unternehmerisch genutzten PV-Anlage).

3. Vorsteuerabzug einer nicht unternehmerisch tätigen Bruchteilsgemeinschaft

Der BFH hatte sich in zwei Entscheidungen aus 2014 und 2017 (BFH, Urt. v. 28.8.2014 – V R 49/13; BFH, Urt. v. 31.5.2017 – XI R 40/14) mit dem Vorsteuerabzug einer nicht unternehmerisch tätigen Bruchteilsgemeinschaft auseinanderzusetzen.

Hinweise

1. Der BFH hatte entschieden, dass die unentgeltliche Überlassung eines in Bruchteilsgemeinschaft erworbenen Gegenstands an einen der Gemeinschafter weder eine eigene Rechtspersönlichkeit noch eine wirtschaftliche Tätigkeit der Gemeinschaft begründet. Die Nutzung des Gegenstands durch die Miteigentümer (Gemeinschafter) erfolgt im Rahmen des § 743 Abs. 2 BGB. Dabei handelt es sich um ein originäres Nutzungsrecht, welches dem Gemeinschafter nicht im Rahmen eines Leistungsaustauschs von der Gemeinschaft überlassen wird. Im Fall einer solchen, nicht selbst unternehmerisch tätigen Bruchteilsgemeinschaft sind bei dem Erwerb des

Gegenstandes die einzelnen Gemeinschafter als Leistungsempfänger anzusehen. Sie können ohne Zwischenerwerb durch die Gemeinschaft über ihren Anteil am Gegenstand verfügen und ihn auch veräußern.

2. Zudem hatte der BFH mit dem Urteil auch entschieden, dass im Fall eines zu niedrigen Steuerausweises der ausgewiesene Betrag als Vorsteuer abziehbar ist.

3. Weiterhin hatte der BFH entschieden, dass im Fall einer (nicht vorsteuerabzugsberechtigten) Lotsenbrüderschaft auch nach anteiliger Umlegung der bezogenen Eingangsleistungen auf die Seelotsen nicht der einzelne (vorsteuerabzugsberechtigte) Seelotse Vorsteuern auf diese Eingangsleistungen abziehen kann. Leistungsempfängerin ist allein die Lotsenbrüderschaft. Die einzelnen Seelotsen sind auch durch die anteilige Umlage der Kosten nicht zu Leistungsempfängern der Eingangsleistungen geworden, haben die Leistungen nicht für ihre wirtschaftliche Tätigkeit verwendet und waren daher auch nicht zum Vorsteuerabzug aus diesen Eingangsleistungen berechtigt.

Nach der neueren BFH-Rechtsprechung erlangt also eine Gemeinschaft nicht allein durch die unentgeltliche Überlassung an einen Gemeinschafter Unternehmereigenschaft. Außerdem ermöglicht die Umlage von Eingangsleistungen einer nicht unternehmerisch tätigen Gemeinschaft auf die unternehmerisch tätigen Gemeinschafter diesen keinen Vorsteuerabzug.

Dies hatte die **FinVerw** in einem BMF-Schreiben v. 1.12.2006, BStBl I 2007, 90 und v. 9.5.2008, BStBl I 2008, 675 noch anders gesehen. Diese wurden demgemäß durch ein neues BMF-Schreiben v. 27.10.2021 aufgehoben. Abschn. 15.2a und 15.2b UStAE wurden angepasst.

Hinweis

Das BMF-Schreiben vom 21.10.2021 enthält keine Stellungnahme der FinVerw zu den Entscheidungen des BFH zur Unternehmereigenschaft einer Bruchteilsgemeinschaft (BFH v. 22.11.2018 – V R 65/17 und v. 7.5.2020 – V R 1/18). Der BFH hatte vor allem in der Entscheidung V R 65/17 hervorgehoben, dass eine Bruchteilsgemeinschaft mangels Rechtsfähigkeit nicht unternehmerisch tätig sein kann. Hierzu steht eine Äußerung der Verwaltung nach wie vor aus. Abschn. 2.1. Abs. 2 Satz 2 UStAE, der die Unternehmereigenschaft nicht in Abrede stellt, ist mithin vorerst weiter anzuwenden.

4. Vorsteuerabzug aus Leistungen im Vorgründungsstadium einer Kapitalgesellschaft

Das BMF hat sich mit Schreiben vom 12.4.2022 zum Vorsteuerabzug aus Leistungen im Vorgründungsstadium einer Kapitalgesellschaft geäußert, die bei einem Gesellschafter bzw. einer Vorgründungsgesellschaft entstanden sind und der (entstandenen) Gesellschaft später zuwachsen. Das BMF nimmt Bezug auf die Rechtsprechung des BFH und EUGH vor allem aus den Jahren 2012 und 2015 und wendet diese jetzt an. Danach muss die bezogene Leistung auf die Gesellschaft übertragbar sein und bei ihr zu einem Investitionsumsatz führen. In diesem Zusammenhang hat das BMF **Abschn. 15.2b UStAE um einen Absatz 4 ergänzt** (BMF-Schr. v. 12.4.2022 – III C 2 – S 7300/20/10001 :005)

4.1 Begriff „Investitionsumsatz“

Das BMF wendet nunmehr das BFH, Urt. v. 11.11.2015 – V R 8/15 an (vgl. dazu ausführlich Grune, AktStR 2016, 317 ff.). In dieser Entscheidung ging es um **Beratungsleistungen zur Existenzgründung und zum Unternehmenskauf**, die der Kläger im Vorfeld einer geplanten GmbH-Gründung bezog. Die Gründung der GmbH kam jedoch nicht zustande. Der BFH verneinte demgemäß eine Vorsteuerabzugsberechtigung des Klägers mit der Begründung, dass die bezogenen Leistungen nicht auf die zu gründende GmbH übertragbar gewesen seien. Dies sei nur dann möglich, wenn aufgrund der bezogenen Leistungen bei der GmbH Vermögenswerte („Investitionsgüter“) entstünden.

Den Begriff des „Investitionsumsatzes“ definiert das BMF wie folgt:

- Lieferungen oder sonstige Leistungen, die der Gesellschafter (bzw. die Vorgründungsgesellschaft) auf die Gesellschaft überträgt und von dieser für ihre wirtschaftliche Tätigkeit genutzt werden.
- Dazu gehören **nicht** Leistungen, die nicht an die Gesellschaft übertragen werden können, sondern durch den Gesellschafter bzw. die Vorgründungsgesellschaft selbst genutzt oder verbraucht werden – so wie im Urteilsfall V R 8/15 die Beratungsleistungen des Klägers.
- **Nicht** dazu gehören auch Leistungen, die zwar von der Gesellschaft genutzt werden, aber nicht an sie übertragen worden sind.

Hinweis

Ein Scheitern der Gesellschaftsgründung ist unschädlich für den Vorsteuerabzug, weil es nach allgemeinen Grundsätzen auf die Verwendungsabsicht ankommt.

4.2 Anmerkung

Es ist zu begrüßen, dass die Finanzverwaltung die Rechtsprechung des BFH aus dem Jahr 2015 nun endlich anwendet. Um Abgrenzungsprobleme in Zukunft zu vermeiden sollten allerdings Gesellschafter nach Möglichkeit selbst entgeltliche Leistungen an die Gesellschaft erbringen. Damit ist dann der Vorsteuerabzug aus bezogenen Leistungen kraft eigener Unternehmereigenschaft gesichert. In diesem Fall dürften aber wohl die Voraussetzungen für eine umsatzsteuerliche Organschaft mit den entsprechenden Rechtsfolgen gegeben sein.

Hinweis

Maßgebend für den Vorsteuerabzug im Gründungsstadium einer KapG ist immer, dass durch die vom Gesellschafter bezogenen Leistungen auf die Gesellschaft übertragbare Vermögenswerte („Investitionsgüter“) entstehen, also der Gesellschafter Investitionsgüter erwirbt in der Absicht, diese auf die Gesellschaft zu übertragen. Bei der KapG muss dies dann zu Investitionsumsätzen führen. Der Vorsteuerabzug ist danach z. B. dann zu bejahen, wenn der Gesellschafter ein Grundstück erwirbt und dieses dann in seine KapG einlegt.

5. PV-Anlage: Vorsteuerabzug aus Reparaturkosten für das Hausdach ist zu gewähren

5.1 Kein verbrauchsfähiger Vorteil

Der BFH hat mit Urteil v. 7.12.2022 – **XI R 16/21** entschieden, dass dann, wenn aufgrund der unsachgemäßen Montage einer unternehmerisch genutzten Photovoltaik-Anlage das Dach eines eigenen Wohnzwecken dienenden Hauses beschädigt wird, dem Unternehmer für die zur Beseitigung des Schadens notwendigen Zimmerer- und Dachdeckerarbeiten der Vorsteuerabzug zusteht. Die weitere – auch eigenen Wohnzwecken dienende Nutzung des Hausdachs – ist für den Vorsteuerabzug jedenfalls dann nicht maßgeblich, wenn dem Unternehmer über die Schadensbeseitigung hinaus in seinem Privatvermögen kein verbrauchsfähiger Vorteil verschafft wird.

Hinweis

Die Kläger hatten im Jahr **2009** eine PV-Anlage errichtet und diese voll dem Unternehmen zugeordnet. Durch nicht fachgerechtes Anbohren der Ziegel drang **2019** Feuchtigkeit ins Dach ein. **Schaden**: 22.267 EUR zzgl. 4.230 EUR Vorsteuer. **Zivilrechtliche Ansprüche waren bereits verjährt**.

5.2 Begriff des direkten und unmittelbaren Zusammenhangs – Bestätigung der Rechtsprechung

Die Entscheidung liegt auf einer Linie der neueren Rechtsprechung von BFH und EuGH (s. o.).

Maßgebend für den Vorsteuerabzug ist jedoch **nicht nur die Verwendung** der vom Steuerpflichtigen erworbenen Gegenstände und Dienstleistungen, sondern auch der **ausschließliche Entstehungsgrund** des Eingangsumsatzes, da dieser ein Kriterium für die Bestimmung des objektiven Inhalts ist.

Kosten stehen daher auch dann in einem **direkten und unmittelbaren Zusammenhang** mit der wirtschaftlichen Tätigkeit des Steuerpflichtigen, soweit sie ihren ausschließlichen Entstehungsgrund in dieser Tätigkeit haben. Ein direkter und unmittelbarer Zusammenhang wird daher vom EuGH z. B. bejaht, wenn die Eingangsleistung **für die wirtschaftliche Tätigkeit** des Steuerpflichtigen „**unerlässlich**" ist (vgl. z. B. EuGH, Urt. v. 16.9.2020 – C-528/19, Rz 32 ff.).

Hinweis: Anwendung des Urteils XI R 16/21 durch die FinVerw

Rund 3 Jahre nach Veröffentlichung der Entscheidung des BFH hat sich die FinVerw entschieden das Urteil allgemein anzuwenden. Es wurde nunmehr im BStBl II 2025, 580 amtlich veröffentlicht. Die Finanzämter sind also verpflichtet die Entscheidung allgemein anzuwenden.

6. Vorsteuerabzug bei Betriebsveranstaltungen

Im Rahmen von Außenprüfungen bzw. Umsatzsteuer-Sonderprüfungen geht es immer wieder um die Frage des Vorsteuerabzugs bei Betriebsveranstaltungen. Im Kern geht es darum, ob und ggf. in welchem Umfang die aus Anlass der Betriebsveranstaltung bezogenen Leistungen ausschließlich dem privaten Bedarf der Betriebsangehörigen dienten oder durch besondere Umstände der wirtschaftlichen Tätigkeit des Unternehmens bedingt waren. Hierzu hat sich der BFH in der Rechtssache V R 16/21 erneut grundlegend geäußert.

6.1 BFH, Urt. v. 10.5.2023 – V R 16/21, BStBl II 2023, 1023

6.1.1 Sachverhalt

Im Dezember 2015 lud der Kläger seine Mitarbeitenden zu einer Weihnachtsfeier ein. 32 Personen meldeten sich für die Weihnachtsfeier an, von denen 31 tatsächlich an der Veranstaltung teilnahmen. Für die Weihnachtsfeier hatte der Kläger ein Kochstudio angemietet, um dort ein Kochevent zu veranstalten. Die Teilnehmenden hatten unter Anleitung von 2 Köchen gemeinsam das Abendessen zuzubereiten, welches dann gemeinsam verzehrt wurde.

Dem Kläger wurden insgesamt 3.919,90 EUR zzgl. 744,78 EUR Umsatzsteuer für 32 Personen in Rechnung gestellt.

Das Finanzamt und das FG Hamburg lehnten den Vorsteuerabzug aus dieser Rechnung mit der Begründung ab, es habe sich um eine Leistung für den privaten Bedarf des Personals gehandelt.

Auf die Beschwerde des Klägers wegen Nichtzulassung der Revision hin, ließ der BFH diese nachträglich zu.

6.1.2 Entscheidung und Begründung des BFH

Der BFH hat die **Revision** des Klägers auch unter Hinweis auf seine bisherige Rechtsprechung **als unbegründet zurückgewiesen**:

- Bei Betriebsveranstaltungen ist zu differenzieren:
  - Dient eine Betriebsveranstaltung allein dazu, das Betriebsklima durch eine gemeinsame Freizeitaktivität (z. B. Betriebsausflug oder Weihnachtsfeier) zu verbessern, liegt ein ausschließlicher **Zusammenhang** der bezogenen Leistungen **zum privaten Bedarf des Personals und damit zu einer Entnahme nach § 3 Abs. 9 a Nr. 2 UStG vor**, die nicht zum Vorsteuerabzug berechtigt.
  - In diesem Fall ist der Unternehmer nur dann zum Vorsteuerabzug berechtigt, wenn es sich um eine „**Aufmerksamkeit**" im Sinne des § 3 Abs. 9 a Nr. 2 UStG handelt.
- Im Streitfall handelte es sich bei dem Kochevent im Rahmen der Weihnachtsfeier um ein sog. „**Teambuilding-Event**", das üblicherweise dazu dienen soll, das Zusammengehörigkeitsgefühl und damit das Betriebsklima zu verbessern. Ein vorrangiges Unternehmensinteresse lag also nicht vor.
- Um **Aufmerksamkeiten** i. S. d. § 3 Abs. 9 a Nr. 2 UStG, die ausnahmsweise zum Vorsteuerabzug berechtigen, handelte es sich im Streitfall deshalb nicht, weil die dazu maßgebende Freigrenze von 110 EUR je Arbeitnehmer überschritten war.

6.2 Anmerkung

Die Rechtssache V R 16/21 ist nicht so sehr unter dem Gesichtspunkt des Begriffes der **Betriebsveranstaltung**, die originär zum Vorsteuerabzug berechtigt, interessant, sondern vor allem, weil der BFH recht eindeutig zum Begriff der **„Aufmerksamkeit“ im umsatzsteuerlichen Sinne in Abgrenzung zur Lohnsteuer** Stellung bezogen hat.

Der BFH bleibt für den Bereich der Betriebsveranstaltungen dabei, dass dann, wenn der Zusammenhang einer Leistung nicht zur wirtschaftlichen Tätigkeit des Unternehmers, sondern **ausschließlich und unmittelbar zu einer unentgeltlichen Entnahme i. S. d. § 3 Abs. 9 a UStG besteht, nicht die Berechtigung zum Vorsteuerabzug** begründet.

Die FinVerw hat die Entscheidung V R 16/21 zwischenzeitlich im BStBl II 2023, 1023 **amtlich veröffentlicht,** wendet sie also allgemein an.

6.2.1 Aufmerksamkeiten

In der Entscheidung V R 16/21 hat der BFH zur Frage des Vorliegens von Aufmerksamkeiten ausführlich Stellung bezogen. Gerade dies macht diese Entscheidung so bedeutsam, weil auch eine Abgrenzung zur Lohnsteuer vorgenommen wird.

Hinweis

Der Begriff der **Aufmerksamkeit** ist gesetzlich nicht definiert und findet auch keine wortgetreue Stütze im Unionsrecht. Im Hinblick auf Art. 16 Unterabs. 2 MwStSystRL als unionsrechtliche Grundlage dieser Einschränkung entsprechen Aufmerksamkeiten den **„Geschenken von geringem Wert“**.

Der BFH hatte sich in der Entscheidung V R 17/10 zur „Wahrung einer einheitlichen Rechtsanwendung“ hinsichtlich der umsatzsteuerrechtlichen Behandlung von Aufmerksamkeiten an der Rechtsprechung des VI. Senats des BFH zum **Lohnsteuerrecht** orientiert.

Hinweis

Rechtsfolge dieser Rechtsprechung war, dass **Zuwendungen, die auf Arbeitnehmerseite keinen Arbeitslohn** darstellen, auf Arbeitgeberseite **nicht als Entnahme an sein Personal umsatzsteuerbar** sind. Danach lag beim Unterschreiten der seinerzeit geltenden Freigrenze von 110 EUR für Zuwendungen i.R.v. Betriebsveranstaltungen kein Arbeitslohn vor. Außerdem waren der Rechtsprechung des VI.-BFH-Senats die Kosten für die Ausgestaltung einer Betriebsveranstaltung (z. B. Mietkosten und Kosten für organisatorisch Tätigkeiten eines Eventveranstalters) grundsätzlich nicht zu berücksichtigen).

Die **lohn- bzw. einkommensteuerlichen Regelungen** in § 19 Abs. 1 Satz 1 Nr. 1 a EStG wurden jedoch zwischenzeitlich **modifiziert**:

- In Satz 3 („soweit solche Zuwendungen den Betrag von 110 EUR je Betriebsveranstaltung und teilnehmenden Arbeitnehmer nicht übersteigen“) wurde **anstelle** der bisherigen **Freigrenze** ein **Freibetrag** eingeführt,
- in Satz 2 wurde geregelt, dass bei der Ermittlung des Freibetrags auch die **Aufwendungen für den „äußeren Rahmen der Betriebsveranstaltung“** zu berücksichtigen sind.

6.2.2 Keine Maßgeblichkeit der Lohn-/Einkommensteuer (mehr)

Der BFH hat dazu jedoch die Auffassung vertreten, dass die **einkommensteuerrechtlichen Änderungen für die umsatzsteuerrechtliche Beurteilung** von „Aufmerksamkeiten“ **nicht übernommen** werden können. Vielmehr bleibt er bei der Auffassung, dass der Begriff der „Aufmerksamkeiten“ sich umsatzsteuerlich **weiterhin an den 110 EUR als Freigrenze** orientiert. Er macht dies an Wortlaut und Zweck des § 3 Abs. 9 a Satz 2 UStG fest.

7. Vorsteuerabzug aus anwaltlichen Beratungsleistungen zur Erlangung von Schadensersatzzahlungen

Nach Auffassung des FG Berlin-Brandenburg steht dem Unternehmer ein Vorsteuerabzug auch dann zu, wenn ein Unternehmen zum Zweck der Erbringung von Leistungen an einen bestimmten Auftraggeber gegründet wird, der Auftraggeber den Leistungsvertrag vor Leistungsbeginn kündigt und der Auftraggeber sodann Schadensersatz an den Unternehmer leisten muss. Der Unternehmer kann den Vorsteuerabzug aus den anwaltlichen Beratungsleistungen geltend machen, die er zur Erlangung der Schadensersatzzahlungen bezogen hat (FG Berlin-Brandenburg, Urt. v. 29.5.2024 – 7 K 7122/22).

Hinweis: Revision beim BFH unter Az. V R 15/24 anhängig (Stand: Dezember 2025)

Hintergrund für die Revisionszulassung seitens des FG war wohl der Umstand, dass höchstrichterlich noch nicht ganz geklärt ist, wie **weitreichend der Vorsteuerabzug** bei **Vorbereitungshandlungen** für eine unternehmerische Tätigkeit ist, die erfolglos bleibt und aus der keine Umsätze erzielt werden.

UStAE 15.2 c. Zuordnung von Leistungen zum Unternehmen

Zuordnungsgebot, Zuordnungsverbot und Zuordnungswahlrecht

(1) [1]Wird eine Leistung ausschließlich für unternehmerische Tätigkeiten bezogen, ist sie vollständig dem Unternehmen zuzuordnen (Zuordnungsgebot). [2]Bei einer Leistung, die ausschließlich für nichtunternehmerische Tätigkeiten bezogen wird, ist eine Zuordnung zum Unternehmen hingegen ausgeschlossen (Zuordnungsverbot). [3]Erreicht der Umfang der unternehmerischen Verwendung eines einheitlichen Gegenstands nicht mindestens 10 % (unternehmerische Mindestnutzung), greift das Zuordnungsverbot nach § 15 Abs. 1 Satz 2 UStG (vgl. Absätze 5 bis 7).

(2) [1]Bei einer Leistung, die sowohl für unternehmerische als auch für nichtunternehmerische Tätigkeiten bezogen wird, ist zwischen vertretbaren Sachen und sonstigen Leistungen auf der einen Seite und einheitlichen Gegenständen auf der anderen Seite zu differenzieren:

1. Lieferung vertretbarer Sachen und sonstige Leistungen:
   [1]Lieferungen vertretbarer Sachen, die keine einheitlichen Gegenstände im Sinne von Satz 1 Nummer 2 sind, und sonstige Leistungen sind entsprechend der beabsichtigten Verwendung aufzuteilen (Aufteilungsgebot, vgl. BFH-Urteil vom 14. 10. 2015 – V R 10/14, BStBl 2016 II S. 717). [2]Telefondienstleistungen bezieht ein Unternehmer nur insoweit für sein Unternehmen, als er das Telefon unternehmerisch nutzt.
2. Einheitliche Gegenstände
   Beabsichtigt der Unternehmer, einen einheitlichen Gegenstand sowohl für die unternehmerische als auch nichtunternehmerische Tätigkeiten zu verwenden (teilunternehmerische Verwendung), gilt Folgendes:
   a) Teilunternehmerische nichtwirtschaftliche Verwendung i. e. S.
      [1]Besteht die nichtunternehmerische Tätigkeit in einer nichtwirtschaftlichen Tätigkeit i. e. S. (vgl. Abschnitt 2.3 Abs. 1 a Satz 4), hat der Unternehmer kein Wahlrecht zur vollständigen Zuordnung (vgl. Abschnitte 2.10, 2.11, 15.19, 15.21 und 15.22 und BFH-Urteil vom 3. 3. 2011, V R 23/10, BStBl 2012 II S. 74); es besteht grundsätzlich ein Aufteilungsgebot. [2]Aus Billigkeitsgründen kann der Unternehmer den Gegenstand im vollen Umfang in seinem nichtunternehmerischen Bereich belassen. [3]In diesem Fall ist eine spätere Vorsteuerberichtigung zugunsten des Unternehmers im Billigkeitswege nach Abschnitt 15 a.1 Abs. 7 ausgeschlossen.
   b) Teilunternehmerische unternehmensfremde Verwendung
      [1]Besteht die nichtunternehmerische Tätigkeit in einer unternehmensfremden Verwendung (vgl. Abschnitt 2.3 Abs. 1 a Satz 3, sog. Sonderfall), hat der Unternehmer ein Zuordnungswahlrecht. [2]Er kann den Gegenstand
      – insgesamt seiner unternehmerischen Tätigkeit zuordnen,
      – in vollem Umfang in seinem nichtunternehmerischen Bereich belassen, oder

- im Umfang der tatsächlichen (ggf. zu schätzenden) unternehmerischen Verwendung seiner unternehmerischen Tätigkeit zuordnen (vgl. BFH-Urteile vom 7. 7. 2011, V R 42/09, BStBl 2014 II S. 76, und V R 21/10, BStBl 2014 II S. 81).

[3]Ein Zuordnungswahlrecht besteht nicht, wenn ein getrenntes Wirtschaftsgut im umsatzsteuerrechtlichen Sinne neu hergestellt wird. [4]Errichtet der Unternehmer daher ein ausschließlich für private Wohnzwecke zu nutzendes Einfamilienhaus als Anbau an eine Werkshalle auf seinem Betriebsgrundstück, darf er den Anbau nicht seinem Unternehmen zuordnen, wenn beide Bauten räumlich voneinander abgrenzbar sind (vgl. BFH-Urteil vom 23. 9. 2009, XI R 18/08, BStBl 2010 II S. 313). [5]Soweit bei gemeinsamem Erwerb durch mehrere Personen der einzelne Gemeinschafter als Leistungsempfänger anzusehen ist (vgl. Abschnitt 15.2b Abs. 1) und Miteigentum an einem Gegenstand erwirbt, steht dem Gemeinschafter das Zuordnungswahlrecht bezogen auf seinen Anteil am Miteigentum zu. [6]Voraussetzung für die Zuordnung des Miteigentumsanteils ist, dass dieser zu mindestens 10 % für das Unternehmen genutzt wird (§ 15 Abs. 1 Satz 2 UStG).

Beispiel 1:

[1]Der Arzt A hat ausschließlich nach § 4 Nr. 14 Buchstabe a UStG steuerfreie Umsätze aus Heilbehandlungsleistungen und kauft einen Pkw, den er privat und unternehmerisch nutzt. [2]Der Pkw wurde in vollem Umfang dem Unternehmen zugeordnet.

[3]A führt keine Umsätze aus, die zum Vorsteuerabzug berechtigen. [4]Der Vorsteuerabzug aus den Kosten der Anschaffung und Nutzung des Pkw für die unternehmerische und private Verwendung ist deshalb ausgeschlossen. [5]Die private Verwendung führt zu keiner steuerbaren unentgeltlichen Wertabgabe.

Beispiel 2:

[1]Der Arzt A erbringt im Umfang von 80 % seiner entgeltlichen Umsätze steuerfreie Heilbehandlungsleistungen und nimmt zu 20 % steuerpflichtige plastische und ästhetische Operationen vor. [2]Er kauft einen Pkw, den er je zur Hälfte privat und für seine gesamte ärztliche Tätigkeit nutzt. [3]Der Pkw wurde in vollem Umfang dem Unternehmen zugeordnet.

[4]Die Vorsteuern aus der Anschaffung und Nutzung des Pkw sind zu 60 % (20 % steuerpflichtige von 50 % unternehmerischer Nutzung + 50 % der Art nach steuerpflichtige Privatnutzung) abzugsfähig und zu 40 % (80 % steuerfreie von 50 % unternehmerischer Nutzung) nicht abzugsfähig. [5]Die unentgeltliche Wertabgabe (50 % Privatanteil) ist in voller Höhe steuerbar und steuerpflichtig.

[2]Aufwendungen, die im Zusammenhang mit dem Gebrauch, der Nutzung oder der Erhaltung eines einheitlichen Gegenstands stehen, der nur teilweise unternehmerisch genutzt wird, sind grundsätzlich nur in Höhe der unternehmerischen Verwendung für das Unternehmen bezogen (Aufteilungsgebot). [3]Dabei ist vorrangig zu prüfen, ob die bezogene Leistung unmittelbar für die unternehmerische oder nichtunternehmerische Nutzung des Gegenstands verwendet wird **oder ihren ausschließlichen Entstehungsgrund in einem dieser Bereiche hat (vgl. BFH-Urteil vom 07.12.2022 – XI R 16/21, BStBl II 2025 S. 580)**. [4]Ist eine direkte Zuordnung **danach** nicht möglich, ist eine Aufteilung der Vorsteuerbeträge analog § 15 Abs. 4 UStG vorzunehmen. [5]Diese Aufteilung kann auf einer sachgerechten Schätzung beruhen (z. B. Aufteilungsmaßstab des Vorjahres), die erforderlichenfalls im Voranmeldungsverfahren oder in der Jahreserklärung anzupassen ist. [6]Für einheitliche Gegenstände, die keine Grundstücke im Sinne des § 15 Abs. 1b UStG sind und für die der Unternehmer sein Wahlrecht zur vollständigen Zuordnung zum Unternehmen ausgeübt hat (vgl. Nr. 2 Buchstabe b), kann für Aufwendungen, die durch die Verwendung des Gegenstands anfallen, aus Vereinfachungsgründen grundsätzlich unter den übrigen Voraussetzungen des § 15 UStG der volle Vorsteuerabzug geltend gemacht werden; im Gegenzug sind diese Aufwendungen in die Bemessungsgrundlage einer für die nicht unternehmerische Verwendung des einheitlichen Gegenstands zu besteuernde unentgeltliche Wertabgabe einzubeziehen.

(3) [1]Die Entscheidung über die Zuordnung zum Unternehmen hat der Unternehmer zu treffen (BFH-Urteile vom 25. 3. 1988, V R 101/83, BStBl II S. 649, und vom 27. 10. 1993, XI R 86/90, BStBl 1994 II S. 274). [2]Wird ein nicht zum Unternehmen gehörender Gegenstand gelegentlich dem Unternehmen überlassen, können die

im Zusammenhang mit dem Betrieb des Gegenstands anfallenden Vorsteuern (z. B. Vorsteuerbeträge aus Betrieb und Wartung eines nicht dem Unternehmen zugeordneten Kraftfahrzeugs) im Verhältnis der unternehmerischen zur unternehmensfremden Nutzung abgezogen werden. [3]Vorsteuerbeträge, die unmittelbar und ausschließlich auf die unternehmerische Verwendung **des nicht zum Unternehmen gehörenden Gegenstands** entfallen (z.B. **Vorsteuerbeträge aus dem** Bezug von Kraftstoff anlässlich einer betrieblichen Fahrt mit einem privaten **Kfz** oder Vorsteuerbeträge aus Reparaturaufwendungen in Folge eines **unternehmerisch veranlassten Schadens**), können unter den übrigen Voraussetzungen des § 15 UStG in voller Höhe abgezogen werden (**vgl. BFH-Urteil vom 07.12.2022 – XI R 16/21, BStBl II 2025 S. 580**).

(4) [1]Im Fall der Zuordnung des unternehmensfremd genutzten Teils eines einheitlichen Gegenstands zum nichtunternehmerischen Bereich wird dieser als separater Gegenstand angesehen, der nicht „für das Unternehmen" im Sinne des § 15 Abs. 1 Satz 1 Nr. 1 UStG bezogen wird. [2]Somit scheidet der Vorsteuerabzug aus den Kosten aus, die auf diesen Gegenstand entfallen. [3]Zur Ermittlung des Anteils der abziehbaren Vorsteuerbeträge vgl. Abschnitt 15.17. [4]Wird dieser dem nichtunternehmerischen Bereich zugeordnete Gegenstand später unternehmerisch genutzt (bei Gebäuden z. B. durch Umwandlung von Wohnräumen in Büroräume), ist eine Vorsteuerberichtigung zugunsten des Unternehmers nach § 15 a UStG nicht zulässig (vgl. Abschnitt 15 a.1 Abs. 6). [5]Bei einer späteren Veräußerung des bebauten Grundstücks kann der Unternehmer unter den Voraussetzungen des § 9 UStG lediglich auf die Steuerbefreiung des § 4 Nr. 9 Buchstabe a UStG für die Lieferung des zu diesem Zeitpunkt unternehmerisch genutzten Teils verzichten. [6]Die Lieferung des zu diesem Zeitpunkt unternehmensfremd genutzten Teils erfolgt nicht im Rahmen des Unternehmens und ist somit nicht steuerbar. [7]Ein Gesamtkaufpreis ist entsprechend aufzuteilen. [8]Weist der Unternehmer für die Lieferung des unternehmensfremd genutzten Teils dennoch in der Rechnung Umsatzsteuer aus, schuldet er diese nach § 14 c Abs. 2 UStG.

Unternehmerische Mindestnutzung nach § 15 Abs. 1 Satz 2 UStG

(5) [1]Die Lieferung, die Einfuhr oder der innergemeinschaftliche Erwerb eines Gegenstands gilt als nicht für das Unternehmen ausgeführt, wenn der Unternehmer den Gegenstand zu weniger als 10 % für seine unternehmerische Tätigkeit verwendet (unternehmerische Mindestnutzung, Zuordnungsverbot nach § 15 Abs. 1 Satz 2 UStG). [2]Geht der bezogene Gegenstand als Bestandteil in einen bereits vorhandenen Gegenstand ein, ist die unternehmerische Mindestnutzung für den Bestandteil gesondert zu prüfen.

(6) [1]Grundsätzlich prägt die Nutzung eines Gebäudes auch die Nutzung des dazugehörigen Grund und Bodens. [2]Sofern ausnahmsweise Teile des Grundstücks als eigenständige Zuordnungsobjekte anzusehen sind (vgl. Absatz 11), ist für jedes Zuordnungsobjekt die unternehmerische Mindestnutzung gesondert zu ermitteln.

(7) Nicht ausschließlich unternehmerisch genutzte Räume eines Gebäudes sind nur mit dem Anteil der tatsächlichen unternehmerischen Nutzung in die Ermittlung der unternehmerischen Mindestnutzung einzubeziehen.

Beispiel:

[1]Unternehmer U hat in seinem Einfamilienhaus ein Arbeitszimmer mit einer Nutzfläche von 12 % der Gesamtnutzfläche, das er zu 50 % für seine unternehmerischen Zwecke verwendet. [2]Die Nutzungseinheiten sind vergleichbar ausgestattet, es kommt nur eine Aufteilung nach dem objektbezogenen Flächenschlüssel in Betracht (vgl. Abschnitt 15.17 Abs. 7).

[3]Bezogen auf das gesamte Gebäude beträgt die unternehmerische Nutzung nur 6 % (50 % von 12 %). [4]Eine Zuordnung des Gebäudes zum Unternehmen ist nach § 15 Abs. 1 Satz 2 UStG nicht möglich (Zuordnungsverbot).

Zuordnungsschlüssel

(8) [1]Als Zuordnungsschlüssel bei teilunternehmerischer Verwendung des Zuordnungsobjekts ist der Aufteilungsschlüssel nach § 15 Abs. 4 UStG analog anzuwenden. [2]Der unternehmerische Nutzungsanteil ist danach im Wege einer sachgerechten und vom Finanzamt überprüfbaren Schätzung zu ermitteln. [3]Sachgerechter Aufteilungsmaßstab bei gemischt genutzten Gebäuden ist in der Regel das Verhältnis der Nutzflächen

(objektbezogener Flächenschlüssel vgl. Abschnitt 15.17 Abs. 7). [4]Die Anwendung des Gesamtumsatzschlüssels als Zuordnungsschlüssel ist nur sachgerecht, wenn keine andere wirtschaftliche Zuordnung möglich ist (vgl. BFH-Urteile vom 19.07.2011 – XI R 29/09, BStBl II 2012 S. 430, XI R 29/10, BStBl II 2012 S. 438, und XI R 21/10, BStBl II 2012 S. 434, und Abschnitt 15.17 Abs. 7). [5]Die Anwendung eines objektbezogenen Umsatzschlüssels kommt bei gemischt genutzten Gebäuden insbesondere in Betracht, wenn die Nutzflächen nicht wesensgleich sind, wie z.B. Dach- und Innenflächen eines Gebäudes. [6]Für den Zuordnungsschlüssel ist in diesen Fällen auf das Verhältnis der Vermietungsumsätze für die Dach- und Gebäudeinnenfläche abzustellen. [7]Werden bei gemischt genutzten Gebäuden tatsächlich keine Vermietungsumsätze erzielt, sind fiktive Vermietungsumsätze anzusetzen (vgl. BFH-Urteil vom 19.07.2011 – XI R 29/10, a.a.O.).

Beispiel 1:

[1]Unternehmer U errichtet im Jahr 01 einen Schuppen, auf dessen Dach er eine Photovoltaikanlage zur Erzeugung von Strom betreibt (sog. „Auf-Dach-Montage"). [2]Die Herstellungskosten des Schuppens betragen 20 000 € zzgl. 3 800 € Umsatzsteuer. [3]U beabsichtigt für den Innenraum des Schuppens dauerhaft keine weitere Nutzung (vgl. BFH-Urteil vom 19. 7. 2011, XI R 29/09, a. a. O.). [4]Den mit der Photovoltaikanlage erzeugten Strom speist U vollständig in das örtliche Stromnetz gegen Entgelt ein. [5]Für den Schuppen wäre in der betreffenden Region ein Mietpreis von 1 000 € und für die Dachfläche, die für Zwecke der Photovoltaikanlage genutzt wird, von 180 € jährlich realisierbar. [6]Im Jahr 02 lässt U ein Sicherheitsschloss für 100 € zzgl. 19 € Umsatzsteuer anbringen, um den Schuppen vor unberechtigter Nutzung zu schützen.

[7]Da das Dach des Schuppens für die Installation der Photovoltaikanlage erforderlich ist, besteht hinsichtlich der Dachfläche ein direkter und unmittelbarer Zusammenhang mit der unternehmerischen Tätigkeit (Verkauf von Strom). [8]Hinsichtlich der übrigen Flächen besteht ein direkter und unmittelbarer Zusammenhang zu der nichtwirtschaftlichen Tätigkeit i. e. S. des U (Leerstand des Schuppens). [9]U kann den Schuppen im Umfang des unternehmerisch verwendeten Anteils (Dachfläche) seinem Unternehmen zuordnen, sofern diese Verwendung insgesamt mindestens 10 % beträgt (§ 15 Abs. 1 Satz 2 UStG). [10]Für die Zuordnungsmöglichkeit ist die Verwendung des gesamten Gebäudes entscheiden. [11]Die Nutzflächen innerhalb des Schuppens und die Nutzfläche auf dessen Dach können dabei nicht zu einer Gesamtnutzfläche addiert werden, da sie nicht wesensgleich sind. [12]Eine Ermittlung anhand eines Flächenschlüssels ist deshalb für die Zuordnung nicht möglich. [13]Stattdessen ist in diesem Fall die Anwendung eines objektbezogenen Umsatzschlüssels sachgerecht. [14]Da es an einer entgeltlichen Nutzung des Schuppens und der Dachfläche fehlt, ist auf das Verhältnis der fiktiven Vermietungsumsätze abzustellen. [15]U hätte für den Schuppen (Dachfläche und übrigen Flächen) jährlich insgesamt 1 180 € erzielen können; hiervon wären 180 € auf die Dachfläche entfallen. [16]Der Zuordnungsschlüssel beträgt somit 15,25 % (Verhältnis der fiktiven Miete für das Dach in Höhe von 180 € zur fiktiven Gesamtmiete von 1 180 €). [17]U kann in Bezug auf die Herstellung des Schuppen einen Vorsteuerabzug von 579,66 € (15,25 % von 3 800 €) geltend machen. [18]Das Sicherheitsschloss ist der nichtwirtschaftlichen Verwendung i.e.S. des Schuppens **direkt zuzuordnen** und berechtigt deshalb nicht zum Vorsteuerabzug. [19]Die Photovoltaikanlage stellt umsatzsteuerrechtlich ein eigenständiges Zuordnungsobjekt dar (vgl. Absatz 10), welches ausschließlich unternehmerisch zur Ausführung entgeltlicher Stromlieferungen verwendet wird und deshalb zwingend dem Unternehmen zuzuordnen ist (Zuordnungsgebot).

Beispiel 2:

[1]Unternehmer U lässt das Dach seines privat genutzten Einfamilienhauses nach dem 31. 12. 2012 (Anwendung des § 15 Abs. 1b UStG) sanieren (Werklieferung) und dort anschließend eine Photovoltaikanlage installieren, die 50 % der Dachfläche bedeckt. [2]Die Photovoltaikanlage wird zu 70 % zur Ausführung entgeltlicher Stromlieferungen verwendet. [3]Die verbleibenden 30 % des selbstproduzierten Stroms verbraucht U privat. [4]Die Sanierung des asbesthaltigen Daches ist u.a. auch für die Installation der Photovoltaikanlage erforderlich. [5]Für das Einfamilienhaus wäre in der betreffenden Region ein Mietpreis von 10 000 € und für die Dachfläche, die für Zwecke der Photovoltaikanlage genutzt wird, von 500 € jährlich realisierbar.

[6]Die Dachsanierung stellt Erhaltungsaufwand dar und ist somit einer eigenständigen Zuordnungsentscheidung zugänglich (vgl. Absatz 9). [7]Bei der Zuordnung von Erhaltungsaufwendungen ist grundsätz-

lich der Gebäudeteil maßgeblich, für den die Aufwendungen entstehen. [8]Die Dachsanierung ist danach dem gesamten Gebäude zuzurechnen, da das Dach mit allen Gebäudeteilen in einem einheitlichen Nutzungs- und Funktionszusammenhang steht. [9]Für die Zuordnungsmöglichkeit zum Unternehmen ist damit die Verwendung des gesamten Gebäudes entscheidend (vgl. BFH-Urteil vom 3. 8. 2017, V R 59/16, BStBl II S. 1209). [10]Da das Zuordnungsobjekt ein Gegenstand ist, ist nach § 15 Abs. 1 Satz 2 UStG die unternehmerische Mindestnutzung zu prüfen. [11]Eine Ermittlung anhand eines Flächenschlüssels ist für die Zuordnung nicht möglich, weil die Dach und Gebäudeinnenflächen nicht wesensgleich sind (vgl. Beispiel 1). [12]Stattdessen ist die Anwendung eines objektbezogenen Umsatzschlüssels sachgerecht. [13]Da es an einer entgeltlichen Nutzung des Gebäudes und der Dachfläche fehlt, ist in diesem Fall auf das Verhältnis der fiktiven Umsätze aus der Vermietung der Dachfläche und des Gebäudes abzustellen (vgl. BFH-Urteil vom 19.07.2011 – XI R 29/10, a.a.O.). [14]U hätte bei einer Vermietung des Einfamilienhauses (Dachfläche und übrige Flächen) jährlich insgesamt 10 500 € erzielen können. [15]Der objektbezogene Umsatzschlüssel auf Basis der fiktiven Mieten beträgt somit 4,76 % (Verhältnis der fiktiven Miete für das Dach in Höhe von 500 € zur fiktiven Gesamtmiete von 10 500 €). [16]Da die Photovoltaikanlage nur zu 70 % unternehmerisch genutzt wird, beträgt der Zuordnungsschlüssel 3,33 % (70 % von 4,76 % = 3,33 %) und erreicht somit nicht die erforderliche unternehmerische Mindestnutzung im Sinne des § 15 Abs. 1 Satz 2 UStG von 10 %. [17]U ist deshalb hinsichtlich der Dachsanierung nicht zum Vorsteuerabzug berechtigt. [18]Die Photovoltaikanlage stellt umsatzsteuerrechtlich ein eigenständiges Zuordnungsobjekt dar (vgl. Absatz 10), welches unternehmerisch und unternehmensfremd verwendet wird. [19]Da die unternehmerische Mindestnutzung von 10 % überschritten ist, hat der Unternehmer die Wahl, die Photovoltaikanlage nicht, vollständig oder nur im Umfang der unternehmerischen Nutzung seinem Unternehmen zuzuordnen.

Zuordnungsobjekt

(9) [1]Objekt der Zuordnungsentscheidung des Unternehmers nach Absatz 2 Nr. 2 Buchstabe b ist grundsätzlich jeder Leistungsbezug, d. h. jeder bezogene Gegenstand und jede bezogene sonstige Leistung im Rahmen der Anschaffung oder Herstellung eines einheitlichen Gegenstands. [2]Dies gilt auch für Erhaltungsaufwendungen, weil die Vorsteuern aus der Anschaffung bzw. Herstellung eines Gegenstands und die Vorsteuern aus seinem Gebrauch und seiner Erhaltung einer getrennten umsatzsteuerrechtlichen Beurteilung unterliegen. [3]Erhaltungsaufwendungen, die nach § 6 Abs. 1 Nr. 1 a EStG zu Herstellungskosten (anschaffungsnahe Herstellungskosten) umqualifiziert werden, sind umsatzsteuerlich weiterhin wie Erhaltungsaufwendungen zu behandeln.

1. (Zeitlich gestreckte) Herstellung eines einheitlichen Gegenstands:
   [1]Bezieht der Unternehmer sonstige Leistungen und Lieferungen zur Herstellung eines einheitlichen Gegenstands, ist dieser herzustellende bzw. hergestellte Gegenstand endgültiges Zuordnungsobjekt. [2]Bei dieser Zuordnung ist bereits auf die im Zeitpunkt des Bezugs bestehende Verwendungsabsicht für den fertig gestellten Gegenstand (z. B. das zu errichtende Gebäude) als Summe der im Rahmen seiner Herstellung bezogenen Leistungen abzustellen. [3]Bei Anzahlungen für eine Leistung ist entsprechend zu verfahren. [4]Nach dem Grundsatz des Sofortabzugs ist für den Vorsteuerabzug die Verwendungsabsicht im Zeitpunkt des jeweiligen Leistungsbezugs entscheidend. [5]Ändert der Unternehmer während eines zeitlich sich über einen Veranlagungszeitraum hinaus erstreckenden Herstellungsvorgangs (gestreckter Herstellungsvorgang) seine Verwendungsabsicht, führt dies aus Vereinfachungsgründen nicht zu einer sofortigen Einlage oder Entnahme der zuvor bezogenen Leistungen für die Herstellung des einheitlichen Gegenstands. [6]Zu der Frage, inwieweit der Unternehmer in diesen Fällen den fertig gestellten einheitlichen Gegenstand seinem Unternehmen zugeordnet hat, vgl. Absätze 14 bis 19.
2. Nachträgliche Herstellungskosten:
   [1]Die Begriffe Herstellungskosten und nachträgliche Herstellungskosten sind grundsätzlich nach den für das Einkommensteuerrecht geltenden Grundsätzen auszulegen. [2]Dies gilt jedoch nicht, soweit nach § 6 Abs. 1 Nr. 1 a EStG Erhaltungsaufwendungen zu Herstellungskosten (anschaffungsnahe Herstellungskosten) umqualifiziert werden (vgl. Abschnitt 15.17 Abs. 6). [3]Nachträgliche Herstellungskosten sind getrennt vom ursprünglichen Herstellungsvorgang zu betrachten. [4]Sie bilden deshalb ein eigenständiges Zuordnungsobjekt, über dessen Zuordnung anhand der Tätigkeiten zu entscheiden ist, denen die nachträglichen Herstellungskosten konkret dienen oder dienen sollen. [5]Wird

im Rahmen einer nachträglichen Herstellungsmaßnahme ein bestehendes Gebäude um neue Gebäudeteile erweitert (z. B. durch Aufstockung, Anbau oder Vergrößerung der Nutzflächen), ist dementsprechend für die Zuordnung der nachträglichen Herstellungskosten ausschließlich auf die Verwendungsverhältnisse in den neuen Gebäudeteilen abzustellen. [6]Dies gilt entsprechend für Aufteilungsobjekte im Sinne des § 15 Abs. 4 UStG (vgl. Abschnitt 15.17 Abs. 7 Satz 12).

B e i s p i e l 1:

[1]Unternehmer U ist Eigentümer eines teilunternehmerisch genutzten Gebäudes (200 qm), das er im Anschaffungsjahr 01 (nach dem Stichtag 31. 12. 2010 und damit Anwendung des § 15 Abs. 1 b UStG) zu 50 % für seine zum Vorsteuerabzug berechtigende Tätigkeit als Steuerberater (Steuerberaterpraxis im Erdgeschoss, 100 qm) und zu 50 % privat (Wohnung im 1. Obergeschoss, 100 qm) nutzt. [2]Die Nutzungseinheiten sind vergleichbar ausgestattet, es kommt nur eine Aufteilung nach dem objektbezogenen Flächenschlüssel in Betracht (vgl. Abschnitt 15.17 Abs. 7). [3]U hat das Gebäude vollständig seinem Unternehmen zugeordnet.
[4]Fallvarianten:

a) [1]Im Jahr 03 wird in dem Steuerberaterbüro des U eine neue Trennwand für 1 000 € zzgl. 190 € Umsatzsteuer eingezogen.
[2]Die Aufwendungen für die Trennwand sind nachträgliche Herstellungskosten und bilden ein eigenständiges Zuordnungsobjekt. [3]U nutzt die Trennwand ausschließlich unternehmerisch, da sie in einem Raum des Steuerberaterbüros eingezogen wird. [4]Die Trennwand ist deshalb dem Unternehmen des U zuzuordnen (Zuordnungsgebot). [5]U ist zum Vorsteuerabzug in Höhe von 190 € berechtigt (§ 15 Abs. 1 UStG).

b) [1]Im Jahr 03 lässt U an seiner privat genutzten Wohnung im 1. Obergeschoss eine Markise mit Motor für 3 000 € zzgl. 570 € Umsatzsteuer anbauen.

   [2]Die Aufwendungen für die Markise sind nachträgliche Herstellungskosten und bilden ein eigenständiges Zuordnungsobjekt. [3]U nutzt die Markise ausschließlich unternehmensfremd, da sie Teil der privaten Wohnung wird. [4]Die Markise ist deshalb nicht dem Unternehmen des U zuzuordnen (Zuordnungsverbot). [5]U ist nicht zum Vorsteuerabzug berechtigt.

c) [1]Im Jahr 03 wird das Steuerberaterbüro um einen Anbau (50 qm) erweitert. [2]Die Herstellungskosten betragen 50 000 € zzgl. 9 500 € Umsatzsteuer.

   [3]Die Aufwendungen für den Anbau an das Steuerberaterbüro stellen nachträgliche Herstellungskosten dar, die ein selbständiges Zuordnungsobjekt bilden. [4]U nutzt den Anbau zu 100 % unternehmerisch für seine Steuerberatertätigkeit. [5]Der Anbau ist deshalb dem Unternehmen zuzuordnen (Zuordnungsgebot). [6]U ist zum Vorsteuerabzug in Höhe von 9 500 € berechtigt (§ 15 Abs. 1 UStG).

d) [1]Im Jahr 03 lässt U das Dachgeschoss ausbauen. [2]Es entsteht eine neue Wohnung (100 qm), die U steuerfrei zu Wohnzwecken vermieten möchte. [3]Die Aufwendungen für den Dachausbau betragen 100 000 € zzgl. 19 000 € Umsatzsteuer.

   [4]Die Aufwendungen für den Dachausbau stellen nachträgliche Herstellungskosten dar, die ein selbständiges Zuordnungsobjekt bilden. [5]Die Wohnung soll umsatzsteuerfrei zu Wohnzwecken vermietet werden und ist dem Unternehmen zuzuordnen (Zuordnungsgebot), da durch die Vermietung eine ausschließliche unternehmerische Nutzung vorliegt. [6]Der Vorsteuerabzug ist auf Grund der geplanten steuerfreien Vermietung nach § 15 Abs. 2 Satz 1 Nr. 1 UStG ausgeschlossen.

e) [1]Im Jahr 03 lässt U das Dachgeschoss ausbauen. [2]Die neue Nutzfläche von 100 qm beabsichtigt U zu 80 % (80 qm) als Archiv für sein Steuerberaterbüro und zu 20 % (20 qm) für einen privaten Fitnessraum zu verwenden. [3]Die Ausstattung von Archiv und Fitnessraum und der jeweilige Bauaufwand weichen nicht erheblich voneinander ab. [4]Die Aufwendungen für den Dachausbau betragen 100 000 € zzgl. 19 000 € Umsatzsteuer.

   [5]Die Aufwendungen für den Dachausbau stellen nachträgliche Herstellungskosten dar, die ein selbständiges Zuordnungsobjekt bilden. [6]Soweit U das Dachgeschoss unternehmensfremd (privater Fitnessraum) verwendet, ist der Vorsteuerabzug nach § 15 Abs. 1 b UStG ausgeschlossen.

[7]Für die Aufteilung ist der Flächenschlüssel des Dachgeschosses maßgebend, weil die Ausstattung der unterschiedlich genutzten Räume nicht erheblich voneinander abweicht. [8]Da U nur 80 qm von 100 qm für seine unternehmerische Tätigkeit zu verwenden beabsichtigt, ist er nur in Höhe von 15 200 € (80 % von 19 000 €) zum Vorsteuerabzug berechtigt.

Beispiel 2:

[1]Wie Beispiel 1. [2]U hat das Gebäude in 01 jedoch nur im Umfang der unternehmerischen Nutzung zu 50 % seinem Unternehmen zugeordnet.

[3]Lösung zu a) bis e) wie Beispiel 1.

(10) Photovoltaikanlagen, Blockheizkraftwerke und Betriebsvorrichtungen gelten unabhängig davon, ob es sich um einen wesentlichen Bestandteil des Gebäudes handelt (§ 94 BGB), als umsatzsteuerrechtlich eigenständige Zuordnungsobjekte, soweit sie nicht gemäß Abschnitt 15.17 Abs. 6 Anschaffungs- oder Herstellungskosten des gesamten Gebäudes darstellen.

(11) [1]Das Gebäude und der dazugehörige Grund und Boden sind für Zwecke der Umsatzsteuer nicht getrennt voneinander zu behandeln (EuGH-Urteil vom 8. 6. 2000, C-400/98, Breitsohl, BStBl 2003 II S. 452). [2]Grundsätzlich folgt die Behandlung des Grund und Bodens der Nutzung des Gebäudes. [3]Die Nutzung des Gebäudes prägt in diesen Fällen auch die Nutzung des dazugehörigen Grund und Bodens. [4]Der Umfang des zum Gebäude gehörigen Grund und Bodens muss aber nicht immer identisch sein mit dem Umfang des gesamten Grundstücks, auf dem das Gebäude steht. [5]Sofern nach der Verkehrsanschauung Teile des Grundstücks einer eigenständigen wirtschaftlichen Nutzung unterliegen und deswegen nicht mehr von der Nutzung des Gebäudes geprägt werden, können diese Teile des Grund und Bodens ausnahmsweise ein eigenständiges Zuordnungsobjekt darstellen.

Beispiel:

[1]Unternehmer U besitzt ein privat genutztes Einfamilienhaus auf einem 10 000 qm großen Grundstück. [2]Ein Zimmer in seinem Einfamilienhaus nutzt U als Bürozimmer für seine unternehmerische Tätigkeit als Spediteur. [3]Das Zimmer entspricht 5 % der Gesamtfläche des Einfamilienhauses, das nach einem Flächenschlüssel zu beurteilen ist. [4]8 000 qm des Grundstücks werden als Parkplatz für die unternehmerisch genutzten Lkw ausgewiesen und entsprechend genutzt.

[5]Die Nutzung des Gebäudes prägt nicht die Nutzung des gesamten Grundstücks. [6]Nach der Verkehrsanschauung stellen die Parkflächen ein eigenes Wirtschaftsgut dar. [7]Das Einfamilienhaus mit dazugehörigem Grund und Boden (2 000 qm) kann nicht dem Unternehmen zugeordnet werden, da die unternehmerische Nutzung weniger als 10 % beträgt (Zuordnungsverbot nach § 15 Abs. 1 Satz 2 UStG). [8]Die 8 000 qm des Grundstücks, die als Parkplatz genutzt werden, sind dem Unternehmen zuzuordnen, da insoweit eine ausschließliche Verwendung für die unternehmerische Tätigkeit vorliegt (Zuordnungsgebot).

Prognosezeitraum

(12) [1]Bei der Zuordnung eines einheitlichen Gegenstands handelt es sich um eine Prognoseentscheidung, die sich grundsätzlich nach der im Zeitpunkt des Leistungsbezugs beabsichtigten Verwendung für den Besteuerungszeitraum der erstmaligen Verwendung des bezogenen oder herzustellenden oder hergestellten Gegenstands richtet (vgl. auch Abschnitt 15.2 b Abs. 3 Satz 3). [2]Dies gilt auch, wenn die erstmalige Verwendung des Gegenstands in einem auf den Besteuerungszeitraum der Anschaffung oder Fertigstellung folgenden Besteuerungszeitraum erfolgt. [3]Für die Zuordnung zum Unternehmen muss die Verwendungsabsicht objektiv belegt und in gutem Glauben erklärt werden (vgl. Absätze 13 bis 19).

Beispiel 1:

[1]Unternehmer U erwirbt zum 1. 4. 01 ein Gebäude (Jahr 01 nach dem Stichtag 31. 12. 2010 und damit Anwendung des § 15 Abs. 1 b UStG). [2]U beabsichtigt nachweislich, das Gebäude vom 1. 5. 01 bis 30. 6. 01 zu 70 % und ab dem 1. 7. 01 bis 31. 12. 01 sowie in den Folgejahren zu 50 % für seine unternehmerische Tätigkeit und ansonsten für private Zwecke zu nutzen.

[3]Die beabsichtigte unternehmerische Nutzung für das Jahr der erstmaligen Verwendung beträgt im Jahr 01 als gemittelter Wert 55 % (2 Monate zu 70 % + 6 Monate zu 50 %) und überschreitet damit die unternehmerische Mindestnutzung des § 15 Abs. 1 Satz 2 UStG. [4]U kann das Gebäude somit entweder zu 0 %, zu 55 % oder zu 100 % seinem Unternehmen zuordnen. [5]Die beabsichtigte Nutzung im Folgejahr ist für die Zuordnungsentscheidung unerheblich, da nur der Besteuerungszeitraum der ersten Verwendung maßgebend ist. [6]Entscheidet sich U für eine vollständige oder teilweise Zuordnung des Gebäudes zum Unternehmen, kann sich in den Folgejahren eine Vorsteuerberichtigung nach § 15 a Abs. 1 in Verbindung mit Abs. 6 a UStG ergeben.

Beispiel 2:

[1]Unternehmer U erwirbt zum 1. 4. 01 ein Gebäude (Jahr 01 nach dem Stichtag 31. 12. 2010 und damit Anwendung des § 15 Abs. 1 b UStG). [2]U beabsichtigt nachweislich, dieses zu 20 % für seine unternehmerische Tätigkeit und zu 80 % für private Zwecke zu verwenden. [3]Tatsächlich verwendet U das Gebäude bis zum 31. 12. 01 (erstmalige Verwendung 1. 6. 01) nur zu 5 % für seine unternehmerische Tätigkeit.

[4]U hat im Zeitpunkt des Erwerbs (1. 4. 01) über die Zuordnung des Gebäudes zu entscheiden. [5]Da er zu diesem Zeitpunkt das Gebäude zu mindestens 10 % unternehmerisch (§ 15 Abs. 1 Satz 2 UStG) und ansonsten für seine unternehmensfremden Tätigkeiten zu nutzen beabsichtigt, hat U ein Zuordnungswahlrecht, d. h. er kann das Gebäude zu 0 %, zu 100 % oder zu 20 % seinem Unternehmen zuordnen. [6]Ordnet U das Gebäude zu 100 % seinem Unternehmen zu, ist der Vorsteuerabzug nach § 15 Abs. 1 b UStG ausgeschlossen, soweit das Gebäude für unternehmensfremde Zwecke verwendet wird. [7]Soweit die tatsächliche Verwendung von der vorgesehenen Verwendung abweicht, ist eine Berichtigung des Vorsteuerabzugs nach § 15 a Abs. 6 a UStG zu prüfen.

(13) [1]Wird ein einheitlicher Gegenstand von Anfang an ausschließlich nichtunternehmerisch verwendet, kann grundsätzlich davon ausgegangen werden, dass der Gegenstand nicht für das Unternehmen bezogen worden ist. [2]Wenn ein Gegenstand, für den von vornherein die Absicht zu einer dauerhaften unternehmerischen Nutzung besteht, zunächst und nur übergangsweise nichtunternehmerisch verwendet wird, kann in Ausnahmefällen jedoch ein Leistungsbezug für das Unternehmen vorliegen. [3]Bei dieser Beurteilung ist u. a. das Verhältnis der vorübergehenden nichtunternehmerischen Nutzungszeit zur Gesamtnutzungsdauer des Gegenstands von Bedeutung (vgl. EuGH-Urteil vom 19. 7. 2012, C-334/10, X). [4]Als Gesamtnutzungsdauer gilt in der Regel die betriebsgewöhnliche Nutzungsdauer, die nach ertragsteuerrechtlichen Grundsätzen für den Gegenstand anzusetzen ist. [5]Nur eine im Verhältnis zur Gesamtnutzungsdauer untergeordnete nichtunternehmerische Nutzungszeit ist für einen Bezug für das Unternehmen unschädlich. [6]Je länger die anfängliche nichtunternehmerische Nutzung andauert, desto höher sind die Anforderungen an den Nachweis der von vornherein bestehenden unternehmerischen Nutzungsabsicht. [7]Dies gilt insbesondere, wenn sich die anfängliche nichtunternehmerische Nutzungszeit über das erste Kalenderjahr der Nutzung hinaus erstreckt.

Beispiel:

[1]Verein V lässt eine Mehrzweckhalle errichten (Fertigstellung 1. 1. 01; Herstellungskosten 300 000 € zzgl. 57 000 € Umsatzsteuer). [2]V beabsichtigt nachweislich von Anfang an, die Halle ab dem 1. 12. 01 umsatzsteuerpflichtig zu vermieten, und zwar im Umfang von 50 % der Hallennutzung. [3]Bis zum 1. 12. 01 wird die Sporthalle vorübergehend nur für ideelle Vereinszwecke genutzt.

[4]Die bestimmungsgemäße unternehmerische Nutzung im Jahr 01 beträgt 50 %. [5]Die Mehrzweckhalle ist deshalb zu 50 % dem Unternehmen zuzuordnen. [6]Dabei ist die anfängliche ausschließlich nichtwirtschaftliche Verwendung i. e. S. unbeachtlich (vgl. BFH-Urteil vom 20. 7. 1988, X R 8/80, BStBl I S. 1012). [7]Die vorübergehende nichtwirtschaftliche Verwendung i. e. S. des dem Unternehmen zugeordneten Gebäudeanteils im Jahr 01 unterliegt der Wertabgabenbesteuerung nach § 3 Abs. 9 a Nr. 1 UStG (Abschnitt 3.4 Abs. 5 a Satz 4).

Zeitpunkt und Dokumentation der Zuordnungsentscheidung – Auswirkungen der Zuordnungsentscheidung auf den Vorsteuerabzug und dessen Berichtigung nach § 15 a UStG

(14) [1]Beabsichtigt der Unternehmer einen einheitlichen Gegenstand teilunternehmerisch sowohl für unternehmerische als auch für unternehmensfremde Tätigkeiten zu verwenden, hat der Unternehmer ein Zuordnungswahlrecht (vgl. Absatz 2 Satz 1 Nr. 2 Buchstabe b). [2]Die (vollständige oder teilweise) Zuordnung des Gegenstands zum Unternehmen erfordert aus diesem Grund eine durch Beweisanzeichen gestützte Zuordnungsentscheidung des Unternehmers. [3]Die Zuordnung zum Unternehmen kommt dadurch zum Ausdruck, dass der Unternehmer beim Erwerb oder bei der Herstellung des Gegenstands ganz oder teilweise als solcher handelt. [4]Die Zuordnungsentscheidung ist eine innere Tatsache, die erst durch äußere Beweisanzeichen erkennbar wird. [5]Sie kann somit auch konkludent (implizit) zum Ausdruck kommen (vgl. BFH-Urteile vom 04.05.2022 – XI R 28/21 (XI R 3/19), BStBl II 2024 S. 447, und XI R 29/21 (XI R 7/19), BStBl II 2024 S. 450). [6]In den Fällen, in denen ein einheitlicher Gegenstand für unternehmerische und nichtwirtschaftliche Tätigkeiten i. e. S. verwendet wird, bedarf es dagegen keiner Zuordnungsentscheidung, da ein grundsätzliches Aufteilungsgebot gilt. [7]Eine solche ist nur erforderlich, wenn der Unternehmer von der Billigkeitsregelung nach Absatz 2 Satz 1 Nr. 2 Buchstabe a Gebrauch macht.

(15) [1]Für die zur Herstellung des Gegenstands verwendeten Leistungen erfolgt die Zuordnung zum Unternehmen bereits beim ersten Leistungsbezug bzw. bei der ersten Anzahlung, unabhängig vom Vorliegen einer Rechnung (vgl. Abschnitte 15.12 Abs. 2a und 15 a.4 Abs. 2). [2]Die Zuordnungsentscheidung ist im Hinblick auf das Zuordnungsverbot nach § 15 Abs. 1 Satz 2 UStG stets mit Blick auf die beabsichtigte Nutzung des gesamten herzustellenden Gegenstands zu treffen.

(16) [1]Aus dem Grundsatz des Sofortabzugs der Vorsteuer folgt, dass die Zuordnungsentscheidung bereits bei Leistungsbezug für einen einheitlichen Gegenstand zu treffen ist (vgl. BFH-Beschluss vom 28.10.2020 – XI B 26/20, n. v.). [2]Als innere Tatsache (vgl. Absatz 14) bedarf die Zuordnungsentscheidung einer Dokumentation. [3]Diese Dokumentation (grundlegend BFH-Urteil vom 07.07.2011 – V R 42/09, BStBl II 2014 S. 76) muss innerhalb der Dokumentationsfrist erfolgen. [4]Eine rechtzeitige Dokumentation der Zuordnungsentscheidung liegt vor, wenn sie bis zur gesetzlichen Regelabgabefrist für Steuererklärungen (regelmäßig 31.07. des Folgejahres, § 149 Abs. 2 Satz 1 AO) erfolgt. [5]Fristverlängerungen für die Abgabe der Steuererklärungen haben keinen Einfluss auf die Dokumentationsfrist (vgl. BFH-Urteile vom 07.07.2011 – V R 42/09, a. a. O., und V R 21/10, BStBl II 2014 S. 81). [6]Die Dokumentation erfolgt regelmäßig bereits durch die Geltendmachung des Vorsteuerabzugs. [7]Lässt die Geltendmachung des Vorsteuerabzugs nicht auf die Zuordnung zum Unternehmen an sich oder deren Umfang schließen, sind andere nach außen hin objektiv erkennbare Beweisanzeichen heranzuziehen (vgl. hierzu Absatz 17). [8]Liegen innerhalb der Dokumentationsfrist nach außen hin objektiv erkennbare Beweisanzeichen für eine Zuordnung vor, können diese dem Finanzamt auch noch nach Ablauf der Frist mitgeteilt werden (siehe BFH-Urteile vom 04.05.2022 – XI R 28/21 (XI R 3/19), BStBl II 2024 S. 447, und XI R 29/21 (XI R 7/19), BStBl II 2024 S. 450). [9]Fehlt es an objektiven Beweisanzeichen für eine Zuordnung, ist demgegenüber eine ausdrückliche Mitteilung an das Finanzamt innerhalb der Dokumentationsfrist erforderlich. [10]Bis zum Ablauf der Dokumentationsfrist kann auch eine im Voranmeldungsverfahren getroffene Zuordnungsentscheidung korrigiert werden (vgl. BFH-Urteil vom 07.07.2011 – V R 21/10, a. a. O.).

(17) [1]Das Unterlassen des Vorsteuerabzugs ist ein gewichtiges Indiz gegen die Zuordnung eines Gegenstands zum Unternehmen. [2]Das Fehlen eines Vorsteuerabzugs in der Umsatzsteuer-Voranmeldung für den Zeitraum, in dem der Gegenstand erworben wurde, lässt für sich genommen aber nicht den Schluss zu, dass sich der Steuerpflichtige dafür entschieden hat, den betreffenden Gegenstand nicht seinem Unternehmen zuzuordnen (vgl. EuGH-Urteil vom 14.10.2021, C-45/20 und C-46/20, BStBl II 2024 S. 461). [3]Ist ein Vorsteuerabzug (z.B. wegen eines Erwerbs von einer Privatperson) nicht möglich, müssen andere Beweisanzeichen herangezogen werden (BFH-Urteil vom 31. 1. 2002 – V R 61/96, BStBl 2003 II S. 813). [4]Gibt es keine Beweisanzeichen für eine Zuordnung zum Unternehmen, kann diese nicht unterstellt werden (BFH-Urteile vom 28. 2. 2002, V R 25/96, BStBl 2003 II S. 815, und vom 7. 7. 2011, V R 42/09, BStBl 2014 II S. 76). [5]Ob andere Beweisanzeichen für die Zuordnung vorliegen, ist unter Berücksichtigung aller Gegebenheiten des Sachverhalts, zu denen die Art der betreffenden Gegenstände und der

zwischen dem Erwerb der Gegenstände und ihrer Verwendung für Zwecke der wirtschaftlichen Tätigkeiten des Unternehmers liegende Zeitraum gehören, zu prüfen. [6]Beispiele für andere objektiv erkennbare Beweisanzeichen der Zuordnung zum Unternehmensvermögen können sein:

- Kauf oder Verkauf des Gegenstandes unter Firmennamen,
- betriebliche Versicherung des Gegenstandes,
- bilanzielle und ertragsteuerrechtliche Behandlung des Gegenstandes (vgl. BFH-Urteil vom 07.07.2011 – V R 42/09, a.a O.),
- Abschluss von Verträgen, um mit dem Gegenstand Ausgangsumsätze zu erzielen (z.B. Einspeisevergütungsverträge zu Photovoltaikanlagen, Mietverträge u.Ä., vgl. BFH-Urteil vom 04.05.2022 – XI R 29/21 (XI R 7/19), BStBl II 2024 S. 450),
- Ersatzbeschaffung vergleichbarer, bisher dem Unternehmen zugeordneter Gegenstände und
- [1]Angaben in den Bauantragsunterlagen oder Bauplänen, die auf eine unternehmerische Nutzung schließen lassen, jedenfalls dann, wenn weitere Beweisanzeichen hinzukommen (vgl. BFH-Urteil vom 04.05.2022 – XI R 28/21 (XI R 3/19), BStBl II 2024 S. 447). [2]Dies kann z.B. die Ummeldung des Unternehmens an die Adresse des errichteten Gebäudes sein.

[7]Zwar ist die Wahrnehmung von Bilanzierungspflichten für die umsatzsteuerrechtliche Zuordnung nicht maßgeblich, jedoch kann z. B. der Umstand, dass der Unternehmer einen Gegenstand nicht als gewillkürtes Betriebsvermögen behandelt, obwohl die Voraussetzungen dafür gegeben sind, Indiz dafür sein, dass er ihn auch umsatzsteuerrechtlich nicht seinem Unternehmen zuordnen wollte (vgl. BFH-Urteil vom 31. 1. 2002, V R 61/96, a. a. O.). [8]Umgekehrt spricht insoweit für eine Zuordnung zum Unternehmen, als der Unternehmer einen aktivierungspflichtigen Gegenstand nur mit den Netto-Anschaffungs- oder Herstellungskosten aktiviert, weil nach § 9b Abs. 1 EStG der Vorsteuerbetrag nach § 15 UStG, soweit er umsatzsteuerrechtlich abgezogen werden kann, nicht zu den Anschaffungs- oder Herstellungskosten des Wirtschaftsgutes gehört (vgl. BFH-Urteil vom 7. 7. 2011, V R 42/09, a. a. O.). [9]Ein Zeugenbeweis oder eine Parteivernehmung stellen keine objektiven Beweisanzeichen zur Annahme einer Zuordnung dar (vgl. BFH-Urteil vom 04.05.2022 – XI R 29/21 (XI R 7/19), a.a.O.). [10]Im Einzelfall kann bei entsprechenden Beweisanzeichen auch von einer nur anteiligen Zuordnung im Sinne von Absatz 2 Satz 1 Nr. 2 Buchstabe b Satz 2 dritter Spiegelstrich auszugehen sein (vgl. auch BFH-Urteil vom 04.05.2022 – XI R 29/21 (XI R 7/19), a.a.O.). [11]Eine Zuordnung über die vorliegenden Beweisanzeichen hinaus ist in einem solchen Fall nicht objektiv erkennbar und der Gegenstand damit insoweit nicht dem Unternehmen zugeordnet. [12]Eine später – außerhalb der Dokumentationsfrist – getroffene Entscheidung, einen höheren Anteil der Leistung unternehmerisch zu nutzen, wirkt nicht zurück und führt daher nicht dazu, dass sich der Vorsteuerabzug erhöht (vgl. BFH-Beschluss vom 10.02.2021 – XI B 24/20, n.v.).

(18) [1]Bei der Anschaffung oder Herstellung von teilunternehmerisch genutzten Grundstücken und Gebäuden ist die Zuordnung bei Leistungsbezug ebenfalls zu dokumentieren. [2]Ist z.B. bei der Anschaffung oder Herstellung eines Gebäudes ein Vorsteuerabzug nach § 15 Abs. 1, 1b oder 2 UStG (teilweise) nicht möglich, kann der Unternehmer durch eine gegenüber dem Finanzamt abgegebene schriftliche Erklärung dokumentieren, in welchem Umfang er das Gebäude dem Unternehmen zugeordnet hat, wenn sich aus dem Umfang des geltend gemachten Vorsteuerabzugs oder anderen Beweisanzeichen (vgl. Absatz 17) nicht ergibt, mit welchem Anteil das Gebäude dem Unternehmen zugeordnet wurde. [3]Gibt es in diesem Fall keine Beweisanzeichen für eine Zuordnung zum Unternehmen, kann diese nicht unterstellt werden. [4]Zur Dokumentationsfrist vgl. Absatz 16.

(19) [1]Auch bei Herstellungsvorgängen, die sich über mehr als ein Kalenderjahr erstrecken, hat der Unternehmer sein Zuordnungswahlrecht für das Gebäude ab Beginn des Herstellungsprozesses (vgl. § 27 Abs. 16 Satz 2 UStG) bis zum Ablauf der Frist nach Absatz 16 zu dokumentieren. [2]Macht der Unternehmer bis zu diesem Zeitpunkt jeweils keinen Vorsteuerabzug geltend und liegen keine anderen Beweisanzeichen für eine Zuordnung zum Unternehmen vor, kann diese nicht unterstellt werden. [3]Das Gebäude gilt dann – ggf. bis zu einer späteren Änderung der Zuordnung – insgesamt als nicht zugeordnet, so dass alle Leistungsbezüge bis zur Änderung der Zuordnung für den nichtunternehmerischen Bereich bezogen gelten und den Vorsteueranspruch ausschließen. [4]Eine Berichtigung des Vorsteuerabzuges aus den Herstellungskosten des Gebäudes nach § 15a UStG ist insoweit ausgeschlossen. [5]Die dargestellten Grundsätze gelten auch für nachträgliche Herstellungskosten, die eigenständige Zuordnungsobjekte dar-

stellen (vgl. Absatz 9 Nr. 2). [6]Wenn sich die beabsichtigte Verwendung des Gebäudes während des Herstellungsvorgangs ändert, der Unternehmer jedoch nicht erklärt, in welchem Umfang er das Gebäude seinem Unternehmen zuordnet, sondern nur entsprechend angepasste Vorsteuerbeträge geltend macht, gilt das Gebäude aus Vereinfachungsgründen in Höhe des durchschnittlich geltend gemachten Vorsteuerabzugs als dem Unternehmen zugeordnet. [7]Beispiele zur Darstellung der Auswirkung der Zuordnungsentscheidung auf den Vorsteuerabzug und dessen Berichtigung nach § 15 a UStG:

Beispiel 1:

[1]Unternehmer U beginnt im Jahr 01 mit der Errichtung eines Gebäudes, das er zu 50 % für private Zwecke und zu 50 % für seine vorsteuerunschädliche unternehmerische Tätigkeit zu nutzen beabsichtigt (Herstellungsjahr 01 nach dem Stichtag 31. 12. 2010 und damit Anwendung des § 15 Abs. 1 b UStG). [2]Die Fertigstellung erfolgt im Jahr 03. [3]U verwendet das Gebäude ab dem 01. 01. 04 erstmalig wie beabsichtigt zu 50 % privat und zu 50 % vorsteuerunschädlich für unternehmerische Zwecke. [4]U erklärt vor dem 31. 07. 02 die vollständige Zuordnung des Gebäudes schriftlich gegenüber dem Finanzamt. [5]Während der Herstellungsphase macht U keinen Vorsteuerabzug geltend, sondern reicht zum 31. 07. 04 berichtigte Erklärungen für die Jahre 01 und 02 sowie eine Erklärung für das Jahr 03 ein, in denen er 50 % der Vorsteuerbeträge geltend macht.

ausgewiesene Umsatzsteuer		bis zum 31. 07. des Folgejahres geltend gemachte Vorsteuer
01	40 000 €	0 €
02	20 000 €	0 €
03	30 000 €	15 000 €
Σ	90 000 €	15 000 €

[6]Das Gebäude des U soll für unternehmerische und unternehmensfremde (private) Zwecke verwendet werden. [7]U hat deshalb grundsätzlich das Wahlrecht, das Gebäude vollständig, gar nicht oder im Umfang der unternehmerischen Nutzung dem Unternehmen zuzuordnen. [8]Eine rechtzeitige Dokumentation der Zuordnungsentscheidung ist bis zum 31. 07. des Folgejahres möglich. [9]U hat das sich im Herstellungsprozess befindende Gebäude seinem Unternehmen zugeordnet und die Zuordnung gegenüber dem Finanzamt rechtzeitig dokumentiert. [10]U kann im Rahmen der berichtigten Jahreserklärungen für 01 und 02 und der Jahreserklärung 03 Vorsteuerbeträge geltend machen, soweit diese auf die beabsichtigte unternehmerische Nutzung entfallen (01 = 20 000 €, 02 = 10 000 €, 03 = 15 000 €). [11]Soweit eine private Verwendung des Gebäudes beabsichtigt ist, greift der Vorsteuerausschluss nach § 15 Abs. 1 b UStG. [12]Spätere Änderungen der Verwendung des Gebäudes können nach § 15 a Abs. 6 a in Verbindung mit Abs. 1 UStG berichtigt werden.

Beispiel 2:

[1]Sachverhalt wie Beispiel 1. [2]U hat aber keine schriftliche Erklärung gegenüber dem Finanzamt abgegeben, dass er das Gebäude seinem Unternehmen vollständig zuordnen möchte. [3]Weitere objektive Beweisanzeichen für eine Zuordnung liegen nicht vor. [4]Die erstmaligen Jahreserklärungen für die Jahre 01, 02 und 03 reicht U erst zum 31. 7. 04 ein.

[5]Das Gebäude des U soll für unternehmerische und unternehmensfremde (private) Zwecke verwendet werden. [6]U hat deshalb grundsätzlich das Wahlrecht, das Gebäude vollständig, gar nicht oder im Umfang der unternehmerischen Nutzung dem Unternehmen zuzuordnen. [7]Da keine nach außen hin objektiv erkennbaren Anhaltspunkte für eine Zuordnung vorliegen, ist für eine rechtzeitige Dokumentation der Zuordnung eine Mitteilung an die Finanzverwaltung innerhalb der Dokumentationsfrist erforderlich. [8]Eine rechtzeitige Dokumentation der Zuordnungsentscheidung ist bis zum 31. 07. des Folgejahres möglich. [9]Mit der Übermittlung der Jahreserklärungen 01 bis 03, in denen U 50 % der Vorsteuerbeträge geltend macht, will U dokumentieren, dass er den unternehmerisch genutzten Gebäudeteil seinem Unternehmen zuordnet. [10]In Bezug auf den unternehmensfremd (privat) verwendeten Anteil hat U bis zum 31. 07. 02 bzw. bis zum 31. 07. 03 keine Zuordnung dokumentiert

(weder ausdrückliche Mitteilung, noch Vorsteuerabzug, noch andere objektive Beweiszeichen), so dass diese nicht unterstellt werden kann.

[11]Da U für die Jahre 01 und 02 bis zum 31. 7. des jeweiligen Folgejahres keine Zuordnung zum Unternehmen dokumentiert hat, ist für diese Jahre ein Vorsteuerabzug nicht möglich. [12]Das unfertige Gebäude (Herstellungsvolumen aus den Jahren 01 und 02) gilt zum 01. 01. 03 zu 50 % als in sein Unternehmen eingelegt. [13]Das Vorsteuervolumen für eine Berichtigung nach § 15 a UStG reduziert sich deshalb auf die Vorsteuerbeträge aus dem Jahr 03 in Höhe von 15 000 €, für die die Zuordnung zum Unternehmen rechtzeitig dokumentiert worden ist.

Beispiel 3:

[1]Sachverhalt wie Beispiel 1. [2]U erklärt aber erst zum 31. 7. 04 die vollständige Zuordnung des Gebäudes zu seinem Unternehmen schriftlich gegenüber dem Finanzamt. [3]Weitere objektive Beweisanzeichen für eine Zuordnung liegen nicht vor.

[4]U hat bis zum 31. 7. 02 bzw. bis zum 31. 7. 03 keine Zuordnung des herzustellenden Gebäudes dokumentiert. [5]Die berichtigten Erklärungen für die Jahre 01 und 02 und die schriftliche Erklärung der vollständigen Zuordnung sind erst nach dem 31. 7. des jeweiligen Folgejahres beim Finanzamt eingegangen. [6]U ist deshalb nicht zum Vorsteuerabzug aus den Herstellungskosten aus den Jahren 01 und 02 berechtigt (§ 15 Abs. 1 UStG). [7]Eine Berichtigung nach § 15 a UStG ist mangels Zuordnung des Gebäudes zum Unternehmen ebenfalls ausgeschlossen.

[8]Die Zuordnung der im Jahr 03 bezogenen Leistungen ist hingegen rechtzeitig bis zum 31. 7. des Folgejahres dokumentiert worden. [9]U ist in Höhe des beabsichtigten unternehmerischen Nutzungsanteils von 50 % zum Vorsteuerabzug aus diesen Leistungen berechtigt (15 000 €). [10]Soweit eine private Verwendung des Gebäudes beabsichtigt ist, greift der Vorsteuerausschluss nach § 15 Abs. 1 b UStG.

[11]Mit seiner schriftlichen Erklärung gegenüber dem Finanzamt, das Gebäude dem Unternehmen vollständig zuzuordnen, hat U das unfertige Gebäude (Herstellungsvolumen aus den Jahren 01 und 02) zum 01. 01. 03 in sein Unternehmen eingelegt. [12]Die Vorsteuerbeträge aus den Jahren 01 und 02 sind für Zwecke der Vorsteuerberichtigung nach § 15 a UStG verloren. [13]Für das Berichtigungsobjekt im Sinne des § 15 a UStG sind nur die rechtzeitig zugeordneten Vorsteuerbeträge aus dem Jahr 03 in Höhe von 30 000 € maßgebend. [14]Für diese Vorsteuerbeträge ist eine unternehmerische und unternehmensfremde Nutzung von jeweils 50 % berücksichtigt worden. [15]Da U im Jahr 04 das Berichtigungsobjekt im gleichen Verhältnis verwendet, liegt keine Änderung der Verhältnisse im Sinne des § 15 a UStG vor.

Beispiel 4:

[1]Sachverhalt wie Beispiel 2. [2]U führt ab dem 1. 1. 05 zu 50 % steuerfreie Umsätze aus, die nicht zum Vorsteuerabzug berechtigen.

[3]Wirtschaftsgut im Sinne des § 15 a UStG ist nur der dem Unternehmen zugeordnete Gebäudeteil. [4]Es liegt eine Änderung der Verhältnisse im Sinne des § 15 a Abs. 1 UStG vor, da U das Berichtigungsobjekt im Sinne des § 15 a UStG bisher für zu 100 % steuerpflichtige Ausgangsumsätze verwendet hat.

§ 15 a-UStG-fähige Vorsteuerbeträge (allein aus dem Jahr 03): 15 000 €

Ursprünglicher Vorsteuerabzug: 15 000 € (100 % von 15 000 €)

Zeitpunkt der erstmaligen Verwendung: 1. 1. 04

Dauer des Berichtigungszeitraums: 1. 1. 04 bis 31. 12. 13

Zum Vorsteuerabzug berechtigende Verwendung: 50 % (neue Nutzung: 50 % steuerpflichtig und 50 % steuerfrei)

Änderung der Verhältnisse: 50 Prozentpunkte (50 % statt bisher 100 %)

Vorsteuerberichtigung ab Jahr 05: 50 Prozentpunkte von 1/10 von 15 000 € = 750 € sind zuungunsten des U zu korrigieren.

Beispiel 5:

[1]Sachverhalt wie Beispiel 2. [2]U nutzt das Gesamtgebäude ab dem 1. 1. 06 zu 70 % für unternehmensfremde (private) Zwecke und führt zu 50 % steuerfreie Umsätze aus, die nicht zum Vorsteuerabzug berechtigen.

[3]Es liegen ab dem Jahr 06 zwei Änderungen der Verhältnisse nach § 15 a Abs. 1 in Verbindung mit Abs. 6 a UStG vor, da U das Berichtigungsobjekt (den zugeordneten hälftigen Gebäudeteil) bisher zu 100 % für steuerpflichtige Tätigkeiten verwendet hat. [4]Die unternehmerische Nutzung dieses ursprünglich zugeordneten Gebäudeteils beträgt nur noch 60 %, da der Umfang der unternehmerischen Nutzung des gesamten Gebäudes auf nunmehr 30 % gesunken ist, was 60 % des zugeordneten hälftigen Teils entspricht. [5]Außerdem ist U auf Grund der steuerfreien Umsätze in Bezug auf den unternehmerisch verwendeten Gebäudeteil nur noch zu 50 % zum Vorsteuerabzug berechtigt, was 30 % des zugeordneten hälftigen Teils entspricht.

§ 15 a-UStG-fähige Vorsteuerbeträge (allein aus Jahr 03): 15 000 €

Ursprünglicher Vorsteuerabzug: 15 000 € (100 % von 15 000 €)

Zeitpunkt der erstmaligen Verwendung: 1. 1. 04

Dauer des Berichtigungszeitraums: 1. 1. 04 bis 31. 12. 13

Zum Vorsteuerabzug berechtigende Verwendung: 30 % (neue Nutzung: 60 % × 50 % = 30 % steuerpflichtig, 30 % steuerfrei, 40 % unternehmensfremd)

Änderung der Verhältnisse: 70 Prozentpunkte (30 % statt bisher 100 %)

Vorsteuerberichtigung ab Jahr 06: 70 Prozentpunkte von 1/10 von 15 000 € = 1 050 € sind zuungunsten des U zu korrigieren.

Beispiel 6:

[1]Unternehmer U beginnt im Jahr 01 mit der Errichtung eines Gebäudes, das er zu 60 % für private Zwecke und zu 40 % für seine vorsteuerunschädliche unternehmerische Tätigkeit zu nutzen beabsichtigt (Herstellungsjahr 01 nach dem Stichtag 31. 12. 2010 und damit Anwendung des § 15 Abs. 1 b UStG). [2]Die Fertigstellung erfolgt im Jahr 03. [3]U verwendet das Gebäude ab dem 1. 1. 04 erstmalig wie von Anfang an beabsichtigt zu 60 % privat und zu 40 % vorsteuerunschädlich für unternehmerische Zwecke. [4]U macht während der Herstellungsphase aus den Aufwendungen 40 % Vorsteuerabzug geltend. [5]Außer der Geltendmachung des Vorsteuerabzugs liegen keine Beweisanzeichen für eine Zuordnung zum Unternehmen vor.

ausgewiesene Umsatzsteuer		bis zum 31. 7. des Folgejahres geltend gemachte Vorsteuer
01	40 000 €	16 000 € (40 %)
02	20 000 €	8 000 € (40 %)
03	30 000 €	12 000 € (40 %)
Σ	90 000 €	36 000 € (40 %)

[6]U hat das Gebäude im Umfang seiner unternehmerischen Nutzung von 40 % seinem Unternehmen zugeordnet. [7]Durch die Geltendmachung des Vorsteuerabzugs in Höhe von insgesamt 36 000 € hat U seine Zuordnungsentscheidung dokumentiert. [8]In Bezug auf den wie beabsichtigt unternehmensfremd verwendeten Gebäudeanteil hat U keine Zuordnung zum Unternehmen dokumentiert. [9]Ohne Beweisanzeichen kann diese nicht unterstellt werden. [10]Die Vorsteuerbeträge in Höhe von 54 000 € können deshalb weder nach § 15 Abs. 1 UStG noch nachträglich nach § 15 a UStG geltend gemacht werden. [11]Wirtschaftsgut im Sinne des § 15 a UStG ist nur der dem Unternehmen zugeordnete Gebäudeteil. [12]Auf das Berichtigungsobjekt entfallen somit nur die Vorsteuerbeträge in Höhe von 36 000 € bei einer 100 % unternehmerischen vorsteuerunschädlichen Nutzung. [13]Da U im Jahr 04 das Berichtigungsobjekt ebenfalls nur unternehmerisch verwendet, liegt keine Änderung der Verhältnisse im Sinne des § 15 a UStG vor.

Beispiel 7:

[1]Sachverhalt wie Beispiel 6. [2]U verwendet den unternehmerisch genutzten Gebäudeteil ab dem 1. 1. 05 zu 50 % für steuerfreie Umsätze, die nicht zum Vorsteuerabzug berechtigen.

[3]Es liegt im Jahr 05 eine Änderung der Verhältnisse im Sinne des § 15 a Abs. 1 UStG vor, da U den dem Unternehmen zugeordneten Gebäudeteil bisher zu 100 % für steuerpflichtige Umsätze genutzt hat.

§ 15 a-UStG-fähige Vorsteuerbeträge: 36 000 €

Ursprünglicher Vorsteuerabzug: 36 000 € (100 % von 36 000 €)

Zeitpunkt der erstmaligen Verwendung: 1. 1. 04

Dauer des Berichtigungszeitraums: 1. 1. 04 bis 31. 12. 13

Zum Vorsteuerabzug berechtigende Verwendung: 50 % (neue Nutzung: 50 % steuerpflichtig und 50 % steuerfrei)

Änderung der Verhältnisse: 50 Prozentpunkte (50 % statt bisher 100 %)

Vorsteuerberichtigung ab Jahr 05: 50 Prozentpunkte von 1/10 von 36 000 € = 1 800 € sind zuungunsten des U zu korrigieren.

Beispiel 8:

[1]Sachverhalt wie Beispiel 6. [2]U nutzt das Gesamtgebäude ab dem 1. 1. 06 nur noch zu 30 % für unternehmerische Zwecke und führt zu 50 % steuerfreie Umsätze aus, die nicht zum Vorsteuerabzug berechtigen.

[3]Es liegen zwei Änderungen der Verhältnisse im Sinne des § 15 a Abs. 1 in Verbindung mit Abs. 6 a UStG vor, da U das Berichtigungsobjekt im Sinne des § 15 a UStG bisher zu 100 % für steuerpflichtige Tätigkeiten verwendet hat. [4]Die unternehmerische Nutzung des ursprünglich zugeordneten Gebäudeteils beträgt nur noch 3/4 = 75 %, da 10 % bezogen auf die bisherige unternehmerische Nutzung von 40 % nunmehr unternehmensfremd genutzt werden. [5]Außerdem ist U auf Grund der steuerfreien Umsätze in Bezug auf den unternehmerisch verwendeten Gebäudeteil nur noch zu 50 % zum Vorsteuerabzug berechtigt.

§ 15 a-UStG-fähige Vorsteuerbeträge: 36 000 €

Ursprünglicher Vorsteuerabzug: 36 000 € (100 % von 36 000 €)

Zeitpunkt der erstmaligen Verwendung: 1. 1. 04

Dauer des Berichtigungszeitraums: 1. 1. 04 bis 31. 12. 13

Zum Vorsteuerabzug berechtigende Verwendung: 37,5 % (neue Nutzung: 75 % × 1/2 = 37,5 % steuerpflichtig, 37,5 % steuerfrei, 25 % unternehmensfremd)

Änderung der Verhältnisse: 62,5 Prozentpunkte (37,5 % statt bisher 100 %)

Vorsteuerberichtigung ab Jahr 06: 62,5 Prozentpunkte von 1/10 von 36 000 € = 2 250 € sind zuungunsten des U zu korrigieren.

Beispiel 9:

[1]Unternehmer U beginnt im Jahr 01 mit der Errichtung eines Gebäudes, das er teilunternehmerisch für unternehmerische und private Zwecke zu nutzen beabsichtigt (Herstellungsjahr 01 nach dem Stichtag 31. 12. 2010 und damit Anwendung des § 15 Abs. 1 b UStG). [2]Die Fertigstellung erfolgt im Jahr 03. [3]Während des Herstellungsvorgangs ändert sich die Verwendungsabsicht von U nachweisbar wie folgt: Im Jahr 01 beabsichtigt U, das Gebäude zu 80 %, im Jahr 02 zu 60 % und im Jahr 03 zu 70 % für seine unternehmerische vorsteuerunschädliche Tätigkeit zu verwenden. [4]Es liegen keine Beweisanzeichen einer Zuordnung über die Geltendmachung des Vorsteuerabzugs hinaus vor. [5]Die erstmalige Verwendung des Gebäudes erfolgt am 1. 1. 04. [6]U nutzt das Gebäude, wie im Jahr 03 beabsichtigt, zu 70 % für seine unternehmerische vorsteuerunschädliche Tätigkeit und zu 30 % privat.

ausgewiesene Umsatzsteuer		bis zum 31. 7. des Folgejahres geltend gemachte Vorsteuer
01	40 000 €	32 000 € (80 %)
02	20 000 €	12 000 € (60 %)
03	30 000 €	21 000 € (70 %)
Σ	90 000 €	65 000 € (72,22 % von 90 000 €)

[7]Das Gebäude des U soll für unternehmerische und unternehmensfremde Zwecke verwendet werden. [8]U hat deshalb grundsätzlich das Wahlrecht, das Gebäude vollständig, gar nicht oder im Umfang der unternehmerischen Nutzung dem Unternehmen zuzuordnen. [9]Da sich die beabsichtigte Verwendung des Gebäudes im Herstellungsvorgang ändert und U nicht erklärt, in welchem Umfang er das Gebäude seinem Unternehmen zuordnet, gilt das Gebäude aus Vereinfachungsgründen zu 72,22 % dem Unternehmen des U als zugeordnet.

[10]In Bezug auf den unternehmensfremd verwendeten Gebäudeanteil hat U keine Zuordnung zum Unternehmen dokumentiert. [11]Ohne Beweisanzeichen kann diese nicht unterstellt werden. [12]Die Vorsteuerbeträge in Höhe von (90 000 € abzgl. 65 000 € =) 25 000 € können deshalb weder nach § 15 Abs. 1 UStG noch nachträglich nach § 15 a UStG geltend gemacht werden. [13]Wirtschaftsgut im Sinne des § 15 a UStG ist nur der dem Unternehmen zugeordnete Gebäudeteil.

[14]Da die tatsächliche Verwendung von der beabsichtigten Verwendung während des Herstellungsprozesses abweicht, liegt im Zeitpunkt der erstmaligen Verwendung (70 % unternehmerisch) eine Änderung der Verhältnisse im Sinne des § 15 a Abs. 1 in Verbindung mit Abs. 6 a UStG vor. [15]Die geltend gemachten Vorsteuerbeträge in Höhe von 65 000 € entsprechen 100 % des zugeordneten Gebäudeteils. [16]Die unternehmerische Verwendung in Höhe von 70 % hätte U nur zu einem Vorsteuerabzug in Höhe von 63 000 € berechtigt (70 % von 90 000 €). [17]Die Verhältnisse ändern sich somit um 3,08 Prozentpunkte (63 000 € von 65 000 € = 96,92 %). [18]Da sich die Verhältnisse um weniger als 10 Prozentpunkt ändern und der Änderungsbetrag nicht 1 000 € übersteigt, entfällt eine Vorsteuerberichtigung (§ 44 Abs. 2 UStDV).

Beispiel 10:

[1]Sachverhalt wie Beispiel 9. [2]U beabsichtigt in den Jahren 01 bis 03 jedoch folgende unternehmerische Verwendung des Gebäudes und macht entsprechende Vorsteuerbeträge geltend:

ausgewiesene Umsatzsteuer		bis zum 31. 7. des Folgejahres geltend gemachte Vorsteuer
01	30 000 €	21 000 € (70 %)
02	20 000 €	12 000 € (60 %)
03	40 000 €	32 000 € (80 %)
Σ	90 000 €	65 000 € (72,22 % von 90 000 €)

[3]U nutzt das gesamte Gebäude ab dem 1. 1. 04 zu 80 % für unternehmerische vorsteuerunschädliche Zwecke.

[4]Eine Berichtigung nach § 15 a UStG ist nicht möglich, da das Gebäude nur zu 72,22 % als dem Unternehmen zugeordnet gilt und er damit bereits 100 % des berichtigungsfähigen Vorsteuervolumens ausgeschöpft hat.

Beispiel 11:

[1]Sachverhalt wie Beispiel 9. [2]U führt ab dem 1. 1. 05 zu 50 % steuerfreie Umsätze aus, die nicht zum Vorsteuerabzug berechtigen.

[3]Es liegt eine Änderung der Verhältnisse im Sinne des § 15 a Abs. 1 UStG vor, da U bisher zu 100 % steuerpflichtige Ausgangsumsätze ausgeführt hat. [4]Der dem Unternehmen zugeordnete Gebäudeteil wurde bisher zu 96,92 % für steuerpflichtige Tätigkeiten und zu 3,08 % unternehmensfremd genutzt.

§ 15 a-UStG-fähige Vorsteuerbeträge: 65 000 €

Ursprünglicher Vorsteuerabzug: 65 000 € (100 % von 65 000 €)

Zeitpunkt der erstmaligen Verwendung: 1. 1. 04

Dauer des Berichtigungszeitraums: 1. 1. 04 bis 31. 12. 13

Zum Vorsteuerabzug berechtigende Verwendung: 48,46 % (neue Nutzung: 48,46 % steuerpflichtig, 48,46 % steuerfrei, 3,08 % unternehmensfremd)

Änderung der Verhältnisse: 51,54 Prozentpunkte (48,46 % statt bisher 100 %)

Vorsteuerberichtigung ab Jahr 05: 51,54 Prozentpunkte von 1/10 von 65 000 € = 3 350,10 € sind zuungunsten des U zu korrigieren.

Beispiel 12:

[1]Sachverhalt wie Beispiel 9. [2]U nutzt das Gesamtgebäude ab dem 1. 1. 06 zu 50 % für unternehmensfremde (private) Zwecke und führt zu 50 % steuerfreie Umsätze aus, die nicht zum Vorsteuerabzug berechtigen.

[3]Es liegen zwei Änderungen der Verhältnisse im Sinne des § 15 a Abs. 1 in Verbindung mit Abs. 6 a UStG vor, da U das Berichtigungsobjekt im Sinne des § 15 a UStG bisher nur zu 3,08 % unternehmensfremd genutzt hat. [4]Die unternehmerische Nutzung des ursprünglich zugeordneten Gebäudeteils beträgt nur 69,24 %, da 22,22 % bezogen auf den zugeordneten Gebäudeteil von 72,22 % (= 30,76 %) nunmehr unternehmensfremd genutzt werden. [5]Außerdem ist U auf Grund der steuerfreien Umsätze in Bezug auf den unternehmerisch verwendeten Gebäudeteil nur noch zu 50 % zum Vorsteuerabzug berechtigt.

§ 15 a-UStG-fähige Vorsteuerbeträge: 65 000 €

Ursprünglicher Vorsteuerabzug: 65 000 € (100 % von 65 000 €)

Zeitpunkt der erstmaligen Verwendung: 1. 1. 04

Dauer des Berichtigungszeitraums: 1. 1. 04 bis 31. 12. 13

Zum Vorsteuerabzug berechtigende Verwendung: 34,62 % (neue Nutzung: 34,62 % steuerpflichtig, 34,62 % steuerfrei, 30,76 % unternehmensfremd – 27,78 % des zu 50 % unternehmensfremd verwendeten Gebäudes sind nicht dem Unternehmen zugeordnet worden –)

Änderung der Verhältnisse: 65,38 Prozentpunkte (34,62 % statt bisher 100 %)

Vorsteuerberichtigung ab Jahr 06: 65,38 Prozentpunkte von 1/10 von 65 000 € = 4 249,70 € sind zuungunsten des U zu korrigieren.

Beispiel 13:

[1]Die Gemeinde G beginnt im Jahr 01 mit der Errichtung eines Gebäudes, das sie im Jahr 01 zu 100 % und damit ausschließlich für hoheitliche Zwecke zu nutzen beabsichtigt, die Absicht wird durch Gemeinderatsbeschluss dokumentiert. [2]Im Jahr 02 beschließt der Gemeinderat jedoch, das Gebäude zu 50 % für vorsteuerunschädliche unternehmerische Zwecke zu nutzen. [3]Die Fertigstellung des Gebäudes erfolgt im Jahr 03. [4]Die erstmalige Verwendung erfolgt am 1. 1. 04 wie im Jahr 02 beschlossen zu 50 % hoheitlich und zu 50 % unternehmerisch. [5]Vorsteuerbeträge wurden entsprechend der zum jeweiligen Leistungsbezug bestehenden Verwendungsabsicht wie folgt erklärt:

ausgewiesene Umsatzsteuer		geltend gemachte Vorsteuer
01	40 000 €	0 €
02	20 000 €	10 000 €

ausgewiesene Umsatzsteuer		geltend gemachte Vorsteuer
03	30 000 €	15 000 €
Σ	90 000 €	25 000 €

[6]Soweit G beabsichtigt, das Gebäude für nichtwirtschaftliche Tätigkeiten i. e. S. zu verwenden, ist der Vorsteuerabzug nach § 15 Abs. 1 UStG ausgeschlossen. [7]G hat deshalb kein Zuordnungswahlrecht, sodass sich die Frage nach einer Zuordnungsentscheidung nicht stellt. [8]Da G im Jahr 01 (nachweislich) beabsichtigt hat, das Gebäude zu 100% und damit ausschließlich für nichtwirtschaftliche Tätigkeiten i.e.S. zu verwenden, können die Vorsteuerbeträge aus dem Jahr 01 nachträglich nicht geltend gemacht werden. [9]Eine Berichtigung nach § 15a UStG aus Billigkeitsgründen (vgl. Abschnitt 15a.1 Abs. 7) ist insoweit ebenfalls ausgeschlossen, weil es sich vorliegend nicht um eine Erhöhung des wirtschaftlich verwendeten Teils eines bereits zugeordneten Gebäudes handelt, sondern um die erstmalige unternehmerische Zuordnung. [10]Das Gebäude wird für Zwecke des § 15a UStG wie zu 50 % (25 000 € von 50 000 €) dem Unternehmen zugeordnet behandelt, weil für die Jahre 02 und 03 ein Aufteilungsgebot gilt (vgl. Absatz 2 Satz 1 Nr. 2 Buchstabe a). [11]Das Volumen für eine Berichtigung nach den Grundsätzen des § 15a UStG beträgt 50 000 € (25 000 € auf Basis der Zuordnung und 25 000 € aus Billigkeitsgründen, vgl. Abschnitt 15a.1 Abs. 7).

Beispiel 14:

[1]Sachverhalt wie Beispiel 13. [2]G verwendet das Gebäude ab dem 1. 1. 05 zu 70 % für unternehmerische Tätigkeiten.

§ 15a-UStG-fähige Vorsteuerbeträge: 50 000 € (Vorsteuerbeträge aus den Jahren 02 und 03)

Ursprünglicher Vorsteuerabzug: 25 000 € (50 % von 50 000 €)

Zeitpunkt der erstmaligen Verwendung: 1. 1. 04

Dauer des Berichtigungszeitraums: 1. 1. 04 bis 31. 12. 13

Zum Vorsteuerabzug berechtigende Verwendung: 70 %

Änderung der Verhältnisse: 20 Prozentpunkte (70 % statt bisher 50 %)

Vorsteuerberichtigung ab dem Jahr 05 aus Billigkeitsgründen nach Abschnitt 15a.1 Abs. 7: 20 Prozentpunkte von 1/10 von 50 000 € = 1 000 € sind zugunsten des G zu korrigieren.

[3]Der Gegenstand gilt durch die Berichtigung aus Billigkeitsgründen zu 70 % als dem Unternehmen zugeordnet.

Beispiel 15:

[1]Die Gemeinde G beginnt im Jahr 01 mit der Errichtung eines Gebäudes, das sie in 01 zu 75 % für hoheitliche und zu 25 % für vorsteuerunschädliche unternehmerische Zwecke zu nutzen beabsichtigt. [2]Im Jahr 02 beschließt der Gemeinderat jedoch, das Gebäude zu 50 % für vorsteuerunschädliche unternehmerische Zwecke zu nutzen. [3]Die Fertigstellung des Gebäudes erfolgt im Jahr 03. [4]Die erstmalige Verwendung erfolgt am 1. 1. 04 wie im Jahr 02 beschlossen zu 50 % hoheitlich und zu 50 % unternehmerisch. [5]Vorsteuerbeträge wurden entsprechend der zum jeweiligen Leistungsbezug bestehenden Verwendungsabsicht wie folgt erklärt:

ausgewiesene Umsatzsteuer		geltend gemachte Vorsteuer
01	40 000 €	10 000 € (25 %)
02	20 000 €	10 000 € (50 %)
03	30 000 €	15 000 € (50 %)
Σ	90 000 €	35 000 € (38,88 %)

[6]Soweit G beabsichtigt, das Gebäude für nichtwirtschaftliche Tätigkeiten i. e. S. zu verwenden, ist der Vorsteuerabzug nach § 15 Abs. 1 UStG ausgeschlossen. [7]G hat deshalb kein Zuordnungswahl-

recht und muss bis zum 31. 7. des Folgejahres keine Zuordnung dokumentieren. [8]Das Gebäude gilt aus Vereinfachungsgründen zu 38,88 % als dem Unternehmen zugeordnet. [9]Für das Jahr 04 kann aus Billigkeitsgründen wegen der Änderung der Verhältnisse um 11,12 % (50 % statt 38,88 %) eine Korrektur nach den Grundsätzen des § 15 a UStG erfolgen (vgl. Abschnitt 15 a.1 Abs. 7).

Anmerkung

1. Voraussetzungen für den Vorsteuerabzug

Nach § 15 Abs. 1 UStG ist der Vorsteuerabzug an folgende **Voraussetzungen** geknüpft:

- Das Empfangen einer Lieferung oder sonstigen Leistung,
- **Unternehmereigenschaft** des Leistenden und des Leistungsempfängers,
- die Lieferung/sonstige Leistung muss **für das Unternehmen** des Leistungsempfängers ausgeführt sein und
- Vorliegen einer Rechnung mit gesondertem **Steuerausweis**, die i.Ü. die Vorgaben der §§ 14, 14a UStG erfüllt.

Eine Zuordnung zum Unternehmen ist allerdings nach § 15 Abs. 1 Satz 2 UStG nach nationalem Recht nur dann möglich, wenn ein Gegenstand mindestens zu 10 % für das Unternehmen genutzt wird (sog. **unternehmerische Mindestnutzung**).

2. Leistung für das Unternehmen

Eine Leistung ist für das Unternehmen ausgeführt, wenn sie der Leistungsempfänger (Unternehmer) **für Zwecke seines Unternehmens** in Anspruch nimmt BFH, Urt. v. 13.4.1972 – V R 135/71, BStBl II 1972, 653) Die Leistung muss **in die unternehmerische Sphäre** eingehen. Es kommt dabei nicht auf das Auftreten des Unternehmers beim Leistungsbezug und etwaige Intentionen an, sondern allein auf das **wirtschaftliche Schicksal** der erworbenen Ware oder bezogenen Dienstleistung.

Die bezogene Leistung muss in einem erkennbaren wirtschaftlichen Zusammenhang mit der geschäftlichen Tätigkeit des Unternehmers stehen. Die **Verwendung** muss **objektiv** im Unternehmen **möglich** sein.

2.1 Aufteilungsgebot bei vertretbaren Sachen

Betrifft ein Umsatz sowohl das **Unternehmen** als auch **unternehmensfremde** Zwecke, ist bei der Lieferung **vertretbarer Sachen** (§ 91 BGB) die darauf entfallende USt für den Vorsteuerabzug entsprechend dem Verwendungszweck in einen abziehbaren und in einen nicht abziehbaren Teil aufzuteilen (BFH, Urt. v. 15.9.1994 – V R 82/92, 1995, 645).

2.2 Gemischte Nutzung einheitlicher Gegenstände

Anders ist die Rechtslage bei **einheitlichen Gegenständen**, die **gemischt** – d. h. für unternehmerische und nichtunternehmerische Zwecke – **genutzt** werden. In diesem Fall hat der Unternehmer ein **Zuordnungswahlrecht**:

- Er kann den Gegenstand **insgesamt** seinem **Unternehmen** zuordnen,
- in vollem Umfang im **nichtunternehmerischen** Bereich belassen oder
- **entsprechend** dem unternehmerischen **Nutzungsanteil** dem Unternehmen zuordnen.

Entscheidend ist immer, dass die bezogene Leistung **nicht** – und zwar weder räumlich-real, noch zeitlich – **teilbar** ist. Erst wenn dies eindeutig feststeht, kommt es auf die Zuordnungsentscheidung des Unternehmers an.

2.3 Zeitpunkt der Zuordnungsentscheidung

Aus dem Grundsatz des Sofortabzugs der Vorsteuer folgt an sich, dass die Zuordnungsentscheidung schon **unmittelbar bei Anschaffung/Herstellung** des Gegenstands (Leistungsbezug) zu treffen ist. Aus Gründen der „Praktikabilität" hat es der BFH jedoch zugelassen, dass die Zuordnungsentscheidung spätestens und mit endgültiger Wirkung in einer **„zeitnah"** erstellten Umsatzsteuererklärung für das

Jahr, in das der Leistungsbezug fällt, nach außen zu dokumentieren ist (Grundlegend BFH, Urt. v. 7.7.2011 – V R 42/09, BStBl II 2014, 76).

Den Begriff „zeitnah" hat der BFH durch Bezugnahme auf den Ablauf der gesetzliche Abgabefrist für Steuererklärungen gem. § 149 Abs. 2 S. 1 AO (derzeit der 31.7. nach Ablauf des Kalenderjahrs) konkretisiert. Es handelt sich dabei um eine **Ausschlussfrist**. Daraus folgt, dass Fristverlängerungen für die Abgabe einer Steuererklärung auf den Zuordnungszeitpunkt keinen Einfluss haben (Abschn. 15.2c Abs. 16 S. 5 UStAE).

3. Vorlage des BFH an den EuGH

3.1 Vorlagefragen

Aufgrund der Ausführungen des EuGH in der RS Gmina Ryjewo (EuGH, Urt. v. 25.7.2018 – C-140/17) hatte der XI. Senat des BFH Zweifel, ob die bisherige Rechtsauffassung des V. BFH-Senats (und damit auch die Auffassung der FinVerw in Abschn. 15.2c Abs. 16 UStAE) mit dem Unionsrecht vereinbar ist. Er hat deshalb zwei Verfahren ausgesetzt und dem EuGH folgende Frage vorgelegt (BFH, Beschl. v. 18.9.2019 – XI R 3/19, BFH/NV 2020, 321 und BFH, Beschl. v. 18.9.2019 – XI R 7/19, BFH/NV 2020, 326). Der BFH hatte die beiden Revisionsverfahren XI R 3/19 und XI R 7/19 ausgesetzt und die Verfahren dem EuGH zur **Vorabentscheidung** vorgelegt (**Az. des EuGH:** C-45/20 **und** C-46/20):

- Steht das Unionsrecht einer nationalen Rechtsprechung entgegen, nach der das Recht auf Vorsteuerabzug in den Fällen, in denen ein Zuordnungswahlrecht beim Leistungsbezug besteht, ausgeschlossen ist, wenn bis zum Ablauf der gesetzlichen Abgabefrist für die Umsatzsteuer-Jahreserklärung keine für die Finanzbehörden erkennbare Zuordnungsentscheidung abgegeben wurde?
- Steht das Unionsrecht einer nationalen Rechtsprechung entgegen, nach der eine Zuordnung zum privaten Bereich unterstellt wird bzw. eine dahingehende Vermutung besteht, wenn keine (ausreichenden) Indizien für eine unternehmerische Zuordnung vorliegen?

3.2 Entscheidung des EuGH

Der EuGH hat mit Urteil vom 14.10.2021 – C-45/20 und C-46/20 – über die Vorlagen des BFH entschieden. Er hat darin die sich an § 149 Abs. 2 AO orientierende Zuordnungsfrist nicht grundsätzlich verworfen. Er hat nunmehr dem BFH für die Nachfolgeentscheidungen aufgegeben zu prüfen, ob die Befristung der Dokumentation mit den Grundsätzen der Verhältnismäßigkeit und Rechtssicherheit vereinbar ist. Dabei sind folgende Grundsätze zu beachten, die der EuGH herausgestellt hat:

- Die Dokumentation der Zuordnungsentscheidung ist keine materielle Voraussetzung, sondern lediglich formelle Voraussetzung für den Vorsteuerabzug.
- Ein Verstoß gegen die formellen Anforderungen darf nicht zum Verlust des Rechts auf Vorsteuerabzug führen.

3.3 Nachfolgenentscheidungen des BFH vom 4.5.2022

Der BFH hat am 1.7.2022 seine Nachfolgeentscheidungen vom 4.5.2022 zur EuGH-Entscheidung veröffentlicht (BFH, Urt. v. 4.5.2022 – XI R 28/21 und XI R 29/21).

> **Sachverhalt XI R 28/21:**
>
> Der Kl. plante 2014 die Errichtung eines EFH. In dem von einem Planungsbüro angegebenen Grundriss v. 29.7.2014 fand sich ein Raum (16,57 qm), der mit „Arbeiten" überschrieben war. Erstmal in seiner am 28.9.2016 abgegebenen USt-Erklärung machte der Kl. anteilige Vorsteuerbeträge für die Errichtung dieses Zimmers geltend.
>
> **Sachverhalt XI R 29/21:**
>
> Der Kläger erwarb 2014 eine Photovoltaikanlage (PV-Anlage). Den erzeugten Strom verbrauchte er teilweise selbst, teilweise speise er ihn in das öffentliche Stromnetz ein. Ein entsprechender Einspeisevertrag wurde am 25.9.2014 geschlossen. Erst in seiner USt-Erklärung 2014 vom 29.2.2016 machte er den Vorsteuerabzug aus den Errichtungskosten der PV-Anlage geltend.

In beiden Fällen lehnten FA und FG unter Hinweis auf die am 31.5.2015 abgelaufene Zuordnungs-/ Dokumentationsfrist den Vorsteuerabzug ab.

Unter Anwendung der vom EuGH herausgestellten Grundsätze entschied der BFH:

Steht anhand objektiver Anhaltspunkte,

die innerhalb der Zuordnungsfrist erkennbar geworden sind,

fest, dass der Steuerpflichtige einen Gegenstand dem Unternehmen zugeordnet hat, ist es nicht zusätzlich erforderlich, dass er die erfolgte Zuordnung der FinBeh innerhalb der Frist des § 149 Abs. 2 Satz 1 AO mitteilt. Für die Dokumentation der Zuordnung ist nach der klaren Aussage des BFH **keine fristgebundene Mitteilung an das zuständige Finanzamt erforderlich**.

3.4 Keine Änderung der Rechtsprechung

Für die Anwendungspraxis ergeben sich daraus künftig folgende Konsequenzen:

- Es besteht eine gesetzliche Dokumentationsfrist für das Zuordnungswahlrecht, die sich aus § 149 Abs. 2 Satz 1 AO ergibt. Diese läuft bis zum Stichtag der Frist zur Abgabe der Steuererklärungen für nichtberatene Steuerpflichtige.
- Steht anhand objektiver Anhaltspunkte fest, dass der Stpfl. einen gemischt verwendeten Gegenstand dem Unternehmen zugeordnet hat, ist es nicht zusätzlich erforderlich, dass die Zuordnung innerhalb der Frist dem Finanzamt mitgeteilt wird.

Objektive Anhaltspunkte für eine ausdrückliche oder konkludente Zuordnung können z. B. sein:

- Auftreten bei An- und Verkauf unter dem Firmennamen
- Betriebliche oder private Versicherung des Gegenstands
- Bilanzielle Behandlung als Betriebsvermögen
- Bauzeichnungen (XI R 28/21)
- Einspeisevertrag bei PV-Anlagen (XI R 29/21)
- Ersatzbeschaffung vergleichbarer, bisher dem Unternehmen zugeordneter Gegenstände

Hinweis: Reaktion der Finanzverwaltung

Die FinVerw hat auf die Entscheidungen mit BMF-Schr. v. 17.5.2024, BStBl I 2024, 916 reagiert und den Abschn. 15.2c Abs. 14–19 UStAE angepasst. Gleichzeit wurde das noch anderslautende BMF-Schr. vom 2.1.2014, BStBl I 2014, 119 aufgehoben. Seinerzeit hatte die FinVerw noch sehr restriktiv die Auffassung vertreten, dass vom Zuordnungswahlrecht zwingend innerhalb der Frist des § 149 Abs. 2 AO Gebrauch zu machen ist.

4. Kein nachträglicher Vorsteuerabzug über § 15 a Abs. 1 UStG

Der **EuGH** hat in einer Entscheidung vom 7.7.2022 (C-194/21) auf ein Vorabentscheidungsersuchen aus den Niederlanden klargestellt, dass es nachträglich nicht möglich ist über die Vorsteuerberichtigungstatbestände der Art. 184, 185 MwStSystRL den Vorsteuerabzug zu erhalten.

Konkret: Der Berichtigungsmechanismus nach der MwStSystRL (und damit auch nach § 15 a UStG) findet keine Anwendung, wenn ein Stpfl. es versäumt hat, den Vorsteuerabzug innerhalb der Dokumentationsfrist (Ausschlussfrist) des § 149 Abs. 2 AO geltend zu machen.

Hinweis

Im Fall des EuGH C-194/21 hatte der Stpfl. im Jahr 2006 Baugrundstücke umsatzsteuerpflichtig erworben. Vorsteuer machte er nicht geltend.

Die Bebauung zerschlug sich in der Folge. Deshalb veräußerte er die Grundstücke im Jahr 2013 ebenfalls wieder umsatzsteuerpflichtig zurück. Die niederländische FinVerw setzte für die Rückveräußerung Umsatzsteuer fest. Dagegen wehrte sich der Stpfl. und vertrat die Auffassung, dass im

Nachforderungsbescheid für 2013 die Vorsteuer aus dem Grundstückskauf in 2006 als Berichtigungsbetrag nach den Art. 184, 185 MwStSystRL zu berücksichtigen sei.

Diese Sichtweise lehnte der EuGH im Wesentlichen mit der Begründung ab, dass die durch angemessene Ausschlussfristen (in Deutschland § 149 Abs. 2 AO) hergestellte Rechtssicherheit höher zu bewerten sei, als die materielle Richtigkeit (EuGH, Urt. v. 7.7.2022 – C-194/21, Rz. 41,42).

Die Entscheidung ist zutreffend. Entscheidend ist zunächst das Entstehen der Vorsteuerabzugsberechtigung. Für eine etwaige **Berichtigung** müssen sich die **tatsächlichen Verhältnisse geändert** haben. Bei einem **Versäumen des Vorsteuerabzugs** ist das eindeutig **nicht der Fall**.

5. Unternehmerische Mindestnutzung nach § 15 Abs. 1 Satz 2 UStG

Nach § 15 Abs. 1 Satz 2 UStG gilt eine Lieferung, die Einfuhr oder der innergemeinschaftliche Erwerb nicht als für das Unternehmen ausgeführt, wenn der Unternehmer den Gegenstand zu weniger als 10 % für sein Unternehmen verwendet. Die Regelung ist zwar unbefristet in die nationale Regelung des § 15 UStG aufgenommen worden; sie steht allerdings unter dem Genehmigungsvorbehalt der EU. Diese **Ausnahmegenehmigung** ist **derzeit** befristet gültig. Sie wird regelmäßig vom Rat der EU verlängert.

UStAE 15.2 d. Regelungen zum Vorsteuerabzug in Einzelfällen

(1) Zum Vorsteuerabzug in besonderen Fällen wird auf folgende Regelungen hingewiesen:

1. Errichtung von Gebäuden auf fremdem Boden,
   vgl. BMF-Schreiben vom 23. 7. 1986, BStBl I S. 432;
2. Einrichtungen, bei denen neben dem unternehmerischen auch ein nichtunternehmerischer Bereich besteht (z. B. bei juristischen Personen des öffentlichen Rechts, Vereinen),
   vgl. Abschnitte 2.10 und 15.19;
3. Garantieleistungen in der Reifenindustrie,
   vgl. BMF-Schreiben vom 21. 11. 1974, BStBl I S. 1021;
4. Garantieleistungen und Freiinspektionen in der Kraftfahrzeugwirtschaft,
   vgl. BMF-Schreiben vom 3. 12. 1975, BStBl I S. 1132;
5. Austauschverfahren in der Kraftfahrzeugwirtschaft,
   vgl. Abschnitt 10.5 Abs. 3;
6. Einschaltung von Personengesellschaften beim Erwerb oder der Errichtung von Betriebsgebäuden der Kreditinstitute,
   vgl. BMF-Schreiben vom 29. 5. 1992, BStBl I S. 378;
7. Einschaltung von Unternehmern in die Erfüllung hoheitlicher Aufgaben,
   vgl. BMF-Schreiben vom 27. 12. 1990, BStBl 1991 I S. 81;
8. Essensabgabe an das Personal durch eine vom Arbeitgeber nicht selbst betriebene Kantine oder Gaststätte,
   vgl. Abschnitt 1.8 Abs. 12;
9. Vorsteuerabzug und Umsatzbesteuerung bei zwischen dem 1. 4. 1999 und dem 31. 12. 2003 angeschafften teilunternehmerisch genutzten Fahrzeugen,
   vgl. Tz. 6 des BMF-Schreibens vom 27. 8. 2004, BStBl I S. 864;
10. Public-Private-Partnerships (PPP) im Bundesfernstraßenbau,
    vgl. BMF-Schreiben vom 30. 3. 2022, BStBl I S. 568;
11. Vorsteuerabzug bei gemeinsamem Leistungsbezug durch mehrere Personen,
    vgl. BMF-Schreiben vom 27. 10. 2021, BStBl I S. 2137;
12. Vorsteuerabzug beim Betrieb von Anlagen zur Energieerzeugung,
    vgl. Abschnitt 2.5;
13. Vorsteuerabzug bei Errichtung von Erschließungsanlagen,
    vgl. BMF-Schreiben vom 7. 6. 2012, BStBl I S. 621;
14. Vorsteuerabzug eines Insolvenzverwalters; ein Insolvenzverwalter kann eine Leistung im Zusammenhang mit seiner Tätigkeit entweder kraft Amtes für die Masse oder persönlich beziehen. Das

Recht auf Vorsteuerabzug steht der Insolvenzmasse zu, wenn der Insolvenzverwalter die Masse wirksam verpflichtet hat (vgl. BFH-Urteil vom 18. 9. 2019, XI R 19/17, BStBl 2020 II S. 172);

15. Vorsteuerabzug bei der Verwendung eines Aliasnamens nach dem ProstSchG, vgl. BMF-Schreiben vom 7. 9. 2021, BStBl I S. 1591;
16. Vorsteueraufteilung bei Kreditinstituten, vgl. BMF-Schreiben vom 09.12.2024, BStBl I S. 1604.

(2) [1]Erwachsen dem Unternehmer Aufwendungen durch Beköstigung des im Unternehmen beschäftigten Personals in seinem Haushalt, gilt folgende Vereinfachungsregelung: Für die auf diese Aufwendungen entfallenden Vorsteuern kann ohne Einzelnachweis ein Betrag abgezogen werden, der sich unter Anwendung eines durchschnittlichen Steuersatzes von 7,9 % auf den Wert errechnet, der bei der Einkommensteuer für die außerbetrieblichen Zukäufe als Betriebsausgabe anerkannt wird. [2]Dementsprechend kann in diesen Fällen die abziehbare Vorsteuer von 7,32 % dieses Werts (Bruttobetrag) errechnet werden.

(3) Zur Minderung des Vorsteuerabzugs beim Leistungsempfänger im Zusammenhang mit Preisnachlässen und Preiserstattungen sowie der Einlösung von Gutscheinen vgl. Abschnitt 17.2 Abs. 3 und 4.

UStAE 15.3. Vorsteuerabzug bei Zahlungen vor Ausführung der Umsätze

(1) [1]Der Vorsteuerabzug bei Zahlungen vor Ausführung des (Eingangs-)Umsatzes (§ 15 Abs. 1 Satz 1 Nr. 1 Satz 3 UStG) setzt voraus, dass

1. eine nach §§ 14, 14 a UStG ausgestellte Rechnung vorliegt und
2. die Zahlung geleistet worden ist.

[2]Der Vorsteuerabzug kommt für den Voranmeldungs- bzw. Besteuerungszeitraum in Betracht, in dem erstmalig beide Voraussetzungen erfüllt sind. [3]Voraussetzung für den Vorsteuerabzug aus Rechnungen über Lieferungen, auf die eine Anzahlung geleistet wurde, ist, dass alle maßgeblichen Elemente des Steuertatbestands, d. h. der künftigen Lieferung, bereits bekannt und somit insbesondere die Gegenstände der Lieferung zum Zeitpunkt der Anzahlung genau bestimmt sind (vgl. BFH-Urteil vom 24. 8. 2006, V R 16/05, BStBl 2007 II S. 340, vgl. Abschnitt 14.8 Abs. 4 Satz 2).

(2) [1]Hat ein **Unternehmer**, der von der **Steuerbefreiung nach** § 19 Abs. 1 **oder 4** UStG zur **Regelbesteuerung übergeht**, bereits vor dem Übergang Zahlungen für einen nach dem Übergang an ihn bewirkten Umsatz geleistet, **ist der** Vorsteuerabzug vor Ausführung des Umsatzes (§ 15 Abs. 1 Satz 1 Nr. 1 Satz 3 UStG) **nicht möglich. [2]Der Übergang stellt jedoch eine Änderung der Verhältnisse im Sinne von § 15a UStG zu diesem Zeitpunkt dar, weshalb unter den dortigen Voraussetzungen und unter Beachtung der Bagatellgrenzen des § 44 UStDV eine Vorsteuerberichtigung zu Gunsten des Unternehmers möglich ist. [3]Umgekehrt ist bei einem Übergang von der Regelbesteuerung zur Steuerbefreiung nach § 19 Abs. 1 oder 4 UStG ein zuvor nach § 15 Abs. 1 Satz 1 Nr. 1 Satz 3 UStG vorgenommener Vorsteuerabzug zum Zeitpunkt des Übergangs unter den Voraussetzungen des § 15a UStG und unter Beachtung der Bagatellgrenzen des § 44 UStDV zu Lasten des Unternehmers zu berichtigen.**

(3) Für den Vorsteuerabzug bei Zahlungen vor Ausführung des Umsatzes ist es ohne Bedeutung, ob die vor Ausführung des Umsatzes geleistete Zahlung das volle Entgelt oder nur einen Teil des Entgelts einschließt.

(4) [1]Ist der gesondert ausgewiesene Steuerbetrag höher als die Steuer, die auf die Zahlung vor der Umsatzausführung entfällt, kann nach § 15 Abs. 1 Satz 1 Nr. 1 Satz 3 UStG nur der Steuerbetrag abgezogen werden, der in der im Voraus geleisteten Zahlung enthalten ist. [2]Das gilt auch, wenn vor der Ausführung des Umsatzes über die gesamte Leistung abgerechnet wird, die Gegenleistung aber in Teilbeträgen gezahlt wird. [3]In diesen Fällen hat daher der Unternehmer den insgesamt ausgewiesenen Steuerbetrag auf die einzelnen Teilbeträge aufzuteilen.

Beispiel:

[1]Der Unternehmer hat bereits im Januar eine Gesamtrechnung für einen im Juli zu liefernden Gegenstand über 100 000 € zuzüglich gesondert ausgewiesener Umsatzsteuer i. H. v. 19 000 €, ins-

gesamt 119 000 €, erhalten. [2]Er leistet in den Monaten März, April und Mai Anzahlungen von jeweils 23 800 €. [3]Die Restzahlung i. H. v. 47 600 € überweist er einen Monat nach Ausführung des Umsatzes.

[4]Der Unternehmer kann für die Voranmeldungszeiträume März, April und Mai den in der jeweiligen Anzahlung enthaltenen Steuerbetrag von 3 800 € als Vorsteuer abziehen. [5]Die in der Restzahlung von 47 600 € enthaltene Vorsteuer von 7 600 € kann für den Voranmeldungszeitraum Juli (zum Zeitpunkt der Umsatzausführung) abgezogen werden.

(5) [1]Aus einer Endrechnung (§ 14 Abs. 5 Satz 2 UStG) kann der Leistungsempfänger nur den Steuerbetrag als Vorsteuer abziehen, der auf die verbliebene Restzahlung entfällt. [2]Das Gleiche gilt bei der Abrechnung mit Gutschriften. [3]Ein höherer Vorsteuerabzug ist auch dann nicht zulässig, wenn in der Endrechnung die im Voraus gezahlten Teilentgelte und die darauf entfallenden Steuerbeträge nicht oder nicht vollständig abgesetzt wurden (vgl. Abschnitt 14.8 Abs. 10). [4]Sind die Rechnungen oder Gutschriften für die im Voraus geleisteten Zahlungen im Zusammenhang mit der Erteilung der Endrechnung widerrufen oder zurückgenommen worden, ist aus der Endrechnung ebenfalls nur der auf die Restzahlung entfallende Steuerbetrag als Vorsteuer abziehbar (vgl. Abschnitt 14.8 Abs. 9).

(6) Für Anzahlungen, bei denen erst im Zeitpunkt der Leistungserbringung der Leistungsempfänger die Voraussetzungen als Steuerschuldner nach Maßgabe des § 13b UStG erfüllt, vgl. Abschnitt 13b.12 Abs. 3 Sätze 3 und 4.

Anmerkung

Vorsteuerabzug aus einem Leistungsbezug vor dem Übergang des Unternehmers zur Regelbesteuerung bzw. Kleinunternehmerregelung nach § 19 UStG

Die umfassende Änderung der Kleinunternehmerbesteuerung (§§ 19, 19a UStG) seit dem 01.01.2025 hat auch Auswirkungen auf den Vorsteuerabzug.

Hat ein Unternehmer, der von der Steuerbefreiung nach § 19 Absatz 1 oder 4 UStG zur Regelbesteuerung übergeht, bereits **vor dem Übergang Leistungen bezogen**, die er erst **nach dem Übergang zur Ausführung von** dann zum Vorsteuerabzug berechtigenden **Umsätzen** zu verwenden beabsichtigt, ist der Vorsteuerabzug nach der vom BMF vertretenen Rechtsauffassung für Zeiträume vor dem Übergang zur Regelbesteuerung nach § 15 Abs. 2 S. 1 Nr. 1 oder 3 UStG ausgeschlossen (BMF-Schreiben v. 10.11.2025, BStBl I 2025, 1854).

Hinweis: Überschreiten der Grenzen des § 19 UStG

Dies gilt nach Auffassung des BMF (a. a. O.) auch dann, wenn der Übergang – z. B. wegen des Überschreitens der Grenzen in § 19 Abs. 1 UStG – bereits wahrscheinlich, aber noch nicht tatsächlich erfolgt ist. Dies betrifft dann auch den Vorsteuerabzug aus Voraus- und Anzahlungsrechnungen nach § 15 Abs. 1 S. 1 Nr.1 S. 3 UStG.).

Eine Vorsteuerberichtigung nach § 15a UStG ist im Grundsatz möglich, es müssen aber die **Bagatellgrenzen** nach § 44 Abs. 1 und 2 UStDV von 1.000 EUR/Berichtigungsobjekt beachtet werden.

Nach der **bisherigen Regelung** der FinVerw in Abschn. 15.3 Abs. 2 UStAE konnte bei einem Wechsel in die Regelbesteuerung der **Vorsteuerabzug in der ersten Voranmeldung der Regelbesteuerung** geltend gemacht werden.

Umgekehrt stellt auch der **Übergang von der Regel- zur Kleinunternehmerbesteuerung** eine Änderung der Verhältnisse i. S. d. § 15a UStG dar, weshalb ein zuvor vorgenommener Vorsteuerabzug nach dem Übergang unter den Voraussetzungen des § 15a UStG und unter Beachtung der Bagatellgrenzen des § 44 UStDV **zu Lasten des Unternehmers zu berichtigen** ist.

Hinweis: Zurückstellen von Investitionen

Noch-Kleinunternehmer, die mit einer zeitnahen Überschreitung der Umsatzgrenze des § 19 UStG rechnen, sollten Investitionen und Einkäufe hinsichtlich des Vorsteuerabzugs an den Wechsel zur Regelbesteuerung zu terminieren.

Die Grundsätze des BMF-Schreibens v. 10.11.2025 (a. a. O.) sind in allen offenen Fällen anzuwenden. Für **bis zum 10.11.2025** abgegebene Umsatzsteuererklärungen kann jedoch noch die alte Rechtslage angewendet werden.

UStAE 15.4. Vorsteuerabzug bei Rechnungen über Kleinbeträge

(1) Für die Berechnung des Steuerbetrages aus Rechnungen bis zu einem Gesamtbetrag von 250 € (vgl. § 35 Abs. 1 UStDV) können die auf einen Voranmeldungszeitraum entfallenden Rechnungen zusammengefasst werden, soweit derselbe Steuersatz anzuwenden ist.

(2) Die Vorsteuer kann aus dem Rechnungsbetrag durch Anwendung der folgenden Formel ermittelt werden:

$$\frac{\text{Rechnungspreis} \times \text{Steuersatz}}{(100 + \text{Steuersatz})}$$

Beispiel:

Rechnungspreis 149,95 €, Steuersatz 19 %

$$\frac{149{,}95\ € \times 19}{(100 + 19)} = 23{,}94\ €\ \text{Vorsteuer}$$

(3) Der auf die Rechnung entfallende Steuerbetrag kann auch mittels eines Faktors oder eines Divisors ermittelt werden.

1. [1]Bei Verwendung eines Faktors ist folgende Formel anzuwenden:

$$\frac{\text{Rechnungspreis} \times \text{Faktor}}{100}$$

[2]Der Faktor beträgt bei einem Steuersatz von

7 % = 6,54 (6,5421)
19 % = 15,97 (15,9664).

Beispiel:

Rechnungspreis 149,95 €, Steuersatz 19 %

$$\frac{149{,}95\ € \times 15{,}97}{100} = 23{,}94\ €\ \text{Vorsteuer}$$

2. [1]Mit einem Divisor kann zunächst das auf den Rechnungspreis entfallende Entgelt berechnet und sodann der abziehbare Vorsteuerbetrag durch Abzug des Entgelts vom Rechnungspreis ermittelt werden. [2]Das Entgelt wird nach folgender Formel berechnet:

$$\frac{\text{Rechnungspreis}}{\text{Divisor}}$$

[3]Der Divisor beträgt bei einem in der Rechnung angegebenen Steuersatz von

7 % = 1,07
19 % = 1,19.

Beispiel:

Rechnungspreis 149,95 €, Steuersatz 19 %

$$\frac{149{,}95\ €}{1{,}19} = 126{,}01\ €\ \text{Entgelt}$$

149,95 € ./. 126,01 € = 23,94 € Vorsteuer.

UStAE 15.5. Vorsteuerabzug bei Fahrausweisen

(1) [1]Fahrausweise und Belege im Sinne des § 34 UStDV, die für die Beförderung im Personenverkehr und im Reisegepäckverkehr ausgegeben werden, berechtigen nach § 35 Abs. 2 UStDV zum Vorsteuerabzug, soweit sie auf das Inland entfallende Beförderungsleistungen für das Unternehmen betreffen. **[2]Es wird nicht beanstandet, wenn der Fahrausweis im Online-Verfahren abgerufen wird und durch das Verfahren sichergestellt ist, dass eine Belastung auf einem Konto des Unternehmers erfolgt.** [3]Stellt der Unternehmer seinen Arbeitnehmern Fahrausweise für die Fahrten zwischen Wohnung und regelmäßiger Arbeitsstätte zur Verfügung, sind die von den Arbeitnehmern in Anspruch genommenen Beförderungsleistungen nicht als Umsätze für das Unternehmen anzusehen. [4]Die dafür vom Unternehmer beschafften Fahrausweise berechtigen ihn daher nicht zur Vornahme des Vorsteuerabzugs.

(2) [1]Bei Zuschlagkarten ist für den Vorsteuerabzug der Steuersatz zu Grunde zu legen, der nach § 35 Abs. 2 UStDV für den dazugehörigen Fahrausweis gilt. [2]Bei Fahrausweisen für Beförderungsleistungen im grenzüberschreitenden Personenverkehr und im internationalen Eisenbahnpersonenverkehr ist die Vorsteuer aus den Angaben der in § 34 Abs. 2 UStDV bezeichneten Bescheinigung zu ermitteln. [3]Fahrausweise für Beförderungsleistungen auf ausländischen Strecken, die nach §§ 3, 4, 6 und 7 UStDV als Strecken im Inland gelten, berechtigen insoweit zum Vorsteuerabzug. [4]Umgekehrt kann auf Grund von Fahrausweisen für Beförderungsleistungen auf Strecken im Inland, die nach §§ 2, 4 und 7 UStDV als ausländische Strecken gelten, ein Vorsteuerabzug nicht vorgenommen werden.

(3) Enthalten gemeinsame Fahrausweise für Beförderungsleistungen durch mehrere in einem Verkehrs- und Tarifverbund zusammengeschlossene Unternehmer keine Angaben über den Steuersatz, ist für die Berechnung der abziehbaren Vorsteuerbeträge der ermäßigte Steuersatz zu Grunde zu legen.

(4) *weggefallen*

(5) [1]Bei Fahrausweisen im Luftverkehr kommt ein Vorsteuerabzug unter Zugrundelegung des ermäßigten Steuersatzes nicht in Betracht. [2]Der Abzug auf der Grundlage des allgemeinen Steuersatzes ist nur zulässig, wenn dieser Steuersatz auf dem Fahrausweis ausdrücklich angegeben ist. **[3]Bei Kleinunternehmern nach § 19 Abs. 1 oder 4 UStG ist Abschnitt 14.7a Abs. 2 zu beachten.**

(6) [1]Bei Belegen im Reisegepäckverkehr sind die Vorschriften für den Vorsteuerabzug bei Fahrausweisen entsprechend anzuwenden. [2]Zum Vorsteuerabzug berechtigen die Belege, die für die Beförderung von Reisegepäck im Zusammenhang mit einer Personenbeförderung ausgegeben werden.

(7) Keine Fahrausweise im Sinne des § 34 UStDV sind Belege über die Benutzung von Taxen, von Mietwagen oder von Kraftomnibussen außerhalb des Linienverkehrs.

(8) Zur Herausrechnung des Steuerbetrags aus dem Fahrpreis vgl. Abschnitt 15.4.

(9) ***weggefallen***

Anmerkung

Vorsteuerabzug bei Fahrausweisen im Online-Verfahren

Aufgrund des BMF-Schreibens vom 15.10.2025, BStBl I 2025, 1806 wurde Abschn. 15.5 um einen neuen Abs. 1 S. 2 ergänzt: Danach wird es von der Verwaltung nicht beanstandet, wenn der **Fahrausweis im Online-Verfahren** abgerufen wird und durch das Verfahren **sichergestellt** ist, dass eine **Belastung auf einem Konto** des Unternehmers erfolgt (**Abschn. 15.5. Abs. 1 S. 2 UStAE**).

UStAE 15.6. Vorsteuerabzug bei Repräsentationsaufwendungen

Allgemeines

(1) [1]Nach § 15 Abs. 1a UStG sind Vorsteuerbeträge aus Leistungen für das Unternehmen (vgl. insbesondere Abschnitte 15.2a, 15.2b und 15.2c) nicht abziehbar, die auf Aufwendungen entfallen, für die das Abzugsverbot des § 4 Abs. 5 Satz 1 Nr. 1 bis 4, 7 oder des § 12 Nr. 1 EStG gilt. [2]Vom Vorsteuerausschluss ausgenommen sind Bewirtungsaufwendungen, soweit § 4 Abs. 5 Satz 1 Nr. 2 EStG einen Abzug angemessener und nachgewiesener Aufwendungen ausschließt (vgl. Absätze 6 und 7). [3]Die Regelung des § 15 Abs. 1a UStG bezieht sich nicht auf die Tatbestände des § 4 Abs. 5 Nr. 5, 6, 6a, und 6b EStG. [4]Aus Aufwendungen im Sinne des § 4 Abs. 5 Satz 1 Nr. 6, 6a und 6b EStG für Fahrten zwischen Wohnung und Betriebsstätte, für Familienheimfahrten wegen einer aus betrieblichem Anlass begründeten doppelten Haushaltsführung, für betrieblich veranlasste Übernachtungen sowie für ein häusliches Arbeitszimmer kann der Unternehmer beim Vorliegen der übrigen Voraussetzungen des § 15 UStG den Vorsteuerabzug beanspruchen.

(2) [1]Für die Abgrenzung der nicht abziehbaren Aufwendungen gelten die ertragsteuerrechtlichen Grundsätze in R 4.10 EStR. [2]Maßgeblich ist, ob der Aufwand seiner Art nach von § 4 Abs. 5 Satz 1 Nr. 1 bis 7 EStG erfasst wird (vgl. BFH-Urteil vom 2. 7. 2008, XI R 66/06, BStBl 2009 II S. 206). [3]Die tatsächliche ertragsteuerrechtliche Behandlung ist für den Bereich der Umsatzsteuer nicht bindend. [4]So führen z.B. Aufwendungen im Sinne des § 4 Abs. 5 Satz 1 Nr. 1 bis 4 und Nr. 7 EStG auch dann zum Ausschluss des Vorsteuerabzugs, wenn ihr Abzug ertragsteuerrechtlich zu Unrecht zugelassen worden ist. [5]**Der** Vorsteuerabzug für ertragsteuerrechtlich angemessene Bewirtungsaufwendungen **ist aber nicht** allein wegen **verletzter** Formvorschriften für den Nachweis für Betriebsausgaben (einzelne und getrennte Aufzeichnung nach § 4 Abs. 7 EStG, vgl. R 4.11 EStR) **un**zulässig. [6]Für den Vorsteuerabzug gelten die allgemeinen Voraussetzungen des § 15 UStG.

(3) [1]Bei Unternehmern, für die § 4 Abs. 5 EStG ertragsteuerrechtlich keine Bedeutung hat, weil sie keinen Gewinn zu ermitteln haben (z.B. gemeinnützige Einrichtungen, die nach § 5 Abs. 1 Nr. 9 KStG von der Körperschaftsteuer befreit sind), ist für Umsatzsteuerzwecke darauf abzustellen, ob die Aufwendungen ihrer Art nach unter das Abzugsverbot des § 4 Abs. 5 Satz 1 Nr. 1 bis 4 und Nr. 7 EStG fallen. [2]Dabei ist grundsätzlich der gleiche Nachweis zu verlangen, der ertragsteuerrechtlich zu führen wäre (z.B. bei Bewirtungsaufwendungen).

Geschenke

(4) [1]Durch die Bezugnahme auf § 4 Abs. 5 Satz 1 Nr. 1 EStG wird die Umsatzsteuer für Aufwendungen für Geschenke an Personen, die nicht Arbeitnehmer des Unternehmers sind, vom Vorsteuerabzug ausgeschlossen, wenn die Anschaffungs- oder Herstellungskosten der Zuwendungen an einen Empfänger zusammengerechnet 50 € übersteigen (vgl. BFH-Urteil vom 12. 12. 2012, XI R 36/10, BStBl 2013 II S. 412). [2]Für die Ermittlung der Anschaffungs- und Herstellungskosten gelten die Grundsätze in R 4.10 Abs. 3 in Verbindung mit R 9b Abs. 2 Satz 3 EStR. [3]Die Freigrenze ist für Umsatzsteuerzwecke auf das Kalenderjahr zu beziehen. [4]Bei der Prüfung des Überschreitens der 50 €-Grenze sind Geldgeschenke einzubeziehen. [5]Für die Abgrenzung der Geschenke von anderen Zuwendungen gelten die ertragsteuerrechtlichen Grundsätze (vgl. R 4.10 Abs. 4 EStR). [6]Der Vorsteuerausschluss und die Freigrenze gelten nicht nur für Sachgeschenke, sondern auch für Geschenke in Form anderer geldwerter Vorteile (z.B. Eintrittsberechtigungen zu kulturellen oder sportlichen Veranstaltungen).

(5) [1]Steht im Zeitpunkt des Erwerbs oder der Herstellung eines Gegenstands seine Verwendung als Geschenk noch nicht fest, kann der Vorsteuerabzug zunächst unter den allgemeinen Voraussetzungen des § 15 UStG beansprucht werden. [2]Im Zeitpunkt der Hingabe des Geschenks ist eine Vorsteuerkorrektur nach § 17 Abs. 2 Nr. 5 UStG vorzunehmen, wenn die Freigrenze von 50 € überschritten wird.

Beispiel:

[1]Der Unternehmer A schenkt seinem Geschäftskunden B im April 01 eine Uhr aus seinem Warenbestand. [2]Die Uhr hatte A im Dezember 00 für 25 € zuzüglich 4,75 € Umsatzsteuer eingekauft. [3]Im Dezember 01 erhält B von A aus Anlass des Weihnachtsfestes ein Weinpräsent, das A im Dezember 01 für 50 € zuzüglich 9,50 € Umsatzsteuer gekauft hatte.

[4]Durch das zweite Geschenk werden auch die Aufwendungen für das erste Geschenk nicht abziehbar im Sinne des § 4 Abs. 5 EStG. [5]A hat in der Voranmeldung für Dezember 01 eine Vorsteuerberichtigung nach § 17 Abs. 2 Nr. 5 UStG vorzunehmen (Minderung der Vorsteuern um 4,75 €). [6]Die Umsatzsteuer für das zweite Geschenk ist nach § 15 Abs. 1a UStG nicht abziehbar.

Bewirtungskosten

(6) [1]Angemessene und nachgewiesene Bewirtungsaufwendungen berechtigen auch insoweit zum Vorsteuerabzug, als § 4 Abs. 5 Satz 1 Nr. 2 EStG einen Abzug als Betriebsausgaben ausschließt. [2]Voraussetzung für den Vorsteuerabzug ist damit neben den allgemeinen Voraussetzungen des § 15 UStG, dass die Bewirtungsaufwendungen nach der allgemeinen Verkehrsauffassung als angemessen zu beurteilen sind. [3]Soweit es sich nicht um angemessene Bewirtungsaufwendungen handelt, ist der Vorsteuerabzug mangels unternehmerischer Veranlassung des Leistungsbezugs nicht möglich.

(7) [1]Der Vorsteuerabzug aus den angemessenen Aufwendungen ist auch zulässig bei Bewirtungen von Geschäftsfreunden in unternehmenseigenen Kantinen, Casinos und Restaurants. [2]Es bestehen keine Bedenken gegen eine sachgerechte Schätzung in Anlehnung an die ertragsteuerrechtliche Vereinfachungsregelung in R 4.10 Abs. 6 EStR.

Repräsentationsaufwendungen

(8) [1]Der Ausschluss des Vorsteuerabzugs setzt nicht voraus, dass die in § 4 Abs. 5 Satz 1 Nr. 4 EStG genannten Aufwendungen im Rahmen eines andere Zwecke verfolgenden Unternehmens getätigt werden (vgl. BFH-Urteil vom 2. 7. 2008, XI R 66/06, BStBl 2009 II S. 206). [2]Vorsteuerbeträge, die auf Aufwendungen für den Erwerb und den Unterhalt von Segeljachten entfallen, sind nicht abziehbar, wenn der Unternehmer die Segeljachten zwar nachhaltig und zur Erzielung von Einnahmen, jedoch ohne Gewinn-/Überschusserzielungsabsicht vermietet (vgl. BFH-Urteile vom 2. 7. 2008, XI R 60/06, BStBl 2009 II S. 167, und vom 21. 5. 2014, V R 34/13, BStBl II S. 914). [3]Das Halten von Rennpferden aus Repräsentationsgründen ist ein ähnlicher Zweck im Sinne des § 4 Abs. 5 Satz 1 Nr. 4 EStG (vgl. BFH-Urteil vom 2. 7. 2008, XI R 66/06, a. a. O); hiermit zusammenhängende Vorsteuerbeträge sind nicht abziehbar (vgl. BFH-Beschluss vom 15.12.2021 – XI R 19/18, BStBl II 2024 S. 495). [4]Hingegen dient der Betrieb einer Pferdezucht in größerem Umfang mit erheblichen Umsätzen bei typisierender Betrachtung nicht in vergleichbarer Weise wie die ausdrücklich in § 4 Abs. 5 Satz 1 Nr. 4 EStG genannten Gegenstände (Jagd, Fischerei, Segel- oder Motorjacht) einer überdurchschnittlichen Repräsentation, der Unterhaltung von Geschäftsfreunden, der Freizeitgestaltung oder der sportlichen Betätigung (BFH-Urteil vom 12. 2. 2009, V R 61/06, BStBl II S. 828).

Kosten der privaten Lebensführung (§ 12 EStG)

(9) Der Vorsteuerabzug für bürgerliche Kleidung des Unternehmers ist nach § 15 Abs. 1a Satz 1 UStG ausgeschlossen, soweit es sich bei den hierfür aufgewendeten Beträgen um unverzichtbare Aufwendungen für die private Lebensführung im Sinne des § 12 Nr. 1 EStG handelt (BFH-Urteil vom 24.08.2022 – XI R 3/22, BStBl II 2023 S. 936).

Anmerkung

1. Begriff Repräsentationsaufwand, § 15 Abs. 1 a UStG

Nach § 4 Abs. 5 Satz 1 Nr. 4 EStG dürfen Betriebsausgaben in der Form von Aufwendungen für Jagd oder Fischerei, für Segel- oder Motorjachten sowie für ähnliche Zwecke und für die hiermit zusammenhängenden Bewirtungen den Gewinn nicht mindern.

Danach werden gemäß § 15 Abs. 1a UStG i. V. m. § 4 Abs. 5 Satz 1 Nr. 4 EStG diejenigen Ausgaben vom Recht auf Vorsteuerabzug ausgeschlossen, die **keinen streng geschäftlichen Charakter** haben, wie Luxusausgaben, Ausgaben für Vergnügungen und Repräsentationsaufwendungen. Dies entspricht den insoweit eindeutigen Vorgaben des **Art. 176 Abs. 1 Satz 2 MwStSystRL.**

Beispiel (nach BFH v. 15.12.2021 – XI R 19/18)

Der Kläger betrieb als Einzelunternehmer einen Pferderennstall. Zu dem Rennstall gehörten Pferde, die zum großen Teil angekauft, zum Teil aber auch selbst gezüchtet worden waren. Es erfolgte ein professionelles Training, nach welchem die Pferde an Rennen in ganz Europa teilnahmen. In vielen Fällen wurden Preisgelder erzielt.

Ertragsteuerlich beurteilte der das Finanzamt den Pferderennstall als sog. Liebhabereibetrieb, was zwischen den Beteiligten unstreitig ist.

Für die Streitjahre meldete der Kläger Vorsteuer-Überschüsse bzw. negative Zahllasten an. Die Vorsteuerbeträge ließ das Finanzamt nicht zum Abzug zu, weil es die Auffassung vertrat, der Kläger sei zwar unternehmerisch tätig, der Pferderennstall werde aber von ihm als private Leidenschaft und Hobby betrieben und diene nur Repräsentationszwecken.

2. Pferdezucht und Pferderennstall als Repräsentation

Der BFH hat die **Revision des Klägers** im Verfahren XI R 19/18 (oben unter 1.) gegen die Entscheidung des FG Köln als **unbegründet** zurückgewiesen:

- Der Kläger war unternehmerisch/wirtschaftlich tätig. Dies folgt nach Meinung des BFH zwar nicht aus der Teilnahme seiner Pferde an Rennen, für die **ein platzierungsabhängiges Preisgeld** gezahlt wurde. Insofern liegt keine unternehmerische Tätigkeit vor (Hinweis auf BFH-Urt. v. 2.8.2018 – V R 21/16, BStBl II 2019, 339 Tz. 29).
- Der Kläger ist allerdings insofern unternehmerisch tätig, als er **Einnahmen aus dem Verkauf von Rennpferden** erzielte.
- Gleichwohl kommt ein **Vorsteuerabzug nicht in Betracht**. Dem steht § 15 Abs. 1a UStG entgegen. Im Streitfall wird der Aufwand des Klägers von der Regelung des § 15 Abs. 1a UStG i. V. m. § 4 Abs. 5 Satz 1 Nr. 4 EStG erfasst. Das Halten zweier Rennpferde ist ein „ähnlicher Zweck" i. S. d. Vorschrift. Das Halten eines – preisgekrönten – Rennpferdes entspricht typischerweise einem persönlichen, ggf. betrieblichen **Repräsentationsbedürfnis**.
- Im entschiedenen Fall folgt der BFH den Feststellungen des FG Köln, wonach der Kläger selbst vorgetragen hatte, dass der Pferderennsport seine große Leidenschaft sei und ihm als Ausgleich für eine erfolgreiche – anderweitige – Berufstätigkeit diene.

Hinweis

Daran ändert nach Meinung des BFH auch die professionelle Führung des Pferderennstallbetriebs noch der erhebliche Geldeinsatz des Klägers etwas. Dadurch kann der Betrieb **nicht** – wie es der BFH bezeichnet – **der Repräsentation entwachsen**.

Die Entscheidung liegt im Ergebnis auf der Linie der Auffassung der FinVerw in Abschn. 15.6. Abs. 8 Satz 3 UStAE.

Die Verwaltung weist aber in **Abschn. 15.6. Abs. 8 Satz 4 UStAE** darauf hin, dass die Pferdezucht dann nicht der Repräsentation dient, wenn sie in „größerem Umfang“ mit „erheblichen Umsätzen“ erfolgt. Diese **Regelung ist zu unbestimmt** und **nicht praxistauglich**. Besser macht es da der BFH, der auf die Einstellung des Stpfl. abstellt: Der Kläger hatte nach den Feststellungen des FG immer wieder auf seine Pferdezucht als „Hobby“ und „Leidenschaft“ verwiesen. Hierauf stellt der BFH zutreffend ab, denn daraus lässt sich ohne Weiteres auf eine Repräsentation schließen.

Hinweis: Anwendung der Entscheidung durch die FinVerw.

Die FinVerw hat die Entscheidung XI R 19/18 v. 15.12.2021 zwischenzeitlich – soweit erkennbar – ohne weiteren Kommentar **amtlich im BStBl II 2024, 495 veröffentlicht**. Eine Ergänzung des Abschn. 15.6. Abs. 8 S. 4 UStAE zur Frage, wann „erhebliche Umsätze“ vorliegen, ist mithin leider bisher nicht erfolgt.

Hinzuweisen ist darauf, dass ggfs. auch **„unangemessene“ Aufwendungen** den Vorsteuerabzug ausschließen können (§ 15 Abs. 1a Satz 1 UStG i.V.m. § 4 Abs. 5 Satz 1 Nr. 7 EStG). So kann sich etwa der Erwerb eines „Supersportwagens“ als Ausstellungsstück für ein Autohaus als **unangemessen** erweisen, wenn die **Erzielung** von Umsätzen mit dem geplanten Autohaus noch in weiter Ferne liegt und von Umständen abhängt, auf die der Unternehmer keinen oder nur begrenzten Einfluss hat (Nieders. FG, Urt. v. 18.1.2024 – 5 K 148/23 – rkr.).

UStAE 15.6a. Vorsteuerabzug bei teilunternehmerisch genutzten Grundstücken

(1) [1]Teilunternehmerisch genutzte Grundstücke im Sinne des § 15 Abs. 1b UStG sind Grundstücke, die sowohl unternehmerisch als auch unternehmensfremd (privat) genutzt werden. [2]Den Grundstücken gleichgestellt sind nach § 15 Abs. 1b Satz 2 UStG Gebäude auf fremdem Grund und Boden sowie Berechtigungen, für die die Vorschriften des bürgerlichen Rechts über Grundstücke gelten (z. B. Erbbaurechte). [3]§ 15 Abs. 1b UStG stellt eine Vorsteuerabzugsbeschränkung dar, die nicht das Zuordnungswahlrecht des Unternehmers nach § 15 Abs. 1 UStG berührt (vgl. Abschnitt 15.2c). [4]Soweit ein Grundstück für nichtwirtschaftliche Tätigkeiten i. e. S. verwendet wird (vgl. Abschnitt 2.3 Abs. 1a), ist die Vorsteuer bereits nach § 15 Abs. 1 UStG nicht abziehbar; für die Anwendung des § 15 Abs. 1b UStG bleibt insoweit kein Raum (vgl. BFH-Urteil vom 3. 3. 2011, V R 23/10, BStBl 2012 II S. 74, Abschnitte 2.10, 2.11, 15.2b Abs. 2 und Abschnitt 15.19).

(2) [1]Eine teilunternehmerische Verwendung im Sinne des § 15 Abs. 1b UStG liegt unter Berücksichtigung des Absatz 1 Satz 4 nur vor, wenn das dem Unternehmen zugeordnete Grundstück teilweise für unternehmensfremde Zwecke verwendet wird. [2]Hierzu gehören nur solche Grundstücksverwendungen, die ihrer Art nach zu einer unentgeltlichen Wertabgabe im Sinne des § 3 Abs. 9a Nr. 1 UStG führen können. [3]Zu einer teilweisen Verwendung für hoheitliche Zwecke vgl. Abschnitte 3.4 Abs. 6 und 15.19 Abs. 2 und 3. [4]Ist die Verwendung eines dem Unternehmen zugeordneten Grundstücks für den privaten Bedarf des Personals ausnahmsweise überwiegend durch das betriebliche Interesse des Arbeitgebers veranlasst oder als Aufmerksamkeit zu beurteilen, ist der Vorsteuerabzug ebenfalls nicht nach § 15 Abs. 1b UStG eingeschränkt, weil die in der Nutzungsüberlassung liegenden unternehmerischen Zwecke den privaten Bedarf des Personals überlagern (vgl. dazu Abschnitt 1.8 Abs. 3 und 4). [5]Eine teilunternehmerische Verwendung im Sinne des § 15 Abs. 1b UStG liegt nicht nur vor, wenn die verschiedenen Nutzungen räumlich voneinander abgegrenzt sind, sondern auch, wenn sie – wie z. B. bei Ferienwohnungen oder Mehrzweckhallen – zeitlich wechselnd stattfinden.

(3) [1]Nach § 15 Abs. 1b Satz 1 UStG ist die Steuer für die Lieferungen, die Einfuhr und den innergemeinschaftlichen Erwerb sowie für die sonstigen Leistungen im Zusammenhang mit einem Grundstück vom Vorsteuerabzug ausgeschlossen, soweit sie nicht auf die Verwendung des Grundstücks für Zwecke des Unternehmens entfällt. [2]Dem Vorsteuerausschluss unterliegen auch die wesentlichen Bestandteile des Grundstücks, z. B. Gebäude und Außenanlagen. [3]Hiervon unberührt bleiben Gegenstände, die umsatzsteuerrechtlich selbständige Zuordnungsobjekte im Sinne des § 15 Abs. 1 UStG darstellen (z. B. Photovoltaikanlage und Blockheizkraftwerk), soweit sie nicht gemäß Abschnitt 15.17 Abs. 6 Anschaffungs- oder Her-

stellungskosten des gesamten Gebäudes darstellen. [4]Aufgrund der Vorsteuerabzugsbeschränkung nach § 15 Abs. 1b UStG unterliegt die Verwendung eines Grundstücks für unternehmensfremde Zwecke nicht der unentgeltlichen Wertabgabenbesteuerung nach § 3 Abs. 9a Nr. 1 UStG (vgl. Abschnitt 3.4 Abs. 5a).

(4) [1]Für die Aufteilung von Vorsteuerbeträgen für Zwecke des § 15 Abs. 1b UStG gelten die Grundsätze des § 15 Abs. 4 UStG entsprechend. [2]Zur Vorsteueraufteilung bei Gebäuden vgl. Abschnitt 15.17 Abs. 5 bis 8.

(5) [1]Sofern sich die Verwendung des teilunternehmerisch genutzten Grundstücks ändert, liegt eine Änderung der Verhältnisse im Sinne des § 15a UStG vor (§ 15a Abs. 6a UStG, vgl. Abschnitt 15a.2). [2]Unter Beachtung der Bagatellgrenzen des § 44 UStDV ist eine Vorsteuerberichtigung nach § 15a UStG durchzuführen. [3]Eine Vorsteuerberichtigung nach § 15a UStG ist nur möglich, soweit das Grundstück dem Unternehmensvermögen zugeordnet worden ist (vgl. Abschnitt 15a.1 Abs. 6 Nr. 2, 4 und 5).

(6) [1]Wird ein insgesamt dem Unternehmensvermögen zugeordnetes teilunternehmerisch genutztes Grundstück, das nach § 15 Abs. 1b UStG nur teilweise zum Vorsteuerabzug berechtigt hat, veräußert, unterliegt der Umsatz im vollen Umfang der Umsatzsteuer, wenn auf die Steuerbefreiung nach § 4 Nr. 9 Buchstabe a UStG wirksam verzichtet wird (§ 9 UStG, vgl. Abschnitt 9.1). [2]Es liegt insoweit eine Änderung der Verhältnisse vor, die zu einer Vorsteuerberichtigung nach § 15a UStG führt (§ 15a Abs. 8 Satz 2 UStG, vgl. Abschnitt 15a.2).

(7) Beispiele zum Vorsteuerabzug bei teilunternehmerisch genutzten Grundstücken im Sinne des § 15 Abs. 1b UStG; die Übergangsregelung nach § 27 Abs. 16 UStG findet keine Anwendung:

Beispiel 1:

[1]Unternehmer U, der nur vorsteuerunschädliche Ausgangsumsätze ausführt, lässt zum 1. 1. 02 ein Einfamilienhaus (EFH) fertig stellen. [2]Die Herstellungskosten betragen insgesamt 300 000 € zzgl. 57 000 € Umsatzsteuer. [3]U nutzt das Gebäude ab Fertigstellung planungsgemäß zu 40 % für seine vorsteuerunschädlichen Ausgangsumsätze und zu 60 % für private Wohnzwecke. [4]Da die Ausstattung der unterschiedlich genutzten Räume nicht erheblich voneinander abweicht, hat U richtigerweise eine Aufteilung nach dem Flächenschlüssel vorgenommen. [5]U macht einen Vorsteuerabzug in Höhe von 22 800 € (40 % von 57 000 €) bei dem zuständigen Finanzamt geltend, ohne schriftlich mitzuteilen, in welchem Umfang er das Grundstück seinem Unternehmen zugeordnet hat.

[6]U hat durch die Geltendmachung des Vorsteuerabzugs in Höhe von 40 % dokumentiert, dass er in dieser Höhe das Grundstück seinem Unternehmen zugeordnet hat (vgl. Abschnitt 15.2c Abs. 17 Satz 1). [7]Da U gegenüber dem Finanzamt nicht schriftlich erklärt hat, dass er das Grundstück insgesamt seinem Unternehmen zugeordnet hat, kann diese Zuordnung zum Unternehmen nicht unterstellt werden (vgl. Abschnitt 15.2c Abs. 17 Satz 3). [8]Nach § 15 Abs. 1 Satz 1 Nr. 1 UStG sind 22 800 € (57 000 € × 40 %) als Vorsteuer abziehbar. [9]§ 15 Abs. 1b UStG findet keine Anwendung, da U den für die privaten Wohnzwecke genutzten Grundstücksanteil nicht seinem Unternehmen zugeordnet hat.

[10]Sofern der für private Wohnzwecke genutzte Grundstücksanteil später unternehmerisch genutzt wird, ist eine Vorsteuerberichtigung zu Gunsten des U nach § 15a UStG nicht zulässig, da U diesen Grundstücksanteil nicht nachweisbar seinem Unternehmen zugeordnet hat (vgl. Abschnitt 15a.1 Abs. 6). [11]Verringert sich hingegen später der Umfang der unternehmerischen Nutzung des dem Unternehmen zugeordneten Grundstücksanteils (z. B. Nutzung des gesamten Grundstücks zu 80 % für private Wohnzwecke und zu 20 % für unternehmerische Zwecke), ist unter Beachtung der Bagatellgrenzen des § 44 UStDV eine Vorsteuerberichtigung nach § 15a UStG durchzuführen. [12]Eine Wertabgabenbesteuerung nach § 3 Abs. 9a Nr. 1 UStG erfolgt nicht.

Beispiel 2:

[1]Unternehmer U, der nur vorsteuerunschädliche Ausgangsumsätze ausführt, lässt zum 1. 1. 02 ein Einfamilienhaus fertig stellen. [2]Die Herstellungskosten betragen insgesamt 300 000 € zzgl. 57 000 € Umsatzsteuer. [3]Die Nutzfläche des Einfamilienhauses beträgt 200 qm. [4]U nutzt das Gebäude ab Fertigstellung planungsgemäß zu 40 % für seine vorsteuerunschädlichen Ausgangsumsätze und zu 60 % für private Wohnzwecke, die Ausstattung der beiden Nutzungseinheiten weicht nicht erheblich voneinander ab. [5]Die laufenden Aufwendungen, die auf das gesamte Grundstück entfallen, be-

tragen in dem Jahr 02 1 500 € zzgl. 285 € Umsatzsteuer. [6]U hat dem zuständigen Finanzamt schriftlich mitgeteilt, dass er das Grundstück im vollen Umfang seinem Unternehmen zugeordnet hat.

[7]U hat das Grundstück insgesamt seinem Unternehmen zugeordnet und seine Zuordnungsentscheidung dokumentiert. [8]Da U 60 % des Gebäudes für seine privaten nichtunternehmerischen Zwecke verwendet, ist der Vorsteuerabzug nach § 15 Abs. 1 b UStG nur in Höhe von 22 800 € (57 000 € × 40 %) zulässig. [9]Da die laufenden Kosten nicht direkt der unternehmerischen bzw. privaten Nutzung des Grundstücks zugeordnet werden können, beträgt der Vorsteuerabzug aus den laufenden Aufwendungen nach Aufteilung nach dem Verhältnis der Nutzflächen 114 € (§ 15 Abs. 4 Satz 4 UStG).

Beispiel 3:

[1]Sachverhalt wie Beispiel 2. [2]Zum 1. 1. 05 erhöht sich

a) [1]die unternehmerische Nutzung des Gebäudes (EFH) um 12 Prozentpunkte auf 52 %. [2]U führt wie bisher nur vorsteuerunschädliche Ausgangsumsätze aus.

b) die private Nutzung des Gebäudes (EFH) um 15 Prozentpunkte auf 75 %.

Zu a)

[1]Es liegt zum 1. 1. 05 eine Änderung der Verhältnisse im Sinne des § 15 a Abs. 6 a UStG vor, da sich die unternehmerische Nutzung erhöht hat. [2]Die Bagatellgrenzen des § 44 UStDV sind überschritten.

Jahr 05:

Insgesamt in Rechnung gestellte Umsatzsteuer: 57 000 €

Ursprünglicher Vorsteuerabzug: 22 800 € (entspricht 40 % von 57 000 €)

Zeitpunkt der erstmaligen Verwendung: 1. 1. 02

Dauer des Berichtigungszeitraums: 1. 1. 02 bis 31. 12. 11

Tatsächliche zum Vorsteuerabzug berechtigende Verwendung in 05: 52 %

Vorsteuerberichtigung wegen Änderung der Verhältnisse im Vergleich zum ursprünglichen Vorsteuerabzug: Vorsteuer zu 52 % statt zu 40 %

Berichtigungsbetrag: 12 Prozentpunkte von 1/10 von 57 000 € = 684 € sind zu Gunsten des U zu korrigieren.

Zu b)

[1]Es liegt zum 1. 1. 05 eine Änderung der Verhältnisse im Sinne des § 15 a Abs. 6 a UStG vor, da sich die private Nutzung erhöht hat. [2]Die Bagatellgrenzen des § 44 UStDV sind überschritten.

Jahr 05:

Insgesamt in Rechnung gestellte Umsatzsteuer: 57 000 €

Ursprünglicher Vorsteuerabzug: 22 800 € (entspricht 40 % von 57 000 €)

Zeitpunkt der erstmaligen Verwendung: 1. 1. 02

Dauer des Berichtigungszeitraums: 1. 1. 02 bis 31. 12. 11

Tatsächliche zum Vorsteuerabzug berechtigende Verwendung in 05: 25 %

Vorsteuerberichtigung wegen Änderung der Verhältnisse im Vergleich zum ursprünglichen Vorsteuerabzug: Vorsteuer zu 25 % statt zu 40 %

Berichtigungsbetrag: 15 Prozentpunkte von 1/10 von 57 000 € = 855 € sind zu Ungunsten des U zu korrigieren.

Beispiel 4:

[1]Sachverhalt wie Beispiel 2. [2]Im Jahr 06 lässt U das Einfamilienhaus um ein Dachgeschoss erweitern, welches für fremde unternehmerische Zwecke, die nicht mit der Nutzung der eigenen unternehmerisch genutzten Flächen in Zusammenhang stehen, steuerpflichtig vermietet wird. [3]Die Herstellungskosten hierfür betragen 100 000 € zzgl. 19 000 € Umsatzsteuer. [4]Das Dachgeschoss ist zum 1. 7. 06 bezugsfertig und hat eine Nutzfläche von 100 qm. [5]Zusätzlich lässt U im gleichen Jahr die Außenfassade neu streichen. [6]Die Aufwendungen hierfür betragen 10 000 € zzgl. 1 900 € Umsatzsteuer.

[7]Der Ausbau des Dachgeschosses steht nicht in einem einheitlichem Nutzungs- und Funktionszusammenhang mit den bereits vorhandenen Flächen. [8]Es liegt deshalb ein eigenständiges Zuordnungsobjekt vor. [9]Unabhängig von der bereits bei Herstellung des Gebäudes getroffenen Zuordnungsentscheidung kann das Dachgeschoss dem Unternehmen zugeordnet werden. [10]Da U das Dachgeschoss steuerpflichtig vermietet, ist er zum Vorsteuerabzug in Höhe von 19 000 € berechtigt; es erfolgt keine Vorsteuerkürzung nach § 15 Abs. 1 b UStG.

[11]Der Anstrich der Außenfassade entfällt auf alle Stockwerke. [12]Nach § 15 Abs. 1 b UStG berechtigt nur der Teil der Aufwendungen zum Vorsteuerabzug, der auf die unternehmerische Nutzung des Gebäudes entfällt. [13]Die Aufteilung nach § 15 Abs. 4 Satz 4 UStG erfolgt nach dem Verhältnis der Nutzflächen:

40 % von 200 qm (bisherige Nutzfläche) + 100 % von 100 qm (Dachgeschoss) = 180 qm von 300 qm (60 %)

60 % von 1 900 € = 1 140 € Vorsteuer

Beispiel 5:

[1]Sachverhalt wie Beispiel 2. [2]U verkauft das Grundstück zum 1. 1. 09 an

a) eine Privatperson steuerfrei für 400 000 €.

b) [1]einen anderen Unternehmer und optiert nach § 9 Abs. 1 UStG zur Steuerpflicht. [2]Der Verkaufspreis beträgt 400 000 € (netto). [3]Eine Geschäftsveräußerung im Ganzen im Sinne des § 1 Abs. 1 a UStG liegt nicht vor.

Zu a)

[1]Die nach § 4 Nr. 9 Buchst. a UStG steuerfreie Veräußerung führt zu einer Änderung der Verhältnisse nach § 15 a Abs. 8 UStG, da das Gebäude teilweise zum Vorsteuerabzug berechtigt hat. [2]Die Bagatellgrenzen des § 44 UStDV sind überschritten.

Insgesamt in Rechnung gestellte Umsatzsteuer: 57 000 €

Ursprünglicher Vorsteuerabzug: 22 800 € (entspricht 40 % von 57 000 €)

Zeitpunkt der erstmaligen Verwendung: 1. 1. 02

Dauer des Berichtigungszeitraums: 1. 1. 02 bis 31. 12. 11

Tatsächliche zum Vorsteuerabzug berechtigende Verwendung im Berichtigungszeitraum: Jahr 02 bis 08 = 40 %

Änderung der Verhältnisse:

ab Jahr 09 = **40** Prozentpunkte (0 % statt 40 %)

Vorsteuerberichtigung pro Jahr:

(57 000 € / 10 Jahre = 5 700 €)

Jahre 09 bis 11 = je 2 280 € (5 700 € × 40 %)

[3]Die Berichtigung des Vorsteuerabzugs ist für die Jahre 09 bis 11 zusammengefasst in der ersten Voranmeldung für das Kalenderjahr 09 vorzunehmen (§ 44 Abs. 3 Satz 2 UStDV).

Zu b)

[1]Die steuerpflichtige Veräußerung führt zu einer Änderung der Verhältnisse nach § 15a Abs. 8 UStG, da das Gebäude nur teilweise zum Vorsteuerabzug berechtigt hat. [2]Die Bagatellgrenzen des § 44 UStDV sind überschritten. [3]Die Umsatzsteuer für die steuerpflichtige Lieferung schuldet der Erwerber (§ 13b Abs. 2 Nr. 3 UStG).

Insgesamt in Rechnung gestellte Umsatzsteuer: 57 000 €

Ursprünglicher Vorsteuerabzug: 22 800 € (entspricht 40 % von 57 000 €)

Zeitpunkt der erstmaligen Verwendung: 1. 1. 02

Dauer des Berichtigungszeitraums: 1. 1. 02 bis 31. 12. 11

Tatsächliche zum Vorsteuerabzug berechtigende Verwendung im Berichtigungszeitraum: Jahr 02 bis 08 = 40 %

Änderung der Verhältnisse:

ab Jahr 09 = 60 Prozentpunkte (100 % statt 40 %)

Vorsteuerberichtigung pro Jahr:

(57 000 € / 10 Jahre = 5 700 €)

Jahre 09 bis 11 = je 3 420 € (5 700 € × 60 %)

[4]Die Berichtigung des Vorsteuerabzugs ist für die Jahre 09 bis 11 zusammengefasst in der ersten Voranmeldung für das Kalenderjahr 09 vorzunehmen (§ 44 Abs. 3 Satz 2 UStDV).

(8) [1]Die gesetzliche Übergangsregelung nach § 27 Abs. 16 UStG gilt für teilunternehmerisch genutzte Grundstücke. [2]Sie bezieht sich auf Wirtschaftsgüter im Sinne des § 15 Abs. 1b UStG, die auf Grund eines vor dem 1. 1. 2011 rechtswirksam abgeschlossenen obligatorischen Vertrags oder gleichstehenden Rechtsakts angeschafft worden sind oder mit deren Herstellung vor dem 1. 1. 2011 begonnen worden ist. [3]Leistungen im Zusammenhang mit diesen teilunternehmerischen Grundstücken, die keine Anschaffungs- und Herstellungskosten darstellen und die nach dem Stichtag 31. 12. 2010 bezogen werden, sind in § 27 Abs. 16 UStG nicht erwähnt und fallen deshalb nicht unter die Übergangsregelung. [4]Für diese Leistungen ist der Vorsteuerabzug seit dem 1. 1. 2011 nur noch in Höhe des unternehmerisch genutzten Anteils möglich (§ 15Abs. 1b UStG). [5]Für den nichtwirtschaftlich i. e. S. genutzten Anteil ist der Vorsteuerabzug bereits nach § 15 Abs. 1 UStG ausgeschlossen.

Anmerkung

1. Vorsteuerabzug und Sofortabzug bei gemischt genutzten Grundstücken

Beim Vorsteuerabzug gilt das Prinzip des Sofortabzugs. Dies hat zur Folge, dass über die Höhe des Vorsteuerabzug bereits bei Bezug der Leistung zu entscheiden ist. Nach § 15 Abs. 1b UStG sind Vorsteuerbeträge für ein dem Unternehmen zugeordnetes teilunternehmerisch genutztes Grundstück nicht abziehbar, soweit sie nicht auf die Verwendung des Grundstücks für Zwecke des Unternehmens entfallen.

In Abschn. 15.6a Abs. 1 Satz 3 UStAE weist die FinVerw darauf hin, dass § 15 Abs. 1b UStG eine Vorsteuerabzugsbeschränkung darstellt, die allerdings das Zuordnungswahlrecht des Unternehmers unberührt lässt. Bei einem einheitlichen Gegenstand hat der Unternehmer ein Wahlrecht:

– Er kann einerseits ein Gebäude mit dem dazugehörenden Grund und Boden insgesamt dem nichtunternehmerischen Bereich zuordnen, auch wenn das Gebäude teilweise unternehmerisch genutzt wird.
– Andererseits kann er ein Gebäude auch insgesamt seinem Unternehmen zuordnen, wenn die unternehmerische Nutzung mindestens 10 % beträgt (§ 15 Abs. 1 Satz 2 UStG).

- Er kann aber auch von vornherein das Objekt ganz oder teilweise seinem nichtunternehmerischen Bereich zuordnen.

Die Frage des Zuordnungswahlrechts ist deshalb von Bedeutung, weil eine Vorsteuerberichtigung zugunsten des Steuerpflichtigen nach § 15 a UStG nur insoweit möglich ist, als das Grundstück dem unternehmerischen Bereich zugeordnet ist.

2. Änderung der Nutzungsabsicht

Der BFH musste sich mit der Frage befassen, welche Auswirkungen nachträgliche Änderungen der Verwendungsabsicht auf den Vorsteuerabzug haben.

2.1 Sachverhalt BFH XI B 24/20

Der Kläger plante und errichtete ab 2007 ein Einfamilienhaus, in dem der Betrieb eines Kosmetikstudios auf einer Teilfläche beabsichtigt war. Nach den Feststellungen des FG hatte er die Immobilie zu 67,72 % seinem nichtunternehmerischen Bereich und nur zu 32,28 % seinem Unternehmen zugeordnet.

Erst im Jahre 2012 fasste er die Absicht weitere Räumlichkeiten des dann immer noch zu erstellenden Gebäudes unternehmerisch zu nutzen. Dies hatte er auch entsprechend dokumentiert. Im Jahr 2012 (das nicht Gegenstand des Rechtsstreits war) fasste er die Absicht, weitere Räumlichkeiten des weiterhin noch zu erstellenden Gebäudes – nunmehr insgesamt 49 % der Gesamtfläche – unternehmerisch zu nutzen.

Das FA lehnte einen weiteren Vorsteuerabzug ab. Die hiergegen gerichtete Klage wies das Hessische FG als unbegründet ab (Hessisches FG, Urt. v. 9.3.2020 – 91 K 295/18).

2.2 Entscheidung und Begründung des BFH

Der BFH hat die Nichtzulassungsbeschwerde des Klägers als unbegründet zurückgewiesen. Dafür waren folgende Erwägungen maßgebend:

- Bei Bezug eines einheitlichen Gegenstands, der – wie im Streitfall – gemischt, also für unternehmerische und nichtunternehmerische (private) Zwecke, verwendet wird/ werden soll, steht nach der Rechtsprechung des BFH und EuG dem Unternehmer ein Zuordnungswahlrecht zu. Er kann das Grundstück in vollem Umfang in seinem Privatvermögen belassen, insgesamt seinem Unternehmen zuordnen, oder entsprechend dem unternehmerischen Nutzungsanteil seinem Unternehmen zuordnen.
- Aus dem Grundsatz des Sofortabzugs der Vorsteuer folgt, dass die Zuordnungsentscheidung schon bei Anschaffung oder Herstellung des Gegenstands zu treffen ist.
- Der Fall unterscheidet sich – entgegen der Auffassung des Klägers – von dem EuGH-Urteil *Gmina Ryjewo* (EuGH, Urt. v. 25.7.2018 – C-140/17). Dort hatte die betreffende polnische Gemeinde – anders als der Kläger im Streitfall entsprechend seiner in den Jahren 2007 bis 2011 getroffenen Zuordnungsentscheidung – nicht ausdrücklich die Absicht bekundet, das Gebäude zu einem bestimmten Prozentsatz für eine unternehmerische Tätigkeit nutzen zu wollen, aber auch nicht ausgeschlossen, dass dieser Gegenstand zu einem solchen Zweck genutzt werde.
- Die nachträgliche Erhöhung des Vorsteuerabzugsrechts aufgrund der Erhöhung der umsatzsteuerpflichtig vermieteten Flächen eines Gebäudes ist verfahrensrechtlich auch kein rückwirkendes Ereignis i. S. des § 175 Abs. 1 Satz 1 Nr. 2 AO, weil Absichtsänderungen nach ständiger höchstrichterlicher Rechtsprechung nicht zurückwirken und deshalb nicht dazu führen, dass Steuerbeträge nachträglich als Vorsteuer abziehbar sind.

2.3 Anmerkung

Zutreffend hat der BFH eine Änderung des ursprünglichen Vorsteuerabzugs abgelehnt. Entscheidend ist immer die Verwendungsabsicht. Diese hatte der Kläger eindeutig dokumentiert, so dass tatsächlich von einer unternehmerischen Zuordnung von (nur) 32,28 % auszugehen war.

Aus der Rechtssache „Gymnia Ryjewo" des EuGH ergibt sich nichts anderes, weil der Streitfall damit tatsächlich – wie es der BFH zutreffend herausstellt – nicht vergleichbar ist. Die Gemeinde hatte zu Beginn einer Baumaßnahme überhaupt keine Zuordnungsentscheidung getroffen.

Hinweis

In der Rechtssache **„Gmina Ryjewo"** des EuGH ging es vielmehr um die Frage, bis zu welchem Zeitpunkt eine Zuordnungsentscheidung überhaupt dokumentiert werden darf. Die Gemeinde hatte lange Zeit keine Zuordnungsentscheidung der Finanzbehörde gegenüber dokumentiert. Der BFH hatte dies in seinen Vorabentscheidungsersuchen vom 18.9.2019 – XI R 3/19 und XI R 7/19 problematisiert, weil nach damaliger deutscher Rechtslage die Zuordnungsentscheidung unter Anwendung der Regelung in § 149 Abs. 2 AO bis zum 31.7. des jeweiligen Folgejahres erfolgt sein musste. Zwischenzeitlich sind diese **Vorabentscheidungsersuchen erledigt** und der **BFH** hat sie in seinen Folgeentscheidungen vom 4.5.2022 (XI R 28/21 und XI R 29/21 **umgesetzt**. Eine Äußerung der deutschen FinVerw existiert dazu bisher nicht (siehe dazu ausführlich die Anmerkung zu Abschn. 15.6. UStAE).

Der Kläger der Rezensionsentscheidung könnte im Zeitpunkt der endgültigen Fertigstellung eine 100 %-ige Zuordnung des Gebäudes zu seinem Unternehmen vornehmen. Die hätte jedoch keine rückwirkenden Auswirkungen, sondern könnte im Wege des § 15 a UStG „pro rata temporis" – also verteilt auf den Berichtigungszeitraum des § 15 a UStG vorgenommen werden.

UStAE 15.7. Vorsteuerabzug bei unfreien Versendungen und Güterbeförderungen

Unfreie Versendungen

(1) [1]Nach § 40 UStDV wird die Berechtigung zum Vorsteuerabzug vom Absender der Frachtsendung auf den Empfänger übertragen. [2]Die Regelung lässt keine Wahlmöglichkeit zu. [3]Liegt frachtrechtlich eine unfreie Versendung vor, ist deshalb der Absender als der eigentliche Leistungsempfänger vom Vorsteuerabzug allgemein ausgeschlossen. [4]§ 40 UStDV gilt außer bei Frachtsendungen im Rahmen von Lieferungen auch bei Versendungsaufträgen im Zusammenhang mit Materialgestellungen und Materialbeistellungen.

(2) Wird bei unfreien Versendungen das Frachtgut von dem beauftragten Spediteur nicht unmittelbar, sondern über einen Empfangsspediteur an den endgültigen Frachtempfänger versendet, gilt Folgendes:

1. [1]Zieht der Empfangsspediteur die ihm berechneten Frachtkosten (Vorkosten) in eigenem Namen ein, ist er als Empfänger der diesen Kosten zu Grunde liegenden Frachtleistungen anzusehen. [2]Er kann daher die ihm dafür gesondert in Rechnung gestellte Steuer nach § 40 Abs. 1 UStDV als Vorsteuer abziehen. [3]Der Inanspruchnahme des Vorsteuerabzugs steht nicht entgegen, dass der Empfangsspediteur die Vorkosten weiterberechnet. [4]§ 40 Abs. 1 Satz 3 Nr. 2 UStDV setzt nur voraus, dass der Frachtempfänger die Entrichtung der Frachtkosten an den Versandspediteur oder Frachtführer übernommen hat, nicht aber, dass er diese Kosten auch wirtschaftlich trägt. [5]Bei dieser Gestaltung sind die verauslagten Frachtkosten beim Empfangsspediteur Teil der Bemessungsgrundlage für seine Leistung. [6]Der endgültige Frachtempfänger ist zum Abzug der Steuer auf die gesamte Bemessungsgrundlage beim Vorliegen der Voraussetzungen des § 15 UStG berechtigt.
2. [1]Tritt der Empfangsspediteur als Vermittler auf und behandelt er dementsprechend die Vorkosten als durchlaufende Posten, werden die diesen Kosten zu Grunde liegenden Frachtleistungen an den endgültigen Frachtempfänger erbracht. [2]In diesen Fällen ist § 40 Abs. 1 UStDV auf den Empfangsspediteur nicht anwendbar. [3]Der Vorsteuerabzug steht allein dem endgültigen Frachtempfänger zu.

Güterbeförderungen

(3) [1]Als Leistungsempfänger im umsatzsteuerrechtlichen Sinn ist grundsätzlich derjenige zu behandeln, in dessen Auftrag die Leistung ausgeführt wird (vgl. Abschnitt 15.2 b Abs. 1). [2]Aus Vereinfachungsgründen ist bei steuerpflichtigen Güterbeförderungen (Abschnitt 3 a.2 Abs. 2), bei denen sich der Leistungs-

ort nach § 3a Abs. 2 UStG richtet, der Rechnungsempfänger als ggf. zum Vorsteuerabzug berechtigter Leistungsempfänger anzusehen.

B e i s p i e l :

[1]Der in Frankreich ansässige Unternehmer U versendet Güter per Frachtnachnahme an den Unternehmer A in Deutschland. [2]Bei Frachtnachnahmen wird regelmäßig vereinbart, dass der Beförderungsunternehmer dem Empfänger der Sendung die Beförderungskosten in Rechnung stellt und dieser die Beförderungskosten zahlt.

[3]Der Rechnungsempfänger A der innergemeinschaftlichen Güterbeförderung ist als Empfänger der Beförderungsleistung (Leistungsempfänger) im Sinne des § 3a Abs. 2 UStG anzusehen. [4]A ist ggf. zum Vorsteuerabzug berechtigt.

UStAE 15.8. Abzug der Einfuhrumsatzsteuer bei Einfuhr im Inland

(1) [1]Der Unternehmer kann nach § 15 Abs. 1 Satz 1 Nr. 2 UStG die entstandene Einfuhrumsatzsteuer als Vorsteuer abziehen, wenn die Gegenstände für sein Unternehmen im Inland oder in den österreichischen Gebieten Jungholz und Mittelberg eingeführt worden sind. [2]Die Entstehung der Einfuhrumsatzsteuer ist vom Unternehmer nachzuweisen (vgl. Abschnitt 15.11 Abs. 1 Satz 2 Nr. 2).

(2) [1]Die Verwirklichung des umsatzsteuerrechtlichen Einfuhrtatbestands setzt voraus, dass eine Nicht-Unionsware in das Inland verbracht wird und dieser Vorgang hier steuerbar ist, d. h. die Nicht-Unionsware in die Überlassung zum zoll- und steuerrechtlich freien Verkehr übergeführt wird. [2]Für den einfuhrumsatzsteuerrechtlichen Einfuhrtatbestand ist damit nicht allein entscheidend, dass der Gegenstand aus dem Drittland in das Inland gelangt, sondern hier auch grundsätzlich der Besteuerung unterliegt, d. h. im Regelfall eine Einfuhrumsatzsteuerschuld entsteht. [3]Danach liegt z. B. keine Einfuhr im umsatzsteuerrechtlichen Sinne vor, wenn sich die Nicht-Unionsware in einem zollrechtlichen Versandverfahren befindet.

(3) [1]Bei Einfuhren über die in § 1 Abs. 3 UStG bezeichneten Gebiete ist der Gegenstand ebenfalls erst beim Übergang in das umsatzsteuerrechtliche Inland und Überlassung zum zoll- und steuerrechtlich freien Verkehr eingeführt. [2]In diesen Fällen ist jedoch die Einfuhr im Inland für den Abzug der Einfuhrumsatzsteuer nur dann bedeutsam, wenn der eingeführte Gegenstand nicht zur Ausführung der in § 1 Abs. 3 UStG bezeichneten Umsätze verwendet wird (vgl. hierzu Abschnitt 15.9). [3]Im Allgemeinen kommt es daher hierbei nur dann auf den Übergang des Gegenstands in das umsatzsteuerrechtliche Inland an, wenn der eingeführte Gegenstand nicht schon in den in § 1 Abs. 3 UStG bezeichneten Gebieten (insbesondere im Freihafen), sondern erst im Inland einfuhrumsatzsteuerrechtlich abgefertigt wird.

(4) [1]Eine Einfuhr für das Unternehmen ist gegeben, wenn der Unternehmer den eingeführten Gegenstand im Inland zur Überlassung zum zoll- und steuerrechtlich freien Verkehr abfertigt und danach im Rahmen seiner unternehmerischen Tätigkeit zur Ausführung von Umsätzen einsetzt. [2]Dies setzt voraus, dass er den Gegenstand selbst und damit dessen Wert für seine Ausgangsumsätze verwendet; die Erbringung einer Verzollungs- oder Beförderungsdienstleistung ist nicht ausreichend (vgl. BFH-Beschluss vom 20.07.2023 – V R 13/21, BStBl II S. 1068). [3]Die Voraussetzung ist bei dem Unternehmer gegeben, der im Zeitpunkt der Überführung in die Überlassung zum zoll- und steuerrechtlich freien Verkehr die Verfügungsmacht über den Gegenstand besitzt (vgl. auch BFH-Urteil vom 24. 4. 1980, V R 52/73, BStBl II S. 615). [4]Für diese Zwecke ist der Zeitpunkt der Lieferung nach der umsatzsteuerlichen Ortsbestimmung (§ 3 Abs. 6 bis 8 UStG) zu ermitteln (vgl. Absatz 5 und Abschnitt 3.12 Abs. 7). [5]Dies gilt auch beim Reihengeschäft. [6]Die der Lieferung zu Grunde gelegten Lieferklauseln (z. B. Incoterms) sind insoweit hingegen als zivilrechtliche Verpflichtungen unbeachtlich. [7]Kommt tatsächlich keine Lieferung zustande, gelten Absätze 11 und 12. [8]Nicht entscheidend ist, wer die Einfuhrumsatzsteuer entrichtet hat und wer den für den vorsteuerabzugsberechtigten Unternehmer eingeführten Gegenstand tatsächlich über die Grenze gebracht hat. [9]Überlässt ein ausländischer Unternehmer einem inländischen Unternehmer einen Gegenstand zur Nutzung, ohne ihm die Verfügungsmacht an dem Gegenstand zu verschaffen, ist daher der inländische Unternehmer nicht zum Abzug der Einfuhrumsatzsteuer als Vorsteuer berechtigt (vgl. BFH-Urteil vom 16. 3. 1993, V R 65/89, BStBl II S. 473).

(5) [1]In den Fällen des § 3 Abs. 8 UStG steht der Abzug der Einfuhrumsatzsteuer nur dem Lieferer zu, wenn er den Gegenstand zur eigenen Verfügung im Inland zur Überlassung zum zoll- und steuerrechtlich freien Verkehr abfertigt und danach an seinen Abnehmer liefert (vgl. auch die Beispiele in Abschnitt 3.13 Abs. 2). [2]Hingegen kann nur der Abnehmer von der Abzugsberechtigung Gebrauch machen, wenn er zum Zeitpunkt der Überführung in die Überlassung zum zoll- und steuerrechtlich freien Verkehr die Verfügungsmacht innehat. [3]Personen, die lediglich an der Einfuhr mitgewirkt haben, ohne über den Gegenstand verfügen zu können (z. B. Spediteure, Frachtführer, Handelsvertreter, Zolllagerbetreiber), sind auch dann nicht abzugsberechtigt, wenn sie den eingeführten Gegenstand vorübergehend entsprechend den Weisungen ihres Auftraggebers auf Lager nehmen (vgl. BFH-Urteil vom 11. 11. 2015, V R 68/14, BStBl 2016 II S. 720).

(6) *weggefallen*

(7) [1]Nicht erforderlich ist, dass der Unternehmer die Einfuhrumsatzsteuer entrichtet hat. [2]Er kann sie als Vorsteuer auch dann abziehen, wenn sein Beauftragter (z. B. der Spediteur, der Frachtführer oder der Handelsvertreter) Schuldner der Einfuhrumsatzsteuer ist. [3]In diesen Fällen ist der Abzug davon abhängig, dass sich der Unternehmer den betreffenden zollamtlichen Beleg oder einen zollamtlich bescheinigten Ersatzbeleg für den Vorsteuerabzug aushändigen lässt.

(8) [1]Überlässt ein ausländischer Auftraggeber einem im Inland ansässigen Unternehmer einen Gegenstand zur Ausführung einer Werkleistung (z. B. einer Lohnveredelung) oder stellt der ausländische Auftraggeber einem im Inland ansässigen Unternehmer einen Gegenstand zur Ausführung einer Werklieferung bei, kann die auf die Einfuhr des Gegenstands entfallende Einfuhrumsatzsteuer von dem im Inland ansässigen Unternehmer als Vorsteuer abgezogen werden, wenn der Gegenstand nach Ausführung der Werkleistung oder Werklieferung in das Drittlandsgebiet zurückgelangt. [2]Entsprechend kann verfahren werden, wenn der ausländische Auftraggeber den Gegenstand nach Ausführung der Werkleistung oder Werklieferung im Inland weiterliefert und diese Lieferung nicht nach § 4 Nr. 8 ff. UStG steuerfrei ist. [3]Diese Voraussetzungen sind vom Unternehmer nachzuweisen. [4]Wird der Gegenstand nach Ausführung der Werkleistung oder Werklieferung vom ausländischen Auftraggeber im Inland für eigene Zwecke verwendet oder genutzt, kann der im Inland ansässige Unternehmer den Abzug der Einfuhrumsatzsteuer nicht vornehmen. [5]Ein von ihm bereits vorgenommener Vorsteuerabzug ist rückgängig zu machen. [6]In diesem Falle bleibt es somit bei der durch die Einfuhr entstandenen Belastung, sofern nicht der ausländische Auftraggeber hinsichtlich des eingeführten Gegenstands zum Vorsteuerabzug berechtigt ist.

(9) [1]Bei der Einfuhr eines Gegenstands, den der Unternehmer im Inland vermietet, ist nicht der Mieter, sondern der Vermieter zum Abzug der Einfuhrumsatzsteuer berechtigt (vgl. auch BFH-Urteil vom 24. 4. 1980, V R 52/73, BStBl II S. 615). [2]Gleiches gilt, wenn der Gegenstand geliehen oder auf Grund eines ähnlichen Rechtsverhältnisses zur Nutzung überlassen wird (BFH-Urteil vom 16. 3. 1993, V R 65/89, BStBl II S. 473).

(10) [1]Die Vorschriften des § 15 Abs. 1 Satz 1 Nr. 1 UStG und des § 15 Abs. 1 Satz 1 Nr. 2 UStG schließen sich gegenseitig aus. [2]Der Unternehmer kann somit grundsätzlich im Zusammenhang mit dem Bezug eines Gegenstands nicht zugleich eine gesondert in Rechnung gestellte Steuer und Einfuhrumsatzsteuer als Vorsteuer abziehen. [3]Lediglich in den Fällen, in denen der Leistungsempfänger den Gegenstand zum zoll- und steuerrechtlich freien Verkehr abfertigt und die Lieferung an ihn steuerpflichtig ist, weil der Lieferant die Voraussetzungen der Steuerbefreiung für die der Einfuhr vorangehende Lieferung nicht nachweist (vgl. § 4 Nr. 4b Sätze 1 und 3 UStG), kann dieser Leistungsempfänger zugleich die in Rechnung gestellte Steuer und die geschuldete Einfuhrumsatzsteuer als Vorsteuer abziehen (vgl. auch Abschnitt 3.14 Abs. 16). [4]Auch in den Fällen, in denen nicht der Unternehmer, der im Zeitpunkt der Einfuhr die Verfügungsmacht hat, sondern ein späterer Abnehmer den eingeführten Gegenstand beim Zollamt zur Überlassung zum zollrechtlich freien Verkehr abfertigen lässt, kann nur der Unternehmer den Abzug der Einfuhrumsatzsteuer geltend machen, der bei der Einfuhr verfügungsberechtigt war. [5]Zur Vermeidung von Schwierigkeiten kann der Unternehmer in diesen Fällen den eingeführten Gegenstand unmittelbar nach der Einfuhr einfuhrumsatzsteuerrechtlich zur Überlassung zum freien Verkehr abfertigen lassen.

(11) [1]Wird ein Gegenstand im Rahmen einer beabsichtigten Lieferung (§ 3 Abs. 6 oder 8 UStG) im Inland eingeführt, von dem vorgesehenen Abnehmer jedoch nicht angenommen, ist entsprechend den all-

gemeinen Grundsätzen der Unternehmer zum Abzug der Einfuhrumsatzsteuer berechtigt, der im Zeitpunkt der Einfuhr die Verfügungsmacht über den Gegenstand besitzt (vgl. Absatz 4). [2]Hierbei sind folgende Fälle zu unterscheiden:

1. Abfertigung des Gegenstandes zur Überlassung zum zoll- und steuerrechtlich freien Verkehr auf Antrag des Abnehmers oder seines Beauftragten
   [1]Bei dieser Gestaltung ist vorgesehen, den Gegenstand im Rahmen einer Beförderungs- oder Versendungslieferung im Sinne des § 3 Abs. 6 UStG einzuführen. [2]Ob hierbei der Absender oder der vorgesehene Abnehmer im Zeitpunkt der Einfuhr als Verfügungsberechtigter anzusehen ist, hängt davon ab, wann der eingeführte Gegenstand zurückgewiesen wurde.
   a) [1]Nimmt der vorgesehene Abnehmer den Gegenstand von vornherein nicht an (z. B. wegen offensichtlicher Mängel, verspäteter Lieferung oder fehlenden Lieferauftrags), ist der Gegenstand nicht im Rahmen einer Lieferung eingeführt worden. [2]Wegen der sofortigen Annahmeverweigerung ist eine Lieferung nicht zu Stande gekommen. [3]In diesen Fällen ist somit der Absender während des gesamten Zeitraums der Anlieferung im Besitz der Verfügungsmacht geblieben und deshalb allein zum Abzug der Einfuhrumsatzsteuer berechtigt.
   b) [1]Hat der vorgesehene Abnehmer den eingeführten Gegenstand vorerst angenommen, später jedoch zurückgewiesen (z. B. wegen erst nachher festgestellter Mängel), ist zunächst eine Lieferung zu Stande gekommen. [2]Durch die spätere Zurückweisung wird sie zwar wieder rückgängig gemacht. [3]Das ändert jedoch nichts daran, dass der Abnehmer im Zeitpunkt der Einfuhr, die als selbständiger umsatzsteuerrechtlicher Tatbestand bestehen bleibt, noch als Verfügungsberechtigter anzusehen war. [4]Die Berechtigung zum Abzug der Einfuhrumsatzsteuer steht deshalb in diesen Fällen dem vorgesehenen Abnehmer zu (vgl. auch Absatz 5). [5]Der Nachweis, dass der Gegenstand erst später zurückgewiesen wurde, kann durch einen Vermerk auf den Versandunterlagen und die Buchung als Wareneingang geführt werden.
2. Abfertigung des Gegenstandes zur Überlassung zum zoll- und steuerrechtlich freien Verkehr auf Antrag des Absenders oder seines Beauftragten
   [1]Bei dieser Abwicklung beabsichtigen die Beteiligten eine Beförderungs- oder Versendungslieferung im Sinne des § 3 Abs. 8 UStG. [2]Hierbei hat der Absender im Zeitpunkt der Einfuhr die Verfügungsmacht über den Gegenstand, gleichgültig ob der vorgesehene Abnehmer den Gegenstand von vornherein oder erst später zurückweist (vgl. Absatz 5). [3]Deshalb kann stets nur der Absender die Einfuhrumsatzsteuer abziehen.

[3]Nach Satz 2 Nummer 1 und 2 ist grundsätzlich auch dann zu verfahren, wenn der Absender den eingeführten Gegenstand nach der Annahmeverweigerung durch den vorgesehenen Abnehmer im Inland an einen anderen Abnehmer liefert. [4]Ist der vorgesehene Abnehmer ausnahmsweise nicht oder nicht in vollem Umfang zum Vorsteuerabzug berechtigt (z. B. weil er kein Unternehmer ist oder vom Vorsteuerabzug ausgeschlossene Umsätze ausführt), bestehen keine Bedenken, wenn zur Vermeidung einer vom Gesetzgeber nicht gewollten Belastung die Berechtigung zum Abzug der Einfuhrumsatzsteuer dem Absender zugestanden wird.

(12) [1]Geht der eingeführte Gegenstand während des Transports an den vorgesehenen Abnehmer im Inland verloren oder wird er vernichtet, bevor eine Lieferung ausgeführt worden ist, kommt der Abzug der Einfuhrumsatzsteuer nur für den Absender in Betracht. [2]Das Gleiche gilt, wenn der Gegenstand aus einem anderen Grund nicht an den vorgesehenen Abnehmer gelangt.

(13) Werden eingeführte Gegenstände sowohl für unternehmerische als auch für unternehmensfremde Zwecke verwendet, gilt für den Abzug der Einfuhrumsatzsteuer Abschnitt 15.2 c entsprechend.

UStAE 15.9. Abzug der Einfuhrumsatzsteuer in den Fällen des § 1 Abs. 3 UStG

(1) [1]Abziehbar ist auch die Einfuhrumsatzsteuer für die Gegenstände, die zur Ausführung bestimmter Umsätze in den in § 1 Abs. 3 UStG bezeichneten Gebieten verwendet werden (§ 15 Abs. 1 Satz 1 Nr. 2 UStG). [2]Der Vorsteuerabzug setzt voraus, dass der Unternehmer den einfuhrumsatzsteuerrechtlich abgefertigten Gegenstand mittelbar oder unmittelbar zur Ausführung der in § 1 Abs. 3 UStG bezeichneten

Umsätze einsetzt. [3]Die Abzugsberechtigung erstreckt sich nicht nur auf die Einfuhrumsatzsteuer für die Gegenstände, die in die in § 1 Abs. 3 UStG bezeichneten Umsätze eingehen. [4]Vielmehr ist auch die Einfuhrumsatzsteuer für solche Gegenstände abziehbar, die der Unternehmer in seinem Unternehmen einsetzt, um diese Umsätze auszuführen (z. B. für betriebliche Investitionsgüter oder Hilfsstoffe, die zur Ausführung dieser Umsätze genutzt oder verwendet werden).

(2) [1]Bewirkt der Unternehmer außer Umsätzen, die unter § 1 Abs. 3 UStG fallen, auch Umsätze der gleichen Art, die nicht steuerbar sind, kann er dafür den Abzug der Einfuhrumsatzsteuer aus Vereinfachungsgründen ebenfalls in Anspruch nehmen. [2]Voraussetzung ist jedoch, dass die nicht steuerbaren Umsätze auch im Falle der Steuerbarkeit zum Vorsteuerabzug berechtigen würden.

B e i s p i e l :

[1]Ein im Freihafen ansässiger Unternehmer beliefert einen Abnehmer mit Gegenständen, die bei diesem zum Ge- und Verbrauch im Freihafen bestimmt sind. [2]Hierbei wird ein Teil dieser Lieferung für das Unternehmen des Abnehmers, ein Teil für den nichtunternehmerischen Bereich des Abnehmers ausgeführt (§ 1 Abs. 3 Satz 1 Nr. 1 UStG). [3]Obwohl nur die für den nichtunternehmerischen Bereich ausgeführten Lieferungen sowie die Lieferungen, die vom Abnehmer ausschließlich oder zum wesentlichen Teil für eine nach § 4 Nr. 8 bis 27 und 29 UStG steuerfreie Tätigkeit verwendet werden, unter § 1 Abs. 3 UStG fallen, kann der Lieferer auch die Einfuhrumsatzsteuer für die Gegenstände abziehen, die den für das Unternehmen des Abnehmers bestimmten Lieferungen zuzuordnen sind. [4]Die gleiche Vereinfachung gilt bei sonstigen Leistungen, die der Unternehmer teils für das Unternehmen des Auftraggebers, teils für den nichtunternehmerischen Bereich des Auftraggebers (§ 1 Abs. 3 Satz 1 Nr. 2 UStG) ausführt.

(3) [1]Hat ein Unternehmer Gegenstände einfuhrumsatzsteuerrechtlich abfertigen lassen, um sie nach einer Be- oder Verarbeitung vom Freihafen aus teils in das übrige Ausland, teils im Rahmen einer zollamtlich bewilligten Freihafen-Veredelung (§ 1 Abs. 3 Satz 1 Nr. 4 Buchstabe a UStG) in das Inland zu liefern, kann er die Einfuhrumsatzsteuer in beiden Fällen abziehen. [2]Das Gleiche gilt für Gegenstände, die der Unternehmer im Freihafen zur Ausführung dieser Umsätze im eigenen Unternehmen gebraucht oder verbraucht. [3]Entsprechend kann in den Fällen einer zollamtlich besonders zugelassenen Freihafenlagerung verfahren werden.

(4) [1]Zum Abzug der Einfuhrumsatzsteuer für Gegenstände, die sich im Zeitpunkt der Lieferung einfuhrumsatzsteuerrechtlich im freien Verkehr befinden (§ 1 Abs. 3 Satz 1 Nr. 4 Buchstabe b UStG), ist der Unternehmer unabhängig davon berechtigt, ob die Gegenstände aus dem Freihafen in das übrige Ausland oder in das Inland gelangen. [2]Auch bei einem Verbleiben der Gegenstände im Freihafen oder in den anderen in § 1 Abs. 3 UStG bezeichneten Gebieten steht dem Unternehmer der Vorsteuerabzug zu. [3]Bedeutung hat diese Regelung für die Lieferungen, bei denen der Liefergegenstand nach der einfuhrumsatzsteuerrechtlichen Abfertigung vom Freihafen aus in das übrige Ausland gelangt oder von einem im Inland ansässigen Abnehmer im Freihafen abgeholt wird. [4]In den Fällen, in denen der Lieferer den Gegenstand im Rahmen einer Lieferung vom Freihafen aus in das Inland befördert oder versendet, überschneiden sich die Vorschriften des § 1 Abs. 3 Satz 1 Nr. 4 Buchstabe b UStG und des § 3 Abs. 8 UStG. [5]Für den Abzug der Einfuhrumsatzsteuer ist die Überschneidung ohne Bedeutung, da nach beiden Vorschriften allein dem Lieferer die Abzugsberechtigung zusteht (vgl. auch Abschnitt 15.8 Abs. 5).

(5) [1]Auch bei den in § 1 Abs. 3 UStG bezeichneten Umsätzen ist der Abzug der Einfuhrumsatzsteuer davon abhängig, dass die Steuer entstanden ist. [2]Der Abzug bestimmt sich nach dem Zeitpunkt der einfuhrumsatzsteuerrechtlichen Abfertigung des Gegenstands. [3]Das gilt auch, wenn der Gegenstand nach der Abfertigung in das Inland gelangt (z. B. wenn der Unternehmer den Gegenstand in den Fällen des § 1 Abs. 3 Satz 1 Nr. 4 UStG vom Freihafen aus an einen Abnehmer im Inland liefert oder der Abnehmer den Gegenstand in den Fällen des § 1 Abs. 3 Satz 1 Nr. 4 Buchstabe b UStG im Freihafen abholt) oder wenn der Unternehmer den Gegenstand nach einer zollamtlich bewilligten Freihafen-Veredelung ausnahmsweise nicht vom Freihafen, sondern vom Inland aus an den Abnehmer liefert (z. B. ab einem Lagerplatz im Inland).

(6) [1]Sind die Voraussetzungen der Absätze 1 bis 5 nicht gegeben und liegt auch keine Einfuhr im Inland vor (vgl. Abschnitt 15.8), kann die Einfuhrumsatzsteuer für Gegenstände, die auf einem Abfertigungsplatz in einem Freihafen einfuhrumsatzsteuerrechtlich abgefertigt wurden, nicht als Vorsteuer abgezogen werden. [2]In diesen Fällen kommt daher als Entlastungsmaßnahme nur ein Erlass oder eine Erstat-

tung der Einfuhrumsatzsteuer durch die zuständige Zollstelle in Betracht. [3]Das trifft z. B. auf Unternehmer zu, die einen einfuhrumsatzsteuerrechtlich abgefertigten Gegenstand nur zum unternehmerischen Ge- und Verbrauch im Freihafen aus dem übrigen Ausland bezogen haben. [4]Das Gleiche gilt beim Bezug von Gegenständen aus dem übrigen Ausland, wenn sie nach der einfuhrumsatzsteuerrechtlichen Abfertigung zum freien Verkehr vom Abnehmer nicht ausschließlich oder zum wesentlichen Teil für eine nach § 4 Nr. 8 bis 27 und 29 UStG steuerfreie Tätigkeit verwendet werden, sondern vom Freihafen aus wieder in das übrige Ausland verbracht werden. [5]Voraussetzung für den Erlass oder die Erstattung ist, dass die Einfuhrumsatzsteuer als Vorsteuer abgezogen werden könnte, wenn entweder eine Einfuhr in das Inland oder eine Verwendung für die in § 1 Abs. 3 UStG bezeichneten Umsätze vorgelegen hätte.

UStAE 15.10. Vorsteuerabzug ohne gesonderten Steuerausweis in einer Rechnung

(1) Für den Vorsteuerabzug nach § 15 Abs. 1 Satz 1 Nr. 3 bis 5 UStG ist es nicht Voraussetzung, dass der Leistungsempfänger im Besitz einer nach §§ 14, 14 a UStG ausgestellten Rechnung ist (vgl. EuGH-Urteil vom 1. 4. 2004, C-90/02, Bockemühl).

Abzug der Steuer für den innergemeinschaftlichen Erwerb von Gegenständen

(2) [1]Der Erwerber kann die für den innergemeinschaftlichen Erwerb geschuldete Umsatzsteuer als Vorsteuer abziehen, wenn er den Gegenstand für sein Unternehmen bezieht und zur Ausführung von Umsätzen verwendet, die den Vorsteuerabzug nicht ausschließen. [2]Dies gilt nicht für die Steuer, die der Erwerber schuldet, weil er gegenüber dem Lieferer eine ihm von einem anderen Mitgliedstaat als dem, in dem sich der erworbene Gegenstand am Ende der Beförderung oder Versendung befindet, erteilte USt-IdNr. verwendet und der innergemeinschaftliche Erwerb nach § 3 d Satz 2 UStG deshalb im Gebiet dieses Mitgliedstaates als bewirkt gilt (vgl. BFH-Urteile vom 1. 9. 2010, V R 39/08, BStBl 2011 II S. 658 und vom 8. 9. 2010, XI R 40/08, BStBl 2011 II S. 661). [3]Bei Land- und Forstwirten, die der Durchschnittssatzbesteuerung unterliegen und die auf die Anwendung von § 1 a Abs. 3 UStG verzichtet haben, ist der Abzug der Steuer für den innergemeinschaftlichen Erwerb als Vorsteuer durch die Pauschalierung abgegolten (vgl. BFH-Urteil vom 24. 9. 1998, V R 17/98, BStBl 1999 II S. 39).

(3) [1]Das Recht auf Vorsteuerabzug der Erwerbssteuer entsteht in dem Zeitpunkt, in dem die Erwerbssteuer entsteht (§ 13 Abs. 1 Nr. 6 UStG). [2]Der Unternehmer kann damit den Vorsteuerabzug in der Voranmeldung oder Umsatzsteuererklärung für das Kalenderjahr geltend machen, in der er den innergemeinschaftlichen Erwerb zu versteuern hat.

Vorsteuerabzug bei Steuerschuldnerschaft des Leistungsempfängers

(4) Zum Vorsteuerabzug bei der Steuerschuldnerschaft des Leistungsempfängers nach § 13b UStG vgl. Abschnitt 13b.15.

Vorsteuerabzug im Rahmen eines innergemeinschaftlichen Dreiecksgeschäfts

(5) [1]Im Rahmen eines innergemeinschaftlichen Dreiecksgeschäfts wird die Steuer für die Lieferung des ersten Abnehmers an den letzten Abnehmer von diesem geschuldet (§ 25b Abs. 2 UStG, vgl. Abschnitt 25b.1 Abs. 6). [2]Der letzte Abnehmer kann diese Steuer als Vorsteuer abziehen, wenn er den Gegenstand für sein Unternehmen bezieht und soweit er ihn zur Ausführung von Umsätzen verwendet, die den Vorsteuerabzug nicht ausschließen (§ 25b Abs. 5 UStG).

UStAE 15.11. Nachweis der Voraussetzungen für den Vorsteuerabzug

Aufzeichnungen und Belege

(1) [1]Die Voraussetzungen für den Vorsteuerabzug hat der Unternehmer aufzuzeichnen und durch Belege nachzuweisen. [2]Als ausreichender Beleg ist anzusehen:

1. für die von einem anderen Unternehmer gesondert in Rechnung gestellten Steuern eine nach den §§ 14, 14a UStG in Verbindung mit §§ 31 bis 34 UStDV ausgestellte Rechnung;
2. [1]für die entstandene Einfuhrumsatzsteuer ein zollamtlicher Beleg (z. B. der Einfuhrabgabenbescheid) oder ein vom zuständigen Zollamt bescheinigter Ersatzbeleg (z. B. Ersatzbeleg für den Vorsteuerabzug nach amtlich vorgeschriebenem Muster). [2]Bei Einfuhren, die über das IT-Verfahren ATLAS abgewickelt werden, bestehen keine Bedenken, den Nachweis elektronisch oder bei Bedarf durch einen Ausdruck des elektronisch übermittelten Bescheids über die Einfuhrabgaben zu führen (vgl. Artikel 52 MwStVO). [3]Bei Zweifeln über die Höhe der als Vorsteuer abgezogenen Einfuhrumsatzsteuer können die Finanzämter über das vom BZSt bereitgestellte Verfahren zur Online-Abfrage von im Verfahren ATLAS gespeicherten Einfuhrdaten entsprechende Auskünfte anfordern.

[3]Geht die Originalrechnung verloren, kann der Unternehmer den Nachweis darüber, dass ihm ein anderer Unternehmer Steuer für Lieferungen oder sonstige Leistungen gesondert in Rechnung gestellt hat, mit allen verfahrensrechtlich zulässigen Mitteln führen (**vgl.** BFH-Urteile vom 05. 08. 1988 – X R 55/81, BStBl II 1989 S. 120, vom 16. 04. 1997 – XI R 63/93, BStBl II S. 582, und vom 23. 10. 2014 – V R 23/13, BStBl II 2015 S. 313). [4]In Einzelfällen ist auch die Zweitschrift einer Rechnung oder eines Einfuhrbelegs ausreichend (vgl. BFH-Urteile vom 20. 8. 1998, V R 55/96, BStBl 1999 II S. 324, und vom 19. 11. 1998, V R 102/96, BStBl 1999 II S. 255, sowie Abschnitt 18.13 Abs. 4). [5]Zu den Folgen der Verletzung der Aufbewahrungspflichten nach § 14b UStG vgl. Abschnitt 14b.1 Abs. 10.

(2) Der Umfang der Aufzeichnungspflichten, die für den Unternehmer zum Vorsteuerabzug und zur Aufteilung der Vorsteuerbeträge bestehen, ergibt sich aus § 22 UStG und den §§ 63 bis 67 UStDV.

Mängel

(3) [1]Mängel im Nachweis über das Vorliegen der Voraussetzungen für den Vorsteuerabzug hat grundsätzlich der Unternehmer zu vertreten. [2]Rechnungen, die die in § 14 Abs. 4 Satz 1 Nr. 1 bis 8 und 10 UStG bezeichneten Angaben nicht vollständig enthalten, berechtigen den Unternehmer nicht zum Vorsteuerabzug, es sei denn, die Rechnungen werden vom Rechnungsaussteller nachträglich vervollständigt. [3]Enthält die Rechnung ungenaue oder unzutreffende Angaben über den leistenden Unternehmer (vgl. § 14 Abs. 4 Satz 1 Nr. 1 UStG), ist nach Abschnitt 15.2a Abs. 2 zu verfahren. [4]Bei fehlerhafter Rechnungsadresse (vgl. § 14 Abs. 4 Satz 1 Nr. 1 UStG) gelten die Ausführungen in Abschnitt 15.2a Abs. 3. [5]Sind die Angaben über den Liefergegenstand oder über Art und Umfang der ausgeführten sonstigen Leistung in einer Rechnung (§ 14 Abs. 4 Satz 1 Nr. 5 UStG) unrichtig oder ungenau, ist der Vorsteuerabzug grundsätzlich ausgeschlossen (vgl. wegen der Einzelheiten Abschnitt 15.2a Abs. 4 und 5). [6]Beim Fehlen der in § 14 Abs. 4 Satz 1 Nr. 5 und 6 UStG bezeichneten Angaben über die Menge der gelieferten Gegenstände oder den Zeitpunkt des Umsatzes bestehen keine Bedenken, wenn der Unternehmer diese Merkmale anhand der sonstigen Geschäftsunterlagen (z. B. des Lieferscheins) ergänzt oder zweifelsfrei nachweist. [7]Die Erleichterungen nach §§ 31 bis 34 UStDV bleiben unberührt. [8]Zum Vorsteuerabzug aus einer berichtigten Rechnung siehe Abschnitt 15.2a Abs. 7. [9]Zum Vorsteuerabzug ohne Rechnung, die jedenfalls alle formellen Voraussetzungen erfüllt, siehe Abschnitt 15.2a Abs. 1a und BMF-Schreiben vom 18. 9. 2020, BStBl I S. 976.

(4) [1]Eine Rechnung, in der zwar der Bruttopreis, der Steuersatz und der Umsatzsteuerbetrag, nicht aber das Entgelt ausgewiesen sind, berechtigt grundsätzlich nicht zum Vorsteuerabzug (BFH-Urteil vom 27. 7. 2000, V R 55/99, BStBl 2001 II S. 426). [2]Aus Rechnungen über Kleinbeträge (§ 33 UStDV) kann der Vorsteuerabzug vorgenommen werden, wenn der Rechnungsempfänger den Rechnungsbetrag unter Berücksichtigung des in der Rechnung angegebenen Steuersatzes selbst in Entgelt und Steuerbetrag aufteilt (§ 35 UStDV).

Schätzung und Billigkeitsmaßnahmen

(5) [1]§ 15 UStG schützt nicht den guten Glauben an die Erfüllung der Voraussetzungen für den Vorsteuerabzug (BFH-Urteil vom 30. 4. 2009, V R 15/07, BStBl II S. 744). [2]Sind die Unterlagen für den Vorsteuerabzug (Rechnungen, EUSt-Belege) unvollständig oder nicht vorhanden, kann zwar der Unternehmer den Vorsteuerabzug regelmäßig nicht vornehmen (zu den Ausnahmen siehe Abschnitt 15.2a Abs. 1a). [3]Gleichwohl kann das Finanzamt den Vorsteuerabzug unter bestimmten Voraussetzungen schätzen (vgl. Absatz 6) oder aus Billigkeitsgründen anerkennen (vgl. Absatz 7), sofern im Übrigen die Voraussetzun-

gen für den Vorsteuerabzug vorliegen. [4]Ist jedoch zu vermuten, dass der maßgebliche Umsatz an den Unternehmer nicht steuerpflichtig gewesen ist (**z.B. weil eine Umsatzsteuerbefreiung nach §§ 4, 19 Abs. 1 oder 4 UStG einschlägig ist**), ist kein Vorsteuerabzug zu **berücksichtigen**.

(6) [1]Der Vorsteuerabzug ist materiell-rechtlich eine Steuervergütung. [2]Auf ihn sind daher die für die Steuerfestsetzung geltenden Vorschriften sinngemäß anzuwenden. [3]Die abziehbaren Vorsteuern sind eine Besteuerungsgrundlage im Sinne von § 199 Abs. 1, § 157 Abs. 2 und § 162 Abs. 1 AO. [4]Dem Grunde nach bestehen somit gegen eine Schätzung keine Bedenken (vgl. auch BFH-Urteil vom 12. 6. 1986, V R 75/78, BStBl II S. 721). [5]Sie ist jedoch nur insoweit zulässig, als davon ausgegangen werden kann, dass vollständige Unterlagen für den Vorsteuerabzug vorhanden waren.

(7) [1]Soweit Unterlagen für den Vorsteuerabzug nicht vorhanden sind und auch nicht vorhanden waren oder soweit die Unterlagen unvollständig sind, kommt eine Anerkennung des Vorsteuerabzugs regelmäßig nur aus Billigkeitsgründen in Betracht (§ 163 AO; vgl. BFH-Urteil vom 30. 4. 2009, V R 15/07, BStBl II S. 744). [2]Dabei sind folgende Grundsätze zu beachten:

1. [1]Die Gewährung von Billigkeitsmaßnahmen wegen sachlicher Härte setzt voraus, dass die **Nichtberücksichtigung** des Vorsteuerabzugs im Einzelfall mit dem Sinn und Zweck des UStG nicht vereinbar wäre. [2]Eine Billigkeitsmaßnahme ist daher zu gewähren, wenn die **Nichtberücksichtigung** des Vorsteuerabzugs in diesen Fällen einen Überhang des gesetzlichen Tatbestandes über die Wertungen des Gesetzgebers bei der Festlegung der Voraussetzungen für den Vorsteuerabzug darstellen würde (vgl. auch BFH-Urteile vom 25. 7. 1972, VIII R 59/68, BStBl II S. 918, vom 26. 10. 1972, I R 125/70, BStBl 1973 II S. 271, vom 15. 2. 1973, V R 152/69, BStBl II S. 466, und vom 19. 10. 1978, V R 39/75, BStBl 1979 II S. 345). [3]Die **Nichtberücksichtigung** eines Vorsteuerabzugs kann auch sachlich unbillig sein, wenn dies den Geboten der Gleichheit und des Vertrauensschutzes, den Grundsätzen von Treu und Glauben oder dem Erfordernis der Zumutbarkeit widerspricht (vgl. BFH-Urteil vom 26. 4. 1995, XI R 81/93, BStBl II S. 754). [4]Dem Unternehmer ist grundsätzlich zuzumuten, von sich aus alles zu tun, um die Mangelhaftigkeit der Unterlagen zu beseitigen. [5]An die Zumutbarkeit ist ein strenger Maßstab anzulegen. [6]Eine Billigkeitsmaßnahme ist daher erst in Betracht zu ziehen, wenn eine Vervollständigung oder nachträgliche Beschaffung der Unterlagen nicht möglich ist oder für den Unternehmer mit unzumutbaren Schwierigkeiten verbunden wäre. [7]Aber auch in einem solchen Fall ist der Unternehmer verpflichtet, an einer möglichst vollständigen Sachaufklärung mitzuwirken. [8]Unsicherheiten bei der Feststellung des Sachverhalts gehen zu seinen Lasten. [9]Die Voraussetzungen für eine Billigkeitsmaßnahme liegen nicht vor, wenn der Unternehmer über die empfangene Leistung keine ordnungsgemäße Rechnung erhalten hat (vgl. BFH-Urteil vom 12. 6. 1986, V R 75/78, BStBl II S. 721).
2. [1]Im Rahmen einer Billigkeitsmaßnahme kann die Höhe des anzuerkennenden Vorsteuerabzugs durch Schätzung ermittelt werden. [2]Sind ungerechtfertigte Steuervorteile nicht auszuschließen, ist ein ausreichender Sicherheitsabschlag zu machen.

(8) [1]In der Rechtsprechung wurde das sich aus dem Unionsrecht ergebende Rechtsinstrument des Direktanspruchs in der Umsatzsteuer entwickelt (vgl. EuGH-Urteil vom 15. 3. 2007, C-35/05, Reemtsma Cigarettenfabriken). [2]Danach kann ein Leistungsempfänger unter bestimmten Voraussetzungen über eine Billigkeitsmaßnahme die Erstattung einer rechtsgrundlos an den Leistenden gezahlten Umsatzsteuer direkt vom Fiskus (statt vom Leistenden) verlangen, vgl. BMF-Schreiben vom 12. 4. 2022, BStBl I S. 652.

Anmerkung

1. Ordnungsgemäße Rechnung als Voraussetzung für den Vorsteuerabzug

Die Finanzverwaltung hat sich mit BMF-Schreiben vom 18.9.2020 ausführlich u. a. zum Vorsteuerabzug ohne Besitz einer ordnungsgemäßen Rechnung geäußert (BMF-Schr. v. 18.9.2020 – III C 2 – S 7286-a/19/100001 :1, BStBl I 2020, 976).

Für das BMF gilt der Grundsatz „kein Vorsteuerabzug ohne Rechnung“ (BMF a.a.O, Rz. 7). Dies folgt daraus, dass die Verwaltung die – durchaus strittige – Auffassung vertritt, dass das Vorliegen einer ordnungsgemäßen Rechnung materielle Voraussetzung für den Vorsteuerabzug ist.

2. Rechnung als formelle oder materielle Voraussetzung für den Vorsteuerabzug

2.1 Grundzüge im BMF-Schreiben v. 18.9.2020

In den Tz. 12 und 13 des BMF-Schr. v. 18.9.2020 (a. a. O.) stellt die Verwaltung heraus, dass im Grundsatz ausschließlich die Originalrechnung oder deren Kopie zum Vorsteuerabzug berechtigen. Ohne den entsprechenden Nachweis verbleiben Zweifel, ob und ggfs. in welcher Höhe die Steuer in dem Zahlbetrag enthalten ist und damit ob die materiellen Voraussetzungen für den Vorsteuerabzug vorliegen.

Die Verwaltung bleibt dabei, dass die Voraussetzungen für den Vorsteuerabzug leicht und eindeutig feststellbar sein müssen.

Verbleidende Ungewissheiten gehen zu Lasten des Unternehmers. Insofern verweist die Verwaltung auf Abschn. 15.11. Abs. 3 Satz 1 UStAE.

> Grundsätzlich besteht die Möglichkeit zusätzliche Informationsquellen heranzuziehen, um festzustellen, ob und über welche Leistung abgerechnet wurde. Verbleibende Unklarheiten gehen zu Lasten des Unternehmers, der die Beweislast für die Voraussetzungen des Vorsteuerabzugs trägt (so auch BFH, Urt. v. 12.3.2020 – V R 48/17). Diese Entscheidung wendet die Finanzverwaltung an.

2.2 Keine Besonderheiten bei der E-Rechnung seit 1.1.2025

Zu den Voraussetzungen des Vorsteuerabzugs bei der E-Rechnung hat die FinVerw im BMF-Schreiben v. 15.10.2024, BStBl I 2024, 1320 – dort **Rz. 55 ff.** – Stellung genommen (wegen der Einzelheiten vgl. dazu die Kommentierung zu Abschn. 14.1 UStAE).

Allein wegen der Ausstellung einer Rechnung im falschen Format wird von der FinVerw der Vorsteuerabzug nicht beanstandet, sofern der Rechnungsempfänger anhand der ihm vorliegenden Informationen davon ausgehen konnte, dass der Rechnungsaussteller die Übergangsregelungen nach § 27 Abs. 38 UStG in Anspruch nehmen konnte.

> War der Rechnungsersteller zur Ausstellung einer E-Rechnung verpflichtet, kann eine stattdessen ausgestellte sonstige Rechnung nach Abschn. 15.2a Abs. 7 UStAE durch Ausstellen einer E-Rechnung berichtigt werden. Die E-Rechnung muss dann durch eine eindeutige Bezugnahme auf die ursprgl. Rechnung zum Ausdruck bringen, dass es sich um eine berichtigte Rechnung handelt, um die Anwendung des § 14c UStG auszuschließen. Eine solche Berichtigung wirkt dann auf den Zeitpunkt der Ausstellung der sonstigen Rechnung zurück.

Erfolgt keine Rechnungsberichtigung durch nachträgliches Ausstellen einer E-Rechnung, sind die in einer sonstigen Rechnung enthaltenen Angaben im Hinblick auf den Vorsteuerabzug als mögliche objektive Nachweise i.S.d. **Abschn. 15.2a Abs. 1a UStAE** zu berücksichtigen. Bei Anwendung dieser Regelung kann „unter Anlegung eines strengen Maßstabs" ein Vorsteuerabzug möglich sein, sofern die FinVerw über sämtliche Angaben verfügt, um die materiellen Voraussetzungen für den Vorsteuerabzug zu überprüfen. Bei einer inhaltlich richtigen und vollständigen sonstigen Rechnung werden die genannten Voraussetzungen i.d.R. erfüllt sein.

Nach den Ausführungen im BMF-Schreiben kann also auch eine inhaltlich richtige und vollständige sonstige Rechnung zum Vorsteuerabzug berechtigen, sofern daraus die materiellen Voraussetzungen zum Vorsteuerabzug erkennbar sind.

Die Ausführungen des BMF im Erlass v. 15.10.2024 stimmen insofern mit den allgemeinen Grundsätzen und auch mit der Rechtsauffassung der Verwaltung überein und sind mittels BMF-Schreiben v. 15.10.2025, BStBl I 2025, 1806 auch in **Abschn. 15.2a Abs. 1a S. 12 bis 14 UStAE** eingefügt. Siehe dazu auch die Anmerkungen unter Abschn. 15.2a unter Ziff. 5.

3. Direktanspruch in der Umsatzsteuer (sog. „Reemtsma-Anspruch")

3.1 Rechtsprechung des EuGH aus 2007

Vor mehr als 15 Jahren hatte der **EuGH** (Urt. v. 15.3.2007 – C-35/05, Reemtsma Cigarettenfabriken, BFH/NV Beilage 2007, 293) entschieden, dass einem Unternehmer ein sog. **Direktanspruch** gegen die

Finanzverwaltung zustehen kann. Dieser Direktanspruch wird im Umsatzsteuerschrifttum vor dem Hintergrund der EuGH-Entscheidung C-35/05 oftmals auch als „Reemtsma-Anspruch" bezeichnet.

Hinweis: Direktanspruch gegenüber der Finanzverwaltung

Ein Direktanspruch (Rückzahlung einer rechtsgrundlos an den Leistenden gezahlten Umsatzsteuer) kann sich dem Grunde nach ergeben, wenn ein Unternehmer gegenüber dem Leistungsempfänger die Umsatzsteuer unrichtig in einer Rechnung ausweist, und eine Korrektur – und damit eine Rückzahlung der unrichtig ausgewiesenen Umsatzsteuer – durch den leistenden Unternehmer z. B. aufgrund zwischenzeitlicher Insolvenz nicht erfolgen kann. In diesem Fall kann dem Leistungsempfänger ein solcher Direktanspruch gegen die Finanzverwaltung zustehen. Im Ergebnis soll damit sichergestellt sein, dass sich die Finanzverwaltung nicht an einem solchen Fehler bereichern kann.

Grundsätzlich setzt ein Direktanspruch voraus, dass die Korrektur nicht durch den leistenden Unternehmer vorgenommen werden kann bzw. übermäßig erschwert würde.

3.2 Stellungnahme des BMF aus 2022

Die **Finanzverwaltung** (BMF-Schreiben v. 12.4.2022, BStBl I 2022, 652) hat zu den sich aus ihrer Sicht ergebenden Konsequenzen Stellung genommen, diese Hinweise aber nicht unmittelbar in Abschn. 15.11 aufgenommen, sondern dort nur einen Hinweis auf das BMF-Schreiben vom 12.4.2022 angebracht. Im Wesentlichen ist ein Direktanspruch nach Auffassung des BMF danach unter folgenden Voraussetzungen zulässig:

- Über einen Direktanspruch kann nur im Rahmen eines (separaten) **Billigkeitsverfahrens** (§§ 163, 227 AO) entschieden werden (vgl. auch BFH, Urt. v. 30.6.2015 – VII R 30/14, BFH/NV 2015, 1611). In diesem Billigkeitsverfahren soll auch ein Mitverschulden des Leistungsempfängers an der Erstellung der falschen Rechnung berücksichtigt werden.
- Der **Anspruch** auf Erstattung der rechtsgrundlos gezahlten Umsatzsteuer soll regelmäßig **zunächst zivilrechtlich** gegenüber dem Leistenden geltend gemacht werden. Die Finanzverwaltung geht regelmäßig von einer von vornherein unmöglichen oder übermäßig erschwerten Erstattung durch den Leistenden nur im Fall eines **bereits mangels Masse abgelehnten Insolvenzantrags** aus. Die bloße Zahlungsunfähigkeit des Leistenden soll nicht ausreichend sein.
- Solange noch eine Inanspruchnahme des Fiskus durch den Leistenden aufgrund einer Berichtigung nach § 14c Abs. 1 UStG rechtlich möglich ist, kann über einen Direktanspruch nicht entschieden werden. Eine Entscheidung soll deshalb erst **nach Abschluss des Insolvenzverfahrens** ergehen.
- Ein Direktanspruch soll ausscheiden, wenn der Anspruch gegen den Leistenden nicht mehr durchsetzbar wäre (z. B. wegen **zivilrechtlicher Verjährung**).
- Bei einer **Bruttopreisvereinbarung** soll ein Direktanspruch ebenfalls ausscheiden, da insoweit gar kein Anspruch gegen den Leistenden bestehen würde.
- Es muss vom **Leistenden** tatsächlich eine **Leistung erbracht** worden sein bzw. bei einer **Anzahlungsrechnung** der feste Wille auf Leistung bestanden haben. Ein Direktanspruch kann deshalb bei einem unberechtigten Steuerausweis (§ 14c Abs. 2 UStG) nicht vorliegen (vgl. auch BFH, Urt. v. 30.6.2015 – VII R 42/14).
- Hat der leistende Unternehmer die **Umsatzsteuer nicht entrichtet** oder schon im Rahmen einer Berichtigung vom Finanzamt wieder zurückerhalten, scheidet ein Direktanspruch aus.
- Hat der Leistende zwar die Umsatzsteuer angemeldet, aber gleichzeitig Vorsteuer aus Rechnungen Dritter abgezogen, denen keine Leistungen zugrunde liegen, ergibt sich kein Direktanspruch (vgl. auch BFH, Urt. v. 10.12.2008 – XI R 57/06, BFH/NV 2009, 1156).

Hinweis: Rechnung muss ansonsten ordnungsgemäß sein

Es müssen bei dem Leistungsempfänger ansonsten alle Voraussetzungen für den Vorsteuerabzug erfüllt sein. Die Rechnung muss alle notwendigen Bestandteile zutreffend – bis auf den Steuerausweis – enthalten. Ist der Leistungsempfänger aber nach § 15 Abs. 2 ff. UStG vom Vorsteuerabzug ausgeschlossen – z. B. aufgrund eigener steuerfreier Ausgangsleistungen – steht dies einem Direktanspruch nicht entgegen.

Positiv ist bei dem BMF-Schreiben vom 12.4.2022 nur hervorzuheben, dass die Finanzverwaltung nach mehr als 15 Jahren überhaupt zu der Frage des Direktanspruchs Stellung nimmt. Im Übrigen dürfte das BMF-Schreiben **für die Anwendungspraxis wenig hilfreich** sein. Da der Unternehmer, der den Direktanspruch geltend machen möchte, die Voraussetzungen gegenüber dem Fiskus **nachweisen** muss, wird es sich in den meisten Fällen um ein erfolgloses Unterfangen handeln. Insbesondere ist zu beachten, dass der Direktanspruch nur in einem **eigenständigen Billigkeitsverfahren** geltend gemacht werden soll.

Hinweis: Weitere Entwicklung

Das EuGH, Urt. v. 15.3.2007 – C-35/05, Reemtsma Cigarettenfabriken, aus dem dieser Direktanspruch abgeleitet wird, enthielt derartige Einschränkungen nicht. Insoweit wird es vielleicht weiterer Rechtsprechung des EuGH vorbehalten bleiben, die eine oder andere Einschränkung, die die Finanzverwaltung vorgenommen hat, wieder einzufangen.

3.3 Weitere Rechtsprechung des EuGH

Der **EuGH hat mit Urt. v. 7.9.2023** (C-453/22 – Michael Schütte) erneut zum Direktanspruch Stellung genommen.

Hinweis

In diesem Verfahren ging es um einen Direktanspruch aufgrund überhöhten Steuerausweises, bei dem der leistende Unternehmer **nicht insolvent** war, **sondern** aufgrund **zivilrechtlicher Verjährung** eine Korrektur abgelehnt hatte. Außerdem wollte der Kläger auch die bisher aufgelaufenen Zinsen im Direktanspruch erstattet bekommen

Der EuGH hat dem Kläger dem Grunde nach den Anspruch einschließlich des Verzugsschadens zugesprochen, wenn seitens der Finanzbehörde keine Erstattung in angemessener Frist erfolgt. Er hat dies im Wesentlichen wie folgt begründet:

- Der Anspruch auf Erstattung steht dem Unternehmer zu, wenn es für ihn **unmöglich oder übermäßig schwierig** ist, von dem leistenden Unternehmer die Umsatzsteuer zu erhalten.
- **Insolvenz** des leistenden Unternehmers ist **nur eine der Möglichkeiten** für die Unmöglichkeit.
- Der Erstattungsanspruch kann **nur bei Betrug oder Missbrauch versagt werden**.
- Auch die Möglichkeit, dass **der leistende Unternehmer** dem Grunde nach die **unrichtig ausgewiesene Umsatzsteuer berichtigen** und bei seinem FA zurückverlangen kann, steht dem Erstattungsanspruch nicht entgegen (Erstattungsanspruch wäre dann nur missbräuchlich, wenn er sich vorher auf Verjährung berufen hätte und wäre abzulehnen).

Das BMF hatte in einem Schreiben vom 12.4.2022 noch die Auffassung vertreten, dass der Reemtsma-Anspruch u. a. dann nicht greifen soll, wenn der zivilrechtliche Anspruch des Leistungsempfängers gegen den Leistenden zivilrechtlich verjährt ist. Diese Auffassung wird nach dem EuGH, Urt. v. 7.9.2023 – C-453/22 – Michael Schütte nicht mehr zu halten sein (Leonard, UStDD 19/2023, S. 9).

Hinweis

Der vom EuGH zuerkannte „Reemtsma-Anspruch" bei zivilrechtlicher Verjährung hat fundamentale Bedeutung, denn vergleichbare Sachverhalte kommen in der in der Praxis häufig vor. Unternehmen, bei denen aus ähnlichen Gründen Umsatzsteuerbelastungen eingetreten sind, sollten geeignete verfahrensrechtliche Schritte einleiten (Rechtsbehelf, Änderungsantrag).

Über ein weiteres Vorabentscheidungsersuchen des BFH (BFH vom 3.11.2022 – XI R 6/21) hat der **EuGH mit Urteil v. 5.9.2024** – C-83/23 entschieden:

Sachverhalt C-83/23 – H-GmbH

Im Urteilsfall hatte der Leistende irrtümlich die deutsche Mehrwertsteuer statt der in einem anderen Mitgliedstaat (hier Italien) gesetzlich geschuldeten Mehrwertsteuer dem Leistungsempfänger in Rechnung gestellt und an die deutschen Steuerbehörden abgeführt.

Der Leistungsempfänger hatte die in dieser Rechnung ausgewiesene Umsatzsteuer als Vorsteuer geltend gemacht. Mit Vorlage der Rechnungsberichtigung aufgrund der zu Unrecht ausgewiesenen deutschen Umsatzsteuer bei der Finanzverwaltung hatte diese die entsprechende Mehrwertsteuer an den inzwischen insolventen Leistenden erstattet; der Leistungsempfänger hatte hingegen keinen Anspruch auf Vorsteuerabzug und hatte daraufhin die Mehrwertsteuer der Finanzverwaltung zurücküberweisen müssen.

Den **Direktanspruch** hat der EuGH in diesem Verfahren **verneint**. Der Direktanspruch auf Erstattung zu Unrecht in Rechnung gestellter Umsatzsteuer, der dem Empfänger einer Rechnung unter bestimmten Voraussetzungen zusteht, bezieht sich auf die Umsatzsteuer, **die der betreffende Mitgliedstaat** vom Aussteller der Rechnung erhalten hat.

UStAE 15.12. Allgemeines zum Ausschluss vom Vorsteuerabzug

Verwendung für Ausschlussumsätze

(1) [1]Der allgemeine Grundsatz, dass die in § 15 Abs. 1 Satz 1 Nr. 1 bis 5 UStG bezeichneten Vorsteuern abgezogen werden können, gilt nicht, wenn der Unternehmer bestimmte steuerfreie oder bestimmte nicht steuerbare Umsätze ausführt (Ausschlussumsätze). [2]Zu den Ausschlussumsätzen gehören auch die entsprechenden unentgeltlichen Wertabgaben nach § 3 Abs. 1b und Abs. 9a UStG. [3]Der Ausschluss vom Vorsteuerabzug erstreckt sich nach § 15 Abs. 2 und 3 UStG auf die Steuer für die Lieferungen, die Einfuhr und den innergemeinschaftlichen Erwerb von Gegenstän-den, die der Unternehmer zur Ausführung der dort bezeichneten Umsätze verwendet, sowie auf die Steuer für sonstige Leistungen, die er für diese Umsätze in Anspruch nimmt. [4]Der Ausschluss vom Vorsteuerabzug erstreckt sich außerdem auf Aufwendungen für Eingangsleistungen, die der Unternehmer für Ausgangsumsätze in Anspruch nimmt, auf die unmittelbar eine Steuerbefreiung der MwStSystRL angewandt wird, wenn die Voraussetzungen des § 15 Abs. 3 UStG nicht vorliegen (vgl. BFH-Urteil vom 16.05.2012 – XI R 24/10, BStBl II 2013 S. 52, und für den vergleichbaren Fall, dass eine nationale Steuerbefreiung in Anspruch genommen wird, die mit der MwStSystRL unvereinbar ist, vgl. EuGH-Urteil vom 26.02.2015, C-144/13, VDP Dental Laboratory). [5]Im Einzelfall gilt im Zusammenhang mit Ausschlussumsätzen für den Vorsteuerabzug Folgendes:

1. Im Insolvenzverfahren eines Unternehmens, das seine Tätigkeit bereits vor Insolvenzeröffnung eingestellt hatte, ist über den Vorsteuerabzug aus der Rechnung des Insolvenzverwalters nach der früheren Unternehmenstätigkeit zu entscheiden (BFH-Urteil vom 02.12.2015 – V R 15/15, BStBl II 2016 S. 486).
2. Der Verpächter eines Grundstücks ist bei vorzeitiger Auflösung einer steuerpflichtigen Verpachtung zum Abzug der ihm vom Pächter in Rechnung gestellten Steuer für dessen entgeltlichen Verzicht auf die Rechte aus einem langfristigen Pachtvertrag (vgl. Abschnitt 4.12.1 Abs. 1 Satz 7) jedenfalls dann berechtigt, wenn die vorzeitige Auflösung zu einem Zeitpunkt erfolgt, in dem das Pachtverhältnis noch besteht und eine beabsichtigte (steuerfreie) Grundstücksveräußerung noch nicht festgestellt werden kann (vgl. BFH-Urteil vom 13.12.2017 – XI R 3/16, BStBl II 2018 S. 727).
3. Schuldet der Vermieter von Wohnraum zum vertragsgemäßen Gebrauch auch die Versorgung mit Wärme und warmem Wasser, stehen Kosten des Vermieters für eine neue Heizungsanlage jedenfalls dann im direkten und unmittelbaren Zusammenhang zur steuerfreien Vermietung, wenn es sich dabei nicht um Betriebskosten handelt, die der Mieter gesondert zu tragen hat (vgl. BFH-Urteil vom 07.12.2023 – V R 15/21, BStBl II 2024 S. 503).

Verwendungsabsicht

(2) [1]Der Begriff der Verwendung einer Lieferung oder sonstigen Leistung umfasst auch die Verwendungsabsicht. [2]Das Recht auf Vorsteuerabzug des Unternehmers entsteht dem Grunde und der Höhe nach bereits

im Zeitpunkt des Leistungsbezugs. [3]Im Rahmen des § 15 Abs. 2 und 3 UStG kommt es entscheidend darauf an, ob der Unternehmer im Zeitpunkt des Leistungsbezugs die Absicht hat, die Eingangsumsätze für solche Ausgangsumsätze zu verwenden, die den Vorsteuerabzug nicht ausschließen (BFH-Urteil vom 22.03.2001 – V R 46/00, BStBl II 2003 S. 433); zum Vorsteuerabzug aus allgemeinen Aufwendungen des Unternehmens siehe Abschnitt 15.16 Abs. 2a. [4]Bei jedem Leistungsbezug muss der Unternehmer über die beabsichtigte Verwendung der bezogenen Leistung sofort entscheiden (vgl. BFH-Beschluss vom 28.10.2020 – XI B 26/20, n.v.). [5]Maßgeblich ist regelmäßig die erste Leistung oder die erste unentgeltliche Wertabgabe, in die die bezogene Leistung Eingang findet. [6]Bei der Zurechnung sind grundsätzlich nur Umsätze zu berücksichtigen, die nach Inanspruchnahme der vorsteuerbelasteten Leistungen ausgeführt werden sollen.

(2a) [1]Der Begriff der Verwendung einer Lieferung oder sonstigen Leistung umfasst auch die Verwendungsabsicht. [2]Das Recht auf Vorsteuerabzug des Unternehmers entsteht dem Grunde und der Höhe nach bereits im Zeitpunkt des Leistungsbezugs. [3]Im Rahmen des § 15 Abs. 2 und 3 UStG kommt es entscheidend darauf an, ob der Unternehmer im Zeitpunkt des Leistungsbezugs die Absicht hat, die Eingangsumsätze für solche Ausgangsumsätze zu verwenden, die den Vorsteuerabzug nicht ausschließen (BFH-Urteil vom 22.03.2001 – V R 46/00, BStBl II 2003 S. 433); zum Vorsteuerabzug aus allgemeinen Aufwendungen des Unternehmens siehe Abschnitt 15.16 Abs. 2a. [4]Bei jedem Leistungsbezug muss der Unternehmer über die beabsichtigte Verwendung der bezogenen Leistung sofort entscheiden (vgl. BFH-Beschluss vom 28.10.2020 – XI B 26/20, n.v.). [5]Maßgeblich ist regelmäßig die erste Leistung oder die erste unentgeltliche Wertabgabe, in die die bezogene Leistung Eingang findet. [6]Bei der Zurechnung sind grundsätzlich nur Umsätze zu berücksichtigen, die nach Inanspruchnahme der vorsteuerbelasteten Leistungen ausgeführt werden sollen.

(2b) [1]Beim Bezug von Eingangsleistungen, deren tatsächliche Verwendung ungewiss ist, weil die Verwendungsabsicht nicht durch objektive Anhaltspunkte belegt wird, ist kein Vorsteuerabzug möglich. [2]Für den Vorsteuerabzug sind ausschließlich die Erkenntnisse im Zeitpunkt des Leistungsbezugs zu Grunde zu legen. [3]Spätere Erkenntnisse über diesen Leistungsbezug haben auf die ursprüngliche Entscheidung keine Auswirkung. [4]Ein zunächst vorgenommener Vorsteuerabzug ist deshalb nach § 164 Abs. 2, § 165 Abs. 2 oder § 173 Abs. 1 AO durch Änderung der ursprünglichen Steuerfestsetzung rückgängig zu machen, wenn später festgestellt wird, dass objektive Anhaltspunkte für die Verwendungsabsicht im Zeitpunkt des Leistungsbezugs nicht vorlagen. [5]Dies gilt auch, wenn die Verwendungsabsicht nicht in gutem Glauben erklärt wurde oder ein Fall von Betrug oder Missbrauch vorliegt (vgl. Abschnitt 25f.1). [6]Für die Frage, ob ein nach § 9 Abs. 2 UStG zum Vorsteuerabzug berechtigender steuerpflichtiger Umsatz oder ein nicht zum Vorsteuerabzug berechtigender steuerfreier Umsatz vorliegt, kommt es auf die zutreffende umsatzsteuerrechtliche Beurteilung des tatsächlich verwirklichten Sachverhalts an (vgl. BFH-Urteil vom 11.03.2009 – XI R 71/07, BStBl II 2010 S. 209). [7]Geht der Unternehmer z.B. davon aus, dass nach der maßgeblichen Rechtslage im Zeitpunkt des Leistungsbezugs seine Leistung steuerpflichtig ist, während sie bei zutreffender Beurteilung ohne Recht auf Vorsteuerabzug steuerfrei ist, ist der Unternehmer nicht zum Vorsteuerabzug berechtigt. [8]Zum Vorsteuerabzug aus allgemeinen Aufwendungen des Unternehmens siehe Abschnitt 15.16 Abs. 2a.

Zusammenhang mit Ausschlussumsätzen

(3) [1]Vom Abzug ausgeschlossen sind nicht nur die Vorsteuerbeträge, bei denen ein unmittelbarer wirtschaftlicher Zusammenhang mit den zum Ausschluss vom Vorsteuerabzug führenden Umsätzen des Unternehmers besteht. [2]Der Ausschluss umfasst auch die Vorsteuerbeträge, die in einer mittelbaren wirtschaftlichen Verbindung zu diesen Umsätzen stehen.

Beispiel 1:

Bezieht eine Bank Werbeartikel bis 50 € je Gegenstand, für die ihr Umsatzsteuer in Rechnung gestellt wird, sind diese Vorsteuerbeträge insoweit vom Abzug ausgeschlossen, als sie den nach § 4 Nr. 8 UStG steuerfreien Umsätzen zuzuordnen sind (vgl. BFH-Urteile vom 26. 7. 1988, X R 50/82, BStBl II S. 1015, und vom 4. 3. 1993, V R 68/89, BStBl II S. 527).

Beispiel 2:

[1]Hat sich der Veräußerer eines unternehmerisch genutzten Grundstücks dem Erwerber gegenüber zur Demontage und zum Abtransport betrieblicher Einrichtungen verpflichtet, werden die für die Demontage bezogenen Leistungen zur Ausführung des steuerfreien Grundstücksumsatzes verwendet. [2]Die für die Transportleistungen in Rechnung gestellte Steuer ist nur mit dem gegebenenfalls geschätzten Betrag vom Vorsteuerabzug ausgeschlossen, der durch die bloße Räumung verursacht ist (vgl. BFH-Urteil vom 27. 7. 1988, X R 52/81, BStBl 1989 II S. 65).

Beispiel 3:

[1]Ist eine Grundstücksvermietung beabsichtigt, kommt es darauf an, ob der Unternehmer das Grundstück steuerfrei vermieten oder auf die Steuerfreiheit der Grundstücksvermietung (§ 4 Nr. 12 Satz 1 Buchstabe a UStG) nach § 9 UStG verzichten will. [2]Im ersten Fall ist der Vorsteuerabzug nach § 15 Abs. 2 Satz 1 Nr. 1 UStG ausgeschlossen, im zweiten Fall ist die Vorsteuer abziehbar, wenn der Unternehmer die Verwendungsabsicht objektiv belegt und in gutem Glauben erklärt hat (BFH-Urteil vom 17. 5. 2001, V R 38/00, BStBl 2003 II S. 434) und auch die weiteren Voraussetzungen des § 15 UStG erfüllt sind.

Beispiel 4:

Stellt eine Bank ihren Kunden und – um weitere Kunden zu gewinnen – anderen Autofahrern unentgeltlich Stellplätze zum Parken zur Verfügung, sind die Umsatzsteuern, die ihr für die Leistungen zur Errichtung und den Unterhalt des Parkhauses in Rechnung gestellt worden sind, im Verhältnis ihrer steuerfreien Umsätze an den gesamten Umsätzen im Sinne des § 1 Abs. 1 Nr. 1 UStG vom Vorsteuerabzug ausgeschlossen (BFH-Urteil vom 4. 3. 1993, V R 73/87, BStBl II S. 525).

[3]Daher ist die für einen Leistungsbezug entrichtete Umsatzsteuer insoweit nicht als Vorsteuer abziehbar, als die hierfür getätigten Ausgaben zu den Kostenelementen von steuerfreien Ausgangsumsätzen gehören, weil sie in deren Preis eingehen (zu einer Kapitalanlagegesellschaft siehe BFH-Urteil vom 16. 12. 2020 – XI R 13/19, BStBl II 2022 S. 389). [4]Im Einzelfall können Vorsteuerbeträge mehreren gleichwertig nebeneinanderstehenden Ausgangsumsätzen wirtschaftlich zugeordnet werden.

Beispiel 5:

Vermietet ein Bauunternehmer ein Haus an einen privaten Mieter unter dem Vorbehalt, zur Förderung eigener steuerpflichtiger Umsätze das Haus bei Bedarf zu Besichtigungszwecken (als sog. Musterhaus) zu nutzen, tritt neben die Verwendung zur Ausführung steuerfreier Vermietungsumsätze die Verwendung zur Ausführung steuerpflichtiger (Bau-)Umsätze (sog. gemischte Verwendung im Sinne des § 15 Abs. 4 UStG, BFH-Urteil vom 9. 9. 1993, V R 42/91, BStBl 1994 II S. 269).

Beispiel 6:

Veräußert ein Unternehmer mit seinem Namen versehene Werbeartikel an seine selbständigen Handelsvertreter zu einem Entgelt weiter, das die Anschaffungskosten erheblich unterschreitet, sind die Werbeartikel nicht ausschließlich den Ausgangslieferungen zuzuordnen, in die sie gegenständlich eingehen, sondern auch den übrigen Umsätzen des Unternehmers, für die geworben wird (BFH-Urteil vom 16. 9. 1993, V R 82/91, BStBl 1994 II S. 271).

(4) Umsätze, die dem Unternehmer zur Vornahme einer Einfuhr dienen, sind für die Frage des Vorsteuerabzugs den Umsätzen zuzurechnen, für die der eingeführte Gegenstand verwendet wird.

Beispiel:

[1]Ein Arzt nimmt wegen rechtlicher Schwierigkeiten, die bei der Einfuhr eines medizinischen Geräts eingetreten sind, einen Rechtsanwalt in Anspruch. [2]Obwohl die Einfuhr der Einfuhrumsatzsteuer unterlegen hat, kann der Arzt die ihm vom Rechtsanwalt in Rechnung gestellte Steuer nicht als Vorsteuer abziehen. [3]Die Rechtsberatung ist ebenso wie das eingeführte medizinische Gerät der steuerfreien ärztlichen Tätigkeit zuzurechnen.

(5) *weggefallen*

Anmerkung

1. Entscheidung des EuGH, Urt. v. 9.7.2020 – C-374/19

Auf Vorlage des BFH (BFH, Beschl. v. 27.3.2019 – V R 61/17) hatte der EuGH über die Frage der Vorsteuerberichtigung eines teilweise erfolglosen Unternehmers zu befinden. Für den Vorlagefall hat der EuGH die Verpflichtung zur Vorsteuerberichtigung bejaht (EuGH, Urt. v. 9.7.2020 – C-374/19, HF gegen FA Bad Neuenahr-Ahrweiler).

> **Beispiel**
>
> Die Klägerin betreibt ein Alten- und Pflegeheim steuerfrei. 2003 errichtet sie in einem Anbau eine Cafeteria. I.R.e. USt-Sonderprüfung im Jahr 2006 verständigte sich die Klägerin in der Weise mit dem FA, dass eine steuerfreie Nutzung der Cafeteria (für die Heimbewohner) zu 10 % und i.Ü. eine steuerpflichtige Nutzung (für Besucher) angenommen wurde. Ab 2009 wurden von der Klägerin keine Umsätze mehr erzielt. Im Februar 2013 erfolgte die Gewerbeabmeldung. Das FA führte – im Hinblick auf ab 2009 nicht (mehr) erzielte Umsätze – eine Vorsteuerberichtigung nach § 15a UStG durch.

Für die Entscheidung des EuGHs waren folgende Umstände maßgebend:

- Grundsätzlich kommt es nicht zu einer Vorsteuerberichtigung, wenn ein Wirtschaftsgut, das zum Vorsteuerabzug berechtigt hat, im Unternehmen verbleibt, aber bis zum Ablauf des Berichtigungszeitraums des § 15a UStG ungenutzt bleibt.
- Etwas anderes gilt dann, wenn ein Wirtschaftsgut, das ganz oder teilweise zum Vorsteuerabzug berechtigte, bis zum Abschluss des Berichtigungszeitraums vorsteuerschädlich – etwa für steuerbefreite Umsätze – genutzt wird.

2. Anmerkungen

2.1 Verwendungsabsicht

Entscheidend ist letztlich die **Verwendungsabsicht**. Die Verwaltung hat dazu in Abschn. 15.12. Abs. 1 Satz 7 UStAE – unter Hinweis auf die Rechtsprechung des BFH – folgendes geregelt:

> Im Rahmen des § 15 Abs. 2 und 3 UStG kommt es entscheidend darauf an, ob der Unternehmer im Zeitpunkt des Leistungsbezugs die Absicht hat, die Eingangsumsätze für solche Ausgangsumsätze zu verwenden, die den Vorsteuerabzug nicht ausschließen.

Die **Entscheidung überzeugt nicht**, denn sie führt im Ergebnis dazu, dass die Kosten der „erfolglosen Tätigkeit" nachträglich zu Kosten der im Streitfall geringfügig steuerbefreiten Tätigkeit umgemünzt werden (so auch Erdbrügger, MwStR 2020, 843, 844).

Im Ergebnis muss sich ein „erfolgloser Unternehmer" unabhängig davon, ob eine bestimmte Tätigkeit nie aufnimmt oder zunächst aufnimmt und dann abbricht, immer Gedanken über den Verbleib der mit Vorsteuerabzug erworbenen Wirtschaftsgüter machen.

2.2 Nachfolgeentscheidung des BFH

Der BFH hat im Oktober 2020 die Nachfolgeentscheidung zur EuGH-Sache C-374/19 vorlegt (BFH, Urt. v. 27.10.2020 – V R 20/20). Er bestätigt darin die Begründung des EuGHs.

Gerade im Rahmen der **COVID 19-Pandemie** war es häufig zu beobachten, dass eine unternehmerische Betätigung, die zunächst mehr oder weniger erfolgreich war, plötzlich eingestellt werden musste, weil Einnahmen im bisherigen Umfang oder vollständig ausgeblieben waren.

In diesen Fällen des „erfolglosen Unternehmers" stellt sich dann umsatzsteuerlich die Frage, wie mit den vorsteuerbehafteten WG umzugehen ist. Zu prüfen ist, ob und ggfs. in welchem Umfang eine Vorsteuerberichtigung nach § 15a UStG vorzunehmen ist. Die Entscheidung des BFH in dem Verfahren V R 20/20 überzeugt – wie die Entscheidung des EuGH – ebenfalls nicht.

Allerdings muss dem BFH zugestanden werden, dass er an die Entscheidung des EuGH in der Rechtssache C-374/19 „HF" gebunden war. Die Entscheidung führt im Ergebnis dazu, dass die Kosten der

„erfolglosen Tätigkeit“ nachträglich zu Kosten der im Streitfall geringfügig steuerbefreiten Tätigkeit umgemünzt werden.

Die – nicht selten vorkommende – Besonderheit des Falles bestand darin, dass das angeschaffte WG „Cafeteria“ zu einem kleinen Teil vorsteuerschädlich genutzt (verwendet) wurde und diese Nutzung nach Einstellung der vorsteuerbegünstigten Haupttätigkeit unverändert fortgeführt wurde.

In seinem **Vorabentscheidungsersuchen** vom 27.3.2019 tendierte der BFH allerdings dazu, den **§ 15 a UStG nicht anzuwenden**. Er stellte seinerzeit heraus, dass es im Kern darauf ankommt, ob das absichtslose Nichtverwenden eines Investitionsguts mit dem Nichtverwenden in der Absicht steuerpflichtiger Verwendung gleichgestellt werden kann.

Im Streitfall lag neben der unveränderten (geringen) Nutzung durch die Heimbewohner ein brachliegender Betrieb vor. Insofern war es für den BFH seinerzeit problematisch, die unterbliebene Nutzung dahin zu deuten, dass nunmehr eine ausschließliche Nutzung für steuerfreie Umsätze vorliegt.

Auch wenn die Entscheidung aus der Sicht des Rechtsanwenders zu bedauern ist, so schafft sie zumindest **Rechtssicherheit.** Die Regelung in Abschn. 15.12. Abs. 1 S. 7 UStAE muss von der FinVerw nicht angepasst werden. Das Urteil V R 20/20 ist demgemäß konsequenterweise von der Verwaltung **amtlich** im BStBl II 2022, 575 veröffentlicht worden.

UStAE 15.13. Ausschluss des Vorsteuerabzugs bei steuerfreien Umsätzen

(1) [1]Vorsteuerbeträge für steuerfreie Umsätze sind nach § 15 Abs. 2 Satz 1 Nr. 1 UStG grundsätzlich vom Abzug ausgeschlossen. [2]Der Ausschluss erstreckt sich nicht auf die Vorsteuerbeträge, die den in § 15 Abs. 3 **Satz 1** Nr. 1 Buchstaben a und b UStG bezeichneten steuerfreien Umsätzen zuzurechnen sind, **es sei denn, diese Umsätze unterliegen auch der Steuerbefreiung für Kleinunternehmer nach § 19 UStG (§ 15 Abs. 3 Satz 2 UStG)**. [3]Ebenfalls nicht vom Vorsteuerabzug ausgeschlossen sind Steuerbeträge, die für bestimmte Leistungsbezüge von Unternehmern anfallen, die steuerfreie Umsätze mit Anlagegold ausführen (vgl. § 25 c Abs. 4 und 5 UStG). [4]Zum Vorsteuerabzug bei einem Gebäude, das der Ausführung steuerfreier Umsätze, die den Vorsteuerabzug ausschließen, und privaten Wohnzwecken dient, vgl. Abschnitt 3.4 Abs. 7 Satz 3 Beispiel 2.

(2) [1]Unter Buchstabe a des § 15 Abs. 3 **Satz 1** Nr. 1 UStG fallen insbesondere die Ausfuhrlieferungen (§ 4 Nr. 1 Buchstabe a, § 6 UStG), die innergemeinschaftlichen Lieferungen (§ 4 Nr. 1 Buchstabe b, § 6 a UStG), die Lohnveredelungen an Gegenständen der Ausfuhr (§ 4 Nr. 1 Buchstabe a, § 7 UStG), die Umsätze für die Seeschifffahrt und für die Luftfahrt (§ 4 Nr. 2, § 8 UStG), die sonstigen Leistungen im Zusammenhang mit der Einfuhr, Ausfuhr und Durchfuhr (§ 4 Nr. 3 und 5 UStG), die Goldlieferungen an die Zentralbanken (§ 4 Nr. 4 UStG), bestimmte Umsätze der Eisenbahnen des Bundes (§ 4 Nr. 6 UStG), bestimmte Umsätze an im Gebiet eines anderen Mitgliedstaates ansässige NATO-Streitkräfte, ständige diplomatische Missionen und berufskonsularische Vertretungen sowie zwischenstaatliche Einrichtungen (§ 4 Nr. 7 UStG), die steuerfreien Reiseleistungen (§ 25 Abs. 2 UStG) sowie die Umsätze, die nach den in § 26 Abs. 5 UStG bezeichneten Vorschriften steuerfrei sind. [2]Wegen des Vorsteuerabzugs bei den nach § 25 Abs. 2 UStG steuerfreien sonstigen Leistungen vgl. Abschnitt 25.4.

(3) [1]Buchstabe b des § 15 Abs. 3 **Satz 1** Nr. 1 UStG betrifft Umsätze, die nach § 4 Nr. 8 Buchstaben a bis g, Nr. 10 oder Nr. 11 UStG steuerfrei sind. [2]Für diese Finanz- und Versicherungsumsätze tritt der Ausschluss vom Vorsteuerabzug jedoch nur dann nicht ein, wenn sie sich unmittelbar auf Gegenstände beziehen, die in das Drittlandsgebiet ausgeführt werden. [3]Die Voraussetzung „unmittelbar“ bedeutet, dass die vorbezeichneten Umsätze in direktem Zusammenhang mit dem Gegenstand der Ausfuhr stehen müssen. [4]Nicht ausreichend ist es, wenn diese Umsätze in Verbindung mit solchen betrieblichen Vorgängen des Unternehmers stehen, die ihrerseits erst dazu dienen, die Ausfuhr zu bewirken.

Beispiel 1:

[1]Der Unternehmer lässt einen Gegenstand, den er in das Drittlandsgebiet ausführt, gegen Transportschäden versichern.

[2]Der unmittelbare Zusammenhang mit dem Gegenstand der Ausfuhr ist gegeben. [3]Die nach § 4 Nr. 10 Buchstabe a UStG steuerfreie Leistung des Versicherungsunternehmers schließt daher den Vorsteuerabzug nicht aus.

Beispiel 2:

[1]Der Unternehmer nimmt einen Kredit zur Anschaffung einer Maschine in Anspruch, die er ausschließlich zur Herstellung von Exportgütern einsetzt.

[2]Der unmittelbare Zusammenhang mit dem Gegenstand der Ausfuhr ist nicht gegeben. [3]Das Kreditinstitut kann deshalb die Vorsteuerbeträge, die der nach § 4 Nr. 8 Buchstabe a UStG steuerfreien Kreditgewährung zuzurechnen sind, nicht abziehen.

[5]Eine Ausfuhr im Sinne des § 15 Abs. 3 **Satz 1** Nr. 1 Buchstabe b UStG ist anzunehmen, wenn der Gegenstand endgültig in das Drittlandsgebiet gelangt. [6]Es braucht keine Ausfuhrlieferung nach § 6 UStG vorzuliegen. [7]Außerdem kann der Gegenstand vor der Ausfuhr bearbeitet oder verarbeitet werden. [8]Die Ausflaggung eines Seeschiffs ist keine Ausfuhr, gleichgültig in welcher Form sich dieser Vorgang vollzieht.

(4) Zum Ausschluss des Vorsteuerabzugs bei Krediten, die im Zusammenhang mit anderen Umsätzen eingeräumt werden, vgl. Abschnitt 3.11.

(5) [1]Fällt ein Umsatz sowohl unter eine der in § 15 Abs. 3 **Satz 1** Nr. 1 Buchstabe a und Nr. 2 Buchstabe a UStG bezeichneten Befreiungsvorschriften als auch unter eine Befreiungsvorschrift, die den Vorsteuerabzug ausschließt, z. B. die innergemeinschaftliche Lieferung von Blutkonserven zu therapeutischen Zwecken, geht die Steuerbefreiung, die den Vorsteuerabzug ausschließt – im Beispiel § 4 Nr. 17 Buchstabe a UStG – der in § 15 Abs. 3 Satz 1 Nr. 1 Buchstabe a und Nr. 2 Buchstabe a UStG aufgeführten Befreiungsvorschrift vor (vgl. BFH-Urteil vom 22. 8. 2013, V R 30/12, BStBl 2014 II S. 133). [2]Daher kann für diese Umsätze kein Vorsteuerabzug beansprucht werden. [3]Abweichend davon geht eine Befreiung nach den in § 26 Abs. 5 UStG bezeichneten Vorschriften (z. B. nach Artikel 67 Abs. 3 NATO-ZAbk) als selbständiger Befreiungstatbestand außerhalb des UStG den Befreiungstatbeständen des UStG mit der Folge vor, dass für diese Umsätze ein Ausschluss des Vorsteuerabzugs nicht eintritt.

Kleinunternehmer und entsprechende Regelungen in anderen Mitgliedstaaten

(6) [1]Unternehmer sind nicht zum Vorsteuerabzug aus Eingangsleistungen berechtigt, die sie zur Ausführung von nach § 19 Abs. 1 oder 4 UStG (§ 15 Abs. 2 Satz 1 Nr. 1 UStG) oder nach einer entsprechenden Regelung in einem anderen Mitgliedstaat (§ 15 Abs. 2 Satz 1 Nr. 3 UStG) steuerfreien Ausgangsumsätzen verwenden. [2]Auch Vorsteuern eines inländischen Kleinunternehmers im Zusammenhang mit Umsätzen im Ausland sind nicht abzugsfähig (§ 15 Abs. 2 Satz 1 Nr. 2 UStG, siehe auch Abschnitt 15.14 Abs. 1), auch soweit sie dort steuerbar und steuerpflichtig sind. [3]Der Vorsteuerabzug ist auch ausgeschlossen, wenn Unternehmer trotz Steuerfreiheit ihrer eigenen Umsätze einen Steuerbetrag offen ausweisen und diese Steuer nach § 14c Abs. 1 UStG schulden.

Anmerkung

1. Vorsteuerausschluss, § 15 Abs. 2 UStG

Nach § 15 Abs. 1 Satz 1 Nr. 1 UStG kann ein Unternehmer die gesetzlich geschuldete Steuer für Lieferungen und sonstige Leistungen, die von einem anderen Unternehmer für sein Unternehmen ausgeführt worden sind, als Vorsteuer abziehen.

Ausgeschlossen ist der Vorsteuerabzug nach § 15 Abs. 2 S. 1 Nr. 1 UStG demgegenüber für Leistungen, die der Unternehmer für steuerfreie Umsätze verwendet (unionsrechtlich beruht dies auf Art. 168 Buchst. a MwStSystRL).

Der Unternehmer ist danach zum Vorsteuerabzug berechtigt, soweit er Leistungen für sein Unternehmen (§ 2 Abs. 1 UStG) und damit für seine wirtschaftlichen Tätigkeiten zur Erbringung entgeltlicher Leistungen (§ 1 Abs. 1 Nr. 1 UStG) zu verwenden beabsichtigt. Dabei muss grundsätzlich ein direkter und unmittelbarer Zusammenhang zwischen Eingangs- und Ausgangsumsatz vorliegen. Besteht der direkte und unmittelbare Zusammenhang zu einem einzelnen Ausgangsumsatz seiner wirtschaftlichen Tätigkeit, der steuerpflichtig ist, kann der Unternehmer den Vorsteuerabzug in Anspruch nehmen. Die für den Leistungsbezug getätigten Aufwendungen gehören dann zu den Kostenelementen dieses Ausgangsumsatzes.

2. BFH: Mietereinbauten bei Ausübung einer umsatzsteuerfreien Tätigkeit

In der BFH-Entscheidung V R 5/18 ging es um die Besonderheit, dass ein Mieter Ein- und Umbauten am Mietobjekt vornahm und die Räumlichkeiten später zur Ausübung einer umsatzsteuerfreien Tätigkeit (hier ärztliche Tätigkeit gem. § 4 Nr. 14 Buchst. a) UStG) nutzte.

Streitig war Folgendes:

> Hat eine ärztliche Gemeinschaftspraxis einen Anspruch auf Vorsteuerabzug aus Rechnungen von beauftragten Baufirmen für die Herrichtung von angemieteten Praxisräumen, wenn der Praxisumbau Bestandteil der mietvertraglichen Hauptpflicht der Vermieterin und nicht Gegenstand eines eigenständigen weiteren Werkvertrags war, und die Praxisgemeinschaft von der Vermieterin einen Baukostenzuschuss erhalten hat?

2.1 Entscheidung des BFH

Der BFH hat in seiner Entscheidung aus dem Jahr 2019 (BFH, Urt. v. 13.11.2019 – V R 5/18) den Vorsteuerabzug bejaht. Dafür waren im Wesentlichen folgende Erwägungen maßgebend:

- Die Klägerin hat mit der Weitergabe der Mietereinbauten eine umsatzsteuerpflichtige Werklieferung an die V-GmbH erbracht (sofortige Verschaffung der Verfügungsmacht an den Eigentümer).
- Die Einbauten wurden wesentlicher Bestandteil des Gebäudes, also wurde die V-GmbH Eigentümerin (§§ 946, 94 Abs. 2 BGB)
- Es lag ein unmittelbarer Zusammenhang zwischen Ausgangs- und Eingangsumsatz vor, denn die Weiterlieferung der Einbauten an die V-GmbH stand im Zusammenhang mit den Einbauten durch die „Praxenbauer“.
- Die Voraussetzungen für einen Vorsteuerausschluss nach § 15 Abs. 2 Nr. 1 UStG liegen nicht vor, denn es liegt keine Verwendung der Einbauten für eine umsatzsteuerfreie Heilbehandlung (§ 4 Nr. 14 Buchst. a) UStG) vor, sondern eine Verwendung für die umsatzsteuerpflichtige Werklieferung an die V-GmbH.
- Danach kam es auf die Frage eines unberechtigten Steuerausweis nach § 14c Abs. 2 UStG nicht mehr an.

2.2 Anmerkungen

Die Entscheidung des BFH ist in ihren tragenden Gründen recht schwierig nachzuvollziehen; bei intensiver Betrachtung wird aber deutlich, dass das Urteil in der Sache wohl zutreffend ist.

Die Entscheidung ist im Kontext zur bisherigen Rechtsprechung des BFH zu sehen (BFH, Urt. v. 25.11.2015 – V R 66/14, BFH/NV 2016, 497): Ein Mieter, der wie im Streitfall Ein- oder Umbauten auf eigene Kosten durchführen lässt, führt an den Vermieter eine Werklieferung aus. Das gilt nach zutreffender Meinung des BFH jedenfalls dann, wenn dem Vermieter (Eigentümer) ein von diesem auch tatsächlich genutzter wirtschaftlicher Vorteil zugewandt wird, indem dieser die bearbeiteten Gegenstände für eigene unternehmerische Zwecke nutzen kann. Dann liegt bereits im Zeitpunkt der Fertigstellung der Ein- bzw. Umbauten eine Werklieferung vor (BFH, Urt. v. 16.11.2016 – V R 35/16, BFH/NV 2017, 768), während eine Lieferung sonst grundsätzlich erst mit der Übergabe des fertigen Werks erfolgt.

Im entschiedenen Fall hat die Klägerin mit der Weitergabe der Mietereinbauten eine steuerbare und umsatzsteuerpflichtige Werklieferung an die Vermieterin (V-GmbH) erbracht. Damit war die Klägerin zum Vorsteuerabzug berechtigt.

Wichtig war noch die Feststellung des BFH, dass die Klägerin die Ein- und Umbauten nicht für umsatzsteuerfreie Heilbehandlungsleistungen verwendet hat, sondern für die umsatzsteuerpflichtige Werklieferung an die V-GmbH.

Hinweise

1. Eine Besonderheit des Falles bestand darin, dass der „Baukostenzuschuss" der Vermieterin (500.000 EUR netto) betragsmäßig den Eingangsrechnungen der Bauunternehmer („Praxenbauer") entsprach. Ausgangsumsatzsteuer und Vorsteuer waren mithin identisch. Denkbar ist aber der Fall, dass die Vorsteuerbeträge höher sind als die Ausgangsumsatzsteuer, weil etwa der Vermieter den Baukostenzuschuss der Höhe nach begrenzt. Allerdings dürften auch in diesem Fall die Voraussetzungen für den vollen Vorsteuerabzug erfüllt sein. Die Voraussetzungen für den Vorsteuerabzug liegen insgesamt vor (so auch Schneider, Anm. MwStR 2020, 235,236).
2. Die FinVerw. hat die Entscheidung zwischenzeitlich amtlich im BStBl II **2020, 136** veröffentlicht, wendet sie also an.

3. (Nicht-) Steuerbarkeit eines Vermieterzuschusses

Das FG des Saarlandes hatte über einen Fall zu entscheiden, in dem die Vermieterin der Mieterin einen nicht zweckgebundenen „Investitionskostenzuschuss" zur Verfügung stellte. In der Abrechnung hierüber war Umsatzsteuer ausgewiesen, die die unternehmerisch tätige Mieterin als Vorsteuer geltend machte. Diese lehnte das Finanzamt ab.

Das FG des Saarlandes entschied dazu **rechtskräftig**:

Die Zahlung eines nicht zweckgebundenen Investitionskostenschusses seitens einer Vermieterin an ihre Mieterin **erfolgt nicht im Rahmen eines Leistungsaustausches**, wenn nicht ersichtlich ist, dass sich die Mieterin ihrerseits zu einer **Gegenleistung** verpflichtet, die bei der Vermieterin zu einem verbrauchbaren wirtschaftlichen Vorteil führen kann. Allein die Verpflichtung, Mieterin zu werden oder Mieterin zu bleiben, stellt keinen verbrauchsfähigen Vorteil dar (FG Saarland, Urt. v. 14.6.2023 – 1 K 1264/19, EFG 2023, 1263).

Warum das FG die Revision in dieser bedeutenden Rechtsfrage nicht zugelassen hat, ist nicht erkennbar. Offensichtlich reichte dem FG die Auseinandersetzung mit der EuGH RS „Mirror Group" (EuGH, Urt. v. 9.10.2001 – C-409/98, „Mirror Group"), Gleichwohl wäre eine Befassung des BFH mit der Fragestellung wichtig gewesen.

4. Kein Vorsteuerabzug aus der Erneuerung einer Heizungsanlage bei steuerfreier Vermietung

Seit 2015 ergab sich aus der Rechtsprechung des **EuGH** (Urt. v. 16.04.2015 – C-42/14, Wojskowa Agencja Mieszkaniowa w Warszawie) eine Unsicherheit: Fraglich war nämlich, ob die bisher national vorgenommene Beurteilung mit dem Unionsrecht vereinbar ist, wonach die bei der Vermietung den Mietern weiterbelasteten Nebenkosten umsatzsteuerrechtlich als Nebenleistungen einzuordnen sind, die das Schicksal der Hauptleistung teilen. Möglich wäre ggfs. auch, dass es sich zumindest in Teilbereichen um eigenständige Leistungen handelt, die dann nicht von der Steuerbefreiung nach § 4 Nr. 12 Satz 1 UStG erfasst sind.

Hinweis: Zum Sachverhalt

Das **FG Münster** (Urt. v. 06.04.2021 – 5 K 3866/18 U) hatte 2021 unter Bezugnahme auf die EuGH-Sache Wojskowa Agencja Mieszkaniowa w Warszawie einer Vermietungs-GbR trotz steuerfreier Wohnungsvermietung den **vollen Vorsteuerabzug** aus der Erneuerung einer Heizungsanlage zugesprochen, da die Vermietungs-GbR die **Wärmelieferung als eigenständige Leistung der Umsatzsteuer unterworfen hatte.**

Der **BFH** hat mit **Urteil v. 7.12.2023 – V R 15/21** die Entscheidung des FG Münster aufgehoben und der Vermietungs-GbR den Vorsteuerabzug aus der Erneuerung der Heizungsanlage vollständig versagt. Dafür waren folgende Erwägungen maßgebend:

- Wenn den Mietern Nebenkosten für die Wärmelieferung berechnet werden, können nach den einschlägigen (zivilrechtlichen) Vorschriften über die Weiterberechnung dieser Kosten nur die **Betriebskosten** weiterberechnet werden.
- Die Anschaffungs- oder Instandhaltungskosten sind nicht über die Abrechnung der Betriebskosten auf die Mieter umlagefähig, sondern werden über die Mieteinnahmen finanziert.
- Damit stehen die **Kosten aus der Erneuerung der Heizungsanlage nicht in einem Zusammenhang mit der Weiterberechnung der Betriebskosten** für die Wärmeerzeugung, sondern im unmittelbaren Zusammenhang mit der nach § 4 Nr. 12 Satz 1 UStG steuerfreien Vermietung, sodass der Vorsteuerabzug aus der Erneuerung der Heizungsanlage nach **§ 15 Abs. 2 Satz 1 Nr. 1 UStG** ausgeschlossen ist.

Hinweis: Offene Frage

Keine Antwort hat der BFH leider auf die Frage gegeben, ob die Weiterberechnung der **tatsächlichen Betriebskosten** als eigenständige Leistung anzusehen ist oder – wie es bisher der nationalen Umsetzung entspricht – als Nebenleistung das Schicksal der Hauptleistung teilt.

Der **BGH** (Urt. v. 30.09.2020 – XII ZR 6/20) sieht aufgrund anderer tatsächlicher Gegebenheiten die Grundmiete und die Nebenkostenumlage als eine **einheitliche Leistung** an. Der BFH scheint aber offenbar nicht gewillt, eine eindeutige Aussage dahingehend zu treffen, dass die **Weiterbelastung der Betriebskosten zu einer eigenständigen Leistung** führt.

Die Finanzverwaltung wendet das Urteil V R 15/21 inzwischen an: Sie hat die Entscheidung (amtlich) im BStBl II 2024, 503 veröffentlicht.

5. Vorsteuerabzug aus der Installation einer PV-Anlage bei steuerfreier Vermietung (Stromlieferung an Mieter)

Auf den ersten Blick gegensätzlich zur BFH-Entscheidung V R 15/21 (Erneuerung der Heizungsanlage), bei genauerer Betrachtung aber folgerichtig hat der BFH in einer weiteren Entscheidung (BFH v. 17.7.2024 – XI R 8/21) eine **Entscheidung des Niedersächsischen FG** (Urteil v. 25.2.2021 – 11 K 201/19) zur Stromlieferung durch den Vermieter an die Mieter **bestätigt**.

Die **Lieferung von Strom** aus einer eigenen, von einem Vermieter selbst betriebenen **PV-Anlage** an die Wohnungsmieter stellt eine **eigenständige Leistung** dar. Demgemäß stand dem Vermieter der **Vorsteuerabzug** aus der Lieferung/Installation der PV-Anlage zu.

Anders als die Finanzbehörde, die eine Nebenleistung zur (umsatzsteuerfreien) Wohnungsvermietung angenommen und damit den Vorsteuerabzug aus Anschaffung der PV-Anlage versagt hatte, weist der BFH u.a. darauf hin, dass eine Nebenleistung schon deshalb nicht angenommen werden kann, weil nach § 42a Abs. 2 des Energiewirtschaftsgesetzes (EnWG) ein Kopplungsverbot besteht und Mieterstrom nicht Bestandteil des Wohnraummietvertrags sein darf.

Bisher hat die Finanzverwaltung die Entscheidung **noch nicht (amtlich) im BStBl II veröffentlicht**, so dass über die allgemeine Anwendung des Urteils noch nicht entschieden ist. In Abschn. 4.12.1 Abs. 5 S. 3 UStAE behandelt sie die Lieferung von Wärme, Wasser, die Überlassung von Waschmaschinen, die Flur- und Treppenreinigung, die Treppenbeleuchtung, **die Lieferung von Strom** sowie die Bereitstellung von Internet- und/oder TV-Anschlüssen **durch den Vermieter nach wie vor als Nebenleistung**.

Hinweis: Stromlieferungsvertrag des Vermieters mit seinen Mietern

Im BFH-Fall XI R 8/21 hatte der Vermieter im Übrigen mit seinen Mietern einen eigenständigen Stromlieferungsvertrag neben dem Wohnraummietvertrag abgeschlossen. Auch dies war für den BFH offenbar ein wichtiges Indiz dafür hier eine eigenständige (Haupt-)Leistung und keine Nebenleistung anzunehmen.

Das FG Münster hat u.a. unter Hinweis auf die Entscheidung des BFH in der Sache XI R 8/21 die o.a. **Rechtsauffassung nochmals rechtskräftig bestätigt**. Ergänzend hat es herausgestellt, dass der Umstand, dass die Mieter über die Möglichkeit verfügen, den Lieferanten und die Nutzungsmodalitäten des

Stroms frei zu wählen, ein gewichtiges Indiz für die **Selbständigkeit der Stromlieferung** ist (FG Münster, Urt. v. 18.02.2025 – 15 K 128/21 U). Wichtig ist auch nach Meinung des FG Münster, dass ein Koppelungsverbot gem. § 42a Abs. 2 S. 1 EnWG besteht. Andererseits stellt das FG Münster heraus, dass es auf einen gesonderten Stromlieferungsvertrag zwischen Vermieter und Mieter nicht ankommt. Gerade dieser Umstand war für das Nieders. FG in der Vorinstanz zu BFH XI R 8/21 ein gewichtiges Indiz für eine selbstständige Leistung und gegen eine Nebenleistung gewesen (Nieders. FG, Urt. v. 25.02.2021 – 11 K 201/19).

UStAE 15.14. Ausschluss des Vorsteuerabzugs bei Umsätzen im Ausland

(1) [1]Umsätze im Ausland, die steuerfrei wären, wenn sie im Inland ausgeführt würden, schließen den Vorsteuerabzug aus inländischen Leistungsbezügen grundsätzlich aus (§ 15 Abs. 2 Satz 1 Nr. 2 UStG). [2]Der Abzug entfällt unabhängig davon, ob der maßgebliche Umsatz nach dem Umsatzsteuerrecht des Staates, in dem er bewirkt wird, steuerpflichtig ist oder als steuerfreier Umsatz zum Vorsteuerabzug berechtigt, da sich der Ausschluss vom Vorsteuerabzug ausschließlich nach dem deutschen Umsatzsteuerrecht beurteilt (vgl. BFH-Urteil vom 22. 8. 2019, V R 14/17, BStBl 2020 II S. 720). **[3]Daher ist auch für Kleinunternehmer im Sinne des § 19 Abs. 1 und 4 UStG der Vorsteuerabzug aus inländischen Leistungsbezügen für im Ausland ausgeführte Umsätze stets ausgeschlossen, auch soweit sie dort steuerbar und steuerpflichtig sind.** **[4]**Bei einer Grundstücksvermietung im Ausland ist nach § 15 Abs. 2 Satz 1 Nr. 2 UStG zu prüfen, ob diese steuerfrei (vorsteuerabzugsschädlich) wäre, wenn sie im Inland ausgeführt würde. **[5]**Dies bestimmt sich nach den Vorschriften des § 4 Nr. 12 Satz 1 Buchstabe a und des § 9 UStG. **[6]**Die Grundstücksvermietung wäre im Inland nicht steuerfrei gewesen, wenn der Grundstücksvermieter die Grundstücksvermietung im Ausland tatsächlich als steuerpflichtig behandelt hat und die Voraussetzungen des § 9 UStG für den Verzicht auf die Steuerbefreiung einer Grundstücksvermietung vorlagen (vgl. BFH-Urteil vom 6. 5. 2004, V R 73/03, BStBl II S. 856).

(2) [1]Ausgenommen vom Ausschluss des Vorsteuerabzugs sind die Umsätze, die nach den in § 15 Abs. 3 **Satz 1** Nr. 2 UStG bezeichneten Vorschriften steuerfrei wären, **es sei denn, diese Umsätze sind in einem anderen Mitgliedstaat nach den dortigen Sonderregelungen für Kleinunternehmer steuerfrei (§ 15 Abs. 3 Satz 2 UStG).** [2]Zu den in Nummer 2 Buchstabe a dieser Vorschrift aufgeführten Steuerbefreiungen vgl. Abschnitt 15.13 Abs. 2.

(3) [1]Die Umsätze, die nach § 4 Nr. 8 Buchstaben a bis g, Nr. 10 oder Nr. 11 UStG steuerfrei wären, berechtigen dann zum Vorsteuerabzug, wenn der Leistungsempfänger im Drittlandsgebiet ansässig ist (§ 15 Abs. 3 **Satz 1** Nr. 2 Buchstabe b UStG). [2]Die Frage, ob diese Voraussetzung erfüllt ist, beurteilt sich wie folgt:

1. [1]Ist der Leistungsempfänger ein Unternehmer und die Leistung für das Unternehmen bestimmt, ist der Ort maßgebend, von dem aus der Leistungsempfänger sein Unternehmen betreibt. [2]Ist die Leistung ausschließlich oder überwiegend für eine Betriebsstätte des Leistungsempfängers bestimmt, ist auf den Ort der Betriebsstätte abzustellen.
2. [1]Ist der Leistungsempfänger kein Unternehmer, kommt es für die Ansässigkeit darauf an, wo er seinen Wohnsitz oder Sitz hat. [2]Das Gleiche gilt, wenn der Leistungsempfänger zwar unternehmerisch tätig ist, die Leistung aber für seinen nichtunternehmerischen Bereich bestimmt ist.

   Beispiel:

   [1]Ein Kreditinstitut in Stuttgart gewährt der in Genf gelegenen Betriebsstätte eines Unternehmens, dessen Geschäftsleitung sich in Paris befindet, ein Darlehen. [2]Das Darlehen ist zur Renovierung des Betriebsgebäudes der Genfer Betriebsstätte bestimmt.

   [3]Für die Ansässigkeit des Leistungsempfängers ist der Ort der Betriebsstätte maßgebend. [4]Er liegt im Drittlandsgebiet. [5]Das Kreditinstitut kann daher die Vorsteuern abziehen, die der nicht steuerbaren Darlehensgewährung (§ 3 a Abs. 2 UStG) zuzurechnen sind.

   [6]Wäre das Darlehen für den in Paris gelegenen Teil des Unternehmens bestimmt, entfiele der Vorsteuerabzug.

(4) [1]Für die in § 15 Abs. 3 **Satz 1** Nr. 2 Buchstabe b UStG bezeichneten Finanz- und Versicherungsumsätze kann **unter bestimmten Voraussetzungen** der Vorsteuerabzug auch **dann** in Anspruch genommen werden, **wenn der Leistungsempfänger nicht im Drittlandsgebiet, sondern im Gemeinschaftsgebiet ansässig ist.** [2]**Voraussetzung ist dann, dass sich** die an ihn ausgeführte Leistung unmittelbar auf einen Gegenstand **bezieht**, der in das Drittlandsgebiet ausgeführt wird (vgl. hierzu Abschnitt 15.13 Abs. 3), **und sein Umsatz nicht auch der Steuerbefreiung für Kleinunternehmer nach § 19 UStG bzw. der Sonderregelung für Kleinunternehmer in einem anderen Mitgliedstaat unterliegt (§ 15 Abs. 3 Satz 2 UStG).**

Beispiel:

[1]Ein Unternehmer in Kopenhagen lässt bei einem Versicherungsunternehmen in Hamburg einen Gegenstand gegen Diebstahl versichern. [2]Den Gegenstand liefert der Unternehmer an einen Abnehmer in Russland.

[3]Die Versicherungsleistung ist nicht steuerbar (§ 3 a Abs. 2 UStG). [4]Das Versicherungsunternehmen kann die dieser Leistung zuzurechnenden Vorsteuern abziehen.

UStAE 15.15. Vorsteuerabzug bei Eingangsleistungen im Zusammenhang mit unentgeltlichen Leistungen

(1) [1]Beabsichtigt der Unternehmer bereits bei Leistungsbezug, die bezogene Leistung nicht für seine unternehmerische Tätigkeit, sondern ausschließlich und unmittelbar für unentgeltliche Wertabgaben im Sinne des § 3 Abs. 1b oder 9a UStG zu verwenden, ist er nicht zum Vorsteuerabzug berechtigt; nur mittelbar verfolgte Zwecke sind unerheblich (vgl. BFH-Urteil vom 9. 12. 2010, V R 17/10, BStBl 2012 II S. 53, und Abschnitt 15.2b Abs. 2). [2]Fehlt ein direkter und unmittelbarer Zusammenhang zwischen einem Eingangsumsatz und einem oder mehreren Ausgangsumsätzen, kann der Unternehmer zum Vorsteuerabzug berechtigt sein, wenn die Kosten für die Eingangsleistungen zu seinen allgemeinen Aufwendungen gehören und – als solche – Bestandteile des Preises der von ihm erbrachten entgeltlichen Leistungen sind (vgl. Abschnitte 15.2b Abs. 2, 15.21 und 15.22 und BFH-Urteil vom 27. 1. 2011, V R 38/09, BStBl 2012 II S. 68).

Beispiel 1:

Automobilhändler A verlost unter allen Kunden im Rahmen einer Werbeaktion

a) einen Laptop und

b) eine Konzertkarte,

mit einem Einkaufspreis von jeweils 300 €, die er beide zu diesem Zweck vorher gekauft hat.

Zu a)

[1]Die Abgabe des Laptops erfolgt aus unternehmerischen Gründen und fällt der Art nach unter § 3 Abs. 1b Satz 1 Nr. 3 UStG; es handelt sich nicht um ein Geschenk von geringem Wert (vgl. Abschnitt 3.3 Abs. 11 und 12). [2]Da A bereits bei Leistungsbezug beabsichtigt, den Laptop für die Verlosung, also die Erbringung einer unentgeltlichen Wertabgabe, zu verwenden, berechtigten die Aufwendungen für den Laptop bereits nach § 15 Abs. 1 UStG nicht zum Vorsteuerabzug (Abschnitt 15.2 b Abs. 2 Satz 5). [3]Dementsprechend unterbleibt eine anschließende Wertabgabenbesteuerung (§ 3 Abs. 1b Satz 2 UStG).

Zu b)

[1]Die Abgabe der Konzertkarte erfolgt aus unternehmerischen Gründen und ist daher ein der Art nach nicht steuerbarer Vorgang, da § 3 Abs. 9a UStG Wertabgaben aus unternehmerischen Gründen nicht erfasst. [2]Ein Geschenk im Sinne des § 4 Abs. 5 Satz 1 Nr. 1 EStG und damit ein Fall des § 15 Abs. 1a UStG liegt nicht vor, da die Abgabe im Rahmen einer Verlosung erfolgt (vgl. R 4.10 Abs. 4 Satz 5 Nr. 3 EStR). [3]Da es an einem steuerbaren Ausgangsumsatz fehlt, dem der Leistungsbezug direkt und unmittelbar zugeordnet werden kann, ist für den Vorsteuerabzug die **wirtschaftliche** Gesamttätigkeit des A maßgeblich.

B e i s p i e l 2 :

[1]Unternehmer V errichtet ein Gebäude. [2]Nach der Fertigstellung des Gebäudes soll es an den Hotelunternehmer H überlassen werden, wobei nach der vertraglichen Vereinbarung das Gebäude zunächst für ein Jahr unentgeltlich und danach für weitere 20 Jahre steuerpflichtig verpachtet werden soll.

[3]V kann aus den Herstellungskosten des Gebäudes den Vorsteuerabzug in Anspruch nehmen, da bei Leistungsbezug feststeht, dass die Eingangsleistungen ausschließlich zur Erzielung von zum Vorsteuerabzug berechtigenden Ausgangsumsätzen verwendet werden sollen.

B e i s p i e l 3 :

[1]Unternehmer V errichtet ein Gebäude. [2]Nach der Fertigstellung des Gebäudes soll es an den Hotelunternehmer H überlassen werden, wobei nach der vertraglichen Vereinbarung das Gebäude zunächst für ein Jahr unentgeltlich und danach für weitere 20 Jahre steuerfrei verpachtet werden soll.

[3]V kann aus den Herstellungskosten des Gebäudes keinen Vorsteuerabzug in Anspruch nehmen, da bei Leistungsbezug feststeht, dass die Eingangsleistungen ausschließlich zur Erzielung von nicht zum Vorsteuerabzug berechtigenden Ausgangsumsätzen verwendet werden sollen.

(2) [1]Bestimmt sich ein Vorsteuerabzug mangels direkten und unmittelbaren Zusammenhangs des Eingangsumsatzes mit einem oder mehreren Ausgangsumsätzen nach der **wirtschaftlichen** Gesamttätigkeit des Unternehmers **(vgl. Absatz 1)**, ist zunächst zu prüfen, ob der Leistungsbezug (mittelbar) einer bestimmten Gruppe von Ausgangsumsätzen wirtschaftlich zugeordnet werden kann (vgl. auch Abschnitt 15.12 Abs. 3). [2]Ist dies nicht möglich, ist die Aufteilung des Vorsteuerabzugs nach der Gesamtschau des Unternehmens vorzunehmen.

B e i s p i e l 1 :

[1]Unternehmer U betreibt einen Kfz-Handel und eine Versicherungsagentur. [2]Aus der Versicherungsagentur erzielt der Unternehmer ausschließlich nach § 4 Nr. 11 UStG steuerfreie Ausgangsumsätze. [3]U lässt sich gegen Honorar eine Internet-Homepage gestalten, auf der er zu Werbezwecken und zur Kundengewinnung für seine Versicherungsagentur kostenlose Versicherungstipps gibt. [4]Auf der Internetseite findet sich auch ein Kontaktformular für Anfragen zu Versicherungsbelangen. [5]Die über das Internet kostenlos durchgeführten Beratungen sind mangels Entgelt nicht steuerbar und auch der Art nach nicht nach § 3 Abs. 9a UStG steuerbar.

[6]U ist nicht zum Vorsteuerabzug aus der Gestaltung der Internet-Homepage berechtigt, da der Leistungsbezug insoweit ausschließlich Umsätzen zuzurechnen ist, die den Vorsteuerabzug ausschließen. [7]Auch wenn die Gestaltung der Internet-Homepage nicht direkt mit den Umsätzen aus der Vermittlung von Versicherungen zusammenhängt, dient der Internetauftritt der Förderung dieses Unternehmensbereichs.

B e i s p i e l 2 :

[1]Ein Hautarzt führt sowohl nicht zum Vorsteuerabzug berechtigende (80 % Anteil am Gesamtumsatz) als auch zum Vorsteuerabzug berechtigende Umsätze (z. B. kosmetische Behandlungen; 20 % Anteil am Gesamtumsatz) aus. [2]Um für sein unternehmerisches Leistungsspektrum zu werben, lässt er eine Internet-Homepage erstellen, auf der er über die Vorbeugung und Behandlung der wichtigsten Hauterkrankungen informiert, aber auch Hautpflegetipps gibt.

[3]Die Eingangsleistung wird unternehmerisch bezogen, kann aber nicht direkt und unmittelbar bestimmten Ausgangsumsätzen zugeordnet werden. [4]Soweit die Eingangsleistung auch zur Ausführung von steuerfreien Umsätzen verwendet wird, besteht nach § 15 Abs. 2 Satz 1 Nr. 1 UStG keine Berechtigung zum Vorsteuerabzug. [5]Die abziehbaren Vorsteuerbeträge sind nach § 15 Abs. 4 UStG zu ermitteln (vgl. Abschnitt 15.17). [6]Die Aufteilung der Vorsteuern hat nach Kostenzurechnungsgesichtspunkten zu erfolgen. [7]Da keine andere Form der wirtschaftlichen Zurechnung erkennbar ist, ist der Gesamtumsatzschlüssel als sachgerechte Schätzmethode anzuerkennen (§ 15 Abs. 4 Satz 3 UStG, vgl. auch Abschnitt 15.17 Abs. 3a).

Beispiel 3:

[1]Unternehmer U mit zur Hälfte steuerfreien, den Vorsteuerabzug ausschließenden Ausgangsumsätzen bezieht Leistungen für die Durchführung eines Betriebsausfluges. [2]Die Kosten pro Arbeitnehmer betragen

a) 80 €

b) 200 €.

Zu a)

[1]Die Zuwendungen an die Arbeitnehmer im Rahmen des Betriebsausflugs sind überwiegend betrieblich veranlasste nicht steuerbare Leistungen, weil sie je Arbeitnehmer die Freigrenze von 110 € nicht übersteigen (vgl. Abschnitt 1.8 Abs. 4 Satz 3 Nr. 6). [2]Da die Durchführung des Betriebsausflugs keinen Wertabgabentatbestand erfüllt, fehlt es an einem steuerbaren Ausgangsumsatz, dem die Leistungsbezüge direkt und unmittelbar zugeordnet werden können. [3]Für den Vorsteuerabzug ist deshalb die **wirtschaftliche** Gesamttätigkeit des U maßgeblich. [4]U kann daher aus der Hälfte der Aufwendungen den Vorsteuerabzug geltend machen.

Zu b)

[1]Die Zuwendungen an die Arbeitnehmer im Rahmen des Betriebsausflugs sind nicht überwiegend betrieblich veranlasste steuerbare Leistungen, weil sie je Arbeitnehmer die Freigrenze von 110 € übersteigen (vgl. Abschnitt 1.8 Abs. 4 Satz 3 Nr. 6). [2]Es liegt eine Mitveranlassung durch die Privatsphäre der Arbeitnehmer vor. [3]Bei Überschreiten die Freigrenze von 110 € besteht für U kein Anspruch auf Vorsteuerabzug, sofern die Verwendung bereits bei Leistungsbezug beabsichtigt ist. [4]Dementsprechend unterbleibt eine Wertabgabenbesteuerung. [5]Maßgeblich ist hierfür, dass sich ein Leistungsbezug zur Entnahme für unternehmensfremde Privatzwecke und ein Leistungsbezug für das Unternehmen gegenseitig ausschließen. [6]Der nur mittelbar verfolgte Zweck – das Betriebsklima zu fördern – ändert hieran nichts (vgl. BFH-Urteil vom 9. 12. 2010, V R 17/10, BStBl 2012 II S. 53).

Anmerkung

1. Betriebsveranstaltungen

1.1 Art und Umfang der Leistungen

Betriebsveranstaltungen beinhalten in der Praxis immer wieder ein **erhebliches Streitpotenzial** mit der FinVerw. Im Kern geht es oftmals darum, ob und ggf. in welchem Umfang die aus Anlass der Betriebsveranstaltung bezogenen Leistungen ausschließlich dem privaten Bedarf der Betriebsangehörigen dienten oder durch besondere Umstände der wirtschaftlichen Tätigkeit des Unternehmens bedingt waren.

Führt ein Unternehmer eine Betriebsveranstaltung durch, so können sich **in umsatzsteuerlicher Hinsicht Rechtsfolgen** ergeben, die je nach Größe des Unternehmens, der Anzahl und des Umfangs der Betriebsveranstaltung ganz unterschiedlich ausfallen können.

Generell handelt es sich um Veranstaltungen auf betrieblicher Ebene mit gesellschaftlichem Charakter. Dazu gehören z. B.

- Betriebsausflüge,
- Weihnachtsfeiern,
- Jubiläumsfeiern für **mehrere Arbeitnehmer**,
- Abteilungsfeiern oder Feiern nur einer Filiale oder
- sog. Ehemaligen- oder Pensionärstreffen.

Bei den folgenden Veranstaltungen handelt es sich **nicht** um Betriebsveranstaltungen:

- Jubiläumsfeiern nur für einzelne Arbeitnehmer,
- Arbeitsbesprechungen,

- Arbeitsessen,
- Geburtstagsfeiern für einen einzelnen Arbeitnehmer

1.2 Vorsteuerabzug bei überwiegendem Interesse des Unternehmers

Bei einer **Betriebsveranstaltung** ist zu unterscheiden, ob diese im überwiegenden Interesse des Unternehmens oder des Personals durchgeführt wird. Soweit eine Betriebsveranstaltung **im überwiegenden Interesse des Unternehmens** durchgeführt wird, ist der Vorsteuerabzug für die damit im Zusammenhang stehenden Eingangsleistungen unter den weiteren Voraussetzungen möglich. Wird eine Betriebsveranstaltung durchgeführt, die **im überwiegenden Interesse des Personals** durchgeführt wird, würde dies zu dem Grunde nach besteuerten Ausgangsleistungen nach § 3 Abs. 9 a Nr. 2 UStG führen. In diesem Fall ist der **Vorsteuerabzug** für die damit im Zusammenhang stehenden Eingangsleistungen **ausgeschlossen**.

Die Abgrenzung zwischen unternehmerischer oder durch den privaten Bedarf des Personals verursachter Veranlassung erfolgt einheitlich anhand der 110 EUR-Grenze (Abschn. 1.8 Abs. 4 Satz 3 Nr. 6 UStAE).

Während die Grenze im **Einkommensteuerrecht** einen **Freibetrag** darstellt (§ 19 Abs. 1 Nr. 1 a EStG seit 1.1.2015), handelt es sich im **Umsatzsteuerrecht** allerdings um eine **Freigrenze** (so ausdrücklich auch der Hinweis im BFH, Urt. v.10.5.2023 – V R 16/21).

Hinweise

Allerdings lässt das BFH-Urteil V R 16/21 Fragen offen: So geht der BFH in seinem amtlichen Leitsatz 2 von einem **Jahresbetrag von 110 EUR** aus, während in § 19 Abs. 1 Nr. 1 S. 4 EStG der Freibetrag von 110 EUR **für bis zu zwei Betriebsveranstaltungen im Jahr** gilt. Es dürfte sich hier allerdings wohl um ein Versehen des BFH handeln, zumal in den Urteilsgründen auf diesen Umstand an keiner Stelle eingegangen wird.

Die FinVerw hat das Urteil zwischenzeitlich im BStBl II 2023, 1023 veröffentlicht, wendet es also allgemein an.

Zu weiteren Einzelheiten dieser Problematik siehe auch die Kommentierung zu Abschn. 15.2b UStAE unter Ziff. 6.

2. Mittelbar verfolgte Zwecke

Mittelbar verfolgte Zwecke beinträchtigen in der Regel nicht grundsätzlich den Vorsteuerabzug (vgl. BFH-Urteil v. 9.12.2010 – V R 17/10, BStBl II 2012, 53 und Abschnitt 15.2b Abs. 2).

Fehlt ein direkter und unmittelbarer Zusammenhang zwischen einem Eingangsumsatz und einem oder mehreren Ausgangsumsätzen, kann der Unternehmer gleichwohl zum Vorsteuerabzug berechtigt sein, wenn die **Kosten** für die Eingangsleistungen **zu seinen allgemeinen Aufwendungen** gehören und Bestandteile des Preises der von ihm erbrachten entgeltlichen Leistungen sind (vgl. z.B. BFH, Urt. v. 27.01.2011 – V R 38/09, BStBl II 2012, 68).

Der EuGH hat in seiner jüngeren Rechtsprechung herausgestellt, dass unentgeltliche Lieferungen oder sonstige Leistungen **nicht generell vorsteuerschädliche unentgeltliche Wertabgaben** i.S. von § 3 Abs. 1 b und Abs. 9 a UStG sind (vgl. dazu vor allem EuGH, Urt. v. 16.09.2020 – C-528/19 „Mitteldeutsche Hartstein-Industrie AG", Nachfolgeentscheidung BFH, Urt. v. 16.12.2020 – XI R 26/20, BStBl II 2024, 146). Es kann sich vielmehr ausnahmsweise um eine nicht steuerbare wirtschaftliche Tätigkeit handeln, wenn der Leistungsgegenstand **anschließend für Zwecke des Unternehmens genutzt** wird und kein Endverbrauch durch Dritte stattfindet.

Mit BMF-Schreiben vom 24.01.2024, BStBl I 2024, 213 wird diese Rechtsprechung von der FinVerw allgemein anerkannt.

In dem BMF-Schreiben wird zunächst zutreffend zwischen den Voraussetzungen für einen Verzicht auf die Besteuerung einer unentgeltlichen Wertabgabe nach § 3 Abs. 1 b UStG (Ergänzung im UStAE von Abschn. 3.2 um einen Abs. 4) und den Voraussetzungen für den Vorsteuerabzug, wenn ein Leistungsbezug lediglich mittelbar unternehmerisch veranlasst ist (Ergänzung im UStAE Abschn. 15.2b um einen Abs. 2 a) unterschieden.

Die „Vorgabe“ des BFH im Urt. v. 16.12.2020 – XI R 26/20 (XI R 28/17), BStBl II 2024, 146, dass eine solche Ausgangsleistung aus unternehmerischen Gründen nicht der Besteuerung unterliegt, wenn kein unversteuerter Endverbrauch droht, setzt die Verwaltung wie folgt um:

- Die Eingangsleistung muss für Bedürfnisse des Unternehmers genutzt werden und geht nicht über das hinaus, was hierfür erforderlich bzw. unerlässlich ist,
- die Kosten für die Eingangsleistung sind Bestandteile des Preises der von dem Unternehmer erbrachten Leistungen und
- der Vorteil des Dritten ist allenfalls nebensächlich.

Wegen weiterer Einzelheiten zu dieser Rechtsprechung und zur Umsetzung durch die Verwaltung wird auf die Anmerkung zu Abschn. 15.2b UStAE verwiesen.

UStAE 15.16. Grundsätze zur Aufteilung der Vorsteuerbeträge

(1) [1]Verwendet der Unternehmer die für sein Unternehmen gelieferten oder eingeführten Gegenstände und die in Anspruch genommenen sonstigen Leistungen sowohl für Umsätze, die zum Vorsteuerabzug berechtigen, als auch für Umsätze, die den Vorsteuerabzug nach § 15 Abs. 2 und 3 UStG ausschließen, hat er die angefallenen Vorsteuerbeträge in einen abziehbaren und einen nicht abziehbaren Teil aufzuteilen. [2]Die Aufteilung richtet sich allein nach der Verwendung des bezogenen Gegenstands oder der in Anspruch genommenen sonstigen Leistung (vgl. Abschnitt 15.12), nicht aber nach dem Anlass, aus dem der Unternehmer den Gegenstand oder die sonstige Leistung bezogen hat (BFH-Urteile vom 18. 12. 1986, V R 18/80, BStBl 1987 II S. 280, und vom 10. 4. 1997, V R 26/96, BStBl II S. 552). [3]Von der Aufteilung in einen abziehbaren und einen nicht abziehbaren Teil sind die Vorsteuerbeträge ausgenommen, die zwar der Verwendung nach für eine Aufteilung in Frage kämen, bei denen jedoch die sonstigen Voraussetzungen des § 15 UStG für den Abzug nicht vorliegen (z. B. bei fehlendem Steuerausweis in der Rechnung). [4]Auch eine Steuer, die nach § 14 c UStG geschuldet wird, kommt nicht für eine Vorsteueraufteilung in Betracht (vgl. BFH-Urteil vom 23. 10. 2019 – V R 46/17, BStBl II 2022 S. 779). [5]Außerdem scheiden die Steuerbeträge für eine Aufteilung aus, für die ein Abzugsverbot besteht (vgl. auch Abschnitt 15.2 Abs. 3). [6]Diese Vorsteuerbeträge bleiben insgesamt vom Abzug ausgeschlossen.

(2) [1]Die Aufteilung der Vorsteuern ist nach § 15 Abs. 4 UStG vorzunehmen. [2]Dies bedeutet, dass die Vorsteuern nach ihrer wirtschaftlichen Zuordnung aufzuteilen sind (vgl. Abschnitt 15.17). [3]Die Aufteilung schließt an die Grundsätze an, die sich aus § 15 Abs. 2 und 3 UStG für die Zuordnung der Vorsteuern zu den einzelnen Umsätzen des Unternehmers herleiten. [4]Dementsprechend erstreckt sich § 15 Abs. 4 UStG nicht auf die Vorsteuerbeträge, die entweder allein den zum Abzug berechtigenden Umsätzen oder allein den zum Ausschluss des Vorsteuerabzugs führenden Umsätzen zuzurechnen sind. [5]Die Abziehbarkeit der einer Umsatzart ausschließlich zurechenbaren Vorsteuerbeträge beurteilt sich daher stets nach den Vorschriften des § 15 Abs. 1 bis 3 UStG. [6]Die Aufteilung nach § 15 Abs. 4 UStG betrifft somit nur die Vorsteuerbeträge, die teils der einen und teils der anderen Umsatzart zuzuordnen sind (vgl. BFH-Urteil vom 16. 9. 1993, V R 82/91, BStBl 1994 II S. 271). [7]Im Fall der Anschaffung oder Herstellung eines Gebäudes sind abweichend hiervon die Aufwendungen stets einheitlich aufzuteilen, vgl. Abschnitt 15.17 Abs. 5 bis 8.

(2 a) [1]Bei der Aufteilung von Vorsteuerbeträgen aus allgemeinen Aufwendungen des Unternehmens (vgl. Abschnitt 15.2 b Abs. 2 Satz 4) ist regelmäßig auf das Verhältnis der gesamten Umsätze im Besteuerungszeitraum abzustellen. [2]Wird ein Aufteilungsschlüssel im Voranmeldungsverfahren vorläufig angewandt, z. B. auf der Grundlage der Umsätze des vorangegangenen Jahres, führt die Festsetzung des endgültigen, abweichenden Aufteilungsschlüssels zu einer Berichtigung der nach dem vorläufigen Aufteilungsschlüssel ermittelten Vorsteuerbeträge in der Jahresfestsetzung (vgl. BFH-Urteil vom 24. 4. 2013, XI R 25/10, BStBl 2014 II S. 346).

(3) [1]Ändern sich bei einem Wirtschaftsgut ab dem Zeitpunkt der erstmaligen Verwendung die für den ursprünglichen Vorsteuerabzug maßgebenden Verhältnisse, ist für die Berichtigung des Vorsteuerabzugs § 15 a UStG maßgebend (vgl. Abschnitt 15 a.2). [2]Die Anwendung eines Umsatzschlüssels (Gesamt- oder

Teilumsatzschlüssel, vgl. Abschnitt 15.17 Abs. 3 und 3a) macht es wegen der im Jahresvergleich regelmäßig schwankenden Umsatzhöhen erforderlich, in den Folgejahren die Voraussetzungen des § 15a UStG zu prüfen (siehe auch Abschnitt 15a.2 Abs. 2 Satz 3 Nr. 1 Buchstabe c).

Anmerkung

1. Allgemeine Aufteilungsgrundsätze

Eine Vorsteueraufteilung ist immer dann vorzunehmen, wenn der Unternehmer die für sein Unternehmen gelieferten oder eingeführten Gegenstände oder die in Anspruch genommenen sonstigen Leistungen sowohl für Umsätze, die zum Vorsteuerabzug berechtigen, als auch für Umsätze, die den Abzug ausschließen, verwendet. In diesem Fall sind die Vorsteuerbeträge in einen abziehbaren und in einen nicht abziehbaren Teil aufzuteilen.

Die Aufteilung richtet sich allein nach der tatsächlichen Verwendung des bezogenen Gegenstands oder der in Anspruch genommenen sonstigen Leistung (Abschn. 15.16. Abs. 1 Satz 2 UStAE).

Nach Art. 173 Abs. 1 und Art. 174 MwStSystRL ist für die Aufteilung im Grundsatz ein auf die Gesamtheit der von dem Unternehmer bewirkten **Umsätze** bezogener Umsatzschlüssel (**„Gesamtumsatzschlüssel“**) anzuwenden. Der Pro-rata-Satz des Vorsteuerabzugs wird dann nach Art. 175 Abs. 1 MwStSystRL auf Jahresbasis in v.H. festgesetzt und auf einen vollen v.H.-Satz aufgerundet.

Die Mitgliedstaaten können jedoch nach Art. 173 Abs. 2 MwStSystRL hiervon abweichen. Von dieser Möglichkeit hat der deutsche Gesetzgeber in § 15 Abs. 4 Satz 3 UStG in Form des Vorranges der ***„anderen wirtschaftlichen Zurechnung“*** vor einer Aufteilung nach dem Verhältnis der Umsätze (Gesamtumsatzschlüssel) Gebrauch gemacht. Die Regelung schreibt ausdrücklich vor, dass eine Aufteilung nach dem **(Gesamt-)Umsatzschlüssel nur als „ultima ratio“**, also nur dann zulässig ist, wenn keine andere wirtschaftliche Zurechnung möglich ist.

Wegen weiterer Einzelheiten der Vorsteueraufteilung nach § 15 Abs. 4 UStG vgl. die Kommentierung zu Abschn. 15.17 UStAE.

2. Vorsteueraufteilung und § 14c UStG

Aufgrund des BMF-Schr. v. 18.11.2022 III C 2 – S 7306/19/10002 :002, BStBl I 2022, 1590 hat die FinVerw **Abschn. 15.16. UStAE ergänzt.**

In Abschn. 15.16. Abs. 1 Satz 4 UStAE erfolgt jetzt der Hinweis, dass eine Steuer, die nach § 14c UStG geschuldet wird für die Vorsteueraufteilung ausscheidet. Dies hatte der BFH mit Urt. v. 23.10.2019 – V R 46/17, BStBl II 2022, 779 herausgestellt. Hintergrund ist, dass nur „gesetzlich geschuldete“ Vorsteuerbeträge aufteilbar sind. Darum handelt es sich bei dem nach § 14c UStG geschuldeten Steuerbetrag gerade nicht.

Hinweis: Beispielsfall zur unwirksamen Option nach § 9 Abs. 2 UStG

Ein Anwendungsfall ist z. B. eine nicht wirksame Option im Rahmen von Vermietungsleistungen. Wird gleichwohl Umsatzsteuer ausgewiesen, wird diese vom Stpfl. nach § 14c UStG geschuldet. Dieser Betrag ist i.R.d. Vorsteueraufteilung zutreffend nicht zu berücksichtigen (BFH, Urt. v. 23.10.2019 – V R 46/17, BStBl II 2022, 779; BMF-Schr. v. 18.11.2022, a.a.O. Rz. 5).

3. Vorsteueraufteilung nach einem Personalschlüssel

Mit Urt. v. 23.10.2019 – XI R 18/17 hatte der BFH entschieden, dass eine Schätzung des nicht abziehbaren Teils der Vorsteuer unter Verwendung eines sog. selektiven Personalschlüssels (sog. Philipowski-Methode) nicht als sachgerechte Schätzung anzusehen ist. Die Anwendung eines derartigen Personalschlüssels führt nach Meinung des BFH nicht zu präziseren Ergebnissen, weil dabei nicht berücksichtigt wird, dass alle Mitarbeiter zur Erwirtschaftung des Geschäftsergebnisses beigetragen haben.

Dieser Rechtsauffassung hat sich die Verwaltung angeschlossen (BMF-Schr. v. 18.11.2022 III C 2 – S 7306/19/10002 :002, a.a.O. Rz. 4).

4. Vorsteueraufteilung bei gemischt genutzten Grundstücken

Im Zuge des „Gesetzes zur Modernisierung und Digitalisierung der Schwarzarbeitsbekämpfung" – sog. **Schwarzarbeitsbekämpfungsgesetz** (Gesetz v. 22.12.2025, BGBl I 2025 Nr. 369) hat der Gesetzgeber Ende 2025 die Vorsteueraufteilung bei gemischt genutzten Grundstücken in § 15 Abs. 4 UStG neu gefasst.

Es wird nunmehr ausdrücklich geregelt, dass bei der Vorsteueraufteilung im Zusammenhang mit Grundstücken **vorrangig eine Aufteilung nach dem Verhältnis der Nutzflächen** vorzunehmen ist. Dies umschreibt den Flächenschlüssel, der in diesen Fällen also die grundsätzlich vorzugswürdige Aufteilungsmethode ist.

Sollte im Einzelfall eine andere Aufteilungsmethode zu einem präziseren wirtschaftlichen Ergebnis führen, kann stattdessen auch diese angewandt werden.

Die Regelung beruht auf der Ermächtigung in Artikel 173 Abs. 2 Buchst. b MwStStytRL, nach der die Mitgliedstaaten Unternehmer verpflichten können, für jeden Bereich ihrer Tätigkeit einen besonderen Pro-rata-Satz (hier: **Flächenschlüssel**) anzuwenden.

Siehe dazu auch die Anmerkung zu Abschn. 15.17. UStAE.

UStAE 15.17. Aufteilung der Vorsteuerbeträge nach § 15 Abs. 4 UStG

Allgemeines

(1) [1]Eine Aufteilung der Vorsteuerbeträge nach der in § 15 Abs. 4 UStG bezeichneten Methode bezweckt eine genaue Zuordnung der Vorsteuerbeträge zu den Umsätzen, denen sie wirtschaftlich zuzurechnen sind. [2]Folgende drei Gruppen von Vorsteuerbeträgen sind zu unterscheiden:

1. [1]Vorsteuerbeträge, die in voller Höhe abziehbar sind, weil sie ausschließlich Umsätzen zuzurechnen sind, die zum Vorsteuerabzug berechtigen. [2]Das sind z. B. in einem Fertigungsbetrieb die Vorsteuerbeträge, die bei der Anschaffung von Material oder Anlagegütern anfallen. [3]Bei einem Handelsbetrieb kommen vor allem die Vorsteuerbeträge aus Warenbezügen in Betracht.
2. [1]Vorsteuerbeträge, die in voller Höhe vom Abzug ausgeschlossen sind, weil sie ausschließlich Umsätzen zuzurechnen sind, die nicht zum Vorsteuerabzug berechtigen. [2]Hierzu gehören z. B. bei steuerfreien Grundstücksverkäufen die Vorsteuerbeträge für die Leistungen des Maklers und des Notars sowie für Inserate. [3]Bei steuerfreien Vermietungen und Verpachtungen kommen vor allem die Vorsteuerbeträge in Betracht, die bei der Anschaffung oder Herstellung eines Wohngebäudes, beim Herstellungs- und Erhaltungsaufwand, bei Rechtsberatungen und der Grundstücksverwaltung anfallen.
3. [1]Übrige Vorsteuerbeträge. [2]In diese Gruppe fallen alle Vorsteuerbeträge, die sowohl mit Umsätzen, die zum Vorsteuerabzug berechtigen, als auch mit Umsätzen, die den Vorsteuerabzug ausschließen, in wirtschaftlichem Zusammenhang stehen. [3]Hierzu gehören z. B. die Vorsteuerbeträge, die mit dem Bau, der Einrichtung und der Unterhaltung eines Verwaltungsgebäudes in Verbindung stehen, das auch der Ausführung steuerfreier Umsätze im Sinne des § 4 Nr. 12 UStG dient. [4]Wegen der zugelassenen Erleichterungen bei der Aufteilung vgl. Abschnitt 15.18.

(2) [1]Für eine Aufteilung kommen nur die in Absatz 1 Satz 2 Nr. 3 bezeichneten Vorsteuerbeträge in Betracht. [2]Vor Anwendung des § 15 Abs. 4 UStG muss der Unternehmer zunächst die Vorsteuerbeträge den zum Vorsteuerabzug berechtigenden und den nicht zum Vorsteuerabzug berechtigenden Ausgangsumsätzen unmittelbar und wirtschaftlich zuordnen (Absatz 1 Satz 2 Nr. 1 und 2, direkte Zuordnung) sowie getrennte Aufzeichnungen führen (§ 22 Abs. 3 Satz 2 und 3 UStG; Abschnitt 22.4). [3]Die Vorsteuerbeträge jedes einzelnen Leistungsbezugs und jeder Anzahlung sind zuzuordnen; dabei ist eine nachvollziehbare Prüfung vorzunehmen, ob die Voraussetzungen einer direkten Zuordnung vorliegen. [4]Kommt der Unternehmer dieser Zuordnungsverpflichtung nicht oder in nicht ausreichender Art und Weise nach, sind die den einzelnen Bereichen zuzuordnenden Vorsteuerbeträge nach § 162 AO im Wege der Schätzung zu ermitteln. [5]Eine Einbeziehung auf derartige Leistungsbezüge entfallender Vorsteuern in die nach § 15 Abs. 4 UStG aufzuteilenden Vorsteuerbeträge kommt nicht in Betracht. [6]Die Aufteilung dieser Vorsteuern ist nach dem Prinzip der wirtschaftlichen Zurechnung durch die sog. gegenständliche Zuordnung oder

nach Kostenzurechnungsgesichtspunkten vorzunehmen (vgl. BFH-Urteile vom 16. 9. 1993, V R 82/91, BStBl 1994 II S. 271, und vom 10. 4. 1997, V R 26/96, BStBl II S. 552). [7]Hierbei ist die betriebliche Kostenrechnung (Betriebsabrechnungsbogen, Kostenträgerrechnung) oder die Aufwands- und Ertragsrechnung in der Regel als geeigneter Anhaltspunkt heranzuziehen. [8]Zu beachten ist jedoch, dass die verrechneten Kosten und der verrechnete Aufwand nicht mit den Werten (Vorumsätzen) übereinstimmen, über deren Vorsteuern zu entscheiden ist. [9]Denn die Kostenrechnung erfasst nur die für die Erstellung einer Leistung notwendigen Kosten und die Aufwands- und Ertragsrechnung nur den in einer Abrechnungsperiode entstandenen Aufwand. [10]Das betrifft insbesondere die Wirtschaftsgüter des Anlagevermögens, die in der Kostenrechnung wie in der Aufwands- und Ertragsrechnung nur mit den Abschreibungen angesetzt werden. [11]Der Unternehmer kann diese Unterlagen daher nur als Hilfsmittel verwenden.

Beispiel:

[1]Unternehmer U übt eine umsatzsteuerpflichtige Gutachtertätigkeit aus. [2]Zudem vermietet U Wohnungen an Privatpersonen. [3]Im Jahr 02 schafft U ein technisches Gerät für seine Gutachtertätigkeit an, lässt seine vermieteten Wohnungen renovieren und bezieht Steuerberatungsleistungen für die Fertigung der Umsatzsteuer-Erklärung 01. [4]Die Vorsteuern aus der Anschaffung des technischen Geräts sind ausschließlich Umsätzen zuzurechnen, die zum Vorsteuerabzug berechtigen (Gruppe 1) und sind in vollem Umfang abzugsfähig. [5]Die Renovierung der Wohnungen ist ausschließlich den steuerfreien Vermietungsumsätzen zuzurechnen (§ 4 Nr. 12 Satz 1 Buchstabe a UStG), weshalb ein Vorsteuerabzug nach § 15 Abs. 2 Satz 1 Nr. 1 UStG ausgeschlossen ist (Gruppe 2). [6]Die Steuerberatungsleistung bezieht sich dagegen auf das gesamte Unternehmen und steht daher sowohl mit Umsätzen, die zum Vorsteuerabzug berechtigen, als auch mit Umsätzen, die den Vorsteuerabzug ausschließen, in wirtschaftlichem Zusammenhang (Gruppe 3). [7]Die auf die Beratungsleistung entfallenden Vorsteuerbeträge sind nach § 15 Abs. 4 UStG aufzuteilen.

Aufteilungsschlüssel

(3) [1]Bei der nach § 15 Abs. 4 Satz 2 UStG zugelassenen sachgerechten Schätzung ist auf die im Einzelfall bestehenden wirtschaftlichen Verhältnisse abzustellen. [2]Hierbei ist es erforderlich, dass der angewandte Aufteilungsschlüssel systematisch von der Aufteilung nach der wirtschaftlichen Zuordnung ausgeht. [3]Die Ermittlung der abziehbaren Vorsteuer nach dem Gesamtumsatzschlüssel (siehe Absatz 3a) ist nur zulässig, wenn keine andere Methode der wirtschaftlichen Zuordnung möglich ist (§ 15 Abs. 4 Satz 3 UStG). [4]Dies ist in dem Sinne zu verstehen, dass keine andere Methode eine präzisere Ermittlung der abziehbaren Vorsteuern gewährleisten darf (vgl. BFH-Urteile vom 10. 08. 2016 – XI R 31/09, BStBl II 2022 S. 736, und vom 11. 11. 2020 – XI R 7/20, BStBl II 2022 S. 746), ein präziserer anderer (sachgerechter) Aufteilungsschlüssel geht dem Gesamtumsatzschlüssel daher immer vor. [5]Auch eine Aufteilung, die auf Umsatzzahlen nur eines Teils der Umsätze beruht (Teilumsatzschlüssel, z.B. ein objekt- oder abteilungsbezogener Umsatzschlüssel), stellt eine andere Methode der wirtschaftlichen Zuordnung dar und geht dem Gesamtumsatzschlüssel daher vor. [6]Der Prozentsatz eines Aufteilungsschlüssels nach einer anderen wirtschaftlichen Zuordnung ist auf die zweite Nachkommastelle aufzurunden (keine Anwendung der Rundungsregelung nach Artikel 175 Abs. 1 MwStSystRL, vgl. EuGH-Urteil vom 16.06.2016, C-186/15, Kreissparkasse Wiedenbrück, BStBl II 2024 S. 207). [7]Kommen mehrere andere präzisere Aufteilungsschlüssel in Betracht, ist nicht zwingend die präziseste Methode anzuwenden (zur Ausnahme bei gemischt genutzten Grundstücken siehe Absatz 7). [8]Die Auswahl der anzuwendenden präziseren Methode obliegt in diesen Fällen dem Unternehmer; das Finanzamt kann sie jedoch daraufhin überprüfen, ob sie sachgerecht ist. [9]Sachgerecht ist z. B. die Vorsteueraufteilung bei Kreditinstituten durch Segmentierung (vgl. BMF-Schreiben vom 09.12.2024, BStBl I S. 1604). [10]Nicht sachgerecht sind z. B. Aufteilungen.

– nach der Menge nicht miteinander vergleichbarer Produkte; z.B. bei einem Strom und Wärme produzierenden Blockheizkraftwerk (vgl. BFH-Urteil vom 16.11.2016 – V R 1/15, BStBl II 2022 S. 777) oder bei durch einen Koppelproduktionsprozess gewonnenen Endprodukten mit unterschiedlichen Marktwerten (z. B. bei der Aufbereitung einer Vollblutspende in ihre medizinisch verwendbaren Einzelbestandteile), oder
– nach einem selektiven Personalschlüssel (vgl. BFH-Urteil vom 23.10.2019 – XI R 18/17, BStBl II 2022 S. 782).

[11]Stellt sich ein angewandter Aufteilungsschlüssel im Nachhinein als nicht sachgerecht heraus, hat der Unternehmer die Möglichkeit, einen sachgerechten und präziseren Aufteilungsschlüssel zu wählen. [12]Wenn er diese Möglichkeit nicht wahrnimmt, kann die Finanzverwaltung einen von ihr ermittelten sachgerechten und präziseren Aufteilungsschlüssel anwenden.

(3a) [1]Eine Aufteilung nach den Gesamtumsätzen des Unternehmers (Gesamtumsatzschlüssel) kann nur erfolgen, wenn kein präziserer Aufteilungsschlüssel im Sinne von Absatz 3 in Betracht kommt. [2]Der Gesamtumsatzschlüssel ergibt sich aus einem Bruch, der sich aus dem Verhältnis des Nettobetrages der zum Vorsteuerabzug berechtigenden Umsätze des Unternehmers zum Nettobetrag seiner Gesamtumsätze zusammensetzt, jeweils bezogen auf ein Kalenderjahr. [3]Nicht zu diesen Umsätzen gehören Einfuhren, innergemeinschaftliche Erwerbe und die Bemessungsgrundlage zu Steuerbeträgen, die der Unternehmer nach § 13b Abs. 1 oder Abs. 2 in Verbindung mit Abs. 5 UStG schuldet. [4]Ebenfalls nicht in die Nettobeträge einzubeziehen sind Umsätze aus dem Verkauf von Wirtschaftsgütern oder sonstigen Leistungen, die nicht nur einmalig zur Ausführung von Umsätzen verwendet wurden (regelmäßig solche nach § 15a Abs. 1 und 4 UStG, ggf. bei gesondertem Verkauf auch solche nach § 15a Abs. 3 und 6 UStG), Hilfsumsätze mit Grundstücks- und Finanzumsätzen, Hilfsumsätze nach § 4 Nr. 8 Buchstabe a bis h UStG und Umsätze, die ihrer Art nach nicht dem Anwendungsbereich der Umsatzsteuer unterliegen (z.B. Geschäftsveräußerungen nach § 1 Abs. 1a UStG, Kapitalerträge). [5]Es ist jeweils auf die Regelungen zur umsatzsteuerlichen Bemessungsgrundlage abzustellen. [6]Versteuert der Unternehmer Leistungen nach § 25 oder § 25a UStG, ist abweichend hiervon das vereinnahmte Entgelt(Verkaufspreis abzüglich Umsatzsteuer) zu berücksichtigen, nicht nur der sich nach diesen Regelungen ergebende steuerpflichtige Betrag. [7]Bei einer Vorsteueraufteilung nach dem Gesamtumsatzschlüssel ist der Prozentsatz der abzugsfähigen Vorsteuern auf volle Prozentpunkte aufzurunden (vgl. Artikel 175 Abs. 1 MwStSystRL). [8]Zur Anwendung eines vorläufigen Aufteilungsschlüssels im Voranmeldungsverfahren siehe Abschnitt 15.16 Abs. 2a.

(4) [1]Ist die Umsatzsteuerfestsetzung für das Jahr der Anschaffung oder Herstellung eines gemischt genutzten Gegenstands formell bestandskräftig und hat der Unternehmer ein im Sinne des § 15 Abs. 4 UStG sachgerechtes Aufteilungsverfahren angewandt, ist dieser Maßstab auch für die nachfolgenden Kalenderjahre bindend (BFH-Urteil vom 2. 3. 2006, V R 49/05, BStBl II S. 729). [2]Dagegen besteht keine Bindung an die Wahl des Aufteilungsverfahrens, wenn dieses nicht sachgerecht war (vgl. BFH-Urteil vom 11. 11. 2020 – XI R 7/20, BStBl II 2022 S. 746).

Vorsteuerabzug bei Gebäuden

(5) [1]Für den Umfang des Vorsteuerabzugs bei Erwerb und erheblichem Umbau eines Gebäudes, das anschließend vom Erwerber für vorsteuerunschädliche und vorsteuerschädliche Verwendungsumsätze genutzt werden soll, ist vorgreiflich zu entscheiden, ob es sich bei den Umbaumaßnahmen um Erhaltungsaufwand am Gebäude oder um anschaffungsnahen Aufwand zur Gebäudeanschaffung handelt oder ob insgesamt die Herstellung eines neuen Gebäudes anzunehmen ist (vgl. BFH-Urteil vom 28. 9. 2006, V R 43/03, BStBl 2007 II S. 417). [2]Vorsteuerbeträge, die entweder das Gebäude selbst oder aber dessen Erhaltung, Nutzung oder Gebrauch betreffen, sind danach jeweils gesondert zu beurteilen. [3]Handelt es sich um Aufwendungen für das Gebäude selbst (aus der Anschaffung oder Herstellung), kommt nur eine einheitliche Aufteilung der gesamten auf den einheitlichen Gegenstand entfallenden Vorsteuerbeträge nach einem sachgerechten Aufteilungsmaßstab (§ 15 Abs. 4 UStG) in Betracht (vgl. BFH-Urteil vom 10. 08. 2016 – XI R 31/09, BStBl II 2022 S. 736). [4]Der Umfang der abzugsfähigen Vorsteuerbeträge auf sog. Erhaltungsaufwendungen an dem Gegenstand kann sich hingegen danach richten, für welchen Nutzungsbereich des gemischt genutzten Gegenstands die Aufwendungen vorgenommen werden. [5]Selbst wenn Herstellungskosten eines Gebäudes aus einer Vielzahl von einzelnen Leistungsbezügen bestehen können, die für sich betrachtet einzelnen Gebäudeteilen zugeordnet werden oder auf mehrere unterschiedliche Nutzungen aufgeteilt werden könnten, muss einerseits zwischen der Verwendung des Gebäudes selbst und andererseits der Verwendung von Gegenständen und Dienstleistungen zur Erhaltung oder zum Gebrauch dieses Gebäudes unterschieden werden. [6]Anschaffungs- oder Herstellungskosten betreffen jeweils die Anschaffung oder Herstellung eines bestimmten Gegenstands (bei einem Gebäude das einheitliche Gebäude) und nicht bestimmte Gebäudeteile (vgl. BFH-Urteil vom 11. 11. 2020 – XI R 7/20, BStBl II 2022 S. 746). [7]Werden

jedoch lediglich bestimmte Gebäudeteile angeschafft oder hergestellt, sind diese der jeweilige Gegenstand (vgl. BFH-Urteil vom 22. 11. 2007, V R 43/06, BStBl 2008 II S. 770).

(6) [1]Die Begriffe der Anschaffungs- oder Herstellungskosten, der nachträglichen Anschaffungs- oder Herstellungskosten und der Erhaltungsaufwendungen sind nach den für das Einkommensteuerrecht geltenden Grundsätzen auszulegen. [2]Dies gilt jedoch nicht, soweit nach § 6 Abs. 1 Nr. 1 a EStG Erhaltungsaufwendungen zu Herstellungskosten (anschaffungsnahe Herstellungskosten) umqualifiziert werden.

(7) [1]Wird ein Gebäude durch einen Unternehmer angeschafft oder hergestellt und soll dieses Gebäude sowohl für vorsteuerunschädliche als auch für vorsteuerschädliche Ausgangsumsätze verwendet werden, sind die gesamten auf die Anschaffungs- oder Herstellungskosten des Gebäudes entfallenden Vorsteuerbeträge nach § 15 Abs. 4 UStG aufzuteilen. [2]Für die Zurechnung dieser Vorsteuerbeträge ist die „prozentuale" Aufteilung der Verwendung des gesamten Gebäudes zu vorsteuerunschädlichen bzw. vorsteuerschädlichen Umsätzen maßgebend (vgl. BFH-Urteile vom 28. 09. 2006 – V R 43/03, BStBl II 2007 S. 417, und vom 11. 11. 2020 – XI R 7/20, BStBl II 2022 S. 746). [3]Abweichend von Abschnitt 15.17 Abs. 1 Satz 2 Nr. 1 und 2 ist keine vorherige direkte Zuordnung von Eingangsleistungen zu den Umsätzen, die zum Vorsteuerabzug berechtigen bzw. diesen ausschließen, durchzuführen (vgl. BFH-Urteile vom 10. 08. 2016 – XI R 31/09, BStBl II 2022 S. 736, und vom 11. 11. 2020 – XI R 7/20, BStBl II 2022 S. 746). [4]Daraus folgt eine Ermittlung der nicht abziehbaren Vorsteuerbeträge nach § 15 Abs. 4 UStG im Wege einer sachgerechten Schätzung. [5]Als sachgerechter Aufteilungsmaßstab können bei Gebäuden in der Regel vorrangig folgende Aufteilungsschlüssel in Betracht kommen, wenn sie präziser als das Verhältnis der Gesamtumsätze des Unternehmers (Gesamtumsatzschlüssel) sind (siehe hierzu auch BMF-Schreiben vom 20. 10. 2022, BStBl I S. 1497):

1. [1]Flächenschlüssel: Eine Aufteilung nach dem Verhältnis der Nutzflächen (objektbezogener Flächenschlüssel) stellt gegenüber einer umsatzbezogenen Aufteilung (Gesamtumsatzschlüssel nach Absatz 3a oder z. B. dem objektbezogenen Umsatzschlüssel nach Nummer 2) regelmäßig eine präzisere Bestimmung des Aufteilungsschlüssels dar (vgl. BFH-Urteile vom 12. 03. 1992 – V R 70/87, BStBl II S. 755, vom 07. 05. 2014 – V R 1/10, BStBl II 2022 S. 731, und vom 03. 07. 2014 – V R 2/10, BStBl II 2022 S. 734). [2]Abweichend von Absatz 3 geht dabei im Regelfall der Flächenschlüssel auch dem objektbezogenen Umsatzschlüssel – als ebenfalls präziserem Aufteilungsschlüssel – vor (vgl. BFH-Urteil vom 10.08.2016 – XI R 31/09, a.a.O.). [3]Bei einer Aufteilung nach dem objektbezogenen Flächenschlüssel sind die tatsächlichen Nutzflächen des Gebäudes zugrunde zu legen. [4]Dabei ist die Flächenberechnung nach den Gebäudeinnenflächen vorzunehmen, ohne z. B. Außenstellplätze mit einzubeziehen (vgl. BFH-Urteil vom 27. 03. 2019 – V R 43/17, n. v.). [5]Flächen, die zur Versorgung des Gebäudes verwendet oder nur gemeinsam genutzt werden (z. B. Technikräume, Treppenhaus, Fahrradabstellräume, Waschküchen), bleiben unberücksichtigt. [6]Die Grundflächen sind auch bei Dachschrägen in vollem Umfang anzusetzen. [7]Die Flächen von Terrassen oder Balkonen zählen zur Hälfte zu der maßgeblichen Grundfläche. [8]Eine weitere anerkannte Methode zur Flächenberechnung (z. B. nach DIN 277 oder der Wohnflächenverordnung) kann auch für Zwecke der Vorsteueraufteilung angewandt werden, wenn die gewählte Methode bereits für andere (z. B. mietvertragliche) Zwecke angewandt wird, die Flächenberechnung für das gesamte Gebäude einheitlich erfolgt und das Ergebnis sachgerecht ist. [9]Der Unternehmer kann eine flächenbezogene Vorsteueraufteilung aber nur dann beanspruchen, wenn diese sachgerecht ist (vgl. BFH-Urteile vom 07. 07. 2011 – V R 36/10, BStBl II 2012 S. 77, und vom 05. 09. 2013 – XI R 4/10, BStBl II 2014 S. 95, zum Fall einer Spielhalle mit Spielgeräten, die teilweise umsatzsteuerpflichtigen und teilweise umsatzsteuerfreien Zwecken dienen).
2. [1]Objektbezogener Umsatzschlüssel: Weicht die Ausstattung der unterschiedlich genutzten Räume erheblich voneinander ab (z. B. wegen der Dicke der Wände und Decken oder in Bezug auf eine teils besonders aufwändige und teils nur einfache Innenausstattung, siehe hierzu BMF-Schreiben vom 20. 10. 2022,BStBl I, a. a. O.) mit der Folge, dass auch die Höhe des Bauaufwandes und ggf. auch die tatsächlich erzielbaren Mieteinnahmen sich wesentlich voneinander unterscheiden, ist es dagegen grundsätzlich erforderlich, die Aufteilung der Vorsteuerbeträge anhand des objektbezogenen Umsatzschlüssels vorzunehmen, da dies dann die wirtschaftlich präzisere Aufteilung ermöglicht (vgl. BFH-Urteile vom 07. 05. 2014 – V R 1/10, a. a. O., und vom 03. 07. 2014 – V R 2/10, a. a. O.). [2]Hier ist ein gegenstandsbezogener, das konkrete Wirtschaftsgut betreffender Umsatzschlüssel gegenüber einer Aufteilung nach einem Gesamtumsatzschlüssel genauer, wenn (wie z. B. in Vermie-

tungsfällen) durch die Nutzung des Objekts ein direkter und unmittelbarer Zusammenhang zu den Ausgangsumsätzen besteht. [3]Die Vorsteueraufteilung erfolgt bei erheblichen Ausstattungsunterschieden – mangels einer anderen präziseren **wirtschaftlichen Zuordnung** – nur dann nach dem Gesamtumsatzschlüssel, wenn das Objekt (z. B. ein Verwaltungsgebäude) zur Ausführung der Gesamtumsätze des Unternehmens dient (vgl. BFH-Urteil vom 07. 05. 2014 – V R 1/10, a. a. O.).

3. [1]Umbauter Raum: Bestehen erhebliche Abweichungen in der Geschosshöhe, kann die Vorsteueraufteilung anstelle eines Umsatzschlüssels nach dem umbauten Raum in Betracht kommen, wenn eine solche Aufteilung in diesen Fällen eine präzisere wirtschaftliche Zurechnung der Vorsteuerbeträge ermöglicht. [2]Hiervon kann ausgegangen werden, wenn Gebäudeteile mit unterschiedlichen Geschosshöhen, aber ansonsten ohne erhebliche Unterschiede in der Ausstattung zu beurteilen sind.
4. [1]Weitere Aufteilungsschlüssel: Beim Erwerb, nicht jedoch bei der Herstellung von Gebäuden kommt auch eine Vorsteueraufteilung nach dem Verhältnis der Ertragswerte zur Verkehrswertermittlung in Betracht (vgl. BFH-Urteile vom 05. 02. 1998 – V R 101/96, BStBl II S. 492, und vom 12. 03. 1998 – V R 50/97, BStBl II S. 525). [2]Bei zeitlich abwechselnder Nutzung derselben Flächen kann eine Aufteilung nach Nutzungszeiten erforderlich sein (vgl. BFH-Urteil vom 26. 04. 2018 – V R 23/16, BStBl II 2022 S. 743).

[6]Die Ermittlung des nicht abziehbaren Teils der Vorsteuerbeträge nach dem Gesamtumsatzschlüssel (Verhältnis der vorsteuerschädlichen Umsätze zu den vorsteuerunschädlichen Umsätzen des gesamten Unternehmens) ist nach § 15 Abs. 4 Satz 3 UStG nur zulässig, wenn keine andere wirtschaftliche Zurechnung möglich ist. [7]Nicht zulässig ist eine Zurechnung der Aufwendungen zu bestimmten Gebäudeteilen nach einer räumlichen (sog. „geografischen", vgl. BFH-Urteil vom 10. 08. 2016 – XI R 31/09, BStBl II 2022 S. 736) Anbindung oder nach einem Investitionsschlüssel (vgl. BFH-Urteil vom 18. 11. 2004 – V R 16/03, BStBl II 2005 S. 503).

Beispiel 1:

[1]U errichtet ein Wohn- und Geschäftshaus, dessen Nutzungseinheiten sich hinsichtlich der Ausstattung nicht erheblich voneinander unterscheiden. [2]Er beabsichtigt, die Fläche des Hauses zu jeweils 50 % vorsteuerunschädlich bzw. vorsteuerschädlich zu vermieten. [3]Aus der Erstellung des Fußbodenbelags entstehen U Aufwendungen von insgesamt 100 000 € zzgl. 19 000 € Umsatzsteuer.

[4]Es handelt sich um Aufwendungen für die (Neu-)Herstellung des Gebäudes („ursprüngliche" Herstellungskosten). [5]Eine Zuordnung, in welchem Gebäudeteil der Fußboden verlegt worden ist, ist nicht vorzunehmen. [6]U ist unter den weiteren Voraussetzungen des § 15 UStG berechtigt, den Vorsteuerabzug aus den Aufwendungen für den Fußbodenbelag zu 50 % (= 9 500 €) geltend zu machen.

[8]Entsprechend ist bei nachträglichen Anschaffungs- oder Herstellungskosten zu verfahren. [9]Maßgeblich für die Vorsteueraufteilung ist in diesem Fall die beabsichtigte Verwendung des Gegenstands, der durch die nachträglichen Anschaffungs- oder Herstellungskosten entsteht.

Beispiel 2:

[1]U errichtet ein Gebäude, bestehend aus einer vorsteuerunschädlich gewerblich genutzten (EG; Nutzflächenanteil 50 %) und einer vorsteuerschädlich zu Wohnzwecken vermieteten Einheit (1. OG; Nutzflächenanteil 50 %), dessen Nutzungseinheiten sich hinsichtlich der Ausstattung nicht erheblich voneinander unterscheiden. [2]Das Dachgeschoss ist noch nicht ausgebaut. [3]U ordnet das Gebäude vollständig seinem Unternehmen zu.

[4]Ein Jahr nach Errichtung des Gebäudes baut U das Dachgeschoss aus. [5]Es entstehen dabei drei separat zugängliche, gleich ausgestattete und gleich große Einheiten, von denen eine als Wohnung und zwei als Büroteil genutzt werden (sollen). [6]Die Wohnung wird umsatzsteuerfrei und die Büroteile werden umsatzsteuerpflichtig vermietet. [7]Gleichzeitig lässt U das Treppenhaus zum Dachgeschoss erweitern.

[8]Des Weiteren lässt U eine Alarmanlage installieren, die das gesamte Gebäude sichert. [9]Zudem lässt U einen Aufzug anbauen, mit dem jede Etage erreicht werden kann. [10]Mit dem Zugewinn an Nutzfläche erhöht sich der Anteil der vorsteuerunschädlich genutzten zum vorsteuerschädlich genutzten Teil an der Gesamtfläche des ausgebauten Gebäudes von 50 % auf 60 %. [11]Das neu ausgebaute Gebäude ist vollständig dem Unternehmen des U zugeordnet.

[12]Die Aufwendungen für den Ausbau des Dachgeschosses, die Erweiterung des Treppenhauses, den Einbau der Alarmanlage und den Einbau des Aufzugs sind jeweils (nachträgliche) Herstellungskosten.

[13]Der Ausbau des Dachgeschosses ist eine eigenständig genutzte Erweiterung des bestehenden Gebäudes (Altflächen) und ist damit eigenständiges Aufteilungsobjekt. [14]Entsprechend der vorsteuerunschädlichen Verwendung des Dachgeschosses in Höhe von $^2/_3$ sind die Vorsteuern aus dem Dachausbau zu $^2/_3$ abziehbar.

[15]Die Aufwendungen für die Erweiterung des Treppenhauses sind dem Dachgeschoss zuzuordnen, da sie ausschließlich durch den Ausbau des Dachgeschosses verursacht sind. [16]Die Vorsteuern sind daher nach den Nutzungsverhältnissen des Dachgeschosses aufzuteilen.

[17]Die Aufwendungen für den Einbau der Alarmanlage sind dem gesamten Gebäude in seinen neuen Nutzungsverhältnissen zuzuordnen, da sie das gesamte Gebäude sichert. [18]Folglich sind die Vorsteuern zu 60 % abziehbar.

[19]Die Aufwendungen für den Einbau des Aufzugs sind dem gesamten Gebäude mit seinen neuen Nutzungsverhältnissen und nicht ausschließlich dem Dachgeschoss zuzuordnen, da mit dem Aufzug jede Etage erreicht werden kann. [20]Die Vorsteuern sind daher zu 60 % abziehbar.

[21]Die jeweiligen (nachträglichen) Herstellungskosten stellen gesonderte Berichtigungsobjekte im Sinne von § 15 a Abs. 6 UStG dar.

(8) [1]Handelt es sich bei den bezogenen Leistungen um Aufwendungen, die ertragsteuerrechtlich als Erhaltungsaufwand anzusehen sind, oder um solche, die mit dem Gebrauch oder der Nutzung des Gebäudes zusammenhängen, ist vorrangig zu prüfen, ob die bezogenen Leistungen vorsteuerunschädlich oder vorsteuerschädlich verwendeten Gebäudeteilen zugeordnet werden können (vgl. BFH-Urteil vom 10. 08. 2016 – XI R 31/09, BStBl II 2022 S. 736).

Beispiel 1:

[1]U besitzt ein Wohn- und Geschäftshaus, dessen Nutzungseinheiten sich hinsichtlich der Ausstattung nicht erheblich voneinander unterscheiden und dessen Fläche er zu jeweils 50 % vorsteuerunschädlich bzw. vorsteuerschädlich vermietet hat. [2]In den vorsteuerunschädlich vermieteten Räumen lässt U durch den Maler M sämtliche Wände neu anstreichen.

[3]U ist aus den Aufwendungen zum Anstrich der Wände unter den weiteren Voraussetzungen des § 15 UStG in vollem Umfang zum Vorsteuerabzug berechtigt.

[2]Ist eine direkte Zurechnung des Erhaltungsaufwands oder der Aufwendungen im Zusammenhang mit dem Gebrauch zu bestimmten Gebäudeteilen nicht möglich, ist die Aufteilung der Vorsteuerbeträge nach § 15 Abs. 4 UStG vorzunehmen.

Beispiel 2:

[1]U lässt an seinem Wohn- und Geschäftshaus, dessen Nutzungseinheiten sich hinsichtlich der Ausstattung nicht erheblich voneinander unterscheiden und dessen Fläche er zu jeweils 50 % vorsteuerunschädlich bzw. vorsteuerschädlich vermietet, die Fassade neu anstreichen.

[2]Der Fassadenanstrich kann keinem zur Erzielung von vorsteuerunschädlichen bzw. vorsteuerschädlichen Ausgangsumsätzen verwendeten Gebäudeteil zugeordnet werden. [3]U kann daher unter den weiteren Voraussetzungen des § 15 UStG zu 50 % aus den Aufwendungen den Vorsteuerabzug vornehmen.

Anmerkung

1. Vorsteueraufteilung gem. § 15 Abs. 4 UStG

Bezieht ein Unternehmer Leistungen, die er nicht ausschließlich für den Vorsteuerabzug ausschließende oder den Vorsteuerabzug berechtigende Ausgangsleistungen verwendet, muss er eine Aufteilung der Vorsteuerbeträge vornehmen.

Nach § 15 Abs. 4 Satz 3 UStG kann eine Aufteilung nach einem **Umsatzschlüssel** nur dann vorgenommen werden, wenn kein anderer Aufteilungsmaßstab ermittelbar ist. Die Vorschrift ist zuletzt durch das

Jahressteuergesetz 2024 (Gesetz v. 5.12.2024, BGBl. I 2024, Nr. 387) mit Wirkung ab 6.12.2024 geändert worden (siehe dazu die Anmerkungen unten unter Ziff. 4).

1.1 Entwicklung der Rechtsprechung von EuGH und BFH zur Vorsteueraufteilung bei gemischt genutzten Immobilien

Die Vorsteueraufteilung bei gemischt genutzten Grundstücken war viele Jahre ein Problem in der Rechtsprechung: Es bestand Unsicherheit, nach welchem Schlüssel die Aufteilung vorzunehmen ist. Die Problematik hat sich seit der Entscheidung des EuGHs in der **Rechtssache „Rey"** (EuGH, Urt. v. 9.6.2016 – C-332/14) allerdings deutlich entschärft. Danach ist – verkürzt gesagt – die Aufteilung im Grundsatz nach einem **objektbezogenen Flächenschlüssel** vorzunehmen, es sei denn es bestehen erhebliche **Unterschiede in der Ausstattung** der verschiedenen Zwecken dienenden Räume. Dann sind die Vorsteuerbeträge nach einem objektbezogenen **Umsatzschlüssel** aufzuteilen. Dieser Rechtsprechung hat sich der BFH angeschlossen BFH, Urt. v. 10.8.2016 – XI R 31/09; BFH, Beschl. v. 27.3.2019 – V R 43/17). Dies hat der BFH mit Urt. v. 11.11.2022 (XI R 7/20) bestätigt und konkretisiert: Bestehen bei gemischt genutzten Gebäuden erhebliche Unterschiede in der Ausstattung der verschiedenen Zwecken dienenden Räume, sind Vorsteuerbeträge nach dem (objektbezogenen) Umsatzschlüssel aufzuteilen.

1.2 Auffassung der Finanzverwaltung

Die FinVerw **wendet** diese Rechtsprechung jetzt im Wesentlichen **an** (BMF-Schr. v. 20.10.2022 – III C 2 S 7306/19/10001 :003). Vor allem Abschn. 15.17. UStAE wurde mit dem BMF-Schr. v. 20.10.2022 entsprechend geändert.

1.2.1 Erhaltungsmaßnahmen

Im Fall von Eingangsleistungen zur Erhaltung, Unterhaltung oder Nutzung eines gemischt verwendeten Gebäudes ist zunächst immer eine **direkte Zuordnung** zu den zum Vorsteuerabzug berechtigenden bzw. nicht berechtigenden **Ausgangsumsätzen** vorzunehmen. Erst danach sind verbleibende Vorsteuerbeträge nach § 15 Abs. 4 UStG aufzuteilen.

1.2.2 Anschaffungs- und Herstellungsmaßnahmen

Bei Anschaffungs- und Herstellungsvorgängen findet hinsichtlich der Eingangsleistungen vorab **keine direkte Zuordnung** statt. Diese sind vielmehr insgesamt sachgerecht i. S. d. § 15 Abs. 4 UStG aufzuteilen. Die FinVerw weist darauf hin, dass „insbesondere" folgende Aufteilungsschlüssel in Betracht kommen:

- objektbezogener Flächenschlüssel,
- objektbezogener Umsatzschlüssel oder
- Schlüssel nach dem umbauten Raum

Die Verwaltung weist darauf hin, dass diese Aufzählung nicht abschließend ist.

> **Hinweis: Nichtbeanstandungsregelung**
>
> Die FinVerw beanstandet es nicht, wenn Unternehmer vor der Veröffentlichung des BMF-Schr. (also vor dem 20.10.2022) eine direkte Zuordnung nach dem bisherigen Abschn. 15.17. Abs. 7 Sätze 6 und 7 UStAE vorgenommen haben.

1.3 Aufteilungsschlüssel

Die FinVerw stellt deutlich heraus, dass für sie der **Flächenschlüssel** i. d. R. die präzisere Aufteilung i. S. d. Rechtsprechung des EuGH und BFH ist.

Für die **Flächenberechnung** sind die Grundflächen aller Räume anzusetzen. Lediglich **Versorgungsflächen bleiben unberücksichtigt** (Technikräume, Treppenhaus, Waschküche, Fahrradraum). Die Grundflächen sind auch bei Dachschrägen in vollem Umfang anzusetzen. Die Flächen von Terrassen und Balkonen zählen zur Hälfte zur maßgebenden Grundfläche.

Hinweis: Feststellungslast

Die Feststellungslast dafür, dass der Flächenschlüssel präziser ist, als der Umsatzschlüssel liegt bei der Finanzbehörde (BMF v. 20.10 2022 Rz. 18).Hierzu weist das BMF allerdings darauf hin, dass dies nur dann gilt, wenn der Stpfl. seinen Mitwirkungspflichten nachgekommen ist.

Liegen dem Finanzamt keine ausreichenden Informationen vor, kommt lt. BMF ausschließlich der Flächenschlüssel zur Anwendung. Bei dieser Sichtweise handelt es sich allerdings um eine originäre Rechtsauffassung der FinVerw, die in dieser Weise durch die BFH-Rechtsprechung nicht gestützt wird.

Zum **Umsatzschlüssel** verweist die FinVerw auf die dazu ergangene Rechtsprechung des BFH, wonach **erhebliche Ausstattungsunterschiede** zur Anwendung des objektbezogenen Umsatzschlüssels führen können. Nach Meinung des BFH soll dies dann zum Tragen kommen, wenn die *„Dicke der Wände und Decken und der Innenausstattung“* sich erheblich voneinander unterscheiden (z. B. BFH, Urt. v. 7.5.2014 – V R 1/10 und BFH, Urt. v. 3.7.2014 – V R 2/10).

Das BMF greift diese Rechtsprechung in Rz. 20–22 des BMF-Schreibens vom 20.10.2022 auf, nimmt aber (bezeichnenderweise) zunächst eine Negativabgrenzung vor, d.h. nach Auffassung der FinVerw liegen diese erheblichen Ausstattungsunterschiede in folgenden Fällen **nicht** vor:

- bei einer **unterschiedlichen Anzahl und Art von Strom- oder Wasseranschlüssen** für private und gewerbliche Mieter oder
- **bei Einbau deckenhoher Ganzglastürelemente** nur im gewerblich genutzten Gebäudeteil und normaler Fenster im Wohnbereich.

Die Verwaltung weist im Anschluss daran dann darauf hin, dass Unterschiede erst bei **deutlich unterschiedlichem Bauaufwand** erheblich sind.

Im Einzelnen:

- wenn die einen Räume luxuriös, die anderen aber schlicht ausgebaut sind,
- wenn nur für einen Gebäudeteil ein besonderer, aufwendiger Herstellungsaufwand anfällt
- beim Einbau eines Schwimmbades, das nur durch die Mieter des Wohnbereichs genutzt wird oder
- bei der erheblich unterschiedlichen Nutzung von Flächen innerhalb eines Gebäudes und Nutzflächen auf dessen Dach (z. B. Errichtung eines Holzschuppens bzw. der Neueindeckung eines Scheunendachs allein zum Betrieb einer PV-Anlage).

Hinweis: Photovoltaikanlage (PV-Anlage)

Eine „Aufdach-PV-Anlage“ zur Erzielung von Einnahmen (Einspeiseerlöse) stellt nach zutreffender Auffassung des BMF für sich allein keinen erheblichen Unterschied bezogen auf das Gesamtgebäude dar.

Hier nimmt die Verwaltung eine zweistufige Vorsteueraufteilung vor:

Stufe 1: Objektbezogener Umsatzschlüssel zur Ermittlung des Anteils der PV-Anlage für die Dachflächennutzung

Stufe 2: Aufteilung der Vorsteuerbeträge für das restliche Gebäude nach ggfs. abweichender Aufteilungsmethode (Fläche oder umbauter Raum).

Bestehen erhebliche Abweichungen in der Geschosshöhe, kann die Vorsteueraufteilung anstelle des Gesamtumsatzschlüssels **nach dem umbauten Raum** in Betracht kommen. Hiervon geht die FinVerw aus, wenn Gebäudeteile mit unterschiedlichen Geschosshöhen, aber ansonsten ohne erhebliche Unterschiede in der Ausstattung zu beurteilen sind.

2. BMF-Schreiben zur Vorsteueraufteilung

2.1 BMF-Schreiben vom 18.11.2022

Kommen **mehrere Aufteilungsschlüssel** in Betracht (z. B. Flächenschlüssel und Umsatzschlüssel) ist nach Meinung der FinVerw in Abschn. 15.17. Abs. 3 Sätze 5–7 UStAE nicht unbedingt die präziseste

Aufteilungsmethode anzuwenden. Vielmehr ist es Sache des Unternehmers die Auswahl der nach seiner Meinung präzisesten Methode zu treffen. **Allerdings will die Verwaltung dann überprüfen, ob die vom Unternehmer gewählte Methode sachgerecht ist.**

Hinweis: Blockheizkraftwerk – Aufgabe der energetischen Aufteilungsmethode!

In Abschn. 15.17. Abs. 3 Satz 7 UStAE gibt die FinVerw die von ihr viele Jahre zur Vorsteueraufteilung bei Blockheizkraftwerken vertretene Aufteilung nach kwh, d.h. nach der sog. „energetischen Methode" auf. Der BFH hatte dies bereits mit Urt. v. 16.11.2016 – V R 1/15 – beanstandet und eine Aufteilung nach dem Verhältnis der Marktpreise der produzierten Strom- und Wärmemenge (objektbezogener Umsatzschlüssel) angenommen. Dem schließt sich das BMF jetzt an (BMF-Schr. v. 18.11.2022, BStBl I 2022, 1590 Rz. 3).

Die FinVerw hat eine Aufteilung nach der energetischen Methode **bis zum 31.12.2022** nicht beanstandet.

2.2 BMF-Schreiben vom 13.2.2024

Im BMF-Schreiben v. 13.2.2024 (BMF-Schr. v. 13.2.2024 – III C 2 -S 7306/22/10001 :001) wiederholt das BMF zunächst die Aussagen, die sich schon aus den im Jahr 2022 veröffentlichten BMF-Schreiben (siehe oben unter 1.2 ff.))ergeben hatten, dass für den Fall, dass neben dem Gesamtumsatzschlüssel andere Aufteilungsschlüssel in Betracht kommen, ein anderer Aufteilungsschlüssel dann anzuwenden ist, wenn er ein präziseres Ergebnis liefert. Kommen neben dem **Gesamtumsatzschlüssel** mehrere andere präzisere Aufteilungsschlüssel in Betracht, ist nicht zwingend die präziseste Methode anzuwenden. Dies entspricht den oben zitierten Entscheidungen von EuGH und BFH.

Im BMF-Schr. v. 13.2.2024 (a.a.O.) präzisiert das BMF die Aussagen zur Vorsteueraufteilung nach einem Umsatzschlüssel, und bezieht Stellung zu einem EuGH-Urt., das bereits 2016 ergangen ist (EuGH, Urt. v. 16.6.2016 – C-186/15, Kreissparkasse Wiedenbrück). Seinerzeit hatte der EuGH entschieden, dass die Mitgliedstaaten nicht verpflichtet sind, die unionsrechtlichen **Rundungsregelungen** bei der Anwendung eines vom unternehmensbezogenen Umsatzschlüssel abweichenden Aufteilungsmaßstabs anzuwenden.

Hinweis: Vorgaben der MwStSytRL

Nach Art. 173 Abs. 1 MwStSystRL erfolgt die Vorsteueraufteilung nach einem **Gesamtumsatzschlüssel des Unternehmens**. In diesem Fall ist der **Prozentsatz des Vorsteuerabzugs** nach Art. 175 Abs. 1 MwStSystRL auf volle Prozent **aufzurunden**. Allerdings können die Mitgliedstaaten auch einen von einem Gesamtumsatzschlüssel abweichenden Aufteilungsmaßstab zulassen (Art. 173 Abs. 2 MwStSystRL), wenn dieser präziser ist. In diesem Fall greifen die Rundungsvorschriften nicht.

2.2.1 Begriff und Ermittlung des Gesamtumsatzschlüssels

Wird ein **Gesamtumsatzschlüssel** angewendet, ergibt sich der Prozentsatz des Vorsteuerabzugs aus einem Bruch, der sich aus dem **Verhältnis der Umsätze**, die zum **Vorsteuerabzug** berechtigen, **zum Gesamtumsatz des Unternehmers** zusammensetzt. Dies ist jeweils für ein Kalenderjahr zu ermitteln. Der maßgebliche Bruch (im Unionsrecht der „Pro-rata-Satz") zur Ermittlung des Prozentsatzes ist dabei wie folgt zu ermitteln:

- **Zähler**: Nettobetrag aller zum Vorsteuerabzug berechtigenden Ausgangsumsätze des Unternehmens im betroffenen Kalenderjahr. Darin sind auch die der Besteuerung unterliegen unentgeltlichen Wertabgaben (§ 3 Abs. 1b und Abs. 9a UStG) zu erfassen.
- **Nenner**: Nettobetrag des Gesamtumsatzes (alle zum Vorsteuerabzug berechtigenden und nicht zum Vorsteuerabzug berechtigenden Umsätze).

Subventionen sind nur zu berücksichtigen, wenn sie unmittelbar mit dem Preis der Lieferung oder sonstigen Leistung zusammenhängen und daher Teil der Gegenleistung i. S. d. § 10 Abs. 1 UStG sind. Andere Subventionen sind bei Ansatz eines Gesamtumsatzschlüssels nicht zu berücksichtigen.

Folgende Umsätze sind hierbei nicht zu berücksichtigen:

- Umsätze, die zu einer Vorsteuerberichtigung nach § 15 a UStG führen;
- Hilfsumsätze aus Grundstücks- und Finanzgeschäften;
- Umsätze nach § 4 Nr. 8 Buchst. a–h UStG, soweit es sich um Hilfsumsätze handelt;
- Hilfsumsätze aus Grundstücks- und Finanzgeschäften;
- Einnahmen, die ihrer Art nach nicht dem Anwendungsbereich der Umsatzsteuer unterliegen (z. B. aus Geschäftsveräußerungen nach § 1 Abs. 1 a UStG oder Kapitalerträgen).

2.2.2 Verfahren

Die Umsätze sind nach dem jeweils für den Unternehmer maßgeblichen Besteuerungsverfahren zu erfassen – je nachdem, ob die Soll- oder die Ist-Besteuerung angewendet wird. Soweit es zu Änderungen der Bemessungsgrundlage (§ 17 UStG) kommt, werden diese in dem Zeitraum erfasst, in dem die Änderung eintritt.

2.2.3 Rundung

Der **Prozentsatz**, der sich aus dem nach dem Gesamtumsatzschlüssel ermittelten Bruch ergibt, ist entsprechend den **unionsrechtlichen Grundsätzen auf einen vollen Prozentsatz aufzurunden.** Wendet der Unternehmer einen anderen – präziseren – Aufteilungsschlüssel an, gilt diese Rundungsvorschrift nicht, es ist auf die zweite Nachkommastelle aufzurunden.

2.2.4 Alternative Aufteilungsschlüssel

Ein anderer Aufteilungsmaßstab wäre z. B. auch ein Teilumsatzschlüssel, ein objekt- oder abteilungsbezogener Umsatzschlüssel. Wenn ein solcher Aufteilungsmaßstab zu einem präziseren Ergebnis führt, ist dieser vorrangig, gibt es mehrere „vorrangige" Aufteilungsmaßstäbe, kann der Unternehmer einen Aufteilungsmaßstab wählen, es muss nicht der präziseste Aufteilungsmaßstab sein. **Der Gesamtumsatzschlüssel kann nur angewendet werden, wenn es keinen anderen (präziseren) Aufteilungsmaßstab gibt.**

2.2.5 Anwendung des BMF-Schreibens v. 13.2.2024

Die Grundsätze sind in allen offenen Fällen anzuwenden

2.3 Konsequenzen für die Anwendungspraxis

Die BMF-Schreiben zur Vorsteueraufteilung und die entsprechenden Änderungen im UStAE sind im Grundsatz wichtig und zu begrüßen.

Negativ ist allerdings anzumerken, dass die FinVerw mit diesen Äußerungen viel zu lange gewartet hat. Die erste zu dieser Thematik ergangene EuGH-Entscheidung datiert aus 2012. Weitere richtungsweisende Entscheidungen des V. und XI. BFH-Senats sind in den Jahren bis 2016 zur Problematik ergangen. Spätestens zu diesem Zeitpunkt wäre es notwendig gewesen, dass seitens der FinVerw **Rechtsklarheit und -sicherheit für die Anwendungspraxis** geschaffen wird. Viele Verfahren vor den Finanzgerichten hätten damit vermieden werden können.

Negativ ist auch, dass die Auffassung der FinVerw zum Gesamtumsatzschlüssel erst mit dem BMF-Schr. v. 13.2.2024 veröffentlicht wurde.

Positives gibt es zu diesen BMF-Schreiben aber auch zu vermelden: Inhaltlich wird die Rechtsprechung von EuGH und vor allem BFH umfassend aufgearbeitet. Allerdings ist auffällig, dass die FinVerw doch ihre fiskalische Betrachtung vor allem bei der Frage der Anwendung des **Flächenschlüssels** nicht immer verbergen kann (und wohl auch nicht will).

Positiv ist auch: Die Frage der erheblichen Ausstattungsunterschiede hat das BMF umfassend dargestellt. Allerdings dürfte es in diesem Bereich auch in Zukunft in Außenprüfungen weiterhin im Einzelfall zu Abgrenzungsstreitigkeiten kommen.

Hinweis: Weitere Änderungen des UStAE

Die FinVerw hat in diesem Zuge noch weitere Abschnitte des UStAE geändert, in denen jedoch zumeist auf die Änderungen/Ergänzungen des Abschn. 15.17. UStAE Bezug genommen wird: Dies betrifft vor allem Abschn. 2.5. Abs. 20 UStAE.

Zu weiteren Einzelheiten des BMF-Schreibens v. 18.11.2022 siehe auch die Erläuterungen zu Abschn. 15.16 UStAE.

Zu beachten ist, dass diese Grundsätze bei der Vorsteueraufteilung bei **Immobilien** i. d. R. keine Anwendung finden werden, da dort typischerweise eine **Aufteilung nach dem Flächenschlüssel** bzw. nach einem **objektbezogenen Umsatzschlüssel** als präziserer Aufteilungsmaßstab in Betracht kommt.

Die Aussagen zum Gesamtumsatzschlüssel des Unternehmens, werden deshalb eher bei Unternehmen zur Anwendung kommen, die etwa neben vorsteuerabzugsberechtigten Ausgangsumsätzen auch steuerfreie Finanzdienstleistungen (§ 4 Nr. 8 UStG), Versicherungsleistungen (§ 4 Nr. 10 Buchst. a oder Nr. 11 UStG) oder heilkundliche Leistungen ausführen (§ 4 Nr. 14 UStG).

3. Gesetzesänderung durch das Jahressteuergesetz 2024

Durch das Jahressteuergesetz 2024 (Gesetz v. 5.12.2024, BGBl. I 2024 Nr. 387) ist § 15 Abs. 4 Satz 3 UStG dahingehend geändert worden, dass der **Gesamtumsatzschlüssel** nur dann zur Anwendung kommt, wenn er der **einzige mögliche Aufteilungsmaßstab** ist. Außerdem gehen andere wirtschaftliche Zuordnungen zur Vorsteueraufteilung dem Gesamtumsatzschlüssel nur dann vor, wenn die gewählte Methode ein **präziseres Ergebnis** liefert.

Weil auch andere umsatzbasierte Aufteilungsschlüssel möglich sind (z.B. objektbezogener Umsatzschlüssel), war der Gesetzgeber der Meinung, dass es wichtig sei, den Wortlaut in § 15 Abs. 4 Satz 3 UStG dahingehend zu präzisieren, dass mit dem dort beschriebenen Verhältnis der **Gesamtumsatzschlüssel** i.S.d Art. 173 Abs. 1 MwStSystRL gemeint ist.

Das bedeutet, dass eine **andere wirtschaftliche Zuordnung** nur dann dem **Gesamtumsatzschlüssel** vorgeht, wenn die gewählte Methode zu einem **präziseren Ergebnis** führt.

Diese Regelung, die so auch der Gesetzesbegründung zum Jahressteuergesetz 2024 zu entnehmen ist, entspricht der Rechtsprechung von EuGH und BFH aus den Jahren seit 2012 (z.B. EuGH, Urt. v. 8.11.2012 – C-511/10, BLC Baumarkt, BStBl II 2022, 749 und v. 9.6.2016 – C-332/14, Grundstücksgemeinschaft Rey, BStBl II 2022, 752; BFH, Urt. v. 7.5. 2014 – V R 1/10, BStBl II 2022, 731 und v. 3.7. 2014 – V R 2/10, BStBl II 2022, 734). Sie ist auch bereits vorab in den beiden oben dargestellten BMF-Schreiben 18.11.2022 und 13.2.2024 zum Ausdruck gekommen (vgl. oben die Kommentierung unter 2.1. und 2.2.).

Hinweis: Prüfung der präziseren Aufteilungsmethode

Materiell-rechtliche Änderungen sind mithin mit der Neuformulierung des § 15 Abs. 4 UStG demnach **nicht** verbunden. Letztlich wird mit der Gesetzesänderung der bestehende status quo festgeschrieben.

Wichtig ist, dass die Auswahl der anzuwendenden präziseren Methode auch weiterhin dem Unternehmer obliegt; die **Finanzbehörde** kann sie jedoch daraufhin auch **Sachgerechtigkeit** hin **überprüfen**.

Durch das Jahressteuergesetz 2024 ist in § 15 Abs. 4 UStG im Übrigen der Begriff „**Zurechnung**" durch den Begriff „**Zuordnung**" ersetzt worden. Hierdurch hat sich keine inhaltliche Änderung ergeben. Es handelt sich lediglich um eine Anpassung an die Formulierungen in der MwStSystRL.

Die **Änderungen** des § 15 Abs. 4 UStG sind am Tag nach der Verkündung des Jahressteuergesetzes 2024, also **am 6.12.2024 in Kraft getreten**.

4. Gesetzesänderung durch das „Gesetz zur Modernisierung und Digitalisierung der Schwarzarbeitsbekämpfung"

Mit dem Jahressteuergesetz 2024 (siehe oben 4.) die Regelungen zur Vorsteueraufteilung in § 15 Abs. 4 UStG aufgrund der Entwicklung in der Rechtsprechung **klarer gefasst** (Gesamtumsatzschlü-ssel nachrangig gegenüber anderen, präziseren und sachgerechten Aufteilungsmethoden). Danach ist – wie unter 4. dargestellt – insbesondere der Flächenschlüssel regelmäßig vorrangig gegenüber einem umsatzbasierten Aufteilungsschlüssel anzuwenden (z.B. dem objektbezogenen Umsatzschlüssel). Nunmehr erfolgte eine erneute Ergänzung des § 15 Abs. 4 UStG durch das sog. Schwarzarbeitsbekämpfungsgesetz.

Wörtlich heißt es jetzt nach Ergänzung um einen **§ 15 Abs. 4 Satz 4, 5 UStG**:

> *„Für Grundstücke ist dabei eine Aufteilung nach dem Verhältnis der Nutzflächen vorzunehmen, es sei denn, eine andere Methode führt zu einer demgegenüber präziseren wirtschaftlichen Zuordnung. In den Fällen des Absatzes 1b gelten die Sätze 1 bis 4 entsprechend."*

Es wird nunmehr also ausdrücklich geregelt, dass bei der Vorsteueraufteilung im Zusammenhang mit Grundstücken vorrangig eine **Aufteilung nach dem Verhältnis der Nutzflächen** vorzunehmen ist. Dies umschreibt den **Flächenschlüssel**, der in diesen Fällen die grds. die vorzugswürdige Aufteilungsmethode ist.

Nur im Ausnahmefall, wenn im Einzelfall eine andere Aufteilungsmethode zu einem präziseren wirtschaftlichen Ergebnis führt, kann stattdessen auch diese andere Aufteilungsmethode angewandt werden.

Die Regelung beruht auf der Ermächtigung in Artikel 173 Abs. 2 Buchst. b MwStStytRL, nach der die Mitgliedstaaten Unternehmer verpflichten können, für jeden Bereich ihrer Tätigkeit (hier Grundstück) einen besonderen Pro-rata-Satz (hier: Flächenschlüssel nach Nutzflächen) anzuwenden.

Hinweis: Rechtsfolgen der Neuregelung

Bei der gesetzlichen Änderung zur Vorsteueraufteilung handelt es sich um eine **Änderung der Verhältnisse** im Sinne des § 15a Abs. 1 UStG.

Eine solche Änderung der Verhältnisse liegt nach Abschn. 15a Abs. 2 Satz 2 Nr. 5 UStAE vor, wenn sich eine **Rechtsänderung** nach dem Leistungsbezug auf die Beurteilung des Vorsteuerabzugs auswirkt, z.B. bei Wegfall oder Einführung einer den Vorsteuerabzug ausschließenden Steuerbefreiung oder bei gesetzlichen Neuregelungen zur Vorsteueraufteilung nach § 15 Abs. 4 UStG.

Damit würde sich für am 01.01.2026 bereits dem Unternehmensvermögen zugehörige Grundstücke, für die der **Berichtigungszeitraum von 10 Jahren nach § 15a Abs. 1 UStG noch nicht abgelaufen** ist, für die Besteuerungszeiträume ab 2026 ggf. ein **Vorsteuerberichtigungsbedarf** ergeben.

Es bleibt abzuwarten, ob sich die FinVerw dazu noch gesondert äußert.

UStAE 15.18. Erleichterungen bei der Aufteilung der Vorsteuerbeträge

Allgemeines

(1) [1]Die Erleichterungen des § 43 UStDV erstrecken sich auf die Fälle, in denen die dort bezeichneten Umsätze den Vorsteuerabzug ausschließen würden. [2]Sie betreffen nur die Vorsteuerbeträge, die den in § 43 UStDV bezeichneten Umsätzen lediglich teilweise zuzurechnen sind. [3]Vorsteuerbeträge, die sich ausschließlich auf diese Umsätze beziehen, bleiben vom Abzug ausgeschlossen.

(2) [1]Die Erleichterungen des § 43 UStDV bestehen darin, dass die Vorsteuerbeträge, die den dort bezeichneten Umsätzen nur teilweise zuzuordnen sind, nicht in einen abziehbaren und einen nicht abziehbaren Anteil aufgeteilt werden müssen. [2]Sie sind somit voll abziehbar.

Bestimmte Umsätze von Geldforderungen

(3) § 43 Nr. 1 UStDV betrifft solche Umsätze von Geldforderungen (z. B. Wechselumsätze oder Forderungsabtretungen), denen zum Vorsteuerabzug berechtigende Umsätze des Unternehmers zu Grunde liegen.

Beispiel:

[1]Ein Unternehmer tritt eine Geldforderung, die er an einen Kunden für eine steuerpflichtige Warenlieferung hat, an einen Dritten ab, der aber den tatsächlichen Forderungseinzug nicht übernimmt.

[2]Dieser Umsatz ist nach § 4 Nr. 8 UStG unter Ausschluss des Vorsteuerabzugs steuerfrei (vgl. Abschnitt 2.4 Abs. 3 Satz 5). [3]Der Forderungsabtretung liegt jedoch die zum Vorsteuerabzug berechtigende Warenlieferung zu Grunde. [4]Der Unternehmer braucht daher die Vorsteuern, die der Forderungsabtretung nicht ausschließlich zuzurechnen sind (z. B. Vorsteuern, die im Bereich der Verwaltungsgemeinkosten angefallen sind), nicht in einen abziehbaren und einen nicht abziehbaren Anteil aufzuteilen. [5]Sie sind voll abziehbar.

[6]Der Unternehmer könnte in gleicher Weise verfahren, wenn er von seinem Kunden für die Warenlieferung einen Wechsel erhalten hätte, den er anschließend an einen Dritten weitergibt.

Bestimmte Umsätze von Wechseln

(4) [1]Unter § 43 Nr. 2 UStDV fallen nur Wechselumsätze. [2]Den Wechsel muss der Unternehmer für einen zum Vorsteuerabzug berechtigenden Umsatz eines Dritten von dessen Leistungsempfänger erhalten haben. [3]Außerdem muss der Unternehmer den Wechsel dafür erhalten haben, dass er den leistenden Unternehmer als Bürge oder Garantiegeber an Stelle des Leistungsempfängers befriedigt hat. [4]Schließt der Umsatz des leistenden Unternehmers den Vorsteuerabzug nach § 15 Abs. 2 und 3 UStG aus, kann die Erleichterung des § 43 UStDV für den Wechselumsatz nicht in Anspruch genommen werden (§ 43 Nr. 2 Satz 2 UStDV).

Beispiel:

[1]Der Zentralregulierer A gibt einer Bank oder einem sonstigen Empfänger einen Wechsel. [2]Dieser nach § 4 Nr. 8 UStG steuerfreie Umsatz schließt den Vorsteuerabzug aus. [3]Den Wechsel hat A von dem Leistungsempfänger B dafür erhalten, dass er dessen Zahlungsverpflichtung an den Lieferer C als Bürge beglichen hat. [4]Der Umsatz des C an B berechtigte C zum Vorsteuerabzug.

[5]A kann für seinen Wechselumsatz von der Erleichterung des § 43 UStDV Gebrauch machen. [6]Die Auswirkungen sind die gleichen wie im Beispiel in Absatz 3.

[7]Würde der Umsatz des C an B den Vorsteuerabzug nach § 15 Abs. 2 und 3 UStG ausschließen, käme für A die Erleichterung des § 43 UStDV nicht in Betracht.

Bestimmte Hilfsumsätze

(5) [1]Für die in § 43 Nr. 3 UStDV bezeichneten Umsätze darf die Erleichterung des § 43 UStDV nur unter der Voraussetzung angewendet werden, dass es sich bei ihnen um Hilfsumsätze handelt. [2]Das ist dann der Fall, wenn diese Umsätze zur unternehmerischen Tätigkeit des Unternehmens gehören, jedoch nicht den eigentlichen Gegenstand des Unternehmens bilden. [3]Die Erleichterung ist insbesondere für folgende Hilfsumsätze von Bedeutung:

1. [1]Eintausch ausländischer Zahlungsmittel durch einen Unternehmer, der diese Beträge für seine Waren- und Dienstleistungsumsätze von seinen Kunden erhalten hat. [2]Dies gilt auch dann, wenn dieser Umsatz eine sonstige Leistung darstellt (vgl. BFH-Urteil vom 19. 5. 2010, XI R 6/09, BStBl 2011 II S. 831).
2. Die Abgabe von Briefmarken im Zusammenhang mit dem Verkauf von Ansichtskarten durch Schreibwarenhändler oder Kioske.
3. Geschäftseinlagen bei Kreditinstituten von Unternehmern, soweit die Geschäftseinlagen nicht der unmittelbaren, dauerhaften und notwendigen Erweiterung der steuerbaren Tätigkeit des Unternehmens dienen (vgl. BFH-Urteil vom 19. 1. 2016, XI R 38/12, BStBl 2017 II S. 567).

[4]Die Auswirkungen sind die gleichen wie im Beispiel in Absatz 3.

Verwaltungsgemeinkosten

(6) Aus Vereinfachungsgründen können bei der Aufteilung von Vorsteuerbeträgen alle Vorsteuerbeträge, die sich auf die sog. Verwaltungsgemeinkosten beziehen (z. B. die Vorsteuerbeträge für die Beschaffung des Büromaterials), nach einem einheitlichen Verhältnis ggf. schätzungsweise aufgeteilt werden, auch wenn einzelne Vorsteuerbeträge dieses Bereichs an sich bestimmten Umsätzen ausschließlich zuzurechnen wären.

UStAE 15.19. Vorsteuerabzug bei juristischen Personen des öffentlichen Rechts

Allgemeines

(1) [1]Bei juristischen Personen des öffentlichen Rechts ist zwischen der umsatzsteuerrechtlich relevanten Betätigung im Unternehmen und der nichtunternehmerischen Tätigkeit zu unterscheiden (vgl. BFH-Urteil vom 3. 7. 2008, V R 51/06, BStBl 2009 II S. 213). [2]Abziehbar sind Vorsteuerbeträge für Umsätze, die für den unternehmerischen Bereich der juristischen Person des öffentlichen Rechts ausgeführt werden (z. B. Lieferungen von Büromaterial für die Versorgungsbetriebe einer Stadtgemeinde) und in diesem Bereich nicht der Ausführung von Umsätzen dienen, die nach § 15 Abs. 2 und 3 UStG den Vorsteuerabzug ausschließen (Abschnitte 15.12 bis 15.15). [3]Werden dem Unternehmensbereich dienende Gegenstände später für den nichtunternehmerischen Bereich entnommen oder verwendet, liegt eine unentgeltliche Wertabgabe vor. [4]Die Einschränkung des Vorsteuerabzugs bei Repräsentationsaufwendungen nach § 15 Abs. 1a UStG (vgl. Abschnitt 15.6) gilt auch für juristische Personen des öffentlichen Rechts.

(2) [1]Der Vorsteuerabzug ist ausgeschlossen, wenn sich der Umsatz auf den nichtunternehmerischen Bereich bezieht (z. B. Lieferungen von Büromaschinen für die öffentliche Verwaltung einer Stadtgemeinde). [2]Werden die dem nichtunternehmerischen Bereich dienenden Gegenstände später in den unternehmerischen Bereich überführt oder dort verwendet, ist ein nachträglicher Vorsteuerabzug nicht zulässig. [3]Eine Gemeinde, die Einrichtungen (einschließlich Straßen, Wege und Plätze) sowohl für wirtschaftliche als auch für hoheitliche Zwecke verwendet, kann diese nicht in vollem Umfang ihrer wirtschaftlichen Tätigkeit zuordnen und ist deshalb nur anteilig zum Vorsteuerabzug berechtigt (zu einem Marktplatz vgl. BFH-Urteil vom 3. 8. 2017, V R 62/16, BStBl 2021 II S. 109). [4]Eine Gemeinde kann keine Vorsteuern aus Herstellung und Unterhalt von Einrichtungen geltend machen, die zwar durch die Gemeinde als Teil der öffentlichen Kureinrichtungen/des Fremdenverkehrs vorgehalten werden, jedoch nach den landesrechtlichen Regelungen (z. B. Straßen- und Wegerecht) durch öffentlich-rechtliche Widmung als dem Gemeingebrauch zugänglich anzusehen bzw. einer solchen Widmung zuzuführen sind, selbst wenn die Gemeinde vom Kurgast auf der Grundlage einer Satzung einen allgemeinen Kurabgabebeitrag erhebt (vgl. BFH-Urteil vom 26. 4. 1990, V R 166/84, BStBl II S. 799). [5]Die Nutzung der Einrichtungen durch den Kurgast erfolgt hier nicht im Rahmen einer über den Gemeingebrauch hinausgehenden Sondernutzung. [6]Bei Fehlen einer öffentlich-rechtlichen Widmung entfällt der Vorsteuerabzug, wenn die Einrichtung ausdrücklich (z. B. durch Gemeindeordnung) oder konkludent (z. B. durch Gewohnheitsrecht oder Ausschilderung als Spazier- oder Wanderweg) der Öffentlichkeit zur Nutzung überlassen wird und dadurch insoweit eine Sondernutzung in Zusammenhang mit einer wirtschaftlichen Tätigkeit ausgeschlossen ist.

Leistung für den unternehmerischen und den nicht unternehmerischen Bereich

(3) [1]Wird ein Umsatz sowohl für den unternehmerischen als auch für den nichtunternehmerischen Bereich der juristischen Person des öffentlichen Rechts ausgeführt (teilunternehmerische Verwendung), besteht eine Berechtigung zum Vorsteuerabzug nur im Umfang der beabsichtigten Verwendung für die unternehmerische Tätigkeit (vgl. BFH-Urteil vom 3. 3. 2011, V R 23/10, BStBl 2012 II S. 74, und Abschnitt 15.2b Abs. 2). [2]Die auf die Eingangsleistung entfallende Steuer ist entsprechend dem Verwendungszweck in einen abziehbaren und einen nicht abziehbaren Anteil aufzuteilen (z. B. beim Bezug einheitlicher Gegenstände, bei einem gemeinsamen Bezug von Heizmaterial oder bei Inanspruchnahme eines Rechtsanwalts, der auf Grund eines einheitlichen Vertrages ständig Rechtsberatungen für beide Bereiche erbringt). [3]Maßgebend für die Aufteilung sind die Verhältnisse bei Ausführung des betreffenden Umsatzes

an die juristische Person des öffentlichen Rechts. [4]Für den Vorsteuerabzug beim Bezug einheitlicher Gegenstände, die teilunternehmerisch nichtwirtschaftlich i. e. S. verwendet werden, gilt eine Billigkeitsregelung, vgl. Abschnitt 15.2c Abs. 2 Satz 1 Nr. 2 Buchstabe a. [5]Zum Vorsteuerabzug bei teilunternehmerisch genutzten Grundstücken vgl. Abschnitte 3.4 Abs. 5a, 15.2b Abs. 2 und 15.6a Abs. 1 Satz 4.

Beispiel:

[1]Eine juristische Person des öffentlichen Rechts erwirbt einen Pkw, der sowohl für den Eigenbetrieb „Wasserversorgung" (unternehmerische Tätigkeit) als auch für den hoheitlichen Bereich verwendet werden soll.

[2]Der Vorsteuerabzug aus der Anschaffung des Pkw ist anteilig nur insoweit zu gewähren, als der Pkw für die unternehmerische Tätigkeit verwendet werden soll.

Materialbeschaffungsstellen

(4) [1]Juristische Personen des öffentlichen Rechts haben vielfach zentrale Stellen zur Beschaffung von Material für den unternehmerischen und den nichtunternehmerischen Bereich eingerichtet (z. B. für Büromaterial, Heizmittel). [2]Beim Bezug des Materials ist häufig noch nicht bekannt, in welchem Bereich es verwendet wird. [3]In diesen Fällen sind die Beschaffungsstellen dem unternehmerischen Bereich zuzurechnen, sofern der auf diesen Bereich entfallende Anteil der Beschaffungen nicht unter 10 % der Gesamtbezüge liegt. [4]Gehören danach die Beschaffungsstellen zu dem unternehmerischen Bereich, kann für den Bezug des gesamten Materials der Vorsteuerabzug in Anspruch genommen werden. [5]Die spätere Überführung von Gegenständen in den nichtunternehmerischen Bereich ist nach § 3 Abs. 1b Satz 1 Nr. 1 UStG steuerpflichtig. [6]Eine spätere teilweise Verwendung im nichtunternehmerischen Bereich ist nach § 3 Abs. 9a Nr. 1 UStG zu versteuern (vgl. Absatz 1). [7]Für Gegenstände, die zwar im unternehmerischen Bereich verbleiben, aber dort zur Ausführung von Umsätzen verwendet werden, die nach § 15 Abs. 2 und 3 UStG den Vorsteuerabzug ausschließen, ist der Vorsteuerabzug beim Verlassen der Beschaffungsstelle rückgängig zu machen. [8]Ist die zentrale Beschaffungsstelle dem nichtunternehmerischen Bereich zuzurechnen, entfällt der Vorsteuerabzug für das von ihr bezogene Material in vollem Umfang, und zwar auch für Gegenstände, die später im unternehmerischen Bereich verwendet werden.

Juristische Personen des öffentlichen Rechts (§ 2b UStG)

(5) [1]Zu Fragen bezüglich Vorsteuerabzug und Vorsteuerberichtigung im Zusammenhang mit der Regelung des § 2b UStG und der Übergangsregelung des § 27 Abs. 22 UStG vgl. BMF-Schreiben vom 16. 12. 2016, BStBl I S. 1451. [2]Zu den Aufteilungsmethoden für die Inanspruchnahme des Vorsteuerabzugs bei unternehmerisch tätigen juristischen Personen des öffentlichen Rechts vgl. auch BMF-Schreiben vom 12.06.2024, BStBl I S. 1041.

Anmerkung

1. Vorsteuerabzug bei juristischen Personen des öffentlichen Rechts (jPöR)

Bei jPöR sind Vorsteuerbeträge aus Eingangsleistungen nur dann abziehbar, wenn deren unternehmerischer Bereich betroffen ist und es sich in diesem Zusammenhang nicht um die Ausführung von Umsätzen handelt, die den Vorsteuerabzug nach § 15 Abs. 2 i. V. m. Abs. 3 UStG ausschließen (z. B. steuerfreie Umsätze).

2. Voraussetzungen für ein Zuordnungswahlrecht

Mit Urteil vom 3.8.2017 hat der BFH entschieden, dass eine zeitnahe Zuordnungsentscheidung vom Unternehmer für Zwecke des Vorsteuerabzugs grundsätzlich nur dann zu treffen und zu dokumentieren ist, wenn ein **Zuordnungswahlrecht** besteht (BFH, Urt. v. 3.8.2017 – V R 62/16, BStBl II 2021, 109).

Dieses Zuordnungswahlrecht besteht jedoch nicht für jede gemischte Nutzung eines Gegenstands, sondern nur für die gemischte Nutzung im Rahmen des „Sonderfalls einer Privatentnahme" i. S. von Art. 16 und Art. 26 Abs. 1 der MwStSystRL, bei der ein Unternehmer den gemischt wirtschaftlich und privat verwendeten Gegenstand voll dem Unternehmen zuordnen und dann aufgrund der Unternehmenszuordnung in vollem Umfang zum Vorsteuerabzug berechtigt sein kann.

Der Fall und die Entscheidung

Im entschiedenen Fall ging es um die weitere Verwendung des Marktplatzes der Gemeinde, also deren Hoheitsbereich und nicht um deren „private Zwecke“, sodass der Gemeinde kein Zuordnungswahlrecht zugunsten einer Zuordnung des gesamten Gegenstands zu ihrer wirtschaftlichen Tätigkeit zustand und damit auch kein Zuordnungserfordernis bestand.

Der Fall ist von besonderer Bedeutung, weil der BFH hier deutlich die Grundsätze herausgestellt hat, in denen überhaupt ein **Zuordnungswahlrecht** besteht.

Keinesfalls ist es nämlich so, dass jede Art von gemischter Nutzung ein Zuordnungswahlrecht des Unternehmers auslöst. Jedenfalls im Fall einer unternehmerischen und hoheitlichen Nutzung einer Straße oder eines Platzes, bei dem die Gemeinde Träger der Straßenbaulast ist, besteht ein solches Zuordnungswahlrecht nicht. Das ist immer dann der Fall, wenn eine Straße oder andere öffentliche Einrichtung ausdrücklich oder zumindest konkludent für den Gemeingebrauch gewidmet wurde.

3. Ergänzung des UStAE

Das **BMF** hat Abschn. 15.19. Abs. 2 um die Sätze 3 bis 6 **ergänzt**. Danach hat eine Gemeinde kein Zuordnungswahlrecht, wenn eine öffentliche Einrichtung ausdrücklich durch Widmungsakt dem Gemeingebrauch überlassen wurde.

Bei Fehlen einer solchen ausdrücklichen Widmung entfällt der Vorsteuerabzug jedenfalls dann, wenn die öffentliche Einrichtung durch

– Gemeindeordnung oder
– konkludent (z. B. durch Ausschilderung oder Gewohnheitsrecht)

der Öffentlichkeit zur Nutzung überlassen wurde und damit eine Sondernutzung im Sinne einer wirtschaftlichen Tätigkeit ausgeschlossen ist.

Entscheidung des BFH zum Zeitpunkt der Ausübung des Zuordnungswahlrechts

Mit Entscheidungen vom 4.5.2022 – XI R 28/21 und XI R 29/21 hat der BFH im Nachgang zu Entscheidungen des EuGH entschieden, dass allein die allgemeine Abgabefrist für Steuererklärungen (§ 149 Abs. 2 AO) nicht maßgebend ist. Vielmehr kann auch durch objektive Beweisanzeichen die Zuordnung dokumentiert werden (Bauzeichnung, Strom-Einspeisevertrag, Versicherung, Auftreten unter Firmenanschrift etc.).

Die FinVerw hat auf die Entscheidungen vor diesem Hintergrund Abschn. 15.2c Abs. 14–19 UStAE angepasst. Zu Einzelheiten der Problematik des Zuordnungswahlrechts vgl. die **Kommentierung zu Abschn. 15.2c UStAE unter Ziff. 2 ff.**

4. Vorsteuerabzug bei § 2b UStG

Im BMF-Schreiben v. 12.06.2024, BStBl I 2024, 1041) hat die FinVerw sich umfassend zum Vorsteuerabzug von jPöR geäußert.

4.1 Zuordnung von bezogenen Leistungen

Es gelten die allgemeinen Grundsätze zur Zuordnung von Leistungen zum Unternehmen (vgl. Abschn. 15.2b Abs. 2 und Abschn. 15.2c Abs. 2 UStAE):

Wird ein **einheitlicher Gegenstand** sowohl für unternehmerische als auch für hoheitliche (nichtwirtschaftliche Tätigkeiten) verwendet, kann die jPöR ihn nur insoweit dem Unternehmen zuordnen, wie er für die unternehmerischen Zwecke verwendet wird – Voraussetzung ist, dass eine **unternehmerische Verwendung** von **mindestens 10 %** vorliegt. Bei bezogenen sonstigen Leistungen oder aufteilbaren

Gegenständen besteht grundsätzlich die Notwendigkeit der Aufteilung, wenn sie für unternehmerische und nichtunternehmerische Zwecke verwendet werden.

4.2 Aufteilung

JPöR können nach Auffassung des BMF unterschiedliche, **vereinfachende Aufteilungsmethoden** anwenden. Im Mittelpunkt steht dabei ein **Einnahmeschlüssel** für teilunternehmerisch verwendete Leistungsbezüge.

Für **Grundstücke**, die auch für nichtwirtschaftliche Zwecke genutzt werden, ist zuerst zu prüfen, ob eine Vorsteueraufteilung nach einem üblichen, für Grundstücke anwendbaren Aufteilungsmaßstab (siehe dazu auch die Anm. zu Abschn. 15.17 Abs. 5 ff. UStAE) vorgenommen werden kann. Wenn dies nicht möglich ist, kann der anteilige Vorsteuerabzug nach dem **Einnahmeschlüssel** vorgenommen werden.

Eine weitere Möglichkeit besteht in einem **pauschalen Vorsteuersatz** für jPöR, die nur einen **geringen unternehmerischen Bereich** unterhalten. Beträgt der steuerbare und steuerpflichtige Umsatz im vorangegangenen Kalenderjahr **nicht mehr als 45.000 EUR**, kann der Vorsteuerabzug pauschal mit einem bestimmten Prozentsatz der angefallenen steuerpflichtigen Ausgangsumsätze ermittelt werden. An diese Vereinfachungsmethode ist die jPöR für mindestens fünf Kalenderjahre gebunden, **soweit nicht die Umsatzgrenze von 45.000 EUR überschritten** wird.

Hinweis: Weitere Vereinfachungsregelungen

Zu weiteren Vereinfachungen beim Aufteilungsschlüssel vgl. die Anm. zu Abschn. 2b.1 UStAE.

4.3 Organisationseinheiten von Bund und Ländern

Bund und Länder können nach § 18 Abs. 4f und Abs. 4g UStG eine **dezentrale Besteuerung** von Organisationseinheiten vornehmen. Dabei sind nach § 18 Abs. 4f Satz 7 UStG Wahlrechte einheitlich auszuüben. Diese **Methoden zur Vorsteueraufteilung stellen nach Auffassung der FinVerw kein Wahlrecht i.S.d. Regelung dar** (kein gesetzliches Wahlrecht bzw. Wahlrecht, das das gesamte Unternehmen in seiner Umsatzbesteuerung erfasst).

Weil trotz Organisationseinheiten immer noch ein einheitliches Unternehmen vorliegt, kommt es für die Frage des Vorsteuerabzugs auf die **Verhältnisse in der gesamten Gebietskörperschaft** an. Bei zentraler Beschaffung ist der Vorsteuerabzug entweder nur durch die die leistungsbeziehende oder nur durch die insoweit verwendende Organisationseinheit geltend zu machen.

Hinweis: Haushaltsschlüssel

Es können **anstelle des Einnahmeschlüssels** auch Schlüssel für verschiedene Organisationseinheiten oder einzelne Einrichtungen angewendet werden, die auf den Haushaltsansätzen beruhen (**Haushaltsschlüssel**).

Die Grundsätze des BMF-Schreibens vom 12.06.2024, BStBl I 2024, 1041 sind ab dem **Zeitpunkt** anzuwenden, ab dem die jPöR die Regelungen des § 2b UStG anwendet, also **spätestens ab 01.01.2027**.

Wegen weiterer Einzelheiten siehe auch die Kommentierung zu Abschn. 2b.1 UStAE.

UStAE 15.20. Vorsteuerabzug bei Überlassung von Gegenständen durch Gesellschafter an die Gesellschaft

(1) [1]Erwirbt ein Gesellschafter, der bisher nur als Gesellschafter tätig ist, einen Gegenstand und überlässt er ihn der Gesellschaft entgeltlich zur Nutzung, wird er unternehmerisch tätig. [2]Er kann die ihm beim Erwerb des Gegenstands in Rechnung gestellte Steuer unter den übrigen Voraussetzungen des § 15 UStG als Vorsteuer abziehen (vgl. Abschnitt 1.6 Abs. 7 Nr. 1). [3]Ein Abzug der auf den Erwerb des Gegenstands entfallenden Vorsteuer durch die Gesellschaft ist ausgeschlossen, weil der Gegenstand nicht für das Unternehmen der Gesellschaft geliefert worden ist. [4]Die Gesellschaft kann gegebenenfalls die Vorsteuern abziehen, die bei der Verwendung des Gegenstands in ihrem Unternehmen anfallen (z.B. der Gesell-

schaft in Rechnung gestellte Steuer für Reparaturen usw.). [5]Überlässt der Gesellschafter dagegen den Gegenstand unentgeltlich zur Nutzung, handelt er allein deswegen insoweit nicht als Unternehmer (vgl. BFH-Urteil vom 26.08.2014 – XI R 26/10, BStBl II 2021 S. 881). [6]Das Gleiche gilt, wenn die Gebrauchsüberlassung einen auf Leistungsvereinigung gerichteten Vorgang darstellt (vgl. BFH-Urteil vom 24. 8. 1994, XI R 74/93, BStBl 1995 II S. 150). [7]In diesen Fällen ist weder der Gesellschafter noch die Gesellschaft berechtigt, die dem Gesellschafter beim Erwerb des Gegenstands in Rechnung gestellte Steuer als Vorsteuer abzuziehen (vgl. auch BFH-Urteile vom 26. 1. 1984, V R 65/76, BStBl II S. 231, und vom 18. 3. 1988, V R 178/83, BStBl II S. 646, sowie BFH-Beschluss vom 9. 3. 1989, V B 48/88, BStBl II S. 580).

(2) [1]Ist ein Gesellschafter bereits als Unternehmer tätig und überlässt er der Gesellschaft einen Gegenstand seines Unternehmens zur Nutzung, kann er sowohl bei entgeltlicher als auch bei unentgeltlicher Überlassung die ihm bei der Anschaffung des überlassenen Gegenstands in Rechnung gestellte Steuer als Vorsteuer abziehen (vgl. Abschnitt 1.6 Abs. 7 Nr. 2). [2]Ein Vorsteuerabzug der Gesellschaft ist insoweit ausgeschlossen.

(3) [1]Der Vorsteuerabzug nach den Absätzen 1 und 2 ist beim Gesellschafter nicht zulässig, wenn die Überlassung des Gegenstands nach § 15 Abs. 2 und 3 UStG den Abzug ausschließt. [2]Ist der Überlassung eine Verwendung des Gegenstands im Unternehmen des Gesellschafters vorausgegangen, kann eine Vorsteueraufteilung oder eine Berichtigung des Vorsteuerabzugs nach § 15 a UStG in Betracht kommen (vgl. Abschnitt 15.16).

UStAE 15.21. Vorsteuerabzug aus Aufwendungen im Zusammenhang mit der Ausgabe von gesellschaftsrechtlichen Anteilen

(1) [1]Eine Personengesellschaft erbringt bei Aufnahme eines Gesellschafters gegen Bareinlage an diesen keinen steuerbaren und mithin auch keinen nach § 4 Nr. 8 Buchstabe f UStG steuerfreien Umsatz (vgl. BFH-Urteil vom 1. 7. 2004, V R 32/00, BStBl II S. 1022). [2]Auch bei der Gründung einer Gesellschaft durch die ursprünglichen Gesellschafter liegt kein steuerbarer Umsatz der Gesellschaft an die Gesellschafter vor. [3]Die Ausgabe neuer Aktien zur Aufbringung von Kapital stellt keinen Umsatz dar, der in den Anwendungsbereich von Artikel 2 Abs. 1 MwStSystRL fällt. [4]Dabei kommt es nicht darauf an, ob die Ausgabe der Aktien durch den Unternehmer im Rahmen einer Börseneinführung erfolgt oder von einem nicht börsennotierten Unternehmen ausgeführt wird (vgl. EuGH-Urteil vom 26. 5. 2005, C-465/03, Kretztechnik).

(2) Beim Vorsteuerabzug aus Aufwendungen, die im Zusammenhang mit der Ausgabe gesellschaftsrechtlicher Beteiligungen gegen Bareinlage stehen, ist zu beachten, dass Voraussetzung für den Vorsteuerabzug nach § 15 Abs. 1 UStG u. a. ist, dass der Unternehmer eine Leistung für sein Unternehmen (vgl. Abschnitt 15.2 b Abs. 2) von einem anderen Unternehmer bezogen hat und die Eingangsleistung nicht mit Umsätzen im Zusammenhang steht, die den Vorsteuerabzug nach § 15 Abs. 2 UStG ausschließen.

(3) Da die unternehmerische Tätigkeit mit dem ersten nach außen erkennbaren, auf eine Unternehmertätigkeit gerichteten Tätigwerden beginnt, wenn die spätere Ausführung entgeltlicher Leistungen beabsichtigt ist (vgl. Abschnitt 2.6 Abs. 1 Satz 1), können auch Beratungsleistungen im Zusammenhang mit der Gründung einer Gesellschaft und der Aufnahme von Gesellschaftern für das Unternehmen der Gesellschaft bezogen werden.

(4) [1]Das Recht auf Vorsteuerabzug aus den bezogenen Lieferungen und sonstigen Leistungen ist nur gegeben, wenn die hierfür getätigten Aufwendungen zu den Kostenelementen der „versteuerten“, zum Vorsteuerabzug berechtigenden Ausgangsumsätze gehören (vgl. Abschnitt 15.2 b Abs. 2 sowie EuGH-Urteile vom 26. 5. 2005, C-465/03, Kretztechnik, und vom 13. 3. 2008, C-437/06, Securenta). [2]In den Fällen der Aufnahme eines Gesellschafters gegen Bareinlage oder der Ausgabe neuer Aktien ist diese Voraussetzung ungeachtet der Nichtsteuerbarkeit dieser Vorgänge, also ungeachtet eines fehlenden direkten und unmittelbaren Zusammenhangs mit einem Ausgangsumsatz, vor dem Hintergrund des EuGH-Urteils vom 26. 5. 2005, C-465/03, Kretztechnik, a. a. O., für die mit den Vorgängen im Zusammenhang stehenden Eingangsleistungen erfüllt, wenn

1. die Aufnahme des Gesellschafters oder die Ausgabe neuer Aktien erfolgte, um das Kapital des Unternehmers zugunsten seiner wirtschaftlichen Tätigkeit im Allgemeinen zu stärken, und
2. die Kosten der Leistungen, die der Unternehmer in diesem Zusammenhang bezogen hat, Teil seiner allgemeinen Kosten sind und somit zu den Preiselementen seiner Produkte gehören.

(5) [1]Kosten für die Aufnahme eines Gesellschafters gegen Bareinlage, die Ausgabe von Aktien oder die Begebung von Inhaberschuldverschreibungen (vgl. BFH-Urteil vom 6. 5. 2010, V R 29/09, BStBl II S. 885), die zu den allgemeinen Kosten des Unternehmers gehören, hängen somit grundsätzlich direkt und unmittelbar mit dessen wirtschaftlicher **Gesamttätigkeit** zusammen. [2]Dies gilt auch für Aufwendungen des Unternehmers, die mit seiner rechtlichen Beratung im Zusammenhang mit der Aufnahme der unternehmerischen Tätigkeit oder mit einem Unternehmenskonzept entstehen.

(6) [1]Der Vorsteuerabzug **richtet sich** nach den allgemeinen Grundsätzen des § 15 UStG. [2]In Bezug auf die mit der Ausgabe der Beteiligungen entstandenen Kosten ist daher hinsichtlich der Berechtigung zum Vorsteuerabzug Folgendes zu beachten:

1. [1]Dient die Ausgabe der Beteiligung der allgemeinen wirtschaftlichen Stärkung des Unternehmens und sind die dabei entstandenen Kosten zu Preisbestandteilen der Ausgangsumsätze geworden, gehören die Aufwendungen zu den allgemeinen Kosten, für die sich der Vorsteuerabzug nach **der wirtschaftlichen Gesamttätigkeit des Unternehmers im Besteuerungszeitraum** des Leistungsbezugs bestimmt. [2]Führt der Unternehmer nicht ausschließlich zum Vorsteuerabzug berechtigende Umsätze aus, sind die abziehbaren Vorsteuern aus den im Zusammenhang mit der Gründung einer Gesellschaft, der Aufnahme eines Gesellschafters gegen Bareinlage oder die Ausgabe neuer Aktien im Zusammenhang stehenden Aufwendungen nach § 15 Abs. 4 UStG zu ermitteln (vgl. Abschnitt 15.17).
2. [1]Dienen die aus der Ausgabe der Beteiligungen zugeflossenen Mittel hingegen der Erweiterung oder Stärkung eines bestimmten Geschäftsbetriebs und sind die dabei entstandenen Kosten zu Preisbestandteilen nur bestimmter Ausgangsumsätze geworden (z.B. konkretes, aus dem Prospekt zur Ausgabe der Anteile ersichtliches Projekt), ist auf die insoweit beabsichtigte Verwendung abzustellen. [2]Maßgeblich für den Vorsteuerabzug sind die im Zeitpunkt des Leistungsbezugs für den Besteuerungszeitraum der Verwendung beabsichtigten Ausgangsumsätze (siehe BFH-Urteil vom 8. 3. 2001, V R 24/98, BStBl 2003 II S. 430).
3. [1]Soweit das durch die Ausgabe von Beteiligungen beschaffte Kapital **im Zusammenhang mit einer nichtwirtschaftlichen Tätigkeit i.e.S. steht** (z.B. Kapitalerhöhung durch eine Finanzholding), ist ein Vorsteuerabzug aus den damit verbundenen Aufwendungen nicht zulässig (vgl. BFH-Urteil vom 06.05.2010 – V R 29/09, BStBl II S. 885, und Abschnitt 15.2b Abs. 2). [2]In den Fällen, in denen eine Gesellschaft neben dem unternehmerischen **Bereich** auch **eine nichtwirtschaftliche Tätigkeit i.e.S.** unterhält, und in denen die Mittel aus der Ausgabe der Beteiligung nicht ausschließlich **mit einem dieser Bereiche in Zusammenhang stehen**, sind die aus den mit der Ausgabe der Beteiligung zusammenhängenden Aufwendungen angefallenen Vorsteuerbeträge entsprechend dem Verwendungszweck in einen abziehbaren und einen nicht abziehbaren Anteil aufzuteilen. [3]Für die Aufteilung der Vorsteuerbeträge gelten die Grundsätze des § 15 Abs. 4 UStG entsprechend (vgl. BFH-Urteil vom 3. 3. 2011, V R 23/10, BStBl 2012 II S. 74).

   Beispiel:

   [1]Das Unternehmen U bezieht Beratungsleistungen, die im unmittelbaren Zusammenhang mit der Ausgabe neuer Anteile zur Kapitalbeschaffung stehen. [2]U ist nur unternehmerisch tätig.

   [3]Der Vorsteuerabzug richtet sich in diesem Fall nach der **wirtschaftlichen** Gesamttätigkeit **von U**, weil es sich bei der Ausgabe neuer Gesellschaftsanteile nicht um Leistungen handelt (vgl. Abschnitt 15.2b Abs. 2 und BFH-Urteil vom 06. 05. 2010 – V R 29/09, BStBl II S. 885). [4]Insofern liegt mangels Leistungscharakter kein konkreter Ausgangsumsatz vor, mit dem ein unmittelbarer Zusammenhang dergestalt besteht, dass die Berücksichtigung der wirtschaftlichen Gesamttätigkeit ausgeschlossen wäre.

(7) [1]Die Grundsätze dieses Abschnitts sind in den Fällen der Ausgabe von Beteiligungen gegen Sacheinlage sinngemäß anzuwenden. [2]Zur umsatzsteuerrechtlichen Behandlung der Ausgabe von Beteiligungen gegen Sacheinlage beim einbringenden Gesellschafter vgl. BFH-Urteil vom 13. 11. 2003, V R 79/01, BStBl 2004 II S. 375.

UStAE 15.22. Vorsteuerabzug im Zusammenhang mit dem Halten und Veräußern von gesellschaftsrechtlichen Beteiligungen

(1) [1]Wird ein Anteilseigner (insbesondere auch eine Holding) beim Erwerb einer gesellschaftsrechtlichen Beteiligung als Unternehmer tätig (vgl. Abschnitt 2.3 Abs. 2 ff.), muss er die Beteiligung seinem Unternehmen zuordnen. [2]Vorsteuern, die im Zusammenhang mit den im unternehmerischen Bereich gehaltenen gesellschaftsrechtlichen Beteiligungen anfallen, sind unter den allgemeinen Voraussetzungen des § 15 UStG abziehbar. [3]Hält der Unternehmer (z. B. eine gemischte Holding) daneben auch gesellschaftsrechtliche Beteiligungen im nichtunternehmerischen Bereich **(nichtwirtschaftliche Tätigkeit i.e.S., vgl. Abschnitt 2.3 Abs. 1a)**, sind Eingangsleistungen, die sowohl für den unternehmerischen Bereich als auch für den nichtunternehmerischen Bereich bezogen werden (z. B. allgemeine Verwaltungskosten der Holding, allgemeine Beratungskosten, Steuerberatungskosten usw.), für Zwecke des Vorsteuerabzugs aufzuteilen (BFH-Urteil vom 09. 02. 2012 – V R 40/10, BStBl II S. 844). [4]Es ist dabei darauf abzustellen, in welche Ausgangsumsätze die dem Erwerben und Halten von gesellschaftsrechtlichen Beteiligungen zugrunde liegenden Aufwendungen als Kostenelemente eingehen (vgl. Abschnitte 15.2b Abs. 2 und 15.17 Abs. 1). [5]Ein Recht auf Vorsteuerabzug aus Leistungen im Zusammenhang mit dem Einwerben von Kapital zur Anschaffung einer gesellschaftsrechtlichen Beteiligung besteht für den Unternehmer (insbesondere für eine Holding) jedoch nicht, soweit das eingeworbene Kapital in keinem Verhältnis zu der im unternehmerischen Bereich gehaltenen gesellschaftsrechtlichen Beteiligung steht, oder wenn die Umsätze, die dieses Recht begründen sollen, eine missbräuchliche Praxis darstellen (vgl. BFH-Urteile vom 6. 4. 2016, V R 6/14, BStBl 2017 II S. 577, und vom 1. 6. 2016, XI R 17/11, BStBl 2017 II S. 581). [6]Zum Ausschluss eines Vorsteuerabzuges einer Holdinggesellschaft aus Eingangsleistungen, die nicht in direktem und unmittelbarem Zusammenhang mit den eigenen Umsätzen, sondern mit denen der Tochtergesellschaften stehen, vgl. BFH-Urteil vom 15.02.2023 – XI R 24/22 (XI R 22/18), BStBl II S. 940.

(2) [1]Das bloße Veräußern von gesellschaftsrechtlichen Beteiligungen ist keine unternehmerische Tätigkeit (vgl. Abschnitt 2.3 Abs. 2 Satz 1). [2]Dies gilt nicht, wenn die Beteiligung im Unternehmensvermögen gehalten wird (vgl. Abschnitt 2.3 Abs. 3 Satz 5 ff.). [3]Der Abzug der Vorsteuer aus Aufwendungen, die im direkten und unmittelbaren Zusammenhang mit der Veräußerung einer gesellschaftsrechtlichen Beteiligung stehen, ist nur insofern zulässig, als diese Veräußerung steuerbar ist und der Vorsteuerabzug nicht nach § 15 Abs. 2 UStG ausgeschlossen ist (vgl. BFH-Urteil vom 6. 5. 2010, V R 29/09, BStBl II S. 885, und Abschnitt 15.2b Abs. 2). [4]Somit scheidet der Vorsteuerabzug im Fall der Veräußerung einer nicht im Unternehmensvermögen gehaltenen gesellschaftsrechtlichen Beteiligung wegen des direkten und unmittelbaren Zusammenhangs mit diesem nicht steuerbaren Umsatz aus. [5]Im Fall einer nach § 4 Nr. 8 Buchstabe e oder f UStG steuerfreien Veräußerung einer im Unternehmensvermögen gehaltenen Beteiligung scheidet der Vorsteuerabzug wegen des direkten und unmittelbaren Zusammenhangs mit dieser den Vorsteuerabzug nach § 15 Abs. 2 Satz 1 Nr. 1 UStG ausschließenden Veräußerung aus, ohne dass dafür auf die **wirtschaftliche** Gesamttätigkeit **des Unternehmers** abzustellen ist (vgl. BFH-Urteil vom 27. 01. 2011 – V R 38/09, BStBl 2012 II S. 68).

Anmerkung

Vorsteuerabzug einer sog. Führungsholding

Einer Holdinggesellschaft ist nach Auffassung des BFH (BFH, Urt. v. 15.02.2023 – XI R 24/22, BStBl II 2023, 940) der Vorsteuerabzug für solche Eingangsleistungen zu versagen, die

- **nicht in einem direkten und unmittelbaren Zusammenhang** mit von der Holding erbrachten **steuerpflichtigen Dienstleistungen**, sondern mit von ihr als Gesellschafterbeitrag geschuldeten unentgeltlichen Dienstleistungen stehen,
- **nicht in direktem und unmittelbarem Zusammenhang mit den eigenen Umsätzen der Holding**, sondern mit den Umsätzen Dritter (z. B. der Tochtergesellschaften) stehen,
- in den Preis der an die Tochtergesellschaften erbrachten **steuerpflichtigen Umsätze keinen Eingang** finden und

– **nicht** zu den **allgemeinen Kostenelementen** der eigenen wirtschaftlichen Tätigkeit der Holding gehören.

Hinweis

Mit dieser Entscheidung setzt der BFH die Vorgaben des EuGH in der Rechtssache C-98/21 um (EuGH, Urt. v. 08.09.2022 – C 98/21). Eine Führungsholding, die Eingangsleistungen bezieht, die nicht in ihre steuerpflichtigen Dienstleistungen an ihre Tochtergesellschaft eingehen und auch nicht zu den Kostenelementen ihrer eigenen wirtschaftlichen Tätigkeit gehören, sondern für (unentgeltliche) Gesellschafterbeiträge an ihre Tochtergesellschaft verwendet werden, ist nach Auffassung des EuGH insoweit nicht zum Vorsteuerabzug berechtigt.

Danach kommt ein Vorsteuerabzug auf der Ebene der Holding durch Erbringung von Sacheinlagen an die Tochtergesellschaft, mit denen diese vorsteuerschädliche Umsätze tätigt, nicht (mehr) in Betracht (vgl. dazu z. B. *Höink/Hudasch*, UR 2022, 812; *Hartmann*, NWB 2022, 2969).

UStAE 15.23. Vorsteuerabzug und Umsatzbesteuerung bei (teil-)unternehmerisch verwendeten Fahrzeugen

Allgemeines

(1) [1]Der Begriff Fahrzeug im Sinne dieses Abschnitts ist gleichzusetzen mit dem Begriff Kraftfahrzeug und umfasst damit auch Elektrofahrräder, die einer Kennzeichen-, Versicherungs- oder Führerscheinpflicht unterliegen. [2]Für die Frage der Zuordnung eines angeschafften, hergestellten, eingeführten oder innergemeinschaftlich erworbenen Fahrzeugs sind die Zuordnungsgrundsätze nach Abschnitt 15.2 c zu beachten. [3]Auf die ertragsteuerrechtliche Behandlung als Betriebs- oder Privatvermögen kommt es grundsätzlich nicht an. [4]Maßgebend für die Zuordnung ist die im Zeitpunkt der Anschaffung des Fahrzeugs beabsichtigte Verwendung für den Besteuerungszeitraum der erstmaligen Verwendung (vgl. Abschnitt 15.2 c Abs. 12). [5]Dabei ist auf das voraussichtliche Verhältnis der Jahreskilometer für die unterschiedlichen Nutzungen abzustellen. [6]Im Falle einer Ersatzbeschaffung kann das Aufteilungsverhältnis des Vorjahres herangezogen werden. [7]Seine Verwendungsabsicht muss der Unternehmer objektiv belegen und in gutem Glauben erklären.

Zuordnung zum Unternehmen und Vorsteuerabzug

(2) [1]Beträgt der Umfang der unternehmerischen Verwendung des Fahrzeugs weniger als 10 % (unternehmerische Mindestnutzung), greift das Zuordnungsverbot nach § 15 Abs. 1 Satz 2 UStG. [2]Die Fahrten des Unternehmers zwischen Wohnung und Betriebsstätte sowie Familienheimfahrten wegen einer aus betrieblichem Anlass begründeten doppelten Haushaltsführung sind dabei der unternehmerischen Nutzung des Fahrzeugs zuzurechnen und unterliegen keiner Vorsteuerkürzung nach § 15 Abs. 1 a UStG. [3]Maßgebend für die 10 %-Grenze nach § 15 Abs. 1 Satz 2 UStG ist bei einem Fahrzeug das Verhältnis der Kilometer unternehmerischer Fahrten zu den Jahreskilometern des Fahrzeugs. [4]In Zweifelsfällen muss der Unternehmer dem Finanzamt die unternehmerische Mindestnutzung glaubhaft machen. [5]Bei sog. Zweit- oder Drittfahrzeugen von Einzelunternehmern oder sog. Alleinfahrzeugen bei einer nebenberuflichen Unternehmertätigkeit ist regelmäßig davon auszugehen, dass diese Fahrzeuge zu weniger als 10 % unternehmerisch genutzt werden. [6]Das Gleiche gilt bei Personengesellschaften, wenn ein Gesellschafter mehr als ein Fahrzeug privat nutzt, für die weiteren privat genutzten Fahrzeuge. [7]Zum Vorsteuerabzug aus dem Erwerb von Luxusfahrzeugen vgl. BFH-Urteil vom 08.09.2022 – V R 26/21, BStBl II 2023 S. 361.

(3) [1]Bei ausschließlich unternehmerischer Verwendung des Fahrzeugs kann der Unternehmer die auf die Anschaffung des Fahrzeugs entfallenden Vorsteuerbeträge abziehen (§ 15 Abs. 1 Satz 1 UStG), sofern kein Ausschlusstatbestand nach § 15 Abs. 1 a und 2 in Verbindung mit Abs. 3 UStG vorliegt. [2]Das Gleiche gilt bei teilunternehmerischer Verwendung des Fahrzeugs für unternehmensfremde (private) Tätigkeiten, wenn der Unternehmer das Fahrzeug vollständig seinem Unternehmen zuordnet. [3]In diesem Fall unterliegt die unternehmensfremde Nutzung unter den Voraussetzungen des § 3 Abs. 9 a Nr. 1 UStG als unentgeltliche Wertabgabe der Besteuerung. [4]Ordnet der Unternehmer nur den unternehmerisch ge-

nutzten Fahrzeugteil seinem Unternehmen zu (unter Beachtung der unternehmerischen Mindestnutzung), darf er nur die auf diesen Teil entfallende Vorsteuer aus den Anschaffungskosten nach § 15 Abs. 1 Satz 1 UStG abziehen, wobei die erforderliche Vorsteueraufteilung nach den Grundsätzen des § 15 Abs. 4 UStG zu erfolgen hat. [5]Die auf den anderen Fahrzeugteil entfallende unternehmensfremde Nutzung unterliegt dann nicht der Wertabgabenbesteuerung nach § 3 Abs. 9a Nr. 1 UStG. [6]Bei einer teilunternehmerischen Verwendung für nichtwirtschaftliche Tätigkeiten i. e. S. (vgl. Abschnitt 2.3 Abs. 1a) gehört das Fahrzeug nur in Höhe der beabsichtigten unternehmerischen Nutzung zum Unternehmen. [7]Dementsprechend ist ein Vorsteuerabzug nur für den dem Unternehmen zugeordneten Anteil des Fahrzeugs zulässig, sofern kein Ausschlusstatbestand nach § 15 Abs. 1a und Abs. 2 in Verbindung mit Abs. 3 UStG vorliegt (vgl. Abschnitt 15.2b Abs. 2).

(4) [1]Zu Aufwendungen im Zusammenhang mit einem Fahrzeug vgl. Abschnitt 15.2c Abs. 2 Satz 2 bis 6. [2]Werden zum Gebrauch des Fahrzeugs Gegenstände bezogen, die keine vertretbaren Sachen sind, gelten für diese die allgemeinen Zuordnungsgrundsätze. [3]Aus Vereinfachungsgründen kann der Unternehmer auf das Verhältnis der unternehmerischen zur nichtunternehmerischen Nutzung des Fahrzeugs abstellen.

Beispiel:

[1]Erwirbt der Unternehmer für ein Fahrzeug, das zu weniger als 10 % für sein Unternehmen genutzt wird und deshalb nicht dem Unternehmen zugeordnet ist, z. B. einen Satz Winterreifen, können diese wie das Fahrzeug selbst nicht zugeordnet werden; ein Recht auf Vorsteuerabzug besteht insoweit nicht, es sei denn, der Unternehmer weist eine höhere unternehmerische Nutzung der Winterreifen nach. [2]Wird das Fahrzeug dagegen beispielsweise zu 40 % unternehmerisch und zu 60 % unternehmensfremd (privat) genutzt, kann der Unternehmer die Winterreifen im vollen Umfang seinem Unternehmen zuordnen (vgl. Anschnitt 15.2c Abs. 2 Satz 1 Nr. 2 Buchstabe b) und unter den Voraussetzungen des § 15 UStG den Vorsteuerabzug in voller Höhe geltend machen. [3]Der Bemessungsgrundlage der unentgeltlichen Wertabgabe kann ein Privatanteil von 60 % zu Grunde gelegt werden, ohne dass die konkreten Nutzungsverhältnisse der Winterreifen ermittelt werden müssen.

Unternehmensfremde (private) Nutzung durch den Unternehmer

(5) [1]Die unternehmensfremde (private) Nutzung eines dem Unternehmen vollständig zugeordneten Fahrzeugs ist unter den Voraussetzungen des § 3 Abs. 9a Nr. 1 UStG als unentgeltliche Wertabgabe der Besteuerung zu unterwerfen. [2]Als Bemessungsgrundlage sind dabei nach § 10 Abs. 4 Satz 1 Nr. 2 UStG die Ausgaben anzusetzen, soweit sie zum vollen oder teilweisen Vorsteuerabzug berechtigt haben (vgl. Abschnitt 10.6 Abs. 3). [3]Sofern Anschaffungs- oder Herstellungskosten mindestens 500 € (Nettobetrag ohne Umsatzsteuer) betragen, sind sie gleichmäßig auf den für das Fahrzeug maßgeblichen Berichtigungszeitraum nach § 15a UStG zu verteilen. [4]Zur Ermittlung der Ausgaben, die auf die unternehmensfremde Nutzung des dem Unternehmen zugeordneten Fahrzeugs entfallen, hat der Unternehmer die Wahl zwischen folgenden Methoden:

1. Fahrzeuge, die zu mehr als 50 % betrieblich genutzt werden
   a) **Pauschale Nutzungswertmethode (sog.** 1 %-Regelung**)**
      [1]Ermittelt der Unternehmer für Ertragsteuerzwecke den Wert der Nutzungsentnahme nach der **pauschalen Nutzungswertmethode** nach § 6 Abs. 1 Nr. 4 Satz 2 EStG **(sog. 1%-Regelung)**, kann er von diesem Wert aus Vereinfachungsgründen bei der Bemessungsgrundlage für die Umsatzbesteuerung der unternehmensfremden Nutzung ausgehen. [2]Für umsatzsteuerliche Zwecke sind die Sonderregelungen für Elektro- und Hybridelektrofahrzeuge nach § 6 Abs. 1 Nr. 4 Satz 2 Nr. 1 bis 5 EStG nicht anzuwenden. [3]Für die nicht mit Vorsteuern belasteten Ausgaben kann aus Vereinfachungsgründen ein pauschaler Abschlag von 20 % vorgenommen werden. [4]Der so ermittelte Betrag ist der Nettowert; die Umsatzsteuer ist mit dem allgemeinen Steuersatz hinzuzurechnen.
   b) Fahrtenbuchregelung
      [1]Setzt der Unternehmer für Ertragsteuerzwecke die private Nutzung mit den auf die Privatfahrten entfallenden Aufwendungen an, indem er die für das Fahrzeug insgesamt entstehenden Auf-

wendungen durch Belege und das Verhältnis der privaten zu den übrigen Fahrten durch ein ordnungsgemäßes Fahrtenbuch nachweist (§ 6 Abs. 1 Nr. 4 Satz 3 EStG), ist von diesem Wert auch bei der Ermittlung der Bemessungsgrundlage für die Umsatzbesteuerung der unternehmensfremden Nutzung auszugehen. [2]Für umsatzsteuerliche Zwecke sind die Sonderregelungen für Elektro- und Hybridelektrofahrzeuge nach § 6 Abs. 1 Nr. 4 Satz 3 Nr. 1 bis 5 EStG nicht anzuwenden. [3]Aus den Gesamtaufwendungen sind für Umsatzsteuerzwecke die nicht mit Vorsteuern belasteten Ausgaben in der belegmäßig nachgewiesenen Höhe auszuscheiden.

2. Fahrzeuge, die nicht zu mehr als 50 % betrieblich genutzt werden
   [1]Wird das Fahrzeug nicht zu mehr als 50 % betrieblich genutzt, ist die Anwendung der **pauschalen Nutzungswertmethode (sog.** 1 %-Regelung**)** nach § 6 Abs. 1 Nr. 4 Satz 2 EStG ausgeschlossen. [2]Der für ertragsteuerliche Zwecke nach § 6 Abs. 1 Nr. 4 Satz 1 EStG ermittelte Nutzungsanteil ist grundsätzlich auch der Umsatzbesteuerung zu Grunde zu legen. [3]Für umsatzsteuerliche Zwecke sind die Sonderregelungen für Elektro- und Hybridelektrofahrzeuge nach § 6 Abs. 1 Nr. 4 Satz 3 Nr. 1 bis 5 EStG nicht anzuwenden.
3. Schätzung des unternehmensfremden (privaten) Nutzungsanteils
   [1]Wendet der Unternehmer die **pauschalen Nutzungswertmethode (sog.** 1 %-Regelung**)** nicht an oder werden die pauschalen Wertansätze durch die sog. Kostendeckelung auf die nachgewiesenen tatsächlichen Ausgaben begrenzt (vgl. Rn. 18 des BMF-Schreibens vom 18. 11. 2009, BStBl I S. 1326) und liegen die Voraussetzungen zur Ermittlung nach der Fahrtenbuchregelung nicht vor (z. B. weil kein ordnungsgemäßes Fahrtenbuch geführt wird), ist der private Nutzungsanteil für Umsatzsteuerzwecke anhand geeigneter Unterlagen im Wege einer sachgerechten Schätzung zu ermitteln. [2]Als geeignete Unterlagen kommen insbesondere Aufzeichnungen für einen repräsentativen Zeitraum in Betracht, aus denen sich zumindest die unternehmerischen Fahrten mit Fahrtziel und gefahrenen Kilometern und die Gesamtkilometer ergeben. [3]Liegen keine geeigneten Unterlagen für eine Schätzung vor, ist der private Nutzungsanteil mit mindestens 50 % zu schätzen, soweit sich aus den besonderen Verhältnissen des Einzelfalls nichts Gegenteiliges ergibt. [4]Aus den Gesamtaufwendungen sind die nicht mit Vorsteuern belasteten Ausgaben in der belegmäßig nachgewiesenen Höhe auszuscheiden.
4. Fahrzeugerwerb ohne Berechtigung zum Vorsteuerabzug
   Konnte der Unternehmer bei der Anschaffung eines dem Unternehmen zugeordneten Fahrzeugs keinen Vorsteuerabzug vornehmen (z. B. Erwerb von einem Nichtunternehmer), sind nur die vorsteuerbelasteten Unterhaltskosten zur Ermittlung der Bemessungsgrundlage heranzuziehen.

(6) [1]Soweit ein Fahrzeug für nichtwirtschaftliche Tätigkeiten i. e. S. verwendet wird, entfällt grundsätzlich eine Wertabgabenbesteuerung nach § 3 Abs. 9a Nr. 1 UStG, da das Fahrzeug insoweit nicht dem Unternehmen zugeordnet werden konnte und der Vorsteuerabzug bereits nach § 15 Abs. 1 UStG ausgeschlossen ist. [2]Eine Wertabgabenbesteuerung ist jedoch vorzunehmen, wenn und soweit sich die Nutzung des Fahrzeugs für nichtwirtschaftliche Tätigkeiten i. e. S. erhöht (vgl. Abschnitt 3.4 Abs. 2). [3]Für laufende Aufwendungen ist das Aufteilungsgebot nach Absatz 4 zu beachten. [4]Bemessungsgrundlage für die Wertabgabenbesteuerung nach § 3 Abs. 9a Nr. 1 UStG sind insbesondere die Vorsteuerbeträge aus der Anschaffung, Herstellung, Einfuhr oder dem innergemeinschaftlichen Erwerb des Fahrzeugs, soweit es dem Unternehmen zugeordnet wurde. [5]Sofern die Anschaffungs- oder Herstellungskosten mindestens 500 € (Nettobetrag ohne Umsatzsteuer) betragen haben, sind sie gleichmäßig auf den für das Fahrzeug maßgeblichen Berichtigungszeitraum nach § 15a UStG zu verteilen. [6]Die Ermittlung der Erhöhung der nichtwirtschaftlichen Verwendung i. e. S. kann auf Grundlage eines ordnungsgemäß geführten Fahrtenbuchs oder anhand geeigneter Unterlagen im Wege einer sachgerechten Schätzung erfolgen. [7]Als geeignete Unterlagen kommen insbesondere Aufzeichnungen für einen repräsentativen Zeitraum in Betracht, aus denen sich zumindest die unternehmerischen Fahrten mit Fahrtziel und gefahrenen Kilometern und die Gesamtkilometer ergeben. [8]Bei Erhöhung der unternehmerischen Verwendung des Fahrzeugs kommt eine Berichtigung des Vorsteuerabzugs nach § 15a UStG zugunsten des Unternehmers aus Billigkeitsgründen in Betracht (vgl. Abschnitt 15a.1 Abs. 7). [9]Macht der Unternehmer von dieser Billigkeitsmaßnahme Gebrauch, gilt das Fahrzeug auch insoweit als dem Unternehmen zugeordnet (vgl. Abschnitt 15a.1 Abs. 7 Satz 2). [10]Veräußert der Unternehmer nach Ablauf des Berichtigungszeitraums nach § 15a UStG dieses Fahrzeug, ist die Veräußerung in Höhe des für unternehmerische Tätigkeiten verwendeten Anteils im Besteuerungszeitraum der Veräußerung steuerbar; dabei darf der Umfang

der Zuordnung des Fahrzeugs bei dessen Anschaffung, Erwerb oder Herstellung nicht unterschritten werden.

Beispiel 1:

[1]Der Verein V schafft zum 1. 1. 01 ein Fahrzeug an (Anschaffungskosten 40 000 € zzgl. 7 600 € Umsatzsteuer). [2]V beabsichtigt das Fahrzeug zu 60 % für seinen wirtschaftlichen Geschäftsbetrieb (unternehmerische Tätigkeit) und zu 40 % für seinen ideellen Bereich (nichtwirtschaftliche Tätigkeit i. e. S.) zu verwenden. [3]V führt ein ordnungsgemäßes Fahrtenbuch. [4]In den Jahren 02 bis 06 verändert sich die Nutzung des Fahrzeugs wie folgt:

02: Verwendung zu 70 % für die unternehmerische Tätigkeit und zu 30 % für die nichtwirtschaftliche Tätigkeit i. e. S.

03: Verwendung zu 65 % für die unternehmerische Tätigkeit und zu 35 % für die nichtwirtschaftliche Tätigkeit i. e. S.

04: Verwendung zu 50 % für die unternehmerische Tätigkeit und zu 50 % für die nichtwirtschaftliche Tätigkeit i. e. S.

05: Verwendung zu 80 % für die unternehmerische Tätigkeit und zu 20 % für die nichtwirtschaftliche Tätigkeit i. e. S.

06: Verwendung zu 75 % für die unternehmerische Tätigkeit und zu 25 % für die nichtwirtschaftliche Tätigkeit i. e. S.

[5]Am 1. 7. 06 veräußert V das Fahrzeug (vereinbartes Nettoentgelt 10 000 €).

Jahr 01:

[6]V beabsichtigt bei Anschaffung des Fahrzeugs eine unternehmerische Nutzung zu 60 %. [7]In diesem Umfang kann V das Fahrzeug dem Unternehmen zuordnen (§ 15 Abs. 1 UStG) und ist unter den weiteren Voraussetzungen des § 15 UStG in Höhe von 4 560 € (7 600 € × 60 %) zum Vorsteuerabzug berechtigt. [8]Der für ideelle Tätigkeiten des Vereins verwendete Anteil des Fahrzeugs kann hingegen nicht dem Unternehmen zugeordnet werden (Aufteilungsgebot) und berechtigt nicht zum Vorsteuerabzug; dieser Anteil ist für Umsatzsteuerzwecke als separater Gegenstand anzusehen.

Jahr 02:

[9]Die Bagatellgrenzen des § 44 UStDV sind überschritten. [10]Aus Billigkeitsgründen kann V eine Vorsteuerberichtigung nach § 15 a UStG vornehmen:

Insgesamt in Rechnung gestellte Umsatzsteuer: 7 600 €

Ursprünglicher Vorsteuerabzug: 4 560 € (60 % von 7 600 €)

Zeitpunkt der erstmaligen Verwendung: 1. 1. 01

Dauer des Berichtigungszeitraums: 1. 1. 01 bis 31. 12. 05

Aus Billigkeitsgründen zum Vorsteuerabzug berechtigende Verwendung: 70 %

Vorsteuerberichtigung aus Billigkeitsgründen im Vergleich zum ursprünglichen Vorsteuerabzug: Vorsteuer zu 70 % statt 60 %

Berichtigungsbetrag: 10 Prozentpunkten von 1/5 von 7 600 € = 152 € sind zugunsten des V zu korrigieren.

[11]Auf Grund der Vorsteuerberichtigung nach § 15 a UStG aus Billigkeitsgründen gilt das Fahrzeug entsprechend der unternehmerischen Verwendung für das Jahr 02 als zu 70 % (60 % + 10 %) dem Unternehmen zugeordnet (Abschnitt 15 a.1 Abs. 7 Satz 2).

Jahr 03:

[12]Eine erneute Vorsteuerberichtigung nach § 15 a UStG aus Billigkeitsgründen kommt nicht in Betracht:

Insgesamt in Rechnung gestellte Umsatzsteuer: 7 600 €

Ursprünglicher Vorsteuerabzug: 4 560 € (60 % von 7 600 €)

Zeitpunkt der erstmaligen Verwendung: 1. 1. 01

Dauer des Berichtigungszeitraums: 1. 1. 01 bis 31. 12. 05

Aus Billigkeitsgründen zum Vorsteuerabzug berechtigende Verwendung: 65 %

Vorsteuerberichtigung aus Billigkeitsgründen im Vergleich zum ursprünglichen Vorsteuerabzug: Vorsteuer zu 65 % statt 60 %

Berichtigungsbetrag: 5 Prozentpunkten von 1/5 von 7 600 € = 76 €.

[13]Die Berichtigung entfällt, da die Grenzen des § 44 Abs. 2 UStDV nicht überschritten sind. [14]Da eine Vorsteuerberichtigung an den Grenzen des § 44 Abs. 2 UStDV scheitert, bleibt es für das Jahr 03 bei der ursprünglichen Zuordnung des Fahrzeugs zum Unternehmen in Höhe von 60 % (vgl. Abschnitt 15 a.1 Abs. 7 Satz 2). [15]Eine Entnahmebesteuerung wegen des im Verhältnis zum Vorjahr gesunkenen unternehmerischen Nutzungsumfangs kommt während des Berichtigungszeitraums nach § 15 a UStG im Rahmen der Billigkeit nicht in Betracht, weil die in Abschnitt 15 a.1 Abs. 7 Satz 2 angeordnete Zuordnung entsprechend dem Berichtigungsbetrag nach § 15 a UStG nur eine zeitraumbezogene Korrekturgröße darstellt.

Jahr 04:

[16]Der Umfang der unternehmerischen Nutzung hat sich gegenüber dem Erstjahr vermindert (50 % statt 60 %). [17]Eine Vorsteuerberichtigung aus Billigkeitsgründen kommt daher für das Jahr 04 dem Grunde nach nicht in Betracht (Abschnitt 15 a.1 Abs. 7 Satz 1) und es bleibt bei der ursprünglichen Zuordnung des Fahrzeugs zum Unternehmen in Höhe von 60 %. [18]Die auf den zugeordneten Fahrzeugteil entfallende Nutzung für nichtwirtschaftliche Tätigkeiten i. e. S. (= 10 % der Gesamtnutzung) ist als unentgeltliche Wertabgabe nach § 3 Abs. 9 a Nr. 1 UStG zu versteuern (vgl. Abschnitt 3.4 Abs. 2 Satz 4). [19]Für die Bemessungsgrundlage sind die Anschaffungskosten des Fahrzeugs maßgebend, die auf fünf Jahre zu verteilen sind (§ 10 Abs. 4 Satz 1 Nr. 2 Satz 2 UStG). [20]Die Bemessungsgrundlage der unentgeltlichen Wertabgabe beträgt demnach 800 € (1/5 von 40 000 € × 10 %) und die Umsatzsteuer 152 € (800 € × 19 %).

Jahr 05:

[21]Aus Billigkeitsgründen kann V wieder eine Vorsteuerberichtigung nach § 15 a UStG vornehmen:

Insgesamt in Rechnung gestellte Umsatzsteuer: 7 600 €

Ursprünglicher Vorsteuerabzug: 4 560 € (60 % von 7 600 €)

Zeitpunkt der erstmaligen Verwendung: 1. 1. 01

Dauer des Berichtigungszeitraums: 1. 1. 01 bis 31. 12. 05

Aus Billigkeitsgründen zum Vorsteuerabzug berechtigende Verwendung: 80 %

Vorsteuerberichtigung aus Billigkeitsgründen im Vergleich zum ursprünglichen Vorsteuerabzug: Vorsteuer zu 80 % statt 60 %

Berichtigungsbetrag: 20 Prozentpunkten von 1/5 von 7 600 € = 304 € sind zugunsten des V zu korrigieren.

[22]Auf Grund der Vorsteuerberichtigung nach § 15 a UStG aus Billigkeitsgründen gilt das Fahrzeug entsprechend der unternehmerischen Verwendung im Jahr 05 als zu 80 % (60 % + 20 %) dem Unternehmen zugeordnet (vgl. Abschnitt 15 a.1 Abs. 7 Satz 2).

Jahr 06:

[23]Der Berichtigungszeitraum nach § 15 a UStG ist am 31. 12. 05 abgelaufen; eine Vorsteuerberichtigung aus Billigkeitsgründen kommt daher für das Jahr 06 nicht mehr in Betracht. [24]Der Umfang der

unternehmerischen Nutzung beträgt im Besteuerungszeitraum der Veräußerung (1. 1. – 30. 6. 06) 75 %. [25]Die Veräußerung des Fahrzeugs ist daher in Höhe von 75 % steuerbar. [26]Der Gesamtverkaufspreis ist entsprechend aufzuteilen. [27]Eine Entnahmebesteuerung wegen des im Verhältnis zum Vorjahr gesunkenen unternehmerischen Nutzungsumfangs kommt im Anschluss an den Berichtigungszeitraum nach § 15 a UStG im Rahmen der Billigkeit nicht in Betracht, weil die in Abschnitt 15 a.1 Abs. 7 Satz 2 angeordnete Zuordnung entsprechend dem Berichtigungsbetrag nach § 15 a UStG nur eine zeitraumbezogene Korrekturgröße darstellt. [28]Auszugehen ist damit vom tatsächlichen unternehmerischen Nutzungsumfang. [29]Die Umsatzsteuer aus der Fahrzeugveräußerung beträgt 1 425 € (75 % von 10 000 € × 19 %). [30]Weist V in der Rechnung über den Gesamtverkaufspreis Umsatzsteuer gesondert aus, schuldet er den anteiligen Umsatzsteuerbetrag, der auf den nichtwirtschaftlich i. e. S. genutzten Fahrzeugteil entfällt (25 %) nach § 14 c Abs. 2 UStG.

Beispiel 2:

[1]Sachverhalt wie Beispiel 1. [2]Im Jahr 06 verwendet V das Fahrzeug allerdings nur zu 40 % für die unternehmerische Tätigkeit und zu 60 % für die nichtwirtschaftliche Tätigkeit i. e. S.

Jahr 06:

[3]Der Umfang der unternehmerischen Nutzung hat sich gegenüber dem Erstjahr vermindert (40 % statt 60 %). [4]Grundsätzlich unterliegt die Erhöhung der Verwendung für nichtwirtschaftliche Tätigkeiten i. e. S. der unentgeltlichen Wertabgabenbesteuerung nach § 3 Abs. 9 a Nr. 1 UStG. [5]Da der Berichtigungszeitraum nach § 15 a UStG am 31. 12. 05 jedoch abgelaufen ist und die Anschaffungskosten des Fahrzeugs damit verbraucht sind, beträgt die Bemessungsgrundlage 0 € (§ 10 Abs. 4 Satz 1 Nr. 2 Satz 2 UStG). [6]Die Veräußerung des Fahrzeugs am 1. 7. 06 ist in Höhe von 60 % steuerbar. [7]Zwar nutzt V im Besteuerungszeitraum der Veräußerung das Fahrzeug nur zu 40 % für seine unternehmerischen Tätigkeiten. [8]Der Umfang der Zuordnung des Fahrzeugs bei dessen Anschaffung darf jedoch nicht unterschritten werden. [9]Die Umsatzsteuer aus der Fahrzeugveräußerung beträgt 1 140 € (60 % von 10 000 € × 19 %). [10]Weist V in der Rechnung über den Gesamtverkaufspreis Umsatzsteuer gesondert aus, schuldet er den anteiligen Umsatzsteuerbetrag, der auf den nichtwirtschaftlich i. e. S. genutzten Fahrzeugteil entfällt (40 %), nach § 14 c Abs. 2 UStG.

(7) [1]Die auf die Miete, Mietsonderzahlung, Leasingraten und Unterhaltskosten entfallenden Vorsteuern eines angemieteten oder geleasten Fahrzeugs, das der Unternehmer sowohl unternehmerisch als auch für nichtunternehmerische Zwecke verwendet, sind grundsätzlich nach dem Verhältnis der unternehmerischen und nichtunternehmerischen Nutzung in einen abziehbaren und einen nichtabziehbaren Anteil aufzuteilen. [2]Das gilt sowohl für den Fall, dass die nichtunternehmerische Verwendung als Verwendung für nichtwirtschaftliche Tätigkeiten i. e. S. zu beurteilen ist, als auch für den Fall der unternehmensfremden (privaten) Verwendung. [3]Wird der Vorsteuerabzug so ermittelt, entfällt eine Wertabgabenbesteuerung nach § 3 Abs. 9 a Nr. 1 UStG. [4]Aus Vereinfachungsgründen kann der Unternehmer jedoch im Fall der teilunternehmerischen unternehmensfremden (privaten) Verwendung des Fahrzeugs auch den Vorsteuerabzug aus der Miete bzw. den Leasingraten und den Unterhaltskosten vornehmen (sofern kein Ausschlusstatbestand nach § 15 Abs. 1 a und 2 in Verbindung mit Abs. 3 UStG vorliegt) und die unternehmensfremde Nutzung nach den Regelungen in Absatz 5 besteuern.

Überlassung von Fahrzeugen an das Personal

(8) [1]Überlässt der Unternehmer (Arbeitgeber) seinem Personal (Arbeitnehmer) ein Fahrzeug auch zu Privatzwecken (Privatfahrten, Fahrten zwischen Wohnung und erster Tätigkeitsstätte sowie Familienheimfahrten aus Anlass einer doppelten Haushaltsführung), ist dies regelmäßig eine entgeltliche sonstige Leistung im Sinne des § 1 Abs. 1 Nr. 1 Satz 1 UStG. [2]Das Fahrzeug wird, wenn es nicht ausnahmsweise zusätzlich vom Unternehmer nichtunternehmerisch verwendet wird, durch die entgeltliche umsatzsteuerpflichtige Überlassung an das Personal ausschließlich unternehmerisch genutzt. [3]Die aus den Anschaffungskosten als auch aus den Unterhaltskosten der sog. Dienst- oder Firmenfahrzeuge anfallenden Vorsteuerbeträge können in voller Höhe abgezogen werden (§ 15 Abs. 1 Satz 1 UStG), sofern kein Ausschlusstatbestand nach § 15 Abs. 1 a und 2 in Verbindung mit Abs. 3 UStG vorliegt. [4]Dies gilt auch für die Überlassung von Fahrzeugen an Gesellschafter-Geschäftsführer von Kapitalgesellschaften, wenn

sie umsatzsteuerrechtlich insoweit nicht als Unternehmer anzusehen sind (vgl. Abschnitt 2.2 Abs. 2). [5]Die spätere Veräußerung und die Entnahme der Fahrzeuge unterliegen insgesamt der Umsatzsteuer, wenn sie insgesamt dem Unternehmen zugeordnet werden konnten.

(9) [1]Die Gegenleistung des Arbeitnehmers für die Fahrzeugüberlassung besteht regelmäßig in der anteiligen Arbeitsleistung, die er für die Privatnutzung des gestellten Fahrzeugs erbringt. [2]Die Überlassung des Fahrzeugs ist als Vergütung für geleistete Dienste und damit als entgeltlich anzusehen, wenn sie im Arbeitsvertrag geregelt ist oder auf mündlichen Abreden oder sonstigen Umständen des Arbeitsverhältnisses (z. B. der faktischen betrieblichen Übung) beruht. [3]Von Entgeltlichkeit ist stets auszugehen, wenn das Fahrzeug dem Arbeitnehmer für eine gewisse Dauer und nicht nur gelegentlich zur Privatnutzung überlassen wird. [4]Zur Bestimmung des Leistungsorts bei entgeltlicher Fahrzeugüberlassung vgl. Abschnitt 3 a.5 Abs. 4.

(10) [1]Bei der entgeltlichen Fahrzeugüberlassung zu Privatzwecken des Personals liegt ein tauschähnlicher Umsatz (§ 3 Abs. 12 Satz 2 UStG) vor. [2]Die Bemessungsgrundlage ist nach § 10 Abs. 2 Satz 2 in Verbindung mit Abs. 1 Satz 1 UStG der Wert der nicht durch den Barlohn abgegoltenen Arbeitsleistung. [3]Deren Wert entspricht dem Betrag, den der Arbeitgeber zu diesem Zweck aufzuwenden bereit ist (vgl. Abschnitt 10.5 Abs. 1). [4]Das sind die Gesamtausgaben für die Überlassung des Fahrzeugs. [5]Die Gesamtausgaben für die entgeltliche sonstige Leistung im Sinne des § 1 Abs. 1 Nr. 1 Satz 1 UStG umfassen auch die Ausgaben, bei denen ein Vorsteuerabzug nicht möglich ist. [6]Der so ermittelte Wert ist der Nettowert; die Umsatzsteuer ist mit dem allgemeinen Steuersatz hinzuzurechnen. [7]Treffen die Parteien Aussagen zum Wert der Arbeitsleistungen, so ist dieser Wert als Bemessungsgrundlage für die Überlassung des Fahrzeugs zu Grunde zu legen, wenn er die Ausgaben für die Fahrzeugüberlassung übersteigt.

(11) [1]Aus Vereinfachungsgründen wird es nicht beanstandet, wenn für die umsatzsteuerrechtliche Bemessungsgrundlage anstelle der Ausgaben von den lohnsteuerrechtlichen Werten ausgegangen wird. [2]Die lohnsteuerrechtlichen Werte sind als Bruttowerte anzusehen, aus denen die Umsatzsteuer herauszurechnen ist (vgl. Abschnitt 1.8 Abs. 8).

1. Besteuerung auf Grundlage der **pauschalen Nutzungswertmethode** (sog. 1 %-Regelung)

   [1]Wird der lohnsteuerrechtliche Wert der entgeltlichen Fahrzeugüberlassung für Privatfahrten und für Fahrten zwischen Wohnung und erster Tätigkeitsstätte nach § 8 Abs. 2 Satz 2 und 3 in Verbindung mit § 6 Abs. 1 Nr. 4 Satz 2 EStG mit dem vom Listenpreis abgeleiteten Pauschalwert angesetzt (vgl. R 8.1 Abs. 9 Nr. 1 LStR), kann von diesem Wert auch bei der Umsatzbesteuerung ausgegangen werden, wobei jedoch keine Kürzung des inländischen Listenpreises für Elektro- und Hybridelektrofahrzeuge vorzunehmen ist. [2]Der umsatzsteuerrechtliche Wert für Familienheimfahrten kann aus Vereinfachungsgründen für jede Fahrt mit 0,002 % des Listenpreises (§ 6 Abs. 1 Nr. 4 Satz 2 EStG: für jeden Kilometer der Entfernung zwischen dem Ort des eigenen Hausstands und dem Beschäftigungsort) angesetzt werden, wobei keine Kürzung für Elektro- und Hybridelektrofahrzeuge erfolgt. [3]Der Umsatzsteuer unterliegen die auf die Familienheimfahrten entfallenden Kosten auch dann, wenn ein lohnsteuerrechtlicher Wert nach § 8 Abs. 2 Satz 5 EStG nicht anzusetzen ist. [4]Aus dem so ermittelten lohnsteuerrechtlichen Wert ist die Umsatzsteuer herauszurechnen. [5]Ein pauschaler Abschlag von 20 % für nicht mit Vorsteuern belastete Ausgaben ist in diesen Fällen unzulässig.

   Beispiel 1:

   [1]Ein Arbeitnehmer mit einer am 1. 1. 01 begründeten doppelten Haushaltsführung nutzt ein Firmenfahrzeug mit einem Listenpreis einschließlich Umsatzsteuer von 30 000 € im gesamten Jahr 02 zu Privatfahrten, zu Fahrten zur 10 km entfernten ersten Tätigkeitsstätte und zu 20 Familienheimfahrten zum 150 km entfernten Wohnsitz der Familie.

   [2]Die Umsatzsteuer für die Firmenfahrzeugüberlassung ist nach den lohnsteuerrechtlichen Werten wie folgt zu ermitteln:

   – für die allgemeine Privatnutzung 1 % von 30 000 € × 12 Monate = 3 600 €
   – für Fahrten zwischen Wohnung und erster Tätigkeitsstätte 0,03 % von 30 000 € × 10 km × 12 Monate = 1 080 €
   – für Familienheimfahrten 0,002 % von 30 000 € × 150 km × 20 Fahrten = 1 800 €

[3]Die Umsatzsteuer für die sonstige Leistung an den Arbeitnehmer beträgt 19/119 von 6 480 € = 1 034,62 €.

2. Besteuerung auf der Grundlage der Fahrtenbuchregelung
[1]Wird bei der entgeltlichen Fahrzeugüberlassung an das Personal zu Privatzwecken der lohnsteuerrechtliche Nutzungswert mit Hilfe eines ordnungsgemäßen Fahrtenbuchs anhand der durch Belege nachgewiesenen Gesamtausgaben ermittelt (vgl. R 8.1 Abs. 9 Nr. 2 LStR), ist das so ermittelte Nutzungsverhältnis auch bei der Umsatzsteuer **zur Ermittlung der auf die Überlassung des Fahrzeugs entfallenden anteiligen Kosten (Nettoaufwendungen einschließlich der auf die lohnsteuerrechtlich maßgebliche Nutzungsdauer von acht Jahren verteilten Anschaffungs- oder Herstellungskosten)** zu Grunde zu legen. [2]Die Fahrten zwischen Wohnung und erster Tätigkeitsstätte sowie die Familienheimfahrten aus Anlass einer doppelten Haushaltsführung werden umsatzsteuerrechtlich den Privatfahrten des Arbeitnehmers zugerechnet. [3]Die Gesamtausgaben für die entgeltliche sonstige Leistung im Sinne des § 1 Abs. 1 Nr. 1 Satz 1 UStG umfassen auch die Ausgaben, bei denen ein Vorsteuerabzug nicht möglich ist. [4]Für umsatzsteuerliche Zwecke sind die Sonderregelungen für Elektro- und Hybridelektrofahrzeuge nach § 6 Abs. 1 Nr. 4 Satz 3 Nr. 1 bis 5 EStG nicht anzuwenden.

B e i s p i e l 2 :

[1]Ein sog. Firmenfahrzeug mit einer Jahresfahrleistung von 20 000 km wird von einem Arbeitnehmer lt. ordnungsgemäß geführtem Fahrtenbuch an 180 Tagen jährlich für Fahrten zur 10 km entfernten ersten Tätigkeitsstätte benutzt. [2]Die übrigen Privatfahrten des Arbeitnehmers belaufen sich auf insgesamt 3 400 km. [3]Die gesamten Fahrzeugkosten (Nettoaufwendungen einschließlich der auf die lohnsteuerrechtlich maßgebliche Nutzungsdauer von acht Jahren verteilten Anschaffungs- oder Herstellungskosten) betragen 9 000 €.

[4]Von den Privatfahrten des Arbeitnehmers entfallen 3 600 km auf Fahrten zwischen Wohnung und erster Tätigkeitsstätte (180 Tage × 20 km) und 3 400 km auf sonstige Fahrten. [5]Dies entspricht einer Privatnutzung von insgesamt 35 % (7 000 km von 20 000 km). [6]Für die umsatzsteuerrechtliche Bemessungsgrundlage ist von einem Betrag von 35 % von 9 000 € = 3 150 € auszugehen. [7]Die Umsatzsteuer beträgt 19 % von 3 150 € = 598,50 €.

[5]Der so ermittelte umsatzsteuerrechtliche Wert ist der Nettowert; die Umsatzsteuer ist mit dem allgemeinen Steuersatz hinzuzurechnen.

(12) [1]Von einer unentgeltlichen Fahrzeugüberlassung an das Personal zu Privatzwecken im Sinne des § 3 Abs. 9a Nr. 1 UStG (vgl. Abschnitt 1.8 Abs. 2) kann ausnahmsweise ausgegangen werden, wenn die vereinbarte private Nutzung des Fahrzeugs derart gering ist, dass sie für die Gehaltsbemessung keine wirtschaftliche Rolle spielt, und nach den objektiven Gegebenheiten eine weitergehende private Nutzungsmöglichkeit ausscheidet (vgl. BFH-Urteil vom 4. 10. 1984, V R 82/83, BStBl II S. 808). [2]Danach kann Unentgeltlichkeit nur angenommen werden, wenn dem Arbeitnehmer das Fahrzeug aus besonderem Anlass oder zu einem besonderen Zweck nur gelegentlich (von Fall zu Fall) an nicht mehr als fünf Kalendertagen im Kalendermonat für private Zwecke überlassen wird (vgl. Rn. 13 Satz 2 zweiter Spiegelstrich des BMF-Schreibens vom 4. 4. 2018, BStBl I S. 592). [3]Bemessungsgrundlage für die unentgeltliche Fahrzeugüberlassung für den privaten Bedarf des Personals sind die Ausgaben, soweit sie zum vollen oder teilweisen Vorsteuerabzug berechtigt haben (§ 10 Abs. 4 Satz 1 Nr. 2 UStG). [4]Aus der Bemessungsgrundlage sind somit die nicht mit Vorsteuern belasteten Ausgaben auszuscheiden. [5]Der so ermittelte Wert ist der Nettowert ohne Umsatzsteuer; die Umsatzsteuer ist mit dem allgemeinen Steuersatz hinzuzurechnen. [6]Aus Vereinfachungsgründen wird es nicht beanstandet, wenn für die umsatzsteuerrechtliche Bemessungsgrundlage von den lohnsteuerrechtlichen Werten ausgegangen wird. [7]Die lohnsteuerrechtlichen Werte sind als Bruttowerte anzusehen, aus denen die Umsatzsteuer herauszurechnen ist (vgl. Abschnitt 1.8 Abs. 8).

(13) *weggefallen*

Anmerkung

1. Begriff des Fahrzeugs

Durch das BMF-Schreiben v. 7.2.2022 hat die FinVerw Abschnitt 15.23 UStAE neu gefasst und um einen Abschn. 15.24 UStAE ergänzt.

Zunächst stellt die FinVerw klar, dass der Begriff Fahrzeug i. S. d. Abschn. 15.23 UStAE gleichzusetzen ist mit dem Begriff Kraftfahrzeug. Erfasst werden damit auch Elektrofahrräder (sog. „Speed Pedelecs"), die einer Kennzeichen-, Versicherungs- oder Führerscheinpflicht unterliegen.

Hinweis

Das **Speed Pedelec** ist rechtlich ein Kleinkraftrad. Diese **Fahrräder** funktionieren zwar genauso wie ein „normales" Pedelec (E-Bike), allerdings erreichen sie eine **Höchstgeschwindigkeit von bis zu 45 km/h**. Die maximal erlaubte Nenn-Dauerleistung von S-Pedelec Motoren liegt bei 4000 Watt. Um solch ein Elektrofahrrad fahren zu dürfen, benötigt der Fahrer eine E-Bike Zulassung in Form einer Betriebserlaubnis, ein Versicherungskennzeichen und eine Haftpflichtversicherung. Außerdem muss der Fahrer eine Fahrerlaubnis der Klasse AM (Roller) oder Klasse B (PKW) besitzen.

2. Keine Anwendung von § 6 Abs. 1 Nr. 4 S. 3 Nr. 1 bis 5 EStG im Umsatzsteuerrecht

Für Kraftfahrzeuge kann – neben anderen Methoden zur Wertermittlung – auch umsatzsteuerlich von den für ertragsteuerliche Zwecke nach der sog. 1 %-Regelung (§ 6 Absatz 1 Nummer 4 Satz 2 EStG) ermittelten Beträgen ausgegangen werden, Für Zwecke der Einkommensteuer wird bei Elektro- und Hybridelektrofahrzeugen bei einer Anschaffung nach dem 31. Dezember 2018 nach § 6 Absatz 1 Nummer 4 Satz 2 Nummer 1 bis 5 EStG unter bestimmten Voraussetzungen der Bruttolistenpreis gemindert, insbesondere nur 50 % oder nur zu 25 % angesetzt.

Zutreffend weist das BMF darauf hin, dass der **Vorsteuerabzug aus der Anschaffung eines Hybrid- bzw. Elektrofahrzeugs** dem Unternehmer unter den übrigen Voraussetzungen des § 15 UStG **in voller Höhe** zusteht.

Demgemäß würde die **Übernahme der ertragsteuerlichen Regelungen über die 1 %-Regelung hinaus** aus umsatzsteuerlicher Sicht zu einer Begünstigung des Unternehmers führen, die nicht den tatsächlichen Verhältnissen entspricht.

Diese Regelungen in § 6 Abs. 1 Nr. 4 S. 3 Nr. 1 bis 5 EStG zur Anwendung der 0,25 % bzw. 0,5 %-Regelung sind deshalb umsatzsteuerlich nicht anzuwenden, Abschn. 15.23 Abs. 5 Satz 4 Nr. 1 Buchst. a) Satz 2 UStAE.

UStAE 15.24. Vorsteuerabzug und Umsatzbesteuerung bei (teil-)unternehmerisch verwendeten Fahrrädern

(1) Die Regelungen in Abschnitt 15.23 gelten entsprechend auch für Fahrräder einschließlich Elektrofahrräder, die verkehrsrechtlich als Fahrrad (keine Kennzeichen-, Versicherungs- oder Führerscheinpflicht) einzuordnen sind, soweit nachfolgend nichts Anderes geregelt ist.

(2) [1]Für umsatzsteuerliche Zwecke ist bei der unternehmensfremden (privaten) Nutzung eines dem Unternehmen zugeordneten Fahrrades im Sinne von Absatz 1 durch den Unternehmer § 6 Abs. 1 Nr. 4 Satz 6 EStG nicht anzuwenden. [2]Der Anteil der unternehmensfremden Nutzung kann nicht durch ein Fahrtenbuch (Abschnitt 15.23 Abs. 5 Satz 4 Nr. 1 Buchstabe b) nachgewiesen werden. [3]Der Unternehmer kann den Wert der unternehmensfremden Nutzung aus Vereinfachungsgründen hilfsweise nach der sog. 1 %-Regelung (Abschnitt 15.23 Abs. 5 Satz 4 Nr. 1 Buchstabe a) berechnen, wenn er nicht eine andere umsatzsteuerrechtlich zulässige Methode zur Wertermittlung gewählt hat.

(3) [1]Für umsatzsteuerliche Zwecke ist bei entgeltlicher Überlassung eines Fahrrades im Sinne von Absatz 1 zu Privatzwecken des Personals (vgl. entsprechend Abschnitt 15.23 Abs. 10 und 11) § 3 Nr. 37 EStG nicht anzuwenden. [2]Der Anteil der Nutzung für Privatzwecke des Personals kann nicht durch ein

Fahrtenbuch (Abschnitt 15.23 Abs. 11 Satz 2 Nr. 2) nachgewiesen werden. [3]Es wird aus Vereinfachungsgründen nicht beanstandet, wenn als Bemessungsgrundlage für die entgeltliche Nutzungsüberlassung monatlich 1 % der auf volle 100 € abgerundeten unverbindlichen Preisempfehlung des Herstellers, Importeurs oder Großhändlers im Zeitpunkt der Inbetriebnahme des Fahrrades berücksichtigt wird (entsprechend Rn. 1 der gleich lautenden Ländererlasse vom 9. 1. 2020, BStBl I S. 174). [4]Dieser Wert ist als Bruttowert anzusehen, aus dem die Umsatzsteuer herauszurechnen ist. [5]Wenn der anzusetzende Wert des Fahrrades weniger als 500 € beträgt, wird es nicht beanstandet, wenn abweichend von dem Vorstehenden von keiner entgeltlichen Überlassung des Fahrrades ausgegangen wird. [6]In diesen Fällen ist keine Umsatzbesteuerung der Leistung an den Arbeitnehmer erforderlich.

Anmerkung

1. Anwendung der Regelung in Abschn. 15.23 UStAE über Fahrzeuge

Durch das BMF-Schreiben v. 7.2.2022 hat die FinVerw Abschnitt 15.24 UStAE neu eingefügt und dort (teil-) unternehmerischen Nutzung (Verwendung) von Fahrrädern Stellung genommen.

Zunächst stellt die FinVerw klar, dass auch für Fahrräder – einschließlich Elektrofahrräder („E-Bike") – die Regelung zu Fahrzeugen in Abschn. 15.23 UStAE entsprechend gilt. Also auch für diejenigen Elektrofahrräder, die verkehrsrechtlich als Fahrrad und nicht als Kleinkraftrad einzuordnen sind, sind die **ertragsteuerlichen Regelungen für Elektro- und Hybridfahrzeuge nicht entsprechend** anzuwenden.

Ausnahmen gelten nur soweit dies die FinVerw. In Abschn. 15.24 Abs. 2 und 3 UStAE ausdrücklich zugelassen hat.

2. Ausnahmen von den Regelungen über Kraftfahrzeuge, Abschn. 15.24 Abs. 2 und 3 UStAE

Auch die unternehmensfremde Nutzung eines dem Unternehmen vollständig zugeordneten Fahrrads ist unter den Voraussetzungen des § 3 Abs. 9a Nr. 1 UStG als **unentgeltliche Wertabgabe** der Besteuerung zu unterwerfen.

Der Unternehmer kann die Bemessungsgrundlage für die Umsatzbesteuerung der unternehmensfremden Nutzung aus Vereinfachungsgründen hilfsweise nach der sog. **1 %-Regelung** für Kraftfahrzeuge berechnen oder eine **andere** umsatzsteuerrechtlich **zulässige Methode** wählen.

> **Hinweis**
>
> Die **Fahrtenbuchmethode** ist allerdings für ein Fahrrad **nicht geeignet**, da eine objektive Überprüfung anhand eines Tachometers nicht möglich ist.

3. Überlassung an das Personal (Arbeitnehmer)

Überlässt der Unternehmer (Arbeitgeber) seinem Personal ein (Elektro-) Fahrrad auch zur privaten Nutzung, handelt es sich um eine **entgeltliche Leistung** i. S. d. § 1 Abs. 1 Nr. 1 Satz 1 UStG (Arbeitsleistung gegen Fahrradgestellung).

Die Ermittlung der Bemessungsgrundlage erfolgt nach § 10 Abs. 2 Satz 2 UStG. Grundsätzlich kann auch hier aus Vereinfachungsgründen die Bemessungsgrundlage hilfsweise nach der sog. **1 %-Regelung** für Fahrräder berechnet werden. Der Wert ist als **Bruttowert** zu verstehen, aus dem also die Umsatzsteuer herauszurechnen ist (Abschn. 15.24. Abs. 3 Satz 4 UStAE).

Eine Ausnahme gilt für Fahrräder mit einem Wert von weniger als 500 EUR: In diesem Fall wird es von der FinVerwnicht beanstandet, wenn **nicht von einer entgeltlichen Überlassung des Fahrrades** ausgegangen wird. In diesen Fällen ist **keine Umsatzbesteuerung** der Leistung an den Arbeitnehmer erforderlich.

Deshalb sind auch für (Elektro-)Fahrräder im Übrigen abweichende ertragsteuerliche Ansätze (z. B. nach § 3 Nr. 37 EStG oder § 6 Abs. 1 Nr. 4 Satz 6 EStG) nicht für Zwecke der Umsatzsteuer zu übernehmen.

Zu § 15 a UStG

UStG § 15 a Berichtigung des Vorsteuerabzugs

(1) [1]Ändern sich bei einem Wirtschaftsgut, das nicht nur einmalig zur Ausführung von Umsätzen verwendet wird, innerhalb von fünf Jahren ab dem Zeitpunkt der erstmaligen Verwendung die für den ursprünglichen Vorsteuerabzug maßgebenden Verhältnisse, ist für jedes Kalenderjahr der Änderung ein Ausgleich durch eine Berichtigung des Abzugs der auf die Anschaffungs- oder Herstellungskosten entfallenden Vorsteuerbeträge vorzunehmen. [2]Bei Grundstücken einschließlich ihrer wesentlichen Bestandteile, bei Berechtigungen, für die die Vorschriften des bürgerlichen Rechts über Grundstücke gelten, und bei Gebäuden auf fremdem Grund und Boden tritt an die Stelle des Zeitraums von fünf Jahren ein Zeitraum von zehn Jahren.

(2) [1]Ändern sich bei einem Wirtschaftsgut, das nur einmalig zur Ausführung eines Umsatzes verwendet wird, die für den ursprünglichen Vorsteuerabzug maßgebenden Verhältnisse, ist eine Berichtigung des Vorsteuerabzugs vorzunehmen. [2]Die Berichtigung ist für den Besteuerungszeitraum vorzunehmen, in dem das Wirtschaftsgut verwendet wird.

(3) [1]Geht in ein Wirtschaftsgut nachträglich ein anderer Gegenstand ein und verliert dieser Gegenstand dabei seine körperliche und wirtschaftliche Eigenart endgültig oder wird an einem Wirtschaftsgut eine sonstige Leistung ausgeführt, gelten im Fall der Änderung der für den ursprünglichen Vorsteuerabzug maßgebenden Verhältnisse die Absätze 1 und 2 entsprechend. [2]Soweit im Rahmen einer Maßnahme in ein Wirtschaftsgut mehrere Gegenstände eingehen oder an einem Wirtschaftsgut mehrere sonstige Leistungen ausgeführt werden, sind diese zu einem Berichtigungsobjekt zusammenzufassen. [3]Eine Änderung der Verhältnisse liegt dabei auch vor, wenn das Wirtschaftsgut für Zwecke, die außerhalb des Unternehmens liegen, aus dem Unternehmen entnommen wird, ohne dass dabei nach § 3 Abs. 1 b eine unentgeltliche Wertabgabe zu besteuern ist.

(4) [1]Die Absätze 1 und 2 sind auf sonstige Leistungen, die nicht unter Absatz 3 Satz 1 fallen, entsprechend anzuwenden. [2]Die Berichtigung ist auf solche sonstigen Leistungen zu beschränken, für die in der Steuerbilanz ein Aktivierungsgebot bestünde. [3]Dies gilt jedoch nicht, soweit es sich um sonstige Leistungen handelt, für die der Leistungsempfänger bereits für einen Zeitraum vor Ausführung der sonstigen Leistung den Vorsteuerabzug vornehmen konnte. [4]Unerheblich ist, ob der Unternehmer nach den §§ 140, 141 der Abgabenordnung tatsächlich zur Buchführung verpflichtet ist.

(5) [1]Bei der Berichtigung nach Absatz 1 ist für jedes Kalenderjahr der Änderung in den Fällen des Satzes 1 von einem Fünftel und in den Fällen des Satzes 2 von einem Zehntel der auf das Wirtschaftsgut entfallenden Vorsteuerbeträge auszugehen. [2]Eine kürzere Verwendungsdauer ist entsprechend zu berücksichtigen. [3]Die Verwendungsdauer wird nicht dadurch verkürzt, dass das Wirtschaftsgut in ein anderes einbezogen wird.

(6) Die Absätze 1 bis 5 sind auf Vorsteuerbeträge, die auf nachträgliche Anschaffungs- oder Herstellungskosten entfallen, sinngemäß anzuwenden.

(6 a) Eine Änderung der Verhältnisse liegt auch bei einer Änderung der Verwendung im Sinne des § 15 Absatz 1 b vor.

(7) Eine Änderung der Verhältnisse im Sinne der Absätze 1 bis 3 ist auch beim Übergang von der allgemeinen Besteuerung zur Durchschnittssatzbesteuerung nach den §§ 23 a oder 24 und umgekehrt gegeben.

(8) [1]Eine Änderung der Verhältnisse liegt auch vor, wenn das noch verwendungsfähige Wirtschaftsgut, das nicht nur einmalig zur Ausführung eines Umsatzes verwendet wird, vor Ablauf des nach den Absätzen 1 und 5 maßgeblichen Berichtigungszeitraums veräußert oder nach § 3 Abs. 1 b geliefert wird und dieser Umsatz anders zu beurteilen ist als die für den ursprünglichen Vorsteuerabzug maßgebliche Verwendung. [2]Dies gilt auch für Wirtschaftsgüter, für die der Vorsteuerabzug nach § 15 Absatz 1 b teilweise ausgeschlossen war.

(9) Die Berichtigung nach Absatz 8 ist so vorzunehmen, als wäre das Wirtschaftsgut in der Zeit von der Veräußerung oder Lieferung im Sinne des § 3 Abs. 1 b bis zum Ablauf des maßgeblichen Berichtigungszeitraums unter entsprechend geänderten Verhältnissen weiterhin für das Unternehmen verwendet worden.

(10) [1]Bei einer Geschäftsveräußerung (§ 1 Abs. 1 a) wird der nach den Absätzen 1 und 5 maßgebliche Berichtigungszeitraum nicht unterbrochen. [2]Der Veräußerer ist verpflichtet, dem Erwerber die für die Durchführung der Berichtigung erforderlichen Angaben zu machen.

(11) Das Bundesministerium der Finanzen kann mit Zustimmung des Bundesrates durch Rechtsverordnung nähere Bestimmungen darüber treffen,

1. wie der Ausgleich nach den Absätzen 1 bis 9 durchzuführen ist und in welchen Fällen zur Vereinfachung des Besteuerungsverfahrens, zur Vermeidung von Härten oder nicht gerechtfertigten Steuervorteilen zu unterbleiben hat;
2. dass zur Vermeidung von Härten oder eines nicht gerechtfertigten Steuervorteils bei einer unentgeltlichen Veräußerung oder Überlassung eines Wirtschaftsguts
   a) eine Berichtigung des Vorsteuerabzugs in entsprechender Anwendung der Absätze 1 bis 9 auch dann durchzuführen ist, wenn eine Änderung der Verhältnisse nicht vorliegt,
   b) der Teil des Vorsteuerbetrags, der bei einer gleichmäßigen Verteilung auf den in Absatz 9 bezeichneten Restzeitraum entfällt, vom Unternehmer geschuldet wird,
   c) der Unternehmer den nach den Absätzen 1 bis 9 oder Buchstabe b geschuldeten Betrag dem Leistungsempfänger wie eine Steuer in Rechnung stellen und dieser den Betrag als Vorsteuer abziehen kann.

UStDV

§ 44 Vereinfachungen bei der Berichtigung des Vorsteuerabzugs

(1) Eine Berichtigung des Vorsteuerabzugs nach § 15 a des Gesetzes entfällt, wenn die auf die Anschaffungs- oder Herstellungskosten eines Wirtschaftsguts entfallende Vorsteuer 1 000 Euro nicht übersteigt.

(2) [1]Haben sich bei einem Wirtschaftsgut in einem Kalenderjahr die für den ursprünglichen Vorsteuerabzug maßgebenden Verhältnisse um weniger als 10 Prozentpunkte geändert, entfällt bei diesem Wirtschaftsgut für dieses Kalenderjahr die Berichtigung des Vorsteuerabzugs. [2]Das gilt nicht, wenn der Betrag, um den der Vorsteuerabzug für dieses Kalenderjahr zu berichtigen ist, 1 000 Euro übersteigt.

(3) [1]Übersteigt der Betrag, um den der Vorsteuerabzug bei einem Wirtschaftsgut für das Kalenderjahr zu berichtigen ist, nicht 6 000 Euro, so ist die Berichtigung des Vorsteuerabzugs nach § 15 a des Gesetzes abweichend von § 18 Abs. 1 und 2 des Gesetzes erst im Rahmen der Steuerfestsetzung für den Besteuerungszeitraum durchzuführen, in dem sich die für den ursprünglichen Vorsteuerabzug maßgebenden Verhältnisse geändert haben. [2]Wird das Wirtschaftsgut während des maßgeblichen Berichtigungszeitraums veräußert oder nach § 3 Abs. 1 b des Gesetzes geliefert, so ist die Berichtigung des Vorsteuerabzugs für das Kalenderjahr der Lieferung und die folgenden Kalenderjahre des Berichtigungszeitraums abweichend von Satz 1 bereits bei der Berechnung der Steuer für den Voranmeldungszeitraum (§ 18 Abs. 1 und 2 des Gesetzes) durchzuführen, in dem die Lieferung stattgefunden hat.

(4) Die Absätze 1 bis 3 sind bei einer Berichtigung der auf nachträgliche Anschaffungs- oder Herstellungskosten und auf die in § 15 a Abs. 3 und 4 des Gesetzes bezeichneten Leistungen entfallenden Vorsteuerbeträge entsprechend anzuwenden.

§ 45 Maßgebliches Ende des Berichtigungszeitraums

[1]Endet der Zeitraum, für den eine Berichtigung des Vorsteuerabzugs nach § 15 a des Gesetzes durchzuführen ist, vor dem 16. eines Kalendermonats, so bleibt dieser Kalendermonat für die Berichtigung unberücksichtigt. [2]Endet er nach dem 15. eines Kalendermonats, so ist dieser Kalendermonat voll zu berücksichtigen.

UStAE 15 a.1. Anwendungsgrundsätze

(1) [1]Nach § 15 UStG entsteht das Recht auf Vorsteuerabzug bereits im Zeitpunkt des Leistungsbezugs (vgl. Abschnitt 15.12) oder im Fall der Voraus- oder Anzahlung im Zeitpunkt der Zahlung. [2]Ändern sich bei den in Abs. 2 genannten Berichtigungsobjekten die für den ursprünglichen Vorsteuerabzug maßgebenden Verhältnisse, ist der Vorsteuerabzug zu berichtigen, wenn die Grenzen des § 44 UStDV überschritten werden (vgl. Abschnitt 15 a.11). [3]Durch § 15 a UStG wird der Vorsteuerabzug so berichtigt, dass er den tatsächlichen Verhältnissen bei der Verwendung des Wirtschaftsguts oder der sonstigen Leistung entspricht. [4]Als Wirtschaftsgüter im Sinne des § 15 a UStG gelten die Gegenstände, an denen nach § 3 Abs. 1 UStG die Verfügungsmacht verschafft werden kann (vgl. Abschnitt 3.1 Abs. 1 Sätze 1 und 2). [5]Das Wirtschaftsgut muss aus der Sicht des Durchschnittsverbrauchers selbstständig verkehrsfähig und bewertbar sein (vgl. BFH-Urteil vom 3. 11. 2011, V R 32/10, BStBl 2012 II S. 525). [6]Wird das Wirtschaftsgut bzw. die sonstige Leistung nicht nur einmalig zur Ausführung von Umsätzen verwendet, kommt es

auf die tatsächlichen Verwendungsverhältnisse während des gesamten im Einzelfall maßgeblichen Berichtigungszeitraums an. [7]Der Ausgleich des Vorsteuerabzugs ist grundsätzlich bei der Steuerfestsetzung für den Voranmeldungszeitraum vorzunehmen, in dem sich die Verhältnisse gegenüber den für den ursprünglichen Vorsteuerabzug maßgebenden Verhältnissen geändert haben (vgl. jedoch Abschnitt 15 a.11).

(2) Berichtigungsobjekte im Sinne des § 15 a UStG sind:

1. Wirtschaftsgüter, die nicht nur einmalig zur Ausführung von Umsätzen verwendet werden (§ 15 a Abs. 1 UStG)
   [1]Das sind in der Regel die Wirtschaftsgüter, die ertragsteuerrechtlich abnutzbares oder nicht abnutzbares (z. B. Grund und Boden) Anlagevermögen darstellen oder – sofern sie nicht zu einem Betriebsvermögen gehören – als entsprechende Wirtschaftsgüter anzusehen sind. [2]Dies können auch immaterielle Wirtschaftsgüter, die Gegenstand einer Lieferung sind (z. B. bestimmte Computerprogramme oder Mietereinbauten im Sinne des BMF-Schreibens vom 15. 1. 1976, BStBl I S. 66), sein. [3]Die ertragsteuerliche Beurteilung als Anlagevermögen oder Umlaufvermögen ist umsatzsteuerrechtlich nicht entscheidend (BFH-Urteil vom 24. 9. 2009, V R 6/08, BStBl 2010 II S. 315).
2. Wirtschaftsgüter, die nur einmalig zur Ausführung von Umsätzen verwendet werden (§ 15 a Abs. 2 UStG)
   [1]Das sind im Wesentlichen die Wirtschaftsgüter, die ertragsteuerrechtlich Umlaufvermögen darstellen, wie z. B. die zur Veräußerung oder Verarbeitung bestimmten Wirtschaftsgüter. [2]Ertragsteuerrechtliches Anlagevermögen kann ebenfalls betroffen sein, wenn es veräußert oder entnommen wird, bevor es zu anderen Verwendungsumsätzen gekommen ist. [3]Ein stehender Baumbestand in der Forstwirtschaft stellt (unabhängig von der ertragsteuerlichen Beurteilung) regelmäßig kein Berichtigungsobjekt im Sinne des § 15a UStG dar. [4]Vielmehr ist in diesen Fällen der entnommene Baum oder der einzelne Holzumsatz das Berichtigungsobjekt (zur Bestimmung vgl. Abschnitt 15a.11 Abs. 1) und damit regelmäßig ein Wirtschaftsgut im Sinne des § 15a Abs. 2 UStG.
3. Nachträglich in ein Wirtschaftsgut eingehende Gegenstände, wenn diese Gegenstände dabei ihre körperliche und wirtschaftliche Eigenart endgültig verlieren (§ 15 a Abs. 3 UStG)
   [1]Das ist der Fall, wenn diese Gegenstände nicht selbstständig nutzbar sind und mit dem Wirtschaftsgut in einem einheitlichen Nutzungs- und Funktionszusammenhang stehen. [2]Auf eine Werterhöhung bei dem Wirtschaftsgut, in das die Gegenstände eingehen, kommt es nicht an. [3]Kein Gegenstand im Sinne des § 15 a Abs. 3 UStG ist ein Gegenstand, der abtrennbar ist, seine körperliche oder wirtschaftliche Eigenart behält und damit ein selbstständiges Wirtschaftsgut bleibt. [4]Werden im Rahmen einer Maßnahme mehrere Gegenstände in ein Wirtschaftsgut eingefügt bzw. sonstige Leistungen an einem Wirtschaftsgut ausgeführt, sind diese Leistungen zu einem Berichtigungsobjekt zusammenzufassen. [5]Bei der Bestimmung der 1 000 €-Grenze nach § 44 Abs. 1 UStDV ist von den gesamten Vorsteuerbeträgen auszugehen, die auf die Anschaffung oder Herstellung des durch die Zusammenfassung entstandenen Berichtigungsobjekts entfallen.
4. Sonstige Leistungen an einem Wirtschaftsgut (§ 15 a Abs. 3 UStG)
   [1]Es kommt nicht darauf an, ob die sonstige Leistung zu einer Werterhöhung des Wirtschaftsguts führt. [2]Maßnahmen, die lediglich der Werterhaltung dienen, fallen demnach auch unter die Berichtigungspflicht nach § 15 a Abs. 3 UStG. [3]Nicht unter die Verpflichtung zur Berichtigung des Vorsteuerabzugs nach § 15 a Abs. 3 UStG fallen sonstige Leistungen, die bereits im Zeitpunkt des Leistungsbezugs wirtschaftlich verbraucht werden. [4]Eine sonstige Leistung ist im Zeitpunkt des Leistungsbezugs dann nicht wirtschaftlich verbraucht, wenn ihr über den Zeitpunkt des Leistungsbezugs hinaus eine eigene Werthaltigkeit innewohnt. [5]Zur Zusammenfassung bei der Ausführung mehrerer Leistungen im Rahmen einer Maßnahme siehe Nr. 3.
5. Sonstige Leistungen, die nicht unter § 15 a Abs. 3 Satz 1 UStG fallen (§ 15 a Abs. 4 UStG)
   [1]Dies sind solche sonstigen Leistungen, die nicht an einem Wirtschaftsgut ausgeführt werden. [2]Die Berichtigung des Vorsteuerabzugs ist auf solche sonstigen Leistungen beschränkt, für die in der Steuerbilanz ein Aktivposten gebildet werden müsste. [3]Dies gilt jedoch nicht, soweit es sich um sonstige Leistungen handelt, für die der Leistungsempfänger bereits für einen Zeitraum vor Ausführung der sonstigen Leistung den Vorsteuerabzug vornehmen konnte (Voraus- und Anzahlung).

[4]Unerheblich ist, ob der Unternehmer nach den §§ 140, 141 AO tatsächlich zur Buchführung verpflichtet ist.

6. Nachträgliche Anschaffungs- oder Herstellungskosten (§ 15 a Abs. 6 UStG)
[1]Der Begriff der nachträglichen Anschaffungs- oder Herstellungskosten ist nach den für das Einkommensteuerrecht geltenden Grundsätzen abzugrenzen. [2]Voraussetzung ist, dass die nachträglichen Aufwendungen für Berichtigungsobjekte nach § 15 a Abs. 1 bis 4 UStG angefallen sind. [3]Aufwendungen, die ertragsteuerrechtlich Erhaltungsaufwand sind, unterliegen der Vorsteuerberichtigung nach § 15 a Abs. 3 UStG.

(3) [1]Bei der Berichtigung des Vorsteuerabzugs ist von den gesamten Vorsteuerbeträgen auszugehen, die auf die in Absatz 2 bezeichneten Berichtigungsobjekte entfallen. [2]Dabei ist ein prozentuales Verhältnis des ursprünglichen Vorsteuerabzugs zum Vorsteuervolumen insgesamt zu Grunde zu legen.

Beispiel 1:

[1]Ein Unternehmer errichtet ein Bürogebäude. [2]Die im Zusammenhang mit der Herstellung des Gebäudes in Rechnung gestellte Umsatzsteuer beträgt in den Jahren 01 150 000 € und 02 450 000 € (insgesamt 600 000 €). [3]Die abziehbaren Vorsteuerbeträge nach § 15 UStG belaufen sich vor dem Zeitpunkt der erstmaligen Verwendung (Investitionsphase) auf 150 000 €, da der Unternehmer im Jahr 01 beabsichtigte, das Gebäude zu 100 % für zum Vorsteuerabzug berechtigende Zwecke zu verwenden, während er im Jahr 02 beabsichtigte, das Gebäude nach der Fertigstellung zu 0 % für zum Vorsteuerabzug berechtigende Zwecke zu verwenden. [4]Diese Verwendungsabsicht wurde durch den Unternehmer jeweils schlüssig dargelegt.

Ermittlung eines prozentualen Verhältnisses des ursprünglichen Vorsteuerabzugs zum Vorsteuervolumen insgesamt, das für eine Berichtigung nach § 15a UStG maßgebend ist:

Insgesamt in Rechnung gestellte Umsatzsteuer:	600.000 €
Ursprünglicher Vorsteuerabzug:	150.000 €
Prozentuales Verhältnis (150.000 € / 600.000 €):	25 %

Beispiel 2:

[1]Unternehmer U schließt mit dem Fahrzeughändler H im Januar 01 einen Vertrag über die Lieferung eines Pkw ab. [2]Der Pkw soll im Juli 01 geliefert werden. [3]U leistet bei Vertragsschluss eine Anzahlung i. H. v. 20 000 € zzgl. 3 800 € Umsatzsteuer. [4]Bei Lieferung des Pkw im Juli 01 leistet U die Restzahlung von 60 000 € zzgl. 11 400 € Umsatzsteuer. [5]Im Zeitpunkt der Anzahlung beabsichtigte U, den Pkw ausschließlich zur Ausführung von zum Vorsteuerabzug berechtigenden Umsätzen zu nutzen. [6]U kann die Verwendungsabsicht durch entsprechende Unterlagen nachweisen. [7]Im Zeitpunkt der Lieferung steht hingegen fest, dass U den Pkw nunmehr ausschließlich zur Erzielung von nicht zum Vorsteuerabzug berechtigenden Umsätzen verwenden will.

[8]U steht aus der Anzahlung der Vorsteuerabzug nach § 15 Abs. 1 Satz 1 Nr. 1 UStG zu, da er im Zeitpunkt der Anzahlung beabsichtigte, den Pkw für zum Vorsteuerabzug berechtigende Umsätze zu nutzen. [9]Für die Restzahlung hingegen steht U der Vorsteuerabzug nicht zu.

Ermittlung eines prozentualen Verhältnisses des ursprünglichen Vorsteuerabzugs zum Vorsteuervolumen insgesamt, das für eine Berichtigung nach § 15a UStG maßgebend ist:

Insgesamt in Rechnung gestellte Umsatzsteuer:	15.200 €
Ursprünglicher Vorsteuerabzug:	3.800 €
Prozentuales Verhältnis (3.800 € / 15.200 €):	25 %

(4) In die Vorsteuerberichtigung sind alle Vorsteuerbeträge einzubeziehen ohne Rücksicht auf besondere ertragsteuerrechtliche Regelungen, z. B. sofort absetzbare Beträge oder Zuschüsse, die der Unternehmer erfolgsneutral behandelt, oder AfA, die auf die Zeit bis zur tatsächlichen Verwendung entfällt.

(5) [1]Die Vorsteuerberichtigung setzt grundsätzlich ein ursprüngliches Recht auf Vorsteuerabzug nach § 15 Abs. 1 UStG sowie die Geltendmachung des ursprünglichen Vorsteuerabzugs voraus. [2]Die Geltendmachung des Vorsteuerabzuges kann sich auch aus einer in der Steuererklärung nicht ausdrücklich angegebenen Saldierung der Umsatzsteuer mit einem korrespondierenden Vorsteuerabzug nach § 15 Abs. 1 Satz 1 Nr. 3 oder 4 UStG ergeben (vgl. BFH-Urteil vom 01.02.2022 – V R 33/18, BStBl II S. 785). [3]Führt die Berichtigung nach § 15 a UStG zu einem erstmaligen Vorsteuerabzug, weil der Vorsteuerabzug beim Leistungsbezug nach § 15 Abs. 2 und 3 UStG ausgeschlossen war, dürfen nur die Vorsteuerbeträge angesetzt werden, für die die allgemeinen Voraussetzungen des § 15 Abs. 1 UStG vorliegen. [4]Daher sind in diesen Fällen Vorsteuerbeträge, für die **kein Abzugsrecht besteht**, weil keine ordnungsgemäße Rechnung oder kein zollamtlicher Einfuhrbeleg vorliegt, von der Berichtigung ausgenommen (vgl. BFH-Urteil vom 12. 10. 2006, V R 36/04, BStBl 2007 II S. 485). [5]Zur Frage, wie zu verfahren ist, wenn die Voraussetzungen für den Vorsteuerabzug nach § 15 UStG erst nachträglich eintreten oder sich nachträglich ändern, vgl. Abschnitt 15 a.4 Abs. 2.

(6) [1]Eine Berichtigung des Vorsteuerabzugs ist nur möglich, wenn und soweit die bezogenen Leistungen im Zeitpunkt des Leistungsbezugs dem Unternehmen zugeordnet wurden (vgl. Abschnitt 15.2 c). [2]§ 15 a UStG ist daher insbesondere nicht anzuwenden, wenn

1. ein Nichtunternehmer Leistungen bezieht und diese später unternehmerisch verwendet werden (vgl. EuGH-Urteil vom 2. 6. 2005, C-378/02, Waterschap Zeeuws Vlaanderen, sowie BFH-Urteil vom 1. 12. 2010, XI R 28/08, BStBl 2011 II S. 994),
2. der Unternehmer ein Wirtschaftsgut oder eine sonstige Leistung im Zeitpunkt des Leistungsbezugs seinem nichtunternehmerischen Bereich zuordnet (vgl. Abschnitt 15.2 c) und das Wirtschaftsgut oder die sonstige Leistung später für unternehmerische Zwecke verwendet (vgl. EuGH-Urteil vom 11. 7. 1991, C-97/90, Lennartz),
3. an einem Wirtschaftsgut, das nicht dem Unternehmen zugeordnet wurde, eine Leistung im Sinne des § 15 a Abs. 3 UStG ausgeführt wird, die ebenfalls nicht für das Unternehmen bezogen wird, und das Wirtschaftsgut später unternehmerisch verwendet wird,
4. nichtunternehmerisch genutzte Gebäudeteile als separater Gegenstand beim Leistungsbezug dem nichtunternehmerischen Bereich zugeordnet und später unternehmerisch genutzt werden (z. B. bei Umwandlung bisheriger Wohnräume in Büroräume) oder
5. der Unternehmer einen bezogenen Gegenstand zunächst zu weniger als 10 % für sein Unternehmen nutzt und die Leistung deshalb nach § 15 Abs. 1 Satz 2 UStG als nicht für sein Unternehmen ausgeführt gilt (vgl. Abschnitt 15.2 c Abs. 5 bis 7) und diese Grenze später überschritten wird.

(7) [1]Ist ein Unternehmer für einen sowohl unternehmerisch als auch nichtwirtschaftlich i. e. S. verwendeten einheitlichen Gegenstand nach § 15 Abs. 1 UStG nur für den unternehmerisch genutzten Anteil zum Vorsteuerabzug berechtigt gewesen (vgl. Abschnitte 15.2 b Abs. 2 und 15.2 c Abs. 2 Satz 1 Nr. 2 Buchstabe a) – unternehmerische Nutzung zu mindestens 10 % vorausgesetzt, § 15 Abs. 1 Satz 2 UStG – und erhöht sich die unternehmerische Nutzung dieses Gegenstands innerhalb des Berichtigungszeitraums nach § 15 a Abs. 1 UStG (vgl. Abschnitt 15 a.3), kann eine Vorsteuerberichtigung nach den Grundsätzen des § 15 a UStG zugunsten des Unternehmers aus Billigkeitsgründen vorgenommen werden, sofern die Bagatellgrenzen des § 44 UStDV überschritten sind. [2]Macht der Unternehmer von dieser Billigkeitsmaßnahme Gebrauch, gilt der Gegenstand auch insoweit als dem Unternehmen zugeordnet.

Beispiel:

[1]Der Verein V erwirbt zum 1. 1. 01 einen Pkw für 30 000 € zzgl. 5 700 € Umsatzsteuer. [2]Der Pkw wird entsprechend der von Anfang an beabsichtigten Verwendung zu 50 % für unternehmerische Tätigkeiten im Sinne des § 2 Abs. 1 UStG und zu 50 % für ideelle Vereinszwecke **(nichtwirtschaftliche Tätigkeiten i.e.S., vgl. Abschnitt 2.3 Abs. 1a)** verwendet. [3]Die Verwendung für unternehmerische Tätigkeiten erhöht sich ab dem 1. 1. 03 um 20 % auf insgesamt 70 %. [4]Zum 1. 1. 04 wird der Pkw für einen vereinbarten Nettobetrag von 10 000 € veräußert.

Jahr 01:

[5]V ist zum Vorsteuerabzug in Höhe von 2 850 € (50 % von 5 700 €) nach § 15 Abs. 1 UStG berechtigt. [6]Der für **die** nichtwirtschaftliche Tätigkeit i. e. S. verwendete Anteil des Pkw berechtigt nicht zum Vorsteuerabzug (vgl. Abschnitte 15.2 b Abs. 2 und 15.2 c Abs. 2 Satz 1 Nr. 2 Buchstabe a).

Ermittlung der Vorsteuerberichtigung im Vergleich zum ursprünglichen Vorsteuerabzug:

Insgesamt in Rechnung gestellte Umsatzsteuer:	**5.700 €**
Ursprünglicher Vorsteuerabzug (50 %):	**2.850 €**
Zeitpunkt der erstmaligen Verwendung:	**01. 01. 01**
Dauer des Berichtigungszeitraums:	**01. 01. 01 bis 31. 12. 05**
Jahr 01 bis 02:	
Tatsächliche Verwendung im Berichtigungszeitraum:	**50 %**
Keine Vorsteuerberichtigung nach § 15a UStG	
Jahr 03:	
Tatsächliche Verwendung im Berichtigungszeitraum:	**70 %**
Vorsteuerberichtigung zugunsten des V	
aus Billigkeitsgründen (70 % statt 50 %):	**20 Prozentpunkte**
Berichtigungsbetrag 03 (zusätzlicher Vorsteuerabzug)	
20 Prozentpunkte von 1/5 von 5.700 €	**228 €**

Jahr 03:

[7]Die Bagatellgrenzen des § 44 UStDV sind überschritten. [8]Aus Billigkeitsgründen kann eine Vorsteuerberichtigung nach § 15 a Abs. 1 UStG vorgenommen werden.

Jahr 04:

[9]Die Veräußerung des Pkw ist in Höhe des für unternehmerische Tätigkeiten verwendeten Anteils im Zeitpunkt der Veräußerung steuerbar. [10]Die Umsatzsteuer beträgt 1 330 € (70 % von 10 000 € × 19 %).

Änderung aus Billigkeitsgründen pro Jahr nach Veräußerung:

ab Jahr 04 (70 % statt 50 %)	**20 Prozentpunkte**
Berichtigung pro Jahr ab 04:	**5.700 € / 5 Jahre × 20 %**
Zusätzliche Vorsteuer für 04 und 05	**je 228 €**

[11]Aus Billigkeitsgründen ist auf Grund der Veräußerung auch eine Vorsteuerberichtigung nach § 15 a UStG vorzunehmen. [12]Die Bagatellgrenzen des § 44 UStDV sind überschritten.

[13]Die Berichtigung des Vorsteuerabzugs in Höhe von 456 € zugunsten des V ist in der ersten Voranmeldung für das Kalenderjahr 04 vorzunehmen (§ 44 Abs. 3 Satz 2 UStDV).

Anmerkung

1. Allgemeines zu § 15a UStG

Der Vorsteuerabzug (§ 15 UStG) beurteilt sich nach den Verhältnissen im Kalenderjahr der erstmaligen Verwendung von Wirtschaftsgütern im Unternehmen. Die auf dieser Grundlage getroffene Entscheidung über den Vorsteuerabzug bei Wirtschaftsgütern, die der Unternehmer über das Kalenderjahr der erstmaligen Verwendung hinaus zur Ausführung von Umsätzen verwendet, ist dann zu berichtigen, wenn sich die **Verhältnisse ändern**. Dieses Ergebnis wird durch eine Vorsteuerkorrektur (-berichtigung) erreicht, die in Deutschland in § 15a UStG geregelt ist.

2. Kein nachträglicher Vorsteuerabzug über eine Vorsteuerberichtigung

Der EuGH hatte sich in der Rechtssache C-194/21 auf ein Vorabentscheidungsersuchen aus den Niederlanden mit der Frage zu befassen, ob dann, wenn der Stpfl. einen Vorsteuerabzug aus Eingangsrechnungen versäumt hat, er dies einige Jahre später im Wege der Vorsteuerberichtigung (in Deutschland § 15 a UStG) nachholen kann.

Mit Urteil v. 7.7.2022 – C-194/21 hat der EuGH dieses zutreffend verneint.

Sachverhalt EuGH C-194/21:

Der Stpfl. hatte **2006** Baugrundstücke umsatzsteuerpflichtig erworben. Vorsteuer machte er nicht geltend. Die Bebauung zerschlug sich in der Folge. Deshalb veräußerte er die Grundstücke im Jahr **2013** ebenfalls wieder umsatzsteuerpflichtig zurück.

Die niederländische FinVerw setzte für die Rückveräußerung Umsatzsteuer fest. Dagegen wehrte sich der Stpfl. und vertrat die Auffassung, dass im Nachforderungsbescheid für 2013 die Vorsteuer aus dem Grundstückskauf in 2006 als Berichtigungsbetrag nach den Art. 184, 185 MwStSystRL zu berücksichtigen sei.

Diese Rechtsauffassung des Stpfl. lehnte der EuGH im Wesentlichen mit der Begründung ab, dass die durch angemessene Ausschlussfristen hergestellte Rechtssicherheit höher zu bewerten sei, als die materielle Richtigkeit.

Die Entscheidung ist zutreffend. Entscheidend ist zunächst das Entstehen der Vorsteuerabzugsberechtigung. Für eine etwaige **Berichtigung** müssen sich die **tatsächlichen Verhältnisse geändert** haben. Bei einem **Versäumen des Vorsteuerabzugs** ist das eindeutig **nicht der Fall**. Dies sieht auch die deutsche FinVerw in Abschn. 15a.1. Abs. 1 Satz 3 UStAE entsprechend.

3. Vorsteuerberichtigung bei Saldierung der Vorsteuer

Mit Urteil vom 1.2.2022 – V R 33/18 hatte der BFH entschieden, dass die Vorsteuerberichtigung nach § 15 a Abs. 1 UStG einen ursprünglichen Vorsteuerabzug voraussetzt. Ein solcher könne sich – so der BFH – etwa in den Fällen des § 13 b UStG a. F. aus der Saldierung der Umsatzsteuer nach § 13 b Abs. 2 Satz 1 UStG a. F. mit dem Vorsteuerabzug nach § 15 Abs. 1 Satz 1 Nr. 4 UStG ergeben.

Diese Rechtsprechung des BFH **wendet die FinVerw nunmehr in allen offenen Fällen an** und hat Abschn. 15a.1. Abs. 4 UStAE neu gefasst (BMF-Schr. v. 22.11.2022, BStBl I 2022, 1595). Danach kann sich der „ursprüngliche Vorsteuerabzug" auch aus einer in der Steuererklärung nicht ausdrücklich angegebenen Saldierung der Umsatzsteuer mit einem korrespondierenden Vorsteuerabzug nach § 15 Abs. 1 S. 1 Nr. 3 oder 4 UStG ergeben (Hinweis auf BFH v. 1.2.2022 – V R 33/18, BStBl II 2022, 785).

UStAE 15 a.2. Änderung der Verhältnisse

(1) [1]Verwendung im Sinne des § 15 a UStG ist die tatsächliche Nutzung des Berichtigungsobjekts zur Erzielung von Umsätzen. [2]Als Verwendung sind auch die Veräußerung, die unentgeltliche Wertabgabe nach § 3 Abs. 1 b und 9 a UStG (vgl. BFH-Urteil vom 2. 10. 1986, V R 91/78, BStBl 1987 II S. 44) und die teilunternehmerische Nutzung eines Grundstücks im Sinne des § 15 Abs. 1 b UStG (§ 15 a Abs. 6 a UStG, vgl. Abschnitt 15.6 a) anzusehen. [3]Unter Veräußerung ist sowohl die Lieferung im Sinne des § 3 Abs. 1 UStG, z. B. auch die Verwertung in der Zwangsvollstreckung, als auch die Übertragung immaterieller Wirtschaftsgüter zu verstehen. [4]Voraussetzung ist jedoch, dass das Wirtschaftsgut im Zeitpunkt dieser Umsätze objektiv noch verwendungsfähig ist. [5]Die Eröffnung eines Insolvenzverfahrens bewirkt allein weder tatsächlich noch rechtlich eine Änderung in der Verwendung eines Berichtigungsobjekts (vgl. BFH-Urteil vom 8. 3. 2012, V R 24/11, BStBl II S. 466).

(2) [1]Für die Frage, ob eine Änderung der Verhältnisse vorliegt, sind die Verhältnisse im Zeitpunkt der tatsächlichen Verwendung im Vergleich zum ursprünglichen Vorsteuerabzug entscheidend (vgl. BFH-Urteil vom 9. 2. 2011, XI R 35/09, BStBl II S. 1000). [2]Für den ursprünglichen Vorsteuerabzug ist die Verwendungsabsicht im Zeitpunkt des Leistungsbezugs entscheidend, im Fall der Anzahlung oder Vorauszahlung die im Zeitpunkt der Anzahlung oder Vorauszahlung gegebene Verwendungsabsicht (Abschnitt 15.12 Abs. 2 und 2a). [3]Eine Änderung der Verhältnisse im Sinne des § 15 a UStG liegt z. B. vor,

1. wenn sich auf Grund der tatsächlichen Verwendung nach § 15 Abs. 2 und 3 UStG ein höherer oder niedrigerer Vorsteuerabzug im Vergleich zum ursprünglichen Vorsteuerabzug ergibt, z. B.
   a) wenn der Unternehmer ein Berichtigungsobjekt innerhalb des Unternehmens für Ausgangsumsätze nutzt, welche den Vorsteuerabzug anders als ursprünglich ausschließen oder zulassen (vgl. BFH-Urteile vom 15. 9. 2011, V R 8/11, BStBl 2012 II S. 368, und vom 19. 10. 2011, XI R 16/09, BStBl 2012 II S. 371),
   b) wenn der Unternehmer einen ursprünglich ausgeübten Verzicht auf eine Steuerbefreiung (§ 9 UStG) später nicht fortführt,
   c) wenn sich das prozentuale Verhältnis ändert, nach dem die abziehbaren Vorsteuern ursprünglich nach § 15 Abs. 4 UStG aufgeteilt worden sind (z. B. durch Anwendung des Gesamt- oder eines Teilumsatzschlüssels); im Fall einer Aufrundung auf volle Prozentpunkte nach Abschnitt 15.17 Abs. 3a ist auch während des gesamten Berichtigungszeitraums der Betrag der dann geltenden Verhältnisse auf volle Prozentpunkte aufzurunden (vgl. EuGH-Urteil vom 16.06.2016, C-186/15, Kreissparkasse Wiedenbrück, BStBl II 2024 S. 207) **oder**
   d) wenn der Unternehmer von der allgemeinen Besteuerung zur Steuerbefreiung für Kleinunternehmer nach § 19 Abs. 1 oder 4 UStG oder umgekehrt übergeht (vgl. auch Abschnitt 15.1 Abs. 5 und 6 sowie Abschnitt 15.3 Abs. 2),
2. wenn das Wirtschaftsgut veräußert oder entnommen wird und dieser Umsatz hinsichtlich des Vorsteuerabzugs anders zu beurteilen ist als der ursprüngliche Vorsteuerabzug (§ 15 a Abs. 8 UStG),
3. ***weggefallen***
4. wenn der Unternehmer von der allgemeinen Besteuerung zur Durchschnittssatzbesteuerung nach den §§ 23 a und 24 UStG oder umgekehrt übergeht (§ 15 a Abs. 7 UStG), ohne dass sich die Nutzung der Wirtschaftsgüter oder sonstigen Leistungen selbst geändert haben muss (zur Vorsteuerberichtigung bei Wirtschaftsgütern, die sowohl in einem gewerblichen Unternehmensteil als auch in einem landwirtschaftlichen Unternehmensteil (§ 24 UStG) eingesetzt werden, und zum Übergang von der allgemeinen Besteuerung zur Durchschnittssatzbesteuerung nach § 24 UStG oder umgekehrt siehe Abschnitt 15 a.9 Abs. 5 ff.),
5. wenn sich eine Rechtsänderung nach dem Leistungsbezug auf die Beurteilung des Vorsteuerabzugs auswirkt, z. B. bei Wegfall oder Einführung einer den Vorsteuerabzug ausschließenden Steuerbefreiung (vgl. BFH-Urteil vom 14. 05. 1992 – V R 79/87, BStBl II S. 983) oder bei gesetzlichen Neuregelungen zur Vorsteueraufteilung nach § 15 Abs. 4 UStG (vgl. BFH-Urteile vom 22. 08. 2013 – V R 19/09, BStBl II 2022 S. 726, und vom 10. 08. 2016 – XI R 31/09, BStBl II 2022 S. 736),
6. wenn sich die rechtliche Beurteilung des ursprünglichen Vorsteuerabzugs später als unzutreffend erweist, sofern die Steuerfestsetzung für das Jahr des Leistungsbezugs bestandskräftig und unabänderbar ist (Abschnitt 15 a.4 Abs. 3),
7. wenn sich die Verwendung eines Grundstücks im Sinne des § 15 Abs. 1 b UStG ändert (§ 15 a Abs. 6 a UStG, vgl. Abschnitt 15.6 a),
8. wenn der Unternehmer aufgrund einer Erklärung nach § 25 a Abs. 2 Satz 1 UStG von der allgemeinen Besteuerung zur Differenzbesteuerung oder umgekehrt übergeht (vgl. hierzu Abschnitt 25 a.1 Abs. 7 Satz 7 ff.).

(3) Eine Geschäftsveräußerung im Sinne des § 1 Abs. 1 a UStG stellt keine Änderung der Verhältnisse dar, weil der Erwerber nach § 1 Abs. 1 a Satz 3 UStG an die Stelle des Veräußerers tritt (vgl. BFH-Urteile vom 6. 9. 2007, V R 41/05, BStBl 2008 II S. 65, und vom 30. 4. 2009, V R 4/07, BStBl II S. 863; siehe auch Abschnitt 15 a.10).

(4) Die Einräumung eines Miteigentumsanteils an einem zu eigenunternehmerischen Zwecken genutztem Grundstücksteil führt zu keiner Änderung der Verhältnisse, wenn der bisherige Alleineigentümer auch als Miteigentümer in Bruchteilsgemeinschaft insoweit zum Vorsteuerabzug berechtigt bleibt, als seine eigenunternehmerische Nutzung seinen quotalen Miteigentumsanteil am Grundstück nicht übersteigt (vgl. BFH-Urteil vom 22. 11. 2007, V R 5/06, BStBl 2008 II S. 448).

Besonderheiten bei der Änderung der Verhältnisse bei Wirtschaftsgütern, die nicht nur einmalig zur Ausführung von Umsätzen verwendet werden

(5) Ändern sich im Laufe eines Kalenderjahres die Verhältnisse gegenüber den für den ursprünglichen Vorsteuerabzug maßgeblichen Verhältnissen, ist maßgebend, wie das Wirtschaftsgut während des gesamten Kalenderjahres verwendet wird.

Beispiel:

[1]Ein Unternehmer erwirbt am 1. 3. 01 eine Maschine. [2]Er beabsichtigt, sie bis zum 30. 6. 01 nur zur Ausführung von zum Vorsteuerabzug berechtigenden Umsätzen und ab 1. 7. 01 ausschließlich zur Ausführung von Umsätzen, die den Vorsteuerabzug ausschließen, zu verwenden. [3]Am 1. 10. 03 veräußert der Unternehmer die Maschine steuerpflichtig.

[4]Im Jahr 01 kann der Unternehmer im Zeitpunkt des Leistungsbezuges 40 % der auf die Anschaffung der Maschine entfallenden Vorsteuern abziehen (von den 10 Monaten des Jahres 01 soll die Maschine 4 Monate, d. h. zu 40 %, für zum Vorsteuerabzug berechtigende und 6 Monate, d. h. zu 60 %, für den Vorsteuerabzug ausschließende Umsätze verwendet werden). [5]Da die Maschine im Jahr 01 planmäßig verwendet wurde, ist der Vorsteuerabzug nicht zu berichtigen.

[6]Im Jahr 02 wird die Maschine nur für Umsätze verwendet, die den Vorsteuerabzug ausschließen. [7]Damit liegt eine Änderung der Verhältnisse um 40 Prozentpunkte vor. [8]Der Unternehmer muss die Vorsteuern entsprechend an das Finanzamt zurückzahlen.

[9]Im Jahr 03 wird die Maschine 9 Monate für Umsätze verwendet, die den Vorsteuerabzug ausschließen.[10]Die steuerpflichtige Veräußerung am 1. 10. 03 ist so zu behandeln, als ob die Maschine vom 1. 10. bis 31. 12. für zum Vorsteuerabzug berechtigende Umsätze verwendet worden wäre. [11]Auf das ganze Kalenderjahr bezogen sind 25 % der Vorsteuern abziehbar (von den 12 Monaten des Jahres 03 berechtigt die Verwendung in 3 Monaten zum Vorsteuerabzug). [12]Gegenüber dem ursprünglichen Vorsteuerabzug haben sich somit die Verhältnisse um 15 Prozentpunkte zuungunsten geändert. [13]Der Unternehmer muss die Vorsteuern entsprechend an das Finanzamt zurückzahlen.

[14]Für die restlichen Kalenderjahre des Berichtigungszeitraums ist die Veräußerung ebenfalls wie eine Verwendung für zu 100 % zum Vorsteuerabzug berechtigende Umsätze anzusehen. [15]Die Änderung der Verhältnisse gegenüber dem ursprünglichen Vorsteuerabzug beträgt somit für diese Kalenderjahre jeweils 60 Prozentpunkte. [16]Der Unternehmer hat einen entsprechenden nachträglichen Vorsteuerabzug (zum Berichtigungsverfahren in diesem Fall vgl. Abschnitt 15a.11 Abs. 4).

(6) Bei bebauten und unbebauten Grundstücken können sich die Verhältnisse insbesondere in folgenden Fällen ändern:

1. Nutzungsänderungen, insbesondere durch
   a) Übergang von einer durch Option nach § 9 UStG steuerpflichtigen Vermietung zu einer nach § 4 Nr. 12 Satz 1 Buchstabe a UStG steuerfreien Vermietung oder umgekehrt;
   b) Übergang von der Verwendung eigengewerblich genutzter Räume, die zur Erzielung zum Vorsteuerabzug berechtigender Umsätze verwendet werden, zu einer nach § 4 Nr. 12 Satz 1 Buchstabe a UStG steuerfreien Vermietung oder umgekehrt;
   c) Übergang von einer steuerfreien Vermietung nach Artikel 67 Abs. 3 NATO-ZAbk zu einer nach § 4 Nr. 12 Satz 1 Buchstabe a UStG steuerfreien Vermietung oder umgekehrt;
   d) Änderung des Vorsteueraufteilungsschlüssels bei Grundstücken, die sowohl zur Ausführung von Umsätzen, die zum Vorsteuerabzug berechtigen, als auch für Umsätze, die den Vorsteuerabzug ausschließen, verwendet werden (vgl. Abschnitte 15.16, 15.17 und 15a.4 Abs. 2);

   e) Änderung des Umfangs der teilunternehmerischen Nutzung eines Grundstücks im Sinne des § 15 Abs. 1 b UStG (vgl. Abschnitt 15.6 a);
2. Veräußerungen, die nicht als Geschäftsveräußerungen im Sinne des § 1 Abs. 1 a UStG anzusehen sind, insbesondere
   a) nach § 4 Nr. 9 Buchstabe a UStG steuerfreie Veräußerung ganz oder teilweise eigengewerblich und vorsteuerunschädlich genutzter, ursprünglich steuerpflichtig vermieteter oder auf Grund des Artikels 67 Abs. 3 NATO-ZAbk steuerfrei vermieteter Grundstücke (vgl. auch Absatz 1);
   b) durch eine steuerfreie Veräußerung eines bis dahin vorsteuerunschädlich genutzten Grundstücks, soweit der Erwerber zum Zeitpunkt der Veräußerung die für die Ausübung des Optionsrechts erforderlichen Voraussetzungen nicht erfüllt und beim Veräußerer der Immobilie damit die Möglichkeit einer Option nach § 9 UStG entfällt (vgl. EuGH-Urteil vom 30.06.2022, C-56/21, ARVI ir ko);
   c) durch wirksame Option nach § 9 UStG steuerpflichtige Veräußerung ursprünglich ganz oder teilweise nach § 4 Nr. 12 Satz 1 Buchstabe a UStG steuerfrei vermieteter Grundstücke;
   d) die entgeltliche Übertragung eines Miteigentumsanteils an einem ursprünglich teilweise steuerfrei vermieteten Grundstück auf einen Familienangehörigen, wenn die Teiloption beim Verkauf nicht in dem Verhältnis der bisherigen Nutzung ausgeübt wird (vgl. Abschnitt 9.1 Abs. 6);
3. unentgeltliche Wertabgaben, die nicht im Rahmen einer Geschäftsveräußerung nach § 1 Abs. 1 a UStG erfolgen, und die steuerfrei sind, insbesondere
   a) unentgeltliche Übertragung ganz oder teilweise eigengewerblich vorsteuerunschädlich genutzter, ursprünglich steuerpflichtig vermieteter oder auf Grund des Artikels 67 Abs. 3 NATO-ZAbk steuerfrei vermieteter Grundstücke, z. B. an Familienangehörige (vgl. BFH-Urteil vom 25. 6. 1987, V R 92/78, BStBl II S. 655);
   b) unentgeltliche Nießbrauchsbestellung an einem entsprechend genutzten Grundstück, z. B. an Familienangehörige (vgl. BFH-Urteil vom 16. 9. 1987, X R 51/81, BStBl 1988 II S. 205);
   c) unentgeltliche Übertragung des Miteigentumsanteils an einem entsprechend genutzten Grundstück, z. B. an Familienangehörige (vgl. BFH-Urteil vom 27. 4. 1994, XI R 85/92, BStBl 1995 II S. 30).

(7) [1]Die Lieferung eines Gegenstands (Verschaffung der Verfügungsmacht) setzt die Übertragung von Substanz, Wert und Ertrag voraus. [2]Die Verfügungsmacht an einem Mietgrundstück ist mangels Ertragsübergangs noch nicht verschafft, solange der Lieferer dieses auf Grund seines Eigentums wie bislang für Vermietungsumsätze verwendet. [3]Das gilt auch für eine unentgeltliche Lieferung des Mietwohngrundstücks. [4]Solange die Verfügungsmacht nicht übergegangen ist, liegen keine unentgeltliche Wertabgabe und keine durch sie verursachte Änderung der Verwendungsverhältnisse im Sinne des § 15 a UStG vor (BFH-Urteil vom 18. 11. 1999, V R 13/99, BStBl 2000 II S. 153).

(8) [1]Steht ein Gebäude im Anschluss an seine erstmalige Verwendung für eine bestimmte Zeit ganz oder teilweise leer, ist bis zur tatsächlichen erneuten Verwendung des Wirtschaftsgutes anhand der Verwendungsabsicht (vgl. Abschnitt 15.12 **Abs. 2 bis 2b**) zu entscheiden, ob sich die für den ursprünglichen Vorsteuerabzug maßgebenden Verhältnisse ändern. [2]Keine Änderung der Verhältnisse liegt dabei vor, wenn im Anschluss an eine zum Vorsteuerabzug berechtigende Verwendung auch künftig zum Vorsteuerabzug berechtigende Umsätze ausgeführt werden sollen (vgl. BFH-Urteil vom 25. 4. 2002, V R 58/00, BStBl 2003 II S. 435). [3]Dagegen kann die Änderung der Verwendungsabsicht oder die spätere tatsächliche Verwendung zu einer Vorsteuerberichtigung führen. [4]Bei einer ursprünglich gemischten Verwendung im Sinne des § 15 Abs. 4 UStG, bei der eine Tätigkeit aufgegeben wird (z. B. die zum Vorsteuerabzug berechtigende) und das Wirtschaftsgut nunmehr ausschließlich für Zwecke der beibehaltenen Tätigkeit (z. B. der nicht zum Vorsteuerabzug berechtigenden) genutzt wird, ist grundsätzlich von einer Änderung der Verhältnisse im Sinne von § 15 a UStG auszugehen (vgl. EuGH-Urteil vom 9. 7. 2020, C-374/19, Finanzamt Bad Neuenahr-Ahrweiler, BStBl II 2022 S. 588). [5]Es ist jedoch unter Beachtung aller Umstände des Einzelfalles zu prüfen, ob im Anschluss ausnahmsweise eine nur punktuelle Verwendung des betroffenen Wirtschaftsgutes im Rahmen der beibehaltenen Tätigkeit und im Übrigen nunmehr ohne Zweifel eine Nichtnutzung (z. B. ein Leerstand) ohne Verwendungsabsicht vorliegt. [6]Im Umfang einer derartigen Nichtnutzung liegt keine Änderung der Verhältnisse im Sinne von § 15 a UStG vor (vgl. BFH-Urteil vom 27. 10. 2020 — V R 20/20 (V R 61/17), BStBl II 2022 S. 575).

(9) Veräußerung und unentgeltliche Wertabgabe nach § 3 Abs. 1b UStG eines Wirtschaftsguts, das nicht nur einmalig zur Ausführung von Umsätzen verwendet wird, nach Beginn des nach § 15a Abs. 1 UStG maßgeblichen Berichtigungszeitraums sind so anzusehen, als ob das Wirtschaftsgut bis zum Ablauf des maßgeblichen Berichtigungszeitraums (vgl. Abschnitt 15a.3) entsprechend der umsatzsteuerrechtlichen Behandlung dieser Umsätze weiterhin innerhalb des Unternehmens verwendet worden wäre.

Beispiel:

[1]Ein Betriebsgrundstück, das vom 1. 1. 01 bis zum 31. 10. 01 innerhalb des Unternehmens zur Ausführung zum Vorsteuerabzug berechtigender Umsätze verwendet worden ist, wird am 1. 11. 01 nach § 4 Nr. 9 Buchstabe a UStG steuerfrei veräußert.

[2]Für die Berichtigung ist die Veräußerung so anzusehen, als ob das Grundstück ab dem Zeitpunkt der Veräußerung bis zum Ablauf des Berichtigungszeitraums nur noch zur Ausführung von Umsätzen verwendet würde, die den Vorsteuerabzug ausschließen. [3]Entsprechendes gilt bei einer steuerfreien unentgeltlichen Wertabgabe nach § 3 Abs. 1b Satz 1 Nr. 3 UStG.

Anmerkung

1. Vorsteuerberichtigung nach § 15a UStG

1.1 Grundsatz

Ändern sich bei einem Wirtschaftsgut, das nicht nur einmalig zur Ausführung von Umsätzen verwendet wird, innerhalb von fünf Jahren ab dem Zeitpunkt der erstmaligen Verwendung die für den ursprünglichen Vorsteuerabzug maßgebenden Verhältnisse, ist für jedes Kalenderjahr der Änderung ein Ausgleich durch eine Berichtigung des Abzugs der auf die Anschaffungs- oder Herstellungskosten entfallenden Vorsteuerbeträge vorzunehmen, § 15a Abs. 1 Satz 1 UStG.

1.2 Sonderregelung für Gebäude

Bei Grundstücken einschließlich ihrer wesentlichen Bestandteile, bei Berechtigungen, für die die Vorschriften des bürgerlichen Rechts über Grundstücke gelten, und bei Gebäuden auf fremdem Grund und Boden tritt an die Stelle des Zeitraums von fünf Jahren ein Zeitraum von zehn Jahren, § 15a Abs. 1 Satz 2 UStG.

1.3 Vereinfachungsregelung gem. § 44 UStDV

Allerdings kann aus Vereinfachungsgründen in bestimmten Fällen eine Berichtigung entfallen, wenn sich bei einem Wirtschaftsgut in einem Kalenderjahr die für den ursprünglichen Vorsteuerabzug maßgebenden Verhältnisse um weniger als zehn Prozentpunkte geändert haben, § 44 Abs. 2 Satz 1 UStDV.

Das gilt wiederum nicht, wenn der Betrag, um den der Vorsteuerabzug für dieses Kalenderjahr zu berichtigen ist, 1.000 EUR übersteigt, § 44 Abs. 2 Satz 2 UStDV.

1.4 Unionsrechtliche Regelung

Diese nationalen Regelungen beruhen auf Art. 184 ff. MwStSystRL. Nach Art. 187 Abs. 1 Unterabs. 1 MwStSystRL erfolgt die Berichtigung bei „Investitionsgütern" während eines Zeitraums von fünf Jahren. Bei Grundstücken, die als Investitionsgut erworben wurden, kann der Zeitraum für die Berichtigung durch die Mitgliedstaaten der EU bis auf 20 Jahre verlängert werden, Art. 187 Abs. 1 Unterabs. 3 MwStSystRL.

2. Verwendungsabsicht bei Leerstand eines Gebäudes

Der BFH hat in der Rechtssache V R 20/20 entschieden, dass dann, wenn bei einem Gegenstand, den der Unternehmer **zunächst gemischt für steuerpflichtige und steuerfreie Umsätze genutzt** hatte, die **Verwendung** für die **steuerpflichtigen** Umsätze **entfällt**, während der Unternehmer die **Verwendung für die steuerfreien Umsätze fortsetzt**, dies zu einer Vorsteuerberichtigung nach § 15a UStG führen kann.

Demgegenüber bewirkt der bloße Leerstand ohne Verwendungsabsicht keine Änderung der Verhältnisse.

Sachverhalt

Die Klägerin war Organträgerin einer GmbH, die ein Alten- und Pflegeheim steuerfrei betrieb. 2003 errichtete die GmbH in einem Anbau eine Cafeteria, die für Besucher durch einen Außeneingang und für Heimbewohner durch den Speisesaal des Pflegeheims zugänglich war. Die Klägerin erklärte, dass sie die Cafeteria ausschließlich für stpfl. Umsätze nutze. Der größte Teil der Besucher aus dem Pflegeheim sei körperlich so eingeschränkt, dass an einen Besuch der Cafeteria nicht zu denken sei. Die Cafeteria sei nur für auswärtige Gäste gedacht.

Ergebnis einer Umsatzsteuersonderprüfung 2006: Steuerfreie Nutzung zu 10 % und i.Ü. ust-pflichtige Nutzung. 2009–2012 wurden keine Umsätze mehr erzielt. Im Februar 2013 erfolgte die Gewerbeabmeldung durch die Klägerin.

Außenprüfung 2014: Nicht erzielte Umsätze ab 2009 führen zu einer Vorsteuerberichtigung nach § 15 a UStG. Einspruch der Klägerin hiergegen bleibt ohne Erfolg. Das FG Rheinland-Pfalz wies die Klage ab: Vorsteuerkorrektur des Finanzamts nach § 15 a UStG war rechtmäßig. Der BFH legte die Sache dem EuGH vor. Der EuGH entschied am 9.7.2020 (C-374/19, BStBl II 2022, 588).

Die Nachfolgeentscheidung des BFH erfolgte am 27.10.2020 – V R 20/20, BStBl II 2022, 575.

Vgl. dazu auch *Grune*, AktStR 2021, 421 ff. m. w. N.

Gerade i.R.d. der COVID 19-Pandemie war es häufig zu beobachten, dass eine unternehmerische Betätigung, die zunächst mehr oder weniger erfolgreich war, plötzlich eingestellt werden muss, weil Einnahmen im bisherigen Umfang oder vollständig ausgeblieben sind.

In diesen Fällen des „erfolglosen Unternehmers" stellt sich dann umsatzsteuerlich die Frage, wie mit den vorsteuerbehafteten WG umzugehen ist. Zu prüfen ist, ob und ggfs. in welchem Umfang eine Vorsteuerberichtigung nach § 15 a UStG vorzunehmen ist.

Die Entscheidung des BFH in dem Verfahren V R 20/20 überzeugt nicht. Allerdings muss dem BFH natürlich zugestanden werden, dass er an die Entscheidung des EuGH in der Rechtssache C-374/19 „HF" v. 9.7.2020 gebunden war. Entscheidend ist letztlich die Verwendungsabsicht.

Die Entscheidung führt im Ergebnis dazu, dass die Kosten der „erfolglosen Tätigkeit" nachträglich zu Kosten der im Streitfall geringfügig steuerbefreiten Tätigkeit umgemünzt werden.

Die – nicht selten vorkommende – Besonderheit des Falles bestand darin, dass das angeschaffte WG „Cafeteria" zu einem kleinen Teil vorsteuerschädlich genutzt (verwendet) wurde und diese Nutzung nach Einstellung der vorsteuerbegünstigten Haupttätigkeit unverändert fortgeführt wurde.

Mit BMF-Schreiben v. 1.9.2022 – III C 2 – S 7316/19/10002 :001 wendet die FinVerw jetzt das BFH-Urt. V R 20/20 an. **Abschn. 15a.2. Abs. 8 UStAE** wird um die **Sätze 4 bis 6** ergänzt: Unter anderem führt die FinVerw dort unter Anwendung der Rechtsprechung von EuGH und BFH aus, dass bei einer späteren **Nichtnutzung** (z. B. Leerstand) **ohne Verwendungsabsicht keine Änderung der Verhältnisse** i. S. d. **§ 15 a Abs. 1 UStG** vorliegt.

3. Entnahme einer Photovoltaik-Anlage (PV-Anlage)

Die Entnahme einer vor dem 1.1.2023 angeschafften/hergestellten PV-Anlage löst keine **Vorsteuerberichtigung nach § 15 a UStG** aus, denn es handelt sich nicht – entsprechend der Regelung des § 15 a Abs. 1 UStG – um eine Änderung im Verhältnis steuerfrei/steuerpflichtig. Die Voraussetzungen des § 15 a UStG sind also nicht erfüllt. BMF-Schr. v. 27.2.2023 – III C 2 – S 7220/22/10002 :010, BStBl I 2023, 351, Tz 2). Außerdem liegt auch kein Sondertatbestand des § 15 a UStG vor

Eine Änderung der Verhältnisse i.S.d. § 15a Abs. 1 UStG liegt nicht vor, weil die Entnahme der PV-Anlage aus dem unternehmerischen Bereich als unentgeltliche Wertabgabe nach § 3 Nr. 1 b UStG i.V.m. § 12 Abs. 3 UStG **mit 0 % zu besteuern** ist. Es hat also eine **Besteuerung dem Grunde nach stattgefunden**, wobei lediglich der Höhe nach keine USt anfällt, weil der Nullsteuersatz zur Anwendung kommt.

Zu weiteren Einzelheiten der Regelung zum Nullsteuersatz nach § 12 Abs. 3 UStG siehe die ausführlichen Erläuterungen zu Abschn. 12.18 UStAE.

UStAE 15 a.3. Berichtigungszeitraum nach § 15 a Abs. 1 UStG

Beginn und Dauer des Berichtigungszeitraums

(1) [1]Der Zeitraum, für den eine Berichtigung des Vorsteuerabzugs durchzuführen ist, beträgt grundsätzlich volle fünf Jahre ab dem Beginn der erstmaligen tatsächlichen Verwendung. [2]Er verlängert sich bei Grundstücken einschließlich ihrer wesentlichen Bestandteile, bei Berechtigungen, für die die Vorschriften des bürgerlichen Rechts über Grundstücke gelten, und bei Gebäuden auf fremdem Grund und Boden auf volle zehn Jahre (§ 15 a Abs. 1 Satz 2 UStG). [3]Der Berichtigungszeitraum von zehn Jahren gilt auch für Betriebsvorrichtungen, die als wesentliche Bestandteile auf Dauer in ein Gebäude eingebaut werden (vgl. BFH-Urteil vom 14. 7. 2010, XI R 9/09, BStBl II S. 1086). [4]Bei Wirtschaftsgütern mit einer kürzeren Verwendungsdauer ist der entsprechend kürzere Berichtigungszeitraum anzusetzen (§ 15 a Abs. 5 Satz 2 UStG). [5]Ob von einer kürzeren Verwendungsdauer auszugehen ist, beurteilt sich nach der betriebsgewöhnlichen Nutzungsdauer, die nach ertragsteuerrechtlichen Grundsätzen für das Wirtschaftsgut anzusetzen ist. [6]§ 45 UStDV ist zur Ermittlung des Beginns des Berichtigungszeitraums analog anzuwenden (vgl. Absatz 6).

(2) [1]Wird ein Wirtschaftsgut, z.B. ein Gebäude, bereits entsprechend dem Baufortschritt verwendet, noch bevor es insgesamt fertig gestellt ist, ist für jeden gesondert in Verwendung genommenen Teil des Wirtschaftsguts ein besonderer Berichtigungszeitraum anzunehmen (vgl. BFH-Urteil vom 29. 4. 2020, XI R 14/19, BStBl II S. 613). [2]Gleiches gilt, wenn ein Wirtschaftsgut im Fall einer Sanierung entsprechend dem Sanierungsfortschritt wieder in Verwendung genommen wird. [3]Diese Berichtigungszeiträume beginnen jeweils zu dem Zeitpunkt, zu dem der einzelne Teil des Wirtschaftsguts erstmalig (wieder) zur Ausführung von Umsätzen verwendet wird. [4]Der einzelnen Berichtigung sind jeweils die Vorsteuerbeträge zu Grunde zu legen, die auf den entsprechenden Teil des Wirtschaftsguts entfallen. [5]Wird dagegen ein fertiges Wirtschaftsgut nur teilweise gebraucht oder, gemessen an seiner Einsatzmöglichkeit, nicht voll genutzt, besteht ein einheitlicher Berichtigungszeitraum für das ganze Wirtschaftsgut, der mit dessen erstmaliger Verwendung beginnt. [6]Dabei ist für die nicht genutzten Teile des Wirtschaftsguts (z. B. eines Gebäudes) die Verwendungsabsicht maßgebend.

(3) [1]Steht ein Gebäude vor der erstmaligen Verwendung leer, beginnt der Berichtigungszeitraum nach § 15 a Abs. 1 UStG erst mit der erstmaligen tatsächlichen Verwendung.

Beispiel:

[1]Ein Unternehmer errichtet ein Bürogebäude. [2]Die im Zusammenhang mit der Herstellung des Gebäudes in Rechnung gestellte Umsatzsteuer beträgt in den Jahren 01 100 000 € und 02 300 000 € (insgesamt 400 000 €). [3]Die abziehbaren Vorsteuerbeträge nach § 15 UStG belaufen sich vor dem Zeitpunkt der erstmaligen Verwendung auf 100 000 €, da der Unternehmer im Jahr 01 beabsichtigte und dies schlüssig dargelegt hat, das Gebäude nach Fertigstellung zu 100 % für zum Vorsteuerabzug berechtigende Zwecke zu verwenden, während er im Jahr 02 beabsichtigte, das Gebäude nach Fertigstellung zu 0 % für zum Vorsteuerabzug berechtigende Zwecke zu verwenden. [4]Das Gebäude steht nach der Investitionsphase ein Jahr leer (Jahr 03). [5]Ab dem Jahr 04 wird das Gebäude zu 100 % für zum Vorsteuerabzug berechtigende Umsätze verwendet.

Insgesamt in Rechnung gestellte Umsatzsteuer:	400.000 €
Ursprünglicher Vorsteuerabzug (25 %):	100.000 €
Zeitpunkt der erstmaligen Verwendung:	01. 01. 04
Dauer des Berichtigungszeitraums:	01. 01. 04 bis 31. 12. 13

Tatsächliche zum Vorsteuerabzug berechtigende Verwendung im Berichtigungszeitraum:

ab Jahr 04:	100 %

Änderung der Verhältnisse:	
ab Jahr 04 (100 % statt 25 %):	75 Prozentpunkte
Berichtigung (Vorsteuererhöhung) pro Jahr ab 04:	
75 Prozentpunkte von 1/10 von 400.000 €	30.000 € jährlich

[2]Auch für Leistungsbezüge während des Leerstands vor der erstmaligen Verwendung richtet sich der Vorsteuerabzug nach der im Zeitpunkt des jeweiligen Leistungsbezugs gegebenen Verwendungsabsicht (vgl. Abschnitt 15.12 **Abs. 2 bis 2b**).

(4) Wird ein dem Unternehmen zugeordnetes Wirtschaftsgut zunächst unentgeltlich überlassen, beginnt der Berichtigungszeitraum mit der unentgeltlichen Überlassung, unabhängig davon, ob die unentgeltliche Überlassung zu einer steuerbaren unentgeltlichen Wertabgabe führt.

Ende des Berichtigungszeitraums

(5) Endet der maßgebliche Berichtigungszeitraum während eines Kalenderjahres, sind nur die Verhältnisse zu berücksichtigen, die bis zum Ablauf dieses Zeitraums eingetreten sind.

Beispiel:

[1]Der Berichtigungszeitraum für ein Wirtschaftsgut endet am 31. 8. 01. [2]In diesem Kalenderjahr hat der Unternehmer das Wirtschaftsgut bis zum 30. 6. nur zur Ausführung zum Vorsteuerabzug berechtigender Umsätze und vom 1. 7. bis zum 9. 10. ausschließlich zur Ausführung nicht zum Vorsteuerabzug berechtigender Umsätze verwendet. [3]Am 10. 10. 01 veräußert er das Wirtschaftsgut steuerpflichtig.

[4]Bei der Berichtigung des Vorsteuerabzugs für das Jahr 01 sind nur die Verhältnisse bis zum 31. 8. zu berücksichtigen. [5]Da das Wirtschaftsgut in diesem Zeitraum sechs Monate für zum Vorsteuerabzug berechtigende und zwei Monate für nicht zum Vorsteuerabzug berechtigende Umsätze verwendet wurde, sind 25 % des auf das Jahr 01 entfallenden Vorsteueranteils nicht abziehbar.

[6]Die auf die Zeit ab 1. 9. 01 entfallende Verwendung und die Veräußerung liegen außerhalb des Berichtigungszeitraums und bleiben deshalb bei der Prüfung, inwieweit eine Änderung der Verhältnisse gegenüber dem ursprünglichen Vorsteuerabzug vorliegt, außer Betracht.

(6) Endet der Berichtigungszeitraum innerhalb eines Kalendermonats, ist das für die Berichtigung maßgebliche Ende nach § 45 UStDV zu ermitteln.

Beispiel 1:

[1]Unternehmer U hat am 10. 1. 01 eine Maschine angeschafft, die er zunächst wie geplant ab diesem Zeitpunkt zu 90 % zur Erzielung von zum Vorsteuerabzug berechtigenden Umsätzen und zu 10 % zur Erzielung von nicht zum Vorsteuerabzug berechtigenden Umsätzen verwendet. [2]Die Vorsteuern aus der Anschaffung betragen 80 000 €. [3]Ab dem 1. 8. 01 nutzt U die Maschine nur noch zu 10 % für zum Vorsteuerabzug berechtigende Umsätze.

Insgesamt in Rechnung gestellte Umsatzsteuer:	80 000 €
Ursprünglicher Vorsteuerabzug (90 % von 80.000 €)	72.000 €
Zeitpunkt der erstmaligen Verwendung:	10. 1. 01
Dauer des Berichtigungszeitraums:	1. 1. 01 bis 31. 12. 05

(nach § 45 UStDV bleibt der Januar 06 für die Berichtigung unberücksichtigt, da der Berichtigungszeitraum vor dem 16.01.06 endet; entsprechend beginnt der Berichtigungszeitraum dann mit dem 01.01.01)

Tatsächliche zum Vorsteuerabzug berechtigende Verwendung im Berichtigungszeitraum:

Jahr 01	56,7 %

(Nutzung Januar bis Juli 01: 7/12 × 90 % = 52,5 Prozentpunkte; Nutzung August bis Dezember 01: 5/12 × 10 % = 4,2 Prozentpunkte; Summe 01: 56,7 Prozentpunkte)

ab Jahr 02	10,0 %

Änderung der Verhältnisse zum ursprünglichen Vorsteuerabzug:

Jahr 01 (56,7 % statt 90 %):	33,3 Prozentpunkte
ab Jahr 02 jeweils (10 % statt 90 %)	80,0 Prozentpunkte

Berichtigungsbetrag (Vorsteuerminderung):

Jahr 01 (80.000 € × 1/5 × 33,3 Prozentpunkte)	5.328 €
ab Jahr 02 jeweils (80.000 € × 1/5 × 80 Prozentpunkte)	12.800 €

Beispiel 2:

Wie Beispiel 1, nur Anschaffung und Verwendungsbeginn der Maschine am 20. 1. 01.

Insgesamt in Rechnung gestellte Umsatzsteuer:	80000 €
Ursprünglicher Vorsteuerabzug (90 % von 80.000 €):	72.000 €
Zeitpunkt der erstmaligen Verwendung:	20. 01. 01
Dauer des Berichtigungszeitraums:	01. 02. 01 bis 31. 01. 06

(nach § 45 UStDV ist der Januar 06 für die Berichtigung voll zu berücksichtigen, da der Berichtigungszeitraum nach dem 15.01.06 endet; entsprechend beginnt der Berichtigungszeitraum dann mit dem 01.02.01)

Tatsächliche zum Vorsteuerabzug berechtigende Verwendung im Berichtigungszeitraum:

Jahr 01	53,6 %

(Nutzung Februar bis Juli 01: 6/11 × 90 % = 49,1 Prozentpunkte; Nutzung August bis Dezember 01: 5/11 × 10 % = 4,5 Prozentpunkte; Summe 01: 53,6 Prozentpunkte)

ab Jahr 02	10,0 %

Änderung der Verhältnisse zum ursprünglichen Vorsteuerabzug:

Jahr 01 (53,6 % statt 90 %):	36,4 Prozentpunkte
ab Jahr 02 jeweils (10 % statt 90 %):	80,0 Prozentpunkte

Berichtigungsbetrag (Vorsteuerminderung):

Jahr 01 (80.000 € × 1/5 × 36,4 % × 11/12):	5.338 €
Jahre 02 bis 05 jeweils (80.000 € × 1/5 × 80 %):	12.800 €
Jahr 06 (80.000 € × 1/5 × 80 % × 1/12):	1.066 €

(7) [1]Kann ein Wirtschaftsgut vor Ablauf des Berichtigungszeitraums wegen Unbrauchbarkeit vom Unternehmer nicht mehr zur Ausführung von Umsätzen verwendet werden, endet damit der Berichtigungszeitraum. [2]Das gilt auch für die Berichtigungszeiträume, die für eventuell angefallene nachträgliche Anschaffungs- oder Herstellungskosten bestehen. [3]Eine Veräußerung des nicht mehr verwendungsfähigen Wirtschaftsguts als Altmaterial bleibt für die Berichtigung des Vorsteuerabzuges unberücksichtigt.

(8) [1]Wird das Wirtschaftsgut vor Ablauf des Berichtigungszeitraums veräußert oder nach § 3 Abs. 1b UStG geliefert, verkürzt sich hierdurch der Berichtigungszeitraum nicht. [2]Zur Änderung der Verhältnisse in diesen Fällen vgl. Abschnitt 15a.2 Abs. 9.

Anmerkung

1. Vorsteuerberichtigung nach § 15 a UStG

1.1 Grundsatz

Ändern sich bei einem Wirtschaftsgut, das nicht nur einmalig zur Ausführung von Umsätzen verwendet wird, innerhalb von fünf Jahren ab dem Zeitpunkt der erstmaligen Verwendung die für den ursprünglichen Vorsteuerabzug maßgebenden Verhältnisse, ist für jedes Kalenderjahr der Änderung ein Ausgleich durch eine Berichtigung des Abzugs der auf die Anschaffungs- oder Herstellungskosten entfallenden Vorsteuerbeträge vorzunehmen, § 15a Abs. 1 Satz 1 UStG.

1.2 Sonderregelung für Gebäude

Bei Grundstücken einschließlich ihrer wesentlichen Bestandteile, bei Berechtigungen, für die die Vorschriften des bürgerlichen Rechts über Grundstücke gelten, und bei Gebäuden auf fremdem Grund und Boden tritt an die Stelle des Zeitraums von fünf Jahren ein Zeitraum von zehn Jahren, § 15a Abs. 1 Satz 2 UStG.

1.3 Vereinfachungsregelung gem. § 44 UStDV

Allerdings kann aus Vereinfachungsgründen in bestimmten Fällen eine Berichtigung entfallen, wenn sich bei einem Wirtschaftsgut in einem Kalenderjahr die für den ursprünglichen Vorsteuerabzug maßgebenden Verhältnisse um weniger als zehn Prozentpunkte geändert haben, § 44 Abs. 2 Satz 1 UStDV.

Das gilt wiederum nicht, wenn der Betrag, um den der Vorsteuerabzug für dieses Kalenderjahr zu berichtigen ist, 1.000 EUR übersteigt, § 44 Abs. 2 Satz 2 UStDV.

1.4 Unionsrechtliche Regelung

Diese nationalen Regelungen beruhen auf Art. 187 und 189 MwStSystRL. Nach Art. 187 Abs. 1 Unterabs. 1 MwStSystRL erfolgt die Berichtigung bei „Investitionsgütern" während eines Zeitraums von fünf Jahren. Bei Grundstücken, die als Investitionsgut erworben wurden, kann der Zeitraum für die Berichtigung durch die Mitgliedstaaten der EU bis auf 20 Jahre verlängert werden, Art. 187 Abs. 1 Unterabs. 3 MwStSystRL.

2. Berichtigungsobjekt bei Verwendung nach Baufortschritt

2.1 Auffassung der Finanzverwaltung

Besonderheiten gelten dann, wenn ein Wirtschaftsgut nicht sofort vollständig verwendet wird. Die Finanzverwaltung vertritt dazu in Abschn. 15a.3. Abs. 2 UStAE für Gebäude, die nach Baufortschritt verwendet werden folgende Auffassung:

> *Wird ein Wirtschaftsgut, z. B. ein Gebäude, bereits entsprechend dem Baufortschritt verwendet, noch bevor es insgesamt fertig gestellt ist, ist für jeden gesondert in Verwendung genommenen Teil des Wirtschaftsguts ein besonderer Berichtigungszeitraum anzunehmen. Diese Berichtigungszeiträume beginnen jeweils zu dem Zeitpunkt, zu dem der einzelne Teil des Wirtschaftsguts erstmalig verwendet wird. Der einzelnen Berichtigung sind jeweils die Vorsteuerbeträge zu Grunde zu legen, die auf den entsprechenden Teil des Wirtschaftsguts entfallen.*

„Wirtschaftsgut" i. S. des § 15a Abs. 1 UStG und damit Berichtigungsobjekt ist daher nur das Gebäude, soweit es in Verwendung genommen wurde. Der noch nicht verwendete Teil des Gebäudes ist noch nicht Gegenstand der Vorsteuerberichtigung. Für ihn beginnt der Berichtigungszeitraum erst mit seiner erstmaligen Verwendung.

2.2 Bestätigung der Auffassung durch den BFH

Der BFH hat diese Rechtsauffassung der Verwaltung bestätigt (BFH, Urt. v. 29.4.2020 – XI R 14/19).

> Der Kläger betrieb ein Unternehmen für Weinbau, Weinkommission und landwirtschaftliche Dienstleistungen, dessen Umsätze er teilweise nach § 24 UStG und teilweise nach § 20 UStG versteuerte. 2006 erweiterte er sein Betriebsgebäude und errichtete ein gemischt genutztes Wohnhaus,

in dem u. a. Ferienwohnungen geplant wurden. Im Dezember 2008 waren Untergeschoss, Erdgeschoss und Wohnräume fertiggestellt, nicht jedoch die Ferienwohnungen. Der Kläger ordnete das Gesamtgebäude dem Unternehmen zu (entsprechend EuGH, Urt. v. 8.5.2003 – C-269/00, BStBl II 2004, 378 „*Seeling*“) und ermittelte den Vorsteuerabzug nach einem Flächenschlüssel gem. § 15 Abs. 4 UStG.

Im Rahmen einer Außenprüfung nahm das Finanzamt eine Vorsteuerberichtigung nach § 15 a Abs. 1 UStG an, die sich aus Nutzungsänderungen ergab. Es sei entsprechend Abschn. 15a.3 Abs. 2 Satz 1 UStAE von zwei getrennten Berichtigungsobjekten auszugehen. Für die Ferienwohnungen liege wegen fehlender Fertigstellung ein eigenes Objekt vor.

Der BFH bestätigte die Auffassung des beklagten Finanzamts, das sich an der Regelung in Abschn. 15a.3. Abs. 2 Satz 1 UStAE orientiert hatte. Ein Gebäude, das nur **teilweise fertiggestellt**, aber bereits genutzt wird, ist – für Zwecke der Vorsteuerberichtigung – **in mehrere Berichtigungsobjekte** zu zerlegen.

Andererseits: Ist ein Gebäude insgesamt fertiggestellt, steht es aber **teilweise leer**, beginnt der Berichtigungszeitraum insgesamt, Abschn. 15a.2 Abs. 2 Sätze 4 und 5 UStAE.

UStAE 15 a.4. Berichtigung nach § 15 a Abs. 1 UStG

(1) [1]Die Berichtigung des Vorsteuerabzugs ist jeweils für den Voranmeldungszeitraum bzw. das Kalenderjahr vorzunehmen, in dem sich die für den ursprünglichen Vorsteuerabzug maßgebenden Verhältnisse geändert haben (vgl. Abschnitt 15 a.2). [2]Dabei sind die Vereinfachungsregelungen des § 44 UStDV zu beachten (vgl. Abschnitt 15 a.11). [3]Weicht die tatsächliche Verwendung von den für den ursprünglichen Vorsteuerabzug maßgebenden Verhältnissen ab, wird die Berichtigung des Vorsteuerabzugs nicht durch eine Änderung der Steuerfestsetzung des Jahres der Inanspruchnahme des Vorsteuerabzugs nach den Vorschriften der AO, sondern verteilt auf den Berichtigungszeitraum von 5 bzw. 10 Jahren pro rata temporis vorgenommen. [4]Dabei ist für jedes Kalenderjahr des Berichtigungszeitraums von den in § 15 a Abs. 5 UStG bezeichneten Anteilen der Vorsteuerbeträge auszugehen. [5]Beginnt oder endet der Berichtigungszeitraum innerhalb eines Kalenderjahres, ist für diese Kalenderjahre jeweils nicht der volle Jahresanteil der Vorsteuerbeträge, sondern nur der Anteil anzusetzen, der den jeweiligen Kalendermonaten entspricht.

Beispiel:

[1]Auf ein Wirtschaftsgut mit einem Berichtigungszeitraum von 5 Jahren entfällt eine Vorsteuer von insgesamt 5 000 €. [2]Der Berichtigungszeitraum beginnt am 1. 4. 01 und endet am 31. 3. 06. [3]Bei der Berichtigung ist für die einzelnen Jahre jeweils von einem Fünftel der gesamten Vorsteuer (= 1 000 €) auszugehen. [4]Der Berichtigung des Jahres 01 sind 9 Zwölftel dieses Betrages (= 750 €) und der des Jahres 06 3 Zwölftel dieses Betrages (= 250 €) zu Grunde zu legen.

(2) [1]Sind die Voraussetzungen für den Vorsteuerabzug nicht schon im Zeitpunkt des Leistungsbezugs, sondern erst nach Beginn der tatsächlichen erstmaligen Verwendung erfüllt, z. B. weil die zum Vorsteuerabzug berechtigende Rechnung (vgl. Abschnitt 15.2a Abs. 1 und 1a) vor Beginn der tatsächlichen erstmaligen Verwendung noch nicht vorgelegen hat, kann die Vorsteuer erst abgezogen werden, wenn die Voraussetzungen des § 15 Abs. 1 UStG insgesamt vorliegen.[2]Auch hierbei beurteilt sich die Berechtigung zum Vorsteuerabzug nach der Verwendung im Zeitpunkt des Leistungsbezugs (vgl. Abschnitt 15.12). [3]Von diesen Verhältnissen ist auch bei der Berichtigung auszugehen. [4]Folglich ist im Zeitpunkt des erstmaligen Vorsteuerabzugs gleichzeitig eine eventuell notwendige Berichtigung für die bereits abgelaufenen Teile des Berichtigungszeitraums vorzunehmen.

Beispiel 1:

[1]Ein im Jahr 01 neu errichtetes Gebäude, auf das eine Vorsteuer von 50 000 € entfällt, wird im Jahr 02 erstmalig tatsächlich verwendet. [2]Die Rechnung mit der gesondert ausgewiesenen Steuer erhält der Unternehmer aber erst im Jahr 04. [3]Der Unternehmer hat bereits während der Bauphase schlüssig

dargelegt, dass er das Gebäude zum Vorsteuerabzug berechtigend vermieten will. [4]Das Gebäude wurde tatsächlich wie folgt verwendet:

- im Jahr 02 nur zur Ausführung zum Vorsteuerabzug berechtigender Umsätze;
- im Jahr 03 je zur Hälfte zur Ausführung zum Vorsteuerabzug berechtigender und nicht zum Vorsteuerabzug berechtigender Umsätze;
- im Jahr 04 nur zur Ausführung nicht zum Vorsteuerabzug berechtigender Umsätze.

[5]Da der Unternehmer schlüssig dargelegt hat, dass er beabsichtigt, das Gebäude nach der Fertigstellung im Jahr 02 ausschließlich für zum Vorsteuerabzug berechtigende Umsätze zu verwenden, kann er nach § 15 Abs. 1 UStG die Vorsteuer von 50 000 € voll abziehen. [6]Der Abzug ist jedoch erst im Jahr 04 zulässig. [7]Bei der Steuerfestsetzung für dieses Jahr ist dieser Abzug aber gleichzeitig insoweit zu berichtigen, als für die Jahre 03 und 04 eine Änderung der Verhältnisse gegenüber der im Zeitpunkt des Leistungsbezuges dargelegten Verwendungsabsicht eingetreten ist. [8]Diese Änderung beträgt für das Jahr 03 50 % und für das Jahr 04 100 %. [9]Entsprechend dem zehnjährigen Berichtigungszeitraum ist bei der Berichtigung pro Jahr von einem Zehntel der Vorsteuer von 50 000 € = 5 000 € auszugehen. [10]Es sind für das Jahr 03 die Hälfte dieses Vorsteueranteils, also 2 500 €, und für das Jahr 04 der volle Vorsteueranteil von 5 000 € vom Abzug ausgeschlossen. [11]Im Ergebnis vermindert sich somit die bei der Steuerfestsetzung für das Jahr 04 abziehbare Vorsteuer von 50 000 € um (2 500 € + 5 000 € =) 7 500 € auf 42 500 €.

Beispiel 2:

[1]Ein Unternehmer (Immobilienfonds) errichtet ein Bürogebäude. [2]Die im Zusammenhang mit der Herstellung des Gebäudes in Rechnung gestellte Umsatzsteuer beträgt in den Jahren 01 150 000 € und 02 150 000 € (insgesamt 300 000 €). [3]Für einen weiteren Leistungsbezug des Jahres 01 liegt eine nach § 14 UStG ausgestellte Rechnung mit gesondertem Ausweis der Umsatzsteuer i. H. v. 100 000 € erst in 04 vor. [4]Die insgesamt in Rechnung gestellte Umsatzsteuer beträgt somit 400 000 €.

[5]Der Unternehmer beabsichtigte im Jahr 01 eine zu 100 % und im Jahr 02 eine zu 0 % zum Vorsteuerabzug berechtigende Verwendung des Gebäudes. [6]Die Verwendungsabsicht wurde durch den Unternehmer jeweils schlüssig dargelegt. [7]Das Gebäude wird erstmals ab dem Jahr 03 verwendet, und zwar zu 0 % für zum Vorsteuerabzug berechtigende Umsätze.

[8]Die abziehbaren Vorsteuerbeträge nach § 15 UStG belaufen sich vor dem Zeitpunkt der erstmaligen Verwendung (Investitionsphase) auf 150 000 € für die in 01 bezogenen Leistungen.

Jahr 03:

Insgesamt in Rechnung gestellte Umsatzsteuer:	300.000 €
Ursprünglicher Vorsteuerabzug (50 %):	150.000 €
Zeitpunkt der erstmaligen Verwendung:	01. 01. 03
Dauer des Berichtigungszeitraums:	01. 01. 03 bis 31. 12. 12

Tatsächliche zum Vorsteuerabzug berechtigende Verwendung im Berichtigungszeitraum:

Jahr 03:	0 %
Vorsteuerberichtigung (0 % statt 50 %)	50 Prozentpunkte
Berichtigungsbetrag (Vorsteuerminderung):	
50 Prozentpunkte von 1/10 von 300.000 €	15.000 €

Jahr 04:

[9]Da der Unternehmer das Gebäude im Jahr 01 ausschließlich für zum Vorsteuerabzug berechtigende Umsätze verwenden wollte, kann er nach § 15 Abs. 1 UStG die Vorsteuer für den weiteren Leistungsbezug von 100 000 € voll abziehen. [10]Der Abzug ist erst im Jahr 04 zulässig. [11]Bei der Steuerfestsetzung für dieses Jahr ist dieser Abzug aber gleichzeitig insoweit zu berichtigen, als für die Jahre 03

und 04 eine Änderung der Verhältnisse gegenüber der im Zeitpunkt des Leistungsbezuges dargelegten Verwendungsabsicht eingetreten ist.

Berichtigung im Jahr 04:

Insgesamt in Rechnung gestellte Umsatzsteuer:	400.000 €
Ursprünglicher Vorsteuerabzug (62,5 %)	250.000 €
Tatsächliche zum Vorsteuerabzug berechtigende Verwendung:	
Jahr 03 und 04:	0 %
Vorsteuerberichtigung (0 % statt 62,5 %)	62,5 Prozentpunkte
Berichtigungsbetrag (Vorsteuerminderung) für 03 und 04 jeweils:	
62,5 Prozentpunkte × 1/10 × 400.000 €	25.000 €

[12]Für 03 erfolgte bereits eine Rückzahlung von 15 000 €. [13]Daher ist in 04 noch eine Vorsteuerberichtigung für 03 i. H. v. 10 000 € zuungunsten des Unternehmers vorzunehmen. [14]Im Ergebnis vermindert sich somit die bei der Steuerfestsetzung für das Jahr 04 abziehbare Vorsteuer von 100 000 € um (10 000 € für 03 + 25 000 € für 04 =) 35 000 € auf 65 000 €.

[5]Entsprechend ist zu verfahren, wenn der ursprünglich in Betracht kommende Vorsteuerabzug nach § 17 UStG oder deswegen zu berichtigen ist, weil später festgestellt wird, dass objektive Anhaltspunkte für die vorgetragene Verwendungsabsicht im Zeitpunkt des Leistungsbezugs nicht vorlagen, die Verwendungsabsicht nicht in gutem Glauben erklärt wurde oder ein Fall von Betrug oder Missbrauch vorliegt (vgl. Abschnitte 15.12 Abs. 2a und 25 f.1).

(3) [1]War der ursprünglich vorgenommene Vorsteuerabzug aus der Sicht des § 15 Abs. 1 b bis 4 UStG sachlich unrichtig, weil der Vorsteuerabzug ganz oder teilweise zu Unrecht vorgenommen wurde oder unterblieben ist, ist die unrichtige Steuerfestsetzung nach den Vorschriften der AO zu ändern. [2]Ist eine Änderung der unrichtigen Steuerfestsetzung hiernach nicht mehr zulässig, bleibt die ihr zu Grunde liegende unzutreffende Beurteilung des Vorsteuerabzugs für alle Kalenderjahre maßgebend, in denen nach verfahrensrechtlichen Vorschriften eine Änderung der Festsetzung, in der über den Vorsteuerabzug entschieden wurde, noch möglich war. [3]Zur Unabänderbarkeit von Steuerfestsetzungen der Abzugsjahre bei der Errichtung von Gebäuden vgl. BFH-Urteil vom 5. 2. 1998, V R 66/94, BStBl II S. 361. [4]Führt die rechtlich richtige Würdigung des Verwendungsumsatzes in einem noch nicht bestandskräftigen Jahr des Berichtigungszeitraums – gemessen an der tatsächlichen und nicht mehr änderbaren Beurteilung des ursprünglichen Vorsteuerabzugs – zu einer anderen Beurteilung des Vorsteuerabzugs, liegt eine Änderung der Verhältnisse vor (vgl. BFH-Urteile vom 12. 6. 1997, V R 36/95, BStBl II S. 589, vom 13. 11. 1997, V R 140/93, BStBl 1998 II S. 36, und vom 5. 2. 1998, V R 66/94, BStBl II S. 361). [5]Der Vorsteuerabzug kann in allen noch änderbaren Steuerfestsetzungen für die Kalenderjahre des Berichtigungszeitraums, in denen eine Änderung der Steuerfestsetzung des Vorsteuerabzugs nach verfahrensrechtlichen Vorschriften nicht mehr möglich war, sowohl zugunsten als auch zuungunsten des Unternehmers nach § 15 a UStG berichtigt werden.

Beispiel 1:

[1]Im Kalenderjahr 01 (Jahr des Leistungsbezugs) wurde der Vorsteuerabzug für ein gemischt genutztes Gebäude zu 100 % (= 100 000 €) **vorgenommen**, obwohl im Zeitpunkt des Leistungsbezugs beabsichtigt war, das Gebäude nach Fertigstellung zu 50 % zur Ausführung nicht zum Vorsteuerabzug berechtigender Umsätze zu verwenden und somit nur ein anteiliger Vorsteuerabzug von 50 000 € hätte gewährt werden dürfen. [2]Die Steuerfestsetzung für das Kalenderjahr des Leistungsbezugs ist bereits zu Beginn des Kalenderjahres 03 abgabenrechtlich nicht mehr änderbar. [3]In den Kalenderjahren 02 bis 11 wird das Gebäude zu 50 % zur Ausführung zum Vorsteuerabzug berechtigender Umsätze verwendet.

[4]Obwohl sich die tatsächliche Verwendung des Gebäudes nicht von der im Zeitpunkt des Leistungsbezugs gegebenen Verwendungsabsicht unterscheidet, sind ab dem Kalenderjahr 03 jeweils 50 % von einem Zehntel des **fälschlicherweise vorgenommenen** Vorsteuerabzugs von 100 000 € (= 5 000 € pro Jahr) zurückzuzahlen.

Beispiel 2:

[1]Wie Beispiel 1, nur ist die Steuerfestsetzung des Kalenderjahres 01 erst ab Beginn des Kalenderjahres 05 abgabenrechtlich nicht mehr änderbar.

[2]Obwohl sich die tatsächliche Verwendung des Gebäudes nicht von der im Zeitpunkt des Leistungsbezugs gegebenen Verwendungsabsicht unterscheidet, sind ab dem Kalenderjahr 05 jeweils 50 % von einem Zehntel des zu Unrecht **vorgenommenen** Vorsteuerabzugs von 100 000 € (= 5 000 € pro Jahr) zurückzuzahlen. [3]Eine Berichtigung des zu Unrecht **vorgenommenen** Vorsteuerabzugs für die Kalenderjahre 02 bis 04 unterbleibt.

(4) [1]Ein gewählter sachgerechter Aufteilungsmaßstab im Sinne des § 15 Abs. 4 UStG, der einem bestandskräftigen Umsatzsteuerbescheid für den entsprechenden Besteuerungszeitraum zu Grunde liegt, ist für eine mögliche Vorsteuerberichtigung nach § 15 a UStG maßgebend, auch wenn ggf. noch andere sachgerechte Ermittlungsmethoden in Betracht kommen. [2]Die Bestandskraft der Steuerfestsetzung für das Erstjahr gestaltet die für das Erstjahr maßgebende Rechtslage für die Verwendungsumsätze (vgl. BFH-Urteil vom 28. 9. 2006, V R 43/03, BStBl 2007 II S. 417).

UStAE 15 a.5. Berichtigung nach § 15 a Abs. 2 UStG

(1) [1]Die Berichtigung nach § 15 a Abs. 2 UStG unterliegt keinem Berichtigungszeitraum. [2]Eine Vorsteuerberichtigung ist im Zeitpunkt der tatsächlichen Verwendung durchzuführen, wenn diese von der ursprünglichen Verwendungsabsicht beim Erwerb abweicht. [3]Es ist unbeachtlich, wann das Wirtschaftsgut tatsächlich verwendet wird.

(2) Die Berichtigung ist für den Voranmeldungszeitraum bzw. das Kalenderjahr vorzunehmen, in dem das Wirtschaftsgut abweichend von der ursprünglichen Verwendungsabsicht verwendet wird.

Beispiel 1:

[1]Unternehmer U erwirbt am 1. 7. 01 ein Grundstück zum Preis von 2 000 000 €. [2]Der Verkäufer des Grundstücks hat im notariell beurkundeten Kaufvertrag auf die Steuerbefreiung verzichtet (§ 9 Abs. 3 Satz 2 UStG). [3]U möchte das Grundstück unter Verzicht auf die Steuerbefreiung nach § 4 Nr. 9 Buchstabe a UStG weiterveräußern, so dass er die von ihm geschuldete Umsatzsteuer nach § 15 Abs. 1 Satz 1 Nr. 4 in Verbindung mit § 13 b Abs. 2 Nr. 3 UStG als Vorsteuer abzieht. [4]Am 1. 7. 03 veräußert er das Grundstück entgegen seiner ursprünglichen Planung an eine nichtunternehmerisch tätige juristische Person des öffentlichen Rechts, so dass für die Veräußerung des Grundstücks nicht nach § 9 Abs. 1 UStG zur Steuerpflicht optiert werden kann und diese somit nach § 4 Nr. 9 Buchstabe a UStG steuerfrei ist.

[5]Die tatsächliche steuerfreie Veräußerung schließt nach § 15 Abs. 2 UStG den Vorsteuerabzug aus und führt damit zu einer Änderung der Verhältnisse im Vergleich zu den für den ursprünglichen Vorsteuerabzug maßgebenden Verhältnissen. [6]Da das Grundstück nur einmalig zur Ausführung eines Umsatzes verwendet wird, ist der gesamte ursprüngliche Vorsteuerabzug i. H. v. 380 000 € nach § 15 a Abs. 2 UStG im Zeitpunkt der Verwendung für den Besteuerungszeitraum der Veräußerung zu berichtigen. [7]Der Vorsteuerbetrag ist demnach für den Monat Juli 03 zurückzuzahlen.

Beispiel 2:

[1]Wie Beispiel 1, nur erfolgt die tatsächliche steuerfreie Veräußerung erst 18 Jahre nach dem steuerpflichtigen Erwerb des Grundstücks. [2]Das Grundstück ist zwischenzeitlich tatsächlich nicht genutzt worden.

[3]Da § 15 a Abs. 2 UStG keinen Berichtigungszeitraum vorsieht, muss auch hier die Vorsteuer nach § 15 a Abs. 2 UStG berichtigt werden. [4]U hat den Vorsteuerbetrag i. H. v. 380 000 € für den Voranmeldungszeitraum der Veräußerung zurückzuzahlen.

Beispiel 3:

[1]Unternehmer U ist im Jahr 01 Kleinunternehmer. [2]Er erwirbt im Jahr 01 Waren, die zur Veräußerung bestimmt sind (Umlaufvermögen). [3]Im Jahr 02 findet wegen Überschreitens der Umsatzgrenze

die Kleinunternehmerregelung keine Anwendung. [4]Im Jahr 03 liegen die Voraussetzungen der Steuerbefreiung für Kleinunternehmer wieder vor und U wendet ab 03 wieder die Kleinunternehmerregelung an. [5]U veräußert die im Jahr 01 erworbenen Waren im Jahr 03.

[6]Für die Vorsteuerberichtigung der Waren ist § 15a Abs. 2 UStG maßgeblich, da diese nur einmalig zur Ausführung eines Umsatzes verwendet werden. [7]Maßgeblich für die Vorsteuerberichtigung sind die Verhältnisse im Zeitpunkt der tatsächlichen Verwendung der Waren. [8]Die Verwendung ist mit der Veräußerung der Waren im Jahr 03 erfolgt. [9]Im Jahr 02 findet keine Verwendung statt, daher ist die in diesem Jahr eingetretene Änderung der Besteuerungsform ohne Belang. [10]Eine Änderung der Verhältnisse gegenüber den ursprünglich für den Vorsteuerabzug maßgebenden Verhältnissen liegt nicht vor, da U wie im Jahr 01 auch in 03 Kleinunternehmer ist. [11]Daher ist weder im Jahr 02 noch im Jahr 03 eine Berichtigung des Vorsteuerabzugs vorzunehmen.

UStAE 15a.6. Berichtigung nach § 15a Abs. 3 UStG

Bestandteile

(1) [1]Unter der Voraussetzung, dass in ein Wirtschaftsgut (das ertragsteuerrechtlich entweder Anlagevermögen oder Umlaufvermögen ist) nachträglich ein anderer Gegenstand eingeht und dieser Gegenstand dabei seine körperliche und wirtschaftliche Eigenart endgültig verliert (Bestandteil, vgl. auch Abschnitt 3.3 Abs. 2), ist der Vorsteuerabzug bei Änderung der Verwendungsverhältnisse nach Maßgabe von § 15a Abs. 1 oder Abs. 2 UStG zu berichtigen. [2]Bestandteile sind alle nicht selbstständig nutzbaren Gegenstände, die mit dem Wirtschaftsgut in einem einheitlichen Nutzungs- und Funktionszusammenhang stehen. [3]Es kommt – im Gegensatz zur Prüfung einer unentgeltlichen Wertabgabe (vgl. Abschnitt 3.3 Abs. 2 Satz 3) – nicht darauf an, dass der Bestandteil zu einer Werterhöhung dieses Wirtschaftsguts geführt hat. [4]Kein Bestandteil ist ein eingebauter Gegenstand, der abtrennbar ist, seine körperliche oder wirtschaftliche Eigenart behält und damit ein selbstständiger – entnahmefähiger – Gegenstand bleibt. [5]Zum Begriff der Betriebsvorrichtungen als selbständige Wirtschaftsgüter vgl. Abschnitt 4.12.10. [6]Bestandteile können beispielsweise sein

1. Klimaanlage, fest eingebautes Navigationssystem, Austauschmotor in einem Kraftfahrzeug;
2. Klimaanlage, Einbauherd, Einbauspüle, Fenster, angebaute Balkone oder Aufzüge in einem Gebäude.

[7]In der Regel keine Bestandteile eines Kraftfahrzeugs werden beispielsweise

1. Funkgerät;
2. nicht fest eingebautes Navigationsgerät;
3. Autotelefon;
4. Radio.

(2) Maßnahmen, die auf nachträgliche Anschaffungs- oder Herstellungskosten im Sinne des § 15a Abs. 6 UStG entfallen und bei denen es sich um Bestandteile handelt, unterliegen vorrangig der Berichtigungspflicht nach § 15a Abs. 6 UStG.

(3) [1]Eine Berichtigung pro rata temporis ist nur dann vorzunehmen, wenn es sich bei dem Wirtschaftsgut, in das der Bestandteil eingegangen ist, um ein solches handelt, das nicht nur einmalig zur Erzielung von Umsätzen verwendet wird. [2]Für den Bestandteil gilt dabei ein eigenständiger Berichtigungszeitraum, dessen Dauer sich danach bestimmt, in welches Wirtschaftsgut nach § 15a Abs. 1 UStG der Bestandteil eingeht. [3]Die Verwendungsdauer des Bestandteils wird nicht dadurch verkürzt, dass der Gegenstand als Bestandteil in ein anderes Wirtschaftsgut einbezogen wird (§ 15a Abs. 5 Satz 3 UStG).

Beispiel 1:

[1]Unternehmer U lässt am 1. 1. 04 für 20 000 € zzgl. 3 800 € gesondert ausgewiesener Umsatzsteuer einen neuen Motor in einen im Jahr 01 ins Unternehmensvermögen eingelegten Pkw einbauen. [2]Die ihm berechnete Umsatzsteuer zieht er nach § 15 Abs. 1 Satz 1 Nr. 1 UStG als Vorsteuer ab, da die Nutzung des Pkw im Zusammenhang mit steuerpflichtigen Ausgangsumsätzen erfolgt. [3]Ab Januar

05 verwendet U den Pkw nur noch im Zusammenhang mit steuerfreien Ausgangsumsätzen, die den Vorsteuerabzug nach § 15 Abs. 2 Satz 1 Nr. 1 UStG ausschließen.

[4]Ab Januar 05 haben sich die Verwendungsverhältnisse geändert, weil der Pkw nun nicht mehr mit steuerpflichtigen, sondern mit steuerfreien Ausgangsumsätzen im Zusammenhang steht. [5]Für die Aufwendungen für den als Bestandteil des Pkw eingebauten Motor ist eine Vorsteuerberichtigung nach § 15 a Abs. 3 in Verbindung mit Abs. 1 UStG vorzunehmen. [6]Hierfür sind die Aufwendungen unabhängig von der betriebsgewöhnlichen Nutzungsdauer des Pkw auf einen fünfjährigen Berichtigungszeitraum zu verteilen. [7]Es ergibt sich folgender Betrag, der bis zum Ablauf des Berichtigungszeitraums jährlich als Berichtigungsbetrag zurückzuzahlen ist:

Insgesamt in Rechnung gestellte Umsatzsteuer:	3.800 €
Ursprünglicher Vorsteuerabzug:	3.800 €
Dauer des Berichtigungszeitraums:	1. 1. 04 bis 31. 12. 08
Tatsächliche zum Vorsteuerabzug berechtigende Verwendung im Berichtigungszeitraum:	
im Jahr 04:	100 %
ab Jahr 05:	0 %
Änderung der Verhältnisse:	
ab Jahr 05 (0 % statt 100 %)	100 Prozentpunkte
Berichtigung pro Jahr ab Jahr 05	3.800 € / 5 Jahre
zurückzuzahlende Vorsteuer	760 € pro Jahr

Beispiel 2:

[1]Unternehmer U lässt am 1. 1. 01 für 100 000 € zzgl. 19 000 € gesondert ausgewiesener Umsatzsteuer ein neues Hallentor in ein Fabrikgebäude einbauen. [2]Die ihm in Rechnung gestellte Umsatzsteuer zieht er nach § 15 Abs. 1 Satz 1 Nr. 1 UStG als Vorsteuer ab, da die Nutzung des Gebäudes im Zusammenhang mit steuerpflichtigen Ausgangsumsätzen erfolgt. [3]Ab Januar 02 verwendet U das Gebäude nur noch im Zusammenhang mit steuerfreien Ausgangsumsätzen, die den Vorsteuerabzug nach § 15 Abs. 2 Satz 1 Nr. 1 UStG ausschließen. [4]Der Berichtigungszeitraum des Gebäudes endet am 30. 6. 02.

[5]Damit haben sich ab Januar 02 die Verwendungsverhältnisse sowohl für das Hallentor als auch für das Fabrikgebäude geändert. [6]Für die Aufwendungen für das als Bestandteil des Gebäudes eingebaute Hallentor ist eine Vorsteuerberichtigung nach § 15 a Abs. 3 UStG vorzunehmen. [7]Hierfür sind die Aufwendungen unabhängig von der betriebsgewöhnlichen Nutzungsdauer des Gebäudes und unabhängig von der Dauer des Restberichtigungszeitraums des Gebäudes auf einen zehnjährigen Berichtigungszeitraum, der am 1. 1. 01 beginnt und am 31. 12. 10 endet, zu verteilen. [8]Unabhängig davon ist für das Fabrikgebäude der Vorsteuerabzug für den am 30. 6. 02 endenden Berichtigungszeitraum zu berichtigen.

[4]Eine kürzere Verwendungsdauer des Bestandteils ist zu berücksichtigen (§ 15 a Abs. 5 Satz 2 UStG). [5]Soweit mehrere Leistungen Eingang in ein Wirtschaftsgut finden, sind diese Leistungen für Zwecke der Berichtigung des Vorsteuerabzugs zusammenzufassen, sofern sie innerhalb einer Maßnahme bezogen wurden (vgl. Absatz 11).

(4) Handelt es sich bei dem Wirtschaftsgut, in das der Bestandteil eingegangen ist, um ein solches, das nur einmalig zur Erzielung eines Umsatzes verwendet wird, ist die Berichtigung des Vorsteuerabzugs nach den Grundsätzen des § 15 a Abs. 2 UStG vorzunehmen.

Sonstige Leistungen an einem Wirtschaftsgut

(5) [1]Unter der Voraussetzung, dass an einem Wirtschaftsgut eine sonstige Leistung ausgeführt wird, ist der Vorsteuerabzug bei Änderung der Verwendungsverhältnisse nach Maßgabe von § 15 a Abs. 1 oder

Abs. 2 UStG zu berichtigen. [2]Unter die Berichtigungspflicht nach § 15 a Abs. 3 UStG fallen nur solche sonstigen Leistungen, die unmittelbar an einem Wirtschaftsgut ausgeführt werden. [3]Es kommt nicht darauf an, ob die sonstige Leistung zu einer Werterhöhung des Wirtschaftsguts führt. [4]Auch Maßnahmen, die lediglich der Werterhaltung dienen, fallen demnach unter die Berichtigungspflicht nach § 15 a Abs. 3 UStG.

(6) [1]Nicht unter die Verpflichtung zur Berichtigung des Vorsteuerabzugs nach § 15 a Abs. 3 UStG fallen sonstige Leistungen, die bereits im Zeitpunkt des Leistungsbezugs wirtschaftlich verbraucht sind. [2]Eine sonstige Leistung ist im Zeitpunkt des Leistungsbezugs dann nicht wirtschaftlich verbraucht, wenn ihr über den Zeitpunkt des Leistungsbezugs hinaus eine eigene Werthaltigkeit innewohnt. [3]Leistungen, die bereits im Zeitpunkt des Leistungsbezugs wirtschaftlich verbraucht sind, werden sich insbesondere auf die Unterhaltung und den laufenden Betrieb des Wirtschaftsguts beziehen. [4]Hierzu gehören z. B. bei Grundstücken Reinigungsleistungen (auch Fensterreinigung) oder laufende Gartenpflege sowie Wartungsarbeiten z. B. an Aufzugs- oder Heizungsanlagen.

(7) [1]Soweit es sich um eine sonstige Leistung handelt, die nicht bereits im Zeitpunkt des Leistungsbezugs wirtschaftlich verbraucht ist, unterliegt diese der Berichtigungspflicht nach § 15 a Abs. 3 UStG. [2]Dazu gehören auch sonstige Leistungen, die dem Gebrauch oder der Erhaltung des Gegenstands dienen. [3]Solche Leistungen sind z. B.

1. der Fassadenanstrich eines Gebäudes;
2. Fassadenreinigungen an einem Gebäude;
3. die Neulackierung eines Kraftfahrzeugs;
4. Renovierungsarbeiten (auch in gemieteten Geschäftsräumen);
5. der Neuanstrich eines Schiffs;
6. die Generalüberholung einer Aufzugs- oder einer Heizungsanlage.

(8) [1]Eine Berichtigung pro rata temporis ist nur dann vorzunehmen, wenn es sich bei dem Wirtschaftsgut im Sinne des § 15 a Abs. 3 UStG um ein solches handelt, das nicht nur einmalig zur Erzielung von Umsätzen verwendet wird. [2]Dabei gilt für die an dem Wirtschaftsgut ausgeführten sonstigen Leistungen ein eigenständiger Berichtigungszeitraum, dessen Dauer sich danach bestimmt, an welchem Wirtschaftsgut nach § 15 a Abs. 1 UStG die sonstige Leistung ausgeführt wird. [3]Eine kürzere Verwendungsdauer der sonstigen Leistung ist jedoch zu berücksichtigen (§ 15 a Abs. 5 Satz 2 UStG).

(9) Wird ein Wirtschaftsgut, an dem eine sonstige Leistung ausgeführt wurde, veräußert oder entnommen, liegt unter den Voraussetzungen des § 15 a Abs. 8 UStG eine Änderung der Verwendungsverhältnisse vor mit der Folge, dass auch der Vorsteuerabzug für die an dem Wirtschaftsgut ausgeführte sonstige Leistung nach § 15 a Abs. 3 UStG zu berichtigen ist.

Beispiel 1:

[1]Unternehmer U führt als Arzt zu 50 % zum Vorsteuerabzug berechtigende und zu 50 % nicht zum Vorsteuerabzug berechtigende Umsätze aus. [2]Am 1. 1. 01 erwirbt U einen Pkw, für den er den Vorsteuerabzug entsprechend der beabsichtigten Verwendung zu 50 % vornimmt. [3]Am 1. 1. 03 lässt U an dem Pkw eine Effektlackierung anbringen. [4]Die darauf entfallende Vorsteuer zieht U ebenfalls zu 50 % ab. [5]Am 1. 1. 04 veräußert U den Pkw.

[6]Die Veräußerung des Pkw ist steuerpflichtig. [7]In der Lieferung liegt eine Änderung gegenüber den für den ursprünglichen Vorsteuerabzug maßgeblichen Verhältnissen (§ 15 a Abs. 8 UStG). [8]Der Vorsteuerabzug für den Pkw ist für die zwei restlichen Jahre des Berichtigungszeitraums zugunsten von U für den Monat der Veräußerung zu berichtigen.

[9]Die Veräußerung des Pkw stellt in Bezug auf die an dem Pkw ausgeführte Effektlackierung ebenfalls eine Änderung gegenüber den für den ursprünglichen Vorsteuerabzug maßgeblichen Verhältnissen dar (§ 15 a Abs. 8 UStG). [10]Der Vorsteuerabzug für die sonstige Leistung ist für die restlichen vier Jahre des Berichtigungszeitraums zugunsten von U für den Monat der Veräußerung zu berichtigen (§ 15 a Abs. 3 UStG, § 44 Abs. 3 Satz 2 in Verbindung mit Abs. 4 UStDV).

Beispiel 2:

[1]Unternehmer U nutzt ein Gebäude ausschließlich zur Erzielung von zum Vorsteuerabzug berechtigenden Umsätzen. [2]Am 1. 1. 01 lässt U die Fassade des Gebäudes streichen. [3]U nimmt entsprechend der weiter beabsichtigten Verwendung des Gebäudes den Vorsteuerabzug zu 100 % vor. [4]Am 1. 1. 02 veräußert U das Gebäude steuerfrei.

[5]Die Veräußerung des Gebäudes stellt in Bezug auf die an dem Gebäude ausgeführte sonstige Leistung eine Änderung gegenüber den für den ursprünglichen Vorsteuerabzug maßgeblichen Verhältnissen dar (§ 15a Abs. 8 UStG). [6]Der Vorsteuerabzug für die sonstige Leistung ist für die restlichen neun Jahre des Berichtigungszeitraums zuungunsten von U für den Monat der Veräußerung zu berichtigen (§ 15a Abs. 3 UStG, § 44 Abs. 3 Satz 2 in Verbindung mit Abs. 4 UStDV).

(10) Handelt es sich um ein Wirtschaftsgut, das nur einmalig zur Erzielung eines Umsatzes verwendet wird, ist die Berichtigung nach den Grundsätzen des § 15a Abs. 2 UStG vorzunehmen.

(11) [1]Nach § 15a Abs. 3 Satz 2 UStG sind mehrere im Rahmen einer Maßnahme in ein Wirtschaftsgut eingegangene Gegenstände und/oder mehrere im Rahmen einer Maßnahme an einem Wirtschaftsgut ausgeführte sonstige Leistungen zu einem Berichtigungsobjekt zusammenzufassen. [2]Dies bedeutet, dass sämtliche im zeitlichen Zusammenhang bezogenen Leistungen, die ein Wirtschaftsgut betreffen und deren Bezug nach wirtschaftlichen Gesichtspunkten dem Erhalt oder der Verbesserung des Wirtschaftsguts dient, zu einem Berichtigungsobjekt zusammenzufassen sind. [3]Hiervon kann vorbehaltlich anderer Nachweise ausgegangen werden, wenn die verschiedenen Leistungen für ein bewegliches Wirtschaftsgut innerhalb von drei Kalendermonaten und für ein unbewegliches Wirtschaftsgut innerhalb von sechs Kalendermonaten bezogen werden. [4]Dabei sind auch Leistungen, die von verschiedenen leistenden Unternehmern bezogen worden sind, zu berücksichtigen.

Beispiel 1:

[1]Unternehmer U will eine Etage seines Geschäftshauses renovieren lassen. [2]Zu diesem Zweck beauftragt er Malermeister M mit der malermäßigen Instandhaltung der Büroräume. [3]Gleichzeitig beauftragt er Klempnermeister K mit der Renovierung der Sanitärräume auf dieser Etage, bei der auch die vorhandenen Armaturen und Sanitäreinrichtungen ausgetauscht werden sollen. [4]Die malermäßige Instandhaltung der Büroräume und die Klempnerarbeiten werden im gleichen Kalendermonat beendet.

[5]Bei der Renovierung der Etage des Geschäftshauses handelt es sich um eine Maßnahme. [6]Die im Rahmen der Maßnahme ausgeführten Leistungen sind nach § 15a Abs. 3 UStG zu einem Berichtigungsobjekt zusammenzufassen.

Beispiel 2:

[1]Unternehmer U beauftragt die Kfz-Werkstatt K, an seinem Pkw eine neue Lackierung anzubringen und einen neuen Motor einzubauen. [2]Beide Leistungen werden gleichzeitig ausgeführt.

[3]Beide Leistungen werden im Rahmen einer Maßnahme bezogen und sind daher zu einem Berichtigungsobjekt zusammenzufassen.

[5]Können bei einem gemischt genutzten Gebäude die innerhalb von sechs Monaten bezogenen Leistungen im Sinne des § 15a Abs. 3 UStG einem bestimmten Gebäudeteil, mit dem entweder ausschließlich vorsteuerschädliche oder vorsteuerunschädliche Ausgangsumsätze erzielt werden, direkt **zugeordnet** werden, bilden diese **direkt zuzuordnenden** Leistungen jeweils ein Berichtigungsobjekt **(vgl. auch Abschnitt 15.17 Abs. 8).**

Beispiel 3:

[1]Unternehmer U will sein Wohn- und Geschäftshaus renovieren lassen. [2]Zu diesem Zweck beauftragt er Malermeister M mit der malermäßigen Instandsetzung der steuerpflichtig vermieteten Büroräume auf der Büroetage. [3]Gleichzeitig beauftragt er Klempnermeister K mit der Renovierung der Sanitärräume auf der steuerfrei vermieteten Wohnetage, bei der auch die vorhandenen Armaturen und Sanitäreinrichtungen ausgetauscht werden sollen. [4]Die malermäßige Instandhaltung der Büroräume und die Klempnerarbeiten werden im gleichen Kalendermonat beendet.

[5]Bei der Renovierung der Wohnetage und der Büroetage handelt es sich um jeweils eine Maßnahme. [6]Die im Rahmen der malermäßigen Instandhaltung und der Klempnerarbeiten bezogenen Leistungen stellen jeweils ein Berichtigungsobjekt dar.

[6]Für die Zusammenfassung zu einem Berichtigungsobjekt kommen hinsichtlich der an einem Gegenstand ausgeführten sonstigen Leistungen nur solche sonstigen Leistungen in Betracht, denen über den Zeitpunkt des Leistungsbezugs hinaus eine eigene Werthaltigkeit innewohnt (vgl. Absatz 6). [7]Die Grenzen des § 44 UStDV sind auf das so ermittelte Berichtigungsobjekt anzuwenden. [8]Der Berichtigungszeitraum beginnt zu dem Zeitpunkt, zu dem der Unternehmer das Wirtschaftsgut nach Durchführung der Maßnahme erstmalig zur Ausführung von Umsätzen verwendet.

Entnahme eines Wirtschaftsguts aus dem Unternehmen

(12) Wird dem Unternehmensvermögen ein Wirtschaftsgut entnommen, das bei seiner Anschaffung oder Herstellung nicht zum Vorsteuerabzug berechtigt hatte, für das aber nachträglich Aufwendungen im Sinne des § 15 a Abs. 3 UStG getätigt wurden, die zum Vorsteuerabzug berechtigten, kann für diese Aufwendungen eine Vorsteuerberichtigung vorzunehmen sein.

(13) [1]Hat der Unternehmer in das Wirtschaftsgut einen anderen Gegenstand eingefügt, der dabei seine körperliche und wirtschaftliche Eigenart endgültig verloren hat und für den der Unternehmer zum Vorsteuerabzug berechtigt war, und hat dieser Gegenstand zu einer im Zeitpunkt der Entnahme nicht vollständig verbrauchten Werterhöhung geführt (Bestandteil nach Abschnitt 3.3 Abs. 2 Satz 3), unterliegt bei einer Entnahme des Wirtschaftsguts nur dieser Gegenstand der Umsatzbesteuerung nach § 3 Abs. 1 b UStG. [2]Für eine Vorsteuerberichtigung nach § 15 a Abs. 3 Satz 3 UStG ist insoweit kein Raum. [3]Eine Vorsteuerberichtigung nach § 15 a Abs. 8 UStG bleibt unberührt.

(14) [1]Ist die durch den Bestandteil verursachte Werterhöhung im Zeitpunkt der Entnahme vollständig verbraucht, ist die Entnahme insgesamt nicht steuerbar. [2]In diesem Fall liegt in der Entnahme eine Änderung der Verhältnisse im Sinne des § 15 a Abs. 3 Satz 3 UStG.

Beispiel:

[1]Unternehmer U erwirbt in 01 einen Pkw von einer Privatperson für 50 000 €. [2]Am 1. 4. 02 lässt er von einer Werkstatt für 2 000 € eine Windschutzscheibe einbauen. [3]Die Vorsteuer i. H. v. 380 € macht er geltend. [4]Als er den Pkw am 31. 12. 04 entnimmt, hat der Wert der Windschutzscheibe den aktuellen Wert des Pkw nach der sog. Schwacke-Liste im Zeitpunkt der Entnahme nicht erhöht.

[5]Die Windschutzscheibe, für die U der Vorsteuerabzug nach § 15 Abs. 1 Satz 1 Nr. 1 UStG zustand, ist in den Pkw eingegangen und hat dabei ihre körperliche und wirtschaftliche Eigenart endgültig verloren. [6]Nur die Entnahme der Windschutzscheibe könnte steuerbar nach § 3 Abs. 1 b Satz 1 Nr. 1 UStG sein, da U für einen in das Wirtschaftsgut eingegangenen Gegenstand den Vorsteuerabzug in Anspruch genommen hat. [7]Da jedoch im Zeitpunkt der Entnahme keine Werterhöhung durch den Gegenstand mehr vorhanden ist, ist die Entnahme nicht steuerbar (vgl. Abschnitt 3.3 Abs. 2 Satz 3). [8]U hat grundsätzlich eine Berichtigung des Vorsteuerabzugs nach § 15 a Abs. 3 Satz 3 UStG vorzunehmen. [9]Nach § 44 Abs. 1 in Verbindung mit Abs. 4 UStDV unterbleibt jedoch eine Berichtigung, da der auf die Windschutzscheibe entfallende Vorsteuerbetrag 1 000 € nicht übersteigt.

(15) [1]Hat der Unternehmer dem Wirtschaftsgut keinen Bestandteil zugefügt, hat also der eingebaute Gegenstand seine Eigenständigkeit behalten, liegen für umsatzsteuerrechtliche Zwecke zwei getrennt zu beurteilende Entnahmen vor. [2]In diesen Fällen kann die Entnahme des eingebauten Gegenstands auch zu einer Vorsteuerberichtigung führen, wenn die Entnahme anders zu beurteilen ist als die für den ursprünglichen Vorsteuerabzug maßgebliche Verwendung (§ 15 a Abs. 8 UStG). [3]Eine Berichtigung nach § 15 a Abs. 3 UStG scheidet insoweit aus.

(16) Soweit an dem Wirtschaftsgut eine sonstige Leistung ausgeführt wird und das Wirtschaftsgut später entnommen wird, ohne dass eine unentgeltliche Wertabgabe nach § 3 Abs. 1 b Satz 1 Nr. 1 UStG zu besteuern ist, liegt ebenfalls eine Änderung der Verhältnisse vor (§ 15 a Abs. 3 Satz 3 UStG).

Beispiel:

[1]U kauft am 1. 5. 01 einen Pkw von einer Privatperson zu einem Preis von 50000 €. [2]Am 1. 7. 01 lässt er in einer Vertragswerkstatt eine Inspektion durchführen (200 € zuzüglich 38 € Umsatzsteuer), in den dafür vorgesehenen Standardschacht ein Autoradio einbauen (1500 € zuzüglich 285 € Umsatzsteuer) und den Pkw neu lackieren (7500 € zuzüglich 1425 € Umsatzsteuer). [3]U macht diese Vorsteuerbeträge ebenso wie den Vorsteuerabzug aus den laufenden Kosten geltend. [4]Am 31. 12. 03 entnimmt U den Pkw.

[5]Die Neulackierung des Pkw ist eine sonstige Leistung, die im Zeitpunkt des Leistungsbezugs nicht wirtschaftlich verbraucht ist (vgl. Absatz 7). [6]Die Inspektion ist bei Leistungsbezug wirtschaftlich verbraucht. [7]Das eingebaute Autoradio stellt, weil es ohne Funktionsverlust wieder entfernt werden kann, keinen Bestandteil des Pkw dar, sondern bleibt eigenständiges Wirtschaftsgut (vgl. Absatz 1).

[8]Da der Pkw nicht zum vollen oder teilweisen Vorsteuerabzug berechtigt hatte und in den Pkw kein Bestandteil eingegangen ist, ist die Entnahme des Pkw am 31. 12. 03 nicht nach § 3 Abs. 1b Satz 1 Nr. 1 UStG steuerbar (§ 3 Abs. 1b Satz 2 UStG). [9]Bezüglich der sonstigen Leistung „Neulackierung" ist jedoch nach § 15a Abs. 3 UStG eine Vorsteuerberichtigung durchzuführen, da der Wert der Neulackierung im Zeitpunkt der Entnahme noch nicht vollständig verbraucht ist. [10]Das Autoradio unterliegt als selbstständiges Wirtschaftsgut, für das der Vorsteuerabzug in Anspruch genommen wurde, der Besteuerung nach § 3 Abs. 1b Satz 1 Nr. 1 UStG. [11]Bemessungsgrundlage ist nach § 10 Abs. 4 Satz 1 Nr. 1 UStG der Einkaufspreis zuzüglich Nebenkosten zum Zeitpunkt der Entnahme. [12]Eine Vorsteuerberichtigung nach § 15a UStG hinsichtlich der laufenden Kosten kommt nicht in Betracht.

Für die Lackierung in Rechnung gestellte Umsatzsteuer:	1.425 €
Ursprünglicher Vorsteuerabzug:	1.425 €
Zeitpunkt der erstmaligen Verwendung:	01. 07. 01
Dauer des Berichtigungszeitraums:	01. 07. 01 bis 30. 06. 06
Tatsächliche zum Vorsteuerabzug berechtigende Verwendung im Berichtigungszeitraum:	
Jahr 01 bis 03	100 %
Änderung der Verhältnisse:	
ab Jahr 04 (0 % statt 100 %)	100 Prozentpunkte
Vorsteuerberichtigung pro Jahr:	1.425 € / 5 Jahre = 285 € pro Jahr
Jahre 04 und 05 (285 € × 100 %)	je 285 €
Jahr 06 (285 € × 100 % × 6/12)	142,50 €

[13]Die Berichtigung des Vorsteuerabzugs ist für die Jahre 04 bis 06 zusammengefasst in der Voranmeldung für Dezember 03 vorzunehmen (§ 44 Abs. 3 Satz 2 UStDV).

(17) [1]Im Fall der Entnahme eines Wirtschaftsguts, in das Bestandteile eingegangen oder an dem sonstige Leistungen ausgeführt worden sind, sind bei Prüfung der Vorsteuerberichtigung solche in das Wirtschaftsgut eingegangene Gegenstände aus dem Berichtigungsobjekt auszuscheiden, die bei der Entnahme der Umsatzbesteuerung nach § 3 Abs. 1b UStG unterliegen. [2]Die Grenzen des § 44 UStDV sind auf den entsprechend verminderten Vorsteuerbetrag anzuwenden.

Beispiel:

[1]Unternehmer U erwirbt am 1. 7. 01 aus privater Hand einen gebrauchten Pkw und ordnet ihn zulässigerweise seinem Unternehmen zu. [2]Am 1. 3. 02 lässt er in den Pkw nachträglich eine Klimaanlage einbauen (Entgelt 2500 €), am 1. 4. 02 die Scheiben verspiegeln (Entgelt 500 €) und am 15. 8. 02 eine Effektlackierung auftragen (Entgelt 4500 €). [3]Für alle drei Leistungen nimmt der Unternehmer zulässigerweise den vollen Vorsteuerabzug in Anspruch. [4]Als U am 1. 3. 03 den Pkw in sein Privatvermögen entnimmt, haben die vorstehend aufgeführten Arbeiten den aktuellen Wert des Pkw nach

der sog. „Schwacke-Liste" für die Klimaanlage um 1 500 €, für die Scheibenverspiegelung um 100 € und für die Effektlackierung um 3 500 € erhöht.

[5]Die Entnahme des Pkw selbst unterliegt mangels Vorsteuerabzug bei der Anschaffung nicht der Besteuerung (§ 3 Abs. 1 b Satz 2 UStG); auch eine Vorsteuerberichtigung kommt insoweit nicht in Betracht. [6]Mit dem Einbau der Klimaanlage in den Pkw hat diese ihre körperliche und wirtschaftliche Eigenart endgültig verloren und zu einer dauerhaften, im Zeitpunkt der Entnahme nicht vollständig verbrauchten Werterhöhung des Gegenstands geführt. [7]Die Entnahme der Klimaanlage unterliegt daher insoweit nach § 3 Abs. 1 b Satz 1 Nr. 1 in Verbindung mit Satz 2 UStG mit einer Bemessungsgrundlage i. H. v. 1 500 € der Umsatzsteuer.

[8]Hinsichtlich der Scheibenverspiegelung und der Effektlackierung entfällt eine Besteuerung nach § 3 Abs. 1 b UStG, da sonstige Leistungen nicht zu Bestandteilen eines Gegenstands führen (vgl. Abschnitt 3.3 Abs. 2 Satz 4). [9]Für diese Leistungen ist allerdings zu prüfen, in wieweit eine Vorsteuerberichtigung nach § 15 a Abs. 3 in Verbindung mit Abs. 8 UStG durchzuführen ist.

[10]Der Einbau der Klimaanlage, die Scheibenverspiegelung und die Effektlackierung werden im Rahmen einer Maßnahme bezogen und sind daher zu einem Berichtigungsobjekt zusammenzufassen. [11]Da die Entnahme der Klimaanlage jedoch nach § 3 Abs. 1 b Satz 1 Nr. 1 UStG als eine unentgeltliche Wertabgabe zu versteuern ist, scheidet diese für Zwecke der Vorsteuerberichtigung aus dem Berichtigungsobjekt aus. [12]Die Grenze des § 44 Abs. 1 UStDV von 1 000 € ist auf das verbleibende Berichtigungsobjekt anzuwenden, für das die Vorsteuerbeträge aus der Scheibenverspiegelung i. H. v. 95 € und der Effektlackierung i. H. v. 855 € insgesamt nur 950 € betragen. [13]Eine Vorsteuerberichtigung nach § 15 a Abs. 3 UStG für das verbleibende Berichtigungsobjekt unterbleibt daher.

UStAE 15 a.7. Berichtigung nach § 15 a Abs. 4 UStG

(1) [1]Eine Vorsteuerberichtigung nach § 15 a Abs. 4 UStG ist vorzunehmen, wenn der Unternehmer eine sonstige Leistung bezieht, die nicht in einen Gegenstand eingeht oder an diesem ausgeführt wird und deren Verwendung anders zu beurteilen ist, als dies zum Zeitpunkt des Leistungsbezugs beabsichtigt war. [2]Sonstige Leistungen, die unter die Berichtigungspflicht nach § 15 a Abs. 4 UStG fallen, sind z. B.:

1. Beratungsleistungen (z. B. für ein Unternehmenskonzept, eine Produktkonzeption);
2. gutachterliche Leistungen;
3. Anmietung eines Wirtschaftsguts;
4. Patente, Urheberrechte, Lizenzen;
5. bestimmte Computerprogramme;
6. Werbeleistungen;
7. Anzahlung für längerfristiges Mietleasing.

(2) [1]Wird die sonstige Leistung mehrfach zur Erzielung von Einnahmen verwendet, erfolgt die Vorsteuerberichtigung pro rata temporis (§ 15 a Abs. 4 in Verbindung mit Abs. 5 UStG). [2]Wird die bezogene sonstige Leistung hingegen nur einmalig zur Erzielung von Umsätzen verwendet, erfolgt die Berichtigung des gesamten Vorsteuerbetrags unmittelbar für den Zeitpunkt der Verwendung.

(3) [1]Nach § 15 a Abs. 4 Satz 2 UStG ist die Berichtigung des Vorsteuerabzugs bei sonstigen Leistungen, die nicht unter § 15 a Abs. 3 UStG fallen, auf solche sonstigen Leistungen zu beschränken, für die in der Steuerbilanz ein Aktivierungsgebot bestünde. [2]Unerheblich ist, ob der Unternehmer nach den §§ 140, 141 AO tatsächlich zur Buchführung verpflichtet ist oder freiwillig Bücher führt oder einkommensteuerrechtlich insoweit Einkünfte erzielt, die als Überschuss der Einnahmen über die Werbungskosten ermittelt werden. [3]Eine Berichtigung des Vorsteuerabzugs kommt nach § 15 a Abs. 4 Satz 3 UStG jedoch stets in Betracht, wenn der Leistungsempfänger für einen Zeitraum vor Ausführung der Leistung den Vorsteuerabzug vornehmen konnte (An- oder Vorauszahlungen).

(4) [1]Sonstige Leistungen sind umsatzsteuerrechtlich grundsätzlich erst im Zeitpunkt ihrer Vollendung ausgeführt (Abschnitt 13.1 Abs. 3 Satz 1). [2]Werden sonstige Leistungen im Sinne des § 15 a Abs. 4 in Verbindung mit Abs. 1 UStG bereits vor ihrer Vollendung im Unternehmen des Leistungsempfängers

verwendet, kommt eine Berichtigung des Vorsteuerabzugs bereits vor Leistungsbezug (Vollendung) in denjenigen Fällen in Betracht, in denen bereits vor Leistungsbezug die Voraussetzungen für den Vorsteuerabzug nach § 15 UStG gegeben sind (Zahlung vor Ausführung der Leistung). [3]Auch hier ist die Berichtigung des Vorsteuerabzugs durchzuführen, wenn sich im Zeitpunkt der Verwendung die Verhältnisse gegenüber den für den ursprünglichen Vorsteuerabzug maßgebenden Verhältnissen ändern.

Beispiel 1:

[1]Unternehmer U schließt mit dem Vermieter V einen Vertrag über die Anmietung eines Bürogebäudes (Fertigstellung vor dem 1. 1. 1998 und Baubeginn vor dem 1. 1. 1993) über eine Laufzeit von fünf Jahren beginnend am 1. 1. 01. [2]Da U beabsichtigt, in den Büroräumen zum Vorsteuerabzug berechtigende Umsätze auszuführen, vermietet V das Gebäude unter Verzicht auf die Steuerbefreiung (§ 4 Nr. 12 Satz 1 Buchstabe a in Verbindung mit § 9 Abs. 1 und 2 UStG) zum Pauschalpreis von 1 000 000 € zzgl. 190 000 € Umsatzsteuer für die gesamte Mietlaufzeit. [3]Vereinbarungsgemäß zahlt U die vertraglich vereinbarte Miete zum Beginn der Vertragslaufzeit und macht entsprechend den Vorsteuerabzug geltend. [4]Ab dem 1. 1. 02 nutzt U das Gebäude bis zum Vertragsende am 31. 12. 05 nur noch zur Erzielung von nicht zum Vorsteuerabzug berechtigenden Umsätzen.

[5]U wäre bei bestehender Buchführungspflicht verpflichtet, für die vorausbezahlte Miete für die Jahre 02 bis 05 in der Steuerbilanz einen Rechnungsabgrenzungsposten zu bilanzieren.

[6]Bei der von V erbrachten Leistung handelt es sich nicht um Teilleistungen. [7]U ist nach § 15 a Abs. 4 in Verbindung mit Abs. 1 UStG verpflichtet, die Vorsteuer in den Jahren 02 bis 05 um jeweils 38 000 € (190 000 €/5 Jahre) zu berichtigen.

Beispiel 2:

[1]Unternehmer U ist Chirurg und schließt mit A einen für die Zeit vom 1. 1. 01 bis zum 31. 12. 07 befristeten Leasingvertrag für ein medizinisches Gerät ab. [2]Als Leasingvorauszahlung wird ein Betrag von 100 000 € zzgl. 19 000 € Umsatzsteuer vereinbart; Teilleistungen liegen nach der vertraglichen Vereinbarung nicht vor. [3]U leistet im Januar 01 die gesamte Leasingvorauszahlung. [4]U beabsichtigt bei Zahlung, das Gerät zur Ausführung zum Vorsteuerabzug berechtigender Ausgangsumsätze (Schönheitsoperationen) zu verwenden. [5]Er macht für den Januar 01 deshalb den Vorsteuerabzug in voller Höhe geltend und nutzt das Gerät ab 1. 1. 01. [6]Tatsächlich kommt es ab dem 1. 1. 03 jedoch nur noch zur Erzielung nicht zum Vorsteuerabzug berechtigender Ausgangsumsätze. [7]Bei der Leasingvorauszahlung handelt es sich um eine Ausgabe, die nach ertragsteuerrechtlichen Grundsätzen als Rechnungsabgrenzungsposten zu bilanzieren wäre.

[8]Umsatzsteuerrechtlich ist davon auszugehen, dass es sich um eine Zahlung für eine sonstige Leistung handelt, die nicht mit der erstmaligen Verwendung verbraucht ist. [9]Der Vorsteuerabzug ist nach § 15 a Abs. 4 in Verbindung mit Abs. 1 UStG pro rata temporis zu berichtigen. [10]Der Berichtigungszeitraum beträgt fünf Jahre, beginnt am 1. 1. 01 und endet am 31. 12. 05, obwohl der Leasingvertrag bis zum 31. 12. 07 befristet ist.

[11]U muss für die Jahre 03 bis 05 jeweils 3 800 € im Rahmen der Berichtigung des Vorsteuerabzugs zurückzahlen.

Beispiel 3:

[1]Unternehmer U schließt am 1. 2. 01 mit Vermieter V einen Vertrag über die Anmietung eines Pavillons für die Dauer vom 1. 9. 01 bis zum 15. 9. 01 zum Preis von 7 500 € zzgl. 1 425 € USt. [2]Vereinbarungsgemäß zahlt U bereits bei Vertragsschluss das vereinbarte Mietentgelt und macht für den Februar 01 den Vorsteuerabzug geltend, da er beabsichtigt, in dem Pavillon zum Vorsteuerabzug berechtigende Umsätze (Veräußerung von Kraftfahrzeugen) auszuführen. [3]Tatsächlich nutzt er den Pavillon aber dann für eine Präsentation der von ihm betriebenen Versicherungsagentur.

[4]U muss den Vorsteuerabzug nach § 15 a Abs. 4 in Verbindung mit Abs. 1 UStG berichtigen, weil die tatsächliche Verwendung von der Verwendungsabsicht abweicht. [5]U muss für das Kalenderjahr 01 1 425 € Vorsteuer zurückzahlen. [6]Nach § 15 a Abs. 5 Satz 2 UStG ist die kürzere Verwendungsdauer zu berücksichtigen.

UStAE 15 a.8. Berichtigung nach § 15 a Abs. 6 UStG

(1) [1]Für nachträgliche Anschaffungs- oder Herstellungskosten, die an einem Wirtschaftsgut anfallen, das nicht nur einmalig zur Ausführung von Umsätzen verwendet wird, gilt ein gesonderter Berichtigungszeitraum (§ 15 a Abs. 6 UStG). [2]Der Berichtigungszeitraum beginnt zu dem Zeitpunkt, zu dem der Unternehmer das in seiner Form geänderte Wirtschaftsgut erstmalig zur Ausführung von Umsätzen verwendet. [3]Die Dauer bestimmt sich nach § 15 a Abs. 1 UStG und beträgt fünf bzw. zehn Jahre. [4]Der Berichtigungszeitraum endet jedoch spätestens, wenn das Wirtschaftsgut, für das die nachträglichen Anschaffungs- oder Herstellungskosten angefallen sind, wegen Unbrauchbarkeit vom Unternehmer nicht mehr zur Ausführung von Umsätzen verwendet werden kann (§ 15 a Abs. 5 Satz 2 UStG).

> B e i s p i e l:
>
> [1]Ein am 1. 7. 01 erstmalig verwendetes bewegliches Wirtschaftsgut hat eine betriebsgewöhnliche Nutzungsdauer von vier Jahren. [2]Am 31. 1. 03 fallen nachträgliche Herstellungskosten an, durch die aber die betriebsgewöhnliche Nutzungsdauer des Wirtschaftsguts nicht verlängert wird.
>
> [3]Der Berichtigungszeitraum für das Wirtschaftsgut selbst beträgt vier Jahre **(vgl. Abschnitt 15a.3 Abs. 1)**, endet also am 30. 6. 05. [4]Für die nachträglichen Herstellungskosten beginnt der Berichtigungszeitraum erst am 1. 2. 03. [5]Er endet am 31. 1. 08 und dauert somit unabhängig von der betriebsgewöhnlichen Nutzungsdauer des Wirtschaftsguts fünf Jahre.

[5]Die Berichtigung ist gesondert nach den dafür vorliegenden Verhältnissen und entsprechend dem dafür geltenden Berichtigungszeitraum durchzuführen (vgl. Abschnitt 15 a.4). [6]Auch hier ist von den gesamten Vorsteuerbeträgen auszugehen, die auf die nachträglichen Anschaffungs- oder Herstellungskosten entfallen (zur Ermittlung eines prozentualen Verhältnisses des ursprünglichen Vorsteuerabzugs zum Vorsteuervolumen insgesamt vgl. Abschnitt 15 a.1 Abs. 3).

(2) Für nachträgliche Anschaffungs- oder Herstellungskosten, die für ein Wirtschaftsgut anfallen, das nur einmalig zur Erzielung eines Umsatzes verwendet wird, ist die Berichtigung des Vorsteuerabzugs für den Besteuerungszeitraum vorzunehmen, in dem das Wirtschaftsgut verwendet wird (vgl. Abschnitt 15 a.5).

UStAE 15 a.9. Berichtigung nach § 15 a Abs. 7 UStG

(1) [1]Eine Änderung der Verhältnisse ist auch beim Übergang von der allgemeinen Besteuerung zur Durchschnittssatzbesteuerung nach den §§ 23a und 24 UStG oder umgekehrt gegeben (§ 15a Abs. 7 UStG). [2]Dies gilt auch, wenn es im Zusammenhang mit der Umsatzgrenze in § 24 Abs. 1 Satz 1 UStG zu einem Wechsel der Besteuerungsart kommt (vgl. BFH-Urteil vom 12.07.2023 – XI R 14/22, BStBl II 2024 S. 204).

(2) Vorsteuerbeträge, die vor dem Wechsel der Besteuerungsform für ein noch nicht fertig gestelltes Wirtschaftsgut angefallen sind, sind erst ab dem Zeitpunkt der erstmaligen Verwendung dieses Wirtschaftsguts nach § 15 a Abs. 7 UStG zu berichtigen (vgl. BFH-Urteil vom 12. 6. 2008, V R 22/06, BStBl 2009 II S. 165).

(3) ***weggefallen***

(4) ***weggefallen***

Ü b e r g a n g v o n d e r R e g e l b e s t e u e r u n g z u r D u r c h s c h n i t t s s a t z b e s t e u e r u n g n a c h d e n § § 2 3 a o d e r 2 4 U S t G o d e r u m g e k e h r t

(5) [1]Vorsteuern aus der Anschaffung einheitlicher Gegenstände, die sowohl in einem gewerblichen Unternehmensteil (Lohnunternehmen) als auch in einem landwirtschaftlichen Unternehmensteil (§ 24 UStG) verwendet werden, sind nicht nach § 15 UStG abziehbar, soweit sie den nach § 24 UStG versteuerten Umsätzen zuzurechnen sind (§ 24 Abs. 1 Satz 4 UStG, Abschnitt 24.7 Abs. 2). [2]Werden diese Gegenstände abweichend von der bei Leistungsbezug gegebenen Verwendungsabsicht in einem anderen

Umfang im jeweils anderen Unternehmensteil verwendet, kommt eine Berichtigung des Vorsteuerabzugs nach § 15 a UStG in Betracht.

Beispiel:

[1]Unternehmer U erwirbt Anfang Januar des Jahres 01 einen Mähdrescher für 200 000 € zuzüglich 38 000 € Umsatzsteuer, der zunächst zu 90 % im gewerblichen und zu 10 % im landwirtschaftlichen Unternehmensteil (§ 24 UStG) verwendet wird. [2]Ab dem Jahr 02 ändert sich dauerhaft das Nutzungsverhältnis in 50 % (Landwirtschaft) zu 50 % (Gewerbe).

[3]Im Jahr 01 sind die auf die Verwendung im gewerblichen Unternehmensteil entfallenden Vorsteuerbeträge i. H. v. 34 200 € (90 % von 38 000 €) als Vorsteuer abziehbar. [4]In den Jahren 02 bis 05 sind jeweils 3 040 € (40 % von 7 600 €) nach § 15 a UStG zurückzuzahlen.

(6) [1]Eine Vorsteuerberichtigung nach § 15 a UStG ist auch vorzunehmen, wenn im Zeitpunkt des Leistungsbezugs nur ein Unternehmensteil besteht, im Zeitpunkt der späteren Verwendung dann jedoch zwei Unternehmensteile bestehen und das Wirtschaftsgut in beiden Unternehmensteilen verwendet wird. [2]Ebenfalls ist die Vorsteuer zu berichtigen, wenn bei zwei Unternehmensteilen das Wirtschaftsgut erst ausschließlich in einem Teil verwendet wird und sich die Nutzung in einem Folgejahr ändert.

Beispiel 1:

[1]Unternehmer U erwirbt Anfang Januar des Jahres 01 einen Mähdrescher für 200 000 € zuzüglich 38 000 € Umsatzsteuer, der zunächst ausschließlich im gewerblichen Unternehmensteil (Lohnunternehmen) verwendet wird. [2]Ab dem Jahr 02 wird der Mähdrescher dauerhaft zu 50 % im landwirtschaftlichen Unternehmensteil (§ 24 UStG) genutzt.

[3]Im Jahr 01 sind sämtliche Vorsteuern (38 000 €) abziehbar. [4]In den Jahren 02 bis 05 sind jeweils 3 800 € (50 % von 7 600 €) nach § 15 a UStG an das Finanzamt zurückzuzahlen.

Beispiel 2:

[1]Unternehmer U erwirbt Anfang Januar des Jahres 01 einen Mähdrescher für 200 000 € zuzüglich 38 000 € Umsatzsteuer, der zunächst ausschließlich im landwirtschaftlichen Unternehmensteil (§ 24 UStG) verwendet wird. [2]Ab dem Jahr 02 wird der Mähdrescher dauerhaft ausschließlich im gewerblichen Unternehmensteil (Lohnunternehmen) genutzt.

[3]Im Jahr 01 entfällt der Vorsteuerabzug (§ 24 Abs. 1 Satz 4 UStG). [4]In den Jahren 02 bis 05 erhält der Unternehmer eine Vorsteuererstattung nach § 15 a UStG von jeweils 7 600 € (1/5 von 38 000 €).

(7) [1]Bei der Aufgabe oder Veräußerung eines land- und forstwirtschaftlichen Betriebs kann die Vermietung/Verpachtung von zurückbehaltenen Wirtschaftsgütern, die nicht nur einmalig zur Ausführung von Umsätzen verwendet werden und deren Berichtigungszeitraum nach § 15 a Abs. 1 UStG noch nicht abgelaufen ist, zu einer Änderung der Verhältnisse führen. [2]In diesen Fällen ist der Vorsteuerabzug für derartige Wirtschaftsgüter nach § 15 a Abs. 1 UStG zu berichtigen.

Beispiel 1:

[1]Unternehmer U, der Landwirt ist und der nach § 24 Abs. 4 UStG zur Regelbesteuerung optiert hat, errichtet ein Stallgebäude für 500 000 € zzgl. 95 000 € Umsatzsteuer, das Anfang Januar des Jahres 01 erstmals verwendet wird. [2]Zum 1. 1. 02 veräußert er seinen Betrieb unter Zurückbehaltung dieses Stallgebäudes, das er nun nach § 4 Nr. 12 Satz 1 Buchstabe a UStG steuerfrei an den Käufer vermietet.

[3]Die auf die Errichtung des Gebäudes entfallende Vorsteuer i. H. v. 95 000 € ist abziehbar, da der Landwirt bei Errichtung des Gebäudes beabsichtigte, dieses zur Erzielung von zum Vorsteuerabzug berechtigenden Umsätzen zu verwenden. [4]Die nach § 4 Nr. 12 Satz 1 Buchstabe a UStG steuerfreie Vermietung stellt eine Änderung der Verhältnisse dar. [5]In den Jahren 02 bis 10 sind jeweils 9 500 € (1/10 von 95 000 €) nach § 15 a Abs. 1 UStG zurückzuzahlen.

Beispiel 2:

[1]Unternehmer U, der Landwirt ist und der die Durchschnittssatzbesteuerung nach § 24 UStG anwendet, erwirbt Anfang Januar des Jahres 01 einen Mähdrescher für 200 000 € zuzüglich 38 000 € Umsatzsteuer. [2]Zum 1. 1. 02 veräußert er seinen Betrieb unter Zurückbehaltung des Mähdreschers, den er steuerpflichtig an den Käufer vermietet.

[3]Im Zeitpunkt des Leistungsbezugs (Jahr 01) ist der Vorsteuerabzug nach § 24 Abs. 1 Satz 4 UStG ausgeschlossen. [4]In den Folgejahren wird der Mähdrescher zur Ausführung steuerpflichtiger Vermietungsumsätze verwendet. [5]Es liegt eine Änderung der Verhältnisse vor. [6]In den Jahren 02 bis 05 erhält der Unternehmer eine Vorsteuererstattung nach § 15 a UStG von jeweils 7 600 € (1/5 von 38 000 €).

UStAE 15 a.10. Geschäftsveräußerung im Sinne des § 1 Abs. 1 a UStG und andere Formen der Rechtsnachfolge

[1]Keine Änderung der Verhältnisse im Sinne des § 15 a UStG liegt z. B. in folgenden Fällen der Rechtsnachfolge vor:

1. Geschäftsveräußerung im Sinne des § 1 Abs. 1 a UStG (§ 1 Abs. 1 a Satz 3, § 15 a Abs. 10 UStG; siehe auch Abschnitt 15 a.2 Abs. 3),
2. [1]Gesamtrechtsnachfolge, da der Rechtsnachfolger in die gesamte Rechtsposition des Rechtsvorgängers eintritt. [2]Der Berichtigungszeitraum des Erblassers geht nur auf den Erben über, wenn dieser die Unternehmereigenschaft durch eine eigene Tätigkeit begründet,
3. Anwachsung beim Ausscheiden eines Gesellschafters aus einer zweigliedrigen Personengesellschaft,
4. [1]Begründung oder Wegfall eines Organschaftsverhältnisses. [2]Eine Vorsteuerberichtigung nach § 15 a UStG hat aber dann zu erfolgen, wenn eine Gesellschaft mit steuerpflichtigen Umsätzen für ein Wirtschaftsgut den vollen Vorsteuerabzug erhalten hat und später auf Grund der Vorschrift des § 2 Abs. 2 Nr. 2 UStG ihre Selbstständigkeit zugunsten eines Organträgers mit nach § 15 Abs. 2 Satz 1 Nr. 1 UStG steuerfreien Umsätzen verliert und das Wirtschaftsgut im Gesamtunternehmen des Organträgers zur Ausführung von steuerpflichtigen und steuerfreien Umsätzen verwendet wird (BFH-Beschluss vom 12. 5. 2003, V B 211/02, V B 220/02, BStBl II S. 784).

[2]Der maßgebliche Berichtigungszeitraum wird nicht unterbrochen. [3]Eine Vorsteuerberichtigung wegen Änderung der Verhältnisse beim Rechtsnachfolger hat nur zu erfolgen, wenn sich die Verhältnisse im Vergleich zu den beim Vorsteuerabzug des Rechtsvorgängers ursprünglich maßgebenden Verhältnissen ändern.

UStAE 15 a.11. Vereinfachungen bei der Berichtigung des Vorsteuerabzugs

(1) [1]§ 44 UStDV enthält Regelungen zur Vereinfachung bei der Berichtigung des Vorsteuerabzugs. [2]Bei der Prüfung, ob die in § 44 UStDV aufgeführten Betragsgrenzen erreicht sind, ist jeweils auf den Gegenstand oder die bezogene sonstige Leistung abzustellen. [3]Dies gilt auch dann, wenn mehrere Gegenstände gleicher Art und Güte geliefert wurden. [4]Bei der Lieferung vertretbarer Sachen ist hingegen in der Regel auf die zwischen leistendem Unternehmer und Leistungsempfänger geschlossene vertragliche Vereinbarung abzustellen (zur Ausnahme vgl. BFH-Urteil vom 3. 11. 2011, V R 32/10, BStBl 2012 II S. 525, und Abschnitt 15 a.1 Abs. 1 Satz 5).

(2) [1]Die Regelung des § 44 Abs. 1 UStDV, nach der eine Berichtigung des Vorsteuerabzugs entfällt, wenn die auf die Anschaffungs- oder Herstellungskosten eines Wirtschaftsguts entfallende Vorsteuer 1 000 € nicht übersteigt, gilt für alle Berichtigungsobjekte unabhängig davon, nach welcher Vorschrift die Berichtigung des Vorsteuerabzugs vorzunehmen ist und in welchem Umfang sich die für den Vorsteuerabzug maßgebenden Verhältnisse später ändern. [2]Bei der Bestimmung der 1 000 €-Grenze ist von den gesamten Vorsteuerbeträgen auszugehen, die auf die Anschaffung oder Herstellung bzw. den Bezug des

einzelnen Berichtigungsobjekts entfallen. [3]Nachträgliche Anschaffungs- oder Herstellungskosten sind nicht einzubeziehen, da sie eigenständige Berichtigungsobjekte darstellen und selbstständig der 1 000 €-Grenze unterliegen.

(3) [1]Nach der Vereinfachungsregelung des § 44 Abs. 2 UStDV entfällt eine Vorsteuerberichtigung, wenn die dort genannten Grenzen nicht überschritten sind. [2]Die Grenze von 10 % ist in der Weise zu berechnen, dass das Aufteilungsverhältnis, das sich für das betreffende Jahr des Berichtigungszeitraums ergibt, dem Verhältnis gegenübergestellt wird, das für den ursprünglichen Vorsteuerabzug für das Berichtigungsobjekt nach § 15 UStG maßgebend war. [3]Für die absolute Grenze nach § 44 Abs. 2 UStDV von 1 000 € ist der Betrag maßgebend, um den der Vorsteuerabzug für das Berichtigungsobjekt auf Grund der Verhältnisse des betreffenden Jahres des Berichtigungszeitraums tatsächlich zu berichtigen wäre. [4]Bei Berichtigungsobjekten, die nur einmalig zur Ausführung eines Umsatzes verwendet werden, gilt entsprechendes für den Zeitpunkt der tatsächlichen Verwendung des Berichtigungsobjekts.

(4) [1]Wird ein Wirtschaftsgut, das nicht nur einmalig zur Ausführung von Umsätzen verwendet wird, während des nach § 15a Abs. 1 UStG maßgeblichen Berichtigungszeitraums veräußert oder nach § 3 Abs. 1b UStG geliefert, stehen damit die Verhältnisse bis zum Ablauf des Berichtigungszeitraums fest. [2]Daher ist die Berichtigung stets für den Voranmeldungszeitraum durchzuführen, in dem die Veräußerung oder unentgeltliche Wertabgabe nach § 3 Abs. 1b UStG stattgefunden hat (§ 44 Abs. 3 Satz 2 UStDV). [3]Hierbei sind die Berichtigung für das Kalenderjahr der Veräußerung oder unentgeltlichen Wertabgabe nach § 3 Abs. 1b UStG und die Berichtigung für die noch folgenden Kalenderjahre des Berichtigungszeitraums gleichzeitig vorzunehmen. [4]Entsprechend ist zu verfahren, wenn eine sonstige Leistung entgeltlich oder durch eine Zuwendung im Sinne des § 3 Abs. 9a UStG aus dem Unternehmen ausscheidet (z. B. Veräußerung einer Lizenz).

(5) [1]Verkürzt sich der Berichtigungszeitraum deswegen, weil ein nicht nur einmalig zur Ausführung von Umsätzen dienendes Wirtschaftsgut wegen Unbrauchbarkeit vorzeitig nicht mehr zur Ausführung von Umsätzen verwendbar ist (vgl. Abschnitt 15a.3 Abs. 7), kann für die vorausgegangenen Abschnitte des Berichtigungszeitraums eine Neuberechnung des jeweiligen Berichtigungsbetrages erforderlich werden. [2]Die Unterschiede, die sich in einem solchen Fall ergeben, können aus Vereinfachungsgründen bei der Steuerfestsetzung für das letzte Kalenderjahr des verkürzten Berichtigungszeitraums berücksichtigt werden.

(6) [1]Die Vorsteuerberichtigung nach § 15a UStG ist grundsätzlich im Voranmeldungszeitraum durchzuführen, in dem die Änderung der Verhältnisse eingetreten ist. [2]Übersteigt allerdings der Betrag, um den der Vorsteuerabzug bei einem Wirtschaftsgut für das Kalenderjahr zu berichtigen ist, nicht 6 000 €, ist nach § 44 Abs. 3 Satz 1 UStDV die Berichtigung erst im Rahmen der Steuerfestsetzung für den Besteuerungszeitraum vorzunehmen, in dem die Änderung der Verhältnisse eingetreten ist.

Anmerkung

Hat ein Unternehmer, der von der Steuerbefreiung nach § 19 Absatz 1 oder 4 UStG zur Regelbesteuerung übergeht, bereits vor dem Übergang Leistungen bezogen, die er erst nach dem Übergang zur Ausführung von dann zum Vorsteuerabzug berechtigenden Umsätzen zu verwenden beabsichtigt, ist der Vorsteuerabzug nach der vom BMF vertretenen Rechtsauffassung für Zeiträume vor dem Übergang zur Regelbesteuerung nach § 15 Abs. 2 S. 1 Nr. 1 oder 3 UStG ausgeschlossen (BMF-Schreiben v. 10.11.2025, BStBl I 2025, 1854).

Eine **Vorsteuerberichtigung nach § 15a UStG** ist im Grundsatz möglich, es müssen aber die **Bagatellgrenzen** nach § 44 Abs. 1 und 2 UStDV **von 1.000 EUR/Berichtigungsobjekt** beachtet werden.

Hinweis: Anm. zu Abschn. 15.3 UStAE

Wegen weiterer Einzelheiten und Hinweise wird auf die Anm. zu Abschn. 15.3. UStAE Bezug genommen.

UStAE 15 a.12. Aufzeichnungspflichten für die Berichtigung des Vorsteuerabzugs

(1) [1]Nach § 22 Abs. 4 UStG hat der Unternehmer in den Fällen des § 15 a UStG die Berechnungsgrundlagen für den Ausgleich aufzuzeichnen, der von ihm in den in Betracht kommenden Kalenderjahren vorzunehmen ist. [2]Die Aufzeichnungspflichten des § 22 Abs. 4 UStG sind erfüllt, wenn der Unternehmer die folgenden Angaben eindeutig und leicht nachprüfbar aufzeichnet:

1. [1]die Anschaffungs- oder Herstellungskosten bzw. Aufwendungen für das betreffende Berichtigungsobjekt und die darauf entfallenden Vorsteuerbeträge. [2]Falls es sich hierbei um mehrere Einzelbeträge handelt, ist auch jeweils die Gesamtsumme aufzuzeichnen. [3]Insoweit sind auch die Vorsteuerbeträge aufzuzeichnen, die den nicht zum Vorsteuerabzug berechtigenden Umsätzen **wirtschaftlich zuzuordnen** sind;
2. den Zeitpunkt der erstmaligen Verwendung des Berichtigungsobjekts;
3. in den Fällen des § 15 a Abs. 1 UStG die Verwendungsdauer (betriebsgewöhnliche Nutzungsdauer) im Sinne der einkommensteuerrechtlichen Vorschriften und den maßgeblichen Berichtigungszeitraum für das Berichtigungsobjekt;
4. [1]die Anteile, zu denen das Berichtigungsobjekt zur Ausführung der den Vorsteuerabzug ausschließenden Umsätze und zur Ausführung der zum Vorsteuerabzug berechtigenden Umsätze verwendet wurde. [2]In den Fällen des § 15 a Abs. 1 UStG sind die Anteile für jedes Kalenderjahr des Berichtigungszeitraums aufzuzeichnen;
5. [1]bei einer Veräußerung oder unentgeltlichen Wertabgabe des Berichtigungsobjekts den Zeitpunkt und die umsatzsteuerrechtliche Behandlung dieses Umsatzes. [2]In den Fällen des § 15 a Abs. 1 UStG gilt dies nur, wenn die Veräußerung oder die unentgeltliche Wertabgabe in den Berichtigungszeitraum fallen;
6. in den Fällen des § 15 a Abs. 1 UStG bei einer Verkürzung des Berichtigungszeitraums wegen vorzeitiger Unbrauchbarkeit des Wirtschaftsguts die Ursache unter Angabe des Zeitpunkts und unter Hinweis auf die entsprechenden Unterlagen.

(2) Die Aufzeichnungen für das einzelne Berichtigungsobjekt sind von dem Zeitpunkt an zu führen, für den der Vorsteuerabzug vorgenommen worden ist.

(3) Die besondere Aufzeichnungspflicht nach § 22 Abs. 4 UStG entfällt insoweit, als sich die erforderlichen Angaben aus den sonstigen Aufzeichnungen oder der Buchführung des Unternehmers eindeutig und leicht nachprüfbar entnehmen lassen.

Zu § 16 UStG

FÜNFTER ABSCHNITT
Besteuerung

UStG § 16 Steuerberechnung, Besteuerungszeitraum und Einzelbesteuerung

(1) [1]Die Steuer ist, soweit nicht § 20 gilt, nach vereinbarten Entgelten zu berechnen. [2]Besteuerungszeitraum ist das Kalenderjahr. [3]Bei der Berechnung der Steuer ist von der Summe der Umsätze nach § 1 Abs. 1 Nr. 1 und 5 auszugehen, soweit für sie die Steuer in dem Besteuerungszeitraum entstanden und die Steuerschuldnerschaft gegeben ist. [4]Der Steuer sind die nach § 6 a Abs. 4 Satz 2, nach § 14 c sowie nach § 17 Abs. 1 Satz 6 geschuldeten Steuerbeträge hinzuzurechnen.

(1 a) [1]Macht ein nicht im Gemeinschaftsgebiet ansässiger Unternehmer von § 18 Abs. 4 c Gebrauch, ist Besteuerungszeitraum das Kalendervierteljahr. [2]Bei der Berechnung der Steuer ist von der Summe der Umsätze nach § 3 a Abs. 5 auszugehen, die im Gemeinschaftsgebiet steuerbar sind, soweit für sie in dem Besteuerungszeitraum die Steuer entstanden und die Steuerschuldnerschaft gegeben ist. [3]Absatz 2 ist nicht anzuwenden.

(1 b) [1]Macht ein im übrigen Gemeinschaftsgebiet ansässiger Unternehmer (§ 13 b Absatz 7 Satz 2) von § 18 Absatz 4 e Gebrauch, ist Besteuerungszeitraum das Kalendervierteljahr. [2]Bei der Berechnung der Steuer ist von der Summe der Umsätze nach § 3 a Absatz 5 auszugehen, die im Inland steuerbar sind, soweit für sie in dem Besteuerungszeitraum die Steuer entstanden und die Steuerschuldnerschaft gegeben ist. [3]Absatz 2 ist nicht anzuwenden.

(1 c) [1]Macht ein nicht im Gemeinschaftsgebiet ansässiger Unternehmer von § 18 i Gebrauch, ist Besteuerungszeitraum das Kalendervierteljahr. [2]Sofern die Teilnahme an dem Verfahren nach § 18 i im Inland angezeigt wurde, ist bei der Berechnung der Steuer von der Summe der sonstigen Leistungen an Empfänger nach § 3 a Absatz 5 Satz 1 auszugehen, die im Gemeinschaftsgebiet steuerbar sind, soweit für sie in dem Besteuerungszeitraum die Steuer entstanden und die Steuerschuldnerschaft gegeben ist. [3]Sofern die Teilnahme an dem Verfahren nach § 18 i in einem anderen Mitgliedstaat der Europäischen Union angezeigt wurde, ist bei der Berechnung der Steuer von der Summe der sonstigen Leistungen an Empfänger nach § 3 a Absatz 5 Satz 1 auszugehen, die im Inland steuerbar sind, soweit für sie in dem Besteuerungszeitraum die Steuer entstanden und die Steuerschuldnerschaft gegeben ist. [4]Absatz 2 ist nicht anzuwenden.

(1 d) [1]Macht ein Unternehmer von § 18 j Gebrauch, ist Besteuerungszeitraum das Kalendervierteljahr. [2]Sofern die Teilnahme an dem Verfahren nach § 18 j im Inland angezeigt wurde, ist bei der Berechnung der Steuer von der Summe der Lieferungen nach § 3 Absatz 3 a Satz 1 innerhalb eines Mitgliedstaates und der innergemeinschaftlichen Fernverkäufe nach § 3 c Absatz 1 Satz 2 und 3, die im Gemeinschaftsgebiet steuerbar sind, sowie der sonstigen Leistungen an Empfänger nach § 3 a Absatz 5 Satz 1, die in einem anderen Mitgliedstaat der Europäischen Union steuerbar sind, auszugehen, soweit für sie in dem Besteuerungszeitraum die Steuer entstanden und die Steuerschuldnerschaft gegeben ist. [3]Sofern die Teilnahme an dem Verfahren nach § 18 j in einem anderen Mitgliedstaat der Europäischen Union angezeigt wurde, ist bei der Berechnung der Steuer von der Summe der Lieferungen nach § 3 Absatz 3 a Satz 1 innerhalb eines Mitgliedstaates, der innergemeinschaftlichen Fernverkäufe nach § 3 c Absatz 1 Satz 2 und 3 und der sonstigen Leistungen an Empfänger nach § 3 a Absatz 5 Satz 1 auszugehen, die im Inland steuerbar sind, soweit für sie in dem Besteuerungszeitraum die Steuer entstanden und die Steuerschuldnerschaft gegeben ist. [4]Absatz 2 ist nicht anzuwenden.

(1 e) [1]Macht ein Unternehmer oder ein in seinem Auftrag handelnder Vertreter von § 18 k Gebrauch, ist Besteuerungszeitraum der Kalendermonat. [2]Sofern die Teilnahme an dem Verfahren nach § 18 k im Inland angezeigt wurde, ist bei der Berechnung der Steuer von der Summe der Fernverkäufe nach § 3 Absatz 3 a Satz 2 und § 3 c Absatz 2 und 3, die im Gemeinschaftsgebiet steuerbar sind, auszugehen, soweit für sie in dem Besteuerungszeitraum die Steuer entstanden und die Steuerschuldnerschaft gegeben ist. [3]Sofern die Teilnahme an dem Verfahren nach § 18 k in einem anderen Mitgliedstaat der Europäischen Union angezeigt wurde, ist bei der Berechnung der Steuer von der Summe der Fernverkäufe nach § 3 Absatz 3 a Satz 2 und § 3 c Absatz 2 und 3 auszugehen, die im Inland steuerbar sind, soweit für sie in dem Besteuerungszeitraum die Steuer entstanden und die Steuerschuldnerschaft gegeben ist. [4]Absatz 2 ist nicht anzuwenden.

(2) [1]Von der nach Absatz 1 berechneten Steuer sind vorbehaltlich des § 18 Absatz 9 Satz 3 die in den Besteuerungszeitraum fallenden, nach § 15 abziehbaren Vorsteuerbeträge abzusetzen. [2]§ 15 a ist zu berücksichtigen.

(3) Hat der Unternehmer seine gewerbliche oder berufliche Tätigkeit nur in einem Teil des Kalenderjahres ausgeübt, so tritt dieser Teil an die Stelle des Kalenderjahres.

(4) Abweichend von den Absätzen 1, 2 und 3 kann das Finanzamt einen kürzeren Besteuerungszeitraum bestimmen, wenn der Eingang der Steuer gefährdet erscheint oder der Unternehmer damit einverstanden ist.

(5) [1]Bei Beförderungen von Personen im Gelegenheitsverkehr mit Kraftomnibussen, die nicht im Inland zugelassen sind, wird die Steuer, abweichend von Absatz 1, für jeden einzelnen steuerpflichtigen Umsatz durch die zuständige Zolldienststelle berechnet (Beförderungseinzelbesteuerung), wenn eine Grenze zum Drittlandsgebiet überschritten wird. [2]Zuständige Zolldienststelle ist die Eingangszollstelle oder Ausgangszollstelle, bei der der Kraftomnibus in das Inland gelangt oder das Inland verlässt. [3]Die zuständige Zolldienststelle handelt bei der Beförderungseinzelbesteuerung für das Finanzamt, in dessen Bezirk sie liegt (zuständiges Finanzamt). [4]Absatz 2 und § 19 Abs. 1 sind bei der Beförderungseinzelbesteuerung nicht anzuwenden.

(5 a) Beim innergemeinschaftlichen Erwerb neuer Fahrzeuge durch andere Erwerber als die in § 1 a Abs. 1 Nr. 2 genannten Personen ist die Steuer abweichend von Absatz 1 für jeden einzelnen steuerpflichtigen Erwerb zu berechnen (Fahrzeugeinzelbesteuerung).

(5 b) [1]Auf Antrag des Unternehmers ist nach Ablauf des Besteuerungszeitraums an Stelle der Beförderungseinzelbesteuerung (Absatz 5) die Steuer nach den Absätzen 1 und 2 zu berechnen. [2]Die Absätze 3 und 4 gelten entsprechend.

(5 c) Anstelle der Beförderungseinzelbesteuerung nach Absatz 5 kann der Unternehmer von einem der besonderen Besteuerungsverfahren entsprechend Titel XII Kapitel 6 Abschnitt 2 und 3 der Richtlinie 2006/112/EG des Rates in der Fassung von Artikel 2 Nummer 14 bis 20 der Richtlinie (EU) 2017/2455 des Rates vom 5. Dezember 2017 zur Änderung der Richtlinie 2006/112/EG und der Richtlinie 2009/132/EG in Bezug auf bestimmte mehrwertsteuerliche Pflichten für die Erbringung von Dienstleistungen und für Fernverkäufe von Gegenständen (ABl. L 348 vom 29.12.2017, S. 7) Gebrauch machen.

(6) [1]Werte in fremder Währung sind zur Berechnung der Steuer und der abziehbaren Vorsteuerbeträge auf Euro nach den Durchschnittskursen umzurechnen, die das Bundesministerium der Finanzen für den Monat öffentlich bekannt gibt, in dem die Leistung ausgeführt oder das Entgelt oder ein Teil des Entgelts vor Ausführung der Leistung (§ 13 Abs. 1 Nr. 1 Buchstabe a Satz 4) vereinnahmt wird. [2]Ist dem leistenden Unternehmer die Berechnung der Steuer nach vereinnahmten Entgelten gestattet (§ 20), so sind die Entgelte nach den Durchschnittskursen des Monats umzurechnen, in dem sie vereinnahmt werden. [3]Das Finanzamt kann die Umrechnung nach dem Tageskurs, der durch Bankmitteilung oder Kurszettel nachzuweisen ist, gestatten. [4]Macht ein Unternehmer von § 18 Absatz 4 c oder 4 e oder den §§ 18 i, 18 j oder 18 k Gebrauch, hat er zur Berechnung der Steuer Werte in fremder Währung nach den Kursen umzurechnen, die für den letzten Tag des Besteuerungszeitraums nach Absatz 1 a Satz 1, Absatz 1 b Satz 1, Absatz 1 c Satz 1, Absatz 1 d Satz 1 oder Absatz 1 e Satz 1 von der Europäischen Zentralbank festgestellt worden sind. [5]Sind für die in Satz 4 genannten Tage keine Umrechnungskurse festgestellt worden, hat der Unternehmer die Steuer nach den für den nächsten Tag nach Ablauf des Besteuerungszeitraums nach Absatz 1 a Satz 1, Absatz 1 b Satz 1, Absatz 1 c Satz 1, Absatz 1 d Satz 1 oder Absatz 1 e Satz 1 von der Europäischen Zentralbank festgestellten Umrechnungskursen umzurechnen.

(7) Für die Einfuhrumsatzsteuer gelten § 11 Abs. 5 und § 21 Abs. 2.

UStDV

§ 46 Fristverlängerung

[1]Das Finanzamt hat dem Unternehmer auf Antrag die Fristen für die Übermittlung der Voranmeldungen und für die Entrichtung der Vorauszahlungen (§ 18 Abs. 1, 2 und 2 a des Gesetzes) um einen Monat zu verlängern. [2]Das Finanzamt hat den Antrag abzulehnen oder eine bereits gewährte Fristverlängerung zu widerrufen, wenn der Steueranspruch gefährdet erscheint.

§ 47 Sondervorauszahlung

(1) [1]Die Fristverlängerung ist bei einem Unternehmer, der die Voranmeldungen monatlich zu übermitteln hat, unter der Auflage zu gewähren, dass dieser eine Sondervorauszahlung auf die Steuer eines jeden Kalenderjahres entrichtet. [2]Die Sondervorauszahlung beträgt ein Elftel der Summe der Vorauszahlungen für das vorangegangene Kalenderjahr.

(2) [1]Hat der Unternehmer seine gewerbliche oder berufliche Tätigkeit nur in einem Teil des vorangegangenen Kalenderjahres ausgeübt, so ist die Summe der Vorauszahlungen dieses Zeitraums in eine Jahressumme umzurechnen. [2]Angefangene Kalendermonate sind hierbei als volle Kalendermonate zu behandeln.

(3) Hat der Unternehmer seine gewerbliche oder berufliche Tätigkeit im laufenden Kalenderjahr begonnen, so ist die Sondervorauszahlung auf der Grundlage der zu erwartenden Vorauszahlungen dieses Kalenderjahres zu berechnen.

§ 48 Verfahren

(1) [1]Der Unternehmer hat die Fristverlängerung für die Übermittlung der Voranmeldungen bis zu dem Zeitpunkt zu beantragen, an dem die Voranmeldung, für die die Fristverlängerung erstmals gelten soll, nach § 18 Abs. 1, 2 und 2 a des Gesetzes zu übermitteln ist. [2]Der Antrag ist nach amtlich vorgeschriebenem Datensatz durch Datenfernübertragung zu übermitteln. [3]Auf Antrag kann das Finanzamt zur Vermeidung von unbilligen Härten auf eine elektronische Übermittlung verzichten; in diesem Fall hat der Unternehmer einen Antrag nach amtlich vorgeschriebenem Vordruck zu stellen. [4]In dem Antrag hat der Unternehmer, der die Voranmeldungen monatlich zu übermitteln hat, die Sondervorauszahlung (§ 47) selbst zu berechnen und anzumelden. [5]Gleichzeitig hat er die angemeldete Sondervorauszahlung zu entrichten.

(2) [1]Während der Geltungsdauer der Fristverlängerung hat der Unternehmer, der die Voranmeldungen monatlich zu übermitteln hat, die Sondervorauszahlung für das jeweilige Kalenderjahr bis zum gesetzlichen Zeitpunkt der Übermittlung der ersten Voranmeldung zu berechnen, anzumelden und zu entrichten. [2]Absatz 1 Satz 2 und 3 gilt entsprechend.

(3) Das Finanzamt kann die Sondervorauszahlung festsetzen, wenn sie vom Unternehmer nicht oder nicht richtig berechnet wurde oder wenn die Anmeldung zu einem offensichtlich unzutreffenden Ergebnis führt.

(4) [1]Die festgesetzte Sondervorauszahlung ist bei der Festsetzung der Vorauszahlung für den letzten Voranmeldungszeitraum des Besteuerungszeitraums zu berücksichtigen, für den die Fristverlängerung gilt. [2]Ein danach verbleibender Erstattungsanspruch ist mit Ansprüchen aus dem Steuerschuldverhältnis aufzurechnen (§ 226 der Abgabenordnung), im Übrigen zu erstatten.

§ 49 Verzicht auf die Steuererhebung im Börsenhandel mit Edelmetallen

Auf die Erhebung der Steuer für die Lieferungen von Gold, Silber und Platin sowie für die sonstigen Leistungen im Geschäft mit diesen Edelmetallen wird verzichtet, wenn

1. die Umsätze zwischen Unternehmern ausgeführt werden, die an einer Wertpapierbörse im Inland mit dem Recht zur Teilnahme am Handel zugelassen sind,
2. die bezeichneten Edelmetalle zum Handel an einer Wertpapierbörse im Inland zugelassen sind und
3. keine Rechnungen mit gesondertem Ausweis der Steuer erteilt werden.

§§ 50 bis 58 *(weggefallen)*

§ 59 Vergütungsberechtigte Unternehmer

[1]Die Vergütung der abziehbaren Vorsteuerbeträge (§ 15 des Gesetzes) an im Ausland ansässige Unternehmer ist abweichend von den §§ 16 und 18 Abs. 1 bis 4 des Gesetzes nach den §§ 60 bis 61 a durchzuführen, wenn der Unternehmer im Vergütungszeitraum

1. im Inland keine Umsätze im Sinne des § 1 Abs. 1 Nr. 1 und 5 des Gesetzes oder nur steuerfreie Umsätze im Sinne des § 4 Nr. 3 des Gesetzes ausgeführt hat,
2. nur Umsätze ausgeführt hat, für die der Leistungsempfänger die Steuer schuldet (§ 13 b des Gesetzes) oder die der Beförderungseinzelbesteuerung (§ 16 Abs. 5 und § 18 Abs. 5 des Gesetzes) unterlegen haben,
3. im Inland nur innergemeinschaftliche Erwerbe und daran anschließende Lieferungen im Sinne des § 25 b Abs. 2 des Gesetzes ausgeführt hat,
4. im Inland als Steuerschuldner vor dem 1. Juli 2021 nur Umsätze im Sinne des § 3 a Absatz 5 des Gesetzes erbracht und von dem Wahlrecht nach § 18 Absatz 4 c des Gesetzes Gebrauch gemacht hat oder diese Umsätze in einem anderen Mitgliedstaat erklärt sowie die darauf entfallende Steuer entrichtet hat oder nach dem 30. Juni 2021 nur sonstige Leistungen an Empfänger nach § 3 a Absatz 5 Satz 1 des Gesetzes erbracht und von dem Wahlrecht nach § 18 i des Gesetzes Gebrauch gemacht hat,
5. im Inland als Steuerschuldner vor dem 1. Juli 2021 nur Umsätze im Sinne des § 3 a Absatz 5 des Gesetzes erbracht und von dem Wahlrecht nach § 18 Absatz 4 e des Gesetzes Gebrauch gemacht hat oder nach dem 30. Juni 2021 nur Lieferungen nach § 3 Absatz 3 a Satz 1 des Gesetzes innerhalb eines Mitgliedstaates, innergemeinschaftliche Fernverkäufe nach § 3 c Absatz 1 Satz 2 und 3 des Gesetzes sowie sonstige Leistungen an Empfänger nach § 3 a Absatz 5 Satz 1 des Gesetzes erbracht und von dem Wahlrecht nach § 18 j des Gesetzes Gebrauch gemacht hat oder
6. im Inland als Steuerschuldner nur Fernverkäufe nach § 3 Absatz 3 a Satz 2 und § 3 c Absatz 2 und 3 des Gesetzes erbracht und von dem Wahlrecht nach § 18 k des Gesetzes Gebrauch gemacht hat.

[2]Ein im Ausland ansässiger Unternehmer im Sinne des Satzes 1 ist ein Unternehmer, der im Inland, auf der Insel Helgoland und in einem der in § 1 Absatz 3 des Gesetzes bezeichneten Gebiete weder einen Wohnsitz, seinen gewöhnlichen Aufenthalt, seinen Sitz, seine Geschäftsleitung noch eine Betriebsstätte hat, von der aus im Inland steuerbare Umsätze ausgeführt werden; ein im Ausland ansässiger Unternehmer ist auch ein Unternehmer, der ausschließlich einen Wohnsitz oder seinen gewöhnlichen Aufenthalt im Inland, aber im Ausland seinen Sitz, seine Geschäftsleitung oder eine Betriebsstätte hat, von der aus Umsätze ausgeführt werden. [3]Maßgebend für die Ansässigkeit ist der jeweilige Vergütungszeitraum im Sinne des § 60, für den der Unternehmer eine Vergütung beantragt.

§ 60 Vergütungszeitraum

[1]Vergütungszeitraum ist nach Wahl des Unternehmers ein Zeitraum von mindestens drei Monaten bis zu höchstens einem Kalenderjahr. [2]Der Vergütungszeitraum kann weniger als drei Monate umfassen, wenn es sich um den restlichen Zeitraum des Kalenderjahres handelt. [3]In den Vergütungsantrag für den Zeitraum nach den Sätzen 1 und 2 können auch abziehbare Vorsteuerbeträge aufgenommen werden, die in vorangegangene Vergütungszeiträume des betreffenden Jahres fallen. [4]Hat der Unternehmer einen Vergütungsantrag für das Kalenderjahr oder für den letzten Zeitraum des Kalenderjahres gestellt, kann er für das betreffende Jahr einmalig einen weiteren Vergütungsantrag stellen, in welchem ausschließlich abziehbare Vorsteuerbeträge aufgenommen werden dürfen, die in den Vergütungsanträgen für die Zeiträume nach den Sätzen 1 und 2 nicht enthalten sind; § 61 Absatz 3 Satz 3 und § 61 a Absatz 3 Satz 3 gelten entsprechend.

§ 61 Vergütungsverfahren für im übrigen Gemeinschaftsgebiet ansässige Unternehmer

(1) [1]Der im übrigen Gemeinschaftsgebiet ansässige Unternehmer hat den Vergütungsantrag nach amtlich vorgeschriebenem Datensatz durch Datenfernübertragung über das in dem Mitgliedstaat, in dem der Unternehmer ansässig ist, eingerichtete elektronische Portal dem Bundeszentralamt für Steuern zu übermitteln. [2]Der Vergütungsantrag gilt nur dann als vorgelegt, wenn der Unternehmer

1. alle Angaben gemacht hat, die in den Artikeln 8 und 9 Absatz 1 der Richtlinie 2008/9/EG des Rates vom 12. Februar 2008 zur Regelung der Erstattung der Mehrwertsteuer gemäß der Richtlinie 2006/112/EG an nicht im Mitgliedstaat der Erstattung, sondern in einem anderen Mitgliedstaat ansässige Steuerpflichtige (ABl. L 44 vom 20. 2. 2008, S. 23), die durch die Richtlinie 2010/66/EU (ABl. L 275 vom 20. 10. 2010, S. 1) geändert worden ist, in der jeweils geltenden Fassung gefordert werden, sowie
2. eine Beschreibung seiner Geschäftstätigkeit anhand harmonisierter Codes vorgenommen hat, die gemäß Artikel 34 a Absatz 3 Unterabsatz 2 der Verordnung (EG) Nr. 1798/2003 des Rates vom 7. Oktober 2003 über die Zusammenarbeit der Verwaltungsbehörden auf dem Gebiet der Mehrwertsteuer und zur Aufhebung der Verordnung (EWG) Nr. 218/92 (ABl. L 264 vom 15. 10. 2003, S. 1), die zuletzt durch die Verordnung (EU) Nr. 904/2010 (ABl. L 268 vom 12. 10. 2010, S. 1) geändert worden ist, in der jeweils geltenden Fassung bestimmt werden.

(2) [1]Die Vergütung ist binnen neun Monaten nach Ablauf des Kalenderjahres, in dem der Vergütungsanspruch entstanden ist, zu beantragen. [2]Der Unternehmer hat die Vergütung selbst zu berechnen. [3]Dem Vergütungsantrag sind die Rechnungen und Einfuhrbelege auf elektronischem Weg vollständig beizufügen, wenn das Entgelt für den Umsatz oder die Einfuhr mindestens 1 000 Euro, bei Rechnungen über den Bezug von Kraftstoffen mindestens 250 Euro beträgt. [4]Bei begründeten Zweifeln an dem Recht auf Vorsteuerabzug in der beantragten Höhe kann das Bundeszentralamt für Steuern verlangen, dass die Vorsteuerbeträge durch Vorlage von Rechnungen und Einfuhrbelegen im Original nachgewiesen werden.

(3) [1]Die beantragte Vergütung muss mindestens 400 Euro betragen. [2]Das gilt nicht, wenn der Vergütungszeitraum das Kalenderjahr oder der letzte Zeitraum des Kalenderjahres ist. [3]Für diese Vergütungszeiträume muss die beantragte Vergütung mindestens 50 Euro betragen.

(4) [1]Der Bescheid über die Vergütung von Vorsteuerbeträgen kann durch Bereitstellung zum Datenabruf nach § 122a in Verbindung mit § 87a Absatz 8 der Abgabenordnung bekannt gegeben werden. [2]Hat der Empfänger des Bescheids eine einmalige oder dauerhafte postalische Bekanntgabe nach § 122 Absatz 2 der Abgabenordnung beantragt, ist der Bescheid, bis zum Widerruf des Antrags, schriftlich zu erteilen.

(5) [1]Der nach § 18 Abs. 9 des Gesetzes zu vergütende Betrag ist zu verzinsen. [2]Der Zinslauf beginnt mit Ablauf von vier Monaten und zehn Arbeitstagen nach Eingang des Vergütungsantrags beim Bundeszentralamt für Steuern. [3]Übermittelt der Antragsteller Rechnungen oder Einfuhrbelege abweichend von Absatz 2 Satz 3 nicht zusammen mit dem Vergütungsantrag, sondern erst zu einem späteren Zeitpunkt, beginnt der Zinslauf erst mit Ablauf von vier Monaten und zehn Arbeitstagen nach Eingang der auf elektronischem Weg übermittelten Rechnungen oder Einfuhrbelege beim Bundeszentralamt für Steuern. [4]Hat das Bundeszentralamt für Steuern zusätzliche oder weitere zusätzliche Informationen angefordert, beginnt der Zinslauf erst mit Ablauf von zehn Arbeitstagen nach Ablauf der Fristen in Artikel 21 der Richtlinie 2008/9/EG. [5]Der Zinslauf endet mit erfolgter Zahlung des zu vergütenden Betrages; die Zahlung gilt als erfolgt mit dem Tag der Fälligkeit, es sei denn, der Unternehmer weist nach, dass er den zu vergütenden Betrag später erhalten hat. [6]Wird die Festsetzung oder Anmeldung der Steuervergütung geändert, ist eine bisherige Zinsfestsetzung zu ändern; § 233a Abs. 5 der Abgabenordnung gilt entsprechend. [7]Für die Höhe und Berechnung der Zinsen gilt § 238 der Abgabenordnung. [8]Auf die Festsetzung der Zinsen ist § 239 der Abgabenordnung entsprechend anzuwenden. [9]Bei der Festsetzung von Prozesszinsen nach § 236 der Abgabenordnung sind Zinsen anzurechnen, die für denselben Zeitraum nach den Sätzen 1 bis 5 festgesetzt wurden.

(6) Ein Anspruch auf Verzinsung nach Absatz 5 besteht nicht, wenn der Unternehmer einer Mitwirkungspflicht nicht innerhalb einer Frist von einem Monat nach Zugang einer entsprechenden Aufforderung des Bundeszentralamtes für Steuern nachkommt.

§ 61 a Vergütungsverfahren für nicht im Gemeinschaftsgebiet ansässige Unternehmer

(1) [1]Der nicht im Gemeinschaftsgebiet ansässige Unternehmer hat den Vergütungsantrag nach amtlich vorgeschriebenem Datensatz durch Datenfernübertragung an das Bundeszentralamt für Steuern zu übermitteln. [2]Auf Antrag kann das Bundeszentralamt für Steuern zur Vermeidung von unbilligen Härten auf eine elektronische Übermittlung verzichten. [3]In diesem Fall hat der nicht im Gemeinschaftsgebiet ansässige Unternehmer die Vergütung nach amtlich vorgeschriebenem Vordruck beim Bundeszentralamt für Steuern zu beantragen und den Vergütungsantrag eigenhändig zu unterschreiben. **[4]Der Bescheid über die Vergütung von Vorsteuerbeträgen ist durch Bereitstellung zum Datenabruf nach § 122a in Verbindung mit § 87a Absatz 8 der Abgabenordnung bekannt zu geben. [5]Abweichend von § 122a Absatz 2 der Abgabenordnung kann das Bundeszentralamt für Steuern nur zur Vermeidung von unbilligen Härten einem Antrag auf einmalige postalischer Bekanntgabe nach § 122a Absatz 2 der Abgabenordnung entsprechen und den Bescheid, bis zum Widerruf des Antrags, postalisch bekannt geben.**

(2) [1]Die Vergütung ist binnen sechs Monaten nach Ablauf des Kalenderjahres, in dem der Vergütungsanspruch entstanden ist, zu beantragen. [2]Der Unternehmer hat die Vergütung selbst zu berechnen. **[3]In dem Antrag sind die Vorsteuerbeträge, deren Vergütung beantragt wird, im Einzelnen aufzuführen (Einzelaufstellung). [4]Die Vorsteuerbeträge sind**

1. durch Hochladen der Rechnungen und Einfuhrbelege im Online-Portal des Bundeszentralamts für Steuern oder
2. in Ausnahmefällen durch Vorlage der Rechnungen und Einfuhrbelege auf einem Speichermedium

nachzuweisen, wenn der Gesamtbetrag der Rechnung oder des Einfuhrbeleges 250 Euro übersteigt. [5]Das Bundeszentralamt für Steuern kann verlangen, dass die Vorsteuerbeträge durch Vorlage von Rechnungen und Einfuhrbelegen im Original nachgewiesen werden. [6]In diesem Fall gilt der in Satz 4 genannte Schwellenwert nicht.

(3) [1]Die beantragte Vergütung muss mindestens 1 000 Euro betragen. [2]Das gilt nicht, wenn der Vergütungszeitraum das Kalenderjahr oder der letzte Zeitraum des Kalenderjahres ist. [3]Für diese Vergütungszeiträume muss die beantragte Vergütung mindestens 500 Euro betragen.

(4) Der Unternehmer muss der zuständigen Finanzbehörde durch behördliche Bescheinigung des Staates, in dem er ansässig ist, nachweisen, dass er als Unternehmer unter einer Steuernummer eingetragen ist.

§ 62 Berücksichtigung von Vorsteuerbeträgen, Belegnachweis

(1) Ist bei den in § 59 genannten Unternehmern die Besteuerung nach § 16 und § 18 Abs. 1 bis 4 des Gesetzes durchzuführen, so sind hierbei die Vorsteuerbeträge nicht zu berücksichtigen, die nach § 59 vergütet worden sind.

(2) Die abziehbaren Vorsteuerbeträge sind in den Fällen des Absatzes 1 durch Vorlage der Rechnungen und Einfuhrbelege im Original nachzuweisen.

UStAE 16.1. Steuerberechnung

[1]Der Unternehmer hat alle im Rahmen seines Unternehmens ausgeführten Umsätze zusammenzurechnen. [2]Dem Unternehmer sind im Fall der Zwangsverwaltung über ein Grundstück des Unternehmers auch die Umsätze zuzurechnen, die der Zwangsverwalter im Rahmen seiner Verwaltungstätigkeit ausführt (vgl. BFH-Urteil vom 10. 4. 1997, V R 26/96, BStBl II S. 552); zur Übermittlung von Voranmeldungen in diesen Fällen vgl. Abschnitt 18.6 Abs. 4.

UStAE 16.2. Beförderungseinzelbesteuerung

(1) [1]Die Beförderungseinzelbesteuerung (§ 16 Abs. 5 UStG) setzt voraus, dass Kraftomnibusse, mit denen die Personenbeförderungen im Gelegenheitsverkehr durchgeführt werden, nicht im Inland (§ 1 Abs. 2 Satz 1 UStG) zugelassen sind. [2]Es ist nicht erforderlich, dass der Beförderer ein ausländischer Unternehmer ist. [3]Für die Besteuerung der Beförderungsleistung kommt es nicht darauf an, ob der Unternehmer Eigentümer des Kraftomnibusses ist oder ob er ihn gemietet hat. [4](Beförderungs-)Unternehmer im verkehrsrechtlichen und im umsatzsteuerrechtlichen Sinne ist derjenige, der die Beförderung im eigenen Namen, unter eigener Verantwortung und für eigene Rechnung durchführt (§ 3 Abs. 2 PBefG). [5]Führt ein Omnibusunternehmer die Beförderung mit einem gemieteten Kraftomnibus durch, geht der Beförderungsleistung eine Leistung voraus, die in der Vermietung des Kraftomnibusses besteht. [6]Es ist deshalb neben der Beförderungsleistung im Inland auch die Vermietungsleistung zu besteuern, sofern sie im Inland ausgeführt wird (vgl. Abschnitte 3a.2 und 3a.5). [7]Betreibt der Vermieter sein Unternehmen im Drittlandsgebiet, wird eine kurzfristige Vermietungsleistung als im Inland ausgeführt behandelt, soweit der Kraftomnibus im Inland genutzt wird (§ 3a Abs. 6 Satz 1 Nr. 1 UStG). [8]Ist der Vermieter im Ausland ansässig, obliegt die Besteuerung der Vermietungsleistung im Inland dem Beförderungsunternehmer als Leistungsempfänger (§ 13b Abs. 2 Nr. 1 und Abs. 5 Satz 1 UStG).

(2) [1]Personenbeförderungen im Gelegenheitsverkehr mit nicht im Inland zugelassenen Kraftomnibussen unterliegen der Beförderungseinzelbesteuerung, wenn bei der Ein- oder Ausreise eine Grenze zwischen dem Inland und dem Drittlandsgebiet (z. B. Grenze zur Schweiz) überschritten wird. [2]Führt der Unternehmer im Zusammenhang mit einer grenzüberschreitenden Beförderung von Personen weitere Personenbeförderungen im Inland durch (z. B. Sonderfahrten während des Aufenthalts einer Reisegruppe in Deutschland), unterliegen diese ebenfalls der Beförderungseinzelbesteuerung.

(3) Kraftomnibusse sind Kraftfahrzeuge, die nach ihrer Bauart und Ausstattung zur Beförderung von mehr als neun Personen – einschließlich Führer – geeignet und bestimmt sind (§ 4 Abs. 4 Nr. 2 PBefG).

(4) [1]Der Gelegenheitsverkehr mit Kraftomnibussen umfasst die Ausflugsfahrten, die Ferienziel-Reisen und den Verkehr mit Mietomnibussen (§ 46 PBefG). [2]Ausflugsfahrten sind Fahrten, die der Unternehmer nach einem bestimmten, von ihm aufgestellten Plan und zu einem für alle Teilnehmer gleichen und gemeinsam verfolgten Ausflugszweck anbietet und ausführt (§ 48 Abs. 1 PBefG). [3]Ferienziel-Reisen sind Reisen zu Erholungsaufenthalten, die der Unternehmer nach einem bestimmten, von ihm aufgestellten Plan zu einem Gesamtentgelt für Beförderung und Unterkunft mit oder ohne Verpflegung anbietet und ausführt (§ 48 Abs. 2 PBefG). [4]Verkehr mit Mietomnibussen ist die Beförderung von Personen mit Kraftomnibussen, die nur im Ganzen zur Beförderung angemietet werden und mit denen der Unternehmer Fahrten ausführt, deren Zweck, Ziel und Ablauf der Mieter bestimmt. [5]Die Teilnehmer müssen ein zusammengehöriger Personenkreis und über Ziel und Ablauf der Fahrt einig sein (§ 49 Abs. 1 PBefG). [6]Bei den in bilateralen Abkommen mit Drittstaaten als Pendelverkehr bezeichneten Personenbeförderungen handelt es sich um Gelegenheitsverkehr.

(5) [1]Der Beförderungseinzelbesteuerung unterliegt nur der inländische Streckenanteil. [2]Inländische Streckenanteile, die nach den § 2 UStDV als ausländische Beförderungsstrecken anzusehen sind, bleiben unberücksichtigt. [3]Streckenanteile, die nach den §§ 3 oder 6 UStDV als inländische Beförderungsstrecken anzusehen sind, sind in die Besteuerung einzubeziehen.

(6) [1]Personenbeförderungen, die unentgeltlich oder nicht im Rahmen eines Unternehmens durchgeführt werden, unterliegen bei entsprechendem Nachweis nicht der Umsatzsteuer. [2]Werden Schülergruppen,

Studentengruppen, Jugendgruppen, kulturelle Gruppen – z. B. Theater- und Musikensembles, Chöre – oder Mitglieder von Vereinen in Kraftomnibussen befördert, die dem Schulträger, dem Träger der kulturellen Gruppe oder dem Verein gehören, kann grundsätzlich angenommen werden, dass diese Beförderungsleistungen nicht im Rahmen eines Unternehmens erbracht werden. [3]Dies gilt entsprechend, wenn der Verein, die Gruppe oder die Schule einen Kraftomnibus anmietet und anschließend die Personen mit eigenem Fahrer, im eigenen Namen, unter eigener Verantwortung und für eigene Rechnung befördert. [4]Ist der Busfahrer Angestellter des den Omnibus vermietenden Unternehmers und wird er von diesem bezahlt, ist für Zwecke der Beförderungseinzelbesteuerung von einer Personenbeförderung durch den Busunternehmer auszugehen.

(7) [1]Die maßgebliche Zahl der Personenkilometer ergibt sich durch Vervielfachung der Anzahl der beförderten Personen mit der Anzahl der Kilometer der im Inland zurückgelegten Beförderungsstrecke (tatsächlich im Inland durchfahrene Strecke). [2]Bei der Ermittlung der Zahl der beförderten Personen bleiben der Fahrer, der Beifahrer, Begleitpersonen, die Angestellte des Beförderers sind – z. B. Reiseleiter, Dolmetscher und Stewardessen –, sowie unentgeltlich mitbeförderte Kleinkinder (unter 4 Jahren) außer Betracht. [3]Personen, die der Beförderer aus privaten Gründen unentgeltlich mitbefördert, z. B. Angehörige, sind demgegenüber mitzuzählen, soweit eine sonstige Leistung im Sinne von § 3 Abs. 9 a Nr. 2 UStG vorliegt, die nach § 3 b Abs. 1 UStG im Inland ausgeführt wird.

(8) [1]Bei der Beförderungseinzelbesteuerung dürfen Vorsteuerbeträge nicht abgesetzt werden. [2]Der Beförderungsunternehmer kann jedoch die Vergütung der Vorsteuerbeträge, die den der Beförderungseinzelbesteuerung unterliegenden Beförderungsleistungen zuzurechnen sind, im Vorsteuer-Vergütungsverfahren beantragen (§§ 59 bis 61 a UStDV). [3]Ist beim Unternehmer das allgemeine Besteuerungsverfahren nach § 16 und § 18 Abs. 1 bis 4 UStG durchzuführen, kann er die Vorsteuerbeträge in diesem Verfahren geltend machen. [4]Durch die Besteuerung nach § 16 und § 18 Abs. 1 bis 4 UStG wird die Beförderungseinzelbesteuerung nicht berührt. [5]Die hierbei bereits versteuerten Umsätze sind daher, abgesehen vom Fall des Absatzes 9, nicht in das allgemeine Besteuerungsverfahren einzubeziehen. [6]Hat der Unternehmer von dem Wahlrecht, an einem der besonderen Besteuerungsverfahren entsprechend Titel XII Kapitel 6 Abschnitt 2 und 3 der Richtlinie 2006/112/EG des Rates in der Fassung von Artikel 2 Nummer 14 bis 20 der Richtlinie (EU) 2017/2455 des Rates vom 5. Dezember 2017 zur Änderung der Richtlinie 2006/12/EG und der Richtlinie 2009/132/EG in Bezug auf bestimmte mehrwertsteuerliche Pflichten für die Erbringung von Dienstleistungen und für Fernverkäufe von Gegenständen (ABl. L 348 vom 29.12.2017, S. 7) teilzunehmen, Gebrauch gemacht, siehe Absatz 10.

(9) [1]Anstelle der Beförderungseinzelbesteuerung kann der Unternehmer nach Ablauf des Besteuerungszeitraumes die Besteuerung nach § 16 Abs. 1 und 2 UStG beantragen (§ 16 Abs. 5b UStG). [2]Wegen der Anrechnung der im Wege der Beförderungseinzelbesteuerung festgesetzten Steuern und des Verfahrens vgl. Abschnitt 18.8 Abs. 3.

(10) [1]Anstelle der Beförderungseinzelbesteuerung kann der Unternehmer auch an einem der besonderen Besteuerungsverfahren entsprechend Titel XII Kapitel 6 Abschnitt 2 und 3 der Richtlinie 2006/112/EG des Rates in der Fassung von Artikel 2 Nummer 14 bis 20 der Richtlinie (EU) 2017/2455 des Rates vom 5. Dezember 2017 zur Änderung der Richtlinie 2006/112/EG und der Richtlinie2009/132/EG in Bezug auf bestimmte mehrwertsteuerliche Pflichten für die Erbringung von Dienstleistungen und für Fernverkäufe von Gegenständen (ABl. L 348 vom 29.12.2017, S. 7) teilnehmen. [2]Macht ein Unternehmer von dem Wahlrecht Gebrauch, muss er dies jedoch der zuständigen Finanzbehörde deszuständigen EU-Mitgliedstaates grundsätzlich vor der erstmaligen Ausführung derartiger auf das Inland entfallender Umsätze anzeigen (vgl. hierzu Abschnitte 18i.1 Abs. 1 Sätze 3 und 4 oder 18j.1 Abs. 1 Sätze 5 und 6). [3]Im besonderen Besteuerungsverfahren dürfen Vorsteuerbeträge nicht abgesetzt werden. [4]Der Beförderungsunternehmer kann jedoch die Vergütung der Vorsteuerbeträge, die den der Beförderungseinzelbesteuerung unterliegenden Beförderungsleistungen zuzurechnen sind, im Vorsteuer-Vergütungsverfahren beantragen (§§ 59 bis 61a UStDV), vgl. hierzu Abschnitte 18i.1 Abs. 8 Satz 1 oder 18j.1 Abs. 8 Satz 1. [5]Wegen der Anrechnung der im Wege der Beförderungseinzelbesteuerung festgesetzten Steuern und des Verfahrens vgl. Abschnitt 18.8 Abs. 3a und Abschnitte 18i.1 oder 18j.1.

UStAE 16.3. Fahrzeugeinzelbesteuerung

(1) [1]Die Fahrzeugeinzelbesteuerung (§ 16 Abs. 5 a UStG) setzt voraus, dass andere als die in § 1 a Abs. 1 Nr. 2 UStG genannten Personen einen innergemeinschaftlichen Erwerb neuer Fahrzeuge bewirken. [2]Sie ist daher durchzuführen von Privatpersonen, nichtunternehmerisch tätigen Personenvereinigungen und Unternehmern, die das Fahrzeug für ihren nichtunternehmerischen Bereich beziehen. [3]Zum Begriff des neuen Fahrzeugs vgl. Abschnitt 1 b.1 Sätze 2 bis 8. [4]Bei der Fahrzeugeinzelbesteuerung dürfen Vorsteuerbeträge nicht abgesetzt werden.

(2) [1]Für den innergemeinschaftlichen Erwerb neuer Fahrzeuge durch Unternehmer, die das Fahrzeug für ihren unternehmerischen Bereich erwerben, oder durch juristische Personen, die nicht Unternehmer sind oder die das Fahrzeug nicht für ihr Unternehmen erwerben (§ 1 a Abs. 1 Nr. 2 UStG), ist die Fahrzeugeinzelbesteuerung nicht durchzuführen. [2]Diese Unternehmer oder juristischen Personen haben den innergemeinschaftlichen Erwerb neuer Fahrzeuge in der Voranmeldung und in der Umsatzsteuererklärung für das Kalenderjahr anzumelden.

UStAE 16.4. Umrechnung von Werten in fremder Währung

(1) [1]Die Umrechnung der Werte in fremder Währung (§ 16 Abs. 6 UStG) dient der Berechnung der Umsatzsteuer und der abziehbaren Vorsteuerbeträge. [2]Kursänderungen zwischen der Ausführung der Leistung und der Vereinnahmung des Entgelts bleiben unberücksichtigt.

(2) [1]Bei der Umrechnung nach dem Tageskurs ist der Nachweis durch Bankmitteilung oder Kurszettel zu führen, weil die Bankabrechnung im Zeitpunkt der Leistung noch nicht vorliegt. [2]Aus Vereinfachungsgründen kann das Finanzamt gestatten, dass die Umrechnung regelmäßig nach den Durchschnittskursen vorgenommen wird, die das Bundesministerium der Finanzen für den Monat bekannt gegeben hat, der dem Monat vorangeht, in dem die Leistung ausgeführt oder das Entgelt vereinnahmt wird.

(3) Zur Umrechnung der Werte in fremder Währung zur Berechnung der Umsatzsteuer in den besonderen Besteuerungsverfahren nach § 18 Abs. 4 c und 4 d, Abs. 4 e, §§ 18 h, 18 i, 18 j und 18 k UStG, vgl. Abschnitt 18.7 a Abs. 3, Abschnitt 18.7 b Abs. 4, Abschnitt 18 h.1 Abs. 3, Abschnitt 18 i.1 Abs. 4, Abschnitt 18 j.1 Abs. 4 und Abschnitt 18 k.1 Abs. 4.

Zu § 17 UStG

UStG § 17 Änderung der Bemessungsgrundlage

(1) [1]Hat sich die Bemessungsgrundlage für einen steuerpflichtigen Umsatz im Sinne des § 1 Abs. 1 Nr. 1 geändert, hat der Unternehmer, der diesen Umsatz ausgeführt hat, den dafür geschuldeten Steuerbetrag zu berichtigen. [2]Ebenfalls ist der Vorsteuerabzug bei dem Unternehmer, an den dieser Umsatz ausgeführt wurde, zu berichtigen. [3]Dies gilt nicht, soweit er durch die Änderung der Bemessungsgrundlage wirtschaftlich nicht begünstigt wird. [4]Wird in diesen Fällen ein anderer Unternehmer durch die Änderung der Bemessungsgrundlage wirtschaftlich begünstigt, hat dieser Unternehmer seinen Vorsteuerabzug zu berichtigen. [5]Die Sätze 1 bis 4 gelten in den Fällen des § 1 Abs. 1 Nr. 5 und des § 13 b sinngemäß. [6]Bei Preisnachlässen und Preiserstattungen eines Unternehmers in einer Leistungskette an einen in dieser Leistungskette nicht unmittelbar nachfolgenden Abnehmer liegt eine Minderung der Bemessungsgrundlage nach Satz 1 nur vor, wenn der Leistungsbezug dieses Abnehmers im Rahmen der Leistungskette im Inland steuerpflichtig ist. [7]Die Berichtigung des Vorsteuerabzugs kann unterbleiben, soweit ein dritter Unternehmer den auf die Minderung des Entgelts entfallenden Steuerbetrag an das Finanzamt entrichtet; in diesem Fall ist der dritte Unternehmer Schuldner der Steuer. [8]Die Berichtigungen nach den Sätzen 1 und 2 sind für den Besteuerungszeitraum vorzunehmen, in dem die Änderung der Bemessungsgrundlage eingetreten ist. [9]Die Berichtigung nach Satz 4 ist für den Besteuerungszeitraum vorzunehmen, in dem der andere Unternehmer wirtschaftlich begünstigt wird.

(2) Absatz 1 gilt sinngemäß, wenn

1. das vereinbarte Entgelt für eine steuerpflichtige Lieferung, sonstige Leistung oder einen steuerpflichtigen innergemeinschaftlichen Erwerb uneinbringlich geworden ist. Wird das Entgelt nachträglich vereinnahmt, sind Steuerbetrag und Vorsteuerabzug erneut zu berichtigen;
2. für eine vereinbarte Lieferung oder sonstige Leistung ein Entgelt entrichtet, die Lieferung oder sonstige Leistung jedoch nicht ausgeführt worden ist;
3. eine steuerpflichtige Lieferung, sonstige Leistung oder ein steuerpflichtiger innergemeinschaftlicher Erwerb rückgängig gemacht worden ist;
4. der Erwerber den Nachweis im Sinne des § 3 d Satz 2 führt;
5. Aufwendungen im Sinne des § 15 Abs. 1 a getätigt werden.

(3) [1]Ist Einfuhrumsatzsteuer, die als Vorsteuer abgezogen worden ist, herabgesetzt, erlassen oder erstattet worden, so hat der Unternehmer den Vorsteuerabzug entsprechend zu berichtigen. [2]Absatz 1 Satz 8 gilt sinngemäß.

(4) Werden die Entgelte für unterschiedlich besteuerte Lieferungen oder sonstige Leistungen eines bestimmten Zeitabschnitts gemeinsam geändert (z. B. Jahresboni, Jahresrückvergütungen), so hat der Unternehmer dem Leistungsempfänger einen Beleg zu erteilen, aus dem zu ersehen ist, wie sich die Änderung der Entgelte auf die unterschiedlich besteuerten Umsätze verteilt.

UStAE 17.1. Steuer- und Vorsteuerberichtigung bei Änderung der Bemessungsgrundlage

(1) [1]Die Frage, ob sich die Bemessungsgrundlage für einen steuerpflichtigen Umsatz geändert hat, beurteilt sich nach § 10 Abs. 1 bis 5 UStG. [2]Auf die Abschnitte 10.1 bis 10.7 wird verwiesen. [3]Zur Steuer- und Vorsteuerberichtigung bei Entgeltminderungen durch Gewährung von verdeckten Preisnachlässen vgl. BMF-Schreiben vom 28. 8. 2020, BStBl I S. 928.

(2) [1]Die erforderlichen Berichtigungen sind für den Besteuerungszeitraum vorzunehmen, in dem die Änderung der Bemessungsgrundlage eingetreten ist. [2]Die Berichtigungspflicht ist bereits bei der Berechnung der Vorauszahlungen zu beachten (§ 18 Abs. 1 Satz 2 UStG). [3]Vereinbaren der leistende Unternehmer und der Leistungsempfänger die vollständige oder teilweise Rückzahlung des entrichteten Entgelts, mindert sich die Bemessungsgrundlage nur, soweit das Entgelt tatsächlich zurückgezahlt wird, und zwar in dem Besteuerungszeitraum, in dem die Rückgewähr erfolgt (BFH-Urteil**e** vom 18.09.2008 – V R 56/06, BStBl II 2009 S. 250, **und vom 13.11.2024 – XI R 5/23, BStBl II 2025 S. 469**). [4]Dies gilt entsprechend für den Fall der nachträglichen Erhöhung des Entgelts (vgl. BFH-Urteil vom 10. 4. 2019, XI R 4/17, BStBl II S. 635). [5]Mindert sich der Kaufpreis auf Grund einer Mängelrüge, ändert sich die Bemessungsgrundlage im Zeitpunkt der tatsächlichen Realisierung der Ansprüche (Erfüllungsgeschäft – vgl. EuGH-Urteil vom 29. 5. 2001, C-86/99, Freemans).

(3) [1]Die Berichtigungspflicht besteht auch dann, wenn sich die Berichtigung der Steuer und die Berichtigung des Vorsteuerabzugs im Ergebnis ausgleichen. [2]Berechnet der Leistungsempfänger z. B. Lieferantenskonti nicht vom Gesamtpreis einschließlich Umsatzsteuer, sondern nur vom Entgelt (ohne Umsatzsteuer), hat er unabhängig von der Behandlung der Skontobeträge durch den Lieferanten den in Anspruch genommenen Vorsteuerabzug nach § 17 Abs. 1 Satz 2 UStG zu berichtigen. [3]Gewährt eine Genossenschaft ihren Mitgliedern eine umsatzabhängige Zusatzvergütung für die an die Genossenschaft erbrachten Lieferungen, handelt es sich um eine nachträgliche Erhöhung des Entgelts (vgl. BFH-Urteil vom 6. 6. 2002, V R 59/00, BStBl 2003 II S. 214).

(3a) [1]Die Berichtigungspflicht ist bei einer Änderung der Bemessungsgrundlage – auch bei einer E-Rechnung (vgl. Abschnitt 14.1 Abs. 2) – nicht von einer Änderung des Steuerbetrags in der ursprünglichen Rechnung abhängig. [2]Die ursprüngliche Rechnung muss in derartigen Fällen daher nicht berichtigt werden, z.B. bei einer nachträglichen Zahlung wegen Rabatt- oder Bonusvereinbarungen auf Grundlage der Jahresabnahmemengen. [3]Zu den Rechnungsangaben in der ursprünglichen Rechnung in derartigen Fällen vgl. Abschnitt 14.5 Abs. 19. [4]Ein Belegaustausch ist nur für die in § 17 Abs. 4 UStG bezeichneten Fälle vorgeschrieben. [5]Ein Beleg im Sinne von § 17 Abs. 4 UStG kann, muss aber nicht als umsatzsteuerliche Rechnung ausgestellt werden.

(4) Die Berichtigung des Vorsteuerabzugs kann unterbleiben, soweit der auf die Entgeltminderung entfallende Steuerbetrag von einem dritten Unternehmer entrichtet wird (§ 17 Abs. 1 Satz 6 UStG).

Beispiel:

[1]Die Einkaufsgenossenschaft E (Zentralregulierer) vermittelt eine Warenlieferung von A an B. [2]E wird auch in den Abrechnungsverkehr eingeschaltet. [3]Sie zahlt für B den Kaufpreis an A unter Inanspruchnahme von Skonto. [4]B zahlt an E den Kaufpreis ohne Inanspruchnahme von Skonto.

[5]Nach § 17 Abs. 1 Satz 1 UStG hat A seine Steuer zu berichtigen. [6]B braucht nach § 17 Abs. 1 Satz 6 UStG seinen Vorsteuerabzug nicht zu berichtigen, soweit E die auf den Skontoabzug entfallende Steuer an das Finanzamt entrichtet.

(5) [1]Die Pflicht zur Berichtigung der Steuer und des Vorsteuerabzugs nach § 17 Abs. 1 UStG besteht auch dann, wenn das Entgelt für eine steuerpflichtige Lieferung oder sonstige Leistung uneinbringlich geworden ist (§ 17 Abs. 2 Nr. 1 UStG). [2]Uneinbringlichkeit im Sinne des § 17 Abs. 2 UStG liegt insbesondere vor, wenn der Schuldner zahlungsunfähig ist, wenn den Forderungen die Einrede des Einforderungsverzichts entgegengehalten werden kann (vgl. BFH-Beschluss vom 10. 3. 1983, V B 46/80, BStBl II S. 389) oder wenn der Anspruch auf Entrichtung des Entgelts nicht erfüllt wird und bei objektiver Betrachtung damit zu rechnen ist, dass der Leistende die Entgeltforderung ganz oder teilweise jedenfalls auf absehbare Zeit rechtlich oder tatsächlich nicht durchsetzen kann (vgl. BFH-Urteil vom 20. 7. 2006, V R 13/04, BStBl 2007 II S. 22). [3]Daher berechtigen vertragliche Einbehalte zur Absicherung von Gewährleistungsansprüchen der Leistungsempfänger (z. B. sog. Sicherungseinbehalte für Baumängel) zur Steuerberichtigung, soweit dem Unternehmer nachweislich die Absicherung dieser Gewährleistungsansprüche durch Gestellung von Bankbürgschaften im Einzelfall nicht möglich war und er dadurch das Entgelt insoweit für einen Zeitraum von über zwei bis fünf Jahren noch nicht vereinnahmen kann (vgl. BFH-Urteil vom 24. 10. 2013, V R 31/12, BStBl 2015 II S. 674). [4]Auch soweit der Leistungsempfänger das Bestehen oder die Höhe des vereinbarten Entgelts substantiiert bestreitet, kommt – übereinstimmend mit der Berichtigung des Vorsteuerabzugs beim Leistungsempfänger – beim Leistenden eine Berichtigung der Umsatzsteuer wegen Uneinbringlichkeit in Betracht (vgl. BFH-Urteile vom 31. 5. 2001, V R 71/99, BStBl 2003 II S. 206, und vom 22. 4. 2004, V R 72/03, BStBl II S. 684). [5]Eine Berichtigung kommt auch in Betracht, wenn der Leistungsempfänger zwar nicht die Entgeltforderung selbst bestreitet, sondern mit einer vom Leistenden substantiiert bestrittenen Gegenforderung aufrechnet, und wenn bei objektiver Betrachtung damit zu rechnen ist, dass der Leistende die Entgeltforderung ganz oder teilweise jedenfalls auf absehbare Zeit nicht durchsetzen kann (vgl. BFH-Urteil vom 20. 7. 2006, V R 13/04, a. a. O.). [6]Die Vereinbarung einer Ratenzahlung begründet keine Uneinbringlichkeit im Sinne von § 17 Abs. 2 Nr. 1 UStG (vgl. BFH-Urteil vom 01. 02. 2022 – V R 37/21 (V R 16/19), BStBl II S. 860). [7]Die Feststellung einer vom Finanzamt angemeldeten, einen früheren Vorsteuerabzug berichtigenden Umsatzsteuer zur Insolvenztabelle hat die gleiche Wirkung wie ein inhaltsgleicher Berichtigungsbescheid im Sinne des § 17 UStG (BFH-Urteil vom 19. 8. 2008, VII R 36/07, BStBl 2009 II S. 250). [8]Zur Frage der Uneinbringlichkeit beim sog. Akzeptantenwechselgeschäft vgl. BFH-Urteil vom 8. 12. 1993, XI R 81/90, BStBl 1994 II S. 338. [9]Ertragsteuerrechtlich zulässige pauschale Wertberichtigungen führen nicht zu einer Berichtigung nach § 17 Abs. 2 UStG. [10]Der Gläubiger, der eine Forderung als uneinbringlich behandelt, ist nicht verpflichtet, dem Schuldner hiervon Mitteilung zu machen. [11]Das Finanzamt des Gläubigers ist jedoch berechtigt, das Finanzamt des Schuldners auf die Ausbuchung der Forderung hinzuweisen. [12]Der Vorsteuerrückzahlungsanspruch dieses Finanzamts entsteht mit Ablauf des Voranmeldungszeitraums, in dem die Uneinbringlichkeit eingetreten ist (vgl. BFH-Urteil vom 8. 10. 1997, XI R 25/97, BStBl 1998 II S. 69). [13]Der Schuldner hat nach § 17 Abs. 2 Nr. 1 in Verbindung mit Abs. 1 Satz 2 UStG seinen Vorsteuerabzug bereits dann entsprechend zu berichtigen, wenn sich aus den Gesamtumständen, insbesondere aus einem längeren Zeitablauf nach Eingehung der Verbindlichkeit ergibt, dass er seiner Zahlungsverpflichtung gegenüber seinem Gläubiger nicht mehr nachkommen wird. [14]Wird der Anspruch des Gläubigers später ganz oder teilweise befriedigt, ist § 17 Abs. 2 Nr. 1 Satz 2 UStG anzuwenden. [15]Wird das Entgelt für eine während des Bestehens einer Organschaft bezogene Leistung nach Beendigung der Organschaft uneinbringlich, ist der Vorsteuerabzug nicht gegenüber dem bisherigen Organträger, sondern gegenüber dem im Zeitpunkt des Uneinbringlichwerdens bestehenden Unternehmen, dem früheren Organ, zu berichtigen (BFH-Urteil vom 7. 12. 2006, V R 2/05, BStBl 2007 II S. 848).

(6) [1]Bei der Abtretung einer Forderung unter dem Nennwert bestimmt sich das Entgelt nach den tatsächlichen Aufwendungen des Leistungsempfängers (vgl. Abschnitt 10.1 Abs. 4).

Beispiel:

[1]Ein Unternehmer hat auf Grund einer Lieferung eine Forderung i. H. v. 11 900 € gegen seinen zum Vorsteuerabzug berechtigten Abnehmer. [2]Er tritt diese Forderung zum Festpreis von 5 750 € an ein Inkassobüro ab. [3]Das Inkassobüro kann noch 8 925 € einziehen.

[4]Die Steuer des Lieferers richtet sich zunächst nach dem für die Lieferung vereinbarten Entgelt von 10 000 € (Steuer bei einem Steuersatz von 19 % = 1 900 €). [5]Die endgültige Steuer des Lieferers beträgt allerdings nur 1 425 €, da der Abnehmer nur 8 925 € aufgewandt hat (§ 10 Abs. 1 Satz 2 UStG), während die restlichen 2 975 € uneinbringlich sind. [6]Eine entsprechende Minderung der Steuer nach § 17 Abs. 2 Nr. 1 in Verbindung mit § 17 Abs. 1 Satz 1 UStG von 1 900 € auf 1 425 € setzt jedoch voraus, dass der Lieferer die teilweise Uneinbringlichkeit der Forderung nachweist. [7]Er muss sich also Kenntnis davon verschaffen, welchen Betrag das Inkassobüro tatsächlich noch einziehen konnte. [8]Der Abnehmer hat zunächst auf Grund der ihm vom Lieferer erteilten Rechnung den Vorsteuerabzug in voller Höhe. [9]Er muss ihn jedoch von sich aus nach § 17 Abs. 2 Nr. 1 in Verbindung mit Abs. 1 Satz 2 UStG auf der Grundlage seiner tatsächlichen Zahlung an das Inkassobüro (im Beispielsfall auf 1 425 €) berichtigen, da er die teilweise Uneinbringlichkeit der Forderung kennt. [10]Dies gilt entsprechend, wenn der Abnehmer weniger an das Inkassobüro zahlt, als der Lieferer für die Forderung erhalten hat. [11]Zahlt der Abnehmer den vollen Rechnungsbetrag an das Inkassobüro, bleiben die Steuer des Lieferers und der Vorsteuerabzug des Abnehmers in voller Höhe bestehen.

[2]Bedient sich ein leistender Unternehmer zur Einziehung seiner Entgeltforderungen gegen die Leistungsempfänger eines anderen Unternehmers (Zahlstelle), vereinnahmt er das Entgelt spätestens dann, wenn die Zahlungen der Leistungsempfänger bei der Zahlstelle eingehen (BFH-Urteil vom 30.04.2025 – XI R 15/22, BStBl II S. 621). [3]Der Umstand, dass die Zahlstelle den vereinnahmten Betrag nicht an den leistenden Unternehmer weiterleitet, führt nicht dazu, dass sich die Bemessungsgrundlage für die vom Unternehmer an die Leistungsempfänger erbrachten Leistungen mindert (vgl. Rn. 21 des BFH-Urteils vom 24.02.2021 – XI R 15/19, BStBl II S. 729).

(7) [1]Steuer- und Vorsteuerberichtigungen sind auch erforderlich, wenn für eine Leistung ein Entgelt entrichtet, die Leistung jedoch nicht ausgeführt worden ist (§ 17 Abs. 2 Nr. 2 UStG). [2]Diese Regelung steht im Zusammenhang mit der in § 13 Abs. 1 Nr. 1 Buchstabe a Satz 4 UStG vorgeschriebenen Besteuerung von Zahlungen vor Ausführung der Leistungen. [3]Die Minderung der Bemessungsgrundlage nach § 17 Abs. 2 Nr. 2 UStG erfolgt erst in dem Besteuerungszeitraum, in dem die Anzahlung oder das Entgelt zurückgewährt worden sind (vgl. BFH-Urteile vom 2. 9. 2010, V R 34/09, BStBl 2011 II S. 991, und vom 15. 9. 2011, V R 36/09, BStBl 2012 II S. 365).

Beispiel:

[1]Über das Vermögen eines Unternehmers, der Anzahlungen erhalten und versteuert hat, wird das Insolvenzverfahren eröffnet, bevor er eine Leistung erbracht hat. [2]Der Insolvenzverwalter lehnt die Erfüllung des Vertrages ab und gewährt die Anzahlungen zurück. [3]Der Unternehmer, der die vertraglich geschuldete Leistung nicht erbracht hat, hat die Steuer auf die Anzahlung im Besteuerungszeitraum der Rückgewähr nach § 17 Abs. 2 Nr. 2 UStG zu berichtigen. [4]Unabhängig davon hat der Unternehmer, an den die vertraglich geschuldete Leistung erbracht werden sollte, den Vorsteuerabzug in sinngemäßer Anwendung des § 17 Abs. 1 Satz 2 UStG im Besteuerungszeitraum der Rückgewähr zu berichtigen. [5]Werden Anzahlungen versteuert und ergibt sich im Nachhinein, dass die Leistung nicht der Umsatzsteuer unterliegt, ist die Bemessungsgrundlage ebenfalls nach § 17 Abs. 2 Nr. 2 UStG zu berichtigen (vgl. Abschnitt 13.5 Abs. 4 Satz 3).

[4]Dies gilt auch, wenn die Rückzahlung durch einen Dritten (z.B. Bürgen) erfolgt (vgl. BFH-Urteil vom 08.07.2025 – XI R 31/23, n.v.).

(8) [1]Ob eine Rückgängigmachung einer Lieferung nach § 17 Abs. 2 Nr. 3 UStG oder eine selbständige Rücklieferung vorliegt, ist aus der Sicht des Empfängers und nicht aus der Sicht des ursprünglichen Lieferers zu beurteilen. [2]Eine Rückgängigmachung ist anzunehmen, wenn der Liefernde oder der Liefe-

rungsempfänger das der Hinlieferung zu Grunde liegende Umsatzgeschäft beseitigt oder sich auf dessen Unwirksamkeit beruft, die zuvor begründete Erwartung des Lieferers auf ein Entgelt dadurch entfällt und der Lieferungsempfänger den empfangenen Gegenstand in Rückabwicklung des Umsatzgeschäfts zurückgibt. [3]Dagegen liegt eine einen selbständigen Umsatz auslösende Rücklieferung vor, wenn die Beteiligten ein neues Umsatzgeschäft eingehen und der Empfänger der Hinlieferung dieses dadurch erfüllt, dass er dem ursprünglichen Lieferer die Verfügungsmacht an dem gelieferten Gegenstand in Erwartung einer Gegenleistung überträgt (vgl. BFH-Urteil vom 12. 11. 2008, XI R 46/07, BStBl 2009 II S. 558). [4]Wenn der Insolvenzverwalter die Erfüllung eines zurzeit der Eröffnung des Insolvenzverfahrens vom Schuldner und seinem Vertragspartner noch nicht oder nicht vollständig erfüllten Vertrags ablehnt (§ 103 InsO) und der Lieferer infolgedessen die Verfügungsmacht an dem gelieferten Gegenstand zurückerhält, wird die Lieferung rückgängig gemacht (vgl. BFH-Urteil vom 8. 5. 2003, V R 20/02, BStBl II S. 953, zum Konkursverfahren). [5]Wird die Leistung nach Vereinnahmung des Entgelts rückgängig gemacht, entsteht der Berichtigungsanspruch nach § 17 Abs. 2 Nr. 3 UStG erst mit der Rückgewähr des Entgelts (vgl. BFH-Urteil vom 2. 9. 2010, V R 34/09, BStBl 2011 II S. 991).

(9) [1]Zu den Aufwendungen im Sinne des § 17 Abs. 2 Nr. 5 UStG können auch AfA für abnutzbare Wirtschaftsgüter gehören, für deren Anschaffungskosten der Vorsteuerabzug gewährt wurde (vgl. BFH-Urteil vom 2. 7. 2008, XI R 60/06, BStBl 2009 II S. 167). [2]§ 17 Abs. 2 Nr. 5 UStG setzt – anders als § 15 a UStG – nicht zwingend voraus, dass sich die Verhältnisse in Bezug auf die Verwendungsumsätze geändert haben.

(10) [1]Die Vorschrift des § 17 Abs. 1 UStG ist entsprechend anzuwenden, wenn in einer Rechnung der Steuerbetrag nach § 14 c Abs. 1 UStG berichtigt wird. [2]Die Berichtigung der wegen unrichtigen Steuerausweises geschuldeten Umsatzsteuer ist in dem Besteuerungszeitraum vorzunehmen, in dem sowohl eine Rechnung mit geändertem Steuerausweis erteilt als auch bei Bestehen eines Rückzahlungsanspruchs der zu hoch ausgewiesene Rechnungsbetrag an den Leistungsempfänger zurückgezahlt wurde (vgl. Abschnitt 14 c.1 Abs. 5). [3]Der Widerspruch gegen den in einer Gutschrift enthaltenen Steuerausweis wirkt deshalb erst in dem Besteuerungszeitraum, in dem er erklärt wird (vgl. BFH-Urteil vom 19. 5. 1993, V R 110/88, BStBl II S. 779). [4]Die Berichtigung der Vorsteuer durch den Leistungsempfänger hingegen ist für den Besteuerungszeitraum vorzunehmen, in dem diese abgezogen wurde. [5]§ 14 c Abs. 1 Sätze 2 und 3 UStG betreffen nicht den Leistungsempfänger, sondern regeln nur die Voraussetzungen für die Erstattung der wegen unrichtigen Steuerausweises geschuldeten Umsatzsteuer des Steuerschuldners (vgl. BFH-Urteil vom 6. 12. 2007, V R 3/06, BStBl 2009 II S. 203).

Uneinbringlichkeit im Insolvenzverfahren

(11) [1]Durch die Eröffnung des Insolvenzverfahrens über das Vermögen des leistenden Unternehmers geht nach § 80 Abs. 1 InsO die gesamte Verwaltungs- und Verfügungsbefugnis und damit auch die Empfangszuständigkeit für die offenen Forderungen auf den Insolvenzverwalter über. [2]Demzufolge kommt es zu einer Aufspaltung des Unternehmens in mehrere Unternehmensteile, zwischen denen einzelne umsatzsteuerrechtliche Berechtigungen und Verpflichtungen nicht miteinander verrechnet werden können. [3]Dabei handelt es sich um die Insolvenzmasse und das vom Insolvenzverwalter freigegebene Vermögen sowie einen vorinsolvenzrechtlichen Unternehmensteil. [4]Der Unternehmer ist auf Grund des Übergangs der Empfangszuständigkeit für die offenen Forderungen auf den Insolvenzverwalter nach § 80 Abs. 1 InsO selbst nicht mehr in der Lage, rechtswirksam Entgeltforderungen in seinem vorinsolvenzrechtlichen Unternehmensteil zu vereinnahmen. [5]Erbringt der Unternehmer, über dessen Vermögen das Insolvenzverfahren eröffnet wird, eine Leistung vor Verfahrenseröffnung, ohne das hierfür geschuldete Entgelt bis zu diesem Zeitpunkt zu vereinnahmen, tritt daher spätestens mit Eröffnung des Insolvenzverfahrens Uneinbringlichkeit im vorinsolvenzrechtlichen Unternehmensteil ein (Uneinbringlichkeit aus Rechtsgründen). [6]Der Steuerbetrag ist deshalb nach § 17 Abs. 2 Nr. 1 Satz 1 in Verbindung mit Abs. 1 Satz 1 UStG zu berichtigen. [7]Vereinnahmt der Insolvenzverwalter später das zunächst uneinbringlich gewordene Entgelt, ist der Umsatzsteuerbetrag nach § 17 Abs. 2 Nr. 1 Satz 2 UStG erneut zu berichtigen. [8]Diese auf Grund der Vereinnahmung entstehende Steuerberichtigung begründet eine sonstige Masseverbindlichkeit im Sinne des § 55 Abs. 1 Nr. 1 InsO (vgl. BFH-Urteile vom 9. 12. 2010, V R 22/10, BStBl 2011 II S. 996, und vom 27. 9. 2018, V R 45/16, BStBl 2019 II S. 356). [9]Denn der sich aus § 17 Abs. 2 Nr. 1 Satz 2 UStG ergebende Steueranspruch ist erst mit der Vereinnahmung vollständig verwirklicht und damit abgeschlossen.

Beispiel:

[1]Über das Vermögen des U wurde am 15. 7. 01 das Insolvenzverfahren eröffnet. [2]Nach dem Gutachten des Insolvenzgutachters hatte U zu diesem Zeitpunkt Forderungen aus umsatzsteuerpflichtigen Lieferungen und sonstigen Leistungen in Höhe von 119 000 €. [3]Hierin ist die Umsatzsteuer in Höhe von 19 000 € enthalten. [4]U hatte diese Umsätze in den entsprechenden Voranmeldungszeiträumen vor der Eröffnung des Insolvenzverfahrens angemeldet. [5]Der Insolvenzverwalter vereinnahmt im März 02 (nach Eröffnung des Insolvenzverfahrens) Forderungen in Höhe von 59 500 €. [6]Die restlichen Forderungen kann der Insolvenzverwalter nicht realisieren.

[7]U kann seine Forderungen zum Zeitpunkt der Eröffnung des Insolvenzverfahrens nicht mehr selbst realisieren. [8]Die Forderungen sind aus rechtlichen Gründen uneinbringlich (§ 17 Abs. 2 Nr. 1 Satz 1 in Verbindung mit Abs. 1 Satz 1 UStG). [9]Im Voranmeldungszeitraum der Insolvenzeröffnung ist daher eine Berichtigung der Bemessungsgrundlage um 100 000 € vorzunehmen. [10]Nach Vereinnahmung eines Teils der Forderungen durch den Insolvenzverwalter muss dieser eine – erneute – Berichtigung der Bemessungsgrundlage nach § 17 Abs. 2 Nr. 1 Satz 2 in Verbindung mit Abs. 1 Satz 1 UStG von 50 000 € für den Voranmeldungszeitraum der Vereinnahmung (März 02) vornehmen. [11]Die hieraus resultierende Umsatzsteuer ist als Masseverbindlichkeit vom Insolvenzverwalter zu entrichten.

(12) [1]Wird vom Insolvenzgericht ein sog. starker vorläufiger Insolvenzverwalter nach § 22 Abs. 1 InsO bestellt, ist dieser Vermögensverwalter im Sinne des § 34 Abs. 3 AO. [2]Da auf ihn die gesamte Verwaltungs- und Verfügungsbefugnis über das Vermögen des Schuldners übergeht, tritt bereits mit seiner Bestellung die Uneinbringlichkeit der Entgelte und die Aufspaltung des Unternehmens in mehrere Unternehmensteile ein und der Steuerbetrag ist nach § 17 Abs. 2 Nr. 1 Satz 1 in Verbindung mit Abs. 1 Satz 1 UStG zu berichtigen. [3]Vereinnahmt später der sog. starke vorläufige Insolvenzverwalter im vorläufigen Insolvenzverfahren oder der Insolvenzverwalter im eröffneten Insolvenzverfahren das uneinbringlich gewordene Entgelt für eine Leistung, die vor Bestellung des starken vorläufigen Insolvenzverwalters erbracht worden ist, ist der Umsatzsteuerbetrag nach § 17 Abs. 2 Nr. 1 Satz 2 UStG im Zeitpunkt der Vereinnahmung erneut zu berichtigen (vgl. BFH-Urteil vom 1. 3. 2016, XI R 21/14, BStBl II S. 756). [4]Diese auf Grund der Vereinnahmung entstehende Steuerberichtigung begründet eine sonstige Masseverbindlichkeit im Sinne des § 55 Abs. 2 Satz 1 InsO bei Vereinnahmung durch den sog. starken vorläufigen Insolvenzverwalter bzw. eine sonstige Masseverbindlichkeit im Sinne des § 55 Abs. 1 Nr. 1 InsO bei Vereinnahmung durch den Insolvenzverwalter. [5]Wird das Insolvenzverfahren nicht eröffnet, ist die nach Satz 2 durchgeführte Berichtigung rückgängig zu machen. [6]Für Steuerbeträge aus Umsätzen, die nach der Bestellung des sog. starken vorläufigen Insolvenzverwalters erbracht worden sind, kommt hingegen keine Berichtigung des Umsatzsteuerbetrags nach § 17 Abs. 2 Nr. 1 Satz 1 in Verbindung mit Abs. 1 Satz 1 UStG in Betracht. [7]Diese Steuerbeträge gelten mit der Eröffnung des Insolvenzverfahrens als sonstige Masseverbindlichkeiten nach § 55 Abs. 2 Satz 1 InsO.

(13) [1]Die Grundsätze zur Uneinbringlichkeit aus Rechtsgründen nach den Absätzen 11 und 12 finden auch im Falle der Bestellung eines sog. schwachen vorläufigen Insolvenzverwalters mit allgemeinem Zustimmungsvorbehalt (§ 21 Abs. 2 Satz 1 Nr. 2 2. Alternative InsO) und dem Recht zum Forderungseinzug (§§ 22 Abs. 2, 23 InsO) Anwendung (vgl. BFH-Urteil vom 24. 9. 2014, V R 48/13, BStBl 2015 II S. 506). [2]Gleiches gilt bei der Bestellung eines sog. schwachen vorläufigen Insolvenzverwalters mit dem Recht zum Forderungseinzug (§§ 22 Abs. 2, 23 InsO), mit allgemeinem Zustimmungsvorbehalt ohne ausdrückliches Recht zum Forderungseinzug oder wenn der schwache vorläufige Insolvenzverwalter zur Kassenführung berechtigt ist. [3]Steuerbeträge aus Umsätzen, die der Unternehmer vor Bestellung eines sog. schwachen vorläufigen Insolvenzverwalters mit in Satz 1 oder Satz 2 genannten rechtlichen Befugnissen erbracht hat, sind daher nach § 17 Abs. 2 Nr. 1 Satz 1 in Verbindung mit Absatz 1 Satz 1 UStG zu berichtigen. [4]Gleiches gilt – im Unterschied zur Bestellung des sog. starken vorläufigen Insolvenzverwalters (vgl. Absatz 12 Satz 6) – für die Steuerbeträge aus Umsätzen, die der Unternehmer danach bis zum Abschluss des Insolvenzeröffnungsverfahrens erbringt. [5]Im Anschluss an die Uneinbringlichkeit kommt es durch die Vereinnahmung des Entgelts nach § 17 Abs. 2 Nr. 1 Satz 2 UStG zu einer zweiten Berichtigung. [6]Dem steht nicht entgegen, dass die erste Berichtigung auf Grund Uneinbringlichkeit und die zweite Berichtigung auf Grund nachfolgender Vereinnahmung ggf. im selben Voranmeldungs- oder Besteuerungszeitraum zusammentreffen. [7]Die auf Grund der während des Insolvenzeröff-

nungsverfahrens erfolgenden Vereinnahmung entstehende Steuerberichtigung begründet eine sonstige Masseverbindlichkeit nach § 55 Abs. 4 InsO. [8]Wegen der Einzelheiten zum Anwendungsbereich des § 55 Abs. 4 InsO vgl. **für Insolvenzverfahren, deren Eröffnung bis zum 31.12.2020 beantragt wurde:** BMF-Schreiben vom 20.05.2015, BStBl I S. 476, und vom 18.11.2015, BStBl I S. 886, **für Insolvenzverfahren, deren Eröffnung ab dem 01.01.2021 beantragt wurde: BMF-Schreiben vom 11.01.2022, BStBl I S. 116.** [9]Erfolgt die Entgeltvereinnahmung erst während des eröffneten Insolvenzverfahrens, begründet die dadurch entstehende Steuerberichtigung eine sonstige Masseverbindlichkeit im Sinne von § 55 Abs. 1 Nr. 1 InsO (vgl. Absatz 11).

(14) [1]Ungeachtet der Berichtigungspflichten wegen Uneinbringlichkeit aus Rechtsgründen (vgl. Absätze 11 bis 13) findet § 17 UStG weiterhin Anwendung, wenn der Steuerbetrag bereits vor der Bestellung des vorläufigen Insolvenzverwalters wegen Uneinbringlichkeit des Entgelts aus tatsächlichen Gründen (z. B. wegen Zahlungsunfähigkeit des Entgeltschuldners, vgl. auch Absatz 16) nach § 17 Abs. 2 Nr. 1 Satz 1 in Verbindung mit Abs. 1 Satz 1 UStG berichtigt wurde und der vorläufige Insolvenzverwalter oder der Insolvenzschuldner mit Zustimmung des schwachen vorläufigen Insolvenzverwalters das Entgelt im vorläufigen Insolvenzverfahren vereinnahmt. [2]Dann ist der hierauf entfallende Steuerbetrag (erneut) nach § 17 Abs. 2 Nr. 1 Satz 2 UStG zu berichtigen. [3]Diese auf Grund der Vereinnahmung entstehende Steuerberichtigung begründet bei Bestellung eines schwachen vorläufigen Insolvenzverwalters eine sonstige Masseverbindlichkeit nach § 55 Abs. 4 InsO. [4]Wird hingegen vom Insolvenzgericht ein sog. starker vorläufiger Insolvenzverwalter nach § 22 Abs. 1 InsO eingesetzt, liegen insoweit sonstige Masseverbindlichkeiten nach § 55 Abs. 2 InsO vor. [5]Denn der sich aus § 17 Abs. 2 Nr. 1 Satz 2 UStG ergebende Steueranspruch ist erst mit der Vereinnahmung vollständig verwirklicht, mithin im vorläufigen Insolvenzverfahren. [6]Das gilt auch, wenn die Berichtigung nach § 17 Abs. 2 Nr. 1 Satz 1 UStG während der vorläufigen Insolvenzverwaltung erfolgt und das Entgelt durch den starken vorläufigen Insolvenzverwalter vereinnahmt wird. [7]Dieser Steueranspruch ist ebenfalls als sonstige Masseverbindlichkeit nach § 55 Abs. 2 InsO zu qualifizieren.

Beispiel:

[1]U hat offene Forderungen aus umsatzsteuerpflichtigen Lieferungen in Höhe von 119 000 € gegenüber dem Leistungsempfänger S. [2]U hat diese Umsätze in den entsprechenden Voranmeldungszeiträumen angemeldet. [3]Über das Vermögen des S wird am 15. 7. 00 das Insolvenzverfahren eröffnet. [4]Auf Grund eines zulässigen Insolvenzeröffnungsantrages über das Vermögen des U wird vom Insolvenzgericht mit Wirkung zum 15. 8. 00 ein sog. schwacher vorläufiger Insolvenzverwalter bestellt. [5]U vereinnahmt mit Zustimmung des schwachen vorläufigen Insolvenzverwalters am 15. 9. 00 noch Forderungen gegenüber S (bzw. dem Insolvenzverwalter des S) in Höhe von 59 500 €.

[6]U hat die in den offenen Forderungen enthaltene Umsatzsteuer nach § 17 Abs. 2 Nr. 1 Satz 1 in Verbindung mit Absatz 1 Satz 1 UStG in Höhe von 19 000 € unbeschadet einer möglichen Insolvenzquote in voller Höhe spätestens im Zeitpunkt der Insolvenzeröffnung über das Vermögen des S zu berichtigen (vgl. Absatz 16 Sätze 1 und 2). [7]Die Berichtigung ist für den Voranmeldungszeitraum Juli 00 durchzuführen. [8]Nach Vereinnahmung eines Teils der Forderungen im vorläufigen Insolvenzverfahren ist eine erneute Berichtigung der Steuerbeträge nach § 17 Abs. 2 Nr. 1 Satz 2 UStG durchzuführen. [9]Die Berichtigung ist für den Voranmeldungszeitraum September 00 vorzunehmen. [10]Die hieraus resultierende Umsatzsteuer in Höhe von 9 500 € stellt mit Eröffnung des Insolvenzverfahrens eine sonstige Masseverbindlichkeit nach § 55 Abs. 4 InsO dar, da es sich insoweit um Verbindlichkeiten des U aus dem Steuerschuldverhältnis handelt, die von einem schwachen vorläufigen Insolvenzverwalter oder vom Schuldner mit Zustimmung eines schwachen vorläufigen Insolvenzverwalters begründet worden sind.

(15) [1]Der Empfänger einer steuerpflichtigen Leistung, die vom Unternehmer vor Bestellung eines vorläufigen Insolvenzverwalters (vgl. Absätze 12 und 13) bzw. Eröffnung des Insolvenzverfahrens (vgl. Absatz 11) erbracht und für die das Entgelt aus Rechtsgründen uneinbringlich wurde, hat zu diesem Zeitpunkt die auf die steuerpflichtige Leistung entfallenden Vorsteuerbeträge nicht nach § 17 Abs. 2 Nr. 1 Satz 1 in Verbindung mit Absatz 1 Satz 1 UStG zu berichtigen. [2]Denn Zahlungsverpflichtung und Zahlungsbereitschaft des Leistungsempfängers bestehen fort und sind unabhängig von der Uneinbringlichkeit des Entgelts im vorinsolvenzrechtlichen Unternehmensteil des leistenden Unternehmers zu beurteilen.

(16) [1]Entgeltforderungen aus Lieferungen und sonstigen Leistungen, die vor Insolvenzeröffnung an den späteren Insolvenzschuldner erbracht wurden, werden im Augenblick der Bestellung eines vorläufigen Insolvenzverwalters im Sinne der Absätze 12 oder 13 – spätestens aber mit Eröffnung des Insolvenzverfahrens – unbeschadet einer möglichen Insolvenzquote in voller Höhe im Sinne des § 17 Abs. 2 Nr. 1 UStG uneinbringlich. [2]Zu diesem Zeitpunkt ist die Umsatzsteuer beim leistenden Unternehmer und dementsprechend der Vorsteuerabzug beim Leistungsempfänger nach § 17 Abs. 1 UStG zu berichtigen. [3]Dies gilt sinngemäß auch, wenn der Antrag auf Eröffnung des Insolvenzverfahrens (z. B. mangels Masse) abgewiesen wird. [4]Wird das uneinbringlich gewordene Entgelt nachträglich vereinnahmt, ist der Umsatzsteuerbetrag erneut zu berichtigen (§ 17 Abs. 2 Nr. 1 Satz 2 UStG). [5]Das gilt auch für den Fall, dass der Insolvenzverwalter die durch die Eröffnung uneinbringlich gewordene Forderung erfüllt (vgl. BFH-Urteil vom 22. 10. 2009, V R 14/08, BStBl 2011 II S. 988).

(17) [1]Wird auf Grund einer erfolgreichen Insolvenzanfechtung nach §§ 129 ff. InsO ein bereits entrichtetes Entgelt für eine vom Insolvenzschuldner bezogene Leistung nach Eröffnung des Insolvenzverfahrens an den Insolvenzverwalter zurückgezahlt, ist der Vorsteuerabzug nach § 17 Abs. 2 Nr. 1 Satz 2 UStG durch den Insolvenzverwalter in dem Zeitpunkt der tatsächlichen Entgeltrückgewähr zu berichtigen. [2]Der Berichtigungsanspruch nach § 17 Abs. 2 Nr. 1 Satz 2 UStG entsteht dann im Rahmen der Masseverwaltung und stellt folglich nach § 55 Abs. 1 Satz 1 InsO eine Masseverbindlichkeit dar (vgl. BFH-Urteile vom 15. 12. 2016, V R 26/16, BStBl 2017 II S. 735, und vom 29. 3. 2017, XI R 5/16, BStBl II S. 738). [3]Zur Vorsteuerberichtigung im Dreipersonenverhältnis und Begründung einer Masseverbindlichkeit bei Drittanfechtung vgl. BFH-Urteile vom 24.08.2023 – V R 29/21, BStBl II 2024 S. 313, und vom 06.12.2023 – XI R 5/20, BStBl II 2024 S. 316.

Anmerkung

1. Änderung der Bemessungsgrundlage bei behördlich angeordneter Schließung eines Unternehmens

1.1 Coronabedingte Schließung von Fitnessstudios

Sagt der Betreiber eines Fitnessstudios seinen Kunden zu Beginn der coronabedingten Schließungen zu, dass

– eine Beitragsfortzahlung zu einer tagesgenauen Zeitgutschrift führt,

– die eine Verlängerung des angeschlossenen Dauervertrages zur Folge hat,

handelt es sich um eine umsatzsteuerpflichtige Anzahlung.

1.2 Gutschein für eine beitragsfreie Zeit

Sagt der Betreiber des Fitnessstudios seinen Kunden zu Beginn coronabedingten Schließungen zu, dass bei Beitragsfortzahlung ein Gutschein entsprechend dem ursprünglich gebuchten Leistungsumfang für eine beitragsfreie Zeit, die der Dauer die Schließzeit entspricht, ausgestellt wird, handelt es sich um eine **Anzahlung auf einen Einzweckgutschein.**

Hinweis

Eine Änderung der Bemessungsgrundlage gem. § 17 UStG ist nur unter den Voraussetzungen des § 17 Abs. 2 Nr. 2 USAG i.V.m. Abschn. 17.1 Abs. 7 Satz 3 UStAE möglich. Danach kommt es entscheidend auf die Rückzahlung der Beiträge an (so auch BFH, Urt. v. 02.09.2010 – V R 34/09).

Unabhängig von der Frage der Anwendung des § 17 Abs. 1 UStG stellte sich bei den **coronabedingten Schließungen der Fitnessstudios** die Frage, ob und ggfs. wann die Weiterzahlung von „Mitgliedsbeiträgen“ unter Inanspruchnahme anderer Leistungen überhaupt ein umsatzsteuerbarer Leistungsaustausch vorliegt. Dies wurde von den Finanzgerichten unterschiedlich beurteilt (FG Schleswig-Holstein, Urt. v. 16.11.2022 – 4 K 41/22 und FG Hamburg, Urt. v. 16.02.2023 – 6 K 239/21). Mit Urteilen v. 13.11.2024 – XI R 36/22 und XI R 5/23 hat der BFH einen (weiteren) Leistungsaustausch bejaht und damit die Rechtsauffassung der FinVerw bestätigt (vgl. dazu die **ausführlichen Anmerkungen zu Abschn. 10.1 UStAE**).

2. Ratenzahlungsvereinbarung erfüllt nicht den Tatbestand der Uneinbringlichkeit

Ist das vereinbarte Entgelt für eine umsatzsteuerpflichtige Lieferung, sonstige Leistung oder einen umsatzsteuerpflichtigen innergemeinschaftlichen Erwerb uneinbringlich geworden, kommt es gem. § 17 Abs. 2 Nr. 1 UStG zu einer entsprechenden Anwendung des § 17 Abs. 1 UStG.

Aufgrund dieses Verweises hat der Unternehmer, der einen umsatzsteuerpflichtigen Umsatz ausgeführt hat, den dafür geschuldeten Steuerbetrag bei Uneinbringlichkeit zu berichtigen.

Der BFH hat zutreffend darauf verwiesen, dass eine Ratenzahlungsvereinbarung nicht das Merkmal der Uneinbringlichkeit erfüllt (BFH, Beschl. v. 28.09.2022 – XI R 28/20).

Hintergrund dafür ist die Rechtsprechung des EuGH. Dieser hatte entschieden, dass die Nichtbezahlung eines Teilbetrags der Vergütung vor seiner Fälligkeit bei Vorliegen einer Ratenzahlungsvereinbarung nicht als Nichtbezahlung des Preises einzustufen ist und deshalb nicht die BMG mindert. (EuGH, Urt. v. Urt. v. 28.10.2021 – C-324/20).

Danach ist eine vor ihrem Zahlungstermin nicht fällige Honorarrate nicht dem Fall gleichzusetzen, dass der Leistungsempfänger die gegen ihn bestehende Forderung nur teilweise erfüllt.

Der BFH hatte diese EuGH-Entscheidung mit Urteil vom 01.02.2022 – V R 37/21 nachvollzogen. Im weiteren Verlauf hatte die FinVerw unter Anwendung dieser Rechtsprechung Abschn. 13.1 Abs. 1, 13.4 und 17.1 Abs. 5 UStAE angepasst.

Mit **Urteil v. 30.04.2025** – XI R 15/22, BStBl II 2025, 621 hat der BFH diese Rechtsprechung **bestätigt**.

Hinweis auf Kommentierung zu Abschn. 13.1 UStAE

Zur Frage der Steuerentstehung bei Vereinbarung von Teilleistungen und späterer Vereinnahmung des Entgelts siehe die **ausführliche Kommentierung zu Abschn. 13.1 UStAE.**

3. Änderung der Bemessungsgrundlage und E-Rechnung

Am 15.10.2025 hat die Finanzverwaltung ein weiteres BMF-Schreiben verbunden mit Änderungen des UStAE veröffentlicht (BMF-Schreiben v. 15.10.2025, BStBl I 2025, 1806. U.a. ergänzt die FinVerw darin auch Abschn. 17.1 UStAE.

Ändert sich die Bemessungsgrundlage (§ 17 UStG) etwa infolge von Rabatten, Skonti oder anderen Nachlässen (z.B. Mängelrügen) ist die ursprgl. Rechnung nicht zu korrigieren, Abschn. 17.1 Abs. 3a S. 2 UStAE. Darauf hatte das BMF schon im **Schreiben vom 15.10.2024** hingewiesen (Abschn. 14.5 Abs.19 S. 15 UStAE).

Etwas anderes gilt nur dann, wenn sich Leistungsumfang und Leistungsgehalt ändern. Dies erfordert dann eine Rechnungskorrektur, Abschn. 14.11 Abs. 4 UStAE.

Hinweis: Korrektur der ursprgl. Rechnung

Die Abgrenzung kann im Einzelfall schwierig sein. Es wird deshalb empfohlen, vorsorglich in diesen Fällen immer eine Berichtigung vorzunehmen. Nur so lassen sich Risiken betreffend den Verlust des Vorsteuerabzugs oder des unberechtigten Steuerausweises gem. § 14c Abs. 2 UStG von vornherein vermeiden.

UStAE 17.2. Preisnachlässe und Preiserstattungen außerhalb unmittelbarer Leistungsbeziehungen sowie Maßnahmen zur Verkaufsförderung

Preisnachlässe und Preiserstattungen innerhalb der Leistungskette allgemein

(1) [1]Die Minderung der Bemessungsgrundlage setzt nicht voraus, dass ein Preisnachlass oder eine Preiserstattung auf allen Stufen einer Leistungskette vom ersten Unternehmer bis zum letzten Abnehmer in der jeweiligen Leistungsbeziehung erfolgt. [2]Ebenso wenig kommt es auf die Position des Unternehmers, der den Preisnachlass gewährt, oder die des begünstigten Abnehmers in der Leistungskette an. [3]Auch

bei Preisnachlässen oder Preiserstattungen über einzelne Stufen einer Leistungskette hinweg dürfen aus allen Umsatzgeschäften in der Leistungskette insgesamt nur die Umsatzsteuerbeträge berücksichtigt werden, die dem vom begünstigten Abnehmer wirtschaftlich aufgewendeten Umsatzsteuerbetrag entsprechen. [4]Für Unternehmer, die auf den Produktions- und Vertriebsstufen vor der Verbrauchsstufe des begünstigten Abnehmers tätig sind, muss die Umsatzbesteuerung neutral sein. [5]Erstattet daher ein Unternehmer in einer Leistungskette einem nicht unmittelbar nachfolgenden Abnehmer (begünstigter Abnehmer) einen Teil des von diesem gezahlten Leistungsentgelts oder gewährt er ihm einen Preisnachlass, mindert sich dadurch die Bemessungsgrundlage für den Umsatz dieses Unternehmers an seinen unmittelbaren Abnehmer, wenn folgende Voraussetzungen erfüllt sind:

1. Der den Preisnachlass gewährende Unternehmer hat eine im Inland steuerpflichtige Leistung erbracht,
2. die Leistung an den begünstigten Abnehmer ist im Inland steuerpflichtig und
3. der den Preisnachlass gewährende Unternehmer hat das Vorliegen der vorstehenden Voraussetzungen sowie den Preisnachlass bzw. die Preiserstattung nachgewiesen (vgl. Absatz 5).

B e i s p i e l :

[1]Hersteller A verkauft Ware an Großhändler B. [2]B verkauft die Ware an einen Zwischenhändler C. [3]C verkauft die Ware an den Einzelhändler D, der die Ware an den letzten Abnehmer der Leistungskette E verkauft. [4]B erstattet D wegen Abnahme einer bestimmten Menge von Waren, die über ihn vertrieben wurden, nachträglich einen Teil des von D für diese Waren aufgewendeten Preises. [5]Da es weder auf die Position des B als zweiten Unternehmer noch auf die des D als vierten und damit vorletzten Abnehmer in der Leistungskette ankommt, kann B die Bemessungsgrundlage seiner Lieferung an C mindern. [6]Gleichzeitig kann bei D nur ein entsprechend geminderter Vorsteuerabzug berücksichtigt werden (vgl. Absatz 3).

(2) [1]Die Bemessungsgrundlage der Leistung des den Preisnachlass gewährenden Unternehmers wird um den Betrag des Preisnachlasses/der Preiserstattung abzüglich der Umsatzsteuer gemindert, die sich nach dem **Steuersatz** berechnet, der auf den Umsatz Anwendung findet, für den der Preisnachlass/die Preiserstattung gewährt wird. [2]Der Unternehmer hat entsprechend § 17 Abs. 1 Satz 8 UStG die Minderung der Bemessungsgrundlage für den Besteuerungszeitraum vorzunehmen, in dem er den Preisnachlass gewährt hat. [3]Durch die Minderung der Bemessungsgrundlage der Leistung des den Preisnachlass gewährenden Unternehmers wird die von ihm erteilte Rechnung an seinen unmittelbaren Abnehmer nicht unrichtig. [4]Insbesondere findet in diesem Verhältnis § 14c Abs. 1 UStG keine Anwendung (vgl. Abschnitt 14c.1 Abs. 4 Satz 2 und 3). [5]Auch ein möglicher Vorsteuerabzug dieses unmittelbaren Abnehmers ändert sich durch den Preisnachlass/die Preiserstattung nicht (vgl. § 17 Abs. 1 Satz 3 UStG). [6]Die Minderung der Bemessungsgrundlage beim Unternehmer, der den Preisnachlass/die Preiserstattung gewährt, ist nicht davon abhängig, dass der den Preisnachlass/die Preiserstattung empfangende Abnehmer zum Vorsteuerabzug berechtigt ist.

(3) [1]Ist in den Fällen des Absatzes 1 Satz 5 der durch den Preisnachlass/die Preiserstattung begünstigte Abnehmer ein in vollem Umfang oder teilweise zum Vorsteuerabzug berechtigter Unternehmer und bezieht er die Leistung für sein Unternehmen, mindert sich der Vorsteuerabzug aus seinem Leistungsbezug um den in dem Preisnachlass/der Preiserstattung enthaltenen Steuerbetrag (vgl. § 17 Abs. 1 Satz 4 in Verbindung mit Satz 1 UStG), ohne dass es bei dem Unternehmer, der den Umsatz an ihn ausgeführt hat, zu einer Berichtigung der Bemessungsgrundlage kommt (vgl. § 17 Abs. 1 Satz 3 UStG). [2]Der Vorsteuerabzug ist nicht zu mindern, soweit ein Unternehmer eine innergemeinschaftliche Lieferung aus dem übrigen Gemeinschaftsgebiet in das Inland erbringt und einem in der Lieferkette nicht unmittelbar nachfolgenden Unternehmer einen Teil des von diesem gezahlten Leistungsentgelts erstattet oder einen Preisnachlass gewährt, da die Lieferung des preisnachlassgewährenden Unternehmers bereits im Inland nicht steuerbar ist und sich durch den Preisnachlass/die Preiserstattung auch nicht die Bemessungsgrundlage für den innergemeinschaftlichen Erwerb seines unmittelbaren inländischen Abnehmers gemindert hat (vgl. BFH-Urteile vom 5. 6. 2014, XI R 25/12, BStBl 2017 II S. 806, und vom 4. 12. 2014, V R 6/13, BStBl 2017 II S. 810).

Beispiel 1:

[1]Der spanische Hersteller A verkauft Waren an den spanischen Großhändler B. [2]B verkauft die Ware an einen deutschen Zwischenhändler C. [3]C verkauft die Ware an den deutschen Einzelhändler D, der die Ware an den letzten Abnehmer der Leistungskette E in Deutschland verkauft. [4]D löst einen von B ausgegebenen Gutschein ein. [5]Der im anderen Mitgliedstaat ansässige spanische Großhändler B erbringt eine steuerfreie innergemeinschaftliche Lieferung an den in Deutschland ansässigen Zwischenhändler C. [6]Gleichzeitig erstattet er dem deutschen Einzelhändler D einen Teil des von diesem an C gezahlten Leistungsentgelts. [7]Da die Lieferung des spanischen Großhändlers B im Inland nicht steuerbar ist und sich durch die Erstattung auch nicht die Bemessungsgrundlage für den innergemeinschaftlichen Erwerb des Zwischenhändlers C ändert, hat der deutsche Einzelhändler D seinen Vorsteuerabzug aus der Lieferung des C nicht zu mindern.

[3]Der Unternehmer kann für eine in einem anderen Mitgliedstaat erbrachte steuerfreie innergemeinschaftliche Lieferung im Inland keinen Anspruch auf Steuerminderung geltend machen (vgl. BFH-Urteil vom 18.11.2021 – V R 4/21 (V R 41/17), BStBl II 2022 S. 350). [4]Der Vorsteuerabzug des begünstigten Unternehmers ist entsprechend den Grundsätzen der o.g. BFH-Urteile ebenfalls nicht zu mindern, soweit ein Unternehmer eine Lieferung im Drittland erbringt, bei der der Liefergegenstand in das Inland gelangt, und der Unternehmer einem in der Lieferkette nicht unmittelbar nachfolgenden Abnehmer einen Preisnachlass gewährt.

Beispiel 2:

[1]Der Unternehmer S in Zürich liefert Gegenstände, die er mit eigenem Lkw befördert, an seinen Abnehmer K in Stuttgart. [2]K verkauft die Waren an den deutschen Einzelhändler B in Baden-Baden. [3]K lässt die Gegenstände in den freien Verkehr überführen und wird Schuldner der Einfuhrumsatzsteuer. [4]B löst einen von S ausgegebenen Preiserstattungsgutschein ein. [5]Ort der Lieferung für die Lieferung des S an K ist Zürich (§ 3 Abs. 6 UStG). [6]K bewirkt mit der Einfuhr der Gegenstände im Inland einen nach § 1 Abs. 1 Nr. 4 UStG steuerbaren Umsatz. [7]K ist zum Abzug der Einfuhrumsatzsteuer als Vorsteuer berechtigt, da die Gegenstände für sein Unternehmen eingeführt worden sind. [8]Der Vorsteuerabzug von B aus der Lieferung des K an ihn ist infolge der Preiserstattung durch S nicht zu mindern, da der Unternehmer S eine im Inland nicht steuerbare Lieferung gegenüber K erbringt.

Preisnachlässe und Preiserstattungen bei der Ausgabe von Gutscheinen

(4) [1]Die Grundsätze der Absätze 1 und 3 gelten insbesondere bei der Ausgabe von Preisnachlass- und Preiserstattungsgutscheinen. [2]Als Gutscheine im Sinne dieses Abschnitts und in Abgrenzung zur Gutscheindefinition in § 3 Abs. 13 UStG bzw. Abschnitt 3.17 gelten allgemein schriftlich zugesicherte Rabatt- oder Vergütungsansprüche, z.B. in Form von Coupons, die ein Unternehmer zur Förderung seiner Umsätze ausgibt und die auf der gleichen oder nachfolgenden Umsatzstufe den Leistungsempfänger berechtigen, die Leistung im Ergebnis verbilligt um den Nennwert des Gutscheins in Anspruch zu nehmen. [3]Der Nennwert des Gutscheins entspricht einem Bruttobetrag, d.h. er schließt die Umsatzsteuer ein (vgl. Abschnitt 10.3 Abs. 1). [4]Das Einlösen des Gutscheins kann in der Weise erfolgen, dass der begünstigte Abnehmer den Gutschein beim Erwerb der Leistung an Zahlung statt einsetzt und der Zwischenhändler sich den Nennwert des Gutscheins vom Unternehmer, der den Gutschein ausgegeben hat, oder in dessen Auftrag von einem anderen vergüten lässt (Preisnachlassgutschein) oder dass der begünstigte Abnehmer direkt vom Unternehmer, der den Gutschein ausgegeben hat, oder in dessen Auftrag von einem anderen eine nachträgliche Vergütung erhält (Preiserstattungsgutschein). [5]Bei den in § 3 Abs. 13 bis 15 UStG definierten Gutscheinarten (Einzweck- und Mehrzweck-Gutscheine) handelt es sich im Gegensatz zu den Preisnachlass- bzw. Erstattungsgutscheinen um Gutscheine, die zur Einlösung gegen eine Lieferung von Gegenständen oder zur Erbringung einer sonstigen Leistung verwendet werden können. [6]Die in Abschnitt 3.17 dargestellten Grundsätze sind nicht auf Gutscheine dieses Abschnitts anzuwenden.

Nachweisführung durch den preisnachlassgewährenden Unternehmer

(5) [1]Der Unternehmer, der dem begünstigten Abnehmer einen Teil des von diesem gezahlten Leistungsentgelts erstattet oder einen Preisnachlass gewährt und dafür eine Minderung der Bemessungsgrundlage geltend

macht, hat das Vorliegen der hierfür nach Absatz 1 geltenden Voraussetzungen nachzuweisen. [2]Die Nachweise können sich aus der Gesamtheit der Unterlagen ergeben, die beim Unternehmer, der den Preisnachlass/die Preiserstattung gewährt, vorliegen. [3]Mit ihnen muss sich leicht und eindeutig nachprüfen lassen, dass die Voraussetzungen für eine Minderung der Bemessungsgrundlage vorgelegen haben. [4]Desweiteren müssen sie erkennen lassen, ob eine Vorsteuerabzugsberechtigung des begünstigten Abnehmers besteht.

(6) In den Fällen von Preisnachlass- oder Preiserstattungsgutscheinen kann der Unternehmer, der diesen Gutschein ausgegeben und vergütet hat, den Nachweis nach Absatz 5 regelmäßig auch wie folgt führen:

1. [1]Durch einen Beleg über die ihn belastende Vergütung (z. B. Überweisung oder Barzahlung) des Nennwerts des Gutscheins gegenüber dem Zwischenhändler (Preisnachlassgutschein) bzw. gegenüber dem begünstigten Abnehmer (Preiserstattungsgutschein). [2]Der Beleg soll außerdem folgende Angaben enthalten:
   a) Bezeichnung (z. B. Registriernummer) des Gutscheins,
   b) Name und Anschrift des begünstigten Abnehmers,
   c) Angaben zur Vorsteuerabzugsberechtigung des begünstigten Abnehmers, und
2. [1]durch Vorlage eines Belegs des Zwischenhändlers (z. B. Kopie der Rechnung), aus dem sich ergibt, dass die Leistung an den begünstigten Abnehmer im Inland steuerpflichtig ist. [2]In den Fällen der Preisnachlassgutscheine müssen sich aus dem Beleg zudem der maßgebliche Steuersatz und der Preis, aufgegliedert nach dem vom begünstigten Abnehmer aufgewendeten Betrag und Nennwert des Gutscheins, den der begünstigte Abnehmer an Zahlungs statt hingibt, ergeben.

Nachweisführung durch den begünstigten Abnehmer

(6 a) [1]Führt der Preisnachlass oder die Preiserstattung in den Fällen des Absatzes 3 Satz 2 und 3 beim vorsteuerabzugsberechtigten begünstigten Unternehmer ausnahmsweise nicht zu einer Minderung des Vorsteuerabzugs, hat der begünstigte Unternehmer die Voraussetzungen der Ausnahme nachzuweisen. [2]Die Nachweise können sich aus der Gesamtheit der Unterlagen ergeben, die beim begünstigten Unternehmer vorliegen. [3]Die Voraussetzungen der Ausnahme müssen sich anhand dieser Unterlagen leicht und eindeutig nachprüfen lassen. [4]Der Nachweis kann regelmäßig auch wie folgt geführt werden:

1. Durch einen Beleg über die Höhe des erhaltenen Preisnachlasses (z. B. Abrechnung des Zwischenhändlers) bzw. die vereinnahmte Preiserstattung (z. B. Überweisung oder Barzahlung), auf dem die Bezeichnung (z. B. Registriernummer eines Gutscheins) vermerkt ist,
2. durch die Rechnung des Zwischenhändlers an den begünstigten Unternehmer und
3. [1]durch die Bestätigung des den Preisnachlass/die Preiserstattung gewährenden Unternehmers, dass seine Lieferung an seinen Abnehmer im Ausland ausgeführt wurde. [2]Die Bestätigung muss zudem Angaben zur eindeutigen Identifizierung dieses Abnehmers sowie über die zwischen den Preisnachlass/ die Preiserstattung gewährenden Unternehmer und dem Abnehmer abgerechnete Leistung enthalten.

Preisnachlässe außerhalb der Leistungskette und Werbemaßnahmen

(7) [1]Eine Minderung der Bemessungsgrundlage kommt nicht in Betracht, wenn nicht ein an der Leistungskette beteiligter Unternehmer, sondern lediglich ein Vermittler dem Kunden der von ihm vermittelten Leistung einen sog. Preisnachlass gewährt (BFH-Urteil vom 27. 2. 2014, V R 18/11, BStBl 2015 II S. 306). [2]Danach mindern beispielsweise Preisnachlässe, die dem Abnehmer von Reiseleistungen vom Reisebüro für eine vom Reisebüro lediglich vermittelte Reise gewährt werden, nicht die Bemessungsgrundlage des Umsatzes der vom Reisebüro dem Reiseveranstalter gegenüber erbrachten Vermittlungsleistung. [3]Auch Preisnachlässe, die dem Telefonkunden vom Vermittler des Telefonanbietervertrages gewährt werden, mindern nicht die Bemessungsgrundlage des Umsatzes der vom Vermittler dem Telefonunternehmen gegenüber erbrachten Vermittlungsleistungen. [4]Da der vom Vermittler gewährte Preisnachlass nicht das Entgelt für die Leistung des Vermittlers an seinen Auftraggeber mindert, führt dieser auch nicht zu einer Berichtigung des Vorsteuerabzugs aus der vermittelten Leistung beim (End-)Kunden (vgl. BFH-Urteil vom 3. 7. 2014, V R 3/12, BStBl 2015 II S. 307). [5]Zur Behandlung von Preisnachlässen bei Verkaufsagenten vgl. Abschnitt 10.3 Abs. 4 und bei Zentralregulierern vgl. Abschnitt 10.3 Abs. 5.

(8) Eine Minderung der Bemessungsgrundlage kommt ebenfalls nicht in Betracht, wenn der mit einem Gutschein verbundene finanzielle Aufwand von dem Unternehmer aus allgemeinem Werbeinteresse getragen wird und nicht einem nachfolgenden Umsatz in der Leistungskette (Hersteller – letzter Abnehmer) zugeordnet werden kann (vgl. BFH-Urteil 11. 5. 2006, V R 33/03, BStBl II S. 699, und Abschnitt 10.3 Abs. 3).

Beispiel 1:

[1]Das Kaufhaus K verteilt Gutscheine an Kunden zum Besuch eines in dem Kaufhaus von einem fremden Unternehmer F betriebenen Frisiersalons. [2]K will mit der Maßnahme erreichen, dass Kunden aus Anlass der Gutscheineinlösung bei F das Kaufhaus aufsuchen und dort Waren erwerben.

[3]K kann keine Minderung der Bemessungsgrundlage seiner Umsätze vornehmen.

Beispiel 2:

[1]Der Automobilhersteller A erwirbt bei einem Mineralölkonzern M Gutscheine, die zum Bezug sämtlicher Waren und Dienstleistungen berechtigen, die in den Tankstellen des M angeboten werden. [2]Diese Gutscheine gibt A über Vertragshändler an seine Kunden beim Erwerb eines neuen Autos als Zugabe weiter.

[3]A kann keine Minderung seiner Umsätze vornehmen. [4]Der Kunde erhält das Auto nicht billiger, sondern lediglich die Möglichkeit, bei einem dritten Unternehmer – hier M – Leistungen zu beziehen, deren Entgelt bereits von dritter Seite entrichtet wurde.

Anmerkung

Jahressteuergesetz 2020: Neuregelung zu grenzüberschreitenden Preisnachlässen

§ 17 Abs. 1 UStG ist durch das Jahressteuergesetz 2020 um eine Regelung zur umsatzsteuerlichen Behandlung grenzüberschreitender Preisnachlässe ergänzt worden.

Danach soll bei Preisnachlässen und -erstattungen eines Unternehmers in der Leistungskette eine Minderung der Bemessungsgrundlage nur dann zulässig sein, wenn der Leistungsbezug des Abnehmers **im Inland steuerpflichtig** ist. Das ergibt sich zwar bereits aus Abschn. 17.2. Abs. 1 Satz 5 Nr. 2 UStAE; der Gesetzgeber hielt insofern aber aufgrund der Zunahme des grenzüberschreitenden Handels eine gesetzliche Klarstellung für sinnvoll (Gesetzbegründung BReg, BT-Drucks. 19/22850 S. 112 ff.).

Hinweis

Damit erfolgt eine einheitliche Ermittlung der Bemessungsgrundlage bei Preisnachlässen und Preiserstattungen.

Zu § 18 Abs. 1 bis 7 UStG

UStG § 18 Besteuerungsverfahren

(1) [1]Der Unternehmer hat vorbehaltlich des § 18i Absatz 3, des § 18j Absatz 4, des § 18k Absatz 4 und des § 19 Absatz 1 Satz 2 bis zum zehnten Tag nach Ablauf jedes Voranmeldungszeitraums eine Voranmeldung nach amtlich vorgeschriebenem Datensatz über die amtlich bestimmte Schnittstelle zu übermitteln, in der er die Steuer für den Voranmeldungszeitraum (Vorauszahlung) selbst zu berechnen hat. [2]Auf Antrag kann das Finanzamt zur Vermeidung von unbilligen Härten auf eine elektronische Übermittlung verzichten; in diesem Fall hat der Unternehmer eine Voranmeldung nach amtlich vorgeschriebenem Vordruck abzugeben. [3]§ 16 Abs. 1 und 2 und § 17 sind entsprechend anzuwenden. [4]Die Vorauszahlung ist am zehnten Tag nach Ablauf des Voranmeldungszeitraums fällig und bis dahin vom Unternehmer zu entrichten.

(2) [1]Voranmeldungszeitraum ist das Kalendervierteljahr. [2]Beträgt die Steuer für das vorangegangene Kalenderjahr mehr als 9000 Euro, ist der Kalendermonat Voranmeldungszeitraum. [3]Beträgt die Steuer für das vorangegangene Kalenderjahr nicht mehr als 2000 Euro, kann das Finanzamt den Unternehmer von der Verpflichtung zur Abgabe der Voranmeldungen und Entrichtung der Vorauszahlungen befreien. [4]Nimmt der Unterneh-

mer seine berufliche oder gewerbliche Tätigkeit auf, ist im laufenden und folgenden Kalenderjahr Voranmeldungszeitraum der Kalendermonat. [5]Daneben ist im laufenden und folgenden Kalenderjahr in folgenden Fällen Voranmeldungszeitraum der Kalendermonat:

1. bei im Handelsregister eingetragenen, noch nicht gewerblich oder beruflich tätig gewesenen juristischen Personen oder Personengesellschaften, die objektiv belegbar die Absicht haben, eine gewerbliche oder berufliche Tätigkeit selbständig auszuüben (Vorratsgesellschaften), und zwar ab dem Zeitpunkt des Beginns der tatsächlichen Ausübung dieser Tätigkeit, und
2. bei der Übernahme von juristischen Personen oder Personengesellschaften, die bereits gewerblich oder beruflich tätig gewesen sind und zum Zeitpunkt der Übernahme ruhen oder nur geringfügig gewerblich oder beruflich tätig sind (Firmenmantel), und zwar ab dem Zeitpunkt der Übernahme.

[6]Für die Besteuerungszeiträume 2021 bis 2026 ist abweichend von Satz 4 in den Fällen, in denen der Unternehmer seine gewerbliche oder berufliche Tätigkeit nur in einem Teil des vorangegangenen Kalenderjahres ausgeübt hat, die tatsächliche Steuer in eine Jahressteuer umzurechnen und in den Fällen, in denen der Unternehmer seine gewerbliche oder berufliche Tätigkeit im laufenden Kalenderjahr aufnimmt, die voraussichtliche Steuer des laufenden Kalenderjahres maßgebend.

(2 a) [1]Der Unternehmer kann an Stelle des Kalendervierteljahres den Kalendermonat als Voranmeldungszeitraum wählen, wenn sich für das vorangegangene Kalenderjahr ein Überschuss zu seinen Gunsten von mehr als 9 000 Euro ergibt. [2]In diesem Fall hat der Unternehmer bis zum 10. Februar des laufenden Kalenderjahres eine Voranmeldung für den ersten Kalendermonat abzugeben. [3]Die Ausübung des Wahlrechts bindet den Unternehmer für dieses Kalenderjahr. [4]Absatz 2 Satz 6 gilt entsprechend.

(3) [1]Der Unternehmer hat vorbehaltlich des § 18 i Absatz 3, des § 18 j Absatz 4, des § 18 k Absatz 4 und des § 19 Absatz 1 Satz 2 für das Kalenderjahr oder für den kürzeren Besteuerungszeitraum eine Steuererklärung nach amtlich vorgeschriebenem Datensatz über die amtliche bestimmte Schnittstelle zu übermitteln, in der er die zu entrichtende Steuer oder den Überschuss, der sich zu seinen Gunsten ergibt, nach § 16 Absatz 1 bis 4 und § 17 selbst zu berechnen hat (Steueranmeldung). [2]In den Fällen des § 16 Absatz 3 und 4 ist die Steueranmeldung binnen einem Monat nach Ablauf des kürzeren Besteuerungszeitraums zu übermitteln. [3]Auf Antrag kann das Finanzamt zur Vermeidung von unbilligen Härten auf eine elektronische Übermittlung verzichten; in diesem Fall hat der Unternehmer eine Steueranmeldung nach amtlich vorgeschriebenem Vordruck abzugeben und eigenhändig zu unterschreiben.

(4) [1]Berechnet der Unternehmer die zu entrichtende Steuer oder den Überschuss in der Steueranmeldung für das Kalenderjahr abweichend von der Summe der Vorauszahlungen, so ist der Unterschiedsbetrag zugunsten des Finanzamts einen Monat nach dem Eingang der Steueranmeldung fällig und bis dahin vom Unternehmer zu entrichten. [2]Setzt das Finanzamt die zu entrichtende Steuer oder den Überschuss abweichend von der Steueranmeldung für den Voranmeldungszeitraum oder für das Kalenderjahr oder auf Grund unterbliebener Abgabe der Steueranmeldung fest, so ist der Unterschiedsbetrag zugunsten des Finanzamts einen Monat nach der Bekanntgabe des Steuerbescheids fällig und bis dahin vom Unternehmer zu entrichten. [3]Die Fälligkeit rückständiger Vorauszahlungen (Absatz 1) bleibt von den Sätzen 1 und 2 unberührt.

(4 a) [1]Voranmeldungen (Absätze 1 und 2) und eine Steuererklärung (Absätze 3 und 4) haben auch die Unternehmer und juristischen Personen abzugeben, die ausschließlich Steuer für Umsätze nach § 1 Abs. 1 Nr. 5, § 13 b Absatz 5 oder § 25 b Abs. 2 zu entrichten haben, sowie Fahrzeuglieferer (§ 2 a). [2]Voranmeldungen sind nur für die Voranmeldungszeiträume abzugeben, in denen die Steuer für diese Umsätze zu erklären ist. [3]Die Anwendung des Absatzes 2 a ist ausgeschlossen.

(4 b) Für Personen, die keine Unternehmer sind und Steuerbeträge nach § 6 a Abs. 4 Satz 2 oder nach § 14 c Abs. 2 schulden, gilt Absatz 4 a entsprechend.

(4 c) [1]Ein nicht im Gemeinschaftsgebiet ansässiger Unternehmer, der vor dem 1. Juli 2021 als Steuerschuldner Umsätze nach § 3 a Absatz 5 im Gemeinschaftsgebiet erbringt, kann abweichend von den Absätzen 1 bis 4 für jeden Besteuerungszeitraum (§ 16 Absatz 1 a Satz 1) eine Steuererklärung nach amtlich vorgeschriebenem Datensatz über die amtlich bestimmte Schnittstelle bis zum 20. Tag nach Ablauf jedes Besteuerungszeitraums dem Bundeszentralamt für Steuern übermitteln, in der er die Steuer für die vorgenannten Umsätze selbst zu berechnen hat (Steueranmeldung). [2]Die Steuer ist am 20. Tag nach Ablauf des Besteuerungszeitraums fällig und bis

dahin vom Unternehmer zu entrichten. [3]Die Ausübung des Wahlrechts hat der Unternehmer auf dem amtlich vorgeschriebenen, elektronisch zu übermittelnden Dokument dem Bundeszentralamt für Steuern anzuzeigen, bevor er Umsätze nach § 3 a Abs. 5 im Gemeinschaftsgebiet erbringt. [4]Das Wahlrecht kann nur mit Wirkung vom Beginn eines Besteuerungszeitraums an widerrufen werden. [5]Der Widerruf ist vor Beginn des Besteuerungszeitraums, für den er gelten soll, gegenüber dem Bundeszentralamt für Steuern auf elektronischem Weg zu erklären. [6]Kommt der Unternehmer seinen Verpflichtungen nach den Sätzen 1 bis 3 oder § 22 Abs. 1 wiederholt nicht oder nicht rechtzeitig nach, schließt ihn das Bundeszentralamt für Steuern von dem Besteuerungsverfahren nach Satz 1 aus. [7]Der Ausschluss gilt ab dem Besteuerungszeitraum, der nach dem Zeitpunkt der Bekanntgabe des Ausschlusses gegenüber dem Unternehmer beginnt.

(4 d) Für nicht im Gemeinschaftsgebiet ansässige Unternehmer, die vor dem 1. Juli 2021 im Inland im Besteuerungszeitraum (§ 16 Absatz 1 Satz 2) als Steuerschuldner Umsätze nach § 3 a Absatz 5 erbringen und diese Umsätze in einem anderen Mitgliedstaat erklären sowie die darauf entfallende Steuer entrichten, gelten insoweit die Absätze 1 bis 4 nicht.

(4 e) [1]Ein im übrigen Gemeinschaftsgebiet ansässiger Unternehmer (§ 13 b Absatz 7 Satz 2), der vor dem 1. Juli 2021 als Steuerschuldner Umsätze nach § 3 a Absatz 5 im Inland erbringt, kann abweichend von den Absätzen 1 bis 4 für jeden Besteuerungszeitraum (§ 16 Absatz 1 b Satz 1) eine Steuererklärung nach amtlich vorgeschriebenem Datensatz über die amtlich bestimmte Schnittstelle bis zum 20. Tag nach Ablauf jedes Besteuerungszeitraums übermitteln, in der er die Steuer für die vorgenannten Umsätze selbst zu berechnen hat; dies gilt nur, wenn der Unternehmer im Inland, auf der Insel Helgoland und in einem der in § 1 Absatz 3 bezeichneten Gebiete weder seinen Sitz, seine Geschäftsleitung noch eine Betriebsstätte hat. [2]Die Steuererklärung ist der zuständigen Steuerbehörde des Mitgliedstaates der Europäischen Union zu übermitteln, in dem der Unternehmer ansässig ist; diese Steuererklärung ist ab dem Zeitpunkt eine Steueranmeldung im Sinne des § 150 Absatz 1 Satz 3 und des § 168 der Abgabenordnung, zu dem die in ihr enthaltenen Daten von der zuständigen Steuerbehörde des Mitgliedstaates der Europäischen Union, an die der Unternehmer die Steuererklärung übermittelt hat, dem Bundeszentralamt für Steuern übermittelt und dort in bearbeitbarer Weise aufgezeichnet wurden. [3]Satz 2 gilt für die Berichtigung einer Steuererklärung entsprechend. [4]Die Steuer ist am 20. Tag nach Ablauf des Besteuerungszeitraums fällig und bis dahin vom Unternehmer zu entrichten. [5]Die Ausübung des Wahlrechts nach Satz 1 hat der Unternehmer in dem amtlich vorgeschriebenen, elektronisch zu übermittelnden Dokument der Steuerbehörde des Mitgliedstaates der Europäischen Union, in dem der Unternehmer ansässig ist, vor Beginn des Besteuerungszeitraums anzuzeigen, ab dessen Beginn er von dem Wahlrecht Gebrauch macht. [6]Das Wahlrecht kann nur mit Wirkung vom Beginn eines Besteuerungszeitraums an widerrufen werden. [7]Der Widerruf ist vor Beginn des Besteuerungszeitraums, für den er gelten soll, gegenüber der Steuerbehörde des Mitgliedstaates der Europäischen Union, in dem der Unternehmer ansässig ist, auf elektronischem Weg zu erklären. [8]Kommt der Unternehmer seinen Verpflichtungen nach den Sätzen 1 bis 5 oder § 22 Absatz 1 wiederholt nicht oder nicht rechtzeitig nach, schließt ihn die zuständige Steuerbehörde des Mitgliedstaates der Europäischen Union, in dem der Unternehmer ansässig ist, von dem Besteuerungsverfahren nach Satz 1 aus. [9]Der Ausschluss gilt ab dem Besteuerungszeitraum, der nach dem Zeitpunkt der Bekanntgabe des Ausschlusses gegenüber dem Unternehmer beginnt. [10]Die Steuererklärung nach Satz 1 gilt als fristgemäß übermittelt, wenn sie bis zum 20. Tag nach Ablauf des Besteuerungszeitraums (§ 16 Absatz 1 b Satz 1) der zuständigen Steuerbehörde des Mitgliedstaates der Europäischen Union übermittelt worden ist, in dem der Unternehmer ansässig ist, und dort in bearbeitbarer Weise aufgezeichnet wurde. [11]Die Entrichtung der Steuer erfolgt entsprechend Satz 4 fristgemäß, wenn die Zahlung bis zum 20. Tag nach Ablauf des Besteuerungszeitraums (§ 16 Absatz 1 b Satz 1) bei der zuständigen Steuerbehörde des Mitgliedstaates der Europäischen Union, in dem der Unternehmer ansässig ist, eingegangen ist. [12]§ 240 der Abgabenordnung ist mit der Maßgabe anzuwenden, dass eine Säumnis frühestens mit Ablauf des 10. Tages nach Ablauf des auf den Besteuerungszeitraum (§ 16 Absatz 1 b Satz 1) folgenden übernächsten Monats eintritt.

(4 f) [1]Soweit Organisationseinheiten der Gebietskörperschaften Bund und Länder durch ihr Handeln eine Erklärungspflicht begründen, obliegen der jeweiligen Organisationseinheit für die Umsatzbesteuerung alle steuerlichen Rechte und Pflichten. [2]In den in § 30 Absatz 2 Nummer 1 Buchstabe a und b der Abgabenordnung genannten Verfahren tritt die Organisationseinheit insoweit an die Stelle der Gebietskörperschaft. [3]§ 2 Absatz 1 Satz 2 bleibt unberührt. [4]Die Organisationseinheiten können jeweils für ihren Geschäftsbereich durch Organisationsentscheidungen weitere untergeordnete Organisationseinheiten mit Wirkung für die Zukunft bilden. [5]Ei-

ner Organisationseinheit übergeordnete Organisationseinheiten können durch Organisationsentscheidungen mit Wirkung für die Zukunft die in Satz 1 genannten Rechte und Pflichten der untergeordneten Organisationseinheit wahrnehmen oder mehrere Organisationseinheiten zu einer Organisationseinheit zusammenschließen. [6]Die in § 1 a Absatz 3 Nummer 2, § 2 b Absatz 2 Nummer 1, § 3 a Absatz 5 Satz 3, § 3 c Absatz 4 Satz 1, § 18 Absatz 2 Satz 2, § 18 a Absatz 1 Satz 2, § 19 Absatz 1, § 20 Satz 1 Nummer 1 und § 24 Absatz 1 Satz 1 genannten Betragsgrenzen gelten für Organisationseinheiten stets als überschritten. [7]Wahlrechte, deren Rechtsfolgen das gesamte Unternehmen der Gebietskörperschaft erfassen, können nur einheitlich ausgeübt werden. [8]Die Gebietskörperschaft kann gegenüber dem für sie zuständigen Finanzamt mit Wirkung für die Zukunft erklären, dass die Sätze 1 bis 5 nicht zur Anwendung kommen sollen; ein Widerruf ist nur mit Wirkung für die Zukunft möglich.

(4 g) [1]Die oberste Landesfinanzbehörde oder die von ihr beauftragte Landesfinanzbehörde kann anordnen, dass eine andere als die nach § 21 Absatz 1 der Abgabenordnung örtlich zuständige Finanzbehörde die Besteuerung einer Organisationseinheit des jeweiligen Landes übernimmt. [2]Die oberste Landesfinanzbehörde oder die von ihr beauftragte Landesfinanzbehörde kann mit der obersten Finanzbehörde eines anderen Landes oder einer von dieser beauftragten Landesfinanzbehörde vereinbaren, dass eine andere als die nach § 21 Absatz 1 der Abgabenordnung zuständige Finanzbehörde die Besteuerung einer Organisationseinheit des Landes der zuständigen Finanzbehörde übernimmt. [3]Die Senatsverwaltung für Finanzen von Berlin oder eine von ihr beauftragte Landesfinanzbehörde kann mit der obersten Finanzbehörde eines anderen Landes oder mit einer von dieser beauftragten Landesfinanzbehörde vereinbaren, dass eine andere als die nach § 21 Absatz 1 der Abgabenordnung zuständige Finanzbehörde die Besteuerung für eine Organisationseinheit der Gebietskörperschaft Bund übernimmt.

(5) In den Fällen der Beförderungseinzelbesteuerung (§ 16 Abs. 5) ist abweichend von den Absätzen 1 bis 4 wie folgt zu verfahren:

1. Der Beförderer hat für jede einzelne Fahrt eine Steuererklärung nach amtlich vorgeschriebenem Vordruck in zwei Stücken bei der zuständigen Zolldienststelle abzugeben.
2. Die zuständige Zolldienststelle setzt für das zuständige Finanzamt die Steuer auf beiden Stücken der Steuererklärung fest und gibt ein Stück dem Beförderer zurück, der die Steuer gleichzeitig zu entrichten hat. Der Beförderer hat dieses Stück mit der Steuerquittung während der Fahrt mit sich zu führen.
3. Der Beförderer hat bei der zuständigen Zolldienststelle, bei der er die Grenze zum Drittlandsgebiet überschreitet, eine weitere Steuererklärung in zwei Stücken abzugeben, wenn sich die Zahl der Personenkilometer (§ 10 Abs. 6 Satz 2), von der bei der Steuerfestsetzung nach Nummer 2 ausgegangen worden ist, geändert hat. Die Zolldienststelle setzt die Steuer neu fest. Gleichzeitig ist ein Unterschiedsbetrag zugunsten des Finanzamts zu entrichten oder ein Unterschiedsbetrag zugunsten des Beförderers zu erstatten. Die Sätze 2 und 3 sind nicht anzuwenden, wenn der Unterschiedsbetrag weniger als 2,50 Euro beträgt. Die Zolldienststelle kann in diesen Fällen auf eine schriftliche Steuererklärung verzichten.

(5 a) [1]In den Fällen der Fahrzeugeinzelbesteuerung (§ 16 Absatz 5 a) hat der Erwerber, abweichend von den Absätzen 1 bis 4, spätestens bis zum 10. Tag nach Ablauf des Tages, an dem die Steuer entstanden ist, eine Steuererklärung, in der er die zu entrichtende Steuer selbst zu berechnen hat, nach amtlich vorgeschriebenem Datensatz durch Datenfernübertragung zu übermitteln oder nach amtlich vorgeschriebenem Vordruck abzugeben (Steueranmeldung). [2]Bei Verwendung des Vordrucks muss dieser vom Erwerber eigenhändig unterschrieben sein. [3]Gibt der Erwerber die Steueranmeldung nicht ab oder hat er die Steuer nicht richtig berechnet, so kann die Finanzbehörde die Steuer festsetzen. [4]Die Steuer ist am zehnten Tag nach Ablauf des Tages fällig, an dem sie entstanden ist, und ist bis dahin vom Erwerber zu entrichten.

(5 b) [1]In den Fällen des § 16 Abs. 5 b ist das Besteuerungsverfahren nach den Absätzen 3 und 4 durchzuführen. [2]Die bei der Beförderungseinzelbesteuerung (§ 16 Abs. 5) entrichtete Steuer ist auf die nach Absatz 3 Satz 1 zu entrichtende Steuer anzurechnen.

(6) [1]Zur Vermeidung von Härten kann das Bundesministerium der Finanzen mit Zustimmung des Bundesrates durch Rechtsverordnung die Fristen für die Voranmeldungen und Vorauszahlungen um einen Monat verlängern und das Verfahren näher bestimmen. [2]Dabei kann angeordnet werden, dass der Unternehmer eine Sondervorauszahlung auf die Steuer für das Kalenderjahr zu entrichten hat.

(7) [1]Zur Vereinfachung des Besteuerungsverfahrens kann das Bundesministerium der Finanzen mit Zustimmung des Bundesrates durch Rechtsverordnung bestimmen, dass und unter welchen Voraussetzungen auf die Erhebung der Steuer für Lieferungen von Gold, Silber und Platin sowie sonstige Leistungen im Geschäft mit diesen Edelmetallen zwischen Unternehmern, die an einer Wertpapierbörse im Inland mit dem Recht zur Teilnahme am Handel zugelassen sind, verzichtet werden kann. [2]Das gilt nicht für Münzen und Medaillen aus diesen Edelmetallen.

UStDV

§ 46 Fristverlängerung

[1]Das Finanzamt hat dem Unternehmer auf Antrag die Fristen für die Übermittlung der Voranmeldungen und für die Entrichtung der Vorauszahlungen (§ 18 Abs. 1, 2 und 2a des Gesetzes) um einen Monat zu verlängern. [2]Das Finanzamt hat den Antrag abzulehnen oder eine bereits gewährte Fristverlängerung zu widerrufen, wenn der Steueranspruch gefährdet erscheint.

§ 47 Sondervorauszahlung

(1) [1]Die Fristverlängerung ist bei einem Unternehmer, der die Voranmeldungen monatlich zu übermitteln hat, unter der Auflage zu gewähren, dass dieser eine Sondervorauszahlung auf die Steuer eines jeden Kalenderjahres entrichtet. [2]Die Sondervorauszahlung beträgt ein Elftel der Summe der Vorauszahlungen für das vorangegangene Kalenderjahr.

(2) [1]Hat der Unternehmer seine gewerbliche oder berufliche Tätigkeit nur in einem Teil des vorangegangenen Kalenderjahres ausgeübt, so ist die Summe der Vorauszahlungen dieses Zeitraums in eine Jahressumme umzurechnen. [2]Angefangene Kalendermonate sind hierbei als volle Kalendermonate zu behandeln.

(3) Hat der Unternehmer seine gewerbliche oder berufliche Tätigkeit im laufenden Kalenderjahr begonnen, so ist die Sondervorauszahlung auf der Grundlage der zu erwartenden Vorauszahlungen dieses Kalenderjahres zu berechnen.

§ 48 Verfahren

(1) [1]Der Unternehmer hat die Fristverlängerung für die Übermittlung der Voranmeldungen bis zu dem Zeitpunkt zu beantragen, an dem die Voranmeldung, für die die Fristverlängerung erstmals gelten soll, nach § 18 Abs. 1, 2 und 2a des Gesetzes zu übermitteln ist. [2]Der Antrag ist nach amtlich vorgeschriebenem Datensatz durch Datenfernübertragung zu übermitteln. [3]Auf Antrag kann das Finanzamt zur Vermeidung von unbilligen Härten auf eine elektronische Übermittlung verzichten; in diesem Fall hat der Unternehmer einen Antrag nach amtlich vorgeschriebenem Vordruck zu stellen. [4]In dem Antrag hat der Unternehmer, der die Voranmeldungen monatlich zu übermitteln hat, die Sondervorauszahlung (§ 47) selbst zu berechnen und anzumelden. [5]Gleichzeitig hat er die angemeldete Sondervorauszahlung zu entrichten.

(2) [1]Während der Geltungsdauer der Fristverlängerung hat der Unternehmer, der die Voranmeldungen monatlich zu übermitteln hat, die Sondervorauszahlung für das jeweilige Kalenderjahr bis zum gesetzlichen Zeitpunkt der Übermittlung der ersten Voranmeldung zu berechnen, anzumelden und zu entrichten. [2]Absatz 1 Satz 2 und 3 gilt entsprechend.

(3) Das Finanzamt kann die Sondervorauszahlung festsetzen, wenn sie vom Unternehmer nicht oder nicht richtig berechnet wurde oder wenn die Anmeldung zu einem offensichtlich unzutreffenden Ergebnis führt.

(4) [1]Die festgesetzte Sondervorauszahlung ist bei der Festsetzung der Vorauszahlung für den letzten Voranmeldungszeitraum des Besteuerungszeitraums zu berücksichtigen, für den die Fristverlängerung gilt. [2]Ein danach verbleibender Erstattungsanspruch ist mit Ansprüchen aus dem Steuerschuldverhältnis aufzurechnen (§ 226 der Abgabenordnung), im Übrigen zu erstatten.

§ 49 Verzicht auf die Steuererhebung im Börsenhandel mit Edelmetallen

Auf die Erhebung der Steuer für die Lieferungen von Gold, Silber und Platin sowie für die sonstigen Leistungen im Geschäft mit diesen Edelmetallen wird verzichtet, wenn

1. die Umsätze zwischen Unternehmern ausgeführt werden, die an einer Wertpapierbörse im Inland mit dem Recht zur Teilnahme am Handel zugelassen sind,
2. die bezeichneten Edelmetalle zum Handel an einer Wertpapierbörse im Inland zugelassen sind und
3. keine Rechnungen mit gesondertem Ausweis der Steuer erteilt werden.

§§ 50 bis 58 ***(weggefallen)***

UStAE 18.1. Verfahren bei der Besteuerung nach § 18 Abs. 1 bis 4 UStG

(1) [1]Voranmeldungen sind nach amtlich vorgeschriebenem Datensatz **über die amtlich bestimmte Schnittstelle** zu übermitteln. [2]Informationen zur elektronischen Übermittlung sind unter der Internet-Adresse www.elster.de abrufbar. [3]Zur Vermeidung von unbilligen Härten hat das Finanzamt auf Antrag auf eine

elektronische Übermittlung der Voranmeldungen zu verzichten und die Abgabe der Voranmeldungen nach amtlich vorgeschriebenem Vordruck in herkömmlicher Form – auf Papier oder per Telefax – zuzulassen, wenn eine elektronische Übermittlung für den Unternehmer wirtschaftlich oder persönlich unzumutbar ist.[4]Dies ist insbesondere der Fall, wenn die Schaffung der technischen Möglichkeiten für eine elektronische Übermittlung des amtlichen Datensatzes nur mit einem nicht unerheblichen finanziellen Aufwand möglich wäre oder wenn der Unternehmer nach seinen individuellen Kenntnissen und Fähigkeiten nicht oder nur eingeschränkt in der Lage ist, die Möglichkeiten der Datenfernübertragung zu nutzen (§ 150 Abs. 8 AO; vgl. BFH-Urteil vom 16. 6. 2020, VIII R 29/19, BStBl 2021 II S. 290, sowie AEAO zu § 150, Nr. 4). [5]Liegt eine solche wirtschaftliche und persönliche Unzumutbarkeit nicht vor, hat das Finanzamt im Rahmen des ihm durch § 18 Abs. 1 Satz 2 UStG eingeräumten Ermessens über den Antrag des Unternehmers, die Voranmeldungen nach amtlich vorgeschriebenem Vordruck in herkömmlicher Form abgeben zu dürfen, zu entscheiden (vgl. BFH-Urteil vom 14. 3. 2012, XI R 33/09, BStBl II S. 477).

(2) Die Umsatzsteuererklärung für das Kalenderjahr ist nach amtlich vorgeschriebenem Datensatz **über die amtlich bestimmte Schnittstelle** zu übermitteln; Absatz 1 Sätze 2 bis 5 gilt sinngemäß.

(3) [1]Liegt eine unbillige Härte vor und gibt der Unternehmer daher die Umsatzsteuererklärung für das Kalenderjahr nach amtlich vorgeschriebenem Vordruck in herkömmlicher Form – auf Papier – ab, muss er die Umsatzsteuererklärung für das Kalenderjahr eigenhändig unterschreiben (§ 18 Abs. 3 Satz 3 UStG). [2]Ein Bevollmächtigter darf die Umsatzsteuererklärung für das Kalenderjahr nur dann unterschreiben, wenn die in § 150 Abs. 3 AO bezeichneten Hinderungsgründe vorliegen.

(4) [1]Die Umsatzsteuererklärung für das Kalenderjahr ist in der Regel bis zum 31. Juli des folgenden Kalenderjahres zu übermitteln (§ 149 Abs. 2 AO). [2]Dieser Zeitpunkt gilt – abweichend von § 18 Abs. 3 Satz 2 UStG – auch in den Fällen, in denen der Unternehmer seine gewerbliche oder berufliche Tätigkeit im Laufe des Kalenderjahres begonnen hat.

Anmerkung

1. Keine Abgabe von USt-Erklärungen durch Kleinunternehmer

1.1 Änderungen durch das Wachstumschancengestz und das Jahressteuergesetz 2024

Durch das Wachstumschancengesetz wurde in § 19 Abs. 1 **Satz 4** UStG geregelt, dass die Vorschriften des § 18 Abs. 1 bis 4 UStG (Steuererklärungspflichten) für **Kleinunternehmer ab 1.1.2025** keine Anwendung finden. Allerdings kann die FinVerw den Kleinunternehmer gem. § 149 Abs. 1 Satz 2 AO auffordern, eine Steuererklärung abzugeben.

Die geänderten Regelungen über die Kleinunternehmerbesteuerung durch das **Jahressteuergesetz 2024** (Gesetz v. 5.12.2024, BGBl. I 2024, Nr. 387) ab 1.1.2025 hatten auf die Steuererklärungspflicht inhaltlich keinen Einfluss. Nunmehr ist in § 19 Abs. 1 **Satz 2** UStG geregelt, dass Kleinunternehmer nicht zur Abgabe von Steuererklärungen verpflichtet sind.

Wegen weiterer Einzelheiten zur Kleinunternehmerbesteuerung ab 1.1.2025 vgl. die Anmerkungen und Kommentierungen zu Abschn. 19.1. UStAE.

1.2 Übergang vom Kleinunternehmer zum Regelbesteuerer – Angaben in der Umsatzsteuererklärung

In dem mit BMF-Schreiben v. 9.12.2024 – III C 3 – S 7344/19/10002 :007 veröffentlichten **Muster der „Umsatzsteuererklärung 2025"** weist die FinVerw darauf hin, dass die Neuregelung über die Kleinunternehmerbesteuerung auch Auswirkungen auf die Erklärungsabgabe hat.

Nach der **seit 1.1.2025** geltenden Kleinunternehmerregelung werden Umsätze als **steuerfrei** behandelt.

Hinweis: Kleinunternehmerbesteuerung seit 1.1.2025

Voraussetzung ist nach § 19 Absatz 1 UStG, dass der Gesamtumsatz (§ 19 Absatz 2 UStG) des Vorjahres nicht mehr als 25.000 EUR betragen hat, der Gesamtumsatz (§ 19 Absatz 2 UStG) des laufenden Kalenderjahres nicht mehr als 100.000 EUR beträgt und auf die Kleinunternehmer-Regelung nicht verzichtet wurde.

Bei Vorliegen dieser Voraussetzungen sind die Umsätze des Unternehmers steuerfrei zu behandeln. Wird im laufenden Kalenderjahr die Umsatzgrenze in Höhe von 100.000 EUR überschritten, **unterliegt bereits der die Grenze überschreitende Umsatz der Regelbesteuerung**. Dies hat dann auch Auswirkungen in den Angaben der Steuererklärung.

Zu Einzelheiten siehe die Kommentierung zu Abschn. 19.1. UStAE

Bei Überschreiten der Umsatzgrenze von 100.000 EUR im laufenden Kalenderjahr hat der Unternehmer **das Datum der Überschreitung** in Zeile 16 der USt-Erklärung (Kennzahl 136) einzutragen. Zudem sind neben den Kennzahlen, die für die Regelbesteuerung maßgeblich sind, die steuerfreien Umsätze i.S.d. § 19 Absatz 1 UStG in der Zeile 48 (Kennzahl 236) zu erklären.

Möchte der Unternehmer auf die Anwendung der Kleinunternehmerregelung verzichten, muss er dies bis zum letzten Tag des Monats Februar des zweiten auf den Besteuerungszeitraum folgenden Kalenderjahres gegenüber der FinVerw erklären. In diesem Fall hat der Unternehmer in Zeile 16 (Kennzahl 136) den 1.1. des Besteuerungszeitraums einzutragen.

Die Erklärung des Verzichts auf die Anwendung der Kleinunternehmerregelung ist **unwiderruflich** und **bindet** den Unternehmer mindestens für **fünf Kalenderjahre**. Für die Zeit nach Ablauf der Fünf-Jahres-Frist kann der Unternehmer gemäß § 19 Abs. 3 Satz 3 und Satz 4 UStG den **Verzicht mit Wirkung von Beginn eines folgenden Kalenderjahres an widerrufen**.

UStAE 18.2. Voranmeldungszeitraum

(1) [1]Der Voranmeldungszeitraum des laufenden Kalenderjahres bestimmt sich regelmäßig nach der Steuer des Vorjahres. [2]Umsätze des Unternehmers, für die der Leistungsempfänger die Umsatzsteuer nach § 13b Abs. 5 Sätze 1 bis 5 UStG schuldet, bleiben unberücksichtigt. [3]Nach Wegfall der Voraussetzungen für eine umsatzsteuerliche Organschaft bzw. nach dem Ausscheiden einer Organgesellschaft aus einer Organschaft bestimmt sich der Voranmeldungszeitraum der bisherigen Organgesellschaft aus Vereinfachungsgründen grundsätzlich anhand der Steuer des vorangegangenen Kalenderjahrs des bisherigen Organkreises; in Neugründungsfällen vgl. Abschnitt 18.7 Abs. 1 Satz 2. [4]Soweit die bisherige Organgesellschaft einen davon abweichenden Voranmeldungszeitraum begehrt, hat sie die fiktive anteilige Steuer für das vorangegangene Kalenderjahr selbst zu ermitteln. [5]Der Voranmeldungszeitraum umfasst grundsätzlich das Kalendervierteljahr. [6]Abweichend hiervon ist Voranmeldungszeitraum der Kalendermonat, wenn die Steuer für das vorangegangene Kalenderjahr mehr als **9000 €** betragen hat. [7]Der Unternehmer kann den Kalendermonat als Voranmeldungszeitraum wählen, wenn sich im vorangegangenen Kalenderjahr ein Überschuss zu seinen Gunsten von mehr als **9000 €** ergeben hat. [8]Die Frist zur Ausübung des Wahlrechts nach § 18 Abs. 2a Satz 2 UStG ist nicht verlängerbar; die Möglichkeit der Dauerfristverlängerung bleibt unberührt. [9]Die Vorschriften der AO über die Wiedereinsetzung in den vorigen Stand nach § 110 AO sind anzuwenden.

(2) [1]Der Unternehmer kann von der Verpflichtung zur Übermittlung von Voranmeldungen befreit werden, wenn die Steuer für das vorangegangene Kalenderjahr nicht mehr als **2000 €** betragen hat und es sich weder um einen Neugründungsfall (§ 18 Abs. 2 Satz 4 UStG) noch um den Beginn der Aufnahme der selbständigen gewerblichen oder beruflichen Tätigkeit einer Vorratsgesellschaft (§ 18 Abs. 2 Satz 5 Nr. 1 UStG) noch um die Übernahme eines Firmenmantels (§ 18 Abs. 2 Satz 5 Nr. 2 UStG) handelt. [2]Hat sich im Vorjahr kein Überschuss zugunsten des Unternehmers ergeben, ist die Befreiung grundsätzlich von Amts wegen zu erteilen. [3]Sie unterbleibt dagegen in begründeten Fällen, z.B.

- bei nachhaltiger Veränderung in der betrieblichen Struktur oder
- wenn der Steueranspruch gefährdet erscheint oder
- im laufenden Jahr mit einer wesentlich höheren Steuer zu rechnen ist oder
- in Fällen des § 18 Abs. 4a UStG oder
- im ersten Jahr nach dem gesetzlichen Wechsel von der Besteuerung nach Durchschnittssätzen nach § 24 UStG zur Regelbesteuerung; vgl. Abschnitt 24.1a Abs. 1 Satz 13 oder
- **im Jahr des gesetzlichen Wechsels von der Besteuerung als Kleinunternehmer nach § 19 Abs. 1 UStG zur Regelbesteuerung (vgl. Abschnitt 19.1 Abs. 2 und Abschnitt 19.3 Abs. 1 Sätze 1 bis 3).**

[4]Hat das vorangegangene Kalenderjahr einen Überschuss zugunsten des Unternehmers ergeben, verbleibt es von Amts wegen bei dem Kalendervierteljahr als Voranmeldungszeitraum. [5]Anträgen der Unternehmer auf Befreiung von der Verpflichtung zur Übermittlung vierteljährlicher Voranmeldungen ist in diesen Fällen jedoch regelmäßig stattzugeben.

(3) [1]Eine Änderung der Steuer des vorangegangenen Kalenderjahres ist bei der Einordnung im laufenden Kalenderjahr zu berücksichtigen, soweit sich die Änderung für dieses Kalenderjahr noch auswirkt. [2]Ergibt sich für das Vorjahr nachträglich ein Überschuss zugunsten des Unternehmers von mehr als **9000 €**, ist eine monatliche Übermittlung der Voranmeldungen im laufenden Kalenderjahr nur möglich, wenn die Antragsfrist nach § 18 Abs. 2 a Satz 2 UStG eingehalten wurde.

(4) [1]Für Unternehmer und juristische Personen, die ausschließlich Steuern für Umsätze nach § 1 Abs. 1 Nr. 5 UStG, § 13 b Abs. 5 UStG oder § 25 b Abs. 2 UStG zu entrichten haben, sowie für Fahrzeuglieferer nach § 2 a UStG gelten die Ausführungen in den Absätzen 1 bis 3 entsprechend. [2]Ein Wahlrecht zur monatlichen Übermittlung von Voranmeldungen (Absatz 1 Satz 7) besteht jedoch nicht.

(5) Zur Abgabe von Voranmeldungen in Sonderfällen vgl. Abschnitt 18.6 und in Neugründungsfällen Abschnitt 18.7; zur Übermittlung von Steuererklärungen in den Besteuerungsverfahren nach § 18 Abs. 4 c und 4 e UStG vgl. Abschnitte 18.7 a und 18.7 b.

(6) Im Falle der dezentralen Besteuerung von Organisationseinheiten der Gebietskörperschaften Bund bzw. Länder (§ 18 Abs. 4 f und 4 g UStG) ist der Voranmeldungszeitraum stets der Kalendermonat (§ 18 Abs. 4 f Satz 6 UStG).

UStAE 18.3. Vordrucke, die von den amtlich vorgeschriebenen Vordrucken abweichen

Für die Verwendung vom amtlichen Muster abweichender Vordrucke für Umsatzsteuererklärungen für das Kalenderjahr gilt das BMF-Schreiben vom 3. 4. 2012, BStBl I S. 522.

UStAE 18.4. Dauerfristverlängerung

(1) [1]Die Dauerfristverlängerung kann ohne schriftlichen Bescheid gewährt werden. [2]Der Unternehmer kann deshalb die beantragte Dauerfristverlängerung in Anspruch nehmen, solange das Finanzamt den Antrag nicht ablehnt oder die Fristverlängerung nicht widerruft. [3]Das Finanzamt hat den Antrag abzulehnen oder die Fristverlängerung zu widerrufen, wenn der Steueranspruch gefährdet erscheint, z. B. wenn der Unternehmer seine Voranmeldungen nicht oder nicht rechtzeitig übermittelt oder angemeldete Vorauszahlungen nicht entrichtet. [4]Die Regelungen zur Dauerfristverlängerung gelten auch für die Übermittlung von vierteljährlichen Umsatzsteuer-Voranmeldungen im Fall der Fiskalvertretung (§ 22 b Abs. 2 UStG). [5]Außerdem gelten sie für Unternehmer und juristische Personen, die ausschließlich Steuern für Umsätze nach § 1 Abs. 1 Nr. 5 UStG, § 13 b Abs. 5 UStG oder § 25 b Abs. 2 UStG zu entrichten haben, sowie für Fahrzeuglieferer nach § 2 a UStG. [6]In den Fällen des Satzes 5 ist die Sondervorauszahlung bei der Berechnung der Vorauszahlung für den letzten Voranmeldungszeitraum des Kalenderjahres zu berücksichtigen, für den eine Voranmeldung zu übermitteln ist. [7]Zum Abzug einer Sondervorauszahlung kann eine Voranmeldung für Dezember auch dann übermittelt werden, wenn keine Umsätze anzumelden sind.

(2) [1]Der Antrag auf Dauerfristverlängerung ist nach amtlich vorgeschriebenem Datensatz **über die amtlich bestimmte Schnittstelle** zu übermitteln. [2]Dieser Datensatz ist auch für die Anmeldung der Sondervorauszahlung zu verwenden. [3]Zur Vermeidung von unbilligen Härten hat das Finanzamt auf Antrag auf eine elektronische Übermittlung zu verzichten, wenn eine elektronische Übermittlung des Antrags auf Dauerfristverlängerung für den Unternehmer wirtschaftlich oder persönlich unzumutbar ist (vgl. Abschnitt 18.1 Abs. 1). [4]In diesem Fall hat der Unternehmer den Antrag auf Dauerfristverlängerung nach amtlich vorgeschriebenem Vordruck in herkömmlicher Form – auf Papier oder per Telefax – zu stellen.

(3) [1]Der Antrag auf Dauerfristverlängerung muss nicht jährlich wiederholt werden, da die Dauerfristverlängerung solange als gewährt gilt, bis der Unternehmer seinen Antrag zurücknimmt oder das Finanz-

amt die Fristverlängerung widerruft. [2]Die Sondervorauszahlung muss dagegen von den Unternehmern, die ihre Voranmeldungen monatlich zu übermitteln haben, für jedes Kalenderjahr, für das die Dauerfristverlängerung gilt, bis zum 10. Februar berechnet, angemeldet und entrichtet werden. [3]Auf die Sondervorauszahlung finden die für die Steuern geltenden Vorschriften der AO Anwendung, z. B. die Vorschriften über die Festsetzung von Verspätungszuschlägen nach § 152 AO (vgl. BFH-Urteil vom 7. 7. 2005, V R 63/03, BStBl II S. 813) und über die Verwirkung von Säumniszuschlägen nach § 240 AO.

(4) Das Finanzamt kann die Sondervorauszahlung im Einzelfall abweichend von § 47 UStDV niedriger festsetzen, wenn

1. infolge von Rechtsänderungen die vorgeschriebene Berechnung zu einem offensichtlich unzutreffenden Ergebnis führt oder
2. die Vorauszahlungen des Vorjahres durch außergewöhnliche Umsätze beeinflusst worden sind, mit deren Wiederholung nicht zu rechnen ist.

(5) [1]Die festgesetzte Sondervorauszahlung ist bei der Festsetzung der Vorauszahlung für den letzten Voranmeldungszeitraum zu berücksichtigen, für den die Fristverlängerung im jeweiligen Besteuerungszeitraum in Anspruch genommen werden konnte (vgl. § 48 Abs. 4 UStDV). [2]Die Sondervorauszahlung wird daher grundsätzlich bei der Berechnung der Vorauszahlung für den Monat Dezember abgezogen. [3]Ein nach dem Abzug der Sondervorauszahlung verbleibender Erstattungsanspruch ist mit Ansprüchen aus dem Steuerschuldverhältnis aufzurechnen (§ 226 AO), im Übrigen zu erstatten. [4]Hat der Unternehmer seine gewerbliche oder berufliche Tätigkeit im Laufe eines Kalenderjahres eingestellt, hat er den Abzug der Sondervorauszahlung bereits in der Voranmeldung für den Voranmeldungszeitraum vorzunehmen, in dem der Betrieb eingestellt oder der Beruf aufgegeben worden ist. [5]Bei einem Verzicht des Unternehmers auf die Dauerfristverlängerung und bei einem Widerruf durch das Finanzamt im Laufe des Kalenderjahres gilt Satz 1 entsprechend (vgl. BFH-Urteil vom 16. 12. 2008, VII R 17/08, BStBl 2010 II S. 91).

UStAE 18.5. Vereinfachte Steuerberechnung bei Kreditverkäufen

(1) Es ist nicht zu beanstanden, wenn Einzelhändler und Handwerker, die § 20 UStG nicht in Anspruch nehmen können und von der vereinfachten Verbuchung ihrer Kreditverkäufe nach R 5.2 Abs. 1 Satz 7 Buchstabe b EStR zulässigerweise Gebrauch machen, bei der Erfassung der Außenstände wie folgt verfahren:

1. [1]Bei der Berechnung der Umsatzsteuer für einen Voranmeldungszeitraum bleiben die ausstehenden Entgelte für ausgeführte steuerpflichtige Lieferungen und sonstige Leistungen unberücksichtigt. [2]Die Zahlungseingänge aus diesen Kreditgeschäften sind wie Zahlungseingänge aus Bargeschäften in dem Voranmeldungszeitraum zu versteuern, in dem sie vereinnahmt worden sind.
2. [1]Zum 31. Dezember eines jeden Jahres hat der Unternehmer anhand der nach R 5.2 Abs. 1 Satz 7 Buchstabe b EStR geführten Kladde die ausstehenden Entgelte festzustellen und in der Voranmeldung für den Monat Dezember den Entgelten zuzurechnen. [2]Der Forderungsbestand am 31. Dezember des Vorjahres ist in dieser Voranmeldung von den Entgelten abzusetzen.

(2) [1]Ändern sich die Steuersätze im Laufe eines Kalenderjahres, sind die Außenstände am Tage vor dem Inkrafttreten der geänderten Steuersätze zu ermitteln und in der nächsten Voranmeldung den Entgelten zuzurechnen, auf die die bisherigen Steuersätze Anwendung finden. [2]In dieser Voranmeldung sind die ausstehenden Entgelte am 31. Dezember des Vorjahres von den Entgelten abzusetzen. [3]Die Entgelte, die am Tage vor dem Inkrafttreten einer Änderung des Steuersatzes ausstehen, sind in der letzten Voranmeldung des Besteuerungszeitraums von den Entgelten abzusetzen, die den geänderten Steuersätzen unterliegen.

UStAE 18.6. Abgabe der Voranmeldungen in Sonderfällen

(1) [1]Unabhängig von der Regelung des § 18 Abs. 2 Satz 3 UStG kann das Finanzamt den Unternehmer von der Abgabe der Voranmeldungen befreien, z. B. wenn und soweit in bestimmten Voranmeldungszeiträumen regelmäßig keine Umsatzsteuer entsteht.

Beispiel:

[1]Ein Aufsichtsratsmitglied erhält im Monat Mai eines jeden Jahres vertragsgemäß eine leistungsabhängige Vergütung (vgl. Abschnitt 2.2 Abs. 3 a).

[2]Das Finanzamt kann das Aufsichtsratsmitglied für die Monate, in denen es keine Entgelte erhält, von der Abgabe der Voranmeldungen befreien. [3]Die Befreiung ist davon abhängig zu machen, dass in den betreffenden Voranmeldungszeiträumen tatsächlich keine Umsatzsteuer entstanden ist.

[2]Eine Befreiung von der Verpflichtung zur Abgabe von Voranmeldungen kommt in Neugründungsfällen (§ 18 Abs. 2 Satz 4 UStG) nicht in Betracht.

(2) Unternehmer, die die Durchschnittssätze nach § 24 UStG anwenden, haben über die Verpflichtung nach § 18 Abs. 4 a UStG hinaus – sofern sie vom Finanzamt nicht besonders aufgefordert werden – insbesondere dann Voranmeldungen abzugeben und Vorauszahlungen zu entrichten, wenn

1. Umsätze von Sägewerkserzeugnissen bewirkt werden, für die der Durchschnittssatz nach § 24 Abs. 1 Satz 1 Nr. 2 UStG gilt, oder
2. Umsätze ausgeführt werden, die unter Berücksichtigung der Vereinfachungsregelung des Abschnittes 24.6 zu einer Vorauszahlung oder einem Überschuss führen und für die wegen der Abgabe der Voranmeldungen keine besondere Ausnahmeregelung gilt, oder
3. Steuerbeträge nach § 14 c UStG geschuldet werden.

(3) [1]In den Fällen des Absatzes 2 müssen die Umsätze, die den Durchschnittssätzen nach § 24 UStG unterliegen und für die eine Steuer nicht zu entrichten ist, in den Voranmeldungen nicht aufgeführt werden. [2]Sind die in Absatz 2 Nr. 1 und 2 bezeichneten Voraussetzungen erst im Laufe des Kalenderjahres eingetreten, sind von dem in Betracht kommenden Zeitpunkt an Voranmeldungen abzugeben und Vorauszahlungen zu entrichten. [3]Auf vorausgegangene Voranmeldungszeiträume entfallende Umsatzsteuerbeträge müssen erst einen Monat nach Eingang der Umsatzsteuererklärung für das betreffende Kalenderjahr nachentrichtet werden (§ 18 Abs. 4 Satz 1 UStG). [4]In den Fällen des Absatzes 2 Nr. 2 erstreckt sich die Verpflichtung zur Abgabe der Voranmeldungen und zur Entrichtung der Vorauszahlungen auf die Voranmeldungszeiträume, für die diese Steuerbeträge geschuldet werden. [5]Die Möglichkeit, den Unternehmer unter den Voraussetzungen des § 18 Abs. 2 Satz 3 UStG von der Abgabe der Voranmeldungen zu entbinden, wird durch die vorstehende Regelung nicht berührt.

(4) Unterliegen mehrere Grundstücke der Zwangsverwaltung, ist die Umsatzsteuer grundsätzlich für jedes Grundstück gesondert zu berechnen und anzumelden (vgl. BFH-Urteil vom 18. 10. 2001, V R 44/00, BStBl 2002 II S. 171).

(5) Zum Besteuerungsverfahren nach § 18 Abs. 4 c UStG vgl. Abschnitte 3 a.16 Abs. 8 und 18.7 a; zum Besteuerungsverfahren nach § 18 Abs. 4 e UStG vgl. Abschnitte 3 a.16 Abs. 9 und 18.7 b.

UStAE 18.7. Abgabe von Voranmeldungen in Neugründungsfällen

(1) [1]Die Verpflichtung zur Abgabe monatlicher Voranmeldungen besteht für das Jahr der Aufnahme der beruflichen oder gewerblichen Tätigkeit (Neugründungsfälle) und für das folgende Kalenderjahr (§ 18 Abs. 2 Satz 4 UStG; vgl. aber Absatz 5). [2]Dies gilt auch für eine bisherige Organgesellschaft in Fällen des Wegfalls der Voraussetzungen für eine umsatzsteuerliche Organschaft bzw. des Ausscheidens der Organgesellschaft aus einer Organschaft, wenn die bisherige Organgesellschaft ihre unternehmerische Tätigkeit als eigenständiges Unternehmen – vor Eintritt in den Organkreis – erst in dem Kalenderjahr des Ausscheidens aus dem Organkreis oder in dem diesem Kalenderjahr vorangegangenen Kalenderjahr aufgenommen hat. [3]Satz 1 gilt auch ab dem Zeitpunkt des Beginns der tatsächlichen Ausübung der selbständigen gewerblichen oder beruflichen Tätigkeit einer Vorratsgesellschaft im Sinne von § 18 Abs. 2 Satz 5 Nr. 1 UStG und ab dem Zeitpunkt der Übernahme eines Firmenmantels im Sinne von § 18 Abs. 2 Satz 5 Nr. 2 UStG. [4]Neugründungsfälle, in denen auf Grund der beruflichen oder gewerblichen Tätigkeit keine Umsatzsteuer festzusetzen ist (z. B. Unternehmer mit ausschließlich steuerfreien Umsätzen ohne Vorsteuerabzug – § 4 Nr. 8 ff. UStG –, Kleinunternehmer – § 19 Abs. 1 UStG –, Land- und Forstwirte – § 24 UStG –), fallen nicht unter die Regelung des § 18 Abs. 2 Satz 4 UStG.

(2) [1]Bei Umwandlungen durch Verschmelzung (§ 2 UmwG), Spaltung (§ 123 UmwG) oder Vermögensübertragung (§ 174 UmwG) liegt eine Aufnahme der beruflichen und gewerblichen Tätigkeit vor, wenn dadurch ein Rechtsträger neu entsteht oder seine unternehmerische Tätigkeit aufnimmt. [2]Ein Formwechsel (§ 190 UmwG) führt nicht zu einem neuen Unternehmen, da der formwechselnde Rechtsträger weiter besteht (§ 202 Abs. 1 Nr. 1 UmwG). [3]Der bei einer Betriebsaufspaltung neu entstehende Rechtsträger fällt unter § 18 Abs. 2 Satz 4 UStG, wenn durch die Betriebsaufspaltung keine Organschaft begründet wird. [4]Ein Gesellschafterwechsel oder ein Gesellschafteraustritt bzw. -eintritt führt nicht zu einem Neugründungsfall.

(3) [1]Bei einem örtlichen Zuständigkeitswechsel liegt kein Neugründungsfall vor. [2]Stellt ein bestehendes Unternehmen einen Antrag auf Erteilung einer USt-IdNr., liegt allein deshalb kein Neugründungsfall vor.

(4) [1]Auch in Neugründungsfällen kann Dauerfristverlängerung (§ 18 Abs. 6 UStG in Verbindung mit §§ 46 bis 48 UStDV) gewährt werden. [2]Zur Dauerfristverlängerung vgl. Abschnitt 18.4.

(5) [1]Für die Besteuerungszeiträume 2021 bis 2026 gilt die generelle Verpflichtung zur Abgabe von monatlichen Voranmeldungen in Neugründungsfällen nach § 18 Abs. 2 Satz 4 UStG nicht. [2]Der Voranmeldungszeitraum richtet sich in den vorgenannten Besteuerungszeiträumen in Neugründungsfällen nach § 18 Abs. 2 Sätze 1 und 2 UStG. [3]Eine Befreiung von der Verpflichtung zur Abgabe von Voranmeldungen kommt für das Jahr der Aufnahme der gewerblichen oder beruflichen Tätigkeit und das folgende Kalenderjahr nicht in Betracht. [4]Für die Bestimmung des Voranmeldungszeitraums in dem Kalenderjahr der Aufnahme der gewerblichen oder beruflichen Tätigkeit ist die voraussichtliche Steuer dieses Jahres maßgebend; im folgenden Kalenderjahr ist die tatsächliche Steuer des Vorjahres in eine Jahressteuer umzurechnen. [5]Die voraussichtliche Steuer ist zu Beginn der gewerblichen oder beruflichen Tätigkeit vom Unternehmer zu schätzen und dem Finanzamt mitzuteilen. [6]Auch für Neugründungsfälle im Jahr 2020 gelten im Besteuerungszeitraum 2021 die vorgenannten Grundsätze, nach denen für die Bestimmung des Voranmeldungszeitraums im Besteuerungszeitraum 2021 nicht § 18 Abs. 2 Satz 4 UStG, sondern § 18 Abs. 2 Sätze 1 und 2 UStG anzuwenden ist, wobei die tatsächliche Steuer des Jahres 2020 in eine Jahressteuer umzurechnen ist. [7]Die Regelungen der Sätze 1 bis 6 gelten entsprechend in Fällen des § 18 Abs. 2 a UStG; für die Anwendung des § 18 Abs. 2 a UStG kommt es im Gründungsjahr auf den voraussichtlichen Überschuss und im Folgejahr auf den tatsächlichen Überschuss für das Gründungsjahr umgerechnet in einen Jahresüberschuss an. [8]Die Regelungen des Absatzes 1 zu Vorratsgesellschaften im Sinne des § 18 Abs. 2 Satz 5 Nr. 1 UStG und zu Firmenmänteln im Sinne des § 18 Abs. 2 Satz 5 Nr. 2 UStG bleiben hiervon unberührt.

UStAE 18.7 a. Besteuerungsverfahren für nicht im Gemeinschaftsgebiet ansässige Unternehmer, die vor dem 1. 7. 2021 sonstige Leistungen nach § 3 a Abs. 5 UStG erbringen

(1) [1]Nicht im Gemeinschaftsgebiet ansässige Unternehmer, die vor dem 1. 7. 2021 im Gemeinschaftsgebiet als Steuerschuldner Telekommunikationsdienstleistungen, Rundfunk- und Fernsehdienstleistungen und/oder sonstige Leistungen auf elektronischem Weg an in der EU ansässige Nichtunternehmer (siehe Abschnitt 3 a.1 Abs. 1) erbringen (§ 3 a Abs. 5 UStG), können sich abweichend von § 18 Abs. 1 bis 4 UStG unter bestimmten Bedingungen dafür entscheiden, nur in einem EU-Mitgliedstaat erfasst zu werden (§ 18 Abs. 4 c UStG). [2]Macht ein Unternehmer von diesem Wahlrecht Gebrauch und entscheidet sich dafür, sich nur in Deutschland erfassen zu lassen, muss er dies dem für dieses Besteuerungsverfahren zuständigen BZSt vorbehaltlich des Satzes 3 vor Beginn des Besteuerungszeitraums, ab dessen Beginn er von diesem Besteuerungsverfahren Gebrauch macht, auf dem amtlich vorgeschriebenen, elektronisch zu übermittelnden Dokument anzeigen. [3]Erbringt der Unternehmer erstmals Leistungen im Sinne des Satzes 1, gilt die Ausübung des Wahlrechts nach Satz 1 ab dem Tag der ersten Leistungserbringung, wenn die Anzeige nach Satz 2 gegenüber dem BZSt bis zum 10. Tag des auf die erste Leistungserbringung folgenden Monats erfolgt. [4]Ändern sich die Angaben der Anzeige nach Satz 2, hat der Unternehmer dem BZSt die Änderungen bis zum 10. Tag des auf den Eintritt der Änderungen folgenden Monats auf elektronischem Weg mitzuteilen.

(2) [1]Abweichend von § 18 Abs. 1 bis 4 UStG hat der Unternehmer für jeden Besteuerungszeitraum (= Kalendervierteljahr; § 16 Abs. 1 a Satz 1 UStG) eine Umsatzsteuererklärung bis zum 20. Tag nach Ab-

lauf des Besteuerungszeitraums dem BZSt elektronisch zu übermitteln; dies gilt unabhängig davon, ob Leistungen nach Absatz 1 Satz 1 erbracht wurden oder nicht. [2]Hierbei hat er die auf den jeweiligen EU-Mitgliedstaat entfallenden Umsätze zu trennen und dem im betreffenden EU-Mitgliedstaat geltenden allgemeinen Steuersatz zu unterwerfen. [3]Der Unternehmer hat die Steuer selbst zu berechnen (§ 18 Abs. 4c Satz 1 in Verbindung mit § 16 Abs. 1a Satz 2 UStG). [4]Die Steuer ist spätestens am 20. Tag nach Ende des Besteuerungszeitraums an das BZSt zu entrichten (§ 18 Abs. 4c Satz 2 UStG).

(3) [1]Bei der Umrechnung von Werten in fremder Währung muss der Unternehmer einheitlich den von der Europäischen Zentralbank festgestellten Umrechnungskurs des letzten Tags des Besteuerungszeitraums bzw., falls für diesen Tag kein Umrechnungskurs festgelegt wurde, den für den nächsten Tag nach Ablauf des Besteuerungszeitraums festgelegten Umrechnungskurs anwenden (§ 16 Abs. 6 Sätze 4 und 5 UStG). [2]Die Anwendung eines monatlichen Durchschnittskurses entsprechend § 16 Abs. 6 Sätze 1 bis 3 UStG ist ausgeschlossen.

(4) [1]Der Unternehmer hat dem BZSt bis zum 10. Tag des auf den Eintritt der Änderung folgenden Monats auf elektronischem Weg mitzuteilen, wenn er keine Telekommunikationsdienstleistungen, Rundfunk- und Fernsehdienstleistungen und/oder sonstige Leistungen auf elektronischem Weg mehr erbringt oder wenn andere Änderungen vorliegen, durch die er die Voraussetzungen für die Anwendung des Besteuerungsverfahrens nach § 18 Abs. 4c UStG nicht mehr erfüllt. [2]Das BZSt stellt durch Verwaltungsakt fest, wenn der Unternehmer nicht oder nicht mehr die Voraussetzungen für die Anwendung des Besteuerungsverfahrens nach § 18 Abs. 4c UStG erfüllt.

(5) [1]Der Unternehmer kann die Ausübung des Wahlrechts auf elektronischem Weg widerrufen. [2]Ein Widerruf ist nur bis zum Beginn eines neuen Besteuerungszeitraums mit Wirkung ab diesem Zeitraum möglich (§ 18 Abs. 4c Sätze 4 und 5 UStG). [3]Das allgemeine Besteuerungsverfahren (§ 18 Abs. 1 bis 4 UStG) und das Besteuerungsverfahren nach § 18 Abs. 4c UStG schließen sich gegenseitig nicht aus.

(6) [1]Das BZSt kann den Unternehmer von dem Besteuerungsverfahren nach § 18 Abs. 4c UStG ausschließen, wenn er seinen Verpflichtungen nach § 18 Abs. 4c Sätze 1 bis 3 UStG oder seinen Aufzeichnungspflichten (§ 22 Abs. 1 UStG und Abschnitt 22.3a Abs. 1 und 4) in diesem Verfahren wiederholt nicht oder nicht rechtzeitig nachkommt. [2]Von einem wiederholten Verstoß gegen die Verpflichtungen oder Aufzeichnungspflichten nach Satz 1 ist insbesondere dann auszugehen, wenn

1. der Unternehmer für drei unmittelbar vorausgegangene Besteuerungszeiträume an die Übermittlung der Umsatzsteuererklärung erinnert wurde und er die Umsatzsteuererklärung für jeden dieser Besteuerungszeiträume nicht bis zum 10. Tag nach der Erinnerung übermittelt hat,
2. der Unternehmer für drei unmittelbar vorausgegangene Besteuerungszeiträume an die Zahlung der Steuer erinnert wurde und er den Gesamtbetrag der Steuer nicht für jeden dieser Besteuerungszeiträume bis zum 10. Tag nach der Zahlungserinnerung entrichtet hat, es sei denn, der rückständige Betrag beträgt weniger als 100 € für jeden dieser Besteuerungszeiträume, oder
3. der Unternehmer nach einer Aufforderung zur elektronischen Zurverfügungstellung seiner Aufzeichnungen (§ 22 Abs. 1 UStG und Abschnitt 22.3a Abs. 1 und 4) und einer nachfolgenden Erinnerung die angeforderten Aufzeichnungen nicht innerhalb eines Monats nach Erteilung der Erinnerung elektronisch zur Verfügung gestellt hat.

[3]Der Ausschluss gilt ab dem Besteuerungszeitraum, der nach dem Zeitpunkt der Bekanntgabe des Ausschlusses gegenüber dem Unternehmer beginnt. [4]Die Gültigkeit des Ausschlusses endet nicht vor Ablauf von acht Besteuerungszeiträumen, die dem Zeitpunkt der Bekanntgabe des Ausschlusses gegenüber dem Unternehmer folgen (vgl. Artikel 58b Abs. 1 MwStVO).

(7) Nicht im Gemeinschaftsgebiet ansässige Unternehmer, die vor dem 1. 7. 2021 im Inland als Steuerschuldner ausschließlich steuerbare Telekommunikationsdienstleistungen, Rundfunk- und Fernsehdienstleistungen und/oder sonstige Leistungen auf elektronischem Weg an Nichtunternehmer (siehe Abschnitt 3a.1 Abs. 1) erbringen, deren Umsatzbesteuerung aber in einem dem Besteuerungsverfahren nach § 18 Abs. 4c UStG entsprechenden Verfahren in einem anderen EU-Mitgliedstaat durchgeführt wird, sind insoweit nach § 18 Abs. 4d UStG von der Verpflichtung zur Übermittlung von Voranmeldungen und der Umsatzsteuererklärung für das Kalenderjahr im Inland befreit.

(8) [1]Nicht im Gemeinschaftsgebiet ansässige Unternehmer, die vor dem 1. 7. 2021 im Gemeinschaftsgebiet als Steuerschuldner ausschließlich Telekommunikationsdienstleistungen, Rundfunk- und Fernsehdienstleistungen und/oder sonstige Leistungen auf elektronischem Weg an in der EU ansässige Nichtunternehmer (siehe Abschnitt 3 a.1 Abs. 1) erbringen und von dem Wahlrecht der steuerlichen Erfassung in nur einem EU-Mitgliedstaat Gebrauch machen, können Vorsteuerbeträge nur im Rahmen des Vorsteuer-Vergütungsverfahrens geltend machen (§ 18 Abs. 9 Satz 1 UStG in Verbindung mit § 59 Satz 1 Nr. 4 und § 61 a UStDV). [2]In diesen Fällen sind die Einschränkungen des § 18 Abs. 9 Sätze 5 und 6 UStG nicht anzuwenden (§ 18 Abs. 9 Satz 7 UStG). [3]Voraussetzung ist, dass die Steuer für die Telekommunikationsdienstleistungen, Rundfunk- und Fernsehdienstleistungen und/oder sonstigen Leistungen auf elektronischem Weg entrichtet wurde und die Vorsteuerbeträge im Zusammenhang mit diesen Umsätzen stehen. [4]Für Vorsteuerbeträge im Zusammenhang mit anderen Umsätzen (z. B. elektronisch erbrachte sonstige Leistungen durch einen nicht in der Gemeinschaft ansässigen Unternehmer an einen in der Gemeinschaft ansässigen Unternehmer, der Steuerschuldner ist) gelten die Einschränkungen des § 18 Abs. 9 Sätze 5 und 6 UStG unverändert.

(9) Hinsichtlich des besonderen Besteuerungsverfahrens für nicht im Gemeinschaftsgebiet ansässige Unternehmer, die nach dem 30. 6. 2021 sonstige Leistungen erbringen, vgl. Abschnitt 18 i.1.

UStAE 18.7 b. Besteuerungsverfahren für im übrigen Gemeinschaftsgebiet ansässige Unternehmer, die vor dem 1. 7. 2021 sonstige Leistungen nach § 3 a Abs. 5 UStG im Inland erbringen

(1) [1]Im übrigen Gemeinschaftsgebiet ansässige Unternehmer (Abschnitt 13 b.11 Abs. 1 Satz 2), die vor dem 1. 7. 2021 im Inland als Steuerschuldner Telekommunikationsdienstleistungen, Rundfunk- und Fernsehdienstleistungen und/oder sonstige Leistungen auf elektronischem Weg an im Inland ansässige Nichtunternehmer (siehe Abschnitt 3 a.1 Abs. 1) erbringen (§ 3 a Abs. 5 UStG), können sich abweichend von § 18 Abs. 1 bis 4 UStG unter bestimmten Bedingungen dafür entscheiden, an dem besonderen Besteuerungsverfahren nach Titel XII Kapitel 6 Abschnitt 3 der MwStSystRL in der Fassung von Artikel 5 Nummer 15 der Richtlinie 2008/8/EG des Rates vom 12. 2. 2008 zur Änderung der Richtlinie 2006/112/EG bezüglich des Ortes der Dienstleistung (ABl. EU 2008 Nr. L 44 S. 11) teilzunehmen (vgl. § 18 Abs. 4 e UStG). [2]Dies gilt nur, wenn der Unternehmer im Inland, auf der Insel Helgoland und in einem der in § 1 Abs. 3 UStG bezeichneten Gebiete weder seinen Sitz, seine Geschäftsleitung noch eine Betriebsstätte (Abschnitt 3 a.1 Abs. 3) hat. [3]Macht ein Unternehmer von dem Wahlrecht nach Satz 1 Gebrauch, muss er dies der zuständigen Stelle in dem EU-Mitgliedstaat, in dem er ansässig ist, vorbehaltlich des Satzes 4 vor Beginn des Besteuerungszeitraums, ab dessen Beginn er von dem besonderen Besteuerungsverfahren Gebrauch macht, auf dem amtlich vorgeschriebenen, elektronisch zu übermittelnden Dokument anzeigen. [4]Erbringt der Unternehmer erstmals Leistungen im Sinne des Satzes 1, gilt das besondere Besteuerungsverfahren nach Satz 1 ab dem Tag der ersten Leistungserbringung, wenn die Anzeige nach Satz 3 gegenüber der zuständigen Stelle in dem EU-Mitgliedstaat, in dem er ansässig ist, bis zum 10. Tag des auf die erste Leistungserbringung folgenden Monats erfolgt.

(2) [1]Abweichend von § 18 Abs. 1 bis 4 UStG hat der an dem besonderen Besteuerungsverfahren nach Absatz 1 teilnehmende Unternehmer für jeden Besteuerungszeitraum (= Kalendervierteljahr; § 16 Abs. 1 b Satz 1 UStG) eine Umsatzsteuererklärung bis zum 20. Tag nach Ablauf des Besteuerungszeitraums nach amtlich vorgeschriebenem Datensatz **über die amtlich bestimmte Schnittstelle** über die zuständige Stelle in dem EU-Mitgliedstaat, in dem er ansässig ist, zu übermitteln. [2]Der Unternehmer hat die Steuer selbst zu berechnen (§ 18 Abs. 4 e Satz 1 in Verbindung mit § 16 Abs. 1 b UStG). [3]Die Umsatzsteuererklärung nach Satz 1 gilt als fristgemäß übermittelt, wenn sie bis zum 20. Tag nach Ablauf des Besteuerungszeitraums der zuständigen Stelle in dem EU-Mitgliedstaat, in dem der Unternehmer ansässig ist, übermittelt worden ist und dort in bearbeitbarer Weise aufgezeichnet wurde (§ 18 Abs. 4 e Satz 10 UStG). [4]Sie ist ab dem Zeitpunkt eine Steueranmeldung im Sinne des § 150 Abs. 1 Satz 3 und § 168 AO, zu dem die in ihr enthaltenen Daten von der zuständigen Stelle in dem EU-Mitgliedstaat, an die der Unternehmer die Umsatzsteuererklärung übermittelt hat, dem BZSt übermittelt und dort in bearbeitbarer Weise aufgezeichnet wurden; dies gilt entsprechend für die Berichtigung einer Umsatzsteuererklärung.

(3) [1]Die Steuer ist spätestens am 20. Tag nach Ende des Besteuerungszeitraums zu entrichten (§ 18 Abs. 4e Satz 4 UStG). [2]Die Entrichtung der Steuer erfolgt fristgemäß, wenn die Zahlung bis zum 20. Tag nach Ablauf des Besteuerungszeitraums bei der zuständigen Stelle in dem EU-Mitgliedstaat, in dem der Unternehmer ansässig ist, eingegangen ist (§ 18 Abs. 4e Satz 11 UStG). [3]§ 240 AO ist mit der Maßgabe anzuwenden, dass eine Säumnis frühestens mit Ablauf des 10. Tags nach Ablauf des auf den Besteuerungszeitraum folgenden übernächsten Monats eintritt (§ 18 Abs. 4e Satz 12 UStG).

(4) [1]Bei der Umrechnung von Werten in fremder Währung muss der Unternehmer einheitlich den von der Europäischen Zentralbank festgestellten Umrechnungskurs des letzten Tages des Besteuerungszeitraums bzw., falls für diesen Tag kein Umrechnungskurs festgelegt wurde, den für den nächsten Tag nach Ablauf des Besteuerungszeitraums festgelegten Umrechnungskurs anwenden (§ 16 Abs. 6 Sätze 4 und 5 UStG). [2]Die Anwendung eines monatlichen Durchschnittskurses entsprechend § 16 Abs. 6 Sätze 1 bis 3 UStG ist ausgeschlossen.

(5) [1]Der Unternehmer kann die Ausübung des Wahlrechts nach Absatz 1 Satz 1 gegenüber der zuständigen Stelle in dem EU-Mitgliedstaat, in dem er ansässig ist, auf elektronischem Weg widerrufen. [2]Ein Widerruf ist nur bis zum Beginn eines neuen Besteuerungszeitraums mit Wirkung ab diesem Zeitraum möglich (§ 18 Abs. 4e Sätze 6 und 7 UStG). [3]Das allgemeine Besteuerungsverfahren (§ 18 Abs. 1 bis 4 UStG) und das Besteuerungsverfahren nach § 18 Abs. 4e UStG schließen sich gegenseitig nicht aus.

(6) [1]Die zuständige Stelle in dem EU-Mitgliedstaat, in dem der Unternehmer ansässig ist, kann den Unternehmer von dem Besteuerungsverfahren nach § 18 Abs. 4e UStG ausschließen, wenn er seinen Verpflichtungen nach § 18 Abs. 4e Sätze 1 bis 5 UStG oder seinen Aufzeichnungspflichten (§ 22 Abs. 1 UStG und Abschnitt 22.3a Abs. 2 und 4) in diesem Verfahren wiederholt nicht oder nicht rechtzeitig nachkommt. [2]Das Finanzamt kann die zuständige Stelle in dem EU-Mitgliedstaat, in dem der Unternehmer ansässig ist, ersuchen, den Unternehmer von dem Besteuerungsverfahren nach § 18 Abs. 4e UStG auszuschließen, wenn der Unternehmer wiederholt gegen seine Verpflichtungen oder Aufzeichnungspflichten nach Satz 1 verstößt; zum Vorliegen eines wiederholten Verstoßes gegen die Verpflichtungen oder Aufzeichnungspflichten vgl. Abschnitt 18.7a Abs. 6 Satz 2. [3]Der Ausschluss gilt ab dem Besteuerungszeitraum, der nach dem Zeitpunkt der Bekanntgabe des Ausschlusses gegenüber dem Unternehmer beginnt. [4]Die Gültigkeit des Ausschlusses endet nicht vor Ablauf von acht Besteuerungszeiträumen, die dem Zeitpunkt der Bekanntgabe des Ausschlusses gegenüber dem Unternehmer folgen (vgl. Artikel 58b Abs. 1 MwStVO).

(7) [1]Im übrigen Gemeinschaftsgebiet ansässige Unternehmer (Abschnitt 13b.11 Abs. 1 Satz 2), die vor dem 1. 7. 2021 im Inland als Steuerschuldner ausschließlich Telekommunikationsdienstleistungen, Rundfunk- und Fernsehdienstleistungen und/oder sonstige Leistungen auf elektronischem Weg an im Inland ansässige Nichtunternehmer (siehe Abschnitt 3a.1 Abs. 1) erbringen und von dem Wahlrecht nach § 18 Abs. 4e UStG Gebrauch machen, können Vorsteuerbeträge nur im Rahmen des Vorsteuer-Vergütungsverfahrens geltend machen (§ 59 Satz 1 Nr. 5 und § 61 UStDV). [2]Erbringen im übrigen Gemeinschaftsgebiet ansässige Unternehmer, die von dem Wahlrecht nach § 18 Abs. 4e UStG Gebrauch machen, vor dem 1. 7. 2021 im Inland noch andere Umsätze, für die sie im Inland die Umsatzsteuer schulden und Umsatzsteuer-Voranmeldungen und/oder Umsatzsteuererklärungen für das Kalenderjahr zu übermitteln haben, können die Vorsteuerbeträge insgesamt nur im allgemeinen Besteuerungsverfahren (§ 18 Abs. 1 bis 4 UStG) geltend gemacht werden.

(8) Hinsichtlich des besonderen Besteuerungsverfahrens für nach dem 30. 6. 2021 von im Gemeinschaftsgebiet, nicht aber im Mitgliedstaat des Verbrauchs ansässigen Unternehmern erbrachte sonstige Leistungen vgl. Abschnitt 18j.1.

UStAE 18.7c. Dezentrale Besteuerung von Organisationseinheiten der Gebietskörperschaften Bund bzw. Länder (§ 18 Abs. 4f und 4g UStG)

Zu Fragen der dezentralen Besteuerung von Organisationseinheiten der Gebietskörperschaften Bund bzw. Länder (§ 18 Abs. 4f und 4g UStG) vgl. das BMF-Schreiben vom 22. 05. 2023, BStBl I S. 803.

UStAE 18.8. Verfahren bei der Beförderungseinzelbesteuerung

(1) [1]Befördert ein Unternehmer Personen im Gelegenheitsverkehr mit einem Kraftomnibus, der nicht im Inland zugelassen ist, wird die Umsatzsteuer für jede einzelne Beförderungsleistung durch die zuständige Zolldienststelle berechnet und festgesetzt, wenn bei der Ein- oder Ausreise eine Grenze zwischen dem Inland und dem Drittlandsgebiet (z.B. Grenze zur Schweiz) überschritten wird (§ 16 Abs. 5, § 18 Abs. 5 UStG, Abschnitt 16.2). [2]Wird im Einzelfall geltend gemacht, dass die Voraussetzungen für eine Besteuerung nicht gegeben seien, muss dies in eindeutiger und leicht nachprüfbarer Form gegenüber der Zolldienststelle nachgewiesen werden. [3]Anderenfalls setzt die Zolldienststelle die Umsatzsteuer durch Steuerbescheid fest (§ 155 Abs. 1 AO).

(2) [1]Gegen die Steuerfestsetzung durch die Zolldienststelle ist der Einspruch gegeben (§ 347 Abs. 1 Satz 1 AO). [2]Die Zolldienststelle ist berechtigt, dem Einspruch abzuhelfen (§ 367 Abs. 3 Satz 2 AO, § 16 Abs. 5 Satz 3 UStG). [3]Hilft sie ihm nicht in vollem Umfang ab, hat sie die Sache dem für sie örtlich zuständigen Finanzamt zur weiteren Entscheidung vorzulegen. [4]Der Einspruch kann auch unmittelbar bei dem zuständigen Finanzamt eingelegt werden.

(3) [1]Anstelle der Beförderungseinzelbesteuerung kann der Unternehmer bei dem für ihn zuständigen Finanzamt die Besteuerung der Beförderungsleistungen im allgemeinen Besteuerungsverfahren (§ 18 Abs. 3 und 4 UStG) beantragen (§ 16 Abs. 5b UStG). [2]Auf die Steuer, die sich danach ergibt, wird die bei den Zolldienststellen entrichtete Umsatzsteuer angerechnet, soweit sie auf diese Beförderungsleistungen entfällt (§ 18 Abs. 5b UStG). [3]Die Höhe der anzurechnenden Umsatzsteuer ist durch Vorlage aller im Verfahren der Beförderungseinzelbesteuerung von den Zolldienststellen ausgehändigten Durchschriften der Umsatzsteuererklärung (Vordruckmuster 2603) mit allen Steuerquittungen nachzuweisen.

(3a) [1]Anstelle der Beförderungseinzelbesteuerung kann der Unternehmer auch an einem der besonderen Besteuerungsverfahren entsprechend Titel XII Kapitel 6 Abschnitt 2 und 3 der Richtlinie 2006/112/EG des Rates in der Fassung von Artikel 2 Nummer 14 bis 20 der Richtlinie (EU) 2017/2455 des Rates vom 5. Dezember 2017 zur Änderung der Richtlinie 2006/112/EG und der Richtlinie 2009/132/EG in Bezug auf bestimmte mehrwertsteuerliche Pflichten für die Erbringung von Dienstleistungen und für Fernverkäufe von Gegenständen (ABl. L 348 vom 29.12.2017, S. 7) teilnehmen. [2]Da die Teilnahme grundsätzlich bereits vor der erstmaligen Ausführung derartiger auf das Inland entfallender Umsätze anzuzeigen ist, gelten Absatz 1 Sätze 2 und 3 sowie Absatz 2 entsprechend. [3]Im Falle einer rückwirkenden Teilnahme am besonderen Besteuerungsverfahren kann auf die Steuer, die sich danach ergibt, die bei den Zolldienststellen entrichtete Umsatzsteuer nicht angerechnet werden.

(4) [1]Ist das Verfahren der Beförderungseinzelbesteuerung nicht durchzuführen, weil bei der Ein- und Ausreise keine Grenze zum Drittlandsgebiet überschritten wird, ist das allgemeine Besteuerungsverfahren (§ 18 Abs. 1 bis 4 UStG) durchzuführen oder von der Teilnahme an einem der besonderen Besteuerungsverfahren entsprechend Titel XII Kapitel 6 Abschnitt 2 und 3 der Richtlinie 2006/112/EG des Rates in der Fassung von Artikel 2 Nummer 14 bis 20 der Richtlinie (EU) 2017/2455 des Rates vom 5. Dezember 2017 zur Änderung der Richtlinie 2006/112/EG und der Richtlinie 2009/132/EG in Bezug auf bestimmte mehrwertsteuerliche Pflichten für die Erbringung von Dienstleistungen und für Fernverkäufe von Gegenständen (ABl. L 348 vom 29.12.2017, S. 7) Gebrauch zu machen. [2]Zur umsatzsteuerlichen Erfassung in Fällen des allgemeinen Besteuerungsverfahrens (§ 18 Abs. 1 bis 4 UStG) vgl. § 18 Abs. 12 UStG und Abschnitt 18.17. [3]Zur Teilnahme an einem der besonderen Besteuerungsverfahren im Inland (§ 18i Abs. 1 oder § 18j Abs. 1 UStG) vgl. § 18i oder §18j und Abschnitte 18.17 Abs. 3a sowie 18i.1 oder 18j.1.

UStAE 18.9. Verfahren bei der Fahrzeugeinzelbesteuerung

(1) [1]Beim innergemeinschaftlichen Erwerb neuer Fahrzeuge (§ 1b UStG) durch andere Erwerber als die in § 1a Abs. 1 Nr. 2 UStG genannten Personen hat der Erwerber für jedes erworbene neue Fahrzeug eine Steuererklärung für die Fahrzeugeinzelbesteuerung nach amtlich vorgeschriebenem Datensatz **über die amtlich bestimmte Schnittstelle** zu übermitteln oder nach amtlich vorgeschriebenem Vordruck abzuge-

ben (§ 16 Abs. 5a, § 18 Abs. 5a UStG; Abschnitt 16.3). [2]Der Erwerber hat bei Verwendung des Vordrucks diesen eigenhändig zu unterschreiben und ihm die vom Lieferer ausgestellte Rechnung beizufügen.

(2) [1]Der Erwerber hat die Steuererklärung für die Fahrzeugeinzelbesteuerung innerhalb von 10 Tagen nach dem Tag des innergemeinschaftlichen Erwerbs (§ 13 Abs. 1 Nr. 7 UStG) abzugeben und die Steuer zu entrichten. [2]Gibt er keine Steuererklärung ab oder berechnet er die Steuer nicht richtig, kann die Finanzbehörde die Steuer – ggf. im Schätzungswege – festsetzen. [3]Der Schätzung sind regelmäßig die Mitteilungen zu Grunde zu legen, die der Finanzbehörde von den für die Zulassung oder Registrierung von Fahrzeugen zuständigen Behörden (§ 18 Abs. 10 Nr. 1 UStG) oder dem für die Besteuerung des Fahrzeuglieferers zuständigen EU-Mitgliedstaat zur Verfügung gestellt werden. [4]§§ 167 und 168 AO sind anzuwenden.

Zu § 18 Abs. 8 UStG

UStG § 18 Abs. 8 *weggefallen*

Zu § 18 Abs. 9 UStG

UStG § 18 Abs. 9 [1]Zur Vereinfachung des Besteuerungsverfahrens kann das Bundesministerium der Finanzen mit Zustimmung des Bundesrates durch Rechtsverordnung die Vergütung der Vorsteuerbeträge (§ 15) an im Ausland ansässige Unternehmer, abweichend von § 16 und von den Absätzen 1 bis 4, in einem besonderen Verfahren regeln. [2]Dabei kann auch angeordnet werden,

1. dass die Vergütung nur erfolgt, wenn sie eine bestimmte Mindesthöhe erreicht,
2. innerhalb welcher Frist der Vergütungsantrag zu stellen ist,
3. in welchen Fällen der Unternehmer den Antrag eigenhändig zu unterschreiben hat,
4. wie und in welchem Umfang Vorsteuerbeträge durch Vorlage von Rechnungen und Einfuhrbelegen nachzuweisen sind,
5. dass der Bescheid über die Vergütung der Vorsteuerbeträge elektronisch erteilt wird,
6. wie und in welchem Umfang der zu vergütende Betrag zu verzinsen ist.

[3]Von der Vergütung ausgeschlossen sind in Rechnung gestellte Steuerbeträge für Ausfuhrlieferungen, bei denen die Gegenstände vom Abnehmer oder von einem von ihm beauftragten Dritten befördert oder versendet wurden, die nach § 4 Nummer 1 Buchstabe a in Verbindung mit § 6 steuerfrei sind, oder für innergemeinschaftliche Lieferungen, die nach § 4 Nummer 1 Buchstabe b in Verbindung mit § 6a steuerfrei sind oder in Bezug auf § 6a Absatz 1 Satz 1 Nummer 4 steuerfrei sein können. [4]Sind die durch die Rechtsverordnung nach den Sätzen 1 und 2 geregelten Voraussetzungen des besonderen Verfahrens erfüllt und schuldet der im Ausland ansässige Unternehmer ausschließlich Steuer nach § 13a Absatz 1 Nummer 1 in Verbindung mit § 14c Absatz 1 oder § 13a Absatz 1 Nummer 4, kann die Vergütung der Vorsteuerbeträge nur in dem besonderen Verfahren durchgeführt werden. [5]Einem Unternehmer, der im Gemeinschaftsgebiet ansässig ist und Umsätze ausführt, die zum Teil den Vorsteuerabzug ausschließen, wird die Vorsteuer höchstens in der Höhe vergütet, in der er in dem Mitgliedstaat, in dem er ansässig ist, bei Anwendung eines Pro-rata-Satzes zum Vorsteuerabzug berechtigt wäre. [6]Einem Unternehmer, der nicht im Gemeinschaftsgebiet ansässig ist, wird die Vorsteuer nur vergütet, wenn in dem Land, in dem der Unternehmer seinen Sitz hat, keine Umsatzsteuer oder ähnliche Steuer erhoben oder im Fall der Erhebung im Inland ansässigen Unternehmern vergütet wird. [7]Von der Vergütung ausgeschlossen sind bei Unternehmern, die nicht im Gemeinschaftsgebiet ansässig sind, die Vorsteuerbeträge, die auf den Bezug von Kraftstoffen entfallen, soweit diese nicht weitergeliefert werden. [8]Die Sätze 6 und 7 gelten nicht für Unternehmer, die nicht im Gemeinschaftsgebiet ansässig sind, soweit sie im Besteuerungszeitraum (§ 16 Absatz 1 Satz 2) vor dem 1. Juli 2021 als Steuerschuldner Umsätze nach § 3a Absatz 5 im Gemeinschaftsgebiet erbracht und für diese Umsätze von § 18 Absatz 4c Gebrauch gemacht haben oder diese Umsätze in einem anderen Mitgliedstaat erklärt sowie die darauf entfallende Steuer entrichtet haben; Voraussetzung ist, dass die Vorsteuerbeträge im Zusammenhang mit Umsätzen nach § 3a Absatz 5 stehen. [9]Die Sätze 6 und 7 gelten auch nicht für Unternehmer, die nicht im Gemeinschaftsgebiet ansässig sind, soweit sie im Besteuerungszeitraum (§ 16 Absatz 1 Satz 2) nach dem 30. Juni 2021 als Steuerschuldner Lieferungen nach § 3 Absatz 3a Satz 1 innerhalb eines Mitgliedstaates, Fernverkäufe nach § 3 Absatz 3a Satz 2, innergemeinschaft-

liche Fernverkäufe nach § 3c Absatz 1 Satz 2 und 3, Fernverkäufe nach § 3c Absatz 2 oder 3 oder sonstige Leistungen an Empfänger nach § 3a Absatz 5 Satz 1 im Gemeinschaftsgebiet erbracht und für diese Umsätze von den §§ 18i, 18j oder 18k Gebrauch gemacht haben; Voraussetzung ist, dass die Vorsteuerbeträge mit Lieferungen nach § 3 Absatz 3a Satz 1 innerhalb eines Mitgliedstaates, Fernverkäufen nach § 3 Absatz 3a Satz 2, innergemeinschaftlichen Fernverkäufen nach § 3c Absatz 1 Satz 2 und 3, Fernverkäufen nach § 3c Absatz 2 oder 3 oder sonstigen Leistungen an Empfänger nach § 3a Absatz 5 Satz 1 im Zusammenhang stehen.

UStDV

§ 59 Vergütungsberechtigte Unternehmer

[1]Die Vergütung der abziehbaren Vorsteuerbeträge (§ 15 des Gesetzes) an im Ausland ansässige Unternehmer ist abweichend von den §§ 16 und 18 Abs. 1 bis 4 des Gesetzes nach den §§ 60 bis 61a durchzuführen, wenn der Unternehmer im Vergütungszeitraum

1. im Inland keine Umsätze im Sinne des § 1 Abs. 1 Nr. 1 und 5 des Gesetzes oder nur steuerfreie Umsätze im Sinne des § 4 Nr. 3 des Gesetzes ausgeführt hat,
2. nur Umsätze ausgeführt hat, für die der Leistungsempfänger die Steuer schuldet (§ 13b des Gesetzes) oder die der Beförderungseinzelbesteuerung (§ 16 Abs. 5 und § 18 Abs. 5 des Gesetzes) unterlegen haben,
3. im Inland nur innergemeinschaftliche Erwerbe und daran anschließende Lieferungen im Sinne des § 25b Abs. 2 des Gesetzes ausgeführt hat,
4. im Inland als Steuerschuldner vor dem 1. Juli 2021 nur Umsätze im Sinne des § 3a Absatz 5 des Gesetzes erbracht und von dem Wahlrecht nach § 18 Absatz 4c des Gesetzes Gebrauch gemacht hat oder diese Umsätze in einem anderen Mitgliedstaat erklärt sowie die darauf entfallende Steuer entrichtet hat oder nach dem 30. Juni 2021 nur sonstige Leistungen an Empfänger nach § 3a Absatz 5 Satz 1 des Gesetzes erbracht und von dem Wahlrecht nach § 18i des Gesetzes Gebrauch gemacht hat,
5. im Inland als Steuerschuldner vor dem 1. Juli 2021 nur Umsätze im Sinne des § 3a Absatz 5 des Gesetzes erbracht und von dem Wahlrecht nach § 18 Absatz 4e des Gesetzes Gebrauch gemacht hat oder nach dem 30. Juni 2021 nur Lieferungen nach § 3 Absatz 3a Satz 1 des Gesetzes innerhalb eines Mitgliedstaates, innergemeinschaftliche Fernverkäufe nach § 3c Absatz 1 Satz 2 und 3 des Gesetzes sowie sonstige Leistungen an Empfänger nach § 3a Absatz 5 Satz 1 des Gesetzes erbracht und von dem Wahlrecht nach § 18j des Gesetzes Gebrauch gemacht hat oder
6. im Inland als Steuerschuldner nur Fernverkäufe nach § 3 Absatz 3a Satz 2 und § 3c Absatz 2 und 3 des Gesetzes erbracht und von dem Wahlrecht nach § 18k des Gesetzes Gebrauch gemacht hat.

[2]Ein im Ausland ansässiger Unternehmer im Sinne des Satzes 1 ist ein Unternehmer, der im Inland, auf der Insel Helgoland und in einem der in § 1 Absatz 3 des Gesetzes bezeichneten Gebiete weder einen Wohnsitz, seinen gewöhnlichen Aufenthalt, seinen Sitz, seine Geschäftsleitung noch eine Betriebsstätte hat, von der aus im Inland steuerbare Umsätze ausgeführt werden; ein im Ausland ansässiger Unternehmer ist auch ein Unternehmer, der ausschließlich einen Wohnsitz oder seinen gewöhnlichen Aufenthalt im Inland, aber im Ausland seinen Sitz, seine Geschäftsleitung oder eine Betriebsstätte hat, von der aus Umsätze ausgeführt werden. [3]Maßgebend für die Ansässigkeit ist der jeweilige Vergütungszeitraum im Sinne des § 60, für den der Unternehmer eine Vergütung beantragt.

§ 60 Vergütungszeitraum

[1]Vergütungszeitraum ist nach Wahl des Unternehmers ein Zeitraum von mindestens drei Monaten bis zu höchstens einem Kalenderjahr. [2]Der Vergütungszeitraum kann weniger als drei Monate umfassen, wenn es sich um den restlichen Zeitraum des Kalenderjahres handelt. [3]In den Vergütungsantrag für den Zeitraum nach den Sätzen 1 und 2 können auch abziehbare Vorsteuerbeträge aufgenommen werden, die in vorangegangene Vergütungszeiträume des betreffenden Jahres fallen. [4]Hat der Unternehmer einen Vergütungsantrag für das Kalenderjahr oder für den letzten Zeitraum des Kalenderjahres gestellt, kann er für das betreffende Jahr einmalig einen weiteren Vergütungsantrag stellen, in welchem ausschließlich abziehbare Vorsteuerbeträge aufgenommen werden dürfen, die in den Vergütungsanträgen für die Zeiträume nach den Sätzen 1 und 2 nicht enthalten sind; § 61 Absatz 3 Satz 3 und § 61a Absatz 3 Satz 3 gelten entsprechend.

§ 61 Vergütungsverfahren für im übrigen Gemeinschaftsgebiet ansässige Unternehmer

(1) [1]Der im übrigen Gemeinschaftsgebiet ansässige Unternehmer hat den Vergütungsantrag nach amtlich vorgeschriebenem Datensatz durch Datenfernübertragung über das in dem Mitgliedstaat, in dem der Unternehmer ansässig ist, eingerichtete elektronische Portal dem Bundeszentralamt für Steuern zu übermitteln. [2]Der Vergütungsantrag gilt nur dann als vorgelegt, wenn der Unternehmer

1. alle Angaben gemacht hat, die in den Artikeln 8 und 9 Absatz 1 der Richtlinie 2008/9/EG des Rates vom 12. Februar 2008 zur Regelung der Erstattung der Mehrwertsteuer gemäß der Richtlinie 2006/112/EG an nicht im Mitgliedstaat der Erstattung, sondern in einem anderen Mitgliedstaat ansässige Steuerpflichtige (ABl. L 44 vom 20. 2. 2008, S. 23), die durch die Richtlinie 2010/66/EU (ABl. L 275 vom 20. 10. 2010, S. 1) geändert worden ist, in der jeweils geltenden Fassung gefordert werden, sowie
2. eine Beschreibung seiner Geschäftstätigkeit anhand harmonisierter Codes vorgenommen hat, die gemäß Artikel 34a Absatz 3 Unterabsatz 2 der Verordnung (EG) Nr. 1798/2003 des Rates vom 7. Oktober 2003 über die Zusammenarbeit der Verwaltungsbehörden auf dem Gebiet der Mehrwertsteuer und zur Aufhebung der Verordnung (EWG) Nr. 218/92 (ABl. L 264 vom 15. 10. 2003, S. 1), die zuletzt durch die Verordnung (EU) Nr. 904/2010 (ABl. L 268 vom 12. 10. 2010, S. 1) geändert worden ist, in der jeweils geltenden Fassung bestimmt werden.

(2) [1]Die Vergütung ist binnen neun Monaten nach Ablauf des Kalenderjahres, in dem der Vergütungsanspruch entstanden ist, zu beantragen. [2]Der Unternehmer hat die Vergütung selbst zu berechnen. [3]Dem Vergütungsantrag sind die Rechnungen und Einfuhrbelege auf elektronischem Weg vollständig beizufügen, wenn das Entgelt für den Umsatz oder die Einfuhr mindestens 1 000 Euro, bei Rechnungen über den Bezug von Kraftstoffen mindestens 250 Euro beträgt. [4]Bei begründeten Zweifeln an dem Recht auf Vorsteuerabzug in der beantragten Höhe kann das Bundeszentralamt für Steuern verlangen, dass die Vorsteuerbeträge durch Vorlage von Rechnungen und Einfuhrbelegen im Original nachgewiesen werden.

(3) [1]Die beantragte Vergütung muss mindestens 400 Euro betragen. [2]Das gilt nicht, wenn der Vergütungszeitraum das Kalenderjahr oder der letzte Zeitraum des Kalenderjahres ist. [3]Für diese Vergütungszeiträume muss die beantragte Vergütung mindestens 50 Euro betragen.

(4) [1]Der Bescheid über die Vergütung von Vorsteuerbeträgen kann durch Bereitstellung zum Datenabruf nach § 122a in Verbindung mit § 87a Absatz 8 der Abgabenordnung bekannt gegeben werden. [2]Hat der Empfänger des Bescheids eine einmalige oder dauerhafte postalische Bekanntgabe nach § 122 Absatz 2 der Abgabenordnung beantragt, ist der Bescheid, bis zum Widerruf des Antrags, schriftlich zu erteilen.

(5) [1]Der nach § 18 Abs. 9 des Gesetzes zu vergütende Betrag ist zu verzinsen. [2]Der Zinslauf beginnt mit Ablauf von vier Monaten und zehn Arbeitstagen nach Eingang des Vergütungsantrags beim Bundeszentralamt für Steuern. [3]Übermittelt der Antragsteller Rechnungen oder Einfuhrbelege abweichend von Absatz 2 Satz 3 nicht zusammen mit dem Vergütungsantrag, sondern erst zu einem späteren Zeitpunkt, beginnt der Zinslauf erst mit Ablauf von vier Monaten und zehn Arbeitstagen nach Eingang der auf elektronischem Weg übermittelten Rechnungen oder Einfuhrbelege beim Bundeszentralamt für Steuern. [4]Hat das Bundeszentralamt für Steuern zusätzliche oder weitere zusätzliche Informationen angefordert, beginnt der Zinslauf erst mit Ablauf von zehn Arbeitstagen nach Ablauf der Fristen in Artikel 21 der Richtlinie 2008/9/EG. [5]Der Zinslauf endet mit erfolgter Zahlung des zu vergütenden Betrages; die Zahlung gilt als erfolgt mit dem Tag der Fälligkeit, es sei denn, der Unternehmer weist nach, dass er den zu vergütenden Betrag später erhalten hat. [6]Wird die Festsetzung oder Anmeldung der Steuervergütung geändert, ist eine bisherige Zinsfestsetzung zu ändern; § 233 a Abs. 5 der Abgabenordnung gilt entsprechend. [7]Für die Höhe und Berechnung der Zinsen gilt § 238 der Abgabenordnung. [8]Auf die Festsetzung der Zinsen ist § 239 der Abgabenordnung entsprechend anzuwenden. [9]Bei der Festsetzung von Prozesszinsen nach § 236 der Abgabenordnung sind Zinsen anzurechnen, die für denselben Zeitraum nach den Sätzen 1 bis 5 festgesetzt wurden.

(6) Ein Anspruch auf Verzinsung nach Absatz 5 besteht nicht, wenn der Unternehmer einer Mitwirkungspflicht nicht innerhalb einer Frist von einem Monat nach Zugang einer entsprechenden Aufforderung des Bundeszentralamtes für Steuern nachkommt.

§ 61 a Vergütungsverfahren für nicht im Gemeinschaftsgebiet ansässige Unternehmer

(1) [1]Der nicht im Gemeinschaftsgebiet ansässige Unternehmer hat den Vergütungsantrag nach amtlich vorgeschriebenem Datensatz durch Datenfernübertragung an das Bundeszentralamt für Steuern zu übermitteln. [2]Auf Antrag kann das Bundeszentralamt für Steuern zur Vermeidung von unbilligen Härten auf eine elektronische Übermittlung verzichten. [3]In diesem Fall hat der nicht im Gemeinschaftsgebiet ansässige Unternehmer die Vergütung nach amtlich vorgeschriebenem Vordruck beim Bundeszentralamt für Steuern zu beantragen und den Vergütungsantrag eigenhändig zu unterschreiben. **[4]Der Bescheid über die Vergütung von Vorsteuerbeträgen ist durch Bereitstellung zum Datenabruf nach § 122a in Verbindung mit § 87a Absatz 8 der Abgabenordnung bekannt zu geben. [5]Abweichend von § 122a Absatz 2 der Abgabenordnung kann das Bundeszentralamt für Steuern nur zur Vermeidung von unbilligen Härten einem Antrag auf einmalige postalischer Bekanntgabe nach § 122a Absatz 2 der Abgabenordnung entsprechen und den Bescheid, bis zum Widerruf des Antrags, postalisch bekannt geben.**

(2) [1]Die Vergütung ist binnen sechs Monaten nach Ablauf des Kalenderjahres, in dem der Vergütungsanspruch entstanden ist, zu beantragen. [2]Der Unternehmer hat die Vergütung selbst zu berechnen. **[3]In dem Antrag sind die Vorsteuerbeträge, deren Vergütung beantragt wird, im Einzelnen aufzuführen (Einzelaufstellung). [4]Die Vorsteuerbeträge sind**

1. **durch Hochladen der Rechnungen und Einfuhrbelege im Online-Portal des Bundeszentralamts für Steuern oder**
2. **in Ausnahmefällen durch Vorlage der Rechnungen und Einfuhrbelege auf einem Speichermedium**

nachzuweisen, wenn der Gesamtbetrag der Rechnung oder des Einfuhrbeleges 250 Euro übersteigt. [5]Das Bundeszentralamt für Steuern kann verlangen, dass die Vorsteuerbeträge durch Vorlage von Rechnungen und Einfuhrbelegen im Original nachgewiesen werden. In diesem Fall gilt der in Satz 4 genannte Schwellenwert nicht.

(3) [1]Die beantragte Vergütung muss mindestens 1 000 Euro betragen. [2]Das gilt nicht, wenn der Vergütungszeitraum das Kalenderjahr oder der letzte Zeitraum des Kalenderjahres ist. [3]Für diese Vergütungszeiträume muss die beantragte Vergütung mindestens 500 Euro betragen.

(4) Der Unternehmer muss der zuständigen Finanzbehörde durch behördliche Bescheinigung des Staates, in dem er ansässig ist, nachweisen, dass er als Unternehmer unter einer Steuernummer eingetragen ist.

§ 62 Berücksichtigung von Vorsteuerbeträgen, Belegnachweis

(1) Ist bei den in § 59 genannten Unternehmern die Besteuerung nach § 16 und § 18 Abs. 1 bis 4 des Gesetzes durchzuführen, so sind hierbei die Vorsteuerbeträge nicht zu berücksichtigen, die nach § 59 vergütet worden sind.

(2) Die abziehbaren Vorsteuerbeträge sind in den Fällen des Absatzes 1 durch Vorlage der Rechnungen und Einfuhrbelege im Original nachzuweisen.

UStAE 18.10. Unter das Vorsteuer-Vergütungsverfahren fallende Unternehmer und Vorsteuerbeträge

(1) [1]Das Vorsteuer-Vergütungsverfahren kommt nur für Unternehmer in Betracht, die im Ausland ansässig sind; die Ansässigkeit im Ausland richtet sich nach § 59 Satz 2 UStDV. [2]Ein Unternehmer ist bereits dann im Inland ansässig, wenn er eine inländische Betriebsstätte hat und von dieser im Inland steuerbare Umsätze ausführt (vgl. EuGH- Urteil vom 25. 10. 2012, C-318/11 und C-319/11); die Absicht, von dort Umsätze auszuführen, ist nicht ausreichend (vgl. BFH-Urteil vom 5. 6. 2014, V R 50/13, BStBl II S. 813). [3]Die Vorsteuerbeträge des im Ausland gelegenen Unternehmensteils sind in den Fällen des Satzes 2 erster Halbsatz im Rahmen des allgemeinen Besteuerungsverfahrens von der Betriebsstätte geltend zu machen. [4]Unternehmer, die ein im Inland gelegenes Grundstück besitzen und vermieten oder beabsichtigen zu vermieten, sind als im Inland ansässig zu behandeln. [5]Zur Abgrenzung des Vorsteuer-Vergütungsverfahrens vom allgemeinen Besteuerungsverfahren vgl. Abschnitt 18.15.

(2) [1]Das Vergütungsverfahren setzt voraus, dass der im Ausland ansässige Unternehmer in einem Vergütungszeitraum (vgl. Abschnitt 18.12) im Inland entweder keine Umsätze oder nur die Umsätze ausgeführt hat, die in § 59 UStDV genannt sind. [2]Sind diese Voraussetzungen erfüllt, kann die Vergütung der Vorsteuerbeträge nur im Vorsteuer-Vergütungsverfahren durchgeführt werden.

Beispiel 1:

[1]Ein im Ausland ansässiger Beförderungsunternehmer hat im Inland in den Monaten Januar bis April nur steuerfreie Beförderungen im Sinne des § 4 Nr. 3 UStG ausgeführt. [2]In denselben Monaten ist ihm für empfangene Leistungen, z. B. für Beherbergungen, Umsatzsteuer i. H. v. insgesamt 300 € in Rechnung gestellt worden.

[3]Die Vergütung der abziehbaren Vorsteuerbeträge ist im Vorsteuer-Vergütungsverfahren durchzuführen (§ 59 Satz 1 Nr. 1 UStDV).

Beispiel 2:

[1]Der im Ausland ansässige Unternehmer U hat in den Monaten Januar bis April Gegenstände aus dem Drittlandsgebiet an Abnehmer im Inland geliefert. [2]U beförderte die Gegenstände mit eigenen Fahrzeugen an die Abnehmer. [3]Bei den Beförderungen ist dem Unternehmer im Inland für empfangene Leistungen, z. B. für Beherbergungen, Umsatzsteuer i. H. v. insgesamt 300 € in Rechnung gestellt worden. [4]Schuldner der Einfuhrumsatzsteuer für die eingeführten Gegenstände war jeweils der Abnehmer. [5]U hat in den Monaten Januar bis April keine weiteren Umsätze im Inland erbracht.

[6]U erbringt in den Monaten Januar bis April keine Umsätze im Inland. [7]Der Ort seiner Lieferungen liegt im Drittlandsgebiet (§ 3 Abs. 6 UStG). [8]Die Vergütung der abziehbaren Vorsteuerbeträge ist im Vorsteuer-Vergütungsverfahren durchzuführen (§ 59 Satz 1 Nr. 1 UStDV).

Beispiel 3:

[1]Der im Ausland ansässige Unternehmer A erbringt im Jahr 01 im Inland ausschließlich steuerpflichtige Werkleistungen an den Unternehmer U. [2]Zur Ausführung der Werkleistungen ist A im Inland für empfangene Leistungen, z. B. Materialeinkauf, Umsatzsteuer i. H. v. insgesamt 1 000 € in Rechnung gestellt worden.

[3]Steuerschuldner für die Leistungen des A ist U (§ 13b Abs. 5 Satz 1 UStG). [4]Die Vergütung der abziehbaren Vorsteuerbeträge des A ist im Vorsteuer-Vergütungsverfahren durchzuführen (§ 59 Satz 1 Nr. 2 UStDV).

[3]Der vergütungsberechtigte Unternehmer (Leistender) ist im Rahmen der gesetzlichen Mitwirkungspflicht (§ 90 Abs. 1 AO) verpflichtet, auf Verlangen die Leistungsempfänger zu benennen, wenn diese für seine Leistungen die Steuer nach § 13b Abs. 5 Satz 1 und 6 UStG schulden.

UStAE 18.11. Vom Vorsteuer-Vergütungsverfahren ausgeschlossene Vorsteuerbeträge

(1) Sind die Voraussetzungen für die Anwendung des Vorsteuer-Vergütungsverfahrens nach § 59 UStDV nicht erfüllt, können Vorsteuerbeträge nur im allgemeinen Besteuerungsverfahren nach § 16 und § 18 Abs. 1 bis 4 UStG berücksichtigt werden.

Beispiel 1:

[1]Einem im Ausland ansässigen Unternehmer ist im Vergütungszeitraum Januar bis März Umsatzsteuer für die Einfuhr oder den Kauf von Gegenständen und für die Inanspruchnahme von sonstigen Leistungen berechnet worden. [2]Der Unternehmer führt im März im Inland steuerpflichtige Lieferungen aus.

[3]Die Vorsteuer kann nicht im Vorsteuer-Vergütungsverfahren vergütet werden. [4]Das allgemeine Besteuerungsverfahren ist durchzuführen.

Beispiel 2:

[1]Der im Ausland ansässige Unternehmer U führt an dem im Inland belegenen Einfamilienhaus eines Privatmannes Schreinerarbeiten (Werklieferungen) durch. [2]Die hierfür erforderlichen Gegenstände hat U teils im Inland erworben, teils in das Inland eingeführt. [3]Für den Erwerb der Gegenstände im Inland ist U Umsatzsteuer i.H.v. 500 € in Rechnung gestellt worden. [4]Für die Einfuhr der Gegenstände ist Einfuhrumsatzsteuer in Höhe von 250 € entstanden.

[5]Auf die Umsätze des U findet § 13b UStG keine Anwendung, da der Leistungsempfänger als Privatmann nicht Steuerschuldner wird (§ 13b Abs. 5 Satz 1 UStG). [6]Die Vorsteuerbeträge (Umsatzsteuer und Einfuhrumsatzsteuer) können daher nicht im Vorsteuer-Vergütungsverfahren vergütet werden. [7]Das allgemeine Besteuerungsverfahren ist durchzuführen.

Beispiel 3:

[1]Sachverhalt wie in Abschnitt 18.10 Abs. 2 Beispiel 2. [2]Abweichend hiervon ist U Schuldner der Einfuhrumsatzsteuer.

[3]Der Ort der Lieferungen des U liegt im Inland (§ 3 Abs. 8 UStG). [4]U schuldet die Steuer für die Lieferungen. [5]Die Vorsteuerbeträge können daher nicht im Vorsteuer-Vergütungsverfahren vergütet werden. [6]Das allgemeine Besteuerungsverfahren ist durchzuführen.

(1a) [1]Nicht vergütet werden Vorsteuerbeträge, die in Rechnungen über Ausfuhrlieferungen oder innergemeinschaftliche Lieferungen gesondert ausgewiesen werden, wenn feststeht, dass die Voraussetzungen der Steuerbefreiung nach § 4 Nr. 1 Buchstabe a in Verbindung mit § 6 Abs. 1 bis 3a UStG bzw. § 4 Nr. 1 Buchstabe b in Verbindung mit § 6a Abs. 1 oder Abs. 2 UStG vorliegen können, vgl. auch Abschnitt 6a.1 Abs. 19. [2]In diesen Fällen handelt es sich für die Beurteilung des Vergütungsanspruchs im Vorsteuer-Vergütungsverfahren um eine unrichtig ausgewiesene Steuer nach § 14c Abs. 1 UStG, die vom Leistungsempfänger nicht als Vorsteuer abgezogen (vgl. Abschnitt 14c.1 Abs. 1 Satz **7** Nr. 3 und Satz **8** sowie Abschnitt 15.2 Abs. 1 Sätze 1 und 2) und die demnach im Vorsteuer-Vergütungsverfahren nicht vergütet werden kann. [3]Die umsatzsteuerrechtliche Beurteilung der Lieferung des leistenden Unternehmers bleibt unberührt.

(2) [1]Reiseveranstalter sind nicht berechtigt, die ihnen für Reisevorleistungen gesondert in Rechnung gestellten Steuerbeträge als Vorsteuer abzuziehen (§ 25 Abs. 4 UStG). [2]Insoweit entfällt deshalb auch das Vorsteuer-Vergütungsverfahren.

(3) Nicht vergütet werden Vorsteuerbeträge, die mit Umsätzen im Ausland in Zusammenhang stehen, die – wenn im Inland ausgeführt – den Vorsteuerabzug ausschließen würden (vgl. Abschnitt 15.14).

Beispiel:

[1]Ein französischer Arzt besucht einen Ärztekongress im Inland. [2]Da ärztliche Leistungen grundsätzlich steuerfrei sind und den Vorsteuerabzug ausschließen, können die angefallenen Vorsteuerbeträge nicht vergütet werden.

(4) [1]Einem Unternehmer, der nicht im Gemeinschaftsgebiet ansässig ist, wird die Vorsteuer nur vergütet, wenn in dem Land, in dem der Unternehmer seinen Sitz hat, keine Umsatzsteuer oder ähnliche Steuer erhoben oder im Fall der Erhebung im Inland ansässigen Unternehmern vergütet wird (sog. Gegenseitigkeit im Sinne von § 18 Abs. 9 Satz 5 UStG). [2]Unternehmer, die ihren Sitz auf den Kanarischen Inseln, in Ceuta oder in Melilla haben, sind für die Durchführung des Vorsteuer-Vergütungsverfahrens wie Unternehmer mit Sitz im Gemeinschaftsgebiet zu behandeln. [3]Hinsichtlich der Verzeichnisse der Drittstaaten, zu denen Gegenseitigkeit gegeben oder nicht gegeben ist, wird auf das BMF-Schreiben vom 09. 11. 2022, BStBl I S. 1585, hingewiesen. [4]Bei fehlender Gegenseitigkeit ist das Vorsteuer-Vergütungsverfahren nur durchzuführen, soweit der nicht im Gemeinschaftsgebiet ansässige Unternehmer vor dem 1. 7. 2021 als Steuerschuldner Umsätze nach § 3a Abs. 5 UStG im Gemeinschaftsgebiet erbracht und für diese Umsätze von dem Wahlrecht der steuerlichen Erfassung in nur einem EU-Mitgliedstaat (§ 18 Abs. 4c und 4d UStG) Gebrauch gemacht hat (vgl. Abschnitt 18.7a Abs. 8).

(5) Von der Vergütung ausgeschlossen sind bei Unternehmern, die nicht im Gemeinschaftsgebiet ansässig sind, die Vorsteuerbeträge, die auf den Bezug von Kraftstoffen entfallen, soweit diese nicht weitergeliefert werden (§ 18 Abs. 9 Satz 6 UStG).

UStAE 18.12. Vergütungszeitraum

(1) [1]Der Vergütungszeitraum muss mindestens drei aufeinander folgende Kalendermonate in einem Kalenderjahr umfassen. [2]Es müssen nicht in jedem Kalendermonat Vorsteuerbeträge angefallen sein. [3]Für den restlichen Zeitraum eines Kalenderjahres können die Monate November und Dezember oder es kann auch nur der Monat Dezember Vergütungszeitraum sein.

(2) [1]In den Vergütungsantrag für den Zeitraum nach Absatz 1 Sätze 1 und 3 können auch abziehbare Vorsteuerbeträge aufgenommen werden, die in vorangegangene Vergütungszeiträume des betreffenden Jahres fallen. [2]Hat der Unternehmer einen Vergütungsantrag für das Kalenderjahr oder für den letzten Zeitraum des Kalenderjahres gestellt, kann er für das betreffende Jahr einmalig einen weiteren Vergütungsantrag stellen, in welchem ausschließlich abziehbare Vorsteuerbeträge aufgenommen werden dürfen, die in den Vergütungsanträgen für die Zeiträume nach Absatz 1 Sätze 1 und 3 nicht enthalten sind. [3]Der weitere Vergütungsantrag nach Satz 2 wird aus Vereinfachungsgründen stets als Antrag für das betreffende Kalenderjahr behandelt, soweit die Voraussetzungen nach § 59 UStDV erfüllt sind; dies gilt unabhängig davon, welchen Vergütungszeitraum der Unternehmer in dem Antrag gewählt hat.

(3) [1]Wegen der Auswirkungen der Mindestbeträge auf den zu wählenden Vergütungszeitraum vgl. § 61 Abs. 3 und § 61a Abs. 3 UStDV. [2]Für den weiteren Vergütungsantrag nach Absatz 2 Satz 2 gelten die Mindestbeträge nach § 61 Abs. 3 Satz 3 und § 61a Abs. 3 Satz 3 UStDV entsprechend.

UStAE 18.13. Vorsteuer-Vergütungsverfahren für im übrigen Gemeinschaftsgebiet ansässige Unternehmer

Antragstellung

(1) [1]Ein im übrigen Gemeinschaftsgebiet ansässiger Unternehmer, dem im Inland von einem Unternehmer für einen steuerpflichtigen Umsatz Umsatzsteuer in Rechnung gestellt worden ist, kann über die zuständige Stelle in dem Mitgliedstaat, in dem der Unternehmer ansässig ist, bei der zuständigen Behörde im Inland einen Antrag auf Vergütung dieser Steuer stellen. [2]Für die Vergütung der Vorsteuerbeträge im Vorsteuer-Vergütungsverfahren ist ausschließlich das BZSt zuständig (§ 5 Abs. 1 Nr. 8 FVG).

(2) [1]Der im übrigen Gemeinschaftsgebiet ansässige Unternehmer hat den Vergütungsantrag nach amtlich vorgeschriebenem Datensatz **über die amtlich bestimmte Schnittstelle** dem BZSt zu übermitteln. **[2]Die Übermittlung hat dabei über das elektronische Portal zu erfolgen, das der Mitgliedstaat, in dem der Unternehmer ansässig ist, eingerichtet hat.** [3]Der Vergütungsantrag gilt nur dann als vorgelegt, wenn der Unternehmer alle Angaben im Sinne von Abschnitt 18g.1 Abs. 4 und 5 Spiegelstriche 1 bis 8 gemacht und eine Beschreibung seiner Geschäftstätigkeit anhand harmonisierter Codes vorgenommen hat (vgl. § 61 Abs. 1 Satz 2 UStDV). [4]Eine unmittelbare Übermittlung des Vergütungsantrags von dem

im übrigen Gemeinschaftsgebiet ansässigen Unternehmer an das BZSt ist nicht möglich. [5]Eine schriftliche Bescheinigung des Mitgliedstaats, in dem der Unternehmer ansässig ist, zur Bestätigung der Unternehmereigenschaft ist durch im übrigen Gemeinschaftsgebiet ansässige Unternehmer nicht beizufügen.

(3) [1]Die Vergütung ist binnen neun Monaten nach Ablauf des Kalenderjahres, in dem der Vergütungsanspruch entstanden ist, zu beantragen (§ 61 Abs. 2 UStDV). [2]Es handelt sich hierbei um eine Ausschlussfrist, bei deren Versäumung unter den Voraussetzungen des § 110 AO Wiedereinsetzung in den vorigen Stand gewährt werden kann (vgl. EuGH-Urteil vom 21. 6. 2012, C-294/11, Elsacom, BStBl II S. 942).

(4) [1]Der Unternehmer hat die Vergütung selbst zu berechnen. [2]Dem Vergütungsantrag sind auf elektronischem Weg die Rechnungen und Einfuhrbelege als eingescannte Originale vollständig beizufügen, wenn das Entgelt für den Umsatz oder die Einfuhr mindestens 1 000 €, bei Rechnungen über den Bezug von Kraftstoffen mindestens 250 € beträgt. [3]Bei begründeten Zweifeln an dem Recht auf Vorsteuerabzug in der beantragten Höhe kann das BZSt verlangen, dass die Vorsteuerbeträge – unbeschadet der Frage der Rechnungshöhe – durch Vorlage von Rechnungen und Einfuhrbelegen im Original nachgewiesen werden. [4]Vor Ablehnung eines Vergütungsantrages, der innerhalb der Antragsfrist (vgl. Absatz 3 Satz 1) gestellt wurde, dem aber nicht die Kopien der Rechnungen oder der Einfuhrdokumente beigefügt waren, ist der Unternehmer zur Vorlage der entsprechenden Kopien oder sachdienlicher Informationen aufzufordern, die die Bearbeitung dieser Anträge ermöglichen, und zwar unabhängig davon, ob die Antragsfrist für den zugrundeliegenden Vergütungszeitraum zum Zeitpunkt der Bearbeitung bereits abgelaufen ist (vgl. EuGH-Urteil vom 18. 11. 2020, C-371/19, Kommission/Deutschland).

(5) [1]Die beantragte Vergütung muss mindestens 400 € betragen (§ 61 Abs. 3 UStDV). [2]Das gilt nicht, wenn der Vergütungszeitraum das Kalenderjahr oder der letzte Zeitraum des Kalenderjahres ist. [3]Für diese Vergütungszeiträume muss die beantragte Vergütung mindestens 50 € betragen.

(6) Einem Unternehmer, der im Gemeinschaftsgebiet ansässig ist und Umsätze ausführt, die zum Teil den Vorsteuerabzug ausschließen, wird die Vorsteuer höchstens in der Höhe vergütet, in der er in dem Mitgliedstaat, in dem er ansässig ist, bei Anwendung eines Pro-rata-Satzes zum Vorsteuerabzug berechtigt wäre (§ 18 Abs. 9 Satz 3 UStG).

Bescheiderteilung

(7) [1]Das BZSt hat den Vergütungsantrag eines im übrigen Gemeinschaftsgebiet ansässigen Unternehmers grundsätzlich innerhalb von vier Monaten und zehn Tagen nach Eingang aller erforderlichen Unterlagen abschließend zu bearbeiten und den Vergütungsbetrag auszuzahlen. [2]Die Bearbeitungszeit verlängert sich bei Anforderung weiterer Informationen zum Vergütungsantrag durch das BZSt auf längstens acht Monate. [3]Die Fristen nach den Sätzen 1 und 2 gelten auch bei Vergütungsanträgen von Unternehmern, die auf den Kanarischen Inseln, in Ceuta oder in Melilla ansässig sind.

(8) [1]Der Bescheid über die Vergütung von Vorsteuerbeträgen ist durch Bereitstellung zum Datenabruf nach § 122 a in Verbindung mit § 87 a Abs. 8 AO bekannt zu geben (§ 61 Abs. 4 Satz 1 UStDV). [2]Hat der Empfänger des Bescheids der Bekanntgabe durch Bereitstellung zum Datenabruf nicht zugestimmt, ist der Bescheid in Papierform zu versenden.

Verzinsung

(9) [1]Der nach § 18 Abs. 9 UStG zu vergütende Betrag ist zu verzinsen (§ 61 Abs. 5 UStDV). [2]Der Zinslauf beginnt grundsätzlich mit Ablauf von vier Monaten und zehn Arbeitstagen nach Eingang des Vergütungsantrags beim BZSt. [3]Übermittelt der Unternehmer Rechnungen oder Einfuhrbelege als eingescannte Originale abweichend von Absatz 4 Satz 2 nicht zusammen mit dem Vergütungsantrag, sondern erst zu einem späteren Zeitpunkt, beginnt der Zinslauf erst mit Ablauf von vier Monaten und zehn Arbeitstagen nach Eingang dieser eingescannten Originale beim BZSt. [4]Hat das BZSt zusätzliche oder weitere zusätzliche Informationen angefordert, beginnt der Zinslauf erst mit Ablauf von zehn Arbeitstagen nach Ablauf der Fristen in Artikel 21 der Richtlinie 2008/9/EG des Rates vom 12. 2. 2008 zur Regelung der Erstattung der Mehrwertsteuer nach der Richtlinie 2006/112/EG an nicht im Mitgliedstaat der Erstattung, sondern in einem anderen Mitgliedstaat ansässige Steuerpflichtige (ABl. EU 2008 Nr. L 44 S. 23). [5]Der Zinslauf endet mit erfolgter Zahlung des zu vergütenden Betrages; die Zahlung gilt als er-

folgt mit dem Tag der Fälligkeit, es sei denn, der Unternehmer weist nach, dass er den zu vergütenden Betrag später erhalten hat. [6]Wird die Festsetzung oder Anmeldung der Steuervergütung geändert, ist eine bisherige Zinsfestsetzung zu ändern; § 233 a Abs. 5 AO gilt entsprechend. [7]Für die Höhe und Berechnung der Zinsen gilt § 238 AO. [8]Auf die Festsetzung der Zinsen ist § 239 AO entsprechend anzuwenden. [9]Bei der Festsetzung von Prozesszinsen nach § 236 AO sind Zinsen anzurechnen, die für denselben Zeitraum nach den Sätzen 1 bis 5 festgesetzt wurden.

(10) [1]Ein Anspruch auf Verzinsung nach Absatz 9 besteht nicht, wenn der Unternehmer einer Mitwirkungspflicht nicht innerhalb einer Frist von einem Monat nach Zugang einer entsprechenden Aufforderung des BZSt nachkommt (§ 61 Abs. 6 UStDV). [2]Dabei handelt es sich nicht um eine nicht verlängerbare Ausschlussfrist (vgl. BFH-Urteil vom 17. 7. 2019, V R 7/17, BStBl 2020 II S. 177).

UStAE 18.14. Vorsteuer-Vergütungsverfahren für im Drittlandsgebiet ansässige Unternehmer

Antragstellung

(1) [1]Ein im Drittlandsgebiet ansässiger Unternehmer, dem im Inland von einem Unternehmer für einen steuerpflichtigen Umsatz Umsatzsteuer in Rechnung gestellt worden ist, kann bei der zuständigen Behörde im Inland einen Antrag auf Vergütung dieser Steuer stellen. [2]Für die Vergütung der Vorsteuerbeträge im Vorsteuer-Vergütungsverfahren ist ausschließlich das BZSt zuständig (§ 5 Abs. 1 Nr. 8 FVG). [3]Zum Vorliegen der Gegenseitigkeit sowie zum Ausschluss bestimmter Vorsteuerbeträge vgl. Abschnitt 18.11 Abs. 4 und 5.

(2) [1]Der Antrag auf Vergütung der Vorsteuerbeträge ist nach amtlich vorgeschriebenem Datensatz **über die amtlich bestimmte Schnittstelle** dem BZSt zu übermitteln; Absatz 4 Satz 2 und Absatz 7 Satz 1 bleiben unberührt. [2]Informationen zur elektronischen Übermittlung sind auf den Internetseiten des BZSt (www.bzst.de) abrufbar. [3]Auf Antrag hat das BZSt zur Vermeidung von unbilligen Härten auf eine elektronische Übermittlung zu verzichten und die Abgabe des Vergütungsantrags nach amtlich vorgeschriebenem Vordruck in herkömmlicher Form – auf Papier oder per Telefax – zuzulassen, wenn eine elektronische Übermittlung für den Unternehmer wirtschaftlich oder persönlich unzumutbar ist; Abschnitt 18.1 Abs. 1 Sätze 4 und 5 gelten entsprechend. [4]In diesem Fall hat der im Drittlandsgebiet ansässige Unternehmer die Vergütung nach amtlich vorgeschriebenem Vordruck beim BZSt zu beantragen und den Vergütungsantrag eigenhändig zu unterschreiben (vgl. § 61 a Abs. 1 Satz 3 UStDV und BFH-Urteil vom 8. 8. 2013, V R 3/11, BStBl 2014 II S. 46).

(2 a) [1]In dem Antrag sind die Vorsteuerbeträge, deren Vergütung beantragt wird, im Einzelnen aufzuführen (Einzelaufstellung). [2]Es ist nicht erforderlich darzulegen, zu welcher konkreten unternehmerischen Tätigkeit die erworbenen Gegenstände oder empfangenen sonstigen Leistungen verwendet worden sind. [3]Pauschale Erklärungen, die die Art der unternehmerischen Tätigkeit erkennen lassen, reichen aus (z. B. grenzüberschreitende Güterbeförderungen im Monat Juni).

(3) Aus Gründen der Arbeitsvereinfachung wird für die Einzelaufstellung das folgende Verfahren zugelassen:

1. Bei Rechnungen, deren Gesamtbetrag 250 € nicht übersteigt und bei denen das Entgelt und die Umsatzsteuer in einer Summe angegeben sind (§ 33 UStDV):
   a) Der Unternehmer kann die Rechnungen getrennt nach Kostenarten mit laufenden Nummern versehen und sie mit diesen Nummern, den Nummern der Rechnungen und mit den Bruttorechnungsbeträgen in gesonderten Aufstellungen zusammenfassen.
   b) [1]Die in den Aufstellungen zusammengefassten Bruttorechnungsbeträge sind aufzurechnen. [2]Aus dem jeweiligen Endbetrag ist die darin enthaltene Umsatzsteuer herauszurechnen und in die Einzelaufstellung zu übernehmen. [3]Hierbei ist auf die gesonderte Aufstellung hinzuweisen.
   c) Bei verschiedenen Steuersätzen sind die gesonderten Aufstellungen getrennt für jeden Steuersatz zu erstellen.
2. Bei Fahrausweisen, in denen das Entgelt und der Steuerbetrag in einer Summe angegeben sind (§ 34 UStDV), gilt Nummer 1 entsprechend.

3. Bei Einfuhrumsatzsteuerbelegen:
   a) Der Unternehmer kann die Belege mit laufenden Nummern versehen und sie mit diesen Nummern, den Nummern der Belege und mit den in den Belegen angegebenen Steuerbeträgen in einer gesonderten Aufstellung zusammenfassen.
   b) [1]Die Steuerbeträge sind aufzurechnen und in die Einzelaufstellung zu übernehmen. [2]Hierbei ist auf die gesonderte Aufstellung hinzuweisen.
4. Die gesonderten Aufstellungen sind dem BZSt zusammen mit den Rechnungen und Einfuhrbelegen (vgl. Absatz 4 Satz 2) zu übersenden.

(4) [1]Der Unternehmer hat die Vergütung selbst zu berechnen. [2]Die Vorsteuerbeträge sind durch Vorlage von Rechnungen und Einfuhrbelegen im Original nachzuweisen (§ 61a Abs. 2 Satz 3 UStDV), **im Falle von elektronisch übermittelten Rechnungen (E-Rechnungen oder sonstige Rechnungen in einem anderen elektronischen Format) können diese auf elektronischem Weg eingereicht werden (insbesondere zusammen mit dem Antrag über das BZSt-Online-Portal (BOP) oder gesondert über das BZSt online.portal oder durch Vorlage auf einem Speichermedium); die Belege** können allenfalls bis zum Ende der Antragsfrist nachgereicht werden (vgl. BFH-Urteile vom 18.01.2007 – V R 23/05, BStBl II S. 430, und vom 19.11.2014 – V R 39/13, BStBl II 2015 S. 352). [3]Kann ein Unternehmer in Einzelfällen den erforderlichen Nachweis der Vorsteuerbeträge nicht durch Vorlage von Originalbelegen erbringen, sind Zweitschriften nur anzuerkennen, wenn der Unternehmer den Verlust der Originalbelege nicht zu vertreten hat, der dem Vergütungsantrag zu Grunde liegende Vorgang stattgefunden hat und keine Gefahr besteht, dass weitere Vergütungsanträge gestellt werden (vgl. BFH-Urteil vom 20. 8. 1998, V R 55/96, BStBl 1999 II S. 324). [4]Bei der Zweitausfertigung eines Ersatzbelegs für den Abzug der Einfuhrumsatzsteuer als Vorsteuer kommt es nicht darauf an, auf Grund welcher Umstände die Erstschrift des Ersatzbelegs nicht vorgelegt werden kann (vgl. BFH-Urteil vom 19. 11. 1998, V R 102/96, BStBl 1999 II S. 255). [5]Hinsichtlich der Anerkennung von Rechnungen und zollamtlichen Abgabenbescheiden, die auf elektronischem Weg übermittelt wurden, vgl. Abschnitte 14.4 und 15.11 Abs. 1 Satz 2 Nr. 2 Sätze 2 und 3.

(5) [1]Die Vergütung ist binnen sechs Monaten nach Ablauf des Kalenderjahres, in dem der Vergütungsanspruch entstanden ist, zu beantragen (§ 61a Abs. 2 UStDV). [2]Die Antragsfrist ist eine Ausschlussfrist, bei deren Versäumung unter den Voraussetzungen des § 110 AO Wiedereinsetzung in den vorigen Stand gewährt werden kann.

(6) [1]Die beantragte Vergütung muss mindestens 1 000 € betragen (§ 61a Abs. 3 UStDV). [2]Das gilt nicht, wenn der Vergütungszeitraum das Kalenderjahr oder der letzte Zeitraum des Kalenderjahres ist. [3]Für diese Vergütungszeiträume muss die beantragte Vergütung mindestens 500 € betragen.

(7) [1]Der Nachweis nach § 61a Abs. 4 UStDV ist nach dem Muster USt 1 TN **oder einer inhaltlich entsprechenden digital ausgestellten Bescheinigung** zu führen und dem BZSt vorzulegen. [2]Hinsichtlich **des** Musters **USt 1 TN** wird auf das BMF-Schreiben vom 18.11.2022, BStBl I S. 1592, hingewiesen. [3]Die Bescheinigung muss den Vergütungszeitraum abdecken (vgl. BFH-Urteil vom 18. 1. 2007, V R 22/05, BStBl II S. 426). [4]Für Vergütungsanträge, die später als ein Jahr nach dem Ausstellungsdatum der Bescheinigung gestellt werden, ist eine neue Bescheinigung vorzulegen. [5]Bei ausländischen staatlichen Stellen, die mit der Organisation von Gemeinschaftsausstellungen im Rahmen von Messen und Ausstellungen beauftragt worden und insoweit als Unternehmer anzusehen sind, ist auf die Vorlage einer behördlichen Bescheinigung (§ 61a Abs. 4 UStDV) zu verzichten. [6]Die Bindungswirkung der Unternehmerbescheinigung entfällt, wenn das BZSt bei Zweifeln an deren Richtigkeit auf Grund von Aufklärungsmaßnahmen (eigene Auskünfte des Unternehmers, Amtshilfe) Informationen erhält, aus denen hervorgeht, dass die in der Bescheinigung enthaltenen Angaben unrichtig sind (vgl. BFH-Urteil vom 14. 5. 2008, XI R 58/06, BStBl II S. 831).

(8) Der Unternehmer kann den Vergütungsanspruch abtreten (§ 46 Abs. 2 und 3 AO).

(9) Im Falle der Vergütung hat das BZSt die Originalbelege durch Stempelaufdruck oder in anderer Weise zu entwerten.

Verzinsung

(10) Der nach § 18 Abs. 9 UStG zu vergütende Betrag ist nach § 233a AO zu verzinsen (vgl. BFH-Urteil vom 17. 4. 2008, V R 41/06, BStBl 2009 II S. 2, und Nr. 62 des Anwendungserlasses zur AO zu § 233a AO).

UStAE 18.15. Vorsteuer-Vergütungsverfahren und allgemeines Besteuerungsverfahren

(1) [1]Für einen Voranmeldungszeitraum schließen sich das allgemeine Besteuerungsverfahren und das Vorsteuer-Vergütungsverfahren gegenseitig aus. [2]Sind jedoch die Voraussetzungen des Vorsteuer-Vergütungsverfahrens erfüllt und schuldet der im Ausland ansässige Unternehmer ausschließlich Steuer im allgemeinen Besteuerungsverfahren nach § 13 a Abs. 1 Nr. 1 in Verbindung mit § 14 c Abs. 1 UStG oder § 13 a Abs. 1 Nr. 4 UStG, kann die Vergütung der Vorsteuerbeträge nur im Vorsteuer-Vergütungsverfahren durchgeführt werden (vgl. § 16 Abs. 2 Satz 1 und § 18 Abs. 9 Satz 3 UStG). [3]Im Laufe eines Kalenderjahres kann zudem der Fall eintreten, dass die Vorsteuerbeträge eines im Ausland ansässigen Unternehmers abschnittsweise im Wege des Vorsteuer-Vergütungsverfahrens und im Wege des allgemeinen Besteuerungsverfahrens zu vergüten oder von der Steuer abzuziehen sind. [4]In diesen Fällen ist für jedes Kalenderjahr wie folgt zu verfahren:

1. Vom Beginn des Voranmeldungszeitraums an, in dem erstmalig das allgemeine Besteuerungsverfahren durchzuführen ist, endet insoweit die Zuständigkeit des BZSt.
2. [1]Der im Ausland ansässige Unternehmer hat seine Vorsteuerbeträge für diesen Voranmeldungszeitraum und für die weiteren verbleibenden Voranmeldungszeiträume dieses Kalenderjahres im allgemeinen Besteuerungsverfahren geltend zu machen. [2]Erfüllt der Unternehmer im Laufe des Kalenderjahres erneut die Voraussetzungen des Vorsteuer-Vergütungsverfahrens, bleibt es demnach für dieses Kalenderjahr bei der Zuständigkeit des Finanzamts; ein unterjähriger Wechsel vom allgemeinen Besteuerungsverfahren zum Vorsteuer-Vergütungsverfahren ist somit nicht möglich.
3. [1]Hat der im Ausland ansässige Unternehmer Vorsteuerbeträge, die in einem Voranmeldungszeitraum entstanden sind, für den das allgemeine Besteuerungsverfahren noch nicht durchzuführen war, nicht im Vorsteuer-Vergütungsverfahren geltend gemacht, kann er diese Vorsteuerbeträge ab dem Zeitpunkt, ab dem das allgemeine Besteuerungsverfahren anzuwenden ist, nur noch in diesem Verfahren geltend machen. [2]Beim Abzug dieser Vorsteuerbeträge von der Steuer gelten die Einschränkungen des § 18 Abs. 9 Sätze 4 bis 6 UStG sowie § 61 Abs. 3 und § 61 a Abs. 3 UStDV entsprechend.
4. [1]Ab dem Zeitraum, ab dem erstmalig die Voraussetzungen für das allgemeine Besteuerungsverfahren vorliegen, hat der Unternehmer unter den Voraussetzungen von § 18 Abs. 2 und 2 a UStG eine Voranmeldung zu übermitteln. [2]In diesem Fall sind die abziehbaren Vorsteuerbeträge durch Vorlage der Rechnung und Einfuhrbelege im Original nachzuweisen (§ 62 Abs. 2 UStDV).
5. [1]Nach Ablauf eines Kalenderjahres, in dem das allgemeine Besteuerungsverfahren durchzuführen ist, hat der im Ausland ansässige Unternehmer an das Finanzamt eine Umsatzsteuererklärung für das Kalenderjahr zu übermitteln. [2]Das Finanzamt hat die Steuer für das Kalenderjahr festzusetzen. [3]Hierbei sind die Vorsteuerbeträge nicht zu berücksichtigen, die bereits im Vorsteuer-Vergütungsverfahren vergütet worden sind (§ 62 Abs. 1 UStDV).

(2) [1]Ist bei einem im Ausland ansässigen Unternehmer das allgemeine Besteuerungsverfahren durchzuführen und ist dem Finanzamt nicht bekannt, ob der Unternehmer im laufenden Kalenderjahr bereits die Vergütung von Vorsteuerbeträgen im Vorsteuer-Vergütungsverfahren beantragt hat, hat das Finanzamt dies durch Abfrage in der Datenbank des Vorsteuer-Vergütungsverfahrens in Erfahrung zu bringen. [2]Wurde das Vorsteuer-Vergütungsverfahren beim BZSt in diesem Fall bereits durchgeführt, hat der Unternehmer die abziehbaren Vorsteuerbeträge auch im allgemeinen Besteuerungsverfahren durch Vorlage der Rechnungen und Einfuhrbelege im Original nachzuweisen (§ 62 Abs. 2 UStDV). [3]Die Belege sind zu entwerten.

UStAE 18.16. Unternehmerbescheinigung für Unternehmer, die im Inland ansässig sind

(1) [1]Unternehmern, die in der Bundesrepublik Deutschland ansässig sind und die für Zwecke der steuerlichen Erfassung im Ausland oder für die Vergütung von Vorsteuerbeträgen in einem Drittstaat eine Bestätigung ihrer Unternehmereigenschaft benötigen, stellt das zuständige Finanzamt auf Antrag eine Bescheinigung nach dem Muster USt 1 TN (vgl. Abschnitt 18.14 Abs. 7) aus. [2]Das gilt auch für Organge-

sellschaften mit einem im Inland ansässigen Organträger sowie für Organgesellschaften und Zweigniederlassungen im Inland, die zum Unternehmen eines im Ausland ansässigen Unternehmers gehören. [3]Der Antrag im Sinne des Satzes 1 ist für alle im Inland gelegenen Unternehmensteile im Sinne des Abschnitts 2.9 Abs. 3 bis 5 von dem Organträger bei dem für den Organkreis für Zwecke der Umsatzsteuer zuständigen Finanzamt zu stellen; Abschnitt 2.9 Abs. 6 und 7 sowie Abschnitt 13b.3 Abs. 7 Satz 6 gelten entsprechend.

(2) [1]Die Bescheinigung darf für Zwecke der Vorlage im Verfahren zur Vergütung von Vorsteuerbeträgen in einem Drittstaat nur Unternehmern erteilt werden, die zum Vorsteuerabzug berechtigt sind. [2]Sie darf in den Fällen des Satzes 1 nicht erteilt werden, wenn der Unternehmer nur steuerfreie Umsätze ausführt, die den Vorsteuerabzug ausschließen, oder die Besteuerung nach § 19 Abs. 1 oder § 24 Abs. 1 UStG anwendet.

(3) [1]Unternehmern, die die Vergütung von Vorsteuerbeträgen in einem anderen Mitgliedstaat beantragen möchten, wird keine Bescheinigung nach Absatz 1 erteilt. [2]Die Bestätigung der Unternehmereigenschaft erfolgt in diesen Fällen durch das BZSt durch Weiterleitung des Vergütungsantrags an den Mitgliedstaat der Erstattung (vgl. Abschnitt 18g.1 Abs. 10).

Zu § 18 Abs. 10 und 11 UStG

UStG § 18 Abs. 10 und 11 (10) Zur Sicherung des Steueranspruchs in Fällen des innergemeinschaftlichen Erwerbs neuer motorbetriebener Landfahrzeuge und neuer Luftfahrzeuge (§ 1 b Abs. 2 und 3) gilt Folgendes:

1. Die für die Zulassung oder die Registrierung von Fahrzeugen zuständigen Behörden sind verpflichtet, den für die Besteuerung des innergemeinschaftlichen Erwerbs neuer Fahrzeuge zuständigen Finanzbehörden ohne Ersuchen Folgendes mitzuteilen:
   a) bei neuen motorbetriebenen Landfahrzeugen die erstmalige Ausgabe von Zulassungsbescheinigungen Teil II oder die erstmalige Zuteilung eines amtlichen Kennzeichens bei zulassungsfreien Fahrzeugen. Gleichzeitig sind die in Nummer 2 Buchstabe a bezeichneten Daten und das zugeteilte amtliche Kennzeichen oder, wenn dieses noch nicht zugeteilt worden ist, die Nummer der Zulassungsbescheinigung Teil II zu übermitteln,
   b) bei neuen Luftfahrzeugen die erstmalige Registrierung dieser Luftfahrzeuge. Gleichzeitig sind die in Nummer 3 Buchstabe a bezeichneten Daten und das zugeteilte amtliche Kennzeichen zu übermitteln. Als Registrierung im Sinne dieser Vorschrift gilt nicht die Eintragung eines Luftfahrzeugs in das Register für Pfandrechte an Luftfahrzeugen.
2. In den Fällen des innergemeinschaftlichen Erwerbs neuer motorbetriebener Landfahrzeuge (§ 1 b Absatz 2 Satz 1 Nummer 1 und Absatz 3 Nummer 1) gilt Folgendes:
   a) Bei der erstmaligen Ausgabe einer Zulassungsbescheinigung Teil II im Inland oder bei der erstmaligen Zuteilung eines amtlichen Kennzeichens für zulassungsfreie Fahrzeuge im Inland hat der Antragsteller die folgenden Angaben zur Übermittlung an die Finanzbehörden zu machen:
      aa) den Namen und die Anschrift des Antragstellers sowie das für ihn zuständige Finanzamt (§ 21 der Abgabenordnung),
      bb) den Namen und die Anschrift des Lieferers,
      cc) den Tag der Lieferung,
      dd) den Tag der ersten Inbetriebnahme,
      ee) den Kilometerstand am Tag der Lieferung,
      ff) die Fahrzeugart, den Fahrzeughersteller, den Fahrzeugtyp und die Fahrzeug-Identifizierungsnummer,
      gg) den Verwendungszweck.

      Der Antragsteller ist zu den Angaben nach den Doppelbuchstaben aa und bb auch dann verpflichtet, wenn er nicht zu den in § 1 a Absatz 1 Nummer 2 und § 1 b Absatz 1 genannten Personen gehört oder wenn Zweifel daran bestehen, dass die Eigenschaften als neues Fahrzeug im Sinne des § 1 b Absatz 3 Nummer 1 vorliegen. Die Zulassungsbehörde darf die Zulassungsbescheinigung Teil II oder bei zulassungsfreien Fahrzeugen, die nach § 4 Absatz 2 und 3 der Fahrzeug-Zulassungsverordnung ein amtliches Kennzeichen führen, die Zulassungsbescheinigung Teil I erst aushändigen, wenn der Antragsteller die vorstehenden Angaben gemacht hat.

b) Ist die Steuer für den innergemeinschaftlichen Erwerb nicht entrichtet worden, hat die Zulassungsbehörde auf Antrag des Finanzamts die Zulassungsbescheinigung Teil I für ungültig zu erklären und das amtliche Kennzeichen zu entstempeln. Die Zulassungsbehörde trifft die hierzu erforderlichen Anordnungen durch schriftlichen Verwaltungsakt (Abmeldungsbescheid). Das Finanzamt kann die Abmeldung von Amts wegen auch selbst durchführen, wenn die Zulassungsbehörde das Verfahren noch nicht eingeleitet hat. Satz 2 gilt entsprechend. Das Finanzamt teilt die durchgeführte Abmeldung unverzüglich der Zulassungsbehörde mit und händigt dem Fahrzeughalter die vorgeschriebene Bescheinigung über die Abmeldung aus. Die Durchführung der Abmeldung von Amts wegen richtet sich nach dem Verwaltungsverfahrensgesetz. Für Streitigkeiten über Abmeldungen von Amts wegen ist der Verwaltungsrechtsweg gegeben.

3. In den Fällen des innergemeinschaftlichen Erwerbs neuer Luftfahrzeuge (§ 1b Abs. 2 Satz 1 Nr. 3 und Abs. 3 Nr. 3) gilt Folgendes:
   a) Bei der erstmaligen Registrierung in der Luftfahrzeugrolle hat der Antragsteller die folgenden Angaben zur Übermittlung an die Finanzbehörden zu machen:
      aa) den Namen und die Anschrift des Antragstellers sowie das für ihn zuständige Finanzamt (§ 21 der Abgabenordnung),
      bb) den Namen und die Anschrift des Lieferers,
      cc) den Tag der Lieferung,
      dd) das Entgelt (Kaufpreis),
      ee) den Tag der ersten Inbetriebnahme,
      ff) die Starthöchstmasse,
      gg) die Zahl der bisherigen Betriebsstunden am Tag der Lieferung,
      hh) den Flugzeughersteller und den Flugzeugtyp,
      ii) den Verwendungszweck.

      Der Antragsteller ist zu den Angaben nach Satz 1 Doppelbuchstabe aa und bb auch dann verpflichtet, wenn er nicht zu den in § 1a Abs. 1 Nr. 2 und § 1b Abs. 1 genannten Personen gehört oder wenn Zweifel daran bestehen, ob die Eigenschaften als neues Fahrzeug im Sinne des § 1b Abs. 3 Nr. 3 vorliegen. Das Luftfahrt-Bundesamt darf die Eintragung in der Luftfahrzeugrolle erst vornehmen, wenn der Antragsteller die vorstehenden Angaben gemacht hat.
   b) Ist die Steuer für den innergemeinschaftlichen Erwerb nicht entrichtet worden, so hat das Luftfahrt-Bundesamt auf Antrag des Finanzamts die Betriebserlaubnis zu widerrufen. Es trifft die hierzu erforderlichen Anordnungen durch schriftlichen Verwaltungsakt (Abmeldungsbescheid). Die Durchführung der Abmeldung von Amts wegen richtet sich nach dem Verwaltungsverfahrensgesetz. Für Streitigkeiten über Abmeldungen von Amts wegen ist der Verwaltungsrechtsweg gegeben.

(11) [1]Die für die Steueraufsicht zuständigen Zolldienststellen wirken an der umsatzsteuerlichen Erfassung von Personenbeförderungen mit nicht im Inland zugelassenen Kraftomnibussen mit. [2]Sie sind berechtigt, im Rahmen von zeitlich und örtlich begrenzten Kontrollen die nach ihrer äußeren Erscheinung nicht im Inland zugelassenen Kraftomnibusse anzuhalten und die tatsächlichen und rechtlichen Verhältnisse festzustellen, die für die Umsatzsteuer maßgebend sind, und die festgestellten Daten den zuständigen Finanzbehörden zu übermitteln.

Zu § 18 Abs. 12 UStG

UStG § 18 Abs. 12 Im Ausland ansässige Unternehmer nach § 13b Absatz 7, die grenzüberschreitende Personenbeförderungen mit nicht im Inland zugelassenen Kraftomnibussen durchführen, haben sich vor der erstmaligen Ausführung derartiger auf das Inland entfallender Umsätze nach § 3b Absatz 1 Satz 2 bei dem für die Umsatzbesteuerung zuständigen Finanzamt zu registrieren; dies gilt nicht, soweit diese Umsätze der Beförderungseinzelbesteuerung nach § 16 Absatz 5 unterliegen oder der Unternehmer an einem besonderen Besteuerungsverfahren entsprechend Titel XII Kapitel 6 Abschnitt 2 und 3 der Richtlinie 2006/112/EG des Rates in der Fassung von Artikel 2 Nummer 14 bis 20 der Richtlinie (EU) 2017/2455 des Rates vom 5. Dezember 2017 zur Änderung der Richtlinie 2006/112/EG und der Richtlinie 2009/132/EG in Bezug auf bestimmte mehrwertsteuerliche Pflichten für die Erbringung von Dienstleistungen und für Fernverkäufe von Gegenständen (ABl. L 348 vom 29.12.2017, S. 7) teilnimmt.

UStAE 18.17. Umsatzsteuerliche Erfassung von im Ausland ansässigen Unternehmern, die grenzüberschreitende Personenbeförderungen mit nicht im Inland zugelassenen Kraftomnibussen durchführen

Allgemeines

(1) Die Umsatzbesteuerung grenzüberschreitender Personenbeförderungen (§ 3b Abs. 1 Satz 2 UStG) mit nicht im Inland zugelassenen Kraftomnibussen ist entweder im Verfahren der Beförderungseinzelbesteuerung (§ 16 Abs. 5 UStG) durchzuführen, wenn eine Grenze zwischen dem Inland und dem Drittlandsgebiet (z. B. Grenze zur Schweiz) überschritten wird, oder im allgemeinen Besteuerungsverfahren (§ 18 Abs. 1 bis 4 UStG), wenn keine Grenze zwischen dem Inland und dem Drittlandsgebiet überschritten wird.

Anzeigepflicht

(2) Im Ausland ansässige Unternehmer (§ 13b Abs. 7 UStG), die grenzüberschreitende Personenbeförderungen mit nicht im Inland zugelassenen Kraftomnibussen durchführen, haben sich vor der erstmaligen Ausführung derartiger auf das Inland entfallender Umsätze bei dem für die Umsatzbesteuerung nach § 21 AO zuständigen Finanzamt (vgl. Anlage zum BMF-Schreiben vom 05.03.2024, BStBl I S. 444) zu registrieren, soweit diese Umsätze nicht der Beförderungseinzelbesteuerung (§ 16 Abs. 5 UStG) unterliegen oder der Unternehmer nicht an einem der besonderen Besteuerungsverfahren (§ 18i Abs. 1 oder § 18j Abs. 1 UStG) teilnimmt.

(3) [1]Die Mitteilung zur Registrierung an das zuständige Finanzamt ist grundsätzlich an keine Form gebunden. [2]Für die Registrierung sollte der Unternehmer die Vordrucke nach amtlich vorgeschriebenem Muster verwenden (vgl. Rn. 11 der Anlage zum BMF-Schreiben vom 05.03.2024, BStBl I S. 436).

Merkblatt

(3a) Weitere Hinweise enthält das Merkblatt zur Besteuerung von Umsätzen bei grenzüberschreitenden Personenbeförderungen mit Kraftomnibussen, die nicht in der Bundesrepublik Deutschland zugelassen sind, Stand 01.04.2024 (Anlage zum BMF-Schreiben vom 05.03.2024, BStBl I S. 436).

(4) *weggefallen*

(5) *weggefallen*

Zu § 18 a UStG

UStG § 18 a Zusammenfassende Meldung

(1) [1]Der Unternehmer im Sinne des § 2 hat bis zum 25. Tag nach Ablauf jedes Kalendermonats (Meldezeitraum), in dem er innergemeinschaftliche Warenlieferungen oder Lieferungen im Sinne des § 25 b Absatz 2 ausgeführt hat, dem Bundeszentralamt für Steuern eine Meldung (Zusammenfassende Meldung) nach amtlich vorgeschriebenem Datensatz über die amtlich bestimmte Schnittstelle zu übermitteln, in der er die Angaben nach Absatz 7 Satz 1 Nummer 1, 2, 2 a und 4 zu machen hat. [2]Soweit die Summe der Bemessungsgrundlagen für innergemeinschaftliche Warenlieferungen und für Lieferungen im Sinne des § 25 b Absatz 2 weder für das laufende Kalendervierteljahr noch für eines der vier vorangegangenen Kalendervierteljahre jeweils mehr als 50 000 Euro beträgt, kann die Zusammenfassende Meldung bis zum 25. Tag nach Ablauf des Kalendervierteljahres übermittelt werden. [3]Übersteigt die Summe der Bemessungsgrundlage für innergemeinschaftliche Warenlieferungen und für Lieferungen im Sinne des § 25 b Absatz 2 im Laufe eines Kalendervierteljahres 50 000 Euro, hat der Unternehmer bis zum 25. Tag nach Ablauf des Kalendermonats, in dem dieser Betrag überschritten wird, eine Zusammenfassende Meldung für diesen Kalendermonat und die bereits abgelaufenen Kalendermonate dieses Kalendervierteljahres zu übermitteln. [4]Nimmt der Unternehmer die in Satz 2 enthaltene Regelung nicht in Anspruch, hat er dies gegenüber dem Bundeszentralamt für Steuern anzuzeigen. [5]Vom 1. Juli 2010 bis zum 31. Dezember 2011 gelten die Sätze 2 und 3 mit der Maßgabe, dass an die Stelle des Betrages von 50 000 Euro der Betrag von 100 000 Euro tritt.

(2) [1]Der Unternehmer im Sinne des § 2 hat bis zum 25. Tag nach Ablauf jedes Kalendervierteljahres (Meldezeitraum), in dem er im übrigen Gemeinschaftsgebiet steuerpflichtige sonstige Leistungen im Sinne des § 3a Absatz 2, für die der in einem anderen Mitgliedstaat ansässige Leistungsempfänger die Steuer dort schuldet, ausgeführt hat, dem Bundeszentralamt für Steuern eine Zusammenfassende Meldung nach amtlich vorgeschriebenem Datensatz über die amtlich bestimmte Schnittstelle zu übermitteln, in der er die Angaben nach Absatz 7 Satz 1 Nummer 3 zu machen hat. [2]Soweit der Unternehmer bereits nach Absatz 1 zur monatlichen Übermittlung einer Zusammenfassenden Meldung verpflichtet ist, hat er die Angaben im Sinne von Satz 1 in der Zusammenfassenden Meldung für den letzten Monat des Kalendervierteljahres zu machen.

(3) [1]Soweit der Unternehmer im Sinne des § 2 die Zusammenfassende Meldung entsprechend Absatz 1 bis zum 25. Tag nach Ablauf jedes Kalendermonats übermittelt, kann er die nach Absatz 2 vorgesehenen Angaben in die Meldung für den jeweiligen Meldezeitraum aufnehmen. [2]Nimmt der Unternehmer die in Satz 1 enthaltene Regelung in Anspruch, hat er dies gegenüber dem Bundeszentralamt für Steuern anzuzeigen.

(4) Die Absätze 1 bis 3 gelten nicht für Unternehmer, die § 19 Absatz 1 anwenden.

(5) [1]Auf Antrag kann das Finanzamt zur Vermeidung unbilliger Härten auf eine elektronische Übermittlung verzichten; in diesem Fall hat der Unternehmer eine Meldung nach amtlich vorgeschriebenem Vordruck abzugeben. [2]§ 150 Absatz 8 der Abgabenordnung gilt entsprechend. [3]Soweit das Finanzamt nach § 18 Absatz 1 Satz 2 auf eine elektronische Übermittlung der Voranmeldung verzichtet hat, gilt dies auch für die Zusammenfassende Meldung. [4]Für die Anwendung dieser Vorschrift gelten auch nichtselbständige juristische Personen im Sinne des § 2 Absatz 2 Nummer 2 als Unternehmer. [5]§ 18 Absatz 4f ist entsprechend anzuwenden. [6]Die Landesfinanzbehörden übermitteln dem Bundeszentralamt für Steuern die erforderlichen Angaben zur Bestimmung der Unternehmer, die nach den Absätzen 1 und 2 zur Abgabe der Zusammenfassenden Meldung verpflichtet sind. [7]Diese Angaben dürfen nur zur Sicherstellung der Abgabe der Zusammenfassenden Meldung verarbeitet werden. [8]Das Bundeszentralamt für Steuern übermittelt den Landesfinanzbehörden die Angaben aus den Zusammenfassenden Meldungen, soweit diese für steuerliche Kontrollen benötigt werden.

(6) Eine innergemeinschaftliche Warenlieferung im Sinne dieser Vorschrift ist

1. eine innergemeinschaftliche Lieferung im Sinne des § 6a Absatz 1 mit Ausnahme der Lieferungen neuer Fahrzeuge an Abnehmer ohne Umsatzsteuer-Identifikationsnummer;
2. eine innergemeinschaftliche Lieferung im Sinne des § 6a Absatz 2;
3. eine Beförderung oder Versendung im Sinne des § 6b Absatz 1 oder 4 oder ein Erwerberwechsel nach § 6b Absatz 5.

(7) [1]Die Zusammenfassende Meldung muss folgende Angaben enthalten:

1. für innergemeinschaftliche Warenlieferungen im Sinne des Absatzes 6 Nummer 1:
   a) die Umsatzsteuer-Identifikationsnummer jedes Erwerbers, die ihm in einem anderen Mitgliedstaat erteilt worden ist und unter der die innergemeinschaftlichen Warenlieferungen an ihn ausgeführt worden sind, und
   b) für jeden Erwerber die Summe der Bemessungsgrundlagen der an ihn ausgeführten innergemeinschaftlichen Warenlieferungen;
2. für innergemeinschaftliche Warenlieferungen im Sinne des Absatzes 6 Nummer 2:
   a) die Umsatzsteuer-Identifikationsnummer des Unternehmers in den Mitgliedstaaten, in die er Gegenstände verbracht hat, und
   b) die darauf entfallende Summe der Bemessungsgrundlagen;

2a. für Beförderungen oder Versendungen oder einen Erwerberwechsel im Sinne des Absatzes 6 Nummer 3:
   a) in den Fällen des § 6b Absatz 1 die Umsatzsteuer-Identifikationsnummer des Erwerbers im Sinne des § 6b Absatz 1 Nummer 1 und 3,
   b) in den Fällen des § 6b Absatz 4 die Umsatzsteuer-Identifikationsnummer des ursprünglich vorgesehenen Erwerbers im Sinne des § 6b Absatz 1 Nummer 1 und 3 oder
   c) in den Fällen des § 6b Absatz 5 die Umsatzsteuer-Identifikationsnummer des ursprünglich vorgesehenen Erwerbers im Sinne des § 6b Absatz 1 Nummer 1 und 3 sowie die des neuen Erwerbers;

3. für im übrigen Gemeinschaftsgebiet ausgeführte steuerpflichtige sonstige Leistungen im Sinne des § 3a Absatz 2, für die der in einem anderen Mitgliedstaat ansässige Leistungsempfänger die Steuer dort schuldet:
   a) die Umsatzsteuer-Identifikationsnummer jedes Leistungsempfängers, die ihm in einem anderen Mitgliedstaat erteilt worden ist und unter der die steuerpflichtigen sonstigen Leistungen an ihn erbracht wurden,
   b) für jeden Leistungsempfänger die Summe der Bemessungsgrundlagen der an ihn erbrachten steuerpflichtigen sonstigen Leistungen und
   c) einen Hinweis auf das Vorliegen einer im übrigen Gemeinschaftsgebiet ausgeführten steuerpflichtigen sonstigen Leistung im Sinne des § 3a Absatz 2, für die der in einem anderen Mitgliedstaat ansässige Leistungsempfänger die Steuer dort schuldet;
4. für Lieferungen im Sinne des § 25b Absatz 2:
   a) die Umsatzsteuer-Identifikationsnummer eines jeden letzten Abnehmers, die diesem in dem Mitgliedstaat erteilt worden ist, in dem die Versendung oder Beförderung beendet worden ist,
   b) für jeden letzten Abnehmer die Summe der Bemessungsgrundlagen der an ihn ausgeführten Lieferungen und
   c) einen Hinweis auf das Vorliegen eines innergemeinschaftlichen Dreiecksgeschäfts.

[2]§ 16 Absatz 6 und § 17 sind sinngemäß anzuwenden.

(8) [1]Die Angaben nach Absatz 7 Satz 1 Nummer 1 und 2 sind für den Meldezeitraum zu machen, in dem die Rechnung für die innergemeinschaftliche Warenlieferung ausgestellt wird, spätestens jedoch für den Meldezeitraum, in dem der auf die Ausführung der innergemeinschaftlichen Warenlieferung folgende Monat endet. [2]Die Angaben nach Absatz 7 Satz 1 Nummer 3 und 4 sind für den Meldezeitraum zu machen, in dem die im übrigen Gemeinschaftsgebiet steuerpflichtige sonstige Leistung im Sinne des § 3a Absatz 2, für die der in einem anderen Mitgliedstaat ansässige Leistungsempfänger die Steuer dort schuldet, und die Lieferungen nach § 25b Absatz 2 ausgeführt worden sind.

(9) [1]Hat das Finanzamt den Unternehmer von der Verpflichtung zur Abgabe der Voranmeldungen und Entrichtung der Vorauszahlungen befreit (§ 18 Absatz 2 Satz 3), kann er die Zusammenfassende Meldung abweichend von den Absätzen 1 und 2 bis zum 25. Tag nach Ablauf jedes Kalenderjahres abgeben, in dem er innergemeinschaftliche Warenlieferungen ausgeführt hat oder im übrigen Gemeinschaftsgebiet steuerpflichtige sonstige Leistungen im Sinne des § 3a Absatz 2 ausgeführt hat, für die der in einem anderen Mitgliedstaat ansässige Leistungsempfänger die Steuer dort schuldet, wenn

1. die Summe seiner Lieferungen und sonstigen Leistungen im vorangegangenen Kalenderjahr 200000 Euro nicht überstiegen hat und im laufenden Kalenderjahr voraussichtlich nicht übersteigen wird,
2. die Summe seiner innergemeinschaftlichen Warenlieferungen oder im übrigen Gemeinschaftsgebiet ausgeführten steuerpflichtigen Leistungen im Sinne des § 3a Absatz 2, für die der in einem anderen Mitgliedstaat ansässige Leistungsempfänger die Steuer dort schuldet, im vorangegangenen Kalenderjahr 15000 Euro nicht überstiegen hat und im laufenden Kalenderjahr voraussichtlich nicht übersteigen wird und
3. es sich bei den in Nummer 2 bezeichneten Warenlieferungen nicht um Lieferungen neuer Fahrzeuge an Abnehmer mit Umsatzsteuer-Identifikationsnummer handelt.

[2]Absatz 8 gilt entsprechend.

(10) Erkennt der Unternehmer nachträglich, dass eine von ihm abgegebene Zusammenfassende Meldung unrichtig oder unvollständig ist, so ist er verpflichtet, die ursprüngliche Zusammenfassende Meldung innerhalb eines Monats zu berichtigen.

(11) Auf die Zusammenfassende Meldung sind mit Ausnahme von § 152 der Abgabenordnung ergänzend die für Steuererklärungen geltenden Vorschriften der Abgabenordnung anzuwenden.

(12) [1]Zur Erleichterung und Vereinfachung der Abgabe und Verarbeitung der Zusammenfassenden Meldung kann das Bundesministerium der Finanzen durch Rechtsverordnung mit Zustimmung des Bundesrates bestimmen, dass die Zusammenfassende Meldung auf maschinell verwertbaren Datenträgern oder durch Datenfernübertragung übermittelt werden kann. [2]Dabei können insbesondere geregelt werden:

1. die Voraussetzungen für die Anwendung des Verfahrens;
2. das Nähere über Form, Inhalt, Verarbeitung und Sicherung der zu übermittelnden Daten;
3. die Art und Weise der Übermittlung der Daten;

4. die Zuständigkeit für die Entgegennahme der zu übermittelnden Daten;
5. die Mitwirkungspflichten Dritter bei der Verarbeitung der Daten;
6. der Umfang und die Form der für dieses Verfahren erforderlichen besonderen Erklärungspflichten des Unternehmers.

[3]Zur Regelung der Datenübermittlung kann in der Rechtsverordnung auf Veröffentlichungen sachverständiger Stellen verwiesen werden; hierbei sind das Datum der Veröffentlichung, die Bezugsquelle und eine Stelle zu bezeichnen, bei der die Veröffentlichung archivmäßig gesichert niedergelegt ist.

UStAE 18 a.1. Abgabe der Zusammenfassenden Meldung

(1) [1]Jeder Unternehmer im Sinne des § 2 UStG, der innergemeinschaftliche Warenlieferungen (§ 18 a Abs. 6 UStG), im übrigen Gemeinschaftsgebiet steuerpflichtige sonstige Leistungen im Sinne von § 3 a Abs. 2 UStG (vgl. Abschnitt 3 a.2), für die der in einem anderen EU-Mitgliedstaat ansässige Leistungsempfänger die Steuer dort schuldet, oder Lieferungen im Sinne des § 25 b Abs. 2 UStG im Rahmen innergemeinschaftlicher Dreiecksgeschäfte (vgl. Abschnitt 25 b.1) ausgeführt hat, ist verpflichtet, dem BZSt bis zum 25. Tag nach Ablauf des Meldezeitraums eine ZM zu übermitteln. [2]Dies gilt für Organisationseinheiten der Gebietskörperschaften Bund und Länder im Sinne des § 18 Abs. 4 f UStG entsprechend. [3]Dies gilt entsprechend Absatz 6 auch für Gegenstände, die aus dem Gebiet eines Mitgliedstaates in das Gebiet eines anderen Mitgliedstaates für Zwecke einer Lieferung nach dem Ende der Beförderung oder Versendung an einen Erwerber im Sinne des § 6 b UStG befördert oder versendet werden (vgl. Abschnitt 6 b.1). [4]Kleinunternehmer im Sinne von § 19 Abs. 1 UStG müssen keine ZM abgeben (§ 18 a Abs. 4 UStG). [5]In Abhängigkeit von den jeweiligen Voraussetzungen ist Meldezeitraum für die ZM der Kalendermonat (§ 18 a Abs. 1 Satz 1 UStG), das Kalendervierteljahr (§ 18 a Abs. 1 Satz 2 und Abs. 2 UStG) oder das Kalenderjahr (§ 18 a Abs. 9 UStG), vgl. Abschnitt 18 a.2. [6]Für einen Meldezeitraum, in dem keine der vorstehenden Lieferungen oder sonstigen Leistungen ausgeführt wurden, ist eine ZM nicht zu übermitteln.

(2) [1]Nichtselbständige juristische Personen im Sinne von § 2 Abs. 2 Nr. 2 UStG (Organgesellschaften) sind verpflichtet, eine eigene ZM für die von ihnen ausgeführten innergemeinschaftlichen Warenlieferungen (§ 18 a Abs. 6 UStG), im übrigen Gemeinschaftsgebiet steuerpflichtige sonstige Leistungen im Sinne von § 3 a Abs. 2 UStG (vgl. Abschnitt 3 a.2), für die der in einem anderen EU-Mitgliedstaat ansässige Leistungsempfänger die Steuer dort schuldet, oder Lieferungen im Sinne des § 25 b Abs. 2 UStG im Rahmen innergemeinschaftlicher Dreiecksgeschäfte zu übermitteln (§ 18 a Abs. 5 Satz 4 UStG). [2]Dies gilt unabhängig davon, dass diese Vorgänge umsatzsteuerrechtlich als Umsätze des Organträgers behandelt werden und in dessen Voranmeldung und Steuererklärung für das Kalenderjahr anzumelden sind. [3]Die meldepflichtigen Organgesellschaften benötigen zu diesem Zweck eine eigene USt-IdNr. (§ 27 a Abs. 1 Satz 3 UStG).

(3) [1]Zur Übermittlung einer ZM nach Absatz 1 sind auch pauschalversteuernde Land- und Forstwirte verpflichtet. [2]Dies gilt unabhängig davon, dass nach § 24 Abs. 1 UStG die Steuerbefreiung für innergemeinschaftliche Warenlieferungen im Sinne von § 4 Nr. 1 Buchstabe b in Verbindung mit § 6 a UStG keine Anwendung findet.

(4) [1]Die ZM ist nach amtlich vorgeschriebenem Datensatz **über die amtlich bestimmte Schnittstelle** zu übermitteln. [2]Informationen zur elektronischen Übermittlung sind unter den Internet-Adressen www.elster.de oder www.bzst.de abrufbar. [3]Zur Vermeidung von unbilligen Härten hat das für die Besteuerung des Unternehmers zuständige Finanzamt auf Antrag auf eine elektronische Übermittlung der ZM zu verzichten und die Abgabe der ZM nach amtlich vorgeschriebenem Vordruck in herkömmlicher Form – auf Papier oder per Telefax – zuzulassen, wenn eine elektronische Übermittlung für den Unternehmer wirtschaftlich oder persönlich unzumutbar ist. [4]Dies ist insbesondere der Fall, wenn die Schaffung der technischen Möglichkeiten für eine elektronische Übermittlung des amtlichen Datensatzes nur mit einem nicht unerheblichen finanziellen Aufwand möglich wäre oder wenn der Unternehmer nach seinen individuellen Kenntnissen und Fähigkeiten nicht oder nur eingeschränkt in der Lage ist, die Möglichkeiten der **amtlich bestimmten Schnittstelle** zu nutzen (§ 150 Abs. 8 AO; vgl. BFH-Urteil vom 16. 6. 2020, VIII R 29/19, BStBl 2021 II S. 290, sowie AEAO zu § 150, Nr. 4). [5]Soweit das Finanzamt nach

§ 18 Abs. 1 Satz 2 UStG auf eine elektronische Übermittlung der Voranmeldung verzichtet hat, gilt dies auch für die Abgabe der ZM. [6]Abschnitt 18.1 Abs. 1 Satz 5 gilt sinngemäß.

Anmerkung

1. Grundsätze zur Abgabe einer Zusammenfassenden Meldung

Seit 1993 ist für **innergemeinschaftliche Lieferungen** die Abgabe einer Zusammenfassenden Meldung (ZM) notwendig, in der die USt-IdNr. des Leistungsempfängers und die Bemessungsgrundlage anzugeben sind. Die ZM ist elementarer Baustein des innergemeinschaftlichen Kontrollverfahrens (MIAS). Nur durch diese Meldung kann im Bestimmungsstaat geprüft werden, ob der Leistungsempfänger seinen Verpflichtungen (hier: Besteuerung eines innergemeinschaftlichen Erwerbs) nachgekommen ist. Im Laufe der Zeit sind die Meldetatbestände um die **innergemeinschaftlichen Dreiecksgeschäfte** (§ 25b UStG), die **sonstigen Leistungen** nach § 3a Abs. 2 UStG an einen anderen Unternehmer in einem anderen Mitgliedstaat und die Konsignationslagerfälle erweitert worden.

Folgende **Besonderheiten** bestehen bei der Abgabeverpflichtung für Zusammenfassende Meldungen:

- **Kleinunternehmer** nach § 19 UStG müssen keine Zusammenfassenden Meldungen abgeben, § 18a Abs. 4 UStG. Dies führt zwar zu einer (systematisch bedenklichen) Störung des innergemeinschaftlichen Kontrollsystems, ist aber vor dem Hintergrund zu sehen, dass Kleinunternehmer regelmäßig keine laufenden Meldepflichten zur Umsatzsteuer haben.
- Obwohl der Durchschnittssatzbesteuerung unterliegende **Land- und Forstwirte** (§ 24 UStG) keine (steuerfreien) innergemeinschaftlichen Lieferungen ausführen können, sind auch sie zur Übermittlung einer Zusammenfassenden Meldung verpflichtet.
- **Organgesellschaften** erhalten für ihre Teilnahme am Binnenmarkt eine eigenständige USt-IdNr. Sie geben deshalb – obwohl der Organträger der umsatzsteuerrechtliche Unternehmer ist – unter ihrer eigenen USt-IdNr. die Zusammenfassende Meldung ab.

2. Abgabefrist und Meldeturnus

Entsprechend den unionsrechtlichen Vorgaben (Richtlinie 2008/117/EG des Rates vom 16.12.2008 zur Änderung der Richtlinie 2006/112/EG über das gemeinsame Mehrwertsteuersystem zum Zweck der Bekämpfung des Steuerbetrugs bei innergemeinschaftlichen Umsätzen, ABl EU 2009 L 14,7; in Deutschland durch das Gesetz zur Umsetzung steuerlicher EU-Vorgaben sowie zur Änderung steuerlicher Vorschriften umgesetzt) ist die Frist zur Abgabe der Zusammenfassenden Meldungen mit Wirkung zum 1.7.2010 verkürzt worden. Unabhängig davon, ob dem Unternehmer die Dauerfristverlängerung für die Umsatzsteuer-Voranmeldung gewährt wird oder nicht, ist die Zusammenfassende Meldung nach § 18a Abs. 1 UStG immer bis zum **25. des auf den Meldezeitraum folgenden Monats** abzugeben. Es ergeben sich die folgenden Abgabefristen:

- Bei **monatlicher Abgabe** der Zusammenfassenden Meldung: Abgabe immer bis zum 25. des Folgemonats (z. B. Abgabe der Zusammenfassenden Meldung für Juli 2025 bis zum 25.8.2025).
- Bei **quartalsweiser Abgabe** der Zusammenfassenden Meldung: Abgabe immer bis zum 25. des auf das Quartal folgenden Monats (z. B. Abgabe der Zusammenfassenden Meldung für das dritte Quartal 2025 bis zum 25.10.2025).
- Bei **jährlicher Abgabe** der Zusammenfassenden Meldung: Abgabe immer bis zum 25.1. des Folgejahrs.

Hinweis: Keine Nullmeldung notwendig

Wenn ein Unternehmer in einem Meldezeitraum keine meldepflichtigen Warenlieferungen oder zu meldende sonstige Leistungen ausgeführt hat, braucht er keine Nullmeldung abzugeben.

Wurden von dem Unternehmer in den **vier letzten Quartalen** innergemeinschaftliche Lieferungen und innergemeinschaftliche Dreiecksgeschäfte von (jeweils pro Quartal) nicht mehr als 50.000 € ausgeführt, kann er die Lieferungen auch quartalsweise melden. Das Überschreiten der Grenze von 50.000 € in einem der vier letzten Quartale schließt ihn aber von dieser Vereinfachungsregelung aus.

Hinweis: Sonstige Leistungen unerheblich für Meldegrenzen

Ob und in welchem Umfang ein Unternehmer neben innergemeinschaftlichen Lieferungen und innergemeinschaftlichen Dreiecksgeschäften nach § 25 b Abs. 2 UStG auch noch sonstige Leistungen i. S. d. § 3 a Abs. 2 UStG an Unternehmer in einem anderen Mitgliedstaat ausführt, ist für die Prüfung dieser Umsatzgrenzen unbeachtlich.

Hat der Unternehmer in den letzten vier Quartalen die maßgeblichen Umsatzgrenzen (50.000 €) nicht überschritten, überschreitet er aber die Grenze in einem folgenden Quartal erstmals, sind auch schon für das Quartal, in dem die Grenze überschritten wird, monatliche Zusammenfassende Meldungen abzugeben. In diesem Fall sind – eventuell auch schon für zurückliegende Monate dieses Quartals – monatliche Zusammenfassende Meldungen bis zum 25. des Monats abzugeben, der auf den Monat folgt, in dem die Grenze erstmals überschritten wurde.

Hinweis: Wahlrecht bei Überschreiten der Meldegrenzen

In diesem Fall wird dem Unternehmer ein Wahlrecht eingeräumt: Er kann die Angaben der abgelaufenen Monate dieses Quartals zusammenfassen, muss dies aber nicht tun.

Hat der leistende Unternehmer die **Bagatellgrenzen nicht überschritten**, muss er aber nicht quartalsweise Zusammenfassende Meldungen abgeben. Er kann freiwillig monatliche Zusammenfassende Meldungen abgeben, dies muss er dann aber dem Bundeszentralamt für Steuern gegenüber anzuzeigen. Dieser Anzeigeverpflichtung kommt der Unternehmer durch Ankreuzen auf dem Deckblatt der Zusammenfassenden Meldung nach.

Hat der Unternehmer sein **Wahlrecht ausgeübt**, ist er bis zum Widerruf (ebenfalls auf dem Deckblatt zu erklären), mindestens aber für **zwölf Monate** an die monatliche Abgabe der Zusammenfassenden Meldung gebunden. Nur in gegenüber dem Bundeszentralamt für Steuern zu begründenden Sonderfällen (es muss eine „unbillige Härte“ vorliegen) kann auch schon vorher der Antrag widerrufen werden.

Eine Besonderheit ergibt sich bei den **sonstigen Leistungen** nach § 3 a Abs. 2 UStG, die der Unternehmer in der Zusammenfassenden Meldung anzumelden hat. Diese sonstigen Leistungen sind grundsätzlich quartalsweise anzumelden – dies gilt selbst dann, wenn der Unternehmer wegen des Überschreitens der Wertgrenzen bei den innergemeinschaftlichen Lieferungen und den innergemeinschaftlichen Dreiecksgeschäften zur Abgabe von monatlichen Zusammenfassenden Meldungen verpflichtet ist, § 18 a Abs. 2 UStG. Allerdings kann er in diesem Fall abweichend von der Grundregelung die sonstigen Leistungen auch monatsweise melden – jedoch setzt das wieder eine Anzeigepflicht beim Bundeszentralamt voraus, § 18 a Abs. 3 UStG. Diese Anzeige wird dadurch abgegeben, dass der Unternehmer die sonstigen Leistungen in den monatlichen Zusammenfassenden Meldungen mit angibt.

Wenn der Unternehmer von der **Verpflichtung, Umsatzsteuer-Voranmeldungen abzugeben, befreit** worden ist, hat er die Zusammenfassende Meldung bis zum 25. Tag nach Ablauf jedes Kalenderjahrs abzugeben, wenn die folgenden weiteren Voraussetzungen erfüllt sind:

- Die Summe seiner Lieferungen und sonstigen Leistungen hat im vorangegangenen Kalenderjahr 200.000 € nicht überstiegen und wird diese Grenze im laufenden Kalenderjahr voraussichtlich auch nicht übersteigen,
- die Summe seiner innergemeinschaftlichen Warenlieferungen oder im übrigen Gemeinschaftsgebiet ausgeführten steuerpflichtigen sonstigen Leistungen, für die der in einem anderen Mitgliedstaat ansässige Leistungsempfänger die Steuer dort schuldet, hat im vorangegangenen Kalenderjahr 15.000 € nicht überstiegen und wird diese Grenze im laufenden Kalenderjahr voraussichtlich auch nicht übersteigen und
- es handelt sich bei der Warenlieferung nicht um die Lieferung eines neuen Fahrzeugs i. S. d. § 1 b UStG an einen Abnehmer mit USt-IdNr.

Hinweis: Frist bei Konsignationslagerfällen

Werden neben innergemeinschaftlichen Lieferungen auch Waren in ein Konsignationslager verbracht, ergeben sich keine besonderen Fristen zur Abgabe der Zusammenfassenden Meldung. Werden in einem Meldezeitraum ausschließlich Lieferungen i. S. d. § 6 b UStG (Konsignationslagerfall) ausgeführt, ist die Zusammenfassende Meldung bis zum 25. Tag nach Ablauf eines Kalendervierteljahrs an das BZSt zu übermitteln, Abschn. 18a.2 Abs. 7 UStAE.

3. Meldezeitpunkt

Die **innergemeinschaftlichen Warenlieferungen** sind in dem Meldezeitraum zu melden, in dem die Rechnung ausgestellt worden ist, spätestens jedoch mit Ablauf des der Leistungserbringung folgenden Monats, § 18 a Abs. 8 UStG. Bei Lieferungen im Rahmen eines **innergemeinschaftlichen Dreiecksgeschäfts** wie auch bei den nach § 3 a Abs. 2 UStG zu meldenden **sonstigen Leistungen** ist die Meldung immer in dem Meldezeitraum vorzunehmen, in dem diese Leistungen ausgeführt worden sind; auf den Zeitpunkt der Rechnungsausstellung kommt es nicht an. Für die Verbringensfälle in ein Konsignationslager ist kein spezieller Meldezeitpunkt gesetzlich geregelt.

4. Zutreffende Zusammenfassende Meldung als Voraussetzung für die Steuerfreiheit der i.g. Lieferung

Seit dem 1.1.2020 ist nach § 4 Nr. 1 Buchst. b UStG Voraussetzung für die Steuerfreiheit als innergemeinschaftliche Lieferung, dass der leistende Unternehmer die Lieferung zutreffend in der Zusammenfassenden Meldung aufgenommen hat.

Die **Finanzverwaltung** hat dazu in **Abschn. 4.1.2 UStAE** Hinweise zur Zusammenfassenden Meldung als Voraussetzung für die Steuerbefreiung der innergemeinschaftlichen Lieferung aufgenommen. Seit dem 1.1.2020 ist Voraussetzung für die Steuerfreiheit nach § 4 Nr. 1 Buchst. b UStG, dass die Lieferung richtig, vollständig und fristgerecht in der Zusammenfassenden Meldung nach § 18 a UStG aufgenommen worden ist. Da die Zusammenfassende Meldung erst nach der Umsatzsteuer-Voranmeldung abgegeben wird (soweit keine Dauerfrist-Verlängerung vorliegt), stellt die Finanzverwaltung fest, dass die Feststellung, dass die Voraussetzungen nicht erfüllt sind, immer erst nachträglich getroffen werden kann.

Ist eine Lieferung nicht zutreffend in der Zusammenfassenden Meldung erfasst worden, kann der Unternehmer die Zusammenfassende Meldung berichtigen. Die Berichtigung ist nach § 18 a Abs. 10 UStG **innerhalb eines Monats** vorzunehmen, nachdem der Unternehmer festgestellt hat, dass die Meldung unrichtig erfolgt ist.

Hinweis: Steuerfreiheit der Lieferung nicht von rechtzeitiger Berichtigung abhängig

Die Berichtigung muss für den Meldezeitraum erfolgen, in dem die Lieferung erfolgt ist. Die Finanzverwaltung weist ausdrücklich (Abschn. 4.1.2 Abs. 3 (Beispiel) UStAE) darauf hin, dass die Lieferung nicht steuerfrei ist, wenn die Berichtigung für den Meldezeitraum vorgenommen wird, in dem der Fehler festgestellt wird. Dies gilt insbesondere, wenn versehentlich ein falscher Betrag in der zutreffenden Zusammenfassenden Meldung erfasst worden ist und dies später festgestellt wird. In diesem Fall muss die ursprüngliche Meldung berichtigt werden.

Während die Finanzverwaltung noch 2020 festgestellt hatte, dass die Steuerfreiheit nicht vorliegen soll, wenn eine Berichtigung erst nach Ablauf der Monatsfrist erfolgt, musste sie (BMF, Schreiben v. 20.5.2022, BStBl I 2022, 738) diese Auffassung aufgeben. Die Steuerfreiheit als innergemeinschaftliche Lieferung nach § 4 Nr. 1 Buchst. b UStG ist zwar von der Berichtigung der Zusammenfassenden Meldung bei einem Fehler abhängig, die Berichtigung kann aber mit Wirkung für die Steuerfreiheit noch solange erfolgen, wie die Steuerfestsetzung für den betreffenden Zeitraum noch änderbar ist. Die Festsetzung eines Bußgelds wegen einer Ordnungswidrigkeit bei verspäteter Berichtigung nach § 18 a Abs. 10 UStG bleibt davon aber unberührt. Dies gilt entsprechend auch für eine erstmals verspätete Abgabe einer Zusammenfassenden Meldung.

5. Meldung bei Konsignationslagerfällen

Seit dem 1.1.2020 sind die unionseinheitlichen Regelungen für die Konsignationslagerfälle in Kraft (vgl. dazu § 6b UStG sowie Abschn. 6b.1 UStAE und die Erläuterungen dazu). Die Regelungen des § 6b UStG sind daran gebunden, dass der leistende Unternehmer bestimmte **Aufzeichnungsvorschriften** nach § 22 Abs. 4f UStG erfüllt und die Warenbewegungen in der Zusammenfassenden Meldung mit den notwendigen Angaben aufnimmt, § 18a Abs. 1 Satz 1 i. V. m. Abs. 6 Nr. 3 und Abs. 7 Satz 1 Nr. 2a UStG. Allerdings hatte sich schon im Vorfeld der Verabschiedung der Regelungen abgezeichnet, dass das BZSt nicht fristgerecht die technischen Bedingungen für die Aufnahme dieser zusätzlichen Meldedaten in die Zusammenfassende Meldung schaffen kann.

Das **BMF** hat mit Schreiben v. 28.1.2020, BStBl I 2020, 224 für die erstmals für den Januar 2020 zu meldenden Beförderungen oder Versendungen i.Z.m. einem Konsignationslager den separat zu verwendenden Vordruck bekannt gegeben und darüber hinaus auch auf der Internet-Seite des BZSt eine Ausfüllanleitung bereitgestellt.

In dem Vordruck sind die folgenden (alternativen) **Sachverhalte** zu melden:

- Wird ein Gegenstand aus Deutschland in ein in einem anderen Mitgliedstaat belegenes **Konsignationslager befördert oder versendet**, muss die USt-IdNr. des vorgesehenen Abnehmers unter dem Tatbestand „1" gemeldet werden.
- Wird der Gegenstand innerhalb der vorgesehenen Verwendungsfrist von 12 Monaten **wieder in den Ausgangsmitgliedstaat zurückverbracht**, muss dies ebenfalls unter der USt-IdNr. des ursprünglich vorgesehenen Abnehmers unter dem Tatbestand „2" gemeldet werden.
- **Korrekturen/Berichtigungen** sind ebenfalls mit dem Tatbestand „2" zu melden.
- Tritt unter den Bedingungen des § 6b Abs. 5 UStG innerhalb der Verwendungsfrist von 12 Monaten ein **anderer Unternehmer an die Stelle des ursprünglich vorgesehenen Abnehmers** ein, muss der Vorgang unter der USt-IdNr. des neuen Abnehmers unter dem Tatbestand „3" gemeldet werden. Zusätzlich ist auch die USt-IdNr. des ursprünglich vorgesehenen Abnehmers mit anzugeben.

Hinweis: Keine Angabe einer Bemessungsgrundlage

Bemessungsgrundlagen sind in den Alternativmeldungen nicht anzugeben.

Die besondere Meldung über die ausgeführte Beförderung oder Versendung kann direkt über ein **Online-Formular**, das auf dem Formularserver der Bundesfinanzverwaltung (https://www.formulare-bfinv.de) bereitgestellt ist, ausgefüllt und übermittelt werden. Das Formular kann aber auch **offline** ausgefüllt werden und dann authentifiziert von einer registrierten De-Mail-Adresse an das DE-Mail-Postfach des BZSt (Konsignationslager@bzst.de-mail.de) übermittelt werden.

Hinweis: Hinweise im UStAE

Die Finanzverwaltung hat i.Z.m. dem Einführungsschreiben zur Konsignationslagerregelung v. 10.12.2021 in Abschn. 18a.1, 18a.2 Abs. 7 sowie 18a.3 Abs. 1 und Abs. 2 UStAE Hinweise zur Meldung der Konsignationslagerfälle in der Zusammenfassenden Meldung aufgenommen, obwohl zum Zeitpunkt der Veröffentlichung dieses Schreibens die technischen Probleme immer noch nicht behoben sind. Insoweit wurde in dem Schreiben – trotz Anpassung des UStAE – immer noch auf das BMF-Schreiben v. 28.1.2020, BStBl I 2020, 224 verwiesen. Da die Konsignationslagerregelung wieder abgeschafft wird (im Rahmen des Projekts ViDA – VAT in the Digital Age ist unionsrechtlich beschlossen, dass die aktive Einlagerung in ein Konsignationslager letztmalig zum 30.6.2028 vorgenommen werden kann und dann nach Ablauf der maximal möglich Lagerfrist von einem Jahr die Regelung am 30.6.2029 endet) und durch ein modifiziertes One-Stop-Shop-Meldeverfahren ersetzt werden soll, ist wohl auch nicht mehr mit einer Anpassung der Zusammenfassenden Meldung an die Konsignationslagerregelung zu rechnen.

Erkennt der Unternehmer, dass die abgegebene Meldung **unzutreffend** ist, muss eine **berichtigte Meldung** abgegeben werden (Kennzeichen 03). In diesem Fall sind die zutreffenden Angaben nicht zu wiederholen, sondern nur die unrichtigen Angaben mit dem Tatbestand „2" zu melden.

UStAE 18 a.2. Abgabefrist

(1) [1]Die ZM ist bis zum 25. Tag nach Ablauf jedes Kalendermonats an das BZSt zu übermitteln, wenn die Summe der Bemessungsgrundlagen für innergemeinschaftliche Warenlieferungen (§ 18 a Abs. 6 UStG) und Lieferungen im Sinne des § 25 b Abs. 2 UStG im Rahmen von innergemeinschaftlichen Dreiecksgeschäften für das laufende Kalendervierteljahr oder für eines der vier vorangegangenen Kalendervierteljahre jeweils mehr als 50 000 € beträgt. [2]Organisationseinheiten der Gebietskörperschaften Bund und Länder im Sinne des § 18 Abs. 4 f UStG müssen die ZM unabhängig von der in Satz 1 genannten Betragsgrenze bis zum 25. Tag nach Ablauf jedes Kalendermonats an das BZSt übermitteln. [3]Die Regelungen über die Dauerfristverlängerung nach § 18 Abs. 6 UStG und §§ 46 bis 48 UStDV gelten nicht für die ZM.

(2) [1]Übersteigt im Laufe eines Kalendervierteljahres die Summe der Bemessungsgrundlagen für innergemeinschaftliche Warenlieferungen (§ 18 a Abs. 6 UStG) und Lieferungen im Sinne des § 25 b Abs. 2 UStG im Rahmen von innergemeinschaftlichen Dreiecksgeschäften 50 000 €, ist die ZM bis zum 25. Tag nach Ablauf des Kalendermonats, in dem dieser Betrag überschritten wird, zu übermitteln. [2]Wird die Betragsgrenze von 50 000 € im zweiten Kalendermonat eines Kalendervierteljahres überschritten, kann der Unternehmer eine ZM für die bereits abgelaufenen Kalendermonate dieses Kalendervierteljahres übermitteln, in der die Angaben für diese beiden Kalendermonate zusammengefasst werden, oder jeweils eine ZM für jeden der abgelaufenen Kalendermonate dieses Kalendervierteljahres. [3]Überschreitet der Unternehmer die Betragsgrenze im dritten Kalendermonat eines Kalendervierteljahres, wird es nicht beanstandet, wenn er statt einer ZM für dieses Kalendervierteljahr jeweils gesondert eine ZM für jeden der drei Kalendermonate dieses Kalendervierteljahres übermittelt.

B e i s p i e l :

[1]Der deutsche Maschinenhersteller M liefert im Januar des Jahres 01 eine Maschine für 20 000 € und im Februar des Jahres 01 eine weitere Maschine für 35 000 € an den belgischen Unternehmer U. [2]Ferner liefert M im Februar des Jahres 01 eine Maschine für 50 000 € an den französischen Automobilhersteller A. [3]Die Rechnungsstellung erfolgte jeweils zeitgleich mit der Ausführung der Lieferungen.

[4]M ist verpflichtet, die Umsätze bis zum 25. 03. 01 dem BZSt zu melden. [5]Wahlweise kann er für die Monate Januar 01 und Februar 01 jeweils gesondert eine ZM übermitteln, oder er übermittelt eine ZM, in der er die Summe der Bemessungsgrundlagen der an U und A ausgeführten innergemeinschaftlichen Warenlieferungen gemeinsam für die Monate Januar 01 und Februar 01 angibt.

(3) [1]Unternehmer können die ZM auch monatlich übermitteln, wenn die Summe der Bemessungsgrundlagen für innergemeinschaftliche Warenlieferungen (§ 18 a Abs. 6 UStG) und Lieferungen im Sinne des § 25 b Abs. 2 UStG im Rahmen von innergemeinschaftlichen Dreiecksgeschäften weder für das laufende Kalendervierteljahr noch für eines der vier vorangegangenen Kalendervierteljahre jeweils mehr als 50 000 € beträgt. [2]Möchte der Unternehmer von dieser Möglichkeit Gebrauch machen, hat er dies dem BZSt anzuzeigen (§ 18 a Abs. 1 Satz 4 UStG). [3]Der Anzeigepflicht kommt der Unternehmer nach, wenn er bei der erstmaligen Inanspruchnahme das auf dem amtlich vorgeschriebenen Vordruck für die ZM dafür vorgesehene Feld ankreuzt. [4]Die Ausübung des Wahlrechts bindet den Unternehmer bis zum Zeitpunkt des Widerrufs, mindestens aber für die Dauer von 12 Kalendermonaten. [5]Der Widerruf wird dem BZSt durch Markieren des dafür vorgesehenen Feldes auf dem amtlich vorgeschriebenen Vordruck für die ZM angezeigt. [6]Soweit in begründeten Einzelfällen ein Widerruf vor Ablauf der Ausschlussfrist von 12 Kalendermonaten notwendig werden sollte, ist dies dem Bundeszentralamt für Steuern schriftlich unter Angabe der Gründe mitzuteilen.

(4) Die ZM ist bis zum 25. Tag nach Ablauf jedes Kalendervierteljahres zu übermitteln, wenn steuerpflichtige sonstige Leistungen im Sinne von § 3 a Abs. 2 UStG (vgl. Abschnitt 3 a.2) im übrigen Gemeinschaftsgebiet ausgeführt wurden, für die der in einem anderen EU-Mitgliedstaat ansässige Leistungsempfänger die Steuer dort schuldet.

(5) Unternehmer, die hinsichtlich der Ausführung von innergemeinschaftlichen Warenlieferungen (§ 18 a Abs. 6 UStG) und Lieferungen im Sinne des § 25 b Abs. 2 UStG im Rahmen innergemeinschaftli-

cher Dreiecksgeschäfte zur monatlichen Übermittlung einer ZM verpflichtet sind, melden die im übrigen Gemeinschaftsgebiet ausgeführten steuerpflichtigen sonstigen Leistungen im Sinne von § 3 a Abs. 2 UStG (vgl. Abschnitt 3 a.2), für die der in einem anderen EU-Mitgliedstaat ansässige Leistungsempfänger die Steuer dort schuldet, in der ZM für den letzten Monat des Kalendervierteljahres.

(6) [1]Unternehmer, die die ZM hinsichtlich der Ausführung von innergemeinschaftlichen Warenlieferungen (§ 18 a Abs. 6 UStG) und Lieferungen im Sinne des § 25 b Abs. 2 UStG im Rahmen innergemeinschaftlicher Dreiecksgeschäfte monatlich übermitteln, können darin auch die steuerpflichtigen sonstigen Leistungen im Sinne von § 3 a Abs. 2 UStG (vgl. Abschnitt 3 a.2), die in dem entsprechenden Kalendermonat im übrigen Gemeinschaftsgebiet ausgeführt worden sind und für die der in einem anderen EU-Mitgliedstaat ansässige Leistungsempfänger die Steuer dort schuldet, monatlich angeben (§ 18 a Abs. 3 Satz 1 UStG). [2]Die Ausübung dieser Wahlmöglichkeit wird dem BZSt durch die Angabe von im übrigen Gemeinschaftsgebiet ausgeführten steuerpflichtigen sonstigen Leistungen im vorstehenden Sinne, für die der in einem anderen EU-Mitgliedstaat ansässige Leistungsempfänger die Steuer dort schuldet, in der ZM für den ersten oder zweiten Kalendermonat eines Kalendervierteljahres angezeigt (§ 18 a Abs. 3 Satz 2 UStG).

(7) [1]Die in den Absätzen 1 bis 5 genannten Abgabefristen gelten entsprechend, wenn neben den dort genannten Lieferungen und sonstigen Leistungen auch Gegenstände aus dem Gebiet eines Mitgliedstaates in das Gebiet eines anderen Mitgliedstaates für Zwecke einer Lieferung nach dem Ende der Beförderung oder Versendung an einen Erwerber im Sinne von § 6 b UStG befördert oder versendet werden. [2]Werden in einem Meldezeitraum ausschließlich Lieferungen im Sinne von § 6 b UStG ausgeführt, ist die ZM bis zum 25. Tag nach Ablauf eines Kalendervierteljahres an das BZSt zu übermitteln.

Anmerkung

Zur Abgabefrist für die Zusammenfassende Meldung vgl. Anmerkung zu Abschn. 18a.1 UStAE.

Hinweis: Hinweise im UStAE

Die Finanzverwaltung hat i.Z.m. dem Einführungsschreiben zur Konsignationslagerregelung v. 10.12.2021 in Abschn. 18a.2 Abs. 7 UStAE Hinweise zur Meldung der Konsignationslagerfälle in der Zusammenfassenden Meldung aufgenommen, obwohl zum Zeitpunkt der Veröffentlichung dieses Schreibens die technischen Probleme immer noch nicht behoben sind. Insoweit wurde in dem Schreiben – trotz Anpassung des UStAE – immer noch auf das BMF-Schreiben v. 28.1.2020, BStBl I 2020, 224 verwiesen. Dies gilt immer noch so fort.

UStAE 18 a.3. Angaben für den Meldezeitraum

(1) [1]In der ZM sind nach § 18 a Abs. 7 Nr. 1 bis 4 UStG in dem jeweiligen Meldezeitraum getrennt für jeden Erwerber oder Empfänger der dort bezeichneten Lieferungen oder sonstigen Leistungen die USt-IdNr. und die Summe der Bemessungsgrundlagen gesondert nach innergemeinschaftlichen Warenlieferungen (§ 18 a Abs. 6 Nr. 1 und 2 UStG), steuerpflichtigen sonstigen Leistungen im Sinne von § 3 a Abs. 2 UStG (vgl. Abschnitt 3 a.2), die im übrigen Gemeinschaftsgebiet ausgeführt worden sind und für die der in einem anderen EU-Mitgliedstaat ansässige Leistungsempfänger die Steuer dort schuldet, und Lieferungen im Sinne von § 25 b Abs. 2 UStG im Rahmen von innergemeinschaftlichen Dreiecksgeschäften und Beförderungen oder Versendungen im Sinne des § 6 b Abs. 1 oder 4 UStG oder einen Erwerberwechsel nach § 6 b Abs. 5 UStG (§ 18 a Abs. 6 Nr. 3 UStG) anzugeben und entsprechend zu kennzeichnen. [2]Wird eine steuerpflichtige sonstige Leistung im vorstehenden Sinne dauerhaft über einen Zeitraum von mehr als einem Jahr erbracht, gilt § 13 b Abs. 3 UStG entsprechend. [3]Unbeachtlich ist, ob der Unternehmer seine Umsätze nach vereinbarten oder nach vereinnahmten Entgelten versteuert. [4]Bei den steuerpflichtigen sonstigen Leistungen im vorstehenden Sinne und den Lieferungen im Sinne von § 25 b Abs. 2 UStG im Rahmen von innergemeinschaftlichen Dreiecksgeschäften ist es zudem unbeachtlich, wann der Unternehmer die Rechnung ausgestellt hat.

(2) [1]In der ZM ist nach § 18a Abs. 7 Nr. 2a UStG in den Fällen des § 6b Abs. 1 UStG in dem jeweiligen Meldezeitraum die USt-IdNr. für jeden Erwerber im Sinne des § 6b Abs. 1 Nr. 1 und Nr. 3 UStG anzugeben. [2]Tritt innerhalb der Frist von 12 Monaten nach dem Ende der Beförderung oder Versendung des Gegenstandes im Sinne von § 6b Abs. 1 Nr. 1 UStG und vor dem Zeitpunkt der Lieferung ein anderer Unternehmer an die Stelle des Erwerbers (Erwerberwechsel nach § 6b Abs. 5 UStG) und liegen die in § 6b Abs. 5 Nr. 1 bis 3 UStG genannten Voraussetzungen vor, ist die USt-IdNr. des neuen Erwerbers in der ZM für den Meldezeitraum, in dem das Ereignis eingetreten ist, anzugeben. [3]Wird die von einem Unternehmer beabsichtigte Lieferung des in den Bestimmungsmitgliedstaat beförderten oder versendeten Gegenstandes innerhalb der 12 Monatsfrist nach Einlagerung nicht bewirkt und gelangt der Gegenstand innerhalb dieser 12-Monatsfrist in den Abgangsmitgliedstaat zurück (Rücklieferung nach § 6b Abs. 4 UStG), ist die USt-IdNr. des ursprünglich vorgesehenen Erwerbers in der ZM für den Meldezeitraum, in dem das Ereignis eingetreten ist, anzugeben.

(3) [1]Wegen der Umrechnung von Werten in fremder Währung vgl. Abschnitt 16.4. [2]Hat der Unternehmer die Rechnung für eine innergemeinschaftliche Warenlieferung, die er im letzten Monat eines Meldezeitraums ausgeführt hat, erst nach Ablauf des Meldezeitraums ausgestellt, ist für die Umrechnung grundsätzlich der Durchschnittskurs des auf den Monat der Ausführung der Lieferung folgenden Monats heranzuziehen.

Anmerkung

Zur Abgabe einer Zusammenfassenden Meldung ist derjenige verpflichtet, der innergemeinschaftliche Warenlieferungen oder ab 2010 sonstige Leistungen nach § 3a Abs. 2 UStG an andere Unternehmer in einem anderen Mitgliedstaat ausführt. Die Zusammenfassende Meldung ist immer unter der USt-IdNr. des leistenden Unternehmers abzugeben. Die Verpflichtung zur Abgabe der Zusammenfassenden Meldung und der **Inhalt der Meldung** können aus der folgenden Übersicht entnommen werden:

Vorgang	Angaben in der Zusammenfassenden Meldung
Der Unternehmer erbringt eine steuerfreie innergemeinschaftliche Lieferung an einen Abnehmer mit USt-IdNr.	– die USt-IdNr. eines jeden Erwerbers und – für jeden Erwerber die Summe der Bemessungsgrundlagen der an ihn ausgeführten innergemeinschaftlichen Lieferungen
Der Unternehmer verbringt für eigene Zwecke Gegenstände in einen anderen Mitgliedstaat außer nur zu einer vorübergehenden Verwendung	– die USt-IdNr. des Unternehmensteils aus dem Mitgliedstaat, in den der Gegenstand gelangt und – die darauf entfallende Summe der Bemessungsgrundlagen
Der Unternehmer ist als mittlerer Unternehmer an einem innergemeinschaftlichen Dreiecksgeschäft i. S. d. § 25b UStG beteiligt	– die USt-IdNr. des letzten Erwerbers aus dem Mitgliedstaat, in den der Gegenstand gelangt, – für jeden letzten Abnehmer die Summe der Bemessungsgrundlagen der an ihn ausgeführten Lieferungen und – einen Hinweis auf das Vorliegen des Dreiecksgeschäfts (seit dem 1.1.2010 ist das Kennzeichen „2" zu verwenden bzw. in der elektronischen Form eine entsprechende Kennzeichnung vorzunehmen)
Der Unternehmer führt eine sonstige Leistung an einen Unternehmer für dessen Unternehmen bzw. eine juristische Person, die nicht Unternehmer ist, der aber eine USt-IdNr. erteilt worden ist, in einem anderen Mitgliedstaat aus, deren Ort sich nach § 3a Abs. 2 UStG bestimmt (seit dem 1.1.2010)	– die USt-IdNr. eines jeden Leistungsempfängers, – für jeden Leistungsempfänger die Summe der Bemessungsgrundlagen der an ihn ausgeführten sonstigen Leistungen und – einen Hinweis auf das Vorliegen einer sonstigen- Leistung (seit dem 1.1.2010 ist das Kennzeichen „1" zu verwenden bzw. in der elektronischen Form eine entsprechende Kennzeichnung vorzunehmen)
Der Unternehmer befördert oder versendet in einen anderen Mitgliedstaat einen Gegenstand und lagert ihn dort bei einem vorbestimmten Abnehmer in ein Konsignationslager ein (§ 6b UStG) (seit dem 1.1.2020); dies erfasst auch den Erwerberwechsel (§ 6b Abs. 5 UStG) sowie den Rücktransport (§ 6b Abs. 4 UStG)	– beim Transport in das Konsignationslager die USt-IdNr. des vorgesehenen Erwerbers, – beim Rücktransport des Gegenstands innerhalb von 12 Monaten die USt-IdNr. des vorgesehenen Erwerbers – beim Erwerberwechsel sowohl die die USt-IdNr. des ursprünglich vorgesehenen Erwerbers sowie des neuen Erwerbers Bemessungsgrundlagen sind nicht anzugeben, es sind aber entsprechende Kennzeichen für die alternativen Meldetatbestände anzugeben (vgl. dazu auch Hinweis zu Abschn. 18a.1 UStAE)

Hinweis: Hinweise im UStAE

Die Finanzverwaltung hat i.Z.m. dem Einführungsschreiben zur Konsignationslagerregelung v. 10.12.2021 in Abschn. 18a.3 Abs. 1 und Abs. 2 UStAE Hinweise zur Meldung der Konsignationslagerfälle in der Zusammenfassenden Meldung aufgenommen, obwohl zum Zeitpunkt der Veröffentlichung dieses Schreibens die technischen Probleme immer noch nicht behoben sind. Insoweit wurde in dem Schreiben – trotz Anpassung des UStAE – immer noch auf das BMF-Schreiben v. 28.1.2020, BStBl I 2020, 224 verwiesen. Dies gilt immer noch so fort.

Die Zusammenfassende Meldung ist von dem Unternehmer beim Bundeszentralamt für Steuern, Außenstelle Saarlouis, bis zum 25. Tag nach Ablauf des Meldezeitraums einzureichen, wenn er in diesem Meldezeitraum meldepflichtige Leistungen ausgeführt hat.

Hinweis: Keine Berufung auf Verschwiegenheitspflichten

Auch ein Rechtsanwalt, der Beratungsleistungen an im übrigen Gemeinschaftsgebiet ansässige Unternehmer erbracht hat, die ihm ihre Umsatzsteuer-Identifikationsnummer mitgeteilt haben, kann die für diese Fälle vorgeschriebene Abgabe einer Zusammenfassenden Meldung mit den darin geforderten Angaben (u. a. Umsatzsteuer-Identifikationsnummer des Mandanten, Gesamtbetrag der Beratungsleistungen an den Mandanten) nicht unter Berufung auf seine Schweigepflicht verweigern (BFH, Urt. v. 27.9.2017 – XI R 15/15, BStBl II 2018, 155); eine dagegen erhobene Verfassungsbeschwerde ist vom BVerfG nicht zur Entscheidung angenommen worden, BVerfG, Beschl. v. 31.1.2019 – 1 BvR 28899/17.

UStAE 18 a.4. Änderung der Bemessungsgrundlage für meldepflichtige Umsätze

(1) [1]Hat sich die umsatzsteuerliche Bemessungsgrundlage für die zu meldenden Umsätze nachträglich geändert (z. B. durch Rabatte), sind diese Änderungen in dem Meldezeitraum zu berücksichtigen, in dem sie eingetreten sind. [2]Dies gilt entsprechend in den Fällen des § 17 Abs. 2 UStG (z. B. Uneinbringlichkeit der Forderung, Rückgängigmachung der Lieferung oder sonstigen Leistung). [3]Gegebenenfalls ist der Änderungsbetrag mit der jeweiligen Summe der Bemessungsgrundlagen für innergemeinschaftliche Warenlieferungen (§ 18 a Abs. 6 UStG), im übrigen Gemeinschaftsgebiet ausgeführte steuerpflichtige sonstige Leistungen im Sinne von § 3 a Abs. 2 UStG (vgl. Abschnitt 3 a.2), für die der in einem anderen EU-Mitgliedstaat ansässige Leistungsempfänger die Steuer dort schuldet, oder für Lieferungen im Sinne von § 25 b Abs. 2 UStG im Rahmen innergemeinschaftlicher Dreiecksgeschäfte zu saldieren, die im maßgeblichen Zeitraum zu melden sind. [4]Der Gesamtbetrag der zu meldenden Bemessungsgrundlagen kann negativ sein.

(2) [1]Der Gesamtbetrag der Bemessungsgrundlagen kann ausnahmsweise auf Grund von Saldierungen 0 € betragen. [2]In diesem Fall ist „0“ zu melden.

(3) Von nachträglichen Änderungen der Bemessungsgrundlage sind die Berichtigungen von Angaben zu unterscheiden, die bereits bei ihrer Meldung unrichtig oder unvollständig sind (vgl. Abschnitt 18 a.5).

Anmerkung

Bei einer **Änderung der Bemessungsgrundlage** ist § 17 UStG analog für die Zusammenfassende Meldung anzuwenden, § 18 a Abs. 4 Satz 2 UStG. Dies bedeutet, dass die Änderung der Bemessungsgrundlage **nicht rückwirkend** zu einer berichtigten Zusammenfassenden Meldung führt, sondern in dem Meldezeitraum angegeben werden muss, in dem die Änderung erfolgt. Ist in dem Meldezeitraum keine Lieferung zu melden, ist der Änderungsbetrag mit einem Minuszeichen zu versehen.

Bei dem Verbringen eines Gegenstands in ein **Konsignationslager** (§ 6 b UStG) ist keine Bemessungsgrundlage zur Meldung in der Zusammenfassenden Meldung anzugeben, derzeit ist aber nur eine Ersatzmeldung für die Konsignationslagerfälle abzugeben. Aufgrund der schon unionsrechtlich beschlossenen Beendigung der Konsignationslagerregelung spätestens zum 30.6.2029 wird es hier wohl auch nicht mehr zu einer Änderung kommen.

Solche Änderungen der Bemessungsgrundlage sind insbesondere die **Gewährung von Skonti oder Rabatten** oder die Uneinbringlichkeit der Forderungen.

UStAE 18 a.5. Berichtigung der Zusammenfassenden Meldung

(1) [1]Eine unrichtige oder unvollständige ZM muss gesondert für den Meldezeitraum berichtigt werden, in dem die unrichtigen oder unvollständigen Angaben erklärt wurden. [2]Wird eine unrichtige oder unvollständige ZM vorsätzlich oder leichtfertig nicht oder nicht rechtzeitig berichtigt, kann dies als Ordnungswidrigkeit mit einer Geldbuße bis zu 5 000 € geahndet werden (vgl. § 26 a Abs. 2 Nr. 5 UStG). [3]Rechtzeitig ist die Berichtigung, wenn sie innerhalb von einem Monat übermittelt wird (vgl. Abschnitt 18 a.1 Abs. 4), nachdem der Unternehmer die Unrichtigkeit oder Unvollständigkeit erkannt hat. [4]Für die Fristwahrung ist der Zeitpunkt des Eingangs der berichtigten ZM beim BZSt maßgeblich.

(2) Eine ZM ist zu berichtigen, soweit der in einem anderen Mitgliedstaat ansässige unternehmerische Leistungsempfänger, der die Steuer dort schuldet, seine USt-IdNr. dem leistenden Unternehmer erst nach dem Bezug einer im übrigen Gemeinschaftsgebiet steuerpflichtigen sonstigen Leistung im Sinne von § 3 a Abs. 2 UStG (vgl. Abschnitt 3 a.2) mitgeteilt hat, und daher deren Angabe in der ZM für den Meldezeitraum zunächst unterblieben ist.

Anmerkung

Wenn der Unternehmer erkennt, dass eine von ihm abgegebene Zusammenfassende Meldung **unrichtig oder unvollständig** ist, ist er verpflichtet, innerhalb **von einem Monat** die Zusammenfassende Meldung zu berichtigen.

Hinweis: Ordnungswidrigkeit

Wer eine Zusammenfassende Meldung nicht, nicht richtig, nicht vollständig oder nicht rechtzeitig abgibt, handelt ordnungswidrig. Die Ordnungswidrigkeit kann mit einem Bußgeld bis zu 5.000 € geahndet werden, § 26 a Abs. 2 Nr. 5 UStG.

Bei einer Berichtigung einer **falsch gemeldeten Bemessungsgrundlage** ist in der berichtigten Zusammenfassenden Meldung die **korrekte Bemessungsgrundlage** und nicht nur der Differenzbetrag zu melden.

Wurde **versehentlich** eine innergemeinschaftliche Lieferung, ein innergemeinschaftliches Verbringen, eine Lieferung nach § 25 b UStG oder eine sonstige Leistung nach § 3 a Abs. 2 UStG gemeldet, obwohl ein solcher Umsatz nicht ausgeführt wurde, ist ebenfalls eine berichtigte Zusammenfassende Meldung abzugeben, in der unter der angegebenen USt-IdNr. ein Umsatz i. H. v. null zu melden ist.

Hinweis: Korrekte Berichtigung wichtig für Steuerbefreiung

Seit 2020 ist die zutreffende Anmeldung einer innergemeinschaftlichen Lieferung nach § 4 Nr. 1 Buchst. b UStG materiell-rechtliche Voraussetzung für die Steuerbefreiung. Ist eine innergemeinschaftliche Lieferung nicht oder nicht zutreffend gemeldet worden, muss der Unternehmer binnen einen Monats nach Feststellung des Fehlers eine berichtigte Zusammenfassende Meldung für den ursprünglichen Zeitraum abgeben. Die Einhaltung dieser Berichtigungspflicht ist aber nicht Voraussetzung für die Steuerbefreiung der innergemeinschaftlichen Lieferung, es muss aber immer die Zusammenfassende Meldung berichtigt werden, in der der Umsatz zu melden war (keine Nachmeldung in einer Zusammenfassenden Meldung eines späteren Meldezeitraums); vgl. BMF, Schreiben v. 20.5.2022, BStBl I 2022, 738 sowie Anmerkung zu Abschn. 4.1.2 UStAE.

Zu § 18b UStG

UStG § 18b Gesonderte Erklärung innergemeinschaftlicher Lieferungen und bestimmter sonstiger Leistungen im Besteuerungsverfahren

[1]Der Unternehmer im Sinne des § 2 hat für jeden Voranmeldungs- und Besteuerungszeitraum in den amtlich vorgeschriebenen Vordrucken (§ 18 Abs. 1 bis 4) die Bemessungsgrundlagen folgender Umsätze gesondert zu erklären:

1. seiner innergemeinschaftlichen Lieferungen,
2. seiner im übrigen Gemeinschaftsgebiet ausgeführten steuerpflichtigen sonstigen Leistungen im Sinne des § 3a Absatz 2, für die der in einem anderen Mitgliedstaat ansässige Leistungsempfänger die Steuer dort schuldet, und
3. seiner Lieferungen im Sinne des § 25b Abs. 2.

[2]Die Angaben für einen in Satz 1 Nummer 1 genannten Umsatz sind in dem Voranmeldungszeitraum zu machen, in dem die Rechnung für diesen Umsatz ausgestellt wird, spätestens jedoch in dem Voranmeldungszeitraum, in dem der auf die Ausführung dieses Umsatzes folgende Monat endet. [3]Die Angaben für Umsätze im Sinne des Satzes 1 Nummer 2 und 3 sind in dem Voranmeldungszeitraum zu machen, in dem diese Umsätze ausgeführt worden sind. [4]§ 16 Abs. 6 und § 17 sind sinngemäß anzuwenden. [5]Erkennt der Unternehmer nachträglich vor Ablauf der Festsetzungsfrist, dass in einer von ihm abgegebenen Voranmeldung (§ 18 Abs. 1) die Angaben zu Umsätzen im Sinne des Satzes 1 unrichtig oder unvollständig sind, ist er verpflichtet, die ursprüngliche Voranmeldung unverzüglich zu berichtigen. [6]Die Sätze 2 bis 5 gelten für die Steuererklärung (§ 18 Abs. 3 und 4) entsprechend.

Anmerkung

Innergemeinschaftliche Lieferungen, die zweite Lieferung im Rahmen eines innergemeinschaftlichen Dreiecksgeschäfts (§ 25b UStG) sowie sonstige Leistungen an einen Unternehmer in einem anderen Mitgliedstaat der Europäischen Union nach § 3a Abs. 2 UStG müssen unter der USt-IdNr. des Leistungsempfängers und der Angabe der Bemessungsgrundlage in der Zusammenfassenden Meldung nach § 18a UStG angemeldet werden.

Zur **internen Kontrolle** zwischen dem für die Verwaltung der Zusammenfassenden Meldung zuständigen BZSt und den für die Umsatzsteuer-Voranmeldungen und Jahressteuererklärungen zuständigen lokalen Finanzämtern müssen diese Leistungen auch gesondert (in **separaten Meldefeldern**) in der Voranmeldung und der Jahreserklärung angemeldet werden. Die Rechtsgrundlage für die separate Meldung in der Umsatzsteuer-Voranmeldung und in der Jahressteuererklärung ergibt sich aus § 18b UStG. Soweit es zu Abstimmungsdifferenzen im Vergleich zur Zusammenfassenden Meldung kommt, wird der Unternehmer regelmäßig vom BZSt zur Kontrolle und Berichtigung aufgefordert.

Hinweis: Bußgeld kann verhängt werden

Wer eine Zusammenfassende Meldung nicht, nicht richtig, nicht vollständig oder nicht rechtzeitig abgibt oder entgegen § 18a Abs. 10 UStG eine Zusammenfassende Meldung nicht oder nicht rechtzeitig berichtigt, handelt ordnungswidrig (§ 26a Abs. 2 Nr. 5 UStG). Die Ordnungswidrigkeit kann mit einer Geldbuße von bis zu 5.000 € geahndet werden.

Zu § 18c UStG

UStG § 18c Meldepflicht bei der Lieferung neuer Fahrzeuge

[1]Zur Sicherung des Steueraufkommens durch einen Austausch von Auskünften mit anderen Mitgliedstaaten kann das Bundesministerium der Finanzen mit Zustimmung des Bundesrates durch Rechtsverordnung bestimmen, dass Unternehmer (§ 2) und Fahrzeuglieferer (§ 2a) der Finanzbehörde ihre innergemeinschaftlichen Lieferungen neuer Fahrzeuge an Abnehmer ohne Umsatzsteuer-Identifikationsnummer melden müssen. [2]Dabei können insbesondere geregelt werden:

1. die Art und Weise der Meldung;
2. der Inhalt der Meldung;
3. die Zuständigkeit der Finanzbehörden;
4. der Abgabezeitpunkt der Meldung.

UStAE 18c.1. Verfahren zur Übermittlung der Meldungen nach der Fahrzeuglieferungs-Meldepflichtverordnung

(1) [1]Unternehmer im Sinne des § 2 UStG und Fahrzeuglieferer nach § 2a UStG, die neue Fahrzeuge im Sinne des § 1b Abs. 2 und 3 UStG innergemeinschaftlich geliefert haben, müssen bis zum 10. Tag nach Ablauf des Kalendervierteljahres, in dem die Lieferung ausgeführt worden ist (Meldezeitraum), dem BZSt eine Meldung übermitteln, sofern der Abnehmer der Lieferung keine USt-IdNr. eines anderen EU-Mitgliedstaates verwendet. [2]Ist dem Unternehmer die Frist für die Übermittlung der Voranmeldungen um einen Monat verlängert worden (§§ 46 bis 48 UStDV), gilt dies auch für die Übermittlung der Meldung nach der FzgLiefgMeldV.

(2) [1]Unternehmer im Sinne des § 2 UStG übermitteln dem BZSt die Meldung nach amtlich vorgeschriebenem Datensatz **über die amtlich bestimmte Schnittstelle**. [2]Informationen zur elektronischen Übermittlung sind unter den Internet-Adressen www.elster.de oder www.bzst.de abrufbar. [3]Zum Verfahren bei unbilligen Härten gelten die Ausführungen in Abschnitt 18a.1 Abs. 4 Sätze 3 bis 6 sinngemäß.

(3) [1]Fahrzeuglieferer (§ 2a UStG) können die Meldung nach amtlich vorgeschriebenem Datensatz **über die amtlich bestimmte Schnittstelle** übermitteln oder in herkömmlicher Form – auf Papier oder per Telefax – nach amtlich vorgeschriebenem Vordruck abgeben. [2]Informationen sind unter den Internet-Adressen www.elster.de oder www.bzst.de abrufbar.

(4) [1]Für jedes gelieferte Fahrzeug ist ein Datensatz zu übermitteln bzw. ein Vordruck abzugeben. [2]Die Meldung muss folgende Angaben enthalten:

1. den Namen und die Anschrift des Lieferers;
2. die Steuernummer und bei Unternehmern im Sinne des § 2 UStG zusätzlich die USt-IdNr. des Lieferers;
3. den Namen und die Anschrift des Erwerbers;
4. das Datum der Rechnung;
5. den Bestimmungsmitgliedstaat;
6. das Entgelt (Kaufpreis);
7. die Art des Fahrzeugs (Land-, Wasser- oder Luftfahrzeug);
8. den Fahrzeughersteller;
9. den Fahrzeugtyp (Typschlüsselnummer);
10. das Datum der ersten Inbetriebnahme, wenn dieses vor dem Rechnungsdatum liegt;
11. den Kilometerstand (bei motorbetriebenen Landfahrzeugen), die Zahl der bisherigen Betriebsstunden auf dem Wasser (bei Wasserfahrzeugen) oder die Zahl der bisherigen Flugstunden (bei Luftfahrzeugen), wenn diese am Tag der Lieferung über Null liegen, und
12. die Kraftfahrzeug-Identifizierungs-Nummer (bei motorbetriebenen Landfahrzeugen), die Schiffs-Identifikations-Nummer (bei Wasserfahrzeugen) oder die Werknummer (bei Luftfahrzeugen).

(5) [1]Ordnungswidrig im Sinne des § 26a Abs. 2 Nr. 6 UStG handelt, wer eine Meldung nach der FzgLiefgMeldV nicht, nicht richtig, nicht vollständig oder nicht rechtzeitig übermittelt. [2]Die Ordnungswidrigkeit kann mit einer Geldbuße bis zu 5 000 € geahndet werden (§ 26a Abs. 3 UStG).

Anmerkung

Der Verkauf von **neuen Fahrzeugen** in der Europäischen Union unterliegt besonderen Vorschriften. Auch **Nichtunternehmer** müssen bei Verkauf und Kauf solcher Fahrzeuge besondere **Besteuerungs- und Meldepflichten** beachten.

Hinweis: Alle Beförderungsmittel betroffen

Neue Fahrzeuge können nicht nur Landfahrzeuge (Pkw, Lkw, Motorräder etc.) sein, es kann sich auch um Schiffe oder Flugzeuge handeln. Voraussetzung ist, dass bestimmte Leistungsdaten erreicht werden, § 1b Abs. 2 UStG, sodass das Fahrzeug in ein Register einzutragen ist. Weiterhin ist zu beachten, dass „neu" i. S. der Vorschrift nicht „fabrikneu" bedeutet, sondern jeweils nach Art des Fahrzeugs (vgl. § 1b Abs. 3 UStG) zu definieren ist. So gelten insbesondere Landfahrzeuge als neu, wenn seit erstmaliger Inbetriebnahme nicht mehr als 6 Monate vergangen sind oder (alternativ) das Fahrzeug nicht mehr als 6.000 km zurückgelegt hat.

Da der Erwerb bei jedem Käufer in der Europäischen Union der Erwerbsbesteuerung unterliegt, muss auch bei der Lieferung **an einen Nichtunternehmer** in einem anderen Mitgliedstaat der Europäischen Union eine Meldung abgegeben werden. Die Vorgaben zur Meldung bei Lieferung an Nichtunternehmer bestimmen sich nach der Fahrzeuglieferungs-Meldepflichtverordnung (v. 18.3.2009, BStBl I 2009, 472).

Hinweis: Meldung über Elster möglich

Die Meldung nach der Fahrzeuglieferungs-Meldepflichtverordnung hat gegenüber dem BZSt zu erfolgen und ist über Elster möglich.

Wer vorsätzlich oder leichtfertig entgegen seinen Verpflichtungen aus der Fahrzeuglieferungs-Meldepflichtverordnung eine Meldung nicht, nicht richtig, nicht vollständig oder nicht rechtzeitig abgibt, handelt ordnungswidrig. Die **Ordnungswidrigkeit** kann mit einer Geldbuße bis zu 5.000 € geahndet werden, § 4 FzgLiefgMeldV.

Zu § 18 d UStG

UStG § 18 d Vorlage von Urkunden

[1]Die Finanzbehörden sind zur Erfüllung der Auskunftsverpflichtung nach der Verordnung (EU) Nr. 904/2010 des Rates vom 7. Oktober 2010 über die Zusammenarbeit der Verwaltungsbehörden und die Betrugsbekämpfung auf dem Gebiet der Mehrwertsteuer (ABl. L 268 vom 12. 10. 2010, S. 1) berechtigt, von Unternehmern die Vorlage der jeweils erforderlichen Bücher, Aufzeichnungen, Geschäftspapiere und anderen Urkunden zur Einsicht und Prüfung zu verlangen. [2]§ 97 Absatz 2 der Abgabenordnung gilt entsprechend. [3]Der Unternehmer hat auf Verlangen der Finanzbehörde die in Satz 1 bezeichneten Unterlagen vorzulegen.

UStAE 18 d.1. Zuständigkeit und Verfahren

(1) [1]Die für die Beantwortung von Ersuchen anderer EU-Mitgliedstaaten nach der Verordnung (EU) Nr. 904/2010 (ABl. EU 2010 Nr. L 268 S. 1) erforderlichen Ermittlungen werden von der Finanzbehörde durchgeführt, die nach § 21 AO auch für eine Umsatzbesteuerung des Vorgangs zuständig ist, auf den sich das Ersuchen bezieht. [2]Wenn diese Behörde nicht festgestellt werden kann, ist die Finanzbehörde zuständig, in deren Bezirk die Ermittlungshandlungen vorzunehmen sind (§ 24 AO).

(2) [1]Die Finanzbehörde kann die Vorlage der Bücher, Aufzeichnungen, Geschäftspapiere und anderer Urkunden an Amtsstelle verlangen. [2]Mit Einverständnis des Vorlagepflichtigen oder wenn die Unterlagen für eine Vorlage an Amtsstelle ungeeignet sind, können die Urkunden auch beim Vorlagepflichtigen eingesehen und geprüft werden.

Zu § 18 e UStG

UStG § 18 e Bestätigungsverfahren

Das Bundeszentralamt für Steuern bestätigt auf Anfrage

1. dem Unternehmer im Sinne des § 2 die Gültigkeit einer Umsatzsteuer-Identifikationsnummer sowie den Namen und die Anschrift der Person, der die Umsatzsteuer-Identifikationsnummer von einem anderen Mitgliedstaat erteilt wurde;
2. ***weggefallen***
3. dem Betreiber im Sinne des § 25e Absatz 1 die Gültigkeit einer inländischen Umsatzsteuer-Identifikationsnummer sowie den Namen und die Anschrift des liefernden Unternehmers im Sinne des § 25e Absatz 2 Satz 1.

UStAE 18 e.1. Bestätigung einer ausländischen Umsatzsteuer-Identifikationsnummer

(1) Anfragen zur Bestätigung einer ausländischen USt-IdNr. kann jeder Inhaber einer deutschen USt-IdNr. stellen.

(2) [1]Unternehmer können einfache und qualifizierte Bestätigungsanfragen über das Internet (www.bzst.de) an das BZSt stellen. [2]**Neben** der Anfrage zu einzelnen USt-IdNrn. **besteht** auch die Möglichkeit, gleichzeitige Anfragen zu mehreren USt-IdNrn. durchzuführen. [3]Bei Anfragen zu einzelnen USt-IdNrn. ist der Nachweis der durchgeführten qualifizierten Bestätigungsanfrage durch die Aufbewahrung **eines** Ausdrucks oder die Übernahme des vom BZSt übermittelten Ergebnisses in einem allgemein üblichen Format oder als Screenshot in das System des Unternehmens zu führen. [4]Bei der Durchführung gleichzeitiger Anfragen zu mehreren USt-IdNrn. über die vom BZSt zu diesem Zweck angebotene Schnittstelle kann die vom BZSt übermittelte elektronische Antwort in Form eines Datensatzes unmittelbar in das System des Unternehmens eingebunden und ausgewertet werden. [5]In diesen Fällen ist der Nachweis einer durchgeführten qualifizierten Anfrage einer USt-IdNr. über den vom BZSt empfangenen Datensatz zu führen.

(3) [1]Im Rahmen der einfachen Bestätigungsanfrage kann die Gültigkeit einer USt-IdNr., die von einem anderen EU-Mitgliedstaat erteilt wurde, überprüft werden. [2]Die Anfrage muss folgende Angaben enthalten:

- die USt-IdNr. des anfragenden Unternehmers (oder ggf. die Steuernummer, unter der er für Zwecke der Umsatzsteuer geführt wird);
- die USt-IdNr. des Leistungsempfängers, die von einem anderen EU-Mitgliedstaat erteilt wurde.

(4) [1]Im Rahmen der qualifizierten Bestätigungsanfrage werden zusätzlich zu der zu überprüfenden USt-IdNr. der Name und die Anschrift des Inhabers der ausländischen USt-IdNr. überprüft. [2]Das BZSt teilt in diesem Fall detailliert mit, inwieweit die angefragten Angaben von dem EU-Mitgliedstaat, der die USt-IdNr. erteilt hat, als zutreffend gemeldet werden. [3]Die Informationen beziehen sich jeweils auf USt-IdNr./Name/Ort/Postleitzahl/Straße des ausländischen Leistungsempfängers.

(5) ***weggefallen***

(6) *weggefallen*

Anmerkung

Unternehmer können sich **USt-IdNrn. ausländischer Unternehmer** beim Bundeszentralamt für Steuern im Rahmen eines **einfachen oder eines qualifizierten Verfahrens** bestätigen lassen. Diese Bestätigung ist notwendig, um den sicheren Nachweis der Steuerfreiheit bei innergemeinschaftlichen Lieferungen (§ 4 Nr. 1 Buchst. b UStG i. V. m. § 6a Abs. 1 UStG) sowie auch des Orts einer sonstigen Leistung bei einem unternehmerischen Leistungsempfänger in einem anderen Mitgliedstaat (§ 3a Abs. 2 UStG) führen zu können. In Abschn. 18e.1 UStAE hat die Finanzverwaltung die Grundsätze über die Bestätigungen des Anfrageverfahrens zusammengestellt.

Bisher konnten Bestätigungsanfragen sowohl über das Internet als auch schriftlich oder telefonisch eingeholt werden.

Die Finanzverwaltung hat mit Schreiben vom 6.6.2025 (BStBl I 2025, 1443) Änderungen bei den Modalitäten der Bestätigungsanfrage vorgenommen – dies betrifft sowohl die einfache als auch die qualifizierte Bestätigungsanfrage. Die **Bestätigungsanfrage** ist **seit dem 20.7.2025** nur noch über das **Internet** möglich.

Hinweis: USt-IdNr. des Abfragenden notwendig

Mit dieser Änderung steht noch eine weitere Veränderung im Zusammenhang: Damit eine internetgestützte Abfrage durchgeführt werden kann, muss der anfragende Unternehmer zwingend selbst über eine USt-IdNr. verfügen. Bisher konnten (telefonische oder schriftliche) Anfragen auch ohne eine eigene USt-IdNr. durchgeführt werden, diese Anfrage galt dann gleichzeitig als Antrag auf Erteilung einer USt-IdNr.

Mit dieser Änderung besteht auch grundsätzlich **keine Möglichkeit** mehr, eine **Bestätigung schriftlich** vom BZSt zu erhalten. Bisher wurde bei einer telefonischen Anfrage die Bestätigung grundsätzlich schriftlich vorgenommen (bisher Abschn. 18e.1 Abs. 5 UStAE, der zum 20.7.2025 gestrichen wurde).

Eine relativ geringfügige Änderung bei den Verwaltungsanweisungen, die aber zumindest für die Unternehmer, die nur in geringem Umfang bisher die Bestätigungsanfragen in Anspruch genommen haben, zu **Anpassungen** führt. Damit eine Bestätigungsanfrage ab dem 20.7.2025 durchgeführt werden kann, muss der **leistende Unternehmer über eine eigene USt-IdNr. verfügen**. Deshalb sollten zumindest die Unternehmer, bei denen in Zukunft nicht auszuschließen ist, dass sie Leistungen EU-grenzüberschreitend an andere Unternehmer ausführen, jetzt vorsorglich eine USt-IdNr. beantragen, um zeitnah bei Bedarf Bestätigungsanfragen stellen zu können.

Hinweis: Qualifizierte Anfrage bevorzugen

Der „einfachen" Bestätigungsanfrage kommt in der Praxis nur noch eine untergeordnete Rolle zu, da sie nur die Gültigkeit der angegebenen USt-IdNr. bestätigt, nicht aber, dass diese USt-IdNr. auch dem Leistungsempfänger erteilt wurde. Deshalb ist zu raten, dass – insbesondere, wenn es um höhere Summen geht – immer die qualifizierte Bestätigungsanfrage gestellt werden sollte, selbst wenn schon einmal eine solche qualifizierte Bestätigungsanfrage zu diesem Vertragspartner eingeholt wurde.

Der **Nachweis** bei der qualifizierten Bestätigungsanfrage ist durch die **Aufbewahrung eines Ausdrucks** oder die Übernahme des vom BZSt übermittelten Ergebnisses in einem allgemein üblichen Format oder als **Screenshot** in das System des Unternehmers zu führen (Abschn. 18e.1 Abs. 2 Satz 3 UStAE).

Hinweis: Mehrere Anfragen gleichzeitig möglich

Werden gleichzeitig Anfragen zu mehreren USt-IdNrn. über eine besondere, vom BZSt zu diesem Zweck zur Verfügung gestellte Schnittstelle gestellt, kann die elektronisch übermittelte Antwort direkt in das System des Unternehmens eingebunden und ausgewertet werden. In diesem Fall ist (früher: kann) der Nachweis einer durchgeführten qualifizierten Anfrage einer USt-IdNr. über den vom BZSt empfangenen Datensatz zu führen.

Die neuen Grundsätze zur Bestätigungsanfrage **gelten ab dem 20.7.2025**.

Zur Frage, in welchem Turnus eine Abfrage der USt-IdNr. notwendig ist, ist ein Verfahren beim BFH anhängig (V R 45/25), vgl. Abschn. 6a.1 UStAE.

UStAE 18e.2. Aufbau der Umsatzsteuer-Identifikationsnummern in den EU-Mitgliedstaaten

Informationen zum Aufbau der USt-IdNrn. in den EU-Mitgliedstaaten sind unter der Internet-Adresse www.bzst.de abrufbar.

UStAE 18 e.3. Bestätigungsverfahren für Betreiber elektronischer Schnittstellen im Sinne von § 25 e Abs. 1 UStG

(1) [1]Betreiber elektronischer Schnittstellen im Sinne von § 25 e Abs. 1 UStG (Betreiber) haften grundsätzlich nicht für die nicht entrichtete Steuer aus einer Lieferung, die mittels ihrer elektronischen Schnittstelle unterstützt wurde, wenn der liefernde Unternehmer im Zeitpunkt der Lieferung über eine nach § 27 a UStG erteilte, gültige USt-IdNr. verfügt. [2]§ 18 e Nr. 3 UStG sieht für diese Zwecke vor, dass das BZSt Betreibern die Gültigkeit der ihnen vom liefernden Unternehmer nach § 25 e Abs. 2 Satz 1 UStG mitgeteilten deutschen USt-IdNr. sowie den Namen und die Anschrift auf Anfrage bestätigt (qualifizierte Bestätigungsanfrage). [3]Voraussetzung für die Durchführung einer Bestätigungsanfrage nach § 18 e Nr. 3 UStG ist, dass der Betreiber im Zeitpunkt der Anfrage im Inland steuerlich erfasst ist und über eine nach § 27 a UStG erteilte, gültige USt-IdNr. verfügt. [4]Für die Durchführung von Anfragen zur Bestätigung von deutschen USt-IdNrn. durch Betreiber gilt Abschnitt 18 e.1 – außer Absatz 1 Sätze 2 und 3 und Absatz 3 – entsprechend.

(2) [1]Voraussetzung für die Teilnahme am Bestätigungsverfahren nach Absatz 1 ist eine entsprechende Zulassung des Betreibers durch das nach § 21 Abs. 1 Satz 1 oder Satz 2 AO in Verbindung mit der USt-ZustV zuständige Finanzamt sowie eine ihm vom BZSt nach § 27 a UStG erteilte, gültige USt-IdNr. [2]Der Antrag auf Zulassung ist schriftlich oder elektronisch beim zuständigen Finanzamt zu stellen. [3]Der Antrag muss folgende Angaben enthalten:

- den Namen, Vornamen des Unternehmers bzw. den Namen des Unternehmens,
- die vollständige Anschrift,
- das Geburtsdatum – nur bei natürlichen Personen –,
- die Steuernummer,
- die USt-IdNr. – soweit bereits erteilt –,
- die Bezeichnung der betriebenen elektronischen Schnittstelle(n).

[4]Darüber hinaus muss glaubhaft dargelegt werden, dass der Antragsteller die Voraussetzungen des § 25 e Abs. 5 und 6 UStG erfüllt. [5]Das heißt, dass der Antragsteller die Lieferung von Gegenständen mittels einer elektronischen Schnittstelle unterstützt (vgl. § 25 e Abs. 6 UStG). [6]Das Ergebnis der Prüfung des Antrags wird dem Antragsteller schriftlich mitgeteilt. [7]Soweit die Voraussetzungen für die Teilnahme am Verfahren nach § 18 e Nr. 3 UStG zu einem späteren Zeitpunkt nicht mehr vorliegen, ist dies dem zuständigen Finanzamt mitzuteilen.

(3) [1]Soweit eine Organgesellschaft als Betreiber tätig ist, ist der Antrag nach Absatz 2 Sätze 1 und 2 vom Organträger für die Organgesellschaft bei dem für den Organträger zuständigen Finanzamt zu stellen; Abschnitt 2.9 Abs. 6 und 7 gilt entsprechend. [2]Der Antrag des Organträgers muss folgende Angaben enthalten:

- die Steuernummer, unter der der Organkreis im Inland für Zwecke der Umsatzsteuer geführt wird,
- den Namen und die Anschrift des Organträgers; im Falle der Ansässigkeit des Organträgers im Ausland zusätzlich Name und Anschrift des im Inland gelegenen wirtschaftlich bedeutendsten Unternehmensteils,
- den Namen und die Anschrift der betreffenden Organgesellschaft bzw. im Inland gelegenen Betriebsstätte,
- die der Organgesellschaft vom BZSt nach § 27 a Abs. 1 Satz 3 UStG erteilte USt-IdNr. (vgl. Abschnitt 27 a.1 Abs. 3) – soweit bereits erteilt –,
- die Steuernummer, unter der die betreffende Organgesellschaft bzw. die im Inland gelegene Betriebsstätte ertragsteuerlich geführt wird,
- das zuständige Finanzamt, bei dem die betreffende Organgesellschaft bzw. die im Inland gelegene Betriebsstätte ertragsteuerlich geführt wird sowie
- die Bezeichnung der betriebenen elektronischen Schnittstelle(n).

[3]Absatz 2 Sätze 4 bis 7 gelten entsprechend.

(4) Anträge nach den Absätzen 2 und 3 können ab dem 1. Mai 2021 gestellt werden.

Anmerkung

Betreiber elektronischer Schnittstellen haften nicht für nicht entrichtete Umsatzsteuerbeträge für Lieferungen durch Unternehmer, die sie mit ihrer **elektronischen Schnittstelle unterstützt** haben, wenn die liefernden Unternehmer im Zeitpunkt der Lieferung über eine gültige deutsche USt-IdNr. verfügen. Deshalb ist in § 18e Nr. 3 UStG **zum 1.7.2021** geregelt worden, dass die Betreiber sich vom BZSt die Gültigkeit der USt-IdNr., den Namen und die Anschrift des Unternehmers qualifiziert bestätigen lassen können.

Die Finanzverwaltung (BMF-Schreiben v. 20.4.2021, BStBl I 2021, 705) hat in Abschn. 18e.3 UStAE Hinweise zu diesem Bestätigungsverfahren aufgenommen. Die Teilnahme an dem Bestätigungsverfahren für den Betreiber der elektronischen Schnittstelle setzt eine **Zulassung** durch sein **zuständiges Finanzamt** voraus. Darüber hinaus benötigt der Betreiber der elektronischen Schnittstelle eine gültige deutsche USt-IdNr. Der Antrag auf Zulassung zu dem Bestätigungsverfahren kann vom Unternehmer schriftlich oder elektronisch bei seinem zuständigen Finanzamt gestellt werden. Der Antrag muss neben seinen persönlichen Daten (vgl. dazu auch Abschn. 18e.3 Abs. 2 Satz 3 UStAE) auch die Bezeichnung der betriebenen elektronischen Schnittstelle bzw. der Schnittstellen enthalten.

Hinweis: Notwendigkeit ist glaubhaft zu machen

In dem Antrag muss der Antragsteller auch glaubhaft darlegen, dass er eine elektronische Schnittstelle unterhält und dass er mit dieser Schnittstelle die Lieferung von Gegenständen unterstützt. Unterstützen bedeutet dabei die Nutzung einer elektronischen Schnittstelle, um es einem Leistungsempfänger und einem liefernden Unternehmer zu ermöglichen, in Kontakt zu treten, woraus eine Lieferung von Gegenständen an diesen Leistungsempfänger resultiert; § 25e Abs. 6 Satz 1 UStG. In § 25e Abs. 6 Satz 2 UStG sind negative Abgrenzungskriterien mit aufgenommen.

Das Ergebnis des Antrags wird dem Antragsteller **schriftlich mitgeteilt**.

Ist der **Betreiber der elektronischen Schnittstelle** eine **Organgesellschaft**, ist der Antrag (zu den Inhalten des Antrags vgl. Abschn. 18e.3 Abs. 3 UStAE) vom Organträger bei seinem zuständigen Finanzamt für die Organgesellschaft zu stellen.

Die seit dem 1.7.2021 geltende Bestätigungsmöglichkeit ist die Konsequenz der zu diesem Zeitpunkt eingeführten Haftungsregelungen für die Betreiber der elektronischen Schnittstellen. Dabei war die wesentliche Veränderung für die Betreiber der elektronischen Schnittstellen die Umstellung des Nachweises, dass der Unternehmer, der die Leistung über eine Schnittstelle ausführt, **im Inland registriert** ist. Während dieser Nachweis früher über die besondere Bescheinigung USt 1 TI zu führen war, muss dies seit dem 1.7.2021 über eine deutsche USt-IdNr. erfolgen.

Hinweis: Antragspflicht und elektronische Bestätigung

Ein Nachweis kann dabei rechtssicher nur durch eine qualifizierte Bestätigungsanfrage beim BZSt erfolgen. Dazu muss der Betreiber der elektronischen Schnittstelle einen Antrag bei seinem Finanzamt stellen und über eine deutsche USt-IdNr. verfügen. Hintergrund ist, dass ansonsten grundsätzlich beim BZSt deutschen Unternehmern keine USt-IdNr. anderer in Deutschland registrierter Unternehmer bestätigt wird. Deshalb ist hier ein besonderes Verfahren anzuwenden.

Weiterhin ist zu beachten, dass ab 2021 die qualifizierte Bestätigung beim BZSt nicht mehr durch eine schriftliche Bestätigung der elektronisch gestellten Anfrage erfolgt. Anfragen können ausschließlich über das Internet gestellt werden. Der anfragende Unternehmer muss den Nachweis durch Ausdruck der elektronischen Anzeige bzw. einer Archivierung eines Screenshots führen.

Zu § 18f UStG

UStG § 18f Sicherheitsleistung

[1]Bei Steueranmeldungen im Sinne von § 18 Abs. 1 und 3 kann die Zustimmung nach § 168 Satz 2 der Abgabenordnung im Einvernehmen mit dem Unternehmer von einer Sicherheitsleistung abhängig gemacht werden. [2]Satz 1 gilt entsprechend für die Festsetzung nach § 167 Abs. 1 Satz 1 der Abgabenordnung, wenn sie zu einer Erstattung führt.

UStAE 18f.1. Sicherheitsleistung

(1) [1]Das Finanzamt kann im Einvernehmen mit dem Unternehmer die nach § 168 Satz 2 AO erforderliche Zustimmung von einer Sicherheitsleistung abhängig machen, wenn Zweifel an der Richtigkeit der eingereichten Steueranmeldung bestehen. [2]Die Regelung gibt dem Finanzamt die Möglichkeit, trotz Prüfungsbedürftigkeit des geltend gemachten Erstattungsanspruchs die Zustimmung nach § 168 Satz 2 AO zu erteilen, wenn der Unternehmer eine Sicherheit leistet.

(2) [1]Die Regelung kann angewendet werden für Voranmeldungen (§ 18 Abs. 1 UStG) und Umsatzsteuererklärungen für das Kalenderjahr (§ 18 Abs. 3 UStG), wenn sie zu einer Erstattung angemeldeter Vorsteuerbeträge oder zu einer Herabsetzung der bisher zu entrichtenden Umsatzsteuer (§ 168 Satz 2 AO) führen, und auf Fälle, in denen die Finanzverwaltung von der Voranmeldung oder der Umsatzsteuererklärung für das Kalenderjahr des Unternehmers abweicht und dies zu einer Erstattung führt (§ 167 Abs. 1 Satz 1 AO). [2]Die Zustimmung wird erst mit der Stellung der Sicherheitsleistung wirksam (aufschiebende Bedingung).

(3) [1]Die Entscheidung des Finanzamtes, die Zustimmung nach § 168 Satz 2 AO gegen Stellung einer Sicherheitsleistung zu erteilen, ist eine Ermessensentscheidung, die dem Grundsatz der Verhältnismäßigkeit unterliegt. [2]In Fällen, in denen die bestehenden Zweifel mit einer Umsatzsteuer-Nachschau oder einer Umsatzsteuer-Sonderprüfung kurzfristig ausgeräumt werden können, ist eine Sicherheitsleistung grundsätzlich nicht angezeigt. [3]Die Vorschrift ist daher regelmäßig nur in Fällen anzuwenden, in denen die erforderliche Prüfung der Rechtmäßigkeit der geltend gemachten Erstattungsbeträge wegen der besonderen Schwierigkeiten des zu beurteilenden Sachverhalts voraussichtlich länger als sechs Wochen in Anspruch nimmt. [4]Die Anwendung der Regelung darf nicht zu einer Verzögerung bei der Prüfung des Erstattungsanspruchs führen.

(4) [1]Art und Inhalt der Sicherheitsleistung richten sich nach den §§ 241 bis 248 AO. [2]Wegen der einfacheren Handhabung soll der Bankbürgschaft eines allgemein als Steuerbürgen zugelassenen Kreditinstitutes (§ 244 Abs. 2 AO) in der Regel der Vorzug gegeben werden.

(5) [1]Die Sicherheitsleistung muss nicht zwingend in voller Höhe des zu sichernden Steueranspruchs erbracht werden. [2]Bei der Festlegung der Höhe der Sicherheitsleistung sind sowohl das Ausfallrisiko zu Lasten des Fiskus als auch die Liquidität des Unternehmers zu berücksichtigen. [3]Hinsichtlich der Einzelheiten zum Verfahren wird auf den Anwendungserlass zu den §§ 241 bis 248 AO hingewiesen.

(6) Die Sicherheitsleistung ist unverzüglich zurückzugeben, wenn der zu sichernde Anspruch aus dem Steuerschuldverhältnis erloschen ist.

Zu § 18g UStG

UStG § 18g Abgabe des Antrags auf Vergütung von Vorsteuerbeträgen in einem anderen Mitgliedstaat

[1]Ein im Inland ansässiger Unternehmer, der Anträge auf Vergütung von Vorsteuerbeträgen entsprechend der Richtlinie 2008/9/EG des Rates vom 12. Februar 2008 zur Regelung der Erstattung der Mehrwertsteuer gemäß der Richtlinie 2006/112/EG an nicht im Mitgliedstaat der Erstattung, sondern in einem anderen Mitgliedstaat ansässige Steuerpflichtige (ABl. EU Nr. L 44 S. 23) in einem anderen Mitgliedstaat stellen kann, hat diesen Antrag nach amtlich vorgeschriebenem Datensatz über die amtlich bestimmte Schnittstelle dem Bundeszentralamt für Steuern zu übermitteln. [2]In diesem hat er die Steuer für den Vergütungszeitraum selbst zu berechnen. [3]§ 18

Absatz 4f ist entsprechend anzuwenden. [4]Leitet das Bundeszentralamt für Steuern den Antrag nicht an den Mitgliedstaat der Erstattung weiter, ist der Bescheid über die Ablehnung dem Antragsteller durch Bereitstellung zum Datenabruf nach § 122a in Verbindung mit § 87a Absatz 8 der Abgabenordnung bekannt zu geben. **[5]Abweichend von § 122a Absatz 2 der Abgabenordnung kann das Bundeszentralamt für Steuern nur zur Vermeidung von unbilligen Härten einem Antrag auf einmalige postalische Bekanntgabe nach § 122a Absatz 2 der Abgabenordnung entsprechen und den Bescheid, bis zum Widerruf des Antrags, postalisch bekannt geben.**

UStAE 18g.1. Vorsteuer-Vergütungsverfahren in einem anderen Mitgliedstaat für im Inland ansässige Unternehmer

Antragstellung

(1) [1]Ein im Inland ansässiger Unternehmer, dem in einem anderen Mitgliedstaat von einem Unternehmer Umsatzsteuer in Rechnung gestellt worden ist, kann über das BZSt bei der zuständigen Behörde dieses Mitgliedstaates einen Antrag auf Vergütung dieser Steuer stellen. [2]Beantragt der Unternehmer die Vergütung für mehrere Mitgliedstaaten, ist für jeden Mitgliedstaat ein gesonderter Antrag zu stellen.

(2) [1]Anträge auf Vergütung von Vorsteuerbeträgen in einem anderen Mitgliedstaat sind nach amtlich vorgeschriebenem Datensatz **über die amtlich bestimmte Schnittstelle** dem BZSt zu übermitteln (§ 18g UStG). [2]Informationen zur elektronischen Übermittlung sind auf den Internetseiten des BZSt (www.bzst.de) abrufbar. [3]Der Antragsteller muss authentifiziert sein. [4]In dem Vergütungsantrag ist die Steuer für den Vergütungszeitraum zu berechnen.

(3) [1]Der Vergütungsantrag ist bis zum 30. 9. des auf das Jahr der Ausstellung der Rechnung folgenden Kalenderjahres zu stellen. [2]Für die Einhaltung der Frist nach Satz 1 genügt der rechtzeitige Eingang des Vergütungsantrags beim BZSt. [3]Der Vergütungsbetrag muss mindestens 50 € betragen oder einem entsprechend in Landeswährung umgerechneten Betrag entsprechen. [4]Der Unternehmer kann auch einen Antrag für einen Zeitraum von mindestens drei Monaten stellen, wenn der Vergütungsbetrag mindestens 400 € beträgt oder einem entsprechend in Landeswährung umgerechneten Betrag entspricht.

(4) Der Unternehmer hat in dem Vergütungsantrag Folgendes anzugeben:

- den Mitgliedstaat der Erstattung;
- Name und vollständige Anschrift des Unternehmers;
- eine Adresse für die elektronische Kommunikation;
- eine Beschreibung der Geschäftstätigkeit des Unternehmers, für die die Gegenstände bzw. Dienstleistungen erworben wurden, auf die sich der Antrag bezieht;
- den Vergütungszeitraum, auf den sich der Antrag bezieht;
- [1]eine Erklärung des Unternehmers, dass er während des Vergütungszeitraums im EU-Mitgliedstaat der Erstattung keine Lieferungen von Gegenständen bewirkt und Dienstleistungen erbracht hat, mit Ausnahme
  a) bestimmter steuerfreier Beförderungsleistungen (vgl. § 4 Nr. 3 UStG),
  b) von Umsätzen, für die ausschließlich der Leistungsempfänger die Steuer schuldet,
  c) von innergemeinschaftlichen Erwerben und daran anschließenden Lieferungen im Sinne des § 25b Abs. 2 UStG,
  d) von vor dem 1. 7. 2021 erbrachten Umsätzen im Sinne des § 3a Abs. 5 UStG, sofern er von dem Wahlrecht nach § 18h Abs. 1 UStG Gebrauch gemacht hat oder von nach dem 30. 6. 2021 erbrachten Lieferungen im Sinne des § 3 Abs. 3a Satz 1 UStG innerhalb eines EU-Mitgliedstaates, innergemeinschaftlichen Fernverkäufen im Sinne des § 3c Abs. 1 Satz 2 und 3 UStG sowie sonstigen Leistungen an Nichtunternehmer (siehe Abschnitt 3a.1 Abs. 1), sofern er von dem Wahlrecht nach § 18j Abs. 1 UStG Gebrauch gemacht hat (vgl. Abschnitt 18j.1),
  e) von Fernverkäufen im Sinne des § 3 Abs. 3a Satz 2 und § 3c Abs. 2 und 3 UStG, sofern er von dem Wahlrecht nach § 18k Abs. 1 UStG Gebrauch gemacht hat (vgl. Abschnitt 18k.1).

  [2]Liegt eine Ausnahme nach den Buchstaben d oder e vor, beanstandet es der EU-Mitgliedstaat der Erstattung nicht, wenn der Unternehmer in dem Vergütungsantrag bestätigt, im EU-Mitgliedstaat der Erstattung keine Lieferungen von Gegenständen bewirkt und keine Dienstleistungen erbracht zu haben;

- die USt-IdNr. oder StNr. des Unternehmers;
- seine Bankverbindung (inklusive IBAN und BIC).

(5) Neben diesen Angaben sind in dem Vergütungsantrag für jeden Mitgliedstaat der Erstattung und für jede Rechnung oder jedes Einfuhrdokument folgende Angaben zu machen:

- Name und vollständige Anschrift des Lieferers oder Dienstleistungserbringers;
- außer im Falle der Einfuhr die USt-IdNr. des Lieferers oder Dienstleistungserbringers oder die ihm vom Mitgliedstaat der Erstattung zugeteilte Steuerregisternummer;
- außer im Falle der Einfuhr das Präfix des Mitgliedstaats der Erstattung;
- Datum und Nummer der Rechnung oder des Einfuhrdokuments (vgl. EuGH-Urteil vom 17. 12. 2020, C-346/19, Bundeszentralamt für Steuern);
- Bemessungsgrundlage und Steuerbetrag in der Währung des Mitgliedstaats der Erstattung;
- Betrag der abziehbaren Steuer in der Währung des Mitgliedstaats der Erstattung;
- ggf. einen (in bestimmten Branchen anzuwendenden) Pro-rata-Satz;
- Art der erworbenen Gegenstände und Dienstleistungen aufgeschlüsselt nach Kennziffern:
  1 Kraftstoff;
  2 Vermietung von Beförderungsmitteln;
  3 Ausgaben für Transportmittel (andere als unter Kennziffer 1 oder 2 beschriebene Gegenstände und Dienstleistungen);
  4 Maut und Straßenbenutzungsgebühren;
  5 Fahrtkosten wie Taxikosten, Kosten für die Benutzung öffentlicher Verkehrsmittel;
  6 Beherbergung;
  7 Speisen, Getränke und Restaurantdienstleistungen;
  8 Eintrittsgelder für Messen und Ausstellungen;
  9 Luxusausgaben, Ausgaben für Vergnügungen und Repräsentationsaufwendungen;
  10 [1]Sonstiges. [2]Hierbei ist die Art der gelieferten Gegenstände bzw. erbrachten Dienstleistungen anzugeben.
- Soweit es der Mitgliedstaat der Erstattung vorsieht, hat der Unternehmer zusätzliche elektronisch verschlüsselte Angaben zu jeder Kennziffer zu machen, soweit dies auf Grund von Einschränkungen des Vorsteuerabzugs im Mitgliedstaat der Erstattung erforderlich ist.

(6) [1]Beträgt die Bemessungsgrundlage in der Rechnung oder dem Einfuhrdokument mindestens 1 000 € (bei Rechnungen über Kraftstoffe mindestens 250 €), hat der Unternehmer – elektronische – Kopien der Rechnungen oder der Einfuhrdokumente dem Vergütungsantrag beizufügen, wenn der Mitgliedstaat der Erstattung dies vorsieht. [2]Die Dateianhänge zu dem Vergütungsantrag dürfen aus technischen Gründen die Größe von 5 MB nicht überschreiten.

(7) Der Unternehmer hat in dem Antrag eine Beschreibung seiner unternehmerischen Tätigkeit anhand des harmonisierten Codes vorzunehmen, wenn der Mitgliedstaat der Erstattung dies vorsieht.

(8) [1]Der Mitgliedstaat der Erstattung kann zusätzliche Angaben in dem Vergütungsantrag verlangen. [2]Informationen über die Antragsvoraussetzungen der einzelnen Mitgliedstaaten sind auf den Internetseiten des BZSt (www.bzst.de) abrufbar.

Prüfung der Zulässigkeit durch das BZSt

(9) [1]Die dem BZSt elektronisch übermittelten Anträge werden vom BZSt als für das Vorsteuer-Vergütungsverfahren zuständige Behörde auf ihre Zulässigkeit vorgeprüft. [2]Dabei hat das BZSt ausschließlich festzustellen, ob

- die vom Unternehmer angegebene USt-IdNr. bzw. StNr. zutreffend und ihm zuzuordnen ist und
- der Unternehmer ein zum Vorsteuerabzug berechtigter Unternehmer ist.

Weiterleitung an den Mitgliedstaat der Erstattung

(10) [1]Stellt das BZSt nach Durchführung der Vorprüfung fest, dass der Antrag insoweit zulässig ist (vgl. Absatz 9), leitet es diesen an den Mitgliedstaat der Erstattung über eine elektronische Schnittstelle weiter. [2]Mit der Weitergabe des Antrags bestätigt das BZSt, dass

- die vom Unternehmer angegebene USt-IdNr. bzw. StNr. zutreffend ist und
- der Unternehmer ein zum Vorsteuerabzug berechtigter Unternehmer ist.

(11) Die Weiterleitung an den Mitgliedstaat der Erstattung hat innerhalb von 15 Tagen nach Eingang des Antrags zu erfolgen.

Übermittlung einer Empfangsbestätigung

(12) Das BZSt hat dem Antragsteller eine elektronische Empfangsbestätigung über den Eingang des Antrags zu übermitteln.

Anmerkung

Der Antrag auf Vergütung einer in einem anderen Mitgliedstaat der Europäischen Union entstandenen Vorsteuer kann nur zentral über das **BZSt in Deutschland** für den anderen Mitgliedstaat gestellt werden, wenn dort keine individuelle Veranlagung erfolgt. Die in dem Vergütungsantrag aufzunehmenden Inhalte sind von der Finanzverwaltung in Abschn. 18g.1 UStAE zusammengestellt worden. Der Vergütungsantrag kann nur über das Internet gestellt werden.

Hinweis: Änderung bei Ablehnung

Eine gesetzliche Änderung ergibt sich für die Ablehnung von Vergütungsanträgen durch das BZSt (z. B. bei fehlenden Angaben oder fehlender Vorsteuerabzugsberechtigung). Ablehnungsbescheide sind regelmäßig nur noch elektronisch zu erteilen. Eine postalische Bekanntgabe kann nur noch auf Antrag und nur zur Vermeidung unbilliger Härten erfolgen (Ablösung der bisherigen sog. Opt-In-Regelung), § 18g Satz 5 UStG.

Zu § 18h UStG

UStG § 18h Verfahren der Abgabe der Umsatzsteuererklärung für einen anderen Mitgliedstaat

(1) [1]Ein im Inland ansässiger Unternehmer, der vor dem 1. Juli 2021 in einem anderen Mitgliedstaat der Europäischen Union Umsätze nach § 3a Absatz 5 erbringt, für die er dort die Steuer schuldet und Umsatzsteuererklärungen abzugeben hat, hat gegenüber dem Bundeszentralamt für Steuern nach amtlich vorgeschriebenem Datensatz über die amtlich bestimmte Schnittstelle anzuzeigen, wenn er an dem besonderen Besteuerungsverfahren entsprechend Titel XII Kapitel 6 Abschnitt 3 der Richtlinie 2006/112/EG des Rates in der Fassung von Artikel 5 Nummer 15 der Richtlinie 2008/8/EG des Rates vom 12. Februar 2008 zur Änderung der Richtlinie 2006/112/EG bezüglich des Ortes der Dienstleistung (ABl. L 44 vom 20. 2. 2008, S. 11) teilnimmt. [2]Eine Teilnahme im Sinne des Satzes 1 ist dem Unternehmer nur einheitlich für alle Mitgliedstaaten der Europäischen Union möglich, in denen er weder einen Sitz noch eine Betriebsstätte hat. [3]Die Anzeige nach Satz 1 hat vor Beginn des Besteuerungszeitraums zu erfolgen, ab dessen Beginn der Unternehmer von dem besonderen Besteuerungsverfahren Gebrauch macht. [4]Die Anwendung des besonderen Besteuerungsverfahrens kann nur mit Wirkung vom Beginn eines Besteuerungszeitraums an widerrufen werden. [5]Der Widerruf ist vor Beginn des Besteuerungszeitraums, für den er gelten soll, gegenüber dem Bundeszentralamt für Steuern nach amtlich vorgeschriebenem Datensatz auf elektronischem Weg zu erklären.

(2) Erfüllt der Unternehmer die Voraussetzungen für die Teilnahme an dem besonderen Besteuerungsverfahren nach Absatz 1 nicht, stellt das Bundeszentralamt für Steuern dies durch Verwaltungsakt gegenüber dem Unternehmer fest.

(3) [1]Ein Unternehmer, der das in Absatz 1 genannte besondere Besteuerungsverfahren anwendet, hat seine hierfür abzugebenden Umsatzsteuererklärungen bis zum 20. Tag nach Ablauf jedes Besteuerungszeitraums

nach amtlich vorgeschriebenem Datensatz durch Datenfernübertragung dem Bundeszentralamt für Steuern zu übermitteln. [2]In dieser Erklärung hat er die Steuer für den Besteuerungszeitraum selbst zu berechnen. [3]Die berechnete Steuer ist an das Bundeszentralamt für Steuern zu entrichten.

(4) [1]Kommt der Unternehmer seinen Verpflichtungen nach Absatz 3 oder den von ihm in einem anderen Mitgliedstaat der Europäischen Union zu erfüllenden Aufzeichnungspflichten entsprechend Artikel 369k der Richtlinie 2006/112/EG des Rates in der Fassung des Artikels 5 Nummer 15 der Richtlinie 2008/8/EG des Rates vom 12. Februar 2008 zur Änderung der Richtlinie 2006/112/EG bezüglich des Ortes der Dienstleistung (ABl. L 44 vom 20. 2. 2008, S. 11) wiederholt nicht oder nicht rechtzeitig nach, schließt ihn das Bundeszentralamt für Steuern von dem besonderen Besteuerungsverfahren nach Absatz 1 durch Verwaltungsakt aus. [2]Der Ausschluss gilt ab dem Besteuerungszeitraum, der nach dem Zeitpunkt der Bekanntgabe des Ausschlusses gegenüber dem Unternehmer beginnt.

(5) Ein Unternehmer ist im Inland im Sinne des Absatzes 1 Satz 1 ansässig, wenn er im Inland seinen Sitz oder seine Geschäftsleitung hat oder, für den Fall, dass er im Drittlandsgebiet ansässig ist, im Inland eine Betriebsstätte hat.

(6) Auf das Verfahren sind, soweit es vom Bundeszentralamt für Steuern durchgeführt wird, die §§ 30, 80 und 87a und der Zweite Abschnitt des Dritten Teils und der Siebente Teil der Abgabenordnung sowie die Finanzgerichtsordnung anzuwenden.

(7) § 18 Absatz 4f ist entsprechend anzuwenden.

UStAE 18h.1. Besteuerungsverfahren für im Inland ansässige Unternehmer, die vor dem 1. 7. 2021 sonstige Leistungen nach § 3a Abs. 5 UStG im übrigen Gemeinschaftsgebiet erbringen

(1) [1]Im Inland ansässige Unternehmer, die vor dem 1. 7. 2021 in einem anderen EU-Mitgliedstaat Telekommunikationsdienstleistungen, Rundfunk- und Fernsehdienstleistungen und/oder sonstige Leistungen auf elektronischem Weg an in diesem EU-Mitgliedstaat ansässige Nichtunternehmer (siehe Abschnitt 3a.1 Abs. 1) erbringen (§ 3a Abs. 5 UStG), für die sie dort die Umsatzsteuer schulden und Umsatzsteuererklärungen abzugeben haben, können sich dafür entscheiden, an dem besonderen Besteuerungsverfahren nach Titel XII Kapitel 6 Abschnitt 3 der MwStSystRL in der Fassung von Artikel 5 Nummer 15 der Richtlinie 2008/8/EG des Rates vom 12. 2. 2008 zur Änderung der Richtlinie 2006/112/EG bezüglich des Ortes der Dienstleistung (ABl. EU 2008 Nr. L 44 S. 11) teilzunehmen (sog. Mini-One-Stop-Shop bzw. kleine einzige Anlaufstelle). [2]Dies gilt auch für Kleinunternehmer im Sinne des § 19 UStG. [3]Im Fall der umsatzsteuerlichen Organschaft kann das Wahlrecht nach Satz 1 nur durch den Organträger ausgeübt werden. [4]Die Teilnahme an dem besonderen Besteuerungsverfahren ist nur einheitlich für alle EU-Mitgliedstaaten möglich, in denen der Unternehmer bzw. im Fall der umsatzsteuerlichen Organschaft der Organkreis keine Betriebsstätte (Abschnitt 3a.1 Abs. 3) hat. [5]Macht ein Unternehmer von dem Wahlrecht nach Satz 1 Gebrauch, muss er dies dem BZSt vorbehaltlich des Satzes 6 vor Beginn des Besteuerungszeitraums, ab dessen Beginn er von dem besonderen Besteuerungsverfahren Gebrauch macht, nach amtlich vorgeschriebenem Datensatz **über die amtlich bestimmte Schnittstelle** anzeigen. [6]Erbringt der Unternehmer erstmals Leistungen im Sinne des Satzes 1, gilt das besondere Besteuerungsverfahren nach Satz 1 ab dem Tag der ersten Leistungserbringung, wenn die Anzeige nach Satz 5 gegenüber dem BZSt bis zum 10. Tag des auf die erste Leistungserbringung folgenden Monats erfolgt. [7]Ändern sich die Angaben der Anzeige nach Satz 5, hat der Unternehmer dem BZSt die Änderungen bis zum 10. Tag des auf den Eintritt der Änderungen folgenden Monats auf elektronischem Weg mitzuteilen; Änderungen des Firmennamens und der Anschrift sind jedoch ausschließlich dem zuständigen Finanzamt zu melden.

(2) [1]Der Unternehmer hat für jeden Besteuerungszeitraum (= Kalendervierteljahr) bis zum 20. Tag nach Ablauf jedes Besteuerungszeitraums eine Umsatzsteuererklärung für jeden EU-Mitgliedstaat, in dem er das besondere Besteuerungsverfahren anwendet (vgl. Absatz 1 Satz 2), nach amtlich vorgeschriebenem Datensatz **über die amtlich bestimmte Schnittstelle** dem BZSt zu übermitteln; dies gilt unabhängig davon, ob Leistungen nach Absatz 1 Satz 1 erbracht wurden oder nicht. [2]Der Unternehmer hat die Steuer selbst zu berechnen. [3]Informationen zur elektronischen Übermittlung sind auf den Internetseiten des

BZSt (www.bzst.de) abrufbar. [4]Der Datenübermittler muss authentifiziert sein. [5]Die Steuer ist spätestens am 20. Tag nach Ende des Besteuerungszeitraums an das BZSt zu entrichten.

(3) [1]Die Beträge in der Umsatzsteuererklärung sind in Euro anzugeben; es sei denn, der EU-Mitgliedstaat, in dessen Gebiet der Leistungsort liegt, sieht die Angabe der Beträge in seiner Landeswährung vor. [2]In den Fällen der Angabe der Beträge in einer vom Euro abweichenden Landeswährung muss der Unternehmer bei der Umrechnung von Werten in die fremde Währung einheitlich den von der Europäischen Zentralbank festgestellten Umrechnungskurs des letzten Tags des Besteuerungszeitraums bzw., falls für diesen Tag kein Umrechnungskurs festgelegt wurde, den für den nächsten Tag nach Ablauf des Besteuerungszeitraums festgelegten Umrechnungskurs anwenden. [3]Die Anwendung eines monatlichen Durchschnittskurses ist ausgeschlossen.

(4) [1]Der Unternehmer hat dem BZSt bis zum 10. Tag des auf den Eintritt der Änderung folgenden Monats auf elektronischem Weg mitzuteilen, wenn er keine Telekommunikationsdienstleistungen, Rundfunk- und Fernsehdienstleistungen und/oder sonstige Leistungen auf elektronischem Weg mehr erbringt oder wenn andere Änderungen vorliegen, durch die er die Voraussetzungen für die Anwendung des besonderen Besteuerungsverfahrens nicht mehr erfüllt. [2]Das BZSt stellt durch Verwaltungsakt fest, wenn der Unternehmer nicht oder nicht mehr die Voraussetzungen für die Anwendung des besonderen Besteuerungsverfahrens erfüllt.

(5) [1]Der Unternehmer kann die Ausübung des Wahlrechts nach Absatz 1 Satz 1 gegenüber dem BZSt nach amtlich vorgeschriebenem Datensatz auf elektronischem Weg widerrufen. [2]Ein Widerruf ist nur bis zum Beginn eines neuen Besteuerungszeitraums mit Wirkung ab diesem Zeitraum möglich (§ 18h Abs. 1 Sätze 4 und 5 UStG).

(6) [1]Das BZSt kann den Unternehmer von dem besonderen Besteuerungsverfahren ausschließen, wenn er seinen Verpflichtungen nach Absatz 2 oder den von ihm in einem anderen EU-Mitgliedstaat zu erfüllenden Aufzeichnungspflichten entsprechend Artikel 369k MwStSystRL und Abschnitt 22.3a Abs. 3 und 4 in diesem Verfahren wiederholt nicht oder nicht rechtzeitig nachkommt; zum Vorliegen eines wiederholten Verstoßes gegen die Verpflichtungen oder Aufzeichnungspflichten vgl. Abschnitt 18.7a Abs. 6 Satz 2. [2]Der Ausschluss gilt ab dem Besteuerungszeitraum, der nach dem Zeitpunkt der Bekanntgabe des Ausschlusses gegenüber dem Unternehmer beginnt. [3]Die Gültigkeit des Ausschlusses endet nicht vor Ablauf von acht Besteuerungszeiträumen, die dem Zeitpunkt der Bekanntgabe des Ausschlusses gegenüber dem Unternehmer folgen (Artikel 58b Abs. 1 MwStVO).

(7) [1]Im Inland ansässige Unternehmer, die vor dem 1. 7. 2021 in einem anderen EU-Mitgliedstaat ausschließlich Telekommunikationsdienstleistungen, Rundfunk- und Fernsehdienstleistungen und/oder sonstige Leistungen auf elektronischem Weg an in diesem EU-Mitgliedstaat ansässige Nichtunternehmer (siehe Abschnitt 3a.1 Abs. 1) erbringen (§ 3a Abs. 5 UStG), für die sie dort die Umsatzsteuer schulden und Umsatzsteuererklärungen abzugeben haben, und von dem Wahlrecht nach § 18h Abs. 1 UStG Gebrauch machen, können Vorsteuerbeträge in dem anderen EU-Mitgliedstaat nur im Rahmen des Vorsteuer-Vergütungsverfahrens entsprechend der Richtlinie 2008/9/EG des Rates vom 12. 2. 2008 zur Regelung der Erstattung der Mehrwertsteuer gemäß der Richtlinie 2006/112/EG an nicht im Mitgliedstaat der Erstattung, sondern in einem anderen Mitgliedstaat ansässige Steuerpflichtige (ABl. EU 2008 Nr. L 44 S. 23) geltend machen (vgl. § 18g UStG und Abschnitt 18g.1). [2]Erbringen im Inland ansässige Unternehmer, die von dem Wahlrecht nach § 18h Abs. 1 UStG Gebrauch machen, vor dem 1. 7. 2021 in einem anderen EU-Mitgliedstaat noch andere Umsätze, für die sie dort die Umsatzsteuer schulden und Umsatzsteuererklärungen abzugeben haben, können die Vorsteuerbeträge in dem anderen EU-Mitgliedstaat insgesamt nur im allgemeinen Besteuerungsverfahren (Artikel 250 bis 261 MwStSystRL) bei der zuständigen Stelle in dem anderen EU-Mitgliedstaat geltend gemacht werden.

(8) [1]Ein im Inland ansässiger Unternehmer ist ein Unternehmer, der im Inland seinen Sitz oder seine Geschäftsleitung hat oder, für den Fall, dass er im Drittlandsgebiet ansässig ist, im Inland eine Betriebsstätte (Abschnitt 3a.1 Abs. 3) hat (§ 18h Abs. 5 UStG). [2]Hat ein im Drittlandsgebiet ansässiger Unternehmer in mehreren EU-Mitgliedstaaten Betriebsstätten, kann er selbst entscheiden, in welchem EU-Mitgliedstaat er sich für Zwecke des besonderen Besteuerungsverfahrens erfassen lassen möchte. [3]Der Un-

ternehmer ist in den Fällen des Satzes 2 an seine Entscheidung für das betreffende Kalenderjahr und die beiden darauf folgenden Kalenderjahre gebunden (vgl. Artikel 369 a Abs. 2 MwStSystRL).

(9) Auf das besondere Besteuerungsverfahren sind, soweit es vom BZSt durchgeführt wird, die §§ 30, 80, 87 a, 118 bis 133 und 347 bis 368 AO sowie die FGO anzuwenden.

(10) Hinsichtlich des besonderen Besteuerungsverfahrens für nach dem 30. 6. 2021 von im Gemeinschaftsgebiet, nicht aber im Mitgliedstaat des Verbrauchs ansässigen Unternehmern erbrachte sonstige Leistungen vgl. Abschnitt 18 j.1.

Anmerkung

1. Mini-One-Stop-Shop-Regelung (bis 30.6.2021)

Auf elektronischem Weg erbrachte Leistungen, Rundfunk- und Fernsehdienstleistungen sowie Telekommunikationsdienstleistungen (sog. TRFE-Leistungen) sind – mit Ausnahme einer ab 2019 geltenden Bagatellregelung – seit dem 1.1.2015 grundsätzlich dort ausgeführt, wo der Leistungsempfänger ansässig ist. Um die Steuererhebung für den leistenden Unternehmer in den anderen Mitgliedstaaten zu erleichtern, kann die Besteuerung – aber nur dieser Leistungen – in den anderen Mitgliedstaaten über eine „**Kleine Einzige Anlaufstelle**“ (KEA) erfolgen. Hier ist außerhalb des normalen Besteuerungsverfahrens eine besondere Mehrwertsteuererklärung elektronisch abzugeben. Für die bis zum 30.6.2021 ausgeführten Umsätze war dies gesetzlich über die sog. Mini-One-Stop-Shop-Regelung des § 18 h UStG geregelt. Für Umsätze, die ab dem 1.7.2021 ausgeführt wurden sind drei verschiedene Möglichkeiten über den One-Stop-Shop nach § 18 i bis § 18 k UStG eingeführt worden.

Die Anmeldung für die Mini-One-Stop-Shop-Regelung war **freiwillig**; wenn der Unternehmer dies aber nicht wünschte oder nicht rechtzeitig vornahm, musste er sich für die auf elektronischem Weg erbrachten Dienstleistungen, Rundfunk- und Fernsehdienstleistungen sowie Telekommunikationsdienstleistungen seit 2015 in allen Mitgliedstaaten der Europäischen Union erfassen lassen, wenn er an in diesen Ländern ansässige Nichtunternehmer Leistungen ausführte. Ausgenommen waren seit dem 1.1.2019 lediglich die Fälle, in denen der leistende Unternehmer unter der unionseinheitlichen Bagatellgrenze von 10.000 € bleibt.

2. One-Stop-Shop-Regelung (ab 1.7.2021)

Die Finanzverwaltung (BMF-Schreiben v. 1.4.2021, BStBl I 2021, 629) hat zu den neuen Möglichkeiten der One-Stop-Shop-Regelung in den Abschn. 18i.1, 18j.1 und 18k.1 UStAE Stellung genommen.

Zu § 18 i UStG

UStG § 18 i Besonderes Besteuerungsverfahren für von nicht im Gemeinschaftsgebiet ansässigen Unternehmern erbrachte sonstige Leistungen

(1) [1]Ein nicht im Gemeinschaftsgebiet ansässiger Unternehmer, der nach dem 30. Juni 2021 als Steuerschuldner sonstige Leistungen an Empfänger nach § 3 a Absatz 5 Satz 1 im Gemeinschaftsgebiet erbringt, für die er dort die Steuer schuldet und Umsatzsteuererklärungen abzugeben hat, hat anzuzeigen, wenn er an dem besonderen Besteuerungsverfahren entsprechend Titel XII Kapitel 6 Abschnitt 2 der Richtlinie 2006/112/EG des Rates in der Fassung von Artikel 2 Nummer 14 bis 20 der Richtlinie (EU) 2017/2455 des Rates vom 5. Dezember 2017 zur Änderung der Richtlinie 2006/112/EG und der Richtlinie 2009/132/EG in Bezug auf bestimmte mehrwertsteuerliche Pflichten für die Erbringung von Dienstleistungen und für Fernverkäufe von Gegenständen (ABl. L 348 vom 29. 12. 2017, S. 7) teilnimmt. [2]Die Anzeige ist der zuständigen Finanzbehörde eines Mitgliedstaates der Europäischen Union nach amtlich vorgeschriebenem Datensatz über die amtlich bestimmte Schnittstelle zu übermitteln; zuständige Finanzbehörde im Inland ist insoweit das Bundeszentralamt für Steuern. [3]Die Anzeige hat vor Beginn des Besteuerungszeitraums (§ 16 Absatz 1 c Satz 1) zu erfolgen, ab dessen Beginn der Unternehmer von dem besonderen Besteuerungsverfahren Gebrauch macht. [4]Eine Teilnahme an dem besonderen Besteuerungsverfahren ist dem Unternehmer nur einheitlich für alle Mitgliedstaaten der Europäischen Union und alle sonstigen Leistungen an Empfänger nach § 3 a Absatz 5 Satz 1 im Gemeinschaftsgebiet möglich. [5]Die

Anwendung des besonderen Besteuerungsverfahrens kann nur mit Wirkung vom Beginn eines Besteuerungszeitraums an widerrufen werden. [6]Der Widerruf ist vor Beginn des Besteuerungszeitraums, für den er gelten soll, gegenüber der Finanzbehörde nach Satz 2 nach amtlich vorgeschriebenem Datensatz über die amtlich bestimmte Schnittstelle zu erklären.

(2) Erfolgt die Anzeige nach Absatz 1 Satz 1 im Inland und erfüllt der Unternehmer die Voraussetzungen für die Teilnahme an dem besonderen Besteuerungsverfahren nicht, stellt das Bundeszentralamt für Steuern dies gegenüber dem Unternehmer fest und lehnt dessen Teilnahme an dem besonderen Besteuerungsverfahren ab.

(3) [1]Ein Unternehmer, der das in Absatz 1 genannte besondere Besteuerungsverfahren anwendet, hat der Finanzbehörde, bei der er die Teilnahme an dem besonderen Besteuerungsverfahren angezeigt hat, eine Steuererklärung innerhalb eines Monats nach Ablauf jedes Besteuerungszeitraums (§ 16 Absatz 1c Satz 1) nach amtlich vorgeschriebenem Datensatz über die amtlich bestimmte Schnittstelle zu übermitteln. [2]In der Steuererklärung hat er die Steuer für den Besteuerungszeitraum selbst zu berechnen. [3]Die berechnete Steuer ist am letzten Tag des auf den Besteuerungszeitraum folgenden Monats fällig und bis dahin vom Unternehmer an die Finanzbehörde zu entrichten, bei der der Unternehmer die Teilnahme an dem besonderen Besteuerungsverfahren angezeigt hat. [4]Soweit der Unternehmer im Inland Leistungen nach Absatz 1 Satz 1 erbringt, ist § 18 Absatz 1 bis 4 nicht anzuwenden. [5]Berichtigungen einer Steuererklärung, die innerhalb von drei Jahren nach dem letzten Tag des Zeitraums nach Satz 1 vorgenommen werden, sind mit einer späteren Steuererklärung unter Angabe des zu berichtigenden Besteuerungszeitraums anzuzeigen.

(4) [1]Die Steuererklärung nach Absatz 3 Satz 1 und 2, die der Unternehmer der zuständigen Finanzbehörde eines anderen Mitgliedstaates der Europäischen Union übermittelt hat, ist ab dem Zeitpunkt eine Steueranmeldung im Sinne des § 150 Absatz 1 Satz 3 und des § 168 der Abgabenordnung, zu dem die in ihr enthaltenen Daten von der zuständigen Finanzbehörde des anderen Mitgliedstaates der Europäischen Union dem Bundeszentralamt für Steuern übermittelt und dort in bearbeitbarer Weise aufgezeichnet wurden. [2]Dies gilt für die Berichtigung einer Steuererklärung entsprechend. [3]Die Steuererklärung nach Satz 1 gilt als fristgemäß übermittelt, wenn sie bis zum letzten Tag der Frist nach Absatz 3 Satz 1 der zuständigen Finanzbehörde des anderen Mitgliedstaates der Europäischen Union übermittelt worden ist und dort in bearbeitbarer Weise aufgezeichnet wurde. [4]Die Entrichtung der Steuer erfolgt im Falle der Steuererklärung nach Satz 1 fristgemäß, wenn die Zahlung bis zum letzten Tag der Frist nach Absatz 3 Satz 3 bei der zuständigen Finanzbehörde des anderen Mitgliedstaates der Europäischen Union eingegangen ist. [5]§ 240 der Abgabenordnung ist in diesen Fällen mit der Maßgabe anzuwenden, dass eine Säumnis frühestens mit Ablauf des zehnten Tages nach Ablauf des zweiten auf den Besteuerungszeitraum folgenden Monats eintritt.

(5) [1]Kommt der Unternehmer seinen Verpflichtungen nach Absatz 3 oder § 22 Absatz 1 oder den von ihm in einem anderen Mitgliedstaat der Europäischen Union zu erfüllenden Aufzeichnungspflichten entsprechend Artikel 369 der Richtlinie 2006/112/EG wiederholt nicht oder nicht rechtzeitig nach, schließt ihn die Finanzbehörde, bei der der Unternehmer die Teilnahme an dem Verfahren nach Absatz 1 Satz 2 angezeigt hat, von dem besonderen Besteuerungsverfahren nach Absatz 1 aus. [2]Der Ausschluss gilt ab dem Besteuerungszeitraum, der nach dem Zeitpunkt der Bekanntgabe des Ausschlusses gegenüber dem Unternehmer beginnt; ist der Ausschluss jedoch auf eine Änderung des Ortes des Sitzes oder der Betriebsstätte zurückzuführen, ist der Ausschluss ab dem Tag dieser Änderung wirksam. [3]Der Ausschluss wegen eines wiederholten Verstoßes gegen die in Satz 1 genannten Verpflichtungen hat auch den Ausschluss von den besonderen Besteuerungsverfahren nach den §§ 18j und 18k zur Folge.

(6) Auf das besondere Besteuerungsverfahren sind, soweit die Anzeige nach Absatz 1 Satz 1 gegenüber dem Bundeszentralamt für Steuern erfolgt und dieses die Steuererklärungen den zuständigen Finanzbehörden der anderen Mitgliedstaaten der Europäischen Union übermittelt, die §§ 2a, 29b bis 30, 32a bis 32j, 80, 87a, 87b und der Zweite Abschnitt des Dritten Teils und der Siebente Teil der Abgabenordnung sowie die Finanzgerichtsordnung anzuwenden.

UStAE 18 i.1. Besonderes Besteuerungsverfahren für von nicht im Gemeinschaftsgebiet ansässigen Unternehmern erbrachte sonstige Leistungen

(1) [1]Ein nicht im Gemeinschaftsgebiet ansässiger Unternehmer, der im Gemeinschaftsgebiet nach dem 30. 6. 2021 als Steuerschuldner sonstige Leistungen an Nichtunternehmer (siehe Abschnitt 3 a.1 Abs. 1) erbringt, kann sich unter bestimmten Bedingungen dafür entscheiden, nur in einem EU-Mitgliedstaat erfasst zu werden und an dem besonderen Besteuerungsverfahren nach § 18 i UStG teilzunehmen (sog. One-Stop-Shop – Nicht-EU-Regelung). [2]Eine Teilnahme an diesem besonderen Besteuerungsverfahren ist dem Unternehmer nur einheitlich für alle EU-Mitgliedstaaten und alle Leistungen nach Satz 1 möglich. [3]Macht ein Unternehmer von dem Wahlrecht nach Satz 1 Gebrauch, muss er dies der zuständigen Finanzbehörde eines EU-Mitgliedstaates vorbehaltlich des Satzes 5 vor Beginn des Besteuerungszeitraums (§ 16 Abs. 1 c Satz 1 UStG), ab dessen Beginn er von diesem besonderen Besteuerungsverfahren Gebrauch macht, nach amtlich vorgeschriebenem Datensatz **über die amtlich bestimmte Schnittstelle** anzeigen. [4]Entscheidet sich der Unternehmer dafür, sich nur in Deutschland erfassen zu lassen, hat die Anzeige nach Satz 3 gegenüber dem BZSt zu erfolgen. [5]Erbringt der Unternehmer erstmals Leistungen im Sinne des Satzes 1, gilt das besondere Besteuerungsverfahren ab dem Tag der ersten Leistungserbringung, wenn die Anzeige nach Satz 3 gegenüber der zuständigen Finanzbehörde eines EU-Mitgliedstaates bis zum 10. Tag des auf die erste Leistungserbringung folgenden Monats erfolgt. [6]Ändern sich die Angaben der Anzeige nach Satz 3, hat der Unternehmer der zuständigen Finanzbehörde des EU-Mitgliedstaates, bei der er die Teilnahme an dem besonderen Besteuerungsverfahren angezeigt hat, die Änderungen bis zum 10. Tag des auf den Eintritt der Änderungen folgenden Monats auf elektronischem Weg mitzuteilen.

(2) [1]Der Unternehmer hat für jeden Besteuerungszeitraum (= Kalendervierteljahr; § 16 Abs. 1 c Satz 1 UStG) eine Umsatzsteuererklärung innerhalb eines Monats nach Ablauf des Besteuerungszeitraums der Finanzbehörde, bei der er die Teilnahme an dem besonderen Besteuerungsverfahren angezeigt hat, elektronisch zu übermitteln; dies gilt auch, wenn keine Leistungen nach Absatz 1 Satz 1 erbracht wurden. [2]Hierbei hat er die auf den jeweiligen EU-Mitgliedstaat entfallenden Umsätze zu trennen und dem im betreffenden EU-Mitgliedstaat geltenden Steuersatz zu unterwerfen. [3]Der Unternehmer hat die Steuer selbst zu berechnen (§ 18 i Abs. 3 Satz 2 in Verbindung mit § 16 Abs. 1 c Satz 2 oder 3 UStG). [4]Für den Fall, dass der Unternehmer sich entschieden hat, sich nur in Deutschland erfassen zu lassen, sind Informationen zur elektronischen Übermittlung auf den Internetseiten des BZSt (www.bzst.de) abrufbar; der Datenübermittler muss authentifiziert sein. [5]Die Steuer ist am letzten Tag des auf den Besteuerungszeitraum folgenden Monats fällig und bis dahin an die Finanzbehörde zu entrichten, bei der der Unternehmer die Teilnahme an dem besonderen Besteuerungsverfahren angezeigt hat (§ 18 i Abs. 3 Satz 3 UStG). [6]Soweit der Unternehmer im Inland Leistungen nach Absatz 1 Satz 1 erbringt und an dem besonderen Besteuerungsverfahren teilnimmt, ist das allgemeine Besteuerungsverfahren (§ 18 Abs. 1 bis 4 UStG) nicht anzuwenden; das allgemeine und das besondere Besteuerungsverfahren schließen sich im Übrigen jedoch gegenseitig nicht aus. [7]Berichtigungen einer Umsatzsteuererklärung, die innerhalb von drei Jahren nach dem letzten Tag des Zeitraums nach Satz 1 vorgenommen werden, sind mit einer späteren Umsatzsteuererklärung unter Angabe des zu berichtigenden Besteuerungszeitraums anzuzeigen. [8]Hinsichtlich der im Inland steuerbaren Umsätze bleiben die allgemeinen Änderungsvorschriften der AO nach dem Drei-Jahres-Zeitraum nach Satz 7 unberührt; entsprechende Änderungen sind vorbehaltlich einer abweichenden Zuständigkeitsvereinbarung (§ 27 AO) bei dem nach § 21 Abs. 1 Satz 2 AO in Verbindung mit der UStZustV zuständigen Finanzamt zu beantragen.

(3) [1]Die Umsatzsteuererklärung nach Absatz 2 Satz 1, die der Unternehmer der zuständigen Finanzbehörde eines anderen EU-Mitgliedstaates übermittelt hat, ist ab dem Zeitpunkt eine Steueranmeldung im Sinne des § 150 Abs. 1 Satz 3 und § 168 AO, zu dem die in ihr enthaltenen Daten von der zuständigen Finanzbehörde des anderen EU-Mitgliedstaates dem BZSt übermittelt und dort in bearbeitbarer Weise aufgezeichnet wurden; dies gilt entsprechend für die Berichtigung einer Umsatzsteuererklärung nach Absatz 2 Satz 7. [2]Die Umsatzsteuererklärung nach Satz 1 gilt als fristgemäß übermittelt, wenn sie bis zum letzten Tag des auf den Besteuerungszeitraum folgenden Monats der zuständigen Finanzbehörde des anderen EU-Mitgliedstaates übermittelt worden ist und dort in bearbeitbarer Weise aufgezeichnet wurde (§ 18 i Abs. 4 Satz 3 UStG). [3]Die Entrichtung der Steuer erfolgt im Falle der Umsatzsteuererklä-

rung nach Satz 1 fristgemäß, wenn die Zahlung bis zum letzten Tag des auf den Besteuerungszeitraum folgenden Monats bei der zuständigen Finanzbehörde des anderen EU-Mitgliedstaates eingegangen ist (§ 18i Abs. 4 Satz 4 UStG). [4]§ 240 AO ist in diesen Fällen mit der Maßgabe anzuwenden, dass eine Säumnis frühestens mit Ablauf des 10. Tages nach Ablauf des zweiten auf den Besteuerungszeitraum folgenden Monats eintritt (§ 18i Abs. 4 Satz 5 UStG).

(4) [1]Die Beträge in der Umsatzsteuererklärung sind in Euro anzugeben; es sei denn, der EU-Mitgliedstaat, in dessen Gebiet der Leistungsort liegt, sieht die Angabe der Beträge in seiner Landeswährung vor. [2]In den Fällen der Angabe der Beträge in einer vom Euro abweichenden Landeswährung muss der Unternehmer bei der Umrechnung von Werten in diese Währung einheitlich den von der Europäischen Zentralbank festgestellten Umrechnungskurs des letzten Tags des Besteuerungszeitraums bzw., falls für diesen Tag kein Umrechnungskurs festgelegt wurde, den für den nächsten Tag nach Ablauf des Besteuerungszeitraums festgelegten Umrechnungskurs anwenden (§ 16 Abs. 6 Sätze 4 und 5 UStG). [3]Die Anwendung eines monatlichen Durchschnittskurses ist entsprechend § 16 Abs. 6 Sätze 1 und 2 UStG ausgeschlossen.

(5) [1]Der Unternehmer hat der Finanzbehörde, bei der er die Teilnahme an dem besonderen Besteuerungsverfahren angezeigt hat, bis zum 10. Tag des auf den Eintritt der Änderung folgenden Monats auf elektronischem Weg mitzuteilen, wenn er keine Leistungen im Sinne des Absatzes 1 Satz 1 mehr erbringt oder wenn andere Änderungen vorliegen, durch die er die Voraussetzungen für die Anwendung des besonderen Besteuerungsverfahrens nach § 18i UStG nicht mehr erfüllt. [2]Hat der Unternehmer die Teilnahme an dem besonderen Besteuerungsverfahren in Deutschland angezeigt, stellt das BZSt durch Verwaltungsakt fest, wenn der Unternehmer nicht oder nicht mehr die Voraussetzungen für die Anwendung des Besteuerungsverfahrens nach § 18i UStG erfüllt.

(6) [1]Der Unternehmer kann die Ausübung des Wahlrechts nach Absatz 1 Satz 1 auf elektronischem Weg widerrufen. [2]Ein Widerruf ist nur vor Beginn eines neuen Besteuerungszeitraums mit Wirkung ab diesem Zeitraum möglich (§ 18i Abs. 1 Sätze 5 und 6 UStG).

(7) [1]Die Finanzbehörde, bei der der Unternehmer die Teilnahme an dem besonderen Besteuerungsverfahren angezeigt hat, kann den Unternehmer von dem Besteuerungsverfahren nach § 18i UStG ausschließen, wenn er seinen Verpflichtungen nach § 18i Abs. 3 oder § 22 Abs. 1 UStG (Abschnitt 22.3a Abs. 3a und 4) oder den von ihm in einem anderen EU-Mitgliedstaat zu erfüllenden Aufzeichnungspflichten entsprechend Artikel 369 MwStSystRL in diesem Verfahren wiederholt nicht oder nicht rechtzeitig nachkommt. [2]Von einem wiederholten Verstoß gegen die Verpflichtungen nach Satz 1 ist insbesondere dann auszugehen, wenn

1. der Unternehmer für drei unmittelbar vorangegangene Besteuerungszeiträume an die Übermittlung der Umsatzsteuererklärung erinnert wurde und er die Umsatzsteuererklärung für jeden dieser Besteuerungszeiträume nicht bis zum 10. Tag nach der Erinnerung übermittelt hat,
2. der Unternehmer für drei unmittelbar vorangegangene Besteuerungszeiträume an die Zahlung der Steuer erinnert wurde und er den Gesamtbetrag der Steuer nicht für jeden dieser Besteuerungszeiträume bis zum 10. Tag nach der Zahlungserinnerung entrichtet hat, es sei denn, der rückständige Betrag beträgt weniger als 100 € für jeden dieser Besteuerungszeiträume, oder
3. der Unternehmer nach einer Aufforderung zur elektronischen Zurverfügungstellung seiner Aufzeichnungen (§ 22 Abs. 1 UStG und Abschnitt 22.3a Abs. 3a und 4 oder Artikel 369 MwStSystRL) und einer nachfolgenden Erinnerung die angeforderten Aufzeichnungen nicht innerhalb eines Monats nach Erteilung der Erinnerung elektronisch zur Verfügung gestellt hat.

[3]Ein Ausschluss kann auch erfolgen, wenn der Unternehmer über einen Zeitraum von zwei Jahren keine Umsätze nach Absatz 1 Satz 1 erbracht hat (vgl. Artikel 58a MwStVO). [4]Der Ausschluss gilt ab dem Besteuerungszeitraum, der nach dem Zeitpunkt der Bekanntgabe des Ausschlusses gegenüber dem Unternehmer beginnt; ist der Ausschluss jedoch auf eine Änderung des Ortes des Sitzes oder der Betriebsstätte zurückzuführen, ist der Ausschluss ab dem Tag dieser Änderung wirksam. [5]Der Ausschluss wegen eines wiederholten Verstoßes gegen die in Satz 1 genannten Verpflichtungen hat auch den Ausschluss von den besonderen Besteuerungsverfahren nach den §§ 18j und 18k UStG zur Folge. [6]Die Gültigkeit des Ausschlusses wegen eines wiederholten Verstoßes gegen die in Satz 1 genannten Verpflichtungen

endet nicht vor Ablauf von zwei Jahren, die auf den Besteuerungszeitraum folgen, in dem der Ausschluss gegenüber dem Unternehmer bekannt gegeben wurde; innerhalb dieses Zeitraums ist auch die erstmalige oder erneute Teilnahme an den besonderen Besteuerungsverfahren nach den §§ 18 i, 18 j und 18 k UStG nicht zulässig.

(8) [1]Ein nicht im Gemeinschaftsgebiet ansässiger Unternehmer, der im Inland als Steuerschuldner ausschließlich Leistungen nach Absatz 1 Satz 1 und ggf. weitere in § 59 Satz 1 UStDV aufgeführte Umsätze, die das Vorsteuer-Vergütungsverfahren nicht ausschließen, erbringt sowie von dem Wahlrecht der steuerlichen Erfassung in nur einem EU-Mitgliedstaat Gebrauch macht, kann Vorsteuerbeträge nur im Rahmen des Vorsteuer-Vergütungsverfahrens geltend machen (§ 16 Abs. 1 c Satz 4 und § 18 Abs. 9 Satz 1 UStG in Verbindung mit § 59 Satz 1 Nr. 4 und § 61 a UStDV). [2]In diesen Fällen sind die Einschränkungen des § 18 Abs. 9 Sätze 5 und 6 UStG nicht anzuwenden (§ 18 Abs. 9 Satz 8 UStG), soweit die Vorsteuerbeträge im Zusammenhang mit Leistungen nach Absatz 1 Satz 1 stehen. [3]Für Vorsteuerbeträge im Zusammenhang mit anderen Umsätzen (z. B. elektronisch erbrachte sonstige Leistungen durch einen nicht im Gemeinschaftsgebiet ansässigen Unternehmer an einen in der EU ansässigen Unternehmer, der Steuerschuldner ist) gelten die Einschränkungen des § 18 Abs. 9 Sätze 5 und 6 UStG unverändert. [4]Erbringt ein nicht im Gemeinschaftsgebiet ansässiger Unternehmer, der von dem Wahlrecht der steuerlichen Erfassung in nur einem EU-Mitgliedstaat Gebrauch macht, im Inland noch andere Umsätze, für die er im Inland die Umsatzsteuer schuldet und Umsatzsteuer-Voranmeldungen und/oder Umsatzsteuererklärungen für das Kalenderjahr zu übermitteln hat, können die Vorsteuerbeträge insgesamt nur im allgemeinen Besteuerungsverfahren (§ 18 Abs. 1 bis 4 UStG) geltend gemacht werden.

(9) Auf das besondere Besteuerungsverfahren sind, soweit die Anzeige nach Absatz 1 Satz 1 gegenüber dem BZSt erfolgt und dieses die Umsatzsteuererklärungen den zuständigen Finanzbehörden der anderen EU-Mitgliedstaaten übermittelt, die §§ 2 a, 29 b bis 30, 32 a bis 32 j, 80, 87 a, 87 b und der Zweite Abschnitt des Dritten Teils und der Siebente Teil der AO sowie die FGO anzuwenden.

Anmerkung

Seit dem 1.7.2021 ist die Besteuerung bestimmter Umsätze über verschiedene One-Stop-Shops möglich. Die Finanzverwaltung (BMF-Schreiben v. 1.4.2021, BStBl I 2021, 629) hat in je einem Abschnitt im UStAE zu jeder Möglichkeit Stellung genommen. Abschn. 18i.1 UStAE betrifft ausschließlich Drittlandsunternehmer.

Über die Regelung des § 18 i UStG, zu der die Finanzverwaltung ausführlich in Abschn. 18i.1 UStAE Stellung nimmt, wird es **nicht im Gemeinschaftsgebiet ansässigen Unternehmern** ermöglicht, in dem besonderen Verfahren sonstige Leistungen an Empfänger nach § 3 a Abs. 5 Satz 1 UStG (dies sind insb. Nichtunternehmer sowie juristische Personen, die nicht Unternehmer sind und die keine USt-IdNr. haben), für die sie Umsatzsteuer in der EU schulden, über eine elektronische Erfassung in einem Mitgliedstaat abzuwickeln. In diesem Zusammenhang ist Folgendes zu beachten:

- In diesem Verfahren können seit dem 1.7.2021 nicht nur die „TRFE-Leistungen" (Telekommunikationsdienstleistungen, Rundfunk- und Fernsehdienstleistungen sowie auf elektronischem Weg erbrachte sonstige Leistungen) besteuert werden, sondern alle gegenüber diesen Leistungsempfängern ausgeführten sonstigen Leistungen.
- Die auf den jeweiligen EU-Mitgliedstaat entfallenden Umsätze sind zu trennen und dem im betreffenden EU-Mitgliedstaat geltenden Steuersatz zu unterwerfen.
- Der Besteuerungszeitraum ist nach § 16 Abs. 1 c Satz 1 UStG das Kalendervierteljahr, die Erklärung ist innerhalb eines Monats nach Ablauf des Besteuerungszeitraums elektronisch abzugeben und die Zahlung bis zu dieser Frist zu leisten.

Zu § 18 j UStG

UStG § 18 j Besonderes Besteuerungsverfahren für den innergemeinschaftlichen Fernverkauf, für Lieferungen innerhalb eines Mitgliedstaates über eine elektronische Schnittstelle und für von im Gemeinschaftsgebiet, nicht aber im Mitgliedstaat des Verbrauchs ansässigen Unternehmern erbrachte sonstige Leistungen

(1) [1]Ein Unternehmer, der

1. nach dem 30. Juni 2021 Lieferungen nach § 3 Absatz 3 a Satz 1 innerhalb eines Mitgliedstaates oder innergemeinschaftliche Fernverkäufe nach § 3 c Absatz 1 Satz 2 und 3 im Gemeinschaftsgebiet erbringt oder
2. im Gemeinschaftsgebiet ansässig ist und nach dem 30. Juni 2021 in einem anderen Mitgliedstaat der Europäischen Union sonstige Leistungen an Empfänger nach § 3 a Absatz 5 Satz 1 ausführt,

für die er dort die Steuer schuldet und Umsatzsteuererklärungen abzugeben hat, hat anzuzeigen, wenn er an dem besonderen Besteuerungsverfahren entsprechend Titel XII Kapitel 6 Abschnitt 3 der Richtlinie 2006/112/EG des Rates in der Fassung von Artikel 1 Nummer 8 bis 13 der Richtlinie (EU) 2019/1995 des Rates vom 21. November 2019 zur Änderung der Richtlinie 2006/112/EG des Rates vom 28. November 2006 in Bezug auf Vorschriften für Fernverkäufe von Gegenständen und bestimmte inländische Lieferungen von Gegenständen (ABl. L 310 vom 2. 12. 2019, S. 1) teilnimmt. [2]Die Anzeige ist der zuständigen Finanzbehörde des nach Artikel 369 a Nummer 2 der Richtlinie 2006/112/EG des Rates in der Fassung von Artikel 1 Nummer 9 der Richtlinie (EU) 2019/1995 zuständigen Mitgliedstaates der Europäischen Union nach amtlich vorgeschriebenem Datensatz über die amtlich bestimmte Schnittstelle zu übermitteln; zuständige Finanzbehörde im Inland ist insoweit das Bundeszentralamt für Steuern. [3]Die Anzeige hat vor Beginn des Besteuerungszeitraums (§ 16 Absatz 1 d Satz 1) zu erfolgen, ab dessen Beginn der Unternehmer von dem besonderen Besteuerungsverfahren Gebrauch macht. [4]Eine Teilnahme an dem besonderen Besteuerungsverfahren ist dem Unternehmer nur einheitlich für alle Mitgliedstaaten der Europäischen Union und alle Umsätze nach Satz 1 möglich; dies gilt hinsichtlich sonstiger Leistungen an Empfänger nach § 3 a Absatz 5 Satz 1 nur für die Mitgliedstaaten der Europäischen Union, in denen der Unternehmer weder einen Sitz noch eine Betriebsstätte hat. [5]Die Anwendung des besonderen Besteuerungsverfahrens kann nur mit Wirkung vom Beginn eines Besteuerungszeitraums an widerrufen werden. [6]Der Widerruf ist vor Beginn des Besteuerungszeitraums, für den er gelten soll, gegenüber der Finanzbehörde nach Satz 2 nach amtlich vorgeschriebenem Datensatz über die amtlich bestimmte Schnittstelle zu erklären.

(2) [1]Im übrigen Gemeinschaftsgebiet ansässige Unternehmer (§ 13 b Absatz 7 Satz 2) können die Teilnahme an dem besonderen Besteuerungsverfahren nur in dem Mitgliedstaat der Europäischen Union, in dem sie ansässig sind, anzeigen; hinsichtlich sonstiger Leistungen an Empfänger nach § 3 a Absatz 5 Satz 1 im Inland ist eine Teilnahme jedoch nur zulässig, soweit der Unternehmer im Inland, auf der Insel Helgoland und in einem der in § 1 Absatz 3 bezeichneten Gebiete weder seinen Sitz, seine Geschäftsleitung noch eine Betriebsstätte hat. [2]Im Inland ansässige Unternehmer können die Teilnahme an dem besonderen Besteuerungsverfahren nur im Inland anzeigen; dies gilt nicht in Fällen des Satzes 4. [3]Ein Unternehmer ist im Inland ansässig, wenn er im Inland seinen Sitz oder seine Geschäftsleitung hat oder, für den Fall, dass er im Drittlandsgebiet ansässig ist, im Inland eine Betriebsstätte hat. [4]Hat ein im Drittlandsgebiet ansässiger Unternehmer neben der Betriebsstätte im Inland noch mindestens eine weitere Betriebsstätte im übrigen Gemeinschaftsgebiet, kann er sich für die Anzeige der Teilnahme an dem besonderen Besteuerungsverfahren im Inland entscheiden. [5]Hat ein im Drittlandsgebiet ansässiger Unternehmer keine Betriebsstätte im Gemeinschaftsgebiet, hat er die Teilnahme an dem besonderen Besteuerungsverfahren im Inland anzuzeigen, wenn die Beförderung oder Versendung der Gegenstände im Inland beginnt. [6]Beginnt die Beförderung oder Versendung der Gegenstände teilweise im Inland und teilweise im übrigen Gemeinschaftsgebiet, kann sich der im Drittlandsgebiet ansässige Unternehmer, der keine Betriebsstätte im Gemeinschaftsgebiet hat, für die Anzeige der Teilnahme an dem besonderen Besteuerungsverfahren im Inland entscheiden. [7]Der im Drittlandsgebiet ansässige Unternehmer ist an seine Entscheidung nach Satz 4 oder 6 für das betreffende Kalenderjahr und die beiden darauffolgenden Kalenderjahre gebunden.

(3) Erfolgt die Anzeige nach Absatz 1 Satz 1 im Inland und erfüllt der Unternehmer die Voraussetzungen für die Teilnahme an dem besonderen Besteuerungsverfahren nicht, stellt das Bundeszentralamt für Steuern dies gegenüber dem Unternehmer fest und lehnt dessen Teilnahme an dem besonderen Besteuerungsverfahren ab.

(4) [1]Ein Unternehmer, der das in Absatz 1 genannte besondere Besteuerungsverfahren anwendet, hat der Finanzbehörde nach Absatz 1 Satz 2 in Verbindung mit Absatz 2 eine Steuererklärung innerhalb eines Monats nach Ablauf jedes Besteuerungszeitraums (§ 16 Absatz 1d Satz 1) nach amtlich vorgeschriebenem Datensatz über die amtlich bestimmte Schnittstelle zu übermitteln. [2]In der Steuererklärung hat er die Steuer für den Besteuerungszeitraum selbst zu berechnen. [3]Die berechnete Steuer ist am letzten Tag des auf den Besteuerungszeitraum folgenden Monats fällig und bis dahin vom Unternehmer an die Finanzbehörde nach Absatz 1 Satz 2 zu entrichten. [4]Soweit der Unternehmer im Inland Leistungen nach Absatz 1 Satz 1 erbringt, ist § 18 Absatz 1 bis 4 nicht anzuwenden. [5]Berichtigungen einer Steuererklärung, die innerhalb von drei Jahren nach dem letzten Tag des Zeitraums nach Satz 1 vorgenommen werden, sind mit einer späteren Steuererklärung unter Angabe des zu berichtigenden Besteuerungszeitraums anzuzeigen.

(5) [1]Die Steuererklärung nach Absatz 4 Satz 1 und 2, die der Unternehmer der zuständigen Finanzbehörde eines anderen Mitgliedstaates der Europäischen Union übermittelt hat, ist ab dem Zeitpunkt eine Steueranmeldung im Sinne des § 150 Absatz 1 Satz 3 und des § 168 der Abgabenordnung, zu dem die in ihr enthaltenen Daten von der zuständigen Finanzbehörde des anderen Mitgliedstaates der Europäischen Union dem Bundeszentralamt für Steuern übermittelt und dort in bearbeitbarer Weise aufgezeichnet wurden. [2]Dies gilt für die Berichtigung einer Steuererklärung entsprechend. [3]Die Steuererklärung nach Satz 1 gilt als fristgemäß übermittelt, wenn sie bis zum letzten Tag der Frist nach Absatz 4 Satz 1 der zuständigen Finanzbehörde des anderen Mitgliedstaates der Europäischen Union übermittelt worden ist und dort in bearbeitbarer Weise aufgezeichnet wurde. [4]Die Entrichtung der Steuer erfolgt im Falle der Steuererklärung nach Satz 1 fristgemäß, wenn die Zahlung bis zum letzten Tag der Frist nach Absatz 4 Satz 3 bei der zuständigen Finanzbehörde des anderen Mitgliedstaates der Europäischen Union eingegangen ist. [5]§ 240 der Abgabenordnung ist in diesen Fällen mit der Maßgabe anzuwenden, dass eine Säumnis frühestens mit Ablauf des zehnten Tages nach Ablauf des zweiten auf den Besteuerungszeitraum folgenden Monats eintritt.

(6) [1]Kommt der Unternehmer seinen Verpflichtungen nach Absatz 4 oder § 22 Absatz 1 oder den von ihm in einem anderen Mitgliedstaat der Europäischen Union zu erfüllenden Aufzeichnungspflichten entsprechend Artikel 369k der Richtlinie 2006/112/EG wiederholt nicht oder nicht rechtzeitig nach, schließt ihn die Finanzbehörde nach Absatz 1 Satz 2 von dem besonderen Besteuerungsverfahren nach Absatz 1 aus. [2]Der Ausschluss gilt ab dem Besteuerungszeitraum, der nach dem Zeitpunkt der Bekanntgabe des Ausschlusses gegenüber dem Unternehmer beginnt; ist der Ausschluss jedoch auf eine Änderung des Ortes des Sitzes oder der Betriebsstätte oder des Ortes zurückzuführen, von dem aus die Beförderung oder Versendung von Gegenständen ausgeht, ist der Ausschluss ab dem Tag dieser Änderung wirksam. [3]Der Ausschluss wegen eines wiederholten Verstoßes gegen die in Satz 1 genannten Verpflichtungen hat auch den Ausschluss von den besonderen Besteuerungsverfahren nach den §§ 18i und 18k zur Folge.

(7) Auf das besondere Besteuerungsverfahren sind, soweit die Anzeige nach Absatz 1 Satz 1 gegenüber dem Bundeszentralamt für Steuern erfolgt und dieses die Steuererklärungen der zuständigen Finanzbehörde eines anderen Mitgliedstaates der Europäischen Union übermittelt, die §§ 2a, 29b bis 30, 32a bis 32j, 80, 87a, 87b und der Zweite Abschnitt des Dritten Teils und der Siebente Teil der Abgabenordnung sowie die Finanzgerichtsordnung anzuwenden.

(8) § 18 Absatz 4f ist entsprechend anzuwenden.

UStAE 18j.1. Besonderes Besteuerungsverfahren für den innergemeinschaftlichen Fernverkauf, für Lieferungen innerhalb eines Mitgliedstaates über eine elektronische Schnittstelle und für von im Gemeinschaftsgebiet, nicht aber im Mitgliedstaat des Verbrauchs ansässigen Unternehmern erbrachte sonstige Leistungen

(1) [1]Ein Unternehmer, der

1. nach dem 30. 6. 2021 Lieferungen nach § 3 Abs. 3a Satz 1 UStG (vgl. Abschnitt 3.18 Abs. 1 bis 3) innerhalb eines EU-Mitgliedstaates oder innergemeinschaftliche Fernverkäufe nach § 3c Abs. 1 Sätze 2 und 3 UStG (vgl. Abschnitt 3c. Abs. 2) im Gemeinschaftsgebiet erbringt oder

2. in der EU ansässig ist und nach dem 30. 6. 2021 in einem anderen EU-Mitgliedstaat sonstige Leistungen an Nichtunternehmer (siehe Abschnitt 3a.1 Abs. 1) ausführt,

für die er dort die Steuer schuldet und Umsatzsteuererklärungen abzugeben hat, kann sich dafür entscheiden, an dem besonderen Besteuerungsverfahren nach § 18j UStG teilzunehmen (sog. One-Stop-Shop – EU-Regelung). [2]Dies gilt auch für Kleinunternehmer im Sinne des § 19 UStG. [3]Im Fall der umsatzsteuerlichen Organschaft kann das Wahlrecht nach Satz 1 nur durch den Organträger ausgeübt werden. [4]Eine Teilnahme an dem besonderen Besteuerungsverfahren ist dem Unternehmer nur einheitlich für alle EU-Mitgliedstaaten und alle Umsätze nach Satz 1 möglich; dies gilt hinsichtlich sonstiger Leistungen an Nichtunternehmer nur für die EU-Mitgliedstaaten, in denen der Unternehmer bzw. im Fall der umsatzsteuerlichen Organschaft der Organkreis weder einen Sitz noch eine Betriebsstätte (Abschnitt 3a.1 Abs. 3) hat; hinsichtlich innergemeinschaftlicher Fernverkäufe ist eine umsatzsteuerliche Erfassung im allgemeinen Besteuerungsverfahren in anderen EU-Mitgliedstaaten unerheblich. [5]Macht ein Unternehmer von dem Wahlrecht nach Satz 1 Gebrauch, muss er dies der zuständigen Finanzbehörde des zuständigen EU-Mitgliedstaates (§ 18j Abs. 1 Satz 2 UStG) vorbehaltlich des Satzes 7 vor Beginn des Besteuerungszeitraums (§ 16 Abs. 1d Satz 1 UStG), ab dessen Beginn er von diesem besonderen Besteuerungsverfahren Gebrauch macht, nach amtlich vorgeschriebenem Datensatz **über die amtlich bestimmte Schnittstelle** anzeigen. [6]Sofern Deutschland zuständiger EU-Mitgliedstaat ist, hat die Anzeige nach Satz 5 gegenüber dem BZSt zu erfolgen. [7]Erbringt der Unternehmer erstmals Umsätze im Sinne des Satzes 1 oder überschreitet er erstmalig die Umsatzschwelle von 10 000 € im Sinne des § 3a Abs. 5 Satz 3 und § 3c Abs. 4 Satz 1 UStG (vgl. Abschnitt 3a.9a Abs. 1 Satz 1 Nr. 1 Satz 2 und Abschnitt 3c.1 Abs. 1 Sätze 2 und 3) und hat zuvor nicht im Sinne des § 3a Abs. 5 Satz 4 und § 3c Abs. 4 Satz 2 UStG auf die Anwendung verzichtet (vgl. Abschnitt 3a.9a Abs. 1 Satz 1 Nr. 1 Sätze 4 und 5 und Abschnitt 3c.1 Abs. 1 Satz 3), gilt das besondere Besteuerungsverfahren ab dem Tag der ersten Leistungserbringung, wenn die Anzeige nach Satz 5 gegenüber der zuständigen Finanzbehörde eines EU-Mitgliedstaates bis zum 10. Tag des auf die erste Leistungserbringung folgenden Monats erfolgt. [8]Ändern sich die Angaben der Anzeige nach Satz 5, hat der Unternehmer der zuständigen Finanzbehörde des EU-Mitgliedstaates, bei der er die Teilnahme an dem besonderen Besteuerungsverfahren angezeigt hat, die Änderungen bis zum 10. Tag des auf den Eintritt der Änderungen folgenden Monats auf elektronischem Weg mitzuteilen.

(2) [1]Der Unternehmer hat für jeden Besteuerungszeitraum (= Kalendervierteljahr; § 16 Abs. 1d Satz 1 UStG) eine Umsatzsteuererklärung innerhalb eines Monats nach Ablauf des Besteuerungszeitraums der Finanzbehörde, bei der er die Teilnahme an dem besonderen Besteuerungsverfahren angezeigt hat, elektronisch zu übermitteln; dies gilt auch, wenn keine Umsätze nach Absatz 1 Satz 1 erbracht wurden. [2]Hierbei hat er die auf den jeweiligen EU-Mitgliedstaat entfallenden Umsätze zu trennen und dem im betreffenden EU-Mitgliedstaat geltenden Steuersatz zu unterwerfen. [3]Der Unternehmer hat die Steuer selbst zu berechnen (§ 18j Abs. 4 Satz 2 in Verbindung mit § 16 Abs. 1d Satz 2 oder 3 UStG). [4]Für den Fall, dass Deutschland zuständiger EU-Mitgliedstaat nach Absatz 1 Satz 5 ist, sind Informationen zur elektronischen Übermittlung auf den Internetseiten des BZSt (www.bzst.de) abrufbar; der Datenübermittler muss authentifiziert sein. [5]Die Steuer ist am letzten Tag des auf den Besteuerungszeitraum folgenden Monats fällig und bis dahin an die Finanzbehörde zu entrichten, bei der der Unternehmer die Teilnahme an dem besonderen Besteuerungsverfahren angezeigt hat (§ 18j Abs. 4 Satz 3 UStG). [6]Soweit der Unternehmer im Inland Umsätze nach Absatz 1 Satz 1 erbringt und an dem besonderen Besteuerungsverfahren teilnimmt, ist das allgemeine Besteuerungsverfahren (§ 18 Abs. 1 bis 4 UStG) nicht anzuwenden; das allgemeine und das besondere Besteuerungsverfahren schließen sich im Übrigen jedoch gegenseitig nicht aus. [7]Berichtigungen einer Umsatzsteuererklärung, die innerhalb von drei Jahren nach dem letzten Tag des Zeitraums nach Satz 1 vorgenommen werden, sind mit einer späteren Umsatzsteuererklärung unter Angabe des zu berichtigenden Besteuerungszeitraums anzuzeigen. [8]Hinsichtlich der im Inland steuerbaren Umsätze bleiben die allgemeinen Änderungsvorschriften der AO nach dem Drei-Jahres-Zeitraum nach Satz 7 unberührt; entsprechende Änderungen sind vorbehaltlich einer abweichenden Zuständigkeitsvereinbarung (§ 27 AO) bei dem nach § 21 Abs. 1 Satz 1 AO oder § 21 Abs. 1 Satz 2 AO in Verbindung mit der UStZustV zuständigen Finanzamt zu beantragen.

(3) [1]Die Umsatzsteuererklärung nach Absatz 2 Satz 1, die der Unternehmer der zuständigen Finanzbehörde eines anderen EU-Mitgliedstaates übermittelt hat, ist ab dem Zeitpunkt eine Steueranmeldung im Sinne des § 150 Abs. 1 Satz 3 und § 168 AO, zu dem die in ihr enthaltenen Daten von der zuständigen Finanzbehörde des anderen EU-Mitgliedstaates dem BZSt übermittelt und dort in bearbeitbarer Weise aufgezeichnet wurden; dies gilt entsprechend für die Berichtigung einer Umsatzsteuererklärung nach Absatz 2 Satz 7. [2]Die Umsatzsteuererklärung nach Satz 1 gilt als fristgemäß übermittelt, wenn sie bis zum letzten Tag des auf den Besteuerungszeitraum folgenden Monats der zuständigen Finanzbehörde des anderen EU-Mitgliedstaates übermittelt worden ist und dort in bearbeitbarer Weise aufgezeichnet wurde (§ 18j Abs. 5 Satz 3 UStG). [3]Die Entrichtung der Steuer erfolgt im Falle der Umsatzsteuererklärung nach Satz 1 fristgemäß, wenn die Zahlung bis zum letzten Tag des auf den Besteuerungszeitraum folgenden Monats bei der zuständigen Finanzbehörde des anderen EU-Mitgliedstaates eingegangen ist (§ 18j Abs. 5 Satz 4 UStG). [4]§ 240 AO ist in diesen Fällen mit der Maßgabe anzuwenden, dass eine Säumnis frühestens mit Ablauf des 10. Tages nach Ablauf des zweiten auf den Besteuerungszeitraum folgenden Monats eintritt (§ 18j Abs. 5 Satz 5 UStG).

(4) [1]Die Beträge in der Umsatzsteuererklärung sind in Euro anzugeben; es sei denn, der EU-Mitgliedstaat, in dessen Gebiet der Leistungsort liegt, sieht die Angabe der Beträge in seiner Landeswährung vor. [2]In den Fällen der Angabe der Beträge in einer vom Euro abweichenden Landeswährung muss der Unternehmer bei der Umrechnung von Werten in diese Währung einheitlich den von der Europäischen Zentralbank festgestellten Umrechnungskurs des letzten Tags des Besteuerungszeitraums bzw., falls für diesen Tag kein Umrechnungskurs festgelegt wurde, den für den nächsten Tag nach Ablauf des Besteuerungszeitraums festgelegten Umrechnungskurs anwenden (§ 16 Abs. 6 Sätze 4 und 5 UStG). [3]Die Anwendung eines monatlichen Durchschnittskurses entsprechend § 16 Abs. 6 Sätze 1 und 2 UStG ist ausgeschlossen.

(5) [1]Der Unternehmer hat der Finanzbehörde, bei der er die Teilnahme an dem besonderen Besteuerungsverfahren angezeigt hat, bis zum 10. Tag des auf den Eintritt der Änderung folgenden Monats auf elektronischem Weg mitzuteilen, wenn er keine Umsätze im Sinne des Absatzes 1 Satz 1 mehr erbringt oder wenn andere Änderungen vorliegen, durch die er die Voraussetzungen für die Anwendung des besonderen Besteuerungsverfahrens nach § 18j UStG nicht mehr erfüllt. [2]Hat der Unternehmer die Teilnahme an dem besonderen Besteuerungsverfahren in Deutschland angezeigt, stellt das BZSt durch Verwaltungsakt fest, wenn der Unternehmer nicht oder nicht mehr die Voraussetzungen für die Anwendung des Besteuerungsverfahrens nach § 18j UStG erfüllt.

(6) [1]Der Unternehmer kann die Ausübung des Wahlrechts nach Absatz 1 Satz 1 auf elektronischem Weg widerrufen. [2]Ein Widerruf ist nur vor Beginn eines neuen Besteuerungszeitraums mit Wirkung ab diesem Zeitraum möglich (§ 18j Abs. 1 Sätze 5 und 6 UStG).

(7) [1]Die Finanzbehörde, bei der der Unternehmer die Teilnahme an dem besonderen Besteuerungsverfahren angezeigt hat, kann den Unternehmer von dem Besteuerungsverfahren nach § 18j UStG ausschließen, wenn er seinen Verpflichtungen nach § 18j Abs. 4 oder § 22 Abs. 1 UStG (Abschnitt 22.3a Abs. 3a und 4) oder den von ihm in einem anderen EU-Mitgliedstaat zu erfüllenden Aufzeichnungspflichten entsprechend Artikel 369k MwStSystRL in diesem Verfahren wiederholt nicht oder nicht rechtzeitig nachkommt. [2]Zur Beurteilung eines wiederholten Verstoßes gegen die Verpflichtungen nach Satz 1 gilt Abschnitt 18i.1 Abs. 7 Satz 2 entsprechend. [3]Ein Ausschluss kann auch erfolgen, wenn der Unternehmer über einen Zeitraum von zwei Jahren keine Umsätze nach Absatz 1 Satz 1 erbracht hat (vgl. Artikel 58a MwStVO). [4]Der Ausschluss gilt ab dem Besteuerungszeitraum, der nach dem Zeitpunkt der Bekanntgabe des Ausschlusses gegenüber dem Unternehmer beginnt; ist der Ausschluss jedoch auf eine Änderung des Ortes des Sitzes oder der Betriebsstätte oder des Ortes zurückzuführen, von dem aus die Beförderung oder Versendung von Gegenständen ausgeht, ist der Ausschluss ab dem Tag dieser Änderung wirksam. [5]Der Ausschluss wegen eines wiederholten Verstoßes gegen die in Satz 1 genannten Verpflichtungen hat auch den Ausschluss von den besonderen Besteuerungsverfahren nach den §§ 18i und 18k UStG zur Folge. [6]Die Gültigkeit des Ausschlusses wegen eines wiederholten Verstoßes gegen die in Satz 1 genannten Verpflichtungen endet nicht vor Ablauf von zwei Jahren, die auf den Besteuerungszeitraum folgen, in dem der Ausschluss gegenüber dem Unternehmer bekannt gegeben wurde;

innerhalb dieses Zeitraums ist auch die erstmalige oder erneute Teilnahme an den besonderen Besteuerungsverfahren nach den §§ 18i, 18j und 18k UStG nicht zulässig.

(8) [1]Ein im Ausland ansässiger Unternehmer, der im Inland als Steuerschuldner ausschließlich Umsätze nach Absatz 1 Satz 1 und ggf. weitere in § 59 Satz 1 UStDV aufgeführte Umsätze, die das Vorsteuer-Vergütungsverfahren nicht ausschließen, erbringt sowie an dem besonderen Besteuerungsverfahren teilnimmt, kann Vorsteuerbeträge nur im Rahmen des Vorsteuer-Vergütungsverfahrens geltend machen (§ 16 Abs. 1d Satz 4 und § 18 Abs. 9 Satz 1 UStG in Verbindung mit § 59 Satz 1 Nr. 5, §§ 61 und 61a UStDV). [2]Bei nicht im Gemeinschaftsgebiet ansässigen Unternehmern sind in diesen Fällen die Einschränkungen des § 18 Abs. 9 Sätze 5 und 6 UStG nicht anzuwenden (§ 18 Abs. 9 Satz 8 UStG), soweit die Vorsteuerbeträge im Zusammenhang mit Umsätzen nach Absatz 1 Satz 1 stehen. [3]Für Vorsteuerbeträge im Zusammenhang mit anderen Umsätzen (z.B. innergemeinschaftliche Lieferung durch einen nicht im Gemeinschaftsgebiet ansässigen Unternehmer an einen in der EU ansässigen Unternehmer) gelten die Einschränkungen des § 18 Abs. 9 Sätze 5 und 6 UStG unverändert. [4]Erbringt der Unternehmer, der an dem besonderen Besteuerungsverfahren teilnimmt, im Inland noch andere Umsätze, für die er im Inland die Umsatzsteuer schuldet und Umsatzsteuer-Voranmeldungen und/oder Umsatzsteuererklärungen für das Kalenderjahr zu übermitteln hat, können die Vorsteuerbeträge insgesamt nur im allgemeinen Besteuerungsverfahren (§ 18 Abs. 1 bis 4 UStG) geltend gemacht werden. [5]Für im Inland ansässige Unternehmer, die in einem anderen EU-Mitgliedstaat ausschließlich Umsätze im Sinne des Absatz 1 Satz 1 und ggf. weitere in § 59 Satz 1 UStDV aufgeführte Umsätze, die das Vorsteuer-Vergütungsverfahren nicht ausschließen, erbringen sowie an dem besonderen Besteuerungsverfahren teilnehmen, gilt Satz 1 unter Hinweis auf die Richtlinie 2008/9/EG des Rates vom 12. 2. 2008 zur Regelung der Erstattung der Mehrwertsteuer gemäß der Richtlinie 2006/112/EG an nicht im Mitgliedstaat der Erstattung, sondern in einem anderen Mitgliedstaat ansässige Steuerpflichtige (ABl. EU 2008 Nr. L 44 S. 23) entsprechend (vgl. § 18g UStG und Abschnitt 18g.1). [6]Erbringen im Inland ansässige Unternehmer, die an dem besonderen Besteuerungsverfahren teilnehmen, in einem anderen EU-Mitgliedstaat noch andere Umsätze, für die sie dort die Umsatzsteuer schulden und Umsatzsteuererklärungen abzugeben haben, können die Vorsteuerbeträge in dem anderen EU-Mitgliedstaat insgesamt nur im allgemeinen Besteuerungsverfahren (Artikel 250 bis 261 MwStSystRL) bei der zuständigen Finanzbehörde in dem anderen EU-Mitgliedstaat geltend gemacht werden.

(9) [1]Ein Unternehmer ist im Inland ansässig, wenn er im Inland seinen Sitz oder seine Geschäftsleitung oder, für den Fall, dass er im Drittlandsgebiet ansässig ist, im Inland eine Betriebsstätte (Abschnitt 3a.1 Abs. 3) hat. [2]Hat ein im Drittlandsgebiet ansässiger Unternehmer in mehreren EU-Mitgliedstaaten Betriebsstätten, kann er selbst entscheiden, in welchem EU-Mitgliedstaat er sich für Zwecke des besonderen Besteuerungsverfahrens erfassen lassen möchte. [3]Hat ein im Drittlandsgebiet ansässiger Unternehmer keine Betriebsstätte im Gemeinschaftsgebiet, hat er die Teilnahme an dem besonderen Besteuerungsverfahren in dem EU-Mitgliedstaat anzuzeigen, in dem die Beförderung oder Versendung der Gegenstände beginnt. [4]Beginnt die Beförderung oder Versendung der Gegenstände teilweise in einem und teilweise in einem anderen EU-Mitgliedstaat, kann sich der im Drittlandsgebiet ansässige Unternehmer, der keine Betriebsstätte im Gemeinschaftsgebiet hat, für die Anzeige der Teilnahme an dem besonderen Besteuerungsverfahren in einem der vorgenannten EU-Mitgliedstaaten entscheiden. [5]Der im Drittlandsgebiet ansässige Unternehmer ist in den Fällen des Satzes 2 oder 4 an seine Entscheidung für das betreffende Kalenderjahr und die beiden darauffolgenden Kalenderjahre gebunden. [6]Hinsichtlich eines im übrigen Gemeinschaftsgebiet ansässigen Unternehmers vgl. Abschnitt 13b.11 Abs. 1 Satz 2.

(10) [1]Bei Organisationseinheiten der Gebietskörperschaften Bund und Länder, die durch ihr Handeln eine Erklärungspflicht begründen, obliegen der jeweiligen Organisationseinheit die Rechte und Pflichten der Absätze 1, 2, 4, 5, 6 und 8. [2]Absatz 7 gilt in Bezug auf Organisationseinheiten der Gebietskörperschaften Bund und Länder entsprechend.

(11) Auf das besondere Besteuerungsverfahren sind, soweit die Anzeige nach Absatz 1 Satz 1 gegenüber dem BZSt erfolgt und dieses die Umsatzsteuererklärungen den zuständigen Finanzbehörden der anderen EU-Mitgliedstaaten übermittelt, die §§ 2a, 29b bis 30, 32a bis 32j, 80, 87a, 87b und der Zweite Abschnitt des Dritten Teils und der Siebente Teil der AO sowie die FGO anzuwenden.

Anmerkung

Seit dem 1.7.2021 ist die Besteuerung bestimmter Umsätze über verschiedene One-Stop-Shops möglich. Die Finanzverwaltung (BMF-Schreiben v. 1.4.2021, BStBl I 2021, 629) hat in je einem Abschnitt im UStAE zu jeder Möglichkeit Stellung genommen. In **Abschn. 18j.1 UStAE** wird der **One-Stop-Shop** nach **§ 18 j UStG** ausführlich von der Finanzverwaltung geregelt. Diese Regelung ist vor allem für **deutsche Unternehmen** von Bedeutung.

Die One-Stop-Shop-Regelung kann für die folgenden **Sachverhalte** angewendet werden:

- Der Unternehmer führt **in anderen Mitgliedstaaten** (in denen er nicht ansässig ist) **sonstige Leistungen an Nichtunternehmer** (Abnehmer i. S. d. § 3 a Abs. 5 UStG) aus, für die er die Umsatzsteuer schuldet.
- Der Unternehmer führt **innergemeinschaftliche Fernverkäufe** nach § 3c Abs. 1 UStG aus; vgl. dazu Abschn. 3c.1 UStAE sowie die Anmerkung dazu.
- Der Unternehmer führt als **elektronische Schnittstelle** fiktive Lieferungen nach § 3 Abs. 3 a Satz 1 UStG innerhalb eines Mitgliedstaats aus; vgl. dazu Abschn. 3.18 UStAE sowie die Anmerkung dazu.

Hinweis: Deutlich erweiterte Nachfolgeregelung zur Mini-One-Stop-Shop-Regelung

Bis zum 30.6.2021 konnten deutsche Unternehmer nur die sog. TRFE-Leistungen (Telekommunikationsdienstleistungen, Rundfunk- und Fernsehdienstleistungen sowie auf elektronischem Weg erbrachte sonstige Leistungen) gegenüber Nichtunternehmern in anderen Mitgliedstaaten über die „Mini-One-Stop-Shop-Regelung" des § 18 h UStG erfassen. Seit dem 1.7.2021 ist dies nicht nur auf die innergemeinschaftlichen Fernverkäufe erweitert worden, sondern erfasst auch weitere sonstige Leistungen.

Auch **Kleinunternehmer**, die in anderen Mitgliedstaaten Umsatzsteuerbeträge schulden (soweit sie nicht seit 2025 die Kleinunternehmerbesteuerung in anderen Mitgliedstaaten in Anspruch nehmen), können an diesem Verfahren teilnehmen; **Organschaften** dürfen das Wahlrecht nur einheitlich durch den Organträger ausüben.

Hinweis: Alles-oder-Nichts-Prinzip

Bei dem One-Stop-Shop gilt ein „Alles-oder-nichts-Prinzip". Wenn dieses Verfahren gewählt wird, muss es für alle in diesem Verfahren erfassbaren Umsätze und für alle Mitgliedstaaten angewendet werden. Kleinere Unternehmen werden in der Praxis nicht an der Teilnahme an diesem Verfahren vorbeikommen, da sie sich ansonsten in verschiedenen Mitgliedstaaten der EU zur Umsatzsteuer erfassen lassen müssten.

Die **weiteren Aussagen** der Finanzverwaltung lassen sich wie folgt zusammenfassen:

- **Besteuerungszeitraum** ist das **Kalendervierteljahr** (§ 16 Abs. 1 d Satz 1 UStG); die Erklärung ist **binnen eines Monats** elektronisch abzugeben und Zahlung zu leisten. Eine Abbuchung (SEPA-Lastschrift) ist in diesem Verfahren nicht möglich.
- Anders als früher bei MOSS kann der Unternehmer **Berichtigungen** einer Erklärung in einer späteren Erklärung vornehmen (unter **Angabe des zu berichtigenden Zeitraums**).
- Die **Anmeldung** zu diesem Verfahren muss – wenn Deutschland gewählt wird – gegenüber dem **BZSt** erfolgen. Die Anmeldung muss **vor Beginn des Besteuerungszeitraums** (Kalendervierteljahr) erfolgen.
- Werden **erstmals** solche Umsätze ausgeführt oder die Umsatzschwelle (10.000 €) überschritten, muss die **Anmeldung** bis zum 10. Tag des auf die erste Leistungserbringung folgenden Monats erfolgen.
- Werden **keine solchen Umsätze** mehr **ausgeführt** oder es treten **andere Änderungen** ein, ist dies bis zum 10. Tag des auf die Änderung folgenden Monats anzuzeigen.

- Die **Teilnahme kann auch widerrufen werden** (dann muss eine individuelle Veranlagung in den jeweiligen Bestimmungsmitgliedstaaten erfolgen); der Widerruf ist nur **vor Beginn eines neuen Besteuerungszeitraums** möglich.
- Die Finanzverwaltung kann bei nachhaltigen Verstößen gegen die Verpflichtungen oder wenn **zwei Jahre keine solchen Umsätze** ausgeführt wurden, den Unternehmer für die Zukunft von dem Verfahren **ausschließen.**
- Nimmt der Unternehmer in einem **anderen Mitgliedstaat** an dem besonderen Besteuerungsverfahren teil, ist die Steuererklärung ab dem Zeitpunkt, zu dem die Daten dem BZSt übermittelt worden sind, eine **Steueranmeldung** i. S. d. § 150 Abs. 1 Satz 3 und § 168 AO.
- Die Beträge in der Umsatzsteuererklärung sind in **Euro** anzugeben, es sei denn, der EU-Mitgliedstaat, in dessen Gebiet der Leistungsort liegt, sieht die Angabe der Beträge in seiner Landeswährung vor. Bei einer **Umrechnung** muss eine tagesgenaue Umrechnung erfolgen, § 16 Abs. 6 Sätze 4 und 5 UStG.

Hinweis: Unterschiedliche Meldeverfahren für im Inland ausgeführte Umsätze

Besonderes Augenmerk muss darauf gerichtet werden, die **Umsätze in dem „richtigen" Verfahren** anzumelden. So kann auch ein deutscher Unternehmer für im Inland steuerbare Umsätze die Besteuerung im One-Stop-Shop vornehmen müssen, wenn er Waren aus einem Warenlager in einem anderen Mitgliedstaat der Europäischen Union an Nichtunternehmer in Deutschland verkauft und er sich für die Teilnahme am One-Stop-Shop entschieden hat. Dies kann insbesondere bei Lieferungen über große Anbieter (z. B. Amazon) vorliegen.

Zu § 18k UStG

UStG § 18k Besonderes Besteuerungsverfahren für Fernverkäufe von aus dem Drittlandsgebiet eingeführten Gegenständen in Sendungen mit einem Sachwert von höchstens 150 Euro

(1) [1]Ein Unternehmer, der nach dem 30. Juni 2021 als Steuerschuldner Fernverkäufe nach § 3 Absatz 3a Satz 2 oder § 3c Absatz 2 oder 3 in Sendungen mit einem Sachwert von höchstens 150 Euro im Gemeinschaftsgebiet erbringt, für die er dort die Steuer schuldet und Umsatzsteuererklärungen abzugeben hat, oder ein in seinem Auftrag handelnder im Gemeinschaftsgebiet ansässiger Vertreter hat anzuzeigen, wenn er an dem besonderen Besteuerungsverfahren entsprechend Titel XII Kapitel 6 Abschnitt 4 der Richtlinie 2006/112/EG des Rates in der Fassung von Artikel 2 Nummer 30 der Richtlinie (EU) 2017/2455 des Rates vom 5. Dezember 2017 zur Änderung der Richtlinie 2006/112/EG und der Richtlinie 2009/132/EG in Bezug auf bestimmte mehrwertsteuerliche Pflichten für die Erbringung von Dienstleistungen und für Fernverkäufe von Gegenständen (ABl. L 348 vom 29. 12. 2017, S. 7) teilnimmt. [2]Die Anzeige ist der zuständigen Finanzbehörde des unter den Voraussetzungen des Artikels 369l Unterabsatz 2 Nummer 3 der Richtlinie 2006/112/EG zuständigen Mitgliedstaates der Europäischen Union vor Beginn des Besteuerungszeitraums (§ 16 Absatz 1e Satz 1) nach amtlich vorgeschriebenem Datensatz über die amtlich bestimmte Schnittstelle zu übermitteln; zuständige Finanzbehörde im Inland ist insoweit das Bundeszentralamt für Steuern. [3]Eine Teilnahme an dem besonderen Besteuerungsverfahren ist für nicht im Gemeinschaftsgebiet ansässige Unternehmer nur zulässig, wenn das Drittland, in dem sie ansässig sind, in der Durchführungsverordnung entsprechend Artikel 369m Absatz 3 der Richtlinie 2006/112/EG aufgeführt ist, oder wenn sie einen im Gemeinschaftsgebiet ansässigen Vertreter vertraglich bestellt und dies der Finanzbehörde nach Satz 2 angezeigt haben. [4]Satz 1 gilt nicht für Sendungen, die verbrauchsteuerpflichtige Waren enthalten. [5]Eine Teilnahme an dem besonderen Besteuerungsverfahren ist nur einheitlich für alle Mitgliedstaaten der Europäischen Union und für alle Fernverkäufe im Sinne des Satzes 1 möglich; sie gilt ab dem Tag, an dem dem Unternehmer oder dem im Auftrag handelnden Vertreter die nach Artikel 369q Absatz 1 oder 3 der Richtlinie 2006/112/EG erteilte individuelle Identifikationsnummer des Unternehmers bekannt gegeben wurde. [6]Die Anwendung des besonderen Besteuerungsverfahrens kann nur mit Wirkung vom Beginn eines Besteuerungszeitraums an widerrufen werden. [7]Der Widerruf ist vor Beginn des Besteuerungszeitraums, für

den er gelten soll, gegenüber der Finanzbehörde nach amtlich vorgeschriebenem Datensatz über die amtlich bestimmte Schnittstelle zu erklären.

(2) [1]Im übrigen Gemeinschaftsgebiet ansässige Unternehmer (§ 13b Absatz 7 Satz 2) oder im Auftrag handelnde Vertreter können die Teilnahme an dem besonderen Besteuerungsverfahren nur in dem Mitgliedstaat der Europäischen Union, in dem sie ansässig sind, anzeigen. [2]Im Inland ansässige Unternehmer oder im Auftrag handelnde Vertreter können die Teilnahme an dem besonderen Besteuerungsverfahren nur im Inland anzeigen; dies gilt nicht in Fällen des Satzes 4. [3]Ein Unternehmer oder ein im Auftrag handelnder Vertreter ist im Inland ansässig, wenn er im Inland seinen Sitz oder seine Geschäftsleitung hat oder, für den Fall, dass er im Drittlandsgebiet ansässig ist, im Inland eine Betriebsstätte hat. [4]Hat der im Drittlandsgebiet ansässige Unternehmer oder im Auftrag handelnde Vertreter neben der Betriebsstätte im Inland noch mindestens eine weitere Betriebsstätte im übrigen Gemeinschaftsgebiet, kann er sich für die Anzeige der Teilnahme an dem besonderen Besteuerungsverfahren im Inland entscheiden. [5]Der Unternehmer oder im Auftrag handelnde Vertreter ist an seine Entscheidung nach Satz 4 für das betreffende Kalenderjahr und die beiden darauffolgenden Kalenderjahre gebunden.

(3) Erfolgt die Anzeige nach Absatz 1 Satz 1 im Inland und erfüllt der Unternehmer die Voraussetzungen für die Teilnahme an dem besonderen Besteuerungsverfahren nicht, stellt das Bundeszentralamt für Steuern dies gegenüber dem Unternehmer fest und lehnt dessen Teilnahme an dem besonderen Besteuerungsverfahren ab.

(4) [1]Ein Unternehmer oder im Auftrag handelnder Vertreter, der das in Absatz 1 genannte besondere Besteuerungsverfahren anwendet, hat der Finanzbehörde nach Absatz 1 Satz 2 in Verbindung mit Absatz 2 eine Steuererklärung innerhalb eines Monats nach Ablauf jedes Besteuerungszeitraums (§ 16 Absatz 1e Satz 1) nach amtlich vorgeschriebenem Datensatz über die amtlich bestimmte Schnittstelle zu übermitteln. [2]In der Steuererklärung hat er die Steuer für den Besteuerungszeitraum selbst zu berechnen. [3]Die berechnete Steuer ist am letzten Tag des auf den Besteuerungszeitraum folgenden Monats fällig und bis dahin vom Unternehmer oder vom im Auftrag handelnden Vertreter an die Finanzbehörde nach Absatz 1 Satz 2 zu entrichten. [4]Soweit der Unternehmer im Inland Lieferungen nach Absatz 1 Satz 1 erbringt, ist § 18 Absatz 1 bis 4 nicht anzuwenden. [5]Berichtigungen einer Steuererklärung, die innerhalb von drei Jahren nach dem letzten Tag des Zeitraums nach Satz 1 vorgenommen werden, sind mit einer späteren Steuererklärung unter Angabe des zu berichtigenden Besteuerungszeitraums anzuzeigen.

(5) [1]Die Steuererklärung nach Absatz 4 Satz 1 und 2, die der Unternehmer der zuständigen Finanzbehörde eines anderen Mitgliedstaates der Europäischen Union übermittelt hat, ist ab dem Zeitpunkt eine Steueranmeldung im Sinne des § 150 Absatz 1 Satz 3 und des § 168 der Abgabenordnung, zu dem die in ihr enthaltenen Daten von der zuständigen Finanzbehörde des anderen Mitgliedstaates der Europäischen Union dem Bundeszentralamt für Steuern übermittelt und dort in bearbeitbarer Weise aufgezeichnet wurden. [2]Dies gilt für die Berichtigung einer Steuererklärung entsprechend. [3]Die Steuererklärung nach Satz 1 gilt als fristgemäß übermittelt, wenn sie bis zum letzten Tag der Frist nach Absatz 4 Satz 1 der zuständigen Finanzbehörde des anderen Mitgliedstaates der Europäischen Union übermittelt worden ist und dort in bearbeitbarer Weise aufgezeichnet wurde. [4]Die Entrichtung der Steuer erfolgt im Falle der Steuererklärung nach Satz 1 fristgemäß, wenn die Zahlung bis zum letzten Tag der Frist nach Absatz 4 Satz 3 bei der zuständigen Finanzbehörde des anderen Mitgliedstaates der Europäischen Union eingegangen ist. [5]§ 240 der Abgabenordnung ist in diesen Fällen mit der Maßgabe anzuwenden, dass eine Säumnis frühestens mit Ablauf des zehnten Tages nach Ablauf des zweiten auf den Besteuerungszeitraum folgenden Monats eintritt.

(6) [1]Kommt der Unternehmer oder der im Auftrag handelnde Vertreter seinen Verpflichtungen nach Absatz 4 oder § 22 Absatz 1 oder den von ihm in einem anderen Mitgliedstaat der Europäischen Union zu erfüllenden Aufzeichnungspflichten entsprechend Artikel 369x der Richtlinie 2006/112/EG wiederholt nicht oder nicht rechtzeitig nach, schließt ihn die Finanzbehörde nach Absatz 1 Satz 2 von dem besonderen Besteuerungsverfahren nach Absatz 1 aus. [2]Ein Ausschluss des im Auftrag handelnden Vertreters bewirkt auch den Ausschluss des von ihm vertretenen Unternehmers. [3]Der Ausschluss wegen eines wiederholten Verstoßes gegen die in Satz 1 genannten Verpflichtungen gilt ab dem Tag, der auf den Zeitpunkt der Bekanntgabe des Ausschlusses gegenüber dem Unternehmer oder dem im Auftrag handelnden Vertreter folgt; ist der Ausschluss jedoch auf eine Änderung des Ortes des Sitzes oder der Betriebsstätte zurückzuführen, ist der Ausschluss ab dem Tag dieser Änderung wirksam; erfolgt der Ausschluss aus anderen Gründen gilt er ab dem Besteuerungszeitraum, der nach dem Zeitpunkt der Bekanntgabe des Ausschlusses gegenüber dem Unternehmer oder dem im Auftrag

handelnden Vertreter beginnt. [4]Der Ausschluss wegen eines wiederholten Verstoßes gegen die in Satz 1 genannten Verpflichtungen hat auch den Ausschluss von den besonderen Besteuerungsverfahren nach den §§ 18i und 18j zur Folge; es sei denn, der Ausschluss des Unternehmers war bedingt durch einen wiederholten Verstoß gegen die in Satz 1 genannten Verpflichtungen durch den im Auftrag handelnden Vertreter.

(7) Auf das besondere Besteuerungsverfahren sind, soweit die Anzeige nach Absatz 1 Satz 1 gegenüber dem Bundeszentralamt für Steuern erfolgt und dieses die Steuererklärungen der zuständigen Finanzbehörde eines anderen Mitgliedstaates der Europäischen Union übermittelt, die §§ 2a, 29b bis 30, 32a bis 32j, 80, 87a, 87b und der Zweite Abschnitt des Dritten Teils und der Siebente Teil der Abgabenordnung sowie die Finanzgerichtsordnung anzuwenden.

(8) § 18 Absatz 4f ist entsprechend anzuwenden.

UStAE 18k.1. Besonderes Besteuerungsverfahren für Fernverkäufe von aus dem Drittlandsgebiet eingeführten Gegenständen in Sendungen mit einem Sachwert von höchstens 150 €

(1) [1]Ein Unternehmer, der nach dem 30. 6. 2021 als Steuerschuldner Fernverkäufe nach § 3 Abs. 3a Satz 2 (vgl. Abschnitt 3.18 Abs. 1, 3 und 4) oder § 3c Abs. 2 oder 3 UStG (vgl. Abschnitt 3c.1 Abs. 3 und 4) in Sendungen (vgl. Abschnitt 3.18 Abs. 6) mit einem Sachwert (vgl. Abschnitt 3.18 Abs. 7) von höchstens 150 € im Gemeinschaftsgebiet erbringt, für die er dort die Steuer schuldet und Umsatzsteuererklärungen abzugeben hat, oder ein in seinem Auftrag handelnder im Gemeinschaftsgebiet ansässiger Vertreter kann sich dafür entscheiden, an dem besonderen Besteuerungsverfahren nach § 18k UStG teilzunehmen (sog. Import-One-Stop-Shop). [2]Dies gilt auch für Kleinunternehmer im Sinne des § 19 UStG. [3]Im Fall der umsatzsteuerlichen Organschaft kann das Wahlrecht nach Satz 1 nur durch den Organträger ausgeübt werden. [4]Eine Teilnahme an dem besonderen Besteuerungsverfahren ist nur einheitlich für alle EU-Mitgliedstaaten und alle Fernverkäufe im Sinne des Satzes 1 möglich; sie gilt ab dem Tag, an dem dem Unternehmer oder im Auftrag handelnden Vertreter die erteilte individuelle Identifikationsnummer des Unternehmers bekannt gegeben wurde (§ 18k Abs. 1 Satz 5 UStG). [5]Macht ein Unternehmer oder ein im Auftrag handelnder Vertreter von dem Wahlrecht nach Satz 1 Gebrauch, muss er dies der zuständigen Finanzbehörde des unter den Voraussetzungen des Artikels 369l Unterabs. 2 Nr. 3 MwStSystRL zuständigen EU-Mitgliedstaates vor Beginn des Besteuerungszeitraums (§ 16 Abs. 1e Satz 1 UStG) nach amtlich vorgeschriebenem Datensatz **über die amtlich bestimmte Schnittstelle** anzeigen. [6]Sofern Deutschland zuständiger EU-Mitgliedstaat ist, hat die Anzeige nach Satz 5 gegenüber dem BZSt zu erfolgen. [7]Eine Teilnahme an dem besonderen Besteuerungsverfahren ist für nicht im Gemeinschaftsgebiet ansässige Unternehmer nur zulässig, wenn das Drittland, in dem sie ansässig sind, in der Durchführungsverordnung entsprechend Artikel 369m Abs. 3 MwStSystRL aufgeführt ist, oder wenn sie einen im Gemeinschaftsgebiet ansässigen Vertreter vertraglich bestellt und dies der Finanzbehörde nach Satz 5 angezeigt haben. [8]Satz 1 gilt nicht für Sendungen, die verbrauchsteuerpflichtige Waren enthalten. [9]Ändern sich die Angaben der Anzeige nach Satz 5, hat der Unternehmer oder im Auftrag handelnde Vertreter der zuständigen Finanzbehörde des EU-Mitgliedstaates, bei der er die Teilnahme an dem besonderen Besteuerungsverfahren angezeigt hat, die Änderungen bis zum 10. Tag des auf den Eintritt der Änderungen folgenden Monats auf elektronischem Weg mitzuteilen.

(2) [1]Der Unternehmer oder im Auftrag handelnde Vertreter hat für jeden Besteuerungszeitraum (= Kalendermonat; § 16 Abs. 1e Satz 1 UStG) eine Umsatzsteuererklärung innerhalb eines Monats nach Ablauf des Besteuerungszeitraums der Finanzbehörde, bei der er die Teilnahme an dem besonderen Besteuerungsverfahren angezeigt hat, elektronisch zu übermitteln; dies gilt auch, wenn keine Fernverkäufe nach Absatz 1 Satz 1 erbracht wurden. [2]Hierbei hat er die auf den jeweiligen EU-Mitgliedstaat entfallenden Umsätze zu trennen und dem im betreffenden EU-Mitgliedstaat geltenden Steuersatz zu unterwerfen. [3]Der Unternehmer oder im Auftrag handelnde Vertreter hat die Steuer selbst zu berechnen (§ 18k Abs. 4 Satz 2 in Verbindung mit § 16 Abs. 1e Satz 2 oder 3 UStG). [4]Für den Fall, dass Deutschland zuständiger EU-Mitgliedstaat nach Absatz 1 Satz 5 ist, sind Informationen zur elektronischen Übermittlung auf den Internetseiten des BZSt (www.bzst.de) abrufbar; der Datenübermittler muss authentifiziert sein. [5]Die Steuer ist am letzten Tag des auf den Besteuerungszeitraum folgenden Monats fällig und bis

dahin an die Finanzbehörde zu entrichten, bei der der Unternehmer oder im Auftrag handelnde Vertreter die Teilnahme an dem besonderen Besteuerungsverfahren angezeigt hat (§ 18k Abs. 4 Satz 3 UStG). [6]Soweit der Unternehmer im Inland Fernverkäufe nach Absatz 1 Satz 1 erbringt und an dem besonderen Besteuerungsverfahren teilnimmt, ist das allgemeine Besteuerungsverfahren (§ 18 Abs. 1 bis 4 UStG) nicht anzuwenden; das allgemeine und das besondere Besteuerungsverfahren schließen sich im Übrigen jedoch gegenseitig nicht aus. [7]Berichtigungen einer Umsatzsteuererklärung, die innerhalb von drei Jahren nach dem letzten Tag des Zeitraums nach Satz 1 vorgenommen werden, sind mit einer späteren Umsatzsteuererklärung unter Angabe des zu berichtigenden Besteuerungszeitraums anzuzeigen. [8]Hinsichtlich der im Inland steuerbaren Umsätze bleiben die allgemeinen Änderungsvorschriften der AO nach dem Drei-Jahres-Zeitraum nach Satz 7 unberührt; entsprechende Änderungen sind vorbehaltlich einer abweichenden Zuständigkeitsvereinbarung (§ 27 AO) bei dem nach § 21 Abs. 1 Satz 1 AO oder § 21 Abs. 1 Satz 2 AO in Verbindung mit der UStZustV zuständigen Finanzamt zu beantragen.

(3) [1]Die Umsatzsteuererklärung nach Absatz 2 Satz 1, die der Unternehmer oder im Auftrag handelnde Vertreter der zuständigen Finanzbehörde eines anderen EU-Mitgliedstaates übermittelt hat, ist ab dem Zeitpunkt eine Steueranmeldung im Sinne des § 150 Abs. 1 Satz 3 und § 168 AO, zu dem die in ihr enthaltenen Daten von der zuständigen Finanzbehörde des anderen EU-Mitgliedstaates dem BZSt übermittelt und dort in bearbeitbarer Weise aufgezeichnet wurden; dies gilt entsprechend für die Berichtigung einer Umsatzsteuererklärung nach Absatz 2 Satz 7. [2]Die Umsatzsteuererklärung nach Satz 1 gilt als fristgemäß übermittelt, wenn sie bis zum letzten Tag des auf den Besteuerungszeitraum folgenden Monats der zuständigen Finanzbehörde des anderen EU-Mitgliedstaates übermittelt worden ist und dort in bearbeitbarer Weise aufgezeichnet wurde (§ 18k Abs. 5 Satz 3 UStG). [3]Die Entrichtung der Steuer erfolgt im Falle der Umsatzsteuererklärung nach Satz 1 fristgemäß, wenn die Zahlung bis zum letzten Tag des auf den Besteuerungszeitraum folgenden Monats bei der zuständigen Finanzbehörde des anderen EU-Mitgliedstaates eingegangen ist (§ 18k Abs. 5 Satz 4 UStG). [4]§ 240 AO ist in diesen Fällen mit der Maßgabe anzuwenden, dass eine Säumnis frühestens mit Ablauf des 10. Tages nach Ablauf des zweiten auf den Besteuerungszeitraum folgenden Monats eintritt (§ 18k Abs. 4 Satz 5 UStG).

(4) [1]Die Beträge in der Umsatzsteuererklärung sind in Euro anzugeben; es sei denn, der EU-Mitgliedstaat, in dessen Gebiet der Leistungsort liegt, sieht die Angabe der Beträge in seiner Landeswährung vor. [2]In den Fällen der Angabe der Beträge in einer vom Euro abweichenden Landeswährung muss der Unternehmer bei der Umrechnung von Werten in diese Währung einheitlich den von der Europäischen Zentralbank festgestellten Umrechnungskurs des letzten Tags des Besteuerungszeitraums bzw., falls für diesen Tag kein Umrechnungskurs festgelegt wurde, den für den nächsten Tag nach Ablauf des Besteuerungszeitraums festgelegten Umrechnungskurs anwenden (§ 16 Abs. 6 Sätze 4 und 5 UStG). [3]Die Anwendung eines monatlichen Durchschnittskurses entsprechend § 16 Abs. 6 Sätze 1 und 2 UStG ist ausgeschlossen.

(5) [1]Der Unternehmer oder im Auftrag handelnde Vertreter hat der Finanzbehörde, bei der er die Teilnahme an dem besonderen Besteuerungsverfahren angezeigt hat, bis zum 10. Tag des auf den Eintritt der Änderung folgenden Monats auf elektronischem Weg mitzuteilen, wenn der Unternehmer keine Umsätze im Sinne des Absatzes 1 Satz 1 mehr erbringt oder wenn andere Änderungen vorliegen, durch die er die Voraussetzungen für die Anwendung des besonderen Besteuerungsverfahrens nach § 18k UStG nicht mehr erfüllt. [2]Hat der Unternehmer oder im Auftrag handelnde Vertreter die Teilnahme an dem besonderen Besteuerungsverfahren in Deutschland angezeigt, stellt das BZSt durch Verwaltungsakt fest, wenn der Unternehmer nicht oder nicht mehr die Voraussetzungen für die Anwendung des Besteuerungsverfahrens nach § 18k UStG erfüllt.

(6) [1]Der Unternehmer oder im Auftrag handelnde Vertreter kann die Ausübung des Wahlrechts nach Absatz 1 Satz 1 auf elektronischem Weg widerrufen. [2]Ein Widerruf ist nur vor Beginn eines neuen Besteuerungszeitraums mit Wirkung ab diesem Zeitraum möglich (§ 18k Abs. 1 Sätze 6 und 7 UStG).

(7) [1]Die Finanzbehörde, bei der der Unternehmer oder im Auftrag handelnde Vertreter die Teilnahme an dem besonderen Besteuerungsverfahren angezeigt hat, kann den Unternehmer oder im Auftrag handelnden Vertreter von dem Besteuerungsverfahren nach § 18k UStG ausschließen, wenn dieser seinen Verpflichtungen nach § 18k Abs. 4 oder § 22 Abs. 1 UStG (Abschnitt 22.3a Abs. 3a und 4a) oder den von

ihm in einem anderen EU-Mitgliedstaat zu erfüllenden Aufzeichnungspflichten entsprechend Artikel 369x MwStSystRL in diesem Verfahren wiederholt nicht oder nicht rechtzeitig nachkommt. [2]Zur Beurteilung eines wiederholten Verstoßes gegen die Verpflichtungen nach Satz 1 gilt Abschnitt 18i.1 Abs. 7 Satz 2 entsprechend; dies gilt auch hinsichtlich des im Auftrag handelnden Vertreters. [3]Ein Ausschluss kann auch erfolgen, wenn der Unternehmer über einen Zeitraum von zwei Jahren keine Umsätze nach Absatz 1 Satz 1 erbracht hat (vgl. Artikel 58a MwStVO). [4]Ein Ausschluss des im Auftrag handelnden Vertreters bewirkt auch den Ausschluss des von ihm vertretenen Unternehmers. [5]Der Ausschluss wegen eines wiederholten Verstoßes gegen die in Satz 1 genannten Verpflichtungen gilt ab dem Tag, der auf den Zeitpunkt der Bekanntgabe des Ausschlusses gegenüber dem Unternehmer oder dem im Auftrag handelnden Vertreter folgt; ist der Ausschluss jedoch auf eine Änderung des Ortes des Sitzes oder der Betriebsstätte zurückzuführen, ist der Ausschluss ab dem Tag dieser Änderung wirksam; erfolgt der Ausschluss aus anderen Gründen gilt er ab dem Besteuerungszeitraum, der nach dem Zeitpunkt der Bekanntgabe des Ausschlusses gegenüber dem Unternehmer oder dem im Auftrag handelnden Vertreter beginnt. [6]Der Ausschluss wegen eines wiederholten Verstoßes gegen die in Satz 1 genannten Verpflichtungen hat auch den Ausschluss von den besonderen Besteuerungsverfahren nach den §§ 18i und 18j UStG zur Folge; es sei denn, der Ausschluss des Unternehmers war bedingt durch einen wiederholten Verstoß gegen die in Satz 1 genannten Verpflichtungen durch den im Auftrag handelnden Vertreter. [7]Die Gültigkeit des Ausschlusses wegen eines wiederholten Verstoßes gegen die in Satz 1 genannten Verpflichtungen endet nicht vor Ablauf von zwei Jahren, die auf den Besteuerungszeitraum folgen, in dem der Ausschluss gegenüber dem Unternehmer oder im Auftrag handelnden Vertreter bekannt gegeben wurde; innerhalb dieses Zeitraums ist auch die erstmalige oder erneute Teilnahme an den besonderen Besteuerungsverfahren nach den §§ 18i, 18j und 18k UStG nicht zulässig, es sei denn, der Ausschluss des Unternehmers war bedingt durch einen wiederholten Verstoß gegen die in Satz 1 genannten Verpflichtungen durch den im Auftrag handelnden Vertreter.

(8) [1]Ein im Ausland ansässiger Unternehmer, der im Inland als Steuerschuldner ausschließlich Fernverkäufe nach Absatz 1 Satz 1 und ggf. weitere in § 59 Satz 1 UStDV aufgeführte Umsätze, die das Vorsteuer-Vergütungsverfahren nicht ausschließen, erbringt sowie an dem besonderen Besteuerungsverfahren teilnimmt, kann Vorsteuerbeträge nur im Rahmen des Vorsteuer-Vergütungsverfahrens geltend machen (§ 16 Abs. 1e Satz 4 und § 18 Abs. 9 Satz 1 UStG in Verbindung mit § 59 Satz 1 Nr. 6, §§ 61 und 61a UStDV). [2]Bei nicht im Gemeinschaftsgebiet ansässigen Unternehmern sind in diesen Fällen die Einschränkungen des § 18 Abs. 9 Sätze 5 und 6 UStG nicht anzuwenden (§ 18 Abs. 9 Satz 8 UStG), soweit die Vorsteuerbeträge im Zusammenhang mit Fernverkäufen nach Absatz 1 Satz 1 stehen. [3]Für Vorsteuerbeträge im Zusammenhang mit anderen Umsätzen (z. B. Lieferung durch einen nicht im Gemeinschaftsgebiet ansässigen Unternehmer an einen in der EU ansässigen Unternehmer) gelten die Einschränkungen des § 18 Abs. 9 Sätze 5 und 6 UStG unverändert. [4]Erbringt der Unternehmer, der an dem besonderen Besteuerungsverfahren teilnimmt, im Inland noch andere Umsätze, für die er im Inland die Umsatzsteuer schuldet und Umsatzsteuer-Voranmeldungen und/oder Umsatzsteuererklärungen für das Kalenderjahr zu übermitteln hat, können die Vorsteuerbeträge insgesamt nur im allgemeinen Besteuerungsverfahren (§ 18 Abs. 1 bis 4 UStG) geltend gemacht werden. [5]Für im Inland ansässige Unternehmer, die in einem anderen EU-Mitgliedstaat ausschließlich Fernverkäufe im Sinne des Absatz 1 Satz 1 und ggf. weitere in § 59 Satz 1 UStDV aufgeführte Umsätze, die das Vorsteuer-Vergütungsverfahren nicht ausschließen, erbringen sowie an dem besonderen Besteuerungsverfahren teilnehmen, gilt Satz 1 unter Hinweis auf die Richtlinie 2008/9/EG des Rates vom 12. 2. 2008 zur Regelung der Erstattung der Mehrwertsteuer gemäß der Richtlinie 2006/112/EG an nicht im Mitgliedstaat der Erstattung, sondern in einem anderen Mitgliedstaat ansässige Steuerpflichtige (ABl. EU 2008 Nr. L 44 S. 23) entsprechend (vgl. § 18g UStG und Abschnitt 18g.1). [6]Erbringen im Inland ansässige Unternehmer, die an dem besonderen Besteuerungsverfahren teilnehmen, in einem anderen EU-Mitgliedstaat noch andere Umsätze, für die sie dort die Umsatzsteuer schulden und Umsatzsteuererklärungen abzugeben haben, können die Vorsteuerbeträge in dem anderen EU-Mitgliedstaat insgesamt nur im allgemeinen Besteuerungsverfahren (Artikel 250 bis 261 MwStSystRL) bei der zuständigen Finanzbehörde in dem anderen EU-Mitgliedstaat geltend gemacht werden.

(9) [1]Ein Unternehmer oder im Auftrag handelnder Vertreter ist im Inland ansässig, wenn er im Inland seinen Sitz oder seine Geschäftsleitung hat oder, für den Fall, dass er im Drittlandsgebiet ansässig ist, im

Inland eine Betriebsstätte (Abschnitt 3a.1 Abs. 3) hat. [2]Hat ein im Drittlandsgebiet ansässiger Unternehmer oder im Auftrag handelnder Vertreter in mehreren EU-Mitgliedstaaten Betriebsstätten, kann dieser selbst entscheiden, in welchem EU-Mitgliedstaat er sich für Zwecke des besonderen Besteuerungsverfahrens erfassen lassen möchte. [3]Der im Drittlandsgebiet ansässige Unternehmer oder im Auftrag handelnde Vertreter ist in den Fällen des Satzes 2 an seine Entscheidung für das betreffende Kalenderjahr und die beiden darauffolgenden Kalenderjahre gebunden. [4]Hinsichtlich eines im übrigen Gemeinschaftsgebiet ansässigen Unternehmers vgl. Abschnitt 13b.11 Abs. 1 Satz 2; die dortigen Ausführungen gelten für den im Auftrag handelnden Vertreter entsprechend.

(10) Ein im Auftrag handelnder Vertreter ist eine in dem Gemeinschaftsgebiet ansässige Person, die von dem Unternehmer, der Fernverkäufe von aus dem Drittlandsgebiet eingeführten Gegenständen tätigt, als Steuerschuldner (Abschnitt 13a.1) und zur Erfüllung der Verpflichtungen gemäß diesem besonderen Besteuerungsverfahren im Namen und für Rechnung des Unternehmers benannt wird.

(11) [1]Bei Organisationseinheiten der Gebietskörperschaften Bund und Länder, die durch ihr Handeln eine Erklärungspflicht begründen, obliegen der jeweiligen Organisationseinheit die Rechte und Pflichten der Absätze 1, 2, 4, 5, 6 und 8. [2]Absatz 7 gilt in Bezug auf Organisationseinheiten der Gebietskörperschaften Bund und Länder entsprechend.

(12) Auf das besondere Besteuerungsverfahren sind, soweit die Anzeige nach Absatz 1 Satz 1 gegenüber dem BZSt erfolgt und dieses die Umsatzsteuererklärungen den zuständigen Finanzbehörden der anderen EU-Mitgliedstaaten übermittelt, die 3 §§ 2a, 29b bis 30, 32a bis 32j, 80, 87a, 87b und der Zweite Abschnitt des Dritten Teils und der Siebente Teil der AO sowie die FGO anzuwenden.

Anmerkung

Seit dem 1.7.2021 ist die Besteuerung bestimmter Umsätze über verschiedene One-Stop-Shops möglich. Die Finanzverwaltung (BMF-Schreiben v. 1.4.2021, BStBl I 2021, 629) hat in je einem Abschnitt im UStAE zu jeder Möglichkeit Stellung genommen.

Zu der in **§ 18k UStG** aufgenommenen Regelung des sog. **Import-One-Stop-Shops** (IOSS) hat die Finanzverwaltung ausführlich in **Abschn. 18k.1 UStAE** Stellung genommen. Danach können Unternehmer, die seit dem 1.7.2021 als Steuerschuldner Fernverkäufe mit aus dem Drittlandsgebiet eingeführten Gegenständen (bis Sachwert von höchstens 150 €) ausführen und dafür im Gemeinschaftsgebiet Umsatzsteuer schulden, diese Umsatzsteuer ebenfalls in einem besonderen elektronischen Verfahren bei einer einzigen Stelle im Gemeinschaftsgebiet (wenn in Deutschland, ist dies auch das BZSt) erklären; vgl. dazu auch Abschn. 3c.1 UStAE und die Anmerkung dazu.

Hinweis: Abweichender Besteuerungszeitraum

Anders als bei den anderen One-Stop-Shop-Regelungen ist für den IOSS der Kalendermonat der Besteuerungszeitraum. Ansonsten sind die in Abschn. 18k.1 UStAE aufgenommenen Verweise den Vorgaben zu dem normalen One-Stop-Shop entsprechend.

Zu § 19 UStG

UStG § 19 Besteuerung der Kleinunternehmer

(1) [1]Ein von einem im Inland oder in den in § 1 Absatz 3 bezeichneten Gebieten ansässigen Unternehmer bewirkter Umsatz im Sinne des § 1 Absatz 1 Nummer 1 ist steuerfrei, wenn der Gesamtumsatz nach Absatz 2 im vorangegangenen Kalenderjahr 25 000 Euro nicht überschritten hat und im laufenden Kalenderjahr 100 000 Euro nicht überschreitet. [2]In den Fällen des Satzes 1 finden die Vorschriften über die Steuerbefreiung innergemeinschaftlicher Lieferungen (§ 4 Nummer 1 Buchstabe b, § 6a), über den Verzicht auf Steuerbefreiungen (§ 9), über die Angabe der Umsatzsteuer-Identifikationsnummern in einer Rechnung (§ 14a Absatz 1 Satz 3, Absatz 3 Satz 2 und Absatz 7 Satz 2) und über die Erklärungspflichten (§ 18 Absatz 1 bis 4) keine Anwendung; § 149 Absatz 1 Satz 2 der Abgabenordnung und § 18 Absatz 4a dieses Gesetzes bleiben unberührt.

(2) [1]Gesamtumsatz ist die nach vereinnahmten Entgelten berechnete Summe der vom Unternehmer ausgeführten steuerbaren Umsätze im Sinne des § 1 Absatz 1 Nummer 1 abzüglich folgender Umsätze:

1. Umsätze, die nach § 4 Nummer 8 Buchstabe i, Nummer 9 Buchstabe b und Nummer 11 bis 29 steuerfrei sind;
2. Umsätze, die nach § 4 Nummer 8 Buchstabe a bis h, Nummer 9 Buchstabe a und Nummer 10 steuerfrei sind, wenn sie Hilfsumsätze sind.

[2]Die Umsätze mit Wirtschaftsgütern des Anlagevermögens eines Unternehmers bleiben bei der Ermittlung des Gesamtumsatzes nach Satz 1 außer Ansatz.

(3) [1]Ein Unternehmer nach Absatz 1 Satz 1 kann bis zum letzten Tag des Monats Februar des zweiten auf den Besteuerungszeitraum folgenden Kalenderjahres gegenüber dem Finanzamt unwiderruflich erklären, dass er auf die Anwendung des Absatzes 1 verzichtet. [2]Der Verzicht wird von Beginn des Besteuerungszeitraums an, für den er gelten soll, wirksam. [3]Der Verzicht bindet den Unternehmer mindestens für fünf Kalenderjahre. [4]Der Unternehmer kann den Verzicht mit Wirkung von Beginn eines darauffolgenden Kalenderjahres an widerrufen.

(4) Für im übrigen Gemeinschaftsgebiet ansässige Unternehmer gilt Absatz 1 entsprechend, wenn

1. der nach Artikel 288 der Richtlinie 2006/112/EG in der jeweils geltenden Fassung ermittelte Jahresumsatz im Gemeinschaftsgebiet im vorangegangenen Kalenderjahr 100 000 Euro nicht überschritten hat und im laufenden Kalenderjahr nicht überschreitet, und
2. dem Unternehmer für die Steuerbefreiung nach Absatz 1 Satz 1 durch den Mitgliedstaat der Ansässigkeit die insoweit gültige Kleinunternehmer-Identifikationsnummer erteilt wurde.

(5) [1]Ein im übrigen Gemeinschaftsgebiet ansässiger Unternehmer kann gegenüber der zuständigen Finanzbehörde im Mitgliedstaat der Ansässigkeit erklären, dass er auf die Anwendung des Absatzes 4 verzichtet. [2]Der Verzicht wird von Beginn des auf den Eingang der Verzichtserklärung folgenden Kalendervierteljahres an wirksam. [3]Geht die Verzichtserklärung im letzten Monat eines Kalendervierteljahres ein, wird der Verzicht von Beginn des zweiten Monats des folgenden Kalendervierteljahres an wirksam. [4]Der Verzicht bindet den Unternehmer mindestens für fünf Kalenderjahre. [5]Der Unternehmer kann den Verzicht mit Wirkung von Beginn eines darauffolgenden Kalenderjahres an widerrufen.

(6) Absatz 1 gilt nicht für die innergemeinschaftlichen Lieferungen neuer Fahrzeuge. § 15 Absatz 4a ist entsprechend anzuwenden.

UStAE 19.1. Steuerbefreiung für inländische Kleinunternehmer

(1) [1]Nach § 19 Abs. 1 UStG **sind die in § 1 Abs. 1 Nr. 1 UStG bezeichneten Umsätze (einschließlich unentgeltliche Wertabgaben – vgl. Abschnitte 3.2 bis 3.4),** die ein im Inland oder in den in § 1 Abs. 3 UStG genannten Gebieten ansässiger Kleinunternehmer **ausführt, von der Steuer befreit.** [2]Die Einfuhr von Gegenständen (§ 1 Abs. 1 Nr. 4 UStG) **sowie der** innergemeinschaftliche Erwerb (§ 1 Abs. 1 Nr. 5 UStG, vgl. auch Abschnitt 1a.1 Abs. 2) **durch einen Kleinunternehmer sind nicht von § 19 Abs. 1 UStG erfasst.** [3]**Die Vorschrift hat darüber hinaus keine Auswirkung auf** die nach § 13a Abs. 1 Nr. 6, § 13b Abs. 5, § 14c und § 25b Abs. 2 UStG **von Kleinunternehmern** geschuldete Steuer. [4]**Dies** gilt auch für die Steuer, die nach § 16 Abs. 5 UStG von der zuständigen Zolldienststelle im Wege der Beförderungseinzelbesteuerung erhoben wird (vgl. Abschnitt 16.2).

(2) [1]**Voraussetzung für die Anwendung des** § 19 Abs. 1 UStG **ist, dass der tatsächliche** Gesamtumsatz (vgl. Abschnitt 19.**2**) **im Vorjahr die Grenze von 25 000 € nicht überschritten hat und im laufenden Kalenderjahr die Grenze von 100 000 € nicht überschreitet.** [2]Hat der Gesamtumsatz im Vorjahr die Grenze von **25 000 €** überschritten, **sind die Umsätze des Unternehmers im** laufenden Kalenderjahr auch dann **nicht nach § 19 Abs. 1 UStG steuerfrei**, wenn der Gesamtumsatz **im laufendem Kalenderjahr** die Grenze von **25 000 €** nicht überschreiten wird (vgl. BFH-Beschluss vom 18. 10. 2007 – V B 164/06, BStBl II 2008 S. 263). [3]**Hat der Gesamtumsatz im Vorjahr die Grenze von 25 000 € nicht überschritten, sind die Umsätze des Kleinunternehmers im laufenden Kalenderjahr von der Steuer befreit, solange die Grenze von 100 000 € nicht überschritten wird.** [4]**Bereits der Umsatz, mit dem diese Grenze überschritten wird, ist nicht mehr nach § 19 Abs. 1 UStG steuerfrei.**

Beispiel:

[1]Unternehmer A hat im Vorjahr einen Gesamtumsatz in Höhe von 20 000 € erzielt. [2]Im laufenden Kalenderjahr hat er bislang einen Gesamtumsatz in Höhe von 80 000 € erzielt. [3]Er kann einen neuen Kunden gewinnen, der einen Gegenstand für 40 000 € bestellt und sofort bezahlt.

[4]Mit Vereinnahmung des Entgelts für diesen Umsatz überschreitet A im laufenden Kalenderjahr die Grenze von 100 000 €. [5]Bereits dieser Umsatz ist nicht mehr nach § 19 Abs. 1 UStG steuerbefreit und unterliegt in voller Höhe der Regelbesteuerung. [6]A hat die entsprechenden Folgen, z. B. bei Rechnungsstellung, Beurteilung des Vorsteuerabzugs und bei der Abgabe von Voranmeldungen, zu beachten.

(3) [1]Nimmt der Unternehmer seine gewerbliche oder berufliche Tätigkeit im Laufe eines Kalenderjahres **im Inland oder in den in § 1 Abs. 3 UStG genannten Gebieten** neu auf, ist in diesen Fällen allein auf den **tatsächlichen inländischen Gesamtu**msatz (**Abschnitt 19.2**) des laufenden Kalenderjahres abzustellen (vgl. BFH-Urteil vom 19. 02. 1976 – V R 23/73, BStBl II S. 400). [2]Entsprechend der Zweckbestimmung des § 19 Abs. 1 UStG ist **im Jahr der Aufnahme der Tätigkeit** die Grenze von **25 000** € und nicht die Grenze von **100 000** € maßgebend (**vgl. Rn. 16 des** BFH-Urteils vom 22. 11. 1984 – V R 170/83, BStBl II 1985 S. 142 **zu § 19** UStG **a. F.**).

(4) [1]Bei einem Unternehmer, der **mit der Verpachtung** seines landwirtschaftlichen Betriebes **beginnt** und dessen unternehmerische Betätigung im Bereich der Landwirtschaft sich in dieser Verpachtung erschöpft, so dass die Durchschnittssatzbesteuerung nach § 24 UStG nicht mehr angewendet werden kann, **werden die vor der Verpachtung erzielten Umsätze, die unter die Durchschnittssatzbesteuerung nach § 24 UStG fallen, bei der Ermittlung des Gesamtumsatzes für Zwecke des** § 19 Abs. 1 UStG aus Vereinfachungsgründen **nicht berücksichtigt.** [2]**Für die Ermittlung** des Gesamtumsatzes **für Zwecke der Kleinunternehmerregelung nach § 19 Abs. 1 UStG sind demnach für den Bereich der Landwirtschaft ausschließlich die Verpachtungsumsätze maßgeblich.** [3]**Diese Vereinfachungsregelung gilt nicht für die Ermittlung des Jahresumsatzes im Gemeinschaftsgebiet nach § 19 a UStG.**

(5) [1]Geht ein Unternehmen im Wege der Erbfolge auf den Unternehmer über, **sind ab dem Zeitpunkt der Fortführung der Tätigkeit des Rechtsvorgängers die Grundsätze des einheitlichen Unternehmens zu beachten.** [2]**Daher gelten die Grenzen des § 19 Abs. 1 UStG für das einheitliche Unternehmen.** [3]**Der** Unternehmer **kann** in diesen Fällen die Besteuerung für das laufende Kalenderjahr **nicht** so fortführen, wie sie für den jeweiligen Teil des Unternehmens ohne Berücksichtigung der Gesamtumsatzverhältnisse anzuwenden wäre.

(6) Im Falle der dezentralen Besteuerung von Organisationseinheiten der Gebietskörperschaften Bund bzw. Länder (§ 18 Abs. 4 f und 4 g UStG) gelten die in § 19 Abs. 1 UStG bezeichneten Grenzen von **25 000** € und **100 000** € als überschritten (§ 18 Abs. 4 f Satz 6 UStG).

(7) [1]Die Vorschriften über die Erklärungspflichten nach § 18 Abs. 1 bis 4 UStG finden mit Ausnahme der in § 18 Abs. 4 a UStG genannten Fälle keine Anwendung. [2]Darüber hinaus kann das Finanzamt nach § 149 Abs. 1 Satz 2 AO eine Steuererklärung gesondert anfordern. [3]Werden die Grenzen (vgl. Abschnitt 19.1 Abs. 2 Satz 1 und Abs. 3 Satz 2) unterjährig überschritten, gelten ab diesem Zeitpunkt die allgemeinen Erklärungspflichten.

Anmerkung

1. Vollständige Neufassung der Kleinunternehmerregelung seit 1.1.2025, §§ 19, 19a UStG

Hintergrund für diese Neufassung seit dem 1.1.2025 ist eine Änderung des Unionsrechts. In den Art. 282 ff. MwStSystRL ist vorgegeben, dass die Mitgliedstaaten spätestens zum 1.1.2025 ihre Kleinunternehmerregelungen anpassen müssen. Nach den Neuregelungen im JStG 2024 ist man dem in Deutschland durch eine überarbeitete Fassung des § 19 UStG und eine Einfügung eines neuen § 19a UStG nachkommen.

a) Umsätze von Kleinunternehmern sind steuerfrei

Die erste wichtige Änderung findet sich bereits im Absatz 1 Satz 1 des § 19 UStG: Danach sind die Umsätze von inländischen Kleinunternehmern jetzt steuerfrei. Bisher hieß es, dass die *„Steuer nicht* *erhoben"* wird. Warum man nunmehr von einer Umsatzsteuerbefreiung spricht, erläutert der Gesetzentwurf nicht. Dies geht auf die Vorgaben in der MwStSystRL zurück.

b) Änderung der Umsatzgrenzen

Voraussetzung für die Befreiung ist, dass der inländische Gesamtumsatz i. S. d. § 19 Abs. 2 UStG im vorangegangenen Kalenderjahr 25.000 EUR und im laufenden Kalenderjahr 100.000 EUR nicht überschreitet.

Bisher handelte es sich um 22.000 EUR und 50.000 EUR, wobei es sich bei dem zweiten Betrag von 50.000 EUR um eine Prognoseentscheidung handelte, mit der Folge, dass auch dann, wenn der tatsächliche Umsatz im Laufe des Kalenderjahres höher war, die Kleinunternehmerregelung bis zum Ende des Jahres trotzdem angewandt werden konnte.

Dies ist seit dem 1.1.2025 anders, weil es unionsrechtlich in der bisherigen „offenen Form" nicht mehr zulässig ist. Soweit künftig der Gesamtumsatz im laufenden Jahr den oberen inländischen Grenzwert von 100.000 EUR überschreitet, kommt eine weitere Inanspruchnahme der Kleinunternehmerregelung nicht mehr in Betracht.

Folgendes ist bei Neuregelung herauszustellen:

- Die bis zum Zeitpunkt der Überschreitung bewirkten Umsätze sind steuerfrei, es handelt sich also um eine Art Freibetrag (nicht um eine Freigrenze).
- Wichtig: Bisher handelte es sich um Bruttogrenzen, nach neuem Recht sind es **Nettogrenzen**.
- Nach § 34a Nr. 5 UStDV muss der Kleinunternehmer in seiner Rechnung auf die Steuerbefreiung nach § 19 UStG hinweisen.

2. Anwendungsschreiben des BMF

a) Allgemeines

Ein BMF-Schreiben v. 18.3.2025, BStBl I 2025, 742 passt insbesondere Abschn. 19.1 ff. UStAE an die Neufassung an und führt Abschn. 19a.1 ff. UStAE neu ein. Gleichzeitig werden in verschiedenen anderen Bereichen Anpassungen des UStAE vorgenommen, die sich aufgrund der geänderten Rechtssystematik der Kleinunternehmerbesteuerung ergeben haben. Das betrifft vor allem

- Rechnungsangaben,
- Vorsteuerabzug und Vorsteuerberichtigung

b) Kleinunternehmerbesteuerung im Inland

Die Finanzverwaltung weist in Abschn. 19.1. UStAE zunächst auf die Grundlagen der neuen Kleinunternehmerbesteuerung hin. Die Steuerbefreiung als Kleinunternehmerumsatz umfasst danach die im Inland nach § 1 Abs. 1 Nr. 1 UStG ausgeführten Umsätze – einschließlich unentgeltlicher Wertabgaben.

Hat der Gesamtumsatz im Vorjahr die Grenze von 25.000 EUR nicht überschritten, sind die Umsätze des Kleinunternehmers im laufenden Kalenderjahr von der Steuer befreit, solange die Grenze von 100.000 EUR nicht überschritten wird.

Hinweis

Bereits der Umsatz, mit dem diese Grenze überschritten wird, ist nicht mehr nach § 19 Abs. 1 UStG steuerfrei. Dieser Umsatz unterliegt dann in vollem Umfang der Regelbesteuerung.

Beispiel (Abschn. 19.1 UStAE):

Unternehmer A hat im Vorjahr einen Gesamtumsatz in Höhe von 20.000 EUR erzielt. Im laufenden Kalenderjahr hat er bislang einen Gesamtumsatz in Höhe von 80.000 EUR erzielt. Er kann einen neuen Kunden gewinnen, der einen Gegenstand für 40.000 EUR bestellt und sofort bezahlt.

Mit Vereinnahmung des Entgelts für diesen Umsatz überschreitet A im laufenden Kalenderjahr die Grenze von 100.000 EUR. Bereits dieser Umsatz ist nicht mehr nach § 19 Abs. 1 UStG steuerbefreit und unterliegt in voller Höhe der Regelbesteuerung. A hat die entsprechenden Folgen, z. B. bei Rechnungsstellung, Beurteilung des Vorsteuerabzugs und bei der Abgabe von Voranmeldungen, zu beachten.

Hinweis

Für davor ausgeführte Umsätze, deren Entgelte aber erst nach Überschreiten der Gesamtumsatzgrenze vereinnahmt werden, gilt auch schon die Regelbesteuerung.

Beispiel (Abschn. 19.7 Abs. 1 UStAE):

Unternehmer U hat im Jahr 2024 einen Gesamtumsatz von 20.000 EUR erzielt. Im Jahr 2025 hat A bisher 90.000 EUR erzielt. Am 1.10.2025 führt er einen Umsatz (1) i. H. v. 5.000 EUR aus (Vereinnahmung am 1.11.2025). Am 10.10.2025 führt er einen Umsatz (2) i. H. v. 12.000 EUR aus (Vereinnahmung am 20.10.2025). Mit Vereinnahmung des Entgelts für Umsatz (2) überschreitet U die Grenze von 100.000 EUR. Dieser Umsatz unterliegt in vollem Umfang der Regelbesteuerung unabhängig von der Steuerberechnung. Auch das erst später vereinnahmte Entgelt für den davor ausgeführten Umsatz (1) unterliegt im Zeitpunkt der Vereinnahmung der Regelbesteuerung.

Aber: Ändert sich nach dem Übergang zur Regelbesteuerung die Bemessungsgrundlage für Umsätze, die vor dem Übergang ausgeführt worden sind, ist auf diese Umsätze die Kleinunternehmerbesteuerung anzuwenden. Rückwirkende Auswirkungen auf den Gesamtumsatz vor dem Übergang zur Regelbesteuerung ergeben sich nicht (Abschn. 19.7 Abs. 3 UStAE).

c) Umsatzgrenze bei Neuaufnahme einer Tätigkeit

Bei der Neuaufnahme der unternehmerischen Tätigkeit ist auf den tatsächlichen inländischen **Gesamtumsatz des laufenden Kalenderjahrs** abzustellen. Entsprechend der Zweckbestimmung des § 19 Abs. 1 UStG soll nach Meinung der FinVerw im Jahr der Aufnahme der Tätigkeit die **Grenze von 25.000 EUR** maßgebend sein (Abschn. 19.1 Abs. 3 UStAE).

Der Gesamtumsatz wird nach vereinnahmten Entgelten (§ 20 Satz 1 UStG) berechnet. Anzahlungen sind im Zeitpunkt ihrer Vereinnahmung dem Gesamtumsatz zuzurechnen.

In den Fällen der Margenbesteuerung nach § 25 UStG (Reiseleistungen) sowie der Differenzbesteuerung nach § 25 a UStG bestimmt sich der Gesamtumsatz nach dem vereinnahmten Entgelt und nicht nach dem Differenzbetrag.

Bei der Ermittlung des Gesamtumsatzes bleiben die Umsätze von Wirtschaftsgütern des Anlagevermögens unberücksichtigt. Das gilt sowohl bei einer Veräußerung als auch bei einer Entnahme für nichtunternehmerische Zwecke. Ob ein Wirtschaftsgut des Anlagevermögens vorliegt, ist nach den für das **Einkommensteuerrecht** maßgebenden Grundsätzen zu beurteilen.

3. Kleinunternehmerbesteuerung und E-Rechnung

Rechnungen von Kleinunternehmern können **abweichend von der Verpflichtung** in § 14 Abs.2 S. 2 Nr. 1, 2. HS UStG immer als **sonstige Rechnung** ausgestellt und übermittelt werden (§ 34 a S. 4 UStDV). Dabei bedarf die Verwendung einer sonstigen Rechnung **in einem anderen elektronischen Format** der **Zustimmung des Empfängers** (§ 14 Absatz 1 Satz 5 UStG), die auch konkludent erfolgen kann. Diese Zustimmung ist deshalb erforderlich, weil der Rechnungsempfänger kein ihm gänzlich unbekanntes elektronisches Format akzeptieren muss.

Die Ausstellung und Übermittlung einer **E-Rechnung** ist unter den übrigen Voraussetzungen auch in diesen Fällen **immer ohne Zustimmung des Empfängers** möglich (zu weiteren Einzelheiten siehe die ausführlichen Anm. zu Abschn. 14.1 UStAE sowie BMF-Schreiben v. 15.10.2025, BStBl I 2025, 1806, Rz. 22).

4. Kleinunternehmerbesteuerung und Vorsteuerabzug

Die Änderung der Kleinunternehmerbesteuerung seit dem 01.01.2025 hat auch Auswirkungen auf den Vorsteuerabzug. Dazu hat das BMF in einem Schreiben vom 10.11.2025, BStBl I 2025, 1854 Stellung bezogen (siehe dazu auch die Anm. zu Abschn. 15.3 UStAE).

Hat ein Unternehmer, der von der Steuerbefreiung nach § 19 Absatz 1 oder 4 UStG zur Regelbesteuerung übergeht, bereits **vor dem Übergang Leistungen bezogen**, die er erst **nach dem Übergang zur Ausführung von** dann zum Vorsteuerabzug berechtigenden **Umsätzen** zu verwenden beabsichtigt, ist der Vorsteuerabzug nach der vom BMF vertretenen Rechtsauffassung für Zeiträume vor dem Übergang zur Regelbesteuerung nach § 15 Abs. 2 S. 1 Nr. 1 oder 3 UStG ausgeschlossen (BMF-Schreiben v. 10.11.2025, a.a.O.).

Hinweis: Überschreiten der Grenzen des § 19 UStG

Dies gilt nach Auffassung des BMF (a.a.O.) auch dann, wenn der Übergang – z.B. wegen des Überschreitens der Grenzen in § 19 Abs. 1 UStG – bereits wahrscheinlich, aber noch nicht tatsächlich erfolgt ist.

Eine Vorsteuerberichtigung nach § 15a UStG ist im Grundsatz möglich, es müssen aber die **Bagatellgrenzen** nach § 44 Abs. 1 und 2 UStDV von 1.000 EUR/Berichtigungsobjekt beachtet werden, was in der Praxis oftmals sicherlich nicht erreicht wird.

Hinweis

Wegen weiterer Einzelheiten wird auf die Anmerkungen zu Abschn. 15.3 UStAE verwiesen.

UStAE 19.2 Gesamtumsatz

(1) **[1]Der Gesamtumsatz wird nach vereinnahmten Entgelten (§ 10 Abs. 1 UStG) berechnet. [2]Anzahlungen sind im Zeitpunkt ihrer Vereinnahmung dem Gesamtumsatz zuzurechnen (vgl. Abschnitte 13.5 Abs. 1 und 13.6 Abs. 1).**

(2) [1]Zum Gesamtumsatz im Sinne des § 19 Abs. **2** UStG gehören auch die vom Unternehmer ausgeführten Umsätze, die nach § 1 Abs. 3 UStG wie Umsätze im Inland zu behandeln sind, sowie die Umsätze, für die ein Anderer als Leistungsempfänger Steuerschuldner nach § 13b Abs. 5 UStG ist. [2]Zum Gesamtumsatz gehören nicht die private Verwendung eines dem Unternehmen zugeordneten Gegenstandes, die nicht nach § 3 Abs. 9a Nr. 1 UStG steuerbar ist, und die Umsätze, für die der Unternehmer als Leistungsempfänger Steuerschuldner nach § 13b Abs. 5 UStG ist. [3]Außerdem gehören die Lieferungen an den letzten Abnehmer in einem innergemeinschaftlichen Dreiecksgeschäft (§ 25b Abs. 2 UStG) nicht zum Gesamtumsatz beim letzten Abnehmer. [4]Für die Ermittlung des Gesamtumsatzes ist grundsätzlich die für die Besteuerung in Betracht kommende Bemessungsgrundlage (Abschnitte 10.1 bis 10.8) anzusetzen. [5]In den Fällen der Margenbesteuerung nach § 25 UStG sowie der Differenzbesteuerung nach § 25a UStG bestimmt sich der Gesamtumsatz abweichend von Satz 4 nach dem vereinnahmten Entgelt und nicht nach dem Differenzbetrag (vgl. **BFH-Urteil** vom **23.10.2019 – XI R 17/19 (XI R 7/16), BStBl II 2025 S. 946**).

(3) [1]Von den steuerbaren Umsätzen sind für die Ermittlung des Gesamtumsatzes die in § 19 Abs. 2 UStG genannten steuerfreien Umsätze abzuziehen. [2]Ob ein Umsatz als steuerfrei zu berücksichtigen ist, richtet sich nach den Vorschriften des laufenden Kalenderjahres. [3]Der Abzug ist nicht vorzunehmen, wenn der Unternehmer die in Betracht kommenden Umsätze nach § 9 UStG wirksam als steuerpflichtig behandelt hat (vgl. BFH-Urteil vom 15. 10. 1992 – V R 91/87, BStBl II 1993 S. 209). [4]Als Hilfsumsätze sind die Umsätze zu betrachten, die zwar zur unternehmerischen Tätigkeit des Unternehmens gehören, jedoch nicht den eigentlichen Gegenstand des Unternehmens bilden (BFH-Urteil vom 24. 02. 1988 – X R 67/82, BStBl II S. 622). [5]Hierzu zählen z. B.:

1. **die Gewährung und Vermittlung von Krediten sowie die Umsätze von fremden Zahlungsmitteln oder Geldforderungen, z.B. Wechseln, im Zusammenhang mit Warenlieferungen;**
2. **der Verkauf eines Betriebsgrundstücks;**
3. **die Verschaffung von Versicherungsschutz für die Arbeitnehmer.**

(4) **[1]Bei der Ermittlung des Gesamtumsatzes bleiben die Umsätze von Wirtschaftsgütern des Anlagevermögens unberücksichtigt. [2]Das gilt sowohl bei einer Veräußerung als auch bei einer Entnahme für nichtunternehmerische Zwecke. [3]Ob ein Wirtschaftsgut des Anlagevermögens vorliegt, ist nach den für**

das Einkommensteuerrecht maßgebenden Grundsätzen zu beurteilen. [4]Die Ausnahme erstreckt sich auch auf entsprechende Wirtschaftsgüter, die einkommensteuerrechtlich nicht zu einem Betriebsvermögen gehören, z.B. bei der Veräußerung von Einrichtungsgegenständen durch einen nichtgewerblichen Vermieter von Ferienwohnungen.

Anmerkung

1. Geänderte Gliederung des UStAE

Abschn. 19.2 UStAE beinhaltete bisher Ausführungen der Verwaltung zum Verzicht auf die Anwendung der Kleinunternehmerbesteuerung. Diese Äußerungen finden sich jetzt in Abschn. 19.3. UStAE.

2. Begriff Gesamtumsatz seit 01.01.2025

Nach der Regelung seit 01.01.2025 gilt Folgendes: Der Gesamtumsatz wird **nach vereinnahmten Entgelten** (§ 20 Satz 1 UStG) berechnet. Anzahlungen sind im Zeitpunkt ihrer Vereinnahmung dem Gesamtumsatz zuzurechnen.

In den Fällen der Margenbesteuerung nach § 25 UStG (Reiseleistungen) sowie der Differenzbesteuerung nach § 25a UStG bestimmt sich der Gesamtumsatz nach dem vereinnahmten Entgelt und nicht nach dem Differenzbetrag.

Bei der **Ermittlung des Gesamtumsatzes** bleiben die Umsätze von Wirtschaftsgütern des **Anlagevermögens unberücksichtigt**. Das gilt sowohl bei einer Veräußerung als auch bei einer Entnahme für nichtunternehmerische Zwecke. Ob ein Wirtschaftsgut des Anlagevermögens vorliegt, ist nach den für das Einkommensteuerrecht maßgebenden Grundsätzen zu beurteilen.

UStAE 19.3. Verzicht auf die Anwendung des § 19 Abs. 1 UStG für inländische Kleinunternehmer

(1) [1]Der Unternehmer kann dem Finanzamt erklären, dass er auf die Anwendung des § 19 Abs. 1 UStG verzichtet. [2]**Diese Erklärung kann nicht widerrufen werden.** [3]Er unterliegt damit der Besteuerung nach den allgemeinen Vorschriften des Gesetzes. [4]Die Erklärung nach § 19 Abs. 3 Satz 1 UStG kann der Unternehmer bis **zum letzten Tag des Monats Februar des übernächsten Kalenderjahres** abgeben. [5]Im Einzelnen gilt hierzu Folgendes:

1. [1]Die Erklärung gilt vom Beginn des Kalenderjahres an, für das der Unternehmer sie abgegeben hat. [2]Beginnt der Unternehmer seine gewerbliche oder berufliche Tätigkeit während des Kalenderjahres, gilt die Erklärung vom Beginn dieser Tätigkeit an.
2. [1]Für die Erklärung ist keine bestimmte Form vorgeschrieben. [2]Berechnet der Unternehmer in den Voranmeldungen oder in der Steuererklärung für das Kalenderjahr die Steuer nach den allgemeinen Vorschriften des UStG, ist darin grundsätzlich eine Erklärung im Sinne des § 19 Abs. 3 Satz 1 UStG zu erblicken (vgl. BFH-Urteile vom 19. 12. 1985 – V R 167/82, BStBl II 1986 S. 420, und vom 24. 07. 2013 – XI R 14/11, BStBl II 2014 S. 210). [3]Der Unternehmer kann mit einer Umsatzsteuererklärung, in der nur für einen Unternehmensteil die Steuer nach den allgemeinen Vorschriften des UStG berechnet wird, nicht rechtswirksam auf die Anwendung des § 19 Abs. 1 UStG verzichten (vgl. BFH-Urteil vom 24. 07. 2013 – XI R 31/12, BStBl II 2014 S. 214). [4]In Zweifelsfällen ist der Unternehmer zu fragen, welcher Besteuerungsform er seine Umsätze unterwerfen will. [5]Verbleiben Zweifel, kann eine Option zur Regelbesteuerung nicht angenommen werden (vgl. BFH-Urteile vom 24. 07. 2013 – XI R 14/11, a. a. O., und vom 24. 07. 2013 – XI R 31/12, a. a. O.).

(2) [1]Nach Eröffnung des Insolvenzverfahrens steht die Befugnis, auf die Kleinunternehmerregelung zu verzichten, dem Insolvenzverwalter zu. [2]Er übt dieses Recht für das gesamte Unternehmen des Insolvenzschuldners aus (BFH-Urteil vom 20. 12. 2012 – V R 23/11, BStBl II 2013 S. 334).

(3) [1]**Die einmal abgegebene Erklärung** bindet den Unternehmer mindestens für fünf Kalenderjahre (§ 19 Abs. **3** Satz **3** UStG). [2]Die Fünfjahresfrist ist vom Beginn des ersten Kalenderjahres an zu berechnen, für das die Erklärung gilt.

(4) [1]**Nach dem Ende der Fünfjahresfrist seit dem Verzicht gemäß § 19 Abs. 3 Satz 1 UStG kann für jedes weitere Jahr von dem Verzicht nach § 19 Abs. 3 Satz 1 UStG Gebrauch gemacht werden, ohne dass es einer erneuten Erklärung bedarf.** [2]**Es beginnt nicht jeweils eine neue Fünfjahresfrist (vgl. BFH-Urteil vom 23. 09. 2020 – XI R 34/19, BStBl II 2025 S. 213).**

(5) [1]Für die Zeit nach Ablauf der Fünfjahresfrist kann der Unternehmer **den Verzicht** mit Wirkung von Beginn eines **folgenden** Kalenderjahres an widerrufen (§ 19 Abs. **3** Satz **4** UStG). [2]Der Widerruf **kann somit nicht rückwirkend erklärt werden.**

Anmerkung

Verzicht auf Kleinunternehmerbesteuerung und Widerruf des Verzichts

Aufgrund der Änderungen der Kleinunternehmerbesteuerung seit dem 1.1.2025 durch das JStG 2024 (Ges. v. 2.12.2024, BGBl I 2024, Nr. 387) sind auch der Verzicht und der Widerruf des Verzichts auf die Kleinunternehmerbesteuerung vollständig überarbeitet worden.

Anders als nach der **bis zum 31.12.2024** geltenden Rechtslage ist die Erklärung zum Verzicht auf die Anwendung der Kleinunternehmerbesteuerung **unwiderruflich**. Sie ist an keine bestimmte Form gebunden. Die Erklärung des Verzichts nach § 19 Abs. 3 S. 1 UStG kann der Unternehmer bis zum letzten Tag des Monats Februar des übernächsten Kalenderjahres abgeben.

Hinweis

Die Verwaltung bleibt bei der zur Altregelung vertretenen Rechtsauffassung, dass in den Fällen, in denen der Unternehmer in Voranmeldungen oder in der Steuererklärung für das Kalenderjahr die Steuer nach den allgemeinen Vorschriften des UStG berechnet, darin grundsätzlich eine Verzichtserklärung nach § 19 Abs. 3 Satz 1 UStG zu sehen ist. Das ist für die Neuregelung im Hinblick auf die Unwiderruflichkeit von besonderer Bedeutung.

Nach dem Ende der 5-Jahresfrist seit dem Verzicht kann für jedes weitere Jahr von dem Verzicht Gebrauch gemacht werden, ohne dass es einer erneuten Erklärung bedarf. Es beginnt nicht jeweils eine neue 5-Jahresfrist (Hinweis auf BFH, Urt. v. 23.9.2020 – XI R 34/19, BFH/NV 2021 S. 423). Nach Ablauf der 5-Jahresfrist kann der Unternehmer den Verzicht nur mit Wirkung von Beginn eines folgenden Kalenderjahrs an widerrufen (also nicht rückwirkend).

UStAE 19.4 Steuerbefreiung für im übrigen Gemeinschaftsgebiet ansässige Unternehmer

(1) [1]**Nach § 19 Abs. 4 UStG kann auch ein im übrigen Gemeinschaftsgebiet ansässiger Unternehmer, dessen inländischer Gesamtumsatz (vgl. Abschnitt 19.2) im Vorjahr die Grenze von 25 000 € nicht überschritten hat und im laufenden Kalenderjahr die Grenze von 100 000 € nicht überschreitet, für seine im Inland bewirkten Umsätze die Steuerbefreiung für Kleinunternehmer nach § 19 Abs. 1 UStG in Anspruch nehmen.** [2]**Abschnitt 19.1 Abs. 1 bis 5 und 7 gelten entsprechend.**

(2) [1]**Weitere Voraussetzung für die Anwendung des § 19 Abs. 4 UStG ist, dass der Jahresumsatz des Unternehmers im Gemeinschaftsgebiet im Vorjahr 100 000 € nicht überschritten hat und im laufenden Kalenderjahr nicht überschreitet.** [2]**Der Jahresumsatz im Gemeinschaftsgebiet berechnet sich nach Artikel 288 MwStSystRL.** [3]**Dabei sind die Umsätze in sämtlichen Mitgliedstaaten zu berücksichtigen, unabhängig davon, ob der Unternehmer im jeweiligen Mitgliedstaat der Kleinunternehmerregelung unterliegt.** [4]**Der inländische Teil des Jahresumsatzes im Gemeinschaftsgebiet entspricht dem Gesamtumsatz nach § 19 Abs. 2 UStG (siehe Abschnitt 19.2).**

(3) [1]**Darüber hinaus muss sich der Unternehmer vor Inanspruchnahme der Steuerbefreiung nach § 19 Abs. 4 UStG in seinem Ansässigkeitsstaat für das besondere Meldeverfahren entsprechend Artikel 284 b MwStSystRL registrieren lassen.** [2]**Bei Erfüllung der Voraussetzungen erhält der Unternehmer von seinem Ansässigkeitsstaat eine individuelle Identifikationsnummer mit dem Suffix „EX“, die für die Anwendung der Steuerbefreiung für Kleinunternehmer in Deutschland gültig ist.** [3]**Im Fall**

eines zuvor freiwilligen Verzichts auf die Anwendung der Steuerbefreiung im Inland ist für einen Zeitraum von fünf Kalenderjahren eine erneute Registrierung nicht möglich (§ 19 Abs. 5 Satz 5 UStG).

Anmerkung

1. Allgemeines

§ 19 Abs. 4 UStG enthält seit dem 1.1.2025 eine unionsweite Kleinunternehmerregelung: Werden im übrigen Gemeinschaftsgebiet ansässige Unternehmer in Deutschland tätig, ist die Regelung auch auf sie anwendbar. Allerdings ändert sich die Regelung zum Vorjahresumsatz auf (eu-weit) 100.000 EUR und im laufenden Kalenderjahr bleibt es bei den 100.000 EUR.

Außerdem muss der Unternehmer eine gültige KU-IDNr. besitzen, die ihm im Ansässigkeitsstaat erteilt wird (vgl. dazu Art. 284 Abs. 2 MwStSystRL). Sie ist speziell für Kleinunternehmer gedacht, die von der neuen EU-Kleinunternehmerregelung profitieren wollen. Sie wird benötigt, um grenzüberschreitende Umsätze regelmäßig melden zu können.

Die KU-IdNr. ist eine neue, vom Bundeszentralamt für Steuern (BZSt.) vergebene Steuer-Identifikationsnummer. Sie funktioniert ähnlich wie die USt-IdNr. – nur eben für Kleinunternehmer ohne Umsatzsteuerpflicht. Die KU-IDNr ersetzt nicht eine bestehende Steuernummer, Steuer-ID oder USt-IdNr. Sie erleichtert den grenzüberschreitenden Handel innerhalb der EU, ohne dass man sich in jedem Land steuerlich registrieren musst.

2. Anwendungsschreiben des BMF

Das BMF hat mit einem Anwendungsschreiben v. 18.03.2025, BStBl I 2025, 742 u. a. auch zur Anwendung der Kleinunternehmerregelungen auf EU-ausländische Unternehmer Stellung bezogen, wenn diese im Inland tätig werden.

Der EU-ausländische Unternehmer muss im Inland die **nationalen Voraussetzungen** für den Gesamtumsatz erfüllen und darf (berechnet nach Art. 288 MwStSystRL) im gesamten Gemeinschaftsgebiet den Umsatz von 100.000 EUR im Vorjahr und bisher im laufenden Kalenderjahr nicht überschritten haben. Dabei sind die Umsätze in sämtlichen Mitgliedstaaten zu berücksichtigen, unabhängig davon, ob der Unternehmer im jeweiligen Mitgliedstaat der Kleinunternehmerregelung unterliegt (Abschn. 19.4 Abs. 2 UStAE).

Außerdem ist Folgendes zu beachten:

- Der EU-ausländische Unternehmer muss in seinem Heimatstaat für das **besondere Meldeverfahren** registriert sein.
- Er erhält von seinem Mitgliedstaat eine Kleinunternehmer-Identifikationsnummer erhalten (erkennbar an dem Suffix „EX“, Abschn. 19.4 Abs. 3 UStAE).

Will der ausländische Unternehmer in Deutschland die Kleinunternehmerbesteuerung nicht (mehr) in Anspruch nehmen, muss er dies seinem Registrierungsstaat mitteilen. Die Beendigung der Anwendung ist nur für zukünftige Zeiträume möglich und wird grundsätzlich am ersten Tag des nächsten Kalendervierteljahrs nach Eingang der Informationen des Unternehmers wirksam. (vgl. Abschn. 19.5 Abs. 1 UStAE mit Beispielen zur Berechnung der Frist).

UStAE 19.5. Verzicht auf die Anwendung des § 19 Abs. 4 UStG durch im übrigen Gemeinschaftsgebiet ansässige Unternehmer

(1) [1]Ist ein im übrigen Gemeinschaftsgebiet ansässiger Unternehmer für die Anwendung der inländischen Steuerbefreiung für Kleinunternehmer registriert (§ 19 Abs. 4 UStG), kann er nach § 19 Abs. 5 UStG auf die Anwendung der inländischen Steuerbefreiung verzichten. [2]Dieser Unternehmer unterrichtet seinen Ansässigkeitsstaat über die Absicht, die Steuerbefreiung in Deutschland nach § 19 UStG nicht mehr in Anspruch zu nehmen. [3]Die Beendigung der Anwendung ist nur für zukünftige Zeiträume möglich und wird grundsätzlich am ersten Tag des nächsten Kalendervierteljahres nach Eingang der Informationen des Unternehmers wirksam.

B e i s p i e l :

Eingang Verzicht:	**15.02.**
Wirksamkeit ab:	**01.04.**

[4]Geht diese Information im letzten Monat eines Kalendervierteljahres ein, wird die Beendigung der Anwendung am ersten Tag des zweiten Monats des nächsten Kalendervierteljahres wirksam.

B e i s p i e l :

Eingang Verzicht:	**15.03.**
Wirksamkeit ab:	**01.05.**

(2) [1]Der Verzicht bindet den im übrigen Gemeinschaftsgebiet ansässigen Unternehmer mindestens für fünf Kalenderjahre. [2]Die Fünfjahresfrist ist von dem Kalenderjahr an zu berechnen, in dem der Verzicht wirksam wird. [3]Für die Zeit nach Ablauf der Fünfjahresfrist kann sich der Unternehmer mit Wirkung von Beginn eines folgenden Kalenderjahres an erneut in seinem Ansässigkeitsstaat für die Anwendung der inländischen Steuerbefreiung registrieren lassen (Widerruf).

B e i s p i e l :

Eingang Verzicht:	**15. 03. 2025**
Wirksamkeit ab:	**01. 05. 2025**
Fünfjahresfrist:	**01. 01. 2025 – 31. 12. 2029**
Erneute Registrierung:	**10. 02. 2030**
Steuerbefreiung ab:	**01. 01. 2031**

UStAE 19.6. Verhältnis des § 19 zu § 24 UStG

Auf Abschnitt 19.1 Abs. 4, Abschnitt 24.7 Abs. 4 und Abschnitt 24.8 Abs. 2 und 3 wird hingewiesen.

UStAE 19.7. Wechsel der Besteuerungsform

Übergang von der Anwendung des § 19 Abs. 1 UStG zur Regelbesteuerung oder zur Besteuerung nach § 24 UStG

(1) [1]Umsätze, die der Unternehmer vor dem Übergang zur Regelbesteuerung ausgeführt hat, fallen auch dann unter § 19 Abs. 1 UStG, wenn die Entgelte nach diesem Zeitpunkt vereinnahmt werden. **[2]Dies gilt nicht, wenn der Grenzwert von 100 000 € (25 000 € bei Neugründung) im laufenden Jahr überschritten wurde. [3]In diesem Fall ist bereits der vereinnahmte Umsatz, der die jeweilige Grenze überschreitet, der Regelbesteuerung zu unterwerfen.**

B e i s p i e l :

[1]Unternehmer A hat im Vorjahr einen Gesamtumsatz in Höhe von 20 000 € erzielt. [2]Im laufenden Kalenderjahr hat er bislang einen Gesamtumsatz in Höhe von 80 000 € erzielt. [3]Er führt die folgenden weiteren Umsätze in diesem Kalenderjahr aus:

Umsatz 1

Entgelt:	**5 000 €**
Ausführung:	**01.06.01**
Vereinnahmung:	**01.09.01**

Umsatz 2

Entgelt:	**25 000 €**
Ausführung:	**30.06.01**
Vereinnahmung:	**15.07.01**

[4]Mit Vereinnahmung des Entgelts für den Umsatz 2 überschreitet A im laufenden Kalenderjahr die Grenze von 100 000 €. [5]Bereits dieser Umsatz ist nicht mehr nach § 19 Abs. 1 UStG steuerbefreit und unterliegt in voller Höhe der Regelbesteuerung unabhängig von der Steuerberechnung (vgl. § 16 Abs. 1 UStG). [6]Auch das erst später vereinnahmte Entgelt für Umsatz 1 unterliegt im Zeitpunkt der Vereinnahmung der Regelbesteuerung.

[4]Hat der Unternehmer nach der Vereinnahmung einer Anzahlung für einen Umsatz (siehe Abschnitt 19.2 Abs. 1 Satz 2), aber vor Vereinnahmung der Restzahlung für diesen Umsatz den Grenzwert für das laufende Jahr zwischenzeitlich überschritten, ist dieser Umsatz der Regelbesteuerung zu unterwerfen.

(**2**) **[1]**Zur Anwendung des § 15 UStG wird auf Abschnitt 15.1 Abs. 5, zur Anwendung des § 15 a UStG wird auf Abschnitt 15 a.2 Abs. 2 Satz 3 Nr. **1 Buchstabe d** und Abschnitt 15 a.**5** Abs. **2 Beispiel 3** hingewiesen. **[2]Zum Vorsteuerabzug aus einer Voraus- oder Anzahlungsrechnung vgl. Abschnitt 15.3 Abs. 2.**

(**3**) **[1]**Ändert sich nach dem Übergang **zur Regelbesteuerung** die Bemessungsgrundlage für Umsätze, die vor dem Übergang ausgeführt worden sind, ist zu beachten, dass auf diese Umsätze § 19 Abs. 1 UStG anzuwenden ist. **[2]Rückwirkende Auswirkungen auf den Gesamtumsatz vor dem Übergang zur Regelbesteuerung ergeben sich nicht.**

(**4**) [1]Im Falle des Übergangs von der Anwendung des § 19 Abs. 1 UStG zur Besteuerung nach § 24 UStG gelten die Absätze **1** und **3** sinngemäß. [2]Der Vorsteuerabzug regelt sich vom Zeitpunkt des Übergangs an ausschließlich nach § 24 Abs. 1 Sätz**e 3** und 4 UStG.

Übergang von der Regelbesteuerung oder von der Besteuerung nach § 24 UStG zur Anwendung des § 19 Abs. 1 UStG

(5) [1]Umsätze, die der Unternehmer vor dem Übergang von der Regelbesteuerung zur Anwendung des § 19 Abs. 1 UStG ausgeführt hat, unterliegen der Regelbesteuerung. [2]Werden Entgelte für diese Umsätze nach dem Übergang vereinnahmt (Außenstände), gilt Folgendes:

1. [1]Hat der Unternehmer die Steuer vor dem Übergang nach vereinbarten Entgelten berechnet, waren die Umsätze bereits vor dem Übergang zu versteuern, und zwar in dem Besteuerungs- oder Voranmeldungszeitraum, in dem sie ausgeführt wurden (§ 13 Abs. 1 Nr. 1 Buchstabe a UStG). [2]Eine Besteuerung zum Zeitpunkt der Entgeltvereinnahmung entfällt.
2. Hat der Unternehmer die Steuer vor dem Übergang nach vereinnahmten Entgelten berechnet, sind die Umsätze nach dem Übergang der Regelbesteuerung zu unterwerfen, und zwar in dem Besteuerungs- oder Voranmeldungszeitraum, in dem die Entgelte vereinnahmt werden (§ 13 Abs. 1 Nr. 1 Buchstabe b UStG).

(**6**) [1]Umsätze, die der Unternehmer nach dem Übergang **zur Kleinunternehmerregelung** ausführt, fallen unter § 19 Abs. 1 UStG. [2]Sind Anzahlungen für diese Umsätze vor dem Übergang vereinnahmt und der Umsatzsteuer unterworfen worden, ist die entrichtete Steuer zu erstatten. **[3]Wurden Anzahlungsrechnungen mit gesondertem Steuerausweis** ausgestellt **(vgl. Abschnitt 14.8), schuldet der Kleinunternehmer diese Steuer unter den übrigen Voraussetzungen nach § 14 c Abs. 1 UStG, bis der Steuerausweis berichtigt worden ist (Abschnitt 14 c.1 Abs. 5 bis 7).**

(7) [1]Zur Anwendung des § 15 UStG wird auf Abschnitt 15.1 Abs. 6, zur Anwendung des § 15 a UStG auf Abschnitt 15 a.2 Abs. 2 Satz 3 **Nr. 1 Buchstabe d** und Abschnitt 15 a.**5** Abs. **2 Beispiel 3** hingewiesen. **[2]Zur Berichtigung eines vor dem Übergang vorgenommenen Vorsteuerabzugs aus einer Voraus- oder Anzahlungsrechnung vgl. Abschnitt 15.3 Abs. 2.**

(**8**) [1]Ändert sich nach dem Übergang **zur Kleinunternehmerregelung** die Bemessungsgrundlage für Umsätze, die vor dem Übergang ausgeführt worden sind, ist bei der Berichtigung des für diese Umsätze geschuldeten Steuerbetrags (§ 17 Abs. 1 Satz 1 und Abs. 2 UStG) zu beachten, dass die Umsätze der Regelbesteuerung unterlegen haben. [2]Entsprechendes gilt für die Berichtigung von vor dem Übergang abgezogenen Steuerbeträgen nach § 17 Abs. 1 Satz 2 und Abs. 2 und 3 UStG.

(9) [1]Im Falle des Übergangs von der Besteuerung nach § 24 UStG zur Anwendung des § 19 Abs. 1 UStG gelten die Absätze **5** und **6** sinngemäß. [2]Der Vorsteuerabzug ist bis zum Zeitpunkt des Übergangs durch die Anwendung der Durchschnittssatzbesteuerung abgegolten. [3]Nach dem Zeitpunkt des Übergangs ist ein Vorsteuerabzug nicht mehr möglich.

Zu § 19a UStG

UStG § 19a Besonderes Meldeverfahren für die Anwendung der Steuerbefreiung in einem anderen Mitgliedstaat

(1) [1]Beabsichtigt ein im Inland oder in den in § 1 Absatz 3 bezeichneten Gebieten ansässiger Unternehmer, die Steuerbefreiung für Kleinunternehmer in einem anderen Mitgliedstaat in Anspruch zu nehmen, muss er an dem besonderen Meldeverfahren für Kleinunternehmer teilnehmen. [2]Das Bundeszentralamt für Steuern erteilt für die Teilnahme an dem besonderen Meldeverfahren eine Kleinunternehmer-Identifikationsnummer. [3]Die Teilnahme am besonderen Meldeverfahren setzt weiter voraus, dass

1. der Unternehmer nach amtlich vorgeschriebenem Datensatz über die amtlich bestimmte Schnittstelle beim Bundeszentralamt für Steuern die Teilnahme am besonderen Meldeverfahren beantragt,
2. der nach Artikel 288 der Richtlinie 2006/112/EG in der jeweils geltenden Fassung ermittelte Jahresumsatz des Unternehmers im Gemeinschaftsgebiet im vorangegangenen Kalenderjahr 100 000 Euro nicht überschritten hat und im laufenden Kalenderjahr nicht überschreitet,
3. der Unternehmer die Voraussetzungen zur Inanspruchnahme der Steuerbefreiung für Kleinunternehmer des Mitgliedstaates, der die Steuerbefreiung gewährt, erfüllt und
4. der Unternehmer in keinem anderen Mitgliedstaat zur Anwendung der Steuerbefreiung für Kleinunternehmer registriert ist.

[4]Änderungen der im Antrag nach Satz 3 Nummer 1 gemachten Angaben hat der Unternehmer unverzüglich dem Bundeszentralamt für Steuern nach dem in Satz 3 Nummer 1 amtlich vorgeschriebenen Datensatz mitzuteilen.

(2) Beabsichtigt der Unternehmer, die Steuerbefreiung für Kleinunternehmer in einem anderen Mitgliedstaat nicht mehr in Anspruch zu nehmen, hat er dies nach amtlich vorgeschriebenem Datensatz über die amtlich bestimmte Schnittstelle dem Bundeszentralamt für Steuern zu erklären. § 19 Absatz 5 Satz 2 und 3 gilt entsprechend.

(3) [1]Der Unternehmer hat für jedes Kalendervierteljahr eine Umsatzmeldung abzugeben. [2]Der Unternehmer hat die Umsatzmeldung nach Satz 1 innerhalb eines Monats nach Ablauf des Kalendervierteljahres dem Bundeszentralamt für Steuern nach amtlich vorgeschriebenem Datensatz über die amtlich bestimmte Schnittstelle zu übermitteln. [3]Auf die Umsatzmeldung sind mit Ausnahme von § 152 der Abgabenordnung ergänzend die für Steuererklärungen geltenden Vorschriften der Abgabenordnung entsprechend anzuwenden.

(4) [1]Überschreitet der nach Absatz 1 Satz 3 Nummer 2 ermittelte Jahresumsatz im Gemeinschaftsgebiet 100 000 Euro, hat der Unternehmer dies binnen 15 Werktagen nach amtlich vorgeschriebenem Datensatz über die amtlich bestimmte Schnittstelle dem Bundeszentralamt für Steuern anzuzeigen. [2]Mit Überschreiten endet die Teilnahme am besonderen Meldeverfahren.

UStAE 19 a.1. Teilnahme am besonderen Meldeverfahren

(1) [1]§ 19 a UStG regelt das besondere Meldeverfahren, mit dem es einem im Inland oder in den in § 1 Abs. 3 UStG bezeichneten Gebieten ansässigen Unternehmer (inländischer Unternehmer) ermöglicht wird, in anderen Mitgliedstaaten die Kleinunternehmerregelung anzuwenden. [2]Eine Teilnahme am besonderen Meldeverfahren ist nicht davon abhängig, ob der Unternehmer im Inland steuerbare Umsätze erzielt. [3]Erzielt der Unternehmer im Inland steuerbare Umsätze, ist es unbeachtlich, ob diese Umsätze der Steuerbefreiung für Kleinunternehmer nach § 19 Abs. 1 UStG oder der Regelbesteuerung unterliegen. [4]Das BZSt ist für das besondere Meldeverfahren zuständig (§ 5 Abs. 1 Satz 1 Nr. 41 a FVG).

(2) [1]Der Registrierungsantrag ist ausschließlich auf elektronischem Weg mittels des im Online-Portal des BZSt hinterlegten Formulars zu übermitteln (https://online.portal.bzst.de/). [2]Bei Abgabe eines Registrierungsantrags muss der Unternehmer bereits beim zuständigen Finanzamt umsatzsteuerlich erfasst sein.

(3) [1]Im Registrierungsantrag hat der Unternehmer die Mitgliedstaaten zu benennen, für die er die Steuerbefreiung für Kleinunternehmer beantragt. [2]Darüber hinaus sind die in allen Mitgliedstaaten bewirkten Jahresumsätze (Artikel 288 MwStSystRL) des laufenden Kalenderjahres, des Vorjahres und ggf. auch des Jahres davor anzugeben. [3]Für jeden Mitgliedstaat einschließlich der Bundesrepublik Deutschland ist ein Wert (ggf. 0 €) einzutragen.

(4) [1]Ist der Unternehmer bereits in einem anderen Mitgliedstaat zur Anwendung der Steuerbefreiung für Kleinunternehmer registriert, ist eine Teilnahme am besonderen Meldeverfahren nicht zulässig. [2]Eine erteilte USt-IdNr., eine umsatzsteuerliche Erfassung für Zwecke der Regelbesteuerung oder eine Teilnahme am besonderen Besteuerungsverfahren nach § 18 j UStG im Gemeinschaftsgebiet sind unbeachtlich. [3]Eine gleichzeitige Teilnahme am besonderen Besteuerungsverfahren nach § 18 k UStG ist jedoch ausgeschlossen.

(5) [1]Zur Teilnahme am besonderen Meldeverfahren wird dem Unternehmer die KU-IdNr. durch das BZSt erteilt (individuelles Identifikationsmerkmal mit Suffix „EX“). [2]Es besteht die Möglichkeit, über ein Bestätigungsverfahren die Gültigkeit der KU-IdNr. zu überprüfen („SME-on-the-web“).

(6) [1]Beabsichtigt der Unternehmer, die Steuerbefreiung für Kleinunternehmer in weiteren Mitgliedstaaten in Anspruch zu nehmen, hat er dies ebenfalls im Voraus ausschließlich auf elektronischem Weg mittels des im Online-Portal des BZSt hinterlegten Formulars zu übermitteln. [2]Änderungen der Angaben im ursprünglichen Registrierungsantrag (z. B. rückwirkende Änderung des Jahresumsatzes im Gemeinschaftsgebiet) hat der Unternehmer dem BZSt unverzüglich mit einer Änderungsanzeige mitzuteilen.

Anmerkung

Elektronische Registrierung

Eine elektronische Registrierung beim BZSt ist nur möglich, wenn der Unternehmer **bei seinem zuständigen Finanzamt registriert** ist.

Der Unternehmer muss in seinem Antrag die Mitgliedstaaten anführen, für die die Steuerbefreiung für Kleinunternehmer beantragt wird. Es sind die in allen Mitgliedstaaten bewirkten Jahresumsätze (Art. 288 MwStSystRL) des laufenden Kalenderjahrs, des Vorjahrs und ggf. auch des Jahrs davor anzugeben. Es ist für jeden Mitgliedstaat (auch für Deutschland) ein Wert einzutragen (ggf. 0 EUR).

Eine erteilte USt-IdNr., eine umsatzsteuerliche Erfassung für Zwecke der Regelbesteuerung oder eine Teilnahme am One-Stop-Shop-Verfahren (§ 18 j UStG) im Gemeinschaftsgebiet sind unbeachtlich. Eine gleichzeitige Teilnahme am sog. Import-One-Stop-Shop (§ 18 k UStG) ist ausgeschlossen (Abschn. 19a.1 Abs. 4 UStAE).

Dem Unternehmer wird die Kleinunternehmer-Identifikationsnummer (KU-IdNr.) in Deutschland durch das BZSt erteilt (individuelles Identifikationsmerkmal mit Suffix „EX“).

Hinweis

Der Unternehmer hat die Möglichkeit, über ein Bestätigungsverfahren die Gültigkeit der KU-IdNr. zu überprüfen („SME-on-the-web“).

UStAE 19 a.2. Beendigung der Anwendung der Steuerbefreiung in einem anderen Mitgliedstaat

[1]Der Unternehmer kann freiwillig auf die Anwendung der Steuerbefreiung für Kleinunternehmer in einem oder mehreren Mitgliedstaaten verzichten. [2]Dies hat er ausschließlich auf elektronischem Weg mittels des im Online-Portal des BZSt hinterlegten Formulars zu erklären. [3]Der Verzicht kann nur mit Wirkung für die Zukunft erklärt werden. [4]Dieser wird von Beginn des auf den Eingang der Verzichtserklärung folgenden Kalendervierteljahres an wirksam (vgl. Abschnitt 19.5 Abs. 1 Satz 3). [5]Geht die Verzichtserklärung im letzten Monat eines Kalendervierteljahres ein, wird der Verzicht von Beginn des zweiten Monats des folgenden Kalendervierteljahres an wirksam (vgl. Abschnitt 19.5 Abs. 1 Satz 4).

[6]Unter den Voraussetzungen des § 19 a Abs. 1 UStG kann der Unternehmer die Anwendung der Steuerbefreiung für spätere Zeiträume in einem anderen Mitgliedstaat wieder beantragen.

Anmerkung

Verzicht auf Kleinunternehmerbesteuerung im Ausland

Will der deutsche Unternehmer auf die Kleinunternehmerbesteuerung in einzelnen Mitgliedstaaten verzichten, muss er dies dem BZSt auf elektronischem Weg mitteilen. Der Verzicht kann nur mit Wirkung für die Zukunft erklärt werden. Er wird von Beginn des auf den Eingang der Verzichtserklärung folgenden Kalendervierteljahrs an wirksam (Abschn. 19a.2 UStAE).

UStAE 19 a.3. Umsatzmeldung

[1]Der am besonderen Meldeverfahren teilnehmende Unternehmer hat für jedes Kalendervierteljahr eine Umsatzmeldung für die in diesem Zeitraum bewirkten Umsätze abzugeben. [2]Die Umsatzmeldung ist innerhalb eines Monats nach Ablauf eines jeden Kalendervierteljahres ausschließlich auf elektronischem Weg mittels des im Online-Portal des BZSt hinterlegten Formulars zu übermitteln. [3]In der Umsatzmeldung ist für sämtliche Mitgliedstaaten im Gemeinschaftsgebiet (einschließlich Deutschland) ein Wert anzugeben. [4]Es ist ein Wert von 0 € anzugeben für Mitgliedstaaten, in denen keine Umsätze bewirkt wurden.

Anmerkung

Umsatzmeldungen

Die vierteljährliche Umsatzmeldung ist innerhalb eines Monats nach Ablauf eines jeden Kalendervierteljahrs auf elektronischem Weg zu übermitteln. Es ist für sämtliche Mitgliedstaaten im Gemeinschaftsgebiet (einschließlich Deutschland) ein Wert anzugeben – soweit keine Umsätze in Mitgliedstaaten bewirkt werden, ist ein Wert von 0 EUR anzugeben, Abschn. 19a.3 UStAE.

UStAE 19 a.4. Überschreitung des Jahresumsatzes im Gemeinschaftsgebiet

(1) [1]Überschreitet der Unternehmer mit seinen Umsätzen den Jahresumsatz im Gemeinschaftsgebiet von 100 000 €, hat er dies binnen 15 Werktagen ausschließlich auf elektronischem Weg mittels des im Online-Portal des BZSt hinterlegten Formulars anzuzeigen. [2]Darin sind vom Unternehmer alle Umsätze (einschließlich des Überschreitungsumsatzes) zu erfassen, die von Beginn des laufenden Kalendervierteljahres an bis zum Zeitpunkt der Überschreitung bewirkt wurden.

(2) [1]Die KU-IdNr. wird durch das BZSt mit Wirkung auf den Zeitpunkt der Überschreitung deaktiviert. [2]Damit endet die Teilnahme des Unternehmers am besonderen Meldeverfahren.

(3) [1]Davon unberührt bleibt die Anwendung der Steuerbefreiung nach § 19 Abs. 1 UStG. [2]Die Umsätze nach § 1 Abs. 1 Nr. 1 UStG eines im Inland oder in den in § 1 Abs. 3 UStG bezeichneten Gebieten ansässigen Unternehmers sind im laufenden Kalenderjahr von der Steuer befreit, wenn der Gesamtumsatz nach § 19 Abs. 2 UStG im Vorjahr die Grenze von 25 000 € nicht überschritten hat und im laufenden Kalenderjahr die Grenze von 100 000 € nicht überschreitet.

Anmerkung

Überschreiten der Umsatzgrenzen

Überschreitet der Unternehmer im Gemeinschaftsgebiet die Umsatzgrenze von 100.000 EUR, muss er dies binnen 15 Werktagen dem BZSt elektronisch mitteilen. In der Meldung sind alle Umsätze (einschließlich des Überschreitungsumsatzes) zu erfassen, die in diesem Meldezeitraum bis zum Zeitpunkt der Überschreitung bewirkt wurden. Die KU-IdNr. wird dann deaktiviert und die Teilnahme am besonderen Meldeverfahren endet, Abschn. 19a.4 Abs. 2 UStAE.

Der Unternehmer kann im Inland unabhängig davon weiterhin der Kleinunternehmerbesteuerung unterliegen, wenn er im Inland die Besteuerungsgrenzen nicht überschreitet, Abschn. 19a.4 Abs. 4 UStAE.

Zu § 20 UStG

UStG § 20 Berechnung der Steuer nach vereinnahmten Entgelten

[1]Das Finanzamt kann auf Antrag gestatten, dass ein Unternehmer,

1. dessen Gesamtumsatz (§ 19 Absatz 2) im vorangegangenen Kalenderjahr nicht mehr als 800 000 Euro betragen hat, oder
2. der von der Verpflichtung, Bücher zu führen und auf Grund jährlicher Bestandsaufnahmen regelmäßig Abschlüsse zu machen, nach § 148 der Abgabenordnung befreit ist, oder
3. soweit er Umsätze aus einer Tätigkeit als Angehöriger eines freien Berufs im Sinne des § 18 Abs. 1 Nr. 1 des Einkommensteuergesetzes ausführt oder
4. der eine juristische Person des öffentlichen Rechts ist, soweit er nicht freiwillig Bücher führt und auf Grund jährlicher Bestandsaufnahmen regelmäßig Abschlüsse macht oder hierzu gesetzlich verpflichtet ist,

die Steuer nicht nach den vereinbarten Entgelten (§ 16 Abs. 1 Satz 1), sondern nach den vereinnahmten Entgelten berechnet. [2]Erstreckt sich die Befreiung nach Satz 1 Nr. 2 nur auf einzelne Betriebe des Unternehmers und liegt die Voraussetzung nach Satz 1 Nr. 1 nicht vor, so ist die Erlaubnis zur Berechnung der Steuer nach den vereinnahmten Entgelten auf diese Betriebe zu beschränken. [3]Wechselt der Unternehmer die Art der Steuerberechnung, so dürfen Umsätze nicht doppelt erfasst werden oder unversteuert bleiben.

UStAE 20.1. Berechnung der Steuer nach vereinnahmten Entgelten

(1) [1]Der Antrag auf Genehmigung der Versteuerung nach vereinnahmten Entgelten kann bis zum Eintritt der formellen Bestandskraft der jeweiligen Umsatzsteuer-Jahresfestsetzung gestellt werden (vgl. BFH-Urteil vom 10. 12. 2008, XI R 1/08, BStBl 2009 II S. 1026). [2]Grundsätzlich kommt die Versteuerung nach vereinnahmten Entgelten für jeden Unternehmer in Betracht, soweit er die Voraussetzungen des § 20 Satz 1 Nr. 1 bis 4 UStG erfüllt. [3]Dies gilt auch für Unternehmer, die ihre Vorsteuer nach Durchschnittssätzen gemäß § 23a UStG errechnen, sowie für die Durchschnittssatzbesteuerung land- und forstwirtschaftlicher Betriebe nach § 24 UStG. [4]Eine Genehmigung ist unter den Vorbehalt des jederzeitigen Widerrufs zu stellen und erstreckt sich wegen des Prinzips der Abschnittsbesteuerung stets auf das volle Kalenderjahr. [5]Es handelt sich um einen begünstigenden Verwaltungsakt, der unter den Voraussetzungen der §§ 130, 131 AO zurückgenommen oder widerrufen werden kann. [6]Die Istversteuerung nach § 20 Satz 1 Nr. 2 UStG kommt nur bei besonderen Härten, wie z. B. dem Überschreiten der nach § 20 Satz 1 Nr. 1 UStG bestehenden Umsatzgrenze aufgrund außergewöhnlicher und einmaliger Geschäftsvorfälle, nicht aber allgemein auf Grund einer fehlenden Buchführungspflicht in Betracht (vgl. BFH-Urteil vom 11. 2. 2010, V R 38/08, BStBl II S. 873). [7]Die Genehmigung der Istversteuerung nach § 20 Satz 1 Nr. 3 UStG ist nicht zu erteilen, wenn der Unternehmer für die in der Vorschrift genannten Umsätze Bücher führt. [8]Dabei ist es unerheblich, ob die Bücher auf Grund einer gesetzlichen Verpflichtung oder freiwillig geführt werden (vgl. BFH-Urteil vom 22. 7. 2010, V R 4/09, BStBl 2013 II S. 590).

(2) Zur Entstehung der Steuer bei der Versteuerung nach vereinnahmten Entgelten vgl. Abschnitt 13.6, zur Rechnungserteilung bei der Istversteuerung von Anzahlungen im Fall der Versteuerung nach vereinnahmten Entgelten vgl. Abschnitt 14.8.

(3) [1]§ 20 Satz 3 UStG trifft keine von § 13 Abs. 1 Nr. 1 Buchstabe b UStG abweichende Regelung über die Entstehung der Steuer (vgl. BFH-Urteil vom 30. 1. 2003, V R 58/01, BStBl II S. 817). [2]Zur Entstehung der Steuer beim Wechsel der Art der Steuerberechnung vgl. Abschnitt 13.6 Abs. 3. [3]Ein rückwirkender Wechsel von der Versteuerung nach vereinnahmten Entgelten zur Versteuerung nach vereinbarten Entgelten (§ 16 Abs. 1 Satz 1 UStG) ist bis zur formellen Bestandskraft der jeweiligen Jahressteuerfestsetzung zulässig.

(4) [1]Dem Unternehmer kann die Versteuerung nach vereinnahmten Entgelten insbesondere dann gestattet werden, wenn der Gesamtumsatz (§ 19 Abs. **2** UStG) im vorangegangenen Kalenderjahr die Umsatzgrenze des § 20 Satz 1 Nr. 1 UStG nicht überschritten hat. [2]Im Jahr des Beginns der gewerblichen oder beruflichen Tätigkeit ist auf den voraussichtlichen Gesamtumsatz abzustellen. [3]Die Umsatzgrenze des § 20 Satz 1 Nr. 1 UStG gilt im Falle der dezentralen Besteuerung von Organisationseinheiten der Gebietskörperschaften Bund bzw. Länder (§ 18 Abs. 4f und 4g UStG) als überschritten (§ 18 Abs. 4f Satz 6 UStG).

Anmerkung

1. Anwendungsfälle für die Istbesteuerung

Die regelmäßige Berechnung der Umsatzsteuer erfolgt im Rahmen der Besteuerung nach vereinbarten Entgelten (Sollbesteuerung). In Ausnahmefällen und auf Antrag kann das Finanzamt dem Unternehmer gestatten, die Umsätze nach vereinnahmten Entgelten (**Istbesteuerung**) zu besteuern.

Die Istbesteuerung kann in den **folgenden Fällen** vom zuständigen Finanzamt gewährt werden:

– Der **Gesamtumsatz** i. S. d. § 19 Abs. 2 UStG hat im vorangegangenen Kalenderjahr nicht mehr als 800.000 € betragen oder
– der Unternehmer ist von der Verpflichtung, Bücher zu führen und aufgrund jährlicher Bestandsaufnahmen regelmäßig Abschlüsse zu machen, nach § 148 AO befreit oder
– der Unternehmer erzielt Umsätze aus einer Tätigkeit als Angehöriger eines **freien Berufs** i. S. d. § 18 Abs. 1 Nr. 1 EStG oder
– der Unternehmer ist eine juristische Person des öffentlichen Rechts, die nicht freiwillig Bücher führt und aufgrund jährlicher Bestandsaufnahmen regelmäßig Abschlüsse macht oder hierzu gesetzlich verpflichtet ist.

Die zum **1.1.2023 neu in § 20 Satz 1 Nr. 4 UStG** aufgenommene Möglichkeit der **Istbesteuerung für juristische Personen des öffentlichen Rechts** beruht auf der (nach derzeitigen Stand voraussichtlich ab 1.1.2027 zwingend anzuwendenden, durch das Jahressteuergesetz 2024 erneut verlängerten Übergangsregelung nach § 27 Abs. 22a UStG) Regelung des § 2b UStG, die die juristischen Personen des öffentlichen Rechts in einem höheren Umfang in die Besteuerung bei der Umsatzsteuer bringt. Da hier häufig eine auf den Zu- und Abflüssen basierende (kameralistische) Buchhaltung vorliegt, wäre die Umsetzung der Besteuerung nach vereinbarten Entgelten (Sollbesteuerung) problematisch.

Hinweis: Istbesteuerung nicht relevant für Bestimmung des Steuersatzes

Die Vereinnahmung und damit die Steuerentstehung bei der Istbesteuerung sind aber für die zutreffende Anwendung des Steuersatzes nicht von Bedeutung. So kommt es – insbesondere bei einem Steuersatzwechsel wie der temporären Steuersatzabsenkung 2020 oder bei der Lieferung von Gas und Wärme in der Zeit vom 1.10.2022 bis 31.3.2024 – immer darauf an, wann die Leistung ausgeführt worden ist.

2. Historische Umsatzgrenzen

Die Besteuerung nach vereinnahmten Entgelten ist insbesondere für kleinere Unternehmer von wirtschaftlicher Bedeutung, wenn sie Gesamtumsatzgrenze nach § 20 Satz 1 Nr. 1 UStG nicht überschritten haben. Die Gesamtumsatzgrenze hat sich in den vergangenen Jahren wie folgt entwickelt:

Entwicklung des Gesamtumsatzes

Gesamtumsatz	Alte Bundesländer	Neue Bundesländer
vom 1.1.2002 bis 30.6.2006	125.000 €	500.000 €
vom 1.7.2007 bis 30.6.2009	250.000 €	500.000 €
vom 1.7.2009 bis 31.12.2019	500.000 €	500.000 €
vom 1.1.2020 bis 31.12.2023	600.000 €	600.000 €
seit 1.1.2024	800.000 €	800.000 €

Hinweis: Anhebung zum 1.1.2024 erfolgt

Durch das Wachstumschancengesetz ist eine Anhebung der Umsatzgrenze nach § 20 Satz 1 Nr. 1 UStG von 600.000 € auf 800.000 € (rückwirkend) vorgenommen worden. Unternehmer, deren Gesamtumsatz 2023 nicht mehr als 800.000 € betragen hat, können sich ab 2024 die Besteuerung nach vereinnahmten Entgelten gestatten lassen.

3. Antrag auch durch schlüssiges Handeln

Der **Antrag** auf Besteuerung nach vereinnahmten Entgelten ist an keine bestimmte Frist gebunden, er kann auch rückwirkend erteilt werden, solange die Steuerfestsetzung noch nicht bestandskräftig ist. Die Finanzverwaltung hat diesem Antrag zu entsprechen, wenn die gesetzlichen Vorschriften erfüllt sind. Die Genehmigung kann jedoch jederzeit widerrufen werden, wenn die Voraussetzungen nicht mehr gegeben sind. Dies liegt im Regelfall dann vor, wenn die maßgeblichen Umsatzgrenzen überschritten werden. Die Genehmigung ist jedoch immer für ganze Veranlagungszeiträume (Kalenderjahre) zu erteilen.

Hinweis: Antrag auch durch schlüssiges Handeln

Ein Antrag auf Istbesteuerung kann auch durch schlüssiges Handeln (konkludent) gestellt werden. Dazu ist es nach der Rechtsprechung des BFH (Urt. v. 18.8.2015 – V R 47/14, BStBl II 2018, 611) notwendig, dass der Steuererklärung deutlich erkennbar zu entnehmen sein muss, dass die Umsätze auf Grundlage vereinnahmter Entgelte erklärt worden sind. Dies kann sich aus einer eingereichten Einnahme-/Überschussrechnung nach § 4 Abs. 3 EStG ergeben. Hat der Unternehmer einen hinreichend deutlichen Antrag auf Genehmigung der Istbesteuerung bei seinem Finanzamt gestellt, dann hat die antragsgemäße Festsetzung der Umsatzsteuer den Erklärungsinhalt, dass der Antrag genehmigt worden ist.

Dennoch sollte in der Praxis, um Schwierigkeiten zu vermeiden, immer die Gestattung des Finanzamts zur Anwendung der Besteuerung nach vereinnahmten Entgelten eingeholt werden.

4. Abfrage in Jahressteuererklärung

Erstmalig bei der **Umsatzsteuerjahreserklärung für 2019** hat die Finanzverwaltung in dem Vordruck ein Erklärungsfeld eingeführt, in dem der Unternehmer erklären muss, welches Besteuerungsverfahren er angewendet hat.

5. Prüfung Gesamtumsatz bei Unternehmensgründung

Hat der Unternehmer seine **gewerbliche oder berufliche Tätigkeit** in einem Kalenderjahr erst **aufgenommen**, muss auf den voraussichtlichen Gesamtumsatz abgestellt werden. In diesem Fall und wenn die Tätigkeit nur in einem Teil des vorangegangenem Kalenderjahr ausgeübt wurde, war der Gesamtumsatz bis Ende 2024 in einen Jahresumsatz umzurechnen.

Hinweis: Beschränkung auf einzelne Betriebe möglich

Soweit der Unternehmer mehrere Betriebe in seinem Unternehmen hat, kann die Besteuerung nach vereinnahmten Entgelten auf einzelne Betriebe (Unternehmensbereiche) beschränkt werden.

Da § 20 Satz 1 Nr. 1 UStG aber ohne weitere Details auf den Gesamtumsatz nach § 19 Abs. 2 UStG verweist, der in der **ab dem 1.1.2025** geltenden Fassung keine Regelungen mehr zu einer Hochrechnung auf einen Jahresumsatz enthält, kann nicht mehr – soweit der Vorjahresumsatz nur in einem Teil des Kalenderjahrs ausgeführt wurde – auf einen Jahresumsatz hochgerechnet werden. Hier ergibt sich eine Folgewirkung einer nicht zu Ende gedachten Neuregelung bei der Reform der Kleinunternehmerbesteuerung. Die Finanzverwaltung hat mit Schreiben v. 18.3.2025 (BStBl I 2025, 742) dies entsprechend auch umgesetzt und die Hinweise auf die Hochrechnung auf einen Gesamtjahresumsatz gestrichen.

Beispiel: Gesamtumsatz bei Unternehmensgründung

Unternehmer U hat zum 1.12.2025 seine unternehmerische Tätigkeit aufgenommen. Er geht zutreffend davon aus, dass er monatlich ca. einen Gesamtumsatz von 200.000 € realisieren wird. Im Dezember 2025 wird auch ein entsprechender Gesamtumsatz erzielt.

U kann sich für (Dezember) 2025 die Istbesteuerung gestatten lassen, da der erwartete Gesamtumsatz im Jahr 2025 nicht mehr als 800.000 € betragen wird.

U kann sich auch für 2026 die Besteuerung nach vereinnahmten Entgelten nach § 20 Satz 1 Nr. 1 UStG gestatten lassen, da sein Gesamtumsatz im Vorjahr nicht mehr als 800.000 € betragen hat. Ab 2027 muss dann die Besteuerung nach vereinbarten Entgelten (Sollbesteuerung) angewendet werden, da der Umsatz im Kalenderjahr 2026 mehr als 800.000 € betragen hat.

Umstritten war, ob der voraussichtliche Gesamtumsatz nach den Grundsätzen der Istbesteuerung oder der Sollbesteuerung zu ermitteln ist. Der BFH (Urt. v. 11.11.2020 – XI R 40/18, BFH/NV 2021, 668 und XI R 41/18, BFH/NV 2021, 744) hat dazu entschieden, dass die Berechnung nach den **Prinzipien der Sollbesteuerung** zu erfolgen habe, da die Berechnung nach vereinnahmten Entgelten eine entsprechende Gestattung schon voraussetzen würde. Ab 2025 ist aber gesetzlich vorgeschrieben, dass die Berechnung nach den Grundsätzen der Istbesteuerung zu erfolgen hat.

Die Gestattung der Istbesteuerung kann von der Finanzverwaltung auch zurückgenommen werden, wenn sie durch falsche Angaben des Steuerpflichtigen erwirkt wurde.

6. Freiberuflerregelung nicht für Kapitalgesellschaften anwendbar sowie bei Abschlusserstellung

Die Ausübung einer **freiberuflichen Tätigkeit in einer Kapitalgesellschaft** eröffnet dieser nicht die Möglichkeit, die Besteuerung nach vereinnahmten Entgelten nach § 20 Satz 1 Nr. 3 UStG zu beantragen (BFH, Urt. v. 22.7.1999 – V R 51/98, BStBl II 1999, 1712 sowie BFH, Urt. v. 22.7.2010 – V R 4/09, BStBl II 2013, 590). Die Istbesteuerung ist für eine Kapitalgesellschaft nur dann möglich, wenn die maßgeblichen **Umsatzgrenzen** nach § 20 Satz 1 Nr. 1 UStG nicht überschritten sind.

Der BFH (Urt. v. 22.7.2010 – V R 4/09, BStBl II 2013, 590) hat – ohne dass ein entsprechender Fall zu beurteilen gewesen wäre – festgestellt, dass ein **Freiberufler** (als Einzelunternehmer oder in Personengemeinschaft) die Istbesteuerung ebenfalls nicht vornehmen kann, wenn freiwillig Bücher geführt werden und Abschlüsse gemacht werden. Eine dagegen eingelegte Verfassungsbeschwerde ist vom BVerfG (Beschl. v. 20.3.2013 – 1 BvR 3063/10, UR 2013, 468) nicht zur Entscheidung angenommen worden. Die Finanzverwaltung (BMF-Schreiben v. 31.7.2013, BStBl I 2013, 964) hat dies umgesetzt und gewährt Freiberuflern mit einem Gesamtumsatz von mehr als (jetzt) 800.000 € keine Istbesteuerung, wenn diese freiwillig Bücher führen. Dazu muss der Freiberufler aber nicht nur seine Umsätze buchen, sondern auch regelmäßig Abschlüsse nach § 4 Abs. 1 oder § 5 EStG machen.

Hinweis: Erneut Revisionsverfahren anhängig

Beim BFH (anhängig unter V R 16/24) ist erneut ein Revisionsverfahren zur Genehmigung der Istbesteuerung nach § 20 Satz 1 Nr. 3 UStG für freiwillig buchführende Steuerpflichtige anhängig. Das FG Baden-Württemberg (Gerichtsbescheid v. 9.7.2024 – 9 K 86/24) hatte unter Bezugnahme auf die alte Entscheidung des BFH keine Genehmigung zur Istbesteuerung für eine freiberuflich tätige, freiwillig buchführende Partnerschaft von Rechtsanwälten, Wirtschaftsprüfern und Steuerberatern gesehen.

7. BFH zum Widerruf der Gestattung zur Istbesteuerung

In einem Fall musste der BFH (Urt. v. 12.7.2023 – XI R 5/21, BStBl II 2024, 887) zum **Widerruf der Gestattung zur Istbesteuerung** Stellung nehmen; mittelbar ging es um die in Deutschland nicht unionsrechtskonforme Umsetzung zum Zeitpunkt des Vorsteuerabzugs. Ein Unternehmer, der die Gestattung zur Istbesteuerung hatte, stellte diverse Rechnungen an (verbundene) Unternehmen aus, die jahrelang nicht bezahlt wurden. Die Leistungsempfänger konnten aufgrund der aktuellen Rechtslage den Vorsteuerabzug vornehmen, da die Leistungen ausgeführt waren und die ordnungsgemäßen Rechnungen vorlagen. Die Umsatzsteuer war aber vom leistenden Unternehmer nicht entrichtet worden, da die Entgelte noch nicht vereinnahmt wurden. Das Finanzamt widerrief daraufhin die Genehmigung zur Istbesteuerung, da der Verdacht bestand, dass wegen der Nichtzahlung die Zustimmung zur Istbesteuerung missbraucht worden ist. Der BFH hat in seiner Entscheidung den Widerruf der Genehmigung zur Istbesteuerung wegen „Gefährdung des Steueraufkommens" als **unzulässig** erachtet. Der BFH hat dabei offen gelassen, ob das „Ermessen der Finanzverwaltung auf Null reduziert ist", wenn die gesetzlichen Voraussetzungen vorliegen oder eine Ermessensentscheidung gegeben ist. Der **Widerruf einer erteilten Genehmigung darf nicht auf unzutreffenden Gründen beruhen**. Deshalb war die Begründung des „Rechtsmissbrauchs" keine rechtlich haltbare Begründung. Der BFH stellt eindeutig klar: Falls ein Leistungsempfänger bereits zur Vornahme des Vorsteuerabzugs berechtigt ist, obwohl beim leistenden Unternehmer aufgrund der Gestattung der Istbesteuerung noch keine Umsatzsteuer entstanden ist, beruht dies umsatzsteuerrechtlich nicht auf einer missbräuchlichen Gestaltung durch die am Leistungsaustausch beteiligten Steuerpflichtigen, sondern auf einer unzutreffenden Umsetzung oder Anwendung von Deutschland.

Hinweis: Anpassung zum Vorsteuerabzug erfolgt zum 1.1.2028

Der BFH hatte noch eine „kleine Hintertür" für eine eventuell unionsrechtskonforme Auslegung des § 15 Abs. 1 UStG gelassen. Er hat die Frage ausdrücklich offengelassen, ob der Begriff „geschuldet" in § 15 Abs. 1 Satz 1 Nr. 1 Satz 1 UStG, dass der Leistungsempfänger die gesetzlich geschuldete Umsatzsteuer als Vorsteuer abziehen kann, gegebenenfalls eine zeitliche Komponente enthält.

Der Gesetzgeber hat aber im Rahmen des Jahressteuergesetzes 2024 eine unionsrechtskonforme Regelung zum Vorsteuerabzugszeitpunkt umgesetzt, sodass dann nach Änderung ein Leistungsempfänger eine ihm berechnete Vorsteuer bei Istbesteuerung des leistenden Unternehmers erst dann abziehen kann, wenn die Zahlung tatsächlich geleistet worden ist. Diese in § 15 Abs. 1 Satz 1 Nr. 1 UStG vorgenommene Anpassung tritt aber erst zum 1.1.2028 in Kraft.

Zu § 21 UStG

UStG § 21 Besondere Vorschriften für die Einfuhrumsatzsteuer

(1) Die Einfuhrumsatzsteuer ist eine Verbrauchsteuer im Sinne der Abgabenordnung.

(2) Für die Einfuhrumsatzsteuer gelten die Vorschriften für Zölle sinngemäß; ausgenommen sind die Vorschriften über den passiven Veredelungsverkehr.

(2 a) [1]Abfertigungsplätze im Ausland, auf denen dazu befugte deutsche Zollbedienstete Amtshandlungen nach Absatz 2 vornehmen, gehören insoweit zum Inland. [2]Das Gleiche gilt für ihre Verbindungswege mit dem Inland, soweit auf ihnen einzuführende Gegenstände befördert werden.

(3) Die Zahlung der Einfuhrumsatzsteuer kann ohne Sicherheitsleistung aufgeschoben werden, wenn die zu entrichtende Steuer nach § 15 Abs. 1 Satz 1 Nr. 2 in voller Höhe als Vorsteuer abgezogen werden kann.

(3 a) Einfuhrumsatzsteuer, für die ein Zahlungsaufschub gemäß Artikel 110 Buchstabe b oder c der Verordnung (EU) Nr. 952/2013 des Europäischen Parlaments und des Rates vom 9. Oktober 2013 zur Festlegung des Zollkodex der Union (Unionszollkodex) bewilligt ist, ist abweichend von den zollrechtlichen Vorschriften am 26. des zweiten auf den betreffenden Monat folgenden Kalendermonats fällig.

(4) [1]Entsteht für den eingeführten Gegenstand nach dem Zeitpunkt des Entstehens der Einfuhrumsatzsteuer eine Zollschuld oder eine Verbrauchsteuer oder wird für den eingeführten Gegenstand nach diesem Zeitpunkt eine Verbrauchsteuer unbedingt, so entsteht gleichzeitig eine weitere Einfuhrumsatzsteuer. [2]Das gilt auch, wenn der Gegenstand nach dem in Satz 1 bezeichneten Zeitpunkt bearbeitet oder verarbeitet worden ist. [3]Bemessungsgrundlage ist die entstandene Zollschuld oder die entstandene oder unbedingt gewordene Verbrauchsteuer. [4]Steuerschuldner ist, wer den Zoll oder die Verbrauchsteuer zu entrichten hat. [5]Die Sätze 1 bis 4 gelten nicht, wenn derjenige, der den Zoll oder die Verbrauchsteuer zu entrichten hat, hinsichtlich des eingeführten Gegenstands nach § 15 Abs. 1 Satz 1 Nr. 2 zum Vorsteuerabzug berechtigt ist.

(5) Die Absätze 2 bis 4 gelten entsprechend für Gegenstände, die nicht Waren im Sinne des Zollrechts sind und für die keine Zollvorschriften bestehen.

Anmerkung

Im Zusammenhang mit der Bekämpfung der Wirtschaftsfolgen aufgrund der Corona-Pandemie wurde durch das **Zweite Corona-Steuerhilfegesetz** gesetzlich in § 21 Abs. 3 a UStG geregelt, dass die Einfuhrumsatzsteuer, für die nach den Regelungen des Unionszollkodex ein **Zahlungsaufschub** bewilligt ist, erst am 26. des zweiten auf den betreffenden Monat folgenden Kalendermonats fällig ist. Da diese kurzfristig in das Gesetz aufgenommene Regelung aber eine Vorlaufzeit aufgrund technischer Anpassungen erforderte, war in § 27 Abs. 31 UStG geregelt worden, dass das BMF den Termin der erstmaligen Anwendung durch ein Schreiben bekanntgibt.

Das BMF hatte mit Schreiben v. 6.10.2020 (BStBl I 2020, 984) bekannt gegeben, dass die Regelung zu dem ab dem 1.12.2020 beginnenden Aufschubzeitraum umzusetzen ist. Dies bedeutete, dass erstmals der Fälligkeitstermin für Einfuhren des **Aufschubzeitraums Dezember 2020** auf den 26.2.2021 verschoben wurde; ohne diese Regelung wäre dies der 16.1.2021 gewesen. Dies gilt seitdem entsprechend für die folgenden Fälligkeitstermine.

Da für die Einfuhrumsatzsteuer die Vorschriften für Zölle sinngemäß gelten, ist ein **anhängiges Verfahren** beim EuG von Interesse: Das EuG (unter T-383/25 nach Vorlagebeschluss des BFH, Beschl. v. 18.2.2025 – VII R 17/22, BFH/NV 2025, 1131) muss darüber entscheiden, ob ein **Beförderungsmittel** in den Wirtschaftskreislauf der Union gelangt, wenn es in einem Mitgliedstaat nicht als Beförderungsmittel verwendet wird, aber an ihm eine Dienstleistung (hier: Wartungs- und Reparaturarbeiten) erbracht wird. In dem Fall geht es um die Wartung von Segelbooten.

Zu § 21 a UStG

UStG § 21 a Sonderregelungen bei der Einfuhr von Sendungen mit einem Sachwert von höchstens 150 Euro

(1) [1]Bei der Einfuhr von Gegenständen in Sendungen mit einem Sachwert von höchstens 150 Euro aus dem Drittlandsgebiet, für die eine Steuerbefreiung nach § 5 Absatz 1 Nummer 7 nicht in Anspruch genommen wird, kann die Person, die die Gegenstände im Inland für Rechnung der Person, für die die Gegenstände bestimmt sind (Sendungsempfänger), bei einer Zollstelle gestellt (gestellende Person), auf Antrag die Sonderregelung nach den Absätzen 2 bis 6 in Anspruch nehmen, sofern

1. die Voraussetzungen für die Bewilligung eines Zahlungsaufschubs gemäß Artikel 110 Buchstabe b des Zollkodex der Union erfüllt sind,
2. die Beförderung oder Versendung im Inland endet und
3. die Sendung keine verbrauchsteuerpflichtigen Waren enthält.

[2]Der Antrag ist zusammen mit der Anmeldung zur Überlassung in den freien Verkehr zu stellen.

(2) [1]Die gestellende Person hat die Waren nach Maßgabe des Artikels 63 d Unterabsatz 2 der Verordnung (EU) Nr. 282/2011 zur Festlegung von Durchführungsvorschriften zur Richtlinie 2006/112/EG über das gemeinsame Mehrwertsteuersystem (ABl. L 77 vom 23. 3. 2011, S. 1) in der jeweils geltenden Fassung für Rechnung des Sendungsempfängers, zur Überlassung in den zollrechtlich freien Verkehr anzumelden. [2]Für die Anmeldung ist entweder eine Standard-Zollanmeldung zu verwenden oder, soweit zulässig, eine Zollanmeldung für Sendungen von geringem Wert gemäß Artikel 143 a der Delegierten Verordnung (EU) 2015/2446 der Kommission vom 28. Juli 2015 zur Ergänzung der Verordnung (EU) Nr. 952/2013 des Europäischen Parlaments und des Rates mit Einzelheiten zur Präzisierung von Bestimmungen des Zollkodex der Union (ABl. L 343 vom 29. 12. 2015, S. 1) in der jeweils geltenden Fassung.

(3) [1]Die entstandene Einfuhrumsatzsteuer wird in entsprechender Anwendung von Artikel 110 Buchstabe b des Zollkodex der Union aufgeschoben und dem Aufschubkonto der gestellenden Person belastet. [2]Eine Sicherheitsleistung ist nicht erforderlich, wenn die gestellende Person Zugelassener Wirtschaftsbeteiligter für zollrechtliche Vereinfachungen gemäß Artikel 38 Absatz 2 Buchstabe a des Zollkodex der Union ist oder die Voraussetzungen erfüllt für die Reduzierung einer Gesamtsicherheit gemäß Artikel 95 Absatz 2 des Zollkodex der Union

in Verbindung mit Artikel 84 Absatz 1 der Delegierten Verordnung (EU) 2015/2446 der Kommission vom 28. Juli 2015 zur Ergänzung der Verordnung (EU) Nr. 952/2013 des Europäischen Parlaments und des Rates mit Einzelheiten zur Präzisierung von Bestimmungen des Zollkodex der Union.

(4) [1]Bei der Auslieferung hat der Sendungsempfänger die Einfuhrumsatzsteuer an die gestellende Person zu entrichten. [2]Die gestellende Person, sofern sie nicht bereits Steuerschuldner ist, haftet für die Einfuhrumsatzsteuer, die auf Sendungen lastet, die ausgeliefert werden, ohne dass die Einfuhrumsatzsteuer vom Sendungsempfänger erhoben wurde. [3]Dies gilt entsprechend für die Einfuhrumsatzsteuer auf Sendungen, deren Verbleib die gestellende Person nicht nachweisen kann (abhandengekommene Sendungen).

(5) [1]Bis zum zehnten Tag des auf die Einfuhr folgenden Monats teilt die gestellende Person der zuständigen Zollstelle nach amtlich vorgeschriebenem Datensatz auf elektronischem Weg und unter Angabe der Registriernummern der jeweiligen Zollanmeldungen mit,

1. welche Sendungen im abgelaufenen Kalendermonat an die jeweiligen Sendungsempfänger ausgeliefert wurden (ausgelieferte Sendungen),
2. die je Sendung vereinnahmten Beträge an Einfuhrumsatzsteuer,
3. den Gesamtbetrag der vereinnahmten Einfuhrumsatzsteuer,
4. welche Sendungen, die im abgelaufenen Kalendermonat und gegebenenfalls davor eingeführt wurden, bis zum Ende des abgelaufenen Kalendermonats nicht ausgeliefert werden konnten und sich noch in der Verfügungsgewalt der gestellenden Person befinden (noch nicht zugestellte Sendungen),
5. welche Sendungen, bei denen es nicht möglich war, sie dem Sendungsempfänger zu übergeben, im abgelaufenen Kalendermonat wiederausgeführt oder unter zollamtlicher Überwachung zerstört oder anderweitig verwertet wurden (nicht zustellbare Sendungen), sowie
6. welche Sendungen abhandengekommen sind und die darauf lastende Einfuhrumsatzsteuer.

[2]Auf Verlangen der zuständigen Zollbehörden hat die gestellende Person den Verbleib der Sendungen nachzuweisen. [3]Die Mitteilung nach Satz 1 hat die Wirkung einer Steueranmeldung nach § 168 der Abgabenordnung, wobei die gestellende Person hinsichtlich des Gesamtbetrages nach Satz 1 Nummer 3 als Steuerschuldner gilt. [4]Dieser ist zu dem für den Zahlungsaufschub gemäß Artikel 110 Buchstabe b des Zollkodex der Union geltenden Termin fällig und durch die gestellende Person an die Zollverwaltung zu entrichten.

(6) [1]Einfuhrumsatzsteuer für noch nicht zugestellte Sendungen bleibt dem Aufschubkonto belastet und wird in den folgenden Aufschubzeitraum vorgetragen. [2]Einfuhrumsatzsteuer für nicht zustellbare Sendungen gilt als nicht entstanden und wird aus dem Aufschubkonto ausgebucht, wenn ausgeschlossen ist, dass die Waren im Inland in den Wirtschaftskreislauf eingehen. [3]Einfuhrumsatzsteuer, die auf abhandengekommenen Sendungen lastet, wird ebenfalls aus dem Aufschubkonto ausgebucht und vom zuständigen Hauptzollamt per Haftungsbescheid gegenüber der gestellenden Person geltend gemacht. [4]Für Einfuhrumsatzsteuer, die auf ausgelieferten Sendungen lastet, ohne dass Einfuhrumsatzsteuer vom Sendungsempfänger der Sendung erhoben wurde, gilt Satz 3 entsprechend.

UStAE 21 a.1. Sonderregelungen bei der Einfuhr von Sendungen mit einem Sachwert von höchstens 150 €

§ 21 a UStG beinhaltet eine Sonderregelung für die Einfuhr von Sendungen mit einem Sachwert von höchstens 150 € zur Entrichtung der Einfuhrumsatzsteuer.

Beispiel:

[1]Ein in Südkorea ansässiger Händler H veräußert über die eigene Internetseite oder über eine elektronische Schnittstelle Handyzubehör (Sachwert: 50 €) an eine im Inland ansässige Privatperson. [2]Die Ware wird von H aus einem Lager in Südkorea an den Wohnsitz der Privatperson versendet. [3]Die Zollanmeldung in Deutschland erfolgt durch einen Post- oder Kurierdienstleister, welcher die Sonderregelung nach § 21 a UStG in Anspruch nimmt und im Namen und für Rechnung der Privatperson handelt.

[4]Da die Zollanmeldung im Namen der Privatperson erfolgt, schuldet die Privatperson die Einfuhrumsatzsteuer und entrichtet diese bei Auslieferung der Ware an den Post- oder Kurierdienstleister. [5]Bis zum 10. Tag des auf die Einfuhr folgenden Monats hat der Post- oder Kurierdienstleister die

Erklärung nach § 21 a Abs. 5 Satz 1 UStG abzugeben. [6]Die Erklärung hat nach § 21 a Abs. 5 Satz 3 UStG die Wirkung einer Steueranmeldung nach § 168 AO. [7]Zu dem für den Zahlungsaufschub gemäß Artikel 110 Buchstabe b UZK geltenden Termin entrichtet die gestellende Person die fällige Einfuhrumsatzsteuer an die Zollverwaltung.

Anmerkung

Seit dem 1.7.2021 kann die Besteuerung von Einfuhren mit einem Gesamtwert von höchstens 150 €, für die eine Steuerbefreiung nach § 5 Abs. 1 Nr. 7 UStG nicht in Betracht kommt, in einem besonderen Verfahren erfolgen. Dazu sind von der gestellenden Person die notwendigen Informationen in einem besonderen elektronischen Verfahren der Zollverwaltung zu übermitteln. In diesem Verfahren dürfen nur Sendungen mit einem Sachwert von höchstens 150 € erfasst werden.

Hinweis: Berechnung des Sachwerts beachten

Die Ermittlung des Sachwerts stellt die Finanzverwaltung (Abschn. 3.18 Abs. 7 UStAE) an verschiedenen Beispielen dar. Soweit in der Rechnung gesondert ausgewiesen, gehen Transportkosten sowie die inländische als auch drittländische Umsatzsteuer nicht in den Sachwert mit ein.

Zu § 21b UStG

UStG § 21b Sonderregelungen bei der Nutzung der zentralen Zollabwicklung nach Artikel 179 des Zollkodex der Union

(1) [1]Bei der Nutzung der Zentralen Zollabwicklung nach Artikel 179 des Zollkodex der Union, bei der eine Zollanmeldung für Gegenstände, die im Inland gestellt werden, bei der Zollbehörde eines anderen Mitgliedstaats der Europäischen Union abgegeben wird, entsteht die Einfuhrumsatzsteuer am Ort der Gestellung. [2]Für Gegenstände, für die nach zollrechtlichen Vorschriften eine Befreiung von der Gestellungspflicht vorgesehen ist, entsteht die Einfuhrumsatzsteuer an dem Ort, an dem sich die Gegenstände zum Zeitpunkt der Annahme der Zollanmeldung im Inland befinden.

(2) [1]Die Festsetzung und Erhebung der Einfuhrumsatzsteuer erfolgt in den Fällen nach Absatz 1 durch das jeweils zuständige Hauptzollamt im Inland.

(3) Die Zollanmeldung, die nach Artikel 179 Absatz 1 des Zollkodex der Union bei einer Zollbehörde eines anderen Mitgliedstaats der Europäischen Union abgegeben wird, wirkt als Steuererklärung, wenn sie

1. **der zuständigen Zollbehörde im Inland übermittelt und in bearbeitbarer Weise erfasst wurde,**
2. **alle für die Festsetzung der Einfuhrumsatzsteuer maßgeblichen Angaben enthält und**
3. **dem Zollanmelder oder seinem Vertreter oder, soweit zulässig, einem Dritten entsprechend Artikel 109 Absatz 2 des Zollkodex der Union für Zwecke der Einfuhrumsatzsteuer im Inland ein Zahlungsaufschub entsprechend Artikel 110 Buchstabe b oder Buchstabe c des Zollkodex der Union bewilligt und die dafür erforderlichen Daten jeweils in der Zollanmeldung angegeben sind.**

[2]Dies gilt für eine Änderung der Zollanmeldung entsprechend, die gegenüber der Zollbehörde des anderen Mitgliedstaats, in dem die Zollanmeldung abgegeben worden ist, erklärt wird. [3]Anderenfalls ist eine Steuererklärung, die alle für die Festsetzung der Einfuhrumsatzsteuer maßgeblichen Angaben enthält, bei der zuständigen Zollstelle im Inland abzugeben.

(4) [1]Der Steuerbescheid ist auf elektronischem Wege zu erteilen oder durch Bereitstellung zum Datenabruf nach § 122a der Abgabenordnung bekannt zu geben. [2]Der oder die Beteiligte muss den Empfang des Steuerbescheids über einen durch die Zollverwaltung für die elektronische Datenübermittlung vorgesehenen Zugang sicherstellen.

Anmerkung

Neu eingeführt wird **zum 1.1.2026** in § 21b UStG eine besondere Regelung, die umsatzsteuerrechtlich eine **Sonderregelung des unionsweiten Zollkodex** umsetzen soll. Nach **Art. 179 UZK** (Zollkodex der Union) können die Zollbehörden einer Person auf Antrag bewilligen, bei der Zollstelle, die für den Ort zuständig ist, an dem die Person ansässig ist, eine Zollanmeldung für Waren abzugeben, die bei einer anderen Zollstelle gestellt werden (Gestellung ist die Mitteilung an die Zollbehörden, dass Waren bei der Zollstelle oder einem anderen von den Zollbehörden bezeichneten oder zugelassenen Ort eingetroffen sind). Damit können **nicht im Inland ansässige Personen** in ihren **Heimatstaaten** eine **Zollanmeldung** für Waren abgeben, die **im Inland eingeführt** werden und zu einer steuerbaren Einfuhr nach § 1 Abs. 1 Nr. 4 UStG im Inland führen. Die sich daraus ergebenden nationalen Folgen werden in § 21b UStG geregelt:

- In § 21b Abs. 1 UStG wird der **Ort der Entstehung der EUSt** geregelt. Soweit es sich um gestellungspflichtige Gegenstände handelt, entsteht die EUSt am Ort der Gestellung, bei nicht gestellungspflichtigen Gegenständen entsteht die EUSt an dem Ort, an dem sich die Gegenstände zum Zeitpunkt der Annahme der Zollanmeldung durch den anderen Mitgliedstaat im Inland befinden.
- In § 21b Abs. 2 UStG wird geregelt, dass die **Festsetzung und Erhebung der EUSt** in diesen Fällen durch das jeweilige Hauptzollamt im Inland erfolgt.
- § 21b Abs. 3 UStG regelt die **Wirkung** der in einem anderen Mitgliedstaat abgegebenen Zollanmeldung. Sie wirkt als Steuererklärung, wenn die Anmeldung der zuständigen Zollbehörde im Inland übermittelt und erfasst wurde, alle für die Festsetzung der EUSt maßgeblichen Angaben darin enthalten sind und ein Zahlungsaufschub nach Art. 110 UZK bewilligt wurde. Ansonsten ist eine Steuererklärung bei der zuständigen Zollstelle im Inland abzugeben.
- Der **Steuerbescheid** ist nach § 21b Abs. 4 UStG auf **elektronischem Weg** zu erteilen oder durch Bereitstellung zum **Datenabruf** (§ 122a AO) bekannt zu geben.

  Hinweis: Unterschiedliche Einführung der zentralen Zollabwicklung

  Die zentrale Zollabwicklung ist für das Ausfuhrverfahren (CCE) seit dem 23.11.2024 anwendbar. Für das zentrale Einfuhrverfahren (CCI) ist der Beginn zum 28.2.2026 geplant.

Zu § 22 UStG

UStG § 22 Aufzeichnungspflichten

(1) [1]Der Unternehmer ist verpflichtet, zur Feststellung der Steuer und der Grundlagen ihrer Berechnung Aufzeichnungen zu machen. [2]Diese Verpflichtung gilt in den Fällen des § 13a Absatz 1 Nummer 2 und 5, des § 13b Absatz 5 und des § 14c Absatz 2 auch für Personen, die nicht Unternehmer sind, in den Fällen des § 18k auch für den im Auftrag handelnden Vertreter und in den Fällen des § 21a für die gestellende Person. [3]Ist ein land- und forstwirtschaftlicher Betrieb nach § 24 Absatz 3 als gesondert geführter Betrieb zu behandeln, hat der Unternehmer Aufzeichnungspflichten für diesen Betrieb gesondert zu erfüllen. [4]In den Fällen des § 18 Absatz 4c und 4d sind die erforderlichen Aufzeichnungen vom Ende des Jahres an, in dem der Umsatz bewirkt wurde, zehn Jahre lang aufzubewahren und auf Anfrage des Bundeszentralamtes für Steuern auf elektronischem Weg zur Verfügung zu stellen; in den Fällen des § 18 Absatz 4e sind die erforderlichen Aufzeichnungen vom Ende des Jahres an, in dem der Umsatz bewirkt wurde, zehn Jahre lang aufzubewahren und auf Anfrage der für das Besteuerungsverfahren zuständigen Finanzbehörde auf elektronischem Weg zur Verfügung zu stellen; in den Fällen der §§ 18i, 18j, 18k und 21a sind die erforderlichen Aufzeichnungen vom Ende des Jahres an, in dem der Umsatz oder Geschäftsvorgang bewirkt wurde, zehn Jahre lang aufzubewahren und auf Anfrage der im Inland oder im übrigen Gemeinschaftsgebiet für das besondere Besteuerungsverfahren oder für die Sonderregelung zuständigen Finanzbehörde auf elektronischem Weg zur Verfügung zu stellen.

(2) Aus den Aufzeichnungen müssen zu ersehen sein:

1. die vereinbarten Entgelte für die vom Unternehmer ausgeführten Lieferungen und sonstigen Leistungen. Dabei ist ersichtlich zu machen, wie sich die Entgelte auf die steuerpflichtigen Umsätze, getrennt nach Steuersätzen, und auf die steuerfreien Umsätze verteilen. Dies gilt entsprechend für die Bemessungsgrundlagen nach § 10 Abs. 4, wenn Lieferungen im Sinne des § 3 Abs. 1b, sonstige Leistungen im Sinne des § 3 Abs. 9a sowie des § 10 Abs. 5 ausgeführt werden. Aus den Aufzeichnungen muss außerdem hervorgehen, welche Umsätze der Unternehmer nach § 9 als steuerpflichtig behandelt. Bei der Berechnung der Steuer nach vereinnahmten Entgelten (§ 20) treten an die Stelle der vereinbarten Entgelte die vereinnahmten Entgelte. Im Fall des § 17 Abs. 1 Satz 6 hat der Unternehmer, der die auf die Minderung des Entgelts entfallende Steuer an das Finanzamt entrichtet, den Betrag der Entgeltsminderung gesondert aufzuzeichnen;
2. die vereinnahmten Entgelte und Teilentgelte für noch nicht ausgeführte Lieferungen und sonstige Leistungen. Dabei ist ersichtlich zu machen, wie sich die Entgelte und Teilentgelte auf die steuerpflichtigen Umsätze, getrennt nach Steuersätzen, und auf die steuerfreien Umsätze verteilen. Nummer 1 Satz 4 gilt entsprechend;
3. die Bemessungsgrundlage für Lieferungen im Sinne des § 3 Abs. 1b und für sonstige Leistungen im Sinne des § 3 Abs. 9a Nr. 1. Nummer 1 Satz 2 gilt entsprechend;
4. die wegen unrichtigen Steuerausweises nach § 14c Abs. 1 und wegen unberechtigten Steuerausweises nach § 14c Abs. 2 geschuldeten Steuerbeträge;
5. die Entgelte für steuerpflichtige Lieferungen und sonstige Leistungen, die an den Unternehmer für sein Unternehmen ausgeführt worden sind, und die vor Ausführung dieser Umsätze gezahlten Entgelte und Teilentgelte, soweit für diese Umsätze nach § 13 Abs. 1 Nr. 1 Buchstabe a Satz 4 die Steuer entsteht, sowie die auf die Entgelte und Teilentgelte entfallenden Steuerbeträge;
6. die Bemessungsgrundlagen für die Einfuhr von Gegenständen (§ 11), die für das Unternehmen des Unternehmers eingeführt worden sind, sowie die dafür entstandene Einfuhrumsatzsteuer;
7. die Bemessungsgrundlagen für den innergemeinschaftlichen Erwerb von Gegenständen sowie die hierauf entfallenden Steuerbeträge;
8. in den Fällen des § 13b Absatz 1 bis 5 beim Leistungsempfänger die Angaben entsprechend den Nummern 1 und 2. Der Leistende hat die Angaben nach den Nummern 1 und 2 gesondert aufzuzeichnen;
9. ***weggefallen***
10. in den Fällen des § 21a Namen und Anschriften der Versender und der Sendungsempfänger, die Bemessungsgrundlagen für die Einfuhr von Gegenständen (§ 11), die hierzu von den Versendern, Sendungsempfängern und Dritten erhaltenen Informationen, sowie die Sendungen, die im abgelaufenen Kalendermonat an die jeweiligen Sendungsempfänger ausgeliefert wurden, die je Sendung vereinnahmten Beträge an Einfuhrumsatzsteuer, die Sendungen, die noch nicht ausgeliefert werden konnten und sich noch in der Verfügungsgewalt der gestellenden Person befinden, sowie die Sendungen, die wiederausgeführt oder unter zollamtlicher Überwachung zerstört oder anderweitig verwertet wurden.

(3) [1]Die Aufzeichnungspflichten nach Absatz 2 Nr. 5 und 6 entfallen, wenn der Vorsteuerabzug ausgeschlossen ist (§ 15 Abs. 2 und 3). [2]Ist der Unternehmer nur teilweise zum Vorsteuerabzug berechtigt, so müssen aus den Aufzeichnungen die Vorsteuerbeträge eindeutig und leicht nachprüfbar zu ersehen sein, die den zum Vorsteuerabzug berechtigenden Umsätzen ganz oder teilweise zuzuordnen sind. [3]Außerdem hat der Unternehmer in diesen Fällen die Bemessungsgrundlagen für die Umsätze, die nach § 15 Abs. 2 und 3 den Vorsteuerabzug ausschließen, getrennt von den Bemessungsgrundlagen der übrigen Umsätze, ausgenommen die Einfuhren und die innergemeinschaftlichen Erwerbe, aufzuzeichnen. [4]Die Verpflichtung zur Trennung der Bemessungsgrundlagen nach Absatz 2 Nr. 1 Satz 2, Nr. 2 Satz 2 und Nr. 3 Satz 2 bleibt unberührt.

(4) In den Fällen des § 15a hat der Unternehmer die Berechnungsgrundlagen für den Ausgleich aufzuzeichnen, der von ihm in den in Betracht kommenden Kalenderjahren vorzunehmen ist.

(4a) Gegenstände, die der Unternehmer zu seiner Verfügung vom Inland in das übrige Gemeinschaftsgebiet verbringt, müssen aufgezeichnet werden, wenn

1. an den Gegenständen im übrigen Gemeinschaftsgebiet Arbeiten ausgeführt werden,
2. es sich um eine vorübergehende Verwendung handelt, mit den Gegenständen im übrigen Gemeinschaftsgebiet sonstige Leistungen ausgeführt werden und der Unternehmer in dem betreffenden Mitgliedstaat keine Zweigniederlassung hat oder
3. es sich um eine vorübergehende Verwendung im übrigen Gemeinschaftsgebiet handelt und in entsprechenden Fällen die Einfuhr der Gegenstände aus dem Drittlandsgebiet vollständig steuerfrei wäre.

(4 b) Gegenstände, die der Unternehmer von einem im übrigen Gemeinschaftsgebiet ansässigen Unternehmer mit Umsatzsteuer-Identifikationsnummer zur Ausführung einer sonstigen Leistung im Sinne des § 3 a Absatz 3 Nummer 3a Buchstabe b erhält, müssen aufgezeichnet werden.

(4 c) ***weggefallen***

(4 d) [1]Im Fall der Abtretung eines Anspruchs auf die Gegenleistung für einen steuerpflichtigen Umsatz an einen anderen Unternehmer (§ 13 c) hat

1. der leistende Unternehmer den Namen und die Anschrift des Abtretungsempfängers sowie die Höhe des abgetretenen Anspruchs auf die Gegenleistung aufzuzeichnen;
2. der Abtretungsempfänger den Namen und die Anschrift des leistenden Unternehmers, die Höhe des abgetretenen Anspruchs auf die Gegenleistung sowie die Höhe der auf den abgetretenen Anspruch vereinnahmten Beträge aufzuzeichnen. Sofern der Abtretungsempfänger die Forderung oder einen Teil der Forderung an einen Dritten abtritt, hat er zusätzlich den Namen und die Anschrift des Dritten aufzuzeichnen.

[2]Satz 1 gilt entsprechend bei der Verpfändung oder der Pfändung von Forderungen. [3]An die Stelle des Abtretungsempfängers tritt im Fall der Verpfändung der Pfandgläubiger und im Fall der Pfändung der Vollstreckungsgläubiger.

(4 e) [1]Wer in den Fällen des § 13 c Zahlungen nach § 48 der Abgabenordnung leistet, hat Aufzeichnungen über die entrichteten Beträge zu führen. [2]Dabei sind auch Name, Anschrift und die Steuernummer des Schuldners der Umsatzsteuer aufzuzeichnen.

(4 f) [1]Der Unternehmer, der nach Maßgabe des § 6 b einen Gegenstand aus dem Gebiet eines Mitgliedstaates in das Gebiet eines anderen Mitgliedstaates befördert oder versendet, hat über diese Beförderung oder Versendung gesondert Aufzeichnungen zu führen. [2]Diese Aufzeichnungen müssen folgende Angaben enthalten:

1. den vollständigen Namen und die vollständige Anschrift des Erwerbers im Sinne des § 6 b Absatz 1 Nummer 1 oder des § 6 b Absatz 5;
2. den Abgangsmitgliedstaat;
3. den Bestimmungsmitgliedstaat;
4. den Tag des Beginns der Beförderung oder Versendung im Abgangsmitgliedstaat;
5. die von dem Erwerber im Sinne des § 6 b Absatz 1 oder des § 6 b Absatz 5 verwendete Umsatzsteuer-Identifikationsnummer;
6. den vollständigen Namen und die vollständige Anschrift des Lagers, in das der Gegenstand im Rahmen der Beförderung oder Versendung in den Bestimmungsmitgliedstaat gelangt;
7. den Tag des Endes der Beförderung oder Versendung im Bestimmungsmitgliedstaat;
8. die Umsatzsteuer-Identifikationsnummer eines Dritten als Lagerhalter;
9. die Bemessungsgrundlage nach § 10 Absatz 4 Satz 1 Nummer 1, die handelsübliche Bezeichnung und Menge der im Rahmen der Beförderung oder Versendung in das Lager gelangten Gegenstände;
10. den Tag der Lieferung im Sinne des § 6 b Absatz 2;
11. das Entgelt für die Lieferung nach Nummer 10 sowie die handelsübliche Bezeichnung und Menge der gelieferten Gegenstände;
12. die von dem Erwerber für die Lieferung nach Nummer 10 verwendete Umsatzsteuer-Identifikationsnummer;
13. das Entgelt sowie die handelsübliche Bezeichnung und Menge der Gegenstände im Fall des einer innergemeinschaftlichen Lieferung gleichgestellten Verbringens im Sinne des § 6 b Absatz 3;
14. die Bemessungsgrundlage der nach § 6 b Absatz 4 Nummer 1 in den Abgangsmitgliedstaat zurückgelangten Gegenstände und den Tag des Beginns dieser Beförderung oder Versendung.

(4 g) [1]Der Unternehmer, an den der Gegenstand nach Maßgabe des § 6 b geliefert werden soll, hat über diese Lieferung gesondert Aufzeichnungen zu führen. [2]Diese Aufzeichnungen müssen folgende Angaben enthalten:

1. die von dem Unternehmer im Sinne des § 6 b Absatz 1 Nummer 1 verwendete Umsatzsteuer-Identifikationsnummer;
2. die handelsübliche Bezeichnung und Menge der für den Unternehmer als Erwerber im Sinne des § 6 b Absatz 1 oder des § 6 b Absatz 5 bestimmten Gegenstände;
3. den Tag des Endes der Beförderung oder Versendung der für den Unternehmer als Erwerber im Sinne des § 6 b Absatz 1 oder des § 6 b Absatz 5 bestimmten Gegenstände im Bestimmungsmitgliedstaat;

4. das Entgelt für die Lieferung an den Unternehmer sowie die handelsübliche Bezeichnung und Menge der gelieferten Gegenstände;
5. den Tag des innergemeinschaftlichen Erwerbs im Sinne des § 6b Absatz 2 Nummer 2;
6. die handelsübliche Bezeichnung und Menge der auf Veranlassung des Unternehmers im Sinne des § 6b Absatz 1 Nummer 1 aus dem Lager entnommenen Gegenstände;
7. die handelsübliche Bezeichnung der im Sinne des § 6b Absatz 6 Satz 4 zerstörten oder fehlenden Gegenstände und den Tag der Zerstörung, des Verlusts oder des Diebstahls der zuvor in das Lager gelangten Gegenstände oder den Tag, an dem die Zerstörung oder das Fehlen der Gegenstände festgestellt wurde.

[3]Wenn der Inhaber des Lagers, in das der Gegenstand im Sinne des § 6b Absatz 1 Nummer 1 befördert oder versendet wird, nicht mit dem Erwerber im Sinne des § 6b Absatz 1 Nummer 1 oder des § 6b Absatz 5 identisch ist, ist der Unternehmer von den Aufzeichnungen nach Satz 1 Nummer 3, 6 und 7 entbunden.

(5) Ein Unternehmer, der ohne Begründung einer gewerblichen Niederlassung oder außerhalb einer solchen von Haus zu Haus oder auf öffentlichen Straßen oder an anderen öffentlichen Orten Umsätze ausführt oder Gegenstände erwirbt, hat ein Steuerheft nach amtlich vorgeschriebenem Vordruck zu führen.

(6) Das Bundesministerium der Finanzen kann mit Zustimmung des Bundesrates durch Rechtsverordnung

1. nähere Bestimmungen darüber treffen, wie die Aufzeichnungspflichten zu erfüllen sind und in welchen Fällen Erleichterungen bei der Erfüllung dieser Pflichten gewährt werden können, sowie
2. Unternehmer im Sinne des Absatzes 5 von der Führung des Steuerhefts befreien, sofern sich die Grundlagen der Besteuerung aus anderen Unterlagen ergeben, und diese Befreiung an Auflagen knüpfen.

UStDV

§ 63 Aufzeichnungspflichten

(1) Die Aufzeichnungen müssen so beschaffen sein, dass es einem sachverständigen Dritten innerhalb einer angemessenen Zeit möglich ist, einen Überblick über die Umsätze des Unternehmers und die abziehbaren Vorsteuern zu erhalten und die Grundlagen für die Steuerberechnung festzustellen.

(2) [1]Entgelte, Teilentgelte, Bemessungsgrundlagen nach § 10 Abs. 4 und 5 des Gesetzes, nach § 14c des Gesetzes geschuldete Steuerbeträge sowie Vorsteuerbeträge sind am Schluss jedes Voranmeldungszeitraums zusammenzurechnen. [2]Im Fall des § 17 Abs. 1 Satz 6 des Gesetzes sind die Beträge der Entgeltsminderungen am Schluss jedes Voranmeldungszeitraums zusammenzurechnen.

(3) [1]Der Unternehmer kann die Aufzeichnungspflichten nach § 22 Abs. 2 Nr. 1 Satz 1, 3, 5 und 6, Nr. 2 Satz 1 und Nr. 3 Satz 1 des Gesetzes in folgender Weise erfüllen:

1. Das Entgelt oder Teilentgelt und der Steuerbetrag werden in einer Summe statt des Entgelts oder des Teilentgelts aufgezeichnet.
2. Die Bemessungsgrundlage nach § 10 Abs. 4 und 5 des Gesetzes und der darauf entfallende Steuerbetrag werden in einer Summe statt der Bemessungsgrundlage aufgezeichnet.
3. Bei der Anwendung des § 17 Abs. 1 Satz 6 des Gesetzes werden die Entgeltsminderung und die darauf entfallende Minderung des Steuerbetrags in einer Summe statt der Entgeltsminderung aufgezeichnet.

[2]§ 22 Abs. 2 Nr. 1 Satz 2, Nr. 2 Satz 2 und Nr. 3 Satz 2 des Gesetzes gilt entsprechend. [3]Am Schluss jedes Voranmeldungszeitraums hat der Unternehmer die Summe der Entgelte und Teilentgelte, der Bemessungsgrundlagen nach § 10 Abs. 4 und 5 des Gesetzes sowie der Entgeltsminderungen im Fall des § 17 Abs. 1 Satz 6 des Gesetzes zu errechnen und aufzuzeichnen.

(4) [1]Dem Unternehmer, dem wegen der Art und des Umfangs des Geschäfts eine Trennung der Entgelte und Teilentgelte nach Steuersätzen (§ 22 Abs. 2 Nr. 1 Satz 2 und Nr. 2 Satz 2 des Gesetzes) in den Aufzeichnungen nicht zuzumuten ist, kann das Finanzamt auf Antrag gestatten, dass er die Entgelte und Teilentgelte nachträglich auf der Grundlage der Wareneingänge oder, falls diese hierfür nicht verwendet werden können, nach anderen Merkmalen trennt. [2]Entsprechendes gilt für die Trennung nach Steuersätzen bei den Bemessungsgrundlagen nach § 10 Abs. 4 und 5 des Gesetzes (§ 22 Abs. 2 Nr. 1 Satz 3 und Nr. 3 Satz 2 des Gesetzes). [3]Das Finanzamt darf nur ein Verfahren zulassen, dessen steuerliches Ergebnis nicht wesentlich von dem Ergebnis einer nach Steuersätzen getrennten Aufzeichnung der Entgelte, Teilentgelte und sonstigen Bemessungsgrundlagen abweicht. [4]Die Anwendung des Verfahrens kann auf einen in der Gliederung des Unternehmens gesondert geführten Betrieb beschränkt werden.

(5) [1]Der Unternehmer kann die Aufzeichnungspflicht nach § 22 Abs. 2 Nr. 5 des Gesetzes in der Weise erfüllen, dass er die Entgelte oder Teilentgelte und die auf sie entfallenden Steuerbeträge (Vorsteuern) jeweils in einer Summe, getrennt nach den in den Eingangsrechnungen angewandten Steuersätzen, aufzeichnet. [2]Am Schluss jedes Voranmeldungszeitraums hat der Unternehmer die Summe der Entgelte und Teilentgelte und die Summe der Vorsteuerbeträge zu errechnen und aufzuzeichnen.

§ 64 Aufzeichnung im Fall der Einfuhr

Der Aufzeichnungspflicht nach § 22 Absatz 2 Nummer 6 des Gesetzes ist genügt, wenn die entstandene Einfuhrumsatzsteuer mit einem Hinweis auf einen entsprechenden zollamtlichen Beleg aufgezeichnet wird.

§ 65 Aufzeichnungspflichten der Kleinunternehmer

[1]Unternehmer, auf deren Umsätze § 19 Abs. 1 Satz 1 des Gesetzes anzuwenden ist, haben an Stelle der nach § 22 Abs. 2 bis 4 des Gesetzes vorgeschriebenen Angaben Folgendes aufzuzeichnen:

1. die Werte der erhaltenen Gegenleistungen für die von ihnen ausgeführten Lieferungen und sonstigen Leistungen;
2. die sonstigen Leistungen im Sinne des § 3 Abs. 9a Nr. 2 des Gesetzes. Für ihre Bemessung gilt Nummer 1 entsprechend.

[2]Die Aufzeichnungspflichten nach § 22 Abs. 2 Nr. 4, 7, 8 und 9 des Gesetzes bleiben unberührt.

§ 66 *(weggefallen)*

§ 66a Aufzeichnungspflichten bei der Anwendung des Durchschnittssatzes für Körperschaften, Personenvereinigungen und Vermögensmassen im Sinne des § 5 Abs. 1 Nr. 9 des Körperschaftsteuergesetzes

Der Unternehmer ist von den Aufzeichnungspflichten nach § 22 Abs. 2 Nr. 5 und 6 des Gesetzes befreit, soweit er die abziehbaren Vorsteuerbeträge nach dem in § 23a des Gesetzes festgesetzten Durchschnittssatz berechnet.

§ 67 Aufzeichnungspflichten bei der Anwendung der Durchschnittssätze für land- und forstwirtschaftliche Betriebe

[1]Unternehmer, auf deren Umsätze § 24 des Gesetzes anzuwenden ist, sind für den land- und forstwirtschaftlichen Betrieb von den Aufzeichnungspflichten nach § 22 des Gesetzes befreit. [2]Ausgenommen hiervon sind die Bemessungsgrundlagen für die Umsätze im Sinne des § 24 Abs. 1 Satz 1 Nr. 2 des Gesetzes. [3]Die Aufzeichnungspflichten nach § 22 Abs. 2 Nr. 4, 7 und 8 des Gesetzes bleiben unberührt.

§ 68 Befreiung von der Führung des Steuerhefts

(1) Unternehmer im Sinne des § 22 Abs. 5 des Gesetzes sind von der Verpflichtung, ein Steuerheft zu führen, befreit,

1. wenn sie im Inland eine gewerbliche Niederlassung besitzen und ordnungsmäßige Aufzeichnungen nach § 22 des Gesetzes in Verbindung mit den §§ 63 bis 66 dieser Verordnung führen;
2. soweit ihre Umsätze nach den Durchschnittssätzen für land- und forstwirtschaftliche Betriebe (§ 24 Abs. 1 Satz 1 Nr. 1 und 3 des Gesetzes) besteuert werden;
3. soweit sie mit Zeitungen und Zeitschriften handeln;
4. soweit sie auf Grund gesetzlicher Vorschriften verpflichtet sind, Bücher zu führen, oder ohne eine solche Verpflichtung Bücher führen.

(2) In den Fällen des Absatzes 1 Nr. 1 stellt das Finanzamt dem Unternehmer eine Bescheinigung über die Befreiung von der Führung des Steuerhefts aus.

UStAE 22.1. Ordnungsgrundsätze

(1) [1]Die allgemeinen Vorschriften über das Führen von Büchern und Aufzeichnungen der §§ 140 bis 148 AO gelten in Übereinstimmung mit § 63 Abs. 1 UStDV auch für die Aufzeichnungen für Umsatzsteuerzwecke. [2]Die Aufzeichnungen sind grundsätzlich im Geltungsbereich des UStG zu führen (vgl. § 146 Abs. 2 Satz 1 AO, § 14b UStG und Abschnitt 14b.1 Abs. 8 ff.); abweichend können elektronische Bücher und sonstige elektronische Aufzeichnungen unter den Voraussetzungen des § 146 Abs. 2a und Abs. 2b AO im Ausland geführt und aufbewahrt werden. [3]Sie sind mit den zugehörigen Belegen für die Dauer der Aufbewahrungsfrist (§ 147 Abs. 3 AO, § 14b UStG) geordnet aufzubewahren. [4]Für auf Thermopapier erstellte Belege gilt Abschnitt 14b.1 Abs. 5 entsprechend. [5]Das Finanzamt kann jederzeit verlangen, dass der Unternehmer die Unterlagen vorlegt. [6]Zur Führung der Aufzeichnungen bei Betriebsstätten und Organgesellschaften außerhalb des Geltungsbereichs des UStG vgl. § 146 Abs. 2 Sätze 2 ff. AO.

(2) [1]Die Aufzeichnungen und die zugehörigen Belege können unter bestimmten Voraussetzungen als Wiedergaben auf einem Bildträger – z. B. Mikrofilm – oder auf anderen Datenträgern – z. B. Magnetband, Magnetplatte, CD, DVD, Blu-Ray-Disc oder Flash-Speicher – aufbewahrt werden (vgl. § 147 Abs. 2 AO und AEAO zu § 147 Nr. 3 Satz 2). [2]Das bei der Aufbewahrung von Bild- oder anderen Datenträgern angewandte Verfahren muss den GoBD (vgl. BMF-Schreiben vom 28. 11. 2019, BStBl I S. 1269, **zuletzt geändert durch**

BMF-Schreiben vom 14.07.2025, BStBl I S. 1502) entsprechen. [3]Unter dieser Voraussetzung können die Originale der Geschäftsunterlagen grundsätzlich vernichtet werden. [4]Diese Aufbewahrungsformen bedürfen keiner besonderen Genehmigung. [5]Für das Lesbarmachen der nicht im Original aufbewahrten Aufzeichnungen und Geschäftsunterlagen ist § 147 Abs. 5 AO zu beachten.

(3) [1]Die Mikroverfilmung kann auch auf zollamtliche Belege angewandt werden. [2]Mikrofilmaufnahmen der Belege über Einfuhrumsatzsteuer bzw. Mikrokopien dieser Belege sind als ausreichender Nachweis für den Vorsteuerabzug nach § 15 Abs. 1 Satz 1 Nr. 2 UStG anzuerkennen. [3]Dies gilt auch für die Anerkennung von mikroverfilmten Zollbelegen zur Ausstellung von Ersatzbelegen oder zur Aufteilung zum Zwecke des Vorsteuerabzugs, wenn die vollständige oder teilweise Ungültigkeit des Originalbelegs auf der Mikrofilmaufnahme bzw. der Mikrokopie erkennbar ist.

(4) Die am Schluss eines Voranmeldungszeitraums zusammenzurechnenden Beträge (§ 63 Abs. 2 UStDV) müssen auch für den jeweiligen Besteuerungszeitraum zusammengerechnet werden.

(5) [1]In den Fällen des § 13a Abs. 1 Nr. 2 und 5, § 13b Abs. 5 und des § 14c Abs. 2 UStG gilt die Verpflichtung zur Führung von Aufzeichnungen auch für Personen, die nicht Unternehmer sind, in den Fällen des § 18k UStG auch für den im Auftrag handelnden Vertreter und in den Fällen des § 21a UStG für die gestellende Person (§ 22 Abs. 1 Satz 2 UStG). [2]Insoweit sind die Entgelte, Teilentgelte und die nach § 14c Abs. 2 UStG geschuldeten Steuerbeträge am Schluss eines jeden Voranmeldungszeitraums zusammenzurechnen (§ 63 Abs. 2 Satz 1 UStDV).

UStAE 22.2. Umfang der Aufzeichnungspflichten

(1) [1]Der Umfang der Aufzeichnungspflichten ergibt sich aus § 22 Abs. 2 ff. UStG in Verbindung mit §§ 63 bis 67 UStDV. [2]Soweit die geforderten Angaben aus dem Rechnungswesen oder den Aufzeichnungen des Unternehmers für andere Zwecke eindeutig und leicht nachprüfbar hervorgehen, brauchen sie nicht noch gesondert aufgezeichnet zu werden.

(2) [1]Der Unternehmer ist sowohl bei der Sollversteuerung als auch bei der Istversteuerung verpflichtet, nachträgliche Minderungen oder Erhöhungen der Entgelte aufzuzeichnen. [2]Die Verpflichtung des Unternehmers, in den Aufzeichnungen ersichtlich zu machen, wie sich die Entgelte auf die steuerpflichtigen Umsätze, getrennt nach Steuersätzen, und auf die steuerfreien Umsätze verteilen, gilt entsprechend für nachträgliche Entgeltänderungen.

(3) [1]In den Fällen des § 17 Abs. 1 Satz 6 UStG hat der Schuldner der auf die Entgeltminderungen entfallenden Steuer – sog. Zentralregulierer – die Beträge der jeweiligen Entgeltminderungen gesondert von seinen Umsätzen aufzuzeichnen (§ 22 Abs. 2 Nr. 1 Satz 6 UStG). [2]Er hat dabei die Entgeltminderungen ggf. nach steuerfreien und steuerpflichtigen Umsätzen sowie nach Steuersätzen zu trennen.

(4) [1]Aus den Aufzeichnungen müssen die Umsätze hervorgehen, die der Unternehmer nach § 9 UStG als steuerpflichtig behandelt (§ 22 Abs. 2 Nr. 1 Satz 4 UStG). [2]Wird eine solche Leistung zusammen mit einer steuerpflichtigen Leistung ausgeführt und für beide ein einheitliches Entgelt vereinbart, kann aus Vereinfachungsgründen darauf verzichtet werden, den auf die einzelne Leistung entfallenden Entgeltteil zu errechnen und den Entgeltteil, der auf die freiwillig versteuerte Leistung entfällt, gesondert aufzuzeichnen.

(5) [1]Unternehmer, die ihre Umsätze nach vereinbarten Entgelten versteuern, haben neben den vereinbarten Entgelten auch sämtliche vor der Ausführung von Leistungen vereinnahmten Entgelte und Teilentgelte aufzuzeichnen. [2]Aufgezeichnet werden müssen nicht nur die vor der Ausführung der Leistung vereinnahmten Entgelte und Teilentgelte, für die die Steuer nach § 13 Abs. 1 Nr. 1 Buchstabe a Satz 4 UStG mit dem Ablauf des Voranmeldungszeitraums der Vereinnahmung entsteht, sondern auch die im Voraus vereinnahmten Entgelte und Teilentgelte, die auf steuerfreie Umsätze entfallen.

(6) [1]Soweit die für noch nicht ausgeführte steuerpflichtige Leistungen vereinnahmten Entgelte und Teilentgelte auf Umsätze entfallen, die verschiedenen Steuersätzen unterliegen, sind sie nach § 22 Abs. 2 Nr. 2 Satz 2 UStG entsprechend getrennt aufzuzeichnen. [2]Entgelte und Teilentgelte, die im Voraus für Umsätze vereinnahmt werden, die der Unternehmer nach § 9 UStG als steuerpflichtig behandelt, müssen nach § 22 Abs. 2 Nr. 1 Satz 4 UStG gesondert aufgezeichnet werden (siehe auch Absatz 4).

(7) [1]Bei Lieferungen im Sinne des § 3 Abs. 1b UStG müssen als Bemessungsgrundlage nach § 10 Abs. 4 Satz 1 Nr. 1 UStG der Einkaufspreis zuzüglich der Nebenkosten für den Gegenstand oder für einen gleichartigen Gegenstand oder mangels eines Einkaufspreises die Selbstkosten jeweils zum Zeitpunkt des Umsatzes aufgezeichnet werden. [2]Für sonstige Leistungen im Sinne des § 3 Abs. 9a UStG sind die jeweils entstandenen Ausgaben aufzuzeichnen. [3]Dabei bleiben für sonstige Leistungen im Sinne des § 3 Abs. 9a Nr. 1 UStG Ausgaben unberücksichtigt, soweit sie nicht zum vollen oder teilweisen Vorsteuerabzug berechtigt haben (§ 22 Abs. 2 Nr. 1 Satz 3 UStG). [4]Die Sätze 1 bis 3 gelten auch, sofern für die Besteuerung die Mindestbemessungsgrundlagen (§ 10 Abs. 5 UStG) in Betracht kommen. [5]Soweit der Unternehmer bei Leistungen an sein Personal von lohnsteuerlichen Werten ausgeht (vgl. Abschnitt 1.8 Abs. 8), sind diese aufzuzeichnen.

(8) [1]Die Verpflichtung des Unternehmers, die Entgelte für steuerpflichtige Lieferungen und sonstige Leistungen, die an ihn für sein Unternehmen ausgeführt sind, und die darauf entfallende Steuer aufzuzeichnen (§ 22 Abs. 2 Nr. 5 UStG), erstreckt sich auch auf nachträgliche Entgeltminderungen und die entsprechenden Steuerbeträge. [2]Werden dem Unternehmer Entgeltminderungen für steuerfreie und steuerpflichtige Umsätze gewährt, kann das Finanzamt auf Antrag gestatten, dass er sie nach dem Verhältnis dieser Umsätze aufteilt. [3]Das Gleiche gilt, wenn die Umsätze an den Unternehmer verschiedenen Steuersätzen unterliegen. [4]Eine Aufteilung nach dem Verhältnis der vom Unternehmer bewirkten Umsätze ist nicht zulässig.

(9) [1]Die Aufzeichnung der Entgelte für empfangene steuerpflichtige Leistungen (§ 22 Abs. 2 Satz 1 Nr. 5 UStG) und der Einfuhrumsatzsteuer (§ 22 Abs. 2 Nr. 6 UStG in Verbindung mit § 64 UStDV) ist nicht erforderlich, wenn der Vorsteuerabzug nach § 15 Abs. 2 und 3 UStG ausgeschlossen ist oder deshalb entfällt, weil die Steuer in den Rechnungen nicht gesondert ausgewiesen ist. [2]Hiervon werden die Aufzeichnungspflichten nach anderen Vorschriften (z. B. § 238 Abs. 1, §§ 266, 275, 276 Abs. 1 HGB, §§ 141, 143 AO) nicht berührt. [3]Das Vorsteuerabzugsrecht ist wegen der Verletzung der Aufzeichnungspflichten nicht ausgeschlossen.

(10) Körperschaften, Personenvereinigungen und Vermögensmassen im Sinne des § 5 Abs. 1 Nr. 9 KStG, insbesondere Vereine, die ihre abziehbaren Vorsteuerbeträge nach dem Durchschnittssatz des § 23a UStG berechnen, sind von den Aufzeichnungspflichten nach § 22 Abs. 2 Nr. 5 und 6 UStG befreit (§ 66a UStDV).

(11) [1]Wird im Zusammenhang mit einer Einfuhr eine Lieferung an den Unternehmer bewirkt, sind entweder die Einfuhrumsatzsteuer – insbesondere in den Fällen des § 3 Abs. 6 UStG – oder das Entgelt und die darauf entfallende Steuer – in den Fällen des § 3 Abs. 8 UStG – aufzuzeichnen. [2]Maßgebend ist, welchen Steuerbetrag der Unternehmer als Vorsteuer abziehen kann.

(12) Wegen der weiteren Aufzeichnungspflichten

1. in den Fällen der Berichtigung des Vorsteuerabzugs nach § 15a UStG vgl. Abschnitt 15a.12;
2. bei Reiseleistungen im Sinne des § 25 Abs. 1 UStG vgl. Abschnitt 25.5;
3. bei der Differenzbesteuerung vgl. § 25a Abs. 6 UStG, Abschnitt 25a.1 Abs. 16 ff.;
4. bei der Verpflichtung zur Führung des Umsatzsteuerhefts vgl. BMF-Schreiben vom 30. 4. 1981, BStBl I S. 312, und vom 17. 1. 1983, BStBl I S. 105;
5. bei unternehmensinternen grenzüberschreitenden Warenbewegungen (Abschnitt 1a.2) vgl. Abschnitt22.3 Abs. 3 bis 5;
6. *weggefallen*
7. bei innergemeinschaftlichen Dreiecksgeschäften vgl. § 25b Abs. 6 UStG, Abschnitt 25b.1 Abs. 10;
8. bei der Lieferung von Zahnprothesen, die mit Hilfe eines CEREC-Geräts hergestellt werden: Die abzurechnenden Leistungen, die auf den Einsatz eines CEREC-Geräts entfallen, sind zum Zweck der Abgrenzung nach steuerfreien und steuerpflichtigen Umsätzen unter Angabe insbesondere der Leistungsnummern des Gebührenverzeichnisses der GOZ oder anderer Angaben getrennt aufzuzeichnen;
9. bei der Steuerschuldnerschaft des Leistungsempfängers vgl. § 22 Abs. 2 Nr. 8 UStG, Abschnitte 13b.17 und 22.4 Abs. 1 Satz 2 Nr. 2;
10. des/der liefernden Unternehmer(s), des Auslagerers sowie des Lagerhalters in den Fällen des § 4 Nr. 4a UStG, vgl. Rz. 47 und 48 des BMF-Schreibens vom 28. 1. 2004, BStBl I S. 242;

11. in den Fällen der steuerbefreiten Leistungen an hilfsbedürftige Personen vgl. Abschnitt 4.16.2;
12. bei grenzüberschreitenden Personenbeförderungen im Luftverkehr vgl. Abschnitt 26.2 Abs. 5 Sätze 1 bis 3.

UStAE 22.3. Aufzeichnungspflichten bei innergemeinschaftlichen Lieferungen, innergemeinschaftlichen sonstigen Leistungen im Sinne des § 3 a Abs. 2 UStG und innergemeinschaftlichen Erwerben

(1) [1]Die allgemeinen Aufzeichnungspflichten gelten auch für innergemeinschaftliche Warenlieferungen (§ 22 Abs. 2 Nr. 1 UStG) und innergemeinschaftliche Erwerbe (§ 22 Abs. 2 Nr. 7 UStG). [2]Nach § 22 Abs. 2 Nr. 1 UStG hat der Unternehmer die Bemessungsgrundlage und die ggf. darauf entfallende Steuer für die innergemeinschaftlichen Lieferungen und für die fiktiven Lieferungen in den Fällen des innergemeinschaftlichen Verbringens von Gegenständen vom inländischen in den ausländischen Unternehmensteil aufzuzeichnen. [3]Aufzuzeichnen sind auch die innergemeinschaftlichen Lieferungen von neuen Fahrzeugen. [4]Nach § 22 Abs. 2 Nr. 7 UStG sind die innergemeinschaftlichen Erwerbe getrennt von den übrigen Aufzeichnungen der Bemessungsgrundlagen und Steuerbeträge aufzuzeichnen. [5]Hierunter fallen die Lieferungen im Sinne des § 1 a Abs. 1 UStG und die innergemeinschaftlichen Verbringensfälle zwischen dem ausländischen und dem inländischen Unternehmensteil, die als fiktive Lieferungen gelten (vgl. Abschnitt 1 a.2). [6]Zu den besonderen Aufzeichnungspflichten vgl. Absätze 3 bis 5. [7]Zu den für den Buchnachweis erforderlichen Aufzeichnungen vgl. § 17 d UStDV.

(2) [1]Der Unternehmer ist auch für innergemeinschaftliche Lieferungen und innergemeinschaftliche Erwerbe verpflichtet, nachträgliche Minderungen oder Erhöhungen der Bemessungsgrundlagen aufzuzeichnen. [2]Die Verpflichtung des Unternehmers, in den Aufzeichnungen ersichtlich zu machen, wie sich die Bemessungsgrundlagen auf die steuerpflichtigen innergemeinschaftlichen Erwerbe, getrennt nach Steuersätzen, und auf die steuerfreien innergemeinschaftlichen Lieferungen verteilen, gilt entsprechend für nachträgliche Entgeltänderungen (vgl. Abschnitt 22.2 Abs. 2).

(3) [1]Der Unternehmer hat besondere Aufzeichnungspflichten in den Fällen zu beachten, in denen Gegenstände, die – ohne die Voraussetzungen für ein steuerbares Verbringen zu erfüllen – vom Inland zu seiner Verfügung (unternehmensintern) in das übrige Gemeinschaftsgebiet gelangen (§ 22 Abs. 4 a UStG). [2]Der Unternehmer muss die Gegenstände in den folgenden Fällen der ihrer Art nach vorübergehenden Verwendung und der befristeten Verwendung (vgl. Abschnitt 1 a.2 Abs. 9 bis 12) aufzeichnen, die im übrigen Gemeinschaftsgebiet nicht zu einer Erwerbsbesteuerung führen:

1. An den Gegenständen werden im übrigen Gemeinschaftsgebiet Arbeiten, z. B. Reparaturarbeiten, ausgeführt (§ 22 Abs. 4 a Nr. 1 UStG), vgl. dazu Abschnitt 1 a.2 Abs. 10 Nr. 3.
2. Die Gegenstände werden zur vorübergehenden Verwendung in das übrige Gemeinschaftsgebiet zur Ausführung sonstiger Leistungen verbracht, und der Unternehmer hat in dem Mitgliedstaat keine Zweigniederlassung (§ 22 Abs. 4 a Nr. 2 UStG), vgl. dazu Abschnitt 1 a.2 Abs. 10 Nr. 2 und 4.
3. [1]Das Verbringen der Gegenstände zur befristeten Verwendung in das übrige Gemeinschaftsgebiet wäre im Fall der Einfuhr uneingeschränkt steuerfrei, z. B. Ausstellungsstücke für Messen im übrigen Gemeinschaftsgebiet (§ 22 Abs. 4 a Nr. 3 UStG), vgl. dazu Abschnitt 1 a.2 Abs. 12. [2]Aufzuzeichnen sind auch die Fälle der vorübergehenden Verwendung eines Gegenstands bei einer Werklieferung, die im Bestimmungsmitgliedstaat steuerbar ist, wenn der Gegenstand wieder in das Inland zurückgelangt, vgl. dazu Beispiel 1 in Abschnitt 1 a.2 Abs. 10 Nr. 1.

(4) Die besonderen Aufzeichnungspflichten gelten jeweils als erfüllt, wenn sich die aufzeichnungspflichtigen Angaben aus Buchführungsunterlagen, Versandpapieren, Karteien, Dateien und anderen im Unternehmen befindlichen Unterlagen eindeutig und leicht nachprüfbar entnehmen lassen.

(5) [1]Die besonderen Aufzeichnungen sind zu berichtigen, wenn der Gegenstand im Bestimmungsland untergeht oder veräußert wird oder wenn die Verwendungsfristen überschritten werden. [2]An die Stelle der besonderen Aufzeichnungen treten die allgemeinen Aufzeichnungspflichten für innergemeinschaftliche Lieferungen, vgl. dazu Abschnitt 1 a.2 Abs. 13.

(6) [1]Die in § 1a Abs. 3 Nr. 1 UStG genannten Erwerber sind zur Aufzeichnung nach § 22 Abs. 2 Nr. 7 UStG verpflichtet, wenn sie die Erwerbsschwelle überschritten, zur Erwerbsbesteuerung optiert oder Gegenstände im Sinne des § 1a Abs. 5 UStG erworben haben. [2]Juristische Personen, die auch Unternehmer sind, haben die für das Unternehmen vorgenommenen Erwerbe grundsätzlich getrennt von den nicht für das Unternehmen bewirkten Erwerben aufzuzeichnen. [3]Eine entsprechende Trennung in den Aufzeichnungen ist nicht erforderlich, soweit die Steuerbeträge, die auf die für das Unternehmen vorgenommenen innergemeinschaftlichen Erwerbe entfallen, vom Vorsteuerabzug ausgeschlossen sind.

(7) Der Unternehmer hat die Erfüllung der nach § 18a Abs. 2 Satz 1 und § 18b Satz 1 Nr. 2 UStG bestehenden Verpflichtungen sicherzustellen, die Bemessungsgrundlagen für nach § 3a Abs. 2 UStG im übrigen Gemeinschaftsgebiet ausgeführte steuerpflichtige sonstige Leistungen, für die der in einem anderen Mitgliedstaat ansässige Leistungsempfänger die Steuer dort schuldet, in der Zusammenfassenden Meldung anzugeben bzw. in den Umsatzsteuer-Voranmeldungen und in der Umsatzsteuererklärung für das Kalenderjahr gesondert anzumelden.

UStAE 22.3 a. Aufzeichnungspflichten bei Teilnahme an einem der besonderen Besteuerungsverfahren

(1) [1]Der nicht im Gemeinschaftsgebiet ansässige Unternehmer hat über die im Rahmen der Regelung nach § 18 Abs. 4c und 4d UStG vor dem 1. 7. 2021 getätigten Umsätze Aufzeichnungen mit ausreichenden Angaben zu führen. [2]Diese Aufzeichnungen sind dem BZSt auf Anfrage auf elektronischem Weg zur Verfügung zu stellen (§ 22 Abs. 1 Satz 4 erster Teilsatz UStG).

(2) [1]Der im übrigen Gemeinschaftsgebiet ansässige Unternehmer hat über die im Rahmen der Regelung nach § 18 Abs. 4e UStG vor dem 1. 7. 2021 getätigten Umsätze Aufzeichnungen mit ausreichenden Angaben zu führen. [2]Diese Aufzeichnungen sind der für das Besteuerungsverfahren zuständigen Finanzbehörde auf Anfrage auf elektronischem Weg zur Verfügung zu stellen (§ 22 Abs. 1 Satz 4 zweiter Teilsatz UStG).

(3) [1]Der im Inland ansässige Unternehmer hat über die im Rahmen der Regelung nach § 18h UStG vor dem 1. 7. 2021 getätigten Umsätze Aufzeichnungen mit ausreichenden Angaben zu führen. [2]Diese Aufzeichnungen sind dem BZSt und/oder der zuständigen Finanzbehörde des EU-Mitgliedstaats, in dessen Gebiet der Leistungsort liegt, auf Anfrage auf elektronischem Weg zur Verfügung zu stellen (Artikel 369 Abs. 2 Unterabs. 1 MwStSystRL).

(3a) [1]Der Unternehmer oder im Auftrag handelnde Vertreter hat über die im Rahmen der Regelungen nach §§ 18i, 18j, 18k und 21a UStG nach dem 30. 6. 2021 getätigten Umsätze oder Geschäftsvorgänge Aufzeichnungen mit ausreichenden Angaben zu führen. [2]Diese Aufzeichnungen sind dem BZSt, dem zuständigen Finanzamt, dem zuständigen Hauptzollamt und/oder der in einem anderen EU-Mitgliedstaat zuständigen Finanzbehörde auf Anfrage auf elektronischem Weg zur Verfügung zu stellen (§ 22 Abs. 1 Satz 4 dritter Teilsatz UStG).

(4) Aufzeichnungen mit ausreichenden Angaben im Sinne der Absätze 1 bis 3 sowie – in Bezug auf die Regelungen nach §§ 18i und 18j UStG – des Absatzes 3a enthalten folgende Informationen (vgl. Artikel 63c Abs. 1 MwStVO):

1. EU-Mitgliedstaat, in dessen Gebiet der Leistungsort liegt;
2. Art der erbrachten sonstigen Leistung oder Beschreibung und Menge der gelieferten Gegenstände;
3. Datum der Leistungserbringung;
4. Bemessungsgrundlage unter Angabe der verwendeten Währung;
5. jede anschließende Änderung der Bemessungsgrundlage;
6. anzuwendender Steuersatz;
7. Betrag der zu zahlenden Umsatzsteuer unter Angabe der verwendeten Währung;
8. Datum und Betrag der erhaltenen Zahlungen;
9. alle vor Erbringung der Leistung erhaltenen Anzahlungen;
10. falls eine Rechnung ausgestellt wurde, die darin enthaltenen Informationen;
11. in Bezug auf sonstige Leistungen die Informationen, die zur Bestimmung des Ortes verwendet werden, an dem der Empfänger ansässig ist oder seinen Wohnsitz oder gewöhnlichen Aufenthaltsort

hat, und in Bezug auf Lieferungen die Informationen, die zur Bestimmung des Ortes verwendet werden, an dem die Versendung oder Beförderung der Gegenstände zum Erwerber beginnt und endet;

12. jegliche Nachweise über etwaige Rücksendungen von Gegenständen, einschließlich der Bemessungsgrundlage und des anzuwendenden Steuersatzes.

(4 a) In Bezug auf die Regelung nach § 18 k UStG enthalten Aufzeichnungen mit ausreichenden Angaben im Sinne des Absatzes 3 a folgende Informationen (vgl. Artikel 63 c Abs. 2 MwStVO):

1. EU-Mitgliedstaat, in dessen Gebiet der Lieferort liegt;
2. Beschreibung und Menge der gelieferten Gegenstände;
3. Datum der Lieferung;
4. Bemessungsgrundlage unter Angabe der verwendeten Währung;
5. jede anschließende Änderung der Bemessungsgrundlage;
6. anzuwendender Steuersatz;
7. Betrag der zu zahlenden Umsatzsteuer unter Angabe der verwendeten Währung;
8. Datum und Betrag der erhaltenen Zahlungen;
9. falls eine Rechnung ausgestellt wurde, die darin enthaltenen Informationen;
10. Informationen, die zur Bestimmung des Ortes verwendet werden, an dem die Versendung oder Beförderung der Gegenstände zum Erwerber beginnt und endet;
11. Nachweise über etwaige Rücksendungen von Gegenständen, einschließlich der Bemessungsgrundlage und des anzuwendenden Steuersatzes;
12. die Bestellnummer oder die eindeutige Transaktionsnummer;
13. die eindeutige Sendungsnummer, falls der Unternehmer unmittelbar an der Lieferung beteiligt ist.

(5) Die Aufbewahrungsfrist für die Aufzeichnungen nach den Absätzen 1 bis 3 a beträgt zehn Jahre (§ 147 Abs. 3 AO sowie Artikel 369 Abs. 2 Unterabs. 2, Artikel 369 k Abs. 2 Unterabs. 2 und Artikel 369 x Abs. 2 Unterabs. 2 MwStSystRL).

UStAE 22.3 b. Aufzeichnungspflichten bei Lieferungen in ein Lager im Sinne des § 6 b UStG

Allgemeines

(1) [1]Die allgemeinen Ordnungsgrundsätze nach Abschnitt 22.1 gelten entsprechend. [2]Für die Erfüllung der Aufzeichnungspflichten können der Unternehmer und der Erwerber einen Dritten beauftragen.

Aufzeichnungspflichten Unternehmer

(2) Der Umfang der Aufzeichnungspflichten für den Unternehmer ergibt sich aus § 22 Abs. 4 f UStG.

Aufzeichnungspflichten Erwerber

(3) Der Umfang der Aufzeichnungspflichten für den Erwerber ergibt sich aus § 22 Abs. 4 g UStG.

Aufzeichnungspflichten Lagerhalter

(4) [1]Die Aufzeichnungspflichten nach Absatz 1 gelten auch für einen für die Haltung eines Lagers im Sinne des § 6 b UStG eingesetzten Dritten (Lagerhalter). [2]Der Umfang der Aufzeichnungspflichten für den Lagerhalter ergibt sich ebenfalls aus § 22 Abs. 4 g UStG.

UStAE 22.4. Aufzeichnungen bei Aufteilung der Vorsteuern

(1) [1]Unternehmer, die nach § 15 Abs. 4 UStG nur teilweise zum Vorsteuerabzug berechtigt sind und die deshalb die angefallenen Vorsteuerbeträge aufzuteilen haben, brauchen außer den Vorsteuerbeträgen, die voll vom Vorsteuerabzug ausgeschlossen sind, auch die vom Vorsteuerabzug ausgeschlossenen anteiligen Vorsteuerbeträge nicht gesondert aufzuzeichnen. [2]Aufgezeichnet werden müssen aber in den Fällen, in denen Vorsteuerbeträge nur teilweise abziehbar sind,

1. die Entgelte für die betreffenden steuerpflichtigen Leistungen an den Unternehmer, die für diese Leistungen gesondert in Rechnung gestellten gesamten Steuerbeträge und die als Vorsteuern abziehbaren Teilbeträge;
2. die Entgelte für die betreffenden steuerpflichtigen Leistungen an den Unternehmer, für die der Unternehmer die Steuer nach § 13 b Abs. 5 UStG schuldet, und die als Vorsteuer abziehbaren Teilbeträge;
3. die vorausgezahlten Entgelte und Teilentgelte für die betreffenden steuerpflichtigen Leistungen an den Unternehmer, die dafür gesondert in Rechnung gestellten gesamten Steuerbeträge und die als Vorsteuern abziehbaren Teilbeträge;
4. die gesamten Einfuhrumsatzsteuerbeträge für die für das Unternehmen eingeführten Gegenstände und die als Vorsteuern abziehbaren Teilbeträge sowie die Bemessungsgrundlagen für die Einfuhren oder Hinweise auf die entsprechenden zollamtlichen Belege;
5. die Bemessungsgrundlage für den innergemeinschaftlichen Erwerb von Gegenständen und die als Vorsteuern abziehbaren Teilbeträge.

(2) In den Fällen der Vorsteueraufteilung sind die Bemessungsgrundlagen für die Umsätze, die nach § 15 Abs. 2 und 3 UStG den Vorsteuerabzug ausschließen, getrennt von den Bemessungsgrundlagen der übrigen Umsätze mit Ausnahme der Einfuhren, der innergemeinschaftlichen Erwerbe und der Leistungsbezüge, für die der Unternehmer die Steuer nach § 13 b Abs. 5 UStG schuldet, aufzuzeichnen, und zwar unabhängig von der allgemeinen Verpflichtung zur Trennung der Bemessungsgrundlagen nach § 22 Abs. 2 UStG.

UStAE 22.5. Erleichterungen der Aufzeichnungspflichten

(1) [1]Durch § 63 Abs. 3 und 5 UStDV werden die Aufzeichnungspflichten nach § 22 Abs. 2 UStG allgemein erleichtert. [2]Den Unternehmern ist es hiernach gestattet, für ihre Umsätze und die an sie ausgeführten Umsätze die jeweiligen Bruttobeträge einschließlich der Steuer getrennt nach Steuersätzen aufzuzeichnen und am Schluss eines Voranmeldungszeitraums insgesamt in Bemessungsgrundlage und Steuer aufzuteilen. [3]Beträge für die an den Unternehmer ausgeführten Umsätze dürfen in das Verfahren der Bruttoaufzeichnung nur einbezogen werden, wenn in der jeweiligen Rechnung die Steuer in zutreffender Höhe gesondert ausgewiesen ist. [4]Die Bruttoaufzeichnung darf außerdem nicht für die Leistungen des Unternehmers vorgenommen werden, für die in den Rechnungen die Steuer zu Unrecht oder zu hoch ausgewiesen ist.

(2) Bei der Einfuhr genügt es, wenn die entstandene Einfuhrumsatzsteuer mit einem Hinweis auf einen entsprechenden zollamtlichen Beleg aufgezeichnet wird (§ 64 UStDV).

(3) [1]Kleinunternehmer im Sinne des § 19 UStG müssen nur die Werte der Gegenleistungen aufzeichnen (§ 65 UStDV). [2]Als Wert der erhaltenen Gegenleistungen ist grundsätzlich der vereinnahmte Preis anzugeben.

(4) [1]Unternehmer, die ihre abziehbaren Vorsteuerbeträge nach Durchschnittssätzen (§ 23 a UStG, § 66 a UStDV) berechnen, brauchen die Entgelte oder Teilentgelte für die empfangenen Leistungen sowie die dafür in Rechnung gestellten Steuerbeträge nicht aufzuzeichnen. [2]Ebenso entfällt die Verpflichtung zur Aufzeichnung der Einfuhrumsatzsteuer.

(5) Land- und Forstwirte, die ihre Umsätze nach den Durchschnittssätzen des § 24 UStG versteuern, haben die Bemessungsgrundlagen für die Umsätze mit den in der Anlage 2 des UStG nicht aufgeführten Sägewerkserzeugnissen und Getränken sowie mit alkoholischen Flüssigkeiten aufzuzeichnen (§ 67 UStDV).

(6) Die Erleichterungen berühren nicht die Verpflichtung zur Aufzeichnung der Steuerbeträge, die nach § 14 c UStG geschuldet werden.

UStAE 22.6. Erleichterungen für die Trennung der Bemessungsgrundlagen

Grundsätze

(1) [1]Der Unternehmer kann eine erleichterte Trennung der Bemessungsgrundlagen nach Steuersätzen (§ 63 Abs. 4 UStDV) nur mit Genehmigung des Finanzamts vornehmen. [2]Das Finanzamt hat die Geneh-

migung schriftlich unter dem Vorbehalt des jederzeitigen Widerrufs zu erteilen. [3]In der Genehmigungsverfügung sind die zugelassenen Erleichterungen genau zu bezeichnen. [4]Eine vom Unternehmer ohne Genehmigung des Finanzamts vorgenommene erleichterte Trennung der Bemessungsgrundlagen kann aus Billigkeitsgründen anerkannt werden, wenn das angewandte Verfahren bei rechtzeitiger Beantragung hätte zugelassen werden können. [5]Eine solche Erleichterung der Aufzeichnungspflichten kommt allerdings nicht in Betracht, wenn eine Registrierkasse mit Zählwerken für mehrere Warengruppen oder eine entsprechende andere Speichermöglichkeit eingesetzt wird.

(2) [1]Entsprechende Erleichterungen können auf Antrag auch für die Trennung in steuerfreie und steuerpflichtige Umsätze sowie für nachträgliche Entgeltminderungen (vgl. Absatz 20) gewährt werden. [2]Die Finanzämter können auch andere als die in Absatz 9 ff. bezeichneten Verfahren zulassen, wenn deren steuerliches Ergebnis nicht wesentlich von dem Ergebnis einer nach Steuersätzen getrennten Aufzeichnung abweicht. [3]Ob ein abweichendes Verfahren oder ein Wechsel des Verfahrens zugelassen werden kann und wie das Verfahren ausgestaltet sein muss, hat das Finanzamt in jedem Einzelfall zu prüfen. [4]Die Anwendung des Verfahrens kann auf einen in der Gliederung des Unternehmens gesondert geführten Betrieb beschränkt werden (§ 63 Abs. 4 Satz 4 UStDV).

Aufschlagsverfahren

(3) [1]Die Aufschlagsverfahren (Absätze 9 bis 16) kommen vor allem für Unternehmer in Betracht, die nur erworbene Waren liefern, wie z. B. Lebensmitteleinzelhändler, Drogisten, Buchhändler. [2]Sie können aber auch von Unternehmern angewendet werden, die – wie z. B. Bäcker oder Fleischer – neben erworbenen Waren in erheblichem Umfang hergestellte Erzeugnisse liefern. [3]Voraussetzung ist jedoch, dass diese Unternehmer, sofern sie für die von ihnen hergestellten Waren die Verkaufsentgelte oder die Verkaufspreise rechnerisch ermitteln, darüber entsprechende Aufzeichnungen führen.

(4) [1]Eine Trennung der Bemessungsgrundlagen nach dem Verhältnis der Eingänge an begünstigten und an nicht begünstigten Waren kann nur in besonders gelagerten Einzelfällen zugelassen werden. [2]Die Anwendung brancheneinheitlicher Durchschnittsaufschlagsätze oder eines vom Unternehmer geschätzten durchschnittlichen Aufschlagsatzes kann nicht genehmigt werden. [3]Die Berücksichtigung eines Verlustabschlags für Verderb, Bruch, Schwund, Diebstahl usw. bei der rechnerischen Ermittlung der nicht begünstigten Umsätze auf Grund der Wareneingänge ist, sofern Erfahrungswerte oder andere Unterlagen über die Höhe der Verluste nicht vorhanden sind, von der Führung zeitlich begrenzter Aufzeichnungen über die eingetretenen Verluste abhängig zu machen (vgl. BFH-Urteil vom 18. 11. 1971, V R 85/71, BStBl 1972 II S. 202).

(5) Die von den Unternehmern im Rahmen eines zugelassenen Verfahrens angewandten Aufschlagsätze unterliegen der Nachprüfung durch die Finanzämter.

(6) [1]In Fällen, in denen ein Unternehmen oder ein Betrieb erworben wird, sind bei der Anwendung eines Aufschlagsverfahrens (Absätze 9 bis 16) die übertragenen Warenbestände als Wareneingänge in die rechnerische Ermittlung der begünstigten und der nicht begünstigten Umsätze einzubeziehen (vgl. BFH-Urteil vom 11. 6. 1997, XI R 18/96, BStBl II S. 633). [2]Diese Berechnung ist für den Voranmeldungszeitraum vorzunehmen, der nach der Übertragung der Warenbestände endet. [3]Der Unternehmer hat die bei dem Erwerb des Unternehmens oder Betriebs übernommenen Warenbestände aufzuzeichnen und dabei die Waren, deren Lieferungen nach § 12 Abs. 1 UStG dem allgemeinen Steuersatz unterliegen, von denen zu trennen, auf deren Lieferungen nach § 12 Abs. 2 Nr. 1 UStG der ermäßigte Steuersatz anzuwenden ist. [4]Die Gliederung nach den auf die Lieferungen anzuwendenden Steuersätzen kann auch im Eröffnungsinventar vorgenommen werden.

(7) [1]Dies gilt auch, wenn ein Unternehmen gegründet wird. [2]In diesem Falle sind bei einer erleichterten Trennung der Bemessungsgrundlagen nach den Wareneingängen die vor der Eröffnung angeschafften Waren (Warenanfangsbestand) in die rechnerische Ermittlung der begünstigten und der nicht begünstigten Umsätze für den ersten Voranmeldungszeitraum einzubeziehen. [3]Nach den Grundsätzen des Absatzes 6 ist auch in den Fällen zu verfahren, in denen ein Verfahren zur Trennung der Bemessungsgrundlagen umgestellt wird (vgl. BFH-Urteil vom 11. 6. 1997, XI R 18/96, BStBl II S. 633).

(8) Wechselt der Unternehmer mit Zustimmung des Finanzamts das Aufschlagsverfahren oder innerhalb des genehmigten Aufschlagsverfahrens die aufzuzeichnende Umsatzgruppe oder wird das Verfahren zur erleich-

terten Trennung der Entgelte auf der Grundlage des Wareneingangs ganz oder teilweise eingestellt, sind die Warenendbestände von der Bemessungsgrundlage des letzten Voranmeldungszeitraums abzuziehen.

Anwendung tatsächlicher und üblicher Aufschläge

(9) [1]Die erworbenen Waren, deren Lieferungen dem ermäßigten Steuersatz unterliegen, sind im Wareneingangsbuch oder auf dem Wareneinkaufskonto getrennt von den übrigen Waren aufzuzeichnen, deren Lieferungen nach dem allgemeinen Steuersatz zu versteuern sind. [2]Auf der Grundlage der Wareneingänge sind entweder die Umsätze der Waren, die dem allgemeinen Steuersatz unterliegen, oder die steuerermäßigten Umsätze rechnerisch zu ermitteln. [3]Zu diesem Zweck ist im Wareneingangsbuch oder auf dem Wareneinkaufskonto für diese Waren neben der Spalte „Einkaufsentgelt" eine zusätzliche Spalte mit der Bezeichnung „Verkaufsentgelt" einzurichten. [4]Die Waren der Gruppe, für die die zusätzliche Spalte „Verkaufsentgelt" geführt wird, sind grundsätzlich einzeln und mit genauer handelsüblicher Bezeichnung im Wareneingangsbuch oder auf dem Wareneinkaufskonto einzutragen. [5]Statt der handelsüblichen Bezeichnung können Schlüsselzahlen oder Symbole verwendet werden, wenn ihre eindeutige Bestimmung aus der Eingangsrechnung oder aus anderen Unterlagen gewährleistet ist. [6]Bei der Aufzeichnung des Wareneingangs sind auf Grund der tatsächlichen oder üblichen Aufschlagsätze die tatsächlichen bzw. voraussichtlichen Verkaufsentgelte für die betreffenden Waren zu errechnen und in die zusätzliche Spalte des Wareneingangsbuchs oder des Wareneinkaufskontos einzutragen. [7]Nach Ablauf eines Voranmeldungszeitraums sind die in der zusätzlichen Spalte aufgezeichneten tatsächlichen oder voraussichtlichen Verkaufsentgelte zusammenzurechnen. [8]Die Summe bildet den Umsatz an begünstigten bzw. nicht begünstigten Waren und ist nach Hinzurechnung der Steuer unter Anwendung des in Betracht kommenden Steuersatzes von der Summe der im Voranmeldungszeitraum vereinbarten oder vereinnahmten Entgelte zuzüglich Steuer (Bruttopreise) abzusetzen. [9]Der Differenzbetrag stellt die Summe der übrigen Entgelte zuzüglich der Steuer nach dem anderen Steuersatz dar.

(10) [1]Anstelle der Aufgliederung im Wareneingangsbuch oder auf dem Wareneinkaufskonto kann auch für eine der Warengruppen ein besonderes Buch geführt werden. [2]Darin sind die begünstigten oder nicht begünstigten Waren unter ihrer handelsüblichen Bezeichnung mit Einkaufsentgelt und tatsächlichem oder voraussichtlichem Verkaufsentgelt aufzuzeichnen. [3]Statt der handelsüblichen Bezeichnung können Schlüsselzahlen oder Symbole verwendet werden (vgl. Absatz 9). [4]Die Aufzeichnungen müssen Hinweise auf die Eingangsrechnungen oder auf die Eintragungen im Wareneingangsbuch oder auf dem Wareneinkaufskonto enthalten.

(11) [1]Die Verkaufsentgelte, die beim Wareneingang besonders aufzuzeichnen sind, können bereits auf den Rechnungen nach Warenarten zusammengestellt werden. [2]Dabei genügt es, im Wareneingangsbuch, auf dem Wareneinkaufskonto oder in einem besonderen Buch die Sammelbezeichnungen für diese Waren anzugeben und die jeweiligen Summen der errechneten Verkaufsentgelte einzutragen. [3]Zur weiteren Vereinfachung des Verfahrens können die Einkaufsentgelte von Waren mit gleichen Aufschlagsätzen in gesonderten Spalten zusammengefasst werden. [4]Die aufgezeichneten Einkaufsentgelte für diese Warengruppen sind am Schluss des Voranmeldungszeitraums zusammenzurechnen. [5]Aus der Summe der Einkaufsentgelte für die einzelne Warengruppe sind durch Hinzurechnung der Aufschläge die Verkaufsentgelte und damit rechnerisch die Umsätze an diesen Waren zu ermitteln.

(12) [1]Das Verfahren kann in der Weise abgewandelt werden, dass der Unternehmer beim Wareneingang sowohl für die begünstigten als auch für die nicht begünstigten Waren die tatsächlichen bzw. voraussichtlichen Verkaufsentgelte gesondert aufzeichnet. [2]Nach Ablauf des Voranmeldungszeitraums werden die gesondert aufgezeichneten Verkaufsentgelte für beide Warengruppen zusammengerechnet. [3]Den Summen dieser Verkaufsentgelte wird die Steuer nach dem jeweils in Betracht kommenden Steuersatz hinzugesetzt. [4]Der Gesamtbetrag der im Voranmeldungszeitraum vereinbarten oder vereinnahmten Entgelte zuzüglich Steuer (Bruttopreise) wird nach dem Verhältnis zwischen den rechnerisch ermittelten Verkaufspreisen beider Warengruppen aufgeteilt.

(13) [1]Macht der Unternehmer von der Möglichkeit des § 63 Abs. 5 UStDV Gebrauch, kann er anstelle der Einkaufsentgelte und Verkaufsentgelte die Einkaufspreise und Verkaufspreise (Entgelt und Steuerbetrag in einer Summe) aufzeichnen. [2]Außerdem kann ein Unternehmer, der die Einkaufsentgelte aufzeichnet,

durch Hinzurechnung der Aufschläge und der in Betracht kommenden Steuer die Verkaufspreise errechnen und diese in seinen Aufzeichnungen statt der Verkaufsentgelte angeben.

Anwendung eines gewogenen Durchschnittsaufschlags

(14) [1]Die erworbenen Waren, deren Lieferungen dem ermäßigten Steuersatz unterliegen, sind im Wareneingangsbuch oder auf dem Wareneinkaufskonto getrennt von den übrigen Waren aufzuzeichnen, deren Lieferungen nach dem allgemeinen Steuersatz zu versteuern sind. [2]Die Umsätze der Waren, die dem allgemeinen Steuersatz unterliegen, oder die steuerermäßigten Umsätze sind auf der Grundlage der Einkaufsentgelte unter Berücksichtigung des gewogenen Durchschnittsaufschlagsatzes für die betreffende Warengruppe rechnerisch zu ermitteln. [3]Diese rechnerische Ermittlung ist grundsätzlich für die Umsatzgruppe vorzunehmen, die den geringeren Anteil am gesamten Umsatz bildet. [4]Zu der rechnerischen Umsatzermittlung sind am Schluss eines Voranmeldungszeitraums die Einkaufsentgelte der betreffenden Warengruppe zusammenzurechnen. [5]Dem Gesamtbetrag dieser Einkaufsentgelte ist der gewogene Durchschnittsaufschlag hinzuzusetzen. [6]Die Summe beider Beträge bildet den Umsatz der betreffenden Warengruppe und ist nach Hinzurechnung der Steuer unter Anwendung des in Betracht kommenden Steuersatzes von der Summe der im Voranmeldungszeitraum vereinbarten oder vereinnahmten Entgelte zuzüglich Steuer (Bruttopreise) abzusetzen. [7]Der Differenzbetrag stellt die Summe der übrigen Entgelte zuzüglich der Steuer nach dem anderen Steuersatz dar.

(15) [1]Der gewogene Durchschnittsaufschlagsatz ist vom Unternehmer festzustellen. [2]Dabei ist von den tatsächlichen Verhältnissen in mindestens drei für das Unternehmen repräsentativen Monaten eines Kalenderjahrs auszugehen. [3]Der Unternehmer ist – sofern sich die Struktur seines Unternehmens nicht ändert – berechtigt, den von ihm ermittelten gewogenen Durchschnittsaufschlagsatz für die Dauer von fünf Jahren anzuwenden. [4]Nach Ablauf dieser Frist oder im Falle einer Änderung der Struktur des Unternehmens ist der Durchschnittsaufschlagsatz neu zu ermitteln. [5]Als Strukturänderung ist auch eine wesentliche Änderung des Warensortiments anzusehen. [6]Absatz 13 gilt entsprechend.

Filialunternehmen

(16) [1]Von Filialunternehmen kann die Trennung der Bemessungsgrundlagen statt nach den vorbezeichneten Verfahren (Absätze 9 bis 15) auch in der Weise vorgenommen werden, dass die tatsächlichen Verkaufsentgelte der Waren, deren Lieferungen dem ermäßigten Steuersatz unterliegen oder nach dem allgemeinen Steuersatz zu versteuern sind, im Zeitpunkt der Auslieferung an den einzelnen Zweigbetrieb gesondert aufgezeichnet werden. [2]Eine getrennte Aufzeichnung der Wareneingänge ist in diesem Falle entbehrlich. [3]Nach Ablauf eines Voranmeldungszeitraums sind die Verkaufsentgelte für die in diesem Zeitraum an die Zweigbetriebe ausgelieferten Waren einer der gesondert aufgezeichneten Warengruppen zusammenzurechnen. [4]Die Summe dieser Verkaufsentgelte ist nach Hinzurechnung der Steuer unter Anwendung des in Betracht kommenden Steuersatzes von der Summe der im Voranmeldungszeitraum vereinbarten oder vereinnahmten Entgelte zuzüglich Steuer (Bruttopreise) abzusetzen. [5]Aus dem verbleibenden Differenzbetrag ist die Steuer unter Zugrundelegung des anderen Steuersatzes zu errechnen. [6]Absätze 12 und 13 gelten entsprechend.

Verfahren für Personen-Beförderungsunternehmen

(17) [1]Die Finanzämter können Beförderungsunternehmen, die neben steuerermäßigten Personenbeförderungen im Sinne des § 12 Abs. 2 Nr. 10 UStG auch Personenbeförderungen ausführen, die dem allgemeinen Steuersatz unterliegen, auf Antrag gestatten, die Entgelte nach dem Ergebnis von Repräsentativerhebungen dieser Unternehmen zu trennen. [2]Die repräsentativen Verkehrszählungen müssen in angemessenen Zeiträumen bzw. bei Änderungen der Verhältnisse wiederholt werden.

Verfahren für Spediteure, Frachtführer, Verfrachter, Lagerhalter, Umschlagunternehmer und dergleichen

(18) [1]Spediteuren und anderen Unternehmern, die steuerfreie Umsätze im Sinne des § 4 Nr. 3 UStG ausführen – z. B. Frachtführern, Verfrachtern, Lagerhaltern und Umschlagunternehmern –, kann auf Antrag gestattet werden, folgendes Verfahren anzuwenden:

[2]In den Aufzeichnungen brauchen grundsätzlich nur die Entgelte für steuerpflichtige Umsätze von den gesamten übrigen in Rechnung gestellten Beträgen getrennt zu werden. [3]Eine getrennte Aufzeichnung der durchlaufenden Posten sowie der Entgelte für nicht steuerbare Umsätze, die den Vorsteuerabzug nicht ausschließen, und für steuerfreie Umsätze nach § 4 Nr. 3 UStG ist grundsätzlich nicht erforderlich. [4]Gesondert aufgezeichnet werden müssen aber die Entgelte

1. für steuerermäßigte Umsätze im Sinne des § 12 Abs. 2 UStG;
2. für die nach § 4 Nr. 1 und 2 UStG steuerfreien Umsätze;
3. für die nach § 4 Nr. 8 ff. UStG steuerfreien Umsätze und für die nicht steuerbaren Umsätze, die den Vorsteuerabzug ausschließen sowie
4. für nach § 3 a Abs. 2 UStG im übrigen Gemeinschaftsgebiet ausgeführte steuerpflichtige sonstige Leistungen, für die der in einem anderen Mitgliedstaat ansässige Leistungsempfänger die Steuer dort schuldet.

[5]Unberührt bleibt die Verpflichtung des Unternehmers zur Führung des Ausfuhr- und Buchnachweises für die nach § 4 Nr. 1 bis 3 und 5 UStG steuerfreien Umsätze.

(19) Die Genehmigung dieses Verfahrens ist mit der Auflage zu verbinden, dass der Unternehmer, soweit er Umsätze bewirkt, die nach § 15 Abs. 2 und 3 UStG den Vorsteuerabzug ausschließen, die Vorsteuerbeträge nach § 15 Abs. 4 UStG diesen und den übrigen Umsätzen genau zurechnet.

Nachträgliche Entgeltminderungen

(20) [1]Unternehmer, für die eine erleichterte Trennung der Bemessungsgrundlagen zugelassen worden ist, sind berechtigt, nachträgliche Minderungen der Entgelte z. B. durch Skonti, Rabatte und sonstige Preisnachlässe nach dem Verhältnis zwischen den Umsätzen, die verschiedenen Steuersätzen unterliegen, sowie den steuerfreien und nicht steuerbaren Umsätzen eines Voranmeldungszeitraums aufzuteilen. [2]Einer besonderen Genehmigung bedarf es hierzu nicht.

(21) [1]Die Finanzämter können auch anderen Unternehmern, die in großem Umfang Umsätze ausführen, die verschiedenen Steuersätzen unterliegen, auf Antrag widerruflich Erleichterungen für die Trennung nachträglicher Entgeltminderungen gewähren. [2]Diesen Unternehmern kann ebenfalls gestattet werden, die Entgeltminderungen eines Voranmeldungszeitraums in dem gleichen Verhältnis aufzuteilen, in dem die nicht steuerbaren, steuerfreien und den verschiedenen Steuersätzen unterliegenden Umsätze des gleichen Zeitraums zueinander stehen. [3]Voraussetzung für die Zulassung dieses Verfahrens ist, dass die Verhältnisse zwischen den Umsatzgruppen innerhalb der einzelnen Voranmeldungszeiträume keine nennenswerten Schwankungen aufweisen. [4]Bei der Anwendung dieses Verfahrens kann aus Vereinfachungsgründen grundsätzlich außer Betracht bleiben, ob bei einzelnen Umsätzen tatsächlich keine Entgeltminderungen eintreten oder ob die Höhe der Entgeltminderungen bei den einzelnen Umsätzen unterschiedlich ist. [5]Soweit jedoch für bestimmte Gruppen von Umsätzen Minderungen der Entgelte in jedem Falle ausscheiden, sind diese Umsätze bei der Aufteilung der Entgeltminderungen nicht zu berücksichtigen.

> Beispiel:
>
> [1]Landwirtschaftliche Bezugs- und Absatzgenossenschaften gewähren für ihre Umsätze im Bezugsgeschäft (Verkauf von Gegenständen des landwirtschaftlichen Bedarfs), nicht jedoch für ihre Umsätze im Absatzgeschäft (Verkauf der von Landwirten angelieferten Erzeugnisse) Warenrückvergütungen. [2]Sie haben bei einer vereinfachten Aufteilung dieser Rückvergütungen nur von den Umsätzen im Bezugsgeschäft auszugehen.

Merkblatt

(22) Weitere Hinweise enthält das Merkblatt zur erleichterten Trennung der Bemessungsgrundlagen (§ 63 Abs. 4 UStDV), Stand Mai 2009 (BMF-Schreiben vom 6. 5. 2009, BStBl I S. 681).

Zu § 22 a UStG

UStG § 22 a Fiskalvertretung

(1) Ein Unternehmer, der weder im Inland noch in einem der in § 1 Abs. 3 genannten Gebiete seinen Wohnsitz, seinen Sitz, seine Geschäftsleitung oder eine Zweigniederlassung hat und im Inland ausschließlich steuerfreie Umsätze ausführt und keine Vorsteuerbeträge abziehen kann, kann sich im Inland durch einen Fiskalvertreter vertreten lassen.

(2) Zur Fiskalvertretung sind die in § 3 Nr. 1 bis 3 und § 4 Nr. 9 Buchstabe c des Steuerberatungsgesetzes genannten Personen befugt.

(3) Der Fiskalvertreter bedarf der Vollmacht des im Ausland ansässigen Unternehmers.

UStAE 22 a.1 Fiskalvertretung

Fiskalvertretung

(1) [1]Fiskalvertretung ist die umsatzsteuerrechtliche Vertretung eines im Ausland ansässigen Unternehmers (Vertretener). [2]Der Fiskalvertreter hat gemäß § 22 b Abs. 1 Satz 1 UStG die umsatzsteuerlichen Pflichten des Vertretenen – anders als ein Bevollmächtigter gemäß § 80 Abs. 1 AO – als eigene Pflichten zu erfüllen.

Befugnis zur Fiskalvertretung

(2) [1]Zur Fiskalvertretung sind nach § 22 a Abs. 2 UStG nur die in den §§ 3 Satz 1 Nr. 1 bis 3 und 4 Nr. 9 Buchstabe c StBerG bezeichneten Personen und Gesellschaften befugt. [2]Zu den in § 3 Satz 1 Nr. 1 bis 3 StBerG bezeichneten Personen und Gesellschaften gehören:

1. Steuerberater, Steuerbevollmächtigte, Rechtsanwälte, niedergelassene europäische Rechtsanwälte, Wirtschaftsprüfer und vereidigte Buchprüfer (§ 3 Satz 1 Nr. 1 StBerG),
2. Berufsausübungsgesellschaften nach den §§ 49 und 50 StBerG und im Sinne der Bundesrechtsanwaltsordnung (§ 3 Satz 1 Nr. 2 StBerG),
3. Gesellschaften nach § 44 b Abs. 1 der Wirtschaftsprüferordnung, deren Gesellschafter oder Partner ausschließlich Wirtschaftsprüfer oder vereidigte Buchprüfer sind, sowie Wirtschaftsprüfungsgesellschaften und Buchprüfungsgesellschaften (§ 3 Satz 1 Nr. 3 StBerG).

[3]Zu den in § 4 Nr. 9 Buchstabe c StBerG bezeichneten Unternehmen gehören unter den übrigen Voraussetzungen des Satzes 4:

a) Speditionsunternehmen, soweit sie Hilfe in Eingangsabgabensachen oder bei der verbrauchsteuerlichen Behandlung von Waren im Warenverkehr mit anderen Mitgliedstaaten leisten, § 4 Nr. 9 Buchstabe a in Verbindung mit Buchstabe c StBerG, und

b) sonstige gewerbliche Unternehmen, soweit sie im Zusammenhang mit der Zollbehandlung Hilfe in Eingangsabgabensachen leisten, § 4 Nr. 9 Buchstabe b in Verbindung mit Buchstabe c StBerG.

[4]Für die Unternehmen im Sinne des Satzes 3 müssen folgende Voraussetzungen erfüllt sein:

1. die Unternehmen müssen Hilfe in Eingangsabgabensachen leisten (z. B. im Zusammenhang mit der Zollbehandlung),
2. sie müssen im Geltungsbereich des StBerG ansässig sein,
3. sie dürfen nicht die Kleinunternehmerregelung (§ 19 UStG) in Anspruch nehmen und
4. sie dürfen nicht nach § 22 e UStG von der Fiskalvertretung ausgeschlossen sein.

Vertretener

(3) Für die Inanspruchnahme einer Fiskalvertretung im Sinne des UStG muss der Vertretene folgende Voraussetzungen erfüllen:

1. er muss Unternehmer im Sinne des § 2 UStG sein,
2. er darf weder im Inland (§ 1 Abs. 2 Satz 1 UStG), noch in einem der in § 1 Abs. 3 UStG genannten Gebiete seinen Wohnsitz, seinen Sitz, seine Geschäftsleitung oder eine Zweigniederlassung haben,
3. er darf im Inland ausschließlich steuerfreie Umsätze erzielen und darf nicht berechtigt sein, Vorsteuerbeträge geltend zu machen.

Bestellung des Fiskalvertreters

(4) [1]Ein Fiskalvertreter kann zu Beginn oder im Laufe eines Besteuerungszeitraums bestellt werden. [2]Der Vertretene hat die Möglichkeit, sich von mehreren Fiskalvertretern vertreten zu lassen und kann somit für mehrere Umsätze unterschiedliche Fiskalvertreter bevollmächtigen. [3]In diesen Fällen gilt die Vertretung durch den jeweiligen Fiskalvertreter nur im Rahmen des Umfangs der erteilten Vollmacht nach Absatz 5. [4]Endet die Fiskalvertretung, weil der Vertretene im weiteren Verlauf des Besteuerungszeitraums (§ 18 Abs. 3 Satz 1 UStG) im Inland steuerpflichtige Umsätze ausführt oder berechtigt ist, Vorsteuerbeträge geltend zu machen (vgl. Absatz 8 Satz 3), kann der Vertretene nach Ablauf des Besteuerungszeitraums erneut einen Fiskalvertreter bestellen, wenn die Voraussetzungen dafür erneut vorliegen (vgl. Absatz 3).

(5) [1]Der Fiskalvertreter hat seine Vertretungsbefugnis durch eine Vollmacht des Vertretenen nachzuweisen (vgl. § 22 a Abs. 3 UStG). [2]Diese Vollmacht ist vor Ausführung der steuerfreien Umsätze durch den Vertretenen zu erteilen. [3]Sie kann formlos erfolgen und bedarf nicht zwingend der Schriftform. [4]Auf Verlangen der Finanzbehörde ist die Vollmacht in entsprechender Anwendung des § 80 Abs. 3 AO schriftlich oder elektronisch nachzuweisen. [5]Ist die Vollmacht in einer Fremdsprache ausgestellt, ist auf Verlangen der Finanzbehörde eine beglaubigte Übersetzung beizufügen, vgl. § 87 Abs. 2 AO und AEAO zu § 87, Nr. 1.

Anwendungsfälle der Fiskalvertretung

(6) Zu den Umsätzen des Vertretenen im Sinne des § 22 a Abs. 1 UStG gehören insbesondere:

a) steuerfreie Einfuhren, an die sich unmittelbar eine innergemeinschaftliche Lieferung anschließt (§ 5 Abs. 1 Nr. 3 UStG),
b) steuerfreie innergemeinschaftliche Erwerbe, an die sich unmittelbar eine innergemeinschaftliche Lieferung anschließt (§ 4 b Nr. 4 UStG),
c) steuerfreie grenzüberschreitende Beförderungen von Gegenständen im Sinne des § 4 Nr. 3 UStG, sofern der Unternehmer keine Lieferungen oder sonstige Leistungen bezieht, für die er die Vorsteuer nach § 15 UStG abziehen kann.

Beispiel:

[1]Unternehmer S in der Schweiz liefert an einen in Dänemark ansässigen Kunden D eine Maschine. [2]D hat die Maschine bei S mit den Lieferkonditionen „verzollt und versteuert“ bestellt. [3]Mit der Beförderung der Ware an D beauftragt S den in Deutschland ansässigen Frachtführer F. [4]F holt die Maschine beim Hersteller S ab und transportiert diese direkt zu D nach Dänemark. [5]Die Maschine wird in Rheinfelden (Baden) zum freien Verkehr abgefertigt und die Kosten der Beförderungsleistung werden in die Bemessungsgrundlage der Einfuhrumsatzsteuer einbezogen. [6]Der Ort der Lieferung wäre demnach grundsätzlich in der Schweiz. [7]Da aber S bzw. sein Beauftragter F Schuldner der Einfuhrumsatzsteuer ist, verlagert sich der Ort der Lieferung nach § 3 Abs. 8 UStG ins Inland. [8]Da die Maschine direkt von Deutschland in einen anderen Mitgliedstaat (hier: Dänemark) gelangt, erbringt S grundsätzlich eine nach § 4 Nr. 1 Buchstabe b in Verbindung mit §6a UStG steuerfreie innergemeinschaftliche Lieferung. [9]S müsste sich somit unverzüglich in Deutschland für Mehrwertsteuerzwecke registrieren lassen und die Erteilung einer USt-IdNr. beantragen. [10]Nur dann und bei Vorliegen der übrigen tatbestandlichen Voraussetzungen, etwa der Abgabe einer zutreffenden ZM, kann

die Steuerbefreiung vorliegen. [11]Für die Erfüllung dieser Pflichten kann S in Deutschland einen Fiskalvertreter bestellen, sofern er im Inland ausschließlich steuerfreie Umsätze ausgeführt hat und keinen Anspruch auf Erstattung von Vorsteuerbeträgen hat. [12]Die Bestellung eines Fiskalvertreters muss vor Ausführung der Lieferung erfolgt sein. [13]Sind die deutsche USt-IdNr. des Fiskalvertreters sowie die dänische USt-IdNr. des Abnehmers D den Zollbehörden mitgeteilt worden und im Zeitpunkt der Lieferung gültig, ist die Einfuhr, der sich unmittelbar eine innergemeinschaftliche Lieferung anschließt, bei Vorliegen der weiteren Voraussetzungen nach § 5 Abs. 1 Nr. 3 UStG steuerfrei.

Ausschluss der Fiskalvertretung

(7) [1]Die Fiskalvertretung ist ausgeschlossen, wenn der Vertretene im Inland neben seinen steuerfreien Umsätzen auch steuerpflichtige Umsätze ausführt oder Vorsteuerbeträge abziehen kann. [2]Insbesondere folgende Vorgänge führen zum Ausschluss der Fiskalvertretung:

a) Der Vertretene führt im Inland steuerpflichtige Umsätze aus, für die der Leistungsempfänger Steuerschuldner gemäß § 13 b UStG ist.
b) Der Vertretene führt im Inland steuerpflichtige Umsätze aus, für die gemäß § 18 Abs. 7 UStG in Verbindung mit § 49 UStDV auf die Erhebung der darauf entfallenden Steuer verzichtet wird.
c) Der Vertretene nimmt für den gleichen Zeitraum am Vorsteuer-Vergütungsverfahren nach § 18 Abs. 9 UStG teil, auch wenn die Mindestvergütungsbeträge nach § 61 oder § 61 a UStDV nicht erreicht werden.
d) Der Vertretene tätigt im Inland innergemeinschaftliche Erwerbe im Rahmen von innergemeinschaftlichen Dreiecksgeschäften, die nach § 25 b Abs. 3 UStG als besteuert gelten, und erbringt steuerpflichtige Lieferungen im Rahmen von innergemeinschaftlichen Dreiecksgeschäften, für die die Steuer vom letzten Abnehmer gemäß § 25 b Abs. 2 UStG geschuldet wird.
e) Der Vertretene ist Empfänger eines steuerpflichtigen Umsatzes, für den er als Leistungsempfänger nach § 13 b UStG die Umsatzsteuer schuldet.

Ende der Fiskalvertretung

(8) [1]Eine Fiskalvertretung endet, wenn sie vom Fiskalvertreter gekündigt, die Vollmacht durch den Vertretenen entzogen oder sie von der zuständigen Finanzbehörde nach § 22 e UStG untersagt wird. [2]Zur Untersagung der Fiskalvertretung siehe Abschnitt 22e.1 Abs. 1. [3]Die Fiskalvertretung endet auch, wenn der Vertretene, der zunächst einen Fiskalvertreter wirksam bestellt hat, im weiteren Verlauf des Besteuerungszeitraums (§ 18 Abs. 3 Satz 1 UStG) im Inland steuerpflichtige Umsätze ausführt oder berechtigt ist, Vorsteuerbeträge geltend zu machen. [4]Die Fiskalvertretung endet auch dann, wenn nach einer Einfuhr von Waren eine beabsichtigte innergemeinschaftliche Lieferung fehlschlägt.

Beispiel:

[1]Sachverhalt wie im Beispiel zu Absatz 6, jedoch lässt D die Maschine nach der Abfertigung zum freien Verkehr an einen Händler H in Deutschland liefern. [2]Der Ort der Lieferung des S wäre demnach grundsätzlich in der Schweiz. [3]Da aber S bzw. sein Beauftragter F Schuldner der Einfuhrumsatzsteuer ist, verlagert sich der Ort der Lieferung nach § 3 Abs. 8 UStG ins Inland. [4]Da die Maschine nicht von Deutschland in einen anderen Mitgliedstaat gelangt, erbringt S eine steuerbare und steuerpflichtige Lieferung in Deutschland. [5]S muss sich somit unverzüglich in Deutschland für Mehrwertsteuerzwecke registrieren lassen. [6]Für die Erklärungspflichten kann S in Deutschland keinen Fiskalvertreter bestellen, da er steuerpflichtige Umsätze ausgeführt hat. [7]Wurde bereits ein Fiskalvertreter bestellt, endet die Fiskalvertretung, da die beabsichtigte steuerfreie innergemeinschaftliche Lieferung nach der Einfuhr der Maschine nicht durchgeführt wurde und demnach die Befreiung von der Einfuhrumsatzsteuer entfällt und mit der Erhebung der Einfuhrumsatzsteuer ein Anspruch auf Vorsteuerabzug beim vertretenen Unternehmer S entsteht.

Folgen der Beendigung der Fiskalvertretung

(9) [1]Ist die Fiskalvertretung aus den in Absatz 8 Sätze 1 und 3 benannten Gründen beendet worden, ist wie folgt zu verfahren:

a) Bei dem Fiskalvertreter:[1]Der Fiskalvertreter hat die Beendigung der Fiskalvertretung eines jeden von ihm Vertretenen dem Finanzamt formlos mitzuteilen. [2]Die bis zum Zeitpunkt der Beendigung der Fiskalvertretung getätigten Umsätze sind vom Fiskalvertreter in den vierteljährlichen Voranmeldungen (§ 18 Abs. 1 UStG) sowie in der Umsatzsteuererklärung für das Kalenderjahr (§ 18 Abs. 3 und 4 UStG) zu erfassen und in den ZM (§ 18a UStG) der entsprechenden Zeiträume anzugeben. [3]Hierzu zählen auch die nachträgliche Abgabe, Richtigstellung und Vervollständigung der ZM in den Fällen des § 4 Nr. 1 Buchstabe b zweiter Halbsatz UStG. [4]Die allgemeinen Erklärungs- und Aufzeichnungspflichten (siehe Abschnitt 22b.1) sind für die Zeit der Bestellung bis zur Beendigung der Fiskalvertretung von ihm zu erfüllen; ggf. soweit die Vollmacht reicht.
b) Bei dem Vertretenen:[1]Der Vertretene muss sich nach Beendigung der Fiskalvertretung unter einer eigenen Steuernummer registrieren lassen und für die Teilnahme am innergemeinschaftlichen Waren- und Dienstleistungsverkehr eine USt-IdNr. beantragen. [2]Er hat unter der Steuernummer alle Steuererklärungen (Umsatzsteuer-Voranmeldung bzw. nach Ablauf des Besteuerungszeitraums eine Umsatzsteuer-Erklärung für das Kalenderjahr) abzugeben. [3]In diesen Erklärungen hat er alle Umsätze einschließlich der über die Fiskalvertretung getätigten Umsätze anzugeben. [4]Außerdem hat er unter seiner USt-IdNr. für innergemeinschaftliche Leistungen, die in der Zeit nach Beendigung der Fiskalvertretung ausgeführt wurden, eine ZM entsprechend § 18a UStG abzugeben. [5]Die in der Zeit der Fiskalvertretung erteilten Rechnungen oder „Pro-forma-Rechnungen" (vgl. Abschnitt 14a.1 Abs. 5) mit dem Hinweis auf die Fiskalvertretung sind nicht zu berichtigen. [6]Unter den gesetzlichen Voraussetzungen ist die Erklärung der Umsätze über eines der besonderen Besteuerungsverfahren der §§ 18 i, 18 j oder 18 k UStG zulässig.

[2]Endet die Fiskalvertretung dadurch, dass der Vertretene steuerpflichtige Umsätze ausführt oder berechtigt ist, Vorsteuerbeträge geltend zu machen (vgl. Absatz 8 Satz 3), ist Schuldner der Umsatzsteuer der leistende Unternehmer (Vertretene). [3]Wird erst später, z. B. im Rahmen einer Außenprüfung, festgestellt, dass die vom Fiskalvertreter erklärten steuerfreien Umsätze des Vertretenen tatsächlich steuerpflichtig sind, kann der Fiskalvertreter nur nach den allgemeinen Vorschriften in Haftung genommen werden. [4]In den Fällen, in denen die Fiskalvertretung durch Untersagung (§ 22 e Abs. 1 UStG in Verbindung mit Abschnitt 22e.1) beendet wurde, gilt Folgendes:

a) Bei dem Fiskalvertreter:[1]Der bisherige Fiskalvertreter ist zur Abgabe einer Steueranmeldung (§ 18 Abs. 3 Satz 2 UStG), der ZM (§ 18a UStG) und zur Benennung aller von ihm Vertretenen aufzufordern. [2]Das Finanzamt hat sicherzustellen, dass die benannten Unternehmer über die Untersagung in Kenntnis gesetzt werden.
b) Bei dem Vertretenen: Der Vertretene hat vom Zeitpunkt der Untersagung an die allgemeinen Erklärungs- und Aufzeichnungspflichten selbst zu erfüllen oder sich eines anderen Fiskalvertreters zu bedienen.

Leistung des Fiskalvertreters

(10) Der Fiskalvertreter erbringt an den Vertretenen eine sonstige Leistung, die nach § 3 a Abs. 2 UStG im Inland nicht steuerbar ist.

Anmerkung

Zum 1.1.1997 ist in Deutschland das Institut des **Fiskalvertreters** eingeführt worden, um für einen ausländischen Unternehmer im Inland die Durchführung des Besteuerungsverfahrens zu vereinfachen, die Finanzverwaltung hatte dazu auch ausführlich Stellung genommen, dies aber nicht im UStAE mit aufgenommen, BMF, Schreiben v. 11.5.1999, BStBl I 1999, 515. Mit Schreiben v. 9.10.2023 hat die Finanzverwaltung diese Ausführungen umfassend überarbeitet und auch in den UStAE mit aufgenommen.

Die Möglichkeit, sich durch einen Fiskalvertreter vertreten zu lassen, ist in Deutschland auf die Fälle beschränkt, in denen:

– der Vertretene ausschließlich steuerfreie Umsätze im Inland erbringt und

– in Deutschland keine Vorsteuerabzugsberechtigung hat.

Diese Voraussetzungen bedeuten im Ergebnis, dass der ausländische Unternehmer im Inland **weder eine Umsatzsteuer** schuldet **noch einen Erstattungsanspruch** gegen die Finanzverwaltung (unabhängig davon, ob im Vorsteuervergütungsverfahren oder im Veranlagungsverfahren) hat, sondern im Inland **lediglich melderechtliche Vorschriften** zu befolgen hat. Ein solcher Vorgang kann sich insbesondere bei Durchfuhren durch Deutschland oder im Zusammenhang mit einem Steuerlager ergeben. Die Meldepflichten betreffen insbesondere die Umsatzsteuererklärung und die Zusammenfassende Meldung.

Hinweis: Kein Fiskalvertreter bei geschuldeter Umsatzsteuer möglich

Wenn ein ausländischer Unternehmer im Inland einen steuerpflichtigen Umsatz ausgeführt hat oder einen Vorsteuerabzug geltend machen konnte, kann er sich bis zum Ende des Besteuerungszeitraums (Kalenderjahr) nicht mehr durch einen Fiskalvertreter vertreten lassen.

Als Fiskalvertreter können die folgenden **Personen** bestellt werden:

– Steuerberater, Steuerbevollmächtigte, Steuerberatungsgesellschaften und Wirtschaftsprüfer sowie Wirtschaftsprüfergesellschaften und vereidigte Buchprüfer,

– Rechtsanwälte, niedergelassene europäische Rechtsanwälte und Rechtsanwaltsgesellschaften,

– inländische Speditionsunternehmen, soweit sie Hilfe in Eingangsabgabensachen oder bei der verbrauchsteuerlichen Behandlung von Waren im Warenverkehr mit anderen Mitgliedstaaten der EU leisten und keine Kleinunternehmer sind, sowie

– sonstige inländische gewerbliche Unternehmen, soweit sie im Zusammenhang mit der Zollbehandlung Hilfe in Eingangsabgabensachen leisten und keine Kleinunternehmer sind.

Die **Bestellung des Fiskalvertreters** erfolgt formlos und in der Regel durch schriftliche Vollmacht, wobei aber eine schriftliche Vollmacht nicht zwingend erforderlich ist.

Das Finanzamt kann dem Fiskalvertreter die **Tätigkeit untersagen**, wenn der Vertreter wiederholt gegen die ihm obliegenden Pflichten verstößt, § 22 e UStG.

Der Fiskalvertreter erhält für alle von ihm vertretenen ausländischen Unternehmer eine gesonderte Steuernummer von seinem zuständigen Finanzamt sowie eine gesonderte USt-IdNr., § 22 d Abs. 1 UStG.

Hinweis: Besondere Meldung notwendig, Anlage FV

Der Fiskalvertreter hat neben seinen eigenen Meldungen für alle von ihm vertretenen Unternehmer eine einheitliche Umsatzsteuererklärung und Zusammenfassende Meldung abzugeben, eine individuelle Anmeldung des vertretenen ausländischen Unternehmers ist damit nicht notwendig. Seit dem 1.1.2020 ist ausdrücklich geregelt, dass der Fiskalvertreter für alle von ihm vertretenen Unternehmer eine vierteljährliche Voranmeldung abzugeben hat. Darüber hinaus muss zur Jahreserklärung eine Anlage FV abgegeben werden, für die der Fiskalvertreter die Besteuerungsgrundlagen für jeden von ihm vertretenen Unternehmer zusammenfasst, § 22 b Abs. 2 UStG.

Der vertretene Unternehmer hat in seinen Rechnungen auf die Fiskalvertretung hinzuweisen und in der Rechnung darüber hinaus den Namen und die Anschrift des Fiskalvertreters sowie die dem Fiskalvertreter für diese Zwecke erteilte USt-IdNr. anzugeben, § 22 c UStG.

Ausführlich hat die Finanzverwaltung zum **Ende der Fiskalvertretung** und den sich daraus ergebenden Rechtsfolgen Stellung genommen (Abschn. 22a.1 Abs. 8 ff. UStAE). Grundsätzlich endet die Fiskalvertretung, wenn sie vom Fiskalvertreter gekündigt wird, der Vertretene die Vollmacht widerruft oder die Fiskalvertretung von den Finanzbehörden untersagt wird. Die Fiskalvertretung endet aber auch, wenn der Vertretene **im Inland steuerpflichtige Umsätze** ausführt oder berechtigt ist, **Vorsteuerbeträge** geltend zu machen. Ein weiterer Grund für die Beendigung der Fiskalvertretung liegt dann vor, wenn ein Gegenstand, der im Inland im Rahmen einer steuerfreien innergemeinschaftlichen Lieferung geliefert werden sollte, entgegen der ursprünglichen Absicht im Inland verbleibt.

Hinweis: Steuerschuldner bei Beendigung der Fiskalvertretung

Endet die Fiskalvertretung dadurch, dass der Vertretene steuerpflichtige Umsätze ausführt oder berechtigt ist, Vorsteuerbeträge geltend zu machen, ist Schuldner der Umsatzsteuer der leistende Unternehmer (Vertretene).

Zu § 22 b UStG

UStG § 22 b Rechte und Pflichten des Fiskalvertreters

(1) [1]Der Fiskalvertreter hat die Pflichten des im Ausland ansässigen Unternehmers nach diesem Gesetz als eigene zu erfüllen. [2]Er hat die gleichen Rechte wie der Vertretene.

(2) [1]Der Fiskalvertreter hat unter der ihm nach § 22 d Absatz 1 erteilten Steuernummer vierteljährlich Voranmeldungen (§ 18 Absatz 1) sowie eine Steuererklärung (§ 18 Absatz 3 und 4) abzugeben, in der er die Besteuerungsgrundlagen für jeden von ihm vertretenen Unternehmer zusammenfasst. [2]Der Steuererklärung hat der Fiskalvertreter als Anlage eine Aufstellung beizufügen, die die von ihm vertretenen Unternehmer mit deren jeweiligen Besteuerungsgrundlagen enthält.

(2 a) Der Fiskalvertreter hat unter der ihm nach § 22 d Absatz 1 erteilten Umsatzsteuer-Identifikationsnummer nach § 27 a eine Zusammenfassende Meldung nach Maßgabe des § 18 a abzugeben.

(3) [1]Der Fiskalvertreter hat die Aufzeichnungen im Sinne des § 22 für jeden von ihm vertretenen Unternehmer gesondert zu führen. [2]Die Aufzeichnungen müssen Namen und Anschrift der von ihm vertretenen Unternehmer enthalten.

UStAE 22 b.1 Rechte und Pflichten eines Fiskalvertreters

Allgemeines

(1) [1]Der Fiskalvertreter hat die umsatzsteuerlichen Pflichten des Vertretenen als eigene Pflichten zu erfüllen, vgl. § 22 b Abs. 1 UStG. [2]Hierzu gehören insbesondere die Erklärungs- und Meldepflichten bei den Finanzämtern und beim BZSt, siehe Absätze 2 und 3. [3]In dem Umfang, in welchem der Fiskalvertreter die umsatzsteuerlichen Pflichten des Vertretenen wahrnimmt, hat er die gleichen Rechte wie der Vertretene und kann erforderliche Anträge im Inland stellen.

Erklärungspflichten

(2) Der Fiskalvertreter ist zur Abgabe folgender Steuererklärungen unter Angabe der ihm für alle von ihm Vertretenen gesondert erteilten Steuernummer (vgl. Abschnitt 22d.1 Abs. 1) verpflichtet:

1. [1]Vierteljährliche Voranmeldungen (§ 18 Abs. 1 UStG) nach amtlich vorgeschriebenem Datensatz **über die amtlich bestimmte Schnittstelle**. [2]In diesen sind die Besteuerungsgrundlagen für alle von ihm Vertretenen zusammenzufassen. [3]Zur Möglichkeit der Dauerfristverlängerung nach § 46 UStDV für die Übermittlung der vierteljährlichen Voranmeldungen vgl. Abschnitt 18.4 Abs. 1 Satz 4.
2. [1]Eine Umsatzsteuererklärung (§ 18 Abs. 3 und 4 UStG) nach amtlich vorgeschriebenem Datensatz **über die amtlich bestimmte Schnittstelle**. [2]In dieser sind die Besteuerungsgrundlagen für alle von ihm Vertretenen zusammenzufassen. [3]Die Frist zur Abgabe der Erklärung richtet sich nach den allgemeinen abgabenrechtlichen Vorschriften. [4]Der Erklärung ist eine Aufstellung als Anlage beizufü-

gen, aus der für jeden Vertretenen die ihm zuzurechnenden Besteuerungsgrundlagen zu entnehmen sind (§ 22b Abs. 2 Satz 2 UStG). [5]Davon unberührt bleiben die Aufzeichnungspflichten des Fiskalvertreters nach § 22b Abs. 3 UStG (vgl. Absatz 6).

(3) [1]Der Fiskalvertreter ist verpflichtet, bis zum 25. Tag nach Ablauf des Meldezeitraums dem BZSt eine ZM nach amtlich vorgeschriebenem Datensatz **über die amtlich bestimmte Schnittstelle** zu übermitteln (§ 18a Abs. 1 und 2 UStG in Verbindung mit Abschnitt 18a.1 Abs. 1 und 4). [2]§ 18a Abs. 9 UStG findet keine Anwendung. [3]Die Regelungen zur Dauerfristverlängerung sind nicht anwendbar (siehe Abschnitt 18a.2 Abs. 1 Satz 3). [4]In der ZM sind die Bemessungsgrundlagen für alle Vertretenen zusammenzufassen.

Auswirkungen bei Pflichtverletzung der Erklärungspflichten

(4) [1]Kommt der Fiskalvertreter den Erklärungspflichten nach Absatz 2 nicht oder nicht rechtzeitig nach, kann gegen ihn ein Zwangsmittel (§§ 328 ff. AO) oder ein Verspätungszuschlag (§ 152 AO) festgesetzt werden; ferner kommt eine Schätzung der Besteuerungsgrundlagen (§ 162 AO) in Betracht. [2]Kommt der Fiskalvertreter seiner Verpflichtung zur Abgabe der ZM (Absatz 3) nicht oder nicht fristgerecht nach oder ist diese nicht vollständig oder wird diese entgegen § 18a Abs. 10 UStG nicht oder nicht rechtzeitig berichtigt, kann gegen ihn ein Zwangsmittel (§§ 328 ff. AO) oder ein Bußgeld nach § 26a UStG festgesetzt werden. [3]Zur Möglichkeit der Untersagung siehe Abschnitt 22e.1 Abs. 1.

Aufzeichnungspflichten

(5) [1]Der Fiskalvertreter hat die allgemeinen Aufzeichnungspflichten nach § 22 UStG für jeden von ihm Vertretenen gesondert zu erfüllen. [2]Für jeden Vertretenen sind die vereinbarten Entgelte für die steuerfreien Umsätze gesondert aufzuzeichnen. [3]In den Aufzeichnungen müssen Name und Anschrift der Vertretenen enthalten sein (§ 22b Abs. 3 Satz 2 UStG). [4]Auch die Aufbewahrungspflichten für Rechnungen nach § 14b UStG hat der Fiskalvertreter zu erfüllen (vgl. Abschnitte 14b.1 und 22.1 Abs. 1).

Zu § 22 c UStG

UStG § 22 c Ausstellung von Rechnungen im Fall der Fiskalvertretung

Die Rechnung hat folgende Angaben zu enthalten:

1. den Hinweis auf die Fiskalvertretung;
2. den Namen und die Anschrift des Fiskalvertreters;
3. die dem Fiskalvertreter nach § 22 d Abs. 1 erteilte Umsatzsteuer-Identifikationsnummer.

UStAE 22 c.1 Rechnungsangaben für vertretene Unternehmer

[1]Die Rechnung über die Leistung des Vertretenen kann im Fall einer Fiskalvertretung sowohl vom Vertretenen als auch vom Fiskalvertreter erteilt werden. [2]Eine Fiskalvertretung muss immer eindeutig für Dritte erkennbar sein. [3]Die Rechnungen nach §§ 14, 14a UStG müssen daher zwingend neben den Pflichtangaben die folgenden Angaben enthalten:

- den Hinweis auf die Fiskalvertretung,
- den Namen und die Anschrift des Fiskalvertreters und
- die dem Fiskalvertreter nach § 22 d Abs. 1 UStG erteilte USt-IdNr. [1]Dies gilt auch für eine sogenannte „Pro-forma-Rechnung“ in Verbringungsfällen (vgl. Abschnitt 14a.1 Abs. 5).

Zu § 22 d UStG

UStG § 22 d Steuernummer und zuständiges Finanzamt

(1) Der Fiskalvertreter erhält für seine Tätigkeit eine gesonderte Steuernummer und eine gesonderte Umsatzsteuer-Identifikationsnummer nach § 27 a, unter der er für alle von ihm vertretenen im Ausland ansässigen Unternehmen auftritt.

(2) Der Fiskalvertreter wird bei dem Finanzamt geführt, das für seine Umsatzbesteuerung zuständig ist.

UStAE 22 d.1 Zuständigkeit und Verfahren

[1]Der Fiskalvertreter wird bei dem Finanzamt geführt, das für seine Umsatzbesteuerung nach § 21 Abs. 1 Satz 1 AO zuständig ist (§ 22 d Abs. 2 UStG). [2]**Er hat für die Wahrnehmung der Vertretung (Fiskalvertretung) zusätzlich sowohl** eine gesonderte Steuernummer **als auch** eine gesonderte USt-IdNr. (§ 27a UStG) **zu beantragen**, unter denen er für alle von ihm Vertretenen auftritt. [3]Bei der Antragsstellung hat der Fiskalvertreter glaubhaft zu machen, dass er zu dem in § 22a Abs. 2 UStG genannten Personenkreis gehört und die Absicht hat, als Fiskalvertreter tätig zu werden. [4]Die Steuernummer und USt-IdNr. werden unabhängig vom Vorliegen einer Vollmacht eines Vertretenen erteilt (vgl. hierzu Abschnitt 22a.1 Abs. 5).

Zu § 22 e UStG

UStG § 22 e Untersagung der Fiskalvertretung

(1) Die zuständige Finanzbehörde kann die Fiskalvertretung der in § 22 a Abs. 2 mit Ausnahme der in § 3 des Steuerberatungsgesetzes genannten Person untersagen, wenn der Fiskalvertreter wiederholt gegen die ihm auferlegten Pflichten nach § 22 b verstößt oder ordnungswidrig im Sinne des § 26 a handelt.

(2) Für den vorläufigen Rechtsschutz gegen die Untersagung gelten § 361 Abs. 4 der Abgabenordnung und § 69 Abs. 5 der Finanzgerichtsordnung.

UStAE 22 e.1 Untersagung der Fiskalvertretung

(1) [1]Kommt der zur Fiskalvertretung nach § 4 Nr. 9 Buchstabe c StBerG befugte Unternehmer trotz eines Hinweises zur möglichen Untersagung seinen steuerlichen Pflichten nach § 22 b UStG wiederholt nicht nach oder handelt er ordnungswidrig im Sinne des § 26 a UStG, liegt es im pflichtgemäßen Ermessen des Finanzamtes, unter Angabe der Gründe die Untersagung anzuordnen. [2]Der vorläufige Rechtsschutz nach § 361 Abs. 4 AO und § 69 Abs. 5 FGO findet Anwendung. [3]Zum Verfahren nach Beendigung durch Untersagung vgl. Abschnitt 22a.1 Abs. 9 Satz 4. [4]Die Möglichkeit der Untersagung gilt nicht für die nach § 3 Nr. 1 bis 3 StBerG befugten Personen. [5]Es können ausschließlich Sanktionen nach dem StBerG in Betracht kommen. [6]Soll ein Bußgeldbescheid wegen einer Pflichtverletzung im Rahmen der Fiskalvertretung erlassen werden, ist gemäß § 411 AO die für die Berufsaufsicht zuständige Berufskammer zu unterrichten. [7]Im Übrigen können nach § 10 StBerG bereits Tatsachen, die den Verdacht einer Berufspflichtverletzung begründen, der für die Berufsaufsicht zuständigen Berufskammer mitgeteilt werden.

(2) Eine Untersagung nach § 22 e Abs. 1 UStG ist z. B. möglich, wenn der Fiskalvertreter

a) entgegen § 14 b Abs. 1 Satz 1 UStG ein Doppel der Rechnung nicht aufbewahrt hat,
b) entgegen § 18 a Abs. 1 Satz 1 in Verbindung mit Abs. 7 und 8 UStG wiederholt eine ZM nicht, nicht richtig, nicht vollständig oder nicht rechtzeitig abgegeben oder entgegen § 18 a Abs. 10 UStG eine ZM nicht oder nicht rechtzeitig berichtigt hat oder
c) entgegen § 18 d Satz 3 UStG die dort bezeichneten Unterlagen nicht, nicht vollständig oder nicht rechtzeitig vorgelegt hat.

Zu § 22 f UStG

UStG § 22 f Besondere Pflichten für Betreiber einer elektronischen Schnittstelle

(1) [1]In den Fällen des § 25 e Absatz 1 hat der Betreiber für Lieferungen eines Unternehmers, bei denen die Beförderung oder Versendung im Inland beginnt oder endet, Folgendes aufzuzeichnen:

1. den vollständigen Namen und die vollständige Anschrift des liefernden Unternehmers,
2. die elektronische Adresse oder Website des liefernden Unternehmers,
3. die dem liefernden Unternehmer vom Bundeszentralamt für Steuern nach § 27 a erteilte Umsatzsteuer-Identifikationsnummer,
4. soweit bekannt, die dem liefernden Unternehmer von dem nach § 21 der Abgabenordnung zuständigen Finanzamt erteilte Steuernummer,
5. soweit bekannt, die Bankverbindung oder Nummer des virtuellen Kontos des Lieferers,
6. den Ort des Beginns der Beförderung oder Versendung sowie den Bestimmungsort,
7. den Zeitpunkt und die Höhe des Umsatzes,
8. eine Beschreibung der Gegenstände und
9. soweit bekannt, die Bestellnummer oder die eindeutige Transaktionsnummer.

[2]Unternehmer ohne Wohnsitz oder gewöhnlichen Aufenthalt, Sitz oder Geschäftsleitung im Inland, in einem anderen Mitgliedstaat der Europäischen Union oder in einem Staat, auf den das Abkommen über den Europäischen Wirtschaftsraum anwendbar ist, haben mit der Antragstellung auf steuerliche Erfassung einen Empfangsbevollmächtigten im Inland zu benennen. [3]§ 123 Satz 2 und 3 der Abgabenordnung bleibt unberührt.

(2) [1]Erfolgt die Registrierung auf der elektronischen Schnittstelle nicht als Unternehmer, gilt Absatz 1 Satz 1 Nummer 1 und 6 bis 9 entsprechend. [2]Zusätzlich ist das Geburtsdatum aufzuzeichnen.

(3) [1]Wer mittels einer elektronischen Schnittstelle die Erbringung einer sonstigen Leistung an einen Empfänger nach § 3 a Absatz 5 Satz 1 unterstützt, hat Aufzeichnungen nach Artikel 54 c der Durchführungsverordnung (EU) Nr. 282/2011 des Rates vom 15. März 2011 (ABl. L 77 vom 23. 3. 2011, S. 1) zu führen. [2]Das Gleiche gilt in den Fällen des § 3 Absatz 3 a.

(4) [1]Die nach den Absätzen 1 bis 3 vorzuhaltenden Aufzeichnungen sind vom Ende des Jahres an, in dem der Umsatz bewirkt wurde, zehn Jahre lang aufzubewahren und auf Anforderung des Finanzamtes elektronisch zu übermitteln. [2]Stellt die Finanzbehörde ein Sammelauskunftsersuchen (§ 93 Absatz 1 a Satz 1 der Abgabenordnung), findet § 93 Absatz 1 a Satz 2 der Abgabenordnung keine Anwendung.

(5) Das Bundesministerium der Finanzen wird ermächtigt, durch Rechtsverordnung mit Zustimmung des Bundesrates Vorschriften zum Datenübermittlungsverfahren nach Absatz 4 Satz 1 zu erlassen.

UStAE 22 f.1. Aufzeichnungspflichten für Betreiber elektronischer Schnittstellen im Sinne von § 25 e Abs. 1 UStG beim Handel mit Waren

(1) [1]Für Lieferungen eines Unternehmers, die mittels einer elektronischen Schnittstelle (vgl. Abschnitt 25 e.1 Abs. 1 Satz 2) unterstützt werden und bei denen die Beförderung oder Versendung im Inland beginnt oder endet, muss der Betreiber der elektronischen Schnittstelle im Sinne von § 25 e Abs. 1 UStG (Betreiber) die in § 22 f Abs. 1 Satz 1 UStG aufgeführten Angaben aufzeichnen. [2]Für Lieferungen, bei denen der Betreiber einer elektronischen Schnittstelle in die fiktive Lieferkette nach § 3 Abs. 3 a Sätze 1 und 2 UStG einbezogen ist, vgl. Abschnitt 22 f.3 Abs. 2.

(2) [1]Für Lieferungen nach Absatz 1 Satz 1 muss der Betreiber ab dem 1. 7. 2021 neben den bisher in § 22 f Abs. 1 Satz 1 UStG vorgesehenen Angaben zusätzlich die elektronische Adresse oder Website des liefernden Unternehmers, die Bankverbindung oder die Nummer des virtuellen Kontos des Lieferers – soweit diese bekannt ist –, eine Beschreibung des gelieferten Gegenstandes und die Bestellnummer oder die eindeutige Transaktionsnummer – soweit bekannt – aufzeichnen. [2]Als Nachweis über die steuerliche Erfassung des liefernden Unternehmers muss der Betreiber ab dem 1. 7. 2021 die diesem nach § 27 a UStG erteilte USt-IdNr. aufzeichnen (§ 22 f Abs. 1 Satz 1 Nr. 3 UStG). [3]In Fällen, in denen der liefernde

Unternehmer im Inland keine steuerbaren Umsätze im allgemeinen Besteuerungsverfahren (§ 18 Abs. 1 bis 4 UStG) zu erklären hat, es daher keiner steuerlichen Erfassung im Inland bedarf und somit die Voraussetzungen für die Vergabe einer USt-IdNr. nach § 27a UStG nicht vorliegen, wird auf Abschnitt 25 e.2 verwiesen. [4]Die nach § 22 f Abs. 1 Sätze 2 und 3 UStG in der bis zum 30. 6. 2021 geltenden Fassung erteilte Bescheinigung als Nachweis über die steuerliche Erfassung des liefernden Unternehmers wird für Lieferungen, die nach dem 30. 6. 2021 ausgeführt werden, als Nachweis über die steuerliche Erfassung nicht mehr anerkannt. [5]Bis zum 15. 8. 2021 wird es jedoch nicht beanstandet, wenn der Betreiber anstelle der dem Unternehmer nach § 27a UStG erteilten USt-IdNr. die diesem nach § 22 f Abs. 1 Satz 2 UStG in der bis zum 30. 6. 2021 geltenden Fassung erteilte Bescheinigung über die Erfassung als Steuerpflichtiger (Unternehmer) vorhält.

(3) [1]Für die nach § 22 f Abs. 1 Satz 1 Nr. 6 UStG aufzuzeichnenden Angaben zum Ort des Beginns der Beförderung oder der Versendung sowie zum Bestimmungsort gelten zur Ortbestimmung die allgemeinen Regelungen des UStG (vgl. § 3 Abs. 5a bis 8 UStG). [2]Die Ortsangabe des Bestimmungsortes ist als vollständige Anschrift aufzuzeichnen. [3]Für die Bestimmung des nach § 22 f Abs. 1 Satz 1 Nr. 7 UStG aufzuzeichnenden Zeitpunkts des Umsatzes sind die Regelungen des § 3 Abs. 5a bis 8 UStG entsprechend anzuwenden. [4]Die Höhe des Umsatzes (nach § 22 f Abs. 1 Satz 1 Nr. 7 UStG) bemisst sich nach dem Wert der Leistung, d.h. dem Preis, zu dem der Leistungsaustausch auf der elektronischen Schnittstelle zustande gekommen ist. [5]Entgeltminderungen sind nicht gesondert aufzuzeichnen. [6]Eine Lieferung im umsatzsteuerlichen Sinne (vgl. § 3 Abs. 1 UStG) liegt nicht vor, wenn der Empfänger der Lieferung die Ware nicht annimmt bzw. wenn der Empfänger der Lieferung die Ware in der vom Lieferer vorgegebenen Frist zurücksendet (Rückgabe).

(4) [1]Erfolgte die Registrierung beim Betreiber nicht als Unternehmer im Sinne von § 2 UStG, gelten die in § 22 f Abs. 1 Satz 1 Nr. 1 und 6 bis 9 UStG enthaltenen Aufzeichnungspflichten entsprechend. [2]Als Anschrift ist die Wohn- bzw. Meldeadresse des Lieferers aufzuzeichnen. [3]Zudem ist für Zwecke der eindeutigen Identifizierung des Lieferers bei natürlichen Personen zusätzlich zu den Angaben in Sätzen 1 und 2 das Geburtsdatum aufzuzeichnen (§ 22 f Abs. 2 Satz 2 UStG).

(5) [1]Die nach den Absätzen 1 bis 4 aufzuzeichnenden Angaben sind gemäß § 22 f Abs. 4 Satz 1 UStG vom Ende des Jahres an, in dem der Umsatz bewirkt wurde, zehn Jahre lang aufzubewahren. [2]Auf Anforderung des Finanzamtes sind die Daten diesem elektronisch zu übermitteln. [3]Einzelheiten zur Übermittlung der Daten nach § 27 Abs. 25 Satz 1 UStG wird das Bundesministerium der Finanzen durch eine mit Zustimmung des Bundesrates zu erlassende Rechtsverordnung regeln (vgl. § 22 f Abs. 5 UStG). [4]Eine Finanzbehörde kann auch dann ein Sammelauskunftsersuchen nach § 93 Abs. 1a Satz 1 AO zur Übermittlung von Daten an einen Betreiber einer elektronischen Schnittstelle stellen, wenn kein hinreichender Anlass für die Ermittlungen besteht oder andere zumutbare Maßnahmen zur Sachverhaltsaufklärung einen Erfolg versprechen würden. [5]Insoweit findet § 93 Abs. 1a Satz 2 AO keine Anwendung (vgl. § 22 f Abs. 4 Satz 2 UStG). [6]Die Vorschriften der AO zu den Aufzeichnungs- und Aufbewahrungspflichten gelten entsprechend. [7]Dies gilt insbesondere für § 146 AO und GOBD (vgl. BMF-Schreiben vom 28. 11. 2019, BStBl 2019 I S. 1269, **zuletzt geändert durch BMF-Schreiben vom 14.07.2025, BStBl I S. 1502**). [8]Verstöße gegen die bestehenden gesetzlichen Aufzeichnungs- und Aufbewahrungspflichten können nach Maßgabe der AO als Ordnungswidrigkeit (§ 379 AO) geahndet werden.

Anmerkung

1. Ausgangsproblematik und Gesamtzusammenhang

Werden Umsätze über eine **elektronische Schnittstelle** (elektronischen Marktplatz) ausgeführt, ergeben sich in der Praxis häufig Schwierigkeiten, die für diese Umsätze geschuldete Umsatzsteuer zu erheben. Insbesondere hatte sich in der Vergangenheit gezeigt, dass nicht im Inland registrierte Unternehmer Umsätze über solche Marktplätze ausführten, ohne für diese Umsätze Umsatzsteuer anzumelden und abzuführen. Der deutsche Gesetzgeber hatte aus diesem Grund – in einem unionsrechtlichen Alleingang – **zum 1.1.2019** für die Betreiber von elektronischen Marktplätzen in § 22 f UStG neue Aufzeichnungsvorschriften und in § 25 e UStG neue Haftungsvorschriften aufgenommen. Insbesondere musste für Unternehmer, die über solche Marktplätze Umsätze abwickeln wollten, eine Bescheinigung der

Finanzverwaltung vorgelegt werden, dass der handelnde Unternehmer im Inland registriert ist (Bescheinigung USt 1 TI, BMF, Schreiben v. 17.18.2018, BStBl I 2018, 1432). Die Haftungsvorschriften für die Betreiber der elektronischen Schnittstellen traten dann zu unterschiedlichen Zeitpunkten im Jahr 2019 in Kraft, § 27 Abs. 25 UStG.

Diese 2019 geschaffenen neuen Vorschriften waren **unionsrechtlich umstritten**, zumal im Rahmen des Digitalpakets auch unionseinheitliche Regelungen für die Ausführung von Leistungen über elektronische Schnittstellen geplant waren. Diese Regelungen sollten ursprünglich zum 1.1.2021 in Kraft treten, aufgrund der Corona-Pandemie wurde dieser Zeitpunkt aber auf den 1.7.2021 verschoben.

Mit dem **Jahressteuergesetz 2020** (Jahressteuergesetz 2020 v. 21.12.2020, BGBl. I 2020, 3096) sind die Haftungsregelungen und die damit im Zusammenhang stehenden Rechtsnormen für die Betreiber von elektronischen Schnittstellen umfassend geändert worden.

Hinweis: Neue Bezeichnungen

Während bisher die bis zum 30.6.2021 geltenden Regelungen auf die „Betreiber elektronischer Marktplätze" ausgerichtet waren, hat sich dies jetzt verbal geändert und betrifft „Betreiber elektronischer Schnittstellen".

Im Einzelnen haben sich durch das Jahressteuergesetz 2020 zum 1.7.2021 die folgenden Vorschriften geändert:

- In **§ 18e Nr. 3 UStG** ist das Bestätigungsverfahren zur Gültigkeit einer USt-IdNr. für Betreiber elektronischer Schnittstellen erweitert worden.
- Die in **§ 22f UStG** 2019 aufgenommenen Aufzeichnungsvorschriften für die Betreiber elektronischer Marktplätze wurden angepasst und sind seit dem 1.7.2021 als besondere Regelungen für die Betreiber einer elektronischen Schnittstelle abgefasst. Es werden in diese Regelungen auch besondere Aufzeichnungsvorschriften mit aufgenommen, wenn mittels einer elektronischen Schnittstelle die Ausführung von sonstigen Leistungen an Leistungsempfänger i. S. d. § 3a Abs. 5 UStG unterstützt wird.
- Die zum 1.1.2019 geschaffene Haftungsregelung für die Betreiber elektronischer Marktplätze nach **§ 25e UStG** ist zum 1.7.2021 verbal auf die Unterstützung einer Lieferung durch eine elektronische Schnittstelle angepasst worden. Darüber hinaus ist als Registrierungskriterium für den über diese Schnittstelle handelnden Unternehmer der Nachweis über eine gültige, vom BZSt erteilte USt-IdNr. aufgenommen worden. Der Nachweis über eine besondere Bescheinigung der Finanzverwaltung (bisher USt 1 TI) ist damit seit dem 1.7.2021 nicht mehr erforderlich.

2. Aufzeichnungspflichten für Betreiber elektronischer Schnittstellen

In **Abschn. 22f.1 UStAE** hat die Finanzverwaltung die Vorschriften zu den Aufzeichnungsvorschriften der Betreiber elektronischer Schnittstellen umgesetzt und ist auf die Veränderungen eingegangen, die sich zu den seit dem 1.1.2019 vorhandenen Aufzeichnungspflichten ergeben. Neben den bisher aufzuzeichnenden Daten muss nach den neuen Regelungen insbesondere Folgendes aufgezeichnet werden:

- Die **elektronische Adresse** oder Website des liefernden Unternehmers,
- die **Bankverbindung** oder die Nummer des virtuellen Kontos des Lieferers (soweit diese bekannt ist) sowie
- eine **Beschreibung des gelieferten Gegenstands** und die Bestellnummer oder die eindeutige Transaktionsnummer (soweit diese bekannt ist).

Hinweis: Wegfall der Bescheinigung USt 1 TI

Anstelle des bisherigen Nachweises der umsatzsteuerrechtlichen Erfassung des leistenden Unternehmers durch die Bescheinigung USt 1 TI erfolgt jetzt der Nachweis über die gültige, dem leistenden Unternehmer vom BZSt erteilte USt-IdNr., § 22f Abs. 1 Satz 1 Nr. 3 UStG. Im Rahmen einer Nichtbeanstandungsregelung wurde es von der Finanzverwaltung bis zum 15.8.2021 nicht beanstandet, wenn der Nachweis noch mit der Bescheinigung USt 1 TI geführt wurde. Ausnahmen bestehen, wenn die Lieferung durch Unternehmer ausgeführt wird, die mangels steuerlicher Erfassung in Deutschland keine USt-IdNr. erteilt bekommen haben; vgl. dazu Abschn. 25e.2 Abs. 1 UStAE.

Im Übrigen nimmt die Finanzverwaltung zu den einzelnen Aufzeichnungspflichten Hinweise in Abschn. 22f.1 UStAE mit auf, die schon bei Einführung der Vorgängerregelung in dem Einführungsschreiben dargelegt wurden, aber bisher nicht in den UStAE aufgenommen wurden.

Unternehmer, die nicht im Gemeinschaftsgebiet oder im Europäischen Wirtschaftsraum ansässig sind und die beabsichtigen, im Inland steuerpflichtige Umsätze über eine elektronische Schnittstelle auszuführen, müssen bei Beantragung der umsatzsteuerlichen Erfassung einen Empfangsbevollmächtigten im Inland benennen. Die Finanzverwaltung stellt in Abschn. 22f.2 UStAE klar, dass der Empfangsbevollmächtigte nicht nach § 3 StBerG zur unbeschränkten Hilfe in Steuersachen befugt sein muss.

Erstmals **mit in die besonderen Aufzeichnungsvorschriften einbezogen** sind ab dem 1.7.2021 auch **sonstige Leistungen**, die von einer elektronischen Schnittstelle unterstützt werden und an einen Empfänger i. S. d. § 3a Abs. 5 Satz 1 UStG (dies sind Nichtunternehmer oder auch juristische Personen, die nicht unternehmerisch tätig sind und die keine USt-IdNr. haben) ausgeführt werden. Die Finanzverwaltung nimmt in Abschn. 22f.3 UStAE die weiteren Aufzeichnungspflichten der Betreiber der elektronischen Schnittstelle mit in den UStAE auf. Inhaltlich unterscheiden sich die aufzuzeichnenden Daten nicht von denen, die bei Lieferungen aufzuzeichnen sind.

Unterstützt der Betreiber einer elektronischen Schnittstelle eine **Lieferung im Rahmen einer fiktiven Lieferkette** nach § 3 Abs. 3a UStG oder wird er im Rahmen einer fiktiven Leistungskommission im Telekommunikationsbereich nach § 3 Abs. 11a UStG eingebunden, sind **besondere Aufzeichnungen** zu führen. Die Finanzverwaltung verweist insoweit in Abschn. 22f.3 Abs. 2 UStAE auf die allgemeinen, für die zugrundeliegenden Umsätze zu führenden Aufzeichnungen (diese grundlegenden Aufzeichnungspflichten werden in Abschn. 22.3a Abs. 4 UStAE für die über den One-Stop-Shop gemeldeten Umsätze und in Abschn. 22.2 und 22.3 UStAE für die außerhalb der One-Stop-Shop-Regelung gemeldeten Umsätze umgesetzt).

Hinweis: Zehn Jahre Aufbewahrungspflicht

Die Aufzeichnungen sind elektronisch zehn Jahre lang aufzubewahren (die Frist beginnt am Ende des Jahres, in dem der Umsatz bewirkt wird). Auf Anforderung der Finanzverwaltung sind die Daten der Finanzverwaltung elektronisch zu übermitteln. Da die Aufbewahrungsfrist ausdrücklich in § 22f Abs. 4 UStG mit zehn Jahren festgelegt ist, greift die Absenkung der sich aus der AO ergebenden Aufbewahrungsfristen bei Buchhaltungsunterlagen in diesem Fall nicht.

UStAE 22 f.2. Benennung eines Empfangsbevollmächtigten im Inland in besonderen Fällen

[1]Nach § 22 f Abs. 1 Satz 2 UStG müssen Unternehmer ohne Wohnsitz oder gewöhnlichen Aufenthalt, Sitz oder Geschäftsleitung im Inland, in einem anderen Mitgliedstaat der Europäischen Union oder in einem Staat, auf den das Abkommen über den Europäischen Wirtschaftsraum anwendbar ist, die beabsichtigen, Lieferungen über eine elektronische Schnittstelle auszuführen, die im Inland steuerpflichtig sind, dem für die Umsatzbesteuerung nach § 1 UStZustV zuständigen Finanzamt mit der Antragstellung auf steuerliche Erfassung einen Empfangsbevollmächtigten im Inland benennen. [2]Der zu benennende Empfangsbevollmächtigte muss nicht zur unbeschränkten Hilfe in Steuersachen nach § 3 StBerG befugt sein. [3]Treten die Voraussetzungen für die Benennung eines Empfangsbevollmächtigten erst zu einem späteren Zeitpunkt ein, hat die Benennung unaufgefordert und unmittelbar gegenüber dem zuständigen Finanzamt nach Satz 1 zu erfolgen. [4]§ 123 Sätze 2 und 3 AO gelten entsprechend (vgl. § 22 f Abs. 1 Satz 2 UStG).

UStAE 22 f.3. Weitere Aufzeichnungspflichten für Betreiber elektronischer Schnittstellen

(1) Unterstützt der Betreiber einer elektronischen Schnittstelle (vgl. Abschnitt 3.18 Abs. 3) die Erbringung einer sonstigen Leistung an einen Empfänger nach § 3 a Abs. 5 Satz 1 UStG, ohne Teil einer fiktiven Leistungskette zu werden, muss er hierzu insbesondere folgende Angaben aufzeichnen (vgl. § 22 f Abs. 3 Satz 1 UStG):

- den vollständigen Namen und die vollständige Anschrift des Leistungserbringers,
- die elektronische Adresse oder Website des Leistungserbringers,
- die Steuernummer oder USt-IdNr. des Leistungserbringers – soweit bekannt –,
- die Bankverbindung oder Nummer des virtuellen Kontos des Leistungserbringers – soweit bekannt –,
- eine Beschreibung der erbrachten Leistung,
- den Wert der erbrachten Leistung, d. h. den Preis, zu dem der Leistungsaustausch auf der elektronischen Schnittstelle zustande gekommen ist,
- den Ort und den Zeitpunkt der Erbringung der Leistung,
- die Bestellnummer oder die eindeutige Transaktionsnummer – soweit bekannt –.

(2) Unterstützt der Betreiber einer elektronischen Schnittstelle (vgl. Abschnitt 3.18 Abs. 3) die Erbringung einer Lieferung innerhalb der Gemeinschaft im Rahmen einer fiktiven Lieferkette nach § 3 Abs. 3 a UStG oder wird ein Unternehmer in die Erbringung einer sonstigen Leistung, die über ein Telekommunikationsnetzwerk, eine Schnittstelle oder ein Portal erbracht wird, eingeschaltet und gilt dieser daher nach § 3 Abs. 11 a UStG als im eigenen Namen und für fremde Rechnung handelnd, sind hierzu insbesondere folgende Angaben aufzuzeichnen (vgl. § 22 f Abs. 3 UStG):

1. für im Rahmen der Regelungen nach §§ 18 i und 18 j UStG getätigte Umsätze die Angaben nach Abschnitt 22.3 a Abs. 4.
2. für nicht im Rahmen der Regelungen nach §§ 18 i und 18 j UStG getätigte Umsätze die Angaben nach Abschnitt 22.2 und 22.3.

(3) [1]Die Aufzeichnungen nach den Absätzen 1 und 2 sind entsprechend § 22 f Abs. 4 Satz 1 UStG elektronisch und vom Ende des Jahres an, in dem der Umsatz bewirkt wurde, zehn Jahre lang aufzubewahren. [2]Auf Anforderung des Finanzamtes sind die Daten diesem elektronisch zu übermitteln. [3]Einzelheiten zur Übermittlung der Daten nach § 27 Abs. 25 Satz 2 UStG wird das Bundesministerium der Finanzen durch eine mit Zustimmung des Bundesrates zu erlassende Rechtsverordnung regeln (vgl. § 22 f Abs. 5 UStG). [4]Eine Finanzbehörde kann auch dann ein Sammelauskunftsersuchen nach § 93 Abs. 1 a Satz 1 AO zur Übermittlung von Daten an einen Betreiber einer elektronischen Schnittstelle stellen, wenn kein hinreichender Anlass für die Ermittlungen besteht oder andere zumutbare Maßnahmen zur Sachverhaltsaufklärung einen Erfolg versprechen würden. [5]Insoweit findet § 93 Abs. 1 a Satz 2 AO keine Anwendung (vgl. § 22 f Abs. 4 Satz 2 UStG). [6]Die Vorschriften der AO zu den Aufzeichnungs- und Aufbewahrungspflichten gelten entsprechend. [7]Dies gilt insbesondere für § 146 AO und die GOBD (vgl. BMF-Schreiben vom 28. 11. 2019, BStBl 2019 I S. 1269, **zuletzt geändert durch BMF-Schreiben vom 14.07.2025, BStBl I S. 1502**). [8]Verstöße gegen die bestehenden gesetzlichen Aufzeichnungs- und Aufbewahrungspflichten können nach Maßgabe der AO als Ordnungswidrigkeit (§ 379 AO) geahndet werden.

Zu § 22 g UStG

UStG § 22 g Besondere Pflichten für Zahlungsdienstleister, Verordnungsermächtigung

(1) [1]Zahlungsdienstleister haben bei grenzüberschreitenden Zahlungen Folgendes aufzuzeichnen:

1. zum Zahlungsempfänger von den ihnen vorliegenden Informationen
   a) Name oder die Bezeichnung des Unternehmens des Zahlungsempfängers,
   b) jede Umsatzsteuer-Identifikationsnummer,
   c) jede sonstige Steuernummer,
   d) Adresse des Zahlungsempfängers und

   e) IBAN des Zahlungskontos des Zahlungsempfängers oder, falls die IBAN nicht vorhanden ist, jedes andere Kennzeichen, das den Zahlungsempfänger eindeutig identifiziert und seinen Ort angibt,
2. die BIC oder jedes andere Geschäftskennzeichen, das eindeutig den Zahlungsdienstleister, der im Namen des Zahlungsempfängers handelt, identifiziert und seinen Ort angibt, wenn der Zahlungsempfänger Geldmittel erhält, jedoch bei diesem kein Zahlungskonto innehat, sowie
3. genaue Angaben zu allen im jeweiligen Kalendervierteljahr erbrachten grenzüberschreitenden Zahlungen und in diesem Zusammenhang stehenden, erkannten Zahlungserstattungen:
   a) Datum und Uhrzeit der Zahlung oder der Zahlungserstattung,
   b) Betrag und Währung der Zahlung oder der Zahlungserstattung,
   c) den Mitgliedstaat der Europäischen Union, aus dem die Zahlung stammt, oder den Mitgliedstaat der Europäischen Union, in dem die Zahlungserstattung erfolgt, sowie die Informationen, die für die Ermittlung des Ursprungs der Zahlung oder für die Ermittlung der Bestimmung der Erstattung genutzt worden sind,
   d) jede Bezugnahme, die die Zahlung oder Zahlungserstattung eindeutig ausweist, und
   e) gegebenenfalls die Angabe, dass die Zahlung in den Räumlichkeiten des leistenden Unternehmers eingeleitet wird.

[2]Zur Führung der Aufzeichnungen im Sinne des Satzes 1 sind Zahlungsdienstleister verpflichtet, wenn sie je Kalendervierteljahr im Rahmen ihrer jeweiligen Zahlungsdienste mehr als 25 grenzüberschreitende Zahlungen an denselben Zahlungsempfänger tätigen. [3]Bei der Berechnung sind alle Kennzeichen des Zahlungsempfängers im Sinne des Satzes 1 Nummer 1 Buchstabe e und Geschäftskennzeichen des Zahlungsdienstleisters im Sinne des Satzes 1 Nummer 2 einzubeziehen. [4]Die Anzahl der grenzüberschreitenden Zahlungen wird unter Zugrundelegung der Zahlungsdienste berechnet, die der Zahlungsdienstleister je Mitgliedstaat der Europäischen Union und je Kennzeichen eines Zahlungsempfängers erbringt. [5]Wenn der Zahlungsdienstleister über die Information verfügt, dass der Zahlungsempfänger mehrere Kennzeichen hat, erfolgt die Berechnung je Zahlungsempfänger.

(2) [1]Grenzüberschreitende Zahlungen im Sinne des Absatzes 1 Satz 1 sind Zahlungen, die von einem Zahler, der sich in einem Mitgliedstaat der Europäischen Union mit Ausnahme der in Artikel 6 der Richtlinie 2006/112/EG in der jeweils gültigen Fassung genannten Gebiete befindet, erbracht werden an einen Zahlungsempfänger, der sich in einem anderen Mitgliedstaat der Europäischen Union oder im Drittlandsgebiet befindet. [2]Zur Bestimmung des Ortes des Zahlers und des Zahlungsempfängers ist die Kennung der IBAN des Zahlungskontos des Zahlers und des Zahlungsempfängers oder ein anderes Kennzeichen, das eindeutig den Zahler oder den Zahlungsempfänger identifiziert und seinen Ort angibt, heranzuziehen. [3]Sofern eine Zuordnung nach Satz 2 mangels vorliegender entsprechender Kennzeichen ausscheidet, ist der Ort des Zahlungsdienstleisters maßgeblich, der im Namen des Zahlers oder des Zahlungsempfängers handelt, anhand der BIC oder eines anderen Geschäftskennzeichens, das eindeutig den Zahlungsdienstleister identifiziert und seinen Ort angibt.

(3) [1]Die Anforderung nach Absatz 1 Satz 1 gilt nicht für Zahlungsdienste, die von den Zahlungsdienstleistern des Zahlers in Bezug auf jegliche Zahlung erbracht werden, bei der mindestens einer der Zahlungsdienstleister des Zahlungsempfängers gemäß seiner BIC oder einem anderen Geschäftskennzeichen, die oder das den Zahlungsdienstleister und dessen Ort eindeutig identifiziert, in einem Mitgliedstaat der Europäischen Union ansässig ist. [2]Die Zahlungsdienstleister des Zahlers müssen diese Zahlungsdienste jedoch in die Berechnung nach Absatz 1 Satz 2 aufnehmen.

(4) [1]Der Zahlungsdienstleister hat die Aufzeichnungen im Sinne des Absatzes 1 Satz 1 jeweils für das Kalendervierteljahr sowie die eigene BIC oder sonstige Geschäftskennzeichen zur eindeutigen Identifizierung des Zahlungsdienstleisters bis zum Ende des auf den Ablauf des Kalendervierteljahres folgenden Kalendermonats (Meldezeitraum) vollständig und richtig dem Bundeszentralamt für Steuern zu übermitteln. [2]Die Übermittlung hat nach dem amtlich vorgeschriebenen Datensatz und Datenformat über die amtlich bestimmte Schnittstelle zu erfolgen.

(5) Erkennt der Zahlungsdienstleister nachträglich, dass die übermittelten Zahlungsinformationen unrichtig oder unvollständig sind, so ist er verpflichtet, die fehlerhaften Angaben innerhalb eines Monats nach Erkenntnis zu berichtigen oder zu vervollständigen.

(6) Der Zahlungsdienstleister hat die Aufzeichnungen im Sinne des Absatzes 1 Satz 1 in elektronischer Form für einen Zeitraum von drei Kalenderjahren nach Ablauf des Kalenderjahres, in dem die Zahlung ausgeführt wurde, aufzubewahren.

(7) Im Sinne dieses Gesetzes bezeichnet der Begriff

1. „Zahlungsdienstleister" die in § 1 Absatz 1 Satz 1 Nummer 1 bis 3 des Zahlungsdiensteaufsichtsgesetzes aufgeführten Zahlungsdienstleister oder natürliche oder juristische Personen, für die eine Ausnahme gemäß Artikel 32 der Richtlinie (EU) 2015/2366 des Europäischen Parlaments und des Rates vom 25. November 2015 über Zahlungsdienste im Binnenmarkt, zur Änderung der Richtlinien 2002/65/EG, 2009/110/EG und 2013/36/EU und der Verordnung (EU) Nr. 1093/2010 sowie zur Aufhebung der Richtlinie 2007/64/EG (ABl. L 337 vom 23. 12. 2015, S. 35; L 169 vom 28. 6. 2016, S. 18; L 102 vom 23. 4. 2018, S. 97; L 126 vom 23. 5. 2018, S. 10) gilt, die im Inland ihren Sitz, ihre Hauptverwaltung oder eine Zweigniederlassung im Sinne des § 1 Absatz 5 des Zahlungsdiensteaufsichtsgesetzes haben und von dort Zahlungsdienste erbringen oder Zahlungsdienstleister, die im Sinne von Artikel 243 b Absatz 4 Buchstabe b der Richtlinie (EU) 2020/284 des Rates vom 18. Februar 2020 zur Änderung der Richtlinie 2006/112/EG im Hinblick auf die Einführung bestimmter Anforderungen für Zahlungsdienstleister (ABl. L 62 vom 2. 3. 2020, S. 7) im Inland im Wege des grenzüberschreitenden Dienstleistungsverkehrs Zahlungsdienste erbringen oder durch einen Agenten ausführen lassen, ohne im Inland ansässig zu sein;
2. „Zahlungsdienst" eine der in § 1 Absatz 1 Satz 2 Nummer 3 bis 6 des Zahlungsdiensteaufsichtsgesetzes genannten gewerblichen Tätigkeiten;
3. „Zahlung" vorbehaltlich der in § 2 Absatz 1 des Zahlungsdiensteaufsichtsgesetzes vorgesehenen Ausnahmen einen Zahlungsvorgang gemäß der Definition in § 675 f Absatz 4 Satz 1 des Bürgerlichen Gesetzbuches oder ein Finanztransfergeschäft gemäß § 1 Absatz 1 Satz 2 Nummer 6 des Zahlungsdiensteaufsichtsgesetzes;
4. „Zahler" eine Person gemäß der Definition in § 1 Absatz 15 des Zahlungsdiensteaufsichtsgesetzes;
5. „Zahlungsempfänger" eine Person gemäß der Definition in § 1 Absatz 16 des Zahlungsdiensteaufsichtsgesetzes;
6. „Zahlungskonto" ein Konto gemäß der Definition in § 1 Absatz 17 des Zahlungsdiensteaufsichtsgesetzes;
7. „IBAN" eine internationale Nummer gemäß der Definition in Artikel 2 Nummer 15 der Verordnung (EU) Nr. 260/2012 des Europäischen Parlaments und des Rates vom 14. März 2012 zur Festlegung der technischen Vorschriften und der Geschäftsanforderungen für Überweisungen und Lastschriften in Euro und zur Änderung der Verordnung (EG) Nr. 924/2009 (ABl. L 94 vom 30. 3. 2012, S. 22), geändert durch die Verordnung (EU) Nr. 248/2014 (ABl. L 84 vom 20. 3. 2014, S. 1);
8. „BIC" eine internationale Bankleitzahl gemäß der Definition in Artikel 2 Nummer 16 der Verordnung (EU) Nr. 260/2012.

(8) [1]Das Bundeszentralamt für Steuern nimmt die nach Absatz 4 übermittelten Zahlungsinformationen entgegen und führt eine ausschließlich automatisierte Prüfung der ihm übermittelten Daten daraufhin durch, ob diese Daten vollständig und schlüssig sind und ob der amtlich vorgeschriebene Datensatz verwendet worden ist. [2]Das Bundeszentralamt für Steuern speichert diese Daten in einem elektronischen System nur für Zwecke dieser Prüfung bis zur Übermittlung an das zentrale elektronische Zahlungsinformationssystem. [3]Das Bundeszentralamt für Steuern speichert und analysiert die Informationen, die ihm gemäß Artikel 24 d in Verbindung mit Artikel 24 c der Verordnung (EU) 2020/283 des Rates vom 18. Februar 2020 zur Änderung der Verordnung (EU) Nr. 904/2010 im Hinblick auf die Stärkung der Zusammenarbeit der Verwaltungsbehörden bei der Betrugsbekämpfung (ABl. L 62 vom 2. 3. 2020, S. 1) zugänglich sind, und stellt diese Daten den zuständigen Landesfinanzbehörden zur Verfügung. [4]Das Bundeszentralamt für Steuern ist für die Prüfung der Einhaltung der Pflichten, die sich für Zahlungsdienstleister aus dieser Vorschrift ergeben, zuständig.

(9) Die Verarbeitung personenbezogener Daten auf Grund der übermittelten Zahlungsinformationen der Zahlungsdienstleister durch Finanzbehörden ist ein Verwaltungsverfahren in Steuersachen im Sinne der Abgabenordnung.

(10) Das Bundesministerium der Finanzen wird ermächtigt, durch Rechtsverordnung mit Zustimmung des Bundesrates Vorschriften zur Verarbeitung und Weiterverarbeitung der nach Absatz 8 Satz 3 erhobenen Daten zu erlassen.

Anmerkung

Die Finanzverwaltung (BMF-Schreiben v. 28.12.2023, BStBl I 2024, 164) hat ausführlich zu den besonderen Pflichten der Zahlungsdienstleister Stellung genommen. Da diese Regelungen nur einen kleinen Kreis von Anwendern betrifft, werden diese Aussagen nicht im UStAE mit aufgenommen. Die in § 22g UStG aufgenommenen Regelungen wären auch besser in der Abgabenordnung mit aufzunehmen.

Zu § 23 UStG

SECHSTER ABSCHNITT
Sonderregelungen

UStG § 23 *(weggefallen)*

UStDV

§§ 69 und 70 *(weggefallen)*

Anlage (zu den §§ 69 und 70) *(weggefallen)*

Anmerkung

Der Gesetzgeber hatte in § 23 UStG die Möglichkeit eröffnet (als Ermächtigungsvorschrift für das Bundesministerium der Finanzen), sowohl die geschuldete Umsatzsteuer als auch die Vorsteuerbeträge pauschal im Verhältnis zu den erbrachten Umsätzen zu ermitteln. Von dieser Ermächtigung war aber nur im Bereich der **Vorsteuerbeträge** Gebrauch gemacht worden. Der Unternehmer, der die Pauschalierung nach § 23 UStG in Anspruch nehmen wollte, konnte bestimmte Vorsteuerbeträge in Abhängigkeit von der Höhe seiner Ausgangsumsätze pauschal ermitteln. Eine pauschale Ermittlung der Bemessungsgrundlage für die Ausgangsumsätze war dem Unternehmer hingegen nicht möglich.

Hinweis: Aufhebung der Regelung zum 1.1.2023

Aufgrund der in der Praxis nur noch geringen Bedeutung, da nur wenige Unternehmer von dieser eigentlich guten Vereinfachung Gebrauch machten, ist die Regelung mit Wirkung **zum 1.1.2023 ersatzlos aufgehoben** worden.

Grundsätzlich kannte die Besteuerung nach Durchschnittssätzen im Bereich der abziehbaren Vorsteuerbeträge zwei Verfahren: zum einen die sog. **Vollpauschalierung**; bei dieser Form der Pauschalierung wurden sämtliche Vorsteuerbeträge durch die Durchschnittssätze erfasst, ein weiterer Vorsteuerabzug war in diesem Fall nicht möglich. Davon abzugrenzen war die sog. **Teilpauschalierung**; hier wurden nicht alle Vorsteuerbeträge von der Anwendung der Durchschnittssätze erfasst, es war nach § 70 Abs. 2 UStDV daneben noch in eingeschränktem Umfang ein Vorsteuerabzug nach den allgemeinen Grundsätzen des § 15 UStG möglich.

Hinweis: Umsatzgrenze als Voraussetzung beachten

Wichtigste Voraussetzung für die Anwendung der Durchschnittssätze war, dass der Unternehmer im vorangegangenen Kalenderjahr nicht mehr als 61.356 € Gesamtumsatz realisiert hatte, § 69 Abs. 3 UStDV.

Ziel der Vorschrift war es, den betroffenen Unternehmern Vereinfachungen bei der Ermittlung dieser Besteuerungsgrundlagen zu gewähren, insbesondere wurde es den Unternehmern erspart, umfangreiche Aufzeichnungsvorschriften zum buchmäßigen Nachweis der jeweiligen Besteuerungsgrundlagen befolgen zu müssen.

Hinweis: Keine Veränderung der Durchschnittssätze durch die temporäre Steuersatzabsenkung 2020

Durch die temporäre Steuersatzabsenkung für Umsätze in der Zeit vom 1.7.2020 bis 31.12.2020 hatten die Durchschnittssätze für die Vorsteuerpauschalierung keine Änderung erfahren.

UStAE 23.1.

(weggefallen)

UStAE 23.2.

(weggefallen)

UStAE 23.3.

(weggefallen)

UStAE 23.4.

(weggefallen)

Zu § 23 a UStG

UStG § 23 a Durchschnittssatz für Körperschaften, Personenvereinigungen und Vermögensmassen im Sinne des § 5 Abs. 1 Nr. 9 des Körperschaftsteuergesetzes

(1) [1]Zur Berechnung der abziehbaren Vorsteuerbeträge (§ 15) wird für Körperschaften, Personenvereinigungen und Vermögensmassen im Sinne des § 5 Abs. 1 Nr. 9 des Körperschaftsteuergesetzes, die nicht verpflichtet sind, Bücher zu führen und auf Grund jährlicher Bestandsaufnahmen regelmäßig Abschlüsse zu machen, ein Durchschnittssatz von 7 Prozent des steuerpflichtigen Umsatzes, mit Ausnahme der Einfuhr und des innergemeinschaftlichen Erwerbs, festgesetzt. [2]Ein weiterer Vorsteuerabzug ist ausgeschlossen.

(2) Der Unternehmer, dessen steuerpflichtiger Umsatz, mit Ausnahme der Einfuhr und des innergemeinschaftlichen Erwerbs, im vorangegangenen Kalenderjahr **50000** Euro überstiegen hat, kann den Durchschnittssatz nicht in Anspruch nehmen.

(3) [1]Der Unternehmer, bei dem die Voraussetzungen für die Anwendung des Durchschnittssatzes gegeben sind, kann dem Finanzamt spätestens bis zum 10. Tag nach Ablauf des ersten Voranmeldungszeitraums eines Kalenderjahres erklären, dass er den Durchschnittssatz in Anspruch nehmen will. [2]Die Erklärung bindet den Unternehmer mindestens für fünf Kalenderjahre. [3]Sie kann nur mit Wirkung vom Beginn eines Kalenderjahres an widerrufen werden. [4]Der Widerruf ist spätestens bis zum 10. Tag nach Ablauf des ersten Voranmeldungszeitraums dieses Kalenderjahres zu erklären. [5]Eine erneute Anwendung des Durchschnittssatzes ist frühestens nach Ablauf von fünf Kalenderjahren zulässig.

Anmerkung

Durch das Vereinsförderungsgesetz (Gesetz zur Verbesserung und Vereinfachung der Vereinsbesteuerung vom 18.12.1989) ist mit Wirkung seit dem 1.1.1990 eine Gesamtpauschalierung der abzugsfähigen Vorsteuern eingeführt worden, § 23 a UStG. Danach werden die abzugsfähigen **Vorsteuern mit einem Durchschnittssatz von 7 %** des steuerpflichtigen Umsatzes – mit Ausnahme der Einfuhr und seit 1993 auch des innergemeinschaftlichen Erwerbs – festgesetzt. Der Durchschnittssatz kann in Anspruch genommen werden, wenn der steuerpflichtige Vorjahresumsatz 50.000 € (bis 31.12.2025: 45.000 €) nicht überschritten hat. Die steuerpflichtigen Umsätze aus Zweckbetrieben sind dabei mit einzurechnen. Ein weiterer Vorsteuerabzug ist ausgeschlossen.

Hinweis: Anpassung der Umsatzgrenze zum 1.1.2026 erfolgt

Damit die Regelung auch mit verfahrensrechtlichen Vorschriften harmonisiert ist (insbesondere § 67a Abs. 1 Satz 1 AO für Zweckbetriebe bei sportlichen Veranstaltungen eines Sportvereins), ist mit Wirkung zum 1.1.2026 durch das Steueränderungsgesetz 2025 die **Umsatzgrenze** von 45.000 € **auf 50.000 € angehoben** worden.

Für die Anwendung des Durchschnittssatzes sind folgende **Voraussetzungen** erforderlich:

- Es muss sich um Körperschaften, Personenvereinigungen und Vermögensmassen i. S. d. § 5 Abs. 1 Nr. 9 KStG handeln.
- Es darf keine Verpflichtung bestehen, Bücher zu führen und aufgrund jährlicher Bestandsaufnahmen regelmäßig Abschlüsse zu machen.
- Die Einrichtung muss dem Finanzamt spätestens bis zum zehnten Tag nach Ablauf des ersten Voranmeldungszeitraums eines Kalenderjahrs erklären, dass sie den Durchschnittssatz in Anspruch nehmen will.

Zu den infrage kommenden Unternehmern gehören unter diesen Voraussetzungen Körperschaften, die ausschließlich und unmittelbar gemeinnützigen, mildtätigen oder kirchlichen Zwecken dienen, z. B. gemeinnützige Sportvereine oder kulturelle Vereine.

Der Durchschnittssatz beträgt 7 % des steuerpflichtigen Umsatzes, jedoch mit Ausnahme der Einfuhr und des innergemeinschaftlichen Erwerbs. Welchem Steuersatz der steuerpflichtige Umsatz unterliegt, ist hierbei unerheblich.

Die Vorsteuerpauschalierung bedeutet für die betroffenen Einrichtungen eine **wesentliche Erleichterung**. Insbesondere sind sie von der oft sehr schwierigen Zuordnung der Vorsteuern zu der besteuerten Tätigkeit und der durch Mitgliederbeiträge abgegoltenen nicht besteuerten Vereinstätigkeit entbunden. Eine Zuordnung der Leistungsbezüge entfällt völlig. Soweit die Einrichtung keine dem Regelsteuersatz unterliegenden Umsätze tätigt, führt die Vorsteuerpauschalierung regelmäßig zu einer Zahllast von Null, da die pauschale Vorsteuer regelmäßig dem ermäßigten Steuersatz nach § 12 Abs. 2 UStG entspricht.

Hinweis: Keine Veränderung durch die temporäre Steuersatzabsenkung 2020

Der pauschale Ansatz der Vorsteuer nach § 23a UStG mit 7 % der Umsätze ist durch die temporäre Steuersatzabsenkung für die Umsätze in der Zeit vom 1.7.2020 bis 31.12.2020 nicht verändert worden. Dies führt bei einem ermäßigten Steuersatz von 5 % in der zweiten Jahreshälfte 2020 und einer pauschalen Vorsteuer von 7 % zu einem Erstattungsanspruch der begünstigten Einrichtungen.

Zu § 24 UStG

UStG § 24 Durchschnittssätze für land- und forstwirtschaftliche Betriebe

(1) [1]Hat der Gesamtumsatz des Unternehmers (§ 19 Absatz 2) im vorangegangenen Kalenderjahr nicht mehr als 600 000 Euro betragen, wird die Steuer für die im Rahmen eines land- und forstwirtschaftlichen Betriebs ausgeführten Umsätze vorbehaltlich der Sätze 2 bis 4 wie folgt festgesetzt:

1. für die Lieferungen von forstwirtschaftlichen Erzeugnissen, ausgenommen Sägewerkserzeugnisse, auf 5,5 Prozent,
2. für die Lieferungen der in der Anlage 2 nicht aufgeführten Sägewerkserzeugnisse und Getränke sowie von alkoholischen Flüssigkeiten, ausgenommen die Lieferungen in das Ausland und die im Ausland bewirkten

Umsätze, und für sonstige Leistungen, soweit in der Anlage 2 nicht aufgeführte Getränke abgegeben werden, auf 19 Prozent,
3. für die übrigen Umsätze im Sinne des § 1 Absatz 1 Nummer 1 auf 7,8 Prozent

der Bemessungsgrundlage. [2]Die Befreiungen nach § 4 mit Ausnahme der Nummern 1 bis 7 bleiben unberührt; § 9 findet keine Anwendung. [3]Die Vorsteuerbeträge werden, soweit sie den in Satz 1 Nummer 1 bezeichneten Umsätzen zuzurechnen sind, mit dem dort bestimmten Prozentsatz, in den übrigen Fällen des Satzes 1 mit dem in Satz 1 Nummer 3 bestimmten Prozentsatz der Bemessungsgrundlage für diese Umsätze festgesetzt. [4]Ein weiterer Vorsteuerabzug entfällt. [5]§ 14 ist mit der Maßgabe anzuwenden, dass der für den Umsatz maßgebliche Durchschnittssatz in der Rechnung zusätzlich anzugeben ist.

(2) [1]Als land- und forstwirtschaftlicher Betrieb gelten

1. die Landwirtschaft, die Forstwirtschaft, der Wein-, Garten-, Obst- und Gemüsebau, die Baumschulen, alle Betriebe, die Pflanzen und Pflanzenteile mit Hilfe der Naturkräfte gewinnen, die Binnenfischerei, die Teichwirtschaft, die Fischzucht für die Binnenfischerei und Teichwirtschaft, die Imkerei, die Wanderschäferei sowie die Saatzucht;
2. Tierzucht- und Tierhaltungsbetriebe, soweit ihre Tierbestände nach **§ 241** des Bewertungsgesetzes zur landwirtschaftlichen Nutzung gehören **oder diese die Voraussetzungen des § 13 Absatz 1 Nummer 1 Satz 2 des Einkommensteuergesetzes in Verbindung mit § 13b des Einkommensteuergesetzes erfüllen.**

[2]Zum land- und forstwirtschaftlichen Betrieb gehören auch die Nebenbetriebe, die dem land- und forstwirtschaftlichen Betrieb zu dienen bestimmt sind.

(3) Führt der Unternehmer neben den in Absatz 1 bezeichneten Umsätzen auch andere Umsätze aus, so ist der land- und forstwirtschaftliche Betrieb als ein in der Gliederung des Unternehmens gesondert geführter Betrieb zu behandeln.

(4) [1]Der Unternehmer kann spätestens bis zum 10. Tag eines Kalenderjahres gegenüber dem Finanzamt erklären, dass seine Umsätze vom Beginn des vorangegangenen Kalenderjahres an nicht nach den Absätzen 1 bis 3, sondern nach den allgemeinen Vorschriften dieses Gesetzes besteuert werden sollen. [2]Die Erklärung bindet den Unternehmer mindestens für fünf Kalenderjahre; im Fall der Geschäftsveräußerung ist der Erwerber an diese Frist gebunden. [3]Sie kann mit Wirkung vom Beginn eines Kalenderjahres an widerrufen werden. [4]Der Widerruf ist spätestens bis zum 10. Tag nach Beginn dieses Kalenderjahres zu erklären. [5]Die Frist nach Satz 4 kann verlängert werden. [6]Ist die Frist bereits abgelaufen, so kann sie rückwirkend verlängert werden, wenn es unbillig wäre, die durch den Fristablauf eingetretenen Rechtsfolgen bestehen zu lassen.

(5) Ergibt sich in einem Folgejahr aus der Berechnung nach Anlage 5 eine Abweichung zum Prozentsatz nach Absatz 1 Satz 1 Nummer 3, so ändert das Bundesministerium der Finanzen diesen durch Rechtsverordnung mit Zustimmung des Bundesrates jeweils mit Wirkung zum 1. Januar des Folgejahres entsprechend.

UStDV

§ 71 Verkürzung der zeitlichen Bindungen für land- und forstwirtschaftliche Betriebe

[1]Der Unternehmer, der eine Erklärung nach § 24 Abs. 4 Satz 1 des Gesetzes abgegeben hat, kann von der Besteuerung des § 19 Abs. 1 des Gesetzes zur Besteuerung nach § 24 Abs. 1 bis 3 des Gesetzes mit Wirkung vom Beginn eines jeden folgenden Kalenderjahres an übergehen. [2]Auf den Widerruf der Erklärung ist § 24 Abs. 4 Satz 4 des Gesetzes anzuwenden.

UStAE 24.1. Umsätze im Rahmen eines land- und forstwirtschaftlichen Betriebs

Richtlinienkonforme Auslegung

(1) [1]Die Durchschnittssätze sind nach § 24 Abs. 1 Satz 1 UStG nur auf Umsätze anzuwenden, die im Rahmen eines inländischen land- und forstwirtschaftlichen Betriebs ausgeführt werden (BFH-Urteil vom 22.03.2023 – XI R 14/21, BStBl II S. 945). [2]Unter Beachtung der Rechtsprechung des Europäischen Gerichtshofs ist § 24 UStG dahin auszulegen, dass solche Umsätze nur die Lieferungen selbst erzeugter landwirtschaftlicher Erzeugnisse und die landwirtschaftlichen Dienstleistungen sind, auf die die Pauschalregelung nach Artikel 295 bis 305 MwStSystRL Anwendung findet, vgl. Abschnitte 24.2 und 24.3.

[3]Andere Umsätze, die der Unternehmer im Rahmen des land- und forstwirtschaftlichen Betriebs sowie außerhalb dieses Betriebs tätigt, unterliegen der Besteuerung nach den allgemeinen Vorschriften des Gesetzes (EuGH-Urteile vom 15. 7. 2004, C-321/02, Harbs, und vom 26. 5. 2005, C-43/04, Stadt Sundern, sowie BFH-Urteile vom 25. 11. 2004, V R 8/01, BStBl 2005 II S. 896, vom 22. 9. 2005, V R 28/03, BStBl 2006 II S. 280, vom 12. 10. 2006, V R 36/04, BStBl 2007 II S. 485, und vom 14. 6. 2007, V R 56/05, BStBl 2008 II S. 158). [4]Diese Auslegung gilt auch für die Umsätze im Rahmen eines land- und forstwirtschaftlichen Nebenbetriebs (§ 24 Abs. 2 Satz 2 UStG). [5]Veräußert ein Landwirt, der neben seinem landwirtschaftlichen Erzeugerbetrieb einen nicht landwirtschaftlichen Absatzbetrieb unterhält, selbst erzeugte landwirtschaftliche Erzeugnisse (vgl. Abschnitt 24.2) an Dritte, sind auf diese Umsätze die Durchschnittssätze anzuwenden (vgl. BFH-Urteil vom 14. 6. 2007, V R 56/05, a. a. O.). [6]Dasselbe gilt, wenn die Lieferung der eigenen Erzeugnisse durch eine Organgesellschaft des landwirtschaftlichen Betriebs erfolgt (BFH-Urteil vom 10. 8. 2017, V R 64/16, BStBl 2019 II S. 455).

Land- und forstwirtschaftlicher Betrieb

(2) [1]Einen land- und forstwirtschaftlichen Betrieb unterhält ein Unternehmer, soweit er im Rahmen der in § 24 Abs. 2 Satz 1 UStG genannten Erzeugertätigkeiten unter planmäßiger Nutzung der natürlichen Kräfte des Bodens Pflanzen und Tiere erzeugt sowie die dadurch selbst gewonnenen Erzeugnisse verwertet (vgl. BFH-Urteil vom 12. 10. 2006, V R 36/04, BStBl 2007 II S. 485). [2]Die Zierfischzucht in Teichen fällt nicht unter § 24 Abs. 2 Satz 1 Nr. 1 UStG. [3]Zur Frage, inwieweit die Aufzucht von Köderfischen, Testfischen, Futterfischen und Besatzfischen in Teichen als landwirtschaftlicher Betrieb gilt, vgl. BFH-Urteil vom 13. 3. 1987, V R 55/77, BStBl II S. 467. [4]Ein Substanzbetrieb (z. B. Torf-, Ton-, Lehm-, Kies- und Sandabbaubetrieb) ist kein land- und forstwirtschaftlicher Betrieb im Sinne des § 24 Abs. 2 Satz 1 UStG. [5]Die Abgrenzung der landwirtschaftlichen Tierzucht und Tierhaltung von der übrigen Tierzucht und Tierhaltung ist umsatzsteuerrechtlich nach den §§ 51 und 51 a BewG vorzunehmen (§ 24 Abs. 2 Satz 1 Nr. 2 UStG). [6]Bei der Prüfung der Vieheinheiten-Obergrenze im Sinne von § 24 Abs. 2 Satz 1 Nr. 2 UStG in Verbindung mit §§ 51 und 51 a BewG sind sämtliche Vieheinheiten und Nutzflächen aller Betriebe des Unternehmers zu addieren und der Beurteilung zugrunde zu legen (vgl. BFH-Urteil vom 26. 5. 2021 – V R 11/18, BStBl II 2022 S. 149). [7]Erfolgt die Prüfung im Rahmen eines Organschaftsverhältnisses, gilt dies für alle Betriebe der Organgesellschaft(en) und des Organträgers. [8]Gemeinschaftliche Tierhaltung gilt nur dann als landwirtschaftlicher Betrieb im Sinne des § 24 Abs. 2 Nr. 2 UStG, wenn sämtliche Voraussetzungen des § 51 a BewG erfüllt sind (vgl. BFH-Urteil vom 26. 4. 1990, V R 90/87, BStBl II S. 802). [9]Ein Tierzucht- bzw. Tierhaltungsbetrieb ist kein landwirtschaftlicher Betrieb, wenn dem Unternehmer nicht in ausreichendem Umfang selbst bewirtschaftete Grundstücksflächen zur Verfügung stehen (vgl. BFH-Urteil vom 29. 6. 1988, X R 33/82, BStBl II S. 922). [10]Zur Frage, ob sich die Struktur eines landwirtschaftlichen Betriebs zu der eines nicht landwirtschaftlichen verändert hat, vgl. BFH-Urteil vom 9. 5. 1996, V R 118/92, BStBl II S. 550.

(3) *weggefallen*

Aktiv bewirtschafteter Betrieb

(4) [1]Die Anwendung des § 24 UStG setzt grundsätzlich voraus, dass der landwirtschaftliche Betrieb noch bewirtschaftet wird (BFH-Urteil vom 21. 4. 1993, XI R 50/90, BStBl II S. 696). [2]Leistungen, die nach Einstellung der Erzeugertätigkeit erbracht werden, unterliegen daher grundsätzlich den allgemeinen Regelungen des Umsatzsteuergesetzes. [3]Dies gilt nicht für nach Aufgabe des landwirtschaftlichen Betriebs ausgeführte Umsätze aus der Lieferung selbst erzeugter Produkte (vgl. BFH-Urteil vom 19. 11. 2009, V R 16/08, BStBl 2010 II S. 319). [4]Wird die landwirtschaftliche Erzeugertätigkeit in mehreren Schritten aufgegeben und werden dabei nur vorübergehend die Tierbestandsgrenzen des § 24 Abs. 2 Satz 1 Nr. 2 UStG überschritten, liegt insofern kein für die Besteuerung nach Durchschnittssätzen schädlicher Strukturwandel vor.

Verhältnis zu anderen Vorschriften des UStG

(5) [1]Nach § 1 Abs. 1 a UStG unterliegen die Umsätze im Rahmen einer Geschäftsveräußerung an einen anderen Unternehmer für dessen Unternehmen nicht der Umsatzsteuer. [2]Dies gilt auch bei der Veräußerung eines land- und forstwirtschaftlichen Betriebs oder Teilbetriebs sowie bei der Einbringung eines Betriebs oder Teilbetriebs in eine Gesellschaft, und zwar auch dann, wenn einzelne Wirtschaftsgüter

von der Veräußerung ausgenommen werden (vgl. BFH-Urteil vom 15. 10. 1998, V R 69/97, BStBl 1999 II S. 41). [3]Eine Geschäftsveräußerung kann auch vorliegen, wenn verpachtete Gegenstände nach Beendigung der Pacht veräußert werden (vgl. BFH-Urteil vom 10. 5. 1961, V 222/58 U, BStBl III S. 322); vgl. auch Abschnitt 1.5.

(6) Zum innergemeinschaftlichen Erwerb nach § 1a UStG bei Land- und Forstwirten, die die Durchschnittssatzbesteuerung nach § 24 UStG anwenden, vgl. Abschnitte 1a.1 Abs. 2 und 15.10 Abs. 2.

(7) Land- und Forstwirte, die die Durchschnittssatzbesteuerung nach § 24 UStG anwenden, können auch Steuerschuldner im Sinne des § 13b UStG sein (vgl. Abschnitt 13b.1 Abs. 1).

(8) Zur Anwendung der Kleinunternehmerregelung nach § 19 UStG vgl. Abschnitt 24.7 Abs. 4.

Anmerkung

1. Grundsätze der Besteuerung von Land- und Forstwirten

Für **Land- und Forstwirte** ergibt sich die Möglichkeit der Besteuerung nach Durchschnittssätzen des § 24 UStG. Ursprünglich als Vereinfachungsregelung für Land- und Forstwirte gedacht, hat sich die Regelung mehr zu einer Subventionsregelung gewandelt. Die Land- und Forstwirte können für ihre land- und forstwirtschaftlichen Umsätze besondere Steuersätze berechnen (5,5 % für forstwirtschaftliche Erzeugnisse, laufend abgesenkte Steuersätze für landwirtschaftliche Umsätze). Diese Umsatzsteuer kann vom leistenden Unternehmer in der Rechnung gesondert ausgewiesen werden. Der besondere Effekt ergibt sich aber daraus, dass der Land- und Forstwirt in Abhängigkeit der Höhe seiner Ausgangsumsätze, einen **pauschalen Vorsteuerabzug** in gleicher Höhe erhält. Ein weiterer Vorsteuerabzug ist ausgeschlossen. Im Regelfall – soweit keine darüber hinausgehenden Umsätze ausgeführt werden – ergibt sich für den Land- oder Forstwirt keine Zahllast zur Umsatzsteuer.

Wendet der Land- und Forstwirt die Durchschnittssatzbesteuerung an, unterliegen aber nur die land- oder forstwirtschaftlichen Umsätze dieser Sonderregelung. Andere Umsätze in geringfügigem Umfang können mit in die Durchschnittssatzbesteuerung einbezogen werden (Abschn. 24.6 UStAE).

Hinweis: Keine Anwendung für ausländische Unternehmer

Der BFH (Urt. v. 22.3.2023 – XI R 14/21, BStBl II 2023, 945) musste sich mit der Besteuerung der Umsätze eines im EU-Ausland ansässigen und dort pauschal besteuerten Landwirts (Betrieb einer Ziegenhaltung in Österreich) aus der Veräußerung von Produkten aus eigener Herstellung auf einem inländischen Wochenmarkt beschäftigen. Strittig war, ob diese inländischen Umsätze der Durchschnittssatzbesteuerung gemäß § 24 UStG unterliegen. Der BFH hat in seiner Entscheidung festgestellt, dass die Durchschnittssatzbesteuerung nach § 24 UStG nur für inländische land- und forstwirtschaftliche Betriebe gilt. Damit ist der Verkauf der Lebensmittel mit 7 % zu besteuern, ein pauschalierter Vorsteuerabzug scheidet aus.

Der Land- und Forstwirt muss die Durchschnittssatzbesteuerung nicht anwenden, er kann dem für ihn zuständigen Finanzamt bis spätestens zum 10. Tag eines Kalenderjahrs mitteilen, dass er die Durchschnittssatzbesteuerung nicht anwenden möchte. In diesem Fall berechnet er die Umsatzsteuer nach den allgemeinen Regelungen des Umsatzsteuergesetzes und hat einen Vorsteuerabzug entsprechend der von ihm bezogenen Leistungen. Diese Erklärung bindet den Unternehmer für mindestens fünf Jahre – erst nach Ablauf dieser Frist kann er wieder in die Durchschnittssatzbesteuerung zurückkehren. Der Verzicht ist insbesondere dann sinnvoll, wenn geringen Erträgen hohe Investitionen gegenüber stehen.

Hinweis: Notwendig ist begünstigte Tätigkeit

Damit die Durchschnittssatzbesteuerung vorgenommen werden kann, muss eine begünstigte Tätigkeit vorliegen. Ob ein land- oder forstwirtschaftlicher Betrieb vorliegt, bestimmt sich nach § 24 Abs. 2 UStG. Tierzucht- und Tierhaltungsbetriebe gelten danach als landwirtschaftlicher Betrieb, soweit ihre Tierbestände nach den § 51 und § 51a BewG zur landwirtschaftlichen Nutzung gehören. Nach § 50 BewG gehört die Tierhaltung zur Landwirtschaft, wenn in Abhängigkeit von der Größe (nach Hektar) der vom Inhaber des Betriebs regelmäßig landwirtschaftlich genutzten Flächen eine bestimmte Anzahl von Vieheinheiten nicht überschritten wird. Nach der Rechtsprechung des BFH

(Urt. 26.5.2021 – V R 11/18, BStBl II 2022, 149) ist die Vieheinheiten-Obergrenze für landwirtschaftliche Tierzucht- und Tierhaltungsbetriebe einheitlich für alle Betriebe eines Unternehmers zu ermitteln. Aufgrund der Regelungen des § 51 BewG ergibt sich bei steigender Hektarzahl eine Degression bei den Vieheinheiten, sodass sich bei einer Zusammenfassung von Betrieben eine geringere Anzahl von Vieheinheiten für die Einordnung als landwirtschaftlicher Betrieb ergibt. Die Finanzverwaltung (BMF, Schreiben v. 30.6.2023, BStBl I 2023, 1125) hat die Entscheidung des BFH mit in den UStAE aufgenommen und hat weiterhin bestimmt, dass die Zusammenrechnung der Hektarfläche und der Vieheinheiten nach § 51 und § 51 a BewG auch in den Fällen der Organschaft gilt. Damit sind alle Betriebe der Organgesellschaften und des Organträgers zusammenzurechnen.

Die Durchschnittssatzbesteuerung nach § 24 UStG findet auch bei einem entgeltlichen Verzicht auf ein vertragliches Lieferrecht (BFH, Urt. v. 23.8.2023 – XI R 27/21, BStBl II 2024, 151) sowie auf den Verkauf von Sport-, Renn- und Turnierpferden (BFH, Urt. v. 13.9.2023 – XI R 37/22, BStBl II 2024, 240) keine Anwendung.

2. Veränderungen seit dem 1.1.2022

Erhebliche Veränderungen haben sich seit dem 1.1.2022 im Bereich der Land- und Forstwirtschaft ergeben, soweit die Land- und Forstwirte bisher die Durchschnittssatzbesteuerung nach § 24 UStG angewendet hatten. Zum einen ist eine nicht unerhebliche Zahl der Anwender grundsätzlich aus der Berechtigung ausgeschieden, die Durchschnittssätze anzuwenden, zum anderen ist für die verbleibenden (kleineren) Betriebe der Durchschnittssatz abgesenkt worden.

1. Durch das Jahressteuergesetz 2020 (Jahressteuergesetz 2020 v. 21.12.2020, BGBl. I 2020, 3096) ist **zum 1.1.2022** eine Einschränkung des Anwendungsbereichs der Durchschnittssatzbesteuerung eingeführt worden. Da die Regelung – Anwendung eines Sondersteuersatzes und Pauschalierung der Vorsteuer in gleicher Höhe – nach Auffassung der EU-Kommission im Ergebnis zu einer Subvention geführt hat, wurde die Anwendungsmöglichkeit auf Land- und Forstwirte **beschränkt**, deren **Gesamtumsatz nach § 19 Abs. 3 UStG** (ab dem 1.1.2025 nach § 19 Abs. 2 UStG) **600.000 €** im vorangegangenen Kalenderjahr nicht überschritten hat.

   Hinweis: Berechnung der Gesamtumsatzgrenze beachten

   Zur Prüfung der Gesamtumsatzgrenze von 600.000 € dürfen nicht nur die Umsätze aus der land- und forstwirtschaftlichen Tätigkeit herangezogen werden. In den Gesamtumsatz sind alle Umsätze einzubeziehen, die der jeweilige Unternehmer realisiert. Erzielt z. B. ein Landwirt neben seinen Umsätzen aus der Landwirtschaft noch Einkünfte aus einer gewerblich betriebenen Photovoltaikanlage, sind diese Umsätze seines einheitlichen Unternehmens zusammenzurechnen.

2. **Zum 1.1.2022** ist auch durch das Gesetz zur Umsetzung unionsrechtlicher Vorgaben im Umsatzsteuerrecht der bisherige **pauschale Steuersatz** nach § 24 Abs. 1 Satz 1 Nr. 3 UStG von bisher 10,7 % **auf 9,5 % abgesenkt** worden. Damit die Durchschnittssatzbesteuerung zu keiner unionsrechtlich unzulässigen Subvention führt, war der Gesetzgeber im Rahmen des Jahressteuergesetzes 2020 aufgefordert worden, jährlich die Höhe des Durchschnittssatzes zu überprüfen und anzupassen. Die erste Anpassung des Durchschnittssatzes erfolgte zum 1.1.2022.

Scheidet ein Land- und Forstwirt zum 1.1.2022 (oder später) aus der Besteuerung nach den Durchschnittssätzen des § 24 UStG aus – dabei ist unerheblich, aus welchem Rechtsgrund dies geschieht – muss geprüft werden, ob sich aus Investitionen der Vorjahre der Anspruch auf eine **Vorsteuerberichtigung** nach § 15 a UStG ergibt.

3. Weitere Absenkungen des Durchschnittssteuersatzes

In der Folge sind weitere Absenkungen des Durchschnittssteuersatzes vorgenommen worden. Durch das Achte Gesetz zur Änderung von Verbrauchsteuergesetzen ist der Durchschnittssteuersatz (§ 24 Abs. 1 Satz 1 Nr. 3 und Satz 3 UStG) **zum 1.1.2023** auf **9,0 %** abgesenkt worden. Durch das Jahressteuergesetz 2024 ist in kurzer Folge eine Absenkung auf 8,4 % und dann auf 7,8 % vorgenommen worden. Damit ist eine weitere liquiditätswirksame Verschlechterung bei den durchschnittssatzbesteuerten Land- und Forstwirten eingetreten.

Es ergeben sich für die landwirtschaftlichen Umsätze die **folgenden Durchschnittssätze:**

Zeitraum	**Steuersatz / Vorsteuerpauschale**
bis 31.12.2021	10,7 %
vom 1.1.2022 bis 31.12.2022	9,5 %
vom 1.1.2023 bis 5.12.2024	9,0 %
vom 6.12.2024 bis 31.12.2024	8,4 %
seit dem 1.1.2025	7,8 %

Durch das Jahressteuergesetz 2024 ist § 24 Abs. 5 UStG umfassend geändert worden und das Gesetz um eine Anlage 5 ergänzt worden, die ein detailliertes Berechnungsschema vorgibt, wie der Durchschnittssteuersatz zu berechnen ist. Der Durchschnittssteuersatz soll dann vom BMF durch Rechtsverordnung mit Zustimmung des Bundesrates verkündet werden und ab dem folgenden Kalenderjahr gelten. Für 2026 ist keine Änderung des Durchschnittssteuersatzes vorgenommen worden.

UStAE 24.1 a. Umsatzgrenze

(1) [1]Der Anwendungsbereich der Durchschnittssätze ist nach § 24 Abs. 1 Satz 1 UStG auf land- und forstwirtschaftliche Betriebe solcher Unternehmer begrenzt, deren Gesamtumsatz (§ 19 Abs. **2** UStG) im vorangegangenen Kalenderjahr nicht mehr als 600 000 € betragen hat. [2]**Zur Berechnung** des Gesamtumsatz**es siehe Abschnitt 19.2**. [3]Überschreitet ein Unternehmer die Umsatzgrenze des § 24 Abs. 1 Satz 1 UStG, hat er seine Umsätze nach den allgemeinen Regelungen zu versteuern. [4]Die Prüfung der Umsatzgrenze erfolgt anhand der Umsätze im Sinne des § 1 Abs. 1 Nr. 1 UStG (ohne Umsatzsteuer), die der Unternehmer mit seinem gesamten Unternehmen im vorangegangenen Kalenderjahr erzielt hat. [5]Im Jahr des Beginns der gewerblichen oder beruflichen Tätigkeit ist auf den voraussichtlichen Gesamtumsatz des laufenden Kalenderjahres abzustellen. [6]Im Falle einer Geschäftsveräußerung im Ganzen (§ 1 Abs. 1 a UStG) ist der Vorjahresumsatz des Veräußerers maßgeblich, wenn der erwerbende Unternehmer zuvor keine eigene unternehmerische Tätigkeit ausgeübt hat. [7]Erwirbt ein die Durchschnittssatzbesteuerung anwendender Unternehmer ein weiteres Unternehmen oder einen in der Gliederung eines Unternehmens gesondert geführten Betrieb im Ganzen (§ 1 Abs. 1 a UStG) und unterlagen die Umsätze des hinzuerworbenen Unternehmens (-teils) auf Grund der Überschreitung der Umsatzgrenze bereits der Regelbesteuerung, hat er ab Beginn des Kalenderjahres, in dem die Geschäftsveräußerung im Ganzen erfolgt ist, sowohl die Umsätze des bisherigen als auch des hinzuerworbenen land- und forstwirtschaftlichen Unternehmens(-teils) nach den allgemeinen Regelungen zu versteuern. [8]Überschreitet der Vorjahresumsatz des neu hinzuerworbenen Unternehmens (-teils) die Umsatzgrenze nicht, unterliegen im Jahr des Hinzuerwerbs sowohl die Umsätze des bisherigen als auch des hinzuerworbenen land- und forstwirtschaftlichen Unternehmens(-teils) der Durchschnittssatzbesteuerung. [9]Dies gilt auch, wenn die Summe der Vorjahresumsätze des bisherigen und des neu hinzuerworbenen Unternehmens(-teils) die Umsatzgrenze übersteigen; zur Wirkung des Verzichts auf die Durchschnittssatzbesteuerung vgl. Abschnitt 24.8. [10]Im Falle der Gesamtrechtsnachfolge gelten die Sätze 6 bis 10 entsprechend. [11]Der gesetzliche Wechsel zur Regelbesteuerung stellt keine Option im Sinne des § 24 Abs. 4 UStG dar und bewirkt damit auch keine Bindungsfrist (vgl. Abschnitt 24.8). [12]Bei einem Übergang zur Regelbesteuerung richtet sich der Voranmeldungszeitraum nach § 18 Abs. 2 Sätze 1 und 2 UStG. [13]Eine Befreiung von der Verpflichtung zur Übermittlung von Voranmeldungen im ersten Jahr nach dem gesetzlichen Wechsel zur Regelbesteuerung kommt nicht in Betracht (vgl. Abschnitt 18.2 Abs. 2 Satz 3).

(2) [1]Gemäß § 22 Abs. 6 Nr. 1 UStG in Verbindung mit § 67 UStDV sind Unternehmer, die die Durchschnittssätze des § 24 UStG anwenden, für den Bereich der Land- und Forstwirtschaft im Wesentlichen von den Aufzeichnungspflichten des § 22 UStG befreit. [2]In diesen Fällen können für die Ermittlung des Gesamtumsatzes ergänzend zu den Angaben, die nach § 18 Abs. 3 UStG erforderlich sind, hilfsweise die ertragsteuerlichen Aufzeichnungen und Gewinnermittlungen herangezogen werden. [3]Im Übrigen sind die Umsätze nach den Betriebsmerkmalen und unter Berücksichtigung der besonderen Verhältnisse zu schätzen.

(3) [1]Zum Vorsteuerabzug von Unternehmern, die von der Besteuerung nach § 24 UStG zur allgemeinen Besteuerung des UStG übergegangen sind oder umgekehrt, siehe Abschnitt 15.1 Abs. 5 und 6. [2]Bei einer

Änderung der Besteuerungsform kommt eine Berichtigung des Vorsteuerabzuges nach § 15 a Abs. 1 bis 4 in Verbindung mit Abs. 7 UStG in Betracht (vgl. auch Abschnitte 15 a.2 Abs. 2 Satz 3 Nr. 4 und 15 a.9 Abs. 5 bis 7). [3]Die Bagatellgrenzen nach § 44 UStDV sind zu beachten.

Anmerkung

Erhebliche **Veränderungen** haben sich seit dem **1.1.2022 im Bereich der Land- und Forstwirtschaft** ergeben, soweit die Land- und Forstwirte bisher die Durchschnittssatzbesteuerung nach § 24 UStG angewendet hatten. Zum einen ist eine nicht unerhebliche Zahl der Anwender grundsätzlich aus der Berechtigung ausgeschieden, die Durchschnittssätze anwenden zu können, zum anderen ist für die verbleibenden (kleineren) Betriebe der Durchschnittssatz abgesenkt worden.

1. Berechnung des maßgeblichen Gesamtumsatzes bis 2024

Die Finanzverwaltung hatte im Juni 2022 zu der neu eingeführten **Umsatzgrenze** von **600.000 €** Stellung genommen. Da die Umsatzgrenze auf den Gesamtumsatz i. S. d. § 19 UStG (wie bei der Kleinunternehmerbesteuerung zu diesem Zeitpunkt des Inkrafttretens) Bezug nimmt, verwies die Finanzverwaltung zuerst auf die Ermittlungsgrundsätze für den Gesamtumsatz. Dabei war insbesondere auf die folgenden Punkte zu achten:

- Zum Gesamtumsatz gehören auch die Umsätze von **Wirtschaftsgütern des Anlagevermögens**.
- Zum Gesamtumsatz gehört der **steuerbare Umsatz** (Umsätze im Inland) i. S. d. § 1 Abs. 1 Nr. 1 UStG des vorangegangenen Kalenderjahrs – allerdings ohne Umsatzsteuer.
- Der Gesamtumsatz berechnet sich nach der im maßgeblichen Kalenderjahr angewandten **Besteuerungsart** – Soll- oder Istbesteuerung.
- Bei **Beginn der Tätigkeit** in einem Kalenderjahr, ist auf den voraussichtlichen Gesamtumsatz des laufenden Kalenderjahrs abzustellen, dabei ist der Gesamtumsatz in einen **Jahresgesamtumsatz** umzurechnen.
- Bei einer **nicht steuerbaren Geschäftsveräußerung** im Ganzen nach § 1 Abs. 1 a UStG ist der Vorjahresumsatz des Veräußerers maßgeblich.

Hinweis: Besonderheiten bei Geschäftsveräußerung beachten

Die Finanzverwaltung legt weiterhin fest, dass ein bisher die Durchschnittssatzbesteuerung anwendender Unternehmer, der ein weiteres Unternehmen oder einen in der Gliederung eines Unternehmens gesondert geführten Betrieb im Ganzen hinzuerwirbt, bei dem wegen Überschreiten der Umsatzgrenze die Regelbesteuerung anzuwenden war, ab Beginn des Kalenderjahrs, in dem die Geschäftsveräußerung im Ganzen erfolgt ist, sowohl die Umsätze des bisherigen als auch des hinzuerworbenen land- und forstwirtschaftlichen Unternehmens nach den allgemeinen Regelungen zu versteuern hat. Dies soll auch gelten, wenn der Veräußerer auf die Anwendung der Durchschnittssatzbesteuerung verzichtet hatte.

Wenn aber der hinzuerworbene Unternehmensteil nicht die Umsatzgrenze überschritten hatte, kann im Jahr des Zuerwerbs die Durchschnittssatzbesteuerung angewendet werden, selbst wenn der zusammengerechnete Gesamtumsatz über der Grenze von 600.000 € liegt.

Hinweis: Berechnungsmethode für den Gesamtumsatz beachten

Die Finanzverwaltung (BMF, Schreiben v. 12.4.2023, BStBl I 2023, 734) hat klargestellt, dass auch bei Anwendung der Durchschnittssatzbesteuerung unter den weiteren Voraussetzungen die Gestattung der Istbesteuerung nach § 20 Satz 1 UStG in Betracht kommt. Im Zusammenhang mit der Prüfung der seit dem 1.1.2022 geltenden Umsatzgrenze von 600.000 € hat die Finanzverwaltung gleichzeitig die Regelung aufgehoben, dass in den Fällen, in denen der Unternehmer auch schon im Vorjahr die Besteuerung nach § 24 UStG vorgenommen hat, zur Prüfung der Umsatzgrenze für das Vorjahr die Berechnung des Gesamtumsatzes nach vereinbarten Entgelten (Solbesteuerung) zugrunde zu legen ist. Damit ist aufgrund fehlender anderslautender Vorgaben die jeweils von dem Unternehmer gewählte Methode (Soll- oder Istbesteuerung) bei der Prüfung der Gesamtumsatzgrenze anzuwenden.

2. Berechnung des maßgeblichen Gesamtumsatzes seit 2025

Durch die Änderungen bei der **Berechnung des Gesamtumsatzes** nach § 19 Abs. 2 UStG bei der Kleinunternehmerbesteuerung seit 2025 haben sich entsprechende Veränderungen – insbesondere bei der Unternehmensgründung – ergeben. Der Gesamtumsatz berechnet sich immer nach den Grundsätzen der Istbesteuerung. Insbesondere ist bei der **Unternehmensgründung** der Gesamtumsatz für das Jahr der Gründung und des Folgejahrs keine Hochrechnung in einen Jahresumsatz mehr vorzunehmen. Es ergeben sich vergleichbare Rechtsfolgen wie bei der Prüfung des Gesamtumsatzes im Zusammenhang mit der Möglichkeit der Gestattung der Istbesteuerung; vgl. dazu Abschn. 20.1 UStAE.

3. Weitere Rechtsfolgen

Geht der Unternehmer aufgrund des Überschreitens der Umsatzgrenze zur Regelbesteuerung über, richtet sich der **Voranmeldungszeitraum** nach den allgemeinen Grundsätzen des § 18 Abs. 2 Satz 1 und 2 UStG. Eine Befreiung von der Verpflichtung, Voranmeldungen abgeben zu müssen, kommt nicht in Betracht.

In Abschn. 24.1a Abs. 2 UStAE wird auf die (geringeren) **Aufzeichnungsvorschriften** bei Anwendung der Durchschnittssatzbesteuerung verwiesen und in Abschn. 24.1a Abs. 3 UStAE daran erinnert, dass der Wechsel zwischen der Regelbesteuerung und der Durchschnittssatzbesteuerung (und umgekehrt) eine Änderung i. S. d. § 15 a Abs. 7 UStG darstellt und somit zu einer **Vorsteuerberichtigung** führen kann.

Hinweis: Prüfung der Gesamtumsatzgrenze

Zur Prüfung der Gesamtumsatzgrenze von 600.000 € dürfen nicht nur die Umsätze aus der land- und forstwirtschaftlichen Tätigkeit herangezogen werden. In den Gesamtumsatz sind alle Umsätze einzubeziehen, die der jeweilige Unternehmer realisiert. Erzielt z. B. ein Landwirt neben seinen Umsätzen aus der Landwirtschaft noch Einkünfte aus einer gewerblich betriebenen Photovoltaikanlage, sind diese Umsätze seines einheitlichen Unternehmens zusammenzurechnen. In diesen Fällen wäre ggf. zu prüfen, ob durch eine andere Strukturierung (z. B. Investition in die Photovoltaikanlage zusammen mit einem Familienangehörigen in einer Gesellschaft bürgerlichen Rechts) der Gesamtumsatz unter die Umsatzgrenze gedrückt werden kann.

UStAE 24.2. Erzeugnisse im Sinne des § 24 Abs. 1 Satz 1 UStG

(1) [1]Die Durchschnittssätze sind auf die Umsätze mit landwirtschaftlichen Erzeugnissen im Rahmen land- und forstwirtschaftlicher Betriebe anzuwenden. [2]Voraussetzung ist, dass die Erzeugnisse im Rahmen dieses land- und forstwirtschaftlichen Betriebs erzeugt worden sind. [3]Die Umsätze mit zugekauften Produkten sind von der Anwendung der Durchschnittssatzbesteuerung ausgeschlossen (vgl. BFH-Urteil vom 14. 6. 2007, V R 56/05, BStBl II S. 158). [4]Als zugekaufte Produkte gelten die zum Zwecke der Weiterveräußerung erworbenen Erzeugnisse. [5]Werden nicht selbst erzeugte landwirtschaftliche Erzeugnisse im eigenen Betrieb durch urproduktive Tätigkeiten zu einem Produkt anderer Marktgängigkeit weiterverarbeitet, gelten diese hingegen als eigene Erzeugnisse. [6]Solche eigenen Erzeugnisse liegen z.B. vor, wenn nicht selbst erzeugte land- und forstwirtschaftliche Erzeugnisse (z.B. zugekaufte Samen, Zwiebeln, Knollen, Stecklinge und Pflanzen) im eigenen Betrieb bis zur Verkaufsreife kultiviert werden oder spätestens nach Ablauf von 3 Monaten. [7]Diese Grundsätze finden für den Bereich der Tierzucht und Tierhaltung entsprechende Anwendung. [8]Der Erzeuger muss die Erzeugnisse im Zeitpunkt des Zukaufs den potentiell selbst erzeugten oder den zum baldigen Absatz bestimmten Waren zuordnen. [9]Dem Vorsteuerabzug kommt hierbei eine indizielle Bedeutung zu. [10]Werden die Produkte beispielsweise in einer Verkaufseinrichtung (z.B. Hofladen) präsentiert, spricht dies für eine Zuordnung zu den zum baldigen Absatz bestimmten Waren. [11]Verbleiben die ursprünglich zum baldigen Absatz bestimmten Waren länger als 3 Monate im Betrieb und werden sie in dieser Zeit weiter kultiviert, handelt es sich um selbst erzeugte Produkte, deren Lieferung der Durchschnittssatzbesteuerung unterliegt. [12]Ein vorgenommener

Vorsteuerabzug ist ggf. zu berichtigen. [13]Werden zugekaufte Sport-, Renn- oder Turnierpferde nach ihrer Veredelung verkauft, handelt es sich nicht um landwirtschaftliche Erzeugnisse im Sinne des § 24 Abs. 1 Satz 1 UStG (vgl. BFH-Urteil vom 13.09.2023 – XI R 37/22, BStBl II 2024 S. 240).

Verarbeitungstätigkeiten

(2) [1]Den Tätigkeiten der landwirtschaftlichen Erzeugung sind die Verarbeitungstätigkeiten gleichgestellt, die der landwirtschaftliche Erzeuger mit Mitteln ausübt, die normalerweise in land-, forst- oder fischereiwirtschaftlichen Betrieben verwendet werden. [2]Die Veredelung von gekauften Sport-, Renn- oder Turnierpferden wird nicht mit Mitteln ausgeübt, die normalerweise in land-, forst- oder fischereiwirtschaftlichen Betrieben verwendet werden (vgl. BFH-Urteil vom 13.09.2023 – XI R 37/22, BStBl II 2024 S. 240). [3]Eine der landwirtschaftlichen Erzeugung gleichgestellte Verarbeitungstätigkeit setzt voraus, dass der landwirtschaftliche Erzeuger im Wesentlichen aus seiner land- und forstwirtschaftlichen Produktion stammende Erzeugnisse verwendet und das Enderzeugnis seinen land- und forstwirtschaftlichen Charakter nicht verliert (so genannte erste Verarbeitungsstufe). [4]Dies kann z. B. bei der händischen Beimischung von Zutaten der Fall sein (vgl. BFH-Urteil vom 27. 9. 2018, V R 28/17, BStBl 2019 II S. 383). [5]Führt die Verarbeitung zu einem Produkt der zweiten oder einer höheren Verarbeitungsstufe (z. B. Spirituosen), unterliegen die Umsätze mit diesen Erzeugnissen nicht der Durchschnittssatzbesteuerung. [6]Die Ausführung von Verarbeitungstätigkeiten durch Lohnunternehmer steht in diesem Rahmen der Annahme eines selbst erzeugten landwirtschaftlichen Erzeugnisses nicht entgegen. [7]Dies gilt in den Fällen der so genannten Umtauschmüllerei (§ 3 Abs. 10 UStG) entsprechend.

Beispiel 1:

[1]Ein Landwirt betreibt Schweinezucht. [2]Er lässt die Schweine von einem gewerblichen Lohnunternehmer schlachten und in Hälften zerlegen. [3]Die Schweinehälften liefert der Landwirt an einen fleischverarbeitenden Betrieb.

[4]Die Lieferung der Schweinehälften unterliegt der Durchschnittssatzbesteuerung. [5]Die Ausführung der Schlacht- und Zerlegearbeiten durch einen Lohnunternehmer steht dem nicht entgegen.

Beispiel 2:

[1]Ein Landwirt, der Getreide anbaut, bringt sein Getreide zu einer Mühle. [2]Er erhält vom Müller Mehl, das aus fremdem Getreide gemahlen wurde und zahlt den Mahllohn. [3]Der Landwirt veräußert das Mehl an einen Lebensmittelhersteller.

[4]Die Lieferung des Mehls an den Lebensmittelhersteller unterliegt der Durchschnittssatzbesteuerung. [5]Unschädlich ist, dass das Mehl nicht tatsächlich aus dem vom Landwirt erzeugten Getreide gemahlen wurde.

(3) [1]Werden selbst erzeugte Produkte untrennbar mit zugekauften Produkten vermischt, unterliegt die Lieferung des Endprodukts aus Vereinfachungsgründen noch der Durchschnittssatzbesteuerung, wenn die Beimischung des zugekauften Produkts nicht mehr als 25 % beträgt. [2]Maßstab ist die im Handel übliche Maßeinheit (z. B. Kilogramm bei Honig, Liter bei Wein). [3]Zugekaufte Zutaten und Nebenstoffe bleiben bei der Prüfung der 25 %-Grenze nach Satz 1 außer Betracht. [4]Als Zutaten und Nebenstoffe sind insbesondere Gewürze, Konservierungsmittel, Zusatzstoffe im Sinne des Weingesetzes, die Süßreserve sowie der Deckwein im Weinbau anzusehen. [5]Gleiches gilt für die Warenumschließungen.

Beispiel 1:

[1]Ein Imker hat sich verpflichtet, 400 kg Honig zu liefern. [2]Da er nur über 350 kg selbst erzeugten Honig verfügt, kauft er 50 kg hinzu und vermischt beide Erzeugnisse.

[3]Beide Honigmengen werden untrennbar miteinander vermischt. [4]Da der Anteil des zugekauften Honigs nicht mehr als 25 % des Endprodukts ausmacht, unterliegt die Lieferung der Gesamtmenge der Durchschnittssatzbesteuerung.

Beispiel 2:

[1]Ein Obstbauer hat sich verpflichtet, eine bestimmte Menge Apfelsaft in Flaschen zu liefern. [2]Da die selbst erzeugte Menge von 700 kg Äpfeln für die Produktion nicht ausreicht, kauft er 300 kg hinzu und presst den Saft aus der Gesamtmenge.

[3]Bei der Beurteilung, ob es sich noch um ein selbst erzeugtes Produkt handelt, bleiben die Flaschen als Warenumschließungen außer Betracht. [4]Da der Saft der zugekauften Äpfel untrennbar mit dem Saft der selbst erzeugten Äpfel vermischt wurde und mehr als 25 % des Endprodukts beträgt, unterliegt die Lieferung des Apfelsafts nicht der Durchschnittssatzbesteuerung.

Beispiel 3:

[1]Ein Kartoffelbauer verpflichtet sich zur Lieferung von 1 000 kg geschälten Kartoffeln. [2]Da er nur über 700 kg selbst erzeugter Produkte verfügt, kauft er die entsprechende Menge ungeschälter Kartoffeln hinzu. [3]Die selbst erzeugten und zugekauften Kartoffeln werden in der Schälmaschine vermischt und geschält.

[4]Da die Kartoffeln nicht untrennbar miteinander vermischt werden, unterliegt die Lieferung der selbst erzeugten Produkte ohne Rücksicht auf prozentuale Zusammensetzung der Gesamtmenge der Durchschnittssatzbesteuerung. [5]Die zugekauften Kartoffeln unterliegen der Besteuerung nach allgemeinen Regelungen. [6]Der Unternehmer trägt die Feststellungslast für die Anwendung der Durchschnittssatzbesteuerung hinsichtlich der selbst erzeugten Kartoffeln.

Beispiel 4:

[1]Ein Landwirt baut Gurken an und stellt daraus Konserven her. [2]Da er nicht über die erforderliche Menge Gurken verfügt, kauft er Gurken hinzu. [3]Er vermischt die Gurken, viertelt sie und fügt bei der Konservenproduktion Wasser, Essig, Zucker und Gewürze bei.

[4]Da es sich bei dem Endprodukt um ein Produkt der so genannten zweiten Verarbeitungsstufe handelt, unterliegt die Lieferung den allgemeinen Regelungen des Umsatzsteuergesetzes. [5]Unerheblich ist, wie hoch der prozentuale Anteil der zugekauften Gurken am Endprodukt ist.

Erzeugnisse im Sinne des § 24 Abs. 1 Satz 1 Nr. 1 UStG

(4) [1]Als forstwirtschaftliche Erzeugnisse (§ 24 Abs. 1 Satz 1 Nr. 1 UStG) kommen insbesondere in Betracht: Stammholz (Stämme und Stammteile), Schwellenholz, Stangen, Schichtholz, Industrieholz, Brennholz, sonstiges Holz (z. B. Stockholz, Pfähle, Reisig) und forstliche Nebenerzeugnisse wie Forstsamen, Rinde, Baumharz, Weihnachtsbäume, Schmuckgrün, Waldstreu, Pilze und Beeren. [2]Voraussetzung ist, dass diese Erzeugnisse im Rahmen der Forstwirtschaft anfallen. [3]Das Rücken des Holzes durch den Forstwirt im Zusammenhang mit der Holzlieferung ist als Nebenleistung anzusehen. [4]Bei Lieferungen von Erzeugnissen aus Sonderkulturen außerhalb des Waldes (z. B. Weidenbau, Baumschule, Obst- oder Weihnachtsbaumkultur, Schmuckreisig) handelt es sich nicht um Umsätze von forstwirtschaftlichen Erzeugnissen, sondern um eigenständige landwirtschaftliche Umsätze, die unter § 24 Abs. 1 Satz 1 Nr. 3 UStG fallen. [5]Zur Forstwirtschaft gehören Hoch-, Mittel- und Niederwald, Schutzwald (z. B. Wasser-, Boden-, Lawinen-, Klima-, Immissions-, Sicht- und Straßenschutzwald sowie Schutzwaldungen mit naturkundlichen Zielsetzungen und Waldungen für Forschung und Lehre), Erholungswald und Nichtwirtschaftswald (z. B. Naturparks, Nationalparks, Landschaftsschutzgebiete und Naturschutzgebiete), auch wenn die Erzeugung von Rohholz ausgeschlossen oder nicht beabsichtigt ist. [6]Holz aus Parkanlagen sowie Flurholz außerhalb des Waldes und Alleebäume, Grenzbäume u. Ä. rechnen nicht zur Forstwirtschaft.

Erzeugnisse im Sinne des § 24 Abs. 1 Satz 1 Nr. 2 UStG

(5) [1]In der Anlage 2 des UStG nicht aufgeführte Sägewerkserzeugnisse (§ 24 Abs. 1 Satz 1 Nr. 2 UStG) sind insbesondere Balken, Bohlen, Kanthölzer, besäumte und unbesäumte Bretter sowie Holzwolle und Holzmehl. [2]Zu den Getränken und alkoholischen Flüssigkeiten im Sinne des § 24 Abs. 1 Satz 1 Nr. 2 UStG zählen insbesondere Wein, Obstwein, Traubenmost, Frucht- und Gemüsesäfte, Alkohol und Sprit sowie vergorene, nicht zum Verzehr bestimmte Kirschmaische (BFH-Urteil vom 12. 3. 2008, XI R 65/06,

BStBl II S. 532). [3]Nicht darunter fallen z. B. Trinkbranntwein, Branntweinerzeugnisse, Weinbrand, Obstschnäpse und -liköre, Milch (aus Kapitel 4 des Zolltarifs), Milchmischgetränke mit einem Anteil an Milch von mindestens 75 % des Fertigerzeugnisses sowie Wasser, nicht aber Mineralwasser.

Erzeugnisse im Sinne des § 24 Abs. 1 Satz 1 Nr. 3 UStG

(6) [1]Der Durchschnittssatz nach § 24 Abs. 1 Satz 1 Nr. 3 UStG gilt insbesondere für die Umsätze der wichtigsten landwirtschaftlichen Erzeugnisse wie z. B. Getreide, Getreideerzeugnisse, Vieh, Fleisch, Milch, Obst, Gemüse und Eier. [2]**Bei den auf den Feldern befindlichen Früchten („stehende Ernte") handelt es sich vor der Ernte (noch) nicht um landwirtschaftliche Erzeugnisse (vgl. BFH-Urteil vom 17.08.2023 – V R 3/21, BStBl II 2025 S. 883).** [3]**Die bloße Lieferung der stehenden Ernte ermöglicht es dem Erwerber lediglich landwirtschaftliche Erzeugnisse zu gewinnen.** [4]**Geht mit der Veräußerung der stehenden Ernte eine entsprechende Erntevereinbarung einher, gilt das Ernteprodukt im Zeitpunkt der Ernte (Lieferzeitpunkt) als erzeugt und kann damit als landwirtschaftliches Erzeugnis im Sinne des § 24 Abs. 1 Satz 1 UStG beim Veräußerer der Durchschnittssatzbesteuerung unterliegen.** [5]**Umsätze mit Gegenständen des land- und forstwirtschaftlichen Unternehmensvermögens (z.B. der Verkauf gebrauchter landwirtschaftlicher Geräte) unterliegen der Regelbesteuerung (vgl. BFH-Urteil vom 17.08.2023 – V R 3/21, a.a.O.).**

Rechtsmissbrauch

(7) Es ist rechtsmissbräuchlich, wenn ein Händler und ein Landwirt die Umsätze des Landwirts durch Verkauf und Rückkauf von Tieren oder anderen landwirtschaftlichen Erzeugnissen ohne Rücksicht auf den wirtschaftlichen Gehalt der vom Landwirt erbrachten Leistung künstlich erhöhen und der Händler in den Genuss eines hierdurch erhöhten Vorsteuerabzugs zu gelangen versucht (BFH-Urteil vom 9. 7. 1998, V R 68/96, BStBl II S. 637).

Anmerkung

Nur die land- und forstwirtschaftlichen Leistungen können der Durchschnittssatzbesteuerung unterliegen. Probleme ergeben sich immer dann, wenn die Land- und Forstwirte Umsätze mit hinzuerworbenen Gegenständen ausführen. Die Abgrenzung, ob es sich dem Grunde nach um begünstigte oder nicht begünstigte Produkte handelt, ist jeweils im Einzelfall anhand der Vorgaben der Finanzverwaltung zu entscheiden; teilweise ist die Abgrenzung sehr kleinteilig.

Hinweis: Herstellung von Fruchtjoghurt

Nach der Rechtsprechung des BFH (Urt. v. 27.9.2018 – V R 28/17, BStBl II 2019, 383) ist die Herstellung von Fruchtjoghurt unter händischer Beimischung zugekaufter Fruchtmischungen eine Verarbeitungstätigkeit eines Milchbauern, sodass die Lieferung des Fruchtjoghurts der Durchschnittsbesteuerung nach § 24 Abs. 1 Satz 1 Nr. 3 UStG unterliegt.

Der **Verkauf von Gegenständen des Unternehmensvermögens**, die der die Durchschnittssatzbesteuerung anwendende Land- und Forstwirt vornimmt (z.B. Verkauf gebrauchter landwirtschaftlicher Produkte), unterliegt nach Abschn. 24.2 Abs. 6 Satz 5 UStAE **nicht der Durchschnittssatzbesteuerung**. Die Finanzverwaltung hatte aber – als **Vereinfachungsregelung** – in Abschn. 24.2 Abs. 6 Satz 3 UStAE (in der bis 12.11.2025 geltenden Fassung; Änderung erfolgte durch BMF, Schreiben v. 12.11.2025, BStBl I 2025, 1934) nicht beanstandet, dass die Durchschnittssatzbesteuerung angewendet wird, wenn die Gegenstände während ihrer Zugehörigkeit zum land- und forstwirtschaftlichen Unternehmensvermögens zu mindestens 95 % für Umsätze verwendet werden, für die der Vorsteuerabzug aufgrund der Anwendung der Durchschnittssatzbesteuerung ausgeschlossen ist. Der **BFH** (Urt. v. 17.8.2023 – V R 3/21, BStBl II 2025, 883) hat sich allerdings gegen diese Vereinfachungsregelung gewandt und festgestellt, dass es nicht zu einer Verwaltungsvereinfachung führt, diese Gegenstände der Durchschnittssatzbesteuerung zu unterwerfen.

Hinweis: Verkauf von Anlagevermögen unterliegt nicht der Durchschnittssatzbesteuerung/Nichtbeanstandungsregelung

Nach dem Urteil des BFH unterliegen damit als Hilfsgeschäfte einzuordnende Verkäufe von gebrauchten land- und forstwirtschaftlichen Maschinen etc. durch einen die Durchschnittssatzbesteuerung unterliegenden Land- oder Forstwirt der Regelbesteuerung. Soweit der Gegenstand innerhalb des maßgeblichen Vorsteuerberichtigungszeitraums nach § 15a UStG verkauft wird, muss sich dann eine Vorsteuerberichtigung zugunsten des Unternehmers nach § 15 Abs. 8 und Abs. 9 UStG ergeben. Da der Berichtigungszeitraum für bewegliche Gegenstände aber höchstens fünf Jahre beträgt und die gewöhnliche Nutzungszeit für solche Geräte regelmäßig deutlich länger sein wird, wird dies kaum zu einer tatsächlichen Entlastung führen. Da die Finanzverwaltung früher eine andere Auffassung vertrat und erst mit Schreiben v. 12.11.2025 den Abschn. 24.2 Abs. 6 UStAE an die Rechtsprechung des BFH angepasst hat, wird es für Umsätze, die vor dem 1.7.2026 ausgeführt werden, von der Finanzverwaltung nicht beanstandet, wenn der Unternehmer sich noch auf die bisherige Vereinfachungsregelung beruft (der BFH hatte mit seiner Entscheidung vom 17.8.20223 – V R 3/21 eine ältere Entscheidung des BFH (Urt. v. 10.11.1994 – V R 87/93, BStBl II 1995, 218) aufgehoben).

Die Finanzverwaltung regelt – ebenfalls unter Bezug auf die Entscheidung des BFH (Urt. v. 17.8.2023 – V R 3/21, BStBl II 2025, 883), dass es sich bei dem Verkauf auf den Feldern befindlicher Früchte (sog. **„stehende Ernte"**) vor der Ernte noch nicht um landwirtschaftliche Erzeugnisse handelt und deshalb auch der Regelbesteuerung unterliegt, Abschn. 24.2 Abs. 6 Satz 2 UStAE (in der Fassung ab dem 12.11.2025).

Hinweis: Durchschnittssatzbesteuerung bei Alkoholprodukt fraglich

Ob nicht trinkfertiger Rohalkohol, bei dem lediglich ein erster Reinigungsschritt durchgeführt wurde, der Regelbesteuerung mit Vorsteuerabzug oder der Versteuerung nach Durchschnittssätzen gemäß § 24 UStG unterliegt, ist derzeit Gegenstand eines Revisionsverfahrens (V R 37/24) beim BFH.

UStAE 24.3. Sonstige Leistungen

Allgemein

(1) [1]Die Anwendung der Durchschnittssatzbesteuerung auf die im Rahmen eines land- und forstwirtschaftlichen Betriebs erbrachten sonstigen Leistungen setzt voraus,

- dass sie mit Hilfe der Arbeitskräfte des Betriebs – einschließlich der Arbeitskraft des Betriebsinhabers – erbracht werden und die dabei ggf. verwendeten Wirtschaftsgüter der normalen Ausrüstung des Betriebs zuzurechnen sind und
- dass die sonstigen Leistungen normalerweise zur landwirtschaftlichen Erzeugung beitragen.

[2]Insbesondere folgende sonstige Leistungen können bei Vorliegen der in Satz 1 genannten Voraussetzungen der Durchschnittssatzbesteuerung unterliegen:

1. Anbau-, Ernte-, Dresch-, Press-, Lese- und Einsammelarbeiten, einschließlich Säen und Pflanzen;
2. Verpackung und Zubereitung, wie beispielsweise Trocknung, Reinigung, Zerkleinerung, Desinfektion und Einsilierung landwirtschaftlicher Erzeugnisse;
3. Lagerung landwirtschaftlicher Erzeugnisse;
4. Hüten, Zucht und Mästen von Vieh;
5. Vermietung normalerweise in land-, forst- und fischwirtschaftlichen Betrieben verwendeter Mittel zu landwirtschaftlichen Zwecken;
6. technische Hilfe;
7. Vernichtung schädlicher Pflanzen und Tiere, Behandlung von Pflanzen und Böden durch Besprühen;
8. Betrieb von Be- und Entwässerungsanlagen;
9. Beschneiden und Fällen von Bäumen und andere forstwirtschaftliche Dienstleistungen.

(2) [1]Das Unionsrecht sieht für die Anwendbarkeit der Durchschnittssatzbesteuerung auf derartige land- und forstwirtschaftliche Dienstleistungen zwar keine betragsmäßige Beschränkung vor. [2]Dennoch können Land- und Forstwirte solche Dienstleistungen nicht in unbegrenztem Umfang unter Anwendung der Durchschnittssatzbesteuerung erbringen. [3]Die Anwendung der Durchschnittssatzbesteuerung setzt voraus, dass der Unternehmer mit seinen jeweiligen Umsätzen als landwirtschaftlicher Erzeuger handelt. [4]Hierzu zählt in gewissem Umfang auch das Erbringen land- und forstwirtschaftlicher Dienstleistungen, wenn die Erbringung der betreffenden Leistung beim Unternehmer jedenfalls typisierend zu einer Belastung mit Vorsteuer führt oder zumindest führen kann. [5]Begründet wird die landwirtschaftliche Erzeugertätigkeit allerdings nur durch die eigene Urproduktion. [6]Alleine mit der Erbringung land- und forstwirtschaftlicher Dienstleistungen wird ein Unternehmer nicht zum landwirtschaftlichen Erzeuger. [7]Nehmen die land- und forstwirtschaftlichen Dienstleistungen daher im Vergleich zur eigenen Urproduktion einen überdurchschnittlich großen Anteil an den Umsätzen des land- und forstwirtschaftlichen Betriebs ein, können diese einer neben dem land- und forstwirtschaftlichen Betrieb ausgeführten unternehmerischen Tätigkeit zuzuordnen sein.

(3) [1]Ein Anhaltspunkt für das Vorliegen einer Tätigkeit außerhalb der Land- und Forstwirtschaft kann eine im vorangegangenen Kalenderjahr überschrittene Umsatzgrenze von 51 500 € sein. [2]Bei der Ermittlung dieser Umsatzgrenze sind die sonstigen Leistungen an Landwirte und Nichtlandwirte zusammenzufassen. [3]Umsätze aus Vermietungs- und Verpachtungsleistungen sowie der Veräußerung von immateriellen Wirtschaftsgütern des Anlagevermögens (z. B. Zahlungsansprüche) bleiben bei der Prüfung dieser Umsatzgrenze für umsatzsteuerliche Zwecke außer Ansatz. [4]Das Überschreiten der Umsatzgrenze alleine schließt die Anwendung der Durchschnittssatzbesteuerung allerdings noch nicht aus. [5]In diesem Fall ist vielmehr anhand weiterer Kriterien zu prüfen, ob die Dienstleistungen nicht mehr dem land- und forstwirtschaftlichen Betrieb zuzurechnen sind. [6]Hierfür spricht u. a. ein unverhältnismäßig hoher Anteil der auf die Erbringung der Dienstleistungen entfallenden Arbeitszeit oder ein Maschinen- und Ausrüstungsbestand, der über die Anforderungen des eigenen Betriebs hinausgeht.

(4) [1]Der Einsatz von Arbeitskräften schließt die im land- und forstwirtschaftlichen Betrieb des Steuerpflichtigen beschäftigten Arbeitnehmer ein. [2]Ein Wirtschaftsgut ist der normalen Ausrüstung des land- und forstwirtschaftlichen Betriebs zuzurechnen, wenn es dem Grunde oder der vorhandenen Anzahl nach dem betriebsgewöhnlichen, d. h. normalen Ausrüstungsbestand des land- und forstwirtschaftlichen Betriebs des Steuerpflichtigen zuzurechnen ist und wenn es nach seiner objektiven Zweckbestimmung und der tatsächlichen Übung den vom Steuerpflichtigen ausgeübten Erzeugertätigkeiten dient. [3]Die Erbringung von sonstigen Leistungen unter Verwendung von Wirtschaftsgütern, die

- im eigenen Betrieb nicht oder nur unerheblich verwendet werden oder
- einem nicht betriebstypischen Überbestand zuzurechnen sind oder
- ausschließlich zur Erbringung von sonstigen Leistungen an Dritte vorgehalten werden

ist daher unabhängig von der Dauer oder dem Zweck der Verwendung aus dem Anwendungsbereich der Durchschnittssatzbesteuerung ausgeschlossen, da diese Mittel von vornherein nicht zum betriebsgewöhnlichen Ausrüstungsbestand des land- und forstwirtschaftlichen Betriebs gehören (vgl. BFH-Urteil vom 21. 1. 2015, XI R 13/13, BStBl II S. 730). [4]Ein nicht betriebstypischer Überbestand liegt bei Erstmaschinen im Allgemeinen nicht vor. [5]Setzt der Betriebsinhaber seine eigene Arbeitskraft oder die im Betrieb beschäftigten Arbeitnehmer ganz überwiegend oder ausschließlich zur Erbringung sonstiger Leistungen an Dritte ein, unterliegen die sonstigen Leistungen nicht der Durchschnittssatzbesteuerung.

(5) [1]Ob eine sonstige Leistung normalerweise zur landwirtschaftlichen Erzeugung beiträgt, ist **grundsätzlich** aus der Sicht des Leistungsempfängers zu beurteilen. [2]Ein solcher Zweck liegt **grundsätzlich** vor, wenn die sonstige Leistung in der Sphäre des Leistungsempfängers unter planmäßiger Nutzung der natürlichen Kräfte des Bodens zur Erzeugung von Pflanzen und Tieren, d.h. für eine Tätigkeit der landwirtschaftlichen Erzeugung nach Anhang VII MwStSystRL, verwertet wird. [3]Es ist jedoch nicht Voraussetzung, dass der Leistungsempfänger die Erzeugertätigkeit im Rahmen eines land- und forstwirtschaftlichen Betriebs ausübt. [4]Betreibt der Leistungsempfänger eine Tierzucht oder Tierhaltung außerhalb eines land- und forstwirtschaftlichen Betriebs, ist diese nur dann eine Tätigkeit der landwirtschaftlichen Erzeugung, wenn sie jeweils in Verbindung mit der Bodenbewirtschaftung (vgl. Anhang VII Nr. 2

MwStSystRL) und in den Fällen der Tierhaltung außerdem nicht lediglich aus privaten Gründen zu Freizeitzwecken erfolgt. [5]Sonstige Leistungen, die beim Leistungsempfänger nicht **der landwirtschaftlichen Erzeugung** dienen, sind **grundsätzlich** vom Anwendungsbereich der Durchschnittssatzbesteuerung ausgeschlossen (vgl. BFH-Urteil vom 21.01.2015 – XI R 13/13, BStBl II S. 730), **außer sie erfüllen die Voraussetzungen des Satzes 7.** [6]Ein Unternehmer bezieht Bauleistungen für die Errichtung einer Lagerhalle auf einem vorher landwirtschaftlich genutzten Grundstück nicht im Rahmen seines der Durchschnittssatzbesteuerung unterliegenden landwirtschaftlichen Betriebs, wenn die Halle – wie geplant – an einen außerlandwirtschaftlichen Unternehmer vermietet wird (vgl. BFH-Urteil vom 03.12.1998 – V R 48/98, BStBl II 1999 S. 150). [7]**Auf eine unmittelbare Verwendung der sonstigen Leistung für land- und forst-wirtschaftliche Zwecke kommt es nicht an, wenn die konkrete Tätigkeit – wie etwa im Fall der Wanderschäferei (vgl. BFH-Urteil vom 06.09.2018 – V R 34/17, BStBl II 2019 S. 344) ausdrücklich in § 24 Abs. 2 Nr. 1 UStG aufgeführt wird oder der Leistungsempfänger keine über die Beeinflussung der Art und Weise der landwirtschaftlichen Erzeugung beim Leistungserbringer hinausgehenden Zwecke verfolgt (vgl. BFH-Urteil vom 29.08.2024 – V R 15/23, BStBl II 2025 S. 754).** [8]**Hieran fehlt es jedoch, wenn sich ein Forstwirt zu Aufforstungsleistungen auf eigenen Flächen verpflichtet, dam-it der Leistungsempfänger gegenüber einer Behörde eine Ersatzaufforstung nachweisen kann (vgl. BFH-Urteil vom 19.12.2024 – V R 18/22, BStBl II 2025 S. 756).**

Beispiel 1:

[1]Ein pauschalierender Landwirt vermietet Wohnmobilbesitzern für die Wintermonate Stellplätze in einer ansonsten für eigenbetriebliche Zwecke genutzten Lagerhalle.

[2]Die Vermietung erfolgt zu außerlandwirtschaftlichen Zwecken. [3]Die Umsätze fallen nicht unter die Durchschnittssatzbesteuerung.

Beispiel 2:

[1]Ein pauschalierender Landwirt nimmt ein Arbeitspferd eines Waldbesitzers in Pension. [2]Der Waldbesitzer unterhält den Wald nicht im Rahmen eines Unternehmens, sondern ausschließlich zur Deckung seines privaten Bedarfs an Brennholz.

[3]Die Pensionsleistung des Landwirts, die zur Holzerzeugung des Waldbesitzers beiträgt, unterliegt der Durchschnittssatzbesteuerung, sofern die bei Erbringung der Leistung verwendeten Wirtschaftsgüter der normalen Ausrüstung des landwirtschaftlichen Betriebs zuzurechnen sind.

Beispiel 3:

[1]Ein pauschalierender Landwirt (Putenzuchtbetrieb) erhält im Rahmen eines Programms zur Förderung einer tiergerechten und nachhaltigeren Fleischerzeugung eine Vergütung für die Einhaltung höherer Tierwohlstandards, die über die gesetzlichen Anforderungen hinausgehen. [2]Der Leistungsempfänger (Aufleger des Förderprogramms) verfolgt ausschließlich den Zweck, die Art und Weise der landwirtschaftlichen Produktion des leistenden Unternehmers zu beeinflussen.

[3]Die Leistung unterliegt der Durchschnittsatzbesteuerung.

Vermietungsleistungen

(6) [1]Ein zur Erbringung einer Vermietungsleistung verwendetes Wirtschaftsgut, das bis zur Vermietung als zum betriebsgewöhnlichen Ausrüstungsbestand eines land- und forstwirtschaftlichen Betriebs gehörig anzusehen ist, scheidet für die Dauer der Vermietung aus diesem Kreis aus, wenn sich der Vermieter durch eine langfristige Vermietung einer Nutzungsmöglichkeit im eigenen Betrieb begibt. [2]Eine Mietdauer von mindestens 12 Monaten ist stets als langfristig anzusehen. [3]Solche Vermietungsumsätze unterliegen daher nicht der Durchschnittssatzbesteuerung.

Beispiel 1:

[1]Ein Wirtschaftsgut wird auf unbestimmte Dauer vermietet. [2]Der Vertrag kann monatlich gekündigt werden.

[3]Die Vermietung ist als langfristig anzusehen und unterliegt somit nicht der Durchschnittssatzbesteuerung. [4]Endet die tatsächliche Gebrauchsüberlassung jedoch vor Ablauf von 12 Monaten, handelt es sich insgesamt nicht um eine langfristige Vermietung.

Beispiel 2:

[1]Ein Wirtschaftsgut wird für drei Monate vermietet. [2]Der Mietvertrag verlängert sich automatisch um je einen Monat, wenn er nicht vorher gekündigt wird.

[3]Die Vermietung ist nicht als langfristig anzusehen. [4]Dauert die tatsächliche Gebrauchsüberlassung jedoch 12 Monate oder mehr, handelt es sich insgesamt um eine langfristige Vermietung.

Verpachtungsleistungen

(7) [1]Mit der Überlassung eines land- und forstwirtschaftlichen Betriebs, von Betriebsteilen oder einzelner Wirtschaftsgüter durch Verpachtung oder Einräumung eines Nießbrauchs wird dem Pächter bzw. Nießbrauchsberechtigten die Möglichkeit des Gebrauchs und der Fruchtziehung eingeräumt. [2]Der Verpächter bzw. Nießbrauchsverpflichtete kann die überlassenen Gegenstände für die Dauer der Pacht bzw. der Einräumung des Nießbrauchs nicht mehr für Zwecke der eigenen Erzeugertätigkeit einsetzen. [3]Mit Beginn der Überlassung scheiden die Wirtschaftsgüter aus dem normalen Ausrüstungsbestand des land- und forstwirtschaftlichen Betriebs aus. [4]Auf entsprechende Umsätze findet die Durchschnittssatzbesteuerung nach § 24 UStG daher keine Anwendung. [5]Diese sonstigen Leistungen unterliegen ohne Rücksicht darauf, ob und in welchem Umfang der Verpächter oder Nießbrauchsverpflichtete weiterhin als Land- und Forstwirt tätig ist, den allgemeinen Vorschriften des UStG.

(8) [1]Zur Verpachtung eines landwirtschaftlichen Betriebs oder Betriebsteils vgl. BFH-Urteile vom 6. 12. 2001, V R 6/01, BStBl 2002 II S. 555, und vom 25. 11. 2004, V R 8/01, BStBl 2005 II S. 896. [2]Die Verpachtung eines Eigenjagdbezirks durch einen Land- und Forstwirt ist kein im Rahmen des land- und forstwirtschaftlichen Betriebs ausgeführter Umsatz. [3]Sie unterliegt der Besteuerung nach den allgemeinen Vorschriften (vgl. BFH-Urteile vom 11. 2. 1999, V R 27/97, BStBl II S. 378, und vom 22. 9. 2005, V R 28/03, BStBl 2006 II S. 280).

Immaterielle Wirtschaftsgüter

(9) [1]Umsätze aus der zeitweiligen oder endgültigen Übertragung immaterieller Wirtschaftsgüter unterliegen nur dann der Durchschnittssatzbesteuerung, wenn sie im Rahmen der land- und forstwirtschaftlichen Erzeugertätigkeit entstanden sind. [2]Danach kann weder die Verpachtung (zeitweilige Übertragung) noch der Verkauf (endgültige Übertragung) von Zahlungsansprüchen nach der EU-Agrarreform (GAP-Reform) in den Anwendungsbereich der Durchschnittssatzbesteuerung fallen (vgl. BFH-Urteil vom 30. 3. 2011, XI R 19/10, BStBl II S. 772). [3]Zur Veräußerung von immateriellen Wirtschaftsgütern im Zusammenhang mit der Abgabe von Saatgut vgl. BMF-Schreiben vom 14. 2. 2006, BStBl I S. 240.

Entsorgungsleistungen

(10) [1]Die Erbringung von Entsorgungsleistungen an Personen, die keiner Tätigkeit der landwirtschaftlichen Erzeugung nachgehen (z. B. die Entsorgung von Klärschlamm oder Speiseresten), unterliegt nicht der Durchschnittssatzbesteuerung. [2]Dabei ist es unerheblich, ob und inwieweit die zu entsorgenden Stoffe im land- und forstwirtschaftlichen Betrieb des Entsorgers Verwendung finden (vgl. BFH-Urteile vom 23. 1. 2013, XI R 27/11, BStBl II S. 458, und vom 24. 1. 2013, V R 34/11, BStBl II S. 460).

Halten von fremdem Vieh

(11) [1]Die Aufzucht und das Halten von fremdem Vieh durch Land- und Forstwirte kann den im Rahmen eines land- und forstwirtschaftlichen Betriebs ausgeführten Umsätzen zuzurechnen sein, wenn dem Unternehmer nach § 24 Abs. 2 Nr. 2 UStG für die Tierhaltung in ausreichendem Umfang selbst bewirtschaftete Grundstücksflächen zur Verfügung stehen. [2]Weitere Voraussetzung ist insbesondere, dass die Leistung in der Sphäre des Leistungsempfängers normalerweise zur landwirtschaftlichen Erzeugung beiträgt (vgl. Absatz 5).

Weitere Einzelfälle

(12) Folgende sonstige Leistungen unterliegen nicht der Durchschnittssatzbesteuerung:

- Umsätze aus der Pensionshaltung von Pferden, die von ihren Eigentümern zur Ausübung von Freizeitsport oder gewerblichen Zwecken oder zu anderen nicht land- und forstwirtschaftlichen Zwecken genutzt werden (vgl. BFH-Urteile vom 13. 1. 2011, V R 65/09, BStBl II S. 465, vom 10. 9. 2014, XI R 33/13, BStBl 2015 II S. 720, und vom 21. 1. 2015, XI R 13/13, BStBl II S. 730). Dies gilt entsprechend für die Vermietung von Pferden zu Reitzwecken. Die Pferdezucht oder Pferdehaltung ist seitens der Eigentümer der Pferde nur dann eine Tätigkeit der landwirtschaftlichen Erzeugung, wenn sie jeweils in Verbindung mit der Bodenbewirtschaftung und in den Fällen der Pferdehaltung außerdem nicht lediglich aus privaten Gründen zu Freizeitzwecken erfolgt (vgl. Absatz 5).
- Im Zusammenhang mit Pflanzenlieferungen erbrachte Dienstleistungen, die über den Transport und das Einbringen der Pflanze in den Boden hinausgehen (z. B. Pflege-, Planungsleistungen, Gartengestaltung), führen regelmäßig zur Annahme einer einheitlichen sonstigen Leistung, die insgesamt nach den allgemeinen Vorschriften zu besteuern ist (vgl. BMF-Schreiben vom 4. 2. 2010, BStBl I S. 214, und BFH-Urteil vom 14. 2. 2019, V R 22/17, BStBl II S. 350).
- Grabpflegeleistungen (vgl. BFH-Urteil vom 31. 5. 2007, V R 5/05, BStBl 2011 II S. 289)
- die Abgabe von Speisen und Getränken (z. B. in Strauß- und Besenwirtschaften)
- die entgeltliche Unterbringung und Verpflegung von Arbeitnehmern des land- und forstwirtschaftlichen Betriebs, da diese Leistungen überwiegend deren privaten Bedürfnissen dienen
- die Gestattung der Teilnahme an Treibjagden oder der Einräumung der Möglichkeit des Einzelabschusses von Wildtieren (BFH-Urteil vom 13. 8. 2008, XI R 8/08, BStBl 2009 II S. 216).
- die Zurverfügungstellung eines Grundstücks zur Durchführung von ökologischen Ausgleichsmaßnahmen nach dem BNatSchG (vgl. BFH-Urteil vom 28. 5. 2013, XI R 32/11, BStBl 2014 II S. 411).
- Die Verpflichtung zur Anlage und zum Erhalt von Dauergrünland (vgl. BFH-Urteil vom 8. 2. 2018, V R 55/16, BStBl 2021 II S. 538).
- Die Überlassung von Vieheinheiten (vgl. BFH-Urteil vom 12. 11. 2020, V R 22/19, BStBl 2021 II S. 544).
- Der entgeltliche Verzicht auf ein vertragliches Lieferrecht (vgl. BFH-Urteil vom 23.08.2023 – XI R 27/21, BStBl II 2024 S. 151).
- **Die Verpflichtung eines Forstwirts zu Aufforstungsleistungen auf eigenen Flächen, damit der Leistungsempfänger gegenüber einer Behörde eine Ersatzaufforstung nachweisen kann (vgl. BFH-Urteil vom 19.12.2024 – V R 18/22, BStBl II 2025 S. 756).**

Anmerkung

Land- und forstwirtschaftliche Betriebe können für ihre Umsätze die Durchschnittssatzbesteuerung nach § 24 UStG anwenden, bei der für die Ausgangsumsätze nach § 24 Abs. 1 UStG **besondere Durchschnittssätze** anzuwenden sind und die auf die Vorbezüge entfallende Umsatzsteuer (**Vorsteuer**) im Regelfall mit denselben Steuersätzen **pauschaliert** wird, sodass sich im Regelfall keine Steuerzahllast für den Land- und Forstwirt ergibt. Zu den unter die Begünstigung fallenden Umsätze können auch **Dienstleistungen** fallen, wenn sie von einem landwirtschaftlichen Erzeuger mit Hilfe der Arbeitskräfte seines Betriebs erbracht werden und die **Dienstleistungen normalerweise zur land- und forstwirtschaftlichen Erzeugung** beitragen.

Aus der **Rechtsprechung des BFH** (Urt. v. 24.8.2017 – V R 8/17, BFH/NV 2018, 65 sowie Urt. v. 6.9.2018 – V R 55/17, BFH/NV 2019, 125) ergibt sich, dass eine Anwendung des § 24 UStG ausscheidet, wenn der Land- oder Forstwirt bei der Ausführung dieser Leistungen **Arbeitskraft** – durch Mitarbeitende seines Betriebs oder durch eigene Arbeitskraft – einsetzt, die im eigenen Betrieb normalerweise nicht eingesetzt wird oder Betriebsmittel verwendet werden, die nicht zur normalen Ausrüstung des Betriebs gehören.

Die **Finanzverwaltung** (BMF-Schreiben v. 4.10.2021, BStBl I 2021, 1861) hat deshalb und aus weiteren Gründen **Präzisierungen** bei den Ausführungen in **Abschn. 24.3 UStAE** vorgenommen:

- Im Zusammenhang mit den der Anwendung der Durchschnittssatzbesteuerung nach § 24 UStG unterliegenden sonstigen Leistungen stellt die Finanzverwaltung klar, dass diese Leistungen mit

Hilfe der Arbeitskräfte des Betriebs – einschließlich der Arbeitskraft des Betriebsinhabers – ausgeführt werden müssen.

- Damit die Durchschnittssatzbesteuerung angewendet werden kann, muss der Leistungserbringer als landwirtschaftlicher Erzeuger handeln. Dazu kann in gewissem Umfang auch das Erbringen land- und forstwirtschaftlicher Dienstleistungen gehören, wenn **die Erbringung der betreffenden Leistung beim Unternehmer jedenfalls typisierend zu einer Belastung mit Vorsteuer führt** oder zumindest führen kann.
- Werden bei der Ausführung der Leistungen auch Gegenstände verwendet, die im eigenen Betrieb nicht verwendet werden, kann eine Begünstigung nicht erfolgen. Klargestellt wird, dass dies auch bei **Gegenständen gilt, die im eigenen Betrieb nur unerheblich verwendet** werden. Ein betriebstypischer Überbestand soll dabei bei **Erstmaschinen** nicht vorliegen.

  Hinweis: Arbeitskraft des Betriebsinhabers

  Wenn der Betriebsinhaber seine eigene Arbeitskraft oder die im Betrieb beschäftigten Arbeitnehmer ganz überwiegend oder ausschließlich zur Erbringung sonstiger Leistungen an Dritte einsetzt, können diese Leistungen nicht unter die Besteuerung nach § 24 UStG fallen.

- Die Auflistung der in Abschn. 24.3 Abs. 12 UStAE erfassten „**Einzelfälle**“, die nicht unter die Anwendung der Durchschnittssatzbesteuerung fallen, wird unter Hinweis auf die Rechtsprechung des BFH ergänzt um die **Verpflichtung zur Anlage und zum Erhalt von Dauergrünland** (BFH, Urt. v. 8.2.2018 – V R 55/16, BStBl II 2021, 538) sowie um die **Überlassung von Vieheinheiten** (BFH, Urt. v. 22.11.2020 – V R 22/19, BStBl II 2021, 544 zur Überlassung von Vieheinheiten durch einen Gesellschafter an eine Personengesellschaft).

Der **BFH** hatte sich in zwei weiteren Verfahren mit der Anwendung der Durchschnittssatzbesteuerung beschäftigen müssen.

1. In dem einen Fall ging es um einen **Tierzüchter**, der neben der – unstreitigen – Anwendung der Durchschnittssatzbesteuerung aus der Tierzucht (§ 24 Abs. 2 Satz 1 Nr. 2 UStG) auch noch Zahlungen eines **Tierwohllabels** für besondere Haltungsbedingungen erhalten hatte. Der BFH (Urt. v. 29.8.2024 – V R 15/23, BStBl II 2025, 754) war in diesem Fall auch für die Zahlungen aus dem Tierwohllabel zur Anwendung der Durchschnittssatzbesteuerung nach § 24 UStG gekommen.

   Hinweis: Streit ging um Vorsteuerabzug

   In dem Verfahren ging es zuerst gar nicht um die Anwendung des Durchschnittssteuersatzes. Der Landwirt unterwarf die Zahlungen des Tierwohllabels, die er für die Einhaltung und Dokumentation für bestimmte Haltungsbedingungen von einem Dritten bezog, der Regelbesteuerung. Gleichzeitig zog er anteilig geschätzte Vorsteuer für seine Leistungsbezüge ab. Die Finanzverwaltung bestritt die Höhe der geschätzten Vorsteuerbeträge. Das FG Baden-Württemberg (Urt. v. 22.5.2023 – 9 K 54/21) wies die Klage ab, da kein ausreichender Nachweis über die Höhe des Vorsteuerabzugs geführt wurde. Das Finanzgericht sah aber auch keine Anwendung des § 24 UStG. Erst der BFH stellte dann fest, dass auch die Zahlungen des Tierwohllabels mit in die Durchschnittssatzbesteuerung einzubeziehen sind, sodass ein individueller Vorsteuerabzug aus Eingangsleistungen dem Grunde nach schon nicht in Betracht kommen könne.

2. In dem anderen Fall musste der BFH sich mit Zahlungen für **Aufforstungsleistungen** beschäftigen. Der BFH (Urt. v. 19.12.2024 – V R 18/22, BStBl II 2025, 756) versagte in der Entscheidung einem Forstwirt die Anwendung der Durchschnittssatzbesteuerung für Zahlungen, die er von einem Leistungsempfänger dafür erhielt, dass er auf eigenen Flächen Aufforstungsleistungen vornahm, damit der **Leistungsempfänger gegenüber einer Behörde eine Ersatzaufforstung nachweisen** konnte. Der BFH stellte fest, dass die Anwendung der Durchschnittssatzbesteuerung in Bezug auf landwirtschaftliche Dienstleistungen voraussetzt, dass sie normalerweise zur landwirtschaftlichen Produktion beitragen, dies würde in diesem Fall nicht vorliegen.

Die Finanzverwaltung (BMF-Schreiben v. 30.9.2025, BStBl I 2025, 1804) hat diese beiden Entscheidungen des BFH in den UStAE mit aufgenommen. Zur **Anwendung der Durchschnittssatzbesteuerung** für ausgeführte **sonstige Leistungen** wird ergänzend festgestellt (Abschn. 24.3 Abs. 5 Satz 7 UStAE), dass es auf eine unmittelbare Verwendung der sonstigen Leistung für land- und forstwirtschaftliche Zwecke nicht ankommt, wenn die konkrete Tätigkeit – z.B. im Fall der Wanderschäferei (BFH, Urt. v. 6.9.2018 – V R 34/17, BStBl II 2019, 344) – ausdrücklich in § 24 Abs. 2 Nr. 1 UStG aufgeführt wird oder der Leistungsempfänger keine über die Beeinflussung der Art und Weise der landwirtschaftlichen Erzeugung beim Leistungserbringer hinausgehenden Zwecke verfolgt. Als negative Abgrenzung dazu wird dann das Urteil zu den Aufforstungsleistungen aufgenommen, Abschn. 24.3 Abs. 5 Satz 8 sowie Abschn. 24.3 Abs. 12 UStAE.

Bezüglich der Entscheidung zu den Zahlungen aus dem **Tierwohllabel** hat die Finanzverwaltung eine **Nichtbeanstandungsregelung** aufgenommen: Für bis zum 30.9.2025 ausgeführte Umsätze wird es nicht beanstandet, wenn der Leistende und der Leistungsempfänger **übereinstimmend** die Leistung der Regelbesteuerung unterwerfen. Dies gilt auch für Zwecke des Vorsteuerabzugs.

UStAE 24.4. Steuerfreie Umsätze im Sinne des § 4 Nr. 8 ff. UStG im Rahmen eines land- und forstwirtschaftlichen Betriebs

[1]Bei der Anwendung der Durchschnittssatzbesteuerung des § 24 UStG bleiben die Steuerbefreiungen des § 4 Nr. 8 ff. UStG unberührt. [2]Die Vorschrift des § 9 UStG ist für sie nicht anzuwenden. [3]Für diese Umsätze ist somit ein Durchschnittssatz nicht festgesetzt. [4]Ein besonderer Abzug der diesen Umsätzen zuzurechnenden Vorsteuern entfällt. [5]Diese Regelung ist insbesondere für die Verkäufe land- und forstwirtschaftlicher Grundstücke von Bedeutung, auf die auch im Rahmen des § 24 UStG die Steuerbefreiung des § 4 Nr. 9 Buchstabe a UStG anzuwenden ist.

UStAE 24.5. Ausfuhrlieferungen und Umsätze im Ausland bei land- und forstwirtschaftlichen Betrieben

(1) [1]§ 24 UStG ist auch bei Umsätzen im Sinne des § 4 Nr. 1 bis 7 UStG und bei Umsätzen im Ausland anzuwenden. [2]Dies bedeutet, dass z. B. auch innergemeinschaftliche Lieferungen im Sinne des § 6 a Abs. 1 UStG durch pauschalversteuernde Land- und Forstwirte unter die Besteuerung des § 24 UStG fallen. [3]Diese Umsätze sind daher steuerpflichtig. [4]Vorsteuern, die mit diesen Umsätzen in wirtschaftlichem Zusammenhang stehen, sind durch die Pauschale abgegolten. [5]Ein weiterer Vorsteuerabzug entfällt.

(2) Der für die Ausfuhrlieferungen und die Umsätze im Ausland geltende Durchschnittssatz ist auch auf solche Umsätze anzuwenden, für die ohne die Anwendung des § 24 UStG eine niedrigere oder keine Umsatzsteuer zu zahlen wäre.

UStAE 24.6. Vereinfachungsregelung für bestimmte Umsätze von land- und forstwirtschaftlichen Betrieben

(1) [1]Werden im Rahmen eines pauschalierenden land- und forstwirtschaftlichen Betriebs auch der Regelbesteuerung unterliegende Umsätze ausgeführt (z. B. Lieferungen zugekaufter Erzeugnisse oder die Erbringung sonstiger Leistungen, die nicht landwirtschaftlichen Zwecken dienen, aber einen engen Bezug zur eigenen land- und forstwirtschaftlichen Erzeugertätigkeit des Unternehmers aufweisen), können diese unter den Voraussetzungen des Absatzes 2 aus Vereinfachungsgründen in die Durchschnittssatzbesteuerung einbezogen werden. [2]Unter den gleichen Voraussetzungen kann aus Vereinfachungsgründen von der Erhebung der Steuer auf die Umsätze mit Getränken und alkoholischen Flüssigkeiten verzichtet werden.

(2) [1]Voraussetzung für die Anwendung des Absatzes 1 ist, dass die dort genannten Umsätze (Nettobetrag) voraussichtlich nicht mehr als 4 000 € im laufenden Kalenderjahr betragen. [2]Weitere Voraussetzung ist, dass der Unternehmer neben den in Absatz 1 genannten Umsätzen in dem Kalenderjahr vor-

aussichtlich keine Umsätze ausführen wird, die eine Verpflichtung zur Übermittlung einer Umsatzsteuererklärung für das Kalenderjahr nach § 18 Abs. 3 oder 4a UStG nach sich ziehen.

(3) [1]Die Vereinfachungsregelung ist auch auf die Entrichtung der Vorauszahlungen anzuwenden (vgl. hierzu Abschnitt 18.6 Abs. 3). [2]Die Pflicht zur Aufzeichnung der Umsätze, für die die Vereinfachungsregelung gilt, bleibt unberührt.

(4) [1]Die Vereinfachungsregelung umfasst nur solche sonstigen Leistungen, die ihrer Art nach in Abschnitt 24.3 Abs. 1 Satz 2 genannt oder mit den darin genannten Leistungen vergleichbar sind, die beim Leistungsempfänger aber nicht zur landwirtschaftlichen Erzeugung beitragen (z. B. Maschinenleistungen für Nichtlandwirte mit zur normalen Ausrüstung des land- und forstwirtschaftlichen Betriebs gehörenden Maschinen). [2]Die Vereinfachungsregelung umfasst daher z. B. nicht die Umsätze aus der Tätigkeit als Aufsichtsrat einer Genossenschaft, als Makler landwirtschaftlicher Versicherungen oder als landwirtschaftlicher Sachverständiger. [3]Auch Umsätze aus dem Betrieb einer Photovoltaikanlage und aus der umsatzsteuerpflichtigen Verpachtung oder Vermietung von Wirtschaftsgütern, die nicht dem normalen Ausrüstungsbestand des land- und forstwirtschaftlichen Betriebs zuzurechnen sind, weisen nicht den erforderlichen engen Bezug zur eigenen land- und forstwirtschaftlichen Erzeugertätigkeit des Unternehmers auf.

UStAE 24.7. Zusammentreffen der Durchschnittssatzbesteuerung mit anderen Besteuerungsformen

(1) Führt der Unternehmer neben Umsätzen, die der Durchschnittssatzbesteuerung unterliegen, noch andere Umsätze aus, unterliegen diese grundsätzlich der Besteuerung nach den allgemeinen Vorschriften des Umsatzsteuergesetzes.

Vorsteuerabzug

(2) [1]Abziehbar im Sinne von § 15 Abs. 1 UStG sind nur die Vorsteuern, die den in die Regelbesteuerung fallenden Umsätzen zuzurechnen sind (vgl. BFH-Urteil vom 13. 11. 2013, XI R 2/11, BStBl 2014 II S. 543). [2]Sind Vorsteuerbeträge teilweise diesen Umsätzen und teilweise den der Durchschnittssatzbesteuerung unterliegenden Umsätzen zuzurechnen, z. B. für den Erwerb eines einheitlichen Gegenstands, sind sie in entsprechender Anwendung des § 15 Abs. 4 UStG aufzuteilen.

Beispiel:

[1]Ein Unternehmer erwirbt einen Gegenstand und verwendet ihn zu 30 % für der Durchschnittssatzbesteuerung unterliegende Umsätze und zu 70 % zur Ausführung regelbesteuerter Umsätze. [2]Beträgt die beim Bezug des Gegenstands gesondert in Rechnung gestellte Steuer 2 500 €, ist ein Anteil von 30 % = 750 € durch die Durchschnittssatzbesteuerung nach § 24 Abs. 1 Satz 3 und 4 UStG abgegolten. [3]Der verbleibende Anteil von 70 % = 1 750 € ist bei Vorliegen der Voraussetzungen des § 15 UStG abziehbar (vgl. BFH-Urteil vom 16. 12. 1993, V R 79/91, BStBl 1994 II S. 339). [4]Ändern sich in den folgenden Kalenderjahren die Nutzungsverhältnisse, ist eine Berichtigung des Vorsteuerabzugs nach § 15a Abs. 1 UStG zu prüfen.

(3) [1]Bezieht ein Unternehmer vertretbare Sachen im Sinne der §§ 91 ff. BGB, die er später teilweise im landwirtschaftlichen als auch im nichtlandwirtschaftlichen Unternehmensteil verwendet, sind die auf die Eingangsumsätze entfallenden Vorsteuerbeträge nach der Verwendungsabsicht aufzuteilen. [2]Weicht die spätere tatsächliche Verwendung von der ursprünglichen Absicht ab, ist eine Berichtigung des Vorsteuerabzugs nach § 15a UStG zu prüfen. [3]Dabei kommt eine Schätzung der Berichtigungsbeträge nicht in Betracht. [4]Die Aufteilung der Vorsteuerbeträge ist regelmäßig auch dann durchzuführen, wenn die für den landwirtschaftlichen Unternehmensteil angeschaffte Warenmenge relativ gering ist (vgl. BFH-Urteil vom 25. 6. 1987, V R 121/86, BStBl 1988 II S. 150).

Kleinunternehmerregelung

(4) [1]Hat ein Land- und Forstwirt eine Erklärung nach § 24 Abs. 4 Satz 1 UStG nicht abgegeben, führt er aber neben den in § 24 Abs. 1 UStG bezeichneten Umsätzen auch andere Umsätze aus, sind für die

Anwendung des § 19 UStG bei der Ermittlung des jeweils maßgeblichen Gesamtumsatzes die land- und forstwirtschaftlichen Umsätze und die anderen Umsätze zu berücksichtigen. [2]Soweit der Unternehmer die im land- und forstwirtschaftlichen Betrieb bewirkten Umsätze nicht aufgezeichnet hat (§ 67 UStDV), sind sie nach den Betriebsmerkmalen und unter Berücksichtigung der besonderen Verhältnisse zu schätzen. [3]Die Anwendung des § 19 UStG beschränkt sich auf die Umsätze außerhalb der Durchschnittssatzbesteuerung des § 24 Abs. 1 bis 3 UStG. [4]Für die Umsätze des land- und forstwirtschaftlichen Betriebs verbleibt es bei der Durchschnittssatzbesteuerung.

UStAE 24.8. Verzicht auf die Durchschnittssatzbesteuerung

(1) [1]Die Erklärung des Unternehmers, dass er auf die Durchschnittssatzbesteuerung verzichtet (§ 24 Abs. 4 Satz 1 UStG), ist nicht an eine bestimmte Form gebunden. [2]Berechnet der Unternehmer in der ersten Voranmeldung des Kalenderjahres die Vorauszahlung unter Zugrundelegung der allgemeinen Vorschriften des Gesetzes, kann darin eine solche Erklärung gesehen werden. [3]Hat ein Unternehmer mehrere land- und forstwirtschaftliche Betriebe, kann er die Erklärung nur einheitlich für alle Betriebe vornehmen, unabhängig davon, wie viele Teilbetriebe im Sinne des Ertragsteuerrechts der Unternehmer hat (vgl. BFH-Urteil vom 23. 4. 1998, V R 64/96, BStBl II S. 494). [4]Entsprechendes gilt für den Widerruf (§ 24 Abs. 4 Satz 3 UStG).

(2) [1]Für Umsätze im Rahmen eines land- und forstwirtschaftlichen Betriebs im Sinne des § 24 Abs. 2 UStG geht die Durchschnittssatzbesteuerung des § 24 Abs. 1 bis 3 UStG der Besteuerung nach den anderen Vorschriften des Gesetzes vor. [2]Das gilt auch in Bezug auf die Anwendung des § 19 UStG. [3]Land- und Forstwirte können daher für ihre im Rahmen des land- und forstwirtschaftlichen Betriebs ausgeführten Umsätze die Regelung des § 19 UStG nur in Anspruch nehmen, wenn sie nach § 24 Abs. 4 Satz 1 UStG auf die Durchschnittssatzbesteuerung des § 24 Abs. 1 bis 3 UStG verzichten. [4]Will ein Land- und Forstwirt nach dem Ausscheiden aus der Durchschnittssatzbesteuerung des § 24 Abs. 1 bis 3 UStG von § 19 UStG keinen Gebrauch machen, muss er eine weitere Erklärung nach § 19 Abs. **3** Satz 1 UStG abgeben.

(3) [1]Die Erklärung nach § 24 Abs. 4 Satz 1 UStG bindet den Unternehmer grundsätzlich mindestens für fünf Kalenderjahre. [2]Bei der Veräußerung eines land- und forstwirtschaftlichen Betriebs (Geschäftsveräußerung nach § 1 Abs. 1a UStG, vgl. Abschnitt 1.5) ist der Betriebserwerber als Rechtsnachfolger des Veräußerers anzusehen und demnach an die Optionsfrist gebunden. [3]Erwirbt ein die Durchschnittssatzbesteuerung anwendender Unternehmer einen land- und forstwirtschaftlichen Betrieb, für den der Veräußerer auf die Durchschnittssatzbesteuerung verzichtet hat, unterliegen ab Beginn des Kalenderjahres, in dem der Erwerber den Betrieb erworben hat, sämtliche land- und forstwirtschaftlichen Umsätze des Erwerbers der Regelbesteuerung. [4]In den Fällen, in denen der Unternehmer nach dem Ausscheiden aus der Durchschnittssatzbesteuerung des § 24 Abs. 1 bis 3 UStG die Vorschrift des § 19 UStG anwendet, kann er jedoch die Erklärung mit Wirkung vom Beginn eines jeden folgenden Kalenderjahres an widerrufen (§ 71 UStDV). [5]Das gilt nicht, wenn der Unternehmer nach dem Ausscheiden aus der Durchschnittssatzbesteuerung des § 24 Abs. 1 bis 3 UStG eine weitere Erklärung nach § 19 Abs. 3 Satz 1 UStG abgegeben hat. [6]In diesem Fall gilt für ihn die Bindungsfrist des § 19 Abs. **3** Satz **3** UStG.

(4) [1]Zum Vorsteuerabzug beim Wechsel der Besteuerungsform wird auf Abschnitt 15.1 Abs. 5 und 6 hingewiesen. [2]Zur Berichtigung des Vorsteuerabzugs beim Wechsel der Besteuerungsform vgl. Abschnitt 15 a.9.

UStAE 24.9. Ausstellung von Rechnungen bei land- und forstwirtschaftlichen Betrieben

[1]Die Regelungen der §§ 14 und 14a UStG zur Rechnungserteilung gelten auch für die im Rahmen des land- und forstwirtschaftlichen Betriebs ausgeführten Lieferungen und sonstigen Leistungen. [2]Als anzuwendender Steuersatz (§ 14 Abs. 4 Satz 1 Nr. 8 UStG) ist der für den Umsatz maßgebliche Durchschnittssatz anzugeben (§ 24 Abs. 1 Satz 5 UStG); dies gilt auch für Gutschriften. [3]Weist der Unternehmer einen höheren Steuerbetrag aus, als er im Rahmen der Durchschnittssatzbesteuerung gesondert in Rechnung stellen darf, schuldet er vorbehaltlich von Abschnitt 14c.1 Abs. 1a nach § 14c Abs. 1 UStG diesen Mehr-

betrag; er hat diesen Betrag an das Finanzamt abzuführen. [4]Das Gleiche gilt, wenn in einer Gutschrift im Sinne des § 14 Abs. 2 **Satz 5** UStG ein höherer Steuerbetrag ausgewiesen worden ist. [5]Im Rahmen des § 24 UStG kann auch § 14c Abs. 2 UStG zur Anwendung kommen (vgl. Abschnitt 14c.2).

Zu § 25 UStG

UStG § 25 Besteuerung von Reiseleistungen

(1) [1]Die nachfolgenden Vorschriften gelten für Reiseleistungen eines Unternehmers, soweit der Unternehmer dabei gegenüber dem Leistungsempfänger im eigenen Namen auftritt und Reisevorleistungen in Anspruch nimmt. [2]Die Leistung des Unternehmers ist als sonstige Leistung anzusehen. [3]Erbringt der Unternehmer an einen Leistungsempfänger im Rahmen einer Reise mehrere Leistungen dieser Art, so gelten sie als eine einheitliche sonstige Leistung. [4]Der Ort der sonstigen Leistung bestimmt sich nach § 3a Abs. 1. [5]Reisevorleistungen sind Lieferungen und sonstige Leistungen Dritter, die den Reisenden unmittelbar zugute kommen.

(2) [1]Die sonstige Leistung ist steuerfrei, soweit die ihr zuzurechnenden Reisevorleistungen im Drittlandsgebiet bewirkt werden. [2]Die Voraussetzung der Steuerbefreiung muss vom Unternehmer nachgewiesen sein. [3]Das Bundesministerium der Finanzen kann mit Zustimmung des Bundesrates durch Rechtsverordnung bestimmen, wie der Unternehmer den Nachweis zu führen hat.

(3) [1]Die sonstige Leistung bemisst sich nach dem Unterschied zwischen dem Betrag, den der Leistungsempfänger aufwendet, um die Leistung zu erhalten, und dem Betrag, den der Unternehmer für die Reisevorleistungen aufwendet. [2]Die Umsatzsteuer gehört nicht zur Bemessungsgrundlage.

(4) [1]Abweichend von § 15 Abs. 1 ist der Unternehmer nicht berechtigt, die ihm für die Reisevorleistungen gesondert in Rechnung gestellten sowie die nach § 13b geschuldeten Steuerbeträge als Vorsteuer abzuziehen. [2]Im Übrigen bleibt § 15 unberührt.

(5) [1]Für die sonstigen Leistungen gilt § 22 mit der Maßgabe, dass aus den Aufzeichnungen des Unternehmers zu ersehen sein müssen:

1. der Betrag, den der Leistungsempfänger für die Leistung aufwendet,
2. die Beträge, die der Unternehmer für die Reisevorleistungen aufwendet,
3. die Bemessungsgrundlage nach Absatz 3 und
4. wie sich die in den Nummern 1 und 2 bezeichneten Beträge und die Bemessungsgrundlage nach Absatz 3 auf steuerpflichtige und steuerfreie Leistungen verteilen.

UStDV

§ 72 Buchmäßiger Nachweis bei steuerfreien Reiseleistungen

(1) Bei Leistungen, die nach § 25 Abs. 2 des Gesetzes ganz oder zum Teil steuerfrei sind, ist § 13 Abs. 1 entsprechend anzuwenden.

(2) Der Unternehmer soll regelmäßig Folgendes aufzeichnen:

1. die Leistung, die ganz oder zum Teil steuerfrei ist;
2. den Tag der Leistung;
3. die der Leistung zuzurechnenden einzelnen Reisevorleistungen im Sinne des § 25 Abs. 2 des Gesetzes und die dafür von dem Unternehmer aufgewendeten Beträge;
4. den vom Leistungsempfänger für die Leistung aufgewendeten Betrag;
5. die Bemessungsgrundlage für die steuerfreie Leistung oder für den steuerfreien Teil der Leistung.

(3) *weggefallen*

UStAE 25.1. Besteuerung von Reiseleistungen

(1) [1]§ 25 UStG findet nur Anwendung, wenn der Unternehmer für die Durchführung der Reise Gegenstände und Dienstleistungen Dritter in Anspruch nimmt und diese dem Reisenden unmittelbar zugutekommen. [2]Der Zweck der Reise ist grundsätzlich unerheblich. [3]Die Besteuerung nach § 25 UStG kann für Sprach- und Studienreisen (z. B. Auslandsaufenthalte von Schülern während der Schulferien) sowie

für Studienaufenthalte im Ausland, die mit einer Reise kombiniert sind (sog. High-School-Programme), in Betracht kommen (vgl. BFH-Urteil vom 1. 6. 2006, V R 104/01, BStBl 2007 II S. 142). [4]Die Vorschrift gilt für alle Unternehmer, die Reiseleistungen erbringen, ohne Rücksicht darauf, ob dies allein Gegenstand des Unternehmens ist. [5]§ 25 UStG ist bei Reiseleistungen von Unternehmern mit Sitz im Drittland und ohne feste Niederlassung im Gemeinschaftsgebiet nicht anwendbar. [6]Es sind nur Niederlassungen zu berücksichtigen, die unmittelbar am Verkauf beteiligt sind. [7]§ 25 UStG hat besondere Bedeutung für Veranstalter von Pauschalreisen (§ 651 a Abs. 2 BGB). [8]Die Regelung ist jedoch unabhängig davon anzuwenden, ob die Reisebestandteile bereits als Teil eines Pauschalangebots vermarktet oder erst nach den konkreten Vorgaben des Leistungsempfängers zusammengesetzt werden. [9]§ 25 UStG ist auch anzuwenden, wenn die Reiseleistung im eigenen Namen und für fremde Rechnung ausgeführt wird (vgl. Abschnitt 3.15 Abs. 6 Beispiel 3 und Abs. 7 Beispiel**e** 1 bis 3). [10]Grundsätzlich ist eine entgeltliche, im Inland steuerbare Leistung Voraussetzung für die Anwendung des § 25 UStG (vgl. BFH-Urteil vom 13. 12. 2018, V R 52/17, BStBl 2019 II S. 345). [11]Ein Unternehmer (Arbeitgeber), der an seine Arbeitnehmer im Rahmen des Dienstverhältnisses Reisen überlässt, erbringt unter den übrigen Voraussetzungen des § 25 UStG auch Reiseleistungen (vgl. Abschnitt 25.3 Abs. 4). [12]Leistungsempfänger ist der Besteller der Reiseleistung. [13]Dieser muss nicht selbst an der Reise teilnehmen, z. B. ein Vater schenkt seiner Tochter eine Pauschalreise.

(2) [1]Für das Vorliegen einer Reiseleistung ist es grundsätzlich erforderlich, dass der Unternehmer ein Bündel von Einzelleistungen erbringt, welches zumindest eine Beförderungs- oder Beherbergungsleistung enthält. [2]Als Bestandteile einer Reiseleistung kommen insbesondere in Betracht:

1. Beförderung zu den einzelnen Reisezielen, Transfer;
2. Beherbergung;
3. Verpflegung;
4. Betreuung durch Reiseleiter;
5. Durchführung von Veranstaltungen (z. B. Stadtrundfahrten, Besichtigungen, Sport- und sonstige Animationsprogramme, Landausflüge);
6. Eintrittsberechtigungen.

[3]Ein Leistungsbündel liegt nicht vor, wenn ein Unternehmer gegenüber seinem Kunden lediglich eine Beförderungsleistung erbringt, deren Zweck es ist, **dem** Kunden die An- und Abreise zu organisieren. [4]Unerheblich ist dabei, ob die Beförderungsleistung mittels eines oder mehrerer verschiedener oder gleichartiger Beförderungsmittel erbracht wird. [5]Eigenleistungen sind bei der Prüfung, ob eine Reiseleistung gegeben ist, nicht zu berücksichtigen. [6]Eine einzelne Leistung genügt für die Anwendung des § 25 UStG nur dann, wenn es sich um eine Beherbergungsleistung handelt (vgl. EuGH-Urteil vom 19. 12. 2018, C-552/17, Alpenchalets Ressorts, und BFH-Urteil vom 27. 3. 2019, V R 10/19 (V R 60/16), BStBl 2021 II S. 497). [7]§ 25 UStG ist hingegen auf den isolierten Verkauf von Opernkarten durch ein Reisebüro nicht anzuwenden (vgl. EuGH-Urteil vom 9. 12. 2010, C-31/10, Minerva Kulturreisen). [8]Die Einräumung von Eintrittsberechtigungen für Messen, Ausstellungen, Seminare und Kongresse und damit im Zusammenhang erbrachte Beförderungs-, Verpflegungs- und Beherbergungsleistungen, die vom Veranstalter als einheitliche Leistung (vgl. Abschnitt 3.10) angeboten werden, sind keine Reiseleistungen.

Auftreten im eigenen oder fremden Namen

(3) [1]Für die Frage des Auftretens im eigenen Namen kommt es bei Leistungen nach § 25 UStG maßgeblich auf die zivilrechtliche Beurteilung an. [2]Die Entscheidung, ob der Unternehmer eine Leistung im eigenen Namen erbringt oder eine fremde Leistung lediglich vermittelt, ist anhand des zugrundeliegenden Rechtsverhältnisses nach dem Gesamtbild des Einzelfalls zu treffen. [3]Im Hinblick darauf, dass eine Vermittlungsleistung ein Handeln im fremden Namen erfordert, kommt es für die Abgrenzung maßgeblich darauf an, wie der Unternehmer nach außen (gegenüber dem Leistungsempfänger) auftritt. [4]Es muss somit für den Leistungsempfänger objektiv erkennbar sein, dass der Handelnde für den Geschäftsabschluss im fremden Namen auftreten will. [5]In der Regel hat dies durch die Prospektgestaltung und durch klare Hinweise außerhalb seiner AGB zu geschehen (vgl. BFH-Urteil vom 22. 8. 2019, V R 12/19 (V R 9/16), BStBl 2021 II S. 498).

(4) [1]§ 25 UStG ist nicht anzuwenden, soweit der Unternehmer beim Verkauf von Reisen erkennbar im fremden Namen handelt (vgl. Abschnitt 3.7 Abs. 1). [2]Die Besteuerung der Vermittlungsleistungen richtet sich nach den allgemeinen Vorschriften des UStG. [3]Die Steuerbefreiung nach § 4 Nr. 5 UStG ist zu beachten (vgl. Abschnitt 4.5.2).

(5) Reisebüros können sowohl im eigenen als auch im fremden Namen auftreten (vgl. BFH-Urteil vom 22. 8. 2019, V R 12/19 (V R 9/16), a. a. O.):

Auftreten von Reisebüros im eigenen Namen 1. [1]Reisebüros erbringen üblicherweise Vermittlungsleistungen, die der Regelbesteuerung unterliegen. [2]Die Bündelung von Leistungen und die eigene Preisgestaltung können jedoch auch zur Annahme von Leistungen im Sinne des § 25 UStG führen, wenn das Reisebüro gegenüber dem Reisenden im eigenen Namen auftritt.

Beispiel:

[1]Der Reiseveranstalter A hat ein Katalogangebot mit 2 Wochen Halbpension Mallorca für 799 € ausgeschrieben. [2]Das Reisebüro B übernimmt ein Kontingent von 20 Plätzen zu einem Einkaufspreis von 640 € und kalkuliert die Reise wie folgt:

Einkaufspreis	640,– €
zzgl. Transfer zum Flughafen durch Busunternehmer C	40,– €
Summe Reisevorleistungen	680,– €

[3]Reisebüro B tritt beim Verkauf der Reise im eigenen Namen auf, händigt einen Sicherungsschein (§ 651 r BGB) aus und berechnet für die Reise 809 €. [4]Die auf die Reise entfallende Marge beträgt:

Verkaufspreis	809,– €
abzgl. Reisevorleistungen	680,– €
Marge des B	129,– €

[5]Reisebüro B verkauft die Reisen im eigenen Namen und für eigene Rechnung. [6]B nimmt für die Reisen die Leistungen des Reiseveranstalters A und des Busunternehmers C in Anspruch (Reisevorleistungen). [7]Reisebüro B erbringt jeweils einheitliche sonstige Leistungen, die nach § 25 UStG zu besteuern sind.

[3]Erwirbt ein Tickethändler oder ein Reisebüro ein Paket von Flugtickets, um hieraus durch Verbindung mit anderen Leistungen (z. B. Beherbergung und Verpflegung) jeweils Pauschalreisen zusammenzustellen, liegt eine Reiseleistung vor (vgl. Abschnitt 4.5.3 Abs. 2).

Auftreten von Reisebüros im fremden Namen

2. [1]Reisebüros können beim Verkauf einer Reise an einen Kunden mehrere Vermittlungsleistungen nebeneinander erbringen, wenn sie dabei erkennbar im Namen des jeweiligen Leistungserbringers oder des Reisenden agieren.

Beispiel 1:

[1]Ein Reiseveranstalter hat ein Katalogangebot mit 2 Wochen Halbpension Mallorca ohne Anreise für 850 € ausgeschrieben. [2]Das Reisebüro verkauft dem Reisenden die Reise laut Angebot im Namen des Reiseveranstalters und händigt dessen Sicherungsschein aus. [3]Zudem werden im Namen des Reisenden bei einer Fluggesellschaft wunschgemäß Hin- und Rückflug gebucht. [4]Die Bezahlungen sollen vereinbarungsgemäß vom Reisenden direkt an die Leistungserbringer erfolgen. [5]Das Reisebüro stellt dem Reisenden lediglich die Vermittlung des Fluges in Rechnung.

Beispiel 2:

Eine USA-Rundreise aus mehreren Bausteinen (Flug, Übernachtungen, Mietwagen) wird nach den im Beispiel 1 dargestellten Grundsätzen für den Reisenden zusammengestellt und im Namen der Leistungserbringer verkauft.

Beispiel 3:

[1]Das Pauschalangebot eines Reiseveranstalters für eine zweiwöchige Reise wird an den Kunden vermittelt, wobei der Rückflug des Reisenden erst nach der dritten Woche erfolgen soll. [2]Das Reisebüro

vermittelt für die dritte Woche einen zusätzlichen Hotelaufenthalt. [3]Die formalen Grundsätze des Beispiels 1 sind erfüllt.

[2]Im Beispielsfall 1 liegen keine gebündelten Leistungen im Sinne der Nummer 1 vor, da der Unternehmer für beide Leistungen die Voraussetzungen einer Vermittlungsleistung erfüllt. [3]Hinsichtlich der Pauschalreise handelt er im Namen des Reiseveranstalters; bezüglich des Fluges tritt er im Namen des Reisenden auf. [4]Die Beispiele 2 und 3 sind wie der Beispielsfall 1 zu beurteilen, wenn das Reisebüro beim Vermittlungsgeschäft im Namen der jeweiligen Leistungserbringer auftritt.

Rabattgewährung durch Reisebüros

3. Gewährt ein Reisebüro, das als Vermittler für einen Reiseveranstalter handelt, dem Endverbraucher aus eigenem Antrieb und auf eigene Kosten einen Nachlass auf den Preis der vermittelten Leistung, ist dieser Vorgang umsatzsteuerrechtlich unbeachtlich (vgl. Abschnitt 17.2 Abs. 7).

(6) [1]Alle im Rahmen einer Reise erbrachten Leistungen gelten als einheitliche sonstige Leistung des Unternehmers an den Leistungsempfänger, soweit der Unternehmer gegenüber dem Leistungsempfänger im eigenen Namen auftritt und für die Durchführung der Reise Lieferungen und sonstige Leistungen Dritter (Reisevorleistungen) in Anspruch nimmt. [2]Im Rahmen einer Reise sind alle Reiseleistungen erbracht, die einem einzelnen Reisenden zugutekommen. [3]Liegen danach mehrere einheitliche sonstige Leistungen vor, können diese aus Vereinfachungsgründen als eine einheitliche sonstige Leistung behandelt werden, wenn der Unternehmer mehrere gleichartige Reisen an einen Leistungsempfänger abgibt.

Beispiel:

[1]A erwirbt für sich, seine Ehefrau und seine drei Kinder fünf Reisen vom 17. bis 31. Juli nach Mallorca. [2]Die Unterbringung erfolgt in zwei **Doppelzimmern** und einem Einzelzimmer.

(7) [1]Die sonstige Leistung wird nach § 3a Abs. 1 UStG an dem Ort ausgeführt, an dem der Unternehmer seinen Sitz hat; das gilt auch für die Erbringung sonstiger Leistungen nach § 25 UStG an andere Unternehmer für deren Unternehmen. [2]Wird die sonstige Leistung von einer Betriebsstätte des Unternehmers ausgeführt, gilt der Ort der Betriebsstätte als Leistungsort. [3]Die sonstige Leistung ist nach den allgemeinen Zuordnungskriterien entweder dem Sitz des Unternehmens oder einer Betriebsstätte zuzurechnen (vgl. Abschnitt 3a.1 Abs. 2), wobei auf den Schwerpunkt der erbrachten Leistungen abzustellen ist. [4]Der Ort sonstiger Leistungen nach § 25 UStG bestimmt sich nach dem Vertrieb der Reise (vgl. EuGH-Urteil vom 20. 2. 1997, C-260/95, DFDS). [5]Eine Zurechnung der sonstigen Leistung an die Betriebsstätte kommt nur in Betracht, wenn diese unmittelbar am Verkauf beteiligt ist. [6]Werden einzelne Reisebestandteile vom selben Unternehmer zu unterschiedlichen Zeiten – ggf. während der Reise – und an unterschiedlichen Orten verkauft, ist der Leistungsort für die einheitliche sonstige Leistung nach § 25 UStG danach zu bestimmen, wo der Verkauf der Reise, soweit sie auf Reisevorleistungen beruht, überwiegend erfolgt.

(8) [1]§ 25 UStG gilt nur bei der Inanspruchnahme von Reisevorleistungen durch den Unternehmer, nicht jedoch, soweit dieser Reiseleistungen durch den Einsatz eigener Mittel (Eigenleistungen) – z. B. eigene Beförderungsmittel, eigenes Hotel, Betreuung durch angestellte Reiseleiter – erbringt. [2]Mit eigenen Mitteln erbrachte Innenumsätze innerhalb eines Organkreises sind keine Reisevorleistungen (vgl. BFH-Urteil vom 17.03.2022 – XI R 23/21 (XI R 4/21), BStBl II S. 818). [3]Durch die Weitergabe von Fremdleistungen innerhalb des Organkreises werden Reisevorleistungen aber nicht zu Eigenleistungen. [4]Die Abgrenzung zwischen Eigenleistung einerseits und in die Margenbesteuerung einzubeziehender Reisevorleistung andererseits vollzieht sich nicht aus Sicht der Reisenden, sondern nach den tatsächlichen Umständen der Leistungserbringung (vgl. BFH-Urteil vom 1. 3. 2018, V R 23/17, BStBl II S. 503). [5]Allein die Tatsache, dass der Unternehmer die volle Verantwortung für die Durchführung der Reise zu tragen hat, führt noch nicht zur Annahme von Eigenleistungen. [6]Für die Eigenleistungen gelten die allgemeinen umsatzsteuerrechtlichen Vorschriften. [7]Bei Reisen, die sich auch auf das Ausland erstrecken, unterliegen der Besteuerung daher die jeweiligen im Inland erbrachten Einzelleistungen. [8]Folgende Vorschriften sind zu beachten:

1. § 3a Abs. 1 oder Abs. 2 UStG bei Betreuung durch angestellte Reiseleiter;
2. § 3b Abs. 1 und § 26 Abs. 3 UStG für Personenbeförderungsleistungen;

3. § 3a Abs. 3 Nr. 1 Satz 2 Buchstabe a UStG für Beherbergungsleistungen;
4. § 3a Abs. 3 Nr. 3 oder Abs. 2 UStG für (Land-)Ausflüge mit beispielsweise sportlichem, kulturelle**m** oder unterhaltendem Charakter;
5. § 3a Abs. 3 Nr. 3**a** Buchstabe **b** UStG für die Abgabe von Speisen und Getränken zum Verzehr an Ort und Stelle (Restaurationsleistungen); zur Abgrenzung von Lieferungen zu Restaurationsleistungen vgl. Abschnitt 3.6; zur Abgrenzung von Haupt- und Nebenleistung vgl. Abschnitt 3.10 Abs. 6 Nr. 13.

[9]Eigene Mittel sind auch dann gegeben, wenn der Unternehmer ein Beförderungsmittel ohne Fahrzeugführer oder im Rahmen eines Gestellungsvertrags ein bemanntes Beförderungsmittel anmietet und dabei selbst sowohl Weisungsbefugnis hat als auch Verantwortung über den Einsatz des Beförderungsmittels trägt. [10]Der Unternehmer erbringt dagegen keine Reiseleistung unter Einsatz eigener Mittel, wenn er sich zur Ausführung einer Beförderung eines Unternehmers bedient, der die Beförderung in eigenem Namen und unter eigener Verantwortung ausführt. [11]Der Unternehmer bewirkt in diesem Falle eine Beförderungsleistung an den Leistungsempfänger, die bei Letzterem als Reisevorleistung anzusehen ist (vgl. auch das Beispiel in Abschnitt 3b.1 Abs. 2). [12]Die Betreuungsleistungen, die Unternehmer durch angestellte Reiseleiter erbringen, unterliegen als Leistungen mit eigenen Mitteln (Eigenleistungen) nicht der Margenbesteuerung nach § 25 Abs. 1 UStG (BFH-Urteil vom 23. 09. 1993 – V R 132/89, BStBl 1994 II S. 272). [13]Bei der Vermietung von Ferienwohnungen und Ferienhäusern ist für die Abgrenzung von Reisevorleistung zur Eigenleistung nicht das Rechtsverhältnis (Eigentum oder Besitz) hinsichtlich der überlassenen Immobilie entscheidend, sondern die Verfügungsberechtigung über diese. [14]Ist der Reiseunternehmer berechtigt, frei zu entscheiden, welchen Gästen er die Immobilie vermietet, und trägt er die Verantwortung für die Instandhaltung und den Service vor Ort, liegt keine Reisevorleistung vor.

(9) [1]Reisevorleistungen sind alle Leistungen, die von einem Dritten erbracht werden und dem Reisenden unmittelbar zugutekommen. [2]In Betracht kommen alle Leistungen, die der Reisende in Anspruch nehmen würde, wenn er die Reise selbst zusammenstellte, insbesondere Beförderung, Beherbergung und Verpflegung.

Beispiel 1:

[1]Reiseveranstalter A verkauft eine Pauschalreise im eigenen Namen. [2]Er bedient sich für die Beförderung, Unterbringung und Verpflegung der Unternehmer X, Y und Z. [3]Insoweit sind Reisevorleistungen gegeben.

[3]Erwirbt ein Unternehmer von einem anderen Unternehmer eine nach § 25 Abs. 1 Satz 3 UStG einheitliche Reiseleistung (Kettengeschäft), sind Reisevorleistungen die einzelnen Bestandteile und nicht die einheitliche Reiseleistung.

Beispiel 2:

[1]Reiseveranstalter B verkauft die von Reiseveranstalter A erworbene Pauschalreise im eigenen Namen. [2]Reisevorleistungen sind die einzelnen Bestandteile (Beförderung, Unterbringung und Verpflegung **durch die** Unternehmer X, Y und Z).

[4]Keine Reisevorleistungen sind hingegen die folgenden Leistungen dritter Unternehmer, die dem Reisenden nur mittelbar zugutekommen:

1. Ein selbständiges Reisebüro vermittelt die Pauschalreisen des Reiseveranstalters.
2. Ein Reisebus muss während einer Reise repariert werden.

(10) [1]Die Leistungen von Zielgebietsagenturen sind in vollem Umfang als Reisevorleistungen anzusehen, wenn die Betreuung der Reisenden vor Ort dabei im Vordergrund steht (z.B. Organisation des Transfers, Animation der Reisenden, Arrangements von Ausflügen und Besichtigungen). [2]Die im Zusammenhang damit ausgeführten Verwaltungsleistungen für den Unternehmer sind unselbstständige Nebenleistungen. [3]Ist aufgrund der Einreisebestimmungen anderer Staaten für die Erteilung eines Visums die Vorlage einer Reisebestätigung (Visabestätigung) erforderlich, handelt es sich bei der in diesem Zusammenhang in Aussicht gestellten Betreuungsleistung um eine Reiseleistung nach § 25 UStG. [4]Die Betreuung während der Reise stellt eine gegenüber der bloßen Beschaffung des Touristenvisums selbstständige sonstige Leistung dar (vgl. BFH-Urteil vom 2. 3. 2006, V R 25/03, BStBl II S. 788).

(11) [1]Gemischte Leistungen liegen vor, wenn der Unternehmer sowohl Leistungen mit eigenen Mitteln erbringt (vgl. Absatz 8) als auch Reisevorleistungen in Anspruch nimmt (vgl. Absatz 9). [2]In diesen Fällen ist § 25 UStG nur anwendbar, soweit der Unternehmer gegenüber dem Leistungsempfänger im eigenen Namen auftritt und Reisevorleistungen in Anspruch nimmt. [3]Für die im Rahmen einer solchen Reise erbrachten Leistungen mit eigenen Mitteln gelten die allgemeinen Vorschriften.

Beispiel:

[1]Im Rahmen einer Pauschalreise befördert der Unternehmer die Reisenden im eigenen Bus. [2]Beherbergung und Verpflegung erfolgen in einem fremden Hotel. [3]Der Unternehmer tritt gegenüber den Reisenden im eigenen Namen auf.

[4]In diesem Fall erfolgt die Besteuerung der Beförderungsleistung nach den allgemeinen Vorschriften; die Beherbergungs- und Verpflegungsleistungen unterliegen der Besteuerung nach § 25 UStG. [5]Zur Ermittlung der Bemessungsgrundlagen vgl. Abschnitt 25.3 Abs. 2.

(12) [1]Für eine einheitliche Reiseleistung im Sinne des § 25 Abs. 1 Satz 2 UStG kommt eine Steuerbefreiung nach § 4 UStG oder eine Steuerermäßigung nach § 12 UStG nur in Betracht, wenn diese insgesamt die Voraussetzungen erfüllt, wenn also eine Reiseleistung ihrer Art nach begünstigt werden kann. [2]Erfüllt eine einheitliche Reiseleistung im Sinne des § 25 Abs. 1 Satz 2 UStG auch die Voraussetzungen einer Steuerbefreiung (z.B. § 4 Nr. 25 UStG), geht die Anwendung **dieser** Steuerbefreiung der Anwendung des § 25 **Abs. 2** UStG vor.

(13) [1]Eine Reiserücktrittskostenversicherung, deren Abschluss bei Buchung der Reise in das Belieben des Leistungsempfängers gestellt wird und für die das Versicherungsentgelt neben dem Reisepreis ggf. gesondert berechnet wird, ist eine umsatzsteuerrechtlich gesondert zu beurteilende Leistung, die nicht der Margenbesteuerung des § 25 UStG unterliegt. [2]Auch der Abschluss einer obligatorisch vom Reiseveranstalter angebotenen Reiserücktrittskostenversicherung kann eine selbständige Leistung darstellen (vgl. BFH-Urteil vom 13. 7. 2006, V R 24/02, BStBl II S. 935). [3]Der Umsatz kann je nach Sachverhalt entweder unter den Voraussetzungen des § 4 Nr. 10 Buchstabe b UStG (Verschaffung von Versicherungsschutz) oder unter denen des § 4 Nr. 11 UStG (Umsatz aus der Tätigkeit als Versicherungsvertreter) steuerfrei sein.

(14) [1]Tritt der Reisende vor Reisebeginn vom Reisevertrag zurück und hat er für diesen Fall eine in dem Reisevertrag vorab vereinbarte Entschädigung zu entrichten (Stornogebühr), liegt beim Reiseveranstalter echter Schadensersatz und somit kein Entgelt für eine Reise vor. [2]Dies gilt unter der Voraussetzung, dass zivilrechtlich ein Rücktrittsrecht besteht. [3]Schreibt der Unternehmer dem Reisebüro einen Anteil von Stornogebühren gut, handelt es sich hierbei um das Entgelt für Leistungen des Reisebüros. [4]Umbuchungs- und Änderungsgebühren, die der Reisende bei Änderung eines bestehen bleibenden Reisevertrags zu entrichten hat, erhöhen das für die Reise zu entrichtende Entgelt.

Anmerkung

1. Grundlagen der Besteuerung von Reiseleistungen

Führt ein Unternehmer Reiseleistungen i. S. d. § 25 UStG aus, muss er **zwingend** die besonderen Rechtsfolgen dazu beachten. Reiseleistungen nach § 25 UStG liegen vor, wenn ein Unternehmer in eigenem Namen Reiseleistungen ausführt und dafür sog. Reisevorleistungen in Anspruch nimmt. Reisevorleistungen sind Leistungen Dritter, die unmittelbar den Reisenden zugutekommen.

Reiseleistungen setzen voraus, dass der Unternehmer solche Leistungen in eigenem Namen gegenüber seinen Kunden ausführt, dabei aber **Reisevorleistungen** (Leistungen Dritter, die den Reisenden unmittelbar zugutekommen) in Anspruch nimmt.

Hinweis: Revisionsverfahren zu Sprachkursen beim BFH

Beim BFH ist ein Revisionsverfahren (unter V R 39/24) anhängig, in dem es um die Auslegung des Begriffs des „unmittelbaren Zugutekommens" i.S.d. § 25 Abs. 1 Satz 5 UStG im Rahmen von Sprachreisen geht. Das Hessische FG (Urt. v. 7.10.2024 – 6 K 756/23) hatte festgestellt, dass auch die Leistungen selbständiger Dozenten bei Sprachreisen den Teilnehmern typischerweise i.S.v. § 25 Abs. 1 Satz 5 UStG auch dann unmittelbar zugutekommen, wenn sich die Dozenten an ein vom Reiseveranstalter vorgegebenes Kurskonzept halten müssen und der Reiseveranstalter den Unterrichtsraum zur Verfügung stellt.

Hinweis: Kein klassischer Reiseveranstalter notwendig

Nicht erforderlich ist es, dass der Unternehmer ein „klassischer" Reiseveranstalter ist. Jeder Unternehmer, der gegenüber Dritten solche Reiseleistungen ausführt und sich dabei der Vorleistungen dritter Unternehmer bedient, führt Reiseleistungen i. S. d. § 25 UStG aus. Es besteht – anders als bei der ebenfalls zu den Margenbesteuerungen zählenden Differenzbesteuerung – keine Optionsmöglichkeit, anstelle dieser Sonderregelung die allgemeinen Regelungen des Umsatzsteuerrechts anzuwenden.

Grundsätzlich lassen sich die **Rechtsfolgen** bei der Besteuerung von Reiseleistungen wie folgt zusammenfassen:

- Die Leistung gegenüber dem Kunden ist eine einheitliche Leistung.
- Die einheitliche sonstige Leistung ist am Sitz des leistenden Unternehmers ausgeführt, § 3 a Abs. 1 UStG. Deutsche Reiseveranstalter führen damit im Inland steuerbare Leistungen aus, unabhängig davon, wohin die Reise geht.
- Soweit die Reisevorleistungen im **Drittlandsgebiet** ausgeführt werden, ist die Reiseleistung **steuerfrei**, § 25 Abs. 2 UStG.
- Die **Bemessungsgrundlage** berechnet sich aus der Differenz aus erhaltenem Reisepreis und den Aufwendungen für die Reisevorleistungen. Die Umsatzsteuer ist mit dem Regelsteuersatz (derzeit 19 %) aus der Differenz herauszurechnen.
- Führt ein Unternehmer Reiseleistungen aus, nimmt aber dafür nicht nur Reisevorleistungen in Anspruch, sondern führt gegenüber den Reisekunden auch eigene Leistungen aus, muss eine Aufteilung vorgenommen werden.
- Anstelle der Marge für jede einzelne Leistung konnte der Unternehmer – allerdings nur **befristet bis 31.12.2021** – die **Marge für Gruppen von Leistungen** oder für die innerhalb eines Besteuerungszeitraums ausgeführten Leistungen ermitteln. Die Finanzverwaltung hat hier aber noch in einigen Fällen eine zusammengefasste Ermittlung ermöglicht.
- Aus den Reisevorleistungen ist der Unternehmer nicht zum Vorsteuerabzug berechtigt. Aus allen weiteren Kosten (soweit keine Reisevorleistungen vorliegen) kann der **Vorsteuerabzug** vorgenommen werden.
- Die Umsatzsteuer aus der Marge darf nicht in einer **Rechnung** gesondert ausgewiesen werden, sodass ein unternehmerischer Leistungsempfänger keine Möglichkeit eines Vorsteuerabzugs hat.

Hinweis: E-Rechnungspflicht gilt auch bei Reiseleistungen

Die grundsätzliche Verpflichtung, in B2B-Fällen zwischen inländischen Unternehmern seit 2025 mit einer verpflichtenden E-Rechnung abrechnen zu müssen (vorbehaltlich der Übergangsregelungen nach § 27 Abs. 38 UStG), gilt auch bei Anwendung der Margenbesteuerung für Reiseleistungen, obwohl keine Umsatzsteuer in der Rechnung gesondert auszuweisen ist. Auch für Leistungsbezüge müssen Unternehmer, die Reiseleistungen ausführen, seit 2025 in der Lage sein, Rechnungen in dem besonderen strukturierten elektronischen Format empfangen und elektronisch archivieren zu können.

2. Unionsrechtlicher Verstoß der Margenermittlung für Gruppen von Reisen

Mit Wirkung zum **18.12.2019** ist § 25 Abs. 1 UStG ergänzt worden. Die Besteuerung von Reiseleistungen ist anzuwenden, unabhängig davon, ob die Leistung gegenüber Unternehmern oder Nichtunternehmern ausgeführt wird. In einem Verfahren musste sich der EuGH (Urt. v. 8.2.2018 – C-380/16, Kommission/Deutschland, UR 2018, 290) mit der Umsetzung der Vorgaben des Unionsrechts in Deutschland auseinander setzen. Er musste darüber entscheiden, ob **Deutschland gegen das Unionsrecht verstoßen** hat, indem es die Anwendung der Besteuerung der Reiseleistungen nur auf Leistungen gegenüber Nichtunternehmern beschränkt hat. Da der EuGH schon 2013 (EuGH, Urt. v. 26.9.2013 –

C-189/11, Kommission/Spanien, UR 2013, 835) in einem Vertragsverletzungsverfahren gegen Spanien in einer vergleichbaren Regelung einen Verstoß gegen das Unionsrecht gesehen hatte, war es nicht überraschend, dass der EuGH Deutschland wegen eines Verstoßes gegen das Unionsrecht verurteilte.

Hinweis: Wahlrecht für Leistungen bis 2019

In der Folge des Vertragsverletzungsverfahrens gegen Spanien hatte der BFH (Urt. v. 20.3.2014 – V R 25/11, BStBl II 2020, 821) es den Unternehmern ermöglicht, sich zu seinen Gunsten auf das Unionsrecht zu berufen. Dieses „Wahlrecht" ist mit der 2019 erfolgten gesetzlichen Anpassung zum 18.12.2019 überholt. Im Rahmen des Gesetzes zur weiteren steuerlichen Förderung der Elektromobilität sind die notwendigen Anpassungen vorgenommen worden. Deshalb ist in § 25 Abs. 1 Satz 1 UStG der Zusatz „die nicht für das Unternehmen des Leistungsempfängers bestimmt sind", mit Wirkung zum 18.12.2019 gestrichen worden.

Soweit Leistungen im **B2B-Bereich** ausgeführt werden, ergibt sich aus dem EuGH-Urteil wohl nach dem Unionsrecht für den leistenden Unternehmer weiterhin die Verpflichtung, die **Marge in der Rechnung** auszuweisen. Hinweise Deutschlands, dass damit über die Umsatzsteuer hinaus relevante Daten veröffentlicht werden, hat der EuGH ziemlich pauschal damit abgetan, dass die Rechnung lediglich die Marge für jede einzelne Reise ausweisen muss und Wettbewerber aus einer solchen Einzelmarge kaum auf allgemeine Geschäftszahlen des betreffenden Reisebüros schließen können. Bisher geht die Finanzverwaltung davon aus, dass die Margenumsatzsteuer nicht in einer Rechnung ausgewiesen werden darf und somit den Vorsteuerabzug grundsätzlich ausschließt, Abschn. 14a.1 Abs. 10 UStAE. Dies lässt sich aber aus dem Unionsrecht so nicht ableiten und würde zu einer **Mehrbelastung** führen (vgl. dazu auch Kanitz/Bohne im MwStR 2020, 21).

Hinweis: Überarbeitung der Verwaltungsanweisungen ist 2021 erfolgt

Aufgrund der gesetzlichen Änderungen hat die Finanzverwaltung die gesamten Verwaltungsanweisungen zu § 25 UStG überarbeitet. Zu den Übergangs- und Nichtbeanstandungsregelungen vgl. 3.1.

3. Anpassungen des UStAE im Jahr 2021

3.1 Überblick über die Änderungen

Die Finanzverwaltung (BMF-Schreiben v. 24.6.2021, BStBl I 2021, 857) hat die gesetzlichen Anpassungen und die Rechtsprechung des EuGH zum Anlass genommen, die Verwaltungsanweisungen zu den Reiseleistungen umfassend zu überarbeiten und vollständig neu zu fassen. Die Neufassung hat dabei folgende Struktur:

- **Abschn. 25.1 UStAE** (insgesamt 14 Absätze), **Besteuerung von Reiseleistungen**. In diesem Abschnitt werden umfangreich die Grundregelungen für die Anwendung des § 25 UStG dargestellt und mit diversen Beispielen erläutert.
- **Abschn. 25.2 UStAE** (insgesamt acht Absätze), **Steuerfreiheit von Reiseleistungen nach § 25 Abs. 2 UStG**. Hier werden die Voraussetzungen und Folgen der Steuerbefreiung für Reiseleistungen dargestellt, die im Drittlandsgebiet ausgeführt werden.
- **Abschn. 25.3 UStAE** (Insgesamt sechs Absätze), **Bemessungsgrundlage bei Reiseleistungen**. Die Finanzverwaltung erläutert anhand von verschiedenen Beispielen die Ermittlung der Marge bei den Reiseleistungen, insbesondere auch in den Fällen, in denen neben der Inanspruchnahme von Reisevorleistungen auch eigene Leistungen gegenüber den Reisenden ausgeführt werden und für den Fall, dass sich die Reisevorleistungen sowohl auf das Gemeinschaftsgebiet als auch auf das Drittlandsgebiet erstrecken.
- **Abschn. 25.4 UStAE** (insgesamt fünf Absätze), **Vorsteuerabzug bei Reisen**. Hier nimmt die Finanzverwaltung – sowohl für inländische als auch für ausländische Unternehmer – zur Möglichkeit des Vorsteuerabzugs Stellung.

- **Abschn. 25.5 UStAE** (insgesamt neun Absätze), **Aufzeichnungspflichten bei Reiseleistungen**. Die Finanzverwaltung stellt die von Unternehmern zu befolgenden Aufzeichnungsvorschriften zusammen.

Grundsätzlich sind die Regelungen in allen offenen Fällen anzuwenden. Die Regelung zur Bemessungsgrundlage (**Abschn. 25.3 UStAE a. F.**) ist wegen der dort noch enthaltenen Regelung für die Möglichkeit, die Marge für **Gruppen von Reisen** oder für ganze Besteuerungszeiträume einheitlich zu ermitteln, noch in der alten Fassung für Umsätze bis zum 31.12.2021 anzuwenden.

Ebenso können **Drittlandsunternehmer** im Rahmen der schon früher verkündeten Nichtbeanstandungsregelung die Besteuerung von Reiseleistungen noch bis **31.12.2023** in Anspruch nehmen.

> **Hinweis: Einschränkung für Drittlandsunternehmer**
>
> Die Finanzverwaltung hatte im Januar 2021 (BMF, Schreiben v. 29.1.2021, BStBl I 2021, 250) in Abschn. 25.1 Abs. 1 Satz 5 UStAE klargestellt, dass die Sonderregelung des § 25 UStG bei Reiseleistungen von Unternehmern mit Sitz im Drittland und ohne feste Niederlassung im Gemeinschaftsgebiet nicht anwendbar ist. Damit kann sich insbesondere der Ort dieser Leistungen nicht nach § 25 i. V. m. § 3 a Abs. 1 UStG bestimmen. Die Reiseleistung ist in diesen Fällen kein einheitliches Leistungsbündel. Die einzelnen in der Reiseleistung gebündelten Leistungen sind jeweils separat auf den Ort der Leistung zu überprüfen. So sind insbesondere Übernachtungsleistungen am jeweiligen Grundstücksort ausgeführt. Es unterliegt dann auch die jeweils erhaltene Gegenleistung der Umsatzsteuer und nicht nur die Differenz zwischen den Reisevorleistungen und dem Reiseentgelt. Die Finanzverwaltung hat eine ursprünglich bis Ende 2020 befristete **Nichtbeanstandungsregelung** mehrfach, zuletzt mit Schreiben v. 27.6.2023 **bis zum 31.12.2026 verlängert**.

Darüber hinaus ist noch eine **allgemeine Nichtbeanstandungsregelung** aufgenommen worden, nach der der Unternehmer für **bis zum 31.12.2021** ausgeführte Umsätze die bisherigen Verwaltungsanweisungen weiterhin anwenden kann. Somit sind die neuen Vorgaben zwingend erst ab dem 1.1.2022 anzuwenden.

3.2 Änderungen in Abschn. 25.1 UStAE

Die Finanzverwaltung stellt in **Abschn. 25.1 UStAE** die allgemeinen Voraussetzungen für die Anwendung der Sonderregelung des § 25 UStG dar.

Nach **Abschn. 25.1 Abs. 1 UStAE** ist es grundsätzlich unerheblich, aus welchem Zweck eine Reise erfolgt. Die Besteuerung als Reiseleistung erfolgt, wenn der leistende Unternehmer in eigenem Namen gegenüber einem Reisekunden auftritt und Reisevorleistungen in Anspruch nimmt. Dabei sind die folgenden Besonderheiten zu beachten:

- Die Regelung gilt auch für **Sprach- und Studienreisen** (vgl. auch BFH, Urt. v. 1.6.2006 – V R 104/01, BStBl II 2007, 142).
- § 25 UStG findet Anwendung für **alle Unternehmer**, unabhängig davon, was den eigentlichen Zweck ihres Unternehmens ausmacht.
- Keine Anwendung findet § 25 UStG für Unternehmer mit **Sitz im Drittlandsgebiet** ohne feste Niederlassung im Gemeinschaftsgebiet. Vgl. dazu auch BMF, Schreiben v. 29.1.2021, BStBl I 2021, 250 mit mehrfacher Verlängerung einer Nichtbeanstandungsfrist bis 31.12.2022 durch BMF-Schreiben v. 1.12.2021, BStBl I 2021.
- Auch ein Arbeitgeber, der **gegenüber dem Personal** Reisen überlässt, führt Reiseleistungen i. S. d. Regelung aus.

Eine Reiseleistung setzt ein **Bündel von Einzelleistungen** voraus, bei dem mindestens eine **Beförderungs- oder Beherbergungsleistung** mit enthalten sein muss. Die Finanzverwaltung hat 2022 ergänzend in den UStAE aufgenommen, dass **kein Leistungsbündel** vorliegt, wenn ein Unternehmer gegenüber seinem Kunden lediglich **eine Beförderungsleistung** erbringt, deren Zweck es ist, den Kunden die

An- und Abreise zu organisieren, selbst wenn die Beförderungsleistung mittels mehrerer verschiedener oder gleichartiger Beförderungsmittel erbracht wird.

Hinweis: Einzelleistung kann auch Reiseleistung sein

Eine einzelne Leistung kann nur dann zur Anwendung des § 25 UStG führen, wenn es sich um eine Beherbergungsleistung handelt; vgl. dazu unten 4. Die Einräumung von Eintrittsberechtigungen für Messen, Ausstellungen, Seminare und Kongresse und damit zusammenhängende Beförderungs-, Verpflegungs- und Beherbergungsleistungen, die als einheitliche Leistung ausgeführt werden, ist keine Reiseleistung.

§ 25 UStG setzt voraus, dass der Unternehmer im eigenen Namen auftritt; tritt er bei dem Verkauf von Reisen erkennbar **im fremden Namen** auf, liegt eine nach den allgemeinen Regeln zu besteuernde **Vermittlungsleistung** vor. **Reisebüros** können sowohl im eigenen Namen, aber auch im fremden Namen auftreten – es kommt hier immer auf die jeweilige Vertragsgestaltung an.

Grundsätzlich stellt jede **einzelne verkaufte Reise** eine eigene Leistung dar, es wird aber nicht beanstandet, wenn mehrere gleichartige Reisen an einen Leistungsempfänger zu einer einheitlichen Leistung zusammengefasst werden (z. B. für eine Familie werden mehrere gleichartige Pauschalreisen gebucht).

Die **einheitliche Reiseleistung** des Unternehmers ist nach § 3a Abs. 1 UStG am Sitz des leistenden Unternehmers ausgeführt; wird die Leistung von einer Betriebsstätte ausgeführt, ist der Ort der Betriebsstätte maßgebend. Eine Betriebsstätte muss aber unmittelbar am Verkauf beteiligt sein, wenn ihr die Leistung zuzurechnen sein soll.

Hinweis: Reisevorleistungen notwendig

Reiseleistungen setzen grundsätzlich voraus, dass Reisevorleistungen in Anspruch genommen werden. Führt der Unternehmer Eigenleistungen aus, muss eine Aufteilung vorgenommen werden. Die Weitergabe von Fremdleistungen innerhalb eines Organkreises macht Leistungen aber nicht zu Eigenleistungen. Bei einem sog. Kettengeschäft (ein Unternehmer verkauft eine Reise an einen anderen Unternehmer, der sie an Kunden weiterverkauft) sind Reisevorleistungen die einzelnen (eingekauften) Bestandteile und nicht die einheitliche Reiseleistung.

Weiterhin stellt die Finanzverwaltung klar, dass

- der Abschluss einer **Reiserücktrittskostenversicherung** eine eigenständige Leistung darstellt, wenn dem Kunden der Abschluss freigestellt ist und
- ein echter, nicht steuerbarer Schadensersatz vorliegt, wenn aufgrund eines zivilrechtlichen Rücktrittsrechts der Reisende von einem Vertrag zurücktritt und der Veranstalter eine **Stornogebühr** dafür erhält. Aufwendungen für damit zusammenhängende Vorleistungen, die der Unternehmer sich nicht mehr ersparen kann, stellen dann aber keine zu berücksichtigenden Reisevorleistungen dar.

3.3 Hinweise zu den Änderungen

Unternehmer, die Reiseleistungen ausführen, mussten sich auf **erhebliche Veränderungen** einstellen – dies spätestens für die Umsätze, die nach dem 31.12.2021 ausgeführt wurden. Die Finanzverwaltung hat die Verwaltungsanweisungen umfassend überarbeitet, aktualisiert und an die neuen gesetzlichen Vorgaben angepasst. Dabei wurden aber auch einige, nicht durch die gesetzlichen Änderungen notwendige Veränderungen vorgenommen.

Die Besteuerung der Reiseleistungen war ursprünglich einmal als **Vereinfachungsregelung** gedacht, um die Besteuerung unterschiedlicher Leistungselemente in unterschiedlichen Mitgliedstaaten – verbunden mit dann dort sich ergebenden Registrierungsfolgen – zu vermeiden. Mittlerweile kann sich die Frage stellen, ob dies nicht fast das geringere Übel wäre – die Beachtung der verschiedenen Möglichkeiten bei steuerfreien und steuerpflichtigen Leistungen oder Leistungen bei Ausführung auch von Eigenleistungen führen den Vereinfachungsgedanken ad absurdum.

Veränderungen ergeben sich für die betroffenen Unternehmer an verschiedenen Stellen. So müssen bestimmte **Vereinfachungsregelungen** (z. B. bei drittlandsgrenzüberschreitenden Flugbeförderungen) immer für das gesamte Kalenderjahr angewendet werden – bisher war ein unterjähriger Wechsel von der Vereinfachungsregelung weg möglich. Auch kann sich bei der Ausführung von Reiseleistungen an das Personal durch die Einbeziehung von Gemeinkosten des Arbeitgebers eine positive Bemessungsgrundlage ergeben; da dies aber nur bei „typischen" Reiseveranstaltern eine Rolle spielen wird, werden sich die praktischen Veränderungen in Grenzen halten.

Durch die Einbeziehung auch der **B2B-Leistungen** in die Sonderregelung ergeben sich aber auch für Unternehmer, die **nicht zu den typischen Reiseveranstaltern** gehören, erhebliche Konsequenzen. Dabei kann es – systematisch problematisch – auch zu einer Mehrbelastung kommen. Deshalb müssen sich nicht nur Unternehmer mit diesen Regelungen auseinandersetzen, die am Markt Reiseleistungen ausführen, sondern auch Unternehmer, die z. B. im Konzernverbund solche Leistungen ausführen.

Beispiel: Reiseleistung im Konzernverbund

In einem Konzernverbund (nicht organschaftlich verbunden) organisiert die Konzerngesellschaft A auch für andere Gesellschaften Mitarbeiterveranstaltungen (Betriebsfeiern). Dabei werden Reisevorleistungen in Anspruch genommen und die Kosten auf die einzelnen Gesellschaften umgelegt.

Es handelt sich um Reiseleistungen. Zwar wird sich – wenn nur die Kosten umgelegt werden – eine Marge von 0 € ergeben. Der Vorsteuerabzug aus den erhaltenen „Reisevorleistungen" ist aber ausgeschlossen. Im Ergebnis verbleibt es bei einer Mehrbelastung in Höhe der nicht abzugsfähigen Vorsteuerbeträge.

Wichtig ist in diesem Zusammenhang auch, dass **Drittlandsunternehmer** (mit Übergangsregelung bis zum 31.12.2023) nicht unter den Anwendungsbereich des § 25 UStG fallen sollen. Dies hatte die Finanzverwaltung schon außerhalb dieses Schreibens – allerdings ohne eine einschlägige Rechtsquelle dazu zu benennen – so festgestellt. Daraus sind auch Auswirkungen für (unternehmerische) Leistungsempfänger in Deutschland zu beachten, wenn diese Reiseleistungen von Drittlandsunternehmern in Anspruch nehmen. In diesen Fällen kann sich für einzelne Leistungen Steuerbarkeit und Steuerpflicht ergeben, was dann zur Übertragung der Steuerschuld auf den Leistungsempfänger (**Reverse-Charge-Verfahren nach § 13b UStG**) führt.

4. Vermietung von Ferienhäusern als Reiseleistung sowie Verkauf von Hotelkontingenten

Ist ein Unternehmer in die **Vermietung einer Ferienimmobilie** eingebunden und tritt er dabei in eigenem Namen, aber für fremde Rechnung auf (Leistungskommission), ging die Finanzverwaltung davon aus, dass der eingeschaltete Unternehmer – soweit er die Leistung gegenüber Nichtunternehmer erbringt – eine Reiseleistung ausführt, selbst wenn er keine weiteren Leistungen ausführt. Spätestens für alle nach dem 31.12.2012 ausgeführten Leistungen war dies nach Auffassung der Finanzverwaltung anzuwenden. Dabei stützte sich die Finanzverwaltung im Wesentlichen auf die Rechtsprechung des BFH (Urt. v. 7.10.1999 – V R 80/98, BStBl II 2004, 308) und des EuGH (Urt. v. 12.11.1992 – C-163/91, Van Ginkel, UR 1995, 302 sowie Urt. v. 9.12.2010 – C-31/10, Minerva Kulturreisen, UR 2011, 393).

Der BFH (Beschl. v. 3.8.2017 – V R 60/16, BStBl II 2018, 37) hatte demgegenüber aber Zweifel, ob die bisherige Auslegung nach den EuGH-Urteilen zutreffend ist. Deshalb sollte der EuGH entscheiden, ob er an seiner Rechtsprechung festhält, nach der die Überlassung von Ferienwohnungen durch im eigenen Namen – und nicht als Vermittler – handelnde Reisebüros der Besteuerung als Reiseleistung unterliegt und ob – wenn dies gegeben sein sollte – die Berechtigung besteht, die Marge dann mit dem ermäßigten Steuersatz für die Beherbergung in Ferienunterkünften zu versteuern. Insbesondere fragte der BFH den EuGH Folgendes:

– Unterliegt eine Leistung, die im Wesentlichen in der Überlassung einer Ferienwohnung besteht und bei der zusätzliche Leistungselemente nur als Neben- zur Hauptleistung anzusehen sind, entsprechend dem EuGH-Urteil Van Ginkel (C-163/91) der Sonderregelung für Reisebüros nach Art. 306 MwStSystRL?

- Bei Bejahung der vorigen Frage: Kann diese Leistung neben der Sonderregelung für Reisebüros nach Art. 306 MwStSystRL zusätzlich auch der Steuersatzermäßigung für die Beherbergung von Ferienunterkünften i. S. d. Art. 98 Abs. 2 MwStSystRL i. V. m. Anhang III Nr. 12 unterliegen?

Der **EuGH** (Urt. v. 19.12.2018 – C-552/17, Alpenchalets Resorts, UR 2019, 72) hat – wie auch schon der Generalanwalt (Generalanwalt Michal Bobek in seinem Schlussantrag v. 5.9.2018) – diese Leistungen (zwischen dem Ferienhausvermieter und dem Kunden) unter die Besteuerung als Reiseleistung gefasst und die Anwendung des ermäßigten Steuersatzes ausgeschlossen. Damit hat der EuGH **die von der Finanzverwaltung** seit 2013 **vertretene** und angewandte **Rechtsauffassung bestätigt**.

Die vom EuGH bestätigte Sichtweise hat keinen Einfluss auf die **Besteuerungsfolgen** des **Eigentümers der Ferienwohnung**. Bei ihm ergeben sich die folgenden Rechtsfolgen:

- Es liegt eine Leistung i.Z.m. einem Grundstück vor, der Leistungsort ist immer dort, wo das Grundstück liegt, § 3 a Abs. 3 Nr. 1 Buchst. a UStG.
- Soweit die Leistung im Inland ausgeführt wurde, handelt es sich um eine steuerpflichtige (kurzfristige) Vermietung, eine Steuerbefreiung liegt nicht vor, § 4 Nr. 12 Satz 2 UStG.
- Als kurzfristige Vermietung für Beherbergungszwecke unterliegt der Umsatz dem ermäßigten Steuersatz nach § 12 Abs. 2 Nr. 11 UStG.

Erhebliche Auswirkungen hatte die seit 2013 angewandte Rechtsfolge auf die **Leistung und den Vorsteuerabzug des eingeschalteten Unternehmers**. Bei ihm ergeben sich die folgenden Rechtsfolgen:

- Es liegt keine Leistung i.Z.m. einem Grundstück vor, eine Reiseleistung ist nach § 25 Abs. 1 i. V. m. § 3 a Abs. 1 UStG immer dort ausgeführt, wo der leistende Unternehmer sein Unternehmen betreibt.
- Wird die Reisevorleistung im Drittlandsgebiet in Anspruch genommen (z. B. Dienstleistungskommission bei einem im Drittlandsgebiet belegenen Mietobjekt), ist die Reiseleistung nach § 25 Abs. 2 UStG steuerfrei.
- Soweit die Reiseleistung steuerbar und steuerpflichtig ist, unterliegt nur die Differenz zwischen dem vom Reisenden erhaltenen Entgelt und den Reisevorleistungen der Umsatzbesteuerung.
- Die Reiseleistung unterliegt immer dem Regelsteuersatz.
- Der Unternehmer ist nicht zum Vorsteuerabzug berechtigt, § 25 Abs. 4 UStG.
- Der Unternehmer muss in seiner Rechnung auf die Reiseleistung hinweisen, § 14 a Abs. 6 UStG.

Der EuGH, Urt. v. 29.6.2023 – C-108/22, C. sp. z o.o., musste sich weiterhin mit dem Fall beschäftigen, in dem die Klägerin in eigenem Namen und auf eigene Rechnung Beherbergungsleistungen in Hotels einkaufte (**Hotelkontingente**) und diese Leistungen dann an ihre Kunden weiterverkaufte. Die Kunden waren Unternehmer. Fraglich war, ob die Regelung des § 25 UStG auch in diesem Fall zur Anwendung kommt, da **keine weitergehenden Leistungen** ausgeführt wurden. Der EuGH hat dazu unter Verweis auf seine Rechtsprechung zur Vermietung der Ferienwohnungen festgestellt, dass die Grundsätze **auch auf den Fall des Weiterverkaufs von Hotelkontingenten Anwendung finden**.

5. Weitergehende Rechtsprechung des EuGH zur Bündelung von Leistungen

Die deutsche Finanzverwaltung geht – mit Ausnahme der Beherbergungsleistungen (Abschn. 25.1 Abs. 2 Satz 6 UStAE; dies basiert auf der Rechtsprechung des EuGH, Urt. v. 19.12.2018 – C-552/17, Alpenchalets Resorts zur Weitervermietung von Ferienhäusern sowie EuGH, Urt. v. 29.6.2023 – C-108/22, C. sp. z o.o. zum Weiterverkauf von Hotelkontingenten) – davon aus, dass eine Reiseleistung grds. eine **Bündelung** verschiedener Reisevorleistungen erfordert.

Nach der aktuellen Rechtsprechung des EuGH (Urt. v. 25.6.2024 – C-763/23, Dragoram Tour) kann aber auch der Ein- und Verkauf im eigenen Namen von anderen Einzelleistungen zur Anwendung der Besteuerung nach § 25 UStG führen. Anders hatte der EuGH (Urt. v. 1.3.2012 – C-220/11, Star Coaches s. r. o.) aber früher zur Beauftragung eines Busunternehmens mit einer Beförderungsleistung entschieden.

Hinweis: Kaffeefahrten als Reiseleistungen

Der **EuGH** muss sich mit der Frage beschäftigen, ob sog. **Kaffeefahrten** als **Reiseleistung** i.S.d. § 25 UStG anzusehen sind. Bei der Besteuerung von Reiseleistungen unterliegt (zwingend) nur die Marge zwischen den Zahlungen der Reisegäste und den für die Reisevorleistungen aufgewandten Beträgen als Bruttobetrag der Umsatzsteuer. Typischerweise sind die bei den Kaffeefahrten entstandenen Kosten höher als die Einnahmen aus den Zahlungen der Reisegäste. Der BFH (Beschl. v. 20.6.2024 – V R 30/23, BFH/NV 2024, 1305, ein vergleichbares Verfahren unter V R 29/23 wurde vom BFH bis zur Entscheidung des EuGH ausgesetzt) fragt deshalb den EuGH (beim EuGH anhängig unter C-565/24, P-GmbH & Co. KG), ob eine solche Veranstaltung als Reiseleistung eingeordnet werden kann und ob dies auch gilt, wenn die tatsächlichen Kosten den vom Reisenden zu zahlenden „Gesamtbetrag ohne Mehrwertsteuer" übersteigen. Der Generalanwalt (Schlussanträge des Generalanwalts Szpunar vom 27.11.2025 zur Rs. C-565/24) hat mittlerweile seine Schlussanträge gestellt. Er geht davon aus, dass Kaffeefahrten nicht in den Anwendungsbereich der Reiseleistungen fallen. Hilfsweise hat er festgestellt, dass es zumindest nicht zu einer negativen Marge kommen dürfte. Es ist aber die endgültige Entscheidung des EuGH abzuwarten.

6. Berufungsrecht für Umsätze bis zum 17.12.2019

Die Finanzverwaltung hat mit Schreiben v. 30.11.2020 für die **bis zum 17.12.2019** ausgeführten Umsätze die uneingeschränkte Möglichkeit eröffnet, sich auch in B2B-Fällen unmittelbar auf Art. 306 ff. MwStSystRL zu berufen.

Dies betrifft zum einen insbesondere die Beurteilung der **Reiseleistungen**, die an einen **Unternehmer für dessen Unternehmen** ausgeführt werden. Hier kann sich – auch nach der Rechtsprechung des BFH (Urt. v. 21.11.2013 – V R 11/11, BFH/NV 2014, 803) – der leistende Unternehmer auf Art. 306 ff. MwStSystRL, auch wenn die Leistung vor dem 18.12.2019 ausgeführt wurde.

Hinweis: Berufungsrecht gilt für jede Einzelleistung

Das Berufungsrecht bezieht sich dabei individuell auf jede einzelne Leistung, bindet also nicht den Unternehmer für alle diese Leistungen gleichermaßen Dies gilt aber nur insoweit, wie es sich auch tatsächlich unter die Regelung des § 25 UStG fallende Leistungen handelt, nicht also für Vermittlungsleistungen oder für Eigenleistungen.

Zum anderen kann sich der Unternehmer auch für an **ihn ausgeführte Leistungen** auf die Anwendung der Besteuerungsgrundsätze für Reiseleistungen berufen, wenn er Leistungen von ausländischen Unternehmern bezieht, die unionsrechtlich als Reiseleistungen anzusehen sind (so auch BFH, Urt. v. 13.12.2017 – XI R 4/16, BFH/NV 2018, 803).

Hinweis: Berufungsrecht gilt nur für diesen Unternehmer

Beruft sich ein Unternehmer auf Art. 306 ff. MwStSystRL muss sich dies nicht korrespondierend bei dem anderen Unternehmer auswirken. Erst wenn sich auch der andere Vertragspartner auf den Vorrang des Unionsrechts beruft, führt dies bei ihm zu den sich daraus ergebenden Konsequenzen.

Hat sich ein Unternehmer für seine Ausgangsleistungen auf den Anwendungsvorrang des Unionsrechts für seine Ausgangsleistungen berufen und auch vor dem 18.12.2019 für B2B-Leistungen § 25 UStG angewendet, muss er für diese Leistungen nicht die individuelle Marge zwischen der Einnahme für diese Leistung und den aufgewendeten Reisevorleistungen ermitteln. Er kann diese durch Anwendungsvorrang in die Reiseleistungsbesteuerung einbezogene Leistung auch über die **Ermittlung der für Gruppen von Reisen einheitlich berechneten Marge** nach § 25 Abs. 3 Satz 3 UStG (in der bis zum 17.12.2019 geltenden Fassung) erfassen.

Die Grundsätze gelten in **allen offenen Fällen** (für die bis zum 17.12.2019 ausgeführten Umsätze).

7. Vorrang anderer Befreiungsregelungen

Die Finanzverwaltung (BMF-Schreiben v. 13.3.2025) präzisiert die Verwaltungsanweisungen, dass eine ggf. ebenfalls anwendbare **Steuerbefreiung nach § 4 UStG der Steuerbefreiung nach § 25 Abs. 2 UStG**

vorgeht. Eine Steuerbefreiung kann sich z.B. bei einer Reiseleistung auch aus § 4 Nr. 25 UStG ergeben, wenn begünstigte Einrichtungen der Jugendhilfe Reiseleistungen an die Jugendlichen bzw. Betreuungspersonal ausführen. In diesem Fall ist unter den Voraussetzungen des § 4 Nr. 25 UStG die Leistung der Einrichtung steuerfrei.

Hinweis: Unterscheidung relevant für den Vorsteuerabzug

Es mag für die Besteuerung der Ausgangsleistung unerheblich sein, ob eine Steuerbefreiung nach § 4 UStG oder nach § 25 Abs. 2 UStG vorliegt. Es ergibt sich aber für den „Veranstalter" für seinen Vorsteuerabzug ein erheblicher Unterschied: Bei steuerfreien Leistungen nach § 4 Nr. 25 UStG ist der Vorsteuerabzug sämtlicher damit im Zusammenhang stehender unmittelbarer oder mittelbarer Eingangsleistungen ausgeschlossen. Bei den Reiseleistungen ist zwar der Vorsteuerabzug für die Reisevorleistungen nach § 25 Abs. 4 UStG ausgeschlossen, die weiteren Vorsteuerbeträge, die mit den steuerfreien Reiseleistungen zusammen hängen (z.B. allgemeine Verwaltungskosten, Bürokosten), lassen den Vorsteuerabzug aber zu, § 15 Abs. 3 Satz 1 Nr. 1 Buchst. a UStG.

UStAE 25.2. Steuerfreiheit von Reiseleistungen nach § 25 Abs. 2 UStG

(1) [1]Nach § 25 Abs. 2 UStG ist eine Reiseleistung insgesamt steuerfrei, wenn die ihr zuzurechnenden Reisevorleistungen ausschließlich im Drittlandsgebiet bewirkt werden. [2]Zu den Reisevorleistungen können insbesondere Unterkunft, Verpflegung, Betreuung und Beförderung von Personen gehören.

Beispiel 1:

[1]Ein Reiseveranstalter bietet im eigenen Namen eine Rundreise mit dem Reisebus in den USA zu einem Pauschalpreis an. [2]Hin- und Rückreise von und nach Deutschland sind in dem Preis nicht enthalten.

[3]Die in der Beförderung der Reisenden mit dem Reisebus bestehenden Reisevorleistungen werden im Drittlandsgebiet bewirkt. [4]Da Übernachtungs- und Verpflegungsleistungen ebenfalls im Drittlandsgebiet bewirkt werden, ist die einheitliche sonstige Leistung des Veranstalters insgesamt steuerfrei.

[5]Der Ort, an dem die Reisevorleistungen bewirkt werden, bestimmt sich nach den allgemeinen Regelungen der §§ 3a ff. UStG. [6]Diese Ortsbestimmung bindet bei einem Kettengeschäft auch nachfolgende Unternehmer. [7]Werden Reisevorleistungen, deren Ort der Leistung sich nach § 3a Abs. 2 UStG bestimmen würde, ausschließlich im Drittlandsgebiet erbracht, verlagert sich der Ort nach § 3a Abs. 8 UStG ins Drittland (vgl. Abschnitt 3a.14 Abs. 5).

Beispiel 2:

[1]Ein deutscher Reiseveranstalter bietet Pauschalreisen nach Thailand im eigenen Namen an, deren Leistungsbestandteile er selbst eingekauft hat. [2]Er nimmt dabei Betreuungsleistungen eines schweizerischen Unternehmers in Anspruch, der im Reisezielgebiet keine Betriebsstätte hat und die Leistungen ausschließlich im Drittlandsgebiet ausführt.

[3]Die Betreuungsleistung des schweizerischen Unternehmers wird nach § 3a Abs. 2 in Verbindung mit Abs. 8 UStG im Drittlandsgebiet bewirkt. [4]Die Marge des deutschen Reiseveranstalters ist somit steuerfrei.

(2) Die einheitliche sonstige Leistung ist insgesamt steuerpflichtig, wenn die in Absatz 1 bezeichneten Reisevorleistungen (vgl. Abschnitt 25.1 Abs. 9) ausschließlich im Gemeinschaftsgebiet bewirkt werden.

Beispiel:

[1]Der deutsche Reiseveranstalter A bietet im eigenen Namen Rundreisen innerhalb des Gemeinschaftsgebiets an. [2]Er hat die Reisen von dem Reiseveranstalter B mit Sitz in Frankreich gekauft. [3]B hat die einzelnen Reisebestandteile (Beförderungs-, Betreuungs-, Beherbergungs- und Verpflegungsleistungen) von anderen Unternehmen erworben und zu einer einheitlichen Pauschalreise gebün-

delt. [4]Da sämtliche Reisevorleistungen im Gemeinschaftsgebiet bewirkt werden, ist die Marge des deutschen Reiseveranstalters A insgesamt steuerpflichtig.

(3) [1]Werden die Reisevorleistungen nur zum Teil im Drittlandsgebiet, im Übrigen aber im Gemeinschaftsgebiet erbracht, ist die Reiseleistung insoweit steuerfrei, als die Reisevorleistungen im Drittlandsgebiet bewirkt werden. [2]Dies gilt auch für Reisevorleistungen, die in der Beförderung von Personen bestehen. [3]Erstreckt sich somit eine Beförderung sowohl auf das Drittlandsgebiet als auch auf das Gemeinschaftsgebiet, hat der Unternehmer die gesamte Beförderungsleistung nach Maßgabe der im Drittlands- und im Gemeinschaftsgebiet zurückgelegten Strecken aufzuteilen.

Beispiel 1:

[1]Reiseveranstalter A verkauft im eigenen Namen eine Pauschalreise in die USA (Flug und Beherbergung) ab München.

[2]Die Reiseleistung des A ist insoweit steuerpflichtig, als die Personenbeförderung im Flugzeug (Reisevorleistung) im Gemeinschaftsgebiet bewirkt wird (vgl. Abschnitt 25.2 Abs. 4). [3]Der Leistungsort der übrigen Reisebestandteile liegt im Drittlandsgebiet. [4]Die Reiseleistung ist daher insoweit steuerfrei.

Beispiel 2:

[1]Reiseveranstalter B verkauft die von Reiseveranstalter A erworbene Pauschalreise im eigenen Namen.

[2]Die Reiseleistung des B ist wie im Beispiel 1 insoweit steuerpflichtig, als die Personenbeförderung im Flugzeug (Reisevorleistung) im Gemeinschaftsgebiet bewirkt wird. [3]Der Leistungsort der übrigen Reisebestandteile liegt im Drittlandsgebiet. [4]Die Reiseleistung ist wie im Beispiel 1 insoweit steuerfrei.

(4) [1]Erstreckt sich eine Personenbeförderung im Luftverkehr (Reisevorleistung) sowohl auf das Drittlandsgebiet als auch auf das Gemeinschaftsgebiet, kann der Empfänger der Beförderungsleistung abweichend von Absatz 3 aus Vereinfachungsgründen wie folgt verfahren:
[2]Liegt der Zielort der Personenbeförderung im Drittlandsgebiet, gilt die Beförderungsleistung insgesamt als im Drittlandsgebiet bewirkt (Zielortregelung). [3]Im Rahmen von Kettengeschäften ist die Anwendung oder Nichtanwendung der Zielortregelung für alle nachfolgenden Unternehmer bindend.

Beispiel 1:

[1]Ein Reiseveranstalter bietet im eigenen Namen eine Flugreise von Düsseldorf auf die Kanarischen Inseln zu einem Pauschalpreis an. [2]Der Reiseveranstalter wendet für alle von ihm angebotenen Reisen die Zielortregelung an.

[3]Da der Zielort der Reise im Drittlandsgebiet liegt, gilt die Beförderungsleistung insgesamt als im Drittlandsgebiet bewirkt. [4]Werden auch alle übrigen Reisevorleistungen im Drittlandsgebiet bewirkt, ist die Reiseleistung des Veranstalters insgesamt steuerfrei.

[4]Liegt der Zielort der Personenbeförderung im Gemeinschaftsgebiet, gilt die Beförderungsleistung insgesamt als im Gemeinschaftsgebiet bewirkt.

Beispiel 2:

[1]Ein Reiseveranstalter bietet im eigenen Namen eine Flugreise von Düsseldorf nach Athen zu einem Pauschalpreis an. [2]Der Reiseveranstalter wendet für alle von ihm angebotenen Reisen die Zielortregelung an.

[3]Da der Zielort der Reise im Gemeinschaftsgebiet liegt, gilt die Beförderungsleistung als im Gemeinschaftsgebiet bewirkt. [4]Werden auch alle übrigen Reisevorleistungen im Gemeinschaftsgebiet bewirkt, ist die Reiseleistung des Veranstalters insgesamt steuerpflichtig.

[5]Hin- und Rückflug sind bei der Anwendung der Vereinfachungsregelung als eine Reisevorleistung anzusehen. [6]Der Zielort bestimmt sich nach dem Hinflug. [7]Zwischenlandungen aus flugtechnischen Gründen berühren die Anwendung der Vereinfachungsregelung nicht. [8]Inländische Zu- und Abbringerflüge sind nur dann in die Zielortregelung einzubeziehen, wenn die als Reisevorleistung in Anspruch genom-

mene Beförderungsleistung einschließlich der Zu- und Abbringerflüge nach umsatzsteuerrechtlichen Grundsätzen eine einheitliche Beförderungsleistung darstellt (vgl. Abschnitt 3.10 und BFH-Urteil vom 1. 3. 2018, V R 23/17, BStBl II S. 503).

Beispiel 3:

[1]Ein Reiseveranstalter bietet im eigenen Namen eine Busreise an. [2]Diese beginnt in Zürich (Schweiz) und endet in Rom (Italien). [3]Im Reisepreis sind Hin- und Rückflug von und nach Köln-Bonn enthalten. [4]Der Reiseveranstalter wendet für alle von ihm angebotenen Reisen die Zielortregelung an.

[5]Da der Zielort des Hinflugs im Drittlandsgebiet (Schweiz) liegt, gilt die Personenbeförderung mit dem Flugzeug inklusive des Rückflugs als insgesamt im Drittlandsgebiet bewirkt. [6]Die Busreise ist in einen steuerfreien Streckenanteil im Drittlandsgebiet und einen steuerpflichtigen Anteil im Gemeinschaftsgebiet aufzuteilen.

(5) [1]Macht ein Unternehmer von der Vereinfachungsregelung nach Absatz 4 Gebrauch, muss er diese bei allen von ihm in einem Veranlagungszeitraum veranstalteten Reisen anwenden. [2]Dies gilt nicht, soweit der Unternehmer im Rahmen von Kettengeschäften an die Entscheidung des Empfängers der Beförderungsleistung gebunden ist (vgl. Absatz 4).

(6) [1]Erstreckt sich eine Personenbeförderung mit Kreuzfahrtschiffen im Seeverkehr sowohl auf das Drittlandsgebiet als auch auf das Gemeinschaftsgebiet, kann der Unternehmer abweichend von Absatz 3 von der Berücksichtigung des auf das Gemeinschaftsgebiet entfallenden Anteils der gesamten Beförderungsstrecke aus Vereinfachungsgründen absehen. [2]Im Rahmen von Kettengeschäften ist die Anwendung oder Nichtanwendung dieser Regelung für alle nachfolgenden Unternehmer bindend.

Beispiel:

[1]Ein Reiseveranstalter bietet im eigenen Namen eine siebentägige Kreuzfahrt im Mittelmeer an, die in Genua beginnt und endet.

[2]Die in der Beförderung der Reisenden bestehenden Reisevorleistungen sind als im Drittlandsgebiet erbracht anzusehen. [3]Die Reiseleistung des Veranstalters ist steuerfrei.

(7) Der Unternehmer hat bei der Abgabe einer Reiseleistung an einen anderen Unternehmer für dessen Unternehmen in der Rechnung anzugeben, in welchem Umfang die Leistungen nach § 25 Abs. 2 UStG im Drittlandsgebiet bewirkt werden (vgl. § 14 Abs. 4 Nr. 7 UStG).

(8) Liegen für nach § 25 Abs. 2 UStG steuerfreie Reiseleistungen im Drittland auch die Voraussetzungen einer Steuerbefreiung vor, die den Vorsteuerabzug ausschließt, geht diese Steuerbefreiung vor (vgl. Abschnitt 15.13 Abs. 5).

Anmerkung

1. Grundsätze zur Steuerfreiheit der Reiseleistung

Reiseleistungen i. S. d. § 25 UStG liegen **seit dem 17.12.2019** unabhängig davon vor, ob der Leistungsempfänger ein Unternehmer oder ein Nichtunternehmer ist.

Führt ein Unternehmer Reiseleistungen aus und nimmt hierfür sog. Reisevorleistungen – Leistungen dritter Unternehmer, die den Reisenden unmittelbar zugutekommen – in Anspruch, erfolgt zwingend die Besteuerung der Leistung im Rahmen des § 25 UStG. Dies gilt auch für kurzfristige Sprach- und Studienreisen und auch für längere Studienaufenthalte im Ausland, die mit einer Reise kombiniert sind (BFH, Urt. v. 1.6.2006 – V R 104/01, BStBl II 2007, 142).

Hinweis: Keine Anwendung bei isoliertem Verkauf von Eintrittskarten

Die Sonderregelung der Besteuerung von Reiseleistungen ist dann nicht anwendbar, wenn es sich um den isolierten Verkauf von Opernkarten durch ein Reisebüro ohne Ausführung weiterer Leistungen handelt (EuGH, Urt. v. 9.12.2010 – C-31/10, Minerva Kulturreisen GmbH, DStR 2010, 2576).

Führt der Unternehmer Reiseleistungen nach § 25 UStG aus, ergibt sich der Ort seiner Leistung über § 25 Abs. 1 UStG und § 3 a Abs. 1 UStG immer dort, wo der leistende Unternehmer sein Unternehmen betreibt bzw. eine die Leistung ausführende Betriebsstätte unterhält. Wo die Reiseleistung dann tatsächlich ausgeführt wird, ist für die Ermittlung des Orts der Leistung unerheblich. Der leistende Unternehmer erbringt gegenüber seinen Kunden mit der Reiseleistung ein einheitliches **Leistungsbündel**.

Für die Besteuerung von Reiseleistungen ergibt sich eine **besondere Vorschrift zur Steuerbefreiung nach § 25 Abs. 2 UStG**. Die Reiseleistung des Unternehmers ist steuerfrei, soweit sie im Drittlandsgebiet ausgeführt wird. Die Voraussetzung der Steuerbefreiung muss vom Unternehmer nachgewiesen sein, in § 72 UStDV sind von der Finanzverwaltung die entsprechenden Vorgaben zur Aufzeichnung der notwendigen Voraussetzungen aufgenommen worden.

Entfällt nur ein **Teil der Reisevorleistungen** auf das Drittlandsgebiet, ist nur ein entsprechender Anteil der Reiseleistung nach § 25 Abs. 2 UStG steuerfrei. Der Unternehmer muss eine entsprechende Aufteilung der Einnahmen im Verhältnis der Reisevorleistungen vornehmen.

2. Anpassungen des UStAE im Jahr 2021

Nach § 25 Abs. 2 UStG sind Reiseleistungen steuerfrei, soweit die Reisevorleistungen im Drittlandsgebiet ausgeführt werden. Reiseleistungen, bei denen die Reisevorleistungen im Gemeinschaftsgebiet ausgeführt werden, sind steuerpflichtig. Die Finanzverwaltung (BMF-Schreiben v. 24.6.2021, BStBl I 2021, 857) hat auch die Verwaltungsanweisungen zur Steuerbefreiung der Reiseleistungen vollständig überarbeitet.

> **Hinweis: Einzelleistungen sind zu prüfen**
>
> Damit muss jeweils systematisch geprüft werden, wo die Reiseleistungen gegenüber dem Veranstalter als ausgeführt gelten. Dabei ist auch die Ausnahmeregelung des § 3 a Abs. 8 UStG zu beachten, nach der der Ort von Reisevorleistungen abweichend von § 3 a Abs. 2 UStG in das Drittlandsgebiet verlagert wird, wenn diese ausschließlich im Drittlandsgebiet genutzt werden (z. B. ein selbstständiger Reiseleiter erbringt gegenüber einem deutschen Veranstalter eine Betreuungsleistung der Reisegäste bei einer Pauschalreise in Kanada – die Reisevorleistung des Reiseleiters ist nach § 3 a Abs. 8 UStG in Kanada ausgeführt).

Führt der Unternehmer Reiseleistungen aus, bei denen Reisevorleistungen sowohl im Gemeinschaftsgebiet als auch im Drittlandsgebiet ausgeführt werden, muss eine **Aufteilung der Marge** vorgenommen werden. Dies gilt grundsätzlich auch für Reisevorleistungen, die in einer drittlandsgrenzüberschreitenden Personenbeförderung bestehen. Die Finanzverwaltung beanstandet es aber – wie auch schon früher – nicht, wenn bei einer drittlandsgrenzüberschreitenden **Personenbeförderung im Luftverkehr** auf eine Aufteilung verzichtet wird und der Zielort für die Einordnung maßgeblich ist (sog. **Zielortregelung**). Dabei sind die folgenden Grundsätze zu beachten:

- die **Vereinfachungsregelung** muss – wenn der Unternehmer sie anwenden will – für **alle** von ihm in einem Veranlagungszeitraum durchgeführten Reisen angewendet werden,
- **Hin- und Rückflug** sind als eine Reisevorleistung anzusehen,
- der **Zielort** bestimmt sich nach dem **Hinflug**,
- **Zu- und Abbringerflüge** sind in die Regelung mit einzubeziehen, wenn sie im Rahmen einer einheitlichen Leistung ausgeführt werden,
- bei **Kettengeschäften** ist die Anwendung (oder Nichtanwendung) der Zielortregelung für alle nachfolgenden Unternehmer bindend.

Bei **Personenbeförderungen auf Kreuzfahrtschiffen**, die sich sowohl auf das Gemeinschaftsgebiet als auch auf das Drittlandsgebiet erstrecken, kann von der Berücksichtigung des auf das Gemeinschaftsgebiet entfallenden Anteils der Beförderungsstrecke abgesehen werden, bei Kettengeschäften ist dies für alle nachfolgenden Unternehmer bindend.

Zu den **Übergangsregelungen** vgl. Hinweis zu Abschn. 25.1 UStAE.

UStAE 25.3. Bemessungsgrundlage bei Reiseleistungen

(1) [1]Abweichend von § 10 UStG ist die Bemessungsgrundlage die Differenz (Marge) zwischen dem Betrag, den der Leistungsempfänger entrichtet und den Aufwendungen für die Reisevorleistungen, jedoch abzüglich der Umsatzsteuer. [2]Dabei ist grundsätzlich auf die einzelne Reise abzustellen (vgl. Abschnitt 25.1 Abs. 1).

Beispiel 1:

[1]Ein Reiseveranstalter mit Sitz im Inland verkauft im eigenen Namen eine im Inland stattfindende Bahnpauschalreise. [2]Der Preis beträgt 440 € pro Person. [3]Es nehmen 40 Personen teil. [4]Der Reiseveranstalter wendet für Reisevorleistungen einschließlich Umsatzsteuer folgende Beträge auf:

1.	an die Deutsche Bahn AG für Beförderungsleistungen	3 200,– €,
2.	an das Hotel für Beherbergungsleistungen	12 000,– €.

[5]Die Marge ist für jeden einzelnen Reiseteilnehmer zu ermitteln, soweit nicht einzelne Leistungsempfänger im eigenen Namen für weitere Reiseteilnehmer auftreten:

Reisepreis (Aufwendungen des Reiseteilnehmers)			440,– €
./.	Reisevorleistungen		
	für die Beförderung	3 200,– €/40 = 80,– €	
	für die Beherbergung	12 000,– €/40 = 300,– €	380,– €
Marge			60,– €
./.	darin enthaltene Umsatzsteuer (19/119 = Steuersatz 19 %)		9,58 €
Bemessungsgrundlage			50,42 €

[3]Aus Vereinfachungsgründen wird es nicht beanstandet, mehrere Reisen zusammenzufassen, für die der Unternehmer einen einheitlichen Aufschlags- oder Kalkulationssatz verwendet. [4]Der Unternehmer kann ferner aus Vereinfachungsgründen bei Dritten erworbene Übernachtungs- oder Beförderungskontingente vollständig als Reisevorleistungen behandeln, auch wenn diese Kontingente nicht voll umfänglich abgerufen werden. [5]Macht ein Unternehmer von der Vereinfachungsregelung Gebrauch, muss er diese Regelung bei allen von ihm innerhalb eines Besteuerungszeitraums veranstalteten Reisen anwenden. [6]Ergeben sich dadurch negative Einzelmargen, sind diese nicht mit positiven Einzelmargen verrechenbar. [7]Macht ein Unternehmer von der Vereinfachungsregelung keinen Gebrauch, sind die nicht abgerufenen Kontingente keine Reisevorleistungen. [8]Der Vorsteuerabzug steht ihm insoweit unter den übrigen Voraussetzungen des § 15 UStG zu.

Beispiel 2:

[1]Der im Inland ansässige Reiseveranstalter A hat einem spanischen Hotel für sieben Nächte die Belegung von 100 Zimmern zu einem Einzelübernachtungspreis von 35 € zugesagt. [2]A muss das dafür vertraglich vereinbarte Entgelt in Höhe von 24 500 € auch dann entrichten, wenn er die gebuchten Zimmer nicht alle belegen kann. [3]A kalkuliert mit einer 100 %igen Zimmerbelegung. [4]Tatsächlich wird lediglich eine Auslastung von 80 % erreicht. [5]A hat pro Reise – ggf. pro Teilnehmer – zunächst 245 € als Reisevorleistung zu berücksichtigen. [6]Sobald A alle Informationen über die tatsächliche Belegung der gebuchten Zimmer vorliegen, sind die damit zusammenhängenden Margenermittlungen zu korrigieren. [7]Es ist nicht zu beanstanden, wenn die Berichtigung der Umsatzsteuer in einem Betrag vorgenommen wird, wenn dabei keine negativen Einzelmargen entstehen.

Geplante Beherbergungsleistungen pro Reise (35,– € × 7 Tage)	245,– €
Tatsächliche Beherbergungsleistungen pro Reise (35,– € × 7 Tage × 100/80 oder 24 500,– €/80)	306,25 €
Erhöhung der Reisevorleistung = Minderung der Marge pro Reise	61,25 €
Summe der Margenminderung (61,25 € × 80 oder 24 500,– € × 20 %)	4 900,– €
./. darin enthaltene Umsatzsteuer (19/119 = Steuersatz 19 %)	782,35 €
Minderung der Bemessungsgrundlage	4 117,65 €

[9]Werden im Abrechnungsverkehr zwischen Leistungsträgern und Reiseveranstaltern Reisevorleistungen ausgehend vom sog. Bruttowert (Verkaufspreis abzüglich Provisionen zuzüglich Umsatzsteuer auf den Provisionsbetrag) berechnet, handelt es sich bei den Provisionen regelmäßig um Entgelt- bzw. Reisevorleistungsminderungen und nicht um Vergütungen für besondere (Vermittlungs-)Leistungen. [10]Der Wert der Reisevorleistungen ist dann identisch mit dem Wert einer agenturmäßigen Nettoberechnung. [11]Die in den Abrechnungen des Leistungsträgers auf den Provisionsbetrag gesondert als Negativbetrag ausgewiesene Umsatzsteuer wird weder vom Leistungsträger noch vom Reiseveranstalter nach § 14c Abs. 2 UStG geschuldet. [12]Aufwendungen für Reisevorleistungen in fremder Währung sind nach § 16 Abs. 6 UStG in dem Zeitpunkt umzurechnen, in dem die Leistung ausgeführt oder das Entgelt oder ein Teil des Entgelts vor Ausführung der Leistung gezahlt wird.

(2) [1]Treffen bei einer Reise Leistungen des Unternehmers mit eigenen Mitteln und Leistungen Dritter zusammen (vgl. Abschnitt 25.1 Abs. 11), sind für die Berechnung der Marge die eigenen Leistungen grundsätzlich im prozentualen Verhältnis zu den Fremdleistungen auszuscheiden (vgl. Abschnitt 10.1 Abs. 11). [2]Existieren keine Einzelverkaufspreise der verschiedenen Reisebestandteile, ist das Verhältnis der Eigenleistungen zu den Fremdleistungen anhand der entstandenen Kosten (einschließlich Umsatzsteuer) festzustellen. [3]Bei der Ermittlung der Kosten der Eigenleistung sind die Gemeinkosten sowie der kalkulatorische Unternehmerlohn nicht zu berücksichtigen.

Beispiel 1:

[1]Ein Reiseveranstalter mit Sitz im Inland führt eine Buspauschalreise im Inland aus. [2]Er tritt beim Verkauf gegenüber den Leistungsempfängern im eigenen Namen auf. [3]Der Preis beträgt 600 € pro Person. [4]Der Reiseveranstalter bietet die Reisebestandteile wie folgt auch einzeln an:

–	Beförderung mit dem eigenen Bus inklusive Reiseleitung	130,–€;
–	Beherbergung und Beköstigung	500,–€;
–	Summe der Einzelverkaufspreise	630,–€.

[5]Es nehmen 50 Personen teil. [6]Dem Unternehmer entstehen folgende Aufwendungen:

		Gesamt	Pro Reise
a)	Eigenleistungen		
	Beförderung mit dem eigenen Bus	4 000,– €	
	Betreuung durch angestellte Reiseleiter	1 000,– €	
	Summe der Aufwendungen für Eigenleistungen	5 000,– €	100,– €
b)	Reisevorleistungen		
	Beherbergung und Beköstigung	20 000,– €	400,– €

[7]Die Marge errechnet sich wie folgt:

Reisepreis (Aufwendungen pro Reiseteilnehmer)	600,– €
Eigenleistungen (600,– € × 130,– €/630,– €)	123,81 €
§ 25 UStG (600,– € × 500,– €/630,– €)	476,19 €
./. Reisevorleistungen	400,– €
Marge	76,19 €
./. darin enthaltene Umsatzsteuer (19/119 = Steuersatz 19 %)	12,16 €
Bemessungsgrundlage	64,03 €

[8]Der Unternehmer hat jede Reise mit 19 % zu versteuern:

a) Eigenleistung (123,81 € ./. abzgl. enthaltener Umsatzsteuer)	104,04 €
b) die Leistungen nach § 25 UStG	64,03 €
Bemessungsgrundlage	168,07 €

Beispiel 2:

[1]Wie Beispiel 1, jedoch verkauft der Reiseveranstalter die Reisebestandteile nicht außerhalb des Pauschalangebots.

[2]Der Pauschalpreis ist nach dem Verhältnis der Reisevorleistungen zu den Kosten der Eigenleistungen aufzuteilen.

Reisepreis (Aufwendungen pro Reiseteilnehmer)		600,– €
Eigenleistungen (100,– € × 100 %/500,– €)	20 %	120,– €
§ 25 UStG (400,– € × 100 %/500,– €)	80 %	480,– €
./. Reisevorleistungen		400,– €
Marge		80,– €
./. darin enthaltene Umsatzsteuer (19/119 = Steuersatz 19 %)		12,77 €
Bemessungsgrundlage		67,23 €

[3]Der Unternehmer hat bei jeder Reise mit 19 % zu versteuern:

a)	Eigenleistung (120,– € ./. abzgl. enthaltener Umsatzsteuer)	100,84 €
b)	die Leistungen nach § 25 UStG	67,23 €
	Bemessungsgrundlage	168,07 €

(3) Ist die einheitliche sonstige Leistung teils steuerfrei und teils steuerpflichtig (vgl. Abschnitt 25.2 Abs. 3), ist die Bemessungsgrundlage für die unter § 25 UStG fallenden Umsätze im Verhältnis der Reisevorleistungen im Sinne des § 25 Abs. 2 UStG zu den übrigen Reisevorleistungen aufzuteilen.

Beispiel 1:

[1]Ein Reiseveranstalter mit Sitz im Inland verkauft im eigenen Namen eine Flugpauschalreise nach Moskau, die am Flughafen Köln-Bonn beginnt und endet. [2]Der Preis beträgt 1 100 € pro Person. [3]Es nehmen 80 Personen teil. [4]Der Veranstalter hat die folgenden Reisevorleistungen in Anspruch genommen.

Reisevorleistungen		Gesamt	Anteil
a)	Kosten für Unterkunft und Verpflegung im Hotel (einschließlich Umsatzsteuer)	60 000,– €	75 %
b)	Flugkosten	20 000,– €	25 %
	insgesamt	80 000,– €	100 %

[5]Von der Flugstrecke entfallen 40 % auf das Drittlandsgebiet. [6]Sofern die Vereinfachungsregelung des Abschnitts 25.2 Abs. 4 nicht angewandt wird, errechnet sich die Marge wie folgt:

Reisepreis (Aufwendungen des Reisenden)	1 100,– €
./. Reisevorleistungen	1 000,– €
Einzelmarge	100,– €

davon entfallen auf		steuerpflichtig	steuerfrei § 25 Abs. 2 UStG
a)	die Unterkunft und Verpflegung im Drittlandsgebiet 75 % der Reisevorleistungen – steuerfrei nach § 25 Abs. 2 UStG –		75,– €
b)	den Flug 25 % der Reisevorleistungen = 25,– €. Da 40 % der Flugstrecke im Drittlandsgebiet liegt, beträgt der nach § 25 Abs. 2 UStG steuerfreie Anteil; der steuerpflichtige Anteil (60 % von 25,– €)	15,– €	10,– €
	./. darin enthaltene Umsatzsteuer (19/119 = Steuersatz 19 %)	2,40 €	
	Bemessungsgrundlage	12,60 €	85,– €

[7]Wendet der Reiseveranstalter die Zielortregelung des Abschnitts 25.2 Abs. 4 an, gilt die gesamte Beförderungsleistung (Reisevorleistung) als im Drittlandsgebiet bewirkt. [8]Die Leistung ist dann nach § 25 Abs. 2 UStG insgesamt steuerfrei.

Beispiel 2:

[1]Reiseveranstalter A mit Sitz im Inland veräußert im eigenen Namen 10 identische von ihm zusammengestellte Buspauschalreisen nach Genf (Schweiz) an den inländischen Reiseveranstalter B zum Preis von insgesamt 6 000 €. [2]B wiederum veräußert die Reisen zum Preis von insgesamt 8 000 € an den inländischen Reiseveranstalter C. [3]Der Reiseveranstalter A hat die folgenden Reisevorleistungen in Anspruch genommen:

Reisevorleistungen		Gesamt
a)	Beherbergung und Beköstigung	3 900,– €
b)	Beförderung	900,– €
c)	selbständiger Reiseleiter	200,– €
Insgesamt		5 000,– €

[4]Die Beförderungsleistung wird zu einem Drittel im Inland erbracht. [5]Die Betreuungsleistung beginnt im Inland. [6]Die Umsatzsteuer für die Reiseleistung des A ermittelt sich für jede Reise wie folgt:

Reisepreis	600,– €
./. Reisevorleistungen	500,– €
Marge	100,– €

davon entfallen im Verhältnis der Ausgaben für Reisevorleistungen für jede Reise		steuerpflichtig	steuerfrei § 25 Abs. 2 UStG
a)	auf die Beherbergung und Beköstigung im Drittlandsgebiet		390,– €
b)	auf die Beförderung	30,– €	60,– €
c)	auf die Betreuung	20,– €	
		50,– €	450,– €
		(10 %)	(90 %)

[7]Von der Marge des A sind somit für jede Reise 10 € steuerpflichtig. [8]Hierauf entfällt eine Umsatzsteuer von 1,60 € (19/119 von 10 €). [9]A hat den Anteil der steuerfreien Marge in seiner Rechnung anzugeben (vgl. Abschnitt 25.2 Abs. 7). [10]Die Marge des B für die einzelne Reise beträgt 200 € (800 € abzüglich 600 €). [11]Hiervon ist ein Anteil von 10 % steuerpflichtig. [12]Die Umsatzsteuer beträgt 3,19 € (19/119 von 20 €).

(4) Erwirbt ein Unternehmer Reisen, die nicht am Markt weiterverkauft werden, gilt in Abhängigkeit von deren Verwendung Folgendes:

1. [1]Beabsichtigt der Unternehmer bereits beim Erwerb der Reise, die Reise nicht für seine unternehmerische Tätigkeit, sondern ausschließlich und unmittelbar für unentgeltliche Wertabgaben im Sinne des § 3 Abs. 9a UStG zu verwenden, ist er nicht zum Vorsteuerabzug berechtigt (vgl. Abschnitt 15.15 Abs. 1 Satz 1). [2]Es erfolgt keine Besteuerung der unentgeltlichen Wertabgabe. [3]§ 25 UStG ist nicht anwendbar (vgl. BFH-Urteil vom 13. 12. 2018 – V R 52/17, BStBl 2019 II S. 345).
2. [1]Beabsichtigt der Unternehmer beim Erwerb der Reise, diese für seine unternehmerische Tätigkeit zu verwenden, und überlässt er die Reise stattdessen unentgeltlich an das Personal oder für unternehmensfremde Zwecke, handelt es sich um eine unentgeltliche Wertabgabe im Sinne des § 3 Abs. 9a Nr. 2 UStG. [2]Die unentgeltliche Wertabgabe ist eine Reiseleistung. [3]Als Reiseerlös ist nach § 10 Abs. 4 Satz 1 Nr. 3 UStG die Summe aus den Ausgaben für Reisevorleistungen und anteilige Gemeinkosten des Arbeitgebers anzusetzen (sog. fiktiver Reiseerlös, vgl. Abschnitt 1.8 Abs. 7 Sätze 5 und 6).
3. Überlässt ein Unternehmer eine Reise entgeltlich an die in § 10 Abs. 5 Nr. 1 und 2 UStG benannten Personen, sind Reiseerlöse die tatsächlichen Aufwendungen des Leistungsempfängers, mindestens jedoch der fiktive Reiseerlös nach Nummer 2 Satz 3.
4. [1]Werden Reisen für Zwecke des Unternehmens verwendet, z. B. für Dienstreisen von Angestellten oder als Kundengeschenke, bewirkt der Unternehmer keine Leistungen im Sinne des § 25 UStG. [2]Liegen Kundengeschenke vor, ist die ggf. ausgewiesene Umsatzsteuer – z. B. bei Eigenleistungen des Leistungserbringers – nach § 15 Abs. 1a UStG nicht als Vorsteuer abziehbar (vgl. BFH-Urteil vom 13. 12. 2018, V R 52/17, a. a. O.).

(5) [1]Soweit der Unternehmer den Reisepreis vor Ausführung der Leistung vereinnahmt hat, ist die Anzahlungsbesteuerung nach § 13 Abs. 1 Nr. 1 Buchstabe a Satz 4 UStG vorzunehmen. [2]Der vereinnahmte Betrag ist ggf. auf die Reiseleistung und die Eigenleistung aufzuteilen. [3]Von dem auf die Reiseleistung entfallenden Betrag sind für den Zweck der möglichst exakten Ermittlung der Besteuerungsgrundlagen kalkulierte Reisevorleistungen auch dann abzuziehen, wenn diese in dem Voranmeldungszeitraum weder erbracht noch (An-)Zahlungen dafür geleistet wurden. [4]Planmäßig steuerfreie Leistungen sind nicht einzubeziehen. [5]Vereinnahmt der Unternehmer den Reisepreis anteilig, ist die kalkulierte steuerpflichtige Marge mit dem ver-

einnahmten Betrag zu multiplizieren und sodann durch den Preis der gesamten Reise zu teilen, um die anteilige Marge zu ermitteln. [6]Kann die Höhe der Bemessungsgrundlage für einen im Voranmeldungszeitraum bewirkten Umsatz oder vereinnahmten Reisepreis noch nicht endgültig berechnet werden, z. B. wegen Garantieverträgen für Reisevorleistungen oder zeitraum- und umsatzabhängiger Boni, ist sie auf Basis der Kalkulation der einzelnen Reise zu schätzen (vgl. EuGH-Urteil vom 19. 12. 2018, C-422/17, Skarpa Travel) oder nach Erfahrungssätzen der Vorjahre zu ermitteln. [7]Die Margenermittlung ist spätestens dann zu korrigieren, wenn dem Unternehmer die dafür erforderlichen Informationen vorliegen. [8]Es ist nicht zu beanstanden, wenn die Berichtigung der Umsatzsteuer in einem Betrag vorgenommen wird, wenn dabei keine negativen Einzelmargen entstehen. [9]Wird die geschuldete Leistung für eine Anzahlung nicht erbracht, setzt die Berichtigung nach § 17 Abs. 2 Nr. 2 UStG die tatsächliche Rückzahlung des Entgelts voraus (vgl. BFH-Urteil vom 18. 9. 2008, V R 56/06, BStBl 2009 II S. 250), z. B. bei der Anzahlung auf nicht in Anspruch genommene Flüge (vgl. BFH-Urteil vom 15. 9. 2011, V R 36/09, BStBl 2012 II S. 365).

(6) [1]Aufwendungen für Reisevorleistungen, welche sich der Unternehmer im Fall der Stornierung nicht ersparen kann, werden durch die Stornogebühr entschädigt (vgl. § 651 h Abs. 2 BGB und Abschnitt 25.1. Abs. 14) und sind deshalb nicht mehr als Reisevorleistungen zu berücksichtigen; das gilt auch bei der zulässigen Pauschalierung der Stornogebühren. [2]Soweit der Unternehmer selbst infolge der Stornierung einer Reise durch den Kunden bereits bestellte Reisevorleistungen (z. B. Hotelzimmer) gegen Gebühr stornieren muss, liegen insoweit keine Reisevorleistungen vor.

Anmerkung

1. Unionsrechtlicher Verstoß der Margenermittlung für Gruppen von Reisen

Der **EuGH** (Urt. v. 8.2.2018 – C-380/16, Kommission/Deutschland, UR 2018, 290) musste sich mit verschiedenen Fragen der Umsetzung der Vorgaben des Unionsrechts zur Besteuerung von Reiseleistungen in Deutschland auseinander setzen.

Nach **§ 25 Abs. 3 Satz 3 UStG** war nach der nationalen Regelung möglich, die Steuerbemessungsgrundlage statt für jede einzelne Leistung entweder für Gruppen von Leistungen oder für die **gesamten innerhalb des Besteuerungszeitraums erbrachten Leistungen** insgesamt zu ermitteln. Dies ist sowohl nach der Auffassung der Kommission als auch des EuGH nicht möglich. Die Bemessungsgrundlage muss für jeden einzelnen Umsatz (jede einzelne Reise) individuell ermittelt werden. Die Bemessungsgrundlage für Reiseleistungen ist auf individueller Basis gemäß dem in Art. 73 MwStSystRL vorgesehenen Verfahren und nicht pauschal zu ermitteln.

Hinweis: Ermittlung in der Praxis schwierig

Deutschland hatte in dem Verfahren darauf hingewiesen, dass die individuelle Ermittlung für den Unternehmer schwierig bis unmöglich ist und so der eigentlich angestrebte Vereinfachungseffekt konterkariert wird. Der EuGH hat dazu ausgeführt: „Der Umstand, dass die Berechnung der Marge, wie sie in diesem Art. 308 MwStSystRL vorgesehen ist, bei Verkäufen im B2C-Bereich zu Schwierigkeiten führen mag, wie es von der Bundesrepublik Deutschland und vom Königreich der Niederlande geltend gemacht worden ist, ist kein Ausschlusskriterium für diese Auslegung. Die Mitgliedstaaten müssen die Mehrwertsteuerrichtlinie auch dann, wenn sie sie für verbesserungswürdig halten, anwenden, bis der Unionsgesetzgeber gegebenenfalls entscheidet, den Inhalt der Sonderregelung zu ändern."

Im Rahmen des Gesetzes zur weiteren steuerlichen Förderung der Elektromobilität ist – allerdings erst **mit Wirkung zum 1.1.2022** – der § 25 Abs. 3 Satz 3 UStG ersatzlos gestrichen worden, der bisher die Ermittlung der Bemessungsgrundlage pauschal für Gruppen von Reisen ermöglichte. Bis Ende 2021 können Unternehmer noch die zusammengefasste Ermittlung der Marge vornehmen (§ 27 Abs. 26 UStG).

2. Abgesenkter Steuersatz im Jahr 2020

Die **Finanzverwaltung** (BMF, Schreiben v. 4.11.2020, BStBl I 2020, 1129) hat im Zusammenhang mit der temporären Absenkung des Steuersatzes in 2020 geregelt, dass der Unternehmer, der die Besteuerung der Reiseleistungen nach der längstens bis zum 31.12.2021 geltenden Regelung des § 25 Abs. 3 Satz 3 UStG vornimmt, für diese Umsätze im Jahr 2020 die Umsatzsteuer (**für das gesamte Jahr**) mit **16 %** berechnen kann. Es muss damit keine Aufteilung in die beiden Jahreshälften des Kalenderjahrs 2020 vorgenommen werden.

3. Anpassungen des UStAE im Jahr 2021

Die Besteuerung der Reiseleistungen stellt eine Margenbesteuerung dar. Damit unterliegt nur die Differenz zwischen dem Reisepreis und den aufgewendeten Reisevorleistungen – abzüglich der dann darin enthaltenen Umsatzsteuer – der Umsatzbesteuerung. Dabei ist auf **jede einzelne Reise** abzustellen.

Hinweis: Vereinfachungsregelung zur Zusammenfassung von Reisen

Die Finanzverwaltung beanstandet es aus Vereinfachungsgründen nicht, wenn der Unternehmer bei der Berechnung mehrere Reisen zusammenfasst, bei denen einheitliche Aufschlags- oder Kalkulationssätze verwendet werden. Darüber hinaus kann er erworbene Übernachtungs- oder Beförderungskontingente vollständig als Reisevorleistung erfassen, auch wenn sie nicht voll in Anspruch genommen werden. Macht der Unternehmer von diesen Vereinfachungsregelungen Gebrauch, muss er dies bei allen von ihm innerhalb eines Besteuerungszeitraums veranstalteten Reisen anwenden. Evtl. dadurch entstehende Negativmargen sind aber nicht mit positiven Einzelmargen verrechenbar. Macht der Unternehmer von der Vereinfachungsregelung für nicht voll ausgenutzte Kontingente keinen Gebrauch, sind die nicht abgerufenen Kontingente keine Reisevorleistungen und dem Unternehmer steht unter den weiteren Voraussetzungen ein Vorsteuerabzug zu.

Da sich eine tatsächliche Nutzung von Kontingenten regelmäßig erst im Nachgang ermitteln lässt, kommt es bei Anwendung der Vereinfachungsregelung zu einer Verringerung der Marge und damit zu einer Korrektur der anzumeldenden Bemessungsgrundlage und Umsatzsteuer.

Führt der Unternehmer sowohl **eigene Leistung** im Zusammenhang mit einer Reise aus, nimmt aber auch Reisevorleistungen in Anspruch, muss eine Aufteilung vorgenommen werden. Für die Berechnung der Marge sind dabei die eigenen Leistungen grundsätzlich im prozentualen Verhältnis zu den Fremdleistungen auszuscheiden. Existieren **keine Einzelverkaufspreise** der verschiedenen Reisebestandteile, ist das Verhältnis der Eigenleistungen zu den Fremdleistungen anhand der entstandenen Kosten festzustellen.

Hinweis: Keine Berücksichtigung von Gemeinkosten

Bei der Ermittlung der Kosten der Eigenleistung sind die Gemeinkosten sowie der kalkulatorische Unternehmerlohn nicht zu berücksichtigen.

Werden Reiseleistungen ausgeführt, die zum Teil steuerpflichtig (soweit im Gemeinschaftsgebiet ausgeführt) und steuerfrei (soweit im Drittlandsgebiet ausgeführt) sind, muss ebenfalls eine **Aufteilung** vorgenommen werden. Die Aufteilung hat dabei im Verhältnis der auf das Drittlandsgebiet entfallenden Reisevorleistungen zu den übrigen Reisevorleistungen zu erfolgen.

Hinweis: Mitteilungspflicht bei Kettengeschäften

Bei Kettengeschäften hat der erste Unternehmer in seiner Rechnung den Anteil der steuerfreien Marge anzugeben. Dies ist dann für den nachfolgenden Unternehmer bindend.

Die Regelungen sind auf **erhaltene Anzahlungen** anteilig anzuwenden. Dabei soll die Marge so exakt wie möglich – notfalls aufgrund von Erfahrungswerten – ermittelt werden. Die Korrektur hat zeitnah zu erfolgen, wenn die notwendigen Informationen vorliegen. Dabei wird es nicht beanstandet, wenn dies einheitlich geschieht, soweit dabei keine negative Marge entsteht.

Werden Reisen von einem Unternehmer erworben, aber **nicht entgeltlich am Markt weiterveräußert**, ergeben sich für den Unternehmer nach Auffassung der Finanzverwaltung die folgenden Konsequenzen:

- Beabsichtigt der Unternehmer schon beim Erwerb der Reise, diese für **unentgeltliche Zwecke** zu verwenden, ergibt sich kein Vorsteuerabzug, es liegt auch keine Ausgangsleistung vor.
- Wird die Reise **für unternehmerische Zwecke erworben**, dann aber unentgeltlich (an das Personal oder für unentgeltliche Zwecke) abgegeben, soll eine unentgeltliche Wertabgabe nach § 3 Abs. 9a Nr. 2 UStG als Reiseleistung vorliegen. Als Reiseerlös soll die Summe aus Ausgaben für Reisevorleistungen und anteiligen Gemeinkosten des Arbeitgebers anzusetzen sein (**fiktiver Reiseerlös**) – damit sind die Gemeinkosten der Besteuerung zu unterwerfen.

- Bei einer **verbilligten Abgabe** an die in § 10 Abs. 5 UStG aufgeführten Personen (nahestehende Personen, Personal), ist die Mindestbemessungsgrundlage anzuwenden – dabei ist ebenfalls der fiktive Reiseerlös zu beachten.
- Reisen, die für Zwecke des Unternehmens verwendet werden (z. B. **Dienstreisen**), unterliegen nicht dem § 25 UStG.

Zu den **Übergangsregelungen** vgl. Hinweis zu Abschn. 25.1 UStAE.

UStAE 25.4. Vorsteuerabzug bei Reisen

(1) [1]Vom Vorsteuerabzug ausgeschlossen sind die Umsatzsteuerbeträge, die auf Reisevorleistungen entfallen, mithin auf Leistungen Dritter, die den Reisenden unmittelbar zugutekommen. [2]Umsatzsteuerbeträge, die dem Unternehmer für andere für sein Unternehmen ausgeführte Leistungen in Rechnung gestellt werden, sind dagegen unter den Voraussetzungen des § 15 UStG als Vorsteuern abziehbar. [3]Hierzu gehören z. B. Vorsteuerbeträge, die beim Erwerb von Einrichtungsgegenständen, Büromaschinen und Büromaterial sowie für die Erbringung von Eigenleistungen (z. B. die Anschaffung eines Reisebusses) anfallen. [4]Der Vorsteuerabzug steht dem Unternehmer auch zu, wenn die empfangene Leistung zwar mit der Reise unmittelbar zusammenhängt, aber dem Reisenden lediglich mittelbar zugutekommt (vgl. Abschnitt 25.1 Abs. 9 Satz 4 Nr. 1 und 2).

(2) [1]Die Berechtigung zum Vorsteuerabzug entfällt nur insoweit, als der Unternehmer Reiseleistungen bewirkt, die nach § 25 UStG der Besteuerung unterliegen. [2]Allerdings kommt es nicht darauf an, ob der Unternehmer für die steuerpflichtigen Reiseleistungen tatsächlich Umsatzsteuer zu entrichten hat. [3]Nicht beansprucht werden kann der Vorsteuerabzug deshalb auch in den Fällen, in denen es für die Reiseleistung im Sinne des § 25 Abs. 1 Satz 1 UStG an einer Bemessungsgrundlage (§ 25 Abs. 3 UStG) fehlt.

(3) [1]Ein im übrigen Gemeinschaftsgebiet ansässiger Unternehmer, der im Inland Reisevorleistungen in Anspruch nimmt, kann nach § 25 Abs. 4 Satz 1 UStG die ihm für diese Reisevorleistungen in Rechnung gestellten Steuern nicht als Vorsteuerbeträge abziehen. [2]Ebenso wenig kann eine Vergütung dieser Umsatzsteuer in dem besonderen Verfahren nach § 18 Abs. 9 UStG, §§ 59 bis 61 a UStDV erfolgen. [3]Das gilt auch für eine im übrigen Gemeinschaftsgebiet belegene Betriebsstätte, soweit sie Reiseleistungen erbringt.

(4) [1]Für empfangene Leistungen, die keine Reisevorleistungen sind, ist der Vorsteuerabzug nach § 15 Abs. 3 **Satz 1** Nr. 1 Buchstabe a UStG auch dann zulässig, wenn sie vollständig oder teilweise für die Erbringung von nach § 25 Abs. 2 UStG steuerfreien Leistungen verwendet werden. [2]Das Gleiche gilt nach § 15 Abs. 3 **Satz 1** Nr. 2 Buchstabe a UStG für im Ausland erbrachte Umsätze, die im Inland nach § 25 Abs. 2 UStG umsatzsteuerfrei wären. [3]Durch diese Regelung wird sichergestellt, dass der Unternehmer den Vorsteuerabzug für alle empfangenen Leistungen beanspruchen kann, die wirtschaftlich den nach § 25 Abs. 2 UStG steuerfreien oder entsprechenden nicht steuerbaren Leistungen ganz oder teilweise zuzurechnen sind, z. B. die Vermittlung einer steuerfreien Reiseleistung durch einen anderen Unternehmer oder die Lieferung von Reiseprospekten und Katalogen an den Unternehmer.

(5) [1]Sowohl die Vermittlung einer Reiseleistung als auch **die Erbringung** einer Eigenleistung (z. B. grenzüberschreitende Personenbeförderungsleistungen) für einen inländischen Unternehmer **werden** nach § 3 a Abs. 2 UStG im Inland erbracht. [2]Der Unternehmer kann die in den Rechnungen über Vermittlungsleistungen ausgewiesenen Steuern als Vorsteuerbeträge abziehen, wenn die übrigen Voraussetzungen des § 15 UStG erfüllt sind. [3]Werden für einen inländischen Unternehmer gegen eine einheitlich vom Reisepreis berechnete Provision Leistungen vermittelt, bei denen der Unternehmer sowohl Reiseleistungen als auch Eigenleistungen in Form von grenzüberschreitenden Personenbeförderungsleistungen mit Flugzeugen (eigene, konzerneigene oder gemietete Flugzeuge) ausführt, erbringen die vermittelnden Unternehmer sowohl steuerpflichtige als auch steuerfreie Vermittlungsleistungen (§ 4 Nr. 5 Buchstabe b UStG). [4]Es wird nicht beanstandet, wenn die Beteiligten in diesen Fällen die Vermittlungsleistungen einvernehmlich zu 70 % als steuerpflichtig behandeln. [5]In diesen Fällen kann die auf die als steuerpflichtig behandelte Vermittlungsprovision entfallende Umsatzsteuer als Vorsteuer abgezogen werden. [6]Dies gilt auch in Fällen, in denen mit Gutschriften abgerechnet wird.

Anmerkung

Ein Unternehmer, der Reiseleistungen ausführt, hat **keinen Vorsteueranspruch für die Reisevorleistungen**, § 25 Abs. 4 UStG. Er hat jedoch in jedem Fall einen Vorsteueranspruch auf die sonstigen Leistungsbezüge, die nicht Reisevorleistungen darstellen (z. B. allgemeine Betriebskosten, Investitionen). Auch in den Fällen, in denen die Reiseleistung nach § 25 Abs. 2 UStG steuerfrei ist, kann Vorsteuer aus allgemeinen Leistungsbezügen abgezogen werden, da der Ausschluss vom Vorsteuerabzug nach § 15 Abs. 2 Satz 1 Nr. 1 UStG nach § 15 Abs. 3 Nr. 1 Buchst. a UStG nicht eintritt.

Ein **Steuerausweis in der Rechnung** für die Margenumsatzsteuer darf nicht erfolgen, § 14a Abs. 6 UStG.

Hinweis: Praktische Probleme durch Ausweitung der Regelung

Seit dem 18.12.2019 sind zwingend die Regelungen zur Besteuerung von Reiseleistungen auch in B2B-Fällen anzuwenden. Da Unternehmer, die Reiseleistungen ausführen für die Reisevorleistungen keinen Vorsteuerabzug haben und für die von ihnen zu besteuernde Marge keine Umsatzsteuer offen in der Rechnung ausweisen dürfen, ergibt sich in Leistungsketten von Unternehmern eine Mehrbelastung.

Durch die Überarbeitung/Neufassung der Verwaltungsanweisungen im Bereich des Vorsteuerabzugs bei Reiseleistungen sind keine systematischen Veränderungen eingetreten.

Zu den **Übergangsregelungen** vgl. Hinweis zu Abschn. 25.1 UStAE.

UStAE 25.5. Aufzeichnungspflichten bei Reiseleistungen

(1) [1]Die Aufzeichnungspflichten nach § 25 Abs. 5 UStG bestehen für jede einzelne Reiseleistung. [2]Unternehmer, die nicht ausschließlich Reiseleistungen nach § 25 UStG ausführen, müssen diese getrennt von den übrigen Umsätzen aufzeichnen. [3]Zu den übrigen Umsätzen zählen insbesondere die im Rahmen einer Reise abgegebenen Leistungen, auf die § 25 UStG nicht anzuwenden ist (z. B. Eigenleistungen, vgl. Abschnitt 25.1 Abs. 8).

(2) [1]Die Aufzeichnungspflicht des Unternehmers erstreckt sich nicht nur auf die steuerpflichtigen Reiseleistungen, sondern umfasst auch die nach § 25 Abs. 2 UStG steuerfreien Reiseleistungen. [2]Diese Leistungen sind getrennt voneinander aufzuzeichnen.

Aufzeichnung der von den Leistungsempfängern für Reiseleistungen aufgewendeten Beträge (§ 25 Abs. 5 Nr. 1 UStG)

(3) [1]Aufgezeichnet werden muss der für die Reiseleistung vereinbarte – berechnete – Betrag einschließlich der Umsatzsteuer. [2]Ändert sich der vereinbarte Betrag, hat der Unternehmer auch den Betrag der jeweiligen Preisminderung oder Preiserhöhung aufzuzeichnen.

(4) Gibt der Unternehmer mehrere gleichartige Reisen an einen Leistungsempfänger ab (vgl. Abschnitt 25.1 Abs. 6 Satz 3), braucht er nur den Gesamtbetrag dieser Reiseleistung aufzuzeichnen.

(5) [1]Soweit der Unternehmer gemischte Leistungen (vgl. Abschnitt 25.1 Abs. 11) ausführt, die Reiseleistungen und Eigenleistungen enthalten, muss aus den Aufzeichnungen hervorgehen, auf welchen Umsatz § 25 UStG anzuwenden ist und welcher Umsatz nach den allgemeinen Vorschriften des UStG zu beurteilen ist. [2]Dazu sind neben dem für die Reise berechneten Gesamtbetrag die auf die Reiseleistung und auf Eigenleistungen entfallenden Beträge aufzuzeichnen.

Aufzeichnung der vom Unternehmer für Reisevorleistungen aufgewendeten Beträge (§ 25 Abs. 5 Nr. 2 UStG)

(6) [1]Grundsätzlich sind die für Reisevorleistungen in Rechnung gestellten Beträge einschließlich der Umsatzsteuer aufzuzeichnen. [2]Ändern sich die für Reisevorleistungen aufgewendeten Beträge, ist dies in den Aufzeichnungen festzuhalten.

(7) [1]Aus den Aufzeichnungen des Unternehmers muss grundsätzlich hervorgehen, für welche Reiseleistung die einzelne Reisevorleistung in Anspruch genommen worden ist. [2]Hat der Unternehmer die in

Anspruch genommenen gleichartigen Reisevorleistungen für mehrere Reiseleistungen verwendet, ist in den Aufzeichnungen anzugeben, welche Teilbeträge davon auf die einzelnen Reiseleistungen entfallen. [3]Das Gleiche gilt, wenn dem Unternehmer mehrere unterschiedliche Reisevorleistungen, z. B. Beherbergung und Beförderung, in Rechnung gestellt werden.

Aufzeichnung der Bemessungsgrundlage für Reiseleistungen (§ 25 Abs. 5 Nr. 3 UStG)

(8) [1]Aufgezeichnet werden müssen die Bemessungsgrundlagen **sowohl** für steuerpflichtige Reiseleistungen als auch für steuerfreie Reiseleistungen. [2]Ändert sich die Bemessungsgrundlage für eine Reiseleistung, muss in den Aufzeichnungen angegeben werden, um welchen Betrag sich die Bemessungsgrundlage verringert oder erhöht hat.

Aufzeichnungen bei steuerpflichtigen und steuerfreien Leistungen (§ 25 Abs. 5 Nr. 4 UStG)

(9) [1]Im Drittlandsgebiet bewirkte Reisevorleistungen sind getrennt von im Gemeinschaftsgebiet bewirkten Reisevorleistungen aufzuzeichnen. [2]Wird eine Reisevorleistung sowohl im Gemeinschafts- als auch im Drittlandsgebiet bewirkt, ist ebenfalls der Aufteilungsmaßstab für die Gebietszuordnung zu dokumentieren, z. B. bei Beförderungsleistungen. [3]Ist nach § 25 Abs. 2 UStG nur ein Teil einer Reiseleistung steuerfrei, muss aus den Aufzeichnungen des Unternehmers die Höhe der Bemessungsgrundlage **sowohl** für diesen Teil der Reiseleistung als auch für den steuerpflichtigen Teil der Reiseleistung hervorgehen.

Anmerkung

Der Unternehmer hat umfangreiche Aufzeichnungsvorschriften zu beachten. Diese bestehen für **jede einzelne Reiseleistung** unabhängig davon, ob die Reiseleistung steuerpflichtig oder steuerfrei ist.

Insbesondere muss aus den Aufzeichnungen ersichtlich sein, für welche **Reiseleistungen die einzelnen Reisevorleistungen bezogen** worden sind. Werden Reisevorleistungen für verschiedene Reisen verwendet, muss sich aus den Aufzeichnungen auch ergeben, in welchem Verhältnis eine Aufteilung vorgenommen wurde.

Wesentliche Änderungen sind durch die Neufassung nicht eingetreten.

Zu den **Übergangsregelungen** vgl. Hinweis zu Abschn. 25.1 UStAE.

Zu § 25 a UStG

UStG § 25 a Differenzbesteuerung

(1) Für die Lieferungen im Sinne des § 1 Abs. 1 Nr. 1 von beweglichen körperlichen Gegenständen gilt eine Besteuerung nach Maßgabe der nachfolgenden Vorschriften (Differenzbesteuerung), wenn folgende Voraussetzungen erfüllt sind:

1. Der Unternehmer ist ein Wiederverkäufer. Als Wiederverkäufer gilt, wer gewerbsmäßig mit beweglichen körperlichen Gegenständen handelt oder solche Gegenstände im eigenen Namen öffentlich versteigert.
2. Die Gegenstände wurden an den Wiederverkäufer im Gemeinschaftsgebiet geliefert. Für diese Lieferung wurde
   a) Umsatzsteuer nicht geschuldet oder
   b) die Differenzbesteuerung vorgenommen.
3. Die Gegenstände sind keine Edelsteine (aus Positionen 7102 und 7103 des Zolltarifs) oder Edelmetalle (aus Positionen 7106, 7108, 7110 und 7112 des Zolltarifs).

(2) [1]Der Wiederverkäufer kann spätestens bei Abgabe der ersten Voranmeldung eines Kalenderjahres gegenüber dem Finanzamt erklären, dass er die Differenzbesteuerung von Beginn dieses Kalenderjahres an auch auf folgende Gegenstände anwendet:

1. Kunstgegenstände (Nummer 53 der Anlage 2), Sammlungsstücke (Nummer 49 Buchstabe f und Nummer 54 der Anlage 2) oder Antiquitäten (Position 9706 des Zolltarifs), die er selbst eingeführt hat, oder
2. Kunstgegenstände, wenn die Lieferung an ihn steuerpflichtig war und nicht von einem Wiederverkäufer ausgeführt wurde.

[2]Die Erklärung bindet den Wiederverkäufer für mindestens zwei Kalenderjahre.

(3) [1]Der Umsatz wird nach dem Betrag bemessen, um den der Verkaufspreis den Einkaufspreis für den Gegenstand übersteigt; bei Lieferungen im Sinne des § 3 Abs. 1b und in den Fällen des § 10 Abs. 5 tritt an die Stelle des Verkaufspreises der Wert nach § 10 Abs. 4 Satz 1 Nr. 1. [2]Lässt sich der Einkaufspreis eines Kunstgegenstandes (Nummer 53 der Anlage 2) nicht ermitteln oder ist der Einkaufspreis unbedeutend, wird der Betrag, nach dem sich der Umsatz bemisst, mit 30 Prozent des Verkaufspreises angesetzt. [3]Die Umsatzsteuer gehört nicht zur Bemessungsgrundlage. [4]Im Fall des Absatzes 2 Satz 1 Nr. 1 gilt als Einkaufspreis der Wert im Sinne des § 11 Abs. 1 zuzüglich der Einfuhrumsatzsteuer. [5]Im Fall des Absatzes 2 Satz 1 Nr. 2 schließt der Einkaufspreis die Umsatzsteuer des Lieferers ein.

(4) [1]Der Wiederverkäufer kann die gesamten innerhalb eines Besteuerungszeitraums ausgeführten Umsätze nach dem Gesamtbetrag bemessen, um den die Summe der Verkaufspreise und der Werte nach § 10 Abs. 4 Satz 1 Nr. 1 die Summe der Einkaufspreise dieses Zeitraums übersteigt (Gesamtdifferenz). [2]Die Besteuerung nach der Gesamtdifferenz ist nur bei solchen Gegenständen zulässig, deren Einkaufspreis 750 Euro nicht übersteigt. [3]Im Übrigen gilt Absatz 3 entsprechend.

(5) [1]Die Steuer ist mit dem allgemeinen Steuersatz nach § 12 Abs. 1 zu berechnen. [2]Die Steuerbefreiungen, ausgenommen die Steuerbefreiung für innergemeinschaftliche Lieferungen (§ 4 Nr. 1 Buchstabe b, § 6a), bleiben unberührt. [3]Abweichend von § 15 Abs. 1 ist der Wiederverkäufer in den Fällen des Absatzes 2 nicht berechtigt, die entstandene Einfuhrumsatzsteuer, die gesondert ausgewiesene Steuer oder die nach § 13b Absatz 5 geschuldete Steuer für die an ihn ausgeführte Lieferung als Vorsteuer abzuziehen.

(6) [1]§ 22 gilt mit der Maßgabe, dass aus den Aufzeichnungen des Wiederverkäufers zu ersehen sein müssen

1. die Verkaufspreise oder die Werte nach § 10 Abs. 4 Satz 1 Nr. 1,
2. die Einkaufspreise und
3. die Bemessungsgrundlagen nach den Absätzen 3 und 4.

[2]Wendet der Wiederverkäufer neben der Differenzbesteuerung die Besteuerung nach den allgemeinen Vorschriften an, hat er getrennte Aufzeichnungen zu führen.

(7) Es gelten folgende Besonderheiten:

1. Die Differenzbesteuerung findet keine Anwendung
   a) auf die Lieferungen eines Gegenstands, den der Wiederverkäufer innergemeinschaftlich erworben hat, wenn auf die Lieferung des Gegenstands an den Wiederverkäufer die Steuerbefreiung für innergemeinschaftliche Lieferungen im übrigen Gemeinschaftsgebiet angewendet worden ist,
   b) auf die innergemeinschaftliche Lieferung eines neuen Fahrzeugs im Sinne des § 1b Abs. 2 und 3,
   c) in den Fällen des Absatzes 2, wenn auf den der Lieferung des Wiederverkäufers vorangegangenen Umsatz ein ermäßigter Steuersatz angewandt worden ist.
2. Der innergemeinschaftliche Erwerb unterliegt nicht der Umsatzsteuer, wenn auf die Lieferung der Gegenstände an den Erwerber im Sinne des § 1a Abs. 1 die Differenzbesteuerung im übrigen Gemeinschaftsgebiet angewendet worden ist.
3. Die Anwendung des § 3c und die Steuerbefreiung für innergemeinschaftliche Lieferungen (§ 4 Nr. 1 Buchstabe b, § 6a) sind bei der Differenzbesteuerung ausgeschlossen.

(8) [1]Der Wiederverkäufer kann bei jeder Lieferung auf die Differenzbesteuerung verzichten, soweit er Absatz 4 nicht anwendet. [2]Bezieht sich der Verzicht auf die in Absatz 2 bezeichneten Gegenstände, ist der Vorsteuerabzug frühestens in dem Voranmeldungszeitraum möglich, in dem die Steuer für die Lieferung entsteht.

UStAE 25 a.1. Differenzbesteuerung

Anwendungsbereich

(1) [1]§ 25 a UStG enthält eine Sonderregelung für die Besteuerung der Lieferungen nach § 1 Abs. 1 Nr. 1 UStG von beweglichen körperlichen Gegenständen einschließlich Kunstgegenständen, Sammlungsstücken und Antiquitäten, sofern für diese Gegenstände kein – **auch kein anteiliges** – Recht zum Vorsteuerabzug bestand **(vgl. BFH-Urteil vom 11.12.2024 – XI R 9/23, BStBl II 2025 S. 839)**. [2]Sie werden nachfolgend als Gebrauchtgegenstände bezeichnet, weil sie nach der Verkehrsauffassung bereits „gebraucht" sind. [3]Edelsteine und Edelmetalle sind nach § 25 a Abs. 1 Nr. 3 UStG von der Differenzbesteuerung ausgenommen. [4]Edelsteine im Sinne der Vorschrift sind rohe oder bearbeitete Diamanten (Position 7102 Zolltarif) sowie andere Edelsteine (z. B. Rubine, Saphire, Smaragde) und Schmucksteine (Position 7103 Zolltarif). [5]Synthetische und rekonstituierte Edelsteine oder Schmucksteine (Position 7104 Zolltarif) rechnen nicht dazu. [6]Edelmetalle im Sinne der Vorschrift sind Silber (aus Positionen 7106 und 7112 Zolltarif), Gold (aus Positionen 7108 und 7112 Zolltarif) und Platin einschließlich Iridium, Osmium, Palladium, Rhodium und Ruthenium (aus Positionen 7110 und 7112 Zolltarif). [7]Edelmetalllegierungen und -plattierungen gehören grundsätzlich nicht dazu. [8]Aus Edelsteinen oder Edelmetallen hergestellte Gegenstände (z. B. Schmuckwaren, Gold- und Silberschmiedewaren) fallen nicht unter die Ausnahmeregelung. [9]Die Anwendung der Differenzbesteuerung ist jedoch ausgeschlossen, wenn die Gegenstände, die Edelmetalle oder Edelsteine enthalten, ihre ursprüngliche Funktion nicht mehr erfüllen können und nur noch wegen des Wertes, der diesen Metallen und Steinen innewohnt, gehandelt werden (vgl. EuGH-Urteil vom 11. 7. 2018, C-154/17, E LATS). [10]Die Differenzbesteuerung ist anwendbar auf den Handel mit sog. Kursmünzen (Sonderprägungen, die auch als gesetzliches Zahlungsmittel zugelassen sind).

(2) [1]Der Anwendungsbereich der Differenzbesteuerung ist auf Wiederverkäufer beschränkt. [2]Als Wiederverkäufer gelten Unternehmer, die im Rahmen ihrer gewerblichen Tätigkeit üblicherweise Gebrauchtgegenstände erwerben und sie danach, gegebenenfalls nach Instandsetzung, im eigenen Namen wieder verkaufen (gewerbsmäßige Händler), und die Veranstalter öffentlicher Versteigerungen, die Gebrauchtgegenstände im eigenen Namen und auf eigene oder fremde Rechnung versteigern (vgl. BFH-Urteile vom 2. 3. 2006, V R 35/04, BStBl II S. 675, und vom 29. 6. 2011, XI R 15/10, BStBl II S. 839). [3]Der An- und Verkauf der Gebrauchtgegenstände kann auf einen Teil- oder Nebenbereich des Unternehmens beschränkt sein.

Beispiel:

[1]Ein Kreditinstitut veräußert die von Privatpersonen sicherungsübereigneten Gebrauchtgegenstände. [2]Der Verkauf der Gegenstände unterliegt der Differenzbesteuerung. [3]Das Kreditinstitut ist insoweit als Wiederverkäufer anzusehen.

(3) [1]Der Ort der Lieferung der Gegenstände an den Wiederverkäufer muss im Inland oder im übrigen Gemeinschaftsgebiet liegen. [2]Wird ein Gegenstand im Drittlandsgebiet erworben und in das Inland eingeführt, unterliegt die spätere Lieferung des Gegenstands nur unter den Voraussetzungen des § 25 a Abs. 2 UStG der Differenzbesteuerung. **[3]§ 25a Abs. 7 Nr. 1 Buchstabe c UStG ist zu beachten.**

(4) [1]Die Anwendung der Differenzbesteuerung setzt nach § 25 a Abs. 1 Nr. 2 UStG voraus, dass der Wiederverkäufer die Gebrauchtgegenstände im Rahmen einer entgeltlichen Lieferung für sein Unternehmen erworben hat (vgl. BFH-Urteil vom 18. 12. 2008, V R 73/07, BStBl 2009 II S. 612). [2]Diese Voraussetzung ist nicht erfüllt, wenn der Wiederverkäufer Gegenstände aus seinem Privatvermögen in das Unternehmen eingelegt oder im Rahmen einer unentgeltlichen Lieferung nach § 3 Abs. 1 b Satz 1 UStG erworben hat. [3]Der Wiederverkäufer kann die Differenzbesteuerung auch bei der Veräußerung von Gegenständen des Anlagevermögens anwenden, wenn der Wiederverkauf des Gegenstandes bei seinem Erwerb zumindest nachrangig beabsichtigt war und dieser Wiederverkauf auf Grund seiner Häufigkeit zur normalen Tätigkeit des Unternehmers gehört (vgl. BFH-Urteil vom 29. 6. 2011, XI R 15/10, BStBl II S. 839).

(4a) [1]Die Anwendung der Differenzbesteuerung setzt nicht zwangsläufig eine Identität zwischen dem angekauften und dem verkauften Gegenstand voraus. [2]Die Differenzbesteuerung ist vielmehr auch dann anwendbar, wenn ein Unternehmer Gegenstände liefert, die er gewonnen hat, indem er die zuvor von ihm erworbenen Gebrauchtgegenstände, z.B. Gebrauchtfahrzeuge, zerlegt hat (vgl. EuGH-Urteil vom

18.01.2017, C-471/15, Sjelle Autogenbrug, und BFH-Urteil vom 23.02.2017 – V R 37/15, BStBl II S. 452). [3]Die Einkaufspreise der ausgebauten und weiterverkauften Einzelteile sind im Wege der sachgerechten Schätzung zu ermitteln. [4]Die Schätzungsgrundlage ist in einer Anlage zu den Wareneingangsrechnungen zu erläutern und – soweit vorhanden – durch ergänzende Unterlagen zu belegen.

(4b) [1]Erwirbt ein Unternehmer Gegenstände, die als solche nicht mehr nutzbar sind, z.B. endgültig stillgelegte Fahrzeuge, nicht um seinerseits noch funktionsfähige Bestandteile auszubauen und anschließend zu veräußern (vgl. Absatz 4a), sondern um die Gegenstände in unverändertem Zustand weiterzuverkaufen, kann auch für diesen Weiterverkauf die Differenzbesteuerung zur Anwendung kommen (vgl. EuGH-Urteil vom 17.05.2023, C-365/22, Belgischer Staat (TVA – Véhicules vendus pour pièces)). [2]Voraussetzung hierfür ist, dass die Gegenstände noch Bestandteile enthalten, die ihre Funktionen behalten haben, die sie im Neuzustand hatten, und die daher in ihrem derzeitigen Zustand oder nach Instandsetzung erneut verwendbar sind. [3]Werden die Gegenstände dagegen verkauft, um vom Erwerber z.B. verschrottet oder in einen anderen Gegenstand umgewandelt zu werden, ist die Differenzbesteuerung nicht anwendbar.

(4c) Wird aus mehreren Einzelgegenständen, die jeweils für sich die Voraussetzungen der Differenzbesteuerung erfüllen, ein einheitlicher Gegenstand hergestellt oder zusammengestellt, unterliegt die anschließende Lieferung dieses „neuen“ Gegenstandes nicht der Differenzbesteuerung.

(5) [1]Die Differenzbesteuerung setzt nach § 25 a Abs. 1 Nr. 2 UStG ferner voraus, dass für die Lieferung des Gegenstands an den Wiederverkäufer Umsatzsteuer im Gemeinschaftsgebiet nicht geschuldet oder die Differenzbesteuerung im Gemeinschaftsgebiet vorgenommen wurde. [2]Der Wiederverkäufer kann die Regelung danach anwenden, wenn er den Gegenstand im Inland oder im übrigen Gemeinschaftsgebiet erworben hat von

1. einer Privatperson oder einer juristischen Person des öffentlichen Rechts, die nicht Unternehmer ist;
2. einem Unternehmer aus dessen nichtunternehmerischen Bereich;
3. einem Unternehmer, der mit seiner Lieferung des Gegenstands unter eine Steuerbefreiung fällt, die zum Ausschluss vom Vorsteuerabzug führt;
4. einem Kleinunternehmer, der nach dem Recht des für die Besteuerung zuständigen Mitgliedstaates von der Steuer befreit oder auf andere Weise von der Besteuerung ausgenommen ist, oder
5. [1]einem anderen Wiederverkäufer, der auf seine Lieferung ebenfalls die Differenzbesteuerung angewendet hat (§ 25 a Abs. 1 Nr. 2 Satz 2 Buchstabe b UStG). [2]Dies setzt allerdings voraus, dass für diese Lieferung die Differenzbesteuerung zu Recht angewendet wurde (vgl. BFH-Urteil vom 23. 4. 2009, V R 52/07, BStBl II S. 860). [3]Die Differenzbesteuerung ist hiernach auch bei Verkäufen von Händler an Händler möglich.

[3]Der Erwerb eines Gegenstands von einem Land- und Forstwirt, der auf die Umsätze aus seinem land- und forstwirtschaftlichen Betrieb die Durchschnittssatzbesteuerung des § 24 UStG anwendet, erfüllt nicht die Voraussetzung des § 25 a Abs. 1 Nr. 2 Satz 2 Buchstabe a UStG. [4]Von der Differenzbesteuerung sind Gebrauchtgegenstände ausgenommen, die im übrigen Gemeinschaftsgebiet erworben worden sind, sofern der Lieferer dort die Steuerbefreiung für innergemeinschaftliche Lieferungen angewendet hat (§ 25 a Abs. 7 Nr. 1 Buchstabe a UStG).

(6) [1]Der Wiederverkäufer kann mit Beginn des Kalenderjahres, in dem er eine entsprechende Erklärung abgibt, die Differenzbesteuerung auch anwenden, wenn er

1. Kunstgegenstände, Sammlungsstücke oder Antiquitäten selbst eingeführt hat oder
2. Kunstgegenstände vom Künstler selbst oder von einem anderen Unternehmer, der kein Wiederverkäufer ist, erworben hat und dafür Umsatzsteuer geschuldet wurde.

[2]Dabei kann die Differenzbesteuerung auf einzelne Gruppen dieser Gegenstände („Kunstgegenstände“ oder „Sammlungsstücke“ oder „Antiquitäten“) beschränkt werden. [3]Die Begriffe Kunstgegenstände und Sammlungsstücke sind nach den gleichen Merkmalen wie für Zwecke der Steuerermäßigung nach § 12 Abs. 2 Nr. **1** UStG **in Verbindung mit den** Nummern 49 Buchstabe f, 53 und 54 der Anlage 2 des UStG abzugrenzen. [4]Antiquitäten sind andere Gegenstände als Kunstgegenstände und Sammlungsstücke, die mehr als 100 Jahre alt sind (Position 9706 Zolltarif).

(7) [1]Die Differenzbesteuerung für die in Absatz 6 bezeichneten Gegenstände ist von einer formlosen Erklärung abhängig, die spätestens bei Übermittlung der ersten Voranmeldung des Kalenderjahres beim

Finanzamt einzureichen ist. [2]In der Erklärung müssen die Gegenstände bezeichnet werden, auf die sich die Differenzbesteuerung erstreckt. [3]Die Wirkung der Erklärung ist nicht auf Gegenstände beschränkt, die erst nach dem Beginn des Kalenderjahres erworben werden. [4]Sie erfasst auch Gegenstände, die vor diesem Zeitpunkt erworben wurden und erst danach veräußert werden. [5]An die Erklärung ist der Wiederverkäufer für mindestens zwei Kalenderjahre gebunden. [6]Soweit der Wiederverkäufer die Differenzbesteuerung anwendet, ist er abweichend von § 15 Abs. 1 UStG nicht berechtigt, die entstandene Einfuhrumsatzsteuer, die gesondert ausgewiesene Steuer oder die nach § 13 b Abs. 5 UStG geschuldete Steuer für die an ihn ausgeführte Lieferung als Vorsteuer abzuziehen. [7]Der Übergang von der allgemeinen Besteuerung zur Differenzbesteuerung aufgrund einer Erklärung nach § 25 a Abs. 2 Satz 1 UStG oder umgekehrt ist eine Änderung der für den ursprünglichen Vorsteuerabzug maßgebenden Verhältnisse im Sinne des § 15 a UStG. [8]Die Berichtigung des Vorsteuerabzugs ist nach allgemeinen Grundsätzen vorzunehmen. [9]Bei einem Wirtschaftsgut, das nur einmalig zur Ausführung eines Umsatzes verwendet wird, erfolgt die Berichtigung gemäß § 15 a Abs. 2 UStG für den Besteuerungszeitraum, in dem das Wirtschaftsgut unter den jeweils veränderten Verhältnissen geliefert wird. [10]In den Fällen des Übergangs von der allgemeinen Besteuerung zur Differenzbesteuerung unterbleibt eine Berichtigung, wenn der Unternehmer bei der Lieferung des Wirtschaftsguts gemäß § 25 a Abs. 8 Satz 1 UStG auf die Anwendung der Differenzbesteuerung verzichtet oder nach Ablauf der Bindungsfrist des § 25 a Abs. 2 Satz 2 UStG zur allgemeinen Besteuerung zurückkehrt und das Wirtschaftsgut erst danach liefert.

Bemessungsgrundlage

(8) [1]Wird ein Gebrauchtgegenstand durch den Wiederverkäufer nach § 1 Abs. 1 Nr. 1 Satz 1 UStG geliefert, ist als Bemessungsgrundlage grundsätzlich der Betrag anzusetzen, um den der Verkaufspreis den Einkaufspreis für den Gegenstand übersteigt; die in dem Unterschiedsbetrag enthaltene Umsatzsteuer ist herauszurechnen.[2]Nebenkosten, die nach dem Erwerb des Gegenstands angefallen, also nicht im Einkaufspreis enthalten sind, z. B. Reparaturkosten, mindern nicht die Bemessungsgrundlage. [3]Soweit selbst eingeführte Kunstgegenstände, Sammlungsstücke oder Antiquitäten nach § 25 a Abs. 2 Satz 1 Nr. 1 UStG in die Differenzbesteuerung einbezogen werden, gilt als Einkaufspreis der nach den Vorschriften über den Zollwert ermittelte Wert des eingeführten Gegenstands zuzüglich der Einfuhrumsatzsteuer. [4]Im Fall des § 25 a Abs. 2 Satz 1 Nr. 2 UStG schließt der Einkaufspreis die vom Lieferer in Rechnung gestellte Umsatzsteuer ein. [5]Wird die Bemessungsgrundlage für die Lieferung eines Kunstgegenstands nach § 25 a Abs. 3 Satz 2 UStG berechnet, ist nach Absatz 11 a zu verfahren.

(9) [1]Lieferungen, für die die Mindestbemessungsgrundlage (§ 10 Abs. 5 UStG) anzusetzen ist, und Lieferungen im Sinne des § 3 Abs. 1 b UStG werden nach dem Unterschied zwischen dem tatsächlichen Einkaufspreis und dem Einkaufspreis zuzüglich der Nebenkosten für den Gegenstand zum Zeitpunkt des Umsatzes (§ 10 Abs. 4 Satz 1 Nr. 1 UStG) – abzüglich Umsatzsteuer – bemessen. [2]Bei den vorbezeichneten Lieferungen kommt eine Differenzbesteuerung im Normalfall allerdings im Hinblick auf § 3 Abs. 1 b Satz 2 UStG nicht in Betracht, weil diese Vorschrift die Berechtigung zum vollen oder teilweisen Vorsteuerabzug voraussetzt.

(10) [1]Nimmt ein Wiederverkäufer beim Verkauf eines Neugegenstands einen Gebrauchtgegenstand in Zahlung und leistet der Käufer in Höhe der Differenz eine Zuzahlung, ist im Rahmen der Differenzbesteuerung als Einkaufspreis nach § 25 a Abs. 3 UStG der tatsächliche Wert des Gebrauchtgegenstands anzusetzen. [2]Dies ist der Wert, der bei der Ermittlung des Entgelts für den Kauf des neuen Gegenstands tatsächlich zu Grunde gelegt wird. [3]Bei der Inzahlungnahme von Gebrauchtfahrzeugen in der Kraftfahrzeugwirtschaft ist nach Abschnitt 10.5 Abs. 4 zu verfahren.

(11) [1]Die Bemessungsgrundlage ist vorbehaltlich des Absatzes 12 für jeden Gegenstand einzeln zu ermitteln (Einzeldifferenz). [2]Ein positiver Unterschiedsbetrag zwischen dem Verkaufspreis – oder dem an seine Stelle tretenden Wert – und dem Einkaufspreis eines Gegenstands kann für die Berechnung der zu entrichtenden Steuer nicht mit einer negativen Einzeldifferenz aus dem Umsatz eines anderen Gegenstands oder einer negativen Gesamtdifferenz (vgl. Absatz 12) verrechnet werden. [3]Bei einem negativen Unterschiedsbetrag beträgt die Bemessungsgrundlage 0 €; dieser Unterschiedsbetrag kann auch in späteren Besteuerungszeiträumen nicht berücksichtigt werden. [4]Wird ein Gegenstand nicht im Jahr der Anschaffung ver-

äußert, entnommen oder zugewendet, ist der noch nicht berücksichtigte Einkaufspreis im Jahr der tatsächlichen Veräußerung, Entnahme oder Zuwendung in die Berechnung der Einzeldifferenz einzubeziehen.

Besondere Bemessungsgrundlage für bestimmte Lieferungen von Kunstgegenständen („Pauschalmarge“)

(11 a) [1]Im Falle der Lieferung eines Kunstgegenstands ist der Betrag, nach dem sich der Umsatz bemisst, abweichend von § 25 a Abs. 3 Satz 1 UStG mit 30 % des Verkaufspreises anzusetzen, wenn sich der Einkaufspreis des Kunstgegenstands nicht ermitteln lässt oder der Einkaufspreis unbedeutend ist (§ 25 a Abs. 3 Satz 2 UStG). [2]Die Anwendung dieser Pauschalmarge ist auf Gegenstände beschränkt, die in Nummer 53 der Anlage 2 zum UStG aufgeführt sind. [3]Auf Sammlungsstücke (Nummer 54 der Anlage 2 zum UStG) ist die Regelung nicht anwendbar. [4]Es kommt nicht darauf an, ob der Wiederverkäufer die Differenzbesteuerung kraft der Regelungen in § 25 a Abs. 1 UStG oder aufgrund einer nach § 25 a Abs. 2 UStG abgegebenen Erklärung anwendet. [5]Da der Einkaufspreis eines Kunstgegenstands unter Berücksichtigung der gesetzlichen Pflichten des Unternehmers nach § 25 a Abs. 6 UStG grundsätzlich aufzuzeichnen ist, liegt der Fall der Nichtermittelbarkeit des Einkaufspreises nur ausnahmsweise vor. [6]Das Vorliegen eines solchen Einzelfalles richtet sich nach dem Gesamtbild der Verhältnisse, die der Unternehmer nachzuweisen hat. [7]Dieser Nachweis gilt als erbracht, wenn der Unternehmer darlegt, dass er alle ihm zumutbaren Ermittlungsmöglichkeiten ausgeschöpft hat. [8]In Fällen, in denen der Unternehmer den ermittelbaren Einkaufspreis nicht aufgezeichnet hat oder die Nichtermittelbarkeit des Einkaufspreises des Kunstgegenstands nicht darlegen kann, erfolgt die Preisermittlung im Wege einer sachgerechten Schätzung. [9]Eine Nichtermittelbarkeit des Einkaufspreises liegt nicht allein schon dann vor, wenn der Unternehmer Aufwendungen für die Durchführung von Verkaufsfördermaßnahmen für von ihm in Kommission genommene Kunstgegenstände trägt.

Beispiel 1:

[1]Der Wiederverkäufer W erwirbt von einer Erbengemeinschaft den gesamten Nachlass eines Verstorbenen, in dem ein Kunstgegenstand enthalten ist. [2]Ohne Ermittlung der Einzelwerte wird für sämtliche Nachlassgegenstände ein Gesamtkaufpreis vereinbart. [3]W verkauft den Kunstgegenstand später für **3000 €**.

[4]Da W den Einkaufspreis des im Nachlass enthaltenen Kunstgegenstands nicht ermitteln kann, ist bei Veräußerung des Gegenstands die Pauschalmarge anzuwenden:

Verkaufspreis	**3.000,00 €**
davon 30 % (= Pauschalmarge)	**900,00 €**
darin enthaltene Umsatzsteuer (19 %)	**143,70 €**
Besondere Bemessungsgrundlage	**756,30 €**

Beispiel 2:

[1]Der Wiederverkäufer W erwirbt eine Sammlung von Kunstgegenständen als Sachgesamtheit. [2]Ohne Feststellung der Einzelwerte wird für die Sammlung ein Gesamtkaufpreis vereinbart. [3]W veräußert die Kunstgegenstände später einzeln weiter.

[4]Da W den Einkaufspreis der einzelnen Kunstgegenstände nicht ermitteln kann, ist bei Veräußerung der einzelnen Gegenstände durch W die Pauschalmarge anzuwenden.

Beispiel 3:

[1]Galerist G stellt in seinen Räumen Werke des Künstlers K aus. [2]G veräußert ein Werk im Rahmen eines Kommissionsgeschäfts (§ 3 Abs. 3 UStG) an einen Abnehmer. [3]Die Hälfte des Verkaufspreises leitet G vereinbarungsgemäß an K weiter. [4]Für seine Lieferung erteilt K dem G eine Rechnung. [5]G trägt die Aufwendungen für die Durchführung von Verkaufsfördermaßnahmen.

[6]Da G den Einkaufspreis anhand der Rechnung des K ermitteln kann, ist die Pauschalmarge nicht anwendbar. [7]Der Umsatz ist nach dem Betrag zu bemessen, um den der Verkaufspreis den Einkaufspreis übersteigt, abzüglich der Umsatzsteuer selbst. [8]Die von G getragenen Aufwendungen für die

Durchführung von Verkaufsfördermaßnahmen berühren den Einkaufspreis nicht; insoweit ist G bei Vorliegen der Voraussetzungen des § 15 UStG zum Abzug der Vorsteuer berechtigt.

[10]Der Einkaufspreis eines Kunstgegenstands ist unbedeutend, wenn er den Betrag von **750 €** ohne ggfs. anfallende Umsatzsteuer nicht übersteigt.

Ermittlung der Bemessungsgrundlage nach der Gesamtdifferenz

(12) [1]Bei Gegenständen, deren Einkaufspreis den Betrag von **750 €** nicht übersteigt, kann die Bemessungsgrundlage anstatt nach der Einzeldifferenz nach der Gesamtdifferenz ermittelt werden. [2]Die Gesamtdifferenz ist der Betrag, um den die Summe der Verkaufspreise und der Werte nach § 10 Abs. 4 Satz 1 Nr. 1 UStG die Summe der Einkaufspreise – jeweils bezogen auf den Besteuerungszeitraum – übersteigt; die in dem Unterschiedsbetrag enthaltene Umsatzsteuer ist herauszurechnen. [3]Für die Ermittlung der Verkaufs- und Einkaufspreise sind die Absätze 8 bis 10 entsprechend anzuwenden. [4]Kann ein Gegenstand endgültig nicht mehr veräußert, entnommen oder zugewendet werden (z. B. wegen Diebstahl oder Untergang), ist die Summe der Einkaufspreise entsprechend zu mindern. [5]Die Voraussetzungen für die Ermittlung der Bemessungsgrundlage nach der Gesamtdifferenz müssen grundsätzlich für jeden einzelnen Gegenstand erfüllt sein. [6]Wendet der Wiederverkäufer für eine Mehrheit von Gegenständen oder für Sachgesamtheiten einen Gesamteinkaufspreis auf (z. B. beim Kauf von Sammlungen oder Nachlässen) und werden die Gegenstände üblicherweise später einzeln verkauft, kann wie folgt verfahren werden:

1. Beträgt der Gesamteinkaufspreis bis zu **750 €**, kann aus Vereinfachungsgründen von der Ermittlung der auf die einzelnen Gegenstände entfallenden Einkaufspreise abgesehen werden.
2. [1]Übersteigt der Gesamteinkaufspreis den Betrag von **750 €**, ist der auf die einzelnen Gegenstände entfallende Einkaufspreis grundsätzlich im Wege sachgerechter Schätzung zu ermitteln. [2]Die Schätzung kann auf wertbestimmende Einzelgegenstände solange beschränkt werden, bis der Gesamtbetrag für die restlichen Gegenstände **750 €** oder weniger beträgt. [3]Erwirbt der Unternehmer eine Vielzahl gleichartiger Gegenstände (z. B. eine Münz- oder Briefmarkensammlung) kann sich die Schätzung des anteiligen Einkaufspreises auf die Gegenstände beschränken, deren Einkaufspreis **750 €** übersteigt.

Beispiel 1:

[1]Der Antiquitätenhändler A kauft eine Wohnungseinrichtung für 3 000 €. [2]Dabei ist er insbesondere an einer antiken Truhe (geschätzter anteiliger Einkaufspreis 1 500 €) und einem Weichholzschrank (Schätzpreis 800 €) interessiert. [3]Die restlichen Einrichtungsgegenstände, zu denen ein Fernsehgerät (Schätzpreis 250 €) gehört, will er an einen Trödelhändler verkaufen.

[4]A muss beim Weiterverkauf der Truhe und des Weichholzschranks die Bemessungsgrundlage nach der Einzeldifferenz ermitteln. [5]Das Fernsehgerät hat er den Gegenständen zuzuordnen, für die die Bemessungsgrundlage nach der Gesamtdifferenz ermittelt wird. [6]Das Gleiche gilt für die restlichen Einrichtungsgegenstände. [7]Da ihr Anteil am Gesamtpreis 450 € beträgt, kann von einer Ermittlung der auf die einzelnen Gegenstände entfallenden Einkaufspreise abgesehen werden.

Beispiel 2:

[1]Der Münzhändler M erwirbt eine Münzsammlung für 5 000 €. [2]Darin enthalten sind zwei besonders wertvolle Stücke, mit einem geschätzten anteiligen Einkaufspreis von **800** € bzw. 900 €. [3]Die Einzelwerte der übrigen Münzen liegen unter **750 €**.

[4]M muss beim Weiterverkauf die Bemessungsgrundlage der beiden besonders wertvollen Münzen nach der Einzeldifferenz ermitteln. [5]Für die übrigen Stücke kann M die Gesamtdifferenzmethode anwenden. [6]Dabei kann die Summe der Einkaufspreise mit **3.300** € angesetzt werden, ohne dass es einer Ermittlung des auf die einzelne Münze entfallenden Einkaufspreises bedarf.

(13) [1]Die Gesamtdifferenz kann nur einheitlich für die gesamten innerhalb eines Besteuerungszeitraums ausgeführten Umsätze ermittelt werden, die sich auf Gegenstände mit Einkaufspreisen bis zu **750 €** beziehen. [2]Es ist nicht zulässig, die Gesamtdifferenz innerhalb dieser Preisgruppe auf bestimmte Arten von Gegenständen zu beschränken. [3]Für Gegenstände, deren Einkaufspreis **750 €** übersteigt, ist daneben die Ermittlung nach der Einzeldifferenz vorzunehmen. [4]Die positive Gesamtdifferenz eines Besteue-

rungszeitraums kann nicht mit einer negativen Einzeldifferenz verrechnet werden. [5]Ist die Gesamtdifferenz eines Besteuerungszeitraums negativ, beträgt die Bemessungsgrundlage 0 €; der negative Betrag kann nicht in späteren Besteuerungszeiträumen berücksichtigt werden. [6]Bei der Berechnung der Besteuerungsgrundlagen für die einzelnen Voranmeldungszeiträume ist entsprechend zu verfahren. [7]Allerdings können innerhalb desselben Besteuerungszeitraums negative mit positiven Gesamtdifferenzen einzelner Voranmeldungszeiträume verrechnet werden.

(14) Ein Wechsel von der Ermittlung nach der Einzeldifferenz zur Ermittlung nach der Gesamtdifferenz und umgekehrt ist nur zu Beginn eines Kalenderjahres zulässig.

Steuersatz, Steuerbefreiungen

(15) [1]Bei der Differenzbesteuerung ist die Steuer stets mit dem allgemeinen Steuersatz zu berechnen. [2]Dies gilt auch für solche Gegenstände, für die bei der Besteuerung nach den allgemeinen Vorschriften der ermäßigte Steuersatz in Betracht käme (z. B. Bücher). [3]Wird auf eine Lieferung in das übrige Gemeinschaftsgebiet die Differenzbesteuerung angewendet, ist die Steuerbefreiung für innergemeinschaftliche Lieferungen ausgeschlossen. [4]Die übrigen Steuerbefreiungen des § 4 UStG bleiben unberührt.

Verbot des offenen Steuerausweises, Aufzeichnungspflichten

(16) [1]Das Verbot des gesonderten Ausweises der Steuer in einer Rechnung gilt auch dann, wenn der Wiederverkäufer einen Gebrauchtgegenstand an einen anderen Unternehmer liefert, der eine gesondert ausgewiesene Steuer aus dem Erwerb dieses Gegenstands als Vorsteuer abziehen könnte. [2]Liegen die Voraussetzungen für die Differenzbesteuerung vor und weist ein Wiederverkäufer für die Lieferung eines Gebrauchtgegenstands – entgegen der Regelung in § 14 a Abs. 6 Satz 2 UStG – die auf die Differenz entfallende Steuer gesondert aus, schuldet er die gesondert ausgewiesene Steuer nach § 14 c Abs. 2 UStG. [3]Zusätzlich zu dieser Steuer schuldet er für die Lieferung des Gegenstands die Steuer nach § 25 a UStG. [4]Auf die Anwendung der Differenzbesteuerung ist in der Rechnung hinzuweisen (vgl. Abschnitt 14 a.1 Abs. 10).

(17) [1]Der Wiederverkäufer, der Umsätze von Gebrauchtgegenständen nach § 25 a UStG versteuert, hat für jeden Gegenstand getrennt den Verkaufspreis oder den Wert nach § 10 Abs. 4 Satz 1 Nr. 1 UStG, den Einkaufspreis und die Bemessungsgrundlage aufzuzeichnen (§ 25 a Abs. 6 Satz 1 UStG). [2]Aus Vereinfachungsgründen kann er in den Fällen, in denen lediglich ein Gesamteinkaufspreis für mehrere Gegenstände vorliegt, den Gesamteinkaufspreis aufzeichnen,

1. wenn dieser den Betrag von **750 €** insgesamt nicht übersteigt oder
2. soweit er nach Abzug der Einkaufspreise einzelner Gegenstände den Betrag von **750 €** nicht übersteigt.

[3]Die besonderen Aufzeichnungspflichten gelten als erfüllt, wenn sich die aufzeichnungspflichtigen Angaben aus den Buchführungsunterlagen entnehmen lassen. [4]Der Wiederverkäufer hat die Aufzeichnungen für die Differenzbesteuerung getrennt von den übrigen Aufzeichnungen zu führen. [5]Die Aufzeichnungspflichten nach § 25a Abs. 6 Satz 1 UStG gehören nicht zu den materiellen Voraussetzungen der Differenzbesteuerung, weshalb ein Verstoß dagegen nicht grundsätzlich zur Versagung der Differenzbesteuerung führt (vgl. BFH-Urteil vom 12.05.2022 – V R 19/20, BStBl II 2023 S. 885).

Besonderheiten im innergemeinschaftlichen Warenverkehr

(18) [1]Die Differenzbesteuerung kann vorbehaltlich des Absatzes 19 auch auf Lieferungen vom Inland in das übrige Gemeinschaftsgebiet sowie auf Fälle des innergemeinschaftlichen Verbringens (§ 1 a Abs. 2 UStG) angewendet werden. [2]Sie ist in diesem Fall stets im Inland vorzunehmen; die Regelung des § 3 c UStG und die Steuerbefreiung für innergemeinschaftliche Lieferungen im Sinne von § 4 Nr. 1 Buchstabe b, § 6 a UStG finden keine Anwendung.

(19) [1]Die Differenzbesteuerung ist ausgeschlossen, wenn der Wiederverkäufer ein neues Fahrzeug im Sinne von § 1 b Abs. 2 und 3 UStG in das übrige Gemeinschaftsgebiet liefert. [2]Die Lieferung ist im Inland unter den Voraussetzungen des § 4 Nr. 1 Buchstabe b, § 6 a UStG als innergemeinschaftliche Lieferung

steuerfrei. [3]Der Erwerber des neuen Fahrzeugs hat im **übrigen** Gemeinschaftsgebiet einen innergemeinschaftlichen Erwerb zu besteuern.

(20) Wird bei der Lieferung eines Gegenstands vom übrigen Gemeinschaftsgebiet in das Inland die Differenzbesteuerung im übrigen Gemeinschaftsgebiet angewendet, entfällt eine Erwerbsbesteuerung im Inland.

Verzicht auf die Differenzbesteuerung

(21) [1]Ein Verzicht auf die Anwendung der Differenzbesteuerung ist bei jeder einzelnen Lieferung eines Gebrauchtgegenstands möglich. [2]Abschnitt 9.1 Abs. 3 und 4 ist sinngemäß anzuwenden. [3]Im Fall der Besteuerung nach der Gesamtdifferenz ist ein Verzicht ausgeschlossen. [4]Der Verzicht ist auch für solche Gegenstände möglich, für die der Wiederverkäufer nach § 25 a Abs. 2 UStG die Anwendung der Differenzbesteuerung erklärt hat. [5]In diesem Fall kann er die entstandene Einfuhrumsatzsteuer und die ihm berechnete Umsatzsteuer frühestens in der Voranmeldung als Vorsteuer geltend machen, in der er auch die Steuer für die Lieferung anmeldet. [6]Der Verzicht auf die Differenzbesteuerung nach § 25 a Abs. 8 UStG hat zur Folge, dass auf die Lieferung die allgemeinen Vorschriften des UStG anzuwenden sind.

Anmerkung

1. Umsetzung der Regelungen zum Altteilverkauf (Ausschlachten von Fahrzeugen)

Die Differenzbesteuerung nach § 25 a UStG ermöglicht es dem Unternehmer, anstelle des erhaltenen Verkaufspreises (Bemessungsgrundlage nach § 10 Abs. 1 Satz 2 UStG, abzüglich der darin enthaltenen USt) nur die **Differenz zwischen dem Verkaufspreis und dem Einkaufspreis** des verkauften Gegenstands der Besteuerung zu unterwerfen, § 25 a Abs. 3 UStG. Neben weiteren Voraussetzungen ist dabei insbesondere von Bedeutung, dass es sich bei dem Unternehmer um einen „**Wiederverkäufer**" (Unternehmer, der regelmäßig mit solchen Gegenstanden handelt) handelt und dass der Gegenstand ohne Umsatzsteuer – in der Regel also von Nichtunternehmern, Kleinunternehmern oder selbst der Differenzbesteuerung unterliegender Unternehmer – erworben wurde.

Früher war davon ausgegangen worden, dass die Anwendung der Differenzbesteuerung voraussetzt, dass der erworbene Gegenstand **identisch** mit dem verkauften Gegenstand sein muss. So hatte die Finanzverwaltung früher (Abschn. 25a.1 Abs. 4 Satz 5 UStAE in der bis zum 16.7.2019 geltenden Fassung) die Anwendung der Differenzbesteuerung ausgeschlossen, wenn von einem erworbenen Gebrauchtgegenstand anschließend lediglich einzelne Teile geliefert werden (z. B. beim Ausschlachten eines Pkw).

Der EuGH (Urt. v. 18.1.2017 – C-471/15, Sjelle Autogenbrug I/S, BFH/NV 2017, 558) sowie unabhängig davon in einem nationalen Verfahren der BFH (Urt. v. 23.2.2017 – V R 37/15, BStBl II 2019, 452) hatten festgestellt, dass die Differenzbesteuerung auch dann anwendbar ist, wenn ein Unternehmer Gegenstände liefert, die er gewonnen hat, indem er zuvor von ihm erworbene **Gebrauchtfahrzeuge zerlegt** hat.

Allerdings hatten sowohl der EuGH als auch der BFH in ihren Entscheidungen offengelassen, wie die dann eigentlich entscheidende Frage, nämlich die Ermittlung der Bemessungsgrundlage in diesen Fällen, systemgerecht umgesetzt werden kann. Erfahrungsgemäß steht gerade beim Erwerb von zum Ausschlachten erworbener Alt- und Unfallfahrzeuge noch nicht fest, welche Teile überhaupt für einen Weiterverkauf geeignet sind und welchen Wert diesen Teilen zuzurechnen ist.

Darüber hinaus ist noch eine andere Frage bei der Anwendung der Differenzbesteuerung von Interesse: Soweit die **Einkaufspreise nicht 500 € übersteigen**, kann die **Gesamtdifferenzbesteuerung** (§ 25 a Abs. 4 UStG) angewendet werden. In diesen Fällen entfällt die Zuordnung von Einkaufspreisen zu einzelnen Verkaufspreisen. Es sind zeitabschnittsweise nur die Einnahmen aus Verkäufen den Ausgaben für Einkäufe gegenüber zu stellen (dies gilt aber nur für Gegenstände mit Einkaufspreis bis 750 € (bis 31.12.2024: 500 €)). Systematisch stellt sich in den Fällen des Einkaufs der Altfahrzeuge die Frage, ob es sich um den Einkauf eines Gegenstands oder um die Zusammenballung der einzeln veräußerbaren Gegenstände handelt.

Die **Finanzverwaltung** hat mit Schreiben v. 17.7.2019, BStBl I 2019, 835 die allgemeinen Vorgaben aus der Rechtsprechung von EuGH und BFH umgesetzt und die Differenzbesteuerung auch dann für anwendbar erklärt, wenn ein Unternehmer Gegenstände liefert, die er gewonnen hat, indem er die zuvor von ihm erworbenen Gebrauchtgegenstände, z. B. Gebrauchtfahrzeuge, zerlegt hat. Dabei sind die **Einkaufspreise der ausgebauten und weiterverkauften Einzelteile** im Wege der **sachgerechten Schätzung** zu ermitteln.

Die **Schätzungsgrundlage** ist nach Vorgabe der Finanzverwaltung (Abschn. 25a.1 Abs. 4 Satz 6 UStAE in der seit dem 17.7.2019 geltenden Fassung) in einer **Anlage** zu den Wareneingangsrechnungen zu erläutern und – soweit vorhanden – durch ergänzende Unterlagen zu belegen.

Damit ist – nunmehr auch aus Sicht der Finanzverwaltung – die Anwendung der Differenzbesteuerung auch bei Erwerb von Alt- und Unfallfahrzeugen und der Veräußerung der daraus gewonnenen Altteile nicht mehr ausgeschlossen.

Die Finanzverwaltung bleibt aber dabei: Wird aus **mehreren Einzelgegenständen**, die jeweils für sich die Voraussetzungen der Differenzbesteuerung erfüllen, ein **einheitlicher Gegenstand hergestellt oder zusammengestellt**, unterliegt die anschließende Lieferung dieses „neuen" Gegenstands nicht der Differenzbesteuerung.

Die Anwendung dieser Vorgaben wird in der Praxis **nicht ohne Schwierigkeiten** sein. Zwar ist relativ einfach festzustellen, was der „Wiederverkäufer" für das erworbene Alt- oder Unfallfahrzeug aufgewendet hat. Die **Verteilung der gesamten Anschaffungskosten** auf die einzelnen zur Verwertung verwendbaren Einzelteile wird aber in der Praxis erhebliche Schwierigkeiten bereiten.

Bei der Aufteilung wird in aller Regel auch **nicht nach standardisierten Verfahren** vorzugehen sein, da die erworbenen Alt- und Unfallfahrzeuge so unterschiedlicher Art sein werden, dass jeweils individuell zu prüfen ist, welche Teile mit welchem Alter oder Abnutzungsgrad noch verwendbar sein werden. Teilweise werden Fahrzeuge auch noch nicht bei Ankauf sofort in die verwertbaren Altteile zerlegt, sondern sukzessive – je nach Anfrage – veräußert, sodass eine sachgerechte Verteilung der Anschaffungskosten bei Erwerb auf die veräußerbaren Teile schwierig bis unmöglich sein werden.

Keine präzise Aussage enthält das Schreiben des BMF zu der Frage, ob es für die Anwendung der Gesamtdifferenzbildung nach § 25 a Abs. 3 UStG (Anwendung der 750 €-Grenze) auf den Gesamteinkaufspreis des Altfahrzeugs oder auf den auf den jeweiligen verwertbaren Teil des angekauften Fahrzeugs ankommt. Soweit bei Einkauf eine sachgerechte Schätzung des (anteiligen) Einkaufspreises für jedes verwertbare Altteil erfolgt, scheint die Anwendung der Gesamtdifferenzbildung in diesen Fällen für jedes verwertbare Teil des Alt- oder Unfallfahrzeugs möglich zu sein.

Die neuen Regelungen sind in **allen offenen Fällen** anzuwenden. Es wird aber von der Finanzverwaltung nicht beanstandet, wenn der Unternehmer sich für die bis zur Veröffentlichung des BMF-Schreibens (bis 19.8.2019) ausgeführten Umsätze auf die bisherigen Regelungen des UStAE beruft.

Dies kann eigentlich nur in den Fällen eine Rolle spielen, in denen der Unternehmer die Gesamtmargenbildung nach § 25 a Abs. 4 UStG anwendet. In diesen Fällen sind nach der gesetzlichen Grundlage alle Umsätze (des Besteuerungszeitraums) der Gesamtmargenbildung zu unterwerfen, wenn der Unternehmer diese anwenden möchte. In allen anderen Fällen können Unternehmer aber auch bei Vorliegen der Voraussetzungen der Differenzbesteuerung jeweils im Einzelfall auf die Anwendung der Differenzbesteuerung verzichten, § 25 a Abs. 8 UStG.

Hinweis: Differenzbesteuerung auch bei Weiterverkauf als „Schrottauto" anwendbar

Nach der Rechtsprechung des EuGH (Urt. v. 17.5.2023 – C-365/22, IT, MwStR 2023, 410) ist die Differenzbesteuerung auch anzuwenden für endgültig stillgelegte Kraftfahrzeuge, die ein Unternehmer unter den Bedingungen des § 25a UStG erworben hat und die „zum Ausschlachten" verkauft werden sollen, ohne dass die verwertbaren Teile aus den Fahrzeugen entnommen wurden. Die Fahrzeuge stellen Gebrauchtgegenstände i.S.d. Art. 311 Abs. 1 Nr. 1 MwStSystRL dar, wenn sie zum einen noch Teile enthalten, die die Funktionen behalten haben, die sie im Neuzustand hatten, sodass sie in ihrem derzeitigen Zustand oder nach Instandsetzung erneut verwendet werden können, und zum anderen feststeht, dass diese Fahrzeuge aufgrund einer solchen Wiederverwendung der Teile in ihrem Wirtschaftszyklus geblieben sind. Die Anwendung der Differenzbesteuerung setzt aber voraus, dass es sich um Gegenstände handelt, die noch verwertbar sind. Werden z.B. Altautos zur Verschrottung verkauft, kann die Differenzbesteuerung nicht angewendet werden (EuGH, Urteil v. 17.5.2023 – C-365/221, État Belge, MwStR 2023, 410. Vgl. auch Abschn. 25a.1 Abs. 4a bis Abs. 4c UStAE).

2. Folgerungen aus Aufhebung des verdeckten Preisnachlasses

Verkauft ein Kraftfahrzeughändler (steuerbar und steuerpflichtig) ein Fahrzeug und nimmt – in aller Regel neben einer Barzahlung – ein **Altfahrzeug in Zahlung**, liegt ein Tausch mit Baraufgabe vor. Zur zutreffenden Ermittlung der Bemessungsgrundlage für die Lieferung des Neufahrzeugs wurde bisher (vgl. dazu Abschn. 10.5 Abs. 4 und Abs. 5 UStAE in der längstens bis zum 31.12.2021 anwendbaren Fassung) der gemeine Wert des in Zahlung genommenen Fahrzeugs ermittelt. Dabei konnte im Rahmen einer Vereinfachungsregelung der gemeine Wert ausgehend von dem Verkaufserlös für das Altfahrzeugs und – soweit der Verkauf innerhalb von drei Monaten nach Inzahlungnahme erfolgte – unter Abschlag von 15 % des erhaltenen Verkaufspreises ermittelt werden. Da beim Verkauf von Neufahrzeugen die Altfahrzeuge häufig zu einem über dem tatsächlichen Verkehrswert (dies entspricht regelmäßig dem gemeinen Wert nach § 9 BewG) liegenden Wert in Zahlung genommen werden (sog. **verdeckter Preisnachlass**), ergab sich bisher die Möglichkeit einer **Minderung der Bemessungsgrundlage**.

Der **BFH** (Urt. v. 25.4.2018 – XI R 21/16, BStBl II 2018, 505) hatte die von der Finanzverwaltung bisher angewandte Methode zur Ermittlung der Bemessungsgrundlage bei einem solchen Tausch mit Baraufgabe für grundsätzlich ungeeignet erklärt, es aber nicht beanstandet, wenn sich Unternehmer auf diese Vereinfachungsregelungen berufen. Nach den Feststellungen des BFH ist der Wert eines Umsatzes, der beim Tausch als Entgelt für den anderen Umsatz gilt, der Wert, den der Empfänger der Leistung beimisst, die er beziehen will, und entspricht dem Betrag, den er zu diesem Zweck aufzuwenden bereit ist. Damit ist grundsätzlich ein **subjektiver Wert** bei der Ermittlung der Bemessungsgrundlage heranzuziehen.

Die **Finanzverwaltung** hat mit Schreiben v. 28.8.2020, BStBl I 2020, 928 auf die Rechtsprechung des BFH reagiert und den UStAE geändert. Nimmt ein Kraftfahrzeughändler beim Verkauf eines Fahrzeugs einen Gebrauchtwagen in Zahlung und leistet der Käufer in Höhe des Differenzbetrags eine Zuzahlung, liegt ein Tausch mit Baraufgabe vor. Zum Entgelt des Händlers gehört neben der Zuzahlung auch der subjektive Wert des in Zahlung genommenen Fahrzeugs.

Die Änderungen der Rechtsauffassung der Finanzverwaltung zum verdeckten Preisnachlass haben auch Konsequenzen für die Anwendung der Differenzbesteuerung. Ist das gebrauchte Fahrzeug von einem Nichtunternehmer erworben worden, unterliegt der Verkauf unter den weiteren Bedingungen der Differenzbesteuerung nach § 25 a UStG. Zur Ermittlung des Einkaufspreises hatte die Finanzverwaltung in **Abschn. 25a.1 Abs. 10 UStAE** Stellung genommen und bei einem verdeckten Preisnachlass dem Unternehmer zur Anwendung der Differenzbesteuerung ein Wahlrecht eingeräumt. Dies – und auch das in Abschn. 25a Abs. 10 UStAE enthaltenen Beispiel – ist entfallen.

Die Neuregelungen gelten **in allen offenen Fällen**. Die Finanzverwaltung beanstandet es aber für alle **vor dem 1.1.2022 ausgeführten Leistungen** nicht, wenn noch die bisherigen Rechtsfolgen zum verdeckten Preisnachlass angewendet werden.

3. Abgesenkter Umsatzsteuersatz 2020

Die **Finanzverwaltung** (BMF, Schreiben v. 4.11.2020, BStBl I 2020, 1129) hat im Zusammenhang mit der temporären Absenkung des Steuersatzes in 2020 geregelt, dass der Unternehmer, der die Besteuerung im Rahmen der Gesamtmargenbildung (§ 25 a Abs. 4 UStG) für die Gegenstände anwendet, die im Einkauf nicht mehr als 500 € gekostet haben, für diese Umsätze im Jahr 2020 die Umsatzsteuer (**für das gesamte Jahr**) mit **16 %** berechnen kann. Es muss damit keine Aufteilung in die beiden Jahreshälften des Kalenderjahrs 2020 vorgenommen werden.

4. Differenzbesteuerung auch bei Verstoß gegen Aufzeichnungsvorschriften

Verstößt der Unternehmer gegen die in § 25 a Abs. 6 UStG normierten besonderen **Aufzeichnungsvorschriften**, war fraglich, ob dann dennoch die Differenzbesteuerung angewendet werden kann. Der BFH (Urt. v. 12.5.2022 – V R 19/20, BStBl II 2023, 885) hat dazu aber festgestellt, dass die Aufzeichnungspflichten **nicht zu den materiellen Voraussetzungen** für die Differenzbesteuerung gehören. Ein Verstoß gegen die Aufzeichnungspflichten führt deshalb nicht grundsätzlich zur Versagung der Differenzbesteuerung.

Hinweis: Anwendungsgrundsätze müssen aber ermittelbar sein

Allerdings müssen sich aus Unterlagen oder Aufzeichnungen die Grundlagen für die Anwendung der Differenzbesteuerung ergeben. Steht aber fest, dass die **allgemeinen Voraussetzungen für die Anwendung der Differenzbesteuerung vorliegen**, kann ggf. – allerdings zulasten des Unternehmers mit einem ausreichenden **Sicherheitsabschlag** – der Einkaufspreis des Unternehmers nach § 162 AO geschätzt werden.

5. Fortsetzung beim EuGH für innergemeinschaftlich erworbene Kunstgegenstände

Nachdem sich der EuGH schon 2018 mit der Frage der Differenzbesteuerung nach einem innergemeinschaftlichen Erwerb beschäftigen musste, ist derselbe Sachverhalt nun wieder dem EuGH im zweiten Durchgang vorgelegt worden. Der EuGH (Urt. v. 29.11.2018 – C-264/17, Harry Mensing, UR 2019, 32) hatte 2018 entschieden, dass ein Unternehmer, der **Kunstgegenstände aus anderen Mitgliedstaaten erwirbt und im Inland einen innergemeinschaftlichen Erwerb besteuert**, den Verkauf des Kunstgegenstands der Differenzbesteuerung entsprechend § 25 a Abs. 2 UStG unterwerfen kann. Der Vorsteuerabzug aus der Erwerbsteuer ist dann aber ausgeschlossen. Nunmehr musste sich in diesem Fall der EuGH (Urt. v. 13.7.2023 – C-180/22, Harry Mensing II, BFH/NV 2023, 1184) damit befassen, ob die **nicht abzugsfähige Erwerbsteuer** des Händlers bei der **Berechnung der Marge** abzugsfähig ist oder nicht. Der EuGH hat – obwohl er die Berücksichtigung der nicht abzugsfähigen Erwerbsteuer bei der Ermittlung der Marge wohl offensichtlich für wirtschaftlich geboten erachtet – einen **Abzug abgelehnt**, da sich eine solche Berücksichtigung nicht aus der MwStSystRL ergibt. Damit ist die zu besteuernde Marge aus der Differenz zwischen Verkaufspreis und Einkaufspreis (ohne Ansatz der Erwerbsteuer) zu ermitteln.

6. Änderungen bei der Differenzbesteuerung 2025

Bei der Differenzbesteuerung sind zum 1.1.2025 sowohl Anpassungen durch das Vierte Bürokratieentlastungsgesetz als auch durch das Jahressteuergesetz 2024 zu beachten.

6.1 Anpassungen durch das Vierte Bürokratieentlastungsgesetz

Die Differenzbesteuerung ist – soweit die Tatbestandsvoraussetzungen vorliegen – für den Unternehmer eine interessante Gestaltungsmöglichkeit (eine Gestaltungsmöglichkeit ergibt sich deshalb, da die Differenzbesteuerung – anders als die Besteuerung bei den Reiseleistungen – über § 25a Abs. 8 UStG jeweils eine Option auf die Regelbesteuerung zulässt. Dies ist nur ausgeschlossen, soweit der Unternehmer die Gesamtmargenbildung nach § 25a Abs. 4 UStG wählt). Eine besonderer (Unter)Fall bei der Differenzbesteuerung ist die Gesamtmargenbildung nach § 25a Abs. 4 UStG.

Hinweis: Gesamtdifferenzbildung

Um insbesondere für Unternehmer, die mit einer großen Anzahl preiswerter Gegenstände handeln, die Differenzbesteuerung anwendbar zu machen, ist ein Wahlrecht bei der Ermittlung der Bemessungsgrundlage, die sog. Gesamtdifferenz, in § 25a Abs. 4 UStG geregelt worden. Der Unternehmer kann alle Gegenstände im Rahmen der Gesamtdifferenzbesteuerung bündeln, wenn der Einkaufspreis des einzelnen Gegenstands 750 € (bis 31.12.2024: 500 €) nicht übersteigt. Bei Gegenständen, deren Einkaufspreis über 750 € liegt, ist eine solche zusammengefasste Betrachtungsweise nicht möglich. Soweit der Unternehmer die Gesamtdifferenzbesteuerung in Anspruch nimmt, hat er in einem Voranmeldungszeitraum nur die Einkäufe (unabhängig davon, ob die Gegenstände schon wieder verkauft wurden) den Verkäufen (unabhängig davon, wann der verkaufte Gegenstand eingekauft wurde) dieses Voranmeldungszeitraums gegenüberzustellen. Aus der Differenz dieser An- und Verkäufe des Voranmeldungszeitraums ergibt sich die Gesamtmarge, aus der die Steuer mit dem Regelsteuersatz herauszurechnen ist. Im Ergebnis entspricht diese Betrachtungsweise einem Zufluss-Abfluss-Prinzip.

Durch das Vierte Bürokratieentlastungsgesetz ist die **Wertgrenze** (Einkaufspreis) für die einzelnen Gegenstände zur Anwendung der Gesamtmargenbildung von 500 € **auf 750 € angehoben** worden. Die neue Wertgrenze gilt ab dem 1.1.2025.

Die Finanzverwaltung (BMF-Schreiben v. 8.7.2025, BStBl I 2025, 1479) hat die Regelungen im UStAE an den neuen Betrag angepasst, ohne allerdings auf ein **systematisch bedingtes Problem** einzugehen: Wenn ein Gegenstand bei Anwendung der Gesamtdifferenz bis zum 31.12.2024 zu einem Kaufpreis von mehr als 500 €, aber nicht mehr als 750 € eingekauft wurde, ist er im Anschaffungsjahr nicht bei der Ermittlung der Gesamtdifferenz zu erfassen. Wenn dieser Gegenstand aber ab dem 1.1.2025 verkauft wird, wäre – zwingend – dieser Verkaufspreis in die Ermittlung der Gesamtdifferenz 2025 mit einzubeziehen. Es würde unter diesen Bedingungen zu einer **systemwidrigen zu hohen Besteuerung** führen. Eine Übergangsregelung – die im Übrigen bei jedem Übergang von der Bildung der Gesamtdifferenz zur Einzeldifferenz bzw. zur Regelbesteuerung und umgekehrt notwendig wäre – fehlt hier sowohl im Gesetz als auch von Seiten der Finanzverwaltung.

Hinweis: Anhebung der Grenze für Kunstgegenstände von „unbedeutenden" Einkaufswert

Nach § 25 a Abs. 3 Satz 2 UStG kann bei Kunstgegenständen (nach § 12 Abs. 2 Nr. 1 UStG i.V.m. Nr. 53 der Anlage 2 zum UStG), deren Einkaufspreis unbedeutend ist, eine „Pauschalmarge" i.H.v. 30 % des Verkaufspreises angesetzt werden. Bisher hatte die Finanzverwaltung den Einkaufspreis eines Kunstgegenstands als „unbedeutend" angesehen, wenn er 500 € nicht übersteigt (Abschn. 25a.1 Abs. 11a Satz 10 UStAE). Sie passt diesen Grenzwert jetzt ebenfalls an, sodass seit dem 1.1.2025 der Einkaufspreis unbedeutend ist, wenn er 750 € nicht übersteigt.

6.2 Änderungen durch das Jahressteuergesetz 2024

Bis 31.12.2013 unterlag der **Verkauf von Kunstgegenständen und Sammlungsstücken** dem ermäßigten Steuersatz nach § 12 Abs. 2 Nr. 1 UStG i.V.m. der Anlage 2 zum UStG. Aufgrund der damaligen unionsrechtlichen Grundlagen musste diese grundsätzliche Regelung geändert werden, sodass nur noch die Einfuhr von Kunstgegenständen und Sammlungsstücken (§ 12 Abs. 2 Nr. 12 UStG) sowie unter bestimmten Voraussetzungen der inländische Verkauf bzw. innergemeinschaftliche Erwerb von Kunstgegenständen (§ 12 Abs. 2 Nr. 13 UStG) dem ermäßigten Steuersatz unterlag. In jedem Fall war der ermäßigte Steuersatz aber ausgeschlossen, soweit ein Kunsthändler (als Wiederverkäufer) Kunstgegenstände oder Sammlungsstücke verkaufte.

In diesem Zusammenhang kommt bisher dem **Wahlrecht zur Anwendung der Differenzbesteuerung nach § 25a Abs. 2 UStG** eine besondere Bedeutung zu. Der Unternehmer kann bis zur Abgabe der ersten Umsatzsteuervoranmeldung eines Kalenderjahrs erklären, dass er die Differenzbesteuerung auch auf Kunstgegenstände, Sammlungsstücke und Antiquitäten, die er selbst eingeführt hat, oder für Kunstgegenstände, wenn die Lieferung an ihn steuerpflichtig war und nicht von einem Wiederverkäufer ausgeführt wurde (z.B. bei Erwerb eines Kunstgegenstands von einem lebenden Künstler), anwenden will.

Hinweis: Mittelbare Abschaffung des Wahlrechts

Durch das Jahressteuergesetz 2024 ist in § 25a Abs. 7 Nr. 1 Buchst. c UStG – ab dem 1.1.2025 – geregelt werden, dass die Differenzbesteuerung in den Fällen des § 25a Abs. 2 UStG keine Anwendung findet, wenn auf den, der Lieferung des Wiederverkäufers vorangehenden, Umsatz ein ermäßigter Steuersatz angewendet worden ist. Diese Änderung basiert auf Art. 316 MwStSystRL. Damit wird die Optionsmöglichkeit weitestgehend ausgehöhlt, da zum einen kaum Sachverhalte denkbar sind, die dann noch unter das Optionsrecht fallen. Zum anderen ist damit der wirtschaftliche Vorteil entfallen, sodass ein Unternehmer kaum diese Option wählen wird. Andererseits ist aber wieder grundsätzlich der ermäßigte Steuersatz bei dem Verkauf von Kunstgegenständen und Sammlungsstücken ab 2025 anzuwenden.

Die Optionsmöglichkeit bei Kunstgegenständen, die nicht von einem Wiederverkäufer an den Unternehmer ausgeführt worden sind, war seit dem 1.1.2014 durch die für Wiederverkäufer nicht mehr vorhandene Möglichkeit, den ermäßigten Steuersatz zur Anwendung zu bringen, von besonderer Bedeutung; diese Möglichkeit ist aber aufgrund der Einführung des § 25a Abs. 7 Nr. 1 Buchst. c UStG zum 1.1.2025 durch das Jahressteuergesetz 2024 entfallen. Dafür soll aber durch Änderung in § 12 Abs. 2 Nr. 1 UStG und Aufhebung des § 12 Abs. 2 Nr. 12 und Nr. 13 UStG ab 2025 wieder grundsätzlich der ermäßigte Steuersatz bei der Lieferung von Kunstgegenständen und Sammlungsstücken möglich sein (deshalb wird dann zum 1.1.2025 in § 12 Abs. 2 Nr. 1 UStG die bisher dort enthaltene Passage „mit Ausnahme der in der Nr. 49 Buchst. f, den Nrn. 53 und 54 bezeichneten Gegenständen" gestrichen). Für einen Kunsthändler (Galerist), der mit Kunstgegenständen lebender Künstler handelt, die diese Kunstgegenstände an ihn verkaufen, ist das Wahlrecht zur Differenzbesteuerung in § 25a Abs. 2 UStG in jedem Fall – **bis Ende 2024** – günstiger, da er zwar keinen Vorsteuerabzug aus dem Einkauf hat, aber nicht die gesamte Einnahme mit dem dann gültigen Regelsteuersatz zu besteuern hat, sondern nur die Umsatzsteuer aus der Differenz zu berechnen hat. Nach der Rechtsprechung des EuGH kann dieses Wahlrecht sich auch auf Kunstgegenstände beziehen, die ein Wiederverkäufer von einem Künstler aus einem anderen Mitgliedstaat erworben hat und der im Inland zu einem steuerbaren und steuerpflichtigen Erwerb geführt hat; dann ist aber der Vorsteuerabzug aus dem innergemeinschaftlichen Erwerb ausgeschlossen; EuGH, Urt. v. 29.11.2018 – C-264/17, Harry Mensing, UR 2019, 32. In diesem Fall ist die Erwerbsteuer nicht Bestandteil des Einkaufspreises, also nicht margenmindernd bei der Ermittlung der Bemessungsgrundlage zu berücksichtigen; EuGH, Urt. v. 13.7.2023 – C-180/22, Harry Mensing II, BFH/NV 2023, 1184 sowie nachfolgend BFH, Urt. v. 22.11.2023 – XI R 22/23, BFH/NV 2024, 612.

7. Aktuelle Rechtsprechung

Die Differenzbesteuerung hat auch die Rechtsprechung beschäftigt und zu sowohl abgeschlossenen Verfahren als auch noch zu offenen Verfahren geführt.

1. BFH zum „Upcycling": Strittig war, ob beim sog. „**Upcycling**" die **Differenzbesteuerung** angewendet werden kann. Ein Unternehmer hatte von Privatpersonen alte Möbelstücke erworben und arbeitete sie unter Verwendung von mit Vorsteuerabzugsberechtigung erworbenen neuen Armaturen und Waschbecken zu hochwertigen Waschkommoden um. Während das FG (Schleswig-Holsteinisches FG, Urt. v. 29.3.2023 – 4 K 77/22) dem Unternehmer noch die Differenzbesteuerung zubilligte, hat der BFH (Urt. v. 11.12.2024 – XI R 9/23, BFH/NV 2025, 803) die Anwendung der **Differenzbesteuerung abgelehnt**, weil der Liefergegenstand teilweise zum Vorsteuerabzug berechtigt hatte. Der BFH bezieht sich dabei auf eine Entscheidung des EuGH (Urt. v. 19.7.2012 – C-160/11, Bawaria Motors, BFH/NV 2012, 1563), die allerdings vom wirtschaftlichen Zusammenhang wenig mit der vorliegenden Entscheidung zu tun hat.

   Hinweis: Auswirkung auf Gebrauchtwagenhandel ungewiss

   Fraglich ist, wie sich dieses Urteil mit der bisherigen Sichtweise vereinbaren lässt, dass von Nichtunternehmern erworbene Gegenstände (z.B. Fahrzeuge) repariert werden können und beim Verkauf trotzdem die Differenzbesteuerung nach § 25a UStG angewendet werden kann. Bisher schloss die Finanzverwaltung bei der Reparatur die Anwendung der Differenzbesteuerung nicht aus (vgl. Abschn. 25a.1 Abs. 4b Satz 2 oder Abschn. 25a.1 Abs. 8 Satz 2 UStAE).

2. **Anhängig beim EuG** (T-569/25): Mittelbar im Zusammenhang mit der Differenzbesteuerung muss sich das EuG mit der Frage beschäftigen, in welchem Verwaltungsverfahren ein **Vertrauensschutz** im Steuerrecht umzusetzen ist. Bisher ist aufgrund der nationalen Sichtweise ein gesetzlicher Vertrauensschutz im **Steuerfestsetzungsverfahren** umzusetzen, ein sich aus der Rechtsprechung ergebender Vertrauensschutz aber in einem separaten Billigkeitsverfahren. In dem Vorlageverfahren (BFH, Beschl. v. 19.2.2025 – XI R 23/24, BFH/NV 2025, 1418) muss das EuG sich mit der Frage beschäftigen, ob ein Vertrauensschutz bei der Differenzbesteuerung nach Art. 314 MwStSystRL (entsprechend § 25a UStG) schon im Steuerfestsetzungsverfahren (also bei der Veranlagung) zu

gewähren ist (Effektivitätsgebot). In dem Fall hatte ein Vorlieferant des Unternehmers (Wiederverkäufers) unzulässigerweise die Differenzbesteuerung angewendet und dies auch in der Rechnung vermerkt. Der Wiederverkäufer hatte daraufhin selbst bei dem Verkauf die Differenzbesteuerung angewendet, was die Finanzverwaltung verwehrte.

3. **Anhängig beim EuGH** (C-472/24): Unmittelbar um die Anwendung der Differenzbesteuerung geht es in einem anderen Verfahren beim EuGH. Der **An- und Verkauf von virtuellem Spielgold** muss auf die umsatzsteuerrechtlichen Konsequenzen überprüft werden. Ein Unternehmer kaufte von Nichtunternehmern über eine von ihm unterhaltene Plattform virtuelles Spielgold an und verkaufte dieses Spielgold wieder an andere Spieler. Da es sich nicht um materielle Gegenstände handelt, erfolgt dies im Rahmen von sonstigen Leistungen (Übertragung von Rechten). Nach den Schlussanträgen der Generalanwältin Kokott muss im Rahmen einer teleologischen Reduktion die Differenzbesteuerung auch auf sonstige Leistungen anzuwenden sein, wenn auf einer vorigen Stufe bei Schaffung der Rechte eine Umsatzsteuer entstanden war.

   Hinweis: Auswirkung auf diverse andere Sachverhalte denkbar

   Die Entscheidung könnte auch Einfluss auf den Handel mit Eintrittskarten (z.B. im Zweitmarkt bei einem Handel von Eintrittskarten über Plattformen) oder den Handel mit NFTs (Non-Fungible-Token (vgl. dazu auch Niedersächsisches FG, Urt. v. 10.7.2025 – 5 K 26/24)) oder anderen virtuellen Kunstgegenständen (z.B. digitale Bildkunst, computergenerierte Animationen, KI-Kunstwerke, weitere virtuelle Objekte und immersive Installationen in virtueller oder erweiterter Realität) haben, wenn diese von Nichtunternehmern erworben werden und auf einer Vorstufe zur Entstehung einer Umsatzsteuer geführt haben. Dies dürfte zumindest bei dem gewerblichen Weiterverkauf von Eintrittsberechtigungen und auch den virtuellen Kunstgegenständen vorliegen. Da es sich in diesen Fällen um die Übertragung von Rechten handelt, liegen systematisch keine beweglichen körperlichen Gegenstände vor, sodass die Anwendung der Differenzbesteuerung insoweit gesetzlich ausgeschlossen ist. Bis zu einer Entscheidung des EuGH sollten vergleichbare Sachverhalte verfahrensrechtlich offen gehalten werden.

Zu § 25 b UStG

UStG § 25 b Innergemeinschaftliche Dreiecksgeschäfte

(1) [1]Ein innergemeinschaftliches Dreiecksgeschäft liegt vor, wenn

1. drei Unternehmer über denselben Gegenstand Umsatzgeschäfte abschließen und dieser Gegenstand unmittelbar vom ersten Lieferer an den letzten Abnehmer gelangt,
2. die Unternehmer in jeweils verschiedenen Mitgliedstaaten für Zwecke der Umsatzsteuer erfasst sind,
3. der Gegenstand der Lieferungen aus dem Gebiet eines Mitgliedstaates in das Gebiet eines anderen Mitgliedstaates gelangt und
4. der Gegenstand der Lieferungen durch den ersten Lieferer oder den ersten Abnehmer befördert oder versendet wird.

[2]Satz 1 gilt entsprechend, wenn der letzte Abnehmer eine juristische Person ist, die nicht Unternehmer ist oder den Gegenstand nicht für ihr Unternehmen erwirbt und die in dem Mitgliedstaat für Zwecke der Umsatzsteuer erfasst ist, in dem sich der Gegenstand am Ende der Beförderung oder Versendung befindet.

(2) [1]Im Fall des Absatzes 1 wird die Steuer für die Lieferung an den letzten Abnehmer von diesem geschuldet, wenn folgende Voraussetzungen erfüllt sind:

1. Der Lieferung ist ein innergemeinschaftlicher Erwerb vorausgegangen,
2. der erste Abnehmer ist in dem Mitgliedstaat, in dem die Beförderung oder Versendung endet, nicht ansässig. Er verwendet gegenüber dem ersten Lieferer und dem letzten Abnehmer dieselbe Umsatzsteuer-Identifikationsnummer, die ihm von einem anderen Mitgliedstaat erteilt worden ist als dem, in dem die Beförderung oder Versendung beginnt oder endet,

3. der erste Abnehmer erteilt dem letzten Abnehmer eine Rechnung im Sinne des § 14a Abs. 7, in der die Steuer nicht gesondert ausgewiesen ist, und
4. der letzte Abnehmer verwendet eine Umsatzsteuer-Identifikationsnummer des Mitgliedstaates, in dem die Beförderung oder Versendung endet.

(3) Im Fall des Absatzes 2 gilt der innergemeinschaftliche Erwerb des ersten Abnehmers als besteuert.

(4) Für die Berechnung der nach Absatz 2 geschuldeten Steuer gilt die Gegenleistung als Entgelt.

(5) Der letzte Abnehmer ist unter den übrigen Voraussetzungen des § 15 berechtigt, die nach Absatz 2 geschuldete Steuer als Vorsteuer abzuziehen.

(6) [1]§ 22 gilt mit der Maßgabe, dass aus den Aufzeichnungen zu ersehen sein müssen

1. beim ersten Abnehmer, der eine inländische Umsatzsteuer-Identifikationsnummer verwendet, das vereinbarte Entgelt für die Lieferung im Sinne des Absatzes 2 sowie der Name und die Anschrift des letzten Abnehmers;
2. beim letzten Abnehmer, der eine inländische Umsatzsteuer-Identifikationsnummer verwendet:
   a) die Bemessungsgrundlage der an ihn ausgeführten Lieferung im Sinne des Absatzes 2 sowie die hierauf entfallenden Steuerbeträge,
   b) der Name und die Anschrift des ersten Abnehmers.

[2]Beim ersten Abnehmer, der eine Umsatzsteuer-Identifikationsnummer eines anderen Mitgliedstaates verwendet, entfallen die Aufzeichnungspflichten nach § 22, wenn die Beförderung oder Versendung im Inland endet.

UStAE 25b.1. Innergemeinschaftliche Dreiecksgeschäfte

Allgemeines

(1) [1]§ 25b UStG enthält eine Vereinfachungsregelung für die Besteuerung von innergemeinschaftlichen Dreiecksgeschäften. [2]Die Vereinfachung besteht darin, dass eine steuerliche Registrierung des mittleren Unternehmers im Bestimmungsland vermieden wird. [3]Bei einem innergemeinschaftlichen Dreiecksgeschäft werden unter Berücksichtigung der allgemeinen Regelungen für Reihengeschäfte (vgl. Abschnitt 3.14 Abs. 1 bis 10) grundsätzlich folgende Umsätze ausgeführt:

1. eine innergemeinschaftliche Lieferung des ersten am Dreiecksgeschäft beteiligten Unternehmers (erster Lieferer) in dem Mitgliedstaat, in dem die Beförderung oder Versendung des Gegenstands beginnt (§ 3 Abs. 6 Satz 1 UStG),
2. ein innergemeinschaftlicher Erwerb des mittleren am Dreiecksgeschäft beteiligten Unternehmers (erster Abnehmer) in dem Mitgliedstaat, in dem die Beförderung oder Versendung des Gegenstands endet (§ 3d Satz 1 UStG),
3. ein innergemeinschaftlicher Erwerb des ersten Abnehmers in dem Mitgliedstaat, der dem ersten Abnehmer die von ihm verwendete USt-IdNr. erteilt hat (§ 3d Satz 2 UStG) und
4. eine (Inlands-)Lieferung des ersten Abnehmers in dem Mitgliedstaat, in dem die Beförderung oder Versendung des Gegenstands endet (§ 3 Abs. 7 Satz 2 Nr. 2 UStG).

[4]Liegt ein innergemeinschaftliches Dreiecksgeschäft vor, wird die Steuerschuld für die (Inlands-)Lieferung unter den Voraussetzungen des § 25b Abs. 2 UStG von dem ersten auf den letzten jeweils am Dreiecksgeschäft beteiligten Abnehmer übertragen. [5]Im Fall der Übertragung der Steuerschuld gilt zugleich auch der innergemeinschaftliche Erwerb dieses ersten Abnehmers als besteuert (§ 25b Abs. 3 UStG).

Begriff (§ 25b Abs. 1 UStG)

(2) [1]Ein innergemeinschaftliches Dreiecksgeschäft setzt voraus, dass drei Unternehmer (erster Lieferer, erster Abnehmer und letzter Abnehmer) über denselben Gegenstand Umsatzgeschäfte abschließen, und dieser Gegenstand unmittelbar vom Ort der Lieferung des ersten Lieferers an den letzten Abnehmer gelangt (§ 25b Abs. 1 Satz 1 Nr. 1 UStG). [2]Ein innergemeinschaftliches Dreiecksgeschäft kann auch zwischen drei unmittelbar nacheinander liefernden Unternehmern bei Reihengeschäften mit mehr als drei Beteiligten vorliegen, wenn die drei unmittelbar nacheinander liefernden Unternehmer am Ende der Lieferkette

stehen. [3]Der erste Abnehmer in dem Dreiecksgeschäft ist als mittlerer Unternehmer in der Reihe zugleich Abnehmer und Lieferer. [4]Letzte Abnehmer im Dreiecksgeschäft können auch Unternehmer sein, die nur steuerfreie – nicht zum Vorsteuerabzug berechtigende – Umsätze ausführen, sowie Kleinunternehmer und pauschalierende Land- und Forstwirte. [5]Voraussetzung ist, dass sie umsatzsteuerlich in dem Mitgliedstaat erfasst sind, in dem die Beförderung oder Versendung des Gegenstands endet. [6]Letzter Abnehmer kann auch eine juristische Person des öffentlichen oder privaten Rechts sein, die nicht Unternehmer ist oder den Gegenstand nicht für ihr Unternehmen erwirbt, wenn sie in dem Mitgliedstaat, in dem die Warenbewegung endet, für Zwecke der Umsatzsteuer erfasst ist (§ 25 b Abs. 1 Satz 2 UStG).

Beispiel:

[1]Der in Deutschland ansässige Unternehmer D bestellt beim in Belgien ansässigen Unternehmer B dort nicht vorrätige Werkzeugteile. [2]B gibt die Bestellung weiter an den in Luxemburg ansässigen Unternehmer L mit der Bitte, sie direkt zu D nach Deutschland auszuliefern. [3]Weil auch L die Werkzeugteile nicht am Lager hat, bestellt er sie beim in Spanien ansässigen Unternehmer SP, der sie auf Weisung von L an D versendet. [4]L erteilt den Versendungsauftrag und verwendet bis zum Beginn der Versendung die ihm von der spanischen Finanzverwaltung erteilte USt-IdNr. gegenüber dem leistenden Unternehmer SP. [5]SP, B und D verwenden jeweils die USt-IdNr. ihres Landes.

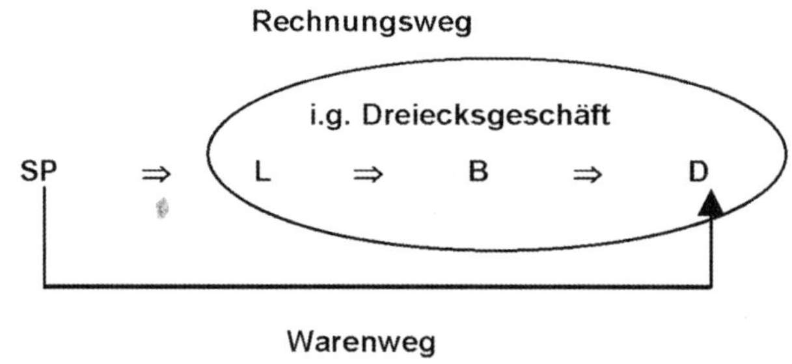

[6]Zwischen SP, L, B und D liegt ein Reihengeschäft vor. [7]Darüber hinaus ist ein innergemeinschaftliches Dreiecksgeschäft im Sinne des § 25 b Abs. 1 UStG zwischen L, B und D anzunehmen, weil L als erster am Dreiecksgeschäft beteiligter Lieferer den Gegenstand der Lieferungen versendet. [8]Die Versendung ist der ersten Lieferung im Dreiecksgeschäft (L an B) zuzuordnen, da L gegenüber seinem leistenden Unternehmer SP bis zum Beginn der Versendung seine spanische USt-IdNr. verwendet hat (§ 3 Abs. 6 a Satz 4 zweiter Halbsatz in Verbindung mit Satz 5 UStG) und dies eine vom Mitgliedstaat des Beginns der Versendung (Spanien) erteilte USt-IdNr. ist (vgl. Abschnitt 3.14 Abs. 7 ff.). [9]Ort der Lieferung ist nach § 3 Abs. 6 a Satz 4 zweiter Halbsatz, Satz 5 in Verbindung mit § 3 Abs. 6 Sätze 1, 3 und 4 UStG in Spanien (Beginn der Versendung). [10]Die Lieferung des L an B ist als innergemeinschaftliche Lieferung in Spanien steuerfrei. [11]Der Erwerb des Gegenstands unterliegt bei B grundsätzlich der Besteuerung des innergemeinschaftlichen Erwerbs in Deutschland, da die Versendung dort endet (§ 3 d Satz 1 UStG), und in Belgien, da B seine belgische USt-IdNr. verwendet (§ 3 d Satz 2 UStG). [12]Die zweite Lieferung im Dreiecksgeschäft (B an D) ist eine ruhende Lieferung. [13]Lieferort ist nach § 3 Abs. 7 Satz 2 Nr. 2 UStG Deutschland, da sie der Versendungslieferung nachfolgt. [14]SP erbringt eine ruhende Lieferung in Spanien (§ 3 Abs. 7 Satz 2 Nr. 1 UStG), die nach spanischem Recht zu beurteilen ist.

(3) [1]Weitere Voraussetzung für das Vorliegen eines innergemeinschaftlichen Dreiecksgeschäfts ist, dass die hieran beteiligten Unternehmer in jeweils verschiedenen Mitgliedstaaten für Zwecke der Umsatzsteuer erfasst sind (§ 25 b Abs. 1 Satz 1 Nr. 2 UStG). [2]Die Ansässigkeit in einem dieser Mitgliedstaaten ist nicht erforderlich; maßgeblich ist vielmehr, dass der Unternehmer unter der USt-IdNr. auftritt, die ihm von einem dieser Mitgliedstaaten erteilt worden ist. [3]Treten mehrere der an dem Dreiecksgeschäft beteiligten Unternehmer unter der USt-IdNr. desselben Mitgliedstaates auf, liegt kein innergemeinschaftliches Dreiecksgeschäft vor.

Beispiel:

[1]Der in Frankfurt ansässige und umsatzsteuerlich registrierte Unternehmer D bestellt eine dort nicht vorrätige Ware bei dem in Belgien ansässigen Unternehmer B 1. [2]B 1 gibt die Bestellung weiter an den ebenfalls in Belgien ansässigen Großhändler B 2, der die Ware mit eigenem Lkw unmittelbar nach Frankfurt befördert und sie dort an D übergibt. [3]D und B 2 treten jeweils unter der USt-IdNr. ihres Landes auf. [4]B 1 tritt nicht unter seiner belgischen USt-IdNr., sondern unter seiner niederländischen USt-IdNr. auf.

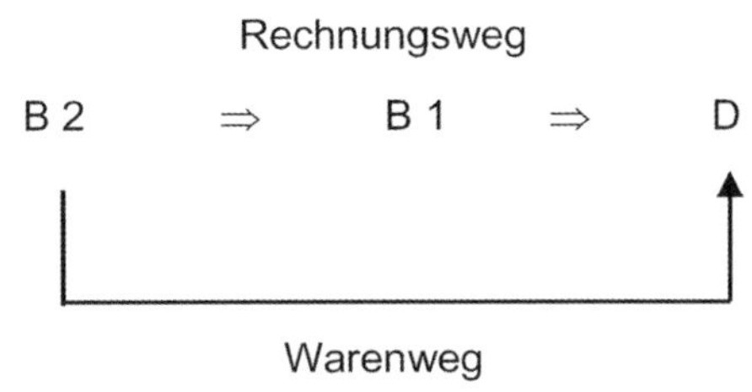

[5]Die Voraussetzung des § 25b Abs. 1 Satz 1 Nr. 2 UStG für das Vorliegen eines innergemeinschaftlichen Dreiecksgeschäfts ist erfüllt, da die drei beteiligten Unternehmer in jeweils verschiedenen Mitgliedstaaten (Deutschland, Belgien, Niederlande) für Zwecke der Umsatzsteuer erfasst sind und mit USt-IdNrn. aus verschiedenen Mitgliedstaaten auftreten. [6]Auf die Ansässigkeit von B 1 und B 2 in demselben Mitgliedstaat kommt es bei der Beurteilung nicht an.

(4) [1]Weitere Voraussetzung ist das tatsächliche Gelangen des Gegenstands der Lieferungen von einem Mitgliedstaat in einen anderen Mitgliedstaat (§ 25b Abs. 1 Satz 1 Nr. 3 UStG). [2]Diese Voraussetzung ist im Hinblick auf § 3 Abs. 8 UStG auch dann erfüllt, wenn der erste Lieferer den Gegenstand zuvor in das Gemeinschaftsgebiet eingeführt hat. [3]Gelangt der Gegenstand allerdings aus dem Drittlandsgebiet unmittelbar in den Mitgliedstaat des letzten Abnehmers, liegt kein innergemeinschaftliches Dreiecksgeschäft vor. [4]Der Gegenstand kann durch Beauftragte des ersten Lieferers vor der Beförderung oder Versendung in das übrige Gemeinschaftsgebiet bearbeitet oder verarbeitet worden sein. [5]Gegenstand der Lieferung ist in diesem Fall jeweils der bearbeitete oder verarbeitete Gegenstand. [6]Der Gegenstand der Lieferung kann auch an einen vom letzten Abnehmer beauftragten Dritten, z.B. einen Lohnveredelungsunternehmer oder einen Lagerhalter, befördert oder versendet werden.

(5) [1]Ein innergemeinschaftliches Dreiecksgeschäft setzt weiterhin voraus, dass der Gegenstand durch den ersten Lieferer oder den ersten Abnehmer (mittlerer Unternehmer) befördert oder versendet wird (§ 25b Abs. 1 Satz 1 Nr. 4 UStG). [2]Dies gilt für den mittleren Unternehmer allerdings nur dann, wenn er in seiner Eigenschaft als Abnehmer befördert oder versendet, d.h. wenn die Beförderung oder Versendung der Lieferung an ihn (erste Lieferung im Dreiecksgeschäft) zugeordnet wird. [3]Wird die Beförderung oder Versendung dagegen der zweiten Lieferung im Dreiecksgeschäft zugeordnet, weil der mittlere Unternehmer in seiner Eigenschaft als Lieferer auftritt, liegt kein innergemeinschaftliches Dreiecksgeschäft vor. [4]Wird der Gegenstand der Lieferungen durch den letzten Abnehmer befördert oder versendet (Abholfall), liegt ebenfalls kein innergemeinschaftliches Dreiecksgeschäft vor.

Beispiel:

[1]Der belgische Unternehmer B bestellt bei dem deutschen Unternehmer D eine Baumaschine. [2]D hat die Maschine nicht vorrätig und gibt die Bestellung weiter an den spanischen Hersteller SP. [3]Alle Beteiligten treten unter der USt-IdNr. ihres Landes auf.

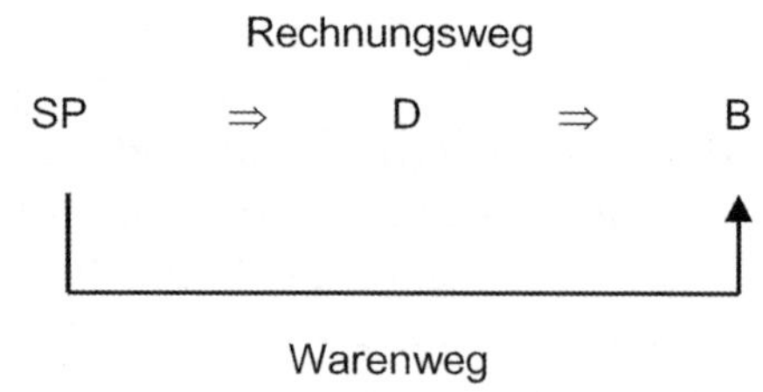

a) [1]SP befördert die Baumaschine mit eigenem Lkw nach Belgien und übergibt sie dort an B.

[2]Es liegt ein innergemeinschaftliches Dreiecksgeschäft im Sinne des § 25 b Abs. 1 UStG vor, weil der erste Lieferer den Gegenstand der Lieferungen befördert. [3]Die Beförderung ist der ersten Lieferung (SP an D) zuzuordnen. [4]Ort der Lieferung ist nach § 3 Abs. 6 Satz 5 in Verbindung mit Satz 1 UStG Spanien (Beginn der Beförderung). [5]Die Lieferung ist als innergemeinschaftliche Lieferung in Spanien steuerfrei. [6]Der Erwerb des Gegenstands unterliegt bei D grundsätzlich der Besteuerung des innergemeinschaftlichen Erwerbs in Belgien, da die Beförderung dort endet (§ 3 d Satz 1 UStG), und in Deutschland, da D seine deutsche USt-IdNr. verwendet (§ 3 d Satz 2 UStG). [7]Die zweite Lieferung (D an B) ist eine ruhende Lieferung. [8]Lieferort ist nach § 3 Abs. 7 Satz 2 Nr. 2 UStG Belgien, da sie der Beförderungslieferung nachfolgt. [9]Die Lieferung des D ist nach belgischem Recht zu beurteilen. [10]Zur weiteren Beurteilung vgl. auch das Beispiel in Absatz 7.

b) [1]B lässt die Baumaschine durch einen von ihm beauftragten Spediteur bei SP in Spanien abholen und unmittelbar nach Belgien versenden.

[2]Es liegt kein innergemeinschaftliches Dreiecksgeschäft im Sinne des § 25 b Abs. 1 UStG vor, weil der letzte Abnehmer den Gegenstand der Lieferungen versendet. [3]Die Versendung ist der zweiten Lieferung (D an B) zuzuordnen. [4]Ort der Lieferung ist nach § 3 Abs. 6 Satz 5 in Verbindung mit Satz 1 UStG Spanien (Beginn der Versendung). [5]Die Lieferung ist als innergemeinschaftliche Lieferung in Spanien steuerfrei. [6]Der Erwerb des Gegenstands unterliegt bei B grundsätzlich der Besteuerung des innergemeinschaftlichen Erwerbs in Belgien, da die Versendung dort endet (§ 3 d Satz 1 UStG). [7]Die erste Lieferung (SP an D) ist eine ruhende Lieferung. [8]Lieferort ist nach § 3 Abs. 7 Satz 2 Nr. 1 UStG ebenfalls Spanien, da sie der Versendungslieferung vorangeht. [9]Die Lieferung ist nach spanischem Recht zu beurteilen. [10]D muss sich demnach in Spanien steuerlich registrieren lassen.

Übertragung der Steuerschuld auf den letzten Abnehmer (§ 25 b Abs. 2 UStG)

(6) [1]Im Fall eines innergemeinschaftlichen Dreiecksgeschäfts im Sinne des § 25 b Abs. 1 UStG wird die Steuer für die (Inlands-)Lieferung des ersten an den letzten jeweils an dem Dreiecksgeschäft beteiligten Abnehmer von diesem letzten Abnehmer geschuldet, wenn die in § 25 b Abs. 2 Nr. 1 bis 4 UStG genannten Voraussetzungen sämtlich erfüllt sind. [2]Die Übertragung der Steuerschuld auf den letzten Abnehmer ist bei Vorliegen der Voraussetzungen zwingend vorgeschrieben. [3]Durch die Übertragung der Steuerschuld wird der letzte Abnehmer Steuerschuldner für die vom ersten Abnehmer an ihn ausgeführte Lieferung (§ 13 a Abs. 1 Nr. 5 UStG).

Innergemeinschaftlicher Erwerb des ersten Abnehmers (§ 25 b Abs. 3 UStG)

(7) [1]Wird die Steuerschuld auf den letzten am Dreiecksgeschäft beteiligten Abnehmer übertragen, gilt der innergemeinschaftliche Erwerb des ersten am Dreiecksgeschäft beteiligten Abnehmers nach § 25 b Abs. 3 UStG als besteuert. [2]Diese fiktive Besteuerung des innergemeinschaftlichen Erwerbs bei diesem ersten Abnehmer gilt für die Erwerbsbesteuerung in dem Mitgliedstaat, in dem die Beförderung oder Versendung endet (vgl. § 3 d Satz 1 UStG) und zugleich auch für die Beurteilung einer Erwerbsbesteuerung in dem Mitgliedstaat, unter dessen USt-IdNr. der erste Abnehmer auftritt (vgl. § 3 d Satz 2 UStG).

Beispiel:

[1]Der belgische Unternehmer B bestellt bei dem deutschen Unternehmer D eine Baumaschine. [2]D hat die Maschine nicht vorrätig und gibt die Bestellung weiter an den spanischen Hersteller SP. [3]SP befördert die Baumaschine mit eigenem Lkw nach Belgien und übergibt sie dort an B. [4]Alle Betei-

ligten treten unter der USt-IdNr. ihres Landes auf. [5]D erteilt dem B eine Rechnung im Sinne des § 14 a Abs. 7 UStG.

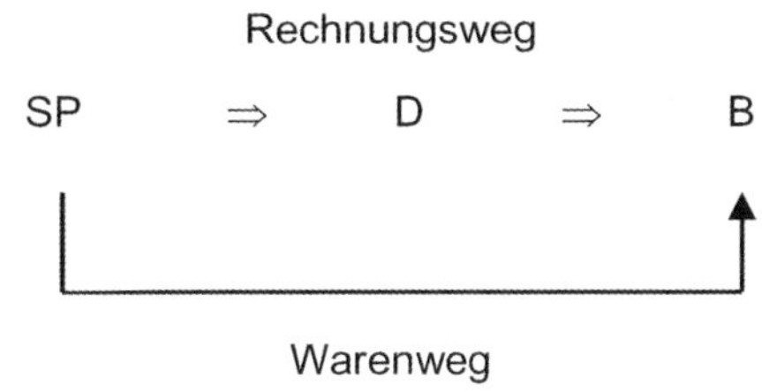

[6]Es liegt ein innergemeinschaftliches Dreiecksgeschäft im Sinne des § 25 b Abs. 1 UStG vor. [7]Die Beförderung ist der ersten Lieferung (SP an D) zuzuordnen. [8]Ort der Lieferung ist nach § 3 Abs. 6 Satz 5 in Verbindung mit Satz 1 UStG Spanien (Beginn der Beförderung). [9]Die Lieferung ist als innergemeinschaftliche Lieferung in Spanien steuerfrei. [10]Der Erwerb des Gegenstands unterliegt bei D grundsätzlich der Besteuerung des innergemeinschaftlichen Erwerbs in Belgien, da die Beförderung dort endet (§ 3 d Satz 1 UStG), und in Deutschland, da D seine deutsche USt-IdNr. verwendet (§ 3 d Satz 2 UStG). [11]Die zweite Lieferung (D an B) ist eine ruhende Lieferung. [12]Lieferort ist nach § 3 Abs. 7 Satz 2 Nr. 2 UStG Belgien, da sie der Beförderungslieferung nachfolgt. [13]D führt demnach eine steuerbare und steuerpflichtige Lieferung in Belgien aus. [14]Da die Voraussetzungen des § 25 b Abs. 2 UStG erfüllt sind, wird die Steuerschuld für die belgische (Inlands-)Lieferung des D auf B übertragen: Der Lieferung ist ein innergemeinschaftlicher Erwerb durch D vorausgegangen; D ist nicht in Belgien ansässig; D tritt gegenüber dem ersten Lieferer und dem letzten Abnehmer mit seiner deutschen USt-IdNr. auf; D hat dem B eine Rechnung im Sinne des § 14 a Abs. 7 UStG erteilt; B verwendet als letzter Abnehmer eine (belgische) USt-IdNr. des Mitgliedstaates, in dem die Beförderung endet. [15]B wird Steuerschuldner für diese Lieferung des D und muss die Steuer im Rahmen seiner belgischen Steuererklärungspflichten anmelden. [16]D hat im Hinblick auf seine in Belgien ausgeführte Lieferung keinen umsatzsteuerlichen Verpflichtungen in Belgien nachzukommen. [17]Mit der wirksamen Übertragung der Steuerschuld auf B gilt auch der innergemeinschaftliche Erwerb des D in Belgien als besteuert (§ 25 b Abs. 3 UStG) mit der Folge, dass D auch hierfür keinen umsatzsteuerlichen Verpflichtungen in Belgien nachkommen muss. [18]Mit der fiktiven Erwerbsbesteuerung in Belgien entfällt auch eine Besteuerung des innergemeinschaftlichen Erwerbs in **Deutschland** über § 3 d Satz 2 UStG, sofern D seiner Erklärungspflicht nach § 18 a Abs. 7 Satz 1 Nr. 4 UStG (für die ZM) nachkommt. [19]Durch die Anwendung der Vereinfachungsregelung des § 25 b UStG wird vermieden, dass sich D in Belgien auf Grund dieses innergemeinschaftlichen Dreiecksgeschäfts registrieren lassen und dort Steuererklärungen abgeben muss. [20]D muss in Deutschland die Erklärungspflichten nach § 18 b Satz 1 UStG für die Voranmeldung und die Steuererklärung für das Kalenderjahr beachten.

Besonderheiten bei der Rechnungserteilung

(8) [1]Nach § 25 b Abs. 2 Nr. 3 UStG ist materielle Voraussetzung für die Übertragung der Steuerschuld, dass der erste dem letzten jeweils am Dreiecksgeschäft beteiligten Abnehmer eine Rechnung im Sinne des § 14 a Abs. 7 UStG erteilt, in der die Steuer nicht gesondert ausgewiesen ist (vgl. BFH-Urteil vom 17.07.2024 – XI R 35/22 (XI R 14/20), BStBl II S. 810). [2]Neben den Angaben nach § 14 Abs. 4 UStG sind in der Rechnung dieses ersten Abnehmers danach folgende zusätzliche Angaben erforderlich:

1. ein Hinweis auf das Vorliegen eines innergemeinschaftlichen Dreiecksgeschäfts, z. B. „Innergemeinschaftliches Dreiecksgeschäft nach § 25 b UStG“ oder „Vereinfachungsregelung nach Artikel 141 MwStSystRL“;
2. ein Hinweis auf die Steuerschuld des letzten am Dreiecksgeschäft beteiligten Abnehmers;
3. die Angabe der USt-IdNr. des ersten am Dreiecksgeschäft beteiligten Abnehmers und
4. die Angabe der USt-IdNr. des letzten am Dreiecksgeschäft beteiligten Abnehmers.

[3]Der letzte am Dreiecksgeschäft beteiligte Abnehmer soll durch die Hinweise in der Rechnung eindeutig und leicht erkennen können, dass er letzter Abnehmer in einem innergemeinschaftlichen Dreiecksgeschäft ist und die Steuerschuld auf ihn übertragen wird.

Bemessungsgrundlage (§ 25b Abs. 4 UStG)

(9) [1]Im Fall der Übertragung der Steuerschuld nach § 25b Abs. 2 UStG auf den letzten am Dreiecksgeschäft beteiligten Abnehmer gilt für die Berechnung der geschuldeten Steuer abweichend von § 10 Abs. 1 UStG die Gegenleistung als Entgelt (Nettobetrag ohne Umsatzsteuer). [2]Die Umsatzsteuer ist auf diesen Betrag aufzuschlagen.

Aufzeichnungspflichten (§ 25b Abs. 6 UStG)

(10) [1]Neben den allgemeinen Aufzeichnungspflichten nach § 22 UStG sind bei innergemeinschaftlichen Dreiecksgeschäften vom ersten und vom letzten jeweils daran beteiligten Abnehmer zusätzliche Aufzeichnungspflichten zu erfüllen, wenn sie eine inländische USt-IdNr. verwenden (§ 25b Abs. 6 Satz 1 UStG). [2]Verwendet der erste am Dreiecksgeschäft beteiligte Abnehmer eine USt-IdNr. eines anderen Mitgliedstaates, ist er von den allgemeinen Aufzeichnungspflichten nach § 22 UStG befreit, wenn die Beförderung oder Versendung im Inland endet (§ 25b Abs. 6 Satz 2 UStG).

Anmerkung

1. Grundlagen des i.g. Dreiecksgeschäft

Bei einem **innergemeinschaftlichen Dreiecksgeschäft** schließen drei Unternehmer über denselben Gegenstand Umsatzgeschäfte ab und der Gegenstand gelangt bei der Warenbewegung unmittelbar vom ersten Unternehmer in der Reihe aus einem Mitgliedstaat an den letzten Unternehmer in der Reihe in einen anderen Mitgliedstaat. Die Unternehmer handeln mit Umsatzsteuer-Identifikationsnummern aus verschiedenen Mitgliedstaaten.

Die Bestimmung des **Orts der Lieferung** erfolgt wie bei einem normalen Reihengeschäft, vgl. dazu Anmerkung zu Abschn. 3.14 UStAE. Unter den Voraussetzungen des § 25b Abs. 1 und Abs. 2 UStG ergeben sich jedoch für den mittleren Unternehmer in der Reihe Vereinfachungen, die ihn aus der Steuerveranlagung in einem anderen Mitgliedstaat heraushalten, für den letzten Abnehmer ergeben sich in seinem Heimatland bestimmte zusätzliche Verpflichtungen.

Hinweis: Auftreten mit USt-IdNr. relevant

Nach der Rechtsprechung des EuGH (Urt. v. 19.4.2018 – C-580/16, Firma Hans Bühler KG, DStR 2018, 865) kann der erste Abnehmer (der in der Mitte befindliche Unternehmer) in dem Mitgliedstaat ansässig und dort für umsatzsteuerliche Zwecke registriert sein, in dem die Warenbewegung beginnt. Es ist ausreichend für die Anwendung der Regelungen zum Dreiecksgeschäft, wenn er in dem konkreten Rechtsgeschäft die USt-IdNr. eines anderen Mitgliedstaats verwendet.

Soweit der **letzte Abnehmer kein Unternehmer** ist, treten die Rechtsfolgen des innergemeinschaftlichen Dreiecksgeschäfts auch dann ein, wenn es sich bei dem Abnehmer um eine juristische Person handelt, die nicht Unternehmer ist oder den Gegenstand nicht für ihr Unternehmen erwirbt und in dem Mitgliedstaat für Zwecke der Umsatzsteuer erfasst ist, in dem sich der Gegenstand am Ende der Beförderung oder Versendung befindet, § 25b Abs. 1 Satz 2 UStG (dies ist durch eine zutreffende USt-IdNr. des letzten Abnehmers nachzuweisen).

Wenn die angegebenen Voraussetzungen erfüllt sind, treten nach § 25b Abs. 2 und Abs. 3 UStG **Vereinfachungen** für die steuerliche Abwicklung ein, die den mittleren und den letzten Unternehmer in der Reihe betreffen: Die eigentlich von dem mittleren Unternehmer in dem Mitgliedstaat, in dem die Warenbewegung endet, geschuldete Umsatzsteuer für die dort ausgeführte ruhende Lieferung nach § 3 Abs. 7 Satz 2 Nr. 2 UStG, wird von dem letzten Unternehmer in der Reihe geschuldet. Der von dem mittleren Unternehmer in dem Mitgliedstaat, in dem sich der Gegenstand am Ende der Beförderung oder Versendung befindet, zu erklärende innergemeinschaftliche Erwerb gilt nach § 25b Abs. 3 UStG als besteuert.

Damit ist gewährleistet, dass sich bei Vorliegen aller Voraussetzungen der mittlere Unternehmer nicht in dem Mitgliedstaat der Besteuerung unterziehen muss, in dem die Warenbewegung endet.

Die **Rechtsfolgen** für die beteiligten Unternehmer lassen sich aus der folgenden Zusammenstellung entnehmen:

	Erster Unternehmer	**Mittlerer Unternehmer**	**Letzter Unternehmer**
Lieferung	Steuerbar und steuerfrei in dem Mitgliedstaat, in dem die Warenbewegung beginnt, soweit Voraussetzung des § 4 Nr. 1 Buchst. b und § 6a Abs. 1 UStG erfüllt	Steuerbar und steuerpflichtig in dem Mitgliedstaat, in dem die Warenbewegung endet, Steuerschuldner wird der letzte Unternehmer	Führt keine Lieferung aus
Innergemeinschaftlicher Erwerb	Es liegt kein innergemeinschaftlicher Erwerb vor	Innergemeinschaftlicher Erwerb in dem Staat, in dem die Warenbewegung endet; gilt nach § 25b Abs. 3 UStG als besteuert. Innergemeinschaftlicher Erwerb in dem Staat, aus dem die USt-IdNr. verwendet wird, wenn die Lieferung an letzten Abnehmer nicht in der Zusammenfassenden Meldung angegeben wird.	Es liegt kein innergemeinschaftlicher Erwerb vor
Umsatzsteuer	Es entsteht keine Umsatzsteuer	Es entsteht keine Umsatzsteuer	Steuerschuldnerschaft für die Umsatzsteuer aufgrund der Lieferung des mittleren Unternehmers
Rechnung	Besondere Rechnung, kein Umsatzsteuer-Ausweis, Angabe der USt-IdNr. des ersten und des mittleren Unternehmers	Besondere Rechnung, kein Umsatzsteuer-Ausweis, Angabe der USt-IdNr. des mittleren und des letzten Unternehmers. Hinweis auf innergemeinschaftliches Dreiecksgeschäft	Stellt keine Rechnung aus
Meldevorschriften	Innergemeinschaftliche Lieferung muss in der Umsatzsteuer-Voranmeldung und der Zusammenfassenden Meldung angegeben werden	Lieferung im Rahmen des Dreiecksgeschäfts muss in der Zusammenfassenden Meldung mit besonderem Kennzeichen („2" oder durch ankreuzen) angegeben werden, die Lieferung ist gesondert in der Umsatzsteuer-Voranmeldung abzugeben	Die geschuldete Umsatzsteuer aufgrund der Übertragung der Steuerschuldnerschaft; ist in der Umsatzsteuer-Voranmeldung anzugeben
Bemessungsgrundlage	Erhaltene Zahlung	Erhaltene Zahlung	Geleistete Zahlung
Vorsteuerabzug	Gegebenenfalls Vorsteuerabzug aus Vorleistungen	Kein Vorsteuerabzug aus erhaltener Lieferung, da steuerfrei	Vorsteuerabzug in Höhe der geschuldeten Umsatzsteuer, soweit die allgemeinen Voraussetzungen des § 15 UStG vorliegen

Die **Finanzverwaltung** vertritt die Auffassung, dass ein innergemeinschaftliches Dreiecksgeschäft auch dann vorliegen kann, wenn mehr als drei Unternehmer an einem solchen Geschäft beteiligt sind. Die Wirkungen des Dreiecksgeschäfts sind dann auf die letzten drei beteiligten Unternehmer zu beschränken, Abschn. 25b.1 Abs. 2 UStAE.

2. Ordnungsgemäße Rechnung des mittleren Unternehmers notwendig

Liegen die Voraussetzungen des i.g. Dreiecksgeschäfts vor, wird der letzte Unternehmer in der Reihe für die ihm gegenüber von dem zweiten Unternehmer im Bestimmungsmitgliedstaat ausgeführte steuerbare und steuerpflichtige Lieferung zum Steuerschuldner, § 25b Abs. 2 UStG. Der mittlere Unternehmer muss nach § 14a Abs. 7 UStG eine **besondere Rechnung** ausstellen und in dieser Rechnung sowohl auf die Steuerschuldnerschaft des letzten Unternehmers als auch auf das Vorliegen des innergemeinschaftlichen Dreiecksgeschäfts hinweisen.

Hinweis: Ordnungsgemäße Rechnung notwendig

Nach der Rechtsprechung des EuGH (Urt. v. 8.12.2022 – C-247/21, Luxury Trust Automobil GmbH, BFH/NV 2023, 365) wird der Enderwerber im Rahmen eines Dreiecksgeschäfts nicht wirksam als Schuldner der Umsatzsteuer bestimmt, wenn die vom Zwischenerwerber ausgestellte Rechnung nicht die Angabe „Steuerschuldnerschaft des Leistungsempfängers" gem. Art. 226 Nr. 11a MwStSystRL enthält. Das Weglassen der erforderlichen Rechnungsangabe „Steuerschuldnerschaft des Leistungsempfängers" auf einer Rechnung kann nicht später durch Ergänzung eines Hinweises darauf berichtigt werden, dass diese Rechnung ein innergemeinschaftliches Dreiecksgeschäft betrifft und dass die Steuerschuld auf den Empfänger der Lieferung übergeht.

Der **BFH** (Urt. v. 17.7.2024 – XI R 38/19, BFH/NV 2024, 1345 sowie XI R 14/20, BFH/NV 2024, 1401) hatte während der Anhängigkeit des EuGH-Verfahrens zwei Verfahren ausgesetzt und nach dem Urteil des EuGH vom Dezember 2022 wieder aufgenommen. In seinen Entscheidungen hat er die Vorgaben des EuGH so umgesetzt und festgestellt, dass die nachträgliche Korrektur von Rechnungen im Hinblick auf die Voraussetzungen des § 14a Abs. 7 UStG **keine Rückwirkung** entfaltet. In der Folge ergeben sich dann für den mittleren Unternehmer die Konsequenzen eines „normalen" Reihengeschäfts, ohne dass sich die Vereinfachungsregelungen des § 25b UStG ergeben. Für den ersten Unternehmer in der Reihe ergeben sich dadurch keine Konsequenzen. Die Finanzverwaltung hat in ihrem Jahresendschreiben (BMF, Schreiben v. 20.12.2024, BStBl I 2024, 1682) lediglich einen Verweis auf die Rechtsprechung dahingehend aufgenommen, dass die nachträgliche Korrektur von Rechnungen im Hinblick auf die Voraussetzungen des § 14a Abs. 7 UStG keine Rückwirkung entfaltet. In jedem Fall sollte darauf geachtet werden, dass bei innergemeinschaftlichen Dreiecksgeschäften von Beginn an die **Rechnung des mittleren Unternehmers zutreffend ausgestellt** wird (ohne gesonderten Steuerausweis, Hinweis auf das innergemeinschaftliche Dreiecksgeschäft und den Übergang der Steuerschuldnerschaft auf den letzten Abnehmer).

Hinweis: Konsequenzen nicht ordnungsgemäßer Abrechnung

In den Fällen, in denen aufgrund des fehlenden Hinweises in Rechnung sich die Rechtsfolgen des innergemeinschaftlichen Dreiecksgeschäfts nach § 25b UStG nicht ergeben, hat der mittlere Unternehmer erhebliche Schwierigkeiten.

Die Lieferung des mittleren Unternehmers an den letzten Unternehmer bleibt die ruhende Lieferung, die im Bestimmungsland ausgeführt ist. Allerdings schuldet der mittlere Unternehmer die aufgrund dieser Lieferung im Bestimmungsstaat entstandene Umsatzsteuer und muss sich deshalb dort zur Umsatzsteuer registrieren lassen (kein Übergang der Steuerschuld auf den Leistungsempfänger nach § 25b Abs. 2 UStG oder § 13b UStG; keine Möglichkeit, die Umsatzsteuer im One-Stop-Shop-Verfahren zu erklären). Darüber hinaus hat der mittlere Unternehmer im Bestimmungsstaat einen innergemeinschaftlichen Erwerb der Besteuerung zu unterwerfen (gilt nicht mehr nach § 25b Abs. 3 UStG als besteuert), hat dort aber in aller Regel den Vorsteuerabzug aus der entstandenen Erwerbsteuer. Darüber hinaus wird der mittlere Unternehmer mit seiner aus seinem Heimatstaat stammenden USt-IdNr. gegenüber dem ersten Unternehmer aufgetreten sein. Damit verwirklicht er auch noch einen innergemeinschaftlichen Erwerb in seinem Heimatstaat (§ 3d Satz 2 UStG), der zu einer Erwerbsteuer führt, die nicht als Vorsteuer abgezogen werden kann (Ausschluss durch § 15 Abs. 1 Satz 1 Nr. 3 UStG); diese Erwerbsteuer kann nur rückgängig gemacht werden, wenn der mittlere Unternehmer seinen Finanzbehörden gegenüber nachweisen kann, dass er den innergemeinschaftlichen Erwerb tatsächlich im Bestimmungsmitgliedstaat der Besteuerung unterworfen hat, § 17 Abs. 2 Nr. 4 UStG.

3. Reihengeschäfte mit mehr als drei Beteiligten

Das EuG (Urt. v. 3.12.2025 – T-646/24, MS KLJUČAROVCI, d.o.o) hat zum i.g. Dreiecksgeschäft Stellung nehmen müssen. Ein solches Dreiecksgeschäft kann auch bei vier Unternehmern vorliegen, wobei sich die Wirkungen des Dreiecksgeschäfts auf die ersten drei Unternehmer beschränken können (anders Abschn. 25b.1 Abs 2 UStAE). Dies gilt aber nicht, wenn der mittlere Unternehmer sich an einer Steuerhinterziehung beteiligt.

Zu § 25 c UStG

UStG § 25 c Besteuerung von Umsätzen mit Anlagegold

(1) [1]Die Lieferung, die Einfuhr und der innergemeinschaftliche Erwerb von Anlagegold, einschließlich Anlagegold in Form von Zertifikaten über sammel- oder einzelverwahrtes Gold und über Goldkonten gehandeltes Gold, insbesondere auch Golddarlehen und Goldswaps, durch die ein Eigentumsrecht an Anlagegold oder ein schuldrechtlicher Anspruch auf Anlagegold begründet wird, sowie Terminkontrakte und im Freiverkehr getätigte Terminabschlüsse mit Anlagegold, die zur Übertragung eines Eigentumsrechts an Anlagegold oder eines schuldrechtlichen Anspruchs auf Anlagegold führen, sind steuerfrei. [2]Satz 1 gilt entsprechend für die Vermittlung der Lieferung von Anlagegold.

(2) Anlagegold im Sinne dieses Gesetzes sind:

1. Gold in Barren- oder Plättchenform mit einem von den Goldmärkten akzeptierten Gewicht und einem Feingehalt von mindestens 995 Tausendstel;
2. Goldmünzen, die einen Feingehalt von mindestens 900 Tausendstel aufweisen, nach dem Jahr 1800 geprägt wurden, in ihrem Ursprungsland gesetzliches Zahlungsmittel sind oder waren und üblicherweise zu einem Preis verkauft werden, der den Offenmarktwert ihres Goldgehalts um nicht mehr als 80 Prozent übersteigt.

(3) [1]Der Unternehmer, der Anlagegold herstellt oder Gold in Anlagegold umwandelt, kann eine Lieferung, die nach Absatz 1 Satz 1 steuerfrei ist, als steuerpflichtig behandeln, wenn sie an einen anderen Unternehmer für dessen Unternehmen ausgeführt wird. [2]Der Unternehmer, der üblicherweise Gold zu gewerblichen Zwecken liefert, kann eine Lieferung von Anlagegold im Sinne des Absatzes 2 Nr. 1, die nach Absatz 1 Satz 1 steuerfrei ist, als steuerpflichtig behandeln, wenn sie an einen anderen Unternehmer für dessen Unternehmen ausgeführt wird. [3]Ist eine Lieferung nach den Sätzen 1 oder 2 als steuerpflichtig behandelt worden, kann der Unternehmer, der diesen Umsatz vermittelt hat, die Vermittlungsleistung ebenfalls als steuerpflichtig behandeln.

(4) Bei einem Unternehmer, der steuerfreie Umsätze nach Absatz 1 ausführt, ist die Steuer für folgende an ihn ausgeführte Umsätze abweichend von § 15 Abs. 2 nicht vom Vorsteuerabzug ausgeschlossen:

1. die Lieferungen von Anlagegold durch einen anderen Unternehmer, der diese Lieferungen nach Absatz 3 Satz 1 oder 2 als steuerpflichtig behandelt;
2. die Lieferungen, die Einfuhr und der innergemeinschaftliche Erwerb von Gold, das anschließend von ihm oder für ihn in Anlagegold umgewandelt wird;
3. die sonstigen Leistungen, die in der Veränderung der Form, des Gewichts oder des Feingehalts von Gold, einschließlich Anlagegold, bestehen.

(5) Bei einem Unternehmer, der Anlagegold herstellt oder Gold in Anlagegold umwandelt und anschließend nach Absatz 1 Satz 1 steuerfrei liefert, ist die Steuer für an ihn ausgeführte Umsätze, die in unmittelbarem Zusammenhang mit der Herstellung oder Umwandlung des Goldes stehen, abweichend von § 15 Abs. 2 nicht vom Vorsteuerabzug ausgeschlossen.

(6) Bei Umsätzen mit Anlagegold gelten zusätzlich zu den Aufzeichnungspflichten nach § 22 die Identifizierungs-, Aufzeichnungs- und Aufbewahrungspflichten des Geldwäschegesetzes entsprechend.

UStAE 25 c.1. Besteuerung von Umsätzen mit Anlagegold

(1) [1]Steuerbefreit sind nach § 25 c Abs. 1 Satz 1 UStG die Lieferungen, die Einfuhr sowie der innergemeinschaftliche Erwerb von Anlagegold. [2]Als Lieferungen von Anlagegold gelten auch:

a) die Veräußerung von ideellen Miteigentumsanteilen an einem Goldbarrenbestand oder einem Goldmünzenbestand;
b) die Veräußerung von Gewichtsguthaben an einem Goldbarrenbestand, wenn die Gewichtskonten obligatorische Rechte ausweisen;
c) die Veräußerung von Goldbarrenzertifikaten oder Goldmünzenzertifikaten;
d) die Abtretung von Ansprüchen auf Lieferung von Goldbarren oder Goldmünzen;

e) die Veräußerung von Golddarlehen und Goldswaps, durch die ein Eigentumsrecht an Anlagegold oder ein schuldrechtlicher Anspruch auf Anlagegold begründet wird;
f) die Veräußerung von Terminkontrakten und im Freiverkehr getätigten Terminabschlüssen mit Anlagegold, die zur Übertragung eines Eigentumsrechts an Anlagegold oder eines schuldrechtlichen Anspruchs auf Anlagegold führen.

[3]Steuerfrei ist auch die Vermittlung der Lieferung von Anlagegold. [4]Optionsgeschäfte mit Anlagegold und die Vermittlung derartiger Dienstleistungen fallen unter die Steuerbefreiung nach § 4 Nr. 8 Buchstabe e UStG.

(2) [1]Unter die Steuerbefreiung fallen Goldbarren und -plättchen aus Feingold von mindestens 995 Tausendsteln mit eingestanzter oder geprägter Angabe des Herstellers, des Feingehalts und des Gewichts. [2]Das Herstellungsverfahren, das Gewicht und die Form des Goldes, sofern es vom Goldmarkt akzeptiert wird, sind unerheblich, wenn der Wert der Goldbarren oder -plättchen in erster Linie auf dem Preis des in ihnen enthaltenen Goldes beruht. [3]Die Barren und Plättchen können zum Beispiel mit bildlichen Darstellungen geprägt sein. [4]Goldmünzen müssen einen Goldgehalt von mindestens 900 Tausendsteln aufweisen, nach dem Jahr 1800 geprägt sein, im Ursprungsland gesetzliches Zahlungsmittel sein bzw. gewesen sein und üblicherweise zu einem Preis verkauft werden, der 180 % des Goldgehalts nicht übersteigt. [5]Eine Mindestauflagenhöhe ist nicht erforderlich.

(3) [1]Die Europäische Kommission veröffentlicht jährlich vor dem 1. Dezember in der Reihe C ABl. EU ein Verzeichnis der Goldmünzen, die die Kriterien für die Steuerbefreiung erfüllen. [2]Für Umsätze von Goldmünzen mit einen Goldgehalt von mindestens 900 Tausendsteln, die in dem Verzeichnis enthalten sind, gilt die Sonderregelung nach § 25c UStG während des gesamten Jahres, das auf das Jahr der Veröffentlichung folgt. [3]Bei Münzen, die nicht in dem Verzeichnis enthalten sind, hat der Unternehmer im Einzelfall zu prüfen, ob die genannten Voraussetzungen für die Behandlung als Anlagegold erfüllt sind. [4]Der Metallwert von Goldmünzen ist dabei grundsätzlich anhand des aktuellen Tagespreises für Gold zu ermitteln. [5]Maßgeblich ist der von der Londoner Börse festgestellte Tagespreis (Nachmittagsfixing) für die Feinunze Gold (1 Unze = 31,1035 Gramm). [6]Dieser in US-Dollar festgestellte Wert muss anhand der aktuellen Umrechnungskurse in Euro umgerechnet werden.

(4) Nicht zum Anlagegold gehört unverarbeitetes Gold (Industriegold), d.h. insbesondere Barren mit einem Feingehalt von weniger als 995 Tausendsteln, sowie Granalien und Feingoldband in handelsüblicher Form.

(5) [1]Zur Umsatzsteuerpflicht kann optieren:

- ein Unternehmer, der Anlagegold herstellt oder Gold in Anlagegold umwandelt, bei der Lieferung von Anlagegold.
- ein Unternehmer, der üblicherweise Gold zu gewerblichen Zwecken liefert, bei der Lieferung von Anlagegold in Barren- oder Plättchenform.

[2]Voraussetzung für die Option ist, dass er diese Lieferung an einen anderen Unternehmer für dessen Unternehmen ausführt. [3]Kreditinstitute sind grundsätzlich als Unternehmer anzusehen. [4]Vermittelt ein Unternehmer eine Lieferung von Anlagegold, kann er nur dann für die Vermittlungsleistung zur Steuerpflicht optieren, wenn der vermittelte Umsatz zuvor vom liefernden Unternehmer als steuerpflichtig behandelt worden ist. [5]Zum Vorsteuerabzug vgl. Abschnitt 15.13 Abs. 1.

(6) Im Übrigen bleiben die Regelungen des § 18 Abs. 7 UStG, § 49 UStDV unberührt.

(7) [1]Liegen für Goldlieferungen nach § 4 Nr. 4 UStG auch die Voraussetzungen der Steuerbefreiung für Anlagegold (§ 25c Abs. 1 und 2 UStG) vor, geht die Steuerbefreiung des § 25c Abs. 1 und 2 UStG der Steuerbefreiung des § 4 Nr. 4 UStG vor. [2]Liegen für die Lieferung von Anlagegold auch die Voraussetzungen einer Ausfuhrlieferung (§ 4 Nr. 1 Buchstabe a, § 6 UStG) bzw. einer innergemeinschaftlichen Lieferung (§ 4 Nr. 1 Buchstabe b, § 6a UStG) vor, geht die Steuerbefreiung des § 25c Abs. 1 und 2 UStG diesen Steuerbefreiungen vor.

Anmerkung

Anlagegold unterliegt unter den weiteren Bedingungen des § 25 c UStG (Art. 344 MwStSystRL) einer speziellen Umsatzsteuerbefreiung. Dabei ist der Begriff des Anlagegolds unionseinheitlich zu interpretieren. Der Mehrwertsteuerausschuss der EU hatte festgestellt, dass Gold in runder, ovaler oder unregelmäßiger Form auch als Anlagegold eingeordnet werden kann, sofern es vom Goldmarkt akzeptiert wird und einen Feingehalt von mindestens 995 Tausendsteln aufweist.

Hinweis: Bisher eingeschränkte Sichtweise der Verwaltung

Bisher ging die Finanzverwaltung davon aus, dass Anlagegold in Barren- oder Plättchenform angeboten wird.

Die Finanzverwaltung (BMF, Schreiben v. 8.6.2023, BStBl I 2023, 1069) hat klargestellt, dass es bei Anlagegold nicht auf die Form des Goldes ankommt, sofern diese Form vom Goldmarkt akzeptiert wird. Voraussetzung ist, dass es sich um Feingold von mindestens 995 Tausendsteln mit eingestanzter oder geprägter Angabe des Herstellers, des Feingoldgehalts und des Gewichts handelt. Nachdem die Finanzverwaltung schon 2023 (BMF, Schreiben v. 8.6.2023, BStBl I 2023, 1069) Anpassungen bezüglich der Form des Anlagegolds vorgenommen hatte, ist dies durch BMF, Schreiben v. 20.12.2024 (BStBl I 2024, 1682) weiter präzisiert worden. Das Herstellungsverfahren, das Gewicht und die Form des Goldes sind unerheblich, sofern es vom Goldmarkt akzeptiert wird, wenn der Wert der Goldbarren oder -plättchen in erster Linie auf dem Preis des in ihnen enthaltenen Goldes beruht.

Die Regelungen gelten in **allen offenen Fällen**.

Hinweis: Bei Steuerpflicht ermäßigten Steuersatz prüfen

Liegt kein „Anlagegold" vor, muss geprüft werden, ob das Gold als „Sammlermünze" i.S.d. § 12 Abs. 2 Nr. 1 UStG gilt und damit ab dem 1.1.2025 wieder mit dem ermäßigten Steuersatz besteuert werden kann.

Zu § 25 d UStG

UStG § 25 d *(weggefallen)*

UStAE 25 d.1. *(weggefallen)*

Zu § 25 e UStG

UStG § 25 e Haftung beim Handel über eine elektronische Schnittstelle

(1) Wer mittels einer elektronischen Schnittstelle die Lieferung eines Gegenstandes unterstützt (Betreiber), haftet für die nicht entrichtete Steuer aus dieser Lieferung; dies gilt nicht in den Fällen des § 3 Absatz 3 a.

(2) [1]Der Betreiber haftet nicht nach Absatz 1, wenn der liefernde Unternehmer im Sinne von § 22 f Absatz 1 Satz 1 Nummer 3 im Zeitpunkt der Lieferung über eine gültige, ihm vom Bundeszentralamt für Steuern nach § 27 a erteilte Umsatzsteuer-Identifikationsnummer verfügt. [2]Dies gilt nicht, wenn er Kenntnis davon hatte oder nach der Sorgfalt eines ordentlichen Kaufmanns hätte haben müssen, dass der liefernde Unternehmer seinen steuerlichen Verpflichtungen nicht oder nicht im vollen Umfang nachkommt.

(3) [1]Der Betreiber haftet des Weiteren nicht nach Absatz 1, wenn die Registrierung auf der elektronischen Schnittstelle des Betreibers nicht als Unternehmer erfolgt ist und der Betreiber die Anforderungen nach § 22 f Absatz 2 erfüllt. [2]Dies gilt nicht, wenn nach Art, Menge oder Höhe der erzielten Umsätze davon auszugehen ist, dass der Betreiber Kenntnis davon hatte oder nach der Sorgfalt eines ordentlichen Kaufmanns hätte haben müssen, dass die Umsätze im Rahmen eines Unternehmens erbracht werden.

(4) [1]Kommt der liefernde Unternehmer seinen steuerlichen Pflichten nicht oder nicht in wesentlichem Umfang nach, ist das für den liefernden Unternehmer zuständige Finanzamt berechtigt, dies dem Betreiber mitzuteilen, wenn andere Maßnahmen keinen unmittelbaren Erfolg versprechen. [2]Nach Zugang der Mitteilung haftet der Betreiber in den Fällen des Absatzes 2 für die Steuer auf Umsätze im Sinne des Absatzes 1, soweit das dem Umsatz zugrunde liegende Rechtsgeschäft nach dem Zugang der Mitteilung abgeschlossen worden ist. [3]Eine Inanspruchnahme des Betreibers nach Satz 2 erfolgt nicht, wenn der Betreiber innerhalb einer vom Finanzamt im Rahmen der Mitteilung nach Satz 1 gesetzten Frist nachweist, dass der liefernde Unternehmer über seine elektronische Schnittstelle keine Waren mehr anbieten kann. [4]Die Sätze 1 bis 3 sind in den Fällen des Absatzes 3 entsprechend anzuwenden.

(5) Eine elektronische Schnittstelle im Sinne dieser Vorschrift ist ein elektronischer Marktplatz, eine elektronische Plattform, ein elektronisches Portal oder Ähnliches.

(6) [1]Unterstützen im Sinne dieser Vorschrift bezeichnet die Nutzung einer elektronischen Schnittstelle, um es einem Leistungsempfänger und einem liefernden Unternehmer, der über eine elektronische Schnittstelle Gegenstände zum Verkauf anbietet, zu ermöglichen, in Kontakt zu treten, woraus eine Lieferung von Gegenständen an diesen Leistungsempfänger resultiert. [2]Der Betreiber einer elektronischen Schnittstelle unterstützt die Lieferung von Gegenständen jedoch dann nicht im Sinne dieser Vorschrift, wenn er weder unmittelbar noch mittelbar

1. irgendeine der Bedingungen für die Lieferung der Gegenstände festlegt,
2. an der Autorisierung der Abrechnung mit dem Leistungsempfänger bezüglich der getätigten Zahlungen beteiligt ist und
3. an der Bestellung oder Lieferung der Gegenstände beteiligt ist.

[3]Ein Unterstützen im Sinne dieser Vorschrift liegt auch dann nicht vor, wenn der Betreiber der elektronischen Schnittstelle lediglich eine der folgenden Leistungen anbietet:

1. die Verarbeitung von Zahlungen im Zusammenhang mit der Lieferung von Gegenständen,
2. die Auflistung von Gegenständen oder die Werbung für diese, oder
3. die Weiterleitung oder Vermittlung von Leistungsempfängern an andere elektronische Schnittstellen, über die Gegenstände zum Verkauf angeboten werden, ohne dass eine weitere Einbindung in die Lieferung besteht.

(7) Örtlich zuständig für den Erlass des Haftungsbescheides ist das Finanzamt, das für die Besteuerung des liefernden Unternehmers zuständig ist.

(8) Hat der liefernde Unternehmer keinen Wohnsitz oder gewöhnlichen Aufenthalt, Sitz oder Geschäftsleitung im Inland, einem anderen Mitgliedstaat der Europäischen Union oder in einem Staat, auf den das Abkommen über den europäischen Wirtschaftsraum anzuwenden ist, ist § 219 der Abgabenordnung nicht anzuwenden.

UStAE 25 e.1. Voraussetzung für die Haftung

[1]Betreiber einer elektronischen Schnittstelle im Sinne von § 25 e Abs. 1 UStG (Betreiber) haften für die nicht entrichtete Steuer aus einer Lieferung von Gegenständen, die nicht unter § 3 Abs. 3 a UStG fallen, wenn sie die Lieferung dieser Gegenstände mittels einer elektronischen Schnittstelle unterstützen. [2]Darunter können insbesondere die folgenden Fallgestaltungen fallen:

1. Lieferungen an einen Unternehmer, unabhängig von der Ansässigkeit des liefernden Unternehmers.

   Beispiel 1:

   [1]Ein in Deutschland ansässiger Händler H veräußert über eine elektronische Schnittstelle Handyhüllen an einen ebenfalls in Deutschland ansässigen Unternehmer U. [2]Die Ware wird vom Sitz des H oder aus einem Lager in Deutschland an den Sitz des U in Deutschland befördert oder versendet.

   [3]§ 3 Abs. 3 a Satz 1 UStG findet keine Anwendung, da der Empfänger der Lieferung ein Unternehmer und der Lieferer im Gemeinschaftsgebiet (hier: Deutschland) ansässig ist. [4]§ 3 Abs. 3 a Satz 2 UStG findet keine Anwendung, da die Ware nicht aus dem Drittlandsgebiet eingeführt wurde. [5]Für die

Lieferung des H an den U findet § 3 Abs. 6 Satz 1 UStG Anwendung. [6]Die Lieferung gilt als dort ausgeführt, wo die Beförderung oder Versendung an den Abnehmer beginnt (hier: Deutschland).

B e i s p i e l 2:

[1]Ein in der Schweiz ansässiger Händler H veräußert über eine elektronische Schnittstelle Schuhe an einen in Deutschland ansässigen Unternehmer U. [2]Die Ware wird aus einem Lager des H in Deutschland an den Sitz des U in Deutschland befördert oder versendet.

[3]§ 3 Abs. 3a Satz 1 UStG findet keine Anwendung, da der Empfänger der Lieferung ein Unternehmer ist. [4]§ 3 Abs. 3a Satz 2 UStG findet keine Anwendung, da die Ware nicht aus dem Drittlandsgebiet eingeführt wurde. [5]Für die Lieferung des H an den U findet § 3 Abs. 6 Satz 1 UStG Anwendung. [6]Die Lieferung gilt als dort ausgeführt, wo die Beförderung oder Versendung an den Abnehmer beginnt (hier: Deutschland).

B e i s p i e l 3:

[1]Ein in Deutschland ansässiger Händler H veräußert über eine elektronische Schnittstelle Schuhe (Sachwert: 100 €) an einen ebenfalls in Deutschland ansässigen Unternehmer U (kein Erwerber im Sinne des § 3 Abs. 3a Satz 5 UStG) zu der Lieferkondition „verzollt und versteuert". [2]Die Ware wird aus einem Lager des H in der Schweiz an den Sitz des U in Deutschland befördert oder versendet. [3]Die Zollanmeldung in Deutschland erfolgt durch H.

[4]§ 3 Abs. 3a Satz 2 UStG findet keine Anwendung, da der Empfänger der Lieferung ein Unternehmer und kein Erwerber im Sinne des § 3 Abs. 3a Satz 5 UStG ist. [5]Für die Lieferung des H an den U gilt der Ort nach § 3 Abs. 8 UStG als im Inland gelegen (hier: Deutschland).

2. Lieferungen, bei denen die Warenbewegung innerhalb des Gemeinschaftsgebietes erfolgt und der liefernde Unternehmer im Gemeinschaftsgebiet ansässig ist.

B e i s p i e l 1:

[1]Ein in Deutschland ansässiger Händler H veräußert über eine elektronische Schnittstelle Handyhüllen an eine Privatperson in Deutschland. [2]Die Ware wird aus einem Lager in Deutschland an den Wohnsitz der Privatperson in Deutschland versendet.

[3]Nach § 3 Abs. 3a Satz 1 UStG wird keine Lieferung zwischen dem Betreiber der elektronischen Schnittstelle und der Privatperson fingiert, da H im Gemeinschaftsgebiet ansässig ist. [4]§ 3 Abs. 3a Satz 2 UStG findet keine Anwendung, da die Ware nicht aus dem Drittlandsgebiet eingeführt wurde. [5]Für die Lieferung des H an die Privatperson findet § 3 Abs. 6 Satz 1 UStG Anwendung. [6]Die Lieferung gilt als dort ausgeführt, wo die Beförderung oder Versendung an den Abnehmer beginnt (hier: Deutschland).

B e i s p i e l 2:

[1]Ein in Frankreich ansässiger Händler H veräußert über eine elektronische Schnittstelle Handyhüllen an eine Privatperson in Deutschland. [2]Die Ware wird aus einem Lager in Frankreich an den Wohnsitz der Privatperson in Deutschland versendet. [3]H überschreitet die Umsatzschwelle von 10 000 € (§ 3c Abs. 4 Satz 1 UStG) oder verzichtet auf die Anwendung des § 3c Abs. 4 Satz 1 UStG (§ 3c Abs. 4 Satz 2 UStG).

[4]Nach § 3 Abs. 3a Satz 1 UStG wird keine Lieferung zwischen dem Betreiber der elektronischen Schnittstelle und der Privatperson fingiert, da H im Gemeinschaftsgebiet ansässig ist. [5]§ 3 Abs. 3a Satz 2 UStG findet keine Anwendung, da die Ware nicht aus dem Drittlandsgebiet eingeführt wurde. [6]Für die Lieferung des H an die Privatperson findet § 3c Abs. 1 UStG Anwendung. [7]Der Ort der Lieferung ist der Ort, an dem sich der Gegenstand bei Beendigung der Versendung an die Privatperson befindet (hier: Deutschland). [8]H kann das besondere Besteuerungsverfahren nach § 18j UStG (vgl. Abschnitt 18j.1) in Anspruch nehmen und den Umsatz darüber erklären. [9]Andernfalls hat H den Umsatz im Bestimmungsland (hier: Deutschland) im allgemeinen Besteuerungsverfahren (§ 18 Abs. 1 bis 4 UStG) zu erklären.

3. Lieferungen, bei denen die Ware vom Drittlandsgebiet in das Gemeinschaftsgebiet eingeführt wird, der Sachwert der Ware mehr als 150 € beträgt und sich der Ort der Lieferung nach § 3 Abs. 8 oder § 3c Abs. 2 UStG im Inland befindet, unabhängig von der Ansässigkeit des liefernden Unternehmers.

   Beispiel 1:

   [1]Ein in Frankreich ansässiger Händler H veräußert über eine elektronische Schnittstelle Schuhe (Sachwert: 250 €) an eine Privatperson in Deutschland (Lieferkondition „verzollt und versteuert"). [2]Die Ware wird von H aus einem Lager in der Schweiz an den Wohnsitz der Privatperson in Deutschland versendet. [3]Die Zollanmeldung in Deutschland erfolgt durch H.

   [4]§ 3 Abs. 3a Satz 2 UStG findet keine Anwendung, weil der Sachwert der Schuhe 150 € übersteigt. [5]Für die Lieferung des H an die Privatperson gilt der Ort nach § 3 Abs. 8 UStG als im Inland gelegen (hier: Deutschland).

   Beispiel 2:

   [1]Sachverhalt wie Beispiel 1. [2]Die Zollanmeldung erfolgt jedoch durch H in Frankreich.

   [3]§ 3 Abs. 3a Satz 2 UStG findet keine Anwendung, weil der Sachwert der Schuhe 150 € übersteigt. [4]Der Ort der Lieferung des H an die Privatperson verlagert sich auf Grund des Fernverkaufs eines aus dem Drittlandsgebiet eingeführten Gegenstands nach § 3c Abs. 2 UStG in das Inland (hier: Deutschland), da der Gegenstand in Frankreich eingeführt wurde und die Versendung des Gegenstands an den Erwerber im Inland endet.

[3]Gemäß § 25e Abs. 5 UStG ist eine elektronische Schnittstelle im Sinne dieser Vorschrift ein elektronischer Marktplatz, eine elektronische Plattform, ein elektronisches Portal oder jeder andere vergleichbare elektronische Handelsplatz. [4]Voraussetzung für die Haftung ist, dass mittels der elektronischen Schnittstelle die Lieferung eines Gegenstandes unterstützt wird. [5]Wann vom Unterstützen einer Lieferung auszugehen ist, ist in § 25e Abs. 6 UStG geregelt. [6]§ 25e Abs. 1 UStG findet keine Anwendung auf elektronische Schnittstellen, die die Voraussetzungen nach § 25e Abs. 6 Satz 2 UStG kumulativ oder lediglich eine der in § 25e Abs. 6 Satz 3 UStG genannten Voraussetzungen erfüllen, wie z.B. sog. Vermittlungsmarktplätze/-plattformen, die die Funktion eines „Schwarzen Brettes" haben und über die sich Nutzer über bestehende Angebote Dritter informieren und Kontakt zu einem möglichen Vertragspartner aufnehmen können sowie Plattformen/Portale, die ausschließlich der Abwicklung von Zahlungen dienen.

Anmerkung

1. Neufassung der Regelungen zum 1.7.2021

Zu den **neuen Haftungsregelungen** ab dem 1.7.2021 hat die Finanzverwaltung die Vorschriften in den **Abschn. 25e.1 bis 25e.4 UStAE** zusammengestellt.

> **Hinweis: Haftung nur für Umsatzsteuer eines Dritten**
>
> Eine Haftung eines Betreibers einer elektronischen Schnittstelle kann sich nur für eine von einem anderen Unternehmer geschuldete Umsatzsteuer ergeben. Wird ein Betreiber einer elektronischen Schnittstelle in eine fiktive Lieferkette als liefernder Unternehmer nach § 3 Abs. 3a UStG eingebunden, schuldet er aufgrund der Lieferfiktion selbst Umsatzsteuer, sodass in diesen Fällen eine Anwendung einer Haftungsregelung ausgeschlossen ist.

In **Abschn. 25e.1 UStAE** nimmt die Finanzverwaltung die verschiedenen Fallgestaltungen auf, die von der zugrunde liegenden Konstellation zu einer **Haftung für eine Lieferung** durch Unterstützung durch den Betreiber einer elektronischen Schnittstelle führen können; diese **drei Fallgruppen** erläutert die Finanzverwaltung dann mit insgesamt sieben Beispielen:

1. **Lieferungen an Unternehmer, unabhängig von der Ansässigkeit des liefernden Unternehmers** – in diesen Fällen kann es zu keiner Anwendung der Regelungen über die Ortsbestimmung nach § 3c UStG (Fernverkäufe) kommen, sodass im Regelfall der Ort der Lieferung dort ist, wo die Warenbe-

wegung beginnt (§ 3 Abs. 6 UStG) oder wo die Ware in das Gemeinschaftsgebiet eingeführt wird (§ 3 Abs. 8 UStG, wenn der liefernde Unternehmer der Schuldner der bei der Einfuhr zu entrichtenden Umsatzsteuer ist).

2. Lieferungen, bei denen die **Warenbewegung innerhalb des Gemeinschaftsgebiets erfolgt** und der **liefernde Unternehmer im Gemeinschaftsgebiet ansässig** ist – da in dieser Fallgruppe auch Nichtunternehmer Leistungsempfänger sein können, kann sich der Ort der Lieferung sowohl nach den Grundregelungen (regelmäßig § 3 Abs. 6 UStG als Beförderungs- oder Versendungslieferung; unter den Bedingungen des § 3 Abs. 8 UStG auch im Einfuhrland) als auch nach der Sondervorschrift für die Fernverkäufe (§ 3 c UStG) richten.
3. Lieferungen, bei denen die Ware vom Drittlandsgebiet in das Gemeinschaftsgebiet eingeführt wird, der **Sachwert der Ware mehr als 150 €** beträgt und sich der Ort der Lieferung nach § 3 Abs. 8 oder § 3 c Abs. 2 UStG im Inland befindet; in diesen Fällen kommt es nicht auf die Ansässigkeit des leistenden Unternehmers an.

Hinweis: Keine Anwendung für Vermittlungsmarktplätze

Keine elektronischen Schnittstellen i. S. d. Regelung sind sog. Vermittlungsmarktplätze oder -plattformen, die die Funktion eines „Schwarzen Bretts" haben und über die sich Nutzer über bestehende Angebote Dritter informieren und Kontakt zu einem möglichen Vertragspartner aufnehmen können. Dies gilt entsprechend für Plattformen oder Portale, die ausschließlich der Abwicklung von Zahlungen dienen.

2. Einführung standardisierter Anschreiben

Entrichtet der Händler die von ihm geschuldete Umsatzsteuer nicht, **haftet** unter bestimmten Umständen – insbesondere bei einem Verstoß gegen die Aufzeichnungsvorschriften – **der Marktplatzbetreiber** nach § 25 e UStG. Nach § 25 e Abs. 3 UStG haftet der Betreiber des elektronischen Marktplatzes aber nicht für die entstandene und nicht abgeführte Umsatzsteuer aus Lieferungen, die auf seinem Marktplatz rechtlich begründet wurden, wenn die Registrierung des Lieferers auf dem Markplatz nicht als Unternehmer erfolgt ist und der Betreiber des elektronischen Marktplatzes den hierfür geltenden Aufzeichnungs- und Aufbewahrungspflichten nach § 22 f Abs. 2 UStG nachgekommen ist; dies gilt aber nicht, wenn er Kenntnis darüber haben müsste, dass die Registrierung als Nichtunternehmer zu Unrecht erfolgt ist.

Die Finanzverwaltung hatte mit Schreiben v. 7.10.2019, BStBl I 2019, 999 drei **Vordruckmuster** vorgestellt, die im Zusammenhang mit der Registrierung und der Haftung des Marktplatzbetreibers verwendet werden, diese Vordruckmuster sind mit Schreiben v. 28.7.2021 von der Finanzverwaltung an die **neuen seit dem 1.7.2021 geltenden Regelungen angepasst** worden; das Musterschreiben USt 1 TM ist zum 30.6.2021 ersatzlos aufgehoben worden:

- **USt 1 TK** (zu § 25 e Abs. 4 Satz 1 bis Satz 3 UStG): Mitteilung an den Betreiber des Marktplatzes, dass ein als **Unternehmer** registrierter Händler seinen umsatzsteuerlichen Pflichten nicht oder nicht im wesentlichen Umfang nachkommt. Dem Unternehmer wird eine Frist gesetzt, bis der er nachweisen kann, dass der Händler über seinen Marktplatz keine Umsätze mehr ausführt.
- **USt 1 TL** (zu § 25 e Abs. 4 Satz 4 UStG): Mitteilung an den Betreiber des Marktplatzes, dass ein als **Nichtunternehmer** registrierter Händler die Umsätze (wohl) im Rahmen seines Unternehmens ausgeführt hat. Dem Unternehmer wird eine Frist gesetzt, bis der er nachweisen kann, dass der Händler über seinen Marktplatz keine Umsätze mehr ausführt.

UStAE 25 e.2. Tatbestandsmerkmale für einen Haftungsausschluss

(1) [1]Der Betreiber haftet nach § 25 e Abs. 1 UStG für die nicht entrichtete Steuer aus Lieferungen, die mittels seiner elektronischen Schnittstelle unterstützt wurden; dies gilt nicht in Fällen des § 3 Abs. 3 a UStG. [2]Der Betreiber haftet nach § 25 e Abs. 2 Satz 1 UStG insoweit nicht für die nicht entrichtete Steuer

aus Lieferungen, die mittels seiner elektronischen Schnittstelle unterstützt wurden, wenn der liefernde Unternehmer im Zeitpunkt der Lieferung über eine nach § 27a UStG erteilte, gültige USt-IdNr. verfügt (vgl. § 22f Abs. 1 Satz 1 Nr. 3 UStG). [3]Auch in den Fällen, in denen der liefernde Unternehmer gegenüber dem Betreiber erklärt, dass die Voraussetzungen für die Vergabe einer USt-IdNr. durch das BZSt nach § 27a UStG an ihn nicht vorliegen, weil er im Inland keine steuerbaren Umsätze im allgemeinen Besteuerungsverfahren (§ 18 Abs. 1 bis 4 UStG) zu erklären hat, gilt § 25e Abs. 2 Satz 1 UStG entsprechend. [4]Dies trifft insbesondere auf folgende Fälle zu:

1. [1]Im übrigen Gemeinschaftsgebiet ansässige Unternehmer, die im Gemeinschaftsgebiet ausschließlich innergemeinschaftliche Fernverkäufe im Sinne des § 3c Abs. 1 Sätze 2 und 3 UStG ausführen, die im Inland nicht steuerbar sind, weil die Umsatzschwelle im Sinne des § 3c Abs. 4 Satz 1 UStG nicht überschritten wird. [2]In diesen Fällen kann der Betreiber zum Nachweis der steuerlichen Erfassung die dem liefernden Unternehmer erteilte und zum Zeitpunkt der Lieferung gültige USt-IdNr. eines anderen EU-Mitgliedstaats aufzeichnen. [3]Soweit der liefernde Unternehmer nicht über eine USt-IdNr. verfügt, hat der Betreiber in geeigneter Weise nachzuweisen, dass die von dem Unternehmer ausgeführten Lieferungen im Inland nicht steuerbar sind, weil die Umsatzschwelle im Sinne des § 3c Abs. 4 Satz 1 UStG nicht überschritten ist (z.B. durch Abgabe einer entsprechenden Erklärung durch den betreffenden Unternehmer).
2. [1]Im übrigen Gemeinschaftsgebiet ansässige Unternehmer, die im Inland ausschließlich steuerpflichtige innergemeinschaftliche Fernverkäufe nach § 3c Abs. 1 Sätze 2 und 3 UStG erbringen und diese im besonderen Besteuerungsverfahren nach § 18j UStG erklären. [2]In diesen Fällen kann der Betreiber zum Nachweis der steuerlichen Erfassung die dem liefernden Unternehmer erteilte und zum Zeitpunkt der Lieferung gültige USt-IdNr. des EU-Mitgliedstaates, bei dem er die Teilnahme an dem besonderen Besteuerungsverfahren angezeigt hat, aufzeichnen.
3. [1]Unternehmer, die ausschließlich Lieferungen an Abnehmer im Inland ausführen, bei denen die Beförderung oder Versendung nach Abschluss des Kaufvertrages im Drittlandsgebiet beginnt (sog. Direktverkäufe), der Sachwert der Ware mehr als 150 € beträgt und für die der Ort der Lieferungen nicht nach § 3 Abs. 8 UStG oder nach § 3c Abs. 2 UStG im Inland gelegen ist bzw. keine Pflicht zur steuerlichen Erfassung im Inland besteht. [2]Auch in diesen Fällen muss der Betreiber einen entsprechenden Nachweis in geeigneter Weise vorhalten (z.B. durch Abgabe einer entsprechenden Erklärung durch den betreffenden Unternehmer).

[5]Betreiber, die ausschließlich über eine von einem anderen EU-Mitgliedstaat erteilte USt-IdNr. verfügen, können für die Prüfung der Voraussetzungen nach § 25e Abs. 2 Satz 1 UStG die dort bereitgestellten Verfahren zur Bestätigung von USt-IdNrn. der auf ihrer elektronischen Schnittstelle liefernden Unternehmer nutzen.

(2) [1]Die Befreiung aus der Haftung nach Absatz 1 tritt nicht ein, wenn der Betreiber davon Kenntnis hatte oder nach der Sorgfalt eines ordentlichen Kaufmanns hätte haben müssen, dass der liefernde Unternehmer seinen umsatzsteuerlichen Pflichten nicht oder nicht im vollen Umfang nachkommt (vgl. § 25e Abs. 2 Satz 2 UStG). [2]Unabhängig davon haftet der Betreiber in Fällen des Absatz 1 Satz 1 immer dann für die nicht entrichtete Steuer, wenn der liefernde Unternehmer im Zeitpunkt der Lieferung nicht über eine nach § 27a UStG erteilte, gültige USt-IdNr. oder der Betreiber nicht über einen Nachweis nach Absatz 1 Satz 4 verfügte. [3]In diesen Fällen kommt es auf die Kenntnis des Betreibers, ob der liefernde Unternehmer seinen steuerlichen Pflichten nachkommt, nicht an.

(3) [1]Von einer Kenntnis oder einem Kennenmüssen ist insbesondere auszugehen, wenn der Betreiber ihm offensichtliche oder bekanntgewordene Tatsachen außer Acht lässt, die auf eine umsatzsteuerliche Pflichtverletzung des liefernden Unternehmers schließen lassen. [2]Ein aktives Ausforschen ist dazu nicht erforderlich. [3]Das Kennenmüssen bezieht sich hierbei lediglich auf Sachverhalte, die dem Betreiber im Rahmen seines eigenen Unternehmens bekannt werden und auf eine umsatzsteuerliche Pflichtverletzung schlussfolgern lassen. [4]In diesen Fällen haftet der Betreiber nicht, wenn er den auf seiner elektronischen Schnittstelle tätigen Unternehmer auf die Pflichtverletzung hinweist und ihn auffordert, diese innerhalb einer Frist (längstens zwei Monate) abzustellen und der Unternehmer dieser Aufforderung nachkommt. [5]In den Fällen, in denen der Unternehmer der vorgenannten Aufforderung des Betreibers nicht nachkommt, scheidet eine Haftung nach § 25e Abs. 2 Satz 2 UStG nur aus, wenn der Betreiber den

Unternehmer nach Ablauf der gesetzten Frist vom weiteren Handel auf seiner elektronischen Schnittstelle ausschließt (Sperrung aller bestehenden Accounts). [6]Gleiches gilt insbesondere für die Frage der Überschreitung der Umsatzschwelle nach Absatz 1 Satz 4 Nr. 1 und die Frage, ob die Voraussetzungen nach Absatz 1 Satz 4 Nr. 2 und 3 vorliegen. [7]In den Fällen, in denen der Unternehmer im Rahmen der vom Betreiber gesetzten Frist nicht der Aufforderung nachkommt, seine umsatzsteuerlichen Pflichten zu erfüllen und der Betreiber den betreffenden Unternehmer vom weiteren Handel auf seiner elektronischen Schnittstelle ausschließt (Sperrung aller bestehenden Accounts), sollte der Betreiber die Finanzverwaltung informieren.

(4) [1]Nach § 25 e Abs. 3 UStG haftet der Betreiber nicht für die entstandene und nicht entrichtete Umsatzsteuer aus Lieferungen, die mittels seiner elektronischen Schnittstelle unterstützt wurden, wenn die Registrierung des Lieferers auf der elektronischen Schnittstelle nicht als Unternehmer erfolgt ist und der Betreiber den hierfür geltenden Aufzeichnungs- und Aufbewahrungspflichten nach § 22 f Abs. 2 in Verbindung mit Absatz 1 Satz 1 UStG nachgekommen ist. [2]Dies gilt nach § 25 e Abs. 3 Satz 2 UStG nicht in Fällen, in denen der Betreiber nachweislich nach Art, Menge oder Höhe der Umsätze Kenntnis hatte oder nach der Sorgfalt eines ordentlichen Kaufmanns hätte haben müssen, dass die Registrierung als Nichtunternehmer zu Unrecht erfolgt ist. [3]§ 2 Abs. 1 UStG gilt entsprechend. [4]Für die Abgrenzung, ob es sich um eine unternehmerische Tätigkeit handelt, ist grundsätzlich nur die Tätigkeit auf der eigenen elektronischen Schnittstelle maßgebend. [5]Das Erreichen einer bestimmten Umsatzhöhe reicht für die Beurteilung der Frage, ob eine Tätigkeit unternehmerisch ausgeführt wird, allein nicht aus. [6]Unabhängig davon ist ein deutliches Anzeichen dafür, dass die Registrierung auf einer elektronischen Schnittstelle als Nichtunternehmer zu Unrecht erfolgte, wenn der mittels der elektronischen Schnittstelle erzielte Umsatz eine Höhe von 22 000 € innerhalb eines Kalenderjahres erreicht. [7]Absatz 3 Sätze 4, 5 und 7 gelten entsprechend.

Anmerkung

In **Abschn. 25e.2 UStAE** nimmt die Finanzverwaltung zu den Tatbestandsmerkmalen für den **Haftungsausschluss** Stellung. Grundsätzlich haftet der Betreiber der elektronischen Schnittstelle nicht für die Umsatzsteuer, wenn der liefernde Unternehmer im Zeitpunkt der Lieferung über eine **gültige deutsche USt-IdNr.** verfügt. In Fällen, in denen der **liefernde Unternehmer in Deutschland nicht registriert ist** und deshalb keinen Anspruch auf Erteilung einer USt-IdNr. hat, kann sich auch ein Haftungsausschluss ergeben, wenn dies vom Unternehmer gegenüber dem Betreiber der elektronischen Schnittstelle erklärt wird und **weitere Nachweise** vorgelegt werden. Dies sind insbesondere:

- **Unternehmer aus dem übrigen Gemeinschaftsgebiet**, die im Inland ausschließlich Lieferungen i. S. d. § 3 c Abs. 1 UStG ausführen und die **unionseinheitliche Umsatzschwelle von 10.000 € nicht überschreiten** und auch nicht auf die Anwendung verzichten. In diesen Fällen ist die **ausländische USt-IdNr.** aufzuzeichnen; liegt keine solche USt-IdNr. vor, kann auch durch eine Erklärung des liefernden Unternehmers nachgewiesen werden, dass die Lieferung **im Inland nicht steuerbar** ist.
- **Unternehmer aus dem übrigen Gemeinschaftsgebiet**, die im Inland ausschließlich steuerpflichtige Lieferungen i. S. d. § 3 c Abs. 1 UStG (innergemeinschaftliche Fernverkäufe) ausführen, die **unionseinheitliche Umsatzschwelle überschreiten** und die Umsätze in einem anderen Mitgliedstaat über die **One-Stop-Shop-Regelung** besteuern. In diesem Fall ist die USt-IdNr. des Staates aufzuzeichnen, in dem die Registrierung zum One-Stop-Shop erfolgt ist.
- **Unternehmer**, die ausschließlich **Lieferungen an Abnehmer im Inland ausländische USt-IdNr. ausführen**, bei denen die **Beförderung oder Versendung im Drittland beginnt**, der **Sachwert der Ware mehr als 150 €** beträgt und für die der Ort der Lieferung nicht nach § 3 Abs. 8 oder § 3 c Abs. 2 UStG im Inland ist. In diesen Fällen besteht keine Pflicht zur steuerlichen Erfassung der liefernden Unternehmer. Der Nachweis kann über eine Erklärung des leistenden Unternehmers geführt werden.

Hinweis: Kein Haftungsausschluss bei Kenntnis der Pflichtverletzung

Kein Haftungsausschluss kann sich ergeben, wenn der Betreiber der elektronischen Schnittstelle Kenntnis hatte oder Kenntnis hätte haben müssen, dass der leistende Unternehmer seinen umsatzsteuerlichen Pflichten nicht oder nicht vollständig nachkommt (Abschn. 25e.2 Abs. 2 UStAE). Der

Betreiber der elektronischen Schnittstelle muss aber den Vertragspartner nicht aktiv ausforschen. Stellt er im Rahmen seiner Tätigkeit Verstöße seines Vertragspartners fest, hat er diesen mit Fristsetzung von längstens zwei Monaten aufzufordern, diese Verstöße abzustellen. Kommt der Unternehmer dieser Aufforderung nicht nach, scheidet eine Haftung des Betreibers der elektronischen Schnittstelle nur aus, wenn er den Unternehmer nach Ablauf der Frist von dem weiteren Handel ausschließt (Abschn. 25e.2 Abs. 3 UStAE). Dies gilt entsprechend bei Überschreiten der unionseinheitlichen Umsatzschwelle von 10.000 € (§ 3 c Abs. 4 UStG).

Der Betreiber der elektronischen Schnittstelle haftet auch nicht für entgangene Umsatzsteuer, wenn sich der **Lieferer als Nichtunternehmer angemeldet** hatte und der Betreiber der Schnittstelle seinen Aufzeichnungsverpflichtungen nach § 22 f Abs. 2 UStG nachgekommen ist.

Hinweis: Kein Haftungsausschluss bei Kenntnis der fehlerhaften Registrierung

Auch in diesem Fall muss der Betreiber der elektronischen Schnittstelle überwachen, ob die Registrierung als Nichtunternehmer zu Unrecht erfolgt ist. Ein deutliches Anzeichen dafür liegt insbesondere vor, wenn der Umsatz des Lieferers über diese Schnittstelle innerhalb eines Kalenderjahrs 22.000 € (dies ist die bis Ende 2024 maßgebliche Umsatzgrenze für Kleinunternehmer nach § 19 Abs. 1 UStG; seit 2025 müssten es hier 25.000 € sein, eine Anpassung ist aber bisher nicht erfolgt) übersteigt, Abschn. 25e.2 Abs. 4 UStAE.

UStAE 25 e.3. Verfahren bei Vorliegen von Pflichtverletzungen

(1) [1]Liegen dem nach § 21 AO örtlich zuständigen Finanzamt Erkenntnisse vor, dass ein Unternehmer, der im Inland steuerbare Umsätze über eine elektronische Schnittstelle ausführt, seinen umsatzsteuerlichen Pflichten nicht nachkommt und andere von ihm zu veranlassende Maßnahmen keinen unmittelbaren Erfolg versprechen, ist es nach § 25 e Abs. 4 Satz 1 UStG berechtigt, den betreffenden Betreiber hierüber zu informieren (Offenbarungsbefugnis). [2]Mit dem Zugang dieser Mitteilung ist dem Betreiber die Möglichkeit einzuräumen, innerhalb der vom Finanzamt gesetzten Frist auf den betreffenden Unternehmer einzuwirken, damit dieser seinen umsatzsteuerlichen Pflichten nachkommt, oder sicherzustellen, dass der Unternehmer über seine elektronische Schnittstelle keine weiteren Umsätze ausführen kann (Sperrung aller bestehenden Accounts). [3]Für die Frage, wann die Mitteilung zugegangen ist, gelten die Regelungen des § 122 AO entsprechend. [4]Umsatzsteuerliche Pflichtverletzungen nach Satz 1 sind insbesondere:

1. Abgabe unrichtiger Umsatzsteuer-Voranmeldungen/Umsatzsteuererklärungen für das Kalenderjahr,
2. Nichtabgabe von Umsatzsteuer-Voranmeldungen/Umsatzsteuererklärungen für das Kalenderjahr,
3. Nichtzahlung oder nicht vollständige Zahlung fälliger Umsatzsteuerbeträge oder
4. Nichtbenennung eines Empfangsbevollmächtigten im Inland nach § 22 f Abs. 1 Satz 2 UStG (vgl. Abschnitt 22 f.2).

(2) [1]Weist der Betreiber innerhalb der gesetzten Frist nach, dass der betreffende Unternehmer über seine elektronische Schnittstelle keine Waren mehr anbieten kann (Sperrung aller bestehenden Accounts), wird eine Inanspruchnahme nach § 25 e Abs. 4 Satz 2 UStG für die nicht entrichtete Umsatzsteuer hinfällig. [2]Wird dieser Nachweis vom Betreiber in der gesetzten Frist nicht erbracht, haftet er nach § 25 e Abs. 4 Satz 2 UStG für die entstandene und nicht entrichtete Umsatzsteuer aus Umsätzen, die mittels seiner elektronischen Schnittstelle unterstützt wurden und bei denen das Rechtsgeschäft nach Zustellung der Mitteilung vom Finanzamt abgeschlossen wurde. [3]Gleiches gilt in Fällen, in denen die Registrierung beim Betreiber als Nichtunternehmer erfolgte und das nach § 21 AO örtlich zuständige Finanzamt dem Betreiber mitgeteilt hat, dass die Tätigkeit im Rahmen eines Unternehmens erfolgt.

Anmerkung

In **Abschn. 25e.3 UStAE** werden von der Finanzverwaltung die **Verfahren bei Vorliegen von Pflichtverletzungen** aufgenommen. Insbesondere regelt die Finanzverwaltung darin auch eine **Offenbarungsbefugnis**, nach der die Finanzverwaltung den Betreiber einer elektronischen Schnittstelle über Verstöße gegen die umsatzsteuerlichen Pflichten der liefernden Unternehmer unterrichten kann, wenn andere Maßnahmen keinen Erfolg haben. In diesem Fall kann dann der Betreiber auf den liefernden Unternehmer einwirken, seinen steuerlichen Pflichten nachzukommen oder ihn von dem weiteren Handel auszuschließen. Solche **Pflichtverletzungen** sind insbesondere:

- Nichtabgabe oder unrichtige Abgabe von Voranmeldungen oder Jahressteuererklärungen,
- Nichtzahlung oder nicht vollständige Zahlung der fälligen Umsatzsteuerbeträge oder
- die Nichtbenennung eines Empfangsbevollmächtigten im Inland.

Hinweis: Haftung nach Mitteilung

Kann der Betreiber der elektronischen Schnittstelle nicht innerhalb der gesetzten Frist nachweisen, dass der liefernde Unternehmer seinen umsatzsteuerlichen Pflichten nachkommt, haftet er für die Umsatzsteuer aus Rechtsgeschäften, die nach Zugang der Mitteilung abgeschlossen wurden.

UStAE 25e.4. Einleitung des Haftungsverfahrens

[1]Liegen die Voraussetzungen für eine Haftung nach § 25e Abs. 1 UStG vor, ist der Betreiber zunächst anzuhören (§ 91 Abs. 1 Satz 1 AO). [2]Die Darlegungs- und Feststellungslast der Kenntnis oder des Kennenmüssens liegt grundsätzlich bei dem für den Erlass des Haftungsbescheids zuständigen Finanzamt. [3]Zuständig für die Durchführung des Haftungsverfahrens ist das für den liefernden Unternehmer örtlich zuständige Finanzamt (§ 25e Abs. 7 UStG und § 21 AO). [4]Im Rahmen der Anhörung ist dem Betreiber Gelegenheit zu geben, die Kenntnis oder das Kennenmüssen zu widerlegen.

Anmerkung

Zur **Einleitung des Haftungsverfahrens** regelt die Finanzverwaltung in **Abschn. 25e.4 UStAE**, dass der Betreiber der elektronischen Schnittstelle zunächst **anzuhören** ist. Im Anhörungsverfahren ist dem Betreiber Gelegenheit zu geben, die Kenntnis oder das Kennenmüssen zu widerlegen. **Zuständig** ist das **für den liefernden Unternehmer zuständige Finanzamt**.

Zu § 25f UStG

UStG § 25f Versagung des Vorsteuerabzugs und der Steuerbefreiung bei Beteiligung an einer Steuerhinterziehung

(1) Sofern der Unternehmer wusste oder hätte wissen müssen, dass er sich mit der von ihm erbrachten Leistung oder seinem Leistungsbezug an einem Umsatz beteiligt, bei dem der Leistende oder ein anderer Beteiligter auf einer vorhergehenden oder nachfolgenden Umsatzstufe in eine begangene Hinterziehung von Umsatzsteuer oder Erlangung eines nicht gerechtfertigten Vorsteuerabzugs im Sinne des § 370 der Abgabenordnung oder in eine Schädigung des Umsatzsteueraufkommens im Sinne der §§ 26a, 26c einbezogen war, ist Folgendes zu versagen:

1. die Steuerbefreiung nach § 4 Nummer 1 Buchstabe b in Verbindung mit § 6a,
2. der Vorsteuerabzug nach § 15 Absatz 1 Satz 1 Nummer 1,
3. der Vorsteuerabzug nach § 15 Absatz 1 Satz 1 Nummer 3 sowie
4. der Vorsteuerabzug nach § 15 Absatz 1 Satz 1 Nummer 4.

(2) § 25b Absatz 3 und 5 ist in den Fällen des Absatzes 1 nicht anzuwenden.

UStAE 25f.1. Versagung des Vorsteuerabzugs und der Steuerbefreiung bei Beteiligung an einer Steuerhinterziehung

(1) Der den Vorsteuerabzug nach § 15 Abs. 1 Satz 1 Nr. 1, 3 und 4 UStG beziehungsweise die Steuerbefreiung nach § 4 Nr. 1 Buchstabe b in Verbindung mit § 6a UStG begehrende Unternehmer trägt grundsätzlich die Feststellungslast für das Vorliegen der hierfür erforderlichen materiellen Voraussetzungen.

(2) [1]Weist das Finanzamt nach, dass der Unternehmer wusste oder hätte wissen müssen, dass er sich mit seinem Eingangs- oder Ausgangsumsatz an einem Umsatz beteiligt, bei dem der Leistende oder ein anderer Beteiligter auf einer vorhergehenden oder nachfolgenden Umsatzstufe in eine begangene Hinterziehung von Umsatzsteuer, an einer Erlangung eines nicht gerechtfertigten Vorsteuerabzugs im Sinne des § 370 AO oder in eine Schädigung des Umsatzsteueraufkommens im Sinne der §§ 26a und 26c UStG einbezogen war, sind der geltend gemachte Vorsteuerabzug und die in Anspruch genommene Steuerbefreiung für die entsprechende innergemeinschaftliche Lieferung zu versagen. [2]Dabei ist dem Unternehmer auch das Wissen oder Wissen müssen seiner Angestellten in analoger Anwendung von § 166 BGB zuzurechnen, welches die Angestellten im Rahmen ihrer jeweiligen Zuständigkeit erlangt haben oder hätten erlangen müssen (BFH-Urteil vom 19. 5. 2010 – XI R 78/07). [3]Die Feststellung einer Steuerhinterziehung kann sowohl den unmittelbaren Eingangs- oder Ausgangsumsatz des Unternehmers als auch einen Umsatz auf allen vor- und nachgelagerten Umsatzstufen innerhalb der Leistungskette umfassen.

(3) [1]Voraussetzung für die Anwendung der Regelung des § 25f UStG ist, dass der objektive und subjektive Tatbestand des § 370 AO bzw. der §§ 26a oder 26c UStG auf mindestens einer Umsatzstufe innerhalb der Leistungskette erfüllt sind. [2]Eine strafgerichtliche Verurteilung oder bußgeldrechtliche Ahndung ist nicht erforderlich. [3]An Entscheidungen im straf- oder bußgeldrechtlichen Verfahren ist das Finanzamt bei Anwendung des § 25f UStG nicht gebunden.

(4) [1]Ein Unternehmer, der alle Maßnahmen getroffen hat, die vernünftigerweise von ihm verlangt werden können, um sicherzustellen, dass seine Umsätze nicht in eine Umsatzsteuerhinterziehung und nicht in eine Schädigung des Umsatzsteueraufkommens einbezogen sind, kann grundsätzlich auf die zutreffende steuerrechtliche Behandlung dieser Umsätze vertrauen, ohne Gefahr zu laufen, sein Recht auf Vorsteuerabzug oder auf Steuerbefreiung zu verlieren. [2]Gleiches gilt für Umsätze innerhalb einer Leistungskette im Sinne von Absatz 2 Satz 3. [3]Sofern Anhaltspunkte für Unregelmäßigkeiten, insbesondere eine Steuerhinterziehung, entweder bei der Aufnahme neuer oder bei bestehenden Geschäftsbeziehungen erkennbar sind, muss der Unternehmer weitergehende geeignete Maßnahmen ergreifen (z. B. Auskünfte einholen) und dies auch geeignet dokumentieren. [4]Kommt der Unternehmer dem nicht nach oder kann vorliegende Zweifel durch die ergriffenen Maßnahmen nicht ausräumen, und geht die Geschäftsbeziehung dennoch ein oder führt diese fort, ist von einem Wissen oder Wissen müssen des Unternehmers auszugehen.

(5) Anhaltspunkte im Sinne von Absatz 4 Satz 3 liegen beispielsweise vor, wenn:

- der Unternehmer durch einen Dritten aufgefordert/gebeten wird, sich an Umsätzen zu beteiligen, bei denen der Dritte die Rahmenbedingungen für das Umsatzgeschäft vorgibt (z. B. Vermittlung von Beteiligten, Vorgabe von Einkaufs-/Verkaufspreisen, Zahlungsmodalitäten oder Liefer- bzw. Leistungswegen);
- die Finanzierung des Wareneinkaufs erst nach erfolgtem Warenverkauf möglich ist;
- (angebotene) Mehrfachdurchläufe von Waren festgestellt werden;
- dem Unternehmer Waren bzw. Leistungen angeboten werden, deren Preis unter dem Marktpreis liegt;
- branchenunübliche Barzahlungen oder eine ungewöhnliche Zahlungsabwicklung erfolgen;
- die Ansprechpartner in den Unternehmen oder die Ansprechpartner die Unternehmen häufig wechseln;
- bei den Beteiligten berufliche Erfahrung und Branchenkenntnis fehlen;
- die Beteiligten wiederholt ihren Unternehmenssitz verlegen;

- Zweifel an der Richtigkeit der Angaben der Beteiligten bestehen (z. B. aufgrund von Abweichungen des Gesellschaftszwecks oder der Geschäftsadressen zu den Angaben laut Handelsregister);
- der Gesellschaftszweck laut Handelsregister nicht dem tatsächlich ausgeübten Gesellschaftszweck entspricht;
- dem Unternehmer eine Warenmenge oder ein Leistungsumfang angeboten wird, die für die Größe des Unternehmens in der Branche unüblich ist (z. B. ungewöhnlich hohe Stückzahlen trotz Neugründung);
- die Beteiligten über keine ausreichenden Möglichkeiten zur Kontaktaufnahme verfügen (z. B. Website ohne Impressum, Rufnummer oder E-Mail-Adresse);
- ungewöhnliche Leistungsbedingungen vorliegen (z. B. die Leistungen werden von einem oder an einen nicht an dem Umsatz beteiligten Unternehmen erbracht);
- durch den Unternehmer über zugängliche Informationsquellen (z. B. Internetrecherche) festgestellt werden kann, dass die Anlieferung der Waren an die vom Abnehmer angegebene Lieferadresse nicht möglich erscheint.

(6) [1]Das Finanzamt muss nachweisen, dass der Unternehmer zum Zeitpunkt des Leistungsbezugs beziehungsweise der Leistungserbringung nach dem Gesamtbild der Verhältnisse wusste oder hätte wissen müssen, dass er sich an einem Umsatz beteiligt, der in eine Umsatzsteuerhinterziehung oder in eine Schädigung des Umsatzsteueraufkommens im Sinne des Absatzes 2 einbezogen ist. [2]In diesen Fällen hat das Finanzamt den geltend gemachten Vorsteuerabzug für den betreffenden Leistungsbezug sowie eine etwaige Steuerbefreiung für die entsprechende innergemeinschaftliche Lieferung jeweils in voller Höhe zu versagen. [3]Liegen die Voraussetzungen des § 25 f UStG bei mehreren Beteiligten vor, ist die vorgenannte Versagung bei diesen Beteiligten vorzunehmen. [4]§ 71 AO bleibt unberührt.

(7) Liegen die Voraussetzungen des § 25 f UStG vor, sind ein zunächst vorgenommener Vorsteuerabzug und eine gewährte Steuerbefreiung nach § 164 Abs. 2 Satz 1 oder § 173 Abs. 1 AO, ggf. auch nach § 172 Abs. 1 Satz 1 Nr. 2 Buchstabe c AO durch Änderung der ursprünglichen Steuerfestsetzung rückgängig zu machen.

Anmerkung

1. Allgemeines zur Einführung des § 25 f UStG

2002 wurde zur Bekämpfung des Steuerbetrugs und des Steuermissbrauchs eine Haftungsregelung in **§ 25 d UStG eingeführt**, nach der ein Unternehmer für eine entgangene Umsatzsteuer auf einer Vorstufe haftete, wenn er wusste oder hätte wissen müssen, dass der leistende Unternehmer die Steuer aufgrund einer vorgefassten Absicht nicht entrichtete oder sich vorsätzlich außer Stande gesetzt hatte, die Steuer zu entrichten. Durch die Ausgestaltung als Haftungsregelung war diese Regelung aber mit erheblichen verfahrensrechtlichen Hürden verbunden und konnte die in sie gesetzten **Erwartungen nicht erfüllen**.

Da der **EuGH** (vgl. dazu zuletzt EuGH, Beschl. v. 14.4.2021 – C-108/20, HR) wiederholt festgestellt hatte, dass der Vorsteuerabzug als auch die Steuerbefreiung einem Unternehmer versagt werden kann, wenn er **wissentlich in einen Mehrwertsteuerbetrug involviert** ist, wurde die Haftungsregelung durch die Regelung des § 25 f UStG (zum 1.1.2020 durch das Gesetz zur weiteren steuerlichen Förderung der Elektromobilität und zur Änderung weiterer steuerlicher Vorschriften v. 12.12.2019, BGBl. I 2019, 2451) ersetzt, der bei dem Unternehmer unmittelbar die Versagung des Vorsteuerabzugs oder die Versagung der Steuerbefreiung einer innergemeinschaftlichen Lieferung vorsieht.

Die Regelung des **§ 25 f Abs. 1 UStG** bezieht sich auf die **Versagung des Vorsteuerabzugs** nach § 15 Abs. 1 Satz 1 Nr. 1 (Vorsteuer aus Leistungen anderer Unternehmer), Nr. 3 (Vorsteuerabzug aus innergemeinschaftlichen Erwerben) und Nr. 4 UStG (Vorsteuerabzug bei Steuerschuldnerschaft des Leistungsempfängers) sowie die **Versagung der Steuerbefreiung bei innergemeinschaftlichen Lieferungen** nach § 6 a i. V. m. § 4 Nr. 1 Buchst. b UStG.

Hinweis: Unmittelbare Beteiligung des Unternehmers nicht notwendig

Nicht Voraussetzung ist, dass der Unternehmer selbst in die Steuerhinterziehung oder den ungerechtfertigten Steuervorteil involviert ist. Es ist ausreichend, dass der Unternehmer wusste oder hätte wissen müssen, dass auf einer vorhergehenden oder nachfolgenden Umsatzstufe ein solches Steuervergehen begangen wurde.

In **§ 25f Abs. 2 UStG** ist geregelt, dass in den Fällen eines solchen Steuervergehens die Regelungen des § 25b Abs. 3 und Abs. 5 UStG beim **innergemeinschaftlichen Dreiecksgeschäft** ebenfalls nicht gelten sollen. § 25b Abs. 3 UStG betrifft die Besteuerung des innergemeinschaftlichen Erwerbs des mittleren Unternehmers im Bestimmungsmitgliedstaat und bestimmt dessen fiktive Besteuerung. § 25b Abs. 5 UStG regelt den Vorsteuerabzug für die beim letzten Erwerber entstehende Umsatzsteuer.

2. Umsetzung durch die Finanzverwaltung

Nach fast zweieinhalb Jahren hat die Finanzverwaltung zu der Regelung des § 25f Stellung genommen und den UStAE entsprechend ergänzt. Damit es zur Versagung des Vorsteuerabzugs oder der Steuerbefreiung kommt, muss das **Finanzamt dem Unternehmer nachweisen**, dass er wusste oder hätte wissen müssen, dass er sich mit seinem Eingangs- oder Ausgangsumsätzen an einem Umsatz beteiligt hat, bei dem der Leistende oder ein anderer Beteiligter auf einer vorhergehenden oder nachfolgenden Umsatzstufe in eine **begangene Steuerhinterziehung** von Umsatzsteuer, an der Erlangung eines nicht gerechtfertigten Vorsteuerabzugs oder einer Schädigung des Umsatzsteueraufkommens **einbezogen** war.

Hinweis: Voraussetzung für Steuerhinterziehung muss vorliegen

Voraussetzung ist, dass der objektive und subjektive Tatbestand der Steuerhinterziehung (§ 370 AO) beziehungsweise der Bußgeldvorschriften (§ 26a UStG) oder der Strafvorschriften (§ 26c UStG) des Umsatzsteuergesetzes erfüllt sind. Eine strafgerichtliche Verurteilung oder bußgeldrechtliche Ahndung ist nicht erforderlich.

Die **Feststellung der Steuerhinterziehung** kann sich auf den unmittelbaren Eingangs- oder Ausgangsumsatz des Unternehmers beziehen, aber auch einen Umsatz auf allen vor- und nachgelagerten Umsatzstufen innerhalb der Leistungskette umfassen. Das Wissen oder Wissen müssen von **Angestellten des Unternehmers** sind ihm gemäß § 166 BGB zuzurechnen (BFH, Urt. v. 19.5.2010 – XI R 78/07, BFH/NV 2010, 2132).

Hat der Unternehmer alle **Maßnahmen getroffen**, die vernünftigerweise von ihm verlangt werden können, damit seine **Umsätze nicht in eine Umsatzsteuerhinterziehung** oder eine Schädigung des Umsatzsteueraufkommens einbezogen werden, kann grundsätzlich auf die **zutreffende steuerrechtliche Behandlung** dieser Umsätze **vertrauen**. Sofern Anhaltspunkte für **Unregelmäßigkeiten** bei Aufnahme einer neuen oder auch bei bestehenden Geschäftsbeziehungen erkennbar sind, muss der Unternehmer **weitergehende geeignete Maßnahmen** der Prüfung ergreifen und diese auch geeignet dokumentieren. Die Finanzverwaltung nimmt umfassend dazu Stellung, was solche **Anhaltspunkte** im Sinne dieser Vorschrift sein können, vgl. dazu Abschn. 25f.1 Abs. 5 UStAE.

Liegen die Tatbestandsvoraussetzungen des § 25f UStG vor sind der Vorsteuerabzug oder die Steuerbefreiung der innergemeinschaftlichen Lieferung dem Unternehmer zu verwehren. Dies kann auch **mehrere Beteiligte** betreffen. Ist der Vorsteuerabzug schon vorgenommen worden oder die Steuerbefreiung für die innergemeinschaftliche Lieferung gewährt worden, ist die **ursprüngliche Steuerfestsetzung rückgängig** zu machen.

3. Anmerkung

Die Finanzverwaltung stellt in **Abschn. 25f.1 UStAE** die allgemeinen Voraussetzungen für die Versagung der Steuerbefreiung für die innergemeinschaftliche Lieferung bzw. der Versagung des Vorsteuerabzugs dar. Positiv ist die – allerdings **nicht abschließende – Aufzählung** der Punkte, bei denen der Unternehmer „weitergehende geeignete Maßnahmen ergreifen muss“, um eine Einbeziehung in die Regelung des § 25f UStG auszuschließen. Wenn der Unternehmer diesen Zweifeln nicht nachgeht bzw. diese Zweifel nicht ausräumen kann, ist von einem „Wissen bzw. Wissen müssen" des Unternehmers auszugehen. Die **Auflistung** der von der Finanzverwaltung als kritisch erachteten Punkte ist aber so **umfassend**, dass diese in der Praxis auch eine Vielzahl von Fällen treffen wird, bei denen keine Steuerhinterziehung vorliegen wird. Der ausreichenden Dokumentation, solche Zweifel identifiziert zu haben und diesen dann auch ausreichend nachgegangen zu sein, wird deshalb entscheidende Bedeutung zukommen. Unternehmer müssen sich deshalb – soweit nicht schon geschehen – mit der Einrichtung eines **VAT-Compliance-Systems** auseinandersetzen.

Hinweis: Regelung gilt nur für innergemeinschaftliche Lieferungen

Eine entsprechende Anwendung für die Steuerbefreiung für Ausfuhrlieferungen existiert nicht.

Hinweis: EuGH bestätigt strenge Umsetzung

Der EuGH (Urt. v. 24.11.2022 – C-596/21, A, BFH/NV 2023, 253) musste sich in einem vom FG Nürnberg vorgelegten Verfahren mit zwei Fragestellungen auseinandersetzen. Zum einen ging es um die Frage, ob einem Unternehmer (zweiter Erwerber) der Vorsteuerabzug versagt werden kann, wenn dem Vorwerber schon die Steuerhinterziehung des Erstverkäufers bekannt war. Der EuGH kam in seinem Urteil zu dem Ergebnis, dass dem Unternehmer trotzdem der Vorsteuerabzug versagt werden kann – im Ergebnis ergibt sich daraus eine Kumulation der Versagung von Vorsteuerabzugsbeträgen. In der zweiten Frage ging es darum, ob ggf. die Versagung des Vorsteuerabzugs auf den Steuerschaden begrenzt werden muss. Auch hier hat der EuGH „streng" geurteilt und festgestellt, dass „im Lichte des Grundsatzes des Verbots von Betrug" dem Unternehmer der Vorsteuerabzug vollständig versagt werden kann, selbst wenn der Betrug als solches sich nur auf einen geringeren Betrag bezog.

Ob die Regelung besser geeignet ist, die Steuerhinterziehung oder die Inanspruchnahme eines nicht gerechtfertigten Vorsteuerabzugs zu bekämpfen, muss abgewartet werden. Grundproblem wird weiterhin sein, dass der Nachweis zu führen ist, dass der Unternehmer von der Steuerhinterziehung **wusste oder hätte wissen müssen**.

Hinweis: Anhängige Verfahren beim BFH

Beim BFH sind Rechtsfragen – für die Zeiträume vor Inkrafttreten der Regelung aufgrund der Rechtsprechung des EuGH – zur Versagung des Vorsteuerabzugs anhängig. In dem einen Verfahren (V R 28/24) geht es um die Frage, ob die Klägerin aufgrund einer ihr bekannten Durchsuchung in den Geschäftsräumen ihrer Geschäftspartnerin (zwingend) davon ausgehen musste, dass den Geschäften mit ihr selbst ein Umsatzsteuerbetrug zugrunde liegt, weshalb der Klägerin der Vorsteuerabzug zu versagen ist. Ist eine gesteigerte Sorgfaltspflicht zumindest dann geboten, wenn der Klägerin Bescheinigungen der Finanzbehörde vorliegen, die ausweisen, dass gegen ihre Geschäftspartnerin Geldbußen oder Geldstrafen wegen Steuerordnungswidrigkeiten festgesetzt wurden. In dem anderen Verfahren (Vorinstanz FG Münster, Urt. v. 17.3.2025 – 5 K 694/17 U, beim BFH V R 32/25) geht es um einen Vorsteuerabzug im Jahr 2012.

UStAE 25 f.2. Auswirkungen im Rahmen innergemeinschaftlicher Dreiecksgeschäfte

(1) Nach § 25 f Abs. 2 UStG sind die Rechtsfolgen eines innergemeinschaftlichen Dreiecksgeschäfts gemäß § 25 b Abs. 3 und 5 UStG in den Fällen des § 25 f Abs. 1 UStG nicht anzuwenden.

(2) [1]Liegen die Voraussetzungen des § 25 f Abs. 1 UStG vor, gilt in Fällen des innergemeinschaftlichen Dreiecksgeschäfts der innergemeinschaftliche Erwerb des ersten Abnehmers nicht als besteuert. [2]Damit hat der erste Abnehmer den innergemeinschaftlichen Erwerb nach § 3 d Satz 1 UStG im Bestimmungsmitgliedstaat und nach § 3 d Satz 2 UStG in dem Mitgliedstaat zu versteuern, der die USt-IdNr. erteilt hat, bis der Erwerber nachweist, dass der Erwerb durch den in § 3 d Satz 1 UStG bezeichneten Mitgliedstaat besteuert worden ist. [3]Der Vorsteuerabzug im Sinne des § 15 Abs. 1 Satz 1 Nr. 3 UStG ist nach § 25 f Abs. 2 UStG zu versagen. [4]Dennoch wird die Steuerschuld für die vom ersten Abnehmer ausgeführte

(Inlands-)Lieferung auf den letzten Abnehmer übertragen (§ 25b Abs. 2 UStG). [5]Der letzte Abnehmer kann diese von ihm geschuldete Umsatzsteuer entgegen § 25b Abs. 5 UStG jedoch nicht als Vorsteuer abziehen.

Anmerkung

1. Allgemeines zur Einführung des § 25f UStG

2002 wurde zur Bekämpfung des Steuerbetrugs und des Steuermissbrauchs eine Haftungsregelung in **§ 25d UStG eingeführt**, nach der ein Unternehmer für eine entgangene Umsatzsteuer auf einer Vorstufe haftete, wenn er wusste oder hätte wissen müssen, dass der leistende Unternehmer die Steuer aufgrund einer vorgefassten Absicht nicht entrichtete oder sich vorsätzlich außer Stande gesetzt hatte, die Steuer zu entrichten. Durch die Ausgestaltung als Haftungsregelung war diese Regelung aber mit erheblichen verfahrensrechtlichen Hürden verbunden und konnte die in sie gesetzten **Erwartungen nicht erfüllen**.

In **§ 25f Abs. 2 UStG** ist geregelt, dass in den Fällen eines solchen Steuervergehens die Regelungen des § 25b Abs. 3 und Abs. 5 UStG beim **innergemeinschaftlichen Dreiecksgeschäft** ebenfalls nicht gelten sollen. § 25b Abs. 3 UStG betrifft die Besteuerung des innergemeinschaftlichen Erwerbs des mittleren Unternehmers im Bestimmungsmitgliedstaat und bestimmt dessen fiktive Besteuerung. § 25b Abs. 5 UStG regelt den Vorsteuerabzug für die beim letzten Erwerber entstehende Umsatzsteuer.

2. Umsetzung durch die Finanzverwaltung

Zu den Auswirkungen im Rahmen eines **innergemeinschaftlichen Drecksgeschäfts** nimmt die Finanzverwaltung in Abschn. 25f.2 UStAE Stellung. Liegen die Voraussetzungen des § 25f Abs. 1 UStG vor, gilt der innergemeinschaftliche Erwerb des ersten Abnehmers bei einem innergemeinschaftlichen Dreiecksgeschäft nicht als (fiktiv) besteuert. Demgemäß soll er nach der Auffassung der Finanzverwaltung sowohl einen **innergemeinschaftlichen Erwerb** im Bestimmungsmitgliedstaat (§ 3d Satz 1 UStG) besteuern müssen, als auch in dem Staat, aus dem er mit seiner USt-IdNr. aufgetreten ist (§ 3d Satz 2 UStG; dieser innergemeinschaftliche Erwerb kann nach § 17 Abs. 2 Nr. 4 UStG rückgängig gemacht werden, wenn der Erwerber nachweist, dass der Erwerb durch den Bestimmungsmitgliedstaat besteuert worden ist). Ein Vorsteuerabzug aus dem innergemeinschaftlichen Erwerb soll in diesem Fall nicht gegeben sein.

> **Hinweis: Regelung gilt nur für innergemeinschaftliche Lieferungen**
>
> Liegen ansonsten die Voraussetzungen des innergemeinschaftlichen Dreiecksgeschäfts vor, wird der letzte Abnehmer dennoch Steuerschuldner für die ihm gegenüber ausgeführte Lieferung, § 25b Abs. 2 UStG. Der ihm aber eigentlich nach § 25b Abs. 5 UStG daraus zustehende Vorsteuerabzug ist aber nach § 25f Abs. 2 UStG zu versagen.

3. Anmerkung

In **Abschn. 25f.2 UStAE** nimmt die Finanzverwaltung zu den Auswirkungen auf das **innergemeinschaftliche Dreiecksgeschäft** Stellung. Hier scheinen einige **Feststellungen zumindest fraglich**. Die Finanzverwaltung stellt zutreffend unter Bezug auf § 25f Abs. 2 UStG fest, dass der innergemeinschaftliche Erwerb des mittleren Unternehmers im Bestimmungsmitgliedstaat (§ 3d Satz 1 UStG) unter den Bedingungen einer Steuerhinterziehung in der Leistungskette nicht als besteuert gilt. Weiterhin wird dann festgestellt, dass zusätzlich der innergemeinschaftliche Erwerb nach § 3d Satz 2 UStG in dem Mitgliedstaat zu besteuern ist, von dem der mittlere Unternehmer die USt-IdNr. verwendet. Dies mag auf den ersten Blick zutreffend erscheinen, da es dem allgemeinen Regelungszweck des § 3d Satz 2 UStG entspricht. Bei genauerer Betrachtung geht die Finanzverwaltung m. E. aber hier über die nationale Regelungskompetenz hinaus. Bei den innergemeinschaftlichen Dreiecksgeschäften kann es nur in zwei Fällen zu einer **Relevanz** bezüglich der Regelung des § 25 Abs. 3 und § 3d Satz 2 UStG in Deutschland kommen:

1. Der **letzte Abnehmer** im Dreiecksgeschäft ist in Deutschland ansässig (Ware befindet sich am Ende der Warenbewegung in Deutschland). Der mittlere Unternehmer ist mit einer USt-IdNr. aus einem anderen Mitgliedstaat aufgetreten. Der mittlere Unternehmer hat einen in Deutschland steuerbaren innergemeinschaftlichen Erwerb nach § 3d Satz 1 i. V. m. § 1 Abs. 1 Nr. 5 UStG. Unter Anwendung

des § 25f Abs. 2 UStG gilt die Fiktion der Besteuerung nach § 25 Abs. 3 UStG für den mittleren (ausländischen) Unternehmer nicht, sodass er sich wegen des Besteuerung des innergemeinschaftlichen Erwerbs in Deutschland umsatzsteuerrechtlich erfassen lassen müsste. Der innergemeinschaftliche Erwerb nach § 3d Satz 2 UStG unterliegt in diesem Fall sowieso nicht der Besteuerung in Deutschland, da der mittlere Unternehmer in diesem Fall nicht mit einer deutschen USt-IdNr. aufgetreten ist. Ob in dem anderen Mitgliedstaat eine Besteuerung analog § 3d Satz 2 UStG stattfindet oder nicht, entscheidet sich nach den dort geltenden Regelungen, auf die § 25f Abs. 2 UStG (DE) keinen Einfluss hat.

2. Der **mittlere Abnehmer** im Dreiecksgeschäft ist in Deutschland ansässig (Ware befindet sich am Ende der Warenbewegung nicht in Deutschland). Der mittlere Unternehmer ist mit einer deutschen USt-IdNr. aufgetreten. Der mittlere Unternehmer hat einen innergemeinschaftlichen Erwerb nach § 3d Satz 1 UStG in dem anderen Mitgliedstaat (in dem sich die Ware am Ende der Beförderung oder Versendung befindet). Ob der innergemeinschaftliche Erwerb in diesem Staat entsprechend Art. 141 MwStSystRL als besteuert gilt (analog § 25b Abs. 3 UStG) oder nicht, richtet sich nach den Vorschriften des Bestimmungsmitgliedstaats – eine unmittelbare Anwendung von § 25f Abs. 2 UStG scheidet aus. Soweit nach den dort geltenden Vorschriften der Umsatz als besteuert gilt, würde eine Besteuerung eines innergemeinschaftlichen Erwerbs nach § 3d Satz 2 UStG systematisch in Deutschland nicht in Betracht kommen, wenn der Meldeverpflichtung nach § 18a Abs. 7 Satz 1 Nr. 4 UStG (der mittlere Unternehmer muss bei einem innergemeinschaftlichen Dreiecksgeschäft die in dem Bestimmungsmitgliedstaat steuerbare und steuerpflichtige Lieferung an den letzten Abnehmer in seinem Heimatstaat in der Zusammenfassenden Meldung aufnehmen) nachgekommen wurde. Die Interpretation der Finanzverwaltung greift somit mittelbar in die Hoheitsrechte eines anderen Mitgliedstaats ein (soweit in dem anderen Mitgliedstaat der innergemeinschaftliche Erwerb nach Art. 141 MwStSystRL als besteuert gilt, wird der mittlere Unternehmer keinen Nachweis i. S. d. § 3d Satz 2 UStG führen können).

Hinweis: Formvorschriften sind zu beachten

Bei den innergemeinschaftlichen Dreiecksgeschäften ist für die Vereinfachung für den mittleren Unternehmer zu beachten, dass der mittlere Unternehmer eine ordnungsgemäße Rechnung mit Hinweis auf das Dreiecksgeschäft und den Übergang der Steuerschuldnerschaft auf den letzten Abnehmer ausstellen muss; vgl. dazu auch BFH (Urt. v. 17.7.2024 – XI R 38/19, BFH/NV 2024, 1345 sowie XI R 14/20, BFH/NV 2024, 1401) und Abschn. 25b.1 UStAE.

Zu §26 UStG

SIEBENTER ABSCHNITT
Durchführung, Bußgeld-, Straf-, Verfahrens-, Übergangs- und Schlussvorschriften

UStG §26 Durchführung, Erstattung in Sonderfällen

(1) [1]Die Bundesregierung kann mit Zustimmung des Bundesrates durch Rechtsverordnung zur Wahrung der Gleichmäßigkeit bei der Besteuerung, zur Beseitigung von Unbilligkeiten in Härtefällen oder zur Vereinfachung des Besteuerungsverfahrens den Umfang der in diesem Gesetz enthaltenen Steuerbefreiungen, Steuerermäßigungen und des Vorsteuerabzugs näher bestimmen sowie die zeitlichen Bindungen nach § 19 Absatz 3 und 5 und § 24 Abs. 4 verkürzen. [2]Bei der näheren Bestimmung des Umfangs der Steuerermäßigung nach § 12 Abs. 2 Nr. 1 kann von der zolltariflichen Abgrenzung abgewichen werden.

(2) Das Bundesministerium der Finanzen kann mit Zustimmung des Bundesrates durch Rechtsverordnung den Wortlaut derjenigen Vorschriften des Gesetzes und der auf Grund dieses Gesetzes erlassenen Rechtsverordnungen, in denen auf den Zolltarif hingewiesen wird, dem Wortlaut des Zolltarifs in der jeweils geltenden Fassung anpassen.

(3) [1]Das Bundesministerium der Finanzen kann unbeschadet der Vorschriften der §§ 163 und 227 der Abgabenordnung anordnen, dass die Steuer für grenzüberschreitende Beförderungen von Personen im Luftverkehr niedriger festgesetzt oder ganz oder zum Teil erlassen wird, soweit der Unternehmer keine Rechnungen mit gesondertem Ausweis der Steuer (§ 14 Abs. 4) erteilt hat. [2]Bei Beförderungen durch ausländische Unternehmer kann die Anordnung davon abhängig gemacht werden, dass in dem Land, in dem der ausländische Unternehmer seinen Sitz hat, für grenzüberschreitende Beförderungen im Luftverkehr, die von Unternehmern mit Sitz in der Bundesrepublik Deutschland durchgeführt werden, eine Umsatzsteuer oder ähnliche Steuer nicht erhoben wird.

(4) [1]Die Umsatzsteuer wird einem Konsortium, das auf der Grundlage der Verordnung (EG) Nr. 723/2009 des Rates vom 25. Juni 2009 über den gemeinschaftlichen Rechtsrahmen für ein Konsortium für eine europäische Forschungsinfrastruktur (ABl. L 206 vom 8. 8. 2009, S. 1) durch einen Beschluss der Kommission gegründet wurde, vom Bundeszentralamt für Steuern vergütet, wenn

1. das Konsortium seinen satzungsgemäßen Sitz im Inland hat,
2. es sich um die gesetzlich geschuldete Umsatzsteuer handelt, die in Rechnung gestellt und gesondert ausgewiesen wurde,
3. es sich um Umsatzsteuer für Lieferungen und sonstige Leistungen handelt, die das Konsortium für seine satzungsgemäße und nichtunternehmerische Tätigkeit in Anspruch genommen hat,
4. der Steuerbetrag je Rechnung insgesamt 25 Euro übersteigt und
5. die Steuer gezahlt wurde.

[2]Satz 1 gilt entsprechend für die von einem Konsortium nach § 13 b Absatz 5 geschuldete und von ihm entrichtete Umsatzsteuer, wenn diese je Rechnung insgesamt 25 Euro übersteigt. [3]Die Sätze 1 und 2 sind auf ein Konsortium mit satzungsgemäßem Sitz in einem anderen Mitgliedstaat sinngemäß anzuwenden, wenn die Voraussetzungen für die Vergütung durch die in § 4 Nummer 7 Satz 5 genannte Bescheinigung nachgewiesen wird. [4]Mindert sich die Bemessungsgrundlage nachträglich, hat das Konsortium das Bundeszentralamt für Steuern davon zu unterrichten und den zu viel vergüteten Steuerbetrag zurückzuzahlen. [5]Wird ein Gegenstand, den ein Konsortium für seine satzungsgemäße Tätigkeit erworben hat und für dessen Erwerb eine Vergütung der Umsatzsteuer gewährt worden ist, entgeltlich oder unentgeltlich abgegeben, vermietet oder übertragen, ist der Teil der vergüteten Umsatzsteuer, der dem Veräußerungspreis oder bei unentgeltlicher Abgabe oder Übertragung dem Zeitwert des Gegenstands entspricht, an das Bundeszentralamt für Steuern zu entrichten. [6]Der zu entrichtende Steuerbetrag kann aus Vereinfachungsgründen durch Anwendung des im Zeitpunkt der Abgabe oder Übertragung des Gegenstands geltenden Steuersatzes ermittelt werden.

(5) Das Bundesministerium der Finanzen kann mit Zustimmung des Bundesrates durch Rechtsverordnung näher bestimmen, wie der Nachweis bei den folgenden Steuerbefreiungen zu führen ist:

1. Artikel III Nr. 1 des Abkommens zwischen der Bundesrepublik Deutschland und den Vereinigten Staaten von Amerika über die von der Bundesrepublik zu gewährenden Abgabenvergünstigungen für die von den Vereinigten Staaten im Interesse der gemeinsamen Verteidigung geleisteten Ausgaben (BGBl. 1955 II S. 823);
2. Artikel 67 Abs. 3 des Zusatzabkommens zu dem Abkommen zwischen den Parteien des Nordatlantikvertrags über die Rechtsstellung ihrer Truppen hinsichtlich der in der Bundesrepublik Deutschland stationierten ausländischen Truppen (BGBl. 1961 II S. 1183, 1218);
3. Artikel 14 Abs. 2 Buchstabe b und d des Abkommens zwischen der Bundesrepublik Deutschland und dem Obersten Hauptquartier der Alliierten Mächte, Europa, über die besonderen Bedingungen für die Einrichtung und den Betrieb internationaler militärischer Hauptquartiere in der Bundesrepublik Deutschland (BGBl. 1969 II S. 1997, 2009).

(6) Das Bundesministerium der Finanzen kann dieses Gesetz und die auf Grund dieses Gesetzes erlassenen Rechtsverordnungen in der jeweils geltenden Fassung mit neuem Datum und unter neuer Überschrift im Bundesgesetzblatt bekannt machen.

UStDV

§ 73 Nachweis der Voraussetzungen der in bestimmten Abkommen enthaltenen Steuerbefreiungen

(1) Der Unternehmer hat die Voraussetzungen der in § 26 Abs. 5 des Gesetzes bezeichneten Steuerbefreiungen wie folgt nachzuweisen:

1. **bei Lieferungen und sonstigen Leistungen, die von einer amtlichen Beschaffungsstelle in Auftrag gegeben worden sind, durch eine Bescheinigung der amtlichen Beschaffungsstelle nach amtlich vorgeschriebenem Vordruck oder eine elektronische Version des Vordrucks (Abwicklungsschein);**
2. bei Lieferungen und sonstigen Leistungen, die von einer deutschen Behörde für eine amtliche Beschaffungsstelle in Auftrag gegeben worden sind, durch eine Bescheinigung der deutschen Behörde.

(2) [1]Zusätzlich zu Absatz 1 muss der Unternehmer die Voraussetzungen der Steuerbefreiungen im Geltungsbereich des Gesetzes buchmäßig nachweisen. [2]Die Voraussetzungen müssen eindeutig und leicht nachprüfbar aus den Aufzeichnungen zu ersehen sein. [3]In den Aufzeichnungen muss auf die in Absatz 1 bezeichneten Belege hingewiesen sein.

(3) Das Finanzamt kann auf die in Absatz 1 Nr. 1 bezeichnete Bescheinigung verzichten, wenn die vorgeschriebenen Angaben aus anderen Belegen und aus den Aufzeichnungen des Unternehmers eindeutig und leicht nachprüfbar zu ersehen sind.

(4) Bei Beschaffungen oder Baumaßnahmen, die von deutschen Behörden durchgeführt und von den Entsendestaaten oder den Hauptquartieren nur zu einem Teil finanziert werden, gelten Absatz 1 Nr. 2 und Absatz 2 hinsichtlich der anteiligen Steuerbefreiung entsprechend.

§ 74 ***(Änderungen der §§ 34, 67 und 68)***

§ 74 a Übergangsvorschriften

(1) Die §§ 59 bis 61 in der Fassung des Artikels 8 des Gesetzes vom 19. Dezember 2008 (BGBl. I S. 2794) und § 61 a sind auf Anträge auf Vergütung von Vorsteuerbeträgen anzuwenden, die nach dem 31. Dezember 2009 gestellt werden.

(2) Für Wirtschaftsgüter, die vor dem 1. Januar 2012 angeschafft oder hergestellt worden sind, ist § 44 Absatz 3 und 4 in der am 31. Dezember 2011 geltenden Fassung weiterhin anzuwenden.

(3) Für bis zum 30. September 2013 ausgeführte innergemeinschaftliche Lieferungen kann der Unternehmer den Nachweis der Steuerbefreiung gemäß den §§ 17 a bis 17 c in der am 31. Dezember 2011 geltenden Fassung führen.

(4) § 61 a Absatz 1 und 2 in der am 30. Dezember 2014 geltenden Fassung ist auf Anträge auf Vergütung von Vorsteuerbeträgen anzuwenden, die nach dem 30. Juni 2016 gestellt werden.

(5) § 72 in der am 17. Dezember 2019 geltenden Fassung ist weiterhin auf Umsätze anzuwenden, die vor dem 1. Januar 2022 bewirkt werden.

§ 75 ***(weggefallen)***

§ 76 ***(Inkrafttreten)***

UStAE 26.1. Luftverkehrsunternehmer

(1) [1]Die niedrigere Festsetzung oder der Erlass von Umsatzsteuer nach § 26 Abs. 3 UStG für grenzüberschreitende Beförderungen im Luftverkehr setzt voraus, dass die Leistungen von einem Luftverkehrsunternehmer erbracht werden. [2]Luftverkehrsunternehmer im Sinne dieser Vorschrift sind Unternehmer, die die Beförderung selbst durchführen oder die als Vertragspartei mit dem Reisenden einen Beförderungsvertrag abschließen und sich hierdurch in eigenem Namen zur Durchführung der Beförderung verpflichten. [3]Der Verkauf von Einzeltickets für grenzüberschreitende Flüge vom Reisebüro oder vom Consolidator kann unter den Voraussetzungen des Abschnitts 4.5.3 Abs. 2 als steuerfreie Vermittlungsleistung behandelt werden. [4]Das Reisebüro und der Consolidator können insoweit nicht als Luftverkehrsunternehmer angesehen werden.

(2) [1]Unter den in Absatz 1 bezeichneten Voraussetzungen können auch Veranstalter von Pauschalreisen als Luftverkehrsunternehmer angesehen werden. [2]Die niedrigere Festsetzung oder der Erlass der Umsatzsteuer nach § 26 Abs. 3 UStG ist dann jedoch auf die Fälle beschränkt, in denen der Veranstalter die Reisenden mit seinen eigenen Mitteln befördert (vgl. Abschnitt 25.1 Abs. 8) oder Beförderungsleistungen an Unternehmer für ihr Unternehmen erbringt.

UStAE 26.2. Grenzüberschreitende Beförderungen im Luftverkehr

(1) [1]Eine grenzüberschreitende Beförderung liegt vor, wenn sich eine Beförderung sowohl auf das Inland als auch auf das Ausland erstreckt (§ 3b Abs. 1 Satz 4 UStG). [2]Die niedrigere Festsetzung oder der Erlass der Umsatzsteuer nach § 26 Abs. 3 UStG kommt für folgende grenzüberschreitende Beförderungen im Luftverkehr in Betracht:

1. von einem ausländischen Flughafen zu einem Flughafen im Inland;
2. von einem Flughafen im Inland zu einem ausländischen Flughafen;
3. von einem ausländischen Flughafen zu einem ausländischen Flughafen über das Inland.

[3]Die niedrigere Festsetzung oder der Erlass der Umsatzsteuer kommt jedoch nicht in Betracht bei Beförderungen vom Inland in die nicht zum Inland gehörenden Gebiete der Bundesrepublik Deutschland (vgl. § 1 Abs. 2 UStG) und umgekehrt, z. B. Flüge zwischen Hamburg und Helgoland, sowie bei Beförderungen zwischen den nicht zum Inland gehörenden Gebieten der Bundesrepublik Deutschland über das Inland, z. B. Rundflüge von Helgoland über das Inland. [4]Der Erlass der Umsatzsteuer ist nur bezüglich der Umsatzsteuer auf grenzüberschreitende Personenbeförderung im Luftverkehr möglich; werden im Rahmen einer solchen Beförderung andere eigenständige Leistungen erbracht (vgl. z. B. BFH-Urteil vom 27. 2. 2014, V R 14/13, BStBl II S. 869), die im Inland steuerbar sind, ist die Umsatzsteuer auf diese eigenständigen Leistungen nicht nach § 26 Abs. 3 UStG erlassfähig. [5]Eine vom Passagier einheitlich mit der grenzüberschreitenden Beförderung im Sinne des Satzes 2 vereinbarte und vergütete Zugangsberechtigung zu Warteräumen in Flughäfen (siehe Abschnitt 3 a.3 Abs. 9 Nr. 2c) ist unselbständige Nebenleistung zur grenzüberschreitenden Beförderung und wird somit von § 26 Abs. 3 UStG erfasst. [6]Der Begriff der grenzüberschreitenden Personenbeförderung in § 26 Abs. 3 UStG ist mit Blick auf die Ausnahmeregelung eng auszulegen. [7]Eine niedrigere Festsetzung oder der Erlass der Umsatzsteuer kommt daher für Helikopterflüge vom deutschen Festland auf Offshore-Windparks außerhalb der 12-Seemeilen-Zone nicht in Betracht.

(2) [1]Zwischenlandungen im Inland schließen die niedrigere Festsetzung oder den Erlass der Umsatzsteuer nicht aus, wenn der Fluggast mit demselben Flugzeug weiterfliegt oder wenn er deshalb in das nächste Anschlussflugzeug umsteigt, weil das erste Flugzeug seinen gebuchten Zielflughafen nicht anfliegt. [2]Wenn der Fluggast dagegen in einem Flughafen (A) im Inland seinen Flug unterbricht, d. h. seinen Aufenthalt über den nächstmöglichen Anschluss hinaus ausdehnt, und sein Zielflughafen (B) oder der nächste Flughafen, in dem er seinen Flug wiederum unterbricht (C), im Inland liegt, entfällt die niedrigere Festsetzung oder der Erlass der Umsatzsteuer für die Teilstrecke A bis B (oder C).

(3) [1]Wird der Flug unterbrochen, kann bei der Berechnung des anteiligen Entgelts für die Beförderungsleistung im Inland von der Differenz der Flugpreise zwischen dem ausländischen Flughafen und den beiden im Inland liegenden Flughäfen ausgegangen werden, z. B. Tokio–Frankfurt mit Zwischenaufenthalt in Hamburg; steuerpflichtig ist die Differenz der Flugpreise Tokio–Frankfurt und Tokio–Hamburg. [2]Dies kann in Einzelfällen dazu führen, dass für die im Inland erbrachte Beförderungsleistung ein Entgelt nicht anzusetzen ist.

(4) [1]Soweit die Luftverkehrsunternehmen die Flugunterbrechungen im Einzelnen nur mit erheblichem Verwaltungsaufwand ermitteln können, dürfen die anteiligen Entgelte für steuerpflichtige Beförderungsleistungen geschätzt werden. [2]Dies gilt nur, soweit keine Rechnungen mit gesondertem Steuerausweis ausgestellt worden sind. [3]Das Schätzungsverfahren ist vorab im Einvernehmen mit dem zuständigen Finanzamt festzulegen.

(5) [1]Nach § 22 Abs. 1 und Abs. 2 Nr. 1 UStG sind alle Unternehmer verpflichtet, zur Feststellung der Steuer und ihrer Berechnung Aufzeichnungen zu machen. [2]Damit sind neben inländischen auch im Ausland ansässige Luftverkehrsunternehmer verpflichtet, die Entgelte für Beförderungen von Personen im grenzüberschreitenden Luftverkehr aufzuzeichnen, für die die Umsatzsteuer nach § 26 Abs. 3 UStG erlassen oder niedriger festgesetzt werden kann, und diese Umsätze in den Umsatzsteuer-Voranmeldungen und Umsatzsteuererklärungen für das Kalenderjahr zu erklären. [3]Aus Vereinfachungsgründen wird es jedoch im Einzelfall nicht beanstandet, wenn diese Entgelte von im Ausland ansässigen Luftverkehrsunternehmern, die im Inland ausschließlich grenzüberschreitende Personenbeförderungen im Luftverkehr erbringen, nicht gesondert aufgezeichnet werden, wenn sichergestellt ist, dass die Finanzverwaltung die Höhe der auf die inländischen Streckenanteile der Beförderungs-

leistung entfallenden Entgelte – gegebenenfalls im Schätzungswege – ermitteln kann. [4]Die zuständige Finanzbehörde kann aus Vereinfachungsgründen auf Antrag des Luftverkehrsunternehmens diesem gestatten, von einer Angabe dieser Entgelte in der Umsatzsteuer-Voranmeldung im Hinblick auf die zu erwartende niedrigere Festsetzung bzw. den zu erwartenden Erlass der Umsatzsteuer abzusehen. [5]Erst die Angabe der auf den inländischen Streckenanteil entfallenden Umsätze grenzüberschreitender Personenbeförderungen im Luftverkehr in der dafür vorgesehenen Zeile der Umsatzsteuererklärung für das Kalenderjahr ist dann als Antrag des Unternehmers auf niedrigere Festsetzung oder auf Erlass (ganz oder teilweise) der Umsatzsteuer nach § 26 Abs. 3 UStG zu werten, soweit sich aus weiteren Angaben des Unternehmers nichts anderes ergibt. [6]Die Zustimmung der zuständigen Finanzbehörde zu einer entsprechenden Umsatzsteuererklärung für das Kalenderjahr steht einer niedrigeren Steuerfestsetzung gleich.

Anmerkung

Grenzüberschreitende Personenbeförderungen im Luftverkehr stellen an den leistenden Unternehmer besondere Anforderungen, da erfahrungsgemäß diverse Länder davon berührt werden. Ohne Sonderregelungen müsste eine Fluggesellschaft für diese Leistungen anteilig für jede Flugbeförderungsleistung einen anteiligen Steuerbetrag an die überflogenen Länder zahlen, da Personenbeförderungen grds. dort ausgeführt sind, wo die Leistung bewirkt wird.

> **Hinweis: Personenbeförderungen grundsätzlich nicht befreit**
>
> Personenbeförderungen unterliegen mit jedem zurückgelegten Kilometer dort der Besteuerung, wo die Beförderungsleistung tatsächlich ausgeführt wird. Anders als (drittlands-)grenzüberschreitende Güterbeförderungen unterliegen Personenbeförderungen auch keiner Steuerbefreiung.

Aufgrund dieser Problematik – die auch historisch mit erheblichen Erfassungsproblemen zu begründen ist – kann die Finanzverwaltung nach § 26 Abs. 3 UStG die USt für diese Leistungen niedriger festsetzen oder ganz oder teilweise erlassen. Soweit davon Luftfahrtunternehmen aus dem Ausland betroffen sind, ist dies davon abhängig zu machen, ob in dem Land, aus dem der leistende Unternehmer stammt, einem deutschen Luftfahrtunternehmen ebenfalls keine USt berechnet würde oder erlassen würde (sog. „Gegenseitigkeitsverfahren").

Die Finanzverwaltung hatte **mit Wirkung zum 1.1.2019** die Regelungen für den Erlass der Umsatzsteuer ergänzt (BMF, Schreiben v. 7.2.2018, BStBl I 2018, 302). Insbesondere wurden Hinweise zu Aufzeichnungsvorschriften und zur verfahrenstechnischen Umsetzung gegeben.

> **Hinweis: Enge Auslegung**
>
> Die Regelungen betreffen ausschließlich Personenbeförderungen im grenzüberschreitenden Luftverkehr. Die Finanzverwaltung stellt ausdrücklich klar, dass dies vor dem Hintergrund als Ausnahmeregelung eng auszulegen ist. Eine niedrigere Festsetzung oder der Erlass der USt kommt deshalb für Helikopterflüge vom deutschen Festland auf Offshore-Windparks außerhalb der 12-Seemeilen-Zone nicht in Betracht.

Besonders zu beachten sind die Aufzeichnungsvorschriften in dem neu aufgenommen Abschn. 26.2 Abs. 5 UStAE:

- **Inländische Unternehmer** sind verpflichtet, die Entgelte für Beförderungen von Personen im grenzüberschreitenden Luftverkehr aufzuzeichnen, für die die USt nach § 26 Abs. 3 UStG erlassen oder niedriger festgesetzt werden kann. Diese Umsätze sind auch in den Voranmeldungen und Jahreserklärungen zu erfassen.
- **Ausländische Unternehmer** haben grundsätzlich dieselben Aufzeichnungs- und Erklärungspflichten. Aus **Vereinfachungsgründen** wird es jedoch im Einzelfall nicht beanstandet, wenn diese Entgelte von im Ausland ansässigen Luftverkehrsunternehmern, die im Inland ausschließlich grenzüberschreitende Personenbeförderungen im Luftverkehr erbringen, nicht gesondert aufgezeichnet werden, wenn sichergestellt ist, dass die Finanzverwaltung die Höhe der auf die inländischen Stre-

ckenanteile der Beförderungsleistung entfallenden Entgelte – gegebenenfalls im Schätzungswege – ermitteln kann.

- Die zuständige Finanzbehörde kann aus **Vereinfachungsgründen** auf Antrag des Luftverkehrsunternehmens diesem gestatten, von einer Angabe dieser Entgelte in der Umsatzsteuer-Voranmeldung im Hinblick auf die zu erwartende niedrigere Festsetzung bzw. den zu erwartenden Erlass der Umsatzsteuer abzusehen.
- Erst die Angabe der auf den inländischen Streckenanteil entfallenden Umsätze grenzüberschreitender Personenbeförderungen im Luftverkehr in der **Umsatzsteuererklärung für das Kalenderjahr** ist dann als Antrag des Unternehmers nach § 26 Abs. 3 UStG zu werten, soweit sich aus weiteren Angaben des Unternehmers nichts anderes ergibt.

UStAE 26.3. Beförderung über Teilstrecken durch verschiedene Luftverkehrsunternehmer

[1]Wird eine grenzüberschreitende Beförderung von mehreren aufeinander folgenden Luftverkehrsunternehmern ausgeführt, gilt sie nach dem Luftverkehrsrecht als eine einzige Beförderung, sofern sie als einheitliche Leistung vereinbart worden ist (Artikel 1 Abs. 3 Satz 1 des Montrealer Übereinkommens vom 28. 5. 1999, BGBl. 2004 II S. 458 und BGBl. 2004 I S. 1027). [2]Eine grenzüberschreitende Beförderung, die nach dem Luftverkehrsrecht als eine einzige Beförderung anzusehen ist, gilt auch im Sinne des § 26 Abs. 3 UStG als eine einzige Beförderung und damit insgesamt als eine grenzüberschreitende Beförderung im Luftverkehr. [3]Den an dieser Leistung beteiligten Luftverkehrsunternehmern kann deshalb die Umsatzsteuer nach § 26 Abs. 3 UStG auch dann erlassen werden, wenn sich ihr Leistungsteil nur auf das Inland erstreckt. [4]Eine niedrigere Festsetzung oder ein Erlass der Umsatzsteuer kommt jedoch nicht in Betracht, wenn der Fluggast im Inland den Flug unterbricht, d.h. seinen Aufenthalt über den nächstmöglichen Anschluss hinaus ausdehnt (vgl. Abschnitt 26.2 Abs. 2).

UStAE 26.4. Gegenseitigkeit

[1]Haben Luftverkehrsunternehmer ihren Sitz nicht in der Bundesrepublik Deutschland, kann die Umsatzsteuer in der Regel nur im Falle der Gegenseitigkeit niedriger festgesetzt oder erlassen werden (§ 26 Abs. 3 Satz 2 UStG). [2]Die Voraussetzung kann als erfüllt angesehen werden, wenn die Länder, in denen sie ihren Sitz haben, in dem im Bundessteuerblatt veröffentlichten „Verzeichnis der Länder, zu denen Gegenseitigkeit im Sinne des § 26 Abs. 3 UStG festgestellt ist", aufgeführt sind (siehe BMF-Schreiben vom 18.04.2017, BStBl I S. 713 (Stand 01.04.2017), und Abschnitt 26.5 Nr. 3). [3]Es ist jedoch möglich, die Umsatzsteuer auch dann niedriger festzusetzen oder zu erlassen, wenn in den Ländern dieser Unternehmer die Gegenseitigkeit nicht voll gewährleistet ist. [4]Hier kommen insbesondere die Fälle in Betracht, in denen die von deutschen Luftverkehrsunternehmern im Ausland für die einzelne Beförderungsleistung erhobene Umsatzsteuer unverhältnismäßig niedrig ist oder in denen die Voraussetzungen der Gegenseitigkeit nur in einem Teilbereich, z.B. Charterverkehr, erfüllt sind.

Anmerkung

Bei der **grenzüberschreitenden Beförderung von Personen im Luftverkehr** kann das Bundesministerium der Finanzen anordnen, dass die Umsatzsteuer niedriger festgesetzt wird oder ganz oder zum Teil erlassen wird. Bei Leistungen ausländischer Fluggesellschaften kann das davon abhängig gemacht werden, dass in dem anderen Land für deutsche Luftfahrtgesellschaften keine Umsatzsteuer oder ähnliche Steuer erhoben wird.

Das **BMF** (Schreiben v. 18.4.2017, BStBl I 2017, 713) hat zuletzt die Liste der Länder 2017 herausgegeben (Stand 1.4.2017), zu denen Gegenseitigkeit i. S. d. Regelung des § 26 Abs. 3 UStG gegeben ist. Neu mit aufgenommen wurde 2017 die Republik Moldau. Die **Finanzverwaltung** hat mit Schreiben v. 20.12.2024 die Verwaltungsanweisungen dahingehend ergänzt, dass die Voraussetzung als erfüllt angesehen werden kann, wenn die Länder, in denen sie ihren Sitz haben, in dem im BStBl veröffentlichten „**Verzeichnis der Länder, zu denen Gegenseitigkeit** i.S.d. § 26 Abs. 3 UStG festgestellt ist", aufgeführt sind.

UStAE 26.5. Zuständigkeit

Für die niedrigere Festsetzung oder den Erlass der Umsatzsteuer gilt folgende Regelung:

1. Unter den Voraussetzungen des § 26 Abs. 3 UStG kann die Umsatzsteuer für grenzüberschreitende Beförderungen im Luftverkehr niedriger festgesetzt oder erlassen werden, wenn es sich um folgende Unternehmer handelt:
   a) Luftverkehrsunternehmer mit Sitz in der Bundesrepublik Deutschland und
   b) Luftverkehrsunternehmer mit Sitz außerhalb der Bundesrepublik Deutschland, wenn die Länder, in denen sie ihren Sitz haben, in dem vom BMF herausgegebenen Verzeichnis der Länder aufgeführt sind, zu denen die Gegenseitigkeit festgestellt ist (vgl. Abschnitt 26.4 Satz 2).
2. [1]Über die Einzelfälle entscheiden bei den in Nummer 1 bezeichneten Luftverkehrsunternehmern die obersten Finanzbehörden der Länder oder die von ihnen beauftragten nachgeordneten Dienststellen. [2]Unabhängig von der Höhe des Steuerbetrages ist das BMF nicht zu beteiligen. [3]Die niedrigere Festsetzung der Steuer oder der Steuererlass kann nicht nur auf Antrag des Unternehmers, sondern auch von Amts wegen erfolgen. [4]§ 26 Abs. 3 UStG soll grundsätzlich im Festsetzungsverfahren angewandt werden, kann aber auch noch im Erhebungsverfahren Anwendung finden. [5]Die niedrigere Festsetzung der Steuer oder der Steuererlass kann nicht vor Entstehung der Steuer (§ 38 AO) ausgesprochen werden. [6]Vor Entstehung der Steuer kann die zuständige Finanzbehörde lediglich eine verbindliche Zusage erteilen, nach der bei Erfüllung der entsprechenden Voraussetzungen nach Steuerentstehung eine niedrigere Festsetzung der Steuer oder der Steuererlass ausgesprochen werden kann. [7]Die zuständige Finanzbehörde prüft in regelmäßigen Abständen von bis zu drei Jahren, ob der betreffende Unternehmer die Voraussetzungen der niedrigeren Steuerfestsetzung oder des Steuererlasses grundsätzlich noch erfüllt.
3. [1]Bei Luftverkehrsunternehmern mit Sitz in Ländern, die in dem Verzeichnis der Länder, zu denen die Gegenseitigkeit festgestellt ist, nicht aufgeführt sind, ist das BMF zu beteiligen. [2]Das gilt auch, wenn sich Zweifel ergeben, ob von dem Land, in dem das Luftverkehrsunternehmen seinen Sitz hat, die Voraussetzung der Gegenseitigkeit noch erfüllt wird.

Anmerkung

Die **Finanzverwaltung** kann nach § 26 Abs. 3 UStG die USt für grenzüberschreitende Personenbeförderungen im Luftverkehr niedriger festsetzen oder ganz oder teilweise erlassen. Soweit davon Luftfahrtunternehmen aus dem Ausland betroffen sind, ist dies davon abhängig zu machen, ob in dem Land, aus dem der leistende Unternehmer stammt, einem deutschen Luftfahrtunternehmen ebenfalls keine USt berechnet würde oder erlassen würde (sog. „Gegenseitigkeitsverfahren").

Die Finanzverwaltung hatte **mit Wirkung zum 1.1.2019** die Regelungen für den Erlass der Umsatzsteuer ergänzt (BMF, Schreiben v. 7.2.2018, BStBl I 2018, 302).

Die **niedrigere Festsetzung** der Steuer oder der Steuererlass kann nicht vor Entstehung der Steuer nach § 38 AO ausgesprochen werden. Die zuständige Finanzbehörde kann lediglich eine verbindliche Zusage erteilen, nach der bei Erfüllung der entsprechenden Voraussetzungen nach Steuerentstehung eine niedrigere Festsetzung der Steuer oder der Steuererlass ausgesprochen werden kann.

Die niedrigere Festsetzung der Steuer oder der Steuererlass kann nicht nur auf Antrag des Unternehmers, sondern auch **von Amts wegen** erfolgen. Die zuständige Finanzbehörde prüft in regelmäßigen Abständen von bis zu drei Jahren, ob der betreffende Unternehmer die Voraussetzungen der niedrigeren Steuerfestsetzung oder des Steuererlasses grundsätzlich noch erfüllt.

Hinweis: Entscheidungsbefugnis

Über den Erlass oder die niedrigere Festsetzung entscheiden die obersten Finanzbehörden der Länder oder die von ihnen beauftragten nachgeordneten Dienststellen. Das BMF ist nur zu beteiligen, wenn es sich um Luftfahrtgesellschaften aus Ländern handelt, die nicht in dem regelmäßig veröffentlichten Schreiben des BMF über die Gegenseitigkeit enthalten sind.

Zu §26a UStG

UStG §26a Bußgeldvorschriften

(1) Ordnungswidrig handelt, wer entgegen § 18 Absatz 1 Satz 4, Absatz 4 Satz 1 oder 2, Absatz 4c Satz 2, Absatz 4e Satz 4 oder Absatz 5a Satz 4, § 18i Absatz 3 Satz 3, § 18j Absatz 4 Satz 3 oder § 18k Absatz 4 Satz 3 eine Vorauszahlung, einen Unterschiedsbetrag oder eine festgesetzte Steuer nicht, nicht vollständig oder nicht rechtzeitig entrichtet.

(2) Ordnungswidrig handelt, wer vorsätzlich oder leichtfertig

1. entgegen § 14 Absatz 2 Satz 2 eine Rechnung nicht oder nicht rechtzeitig ausstellt,
2. entgegen § 14b Abs. 1 Satz 1, auch in Verbindung mit Satz 4, ein dort bezeichnetes Doppel oder eine dort bezeichnete Rechnung nicht oder nicht mindestens acht Jahre aufbewahrt,
3. entgegen § 14b Abs. 1 Satz 5 eine dort bezeichnete Rechnung, einen Zahlungsbeleg oder eine andere beweiskräftige Unterlage nicht oder nicht mindestens zwei Jahre aufbewahrt,
4. entgegen § 18 Abs. 12 Satz 3 die dort bezeichnete Bescheinigung nicht oder nicht rechtzeitig vorlegt,
5. entgegen § 18a Absatz 1 bis 3 in Verbindung mit Absatz 7 Satz 1, Absatz 8 oder Absatz 9 eine Zusammenfassende Meldung nicht, nicht richtig, nicht vollständig oder nicht rechtzeitig abgibt oder entgegen § 18a Absatz 10 eine Zusammenfassende Meldung nicht oder nicht rechtzeitig berichtigt,
6. einer Rechtsverordnung nach § 18c zuwiderhandelt, soweit sie für einen bestimmten Tatbestand auf die Bußgeldvorschrift verweist,
7. entgegen § 18d Satz 3 die dort bezeichneten Unterlagen nicht, nicht vollständig oder nicht rechtzeitig vorlegt,
8. entgegen § 22g Absatz 4 Satz 1 eine Information nicht, nicht richtig, nicht vollständig oder nicht rechtzeitig übermittelt,
9. entgegen § 22g Absatz 5 eine Angabe nicht oder nicht rechtzeitig berichtigt und nicht oder nicht rechtzeitig vervollständigt oder
10. entgegen § 22g Absatz 6 eine Aufzeichnung nicht oder nicht mindestens drei Kalenderjahre aufbewahrt.

(3) Die Ordnungswidrigkeit kann in den Fällen des Absatzes 1 mit einer Geldbuße bis zu dreißigtausend Euro, in den Fällen des Absatzes 2 Nummer 3 mit einer Geldbuße bis zu tausend Euro, in den übrigen Fällen des Absatzes 2 mit einer Geldbuße bis zu fünftausend Euro geahndet werden.

(4) Verwaltungsbehörde im Sinne des § 36 Absatz 1 Nummer 1 des Gesetzes über Ordnungswidrigkeiten ist in den Fällen des Absatzes 2 Nummer 5, 6 und 8 bis 10 das Bundeszentralamt für Steuern.

Anmerkung

1. Neufassung der Bußgeldregelungen, § 26a UStG

1.1 Inhalt der Neuregelung

Die beiden Bußgeldvorschriften § 26a und § 26b UStG wurden überarbeitet und zu einer Vorschrift – § 26a UStG – **zusammengefasst.**

Der bisher in § 26b Abs. 1 UStG geregelte Bußgeldtatbestand der Schädigung des Umsatzsteueraufkommens wurde aufgehoben und ist inhaltlich in einen neuen **§ 26a Abs. 1 UStG** eingegangen. Dabei wurde das bisherige Tatbestandsmerkmal *„in einer Rechnung i. S. d. § 14 UStG ausgewiesene Umsatzsteuer“* gestrichen. Nunmehr können schon vorsätzliche Nichtzahlung und nicht vollständige Zahlung der festgesetzten und zu entrichtenden Umsatzsteuer geahndet werden. Die Bußgeldandrohung für die Fälle des § 26a Abs. 1 UStG beträgt nach Abs. 3 bis zu **30.000 EUR**.

Die Bußgeldandrohung für Handlungen nach (jetzt) **§ 26a Abs. 2 Nr. 3 UStG** (Verstoß gegen Rechnungsaufbewahrungsregelungen nach § 14b UStG) wurde dem Regelbetrag in § 17 Abs. 1 OWiG angepasst, mithin von 500 EUR **auf 1.000 EUR angehoben**.

In den übrigen Tatbeständen des § 26a Abs. 2 UStG kann die Ordnungswidrigkeit **wie bisher** mit **bis zu 5.000 EUR** geahndet werden. Der Bußgeldrahmen ist jetzt in § 26a Abs. 3 UStG enthalten.

1.2 Hintergrund

1.2.1 Umsatzsteuerliche Systematik führt zu Steuerausfällen

Zahlt der leistende Unternehmer die Umsatzsteuer nicht an den Fiskus (oder fällt der Fiskus mit seiner Steuerforderung ganz oder teilweise aus), ist dies für den korrespondieren Vorsteueranspruch des Leistungsempfängers gegen den Fiskus nach der **Systematik des Umsatzsteuergesetzes** grundsätzlich unschädlich.

Der Fiskus zahlt also oftmals Gelder an den Leistungsempfänger, die er nicht, nicht vollständig oder nicht rechtzeitig vom leistenden Unternehmer vereinnahmt hat, was letztlich zulasten der Allgemeinheit – des Steuerzahlers – geht. Aus diesem Grund wurde erstmals zum 1.1. 2002 der Bußgeldtatbestand des § 26b UStG in das UStG eingefügt (Steuerverkürzungsbekämpfungsgesetz v. 19.12.2001, BGBl. I 2001, 3922). Eine Ahndung setzt vorsätzliches Verhalten voraus.

1.2.2 Feststellungen des Bundesrechnungshofs

In der Folge hatte der Bundesrechnungshof aus Anlass von Prüfungen in den Finanzämtern festgestellt, dass das Tatbestandsmerkmal „*in einer Rechnung im Sinne von § 14 ausgewiesene Umsatzsteuer*" in der praktischen Umsetzung Schwierigkeiten bereitet. Streitig war vor allem, ob § 26b UStG das Vorliegen **sämtlicher Rechnungsmerkmale nach § 14 Absatz 4 UStG** verlangt oder an den Rechnungsbegriff in § 14 Absatz 1 UStG anknüpft; und ob Abrechnungsdokumente im Sinne von § 14c Absatz 2 S. 2 UStG überhaupt von der Norm erfasst werden.

Außerdem hatten die Finanzbehörden Nachweisprobleme, denn der Betroffene ist i.R. eines eingeleiteten Bußgeldverfahrens nicht verpflichtet, sich zur Sache zu äußern, Belege vorzulegen (§ 410 Abs. 1 AO i. V. m. § 55 OWiG) oder sich selbst eines Bußgeldtatbestands zu bezichtigen.

Aus diesem Grund wurde der Hinweis auf die Rechnung nach § 14 UStG jetzt im neuen § 26a Abs. 1 UStG gestrichen.

1.2.3 Verhältnismäßigkeitsprinzip

In der Gesetzesbegründung wird darauf verwiesen, dass zunächst immer ein Belehrungsschreiben verschickt werden und das **Zahlungsverhalten** des Stpfl. vor Sanktionierung „über einen weiteren Zeitraum **überwacht**" werden soll. Damit soll das Verhältnismäßigkeitsprinzip gewahrt werden.

> **Hinweis**
>
> Wenn der betroffene Unternehmer dem Finanzamt plausibel darlegt und nachweist, weshalb ihm eine fristgerechte Entrichtung trotz ernsthaften Bemühens nicht möglich war und er innerhalb der ihm gesetzten Frist die Umsatzsteuer entrichtet und dadurch die Gefährdung des Umsatzsteueraufkommens beseitigt, dürfte dies i.d.R. zu einem Absehen von der Verfolgung der Ordnungswidrigkeit führen.

Unbenommen bleibt jedoch die **Festsetzung** eines **Verspätungszuschlags nach § 152 AO**, als Druckmittel zur Sicherung eines ordnungsgemäßen Besteuerungsverfahrens. Hinzukommen ggfs. noch Säumniszuschläge bei verspäteter Zahlung der Steuerschuld.

Unternehmer sollten durch geeignete Maßnahmen von vornherein sicherstellen, dass es nicht zu einer verspäteten Zahlung der Umsatzsteuer kommt. Hierzu sollte umgehend geprüft werden, ob der Finanzbehörde bereits eine **Einzugsermächtigung** erteilt wurde. Ggfs. sollte dies umgehend nachgeholt werden.

Hinweis

Im Unternehmen sollten im Übrigen regelmäßig die internen Arbeitsabläufe überprüft und ggfs. angepasst werden, um ein Organisationsverschulden i. S. d. § 130 OWiG auszuschließen. Ein solches kann u. U. mit Geldbußen bis zu 1 Mio. EUR geahndet werden.

2. Inkrafttreten

Die Vorschrift ist **zum 1.7.2021** in Kraft getreten.

Zu § 26b UStG

UStG § 26b ***(weggefallen)***

Zu § 26c UStG

UStG § 26c Strafvorschriften

Mit Freiheitsstrafe bis zu fünf Jahren oder mit Geldstrafe wird bestraft, wer in den Fällen des § 26a Absatz 1 gewerbsmäßig oder als Mitglied einer Bande, die sich zur fortgesetzten Begehung solcher Handlungen verbunden hat, handelt.

Zu § 27 UStG

UStG § 27 Allgemeine Übergangsvorschriften

(1) [1]Änderungen dieses Gesetzes sind, soweit nichts anderes bestimmt ist, auf Umsätze im Sinne des § 1 Abs. 1 Nr. 1 und 5 anzuwenden, die ab dem Inkrafttreten der maßgeblichen Änderungsvorschrift ausgeführt werden. [2]Das gilt für Lieferungen und sonstige Leistungen auch insoweit, als die Steuer dafür nach § 13 Abs. 1 Nr. 1 Buchstabe a Satz 4, Buchstabe b oder § 13b Absatz 4 Satz 2 vor dem Inkrafttreten der Änderungsvorschrift entstanden ist. [3]Die Berechnung dieser Steuer ist für den Voranmeldungszeitraum zu berichtigen, in dem die Lieferung oder sonstige Leistung ausgeführt wird.

(1 a) [1]§ 4 Nr. 14 ist auf Antrag auf vor dem 1. Januar 2000 erbrachte Umsätze aus der Tätigkeit als Sprachheilpädagoge entsprechend anzuwenden, soweit der Sprachheilpädagoge gemäß § 124 Abs. 2 des Fünften Buches Sozialgesetzbuch von den zuständigen Stellen der gesetzlichen Krankenkassen umfassend oder für bestimmte Teilgebiete der Sprachtherapie zur Abgabe von sprachtherapeutischen Heilmitteln zugelassen ist und die Voraussetzungen des § 4 Nr. 14 spätestens zum 1. Januar 2000 erfüllt. [2]Bestandskräftige Steuerfestsetzungen können insoweit aufgehoben oder geändert werden.

(2) § 9 Abs. 2 ist nicht anzuwenden, wenn das auf dem Grundstück errichtete Gebäude

1. Wohnzwecken dient oder zu dienen bestimmt ist und vor dem 1. April 1985 fertig gestellt worden ist,
2. anderen nichtunternehmerischen Zwecken dient oder zu dienen bestimmt ist und vor dem 1. Januar 1986 fertig gestellt worden ist,
3. anderen als in den Nummern 1 und 2 bezeichneten Zwecken dient oder zu dienen bestimmt ist und vor dem 1. Januar 1998 fertig gestellt worden ist,

und wenn mit der Errichtung des Gebäudes in den Fällen der Nummern 1 und 2 vor dem 1. Juni 1984 und in den Fällen der Nummer 3 vor dem 11. November 1993 begonnen worden ist.

(3) § 14 Abs. 1 a in der bis zum 31. Dezember 2003 geltenden Fassung ist auf Rechnungen anzuwenden, die nach dem 30. Juni 2002 ausgestellt werden, sofern die zugrunde liegenden Umsätze bis zum 31. Dezember 2003 ausgeführt wurden.

(4) [1]Die §§ 13 b, 14 Abs. 1, § 14 a Abs. 4 und 5 Satz 3 Nr. 3, § 15 Abs. 1 Satz 1 Nr. 4 und Abs. 4 b, § 17 Abs. 1 Satz 1, § 18 Abs. 4 a Satz 1, § 19 Abs. 1 Satz 3, § 22 Abs. 1 Satz 2 und Abs. 2 Nr. 8, § 25 a Abs. 5 Satz 3 in der jeweils bis zum 31. Dezember 2003 geltenden Fassung sind auch auf Umsätze anzuwenden, die vor dem 1. Januar 2002 ausgeführt worden sind, soweit das Entgelt für diese Umsätze erst nach dem 31. Dezember 2001 gezahlt worden ist. [2]Soweit auf das Entgelt oder Teile des Entgelts für nach dem 31. Dezember 2001 ausgeführte Umsätze vor dem 1. Januar 2002 das Abzugsverfahren nach § 18 Abs. 8 in der bis zum 31. Dezember 2001 geltenden Fassung angewandt worden ist, mindert sich die vom Leistungsempfänger nach § 13 b geschuldete Steuer um die bisher im Abzugsverfahren vom leistenden Unternehmer geschuldete Steuer.

(5) [1]§ 3 Abs. 9 a Satz 2, § 15 Abs. 1 b, § 15 a Abs. 3 Nr. 2 und § 15 a Abs. 4 Satz 2 in der jeweils bis 31. Dezember 2003 geltenden Fassung sind auf Fahrzeuge anzuwenden, die nach dem 31. März 1999 und vor dem 1. Januar 2004 angeschafft oder hergestellt, eingeführt, innergemeinschaftlich erworben oder gemietet worden sind und für die der Vorsteuerabzug nach § 15 Abs. 1 b vorgenommen worden ist. [2]Dies gilt nicht für nach dem 1. Januar 2004 anfallende Vorsteuerbeträge, die auf die Miete oder den Betrieb dieser Fahrzeuge entfallen.

(6) Umsätze aus der Nutzungsüberlassung von Sportanlagen können bis zum 31. Dezember 2004 in eine steuerfreie Grundstücksüberlassung und in eine steuerpflichtige Überlassung von Betriebsvorrichtungen aufgeteilt werden.

(7) § 13 c ist anzuwenden auf Forderungen, die nach dem 7. November 2003 abgetreten, verpfändet oder gepfändet worden sind.

(8) § 15 a Abs. 1 Satz 1 und Abs. 4 Satz 1 in der Fassung des Gesetzes vom 20. Dezember 2001 (BGBl. I S. 3794) ist auch für Zeiträume vor dem 1. Januar 2002 anzuwenden, wenn der Unternehmer den Vorsteuerabzug im Zeitpunkt des Leistungsbezugs auf Grund der von ihm erklärten Verwendungsabsicht in Anspruch genommen hat und die Nutzung ab dem Zeitpunkt der erstmaligen Verwendung mit den für den Vorsteuerabzug maßgebenden Verhältnissen nicht übereinstimmt.

(9) § 18 Abs. 1 Satz 1 ist erstmals auf Voranmeldungszeiträume anzuwenden, die nach dem 31. Dezember 2004 enden.

(10) § 4 Nr. 21 a in der bis 31. Dezember 2003 geltenden Fassung ist auf Antrag auf vor dem 1. Januar 2005 erbrachte Umsätze der staatlichen Hochschulen aus Forschungstätigkeit anzuwenden, wenn die Leistungen auf einem Vertrag beruhen, der vor dem 3. September 2003 abgeschlossen worden ist.

(11) § 15 a in der Fassung des Artikels 5 des Gesetzes vom 9. Dezember 2004 (BGBl. I S. 3310) ist auf Vorsteuerbeträge anzuwenden, deren zugrunde liegende Umsätze im Sinne des § 1 Abs. 1 nach dem 31. Dezember 2004 ausgeführt werden.

(12) Auf Vorsteuerbeträge, deren zugrunde liegende Umsätze im Sinne des § 1 Abs. 1 nach dem 31. Dezember 2006 ausgeführt werden, ist § 15 a Abs. 3 und 4 in der am 1. Januar 2007 geltenden Fassung anzuwenden.

(13) § 18 a Abs. 1 Satz 1, 4 und 5 in der Fassung des Artikels 7 des Gesetzes vom 13. Dezember 2006 (BGBl. I S. 2878) ist erstmals auf Meldezeiträume anzuwenden, die nach dem 31. Dezember 2006 enden.

(14) § 18 Abs. 9 in der Fassung des Artikels 7 des Gesetzes vom 19. Dezember 2008 (BGBl. I S. 2794) und § 18 g sind auf Anträge auf Vergütung von Vorsteuerbeträgen anzuwenden, die nach dem 31. Dezember 2009 gestellt werden.

(15) § 14 Abs. 2 Satz 1 Nr. 2 und § 14 Abs. 3 Nr. 2 in der jeweils ab 1. Januar 2009 geltenden Fassung sind auf alle Rechnungen über Umsätze anzuwenden, die nach dem 31. Dezember 2008 ausgeführt werden.

(16) [1]§ 3 Absatz 9 a Nummer 1, § 15 Absatz 1 b, § 15 a Absatz 6 a und 8 Satz 2 in der Fassung des Artikels 4 des Gesetzes vom 8. Dezember 2010 (BGBl. I S. 1768) sind nicht anzuwenden auf Wirtschaftsgüter im Sinne des § 15 Absatz 1 b, die auf Grund eines vor dem 1. Januar 2011 rechtswirksam abgeschlossenen obligatorischen Vertrags oder gleichstehenden Rechtsakts angeschafft worden sind oder mit deren Herstellung vor dem 1. Januar 2011 begonnen worden ist. [2]Als Beginn der Herstellung gilt bei Gebäuden, für die eine Baugenehmigung erforderlich ist, der Zeitpunkt, in dem der Bauantrag gestellt wird; bei baugenehmigungsfreien Gebäuden, für die Bauunterlagen einzureichen sind, der Zeitpunkt, in dem die Bauunterlagen eingereicht werden.

(17) § 18 Absatz 3 in der Fassung des Artikels 4 des Gesetzes vom 8. Dezember 2010 (BGBl. I S. 1768) ist erstmals auf Besteuerungszeiträume anzuwenden, die nach dem 31. Dezember 2010 enden.

(18) § 14 Absatz 1 und 3 ist in der ab 1. Juli 2011 geltenden Fassung auf alle Rechnungen über Umsätze anzuwenden, die nach dem 30. Juni 2011 ausgeführt werden.

(19) [1]Sind Unternehmer und Leistungsempfänger davon ausgegangen, dass der Leistungsempfänger die Steuer nach § 13 b auf eine vor dem 15. Februar 2014 erbrachte steuerpflichtige Leistung schuldet, und stellt sich diese Annahme als unrichtig heraus, ist die gegen den leistenden Unternehmer wirkende Steuerfestsetzung zu ändern, soweit der Leistungsempfänger die Erstattung der Steuer fordert, die er in der Annahme entrichtet hatte, Steuerschuldner zu sein. [2]§ 176 der Abgabenordnung steht der Änderung nach Satz 1 nicht entgegen. [3]Das für den leistenden Unternehmer zuständige Finanzamt kann auf Antrag zulassen, dass der leistende Unternehmer dem Finanzamt den ihm gegen den Leistungsempfänger zustehenden Anspruch auf Zahlung der gesetzlich entstandenen Umsatzsteuer abtritt, wenn die Annahme der Steuerschuld des Leistungsempfängers im Vertrauen auf eine Verwaltungsanweisung beruhte und der leistende Unternehmer bei der Durchsetzung des abgetretenen Anspruchs mitwirkt. [4]Die Abtretung wirkt an Zahlungs statt, wenn

1. der leistende Unternehmer dem Leistungsempfänger eine erstmalige oder geänderte Rechnung mit offen ausgewiesener Umsatzsteuer ausstellt,
2. die Abtretung an das Finanzamt wirksam bleibt,
3. dem Leistungsempfänger diese Abtretung unverzüglich mit dem Hinweis angezeigt wird, dass eine Zahlung an den leistenden Unternehmer keine schuldbefreiende Wirkung mehr hat, und
4. der leistende Unternehmer seiner Mitwirkungspflicht nachkommt.

(20) § 18h Absatz 3 und 4 in der Fassung des Artikels 8 des Gesetzes vom 25. Juli 2014 (BGBl. I S. 1266) ist erstmals auf Besteuerungszeiträume anzuwenden, die nach dem 31. Dezember 2014 enden.

(21) § 18 Absatz 2 in der am 1. Januar 2015 geltenden Fassung ist erstmals auf Voranmeldungszeiträume anzuwenden, die nach dem 31. Dezember 2014 enden.

(22) [1]§ 2 Absatz 3 in der am 31. Dezember 2015 geltenden Fassung ist auf Umsätze, die nach dem 31. Dezember 2015 und vor dem 1. Januar 2017 ausgeführt werden, weiterhin anzuwenden. [2]§ 2b in der am 1. Januar 2016 geltenden Fassung ist auf Umsätze anzuwenden, die nach dem 31. Dezember 2016 ausgeführt werden. [3]Die juristische Person des öffentlichen Rechts kann dem Finanzamt gegenüber einmalig erklären, dass sie § 2 Absatz 3 in der am 31. Dezember 2015 geltenden Fassung für sämtliche nach dem 31. Dezember 2016 und vor dem 1. Januar 2021 ausgeführte Leistungen weiterhin anwendet. [4]Eine Beschränkung der Erklärung auf einzelne Tätigkeitsbereiche oder Leistungen ist nicht zulässig. [5]Die Erklärung ist bis zum 31. Dezember 2016 abzugeben. [6]Sie kann nur mit Wirkung vom Beginn eines auf die Abgabe folgenden Kalenderjahres an widerrufen werden. [7]§ 18 Absatz 4f und 4g ist erstmals auf Besteuerungszeiträume anzuwenden, die nicht der Erklärung nach Satz 3 unterliegen.

(22 a) [1]Hat eine juristische Person des öffentlichen Rechts gegenüber dem Finanzamt gemäß Absatz 22 Satz 3 erklärt, dass sie § 2 Absatz 3 in der am 31. Dezember 2015 geltenden Fassung für sämtliche nach dem 31. Dezember 2016 und vor dem 1. Januar 2021 ausgeführte Leistungen weiterhin anwendet und die Erklärung für vor dem 1. Januar 2023 endende Zeiträume nicht widerrufen, gilt die Erklärung auch für sämtliche Leistungen, die nach dem 31. Dezember 2020 und vor dem 1. Januar 2025 ausgeführt werden. [2]Die Erklärung nach Satz 1 kann auch für Zeiträume nach dem 31. Dezember 2020 nur mit Wirkung vom Beginn eines auf die Abgabe folgenden Kalenderjahres an widerrufen werden. [3]Es ist nicht zulässig, den Widerruf auf einzelne Tätigkeitsbereiche oder Leistungen zu beschränken.

(23) § 3 Absatz 13 bis 15 sowie § 10 Absatz 1 Satz **5** in der Fassung des Artikels 9 des Gesetzes vom 11. Dezember 2018 (BGBl. I S. 2338) sind erstmals auf Gutscheine anzuwenden, die nach dem 31. Dezember 2018 ausgestellt werden.

(24) [1]§ 3a Absatz 5 Satz 3 bis 5 und § 14 Absatz 7 Satz 3 in der Fassung des Artikels 9 des Gesetzes vom 11. Dezember 2018 (BGBl. I S. 2338) sind auf Umsätze anzuwenden, die nach dem 31. Dezember 2018 ausgeführt werden. [2]§ 18 Absatz 4c Satz 1 und Absatz 4d in der Fassung des Artikels 9 des Gesetzes vom 11. Dezember 2018 (BGBl. I S. 2338) ist auf Besteuerungszeiträume anzuwenden, die nach dem 31. Dezember 2018 enden.

(25) [1]Das Bundesministerium der Finanzen teilt den Beginn, ab dem Daten nach § 22f Absatz 5 auf Anforderung zu übermitteln sind, durch ein im Bundessteuerblatt zu veröffentlichendes Schreiben mit. [2]Gleiches gilt für die Festlegung des Kalenderjahres, ab dem Daten nach § 22f Absatz 3 auf Anforderung zu übermitteln sind. [3]§ 25e Absatz 1 bis Absatz 4 in der Fassung des Artikels 9 des Gesetzes vom 11. Dezember 2018 (BGBl. I S. 2338) ist für die in § 22f Absatz 1 Satz 4 in der am 1. Januar 2019 geltenden Fassung genannten Unternehmer ab 1. März 2019 und für andere als die in § 22f Absatz 1 Satz 4 in der am 1. Januar 2019 geltenden Fassung genannten Unternehmer ab 1. Oktober 2019 anzuwenden.

(25a) *weggefallen*

(26) § 25 Absatz 3 in der Fassung des Artikels 11 des Gesetzes vom 12. Dezember 2019 (BGBl. I S. 2451) ist erstmals auf Umsätze anzuwenden, die nach dem 31. Dezember 2021 bewirkt werden.

(27) § 4 Nummer 15a in der bis zum 31. Dezember 2019 geltenden Fassung gilt bis zu den Zeitpunkten nach § 412 Absatz 1 Satz 4 des Fünften Buches Sozialgesetzbuch sowie § 412 Absatz 5 Satz 9 in Verbindung mit § 412 Absatz 1 Satz 4 des Fünften Buches Sozialgesetzbuch fort.

(28) § 15 Absatz 4b, § 16 Absatz 2 Satz 1 und § 18 Absatz 9 in der Fassung des Artikels 12 des Gesetzes vom 12. Dezember 2019 (BGBl. I S. 2451) sind erstmals auf Voranmeldungs-, Besteuerungs- und Vergütungszeiträume anzuwenden, die nach dem 31. Dezember 2019 enden.

(29) § 22b Absatz 2 und 2a in der Fassung des Artikels 12 des Gesetzes vom 12. Dezember 2019 (BGBl. I S. 2451) ist erstmals auf Voranmeldungs-, Besteuerungs- und Meldezeiträume anzuwenden, die nach dem 31. Dezember 2019 enden.

(30) § 25f in der Fassung des Artikels 12 des Gesetzes vom 12. Dezember 2019 (BGBl. I S. 2451) ist erstmals auf Voranmeldungs- und Besteuerungszeiträume anzuwenden, die nach dem 31. Dezember 2019 enden.

(31) Der Termin, ab dem § 21 Absatz 3a in der Fassung des Artikels 3 des Gesetzes vom 29. Juni 2020 (BGBl. I S. 1512) erstmals anzuwenden ist, wird mit einem Schreiben des Bundesministeriums der Finanzen bekanntgegeben.

(32) § 24 Absatz 1 in der Fassung des Artikels 11 des Gesetzes vom 21. Dezember 2020 (BGBl. I S. 3096) ist erstmals auf Umsätze anzuwenden, die nach dem 31. Dezember 2021 bewirkt werden.

(33) [1]§ 18i Absatz 3 und 6, § 18j Absatz 4 und 7, § 18k Absatz 4 und 7 in der Fassung des Artikels 13 des Gesetzes vom 21. Dezember 2020 (BGBl. I S. 3096) sind erstmals auf Umsätze anzuwenden, die nach dem 30. Juni 2021 ausgeführt werden. [2]Die in den §§ 18i, 18j und 18k enthaltenen Verweise auf die §§ 3, 3a, 3c, 16, 18i, 18j, 18k und 22 beziehen sich auf die jeweilige Fassung der Artikel 13 und 14 des vorgenannten Gesetzes.

(34) [1]Die §§ 3 und 3a Absatz 5, die §§ 3c, 4, 5, 11, 13 Absatz 1 Nummer 1 Buchstabe f bis i, § 14a Absatz 2, § 16 Absatz 1c bis 1e, § 18 Absatz 1, 3 und 9, die §§ 21a, 22, 22f und 25e in der Fassung des Artikels 14 des Gesetzes vom 21. Dezember 2020 (BGBl. I S. 3096) sind erstmals auf Umsätze und Einfuhren anzuwenden, die nach dem 30. Juni 2021 ausgeführt werden. [2]§ 13 Absatz 1 Nummer 1 Buchstabe d und e, § 16 Absatz 1a und 1b, § 18 Absatz 4c bis 4e und § 18h sind letztmalig auf Umsätze anzuwenden, die vor dem 1. Juli 2021 ausgeführt werden.

(35) [1]§ 4c in der Fassung des Artikels 1 des Gesetzes vom 21. Dezember 2021 (BGBl. I S. 5250) ist auf Leistungen anzuwenden, die nach dem 31. Dezember 2020 bezogen werden. [2]§ 5 Absatz 1 Nummer 8 und 9 in der Fassung des Artikels 1 des Gesetzes vom 21. Dezember 2021 (BGBl. I S. 5250) ist auf Einfuhren nach dem 31. Dezember 2020 anzuwenden.

(36) § 18 Absatz 5a in der Fassung des Artikels 16 des Gesetzes vom 16. Dezember 2022 (BGBl. I S. 2294) ist erstmals auf die Besteuerungszeiträume anzuwenden, die nach dem 31. Dezember 2022 enden.

(37) § 18g in der Fassung des Artikels 16 des Gesetzes vom 16. Dezember 2022 (BGBl. I S. 2294) ist erstmals auf die Übermittlung von Daten nach dem 31. Dezember 2022 anzuwenden.

(38) [1]Abweichend von § 14 Absatz 1 und 2 kann eine Rechnung

1. bis zum 31. Dezember 2026 für einen nach dem 31. Dezember 2024 und vor dem 1. Januar 2027 ausgeführten Umsatz auf Papier oder vorbehaltlich der Zustimmung des Empfängers in einem elektronischen Format, das nicht § 14 Absatz 1 Satz 6 entspricht, übermittelt werden;

2. bis zum 31. Dezember 2027 für einen nach dem 31. Dezember 2026 und vor dem 1. Januar 2028 ausgeführten Umsatz auf Papier oder vorbehaltlich der Zustimmung des Empfängers in einem elektronischen Format, das nicht § 14 Absatz 1 Satz 6 entspricht, übermittelt werden, wenn der Gesamtumsatz (§ 19 Absatz 3) des die Rechnung ausstellenden Unternehmers im vorangegangenen Kalenderjahr nicht mehr als 800 000 Euro betragen hat;
3. bis zum 31. Dezember 2027 für einen nach dem 31. Dezember 2025 und vor dem 1. Januar 2028 ausgeführten Umsatz vorbehaltlich der Zustimmung des Empfängers in einem elektronischen Format, das nicht § 14 Absatz 1 Satz 6 entspricht, ausgestellt werden, wenn diese mittels elektronischem Datenaustausch (EDI) nach Artikel 2 der Empfehlung 94/820/EG der Kommission vom 19. Oktober 1994 über die rechtlichen Aspekte des elektronischen Datenaustausches (ABl. L 338 vom 28.12.1994, S. 98) übermittelt wird.

[2]Die Absätze 15 und 18 bleiben unberührt.

(39) § 18 Absatz 3 Satz 1 und § 19 Absatz 1 Satz 4 sowie Absatz 2 in der Fassung des Artikels 23 des Gesetzes vom 27. März 2024 (BGBl. 2024 I Nr. 108) sind erstmals auf Besteuerungszeiträume anzuwenden, die nach dem 31. Dezember 2023 enden.

(40) § 14b Absatz 1 Satz 1 in der ab dem 1. Januar 2025 geltenden Fassung ist auf alle Rechnungen anzuwenden, deren Aufbewahrungsfrist am 31. Dezember 2024 noch nicht abgelaufen ist. Bei Unternehmen, die

1. Institute im Sinne des § 1 Absatz 1b des Kreditwesengesetzes sind, einschließlich Zweigstellen nach § 53 des Kreditwesengesetzes,
2. der Aufsicht nach § 1 Absatz 1 des Versicherungsaufsichtsgesetzes unterliegen oder
3. Wertpapierinstitute im Sinne des § 2 Absatz 1 des Wertpapierinstitutsgesetzes sind,

ist § 14b Absatz 1 Satz 1 in der ab dem 1. Januar 2025 geltenden Fassung abweichend von Satz 1 erstmals auf Unterlagen anzuwenden, deren Aufbewahrungsfrist nach § 14b Absatz 1 Satz 1 in der bis einschließlich 31. Dezember 2024 geltenden Fassung am 1. Januar 2026 noch nicht abgelaufen ist.

(40a) [1]Für vor dem 1. Januar 2026 nach § 4 Nummer 4a Satz 1 von der Steuer befreite Umsätze sind § 4 Nummer 4a Satz 1 Buchstabe a und b, Nummer 19 Buchstabe a Satz 4, § 10 Absatz 1 Satz 4, § 13 Absatz 1 Nummer 9, § 13a Absatz 1 Nummer 6, § 15 Absatz 1 Satz 1 Nummer 5, § 18e Nummer 2, § 22 Absatz 2 Nummer 9 und Absatz 4c in der am 31. Dezember 2025 geltenden Fassung bis zur Auslagerung und für diese Auslagerung der jeweiligen Gegenstände weiterhin anzuwenden. [2]Mit Ablauf des 30. Dezember 2029 gelten alle bis zu diesem Zeitpunkt nicht ausgelagerten Gegenstände als ausgelagert im Sinne des § 4 Nummer 4a Satz 1 Buchstabe a Satz 3 in der bis zum 31. Dezember 2025 geltenden Fassung.

[Absatz 41 wird mit Wirkung vom 1.1.2028 eingefügt; Änderung vom 2.12.2024]

(41) § 15 Absatz 1 Satz 1 Nummer 1 Satz 2 in der Fassung des Artikels 27 des Gesetzes vom 2. Dezember 2024 (BGBl. 2024 I Nr. 387) ist erstmals auf Rechnungen anzuwenden, die nach dem 31. Dezember 2027 ausgestellt werden.

UStAE 27.1. Übergangsvorschriften

Anwendung von § 15 a UStG und § 44 UStDV

(1) [1]§ 15 a UStG in der Fassung des Artikels 5 Nr. 12 des Gesetzes zur Umsetzung von EU-Richtlinien in nationales Steuerrecht und zur Änderung weiterer Vorschriften vom 9. 12. 2004 (Richtlinien-Umsetzungsgesetz) findet nur in den Fällen Anwendung, in denen das Wirtschaftsgut nach dem 31. 12. 2004 angeschafft oder hergestellt bzw. die sonstige Leistung nach diesem Zeitpunkt bezogen wurde (§ 27 Abs. 11 UStG); zur zeitlichen Anwendung des § 15 a Abs. 2 UStG vgl. BFH-Urteil vom 12. 2. 2009, V R 85/07, BStBl 2010 II S. 76. [2]Ebenso findet die Neuregelung nur auf nach dem 31. 12. 2004 getätigte nachträgliche Anschaffungs- oder Herstellungskosten Anwendung. [3]Die Neuregelung des § 15 a UStG gilt auch in den Fällen, in denen vor dem 1. 1. 2005 eine Voraus- oder Anzahlung für eine nach dem 31. 12. 2004 ausgeführte Leistung geleistet worden ist.

(2) [1]Die zum 1. 1. 2005 durch Artikel 6 Nr. 2 des Gesetzes zur Umsetzung von EU-Richtlinien in nationales Steuerrecht und zur Änderung weiterer Vorschriften vom 9. 12. 2004 (Richtlinien-Umsetzungsgesetz) er-

höhten Beträge in § 44 UStDV finden nur in den Fällen Anwendung, in denen das Wirtschaftsgut nach dem 31. 12. 2004 angeschafft oder hergestellt bzw. die sonstige Leistung nach diesem Zeitpunkt bezogen wurde. [2]Ebenso findet die Neuregelung nur auf nach dem 31. 12. 2004 getätigte nachträgliche Anschaffungs- oder Herstellungskosten Anwendung. [3]Das Gleiche gilt in den Fällen, in denen vor dem 1. 1. 2005 eine Voraus- oder Anzahlung für eine nach dem 31. 12. 2004 ausgeführte Leistung geleistet worden ist.

(3) § 15 a Abs. 3 und 4 UStG in der Fassung von Artikel 8 Nr. 1 des Ersten Gesetzes zum Abbau bürokratischer Hemmnisse insbesondere in der mittelständischen Wirtschaft vom 22. 8. 2006 findet nur in den Fällen Anwendung, in denen die Gegenstände, die in das Wirtschaftsgut eingegangen sind, nach dem 31. 12. 2006 angeschafft oder hergestellt wurden bzw. in denen die sonstigen Leistungen nach dem 31. 12. 2006 bezogen wurden (§ 27 Abs. 12 UStG).

Anwendung von § 18 Abs. 3 UStG

(4) Die Übermittlung der Umsatzsteuererklärung für das Kalenderjahr nach amtlich vorgeschriebenem Datensatz durch Datenfernübertragung entsprechend § 18 Abs. 3 UStG in der Fassung von Artikel 4 Nr. 11 Buchstabe a des Jahressteuergesetzes 2010 vom 8. 12. 2010 (JStG 2010) ist für Besteuerungszeiträume anzuwenden, die nach dem 31. 12. 2010 enden.

Anwendung von § 27 Abs. 19 UStG

(5) Zur Anwendung von § 27 Abs. 19 UStG vgl. BMF-Schreiben vom 26. 7. 2017, BStBl I S. 1001.

Anwendung von § 27 Abs. 22 UStG

(6) Zur Anwendung von § 27 Abs. 22 UStG vgl. BMF-Schreiben vom 19. 4. 2016, BStBl I S. 481.

Anwendung von § 27 Abs. 40a UStG

(7) Zur Anwendung von § 27 Abs. 40a UStG vgl. BMF-Schreiben vom 29.12.2025, BStBl I S. 2106.

Anmerkung

1. § 27 Abs. 38 UStG: Übergangsvorschriften nach Einführung der verpflichtenden elektronischen Rechnung zum 1.1.2025

Zum 1.1.2025 ist die verpflichtende elektronische Rechnung durch das Wachstumschancengesetz eingeführt worden (Gesetz v. 27.3.2024, BGBl. I 2024, Nr. 108). Vgl. dazu die umfassende Kommentierung zu Abschn. 14.1 UStG. Gleichzeitig hat der Gesetzgeber in § 27 Abs. 38 UStG **Übergangsregelungen** bis zum 31.12.2027 geschaffen, die allerdings ausschließlich den **Rechnungsaussteller** betreffen.

1.1 Übergangsregelung bis zum 31.12.2026

Für Umsätze, die zwischen dem 1.1.2025 und dem 31.12.2026 ausgeführt werden, kann weiterhin mit einer „sonstigen Rechnung“ abgerechnet werden, selbst wenn eigentlich verpflichtend eine E-Rechnung erstellt werden müsste (§ 27 Abs. 38 S. 1 Nr. 1 UStG). Dies gilt aber nur dann, wenn die Rechnung bis zum 31.12.2026 übermittelt wird.

Wenn mit einer anderen elektronischen Rechnung abgerechnet wird, ist die Zustimmung des Leistungsempfängers (wie bisher) notwendig; keine Zustimmung ist bei Abrechnung auf Papier notwendig.

Hinweis: BMF-Schreiben zur elektronischen Rechnung v. 15.10.2024 Rz. 63

Bis zum 31.12.2026 kann eine Rechnung für einen bis dahin ausgeführten Umsatz auch als sonstige Rechnung (z.B. Papierrechnung) ausgestellt und übermittelt werden. Die Zustimmung des Empfängers zu der Rechnungserteilung in einem anderen elektronischen Format bedarf keiner besonderen Form. Es muss lediglich Einvernehmen zwischen Rechnungsaussteller und Rechnungsempfänger über das zu verwendende Format bestehen. Die Zustimmung kann etwa in Form einer Rahmenvereinbarung (z.B. in den AGB) oder konkludent erfolgen.

1.2 Übergangsregelung bis zum 31.12.2027

Für Unternehmer, deren Gesamtumsatz im Vorjahr (hier: 2026) nicht mehr als 800.000 EUR betragen hat, wird die Ausnahmeregelung für Umsätze, die in der Zeit zwischen dem 1.1.2027 und dem 31.12.2027 ausgeführt werden, bis zum 31.12.2027 verlängert (§ 27 Abs. 38 S. 1 Nr. 2 UStG).

Hinweis

Grundsätzlich bleibt nach der bisherigen Regelung die Verpflichtung des Leistungsempfängers bestehen, eine elektronische Rechnung entgegenzunehmen. Dies betrifft auch kleinere Unternehmen und Rechnungen, die ab dem 1.1.2025 ausgestellt werden.

1.3 Übergangsregelung bis zum 31.12.2027 bei Verwendung des EDI-Verfahrens

Soweit Unternehmer das EDI-Verfahren anwenden, ist es weiterhin möglich, dass bei einem zwischen dem 1.1.2027 und dem 31.12.2027 ausgeführten Umsatz befristet bis zum 31.12.2027 statt einer E-Rechnung auch eine sonstige Rechnung im EDI-Verfahren ausgestellt wird. Dies bedarf der Zustimmung des Empfängers. Damit wird dem Wunsch der Wirtschaft Rechnung getragen, dass das EDI-Verfahren noch länger angewendet werden kann (§ 27 Abs. 38 Nr. 3 i.d.F. des Gesetzes v. 5.12.2024, BGBl. I 2024, Nr. 387 – Korrektur eines Fehlers in einer Jahreszahl).

2. § 27 Abs. 22a UStG: Verlängerung der Übergangsregelung für die zwingende Anwendung der Neuregelung der Umsatzbesteuerung der öffentlichen Hand

Die Übergangsregelung in § 27 Abs. 22a UStG für die zwingende Anwendung des § 2b UStG (Umsatzbesteuerung der öffentlichen Hand) wurde durch das Jahressteuergesetz 2024 (Gesetz v. 5.12.2024, BGBl. I 2024, Nr. 387) (erneut) um **weitere zwei Jahre bis einschließlich 31.12.2026 verlängert**. Damit ergibt sich eine **Gesamtübergangsregelung** von **11 Jahren**.

Wörtlich heißt es in der Gesetzesbegründung zur Neufassung des § 27 Abs. 22a UStG:

„(…) Die zusätzliche Zeit wurde zwar bereits von nicht wenigen juristischen Personen des öffentlichen Rechts genutzt, um die erforderlichen Vorbereitungen für den Übergang auf das neue Besteuerungsregime zu treffen. Jedoch stellen die Vorbereitungsarbeiten die betreffenden juristischen Personen des öffentlichen Rechts noch immer vor administrative als auch finanzielle Herausforderungen. (…)

Eine wesentliche Beeinträchtigung des Wettbewerbs durch die erneute Verlängerung der Übergangsregelung ist unter Zugrundelegung der Erfahrungen der letzten zwei Jahre auch weiterhin nicht zu befürchten. (…)“

Gerade die befürchteten Wettbewerbsbeeinträchtigungen waren aber ein ein entscheidender Grund für die Einführung des § 2b UStG. Wenn es also keine Wettbewerbsbeeinträchtigungen gibt, hätte es eigentlich auch bei der vormaligen Regelung in § 2 Abs. 3 UStG verbleiben können. Ein solcher „Rückschritt“ dürfte allerdings angesichts der von der öffentlichen Hand bereits getragenen Aufwendungen faktisch ausgeschlossen sein.

Inkrafttreten: 1.1.2025.

3. § 27 Abs. 40a UStG – Konsequenzen aus der Streichung der Umsatzsteuerlagerregelung in § 4 Nr. 4a UStG

Die Umsatzsteuerlagerregelung ist eine Besonderheit und soll im UStG vergleichbar dem Zollager eine Vereinfachung darstellen. Aufgrund der äußerst geringen Inanspruchnahme (angeblich nur 3 Umsatzsteuerlager in ganz Deutschland) wurde im Wege des Bürokratieabbaus diese Norm bereits mit dem JStG 2024 mit Wirkung zum 1.1.2026 gestrichen. Nun läuft Ende des Jahres 2025 der Anwendungszeitraum der eigentlichen gesetzlichen Regelung aus.

Nach dem neuen § 27 Abs. 40a UStG gilt mit Wirkung vom Tag nach Verkündung des Schwarzarbeitsbekämpfungsgesetzes zum Jahresende 2025:

Für **vor dem 1.1.2026** nach § 4 Nr. 4a Satz 1 UStG steuerfreie Umsätze sind § 4 Nr. 4a Satz 1 Buchst. a und b, Nr. 19 Buchst. a Satz 4, § 10 Abs. 1 Satz 4, § 13 Abs. 1 Nr. 9, § 13a Abs. 1 Nr. 6, § 15 Abs. 1 Satz 1

Nr. 5, § 18 e Nr. 2, § 22 Abs. 2 Nr. 9 und Abs. 4 c UStG in der am 31.12.2025 geltenden Fassung bis zur Auslagerung und für diese Auslagerung der jeweiligen Gegenstände weiterhin anzuwenden.

Mit **Ablauf des 30.12.2029** gelten alle bis zu diesem Zeitpunkt nicht ausgelagerten Gegenstände als ausgelagert im Sinne des § 4 Nr. 4 a Satz 1 Buchst. a Satz 3 UStG in der bis zum 31.12.2025 geltenden Fassung.

Hinweis

Hintergrund des neuen § 27 Abs. 40 a UStG ist die mit dem JStG 2024 mit Wirkung v. 01.01.2026 vorgenommene Abschaffung der Steuerbefreiung nach § 4 Nr. 4 a UStG – nebst Anlage 1 zu § 4 Nr. 4 a UStG (sog. Umsatzsteuerlagerregelung) – sowie die Streichung der Bezugnahmen auf diese Steuerbefreiung in weiteren Regelungen (z.B. § 4 Nr. 19 Buchst. a UStG).

Grundsätzlich sind mit der Abschaffung der Umsatzsteuerlagerregelung zum 01.01.2026 Lieferungen von in der derzeitigen Anlage 1 zu § 4 Nr. 4 a UStG aufgeführten Gegenständen an einen Unternehmer für sein Unternehmen bis 31.12.2025 noch umsatzsteuerfrei, wenn der Gegenstand in ein Umsatzsteuerlager eingelagert wird oder sich in einem Umsatzsteuerlager befindet.

Die **Umsatzsteuerbefreiung entfällt** in diesen Fällen erst **mit der Auslagerung**. Zudem sind die Leistungen, die mit der Lagerung, der Erhaltung, der Verbesserung der Aufmachung und der Handelsgüte oder der Vorbereitung des Vertriebs oder Weiterverkaufs der eingelagerten Gegenstände unmittelbar zusammenhängen, von der Umsatzsteuer befreit.

Mit der Streichung der Umsatzsteuerlagerregelung entsteht die Umsatzsteuer für Umsätze nach dem 31.12.2025 bereits auf vorheriger Stufe mit bzw. während einer Einlagerung des Gegenstandes in ein Lager.

Um eine Besteuerung der vor dem 01.01.2026 nach der bis zum 31.12.2025 geltenden Fassung des § 4 Nr. 4 a UStG befreiten Umsätze bei Auslagerung nach dem 31.12.2025 rechtsklar sicherzustellen, regelt § 27 Abs. 40 a UStG für einen Übergangszeitraum, dass die dort genannten Vorschriften in der jeweils am 31.12.2025 geltenden Fassung weiterhin anzuwenden sind.

Hinweis

Zu den Übergangsregelungen beim Steuerlager vgl. auch die Anmerkungen zu § 4 Nr. 4a UStG.

Zu § 27 a UStG

UStG § 27 a Umsatzsteuer-Identifikationsnummer

(1) [1]Das Bundeszentralamt für Steuern erteilt Unternehmern im Sinne des § 2 auf Antrag eine Umsatzsteuer-Identifikationsnummer. [2]Das Bundeszentralamt für Steuern erteilt auch juristischen Personen, die nicht Unternehmer sind oder die Gegenstände nicht für ihr Unternehmen erwerben, eine Umsatzsteuer-Identifikationsnummer, wenn sie diese für innergemeinschaftliche Erwerbe benötigen. [3]Im Fall der Organschaft wird auf Antrag für jede juristische Person eine eigene Umsatzsteuer-Identifikationsnummer erteilt. [4]Der Antrag auf Erteilung einer Umsatzsteuer-Identifikationsnummer nach den Sätzen 1 bis 3 ist schriftlich zu stellen. [5]In dem Antrag sind Name, Anschrift und Steuernummer, unter der der Antragsteller umsatzsteuerlich geführt wird, anzugeben.

(1 a) [1]Das nach § 21 der Abgabenordnung für die Umsatzbesteuerung des Unternehmers zuständige Finanzamt kann die nach Absatz 1 Satz 1 bis 3 erteilte Umsatzsteuer-Identifikationsnummer begrenzen, wenn ernsthafte Anzeichen vorliegen oder nachgewiesen ist, dass die Umsatzsteuer-Identifikationsnummer zur Gefährdung des Umsatzsteueraufkommens verwendet wird. [2]Dies gilt auch, soweit das Umsatzsteueraufkommen anderer Mitgliedstaaten gefährdet wird.

(2) [1]Die Landesfinanzbehörden übermitteln dem Bundeszentralamt für Steuern die für die Erteilung der Umsatzsteuer-Identifikationsnummer nach Absatz 1 erforderlichen Angaben über die bei ihnen umsatzsteuerlich geführten natürlichen und juristischen Personen und Personenvereinigungen. [2]Diese Angaben dürfen nur für die Erteilung einer Umsatzsteuer-Identifikationsnummer, die Erteilung einer Kleinunternehmer-Identifikations-

nummer, für Zwecke der Verordnung (EU) Nr. 904/2010 des Rates vom 7. Oktober 2010 über die Zusammenarbeit der Verwaltungsbehörden und die Betrugsbekämpfung auf dem Gebiet der Mehrwertsteuer (ABl. L 268 vom 12. 10. 2010, S. 1), für die Umsatzsteuerkontrolle, für Zwecke der Amtshilfe zwischen den zuständigen Behörden anderer Staaten in Umsatzsteuersachen sowie für Übermittlungen an das Statistische Bundesamt nach § 2 a des Statistikregistergesetzes und an das Bundeskartellamt zur Überprüfung und Vervollständigung der Daten nach § 3 Absatz 1 Nummer 4 des Wettbewerbsregistergesetzes verarbeitet werden. [3]Bis zum Abschluss der erstmaligen Vergabe der Wirtschafts-Identifikationsnummer nach § 139 c der Abgabenordnung dürfen die in Satz 1 genannten Daten sowie die vom Bundeszentralamt für Steuern erteilte Umsatzsteuer-Identifikationsnummer abweichend von Satz 2 auch für die Vergabe der Wirtschafts-Identifikationsnummern nach § 139 c der Abgabenordnung verwendet sowie für die nach § 4 des Unternehmensbasisdatenregistergesetzes vorgesehenen Zwecke an das Statistische Bundesamt als Registerbehörde für das Basisregister übermittelt und von diesem nach Maßgabe des § 3 des Unternehmensbasisdatenregistergesetzes gespeichert und verarbeitet werden. [4]Außerdem übermitteln die Landesfinanzbehörden dem Bundeszentralamt für Steuern die nach Absatz 1 a erforderlichen Daten. [5]Das Bundeszentralamt für Steuern übermittelt den Landesfinanzbehörden die erteilten Umsatzsteuer-Identifikationsnummern, die erteilten Kleinunternehmer-Identifikationsnummern und die Daten, die sie für die Umsatzsteuerkontrolle benötigen.

UStAE 27 a.1. Antrag auf Erteilung der Umsatzsteuer-Identifikationsnummer

(1) [1]Der Antrag ist schriftlich unter Angabe des Namens und der Anschrift des Antragstellers, des zuständigen Finanzamtes und der Steuernummer, unter der er umsatzsteuerlich geführt wird, an das Bundeszentralamt für Steuern – Dienstsitz Saarlouis –, 66740 Saarlouis, zu richten. [2]Anträge können auch über das Internet (www.bzst.de) gestellt werden. [3]Die USt-IdNr. wird dem Antragsteller schriftlich bekannt gegeben. [4]Bei der steuerlichen Neuaufnahme kann der Unternehmer die Erteilung einer USt-IdNr. auch bei dem zuständigen Finanzamt beantragen. [5]Dieser Antrag wird, zusammen mit den erforderlichen Angaben über die Erfassung für Zwecke der Umsatzsteuer, an das BZSt weitergeleitet. [6]Jeder Unternehmer erhält nur eine USt-IdNr. [7]Wegen der Besonderheiten bei Organgesellschaften und bei juristischen Personen des öffentlichen Rechts vgl. Absatz 3 **und bei Fiskalvertretern vgl. Absatz 4**. [8]Den ständigen diplomatischen Missionen und berufskonsularischen Vertretungen, zwischenstaatlichen Einrichtungen und Streitkräften anderer Vertragsparteien des Nordatlantikvertrags wird grundsätzlich keine USt-IdNr. erteilt (vgl. auch Abschnitt 1 c.1).

(2) Der Unternehmer kann schriftlich unter Angabe der ggf. bereits erteilten USt-IdNr. beim Bundeszentralamt für Steuern – Dienstsitz Saarlouis –, 66740 Saarlouis, beantragen, dass die Anschrift gespeichert wird, unter der er im innergemeinschaftlichen Geschäftsverkehr auftritt (sog. Euro-Adresse).

(3) [1]Organkreise erhalten eine gesonderte USt-IdNr. für den Organträger und jede einzelne Organgesellschaft, die innergemeinschaftliche Warenlieferungen (§ 18 a Abs. 6 UStG), steuerpflichtige sonstige Leistungen im übrigen Gemeinschaftsgebiet im Sinne von § 3 a Abs. 2 UStG (vgl. Abschnitt 3 a.2), für die der in einem anderen EU-Mitgliedstaat ansässige Leistungsempfänger die Steuer dort schuldet, oder Lieferungen im Sinne von § 25 b Abs. 2 UStG im Rahmen innergemeinschaftlicher Dreiecksgeschäfte ausführt. [2]Der Antrag ist vom Organträger zu stellen. [3]Der Antrag muss folgende Angaben enthalten:

- die Steuernummer, unter der der Organkreis für Zwecke der Umsatzsteuer geführt wird;
- den Namen und die Anschrift des Organträgers;
- die USt-IdNr. des Organträgers (soweit bereits erteilt);
- die Bezeichnung des Finanzamts, bei dem der Organkreis für Zwecke der Umsatzsteuer geführt wird;
- den Namen und die Anschriften der einzelnen Organgesellschaften, die am innergemeinschaftlichen Handelsverkehr teilnehmen;
- die Steuernummern, unter denen die Organgesellschaften ertragsteuerlich geführt werden;
- die Bezeichnung der zuständigen Finanzämter, bei denen die Organgesellschaften ertragsteuerlich geführt werden.

[4]Die Gebietskörperschaften Bund und Länder erhalten auf Antrag für einzelne Organisationseinheiten (z. B. Ressorts, Behörden und Ämter) eine USt-IdNr. [5]Sofern für Organisationseinheiten im Sinne des § 18 Abs. 4f UStG bereits vor Anwendung des § 2b UStG USt-IdNr. erteilt worden sind bleiben diese nach dem 01. 01. 2025 nur gültig: wenn die jeweilige Organisationseinheit vor und nach dem 01. 01. 2025 identisch ist.

(4) [1]Ein Fiskalvertreter erhält auf Antrag eine USt-IdNr. für sein eigenes Unternehmen und zusätzlich eine USt-IdNr. für die Wahrnehmung der Fiskalvertretung, unter der er für alle von ihm Vertretenen auftritt (siehe Abschnitt 22d.1 Satz 2). [2]Zur Antragstellung siehe Abschnitt 22d.1 Sätze 2 und 3.

Anmerkung

1. Inhalt der Regelung

§ 27 a UStG regelt das Verfahren bei der Vergabe der USt-IdNr. durch das Bundeszentralamt für Steuern (BZSt). Außerdem enthält die Vorschrift Regelungen über die Befugnis zur Weitergabe der hierfür erforderlichen Daten durch die Landesfinanzbehörden sowie die Verarbeitung, Nutzung und Weitergabe der Daten durch das BZSt (die Vorschrift wurde durch das Umsatzsteuer-Binnenmarktgesetz eingefügt, Ges. v. 25.08.1992, BGBl. I 1992, 1548).

Die Norm ist durch das **Jahressteuergesetz 2020** um einen **Abs. 1 a** ergänzt worden. Danach kann die zu erteilende USt-IdNr. durch das für die Umsatzbesteuerung zuständige Finanzamt (§ 21 AO) begrenzt werden, wenn Anhaltspunkte dafür vorliegen nachgewiesen ist, dass diese USt-IdNr. für Zwecke der Schädigung des Umsatzsteueraufkommens verwendet wird.

§ 27 a Abs. 2 S. 3 UStG regelt ergänzend, dass dem BZSt, das für die Erteilung der USt-IdNr. zuständig ist und dem die dafür erforderlichen Daten von den Ländern übermittelt werden, auch die Daten für die Begrenzung der USt-IdNr. übermittelt werden.

Hinweis

Die Formulierung „Begrenzung der USt-IdNr." meint wohl, dass nicht nur die Vergabe der USt-IdNr. zeitlich beschränkt werden kann, sondern auch, dass eine bereits erteilte USt-IdNr. auch nachträglich wieder entzogen werden kann. Der Wortlaut der Neuregelung ist insoweit nicht eindeutig.

2. Hintergrund

Beim grenzüberschreitenden innergemeinschaftlichen Umsatzsteuerbetrug, (z. B. Karussell- oder Kettengeschäfte), nutzen die handelnden Personen die umsatzsteuerrechtlichen Besonderheiten des innergemeinschaftlichen Warenverkehrs in der EU aus, um in rechtswidriger Weise Steuervorteile zu erlangen.

Für die Inanspruchnahme der Sonderregelungen des innergemeinschaftlichen Warenverkehrs (z. B. steuerfreie innergemeinschaftliche Lieferungen an Abnehmer in einem anderen EU-Mitgliedstaat), benötigen die handelnden Personen eine gültige USt-IdNr.

Im Hinblick auf die erhebliche Zunahme des Betrugs im Zusammenhang mit der Umsatzsteuer hat die FinVerw verständlicherweise ein großes Interesse daran, Unternehmern, die die ihnen erteilte USt-IdNr. für betrügerische Zwecke nutzen, den gewährten Vorteil zur Nutzung einer USt-IdNr. künftig zu verwehren.

Zu diesem Zweck ist der § 27 a UStG um eine Regelung zur Begrenzung der USt-IdNr. ergänzt worden.

Hinweis

Mit der Regelung wird klarstellend die EuGH-Rechtsprechung umgesetzt (EuGH, Urt. v. 14.3.2013 – C-527/11): Danach konnte die Zuteilung einer USt-IdNr. abgelehnt werden, wenn die FinVerw anhand objektiver Anhaltspunkte darlegen konnte, dass ernsthafte Anzeichen für den Verdacht bestehen, dass die zugeteilte Identifikationsnummer in betrügerischer Weise verwendet werden soll.

3. Inkrafttreten

Die Ergänzung des § 27 a UStG ist **am 01.01.2021** in Kraft getreten.

Zu § 27 b UStG

UStG § 27 b Umsatzsteuer-Nachschau

(1) [1]Zur Sicherstellung einer gleichmäßigen Festsetzung und Erhebung der Umsatzsteuer können die damit betrauten Amtsträger der Finanzbehörde ohne vorherige Ankündigung und außerhalb einer Außenprüfung Grundstücke und Räume von Personen, die eine gewerbliche oder berufliche Tätigkeit selbständig ausüben, während der Geschäfts- und Arbeitszeiten betreten, um Sachverhalte festzustellen, die für die Besteuerung erheblich sein können (Umsatzsteuer-Nachschau). [2]Wohnräume dürfen gegen den Willen des Inhabers nur zur Verhütung dringender Gefahren für die öffentliche Sicherheit und Ordnung betreten werden.

(2) [1]Soweit dies zur Feststellung einer steuerlichen Erheblichkeit zweckdienlich ist, haben die von der Umsatzsteuer-Nachschau betroffenen Personen den damit betrauten Amtsträgern auf Verlangen Aufzeichnungen, Bücher, Geschäftspapiere und andere Urkunden über die der Umsatzsteuer-Nachschau unterliegenden Sachverhalte vorzulegen und Auskünfte zu erteilen. [2]Wurden die in Satz 1 genannten Unterlagen mit Hilfe eines Datenverarbeitungssystems erstellt, können die mit der Umsatzsteuer-Nachschau betrauten Amtsträger auf Verlangen die gespeicherten Daten über die der Umsatzsteuer-Nachschau unterliegenden Sachverhalte einsehen und soweit erforderlich hierfür das Datenverarbeitungssystem nutzen. [3]Dies gilt auch für elektronische Rechnungen nach § 14 Absatz 1 Satz 3 und sonstige Rechnungen in einem anderen elektronischen Format.

(3) [1]Wenn die bei der Umsatzsteuer-Nachschau getroffenen Feststellungen hierzu Anlass geben, kann ohne vorherige Prüfungsanordnung (§ 196 der Abgabenordnung) zu einer Außenprüfung nach § 193 der Abgabenordnung übergegangen werden. [2]Auf den Übergang zur Außenprüfung wird schriftlich hingewiesen.

(4) Werden anlässlich der Umsatzsteuer-Nachschau Verhältnisse festgestellt, die für die Festsetzung und Erhebung anderer Steuern als der Umsatzsteuer erheblich sein können, so ist die Auswertung der Feststellungen insoweit zulässig, als ihre Kenntnis für die Besteuerung der in Absatz 1 genannten Personen oder anderer Personen von Bedeutung sein kann.

UStAE 27b.1. Umsatzsteuer-Nachschau

(1) [1]Die Umsatzsteuer-Nachschau ist keine Außenprüfung im Sinne des § 193 AO. [2]Sie ist ein besonderes Verfahren zur zeitnahen Aufklärung möglicher steuererheblicher Sachverhalte. [3]Deshalb gelten die Vorschriften für eine Außenprüfung (§ 193 ff. AO) nicht. [4]Die Umsatzsteuer-Nachschau wird nicht angekündigt.

(2) [1]Eine Umsatzsteuer-Nachschau kann insbesondere in folgenden Fällen angezeigt sein:

- Existenzprüfungen bei neu gegründeten Unternehmen;
- Entscheidungen im Zustimmungsverfahren nach § 168 Satz 2 AO;
- Erledigung von Auskunftsersuchen zum Vorsteuerabzug anderer Finanzämter (USt 1 KM);
- Erledigung von Amtshilfeersuchen anderer EU-Mitgliedstaaten.

[2]Mit dem Instrument der Umsatzsteuer-Nachschau sollen umsatzsteuerrechtlich erhebliche Sachverhalte festgestellt werden. [3]Solche Sachverhalte sind zum Beispiel:

- Unternehmerexistenz;
- Vorhandensein von Anlage- und Umlaufvermögen;
- einzelne Eingangs- oder Ausgangsrechnungen;
- einzelne Buchungsvorgänge;
- Verwendungsverhältnisse.

(3) Nach § 27b Abs. 1 Satz 1 UStG sind alle mit der Festsetzung und Erhebung der Umsatzsteuer betrauten Amtsträger befugt, Umsatzsteuer-Nachschauen durchzuführen.

(4) Sobald der Amtsträger

- der Öffentlichkeit nicht zugängliche Geschäftsräume betreten will,

- den Steuerpflichtigen auffordert, Aufzeichnungen, Bücher, Geschäftspapiere und andere umsatzsteuerrelevante Urkunden vorzulegen oder – wenn die Unterlagen mit Hilfe eines Datenverarbeitungssystems erstellt wurden – die gespeicherten Daten einzusehen oder
- den Steuerpflichtigen auffordert, Auskunft zu erteilen,

hat er sich auszuweisen.

(5) [1]Im Rahmen der Umsatzsteuer-Nachschau dürfen grundsätzlich nur Grundstücke und Räume betreten werden, die gewerblich oder beruflich selbständig genutzt werden; unschädlich ist, wenn sie auch zu Wohnzwecken genutzt werden. [2]Das Betreten muss dazu dienen, Sachverhalte festzustellen, die für die Umsatzbesteuerung erheblich sein können. [3]Ein Durchsuchungsrecht gewährt die Umsatzsteuer-Nachschau nicht. [4]Das bloße Betreten oder Besichtigen von Grundstücken und Räumen ist noch keine Durchsuchung. [5]Ein Betreten der Grundstücke und Räume ist während der Geschäfts- und Arbeitszeiten zulässig. [6]Die Umsatzsteuer-Nachschau kann auch außerhalb der Geschäftszeiten vorgenommen werden, wenn im Unternehmen schon oder noch gearbeitet wird. [7]Der Unternehmer hat auf Verlangen dem Amtsträger Aufzeichnungen, Bücher, Geschäftspapiere und andere Urkunden vorzulegen und Auskünfte zu erteilen. [8]Wurden die der Umsatzsteuer-Nachschau unterliegenden Sachverhalte betreffenden Unterlagen mit Hilfe eines Datenverarbeitungssystems erstellt, hat der Unternehmer dem Amtsträger auf Verlangen Einsicht in die gespeicherten Daten zu gewähren (§ 27b Abs. 2 Satz 2 UStG); es reicht nicht aus, wenn der Unternehmer nur entsprechende Papierausdrucke aus dem Datenverarbeitungssystem bereitstellt. [9]Soweit erforderlich, ist der Amtsträger befugt, das Datenverarbeitungssystem des Unternehmers zu nutzen (§ 27b Abs. 2 Satz 2 UStG). [10]Hierbei ist es dem Unternehmer freigestellt, ob er dem Amtsträger einen entsprechenden Lesezugriff einräumt oder ob er selbst bzw. eine von ihm beauftragte Person dafür sorgt, dass der Amtsträger unverzüglich Einsicht in die entsprechenden Daten erhält. [11]Zur Kostentragung durch den Unternehmer gilt § 147 Abs. 6 Satz 4 AO sinngemäß. [12]Kommt der Unternehmer seinen Mitwirkungspflichten im Rahmen der Umsatzsteuer-Nachschau nicht nach, liegt es im Ermessen des Amtsträgers, zu einer Außenprüfung nach § 193 AO überzugehen.

(6) [1]Da die Umsatzsteuer-Nachschau keine Außenprüfung im Sinne des § 193 ff. AO darstellt, finden insbesondere die §§ 147 Abs. 6 Satz 1 Nr. 2 und 3, 201 und 202 AO keine Anwendung. [2]Ein Prüfungsbericht ist nicht zu fertigen. [3]Sollen auf Grund der Umsatzsteuer-Nachschau Besteuerungsgrundlagen geändert werden, ist dem Steuerpflichtigen rechtliches Gehör zu gewähren (§ 91 AO).

(7) [1]Der Beginn der Umsatzsteuer-Nachschau hemmt den Ablauf der Festsetzungsfrist nach § 171 Abs. 4 AO nicht. [2]Die Änderungssperre des § 173 Abs. 2 AO findet keine Anwendung. [3]Soweit eine Steuer nach § 164 AO unter dem Vorbehalt der Nachprüfung festgesetzt worden ist, muss dieser nach Durchführung der Umsatzsteuer-Nachschau nicht aufgehoben werden. [4]Im Anschluss an eine Umsatzsteuer-Nachschau ist ein Antrag auf verbindliche Zusage (§ 204 AO) nicht zulässig.

(8) [1]Ein Verwaltungsakt liegt dann vor, wenn der Amtsträger Maßnahmen ergreift, die den Steuerpflichtigen zu einem bestimmten Tun, Dulden oder Unterlassen verpflichten sollen. [2]Ein Verwaltungsakt liegt insbesondere vor, wenn der Amtsträger den Steuerpflichtigen auffordert,

- das Betreten der nicht öffentlich zugänglichen Geschäftsräume zu dulden,
- Aufzeichnungen, Bücher, Geschäftspapiere und andere umsatzsteuerrelevante Urkunden vorzulegen oder – wenn die Unterlagen mit Hilfe eines Datenverarbeitungssystems erstellt wurden – die gespeicherten Daten einzusehen oder
- Auskunft zu erteilen.

[3]Ein derartiger Verwaltungsakt ist grundsätzlich mit Zwangsmitteln nach §§ 328 ff. AO (insbesondere durch unmittelbaren Zwang nach § 331 AO) durchsetzbar.

(9) [1]Nach § 27b Abs. 3 UStG kann ohne vorherige Prüfungsanordnung (§ 196 AO) zu einer Außenprüfung nach § 193 AO übergegangen werden, wenn die bei der Umsatzsteuer-Nachschau getroffenen Feststellungen hierzu Anlass geben. [2]Da die Umsatzsteuer-Nachschau auf die Umsatzsteuer begrenzt ist, kann nach einem Übergang zu einer Außenprüfung nur die Umsatzsteuer geprüft werden. [3]Somit kommt nur die Durchführung einer Umsatzsteuer-Sonderprüfung in Betracht. [4]Die Anordnung einer darüber hinausgehenden Außenprüfung ohne Ankündigung bleibt nach § 197 Abs. 1 Satz 1 AO zulässig, wenn der Prüfungszweck durch eine vorherige Ankündigung gefährdet wird. [5]Die Entscheidung zum Übergang zu einer

Umsatzsteuer-Sonderprüfung ist eine Ermessensentscheidung. [6]Der Übergang zu einer Umsatzsteuer-Sonderprüfung ist regelmäßig geboten, wenn die sofortige Sachverhaltsaufklärung (z. B. Feststellung der Besteuerungsgrundlagen, vollständige Erfassung von Umsätzen, rechtliche Beurteilung von steuerfreien Umsätzen) zweckmäßig erscheint und wenn anschließend auch die gesetzlichen Folgen einer Außenprüfung für die Steuerfestsetzung eintreten sollen. [7]Der Übergang zu einer Umsatzsteuer-Sonderprüfung ist dem Unternehmer bekannt zu geben. [8]Dies ist ein Verwaltungsakt, der an keine bestimmte Form gebunden ist. [9]Nach § 27b Abs. 3 Satz 2 UStG ist der Unternehmer auf diesen Übergang jedoch schriftlich hinzuweisen. [10]Die allgemeinen Grundsätze über den notwendigen Inhalt von Prüfungsanordnungen gelten entsprechend. [11]Insbesondere ist der Prüfungszeitraum und der Prüfungsumfang festzulegen. [12]Der Beginn einer Außenprüfung nach erfolgter Umsatzsteuer-Nachschau ist unter Angabe von Datum und Uhrzeit aktenkundig zu machen. [13]Für die Durchführung der Umsatzsteuer-Sonderprüfung gelten die §§ 199 ff. AO.

(10) [1]Im Rahmen der Umsatzsteuer-Nachschau ergangene Verwaltungsakte können nach § 347 AO mit dem Einspruch angefochten werden. [2]Der Amtsträger ist berechtigt und verpflichtet, den schriftlichen Einspruch entgegenzunehmen. [3]Der Einspruch hat keine aufschiebende Wirkung und hindert daher nicht die Durchführung der Umsatzsteuer-Nachschau, es sei denn, die Vollziehung des angefochtenen Verwaltungsakts wurde ausgesetzt (§ 361 AO, § 69 FGO). [4]Mit Beendigung der Umsatzsteuer-Nachschau sind oder werden Einspruch und Anfechtungsklage gegen die Anordnung der Umsatzsteuer-Nachschau unzulässig; insoweit kommt lediglich eine Fortsetzungs-Feststellungsklage (§ 100 Abs. 1 Satz 4 FGO) in Betracht. [5]Wurden die Ergebnisse der Umsatzsteuer-Nachschau in einem Steuerbescheid berücksichtigt, muss auch dieser Bescheid angefochten werden, um ein steuerliches Verwertungsverbot zu erlangen. [6]Für die Anfechtung der Mitteilung des Übergangs zur Außenprüfung (§ 27b Abs. 3 UStG) gelten die Grundsätze für die Anfechtung einer Außenprüfungsanordnung entsprechend (vgl. AEAO zu § 196).

Zu §28 UStG

UStG §28 Zeitlich begrenzte Fassungen einzelner Gesetzesvorschriften

(1) § 12 Absatz 1 ist vom 1. Juli 2020 bis 31. Dezember 2020 mit der Maßgabe anzuwenden, dass die Steuer für jeden steuerpflichtigen Umsatz 16 Prozent der Bemessungsgrundlage (§§ 10, 11, 25 Absatz 3 und § 25a Absatz 3 und 4) beträgt.

(2) § 12 Absatz 2 ist vom 1. Juli 2020 bis 31. Dezember 2020 mit der Maßgabe anzuwenden, dass sich die Steuer für die in den Nummern 1 bis 15 genannten Umsätze auf 5 Prozent ermäßigt.

(3) § 24 Absatz 1 Satz 1 Nummer 2 ist vom 1. Juli 2020 bis 31. Dezember 2020 mit der Maßgabe anzuwenden, dass die Steuer für die Lieferungen der in der Anlage 2 nicht aufgeführten Sägewerkserzeugnisse und Getränke sowie von alkoholischen Flüssigkeiten, ausgenommen die Lieferungen in das Ausland und die im Ausland bewirkten Umsätze, und für sonstige Leistungen, soweit in der Anlage 2 nicht aufgeführte Getränke abgegeben werden, 16 Prozent beträgt.

(4) § 12 Abs. 2 Nr. 10 gilt bis zum 31. Dezember 2011 in folgender Fassung:

„10. a) die Beförderungen von Personen mit Schiffen,
b) die Beförderungen von Personen im Schienenbahnverkehr, im Verkehr mit Oberleitungsomnibussen, im genehmigten Linienverkehr mit Kraftfahrzeugen, im Verkehr mit Taxen, mit Drahtseilbahnen und sonstigen mechanischen Aufstiegshilfen aller Art und die Beförderungen im Fährverkehr
aa) innerhalb einer Gemeinde oder
bb) wenn die Beförderungsstrecke nicht mehr als 50 Kilometer beträgt;"

(5) § 12 Absatz 2 ist vom 1. Oktober 2022 bis 31. März 2024 mit der Maßgabe anzuwenden, dass der dort genannte Steuersatz auch für die Lieferung von Gas über das Erdgasnetz gilt.

(6) § 12 Absatz 2 ist vom 1. Oktober 2022 bis 31. März 2024 mit der Maßgabe anzuwenden, dass der dort genannte Steuersatz auch für die Lieferung von Wärme über ein Wärmenetz gilt.

Anmerkung

1. Gesetzliche Absenkung des Steuersatzes für die Lieferung von Gas und Wärme

Im Zusammenhang mit der ursprünglich geplanten, dann aber wieder aufgegebenen Einführung einer sog. „Gasumlage" sollte der Steuersatz für die Lieferung von **Erdgas über das Erdgasnetz** auf den ermäßigten Steuersatz von 7 % abgesenkt werden. Obwohl die Einführung der Gasumlage später aufgegeben wurde, ist die **Absenkung des Steuersatzes zum 1.10.2022** umgesetzt worden. Im Laufe des Gesetzgebungsverfahrens ist dann durch den Finanzausschuss des Bundestags darüber hinaus eine Ausweitung der Absenkung des Steuersatzes auf die **Lieferung von Wärme durch ein Wärmenetz** beschlossen worden.

Die gesetzliche Umsetzung ist **nicht** durch eine Aufnahme dieser Tatbestände in **§ 12 Abs. 2 UStG** vorgenommen worden, es ist vielmehr – wie auch schon bei der temporären Absenkung des Steuersatzes in der Zeit vom 1.7. bis 31.12.2020 – in den zeitlich begrenzten Fassungen des Gesetzes in **§ 28 UStG** geregelt worden, jetzt in § 28 Abs. 5 und Abs. 6 UStG.

Die Regelung war gesetzlich bis zum 31.3.2024 befristet. Aufgrund der wieder gesunkenen Marktpreise wollte die Bundesregierung eine vorzeitige Beendigung der Steuerabsenkung umsetzen. Im Zuge der Verhandlungen über das Wachstumschancengesetz wurde dann die Absenkung bis zum 29.02.2024 befristet.

2. Umsetzung durch die Finanzverwaltung

Die **Finanzverwaltung** (BMF, Schreiben v. 25.10.2022, BStBl I 2022, 1455) hatte zeitnah zur Verabschiedung des Gesetzes (Gesetz zur temporären Senkung des Umsatzsteuersatzes auf Gaslieferungen über das Erdgasnetz, BGBl. I 2022, 1743) ein Schreiben veröffentlicht, in dem neben den Anwendungsregelungen auch diverse Vereinfachungsregelungen mit aufgenommen worden sind. Die Regelungen wurden nicht in den UStAE mit aufgenommen.

Im ersten Teil – den **Anwendungsregelungen** – stellt die Finanzverwaltung fest, dass die Absenkung des Steuersatzes auf die Lieferungen anzuwenden ist, die in der Zeit vom 1.10.2022 bis 31.3.2024 ausgeführt werden. Maßgeblich ist für die zutreffende Anwendung des Steuersatzes:

- die Ausführung der jeweiligen **Leistung** bzw. der Abschluss eines Leistungszeitraums (§ 27 Abs. 1 Satz 1 i. V. m. § 13 Abs. 1 Nr. 1 Buchst. a Satz 1 UStG) oder
- soweit **Teilleistungen** ausgeführt werden, die Ausführung der Teilleistung bzw. der Abschluss des Teilleistungszeitraums (§ 27 Abs. 1 Satz 1 i. V. m. § 13 Abs. 1 Nr. 1 Buchst. a Satz 2 und 3 UStG).

Hinweis: Anzahlungen unerheblich für den Steuersatz

Wie bei jeder anderen Änderung der gesetzlichen Regelungen konserviert die Vereinnahmung von Anzahlungen, Abschlagszahlungen, Vorauszahlungen oder Vorschüssen nicht den Steuersatz, der im Zeitpunkt der Vereinnahmung gilt.

Sind **Anzahlungen oder Vorauszahlungen** für Lieferungen, die ab dem 1.10.2022 ausgeführt werden, geleistet worden, entsteht die Umsatzsteuer nach den zum Zeitpunkt der Vereinnahmung geltenden Vorschriften. Da die Umsatzsteuer aber endgültig erst bei Ausführung der Leistung mit **Ablauf des jeweiligen Ablesezeitraums** entsteht, ist die Besteuerung der Anzahlung in dem Voranmeldungszeitraum zu berichtigen (§ 27 Abs. 1 Satz 3 UStG), in dem die Leistung ausgeführt worden ist. Die Finanzverwaltung lässt hier aber fiktive Teilleistungszeiträume zu.

Die Ermäßigung des Steuersatzes auf 7 % gilt für die folgenden Leistungen:

- **Lieferung von Gas über das Erdgasnetz**, es kann sich dabei sowohl um Erdgas aber auch um Biogas handeln. Darunter fällt auch die Lieferung von Gas, das vom leistenden Unternehmer dem Erdgasnetz entnommen und sodann unmittelbar zum Leistungsempfänger weitertransportiert wird.
- Mehr-/Mindermengen-Abrechnung von Gas auf Ebene des Ausspeisenetzbetreibers sowohl im Verhältnis zum Transportkunden als auch im Verhältnis zum Marktgebietsverantwortlichen.

– **Lieferung von Wärme über ein Wärmenetz**, unerheblich ist, aus welchem Wärmeträger die Wärme gewonnen wurde (Gas, Kohle, Heizöl, Holzpellets). Begünstigt soll damit die Lieferung von Wärme aus einer **Wärmeerzeugungsanlage** sein.

– **Legen eines Hausanschlusses** für Gaslieferungen oder für Fernwärmelieferungen (vgl. dazu auch zum Legen eines Hauswasseranschlusses BMF, Schreiben v. 4.2.2021, BStBl I 2021, 312).

Hinweis: Lieferung durch Tanklastwagen kann begünstigt sein

Während in einem Entwurf des BMF-Schreibens noch die Lieferung von Gas in Tankwagen aus der Anwendung des ermäßigten Steuersatzes ausgenommen war, wenn das Gas nicht dem Erdgasnetz entnommen wurde, wird die Lieferungen von Gas, das vom leistenden Unternehmer per Tanklastwagen zum Leistungsempfänger für die Wärmeerzeugung transportiert wird, ebenfalls von der Steuersatzabsenkung erfasst. Ebenso die Einspeisung von Gas in das Erdgasnetz.

Breiten Raum nehmen die von der Finanzverwaltung getroffenen Vereinfachungsregelungen ein:

– Zulassung der Abrechnung nach Gastagen.

– Vereinfachungsregelungen für Abschlagszahlungen.

– Nichtbeanstandungsregelung für Lieferungen im November 2022.

Die Finanzverwaltung lässt es für die Stichtage 1.10.2022 und 1.4.2024 zu, dass nach sog. „**Gastagen**“ (in der Gaswirtschaft hat sich die Abrechnung nach Gastagen, beginnend um 6 Uhr, etabliert. Dies entspricht auch § 2 Satz 1 Nr. 1 GasNEV – Gasnetzentgeltverordnung – zum Gaswirtschaftsjahr) abgerechnet wird. Es wird deshalb nicht beanstandet, wenn der Unternehmer Abrechnungen zum 1.10.2022 6 Uhr und zum 1.4.2024 6 Uhr so behandelt, als wäre die Abrechnung am Vortag um 24 Uhr erfolgt. Diese Vereinfachungsregelung kann nur in Bezug auf den jeweiligen Kunden einheitlich (2022/2024) angewendet werden.

Zur **Abrechnung von Abschlagszahlungen** lässt die Finanzverwaltung verschiedene Vereinfachungsregelungen zu:

– Da eigentlich die jeweilige Leistung mit der Ablesung (Ablesezeitraum) erbracht wird, wird es von der Finanzverwaltung zur zielgenauen Steuerung der Regelung nicht beanstandet, wenn sowohl zum 1.10.2022 als auch zum 1.4.2024 ein **fiktiver Teilleistungszeitraum** eingeführt wird. Soweit die Ablesung für einen Zeitraum nach dem 1.10.2022 erfolgt, ist das Ableseergebnis nach Tagen in die Zeit vor dem 1.10.2022 und die Tage ab dem 1.10.2022 aufzuteilen.

– Ist der **Ablesezeitraum länger als drei Monate**, muss bei der Aufteilung zur Berücksichtigung der Verbrauchsunterschiede eine **Gewichtung** vorgenommen werden. Soweit aber keine wesentlichen Verbrauchsunterschiede bestehen, kann auf die Gewichtung verzichtet werden.

– **Abschlagsrechnungen**, die noch mit **19 % Umsatzsteuer** für ab dem 1.10.2022 fällige Abschläge ausgestellt worden sind, müssen nicht berichtigt werden, wenn der die Zahlung vereinnahmende Unternehmer die 19 % abführt. Der vorsteuerabzugsberechtigte Leistungsempfänger kann in diesem Fall die **Vorsteuer** mit 19 % geltend machen. Eine Anpassung kann dann im Rahmen der Jahresabrechnung vorgenommen werden.

– **Rechnungen, die vor dem 1.10.2022** über die vor diesem Zeitpunkt vereinnahmte Teilentgelte für nach dem 30.9.2022 erbrachte steuerpflichtige Leistungen oder Teilleistungen ausgestellt wurden, konnten auch schon den **abgesenkten Steuersatz** aufnehmen.

Hinweis: Entgeltsberichtigungen sind zu berücksichtigen

Spätere Entgeltberichtigungen sowie Änderungen von Abrechnungen oder Abschlagsrechnungen sind umsatzsteuerlich entsprechend zu berücksichtigen.

Bei **nachträglichen Änderungen der Bemessungsgrundlage** (z. B. Jahresrückvergütungen, Jahresboni, Treuerabatte), die einen Leistungszeitraum betreffen, in dem sowohl 7 % als auch 19 % anzuwenden sind, muss eine entsprechende **Aufteilung** vorgenommen werden. Der Unternehmer hat dem Leistungsempfänger einen Beleg mit einer entsprechenden Aufteilung zu erteilen (§ 17 Abs. 4 UStG). Die Finanzverwaltung lässt auch hier **Vereinfachungsregelungen** zu:

- Der Unternehmer kann die Entgeltsminderungen entsprechend den vor und nach dem 1.10.2022 erbrachten steuerpflichtigen Umsätzen **aufteilen**.
- Bei einer insgesamt für 2022 gewährten Rückvergütung kann die **Aufteilung pauschal** zu 75 % mit 19 % Umsatzsteuer und 25 % mit 7 % Umsatzsteuer abgerechnet werden.
- Es kann auch von einer Aufteilung abgesehen werden und die Korrektur für das gesamte Jahr **einheitlich mit 19 %** vorgenommen werden.

Hinweis: Anpassung Vorsteuerabzug notwendig

Der Leistungsempfänger hat die Minderung seiner Vorsteuer entsprechend dem vom leistenden Unternehmer ausgewählten Methode und dem von ihm ausgestellten Beleg vorzunehmen.

Für **Lieferungen**, die im **Oktober 2022 an einen anderen Unternehmer ausgeführt** wurden, wurde es von der Finanzverwaltung nicht beanstandet, wenn in einer Rechnung noch **19 % Umsatzsteuer** ausgewiesen wird, wenn diese Umsatzsteuer dann auch abgeführt wird. Der vorsteuerabzugsberechtigte Leistungsempfänger konnte – obwohl es sich systematisch um eine unrichtig ausgewiesene Umsatzsteuer (§ 14c Abs. 1 UStG) handelt – den **vollen Vorsteuerabzug** geltend machen. Dies sollte entsprechend gelten, wenn der Leistungsempfänger die Umsatzsteuer nach § 13b UStG schuldet.

3. Anmerkung

Die Finanzverwaltung hat zur Umsetzung der Steuerabsenkung zeitnah Vereinfachungs- und Anwendungsregelungen veröffentlicht. Die Regelungen entsprechen im Wesentlichen dem, was die **Finanzverwaltung** bei der **befristeten Absenkung des Steuersatzes in der zweiten Hälfte 2020** umgesetzt hatte.

Wichtig ist insbesondere, dass zu den jeweiligen Stichtagen **fiktive Teilleistungszeiträume** zur stichtagsgenauen Umsetzung der Begünstigung eingerichtet werden können, da ansonsten die Begünstigung – insbesondere da beide Stichtage unterjährig sind – zufallsbedingt abhängig von der Abrechnung wäre.

Hinweis: Anpassung Vorauszahlungen wirtschaftlich notwendig

Die Finanzverwaltung lässt es zwar zu, dass die in Abschlagsanforderungen enthaltene Umsatzsteuer für Fälligkeitstermine ab dem 1.10.2022 nicht geändert werden muss, wenn der leistende Unternehmer die 19 % Umsatzsteuer abführt – eine Anpassung kann dann erst in der Jahresrechnung erfolgen. Dies wird aber in der Praxis wohl nur in Betracht kommen, wenn der Leistungsempfänger ein vorsteuerabzugsberechtigter Unternehmer ist. Bei Endverbrauchern wird die temporäre Belastung mit der Steuerdifferenz von 12 % kaum auf Akzeptanz stoßen.

Die Grundsätze sind für alle Umsätze vom **1.10.2022 bis 31.3.2024** anzuwenden. Soweit die Vereinfachungsregelung der Abrechnung nach Gastagen in Anspruch genommen werden, kann dies nur einheitlich 2022 und 2024 erfolgen. Dies ist nachvollziehbar, da es so nicht dazu kommen kann, dass Unternehmer jeweils die für sie günstigsten Vorschriften anwenden.

Hinweis: Weitere Hinweise durch das Bayerische Landesamt für Steuern

Das Bayerische Landesamt für Steuern hat mit Verfügung v. 30.03.2023 (S 7220.1.1-11/12 St33, im Internet) weitere Hinweise zur Absenkung des Steuersatzes für die Lieferung von Gas und Wärme veröffentlicht. Darüber hinaus wurden auch Hinweise zur umsatzsteuerrechtlichen Behandlung der sog. „Dezemberhilfe 2022“ für die liefernden Unternehmer und die Leistungsempfänger veröffentlicht. Darin wird von einem Entgelt von Dritter Seite ausgegangen.

Zu § 29 UStG

UStG § 29 Umstellung langfristiger Verträge

(1) [1]Beruht die Leistung auf einem Vertrag, der nicht später als vier Kalendermonate vor dem Inkrafttreten dieses Gesetzes abgeschlossen worden ist, so kann, falls nach diesem Gesetz ein anderer Steuersatz anzuwenden ist, der Umsatz steuerpflichtig, steuerfrei oder nicht steuerbar wird, der eine Vertragsteil von dem anderen einen angemessenen Ausgleich der umsatzsteuerlichen Mehr- oder Minderbelastung verlangen. [2]Satz 1 gilt nicht, soweit die Parteien etwas anderes vereinbart haben. [3]Ist die Höhe der Mehr- oder Minderbelastung streitig, so ist § 287 Abs. 1 der Zivilprozessordnung entsprechend anzuwenden.

(2) Absatz 1 gilt sinngemäß bei einer Änderung dieses Gesetzes.

UStAE 29.1. Zivilrechtliche Ausgleichsansprüche für umsatzsteuerliche Mehr- und Minderbelastungen

(1) [1]Die Vorschrift des § 29 UStG sieht für Lieferungen und sonstige Leistungen einschließlich der Teilleistungen unter bestimmten Voraussetzungen den Ausgleich umsatzsteuerlicher Mehr- und Minderbelastungen vor, die sich durch Gesetzesänderungen ergeben. [2]Den Vertragspartnern werden zivilrechtliche Ausgleichsansprüche in folgenden Fällen eingeräumt:

1. bei einer Erhöhung der umsatzsteuerlichen Belastung dem leistenden Unternehmer gegen den Leistungsempfänger und
2. bei einer Verringerung der umsatzsteuerlichen Belastung dem Leistungsempfänger gegen den leistenden Unternehmer.

[3]Das Gleiche gilt, wenn der Umsatz steuerpflichtig, steuerfrei oder nicht steuerbar wird. [4]Auf die Höhe der Belastungsänderung kommt es nicht an.

(2) Über die Berechtigung und die Höhe von Ausgleichsansprüchen nach § 29 UStG entscheiden in Streitfällen die ordentlichen Gerichte.

(3) [1]Als angemessen im Sinne des § 29 Abs. 1 Satz 1 UStG ist grundsätzlich der volle Ausgleich der umsatzsteuerlichen Mehr- oder Minderbelastung anzusehen (vgl. BGH-Urteile vom 22. 3. 1972, VIII ZR 119/70, BGHZ Bd. 58 S. 292, und vom 28. 6. 1973, VII ZR 3/71, BGHZ Bd. 61 S. 1013). [2]Ist die Höhe der umsatzsteuerlichen Mehr- oder Minderbelastung streitig, ist § 287 Abs. 1 ZPO entsprechend anzuwenden. [3]Danach entscheidet das Gericht über die Höhe der Mehr- oder Minderbelastung unter Würdigung aller Umstände nach freier Überzeugung.

(4) [1]Ein Ausgleichsanspruch entsteht nach § 29 Abs. 1 Satz 2 UStG nicht, soweit die Vertragspartner etwas anderes vereinbart haben. [2]Der Ausschluss eines Ausgleichsanspruchs kann ausdrücklich vereinbart werden. [3]Er kann sich aber auch aus einer allgemeinen vertraglichen Vereinbarung, z. B. durch die Vereinbarung eines Festpreises, ergeben. [4]Die Vertragspartner können einen Ausgleichsanspruch entweder ganz oder teilweise ausschließen.

(5) [1]Für bestimmte Leistungsbereiche sind Entgelte – Vergütungen, Gebühren, Honorare usw. – vorgeschrieben, in denen die Umsatzsteuer für die Leistung nicht enthalten ist, z. B. nach dem RVG, der StBGebV, der KostO und der HOAI. [2]Soweit Unternehmer in diesen Fällen berechtigt sind, die für die jeweilige Leistung geschuldete Umsatzsteuer zusätzlich zu berechnen, können etwaige umsatzsteuerliche Mehr- oder Minderbelastungen von vornherein in voller Höhe ausgeglichen werden. [3]Der Geltendmachung eines Ausgleichsanspruchs nach § 29 UStG bedarf es nicht.

(6) [1]Durch § 29 Abs. 1 UStG wird der Ausgleich einer umsatzsteuerlichen Mehr- oder Minderbelastung ausschließlich für Belastungsänderungen durch das UStG 1980 geregelt. [2]Diese Ausgleichsregelung ist nach § 29 Abs. 2 UStG auf Belastungsänderungen entsprechend anzuwenden, die sich durch Änderungen des UStG ergeben. [3]Ausgleichsansprüche kommen für Leistungen bzw. Teilleistungen in Betracht, die ab dem Inkrafttreten der jeweiligen Änderungsvorschrift bewirkt werden. [4]Das gilt auch insoweit, als dafür bei der Istversteuerung Steuer vor dem Inkrafttreten der Änderungsvorschrift entstanden ist

(§ 13 Abs. 1 Nr. 1 Buchstabe a Satz 4 oder Buchstabe b UStG). [5]Voraussetzung für den Ausgleichsanspruch ist, dass der Vertrag, auf dem die Leistung beruht, nicht später als vier Kalendermonate vor dem Inkrafttreten der Gesetzesänderung abgeschlossen worden ist.

UStAE 29.2. Anwendungszeitraum

[1]Der UStAE gilt, soweit sich aus ihm nichts anderes ergibt, für Umsätze, die nach dem 31. 10. 2010 ausgeführt werden. [2]Früher ergangene Anordnungen, die mit dem UStAE im Widerspruch stehen, sind nicht mehr anzuwenden.

Zu § 30 UStG

UStG § 30 Austritt des Vereinigten Königreichs Großbritannien und Nordirland aus der Europäischen Union

(1) Für nach dem 31. Dezember 2020 ausgeführte Lieferungen und innergemeinschaftliche Erwerbe wird das Gebiet Nordirlands wie übriges Gemeinschaftsgebiet behandelt.

(2) Eine Umsatzsteuer-Identifikationsnummer mit dem Präfix „XI" gilt als eine von einem anderen Mitgliedstaat erteilte Umsatzsteuer-Identifikationsnummer.

(3) Eine durch das Vereinigte Königreich Großbritannien und Nordirland erteilte individuelle Identifikationsnummer gilt im Sinne dieses Gesetzes als von einem Mitgliedstaat der Europäischen Union erteilte individuelle Identifikationsnummer.

Anmerkung

Im Europäischen Binnenmarkt gelten sowohl für grenzüberschreitende Lieferungen als auch für grenzüberschreitende sonstige Leistungen besondere unionsrechtlich harmonisierte Bestimmungen. Aber auch bei weiteren Fragen – z.B. bei der Anwendung des Reverse-Charge-Verfahrens – ist zu unterscheiden, ob der Vertragspartner aus dem Drittlandsgebiet oder aus dem Gemeinschaftsgebiet kommt.

Durch den zum 31.1.2020 vollzogenen **Austritt des Vereinigten Königreichs Großbritannien und Nordirland** ergaben sich für diese Gebiete erhebliche Konsequenzen für alle Leistungsbeziehungen in diese Gebiete. Nach dem Austrittsabkommen vom 31.1.2020 hatte sich aber noch ein Übergangszeitraum ergeben, nach dem u.a. die Regelungen des Mehrwertsteuerrechts der EU auch für diese Gebiete weiterhin zu Anwendung kamen. Da dieser Übergangszeitraum mit Ablauf des 31.12.2020 endete, ergaben sich praktische Konsequenzen für die zukünftigen Besteuerungsgrundsätze sowie insbesondere auch für die über den 31.12.2020/1.1.2021 abzuwickelnden offenen Geschäfte. Dabei ist auch der nach dem Austritt vorhandene besondere Status von Nordirland zu beachten.

Nach dem 31.12.2020 gelten Großbritannien und Nordirland aufgrund des Austritts aus der Europäischen Union grundsätzlich als Drittlandsgebiet, mit allen sich daraus ergebenden Rechtsfolgen.

Eine wichtige **Ausnahme** gilt allerdings für **Nordirland**. Aufgrund des Austrittsabkommens gilt für Nordirland auch über den 31.12.2020 hinaus ein Sonderstatus. Danach gelten die Regelungen des unionseinheitlichen Mehrwertsteuerrechts für Lieferungen von und nach Nordirland weiter. Nordirland wird deshalb – aber nur bezüglich der **Lieferungen**, nicht bezüglich ausgeführter sonstiger Leistungen – auch **ab 2021 als Gemeinschaftsgebiet behandelt**. Unternehmer in Nordirland treten mit einer USt-IdNr. mit dem Präfix „XI" auf. Diese sich seit dem 1.1.2021 ergebende Rechtsfolge ist durch das Jahressteuergesetz 2024 in einem neuen § 30 UStG so gesetzlich festgelegt worden. Die Regelung ist **formal zum 6.12.2024 in Kraft getreten**, stellt aber nur eine formale gesetzliche Absicherung der bestehenden Sonderregelungen dar.

Hinweis: Rechtsfolgen für Lieferungen nach und aus Nordirland

Damit sind seit dem 1.1.2021 Lieferungen an einen Unternehmer in Nordirland – unter den weiteren Bedingungen – weiterhin als steuerfreie innergemeinschaftliche Lieferung zu erfassen und damit dann auch in die Zusammenfassende Meldung mit aufzunehmen. An Unternehmer in Nordirland ausgeführte sonstige Leistungen nach § 3a Abs. 2 UStG – die bis 31.12.2020 auch in der Zusammenfassenden Meldung zu erfassen waren – sind seit dem 1.1.2021 nicht mehr in der Zusammenfassenden Meldung aufzunehmen.

Warenbezüge von einem Unternehmer, bei der die Warenbewegung in Nordirland beginnt, sind weiterhin als innergemeinschaftliche Erwerbe zu besteuern, wenn die Ware im Gemeinschaftsgebiet ankommt.

Die **Finanzverwaltung** hatte die Besonderheiten aufgrund des Brexit schon zeitnah zum Austritt in **Abschn. 1.10 Abs. 3 UStAE** aufgenommen.

Anlage 1
(*weggefallen*)

Anlage 2
(zu § 12 Absatz 2 Nummer 1, 2 und 14)
Liste der dem ermäßigten Steuersatz unterliegenden Gegenstände

Lfd. Nr.	Warenbezeichnung	Zolltarif (Kapitel, Position, Unterposition)
1	Lebende Tiere, und zwar	
	a) *weggefallen*	
	b) Maultiere und Maulesel,	aus Position 0101
	c) Hausrinder einschließlich reinrassiger Zuchttiere,	aus Position 0102
	d) Hausschweine einschließlich reinrassiger Zuchttiere,	aus Position 0103
	e) Hausschafe einschließlich reinrassiger Zuchttiere,	aus Position 0104
	f) Hausziegen einschließlich reinrassiger Zuchttiere,	aus Position 0104
	g) Hausgeflügel (Hühner, Enten, Gänse, Truthühner und Perlhühner),	Position 0105
	h) Hauskaninchen,	aus Position 0106
	i) Haustauben,	aus Position 0106
	j) Bienen,	aus Position 0106
	k) ausgebildete Blindenführhunde	aus Position 0106
2	Fleisch und genießbare Schlachtnebenerzeugnisse	Kapitel 2
3	Fische und Krebstiere, Weichtiere und andere wirbellose Wassertiere, ausgenommen Zierfische, Langusten, Hummer, Austern und Schnecken	aus Kapitel 3
4	Milch und Milcherzeugnisse; Vogeleier und Eigelb, ausgenommen ungenießbare Eier ohne Schale und ungenießbares Eigelb; natürlicher Honig	aus Kapitel 4
5	Andere Waren tierischen Ursprungs, und zwar	
	a) Mägen von Hausrindern und Hausgeflügel,	aus Position 0504 00 00
	b) (weggefallen)	
	c) rohe Knochen	aus Position 0506
6	Bulben, Zwiebeln, Knollen, Wurzelknollen und Wurzelstöcke, ruhend, im Wachstum oder in Blüte; Zichorienpflanzen und -wurzeln	Position 0601
7	Andere lebende Pflanzen einschließlich ihrer Wurzeln, Stecklinge und Pfropfreiser; Pilzmyzel	Position 0602
8	Blumen und Blüten sowie deren Knospen, geschnitten, zu Binde- oder Zierzwecken, frisch	aus Position 0603
9	Blattwerk, Blätter, Zweige und andere Pflanzenteile, ohne Blüten und Blütenknospen, sowie Gräser, Moose und Flechten, zu Binde- oder Zierzwecken, frisch	aus Position 0604
10	Gemüse, Pflanzen, Wurzeln und Knollen, die zu Ernährungszwecken verwendet werden, und zwar	
	a) Kartoffeln, frisch oder gekühlt,	Position 0701
	b) Tomaten, frisch oder gekühlt,	Position 0702 00 00
	c) Speisezwiebeln, Schalotten, Knoblauch, Porree/Lauch und andere Gemüse der Allium-Arten, frisch oder gekühlt,	Position 0703
	d) Kohl, Blumenkohl/Karfiol, Kohlrabi, Wirsingkohl und ähnliche genießbare Kohlarten der Gattung Brassica, frisch oder gekühlt,	Position 0704
	e) Salate (Lactuca sativa) und Chicorée (Cichorium-Arten), frisch oder gekühlt,	Position 0705
	f) Karotten und Speisemöhren, Speiserüben, Rote Rüben, Schwarzwurzeln, Knollensellerie, Rettiche und ähnliche genießbare Wurzeln, frisch oder gekühlt,	Position 0706
	g) Gurken und Cornichons, frisch oder gekühlt,	Position 0707 00

Lfd. Nr.	Warenbezeichnung	Zolltarif (Kapitel, Position, Unterposition)
	h) Hülsenfrüchte, auch ausgelöst, frisch oder gekühlt,	Position 0708
	i) anderes Gemüse, frisch oder gekühlt,	Position 0709
	j) Gemüse, auch in Wasser oder Dampf gekocht, gefroren,	Position 0710
	k) Gemüse, vorläufig haltbar gemacht (z. B. durch Schwefeldioxid oder in Wasser, dem Salz, Schwefeldioxid oder andere vorläufig konservierend wirkende Stoffe zugesetzt sind), zum unmittelbaren Genuss nicht geeignet,	Position 0711
	l) Gemüse, getrocknet, auch in Stücke oder Scheiben geschnitten, als Pulver oder sonst zerkleinert, jedoch nicht weiter zubereitet,	Position 0712
	m) getrocknete, ausgelöste Hülsenfrüchte, auch geschält oder zerkleinert,	Position 0713
	n) Topinambur	aus Position 0714
11	Genießbare Früchte und Nüsse	Positionen 0801 bis 0813
12	Kaffee, Tee, Mate und Gewürze	Kapitel 9
13	Getreide	Kapitel 10
14	Müllereierzeugnisse, und zwar	
	a) Mehl von Getreide,	Positionen 1101 00 und 1102
	b) Grobgrieß, Feingrieß und Pellets von Getreide,	Position 1103
	c) Getreidekörner, anders bearbeitet; Getreidekeime, ganz, gequetscht, als Flocken oder gemahlen	Position 1104
15	Mehl, Grieß, Pulver, Flocken, Granulat und Pellets von Kartoffeln	Position 1105
16	Mehl, Grieß und Pulver von getrockneten Hülsenfrüchten sowie Mehl, Grieß und Pulver von genießbaren Früchten	aus Position 1106
17	Stärke	aus Position 1108
18	Ölsamen und ölhaltige Früchte sowie Mehl hiervon	Positionen 1201 00 bis 1208
19	Samen, Früchte und Sporen, zur Aussaat	Position 1209
20	(weggefallen)	
21	Rosmarin, Beifuß und Basilikum in Aufmachungen für den Küchengebrauch sowie Dost, Minzen, Salbei, Kamilleblüten und Haustee	aus Position 1211
22	Johannisbrot und Zuckerrüben, frisch oder getrocknet, auch gemahlen; Steine und Kerne von Früchten sowie andere pflanzliche Waren (einschließlich nichtgerösteter Zichorienwurzeln der Varietät Cichorium intybus sativum) der hauptsächlich zur menschlichen Ernährung verwendeten Art, anderweit weder genannt noch inbegriffen; ausgenommen Algen, Tange und Zuckerrohr	aus Position 1212
23	Stroh und Spreu von Getreide sowie verschiedene zur Fütterung verwendete Pflanzen	Positionen 1213 00 00 und 1214
24	Pektinstoffe, Pektinate und Pektate	Unterposition 1302 20
25	(weggefallen)	
26	Genießbare tierische und pflanzliche Fette und Öle, auch verarbeitet, und zwar	
	a) Schweineschmalz, anderes Schweinefett und Geflügelfett,	aus Position 1501 00
	b) Fett von Rindern, Schafen oder Ziegen, ausgeschmolzen oder mit Lösungsmitteln ausgezogen,	aus Position 1502 00
	c) Oleomargarin,	aus Position 1503 00
	d) fette pflanzliche Öle und pflanzliche Fette sowie deren Fraktionen, auch raffiniert,	aus Positionen 1507 bis 1515
	e) tierische und pflanzliche Fette und Öle sowie deren Fraktionen, ganz oder teilweise hydriert, umgeestert, wiederverestert oder elaidiniert, auch raffiniert, jedoch nicht weiterverarbeitet, ausgenommen hydriertes Rizinusöl (sog. Opalwachs),	aus Position 1516

Lfd. Nr.	Warenbezeichnung	Zolltarif (Kapitel, Position, Unterposition)
	f) Margarine; genießbare Mischungen und Zubereitungen von tierischen oder pflanzlichen Fetten und Ölen sowie von Fraktionen verschiedener Fette und Öle, ausgenommen Form- und Trennöle	aus Position 1517
27	(weggefallen)	
28	Zubereitungen von Fleisch, Fischen oder von Krebstieren, Weichtieren und anderen wirbellosen Wassertieren, ausgenommen Kaviar sowie zubereitete oder haltbar gemachte Langusten, Hummer, Austern und Schnecken	aus Kapitel 16
29	Zucker und Zuckerwaren	Kapitel 17
30	Kakaopulver ohne Zusatz von Zucker oder anderen Süßmitteln sowie Schokolade und andere kakaohaltige Lebensmittelzubereitungen	Positionen 1805 00 00 und 1806
31	Zubereitungen aus Getreide, Mehl, Stärke oder Milch; Backwaren	Kapitel 19
32	Zubereitungen von Gemüse, Früchten, Nüssen oder anderen Pflanzenteilen, ausgenommen Frucht- und Gemüsesäfte	Positionen 2001 bis 2008
33	Verschiedene Lebensmittelzubereitungen	Kapitel 21
34	Wasser, ausgenommen	
	– Trinkwasser, einschließlich Quellwasser und Tafelwasser, das in zur Abgabe an den Verbraucher bestimmten Fertigpackungen in den Verkehr gebracht wird,	
	– Heilwasser und	
	– Wasserdampf	aus Unterposition 2201 90 00
35	Milchmischgetränke mit einem Anteil an Milch oder Milcherzeugnissen (z. B. Molke) von mindestens 75 Prozent des Fertigerzeugnisses	aus Position 2202
36	Speiseessig	Position 2209 00
37	Rückstände und Abfälle der Lebensmittelindustrie; zubereitetes Futter	Kapitel 23
38	(weggefallen)	
39	Speisesalz, nicht in wässriger Lösung	aus Position 2501 00
40	a) handelsübliches Ammoniumcarbonat und andere Ammoniumcarbonate,	Unterposition 2836 99 17
	b) Natriumhydrogencarbonat (Natriumbicarbonat)	Unterposition 2836 30 00
41	D-Glucitol (Sorbit), auch mit Zusatz von Saccharin oder dessen Salzen	Unterpositionen 2905 44 und 2106 90
42	Essigsäure	Unterposition 2915 21 00
43	Natriumsalz und Kaliumsalz des Saccharins	aus Unterposition 2925 11 00
44	(weggefallen)	
45	Tierische oder pflanzliche Düngemittel mit Ausnahme von Guano, auch untereinander gemischt, jedoch nicht chemisch behandelt; durch Mischen von tierischen oder pflanzlichen Erzeugnissen gewonnene Düngemittel	aus Position 3101 00 00
46	Mischungen von Riechstoffen und Mischungen (einschließlich alkoholischer Lösungen) auf der Grundlage eines oder mehrerer dieser Stoffe, in Aufmachungen für den Küchengebrauch	aus Unterposition 3302 10
47	Gelatine	aus Position 3503 00
48	Holz, und zwar	
	a) Brennholz in Form von Plättchen oder Schnitzeln, Rundlingen, Scheiten, Zweigen, Reisigbündeln oder ähnlichen Formen,	aus Position 4401
	b) Sägespäne, Holzabfälle und Holzausschuss, auch zu Pellets, Briketts, Scheiten oder ähnlichen Formen zusammengepresst	Unterpositionen 4401 3100, 4401 3200, 4401 3900, 4401 4100 und 4401 4900

Lfd. Nr.	Warenbezeichnung	Zolltarif (Kapitel, Position, Unterposition)
49	Bücher, Zeitungen und andere Erzeugnisse des grafischen Gewerbes mit Ausnahme der Erzeugnisse, für die Beschränkungen als jugendgefährdende Trägermedien bzw. Hinweispflichten nach § 15 Abs. 1 bis 3 und 6 des Jugendschutzgesetzes in der jeweils geltenden Fassung bestehen, sowie der Veröffentlichungen, die überwiegend Werbezwecken (einschließlich Reisewerbung) dienen, und zwar	
	a) Bücher, Broschüren und ähnliche Drucke, auch in Teilheften, losen Bogen oder Blättern, zum Broschieren, Kartonieren oder Binden bestimmt, sowie Zeitungen und andere periodische Druckschriften kartoniert, gebunden oder in Sammlungen mit mehr als einer Nummer in gemeinsamem Umschlag (ausgenommen solche, die überwiegend Werbung enthalten),	aus Positionen 4901, 9705 und 9706
	b) Zeitungen und andere periodische Druckschriften, auch mit Bildern oder Werbung enthaltend (ausgenommen Anzeigenblätter, Annoncen-Zeitungen und dergleichen, die überwiegend Werbung enthalten),	aus Position 4902
	c) Bilderalben, Bilderbücher und Zeichen- oder Malbücher, für Kinder,	aus Position 4903 00 00
	d) Noten, handgeschrieben oder gedruckt, auch mit Bildern, auch gebunden,	aus Position 4904 00 00
	e) kartografische Erzeugnisse aller Art, einschließlich Wandkarten, topografischer Pläne und Globen, gedruckt,	aus Position 4905
	f) Briefmarken und dergleichen (z. B. Ersttagsbriefe, Ganzsachen) als Sammlungsstücke	aus Positionen 4907 00 und 9704 00 00
50	Platten, Bänder, nicht flüchtige Halbleiterspeichervorrichtungen, „intelligente Karten (smart cards)“ und andere Tonträger oder ähnliche Aufzeichnungsträger, die ausschließlich die Tonaufzeichnung der Lesung eines Buches enthalten, mit Ausnahme der Erzeugnisse, für die Beschränkungen als jugendgefährdende Trägermedien bzw. Hinweispflichten nach § 15 Absatz 1 bis 3 und 6 des Jugendschutzgesetzes in der jeweils geltenden Fassung bestehen	aus Position 8523
51	Rollstühle und andere Fahrzeuge für Behinderte, auch mit Motor oder anderer Vorrichtung zur mechanischen Fortbewegung	Position 8713
52	Körperersatzstücke, orthopädische Apparate und andere orthopädische Vorrichtungen sowie Vorrichtungen zum Beheben von Funktionsschäden oder Gebrechen, für Menschen, und zwar	
	a) künstliche Gelenke, ausgenommen Teile und Zubehör,	aus Unterposition 9021 31 00
	b) orthopädische Apparate und andere orthopädische Vorrichtungen einschließlich Krücken sowie medizinisch-chirurgischer Gürtel und Bandagen, ausgenommen Teile und Zubehör,	aus Unterposition 9021 10
	c) Prothesen, ausgenommen Teile und Zubehör,	aus Unterpositionen 9021 21, 9021 29 00 und 9021 39
	d) Schwerhörigengeräte, Herzschrittmacher und andere Vorrichtungen zum Beheben von Funktionsschäden oder Gebrechen, zum Tragen in der Hand oder am Körper oder zum Einpflanzen in den Organismus, ausgenommen Teile und Zubehör	Unterpositionen 9021 40 00 und 9021 50 00, aus Unterposition 9021 90
53	Kunstgegenstände, und zwar	
	a) Gemälde und Zeichnungen, vollständig mit der Hand geschaffen, sowie Collagen und ähnliche dekorative Bildwerke,	Position 9701
	b) Originalstiche, -schnitte und -steindrucke,	Position 9702
	c) Originalerzeugnisse der Bildhauerkunst, aus Stoffen aller Art	Position 9703

Lfd. Nr.	Warenbezeichnung	Zolltarif (Kapitel, Position, Unterposition)
54	Sammlungsstücke,	
	a) zoologische, botanische, mineralogische oder anatomische, und Sammlungen dieser Art,	aus Position 9705
	b) von geschichtlichem, archäologischem, paläontologischem oder völkerkundlichem Wert,	aus Position 9705
	c) von münzkundlichem Wert, und zwar	
	aa) kursungültige Banknoten einschließlich Briefmarkengeld und Papiernotgeld,	aus Position 9705
	bb) Münzen aus unedlen Metallen,	aus Position 9705
	cc) Münzen und Medaillen aus Edelmetallen, wenn die Bemessungsgrundlage für die Umsätze dieser Gegenstände mehr als 250 Prozent des unter Zugrundelegung des Feingewichts berechneten Metallwerts ohne Umsatzsteuer beträgt	aus Positionen 9705 und 9706
55	Erzeugnisse für Zwecke der Monatshygiene, und zwar	
	a) hygienische Binden (Einlagen) und Tampons aus Stoffen aller Art,	aus Position 9619
	b) Hygienegegenstände aus Kunststoffen (Menstruationstassen, Menstruationsschwämmchen),	aus Unterposition 3924 90
	c) Waren zu hygienischen Zwecken aus Weichkautschuk (Menstruationstassen),	aus Unterposition 4014 90
	d) natürliche Schwämme tierischen Ursprungs (Menstruationsschwämmchen),	aus Unterposition 0511 99 39
	e) Periodenhosen (Slips und andere Unterhosen mit einer eingearbeiteten saugfähigen Einlage, zur mehrfachen Verwendung),	aus Position 9619

Anlage 3
(zu § 13 b Absatz 2 Nummer 7)
Liste der Gegenstände im Sinne des § 13 b Absatz 2 Nummer 7

Lfd. Nr.	Warenbezeichnung	Zolltarif (Kapitel, Position, Unterposition)
1	Granulierte Schlacke (Schlackensand) aus der Eisen und Stahlherstellung	Unterposition 2618 00 00
2	Schlacken (ausgenommen granulierte Schlacke), Zunder und andere Abfälle der Eisen- und Stahlherstellung	Unterposition 2619 00
3	Schlacken, Aschen und Rückstände (ausgenommen solche der Eisen- und Stahlherstellung), die Metalle, Arsen oder deren Verbindungen enthalten	Position 2620
4	Abfälle, Schnitzel und Bruch von Kunststoffen	Position 3915
5	Abfälle, Bruch und Schnitzel von Weichkautschuk, auch zu Pulver oder Granulat zerkleinert	Unterposition 4004 00 00
6	Bruchglas und andere Abfälle und Scherben von Glas	Unterposition 7001 00 10
7	Abfälle und Schrott von Edelmetallen oder Edelmetallplattierungen; andere Abfälle und Schrott, Edelmetalle oder Edelmetallverbindungen enthaltend, von der hauptsächlich zur Wiedergewinnung von Edelmetallen verwendeten Art; ausgenommen Waren der Position 8549	Position 7112
8	Abfälle und Schrott, aus Eisen oder Stahl; Abfallblöcke aus Eisen oder Stahl	Position 7204
9	Abfälle und Schrott, aus Kupfer	Position 7404
10	Abfälle und Schrott, aus Nickel	Position 7503
11	Abfälle und Schrott, aus Aluminium	Position 7602
12	Abfälle und Schrott, aus Blei	Position 7802
13	Abfälle und Schrott, aus Zink	Position 7902
14	Abfälle und Schrott, aus Zinn	Position 8002
15	Abfälle und Schrott, aus anderen unedlen Metallen	aus Positionen 8105 bis 8113
16	Abfälle und Schrott, von elektrischen Primärelementen, Primärbatterien und Akkumulatoren; ausgebrauchte elektrische Primärelemente, Primärbatterien und Akkumulatoren	Unterposition 8549 11, Unterposition 8549 12, Unterposition 8549 13, Unterposition 8549 14 und Unterposition 8549 19
17	Abfälle oder Schrott von elektrischen und elektronischen Geräten von der hauptsächlich zur Wiedergewinnung von Edelmetallen verwendeten Art	Unterpositionen 8549 21 und 8549 29

Anlage 4
(zu § 13b Absatz 2 Nummer 11)
Liste der Gegenstände, für deren Lieferung der Leistungsempfänger die Steuer schuldet

Lfd. Nr.	Warenbezeichnung	Zolltarif (Kapitel, Position, Unterposition)
1	Silber, in Rohform oder als Halbzeug oder Pulver; Silberplattierungen auf unedlen Metallen, in Rohform oder als Halbzeug	Positionen 7106 und 7107
2	Platin, in Rohform oder als Halbzeug oder Pulver; Platinplattierungen auf unedlen Metallen, auf Silber oder auf Gold, in Rohform oder als Halbzeug	Position 7110 und Unterposition 7111 00 00
3	Roheisen oder Spiegeleisen, in Masseln, Blöcken oder anderen Rohformen; Körner und Pulver aus Roheisen, Spiegeleisen, Eisen oder Stahl; Rohblöcke und andere Rohformen aus Eisen oder Stahl; Halbzeug aus Eisen oder Stahl	Positionen 7201, 7205 bis 7207, 7218 und 7224
4	Nicht raffiniertes Kupfer und Kupferanoden zum elektrolytischen Raffinieren; raffiniertes Kupfer und Kupferlegierungen, in Rohform; Kupfervorlegierungen; Pulver und Flitter aus Kupfer	Positionen 7402, 7403, 7405 und 7406
5	Nickelmatte, Nickeloxidsinter und andere Zwischenerzeugnisse der Nickelmetallurgie; Nickel in Rohform; Pulver und Flitter, aus Nickel	Positionen 7501, 7502 und 7504
6	Aluminium in Rohform; Pulver und Flitter, aus Aluminium	Positionen 7601 und 7603
7	Blei in Rohform; Pulver und Flitter, aus Blei	Position 7801; aus Position 7804
8	Zink in Rohform; Staub, Pulver und Flitter, aus Zink	Positionen 7901 und 7903
9	Zinn in Rohform	Position 8001
10	Andere unedle Metalle in Rohform oder als Pulver	aus Positionen 8101 bis 8112
11	Cermets in Rohform	Unterposition 8113 00 20

Anlage 5
(zu § 24 Absatz 5)
Berechnung des Durchschnittssatzes für Land- und Forstwirte im Sinne des § 24 Absatz 1 Satz 1 Nummer 3

Für die Berechnung gilt Folgendes:

Der maßgebliche Zeitraum beträgt drei Jahre. Er beginnt mit dem 1. Januar des vierten Jahres und endet mit Ablauf des 31. Dezember des zweiten Jahres jeweils vor dem Jahr, in dem die Neuberechnung erfolgt. Die Neuberechnung erfolgt auf Grundlage der Daten aus der landwirtschaftlichen Gesamtrechnung für Deutschland und der Umsatzsteuerstatistik. Der neu berechnete Durchschnittssatz wird auf eine Nachkommastelle kaufmännisch gerundet.

Der Durchschnittssatz ergibt sich aus folgendem Berechnungsschema:

	Vorsteuer im maßgeblichen Zeitraum aller Unternehmer, die ihre Umsätze nach Absatz 1 Nummer 3 versteuern
x	100
:	Umsätze im maßgeblichen Zeitraum aller Unternehmer, die ihre Umsätze nach Absatz 1 Nummer 3 versteuern
=	Durchschnittssatz in Prozent

Die Vorsteuer im maßgeblichen Zeitraum aller Unternehmer, die ihre Umsätze nach Absatz 1 Nummer 3 versteuern, ergibt sich aus folgendem Berechnungsschema:

	Vorsteuer aller Unternehmer, die ihre Umsätze nach Absatz 1 Nummer 3 versteuern, und der regelbesteuerten Landwirte jeweils im maßgeblichen Zeitraum
./.	Vorsteuer der regelbesteuerten Landwirte im maßgeblichen Zeitraum
=	Vorsteuer im maßgeblichen Zeitraum aller Unternehmer, die ihre Umsätze nach Absatz 1 Nummer 3 versteuern

Die Umsätze im maßgeblichen Zeitraum aller Unternehmer, die ihre Umsätze nach Absatz 1 Nummer 3 versteuern, ergeben sich aus folgendem Berechnungsschema:

	Produktionswert der Landwirtschaft
./.	innerbetrieblich verbrauchte und erzeugte Futtermittel
+	Verkäufe von lebenden Tieren an andere landwirtschaftliche Betriebe
+	Verkäufe von gebrauchten Anlagegütern an andere landwirtschaftliche Betriebe
./.	Umsätze der regelbesteuerten Landwirte
=	Umsätze im maßgeblichen Zeitraum aller Unternehmer, die ihre Umsätze nach Absatz 1 Nummer 3 versteuern

Richtlinie 2006/112/EG des Rates vom 28. November 2006 über das gemeinsame Mehrwertsteuersystem

vom 28. November 2006 (ABl. L 347 vom 11. 12. 2006 S. 1, ber. ABl. L 335 vom 20. 12. 2007 S. 60, ber. ABl. L 336 vom 16. 12. 2017 S. 60), geändert durch Richtlinie 2006/138/EG des Rates vom 19. Dezember 2006 (ABl. L 384 vom 29. 12. 2006 S. 92), durch Richtlinie 2007/75/EG des Rates vom 20. Dezember 2007 (ABl. L 346 vom 29. 12. 2007 S. 13), durch Richtlinie 2008/8/EG des Rates vom 12. Februar 2008 (ABl. L 44 vom 20. 2. 2008 S. 11), durch Richtlinie 2008/117/EG des Rates vom 16. Dezember 2008 (ABl. L 14 vom 20. 1. 2009 S. 7), durch Richtlinie 2009/47/EG des Rates vom 5. Mai 2009 (ABl. L 116 vom 9. 5. 2009 S. 18), durch Richtlinie 2009/69/EG des Rates vom 25. Juni 2009 (ABl. L 175 vom 4. 7. 2009 S. 12), durch Richtlinie 2009/162/EU des Rates vom 22. Dezember 2009 (ABl. L 10 vom 15. 1. 2010 S. 14), durch Richtlinie 2010/23/EU des Rates vom 16. März 2010 (ABl. L 72 vom 20. 3. 2010 S. 1), durch Richtlinie 2010/45/EU des Rates vom 13. Juli 2010 (ABl. L 189 vom 22. 7. 2010 S. 1, ber. ABl. L 299 vom 17. 11. 2010 S. 46), durch Richtlinie 2010/88/EU des Rates vom 7. Dezember 2010 (ABl. L 326 vom 10. 12. 2010 S. 1), durch Vertrag über den Beitritt der Republik Kroatien zur Europäischen Union vom 9. Dezember 2011 (ABl. L 112 vom 24. 4. 2012 S. 10), durch Richtlinie 2013/42/EU des Rates vom 22. Juli 2013 (ABl. L 201 vom 26. 7. 2013 S. 1), durch Richtlinie 2013/43/EU des Rates vom 22. Juli 2013 (ABl. L 201 vom 26. 7. 2013 S. 4), durch Richtlinie 2013/61/EU des Rates vom 17. Dezember 2013 (ABl. L 353 vom 28. 12. 2013 S. 5), durch Richtlinie (EU) 2016/856 des Rates vom 25. Mai 2016 (ABl. L 142 vom 31. 5. 2016 S. 12), durch Richtlinie (EU) 2016/1065 des Rates vom 27. Juni 2016 (ABl. L 177 vom 1. 7. 2016 S. 9), durch Richtlinie (EU) 2017/2455 des Rates vom 5. Dezember 2017 (ABl. L 348 vom 29. 12. 2017 S. 7, ber. ABl. L 125 vom 22. 5. 2018 S. 15, ber. ABl. L 190 vom 27. 7. 2018 S. 21, ber. ABl. L 225 vom 6. 9. 2018 S. 1, ber. ABl. L 245 vom 25. 9. 2019 S. 9, ber. ABl. L 30 vom 2. 2. 2023 S. 37), durch Richtlinie (EU) 2018/912 des Rates vom 22. Juni 2018 (ABl. L 162 vom 27. 6. 2018 S. 1), durch Richtlinie (EU) 2018/1695 des Rates vom 6. November 2018 (ABl. L 282 vom 12. 11. 2018 S. 5, ber. ABl. L 329 vom 27. 12. 2018 S. 53), durch Richtlinie (EU) 2018/1713 des Rates vom 6. November 2018 (ABl. L 286 vom 14. 11. 2018 S. 20), durch Richtlinie (EU) 2018/1910 des Rates vom 4. Dezember 2018 (ABl. L 311 vom 7. 12. 2018 S. 3), durch Richtlinie (EU) 2018/2057 des Rates vom 20. Dezember 2018 (ABl. L 329 vom 27. 12. 2018 S. 3), durch Richtlinie (EU) 2019/475 des Rates vom 18. Februar 2019 (ABl. L 83 vom 25. 3. 2019 S. 42), durch Richtlinie (EU) 2019/1995 des Rates vom 21. November 2019 (ABl. L 310 vom 2. 12. 2019 S. 1), durch Richtlinie (EU) 2019/2235 des Rates vom 16. Dezember 2019 (ABl. L 336 vom 30. 12. 2019 S. 10), durch Richtlinie (EU) 2020/284 des Rates vom 18. Februar 2020 (ABl. L 62 vom 2. 3. 2020 S. 7), durch Richtlinie (EU) 2020/285 des Rates vom 18. Februar 2020 (ABl. L 62 vom 2. 3. 2020 S. 13), durch Richtlinie (EU) 2020/1756 des Rates vom 20. November 2020 (ABl. L 396 vom 25. 11. 2020 S. 1), durch Richtlinie (EU) 2020/2020 des Rates vom 7. Dezember 2020 (ABl. L 419 vom 11. 12. 2020 S. 1), durch Richtlinie (EU) 2021/1159 des Rates vom 13. Juli 2021 (ABl. L 250 vom 15. 7. 2021 S. 1), durch Richtlinie (EU) 2022/542 des Rates vom 5. April 2022 (ABl. L 107 vom 6. 4. 2022 S. 1), durch Richtlinie (EU) 2022/890 des Rates vom 3. Juni 2022 (ABl. L 155 vom 8. 6. 2022 S. 1), **durch Richtlinie (EU) 2025/425 des Rates vom 18. Februar 2025 (ABl. L, 2025/425, 28. 2. 2025), durch Richtlinie (EU) 2025/516 des Rates vom 11. März 2025 (ABl. L, 2025/516, 25. 3. 2025)[1], durch Richtlinie (EU) 2025/1539 des Rates vom 18. Juli 2025 (ABl. L, 2025/1539, 25. 7. 2025)**

DER RAT DER EUROPÄISCHEN UNION – gestützt auf den Vertrag zur Gründung der Europäischen Gemeinschaft, insbesondere auf Artikel 93, auf Vorschlag der Kommission, nach Stellungnahme des Europäischen Parlaments, nach Stellungnahme des Europäischen Wirtschafts- und Sozialausschusses, in Erwägung nachstehender Gründe:

(1) Die Richtlinie 77/388/EWG des Rates vom 17. Mai 1977 zur Harmonisierung der Rechtsvorschriften der Mitgliedstaaten über die Umsatzsteuern – Gemeinsames Mehrwertsteuersystem: einheitliche steuerpflichtige Bemessungsgrundlage[2] wurde mehrfach erheblich geändert. Anlässlich neuerlicher Änderungen empfiehlt sich aus Gründen der Klarheit und Wirtschaftlichkeit eine Neufassung.

(2) Bei dieser Neufassung sollten die noch geltenden Bestimmungen der Richtlinie 67/227/EWG des Rates vom 11. April 1967 zur Harmonisierung der Rechtsvorschriften der Mitgliedstaaten über die Umsatzsteuer[3] übernommen werden. Die genannte Richtlinie sollte daher aufgehoben werden.

(3) Im Einklang mit dem Grundsatz besserer Rechtsetzung sollten zur Gewährleistung der Klarheit und Wirtschaftlichkeit der Bestimmungen die Struktur und der Wortlaut der Richtlinie neu gefasst werden; dies sollte jedoch grundsätzlich nicht zu inhaltlichen Änderungen des geltenden Rechts führen. Einige inhaltliche Änderungen ergeben sich jedoch notwendigerweise im Rahmen der Neufassung und sollten dennoch vorgenommen werden. Soweit sich solche Änderungen ergeben, sind sie in den Bestimmungen über die Umsetzung und das Inkrafttreten der Richtlinie erschöpfend aufgeführt.

(4) Voraussetzung für die Verwirklichung des Ziels, einen Binnenmarkt zu schaffen ist, dass in den Mitgliedstaaten Rechtsvorschriften über die Umsatzsteuern angewandt werden, durch die die Wettbewerbsbedingungen nicht verfälscht und der freie Waren- und Dienstleistungsverkehr nicht behindert werden. Es ist daher erforderlich, eine Harmonisierung der Rechtsvorschriften über die Umsatzsteuern im Wege eines Mehrwertsteuersystems vorzunehmen, um soweit wie möglich die Faktoren auszuschalten, die geeignet sind, die Wettbewerbsbedingungen sowohl auf nationaler Ebene als auch auf Gemeinschaftsebene zu verfälschen.

(5) Die größte Einfachheit und Neutralität eines Mehrwertsteuersystems wird erreicht, wenn die Steuer so allgemein wie möglich erhoben wird und wenn ihr Anwendungsbereich alle Produktions- und Vertriebsstufen sowie den Bereich der Dienstleistungen umfasst. Es liegt folglich im Interesse des Binnenmarktes und der Mitgliedstaaten, ein gemeinsames System anzunehmen, das auch auf den Einzelhandel Anwendung findet.

(6) Es ist notwendig, schrittweise vorzugehen, da die Harmonisierung der Umsatzsteuern in den Mitgliedstaaten zu Änderungen der Steuerstruktur führt und merkliche Folgen auf budgetärem, wirtschaftlichem und sozialem Gebiet hat.

1 Die Änderungen vom 11.3.2025, die erst nach dem 1.1.2027 in Kraft treten, wurden nicht eingearbeitet.

2 Amtliche Fußnote: ABl. L 145 vom 13. 6. 1977, S. 1. Zuletzt geändert durch die Richtlinie 2006/98/EG (ABl. L 363 vom 20. 12. 2006 S. 129).

3 Amtliche Fußnote: ABl. 71 vom 14. 4. 1967, S. 1301/67. Zuletzt geändert durch die Richtlinie 77/388/EWG.

(7) Das gemeinsame Mehrwertsteuersystem sollte, selbst wenn die Sätze und Befreiungen nicht völlig harmonisiert werden, eine Wettbewerbsneutralität in dem Sinne bewirken, dass gleichartige Gegenstände und Dienstleistungen innerhalb des Gebiets der einzelnen Mitgliedstaaten ungeachtet der Länge des Produktions- und Vertriebswegs steuerlich gleich belastet werden.

(8) In Durchführung des Beschlusses 2000/597/EG, Euratom des Rates vom 29. September 2000 über das System der Eigenmittel der Europäischen Gemeinschaften[4] wird der Haushalt der Europäischen Gemeinschaften, unbeschadet der sonstigen Einnahmen, vollständig aus eigenen Mitteln der Gemeinschaften finanziert. Diese Mittel umfassen unter anderem Einnahmen aus der Mehrwertsteuer, die sich aus der Anwendung eines gemeinsamen Satzes auf eine Bemessungsgrundlage ergeben, die einheitlich nach Gemeinschaftsvorschriften bestimmt wird.

(9) Es ist unerlässlich, einen Übergangszeitraum vorzusehen, der eine schrittweise Anpassung der nationalen Rechtsvorschriften in den betreffenden Bereichen ermöglicht.

(10) Während dieser Übergangszeit sollten in den Bestimmungsmitgliedstaaten die innergemeinschaftlichen Umsätze anderer Steuerpflichtiger als derjenigen, die steuerbefreit sind, zu den Sätzen und Bedingungen dieser Mitgliedstaaten besteuert werden.

(11) Ferner sollten in dieser Übergangszeit in den Bestimmungsmitgliedstaaten der innergemeinschaftliche Erwerb, der von steuerbefreiten Steuerpflichtigen oder von nichtsteuerpflichtigen juristischen Personen in Höhe eines bestimmten Betrags getätigt wird, sowie bestimmte innergemeinschaftliche Versandgeschäfte und Lieferungen neuer Fahrzeuge, die an Privatpersonen oder an steuerbefreite oder nichtsteuerpflichtige Einrichtungen bewirkt werden, zu den Sätzen und Bedingungen dieser Mitgliedstaaten insofern besteuert werden, als die Behandlung dieser Umsätze ohne besondere Bestimmungen zu erheblichen Wettbewerbsverzerrungen zwischen den Mitgliedstaaten führen könnten.

(12) Aufgrund ihrer geografischen, wirtschaftlichen und sozialen Lage sollten bestimmte Gebiete vom Anwendungsbereich dieser Richtlinie ausgenommen werden.

(13) Der Begriff des Steuerpflichtigen sollte in einer Weise definiert werden, dass die Mitgliedstaaten zur Gewährleistung größtmöglicher Steuerneutralität auch Personen einbeziehen können, die gelegentlich Umsätze bewirken.

(14) Der Begriff des steuerbaren Umsatzes kann insbesondere hinsichtlich der diesem Umsatz gleichgestellten Umsätze zu Schwierigkeiten führen. Diese Begriffe sollten deshalb genauer definiert werden.

(15) Um den innergemeinschaftlichen Handelsverkehr im Bereich der Bearbeitung beweglicher körperlicher Gegenstände zu erleichtern, sollten die Einzelheiten der Besteuerung dieser Umsätze festgelegt werden, wenn diese für einen Dienstleistungsempfänger erbracht wurden, der eine Mehrwertsteuer-Identifikationsnummer in einem anderen Mitgliedstaat als dem hat, in dem der Umsatz tatsächlich bewirkt wurde.

(16) Der innergemeinschaftlichen Güterbeförderung sollte eine innerhalb des Gebiets eines Mitgliedstaats erbrachte, unmittelbar mit einer Beförderung zwischen Mitgliedstaaten zusammenhängende Beförderung gleichgestellt werden, um nicht nur die Grundsätze und Einzelheiten der Besteuerung für diese Beförderungsleistungen im Inland, sondern auch die Regeln für Nebentätigkeiten zu diesen Beförderungen und Dienstleistungen von Vermittlern, die sich bei der Erbringung dieser einzelnen Dienstleistungen einschalten, zu vereinfachen.

(17) Die Bestimmung des Ortes des steuerbaren Umsatzes kann insbesondere in Bezug auf Lieferungen von Gegenständen mit Montage und Dienstleistungen zu Kompetenzkonflikten zwischen den Mitgliedstaaten führen. Wenn auch als Ort der Dienstleistung grundsätzlich der Ort gelten sollte, an dem der Dienstleistende den Sitz seiner wirtschaftlichen Tätigkeit hat, ist es doch angebracht, dass insbesondere für bestimmte zwischen Steuerpflichtigen erbrachte Dienstleistungen, deren Kosten in den Preis der Gegenstände eingehen, als Ort der Dienstleistung der Mitgliedstaat des Dienstleistungsempfängers gilt.

(18) Der Ort der Besteuerung bestimmter Umsätze, die an Bord eines Schiffes, eines Flugzeugs oder in einer Eisenbahn während einer Personenbeförderung innerhalb der Gemeinschaft bewirkt werden, sollte genauer definiert werden.

(19) Elektrizität und Gas werden für die Zwecke der Mehrwertsteuer als Gegenstände behandelt. Es ist jedoch äußerst schwierig, den Ort der Lieferung zu bestimmen. Zur Vermeidung von Doppel- oder Nichtbesteuerung und zur Erzielung eines echten Gas- und Elektrizitätsbinnenmarkts ohne Behinderung durch die Mehrwertsteuer sollte daher als Ort der Lieferung von Gas – über das Erdgasverteilungsnetz – und von Elektrizität vor der Stufe des Endverbrauchs der Ort gelten, an dem der Erwerber den Sitz seiner wirtschaftlichen Tätigkeit hat. Die Lieferung von Elektrizität und Gas auf der Stufe des Endverbrauchs, vom Unternehmer und Verteiler an den Endverbraucher, sollte an dem Ort besteuert werden, an dem der Erwerber die Gegenstände tatsächlich nutzt und verbraucht.

(20) Die Anwendung der allgemeinen Regel, nach der Dienstleistungen in dem Mitgliedstaat besteuert werden, in dem der Dienstleistungserbringer ansässig ist, kann bei der Vermietung eines beweglichen körperlichen Gegenstandes zu erheblichen Wettbewerbsverzerrungen führen, wenn Vermieter und Mieter in verschiedenen Mitgliedstaaten ansässig sind und die Steuersätze in diesen Mitgliedstaaten unterschiedlich hoch sind. Daher sollte festgelegt werden, dass der Ort der Dienstleistung der Ort ist, an dem der Dienstleistungsempfänger den Sitz seiner wirtschaftlichen Tätigkeit oder eine feste Niederlassung hat, für die die Dienstleistung erbracht worden ist, oder in Ermangelung eines solchen Sitzes oder einer solchen Niederlassung sein Wohnsitz oder sein gewöhnlicher Aufenthaltsort.

(21) Bei der Vermietung von Beförderungsmitteln sollte diese allgemeine Regel jedoch aus Kontrollgründen strikt angewandt werden und somit als Ort der Dienstleistung der Ort anzusehen sein, an dem der Dienstleistungserbringer ansässig ist.

(22) Sämtliche Telekommunikationsdienstleistungen, die in der Gemeinschaft in Anspruch genommen werden, sollten besteuert werden, um Wettbewerbsverzerrungen in diesem Bereich vorzubeugen. Um dieses Ziel zu erreichen, sollten Telekommunikationsdienstleistungen, die an in der Gemeinschaft ansässige Steuerpflichtige oder an in Drittländern ansässige Dienstleistungsempfänger erbracht werden, grundsätzlich an dem Ort besteuert werden, an dem der Dienstleistungsempfänger ansäs-

4 Amtliche Fußnote: ABl. L 253 vom 7. 10. 2000, S. 42.

sig ist. Damit Telekommunikationsdienstleistungen, die von in Drittgebieten oder Drittländern ansässigen Steuerpflichtigen an in der Gemeinschaft ansässige Nichtsteuerpflichtige erbracht und in der Gemeinschaft tatsächlich genutzt oder ausgewertet werden, einheitlich besteuert werden, sollten die Mitgliedstaaten jedoch festlegen, dass sich der Ort der Dienstleistungen in der Gemeinschaft befindet.

(23) Ebenfalls um Wettbewerbsverzerrungen vorzubeugen sollten Rundfunk- und Fernsehdienstleistungen sowie elektronisch erbrachte Dienstleistungen, die aus Drittgebieten oder Drittländern an in der Gemeinschaft ansässige Personen oder aus der Gemeinschaft an in Drittgebieten oder Drittländern ansässige Dienstleistungsempfänger erbracht werden, an dem Ort besteuert werden, an dem der Dienstleistungsempfänger ansässig ist.

(24) Die Begriffe „Steuertatbestand“ und „Steueranspruch“ sollten harmonisiert werden, damit die Anwendung und die späteren Änderungen des gemeinsamen Mehrwertsteuersystems in allen Mitgliedstaaten zum gleichen Zeitpunkt wirksam werden.

(25) Die Steuerbemessungsgrundlage sollte harmonisiert werden, damit die Anwendung der Mehrwertsteuer auf die steuerbaren Umsätze in allen Mitgliedstaaten zu vergleichbaren Ergebnissen führt.

(26) Um zu gewährleisten, dass die Einschaltung verbundener Personen zur Erzielung von Steuervorteilen nicht zu Steuerausfällen führt, sollten die Mitgliedstaaten die Möglichkeit haben, unter bestimmten, genau festgelegten Umständen hinsichtlich des Wertes von Lieferungen von Gegenständen, Dienstleistungen und innergemeinschaftlichen Erwerben von Gegenständen tätig zu werden.

(27) Zur Vermeidung von Steuerhinterziehung oder -umgehung sollten die Mitgliedstaaten die Möglichkeit haben, in die Steuerbemessungsgrundlage eines Umsatzes, der die Verarbeitung von Anlagegold umfasst, das von einem Leistungsempfänger zur Verfügung gestellt wird, auch den Wert dieses Anlagegolds einzubeziehen, wenn es durch die Verarbeitung seinen Status als Anlagegold verliert. Bei Anwendung dieser Regelungen sollte den Mitgliedstaaten ein gewisser Ermessensspielraum eingeräumt werden.

(28) Die Abschaffung der Steuerkontrollen an den Grenzen erfordert, dass zur Vermeidung von Wettbewerbsverzerrungen neben einer einheitlichen Mehrwertsteuer-Bemessungsgrundlage auch die Steuersätze hinsichtlich ihrer Anzahl und ihrer Höhe zwischen den Mitgliedstaaten hinreichend aneinander angenähert werden.

(29) Der in den Mitgliedstaaten derzeit geltende Normalsatz der Mehrwertsteuer gewährleistet in Verbindung mit den Mechanismen der Übergangsregelung, dass diese Regelung in akzeptabler Weise funktioniert. Um zu verhindern, dass Unterschiede zwischen den von den Mitgliedstaaten angewandten Mehrwertsteuer-Normalsätzen zu strukturellen Ungleichgewichten innerhalb der Gemeinschaft und zu Wettbewerbsverzerrungen in bestimmten Wirtschaftszweigen führen, sollte ein zu überprüfender Mindestnormalsatz von 15 % festgesetzt werden.

(30) Um die Neutralität der Mehrwertsteuer zu erhalten, sollten die von den Mitgliedstaaten angewandten Steuersätze den normalen Abzug der Steuerbelastung der vorausgehenden Umsatzstufe ermöglichen.

(31) Während der Übergangszeit sollten bestimmte Ausnahmen hinsichtlich der Anzahl und der Höhe der Sätze möglich sein.

(32) Zur besseren Bewertung der Auswirkung der ermäßigten Sätze muss die Kommission einen Bericht vorlegen, in dem sie die Auswirkung der auf lokal erbrachte Dienstleistungen angewandten ermäßigten Sätze bewertet, insbesondere in Bezug auf die Schaffung von Arbeitsplätzen, das Wirtschaftswachstum und das reibungslose Funktionieren des Binnenmarkts.

(33) Zur Bekämpfung der Arbeitslosigkeit sollte den Mitgliedstaaten, die dies wünschen, die Möglichkeit eingeräumt werden, zu erproben, wie sich eine Ermäßigung der Mehrwertsteuer auf arbeitsintensive Dienstleistungen auf die Schaffung von Arbeitsplätzen auswirkt. Diese Ermäßigung könnte für die Unternehmen zudem den Anreiz mindern, sich in der Schattenwirtschaft zu betätigen.

(34) Eine derartige Ermäßigung des Steuersatzes könnte allerdings das reibungslose Funktionieren des Binnenmarktes und die Steuerneutralität gefährden. Daher sollte ein Verfahren zur Erteilung von Ermächtigungen für einen festen Zeitraum vorgesehen werden, der ausreichend lang ist, um die Auswirkungen der auf lokal erbrachte Dienstleistungen angewandten ermäßigten Steuersätze einschätzen zu können, und der Anwendungsbereich einer solchen Maßnahme genau definiert werden, um zu gewährleisten, dass sie überprüfbar und begrenzt ist.

(35) Im Hinblick auf eine gleichmäßige Erhebung der Eigenmittel in allen Mitgliedstaaten sollte ein gemeinsames Verzeichnis der Steuerbefreiungen aufgestellt werden.

(36) Zum Vorteil der Steuerschuldner sowie der zuständigen Verwaltungen sollten die Verfahren für die Anwendung der Mehrwertsteuer auf bestimmte innergemeinschaftliche Lieferungen und Erwerbe verbrauchsteuerpflichtiger Waren an die Verfahren und Erklärungspflichten für den Fall der Beförderung derartiger Waren in einen anderen Mitgliedstaat angeglichen werden, die in der Richtlinie 92/12/EWG des Rates vom 25. Februar 1992 über das allgemeine System, den Besitz, die Beförderung und die Kontrolle verbrauchsteuerpflichtiger Waren[5] geregelt sind.

(37) Die Lieferung von Gas – über das Erdgasverteilungsnetz – und von Elektrizität, wird am Ort des Erwerbers besteuert. Um eine Doppelbesteuerung zu vermeiden, sollte die Einfuhr derartiger Waren daher von der Mehrwertsteuer befreit werden.

(38) Für steuerbare Umsätze, einschließlich Reihengeschäften, im Zusammenhang mit dem innergemeinschaftlichen Handelsverkehr, die während der Übergangszeit im inneren Anwendungsbereich der Steuer von Steuerpflichtigen bewirkt werden, die nicht im Gebiet des Mitgliedstaats des innergemeinschaftlichen Erwerbs der Gegenstände ansässig sind, ist es erforderlich, Vereinfachungsmaßnahmen vorzusehen, die eine gleichartige Behandlung in allen Mitgliedstaaten gewährleisten. Hierzu sollten die Vorschriften über die steuerliche Behandlung dieser Umsätze und zur Bestimmung des Steuerschuldners für diese Umsätze harmonisiert werden. Von der Anwendung dieser Regelungen sollten jedoch

5 Amtliche Fußnote: ABl. L 76 vom 23. 3. 1992, S. 1. Zuletzt geändert durch die Richtlinie 2004/106/EG (ABl. L 359 vom 4. 12. 2004, S. 30).

grundsätzlich Gegenstände ausgenommen werden, die zur Lieferung auf der Einzelhandelsstufe bestimmt sind.

(39) Der Vorsteuerabzug sollte insoweit harmonisiert werden, als er die tatsächliche Höhe der Besteuerung beeinflusst, und die Pro-rata-Sätze des Vorsteuerabzugs sollten in allen Mitgliedstaaten auf gleiche Weise berechnet werden.

(40) Die Regelung, die eine Berichtigung des Vorsteuerabzugs für Investitionsgüter entsprechend ihrer tatsächlichen Nutzungsdauer vorsieht, sollte auch auf Dienstleistungen, die die Merkmale von Investitionsgütern aufweisen, Anwendung finden.

(41) Es sollte festgelegt werden, wer Steuerschuldner ist, insbesondere bei bestimmten Dienstleistungen, bei denen der Dienstleistungserbringer nicht in dem Mitgliedstaat ansässig ist, in dem die Steuer geschuldet wird.

(42) Die Mitgliedstaaten sollten in die Lage versetzt werden, in bestimmten Fällen den Erwerber von Gegenständen oder den Dienstleistungsempfänger als Steuerschuldner zu bestimmen. Dies würde es den Mitgliedstaaten erlauben, die Vorschriften zu vereinfachen und die Steuerhinterziehung und -umgehung in bestimmten Sektoren oder bei bestimmten Arten von Umsätzen zu bekämpfen.

(43) Die Mitgliedstaaten sollten den Einfuhrsteuerschuldner nach freiem Ermessen bestimmen können.

(44) Die Mitgliedstaaten sollten auch Regelungen treffen können, nach denen eine andere Person als der Steuerschuldner gesamtschuldnerisch für die Entrichtung der Steuer haftet.

(45) Die Pflichten der Steuerpflichtigen sollten soweit wie möglich harmonisiert werden, um die erforderliche Gleichmäßigkeit bei der Steuererhebung in allen Mitgliedstaaten sicherzustellen.

(46) Die Verwendung elektronischer Rechnungstellung sollte den Steuerverwaltungen ermöglichen, ihre Kontrollen durchzuführen. Um ein reibungsloses Funktionieren des Binnenmarkts zu gewährleisten, sollte daher ein harmonisiertes Verzeichnis der Angaben erstellt werden, die jede Rechnung enthalten muss; ferner sollten eine Reihe gemeinsamer Modalitäten für die elektronische Rechnungstellung, die elektronische Aufbewahrung der Rechnungen, die Erstellung von Gutschriften und die Verlagerung der Rechnungstellung auf Dritte festgelegt werden.

(47) Vorbehaltlich der von ihnen festzulegenden Bedingungen sollten die Mitgliedstaaten die elektronische Einreichung von bestimmten Meldungen und Erklärungen zulassen und die elektronische Übermittlung vorschreiben können.

(48) Das notwendige Streben nach einer Erleichterung der Verwaltungs- und Statistikformalitäten für die Unternehmen, insbesondere für kleine und mittlere Unternehmen, sollte mit der Durchführung wirksamer Kontrollmaßnahmen und mit der sowohl aus wirtschaftlichen als steuerlichen Gründen unerlässlichen Wahrung der Qualität der gemeinschaftlichen Statistikinstrumente in Einklang gebracht werden.

(49) In Bezug auf Kleinunternehmen sollte den Mitgliedstaaten gestattet werden, ihre Sonderregelungen gemäß gemeinsamen Bestimmungen im Hinblick auf eine weiter gehende Harmonisierung beizubehalten.

(50) In Bezug auf die Landwirte sollten die Mitgliedstaaten die Möglichkeit haben, eine Sonderregelung anzuwenden, die zugunsten der Landwirte, die nicht unter die normale Regelung fallen, einen Pauschalausgleich für die Vorsteuerbelastung enthält. Diese Regelung sollte in ihren wesentlichen Grundsätzen festgelegt werden, und für die Erfordernisse der Erhebung der Eigenmittel sollte ein gemeinsames Verfahren für die Bestimmung des von diesen Landwirten erzielten Mehrwerts definiert werden.

(51) Es sollte eine gemeinschaftliche Regelung für die Besteuerung auf dem Gebiet der Gebrauchtgegenstände, Kunstgegenstände, Antiquitäten und Sammlungsstücke erlassen werden, um Doppelbesteuerungen und Wettbewerbsverzerrungen zwischen Steuerpflichtigen zu vermeiden.

(52) Die Anwendung der normalen Steuerregelung auf Gold ist ein großes Hindernis für seine Verwendung als Finanzanlage, weshalb die Anwendung einer besonderen Steuerregelung, auch im Hinblick auf die Verbesserung der internationalen Wettbewerbsfähigkeit des gemeinschaftlichen Goldmarktes, gerechtfertigt ist.

(53) Lieferungen von Gold zu Anlagezwecken entsprechen ihrer Art nach anderen Finanzanlagen, die von der Steuer befreit sind. Die Steuerbefreiung erscheint daher als die geeignetste steuerliche Behandlung der Umsätze von Anlagegold.

(54) Die Definition von Anlagegold sollte Goldmünzen einbeziehen, deren Wert in erster Linie auf dem Preis des in ihnen enthaltenen Goldes beruht. Aus Gründen der Transparenz und der Rechtssicherheit für die mit derartigen Münzen handelnden Wirtschaftsbeteiligten sollte alljährlich ein Verzeichnis der Münzen erstellt werden, auf die die Regelung für Anlagegold anzuwenden ist. Ein solches Verzeichnis schließt die Steuerbefreiung von Münzen, die in dem Verzeichnis nicht enthalten sind, aber die Kriterien dieser Richtlinie erfüllen, nicht aus.

(55) Um Steuerhinterziehungen zu verhindern, gleichzeitig aber die mit der Lieferung von Gold ab einem bestimmten Feingehalt verbundenen Finanzierungskosten zu verringern, ist es gerechtfertigt, den Mitgliedstaaten zu gestatten, den Erwerber als Steuerschuldner zu bestimmen.

(56) Um Wirtschaftsbeteiligten, die elektronisch erbrachte Dienstleistungen anbieten und weder in der Gemeinschaft ansässig sind noch für die Zwecke der Mehrwertsteuer dort erfasst sein müssen, die Erfüllung ihrer steuerlichen Pflichten zu erleichtern, sollte eine Sonderregelung festgelegt werden. In Anwendung dieser Regelung kann ein Wirtschaftsbeteiligter, der an Nichtsteuerpflichtige in der Gemeinschaft derartige elektronische Dienstleistungen erbringt, sich für eine Registrierung in einem einzigen Mitgliedstaat entscheiden, falls er nicht in anderer Weise in der Gemeinschaft für die Zwecke der Mehrwertsteuer erfasst ist.

(57) Die Bestimmungen über Rundfunk- und Fernsehdienstleistungen sowie bestimmte elektronisch erbrachte Dienstleistungen sollten befristet werden und nach kurzer Zeit anhand der gesammelten Erfahrungen überprüft werden.

(58) Die koordinierte Anwendung dieser Richtlinie sollte gefördert werden und hierzu ist es unerlässlich, einen Beratenden Ausschuss für die Mehrwertsteuer einzusetzen, der es ermöglicht, eine enge Zusammenarbeit zwischen den Mitgliedstaaten und der Kommission in diesem Bereich herbeizuführen.

(59) Es ist in bestimmten Grenzen und unter bestimmten Bedingungen angebracht, dass die Mitgliedstaaten von die-

ser Richtlinie abweichende Sondermaßnahmen ergreifen oder weiter anwenden können, um die Steuererhebung zu vereinfachen oder bestimmte Formen der Steuerhinterziehung oder -umgehung zu verhüten.

(60) Um zu verhindern, dass ein Mitgliedstaat im Ungewissen darüber bleibt, wie die Kommission mit seinem Antrag auf Ermächtigung zu einer Ausnahmeregelung zu verfahren beabsichtigt, sollte eine Frist vorgesehen werden, innerhalb derer die Kommission dem Rat entweder einen Vorschlag zur Ermächtigung oder eine Mitteilung über ihre Einwände vorlegen muss.

(61) Eine einheitliche Anwendung des Mehrwertsteuersystems ist von grundlegender Bedeutung. Zur Erreichung dieses Ziels sollten Durchführungsmaßnahmen erlassen werden.

(62) Insbesondere sollten diese Maßnahmen das Problem der Doppelbesteuerung grenzüberschreitender Umsätze behandeln, das durch eine unterschiedliche Anwendung der Regeln für den Ort der steuerbaren Umsätze durch die Mitgliedstaaten auftreten kann.

(63) Trotz des begrenzten Anwendungsbereichs der Durchführungsmaßnahmen haben solche Maßnahmen Auswirkungen auf den Haushalt, die für einen oder mehrere Mitgliedstaaten bedeutend sein könnten. Durch die Auswirkungen dieser Maßnahmen auf den Haushalt der Mitgliedstaaten ist es gerechtfertigt, dass sich der Rat die Durchführungsbefugnisse vorbehält.

(64) Angesichts ihres begrenzten Anwendungsbereichs sollte vorgesehen werden, dass diese Durchführungsmaßnahmen vom Rat auf Vorschlag der Kommission einstimmig angenommen werden.

(65) Da die Ziele dieser Richtlinie aus den dargelegten Gründen auf Ebene der Mitgliedstaaten nicht ausreichend verwirklicht werden können und daher besser auf Gemeinschaftsebene zu verwirklichen sind, kann die Gemeinschaft im Einklang mit dem in Artikel 5 des Vertrags niedergelegten Subsidiaritätsprinzip tätig werden. Entsprechend dem in demselben Artikel genannten Grundsatz der Verhältnismäßigkeit geht diese Richtlinie nicht über das zum Erreichen dieser Ziele erforderliche Maß hinaus.

(66) Die Pflicht zur Umsetzung dieser Richtlinie in nationales Recht sollte nur jene Bestimmungen erfassen, die im Vergleich zu den bisherigen Richtlinien inhaltlich geändert wurden. Die Pflicht zur Umsetzung der inhaltlich unveränderten Bestimmungen ergibt sich aus den bisherigen Richtlinien.

(67) Diese Richtlinie sollte die Verpflichtung der Mitgliedstaaten hinsichtlich der Fristen für die Umsetzung in nationales Recht der in Anhang XI Teil B aufgeführten Richtlinie unberührt lassen –

HAT FOLGENDE RICHTLINIE ERLASSEN:

INHALT

TITEL I
ZIELSETZUNG UND ANWENDUNGSBEREICH

Artikel 1
(Das Mehrwertsteuersystem)[6]

(1) Diese Richtlinie legt das gemeinsame Mehrwertsteuersystem fest.

(2) Das gemeinsame Mehrwertsteuersystem beruht auf dem Grundsatz, dass auf Gegenstände und Dienstleistungen, ungeachtet der Zahl der Umsätze, die auf den vor der Besteuerungsstufe liegenden Produktions- und Vertriebsstufen bewirkt wurden, eine allgemeine, zum Preis der Gegenstände und Dienstleistungen genau proportionale Verbrauchsteuer anzuwenden ist.

Bei allen Umsätzen wird die Mehrwertsteuer, die nach dem auf den Gegenstand oder die Dienstleistung anwendbaren Steuersatz auf den Preis des Gegenstands oder der Dienstleistung errechnet wird, abzüglich des Mehrwertsteuerbetrags geschuldet, der die verschiedenen Kostenelemente unmittelbar belastet hat.

Das gemeinsame Mehrwertsteuersystem wird bis zur Einzelhandelsstufe, diese eingeschlossen, angewandt.

Artikel 2
(Steuerbare Umsätze)

(1) Der Mehrwertsteuer unterliegen folgende Umsätze:

a) Lieferungen von Gegenständen, die ein Steuerpflichtiger als solcher im Gebiet eines Mitgliedstaats gegen Entgelt tätigt;

b) der innergemeinschaftliche Erwerb von Gegenständen im Gebiet eines Mitgliedstaats gegen Entgelt

   i) durch einen Steuerpflichtigen, der als solcher handelt, oder durch eine nichtsteuerpflichtige juristische Person, wenn der Verkäufer ein Steuerpflichtiger ist, der als solcher handelt, für den die Mehrwertsteuerbefreiung für Kleinunternehmen gemäß Artikel 284 nicht gilt und der nicht unter Artikel 33 oder 36 fällt;

   ii) wenn der betreffende Gegenstand ein neues Fahrzeug ist, durch einen Steuerpflichtigen oder eine nichtsteuerpflichtige juristische Person, deren übrige Erwerbe gemäß Artikel 3 Absatz 1 nicht der Mehrwertsteuer unterliegen, oder durch jede andere nichtsteuerpflichtige Person;

   iii) wenn die betreffenden Gegenstände verbrauchsteuerpflichtige Waren sind, bei denen die Verbrauchsteuer nach der Richtlinie 92/12/EWG im Gebiet des Mitgliedstaats entsteht, durch einen Steuerpflichtigen oder eine nichtsteuerpflichtige juristische Person, deren übrige Erwerbe gemäß Artikel 3 Absatz 1 nicht der Mehrwertsteuer unterliegen;

c) Dienstleistungen, die ein Steuerpflichtiger als solcher im Gebiet eines Mitgliedstaats gegen Entgelt erbringt;

d) die Einfuhr von Gegenständen.

(2) a) Für Zwecke des Absatzes 1 Buchstabe b Ziffer ii gelten als „Fahrzeug" folgende Fahrzeuge zur Personen- oder Güterbeförderung:

6 Die Titel in Klammern wurden redaktionell vergeben.

i) motorbetriebene Landfahrzeuge mit einem Hubraum von mehr als 48 Kubikzentimetern oder einer Leistung von mehr als 7,2 Kilowatt;

ii) Wasserfahrzeuge mit einer Länge von mehr als 7,5 Metern, ausgenommen Wasserfahrzeuge, die auf hoher See im entgeltlichen Passagierverkehr, zur Ausübung einer Handelstätigkeit, für gewerbliche Zwecke oder zur Fischerei eingesetzt werden, Bergungs- und Rettungsschiffe auf See sowie Küstenfischereifahrzeuge;

iii) Luftfahrzeuge mit einem Gesamtgewicht beim Aufstieg von mehr als 1 550 Kilogramm, ausgenommen Luftfahrzeuge, die von Luftfahrtgesellschaften eingesetzt werden, die hauptsächlich im entgeltlichen internationalen Verkehr tätig sind.

b) Diese Fahrzeuge gelten in folgenden Fällen als „neu":

i) motorbetriebene Landfahrzeuge: wenn die Lieferung innerhalb von sechs Monaten nach der ersten Inbetriebnahme erfolgt oder wenn das Fahrzeug höchstens 6 000 Kilometer zurückgelegt hat;

ii) Wasserfahrzeuge: wenn die Lieferung innerhalb von drei Monaten nach der ersten Inbetriebnahme erfolgt oder wenn das Fahrzeug höchstens 100 Stunden zu Wasser zurückgelegt hat;

iii) Luftfahrzeuge: wenn die Lieferung innerhalb von drei Monaten nach der ersten Inbetriebnahme erfolgt oder wenn das Fahrzeug höchstens 40 Stunden in der Luft zurückgelegt hat.

c) Die Mitgliedstaaten legen fest, unter welchen Voraussetzungen die in Buchstabe b genannten Angaben als gegeben gelten.

(3) Als „verbrauchsteuerpflichtige Waren" gelten Energieerzeugnisse, Alkohol und alkoholische Getränke sowie Tabakwaren, jeweils im Sinne der geltenden Gemeinschaftsvorschriften, nicht jedoch Gas, das über ein Erdgasnetz im Gebiet der Gemeinschaft oder jedes an ein solches Netz angeschlossene Netz geliefert wird.

Artikel 3
(Ausnahmetatbestände)

(1) Abweichend von Artikel 2 Absatz 1 Buchstabe b Ziffer i unterliegen folgende Umsätze nicht der Mehrwertsteuer:

a) der innergemeinschaftliche Erwerb von Gegenständen durch einen Steuerpflichtigen oder durch eine nichtsteuerpflichtige juristische Person, wenn die Lieferung im Gebiet des Mitgliedstaats nach den Artikeln 148 und 151 steuerfrei wäre;

b) der innergemeinschaftliche Erwerb von Gegenständen, ausgenommen der Erwerb von Gegenständen im Sinne des Buchstabens a und des Artikels 4, von neuen Fahrzeugen und von verbrauchsteuerpflichtigen Waren, durch einen Steuerpflichtigen für Zwecke seines landwirtschaftlichen, forstwirtschaftlichen oder fischereiwirtschaftlichen Betriebs, der der gemeinsamen Pauschalregelung für Landwirte unterliegt, oder durch einen Steuerpflichtigen, der nur Lieferungen von Gegenständen bewirkt oder Dienstleistungen erbringt, für die kein Recht auf Vorsteuerabzug besteht, oder durch eine nichtsteuerpflichtige juristische Person.

(2) Absatz 1 Buchstabe b gilt nur, wenn folgende Voraussetzungen erfüllt sind:

a) im laufenden Kalenderjahr überschreitet der Gesamtbetrag der innergemeinschaftlichen Erwerbe von Gegenständen nicht den von den Mitgliedstaaten festzulegenden Schwellenwert, der nicht unter 10 000 EUR oder dem Gegenwert in Landeswährung liegen darf;

b) im vorangegangenen Kalenderjahr hat der Gesamtbetrag der innergemeinschaftlichen Erwerbe von Gegenständen den in Buchstabe a geregelten Schwellenwert nicht überschritten.

Maßgeblich als Schwellenwert ist der Gesamtbetrag der in Absatz 1 Buchstabe b genannten innergemeinschaftlichen Erwerbe von Gegenständen ohne die Mehrwertsteuer, der im Mitgliedstaat des Beginns der Versendung oder Beförderung geschuldet oder entrichtet wurde.

(3) Die Mitgliedstaaten räumen den Steuerpflichtigen und den nichtsteuerpflichtigen juristischen Personen, auf die Absatz 1 Buchstabe b gegebenenfalls Anwendung findet, das Recht ein, die in Artikel 2 Absatz 1 Buchstabe b Ziffer i vorgesehene allgemeine Regelung anzuwenden.

Die Mitgliedstaaten legen die Modalitäten fest, unter denen die in Unterabsatz 1 genannte Regelung in Anspruch genommen werden kann; die Inanspruchnahme erstreckt sich über einen Zeitraum von mindestens zwei Kalenderjahren.

Artikel 4
(Weitere Ausnahmetatbestände)

Neben den in Artikel 3 genannten Umsätzen unterliegen folgende Umsätze nicht der Mehrwertsteuer:

a) der innergemeinschaftliche Erwerb von Gebrauchtgegenständen, Kunstgegenständen, Sammlungsstücken und Antiquitäten im Sinne des Artikels 311 Absatz 1 Nummern 1 bis 4, wenn der Verkäufer ein steuerpflichtiger Wiederverkäufer ist, der als solcher handelt, und der erworbene Gegenstand im Mitgliedstaat des Beginns der Versendung oder Beförderung gemäß der Regelung über die Differenzbesteuerung nach Artikel 312 bis 325 besteuert worden ist;

b) der innergemeinschaftliche Erwerb von Gebrauchtfahrzeugen im Sinne des Artikels 327 Absatz 3, wenn der Verkäufer ein steuerpflichtiger Wiederverkäufer ist, der als solcher handelt, und das betreffende Gebrauchtfahrzeug im Mitgliedstaat des Beginns der Versendung oder Beförderung gemäß der Übergangsregelung für Gebrauchtfahrzeuge besteuert worden ist;

c) der innergemeinschaftliche Erwerb von Gebrauchtgegenständen, Kunstgegenständen, Sammlungsstücken oder Antiquitäten im Sinne des Artikels 311 Absatz 1 Nummern 1 bis 4, wenn der Verkäufer ein Veranstalter von öffentlichen Versteigerungen ist, der als solcher handelt, und der erworbene Gegenstand im Mitgliedstaat des Beginns der Versendung oder Beförderung gemäß der Regelung für öffentliche Versteigerungen besteuert worden ist.

TITEL II
RÄUMLICHER ANWENDUNGSBEREICH

Artikel 5
(Begriffsbestimmungen)

Im Sinne dieser Richtlinie bezeichnet der Ausdruck:

(1) „Gemeinschaft" und „Gebiet der Gemeinschaft" das Gebiet aller Mitgliedstaaten im Sinne der Nummer 2;

(2) „Mitgliedstaat" und „Gebiet eines Mitgliedstaats" das Gebiet jedes Mitgliedstaats der Gemeinschaft, auf den der Vertrag zur Gründung der Europäischen Gemeinschaft gemäß dessen Artikel 299 Anwendung findet, mit Ausnahme der in Artikel 6 dieser Richtlinie genannten Gebiete;[7]

(3) „Drittgebiete" die in Artikel 6 genannten Gebiete;

(4) „Drittland" jeder Staat oder jedes Gebiet, auf den/das der Vertrag keine Anwendung findet.

Artikel 6
(Ausgenommene Gebiete)

(1) Diese Richtlinie gilt nicht für folgende Gebiete, die Teil des Zollgebiets der Gemeinschaft sind:

a) Berg Athos;

b) Kanarische Inseln;

c) französische Gebiete, die in Artikel 349 und Artikel 355 Absatz 1 des Vertrags über die Arbeitsweise der Europäischen Union genannt sind;

d) Åland-Inseln;

e) Kanalinseln;

f) Campione d'Italia;

g) der zum italienischen Gebiet gehörende Teil des Luganer Sees.

(2) Diese Richtlinie gilt nicht für folgende Gebiete, die nicht Teil des Zollgebiets der Gemeinschaft sind:

a) Insel Helgoland;

b) Gebiet von Büsingen;

c) Ceuta;

d) Melilla;

e) Livigno.

Artikel 7
(Miteinbezogene Gebiete)

(1) Angesichts der Abkommen und Verträge, die sie mit Frankreich, mit dem Vereinigten Königreich und mit Zypern geschlossen haben, gelten das Fürstentum Monaco, die Insel Man und die Hoheitszonen des Vereinigten Königreichs Akrotiri und Dhekelia für die Zwecke der Anwendung dieser Richtlinie nicht als Drittland.

(2) Die Mitgliedstaaten treffen die erforderlichen Vorkehrungen, damit Umsätze, deren Ursprungs- oder Bestimmungsort im Fürstentum Monaco liegt, wie Umsätze behandelt werden, deren Ursprungs- oder Bestimmungsort in Frankreich liegt, und Umsätze, deren Ursprungs- oder Bestimmungsort auf der Insel Man liegt, wie Umsätze behandelt werden, deren Ursprungs- oder Bestimmungsort im Vereinigten Königreich liegt, und Umsätze, deren Ursprungs- oder Bestimmungsort in den Hoheitszonen des Vereinigten Königreichs Akrotiri und Dhekelia liegt, wie Umsätze behandelt werden, deren Ursprungs- oder Bestimmungsort in Zypern liegt.

Artikel 8
(Überwachung durch die Kommission)

Ist die Kommission der Ansicht, dass die Bestimmungen der Artikel 6 und 7 insbesondere in Bezug auf die Wettbewerbsneutralität oder die Eigenmittel nicht mehr gerechtfertigt sind, unterbreitet sie dem Rat geeignete Vorschläge.

TITEL III
STEUERPFLICHTIGER

Artikel 9
(Sachliche Reichweite der Steuerpflicht)

(1) Als „Steuerpflichtiger" gilt, wer eine wirtschaftliche Tätigkeit unabhängig von ihrem Ort, Zweck und Ergebnis selbstständig ausübt.

[1]Als „wirtschaftliche Tätigkeit" gelten alle Tätigkeiten eines Erzeugers, Händlers oder Dienstleistenden einschließlich der Tätigkeiten der Urproduzenten, der Landwirte sowie der freien Berufe und der diesen gleichgestellten Berufe. [2]Als wirtschaftliche Tätigkeit gilt insbesondere die Nutzung von körperlichen oder nicht körperlichen Gegenständen zur nachhaltigen Erzielung von Einnahmen.

(2) Neben den in Absatz 1 genannten Personen gilt als Steuerpflichtiger jede Person, die gelegentlich ein neues Fahrzeug liefert, das durch den Verkäufer oder durch den Erwerber oder für ihre Rechnung an den Erwerber nach einem Ort außerhalb des Gebiets eines Mitgliedstaats, aber im Gebiet der Gemeinschaft versandt oder befördert wird.

Artikel 10
(Ausschluss von abhängig Beschäftigten)

Die selbstständige Ausübung der wirtschaftlichen Tätigkeit im Sinne des Artikels 9 Absatz 1 schließt Lohn- und Gehaltsempfänger und sonstige Personen von der Besteuerung aus, soweit sie an ihren Arbeitgeber durch einen Arbeitsvertrag oder ein sonstiges Rechtsverhältnis gebunden sind, das hinsichtlich der Arbeitsbedingungen und des Arbeitsentgelts sowie der Verantwortlichkeit des Arbeitgebers ein Verhältnis der Unterordnung schafft.

Artikel 11
(Zusammenfassung mehrerer Steuerpflichtiger)

Nach Konsultation des Beratenden Ausschusses für die Mehrwertsteuer (nachstehend „Mehrwertsteuerausschuss" genannt) kann jeder Mitgliedstaat in seinem Gebiet ansässige Personen, die zwar rechtlich unabhängig, aber durch gegenseitige finanzielle, wirtschaftliche und organisatorische Beziehungen eng miteinander verbunden sind, zusammen als einen Steuerpflichtigen behandeln.

Ein Mitgliedstaat, der die in Absatz 1 vorgesehene Möglichkeit in Anspruch nimmt, kann die erforderlichen Maßnahmen treffen, um Steuerhinterziehungen oder -umgehungen durch die Anwendung dieser Bestimmung vorzubeugen.

Artikel 12
(Nationale Gestaltungsmöglichkeiten)

(1) Die Mitgliedstaaten können Personen als Steuerpflichtige betrachten, die gelegentlich eine der in Artikel 9 Absatz 1

7 Zu beachten ist in Bezug auf Grenzbrücken die Entscheidung des Rates vom 10. Februar 2009 zur Ermächtigung der Tschechischen Republik und der Bundesrepublik Deutschland (ABl. L 41 vom 12. 2. 2009 S. 12) sowie der Durchführungsbeschluss des Rates vom 27. September 2010 zur Ermächtigung der Bundesrepublik Deutschland und des Großherzogtums Luxemburg (ABl. L 256 vom 30. 9. 2010 S. 20), dass eine von Artikel 5 der Richtlinie 2006/112/EG über das gemeinsame Mehrwertsteuersystem abweichende Regelung anzuwenden ist.

Unterabsatz 2 genannten Tätigkeiten ausüben und insbesondere einen der folgenden Umsätze bewirken:

a) Lieferung von Gebäuden oder Gebäudeteilen und dem dazugehörigen Grund und Boden, wenn sie vor dem Erstbezug erfolgt;

b) Lieferung von Baugrundstücken.

(2) Als „Gebäude" im Sinne des Absatzes 1 Buchstabe a gilt jedes mit dem Boden fest verbundene Bauwerk.

Die Mitgliedstaaten können die Einzelheiten der Anwendung des in Absatz 1 Buchstabe a genannten Kriteriums des Erstbezugs auf Umbauten von Gebäuden und den Begriff „dazugehöriger Grund und Boden" festlegen.

Die Mitgliedstaaten können andere Kriterien als das des Erstbezugs bestimmen, wie etwa den Zeitraum zwischen der Fertigstellung des Gebäudes und dem Zeitpunkt seiner ersten Lieferung, oder den Zeitraum zwischen dem Erstbezug und der späteren Lieferung, sofern diese Zeiträume fünf bzw. zwei Jahre nicht überschreiten.

(3) Als „Baugrundstück" im Sinne des Absatzes 1 Buchstabe b gelten erschlossene oder unerschlossene Grundstücke entsprechend den Begriffsbestimmungen der Mitgliedstaaten.

Artikel 13
(Juristische Personen des öffentlichen Rechts)

(1) Staaten, Länder, Gemeinden und sonstige Einrichtungen des öffentlichen Rechts gelten nicht als Steuerpflichtige, soweit sie die Tätigkeiten ausüben oder Umsätze bewirken, die ihnen im Rahmen der öffentlichen Gewalt obliegen, auch wenn sie im Zusammenhang mit diesen Tätigkeiten oder Umsätzen Zölle, Gebühren, Beiträge oder sonstige Abgaben erheben.

Falls sie solche Tätigkeiten ausüben oder Umsätze bewirken, gelten sie für diese Tätigkeiten oder Umsätze jedoch als Steuerpflichtige, sofern eine Behandlung als Nichtsteuerpflichtige zu größeren Wettbewerbsverzerrungen führen würde.

Die Einrichtungen des öffentlichen Rechts gelten in Bezug auf die in Anhang I genannten Tätigkeiten in jedem Fall als Steuerpflichtige, sofern der Umfang dieser Tätigkeiten nicht unbedeutend ist.

(2) Die Mitgliedstaaten können die Tätigkeiten von Einrichtungen des öffentlichen Rechts, die nach den Artikeln 132, 135, 136 und 371, den Artikeln 374 bis 377, dem Artikel 378 Absatz 2, dem Artikel 379 Absatz 2 oder den Artikeln 380 bis 390c von der Mehrwertsteuer befreit sind, als Tätigkeiten behandeln, die ihnen im Rahmen der öffentlichen Gewalt obliegen.

TITEL IV
STEUERBARER UMSATZ

KAPITEL 1
Lieferung von Gegenständen

Artikel 14
(Begriffsbestimmungen)

(1) Als „Lieferung von Gegenständen" gilt die Übertragung der Befähigung, wie ein Eigentümer über einen körperlichen Gegenstand zu verfügen.

(2) Neben dem in Absatz 1 genannten Umsatz gelten folgende Umsätze als Lieferung von Gegenständen:

a) die Übertragung des Eigentums an einem Gegenstand gegen Zahlung einer Entschädigung auf Grund einer behördlichen Anordnung oder kraft Gesetzes;

b) die Übergabe eines Gegenstands aufgrund eines Vertrags, der die Vermietung eines Gegenstands während eines bestimmten Zeitraums oder den Ratenverkauf eines Gegenstands vorsieht, der die Klausel enthält, dass das Eigentum unter normalen Umständen spätestens mit Zahlung der letzten fälligen Rate erworben wird;

c) die Übertragung eines Gegenstands auf Grund eines Vertrags über eine Einkaufs- oder Verkaufskommission.

(3) Die Mitgliedstaaten können die Erbringung bestimmter Bauleistungen als Lieferung von Gegenständen betrachten.

(4) Für die Zwecke dieser Richtlinie gelten folgende Begriffsbestimmungen:

1. „innergemeinschaftliche Fernverkäufe von Gegenständen": Lieferungen von Gegenständen, die durch den Lieferer oder für dessen Rechnung von einem anderen Mitgliedstaat als dem der Beendigung der Versendung oder Beförderung an den Erwerber aus versandt oder befördert werden, einschließlich jene, an deren Beförderung oder Versendung der Lieferer indirekt beteiligt ist, sofern folgende Bedingungen erfüllt sind:
   a) die Lieferung der Gegenstände erfolgt an einen Steuerpflichtigen oder eine nichtsteuerpflichtige juristische Person, deren innergemeinschaftliche Erwerbe von Gegenständen gemäß Artikel 3 Absatz 1 nicht der Mehrwertsteuer unterliegen, oder an eine andere nichtsteuerpflichtige Person;
   b) die gelieferten Gegenstände sind weder neue Fahrzeuge noch Gegenstände, die mit oder ohne probeweise Inbetriebnahme durch den Lieferer oder für dessen Rechnung montiert oder installiert geliefert werden;
2. „Fernverkäufe von aus Drittgebieten oder Drittländern eingeführten Gegenständen": Lieferungen von Gegenständen, die durch den Lieferer oder für dessen Rechnung von einem Drittgebiet oder Drittland aus an einen Erwerber in einem Mitgliedstaat versandt oder befördert werden, einschließlich jene, an deren Beförderung oder Versendung der Lieferer indirekt beteiligt ist, sofern folgende Bedingungen erfüllt sind:
   a) die Lieferung der Gegenstände erfolgt an einen Steuerpflichtigen oder eine nichtsteuerpflichtige juristische Person, deren innergemeinschaftliche Erwerbe von Gegenständen gemäß Artikel 3 Absatz 1 nicht der Mehrwertsteuer unterliegen, oder an eine andere nichtsteuerpflichtige Person;
   b) die gelieferten Gegenstände sind weder neue Fahrzeuge noch Gegenstände, die mit oder ohne probeweise Inbetriebnahme durch den Lieferer oder für dessen Rechnung montiert oder installiert geliefert werden.

[Art. 14a in der bis 31.12.2026 gültigen Fassung]

Artikel 14a
(Elektronische Schnittstelle)

(1) Steuerpflichtige, die Fernverkäufe von aus Drittgebieten oder Drittländern eingeführten Gegenständen in Sendungen mit einem Sachwert von höchstens 150 EUR durch die Nutzung einer elektronischen Schnittstelle, beispielsweise eines Marktplatzes, einer Plattform, eines Portals oder Ähnlichem,

unterstützen, werden behandelt, als ob sie diese Gegenstände selbst erhalten und geliefert hätten.

(2) Steuerpflichtige, die die Lieferung von Gegenständen innerhalb der Gemeinschaft durch einen nicht in der Gemeinschaft ansässigen Steuerpflichtigen an eine nicht steuerpflichtige Person durch die Nutzung einer elektronischen Schnittstelle, beispielsweise eines Marktplatzes, einer Plattform, eines Portals oder Ähnlichem, unterstützen, werden behandelt, als ob sie diese Gegenstände selbst erhalten und geliefert hätten.

[Art. 14a in der ab 1.1.2027 gültigen Fassung]

Artikel 14 a
(Elektronische Schnittstelle)

(1) Steuerpflichtige, die Fernverkäufe von aus Drittgebieten oder Drittländern eingeführten Gegenständen in Sendungen mit einem Sachwert von höchstens 150 EUR durch die Nutzung einer elektronischen Schnittstelle, beispielsweise eines Marktplatzes, einer Plattform, eines Portals oder Ähnlichem, unterstützen, werden behandelt, als ob sie diese Gegenstände selbst erhalten und geliefert hätten.

(2) Steuerpflichtige, die die Lieferung von Gegenständen innerhalb der Gemeinschaft durch einen nicht in der Gemeinschaft ansässigen Steuerpflichtigen an einen Steuerpflichtigen oder eine nichtsteuerpflichtige juristische Person, dessen bzw. deren innergemeinschaftliche Erwerbe von Gegenständen gemäß Artikel 3 Absatz 1 nicht der Mehrwertsteuer unterliegen, oder an eine andere nicht steuerpflichtige Person durch die Nutzung einer elektronischen Schnittstelle, beispielsweise eines Marktplatzes, einer Plattform, eines Portals oder Ähnlichem, unterstützen, werden behandelt, als ob sie diese Gegenstände selbst erhalten und geliefert hätten.

Die Kommission legt dem Europäischen Parlament und dem Rat bis zum 1. Juli 2027 auf der Grundlage der von den Mitgliedstaaten erhaltenen Informationen einen Bewertungsbericht über das Funktionieren der Regel des „fiktiven Lieferers" gemäß Unterabsatz 1 sowie gegebenenfalls einen Gesetzgebungsvorschlag für ihre weitere Verlängerung vor.

Artikel 15
(Fiktionen; Gestaltungsmöglichkeiten)

(1) Einem körperlichen Gegenstand gleichgestellt sind Elektrizität, Gas, Wärme oder Kälte und ähnliche Sachen.

(2) Die Mitgliedstaaten können als körperlichen Gegenstand betrachten:

a) bestimmte Rechte an Grundstücken;

b) dingliche Rechte, die ihrem Inhaber ein Nutzungsrecht an Grundstücken geben;

c) Anteilrechte und Aktien, deren Besitz rechtlich oder tatsächlich das Eigentums- oder Nutzungsrecht an einem Grundstück oder Grundstücksteil begründet.

Artikel 16
(Entnahmen)

Einer Lieferung von Gegenständen gegen Entgelt gleichgestellt ist die Entnahme eines Gegenstands durch einen Steuerpflichtigen aus seinem Unternehmen für seinen privaten Bedarf oder für den Bedarf seines Personals oder als unentgeltliche Zuwendung oder allgemein für unternehmensfremde Zwecke, wenn dieser Gegenstand oder seine Bestandteile zum vollen oder teilweisen Vorsteuerabzug berechtigt haben.

Jedoch werden einer Lieferung von Gegenständen gegen Entgelt nicht gleichgestellt Entnahmen für Geschenke von geringem Wert und für Warenmuster für die Zwecke des Unternehmens.

Artikel 17
(Verbringungen)

(1) Einer Lieferung von Gegenständen gegen Entgelt gleichgestellt ist die von einem Steuerpflichtigen vorgenommene Verbringung eines Gegenstands seines Unternehmens in einen anderen Mitgliedstaat.

Als „Verbringung in einen anderen Mitgliedstaat" gelten die Versendung oder Beförderung eines im Gebiet eines Mitgliedstaats befindlichen beweglichen körperlichen Gegenstands durch den Steuerpflichtigen oder für seine Rechnung für die Zwecke seines Unternehmens nach Orten außerhalb dieses Gebiets, aber innerhalb der Gemeinschaft.

(2) Nicht als Verbringung in einen anderen Mitgliedstaat gelten die Versendung oder Beförderung eines Gegenstands für die Zwecke eines der folgenden Umsätze:

a) Lieferung dieses Gegenstands durch den Steuerpflichtigen im Gebiet des Mitgliedstaats der Beendigung der Versendung oder Beförderung unter den Bedingungen des Artikels 33;

b) Lieferung dieses Gegenstands durch den Steuerpflichtigen zum Zwecke seiner Installation oder Montage durch den Lieferer oder für dessen Rechnung im Gebiet des Mitgliedstaats der Beendigung der Versendung oder Beförderung unter den Bedingungen des Artikels 36;

c) Lieferung dieses Gegenstands durch den Steuerpflichtigen an Bord eines Schiffes, eines Flugzeugs oder in einer Eisenbahn während einer Personenbeförderung unter den Bedingungen des Artikels 37;

d) Lieferung von Gas über ein Erdgasnetz im Gebiet der Gemeinschaft oder ein an ein solches Netz angeschlossenes Netz, Lieferung von Elektrizität oder Lieferung von Wärme oder Kälte über Wärme- oder Kältenetze unter den Bedingungen der Artikel 38 und 39;

e) Lieferung dieses Gegenstands durch den Steuerpflichtigen im Gebiet des Mitgliedstaats unter den Bedingungen der Artikel 138, 146, 147, 148, 151 und 152;

f) Erbringung einer Dienstleistung an den Steuerpflichtigen, die in der Begutachtung von oder Arbeiten an diesem Gegenstand besteht, die im Gebiet des Mitgliedstaats der Beendigung der Versendung oder Beförderung des Gegenstands tatsächlich ausgeführt werden, sofern der Gegenstand nach der Begutachtung oder Bearbeitung wieder an den Steuerpflichtigen in dem Mitgliedstaat zurückgesandt wird, von dem aus er ursprünglich versandt oder befördert worden war;

g) vorübergehende Verwendung dieses Gegenstands im Gebiet des Mitgliedstaats der Beendigung der Versendung oder Beförderung zum Zwecke der Erbringung von Dienstleistungen durch den im Mitgliedstaat des Beginns der Versendung oder Beförderung ansässigen Steuerpflichtigen;

h) vorübergehende Verwendung dieses Gegenstands während eines Zeitraums von höchstens 24 Monaten im Gebiet eines anderen Mitgliedstaats, in dem für die Einfuhr des gleichen Gegenstands aus einem Drittland im Hinblick auf eine vorübergehende Verwendung die Regelung über die vollständige Befreiung von Einfuhrabgaben bei der vorübergehenden Einfuhr gelten würde.

(3) [1]Liegt eine der Voraussetzungen für die Inanspruchnahme des Absatzes 2 nicht mehr vor, gilt der Gegenstand als in einen anderen Mitgliedstaat verbracht. [2]In diesem Fall gilt die Verbringung als zu dem Zeitpunkt erfolgt, zu dem die betreffende Voraussetzung nicht mehr vorliegt.

Artikel 17 a
(Konsignationslagerregelung)

(1) Die Verbringung von Gegenständen seines Unternehmens durch einen Steuerpflichtigen in einen anderen Mitgliedstaat im Rahmen einer Konsignationslagerregelung gilt nicht als einer Lieferung von Gegenständen gegen Entgelt gleichgestellt.

(2) Für den Zweck dieses Artikels wird davon ausgegangen, dass eine Konsignationslagerregelung vorliegt, wenn folgende Voraussetzungen erfüllt sind:

[Buchst. a in der bis 31.12.2026 gültigen Fassung]

a) Gegenstände werden von einem Steuerpflichtigen oder auf seine Rechnung von einem Dritten in einen anderen Mitgliedstaat im Hinblick darauf versandt oder befördert, zu einem späteren Zeitpunkt und nach der Ankunft an einen anderen Steuerpflichtigen geliefert zu werden, der gemäß einer bestehenden Vereinbarung zwischen den beiden Steuerpflichtigen zur Übernahme des Eigentums an diesen Gegenständen berechtigt ist;

[Buchst. a in der ab 1.1.2027 gültigen Fassung]

a) Gegenstände werden am oder vor dem 30. Juni 2028 von einem Steuerpflichtigen oder auf seine Rechnung von einem Dritten in einen anderen Mitgliedstaat im Hinblick darauf versandt oder befördert, zu einem späteren Zeitpunkt und nach der Ankunft an einen anderen Steuerpflichtigen geliefert zu werden, der gemäß einer bestehenden Vereinbarung zwischen den beiden Steuerpflichtigen zur Übernahme des Eigentums an diesen Gegenständen berechtigt ist;

b) der Steuerpflichtige, der die Gegenstände versendet oder befördert, hat in dem Mitgliedstaat, in den die Gegenstände versandt oder befördert werden, weder den Sitz seiner wirtschaftlichen Tätigkeit noch eine feste Niederlassung;

c) der Steuerpflichtige, an den die Gegenstände geliefert werden sollen, hat eine Mehrwertsteuer-Identifikationsnummer in dem Mitgliedstaat, in den die Gegenstände versandt oder befördert werden, und sowohl seine Identität als auch die ihm von diesem Mitgliedstaat zugewiesene Mehrwertsteuer-Identifikationsnummer sind dem unter Buchstabe b genannten Steuerpflichtigen zum Zeitpunkt des Beginns der Versendung oder Beförderung bekannt;

d) der Steuerpflichtige, der die Gegenstände versendet oder befördert, trägt die Verbringung der Gegenstände in das in Artikel 243 Absatz 3 vorgesehene Register ein und nimmt die Identität des Steuerpflichtigen, der die Gegenstände erwirbt, sowie die Mehrwertsteuer-Identifikationsnummer, die ihm von dem Mitgliedstaat, in den die Gegenstände versandt oder befördert werden, zugewiesen wurde, gemäß Artikel 262 Absatz 2 in die zusammenfassende Meldung auf.

(3) Wenn die Voraussetzungen gemäß Absatz 2 erfüllt sind, gelten zum Zeitpunkt der Übertragung der Befähigung, wie ein Eigentümer über die Gegenstände zu verfügen, an den Steuerpflichtigen gemäß Absatz 2 Buchstabe c folgende Bestimmungen, sofern die Übertragung innerhalb der in Absatz 4 genannten Frist erfolgt:

a) eine Lieferung von Gegenständen gemäß Artikel 138 Absatz 1 gilt als von dem Steuerpflichtigen vorgenommen, der die Gegenstände entweder selbst oder auf seine Rechnung durch einen Dritten in dem Mitgliedstaat versandt oder befördert hat, von dem aus die Gegenstände versandt oder befördert wurden;

b) ein innergemeinschaftlicher Erwerb von Gegenständen gilt als von dem Steuerpflichtigen vorgenommen, an den diese Gegenstände in dem Mitgliedstaat geliefert werden, in den die Gegenstände versandt oder befördert wurden.

(4) Wurden die Gegenstände innerhalb von 12 Monaten nach ihrer Ankunft in dem Mitgliedstaat, in den sie versandt oder befördert wurden, nicht an den Steuerpflichtigen geliefert, für den sie nach Absatz 2 Buchstabe c und Absatz 6 bestimmt waren, und ist keiner der in Absatz 7 genannten Umstände eingetreten, so gilt eine Verbringung im Sinne des Artikels 17 als am Tag nach Ablauf des Zeitraums von 12 Monaten erfolgt.

(5) Keine Verbringung im Sinne des Artikels 17 gilt als erfolgt, wenn die folgenden Voraussetzungen erfüllt sind:

a) die Befähigung, wie ein Eigentümer über die Gegenstände zu verfügen, wurde nicht übertragen und die Gegenstände werden innerhalb der in Absatz 4 genannten Frist in den Mitgliedstaat zurückgesandt, von dem aus sie versandt oder befördert wurden, und

b) der Steuerpflichtige, der die Gegenstände versandt oder befördert hat, trägt deren Rückversand in das in Artikel 243 Absatz 3 vorgesehene Register ein.

(6) Wird der Steuerpflichtige nach Absatz 2 Buchstabe c innerhalb des in Absatz 4 genannten Zeitraums durch einen anderen Steuerpflichtigen ersetzt, so gilt zum Zeitpunkt der Ersetzung keine Verbringung im Sinne von Artikel 17 als erfolgt, sofern

a) alle anderen maßgeblichen Voraussetzungen gemäß Absatz 2 erfüllt sind und

b) der Steuerpflichtige nach Absatz 2 Buchstabe b die Ersetzung in das in Artikel 243 Absatz 3 vorgesehene Register einträgt.

(7) Ist eine der Voraussetzungen gemäß den Absätzen 2 und 6 innerhalb der in Absatz 4 genannten Frist nicht mehr erfüllt, so gilt eine Verbringung von Gegenständen gemäß Artikel 17 als zu dem Zeitpunkt erfolgt, zu dem die betreffende Voraussetzung nicht mehr erfüllt ist.

Werden die Gegenstände an eine andere Person als den Steuerpflichtigen nach Absatz 2 Buchstabe c oder Absatz 6 geliefert, so gelten die Voraussetzungen gemäß den Absätzen 2 und 6 unmittelbar vor einer solchen Lieferung als nicht mehr erfüllt.

Werden die Gegenstände in ein anderes Land als den Mitgliedstaat, aus dem sie ursprünglich verbracht wurden, versandt oder befördert, so gelten die Voraussetzungen gemäß den Absätzen 2 und 6 unmittelbar vor dem Beginn einer solchen Versendung oder Beförderung als nicht mehr erfüllt.

Im Falle von Zerstörung, Verlust oder Diebstahl gelten die Voraussetzungen gemäß den Absätzen 2 und 6 an dem Tag, an dem die Gegenstände tatsächlich abhandenkamen oder zerstört wurden, oder – falls ein solcher Tag nicht bestimmt werden kann – an dem Tag, an dem die Zerstörung oder das Fehlen der Gegenstände festgestellt wurde, als nicht mehr erfüllt.

[Abs. 8 wird mit Wirkung vom 1.1.2027 eingefügt (Änderung vom 11.3.2025)]

(8) Die Geltungsdauer dieses Artikels endet am 30. Juni 2029.

Artikel 18
(Gestaltungsmöglichkeiten bei Verwendung und Besitz)

Die Mitgliedstaaten können der Lieferung von Gegenständen gegen Entgelt folgende Vorgänge gleichstellen:

a) die Verwendung – durch einen Steuerpflichtigen – eines im Rahmen seines Unternehmens hergestellten, gewonnenen, be- oder verarbeiteten, gekauften oder eingeführten Gegenstands zu seinem Unternehmen, falls ihn der Erwerb eines solchen Gegenstands von einem anderen Steuerpflichtigen nicht zum vollen Vorsteuerabzug berechtigen würde;

b) die Verwendung eines Gegenstands durch einen Steuerpflichtigen zu einem nicht besteuerten Tätigkeitsbereich, wenn dieser Gegenstand bei seiner Anschaffung oder seiner Zuordnung gemäß Buchstabe a zum vollen oder teilweisen Vorsteuerabzug berechtigt hat;

c) mit Ausnahme der in Artikel 19 genannten Fälle der Besitz von Gegenständen durch einen Steuerpflichtigen oder seine Rechtsnachfolger bei Aufgabe seiner der Steuer unterliegenden wirtschaftlichen Tätigkeit, wenn diese Gegenstände bei ihrer Anschaffung oder bei ihrer Verwendung nach Buchstabe a zum vollen oder teilweisen Vorsteuerabzug berechtigt haben.

Artikel 19
(Gestaltungsmöglichkeiten bei Übertragung)

Die Mitgliedstaaten können die Übertragung eines Gesamt- oder Teilvermögens, die entgeltlich oder unentgeltlich oder durch Einbringung in eine Gesellschaft erfolgt, behandeln, als ob keine Lieferung von Gegenständen vorliegt, und den Begünstigten der Übertragung als Rechtsnachfolger des Übertragenden ansehen.

[1]Die Mitgliedstaaten können die erforderlichen Maßnahmen treffen, um Wettbewerbsverzerrungen für den Fall zu vermeiden, dass der Begünstigte nicht voll steuerpflichtig ist. [2]Sie können ferner die erforderlichen Maßnahmen treffen, um Steuerhinterziehungen oder -umgehungen durch die Anwendung dieses Artikels vorzubeugen.

KAPITEL 2
Innergemeinschaftlicher Erwerb von Gegenständen

Artikel 20
(Innergemeinschaftlicher Erwerb)

Als „innergemeinschaftlicher Erwerb von Gegenständen“ gilt die Erlangung der Befähigung, wie ein Eigentümer über einen beweglichen körperlichen Gegenstand zu verfügen, der durch den Verkäufer oder durch den Erwerber oder für ihre Rechnung nach einem anderen Mitgliedstaat als dem, in dem sich der Gegenstand zum Zeitpunkt des Beginns der Versendung oder Beförderung befand, an den Erwerber versandt oder befördert wird.

[1]Werden von einer nichtsteuerpflichtigen juristischen Person erworbene Gegenstände von einem Drittgebiet oder einem Drittland aus versandt oder befördert und von dieser nichtsteuerpflichtigen juristischen Person in einen anderen Mitgliedstaat als den der Beendigung der Versendung oder Beförderung eingeführt, gelten die Gegenstände als vom Einfuhrmitgliedstaat aus versandt oder befördert. [2]Dieser Mitgliedstaat gewährt dem Importeur, der gemäß Artikel 201 als Steuerschuldner bestimmt oder anerkannt wurde, die Erstattung der Mehrwertsteuer für die Einfuhr, sofern der Importeur nachweist, dass der Erwerb dieser Gegenstände im Mitgliedstaat der Beendigung der Versendung oder Beförderung der Gegenstände besteuert worden ist.

Artikel 21
(Fiktionale Erstreckung auf Verwendungen)

Einem innergemeinschaftlichen Erwerb von Gegenständen gegen Entgelt gleichgestellt ist die Verwendung eines Gegenstands durch den Steuerpflichtigen in seinem Unternehmen, der von einem Steuerpflichtigen oder für seine Rechnung aus einem anderen Mitgliedstaat, in dem der Gegenstand von dem Steuerpflichtigen im Rahmen seines in diesem Mitgliedstaat gelegenen Unternehmens hergestellt, gewonnen, be- oder verarbeitet, gekauft, im Sinne des Artikels 2 Absatz 1 Buchstabe b erworben oder eingeführt worden ist, versandt oder befördert wurde.

Artikel 22
(Fiktionale Erstreckung auf Verwendungen durch Streitkräfte)

Einem innergemeinschaftlichen Erwerb von Gegenständen gegen Entgelt gleichgestellt ist die Verwendung von Gegenständen, die nicht gemäß den allgemeinen Besteuerungsbedingungen des Binnenmarkts eines Mitgliedstaats gekauft wurden, durch die Streitkräfte eines Mitgliedstaats, die an einer Verteidigungsanstrengung teilnehmen, die zur Durchführung einer Tätigkeit der Union im Rahmen der Gemeinsamen Sicherheits- und Verteidigungspolitik unternommen wird, zum Gebrauch oder Verbrauch dieser Streitkräfte oder ihres zivilen Begleitpersonals, sofern für die Einfuhr dieser Gegenstände nicht die Steuerbefreiung nach Artikel 143 Absatz 1 Buchstabe ga in Anspruch genommen werden kann.

Einem innergemeinschaftlichen Erwerb von Gegenständen gegen Entgelt gleichgestellt ist die Verwendung von Gegenständen, die nicht gemäß den allgemeinen Besteuerungsbedingungen des Binnenmarkts eines Mitgliedstaats gekauft wurden, durch die Streitkräfte von Staaten, die Vertragsparteien des Nordatlantikvertrags sind, zum Gebrauch oder Verbrauch durch diese Streitkräfte oder ihr ziviles Begleitpersonal, sofern für die Einfuhr dieser Gegenstände nicht die Steuerbefreiung nach Artikel 143 Absatz 1 Buchstabe h in Anspruch genommen werden kann.

Artikel 23
(Pflicht zur korrekten Einstufung)

Die Mitgliedstaaten treffen Maßnahmen, die sicherstellen, dass Umsätze als „innergemeinschaftlicher Erwerb von Gegenständen“ eingestuft werden, die als „Lieferung von Gegenständen“ eingestuft würden, wenn sie in ihrem Gebiet von einem Steuerpflichtigen, der als solcher handelt, getätigt worden wären.

KAPITEL 3
Dienstleistungen

Artikel 24
(Dienstleistungsbegriff)

(1) Als „Dienstleistung“ gilt jeder Umsatz, der keine Lieferung von Gegenständen ist.

(2) Als „Telekommunikationsdienstleistung“ gelten Dienstleistungen zum Zweck der Übertragung, Ausstrahlung oder des Empfangs von Signalen, Schrift, Bild und Ton oder Informationen jeglicher Art über Draht, Funk, optische oder andere elektromagnetische Medien, einschließlich der damit im Zusammenhang stehenden Abtretung oder Einräumung von Nutzungsrechten an Einrichtungen zur Übertragung, Ausstrahlung oder zum Empfang, einschließlich der Bereitstellung des Zugangs zu globalen Informationsnetzen.

Artikel 25
(Beispiele)

Eine Dienstleistung kann unter anderem in einem der folgenden Umsätze bestehen:

a) Abtretung eines nicht körperlichen Gegenstands, gleichgültig, ob in einer Urkunde verbrieft oder nicht;

b) Verpflichtung, eine Handlung zu unterlassen oder eine Handlung oder einen Zustand zu dulden;

c) Erbringung einer Dienstleistung auf Grund einer behördlichen Anordnung oder kraft Gesetzes.

Artikel 26
(Entgeltlichen Dienstleistungen gleichgestellte Umsätze)

(1) Einer Dienstleistung gegen Entgelt gleichgestellt sind folgende Umsätze:

a) Verwendung eines dem Unternehmen zugeordneten Gegenstands für den privaten Bedarf des Steuerpflichtigen, für den Bedarf seines Personals oder allgemein für unternehmensfremde Zwecke, wenn dieser Gegenstand zum vollen oder teilweisen Vorsteuerabzug berechtigt hat;

b) unentgeltliche Erbringung von Dienstleistungen durch den Steuerpflichtigen für seinen privaten Bedarf, für den Bedarf seines Personals oder allgemein für unternehmensfremde Zwecke.

(2) Die Mitgliedstaaten können Abweichungen von Absatz 1 vorsehen, sofern solche Abweichungen nicht zu Wettbewerbsverzerrungen führen.

Artikel 27
(Gestaltungsmöglichkeiten zur Vermeidung von Wettbewerbsverzerrungen)

Um Wettbewerbsverzerrungen vorzubeugen, können die Mitgliedstaaten nach Konsultation des Mehrwertsteuerausschusses auch die Erbringung einer Dienstleistung durch einen Steuerpflichtigen für das eigene Unternehmen einer Dienstleistung gegen Entgelt gleichstellen, falls ihn die Erbringung einer derartigen Dienstleistung durch einen anderen Steuerpflichtigen nicht zum vollen Vorsteuerabzug berechtigen würde.

Artikel 28
(Handeln für fremde Rechnung)

Steuerpflichtige, die bei der Erbringung von Dienstleistungen im eigenen Namen, aber für Rechnung Dritter tätig werden, werden behandelt, als ob sie diese Dienstleistungen selbst erhalten und erbracht hätten.

Artikel 29
(Verweisklausel)

Artikel 19 gilt unter den gleichen Voraussetzungen für Dienstleistungen.

KAPITEL 4
Einfuhr von Gegenständen

Artikel 30
(Begriffsbestimmung)

Als „Einfuhr eines Gegenstands" gilt die Verbringung eines Gegenstands, der sich nicht im freien Verkehr im Sinne des Artikels 24 des Vertrags befindet, in die Gemeinschaft.

Neben dem in Absatz 1 genannten Umsatz gilt als Einfuhr eines Gegenstands auch die Verbringung eines im freien Verkehr befindlichen Gegenstands mit Herkunft aus einem Drittgebiet, das Teil des Zollgebiets der Gemeinschaft ist, in die Gemeinschaft.

KAPITEL 5
Gemeinsame Bestimmungen zu den Kapiteln 1 und 3

Artikel 30 a

Für die Zwecke dieser Richtlinie gelten folgende Begriffsbestimmungen:

1. „Gutschein" ist ein Instrument, bei dem die Verpflichtung besteht, es als Gegenleistung oder Teil einer solchen für eine Lieferung von Gegenständen oder eine Erbringung von Dienstleistungen anzunehmen und bei dem die zu liefernden Gegenstände oder zu erbringenden Dienstleistungen oder die Identität der möglichen Lieferer oder Dienstleistungserbringer entweder auf dem Instrument selbst oder in damit zusammenhängenden Unterlagen, einschließlich der Bedingungen für die Nutzung dieses Instruments, angegeben sind;

2. „Einzweck-Gutschein" ist ein Gutschein, bei dem der Ort der Lieferung der Gegenstände oder der Erbringung der Dienstleistungen, auf die sich der Gutschein bezieht, und die für diese Gegenstände oder Dienstleistungen geschuldete Mehrwertsteuer zum Zeitpunkt der Ausstellung des Gutscheins feststehen;

3. „Mehrzweck-Gutschein" ist ein Gutschein, bei dem es sich nicht um einen Einzweck-Gutschein handelt.

Artikel 30 b

(1) [1]Jede Übertragung eines Einzweck-Gutscheins durch einen Steuerpflichtigen, der im eigenen Namen handelt, gilt als eine Lieferung der Gegenstände oder Erbringung der Dienstleistungen, auf die sich der Gutschein bezieht. [2]Die tatsächliche Übergabe der Gegenstände oder die tatsächliche Erbringung der Dienstleistungen, für die ein Einzweck-Gutschein als Gegenleistung oder Teil einer solchen von dem Lieferer oder Dienstleistungserbringer angenommen wird, gilt nicht als unabhängiger Umsatz.

Erfolgt eine Übertragung eines Einzweck-Gutscheins durch einen Steuerpflichtigen, der im Namen eines anderen Steuerpflichtigen handelt, gilt diese Übertragung als eine Lieferung der Gegenstände oder Erbringung der Dienstleistungen, auf die sich der Gutschein bezieht, durch den anderen Steuerpflichtigen, in dessen Namen der Steuerpflichtige handelt.

Handelt es sich bei dem Lieferer von Gegenständen oder dem Erbringer von Dienstleistungen nicht um den Steuerpflichtigen, der, im eigenen Namen handelnd, den Einzweck-Gutschein ausgestellt hat, so wird dieser Lieferer von Gegenständen bzw. Erbringer von Dienstleistungen dennoch so behandelt, als habe er diesem Steuerpflichtigen die Gegenstände oder Dienstleistungen in Bezug auf diesen Gutschein geliefert oder erbracht.

(2) Die tatsächliche Übergabe der Gegenstände oder die tatsächliche Erbringung der Dienstleistungen, für die der Lieferer der Gegenstände oder Erbringer der Dienstleistungen einen Mehrzweck-Gutschein als Gegenleistung oder Teil einer solchen annimmt, unterliegt der Mehrwertsteuer gemäß Artikel 2, wohingegen jede vorangegangene Übertragung dieses Mehrzweck-Gutscheins nicht der Mehrwertsteuer unterliegt.

Wird ein Mehrzweck-Gutschein von einem anderen Steuerpflichtigen als dem Steuerpflichtigen, der den gemäß Unterabsatz 1 der Mehrwertsteuer unterliegenden Umsatz erbringt, übertragen, so unterliegen alle bestimmbaren Dienstleistungen wie etwa Vertriebs- oder Absatzförderungsleistungen der Mehrwertsteuer.

TITEL V
ORT DES STEUERBAREN UMSATZES

KAPITEL 1
Ort der Lieferung von Gegenständen

Abschnitt 1
Lieferung von Gegenständen ohne Beförderung

Artikel 31
(Ort der Lieferung ohne Beförderung)

Wird der Gegenstand nicht versandt oder befördert, gilt als Ort der Lieferung der Ort, an dem sich der Gegenstand zum Zeitpunkt der Lieferung befindet.

Abschnitt 2
Lieferung von Gegenständen mit Beförderung

Artikel 32
(Ort der Lieferung mit Beförderung)

Wird der Gegenstand vom Lieferer, vom Erwerber oder von einer dritten Person versandt oder befördert, gilt als Ort der Lieferung der Ort, an dem sich der Gegenstand zum Zeitpunkt des Beginns der Versendung oder Beförderung an den Erwerber befindet.

Liegt der Ort, von dem aus die Gegenstände versandt oder befördert werden, in einem Drittgebiet oder in einem Drittland, gelten der Ort der Lieferung, die durch den Importeur bewirkt wird, der gemäß Artikel 201 als Steuerschuldner bestimmt oder anerkannt wurde, sowie der Ort etwaiger anschließender Lieferungen jedoch als in dem Mitgliedstaat gelegen, in den die Gegenstände eingeführt werden.

Artikel 33
(Ausnahmen)

Abweichend von Artikel 32 gilt Folgendes:

a) Als Ort der Lieferung eines innergemeinschaftlichen Fernverkaufs von Gegenständen gilt der Ort, an dem sich die Gegenstände bei Beendigung der Versendung oder Beförderung an den Erwerber befinden.

b) Als Ort der Lieferung eines Fernverkaufs von Gegenständen, die aus Drittgebieten oder Drittländern in einen anderen Mitgliedstaat als den, in dem die Versendung oder Beförderung der Gegenstände an den Erwerber endet, eingeführt werden, gilt der Ort, an dem sich die Gegenstände bei Beendigung der Versendung oder Beförderung an den Erwerber befinden.

c) Der Ort der Lieferung eines Fernverkaufs von Gegenständen, die aus Drittgebieten oder Drittländern in den Mitgliedstaat, in dem die Versendung oder Beförderung der Gegenstände an den Erwerber endet, eingeführt werden, gilt als in diesem Mitgliedstaat gelegen, sofern die Mehrwertsteuer auf diese Gegenstände gemäß der Sonderregelung nach Titel XII Kapitel 6 Abschnitt 4 zu erklären ist.

Artikel 34
(weggefallen)

Artikel 35
(Von Ausnahmen ausgenommene Gegenstände)

Artikel 33 gilt nicht für die Lieferung von Gebrauchtgegenständen, Kunstgegenständen, Sammlungsstücken und Antiquitäten im Sinne des Artikels 311 Absatz 1 Nummern 1 bis 4 sowie für die Lieferung von Gebrauchtfahrzeugen im Sinne des Artikels 327 Absatz 3, die der Mehrwertsteuer gemäß den Sonderregelungen für diese Bereiche unterliegen.

Artikel 36
(Ort der Lieferung bei Installation oder Montage)

Wird der vom Lieferer, vom Erwerber oder von einer dritten Person versandte oder beförderte Gegenstand mit oder ohne probeweise Inbetriebnahme durch den Lieferer oder für dessen Rechnung installiert oder montiert, gilt als Ort der Lieferung der Ort, an dem die Installation oder Montage vorgenommen wird.

Wird der Gegenstand in einem anderen Mitgliedstaat als dem des Lieferers installiert oder montiert, trifft der Mitgliedstaat, in dessen Gebiet die Installation oder Montage vorgenommen wird, die zur Vermeidung einer Doppelbesteuerung in diesem Mitgliedstaat erforderlichen Maßnahmen

Artikel 36 a
(Zwischenhändler)

(1) Werden dieselben Gegenstände nacheinander geliefert und werden diese Gegenstände aus einem Mitgliedstaat in einen anderen Mitgliedstaat unmittelbar vom ersten Lieferer bis zum letzten Erwerber in der Reihe versandt oder befördert, so wird die Versendung oder Beförderung nur der Lieferung an den Zwischenhändler zugeschrieben.

(2) Abweichend von Absatz 1 wird die Versendung oder Beförderung nur der Lieferung von Gegenständen durch den Zwischenhändler zugeschrieben, wenn der Zwischenhändler seinem Lieferer die Mehrwertsteuer-Identifikationsnummer mitgeteilt hat, die ihm vom Mitgliedstaat, aus dem die Gegenstände versandt oder befördert werden, erteilt wurde.

(3) Für die Zwecke dieses Artikels bezeichnet der Ausdruck „Zwischenhändler" einen Lieferer innerhalb der Reihe (mit Ausnahme des ersten Lieferers in der Reihe), der die Gegenstände selbst oder auf seine Rechnung durch einen Dritten versendet oder befördert.

(4) Dieser Artikel gilt nicht für Fälle nach Artikel 14 a.

Artikel 36 b
(Nutzung elektronischer Schnittstellen)

Wird ein Steuerpflichtiger gemäß Artikel 14 a behandelt, als ob er Gegenstände erhalten und geliefert hätte, wird die Versendung oder Beförderung der Gegenstände der Lieferung durch diesen Steuerpflichtigen zugeschrieben.

Abschnitt 3
Lieferung von Gegenständen an Bord eines Schiffes, eines Flugzeugs oder in einer Eisenbahn

Artikel 37
(Ort der Lieferung während einer Personenbeförderung)

(1) Erfolgt die Lieferung von Gegenständen an Bord eines Schiffes, eines Flugzeugs oder in einer Eisenbahn während des innerhalb der Gemeinschaft stattfindenden Teils einer Personenbeförderung, gilt als Ort dieser Lieferung der Abgangsort der Personenbeförderung.

(2) Für die Zwecke des Absatzes 1 gilt als „innerhalb der Gemeinschaft stattfindender Teil einer Personenbeförderung" der Teil einer Beförderung zwischen dem Abgangsort und dem Ankunftsort einer Personenbeförderung, der ohne Zwischenaufenthalt außerhalb der Gemeinschaft erfolgt.

„Abgangsort einer Personenbeförderung" ist der erste Ort innerhalb der Gemeinschaft, an dem Reisende in das Beförderungsmittel einsteigen können, gegebenenfalls nach einem Zwischenaufenthalt außerhalb der Gemeinschaft.

„Ankunftsort einer Personenbeförderung" ist der letzte Ort innerhalb der Gemeinschaft, an dem in der Gemeinschaft zugestiegene Reisende das Beförderungsmittel verlassen können, gegebenenfalls vor einem Zwischenaufenthalt außerhalb der Gemeinschaft.

Im Fall einer Hin- und Rückfahrt gilt die Rückfahrt als gesonderte Beförderung.

(3) Die Kommission unterbreitet dem Rat möglichst rasch einen Bericht, gegebenenfalls zusammen mit geeigneten Vorschlägen, über den Ort der Besteuerung der Lieferung von Gegenständen, die zum Verbrauch an Bord bestimmt sind, und der Dienstleistungen, einschließlich Bewirtung, die an Reisende an Bord eines Schiffes, eines Flugzeugs oder in einer Eisenbahn erbracht werden.

Bis zur Annahme der in Unterabsatz 1 genannten Vorschläge können die Mitgliedstaaten die Lieferung von Gegenständen, die zum Verbrauch an Bord bestimmt sind und deren Besteuerungsort gemäß Absatz 1 festgelegt wird, mit Recht auf Vorsteuerabzug von der Steuer befreien oder weiterhin befreien.

Abschnitt 4
Lieferung von Gas über ein Erdgasnetz, von Elektrizität und von Wärme oder Kälte über Wärme- und Kältenetze

Artikel 38
(Ort der Lieferung bei Lieferung an Wiederverkäufer)

(1) Bei Lieferung von Gas über ein Erdgasnetz im Gebiet der Gemeinschaft oder jedes an ein solches Netz angeschlossene Netz, von Elektrizität oder von Wärme oder Kälte über Wärme- oder Kältenetze an einen steuerpflichtigen Wiederverkäufer gilt als Ort der Lieferung der Ort, an dem dieser steuerpflichtige Wiederverkäufer den Sitz seiner wirtschaftlichen Tätigkeit oder eine feste Niederlassung hat, für die die Gegenstände geliefert werden, oder in Ermangelung eines solchen Sitzes oder einer solchen festen Niederlassung sein Wohnsitz oder sein gewöhnlicher Aufenthaltsort.

(2) Für die Zwecke des Absatzes 1 ist ein „steuerpflichtiger Wiederverkäufer“ ein Steuerpflichtiger, dessen Haupttätigkeit in Bezug auf den Kauf von Gas, Elektrizität, Wärme oder Kälte im Wiederverkauf dieser Erzeugnisse besteht und dessen eigener Verbrauch dieser Erzeugnisse zu vernachlässigen ist.

Artikel 39
(Ort der Lieferung in sonstigen Fällen)

Für den Fall, dass die Lieferung von Gas über ein Erdgasnetz im Gebiet der Gemeinschaft oder jedes an ein solches Netz angeschlossene Netz, die Lieferung von Elektrizität oder die Lieferung von Wärme oder Kälte über Wärme- oder Kältenetze nicht unter Artikel 38 fällt, gilt als Ort der Lieferung der Ort, an dem der Erwerber die Gegenstände tatsächlich nutzt und verbraucht.

[1]Falls die Gesamtheit oder ein Teil des Gases, der Elektrizität oder der Wärme oder Kälte von diesem Erwerber nicht tatsächlich verbraucht wird, wird davon ausgegangen, dass diese nicht verbrauchten Gegenstände an dem Ort genutzt und verbraucht worden sind, an dem er den Sitz seiner wirtschaftlichen Tätigkeit oder eine feste Niederlassung hat, für die die Gegenstände geliefert werden. [2]In Ermangelung eines solchen Sitzes oder solchen festen Niederlassung wird davon ausgegangen, dass er die Gegenstände an seinem Wohnsitz oder seinem gewöhnlichen Aufenthaltsort genutzt und verbraucht hat.

KAPITEL 2
Ort des innergemeinschaftlichen Erwerbs von Gegenständen

Artikel 40
(Ort des Erwerbs)

Als Ort eines innergemeinschaftlichen Erwerbs von Gegenständen gilt der Ort, an dem sich die Gegenstände zum Zeitpunkt der Beendigung der Versendung oder Beförderung an den Erwerber befinden.

Artikel 41
(Fälle des Artikels 2 Abs. 1 Buchstabe b Ziffer i)

Unbeschadet des Artikels 40 gilt der Ort eines innergemeinschaftlichen Erwerbs von Gegenständen im Sinne des Artikels 2 Absatz 1 Buchstabe b Ziffer i als im Gebiet des Mitgliedstaats gelegen, der dem Erwerber die von ihm für diesen Erwerb verwendete Mehrwertsteuer-Identifikationsnummer erteilt hat, sofern der Erwerber nicht nachweist, dass dieser Erwerb im Einklang mit Artikel 40 besteuert worden ist.

Wird der Erwerb gemäß Artikel 40 im Mitgliedstaat der Beendigung der Versendung oder Beförderung der Gegenstände besteuert, nachdem er gemäß Absatz 1 besteuert wurde, wird die Steuerbemessungsgrundlage in dem Mitgliedstaat, der dem Erwerber die von ihm für diesen Erwerb verwendete Mehrwertsteuer-Identifikationsnummer erteilt hat, entsprechend gemindert.

Artikel 42
(Ausnahmen zu Artikel 41 Abs. 1)

Artikel 41 Absatz 1 ist nicht anzuwenden und der innergemeinschaftliche Erwerb von Gegenständen gilt als gemäß Artikel 40 besteuert, wenn folgende Bedingungen erfüllt sind:

a) der Erwerber weist nach, dass er diesen Erwerb für die Zwecke einer anschließenden Lieferung getätigt hat, die im Gebiet des gemäß Artikel 40 bestimmten Mitgliedstaats bewirkt wurde und für die der Empfänger der Lieferung gemäß Artikel 197 als Steuerschuldner bestimmt worden ist;

b) der Erwerber ist der Pflicht zur Abgabe der zusammenfassenden Meldung gemäß Artikel 265 nachgekommen.

KAPITEL 3
Ort der Dienstleistung

Abschnitt 1
Begriffsbestimmungen

Artikel 43
(Begriff des Steuerpflichtigen)

Für die Zwecke der Anwendung der Regeln für die Bestimmung des Ortes der Dienstleistung gilt

1. ein Steuerpflichtiger, der auch Tätigkeiten ausführt oder Umsätze bewirkt, die nicht als steuerbare Lieferungen von Gegenständen oder Dienstleistungen im Sinne des Artikels 2 Absatz 1 angesehen werden, in Bezug auf alle an ihn erbrachten Dienstleistungen als Steuerpflichtiger;
2. eine nicht steuerpflichtige juristische Person mit Mehrwertsteuer-Identifikationsnummer als Steuerpflichtiger.

Abschnitt 2
Allgemeine Bestimmungen

Artikel 44
(Ort der Dienstleistung an Steuerpflichtige)

[1]Als Ort einer Dienstleistung an einen Steuerpflichtigen, der als solcher handelt, gilt der Ort, an dem dieser Steuerpflichtige den Sitz seiner wirtschaftlichen Tätigkeit hat. [2]Werden diese Dienstleistungen jedoch an eine feste Niederlassung des Steuerpflichtigen, die an einem anderen Ort als dem des Sitzes seiner wirtschaftlichen Tätigkeit gelegen ist, erbracht, so gilt als Ort dieser Dienstleistungen der Sitz der festen Niederlassung. [3]In Ermangelung eines solchen Sitzes oder einer solchen festen Niederlassung gilt als Ort der Dienstleistung der Wohnsitz oder der gewöhnliche Aufenthaltsort des steuerpflichtigen Dienstleistungsempfängers.

Artikel 45
(Ort der Dienstleistung an Nichtsteuerpflichtige)

[1]Als Ort einer Dienstleistung an einen Nichtsteuerpflichtigen gilt der Ort, an dem der Dienstleistungserbringer den Sitz seiner wirtschaftlichen Tätigkeit hat. [2]Werden diese Dienstleistungen jedoch von der festen Niederlassung des Dienstleis-

tungserbringers, die an einem anderen Ort als dem des Sitzes seiner wirtschaftlichen Tätigkeit gelegen ist, aus erbracht, so gilt als Ort dieser Dienstleistungen der Sitz der festen Niederlassung. [3]In Ermangelung eines solchen Sitzes oder einer solchen festen Niederlassung gilt als Ort der Dienstleistung der Wohnsitz oder der gewöhnliche Aufenthaltsort des Dienstleistungserbringers.

Abschnitt 3
Besondere Bestimmungen

Unterabschnitt 1
Von Vermittlern erbrachte Dienstleistungen an Nichtsteuerpflichtige

Artikel 46
(Ort der Dienstleistung eines Vermittlers)

Als Ort einer Dienstleistung an einen Nichtsteuerpflichtigen, die von einem Vermittler im Namen und für Rechnung eines Dritten erbracht wird, gilt der Ort, an dem der vermittelte Umsatz gemäß den Bestimmungen dieser Richtlinie erbracht wird.

Unterabschnitt 2
Dienstleistungen im Zusammenhang mit Grundstücken

Artikel 47
(Ort der Dienstleistung im Grundstücksverkehr)

Als Ort einer Dienstleistung im Zusammenhang mit einem Grundstück, einschließlich der Dienstleistungen von Sachverständigen und Grundstücksmaklern, der Beherbergung in der Hotelbranche oder in Branchen mit ähnlicher Funktion, wie zum Beispiel in Ferienlagern oder auf einem als Campingplatz hergerichteten Gelände, der Einräumung von Rechten zur Nutzung von Grundstücken sowie von Dienstleistungen zur Vorbereitung und Koordinierung von Bauleistungen, wie z. B. die Leistungen von Architekten und Bauaufsichtsunternehmen, gilt der Ort, an dem das Grundstück gelegen ist.

Unterabschnitt 3
Beförderungsleistungen

Artikel 48
(Ort der Personenbeförderungsleistung)

Als Ort einer Personenbeförderungsleistung gilt der Ort, an dem die Beförderung nach Maßgabe der zurückgelegten Beförderungsstrecke jeweils stattfindet.

Artikel 49
(Ort der Güterbeförderungsleistung)

Als Ort einer Güterbeförderungsleistung an Nichtsteuerpflichtige, die keine innergemeinschaftliche Güterbeförderung darstellt, gilt der Ort, an dem die Beförderung nach Maßgabe der zurückgelegten Beförderungsstrecke jeweils stattfindet.

Artikel 50
(Ort der innergemeinschaftlichen Güterbeförderungsleistung)

Als Ort einer innergemeinschaftlichen Güterbeförderungsleistung an Nichtsteuerpflichtige gilt der Abgangsort der Beförderung.

Artikel 51
(Begriff der innergemeinschaftlichen Güterbeförderung)

Als „innergemeinschaftliche Güterbeförderung" gilt die Beförderung von Gegenständen, bei der Abgangs- und Ankunftsort in zwei verschiedenen Mitgliedstaaten liegen.

„Abgangsort" ist der Ort, an dem die Güterbeförderung tatsächlich beginnt, ungeachtet der Strecken, die bis zu dem Ort zurückzulegen sind, an dem sich die Gegenstände befinden, und „Ankunftsort" ist der Ort, an dem die Güterbeförderung tatsächlich endet.

Artikel 52
(Mehrwertsteuerverzicht)

Die Mitgliedstaaten haben die Möglichkeit, keine Mehrwertsteuer auf den Teil der innergemeinschaftlichen Güterbeförderung an Nichtsteuerpflichtige zu erheben, der den Beförderungsstrecken über Gewässer entspricht, die nicht zum Gebiet der Gemeinschaft gehören.

Unterabschnitt 4
Dienstleistungen auf dem Gebiet der Kultur, der Künste, des Sports, der Wissenschaft, des Unterrichts, der Unterhaltung und ähnliche Veranstaltungen, Nebentätigkeiten zur Beförderung, Begutachtung von beweglichen Gegenständen und Arbeiten an solchen Gegenständen

Artikel 53
(Ort der Dienstleistung bei Veranstaltungen)

Als Ort einer Dienstleistung an einen Steuerpflichtigen betreffend die Eintrittsberechtigung sowie die damit zusammenhängenden Dienstleistungen für Veranstaltungen auf dem Gebiet der Kultur, der Künste, des Sports, der Wissenschaft, des Unterrichts, der Unterhaltung oder für ähnliche Veranstaltungen wie Messen und Ausstellungen gilt der Ort, an dem diese Veranstaltungen tatsächlich stattfinden.

Dieser Artikel findet im Fall der virtuellen Teilnahme keine Anwendung auf die Eintrittsberechtigung für die in Absatz 1 genannten Veranstaltungen.

Artikel 54
(Ort der Dienstleistung bei sonstigen Tätigkeiten)

(1) Als Ort einer Dienstleistung sowie der damit zusammenhängenden Dienstleistungen an einen Nichtsteuerpflichtigen betreffend Tätigkeiten auf dem Gebiet der Kultur, der Künste, des Sports, der Wissenschaft, des Unterrichts, der Unterhaltung oder ähnliche Veranstaltungen wie Messen und Ausstellungen, einschließlich der Erbringung von Dienstleistungen der Veranstalter solcher Tätigkeiten, gilt der Ort, an dem diese Tätigkeiten tatsächlich ausgeübt werden.

Betreffen die Dienstleistungen und die damit zusammenhängenden Dienstleistungen Tätigkeiten, die per Streaming übertragen oder auf andere Weise virtuell verfügbar gemacht werden, so gilt als Ort der Dienstleistung jedoch der Ort, an dem der Nichtsteuerpflichtige ansässig ist oder seinen Wohnsitz oder seinen gewöhnlichen Aufenthaltsort hat.

(2) Als Ort der folgenden Dienstleistungen an Nichtsteuerpflichtige gilt der Ort, an dem sie tatsächlich erbracht werden:

a) Nebentätigkeiten zur Beförderung wie Beladen, Entladen, Umschlag und ähnliche Tätigkeiten;

b) Begutachtung von beweglichen körperlichen Gegenständen und Arbeiten an solchen Gegenständen.

Unterabschnitt 5
Restaurant- und Verpflegungsdienstleistungen

Artikel 55
(Ort der Verpflegungsdienstleistung)

Als Ort von Restaurant- und Verpflegungsdienstleistungen, die nicht an Bord eines Schiffes oder eines Flugzeugs oder in der

Eisenbahn während des innerhalb der Gemeinschaft stattfindenden Teils einer Personenbeförderung tatsächlich erbracht werden, gilt der Ort, an dem die Dienstleistungen tatsächlich erbracht werden.

Unterabschnitt 6
Vermietung von Beförderungsmitteln

Artikel 56
(Ort der Vermietung von Beförderungsmitteln)

(1) Als Ort der Vermietung eines Beförderungsmittels über einen kürzeren Zeitraum gilt der Ort, an dem das Beförderungsmittel dem Dienstleistungsempfänger tatsächlich zur Verfügung gestellt wird.

(2) Als Ort der Vermietung eines Beförderungsmittels an Nichtsteuerpflichtige, ausgenommen die Vermietung über einen kürzeren Zeitraum, gilt der Ort, an dem der Dienstleistungsempfänger ansässig ist oder seinen Wohnsitz oder seinen gewöhnlichen Aufenthaltsort hat.

Jedoch gilt als Ort der Vermietung eines Sportboots an einen Nichtsteuerpflichtigen, ausgenommen die Vermietung über einen kürzeren Zeitraum, der Ort, an dem das Sportboot dem Dienstleistungsempfänger tatsächlich zur Verfügung gestellt wird, sofern der Dienstleistungserbringer diese Dienstleistung tatsächlich vom Sitz seiner wirtschaftlichen Tätigkeit oder von einer festen Niederlassung an diesem Ort aus erbringt.

(3) Als „kürzerer Zeitraum" im Sinne der Absätze 1 und 2 gilt der Besitz oder die Verwendung des Beförderungsmittels während eines ununterbrochenen Zeitraums von nicht mehr als 30 Tagen und bei Wasserfahrzeugen von nicht mehr als 90 Tagen.

Unterabschnitt 7
Für den Verbrauch bestimmte Restaurant- und Verpflegungsdienstleistungen an Bord eines Schiffes, eines Flugzeugs oder in der Eisenbahn

Artikel 57
(Ort der Verpflegungsdienstleistung in Transportmitteln)

(1) Der Ort von Restaurant- und Verpflegungsdienstleistungen, die an Bord eines Schiffes oder eines Flugzeugs oder in der Eisenbahn während des innerhalb der Gemeinschaft stattfindenden Teils einer Personenbeförderung tatsächlich erbracht werden, ist der Abgangsort der Personenbeförderung.

(2) Für die Zwecke des Absatzes 1 gilt als „innerhalb der Gemeinschaft stattfindender Teil einer Personenbeförderung" der Teil einer Beförderung zwischen dem Abgangsort und dem Ankunftsort einer Personenbeförderung, der ohne Zwischenaufenthalt außerhalb der Gemeinschaft erfolgt.

„Abgangsort einer Personenbeförderung" ist der erste Ort innerhalb der Gemeinschaft, an dem Reisende in das Beförderungsmittel einsteigen können, gegebenenfalls nach einem Zwischenaufenthalt außerhalb der Gemeinschaft.

„Ankunftsort einer Personenbeförderung" ist der letzte Ort innerhalb der Gemeinschaft, an dem in der Gemeinschaft zugestiegene Reisende das Beförderungsmittel verlassen können, gegebenenfalls vor einem Zwischenaufenthalt außerhalb der Gemeinschaft.

Im Falle einer Hin- und Rückfahrt gilt die Rückfahrt als gesonderte Beförderung.

Unterabschnitt 8
Telekommunikationsdienstleistungen, Rundfunk- und Fernsehdienstleistungen und elektronisch erbrachte Dienstleistungen an Nichtsteuerpflichtige

Artikel 58
(Ort der Dienstleistung)

(1) Als Ort der folgenden Dienstleistungen an Nichtsteuerpflichtige gilt der Ort, an dem dieser Nichtsteuerpflichtige ansässig ist, seinen Wohnsitz oder seinen gewöhnlichen Aufenthaltsort hat:

a) Telekommunikationsdienstleistungen;

b) Rundfunk- und Fernsehdienstleistungen;

c) elektronisch erbrachte Dienstleistungen, insbesondere die in Anhang II genannten Dienstleistungen.

Kommunizieren Dienstleistungserbringer und Dienstleistungsempfänger über E-Mail miteinander, bedeutet dies allein noch nicht, dass die erbrachte Dienstleistung eine elektronisch erbrachte Dienstleistung wäre.

(2)–(6) *(weggefallen)*

Unterabschnitt 9
Dienstleistungen an Nichtsteuerpflichtige außerhalb der Gemeinschaft

Artikel 59
(Ort der Dienstleistungen)

Als Ort der folgenden Dienstleistungen an einen Nichtsteuerpflichtigen, der außerhalb der Gemeinschaft ansässig ist oder seinen Wohnsitz oder seinen gewöhnlichen Aufenthaltsort außerhalb der Gemeinschaft hat, gilt der Ort, an dem dieser Nichtsteuerpflichtige ansässig ist oder seinen Wohnsitz oder seinen gewöhnlichen Aufenthaltsort hat:

a) Abtretung und Einräumung von Urheberrechten, Patentrechten, Lizenzrechten, Fabrik- und Warenzeichen sowie ähnlichen Rechten;

b) Dienstleistungen auf dem Gebiet der Werbung;

c) Dienstleistungen von Beratern, Ingenieuren, Studienbüros, Anwälten, Buchprüfern und sonstige ähnliche Dienstleistungen sowie die Datenverarbeitung und die Überlassung von Informationen;

d) Verpflichtungen, eine berufliche Tätigkeit ganz oder teilweise nicht auszuüben oder ein in diesem Artikel genanntes Recht nicht wahrzunehmen;

e) Bank-, Finanz- und Versicherungsumsätze, einschließlich Rückversicherungsumsätze, ausgenommen die Vermietung von Schließfächern;

f) Gestellung von Personal;

g) Vermietung beweglicher körperlicher Gegenstände, ausgenommen jegliche Beförderungsmittel;

h) Gewährung des Zugangs zu einem Erdgasnetz im Gebiet der Gemeinschaft oder zu einem an ein solches Netz angeschlossenes Netz, zum Elektrizitätsnetz oder zu Wärme- oder Kältenetzen sowie Fernleitung, Übertragung oder Verteilung über diese Netze und Erbringung anderer unmittelbar damit verbundener Dienstleistungen.

Unterabschnitt 10
Vermeidung der Doppelbesteuerung und der Nichtbesteuerung

Artikel 59 a
(Vermeidung von Doppelbesteuerung, Nichtbesteuerung und Wettbewerbsverzerrung)

Um Doppelbesteuerung, Nichtbesteuerung und Wettbewerbsverzerrungen zu vermeiden, können die Mitgliedstaaten bei Dienstleistungen, deren Erbringungsort sich gemäß den Artikeln 44 und 45, Artikel 54 Absatz 1 Unterabsatz 2 und den Artikeln 56, 58 und 59 bestimmt,

a) den Ort einer oder aller dieser Dienstleistungen, der in ihrem Gebiet liegt, so behandeln, als läge er außerhalb der Gemeinschaft, wenn die tatsächliche Nutzung oder Auswertung außerhalb der Gemeinschaft erfolgt;

b) den Ort einer oder aller dieser Dienstleistungen, der außerhalb der Gemeinschaft liegt, so behandeln, als läge er in ihrem Gebiet, wenn in ihrem Gebiet die tatsächliche Nutzung oder Auswertung erfolgt.

Artikel 59 b
(weggefallen)

[Titel in der bis 31.12.2026 gültigen Fassung]

KAPITEL 3 a
Schwellenwert für Steuerpflichtige, die Lieferungen von Gegenständen gemäß Artikel 33 Buchstabe a tätigen und Dienstleistungen gemäß Artikel 58 erbringen

[Titel in der ab 1.1.2027 gültigen Fassung]

KAPITEL 3 a
Schwellenwert für Steuerpflichtige, die bestimmte Lieferungen von Gegenständen gemäß Artikel 33 Buchstabe a tätigen und bestimmte Dienstleistungen gemäß Artikel 58 erbringen

Artikel 59 c
(Gegenausnahmen zu Art. 33 und 58)

(1) Artikel 33 Buchstabe a und Artikel 58 gelten nicht in den Fällen, in denen die folgenden Voraussetzungen erfüllt sind:

a) Der Lieferer oder Dienstleistungserbringer ist in nur einem Mitgliedstaat ansässig oder hat, in Ermangelung eines Sitzes der wirtschaftlichen Tätigkeit oder einer festen Niederlassung, seinen Wohnsitz oder seinen gewöhnlichen Aufenthaltsort in nur einem Mitgliedstaat;

[Buchst. b in der bis 31.12.2026 gültigen Fassung]

b) die Dienstleistungen werden an nichtsteuerpflichtige Personen erbracht, die in einem anderen als dem unter Buchstabe a genannten Mitgliedstaat ansässig sind, dort ihren Wohnsitz oder gewöhnlichen Aufenthaltsort haben, oder die Gegenstände werden in einen anderen als den unter Buchstabe a genannten Mitgliedstaat geliefert und

[Buchst. b in der ab 1.1.2027 gültigen Fassung]

b) die Dienstleistungen werden an eine nichtsteuerpflichtige Person erbracht, die in einem anderen als dem unter Buchstabe a genannten Mitgliedstaat ansässig ist, dort einen Wohnsitz oder ihren gewöhnlichen Aufenthaltsort hat, oder die Gegenstände werden von dem unter Buchstabe a genannten Mitgliedstaat in einen anderen Mitgliedstaat versandt oder befördert und

c) der Gesamtbetrag – ohne Mehrwertsteuer – der Dienstleistungen und Lieferungen nach Buchstabe b überschreitet im laufenden Kalenderjahr nicht 10 000 EUR bzw. den Gegenwert in Landeswährung und hat dies auch im vorangegangenen Kalenderjahr nicht getan.

(2) Wird in einem Kalenderjahr der Schwellenwert gemäß Absatz 1 Buchstabe c überschritten, so gelten ab diesem Zeitpunkt Artikel 33 Buchstabe a und Artikel 58.

[Abs. 3 in der bis 31.12.2026 gültigen Fassung]

(3) Der Mitgliedstaat, in dessen Gebiet sich die Gegenstände bei Beginn der Versendung oder Beförderung befinden oder in dem die Steuerpflichtigen, die Telekommunikationsdienstleistungen, Rundfunk- und Fernsehdienstleistungen und elektronische Dienstleistungen erbringen, ansässig sind, gewährt den Steuerpflichtigen, auf deren Lieferungen oder Dienstleistungen Absatz 1 gegebenenfalls Anwendung findet, das Recht, sich dafür zu entscheiden, dass der Ort dieser Lieferungen oder Dienstleistungen gemäß Artikel 33 Buchstabe a bzw. Artikel 58 bestimmt wird; diese Entscheidung erstreckt sich in jedem Fall auf zwei Kalenderjahre.

[Abs. 3 in der ab 1.1.2027 gültigen Fassung]

(3) Der in Absatz 1 Buchstabe a dieses Artikels genannte Mitgliedstaat gewährt den Steuerpflichtigen, auf deren Lieferungen oder Dienstleistungen der genannte Absatz Anwendung findet, das Recht, sich dafür zu entscheiden, dass der Ort dieser Lieferungen oder Dienstleistungen gemäß Artikel 33 Buchstabe a bzw. Artikel 58 bestimmt wird; diese Entscheidung erstreckt sich in jedem Fall auf zwei Kalenderjahre.

Die in Unterabsatz 1 des vorliegenden Absatzes genannte Möglichkeit gilt als von Steuerpflichtigen ausgeübt, die für die Sonderregelung nach Titel XII Kapitel 6 Abschnitt 3 registriert sind.

(4) Die Mitgliedstaaten treffen zweckdienliche Maßnahmen, um die Einhaltung der in den Absätzen 1, 2 und 3 genannten Bedingungen durch den Steuerpflichtigen zu überprüfen.

(5) Der Gegenwert in Landeswährung des in Absatz 1 Buchstabe c genannten Betrags wird unter Anwendung des von der Europäischen Zentralbank am Tag der Annahme der Richtlinie (EU) 2017/2455 veröffentlichten Wechselkurses berechnet.

KAPITEL 4
Ort der Einfuhr von Gegenständen

Artikel 60
(Ort der Einfuhr)

Die Einfuhr von Gegenständen erfolgt in dem Mitgliedstaat, in dessen Gebiet sich der Gegenstand zu dem Zeitpunkt befindet, in dem er in die Gemeinschaft verbracht wird.

Artikel 61
(Ort der Einfuhr in besonderen Fällen)

Abweichend von Artikel 60 erfolgt bei einem Gegenstand, der sich nicht im freien Verkehr befindet und der vom Zeitpunkt seiner Verbringung in die Gemeinschaft einem Verfahren oder einer sonstigen Regelung im Sinne des Artikels 156, der Regelung der vorübergehenden Verwendung bei vollständiger Befreiung von Einfuhrabgaben oder dem externen Versandverfahren unterliegt, die Einfuhr in dem Mitgliedstaat, in dessen Gebiet der Gegenstand nicht mehr diesem Verfahren oder der sonstigen Regelung unterliegt.

Unterliegt ein Gegenstand, der sich im freien Verkehr befindet, vom Zeitpunkt seiner Verbringung in die Gemeinschaft einem Verfahren oder einer sonstigen Regelung im Sinne der Artikel 276 und 277, erfolgt die Einfuhr in dem Mitgliedstaat, in dessen Gebiet der Gegenstand nicht mehr diesem Verfahren oder der sonstigen Regelung unterliegt.

TITEL VI
STEUERTATBESTAND UND STEUERANSPRUCH

KAPITEL 1
Allgemeine Bestimmungen

Artikel 62
(Steuertatbestand; Steueranspruch)

Für die Zwecke dieser Richtlinie gilt

(1) als „Steuertatbestand" der Tatbestand, durch den die gesetzlichen Voraussetzungen für den Steueranspruch verwirklicht werden;

(2) als „Steueranspruch" der Anspruch auf Zahlung der Steuer, den der Fiskus kraft Gesetzes gegenüber dem Steuerschuldner von einem bestimmten Zeitpunkt an geltend machen kann, selbst wenn Zahlungsaufschub gewährt werden kann.

KAPITEL 2
Lieferung von Gegenständen und Dienstleistungen

Artikel 63
(Entstehung von Steuertatbestand und -anspruch)

Steuertatbestand und Steueranspruch treten zu dem Zeitpunkt ein, zu dem die Lieferung von Gegenständen bewirkt oder die Dienstleistung erbracht wird.

Artikel 64
(Fiktion der Bewirkung)

(1) Geben Lieferungen von Gegenständen, die nicht die Vermietung eines Gegenstands oder den Ratenverkauf eines Gegenstands im Sinne des Artikels 14 Absatz 2 Buchstabe b betreffen, und Dienstleistungen zu aufeinander folgenden Abrechnungen oder Zahlungen Anlass, gelten sie jeweils als mit Ablauf des Zeitraums bewirkt, auf den sich diese Abrechnungen oder Zahlungen beziehen.

(2) Kontinuierlich über einen Zeitraum von mehr als einem Kalendermonat durchgeführte Lieferungen von Gegenständen, die der Steuerpflichtige für Zwecke seines Unternehmens in einen anderen Mitgliedstaat als den des Beginns der Versendung oder Beförderung versendet oder befördert und deren Lieferung oder Verbringung in einen anderen Mitgliedstaat nach Artikel 138 von der Steuer befreit ist, gelten als mit Ablauf eines jeden Kalendermonats bewirkt, solange die Lieferung nicht eingestellt wird.

Dienstleistungen, für die nach Artikel 196 der Leistungsempfänger die Steuer schuldet, die kontinuierlich über einen längeren Zeitraum als ein Jahr erbracht werden und die in diesem Zeitraum nicht zu Abrechnungen oder Zahlungen Anlass geben, gelten als mit Ablauf eines jeden Kalenderjahres bewirkt, solange die Dienstleistung nicht eingestellt wird.

In bestimmten, nicht von den Unterabsätzen 1 und 2 erfassten Fällen können die Mitgliedstaaten vorsehen, dass kontinuierliche Lieferungen von Gegenständen und Dienstleistungen, die sich über einen bestimmten Zeitraum erstrecken, mindestens jährlich als bewirkt gelten.

Artikel 65
(Entstehung des Steueranspruchs bei Anzahlung)

Werden Anzahlungen geleistet, bevor die Lieferung von Gegenständen bewirkt oder die Dienstleistung erbracht ist, entsteht der Steueranspruch zum Zeitpunkt der Vereinnahmung entsprechend dem vereinnahmten Betrag.

[Art. 66 in der bis 31.12.2026 gültigen Fassung]

Artikel 66
(Gestaltungsmöglichkeiten der Mitgliedstaaten)

Abweichend von den Artikeln 63, 64 und 65 können die Mitgliedstaaten vorsehen, dass der Steueranspruch für bestimmte Umsätze oder Gruppen von Steuerpflichtigen zu einem der folgenden Zeitpunkte entsteht:

a) spätestens bei der Ausstellung der Rechnung;

b) spätestens bei der Vereinnahmung des Preises;

c) im Falle der Nichtausstellung oder verspäteten Ausstellung der Rechnung binnen einer bestimmten Frist spätestens nach Ablauf der von den Mitgliedstaaten gemäß Artikel 222 Absatz 2 gesetzten Frist für die Ausstellung der Rechnung oder, falls von den Mitgliedstaaten eine solche Frist nicht gesetzt wurde, binnen einer bestimmten Frist nach dem Eintreten des Steuertatbestands.

Die Ausnahme nach Absatz 1 gilt jedoch nicht für Dienstleistungen, für die der Dienstleistungsempfänger nach Artikel 196 die Mehrwertsteuer schuldet, und für Lieferungen oder Verbringungen von Gegenständen gemäß Artikel 67.

[Art. 66 in der ab 1.1.2027 gültigen Fassung]

Artikel 66
(Gestaltungsmöglichkeiten der Mitgliedstaaten)

(1) Abweichend von den Artikeln 63, 64 und 65 können die Mitgliedstaaten vorsehen, dass der Steueranspruch für bestimmte Umsätze oder Gruppen von Steuerpflichtigen zu einem der folgenden Zeitpunkte entsteht:

a) spätestens bei der Ausstellung der Rechnung;

b) spätestens bei der Vereinnahmung des Preises;

c) im Falle der Nichtausstellung oder verspäteten Ausstellung der Rechnung binnen einer bestimmten Frist spätestens nach Ablauf der von den Mitgliedstaaten gemäß Artikel 222 Absatz 2 gesetzten Frist für die Ausstellung der Rechnung oder, falls von den Mitgliedstaaten eine solche Frist nicht gesetzt wurde, binnen einer bestimmten Frist nach dem Eintreten des Steuertatbestands.

(2) Die Ausnahme nach Absatz 1 gilt nicht für die folgenden Lieferungen und Dienstleistungen:

a) Dienstleistungen, die unter die Sonderregelung nach Titel XII Kapitel 6 Abschnitt 2 fallen, wenn diese Dienstleistungen von einem Steuerpflichtigen erbracht werden, der diese Sonderregelung gemäß Artikel 359 in Anspruch nehmen darf;

b) Lieferungen und Dienstleistungen, die unter die Sonderregelung nach Titel XII Kapitel 6 Abschnitt 3 fallen, sofern diese Lieferungen bzw. Dienstleistungen von einem Steuerpflichtigen bewirkt bzw. erbracht werden, der diese Sonderregelung gemäß Artikel 369 b in Anspruch nehmen darf;

c) Dienstleistungen, für die der Dienstleistungsempfänger die Mehrwertsteuer gemäß Artikel 196 schuldet;

d) in Artikel 67 Absatz 1 genannte Lieferungen oder Verbringungen von Gegenständen.

Artikel 66 a
(Entstehung von Steuertatbestand und -anspruch bei Nutzung elektronischer Schnittstellen)

Abweichend von den Artikeln 63, 64 und 65 treten der Steuertatbestand und der Steueranspruch in Bezug auf die Lieferung von Gegenständen durch einen Steuerpflichtigen, der nach Artikel 14 a behandelt wird, als ob er diese Gegenstände erhalten und geliefert hätte, sowie in Bezug auf die Lieferung von Gegenständen an diesen Steuerpflichtigen zu dem Zeitpunkt ein, zu dem die Zahlung angenommen wurde.

Artikel 67
(Entstehung des Steueranspruchs bei mehrwertsteuerfreiem Grenzübertritt)

Werden Gegenstände, die in einen anderen Mitgliedstaat als den des Beginns der Versendung oder Beförderung versandt oder befördert wurden, mehrwertsteuerfrei geliefert oder werden Gegenstände von einem Steuerpflichtigen für Zwecke seines Unternehmens mehrwertsteuerfrei in einen anderen Mitgliedstaat verbracht, so gilt, dass der Steueranspruch unter den Voraussetzungen des Artikels 138 bei der Ausstellung der Rechnung oder bei Ablauf der Frist nach Artikel 222 Absatz 1, wenn bis zu diesem Zeitpunkt keine Rechnung ausgestellt worden ist, eintritt.

Artikel 64 Absatz 1, Artikel 64 Absatz 2 Unterabsatz 3 und Artikel 65 finden keine Anwendung auf die in Absatz 1 genannten Lieferungen und Verbringungen.

KAPITEL 3
Innergemeinschaftlicher Erwerb von Gegenständen

Artikel 68
(Eintritt des Steuertatbestandes)

Der Steuertatbestand tritt zu dem Zeitpunkt ein, zu dem der innergemeinschaftliche Erwerb von Gegenständen bewirkt wird.

Der innergemeinschaftliche Erwerb von Gegenständen gilt als zu dem Zeitpunkt bewirkt, zu dem die Lieferung gleichartiger Gegenstände innerhalb des Mitgliedstaats als bewirkt gilt.

Artikel 69
(Entstehung des Steueranspruchs)

Beim innergemeinschaftlichen Erwerb von Gegenständen tritt der Steueranspruch bei der Ausstellung der Rechnung, oder bei Ablauf der Frist nach Artikel 222 Absatz 1, wenn bis zu diesem Zeitpunkt keine Rechnung ausgestellt worden ist, ein.

KAPITEL 4
Einfuhr von Gegenständen

Artikel 70
(Entstehung von Steuertatbestand und -anspruch)

Steuertatbestand und Steueranspruch treten zu dem Zeitpunkt ein, zu dem die Einfuhr des Gegenstands erfolgt.

Artikel 71
(Entstehung von Steuertatbestand und -anspruch in besonderen Fällen)

(1) Unterliegen Gegenstände vom Zeitpunkt ihrer Verbringung in die Gemeinschaft einem Verfahren oder einer sonstigen Regelung im Sinne der Artikel 156, 276 und 277, der Regelung der vorübergehenden Verwendung bei vollständiger Befreiung von Einfuhrabgaben oder dem externen Versandverfahren, treten Steuertatbestand und Steueranspruch erst zu dem Zeitpunkt ein, zu dem die Gegenstände diesem Verfahren oder dieser sonstigen Regelung nicht mehr unterliegen.

Unterliegen die eingeführten Gegenstände Zöllen, landwirtschaftlichen Abschöpfungen oder im Rahmen einer gemeinsamen Politik eingeführten Abgaben gleicher Wirkung, treten Steuertatbestand und Steueranspruch zu dem Zeitpunkt ein, zu dem Tatbestand und Anspruch für diese Abgaben entstehen.

(2) In den Fällen, in denen die eingeführten Gegenstände keiner der Abgaben im Sinne des Absatzes 1 Unterabsatz 2 unterliegen, wenden die Mitgliedstaaten in Bezug auf Steuertatbestand und Steueranspruch die für Zölle geltenden Vorschriften an.

TITEL VII
STEUERBEMESSUNGSGRUNDLAGE

KAPITEL 1
Begriffsbestimmung

Artikel 72
(Bestimmung des Normalwertes)

Für die Zwecke dieser Richtlinie gilt als „Normalwert" der gesamte Betrag, den ein Empfänger einer Lieferung oder ein Dienstleistungsempfänger auf derselben Absatzstufe, auf der die Lieferung der Gegenstände oder die Dienstleistung erfolgt, an einen selbständigen Lieferer oder Dienstleistungserbringer in dem Mitgliedstaat, in dem der Umsatz steuerpflichtig ist, zahlen müsste, um die betreffenden Gegenstände oder Dienstleistungen zu diesem Zeitpunkt unter den Bedingungen des freien Wettbewerbs zu erhalten.

Kann keine vergleichbare Lieferung von Gegenständen oder Erbringung von Dienstleistungen ermittelt werden, ist der Normalwert wie folgt zu bestimmen:

(1) bei Gegenständen, ein Betrag nicht unter dem Einkaufspreis der Gegenstände oder gleichartiger Gegenstände oder mangels eines Einkaufspreises nicht unter dem Selbstkostenpreis, und zwar jeweils zu den Preisen, die zum Zeitpunkt der Bewirkung dieser Umsätze festgestellt werden;

(2) bei Dienstleistungen, ein Betrag nicht unter dem Betrag der Ausgaben des Steuerpflichtigen für die Erbringung der Dienstleistung.

KAPITEL 2
Lieferung von Gegenständen und Dienstleistungen

Artikel 73
(Steuerbemessungsgrundlage)

Bei der Lieferung von Gegenständen und Dienstleistungen, die nicht unter die Artikel 74 bis 77 fallen, umfasst die Steuerbemessungsgrundlage alles, was den Wert der Gegenleistung bildet, die der Lieferer oder Dienstleistungserbringer für diese Umsätze vom Erwerber oder Dienstleistungsempfänger oder einem Dritten erhält oder erhalten soll, einschließlich der unmittelbar mit dem Preis dieser Umsätze zusammenhängenden Subventionen.

Artikel 73 a

Bei der Lieferung von Gegenständen oder bei der Erbringung von Dienstleistungen, die in Bezug auf einen Mehrzweck-Gutschein erfolgt, entspricht die Steuerbemessungsgrundlage unbeschadet des Artikels 73 der für den Gutschein gezahlten Gegenleistung oder, in Ermangelung von Informationen über diese Gegenleistung, dem auf dem Mehrzweck-Gutschein selbst oder in den damit zusammenhängenden Unterlagen angegebenen Geldwert, abzüglich des Betrags der auf die gelieferten Gegenstände oder die erbrachten Dienstleistungen erhobenen Mehrwertsteuer.

Artikel 74
(Steuerbemessungsgrundlage bei Verwendung und Entnahme)

Bei den in den Artikeln 16 und 18 genannten Umsätzen in Form der Entnahme oder der Zuordnung eines Gegenstands des Unternehmens durch einen Steuerpflichtigen oder beim Besitz von Gegenständen durch einen Steuerpflichtigen oder seine Rechtsnachfolger im Fall der Aufgabe seiner steuerbaren wirtschaftlichen Tätigkeit ist die Steuerbemessungsgrundlage der Einkaufspreis für diese oder gleichartige Gegenstände oder mangels eines Einkaufspreises der Selbstkostenpreis, und zwar jeweils zu den Preisen, die zum Zeitpunkt der Bewirkung dieser Umsätze festgestellt werden.

Artikel 75
(Steuerbemessungsgrundlage bei bestimmten Dienstleistungen)

Bei Dienstleistungen in Form der Verwendung eines dem Unternehmen zugeordneten Gegenstands für den privaten Bedarf und unentgeltlich erbrachten Dienstleistungen im Sinne des Artikels 26 ist die Steuerbemessungsgrundlage der Betrag der Ausgaben des Steuerpflichtigen für die Erbringung der Dienstleistung.

Artikel 76
(Steuerbemessungsgrundlage bei grenzüberschreitender Verbringung)

Bei der Lieferung von Gegenständen in Form der Verbringung in einen anderen Mitgliedstaat ist die Steuerbemessungsgrundlage der Einkaufspreis der Gegenstände oder gleichartiger Gegenstände oder mangels eines Einkaufspreises der Selbstkostenpreis, und zwar jeweils zu den Preisen, die zum Zeitpunkt der Bewirkung dieser Umsätze festgestellt werden.

Artikel 77
(Steuerbemessungsgrundlage bei Dienstleistungen für das eigene Unternehmen)

Bei der Erbringung einer Dienstleistung durch einen Steuerpflichtigen für das eigene Unternehmen im Sinne des Artikels 27 ist die Steuerbemessungsgrundlage der Normalwert des betreffenden Umsatzes.

Artikel 78
(Einzubeziehende Elemente)

In die Steuerbemessungsgrundlage sind folgende Elemente einzubeziehen:

a) Steuern, Zölle, Abschöpfungen und Abgaben mit Ausnahme der Mehrwertsteuer selbst;

b) Nebenkosten wie Provisions-, Verpackungs-, Beförderungs- und Versicherungskosten, die der Lieferer oder Dienstleistungserbringer vom Erwerber oder Dienstleistungsempfänger fordert.

Die Mitgliedstaaten können als Nebenkosten im Sinne des Absatzes 1 Buchstabe b Kosten ansehen, die Gegenstand einer gesonderten Vereinbarung sind.

Artikel 79
(Nicht einzubeziehende Elemente)

In die Steuerbemessungsgrundlage sind folgende Elemente nicht einzubeziehen:

a) Preisnachlässe durch Skonto für Vorauszahlungen;

b) Rabatte und Rückvergütungen auf den Preis, die dem Erwerber oder Dienstleistungsempfänger eingeräumt werden und die er zu dem Zeitpunkt erhält, zu dem der Umsatz bewirkt wird;

c) Beträge, die ein Steuerpflichtiger vom Erwerber oder vom Dienstleistungsempfänger als Erstattung der in ihrem Namen und für ihre Rechnung verauslagten Beträge erhält und die in seiner Buchführung als durchlaufende Posten behandelt sind.

Der Steuerpflichtige muss den tatsächlichen Betrag der in Absatz 1 Buchstabe c genannten Auslagen nachweisen und darf die Mehrwertsteuer, die auf diese Auslagen gegebenenfalls erhoben worden ist, nicht als Vorsteuer abziehen.

Artikel 80
(Maßnahmen gegen Steuerhinterziehung oder -umgehung)

(1) Zur Vorbeugung gegen Steuerhinterziehung oder -umgehung können die Mitgliedstaaten in jedem der folgenden Fälle Maßnahmen treffen, um sicherzustellen, dass die Steuerbemessungsgrundlage für die Lieferungen von Gegenständen oder für Dienstleistungen, an Empfänger, zu denen familiäre oder andere enge persönliche Bindungen, Bindungen aufgrund von Leitungsfunktionen oder Mitgliedschaften, sowie eigentumsrechtliche, finanzielle oder rechtliche Bindungen, gemäß der Definition des Mitgliedstaats, bestehen, der Normalwert ist:

a) sofern die Gegenleistung niedriger als der Normalwert ist und der Erwerber oder Dienstleistungsempfänger nicht zum vollen Vorsteuerabzug gemäß den Artikeln 167 bis 171 sowie 173 bis 177 berechtigt ist;

b) sofern die Gegenleistung niedriger als der Normalwert ist, der Lieferer oder Dienstleistungserbringer nicht zum vollen Vorsteuerabzug gemäß den Artikeln 167 bis 171 sowie 173 bis 177 berechtigt ist und der Umsatz einer Befreiung gemäß den Artikeln 132, 135, 136, 371, 375, 376, 377, des Artikels 378 Absatz 2, des Artikels 379 Absatz 2 sowie der Artikel 380 bis 390c unterliegt;

c) sofern die Gegenleistung höher als der Normalwert ist und der Lieferer oder Dienstleistungserbringer nicht zum vollen Vorsteuerabzug gemäß den Artikeln 167 bis 171 sowie 173 bis 177 berechtigt ist.

Für die Zwecke des Unterabsatzes 1 kann als rechtliche Bindung auch die Beziehung zwischen Arbeitgeber und Arbeitnehmer, der Familie des Arbeitnehmers oder anderen diesem nahe stehenden Personen, gelten.

(2) Machen die Mitgliedstaaten von der in Absatz 1 vorgesehenen Möglichkeit Gebrauch, können sie festlegen, für welche Kategorien von Lieferern und Dienstleistungserbringern sowie von Erwerbern oder Dienstleistungsempfängern sie von diesen Maßnahmen Gebrauch machen.

(3) Die Mitgliedstaaten unterrichten den Mehrwertsteuerausschuss von nationalen Maßnahmen, die sie im Sinne des Absatzes 1 erlassen, sofern diese nicht Maßnahmen sind, die vom Rat vor dem 13. August 2006 gemäß Artikel 27 Absätze 1 bis 4 der Richtlinie 77/388/EWG genehmigt wurden und gemäß Absatz 1 des vorliegenden Artikels weitergeführt werden.

Artikel 81
(Gestaltungsmöglichkeit bei Kunstgegenständen)

Die Mitgliedstaaten, die am 1. Januar 1993 nicht von der Möglichkeit der Anwendung eines ermäßigten Steuersatzes gemäß Artikel 98 Gebrauch gemacht haben, können vorsehen, dass die Steuerbemessungsgrundlage bei der Inanspruchnahme der Möglichkeit nach Artikel 89 für die Lieferung von Kunstgegenständen im Sinne von Anhang III Nummer 26 gleich einem Bruchteil des gemäß den Artikeln 73, 74, 76, 78 und 79 ermittelten Betrags ist.

Der Bruchteil im Sinne des Absatzes 1 wird so festgelegt, dass sich die dergestalt geschuldete Mehrwertsteuer auf mindestens 5 % des gemäß den Artikeln 73, 74, 76, 78 und 79 ermittelten Betrags beläuft.

Artikel 82
(Gestaltungsmöglichkeit bei Anlagegold)

[1]Die Mitgliedstaaten können vorsehen, dass der Wert von steuerfreiem Anlagegold im Sinne des Artikels 346 in die Steuerbemessungsgrundlage bei der Lieferung von Gegenständen und bei Dienstleistungen einzubeziehen ist, wenn es vom Erwerber oder Dienstleistungsempfänger zur Verfügung gestellt und für die Verarbeitung verwendet wird und infolgedessen bei der Lieferung der Gegenstände oder der Erbringung der Dienstleistungen seinen Status als von der Mehrwertsteuer befreites Anlagegold verliert. [2]Der zugrunde zu legende Wert ist der Normalwert des Anlagegoldes zum Zeitpunkt der Lieferung der Gegenstände oder der Erbringung der Dienstleistungen.

KAPITEL 3
Innergemeinschaftlicher Erwerb von Gegenständen

Artikel 83
(Steuerbemessungsgrundlage)

[1]Beim innergemeinschaftlichen Erwerb von Gegenständen setzt sich die Steuerbemessungsgrundlage aus denselben Elementen zusammen wie denen, die zur Bestimmung der Steuerbemessungsgrundlage für die Lieferung derselben Gegenstände innerhalb des Gebiets des Mitgliedstaats gemäß Kapitel 2 dienen. [2]Bei Umsätzen, die dem innergemeinschaftlichen Erwerb von Gegenständen im Sinne der Artikel 21 und 22 gleichgestellt sind, ist die Steuerbemessungsgrundlage der Einkaufspreis der Gegenstände oder gleichartiger Gegenstände oder mangels eines Einkaufspreises der Selbstkostenpreis, und zwar jeweils zu den Preisen, die zum Zeitpunkt der Bewirkung dieser Umsätze festgestellt werden.

Artikel 84
(Pflicht zur Einbeziehung der Verbrauchssteuern in die Bemessungsgrundlage)

(1) Die Mitgliedstaaten treffen die erforderlichen Maßnahmen, um sicherzustellen, dass die Verbrauchsteuern, die von der Person geschuldet oder entrichtet werden, die den innergemeinschaftlichen Erwerb eines verbrauchsteuerpflichtigen Erzeugnisses tätigt, gemäß Artikel 78 Absatz 1 Buchstabe a in die Steuerbemessungsgrundlage einbezogen werden.

(2) Erhält der Erwerber nach dem Zeitpunkt der Bewirkung des innergemeinschaftlichen Erwerbs von Gegenständen Verbrauchsteuern zurück, die in dem Mitgliedstaat, von dem aus die Gegenstände versandt oder befördert worden sind, entrichtet wurden, wird die Steuerbemessungsgrundlage im Mitgliedstaat des innergemeinschaftlichen Erwerbs entsprechend gemindert.

KAPITEL 4
Einfuhr von Gegenständen

Artikel 85
(Steuerbemessungsgrundlage)

Bei der Einfuhr von Gegenständen ist die Steuerbemessungsgrundlage der Betrag, der durch die geltenden Gemeinschaftsvorschriften als Zollwert bestimmt ist.

Artikel 86
(Einzubeziehende Elemente)

(1) In die Steuerbemessungsgrundlage sind – soweit nicht bereits darin enthalten – folgende Elemente einzubeziehen:

a) die außerhalb des Einfuhrmitgliedstaats geschuldeten Steuern, Zölle, Abschöpfungen und sonstigen Abgaben, sowie diejenigen, die aufgrund der Einfuhr geschuldet werden, mit Ausnahme der zu erhebenden Mehrwertsteuer;

b) die Nebenkosten – wie Provisions-, Verpackungs-, Beförderungs- und Versicherungskosten –, die bis zum ersten Bestimmungsort der Gegenstände im Gebiet des Einfuhrmitgliedstaats entstehen sowie diejenigen, die sich aus der Beförderung nach einem anderen Bestimmungsort in der Gemeinschaft ergeben, der zum Zeitpunkt, zu dem der Steuertatbestand eintritt, bekannt ist.

(2) [1]Für Zwecke des Absatzes 1 Buchstabe b gilt als „erster Bestimmungsort" der Ort, der auf dem Frachtbrief oder einem anderen Begleitpapier, unter dem die Gegenstände in den Einfuhrmitgliedstaat verbracht werden, angegeben ist. [2]Fehlt eine solche Angabe, gilt als erster Bestimmungsort der Ort, an dem die erste Umladung im Einfuhrmitgliedstaat erfolgt.

Artikel 87
(Nicht einzubeziehende Elemente)

In die Steuerbemessungsgrundlage sind folgende Elemente nicht einzubeziehen:

a) Preisnachlässe durch Skonto für Vorauszahlungen;

b) Rabatte und Rückvergütungen auf den Preis, die dem Erwerber eingeräumt werden und die er zu dem Zeitpunkt erhält, zu dem die Einfuhr erfolgt.

Artikel 88
(Pflicht zur Besteuerung von zu Bearbeitungszwecken ausgeführten Gegenständen)

Für vorübergehend aus der Gemeinschaft ausgeführte Gegenstände, die wieder eingeführt werden, nachdem sie außerhalb der Gemeinschaft in Stand gesetzt, umgestaltet oder be- oder verarbeitet worden sind, treffen die Mitgliedstaaten Maßnahmen, die sicherstellen, dass die mehrwertsteuerliche Behandlung des fertigen Gegenstands die gleiche ist, wie wenn die genannten Arbeiten in ihrem jeweiligen Gebiet durchgeführt worden wären.

Artikel 89
(Gestaltungsmöglichkeit bei Kunst, Sammlungsstücken und Antiquitäten)

Die Mitgliedstaaten, die am 1. Januar 1993 nicht von der Möglichkeit der Anwendung eines ermäßigten Steuersatzes gemäß Artikel 98 Gebrauch gemacht haben, können vorsehen, dass die Steuerbemessungsgrundlage bei der Einfuhr von Kunstgegenständen, Sammlungsstücken oder Antiquitäten im Sinne des Artikels 311 Absatz 1 Nummern 2, 3 und 4 einem Bruchteil des gemäß den Artikeln 85, 86 und 87 ermittelten Betrags entspricht.

Der Bruchteil im Sinne des Absatzes 1 wird so festgelegt, dass sich die dergestalt für die Einfuhr geschuldete Mehrwertsteuer auf mindestens 5 % des gemäß den Artikeln 85, 86 und 87 ermittelten Betrags beläuft.

KAPITEL 5
Verschiedene Bestimmungen

Artikel 90
(Bemessungsgrundlage bei Rückabwicklung; Gestaltungsmöglichkeit)

(1) Im Falle der Annullierung, der Rückgängigmachung, der Auflösung, der vollständigen oder teilweisen Nichtbezahlung oder des Preisnachlasses nach der Bewirkung des Umsatzes wird die Steuerbemessungsgrundlage unter den von den Mitgliedstaaten festgelegten Bedingungen entsprechend vermindert.

(2) Die Mitgliedstaaten können im Falle der vollständigen oder teilweisen Nichtbezahlung von Absatz 1 abweichen.

Artikel 91
(Umrechnungskurs)

(1) Sind die zur Ermittlung der Steuerbemessungsgrundlage bei der Einfuhr dienenden Elemente in einer anderen Währung als der des Mitgliedstaats ausgedrückt, in dem die Steuerbemessungsgrundlage ermittelt wird, wird der Umrechnungskurs gemäß den Gemeinschaftsvorschriften zur Berechnung des Zollwerts festgesetzt.

(2) Sind die zur Ermittlung der Steuerbemessungsgrundlage eines anderen Umsatzes als der Einfuhr von Gegenständen dienenden Elemente in einer anderen Währung als der des Mitgliedstaats ausgedrückt, in dem die Steuerbemessungsgrundlage ermittelt wird, gilt als Umrechnungskurs der letzte Verkaufskurs, der zu dem Zeitpunkt, zu dem der Steueranspruch entsteht, an dem oder den repräsentativsten Devisenmärkten des betreffenden Mitgliedstaats verzeichnet wurde, oder ein Kurs, der mit Bezug auf diesen oder diese Devisenmärkte entsprechend den von diesem Mitgliedstaat festgelegten Einzelheiten festgesetzt wurde.

[1]Die Mitgliedstaaten akzeptieren stattdessen auch die Anwendung des letzten Umrechnungskurses, der von der Europäischen Zentralbank zu dem Zeitpunkt, zu dem der Steueranspruch eintritt, veröffentlicht wird. [2]Die Umrechnung zwischen nicht auf Euro lautenden Währungen erfolgt anhand des Euro-Umrechnungskurses jeder der Währungen. [3]Die Mitgliedstaaten können vorschreiben, dass der Steuerpflichtige ihnen mitteilen muss, wenn er von dieser Möglichkeit Gebrauch macht.

Bei bestimmten Umsätzen im Sinne des Unterabsatzes 1 oder bei bestimmten Gruppen von Steuerpflichtigen können Mitgliedstaaten jedoch den Umrechnungskurs anwenden, der gemäß den Gemeinschaftsvorschriften zur Berechnung des Zollwerts festgesetzt worden ist.

Artikel 92
(Gestaltungsmöglichkeit bei Rückgabe von Verpackungen)

In Bezug auf die Kosten von zurückzugebenden Warenumschließungen können die Mitgliedstaaten wie folgt verfahren:

a) sie können sie bei der Ermittlung der Steuerbemessungsgrundlage unberücksichtigt lassen, müssen gleichzeitig aber die erforderlichen Vorkehrungen treffen, damit die Steuerbemessungsgrundlage berichtigt wird, wenn diese Umschließungen nicht zurückgegeben werden;

b) sie können sie bei der Ermittlung der Steuerbemessungsgrundlage berücksichtigen, müssen aber gleichzeitig die erforderlichen Vorkehrungen treffen, damit die Steuerbemessungsgrundlage berichtigt wird, wenn diese Umschließungen tatsächlich zurückgegeben werden.

TITEL VIII
STEUERSÄTZE

KAPITEL 1
Anwendung der Steuersätze

Artikel 93
(Bestimmung des Steuersatzes)

Auf die steuerpflichtigen Umsätze ist der Steuersatz anzuwenden, der zu dem Zeitpunkt gilt, zu dem der Steuertatbestand eintritt.

In folgenden Fällen ist jedoch der Steuersatz anzuwenden, der zu dem Zeitpunkt gilt, zu dem der Steueranspruch entsteht:

a) die in den Artikeln 65 und 66 genannten Fälle;

b) innergemeinschaftlicher Erwerb von Gegenständen;

c) Einfuhr der in Artikel 71 Absatz 1 Unterabsatz 2 und Absatz 2 genannten Gegenstände.

Artikel 94
(Steuersatz bei innergemeinschaftlichem Erwerb)

(1) Beim innergemeinschaftlichen Erwerb von Gegenständen ist der gleiche Steuersatz anzuwenden wie der, der für die Lieferung gleicher Gegenstände innerhalb des Gebiets des Mitgliedstaats gelten würde.

(2) Bei der Einfuhr von Gegenständen ist der gleiche Steuersatz anzuwenden wie der, der für die Lieferung gleicher Gegenstände innerhalb des Gebiets des Mitgliedstaats gelten würde.

(3) Abweichend von Absatz 2 können Mitgliedstaaten, die einen Normalsatz auf die Lieferung der in Anhang IX Teile A, B und C aufgeführten Kunstgegenstände, Sammlungsstücke und Antiquitäten anwenden, auf die Einfuhr dieser Gegenstände in das Gebiet des Mitgliedstaats einen ermäßigten Steuersatz gemäß Artikel 98 Absatz 1 Unterabsatz 1 anwenden.

Artikel 95
(Gestaltungsmöglichkeit zur Berichtigung des Steuersatzes)

Ändert sich der Steuersatz, können die Mitgliedstaaten in den in Artikel 65 und 66 geregelten Fällen eine Berichtigung vornehmen, um dem Steuersatz Rechnung zu tragen, der zum Zeitpunkt der Lieferung der Gegenstände oder der Erbringung der Dienstleistungen anzuwenden ist.

Die Mitgliedstaaten können außerdem alle geeigneten Übergangsmaßnahmen treffen.

KAPITEL 2
Struktur und Höhe der Steuersätze

Abschnitt 1
Normalsatz

Artikel 96
(Mehrwertsteuer-Normalsatz)

Die Mitgliedstaaten wenden einen Mehrwertsteuer-Normalsatz an, den jeder Mitgliedstaat als Prozentsatz der Bemessungsgrundlage festsetzt und der für die Lieferungen von Gegenständen und für Dienstleistungen gleich ist.

Artikel 97
(Höhe des Normalsatzes)

Der Normalsatz muss mindestens 15 % betragen.

Abschnitt 2
Ermäßigte Steuersätze

Artikel 98
(Anwendbarkeit ermäßigter Steuersätze)

(1) Die Mitgliedstaaten können höchstens zwei ermäßigte Steuersätze anwenden.

Die ermäßigten Steuersätze werden als Prozentsatz der Bemessungsgrundlage festgesetzt, der mindestens 5 % betragen muss und nur auf die in Anhang III aufgeführten Lieferungen von Gegenständen und Dienstleistungen angewandt werden darf.

Die Mitgliedstaaten können die ermäßigten Steuersätze auf unter höchstens 24 Nummern des Anhangs III fallende Lieferungen von Gegenständen und Dienstleistungen anwenden.

(2) Die Mitgliedstaaten können zusätzlich zu den zwei ermäßigten Steuersätzen gemäß Absatz 1 dieses Artikels auf unter höchstens sieben Nummern des Anhangs III fallende Lieferungen von Gegenständen und Dienstleistungen einen ermäßigten Steuersatz anwenden, der unter dem Mindestsatz von 5 % liegt, oder eine Steuerbefreiung mit Recht auf Vorsteuerabzug gewähren.

Der ermäßigte Steuersatz, der unter dem Mindestsatz von 5 % liegt, und die Steuerbefreiung mit Recht auf Vorsteuerabzug dürfen nur auf unter die folgenden Nummern des Anhangs III fallenden Lieferungen von Gegenständen und Dienstleistungen angewandt werden:

a) den Nummern 1 bis 6 und 10 c;

b) jeder weiteren Nummer des Anhangs III, die unter die in Artikel 105 a Absatz 1 vorgesehenen Möglichkeiten fällt.

Für die Zwecke von Unterabsatz 2 Buchstabe b des vorliegenden Absatzes müssen die in Artikel 105 a Absatz 1 Unterabsatz 2 genannten Umsätze in Bezug auf Wohnungen als unter Anhang III Nummer 10 fallend angesehen werden.

[1]Mitgliedstaaten, die am 1. Januar 2021 auf unter mehr als sieben Nummern des Anhangs III fallende Lieferungen von Gegenständen und Dienstleistungen ermäßigte Steuersätze angewandt haben, die unter dem Mindestsatz von 5 % lagen, oder eine Steuerbefreiung mit Recht auf Vorsteuerabzug gewährt haben, beschränken die Anwendung dieser ermäßigten Steuersätze oder die Gewährung solcher Steuerbefreiungen dahin gehend, dass Unterabsatz 1 des vorliegenden Absatzes bis zum 1. Januar 2032 oder bis zur Einführung der in Artikel 402 genannten endgültigen Regelung, je nachdem, welcher Zeitpunkt der frühere ist, nachgekommen wird. [2]Es steht den Mitgliedstaaten frei, zu bestimmen, bei welchen Lieferungen von Gegenständen und Dienstleistungen sie die genannten ermäßigten Steuersätze weiterhin anwenden oder die genannten Steuerbefreiungen weiterhin gewähren.

(3) Die in den Absätzen 1 und 2 dieses Artikels genannten ermäßigten Steuersätze und Steuerbefreiungen sind nicht anwendbar auf elektronisch erbrachte Dienstleistungen mit Ausnahme der in Anhang III Nummern 6, 7, 8 und 13 aufgeführten Dienstleistungen.

(4) Zur Anwendung der in dieser Richtlinie vorgesehenen ermäßigten Steuersätze und Steuerbefreiungen können die Mitgliedstaaten die Kategorien anhand der Kombinierten Nomenklatur bzw. der statistischen Güterklassifikation in Verbindung mit den Wirtschaftszweigen genau abgrenzen.

Artikel 98 a
(Nichtanwendbarkeit ermäßigter Steuersätze)

Die in Artikel 98 Absätze 1 und 2 genannten ermäßigten Steuersätze und Steuerbefreiungen sind nicht auf Lieferungen von Kunstgegenständen, Sammlungsstücken und Antiquitäten anwendbar, auf die die in Titel XII Kapitel 4 vorgesehenen Sonderregelungen angewandt werden.

Art. 99
(weggefallen)

Artikel 100
(Regelmäßige Überprüfung)

Die Kommission legt dem Rat bis zum 31. Dezember 2028 und danach alle fünf Jahre einen Bericht über den Anwendungsbereich des Anhangs III vor, dem erforderlichenfalls geeignete Vorschläge beigefügt sind.

Art. 101
(weggefallen)

Abschnitt 2 a
Außergewöhnliche Situationen

Artikel 101 a
(Steuerbefreiung)

(1) Wurde einem Mitgliedstaat von der Kommission eine Ermächtigung gemäß Artikel 53 Absatz 1 der Richtlinie 2009/132/EG des Rates[8] für die Anwendung einer Steuerbefreiung auf Gegenstände, die zugunsten von Katastrophenopfern eingeführt werden, erteilt, so kann dieser Mitgliedstaat unter denselben Bedingungen eine Steuerbefreiung mit Recht auf Vorsteuerabzug in Bezug auf den innergemeinschaftlichen Erwerb und die Lieferung der genannten Gegenstände sowie die mit diesen Gegenständen zusammenhängenden Dienstleistungen, einschließlich Vermietungsdienstleistungen, anwenden.

(2) Ein Mitgliedstaat, der die in Absatz 1 genannte Maßnahme anwenden möchte, setzt den Mehrwertsteuerausschuss davon in Kenntnis.

(3) Werden Gegenstände oder Dienstleistungen, die von den Organisationen erworben werden, denen die in Absatz 1 festgelegte Steuerbefreiung gewährt wird, für andere als die in Titel VIII Kapitel 4 der Richtlinie 2009/132/EG vorgesehenen Zwecke verwendet, so unterliegt die Verwendung dieser Gegenstände und Dienstleistungen unter den zu dem Zeitpunkt, zu dem die Bedingungen für die Steuerbefreiung nicht mehr erfüllt waren, geltenden Bedingungen der Mehrwertsteuer.

Abschnitt 3
Besondere Bestimmungen

Art. 102
(weggefallen)

Art. 103
(weggefallen)

Artikel 104
(Sonderregelungen für Österreich, Griechenland und Portugal)

(1) Österreich kann in den Gemeinden Jungholz und Mittelberg (Kleines Walsertal) einen zweiten Normalsteuersatz anwen-

8 Amtliche Fußnote: Richtlinie 2009/132/EG des Rates vom 19. Oktober 2009 zur Festlegung des Anwendungsbereichs von Artikel 143 Buchstaben b und c der Richtlinie 2006/112/EG hinsichtlich der Mehrwertsteuerbefreiung bestimmter endgültiger Einfuhren von Gegenständen (ABl. L 292 vom 10. 11. 2009, S. 5).

den, der niedriger als der entsprechende, im restlichen Österreich angewandte Steuersatz ist, jedoch nicht unter 15 % liegen darf.

(2) Griechenland kann in den Verwaltungsbezirken Lesbos, Chios, Samos, Dodekanes, Kykladen und auf den Inseln Thassos, Nördliche Sporaden, Samothrake und Skyros Steuersätze anwenden, die bis zu 30 % unter den entsprechenden, auf dem griechischen Festland geltenden Steuersätzen liegen.

(3) Portugal kann auf die in den autonomen Regionen Azoren und Madeira bewirkten Umsätze und auf die direkten Einfuhren in diese Regionen Steuersätze anwenden, die unter den entsprechenden, im Mutterland angewandten Steuersätzen liegen.

(4) Portugal kann auf die Mautgebühren an Brücken im Raum Lissabon einen der zwei ermäßigten Steuersätze gemäß Artikel 98 Absatz 1 anwenden.

Art. 105
(weggefallen)

Artikel 105 a
(Weiteranwendung ermäßigter Steuersätze oder von Steuerbefreiungen)

(1) Mitgliedstaaten, die im Einklang mit dem Unionsrecht am 1. Januar 2021 ermäßigte Steuersätze, die unter dem in Artikel 98 Absatz 1 festgelegten Mindestsatz lagen, oder Steuerbefreiungen mit Recht auf Vorsteuerabzug auf die in den Nummern des Anhangs III außer den Nummern 1 bis 6 und 10 c aufgeführten Lieferungen von Gegenständen oder Dienstleistungen angewandt haben, können diese ermäßigten Steuersätze oder Steuerbefreiungen gemäß Artikel 98 Absatz 2 weiterhin anwenden; dies gilt unbeschadet des Absatzes 4 des vorliegenden Artikels.

Mitgliedstaaten, die im Einklang mit dem Unionsrecht am 1. Januar 2021 ermäßigte Steuersätze, die unter dem in Artikel 98 Absatz 1 festgelegten Mindestsatz lagen, auf Umsätze in Bezug auf Wohnungen in einem nicht sozialpolitischen Kontext angewandt haben, können diese ermäßigten Steuersätze gemäß Artikel 98 Absatz 2 weiterhin anwenden.

Die Mitgliedstaaten teilen dem Mehrwertsteuerausschuss den Wortlaut der wichtigsten nationalen Rechtsvorschriften und die Bedingungen für die Anwendung der ermäßigten Steuersätze und Steuerbefreiungen im Zusammenhang mit Artikel 98 Absatz 2 Unterabsatz 2 Buchstabe b spätestens am 7. Juli 2022 mit.

Unbeschadet des Absatzes 4 des vorliegenden Artikels können ermäßigte Steuersätze, die unter dem in Artikel 98 Absatz 1 festgelegten Mindestsatz liegen, oder Steuerbefreiungen mit Recht auf Vorsteuerabzug von anderen Mitgliedstaaten gemäß Artikel 98 Absatz 2 Unterabsatz 1 auf dieselben in den Unterabsätzen 1 und 2 des vorliegenden Absatzes genannten Lieferungen von Gegenständen oder Dienstleistungen und unter denselben Bedingungen, wie sie am 1. Januar 2021 in den in den Unterabsätzen 1 und 2 des vorliegenden Absatzes genannten Mitgliedstaaten galten, angewandt werden.

(2) Mitgliedstaaten, die im Einklang mit dem Unionsrecht am 1. Januar 2021 ermäßigte Steuersätze, die unter 12 % lagen, einschließlich ermäßigter Steuersätze, die unter dem in Artikel 98 Absatz 1 festgelegten Mindestsatz lagen, oder Steuerbefreiungen mit Recht auf Vorsteuerabzug auf andere Lieferungen von Gegenständen oder Dienstleistungen als die in Anhang III aufgeführten angewandt haben, können gemäß Artikel 98 Absätze 1 und 2 diese ermäßigten Steuersätze und Steuerbefreiungen bis zum 1. Januar 2032 oder bis zur Einführung der in Artikel 402 genannten endgültigen Regelung, je nachdem, welcher Zeitpunkt der frühere ist, weiterhin anwenden; dies gilt unbeschadet des Absatzes 4 des vorliegenden Artikels.

(3) Mitgliedstaaten, die im Einklang mit dem Unionsrecht am 1. Januar 2021 ermäßigte Steuersätze, die nicht unter 12 % lagen, auf andere Lieferungen von Gegenständen und Dienstleistungen als die in Anhang III aufgeführten angewandt haben, können diese ermäßigten Steuersätze gemäß Artikel 98 Absatz 1 Unterabsatz 1 weiterhin anwenden; dies gilt unbeschadet des Absatzes 4 des vorliegenden Artikels.

Die Mitgliedstaaten teilen dem Mehrwertsteuerausschuss den Wortlaut der wichtigsten nationalen Rechtsvorschriften und die Bedingungen für die Anwendung der in Unterabsatz 1 dieses Absatzes genannten ermäßigten Steuersätze spätestens am 7. Juli 2022 mit.

Unbeschadet des Absatzes 4 des vorliegenden Artikels können ermäßigte Steuersätze, die nicht unter 12 % liegen, von anderen Mitgliedstaaten gemäß Artikel 98 Absatz 1 Unterabsatz 1 auf dieselben in Unterabsatz 1 dieses Absatzes genannten Lieferungen von Gegenständen oder Dienstleistungen unter denselben Bedingungen, wie sie am 1. Januar 2021 in den in Unterabsatz 1 des vorliegenden Absatzes genannten Mitgliedstaaten galten, angewandt werden.

(4) [1]Abweichend von den Absätzen 1 bis 3 dürfen die ermäßigten Steuersätze oder Steuerbefreiungen mit Recht auf Vorsteuerabzug auf fossile Brennstoffe, andere Gegenstände mit ähnlichen Auswirkungen auf die Treibhausgasemissionen, wie beispielsweise Torf und Brennholz, spätestens am 1. Januar 2030 nicht mehr angewandt werden. [2]Die ermäßigten Steuersätze oder Steuerbefreiungen mit Recht auf Vorsteuerabzug auf chemische Schädlingsbekämpfungsmittel und chemische Düngemittel dürfen spätestens am 1. Januar 2032 nicht mehr angewandt werden.

(5) [1]Mitgliedstaaten, die gemäß Absatz 1 Unterabsatz 4 des vorliegenden Artikels und Absatz 3 Unterabsatz 3 des vorliegenden Artikels sowie Artikel 105 b die ermäßigten Steuersätze, die nicht unter 12 % liegen, die ermäßigten Steuersätze, die unter dem in Artikel 98 Absatz 1 genannten Mindestsatz liegen, oder die Steuerbefreiungen mit Recht auf Vorsteuerabzug anwenden möchten, erlassen spätestens am 7. Oktober 2023 die genauen Vorschriften für die Inanspruchnahme der genannten Möglichkeiten. [2]Sie teilen dem Mehrwertsteuerausschuss den Wortlaut der wichtigsten nationalen Rechtsvorschriften, die sie erlassen haben, mit.

(6) Bis zum 1. Juli 2025 legt die Kommission dem Rat auf der Grundlage der von den Mitgliedstaaten bereitgestellten Informationen einen Bericht mit einem vollständigen Verzeichnis der Gegenstände und Dienstleistungen, die in den Absätzen 1 und 3 des vorliegenden Artikels und in Artikel 105 b genannt sind und auf die die ermäßigten Steuersätze, einschließlich derjenigen, die unter dem in Artikel 98 Absatz 1 genannten Mindestsatz liegen, oder die Steuerbefreiungen mit Recht auf Vorsteuerabzug in den Mitgliedstaaten angewandt werden, vor.

Artikel 105 b
(Weiteranwendung ermäßigter Steuersätze in Bezug auf Wohnungen)

[1]Mitgliedstaaten, die im Einklang mit dem Unionsrecht am 1. Januar 2021 ermäßigte Steuersätze, die nicht unter dem Mindestsatz von 5 % lagen, auf Umsätze in Bezug auf Wohnungen in einem nicht sozialpolitischen Kontext angewandt haben, können diese ermäßigten Steuersätze gemäß Artikel 98 Absatz 1 Unterabsatz 1 weiterhin anwenden. [2]In diesem Fall dürfen die auf solche Umsätze anzuwendenden ermäßigten Steuersätze ab dem 1. Januar 2042 nicht unter 12 % liegen.

Die Mitgliedstaaten teilen dem Mehrwertsteuerausschuss den Wortlaut der wichtigsten nationalen Rechtsvorschriften und die Bedingungen für die Anwendung der in Absatz 1 genannten ermäßigten Steuersätze spätestens am 7. Juli 2022 mit.

Ein ermäßigter Steuersatz, der nicht unter 12 % liegt, kann von anderen Mitgliedstaaten gemäß Artikel 98 Absatz 1 Unterabsatz 1 auf die in Absatz 1 des vorliegenden Artikels genannten Umsätze unter denselben Bedingungen, wie sie am 1. Januar 2021 in den in Absatz 1 des vorliegenden Artikels genannten Mitgliedstaaten galten, angewandt werden.

Für die Zwecke des Artikels 98 Absatz 1 Unterabsatz 3 werden die in diesem Artikel genannten Umsätze als unter Anhang III Nummer 10 fallend angesehen.

KAPITEL 3
(weggefallen)

Artikel 106 bis 108
(weggefallen)

KAPITEL 4
(weggefallen)

Art. 109 bis 122
(weggefallen)

KAPITEL 5
Befristete Bestimmungen

Art. 123 bis 130
(weggefallen)

TITEL IX
STEUERBEFREIUNGEN

KAPITEL 1
Allgemeine Bestimmungen

Artikel 131
(Anwendung von Steuerbefreiungen)

Die Steuerbefreiungen der Kapitel 2 bis 9 werden unbeschadet sonstiger Gemeinschaftsvorschriften und unter den Bedingungen angewandt, die die Mitgliedstaaten zur Gewährleistung einer korrekten und einfachen Anwendung dieser Befreiungen und zur Verhinderung von Steuerhinterziehung, Steuerumgehung oder Missbrauch festlegen.

KAPITEL 2
Steuerbefreiungen für bestimmte, dem Gemeinwohl dienende Tätigkeiten

Artikel 132
(Steuerbefreite Umsätze)

(1) Die Mitgliedstaaten befreien folgende Umsätze von der Steuer:

a) von öffentlichen Posteinrichtungen erbrachte Dienstleistungen und dazugehörende Lieferungen von Gegenständen mit Ausnahme von Personenbeförderungs- und Telekommunikationsdienstleistungen;

b) Krankenhausbehandlungen und ärztliche Heilbehandlungen sowie damit eng verbundene Umsätze, die von Einrichtungen des öffentlichen Rechts oder unter Bedingungen, welche mit den Bedingungen für diese Einrichtungen in sozialer Hinsicht vergleichbar sind, von Krankenanstalten, Zentren für ärztliche Heilbehandlung und Diagnostik und anderen ordnungsgemäß anerkannten Einrichtungen gleicher Art durchgeführt beziehungsweise bewirkt werden;

c) Heilbehandlungen im Bereich der Humanmedizin, die im Rahmen der Ausübung der von dem betreffenden Mitgliedstaat definierten ärztlichen und arztähnlichen Berufe durchgeführt werden;

d) Lieferung von menschlichen Organen, menschlichem Blut und Frauenmilch;

e) Dienstleistungen, die Zahntechniker im Rahmen ihrer Berufsausübung erbringen, sowie Lieferungen von Zahnersatz durch Zahnärzte und Zahntechniker;

f) Dienstleistungen, die selbstständige Zusammenschlüsse von Personen, die eine Tätigkeit ausüben, die von der Steuer befreit ist oder für die sie nicht Steuerpflichtige sind, an ihre Mitglieder für unmittelbare Zwecke der Ausübung dieser Tätigkeit erbringen, soweit diese Zusammenschlüsse von ihren Mitgliedern lediglich die genaue Erstattung des jeweiligen Anteils an den gemeinsamen Kosten fordern, vorausgesetzt, dass diese Befreiung nicht zu einer Wettbewerbsverzerrung führt;

g) eng mit der Sozialfürsorge und der sozialen Sicherheit verbundene Dienstleistungen und Lieferungen von Gegenständen, einschließlich derjenigen, die durch Altenheime, Einrichtungen des öffentlichen Rechts oder andere von dem betreffenden Mitgliedstaat als Einrichtungen mit sozialem Charakter anerkannte Einrichtungen bewirkt werden;

h) eng mit der Kinder- und Jugendbetreuung verbundene Dienstleistungen und Lieferungen von Gegenständen durch Einrichtungen des öffentlichen Rechts oder andere von dem betreffenden Mitgliedstaat als Einrichtungen mit sozialem Charakter anerkannte Einrichtungen;

i) Erziehung von Kindern und Jugendlichen, Schul- und Hochschulunterricht, Aus- und Fortbildung sowie berufliche Umschulung und damit eng verbundene Dienstleistungen und Lieferungen von Gegenständen durch Einrichtungen des öffentlichen Rechts, die mit solchen Aufgaben betraut sind, oder andere Einrichtungen mit von dem betreffenden Mitgliedstaat anerkannter vergleichbarer Zielsetzung;

j) von Privatlehrern erteilter Schul- und Hochschulunterricht;

k) Gestellung von Personal durch religiöse und weltanschauliche Einrichtungen für die unter den Buchstaben b, g, h und i genannten Tätigkeiten und für Zwecke geistlichen Beistands;

l) Dienstleistungen und eng damit verbundene Lieferungen von Gegenständen, die Einrichtungen ohne Gewinnstreben, welche politische, gewerkschaftliche, religiöse, patriotische, weltanschauliche, philanthropische oder staatsbürgerliche Ziele verfolgen, an ihre Mitglieder in deren gemeinsamen Interesse gegen einen satzungsgemäß festgelegten Beitrag erbringen, vorausgesetzt, dass diese Befreiung nicht zu einer Wettbewerbsverzerrung führt;

m) bestimmte, in engem Zusammenhang mit Sport und Körperertüchtigung stehende Dienstleistungen, die Einrichtungen ohne Gewinnstreben an Personen erbringen, die Sport oder Körperertüchtigung ausüben;

n) bestimmte kulturelle Dienstleistungen und eng damit verbundene Lieferungen von Gegenständen, die von Einrichtungen des öffentlichen Rechts oder anderen von dem betreffenden Mitgliedstaat anerkannten kulturellen Einrichtungen erbracht werden;

o) Dienstleistungen und Lieferungen von Gegenständen bei Veranstaltungen durch Einrichtungen, deren Umsätze nach den Buchstaben b, g, h, i, l, m und n befreit sind, wenn die Veranstaltungen dazu bestimmt sind, den Einrichtungen eine finanzielle Unterstützung zu bringen und ausschließlich zu ihrem Nutzen durchgeführt werden, vorausgesetzt, dass diese Befreiung nicht zu einer Wettbewerbsverzerrung führt;

p) von ordnungsgemäß anerkannten Einrichtungen durchgeführte Beförderung von kranken und verletzten Personen in dafür besonders eingerichteten Fahrzeugen;

q) Tätigkeiten öffentlicher Rundfunk- und Fernsehanstalten, ausgenommen Tätigkeiten mit gewerblichem Charakter.

(2) Für die Zwecke des Absatzes 1 Buchstabe o können die Mitgliedstaaten alle erforderlichen Beschränkungen, insbesondere hinsichtlich der Anzahl der Veranstaltungen und der Höhe der für eine Steuerbefreiung in Frage kommenden Einnahmen, vorsehen.

Artikel 133
(Bedingungen für bestimmte Befreiungen)

Die Mitgliedstaaten können die Gewährung der Befreiungen nach Artikel 132 Absatz 1 Buchstaben b, g, h, i, l, m und n für Einrichtungen, die keine Einrichtungen des öffentlichen Rechts sind, im Einzelfall von der Erfüllung einer oder mehrerer der folgenden Bedingungen abhängig machen:

a) Die betreffenden Einrichtungen dürfen keine systematische Gewinnerzielung anstreben; etwaige Gewinne, die trotzdem anfallen, dürfen nicht verteilt, sondern müssen zur Erhaltung oder Verbesserung der erbrachten Leistungen verwendet werden.

b) Leitung und Verwaltung dieser Einrichtungen müssen im Wesentlichen ehrenamtlich durch Personen erfolgen, die weder selbst noch über zwischengeschaltete Personen ein unmittelbares oder mittelbares Interesse am wirtschaftlichen Ergebnis der betreffenden Tätigkeiten haben.

c) Die Preise, die diese Einrichtungen verlangen, müssen von den zuständigen Behörden genehmigt sein oder die genehmigten Preise nicht übersteigen; bei Umsätzen, für die eine Preisgenehmigung nicht vorgesehen ist, müssen die verlangten Preise unter den Preisen liegen, die der Mehrwertsteuer unterliegende gewerbliche Unternehmen für entsprechende Umsätze fordern.

d) Die Befreiungen dürfen nicht zu einer Wettbewerbsverzerrung zum Nachteil von der Mehrwertsteuer unterliegenden gewerblichen Unternehmen führen.

Die Mitgliedstaaten, die am 1. Januar 1989 gemäß Anhang E der Richtlinie 77/388/EWG die Mehrwertsteuer auf die in Artikel 132 Absatz 1 Buchstaben m und n genannten Umsätze erhoben, können die unter Absatz 1 Buchstabe d des vorliegenden Artikels genannten Bedingungen auch anwenden, wenn für diese Lieferung von Gegenständen oder Dienstleistungen durch Einrichtungen des öffentlichen Rechts eine Befreiung gewährt wird.

Artikel 134
(Umsätze ohne Steuerbefreiung)

In folgenden Fällen sind Lieferungen von Gegenständen und Dienstleistungen von der Steuerbefreiung des Artikels 132 Absatz 1 Buchstaben b, g, h, i, l, m und n ausgeschlossen:

a) sie sind für die Umsätze, für die die Steuerbefreiung gewährt wird, nicht unerlässlich;

b) sie sind im Wesentlichen dazu bestimmt, der Einrichtung zusätzliche Einnahmen durch Umsätze zu verschaffen, die in unmittelbarem Wettbewerb mit Umsätzen von der Mehrwertsteuer unterliegenden gewerblichen Unternehmen bewirkt werden.

KAPITEL 3
Steuerbefreiungen für andere Tätigkeiten

Artikel 135
(Steuerbefreite Umsätze)

(1) Die Mitgliedstaaten befreien folgende Umsätze von der Steuer:

a) Versicherungs- und Rückversicherungsumsätze einschließlich der dazugehörigen Dienstleistungen, die von Versicherungsmaklern und -vertretern erbracht werden;

b) die Gewährung und Vermittlung von Krediten und die Verwaltung von Krediten durch die Kreditgeber;

c) die Vermittlung und Übernahme von Verbindlichkeiten, Bürgschaften und anderen Sicherheiten und Garantien sowie die Verwaltung von Kreditsicherheiten durch die Kreditgeber;

d) Umsätze – einschließlich der Vermittlung – im Einlagengeschäft und Kontokorrentverkehr, im Zahlungs- und Überweisungsverkehr, im Geschäft mit Forderungen, Schecks und anderen Handelspapieren, mit Ausnahme der Einziehung von Forderungen;

e) Umsätze – einschließlich der Vermittlung –, die sich auf Devisen, Banknoten und Münzen beziehen, die gesetzliches Zahlungsmittel sind, mit Ausnahme von Sammlerstücken, d. h. Münzen aus Gold, Silber oder anderem Metall sowie Banknoten, die normalerweise nicht als gesetzliches Zahlungsmittel verwendet werden oder die von numismatischem Interesse sind;

f) Umsätze – einschließlich der Vermittlung, jedoch nicht der Verwahrung und der Verwaltung –, die sich auf Aktien, Anteile an Gesellschaften und Vereinigungen, Schuldverschreibungen oder sonstige Wertpapiere beziehen, mit Ausnahme von Warenpapieren und der in Artikel 15 Absatz 2 genannten Rechte und Wertpapiere;

g) die Verwaltung von durch die Mitgliedstaaten als solche definierten Sondervermögen;

h) Lieferung von in ihrem jeweiligen Gebiet gültigen Postwertzeichen, von Steuerzeichen und von sonstigen ähnlichen Wertzeichen zum aufgedruckten Wert;

i) Wetten, Lotterien und sonstige Glücksspiele mit Geldeinsatz unter den Bedingungen und Beschränkungen, die von jedem Mitgliedstaat festgelegt werden;

j) Lieferung von anderen Gebäuden oder Gebäudeteilen und dem dazugehörigen Grund und Boden als den in Artikel 12 Absatz 1 Buchstabe a genannten;

k) Lieferung unbebauter Grundstücke mit Ausnahme von Baugrundstücken im Sinne des Artikels 12 Absatz 1 Buchstabe b;

l) Vermietung und Verpachtung von Grundstücken.

(2) Die folgenden Umsätze sind von der Befreiung nach Absatz 1 Buchstabe l ausgeschlossen:

a) Gewährung von Unterkunft nach den gesetzlichen Bestimmungen der Mitgliedstaaten im Rahmen des Hotelgewerbes oder in Sektoren mit ähnlicher Zielsetzung, einschließlich der Vermietung in Ferienlagern oder auf Grundstücken, die als Campingplätze erschlossen sind;

b) Vermietung von Plätzen für das Abstellen von Fahrzeugen;

c) Vermietung von auf Dauer eingebauten Vorrichtungen und Maschinen;

d) Vermietung von Schließfächern.

Die Mitgliedstaaten können weitere Ausnahmen von der Befreiung nach Absatz 1 Buchstabe l vorsehen.

Artikel 136
(Steuerbefreite Umsätze bei Lieferungen ohne Vorsteuerabzugsrecht)

Die Mitgliedstaaten befreien folgende Umsätze von der Steuer:

a) die Lieferungen von Gegenständen, die ausschließlich für eine auf Grund der Artikel 132, 135, 371, 375, 376, 377, des Artikels 378 Absatz 2, des Artikels 379 Absatz 2 sowie der Artikel 380 bis 390c von der Steuer befreite Tätigkeit bestimmt waren, wenn für diese Gegenstände kein Recht auf Vorsteuerabzug bestanden hat;

b) die Lieferungen von Gegenständen, deren Anschaffung oder Zuordnung gemäß Artikel 176 vom Vorsteuerabzug ausgeschlossen war.

Artikel 136a
(Steuerbefreite Umsätze bei Nutzung elektronischer Schnittstellen)

Wird ein Steuerpflichtiger gemäß Artikel 14a Absatz 2 behandelt, als ob er Gegenstände erhalten und geliefert hätte, befreien die Mitgliedstaaten die Lieferung dieser Gegenstände an diesen Steuerpflichtigen von der Steuer.

Artikel 137
(Einräumung einer optionalen Besteuerung)

(1) Die Mitgliedstaaten können ihren Steuerpflichtigen das Recht einräumen, sich bei folgenden Umsätzen für eine Besteuerung zu entscheiden:

a) die in Artikel 135 Absatz 1 Buchstaben b bis g genannten Finanzumsätze;

b) Lieferung von anderen Gebäuden oder Gebäudeteilen und dem dazugehörigen Grund und Boden als den in Artikel 12 Absatz 1 Buchstabe a genannten;

c) Lieferung unbebauter Grundstücke mit Ausnahme von Baugrundstücken im Sinne des Artikels 12 Absatz 1 Buchstabe b;

d) Vermietung und Verpachtung von Grundstücken.

(2) Die Mitgliedstaaten legen die Einzelheiten für die Inanspruchnahme des Wahlrechts nach Absatz 1 fest.

Die Mitgliedstaaten können den Umfang dieses Wahlrechts einschränken.

KAPITEL 4
Steuerbefreiungen bei innergemeinschaftlichen Umsätzen

Abschnitt 1
Steuerbefreiungen bei der Lieferung von Gegenständen

Artikel 138
(Steuerbefreite Lieferungen)

(1) Die Mitgliedstaaten befreien die Lieferung von Gegenständen, die durch den Verkäufer, den Erwerber oder auf deren Rechnung an einen Ort außerhalb ihres jeweiligen Gebiets, aber innerhalb der Gemeinschaft versandt oder befördert werden, von der Steuer, wenn die folgenden Voraussetzungen erfüllt sind:

a) die Gegenstände werden an einen anderen Steuerpflichtigen oder an eine nichtsteuerpflichtige juristische Person geliefert, die als solche in einem anderen Mitgliedstaat als dem Mitgliedstaat handeln, in dem die Versendung oder Beförderung beginnt;

b) der Steuerpflichtige oder die nichtsteuerpflichtige juristische Person, für den bzw. die die Lieferung erfolgt, ist für Mehrwertsteuerzwecke in einem anderen Mitgliedstaat als dem Mitgliedstaat registriert, in dem die Versendung oder Beförderung der Gegenstände beginnt, und hat dem Lieferer diese Mehrwertsteuer-Identifikationsnummer mitgeteilt.

(1a) Die Befreiung gemäß Absatz 1 gilt nicht, wenn der Lieferer der Verpflichtung zur Abgabe einer zusammenfassenden Meldung nach den Artikeln 262 und 263 nicht nachgekommen ist oder die zusammenfassende Meldung nicht die gemäß Artikel 264 erforderlichen korrekten Angaben zur Lieferung enthält, es sei denn, der Lieferer kann sein Versäumnis zur Zufriedenheit der zuständigen Behörden ordnungsgemäß begründen.

(2) Außer den in Absatz 1 genannten Lieferungen befreien die Mitgliedstaaten auch folgende Umsätze von der Steuer:

a) die Lieferungen neuer Fahrzeuge, die durch den Verkäufer, den Erwerber oder für ihre Rechnung an den Erwerber nach Orten außerhalb ihres jeweiligen Gebiets, aber innerhalb der Gemeinschaft versandt oder befördert werden, wenn die Lieferungen an Steuerpflichtige oder nichtsteuerpflichtige juristische Personen, deren innergemeinschaftliche Erwerbe von Gegenständen gemäß Artikel 3 Absatz 1 nicht der Mehrwertsteuer unterliegen, oder an eine andere nichtsteuerpflichtige Person bewirkt werden;

b) die Lieferungen verbrauchsteuerpflichtiger Waren, die durch den Verkäufer, den Erwerber oder für ihre Rechnung an den Erwerber nach Orten außerhalb ihres jeweiligen Gebiets, aber innerhalb der Gemeinschaft versandt oder befördert werden, wenn die Lieferungen an Steuerpflichtige oder nichtsteuerpflichtige juristische Personen bewirkt werden, deren innergemeinschaftliche Erwerbe von Gegenständen, die keine verbrauchsteuerpflichtigen Waren sind, gemäß Artikel 3 Absatz 1 nicht der Mehrwertsteuer unterliegen, und wenn die Versendung oder Beförderung dieser Waren gemäß Artikel 7 Absätze 4 und 5 oder Artikel 16 der Richtlinie 92/12/EWG durchgeführt wird;

c) die Lieferungen von Gegenständen in Form der Verbringung in einen anderen Mitgliedstaat, die gemäß Absatz 1 und den Buchstaben a und b des vorliegenden Absatzes von der Mehrwertsteuer befreit wäre, wenn sie an einen anderen Steuerpflichtigen bewirkt würde.

Artikel 139
(Ausnahmen von der Steuerbefreiung)

(1) Die Steuerbefreiung nach Artikel 138 Absatz 1 gilt nicht für die Lieferungen von Gegenständen durch Steuerpflichtige, die in dem Mitgliedstaat, in dem die Lieferung bewirkt wird, unter die Steuerbefreiung für Kleinunternehmen nach Maßgabe des Artikels 284 fallen.

Ferner gilt die Steuerbefreiung nicht für die Lieferungen von Gegenständen an Steuerpflichtige oder nichtsteuerpflichtige juristische Personen, deren innergemeinschaftliche Erwerbe von Gegenständen gemäß Artikel 3 Absatz 1 nicht der Mehrwertsteuer unterliegen.

(2) Die Steuerbefreiung nach Artikel 138 Absatz 2 Buchstabe b gilt nicht für die Lieferungen verbrauchsteuerpflichtiger Waren durch Steuerpflichtige, die in dem Mitgliedstaat, in dem die Lieferung bewirkt wird, unter die Steuerbefreiung für Kleinunternehmen nach Maßgabe des Artikels 284 fallen.

(3) Die Steuerbefreiung nach Artikel 138 Absatz 1 und Absatz 2 Buchstaben b und c gilt nicht für die Lieferungen von Gegenständen, die nach der Sonderregelung über die Differenzbesteuerung der Artikel 312 bis 325 oder der Regelung für öffentliche Versteigerungen der Mehrwertsteuer unterliegen.

Die Steuerbefreiung nach Artikel 138 Absatz 1 und Absatz 2 Buchstabe c gilt nicht für die Lieferungen von Gebrauchtfahrzeugen im Sinne des Artikels 327 Absatz 3, die nach der Übergangsregelung für Gebrauchtfahrzeuge der Mehrwertsteuer unterliegen.

Abschnitt 2
Steuerbefreiungen beim innergemeinschaftlichen Erwerb von Gegenständen

Artikel 140
(Steuerbefreiter innergemeinschaftlicher Erwerb)

Die Mitgliedstaaten befreien folgende Umsätze von der Steuer:

a) den innergemeinschaftlichen Erwerb von Gegenständen, deren Lieferung durch Steuerpflichtige in ihrem jeweiligen Gebiet in jedem Fall mehrwertsteuerfrei ist;

b) den innergemeinschaftlichen Erwerb von Gegenständen, deren Einfuhr gemäß Artikel 143 Absatz 1 Buchstaben a, b und c sowie Buchstaben e bis l in jedem Fall mehrwertsteuerfrei ist;

c) den innergemeinschaftlichen Erwerb von Gegenständen, für die der Erwerber gemäß den Artikeln 170 und 171 in jedem Fall das Recht auf volle Erstattung der Mehrwertsteuer hat, die gemäß Artikel 2 Absatz 1 Buchstabe b geschuldet würde.

Artikel 141
(Pflicht zur Verhinderung ungerechtfertigter Belastung)

Jeder Mitgliedstaat trifft besondere Maßnahmen, damit ein innergemeinschaftlicher Erwerb von Gegenständen, der nach Artikel 40 als in seinem Gebiet bewirkt gilt, nicht mit der Mehrwertsteuer belastet wird, wenn folgende Voraussetzungen erfüllt sind:

a) der Erwerb von Gegenständen wird von einem Steuerpflichtigen bewirkt, der nicht in diesem Mitgliedstaat niedergelassen ist, aber in einem anderen Mitgliedstaat für Mehrwertsteuerzwecke erfasst ist;

b) der Erwerb von Gegenständen erfolgt für die Zwecke einer anschließenden Lieferung dieser Gegenstände durch den unter Buchstabe a genannten Steuerpflichtigen in diesem Mitgliedstaat;

c) die auf diese Weise von dem Steuerpflichtigen im Sinne von Buchstabe a erworbenen Gegenstände werden von einem anderen Mitgliedstaat aus als dem, in dem der Steuerpflichtige für Mehrwertsteuerzwecke erfasst ist, unmittelbar an die Person versandt oder befördert, an die er die anschließende Lieferung bewirkt;

d) Empfänger der anschließenden Lieferung ist ein anderer Steuerpflichtiger oder eine nichtsteuerpflichtige juristische Person, der bzw. die in dem betreffenden Mitgliedstaat für Mehrwertsteuerzwecke erfasst ist;

e) der Empfänger der Lieferung im Sinne des Buchstaben d ist gemäß Artikel 197 als Schuldner der Steuer für die Lieferung bestimmt worden, die von dem Steuerpflichtigen bewirkt wird, der nicht in dem Mitgliedstaat ansässig ist, in dem die Steuer geschuldet wird.

Abschnitt 3
Steuerbefreiungen für bestimmte Beförderungsleistungen

Artikel 142
(Steuerbefreite innergemeinschaftliche Güterbeförderung)

Die Mitgliedstaaten befreien die innergemeinschaftliche Güterbeförderung nach oder von den Inseln, die die autonomen Regionen Azoren und Madeira bilden, sowie die Güterbeförderung zwischen diesen Inseln von der Steuer.

KAPITEL 5
Steuerbefreiungen bei der Einfuhr

Artikel 143
(Steuerbefreite Einfuhren)

(1) Die Mitgliedstaaten befreien folgende Umsätze von der Steuer:

a) die endgültige Einfuhr von Gegenständen, deren Lieferung durch Steuerpflichtige in ihrem jeweiligen Gebiet in jedem Fall mehrwertsteuerfrei ist;

b) die endgültige Einfuhr von Gegenständen, die in den Richtlinien 69/169/EWG[9], 83/181/EWG[10] und 2006/79/EG[11] des Rates geregelt ist;

c) die endgültige Einfuhr von Gegenständen aus Drittgebieten, die Teil des Zollgebiets der Gemeinschaft sind, im freien Verkehr, die unter die Steuerbefreiung nach Buchstabe b fallen würde, wenn die Gegenstände gemäß Artikel 30 Absatz 1 eingeführt worden wären;

ca) die Einfuhr von Gegenständen, für die die Mehrwertsteuer im Rahmen der Sonderregelung gemäß Titel XII Kapitel 6 Abschnitt 4 zu erklären ist und für die spätestens bei der Einreichung der Einfuhranmeldung die gemäß Artikel 369q zugeteilte individuelle Mehrwertsteuer-Identifikationsnummer des Lieferers oder des in seinem Auftrag handelnden Vermittlers für die Anwendung der Sonderregelung der zuständigen Zollstelle im Mitgliedstaat der Einfuhr vorgelegt wurde;

d) die Einfuhr von Gegenständen, die von einem Drittgebiet oder einem Drittland aus in einen anderen Mitgliedstaat als den Mitgliedstaat der Beendigung der Versendung oder Beförderung versandt oder befördert werden, sofern die Lieferung dieser Gegenstände durch den gemäß

9 Amtliche Fußnote: Richtlinie 69/169/EWG des Rates vom 28. Mai 1969 zur Harmonisierung der Rechts- und Verwaltungsvorschriften über die Befreiung von den Umsatzsteuern und Sonderverbrauchsteuern bei der Einfuhr im grenzüberschreitenden Reiseverkehr (ABl. L 133 vom 4. 6. 1969, S. 6). Zuletzt geändert durch die Richtlinie 2005/93/EG (ABl. L 346 vom 29. 12. 2005, S. 16).

10 Amtliche Fußnote: Richtlinie 83/181/EWG des Rates vom 28. März 1983 zur Festlegung des Anwendungsbereichs von Artikel 14 Absatz 1 Buchstabe d der Richtlinie 77/388/EWG hinsichtlich der Mehrwertsteuerbefreiung bestimmter endgültiger Einfuhren von Gegenständen (ABl. L 105 vom 23. 4. 1983, S. 38). Zuletzt geändert durch die Beitrittsakte von 1994.

11 Amtliche Fußnote: Richtlinie 2006/79/EG des Rates vom 5. Oktober 2006 über die Steuerbefreiungen bei der Einfuhr von Waren in Kleinsendungen nichtkommerzieller Art mit Herkunft aus Drittländern (kodifizierte Fassung) (ABl. L 286 vom 17. 10. 2006, S. 15).

Artikel 201 als Steuerschuldner bestimmten oder anerkannten Importeur bewirkt wird und gemäß Artikel 138 befreit ist;

e) die Wiedereinfuhr von unter eine Zollbefreiung fallenden Gegenständen durch denjenigen, der sie ausgeführt hat, und zwar in dem Zustand, in dem sie ausgeführt wurden;

f) die Einfuhr von Gegenständen im Rahmen der diplomatischen und konsularischen Beziehungen, für die eine Zollbefreiung gilt;

fa) die Einfuhr von Gegenständen durch die Europäische Gemeinschaft, die Europäische Atomgemeinschaft, die Europäische Zentralbank oder die Europäische Investitionsbank oder die von den Europäischen Gemeinschaften geschaffenen Einrichtungen, auf die das Protokoll vom 8. April 1965 über die Vorrechte und Befreiungen der Europäischen Gemeinschaften anwendbar ist, und zwar in den Grenzen und zu den Bedingungen, die in diesem Protokoll und den Übereinkünften zu seiner Umsetzung oder in den Abkommen über ihren Sitz festgelegt sind, sofern dies nicht zu Wettbewerbsverzerrungen führt;

fb) die Einfuhr von Gegenständen durch die Kommission oder durch eine nach dem Unionsrecht geschaffene Agentur oder Einrichtung, sofern die Kommission oder eine solche Agentur oder Einrichtung diese Gegenstände in Wahrnehmung der ihr durch das Unionsrecht übertragenen Aufgaben einführt, um auf die COVID-19-Pandemie zu reagieren, es sei denn, die eingeführten Gegenstände werden entweder unmittelbar oder zu einem späteren Zeitpunkt von der Kommission oder einer solchen Agentur oder Einrichtung für die Zwecke der entgeltlichen Weiterlieferungen verwendet;

g) die Einfuhr von Gegenständen durch internationale Einrichtungen, die nicht unter Buchstabe fa genannt sind und die von den Behörden des Aufnahmemitgliedstaats als internationale Einrichtungen anerkannt sind, sowie durch Angehörige dieser Einrichtungen, und zwar in den Grenzen und zu den Bedingungen, die in den internationalen Übereinkommen über die Gründung dieser Einrichtungen oder in den Abkommen über ihren Sitz festgelegt sind;

ga) die Einfuhr von Gegenständen in Mitgliedstaaten durch die Streitkräfte anderer Mitgliedstaaten für den eigenen Gebrauch oder Verbrauch oder für den ihres zivilen Begleitpersonals oder für die Versorgung ihrer Kasinos oder Kantinen, wenn diese Streitkräfte an einer Verteidigungsanstrengung teilnehmen, die zur Durchführung einer Tätigkeit der Union im Rahmen der Gemeinsamen Sicherheits- und Verteidigungspolitik unternommen wird;

h) die Einfuhr von Gegenständen in den Mitgliedstaaten, die Vertragsparteien des Nordatlantikvertrags sind, durch die Streitkräfte anderer Parteien dieses Vertrags für den Gebrauch oder Verbrauch durch diese Streitkräfte oder ihr ziviles Begleitpersonal oder für die Versorgung ihrer Kasinos oder Kantinen, wenn diese Streitkräfte der gemeinsamen Verteidigungsanstrengung dienen;

i) die Einfuhr von Gegenständen, die von den gemäß dem Vertrag zur Gründung der Republik Zypern vom 16. August 1960 auf der Insel Zypern stationierten Streitkräften des Vereinigten Königreichs durchgeführt wird, wenn sie für den Gebrauch oder Verbrauch durch diese Streitkräfte oder ihr ziviles Begleitpersonal oder für die Versorgung ihrer Kasinos oder Kantinen bestimmt ist;

j) die durch Unternehmen der Seefischerei in Häfen durchgeführte Einfuhr von Fischereierzeugnissen, die noch nicht Gegenstand einer Lieferung gewesen sind, in unbearbeitetem Zustand oder nach Haltbarmachung für Zwecke der Vermarktung;

k) die Einfuhr von Gold durch Zentralbanken;

l) die Einfuhr von Gas über ein Erdgasnetz oder jedes an ein solches Netz angeschlossene Netz oder von Gas, das von einem Gastanker aus in ein Erdgasnetz oder ein vorgelagertes Gasleitungsnetz eingespeist wird, von Elektrizität oder von Wärme oder Kälte über Wärme- oder Kältenetze.

(1a) Für die Zwecke der Steuerbefreiung nach Absatz 1 Buchstabe ca dieses Artikels erlässt die Kommission einen Durchführungsrechtsakt zur Einführung von Sondermaßnahmen, um bestimmte Formen der Steuerhinterziehung oder -umgehung zu verhindern, indem unter anderem die eindeutige Sendungsnummer mit der entsprechenden in Artikel 369q dieser Richtlinie genannten individuellen Mehrwertsteuer-Identifikationsnummer verknüpft wird. Dieser Durchführungsrechtsakt wird nach dem Prüfverfahren gemäß Artikel 5 der Verordnung (EU) Nr. 182/2011 des Europäischen Parlaments und des Rates[12] erlassen.

Die Kommission wird von dem mit Artikel 58 der Verordnung (EU) Nr. 904/2010[13] eingesetzten Ständigen Ausschuss für die Zusammenarbeit der Verwaltungsbehörden unterstützt. Dieser Ausschuss ist ein Ausschuss im Sinne der Verordnung (EU) Nr. 182/2011.

(2) [1]Die Steuerbefreiung gemäß Absatz 1 Buchstabe d ist in den Fällen, in denen auf die Einfuhr von Gegenständen eine Lieferung von Gegenständen folgt, die gemäß Artikel 138 Absatz 1 und Absatz 2 Buchstabe c von der Steuer befreit ist, nur anzuwenden, wenn der Importeur zum Zeitpunkt der Einfuhr den zuständigen Behörden des Einfuhrmitgliedstaats mindestens die folgenden Angaben hat zukommen lassen:

a) seine im Einfuhrmitgliedstaat erteilte MwSt.-Identifikationsnummer oder die im Einfuhrmitgliedstaat erteilte MwSt.-Identifikationsnummer seines Steuervertreters, der die Steuer schuldet;

b) die in einem anderen Mitgliedstaat erteilte MwSt.-Identifikationsnummer des Erwerbers, an den die Gegenstände gemäß Artikel 138 Absatz 1 geliefert werden, oder seine eigene MwSt.-Identifikationsnummer, die in dem Mitgliedstaat erteilt wurde, in dem die Versendung oder Beförderung der Gegenstände endet, wenn die Gegenstände gemäß Artikel 138 Absatz 2 Buchstabe c verbracht werden;

c) den Nachweis, aus dem hervorgeht, dass die eingeführten Gegenstände dazu bestimmt sind, aus dem Einfuhrmitgliedstaat in einen anderen Mitgliedstaat befördert oder versandt zu werden.

[2]Allerdings können die Mitgliedstaaten festlegen, dass der Nachweis nach Buchstabe c den zuständigen Behörden lediglich auf Ersuchen vorzulegen ist.

(3) Sind die Voraussetzungen für die Steuerbefreiung gemäß Absatz 1 Buchstabe fb nicht mehr erfüllt, so unterrichtet die

12 **Verordnung (EU) Nr. 182/2011 des Europäischen Parlaments und des Rates vom 16. Februar 2011 zur Festlegung der allgemeinen Regeln und Grundsätze, nach denen die Mitgliedstaaten die Wahrnehmung der Durchführungsbefugnisse durch die Kommission kontrollieren (ABl. L 55 vom 28.2.2011, S. 13, ELI: http://data.europa.eu/eli/reg/ 2011/182/oj).**

13 **Verordnung (EU) Nr. 904/2010 des Rates vom 7. Oktober 2010 über die Zusammenarbeit der Verwaltungsbehörden und die Betrugsbekämpfung auf dem Gebiet der Mehrwertsteuer (ABl. L 268 vom 12.10.2010, S. 1, ELI: http://data.europa.eu/eli/reg/2010/904/oj).**

Kommission oder die betreffende Agentur oder Einrichtung den Mitgliedstaat, in dem die Steuerbefreiung angewandt wurde, entsprechend und die Einfuhr dieser Gegenstände unterliegt der Mehrwertsteuer nach den zu diesem Zeitpunkt geltenden Bedingungen.

Artikel 144
(Steuerbefreite Dienstleistungen im Zusammenhang mit Einfuhren)

Die Mitgliedstaaten befreien Dienstleistungen, die sich auf die Einfuhr von Gegenständen beziehen und deren Wert gemäß Artikel 86 Absatz 1 Buchstabe b in der Steuerbemessungsgrundlage enthalten ist.

Artikel 145
(Ausführungsbestimmungen; Anpassung nationaler Vorschriften)

(1) Falls erforderlich, unterbreitet die Kommission dem Rat so rasch wie möglich Vorschläge zur genauen Festlegung des Anwendungsbereichs der Befreiungen der Artikel 143 und 144 und der praktischen Einzelheiten ihrer Anwendung.

(2) Bis zum Inkrafttreten der in Absatz 1 genannten Bestimmungen können die Mitgliedstaaten die geltenden nationalen Vorschriften beibehalten.

Die Mitgliedstaaten können ihre nationalen Vorschriften anpassen, um Wettbewerbsverzerrungen zu verringern und insbesondere die Nicht- oder Doppelbesteuerung innerhalb der Gemeinschaft zu vermeiden.

Die Mitgliedstaaten können die Verwaltungsverfahren anwenden, die ihnen zur Durchführung der Steuerbefreiung am geeignetsten erscheinen.

(3) Die Mitgliedstaaten teilen der Kommission ihre bereits geltenden nationalen Vorschriften mit, sofern diese noch nicht mitgeteilt wurden, und die Vorschriften, die sie im Sinne des Absatzes 2 erlassen; die Kommission unterrichtet hiervon die übrigen Mitgliedstaaten.

KAPITEL 6
Steuerbefreiungen bei der Ausfuhr

Artikel 146
(Steuerbefreite Umsätze im Zusammenhang mit Ausfuhren)

(1) Die Mitgliedstaaten befreien folgende Umsätze von der Steuer:

a) die Lieferungen von Gegenständen, die durch den Verkäufer oder für dessen Rechnung nach Orten außerhalb der Gemeinschaft versandt oder befördert werden;

b) die Lieferungen von Gegenständen, die durch den nicht in ihrem jeweiligen Gebiet ansässigen Erwerber oder für dessen Rechnung nach Orten außerhalb der Gemeinschaft versandt oder befördert werden, mit Ausnahme der vom Erwerber selbst beförderten Gegenstände zur Ausrüstung oder Versorgung von Sportbooten und Sportflugzeugen sowie von sonstigen Beförderungsmitteln, die privaten Zwecken dienen;

c) die Lieferungen von Gegenständen an zugelassene Körperschaften, die diese im Rahmen ihrer Tätigkeit auf humanitärem, karitativem oder erzieherischem Gebiet nach Orten außerhalb der Gemeinschaft ausführen;

d) Dienstleistungen in Form von Arbeiten an beweglichen körperlichen Gegenständen, die zwecks Durchführung dieser Arbeiten in der Gemeinschaft erworben oder eingeführt worden sind und die vom Dienstleistungserbringer oder dem nicht in ihrem jeweiligen Gebiet ansässigen Dienstleistungsempfänger oder für deren Rechnung nach Orten außerhalb der Gemeinschaft versandt oder befördert werden;

e) Dienstleistungen, einschließlich Beförderungsleistungen und Nebentätigkeiten zur Beförderung, ausgenommen die gemäß den Artikeln 132 und 135 von der Steuer befreiten Dienstleistungen, wenn sie in unmittelbarem Zusammenhang mit der Ausfuhr oder der Einfuhr von Gegenständen stehen, für die Artikel 61 oder Artikel 157 Absatz 1 Buchstabe a gilt.

(2) Die Steuerbefreiung des Absatzes 1 Buchstabe c kann im Wege einer Mehrwertsteuererstattung erfolgen.

Artikel 147
(Sonderregelung für Gepäckstücke von Reisenden)

(1) Betrifft die in Artikel 146 Absatz 1 Buchstabe b genannte Lieferung Gegenstände zur Mitführung im persönlichen Gepäck von Reisenden, gilt die Steuerbefreiung nur, wenn die folgenden Voraussetzungen erfüllt sind:

a) der Reisende ist nicht in der Gemeinschaft ansässig;

b) die Gegenstände werden vor Ablauf des dritten auf die Lieferung folgenden Kalendermonats nach Orten außerhalb der Gemeinschaft befördert;

c) der Gesamtwert der Lieferung einschließlich Mehrwertsteuer übersteigt 175 EUR oder den Gegenwert in Landeswährung; der Gegenwert in Landeswährung wird alljährlich anhand des am ersten Arbeitstag im Oktober geltenden Umrechnungskurses mit Wirkung zum 1. Januar des folgenden Jahres festgelegt.

Die Mitgliedstaaten können jedoch eine Lieferung, deren Gesamtwert unter dem in Unterabsatz 1 Buchstabe c vorgesehenen Betrag liegt, von der Steuer befreien.

(2) [1]Für die Zwecke des Absatzes 1 gilt ein Reisender als „nicht in der Gemeinschaft ansässig", wenn sein Wohnsitz oder sein gewöhnlicher Aufenthaltsort nicht in der Gemeinschaft liegt. [2]Dabei gilt als „Wohnsitz oder gewöhnlicher Aufenthaltsort" der Ort, der im Reisepass, im Personalausweis oder in einem sonstigen Dokument eingetragen ist, das in dem Mitgliedstaat, in dessen Gebiet die Lieferung bewirkt wird, als Identitätsnachweis anerkannt ist.

Der Nachweis der Ausfuhr wird durch Rechnungen oder entsprechende Belege erbracht, die mit dem Sichtvermerk der Ausgangszollstelle der Gemeinschaft versehen sein müssen.

[1]Jeder Mitgliedstaat übermittelt der Kommission ein Muster des Stempelabdrucks, den er für die Erteilung des Sichtvermerks im Sinne des Unterabsatzes 2 verwendet. [2]Die Kommission leitet diese Information an die Steuerbehörden der übrigen Mitgliedstaaten weiter.

KAPITEL 7
Steuerbefreiungen bei grenzüberschreitenden Beförderungen

Artikel 148
(Steuerbefreite Umsätze bei grenzüberschreitender Beförderung)

Die Mitgliedstaaten befreien folgende Umsätze von der Steuer:

a) die Lieferungen von Gegenständen zur Versorgung von Schiffen, die auf hoher See im entgeltlichen Passagierverkehr, zur Ausübung einer Handelstätigkeit, für gewerbliche Zwecke oder zur Fischerei sowie als Bergungs- oder Rettungsschiffe auf See oder zur Küstenfischerei eingesetzt sind, wobei im letztgenannten Fall die Lieferungen von Bordverpflegung ausgenommen sind;

b) die Lieferungen von Gegenständen zur Versorgung von Kriegsschiffen im Sinne des Codes der Kombinierten Nomenklatur (KN) 8906 10 00, die ihr Gebiet verlassen, um einen Hafen oder Ankerplatz außerhalb des Mitgliedstaats anzulaufen;

c) Lieferung, Umbau, Reparatur, Wartung, Vercharterung und Vermietung der unter Buchstabe a genannten Schiffe, sowie Lieferung, Vermietung, Reparatur und Wartung von Gegenständen, die in diese Schiffe eingebaut sind – einschließlich der Ausrüstung für die Fischerei –, oder die ihrem Betrieb dienen;

d) Dienstleistungen, die nicht unter Buchstabe c fallen und die unmittelbar für den Bedarf der unter Buchstabe a genannten Schiffe und ihrer Ladung erbracht werden;

e) die Lieferungen von Gegenständen zur Versorgung von Luftfahrzeugen, die von Luftfahrtgesellschaften verwendet werden, die hauptsächlich im entgeltlichen internationalen Verkehr tätig sind;

f) Lieferung, Umbau, Reparatur, Wartung, Vercharterung und Vermietung der unter Buchstabe e genannten Luftfahrzeuge, sowie Lieferung, Vermietung, Reparatur und Wartung von Gegenständen, die in diese Luftfahrzeuge eingebaut sind oder ihrem Betrieb dienen;

g) Dienstleistungen, die nicht unter Buchstabe f fallen und die unmittelbar für den Bedarf der unter Buchstabe e genannten Luftfahrzeuge und ihrer Ladung erbracht werden.

Artikel 149
(Beförderungen in die Azoren und nach Madeira)

Portugal kann Beförderungen im See- und Luftverkehr zwischen den Inseln, die die autonomen Regionen Azoren und Madeira bilden, sowie zwischen diesen Regionen und dem Mutterland grenzüberschreitenden Beförderungen gleichstellen.

Artikel 150
(Ausführungsbestimmungen; Beschränkung durch nationale Vorschriften)

(1) Falls erforderlich unterbreitet die Kommission dem Rat so rasch wie möglich Vorschläge zur genauen Festlegung des Anwendungsbereichs der Befreiungen des Artikels 148 und der praktischen Einzelheiten ihrer Anwendung.

(2) Bis zum Inkrafttreten der in Absatz 1 genannten Bestimmungen können die Mitgliedstaaten den Anwendungsbereich der Befreiungen nach Artikel 148 Buchstaben a und b beschränken.

KAPITEL 8
Steuerbefreiungen bei bestimmten, Ausfuhren gleichgestellten Umsätzen

Artikel 151
(Steuerbefreite, den Ausfuhren gleichgestellte Umsätze)

(1) Die Mitgliedstaaten befreien folgende Umsätze von der Steuer:

a) Lieferungen von Gegenständen und Dienstleistungen, die im Rahmen der diplomatischen und konsularischen Beziehungen bewirkt werden;

aa) Lieferungen von Gegenständen und Dienstleistungen, die für die Europäische Gemeinschaft, die Europäische Atomgemeinschaft, die Europäische Zentralbank oder die Europäische Investitionsbank oder die von den Europäischen Gemeinschaften geschaffenen Einrichtungen, auf die das Protokoll vom 8. April 1965 über die Vorrechte und Befreiungen der Europäischen Gemeinschaften anwendbar ist, bestimmt sind, und zwar in den Grenzen und zu den Bedingungen, die in diesem Protokoll und den Übereinkünften zu seiner Umsetzung oder in den Abkommen über ihren Sitz festgelegt sind, sofern dies nicht zu Wettbewerbsverzerrungen führt;

ab) Lieferungen von Gegenständen und Dienstleistungen an die Kommission oder an eine nach dem Unionsrecht geschaffene Agentur oder Einrichtung, sofern die Kommission oder eine solche Agentur oder Einrichtung diese Gegenstände oder Dienstleistungen in Wahrnehmung der ihr durch das Unionsrecht übertragenen Aufgaben erwirbt, um auf die COVID-19-Pandemie zu reagieren, es sei denn, die erworbenen Gegenstände und Dienstleistungen werden entweder unmittelbar oder zu einem späteren Zeitpunkt von der Kommission oder einer solchen Agentur oder Einrichtung für die Zwecke der entgeltlichen Weiterlieferungen verwendet;

b) Lieferungen von Gegenständen und Dienstleistungen, die für nicht unter Buchstabe aa genannte internationale Einrichtungen, die vom Aufnahmemitgliedstaat als internationale Einrichtungen anerkannt sind, sowie für die Angehörigen dieser Einrichtungen bestimmt sind, und zwar in den Grenzen und zu den Bedingungen, die in den internationalen Übereinkommen über die Gründung dieser Einrichtungen oder in den Abkommen über ihren Sitz festgelegt sind;

ba) Lieferungen von Gegenständen und Dienstleistungen in einem Mitgliedstaat, die entweder für den Gebrauch oder Verbrauch durch die Streitkräfte anderer Mitgliedstaaten oder ihr ziviles Begleitpersonal oder für die Versorgung ihrer Kasinos oder Kantinen bestimmt sind, wenn diese Streitkräfte an einer Verteidigungsanstrengung teilnehmen, die zur Durchführung einer Tätigkeit der Union im Rahmen der Gemeinsamen Sicherheits- und Verteidigungspolitik unternommen wird;

bb) Lieferungen von Gegenständen und Dienstleistungen in einen anderen Mitgliedstaat, die, für den Gebrauch oder Verbrauch durch die Streitkräfte eines anderen Mitgliedstaats als die des Bestimmungsmitgliedstaats selbst oder ihr ziviles Begleitpersonal oder für die Versorgung ihrer Kasinos oder Kantinen bestimmt sind, wenn diese Streitkräfte an einer Verteidigungsanstrengung teilnehmen, die zur Durchführung einer Tätigkeit der Union im Rahmen der Gemeinsamen Sicherheits- und Verteidigungspolitik unternommen wird;

c) Lieferungen von Gegenständen und Dienstleistungen, die in den Mitgliedstaaten, die Vertragsparteien des Nordatlantikvertrags sind, an die Streitkräfte anderer Vertragsparteien bewirkt werden, wenn diese Umsätze für den Gebrauch oder Verbrauch durch diese Streitkräfte oder ihr ziviles Begleitpersonal oder für die Versorgung ihrer Kasinos oder Kantinen bestimmt sind und wenn diese Streitkräfte der gemeinsamen Verteidigungsanstrengung dienen;

d) Lieferungen von Gegenständen und Dienstleistungen, deren Bestimmungsort in einem anderen Mitgliedstaat liegt und die für die Streitkräfte anderer Vertragsparteien des Nordatlantikvertrags als die des Bestimmungsmitgliedstaats selbst bestimmt sind, wenn diese Umsätze für den Gebrauch oder Verbrauch durch diese Streitkräfte oder ihr ziviles Begleitpersonal oder für die Versorgung ihrer Kasinos oder Kantinen bestimmt sind und wenn diese

Streitkräfte der gemeinsamen Verteidigungsanstrengung dienen;

e) Lieferungen von Gegenständen und Dienstleistungen, die für die gemäß dem Vertrag zur Gründung der Republik Zypern vom 16. August 1960 auf der Insel Zypern stationierten Streitkräfte des Vereinigten Königreichs bestimmt sind, wenn diese Umsätze für den Gebrauch oder Verbrauch durch die Streitkräfte oder ihr ziviles Begleitpersonal oder für die Versorgung ihrer Kasinos oder Kantinen bestimmt sind.

Bis eine einheitliche Steuerregelung erlassen ist, gelten die in Unterabsatz 1 geregelten Befreiungen mit Ausnahme der unter Buchstabe ab genannten Befreiungen unter den vom Aufnahmemitgliedstaat festgelegten Beschränkungen.

(2) Bei Gegenständen, die nicht aus dem Mitgliedstaat versandt oder befördert werden, in dem die Lieferung dieser Gegenstände bewirkt wird, und bei Dienstleistungen kann die Steuerbefreiung im Wege der Mehrwertsteuererstattung erfolgen.

(3) Sind die Voraussetzungen für die Steuerbefreiung gemäß Absatz 1 Unterabsatz 1 Buchstabe ab nicht mehr erfüllt, so unterrichtet die Kommission oder die betreffende Agentur oder Einrichtung, die die steuerbefreite Lieferung oder Dienstleistung erhalten hat, den Mitgliedstaat, in dem die Steuerbefreiung angewandt wurde, entsprechend und die Lieferung dieser Gegenstände oder Dienstleistungen unterliegt der Mehrwertsteuer nach den zu diesem Zeitpunkt geltenden Bedingungen.

Artikel 151 a
(Elektronische Bescheinigung)

(1) [1]Die Mitgliedstaaten verwenden eine elektronische Bescheinigung, um zu bestätigen, dass ein Umsatz nach Artikel 151 Absatz 1 Unterabsatz 1 von der Steuer befreit werden kann. [2]Der Empfänger einer Lieferung von Gegenständen oder Erbringung von Dienstleistungen, an den die steuerbefreite Lieferung der Gegenstände bewirkt oder für den die steuerbefreite Dienstleistung erbracht wird (im Folgenden „antragstellende Einrichtung oder Privatperson"), stellt die Bescheinigung aus und unterzeichnet sie zusammen mit dem Aufnahmemitgliedstaat elektronisch.

(2) [1]Absatz 1 dieses Artikels gilt nicht für Umsätze, bei denen die Steuerbefreiung im Wege der Erstattung gemäß Artikel 151 Absatz 2 gewährt wird und bei denen die Mehrwertsteuer im Aufnahmemitgliedstaat geschuldet wird. [2]Die Mitgliedstaaten können dennoch die Verwendung einer elektronischen Bescheinigung gemäß Absatz 1 des vorliegenden Artikels für diese Umsätze vorsehen.

(3) Der Datensatz der elektronischen Bescheinigung umfasst mindestens Folgendes:

a) die Identifizierungsdaten der antragstellenden Einrichtung oder Privatperson, gegebenenfalls einschließlich einer vom Aufnahmemitgliedstaat vergebenen Identifikationsnummer;

b) die Identifizierungsdaten der zuständigen Behörde, die die Befreiung bescheinigt;

c) die Erklärung der antragstellenden Einrichtung oder Privatperson über den beabsichtigten Zweck der erworbenen Gegenstände und Dienstleistungen und über die Erfüllung der von dem betreffenden Mitgliedstaat festgelegten Voraussetzungen für die Befreiung;

d) die Beschreibung, die Menge und den Wert – ohne Mehrwertsteuer und Verbrauchsteuer – der Gegenstände und Dienstleistungen, für die die Befreiung beantragt wird, einschließlich erforderlichenfalls der Fahrzeug-Identifizierungsnummer oder der Anschrift und des Zwecks der Nutzung des Grundstücks;

e) die Bescheinigung durch die zuständigen Behörden des Aufnahmemitgliedstaats und

f) Angaben zum Lieferer bzw. Dienstleistungserbringer, einschließlich Name und Anschrift, Mitgliedstaat der Niederlassung und Mehrwertsteuer- bzw. Verbrauchsteuernummer oder Steuerregisternummer.

(4) Bei Verwendung der elektronischen Bescheinigung kann der Aufnahmemitgliedstaat entscheiden, ob er eine gemeinsame Bescheinigung für die Befreiung von der Mehrwertsteuer und der Verbrauchsteuer oder zwei getrennte Bescheinigungen verwendet.

(5) [1]Sind die Gegenstände oder Dienstleistungen für amtliche Zwecke bestimmt, so können die Mitgliedstaaten die antragstellende Einrichtung unter den von ihnen festzulegenden Voraussetzungen von der Verpflichtung befreien, dass die Bescheinigung vom Aufnahmemitgliedstaat unterzeichnet wird. [2]Diese Freistellung kann im Falle von Missbrauch widerrufen werden. [3]Die Mitgliedstaaten teilen der Kommission mit, welche Kontaktstelle zur Angabe der für die elektronische Unterzeichnung der Bescheinigung zuständigen Behörde benannt wurde und in welchem Umfang sie auf dieses Erfordernis verzichten. [4]Die Kommission gibt diese Informationen an die anderen Mitgliedstaaten weiter.

(6) Abweichend von den Absätzen 1 und 2 dieses Artikels können die Mitgliedstaaten beschließen, für bis zum 30. Juni 2032 bewirkte Umsätze Folgendes zu verwenden:

a) die Bescheinigung in Papierform, die in Anhang II der Durchführungsverordnung (EU) Nr. 282/2011 des Rates[14] enthalten ist, oder

b) – wenn die Mehrwertsteuer im Aufnahmemitgliedstaat geschuldet wird – ein elektronisches System, über das ein Mitgliedstaat verfügt, oder eine andere Papierfassung der Bescheinigung, die ein Mitgliedstaat zur Verfügung stellt.

(7) [1]Die Kommission legt im Wege von Durchführungsrechtsakten die technischen Einzelheiten und Spezifikationen für das elektronische Format der Bescheinigung und ihre Bearbeitung fest; dabei berücksichtigt sie die Erfordernisse der Mitgliedstaaten, einschließlich der Bestimmung des für diesen Zweck anzuwendenden IT-Systems. [2]Die Bearbeitung umfasst insbesondere:

a) den Zugang zum IT-System für antragstellende Einrichtungen oder Privatpersonen, Mitgliedstaaten und Lieferer bzw. Dienstleistungserbringer,

b) die Ausstellung und Unterzeichnung der Befreiungsbescheinigung auf elektronischem Wege,

c) die Aufzeichnung und Speicherung der von antragstellenden Einrichtungen und Privatpersonen gemäß Unterabsatz 1 ausgestellten elektronischen Bescheinigungen und

d) die Zurverfügungstellung der elektronischen Bescheinigungen für die antragstellenden Einrichtungen und Privatpersonen und die Lieferer bzw. Dienstleistungserbringer, die eine steuerbefreite Lieferung bewirken bzw.

---

14 **Durchführungsverordnung (EU) Nr. 282/2011 des Rates vom 15. März 2011 zur Festlegung von Durchführungsvorschriften zur Richtlinie 2006/112/EG über das gemeinsame Mehrwertsteuersystem (ABl. L 77 vom 23.3.2011, S. 1, ELI: http://data.europa.eu/eli/reg_impl/2011/282/oj).**

Dienstleistung erbringen, und die zuständigen Behörden der Mitgliedstaaten.

Diese Durchführungsrechtsakte werden nach dem Prüfverfahren gemäß Artikel 5 der Verordnung (EU) Nr. 182/2011 des Europäischen Parlaments und des Rates[15] erlassen, und der zuständige Ausschuss ist der durch Artikel 58 der Verordnung (EU) Nr. 904/2010 des Rates[16] eingesetzte Ausschuss.

(8) Die Kommission übernimmt die Entwicklung, die Pflege, das Hosting und die technische Verwaltung des entsprechenden zentralen IT-Systems für die Speicherung und Bearbeitung von elektronischen Bescheinigungen.

Artikel 151 b
(Verpflichtung zur Entrichtung der Mehrwertsteuer)

Unbeschadet des Artikels 151 Absatzes 3 verpflichtet sich die antragstellende Einrichtung oder Privatperson, die die Bescheinigung ausgestellt und unterzeichnet hat, zur Entrichtung der Mehrwertsteuer an den Mitgliedstaat, in dem sie geschuldet wird, falls die Gegenstände und/oder Dienstleistungen die Bedingungen für die Befreiung nicht erfüllen oder falls die Gegenstände und/oder Dienstleistungen nicht den beabsichtigten Zwecken dienen.

Artikel 152
(Goldlieferungen an Zentralbanken)

Die Mitgliedstaaten befreien die Lieferungen von Gold an Zentralbanken von der Steuer.

KAPITEL 9
Steuerbefreiungen für Dienstleistungen von Vermittlern

Artikel 153
(Steuerbefreite Leistungen von Vertretern)

Die Mitgliedstaaten befreien Dienstleistungen von Vermittlern, die im Namen und für Rechnung Dritter handeln, von der Steuer, wenn sie in den Kapiteln 6, 7 und 8 genannte Umsätze oder Umsätze außerhalb der Gemeinschaft betreffen.

Die Befreiung nach Absatz 1 gilt nicht für Reisebüros, wenn diese im Namen und für Rechnung des Reisenden Leistungen bewirken, die in anderen Mitgliedstaaten erbracht werden.

KAPITEL 10
Steuerbefreiungen beim grenzüberschreitenden Warenverkehr

Abschnitt 1
Zolllager, andere Lager als Zolllager sowie gleichartige Regelungen

Artikel 154
(Andere Lager als Zolllager)

Für die Zwecke dieses Abschnitts gelten als „andere Lager als Zolllager" bei verbrauchsteuerpflichtigen Waren die Orte, die Artikel 4 Buchstabe b der Richtlinie 92/12/EWG als Steuerlager definiert, und bei nicht verbrauchsteuerpflichtigen Waren die Orte, die die Mitgliedstaaten als solche definieren.

Artikel 155
(Gestaltungsspielraum der Mitgliedstaaten)

Unbeschadet der übrigen gemeinschaftlichen Steuervorschriften können die Mitgliedstaaten nach Konsultation des Mehrwertsteuerausschusses besondere Maßnahmen treffen, um einige oder sämtliche in diesem Abschnitt genannten Umsätze von der Steuer zu befreien, sofern diese nicht für eine endgültige Verwendung oder einen Endverbrauch bestimmt sind und sofern der beim Verlassen der in diesem Abschnitt genannten Verfahren oder sonstigen Regelungen geschuldete Mehrwertsteuerbetrag demjenigen entspricht, der bei der Besteuerung jedes einzelnen dieser Umsätze in ihrem Gebiet geschuldet worden wäre.

Artikel 156
(Steuerbefreite Umsätze)

(1) Die Mitgliedstaaten können folgende Umsätze von der Steuer befreien:

a) die Lieferungen von Gegenständen, die zollamtlich erfasst und gegebenenfalls in einem Übergangslager vorübergehend verwahrt bleiben sollen;

b) die Lieferungen von Gegenständen, die in einer Freizone oder einem Freilager gelagert werden sollen;

c) die Lieferungen von Gegenständen, die einer Zolllagerregelung oder einer Regelung für den aktiven Veredelungsverkehr unterliegen sollen;

d) die Lieferungen von Gegenständen, die in die Hoheitsgewässer verbracht werden sollen, um im Rahmen des Baus, der Reparatur, der Wartung, des Umbaus oder der Ausrüstung von Bohrinseln oder Förderplattformen in diese eingebaut oder für die Verbindung dieser Bohrinseln oder Förderplattformen mit dem Festland verwendet zu werden;

e) die Lieferungen von Gegenständen, die in die Hoheitsgewässer verbracht werden sollen, um zur Versorgung von Bohrinseln oder Förderplattformen verwendet zu werden.

(2) Die in Absatz 1 genannten Orte sind diejenigen, die in den geltenden Zollvorschriften der Gemeinschaft als solche definiert sind.

Artikel 157
(Steuerbefreite Umsätze mit einer Regelung für andere Lager)

(1) Die Mitgliedstaaten können folgende Umsätze von der Steuer befreien:

a) die Einfuhr von Gegenständen, die einer Regelung für andere Lager als Zolllager unterliegen sollen;

b) die Lieferungen von Gegenständen, die in ihrem Gebiet einer Regelung für andere Lager als Zolllager unterliegen sollen.

(2) Die Mitgliedstaaten dürfen bei nicht verbrauchsteuerpflichtigen Waren keine andere Lagerregelung als eine Zolllagerregelung vorsehen, wenn diese Waren zur Lieferung auf der Einzelhandelsstufe bestimmt sind.

---

15 **Verordnung (EU) Nr. 182/2011 des Europäischen Parlaments und des Rates vom 16. Februar 2011 zur Festlegung der allgemeinen Regeln und Grundsätze, nach denen die Mitgliedstaaten die Wahrnehmung der Durchführungsbefugnisse durch die Kommission kontrollieren (ABl. L 55 vom 28.2.2011, S. 13, ELI: http://data.europa.eu/eli/reg/2011/182/oj).**

16 **Verordnung (EU) Nr. 904/2010 des Rates vom 7. Oktober 2010 über die Zusammenarbeit der Verwaltungsbehörden und die Betrugsbekämpfung auf dem Gebiet der Mehrwertsteuer (ABl. L 268 vom 12.10.2010, S. 1, ELI: http://data. europa.eu/eli/reg/2010/904/oj).**

Artikel 158
(Abweichung von der Zolllagerregelung)

(1) Abweichend von Artikel 157 Absatz 2 können die Mitgliedstaaten eine Regelung für andere Lager als Zolllager in folgenden Fällen vorsehen:

a) sofern die Gegenstände für Tax-free-Verkaufsstellen für Zwecke ihrer gemäß Artikel 146 Absatz 1 Buchstabe b befreiten Lieferungen zur Mitführung im persönlichen Gepäck von Reisenden bestimmt sind, die sich per Flugzeug oder Schiff in ein Drittgebiet oder ein Drittland begeben;

b) sofern die Gegenstände für Steuerpflichtige für Zwecke ihrer Lieferungen an Reisende an Bord eines Flugzeugs oder eines Schiffs während eines Flugs oder einer Seereise bestimmt sind, deren Zielort außerhalb der Gemeinschaft gelegen ist;

c) sofern die Gegenstände für Steuerpflichtige für Zwecke ihrer gemäß Artikel 151 von der Mehrwertsteuer befreiten Lieferungen bestimmt sind.

(2) Mitgliedstaaten, die von der in Absatz 1 Buchstabe a vorgesehenen Möglichkeit der Steuerbefreiung Gebrauch machen, treffen die erforderlichen Maßnahmen, um eine korrekte und einfache Anwendung dieser Befreiung zu gewährleisten und Steuerhinterziehung, Steuerumgehung oder Missbrauch zu verhindern.

(3) Für die Zwecke des Absatzes 1 Buchstabe a gilt als „Tax-free-Verkaufsstelle" jede Verkaufsstelle innerhalb eines Flug- oder Seehafens, die die von den zuständigen Behörden festgelegten Voraussetzungen erfüllt.

Artikel 159
(Steuerbefreiung von lieferungsnahen Dienstleistungen)

Die Mitgliedstaaten können Dienstleistungen von der Steuer befreien, die mit der Lieferung von Gegenständen im Sinne des Artikels 156, des Artikels 157 Absatz 1 Buchstabe b und des Artikels 158 zusammenhängen.

Artikel 160
(Unter Wahrung bestimmter Verfahren bewirkte Umsätze)

(1) Die Mitgliedstaaten können folgende Umsätze von der Steuer befreien:

a) die Lieferungen von Gegenständen und das Erbringen von Dienstleistungen an den in Artikel 156 Absatz 1 genannten Orten, wenn diese Umsätze in ihrem Gebiet unter Wahrung einer der in demselben Absatz genannten Verfahren bewirkt werden;

b) die Lieferungen von Gegenständen und das Erbringen von Dienstleistungen an den in Artikel 157 Absatz 1 Buchstabe b und Artikel 158 genannten Orten, wenn diese Umsätze in ihrem Gebiet unter Wahrung eines der in Artikel 157 Absatz 1 Buchstabe b beziehungsweise Artikel 158 Absatz 1 genannten Verfahren bewirkt werden.

(2) Mitgliedstaaten, die von der Möglichkeit nach Absatz 1 Buchstabe a für in Zolllagern bewirkte Umsätze Gebrauch machen, treffen die erforderlichen Maßnahmen, um Regelungen für andere Lager als Zolllager festzulegen, die die Anwendung von Absatz 1 Buchstabe b auf diese Umsätze ermöglichen, wenn sie in Anhang V genannte Gegenstände betreffen und unter dieser Regelung für andere Lager als Zolllager bewirkt werden.

Artikel 161
(Steuerbefreiung bestimmter Einfuhren)

Die Mitgliedstaaten können folgende Lieferungen von Gegenständen und damit zusammenhängende Dienstleistungen von der Steuer befreien:

a) die Lieferungen von Gegenständen nach Artikel 30 Absatz 1 unter Wahrung des Verfahrens der vorübergehenden Verwendung bei vollständiger Befreiung von den Einfuhrabgaben oder des externen Versandverfahrens;

b) die Lieferungen von Gegenständen nach Artikel 30 Absatz 2 unter Wahrung des internen Versandverfahrens nach Artikel 276.

Artikel 162
(Sicherstellung der Gleichbehandlung)

Mitgliedstaaten, die von der Möglichkeit nach diesem Abschnitt Gebrauch machen, stellen sicher, dass für den innergemeinschaftlichen Erwerb von Gegenständen, der unter eines der Verfahren oder eine der Regelungen im Sinne des Artikels 156, des Artikels 157 Absatz 1 Buchstabe b und des Artikels 158 fällt, dieselben Vorschriften angewandt werden wie auf die Lieferungen von Gegenständen, die unter gleichen Bedingungen in ihrem Gebiet bewirkt wird.

Artikel 163
(Vermeidung von Doppelbesteuerung)

Ist das Verlassen der Verfahren oder der sonstigen Regelungen im Sinne dieses Abschnitts mit einer Einfuhr im Sinne des Artikels 61 verbunden, trifft der Einfuhrmitgliedstaat die erforderlichen Maßnahmen, um eine Doppelbesteuerung zu vermeiden.

Abschnitt 2
Steuerbefreiung von Umsätzen im Hinblick auf eine Ausfuhr und im Rahmen des Handels zwischen den Mitgliedstaaten

Artikel 164
(Steuerbefreiungen nach Konsultation des Mehrwertsteuerausschusses)

(1) Die Mitgliedstaaten können nach Konsultation des Mehrwertsteuerausschusses folgende von einem Steuerpflichtigen getätigte oder für einen Steuerpflichtigen bestimmte Umsätze bis zu dem Betrag von der Steuer befreien, der dem Wert der von diesem Steuerpflichtigen getätigten Ausfuhren in den vorangegangenen zwölf Monaten entspricht:

a) innergemeinschaftlicher Erwerb von Gegenständen durch einen Steuerpflichtigen sowie Einfuhr und Lieferung von Gegenständen an einen Steuerpflichtigen, der diese unverarbeitet oder verarbeitet nach Orten außerhalb der Gemeinschaft auszuführen beabsichtigt;

b) Dienstleistungen im Zusammenhang mit der Ausfuhrtätigkeit dieses Steuerpflichtigen.

(2) Mitgliedstaaten, die von der Möglichkeit der Steuerbefreiung nach Absatz 1 Gebrauch machen, befreien nach Konsultation des Mehrwertsteuerausschusses auch die Umsätze im Zusammenhang mit Lieferungen des Steuerpflichtigen unter den Voraussetzungen des Artikels 138 bis zu dem Betrag, der dem Wert seiner derartigen Lieferungen in den vorangegangenen zwölf Monaten entspricht, von der Steuer.

Artikel 165
(Gemeinsamer Höchstbetrag)

Die Mitgliedstaaten können für die Steuerbefreiungen gemäß Artikel 164 einen gemeinsamen Höchstbetrag festsetzen.

Abschnitt 3
Gemeinsame Bestimmungen für die Abschnitte 1 und 2

Artikel 166
(Erlass von Ausführungsbestimmungen)

Falls erforderlich unterbreitet die Kommission dem Rat so rasch wie möglich Vorschläge über gemeinsame Modalitäten für die Anwendung der Mehrwertsteuer auf die in den Abschnitten 1 und 2 genannten Umsätze.

TITEL X
VORSTEUERABZUG

KAPITEL 1
Entstehung und Umfang des Rechts auf Vorsteuerabzug

Artikel 167
(Recht auf Vorsteuerabzug)

Das Recht auf Vorsteuerabzug entsteht, wenn der Anspruch auf die abziehbare Steuer entsteht.

Artikel 167 a
(Fakultative Regelung)

[Abs. 1 in der bis 31.12.2026 gültigen Fassung]

Die Mitgliedstaaten können im Rahmen einer fakultativen Regelung vorsehen, dass das Recht auf Vorsteuerabzug eines Steuerpflichtigen, bei dem ausschließlich ein Steueranspruch gemäß Artikel 66 Buchstabe b eintritt, erst dann ausgeübt werden darf, wenn der entsprechende Lieferer oder Dienstleistungserbringer die Mehrwertsteuer auf die dem Steuerpflichtigen gelieferten Gegenstände oder erbrachten Dienstleistungen erhalten hat.

[Abs. 1 in der ab 1.1.2027 gültigen Fassung]

Die Mitgliedstaaten können im Rahmen einer fakultativen Regelung vorsehen, dass das Recht auf Vorsteuerabzug eines Steuerpflichtigen, bei dem ausschließlich ein Steueranspruch gemäß Artikel 66 Absatz 1 Buchstabe b eintritt, erst dann ausgeübt werden darf, wenn der entsprechende Lieferer oder Dienstleistungserbringer die Mehrwertsteuer auf die diesem Steuerpflichtigen gelieferten Gegenstände oder erbrachten Dienstleistungen erhalten hat.

[1]Mitgliedstaaten, die die in Absatz 1 genannte fakultative Regelung anwenden, legen für Steuerpflichtige, die innerhalb ihres Gebiets von dieser Regelung Gebrauch machen, einen Schwellenwert fest, der sich auf den gemäß Artikel 288 berechneten Jahresumsatz des Steuerpflichtigen stützt. [2]Dieser Schwellenwert darf 2 000 000 EUR oder den Gegenwert in Landeswährung nicht übersteigen.

Artikel 168[17]
(Abziehbare Beträge)

Soweit die Gegenstände und Dienstleistungen für die Zwecke seiner besteuerten Umsätze verwendet werden, ist der Steuerpflichtige berechtigt, in dem Mitgliedstaat, in dem er diese Umsätze bewirkt, vom Betrag der von ihm geschuldeten Steuer folgende Beträge abzuziehen:

a) die in diesem Mitgliedstaat geschuldete oder entrichtete Mehrwertsteuer für Gegenstände und Dienstleistungen, die ihm von einem anderen Steuerpflichtigen geliefert bzw. erbracht wurden oder werden;

b) die Mehrwertsteuer, die für Umsätze geschuldet wird, die der Lieferung von Gegenständen beziehungsweise dem Erbringen von Dienstleistungen gemäß Artikel 18 Buchstabe a sowie Artikel 27 gleichgestellt sind;

c) die Mehrwertsteuer, die für den innergemeinschaftlichen Erwerb von Gegenständen gemäß Artikel 2 Absatz 1 Buchstabe b Ziffer i geschuldet wird;

d) die Mehrwertsteuer, die für dem innergemeinschaftlichen Erwerb gleichgestellte Umsätze gemäß den Artikeln 21 und 22 geschuldet wird;

e) die Mehrwertsteuer, die für die Einfuhr von Gegenständen in diesem Mitgliedstaat geschuldet wird oder entrichtet worden ist.

Artikel 168 a[18]
(Ausgaben für Grundstücke mit verschiedenen Verwendungsanteilen)

(1) Soweit ein dem Unternehmen zugeordnetes Grundstück vom Steuerpflichtigen sowohl für unternehmerische Zwecke als auch für seinen privaten Bedarf oder den seines Personals oder allgemein für unternehmensfremde Zwecke verwendet wird, darf bei Ausgaben im Zusammenhang mit diesem Grundstück höchstens der Teil der Mehrwertsteuer nach den Grundsätzen der Artikel 167, 168, 169 und 173 abgezogen werden, der auf die Verwendung des Grundstücks für unternehmerische Zwecke des Steuerpflichtigen entfällt.

Ändert sich der Verwendungsanteil eines Grundstücks nach Unterabsatz 1, so werden diese Änderungen abweichend von Artikel 26 nach den in dem betreffenden Mitgliedstaat geltenden Vorschriften zur Anwendung der in den Artikeln 184 bis 192 festgelegten Grundsätze berücksichtigt.

(2) Die Mitgliedstaaten können Absatz 1 auch auf die Mehrwertsteuer auf Ausgaben im Zusammenhang mit von ihnen definierten sonstigen Gegenständen anwenden, die dem Unternehmen zugeordnet sind.

---

17 Durch die Entscheidung 2009/791/EG des Rates vom 20. Oktober 2009 zur Ermächtigung der Bundesrepublik Deutschland, weiterhin eine von den Artikeln 168 und 168a der Richtlinie 2006/112/EG über das gemeinsame Mehrwertsteuersystem abweichende Regelung anzuwenden (ABl. L 283 vom 30. 10. 2009 S. 55), zuletzt geändert durch Durchführungsbeschluss (EU) 2024/2885 des Rates vom 5. November 2024 (ABl. L, 2024/2885, 13. 11. 2024), wird Deutschland bis zum 31. Dezember 2027 ermächtigt, abweichend von Artikel 168 und 168a der Richtlinie 2006/112/EG die anfallende Mehrwertsteuer auf Gegenstände und Dienstleistungen, die zu mehr als 90 % für private Zwecke des Steuerpflichtigen oder seines Personals oder allgemein für unternehmensfremde Zwecke oder nichtwirtschaftliche Tätigkeiten genutzt werden, vollständig vom Recht auf Vorsteuerabzug auszuschließen.

18 Durch die Entscheidung 2009/791/EG des Rates vom 20. Oktober 2009 zur Ermächtigung der Bundesrepublik Deutschland, weiterhin eine von den Artikeln 168 und 168a der Richtlinie 2006/112/EG über das gemeinsame Mehrwertsteuersystem abweichende Regelung anzuwenden (ABl. L 283 vom 30. 10. 2009 S. 55), zuletzt geändert durch Durchführungsbeschluss (EU) 2024/2885 des Rates vom 5. November 2024 (ABl. L, 2024/2885, 13. 11. 2024), wird Deutschland bis zum 31. Dezember 2027 ermächtigt, abweichend von Artikel 168 und 168a der Richtlinie 2006/112/EG die anfallende Mehrwertsteuer auf Gegenstände und Dienstleistungen, die zu mehr als 90 % für private Zwecke des Steuerpflichtigen oder seines Personals oder allgemein für unternehmensfremde Zwecke oder nichtwirtschaftliche Tätigkeiten genutzt werden, vollständig vom Recht auf Vorsteuerabzug auszuschließen.

Artikel 169
(Weitere abziehbare Beträge)

Über den Vorsteuerabzug nach Artikel 168 hinaus hat der Steuerpflichtige das Recht, die in jenem Artikel genannte Mehrwertsteuer abzuziehen, soweit die Gegenstände und Dienstleistungen für die Zwecke folgender Umsätze verwendet werden:

a) für andere als die nach Artikel 284 von der Steuer befreiten Umsätze, die sich aus den in Artikel 9 Absatz 1 Unterabsatz 2 genannten Tätigkeiten ergeben, die außerhalb des Mitgliedstaats, in dem diese Steuer geschuldet oder entrichtet wird, bewirkt werden und für die das Recht auf Vorsteuerabzug bestünde, wenn sie in diesem Mitgliedstaat bewirkt worden wären;

b) für seine Umsätze, die gemäß den Artikeln 136 a, 138, 142, oder 144, den Artikeln 146 bis 149, den Artikeln 151, 152, 153, oder 156, dem Artikel 157 Absatz 1 Buchstabe b, den Artikeln 158 bis 161 oder Artikel 164 befreit sind;

c) für seine gemäß Artikel 135 Absatz 1 Buchstaben a bis f befreiten Umsätze, wenn der Dienstleistungsempfänger außerhalb der Gemeinschaft ansässig ist oder wenn diese Umsätze unmittelbar mit Gegenständen zusammenhängen, die zur Ausfuhr aus der Gemeinschaft bestimmt sind.

Artikel 170
(Erstattungsansprüche der Steuerpflichtigen)

Jeder Steuerpflichtige, der im Sinne des Artikels 1 der Richtlinie 86/560/EWG[19], des Artikels 2 Nummer 1 und des Artikels 3 der Richtlinie 2008/9/EG[20] und des Artikels 171 der vorliegenden Richtlinie nicht in dem Mitgliedstaat ansässig ist, in dem er die Gegenstände und Dienstleistungen erwirbt oder mit der Mehrwertsteuer belastete Gegenstände einführt, hat Anspruch auf Erstattung dieser Mehrwertsteuer, soweit die Gegenstände und Dienstleistungen für die Zwecke folgender Umsätze verwendet werden:

a) die in Artikel 169 genannten Umsätze;

b) die Umsätze, bei denen die Steuer nach den Artikeln 194 bis 197 und 199 lediglich vom Empfänger geschuldet wird.

Artikel 171
(Erstattungsverfahren)

(1) Die Erstattung der Mehrwertsteuer an Steuerpflichtige, die nicht in dem Mitgliedstaat, in dem sie die Gegenstände und Dienstleistungen erwerben oder mit der Mehrwertsteuer belastete Gegenstände einführen, sondern in einem anderen Mitgliedstaat ansässig sind, erfolgt nach dem in der Richtlinie 2008/9/EG vorgesehenen Verfahren.

(2) Die Erstattung der Mehrwertsteuer an nicht im Gebiet der Gemeinschaft ansässige Steuerpflichtige erfolgt nach dem in der Richtlinie 86/560/EWG vorgesehenen Verfahren.

Steuerpflichtige im Sinne des Artikels 1 der Richtlinie 86/560/EWG, die in dem Mitgliedstaat, in dem sie die Gegenstände und Dienstleistungen erwerben oder mit der Mehrwertsteuer belastete Gegenstände einführen, ausschließlich Lieferungen von Gegenständen und Dienstleistungen bewirken, für die gemäß den Artikeln 194 bis 197 und 199 der Empfänger der Umsätze als Steuerschuldner bestimmt worden ist, gelten bei Anwendung der genannten Richtlinie ebenfalls als nicht in der Gemeinschaft ansässige Steuerpflichtige.

(3) Die Richtlinie 86/560/EWG gilt nicht für:

a) nach den Rechtsvorschriften des Mitgliedstaats der Erstattung fälschlich in Rechnung gestellte Mehrwertsteuerbeträge;

b) in Rechnung gestellte Mehrwertsteuerbeträge für Lieferungen von Gegenständen, die gemäß Artikel 138 oder Artikel 146 Absatz 1 Buchstabe b von der Steuer befreit sind oder befreit werden können.

Artikel 171 a
(Steuerabzug anstelle der Erstattung)

[1]Die Mitgliedstaaten können anstatt der Gewährung einer Erstattung der Mehrwertsteuer gemäß den Richtlinien 86/560/EWG oder 2008/9/EG für Lieferungen von Gegenständen oder Dienstleistungen an einen Steuerpflichtigen, für die dieser Steuerpflichtige die Steuer gemäß den Artikeln 194 bis 197 oder Artikel 199 schuldet, den Abzug dieser Steuer nach dem Verfahren gemäß Artikel 168 erlauben. [2]Bestehende Beschränkungen nach Artikel 2 Absatz 2 und Artikel 4 Absatz 2 der Richtlinie 86/560/EWG können beibehalten werden.

Zu diesem Zweck können die Mitgliedstaaten den Steuerpflichtigen, der die Steuer zu entrichten hat, von dem Erstattungsverfahren gemäß den Richtlinien 86/560/EWG oder 2008/9/EG ausschließen.

Artikel 172
(Vorsteuerabzug bei Lieferung eines Fahrzeugs)

(1) Jede Person, die als Steuerpflichtiger gilt, weil sie gelegentlich die Lieferung eines neuen Fahrzeugs unter den Voraussetzungen des Artikels 138 Absatz 1 und Absatz 2 Buchstabe a bewirkt, hat in dem Mitgliedstaat, in dem die Lieferung bewirkt wird, das Recht auf Abzug der im Einkaufspreis enthaltenen oder bei der Einfuhr oder dem innergemeinschaftlichen Erwerb dieses Fahrzeugs entrichteten Mehrwertsteuer im Umfang oder bis zur Höhe des Betrags, den sie als Steuer schulden würde, wenn die Lieferung nicht befreit wäre.

Das Recht auf Vorsteuerabzug entsteht zum Zeitpunkt der Lieferung des neuen Fahrzeugs und kann nur zu diesem Zeitpunkt ausgeübt werden.

(2) Die Mitgliedstaaten legen die Einzelheiten der Anwendung des Absatzes 1 fest.

KAPITEL 2
Pro-rata-Satz des Vorsteuerabzugs

Artikel 173
(Aufteilung des Vorsteuerabzugs)

(1) Soweit Gegenstände und Dienstleistungen von einem Steuerpflichtigen sowohl für Umsätze verwendet werden, für die ein Recht auf Vorsteuerabzug gemäß den Artikeln 168, 169 und 170 besteht, als auch für Umsätze, für die kein Recht auf Vorsteuerabzug besteht, darf nur der Teil der Mehrwertsteuer abgezogen werden, der auf den Betrag der erstgenannten Umsätze entfällt.

---

19 Amtliche Fußnote: Dreizehnte Richtlinie 86/560/EWG des Rates vom 17. November 1986 zur Harmonisierung der Rechtsvorschriften der Mitgliedstaaten über die Umsatzsteuern – Verfahren der Erstattung der Mehrwertsteuer an nicht im Gebiet der Gemeinschaft ansässige Steuerpflichtige (ABl. L 326 vom 21. 11. 1986, S. 40).

20 Amtliche Fußnote: Richtlinie 2008/9/EG des Rates vom 12. Februar 2008 zur Regelung der Erstattung der Mehrwertsteuer gemäß der Richtlinie 2006/112/EG an nicht im Mitgliedstaat der Erstattung, sondern in einem anderen Mitgliedstaat ansässige Steuerpflichtige (ABl. L 44 vom 20. 2. 2008, S. 23).

Der Pro-rata-Satz des Vorsteuerabzugs wird gemäß den Artikeln 174 und 175 für die Gesamtheit der von dem Steuerpflichtigen bewirkten Umsätze festgelegt.

(2) Die Mitgliedstaaten können folgende Maßnahmen ergreifen:

a) dem Steuerpflichtigen gestatten, für jeden Bereich seiner Tätigkeit einen besonderen Pro-rata-Satz anzuwenden, wenn für jeden dieser Bereiche getrennte Aufzeichnungen geführt werden;

b) den Steuerpflichtigen verpflichten, für jeden Bereich seiner Tätigkeit einen besonderen Pro-rata-Satz anzuwenden und für jeden dieser Bereiche getrennte Aufzeichnungen zu führen;

c) dem Steuerpflichtigen gestatten oder ihn verpflichten, den Vorsteuerabzug je nach der Zuordnung der Gesamtheit oder eines Teils der Gegenstände oder Dienstleistungen vorzunehmen;

d) dem Steuerpflichtigen gestatten oder ihn verpflichten, den Vorsteuerabzug gemäß Absatz 1 Unterabsatz 1 bei allen Gegenständen und Dienstleistungen vorzunehmen, die für die dort genannten Umsätze verwendet wurden;

e) vorsehen, dass der Betrag der Mehrwertsteuer, der vom Steuerpflichtigen nicht abgezogen werden kann, nicht berücksichtigt wird, wenn er geringfügig ist.

Artikel 174
(Berechnung des Pro-rata-Satzes)

(1) Der Pro-rata-Satz des Vorsteuerabzugs ergibt sich aus einem Bruch, der sich wie folgt zusammensetzt:

a) im Zähler steht der je Jahr ermittelte Gesamtbetrag – ohne Mehrwertsteuer – der Umsätze, die zum Vorsteuerabzug gemäß den Artikeln 168 und 169 berechtigen;

b) im Nenner steht der je Jahr ermittelte Gesamtbetrag – ohne Mehrwertsteuer – der im Zähler stehenden Umsätze und der Umsätze, die nicht zum Vorsteuerabzug berechtigen.

Die Mitgliedstaaten können in den Nenner auch den Betrag der Subventionen einbeziehen, die nicht unmittelbar mit dem Preis der Lieferungen von Gegenständen oder der Dienstleistungen im Sinne des Artikels 73 zusammenhängen.

(2) Abweichend von Absatz 1 bleiben bei der Berechnung des Pro-rata-Satzes des Vorsteuerabzugs folgende Beträge außer Ansatz:

a) der Betrag, der auf die Lieferungen von Investitionsgütern entfällt, die vom Steuerpflichtigen in seinem Unternehmen verwendet werden;

b) der Betrag, der auf Hilfsumsätze mit Grundstücks- und Finanzgeschäften entfällt;

c) der Betrag, der auf Umsätze im Sinne des Artikels 135 Absatz 1 Buchstaben b bis g entfällt, sofern es sich dabei um Hilfsumsätze handelt.

(3) Machen die Mitgliedstaaten von der Möglichkeit nach Artikel 191 Gebrauch, keine Berichtigung in Bezug auf Investitionsgüter zu verlangen, können sie den Erlös aus dem Verkauf dieser Investitionsgüter bei der Berechnung des Pro-rata-Satzes des Vorsteuerabzugs berücksichtigen.

Artikel 175
(Festsetzung und Gültigkeit)

(1) Der Pro-rata-Satz des Vorsteuerabzugs wird auf Jahresbasis in Prozent festgesetzt und auf einen vollen Prozentsatz aufgerundet.

(2) [1]Der für ein Jahr vorläufig geltende Pro-rata-Satz bemisst sich nach dem auf der Grundlage der Umsätze des vorangegangenen Jahres ermittelten Pro-rata-Satz. [2]Ist eine solche Bezugnahme nicht möglich oder nicht stichhaltig, wird der Pro-rata-Satz vom Steuerpflichtigen unter Überwachung durch die Finanzverwaltung nach den voraussichtlichen Verhältnissen vorläufig geschätzt.

Die Mitgliedstaaten können jedoch die Regelung beibehalten, die sie am 1. Januar 1979 beziehungsweise im Falle der nach diesem Datum der Gemeinschaft beigetretenen Mitgliedstaaten am Tag ihres Beitritts angewandt haben.

(3) Die Festsetzung des endgültigen Pro-rata-Satzes, die für jedes Jahr im Laufe des folgenden Jahres vorgenommen wird, führt zur Berichtigung der nach dem vorläufigen Pro-rata-Satz vorgenommenen Vorsteuerabzüge.

KAPITEL 3
Einschränkungen des Rechts auf Vorsteuerabzug

Artikel 176
(Ausschluss des Vorsteuerabzugs durch den Rat)

[1]Der Rat legt auf Vorschlag der Kommission einstimmig fest, welche Ausgaben kein Recht auf Vorsteuerabzug eröffnen. [2]In jedem Fall werden diejenigen Ausgaben vom Recht auf Vorsteuerabzug ausgeschlossen, die keinen streng geschäftlichen Charakter haben, wie Luxusausgaben, Ausgaben für Vergnügungen und Repräsentationsaufwendungen.

Bis zum Inkrafttreten der Bestimmungen im Sinne des Absatzes 1 können die Mitgliedstaaten alle Ausschlüsse beibehalten, die am 1. Januar 1979 beziehungsweise im Falle der nach diesem Datum der Gemeinschaft beigetretenen Mitgliedstaaten am Tag ihres Beitritts in ihren nationalen Rechtsvorschriften vorgesehen waren.

Artikel 177
(Ausschluss des Vorsteuerabzugs durch die Mitgliedstaaten)

Nach Konsultation des Mehrwertsteuerausschusses kann jeder Mitgliedstaat aus Konjunkturgründen alle oder bestimmte Investitionsgüter oder andere Gegenstände teilweise oder ganz vom Vorsteuerabzug ausschließen.

Anstatt den Vorsteuerabzug abzulehnen, können die Mitgliedstaaten zur Wahrung gleicher Wettbewerbsbedingungen Gegenstände, welche der Steuerpflichtige selbst hergestellt oder innerhalb der Gemeinschaft erworben oder auch eingeführt hat, in der Weise besteuern, dass dabei der Betrag der Mehrwertsteuer nicht überschritten wird, der beim Erwerb vergleichbarer Gegenstände zu entrichten wäre.

KAPITEL 4
Einzelheiten der Ausübung des Rechts auf Vorsteuerabzug

Artikel 178
(Voraussetzungen für den Vorsteuerabzug)

Um das Recht auf Vorsteuerabzug ausüben zu können, muss der Steuerpflichtige folgende Bedingungen erfüllen:

a) für den Vorsteuerabzug nach Artikel 168 Buchstabe a in Bezug auf die Lieferung von Gegenständen oder das Erbringen von Dienstleistungen muss er eine gemäß Titel XI Kapitel 3 Abschnitte 3 bis 6 ausgestellte Rechnung besitzen;

b) für den Vorsteuerabzug nach Artikel 168 Buchstabe b in Bezug auf die Lieferungen von Gegenständen und das Erbringen von Dienstleistungen gleichgestellte Umsätze muss er die von dem jeweiligen Mitgliedstaat vorgeschriebenen Formalitäten erfüllen;

c) für den Vorsteuerabzug nach Artikel 168 Buchstabe c in Bezug auf den innergemeinschaftlichen Erwerb von Gegenständen muss er in der Mehrwertsteuererklärung nach Artikel 250 alle Angaben gemacht haben, die erforderlich sind, um die Höhe der Steuer festzustellen, die für die von ihm erworbenen Gegenstände geschuldet wird, und eine gemäß Titel XI Kapitel 3 Abschnitte 3 bis 5 ausgestellte Rechnung besitzen;

d) für den Vorsteuerabzug nach Artikel 168 Buchstabe d in Bezug auf den innergemeinschaftlichen Erwerb von Gegenständen gleichgestellte Umsätze muss er die von dem jeweiligen Mitgliedstaat vorgeschriebenen Formalitäten erfüllen;

e) für den Vorsteuerabzug nach Artikel 168 Buchstabe e in Bezug auf die Einfuhr von Gegenständen muss er ein die Einfuhr bescheinigendes Dokument besitzen, das ihn als Empfänger der Lieferung oder Importeur ausweist und den Betrag der geschuldeten Mehrwertsteuer ausweist oder deren Berechnung ermöglicht;

f) hat er die Steuer in seiner Eigenschaft als Dienstleistungsempfänger oder Erwerber gemäß den Artikeln 194 bis 197 sowie 199 zu entrichten, muss er die von dem jeweiligen Mitgliedstaat vorgeschriebenen Formalitäten erfüllen.

Artikel 179
(Ausübung des Vorsteuerabzugs)

Der Vorsteuerabzug wird vom Steuerpflichtigen global vorgenommen, indem er von dem Steuerbetrag, den er für einen Steuerzeitraum schuldet, den Betrag der Mehrwertsteuer absetzt, für die während des gleichen Steuerzeitraums das Abzugsrecht entstanden ist und gemäß Artikel 178 ausgeübt wird.

Die Mitgliedstaaten können jedoch den Steuerpflichtigen, die nur die in Artikel 12 genannten gelegentlichen Umsätze bewirken, vorschreiben, dass sie das Recht auf Vorsteuerabzug erst zum Zeitpunkt der Lieferung ausüben.

Artikel 180
(Abweichende Handhabung)

Die Mitgliedstaaten können einem Steuerpflichtigen gestatten, einen Vorsteuerabzug vorzunehmen, der nicht gemäß den Artikeln 178 und 179 vorgenommen wurde.

Artikel 181
(Abweichung vom Rechnungserfordernis)

Die Mitgliedstaaten können einen Steuerpflichtigen, der keine gemäß Titel XI Kapitel 3 Abschnitte 3 bis 5 ausgestellte Rechnung besitzt, ermächtigen, in Bezug auf seine innergemeinschaftlichen Erwerbe von Gegenständen einen Vorsteuerabzug gemäß Artikel 168 Buchstabe c vorzunehmen.

Artikel 182
(Ermächtigung der Mitgliedstaaten)

Die Mitgliedstaaten legen die Bedingungen und Einzelheiten für die Anwendung der Artikel 180 und 181 fest.

Artikel 183
(Umgang mit Überschüssen)

Übersteigt der Betrag der abgezogenen Vorsteuer den Betrag der für einen Steuerzeitraum geschuldeten Mehrwertsteuer, können die Mitgliedstaaten den Überschuss entweder auf den folgenden Zeitraum vortragen lassen oder nach den von ihnen festgelegen Einzelheiten erstatten.

Die Mitgliedstaaten können jedoch festlegen, dass geringfügige Überschüsse weder vorgetragen noch erstattet werden.

KAPITEL 5
Berichtigung des Vorsteuerabzugs

Artikel 184
(Voraussetzungen der Berichtigung)

Der ursprüngliche Vorsteuerabzug wird berichtigt, wenn der Vorsteuerabzug höher oder niedriger ist als der, zu dessen Vornahme der Steuerpflichtige berechtigt war.

Artikel 185
(Umgang mit typischen Konstellationen)

(1) Die Berichtigung erfolgt insbesondere dann, wenn sich die Faktoren, die bei der Bestimmung des Vorsteuerabzugsbetrags berücksichtigt werden, nach Abgabe der Mehrwertsteuererklärung geändert haben, zum Beispiel bei rückgängig gemachten Käufen oder erlangten Rabatten.

(2) Abweichend von Absatz 1 unterbleibt die Berichtigung bei Umsätzen, bei denen keine oder eine nicht vollständige Zahlung geleistet wurde, in ordnungsgemäß nachgewiesenen oder belegten Fällen von Zerstörung, Verlust oder Diebstahl sowie bei Entnahmen für Geschenke von geringem Wert und Warenmuster im Sinne des Artikels 16.

Bei Umsätzen, bei denen keine oder eine nicht vollständige Zahlung erfolgt, und bei Diebstahl können die Mitgliedstaaten jedoch eine Berichtigung verlangen.

Artikel 186
(Ermächtigung der Mitgliedstaaten)

Die Mitgliedstaaten legen die Einzelheiten für die Anwendung der Artikel 184 und 185 fest.

Artikel 187
(Berichtigungszeitraum bei Investitionsgütern)

(1) Bei Investitionsgütern erfolgt die Berichtigung während eines Zeitraums von fünf Jahren einschließlich des Jahres, in dem diese Güter erworben oder hergestellt wurden.

Die Mitgliedstaaten können jedoch für die Berichtigung einen Zeitraum von fünf vollen Jahren festlegen, der mit der erstmaligen Verwendung dieser Güter beginnt.

Bei Grundstücken, die als Investitionsgut erworben wurden, kann der Zeitraum für die Berichtigung bis auf 20 Jahre verlängert werden.

(2) Die jährliche Berichtigung betrifft nur ein Fünftel beziehungsweise im Falle der Verlängerung des Berichtigungszeitraums den entsprechenden Bruchteil der Mehrwertsteuer, mit der diese Investitionsgüter belastet waren.

Die in Unterabsatz 1 genannte Berichtigung erfolgt entsprechend den Änderungen des Rechts auf Vorsteuerabzug, die in den folgenden Jahren gegenüber dem Recht für das Jahr eingetreten sind, in dem die Güter erworben, hergestellt oder gegebenenfalls erstmalig verwendet wurden.

Artikel 188
(Berichtigung bei Lieferung eines Investitionsguts innerhalb des Berichtigungszeitraums)

(1) Bei der Lieferung eines Investitionsgutes innerhalb des Berichtigungszeitraums ist dieses so zu behandeln, als ob es bis zum Ablauf des Berichtigungszeitraums weiterhin für eine wirtschaftliche Tätigkeit des Steuerpflichtigen verwendet worden wäre.

Diese wirtschaftliche Tätigkeit gilt als in vollem Umfang steuerpflichtig, wenn die Lieferung des Investitionsgutes steuerpflichtig ist.

Die wirtschaftliche Tätigkeit gilt als in vollem Umfang steuerfrei, wenn die Lieferung des Investitionsgutes steuerfrei ist.

(2) [1]Die in Absatz 1 genannte Berichtigung wird für den gesamten noch verbleibenden Berichtigungszeitraum auf einmal vorgenommen. [2]Ist die Lieferung des Investitionsgutes steuerfrei, können die Mitgliedstaaten jedoch von der Berichtigung absehen, wenn es sich bei dem Erwerber um einen Steuerpflichtigen handelt, der die betreffenden Investitionsgüter ausschließlich für Umsätze verwendet, bei denen die Mehrwertsteuer abgezogen werden kann.

Artikel 189
(Maßnahmen der Mitgliedstaaten)

Für die Zwecke der Artikel 187 und 188 können die Mitgliedstaaten folgende Maßnahmen treffen:

a) den Begriff „Investitionsgüter" definieren;

b) den Betrag der Mehrwertsteuer festlegen, der bei der Berichtigung zu berücksichtigen ist;

c) alle zweckdienlichen Vorkehrungen treffen, um zu gewährleisten, dass keine ungerechtfertigten Vorteile aus der Berichtigung entstehen;

d) verwaltungsmäßige Vereinfachungen ermöglichen.

Artikel 190
(Mit Investitionsgütern vergleichbare Dienstleistungen)

Für die Zwecke der Artikel 187, 188, 189 und 191 können die Mitgliedstaaten Dienstleistungen, die Merkmale aufweisen, die den üblicherweise Investitionsgütern zugeschriebenen vergleichbar sind, wie Investitionsgüter behandeln.

Artikel 191
(Verzicht auf Berichtigungen bei Investitionsgütern)

Sollten die praktischen Auswirkungen der Anwendung der Artikel 187 und 188 in einem Mitgliedstaat unwesentlich sein, kann dieser nach Konsultation des Mehrwertsteuerausschusses unter Berücksichtigung der gesamten mehrwertsteuerlichen Auswirkungen in dem betreffenden Mitgliedstaat und der Notwendigkeit verwaltungsmäßiger Vereinfachung auf die Anwendung dieser Artikel verzichten, vorausgesetzt, dass dies nicht zu Wettbewerbsverzerrungen führt.

Artikel 192
(Pflicht zur Vermeidung ungerechtfertigter Vor- und Nachteile)

Geht der Steuerpflichtige von der normalen Mehrwertsteuerregelung auf eine Sonderregelung über oder umgekehrt, können die Mitgliedstaaten die erforderlichen Vorkehrungen treffen, um zu vermeiden, dass dem Steuerpflichtigen ungerechtfertigte Vorteile oder Nachteile entstehen.

TITEL XI
PFLICHTEN DER STEUERPFLICHTIGEN UND BESTIMMTER NICHTSTEUERPFLICHTIGER PERSONEN

KAPITEL 1
Zahlungspflicht

Abschnitt 1
Steuerschuldner gegenüber dem Fiskus

Artikel 192 a
(Fiktion der Nichtansässigkeit)

Für die Zwecke der Anwendung dieses Abschnitts gilt ein Steuerpflichtiger, der im Gebiet des Mitgliedstaats, in dem die Steuer geschuldet wird, über eine feste Niederlassung verfügt, als nicht in diesem Mitgliedstaat ansässig, wenn die folgenden Voraussetzungen erfüllt sind:

a) er liefert steuerpflichtig Gegenstände oder erbringt steuerpflichtig eine Dienstleistung im Gebiet dieses Mitgliedstaats;

b) eine Niederlassung des Lieferers oder Dienstleistungserbringers im Gebiet dieses Mitgliedstaats ist nicht an der Lieferung oder Dienstleistung beteiligt.

Artikel 193
(Schuldner der Mehrwertsteuer)

Die Mehrwertsteuer schuldet der Steuerpflichtige, der Gegenstände steuerpflichtig liefert oder eine Dienstleistung steuerpflichtig erbringt, außer in den Fällen, in denen die Steuer gemäß den Artikeln 194 bis 199 sowie 202 von einer anderen Person geschuldet wird.

Artikel 194
(Bestimmung abweichender Steuerschuldner)

(1) Wird die steuerpflichtige Lieferung von Gegenständen bzw. die steuerpflichtige Dienstleistung von einem Steuerpflichtigen bewirkt, der nicht in dem Mitgliedstaat ansässig ist, in dem die Mehrwertsteuer geschuldet wird, können die Mitgliedstaaten vorsehen, dass die Person, für die die Lieferung bzw. Dienstleistung bestimmt ist, die Steuer schuldet.

(2) Die Mitgliedstaaten legen die Bedingungen für die Anwendung des Absatzes 1 fest.

Artikel 195
(Lieferungsempfänger als Steuerschuldner)

Die Mehrwertsteuer schulden die Personen, die in dem Mitgliedstaat, in dem die Steuer geschuldet wird, für Mehrwertsteuerzwecke erfasst sind und an die die Gegenstände unter den Bedingungen der Artikel 38 und 39 geliefert werden, wenn die betreffende Lieferung von einem nicht in diesem Mitgliedstaat ansässigen Steuerpflichtigen bewirkt wird.

Artikel 196
(Dienstleistungsempfänger als Steuerschuldner)

Die Mehrwertsteuer schuldet der Steuerpflichtige oder die nicht steuerpflichtige juristische Person mit einer Mehrwertsteuer-Identifikationsnummer, für den/die eine Dienstleistung nach Artikel 44 erbracht wird, wenn die Dienstleistung von einem nicht in diesem Mitgliedstaat ansässigen Steuerpflichtigen erbracht wird.

Artikel 197
(Voraussetzungen der Steuerschuld des Lieferungsempfängers)

(1) Die Mehrwertsteuer schuldet der Empfänger einer Lieferung von Gegenständen, wenn folgende Voraussetzungen erfüllt sind:

a) der steuerpflichtige Umsatz ist eine Lieferung von Gegenständen im Sinne von Artikel 141;

b) der Empfänger dieser Lieferung von Gegenständen ist ein anderer Steuerpflichtiger oder eine nichtsteuerpflichtige juristische Person, der bzw. die in dem Mitgliedstaat für Mehrwertsteuerzwecke erfasst ist, in dem die Lieferung bewirkt wird;

c) die von dem nicht im Mitgliedstaat des Empfängers der Lieferung ansässigen Steuerpflichtigen ausgestellte Rechnung entspricht Kapitel 3 Abschnitte 3 bis 5.

(2) Wurde gemäß Artikel 204 ein Steuervertreter bestellt, der die Steuer schuldet, können die Mitgliedstaaten eine Ausnahme von Absatz 1 des vorliegenden Artikels vorsehen.

Artikel 198
(Regelungen in Bezug auf Anlagegold)

(1) Werden bestimmte Umsätze in Bezug auf Anlagegold zwischen einem auf einem geregelten Goldmarkt tätigen Steuerpflichtigen und einem anderen nicht auf diesem Markt tätigen Steuerpflichtigen gemäß Artikel 352 besteuert, legen die Mitgliedstaaten fest, dass die Steuer vom Erwerber geschuldet wird.

Ist der nicht auf dem geregelten Goldmarkt tätige Erwerber ein Steuerpflichtiger, der nur für die in Artikel 352 genannten Umsätze in dem Mitgliedstaat, in dem die Steuer geschuldet wird, für Mehrwertsteuerzwecke erfasst sein muss, erfüllt der Verkäufer die steuerlichen Pflichten des Erwerbers in dessen Namen gemäß den Vorschriften jenes Mitgliedstaats.

(2) Wird eine Lieferung von Goldmaterial oder Halbfertigerzeugnissen mit einem Feingehalt von mindestens 325 Tausendsteln oder eine Lieferung von Anlagegold im Sinne des Artikels 344 Absatz 1 durch einen Steuerpflichtigen bewirkt, der eine der in den Artikeln 348, 349 und 350 vorgesehenen Wahlmöglichkeiten in Anspruch genommen hat, können die Mitgliedstaaten festlegen, dass die Steuer vom Erwerber geschuldet wird.

(3) Die Mitgliedstaaten legen die Verfahren und Voraussetzungen für die Anwendung der Absätze 1 und 2 fest.

Artikel 199
(Inanspruchnahme des Empfängers)

(1) Die Mitgliedstaaten können vorsehen, dass der steuerpflichtige Empfänger die Mehrwertsteuer schuldet, an den folgende Umsätze bewirkt werden:

a) Bauleistungen, einschließlich Reparatur-, Reinigungs-, Wartungs-, Umbau- und Abbruchleistungen im Zusammenhang mit Grundstücken sowie die auf Grund des Artikels 14 Absatz 3 als Lieferung von Gegenständen betrachtete Erbringung bestimmter Bauleistungen;

b) Gestellung von Personal für die unter Buchstabe a fallenden Tätigkeiten;

c) Lieferung von in Artikel 135 Absatz 1 Buchstaben j und k genannten Grundstücken, wenn der Lieferer gemäß Artikel 137 für die Besteuerung optiert hat;

d) Lieferung von Gebrauchtmaterial, auch solchem, das in seinem unveränderten Zustand nicht zur Wiederverwendung geeignet ist, Schrott, von gewerblichen und nichtgewerblichen Abfallstoffen, recyclingfähigen Abfallstoffen und teilweise verarbeiteten Abfallstoffen, und gewissen in Anhang VI aufgeführten Gegenständen und Dienstleistungen;

e) Lieferung sicherungsübereigneter Gegenstände durch einen steuerpflichtigen Sicherungsgeber an einen ebenfalls steuerpflichtigen Sicherungsnehmer;

f) Lieferung von Gegenständen im Anschluss an die Übertragung des Eigentumsvorbehalts auf einen Zessionar und die Ausübung des übertragenen Rechts durch den Zessionar;

g) Lieferung von Grundstücken, die vom Schuldner im Rahmen eines Zwangsversteigerungsverfahrens verkauft werden.

(2) Bei der Anwendung der in Absatz 1 geregelten Möglichkeit können die Mitgliedstaaten die Lieferungen von Gegenständen und Dienstleistungen und die Kategorien von Lieferern und Dienstleistungserbringern sowie von Erwerbern oder Dienstleistungsempfängern bestimmen, für die sie von diesen Maßnahmen Gebrauch machen.

(3) Für die Zwecke des Absatzes 1 können die Mitgliedstaaten folgende Maßnahmen ergreifen:

a) vorsehen, dass ein Steuerpflichtiger, der auch Tätigkeiten ausführt oder Umsätze bewirkt, die nicht als steuerbare Lieferungen von Gegenständen oder als nicht steuerbare Dienstleistungen im Sinne des Artikels 2 angesehen werden, in Bezug auf Lieferungen von Gegenständen oder Dienstleistungen, die er gemäß Absatz 1 des vorliegenden Artikels erhält, als Steuerpflichtiger gilt;

b) vorsehen, dass eine nicht steuerpflichtige Einrichtung des öffentlichen Rechts in Bezug auf gemäß Absatz 1 Buchstaben e, f und g erhaltene Lieferungen von Gegenständen, als Steuerpflichtiger gilt.

(4) Die Mitgliedstaaten unterrichten den Mehrwertsteuerausschuss von nationalen Maßnahmen, die sie im Sinne des Absatzes 1 erlassen, sofern diese nicht vom Rat vor dem 13. August 2006 gemäß Artikel 27 Absätze 1 bis 4 der Richtlinie 77/388/EWG genehmigt wurden und gemäß Absatz 1 des vorliegenden Artikels weitergeführt werden.

Artikel 199 a
(Inanspruchnahme des Empfängers beim Handel mit Treibhausgasemissionszertifikaten)

(1) Die Mitgliedstaaten können bis zum 31. Dezember 2026 vorsehen, dass die Mehrwertsteuer von dem steuerpflichtigen Empfänger der folgenden Leistungen geschuldet wird:

a) Übertragung von Treibhausgasemissionszertifikaten entsprechend der Definition in Artikel 3 der Richtlinie 2003/87/EG des Europäischen Parlaments und des Rates vom 13. Oktober 2003 über ein System für den Handel mit Treibhausgasemissionszertifikaten in der Gemeinschaft[21], die gemäß Artikel 12 der genannten Richtlinie übertragen werden können,

b) Übertragung von anderen Einheiten, die von den Wirtschaftsbeteiligten genutzt werden können, um den Auflagen der Richtlinie nachzukommen,

c) Lieferungen von Mobilfunkgeräten, d. h. Geräten, die zum Gebrauch mittels eines zugelassenen Netzes und auf be-

---

21 Amtliche Fußnote: ABl. L 275 vom 25. 10. 2003, S. 32.

stimmten Frequenzen hergestellt oder hergerichtet wurden, unabhängig von etwaigen weiteren Nutzungsmöglichkeiten,

d) Lieferungen von integrierten Schaltkreisen wie Mikroprozessoren und Zentraleinheiten vor Einbau in Endprodukte,

e) Lieferungen von Gas und Elektrizität an einen steuerpflichtigen Wiederverkäufer im Sinne des Artikels 38 Absatz 2,

f) Übertragung von Gas- und Elektrizitätszertifikaten,

g) Erbringung von Telekommunikationsdienstleistungen im Sinne des Artikels 24 Absatz 2,

h) Lieferungen von Spielkonsolen, Tablet-Computern und Laptops,

i) Lieferungen von Getreide und Handelsgewächsen einschließlich Ölsaaten und Zuckerrüben, die auf der betreffenden Stufe normalerweise nicht für den Endverbrauch bestimmt sind,

j) Lieferungen von Rohmetallen und Metallhalberzeugnissen einschließlich Edelmetalle, sofern sie nicht anderweitig unter Artikel 199 Absatz 1 Buchstabe d, die auf Gebrauchtgegenstände, Kunstgegenstände, Sammlungsstücke und Antiquitäten anwendbaren Sonderregelungen gemäß Artikel 311 bis 343 oder die Sonderregelung für Anlagegold gemäß Artikel 344 bis 356 fallen.

(1a) Die Mitgliedstaaten können die Bedingungen für die Anwendung des in Absatz 1 vorgesehenen Verfahrens festlegen.

(1b) Bei der Anwendung des in Absatz 1 vorgesehenen Verfahrens auf die Lieferung der Gegenstände und die Erbringung der Dienstleistungen, die in den Buchstaben c bis j jenes Absatzes aufgeführt sind, werden für alle Steuerpflichtigen, welche die Gegenstände liefern oder die Dienstleistungen erbringen, auf die das in Absatz 1 vorgesehene Verfahren angewendet wird, angemessene und wirksame Mitteilungspflichten eingeführt.

(2) Die Mitgliedstaaten teilen dem Mehrwertsteuerausschuss die Anwendung des in Absatz 1 vorgesehenen Verfahrens bei seiner Einführung mit und übermitteln dem Mehrwertsteuerausschuss die folgenden Angaben:

a) Geltungsbereich der Maßnahme zur Anwendung des Verfahrens zusammen mit der Art und den Merkmalen des Betrugs sowie eine detaillierte Beschreibung der begleitenden Maßnahmen, einschließlich der Mitteilungspflichten für Steuerpflichtige und Kontrollmaßnahmen,

b) Maßnahmen zur Information der betreffenden Steuerpflichtigen über den Beginn der Anwendung des Verfahrens,

c) Evaluierungskriterien für einen Vergleich zwischen betrügerischen Tätigkeiten im Zusammenhang mit den in Absatz 1 genannten Gegenständen und Dienstleistungen vor und nach der Anwendung des Verfahrens, betrügerischen Tätigkeiten im Zusammenhang mit anderen Gegenständen und Dienstleistungen vor und nach Anwendung des Verfahrens und einem Anstieg bei anderen Arten betrügerischer Tätigkeiten vor und nach der Anwendung des Verfahrens,

d) Zeitpunkt des Geltungsbeginns und Geltungszeitraum der Maßnahme zur Anwendung des Verfahrens.

Artikel 199b
(Sondermaßnahme des Schnellreaktionsmechanismus)

(1) Ein Mitgliedstaat kann in Fällen äußerster Dringlichkeit gemäß den Absätzen 2 und 3 als Sondermaßnahme des Schnellreaktionsmechanismus zur Bekämpfung unvermittelt auftretender und schwerwiegender Betrugsfälle, die voraussichtlich zu erheblichen und unwiederbringlichen finanziellen Verlusten führen, in Abweichung von Artikel 193 den Empfänger von bestimmten Gegenständen oder Dienstleistungen als Schuldner der Mehrwertsteuer bestimmen.

Die Sondermaßnahme des Schnellreaktionsmechanismus unterliegt geeigneten Kontrollmaßnahmen des Mitgliedstaats betreffend Steuerpflichtige, die die Lieferungen bewirken oder Dienstleistungen erbringen, auf die die Maßnahme anwendbar ist, und gilt für einen Zeitraum von höchstens neun Monaten.

(2) [1]Ein Mitgliedstaat, der eine in Absatz 1 bezeichnete Sondermaßnahme des Schnellreaktionsmechanismus einführen möchte, teilt dies der Kommission unter Verwendung des gemäß Absatz 4 festgelegten Standardformblatts mit; er übermittelt diese Mitteilung gleichzeitig an die anderen Mitgliedstaaten. [2]Er übermittelt der Kommission Angaben zur betroffenen Branche, zur Art und zu den Merkmalen des Betrugs, zum Vorliegen von Gründen für die äußerste Dringlichkeit, zum unvermittelten, schwerwiegenden Charakter des Betrugs und zu den Folgen in Form von erheblichen, unwiederbringlichen finanziellen Verlusten. [3]Ist die Kommission der Auffassung, dass ihr nicht alle erforderlichen Angaben vorliegen, so kontaktiert sie den betreffenden Mitgliedstaat innerhalb von zwei Wochen nach Eingang der Mitteilung und teilt ihm mit, welche zusätzlichen Angaben sie benötigt. [4]Alle zusätzlichen Angaben, die der betreffende Mitgliedstaat der Kommission übermittelt, werden gleichzeitig an die anderen Mitgliedstaaten übermittelt. [5]Sind die zusätzlichen Angaben unzureichend, so unterrichtet die Kommission den betreffenden Mitgliedstaat innerhalb einer Woche darüber.

Der Mitgliedstaat, der eine in Absatz 1 dieses Artikels vorgesehene Sondermaßnahme des Schnellreaktionsmechanismus einführen möchte, stellt gleichzeitig nach dem in Artikel 395 Absätze 2 und 3 festgelegten Verfahren einen Antrag an die Kommission.

In Fällen äußerster Dringlichkeit gemäß Absatz 1 dieses Artikels ist das in Artikel 395 Absätze 2 und 3 festgelegte Verfahren innerhalb von sechs Monaten nach Eingang des Antrags bei der Kommission abzuschließen.

(3) [1]Sobald die Kommission über alle Angaben verfügt, die ihres Erachtens für die Beurteilung der Mitteilung nach Absatz 2 Unterabsatz 1 erforderlich sind, unterrichtet sie die Mitgliedstaaten hiervon. [2]Erhebt sie Einwände gegen die Sondermaßnahme des Schnellreaktionsmechanismus, so erstellt sie innerhalb eines Monats nach der Mitteilung eine ablehnende Stellungnahme und setzt den betreffenden Mitgliedstaat und den Mehrwertsteuerausschuss davon in Kenntnis. [3]Erhebt die Kommission keine Einwände, so bestätigt sie dies dem betreffenden Mitgliedstaat und – innerhalb des gleichen Zeitraums – dem Mehrwertsteuerausschuss in schriftlicher Form. [4]Der Mitgliedstaat kann die Sondermaßnahme des Schnellreaktionsmechanismus ab dem Zeitpunkt des Eingangs dieser Bestätigung erlassen. [5]Die Kommission berücksichtigt bei der Beurteilung der Mitteilung die Ansichten anderer Mitgliedstaaten, die ihr in schriftlicher Form übermittelt wurden.

(4) [1]Die Kommission erlässt einen Durchführungsrechtsakt zur Erstellung eines Standardformblatts für die Einreichung der Mitteilung einer Sondermaßnahme des Schnellreaktionsmechanismus nach Absatz 2 sowie für die Übermittlung von Angaben gemäß Absatz 2 Unterabsatz 1. [2]Dieser Durchführungsrechtsakt wird nach dem Prüfverfahren gemäß Absatz 5 erlassen.

(5) Wird auf diesen Absatz Bezug genommen, so gilt Artikel 5 der Verordnung (EU) Nr. 182/2011 des Europäischen Parlaments und des Rates[22], und für diesen Zweck ist der durch Artikel 58 der Verordnung (EU) Nr. 904/2010 des Rates[23] eingesetzte Ausschuss zuständig.

(6) Die in Absatz 1 vorgesehene Sondermaßnahme des Schnellreaktionsmechanismus gilt bis zum 31. Dezember 2026.

Artikel 199 c
(weggefallen)

Artikel 200
(Steuerschuldner bei innergemeinschaftlichem Erwerb)

Die Mehrwertsteuer wird von der Person geschuldet, die einen steuerpflichtigen innergemeinschaftlichen Erwerb von Gegenständen bewirkt.

Artikel 201
(Steuerschuldner bei Einfuhren)

(1) Bei der Einfuhr wird die Mehrwertsteuer von der Person oder den Personen geschuldet, die der Mitgliedstaat der Einfuhr als Steuerschuldner bestimmt oder anerkennt.

(2) Abweichend von Absatz 1 des vorliegenden Artikels ist der Lieferer oder gegebenenfalls der fiktive Lieferer im Einklang mit Artikel 14 a Absatz 1, der Fernverkäufe von aus Drittgebieten oder Drittländern eingeführten Gegenständen tätigt, die für die Sonderregelung nach Titel XII Kapitel 6 Abschnitt 4 infrage kommen würden, Schuldner der Mehrwertsteuer bei der Einfuhr.

(3) Ist der Lieferer oder der fiktive Lieferer nach Absatz 2 nicht in der Gemeinschaft, sondern in einem Drittland ansässig, mit dem weder die Union noch der Einfuhrmitgliedstaat ein Abkommen über gegenseitige Amtshilfe geschlossen hat, dessen Anwendungsbereich mit dem der Richtlinie 2010/24/EU des Rates[24] und der Verordnung (EU) Nr. 904/2010 des Rates vergleichbar ist, so bestimmt dieser Lieferer oder fiktive Lieferer im Einfuhrmitgliedstaat einen Steuervertreter als Schuldner der Mehrwertsteuer bei der Einfuhr.

(4) Ist die Einfuhr von Gegenständen gemäß Artikel 143 Absatz 1 Buchstabe ca von der Steuer befreit, so findet Absatz 3 keine Anwendung.

Artikel 201 a
(Entrichtung durch den Erwerber)

Unbeschadet des Artikels 201 Absätze 2 und 3, können die Mitgliedstaaten, wenn die Schuldner der Mehrwertsteuer bei der Einfuhr ihren steuerlichen Pflichten nach diesen Absätzen nicht nachkommen, dem Erwerber unter den von ihnen festzulegenden Bedingungen und Verfahren gestatten, die von diesen Personen geschuldete Mehrwertsteuer bei der Einfuhr zu entrichten.

Artikel 202
(Steuerschuldner bei Veranlassung besonderer Verfahren)

Die Mehrwertsteuer wird von der Person geschuldet, die veranlasst, dass die Gegenstände nicht mehr einem Verfahren oder einer sonstigen Regelung im Sinne der Artikel 156, 157, 158, 160 und 161 unterliegen.

Artikel 203
(Steuerschuldner bei Rechnungsausweis)

Die Mehrwertsteuer wird von jeder Person geschuldet, die diese Steuer in einer Rechnung ausweist.

Artikel 204
(Steuervertreter)

(1) Ist der Steuerschuldner gemäß den Artikeln 193 bis 197 sowie 199 und 200 ein Steuerpflichtiger, der nicht in dem Mitgliedstaat ansässig ist, in dem die Mehrwertsteuer geschuldet wird, können die Mitgliedstaaten ihm gestatten, einen Steuervertreter zu bestellen, der die Steuer schuldet.

Wird der steuerpflichtige Umsatz von einem Steuerpflichtigen bewirkt, der nicht in dem Mitgliedstaat ansässig ist, in dem die Mehrwertsteuer geschuldet wird, und besteht mit dem Staat, in dem dieser Steuerpflichtige seinen Sitz oder eine feste Niederlassung hat, keine Rechtsvereinbarung über Amtshilfe, deren Anwendungsbereich mit dem der Richtlinie 2010/24/EU und der Verordnung (EU) Nr. 904/2010 des Rates vergleichbar ist, können die Mitgliedstaaten Vorkehrungen treffen, nach denen ein von dem nicht in ihrem Gebiet ansässigen Steuerpflichtigen bestimmter Steuervertreter die Steuer schuldet.

Die Mitgliedstaaten dürfen die Option nach Unterabsatz 2 jedoch nicht auf Steuerpflichtige im Sinne des Artikels 358 a Nummer 1 anwenden, die sich für die Anwendung der Sonderregelung für von nicht in der Gemeinschaft ansässigen Steuerpflichtigen erbrachte Dienstleistungen entschieden haben.

Abweichend von den Unterabsätzen 1 und 2 des vorliegenden Absatzes bestimmt ein Steuerpflichtiger, wenn er im Einklang mit Artikel 201 Absatz 3 zur Bestimmung eines Steuervertreters verpflichtet ist, einen Steuervertreter, der die Steuer in Bezug auf Fernverkäufe von aus Drittgebieten oder Drittländern eingeführten Gegenständen, die für die Sonderregelung nach Titel XII Kapitel 6 Abschnitt 4 infrage kommen würden, schuldet.

(2) Die Wahlmöglichkeit nach Absatz 1 Unterabsatz 1 unterliegt den von den einzelnen Mitgliedstaaten festgelegten Voraussetzungen und Modalitäten.

Artikel 205
(Bestimmung eines Gesamtschuldners)

In den in den Artikeln 193 bis 200 sowie 202, 203 und 204 genannten Fällen können die Mitgliedstaaten bestimmen, dass eine andere Person als der Steuerschuldner die Steuer gesamtschuldnerisch zu entrichten hat.

In den in Artikel 201 Absätze 2 und 3 genannten Fällen können die Mitgliedstaaten darüber hinaus bestimmen, dass eine andere Person als der Erwerber und der Steuerschuldner die Steuer bei der Einfuhr gesamtschuldnerisch zu entrichten hat.

---

22 Amtliche Fußnote: Verordnung (EU) Nr. 182/2011 des Europäischen Parlaments und des Rates vom 16. Februar 2011 zur Festlegung der allgemeinen Regeln und Grundsätze, nach denen die Mitgliedstaaten die Wahrnehmung der Durchführungsbefugnisse durch die Kommission kontrollieren (ABl. L 55 vom 28. 2. 2011, S. 13).

23 Amtliche Fußnote: Verordnung (EU) Nr. 904/2010 des Rates vom 7. Oktober 2010 über die Zusammenarbeit der Verwaltungsbehörden und die Betrugsbekämpfung auf dem Gebiet der Mehrwertsteuer (ABl. L 268 vom 12. 10. 2010, S. 1).

24 **Richtlinie 2010/24/EU des Rates vom 16. März 2010 über die Amtshilfe bei der Beitreibung von Forderungen in Bezug auf bestimmte Steuern, Abgaben und sonstige Maßnahmen (ABl. L 84 vom 31.3.2010, S. 1, ELI: http://data.europa.eu/eli/dir/2010/24/oj).**

Artikel 205a
(Bewertungsbericht)

Bis zum 31. März 2032 legt die Kommission dem Rat auf der Grundlage der von den Mitgliedstaaten bereitgestellten Informationen einen Bewertungsbericht über das Funktionieren der Artikel 201 Absätze 2, 3 und 4, Artikel 201a, Artikel 204 Absatz 1 Unterabsatz 4 und Artikel 205 Absatz 2, einschließlich ihrer Auswirkungen auf das Funktionieren des Binnenmarkts, vor, prüft die Notwendigkeit, Artikel 201a und Artikel 205 Absatz 2 beizubehalten, und unterbreitet erforderlichenfalls einen geeigneten Gesetzgebungsvorschlag.

Abschnitt 2
Einzelheiten der Entrichtung

Artikel 206
(Fälligkeit und Höhe)

[1]Jeder Steuerpflichtige, der die Steuer schuldet, hat bei der Abgabe der Mehrwertsteuererklärung nach Artikel 250 den sich nach Abzug der Vorsteuer ergebenden Mehrwertsteuerbetrag zu entrichten. [2]Die Mitgliedstaaten können jedoch einen anderen Termin für die Zahlung dieses Betrags festsetzen oder Vorauszahlungen erheben.

Artikel 207
(Maßnahmen für besondere Steuerschuldner)

Die Mitgliedstaaten treffen die erforderlichen Maßnahmen, damit die Personen, die gemäß den Artikeln 194 bis 197 sowie 199 und 204 anstelle eines nicht in ihrem jeweiligen Gebiet ansässigen Steuerpflichtigen als Steuerschuldner gelten, ihren Zahlungspflichten nach diesem Abschnitt nachkommen.

Die Mitgliedstaaten treffen darüber hinaus die erforderlichen Maßnahmen, damit die Personen, die gemäß Artikel 205 die Steuer gesamtschuldnerisch zu entrichten haben, diesen Zahlungspflichten nachkommen.

Artikel 208
(Maßnahmen für festgelegte Steuerschuldner bei Goldgeschäften)

Wenn die Mitgliedstaaten den Erwerber von Anlagegold gemäß Artikel 198 Absatz 1 als Steuerschuldner bestimmen oder von der in Artikel 198 Absatz 2 vorgesehenen Möglichkeit Gebrauch machen, den Erwerber von Goldmaterial oder Halbfertigerzeugnissen oder von Anlagegold im Sinne des Artikels 344 Absatz 1 als Steuerschuldner zu bestimmen, treffen sie die erforderlichen Maßnahmen, um sicherzustellen, dass diese Person ihren Zahlungspflichten nach diesem Abschnitt nachkommt.

Artikel 209
(Maßnahmen für nichtsteuerpflichtige Steuerschuldner)

Die Mitgliedstaaten treffen die erforderlichen Maßnahmen, um sicherzustellen, dass die nichtsteuerpflichtigen juristischen Personen, die die Steuer für den in Artikel 2 Absatz 1 Buchstabe b Ziffer i genannten innergemeinschaftlichen Erwerb von Gegenständen schulden, ihren Zahlungspflichten nach diesem Abschnitt nachkommen.

Artikel 210
(Festlegung von Einzelheiten bei bestimmtem innergemeinschaftlichem Erwerb)

Die Mitgliedstaaten legen die Einzelheiten der Entrichtung der Mehrwertsteuer für den innergemeinschaftlichen Erwerb neuer Fahrzeuge im Sinne des Artikels 2 Absatz 1 Buchstabe b Ziffer ii sowie für den innergemeinschaftlichen Erwerb verbrauchsteuerpflichtiger Waren im Sinne des Artikels 2 Absatz 1 Buchstabe b Ziffer iii fest.

Artikel 211
(Festlegung von Einzelheiten in Bezug auf Einfuhren)

Die Mitgliedstaaten legen die Einzelheiten der Entrichtung der Mehrwertsteuer für die Einfuhr von Gegenständen fest.

Insbesondere können die Mitgliedstaaten vorsehen, dass die für die Einfuhr von Gegenständen durch Steuerpflichtige oder Steuerschuldner oder bestimmte Gruppen derselben geschuldete Mehrwertsteuer nicht zum Zeitpunkt der Einfuhr zu entrichten ist, sofern sie als solche in der gemäß Artikel 250 erstellten Mehrwertsteuererklärung angegeben wird.

Artikel 212
(Geringfügigkeitsklausel)

Die Mitgliedstaaten können die Steuerpflichtigen von der Entrichtung der geschuldeten Mehrwertsteuer befreien, wenn der Steuerbetrag geringfügig ist.

KAPITEL 2
Identifikation

Artikel 213
(Anzeigepflicht des Steuerpflichtigen)

(1) Jeder Steuerpflichtige hat die Aufnahme, den Wechsel und die Beendigung seiner Tätigkeit als Steuerpflichtiger anzuzeigen.

Die Mitgliedstaaten legen fest, unter welchen Bedingungen der Steuerpflichtige die Anzeigen elektronisch abgeben darf, und können die elektronische Abgabe der Anzeigen auch vorschreiben.

(2) Unbeschadet des Absatzes 1 Unterabsatz 1 müssen Steuerpflichtige und nichtsteuerpflichtige juristische Personen, die gemäß Artikel 3 Absatz 1 nicht der Mehrwertsteuer unterliegende innergemeinschaftliche Erwerbe von Gegenständen bewirken, dies anzeigen, wenn die in Artikel 3 genannten Voraussetzungen für die Nichtanwendung der Mehrwertsteuer nicht mehr erfüllt sind.

Artikel 214
(Erteilung einer Mehrwertsteuer-Identifikationsnummer)

(1) Die Mitgliedstaaten treffen die erforderlichen Maßnahmen, damit folgende Personen jeweils eine individuelle Mehrwertsteuer-Identifikationsnummer erhalten:

a) jeder Steuerpflichtige, der in ihrem jeweiligen Gebiet Lieferungen von Gegenständen bewirkt oder Dienstleistungen erbringt, für die ein Recht auf Vorsteuerabzug besteht und bei denen es sich nicht um Lieferungen von Gegenständen oder um Dienstleistungen handelt, für die die Mehrwertsteuer gemäß den Artikeln 194 bis 197 sowie 199 ausschließlich vom Dienstleistungsempfänger beziehungsweise der Person, für die die Gegenstände oder Dienstleistungen bestimmt sind, geschuldet wird; hiervon ausgenommen sind die in Artikel 9 Absatz 2 genannten Steuerpflichtigen;

b) jeder Steuerpflichtige und jede nichtsteuerpflichtige juristische Person, der bzw. die gemäß Artikel 2 Absatz 1 Buchstabe b der Mehrwertsteuer unterliegende innergemeinschaftliche Erwerbe von Gegenständen bewirkt oder von der Möglichkeit des Artikels 3 Absatz 3, seine bzw. ihre innergemeinschaftlichen Erwerbe der Mehrwertsteuer zu unterwerfen, Gebrauch gemacht hat;

c) jeder Steuerpflichtige, der in ihrem jeweiligen Gebiet innergemeinschaftliche Erwerbe von Gegenständen für die Zwecke seiner Umsätze bewirkt, die sich aus in Artikel 9 Absatz 1 Unterabsatz 2 genannten Tätigkeiten ergeben, die er außerhalb dieses Gebiets ausübt;

d) jeder Steuerpflichtige, der in seinem jeweiligen Gebiet Dienstleistungen empfängt, für die er die Mehrwertsteuer gemäß Artikel 196 schuldet;

e) jeder Steuerpflichtige, der in seinem jeweiligen Gebiet ansässig ist und Dienstleistungen im Gebiet eines anderen Mitgliedstaats erbringt, für die gemäß Artikel 196 ausschließlich der Empfänger die Mehrwertsteuer schuldet.

(2) Die Mitgliedstaaten haben die Möglichkeit, bestimmten Steuerpflichtigen, die nur gelegentlich Umsätze etwa im Sinne von Artikel 12 bewirken, keine Mehrwertsteuer-Identifikationsnummer zu erteilen.

Artikel 215
(Präfix zur Kennzeichnung der Mitgliedstaaten)

Der individuellen Mehrwertsteuer-Identifikationsnummer wird zur Kennzeichnung des Mitgliedstaats, der sie erteilt hat, ein Präfix nach dem ISO-Code 3166 Alpha 2 vorangestellt.

Griechenland wird jedoch ermächtigt, das Präfix „EL" zu verwenden.

Für Nordirland wird das Präfix „XI" verwendet.

Artikel 216
(Maßnahmen in Bezug auf das Identifikationssystem)

Die Mitgliedstaaten treffen die erforderlichen Maßnahmen, damit ihr Identifikationssystem die Unterscheidung der in Artikel 214 genannten Steuerpflichtigen ermöglicht und somit die korrekte Anwendung der Übergangsregelung für die Besteuerung innergemeinschaftlicher Umsätze des Artikels 402 gewährleistet.

KAPITEL 3
Erteilung von Rechnungen

Abschnitt 1
Begriffsbestimmung

Artikel 217
(Elektronische Rechnung)

Im Sinne dieser Richtlinie bezeichnet der Ausdruck „elektronische Rechnung" eine Rechnung, welche die nach dieser Richtlinie erforderlichen Angaben enthält und in einem elektronischen Format ausgestellt und empfangen wird.

Abschnitt 2
Definition der Rechnung

Artikel 218
(Rechnung)

Für die Zwecke dieser Richtlinie erkennen die Mitgliedstaaten als Rechnung alle auf Papier oder elektronisch vorliegenden Dokumente oder Mitteilungen an, die den Anforderungen dieses Kapitels genügen.

Abweichend von Absatz 1 dieses Artikels können die Mitgliedstaaten unter von ihnen festzulegenden Bedingungen verlangen, dass in ihrem Gebiet ansässige Steuerpflichtige für andere als die in Artikel 262 genannten Lieferungen von Gegenständen oder Dienstleistungen in ihrem Gebiet elektronische Rechnungen ausstellen.

Artikel 219
(Änderungen und Bezugnahmen)

Einer Rechnung gleichgestellt ist jedes Dokument und jede Mitteilung, das/die die ursprüngliche Rechnung ändert und spezifisch und eindeutig auf diese bezogen ist.

Abschnitt 3
Ausstellung der Rechnung

Artikel 219 a
(Nationale Bestimmungen)

(1) Die Rechnungsstellung unterliegt den Vorschriften des Mitgliedstaats, in dem die Lieferung von Gegenständen oder die Dienstleistung im Einklang mit Titel V als ausgeführt gilt.

(2) Abweichend von Absatz 1 unterliegt die Rechnungsstellung folgenden Vorschriften:

a) den Vorschriften des Mitgliedstaats, in dem der Lieferer oder Dienstleistungserbringer den Sitz seiner wirtschaftlichen Tätigkeit oder eine feste Niederlassung hat, von dem bzw. der aus die Lieferung oder Dienstleistung ausgeführt wird, oder – in Ermangelung eines solchen Sitzes oder einer solchen festen Niederlassung – des Mitgliedstaats, in dem er seinen Wohnsitz oder seinen gewöhnlichen Aufenthaltsort hat, wenn

   i) der Lieferer oder Dienstleistungserbringer nicht in dem Mitgliedstaat ansässig ist, in dem die Lieferung oder die Dienstleistung im Einklang mit Titel V als ausgeführt gilt, oder seine Niederlassung in dem betreffenden Mitgliedstaat im Sinne des Artikels 192 a Buchstabe b nicht an der Lieferung oder Dienstleistung beteiligt ist, und wenn die Mehrwertsteuer vom Erwerber oder vom Dienstleistungsempfänger geschuldet wird, es sei denn, der Erwerber oder Dienstleistungsempfänger stellt die Rechnung aus (Gutschriften);

   ii) die Lieferung oder die Dienstleistung im Einklang mit Titel V als nicht innerhalb der Gemeinschaft ausgeführt gilt;

b) den Vorschriften des Mitgliedstaats, in dem der Lieferer oder Dienstleistungserbringer eine der Sonderregelungen gemäß Titel XII Kapitel 6 in Anspruch nimmt.

(3) Die Absätze 1 und 2 gelten unbeschadet der Artikel 244 bis 248.

Artikel 220
(Pflicht zur Rechnungstellung)

(1) Jeder Steuerpflichtige stellt in folgenden Fällen eine Rechnung entweder selbst aus oder stellt sicher, dass eine Rechnung vom Erwerber oder Dienstleistungsempfänger oder in seinem Namen und für seine Rechnung von einem Dritten ausgestellt wird:

1. Er liefert Gegenstände oder erbringt Dienstleistungen an einen anderen Steuerpflichtigen oder an eine nichtsteuerpflichtige juristische Person;
2. er liefert in Artikel 33 Buchstabe a genannte Gegenstände, es sei denn, der Steuerpflichtige nimmt die Sonderregelung gemäß Titel XII Kapitel 6 Abschnitt 3 in Anspruch;
3. er liefert Gegenstände unter den Voraussetzungen des Artikels 138;
4. er erhält Vorauszahlungen, bevor eine Lieferung von Gegenständen im Sinne der Nummern 1 und 2 erfolgt ist;

5. er erhält Vorauszahlungen von einem anderen Steuerpflichtigen oder einer nichtsteuerpflichtigen juristischen Person, bevor eine Dienstleistung abgeschlossen ist.

(2) Abweichend von Absatz 1 und unbeschadet des Artikels 221 Absatz 2 ist die Ausstellung einer Rechnung bei nach Artikel 135 Absatz 1 Buchstaben a bis g steuerbefreiten Dienstleistungen nicht erforderlich.

Artikel 220 a
(Vereinfachte Rechnungen)

(1) Die Mitgliedstaaten gestatten den Steuerpflichtigen in den folgenden Fällen die Ausstellung einer vereinfachten Rechnung:

a) Der Rechnungsbetrag beträgt höchstens 100 EUR oder den Gegenwert in Landeswährung;

b) bei der ausgestellten Rechnung handelt es sich um ein Dokument oder eine Mitteilung, das/die gemäß Artikel 219 einer Rechnung gleichgestellt ist;

c) der Steuerpflichtige nimmt die Steuerbefreiung für Kleinunternehmen nach Artikel 284 in Anspruch.

(2) Die Mitgliedstaaten erlauben es Steuerpflichtigen nicht, eine vereinfachte Rechnung auszustellen, wenn Rechnungen gemäß Artikel 220 Absatz 1 Nummern 2 und 3 ausgestellt werden müssen oder wenn die steuerpflichtige Lieferung von Gegenständen oder die steuerpflichtige Dienstleistung von einem Steuerpflichtigen durchführt wird, der nicht in dem Mitgliedstaat ansässig ist, in dem die Mehrwertsteuer geschuldet wird, oder dessen Niederlassung in dem betreffenden Mitgliedstaat im Sinne des Artikels 192 a nicht an der Lieferung oder Dienstleistung beteiligt ist und wenn die Steuer vom Erwerber oder Dienstleistungsempfänger geschuldet wird.

Artikel 221
(Erweiterung der Rechnungsstellungspflicht)

(1) Die Mitgliedstaaten können Steuerpflichtigen vorschreiben, für andere als die in Artikel 220 Absatz 1 genannten Lieferungen von Gegenständen oder Dienstleistungen eine Rechnung gemäß den Vorgaben der Artikel 226 oder 226 b auszustellen.

(2) Die Mitgliedstaaten können Steuerpflichtigen, die in ihrem Gebiet ansässig sind oder dort eine feste Niederlassung haben, von der die Lieferung erfolgt oder die Dienstleistung erbracht wird, vorschreiben, für die nach Artikel 135 Absatz 1 Buchstaben a bis g steuerbefreiten Dienstleistungen, die die betreffenden Steuerpflichtigen in ihrem Gebiet oder außerhalb der Gemeinschaft erbringen, eine Rechnung gemäß den Vorgaben der Artikel 226 oder 226 b auszustellen.

(3) Die Mitgliedstaaten können Steuerpflichtige von der Pflicht nach Artikel 220 Absatz 1 oder Artikel 220 a befreien, eine Rechnung für Lieferungen von Gegenständen oder Dienstleistungen auszustellen, die sie in ihrem Gebiet bewirken und die mit oder ohne Recht auf Vorsteuerabzug gemäß Artikel 98 Absatz 2, Artikel 105 a und 132, Artikel 135 Absatz 1 Buchstaben h bis l, den Artikeln 136, 371, 375, 376 und 377, Artikel 378 Absatz 2, Artikel 379 Absatz 2 sowie den Artikeln 380 bis 390 c befreit sind.

Artikel 222
(Fristsetzung; Rechnungsstellung)

Für Gegenstände, die unter den Voraussetzungen des Artikels 138 geliefert werden, oder für Dienstleistungen, für die nach Artikel 196 der Leistungsempfänger die Steuer schuldet, wird spätestens am fünfzehnten Tag des Monats, der auf den Monat folgt, in dem der Steuertatbestand eingetreten ist, eine Rechnung ausgestellt.

Für andere Lieferungen von Gegenständen oder Dienstleistungen können die Mitgliedstaaten den Steuerpflichtigen Fristen für die Ausstellung der Rechnung setzen.

Artikel 223
(Zusammenfassende Rechnung)

Die Mitgliedstaaten können den Steuerpflichtigen gestatten, für mehrere getrennte Lieferungen von Gegenständen oder Dienstleistungen zusammenfassende Rechnungen auszustellen, sofern der Steueranspruch für die auf einer zusammenfassenden Rechnung aufgeführten Lieferungen von Gegenständen oder Dienstleistungen innerhalb desselben Kalendermonats eintritt.

Unbeschadet des Artikels 222 können die Mitgliedstaaten gestatten, dass Lieferungen von Gegenständen oder Dienstleistungen, für die der Steueranspruch innerhalb einer über einen Kalendermonat hinausgehenden Frist eintritt, in zusammenfassenden Rechnungen erscheinen.

Artikel 224
(Rechnungstellung durch den Erwerber oder Dienstleistungsempfänger)

[1]Rechnungen dürfen von einem Erwerber oder Dienstleistungsempfänger für Lieferungen von Gegenständen oder für Dienstleistungen, die von einem Steuerpflichtigen bewirkt werden, ausgestellt werden, sofern zwischen den beiden Parteien eine vorherige Vereinbarung getroffen wurde und sofern jede Rechnung Gegenstand eines Verfahrens zur Akzeptierung durch den Steuerpflichtigen ist, der die Gegenstände liefert oder die Dienstleistungen erbringt. [2]Die Mitgliedstaaten können verlangen, dass solche Rechnungen im Namen und für Rechnung des Steuerpflichtigen ausgestellt werden.

Artikel 225
(Festlegung besonderer Anforderungen)

Die Mitgliedstaaten können für Steuerpflichtige besondere Anforderungen festlegen, wenn der Dritte oder der Erwerber oder Dienstleistungsempfänger, der die Rechnung ausstellt, seinen Sitz in einem Land hat, mit dem keine Rechtsvereinbarung über Amtshilfe besteht, deren Anwendungsbereich mit dem der Richtlinie 2010/24/EU[25] und der Verordnung (EG) Nr. 1798/2003[26] vergleichbar ist.

Abschnitt 4
Rechnungsangaben

Artikel 226
(Mindestangaben auf Rechnungen)

Unbeschadet der in dieser Richtlinie festgelegten Sonderbestimmungen müssen gemäß den Artikeln 220 und 221 ausgestellte Rechnungen für Mehrwertsteuerzwecke nur die folgenden Angaben enthalten:

25 Amtliche Fußnote: Richtlinie 2010/24/EU des Rates vom 16. März 2010 über die Amtshilfe bei der Beitreibung von Forderungen in Bezug auf bestimmte Steuern, Abgaben und sonstige Maßnahmen (ABl. L 84 vom 31. 3. 2010, S. 1).

26 Amtliche Fußnote: Verordnung (EG) Nr. 1798/2003 des Rates vom 7. Oktober 2003 über die Zusammenarbeit der Verwaltungsbehörden auf dem Gebiet der Mehrwertsteuer (ABl. L 264 vom 15. 10. 2003, S. 1).

1. das Ausstellungsdatum;
2. eine fortlaufende Nummer mit einer oder mehreren Zahlenreihen, die zur Identifizierung der Rechnung einmalig vergeben wird;
3. die Mehrwertsteuer-Identifikationsnummer im Sinne des Artikels 214, unter der der Steuerpflichtige die Gegenstände geliefert oder die Dienstleistung erbracht hat;
4. die Mehrwertsteuer-Identifikationsnummer im Sinne des Artikels 214, unter der der Erwerber oder Dienstleistungsempfänger eine Lieferung von Gegenständen oder eine Dienstleistung, für die er Steuerschuldner ist, oder eine Lieferung von Gegenständen nach Artikel 138 erhalten hat;
5. den vollständigen Namen und die vollständige Anschrift des Steuerpflichtigen und des Erwerbers oder Dienstleistungsempfängers;
6. Menge und Art der gelieferten Gegenstände beziehungsweise Umfang und Art der erbrachten Dienstleistungen;
7. das Datum, an dem die Gegenstände geliefert werden oder die Dienstleistung erbracht bzw. abgeschlossen wird, oder das Datum, an dem die Vorauszahlung im Sinne des Artikels 220 Nummern 4 und 5 geleistet wird, sofern dieses Datum feststeht und nicht mit dem Ausstellungsdatum der Rechnung identisch ist;

[Nr. 7a in der bis 31.12.2026 gültigen Fassung]

7 a. die Angabe „Besteuerung nach vereinnahmten Entgelten" (Kassenbuchführung), sofern der Steueranspruch gemäß Artikel 66 Buchstabe b zum Zeitpunkt des Eingangs der Zahlung entsteht und das Recht auf Vorsteuerabzug entsteht, wenn der Anspruch auf die abziehbare Steuer entsteht;

[Nr. 7a in der ab 1.1.2027 gültigen Fassung]

7a. die Angabe ‚Besteuerung nach vereinnahmten Entgelten' (Kassenbuchführung), sofern der Steueranspruch gemäß Artikel 66 Absatz 1 Buchstabe b zum Zeitpunkt des Eingangs der Zahlung entsteht und das Recht auf Vorsteuerabzug entsteht, wenn der Anspruch auf die abziehbare Steuer entsteht;

8. die Steuerbemessungsgrundlage für die einzelnen Steuersätze beziehungsweise die Befreiung, den Preis je Einheit ohne Mehrwertsteuer sowie jede Preisminderung oder Rückerstattung, sofern sie nicht im Preis je Einheit enthalten sind;
9. den anzuwendenden Mehrwertsteuersatz;
10. den zu entrichtenden Mehrwertsteuerbetrag, außer bei Anwendung einer Sonderregelung, bei der nach dieser Richtlinie eine solche Angabe ausgeschlossen wird;

10 a. bei Ausstellung der Rechnung durch den Erwerber oder Dienstleistungsempfänger und nicht durch den Lieferer oder Dienstleistungserbringer: die Angabe „Gutschrift";

11. Verweis auf die einschlägige Bestimmung dieser Richtlinie oder die entsprechende nationale Bestimmung oder Hinweis darauf, dass für die Lieferung von Gegenständen beziehungsweise die Dienstleistung eine Steuerbefreiung gilt;

11 a. bei Steuerschuldnerschaft des Erwerbers oder Dienstleistungsempfängers: die Angabe „Steuerschuldnerschaft des Leistungsempfängers";

12. bei Lieferung neuer Fahrzeuge unter den Voraussetzungen des Artikels 138 Absatz 1 und Absatz 2 Buchstabe a: die in Artikel 2 Absatz 2 Buchstabe b genannten Angaben;
13. im Falle der Anwendung der Sonderregelung für Reisebüros: die Angabe „Sonderregelung für Reisebüros";
14. im Falle der Anwendung einer der auf Gebrauchtgegenstände, Kunstgegenstände, Sammlungsstücke und Antiquitäten anwendbaren Sonderregelungen: die entsprechende Angabe „Gebrauchtgegenstände/Sonderregelung", „Kunstgegenstände/Sonderregelung" bzw. „Sammlungsstücke und Antiquitäten/Sonderregelung".
15. wenn der Steuerschuldner ein Steuervertreter im Sinne des Artikels 204 ist: Mehrwertsteuer-Identifikationsnummer im Sinne des Artikels 214, vollständiger Name und Anschrift des Steuervertreters.

Artikel 226 a
(Verzicht auf bestimmte Angaben)

Wird die Rechnung von einem Steuerpflichtigen ausgestellt, der nicht im Mitgliedstaat, in dem die Steuer geschuldet wird, ansässig ist oder dessen Niederlassung in dem betreffenden Mitgliedstaat im Sinne des Artikels 192 a nicht an der Lieferung oder Dienstleistung beteiligt ist und der Gegenstände an einen Erwerber liefert oder eine Dienstleistung an einen Empfänger erbringt, der die Steuer schuldet, kann der Steuerpflichtige auf die Angaben nach Artikel 226 Nummern 8, 9 und 10 verzichten und stattdessen durch Bezeichnung von Menge und Art der gelieferten Gegenstände bzw. Umfang und Art der erbrachten Dienstleistungen die Steuerbemessungsgrundlage der Gegenstände oder Dienstleistungen angeben.

Artikel 226 b
(Angaben auf vereinfachten Rechnungen)

[1]Im Zusammenhang mit vereinfachten Rechnungen gemäß Artikel 220 a und Artikel 221 Absätze 1 und 2 verlangen die Mitgliedstaaten mindestens die folgenden Angaben:

a) das Ausstellungsdatum;

b) die Identität des Steuerpflichtigen, der die Gegenstände liefert oder die Dienstleistungen erbringt;

c) die Art der gelieferten Gegenstände oder der erbrachten Dienstleistungen;

d) den zu entrichtenden Mehrwertsteuerbetrag oder die Angaben zu dessen Berechnung;

e) sofern es sich bei der ausgestellten Rechnung um ein Dokument oder eine Mitteilung handelt, das/die gemäß Artikel 219 einer Rechnung gleichgestellt ist, eine spezifische und eindeutige Bezugnahme auf diese ursprüngliche Rechnung und die konkret geänderten Einzelheiten.

[2]Sie dürfen keine anderen als die in den Artikeln 226, 227 und 230 vorgesehenen Rechnungsangaben verlangen.

Artikel 227
(Weitergehende Angabe der Mehrwertsteuer-Identifikationsnummer)

Die Mitgliedstaaten können von Steuerpflichtigen, die in ihrem Gebiet ansässig sind und dort Lieferungen von Gegenständen bewirken oder Dienstleistungen erbringen, verlangen, in anderen als den in Artikel 226 Nummer 4 genannten Fällen die Mehrwertsteuer-Identifikationsnummer des Erwerbers oder Dienstleistungsempfängers im Sinne des Artikels 214 anzugeben.

Artikel 228
(weggefallen)

Artikel 229
(Kein Unterschriftserfordernis)

Die Mitgliedstaaten verlangen nicht, dass die Rechnungen unterzeichnet sind.

Artikel 230
(Freiheit der Währungswahl)

Die auf der Rechnung ausgewiesenen Beträge können in jeder Währung angegeben sein, sofern die zu zahlende oder zu berichtigende Mehrwertsteuer nach Anwendung der Umrechnungsmethode nach Artikel 91 in der Währung des Mitgliedstaats angegeben ist.

Artikel 231
(weggefallen)

Abschnitt 5
Rechnungen auf Papier und elektronische Rechnungen

Artikel 232
(Zustimmungserfordernis)

Der Rechnungsempfänger muss der Verwendung der elektronischen Rechnung zustimmen.

Abweichend von Absatz 1 dieses Artikels können die Mitgliedstaaten, die von der in Artikel 218 Absatz 2 festgelegten Möglichkeit Gebrauch machen, vorsehen, dass bei der Verwendung elektronischer Rechnungen durch in ihrem Gebiet ansässige Steuerpflichtige die Zustimmung des in ihrem Gebiet ansässigen Rechnungsempfängers nicht erforderlich ist.

Artikel 233
(Anforderungen an Rechnungen)

(1) Die Echtheit der Herkunft einer Rechnung, die Unversehrtheit ihres Inhalts und ihre Lesbarkeit müssen unabhängig davon, ob sie auf Papier oder elektronisch vorliegt, vom Zeitpunkt der Ausstellung bis zum Ende der Dauer der Aufbewahrung der Rechnung gewährleistet werden.

[1]Jeder Steuerpflichtige legt fest, in welcher Weise die Echtheit der Herkunft, die Unversehrtheit des Inhalts und die Lesbarkeit der Rechnung gewährleistet werden können. [2]Dies kann durch jegliche innerbetriebliche Steuerungsverfahren erreicht werden, die einen verlässlichen Prüfpfad zwischen einer Rechnung und einer Lieferung oder Dienstleistung schaffen können.

„Echtheit der Herkunft" bedeutet die Sicherheit der Identität des Lieferers oder des Dienstleistungserbringers oder des Ausstellers der Rechnung.

„Unversehrtheit des Inhalts" bedeutet, dass der nach der vorliegenden Richtlinie erforderliche Inhalt nicht geändert wurde.

(2) Neben der in Absatz 1 beschriebenen Art von innerbetrieblichen Steuerungsverfahren lassen sich die folgenden Beispiele von Technologien anführen, welche die Echtheit der Herkunft und die Unversehrtheit des Inhalts einer elektronischen Rechnung gewährleisten:

a) durch eine fortgeschrittene elektronische Signatur im Sinne des Artikels 2 Nummer 2 der Richtlinie 1999/93/EG des Europäischen Parlaments und des Rates vom 13. Dezember 1999 über gemeinschaftliche Rahmenbedingungen für elektronische Signaturen[27], die auf einem qualifizierten Zertifikat beruht und von einer sicheren Signaturerstellungseinheit im Sinne des Artikels 2 Nummern 6 und 10 der Richtlinie 1999/93/EG erstellt worden ist;

b) durch elektronischen Datenaustausch (EDI) nach Artikel 2 des Anhangs 1 der Empfehlung 94/820/EG der Kommission vom 19. Oktober 1994 über die rechtlichen Aspekte des elektronischen Datenaustausches[28], sofern in der Vereinbarung über diesen Datenaustausch der Einsatz von Verfahren vorgesehen ist, die die Echtheit der Herkunft und die Unversehrtheit der Daten gewährleisten.

Artikel 234
(weggefallen)

Artikel 235
(Spezifische Anforderungen bei fehlender Amtshilfevereinbarung)

Die Mitgliedstaaten können spezifische Anforderungen für elektronische Rechnungen festlegen, die für Lieferungen von Gegenständen oder für Dienstleistungen in ihrem Gebiet in einem Land ausgestellt werden, mit dem keine Rechtsvereinbarung über Amtshilfe besteht, deren Anwendungsbereich mit dem der Richtlinie 2010/24/EU und der Verordnung (EG) Nr. 1798/2003 vergleichbar ist.

Artikel 236
(Bündelung elektronischer Rechnungen)

Werden mehrere elektronische Rechnungen gebündelt ein und demselben Rechnungsempfänger übermittelt oder für diesen bereitgehalten, ist es zulässig, Angaben, die allen Rechnungen gemeinsam sind, nur ein einziges Mal aufzuführen, sofern für jede Rechnung die kompletten Angaben zugänglich sind.

Artikel 237[29]
(Berichtspflicht der Kommission)

Spätestens am 31. Dezember 2016 unterbreitet die Kommission dem Europäischen Parlament und dem Rat einen auf einer unabhängigen Wirtschaftsstudie beruhenden allgemeinen Evaluierungsbericht über die Auswirkungen der ab dem 1. Januar 2013 anwendbaren Rechnungsstellungsvorschriften und insbesondere darüber, inwieweit sie tatsächlich zu einer Abnahme des Verwaltungsaufwands für die Unternehmen geführt haben, erforderlichenfalls zusammen mit einem entsprechenden Vorschlag zur Änderung der jeweiligen Vorschriften.

Abschnitt 6
Vereinfachungsmaßnahmen

Artikel 238
(Verzicht auf bestimmte Angaben)

(1) Nach Konsultation des Mehrwertsteuerausschusses können die Mitgliedstaaten unter den von ihnen festzulegenden Bedingungen vorsehen, dass Rechnungen für Lieferungen von Gegenständen oder für Dienstleistungen in folgenden Fällen nur die in Artikel 226b genannten Angaben enthalten:

a) wenn der Rechnungsbetrag höher als 100 EUR aber nicht höher als 400 EUR ist, oder den Gegenwert in Landeswährung;

b) wenn die Einhaltung aller in den Artikeln 226 oder 230 genannten Verpflichtungen aufgrund der Handels- oder Verwaltungspraktiken in dem betreffenden Wirtschafts-

27 Amtliche Fußnote: ABl. L 13 vom 19. 1. 2000, S. 12.

28 Amtliche Fußnote: ABl. L 338 vom 28. 12. 1994, S. 98.

29 Redaktionelle Fußnote: Art. 237 wird mit Wirkung vom 1.1.2027 aufgehoben (Änderung vom 11.3.2025).

bereich oder aufgrund der technischen Bedingungen der Erstellung dieser Rechnungen besonders schwierig ist.

(2) *weggefallen*

(3) Die Vereinfachung nach Absatz 1 darf nicht angewandt werden, wenn Rechnungen gemäß Artikel 220 Absatz 1 Nummern 2 und 3 ausgestellt werden müssen, oder wenn die steuerpflichtige Lieferung von Gegenständen oder die steuerpflichtige Dienstleistung von einem Steuerpflichtigen durchgeführt wird, der nicht in dem Mitgliedstaat ansässig ist, in dem die Mehrwertsteuer geschuldet wird, oder dessen Niederlassung in dem betreffenden Mitgliedstaat im Sinne des Artikels 192a nicht an der Lieferung oder Dienstleistung beteiligt ist und wenn die Steuer vom Erwerber bzw. Dienstleistungsempfänger geschuldet wird.

Artikel 239
(Ersetzung der Mehrwertsteuer-Identifikationsnummer)

Machen die Mitgliedstaaten von der Möglichkeit nach Artikel 272 Absatz 1 Unterabsatz 1 Buchstabe b Gebrauch, Steuerpflichtigen, die keine der in den Artikeln 20, 21, 22, 33, 36, 138 und 141 genannten Umsätze bewirken, keine Mehrwertsteuer-Identifikationsnummer zu erteilen, ist – sofern keine Mehrwertsteuer-Identifikationsnummer erteilt wurde – auf der Rechnung die Mehrwertsteuer-Identifikationsnummer des Lieferers oder Dienstleistungserbringers und des Erwerbers oder Dienstleistungsempfängers, durch eine andere, von den betreffenden Mitgliedstaaten näher bestimmte Nummer, die so genannte Steuerregisternummer, zu ersetzen.

Artikel 240
(Rechnungsangaben bei Steuerpflichtigen mit reduzierten Pflichten)

Mitgliedstaaten, die von der Möglichkeit nach Artikel 272 Absatz 1 Unterabsatz 1 Buchstabe b Gebrauch machen, können, wenn dem Steuerpflichtigen eine Mehrwertsteuer-Identifikationsnummer erteilt wurde, außerdem vorsehen, dass die Rechnung folgende Angaben enthält:

1. bei den in den Artikeln 44, 47, 50, 53, 54 und 55 genannten Dienstleistungen sowie bei den in den Artikeln 138 und 141 genannten Lieferungen von Gegenständen: die Mehrwertsteuer-Identifikationsnummer sowie die Steuerregisternummer des Lieferers bzw. Dienstleistungserbringers;
2. bei anderen Lieferungen von Gegenständen und Dienstleistungen: lediglich die Steuerregisternummer des Lieferers bzw. Dienstleistungserbringers oder lediglich die Mehrwertsteuer-Identifikationsnummer.

KAPITEL 4
Aufzeichnungen

Abschnitt 1
Begriffsbestimmung

Artikel 241
(Elektronische Aufbewahrung einer Rechnung)

Für die Zwecke dieses Kapitels gilt als „elektronische Aufbewahrung einer Rechnung" die Aufbewahrung von Daten mittels elektronischer Einrichtungen zur Verarbeitung (einschließlich der digitalen Kompression) und Aufbewahrung unter Verwendung von Draht, Funk, optischen oder anderen elektromagnetischen Medien.

Abschnitt 2
Allgemeine Pflichten

Artikel 242
(Aufzeichnungspflicht)

Jeder Steuerpflichtige hat Aufzeichnungen zu führen, die so ausführlich sind, dass sie die Anwendung der Mehrwertsteuer und ihre Kontrolle durch die Steuerverwaltung ermöglichen.

Artikel 242 a
(Aufzeichnungspflicht bei Nutzung einer elektronischen Schnittstelle)

(1) [1]Unterstützt ein Steuerpflichtiger die Lieferung von Gegenständen oder Dienstleistungen innerhalb der Gemeinschaft an eine nicht steuerpflichtige Person im Einklang mit Titel V durch die Nutzung einer elektronischen Schnittstelle, beispielsweise eines Marktplatzes, einer Plattform, eines Portals oder Ähnlichem, so muss dieser Steuerpflichtige Aufzeichnungen über diese Lieferungen und Dienstleistungen führen. [2]Diese Aufzeichnungen müssen so ausführlich sein, dass die Steuerbehörden des Mitgliedstaats, in dem diese Lieferungen und Dienstleistungen steuerbar sind, feststellen können, ob die Mehrwertsteuer korrekt berücksichtigt worden ist.

(2) Die Aufzeichnungen nach Absatz 1 sind den betreffenden Mitgliedstaaten auf Verlangen elektronisch zur Verfügung zu stellen.

Diese Aufzeichnungen sind vom Ende des Jahres an, in dem der Umsatz bewirkt wurde, zehn Jahre lang aufzubewahren.

Artikel 243
(Gewährleistung der Identifizierbarkeit von Gegenständen)

(1) Jeder Steuerpflichtige muss ein Register der Gegenstände führen, die er für die Zwecke seiner in Artikel 17 Absatz 2 Buchstaben f, g und h genannten Umsätze in Form der Begutachtung dieser Gegenstände oder von Arbeiten an diesen Gegenständen oder ihrer vorübergehenden Verwendung nach Orten außerhalb des Mitgliedstaats des Beginns der Versendung oder Beförderung, aber innerhalb der Gemeinschaft versandt oder befördert hat oder die für seine Rechnung dorthin versandt oder befördert wurden.

(2) Jeder Steuerpflichtige hat Aufzeichnungen zu führen, die so ausführlich sind, dass sie die Identifizierung der Gegenstände ermöglichen, die ihm aus einem anderen Mitgliedstaat von einem Steuerpflichtigen mit Mehrwertsteuer-Identifikationsnummer in diesem anderen Mitgliedstaat oder für dessen Rechnung im Zusammenhang mit einer Dienstleistung in Form der Begutachtung dieser Gegenstände oder von Arbeiten an diesen Gegenständen gesandt worden sind.

(3) Jeder Steuerpflichtige, der Gegenstände im Rahmen der in Artikel 17a genannten Konsignationslagerregelung verbringt, führt ein Register, das es den Steuerbehörden ermöglicht, die korrekte Anwendung des genannten Artikels zu überprüfen.

Jeder Steuerpflichtige, an den Gegenstände im Rahmen der in Artikel 17a genannten Konsignationslagerregelung geliefert werden, führt ein Register dieser Gegenstände.

Abschnitt 2 a
Allgemeine Pflichten von Zahlungsdienstleistern

Artikel 243 a
(Begriffsbestimmungen)

Im Sinne dieses Abschnitts bezeichnet der Ausdruck

1. „Zahlungsdienstleister" eine der in Artikel 1 Absatz 1 Buchstaben a bis d der Richtlinie (EU) 2015/2366 des Eu-

ropäischen Parlaments und des Rates[30] aufgeführten Kategorien von Zahlungsdienstleistern oder eine natürliche oder juristische Person, für die eine Ausnahme gemäß Artikel 32 der genannten Richtlinie gilt;

2. „Zahlungsdienst" eine der in Anhang I Nummern 3 bis 6 der Richtlinie (EU) 2015/2366 genannten gewerblichen Tätigkeiten;
3. „Zahlung" vorbehaltlich der in Artikel 3 der Richtlinie (EU) 2015/2366 vorgesehenen Ausnahmen einen „Zahlungsvorgang" gemäß der Definition in Artikel 4 Nummer 5 der genannten Richtlinie oder einen „Finanztransfer" gemäß Artikel 4 Nummer 22 der genannten Richtlinie;
4. „Zahler" einen „Zahler" gemäß der Definition in Artikel 4 Nummer 8 der Richtlinie (EU) 2015/2366;
5. „Zahlungsempfänger" einen „Zahlungsempfänger" gemäß der Definition in Artikel 4 Nummer 9 der Richtlinie (EU) 2015/2366;
6. „Herkunftsmitgliedstaat" den „Herkunftsmitgliedstaat" gemäß der Definition in Artikel 4 Nummer 1 der Richtlinie (EU) 2015/2366;
7. „Aufnahmemitgliedstaat" den „Aufnahmemitgliedstaat" gemäß der Definition in Artikel 4 Nummer 2 der Richtlinie (EU) 2015/2366;
8. „Zahlungskonto" ein „Zahlungskonto" gemäß der Definition in Artikel 4 Nummer 12 der Richtlinie (EU) 2015/2366;
9. „IBAN" eine „IBAN" gemäß der Definition in Artikel 2 Nummer 15 der Verordnung (EU) Nr. 260/2012 des Europäischen Parlaments und des Rates[31];
10. „BIC" eine „BIC" gemäß der Definition in Artikel 2 Nummer 16 der Verordnung (EU) Nr. 260/2012.

Artikel 243 b
(Aufzeichnungspflichten)

(1) Die Mitgliedstaaten verlangen von den Zahlungsdienstleistern, dass sie hinreichend detaillierte Aufzeichnungen über Zahlungsempfänger und Zahlungen in Bezug auf die von ihnen in jedem Kalenderquartal erbrachten Zahlungsdienste führen, um die zuständigen Behörden der Mitgliedstaaten in die Lage zu versetzen, Lieferungen von Gegenständen und Dienstleistungen zu kontrollieren, die gemäß den Bestimmungen des Titels V als in einem Mitgliedstaat erfolgt bzw. erbracht gelten, damit das Ziel der Bekämpfung von Mehrwertsteuerbetrug erreicht wird.

[1]Die in Unterabsatz 1 genannte Anforderung gilt nur für Zahlungsdienste, die in Bezug auf grenzüberschreitende Zahlungen erbracht werden. [2]Eine Zahlung gilt als grenzüberschreitende Zahlung, wenn sich der Zahler in einem Mitgliedstaat und der Zahlungsempfänger in einem anderen Mitgliedstaat, einem Drittgebiet oder einem Drittland befindet.

(2) Die Anforderung an die Zahlungsdienstleister nach Absatz 1 gilt, wenn ein Zahlungsdienstleister während eines Kalenderquartals im Rahmen seiner Zahlungsdienste mehr als 25 grenzüberschreitende Zahlungen an denselben Zahlungsempfänger tätigt.

[1]Die Anzahl der in Unterabsatz 1 dieses Absatzes genannten grenzüberschreitenden Zahlungen wird unter Zugrundelegung der Zahlungsdienste berechnet, die der Zahlungsdienstleister pro Mitgliedstaat und pro Kennzeichen gemäß Artikel 243 c Absatz 2 erbringt. [2]Wenn der Zahlungsdienstleister über die Information verfügt, dass der Zahlungsempfänger mehrere Kennzeichen hat, erfolgt die Berechnung pro Zahlungsempfänger.

(3) [1]Die Anforderung nach Absatz 1 gilt nicht für Zahlungsdienste, die von den Zahlungsdienstleistern des Zahlers in Bezug auf jegliche Zahlung erbracht werden, bei der mindestens einer der Zahlungsdienstleister des Zahlungsempfängers gemäß seiner BIC oder eines anderen Geschäftskennzeichens, die bzw. das den Zahlungsdienstleister und dessen Ort eindeutig identifiziert, in einem Mitgliedstaat ansässig ist. [2]Die Zahlungsdienstleister des Zahlers müssen diese Zahlungsdienste jedoch in die Berechnung nach Absatz 2 aufnehmen.

(4) Findet die Anforderung an die Zahlungsdienstleister gemäß Absatz 1 Anwendung, so gilt für die Aufzeichnungen Folgendes:

a) Sie werden vom Zahlungsdienstleister in elektronischer Form für einen Zeitraum von drei Kalenderjahren ab Ende des Kalenderjahres, in dem die Zahlung ausgeführt wurde, aufbewahrt;
b) sie werden gemäß Artikel 24 b der Verordnung (EU) Nr. 904/2010 dem Herkunftsmitgliedstaat des Zahlungsdienstleisters oder den Aufnahmemitgliedstaaten, wenn der Zahlungsdienstleister Zahlungsdienste in anderen Mitgliedstaaten als dem Herkunftsmitgliedstaat erbringt, zur Verfügung gestellt.

Artikel 243 c
(Bestimmung des Ortes)

(1) Für die Anwendung von Artikel 243 b Absatz 1 Unterabsatz 2 und unbeschadet der Bestimmungen des Titels V gilt der Ort des Zahlers als in dem Mitgliedstaat belegen:

a) dem die IBAN des Zahlungskontos des Zahlers oder jedes andere Kennzeichen, das eindeutig den Zahler identifiziert und seinen Ort angibt, zugeordnet werden kann, oder, falls keine solchen Kennzeichen vorliegen,
b) dem die BIC oder ein anderes Geschäftskennzeichen, das eindeutig den Zahlungsdienstleister, der im Namen des Zahlers handelt, identifiziert und seinen Ort angibt, zugeordnet werden kann.

(2) Für die Anwendung von Artikel 243 b Absatz 1 Unterabsatz 2 gilt der Ort des Zahlungsempfängers als in dem Mitgliedstaat, Drittgebiet oder Drittland belegen:

a) dem die IBAN des Zahlungskontos des Zahlungsempfängers oder jedes andere Kennzeichen, das eindeutig den Zahlungsempfänger identifiziert und seinen Ort angibt,

30 Durch die Entscheidung 2009/791/EG des Rates vom 20. Oktober 2009 zur Ermächtigung der Bundesrepublik Deutschland, weiterhin eine von den Artikeln 168 und 168a der Richtlinie 2006/112/EG über das gemeinsame Mehrwertsteuersystem abweichende Regelung anzuwenden (ABl. L 283 vom 30. 10. 2009 S. 55), zuletzt geändert durch Durchführungsbeschluss (EU) 2024/2885 des Rates vom 5. November 2024 (ABl. L, 2024/2885, 13. 11. 2024), wird Deutschland bis zum 31. Dezember 2027 ermächtigt, abweichend von Artikel 168 und 168a der Richtlinie 2006/112/EG die anfallende Mehrwertsteuer auf Gegenstände und Dienstleistungen, die zu mehr als 90 % für private Zwecke des Steuerpflichtigen oder seines Personals oder allgemein für unternehmensfremde Zwecke oder nichtwirtschaftliche Tätigkeiten genutzt werden, vollständig vom Recht auf Vorsteuerabzug auszuschließen.

31 Amtliche Fußnote: Verordnung (EU) Nr. 260/2012 des Europäischen Parlaments und des Rates vom 14. März 2012 zur Festlegung der technischen Vorschriften und der Geschäftsanforderungen für Überweisungen und Lastschriften in Euro und zur Änderung der Verordnung (EG) Nr. 924/2009 (ABl. L 94 vom 30. 3. 2012, S. 22).

zugeordnet werden kann, oder, falls keine solchen Kennzeichen vorliegen,

b) dem die BIC oder ein anderes Geschäftskennzeichen, das eindeutig den Zahlungsdienstleister, der im Namen des Zahlungsempfängers handelt, identifiziert und seinen Ort angibt, zugeordnet werden kann.

Artikel 243 d
(Umfang der zu speichernden Informationen)

(1) Die gemäß Artikel 243 b zu speichernden Aufzeichnungen der Zahlungsdienstleister umfassen folgende Informationen:

a) die BIC oder ein anderes Geschäftskennzeichen, das den Zahlungsdienstleister eindeutig identifiziert;

b) den Namen oder die Bezeichnung des Unternehmens des Zahlungsempfängers gemäß den Aufzeichnungen des Zahlungsdienstleisters;

c) falls vorhanden, jegliche MwSt.-Identifikationsnummer oder sonstige nationale Steuernummer des Zahlungsempfängers;

d) IBAN oder, falls diese nicht vorhanden ist, jedes andere Kennzeichen, das eindeutig den Zahlungsempfänger identifiziert und seinen Ort angibt;

e) die BIC oder ein anderes Geschäftskennzeichen, das eindeutig den Zahlungsdienstleister, der im Namen des Zahlungsempfängers handelt, identifiziert und seinen Ort angibt, wenn der Zahlungsempfänger Geldmittel erhält, jedoch kein Zahlungskonto hat;

f) falls verfügbar, die Adresse des Zahlungsempfängers gemäß den Aufzeichnungen des Zahlungsdienstleisters;

g) genaue Angaben zu allen grenzüberschreitenden Zahlungen gemäß Artikel 243 b Absatz 1;

h) genaue Angaben zu allen als mit grenzüberschreitenden Zahlungen nach Buchstabe g zusammenhängend ermittelten Zahlungserstattungen.

(2) Die in Absatz 1 Buchstaben g und h genannten Informationen umfassen folgende Angaben:

a) Datum und Uhrzeit der Zahlung oder der Zahlungserstattung;

b) Betrag und Währung der Zahlung oder der Zahlungserstattung;

c) den Ursprungsmitgliedstaat der vom Zahlungsempfänger oder in seinem Namen erhaltenen Zahlung, den Bestimmungsmitgliedstaat, in dem die Erstattung erfolgt, falls zutreffend, sowie die Informationen, die zur Ermittlung des Ursprungs oder des Bestimmungsortes der Zahlung oder der Zahlungserstattung gemäß Artikel 243 c notwendig sind;

d) jede Bezugnahme, die die Zahlung eindeutig ausweist;

e) gegebenenfalls die Angabe, dass die Zahlung in den Räumlichkeiten des Händlers eingeleitet wird.

Abschnitt 3
Pflichten in Bezug auf die Aufbewahrung aller Rechnungen

Artikel 244
(Aufbewahrungspflicht)

Jeder Steuerpflichtige sorgt für die Aufbewahrung von Kopien aller Rechnungen, die er selbst, der Erwerber oder Dienstleistungsempfänger oder ein Dritter in seinem Namen und für seine Rechnung ausgestellt hat, sowie aller Rechnungen, die er erhalten hat.

Artikel 245
(Aufbewahrungsort)

(1) Für die Zwecke dieser Richtlinie kann der Steuerpflichtige den Aufbewahrungsort aller Rechnungen bestimmen, sofern er den zuständigen Behörden auf deren Verlangen alle gemäß Artikel 244 aufzubewahrenden Rechnungen oder Daten unverzüglich zur Verfügung stellt.

(2) Die Mitgliedstaaten können von den in ihrem Gebiet ansässigen Steuerpflichtigen verlangen, ihnen den Aufbewahrungsort mitzuteilen, wenn sich dieser außerhalb ihres Gebiets befindet.

Die Mitgliedstaaten können ferner von den in ihrem Gebiet ansässigen Steuerpflichtigen verlangen, alle von ihnen selbst oder vom Erwerber oder Dienstleistungsempfänger oder von einem Dritten in ihrem Namen und für ihre Rechnung ausgestellten Rechnungen sowie alle Rechnungen, die sie erhalten haben, im Inland aufzubewahren, soweit es sich nicht um eine elektronische Aufbewahrung handelt, die einen vollständigen Online-Zugriff auf die betreffenden Daten gewährleistet.

Artikel 246
(weggefallen)

Artikel 247
(Festlegung der Aufbewahrungsdauer)

(1) Jeder Mitgliedstaat legt fest, über welchen Zeitraum Steuerpflichtige Rechnungen für Lieferungen von Gegenständen oder für Dienstleistungen in seinem Gebiet aufbewahren müssen und Rechnungen, die in seinem Gebiet ansässige Steuerpflichtige erhalten haben, aufbewahrt werden müssen.

(2) [1]Um die Einhaltung der in Artikel 233 genannten Anforderungen sicherzustellen, kann der in Absatz 1 genannte Mitgliedstaat vorschreiben, dass die Rechnungen in der Originalform, in der sie übermittelt oder zur Verfügung gestellt wurden, d. h. auf Papier oder elektronisch, aufzubewahren sind. [2]Er kann zudem verlangen, dass bei der elektronischen Aufbewahrung von Rechnungen die Daten, mit denen die Echtheit der Herkunft der Rechnungen und die Unversehrtheit ihres Inhalts nach Artikel 233 nachgewiesen werden, ebenfalls elektronisch aufzubewahren sind.

(3) Der in Absatz 1 genannte Mitgliedstaat kann spezifische Anforderungen festlegen, wonach die Aufbewahrung der Rechnungen in einem Land verboten oder eingeschränkt wird, mit dem keine Rechtsvereinbarung über Amtshilfe, deren Anwendungsbereich mit dem der Richtlinie 2010/24/EU sowie der Verordnung (EG) Nr. 1798/2003 vergleichbar ist, oder keine Rechtsvereinbarung über das in Artikel 249 genannte Recht auf elektronischen Zugriff auf diese Rechnungen, deren Herunterladen und Verwendung besteht.

Artikel 248
(Festlegung weiterer Bedingungen)

Die Mitgliedstaaten können vorschreiben, dass an nichtsteuerpflichtige Personen ausgestellte Rechnungen aufzubewahren sind und dafür entsprechende Bedingungen festlegen.

Artikel 248 a
(Übersetzung)

[1]Die Mitgliedstaaten können zu Kontrollzwecken und bei Rechnungen, die sich auf Lieferungen von Gegenständen oder Dienstleistungen in ihrem Gebiet beziehen oder die in ihrem Gebiet ansässige Steuerpflichtige erhalten haben, von bestimmten Steuerpflichtigen oder in bestimmten Fällen Übersetzungen in ihre Amtssprachen verlangen. [2]Die Mitgliedstaaten dür-

fen allerdings nicht eine allgemeine Verpflichtung zur Übersetzung von Rechnungen auferlegen.

Abschnitt 4
Recht auf Zugriff auf in einem anderen Mitgliedstaat elektronisch aufbewahrte Rechnungen

Artikel 249
(Zugriffsrecht der Behörden)

Bewahrt ein Steuerpflichtiger von ihm ausgestellte oder empfangene Rechnungen elektronisch in einer Weise auf, die einen Online-Zugriff auf die betreffenden Daten gewährleistet, haben die zuständigen Behörden des Mitgliedstaats, in dem er ansässig ist, und, falls die Steuer in einem anderen Mitgliedstaat geschuldet wird, die zuständigen Behörden dieses Mitgliedstaats, zu Kontrollzwecken das Recht auf Zugriff auf diese Rechnungen sowie auf deren Herunterladen und Verwendung.

KAPITEL 5
Erklärungspflichten

Artikel 250
(Abgabe einer Mehrwertsteuererklärung)

(1) Jeder Steuerpflichtige hat eine Mehrwertsteuererklärung abzugeben, die alle für die Festsetzung des geschuldeten Steuerbetrags und der vorzunehmenden Vorsteuerabzüge erforderlichen Angaben enthält, gegebenenfalls einschließlich des Gesamtbetrags der für diese Steuer und Abzüge maßgeblichen Umsätze sowie des Betrags der steuerfreien Umsätze, soweit dies für die Feststellung der Steuerbemessungsgrundlage erforderlich ist.

(2) Die Mitgliedstaaten legen fest, unter welchen Bedingungen der Steuerpflichtige die in Absatz 1 genannte Erklärung elektronisch abgeben darf, und können die elektronische Abgabe auch vorschreiben.

Artikel 251
(Erklärungsinhalt)

Neben den in Artikel 250 genannten Angaben muss die Mehrwertsteuererklärung, die einen bestimmten Steuerzeitraum umfasst, folgende Angaben enthalten:

a) Gesamtbetrag ohne Mehrwertsteuer der in Artikel 138 genannten Lieferungen von Gegenständen, für die während dieses Steuerzeitraums der Steueranspruch eingetreten ist;

b) Gesamtbetrag ohne Mehrwertsteuer der in den Artikeln 33 und 36 genannten Lieferungen von Gegenständen, im Gebiet eines anderen Mitgliedstaats, für die der Steueranspruch während dieses Steuerzeitraums eingetreten ist, wenn der Ort des Beginns der Versendung oder Beförderung der Gegenstände in dem Mitgliedstaat liegt, in dem die Erklärung abzugeben ist;

c) Gesamtbetrag ohne Mehrwertsteuer der innergemeinschaftlichen Erwerbe von Gegenständen sowie der diesen gemäß Artikel 21 und 22 gleichgestellten Umsätze, die in dem Mitgliedstaat bewirkt wurden, in dem die Erklärung abzugeben ist, und für die der Steueranspruch während dieses Steuerzeitraums eingetreten ist;

d) Gesamtbetrag ohne Mehrwertsteuer der in den Artikeln 33 und 36 genannten Lieferungen von Gegenständen, in dem Mitgliedstaat, in dem die Erklärung abzugeben ist, und für die der Steueranspruch während dieses Steuerzeitraums eingetreten ist, wenn der Ort des Beginns der Versendung oder Beförderung der Gegenstände im Gebiet eines anderen Mitgliedstaats liegt;

e) Gesamtbetrag ohne Mehrwertsteuer der Lieferungen von Gegenständen, in dem Mitgliedstaat, in dem die Erklärung abzugeben ist, für die der Steuerpflichtige gemäß Artikel 197 als Steuerschuldner bestimmt wurde und für die der Steueranspruch während dieses Steuerzeitraums eingetreten ist.

Artikel 252
(Erklärungszeitraum)

(1) [1]Die Mehrwertsteuererklärung ist innerhalb eines von den einzelnen Mitgliedstaaten festzulegenden Zeitraums abzugeben. [2]Dieser Zeitraum darf zwei Monate nach Ende jedes einzelnen Steuerzeitraums nicht überschreiten.

(2) Der Steuerzeitraum kann von den Mitgliedstaaten auf einen, zwei oder drei Monate festgelegt werden.

Die Mitgliedstaaten können jedoch andere Zeiträume festlegen, sofern diese ein Jahr nicht überschreiten.

Artikel 253
(Vereinfachtes Verfahren in Schweden)

Schweden kann für kleine und mittlere Unternehmen ein vereinfachtes Verfahren anwenden, das es Steuerpflichtigen, die ausschließlich im Inland steuerbare Umsätze bewirken, gestattet, die Mehrwertsteuererklärung drei Monate nach Ablauf des Steuerjahrs für Zwecke der direkten Steuern abzugeben.

Artikel 254
(Maßnahmen zu Erklärungspflichten bei steuerbefreiten Fahrzeuglieferungen)

In Bezug auf Lieferungen von neuen Fahrzeugen unter den Bedingungen des Artikels 138 Absatz 2 Buchstabe a durch einen Steuerpflichtigen mit Mehrwertsteuer-Identifikationsnummer an einen Erwerber ohne Mehrwertsteuer-Identifikationsnummer oder durch einen Steuerpflichtigen im Sinne des Artikels 9 Absatz 2 treffen die Mitgliedstaaten die erforderlichen Maßnahmen, damit der Verkäufer alle Informationen meldet, die für die Anwendung der Mehrwertsteuer und ihre Kontrolle durch die Verwaltung erforderlich sind.

Artikel 255
(Maßnahmen zu Erklärungspflichten bei Goldgeschäften)

Wenn die Mitgliedstaaten den Erwerber von Anlagegold gemäß Artikel 198 Absatz 1 als Steuerschuldner bestimmen oder von der in Artikel 198 Absatz 2 vorgesehenen Möglichkeit Gebrauch machen, den Erwerber von Goldmaterial oder Halbfertigerzeugnissen oder von Anlagegold im Sinne des Artikels 344 Absatz 1 als Steuerschuldner zu bestimmen, treffen sie die erforderlichen Maßnahmen, um sicherzustellen, dass diese Person ihren Erklärungspflichten nach diesem Kapitel nachkommt.

Artikel 256
(Maßnahmen zu Erklärungspflichten bei bestimmten Steuerschuldnern)

Die Mitgliedstaaten treffen die erforderlichen Maßnahmen, damit die Personen, die gemäß den Artikeln 194 bis 197 und Artikel 204 anstelle des nicht in ihrem Gebiet ansässigen Steuerpflichtigen als Steuerschuldner angesehen werden, ihren Erklärungspflichten nach diesem Kapitel nachkommen.

Artikel 257
(Maßnahmen zu Erklärungspflichten bei nichtsteuerpflichtigen Steuerschuldnern)

Die Mitgliedstaaten treffen die erforderlichen Maßnahmen, damit die nichtsteuerpflichtigen juristischen Personen, die die für den in Artikel 2 Absatz 1 Nummer 2 Buchstabe b Ziffer i genannten innergemeinschaftlichen Erwerb von Gegenständen zu entrichtende Steuer schulden, ihren Erklärungspflichten nach diesem Kapitel nachkommen.

Artikel 258
(Festlegung der Erklärungspflichten bei innergemeinschaftlichem Erwerb)

Die Mitgliedstaaten legen die Einzelheiten der Erklärungspflichten in Bezug auf den innergemeinschaftlichen Erwerb von neuen Fahrzeugen im Sinne des Artikels 2 Absatz 1 Buchstabe b Ziffer ii und von verbrauchsteuerpflichtigen Waren im Sinne des Artikels 2 Absatz 1 Buchstabe b Ziffer iii fest.

Artikel 259
(Erklärungspflichten beim Fahrzeugerwerb)

Die Mitgliedstaaten können verlangen, dass Personen, die innergemeinschaftliche Erwerbe neuer Fahrzeuge nach Artikel 2 Absatz 1 Buchstabe b Ziffer ii tätigen, bei der Abgabe der Mehrwertsteuererklärung alle Informationen melden, die für die Anwendung der Mehrwertsteuer und ihre Kontrolle durch die Verwaltung erforderlich sind.

Artikel 260
(Festlegung der Erklärungspflichten bei Einfuhren)

Die Mitgliedstaaten legen die Einzelheiten der Erklärungspflichten in Bezug auf die Einfuhr von Gegenständen fest.

Artikel 261
(Erklärungspflicht über sämtliche Umsätze)

(1) [1]Die Mitgliedstaaten können von dem Steuerpflichtigen verlangen, dass er eine Erklärung über sämtliche Umsätze des vorangegangenen Jahres mit allen in den Artikeln 250 und 251 genannten Angaben abgibt. [2]Diese Erklärung muss alle Angaben enthalten, die für etwaige Berichtigungen von Bedeutung sind.

(2) Die Mitgliedstaaten legen fest, unter welchen Bedingungen der Steuerpflichtige die in Absatz 1 genannte Erklärung elektronisch abgeben darf, und können die elektronische Abgabe auch vorschreiben.

KAPITEL 6
Zusammenfassende Meldung

Artikel 262
(Angaben zu Geschäftspartnern)

(1) Jeder Steuerpflichtige mit Mehrwertsteuer-Identifikationsnummer muss eine zusammenfassende Meldung abgeben, in der Folgendes aufgeführt ist:

a) die Erwerber mit Mehrwertsteuer-Identifikationsnummer, denen er Gegenstände unter den Bedingungen des Artikels 138 Absatz 1 und des Artikels 138 Absatz 2 Buchstabe c geliefert hat;

b) die Personen mit Mehrwertsteuer-Identifikationsnummer, denen er Gegenstände geliefert hat, die ihm im Rahmen eines innergemeinschaftlichen Erwerbs von Gegenständen im Sinne des Artikels 42 geliefert wurden;

c) die Steuerpflichtigen sowie die nicht steuerpflichtigen juristischen Personen mit Mehrwertsteuer-Identifikationsnummer, für die er Dienstleistungen erbracht hat, die keine Dienstleistungen sind, die in dem Mitgliedstaat, in dem der Umsatz steuerbar ist, von der Mehrwertsteuer befreit sind, und für die der Dienstleistungsempfänger gemäß Artikel 196 der Steuerschuldner ist.

(2) Neben den in Absatz 1 genannten Angaben meldet jeder Steuerpflichtige die Mehrwertsteuer-Identifikationsnummern der Steuerpflichtigen, für die die Gegenstände, die im Rahmen einer Konsignationslagerregelung gemäß den in Artikel 17a festgelegten Voraussetzungen versandt oder befördert werden, bestimmt sind sowie jede Änderung der gemeldeten Angaben.

Artikel 263
(Fristen und Modalitäten)

(1) Eine zusammenfassende Meldung ist für jeden Kalendermonat innerhalb einer Frist von höchstens einem Monat und nach den Modalitäten abzugeben, die von den Mitgliedstaaten festzulegen sind.

(1a) Die Mitgliedstaaten können jedoch unter von ihnen festzulegenden Bedingungen und innerhalb von ihnen festzulegender Grenzen den Steuerpflichtigen gestatten, die zusammenfassende Meldung für jedes Kalenderquartal innerhalb eines Zeitraums von höchstens einem Monat ab dem Quartalsende abzugeben, wenn der Gesamtbetrag der Lieferungen von Gegenständen gemäß Artikel 264 Absatz 1 Buchstabe d und Artikel 265 Absatz 1 Buchstabe c für das Quartal ohne Mehrwertsteuer weder für das jeweilige Quartal noch für eines der vier vorangegangenen Quartale den Betrag von 50 000 EUR oder den Gegenwert in Landeswährung übersteigt.

[1]Die in Unterabsatz 1 vorgesehene Möglichkeit besteht ab Ende desjenigen Monats nicht mehr, in dem der Gesamtbetrag der Lieferungen von Gegenständen gemäß Artikel 264 Absatz 1 Buchstabe d und Artikel 265 Absatz 1 Buchstabe c für das laufende Quartal ohne Mehrwertsteuer den Betrag von 50 000 EUR oder den Gegenwert in Landeswährung übersteigt. [2]In diesem Fall ist eine zusammenfassende Meldung für den oder die seit Beginn des Quartals vergangenen Monate innerhalb eines Zeitraums von höchstens einem Monat abzugeben.

(1b) Bis zum 31. Dezember 2011 können die Mitgliedstaaten den in Absatz 1a vorgesehenen Betrag auf 100 000 EUR oder den Gegenwert in Landeswährung festlegen.

(1c) Die Mitgliedstaaten können unter von ihnen festzulegenden Bedingungen und innerhalb von ihnen festzulegender Grenzen den Steuerpflichtigen in Bezug auf die Dienstleistungen gemäß Artikel 264 Absatz 1 Buchstabe d gestatten, die zusammenfassende Meldung für jedes Kalenderquartal innerhalb eines Zeitraums von höchstens einem Monat ab dem Quartalsende abzugeben.

Die Mitgliedstaaten können insbesondere verlangen, dass die Steuerpflichtigen, die Lieferungen von Gegenständen und Dienstleistungen gemäß Artikel 264 Absatz 1 Buchstabe d bewirken, die zusammenfassende Meldung innerhalb des Zeitraums abgeben, der sich aus der Anwendung der Absätze 1 bis 1b ergibt.

(2) Die Mitgliedstaaten legen fest, unter welchen Bedingungen der Steuerpflichtige die in Absatz 1 genannte zusammenfassende Meldung im Wege der elektronischen Datenübertragung abgeben darf, und können die Abgabe im Wege der elektronischen Datenübertragung auch vorschreiben.

Artikel 264
(Inhalt)

(1) Die zusammenfassende Meldung muss folgende Angaben enthalten:

a) die Mehrwertsteuer-Identifikationsnummer des Steuerpflichtigen in dem Mitgliedstaat, in dem die zusammenfassende Meldung abzugeben ist, und unter der er Gegenstände im Sinne des Artikels 138 Absatz 1 geliefert hat oder steuerpflichtige Dienstleistungen im Sinne des Artikels 44 erbracht hat;

b) die Mehrwertsteuer-Identifikationsnummer eines jeden Erwerbers von Gegenständen oder eines jeden Empfängers von Dienstleistungen in einem anderen Mitgliedstaat als dem, in dem die zusammenfassende Meldung abzugeben ist, und unter der ihm die Gegenstände geliefert oder für ihn die Dienstleistungen erbracht wurden;

c) die Mehrwertsteuer-Identifikationsnummer des Steuerpflichtigen in dem Mitgliedstaat, in dem die zusammenfassende Meldung abzugeben ist, und unter der er eine Verbringung in einen anderen Mitgliedstaat nach Artikel 138 Absatz 2 Buchstabe c bewirkt hat, sowie seine Mehrwertsteuer-Identifikationsnummer im Mitgliedstaat der Beendigung der Versendung oder Beförderung;

d) für jeden einzelnen Erwerber von Gegenständen oder Empfänger von Dienstleistungen den Gesamtbetrag der Lieferungen von Gegenständen und den Gesamtbetrag der Dienstleistungen durch den Steuerpflichtigen;

e) bei der Lieferung von Gegenständen in Form der Verbringung in einen anderen Mitgliedstaat nach Artikel 138 Absatz 2 Buchstabe c den gemäß Artikel 76 ermittelten Gesamtbetrag der Lieferungen;

f) den Betrag der gemäß Artikel 90 durchgeführten Berichtigungen.

(2) Der in Absatz 1 Buchstabe d genannte Betrag ist für den gemäß Artikel 263 Absätze 1 bis 1c festgelegten Abgabezeitraum zu melden, in dem der Steueranspruch eingetreten ist.

Der in Absatz 1 Buchstabe f genannte Betrag ist für den gemäß Artikel 263 Absätze 1 bis 1c festgelegten Abgabezeitraum zu melden, in dem die Berichtigung dem Erwerber mitgeteilt wird.

Artikel 265
(Inhalt bei innergemeinschaftlichem Erwerb)

(1) Im Falle des innergemeinschaftlichen Erwerbs von Gegenständen im Sinne des Artikels 42 hat der Steuerpflichtige mit Mehrwertsteuer-Identifikationsnummer in dem Mitgliedstaat, der ihm die Mehrwertsteuer-Identifikationsnummer erteilt hat, unter der er diesen Erwerb getätigt hat, in der zusammenfassenden Meldung folgende Einzelangaben zu machen:

a) seine Mehrwertsteuer-Identifikationsnummer in diesem Mitgliedstaat, unter der er die Gegenstände erworben und anschließend geliefert hat;

b) die Mehrwertsteuer-Identifikationsnummer des Empfängers der anschließenden Lieferungen des Steuerpflichtigen im Mitgliedstaat der Beendigung der Versendung oder Beförderung;

c) für jeden einzelnen dieser Empfänger der Lieferung den Gesamtbetrag ohne Mehrwertsteuer derartiger Lieferungen des Steuerpflichtigen im Mitgliedstaat der Beendigung der Versendung oder Beförderung.

(2) Der in Absatz 1 Buchstabe c genannte Betrag ist für den gemäß Artikel 263 Absätze 1 bis 1b festgelegten Abgabezeitraum zu melden, in dem der Steueranspruch eingetreten ist.

Artikel 266
(Weitere Angaben)

Abweichend von den Artikeln 264 und 265 können die Mitgliedstaaten verlangen, dass die zusammenfassende Meldung weitere Angaben enthält.

Artikel 267
(Maßnahmen für besondere Steuerschuldner)

Die Mitgliedstaaten treffen die erforderlichen Maßnahmen, damit die Personen, die gemäß den Artikeln 194 und 204 anstelle eines nicht in ihrem Gebiet ansässigen Steuerpflichtigen als Steuerschuldner angesehen werden, ihrer Pflicht zur Abgabe von zusammenfassenden Meldungen nach diesem Kapitel nachkommen.

Artikel 268
(Ausführliche Angaben bei innergemeinschaftlichem Erwerb)

Die Mitgliedstaaten können von Steuerpflichtigen, die in ihrem Gebiet innergemeinschaftliche Erwerbe von Gegenständen sowie diesen gleichgestellte Umsätze im Sinne der Artikel 21 und 22 bewirken, die Abgabe von Erklärungen mit ausführlichen Angaben über diese Erwerbe verlangen; für Zeiträume von weniger als einem Monat dürfen solche Erklärungen jedoch nicht verlangt werden.

Artikel 269
(Ermächtigung der Mitgliedstaaten)

[1]Der Rat kann die einzelnen Mitgliedstaaten auf Vorschlag der Kommission einstimmig ermächtigen, die in den Artikeln 270 und 271 vorgesehenen besonderen Maßnahmen zu treffen, um die Pflicht zur Abgabe einer zusammenfassenden Meldung nach diesem Kapitel zu vereinfachen. [2]Diese Maßnahmen dürfen die Kontrolle der innergemeinschaftlichen Umsätze nicht beeinträchtigen.

Artikel 270
(Abgabe einer jährlichen zusammenfassenden Meldung)

Aufgrund der Ermächtigung nach Artikel 269 können die Mitgliedstaaten einem Steuerpflichtigen gestatten, eine jährliche zusammenfassende Meldung mit den Mehrwertsteuer-Identifikationsnummern derjenigen Erwerber in anderen Mitgliedstaaten abzugeben, denen er Gegenstände unter den Bedingungen des Artikels 138 Absatz 1 und Absatz 2 Buchstabe c geliefert hat, wenn der Steuerpflichtige die folgenden drei Voraussetzungen erfüllt:

a) der jährliche Gesamtbetrag ohne Mehrwertsteuer seiner Lieferungen von Gegenständen und Dienstleistungen übersteigt den Jahresumsatz, der bei Steuerpflichtigen, die unter die Steuerbefreiung für Kleinunternehmen nach Artikel 284 fallen, als Referenzbetrag dient, um nicht mehr als 35 000 EUR oder den Gegenwert in Landeswährung;

b) der jährliche Gesamtbetrag ohne Mehrwertsteuer seiner Lieferungen von Gegenständen unter den Bedingungen des Artikels 138 übersteigt nicht den Betrag von 15 000 EUR oder den Gegenwert in Landeswährung;

c) bei den von ihm unter den Voraussetzungen des Artikels 138 gelieferten Gegenständen handelt es sich nicht um neue Fahrzeuge.

Artikel 271
(Abgabe der Meldung für die Dauer des Steuerzeitraums)

Aufgrund der Ermächtigung nach Artikel 269 können diejenigen Mitgliedstaaten, die die Dauer des Steuerzeitraums, für den der Steuerpflichtige die in Artikel 250 genannte Mehrwertsteuererklärung abzugeben hat, auf mehr als drei Monate festlegen, einem Steuerpflichtigen gestatten, die zusammenfassende Meldung für denselben Zeitraum vorzulegen, wenn der Steuerpflichtige die folgenden drei Voraussetzungen erfüllt:

a) der jährliche Gesamtbetrag ohne Mehrwertsteuer seiner Lieferungen von Gegenständen und seiner Dienstleistungen beläuft sich auf höchstens 200 000 EUR oder den Gegenwert in Landeswährung;

b) der jährliche Gesamtbetrag ohne Mehrwertsteuer seiner Lieferungen von Gegenständen unter den Bedingungen des Artikels 138 übersteigt nicht den Betrag von 15 000 EUR oder den Gegenwert in Landeswährung;

c) bei den von ihm unter den Bedingungen des Artikels 138 gelieferten Gegenständen handelt es sich nicht um neue Fahrzeuge.

KAPITEL 7
Verschiedenes

Artikel 272
(Steuerpflichtige mit reduzierten Pflichten)

(1) Die Mitgliedstaaten können folgende Steuerpflichtige von bestimmten oder allen Pflichten nach den Kapiteln 2 bis 6 befreien:

a) Steuerpflichtige, deren innergemeinschaftliche Erwerbe von Gegenständen gemäß Artikel 3 Absatz 1 nicht der Mehrwertsteuer unterliegen;

b) Steuerpflichtige, die keine der in den Artikeln 20, 21, 22, 33, 36, 136a, 138 und 141 genannten Umsätze bewirken;

c) Steuerpflichtige, die nur Gegenstände liefern oder Dienstleistungen erbringen, die gemäß den Artikeln 132, 135 und 136, den Artikeln 146 bis 149 sowie den Artikeln 151, 152 und 153 von der Steuer befreit sind;

d) *weggefallen*

e) Steuerpflichtige, die die gemeinsame Pauschalregelung für Landwirte in Anspruch nehmen.

Die Mitgliedstaaten dürfen die in Unterabsatz 1 Buchstabe b genannten Steuerpflichtigen nicht von den in Kapitel 3 Abschnitte 3 bis 6 und Kapitel 4 Abschnitt 3 vorgesehenen Pflichten in Bezug auf die Rechnungsstellung entbinden.

(2) Machen die Mitgliedstaaten von der Möglichkeit nach Absatz 1 Unterabsatz 1 Buchstabe e Gebrauch, treffen sie die Maßnahmen, die für eine korrekte Anwendung der Übergangsregelung für die Besteuerung innergemeinschaftlicher Umsätze erforderlich sind.

(3) Die Mitgliedstaaten können auch andere als die in Absatz 1 genannten Steuerpflichtigen von bestimmten in Artikel 242 genannten Aufzeichnungspflichten entbinden.

Artikel 273
(Auferlegung weiterer Pflichten)

Die Mitgliedstaaten können vorbehaltlich der Gleichbehandlung der von Steuerpflichtigen bewirkten Inlandsumsätze und innergemeinschaftlichen Umsätze weitere Pflichten vorsehen, die sie für erforderlich erachten, um eine genaue Erhebung der Steuer sicherzustellen und um Steuerhinterziehung zu vermeiden, sofern diese Pflichten im Handelsverkehr zwischen den Mitgliedstaaten nicht zu Formalitäten beim Grenzübertritt führen.

Die Möglichkeit nach Absatz 1 darf nicht dazu genutzt werden, zusätzlich zu den in Kapitel 3 genannten Pflichten weitere Pflichten in Bezug auf die Rechnungsstellung festzulegen.

KAPITEL 8
Pflichten bei bestimmten Einfuhr- und Ausfuhrumsätzen

Abschnitt 1
Einfuhrumsätze

Artikel 274
(Einfuhr von Gegenständen)

Bei der Einfuhr von Gegenständen im freien Verkehr, die aus einem Drittgebiet in die Gemeinschaft verbracht werden, das Teil des Zollgebiets der Gemeinschaft ist, sind die Artikel 275, 276 und 277 anzuwenden.

Artikel 275
(Formalitäten)

Für die Formalitäten bei der Einfuhr der in Artikel 274 genannten Gegenstände sind die für die Einfuhr von Gegenständen in das Zollgebiet der Gemeinschaft geltenden gemeinschaftlichen Zollvorschriften maßgebend.

Artikel 276
(Internes gemeinschaftliches Versandverfahren)

Liegt der Ort der Beendigung der Versendung oder Beförderung der in Artikel 274 genannten Gegenstände nicht in dem Mitgliedstaat, in dem sie in die Gemeinschaft gelangen, fallen sie in der Gemeinschaft unter das interne gemeinschaftliche Versandverfahren gemäß den gemeinschaftlichen Zollvorschriften, sofern sie bereits zum Zeitpunkt ihrer Verbringung in die Gemeinschaft zu diesem Verfahren angemeldet wurden.

Artikel 277
(Maßnahmen zur Gleichbehandlung)

Ist bei den in Artikel 274 genannten Gegenständen zum Zeitpunkt ihrer Verbringung in die Gemeinschaft eine Situation gegeben, der zufolge sie bei einer Einfuhr im Sinne des Artikels 30 Absatz 1 unter eines der in Artikel 156 genannten Verfahren oder einer der dort genannten sonstigen Regelungen oder unter eine Zollregelung der vorübergehenden Verwendung unter vollständiger Befreiung von Einfuhrabgaben fallen könnten, treffen die Mitgliedstaaten die erforderlichen Maßnahmen, damit diese Gegenstände unter den gleichen Bedingungen in der Gemeinschaft verbleiben können, wie sie für die Anwendung dieser Verfahren oder sonstigen Regelungen vorgesehen sind.

Abschnitt 2
Ausfuhrumsätze

Artikel 278
(Ausfuhr von Gegenständen)

Bei der Ausfuhr von Gegenständen im freien Verkehr, die aus einem Mitgliedstaat in ein Drittgebiet versandt oder befördert werden, das Teil des Zollgebiets der Gemeinschaft ist, sind die Artikel 279 und 280 anzuwenden.

Artikel 279
(Formalitäten)

Für die Formalitäten bei der Ausfuhr der in Artikel 278 genannten Gegenstände aus dem Gebiet der Gemeinschaft sind die für die Ausfuhr von Gegenständen aus dem Zollgebiet der

Gemeinschaft geltenden gemeinschaftlichen Zollvorschriften maßgebend.

Artikel 280
(Maßnahmen zur Gleichbehandlung)

In Bezug auf Gegenstände, die vorübergehend aus der Gemeinschaft ausgeführt werden, um wieder eingeführt zu werden, treffen die Mitgliedstaaten die erforderlichen Maßnahmen, damit für diese Gegenstände bei ihrer Wiedereinfuhr in die Gemeinschaft die gleichen Bestimmungen gelten, wie wenn sie vorübergehend aus dem Zollgebiet der Gemeinschaft ausgeführt worden wären.

TITEL XII
SONDERREGELUNGEN

KAPITEL 1
Sonderregelung für Kleinunternehmen

Abschnitt -1
Begriffsbestimmungen

Artikel 280 a
(Begriffsbestimmungen)

Für die Zwecke dieses Kapitels bezeichnet der Ausdruck

1. „Jahresumsatz im Mitgliedstaat" den jährlichen Gesamtbetrag der Lieferungen von Gegenständen und Dienstleistungen ohne Mehrwertsteuer eines Steuerpflichtigen in diesem Mitgliedstaat in einem Kalenderjahr;
2. „Jahresumsatz in der Union" den jährlichen Gesamtbetrag der Lieferungen von Gegenständen und Dienstleistungen ohne Mehrwertsteuer eines Steuerpflichtigen im Gebiet der Gemeinschaft in einem Kalenderjahr.

Abschnitt 1
Vereinfachte Modalitäten für die Besteuerung und die Steuererhebung

Artikel 281
(Festsetzung vereinfachter Modalitäten)

Mitgliedstaaten, in denen die normale Besteuerung von Kleinunternehmen wegen deren Tätigkeit oder Struktur auf Schwierigkeiten stoßen würde, können unter den von ihnen festgelegten Beschränkungen und Voraussetzungen nach Konsultation des Mehrwertsteuerausschusses vereinfachte Modalitäten für die Besteuerung und Steuererhebung, insbesondere Pauschalregelungen, anwenden, die jedoch nicht zu einer Steuerermäßigung führen dürfen.

Abschnitt 2
Steuerbefreiungen

Artikel 282
(Steuerbefreiungen für Kleinunternehmen)

Die Steuerbefreiungen nach diesem Abschnitt gelten für Lieferungen von Gegenständen und für Dienstleistungen, die von Kleinunternehmen bewirkt werden.

Artikel 283
(Ausschluss bestimmter Umsätze)

(1) Dieser Abschnitt gilt nicht für folgende Umsätze:

a) die in Artikel 12 genannten gelegentlichen Umsätze;

b) die Lieferungen neuer Fahrzeuge unter den Voraussetzungen des Artikels 138 Absatz 1 und Absatz 2 Buchstabe a;

c) *weggefallen*

(2) Die Mitgliedstaaten können von der Anwendung dieses Abschnitts auch andere als die in Absatz 1 genannten Umsätze ausschließen.

Artikel 284
(Möglichkeiten der Steuerbefreiung)

(1) [1]Die Mitgliedstaaten können die Lieferung von Gegenständen und die Dienstleistungen in ihrem Hoheitsgebiet, die von in diesem Hoheitsgebiet ansässigen Steuerpflichtigen bewirkt werden, deren diesen Lieferungen von Gegenständen und/oder Dienstleistungen zuzurechnender Jahresumsatz in diesem Mitgliedstaat den für die Anwendung dieser Steuerbefreiung von diesen Mitgliedstaaten festgelegten Schwellenwert nicht übersteigt, von der Steuer befreien. [2]Dieser Schwellenwert darf 85 000 EUR oder den Gegenwert in Landeswährung nicht übersteigen.

[1]Die Mitgliedstaaten können anhand objektiver Kriterien unterschiedliche Schwellenwerte für verschiedene Wirtschaftsbereiche festlegen. [2]Keiner dieser Schwellenwerte darf jedoch 85 000 EUR oder den Gegenwert in Landeswährung übersteigen.

Die Mitgliedstaaten stellen sicher, dass ein Steuerpflichtiger, der für die Inanspruchnahme mehrerer sektorspezifischer Schwellenwerte infrage kommt, nur einen dieser Schwellenwerte in Anspruch nehmen kann.

Bei den von einem Mitgliedstaat festgelegten Schwellenwerten wird nicht zwischen in dem Mitgliedstaat ansässigen und nicht in dem Mitgliedstaat ansässigen Steuerpflichtigen unterschieden.

(2) Mitgliedstaaten, die eine Steuerbefreiung gemäß Absatz 1 eingeführt haben, gewähren diese Steuerbefreiung auch für die Lieferungen von Gegenständen und Dienstleistungen, die in ihrem eigenen Hoheitsgebiet durch in einem anderen Mitgliedstaat ansässige Steuerpflichtige bewirkt werden, sofern die folgenden Bedingungen erfüllt sind:

a) der Jahresumsatz dieses Steuerpflichtigen in der Union übersteigt 100 000 EUR nicht;

b) der Betrag der Lieferungen von Gegenständen und Dienstleistungen in dem Mitgliedstaat, in dem der Steuerpflichtige nicht ansässig ist, übersteigt nicht den Schwellenwert, der in diesem Mitgliedstaat für die Gewährung der Steuerbefreiung für in diesem Mitgliedstaat ansässige Steuerpflichtige gilt.

(3) Ungeachtet des Artikels 292 b muss ein Steuerpflichtiger, um die Steuerbefreiung in dem Mitgliedstaat, in dem dieser Steuerpflichtige nicht ansässig ist, in Anspruch nehmen zu können,

a) den Mitgliedstaat der Ansässigkeit vorab benachrichtigen, und

b) darf nur in dem Mitgliedstaat, in dem er ansässig ist, in Bezug auf die Anwendung der Steuerbefreiung identifiziert werden.

Die Mitgliedstaaten können dazu die individuelle Mehrwertsteuer-Identifikationsnummer, die dem Steuerpflichtigen für die Erfüllung seiner Pflichten aufgrund des internen Systems bereits zugeteilt wurde, verwenden oder auf die Struktur einer Mehrwertsteuer-Nummer oder einer anderen Nummer für die Zwecke der Identifizierung gemäß Unterabsatz 1 Buchstabe b zurückgreifen.

Die individuelle Identifikationsnummer gemäß Unterabsatz 1 Buchstabe b muss das Suffix „EX" umfassen, oder dieses Suffix „EX" ist an diese Nummer anzufügen.

(4) Der Steuerpflichtige unterrichtet den Mitgliedstaat der Ansässigkeit in Form einer aktualisierten Fassung der vorherigen Benachrichtigung im Voraus über etwaige Änderungen an den gemäß Absatz 3 Unterabsatz 1 zuvor übermittelten Informationen, darunter auch über die Absicht, die Steuerbefreiung in einem oder mehreren in der vorherigen Benachrichtigung nicht angegebenen Mitgliedstaaten in Anspruch zu nehmen, und die Entscheidung, die Steuerbefreiung in einem Mitgliedstaat oder in Mitgliedstaaten, in dem bzw. denen er nicht ansässig ist, nicht mehr anzuwenden.

Die Beendigung der Anwendung wird am ersten Tag des nächsten Kalenderquartals nach Eingang der Informationen des Steuerpflichtigen oder, wenn diese Informationen im letzten Monat eines Kalenderquartals eingehen, am ersten Tag des zweiten Monats des nächsten Kalenderquartals wirksam.

(5) Die Steuerbefreiung gilt in dem Mitgliedstaat, in dem der Steuerpflichtige nicht ansässig ist und in dem er die Steuerbefreiung in Anspruch zu nehmen beabsichtigt, gemäß

a) einer vorherigen Benachrichtigung ab dem Tag, an dem der Mitgliedstaat der Ansässigkeit dem Steuerpflichtigen die individuelle Identifikationsnummer mitgeteilt hat, oder

b) einer aktualisierten Fassung der vorherigen Benachrichtigung ab dem Tag, an dem der Mitgliedstaat der Ansässigkeit dem Steuerpflichtigen – infolge dessen Aktualisierung – die Nummer bestätigt.

Außer in besonderen Fällen, in denen die Mitgliedstaaten zur Verhinderung von Steuerhinterziehung oder Steuervermeidung gegebenenfalls mehr Zeit für die erforderlichen Kontrollen benötigen, liegt der in Unterabsatz 1 genannte Zeitpunkt nicht mehr als 35 Werktage nach dem Eingang der vorherigen Benachrichtigung oder deren Aktualisierung gemäß Absatz 3 Unterabsatz 1 und Absatz 4 Unterabsatz 1.

(6) Der Gegenwert in Landeswährung des in diesem Artikel genannten Betrags wird unter Anwendung des von der Europäischen Zentralbank am 18. Januar 2018 veröffentlichten Wechselkurses berechnet.

Artikel 284 a
(Vorab-Benachrichtigung)

(1) Die vorherige Benachrichtigung gemäß Artikel 284 Absatz 3 Unterabsatz 1 Buchstabe a umfasst mindestens die folgenden Angaben:

a) Name, Tätigkeit, Rechtsform und Anschrift des Steuerpflichtigen,

b) Mitgliedstaat oder Mitgliedstaaten, in dem bzw. in denen der Steuerpflichtige die Steuerbefreiung in Anspruch zu nehmen beabsichtigt,

c) Gesamtbetrag der Lieferungen von Gegenständen und/oder Dienstleistungen, die in dem Mitgliedstaat, in dem der Steuerpflichtige ansässig ist, und in jedem der anderen Mitgliedstaaten im vorangegangenen Kalenderjahr bewirkt wurden,

d) Gesamtbetrag der Lieferungen von Gegenständen und/oder Dienstleistungen, die in dem Mitgliedstaat, in dem der Steuerpflichtige ansässig ist, und in jedem der anderen Mitgliedstaaten im laufenden Kalenderjahr vor der Benachrichtigung bewirkt wurden.

Bei Mitgliedstaaten, die die Möglichkeit nach Artikel 288 a Absatz 1 Unterabsatz 1 anwenden, sind die Informationen gemäß Unterabsatz 1 Buchstabe c des vorliegenden Absatzes für jedes vorangegangene Kalenderjahr des Zeitraums gemäß Artikel 288 a Absatz 1 Unterabsatz 1 anzugeben.

(2) Wenn der Steuerpflichtige den Mitgliedstaat der Ansässigkeit gemäß Artikel 284 Absatz 4 darüber unterrichtet, dass er die Steuerbefreiung in einem oder mehreren in der vorherigen Benachrichtigung nicht angegebenen Mitgliedstaaten in Anspruch zu nehmen beabsichtigt, ist er zur Angabe von Informationen gemäß Absatz 1 des vorliegenden Artikels nicht verpflichtet, soweit diese Informationen bereits in den gemäß Artikel 284 b gemeldeten Angaben enthalten sind.

Die Aktualisierung einer vorherigen Benachrichtigung gemäß Unterabsatz 1 umfasst die individuelle Identifikationsnummer gemäß Artikel 284 Absatz 3 Buchstabe b.

Artikel 284 b
(Weitere Mitteilungspflichten)

(1) Ein Steuerpflichtiger, der die Steuerbefreiung nach Artikel 284 Absatz 1 in einem Mitgliedstaat, in dem er nicht ansässig ist, nach dem Verfahren gemäß Artikel 284 Absätze 3 und 4 in Anspruch nimmt, meldet dem Mitgliedstaat der Ansässigkeit für jedes Kalenderquartal unter Angabe der individuellen Identifikationsnummer gemäß Artikel 284 Absatz 3 Buchstabe b die folgenden Informationen:

a) den Gesamtbetrag der in dem Kalenderquartal in dem Mitgliedstaat der Ansässigkeit bewirkten Lieferungen von Gegenständen und/oder Dienstleistungen oder „0“, wenn keine Lieferungen von Gegenständen und/oder Dienstleistungen bewirkt wurden,

b) den Gesamtbetrag der in dem Kalenderquartal in den einzelnen Mitgliedstaaten, die nicht Mitgliedstaat der Ansässigkeit sind, bewirkten Lieferungen von Gegenständen und/oder Dienstleistungen oder „0“, wenn keine Lieferungen von Gegenständen und/oder Dienstleistungen erfolgt sind;

(2) Der Steuerpflichtige übermittelt die Informationen nach Absatz 1 binnen eines Monats ab dem Ende des Kalenderquartals.

(3) [1]Wird der Schwellenwert für den Jahresumsatz in der Union nach Artikel 284 Absatz 2 Buchstabe a überschritten, so unterrichtet der Steuerpflichtige den Mitgliedstaat der Ansässigkeit binnen 15 Werktagen. [2]Zugleich ist der Steuerpflichtige verpflichtet, den Betrag der Lieferungen von Gegenständen und/oder Dienstleistungen gemäß Absatz 1 zu melden, die seit Beginn des laufenden Kalenderquartals bis zu dem Zeitpunkt, zu dem der Schwellenwert für den Jahresumsatz in der Union überschritten wurde, bewirkt wurden.

Artikel 284 c
(Weitere Vorschriften für die Mitteilungen)

(1) Für die Zwecke von Artikel 284 a Absatz 1 Buchstaben c und d sowie Artikel 284 b Absatz 1 gilt Folgendes:

a) Die Beträge umfassen die in Artikel 288 angeführten Beträge,

b) die Beträge lauten auf Euro,

c) wendet der Mitgliedstaat, der die Steuerbefreiung gewährt, verschiedene Schwellenwerte nach Artikel 284 Absatz 1 Unterabsatz 2 an, so ist der Steuerpflichtige gegenüber diesem Mitgliedstaat verpflichtet, den Gesamtbetrag der Lieferungen von Gegenständen und/oder Dienstleistungen für jeden anwendbaren Schwellenwert gesondert zu melden.

[1]Für die Zwecke von Unterabsatz 1 Buchstabe b können Mitgliedstaaten, die den Euro nicht eingeführt haben, vorschreiben, dass die Beträge in ihrer Landeswährung anzugeben sind. [2]Sind die Lieferungen von Gegenständen und/oder Dienstleis-

tungen in anderen Währungen erfolgt, so verwendet der Steuerpflichtige den am ersten Tag des Kalenderjahres geltenden Wechselkurs. [3]Die Umrechnung erfolgt auf der Grundlage des Wechselkurses, der von der Europäischen Zentralbank für den betreffenden Tag oder, falls an diesem Tag keine Veröffentlichung erfolgt, für den nächsten Tag, an dem eine Veröffentlichung erfolgt, veröffentlicht wird.

(2) Der Mitgliedstaat der Ansässigkeit kann vorschreiben, dass die in Artikel 284 Absätze 3 und 4 und die in Artikel 284b Absätze 1 und 3 genannten Informationen gemäß den von diesem Mitgliedstaat festgelegten Bedingungen elektronisch zu übermitteln sind.

Artikel 284d
(Ausnahmeregelungen zu bestimmten Verpflichtungen)

(1) Ein Steuerpflichtiger, der die Steuerbefreiung in einem Mitgliedstaat in Anspruch nimmt, in dem er nicht ansässig ist, ist in Bezug auf die Lieferungen von Gegenständen und/oder Dienstleistungen, die unter die Steuerbefreiung in diesem Mitgliedstaat fallen, nicht verpflichtet,

a) sich gemäß den Artikeln 213 und 214 für Mehrwertsteuerzwecke erfassen zu lassen,

b) eine Mehrwertsteuererklärung gemäß Artikel 250 abzugeben.

(2) Ein Steuerpflichtiger, der die Steuerbefreiung im Mitgliedstaat der Ansässigkeit und in einem Mitgliedstaat, in dem er nicht ansässig ist, in Anspruch nimmt, ist in Bezug auf die Lieferungen von Gegenständen und/oder Dienstleistungen, die unter die Steuerbefreiung im Mitgliedstaat der Ansässigkeit fallen, nicht verpflichtet, eine Mehrwertsteuererklärung gemäß Artikel 250 abzugeben.

(3) Werden die Bestimmungen des Artikels 284b von einem Steuerpflichtigen nicht eingehalten, so können die Mitgliedstaaten diesen Steuerpflichtigen abweichend von den Absätzen 1 und 2 dieses Artikels dazu verpflichten, seinen mehrwertsteuerlichen Pflichten wie sie beispielsweise in Absatz 1 dieses Artikels genannt werden, nachzukommen.

Artikel 284e
(Pflichten des Mitgliedstaats der Ansässigkeit)

Der Mitgliedstaat der Ansässigkeit muss unverzüglich entweder die Identifikationsnummer gemäß Artikel 284 Absatz 3 Buchstabe b deaktivieren oder, wenn der Steuerpflichtige die Steuerbefreiung weiterhin in einem oder mehreren anderen Mitgliedstaaten in Anspruch nimmt, die Informationen anpassen, die er gemäß Artikel 284 Absätze 3 und 4 bezüglich des oder der betreffenden Mitgliedstaaten erhalten hat, wenn

a) der Gesamtbetrag der von dem Steuerpflichtigen gemeldeten Lieferungen von Gegenständen und/oder Dienstleistungen den in Artikel 284 Absatz 2 Buchstabe a genannten Betrag überschreitet,

b) der Mitgliedstaat, der die Steuerbefreiung gewährt, mitgeteilt hat, dass der Steuerpflichtige keinen Anspruch auf eine Steuerbefreiung hat oder die Steuerbefreiung in diesem Mitgliedstaat nicht mehr gilt,

c) der Steuerpflichtige mitgeteilt hat, dass er sich dafür entschieden hat, die Steuerbefreiung nicht länger in Anspruch zu nehmen, oder

d) der Steuerpflichtige mitgeteilt hat oder aus anderen Gründen davon ausgegangen werden kann, dass er seine Tätigkeiten eingestellt hat.

Artikel 285
(weggefallen)

Artikel 286
(weggefallen)

Artikel 287
(weggefallen)

Artikel 288
(Berechnung des maßgeblichen Umsatzes)

(1) Der Jahresumsatz, der bei der Anwendung der Steuerbefreiung nach Artikel 284 zugrunde zu legen ist, setzt sich aus folgenden Beträgen ohne Mehrwertsteuer zusammen:

a) Betrag der Lieferungen von Gegenständen und Dienstleistungen, soweit diese besteuert würden, wenn sie von einem nicht von der Steuer befreiten Steuerpflichtigen geliefert bzw. erbracht würden;

b) Betrag der gemäß Artikel 98 Absatz 2 oder Artikel 105a mit Recht auf Vorsteuerabzug von der Steuer befreiten Umsätze;

c) Betrag der gemäß den Artikeln 146 bis 149 sowie den Artikeln 151, 152 und 153 von der Steuer befreiten Umsätze;

d) Betrag der gemäß Artikel 138 von der Steuer befreiten Umsätze, in deren Fall die Steuerbefreiung nach dem genannten Artikel gilt;

e) Betrag der Umsätze mit Immobilien, der in Artikel 135 Absatz 1 Buchstaben b bis g genannten Finanzgeschäfte sowie der Versicherungs- und Rückversicherungsdienstleistungen, sofern diese Umsätze nicht den Charakter von Nebenumsätzen haben.

(2) Veräußerungen von körperlichen oder nicht körperlichen Investitionsgütern eines Steuerpflichtigen bleiben bei der Ermittlung des Umsatzes nach Absatz 1 außer Ansatz.

Artikel 288a
(Auswirkungen von Überschreitungen des Schwellenwerts)

(1) [1]Unabhängig davon, ob er in dem Mitgliedstaat, der die Steuerbefreiung nach Artikel 284 Absatz 1 gewährt, ansässig ist, kann ein Steuerpflichtiger diese Steuerbefreiung während eines Kalenderjahres nicht in Anspruch nehmen, wenn der gemäß dem genannten Absatz festgelegte Schwellenwert im vorangegangenen Kalenderjahr überschritten wurde. [2]Der Mitgliedstaat, der die Steuerbefreiung gewährt, kann diesen Zeitraum auf zwei Kalenderjahre ausdehnen.

Bei Überschreitung des Schwellenwerts nach Artikel 284 Absatz 1 während eines Kalenderjahres um

a) höchstens 10 % kann der Steuerpflichtige die Steuerbefreiung nach Artikel 284 Absatz 1 während dieses Kalenderjahres weiter in Anspruch nehmen;

b) mehr als 10 % ist die Steuerbefreiung nach Artikel 284 Absatz 1 ab diesem Zeitpunkt nicht mehr anzuwenden.

[1]Abweichend von Unterabsatz 2 Buchstaben a und b können die Mitgliedstaaten eine Obergrenze von 25 % festlegen oder dem Steuerpflichtigen für das Kalenderjahr, in dem der Schwellenwert überschritten wurde, die Steuerbefreiung gemäß Artikel 284 Absatz 1 weiterhin ohne Obergrenze gewähren. [2]Die Anwendung dieser Obergrenze oder Möglichkeit darf jedoch nicht dazu führen, dass Steuerpflichtige mit einem Umsatz von mehr als 100 000 EUR in dem Mitgliedstaat, der die Steuerbefreiung gewährt, von der Steuer befreit werden.

Abweichend von den Unterabsätzen 2 und 3 können die Mitgliedstaaten festlegen, dass die Steuerbefreiung nach Artikel 284 Absatz 1 ab dem Zeitpunkt, ab dem der gemäß diesem Absatz festgelegte Schwellenwert überschritten wird, keine Anwendung mehr findet.

(2) Ein Steuerpflichtiger, der nicht in dem Mitgliedstaat ansässig ist, der die Steuerbefreiung nach Artikel 284 Absatz 1 gewährt, kann diese Steuerbefreiung nicht in Anspruch nehmen, wenn der Schwellenwert für den Jahresumsatz in der Union nach Artikel 284 Absatz 2 Buchstabe a im vorangegangenen Kalenderjahr überschritten wurde.

Wird der Schwellenwert für den Jahresumsatz in der Union gemäß Artikel 284 Absatz 2 Buchstabe a in einem Kalenderjahr überschritten, so findet die Steuerbefreiung nach Artikel 284 Absatz 1, die einem in einem anderen Mitgliedstaat ansässigen Steuerpflichtigen gewährt wurde, ab diesem Zeitpunkt keine Anwendung mehr.

(3) Der Gegenwert in Landeswährung des in Absatz 1 genannten Betrags wird unter Anwendung des von der Europäischen Zentralbank am 18. Januar 2018 veröffentlichten Wechselkurses berechnet.

Artikel 289
(Auswirkung auf das Vorsteuerabzugsrecht)

Steuerpflichtige, die eine Steuerbefreiung in Anspruch nehmen, haben kein Recht auf Vorsteuerabzug gemäß den Artikeln 167 bis 171 und 173 bis 177 und dürfen die Mehrwertsteuer in ihren Rechnungen nicht ausweisen.

Artikel 290
(Wahlfreiheit)

[1]Steuerpflichtige, die für die Steuerbefreiung in Betracht kommen, können sich entweder für die normale Mehrwertsteuerregelung oder für die Anwendung der in Artikel 281 genannten vereinfachten Modalitäten entscheiden. [2]Die Mitgliedstaaten können die Einzelheiten und Bedingungen für die Anwendung dieser Möglichkeit festlegen.

Artikel 291
(weggefallen)

Artikel 292
(weggefallen)

Abschnitt 2 a
Vereinfachung der Pflichten für von der Steuer befreite Kleinunternehmen

Artikel 292 a
(Begriffsbestimmung)

Für die Zwecke dieses Abschnitts bezeichnet „von der Steuer befreites Kleinunternehmen" jeden Steuerpflichtigen, der die Steuerbefreiung gemäß Artikel 284 Absätze 1 und 2 in dem Mitgliedstaat, in dem die Mehrwertsteuer geschuldet wird, in Anspruch nimmt.

Artikel 292 b
(Vereinfachung von Identifikationspflichten)

Unbeschadet des Artikels 284 Absatz 3 können Mitgliedstaaten in ihrem Hoheitsgebiet ansässige von der Steuer befreite Kleinunternehmen, die die Steuerbefreiung nur in ihrem Hoheitsgebiet in Anspruch nehmen, von der Pflicht, gemäß Artikel 213 die Aufnahme ihrer Tätigkeit anzuzeigen und gemäß Artikel 214 eine individuelle Mehrwertsteuer-Identifikationsnummer zu erhalten, befreien, es sei denn, diese Unternehmen üben Tätigkeiten aus, die unter Artikel 214 Buchstabe b, d oder e fallen.

[1]Wird die Möglichkeit gemäß Absatz 1 nicht wahrgenommen, so richten die Mitgliedstaaten ein Verfahren für die Identifikation solcher von der Steuer befreiter Kleinunternehmen anhand einer individuellen Nummer ein. [2]Das Identifizierungsverfahren nimmt im Höchstfall 15 Werktage in Anspruch; hiervon ausgenommen sind besondere Fälle, in denen die Mitgliedstaaten zur Verhinderung von Steuerhinterziehung oder Steuervermeidung gegebenenfalls mehr Zeit für die erforderlichen Kontrollen benötigen.

Artikel 292 c
(Vereinfachung der Mehrwertsteuererklärungspflicht)

Die Mitgliedstaaten können in ihrem Hoheitsgebiet ansässige von der Steuer befreite Kleinunternehmen, die die Steuerbefreiung nur in ihrem Hoheitsgebiet in Anspruch nehmen, von der Pflicht nach Artikel 250 befreien, eine Mehrwertsteuererklärung abzugeben.

[1]Wird die Möglichkeit gemäß Absatz 1 nicht wahrgenommen, so gestatten die Mitgliedstaaten diesen von der Steuer befreiten Kleinunternehmen, eine vereinfachte Mehrwertsteuererklärung für ein Kalenderjahr abzugeben. [2]Von der Steuer befreite Kleinunternehmen können sich jedoch auch für die Anwendung des gemäß Artikel 252 festgelegten Steuerzeitraums entscheiden.

Artikel 292 d
(Befreiung von der Rechnungsstellungspflicht)

Die Mitgliedstaaten können von der Steuer befreite Kleinunternehmen von bestimmten oder allen Pflichten nach den Artikeln 217 bis 271 befreien.

Abschnitt 3
(weggefallen)

Artikel 293
(weggefallen)

Artikel 294
(weggefallen)

KAPITEL 2
Gemeinsame Pauschalregelung für landwirtschaftliche Erzeuger

Artikel 295
(Begriffsbestimmungen)

(1) Für die Zwecke dieses Kapitels gelten folgende Begriffsbestimmungen:

1. „landwirtschaftlicher Erzeuger" ist ein Steuerpflichtiger, der seine Tätigkeit im Rahmen eines land-, forst- oder fischwirtschaftlichen Betriebs ausübt;
2. „land-, forst- oder fischwirtschaftlicher Betrieb" ist ein Betrieb, der in den einzelnen Mitgliedstaaten im Rahmen der in Anhang VII genannten Erzeugertätigkeiten als solcher gilt;
3. „Pauschallandwirt" ist ein landwirtschaftlicher Erzeuger, der unter die Pauschalregelung dieses Kapitels fällt;
4. „landwirtschaftliche Erzeugnisse" sind die Gegenstände, die im Rahmen der in Anhang VII aufgeführten Tätigkeiten von den land-, forst- oder fischwirtschaftlichen Betrieben der einzelnen Mitgliedstaaten erzeugt werden;

5. „landwirtschaftliche Dienstleistungen“ sind Dienstleistungen, die von einem landwirtschaftlichen Erzeuger mit Hilfe seiner Arbeitskräfte oder der normalen Ausrüstung seines land-, forst- oder fischwirtschaftlichen Betriebs erbracht werden und die normalerweise zur landwirtschaftlichen Erzeugung beitragen, und zwar insbesondere die in Anhang VIII aufgeführten Dienstleistungen;
6. „Mehrwertsteuer-Vorbelastung“ ist die Mehrwertsteuer-Gesamtbelastung der Gegenstände und Dienstleistungen, die von der Gesamtheit der der Pauschalregelung unterliegenden land-, forst- und fischwirtschaftlichen Betriebe jedes Mitgliedstaats bezogen worden sind, soweit diese Steuer bei einem der normalen Mehrwertsteuerregelung unterliegenden landwirtschaftlichen Erzeuger gemäß den Artikeln 167, 168 und 169 und 173 bis 177 abzugsfähig wäre;
7. „Pauschalausgleich-Prozentsätze“ sind die Prozentsätze, die die Mitgliedstaaten gemäß den Artikeln 297, 298 und 299 festsetzen und in den in Artikel 300 genannten Fällen anwenden, damit die Pauschallandwirte den pauschalen Ausgleich der Mehrwertsteuer-Vorbelastung erlangen;
8. „Pauschalausgleich“ ist der Betrag, der sich aus der Anwendung des Pauschalausgleich-Prozentsatzes auf den Umsatz des Pauschallandwirts in den in Artikel 300 genannten Fällen ergibt.

(2) Den in Anhang VII aufgeführten Tätigkeiten der landwirtschaftlichen Erzeugung gleichgestellt sind die Verarbeitungstätigkeiten, die ein Landwirt bei im Wesentlichen aus seiner landwirtschaftlichen Produktion stammenden Erzeugnissen mit Mitteln ausübt, die normalerweise in land-, forst- oder fischwirtschaftlichen Betrieben verwendet werden.

Artikel 296
(Pauschalregelung)

(1) Die Mitgliedstaaten können auf landwirtschaftliche Erzeuger, bei denen die Anwendung der normalen Mehrwertsteuerregelung oder gegebenenfalls der Sonderregelung des Kapitels 1 auf Schwierigkeiten stoßen würde, als Ausgleich für die Belastung durch die Mehrwertsteuer, die auf die von den Pauschallandwirten bezogenen Gegenstände und Dienstleistungen gezahlt wird, eine Pauschalregelung nach diesem Kapitel anwenden.

(2) Jeder Mitgliedstaat kann bestimmte Gruppen landwirtschaftlicher Erzeuger sowie diejenigen landwirtschaftlichen Erzeuger, bei denen die Anwendung der normalen Mehrwertsteuerregelung oder gegebenenfalls der vereinfachten Bestimmungen des Artikels 281 keine verwaltungstechnischen Schwierigkeiten mit sich bringt, von der Pauschalregelung ausnehmen.

(3) Jeder Pauschallandwirt hat nach den von den einzelnen Mitgliedstaaten festgelegten Einzelheiten und Voraussetzungen das Recht, sich für die Anwendung der normalen Mehrwertsteuerregelung oder gegebenenfalls der vereinfachten Bestimmungen des Artikels 281 zu entscheiden.

Artikel 297
(Festlegung von Pauschalausgleich-Prozentsätzen)

[1]Die Mitgliedstaaten legen bei Bedarf Pauschalausgleich-Prozentsätze fest. [2]Sie können die Höhe der Pauschalausgleich-Prozentsätze für die Forstwirtschaft, die einzelnen Teilbereiche der Landwirtschaft und die Fischwirtschaft unterschiedlich festlegen.

Die Mitgliedstaaten teilen der Kommission die gemäß Absatz 1 festgelegten Pauschalausgleich-Prozentsätze mit, bevor diese angewandt werden.

Artikel 298
(Höhe der Pauschalausgleich-Prozentsätze)

Die Pauschalausgleich-Prozentsätze werden anhand der allein für die Pauschallandwirte geltenden makroökonomischen Daten der letzten drei Jahre bestimmt.

[1]Die Prozentsätze können auf einen halben Punkt ab- oder aufgerundet werden. [2]Die Mitgliedstaaten können diese Prozentsätze auch bis auf Null herabsetzen.

Artikel 299
(Obergrenze für Erstattungen)

Die Pauschalausgleich-Prozentsätze dürfen nicht dazu führen, dass die Pauschallandwirte insgesamt Erstattungen erhalten, die über die Mehrwertsteuer-Vorbelastung hinausgehen.

Artikel 300
(Anwendung der Pauschalausgleich-Prozentsätze)

Die Pauschalausgleich-Prozentsätze werden auf den Preis ohne Mehrwertsteuer der folgenden Gegenstände und Dienstleistungen angewandt:

1. landwirtschaftliche Erzeugnisse, die die Pauschallandwirte an andere Steuerpflichtige als jene geliefert haben, die in dem Mitgliedstaat, in dem diese Erzeugnisse geliefert werden, diese Pauschalregelung in Anspruch nehmen;
2. landwirtschaftliche Erzeugnisse, die die Pauschallandwirte unter den Voraussetzungen des Artikels 138 an nichtsteuerpflichtige juristische Personen geliefert haben, deren innergemeinschaftliche Erwerbe gemäß Artikel 2 Absatz 1 Buchstabe b im Mitgliedstaat der Beendigung der Versendung oder Beförderung dieser landwirtschaftlichen Erzeugnisse der Mehrwertsteuer unterliegen;
3. landwirtschaftliche Dienstleistungen, die die Pauschallandwirte an andere Steuerpflichtige als jene erbracht haben, die in dem Mitgliedstaat, in dem diese Dienstleistungen erbracht werden, diese Pauschalregelung in Anspruch nehmen.

Artikel 301
(Zahlung des Pauschalausgleichs)

(1) Für die in Artikel 300 genannten Lieferungen landwirtschaftlicher Erzeugnisse und Dienstleistungen sehen die Mitgliedstaaten vor, dass die Zahlung des Pauschalausgleichs entweder durch den Erwerber bzw. den Dienstleistungsempfänger oder durch die öffentliche Hand erfolgt.

(2) Bei anderen als den in Artikel 300 genannten Lieferungen landwirtschaftlicher Erzeugnisse und landwirtschaftlichen Dienstleistungen wird davon ausgegangen, dass die Zahlung des Pauschalausgleichs durch den Erwerber bzw. den Dienstleistungsempfänger erfolgt.

Artikel 302
(Auswirkung auf das Vorsteuerabzugsrecht)

Nimmt ein Pauschallandwirt einen Pauschalausgleich in Anspruch, hat er in Bezug auf die dieser Pauschalregelung unterliegenden Tätigkeiten kein Recht auf Vorsteuerabzug.

Artikel 303
(Erstattung des Pauschalausgleichs)

(1) Zahlt der steuerpflichtige Erwerber oder Dienstleistungsempfänger einen Pauschalausgleich gemäß Artikel 301 Absatz 1, ist er berechtigt, nach Maßgabe der Artikel 167, 168, 169 und 173 bis 177 und der von den Mitgliedstaaten festgeleg-

ten Einzelheiten von der Mehrwertsteuer, die er in dem Mitgliedstaat, in dem er seine besteuerten Umsätze bewirkt, schuldet, den Betrag dieses Pauschalausgleichs abzuziehen.

(2) Die Mitgliedstaaten erstatten dem Erwerber oder Dienstleistungsempfänger den Betrag des Pauschalausgleichs, den er im Rahmen eines der folgenden Umsätze gezahlt hat:

a) Lieferung landwirtschaftlicher Erzeugnisse unter den Voraussetzungen des Artikels 138, soweit der Erwerber ein Steuerpflichtiger oder eine nichtsteuerpflichtige juristische Person ist, der/die als solcher/solche in einem anderen Mitgliedstaat handelt, in dessen Gebiet seine/ihre innergemeinschaftlichen Erwerbe von Gegenständen gemäß Artikel 2 Absatz 1 Buchstabe b der Mehrwertsteuer unterliegen;

b) Lieferung von landwirtschaftlichen Erzeugnissen unter den Bedingungen der Artikel 146, 147, 148 und 156, Artikel 157 Absatz 1 Buchstabe b sowie der Artikel 158, 160 und 161 an einen außerhalb der Gemeinschaft ansässigen steuerpflichtigen Erwerber, soweit der Erwerber diese landwirtschaftlichen Erzeugnisse für die Zwecke seiner in Artikel 169 Buchstaben a und b genannten Umsätze oder seiner Dienstleistungen verwendet, die als im Gebiet des Mitgliedstaats erbracht gelten, in dem der Dienstleistungsempfänger ansässig ist, und für die gemäß Artikel 196 nur der Dienstleistungsempfänger die Steuer schuldet;

c) landwirtschaftliche Dienstleistungen, die an einen innerhalb der Gemeinschaft, jedoch in einem anderen Mitgliedstaat ansässigen oder an einen außerhalb der Gemeinschaft ansässigen steuerpflichtigen Dienstleistungsempfänger erbracht werden, soweit der Dienstleistungsempfänger diese Dienstleistungen für die Zwecke seiner in Artikel 169 Buchstaben a und b genannten Umsätze oder seiner Dienstleistungen verwendet, die als im Gebiet des Mitgliedstaats erbracht gelten, in dem der Dienstleistungsempfänger ansässig ist, und für die gemäß Artikel 196 nur der Dienstleistungsempfänger die Steuer schuldet.

(3) [1]Die Mitgliedstaaten legen die Einzelheiten für die Durchführung der in Absatz 2 vorgesehenen Erstattungen fest. [2]Dabei können sie sich insbesondere auf die Richtlinien 79/1072/EWG und 86/560/EWG stützen.

Artikel 304
(Maßnahmen zur Kontrolle)

Die Mitgliedstaaten treffen alle zweckdienlichen Maßnahmen für eine wirksame Kontrolle der Zahlung des Pauschalausgleichs an die Pauschallandwirte.

Artikel 305
(Maßnahmen zur einheitlichen Besteuerung)

Wenden die Mitgliedstaaten diese Pauschalregelung an, treffen sie alle zweckdienlichen Maßnahmen, um sicherzustellen, dass Lieferung landwirtschaftlicher Erzeugnisse zwischen den Mitgliedstaaten unter den Voraussetzungen des Artikels 33 immer in derselben Weise besteuert wird, unabhängig davon, ob die Erzeugnisse von einem Pauschallandwirt oder von einem anderen Steuerpflichtigen geliefert werden.

KAPITEL 3
Sonderregelung für Reisebüros

Artikel 306
(Behandlung von Umsätzen von Reisebüros)

(1) Die Mitgliedstaaten wenden auf Umsätze von Reisebüros die Mehrwertsteuer-Sonderregelung dieses Kapitels an, soweit die Reisebüros gegenüber dem Reisenden in eigenem Namen auftreten und zur Durchführung der Reise Lieferungen von Gegenständen und Dienstleistungen anderer Steuerpflichtiger in Anspruch nehmen.

Diese Sonderregelung gilt nicht für Reisebüros, die lediglich als Vermittler handeln und auf die zur Berechnung der Steuerbemessungsgrundlage Artikel 79 Absatz 1 Buchstabe c anzuwenden ist.

(2) Für die Zwecke dieses Kapitels gelten Reiseveranstalter als Reisebüro.

Artikel 307
(Besteuerung als einheitliche Dienstleistung)

Die zur Durchführung der Reise vom Reisebüro unter den Voraussetzungen des Artikels 306 bewirkten Umsätze gelten als eine einheitliche Dienstleistung des Reisebüros an den Reisenden.

Die einheitliche Dienstleistung wird in dem Mitgliedstaat besteuert, in dem das Reisebüro den Sitz seiner wirtschaftlichen Tätigkeit oder eine feste Niederlassung hat, von wo aus es die Dienstleistung erbracht hat.

Artikel 308
(Steuerbemessungsgrundlage)

Für die von dem Reisebüro erbrachte einheitliche Dienstleistung gilt als Steuerbemessungsgrundlage und als Preis ohne Mehrwertsteuer im Sinne des Artikels 226 Nummer 8 die Marge des Reisebüros, das heißt die Differenz zwischen dem vom Reisenden zu zahlenden Gesamtbetrag ohne Mehrwertsteuer und den tatsächlichen Kosten, die dem Reisebüro für die Lieferungen von Gegenständen und die Dienstleistungen anderer Steuerpflichtiger entstehen, soweit diese Umsätze dem Reisenden unmittelbar zugute kommen.

Artikel 309
(Außerhalb der Gemeinschaft bewirkte Umsätze)

Werden die Umsätze, für die das Reisebüro andere Steuerpflichtige in Anspruch nimmt, von diesen außerhalb der Gemeinschaft bewirkt, wird die Dienstleistung des Reisebüros einer gemäß Artikel 153 von der Steuer befreiten Vermittlungstätigkeit gleichgestellt.

Werden die in Absatz 1 genannten Umsätze sowohl innerhalb als auch außerhalb der Gemeinschaft bewirkt, ist nur der Teil der Dienstleistung des Reisebüros als steuerfrei anzusehen, der auf die Umsätze außerhalb der Gemeinschaft entfällt.

Artikel 310
(Dem Reisebüro in Rechnung gestellte Steuerbeträge)

Die Mehrwertsteuerbeträge, die dem Reisebüro von anderen Steuerpflichtigen für die in Artikel 307 genannten Umsätze in Rechnung gestellt werden, welche dem Reisenden unmittelbar zugute kommen, sind in keinem Mitgliedstaat abziehbar oder erstattungsfähig.

KAPITEL 4
Sonderregelungen für Gebrauchtgegenstände, Kunstgegenstände, Sammlungsstücke und Antiquitäten

Abschnitt 1
Begriffsbestimmungen

Artikel 311
(Begriffsbestimmungen)

(1) Für die Zwecke dieses Kapitels gelten unbeschadet sonstiger Bestimmungen des Gemeinschaftsrechts folgende Begriffsbestimmungen:

1. „Gebrauchtgegenstände" sind bewegliche körperliche Gegenstände, die keine Kunstgegenstände, Sammlungsstücke oder Antiquitäten und keine Edelmetalle oder Edelsteine im Sinne der Definition der Mitgliedstaaten sind und die in ihrem derzeitigen Zustand oder nach Instandsetzung erneut verwendbar sind;
2. „Kunstgegenstände" sind die in Anhang IX Teil A genannten Gegenstände;
3. „Sammlungsstücke" sind die in Anhang IX Teil B genannten Gegenstände;
4. „Antiquitäten" sind die in Anhang IX Teil C genannten Gegenstände;
5. „steuerpflichtiger Wiederverkäufer" ist jeder Steuerpflichtige, der im Rahmen seiner wirtschaftlichen Tätigkeit zum Zwecke des Wiederverkaufs Gebrauchtgegenstände, Kunstgegenstände, Sammlungsstücke oder Antiquitäten kauft, seinem Unternehmen zuordnet oder einführt, gleich, ob er auf eigene Rechnung oder aufgrund eines Einkaufs- oder Verkaufskommissionsvertrags für fremde Rechnung handelt;
6. „Veranstalter einer öffentlichen Versteigerung" ist jeder Steuerpflichtige, der im Rahmen seiner wirtschaftlichen Tätigkeit Gegenstände zur öffentlichen Versteigerung anbietet, um sie an den Meistbietenden zu verkaufen;
7. „Kommittent eines Veranstalters öffentlicher Versteigerungen" ist jede Person, die einem Veranstalter öffentlicher Versteigerungen einen Gegenstand aufgrund eines Verkaufskommissionsvertrags übergibt.

(2) Die Mitgliedstaaten können vorsehen, dass die in Anhang IX Teil A Nummern 5, 6 und 7 genannten Gegenstände nicht als Kunstgegenstände gelten.

(3) Der in Absatz 1 Nummer 7 genannte Verkaufskommissionsvertrag muss vorsehen, dass der Veranstalter der öffentlichen Versteigerung den Gegenstand in eigenem Namen, aber für Rechnung seines Kommittenten zur öffentlichen Versteigerung anbietet und an den Meistbietenden übergibt, der in der öffentlichen Versteigerung den Zuschlag erhalten hat.

Abschnitt 2
Sonderregelung für steuerpflichtige Wiederverkäufer

Unterabschnitt 1
Differenzbesteuerung

Artikel 312
(Verkaufspreis; Einkaufspreis)

Für die Zwecke dieses Unterabschnitts gelten folgende Begriffsbestimmungen:

1. „Verkaufspreis" ist die gesamte Gegenleistung, die der steuerpflichtige Wiederverkäufer vom Erwerber oder von einem Dritten erhält oder zu erhalten hat, einschließlich der unmittelbar mit dem Umsatz zusammenhängenden Zuschüsse, Steuern, Zölle, Abschöpfungen und Abgaben sowie der Nebenkosten wie Provisions-, Verpackungs-, Beförderungs- und Versicherungskosten, die der steuerpflichtige Wiederverkäufer dem Erwerber in Rechnung stellt, mit Ausnahme der in Artikel 79 genannten Beträge;
2. „Einkaufspreis" ist die gesamte Gegenleistung gemäß der Begriffsbestimmung unter Nummer 1, die der Lieferer von dem steuerpflichtigen Wiederverkäufer erhält oder zu erhalten hat.

Artikel 313
(Besteuerung der Handelsspanne)

(1) Die Mitgliedstaaten wenden auf die Lieferungen von Gebrauchtgegenständen, Kunstgegenständen, Sammlungsstücken und Antiquitäten durch steuerpflichtige Wiederverkäufer eine Sonderregelung zur Besteuerung der von dem steuerpflichtigen Wiederverkäufer erzielten Differenz (Handelsspanne) gemäß diesem Unterabschnitt an.

(2) Bis zur Einführung der endgültigen Regelung nach Artikel 402 gilt Absatz 1 des vorliegenden Artikels nicht für die Lieferung neuer Fahrzeuge unter den Voraussetzungen des Artikels 138 Absatz 1 und Absatz 2 Buchstabe a.

Artikel 314
(Anwendungsbereich der Differenzbesteuerung)

Die Differenzbesteuerung gilt für die Lieferungen von Gebrauchtgegenständen, Kunstgegenständen, Sammlungsstücken und Antiquitäten durch einen steuerpflichtigen Wiederverkäufer, wenn ihm diese Gegenstände innerhalb der Gemeinschaft von einer der folgenden Personen geliefert werden:

a) von einem Nichtsteuerpflichtigen;
b) von einem anderen Steuerpflichtigen, sofern die Lieferungen des Gegenstands durch diesen anderen Steuerpflichtigen gemäß Artikel 136 von der Steuer befreit ist;
c) von einem anderen Steuerpflichtigen, sofern für die Lieferung des Gegenstands durch diesen anderen Steuerpflichtigen die Steuerbefreiung für Kleinunternehmen gemäß Artikel 284 gilt und es sich dabei um ein Investitionsgut handelt;
d) von einem anderen steuerpflichtigen Wiederverkäufer, sofern die Lieferung des Gegenstands durch diesen anderen steuerpflichtigen Wiederverkäufer gemäß dieser Sonderregelung mehrwertsteuerpflichtig ist.

Artikel 315
(Steuerbemessungsgrundlage)

Die Steuerbemessungsgrundlage bei der Lieferung von Gegenständen nach Artikel 314 ist die von dem steuerpflichtigen Wiederverkäufer erzielte Differenz (Handelsspanne), abzüglich des Betrags der auf diese Spanne erhobenen Mehrwertsteuer.

Die Differenz (Handelsspanne) des steuerpflichtigen Wiederverkäufers entspricht dem Unterschied zwischen dem von ihm geforderten Verkaufspreis und dem Einkaufspreis des Gegenstands.

Artikel 316
(Wahlrecht des steuerpflichtigen Wiederverkäufers)

(1) Sofern auf die betreffenden Kunstgegenstände, Sammlungsstücke und Antiquitäten, die an einen steuerpflichtigen Wiederverkäufer geliefert oder von ihm eingeführt wurden, kein ermäßigter Steuersatz angewandt wurde, räumen die Mitgliedstaaten den steuerpflichtigen Wiederverkäufern das Recht ein, die Differenzbesteuerung bei der Lieferung folgender Gegenstände anzuwenden:

a) Kunstgegenstände, Sammlungsstücke und Antiquitäten, die der Wiederverkäufer selbst eingeführt hat;
b) Kunstgegenstände, die vom Urheber oder von dessen Rechtsnachfolgern an den Wiederverkäufer geliefert wurden;
c) Kunstgegenstände, die von einem Steuerpflichtigen, der kein steuerpflichtiger Wiederverkäufer ist, an den Wiederverkäufer geliefert wurden.

(2) Die Mitgliedstaaten legen die Einzelheiten der Ausübung der Option des Absatzes 1 fest, die in jedem Fall für einen Zeitraum von mindestens zwei Kalenderjahren gelten muss.

Artikel 317
(Verfahren bei Optionierung zur Differenzbesteuerung)

Macht ein steuerpflichtiger Wiederverkäufer von der Option des Artikels 316 Gebrauch, wird die Steuerbemessungsgrundlage gemäß Artikel 315 ermittelt.

Bei der Lieferung von Kunstgegenständen, Sammlungsstücken oder Antiquitäten, die der steuerpflichtige Wiederverkäufer selbst eingeführt hat, ist der für die Berechnung der Differenz zugrunde zu legende Einkaufspreis gleich der gemäß den Artikeln 85 bis 89 ermittelten Steuerbemessungsgrundlage bei der Einfuhr zuzüglich der für die Einfuhr geschuldeten oder entrichteten Mehrwertsteuer.

Artikel 318
(Vereinfachung der Steuererhebung)

(1) Die Mitgliedstaaten können zur Vereinfachung der Steuererhebung und nach Konsultation des Mehrwertsteuerausschusses für bestimmte Umsätze oder für bestimmte Gruppen von steuerpflichtigen Wiederverkäufern vorsehen, dass die Steuerbemessungsgrundlage bei der Lieferung von Gegenständen, die der Differenzbesteuerung unterliegen, für jeden Steuerzeitraum festgesetzt wird, für den der steuerpflichtige Wiederverkäufer die in Artikel 250 genannte Mehrwertsteuererklärung abzugeben hat.

Wird Unterabsatz 1 angewandt, ist die Steuerbemessungsgrundlage für Lieferungen von Gegenständen, die ein und demselben Mehrwertsteuersatz unterliegen, die von dem steuerpflichtigen Wiederverkäufer erzielte Gesamtdifferenz abzüglich des Betrags der auf diese Spanne erhobenen Mehrwertsteuer.

(2) Die Gesamtdifferenz entspricht dem Unterschied zwischen den beiden folgenden Beträgen:

a) Gesamtbetrag der der Differenzbesteuerung unterliegenden Lieferungen von Gegenständen des steuerpflichtigen Wiederverkäufers während des Steuerzeitraums, der von der Erklärung umfasst wird, d. h. Gesamtsumme der Verkaufspreise;

b) Gesamtbetrag der Käufe von Gegenständen im Sinne des Artikels 314, die der steuerpflichtige Wiederverkäufer während des Steuerzeitraums, der von der Erklärung umfasst wird, getätigt hat, d. h. Gesamtsumme der Einkaufspreise.

(3) Die Mitgliedstaaten treffen die erforderlichen Maßnahmen, damit sich für die in Absatz 1 genannten Steuerpflichtigen weder ungerechtfertigte Vorteile noch ungerechtfertigte Nachteile ergeben.

Artikel 319
(Anwendung der normalen Mehrwertsteuerregelung)

Der steuerpflichtige Wiederverkäufer kann auf jede der Differenzbesteuerung unterliegende Lieferung die normale Mehrwertsteuerregelung anwenden.

Artikel 320
(Recht auf Vorsteuerabzug)

(1) Wendet der steuerpflichtige Wiederverkäufer die normale Mehrwertsteuerregelung an, ist er berechtigt, bei der Lieferung eines von ihm selbst eingeführten Kunstgegenstands, Sammlungsstücks oder einer Antiquität die für die Einfuhr dieses Gegenstands geschuldete oder entrichtete Mehrwertsteuer als Vorsteuer abzuziehen.

Wendet der steuerpflichtige Wiederverkäufer die normale Mehrwertsteuerregelung an, ist er berechtigt, bei der Lieferung eines Kunstgegenstands, der ihm von seinem Urheber oder dessen Rechtsnachfolgern oder von einem Steuerpflichtigen, der kein steuerpflichtiger Wiederverkäufer ist, geliefert wurde, die von ihm dafür geschuldete oder entrichtete Mehrwertsteuer als Vorsteuer abzuziehen.

(2) Das Recht auf Vorsteuerabzug entsteht zu dem Zeitpunkt, zu dem der Steueranspruch für die Lieferung entsteht, für die der steuerpflichtige Wiederverkäufer die Anwendung der normalen Mehrwertsteuerregelung gewählt hat.

Artikel 321
(Steuerbefreite Lieferungen)

Werden der Differenzbesteuerung unterliegende Gebrauchtgegenstände, Kunstgegenstände, Sammlungsstücke oder Antiquitäten unter den Voraussetzungen der Artikel 146, 147, 148 und 151 geliefert, sind sie von der Steuer befreit.

Artikel 322
(Nicht abziehbare Beträge)

Sofern die Gegenstände für Lieferungen verwendet werden, die der Differenzbesteuerung unterliegen, darf der steuerpflichtige Wiederverkäufer von seiner Steuerschuld folgende Beträge nicht abziehen:

a) die geschuldete oder entrichtete Mehrwertsteuer auf von ihm selbst eingeführte Kunstgegenstände, Sammlungsstücke oder Antiquitäten;

b) die geschuldete oder entrichtete Mehrwertsteuer auf Kunstgegenstände, die ihm vom Urheber oder von dessen Rechtsnachfolgern geliefert werden;

c) die geschuldete oder entrichtete Mehrwertsteuer auf Kunstgegenstände, die ihm von einem Steuerpflichtigen geliefert werden, der kein steuerpflichtiger Wiederverkäufer ist.

Artikel 323
(Ausschluss des Vorsteuerabzugs bei differenzbesteuertem Wiederverkauf)

Ein Steuerpflichtiger darf die für Gegenstände, die ihm von einem steuerpflichtigen Wiederverkäufer geliefert werden, geschuldete oder entrichtete Mehrwertsteuer nicht als Vorsteuer abziehen, wenn die Lieferung dieser Gegenstände durch den steuerpflichtigen Wiederverkäufer der Differenzbesteuerung unterliegt.

Artikel 324
(Pflicht zur gesonderten Ausweisung)

Wendet der steuerpflichtige Wiederverkäufer sowohl die normale Mehrwertsteuerregelung als auch die Differenzbesteuerung an, muss er die unter die jeweilige Regelung fallenden Umsätze nach den von den Mitgliedstaaten festgelegten Modalitäten in seinen Aufzeichnungen gesondert ausweisen.

Artikel 325
(Ausweisung der differenzbesteuerten Gegenstände in Rechnungen)

Der steuerpflichtige Wiederverkäufer darf die Mehrwertsteuer auf die Lieferungen von Gegenständen, auf die er die Differenzbesteuerung anwendet, in der von ihm ausgestellten Rechnung nicht gesondert ausweisen.

Unterabschnitt 2
Übergangsregelung für Gebrauchtfahrzeuge

Artikel 326
(Beibehaltung von Sonderregelungen)

Die Mitgliedstaaten, die am 31. Dezember 1992 auf die Lieferungen von Gebrauchtfahrzeugen durch steuerpflichtige Wiederverkäufer eine andere Sonderregelung als die Differenzbesteuerung angewandt haben, können diese Regelung für die Dauer des in Artikel 402 genannten Zeitraums beibehalten, sofern diese Regelung die in diesem Unterabschnitt festgelegten Voraussetzungen erfüllt oder dergestalt angepasst wird, dass sie diese erfüllt.

Dänemark ist berechtigt, die in Absatz 1 vorgesehene Regelung einzuführen.

Artikel 327
(Anwendungsbereich der Übergangsregelung)

(1) Diese Übergangsregelung gilt für die Lieferungen von Gebrauchtfahrzeugen durch steuerpflichtige Wiederverkäufer, die der Differenzbesteuerung unterliegt.

(2) Die Übergangsregelung gilt nicht für die Lieferungen neuer Fahrzeuge unter den Voraussetzungen des Artikels 138 Absatz 1 und Absatz 2 Buchstabe a.

(3) Für die Zwecke des Absatzes 1 gelten als „Gebrauchtfahrzeuge" die in Artikel 2 Absatz 2 Buchstabe a genannten Land-, Wasser- und Luftfahrzeuge, wenn sie Gebrauchtgegenstände sind und nicht die Voraussetzungen erfüllen, um als neue Fahrzeuge angesehen zu werden.

Artikel 328
(Berechnung der geschuldeten Mehrwertsteuer)

Die für jede Lieferung im Sinne des Artikels 327 geschuldete Mehrwertsteuer ist gleich dem Betrag der Steuer, die geschuldet würde, wenn die betreffende Lieferung der normalen Mehrwertsteuerregelung unterläge, abzüglich des Betrags der Mehrwertsteuer, die als in dem Einkaufspreis enthalten gilt, den der steuerpflichtige Wiederverkäufer für das Fahrzeug entrichtet hat.

Artikel 329
(Berechnung der Mehrwertsteuer, die als im Einkaufspreis enthalten gilt)

Die Mehrwertsteuer, die als in dem Einkaufspreis enthalten gilt, den der steuerpflichtige Wiederverkäufer für das Fahrzeug entrichtet hat, wird nach folgendem Verfahren berechnet:

a) Als Einkaufspreis ist der Einkaufspreis im Sinne des Artikels 312 Nummer 2 zugrunde zu legen.

b) In diesem vom steuerpflichtigen Wiederverkäufer entrichteten Einkaufspreis gilt die Mehrwertsteuer als enthalten, die geschuldet worden wäre, wenn der Lieferer des steuerpflichtigen Wiederverkäufers auf seine Lieferung die normale Mehrwertsteuerregelung angewandt hätte.

c) Es ist der Steuersatz gemäß Artikel 93 anzuwenden, der in dem Mitgliedstaat angewandt wird, in dessen Gebiet der Ort der Lieferung an den steuerpflichtigen Wiederverkäufer im Sinne der Artikel 31 und 32 als gelegen gilt.

Artikel 330
(Untergrenze der geschuldeten Mehrwertsteuer)

Die für jede Lieferung von Fahrzeugen im Sinne des Artikels 327 Absatz 1 geschuldete und gemäß Artikel 328 festgesetzte Mehrwertsteuer darf nicht unter dem Steuerbetrag liegen, der geschuldet würde, wenn auf die betreffende Lieferung die Differenzbesteuerung angewandt worden wäre.

Die Mitgliedstaaten können für den Fall, dass die Lieferung der Differenzbesteuerung unterlegen hätte, vorsehen, dass die Gewinnspanne nicht unter 10 % des Verkaufspreises im Sinne des Artikels 312 Nummer 1 angesetzt werden darf.

Artikel 331
(Ausschluss des Vorsteuerabzugs)

Ein Steuerpflichtiger darf von seiner Steuerschuld die für die Lieferung eines Gebrauchtfahrzeugs durch einen steuerpflichtigen Wiederverkäufer geschuldete oder entrichtete Mehrwertsteuer nicht als Vorsteuer abziehen, wenn die Lieferung dieses Gegenstands durch den steuerpflichtigen Wiederverkäufer gemäß dieser Übergangsregelung besteuert wurde.

Artikel 332
(Ausweisung übergangsweise besteuerter Lieferungen in Rechnungen)

Der steuerpflichtige Wiederverkäufer darf auf der von ihm ausgestellten Rechnung die Mehrwertsteuer auf die Lieferungen, auf die er diese Übergangsregelung anwendet, nicht gesondert ausweisen.

Abschnitt 3
Sonderregelung für öffentliche Versteigerungen

Artikel 333
(Sonderregelung)

(1) Die Mitgliedstaaten können gemäß diesem Abschnitt eine Sonderregelung für die Besteuerung der Differenz anwenden, die ein Veranstalter öffentlicher Versteigerungen bei der Lieferung von Gebrauchtgegenständen, Kunstgegenständen, Sammlungsstücken und Antiquitäten erzielt, die er in eigenem Namen aufgrund eines Kommissionsvertrags zum Verkauf dieser Gegenstände im Wege einer öffentlichen Versteigerung für Rechnung von in Artikel 334 genannten Personen bewirkt.

(2) Die Regelung des Absatzes 1 gilt nicht für die Lieferungen neuer Fahrzeuge unter den Voraussetzungen des Artikels 138 Absatz 1 und Absatz 2 Buchstabe a.

Artikel 334
(Anwendungsbereich der Sonderregelung)

Diese Sonderregelung gilt für Lieferungen eines Veranstalters öffentlicher Versteigerungen, der in eigenem Namen für Rechnung einer der folgenden Personen handelt:

a) eines Nichtsteuerpflichtigen;

b) eines anderen Steuerpflichtigen, sofern die Lieferung des Gegenstands durch diesen anderen Steuerpflichtigen aufgrund eines Verkaufskommissionsvertrags gemäß Artikel 136 von der Steuer befreit ist;

c) eines anderen Steuerpflichtigen, sofern für die Lieferung des Gegenstands durch diesen anderen Steuerpflichtigen aufgrund eines Verkaufskommissionsvertrags die Steuerbefreiung für Kleinunternehmen des Artikels 284 gilt und es sich bei dem Gegenstand um ein Investitionsgut handelt;

d) eines steuerpflichtigen Wiederverkäufers, sofern die Lieferung des Gegenstands durch diesen steuerpflichtigen Wiederverkäufer aufgrund eines Verkaufskommissionsvertrags gemäß der Differenzbesteuerung der Mehrwertsteuer unterliegt.

Artikel 335
(Zeitpunkt der Lieferung)

Die Lieferung eines Gegenstands an einen steuerpflichtigen Veranstalter öffentlicher Versteigerungen gilt als zum Zeitpunkt des Verkaufs dieses Gegenstands im Wege der öffentlichen Versteigerung erfolgt.

Artikel 336
(Steuerbemessungsgrundlage)

Die Steuerbemessungsgrundlage für die einzelnen Lieferungen von Gegenständen im Sinne dieses Abschnitts ist der dem Erwerber vom Veranstalter der öffentlichen Versteigerung gemäß Artikel 339 in Rechnung gestellte Gesamtbetrag abzüglich folgender Beträge:

a) vom Veranstalter der öffentlichen Versteigerung an seinen Kommittenten gezahlter oder zu zahlender Nettobetrag gemäß Artikel 337;

b) Betrag der vom Veranstalter der öffentlichen Versteigerung für seine Lieferung geschuldeten Mehrwertsteuer.

Artikel 337
(Berechnung des zu zahlenden Nettobetrages)

Der vom Veranstalter der öffentlichen Versteigerung an seinen Kommittenten gezahlte oder zu zahlende Nettobetrag ist gleich der Differenz zwischen dem Preis, zu dem in der Versteigerung der Zuschlag für den Gegenstand erteilt wurde, und dem Betrag der Provision, die der Veranstalter der öffentlichen Versteigerung von seinem Kommittenten gemäß dem Verkaufskommissionsvertrag erhält oder zu erhalten hat.

Artikel 338
(Als durchlaufende Posten zu verbuchende Beträge)

Veranstalter öffentlicher Versteigerungen, die Gegenstände gemäß den Artikeln 333 und 334 liefern, müssen folgende Beträge in ihren Aufzeichnungen als durchlaufende Posten verbuchen:

a) die vom Erwerber des Gegenstands erhaltenen oder zu erhaltenden Beträge;

b) die dem Verkäufer des Gegenstands erstatteten oder zu erstattenden Beträge.

Die in Absatz 1 genannten Beträge müssen ordnungsgemäß nachgewiesen sein.

Artikel 339
(Ausgestaltung von Rechnungen)

Der Veranstalter der öffentlichen Versteigerung muss dem Erwerber eine Rechnung ausstellen, in der folgende Beträge gesondert auszuweisen sind:

a) Zuschlagspreis des Gegenstands;

b) Steuern, Zölle, Abschöpfungen und Abgaben;

c) Nebenkosten wie Provisions-, Verpackungs-, Beförderungs- und Versicherungskosten, die der Veranstalter dem Erwerber des Gegenstands in Rechnung stellt.

In der von dem Veranstalter der öffentlichen Versteigerung ausgestellten Rechnung darf jedoch die Mehrwertsteuer nicht gesondert ausgewiesen werden.

Artikel 340
(Ausführungsanzeige bei Kommissionsvertrag)

(1) Der Veranstalter der öffentlichen Versteigerung, dem der Gegenstand aufgrund eines Kommissionsvertrags zum Verkauf im Wege der öffentlichen Versteigerung übergeben wurde, muss seinem Kommittenten eine Ausführungsanzeige aushändigen.

In der Ausführungsanzeige des Veranstalters der öffentlichen Versteigerung muss der Umsatzbetrag, d. h. der Preis, zu dem der Zuschlag für den Gegenstand erteilt wurde, abzüglich des Betrags der vom Kommittenten erhaltenen oder zu erhaltenden Provision gesondert ausgewiesen werden.

(2) Die gemäß Absatz 1 ausgestellte Ausführungsanzeige tritt an die Stelle der Rechnung, die der Kommittent, sofern er steuerpflichtig ist, dem Veranstalter der öffentlichen Versteigerung gemäß Artikel 220 ausstellen muss.

Artikel 341
(Erstreckung der Sonderregelung auf Lieferung von Gebrauchtfahrzeugen)

Die Mitgliedstaaten, die die Sonderregelung dieses Abschnitts anwenden, wenden sie auch auf die Lieferungen von Gebrauchtfahrzeugen im Sinne des Artikels 327 Absatz 3 durch den Veranstalter einer öffentlichen Versteigerung an, der in eigenem Namen aufgrund eines Kommissionsvertrags zum Verkauf dieser Gegenstände im Wege einer öffentlichen Versteigerung für Rechnung eines steuerpflichtigen Wiederverkäufers handelt, sofern diese Lieferung gemäß der Übergangsregelung für Gebrauchtfahrzeuge der Mehrwertsteuer unterläge, wenn sie durch diesen steuerpflichtigen Wiederverkäufer erfolgen würde.

Abschnitt 4
Verhütung von Wettbewerbsverzerrungen und Steuerbetrug

Artikel 342
(Maßnahmen zur Verhinderung von Wettbewerbsverzerrungen)

Die Mitgliedstaaten können hinsichtlich des Rechts auf Vorsteuerabzug Maßnahmen treffen, um zu verhindern, dass steuerpflichtigen Wiederverkäufern, die unter eine der Regelungen des Abschnitts 2 fallen, ungerechtfertigte Vor- oder Nachteile entstehen.

Artikel 343
(Ermächtigung der Mitgliedstaaten)

Der Rat kann auf Vorschlag der Kommission einstimmig jeden Mitgliedstaat zu besonderen Maßnahmen zur Bekämpfung des Steuerbetrugs ermächtigen, nach denen die gemäß der Differenzbesteuerung geschuldete Mehrwertsteuer nicht unter dem Betrag der Steuer liegen darf, die bei Zugrundelegung einer Differenz (Handelsspanne) in Höhe eines bestimmten Prozentsatzes des Verkaufspreises geschuldet würde.

Der Prozentsatz des Verkaufspreises wird unter Zugrundelegung der in dem betreffenden Sektor üblichen Handelsspannen festgelegt.

KAPITEL 5
Sonderregelung für Anlagegold

Abschnitt 1
Allgemeine Bestimmungen

Artikel 344
(Anlagegold)

(1) Für die Zwecke dieser Richtlinie und unbeschadet anderer Gemeinschaftsvorschriften gilt als „Anlagegold“:

1. Gold in Barren- oder Plättchenform mit einem von den Goldmärkten akzeptierten Gewicht und einem Feingehalt von mindestens 995 Tausendsteln, unabhängig davon, ob es durch Wertpapiere verbrieft ist oder nicht;
2. Goldmünzen mit einem Feingehalt von mindestens 900 Tausendsteln, die nach dem Jahr 1800 geprägt wurden, die in ihrem Ursprungsland gesetzliches Zahlungsmittel sind oder waren und die üblicherweise zu einem Preis verkauft werden, der den Offenmarktwert ihres Goldgehalts um nicht mehr als 80 % übersteigt.

(2) Die Mitgliedstaaten können kleine Goldbarren oder -plättchen mit einem Gewicht von höchstens 1 g von dieser Sonderregelung ausnehmen.

(3) Für die Zwecke dieser Richtlinie gilt der Verkauf von in Absatz 1 Nummer 2 genannten Münzen als nicht aus numismatischem Interesse erfolgt.

Artikel 345
(Mittteilungspflicht der Mitgliedstaaten)

[1]Ab 1999 teilt jeder Mitgliedstaat der Kommission vor dem 1. Juli eines jeden Jahres mit, welche die in Artikel 344 Absatz 1 Nummer 2 genannten Kriterien erfüllenden Münzen in dem betreffenden Mitgliedstaat gehandelt werden. [2]Die Kommission veröffentlicht vor dem 1. Dezember eines jeden Jahres ein erschöpfendes Verzeichnis dieser Münzen in der Reihe C des *Amtsblatts der Europäischen Union*. [3]Die in diesem Verzeichnis aufgeführten Münzen gelten als Münzen, die die genannten Kriterien während des gesamten Jahres erfüllen, für das das Verzeichnis gilt.

Abschnitt 2
Steuerbefreiung

Artikel 346
(Steuerbefreiung von Goldgeschäften)

Die Mitgliedstaaten befreien von der Mehrwertsteuer die Lieferung, den innergemeinschaftlichen Erwerb und die Einfuhr von Anlagegold, einschließlich Anlagegold in Form von Zertifikaten über sammel- oder einzelverwahrtes Gold und über Goldkonten gehandeltes Gold, insbesondere auch Golddarlehen und Goldswaps, durch die ein Eigentumsrecht an Anlagegold oder ein schuldrechtlicher Anspruch auf Anlagegold begründet wird, sowie Terminkontrakte und im Freiverkehr getätigte Terminabschlüsse mit Anlagegold, die zur Übertragung eines Eigentumsrechts an Anlagegold oder eines schuldrechtlichen Anspruchs auf Anlagegold führen.

Artikel 347
(Steuerbefreite Dienstleistungen von Vermittlern von Anlagegold)

Die Mitgliedstaaten befreien Dienstleistungen von im Namen und für Rechnung Dritter handelnden Vermittlern von der Steuer, wenn diese die Lieferung von Anlagegold an ihre Auftraggeber vermitteln.

Abschnitt 3
Besteuerungswahlrecht

Artikel 348
(Wahlrecht für Hersteller von Anlagegold)

Die Mitgliedstaaten räumen Steuerpflichtigen, die Anlagegold herstellen oder Gold in Anlagegold umwandeln, das Recht ein, sich für die Besteuerung der Lieferung von Anlagegold an einen anderen Steuerpflichtigen, die ansonsten gemäß Artikel 346 von der Steuer befreit wäre, zu entscheiden.

Artikel 349
(Wahlrecht für Lieferer von Anlagegold)

(1) Die Mitgliedstaaten können Steuerpflichtigen, die im Rahmen ihrer wirtschaftlichen Tätigkeit üblicherweise Gold für gewerbliche Zwecke liefern, das Recht einräumen, sich für die Besteuerung der Lieferung von Goldbarren oder -plättchen im Sinne des Artikels 344 Absatz 1 Nummer 1 an einen anderen Steuerpflichtigen, die ansonsten gemäß Artikel 346 von der Steuer befreit wäre, zu entscheiden.

(2) Die Mitgliedstaaten können den Umfang des Wahlrechts nach Absatz 1 einschränken.

Artikel 350
(Bedingtes Wahlrecht für Vermittler von Anlagegold)

Hat der Lieferer das Recht, sich für die Besteuerung gemäß den Artikeln 348 und 349 zu entscheiden, in Anspruch genommen, räumen die Mitgliedstaaten dem Vermittler in Bezug auf die in Artikel 347 genannten Vermittlungsleistungen das Recht ein, sich für eine Besteuerung zu entscheiden.

Artikel 351
(Erlass von Ausführungsbestimmungen)

Die Mitgliedstaaten regeln die Einzelheiten der Ausübung des Wahlrechts im Sinne dieses Abschnitts und unterrichten die Kommission entsprechend.

Abschnitt 4
Umsätze auf einem geregelten Goldmarkt

Artikel 352
(Besteuerung bestimmter Umsätze)

[1]Jeder Mitgliedstaat kann nach Konsultation des Mehrwertsteuerausschusses bestimmte Umsätze mit Anlagegold in diesem Mitgliedstaat zwischen Steuerpflichtigen, die auf einem von dem betreffenden Mitgliedstaat geregelten Goldmarkt tätig sind, oder zwischen einem solchen Steuerpflichtigen und einem anderen Steuerpflichtigen, der nicht auf diesem Markt tätig ist, der Mehrwertsteuer unterwerfen. [2]Der Mitgliedstaat darf jedoch Lieferungen unter den Voraussetzungen des Artikels 138 und Ausfuhren von Anlagegold nicht der Mehrwertsteuer unterwerfen.

Artikel 353
(Vereinfachung des Verfahrens)

Ein Mitgliedstaat, der gemäß Artikel 352 die Umsätze zwischen auf einem geregelten Goldmarkt tätigen Steuerpflichtigen besteuert, gestattet zur Vereinfachung die Aussetzung der Steuer und entbindet die Steuerpflichtigen von den Aufzeichnungspflichten zu Mehrwertsteuerzwecken.

Abschnitt 5
Besondere Rechte und Pflichten von Händlern mit Anlagegold

Artikel 354
(Abziehbare Beträge)

Ist seine anschließende Lieferung von Anlagegold gemäß diesem Kapitel von der Steuer befreit, hat der Steuerpflichtige das Recht, folgende Beträge abzuziehen:

a) die Mehrwertsteuer, die für Anlagegold geschuldet wird oder entrichtet wurde, das ihm von einer Person, die von dem Wahlrecht nach den Artikeln 348 und 349 Gebrauch gemacht hat, oder gemäß Abschnitt 4 geliefert wurde;
b) die Mehrwertsteuer, die für an ihn geliefertes oder durch ihn innergemeinschaftlich erworbenes oder eingeführtes Gold geschuldet wird oder entrichtet wurde, das kein An-

lagegold ist und anschließend von ihm oder in seinem Namen in Anlagegold umgewandelt wird;

c) die Mehrwertsteuer, die für an ihn erbrachte Dienstleistungen geschuldet wird oder entrichtet wurde, die in der Veränderung der Form, des Gewichts oder des Feingehalts von Gold, einschließlich Anlagegold, bestehen.

Artikel 355
(Vorsteuerabzug für Hersteller)

Steuerpflichtige, die Anlagegold herstellen oder Gold in Anlagegold umwandeln, dürfen die für die Lieferung, den innergemeinschaftlichen Erwerb oder die Einfuhr von Gegenständen oder für direkt im Zusammenhang mit der Herstellung oder Umwandlung dieses Goldes stehende Dienstleistungen von ihnen geschuldete oder entrichtete Steuer als Vorsteuer abziehen, so als ob die anschließende, gemäß Artikel 346 steuerfreie Lieferung des Goldes steuerpflichtig wäre.

Artikel 356
(Nachweispflicht bei größeren Umsätzen)

(1) Die Mitgliedstaaten stellen sicher, dass Anlagegoldhändler zumindest größere Umsätze mit Anlagegold aufzeichnen und die Unterlagen aufbewahren, um die Feststellung der Identität der an diesen Umsätzen beteiligten Kunden zu ermöglichen.

Die Händler haben die in Unterabsatz 1 genannten Unterlagen mindestens fünf Jahre lang aufzubewahren.

(2) Die Mitgliedstaaten können gleichwertige Auflagen nach Maßgabe anderer Vorschriften zur Umsetzung des Gemeinschaftsrechts, beispielsweise der Richtlinie 2005/60/EG des Europäischen Parlaments und des Rates vom 26. Oktober 2005 zur Verhinderung der Nutzung des Finanzsystems zum Zwecke der Geldwäsche und der Terrorismusfinanzierung[32] gelten lassen, um den Anforderungen des Absatzes 1 nachzukommen.

(3) Die Mitgliedstaaten können strengere Vorschriften, insbesondere über das Führen besonderer Nachweise oder über besondere Aufzeichnungspflichten, festlegen.

KAPITEL 6
Sonderregelungen für Steuerpflichtige, die Dienstleistungen an Nichtsteuerpflichtige erbringen oder Fernverkäufe von Gegenständen oder bestimmte inländische Lieferungen von Gegenständen tätigen

Abschnitt 1
Allgemeine Bestimmungen

Artikel 357
(weggefallen)

Artikel 358
(Begriffsbestimmungen)

Für die Zwecke dieses Kapitels und unbeschadet anderer Gemeinschaftsvorschriften gelten folgende Begriffsbestimmungen:

1. *weggefallen*
2. *weggefallen*
3. *weggefallen*
4. „Mehrwertsteuererklärung": die Erklärung, in der die für die Ermittlung des in den einzelnen Mitgliedstaaten geschuldeten Mehrwertsteuerbetrags erforderlichen Angaben enthalten sind.

Abschnitt 2
Sonderregelung für von nicht in der Gemeinschaft ansässigen Steuerpflichtigen erbrachte Dienstleistungen

Artikel 358 a
(Begriffsbestimmungen)

Für Zwecke dieses Abschnitts und unbeschadet anderer Gemeinschaftsvorschriften gelten folgende Begriffsbestimmungen:

1. „nicht in der Gemeinschaft ansässiger Steuerpflichtiger": ein Steuerpflichtiger, der im Gebiet der Gemeinschaft weder den Sitz seiner wirtschaftlichen Tätigkeit noch eine feste Niederlassung hat;
2. „Mitgliedstaat der Identifizierung": der Mitgliedstaat, in dem der nicht in der Gemeinschaft ansässige Steuerpflichtige die Aufnahme seiner Tätigkeit als Steuerpflichtiger im Gebiet der Gemeinschaft gemäß diesem Abschnitt anzeigt.
3. „Mitgliedstaat des Verbrauchs": der Mitgliedstaat, in dem gemäß Titel V Kapitel 3 die Dienstleistung als erbracht gilt.

[Art. 359 in der bis 31.12.2026 gültigen Fassung]

Artikel 359
(Geltungsbereich der Sonderregelung)

[1]Die Mitgliedstaaten gestatten nicht in der Gemeinschaft ansässigen Steuerpflichtigen, die Dienstleistungen an Nichtsteuerpflichtige erbringen, die in einem Mitgliedstaat ansässig sind oder dort ihren Wohnsitz oder ihren gewöhnlichen Aufenthaltsort haben, diese Sonderregelung in Anspruch zu nehmen. [2]Diese Regelung gilt für alle derartigen Dienstleistungen, die in der Gemeinschaft erbracht werden.

[Art. 359 in der ab 1.1.2027 gültigen Fassung]

Artikel 359
(Geltungsbereich der Sonderregelung)

[1]Die Mitgliedstaaten gestatten nicht in der Gemeinschaft ansässigen Steuerpflichtigen, die Dienstleistungen an Nichtsteuerpflichtige erbringen, diese Sonderregelung in Anspruch zu nehmen. [2]Diese Sonderregelung gilt für alle derartigen Dienstleistungen, die in der Gemeinschaft erbracht werden.

Artikel 360
(Anzeigepflichten)

[1]Der nicht in der Gemeinschaft ansässige Steuerpflichtige hat dem Mitgliedstaat der Identifizierung die Aufnahme und die Beendigung seiner Tätigkeit als Steuerpflichtiger sowie diesbezügliche Änderungen, durch die er die Voraussetzungen für die Inanspruchnahme dieser Sonderregelung nicht mehr erfüllt, zu melden. [2]Diese Meldung erfolgt elektronisch.

Artikel 361
(Angaben zur Identität)

(1) Der nicht in der Gemeinschaft ansässige Steuerpflichtige macht dem Mitgliedstaat der Identifizierung bei der Aufnahme seiner steuerpflichtigen Tätigkeit folgende Angaben zu seiner Identität:

a) Name;

b) Postanschrift;

[Buchst. c in der bis 31.12.2026 gültigen Fassung]

c) elektronische Anschriften einschließlich Websites;

32 Amtliche Fußnote: ABl. L 309 vom 25. 11. 2005, S. 15.

[Buchst. c in der ab 1.1.2027 gültigen Fassung]

c) elektronische Anschrift einschließlich, soweit verfügbar, Websites;

d) nationale Steuernummer, falls vorhanden;

e) Erklärung, dass er im Gebiet der Gemeinschaft weder den Sitz seiner wirtschaftlichen Tätigkeit noch eine feste Niederlassung hat.

(2) Der nicht in der Gemeinschaft ansässige Steuerpflichtige teilt dem Mitgliedstaat der Identifizierung jegliche Änderung der übermittelten Angaben mit.

Artikel 362
(Identifikationsnummer)

[1]Der Mitgliedstaat der Identifizierung erteilt dem nicht in der Gemeinschaft ansässigen Steuerpflichtigen eine individuelle Mehrwertsteuer-Identifikationsnummer für die Anwendung dieser Sonderregelung, die er dem Betreffenden elektronisch mitteilt. [2]Auf der Grundlage der für diese Erteilung der Identifikationsnummer verwendeten Angaben können die Mitgliedstaaten des Verbrauchs ihre eigenen Identifikationssysteme verwenden.

Artikel 363
(Austrag aus dem Register)

Der Mitgliedstaat der Identifizierung streicht den nicht in der Gemeinschaft ansässigen Steuerpflichtigen aus dem Register, wenn

a) dieser diesem Mitgliedstaat mitteilt, dass er keine Dienstleistungen mehr erbringt, die unter diese Sonderregelung fallen;

b) aus anderen Gründen davon ausgegangen werden kann, dass seine steuerpflichtigen Tätigkeiten beendet sind;

c) wenn er die Voraussetzungen für die Inanspruchnahme dieser Sonderregelung nicht mehr erfüllt;

d) er wiederholt gegen die Vorschriften dieser Sonderregelung verstößt.

Artikel 364
(Elektronische Abgabe einer Mehrwertsteuererklärung)

[1]Der nicht in der Gemeinschaft ansässige Steuerpflichtige, der diese Sonderregelung in Anspruch nimmt, hat im Mitgliedstaat der Identifizierung für jedes Kalenderquartal eine Mehrwertsteuererklärung elektronisch abzugeben, unabhängig davon, ob Dienstleistungen, die unter diese Sonderregelung fallen, erbracht wurden oder nicht. [2]Die Mehrwertsteuererklärung ist bis zum Ende des Monats nach Ablauf des Steuerzeitraums, der von der Erklärung umfasst wird, abzugeben.

Artikel 365
(Inhalt der Mehrwertsteuererklärung)

[1]In der Mehrwertsteuererklärung anzugeben sind die individuelle Mehrwertsteuer-Identifikationsnummer für die Anwendung dieser Sonderregelung und in Bezug auf jeden Mitgliedstaat des Verbrauchs, in dem Mehrwertsteuer geschuldet wird, der Gesamtbetrag ohne Mehrwertsteuer der während des Steuerzeitraums erbrachten Dienstleistungen, die unter diese Sonderregelung fallen, sowie der Gesamtbetrag der entsprechenden Steuer aufgegliedert nach Steuersätzen. [2]Ferner sind die anzuwendenden Mehrwertsteuersätze und die Gesamtsteuerschuld anzugeben.

[1]Sind nach Abgabe der Mehrwertsteuererklärung Änderungen an dieser Erklärung erforderlich, so werden diese Änderungen in eine spätere Erklärung innerhalb von drei Jahren nach dem Tag, an dem die ursprüngliche Erklärung gemäß Artikel 364 abgegeben werden musste, aufgenommen. [2]Aus dieser späteren Mehrwertsteuererklärung müssen der betreffende Mitgliedstaat des Verbrauchs, der Steuerzeitraum und der Mehrwertsteuerbetrag, für den Änderungen erforderlich sind, hervorgehen.

Artikel 366
(Angaben zur Währung)

(1) Die Beträge in der Mehrwertsteuererklärung sind in Euro anzugeben.

[1]Diejenigen Mitgliedstaaten, die den Euro nicht eingeführt haben, können vorschreiben, dass die Beträge in der Mehrwertsteuererklärung in ihrer Landeswährung anzugeben sind. [2]Wurden für die Dienstleistungen Beträge in anderen Währungen berechnet, hat der nicht in der Gemeinschaft ansässige Steuerpflichtige für die Zwecke der Mehrwertsteuererklärung den Umrechnungskurs vom letzten Tag des Steuerzeitraums anzuwenden.

(2) Die Umrechnung erfolgt auf der Grundlage der Umrechnungskurse, die von der Europäischen Zentralbank für den betreffenden Tag oder, falls an diesem Tag keine Veröffentlichung erfolgt, für den nächsten Tag, an dem eine Veröffentlichung erfolgt, veröffentlicht werden.

Artikel 367
(Fälligkeit und Zahlungsweise)

Der nicht in der Gemeinschaft ansässige Steuerpflichtige entrichtet die Mehrwertsteuer unter Hinweis auf die zugrunde liegende Mehrwertsteuererklärung bei der Abgabe der Mehrwertsteuererklärung, spätestens jedoch nach Ablauf der Frist, innerhalb der die Erklärung abzugeben ist.

[1]Der Betrag wird auf ein auf Euro lautendes Bankkonto überwiesen, das vom Mitgliedstaat der Identifizierung angegeben wird. [2]Diejenigen Mitgliedstaaten, die den Euro nicht eingeführt haben, können vorschreiben, dass der Betrag auf ein auf ihre Landeswährung lautendes Bankkonto überwiesen wird.

[Art. 368 in der bis 31.12.2026 gültigen Fassung]

Artikel 368
(Recht auf Vorsteuerabzug)

[1]Der nicht in der Gemeinschaft ansässige Steuerpflichtige, der diese Sonderregelung in Anspruch nimmt, darf keinen Vorsteuerabzug gemäß Artikel 168 der vorliegenden Richtlinie vornehmen. [2]Unbeschadet des Artikels 1 Nummer 1 der Richtlinie 86/560/EWG wird diesem Steuerpflichtigen eine Mehrwertsteuererstattung gemäß der genannten Richtlinie gewährt. [3]Artikel 2 Absätze 2 und 3 sowie Artikel 4 Absatz 2 der Richtlinie 86/560/EWG gelten nicht für Erstattungen im Zusammenhang mit Dienstleistungen, die unter diese Sonderregelung fallen.

Ist der Steuerpflichtige, der diese Sonderregelung in Anspruch nimmt, zur Registrierung in einem Mitgliedstaat in Bezug auf nicht dieser Sonderregelung unterliegende Tätigkeiten verpflichtet, so zieht er die in diesem Mitgliedstaat angefallene Vorsteuer in Bezug auf seine dieser Sonderregelung unterliegenden steuerbaren Tätigkeiten in der nach Artikel 250 der vorliegenden Richtlinie abzugebenden Mehrwertsteuererklärung ab.

[Art. 368 in der ab 1.1.2027 gültigen Fassung]

Artikel 368
(Vorsteuerabzug)

[1]Der diese Sonderregelung in Anspruch nehmende nicht in der Gemeinschaft ansässige Steuerpflichtige nimmt in Bezug auf seine dieser Sonderregelung unterliegenden Dienstleistungen keinen Vorsteuerabzug für in den Mitgliedstaaten des Verbrauchs angefallene Mehrwertsteuer gemäß Artikel 168 dieser Richtlinie vor. [2]Unbeschadet des Artikels 1 Nummer 1 der Richtlinie 86/560/EWG wird diesem Steuerpflichtigen eine Mehrwertsteuererstattung gemäß der genannten Richtlinie gewährt. [3]Artikel 2 Absatz 2 und Artikel 4 Absatz 2 der Richtlinie 86/560/EWG gelten nicht für Erstattungen im Zusammenhang mit Gegenständen oder Dienstleistungen, die für die Zwecke der unter diese Sonderregelung fallenden Dienstleistungen verwendet werden.

Ist der diese Sonderregelung in Anspruch nehmende Steuerpflichtige zur Registrierung in einem Mitgliedstaat in Bezug auf nicht der Sonderregelung unterliegende Tätigkeiten verpflichtet, so zieht er die in diesem Mitgliedstaat angefallene Vorsteuer in Bezug auf seine dieser Sonderregelung unterliegenden steuerbaren Tätigkeiten im Rahmen der nach Artikel 250 abzugebenden Mehrwertsteuererklärung ab.

Artikel 369
(Aufzeichnungspflichten)

(1) [1]Der nicht in der Gemeinschaft ansässige Steuerpflichtige führt über seine dieser Sonderregelung unterliegenden Umsätze Aufzeichnungen. [2]Diese müssen so ausführlich sein, dass die Steuerbehörden des Mitgliedstaats des Verbrauchs feststellen können, ob die Mehrwertsteuererklärung korrekt ist.

(2) Die Aufzeichnungen nach Absatz 1 sind dem Mitgliedstaat des Verbrauchs und dem Mitgliedstaat der Identifizierung auf Verlangen elektronisch zur Verfügung zu stellen.

Die Aufzeichnungen sind vom 31. Dezember des Jahres an, in dem der Umsatz bewirkt wurde, zehn Jahre lang aufzubewahren.

Abschnitt 3
Sonderregelung für innergemeinschaftliche Fernverkäufe von Gegenständen, für Lieferungen von Gegenständen innerhalb eines Mitgliedstaats über eine entsprechende elektronische Schnittstelle und für von in der Gemeinschaft, nicht aber im Mitgliedstaat des Verbrauchs ansässigen Steuerpflichtigen erbrachte Dienstleistungen

Artikel 369 a
(Begriffsbestimmungen)

Für Zwecke dieses Abschnitts und unbeschadet anderer Gemeinschaftsvorschriften gelten folgende Begriffsbestimmungen:

1. „nicht im Mitgliedstaat des Verbrauchs ansässiger Steuerpflichtiger“: ein Steuerpflichtiger, der den Sitz seiner wirtschaftlichen Tätigkeit oder eine feste Niederlassung in der Gemeinschaft hat, aber weder den Sitz seiner wirtschaftlichen Tätigkeit noch eine feste Niederlassung im Gebiet des Mitgliedstaats des Verbrauchs hat;

2. „Mitgliedstaat der Identifizierung“: der Mitgliedstaat, in dem der Steuerpflichtige den Sitz seiner wirtschaftlichen Tätigkeit hat oder, falls er den Sitz seiner wirtschaftlichen Tätigkeit nicht in der Gemeinschaft hat, in dem er eine feste Niederlassung hat.

Hat der Steuerpflichtige den Sitz seiner wirtschaftlichen Tätigkeit nicht in der Gemeinschaft, dort jedoch mehr als eine feste Niederlassung, ist Mitgliedstaat der Identifizierung der Mitgliedstaat mit einer festen Niederlassung, in dem dieser Steuerpflichtige die Inanspruchnahme dieser Sonderregelung anzeigt. Der Steuerpflichtige ist an diese Entscheidung für das betreffende Kalenderjahr und die beiden darauf folgenden Kalenderjahre gebunden.

Hat der Steuerpflichtige den Sitz seiner wirtschaftlichen Tätigkeit nicht in der Gemeinschaft und hat er dort keine feste Niederlassung, so ist der Mitgliedstaat der Identifizierung der Mitgliedstaat des Beginns der Versendung oder Beförderung der Gegenstände. Gibt es mehr als einen Mitgliedstaat des Beginns der Versendung oder Beförderung der Gegenstände, so gibt der Steuerpflichtige an, welcher dieser Mitgliedstaaten der Mitgliedstaat der Identifizierung sein soll. Der Steuerpflichtige ist an diese Entscheidung für das betreffende Kalenderjahr und die beiden darauf folgenden Kalenderjahre gebunden;

3. „Mitgliedstaat des Verbrauchs“:
   a) bei der Erbringung von Dienstleistungen der Mitgliedstaat, in dem gemäß Titel V Kapitel 3 der Ort der Erbringung der Dienstleistungen als gelegen gilt;
   b) im Falle innergemeinschaftlicher Fernverkäufe von Gegenständen der Mitgliedstaat, in dem die Versendung oder Beförderung der Gegenstände an den Erwerber endet;
   c) bei Lieferungen von Gegenständen durch einen Steuerpflichtigen, der diese Lieferungen gemäß Artikel 14 a Absatz 2 unterstützt, bei denen die Versendung oder Beförderung der gelieferten Gegenstände im selben Mitgliedstaat beginnt und endet, dieser Mitgliedstaat.

[Art. 369aa wird mit Wirkung vom 1.1.2027 eingefügt (Änderung vom 11.3.2025)]

Artikel 369 aa
(Lieferung von Gas, Elektrizität, Wärme oder Kälte)

Für die Zwecke der Anwendung des Artikels 369 b gelten die Lieferung von Gas über ein Erdgasnetz im Gebiet der Gemeinschaft oder ein an ein solches Netz angeschlossenes Netz, die Lieferung von Elektrizität oder die Lieferung von Wärme oder Kälte über Wärme- oder Kältenetze unter den in Artikel 39 festgelegten Bedingungen, sofern diese Lieferungen an einen Steuerpflichtigen oder an eine nichtsteuerpflichtige juristische Person, dessen bzw. deren innergemeinschaftliche Erwerbe von Gegenständen gemäß Artikel 3 Absatz 1 nicht der Mehrwertsteuer unterliegen, oder an einen anderen Nichtsteuerpflichtigen durch einen Steuerpflichtigen, der nicht in dem Mitgliedstaat ansässig ist, in dem die Gegenstände der Mehrwertsteuer unterliegen, erfolgen, bis zum 30. Juni 2028 als innergemeinschaftliche Fernverkäufe von Gegenständen.

Artikel 369 b
(Geltungsbereich der Sonderregelung)

Die Mitgliedstaaten gestatten folgenden Steuerpflichtigen, diese Sonderregelung in Anspruch zu nehmen:

a) Steuerpflichtigen, die innergemeinschaftliche Fernverkäufe tätigen;

b) Steuerpflichtigen, die die Lieferung von Gegenständen gemäß Artikel 14 a Absatz 2 unterstützen, wenn die Versendung oder Beförderung der gelieferten Gegenstände im selben Mitgliedstaat beginnt und endet;

c) nicht im Mitgliedstaat des Verbrauchs ansässigen Steuerpflichtigen, die Dienstleistungen an Nichtsteuerpflichtige erbringen.

Diese Sonderregelung gilt für alle Gegenstände oder Dienstleistungen, die von den betreffenden Steuerpflichtigen in der Gemeinschaft geliefert bzw. erbracht werden.

Artikel 369 c
(Anzeigepflichten)

[1]Der Steuerpflichtige hat dem Mitgliedstaat der Identifizierung die Aufnahme und die Beendigung seiner dieser Sonderregelung unterliegenden Tätigkeit als Steuerpflichtiger sowie diesbezügliche Änderungen, durch die er die Voraussetzungen für die Inanspruchnahme dieser Sonderregelung nicht mehr erfüllt, zu melden. [2]Diese Meldung erfolgt elektronisch.

Artikel 369 d
(Mehrwertsteuer-Identifikationsnummer)

[1]Ein Steuerpflichtiger, der die Sonderregelung in Anspruch nimmt, wird in Bezug auf dieser Regelung unterliegende steuerbare Umsätze nur in dem Mitgliedstaat der Identifizierung erfasst. [2]Hierzu verwendet der Mitgliedstaat die individuelle Mehrwertsteuer-Identifikationsnummer, die dem Steuerpflichtigen für die Erfüllung seiner Pflichten aufgrund des internen Systems bereits zugeteilt wurde.

Auf der Grundlage der für diese Erteilung der Identifikationsnummer verwendeten Angaben können die Mitgliedstaaten des Verbrauchs ihre eigenen Identifikationssysteme beibehalten.

Artikel 369 e
(Ausschluss von der Sonderregelung)

Der Mitgliedstaat der Identifizierung schließt den Steuerpflichtigen von dieser Sonderregelung in folgenden Fällen aus:

a) wenn dieser mitteilt, dass er keine Lieferungen von Gegenständen mehr tätigt und keine Dienstleistungen mehr erbringt, die unter diese Sonderregelung fallen;

b) wenn aus anderen Gründen davon ausgegangen werden kann, dass seine dieser Sonderregelung unterliegenden steuerpflichtigen Tätigkeiten beendet sind;

c) wenn er die Voraussetzungen für die Inanspruchnahme dieser Sonderregelung nicht mehr erfüllt;

d) wenn er wiederholt gegen die Vorschriften dieser Sonderregelung verstößt.

Artikel 369 f
(Elektronische Abgabe einer Mehrwertsteuererklärung)

[1]Der Steuerpflichtige, der diese Sonderregelung in Anspruch nimmt, hat im Mitgliedstaat der Identifizierung für jedes Kalenderquartal eine Mehrwertsteuererklärung elektronisch abzugeben, unabhängig davon, ob unter diese Sonderregelung fallende Gegenstände geliefert oder Dienstleistungen erbracht wurden oder nicht. [2]Die Erklärung ist bis zum Ende des Monats nach Ablauf des Steuerzeitraums, der von der Erklärung umfasst wird, abzugeben.

Artikel 369 g
(Inhalt der Mehrwertsteuererklärung)

(1) In der Mehrwertsteuererklärung anzugeben sind die Mehrwertsteuer-Identifikationsnummer nach Artikel 369 d und in Bezug auf jeden Mitgliedstaat des Verbrauchs, in dem die Mehrwertsteuer geschuldet wird, der Gesamtbetrag ohne Mehrwertsteuer, die anzuwendenden Mehrwertsteuersätze, der Gesamtbetrag der entsprechenden Mehrwertsteuer aufgegliedert nach Steuersätzen und die Gesamtsteuerschuld in Bezug auf die folgenden, unter diese Sonderregelung fallenden Lieferungen während des Steuerzeitraums:

a) innergemeinschaftliche Fernverkäufe von Gegenständen;

b) Lieferungen von Gegenständen gemäß Artikel 14 a Absatz 2, wenn die Versendung oder Beförderung dieser Gegenstände im selben Mitgliedstaat beginnt und endet;

c) Erbringung von Dienstleistungen.

Gemäß Absatz 4 enthält die Mehrwertsteuererklärung auch Änderungen in Bezug auf frühere Steuerzeiträume.

(2) Werden Gegenstände aus anderen Mitgliedstaaten als dem Mitgliedstaat der Identifizierung versandt oder befördert, so sind in der Mehrwertsteuererklärung auch der Gesamtbetrag ohne Mehrwertsteuer, die anzuwendenden Mehrwertsteuersätze, der Gesamtbetrag der entsprechenden Mehrwertsteuer aufgegliedert nach Steuersätzen und die gesamte Mehrwertsteuerschuld in Bezug auf die folgenden, unter diese Sonderregelung fallenden Lieferungen für jeden Mitgliedstaat, aus dem die Gegenstände versandt oder befördert werden, anzugeben:

a) innergemeinschaftliche Fernverkäufe von Gegenständen mit Ausnahme von Fernverkäufen durch Steuerpflichtige gemäß Artikel 14 a Absatz 2;

b) innergemeinschaftliche Fernverkäufe von Gegenständen und Lieferungen von Gegenständen durch Steuerpflichtige gemäß Artikel 14 a Absatz 2, wenn die Versendung oder Beförderung dieser Gegenstände im selben Mitgliedstaat beginnt und endet.

Bei den in Buchstabe a genannten Lieferungen umfasst die Mehrwertsteuererklärung außerdem die individuelle Mehrwertsteuer-Identifikationsnummer oder die von jedem Mitgliedstaat, aus dem die Gegenstände versandt oder befördert werden, zugewiesene Steuerregisternummer.

Bei den in Buchstabe b genannten Lieferungen umfasst die Mehrwertsteuererklärung außerdem die individuelle Mehrwertsteuer-Identifikationsnummer oder die von jedem Mitgliedstaat, aus dem die Gegenstände versandt oder befördert werden, zugewiesene Steuerregisternummer, falls vorhanden.

Die Mehrwertsteuererklärung enthält die in diesem Absatz genannten Angaben, aufgegliedert nach Mitgliedstaaten des Verbrauchs.

(3) Hat der Steuerpflichtige, der die unter diese Sonderregelung fallenden Dienstleistungen erbringt, außer der Niederlassung im Mitgliedstaat der Identifizierung eine oder mehrere feste Niederlassungen, von denen aus die Dienstleistungen erbracht werden, so sind in der Mehrwertsteuererklärung für jeden Mitgliedstaat, in dem er eine Niederlassung hat, auch der Gesamtbetrag ohne Mehrwertsteuer, die anzuwendenden Mehrwertsteuersätze, der Gesamtbetrag der entsprechenden Mehrwertsteuer aufgegliedert nach Steuersätzen und die gesamte Mehrwertsteuerschuld in Bezug auf diese Dienstleistungen zusammen mit der jeweiligen Mehrwertsteuer-Identifikationsnummer oder der Steuerregisternummer dieser Niederlassung, aufgeschlüsselt nach Mitgliedstaaten des Verbrauchs, anzugeben.

(4) [1]Sind nach Abgabe der Mehrwertsteuererklärung Änderungen an dieser Erklärung erforderlich, so werden diese Änderungen in eine spätere Erklärung innerhalb von drei Jahren nach dem Tag, an dem die ursprüngliche Erklärung gemäß Artikel 369 f abgegeben werden musste, aufgenommen. [2]Aus dieser späteren Mehrwertsteuererklärung müssen der betreffende Mitgliedstaat des Verbrauchs, der Steuerzeitraum und der Mehrwertsteuerbetrag, für den Änderungen erforderlich sind, hervorgehen.

Artikel 369h
(Angaben zur Währung)

(1) Die Beträge in der Mehrwertsteuererklärung sind in Euro anzugeben.

[1]Diejenigen Mitgliedstaaten, die den Euro nicht eingeführt haben, können vorschreiben, dass die Beträge in der Mehrwertsteuererklärung in ihrer Landeswährung anzugeben sind. [2]Wurden für die Lieferungen oder Dienstleistungen Beträge in anderen Währungen berechnet, so hat der diese Sonderregelung in Anspruch nehmende Steuerpflichtige für die Zwecke der Mehrwertsteuererklärung den Umrechnungskurs vom letzten Tag des Steuerzeitraums anzuwenden.

(2) Die Umrechnung erfolgt auf der Grundlage der Umrechnungskurse, die von der Europäischen Zentralbank für den betreffenden Tag oder, falls an diesem Tag keine Veröffentlichung erfolgt, für den nächsten Tag, an dem eine Veröffentlichung erfolgt, veröffentlicht werden.

Artikel 369i
(Fälligkeit und Zahlungsweise)

Der diese Sonderregelung in Anspruch nehmende Steuerpflichtige entrichtet die Mehrwertsteuer unter Hinweis auf die zugrunde liegende Mehrwertsteuererklärung spätestens nach Ablauf der Frist, innerhalb der die Erklärung abzugeben ist.

[1]Der Betrag wird auf ein auf Euro lautendes Bankkonto überwiesen, das vom Mitgliedstaat der Identifizierung angegeben wird. [2]Diejenigen Mitgliedstaaten, die den Euro nicht eingeführt haben, können vorschreiben, dass der Betrag auf ein auf ihre Landeswährung lautendes Bankkonto überwiesen wird.

Artikel 369j
(Recht auf Vorsteuerabzug)

[Abs. 1 in der bis 31.12.2026 gültigen Fassung]

[1]Der diese Sonderregelung in Anspruch nehmende Steuerpflichtige nimmt in Bezug auf seine dieser Sonderregelung unterliegenden steuerbaren Tätigkeiten keinen Vorsteuerabzug für im Mitgliedstaat des Verbrauchs angefallene Mehrwertsteuer gemäß Artikel 168 dieser Richtlinie vor. [2]Unbeschadet des Artikels 2 Nummer 1, des Artikels 3 und des Artikels 8 Absatz 1 Buchstabe e der Richtlinie 2008/9/EG wird diesem Steuerpflichtigen insoweit eine Mehrwertsteuererstattung gemäß der genannten Richtlinie gewährt.

[Abs. 1 in der ab 1.1.2027 gültigen Fassung]

Der diese Sonderregelung in Anspruch nehmende Steuerpflichtige nimmt in Bezug auf seine dieser Sonderregelung unterliegenden steuerbaren Tätigkeiten keinen Vorsteuerabzug für im Mitgliedstaat des Verbrauchs angefallene Mehrwertsteuer gemäß Artikel 168 dieser Richtlinie vor. Unbeschadet des Artikels 1 Nummer 1 der Richtlinie 86/560/EWG sowie des Artikels 2 Nummer 1, des Artikels 3 und des Artikels 8 Absatz 1 Buchstabe e der Richtlinie 2008/9/EG wird diesem Steuerpflichtigen eine Mehrwertsteuererstattung gemäß den genannten Richtlinien gewährt. Artikel 2 Absatz 2 und Artikel 4 Absatz 2 der Richtlinie 86/560/EWG gelten nicht für Erstattungen im Zusammenhang mit Gegenständen oder Dienstleistungen, die für die Zwecke der unter diese Sonderregelung fallenden Lieferungen von Gegenständen verwendet werden.

Ist der diese Sonderregelung in Anspruch nehmende Steuerpflichtige bei nicht dieser Sonderregelung unterliegenden Tätigkeiten zur Registrierung in einem Mitgliedstaat verpflichtet, so zieht er die in diesem Mitgliedstaat angefallene Vorsteuer in Bezug auf seine dieser Sonderregelung unterliegenden steuerbaren Tätigkeiten in der nach Artikel 250 der vorliegenden Richtlinie abzugebenden Mehrwertsteuererklärung ab.

Artikel 369k
(Aufzeichnungspflichten)

(1) [1]Der diese Sonderregelung in Anspruch nehmende Steuerpflichtige führt über seine dieser Sonderregelung unterliegenden Umsätze Aufzeichnungen. [2]Diese müssen so ausführlich sein, dass die Steuerbehörden des Mitgliedstaats des Verbrauchs feststellen können, ob die Mehrwertsteuererklärung korrekt ist.

(2) Die Aufzeichnungen nach Absatz 1 sind dem Mitgliedstaat des Verbrauchs und dem Mitgliedstaat der Identifizierung auf Verlangen elektronisch zur Verfügung zu stellen.

Die Aufzeichnungen sind vom 31. Dezember des Jahres an, in dem der Umsatz bewirkt wurde, zehn Jahre lang aufzubewahren.

Abschnitt 4
Sonderregelung für Fernverkäufe von aus Drittgebieten oder Drittländern eingeführten Gegenständen

Artikel 369l
(Anwendungsbereich; Begriffsbestimmungen)

Für die Zwecke dieses Abschnitts fallen unter Fernverkäufe von aus Drittgebieten oder Drittländern eingeführten Gegenständen nur Gegenstände – mit Ausnahme verbrauchsteuerpflichtiger Waren – in Sendungen mit einem Sachwert von höchstens 150 EUR.

Für die Zwecke dieses Abschnitts und unbeschadet anderer Gemeinschaftsvorschriften gelten folgende Begriffsbestimmungen:

1) „nicht in der Gemeinschaft ansässiger Steuerpflichtiger“: ein Steuerpflichtiger, der im Gebiet der Gemeinschaft weder den Sitz seiner wirtschaftlichen Tätigkeit noch eine feste Niederlassung hat;

2) „Vermittler“: eine in der Gemeinschaft ansässige Person, die von dem Steuerpflichtigen, der Fernverkäufe von aus Drittgebieten oder Drittländern eingeführten Gegenständen tätigt, als Steuerschuldner der Mehrwertsteuer und zur Erfüllung der Verpflichtungen gemäß dieser Sonderregelung im Namen und für Rechnung des Steuerpflichtigen benannt wird;

3) „Mitgliedstaat der Identifizierung“:

   a) sofern der Steuerpflichtige nicht in der Gemeinschaft ansässig ist, der von ihm zur Registrierung gewählte Mitgliedstaat;

   b) sofern der Steuerpflichtige den Sitz seiner wirtschaftlichen Tätigkeit außerhalb der Gemeinschaft hat, jedoch in der Gemeinschaft über eine oder mehrere feste Niederlassungen verfügt, der Mitgliedstaat mit einer festen Niederlassung, in dem dieser Steuerpflichtige die Inanspruchnahme dieser Sonderregelung anzeigt;

   c) sofern der Steuerpflichtige den Sitz seiner wirtschaftlichen Tätigkeit in einem Mitgliedstaat hat, dieser Mitgliedstaat;

   d) sofern der Vermittler den Sitz seiner wirtschaftlichen Tätigkeit in einem Mitgliedstaat hat, dieser Mitgliedstaat;

   e) sofern der Vermittler den Sitz seiner wirtschaftlichen Tätigkeit außerhalb der Gemeinschaft hat, jedoch in der Gemeinschaft über eine oder mehrere feste Niederlassungen verfügt, der Mitgliedstaat mit einer festen Niederlassung, in dem der Vermittler die Inanspruchnahme dieser Sonderregelung anzeigt.

Für die Zwecke der Buchstaben b und e gilt Folgendes: Hat der Steuerpflichtige oder der Vermittler mehr als eine feste Niederlassung in der Gemeinschaft, so ist er an die Entscheidung, den Mitgliedstaat der Niederlassung für das betreffende Kalenderjahr und die beiden darauf folgenden Kalenderjahre anzugeben, gebunden;

4) „Mitgliedstaat des Verbrauchs“: der Mitgliedstaat, in dem die Versendung oder die Beförderung der Gegenstände an den Erwerber endet.

Artikel 369m
(Geltungsbereich der Sonderregelung)

(1) Die Mitgliedstaaten gestatten folgenden Steuerpflichtigen, die Fernverkäufe von aus Drittgebieten oder Drittländern eingeführten Gegenständen tätigen, diese Sonderregelung in Anspruch zu nehmen:

a) in der Gemeinschaft ansässigen Steuerpflichtigen, die Fernverkäufe von aus Drittgebieten oder Drittländern eingeführten Gegenständen tätigen;

b) Steuerpflichtigen, die Fernverkäufe von aus Drittgebieten oder Drittländern eingeführten Gegenständen tätigen und durch einen in der Gemeinschaft ansässigen Vermittler vertreten werden, unabhängig davon, ob die Steuerpflichtigen in der Gemeinschaft ansässig sind oder nicht;

c) Steuerpflichtigen mit Sitz in einem Drittland, mit dem die Union ein Abkommen über gegenseitige Amtshilfe geschlossen hat, dessen Anwendungsbereich der Richtlinie 2010/24/EU des Rates[33] und der Verordnung (EU) Nr. 904/2010 ähnelt, und die Fernverkäufe von aus diesem Drittland eingeführten Gegenständen tätigen.

Diese Steuerpflichtigen wenden diese Sonderregelung auf alle ihre Fernverkäufe von aus Drittgebieten oder Drittländern eingeführten Gegenständen an.

[Abs. 1a wird mit Wirkung vom 1.1.2027 eingefügt (Änderung vom 11.3.2025)]

(1a) Absatz 1 dieses Artikels gilt nicht für Steuerpflichtige, die der Sonderregelung nach Titel XII Kapitel 1 Abschnitt 2 unterliegen.

(2) Für die Zwecke des Absatzes 1 Buchstabe b können Steuerpflichtige nicht mehr als einen Vermittler gleichzeitig benennen.

(3) [1]Die Kommission erlässt einen Durchführungsrechtsakt, um die Liste der Drittländer gemäß Absatz 1 Buchstabe c des vorliegenden Artikels festzulegen. [2]Dieser Durchführungsrechtsakt wird nach dem Prüfverfahren gemäß Artikel 5 der Verordnung (EU) Nr. 182/2011 verabschiedet, und der zuständige Ausschuss ist der durch Artikel 58 der Verordnung (EU) Nr. 904/2010 eingesetzte Ausschuss.

Artikel 369n
(Entstehung von Steuertatbestand und -anspruch)

[1]Bei Fernverkäufen von aus Drittgebieten oder Drittländern eingeführten Gegenständen, für die die Mehrwertsteuer gemäß dieser Sonderregelung erklärt wird, tritt der Steuertatbestand zum Zeitpunkt der Lieferung ein, und der Steueranspruch kann zum Zeitpunkt der Lieferung geltend gemacht werden. [2]Die Gegenstände gelten als zu dem Zeitpunkt geliefert, zu dem die Zahlung angenommen wurde.

Artikel 369o
(Anzeigepflichten)

[1]Der diese Sonderregelung in Anspruch nehmende Steuerpflichtige oder ein in seinem Auftrag handelnder Vermittler hat dem Mitgliedstaat der Identifizierung die Aufnahme und die Beendigung seiner Tätigkeit im Rahmen dieser Sonderregelung sowie diesbezügliche Änderungen, durch die er die Voraussetzungen für die Inanspruchnahme dieser Sonderregelung nicht mehr erfüllt, zu melden. [2]Diese Mitteilung erfolgt auf elektronischem Weg.

Artikel 369p
(Angaben zu Identität)

(1) Der ohne Vermittler tätige Steuerpflichtige macht dem Mitgliedstaat der Identifizierung vor der Inanspruchnahme dieser Sonderregelung folgende Angaben zu seiner Identität:

a) Name;

b) Postanschrift;

[Buchst. c in der bis 31.12.2026 gültigen Fassung]

c) E-Mail-Adresse und Websites;

[Buchst. c in der ab 1.1.2027 gültigen Fassung]

c) elektronische Anschrift und, soweit verfügbar, Websites;

d) Mehrwertsteuer-Identifikationsnummer oder nationale Steuernummer.

(2) Der Vermittler macht dem Mitgliedstaat der Identifizierung vor der Inanspruchnahme dieser Sonderregelung im Auftrag eines Steuerpflichtigen folgende Angaben zu seiner Identität:

a) Name;

b) Postanschrift;

c) E-Mail-Adresse;

d) Mehrwertsteuer-Identifikationsnummer.

(3) Der Vermittler macht dem Mitgliedstaat der Identifizierung in Bezug auf jeden Steuerpflichtigen, den er vertritt, vor der Inanspruchnahme dieser Sonderregelung durch den jeweiligen Steuerpflichtigen folgende Angaben zu dessen Identität:

a) Name;

b) Postanschrift;

[Buchst. c in der bis 31.12.2026 gültigen Fassung]

c) E-Mail-Adresse und Websites;

[Buchst. c in der ab 1.1.2027 gültigen Fassung]

c) elektronische Anschrift und, soweit verfügbar, Websites;

d) Mehrwertsteuer-Identifikationsnummer oder nationale Steuernummer;

e) seine individuelle Identifikationsnummer, die gemäß Artikel 369q Absatz 2 erteilt wurde.

(4) Ein diese Sonderregelung in Anspruch nehmender Steuerpflichtiger oder gegebenenfalls sein Vermittler teilt dem Mitgliedstaat der Identifizierung jegliche Änderung der übermittelten Angaben mit.

33 Amtliche Fußnote: Richtlinie 2010/24/EU des Rates vom 16. März 2010 über die Amtshilfe bei der Beitreibung von Forderungen in Bezug auf bestimmte Steuern, Abgaben und sonstige Maßnahmen (ABl. L 84 vom 31. 3. 2010, S. 1).

Artikel 369 q
(Identifikationsnummer)

(1) Der Mitgliedstaat der Identifizierung erteilt dem Steuerpflichtigen, der diese Sonderregelung in Anspruch nimmt, eine individuelle Mehrwertsteuer-Identifikationsnummer für die Anwendung dieser Sonderregelung, die er dem Betreffenden elektronisch mitteilt.

(2) Der Mitgliedstaat der Identifizierung erteilt einem Vermittler eine individuelle Identifikationsnummer, die er dem Betreffenden elektronisch mitteilt.

(3) Der Mitgliedstaat der Identifizierung erteilt dem Vermittler für jeden Steuerpflichtigen, für den dieser Vermittler benannt ist, eine individuelle Mehrwertsteuer-Identifikationsnummer für die Anwendung dieser Sonderregelung.

(4) Die gemäß den Absätzen 1, 2 und 3 zugeteilte Mehrwertsteuer-Identifikationsnummer darf nur für die Zwecke dieser Sonderregelung verwendet werden.

Artikel 369 r
(Austrag aus dem Register)

(1) Der Mitgliedstaat der Identifizierung streicht den Steuerpflichtigen, der keinen Vermittler in Anspruch nimmt, in folgenden Fällen aus dem Register:

a) Er teilt dem Mitgliedstaat der Identifizierung mit, dass er keine Fernverkäufe von aus Drittgebieten oder Drittländern eingeführten Gegenständen mehr tätigt;

b) es kann aus anderen Gründen davon ausgegangen werden, dass er keine steuerbaren Fernverkäufe von aus Drittgebieten oder Drittländern eingeführten Gegenständen mehr tätigt;

c) er erfüllt die Voraussetzungen für die Inanspruchnahme dieser Sonderregelung nicht mehr;

d) er verstößt wiederholt gegen die Vorschriften dieser Sonderregelung.

(2) Der Mitgliedstaat der Identifizierung streicht den Vermittler in folgenden Fällen aus dem Register:

a) Er war während eines Zeitraums von zwei aufeinanderfolgenden Kalenderquartalen nicht als Vermittler im Auftrag eines diese Sonderregelung in Anspruch nehmenden Steuerpflichtigen tätig;

b) er erfüllt die übrigen Voraussetzungen für ein Tätigwerden als Vermittler nicht mehr;

c) er verstößt wiederholt gegen die Vorschriften dieser Sonderregelung

(3) Der Mitgliedstaat der Identifizierung streicht den Steuerpflichtigen, der von einem Vermittler vertreten wird, in folgenden Fällen aus dem Register:

a) Der Vermittler teilt dem Mitgliedstaat der Identifizierung mit, dass der Steuerpflichtige, den er vertritt, keine Fernverkäufe von aus Drittgebieten oder Drittländern eingeführten Gegenständen mehr tätigt;

b) es kann aus anderen Gründen davon ausgegangen werden, dass dieser Steuerpflichtige keine steuerbaren Fernverkäufe von aus Drittgebieten oder Drittländern eingeführten Gegenständen mehr tätigt;

c) dieser Steuerpflichtige erfüllt die Voraussetzungen für die Inanspruchnahme dieser Sonderregelung nicht mehr;

d) dieser Steuerpflichtige verstößt wiederholt gegen die Vorschriften dieser Sonderregelung;

e) der Vermittler teilt dem Mitgliedstaat der Identifizierung mit, dass er diesen Steuerpflichtigen nicht mehr vertritt.

Artikel 369 s
(Elektronische Abgabe einer Mehrwertsteuererklärung)

[1]Der diese Sonderregelung in Anspruch nehmende Steuerpflichtige oder sein Vermittler hat im Mitgliedstaat der Identifizierung für jeden Monat eine Mehrwertsteuererklärung elektronisch abzugeben, unabhängig davon, ob Fernverkäufe von aus Drittgebieten oder Drittländern eingeführten Gegenständen getätigt wurden oder nicht. [2]Die Erklärung ist bis zum Ende des Monats nach Ablauf des Steuerzeitraums, der von der Erklärung umfasst wird, abzugeben.

Ist eine Mehrwertsteuererklärung gemäß Absatz 1 abzugeben, so werden von den Mitgliedstaaten für die Zwecke der Mehrwertsteuer keine zusätzlichen Verpflichtungen oder sonstigen Formalitäten bei der Einfuhr auferlegt.

Artikel 369 t
(Inhalt der Mehrwertsteuererklärung)

(1) [1]In der Mehrwertsteuererklärung anzugeben sind die Mehrwertsteuer-Identifikationsnummer gemäß Artikel 369 q und in Bezug auf jeden Mitgliedstaat des Verbrauchs, in dem Mehrwertsteuer geschuldet wird, der Gesamtbetrag ohne Mehrwertsteuer der Fernverkäufe von aus Drittgebieten oder Drittländern eingeführten Gegenständen, für die während des Steuerzeitraums der Steueranspruch entstanden ist, sowie der Gesamtbetrag der entsprechenden Steuer aufgegliedert nach Steuersätzen. [2]Ferner sind die anzuwendenden Mehrwertsteuersätze und die Gesamtsteuerschuld anzugeben.

(2) [1]Sind nach Abgabe der Mehrwertsteuererklärung Änderungen an dieser Erklärung erforderlich, so werden diese Änderungen in eine spätere Erklärung innerhalb von drei Jahren nach dem Tag, an dem die ursprüngliche Erklärung gemäß Artikel 369 s abgegeben werden musste, aufgenommen. [2]Aus dieser späteren Mehrwertsteuererklärung müssen der betreffende Mitgliedstaat des Verbrauchs, der Steuerzeitraum und der Mehrwertsteuerbetrag, für den Änderungen erforderlich sind, hervorgehen.

Artikel 369 u
(Angaben zur Währung)

(1) Die Beträge in der Mehrwertsteuererklärung sind in Euro anzugeben.

[1]Diejenigen Mitgliedstaaten, deren Währung nicht der Euro ist, können vorschreiben, dass die Beträge in der Mehrwertsteuererklärung in ihrer Landeswährung anzugeben sind. [2]Wurden für die Lieferungen Beträge in anderen Währungen berechnet, hat der diese Sonderregelung in Anspruch nehmende Steuerpflichtige oder sein Vermittler für die Zwecke der Mehrwertsteuererklärung den Umrechnungskurs vom letzten Tag des Steuerzeitraums anzuwenden.

(2) Die Umrechnung erfolgt auf der Grundlage der Umrechnungskurse, die von der Europäischen Zentralbank für den betreffenden Tag oder, falls an diesem Tag keine Veröffentlichung erfolgt, für den nächsten Tag, an dem eine Veröffentlichung erfolgt, veröffentlicht werden.

Artikel 369 v
(Fälligkeit und Zahlungsweise)

Der diese Sonderregelung in Anspruch nehmende Steuerpflichtige oder sein Vermittler entrichtet die Mehrwertsteuer unter Hinweis auf die zugrunde liegende Mehrwertsteuererklärung spätestens nach Ablauf der Frist, innerhalb der die Erklärung abzugeben ist.

[1]Der Betrag wird auf ein auf Euro lautendes Bankkonto überwiesen, das vom Mitgliedstaat der Identifizierung angegeben wird. [2]Diejenigen Mitgliedstaaten, die den Euro nicht eingeführt haben, können vorschreiben, dass der Betrag auf ein auf ihre Landeswährung lautendes Bankkonto überwiesen wird.

Artikel 369w
(Recht auf Vorsteuerabzug)

[Abs. 1 in der bis 31.12.2026 gültigen Fassung]

[1]Der diese Sonderregelung in Anspruch nehmende Steuerpflichtige nimmt in Bezug auf seine dieser Sonderregelung unterliegenden steuerbaren Tätigkeiten keinen Vorsteuerabzug für im Mitgliedstaat des Verbrauchs angefallene Mehrwertsteuer gemäß Artikel 168 dieser Richtlinie vor. [2]Unbeschadet des Artikels 1 Nummer 1 der Richtlinie 86/560/EWG und des Artikels 2 Nummer 1 sowie des Artikels 3 der Richtlinie 2008/9/EG wird diesem Steuerpflichtigen eine Mehrwertsteuererstattung gemäß den genannten Richtlinien gewährt. [3]Artikel 2 Absätze 2 und 3 sowie Artikel 4 Absatz 2 der Richtlinie 86/560/EWG gelten nicht für Erstattungen im Zusammenhang mit Gegenständen, die unter die vorliegende Sonderregelung fallen.

[Abs. 1 in der ab 1.1.2027 gültigen Fassung]

Der diese Sonderregelung in Anspruch nehmende Steuerpflichtige nimmt in Bezug auf seine dieser Sonderregelung unterliegenden steuerbaren Tätigkeiten keinen Vorsteuerabzug für im Mitgliedstaat des Verbrauchs angefallene Mehrwertsteuer gemäß Artikel 168 dieser Richtlinie vor. Unbeschadet des Artikels 1 Nummer 1 der Richtlinie 86/560/EWG sowie des Artikels 2 Nummer 1, des Artikels 3 und des Artikels 8 Absatz 1 Buchstabe e der Richtlinie 2008/9/EG wird diesem Steuerpflichtigen eine Mehrwertsteuererstattung gemäß den genannten Richtlinien gewährt. Artikel 2 Absatz 2 und Artikel 4 Absatz 2 der Richtlinie 86/560/EWG gelten nicht für Erstattungen im Zusammenhang mit Gegenständen oder Dienstleistungen, die für die Zwecke der unter diese Sonderregelung fallenden Lieferungen von Gegenständen verwendet werden.

Ist der diese Sonderregelung in Anspruch nehmende Steuerpflichtige zur Registrierung in einem Mitgliedstaat in Bezug auf nicht der Sonderregelung unterliegende Tätigkeiten verpflichtet, so zieht er die in diesem Mitgliedstaat angefallene Vorsteuer in Bezug auf seine dieser Sonderregelung unterliegenden steuerbaren Tätigkeiten im Rahmen der nach Artikel 250 der vorliegenden Richtlinie abzugebenden Mehrwertsteuererklärung ab.

Artikel 369x
(Aufzeichnungspflichten)

(1) [1]Der diese Sonderregelung in Anspruch nehmende Steuerpflichtige führt über seine dieser Sonderregelung unterliegenden Umsätze Aufzeichnungen. [2]Ein Vermittler führt für jeden der von ihm vertretenen Steuerpflichtigen Aufzeichnungen. [3]Diese müssen so ausführlich sein, dass die Steuerbehörden des Mitgliedstaats des Verbrauchs feststellen können, ob die Mehrwertsteuererklärung korrekt ist.

(2) Die Aufzeichnungen nach Absatz 1 sind dem Mitgliedstaat des Verbrauchs und dem Mitgliedstaat der Identifizierung auf Verlangen elektronisch zur Verfügung zu stellen.

Die Aufzeichnungen sind vom 31. Dezember des Jahres an, in dem der Umsatz bewirkt wurde, zehn Jahre lang aufzubewahren.

KAPITEL 7
(weggefallen)

Artikel 369y bis 369zb *(weggefallen)*

KAPITEL 8
Gegenwerte

Artikel 369zc
(Umrechnungskurs; nationale Bestimmungen)

(1) [1]Der Gegenwert des Euro in Landeswährung, der für die in Artikel 369l und Artikel 369y genannten Beträge zu berücksichtigen ist, wird einmal jährlich festgesetzt. [2]Es gelten die Sätze des ersten Arbeitstages des Monats Oktober mit Wirkung zum 1. Januar des folgenden Jahres.

(2) Es steht den Mitgliedstaaten frei, den Betrag in Landeswährung, der sich aus der Umrechnung der Euro- Beträge ergibt, zu runden.

(3) Es steht den Mitgliedstaaten frei, den Betrag, der zum Zeitpunkt der jährlichen Anpassung nach Absatz 1 gilt, unverändert beizubehalten, wenn die Umrechnung des in Euro ausgedrückten Betrags vor der in Absatz 2 vorgesehenen Rundung eine Änderung des in Landeswährung ausgedrückten Betrags um weniger als 5 % oder eine Verringerung dieses Betrags zur Folge hätte.

TITEL XIII
AUSNAHMEN

KAPITEL 1
Bis zur Annahme einer endgültigen Regelung geltende Ausnahmen

Abschnitt 1
Ausnahmen für Staaten, die am 1. Januar 1978 Mitglied der Gemeinschaft waren

Artikel 370
(Beibehaltung der Besteuerung nach Anhang X Teil A)

Mitgliedstaaten, die am 1. Januar 1978 die in Anhang X Teil A genannten Umsätze besteuert haben, dürfen diese weiterhin besteuern.

Artikel 371
(Beibehaltung der Befreiungen nach Anhang X Teil B)

Mitgliedstaaten, die am 1. Januar 1978 die in Anhang X Teil B genannten Umsätze von der Steuer befreit haben, dürfen diese zu den in dem jeweiligen Mitgliedstaat zu dem genannten Zeitpunkt geltenden Bedingungen weiterhin befreien.

Artikel 372
(Anwendung abweichender Bestimmungen zum Vorsteuerabzug)

Mitgliedstaaten, die am 1. Januar 1978 Bestimmungen angewandt haben, die vom Grundsatz des sofortigen Vorsteuerabzugs des Artikels 179 Absatz 1 abweichen, dürfen diese weiterhin anwenden.

Artikel 373
(Abweichung von Art. 28 und 79 Absatz 1 Buchstabe c)

Mitgliedstaaten, die am 1. Januar 1978 Bestimmungen angewandt haben, die von Artikel 28 und Artikel 79 Absatz 1 Buchstabe c abweichen, dürfen diese weiterhin anwenden.

Artikel 374
(Beibehaltung von Befreiungen für Reisebüros)

[1]Abweichend von den Artikeln 169 und 309 dürfen die Mitgliedstaaten, die am 1. Januar 1978 die in Artikel 309 genannten Dienstleistungen von Reisebüros ohne Recht auf Vorsteuerabzug von der Steuer befreit haben, diese weiterhin befreien. [2]Diese Ausnahme gilt auch für Reisebüros, die im Namen und für Rechnung des Reisenden tätig sind.

Abschnitt 2
Ausnahmen für Staaten, die der Gemeinschaft nach dem 1. Januar 1978 beigetreten sind

Artikel 375
(Beibehaltung bestimmter Befreiungen Griechenlands)

Griechenland darf die in Anhang X Teil B Nummern 2, 8, 9, 11 und 12 genannten Umsätze weiterhin zu den Bedingungen von der Steuer befreien, die in diesem Mitgliedstaat am 1. Januar 1987 galten.

Artikel 376
(Beibehaltung bestimmter Befreiungen Spaniens)

Spanien darf die in Anhang X Teil B Nummer 2 genannten Dienstleistungen von Autoren und die in Anhang X Teil B Nummern 11 und 12 genannten Umsätze weiterhin zu den Bedingungen von der Steuer befreien, die in diesem Mitgliedstaat am 1. Januar 1993 galten.

Artikel 377
(Beibehaltung bestimmter Befreiungen Portugals)

Portugal darf die in Anhang X Teil B Nummern 2, 4, 7, 9, 10 und 13 genannten Umsätze weiterhin zu den Bedingungen von der Steuer befreien, die in diesem Mitgliedstaat am 1. Januar 1989 galten.

Artikel 378
(Beibehaltung bestimmter Regelungen Österreichs)

(1) Österreich darf die in Anhang X Teil A Nummer 2 genannten Umsätze weiterhin besteuern.

(2) Solange die betreffenden Umsätze in einem Staat von der Steuer befreit werden, der am 31. Dezember 1994 Mitglied der Gemeinschaft war, darf Österreich die folgenden Umsätze weiterhin zu den in diesem Mitgliedstaat zum Zeitpunkt seines Beitritts geltenden Bedingungen von der Steuer befreien:

a) die in Anhang X Teil B Nummern 5 und 9 genannten Umsätze;

b) mit Recht auf Vorsteuerabzug, sämtliche Teile der grenzüberschreitenden Personenbeförderung im Luft-, See- und Binnenwasserstraßenverkehr mit Ausnahme der Personenbeförderung auf dem Bodensee.

Artikel 379
(Beibehaltung bestimmter Regelungen Finnlands)

(1) Finnland darf die in Anhang X Teil A Nummer 2 genannten Umsätze weiterhin besteuern, solange diese Umsätze in einem Staat besteuert werden, der am 31. Dezember 1994 Mitglied der Gemeinschaft war.

(2) Finnland darf die in Anhang X Teil B Nummer 2 genannten Dienstleistungen von Autoren, Künstlern und Interpreten von Kunstwerken sowie die in Anhang X Teil B Nummern 5, 9 und 10 genannten Umsätze zu den in diesem Mitgliedstaat zum Zeitpunkt seines Beitritts geltenden Bedingungen weiterhin von der Steuer befreien, solange diese Umsätze in einem Mitgliedstaat befreit sind, der am 31. Dezember 1994 Mitglied der Gemeinschaft war.

Artikel 380
(Beibehaltung bestimmter Befreiungen Schwedens)

Schweden darf die in Anhang X Teil B Nummer 2 genannten Dienstleistungen von Autoren, Künstlern und Interpreten von Kunstwerken sowie die in Anhang X Teil B Nummern 1, 9 und 10 genannten Umsätze zu den in diesem Mitgliedstaat zum Zeitpunkt seines Beitritts geltenden Bedingungen weiterhin von der Steuer befreien, solange diese Umsätze in einem Mitgliedstaat befreit sind, der am 31. Dezember 1994 Mitglied der Gemeinschaft war.

Artikel 381
(Beibehaltung bestimmter Befreiungen Tschechiens)

Die Tschechische Republik darf die in Anhang X Teil B Nummer 10 genannte grenzüberschreitende Personenbeförderung zu den in diesem Mitgliedstaat zum Zeitpunkt seines Beitritts geltenden Bedingungen weiterhin von der Steuer befreien, solange diese Umsätze in einem Mitgliedstaat befreit sind, der am 30. April 2004 Mitglied der Gemeinschaft war.

Artikel 382
(Beibehaltung bestimmter Befreiungen Estlands)

Estland darf die in Anhang X Teil B Nummer 10 genannte grenzüberschreitende Personenbeförderung zu den in diesem Mitgliedstaat zum Zeitpunkt seines Beitritts geltenden Bedingungen weiterhin von der Steuer befreien, solange diese Umsätze in einem Mitgliedstaat befreit sind, der am 30. April 2004 Mitglied der Gemeinschaft war.

Artikel 383
(Beibehaltung bestimmter Befreiungen Zyperns)

Zypern darf weiterhin die folgenden Umsätze zu den in diesem Mitgliedstaat zum Zeitpunkt seines Beitritts geltenden Bedingungen von der Steuer befreien:

a) bis zum 31. Dezember 2007 die in Anhang X Teil B Nummer 9 genannte Lieferung von Baugrundstücken;

b) die in Anhang X Teil B Nummer 10 genannte grenzüberschreitende Personenbeförderung, solange diese Umsätze in einem Mitgliedstaat befreit sind, der am 30. April 2004 Mitglied der Gemeinschaft war.

Artikel 384
(Beibehaltung bestimmter Befreiungen Lettlands)

Solange die betreffenden Umsätze in einem Mitgliedstaat von der Steuer befreit sind, der am 30. April 2004 Mitglied der Gemeinschaft war, darf Lettland zu den in diesem Mitgliedstaat zum Zeitpunkt seines Beitritts geltenden Bedingungen folgende Umsätze weiterhin von der Steuer befreien:

a) die in Anhang X Teil B Nummer 2 genannten Dienstleistungen von Autoren, Künstlern und Interpreten von Kunstwerken;

b) die in Anhang X Teil B Nummer 10 genannte grenzüberschreitende Personenbeförderung.

Artikel 385
(Beibehaltung bestimmter Befreiungen Litauens)

Litauen darf die in Anhang X Teil B Nummer 10 genannte grenzüberschreitende Personenbeförderung zu den in diesem Mitgliedstaat zum Zeitpunkt seines Beitritts geltenden Bedingungen weiterhin von der Steuer befreien, solange diese Umsätze in einem Mitgliedstaat befreit sind, der am 30. April 2004 Mitglied der Gemeinschaft war.

Artikel 386
(Beibehaltung bestimmter Befreiungen Ungarns)

Ungarn darf die in Anhang X Teil B Nummer 10 genannte grenzüberschreitende Personenbeförderung zu den in diesem Mitgliedstaat zum Zeitpunkt seines Beitritts geltenden Bedingungen weiterhin von der Steuer befreien, solange diese Umsätze in einem Mitgliedstaat befreit sind, der am 30. April 2004 Mitglied der Gemeinschaft war.

Artikel 387
(Beibehaltung bestimmter Befreiungen Maltas)

Solange die betreffenden Umsätze in einem Mitgliedstaat von der Steuer befreit sind, der am 30. April 2004 Mitglied der Gemeinschaft war, darf Malta zu den in diesem Mitgliedstaat zum Zeitpunkt seines Beitritts geltenden Bedingungen folgende Umsätze weiterhin von der Steuer befreien:

a) ohne Recht auf Vorsteuerabzug, die in Anhang X Teil B Nummer 8 genannte Lieferung von Wasser durch Einrichtungen des öffentlichen Rechts;

b) ohne Recht auf Vorsteuerabzug, die in Anhang X Teil B Nummer 9 genannte Lieferung von Gebäuden und Baugrundstücken.

Artikel 388
(Beibehaltung bestimmter Befreiungen Polens)

Polen darf die in Anhang X Teil B Nummer 10 genannte grenzüberschreitende Personenbeförderung zu den in diesem Mitgliedstaat zum Zeitpunkt seines Beitritts geltenden Bedingungen weiterhin von der Steuer befreien, solange diese Umsätze in einem Mitgliedstaat befreit sind, der am 30. April 2004 Mitglied der Gemeinschaft war.

Artikel 389
(Beibehaltung bestimmter Befreiungen Sloweniens)

Slowenien darf die in Anhang X Teil B Nummer 10 genannte grenzüberschreitende Personenbeförderung zu den in diesem Mitgliedstaat zum Zeitpunkt seines Beitritts geltenden Bedingungen weiterhin von der Steuer befreien, solange diese Umsätze in einem Mitgliedstaat befreit sind, der am 30. April 2004 Mitglied der Gemeinschaft war.

Artikel 390
(Beibehaltung bestimmter Befreiungen der Slowakei)

Die Slowakei darf die in Anhang X Teil B Nummer 10 genannte grenzüberschreitende Personenbeförderung zu den in diesem Mitgliedstaat zum Zeitpunkt seines Beitritts geltenden Bedingungen weiterhin von der Steuer befreien, solange diese Umsätze in einem Mitgliedstaat befreit sind, der am 30. April 2004 Mitglied der Gemeinschaft war.

Artikel 390 a
(Beibehaltung bestimmter Befreiungen Bulgariens)

Bulgarien darf die in Anhang X Teil B Nummer 10 genannte grenzüberschreitende Personenbeförderung zu den in diesem Mitgliedstaat zum Zeitpunkt seines Beitritts geltenden Bedingungen weiterhin von der Steuer befreien, solange diese Umsätze in einem Mitgliedstaat befreit sind, der am 31. Dezember 2006 Mitglied der Gemeinschaft war.

Artikel 390 b
(Beibehaltung bestimmter Befreiungen Rumäniens)

Rumänien darf die in Anhang X Teil B Nummer 10 genannte grenzüberschreitende Personenbeförderung zu den in diesem Mitgliedstaat zum Zeitpunkt seines Beitritts geltenden Bedingungen weiterhin von der Steuer befreien, solange diese Umsätze in einem Mitgliedstaat befreit sind, der am 31. Dezember 2006 Mitglied der Gemeinschaft war.

Artikel 390 c
(Beibehaltung bestimmter Befreiungen Kroatiens)

Kroatien darf weiterhin die folgenden Umsätze zu den in diesem Mitgliedstaat zum Zeitpunkt seines Beitritts geltenden Bedingungen von der Steuer befreien:

a) die Lieferung von Baugrundstücken, mit darauf errichteten Gebäuden oder ohne solche Gebäude, nach Artikel 135 Absatz 1 Buchstabe j und Anhang X Teil B Nummer 9, nicht verlängerbar, bis zum 31. Dezember 2014;

b) die in Anhang X Teil B Nummer 10 genannte grenzüberschreitende Personenbeförderung, solange diese Umsätze in einem Mitgliedstaat befreit sind, der vor dem Beitritt Kroatiens Mitglied der Union war.

Abschnitt 3
Gemeinsame Bestimmungen zu den Abschnitten 1 und 2

Artikel 391
(Einräumung von Wahlmöglichkeiten)

Die Mitgliedstaaten, die die in den Artikeln 371, 375, 376 und 377, in Artikel 378 Absatz 2, Artikel 379 Absatz 2 und den Artikeln 380 bis 390 c genannten Umsätze von der Steuer befreien, können den Steuerpflichtigen die Möglichkeit einräumen, sich für die Besteuerung der betreffenden Umsätze zu entscheiden.

Artikel 392
(Differenzbesteuerung bestimmter Immobiliengeschäfte)

Die Mitgliedstaaten können vorsehen, dass bei der Lieferung von Gebäuden und Baugrundstücken, die ein Steuerpflichtiger, der beim Erwerb kein Recht auf Vorsteuerabzug hatte, zum Zwecke des Wiederverkaufs erworben hat, die Steuerbemessungsgrundlage in der Differenz zwischen dem Verkaufspreis und dem Ankaufspreis besteht.

Artikel 393
(Beschlussfassung durch den Rat)

(1) Im Hinblick auf einen einfacheren Übergang zur endgültigen Regelung nach Artikel 402 überprüft der Rat auf der Grundlage eines Berichts der Kommission die Lage in Bezug auf die Ausnahmen der Abschnitte 1 und 2 und beschließt gemäß Artikel 93 des Vertrags über die etwaige Abschaffung einiger oder aller dieser Ausnahmen.

(2) Im Rahmen der endgültigen Regelung wird die Personenbeförderung für die innerhalb der Gemeinschaft zurückgelegte Strecke im Mitgliedstaat des Beginns der Beförderung nach den vom Rat gemäß Artikel 93 des Vertrags zu beschließenden Einzelheiten besteuert.

KAPITEL 2
Im Wege einer Ermächtigung genehmigte Ausnahmen

Abschnitt 1
Maßnahmen zur Vereinfachung und zur Verhinderung der Steuerhinterziehung und -umgehung

Artikel 394
(Beibehaltung von Sondermaßnahmen)

Die Mitgliedstaaten, die am 1. Januar 1977 Sondermaßnahmen zur Vereinfachung der Steuererhebung oder zur Verhütung der Steuerhinterziehung oder -umgehung angewandt haben, können diese beibehalten, sofern sie sie der Kommission vor dem 1. Januar 1978 mitgeteilt haben und unter der Bedingung, dass die Vereinfachungsmaßnahmen mit Artikel 395 Absatz 1 Unterabsatz 2 in Einklang stehen.

Artikel 395
(Ermächtigung zu Sondermaßnahmen)

(1) Der Rat kann auf Vorschlag der Kommission einstimmig jeden Mitgliedstaat ermächtigen, von dieser Richtlinie abweichende Sondermaßnahmen einzuführen, um die Steuererhebung zu vereinfachen oder Steuerhinterziehungen oder -umgehungen zu verhindern.

Die Maßnahmen zur Vereinfachung der Steuererhebung dürfen den Gesamtbetrag der von dem Mitgliedstaat auf der Stufe des Endverbrauchs erhobenen Steuer nur in unerheblichem Maße beeinflussen.

(2) [1]Ein Mitgliedstaat, der die in Absatz 1 bezeichneten Maßnahmen einführen möchte, sendet der Kommission einen Antrag und übermittelt ihr alle erforderlichen Angaben. [2]Ist die Kommission der Auffassung, dass ihr nicht alle erforderlichen Angaben vorliegen, teilt sie dem betreffenden Mitgliedstaat innerhalb von zwei Monaten nach Eingang des Antrags mit, welche zusätzlichen Angaben sie benötigt.

Sobald die Kommission über alle Angaben verfügt, die ihres Erachtens für die Beurteilung des Antrags zweckdienlich sind, unterrichtet sie den antragstellenden Mitgliedstaat hiervon innerhalb eines Monats und übermittelt den Antrag in der Originalsprache an die anderen Mitgliedstaaten.

(3) Innerhalb von drei Monaten nach der Unterrichtung gemäß Absatz 2 Unterabsatz 2 unterbreitet die Kommission dem Rat einen geeigneten Vorschlag oder legt ihm gegebenenfalls ihre Einwände in einer Mitteilung dar.

(4) In jedem Fall ist das in den Absätzen 2 und 3 geregelte Verfahren innerhalb von acht Monaten nach Eingang des Antrags bei der Kommission abzuschließen.

(5) *weggefallen*

Abschnitt 2
Internationale Übereinkommen

Artikel 396
(Ermächtigung zu abweichenden Übereinkommen)

(1) Der Rat kann auf Vorschlag der Kommission einstimmig einen Mitgliedstaat ermächtigen, mit einem Drittland oder einer internationalen Organisation ein Übereinkommen zu schließen, das Abweichungen von dieser Richtlinie enthalten kann.

(2) [1]Ein Mitgliedstaat, der ein Übereinkommen gemäß Absatz 1 schließen will, sendet der Kommission einen Antrag und übermittelt ihr alle erforderlichen Angaben. [2]Ist die Kommission der Auffassung, dass ihr nicht alle erforderlichen Angaben vorliegen, teilt sie dem betreffenden Mitgliedstaat innerhalb von zwei Monaten nach Eingang des Antrags mit, welche zusätzlichen Angaben sie benötigt.

Sobald die Kommission über alle Angaben verfügt, die ihres Erachtens für die Beurteilung erforderlich sind, unterrichtet sie den antragstellenden Mitgliedstaat hiervon innerhalb eines Monats und übermittelt den Antrag in der Originalsprache an die anderen Mitgliedstaaten.

(3) Innerhalb von drei Monaten nach der Unterrichtung gemäß Absatz 2 Unterabsatz 2 unterbreitet die Kommission dem Rat einen geeigneten Vorschlag oder legt ihm gegebenenfalls ihre Einwände in einer Mitteilung dar.

(4) In jedem Fall ist das in den Absätzen 2 und 3 geregelte Verfahren innerhalb von acht Monaten nach Eingang des Antrags bei der Kommission abzuschließen.

TITEL XIV
VERSCHIEDENES

KAPITEL 1
Durchführungsmaßnahmen

Artikel 397
(Beschlussfassung über Durchführungsmaßnahmen)

Der Rat beschließt auf Vorschlag der Kommission einstimmig die zur Durchführung dieser Richtlinie erforderlichen Maßnahmen.

KAPITEL 2
Mehrwertsteuerausschuss

Artikel 398
(Einsetzung eines Mehrwertsteuerausschusses)

(1) Es wird ein Beratender Ausschuss für die Mehrwertsteuer (nachstehend „Mehrwertsteuerausschuss" genannt) eingesetzt.

(2) Der Mehrwertsteuerausschuss setzt sich aus Vertretern der Mitgliedstaaten und der Kommission zusammen.

Den Vorsitz im Ausschuss führt ein Vertreter der Kommission.

Die Sekretariatsgeschäfte des Ausschusses werden von den Dienststellen der Kommission wahrgenommen.

(3) Der Mehrwertsteuerausschuss gibt sich eine Geschäftsordnung.

(4) Neben den Punkten, für die nach dieser Richtlinie eine Konsultation erforderlich ist, prüft der Mehrwertsteuerausschuss die Fragen im Zusammenhang mit der Anwendung der gemeinschaftsrechtlichen Vorschriften im Bereich der Mehrwertsteuer, die ihm der Vorsitzende von sich aus oder auf Antrag des Vertreters eines Mitgliedstaats vorlegt.

KAPITEL 3
Umrechnungskurs

Artikel 399
(Bestimmung der Umrechnungskurse)

[1]Unbeschadet anderer Bestimmungen wird der Gegenwert der in dieser Richtlinie in Euro ausgedrückten Beträge in Landeswährung anhand des am 1. Januar 1999 geltenden Umrechnungskurses des Euro bestimmt. [2]Die nach diesem Datum beigetretenen Mitgliedstaaten, die den Euro als einheitliche Währung nicht eingeführt haben, wenden den zum Zeitpunkt ihres Beitritts geltenden Umrechnungskurs an.

Artikel 400
(Anpassungsklausel)

Bei der Umrechnung der Beträge gemäß Artikel 399 in Landeswährung können die Mitgliedstaaten die Beträge, die sich aus dieser Umrechnung ergeben, um höchstens 10 % auf- oder abrunden.

KAPITEL 4
Andere Steuern, Abgaben und Gebühren

Artikel 401
(Reichweite dieser Richtlinie)

Unbeschadet anderer gemeinschaftsrechtlicher Vorschriften hindert diese Richtlinie einen Mitgliedstaat nicht daran, Abgaben auf Versicherungsverträge, Spiele und Wetten, Verbrauchsteuern, Grunderwerbsteuern sowie ganz allgemein alle Steuern, Abgaben und Gebühren, die nicht den Charakter von Umsatzsteuern haben, beizubehalten oder einzuführen, sofern die Erhebung dieser Steuern, Abgaben und Gebühren im Verkehr zwischen den Mitgliedstaaten nicht mit Formalitäten beim Grenzübertritt verbunden ist.

TITEL XV
SCHLUSSBESTIMMUNGEN

KAPITEL 1
Übergangsregelung für die Besteuerung des Handelsverkehrs zwischen den Mitgliedstaaten

Artikel 402
(Übergang zu einer endgültigen Regelung)

(1) Die in dieser Richtlinie vorgesehene Regelung für die Besteuerung des Handelsverkehrs zwischen den Mitgliedstaaten ist eine Übergangsregelung, die von einer endgültigen Regelung abgelöst wird, die auf dem Grundsatz beruht, dass die Lieferungen von Gegenständen und die Erbringung von Dienstleistungen im Ursprungsmitgliedstaat zu besteuern sind.

(2) Der Rat erlässt, wenn er nach Prüfung des Berichts nach Artikel 404 zu der Feststellung gelangt ist, dass die Voraussetzungen für den Übergang zur endgültigen Regelung erfüllt sind, gemäß Artikel 93 des Vertrags die für das Inkrafttreten und die Anwendung der endgültigen Regelung erforderlichen Maßnahmen.

Artikel 403
(weggefallen)

Artikel 404
(weggefallen)

KAPITEL 2
Übergangsbestimmungen im Rahmen der Beitritte zur Europäischen Union

Artikel 405
(Begriffsbestimmungen)

Für die Zwecke dieses Kapitels gelten folgende Begriffsbestimmungen:

1. „Gemeinschaft" ist das Gebiet der Gemeinschaft im Sinne des Artikels 5 Nummer 1, vor dem Beitritt neuer Mitgliedstaaten;
2. „neue Mitgliedstaaten" ist das Gebiet der Mitgliedstaaten, die der Europäischen Union nach dem 1. Januar 1995 beigetreten sind, wie es für jeden dieser Mitgliedstaaten nach Artikel 5 Nummer 2 definiert ist;
3. „erweiterte Gemeinschaft" ist das Gebiet der Gemeinschaft im Sinne des Artikels 5 Nummer 1, nach dem Beitritt neuer Mitgliedstaaten.

Artikel 406
(Gegenstände eines besonderen Verfahrens)

Die Vorschriften, die zu dem Zeitpunkt galten, an dem der Gegenstand in ein Verfahren der vorübergehenden Verwendung mit vollständiger Befreiung von den Einfuhrabgaben, in ein Verfahren oder eine sonstige Regelung nach Artikel 156 oder in ähnliche Verfahren oder Regelungen des neuen Mitgliedstaates überführt wurde, finden weiterhin Anwendung bis der Gegenstand nach dem Beitrittsdatum diese Verfahren oder sonstige Regelungen verlässt, sofern die folgenden Voraussetzungen erfüllt sind:

a) der Gegenstand wurde vor dem Beitrittsdatum in die Gemeinschaft oder in einen der neuen Mitgliedstaaten verbracht;

b) der Gegenstand war seit der Verbringung in die Gemeinschaft oder in einen der neuen Mitgliedstaaten dem Verfahren oder der sonstigen Regelung unterstellt;

c) der Gegenstand hat das Verfahren oder die sonstige Regelung nicht vor dem Beitrittsdatum verlassen.

Artikel 407
(Gegenstände eines zollrechtlichen Versandverfahrens)

Die Vorschriften, die zum Zeitpunkt der Unterstellung des Gegenstands unter ein zollrechtliches Versandverfahren galten, finden nach dem Beitrittsdatum bis zum Verlassen dieses Verfahrens weiterhin Anwendung, sofern alle folgenden Voraussetzungen erfüllt sind:

a) der Gegenstand wurde vor dem Beitrittsdatum unter ein zollrechtliches Versandverfahren gestellt;

b) der Gegenstand hat dieses Verfahren nicht vor dem Beitrittsdatum verlassen.

Artikel 408
(Der Einfuhr von Gegenständen gleichgestellte Vorgänge)

(1) Die nachstehenden Vorgänge werden der Einfuhr eines Gegenstands gleichgestellt, sofern nachgewiesen wird, dass sich der Gegenstand in einem der neuen Mitgliedstaaten oder in der Gemeinschaft im freien Verkehr befand:

a) das Verlassen, einschließlich des unrechtmäßigen Verlassens, eines Verfahrens der vorübergehenden Verwendung, unter das der betreffende Gegenstand vor dem Beitrittsdatum gemäß Artikel 406 gestellt worden ist;

b) das Verlassen, einschließlich des unrechtmäßigen Verlassens entweder eines Verfahrens oder einer sonstigen Regelung des Artikels 156 oder ähnlicher Verfahren oder Regelungen, unter den der betreffende Gegenstand vor dem Beitrittsdatum gemäß Artikel 406 gestellt worden ist;

c) die Beendigung eines der in Artikel 407 genannten Verfahren, das vor dem Beitrittsdatum im Gebiet eines der neuen Mitgliedstaaten für die Zwecke einer vor dem Beitrittsdatum im Gebiet dieses Mitgliedstaates gegen Entgelt bewirkten Lieferung von Gegenständen durch einen Steuerpflichtigen als solchen begonnen wurde;

d) jede Unregelmäßigkeit oder jeder Verstoß anlässlich oder im Verlauf eines zollrechtlichen Versandverfahrens, das gemäß Buchstabe c begonnen wurde.

(2) Neben dem in Absatz 1 genannten Vorgang wird die im Gebiet eines Mitgliedstaates durch einen Steuerpflichtigen oder Nichtsteuerpflichtigen nach dem Beitrittsdatum erfolgende Verwendung von Gegenständen, die ihm vor dem Beitrittsdatum im Gebiet der Gemeinschaft oder eines der neuen Mit-

gliedstaaten geliefert wurden, einer Einfuhr eines Gegenstands gleichgestellt, sofern folgende Voraussetzungen gegeben sind:

a) die Lieferung dieser Gegenstände war entweder nach Artikel 146 Absatz 1 Buchstaben a und b oder nach einer entsprechenden Bestimmung in den neuen Mitgliedstaaten von der Steuer befreit oder befreiungsfähig;

b) die Gegenstände wurden nicht vor dem Beitrittsdatum in einen der neuen Mitgliedstaaten oder in die Gemeinschaft verbracht.

Artikel 409
(Bestimmung des Merkmals der Einfuhr)

Für die in Artikel 408 Absatz 1 genannten Vorgänge gilt die Einfuhr im Sinne des Artikels 61 als in dem Mitgliedstaat erfolgt, in dem die Gegenstände das Verfahren oder die Regelung verlassen, unter die sie vor dem Beitrittsdatum gestellt worden sind.

Artikel 410
(Einfuhren ohne steuerrechtliche Relevanz)

(1) Abweichend von Artikel 71 stellt die Einfuhr eines Gegenstands im Sinne des Artikels 408 keinen Steuertatbestand dar, sofern eine der folgenden Bedingungen erfüllt ist:

a) der eingeführte Gegenstand wird nach außerhalb der erweiterten Gemeinschaft versandt oder befördert;

b) der im Sinne des Artikels 408 Absatz 1 Buchstabe a eingeführte Gegenstand – mit Ausnahme von Fahrzeugen – wird in den Mitgliedstaat, aus dem er ausgeführt wurde und an denjenigen, der ihn ausgeführt hat, zurückversandt oder -befördert;

c) der im Sinne des Artikels 408 Absatz 1 Buchstabe a eingeführte Gegenstand ist ein Fahrzeug, welches unter den für den Binnenmarkt eines der neuen Mitgliedstaaten oder eines der Mitgliedstaaten der Gemeinschaft geltenden allgemeinen Steuerbedingungen vor dem Beitrittsdatum erworben oder eingeführt wurde oder für welches bei der Ausfuhr keine Mehrwertsteuerbefreiung oder -vergütung gewährt worden ist.

(2) Die in Absatz 1 Buchstabe c genannte Bedingung gilt in folgenden Fällen als erfüllt:

a) wenn der Zeitraum zwischen der ersten Inbetriebnahme des Fahrzeugs und dem Beitritt zur Europäischen Union mehr als 8 Jahre beträgt;

b) wenn der Betrag der bei der Einfuhr fälligen Steuer geringfügig ist.

KAPITEL 2 a
Übergangsmaßnahmen für die Anwendung neuer Rechtsvorschriften

Artikel 410 a

Die Artikel 30 a, 30 b und 73 a gelten nur für nach dem 31. Dezember 2018 ausgestellte Gutscheine.

Artikel 410 b

Die Kommission legt dem Europäischen Parlament und dem Rat bis spätestens 31. Dezember 2022 auf der Grundlage der von den Mitgliedstaaten erlangten Informationen einen Bewertungsbericht über die Anwendung der Bestimmungen dieser Richtlinie hinsichtlich der mehrwertsteuerlichen Behandlung von Gutscheinen vor, unter besonderer Berücksichtigung der Definition des Begriffs Gutschein, der Mehrwertsteuervorschriften in Bezug auf die Besteuerung von Gutscheinen in der Vertriebskette und nicht eingelöste Gutscheine; dem Bewertungsbericht ist erforderlichenfalls ein angemessener Vorschlag zur Änderung der jeweiligen Bestimmungen beigefügt.

KAPITEL 3
Umsetzung und Inkrafttreten

Artikel 411
(Aufhebung von Vorschriften)

(1) Die Richtlinie 67/227/EWG und die Richtlinie 77/388/EWG werden unbeschadet der Verpflichtung der Mitgliedstaaten hinsichtlich der in Anhang XI Teil B genannten Fristen für die Umsetzung in innerstaatliches Recht und der Anwendungsfristen aufgehoben.

(2) Verweisungen auf die aufgehobenen Richtlinien gelten als Verweisungen auf die vorliegende Richtlinie und sind nach Maßgabe der Entsprechungstabelle in Anhang XII zu lesen.

Artikel 412
(Ermächtigung zum Erlass von Vorschriften)

(1) [1]Die Mitgliedstaaten erlassen die Rechts- und Verwaltungsvorschriften, die erforderlich sind, um Artikel 2 Absatz 3, Artikel 44, Artikel 59 Absatz 1, Artikel 399 und Anhang III Nummer 18 dieser Richtlinie mit Wirkung zum 1. Januar 2008 nachzukommen. [2]Sie teilen der Kommission unverzüglich den Wortlaut dieser Rechtsvorschriften mit und fügen eine Entsprechungstabelle dieser Rechtsvorschriften und der vorliegenden Richtlinie bei.

[1]Wenn die Mitgliedstaaten diese Vorschriften erlassen, nehmen sie in den Vorschriften selbst oder durch einen Hinweis bei der amtlichen Veröffentlichung auf diese Richtlinie Bezug. [2]Die Mitgliedstaaten regeln die Einzelheiten der Bezugnahme.

(2) Die Mitgliedstaaten teilen der Kommission den Wortlaut der wesentlichen innerstaatlichen Rechtsvorschriften mit, die sie auf dem unter diese Richtlinie fallenden Gebiet erlassen.

Artikel 413
(Inkrafttreten)

Diese Richtlinie tritt am 1. Januar 2007 in Kraft.

Artikel 414
(Adressaten)

Diese Richtlinie ist an die Mitgliedstaaten gerichtet.

ANHANG I

VERZEICHNIS DER TÄTIGKEITEN IM SINNE DES ARTIKELS 13 ABSATZ 1 UNTERABSATZ 3

1. Telekommunikationswesen;
2. Lieferung von Wasser, Gas, Elektrizität und thermischer Energie;
3. Güterbeförderung;
4. Hafen- und Flughafendienstleistungen;
5. Personenbeförderung;
6. Lieferung von neuen Gegenständen zum Zwecke ihres Verkaufs;
7. Umsätze der landwirtschaftlichen Interventionsstellen aus landwirtschaftlichen Erzeugnissen, die in Anwendung der Verordnungen über eine gemeinsame Marktorganisation für diese Erzeugnisse bewirkt werden;

8. Veranstaltung von Messen und Ausstellungen mit gewerblichem Charakter;
9. Lagerhaltung;
10. Tätigkeiten gewerblicher Werbebüros;
11. Tätigkeiten der Reisebüros;
12. Umsätze von betriebseigenen Kantinen, Verkaufsstellen und Genossenschaften und ähnlichen Einrichtungen;
13. Tätigkeiten der Rundfunk- und Fernsehanstalten sofern sie nicht nach Artikel 132 Absatz 1 Buchstabe q steuerbefreit sind.

ANHANG II

EXEMPLARISCHES VERZEICHNIS ELEKTRONISCH ERBRACHTER DIENSTLEISTUNGEN IM SINNE VON ARTIKEL 58 ABSATZ 1 BUCHSTABE C

1. Bereitstellung von Websites, Webhosting, Fernwartung von Programmen und Ausrüstungen;
2. Bereitstellung von Software und deren Aktualisierung;
3. Bereitstellung von Bildern, Texten und Informationen sowie Bereitstellung von Datenbanken;
4. Bereitstellung von Musik, Filmen und Spielen, einschließlich Glücksspielen und Lotterien sowie von Sendungen und Veranstaltungen aus den Bereichen Politik, Kultur, Kunst, Sport, Wissenschaft und Unterhaltung;
5. Erbringung von Fernunterrichtsleistungen.

ANHANG III

VERZEICHNIS DER LIEFERUNGEN VON GEGENSTÄNDEN UND DIENSTLEISTUNGEN, AUF DIE ERMÄßIGTE STEUERSÄTZE UND DIE STEUERBEFREIUNG MIT RECHT AUF VORSTEUERABZUG GEMÄß ARTIKEL 98 ANGEWANDT WERDEN KÖNNEN

1. Nahrungs- und Futtermittel (einschließlich Getränke, alkoholische Getränke jedoch ausgenommen), lebende Tiere, Saatgut, Pflanzen und üblicherweise für die Zubereitung von Nahrungs- und Futtermitteln verwendete Zutaten sowie üblicherweise als Zusatz oder als Ersatz für Nahrungs- und Futtermittel verwendete Erzeugnisse;
2. Lieferung von Wasser;
3. Arzneimittel, die für ärztliche und tierärztliche Zwecke verwendet werden, einschließlich Erzeugnissen für Zwecke der Empfängnisverhütung und der Monatshygiene, sowie absorbierender Hygieneprodukte;
4. medizinische Geräte, Vorrichtungen, Produkte, Artikel, Hilfsmittel und Schutzausrüstung, einschließlich Atemschutzmasken, die üblicherweise für die Verwendung in der Gesundheitsversorgung oder für den Gebrauch von Behinderten bestimmt sind, Gegenstände, die wesentlich sind, um eine Behinderung auszugleichen oder zu bewältigen, sowie die Anpassung, Instandsetzung, Vermietung und das Leasing solcher Gegenstände;
5. Beförderung von Personen und Beförderung der von ihnen mitgeführten Gegenstände, wie beispielsweise Gepäck, Fahrräder einschließlich Elektrofahrräder, Kraftfahrzeuge oder andere Fahrzeuge, oder Dienstleistungen im Zusammenhang mit der Beförderung von Personen;
6. Lieferung von Büchern, Zeitungen und Zeitschriften auf physischen Trägern, auf elektronischem Weg oder beidem, einschließlich des Verleihs durch Büchereien (einschließlich Broschüren, Prospekte und ähnlicher Drucksachen, Bilder-, Zeichen- oder Malbücher für Kinder, Notenhefte oder Manuskripte, Landkarten und hydrografischer oder sonstiger Karten), mit Ausnahme von Veröffentlichungen, die vollständig oder im Wesentlichen Werbezwecken dienen, und mit Ausnahme von Veröffentlichungen, die vollständig oder im Wesentlichen aus Videoinhalten oder hörbarer Musik bestehen; Herstellung von Veröffentlichungen von gemeinnützigen Organisationen und Dienstleistungen im Zusammenhang mit dieser Herstellung;
7. Eintrittsberechtigung für Veranstaltungen, Theater, Zirkus, Jahrmärkte, Vergnügungsparks, Konzerte, Museen, Tierparks, Kinos und Ausstellungen sowie ähnliche kulturelle Ereignisse und Einrichtungen, oder Zugang zum Live-Streaming dieser Ereignisse oder Besuche oder beides;
8. Empfang von Rundfunk- und Fernsehprogrammen und Webcasting dieser Programme durch einen Mediendiensteanbieter; Internetzugangsdienste, die im Rahmen einer Digitalisierungspolitik bereitgestellt werden, die von den Mitgliedstaaten festgelegt wurde;
9. Dienstleistungen von Schriftstellern, Komponisten und ausübenden Künstlern sowie diesen geschuldete urheberrechtliche Vergütungen;
10. Lieferung und Bau von Wohnungen im Rahmen des sozialen Wohnungsbaus, wie von den Mitgliedstaaten festgelegt; Renovierung und Umbau, einschließlich Abriss und Neubau, sowie Reparatur von Wohnungen und Privatwohnungen; Vermietung von Grundstücken für Wohnzwecke;

10a. Bau und Renovierung von öffentlichen und anderen Gebäuden, die für dem Gemeinwohl dienende Tätigkeiten genutzt werden;

10b. Reinigung von Fenstern und Reinigung in privaten Haushalten;

10c. Lieferung und Installation von Solarpaneelen auf und in der Nähe von Privatwohnungen, Wohnungen sowie öffentlichen und anderen Gebäuden, die für dem Gemeinwohl dienende Tätigkeiten genutzt werden;

11. Lieferung von Gegenständen und Dienstleistungen, die in der Regel für den Einsatz in der landwirtschaftlichen Erzeugung bestimmt sind, mit Ausnahme von Investitionsgütern wie Maschinen oder Gebäuden; und bis zum 1. Januar 2032 Lieferung von chemischen Schädlingsbekämpfungsmitteln und chemischen Düngemitteln;

11a. Lebende Equiden und Dienstleistungen im Zusammenhang mit lebenden Equiden.

12. Beherbergung in Hotels und ähnlichen Einrichtungen, einschließlich der Beherbergung in Ferienunterkünften, und Vermietung von Campingplätzen und Plätzen für das Abstellen von Wohnwagen;

12a. Restaurant- und Verpflegungsdienstleistungen, mit der Möglichkeit, die Abgabe von (alkoholischen und/oder alkoholfreien) Getränken auszuklammern;

13. Eintrittsberechtigung für Sportveranstaltungen oder Zugang zum Live-Streaming dieser Veranstaltungen oder beides; Überlassung von Sportanlagen und Angebot von Sport- oder Bewegungskursen auch im Wege von Live-Streaming;
14. *weggefallen*

15. Lieferung von Gegenständen und Erbringung von Dienstleistungen durch gemeinnützige Organisationen die sich für wohltätige Zwecke und im Bereich der sozialen Sicherheit wie von den Mitgliedstaaten definiert einsetzen und die von den Mitgliedstaaten als Einrichtungen mit sozialem Charakter anerkannt werden, soweit sie nicht gemäß den Artikeln 132, 135 und 136 von der Steuer befreit sind;

16. Dienstleistungen von Bestattungsinstituten und Krematorien, einschließlich der Lieferung von damit im Zusammenhang stehenden Gegenständen;

17. medizinische Versorgungsleistungen und zahnärztliche Leistungen sowie Thermalbehandlungen, soweit sie nicht gemäß Artikel 132 Absatz 1 Buchstaben b bis e von der Steuer befreit sind;

18. Dienstleistungen im Zusammenhang mit Abwasser, Straßenreinigung, der Abfuhr von Hausmüll und der Abfallbehandlung oder dem Recycling von Müll mit Ausnahme der Dienstleistungen, die von Einrichtungen im Sinne des Artikels 13 erbracht werden;

19. Reparaturdienstleistungen betreffend Haushaltsgeräte, Schuhe und Lederwaren, Kleidung und Haushaltswäsche (einschließlich Ausbesserung und Änderung);

20. häusliche Pflegedienstleistungen (z.B. Haushaltshilfe und Betreuung von Kindern, älteren, kranken oder behinderten Personen);

21. Friseurdienstleistungen;

22. Lieferung von Elektrizität, Fernwärme und Fernkälte sowie Biogas, das aus in Anhang IX Teil A der Richtlinie (EU) 2018/2001 des Europäischen Parlaments und des Rates[34] aufgeführten Rohstoffen hergestellt wird; Lieferung und Installation von hocheffizienten emissionsarmen Heizanlagen, die die Emissionsrichtwerte gemäß Anhang V der Verordnung (EU) 2015/1189 der Kommission[35] bzw. Anhang V der Verordnung (EU) 2015/1185 der Kommission[36] einhalten und denen ein EU-Energieetikett zuerkannt wurde, um zu zeigen, dass das Kriterium nach Artikel 7 Absatz 2 der Verordnung (EU) 2017/1369 des Europäischen Parlaments und des Rates[37] erfüllt wird; und bis zum 1. Januar 2030 von Erdgas und Brennholz;

23. Lebende Pflanzen und sonstige Erzeugnisse des Pflanzenanbaus, einschließlich Knollen, Baumwolle, Wurzeln und ähnlichen Erzeugnissen, Schnittblumen und Pflanzenteilen zu Binde- oder Zierzwecken;

24. Kinderbekleidung und -schuhe; Lieferung von Kindersitzen für Kraftfahrzeuge;

25. Lieferung von Fahrrädern, einschließlich Elektrofahrrädern; Vermietungs- und Reparaturdienstleistungen für solche Fahrräder;

26. Lieferung von in Anhang IX Teile A, B und C aufgeführten Kunstgegenständen, Sammlungsstücken und Antiquitäten;

27. Rechtsdienstleistungen für auf Vertragsbasis Beschäftigte und Arbeitslose in Arbeitsgerichtsverfahren, und Rechtsdienstleistungen im Rahmen der Regelung für Verfahrenshilfe, wie von den Mitgliedstaaten festgelegt;

28. Geräte und sonstige Ausrüstung, die üblicherweise für den Einsatz bei Rettungs- oder Erste-Hilfe-Diensten bestimmt sind, wenn sie öffentlichen Einrichtungen oder gemeinnützigen Organisationen, die im Bereich des Zivil- oder Gemeinschaftsschutzes tätig sind, geliefert werden;

29. Dienstleistungen in Verbindung mit dem Betrieb von Feuerschiffen, Leuchttürmen oder anderen Navigationshilfen und Lebensrettungsdiensten einschließlich der Organisation und Unterhaltung des Rettungsboot-Dienstes.

ANHANG IV

weggefallen

ANHANG V

KATEGORIEN VON GEGENSTÄNDEN, DIE NACH ARTIKEL 160 ABSATZ 2 REGELUNGEN FÜR ANDERE LAGER ALS ZOLLLAGER UNTERLIEGEN

	KN-Code	Beschreibung der Gegenstände
1)	0701	Kartoffeln
2)	0711 20	Oliven
3)	0801	Kokosnüsse, Paranüsse und Kaschu-Nüsse
4)	0802	Andere Schalenfrüchte
5)	0901 11 00	Kaffee, nicht geröstet
	0901 12 00	
6)	0902	Tee
7)	1001 bis 1005	Getreide
	1007 bis 1008	
8)	1006	Rohreis
9)	1201 bis 1207	Samen und ölhaltige Früchte (einschließlich Sojabohnen)
10)	1507 bis 1515	Pflanzliche Fette und Öle und deren Fraktionen, roh, raffiniert, jedoch nicht chemisch modifiziert
11)	1701 11	Rohzucker
	1701 12	
12)	1801	Kakao, Kakaobohnen und Kakaobohnenbruch; roh oder geröstet
13)	2709	Mineralöle (einschließlich Propan und Butan sowie Rohöle aus Erdöl)
	2710	
	2711 12	
	2711 13	

34 Amtliche Fußnote: Richtlinie (EU) des Europäischen Parlaments und des Rates vom 11. Dezember 2018 zur Förderung der Nutzung von Energie aus erneuerbaren Quellen (Neufassung) (ABl. L 328 vom 21. 12. 2018, S. 82).

35 Amtliche Fußnote: Verordnung (EU) 2015/1189 der Kommission vom 28. April 2015 zur Durchführung der Richtlinie 2009/125/EG des Europäischen Parlamets und des Rates im Hinblick auf die Festlegung von Anforderungen an die umweltgerechte Gestaltung von Festbrennstoffkesseln (ABl. L 193 vom 21. 7. 2015, S. 100).

36 Amtliche Fußnote: Verordnung (EU) 2015/1185 der Kommission vom 24. April 2015 zur Durchführung der Richtlinie 2009/125/EG des Europäischen Parlaments und des Rates im Hinblick auf die Festlegung von Anforderungen an die umweltgerechte Gestaltung von Festbrennstoff-Einzelheizgeräten (ABl. L 193 vom 21. 7. 2015, S. 1).

37 Amtliche Fußnote: Verordnung (EU) 2017/1369 des Europäischen Parlaments und des Rates vom 4. Juli 2017 zur Festlegung eines Rahmens für die Energieverbrauchskennzeichnung und zur Aufhebung der Richtlinie 2010/30/EU (ABl. L 198 vom 28. 7. 2017, S. 1).

	KN-Code	Beschreibung der Gegenstände
14)	Kapitel 28 und 29	Chemische Produkte, lose
15)	4001	Kautschuk, in Primärformen oder in Platten, Blättern oder Streifen
	4002	
16)	5101	Wolle
17)	7106	Silber
18)	7110 11 00	Platin (Palladium, Rhodium)
	7110 21 00	
	7110 31 00	
19)	7402	Kupfer
	7403	
	7405	
	7408	
20)	7502	Nickel
21)	7601	Aluminium
22)	7801	Blei
23)	7901	Zink
24)	8001	Zinn
25)	ex 8112 92	Indium
	ex 8112 99	

ANHANG VI

VERZEICHNIS DER IN ARTIKEL 199 ABSATZ 1 BUCHSTABE D GENANNTEN LIEFERUNGEN VON GEGENSTÄNDEN UND DIENSTLEISTUNGEN

1. Lieferung von Alteisen und Nichteisenabfällen, Schrott und Gebrauchtmaterial einschließlich Halberzeugnissen aus Verarbeitung, Herstellung oder Schmelzen von Eisen oder Nichteisenmetallen oder deren Legierungen;
2. Lieferung von Halberzeugnissen aus Eisen- und Nichteisenmetallen sowie Erbringung bestimmter damit verbundener Verarbeitungsleistungen;
3. Lieferung von Rückständen und anderen recyclingfähigen Materialien aus Eisen- und Nichteisenmetallen, Legierungen, Schlacke, Asche, Walzschlacke und metall- oder metalllegierungshaltigen gewerblichen Rückständen sowie Erbringung von Dienstleistungen in Form des Sortierens, Zerschneidens, Zerteilens und Pressens dieser Erzeugnisse;
4. Lieferung von Alteisen und Altmetallen, sowie von Abfällen, Schnitzeln und Bruch sowie gebrauchtem und recyclingfähigem Material in Form von Scherben, Glas, Papier, Pappe und Karton, Lumpen, Knochen, Häuten, Kunstleder, Pergament, rohen Häuten und Fellen, Sehnen und Bändern, Schnur, Tauwerk, Leinen, Tauen, Seilen, Kautschuk und Plastik und Erbringung bestimmter Verarbeitungsleistungen in Zusammenhang damit;
5. Lieferung der in diesem Anhang genannten Stoffe, nachdem sie gereinigt, poliert, sortiert, geschnitten, fragmentiert, zusammengepresst oder zu Blöcken gegossen wurden;
6. Lieferung von Schrott und Abfällen aus der Verarbeitung von Rohstoffen.

ANHANG VII

VERZEICHNIS DER TÄTIGKEITEN DER LANDWIRTSCHAFTLICHEN ERZEUGUNG IM SINNE DES ARTIKELS 295 ABSATZ 1 NUMMER 4

1. Anbau:
   a) Ackerbau im Allgemeinen, einschließlich Weinbau;
   b) Obstbau (einschließlich Olivenanbau) und Gemüse-, Blumen- und Zierpflanzengartenbau, auch unter Glas;
   c) Anbau von Pilzen und Gewürzen, Erzeugung von Saat- und Pflanzgut;
   d) Betrieb von Baumschulen.
2. Tierzucht und Tierhaltung in Verbindung mit der Bodenbewirtschaftung:
   a) Viehzucht und -haltung;
   b) Geflügelzucht und -haltung;
   c) Kaninchenzucht und -haltung;
   d) Imkerei;
   e) Seidenraupenzucht;
   f) Schneckenzucht.
3. Forstwirtschaft.
4. Fischwirtschaft:
   a) Süßwasserfischerei;
   b) Fischzucht;
   c) Muschelzucht, Austernzucht und Zucht anderer Weich- und Krebstiere;
   d) Froschzucht.

ANHANG VIII

EXEMPLARISCHES VERZEICHNIS DER LANDWIRTSCHAFTLICHEN DIENSTLEISTUNGEN IM SINNE DES ARTIKELS 295 ABSATZ 1 NUMMER 5

1) Anbau-, Ernte-, Dresch-, Press-, Lese- und Einsammelarbeiten, einschließlich Säen und Pflanzen;
2) Verpackung und Zubereitung, wie beispielsweise Trocknung, Reinigung, Zerkleinerung, Desinfektion und Einsilierung landwirtschaftlicher Erzeugnisse;
3) Lagerung landwirtschaftlicher Erzeugnisse;
4) Hüten, Zucht und Mästen von Vieh;
5) Vermietung normalerweise in land-, forst- und fischwirtschaftlichen Betrieben verwendeter Mittel zu landwirtschaftlichen Zwecken;
6) technische Hilfe;
7) Vernichtung schädlicher Pflanzen und Tiere, Behandlung von Pflanzen und Böden durch Besprühen;
8) Betrieb von Be- und Entwässerungsanlagen;
9) Beschneiden und Fällen von Bäumen und andere forstwirtschaftliche Dienstleistungen.

ANHANG IX

KUNSTGEGENSTÄNDE, SAMMLUNGSSTÜCKE UND ANTIQUITÄTEN IM SINNE DES ARTIKELS 311 ABSATZ 1 NUMMERN 2, 3 UND 4

TEIL A
Kunstgegenstände

1. Gemälde (z. B. Ölgemälde, Aquarelle, Pastelle) und Zeichnungen sowie Collagen und ähnliche dekorative Bildwerke, vollständig vom Künstler mit der Hand geschaffen, ausgenommen Baupläne und -zeichnungen, technische Zeichnungen und andere Pläne und Zeichnungen zu Gewerbe-, Handels-, topografischen oder ähnlichen Zwecken, handbemalte oder handverzierte gewerbliche Erzeugnisse, bemalte Gewebe für Theaterdekorationen, Atelierhintergründe oder dergleichen (KN-Code 9701);
2. Originalstiche, -schnitte und -steindrucke, die unmittelbar in begrenzter Zahl von einer oder mehreren vom Künstler vollständig handgearbeiteten Platten nach einem beliebigen, jedoch nicht mechanischen oder fotomechanischen Verfahren auf ein beliebiges Material in schwarz-weiß oder farbig abgezogen wurden (KN-Code 9702 00 00);
3. Originalerzeugnisse der Bildhauerkunst, aus Stoffen aller Art, sofern vollständig vom Künstler geschaffen; unter Aufsicht des Künstlers oder seiner Rechtsnachfolger hergestellte Bildgüsse bis zu einer Höchstzahl von acht Exemplaren (KN-Code 9703 00 00). In bestimmten, von den Mitgliedstaaten festgelegten Ausnahmefällen darf bei vor dem 1. Januar 1989 hergestellten Bildgüssen die Höchstzahl von acht Exemplaren überschritten werden;
4. handgearbeitete Tapisserien (KN-Code 5805 00 00) und Textilwaren für Wandbekleidung (KN-Code 6304 00 00) nach Originalentwürfen von Künstlern, höchstens jedoch acht Kopien je Werk;
5. Originalwerke aus Keramik, vollständig vom Künstler geschaffen und von ihm signiert;
6. Werke der Emaillekunst, vollständig von Hand geschaffen, bis zu einer Höchstzahl von acht nummerierten und mit der Signatur des Künstlers oder des Kunstateliers versehenen Exemplaren; ausgenommen sind Erzeugnisse des Schmuckhandwerks, der Juwelier- und der Goldschmiedekunst;
7. vom Künstler aufgenommene Photographien, die von ihm oder unter seiner Überwachung abgezogen wurden und signiert sowie nummeriert sind; die Gesamtzahl der Abzüge darf, alle Formate und Trägermaterialien zusammengenommen, 30 nicht überschreiten.

TEIL B
Sammlungsstücke

1. Briefmarken, Stempelmarken, Steuerzeichen, Ersttagsbriefe, Ganzsachen und dergleichen, entwertet oder nicht entwertet, jedoch weder gültig noch zum Umlauf vorgesehen (KN-Code 9704 00 00);
2. zoologische, botanische, mineralogische oder anatomische Sammlungsstücke und Sammlungen; Sammlungsstücke von geschichtlichem, archäologischem, paläontologischem, völkerkundlichem oder münzkundlichem Wert (KN-Code 9705 00 00).

TEIL C
Antiquitäten

Andere Gegenstände als Kunstgegenstände und Sammlungsstücke, die mehr als hundert Jahre alt sind (KN-Code 9706 00 00).

ANHANG X

VERZEICHNIS DER UMSÄTZE, FÜR DIE DIE AUSNAHMEN GEMÄSS DEN ARTIKELN 370 UND 371 SOWIE 375 BIS 390c GELTEN

TEIL A
Umsätze, die die Mitgliedstaaten weiterhin besteuern dürfen

1. Dienstleistungen, die von Zahntechnikern im Rahmen ihrer beruflichen Tätigkeit erbracht werden, sowie Lieferungen von Zahnersatz durch Zahnärzte und Zahntechniker;
2. Tätigkeiten der öffentlichen Rundfunk- und Fernsehanstalten, die keinen gewerblichen Charakter aufweisen;
3. Lieferungen von anderen Gebäuden oder Gebäudeteilen und dem dazugehörigen Grund und Boden als den in Artikel 12 Absatz 1 Buchstabe a genannten, wenn sie von Steuerpflichtigen getätigt werden, die für das betreffende Gebäude ein Recht auf Vorsteuerabzug hatten;
4. Dienstleistungen der Reisebüros im Sinne des Artikels 306 sowie der Reisebüros, die im Namen und für Rechnung des Reisenden für Reisen außerhalb der Gemeinschaft tätig werden.

TEIL B
Umsätze, die die Mitgliedstaaten weiterhin von der Steuer befreien dürfen

1. Einnahme von Eintrittsgeldern bei Sportveranstaltungen;
2. Dienstleistungen von Autoren, Künstlern und Interpreten von Kunstwerken sowie Dienstleistungen von Rechtsanwälten und Angehörigen anderer freier Berufe, mit Ausnahme der ärztlichen oder arztähnlichen Heilberufe sowie mit Ausnahme folgender Dienstleistungen:
   a) Abtretung von Patenten, Warenzeichen und gleichartigen Rechten sowie Gewährung von Lizenzen betreffend diese Rechte;
   b) Arbeiten an beweglichen körperlichen Gegenständen, die für Steuerpflichtige durchgeführt werden und die nicht in der Ablieferung eines aufgrund eines Werkvertrags hergestellten beweglichen Gegenstands bestehen;
   c) Dienstleistungen zur Vorbereitung oder zur Koordinierung der Durchführung von Bauleistungen wie zum Beispiel Leistungen von Architekten und Bauaufsichtsbüros;
   d) Dienstleistungen auf dem Gebiet der Wirtschaftswerbung;
   e) Beförderung und Lagerung von Gegenständen sowie Nebendienstleistungen;
   f) Vermietung von beweglichen körperlichen Gegenständen an Steuerpflichtige;
   g) Überlassung von Arbeitskräften an Steuerpflichtige;

h) Dienstleistungen von Beratern, Ingenieuren und Planungsbüros auf technischem, wirtschaftlichem oder wissenschaftlichem Gebiet sowie ähnliche Leistungen;

i) Ausführung einer Verpflichtung, eine unternehmerische Tätigkeit oder ein Recht im Sinne der Buchstaben a bis h und j ganz oder teilweise nicht auszuüben;

j) Dienstleistungen von Spediteuren, Maklern, Handelsagenten und anderen selbstständigen Vermittlern, soweit sie die Lieferungen oder die Einfuhren von Gegenständen oder Dienstleistungen gemäß den Buchstaben a bis i betreffen;

3. Telekommunikationsdienstleistungen und dazu gehörende Lieferungen von Gegenständen, die von öffentlichen Posteinrichtungen erbracht bzw. getätigt werden;

4. Dienstleistungen der Bestattungsinstitute und Krematorien sowie dazu gehörende Lieferungen von Gegenständen;

5. Umsätze, die von Blinden oder Blindenwerkstätten bewirkt werden, wenn ihre Befreiung von der Steuer keine erheblichen Wettbewerbsverzerrungen verursacht;

6. Lieferung von Gegenständen und Dienstleistungen an Einrichtungen, die mit der Anlage, Ausstattung und Instandhaltung von Friedhöfen, Grabstätten und Denkmälern für Kriegsopfer beauftragt sind;

7. Umsätze von nicht unter Artikel 132 Absatz 1 Buchstabe b fallenden Krankenhäusern;

8. Lieferung von Wasser durch Einrichtungen des öffentlichen Rechts;

9. Lieferung von Gebäuden oder Gebäudeteilen und dem dazugehörigen Grund und Boden vor dem Erstbezug sowie Lieferung von Baugrundstücken im Sinne des Artikels 12;

10. Beförderung von Personen und von Begleitgütern der Reisenden, wie Gepäck und Kraftfahrzeuge, sowie Dienstleistungen im Zusammenhang mit der Personenbeförderung, soweit die Beförderung dieser Personen von der Steuer befreit ist;

11. Lieferung, Umbau, Reparatur, Wartung, Vercharterung und Vermietung von Luftfahrzeugen, die von staatlichen Einrichtungen verwendet werden, einschließlich der Gegenstände, die in diese Luftfahrzeuge eingebaut sind oder ihrem Betrieb dienen;

12. Lieferung, Umbau, Reparatur, Wartung, Vercharterung und Vermietung von Kriegsschiffen;

13. Dienstleistungen der Reisebüros im Sinne des Artikels 306 sowie der Reisebüros, die im Namen und für Rechnung des Reisenden für Reisen innerhalb der Gemeinschaft tätig werden.

ANHANG XI und XII

(nicht abgedruckt)

Durchführungsverordnung (EU) Nr. 282/2011 des Rates vom 15. März 2011 zur Festlegung von Durchführungsvorschriften zur Richtlinie 2006/112/EG über das gemeinsame Mehrwertsteuersystem

(ABl. L 77 vom 23. 3. 2011 S. 1), geändert durch Verordnung (EU) Nr. 967/2012 des Rates vom 9. Oktober 2012 (ABl. L 290 vom 20. 10. 2012 S. 1), durch Verordnung (EU) Nr. 1042/2013 des Rates vom 7. Oktober 2013 (ABl. L 284 vom 26. 10. 2013 S. 1), durch Durchführungsverordnung (EU) 2017/2459 des Rates vom 5. Dezember 2017 (ABl. L 348 vom 29. 12. 2017 S. 32), durch Durchführungsverordnung (EU) 2018/1912 des Rates vom 4. Dezember 2018 (ABl. L 311 vom 7. 12. 2018 S. 10), durch Durchführungsverordnung (EU) 2019/2026 des Rates vom 21. November 2019 (ABl. L 313 vom 4. 12. 2019 S. 14), durch Durchführungsverordnung (EU) 2022/432 des Rates vom 15. März 2022 (ABl. L 88 vom 16. 3. 2022 S. 15), **durch Durchführungsverordnung (EU) 2025/428 des Rates vom 18. Februar 2025 (ABl. L, 2025/428, 28. 2. 2025)[1], durch Durchführungsverordnung (EU) 2025/518 des Rates vom 18. März 2025 (ABl. L, 2025/518, 25. 3. 2025)[2]**

DER RAT DER EUROPÄISCHEN UNION – gestützt auf den Vertrag über die Arbeitsweise der Europäischen Union, gestützt auf die Richtlinie 2006/112/EG des Rates vom 28. November 2006 über das gemeinsame Mehrwertsteuersystem[3], insbesondere Artikel 397, auf Vorschlag der Europäischen Kommission, in Erwägung nachstehender Gründe:

(1) Die Verordnung (EG) Nr. 1777/2005 des Rates vom 17. Oktober 2005 zur Festlegung von Durchführungsvorschriften zur Richtlinie 77/388/EWG über das gemeinsame Mehrwertsteuersystem[4] muss in einigen wesentlichen Punkten geändert werden. Aus Gründen der Klarheit und der Vereinfachung sollte die Verordnung neu gefasst werden.

(2) Die Richtlinie 2006/112/EG legt Vorschriften im Bereich der Mehrwertsteuer fest, die in bestimmten Fällen für die Auslegung durch die Mitgliedstaaten offen sind. Der Erlass von gemeinsamen Vorschriften zur Durchführung der Richtlinie 2006/112/EG sollte gewährleisten, dass in Fällen, in denen es zu Divergenzen bei der Anwendung kommt oder kommen könnte, die nicht mit dem reibungslosen Funktionieren des Binnenmarkts zu vereinbaren sind, die Anwendung des Mehrwertsteuersystems stärker auf das Ziel eines solchen Binnenmarkts ausgerichtet wird. Diese Durchführungsvorschriften sind erst vom Zeitpunkt des Inkrafttretens dieser Verordnung an rechtsverbindlich; sie berühren nicht die Gültigkeit der von den Mitgliedstaaten in der Vergangenheit angenommenen Rechtsvorschriften und Auslegungen.

(3) Die Änderungen, die sich aus dem Erlass der Richtlinie 2008/8/EG des Rates vom 12. Februar 2008 zur Änderung der Richtlinie 2006/112/EG bezüglich des Ortes der Dienstleistung[5] ergeben, sollten in dieser Verordnung berücksichtigt werden.

(4) Das Ziel dieser Verordnung ist, die einheitliche Anwendung des Mehrwertsteuersystems in seiner derzeitigen Form dadurch sicherzustellen, dass Vorschriften zur Durchführung der Richtlinie 2006/112/EG erlassen werden, und zwar insbesondere in Bezug auf den Steuerpflichtigen, die Lieferung von Gegenständen und die Erbringung von Dienstleistungen sowie den Ort der steuerbaren Umsätze. Im Einklang mit dem Grundsatz der Verhältnismäßigkeit gemäß Artikel 5 Absatz 4 des Vertrags über die Europäische Union geht diese Verordnung nicht über das für die Erreichung dieses Ziels erforderliche Maß hinaus. Da sie in allen Mitgliedstaaten verbindlich ist und unmittelbar gilt, wird die Einheitlichkeit der Anwendung am besten durch eine Verordnung gewährleistet.

(5) Diese Durchführungsvorschriften enthalten spezifische Regelungen zu einzelnen Anwendungsfragen und sind ausschließlich im Hinblick auf eine unionsweit einheitliche steuerliche Behandlung dieser Einzelfälle konzipiert. Sie sind daher nicht auf andere Fälle übertragbar und auf der Grundlage ihres Wortlauts restriktiv anzuwenden.

(6) Ändert ein Nichtsteuerpflichtiger seinen Wohnort und überführt er bei dieser Gelegenheit ein neues Fahrzeug oder wird ein neues Fahrzeug in den Mitgliedstaat zurückübergeführt, aus dem es ursprünglich mehrwertsteuerfrei an den Nichtsteuerpflichtigen, der es zurücküberführt, geliefert worden war, so sollte klargestellt werden, dass es sich dabei nicht um den innergemeinschaftlichen Erwerb eines neuen Fahrzeugs handelt.

(7) Für bestimmte Dienstleistungen ist es ausreichend, dass der Dienstleistungserbringer nachweist, dass der steuerpflichtige oder nichtsteuerpflichtige Empfänger dieser Dienstleistungen außerhalb der Gemeinschaft ansässig ist, damit die Erbringung dieser Dienstleistungen nicht der Mehrwertsteuer unterliegt.

(8) Die Zuteilung einer Mehrwertsteuer-Identifikationsnummer an einen Steuerpflichtigen, der eine Dienstleistung für einen Empfänger in einem anderen Mitgliedstaat erbringt oder der aus einem anderen Mitgliedstaat eine Dienstleistung erhält, für die die Mehrwertsteuer ausschließlich vom Dienstleistungsempfänger zu zahlen ist, sollte nicht das Recht dieses Steuerpflichtigen auf Nichtbesteuerung seiner innergemeinschaftlichen Erwerbe von Gegenständen beeinträchtigen. Teilt jedoch ein Steuerpflichtiger im Zusammenhang mit einem innergemeinschaftlichen Erwerb von Gegenständen dem Lieferer seine Mehrwertsteuer-Identifikationsnummer mit, so wird der Steuerpflichtige in jedem Fall so behandelt, als habe er von der Möglichkeit Gebrauch gemacht, diese Umsätze der Steuer zu unterwerfen.

(9) Die weitere Integration des Binnenmarkts erfordert eine stärkere grenzüberschreitende Zusammenarbeit von in verschiedenen Mitgliedstaaten ansässigen Wirtschaftsbeteiligten und hat zu einer steigenden Anzahl von Europäischen wirtschaftlichen Interessenvereinigungen (EWIV) im Sinne der Verordnung (EWG) Nr. 2137/85

---

1 Die Änderungen vom 18.2.2025 wurden nicht eingearbeitet.

2 Die Änderungen vom 11.3.2025, die erst nach dem 1.1.2027 in Kraft treten, wurden nicht eingearbeitet.

3 Amtliche Fußnote: ABl. L 347 vom 11. 12. 2006, S. 1

4 Amtliche Fußnote: ABl. L 288 vom 29. 10. 2005, S. 1.

5 Amtliche Fußnote: ABl. L 44 vom 20. 2. 2008, S. 11.

des Rates vom 25. Juli 1985 über die Schaffung einer Europäischen wirtschaftlichen Interessenvereinigung (EWIV)[6] geführt. Daher sollte klargestellt werden, dass EWIV steuerpflichtig sind, wenn sie gegen Entgelt Gegenstände liefern oder Dienstleistungen erbringen.

(10) Es ist erforderlich, Restaurant- und Verpflegungsdienstleistungen, die Abgrenzung zwischen diesen beiden Dienstleistungen sowie ihre angemessene Behandlung klar zu definieren.

(11) Im Interesse der Klarheit sollten Umsätze, die als elektronisch erbrachte Dienstleistungen eingestuft werden, in Verzeichnissen aufgelistet werden, wobei diese Verzeichnisse weder endgültig noch erschöpfend sind.

(12) Es ist erforderlich, einerseits festzulegen, dass es sich bei einer Leistung, die nur aus der Montage verschiedener vom Dienstleistungsempfänger zur Verfügung gestellter Teile einer Maschine besteht, um eine Dienstleistung handelt, und andererseits, wo der Ort dieser Dienstleistung liegt, wenn sie an einen Nichtsteuerpflichtigen erbracht wird.

(13) Der Verkauf einer Option als Finanzinstrument sollte als Dienstleistung behandelt werden, die von den Umsätzen, auf die sich die Option bezieht, getrennt ist.

(14) Um die einheitliche Anwendung der Regeln für die Bestimmung des Ortes der steuerbaren Umsätze sicherzustellen, sollten der Begriff des Ortes, an dem ein Steuerpflichtiger den Sitz seiner wirtschaftlichen Tätigkeit hat, und der Begriff der festen Niederlassung, des Wohnsitzes und des gewöhnlichen Aufenthaltsortes klargestellt werden. Die Zugrundelegung möglichst klarer und objektiver Kriterien sollte die praktische Anwendung dieser Begriffe erleichtern, wobei der Rechtsprechung des Gerichtshofs Rechnung getragen werden sollte.

(15) Es sollten Vorschriften erlassen werden, die eine einheitliche Behandlung von Lieferungen von Gegenständen gewährleisten, wenn ein Lieferer den Schwellenwert für Fernverkäufe in einen anderen Mitgliedstaat überschritten hat.

(16) Es sollte klargestellt werden, dass zur Bestimmung des innerhalb der Gemeinschaft stattfindenden Teils der Personenbeförderung die Reisestrecke des Beförderungsmittels und nicht die von den Fahrgästen zurückgelegte Reisestrecke ausschlaggebend ist.

(17) Das Recht des Erwerbsmitgliedstaats zur Besteuerung eines innergemeinschaftlichen Erwerbs sollte nicht durch die mehrwertsteuerliche Behandlung der Umsätze im Abgangsmitgliedstaat beeinträchtigt werden.

(18) Für die richtige Anwendung der Regeln über den Ort der Dienstleistung kommt es hauptsächlich auf den Status des Dienstleistungsempfängers als Steuerpflichtiger oder Nichtsteuerpflichtiger und die Eigenschaft, in der er handelt, an. Um den steuerlichen Status des Dienstleistungsempfängers zu bestimmen, sollte festgelegt werden, welche Nachweise sich der Dienstleistungserbringer vom Dienstleistungsempfänger vorlegen lassen muss.

(19) Es sollte klargestellt werden, dass dann, wenn für einen Steuerpflichtigen erbrachte Dienstleistungen für den privaten Bedarf, einschließlich für den Bedarf des Personals des Dienstleistungsempfängers, bestimmt sind, dieser Steuerpflichtige nicht als in seiner Eigenschaft als Steuerpflichtiger handelnd eingestuft werden kann. Zur Entscheidung, ob der Dienstleistungsempfänger als Steuerpflichtiger handelt oder nicht, ist die Mitteilung seiner Mehrwertsteuer-Identifikationsnummer an den Dienstleistungserbringer ausreichend, um ihm die Eigenschaft als Steuerpflichtiger zuzuerkennen, es sei denn, dem Dienstleistungserbringer liegen gegenteilige Informationen vor. Es sollte außerdem sichergestellt werden, dass eine Dienstleistung, die sowohl für Unternehmenszwecke erworben als auch privat genutzt wird, nur an einem einzigen Ort besteuert wird.

(20) Zur genauen Bestimmung des Ortes der Niederlassung des Dienstleistungsempfängers ist der Dienstleistungserbringer verpflichtet, die vom Dienstleistungsempfänger übermittelten Angaben zu überprüfen.

(21) Unbeschadet der allgemeinen Bestimmung über den Ort einer Dienstleistung an einen Steuerpflichtigen sollten Regeln festgelegt werden, um dem Dienstleistungserbringer für den Fall, dass Dienstleistungen an einen Steuerpflichtigen erbracht werden, der an mehr als einem Ort ansässig ist, zu helfen, den Ort der festen Niederlassung des Steuerpflichtigen, an die die Dienstleistung erbracht wird, unter Berücksichtigung der jeweiligen Umstände zu bestimmen. Wenn es dem Dienstleistungserbringer nicht möglich ist, diesen Ort zu bestimmen, sollten Bestimmungen zur Präzisierung der Pflichten des Dienstleistungserbringers festgelegt werden. Diese Bestimmungen sollten die Pflichten des Steuerpflichtigen weder berühren noch ändern.

(22) Es sollte auch festgelegt werden, zu welchem Zeitpunkt der Dienstleistungserbringer den Status des Dienstleistungsempfängers als Steuerpflichtiger oder Nichtsteuerpflichtiger, seine Eigenschaft und seinen Ort bestimmen muss.

(23) Der Grundsatz in Bezug auf missbräuchliche Praktiken von Wirtschaftsbeteiligten gilt generell für die vorliegende Verordnung, doch ist es angezeigt, speziell im Zusammenhang mit einigen Bestimmungen dieser Verordnung auf seine Gültigkeit hinzuweisen.

(24) Bestimmte Dienstleistungen wie die Erteilung des Rechts zur Fernsehübertragung von Fußballspielen, Textübersetzungen, Dienstleistungen im Zusammenhang mit der Mehrwertsteuererstattung und Dienstleistungen von Vermittlern, die an einen Nichtsteuerpflichtigen erbracht werden, sind mit grenzübergreifenden Sachverhalten verbunden oder beziehen sogar außerhalb der Gemeinschaft ansässige Wirtschaftsbeteiligte ein. Zur Verbesserung der Rechtssicherheit sollte der Ort dieser Dienstleistungen eindeutig bestimmt werden.

(25) Es sollte festgelegt werden, dass für Dienstleistungen von Vermittlern, die im Namen und für Rechnung Dritter handeln und die Beherbergungsdienstleistungen in der Hotelbranche vermitteln, nicht die spezifische Regel für Dienstleistungen im Zusammenhang mit einem Grundstück gilt.

(26) Werden mehrere Dienstleistungen im Rahmen von Bestattungen als Bestandteil einer einheitlichen Dienstleistung erbracht, sollte festgelegt werden, nach welcher Vorschrift der Ort der Dienstleistung zu bestimmen ist.

(27) Um die einheitliche Behandlung von Dienstleistungen auf dem Gebiet der Kultur, der Künste, des Sports, der Wissenschaften, des Unterrichts sowie der Unterhaltung und ähnlichen Ereignissen sicherzustellen, sollten

6 Amtliche Fußnote: ABl. L 199 vom 31. 7. 1985, S. 1.

die Eintrittsberechtigung zu solchen Ereignissen und die mit der Eintrittsberechtigung zusammenhängenden Dienstleistungen definiert werden.

(28) Es sollte klargestellt werden, wie Restaurant- und Verpflegungsdienstleistungen zu behandeln sind, die an Bord eines Beförderungsmittels erbracht werden, sofern die Personenbeförderung auf dem Gebiet mehrerer Länder erfolgt.

(29) Da bestimmte Regeln für die Vermietung von Beförderungsmitteln auf die Dauer des Besitzes oder der Verwendung abstellen, muss nicht nur festgelegt werden, welche Fahrzeuge als Beförderungsmittel anzusehen sind, sondern es ist auch klarzustellen, wie solche Dienstleistungen zu behandeln sind, wenn mehrere aufeinanderfolgende Verträge abgeschlossen werden. Es ist auch der Ort festzulegen, an dem das Beförderungsmittel dem Dienstleistungsempfänger tatsächlich zur Verfügung gestellt wird.

(30) Unter bestimmten Umständen sollte eine bei der Bezahlung eines Umsatzes mittels Kredit- oder Geldkarte anfallende Bearbeitungsgebühr nicht zu einer Minderung der Besteuerungsgrundlage für diesen Umsatz führen.

(31) Es muss klargestellt werden, dass auf die Vermietung von Zelten, Wohnanhängern und Wohnmobilen, die auf Campingplätzen aufgestellt sind und als Unterkünfte dienen, ein ermäßigter Steuersatz angewandt werden kann.

(32) Als Ausbildung, Fortbildung oder berufliche Umschulung sollten sowohl Schulungsmaßnahmen mit direktem Bezug zu einem Gewerbe oder einem Beruf als auch jegliche Schulungsmaßnahme im Hinblick auf den Erwerb oder die Erhaltung beruflicher Kenntnisse gelten, und zwar unabhängig von ihrer Dauer.

(33) „Platinum Nobles" sollten in allen Fällen von der Steuerbefreiung für Umsätze mit Devisen, Banknoten und Münzen ausgeschlossen sein.

(34) Es sollte festgelegt werden, dass die Steuerbefreiung für Dienstleistungen im Zusammenhang mit der Einfuhr von Gegenständen, deren Wert in der Steuerbemessungsgrundlage für diese Gegenstände enthalten ist, auch für im Rahmen eines Wohnortwechsels erbrachte Beförderungsdienstleistungen gilt.

(35) Die vom Abnehmer nach Orten außerhalb der Gemeinschaft beförderten und für die Ausrüstung oder die Versorgung von Beförderungsmitteln – die von Personen, die keine natürlichen Personen sind, wie etwa Einrichtungen des öffentlichen Rechts oder Vereine, für nichtgeschäftliche Zwecke genutzt werden – bestimmten Gegenstände sollten von der Steuerbefreiung bei Ausfuhrumsätzen ausgeschlossen sein.

(36) Um eine einheitliche Verwaltungspraxis bei der Berechnung des Mindestwerts für die Steuerbefreiung der Ausfuhr von Gegenständen zur Mitführung im persönlichen Gepäck von Reisenden sicherzustellen, sollten die Bestimmungen für diese Berechnung harmonisiert werden.

(37) Es sollte festgelegt werden, dass die Steuerbefreiung für bestimmte Umsätze, die Ausfuhren gleichgestellt sind, auch für Dienstleistungen gilt, die unter die besondere Regelung für elektronisch erbrachte Dienstleistungen fallen.

(38) Eine entsprechend dem Rechtsrahmen für ein Konsortium für eine europäische Forschungsinfrastruktur (ERIC) zu schaffende Einrichtung sollte zum Zweck der Mehrwertsteuerbefreiung nur unter bestimmten Voraussetzungen als internationale Einrichtung gelten. Die für die Inanspruchnahme der Befreiung erforderlichen Voraussetzungen sollten daher festgelegt werden.

(39) Lieferungen von Gegenständen und Dienstleistungen, die im Rahmen diplomatischer und konsularischer Beziehungen bewirkt oder anerkannten internationalen Einrichtungen oder bestimmten Streitkräften erbracht werden, sind vorbehaltlich bestimmter Beschränkungen und Bedingungen von der Mehrwertsteuer befreit. Damit ein Steuerpflichtiger, der eine solche Lieferung oder Dienstleistung von einem anderen Mitgliedstaat aus bewirkt, nachweisen kann, dass die Voraussetzungen für diese Befreiung vorliegen, sollte eine Freistellungsbescheinigung eingeführt werden.

(40) Für die Ausübung des Rechts auf Vorsteuerabzug sollten auch elektronische Einfuhrdokumente zugelassen werden, wenn sie dieselben Anforderungen erfüllen wie Papierdokumente.

(41) Hat ein Lieferer von Gegenständen oder ein Erbringer von Dienstleistungen eine feste Niederlassung in dem Gebiet des Mitgliedstaats, in dem die Steuer geschuldet wird, so sollte festgelegt werden, unter welchen Umständen die Steuer von dieser Niederlassung zu entrichten ist.

(42) Es sollte klargestellt werden, dass ein Steuerpflichtiger, dessen Sitz der wirtschaftlichen Tätigkeit sich in dem Gebiet des Mitgliedstaats befindet, in dem die Mehrwertsteuer geschuldet wird, im Hinblick auf diese Steuerschuld selbst dann als ein in diesem Mitgliedstaat ansässiger Steuerschuldner anzusehen ist, wenn dieser Sitz nicht bei der Lieferung von Gegenständen oder der Erbringung von Dienstleistungen mitwirkt.

(43) Es sollte klargestellt werden, dass jeder Steuerpflichtige verpflichtet ist, für bestimmte steuerbare Umsätze seine Mehrwertsteuer-Identifikationsnummer mitzuteilen, sobald er diese erhalten hat, damit eine gerechtere Steuererhebung gewährleistet ist.

(44) Um die Gleichbehandlung der Wirtschaftsbeteiligten zu gewährleisten, sollte festgelegt werden, welche Anlagegold-Gewichte auf den Goldmärkten definitiv akzeptiert werden und an welchem Datum der Wert der Goldmünzen festzustellen ist.

(45) Die Sonderregelung für die Erbringung elektronisch erbrachter Dienstleistungen durch nicht in der Gemeinschaft ansässige Steuerpflichtige an in der Gemeinschaft ansässige oder wohnhafte Nichtsteuerpflichtige ist an bestimmte Voraussetzungen geknüpft. Es sollte insbesondere genau angegeben werden, welche Folgen es hat, wenn diese Voraussetzungen nicht mehr erfüllt werden.

(46) Bestimmte Änderungen resultieren aus der Richtlinie 2008/8/EG. Da diese Änderungen zum einen die Besteuerung der Vermietung von Beförderungsmitteln über einen längeren Zeitraum ab dem 1. Januar 2013 und zum anderen die Besteuerung elektronisch erbrachter Dienstleistungen ab dem 1. Januar 2015 betreffen, sollte festgelegt werden, dass die entsprechenden Bestimmungen dieser Verordnung erst ab diesen Daten anwendbar sind –

HAT FOLGENDE VERORDNUNG ERLASSEN:

INHALT

KAPITEL I
GEGENSTAND

Artikel 1

Diese Verordnung regelt die Durchführung einiger Bestimmungen der Titel I bis V und VII bis XII der Richtlinie 2006/112/EG.

KAPITEL II
ANWENDUNGSBEREICH
(TITEL I DER RICHTLINIE 2006/112/EG)

Artikel 2

Folgendes führt nicht zu einem innergemeinschaftlichen Erwerb im Sinne von Artikel 2 Absatz 1 Buchstabe b der Richtlinie 2006/112/EG:

a) die Verbringung eines neuen Fahrzeugs durch einen Nichtsteuerpflichtigen aufgrund eines Wohnortwechsels, vorausgesetzt, die Befreiung nach Artikel 138 Absatz 2 Buchstabe a der Richtlinie 2006/112/EG war zum Zeitpunkt der Lieferung nicht anwendbar;

b) die Rückführung eines neuen Fahrzeugs durch einen Nichtsteuerpflichtigen in denjenigen Mitgliedstaat, aus dem es ihm ursprünglich unter Inanspruchnahme der Steuerbefreiung nach Artikel 138 Absatz 2 Buchstabe a der Richtlinie 2006/112/EG geliefert wurde.

Artikel 3

Unbeschadet des Artikels 59 a Absatz 1 Buchstabe b der Richtlinie 2006/112/EG unterliegt die Erbringung der nachstehend aufgeführten Dienstleistungen nicht der Mehrwertsteuer, wenn der Dienstleistungserbringer nachweist, dass der nach Kapitel V Abschnitt 4 Unterabschnitte 3 und 4 der vorliegenden Verordnung ermittelte Ort der Dienstleistung außerhalb der Gemeinschaft liegt:

a) ab 1. Januar 2013 die in Artikel 56 Absatz 2 Unterabsatz 1 der Richtlinie 2006/112/EG genannten Dienstleistungen;

b) ab 1. Januar 2015 die in Artikel 58 der Richtlinie 2006/112/EG aufgeführten Dienstleistungen;

c) die in Artikel 59 der Richtlinie 2006/112/EG aufgeführten Dienstleistungen.

Artikel 4

Einem Steuerpflichtigen, dessen innergemeinschaftliche Erwerbe von Gegenständen gemäß Artikel 3 der Richtlinie 2006/112/EG nicht der Mehrwertsteuer unterliegen, steht dieses Recht auf Nichtbesteuerung auch dann weiterhin zu, wenn ihm nach Artikel 214 Absatz 1 Buchstabe d oder e jener Richtlinie für empfangene Dienstleistungen, für die er Mehrwertsteuer zu entrichten hat, oder für von ihm im Gebiet eines anderen Mitgliedstaats erbrachte Dienstleistungen, für die die Mehrwertsteuer ausschließlich vom Empfänger zu entrichten ist, eine Mehrwertsteuer-Identifikationsnummer zugeteilt wurde.

Teilt dieser Steuerpflichtige jedoch im Zusammenhang mit dem innergemeinschaftlichen Erwerb von Gegenständen seine Mehrwertsteuer-Identifikationsnummer einem Lieferer mit, so gilt damit die Wahlmöglichkeit nach Artikel 3 Absatz 3 der genannten Richtlinie als in Anspruch genommen.

KAPITEL III
STEUERPFLICHTIGER
(TITEL III DER RICHTLINIE 2006/112/EG)

Artikel 5

Eine gemäß der Verordnung (EWG) Nr. 2137/85 gegründete Europäische wirtschaftliche Interessenvereinigung (EWIV), die gegen Entgelt Lieferungen von Gegenständen oder Dienstleistungen an ihre Mitglieder oder an Dritte bewirkt, ist ein Steuerpflichtiger im Sinne von Artikel 9 Absatz 1 der Richtlinie 2006/112/EG.

KAPITEL IV
STEUERBARER UMSATZ
(TITEL IV DER RICHTLINIE 2006/112/EG)

ABSCHNITT 1
Lieferung von Gegenständen
(Artikel 14 bis 19 der Richtlinie 2006/112/EG)

Artikel 5 a

Für die Anwendung von Artikel 14 Absatz 4 der Richtlinie 2006/112/EG gelten Gegenstände als durch den Lieferer oder für dessen Rechnung versandt oder befördert – einschließlich der mittelbaren Beteiligung des Lieferers an der Versendung oder Beförderung –, insbesondere wenn

a) die Versendung oder Beförderung der Gegenstände vom Lieferer als Unterauftrag an einen Dritten vergeben wird, der die Gegenstände an den Erwerber liefert;

b) die Versendung oder Beförderung der Gegenstände durch einen Dritten erfolgt, der Lieferer jedoch entweder die gesamte oder die teilweise Verantwortung für die Lieferung der Gegenstände an den Erwerber trägt;

c) der Lieferer dem Erwerber die Transportkosten in Rechnung stellt und diese einzieht und sie dann an einen Dritten weiterleitet, der die Versendung oder Beförderung der Waren übernimmt;

d) der Lieferer in jeglicher Weise gegenüber dem Erwerber die Zustelldienste eines Dritten bewirbt, den Kontakt zwischen dem Erwerber und einem Dritten herstellt oder einem Dritten auf andere Weise die Informationen, die dieser für die Zustellung der Gegenstände an den Erwerber benötigt, übermittelt.

Die Gegenstände gelten jedoch dann nicht als vom Lieferer oder für dessen Rechnung versandt oder befördert, wenn der Erwerber die Gegenstände selbst befördert oder wenn der Erwerber die Lieferung der Gegenstände selbst mit einem Dritten vereinbart und der Lieferer nicht mittelbar oder unmittelbar die Organisation der Versendung oder Beförderung dieser Gegenstände übernimmt oder dabei hilft.

Artikel 5 b

Für die Anwendung von Artikel 14 a der Richtlinie 2006/112/EG bezeichnet der Begriff „unterstützen" die Nutzung einer elektronischen Schnittstelle, um es einem Erwerber und einem Lieferer, der über eine elektronische Schnittstelle Gegenstände zum Verkauf anbietet, zu ermöglichen, in Kontakt zu treten, woraus eine Lieferung von Gegenständen über die elektronische Schnittstelle an diesen Erwerber resultiert.

Ein Steuerpflichtiger unterstützt die Lieferung von Gegenständen jedoch dann nicht, wenn alle folgenden Voraussetzungen erfüllt sind:

a) Der Steuerpflichtige legt weder unmittelbar noch mittelbar irgendeine der Bedingungen für die Lieferung der Gegenstände fest;

b) der Steuerpflichtige ist weder unmittelbar noch mittelbar an der Autorisierung der Abrechnung mit dem Erwerber bezüglich der getätigten Zahlung beteiligt;

c) der Steuerpflichtige ist weder unmittelbar noch mittelbar an der Bestellung oder Lieferung der Gegenstände beteiligt.

Artikel 14 a der Richtlinie 2006/112/EG findet auch keine Anwendung auf Steuerpflichtige, die lediglich eine der folgenden Leistungen anbieten:

a) die Verarbeitung von Zahlungen im Zusammenhang mit der Lieferung von Gegenständen;

b) die Auflistung von Gegenständen oder die Werbung für diese;

c) die Weiterleitung oder Vermittlung von Erwerbern an andere elektronische Schnittstellen, über die Gegenstände zum Verkauf angeboten werden, ohne dass eine weitere Einbindung in die Lieferung besteht.

Artikel 5 c

Für die Anwendung von Artikel 14 a der Richtlinie 2006/112/EG schuldet ein Steuerpflichtiger, der behandelt wird, als ob er die Gegenstände selbst erhalten und selbst geliefert hätte, nicht die Mehrwertsteuerbeträge, die die Mehrwertsteuer übersteigen, die er für diese Lieferungen erklärt und entrichtet hat, wenn alle folgenden Voraussetzungen erfüllt sind:

a) Der Steuerpflichtige ist auf die Angaben angewiesen, die von Lieferern, die Gegenstände über eine elektronische Schnittstelle verkaufen, oder von Dritten erteilt werden, um die Mehrwertsteuer für diese Lieferungen korrekt erklären und entrichten zu können;

b) die in Buchstabe a genannten Angaben sind falsch;

c) der Steuerpflichtige kann nachweisen, dass er nicht wusste und nach vernünftigem Ermessen nicht wissen konnte, dass diese Angaben nicht zutreffend waren.

Artikel 5 d

Sofern ihm keine gegenteiligen Angaben vorliegen, betrachtet der Steuerpflichtige, der gemäß Artikel 14 a der Richtlinie 2006/112/EG so behandelt wird, als ob er die Gegenstände selbst erhalten und selbst geliefert hätte:

a) die Person, die die Gegenstände über eine elektronische Schnittstelle verkauft, als steuerpflichtig;

b) die Person, die diese Gegenstände kauft, als nicht steuerpflichtig.

ABSCHNITT 2
Erbringung von Dienstleistungen
(Artikel 24 bis 29 der Richtlinie 2006/112/EG)

Artikel 6

(1) [1]Als Restaurant- und Verpflegungsdienstleistungen gelten die Abgabe zubereiteter oder nicht zubereiteter Speisen und/oder Getränke, zusammen mit ausreichenden unterstützenden Dienstleistungen, die deren sofortigen Verzehr ermöglichen. [2]Die Abgabe von Speisen und/oder Getränken ist nur eine Komponente der gesamten Leistung, bei der der Dienstleistungsanteil überwiegt. [3]Restaurantdienstleistungen sind die Erbringung solcher Dienstleistungen in den Räumlichkeiten des Dienstleistungserbringers und Verpflegungsdienstleistungen sind die Erbringung solcher Dienstleistungen an einem anderen Ort als den Räumlichkeiten des Dienstleistungserbringers.

(2) Die Abgabe von zubereiteten oder nicht zubereiteten Speisen und/oder Getränken mit oder ohne Beförderung, jedoch ohne andere unterstützende Dienstleistungen, gilt nicht als Restaurant- oder Verpflegungsdienstleistung im Sinne des Absatzes 1.

Artikel 6 a

(1) Telekommunikationsdienstleistungen im Sinne von Artikel 24 Absatz 2 der Richtlinie 2006/112/EG umfassen insbesondere

a) Festnetz- und Mobiltelefondienste zur wechselseitigen Ton-, Daten- und Videoübertragung einschließlich Telefondienstleistungen mit bildgebender Komponente (Videofonie),

b) über das Internet erbrachte Telefondienste einschließlich VoIP-Diensten (Voice over Internet Protocol);

c) Sprachspeicherung (Voicemail), Anklopfen, Rufumleitung, Anruferkennung, Dreiwegeanruf und andere Anrufverwaltungsdienste;

d) Personenrufdienste (Paging-Dienste);

e) Audiotextdienste;

f) Fax, Telegrafie und Fernschreiben;

g) den Zugang zum Internet einschließlich des World Wide Web;

h) private Netzanschlüsse für Telekommunikationsverbindungen zur ausschließlichen Nutzung durch den Dienstleistungsempfänger.

(2) Telekommunikationsdienstleistungen im Sinne von Artikel 24 Absatz 2 der Richtlinie 2006/112/EG umfassen nicht

a) elektronisch erbrachte Dienstleistungen;

b) Rundfunk- und Fernsehdienstleistungen (im Folgenden „Rundfunkdienstleistungen.").

Artikel 6b

(1) Rundfunkdienstleistungen umfassen Dienstleistungen in Form von Audio- und audiovisuellen Inhalten wie Rundfunk- oder Fernsehsendungen, die auf der Grundlage eines Sendeplans über Kommunikationsnetze durch einen Mediendiensteanbieter unter dessen redaktioneller Verantwortung der Öffentlichkeit zum zeitgleichen Anhören oder Ansehen zur Verfügung gestellt werden.

(2) Unter Absatz 1 fällt insbesondere Folgendes:

a) Rundfunk- oder Fernsehsendungen, die über einen Rundfunk- oder Fernsehsender verbreitet oder weiterverbreitet werden;

b) Rundfunk- oder Fernsehsendungen, die über das Internet oder ein ähnliches elektronisches Netzwerk (IP-Streaming) verbreitet werden, wenn sie zeitgleich zu ihrer Verbreitung oder Weiterverbreitung durch einen Rundfunk- oder Fernsehsender übertragen werden.

(3) Absatz 1 findet keine Anwendung auf

a) Telekommunikationsdienstleistungen;

b) elektronisch erbrachte Dienstleistungen;

c) die Bereitstellung von Informationen über bestimmte auf Abruf erhältliche Programme;

d) die Übertragung von Sende- oder Verbreitungsrechten;

e) das Leasing von Geräten und technischer Ausrüstung zum Empfang von Rundfunkdienstleistungen;

f) Rundfunk- oder Fernsehsendungen, die über das Internet oder ein ähnliches elektronisches Netz (IP-Streaming) verbreitet werden, es sei denn, sie werden zeitgleich zu ihrer Verbreitung oder Weiterverbreitung durch herkömmliche Rundfunk- oder Fernsehsender übertragen.

Artikel 7

(1) „Elektronisch erbrachte Dienstleistungen" im Sinne der Richtlinie 2006/112/EG umfassen Dienstleistungen, die über das Internet oder ein ähnliches elektronisches Netz erbracht werden, deren Erbringung aufgrund ihrer Art im Wesentlichen automatisiert und nur mit minimaler menschlicher Beteiligung erfolgt und ohne Informationstechnologie nicht möglich wäre.

(2) Unter Absatz 1 fällt insbesondere das Folgende:

a) Überlassung digitaler Produkte allgemein, z. B. Software und zugehörige Änderungen oder Upgrades;

b) Dienste, die in elektronischen Netzen eine Präsenz zu geschäftlichen oder persönlichen Zwecken, z. B. eine Website oder eine Webpage, vermitteln oder unterstützen;

c) von einem Computer automatisch generierte Dienstleistungen über das Internet oder ein ähnliches elektronisches Netz auf der Grundlage spezifischer Dateninputs des Dienstleistungsempfängers;

d) Einräumung des Rechts, gegen Entgelt eine Leistung auf einer Website, die als Online-Marktplatz fungiert, zum Kauf anzubieten, wobei die potenziellen Käufer ihr Gebot im Wege eines automatisierten Verfahrens abgeben und die Beteiligten durch eine automatische, computergenerierte E-Mail über das Zustandekommen eines Verkaufs unterrichtet werden;

e) Internet-Service-Pakete, in denen die Telekommunikations-Komponente ein ergänzender oder untergeordneter Bestandteil ist (d. h. Pakete, die mehr ermöglichen als nur die Gewährung des Zugangs zum Internet und die weitere Elemente wie etwa Nachrichten, Wetterbericht, Reiseinformationen, Spielforen, Webhosting, Zugang zu Chatlines usw. umfassen);

f) die in Anhang I genannten Dienstleistungen.

(3) Absatz 1 findet keine Anwendung auf

a) Rundfunkdienstleistungen;

b) Telekommunikationsdienstleistungen;

c) Gegenstände bei elektronischer Bestellung und Auftragsbearbeitung;

d) CD-ROMs, Disketten und ähnliche körperliche Datenträger;

e) Druckerzeugnisse wie Bücher, Newsletter, Zeitungen und Zeitschriften;

f) CDs und Audiokassetten;

g) Videokassetten und DVDs;

h) Spiele auf CD-ROM;

i) Beratungsleistungen durch Rechtsanwälte, Finanzberater usw. per E-Mail;

j) Unterrichtsleistungen, wobei ein Lehrer den Unterricht über das Internet oder ein elektronisches Netz, d. h. über einen Remote Link, erteilt;

k) physische Offline-Reparatur von EDV-Ausrüstung;

l) Offline-Data-Warehousing;

m) Zeitungs-, Plakat- und Fernsehwerbung;

n) Telefon-Helpdesks;

o) Fernunterricht im herkömmlichen Sinne, z. B. per Post;

p) Versteigerungen herkömmlicher Art, bei denen Menschen direkt tätig werden, unabhängig davon, wie die Gebote abgegeben werden;

q) *weggefallen*

r) *weggefallen*

s) *weggefallen*

t) online gebuchte Eintrittskarten für Veranstaltungen auf dem Gebiet der Kultur, der Künste, des Sports, der Wissenschaft, des Unterrichts, der Unterhaltung und ähnliche Veranstaltungen;

u) online gebuchte Beherbergungsleistungen, Mietwagen, Restaurantdienstleistungen, Personenbeförderungsdienste oder ähnliche Dienstleistungen.

Artikel 8

Baut ein Steuerpflichtiger lediglich die verschiedenen Teile einer Maschine zusammen, die ihm alle vom Empfänger seiner Dienstleistung zur Verfügung gestellt wurden, so ist dieser Umsatz eine Dienstleistung im Sinne von Artikel 24 Absatz 1 der Richtlinie 2006/112/EG.

Artikel 9

[1]Der Verkauf einer Option, der in den Anwendungsbereich von Artikel 135 Absatz 1 Buchstabe f der Richtlinie 2006/112/EG fällt, ist eine Dienstleistung im Sinne von Artikel 24 Absatz 1 der genannten Richtlinie. [2]Diese Dienstleistung ist von den der Option zugrunde liegenden Umsätzen zu unterscheiden.

Artikel 9 a

(1) Für die Anwendung von Artikel 28 der Richtlinie 2006/112/EG gilt, dass wenn elektronisch erbrachte Dienstleistungen über ein Telekommunikationsnetz, eine Schnittstelle oder ein Portal wie einen Appstore erbracht werden, davon auszugehen ist, dass ein an dieser Erbringung beteiligter Steuerpflichtiger im eigenen Namen, aber für Rechnung des Anbieters dieser Dienstleistungen tätig ist, es sei denn, dass dieser Anbieter von dem Steuerpflichtigen ausdrücklich als Leistungserbringer genannt wird und dies in den vertraglichen Vereinbarungen zwischen den Parteien zum Ausdruck kommt.

Damit der Anbieter der elektronisch erbrachten Dienstleistungen als vom Steuerpflichtigen ausdrücklich genannter Erbringer der elektronisch erbrachten Dienstleistungen angesehen werden kann, müssen die folgenden Bedingungen erfüllt sein:

a) Auf der von jedem an der Erbringung der elektronisch erbrachten Dienstleistungen beteiligten Steuerpflichtigen ausgestellten oder verfügbar gemachten Rechnung müssen die elektronisch erbrachten Dienstleistungen und der Erbringer dieser elektronisch erbrachten Dienstleistungen angegeben sein;

b) auf der dem Dienstleistungsempfänger ausgestellten oder verfügbar gemachten Rechnung oder Quittung müssen die elektronisch erbrachten Dienstleistungen und ihr Erbringer angegeben sein.

Für die Zwecke dieses Absatzes ist es einem Steuerpflichtigen nicht gestattet, eine andere Person ausdrücklich als Erbringer von elektronischen Dienstleistungen anzugeben, wenn er hinsichtlich der Erbringung dieser Dienstleistungen die Abrechnung mit dem Dienstleistungsempfänger autorisiert oder die Erbringung der Dienstleistungen genehmigt oder die allgemeinen Bedingungen der Erbringung festlegt.

(2) Absatz 1 findet auch Abwendung, wenn über das Internet erbrachte Telefondienste einschließlich VoIP-Diensten (Voice over Internet Protocol) über ein Telekommunikationsnetz, eine Schnittstelle oder ein Portal wie einen Appstore erbracht werden und diese Erbringung unter den in Absatz 1 genannten Bedingungen erfolgt.

(3) Dieser Artikel gilt nicht für einen Steuerpflichtigen, der lediglich Zahlungen in Bezug auf elektronisch erbrachte Dienstleistungen oder über das Internet erbrachte Telefondienste einschließlich VoIP-Diensten (Voice over Internet Protocol) abwickelt und nicht an der Erbringung dieser elektronisch erbrachten Dienstleistungen oder Telefondienste beteiligt ist.

KAPITEL V
ORT DES STEUERBAREN UMSATZES

ABSCHNITT 1
Begriffe

Artikel 10

(1) Für die Anwendung der Artikel 44 und 45 der Richtlinie 2006/112/EG gilt als Ort, an dem der Steuerpflichtige den Sitz seiner wirtschaftlichen Tätigkeit hat, der Ort, an dem die Handlungen zur zentralen Verwaltung des Unternehmens vorgenommen werden.

(2) Zur Bestimmung des Ortes nach Absatz 1 werden der Ort, an dem die wesentlichen Entscheidungen zur allgemeinen Leitung des Unternehmens getroffen werden, der Ort seines satzungsmäßigen Sitzes und der Ort, an dem die Unternehmensleitung zusammenkommt, herangezogen.

Kann anhand dieser Kriterien der Ort des Sitzes der wirtschaftlichen Tätigkeit eines Unternehmens nicht mit Sicherheit bestimmt werden, so wird der Ort, an dem die wesentlichen Entscheidungen zur allgemeinen Leitung des Unternehmens getroffen werden, zum vorrangigen Kriterium.

(3) Allein aus dem Vorliegen einer Postanschrift kann nicht geschlossen werden, dass sich dort der Sitz der wirtschaftlichen Tätigkeit eines Unternehmens befindet.

Artikel 11

(1) Für die Anwendung des Artikels 44 der Richtlinie 2006/112/EG gilt als „feste Niederlassung" jede Niederlassung mit Ausnahme des Sitzes der wirtschaftlichen Tätigkeit nach Artikel 10 dieser Verordnung, die einen hinreichenden Grad an Beständigkeit sowie eine Struktur aufweist, die es ihr von der personellen und technischen Ausstattung her erlaubt, Dienstleistungen, die für den eigenen Bedarf dieser Niederlassung erbracht werden, zu empfangen und dort zu verwenden.

(2) Für die Anwendung der folgenden Artikel gilt als „feste Niederlassung" jede Niederlassung mit Ausnahme des Sitzes der wirtschaftlichen Tätigkeit nach Artikel 10 dieser Verordnung, die einen hinreichenden Grad an Beständigkeit sowie eine Struktur aufweist, die es von der personellen und technischen Ausstattung her erlaubt, Dienstleistungen zu erbringen:

a) Artikel 45 der Richtlinie 2006/112/EG;

b) ab 1. Januar 2013 Artikel 56 Absatz 2 Unterabsatz 2 der Richtlinie 2006/112/EG;

c) bis 31. Dezember 2014 Artikel 58 der Richtlinie 2006/112/EG;

d) Artikel 192 a der Richtlinie 2006/112/EG.

(3) Allein aus der Tatsache, dass eine Mehrwertsteuer-Identifikationsnummer zugeteilt wurde, kann nicht darauf geschlossen werden, dass ein Steuerpflichtiger eine „feste Niederlassung" hat.

Artikel 12

Für die Anwendung der Richtlinie 2006/112/EG gilt als „Wohnsitz" einer natürlichen Person, unabhängig davon, ob diese Person steuerpflichtig ist oder nicht, der im Melderegister oder in einem ähnlichen Register eingetragene Wohnsitz oder der Wohnsitz, den die betreffende Person bei der zuständigen Steuerbehörde angegeben hat, es sei denn, es liegen Anhaltspunkte dafür vor, dass dieser Wohnsitz nicht die tatsächlichen Gegebenheiten widerspiegelt.

Artikel 13

Im Sinne der Richtlinie 2006/112/EG gilt als „gewöhnlicher Aufenthaltsort" einer natürlichen Person, unabhängig davon, ob diese Person steuerpflichtig ist oder nicht, der Ort, an dem diese natürliche Person aufgrund persönlicher und beruflicher Bindungen gewöhnlich lebt.

Liegen die beruflichen Bindungen einer natürlichen Person in einem anderen Land als dem ihrer persönlichen Bindungen oder gibt es keine beruflichen Bindungen, so bestimmt sich der gewöhnliche Aufenthaltsort nach den persönlichen Bindungen, die enge Beziehungen zwischen der natürlichen Person und einem Wohnort erkennen lassen.

Artikel 13 a

Als Ort, an dem eine nichtsteuerpflichtige juristische Person im Sinne von Artikel 54 Absatz 1 Unterabsatz 2, Artikel 56 Absatz 2 Unterabsatz 1, Artikel 58 und Artikel 59 der Richtlinie 2006/112/EG ansässig ist, gilt

a) der Ort, an dem Handlungen zu ihrer zentralen Verwaltung ausgeführt werden, oder

b) der Ort jeder anderen Niederlassung, die einen hinreichenden Grad an Beständigkeit sowie eine Struktur aufweist, die es ihr von der personellen und technischen Ausstattung her erlaubt, Dienstleistungen, die für den eigenen Bedarf dieser Niederlassung erbracht werden, zu empfangen und dort zu verwenden.

Artikel 13 b

Für die Zwecke der Anwendung der Richtlinie 2006/112/EG gilt als „Grundstück"

a) ein bestimmter über- oder unterirdischer Teil der Erdoberfläche, an dem Eigentum und Besitz begründet werden kann;

b) jedes mit oder in dem Boden über oder unter dem Meeresspiegel befestigte Gebäude oder jedes derartige Bauwerk, das nicht leicht abgebaut oder bewegt werden kann;

c) jede Sache, die einen wesentlichen Bestandteil eines Gebäudes oder eines Bauwerks bildet, ohne die das Gebäude oder das Bauwerk unvollständig ist, wie zum Beispiel Türen, Fenster, Dächer, Treppenhäuser und Aufzüge;

d) Sachen, Ausstattungsgegenstände oder Maschinen, die auf Dauer in einem Gebäude oder einem Bauwerk installiert sind, und die nicht bewegt werden können, ohne das Gebäude oder das Bauwerk zu zerstören oder zu verändern.

ABSCHNITT 2
Ort der Lieferung von Gegenständen
(Artikel 31 bis 39 der Richtlinie 2006/112/EG)

Artikel 14
(weggefallen)

Artikel 15

Zur Bestimmung des innerhalb der Gemeinschaft stattfindenden Teils der Personenbeförderung im Sinne des Artikels 37 der Richtlinie 2006/112/EG ist die Reisestrecke des Beförderungsmittels, nicht die der beförderten Personen, ausschlaggebend.

ABSCHNITT 3
Ort des innergemeinschaftlichen Erwerbs von Gegenständen
(Artikel 40, 41 und 42 der Richtlinie 2006/112/EG)

Artikel 16

Der Mitgliedstaat der Beendigung des Versands oder der Beförderung der Gegenstände, in dem ein innergemeinschaftlicher Erwerb von Gegenständen im Sinne von Artikel 20 der Richtlinie 2006/112/EG erfolgt, nimmt seine Besteuerungskompetenz unabhängig von der mehrwertsteuerlichen Behandlung des Umsatzes im Mitgliedstaat des Beginns des Versands oder der Beförderung der Gegenstände wahr.

Ein etwaiger vom Lieferer der Gegenstände gestellter Antrag auf Berichtigung der in Rechnung gestellten und gegenüber dem Mitgliedstaat des Beginns des Versands oder der Beförderung der Gegenstände erklärten Mehrwertsteuer wird von diesem Mitgliedstaat nach seinen nationalen Vorschriften bearbeitet.

ABSCHNITT 4
Ort der Dienstleistung
(Artikel 43 bis 59 der Richtlinie 2006/112/EG)

Unterabschnitt 1
Status des Dienstleistungsempfängers

Artikel 17

(1) Hängt die Bestimmung des Ortes der Dienstleistung davon ab, ob es sich bei dem Dienstleistungsempfänger um einen Steuerpflichtigen oder um einen Nichtsteuerpflichtigen handelt, so wird der Status des Dienstleistungsempfängers nach den Artikeln 9 bis 13 und 43 der Richtlinie 2006/112/EG bestimmt.

(2) Eine nicht steuerpflichtige juristische Person, der gemäß Artikel 214 Absatz 1 Buchstabe b der Richtlinie 2006/112/EG eine Mehrwertsteuer-Identifikationsnummer zugeteilt wurde oder die verpflichtet ist, sich für Mehrwertsteuerzwecke erfassen zu lassen, weil ihre innergemeinschaftlichen Erwerbe von Gegenständen der Mehrwertsteuer unterliegen oder weil sie die Wahlmöglichkeit in Anspruch genommen hat, diese Umsätze der Mehrwertsteuerpflicht zu unterwerfen, gilt als Steuerpflichtiger im Sinne des Artikels 43 jener Richtlinie.

Artikel 18

(1) Sofern dem Dienstleistungserbringer keine gegenteiligen Informationen vorliegen, kann er davon ausgehen, dass ein in der Gemeinschaft ansässiger Dienstleistungsempfänger den Status eines Steuerpflichtigen hat,

a) wenn der Dienstleistungsempfänger ihm seine individuelle Mehrwertsteuer-Identifikationsnummer mitgeteilt hat und er die Bestätigung der Gültigkeit dieser Nummer sowie die des zugehörigen Namens und der zugehörigen Anschrift gemäß Artikel 31 der Verordnung (EG) Nr. 904/2010 des Rates vom 7. Oktober 2010 über die Zusammenarbeit der Verwaltungsbehörden und die Betrugsbekämpfung auf dem Gebiet der Mehrwertsteuer[7] erlangt hat;

7 Amtliche Fußnote: ABl. L 268 vom 12. 10. 2010, S. 1.

b) wenn er, sofern der Dienstleistungsempfänger noch keine individuelle Mehrwertsteuer-Identifikationsnummer erhalten hat, jedoch mitteilt, dass er die Zuteilung einer solchen Nummer beantragt hat, anhand eines anderen Nachweises feststellt, dass es sich bei dem Dienstleistungsempfänger um einen Steuerpflichtigen oder eine nicht steuerpflichtige juristische Person handelt, die verpflichtet ist, sich für Mehrwertsteuerzwecke erfassen zu lassen, und mittels handelsüblicher Sicherheitsmaßnahmen (wie beispielsweise der Kontrolle der Angaben zur Person oder von Zahlungen) in zumutbarem Umfang die Richtigkeit der vom Dienstleistungsempfänger gemachten Angaben überprüft.

(2) Sofern dem Dienstleistungserbringer keine gegenteiligen Informationen vorliegen, kann er davon ausgehen, dass ein in der Gemeinschaft ansässiger Dienstleistungsempfänger den Status eines Nichtsteuerpflichtigen hat, wenn er nachweist, dass Letzterer ihm seine individuelle Mehrwertsteuer-Identifikationsnummer nicht mitgeteilt hat.

Ungeachtet gegenteiliger Informationen kann jedoch der Erbringer von Telekommunikations-, Rundfunk- oder elektronisch erbrachten Dienstleistungen oder von Dienstleistungen gemäß Artikel 54 Absatz 1 Unterabsatz 2 der Richtlinie 2006/112/EG davon ausgehen, dass ein innerhalb der Gemeinschaft ansässiger Dienstleistungsempfänger den Status eines Nichtsteuerpflichtigen hat, solange der Dienstleistungsempfänger ihm seine individuelle Mehrwertsteuer-Identifikationsnummer nicht mitgeteilt hat.

(3) Sofern dem Dienstleistungserbringer keine gegenteiligen Informationen vorliegen, kann er davon ausgehen, dass ein außerhalb der Gemeinschaft ansässiger Dienstleistungsempfänger den Status eines Steuerpflichtigen hat,

a) wenn er vom Dienstleistungsempfänger die von den für den Dienstleistungsempfänger zuständigen Steuerbehörden ausgestellte Bescheinigung erlangt, wonach der Dienstleistungsempfänger eine wirtschaftliche Tätigkeit ausübt, die es ihm ermöglicht, eine Erstattung der Mehrwertsteuer gemäß der Richtlinie 86/560/EWG des Rates vom 17. November 1986 zur Harmonisierung der Rechtsvorschriften der Mitgliedstaaten über die Umsatzsteuern – Verfahren der Erstattung der Mehrwertsteuer an nicht im Gebiet der Gemeinschaft ansässige Steuerpflichtige[8] zu erhalten;

b) wenn ihm, sofern der Dienstleistungsempfänger diese Bescheinigung nicht besitzt, eine Mehrwertsteuernummer oder eine ähnliche dem Dienstleistungsempfänger von seinem Ansässigkeitsstaat zugeteilte und zur Identifizierung von Unternehmen verwendete Nummer vorliegt oder er anhand eines anderen Nachweises feststellt, dass es sich bei dem Dienstleistungsempfänger um einen Steuerpflichtigen handelt, und er mittels handelsüblicher Sicherheitsmaßnahmen (wie beispielsweise derjenigen in Bezug auf die Kontrolle der Angaben zur Person oder von Zahlungen) in zumutbarem Umfang die Richtigkeit der vom Dienstleistungsempfänger gemachten Angaben überprüft.

Unterabschnitt 2
Eigenschaft des Dienstleistungsempfängers

Artikel 19

Für die Zwecke der Anwendung der Bestimmungen über den Ort der Dienstleistung nach Artikel 44 und 45 der Richtlinie 2006/112/EG gilt ein Steuerpflichtiger oder eine als Steuerpflichtiger geltende nichtsteuerpflichtige juristische Person, der/die Dienstleistungen ausschließlich zum privaten Gebrauch, einschließlich zum Gebrauch durch sein/ihr Personal empfängt, als nicht steuerpflichtig.

Sofern dem Dienstleistungserbringer keine gegenteiligen Informationen – wie etwa die Art der erbrachten Dienstleistungen – vorliegen, kann er davon ausgehen, dass es sich um Dienstleistungen für die unternehmerischen Zwecke des Dienstleistungsempfängers handelt, wenn Letzterer ihm für diesen Umsatz seine individuelle Mehrwertsteuer-Identifikationsnummer mitgeteilt hat.

Ist ein und dieselbe Dienstleistung sowohl zum privaten Gebrauch, einschließlich zum Gebrauch durch das Personal, als auch für die unternehmerischen Zwecke des Dienstleistungsempfängers bestimmt, so fällt diese Dienstleistung ausschließlich unter Artikel 44 der Richtlinie 2006/112/EG, sofern keine missbräuchlichen Praktiken vorliegen.

Unterabschnitt 3
Ort des Dienstleistungsempfängers

Artikel 20

Fällt eine Dienstleistung an einen Steuerpflichtigen oder an eine nicht steuerpflichtige juristische Person, die als Steuerpflichtiger gilt, in den Anwendungsbereich des Artikels 44 der Richtlinie 2006/112/EG und ist dieser Steuerpflichtige in einem einzigen Land ansässig oder befindet sich, in Ermangelung eines Sitzes der wirtschaftlichen Tätigkeit oder einer festen Niederlassung, sein Wohnsitz und sein gewöhnlicher Aufenthaltsort in einem einzigen Land, so ist diese Dienstleistung in diesem Land zu besteuern.

Der Dienstleistungserbringer stellt diesen Ort auf der Grundlage der vom Dienstleistungsempfänger erhaltenen Informationen fest und überprüft diese Informationen mittels handelsüblicher Sicherheitsmaßnahmen, wie beispielsweise der Kontrolle der Angaben zur Person oder von Zahlungen.

Die Information kann auch eine von dem Mitgliedstaat, in dem der Dienstleistungsempfänger ansässig ist, zugeteilte Mehrwertsteuer-Identifikationsnummer beinhalten.

Artikel 21

Fällt eine Dienstleistung an einen Steuerpflichtigen oder an eine nicht steuerpflichtige juristische Person, die als Steuerpflichtiger gilt, in den Anwendungsbereich des Artikels 44 der Richtlinie 2006/112/EG und ist der Steuerpflichtige in mehr als einem Land ansässig, so ist diese Dienstleistung in dem Land zu besteuern, in dem der Dienstleistungsempfänger den Sitz seiner wirtschaftlichen Tätigkeit hat.

Wird die Dienstleistung jedoch an eine feste Niederlassung des Steuerpflichtigen an einem anderen Ort erbracht als dem Ort, an dem sich der Sitz der wirtschaftlichen Tätigkeit des Dienstleistungsempfängers befindet, so ist diese Dienstleistung am Ort der festen Niederlassung zu besteuern, die Empfänger der Dienstleistung ist und sie für den eigenen Bedarf verwendet.

Verfügt der Steuerpflichtige weder über einen Sitz der wirtschaftlichen Tätigkeit noch über eine feste Niederlassung, so ist die Dienstleistung am Wohnsitz des Steuerpflichtigen oder am Ort seines gewöhnlichen Aufenthalts zu besteuern.

Artikel 22

(1) Der Dienstleistungserbringer prüft die Art und die Verwendung der erbrachten Dienstleistung, um die feste Niederlas-

8 Amtliche Fußnote: ABl. L 326 vom 21. 11. 1986, S. 40.

sung des Dienstleistungsempfängers zu ermitteln, an die die Dienstleistung erbracht wird.

Kann der Dienstleistungserbringer weder anhand der Art der erbrachten Dienstleistung noch ihrer Verwendung die feste Niederlassung ermitteln, an die die Dienstleistung erbracht wird, so prüft er bei der Ermittlung dieser festen Niederlassung insbesondere, ob der Vertrag, der Bestellschein und die vom Mitgliedstaat des Dienstleistungsempfängers vergebene und ihm vom Dienstleistungsempfänger mitgeteilte Mehrwertsteuer-Identifikationsnummer die feste Niederlassung als Dienstleistungsempfänger ausweisen und ob die feste Niederlassung die Dienstleistung bezahlt.

Kann die feste Niederlassung des Dienstleistungsempfängers, an die die Dienstleistung erbracht wird, gemäß den Unterabsätzen 1 und 2 des vorliegenden Absatzes nicht bestimmt werden oder werden einem Steuerpflichtigen unter Artikel 44 der Richtlinie 2006/112/EG fallende Dienstleistungen innerhalb eines Vertrags erbracht, der eine oder mehrere Dienstleistungen umfasst, die auf nicht feststellbare oder nicht quantifizierbare Weise genutzt werden, so kann der Dienstleistungserbringer berechtigterweise davon ausgehen, dass diese Dienstleistungen an dem Ort erbracht werden, an dem der Dienstleistungsempfänger den Sitz seiner wirtschaftlichen Tätigkeit hat.

(2) Die Pflichten des Dienstleistungsempfängers bleiben von der Anwendung dieses Artikels unberührt.

Artikel 23

(1) Ist eine Dienstleistung ab 1. Januar 2013 entsprechend Artikel 56 Absatz 2 Unterabsatz 1 der Richtlinie 2006/112/EG an dem Ort zu versteuern, an dem der Dienstleistungsempfänger ansässig ist, oder in Ermangelung eines solchen Sitzes an seinem Wohnsitz oder an seinem gewöhnlichen Aufenthaltsort, so stellt der Dienstleistungserbringer diesen Ort auf der Grundlage der vom Dienstleistungsempfänger erhaltenen Sachinformationen fest und überprüft diese Informationen mittels handelsüblicher Sicherheitsmaßnahmen, wie beispielsweise der Kontrolle von Angaben zur Person oder von Zahlungen.

(2) Ist eine Dienstleistung gemäß Artikel 54 Absatz 1 Unterabsatz 2 und den Artikeln 58 und 59 der Richtlinie 2006/112/EG an dem Ort zu versteuern, an dem der Dienstleistungsempfänger ansässig ist, oder in Ermangelung eines solchen Sitzes an seinem Wohnsitz oder an seinem gewöhnlichen Aufenthaltsort, so stellt der Dienstleistungserbringer diesen Ort auf der Grundlage der vom Dienstleistungsempfänger erhaltenen Sachinformationen fest und überprüft diese Informationen mittels der handelsüblichen Sicherheitsmaßnahmen, wie beispielsweise der Kontrolle von Angaben zur Person oder von Zahlungen.

Artikel 24

Wird eine Dienstleistung, die unter Artikel 56 Absatz 2 Unterabsatz 1 oder unter die Artikel 58 und 59 der Richtlinie 2006/112/EG fällt, an einen Nichtsteuerpflichtigen erbracht, der in verschiedenen Ländern ansässig ist oder seinen Wohnsitz in einem Land und seinen gewöhnlichen Aufenthaltsort in einem anderen Land hat, so ist folgender Ort vorrangig:

a) im Fall einer nichtsteuerpflichtigen juristischen Person der in Artikel 13 a Buchstabe a dieser Verordnung genannte Ort, es sei denn, es liegen Anhaltspunkte dafür vor, dass die Dienstleistung tatsächlich an dem in Artikel 13 a Buchstabe b genannten Ort ihrer Niederlassung in Anspruch genommen wird;

b) im Fall einer natürlichen Person der gewöhnliche Aufenthaltsort, es sei denn, es liegen Anhaltspunkte dafür vor, dass die Dienstleistung am Wohnsitz der betreffenden Person in Anspruch genommen wird.

Unterabschnitt 3 a
Vermutungen bezüglich des Ortes des Dienstleistungsempfängers

Artikel 24 a

(1) Für die Zwecke der Anwendung der Artikel 44, 58 und 59 a der Richtlinie 2006/112/EG wird vermutet, dass wenn ein Dienstleistungserbringer Telekommunikations-, Rundfunk- oder elektronisch erbrachte Dienstleistungen an Orten wie Telefonzellen, Kiosk-Telefonen, WLAN-Hot-Spots, Internetcafés, Restaurants oder Hotellobbys erbringt, und der Dienstleistungsempfänger an diesem Ort physisch anwesend sein muss, damit ihm die Dienstleistung durch diesen Dienstleistungserbringer erbracht werden kann, der Dienstleistungsempfänger an dem betreffenden Ort ansässig ist oder seinen Wohnsitz oder seinen gewöhnlichen Aufenthaltsort hat und dass die Dienstleistung an diesem Ort tatsächlich genutzt und ausgewertet wird.

(2) Befindet sich der Ort im Sinne von Absatz 1 des vorliegenden Artikels an Bord eines Schiffes, eines Flugzeugs oder in einer Eisenbahn während einer Personenbeförderung, die innerhalb der Gemeinschaft gemäß den Artikeln 37 und 57 der Richtlinie 2006/112/EG stattfindet, so ist das Land, in dem sich der Ort befindet, das Abgangsland der Personenbeförderung.

Artikel 24 b

Für die Zwecke der Anwendung von Artikel 54 Absatz 1 Unterabsatz 2 oder Artikel 58 der Richtlinie 2006/112/EG gilt, dass wenn einem Nichtsteuerpflichtigen per Streaming übertragene oder auf andere Weise virtuell verfügbar gemachte Tätigkeiten, oder wenn einem Nichtsteuerpflichtigen Telekommunikations-, Rundfunk- oder elektronisch erbrachte Dienstleistungen:

a) über seinen Festnetzanschluss erbracht werden, die Vermutung gilt, dass der Dienstleistungsempfänger an dem Ort, an dem sich der Festnetzanschluss befindet, ansässig ist oder seinen Wohnsitz oder seinen gewöhnlichen Aufenthaltsort hat;

b) über mobile Netze erbracht werden, die Vermutung gilt, dass der Dienstleistungsempfänger in dem Land, das durch den Ländercode der bei Inanspruchnahme der Dienstleistungen verwendeten SIM-Karte bezeichnet wird, ansässig ist oder seinen Wohnsitz oder seinen gewöhnlichen Aufenthaltsort hat;

c) erbracht werden, für die ein Decoder oder ein ähnliches Gerät oder eine Programm- oder Satellitenkarte verwendet werden muss und kein Festnetzanschluss verwendet wird, die Vermutung gilt, dass der Dienstleistungsempfänger an dem Ort, an dem sich der Decoder oder das ähnliche Gerät befindet, oder, wenn dieser Ort unbekannt ist, an dem Ort, an den die Programm- oder Satellitenkarte zur Verwendung gesendet wird, ansässig ist oder seinen Wohnsitz oder seinen gewöhnlichen Aufenthaltsort hat;

d) unter anderen als den in den Artikeln 24 a und in den Buchstaben a, b und c des vorliegenden Artikels genannten Bedingungen erbracht werden, die Vermutung gilt, dass der Dienstleistungsempfänger an dem Ort ansässig ist oder seinen Wohnsitz oder seinen gewöhnlichen Aufenthaltsort hat, der vom Leistungserbringer unter Verwendung von zwei einander nicht widersprechenden Beweismitteln gemäß Artikel 24 f der vorliegenden Verordnung als solcher bestimmt wird.

Unbeschadet des Absatzes 1 Buchstabe d gilt für Dienstleistungen gemäß jenem Buchstaben in den Fällen, in denen der Gesamtwert dieser Dienstleistungen, die ein Steuerpflichtiger vom Sitz seiner wirtschaftlichen Tätigkeit oder seiner festen Niederlassung in einem Mitgliedstaat erbringt, ohne Mehrwertsteuer 100 000 EUR oder den Gegenwert in Landeswährung im laufenden und im vorangegangenen Kalenderjahr nicht übersteigt, die Vermutung, dass der Dienstleistungsempfänger an dem Ort ansässig ist, seinen Wohnsitz oder seinen gewöhnlichen Aufenthaltsort hat, der als solcher vom Dienstleistungserbringer unter Verwendung eines Beweismittels gemäß Artikel 24 f Buchstaben a bis e, das von einer Person erbracht wird, die an der Erbringung der Dienstleistungen beteiligt ist und bei der es sich nicht um den Dienstleistungserbringer oder Dienstleistungsempfänger handelt, bestimmt wird.

Wenn in einem Kalenderjahr der in Absatz 2 festgelegte Schwellenwert überschritten wird, so gilt dieser Absatz ab diesem Zeitpunkt und so lange nicht mehr, bis die in diesem Absatz festgelegten Bedingungen wieder erfüllt sind.

Der Gegenwert in Landeswährung des Betrags wird unter Anwendung des von der Europäischen Zentralbank zum Tag der Annahme der Durchführungsverordnung (EU) 2017/2459 des Rates[9] veröffentlichten Wechselkurses berechnet.

Artikel 24 c

Werden einem Nichtsteuerpflichtigen Beförderungsmittel vermietet, ausgenommen die Vermietung über einen kürzeren Zeitraum, so ist für die Zwecke der Anwendung von Artikel 56 Absatz 2 der Richtlinie 2006/112/EG von der Vermutung auszugehen, dass der Dienstleistungsempfänger an dem Ort ansässig ist oder seinen Wohnsitz oder seinen gewöhnlichen Aufenthaltsort hat, der vom Leistungserbringer unter Verwendung von zwei einander nicht widersprechenden Beweismitteln gemäß Artikel 24 e der vorliegenden Verordnung als solcher bestimmt wird.

Unterabschnitt 3 b
Widerlegung von Vermutungen

Artikel 24 d

(1) Erbringt ein Dienstleistungserbringer eine Dienstleistung gemäß Artikel 54 Absatz 1 Unterabsatz 2 der Richtlinie 2006/112/EG oder eine in Artikel 58 Absatz 1 jener Richtlinie aufgeführte Dienstleistung, so kann er eine Vermutung nach Artikel 24a oder Artikel 24b Unterabsatz 1 Buchstaben a, b oder c der vorliegenden Verordnung durch drei einander nicht widersprechende Beweismittel widerlegen, aus denen hervorgeht, dass der Dienstleistungsempfänger an einem anderen Ort ansässig ist oder seinen Wohnsitz oder seinen gewöhnlichen Aufenthaltsort hat.

(2) Der Fiskus kann Vermutungen nach Artikel 24 a, 24 b, 24 c widerlegen, wenn es Hinweise auf falsche Anwendung oder Missbrauch durch den Leistungserbringer gibt.

Unterabschnitt 3 c
Beweismittel für die Bestimmung des Ortes des Dienstleistungsempfängers und Widerlegung von Vermutungen

Artikel 24 e

Für die Zwecke der Anwendung von Artikel 56 Absatz 2 der Richtlinie 2006/112/EG und der Erfüllung der Anforderungen gemäß Artikel 24 c der vorliegenden Verordnung gilt als Beweismittel insbesondere Folgendes:

a) die Rechnungsanschrift des Dienstleistungsempfängers;

b) Bankangaben wie der Ort, an dem das für die Zahlung verwendete Bankkonto geführt wird, oder die der Bank vorliegende Rechnungsanschrift des Dienstleistungsempfängers;

c) die Zulassungsdaten des von dem Dienstleistungsempfänger gemieteten Beförderungsmittels, wenn dieses an dem Ort, an dem es genutzt wird, zugelassen sein muss, oder ähnliche Informationen;

d) sonstige wirtschaftlich relevante Informationen.

Artikel 24 f

Für die Zwecke der Anwendung von Artikel 54 Absatz 1 Unterabsatz 2 oder Artikel 58 der Richtlinie 2006/112/EG und der Erfüllung der Anforderungen gemäß Artikel 24b Unterabsatz 1 Buchstabe d oder Artikel 24d Absatz 1 der vorliegenden Verordnung gilt als Beweismittel insbesondere Folgendes:

a) die Rechnungsanschrift des Dienstleistungsempfängers;

b) die Internet-Protokoll-Adresse (IP-Adresse) des von dem Dienstleistungsempfänger verwendeten Geräts oder jedes Verfahren der Geolokalisierung;

c) Bankangaben wie der Ort, an dem das für die Zahlung verwendete Bankkonto geführt wird oder die der Bank vorliegende Rechnungsanschrift des Dienstleistungsempfängers;

d) der Mobilfunk-Ländercode (Mobile Country Code – MCC) der Internationalen Mobilfunk-Teilnehmerkennung (International Mobile Subscriber Identity – IMSI), der auf der von dem Dienstleistungsempfänger verwendeten SIM-Karte (Teilnehmer- Identifikationsmodul – Subscriber Identity Module) gespeichert ist;

e) der Ort des Festnetzanschlusses des Dienstleistungsempfängers, über den ihm die Dienstleistung erbracht wird;

f) sonstige wirtschaftlich relevante Informationen.

Unterabschnitt 4
Allgemeine Bestimmungen zur Ermittlung des Status, der Eigenschaft und des Ortes des Dienstleistungsempfängers

Artikel 25

[1]Zur Anwendung der Vorschriften hinsichtlich des Ortes der Dienstleistung sind lediglich die Umstände zu dem Zeitpunkt zu berücksichtigen, zu dem der Steuertatbestand eintritt. [2]Jede spätere Änderung des Verwendungszwecks der betreffenden Dienstleistung wirkt sich nicht auf die Bestimmung des Orts der Dienstleistung aus, sofern keine missbräuchlichen Praktiken vorliegen.

Unterabschnitt 5
Dienstleistungen, die unter die Allgemeinen Bestimmungen fallen

Artikel 26

Die Erteilung des Rechts zur Fernsehübertragung von Fußballspielen durch Organisationen an Steuerpflichtige fällt unter Artikel 44 der Richtlinie 2006/112/EG.

9 Amtliche Fußnote: Durchführungsverordnung (EU) 2017/2459 des Rates vom 5. Dezember 2017 zur Änderung der Durchführungsverordnung (EU) Nr. 282/2011 zur Festlegung von Durchführungsvorschriften zur Richtlinie 2006/112/EG über das gemeinsame Mehrwertsteuersystem (ABl. L 348 vom 29. 12. 2017, S. 32).

Artikel 27

Dienstleistungen, die in der Beantragung oder Vereinnahmung von Erstattungen der Mehrwertsteuer gemäß der Richtlinie 2008/9/EG des Rates vom 12. Februar 2008 zur Regelung der Erstattung der Mehrwertsteuer gemäß der Richtlinie 2006/112/EG an nicht im Mitgliedstaat der Erstattung, sondern in einem anderen Mitgliedstaat ansässige Steuerpflichtige[10] bestehen, fallen unter Artikel 44 der Richtlinie 2006/112/EG.

Artikel 28

Insoweit sie eine einheitliche Dienstleistung darstellen, fallen Dienstleistungen, die im Rahmen einer Bestattung erbracht werden, unter Artikel 44 und 45 der Richtlinie 2006/112/EG.

Artikel 29

Unbeschadet des Artikels 41 der vorliegenden Verordnung fallen Dienstleistungen der Textübersetzung unter die Artikel 44 und 45 der Richtlinie 2006/112/EG.

Unterabschnitt 6
Dienstleistungen von Vermittlern

Artikel 30

Unter den Begriff der Dienstleistung von Vermittlern in Artikel 46 der Richtlinie 2006/112/EG fallen sowohl Dienstleistungen von Vermittlern, die im Namen und für Rechnung des Empfängers der vermittelten Dienstleistung handeln, als auch Dienstleistungen von Vermittlern, die im Namen und für Rechnung des Erbringers der vermittelten Dienstleistungen handeln.

Artikel 31

Dienstleistungen von Vermittlern, die im Namen und für Rechnung Dritter handeln, und die in der Vermittlung einer Beherbergungsdienstleistung in der Hotelbranche oder in Branchen mit ähnlicher Funktion bestehen, fallen in den Anwendungsbereich:

a) des Artikels 44 der Richtlinie 2006/112/EG, wenn sie an einen Steuerpflichtigen, der als solcher handelt, oder an eine nichtsteuerpflichtige juristische Person, die als Steuerpflichtiger gilt, erbracht werden;

b) des Artikels 46 der genannten Richtlinie, wenn sie an einen Nichtsteuerpflichtigen erbracht werden.

Unterabschnitt 6 a
Dienstleistungen im Zusammenhang mit Grundstücken

Artikel 31 a

(1) [1]Dienstleistungen im Zusammenhang mit einem Grundstück im Sinne von Artikel 47 der Richtlinie 2006/112/EG umfassen nur Dienstleistungen, die in einen hinreichend direkten Zusammenhang mit dem Grundstück stehen. [2]In folgenden Fällen sind Dienstleistungen als in einem hinreichend direkten Zusammenhang mit einem Grundstück stehend anzusehen:

a) wenn sie von einem Grundstück abgeleitet sind und das Grundstück einen wesentlichen Bestandteil der Dienstleistung darstellt und zentral und wesentlich für die erbrachte Dienstleistung ist;

b) wenn sie für das Grundstück selbst erbracht werden oder auf das Grundstück selbst gerichtet sind, und deren Zweck in rechtlichen oder physischen Veränderungen an dem Grundstück besteht.

(2) Unter Absatz 1 fällt insbesondere Folgendes:

a) Erstellung von Bauplänen für Gebäude oder Gebäudeteile für ein bestimmtes Grundstück ungeachtet der Tatsache, ob dieses Gebäude tatsächlich errichtet wird oder nicht;

b) Bauaufsichtsmaßnahmen oder grundstücksbezogene Sicherheitsdienste, die vor Ort erbracht werden;

c) Errichtung eines Gebäudes an Land sowie Bauleistungen und Abrissarbeiten an einem Gebäude oder Gebäudeteil;

d) Errichtung anderer auf Dauer angelegter Konstruktionen an Land sowie Bauleistungen und Abrissarbeiten an anderen auf Dauer angelegten Konstruktionen wie Leitungen für Gas, Wasser, Abwasser und dergleichen;

e) Landbearbeitung einschließlich landwirtschaftlicher Dienstleistungen wie Landbestellung, Säen, Bewässerung und Düngung;

f) Vermessung und Begutachtung von Gefahr und Zustand von Grundstücken;

g) Bewertung von Grundstücken, auch zu Versicherungszwecken, zur Ermittlung des Grundstückswerts als Sicherheit für ein Darlehen oder für die Bewertung von Gefahren und Schäden in Streitfällen;

h) Vermietung und Verpachtung von Grundstücken mit der Ausnahme der unter Absatz 3 Buchstabe c genannten Dienstleistungen, einschließlich der Lagerung von Gegenständen, wenn hierfür ein bestimmter Teil des Grundstücks der ausschließlichen Nutzung durch den Dienstleistungsempfänger gewidmet ist;

i) Zurverfügungstellen von Unterkünften in der Hotelbranche oder in Branchen mit ähnlicher Funktion, wie zum Beispiel in Ferienlagern oder auf einem als Campingplatz hergerichteten Gelände einschließlich Umwandlung von Teilzeitnutzungsrechten (Timesharing) und dergleichen für Aufenthalte an einem bestimmten Ort;

j) Gewährung und Übertragung sonstiger nicht unter den Buchstaben h und i aufgeführter Nutzungsrechte an Grundstücken und Teilen davon einschließlich der Erlaubnis, einen Teil des Grundstücks zu nutzen, wie zum Beispiel die Gewährung von Fischereirechten und Jagdrechten oder die Zugangsberechtigung zu Warteräumen in Flughäfen, oder die Nutzung von Infrastruktur, für die Maut gefordert wird, wie Brücken oder Tunnel;

k) Wartungs-, Renovierungs- und Reparaturarbeiten an einem Gebäude oder an Gebäudeteilen einschließlich Reinigung, Verlegen von Fliesen und Parkett sowie Tapezieren;

l) Wartungs-, Renovierungs- und Reparaturarbeiten an anderen auf Dauer angelegten Strukturen wie Leitungen für Gas, Wasser oder Abwasser und dergleichen;

m) Installation oder Montage von Maschinen oder Ausstattungsgegenständen, die damit als Grundstück gelten;

n) Wartung und Reparatur sowie Kontrolle und Überwachung von Maschinen oder Ausstattungsgegenständen, die als Grundstück gelten;

o) Eigentumsverwaltung, mit Ausnahme von Portfolioverwaltung in Zusammenhang mit Eigentumsanteilen an Grundstücken unter Absatz 3 Buchstabe g, die sich auf den Betrieb von Geschäfts-, Industrie- oder Wohnimmobilien durch oder für den Eigentümer des Grundstücks bezieht;

10 Amtliche Fußnote: ABl. L 44 vom 20. 2. 2008, S. 23.

p) Vermittlungsleistungen beim Verkauf oder bei der Vermietung oder Verpachtung von Grundstücken sowie bei der Begründung oder Übertragung von bestimmten Rechten an Grundstücken oder dinglichen Rechten an Grundstücken (unabhängig davon, ob diese Rechte einem körperlichen Gegenstand gleichgestellt sind), ausgenommen Vermittlungsleistungen gemäß Absatz 3 Buchstabe d;

q) juristische Dienstleistungen im Zusammenhang mit Grundstücksübertragungen sowie mit der Begründung oder Übertragung von bestimmten Rechten an Grundstücken oder dinglichen Rechten an Grundstücken (unabhängig davon ob diese Rechte einem körperlichen Gegenstand gleichgestellt sind), wie zum Beispiel die Tätigkeiten von Notaren, oder das Aufsetzen eines Vertrags über den Verkauf oder den Kauf eines Grundstücks, selbst wenn die zugrunde liegende Transaktion, die zur rechtlichen Veränderung an dem Grundstück führt, letztendlich nicht stattfindet.

(3) Absatz 1 findet keine Anwendung auf

a) Erstellung von Bauplänen für Gebäude oder Gebäudeteile, die keinem bestimmten Grundstück zugeordnet sind;

b) Lagerung von Gegenständen auf einem Grundstück, wenn dem Kunden kein bestimmter Teil des Grundstücks zur ausschließlichen Nutzung zur Verfügung steht;

c) Bereitstellung von Werbung, selbst wenn dies die Nutzung eines Grundstücks einschließt;

d) Vermittlung der Beherbergung in einem Hotel oder Beherbergung in Branchen mit ähnlicher Funktion, wie zum Beispiel in Ferienlagern oder auf einem als Campingplatz hergerichteten Gelände, wenn der Vermittler im Namen und für die Rechnung eines Dritten handelt;

e) Bereitstellung eines Standplatzes auf einem Messe- oder Ausstellungsgelände zusammen mit anderen ähnlichen Dienstleistungen, die dem Aussteller die Darbietung seines Angebots ermöglichen, wie die Aufmachung und Gestaltung des Standes, die Beförderung und Lagerung der Ausstellungsstücke, die Bereitstellung von Maschinen, die Verlegung von Kabeln, Versicherungen und Werbung;

f) Installation oder Montage, Wartung und Reparatur sowie Kontrolle und Überwachung von Maschinen oder Ausstattungsgegenständen, die kein fester Bestandteil des Grundstücks sind oder sein werden;

g) Portfolioverwaltung im Zusammenhang mit Eigentumsanteilen an Grundstücken;

h) juristische Dienstleistungen, mit Ausnahme der unter Absatz 2 Buchstabe q genannten Dienstleistungen, einschließlich Beratungsdienstleistungen betreffend die Vertragsbedingungen eines Grundstücksübertragungsvertrags, die Durchsetzung eines solchen Vertrags oder den Nachweis, dass ein solcher Vertrag besteht, sofern diese Dienstleistungen nicht speziell mit der Übertragung von Rechten an Grundstücken zusammenhängen.

Artikel 31 b

Wird einem Dienstleistungsempfänger Ausrüstung zur Durchführung von Arbeiten an einem Grundstück zur Verfügung gestellt, so ist diese Leistung nur dann eine Dienstleistung im Zusammenhang mit einem Grundstück, wenn der Dienstleistungserbringer für die Durchführung der Arbeiten verantwortlich ist.

[1]Stellt ein Dienstleistungserbringer dem Dienstleistungsempfänger neben der Ausrüstung ausreichendes Bedienpersonal zur Durchführung von Arbeiten zur Verfügung, so ist von der Vermutung auszugehen, dass er für die Durchführung der Arbeiten verantwortlich ist. [2]Die Vermutung, dass der Dienstleistungserbringer für die Durchführung der Arbeiten verantwortlich ist, kann durch jegliche sachdienliche, auf Fakten oder Gesetz gestützte Mittel widerlegt werden.

Artikel 31 c

Erbringt ein im eigenen Namen handelnder Steuerpflichtiger neben der Beherbergung in der Hotelbranche oder in Branchen mit ähnlicher Funktion, wie zum Beispiel in Ferienlagern oder auf einem als Campingplatz hergerichteten Gelände, Telekommunikations-, Rundfunk- oder elektronisch erbrachte Dienstleistungen, so gelten diese für die Zwecke der Bestimmung des Ortes dieser Dienstleistung als an diesen Orten erbracht.

Unterabschnitt 7
Dienstleistungen auf dem Gebiet der Kultur, der Künste, des Sports, der Wissenschaft, des Unterrichts, der Unterhaltung und ähnliche Veranstaltungen

Artikel 32

(1) Zu den Dienstleistungen betreffend die Eintrittsberechtigung zu Veranstaltungen auf dem Gebiet der Kultur, der Künste, des Sports, der Wissenschaft, des Unterrichts, der Unterhaltung oder ähnlichen Veranstaltungen im Sinne des Artikels 53 der Richtlinie 2006/112/EG, gehören Dienstleistungen, deren wesentliche Merkmale darin bestehen, gegen eine Eintrittskarte oder eine Vergütung, auch in Form eines Abonnements, einer Zeitkarte oder einer regelmäßigen Gebühr, das Recht auf Eintritt zu einer Veranstaltung zu gewähren.

(2) Absatz 1 gilt insbesondere für:

a) das Recht auf Eintritt zu Darbietungen, Theateraufführungen, Zirkusvorstellungen, Freizeitparks, Konzerten, Ausstellungen sowie anderen ähnlichen kulturellen Veranstaltungen;

b) das Recht auf Eintritt zu Sportveranstaltungen wie Spielen oder Wettkämpfen;

c) das Recht auf Eintritt zu Veranstaltungen auf dem Gebiet des Unterrichts und der Wissenschaft, wie beispielsweise Konferenzen und Seminare.

(3) Die Nutzung von Räumlichkeiten, wie beispielsweise Turnhallen oder anderen, gegen Zahlung einer Gebühr fällt nicht unter Absatz 1.

Artikel 33

Zu den mit der Eintrittsberechtigung zu Veranstaltungen auf dem Gebiet der Kultur, der Künste, des Sports, der Wissenschaft, des Unterrichts, der Unterhaltung oder ähnlichen Veranstaltungen zusammenhängenden Dienstleistungen nach Artikel 53 der Richtlinie 2006/112/EG gehören die Dienstleistungen, die direkt mit der Eintrittsberechtigung zu diesen Veranstaltungen in Verbindung stehen und an die Person, die einer Veranstaltung beiwohnt, gegen eine Gegenleistung gesondert erbracht werden.

Zu diesen zusammenhängenden Dienstleistungen gehören insbesondere die Nutzung von Garderoben oder von sanitären Einrichtungen, nicht aber bloße Vermittlungsleistungen im Zusammenhang mit dem Verkauf von Eintrittskarten.

Artikel 33 a

Vertreibt ein Vermittler, der im eigenen Namen, aber für Rechnung des Veranstalters handelt, oder ein anderer Steuerpflichtiger als der Veranstalter, der auf eigene Rechnung handelt,

Eintrittskarten für Veranstaltungen auf dem Gebiet der Kultur, der Künste, des Sports, der Wissenschaft, des Unterrichts, der Unterhaltung oder für ähnliche Veranstaltungen, so fällt diese Dienstleistung unter Artikel 53 und Artikel 54 Absatz 1 der Richtlinie 2006/112/EG.

Unterabschnitt 8
Nebentätigkeiten zur Beförderung, Begutachtung von beweglichen Gegenständen und Arbeiten an solchen Gegenständen

Artikel 34

Außer in den Fällen, in denen die zusammengebauten Gegenstände Bestandteil eines Grundstücks werden, bestimmt sich der Ort der Dienstleistungen an einen Nichtsteuerpflichtigen, die lediglich in der Montage verschiedener Teile einer Maschine durch einen Steuerpflichtigen bestehen, wobei der Dienstleistungsempfänger ihm alle Teile beigestellt hat, nach Artikel 54 der Richtlinie 2006/112/EG.

Unterabschnitt 9
Restaurant- und Verpflegungsdienstleistungen an Bord eines Beförderungsmittels

Artikel 35

Zur Bestimmung des innerhalb der Gemeinschaft stattfindenden Teils der Personenbeförderung im Sinne des Artikels 57 der Richtlinie 2006/112/EG ist die Reisestrecke des Beförderungsmittels, nicht die der beförderten Personen, ausschlaggebend.

Artikel 36

Werden die Restaurant- und Verpflegungsdienstleistungen während des innerhalb der Gemeinschaft stattfindenden Teils der Personenbeförderung erbracht, so fallen diese Dienstleistungen unter Artikel 57 der Richtlinie 2006/112/EG.

Werden die Restaurant- und Verpflegungsdienstleistungen außerhalb dieses Teils der Personenbeförderung, aber im Gebiet eines Mitgliedstaats oder eines Drittlandes oder eines Drittgebiets erbracht, so fallen diese Dienstleistungen unter Artikel 55 der genannten Richtlinie.

Artikel 37

Der Ort der Dienstleistung einer Restaurant- oder Verpflegungsdienstleistung innerhalb der Gemeinschaft, die teilweise während, teilweise außerhalb des innerhalb der Gemeinschaft stattfindenden Teils der Personenbeförderung, aber auf dem Gebiet eines Mitgliedstaats erbracht wird, bestimmt sich für die gesamte Dienstleistung nach den Regeln für die Bestimmung des Ortes der Dienstleistung, die zu Beginn der Erbringung der Restaurant- oder Verpflegungsdienstleistung gelten.

Unterabschnitt 10
Vermietung von Beförderungsmitteln

Artikel 38

(1) Als „Beförderungsmittel" im Sinne von Artikel 56 und Artikel 59 Unterabsatz 1 Buchstabe g der Richtlinie 2006/112/EG gelten motorbetriebene Fahrzeuge oder Fahrzeuge ohne Motor und sonstige Ausrüstungen und Vorrichtungen, die zur Beförderung von Gegenständen oder Personen von einem Ort an einen anderen konzipiert wurden und von Fahrzeugen gezogen oder geschoben werden können und die normalerweise zur Beförderung von Gegenständen oder Personen konzipiert und tatsächlich geeignet sind.

(2) Als Beförderungsmittel nach Absatz 1 gelten insbesondere folgende Fahrzeuge:

a) Landfahrzeuge wie Personenkraftwagen, Motorräder, Fahrräder, Dreiräder sowie Wohnanhänger;

b) Anhänger und Sattelanhänger;

c) Eisenbahnwagen;

d) Wasserfahrzeuge;

e) Luftfahrzeuge;

f) Fahrzeuge, die speziell für den Transport von Kranken oder Verletzten konzipiert sind;

g) landwirtschaftliche Zugmaschinen und andere landwirtschaftliche Fahrzeuge;

h) Rollstühle und ähnliche Fahrzeuge für Kranke und Körperbehinderte, mit mechanischen oder elektronischen Vorrichtungen zur Fortbewegung.

(3) Als Beförderungsmittel nach Absatz 1 gelten nicht Fahrzeuge, die dauerhaft stillgelegt sind, sowie Container.

Artikel 39

(1) Für die Anwendung des Artikels 56 der Richtlinie 2006/112/EG wird die Dauer des Besitzes oder der Verwendung eines Beförderungsmittels während eines ununterbrochenen Zeitraums, das Gegenstand einer Vermietung ist, auf der Grundlage der vertraglichen Vereinbarung zwischen den beteiligten Parteien bestimmt.

Der Vertrag begründet eine Vermutung, die durch jegliche auf Fakten oder Gesetz gestützte Mittel widerlegt werden kann, um die tatsächliche Dauer des Besitzes oder der Verwendung während eines ununterbrochenen Zeitraums festzustellen.

Wird die vertraglich festgelegte Dauer einer Vermietung über einen kürzeren Zeitraum im Sinne des Artikels 56 der Richtlinie 2006/112/EG aufgrund höherer Gewalt überschritten, so ist dies für die Feststellung der Dauer des Besitzes oder der Verwendung des Beförderungsmittels während eines ununterbrochenen Zeitraums unerheblich.

(2) Werden für ein und dasselbe Beförderungsmittel mehrere aufeinanderfolgende Mietverträge zwischen denselben Parteien geschlossen, so ist als Dauer des Besitzes oder der Verwendung dieses Beförderungsmittels während eines ununterbrochenen Zeitraums die Gesamtlaufzeit aller Verträge zugrunde zu legen.

Für die Zwecke von Unterabsatz 1 sind ein Vertrag und die zugehörigen Verlängerungsverträge aufeinanderfolgende Verträge.

Die Laufzeit des Mietvertrags oder der Mietverträge über einen kürzeren Zeitraum, die einem als langfristig geltenden Mietvertrag vorausgehen, wird jedoch nicht in Frage gestellt, sofern keine missbräuchlichen Praktiken vorliegen.

(3) Sofern keine missbräuchlichen Praktiken vorliegen, gelten aufeinanderfolgende Mietverträge, die zwischen denselben Parteien geschlossen werden, jedoch unterschiedliche Beförderungsmittel zum Gegenstand haben, nicht als aufeinanderfolgende Verträge nach Absatz 2.

Artikel 40

Der Ort, an dem das Beförderungsmittel dem Dienstleistungsempfänger gemäß Artikel 56 Absatz 1 der Richtlinie 2006/112/EG tatsächlich zur Verfügung gestellt wird, ist der Ort, an dem der Dienstleistungsempfänger oder eine von ihm beauftragte Person es unmittelbar physisch in Besitz nimmt.

Unterabschnitt 11
Dienstleistungen an Nichtsteuerpflichtige außerhalb der Gemeinschaft

Artikel 41

Dienstleistungen der Textübersetzung, die an einen außerhalb der Gemeinschaft ansässigen Nichtsteuerpflichtigen erbracht werden, fallen unter Artikel 59 Unterabsatz 1 Buchstabe c der Richtlinie 2006/112/EG.

KAPITEL V a
STEUERTATBESTAND UND STEUERANSPRUCH
(TITEL VI DER RICHTLINIE 2006/112/EG)

Artikel 41 a

Für die Anwendung von Artikel 66 a der Richtlinie 2006/112/EG bezeichnet der Zeitpunkt, zu dem die Zahlung angenommen wurde, den Zeitpunkt, zu dem die Zahlung bestätigt wurde oder die Zahlungsgenehmigungsmeldung oder eine Zahlungszusage des Erwerbers beim Lieferer, der die Gegenstände über eine elektronische Schnittstelle verkauft, oder für dessen Rechnung eingeht, und zwar unabhängig davon, wann die tatsächliche Zahlung erfolgt, je nachdem, welcher Zeitpunkt der frühere ist.

KAPITEL VI
BESTEUERUNGSGRUNDLAGE
(TITEL VII DER RICHTLINIE 2006/112/EG)

Artikel 42

Verlangt ein Lieferer von Gegenständen oder ein Erbringer von Dienstleistungen als Bedingung für die Annahme einer Bezahlung mit Kredit- oder Geldkarte, dass der Dienstleistungsempfänger ihm oder einem anderen Unternehmen hierfür einen Betrag entrichtet und der von diesem Empfänger zu zahlende Gesamtpreis durch die Zahlungsweise nicht beeinflusst wird, so ist dieser Betrag Bestandteil der Besteuerungsgrundlage der Lieferung von Gegenständen oder der Dienstleistung gemäß Artikel 73 bis 80 der Richtlinie 2006/112/EG.

KAPITEL VII
STEUERSÄTZE

Artikel 43

„Beherbergung in Ferienunterkünften" gemäß Anhang III Nummer 12 der Richtlinie 2006/112/EG umfasst auch die Vermietung von Zelten, Wohnanhängern oder Wohnmobilen, die auf Campingplätzen aufgestellt sind und als Unterkünfte dienen.

KAPITEL VIII
STEUERBEFREIUNGEN

ABSCHNITT 1
Steuerbefreiungen für bestimmte, dem Gemeinwohl dienende Tätigkeiten
(Artikel 132, 133 und 134 der Richtlinie 2006/112/EG)

Artikel 44

[1]Die Dienstleistungen der Ausbildung, Fortbildung oder beruflichen Umschulung, die unter den Voraussetzungen des Artikels 132 Absatz 1 Buchstabe i der Richtlinie 2006/112/EG erbracht werden, umfassen Schulungsmaßnahmen mit direktem Bezug zu einem Gewerbe oder einem Beruf sowie jegliche Schulungsmaßnahme, die dem Erwerb oder der Erhaltung beruflicher Kenntnisse dient. [2]Die Dauer der Ausbildung, Fortbildung oder beruflichen Umschulung ist hierfür unerheblich.

ABSCHNITT 2
Steuerbefreiungen für andere Tätigkeiten
(Artikel 135, 136 und 137 der Richtlinie 2006/112/EG)

Artikel 45

Die Steuerbefreiung in Artikel 135 Absatz 1 Buchstabe e der Richtlinie 2006/112/EG findet keine Anwendung auf Platinum Nobles.

ABSCHNITT 2 a
Steuerbefreiungen bei innergemeinschaftlichen Umsätzen
(Artikel 138 bis 142 der Richtlinie 2006/112/EG)

Artikel 45 a

(1) Für die Zwecke der Anwendung der Befreiungen gemäß Artikel 138 der Richtlinie 2006/112/EG wird vermutet, dass Gegenstände von einem Mitgliedstaat an einen Bestimmungsort außerhalb seines Gebiets, jedoch innerhalb der Gemeinschaft versandt oder befördert wurden, wenn einer der folgenden Fälle eintritt:

a) Der Verkäufer gibt an, dass die Gegenstände von ihm oder auf seine Rechnung von einem Dritten versandt oder befördert wurden, und entweder ist der Verkäufer im Besitz von mindestens zwei einander nicht widersprechenden Nachweisen nach Absatz 3 Buchstabe a, die von zwei verschiedenen Parteien ausgestellt wurden, die voneinander, vom Verkäufer und vom Erwerber unabhängig sind, oder der Verkäufer ist im Besitz eines Schriftstücks nach Absatz 3 Buchstabe a und einem nicht widersprechenden Nachweis nach Absatz 3 Buchstabe b, mit dem der Versand oder die Beförderung bestätigt wird, welche von zwei verschiedenen Parteien ausgestellt wurden, die voneinander, vom Verkäufer und vom Erwerber unabhängig sind.

b) Der Verkäufer ist im Besitz folgender Unterlagen:

   i) einer schriftlichen Erklärung des Erwerbers, aus der hervorgeht, dass die Gegenstände vom Erwerber oder auf Rechnung des Erwerbers von einem Dritten versandt oder befördert wurden, und in der der Bestimmungsmitgliedstaat der Gegenstände angegeben ist; in dieser schriftlichen Erklärung muss Folgendes angegeben sein: das Ausstellungsdatum; Name und Anschrift des Erwerbers; Menge und Art der Gegenstände; Ankunftsdatum und -ort der Gegenstände; bei Lieferung von Fahrzeugen die Identifikationsnummer des Fahrzeugs; die Identifikation der Person, die die Gegenstände auf Rechnung des Erwerbers entgegennimmt; und

   ii) mindestens zwei einander nicht widersprechender Nachweise nach Absatz 3 Buchstabe a, die von zwei voneinander unabhängigen Parteien – vom Verkäufer und vom Erwerber – ausgestellt wurden, oder eines Schriftstücks nach Absatz 3 Buchstabe a zusammen mit einem nicht widersprechenden Nachweis nach Absatz 3 Buchstabe b, mit dem der Versand oder die Beförderung bestätigt wird, welche von zwei verschiedenen Parteien ausgestellt wurden, die voneinander, vom Verkäufer und vom Erwerber unabhängig sind.

Der Erwerber legt dem Verkäufer die schriftliche Erklärung gemäß Buchstabe b Ziffer i spätestens am zehnten Tag des auf die Lieferung folgenden Monats vor.

(2) Eine Steuerbehörde kann Vermutungen gemäß Absatz 1 widerlegen.

(3) Für die Zwecke von Absatz 1 wird Folgendes als Nachweis des Versands oder der Beförderung akzeptiert:

a) Unterlagen zum Versand oder zur Beförderung der Gegenstände wie beispielsweise ein unterzeichneter CMR-Frachtbrief, ein Konnossement, eine Luftfracht-Rechnung oder eine Rechnung des Beförderers der Gegenstände;

b) die folgenden Dokumente:

   i) eine Versicherungspolice für den Versand oder die Beförderung der Gegenstände oder Bankunterlagen, die die Bezahlung des Versands oder der Beförderung der Gegenstände belegen;

   ii) von einer öffentlichen Stelle wie z.B. einem Notar ausgestellte offizielle Unterlagen, die die Ankunft der Gegenstände im Bestimmungsmitgliedstaat bestätigen;

   iii) eine Quittung, ausgestellt von einem Lagerinhaber im Bestimmungsmitgliedstaat, durch die die Lagerung der Gegenstände in diesem Mitgliedstaat bestätigt wird.

ABSCHNITT 3
Steuerbefreiungen bei der Einfuhr
(Artikel 143, 144 und 145 der Richtlinie 2006/112/EG)

Artikel 46

Die Steuerbefreiung in Artikel 144 der Richtlinie 2006/112/EG gilt auch für Beförderungsleistungen, die mit einer Einfuhr beweglicher körperlicher Gegenstände anlässlich eines Wohnortwechsels verbunden sind.

ABSCHNITT 4
Steuerbefreiungen bei der Ausfuhr
(Artikel 146 und 147 der Richtlinie 2006/112/EG)

Artikel 47

„Privaten Zwecken dienende Beförderungsmittel" im Sinne des Artikels 146 Absatz 1 Buchstabe b der Richtlinie 2006/112/EG umfassen auch Beförderungsmittel, die von Personen, die keine natürlichen Personen sind, wie etwa Einrichtungen des öffentlichen Rechts im Sinne von Artikel 13 der genannten Richtlinie oder Vereine, für nichtgeschäftliche Zwecke verwendet werden.

Artikel 48

[1]Für die Feststellung, ob der von einem Mitgliedstaat gemäß Artikel 147 Absatz 1 Unterabsatz 1 Buchstabe c der Richtlinie 2006/112/EG festgelegte Schwellenwert überschritten wurde, was eine Bedingung für die Steuerbefreiung von Lieferungen zur Mitführung im persönlichen Gepäck von Reisenden ist, wird der Rechnungsbetrag zugrunde gelegt. [2]Der Gesamtwert mehrerer Gegenstände darf nur dann zugrunde gelegt werden, wenn alle diese Gegenstände in ein und derselben Rechnung aufgeführt sind und diese Rechnung von ein und demselben Steuerpflichtigen, der diese Gegenstände liefert, an ein und denselben Abnehmer ausgestellt wurde.

ABSCHNITT 5
Steuerbefreiungen bei bestimmten, Ausfuhren gleichgestellten Umsätzen
(Artikel 151 und 152 der Richtlinie 2006/112/EG)

Artikel 49

Die in Artikel 151 der Richtlinie 2006/112/EG vorgesehene Steuerbefreiung ist auch auf elektronische Dienstleistungen anwendbar, wenn diese von einem Steuerpflichtigen erbracht werden, auf den die in den Artikeln 357 bis 369 jener Richtlinie vorgesehene Sonderregelung für elektronisch erbrachte Dienstleistungen anwendbar ist.

Artikel 50

(1) Um als internationale Einrichtung für die Anwendung des Artikels 143 Absatz 1 Buchstabe g und des Artikels 151 Absatz 1 Unterabsatz 1 Buchstabe b der Richtlinie 2006/112/EG anerkannt werden zu können, muss eine Einrichtung, die als Konsortium für eine europäische Forschungsinfrastruktur (ERIC) im Sinne der Verordnung (EG) Nr. 723/2009 des Rates vom 25. Juni 2009 über den gemeinschaftlichen Rechtsrahmen für ein Konsortium für eine europäische Forschungsinfrastruktur (ERIC)[11] gegründet werden soll, alle nachfolgenden Voraussetzungen erfüllen:

a) sie besitzt eine eigene Rechtspersönlichkeit und ist voll rechtsfähig;

b) sie wurde auf der Grundlage des Rechts der Europäischen Union errichtet und unterliegt diesem;

c) sie hat Mitgliedstaaten als Mitglieder und darf Drittländer und zwischenstaatliche Organisationen als Mitglieder einschließen, jedoch keine privaten Einrichtungen;

d) sie hat besondere und legitime Ziele, die gemeinsam verfolgt werden und im Wesentlichen nicht wirtschaftlicher Natur sind.

(2) Die in Artikel 143 Absatz 1 Buchstabe g und Artikel 151 Absatz 1 Unterabsatz 1 Buchstabe b der Richtlinie 2006/112/EG vorgesehene Steuerbefreiung ist auf eine ERIC im Sinne des Absatzes 1 anwendbar, wenn diese vom Aufnahmemitgliedstaat als internationale Einrichtung anerkannt wird.

[1]Die Grenzen und Voraussetzungen dieser Steuerbefreiung werden in einem Abkommen zwischen den Mitgliedern der ERIC gemäß Artikel 5 Absatz 1 Buchstabe d der Verordnung (EG) Nr. 723/2009 festgelegt. [2]Bei Gegenständen, die nicht aus dem Mitgliedstaat versandt oder befördert werden, in dem ihre Lieferung bewirkt wird, und bei Dienstleistungen kann die Steuerbefreiung entsprechend Artikel 151 Absatz 2 der Richtlinie 2006/112/EG im Wege der Mehrwertsteuererstattung erfolgen.

Artikel 51

(1) Ist der Empfänger eines Gegenstands oder einer Dienstleistung innerhalb der Gemeinschaft, aber nicht in dem Mitgliedstaat der Lieferung oder Dienstleistung ansässig, so dient die Bescheinigung über die Befreiung von der Mehrwertsteuer und/oder der Verbrauchsteuer nach dem Muster in Anhang II dieser Verordnung entsprechend den Erläuterungen im Anhang zu dieser Bescheinigung als Bestätigung dafür, dass der Umsatz nach Artikel 151 der Richtlinie 2006/112/EG von der Steuer befreit werden kann.

Bei Verwendung der Bescheinigung kann der Mitgliedstaat, in dem der Empfänger eines Gegenstands oder einer Dienstleistung ansässig ist, entscheiden, ob er eine gemeinsame Beschei-

11 Amtliche Fußnote: ABl. L 206 vom 8. 8. 2009, S. 1.

nigung für Mehrwertsteuer und Verbrauchsteuer oder zwei getrennte Bescheinigungen verwendet.

(2) [1]Die in Absatz 1 genannte Bescheinigung wird von den zuständigen Behörden des Aufnahmemitgliedstaats mit einem Dienststempelabdruck versehen. [2]Sind die Gegenstände oder Dienstleistungen jedoch für amtliche Zwecke bestimmt, so können die Mitgliedstaaten bei Vorliegen von ihnen festzulegender Voraussetzungen auf die Anbringung des Dienststempelabdrucks verzichten. [3]Diese Freistellung kann im Falle von Missbrauch widerrufen werden.

[1]Die Mitgliedstaaten teilen der Kommission mit, welche Kontaktstelle zur Angabe der für das Abstempeln der Bescheinigung zuständigen Dienststellen benannt wurde und in welchem Umfang sie auf das Abstempeln der Bescheinigung verzichten. [2]Die Kommission gibt diese Information an die anderen Mitgliedstaaten weiter.

(3) [1]Wendet der Mitgliedstaat der Lieferung oder Dienstleistung die direkte Befreiung an, so erhält der Lieferer oder Dienstleistungserbringer die in Absatz 1 genannte Bescheinigung vom Empfänger der Lieferung oder Dienstleistung und nimmt sie in seine Buchführung auf. [2]Wird die Befreiung nach Artikel 151 Absatz 2 der Richtlinie 2006/112/EG im Wege der Mehrwertsteuererstattung gewährt, so ist die Bescheinigung dem in dem betreffenden Mitgliedstaat gestellten Erstattungsantrag beizufügen.

KAPITEL IX
VORSTEUERABZUG
(TITEL X DER RICHTLINIE 2006/112/EG)

Artikel 52

Verfügt der Einfuhrmitgliedstaat über ein elektronisches System zur Erfüllung der Zollformalitäten, so fallen unter den Begriff „die Einfuhr bescheinigendes Dokument“ in Artikel 178 Buchstabe e der Richtlinie 2006/112/EG auch die elektronischen Fassungen derartiger Dokumente, sofern sie eine Überprüfung des Vorsteuerabzugs erlauben.

KAPITEL X
PFLICHTEN DER STEUERPFLICHTIGEN UND BESTIMMTER NICHTSTEUERPFLICHTIGER PERSONEN
(TITEL XI DER RICHTLINIE 2006/112/EG)

ABSCHNITT 1
Steuerschuldner gegenüber dem Fiskus
(Artikel 192 a bis 205 der Richtlinie 2006/112/EG)

Artikel 53

(1) Für die Durchführung des Artikels 192 a der Richtlinie 2006/112/EG wird eine feste Niederlassung eines Steuerpflichtigen nur dann berücksichtigt, wenn diese feste Niederlassung einen hinreichenden Grad an Beständigkeit sowie eine Struktur aufweist, die es ihr von der personellen und technischen Ausstattung her erlaubt, die Lieferung von Gegenständen oder die Erbringung von Dienstleistungen, an der sie beteiligt ist, auszuführen.

(2) Verfügt ein Steuerpflichtiger über eine feste Niederlassung in dem Gebiet des Mitgliedstaats, in dem die Mehrwertsteuer geschuldet wird, gilt diese feste Niederlassung als nicht an der Lieferung von Gegenständen oder der Erbringung von Dienstleistungen im Sinne des Artikels 192 a Buchstabe b der Richtlinie 2006/112/EG beteiligt, es sei denn, der Steuerpflichtige nutzt die technische und personelle Ausstattung dieser Niederlassung für Umsätze, die mit der Ausführung der steuerbaren Lieferung dieser Gegenstände oder der steuerbaren Erbringung dieser Dienstleistungen vor oder während der Ausführung in diesem Mitgliedstaat notwendig verbunden sind.

Wird die Ausstattung der festen Niederlassung nur für unterstützende verwaltungstechnische Aufgaben wie z. B. Buchhaltung, Rechnungsstellung und Einziehung von Forderungen genutzt, so gilt dies nicht als Nutzung bei der Ausführung der Lieferung oder der Dienstleistung.

Wird eine Rechnung jedoch unter der durch den Mitgliedstaat der festen Niederlassung vergebenen Mehrwertsteuer-Identifikationsnummer ausgestellt, so gilt diese feste Niederlassung bis zum Beweis des Gegenteils als an der Lieferung oder Dienstleistung beteiligt.

Artikel 54

Hat ein Steuerpflichtiger den Sitz seiner wirtschaftlichen Tätigkeit in dem Mitgliedstaat, in dem die Mehrwertsteuer geschuldet wird, so findet Artikel 192 a der Richtlinie 2006/112/EG keine Anwendung, unabhängig davon, ob dieser Sitz der wirtschaftlichen Tätigkeit an der von ihm getätigten Lieferung oder Dienstleistung innerhalb dieses Mitgliedstaats beteiligt ist.

ABSCHNITT 1 a
Allgemeine Pflichten
(Artikel 242 bis 243 der Richtlinie 2006/112/EG)

Artikel 54 a

(1) In dem Register gemäß Artikel 243 Absatz 3 der Richtlinie 2006/112/EG, das jeder Steuerpflichtige führen muss, der Gegenstände im Rahmen einer Konsignationslagerregelung verbringt, sind die folgenden Informationen zu verzeichnen:

a) der Mitgliedstaat, aus dem die Gegenstände versandt oder befördert wurden, und das Datum des Versands oder der Beförderung der Gegenstände;

b) die von dem Mitgliedstaat, in den die Gegenstände versandt oder befördert werden, ausgestellte Mehrwertsteuer-Identifikationsnummer des Steuerpflichtigen, für den die Gegenstände bestimmt sind;

c) der Mitgliedstaat, in den die Gegenstände versandt oder befördert werden, die Mehrwertsteuer-Identifikationsnummer des Lagerinhabers, die Anschrift des Lagers, in dem die Gegenstände nach der Ankunft gelagert werden, und das Ankunftsdatum der Gegenstände im Lager;

d) Wert, Beschreibung und Menge der im Lager angekommenen Gegenstände;

e) die Mehrwertsteuer-Identifikationsnummer des Steuerpflichtigen, der die in Buchstabe b dieses Absatzes genannte Person unter den Voraussetzungen des Artikels 17 a Absatz 6 der Richtlinie 2006/112/EG ersetzt;

f) Steuerbemessungsgrundlage, Beschreibung und Menge der gelieferten Gegenstände, das Datum, an dem die Lieferung von Gegenständen gemäß Artikel 17 a Absatz 3 Buchstabe a der Richtlinie 2006/112/EG erfolgt, und die Mehrwertsteuer-Identifikationsnummer des Erwerbers;

g) Steuerbemessungsgrundlage, Beschreibung und Menge der Gegenstände sowie das Datum, an dem eine der Voraussetzungen und der entsprechende Grund gemäß Artikel 17 a Absatz 7 der Richtlinie 2006/112/EG gegeben sind;

h) Wert, Beschreibung und Menge der zurückgesandten Gegenstände und Rücksendedatum der Gegenstände gemäß Artikel 17 a Absatz 5 der Richtlinie 2006/112/EG.

(2) In dem Register gemäß Artikel 243 Absatz 3 der Richtlinie 2006/112/EG, das jeder Steuerpflichtige führen muss, an den Gegenstände im Rahmen einer Konsignationslagerregelung ge-

liefert werden, sind die folgenden Informationen zu verzeichnen:

a) die Mehrwertsteuer-Identifikationsnummer des Steuerpflichtigen, der die Gegenstände im Rahmen einer Konsignationslagerregelung verbringt;

b) Beschreibung und Menge der für ihn bestimmten Gegenstände;

c) das Datum, an dem die für ihn bestimmten Gegenstände im Lager ankommen;

d) Steuerbemessungsgrundlage, Beschreibung und Menge der an ihn gelieferten Gegenstände und das Datum, an dem der innergemeinschaftliche Erwerb von Gegenständen gemäß Artikel 17a Absatz 3 Buchstabe b der Richtlinie 2006/112/EG erfolgt;

e) Beschreibung und Menge der Gegenstände und das Datum, an dem die Gegenstände auf Anordnung der in Buchstabe a genannten steuerpflichtigen Person aus dem Lager entnommen wurden;

f) Beschreibung und Menge der zerstörten oder fehlenden Gegenstände und das Datum der Zerstörung, des Verlusts oder des Diebstahls der zuvor im Lager angekommenen Gegenstände oder das Datum, an dem die Zerstörung oder das Fehlen der Gegenstände festgestellt wurde.

Wenn die Gegenstände im Rahmen einer Konsignationslagerregelung an einen Lagerinhaber versandt oder befördert werden, der mit dem Steuerpflichtigen, für den die Lieferung der Gegenstände bestimmt ist, nicht identisch ist, müssen die Informationen gemäß Unterabsatz 1 Buchstaben c, e und f im Register dieses Steuerpflichtigen nicht verzeichnet sein.

ABSCHNITT 1b
Aufzeichnungen
(Artikel 241 bis 249 der Richtlinie 2006/112/EG)

Artikel 54b

(1) Für die Anwendung von Artikel 242a der Richtlinie 2006/112/EG bezeichnet der Begriff „unterstützen" die Nutzung einer elektronischen Schnittstelle, um es einem Erwerber und einem Lieferer, der über eine elektronische Schnittstelle Dienstleistungen oder Gegenstände zum Verkauf anbietet, zu ermöglichen, in Kontakt zu treten, woraus eine Erbringung von Dienstleistungen oder eine Lieferung von Gegenständen über die elektronische Schnittstelle resultiert.

Die Lieferung von Gegenständen oder die Erbringung von Dienstleistungen fallen jedoch dann nicht unter den Begriff „unterstützen", wenn alle folgenden Voraussetzungen erfüllt sind:

a) Der Steuerpflichtige legt weder unmittelbar noch mittelbar irgendeine der Bedingungen für die Lieferung der Gegenstände bzw. die Erbringung der Dienstleistungen fest;

b) der Steuerpflichtige ist weder unmittelbar noch mittelbar an der Autorisierung der Abrechnung mit dem Erwerber bezüglich der getätigten Zahlung beteiligt;

c) der Steuerpflichtige ist weder unmittelbar noch mittelbar an der Bestellung oder Lieferung der Gegenstände oder der Bestellung oder Erbringung der Dienstleistungen beteiligt.

(2) Für die Anwendung von Artikel 242a der Richtlinie 2006/112/EG fallen Situationen, in denen der Steuerpflichtige lediglich eine der folgenden Leistungen erbringt, nicht unter den Begriff „unterstützen":

a) die Verarbeitung von Zahlungen im Zusammenhang mit der Lieferung von Gegenständen und der Erbringung von Dienstleistungen;

b) die Auflistung der Gegenstände oder Dienstleistungen oder die Werbung für diese;

c) die Weiterleitung oder Vermittlung von Erwerbern an andere elektronische Schnittstellen, über die Gegenstände oder Dienstleistungen angeboten werden, ohne dass eine weitere Einbindung in der Lieferung bzw. Dienstleistungserbringung besteht.

Artikel 54c

(1) Ein Steuerpflichtiger gemäß Artikel 242a der Richtlinie 2006/112/EG muss die folgenden Aufzeichnungen über Leistungen führen, bezüglich derer er gemäß Artikel 14a der Richtlinie 2006/112/EG behandelt wird, als ob er die Gegenstände selbst erhalten und geliefert hätte, oder wenn er an der Erbringung elektronisch erbrachter Dienstleistungen beteiligt ist, bezüglich derer er gemäß Artikel 9a dieser Verordnung als im eigenen Namen handelnd angesehen wird:

a) Die Aufzeichnungen gemäß Artikel 63c dieser Verordnung, wenn sich der Steuerpflichtige entschieden hat, eine der Sonderregelungen nach Titel XII Kapitel 6 der Richtlinie 2006/112/EG in Anspruch zu nehmen;

b) die Aufzeichnungen gemäß Artikel 242 der Richtlinie 2006/112/EG, wenn sich der Steuerpflichtige nicht dafür entschieden hat, eine der Sonderregelungen nach Titel XII Kapitel 6 der Richtlinie 2006/112/EG in Anspruch zu nehmen.

(2) Ein Steuerpflichtiger gemäß Artikel 242a der Richtlinie 2006/112/EG muss die folgenden Angaben über Leistungen, die nicht unter Absatz 1 fallen, aufbewahren:

a) Name, Postanschrift und elektronische Adresse oder Website des Lieferers oder Dienstleistungserbringers, dessen Lieferungen oder Dienstleistungen durch die Nutzung der elektronischen Schnittstelle unterstützt werden, und – falls erhältlich –

   i) die Mehrwertsteuer-Identifikationsnummer oder nationale Steuernummer des Lieferers oder Dienstleistungserbringers;

   ii) die Bankverbindung oder Nummer des virtuellen Kontos des Lieferers oder Dienstleistungserbringers;

b) eine Beschreibung der Gegenstände, ihres Wertes und des Ortes, an dem die Versendung oder die Beförderung der Gegenstände endet, zusammen mit dem Zeitpunkt der Lieferung, und falls erhältlich die Bestellnummer oder die eindeutige Transaktionsnummer;

c) eine Beschreibung der Dienstleistungen, ihres Wertes und Angaben, mittels derer Ort und Zeit der Erbringung der Dienstleistungen bestimmt werden können, und falls erhältlich die Bestellnummer oder die eindeutige Transaktionsnummer.

ABSCHNITT 2
Ergänzende Bestimmungen
(Artikel 272 und 273 der Richtlinie 2006/112/EG)

Artikel 55

Für Umsätze nach Artikel 262 der Richtlinie 2006/112/EG müssen Steuerpflichtige, denen nach Artikel 214 jener Richtlinie eine individuelle Mehrwertsteuer-Identifikationsnummer zuzuteilen ist, und nichtsteuerpflichtige juristische Personen, die für Mehrwertsteuerzwecke erfasst sind, wenn sie als solche handeln, ihren Lieferern oder Dienstleistungserbringern ihre Mehrwertsteuer-Identifikationsnummer mitteilen, sowie diese ihnen bekannt ist.

Steuerpflichtige im Sinne des Artikels 3 Absatz 1 Buchstabe b der Richtlinie 2006/112/EG, deren innergemeinschaftliche Erwerbe von Gegenständen nach Artikel 4 Absatz 1 der vorliegenden Verordnung nicht der Mehrwertsteuer unterliegen, müssen ihren Lieferern ihre individuelle Mehrwertsteuer-Identifikationsnummer nicht mitteilen, wenn sie gemäß Artikel 214 Absatz 1 Buchstabe d oder e jener Richtlinie für Mehrwertsteuerzwecke erfasst sind.

KAPITEL XI SONDERREGELUNGEN

ABSCHNITT 1 Sonderregelung für Anlagegold (Artikel 344 bis 356 der Richtlinie 2006/112/EG)

Artikel 56

Der Begriff „mit einem von den Goldmärkten akzeptierten Gewicht" in Artikel 344 Absatz 1 Nummer 1 der Richtlinie 2006/112/EG umfasst mindestens die in Anhang III dieser Verordnung aufgeführten Einheiten und Gewichte.

Artikel 57

[1]Für die Zwecke der Erstellung des in Artikel 345 der Richtlinie 2006/112/EG genannten Verzeichnisses von Goldmünzen beziehen sich die in Artikel 344 Absatz 1 Nummer 2 jener Richtlinie genannten Begriffe „Preis" und „Offenmarktwert" auf den Preis bzw. den Offenmarktwert am 1. April eines jeden Jahres. [2]Fällt der 1. April nicht auf einen Tag, an dem derartige Preise bzw. Offenmarktwerte festgesetzt werden, so sind diejenigen des nächsten Tages, an dem eine Festsetzung erfolgt, zugrunde zu legen.

ABSCHNITT 2 Sonderregelungen für Steuerpflichtige, die Dienstleistungen an Nichtsteuerpflichtige erbringen oder Fernverkäufe von Gegenständen oder bestimmte Lieferungen von Gegenständen innerhalb der Union tätigen (Artikel 358 bis 369x der Richtlinie 2006/112/EG)

Unterabschnitt 1 Begriffsbestimmungen

Artikel 57a

Für die Zwecke dieses Abschnitts bezeichnet der Begriff

1. „Nicht-EU-Regelung" die Sonderregelung für von nicht in der Gemeinschaft ansässigen Steuerpflichtigen erbrachte Dienstleistungen gemäß Titel XII Kapitel 6 Abschnitt 2 der Richtlinie 2006/112/EG;
2. „EU-Regelung" die Sonderregelung für innergemeinschaftliche Fernverkäufe von Gegenständen, für Lieferungen von Gegenständen innerhalb eines Mitgliedstaats, die über eine elektronische Schnittstelle zur Unterstützung dieser Lieferungen erfolgen, und für von in der Gemeinschaft, nicht aber im Mitgliedstaat des Verbrauchs ansässigen Steuerpflichtigen erbrachte Dienstleistungen gemäß Titel XII Kapitel 6 Abschnitt 3 der Richtlinie 2006/112/EG;
3. „Einfuhrregelung" die Sonderregelung für Fernverkäufe von aus Drittgebieten oder Drittländern eingeführten Gegenständen gemäß Titel XII Kapitel 6 Abschnitt 4 der Richtlinie 2006/112/EG;
4. „Sonderregelung" je nach Zusammenhang die „Nicht-EU-Regelung", die „EU-Regelung" oder die „Einfuhrregelung";
5. „Steuerpflichtiger" einen Steuerpflichtigen im Sinne des Artikels 359 der Richtlinie 2006/112/EG, der die Nicht-EU-Regelung in Anspruch nehmen darf, einen Steuerpflichtigen im Sinne des Artikels 369b der genannten Richtlinie, der die EU-Regelung in Anspruch nehmen darf, oder einen Steuerpflichtigen im Sinne des Artikels 369m der genannten Richtlinie, der die Einfuhrregelung in Anspruch nehmen darf;
6. „Vermittler" eine Person im Sinne von Artikel 369l Absatz 2 Nummer 2 der Richtlinie 2006/112/EG.

Unterabschnitt 2 Anwendung der EU-Regelung

Artikel 57b
(weggefallen)

Unterabschnitt 3 Geltungsbereich der EU-Regelung

Artikel 57c

[1]Die EU-Regelung gilt nicht für Dienstleistungen, die in einem Mitgliedstaat erbracht werden, in dem der Steuerpflichtige den Sitz seiner wirtschaftlichen Tätigkeit oder eine feste Niederlassung hat. [2]Die Erbringung dieser Dienstleistungen wird den zuständigen Steuerbehörden dieses Mitgliedstaats in der Mehrwertsteuererklärung gemäß Artikel 250 der Richtlinie 2006/112/EG gemeldet.

Unterabschnitt 4 Identifizierung

Artikel 57d

(1) Erklärt ein Steuerpflichtiger dem Mitgliedstaat der Identifizierung, dass er beabsichtigt, die Nicht-EU-Regelung oder die EU-Regelung in Anspruch zu nehmen, so gilt die betreffende Sonderregelung ab dem ersten Tag des folgenden Kalenderquartals.

Erfolgt die erste Lieferung von Gegenständen oder Erbringung von Dienstleistungen, die unter die Nicht-EU-Regelung oder die EU-Regelung fallen, jedoch vor diesem Datum, so gilt die Sonderregelung ab dem Tag der ersten Lieferung oder Dienstleistungserbringung, vorausgesetzt der Steuerpflichtige unterrichtet den Mitgliedstaat der Identifizierung spätestens am zehnten Tag des Monats, der auf diese erste Lieferung oder Dienstleistungserbringung folgt, über die Aufnahme der unter die Regelung fallenden Tätigkeiten.

(2) Teilt ein Steuerpflichtiger oder ein für seine Rechnung handelnder Vermittler dem Mitgliedstaat der Identifizierung seine Absicht mit, die Einfuhrregelung in Anspruch zu nehmen, so gilt diese Sonderregelung ab dem Tag, an dem dem Steuerpflichtigen oder dem Vermittler die individuelle Mehrwertsteuer-Identifikationsnummer für die Einfuhrregelung gemäß Artikel 369q Absätze 1 und 3 der Richtlinie 2006/112/EG zugeteilt wurde.

Artikel 57e

Der Mitgliedstaat der Identifizierung identifiziert einen Steuerpflichtigen, der die EU-Regelung in Anspruch nimmt, anhand seiner Mehrwertsteuer-Identifikationsnummer gemäß den Artikeln 214 und 215 der Richtlinie 2006/112/EG.

[1]Die einem Vermittler gemäß Artikel 369q Absatz 2 der Richtlinie 2006/112/EG zugeteilte individuelle Identifikationsnummer ermöglicht es ihm, als Vermittler für Rechnung von Steuerpflichtigen zu handeln, die die Einfuhrregelung in Anspruch nehmen. [2]Diese Nummer kann vom Vermittler jedoch nicht verwendet werden, um Mehrwertsteuer auf steuerbare Umsätze zu erklären.

Artikel 57f

(1) Erfüllt ein Steuerpflichtiger, der die EU-Regelung in Anspruch nimmt, nicht mehr die Voraussetzungen gemäß der Begriffsbestimmung in Artikel 369a Nummer 2 der Richtlinie 2006/112/EG, so ist der Mitgliedstaat, der ihm die Mehrwertsteuer-Identifikationsnummer zugeteilt hat, nicht mehr der Mitgliedstaat der Identifizierung.

[1]Erfüllt ein Steuerpflichtiger jedoch weiter die Voraussetzungen für die Inanspruchnahme dieser Sonderregelung, so nennt er, um diese Regelung weiterhin in Anspruch zu nehmen, als neuen Mitgliedstaat der Identifizierung den Mitgliedstaat, in dem er den Sitz seiner wirtschaftlichen Tätigkeit hat, oder, wenn er den Sitz seiner wirtschaftlichen Tätigkeit nicht in der Gemeinschaft hat, einen Mitgliedstaat, in dem er eine feste Niederlassung hat. [2]Ist der Steuerpflichtige, der die EU-Regelung für die Lieferung von Gegenständen in Anspruch nimmt, nicht in der Gemeinschaft ansässig, so nennt er als neuen Mitgliedstaat der Identifizierung einen Mitgliedstaat, von dem aus er Gegenstände versendet oder befördert.

Ändert sich der Mitgliedstaat der Identifizierung gemäß Unterabsatz 2, so gilt diese Änderung ab dem Tag, an dem der Steuerpflichtige nicht mehr den Sitz seiner wirtschaftlichen Tätigkeit oder keine feste Niederlassung mehr in dem zuvor als Mitgliedstaat der Identifizierung angegebenen Mitgliedstaat hat, oder ab dem Tag, an dem der Steuerpflichtige die Versendung oder Beförderung von Gegenständen aus diesem Mitgliedstaat einstellt.

(2) Erfüllt ein Steuerpflichtiger, der die Einfuhrregelung in Anspruch nimmt, oder ein für seine Rechnung handelnder Vermittler nicht mehr die Voraussetzungen gemäß Artikel 369l Unterabsatz 2 Nummer 3 Buchstaben b bis e der Richtlinie 2006/112/EG, so ist der Mitgliedstaat, in dem der Steuerpflichtige oder sein Vermittler identifiziert wurde, nicht mehr der Mitgliedstaat der Identifizierung.

Erfüllt ein Steuerpflichtiger oder sein Vermittler jedoch weiter die Voraussetzungen für die Inanspruchnahme dieser Sonderregelung, so nennt er, um diese Regelung weiterhin in Anspruch nehmen zu können, als neuen Mitgliedstaat der Identifizierung den Mitgliedstaat, in dem er den Sitz seiner wirtschaftlichen Tätigkeit hat, oder, wenn er den Sitz seiner wirtschaftlichen Tätigkeit nicht in der Gemeinschaft hat, einen Mitgliedstaat, in dem er eine feste Niederlassung hat.

Ändert sich gemäß Unterabsatz 2 der Mitgliedstaat der Identifizierung, so gilt diese Änderung ab dem Tag, an dem der Steuerpflichtige oder sein Vermittler nicht mehr den Sitz seiner wirtschaftlichen Tätigkeit oder keine feste Niederlassung mehr in dem zuvor als Mitgliedstaat der Identifizierung angegebenen Mitgliedstaat hat.

Artikel 57g

(1) [1]Ein Steuerpflichtiger, der die Nicht-EU-Regelung oder die EU-Regelung in Anspruch nimmt, kann die Inanspruchnahme dieser Sonderregelung beenden, und zwar unabhängig davon, ob er weiterhin Gegenstände liefert oder Dienstleistungen erbringt, die unter diese Sonderregelung fallen können. [2]Der Steuerpflichtige unterrichtet den Mitgliedstaat der Identifizierung mindestens 15 Tage vor Ablauf des Kalenderquartals vor demjenigen, in dem er die Inanspruchnahme der Regelung beenden will. [3]Eine Beendigung ist ab dem ersten Tag des nächsten Kalenderquartals wirksam.

Mehrwertsteuerpflichten im Zusammenhang mit der Lieferung von Gegenständen oder der Erbringung von Dienstleistungen, die nach dem Zeitpunkt entstehen, zu dem die Beendigung der Inanspruchnahme wirksam wurde, wird direkt bei den Steuerbehörden des betreffenden Mitgliedstaats des Verbrauchs nachgekommen.

(2) [1]Ein Steuerpflichtiger, der die Einfuhrregelung in Anspruch nimmt, kann die Inanspruchnahme dieser Regelung beenden, und zwar unabhängig davon, ob er weiterhin Fernverkäufe von Gegenständen tätigt, die aus Drittgebieten oder Drittländern eingeführt werden. [2]Der Steuerpflichtige oder der für seine Rechnung handelnde Vermittler unterrichtet den Mitgliedstaat der Identifizierung mindestens 15 Tage vor Ende des Monats, vor dem er die Inanspruchnahme der Regelung beenden will. [3]Beendigungen sind ab dem ersten Tag des nächsten Monats wirksam, und der Steuerpflichtige darf die Regelung für ab diesem Tag erbrachte Lieferungen nicht mehr nutzen.

Unterabschnitt 5
Berichterstattungspflichten

Artikel 57h

(1) Ein Steuerpflichtiger oder ein für seine Rechnung handelnder Vermittler unterrichtet den Mitgliedstaat der Identifizierung spätestens am zehnten Tag des folgenden Monats auf elektronischem Wege von

a) der Beendigung seiner unter eine Sonderregelung fallenden Tätigkeiten;

b) sämtlichen Änderungen seiner unter eine Sonderregelung fallenden Tätigkeiten, durch die er die Voraussetzungen für die Inanspruchnahme dieser Sonderregelung nicht mehr erfüllt;

c) sämtlichen Änderungen der zuvor dem Mitgliedstaat der Identifizierung erteilten Angaben.

(2) [1]Ändert sich der Mitgliedstaat der Identifizierung gemäß Artikel 57f, so unterrichtet der Steuerpflichtige oder der für seine Rechnung handelnde Vermittler die beiden betroffenen Mitgliedstaaten spätestens am zehnten Tag des Monats, der auf die Änderung folgt, über diese Änderung. [2]Er teilt dem neuen Mitgliedstaat der Identifizierung die Registrierungsdaten mit, die erforderlich sind, wenn ein Steuerpflichtiger eine Sonderregelung erstmals in Anspruch nimmt.

Unterabschnitt 6
Ausschluss

Artikel 58

(1) Findet zumindest eines der Ausschlusskriterien gemäß Artikel 369e oder der Kriterien für die Streichung aus dem Identifikationsregister gemäß Artikel 363 oder Artikel 369r Absätze 1 und 3 der Richtlinie 2006/112/EG auf einen Steuerpflichtigen Anwendung, der eine der Sonderregelungen in Anspruch nimmt, so schließt der Mitgliedstaat der Identifizierung diesen Steuerpflichtigen von der betreffenden Regelung aus.

Nur der Mitgliedstaat der Identifizierung kann einen Steuerpflichtigen von einer der Sonderregelungen ausschließen.

Der Mitgliedstaat der Identifizierung stützt seine Entscheidung über den Ausschluss oder die Streichung auf alle verfügbaren Informationen, einschließlich Informationen eines anderen Mitgliedstaats.

(2) [1]Der Ausschluss eines Steuerpflichtigen von der Nicht-EU-Regelung oder der EU-Regelung ist ab dem ersten Tag des Kalenderquartals wirksam, das auf den Tag folgt, an dem die Entscheidung über den Ausschluss dem Steuerpflichtigen elektronisch übermittelt worden ist. [2]Ist der Ausschluss jedoch auf eine Änderung des Sitzes der wirtschaftlichen Tätigkeit oder der festen Niederlassung oder des Ortes zurückzuführen, von dem aus die Versendung oder Beförderung von Gegenständen ausgeht, so ist der Ausschluss ab dem Tag dieser Änderung wirksam.

(3) Der Ausschluss eines Steuerpflichtigen von der Einfuhrregelung ist ab dem ersten Tag des Monats wirksam, der auf den Tag folgt, an dem die Entscheidung über den Ausschluss dem Steuerpflichtigen elektronisch übermittelt worden ist; dies gilt nicht in den folgenden Fällen:

a) Ist der Ausschluss auf eine Änderung des Sitzes der wirtschaftlichen Tätigkeit oder der festen Niederlassung zurückzuführen, so ist der Ausschluss ab dem Tag dieser Änderung wirksam;

b) wird der Ausschluss wegen eines wiederholten Verstoßes gegen die Vorschriften der Einfuhrregelung vorgenommen, so ist der Ausschluss ab dem Tag wirksam, der auf den Tag folgt, an dem die Entscheidung über den Ausschluss dem Steuerpflichtigen elektronisch übermittelt worden ist.

(4) Mit Ausnahme der unter Absatz 3 Buchstabe b erfassten Fälle bleibt die individuelle Mehrwertsteuer-Identifikationsnummer, die für die Inanspruchnahme der Einfuhrregelung zugeteilt wurde, für den Zeitraum gültig, der für die Einfuhr der Gegenstände notwendig ist, die vor dem Ausschlussdatum geliefert wurden; dieser Zeitraum darf jedoch zwei Monate ab diesem Datum nicht überschreiten.

(5) Findet eines der Streichungskriterien gemäß Artikel 369 r Absatz 2 der Richtlinie 2006/112/EG auf einen Vermittler Anwendung, so streicht der Mitgliedstaat der Identifizierung diesen Vermittler aus dem Identifikationsregister und schließt die durch diesen Vermittler vertretenen Steuerpflichtigen von der Einfuhrregelung aus.

Nur der Mitgliedstaat der Identifizierung kann einen Vermittler aus dem Identifikationsregister streichen.

Der Mitgliedstaat der Identifizierung stützt seine Entscheidung über die Streichung auf alle verfügbaren Informationen, einschließlich Informationen eines anderen Mitgliedstaats.

Die Streichung eines Vermittlers aus dem Identifikationsregister ist ab dem ersten Tag des Monats wirksam, der auf den Tag folgt, an dem die Entscheidung über die Streichung dem Vermittler und den durch ihn vertretenen Steuerpflichtigen elektronisch übermittelt worden ist; dies gilt nicht in den folgenden Fällen:

a) Ist die Streichung auf eine Änderung des Sitzes der wirtschaftlichen Tätigkeit oder der festen Niederlassung zurückzuführen, so ist die Streichung ab dem Tag dieser Änderung wirksam;

b) wird die Streichung des Vermittlers wegen eines wiederholten Verstoßes gegen die Vorschriften der Einfuhrregelung vorgenommen, so ist die Streichung ab dem Tag wirksam, der auf den Tag folgt, an dem die Entscheidung über die Streichung dem Vermittler und den durch ihn vertretenen Steuerpflichtigen elektronisch übermittelt worden ist.

Artikel 58 a

[1]Hinsichtlich eines Steuerpflichtigen, der eine Sonderregelung in Anspruch nimmt und der über einen Zeitraum von zwei Jahren in keinem Mitgliedstaat des Verbrauchs der betreffenden Regelung unterliegende Gegenstände geliefert oder Dienstleistungen erbracht hat, wird davon ausgegangen, dass er seine steuerbaren Tätigkeiten im Sinne des Artikels 363 Buchstabe b, des Artikels 369 e Buchstabe b, des Artikels 369 r Absatz 1 Buchstabe b bzw. des Artikels 369 r Absatz 3 Buchstabe b der Richtlinie 2006/112/EG eingestellt hat. [2]Diese Einstellung der Tätigkeit hindert ihn nicht daran, bei Wiederaufnahme seiner unter eine Sonderregelung fallenden Tätigkeiten eine Sonderregelung in Anspruch zu nehmen.

Artikel 58 b

(1) Der Ausschluss eines Steuerpflichtigen von einer der Sonderregelungen wegen wiederholten Verstoßes gegen die einschlägigen Vorschriften gilt in jedem Mitgliedstaat und für alle Sonderregelungen während des Zeitraums von zwei Jahren, der auf den Erklärungszeitraum folgt, in dem der Steuerpflichtige ausgeschlossen wurde.

Unterabsatz 1 gilt jedoch nicht für die Einfuhrregelung, wenn der Ausschluss durch einen wiederholten Verstoß gegen die Vorschriften durch den Vermittler bedingt war, der für Rechnung des Steuerpflichtigen gehandelt hat.

Wird ein Vermittler aufgrund eines wiederholten Verstoßes gegen die Vorschriften der Einfuhrregelung aus dem Identifikationsregister gestrichen, ist es ihm untersagt, während der zwei Jahre, die auf den Monat folgen, in dem er aus dem Register gestrichen wurde, als Vermittler tätig zu werden.

(2) Als wiederholter Verstoß gegen die Vorschriften einer der Sonderregelungen im Sinne des Artikels 363 Buchstabe d, des Artikels 369 e Buchstabe d, des Artikels 369 r Absatz 1 Buchstabe d, des Artikels 369 r Absatz 2 Buchstabe c oder des Artikels 369 r Absatz 3 Buchstabe d der Richtlinie 2006/112/EG durch einen Steuerpflichtigen oder einen Vermittler gelten mindestens die folgenden Fälle:

a) Dem Steuerpflichtigen oder dem für seine Rechnung handelnden Vermittler wurden vom Mitgliedstaat der Identifizierung für drei unmittelbar vorangegangene Erklärungszeiträume Erinnerungen gemäß Artikel 60 a erteilt, und die Mehrwertsteuererklärung wurde für jeden dieser Erklärungszeiträume nicht binnen zehn Tagen, nachdem die Erinnerung erteilt wurde, abgegeben;

b) dem Steuerpflichtigen oder dem für seine Rechnung handelnden Vermittler wurden vom Mitgliedstaat der Identifizierung für drei unmittelbar vorangegangene Erklärungszeiträume Erinnerungen gemäß Artikel 63 a erteilt, und der Gesamtbetrag der erklärten Mehrwertsteuer wurde vom Steuerpflichtigen oder von dem für seine Rechnung handelnden Vermittler nicht binnen zehn Tagen, nachdem die Erinnerung erteilt wurde, für jeden dieser Erklärungszeiträume gezahlt, außer wenn der ausstehende Betrag weniger als 100 EUR für jeden dieser Erklärungszeiträume beträgt;

c) der Steuerpflichtige oder der für seine Rechnung handelnde Vermittler hat nach einer Aufforderung des Mitgliedstaats der Identifizierung und einen Monat nach einer nachfolgenden Erinnerung des Mitgliedstaats der Identifizierung die in den Artikeln 369, 369 k und 369 x der Richtlinie 2006/112/EG genannten Aufzeichnungen nicht elektronisch zur Verfügung gestellt.

Artikel 58c

Ein Steuerpflichtiger, der von der Nicht-EU-Regelung oder der EU-Regelung ausgeschlossen worden ist, kommt allen seinen Mehrwertsteuerpflichten im Zusammenhang mit der Lieferung von Gegenständen und der Erbringung von Dienstleistungen, die nach dem Zeitpunkt entstehen, zu dem der Ausschluss wirksam wurde, direkt bei den Steuerbehörden des betreffenden Mitgliedstaats des Verbrauchs nach.

Unterabschnitt 7
Mehrwertsteuererklärung

Artikel 59

(1) Jeder Erklärungszeitraum im Sinne der Artikel 364, 369f oder 369s der Richtlinie 2006/112/EG ist ein eigenständiger Erklärungszeitraum.

(2) Gilt die Nicht-EU-Regelung oder die EU-Regelung gemäß Artikel 57d Absatz 1 Unterabsatz 2 ab dem ersten Tag der Lieferung bzw. Dienstleistungserbringung, so gibt der Steuerpflichtige eine gesonderte Mehrwertsteuererklärung für das Kalenderquartal ab, in dem die erste Dienstleistungserbringung erfolgt ist.

(3) Wurde ein Steuerpflichtiger während eines Erklärungszeitraums im Rahmen der Nicht-EU-Regelung und der EU-Regelung registriert, so richtet er im Rahmen jeder Regelung Mehrwertsteuererklärungen und entsprechende Zahlungen hinsichtlich der Lieferung von Gegenständen bzw. Erbringung von Dienstleistungen und der von dieser Regelung erfassten Zeiträume an den Mitgliedstaat der Identifizierung.

(4) Ändert sich gemäß Artikel 57f der Mitgliedstaat der Identifizierung nach dem ersten Tag des betreffenden Erklärungszeitraums, so richtet der Steuerpflichtige oder der für seine Rechnung handelnde Vermittler Mehrwertsteuererklärungen und entsprechende Mehrwertsteuerzahlungen an den ehemaligen und an den neuen Mitgliedstaat der Identifizierung, die sich auf die Lieferung von Gegenständen bzw. Erbringung von Dienstleistungen während der Zeiträume beziehen, in denen die Mitgliedstaaten jeweils der Mitgliedstaat der Identifizierung waren.

Artikel 59a

Hat ein Steuerpflichtiger, der eine Sonderregelung in Anspruch nimmt, während eines Erklärungszeitraums keine Gegenstände oder Dienstleistungen in irgendeinem Mitgliedstaat des Verbrauchs im Rahmen dieser Sonderregelung geliefert bzw. erbracht und hat er keine Berichtigungen an früheren Erklärungen vorzunehmen, so reicht er oder der für seine Rechnung handelnde Vermittler eine Mehrwertsteuererklärung ein, aus der hervorgeht, dass in dem Zeitraum keine Lieferungen getätigt bzw. Dienstleistungen erbracht wurden (MwSt.-Nullmeldung).

Artikel 60

[1]Die Beträge in den Mehrwertsteuererklärungen im Rahmen der Sonderregelungen werden nicht auf die nächste volle Einheit auf- oder abgerundet. [2]Es wird jeweils der genaue Mehrwertsteuerbetrag angegeben und abgeführt.

Artikel 60a

[1]Der Mitgliedstaat der Identifizierung erinnert Steuerpflichtige oder auf ihre Rechnung handelnde Vermittler, die keine Mehrwertsteuererklärung gemäß den Artikeln 364, 369f oder 369s der Richtlinie 2006/112/EG abgegeben haben, auf elektronischem Wege an ihre Verpflichtung zur Abgabe dieser Erklärung. [2]Der Mitgliedstaat der Identifizierung erteilt die Erinnerung am zehnten Tag, der auf den Tag folgt, an dem die Erklärung hätte vorliegen sollen, und unterrichtet die übrigen Mitgliedstaaten auf elektronischem Wege über die Erteilung einer Erinnerung.

Für alle nachfolgenden Erinnerungen und sonstigen Schritte zur Festsetzung und Erhebung der Mehrwertsteuer ist der betreffende Mitgliedstaat des Verbrauchs zuständig.

Der Steuerpflichtige oder der für seine Rechnung handelnde Vermittler gibt die Mehrwertsteuererklärung ungeachtet jeglicher durch den Mitgliedstaat des Verbrauchs erteilter Erinnerungen und getroffener Maßnahmen im Mitgliedstaat der Identifizierung ab.

Artikel 61

(1) Änderungen der Zahlen, die in einer Mehrwertsteuerklärung enthalten sind, die sich auf Zeiträume bis einschließlich zum letzten Erklärungszeitraum im Jahr 2020 bezieht, werden nach der Abgabe dieser Mehrwertsteuerklärung ausschließlich im Wege von Änderungen dieser Erklärung und nicht durch Berichtigungen in einer nachfolgenden Erklärung vorgenommen.

Änderungen der Zahlen, die in einer Mehrwertsteuerklärung enthalten sind, die sich auf Zeiträume ab dem ersten Erklärungszeitraum 2021 bezieht, werden nach der Abgabe dieser Mehrwertsteuerklärung ausschließlich durch Berichtigungen in einer nachfolgenden Erklärung vorgenommen.

(2) Die Änderungen gemäß Absatz 1 werden dem Mitgliedstaat der Identifizierung innerhalb von drei Jahren ab dem Tag, an dem die ursprüngliche Erklärung abzugeben war, auf elektronischem Wege übermittelt.

Die Vorschriften des Mitgliedstaats des Verbrauchs in Bezug auf Steuerfestsetzungen und Änderungen bleiben jedoch unberührt.

Artikel 61a

(1) Der Steuerpflichtige oder der für seine Rechnung handelnde Vermittler richtet seine abschließende Mehrwertsteuererklärung sowie jegliche verspätete Abgabe vorangegangener Mehrwertsteuererklärungen und die entsprechenden Zahlungen an den Mitgliedstaat, der vor der Beendigung, dem Ausschluss oder der Änderung der Mitgliedstaat der Identifizierung war, wenn er

a) die Inanspruchnahme einer der Sonderregelungen beendet,

b) von den Sonderregelungen ausgeschlossen wird oder

c) den Mitgliedstaat der Identifizierung gemäß Artikel 57f ändert.

Berichtigungen der abschließenden Erklärung und früherer Erklärungen, die sich nach der Abgabe der abschließenden Erklärung ergeben, wird direkt bei den Steuerbehörden des betreffenden Mitgliedstaats des Verbrauchs nachgekommen.

(2) Für alle Steuerpflichtigen, für deren Rechnung er handelt, richtet ein Vermittler die abschließenden Mehrwertsteuererklärungen sowie jegliche verspätete Abgabe vorangegangener Mehrwertsteuererklärungen und die entsprechenden Zahlungen an den Mitgliedstaat, der vor der Streichung oder der Änderung der Mitgliedstaat der Identifizierung war, wenn er

a) aus dem Identifikationsregister gestrichen wird oder

b) den Mitgliedstaat der Identifizierung gemäß Artikel 57f Absatz 2 ändert.

Berichtigungen der abschließenden Erklärung und früherer Erklärungen, die sich nach der Abgabe der abschließenden Erklärung ergeben, wird direkt bei den Steuerbehörden des betreffenden Mitgliedstaats des Verbrauchs nachgekommen.

Unterabschnitt 7 a
Einfuhrregelung – Steuertatbestand

Artikel 61 b

Für die Anwendung von Artikel 369 n der Richtlinie 2006/112/EG bezeichnet der Zeitpunkt, zu dem die Zahlung angenommen wurde, den Zeitpunkt, zu dem die Zahlung bestätigt wurde oder die Zahlungsgenehmigungsmeldung oder eine Zahlungszusage des Erwerbers beim Steuerpflichtigen, der die Einfuhrregelung in Anspruch nimmt, oder für dessen Rechnung eingegangen ist, und zwar unabhängig davon, wann die tatsächliche Zahlung erfolgt, je nachdem, welcher Zeitpunkt der frühere ist.

Unterabschnitt 8
Währung

Artikel 61 c

Bestimmt ein Mitgliedstaat der Identifizierung, dessen Währung nicht der Euro ist, dass Mehrwertsteuererklärungen in seiner Landeswährung zu erstellen sind, so gilt diese Bestimmung für die Mehrwertsteuererklärungen von allen Steuerpflichtigen, die Sonderregelungen in Anspruch nehmen.

Unterabschnitt 9
Zahlungen

Artikel 62

Unbeschadet des Artikels 63 a Unterabsatz 3 und des Artikels 63 b richtet ein Steuerpflichtiger oder ein für seine Rechnung handelnder Vermittler alle Zahlungen an den Mitgliedstaat der Identifizierung.

[1]Mehrwertsteuerzahlungen des Steuerpflichtigen oder des für seine Rechnung handelnden Vermittlers gemäß den Artikeln 367, 369 i oder 369 v der Richtlinie 2006/112/EG beziehen sich nur auf die gemäß den Artikeln 364, 369 f oder 369 s dieser Richtlinie abgegebene Mehrwertsteuererklärung. [2]Jede spätere Berichtigung der gezahlten Beträge durch den Steuerpflichtigen oder den für seine Rechnung handelnden Vermittler wird ausschließlich unter Bezugnahme auf diese Erklärung vorgenommen und darf weder einer anderen Erklärung zugeordnet noch bei einer späteren Erklärung berichtigt werden. [3]Bei jeder Zahlung ist die Referenznummer der betreffenden Steuererklärung anzugeben.

Artikel 63

Hat ein Mitgliedstaat der Identifizierung einen Betrag vereinnahmt, der höher ist, als es der Mehrwertsteuererklärung gemäß den Artikeln 364, 369 f oder 369 s der Richtlinie 2006/112/EG entspricht, so erstattet er dem betreffenden Steuerpflichtigen oder dem für seine Rechnung handelnden Vermittler den zu viel gezahlten Betrag direkt.

Hat ein Mitgliedstaat der Identifizierung einen Betrag aufgrund einer Mehrwertsteuererklärung erhalten, die sich später als unrichtig herausstellt, und hat er diesen Betrag bereits an die Mitgliedstaaten des Verbrauchs weitergeleitet, so erstatten diese Mitgliedstaaten des Verbrauchs dem Steuerpflichtigen oder dem für seine Rechnung handelnden Vermittler direkt ihren jeweiligen Anteil an dem zu viel gezahlten Betrag.

Beziehen sich die zu viel gezahlten Beträge jedoch auf Zeiträume bis einschließlich zum letzten Erklärungszeitraum im Jahr 2018, erstattet der Mitgliedstaat der Identifizierung den betreffenden Anteil des entsprechenden Teils des gemäß Artikel 46 Absatz 3 der Verordnung (EU) Nr. 904/2010 einbehaltenen Betrags, und der Mitgliedstaat des Verbrauchs erstattet den zu viel gezahlten Betrag abzüglich des vom Mitgliedstaat der Identifizierung erstatteten Betrags.

Die Mitgliedstaaten des Verbrauchs unterrichten den Mitgliedstaat der Identifizierung auf elektronischem Wege über den Betrag dieser Erstattungen.

Artikel 63 a

Gibt ein Steuerpflichtiger oder ein für seine Rechnung handelnder Vermittler zwar eine Mehrwertsteuererklärung gemäß den Artikeln 364, 369 f oder 369 s der Richtlinie 2006/112/EG ab, aber es wird keine Zahlung oder eine geringere Zahlung als die sich aus der Erklärung ergebende Zahlung geleistet, so schickt der Mitgliedstaat der Identifizierung dem Steuerpflichtigen oder dem für seine Rechnung handelnden Vermittler am zehnten Tag nach dem Tag, an dem die Zahlung gemäß den Artikeln 367, 369 i oder 369 v der Richtlinie 2006/112/EG spätestens zu leisten war, wegen der überfälligen Mehrwertsteuer eine Erinnerung auf elektronischem Wege.

Der Mitgliedstaat der Identifizierung unterrichtet die Mitgliedstaaten des Verbrauchs auf elektronischem Wege über die Versendung der Erinnerung.

[1]Für alle nachfolgenden Erinnerungen und sonstigen Schritte zur Erhebung der Mehrwertsteuer ist der betreffende Mitgliedstaat des Verbrauchs zuständig. [2]Sind vom Mitgliedstaat des Verbrauchs nachfolgende Erinnerungen erteilt worden, erfolgt die entsprechende Mehrwertsteuerzahlung an diesen Mitgliedstaat.

Der Mitgliedstaat des Verbrauchs unterrichtet den Mitgliedstaat der Identifizierung auf elektronischem Wege über die Erteilung der Erinnerung.

Artikel 63 b

[1]Ist keine Mehrwertsteuererklärung abgegeben worden, oder ist die Mehrwertsteuererklärung zu spät abgegeben worden, oder ist sie unvollständig oder unrichtig, oder wird die Mehrwertsteuer zu spät gezahlt, so werden etwaige Zinsen, Geldbußen oder sonstige Abgaben von dem Mitgliedstaat des Verbrauchs berechnet und festgesetzt. [2]Der Steuerpflichtige oder für seine Rechnung handelnde Vermittler zahlt diese Zinsen, Geldbußen oder sonstige Abgaben direkt an den Mitgliedstaat des Verbrauchs.

Unterabschnitt 10
Aufzeichnungen

Artikel 63 c

(1) Um als hinreichend ausführlich im Sinne der Artikel 369 und 369 k der Richtlinie 2006/112/EG zu gelten, enthalten die vom Steuerpflichtigen zu führenden Aufzeichnungen die folgenden Informationen:

a) den Mitgliedstaat des Verbrauchs, in den die Gegenstände geliefert oder in dem die Dienstleistungen erbracht werden;

b) die Art der erbrachten Dienstleistung oder die Beschreibung und die Menge der gelieferten Gegenstände;

c) das Datum der Lieferung der Gegenstände oder der Erbringung der Dienstleistungen;

d) die Steuerbemessungsgrundlage unter Angabe der verwendeten Währung;

e) jede anschließende Erhöhung oder Senkung der Steuerbemessungsgrundlage;

f) den anzuwendenden Mehrwertsteuersatz;

g) den Betrag der zu zahlenden Mehrwertsteuer unter Angabe der verwendeten Währung;

h) das Datum und den Betrag der erhaltenen Zahlungen;

i) alle vor Lieferung der Gegenstände oder Erbringung der Dienstleistung erhaltenen Vorauszahlungen;

j) falls eine Rechnung ausgestellt wurde, die darin enthaltenen Informationen;

k) in Bezug auf Dienstleistungen die Informationen, die zur Bestimmung des Ortes verwendet werden, an dem der Erwerber ansässig ist oder seinen Wohnsitz oder gewöhnlichen Aufenthaltsort hat, und in Bezug auf Gegenstände die Informationen, die zur Bestimmung des Ortes verwendet werden, an dem die Versendung oder Beförderung der Gegenstände zum Erwerber beginnt und endet;

l) jegliche Nachweise über etwaige Rücksendungen von Gegenständen, einschließlich der Steuerbemessungsgrundlage und des anzuwendenden Mehrwertsteuersatzes.

(2) Um als hinreichend ausführlich im Sinne des Artikels 369x der Richtlinie 2006/112/EG zu gelten, enthalten die vom Steuerpflichtigen oder für seine Rechnung handelnden Vermittler zu führenden Aufzeichnungen die folgenden Informationen:

a) den Mitgliedstaat des Verbrauchs, in den die Gegenstände geliefert werden;

b) die Beschreibung und die Menge der gelieferten Gegenstände;

c) das Datum der Lieferung der Gegenstände;

d) die Steuerbemessungsgrundlage unter Angabe der verwendeten Währung;

e) jede anschließende Erhöhung oder Senkung der Steuerbemessungsgrundlage;

f) den anzuwendenden Mehrwertsteuersatz;

g) den Betrag der zu zahlenden Mehrwertsteuer unter Angabe der verwendeten Währung;

h) das Datum und den Betrag der erhaltenen Zahlungen;

i) falls eine Rechnung ausgestellt wurde, die darin enthaltenen Informationen;

j) die zur Bestimmung des Ortes, an dem die Versendung oder Beförderung der Gegenstände zum Erwerber beginnt und endet, verwendeten Informationen;

k) Nachweise über etwaige Rücksendungen von Gegenständen, einschließlich der Steuerbemessungsgrundlage und des anzuwendenden Mehrwertsteuersatzes;

l) die Bestellnummer oder die eindeutige Transaktionsnummer;

m) die eindeutige Sendungsnummer, falls der Steuerpflichtige unmittelbar an der Lieferung beteiligt ist.

(3) Der Steuerpflichtige oder der für seine Rechnung handelnde Vermittler erfasst die Informationen gemäß den Absätzen 1 und 2 so, dass sie unverzüglich und für jeden einzelnen gelieferten Gegenstand oder jede einzelne erbrachte Dienstleistung auf elektronischem Wege zur Verfügung gestellt werden können.

[1]Wurde der Steuerpflichtige oder der für seine Rechnung handelnde Vermittler aufgefordert, die Aufzeichnungen gemäß den Artikeln 369, 369k und 369x der Richtlinie 2006/112/EG elektronisch zu übermitteln, und ist er dieser Aufforderung nicht innerhalb von 20 Tagen nach dem Datum der Aufforderung nachgekommen, so erinnert der Mitgliedstaat der Identifizierung den Steuerpflichtigen oder den für seine Rechnung handelnden Vermittler an die Übermittlung der genannten Aufzeichnungen. [2]Der Mitgliedstaat der Identifizierung unterrichtet die Mitgliedstaaten des Verbrauchs auf elektronischem Wege über die Versendung der Erinnerung.

ABSCHNITT 3
Sonderregelungen für die Erklärung und Entrichtung der Mehrwertsteuer bei der Einfuhr
(Artikel 369y bis 369zb der Richtlinie 2006/112/EG)

Artikel 63d

Die Anwendung der monatlichen Zahlung der Mehrwertsteuer bei der Einfuhr gemäß den in Titel XII Kapitel 7 der Richtlinie 2006/112/EG vorgesehenen Sonderregelungen für die Erklärung und Entrichtung der Mehrwertsteuer bei der Einfuhr kann an die Bedingungen für einen Zahlungsaufschub gemäß der Verordnung (EU) Nr. 952/2013 des Europäischen Parlaments und des Rates[12] geknüpft sein.

Für die Zwecke der Anwendung der Sonderregelungen können die Mitgliedstaaten die Bedingung, dass die Gegenstände beim Zoll im Namen der Person, für die die Gegenstände bestimmt sind, vorzuführen sind, als erfüllt ansehen, wenn die Person, die die Gegenstände beim Zoll vorführt, ihre Absicht erklärt, von den Sonderregelungen Gebrauch zu machen und die Mehrwertsteuer von der Person, für die die Gegenstände bestimmt sind, einzutreiben.

KAPITEL XII
SCHLUSSBESTIMMUNGEN

Artikel 64

Die Verordnung (EG) Nr. 1777/2005 wird aufgehoben.

Bezugnahmen auf die aufgehobene Verordnung gelten als Bezugnahmen auf die vorliegende Verordnung und sind nach Maßgabe der Entsprechungstabelle in Anhang IV zu lesen.

Artikel 65

Diese Verordnung tritt am zwanzigsten Tag nach ihrer Veröffentlichung im *Amtsblatt der Europäischen Union* in Kraft.[13]

Sie gilt ab 1. Juli 2011.

Jedoch

– gelten Artikel 3 Buchstabe a, Artikel 11 Absatz 2 Buchstabe b, Artikel 23 Absatz 1 und Artikel 24 Absatz 1 ab dem 1. Januar 2013;

– gilt Artikel 3 Buchstabe b ab dem 1. Januar 2015;

– gilt Artikel 11 Absatz 2 Buchstabe c bis zum 31. Dezember 2014.

Diese Verordnung ist in allen ihren Teilen verbindlich und gilt unmittelbar in jedem Mitgliedstaat.

12 Amtliche Fußnote: Verordnung (EU) Nr. 952/2013 des Europäischen Parlaments und des Rates vom 9. Oktober 2013 zur Festlegung des Zollkodex der Union (ABl. L 269 vom 10. 10. 2013, S. 1).

13 Die Veröffentlichung erfolgte am 23. März 2011.

ANHANG I

Artikel 7 der vorliegenden Verordnung

1. Anhang II Nummer 1 der Richtlinie 2006/112/EG:
   - a) Webhosting (Websites und Webpages);
   - b) automatisierte Online-Fernwartung von Programmen;
   - c) Fernverwaltung von Systemen;
   - d) Online-Data-Warehousing (Datenspeicherung und -abruf auf elektronischem Wege);
   - e) Online-Bereitstellung von Speicherplatz nach Bedarf.
2. Anhang II Nummer 2 der Richtlinie 2006/112/EG:
   - a) Gewährung des Zugangs zu oder Herunterladen von Software (z. B. Beschaffungs- oder Buchführungsprogramme, Software zur Virusbekämpfung) und Updates;
   - b) Bannerblocker (Software zur Unterdrückung der Anzeige von Werbebannern);
   - c) Herunterladen von Treibern (z. B. Software für Schnittstellen zwischen Computern und Peripheriegeräten wie z. B. Printer);
   - d) automatisierte Online-Installation von Filtern auf Websites;
   - e) automatisierte Online-Installation von Firewalls.
3. Anhang II Nummer 3 der Richtlinie 2006/112/EG:
   - a) Gewährung des Zugangs zu oder Herunterladen von Desktop-Gestaltungen;
   - b) Gewährung des Zugangs zu oder Herunterladen von Fotos, Bildern und Screensavern;
   - c) digitalisierter Inhalt von E-Books und anderen elektronischen Publikationen;
   - d) Abonnement von Online-Zeitungen und -Zeitschriften;
   - e) Web-Protokolle und Website-Statistiken;
   - f) Online-Nachrichten, -Verkehrsinformationen und -Wetterbericht;
   - g) Online-Informationen, die automatisch anhand spezifischer, vom Dienstleistungsempfänger eingegebener Daten etwa aus dem Rechts- oder Finanzbereich generiert werden (z. B. Börsendaten in Echtzeit);
   - h) Bereitstellung von Werbeplätzen (z. B. Bannerwerbung auf Websites und Webpages);
   - i) Benutzung von Suchmaschinen und Internetverzeichnissen.
4. Anhang II Nummer 4 der Richtlinie 2006/112/EG:
   - a) Gewährung des Zugangs zu oder Herunterladen von Musik auf Computer und Mobiltelefon;
   - b) Gewährung des Zugangs zu oder Herunterladen von Jingles, Ausschnitten, Klingeltönen und anderen Tönen;
   - c) Gewährung des Zugangs zu oder Herunterladen von Filmen;
   - d) Herunterladen von Spielen auf Computer und Mobiltelefon;
   - e) Gewährung des Zugangs zu automatisierten Online-Spielen, die nur über das Internet oder ähnliche elektronische Netze laufen und bei denen die Spieler räumlich voneinander getrennt sind.
   - f) Empfang von Rundfunk- oder Fernsehsendungen, die über ein Rundfunk- oder Fernsehnetz, das Internet oder ein ähnliches elektronisches Netz verbreitet werden und die der Nutzer auf individuellen Abruf zum Anhören oder Anschauen zu einem von ihm bestimmten Zeitpunkt aus einem von dem Mediendiensteanbieter bereitgestellten Programmverzeichnis auswählt, wie Fernsehen auf Abruf oder Video-on-Demand;
   - g) Empfang von Rundfunk- oder Fernsehsendungen, die über das Internet oder ein ähnliches elektronisches Netz (IP-Streaming) übertragen werden, es sei denn, sie werden zeitgleich zu ihrer Verbreitung oder Weiterverbreitung durch herkömmliche Rundfunk- und Fernsehnetze übertragen;
   - h) die Erbringung von Audio- und audiovisuellen Inhalten über Kommunikationsnetze, die weder durch einen Mediendiensteanbieter noch unter dessen redaktioneller Verantwortung erfolgt;
   - i) die Weiterleitung der Audio- und audiovisuellen Erzeugnisse eines Mediendiensteanbieters über Kommunikationsnetze durch eine andere Person als den Mediendiensteanbieter.
5. Anhang II Nummer 5 der Richtlinie 2006/112/EG:
   - a) Automatisierter Fernunterricht, dessen Funktionieren auf das Internet oder ein ähnliches elektronisches Netz angewiesen ist und dessen Erbringung wenig oder gar keine menschliche Beteiligung erfordert, einschließlich sogenannter virtueller Klassenzimmer, es sei denn, das Internet oder das elektronische Netz dient nur als Kommunikationsmittel zwischen Lehrer und Schüler;
   - b) Arbeitsunterlagen, die vom Schüler online bearbeitet und anschließend ohne menschliches Eingreifen automatisch korrigiert werden.

ANHANG II

Artikel 51 dieser Verordnung

EUROPÄISCHE UNION

BESCHEINIGUNG ÜBER DIE BEFREIUNG VON DER MEHRWERTSTEUER UND/ODER DER VERBRAUCHSTEUER (*)
(Richtlinie 2006/112/EG – Artikel 151 – und Richtlinie 2008/118/EG – Artikel 13)

Laufende Nummer (nicht zwingend):

1. **ANTRAGSTELLENDE EINRICHTUNG BZW. PRIVATPERSON**
Bezeichnung/Name
Straße, Hausnummer
Postleitzahl, Ort
(Aufnahme-)Mitgliedstaat

2. **FÜR DAS ANBRINGEN DES DIENSTSTEMPELS ZUSTÄNDIGE BEHÖRDE (Bezeichnung, Anschrift und Rufnummer)**

3. **ERKLÄRUNG DER ANTRAGSTELLENDEN EINRICHTUNG ODER PRIVATPERSON**
Der Antragsteller (Einrichtung/Privatperson) ([1]) erklärt hiermit,
a) dass die in Feld 5 genannten Gegenstände und/oder Dienstleistungen bestimmt sind ([2])

□ für amtliche Zwecke	□ zur privaten Verwendung durch
□ einer ausländischen diplomatischen Vertretung	□ einen Angehörigen einer ausländischen diplomatischen Vertretung
□ einer ausländischen berufskonsularischen Vertretung	□ einen Angehörigen einer ausländischen berufskonsularischen Vertretung
□ einer europäischen Einrichtung, auf die das Protokoll über die Vorrechte und Befreiungen der Europäischen Union Anwendung findet	
□ einer internationalen Organisation	□ einen Bediensteten einer internationalen Organisation
□ der Streitkräfte eines der NATO angehörenden Staates	
□ der Streitkräfte eines Mitgliedstaats, die an Maßnahmen der Union im Rahmen der Gemeinsamen Sicherheits- und Verteidigungspolitik (GSVP) Union beteiligt sind	
□ der auf Zypern stationierten Streitkräfte des Vereinigten Königreichs	
□ für die Verwendung durch die Europäische Kommission oder eine andere nach Unionsrecht geschaffene Einrichtung oder sonstige Stelle, wenn die Kommission oder diese Einrichtung oder sonstige Stelle ihre Aufgaben im Rahmen der Reaktion auf die COVID-19-Pandemie wahrnimmt	

(Bezeichnung der Einrichtung) (siehe Feld 4)

b) dass die in Feld 5 genannten Gegenstände und/oder Dienstleistungen mit den Bedingungen und Beschränkungen vereinbar sind, die in dem in Feld 1 genannten Aufnahmemitgliedstaat für die Freistellung gelten, und

c) dass die obigen Angaben richtig und vollständig sind.

Der Antragsteller (Einrichtung/Privatperson) verpflichtet sich hiermit, an den Mitgliedstaat, aus dem die Gegenstände versandt wurden oder von dem aus die Gegenstände geliefert oder die Dienstleistungen erbracht wurden, die Mehrwertsteuer und/oder Verbrauchsteuer zu entrichten, die fällig wird, falls die Gegenstände und/oder Dienstleistungen die Bedingungen für die Befreiung nicht erfüllen oder nicht für die beabsichtigten Zwecke verwendet werden bzw. nicht den beabsichtigten Zwecken dienen.

Ort, Datum	Name und Stellung des Unterzeichnenden Unterschrift

4. **DIENSTSTEMPEL DER EINRICHTUNG (bei Freistellung zur privaten Verwendung)**

Ort, Datum	Stempel	Name und Stellung des Unterzeichnenden Unterschrift

5. **BEZEICHNUNG DER GEGENSTÄNDE UND/ODER DIENSTLEISTUNGEN, FÜR DIE DIE BEFREIUNG VON DER MEHRWERTSTEUER UND/ODER VERBRAUCHSTEUER BEANTRAGT WIRD**

A. Angaben zu dem Unternehmer/zugelassenen Lagerinhaber:

1) Bezeichnung und Anschrift

2) Mitgliedstaat

3) Mehrwertsteuer-Identifikationsnummer oder Steuerregisternummer/Verbrauchsteuernummer

B. Angaben zu den Gegenständen und/oder Dienstleistungen:

Nr.	Ausführliche Beschreibung der Gegenstände und/oder Dienstleistungen (3) (oder Verweis auf beigefügten Bestellschein)	Menge oder Anzahl	Preis ohne Mehrwertsteuer und Verbrauchsteuer		Währung
			Preis pro Einheit	Gesamtwert	
		Gesamtbetrag			

6. **BESCHEINIGUNG DER ZUSTÄNDIGEN BEHÖRDE(N) DES AUFNAHMEMITGLIEDSTAATES**

Die Versendung/Lieferung bzw. Erbringung der in Feld 5 genannten Gegenstände und/oder Dienstleistungen entspricht

□ in vollem Umfang   □ in folgendem Umfang   (Menge bzw. Anzahl) (4)

den Bedingungen für die Befreiung von der Mehrwertsteuer und/oder Verbrauchsteuer.

Ort, Datum   Stempel   Name und Stellung des Unterzeichnenden Unterschrift

7. **VERZICHT AUF ANBRINGUNG DES DIENSTSTEMPELABDRUCKS IN FELD 6 (nur bei Freistellung für amtliche Zwecke)**

Mit Schreiben Nr.

vom

wird für

(Bezeichnung der antragstellenden Einrichtung)

auf die Anbringung des Dienststempelabdrucks in Feld 6 durch

(Bezeichnung der zuständigen Behörde des Aufnahmemitgliedstaates) verzichtet.

Ort, Datum   Stempel   Name und Stellung des Unterzeichnenden Unterschrift

(*) Nichtzutreffendes streichen.

(1) Nichtzutreffendes streichen.

(2) Zutreffendes ankreuzen.

(3) Nicht benutzte Felder durchstreichen. Dies gilt auch, wenn ein Bestellschein beigefügt ist.

(4) Gegenstände und/oder Dienstleistungen, für die keine Befreiung gewährt werden kann, sind in Feld 5 oder auf dem Bestellschein durchzustreichen.

Erläuterungen

1. Dem Unternehmer und/oder zugelassenen Lagerinhaber dient diese Bescheinigung als Beleg für die Steuerbefreiung von Gegenständen oder Dienstleistungen, die an Einrichtungen bzw. Privatpersonen im Sinne von Artikel 151 der Richtlinie 2006/112/EG und Artikel 13 der Richtlinie 2008/118/EG versendet und/oder geliefert werden. Dementsprechend ist für jeden Lieferer/Lagerinhaber eine Bescheinigung auszufertigen. Der Lieferer/Lagerinhaber hat die Bescheinigung gemäß den in seinem Mitgliedstaat geltenden Rechtsvorschriften in seine Buchführung aufzunehmen.

2. a) Die allgemeinen Hinweise zum zu verwendenden Papier und zu den Abmessungen der Felder sind dem *Amtsblatt der Europäischen Gemeinschaften* (C 164 vom 1. 7. 1989, S. 3) zu entnehmen.Für alle Exemplare ist weißes Papier im Format 210 × 297 mm zu verwenden, wobei in der Länge Abweichungen von –5 bis +8 mm zulässig sind.Bei einer Befreiung von der Verbrauchsteuer ist die Befreiungsbescheinigung in zwei Exemplaren auszufertigen:

   – eine Ausfertigung für den Versender;

   – eine Ausfertigung, die die Bewegungen der der Verbrauchsteuer unterliegenden Produkte begleitet.

   b) Nicht genutzter Raum in Feld 5 Buchstabe B ist so durchzustreichen, dass keine zusätzlichen Eintragungen vorgenommen werden können.

   c) Das Dokument ist leserlich und in dauerhafter Schrift auszufüllen. Löschungen oder Überschreibungen sind nicht zulässig. Die Bescheinigung ist in einer vom Aufnahmemitgliedstaat anerkannten Sprache auszufüllen.

   d) Wird bei der Beschreibung der Gegenstände und/oder Dienstleistungen (Feld 5 Buchstabe B der Bescheinigung) auf einen Bestellschein Bezug genommen, der nicht in einer vom Aufnahmemitgliedstaat anerkannten Sprache abgefasst ist, so hat der Antragsteller (Einrichtung/Privatperson) eine Übersetzung beizufügen.

   e) Ist die Bescheinigung in einer vom Mitgliedstaat des Lieferers/Lagerinhabers nicht anerkannten Sprache verfasst, so hat der Antragsteller (Einrichtung/Privatperson) eine Übersetzung der Angaben über die in Feld 5 Buchstabe B aufgeführten Gegenstände und Dienstleistungen beizufügen.

   f) Unter einer anerkannten Sprache ist eine der Sprachen zu verstehen, die in dem betroffenen Mitgliedstaat amtlich in Gebrauch ist, oder eine andere Amtssprache der Union, die der Mitgliedstaat als zu diesem Zwecke verwendbar erklärt.

3. In Feld 3 der Bescheinigung macht der Antragsteller (Einrichtung/Privatperson) die für die Entscheidung über den Freistellungsantrag im Aufnahmemitgliedstaat erforderlichen Angaben.

4. In Feld 4 der Bescheinigung bestätigt die Einrichtung die Angaben in den Feldern 1 und 3 Buchstabe a des Dokuments und bescheinigt, dass der Antragsteller – wenn es sich um eine Privatperson handelt – Bediensteter der Einrichtung ist.

5. a) Wird (in Feld 5 Buchstabe B der Bescheinigung) auf einen Bestellschein verwiesen, so sind mindestens Bestelldatum und Bestellnummer anzugeben. Der Bestellschein hat alle Angaben zu enthalten, die in Feld 5 der Bescheinigung genannt werden. Muss die Bescheinigung von der zuständigen Behörde des Aufnahmemitgliedstaates abgestempelt werden, so ist auch der Bestellschein abzustempeln.

   b) Die Angabe der in Artikel 2 Nummer 12 der Verordnung (EU) Nr. 389/2012 des Rates vom 2. Mai 2012 über die Zusammenarbeit der Verwaltungsbehörden auf dem Gebiet der Verbrauchsteuern und zur Aufhebung von Verordnung (EG) Nr. 2073/2004 definierten Verbrauchsteuernummer ist nicht zwingend; die Mehrwertsteuer-Identifikationsnummer oder die Steuerregisternummer ist anzugeben.

   c) Währungen sind mit den aus drei Buchstaben bestehenden Codes der internationalen ISOIDIS-4217-Norm zu bezeichnen, die von der Internationalen Normenorganisation festgelegt wurde.[14]

6. Die genannte Erklärung einer antragstellenden Einrichtung/Privatperson ist in Feld 6 durch die Dienststempel der zuständigen Behörde(n) des Aufnahmemitgliedstaates zu beglaubigen. Diese Behörde(n) kann/können die Beglaubigung davon abhängig machen, dass eine andere Behörde des Mitgliedstaats zustimmt. Es obliegt der zuständigen Steuerbehörde, eine derartige Zustimmung zu erlangen.

7. Zur Vereinfachung des Verfahrens kann die zuständige Behörde darauf verzichten, von einer Einrichtung, die eine Befreiung für amtliche Zwecke beantragt, die Erlangung des Dienststempels zu fordern. Die antragstellende Einrichtung hat diese Verzichterklärung in Feld 7 der Bescheinigung anzugeben.

---

14 Amtliche Fußnote: Die Codes einiger häufig benutzter Währungen lauten: EUR (Euro), BGN (Leva), CZK (Tschechische Kronen), DKK (Dänische Kronen), GBP (Pfund Sterling), HUF (Forint), LTL (Litai), PLN (Zloty), RON (Rumänische Lei), SEK (Schwedische Kronen), USD (US-Dollar).

ANHANG III

Artikel 56 der vorliegenden Verordnung

Einheit	Gehandelte Gewichte
Kilogramm	12, 5/1
Gramm	500/250/100/50/20/10/5/2,5/2
Unze (1 oz = 31,1035 g)	100/10/5/1/$^1/_2$/$^1/_4$
Tael (1 tael = 1,193 oz)(1)	10/5/1
Tola (10 tola = 3,75 oz)(2)	10

(1) Tael = traditionelle chinesische Gewichtseinheit. In Hongkong haben Taelbarren einen nominalen Feingehalt von 990 Tausendstel, aber in Taiwan können Barren von 5 und 10 Tael einen Feingehalt von 999,9 Tausendstel haben.

(2) Tola = traditionelle indische Gewichtseinheit für Gold. Am weitesten verbreitet sind Barren von 10 Tola mit einem Feingehalt von 999 Tausendstel.

ANHANG IV

Entsprechungstabelle

Verordnung (EG) Nr. 1777/2005	Vorliegende Verordnung
Kapitel I	Kapitel I
Artikel 1	Artikel 1
Kapitel II	Kapitel III und IV
Kapitel II Abschnitt 1	Kapitel III
Artikel 2	Artikel 5
Kapitel II Abschnitt 2	Kapitel IV
Artikel 3 Absatz 1	Artikel 9
Artikel 3 Absatz 2	Artikel 8
Kapitel III	Kapitel V
Kapitel III Abschnitt 1	Kapitel V Abschnitt 4
Artikel 4	Artikel 28
Kapitel III Abschnitt 2	Kapitel V Abschnitt 4
Artikel 5	Artikel 34
Artikel 6	Artikel 29 und 41
Artikel 7	Artikel 26
Artikel 8	Artikel 27
Artikel 9	Artikel 30
Artikel 10	Artikel 38 Absatz 2 Buchstaben b und c
Artikel 11 Absätze 1 und 2	Artikel 7 Absätze 1 und 2
Artikel 12	Artikel 7 Absatz 3
Kapitel IV	Kapitel VI
Artikel 13	Artikel 42
Kapitel V	Kapitel VIII
Kapitel V Abschnitt 1	Kapitel VIII Abschnitt 1
Artikel 14	Artikel 44
Artikel 15	Artikel 45
Kapitel V Abschnitt 2	Kapitel VIII Abschnitt 4
Artikel 16	Artikel 47
Artikel 17	Artikel 48
Kapitel VI	Kapitel IX
Artikel 18	Artikel 52
Kapitel VII	Kapitel XI
Artikel 19 Absatz 1	Artikel 56
Artikel 19 Absatz 2	Artikel 57
Artikel 20 Absatz 1	Artikel 58
Artikel 20 Absatz 2	Artikel 62
Artikel 20 Absatz 3 Unterabsatz 1	Artikel 59
Artikel 20 Absatz 3 Unterabsatz 2	Artikel 60
Artikel 20 Absatz 3 Unterabsatz 3	Artikel 63
Artikel 20 Absatz 4	Artikel 61
Kapitel VIII	Kapitel V Abschnitt 3
Artikel 21	Artikel 16
Artikel 22	Artikel 14
Kapitel IX	Kapitel XII
Artikel 23	Artikel 65
Anhang I	Anhang I
Anhang II	Anhang III

Stichwortverzeichnis

Die Fundstellen bedeuten
§ 1 (1) Nr. 1 = § 1 Abs. 1 Nr. 1 UStG
A 1.1 (1) = Abschnitt 1.1 Abs. 1 UStAE
Anm. = Anmerkung zu UStG-Paragraf oder UStAE-Abschnitt

B

F

L

R

T

U

W

Z